光绪永平府志

（上册）

燕山大学中国长城文化研究与传播中心◎主编

秦皇岛长城地域明清方志丛书

燕山大学出版社
·秦皇岛·

图书在版编目（CIP）数据

光绪永平府志 / 燕山大学中国长城文化研究与传播中心主编．-- 秦皇岛 ：燕山大学出版社，2025．1．
（秦皇岛长城地域明清方志丛书）．-- ISBN 978-7-5761-0753-1

Ⅰ．K928.6

中国国家版本馆 CIP 数据核字第 202498X4G4 号

光绪永平府志

燕山大学中国长城文化研究与传播中心　主编

出 版 人：陈　玉　　**责任编辑：**臧晨露　孙亚楠
封面设计：方志强　　**责任印制：**吴　波
出版发行：燕山大学出版社 YANSHAN UNIVERSITY PRESS　　**地　　址：**河北省秦皇岛市河北大街西段 438 号
邮政编码：066004　　**电　　话：**0335-8387555
印　　刷：涿州市般润文化传播有限公司　　**经　　销：**全国新华书店

开　　本：710mm×1000mm　1/16　　**印　　张：**130.25　　**字　　数：**1940 千字
版　　次：2025 年 1 月第 1 版　　**印　　次：**2025 年 1 月第 1 次印刷
书　　号：ISBN 978-7-5761-0753-1　　**定　　价：**650.00 元（上下册）

出版说明

长城是中华民族的代表性符号和中华文明的重要象征。秦皇岛域内的长城最早可以追溯至北齐时期，如今保存最为完好的是明长城，东起山海关老龙头，西到青龙满族自治县城子岭口，秦皇岛域内汇集了明长城精华的地段。典籍文献中保存了很多有关长城的记述，其中的重要文献就是明清地方志。秦皇岛地区的明清方志中，记载了长城地区的攻防战略、驻守长城将士的丰功伟绩、长城居民的生活状态、长城主题的文学作品等内容，有些内容与正史的记载不尽相同，这为我们了解、研究长城史和中华民族共同体形成史提供了不一样的视野和角度。

本丛书名为“秦皇岛长城地域明清方志丛书”，收录整理明清时期永平府、山海关、卢龙县、抚宁县和临榆县等今秦皇岛长城地域的地方志共 13 种。本丛书为燕山大学中国长城文化研究与传播中心主编，在征得整理者同意的前提下，采用了已有的点校本。分别是：2001 年中国审计出版社出版的董耀会主编、康占忠和阎醒之副主编的《秦皇岛历代志书校注》，1999 年天津人民出版社出版的山海关旧志校注委员会编的《山海关历代旧志校注》，2007 年中国文史出版社出版的李利峰编注的《抚宁县志校注》。以上校注本都由秦皇岛本地作者点校，且都成于 20 世纪末 21 世纪初，在当时资源不丰富，经费紧张，技术不发达的情况下，古籍的搜求、整理和出版极为不易，因此甫一出版便成为格外珍贵的研究资料。相比之下，在今天的信息化时代，古籍资源大量数字化，为古籍的获取和整理出版提供了很大的便捷性，但考虑到一般读者的阅读需求和推动古籍普及的需要，我们认为仍有必要修订这些旧志。

为尊重整理者的成果，现将本丛书原点校者姓名列之如下：

弘治十四年《永平府志》，原点校者：齐家璐、李岚；

万历二十七年《永平府志》，原点校者：李岚；

嘉靖十四年《山海关志》、康熙九年《山海关志》，原点校者：张椿林、司凤岐、刘金玉、何福成、高颖；

万历三十八年《卢龙塞略》，原点校者：齐庆昌；

康熙十八年《永平府志》（附康熙十二年《续补永平志》），原点校者：王继汾；

康熙五十年《永平府志》，原点校者：王凤华；

乾隆三十九年《永平府志》，原点校者：齐庆昌；

光绪五年《永平府志》，原点校者：康群、谢煜；

康熙二十一年《抚宁县志》、光绪三年《抚宁县志》，原点校者：李利峰；

乾隆二十一年《临榆县志》、光绪四年《临榆县志》，原点校者：张椿林、司凤岐、刘金玉、何福成、高颖。

本次修订，改正了原点校本的若干错误，统一删除了注释，并将旧志的插图影印后放在正文相应位置。限于编者水平，书中难免仍有舛讹之处，欢迎读者批评指正。

燕山大学出版社

2024年12月

目 录

永平府志序

同治九年，朝廷以北洋重地，思得文武大臣坐镇其间，特命合肥相国总督畿辅，移驻天津。公扺任，亟亟筹海防，内修文教，养人才，课吏治，兼纂《通志》，檄各郡县一律举行。智由滦州牧擢守永平，下车伊始，即修书院，购书籍，俾多士以时讲习。复饬属修志乘。除滦州、昌黎续修未久：于是迁安、乐亭、抚宁等志相继成：临榆及卢龙亦将观厥成。余嘉各大令之勤于编辑也，而《府志》自乾隆中年增修，此后缺焉莫考。世事日新，守土者可漫然置之耶？爰敦请乐亭史香崖孝廉秉笔，采访、校对分任书院肄业士子，不二年蒇厥事。盖百余年文献灿然备具矣。尝考畿辅舆图，前襟大河，背枕居庸，右太行，左沧海，隆上都而朝万国，蔑以加矣。然列郡如大名广平，南接豫疆，阻河为界：正定、顺德，西邻晋地，跨山为藩要，皆内地邻封，无所谓边防者。即宣化倚边，天津际海，边与海相距奚啻千里。然则，拥群峦以为城，俯巨壑以为池，其我永平一郡乎？夫永平古辽西地，卢塞蜿蜒东走，边墙高下，城堡星罗，由汉唐以迄于明，讲求战守之法者，至详且备。

国朝龙起大东，定鼎幽燕，中外一家，久已犁烽堠为良田，销兵戈为农器，然而古人之陈迹何可没也。渤海回环二千余里，而永平适当其中，沿海诸口俱可乘潮内驶。方今通商各国，市埠林立，其所以严中外之防者，可不及时图之耶？夫事有伏于数十年之先，而见于数十年之后者，其机固不可不察也，洪维圣天子威棱远播，海镜山明。

今相国奉命镇抚华夷，为国家立久大之业，且使海滨之民目不见兵革。生斯世者，抑何幸欤！是编也，成其于《通志》，有裨与否？不敢知。而其防边防海之策，官斯土者，于此博稽前事，度地揆时以为未雨之绸缪，或不无一得之助也。

光绪五年，岁次己卯五月朔，知永平府事新化游智开　撰。

凡　例

谨案：永平为古右北平、辽西二郡地，而辽西之地居多。五代以后，分置平、滦、营三州，而平、营之名与古相混，山川人物每致误牵。金元郡乘，今皆不传（顾祖禹《读史方舆纪要》纪永平事有引《金志》云者）。明万历初，闽人郭造卿在戚南塘幕府网罗天下图籍，又复亲历蓟北诸边，遣卒出塞穷濡河源，至再至三必得实乃已。作《燕史》数百卷，盖十年而后成。又以其余日，作《永平志》一百三十卷，文虽晦涩，而一方之掌故颇为详备。国初，顾亭林游于永平，已称其全书不可得见，则郭志之散佚非一日矣。今之存者，惟康熙、乾隆二志。《康熙志》称为莱阳宋玉叔观察撰次，而非出观察一手，体例未允，考据多疏。其所援引俱不注书名，变易原文难以征信，且有张冠李戴者。《乾隆志》体例较为整齐，而于前志所引古事古人仍复承讹袭谬，毫无辨证。盖以搆书无多，是以因陋就简，王澹人之跋固已自言之矣。兹博考前闻，逐加厘订，古事古人必详所出，正其讹者十之三，补其阙者十之四，搜讨之艰同于创始。爰发凡起例如左：

一　永平为两京孔道。我朝列圣相承屡举东巡盛典，翠华所莅，涣汗频颁，宸章炳若日星，天恩沛如雨露。旧志备载卷首，以为冠冕。今谨遵其例，即以行宫列于其后。

一　《康熙志》不分纲目，事无统括。《乾隆志》以八门为纲：曰封域、曰建置、曰赋役、曰学校、曰官师、曰选举、曰人物、曰艺文，其条目则各以类从，体例亦允。兹特仿景定《建康志》之例，分图表、志传，于旧立纲目不能不酌为变通，非苟异也。

一　古志乘多称图经。盖志地理者，必详舆图也。《康熙志》于图太略，而山川城郭远近方向颠倒错乱，前后复沓，按之竟无一是处。此盖委之吏卒匠役，未经亲历而详核之故尔。乾隆间续修，竟为依样之画，殊属草率。兹于北境之边，南境之海，或亲为履勘，或分委士人随所至而笔记之。即随所在而详绘之，为疆域总图一、疆域分图七、城图七、府治图一、学宫图一、河道图一、边城图十六、边口图十六，共图五十。庶令人开卷了然。

一　表目有六：曰沿革、曰水道归合、曰封爵、曰职官、曰选举、曰列女。志鲜有以列女入表者，因此门收录最宽，而保荐之辞尤多，以套语剿袭，千人雷同，实难成传。兹择其事迹昭著者，列之传中，其余尽以表分列。姓氏、节孝、贞烈、寿，依类序入，然不敢妄有去取。惟永郡风俗朴重，不务铺张，潜德幽光，往往有采访不及者，为之太息。

一　志目有五：曰封域、曰建置、曰武备、曰赋役、曰艺文。视旧减八之三，盖官师选举改为表，人物标曰传，而学校即归于建置也。旧志艺文收入散碎诗文，兹将散碎诗文少为沙汰，分附于各卷本事之下，而艺文止列书名卷数及撰著姓名，亦《汉书·艺文志》例耳。

一　传目有四：曰名宦、曰乡贤、曰后妃、曰列女。名宦乡贤，皆以史传列首。凡人物之具于旧志，得诸新采者，分仕迹、行谊、文学、忠烈、隐逸、耆寿、方伎、流寓八子目，而史传各人遇有嘉言懿行，轶于正史之外者，必据其书附于各传之后。不欲有佚美，亦不敢有伪造也。

一　沿革表，列史志于前，系论辨于后，亦先按后断之义。而州郡所统之县，虽总括其数要，必择其确系此地及与此地有涉者载之，余俱从略。

一　水道归合表，以水名为经，以水之所在为纬。某水入某水，某水又入某水，入某水之水作小字，受某水之水作大字，以清眉目。亦从稚存《乾隆府厅州县图志》例也。

一　封爵职官表，以五等及文武阶级为经，世代为纬。而于辽以前之营州，元魏以前之平州，各爵各官概行削去，勿使混淆。元姚枢、姚燧，史称其先柳城人。柳城县非柳城军。《畿辅志》误收，兹亦不敢妄牵。

一　选举表分三途：曰进士、曰举人、曰贡生。以州县为经，科分年代为纬；武科亦然。而援例授职，行伍出身者，即分附于文武科名之后，末以封荫殿之，从其类也。有传者，注“有传”二字。职官与列女表，亦如此例。

一《封域志》子目有九：曰疆界、曰形胜、曰星野、曰山川、曰屯社、曰风俗、曰物产、曰古迹、曰记事。其退星野于疆界形胜后者，盖九州分野之说，古多聚讼非若土域之有凭。《后汉书》包星野于地理中，有以也。名人茔兆，亦古迹所系，故附于古迹之后。

一《建置志》子目有八：曰城池、曰公署、曰学校、曰坛庙祠宇、曰关隘、曰仓储、曰惠政、曰驿递。边、城、堡、镇，附之城池；学宫、书院、义学、学田、乡贤、名宦祠，附之学校；寺观附之坛庙祠宇；津梁附之关隘。使各有所统，免形烦碎。

一《武备志》子目有三：曰营制、曰边防、曰海防，即以海运附之，存故迹也。至八旗驻防，如喜峰、冷口、永平、山海等处，皆为副都统所辖，其兵额操防已见于《职官表》不复赘。

一《赋役志》子目有六：曰户口、曰人丁、曰田赋、曰经费、曰起运、曰盐法。俱以《赋役全书》《长芦志》开载，至其历年奏销不同，前后增减有异，亦惟凭科房册档为准。

一　采录诸史各传，生于此者，首尾备录。宦于此者，则节录其有关斯地之事，昭限制也。

一　旧志有《仙释》一门，亦沿俗而然。《晋书·艺术传》溷以佛图澄鸠摩罗什诸人，遂为《魏书·释老志》作之俑，识者讥之。兹削去其目，而以其行事少著者归之志余，庶人知风教有所重云。

一　陆稼书先生《灵寿志》不载寺观，亦崇祯辟邪之义，然神道设教，先王不废，且缁黄所聚，山巅水涘，每为骚人墨客所留连。兹聊当古迹存之可也。

一　史家列传，《儒林》与《文苑》例分两途。旧志止立《文苑》一目，与武功相对，殊属偏枯。兹以文学概之，冀文人学人并包无遗也。

一　奖励风俗莫先于孝，然亦最难凭信。惟称自宗族，信于乡党，始为真确。故志中所载止得数人，若女子不嫁以养亲，男子割股以疗疾，虽失中庸之道，要其肫诚至性，未可抹煞。故亦叙入，以示劝励。

一　旧志纪事，自晋永和元年以后，即以燕年纪之，盖以斯地为燕土域，是年燕始不用晋年号，自称十二年故也。然当时段辽、石虎屡相攻袭，斯地尚未全为燕有。且典午未灭，即以统系归之偏窃，终非纲目书法。兹仍以晋纪年，注燕年于下，晋亡则以北魏统之，亦以大统小之义。至辽、金、元三朝，斯地皆非中华所有，则以辽、金、元纪年，而以五代、宋年号注于其下，以便考核，又不得拘拘于紫阳书法也。

一《康熙志》有后妃一门，《乾隆志》删之，谓其牵涉无谓。而石恪妃传援引梦异报应之说，颇涉不经，未为无见；然燕之段氏，实出令支，而《辽史》于萧后不署何许人，《契丹国志》则明著为平州人，且其事迹与《辽史》所载大异。《康熙志》不知据《契丹国志》而徒据《辽史》，宜来牵涉之讥也。兹据《十六国春秋》、《契丹国志》后妃本传，复行补入。又增段氏、萧氏各一人，与魏保太后间，序置之列女之前。至恪妃诞生之异，已见于滦州《石副使维岳传》下，故不复与。偏窃诸后妃同列，盖恐其亵尊云。

一《康熙志》以夷齐为先圣，韩文公为先贤。文公豫产也，其封昌黎伯，盖以门望故。且唐以前之昌黎，非今之昌黎也。《乾隆志》因今之昌黎立庙设祀已久，仍徇俗而收其本传。考新旧唐书俱称公为河南邓州人，于斯地何涉？况文公即生于河南，子孙不无迁徙，今浙江西安有孔氏世袭，岂必援宣尼为古越人乎？故于封荫门，详载韩氏世袭，而文公本传，则削而不登。

一《康熙志》有《窦瑗传》，《乾隆志》削之。盖以《魏书》称为辽西辽阳人也。考《魏书·地形志》，辽西有阳乐无辽阳。《北史》称为阳洛人，阳洛即阳乐。《魏书》当是笔误，故据《北史》收之。

一　旧志选举载有金之任询，注云“义丰人”。考《金史》询为易州平市人。《康熙志》谓其归田后，寄居滦州，卒葬其地，子孙遂为滦州人，至今滦州尚有询墓。明时有任惠，是其裔也。兹将《金史》本传收入，而详其缘始于下；选举内则削其名，盖以登第时，原非滦人也。

一　旧志有《张珏传》。珏一作觉，《辽史》无传，《金史》列之《叛臣传》，《宋史》附之《奸臣传》。觉与金并未称臣，何得云叛？于宋方始通款，金即以纳叛责宋，宋藏匿不得，遂杀之以谢，是宋负觉非觉负宋也，何得云奸？觉亦奇冤也哉！当其定平州之乱也，辽主已走山西，觉知辽必亡，籍丁壮马匹，练兵为备。金人使康公弼至此与语，诡辞以给之。继因燕民之诉，杀左企弓等四人，复称保大三年，纳款于宋亦不过为自固计耳，非真忠于辽也。就其行事，窥其志趣，在金不得云叛臣，在宋不得云奸臣，在辽亦不得云忠臣也。旧与乡贤并列，终觉未允。兹存其子谨言传，而觉传从删。

一　旧志《名宦》有杨镐、杨嗣昌、范志完，《乡贤》有高第各传。四人俱以兵事之失，有误国是，其罪著于《明史》。然观旧志所载，杨范三人似不无遗爱在人，高第事迹又旁见于《通志·名宦传》，且崇祀乡贤其善亦似有难没。兹仍旧存之。庶功不以过掩，取人固不可过滥，论古亦岂容过苛，节而取之，惟阅者谅焉。

一　旧志有传断不敢轻为删削。惟某县一显宦，事著《明史·阉党传》。旧志称其不附权贵，大约沿康熙《县志》之谬，实是曲笔。故存其官阶于选举内，而去其传。

一　旧志《艺文》载《石副使墓志》一篇，称为应山杨涟撰。与

《明史》时事不合，且文笔弇陋，当是后人伪造，故不录。

一　志中各门，凡正文不能全载者，必据书夹注其间，或总注其下。管窥所及，间有辨析，率以案字领之。总期人有本末，事有源委，足以备一方之掌故，发后世之劝惩而已。武功、朝邑之简不敢效颦。

一　志中新事，或得自官司查报；或得自士绅采访，随到随录，惟人是凭。其有无遗漏冒滥，殊不敢知。至于参订古书，凡正史、别史及古今名家记载诗文，家中所藏与外借所及者，无不极力搜讨，亲自补正，绝不敢假手他人载笔。既愧不文，集益亦殊未广，并附识之，以俟正于博雅君子。

一《疆域图》纵横开方，总图每方二十五里，斜长三十五里；分图每方十五里，斜长二十一里。各属山水止绘其大者，村庄止绘交界处，余从省、府、州、县治有门作⧉，边城用套方圈作▣，堡用单方圈作□，集镇用套圆圈作◎，界上村庄用单圆圈作○。

乐亭史梦兰谨识

辨　讹

虞分青州东北为营州，考诸书皆无“碣石以东”字。旧志疑是臆增。

滦州马城，至唐始置县。旧志《纪事》引汉安帝元初六年，鲜卑寇马城（此今朔平府之马邑县也），误。

辽之长春宫，在今关外长春厅，与金之长春宫不同地。旧志辽、金并引，误。

晋封段匆尘在怀帝时，旧作穆宗，误。且东晋有穆帝，无穆宗。

元魏婴文封建德公，镇辽西。旧志作辽西公，误。

辽平王道隆，旧误作隆先。

元北平王南木合，即那木罕。旧分作二人，误。

晋平州非今府境，北平与汉不同，亦无今府境地。旧志《职官》引晋平州刺史鲜于婴、慕容廆、北平太守阳裕、杨铉，误。且鲜于婴，误作鲜于安。

晋朝鲜县在辽东，至元魏始侨置于此。旧志《职官》引朝鲜令孙洙，误。

五代前，营州不在此。旧志《职官》引魏营州刺史张伟、陆士懋、唐营州都督张俭，误。

唐平州刺史张仲素，史无其人。盖因张仲武、张公素二人而误，顾亭林已辨之。

《金史》移刺福增同知兴中府事。旧志引作兴平府，误。

元刘整乃宋之降将。元称其降元后，宋荆湖制置李庭芝以金印、牙符授整汉军都元帅卢龙军节度使，封燕郡王，为书使送整，所期以间，整非真除官也。旧志竟大书曰：“元卢龙节度使刘整”，尤为鲁莽。

魏平州刺史王买奴，旧误作辽西太守。北平太守宋景业，旧误入北齐。唐北平太守裴旻，旧误作平州刺史。

魏辽西公常英、辽西太守于天恩。英以外戚得封，史称其黩货，并无善政；天恩附《于劲传》后，止载其官爵。旧志列名宦，不知何据？

唐平州刺史邹保英，附见《唐书·列女传》，乃因其妻得名者，止可列之职官，何得厕诸名宦？

唐齐浣，定州义丰人。滦州与所领义丰县，俱至辽始置。旧因史有义丰字，遂拦入滦州，直书曰“滦州人”，不知唐时此地尚无滦州义丰之名也，误。

金王扩，史称中山永平人，乃永平县人也。旧因“永平人”遂改为平州人，不知金时平州尚无永平之名也，误。

金兴平军节度使刘麟，豫子也，知济南府事。齐国建，以济南为兴平军，麟为节度使，见《刘豫传》，此与平州之兴平军异。旧志引之，误。

辽辽兴军节度使阿林，原作阿琏，详《辽史》皇子表。旧志作阿挞，误。

汉肥如侯蔡成，误作蔡戎；魏辽西公贺卢，误作贺赖卢；肥如侯冯熙，误作冯燕；辽西公常英之祖亥，误作海；后周北平侯和洪，误作和雄；唐辽西王高文简，误作交简；魏辽西太守宋谟，误作宋谋；柳粹误作柳椊；右六肱，误作右文肱；后周平州刺史李迁哲，误作昌哲。

金罢平州椿配盐课事，见《食货志》。旧志椿作樁，误。

元文宗时，西域军士居永平滦州者，人给钞三锭，见《本纪》。旧志西域作西城，误。

辽道宗改元寿隆。旧志于《齐陶传》及《纪事》中皆引作“寿昌”，误。

明有陕西，无甘肃；湖南、北合称湖广；今奉天称辽东；江南称直隶。旧志于胜朝数省人籍贯，皆称今名，误。

以上诸条纰谬者，俱已改正。至其字之鲁鱼亥豕，或系传写之讹，非尽秉笔者之过也。原无庸深辨，因前二志相沿不改，以非为是，后人且将以是为非矣。故悉条辨如右。

梦兰又识

卷之首

巡幸恩赉

顺治元年，秋九月，世祖章皇帝入关。经永平，驻跸城外，抚安各州县，赏赉文武官有差。

十一年以永平饥，遣吏部侍郎佟代、大理寺卿郝杰，赍银布赈之。

十五年夏五月，遣刑部尚书白引谦、启心郎巴格，赈永平饥。

康熙六年，秋九月丁巳，圣祖仁皇帝幸迁安，驻跸城南谢留庄。戊午，由清节祠驻跸滦河西。己未，驻跸滦州南岩山。庚申，驻跸钱家营。辛酉，回銮。

七年，诏发帑赈永平饥。

九月冬十月，上幸三屯驻跸东寨，文武官朝见。命武臣自副将以下较射，赐宴。赐题："知之为知之，不知为不知，是知也"。面试知府叶兴周，命大学士哲那库评阅其文。次日，幸永平，驾由北门入，自西门出，驻跸于滦河西。

十年秋九月，上东幸谒陵。驻跸于滦河西，登舟观渔。召见卢龙知县魏师段，面询以爱民之实及其乡贯，奏对称旨。冬十一月乙巳，谒陵回。由北门入自西门出，仍驻跸于滦河之西，次日回銮。诏免滦、卢、迁、抚地丁钱粮。

十二年，诏免田租十分之三。

二十一年，诏免地丁钱粮。

二十四年，乐亭县水灾，诏免未完民欠银米、草束，其顺、永、保、河未经圈占地方，应征地丁各项正赋俱免三分之一。

二十五年，诏免未完民欠钱粮。

二十六年，诏免地丁钱粮。

二十七年，诏赏八十、九十、百岁老人银米绢肉有差。

二十八年冬十月，上送孝懿仁皇后梓宫至陵，幸米峪口，狩于九山。

二十九年，诏免钱粮之半。

三十年冬十二月，上驾幸米峪口，狩于九山。驻跸七日，获虎五只，诏改九山为五虎山。

三十二年，冬十一月，上谒陵。幸米峪口，狩于五虎山。

三十三年，诏免地丁钱粮。冬十一月，驾幸米峪口，狩于五虎山。

三十五年，诏免地丁钱粮。

三十六年冬十月，驾幸米峪口，狩于五虎山。

三十七年冬十一月，上东幸谒陵回，入山海关，道经永平北门，驻跸于滦河之西。次日，幸米峪口，狩于五虎山。

三十八年冬十一月，上谒陵，幸米峪口，狩于五虎山。皇太子奉天谒陵回，进山海关，道经永平，观渔于偏凉汀。

三十九年冬十一月，驾幸米峪口，狩于五虎山。

四十年冬十二月，驾幸米峪口，狩于五虎山。

四十二年，诏赏八十、九十、百岁老人银米绢肉有差。

四十三年春二月，驾幸米峪口，狩于五虎山。

四十四年冬十一月，驾幸米峪口，狩于五虎山。

四十五年冬十一月，驾幸米峪口，狩于五虎山，出喜峰口。

四十八年，诏赏八十、九十、百岁老人银米绢肉有差。冬十一月，驾幸米峪口，狩于五虎山。

四十九年，冬十月甲子，奉恩旨，全免康熙五十年地丁钱粮及历年民欠。十一月，驾幸米峪口，出董家口。

五十年十一月，上东巡。二十四日，驻跸三屯营。二十五日，次滦阳城。二十六日，驾出喜峰口，驻跸梦子岭。诏免地丁钱粮并积年民欠。

五十二年，诏免地租并积年民欠。

五十四年，诏免地丁钱粮。

五十六年，诏免地丁钱粮。

雍正元年，诏赏老人米布有差。

七年，诏免地丁钱粮。

八年，诏免地丁钱粮。

九年，诏免地丁钱粮。

十三年，诏赏老妇米布有差。

乾隆二年，诏免地丁钱粮。

四年，诏免地丁钱粮。

八年十月十六日，上自盛京旋跸，入榆关，登澄海楼，与侍从诸大臣联句赋诗。道经永平郡城，幸清节庙，经过御道，蠲免钱粮十分之三。

十年，钦奉恩诏，普蠲十一年地丁钱粮。

十五年，诏免未完民欠银、米、草束，赏老妇有差，赈乐亭灾。

十六年，诏赏老人银、米、绢、肉有差，赈饥蠲粮。

十九年秋，由吉林至盛京谒陵。旋跸，十月二日入关，登澄海楼，与侍从大臣联句赋诗。经永平，幸夷齐庙及偏凉汀，经过御道，蠲免钱粮十分之三。

二十六年，诏赏老人绢、绵、米、肉有差。

二十七年，滦州水，诏赈饥。

三十五年，诏普蠲地丁钱粮。

五十五年，诏豁免地丁钱粮。

嘉庆三年，诏豁免地丁钱粮。

四年，诏免钱粮十分之三。

十年，诏免钱粮大道两旁十分之五。

十三年，诏赈灾。

十七年正月，诏捐输米石，赏给口粮，赈济被水饥民。

二十三年，诏免节年民欠钱粮。

道光四年，诏捐输煮赈被水饥民。

六年三月，诏免粮租银两。

七年八月，诏免粮租银两。

九年，诏免地丁钱粮十分之五。

九年八月，诏免粮租银两。

十三年正月，诏捐输米石，出义谷，赈被旱饥民。

十五年九月，诏免粮租银两。

十六年八月，诏免粮租银两。

二十五年十一月，诏免粮租银两。

咸丰元年，诏免节年民欠。

九年二月，诏免粮租银两。

同治元年五月，诏免粮租米豆草。

十一年九月，诏免被水粮租银两。

十二年正月，诏免被水粮租米豆草。

光绪元年五月，诏免节年民欠。

二年闰五月，诏免同治十三年以前民欠。

敕　　谕

顺治九年五月□日，敕景忠山住持僧海寿知道：别山法师在尔山洞居住，修静已经九载。朕今降诏，请入京师。尔山洞内居住年深，供养久远，朕不胜嘉悦，赐尔银五百两，故此降敕。顺治九年五月□日。

康熙八年六月十七日谕户部：朕缵承祖宗丕基乂安天下，抚育群生，满汉军民原无异视，务俾各得其所，乃惬朕心。比年以来，复将民间房地圈给旗下，以致生民失业，衣食无资，流连困苦已极，深为可悯。以后圈占民间房地，著永行停止。其今年所圈房地，俱著退还民间。尔部即速通行晓谕，昭朕加惠生民至意。至于旗下无地，亦难资生，应否将古北等口边外空闲之地，拨给耕种，著议政王贝勒大臣会确议具奏。

康熙二十四年四月初十日谕户部：朕抚御方夏，爱养黎元，早作夜思，勤求治理。闾阎疾苦无时不深轸念，欲使民生乐业，比屋丰盈，惟当己责，蠲租万姓，得沾实惠。直隶地方频遇旱灾，小民匮乏，宜加恩恤。顺、永、保、河等处圈占地方，应征康熙二十一年地丁钱粮，已经诏行蠲免。所有直隶八府康熙二十三年未完地丁钱粮，尽与豁除。其顺、永、保、河未经圈占地方及真、顺、广、大等处，康熙二十四年应征地丁各项正赋，俱著免三分之一。尔部速行该地方官通行晓谕，务使人人得被膏泽，以副朕勤恤民隐至意。如有不肖有司，借端蒙溷，私行重征者，或经参奏，或被告发，定行从重治罪。尔部即遵谕行。

康熙三十四年九月二十四日谕户部：直隶顺天、保定、河间、永平四府所属地方，今岁水潦伤稼，三农歉收。朕巡幸所至，遍加咨访，闻高阜之产尚有秋成，而卑下之田被潦者多，计所收获不能相敌。虽经勘灾颁赈，不致仳离失所，须办钱粮若仍行征取，则民力匮乏，难以输将。朕心深切不忍。著将四府康熙三十五年地丁银米全与蠲免，用示宽恤。其霸州、雄县、香河、宝坻四处皆有水道可以转输，每处著发米一万石，各差司官一员赍往，照彼地时价减值发粜，以资民食。著行文该抚，通行晓谕。俾均沾实惠，副朕轸念灾黎至意。尔部即遵谕行。

康熙五十五年十二月二十六日谕户部：朕御极以来，念切民生，时勤宵旰，凡巡历所至必以编氓疾苦备悉咨询。盖欲比户之盖藏恒裕，三时之水旱无虞，斯民气和乐，聿成丰亨豫大之休也。顷者，朕巡行口外，终过三河等州县，暨永平府交界地方，见今岁秋成丰稔，米价称平。惟是去年雨水过溢，田亩间被淹没，朕深加轸惜，蠲赋、平粜、转漕、分赈贫民，使不致失所。今者，虽复有秋，然仅足支一岁之用，恐来年之输将尚多难继，是必再沛恩膏，始可大培民力。著将顺天、永平两府所属大兴、宛平、通州、三河、密云、蓟州、遵化、顺义、怀柔、昌平、宝坻、丰润、平谷、玉田、良乡、涿州、武清、永清、香河、霸州、大城、文安、固安、东安、房山、保定、延庆、梁成、卢龙、迁安、乐亭、滦州、抚宁、昌黎、山海等州县所卫，康熙五十六年地丁银二十六万四千三百三十六两零、米豆高粮二万一千六百四十六石零、草九万四千九百五十束零，俱通行蠲免；所有历年积欠银九万三百九十六两零、米豆高粮一万六千二百七十五石零、草八万四千四百七十束零，亦并与豁除。尔部行文该督，严饬所属，实心奉行，俾遐村穷谷均沾德意；倘有不肖有司，借端蒙混私行征收者，察出定行从重治罪。尔部即遵谕行。

雍正元年十月初五日谕内务府：直隶州县，亦可与尔衙门文移往来。如庄头人等，有在州县地方生事者，著该州县官竟行呈报尔衙门。尔等查问训饬，若不悛改，即行斥革。著行文直隶巡抚，凡有皇庄州县地方，遍行晓谕。至各庄头交粮时，须逐一查问，将生事之人严加训饬；不肯悛改者，即行斥革。

雍正四年十月十一日谕大学士、九卿等：直隶地方，旗民杂处，往往以强凌弱，势力相加，而谨朴良民常被欺压，因而相习于强悍之风不知悛改，而风俗不能臻于淳厚。朕励精图治，欲四海之广道德一而风俗同，况辇毂之下，首善之区，尤当整饬化导，以为万邦之式。今欲将满州汉军御史各差二员，令其巡查八府地方，凡旗下告退之官员，及在屯之庄头、内监之族戚，与在籍之乡绅衿监，倘有不安本分，凌虐良民不畏官吏恣行暴悍者，或即行惩治，或具本参奏。其地方命盗案件，亦听其查访。有应在本地方归结者，即会同地方有司，秉公归结；有应奏闻者，即行奏闻。务使豪强敛迹，良善安居，以副朕移风易俗之至意。其如何遣官分巡之处，尔部定议具奏。

雍正六年十月十四日谕户部：直隶为首善之地，今岁春麦秋禾俱登丰稔，民人乐业，朕心深慰。但地方有历年带征之钱粮，若令闾阎之间新旧并纳，虽逢丰稔之岁，而民力未必宽然有馀。因思历年带征之项，乃顽户之所拖欠也。明年额征之项，乃众民之所输将也。若欲使小民共被恩泽，惟有将明年之赋预行蠲免，则比户可以均沾。查有直隶额征地丁等项二百四十三万馀两，本地支销俸工及兵饷驿站等项应给银二百零二万两；其应起运者，计四十一万七千八百九十两。著将雍正七年额征钱粮内，蠲免四十一万七千八百九十两。尔部可确查分数行文该督，通行所属州县一体敬谨遵奉，以副朕爱养黎元嘉惠畿辅之至意。倘官吏等私行多征，蒙混中饱，或地棍等包揽侵蚀，作弊藏奸；又或有司奉行不善，使百姓不得均沾实惠。经朕访闻，必重治其罪，并将总督司道等严加处分。

雍正七年闰七月二十九日谕：闻直隶地方有寄庄寄粮之弊。往往地寄此处，粮寄他处，相隔百馀里或数百里之远。即如宣化府怀安一县，有人地俱在怀安而寄粮于宣化、万全者；有人地俱在宣化、万全而寄粮于怀安者；更有见在怀安纳粮，而寄地于顺天府之宝坻、丰润、三河相隔五百余里者。在征粮者则鞭长莫及，而寄地者则彼此无关，脱漏欺隐之弊势所不免。地方有司实难稽察催征。朕之所闻如此。著直隶总督详细确查，若果有此等，应作何更正改隶之法，著该督悉心妥议，具奏；再直省如有似此寄庄寄粮者，著该督抚亦详察酌量定议，具奏。

乾隆二年四月十八日，总理事务王大臣奉上谕：今年春夏以来，京师畿辅雨泽稀少，而山东地方亦有缺雨之郡县。朕亦屡降谕旨，多方筹画，以为先事之备。今思节近小满，甘霖未降，麦秋料已失望，民心未免惶惧。除已经降旨缓征外，著将直隶通省今年应征地丁钱粮蠲免七十万两，山东通省今年应征地丁钱粮蠲免一百万两，俾民力宽舒，民气愉畅。如将来仰蒙天祐，霖雨普施，秋成不致歉薄，则闾阎沾朕格外之恩，亦加惠元元之谊，所谓百姓足君孰与不足者。嗣后如得雨稽迟，有妨农事，则应行赈恤等事，仍应加意办理，毋使一夫失所。该督抚当仰体朕宵旰焦劳惠普黎庶之心，督率有司，敬谨奉行，务使小民均沾实惠；并出示通行晓谕知之。

乾隆四年三月二十二日，内阁奉上谕：朕念切民生，时廑宵旰。或各督抚陛见，或遇司道各员请训，务以编氓疾苦备悉咨询，惟期海隅苍生培固元气，庶臻家给人足之风。比年以来，畿辅地方屡遇歉收，而江南旧年被旱尤甚。此皆朕之不德，以致上苍示警，遂使吾民有乏食之虞，朕甚恤焉。今幸赖上苍恩祐，各省春雨颇周，足资耕种。今念三省之民幸有以安其心，尚未能复其旧。其被灾处所，既已蠲赈频施，屡颁谕旨，兹当开征之期，在被灾者固属艰难，而未被灾之地同在一省，虽有轻重之分，而乏食受困则一。用是特颁谕旨：将直隶总督所属今年地丁钱粮蠲免九十万两；苏州、安徽巡抚所属今年地丁钱粮蠲免六十万两。该督抚务将朕旨家喻户晓，俾闾阎均受实惠，庶几和气致祥，以仰答上天之恩，而培民生之本。倘有贪官污吏借端苛索，或私行征收者，该督抚不时察参。该部遵谕行。

乾隆十年六月初十日，奉上谕：我朝列圣相承，深仁厚泽，无时不加意培养元元，以期家给人足。百年以来，薄海内外物阜民康，共享升平之福。朕临御天下十年于兹，抚育烝黎民依念切，躬行俭约，薄赋轻徭，孜孜于保治之谟，不敢稍有暇逸，常守节用爱人之训，凡以为民也。今寰宇敉宁，既鲜縻费之端，亦无兵役之耗，所有解部钱粮，原为八旗官兵及京员俸饷之所需，计其所给较之宋时养兵之费，犹不及十之一二。至于各处工程为利民之举者，亦祇取给于存公银两。即朕偶有巡幸赏赉所颁，亦属无几。是以左藏尚有余积。数年来，直省偶有水旱，朕加恩赈济，多在常格之外。如前年，江南被水，抚绥安插，计费帑金千余万两。凡此皆因灾伤补救，而沛恩泽者。朕思海宇乂安，民气和乐，持盈保泰莫先于足民。况天下之财止有此数，不聚于上，即散于下。仰惟我皇祖在位六十一年，蠲租赐复之诏史不绝书，又曾特颁恩旨将天下钱粮普免一次；我皇考旰食宵衣，勤求民瘼，无日不下减赋宽征之令，如甘肃一省正赋全省豁免者十有余年，此中外所共知者。朕以继志述事之心，际重熙累洽之候，欲使海澨山陬一民一物无不均沾大泽，为是特降谕旨，将乾隆丙寅年直省应征钱粮通行蠲免。其如何办理之处，著大学士会同该部，即速定议，具奏。

乾隆四十三年八月初二日，内阁奉上谕：海为众水朝宗，最昭灵应，乃各处海神咸有庙祀。惟北海自山海关至盛京一带，向未专建庙宇，以隆禋祀，尚属阙典。朕此次前诣盛京恭谒祖陵，跸途循海而行，瞻望甚近，宜先申虔祭以迓灵休著该部于滨海地方，择地望祭，派庄亲王永瑺行礼所有应行事宜。各该衙门，即速照例备办。并著总督周元理于山海关澄海楼相近处所，度地建立北海神庙。即行绘图呈览，候朕降旨发帑兴工，俾庙貌崇闳以安神佑。钦此。

宸　翰

圣祖仁皇帝御制文

训饬士子文

国家建立学校，原以兴行教化，作育人材，典至渥也。朕临御以来，隆重师儒，加意庠序近复慎简学使，厘剔弊端，务令风教修明，贤才蔚起，庶几棫朴作人之意。乃比年士习未端，儒效罕著，虽因内外臣工奉行未能尽善，亦由尔诸生积锢已久，猝难改易之故也。兹特亲制训言，再加警饬，尔诸生其敬听之：从来学者先立品行，次及文学，学术事功原委有序。尔诸生幼闻庭训，长列宫墙，朝夕诵读，宁无讲究？必也躬修实践，砥砺廉隅，敦孝顺以事亲，秉忠贞以立志。穷经考业，勿杂荒诞之谈；取友亲师，悉化骄盈之气。文章归于醇雅，毋事浮华；轨度式于规绳，最防荡轶。《子衿》佻达，自昔所讥。苟行止有亏，虽读书何益？若夫宅心弗淑，行己多愆，或蜚语流言，胁制官长；或隐粮包讼，出入公门；或唆拨奸猾，欺孤凌弱；或招呼朋类，结社邀盟，乃如之人名教不容，乡党弗齿。纵倖脱褫扑滥窃章缝返之，于衷宁无愧乎？况乎乡会科名，乃抡才大典，关系尤钜。士子果有真才实学，何患困不逢年？顾乃标榜虚名，暗通声气，夤缘诡遇罔顾身家；又或改窜乡贯，希图进取，嚣凌腾沸，网利营私；种种弊端深可痛恨。且夫士子出身之始，尤贵以正。若兹厥初拜献，便已作奸犯科，则异时败检逾闲，何所不至。又安望其秉公持正，为国家宣猷树绩，膺后先疏附之选哉？朕用嘉惠尔等，故不禁反复惓惓。兹训言颁到尔等，务共体朕心，恪遵明训，一切痛加改省，争自濯磨积行勤学，以图上进。国家三年登造，束帛弓旌，不特尔身有荣，即尔祖、父亦增光宠矣。逢时得志，宁俟他求哉？若仍视为具文，玩愒弗儆，毁方跃冶，暴弃自甘，则是尔等冥顽无知，终不能率教也。既负栽培，复干咎戾，王章具在，朕亦不能为尔宽矣。自兹以往，内而国学，外而直省乡校，凡学臣师长皆有司铎之责者，并宜传集诸生，多方董劝，以副朕怀。否则，职业弗修，咎亦难逭，勿谓朕言之不预也。尔多士，尚敬听之哉！

杂著一则

山海关澄海楼，旧所谓关城堡也。直峙海浒，城根皆以铁釜为基。过其下者，覆釜历历在目，不知其几千万也。京口之铁瓮城，徒虚语耳。考之志册，仅载关城为明洪武年所建，而基址未详筑于何时。盖城临海冲，涛水激射，非木石所能久固。昔人巧出此想，较之镕铁屑炭，更为奇矣。

景忠山碧霞元君庙碑文

古帝王义宁海宇，怀柔百神。非第岁修禋祀仰答灵庥，而时若必钦，清晏必报，所以重民生而彰帝眷也。三屯营景忠山，峙秀雄镇，巩护神京，夙称名胜之区，碧霞元君行宫在焉。夫方内之神，莫尊于泰山，而元君实赞之。盖居东方生物之始，以为五岳之长，故谓之岱宗。开万化之源，协六符之应，视他祀典为尤重。我皇考世祖章皇帝统一中外，义育仁渐，浃于神人。万几之暇巡行畿甸，属车所至，三灵效顺，景贶宏昭，不一而足。惟兹庙貌，历有年所，先皇帝过而瞻礼，丹题刻楹，剥于风雨遂轸宸虑。爰出上方金钱，诏下所司，庀材鸠工，涂塈丹垩，斯轮斯奂；以及玉皇庙各司群祀，俱整葺庄严焕然一新。厥役竣而先皇帝已上宾矣。桥山弓剑，莫可攀援。朕以冲龄，绍膺统绪，亦惟是祗承先志，协和神人，以底亿万年无疆之休。考古天齐之号，始于秦代；淑明之后，配自祥符。独元君灵异，或表迹于禅坛；或溯源于玉女。要其有大佑庇于吾民，故阅千百年，遐陬僻壤像设者在在。告虔则先皇帝勤于神之意，即勤于民之意也。今蓟为神京门户，翼卫藩维，神力是依。《礼》曰：“有功于民者，则祭之”。故为之严其楯陛，壮其金碧，亦犹古祈报之意，率而行之云尔。是用勒兹贞珉，昭垂奕祀。铭曰：於穆先皇，求莫四方。翠华至止，陟彼高冈，惟神有灵。先皇降鉴，聿新其居。赫奕崇焕，作我巨镇，捍我东藩。佑民庇国，禋祀惟尊。俎豆既陈，营构既固。亿万斯年，为国之辅。

圣祖仁皇帝御制诗

登景忠山

景忠远上日方阑，岩壑层层生早寒。
岭腹冻云凝玉仗，山中瑞气接仙銮。
鸣钟涧里经声近，击鼓楼前树影残。
缭绕旌旗萦石道，六龙行处万民观。

滦　河

塞边远绕至滦河，澈底清明不见波。

驻跸徘徊千万里，石鲸两岸影嵯峨。

入喜峰口

一道鸣銮度，三驱振旅还。
莓苔天半石，松栝雨中山。
险设关门壮，时清堠火闲。
孝陵佳气近，缥缈微翠间。

夷齐庙并序

永平府治西，古孤竹城夷齐庙在焉。滦水经其前，清风台峙其后，倚岩俯流，足以登眺。夫夷、齐孤竹君之二子也，能让侯封，不食周粟，采薇首阳山，独行其志。孟子以“圣之清”称之。盖人惟能立节，自可垂名。夷齐之去国洁身，不求人知，而庙貌千古，迄今犹存。吁！造诣其可忽乎哉！

滦河水清驶，荒山屹然峙。
上有孤竹城，乱石半倾圮。
堂庑既具观，庙貌亦俨尔。
缅怀商代末，天下渐披靡。
兹地实藩封，人民差可恃。
兄弟以义让，富贵如敝屣。
叩马谏周王，数语昭青史。
遁迹首阳山，薇蕨何其美。
万载挹高风，顽懦闻之起。
苍苍台下松，荡荡台前水。
劲节与澄流，不愧相比拟。
停銮碧山阿，怀古未能已。

滦水泛舟

平沙漠漠接长河，天际浮云落照多。

两岸苍山相竦峙，扁舟一棹任清波。

经永平城南

三代幽偏地，秦时右北平。
川原绵大陆，形胜借坚城。
晴日初迎辇，春风暗拂旌。
龙山遥入目，缥渺白云横。

抚　宁

辇路平铺孤屿东，日华升处海云红。
忽听百舌春啼巧，尽在苍条古木中。

山海关并序

连山据海，地固金汤，明时倚为险要，设重镇以守之。我朝定鼎燕京，垂四十年，关门不闭。既非设险，还惭恃德。偶赋数言，聊以记事。

重关称第一，扼险倚雄边。
地势长城接，天空沧海连。
戍歌终岁苦，插羽不时传。
作镇隆三辅，征输困百年。
笳寒龙塞月，甲冷雉楼烟。
历数归皇极，纲维秉化权。
漫劳严锁钥，空自结山川。
在德诚非易，临风更慨然。

澄海楼观海

危楼千尺压洪荒，骋目云霞入渺茫。
吞吐百川归领袖，往来万国奉梯航。
波涛滚滚乾坤大，星宿煌煌日月光。

阆苑蓬壶何处是，岂贪汉武觅神方。

蒙恬所筑长城

万里经营到海涯，纷纷调发逐浮夸。
当时用尽生民力，天下何曾属尔家。

姜女祠

朝朝海上望夫还，留得荒祠半仞山。
多少征人埋白骨，独将大节说红颜。

入山海关

长城尽处海山奇，守险无劳百万师。
寰宇苍生归历数，当年指顾定鸿基。

永平驻跸

飒飒风声响画旗，滦河东岸猎归时。
庙堂几务亲裁决，非是行帏寐独迟。

世宗宪皇帝御制诗

登望海楼

观海登楼日未斜，清空万里净云霞。
才经一阵风过槛，倏起千堆雪卷花。
贝阙鳌峰如可接，鹏津鲛室岂终遐。
诡词未许张融赋，到此方知语不夸。

登望海楼

极目瞻沧海，涵泓无所从。
量包天地外，色染古今容。
浪起思鲲化，云飞羡鹤踪。

坐观渊默里，万派自朝宗。

望海楼二首

凌宵杰阁耸层楼，碧海苍茫远望收。
混一乾坤云水阔，濯磨日月浪花浮。
百川输委盈襟带，万类涵濡任泳游。
闻道此中覃帝泽，几曾汪涉有停流。

其　二

朱栏画栋最高楼，海色天容万象收。
海底鱼龙应变化，天中云雨每蒸浮。
无波不具全潮势，此日真成广汉游。
仙客钓鳌非我意，凭轩惟是羡安流。

高宗纯皇帝御制文

滦河濡水源考证

濡水见史传者凡五:《说文》出安东入漆涑者，涿郡之濡也。《广舆记》出易州穷独山一名圣女水者，易州之濡也。并音儒。《左传》出高阳者，河间之濡也，音而。三水皆由天津入海。此独石口外之濡，读如难，音与滦近，其水自由永平府之乐亭县入海，与畿内三濡迥不相涉。又《水经注》苍梧之濡水，出永丰县濡山，字亦音儒，名亦适相同耳，而惟滦河之濡水源远流长，雄于其四，郦道元《水经注》所云出御夷镇者也。昨岁命方观承考濡源委，亦既绘其梗概，条分缕析，而为之说矣。然以汉文训蒙古语，未如《同文韵统》得字音之正，而鄂博之类，穿凿更甚（蒙古语谓堆砌石以表祭处为鄂博，方观承乃书作峨軷，且引郑氏及《诗・大雅》之言证为軷祭行路神之意，凿而谬矣。曾为《鄂博说》以正其误。他如们绰克之为们催达巴罕之为大坝，类此者不可枚举，难以一一为之辨订也）。因命向导大臣努三，挈方观承所遣同知黄立隆者，重循其源，以至其委。于是二千余里之滦河曲折分合，尽得其实，因详注其地名及诸水之汇流。而郦道元、欧阳修等并《元史·河渠志》所载相舛误者，都为四条考证如左。夫江、淮、河、济，中国之四渎也，其理大物博，较之滦河、濡水不啻倍蓰，而《禹贡》以数语尽之。兹注濡水数千言，犹有未尽焉，古今相去不可及者如此。盖得其简则足以提要，而欲其详反不免致繁，抑以塞外中土，语言不同，人迹罕至，斯固难易所由殊。然则就《同文韵统》会中外而传濡水之实，讵不在此时乎哉！滦河源出独石口外东北一百余里巴延屯图古尔山（山为兴安正干自张家口向东至独石口外为大山，折而西北过上都城，入于围场之海喇堪，与兴安大岭相连属。出泉处较兴安山梁尤为特出，山阳山阴树木茂密，与他异，信为名山。山阳为民人居址，山阴皆察哈尔蒙古游牧地）。四泉涌出，名都尔本诺尔，涓流曲折，伏而复现。西北纳克里和洛，有小水自东注之。又北经哈丹和硕之西，噶尔都思台之水自东注之。又曲折西北流至茂罕和硕（自都尔本诺尔至此，计七十余里），三道河自东来汇之（其水一出摩霍尔达巴罕，一出伊克达巴罕，一出楚库尔苏达巴罕，各相距十余里，汇为一河），河流始畅。又西北流，复有二小水，一自布尔噶苏台，一自克尔哈达，先后来注之。八十里经察汗格尔（俗名西凉亭）、乌兰河屯至上都店，入多伦诺尔界。又北流十余里，经淖海和硕折而东北。二百五十余里，经博洛河屯，至库尔图巴尔噶逊河屯，喀喇乌苏自东注之。又三十余里，至上都河屯（上都即元开平府，滦水经其城南，故名上都河）、察汗诺尔自北注之。又六十余里经都什巴延珠尔克山，至察汗鄂博东克伊，绷河自东北来汇之（河出兴安山之阳，南流，伊克霍尔昆、巴罕霍尔昆，伊札尔三水自东注之，西与海留台合而为一，入于上都河），河水倍畅。折而东南流，十八里至磴口，额尔德尼布拉克自西注（其水经多伦诺尔之北）。又十二里至大河口，图尔根伊扎尔河自东北来汇之（其水亦出兴安山梁之阳，逶迤西南流，锡喇札拜自北入之。又西南流，摩霍尔伊札尔自东南入之，汇注于此）。又南流七里，沙岱布拉克自西注之。又折而西南流二里，霍洛图布拉克自东注之。又九里，海拉苏台河自西注之。又一里，搜集布拉克自东注之。又南流一里，浑齐布拉克自东注之。又十里，察汗郭勒自西注之。又十一里，什巴尔台河自东北注之（其水出伊克空鄂洛鄂博西，为木兰围场西界）。又折而西，复折而南八里，克筹布拉克自西注之。又十七里经雁北滩（入四旗厅界）、布尔噶苏台哈丹和硕河自西注之。又十七里经半壁山，又南经大庙湾，折而东，复折而西南五十八里，头道河自西注之。又二里，罗密塔子亦自西注之。转而东南流三十二里，至木厂，又折而东流二十四里，经韭菜梁，又九十五里，经小辽东，至瓜地，摩霍尔阿尔善所出之汤泉自南注之。又二十七里，经西屯库尔奇勒河（俗名小滦河）自北来汇之（其水出兴安山梁之阳，三支分引，过托霍隆和洛合为一，西南流，会玛尼图卡伦、哈朗圭达巴罕、珠尔噶台、海拉苏台诸水，折而东南，会霍来郭勒、哈尔浑诸水，又噶拜卓索阿鲁布拉克昂阿诸水，复先后会之，合为一河，注于此）。自此遂名滦河。又二十七里至郭家屯，折而南流四十里至大对山，又折而东，复折而南，屈曲行八十余里至兴隆庄（入喀喇河屯界）南流五十九里经五道河，折而西南流，四十九里至张博湾，兴州河自西北来汇之（其源出沙尔呼山，西经土城子东南流，曲注于此）。折而东流七十余里，经喀喇河屯，绕行宫东流逊河自北来汇之（其水发源围场内，南流经博洛河屯与伊玛图河合，西南流，屈折注此）。东南流三十四里至石门（入热河厅界）。又四十七里经凤凰岭，固都尔呼河自东北来汇之（其源出固都尔呼达巴罕，西南流，与茅沟河合，又与赛音郭勒河合。三源既汇，沿避暑山庄东北，其水会茅沟后，即与汤泉合。至是行宫内亦有温泉流出汇之，遂名热河）。水至此益大。折而南流四十三里，白河西注之（此与发源玛尼图达巴罕，经密云县会潮河之白河异）。又三十三里，老牛河自东北注之。又三十三里至滴水崖，南二河自东注之。又十里柳河自西注之。又六里，车河自西注之。又三十余里至门子哨（入迁安县界），黄花川自西注之。又三十二里，清河自东注之。又九里，豹河自东北注之。折而西流二十里，经滦河滩，又南流，折而东，复折而西，经杨柳峪，又东南流二十一里入潘家口，折而东又折而西十里经走马哨，又二十四里至澈河桥，澈河自西注之。又曲折东南流七十余里，至白布店，恒河自西北注之。又折而东流十余里，至煤峪口，长河自东北注之。又七十三里过平崖子，清河自东北注之（此与黄花川南之清河异）。折而南流二十余里，至峡口，蛤螺河自东注之。又二十九里过迁安县，西经黄台山，又二十三里折而东，三里河自东注之（其河与二道泉合）。又南流二十余里经孤竹城（入卢龙县界），又三十五里至合河口，清龙河自东北来汇之（其源出特布克，入桃林口，复又一水自冷口会之，经永平府城西，过虎头石人于滦），河流至此，势益宽大。又十一里绕雪峰寺，又二十一里过武山西，横河自西注之。又三里至偏凉汀（入滦州界），又东南流五十六里过定流河（人乐亭县界），又三十六里至老河口（滦水故道今涸）又西南流二十里至小河崖，清河自西北注之（此与黄花川南及平崖子之清河俱异）。又七里至石家坨，滦自此分支（名高密河，常涸，大雨时仍分流达海），折而西南流五十余里至新桥口，入于海。自河源至此约二千余里。郦道元《水经注》云濡水出御夷镇东南。按御夷镇为北魏六镇之一，其建镇之所虽不可考，而《魏太祖纪》云：筑长城于长川之西，自赤城西至五原延袤二千里。又魏始祖破蠕蠕，列置降人于漠南，东至濡源，西概五原阴山，分六镇。是御夷居六镇之东，自独石口外至开平皆其故地。以今所考上都河源方向核之，道元所言非尽无稽。惟云二源双引夹山西北流，则未能实辨都尔本诺尔为濡水正源，而以夹山来会之三道河，误为濡源双引，其云出山合成一川，则即今之茂罕和硕耳。至云又西北迳御夷故城东，其遗迹无可据，惟以镇北百四十里计之，当在今乌兰河屯之地。其余诸山水虽与今图不能悉合，然所云又北迳箕安山东，屈而东北流，似即今之多伦鄂博图。其云迳沙野西，又迳沙野北，则似指伊克们绰克至喀喇乌苏一带沙碛言之。其云三泉雁次合为一水，注吕泉水，则似今之克伊绷河合伊克霍尔昆等三源也。云逆流水则似今之伊札尔也。云木林山水，则似今之海留台水也。云又东盘泉水自西北东南流，注濡河，则似今额尔德尼布拉克也。又所云东南水流回曲谓之曲河镇，以今图屈折形势观之，盖即今大河口。自此以下，道元即阑入白檀、要阳，按其地距所云会武列水之热河境尚七百余里，汉时郡县安得至此？其舛尚何待深辨乎？至云濡水又东南迳卢龙塞，则为今之潘家口无疑。其云塞道自无终东出渡濡水，向林兰陉，东至清陉，无终为今玉田，林兰陉盖今喜峰口，清陉即今冷口。即此以证，不特塞垣疆界了然，即田畴引曹操回军卢龙塞之处，亦可得其概矣。其自潘家口以内至入海处，郦注所记州邑山水，虽名称今昔不同，而以志乘订之，皆约略可数，而未至大舛。盖道元于诸水源委，询考綦详，故所言时有相合者，惟未尝亲履其地，且以汉言志蒙古山水名目，往往传讹傅会，更不免谬以千里，则泥古而不知核实之过也。欧阳修云：滦水出炭山东北。胡三省《通鉴注》因之。其后陈组绶《职方图考》、顾祖禹《方舆纪要》皆从其说。今考独石口外无所谓炭山者，惟巴延屯图古尔山，据努三云土人名其山为黑老山。按昔人有谓濡水出黑龙山者，龙老音转承讹，黑龙山之言似不为妄。今巴延屯图古尔山，其阳石色黝黑，所谓炭山，或即指此。而明《统志》乃以万全县南之炭山当之，其地距独石三百余里，则更风马牛不相及矣。《元史·河渠志》滦水出金莲川中。今独石口外濡源相近处，无所谓金莲川者。按《金史·地理志》云：恒州曷里浒东川，更名曰金莲川。又《元史·地理志》云：世祖命刘秉忠相宅于恒州东滦水北之龙冈，中统元年，为开平府，五年加号上都。即今之上都河屯，正在滦水之北，恒州尚在其西。考元周伯琦《扈从北行记》云：至失八尔图，地多泥淖，驿路至此相合，地多异花，有名金莲花者，似荷而黄。至察罕脑儿，犹汉言白海也，历数驿始至恒州。又王恽《中堂事记》云：滦野，盖金人驻夏金莲云云。考其地皆与上都河屯相近，失八尔图当为什巴尔台，蒙古语泥泞处也，在上都西少北。察罕脑儿，当为察汗诺尔，蒙古语白湖也，在上都南少西。金莲川，当在什巴尔台、察汗诺尔之间。元陈孚《金莲川》诗云："茫茫金莲川，日映山色赭。昔人建离宫，今存但古瓦。"盖金时于此建景明宫，为避暑之所。许安仁疏有"金莲千里之外"语，以距京师道里计之，亦相合。又今什巴尔台少西北，有和洛和山，盖即《金史》所谓曷里浒者。川在其东，去独石口几五百里，其非濡源明甚。周伯琦《赋得滦河送苏伯修》诗云："清滦悠悠北斗北，千折萦环护邦国。直疑银汉天上来，金莲满川浮如拭。"盖滦河先径金莲，后至上都，伯琦咏滦河而兼及金莲，殆指河流所经言之。修《元史》者直以为滦出金莲川中，误矣。

南海岸御书北海神庙联额

汇溟宁晏

翕受奠坤维，澜安拱极；
灵长资坎德，派演朝宗。

御书"澄海楼"额

祭北海神文

维乾隆四十五年，岁次庚子，十月丙午朔，越十有九日甲子，皇帝遣诚亲王弘畅致祭于北海之神曰：障东绩钜，环辽海以锺灵；润下功全，汇渤溟而拱极。作庙聿彰。夫轮奂展诚宜荐以馨香，惟神清晏贻庥。朝宗率职，位居乎坎，众流觇翕受之，宏德旺于冬，亿载启滋生之福。仰鸿基之肇造，溯源而永护黄图，承惠泽之旁敷，衍派而遥通黑水。忆昨途遵瀛澨，肃遣宗藩，即今制备榱题，懋昭秩祀。神其鉴虔禋之悃，协顺应之模，景运长绵，应并山高而致享，崇仪勿替，益符川至以凝祥。式是凭依，格兹芬苾。

高宗纯皇帝御制诗

乾隆七年九月十一日，直隶秋收倍常，凭舆有喜，因示众官。

抚字心劳尔我同，西成欣阅异车攻。应筹教化缘加富，莫弛忧勤恃屡丰。路不拾遗非郅治（路不拾遗美政也，而有伪为者。故云）野多滞穗始淳风。清时不贵催科巧，休养还期尽尔衷。

乾隆八年，山海关，恭依皇祖圣祖仁皇帝元韵

取豫严扃钥，思蒙拓海边。耕桑三辅接，形胜两京连。羽卫初冬度，期门晓漏传。桥山瞻此日，龙步想当年。别巘余晴雪，遥林散曙烟。迎眸浑似画，抚序正为权。事异丸封谷，心期舟济川。拳拳思在德，大训更昭然（“在德诚非易，临风更慨然”皇祖诗句也）。

姜女祠

山海关外数里，姜女祠在焉。祠前土邱为姜女坟，望夫石在其侧。俗传姜女为杞梁妻，始皇时因哭其夫而崩长城。今山西潞安、直隶古北口，并此处皆有姜女祠。考杞梁之事，见于《左传》、《孟子》，非始皇时人可知，即《列女传》载有崩城之说，亦无长城实据也。然其节义有可尚者，故题以诗，并识其梗概焉。

凄风秃树吼斜阳，尚作悲声吊国殇。
千古无心夸节义，一身有死为纲常。
由来此日称姜女，尽道当年哭杞梁。
长见秉彝公懿好，讹传是处也何妨。

登澄海楼望海作

鞯辘金轩展祀旋，偶临杰阁眺斋濛。
漫言此后难为水，试望当前不辨天。
秦帝关存终失鹿，汉皇舟阻未成仙。
拟澄坎部留吟句，只恐雕龙让广川。

再题澄海楼壁

我有一勺水，泻为东沧溟。
无今亦无古，不减亦不盈。
腊雪难为白，秋旻差共青。
百川归茹纳，习坎惟心亨。
却笑祖龙痴，鞭石求蓬瀛。
谁能忘天倪，与汝共濯清。

澄海楼联句

乾隆八年十月十六日，自盛京蒇事还京，道入榆关，登澄海楼。望雪霁千峰，波明万顷，天容海色，洵属奇观。时张照、梁诗正侍从，因与联句，凡字画涉水部者概不用，仿欧阳《咏雪》禁体也。

御制　康回昔凭怒，使地东南倾。
　　太始本无始，
臣张照　常盈是不盈。双丸出其里，
　　元气鼓为营。岛屿藐拳石，
御制　轩楼敞绣甍。宠炊疑贝阙，
　　仿佛见瑶京。鞭石桥终断，
臣梁诗正　嘘烟市乍更。星槎何处转，
　　鳌柱若为擎。邈矣端倪豁，
御制　雄哉气象峥。禹功思四载，
　　秦业剩孤城。万壑朝宗此，
臣张照　纤珠茹纳并。由来无寸土，
　　亘古只空明。直上到天险，
御制　横陈据地振。目迷光晶皓，
　　耳骇声砰轰。精卫填难尽，
臣梁诗正　长虹驾可成。三壶远萦带，
　　重嶅锁飞鲸。赋羡木华博，
御制　吟推玉局英。平铺历劫雪，
　　喜遇初冬晴。望叹曾闻若，
臣张照　来游谁逐蜻。内光含煜煜，
　　阴火凉荧荧。绝域随风达，
御制　方诸应月呈。坎重不失信，
　　天一乃居贞。比乐韶观止，
臣梁诗正　如山圣景行。空传香象蹈，
　　谬执窄蠡评。有以谦能受，

御制　　虚将白自生。苞乾恢度量，
　　　　吐日焕晶莹。永奠寰区晏，
　　　　仙乡底问程。

乾隆十有九年秋，由吉林至盛京恭谒三陵，礼成旋跸，以孟冬二日入关，再登澄海楼。距癸亥前游，周一纪矣。星霜亟易，风景犹新。爰续举成例，命汪由敦、刘纶用禁体联叠前韵，既畅登临，并志岁月云。

御制　　坤载既盘薄，坎德靡亏倾。
　　　　脉属天地气，
臣汪由敦　量应朝夕盈。朱垠暨闽广，
　　　　朔野奄幽营。再巡临碣石，
御制　　重登俯雕甍。梁适侍子舍，
　　　　张骞返仙京。壁诗犹好在，
臣刘纶　屋筹凡几更。螺丸大块点，
　　　　赑负岑楼擎。霞标傍槛矗，
御制　　雪峤罗窗峥。东叟寻蓬屿，
　　　　巨蜃吹层城。雾露不辞受，
臣汪由敦　壑谷容来并。云锦织回紫，
　　　　玉绳接通明。阳侯逞陵轶，
御制　　岳祇恣硾振。斫阵万马骇，
　　　　突围千牛轰。禁体续前例，
臣刘纶　罚期严后成。魏毫蘸勺蠡，
　　　　犗饵投长鲸。志怪迹谁核，
御制　　求真才岂英。一杯纳日月，
　　　　亿劫嘘阴晴。底事称白鹭，
臣汪由敦　奚从款红蜻。爰居享镗鞳，
　　　　鲛室眩煌荧。藏积凡书列，
御制　　钜最韩碑呈。何无复何有，
　　　　曰虚亦曰贞。赤石灵运进，

臣刘纶　　绿绮成连行。远航越裳候，
　　　　　奇赆贾胡评。隐娥归墟守，
御制　　　飓母舶逴生。珊瑚周其趾，
　　　　　玭珠灿厥莹。壮观向空廓，
　　　　　邮签慢促程。

夷齐庙

卢龙孤竹城，夷齐庙在焉。史称夷、齐耻食周粟，饿死首阳。《诗》云："采苓采苓，首阳之巅。"《疏》谓在河南蒲坂；而《庄子》则曰：首阳山在岐山西北；曹大家云在陇西;《元和郡国志》谓有阳山在河南偃师;《说文》又谓在辽西。则是首阳凡五，各有证据，而其为夷、齐饿死之处则一也。将孰之从？惟《辽史》所载，营州邻海军下刺史本商孤竹国，今之卢龙即辽营州地也。《尔雅》所举孤竹、北户，注谓孤竹在北，周时幅员不广，其以此处为极北，固宜。然则《说文》所谓首阳山在辽西者，此为近之。殆以诗在《唐风》，而叩马而谏当武王伐纣之时，由是岐、陇、蒲、偃，皆附会其说耳。夫夷齐清风在，天下何处非首阳，岂争疆城乎？冕旒而墨胎以祀者，尤非其志。因系以诗而考其说如此。

轩冕泥涂是本肠，肯容儒雅污冠裳。
薇苓依旧西山岵，顽懦羞登夫子堂。
只为心惭踪异武，敢将口实罪归汤。
岂争陇右还蒲左，天下清风尽首阳。

渡滦河

清跸转辰斿，霜华画罕浮。
初冬回帝里，千里此滦州。
揽景目难给，题诗兴辄留。
偏凉汀畔水，待我再凭流。

题望夫石

姜女祠前有石，名曰望夫。或云即姜女墓。事虽不经，而有关风化，故咏之。

执役当时为护边，陨城坚节孟姜传。
牧儿遗火咸阳燎，片石赢他磨海田。

山海关，仍恭依皇祖原韵

长塞沧瀛倚，雄关碣石边。抱环四城接（南北二边城，东西二罗城，皆洪武时徐达建），延亘万峰连。两度銮舆历，千秋圣制传。小阳仍问景，弱水不论年。禾稼纳场圃，人家富井烟。抚兹偃武会，敢忘诘戎权。战迹余平野（关内平野，即破流贼十万众处），人情譬涉川。丹陵回望远。揽辔意拳然。

再登澄海楼，叠前韵题壁

拾级登岑楼，复此俯巨溟。
寒暑幻冬夏，日月浴亏盈。
界嶼光并耀，际天色同青。
最钜斯绝类，守信故永亨。
蹄涔易致涸，注兹恒为瀛。
泾渭诚小哉，徒分浊与清。

过抚宁县

骊城埤垷枕深河，翠罕金根此重过。
瞥眼昔时复今日，慰心岁美更人和。
短长驿路邮签数，宛转遥山画幛罗。
应是士民奉清跸，未教聒耳听弦歌。

兔耳峰

兔耳峰头常罩云（见志书），果然玉笋矗氤氲。
初冬喜见朝脐蔚，便望瀌瀌六出纷。

夷齐庙

得圣之清孰与齐，首山途便此凭跻。
为传公信及公达，底较辽西复陇西。
宋代何须锡圭冕，伊人本自视涂泥。
史迁慨羡青云士，未识浮名本稗稊。

夷齐庙四景

孤竹城

令支让国先（去声）延陵，孤竹谁知中子名。
太白一篇真卓识，淮南尺布独何情。

揖逊堂

堂名揖逊是谁题，回跖评量语不稽。
迁也亦知天道否？千秋尸祝属夷齐。

屈蟠松

清风台畔屈蟠松，偃折盘盘翠樾浓。
高咏西山采薇句，果然无碍后凋逢。

清风台

滦水回环曲抱洲，崇台百尺枕清流。
乔松古籁拂衣落，快与前贤共唱酬。

游偏凉汀作

滦州境内两奇胜，夷齐庙及偏凉汀。
肃谒清圣挹古貌，高台临碧为延停。
轻舆向南三十里，横山秀色蔚岌巍。
笑指面前滦水云：急流先我来何驶？
兰椒石磴登崟缘，峰容波态相澄鲜。

遥思六月松下坐，谡谡涛泛凉来偏。
好景多属化人国，文殊问道维摩默。
摩挲往迹辨金明，壁上有诗僧不识。
倚岩飞阁坐凭流，昔年游兴一晌酬（旧作有“偏凉汀畔水，待我再凭流”之句）。
化民成俗今然不？初心自问多增忧。

姜女祠乾隆四十三年戊戌孟秋

丛祠旧筑海山边，善哭偏因姜女传。
金铸应嫌范蠡谲，墨胎可比伯夷贤。
肃风枯树哀弦写，明月清波古镜悬。
路便一临缘节义，订讹意已具前篇。

又乾隆四十八年癸卯孟秋

墨胎可比伯夷贤，戊戌曾经此泐篇。
应劭又云国君姓，千秋究史轨真传。

戊戌秋季，澄海楼叠癸亥旧韵

包括乾坤转复旋，瀚瀚孰得测瀁瀁。
凭楼有兴重斯日，浮渤无边远接天。
谁见沧桑经变幻，虚传壶峤隐神仙。
俯临惟羡廓然量，何以从容纳百川。

戊戌秋季，再叠前韵

寰区实广矣，还以旋渤溟。
章亥已迷步，河伯徒叹盈。
俯近无双白，望远惟一青。
三登廿五载，所幸时均亨。
独惜失妙迹，仙班怀昔瀛。

永希弗扬波，万国朝皇清。

癸卯冬，澄海楼望海，再叠癸亥旧作韵

又自陪都转旆旋，城楼拾级望溶瀁。
今来古往祗一水，汉蹟秦颠无二天。
木几聊因闲咏句，徐舡何必远求仙。
却缘悟得汤汤者，纳自诸河及小川。

癸卯孟冬，三叠前韵

秦皇心实侈，筑城骑洪溟。
由旬语固诞，兹存里诚盈。
是果何为乎？水白山仍青。
留此供笑谈，茅见塞匪亨。
儒臣携联句，亦足诩登瀛。
虚受奚拣择，河浊江自清。

澄海楼联句

乾隆四十三年秋，展谒祖陵，跸途出入俱由山海关，回銮因登澄海楼。距甲戌之临，虽越二纪，而登瀛胜概，凭览依然。因命于敏中、梁国治，再叠前韵联句，诗中禁体亦循曩例也。

御制　归墟曰为纳，尾闾曰为倾。
　　　倾纳两无竭，
臣于敏中　墟间互相盈。远禆或仿佛，
　　　邃古畴经营。前巡阅二纪，
御制　叠至临城甍。凭轩望蓬岛，
　　　回舆辞陪京。壁惜张迹佚，
臣梁国治　碑抚汪体更。界垠琼阁竦，
　　　联藻标霞擎。声胪紫极动，
御制　目回青霄峥。横陈接云宇，

　　　　　直入余石城。尔时如何筑？
臣于敏中　今域偕来并。连山险宁恃，
　　　　　聚米觇愈明。辽矣广轴振，
御制　　　苍然圆窿振。喷雪白非晦，
　　　　　敛日黄徒轰。朝夕信弗舛，
臣梁国治　宗都量以成。珠胎孕灵蚌，
　　　　　金背腾横鲸。出素屑霜采，
御制　　　升旭辉若英。地脉绵永劫，
　　　　　阴火然恒晴。楼台气吹蜃，
臣于敏中　村舍居罗蜻。望秩昭肸蚃，
　　　　　卜祠焕晶荧。景象倏分集，
御制　　　端倪自全呈。东南坦崖堑，
　　　　　西北拓安贞。周还识体大，
臣梁国治　嘘吸通乾行。搏风庄叟喻，
　　　　　志怪齐谐评。有经验博物，
御制　　　惟错征含生。寻仙鄙徐福，
　　　　　运杼孰祖莹。三番咏一韵，
　　　　　可以命归程。

乾隆四十八年御制海神庙诗

戊戌重经渤海壖，命修神庙致诚虔。
祈恬瀣浪恒福国，永佑桑田默赞天。
是日帛香瞻匼窟，千秋俎豆奠垓埏。
钦惟二祖躬开创，早荷帡幪此济川。

乾隆四十八年秋，自热河取道边外，四诣陪都。恭诣祖陵，礼成回跸，入山海关，经澄海楼。计自癸亥联句及甲戌、戊戌叠韵，中间四十年矣。命梁国治、董诰仍依禁体，赓和前吟。

御制　　　云上于天解，近著众听倾。

至理非创说，
臣梁国治　归墟岂辞盈。辖运实一气，
揲卦凡四营。宗都斯会极，
御制　关塞此飞甍。乾体有时下，
坎象无与京。旷然翕辟际，
臣董诰　廓矣阴阳更。双丸所出入，
八柱交撑擎。鹏路从绵邈，
御制　鳌山戴崚峥。方圆罗壶峤，
金银惟阙城。谈天志驺诞，
臣梁国治　筑石嗤秦并。手披星阒迥，
眼拓霞窗明。鹢舟帆似点，
御制　鲛室机谁振。文势露形重，
武声雷掀轰。向若悟损益，
臣董诰　微禹思平成。晓市奇吐蜃，
秋风怒吞鲸。精灵配广大，
御制　颢气含鲜英。黑色昼亦晦，
红光夜如晴。雪爪种传鹘，
臣梁国治　绀幡名辨鲭。螺蚌锦文被，
珊瑚华采荧。是惟神祇宅，
御制　岂徒琛宝呈。弗扬四方会，
来朝万邦贞。蹻乘期羡觌，
臣董诰　航远欧罗行。韩碑百灵纪，
木赋前良评。谷王知弗让，
御制　月霸候哉生。具阴火耀焰，
不尘珠剖莹。促成五字吟，
记予四度程。

仁宗睿皇帝御制诗

恭和御制夷齐庙即事元韵

葆祠几度六飞临，二老孤忠感睿吟。
知命难从龄锡主，爱君共守岁寒心。
秋风古殿松杉老，夜月空阶猿鹤寻。
大节独标千万世，昭然遗迹兆民钦。

恭和御制过永平府咏事元韵

天聪创业乾坤旋，告天七恨出万全。雄师八部入三边，直趋燕京攻何难。六军鼓荡能摧坚，薄城弗取致和焉。神威示儆舍弗搴，帝悯万姓德弥天。以仁得之奚事虔，王师回指用维权。夜趋永平奇兵连，一战克取黔黎安。息众饶歌返旌旃。折冲留守命重臣叶。圣谕严戒毋杀残，复设重镇调大员。偾辕败事启争端，明师乘势幸复还。转败无计坑守官，夜弃三郡归汗颜。天威震怒申命宣，功成不易惜弃捐。拘囚赦死惩且劝叶，文皇功烈巍巍然。宸怀念祖述辛艰，熙朝万世承乾乾。

恭和御制进山海关元韵

长城尽处秦时关，左山右海欲破难。
遥连大漠据冲要，咽喉阻扼攻诚艰。
前明自恃地势险，王政不修咎奚掩。
黎民尽蹈水火中，应天顺人帝心感。
王师赫濯临燕易，岂务攻城与争地。
临得弗取旋旆旌，正众兴戎以律出。
天心已属始基之，尚待时兴总六师。
陕西流贼恣猖獗，蔓延郡邑屠穷黎。
崇祯身殉宗社乱，南走福王失昏旦。
群小岂足定纷嚣，大圣人出释民难。
复仇哀请心怀女，启关迎入桓桓旅。

势如破竹定燕京，懿亲建功千秋巨。
于今一统清跸经，故迹永瞻默佑灵。
十二金城未足恃，守城在德群慎听。

恭和御制山海关咏事元韵

明基垂得待时回，岂必岩城藉彼开。
片石一麾贼胆迸，雄关自启帝图恢。
北门锁钥徒虚尔，南国笙歌安在哉？
少小福王真闰位，江干战骨已成灰。

恭和御制山海关四依皇祖元韵

设险存前代，丸泥屹镇边。
东溟千派合，故国万山连。
自失金汤固，徒劳镇卫传。
奚夸天作堑，早卜鼎新年。
郡县全蒙泽，烽台久绝烟。
化联中外域，治协重轻权。
德洽如沾醴，恩敷若汇川。
上陵旋跸过，宸藻仰超然。

恭和御制瞻谒北海神庙，敬成长律元韵

巍焕神祠枕石堧，躬临展礼帝心虔。
珠帘碧瓦瞻崇像，细雨灵风散远天。
永庆安澜昭有感，长流渥泽溥无埏。
含宏大德垂今古，六合朝宗纳百川。

恭和御制登澄海楼望海，再叠癸亥旧作韵元韵

包罗宇宙永回旋，极目千层雪浪瀁。
辇驻楼头高揽胜，潮翻岛外远连天。

瀛洲访道谁能见，蓬峤添筹自有仙。
圣德无涯同渤海，庆流寿世祝如川。

恭和御制登澄海楼，三叠前韵题壁元韵

九州据中国，此外环沧溟。
大哉虚受德，万古无满盈。
东注汇辽沈，南望连营青。
浩浩不扬波，效顺协时亨。
层楼惬遐瞩，畅观极八瀛。
宸章定往失，激浊而扬清。

恭和御制夷齐庙元韵

弟兄清节标孤竹，逊让原根天性然。
心愿求仁不求位，名褒先圣与先贤。
封齐大业虽能建，叩马片言孰并传？
回首磻溪尘迹泯，崇洞终古立青天。

恭和御制题夷齐庙四景，再叠甲戌旧作韵元韵

孤竹城

叩马登山往迹陵，岩城犹著二难名。
千秋清节传青简，终古依依兄弟情。

揖逊堂

永怀胜迹孰留题，圣许求仁语可稽。
揖逊标名名实副，居人世代仰夷齐。

屈蟠松

本性坚于万古松，贞姿不谢绿常浓。
停銮静对虬螭干，二老应欣圣世逢。

清风台

百尺崇台俯绿洲，滦河几曲绕栏流。
图成四景重摛藻，天籁泠然空外酬。

恭和御制“久不作蝇头”，兹题夷齐庙四景于自写卷中，以限于画境，遂勉为之，辄成此律元韵

即境成图瞻位置，再题睿藻写环中。
微茫细楷天文聚，结构神工墨彩融。
西楚重瞳奚足诩？有虞四目未能同。
古稀益衍无疆寿，叆叇输他白发翁。

嘉庆十年秋，澄海楼联句，敬依皇考禁体原韵有序

乾隆八年癸亥，冬十月既望，皇考自盛京展诣祖陵还京，道入榆关，登楼望海。是时雪霁波澄，因仿欧阳修《咏雪诗》体，凡字画涉水部者禁不用，与张照、梁诗正联句。迨后甲戌、戊戌、癸卯三度过此，皆命侍臣赓和，一如前例，煌煌圣制，允与于廓灵海同其广大矣。予小子勉绍宏猷，宪章前典，诹吉于乙丑秋七月，恭诣三陵，九月礼成旋跸，临莅斯楼。仰瞻天藻，咸韶在耳，奎画如新。亦命尚书戴衢亨、侍郎赵秉冲，依体叠韵敬和尧章，虽未免于望洋，或庶几于学海云尔。

御制　　卯秋昔扈侍，赓歌耳敬倾。
　　　　天葩瞻永焕，
臣戴衢亨　坎德盅不盈。岿然级更拾，
　　　　廓如目重营。纤萝静鲛室，
御制　　搏桑丽翚甍。一勺未可量，
　　　　无际莫与京。点螺山碧闯，
臣赵秉冲　飘芥舟程更。幻市谁架构，
　　　　灵居孰支擎？岂伊神仙窟，

御制　　独向鳌首峥。三千里一越，
　　　　十二楼五重。说自庄列创，
臣戴衢亨　诞遂嬴刘并。那知神禹功，
　　　　朗若三光明。枝分别歧幻，
御制　　胼胝勤撑振。斡运地轴转，
　　　　嘘噏雷车轰。屑雨火井灭，
臣赵秉冲　熬雪盐田成。慕化递驯雉，
　　　　负秽戕狂鲸。被除鱼龙宅，
御制　　迸茁珊瑚英。群鸥舞屿下，
　　　　孤鹤摩天晴。维时际擎敛，
臣戴衢亨　咽露无蛰蜻。瓦霜华蔌蔌，
　　　　岛旭丹荧荧。登丰率士乐，
御制　　望远东云呈。缅维万方协，
　　　　端在百度贞。懿兹三五德，
臣赵秉冲　憬彼星日行。遵典扩壮观，
　　　　继声细推评。赋儳小言愧，
御制　　歌谐大风生。亿年此关塞，
　　　　四壁辉琼莹。广轮遍苞括，
　　　　元会钦式程。

嘉庆十年，岁在乙丑，孟秋月，御题姜女祠

免罪吊庐义懔然，翻因善哭迭讹传。
齐东野语虽难究，节烈堪褒闺阁贤。

嘉庆二十三年澄海楼联句，敬依皇考禁体元韵

御制　　周环六合外，曾说康回倾。
　　　　天一始邃古，
臣姚文田谷百看徐盈。岩关峙巘嶂，
　　　　衤衤釜工经营。连云排雉堞，
御制　　拔地骞雕甍。登楼瞩贝阙，

旋辔来旧京。大观已三度。
臣吴信中次舍刚一更。阆风凤盖莅，
晓月骊珠擎。藻扃启虚敞，
御制　榆塞峨峣峥。遥挹列仙岛，
下贯秦皇城。劳力不知止，
臣姚文田　遗迹空兼并。嘉名缅知圣，
杰构追前明。静疑巨鳌奠，
御制　撼绝神鳍振。迎眸光闪烁，
入耳声砰訇。胜览易视听，
臣吴信中　宏纳无亏成。振羽翻白鹭，
掉尾佉长鲸。蓬莱见瑶室，
御制　若木舒琼英。日月互吞吐，
箕毕分阴晴。层阁气嘘蜃，
臣姚文田　巨舟飞点蜻。万怪戢变幻，
百宝胜晶荧。上善聃史阐，
御制　虚受羲经呈。无边接霄远，
不息含气贞。四极健德聚，
臣吴信中　重坎中道行。尧文昔屡咏，
木赋今再评。来游睿襟畅，
御制　即目吟情生。晖高扶旭朗，
光蕴怀珠莹。叠韵偕翰苑，
摛藻日纪程。

嘉庆十年乙丑仲秋，御制海神庙诗

考建神祠渤海滨，瓣香虔礼展精禋。
安澜遍沐平成福，恬浪咸沾化育仁。
薄雾笼庭含远甸，灵风拂旆映重闉。
试登杰阁舒瞻眺，浩渺沧波欲问津。

宣宗成皇帝御制诗

乾隆八年癸亥十月。皇祖高宗纯皇帝，自盛京旋跸入山海关，登澄海楼。命侍臣即景联句，仿欧阳修《聚星堂吟雪》体，凡字画涉水部者禁不用。自是甲戌、戊戌、癸卯三度登楼，皆用前韵，禁体遂成故事。嘉庆乙丑、戊寅，皇考仁宗睿皇帝，两诣盛京，驾还入关，登楼联咏，亦依成例。藐躬嗣统于今九年，属以回疆平定敬告三陵，诹吉于八月十有九日驾言徂东，礼成回銮。时维十月，入关之日，登楼凭眺，幸际岁丰人乐，寰海镜清。敬仰天章，如亲盛轨。爰命侍臣，依例联句，词仍禁体，韵则新拈，敢云继响鸿篇，庶几倾心蠡测云尔。

御制　　雄关襟榆塞，巨甃冠岑楼。

臣曹振镛六飞岁时莅，

御制　　一览乾坤收。阳春启孟序，

臣穆彰阿颢气余高秋。告功礼仪蒇，

御制　　旋跸旌旆悠。尧章舜载咏，

臣祁寯藻星烂云常留。维皇缵元绪，

御制　　巵圣思夙游。和銮此时迈，

臣许乃普钜典初躬修。岁美雨旸若，

御制　　边绥兵甲休。天祖实眷佑，

臣曹振镛　川岳胥怀柔。西戎已即叙，

御制　　东驾爰咨诹。京原缅鞸琫，

臣穆彰阿　垌野观骃骝。伟哉医闾望，

御制　　眷焉碣石求。严城信矗矗，

臣祁寯藻　杰阁何娄娄。仰瞻天盖近，

御制　　俯瞰地轴幽。三山耸其髻，

臣许乃普　六鳌戴以头。委输纳百谷，

御制　　嘘吸函九州。占风入象译，

臣曹振镛　揆日来螺舟。空传嬴氏岛，

御制　　诓慕安期倚。荒唐彼贝阙，
臣穆彰阿　奠定兹金瓯。鼍梁岂待架，
御制　　鹭堠何烦掫。戈船靖蛟鳄，
臣祁寯藻　琛舶闲凫鸥。兼通粳稻利，
御制　　一试云帆遒。聚米数壶峤，
臣许乃普　飞槎穿斗牛。归墟赖地力，
御制　　望若钦神休。乃知厚德载，
臣曹振镛　实为上善优。旷观契太始，
御制　　远驭廑宏猷。紥铁负崇堞，
臣穆彰阿　鞭石藩荒陬。重镇昔扼险，
御制　　丽谯今设邮。凭栏玩翠蜃，
臣祁寯藻　鼓鬣看银鳍。朝阳玛瑙瓮，
御制　　夜月珊瑚钩。舳舻任喷欲，
臣许乃普　岩岫争雕锼。珍符贡图牒，
御制　　慈寿胪歌讴。灵虬竞舞曲，
臣曹振镛　仙骥纷衔筹。虹橑翼凤辇，
御制　　雉扇纡龙斿。舆情既霭若，
臣穆彰阿　峻赏方夷犹。迎銮遍辽蓟，
御制　　授简联枚邹。登高怀共骋，
臣祁寯藻　绘景思先抽。赋才那数木，
御制　　诗例仍循欧。新赓叶肆好，
臣许乃普　互酌若旅酬。川增窃效颂，
御制　　万纪长环周。

观　　海

夫众星以辰极为宗，百川以沧溟为壑，细流不择见涵育之无遗，鸿波不扬识太平之有象。伟兹巨浸，实汇雄关，列圣銮辂所经，登临成什。予昔叨扆跸，曾赓观海之章。今值省方适幸销兵之会，沐日浴月，百宝腾其菁英，□阳□阴，万汇资其润泽，凭高游目，揽胜摅怀，匪夸木赋之工，缅想禹功之美。三十首七言载咏，义取成章，上下平全韵分胪，情殷监水。

停骖旷揽海天东，秋迥萧萧下远风。
回忆当年登眺处，岁华迁易怆予衷。

洪波入望势何汹，不见秦皇第几峰。
试问天涯还地角，仙人曾否一相逢？

海天漠漠映虚窗，无际平沙雪浪撞。
想得秋清明月夜，流云空外漭银釭。

虚受从知造化奇，汤汤浩浩括坤维。
回环万里循常道，大矣朝宗朝夕驰。

风帆云岛望依稀，日出扶桑滉曙晖。
千里目穷如昔日，情怀暗叹是耶非。

曾闻渤澥纪归墟，不止不盈大尾闾。
惟有无心云几片，空明镜里卷还舒。

无边深广接天隅，精卫殷勤若个愚。
坎德无为宣地脉，洪涓不择就卑污。

遐观浩瀚海云齐，空外峰峦尽觉低。
我是望洋徒向若，岂同曼倩欲倾蠡。

地纪滔滔莫与济，秋澄玉宇喜晴佳。
揭来驻马舒心目，深戒求仙物外怀。

谁云沧海幻楼台，目极洪涛亦壮哉！
想得大荒分混沌，茫茫岂辨劫前灰。

无分寒暑与冬春，振古如兹斡大钧。
烂漫云霞腾贝阙，浮天望处浪翻银。

八维巨浸有前闻，不见元虚赋海文。
浑濩溟茫看不见，非烟非雾觌层氛。

沙边高下落潮痕，足底惟余浪影掀。
到此超然豁心虑，空明上下脱尘樊。

鸿蒙一气太虚宽，渤海重临壮大观。
好是天空风静候，才吟遐瞩凭危栏。

海外徒闻更有山，金银宫阙岂容攀。
乐天知命一言蔽，堪笑奔波空外还。

谁云沧海变桑田，清浅蓬莱只浪传。
终古波澜如一日，津堧眼底幻云烟。

楼上平临万里迢，秋阳杲杲丽晴霄。
深翻坤轴疑无地，输委无讹子午潮。

苍然无外混茫包，浩浩洵洵风雨交。
何必空如希彼岸，铁峰粟颗喻观泡。

海云漠漠海山高，豪放何人策六鳌。
几片秋云写秋色，凌波爽籁拂征袍。

损益须参一勺多，六根可度波罗伽。
想他航海秋风客，栖寄不知身在何。

举头讵可望津涯，潮去潮来万里沙。
象外游心心旷远，都无世俗一尘遮。

长风飒飒色苍苍，云际依稀认海樯。
惟有去来波不定，滔滔终古望奔忙。

善纳何分浊与清，包含度量永持盈。
谁云东海海东岸，更有碧海徒传名。

混灏云容无定形，阴阳开合毓精灵。
不风不雨亦溟漠，登眺层楼两度经。

渺渺难分浪几层，海边乍觉晓寒凝。
云流空外弥寥阔，济荡遥分旭日升。

天墟地轴古洪流，冷露金风万里秋。
隐约帆樯云外见，三三两两若萍浮。

凌虚楼阁重登临，渤澥何人测浅深。
渺矣三山不可望，祇余空阔海烟沈。

金山玉海总空谈，一色苍茫映蔚蓝。
鉴止自应参妙谛，无终无极悟虚涵。

日用民生煮海盐，也劳筋力悯穷阎。

长空纵目舒怀抱，卅首成吟韵乍拈。

秽浊无嫌自古咸，天边几点认归帆。
观于海者难为水，鼓荡乾坤出世凡。

姜女祠

当年抗节塞门风，凄惨孤芳付海东。
一点灵犀通溟漠，想他好合两心同。

行　宫

一在卢龙县西二十里夷齐庙已废。一在抚宁县西南二十五里天台山麓，嘉庆二十三年直督方公观承建。道光九年奉旨招商拆卖。

一在临榆县城西门外石河西，已废。

卷之一

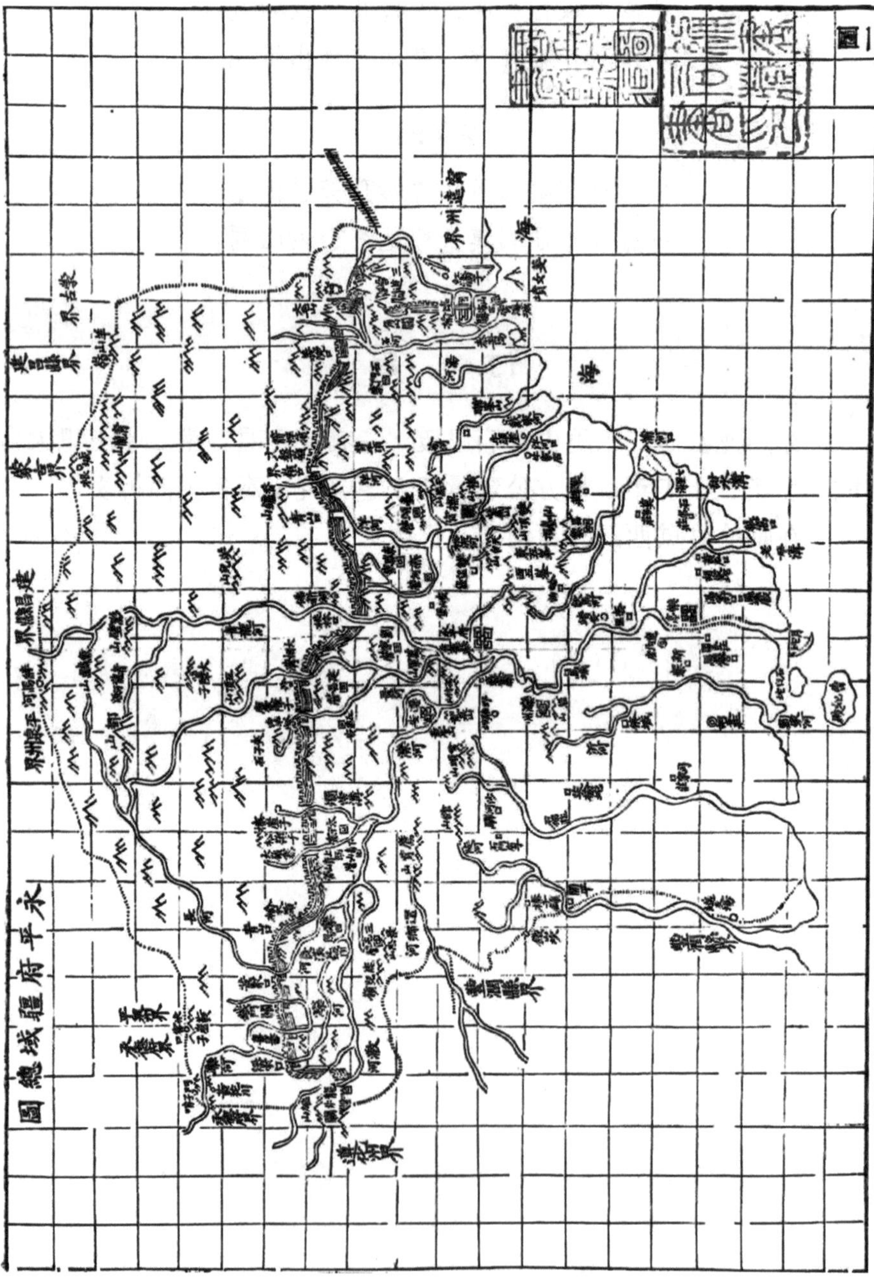

盧龍縣疆域圖

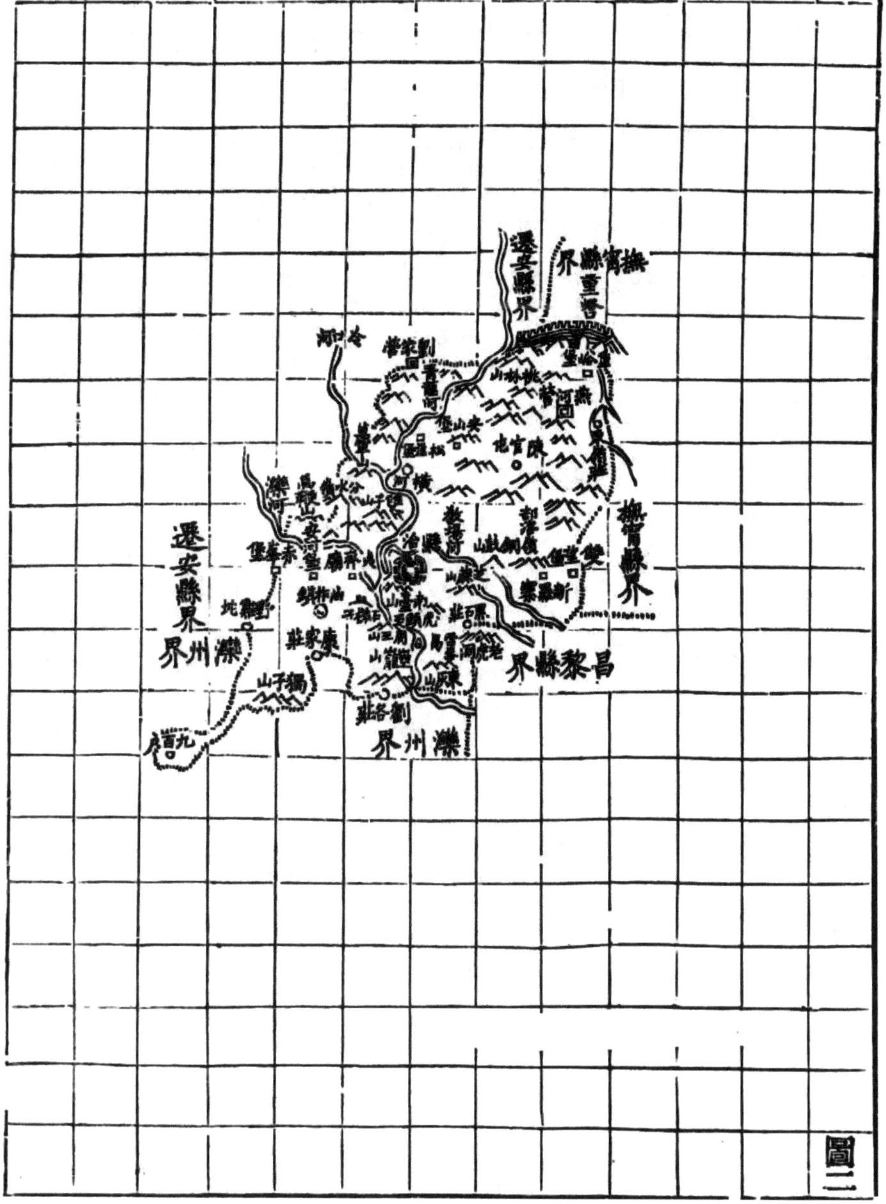

圖二

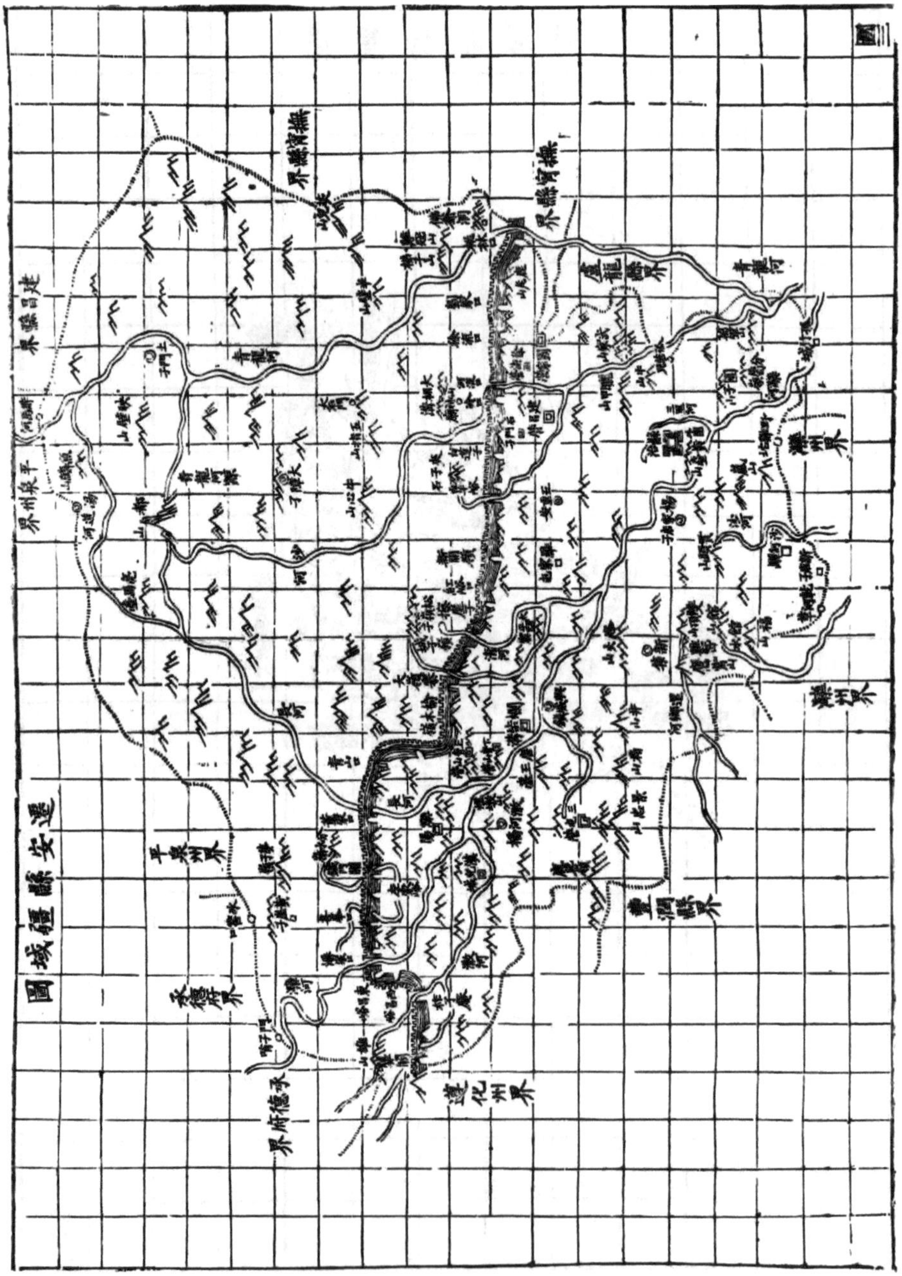
遷安縣疆域圖

撫甯縣疆域圖
蒙古界
臨榆縣界
遷安縣界
盧龍縣界
臨榆縣界
昌黎縣界
海界
縣治

昌黎縣疆域圖

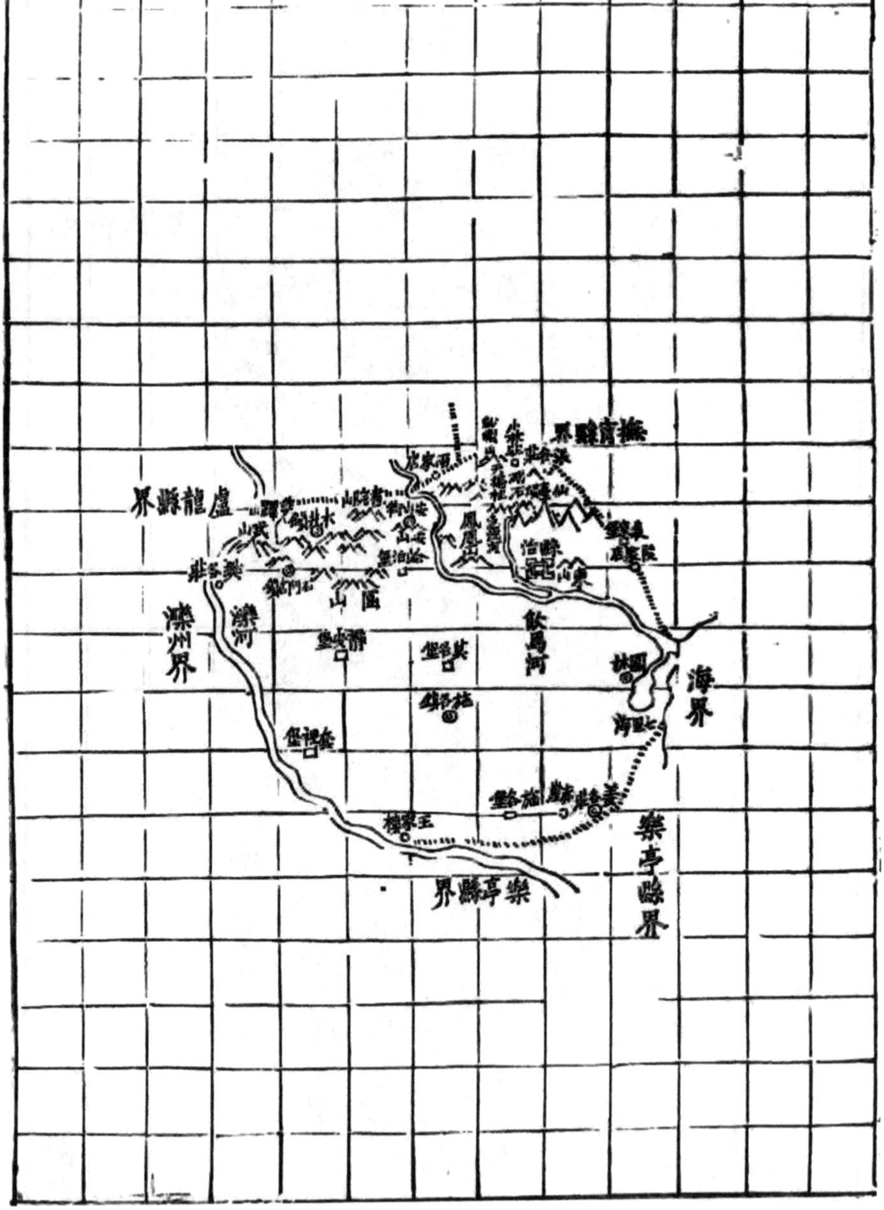

灤州疆域圖

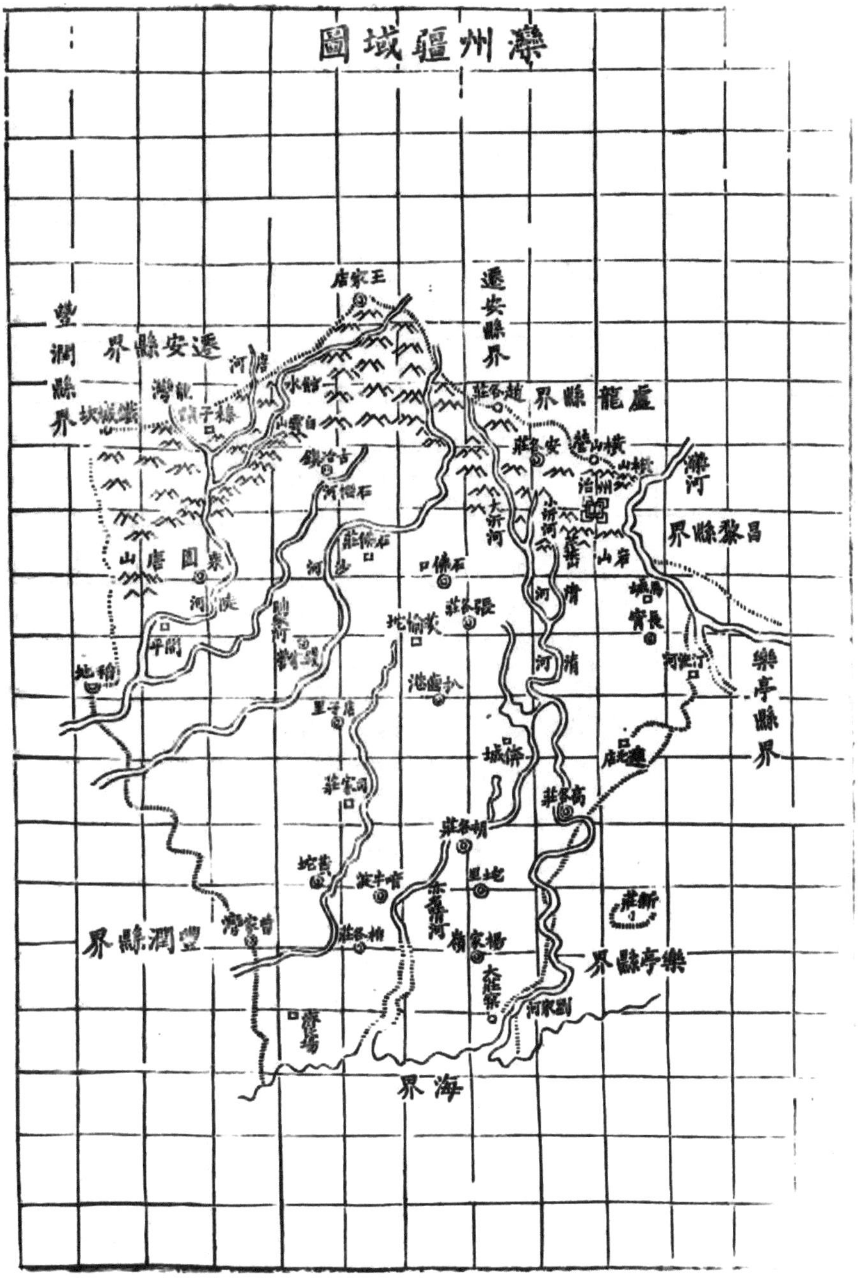

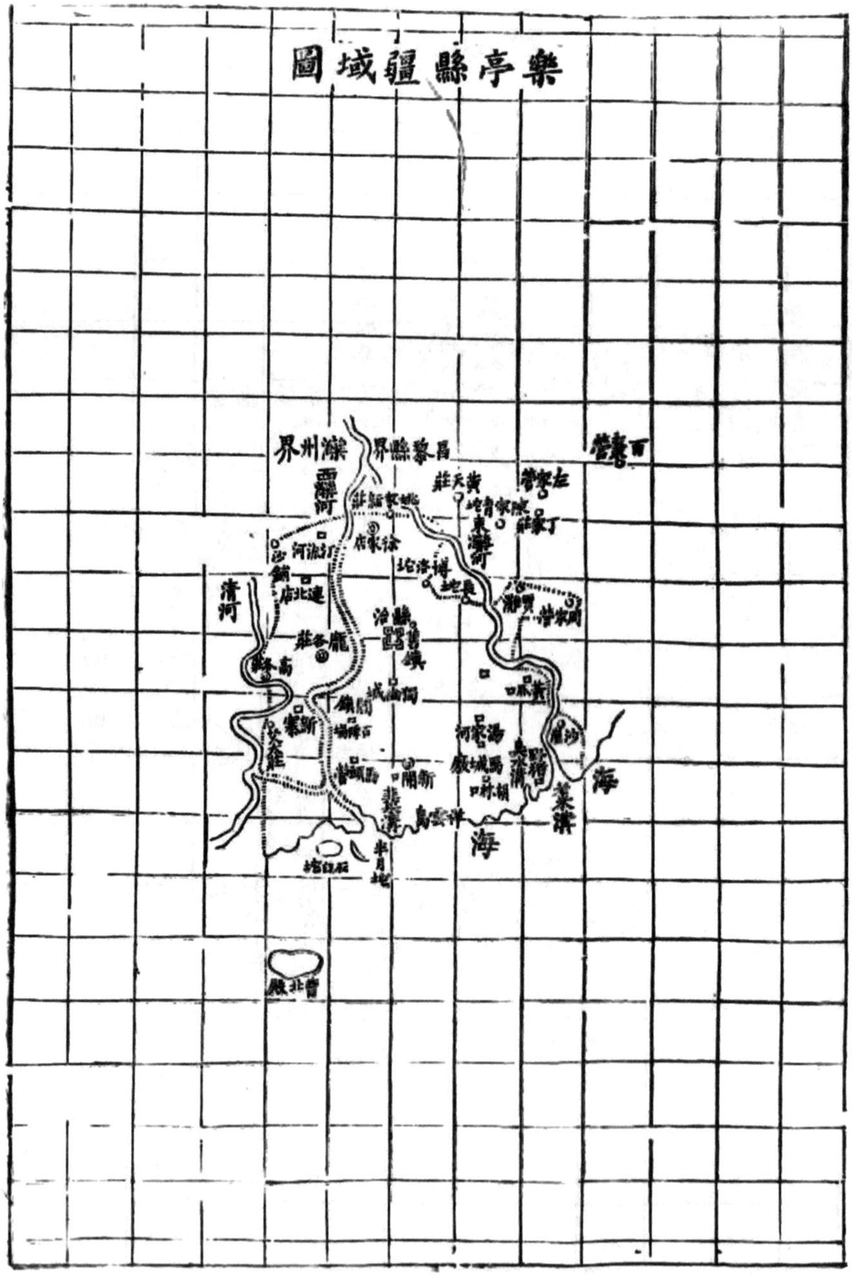
樂亭縣疆域圖
灤州界
昌黎縣界
清河
海
海

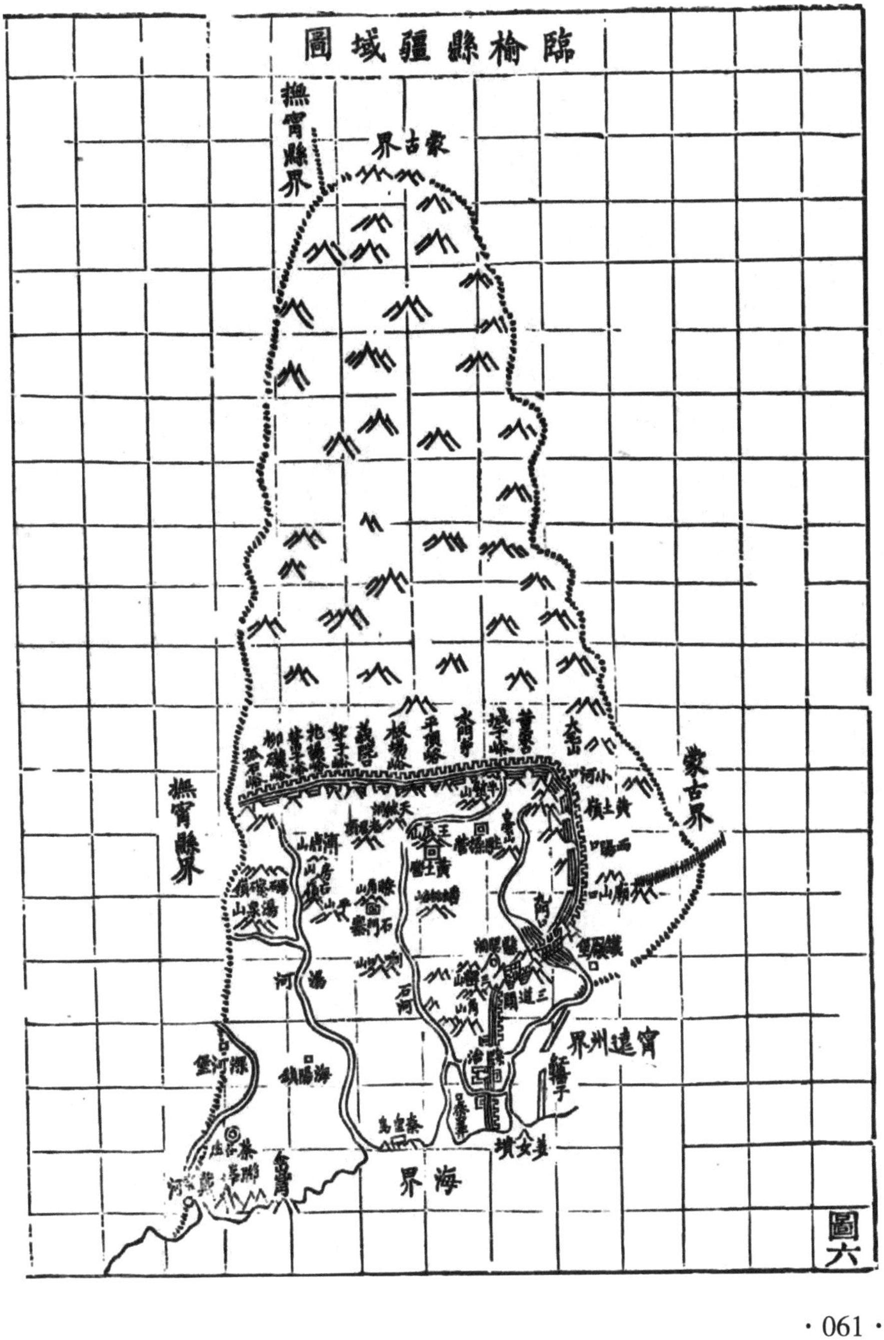

臨榆縣疆域圖
撫寧縣界
蒙古界
蒙古界
撫寧縣界
寧遠州界
湯河
石河
海陽鎮
三道關
秦皇島
姜女墳
海界
圖六

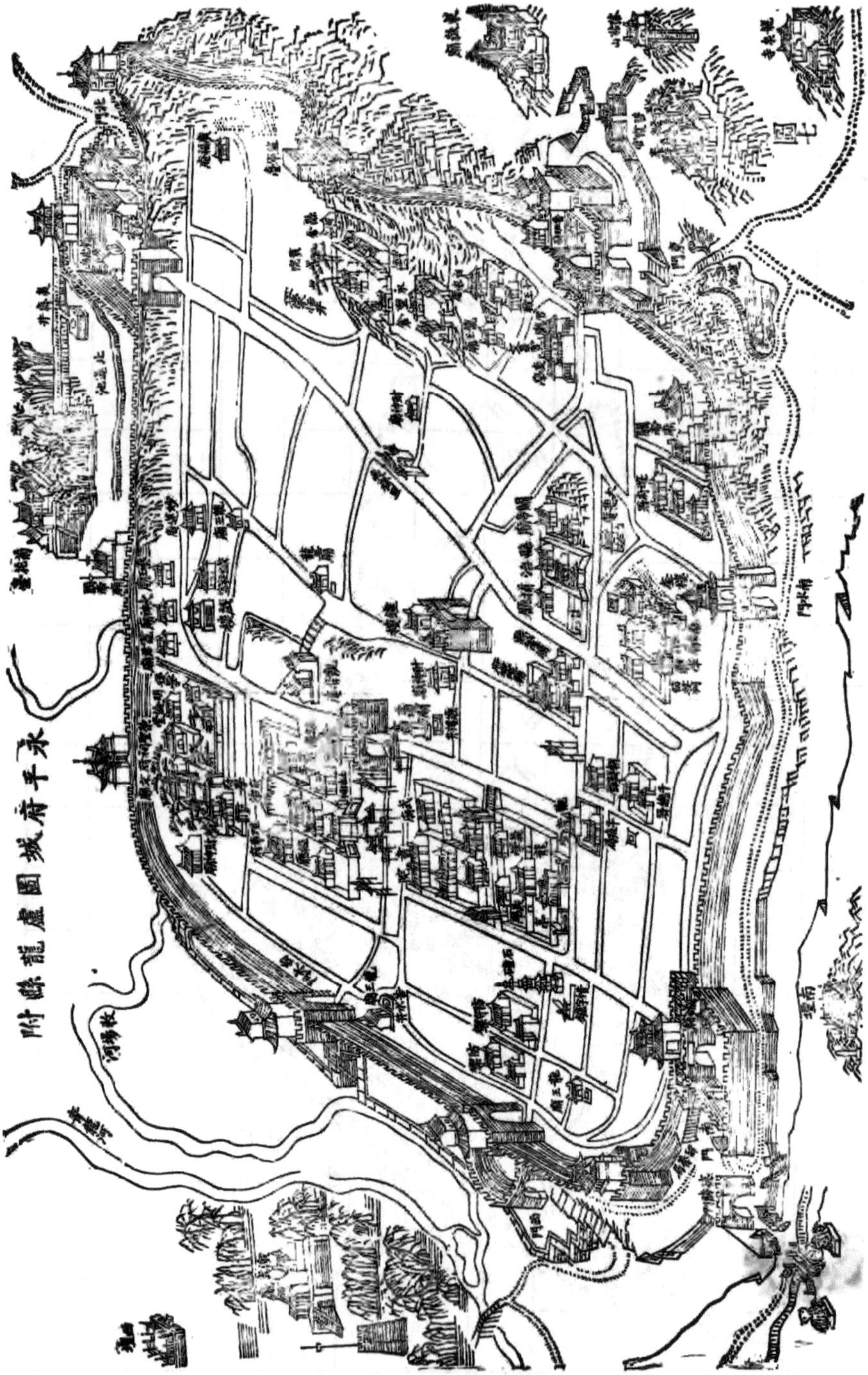
永平府城圖盧龍縣附

圖八

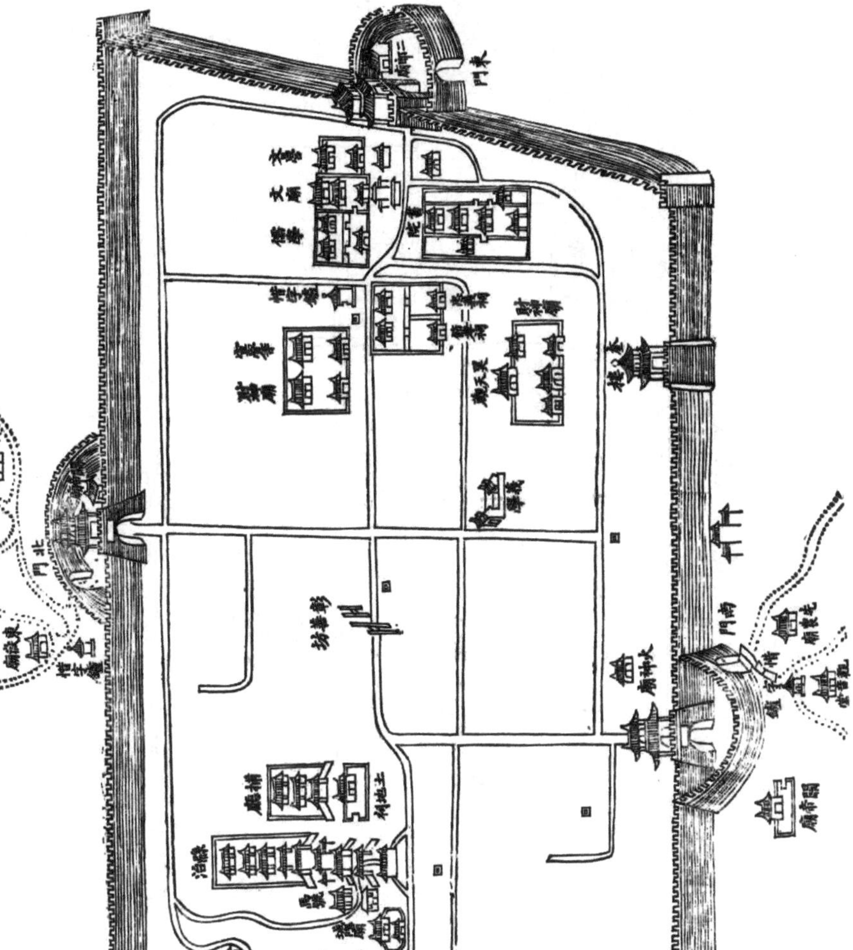

遷安縣城圖

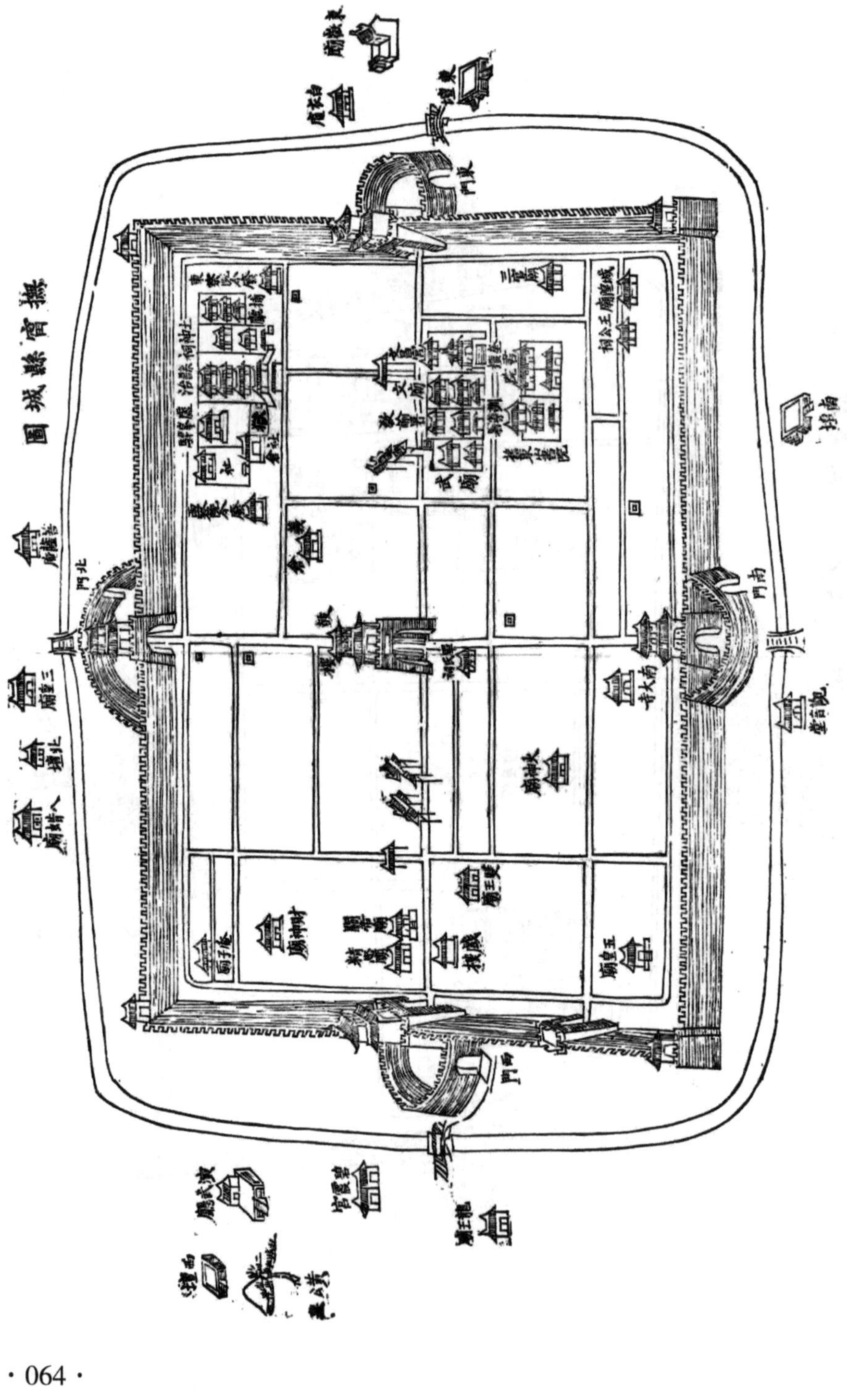
撫寧縣城圖

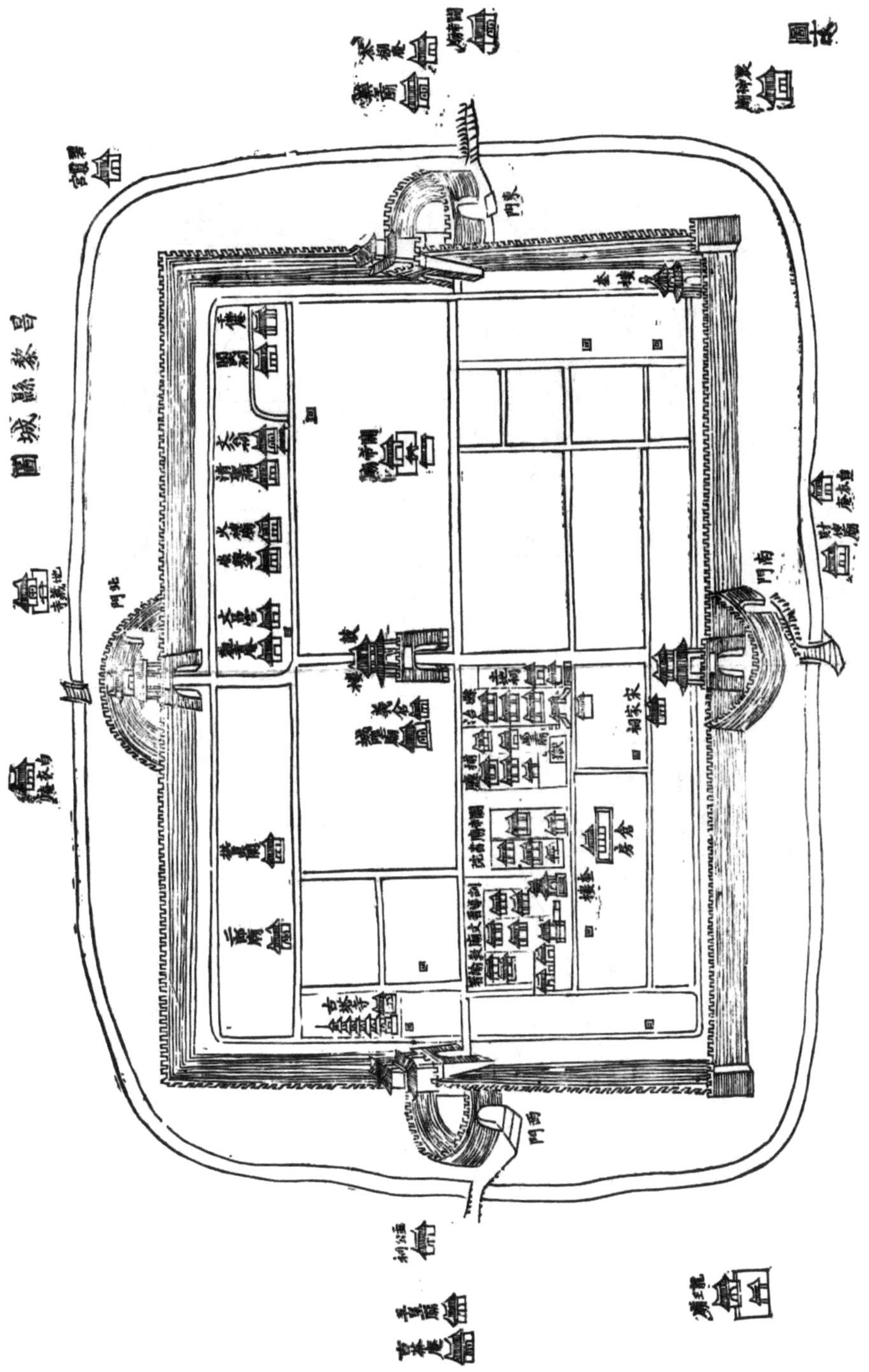
昌黎縣城圖

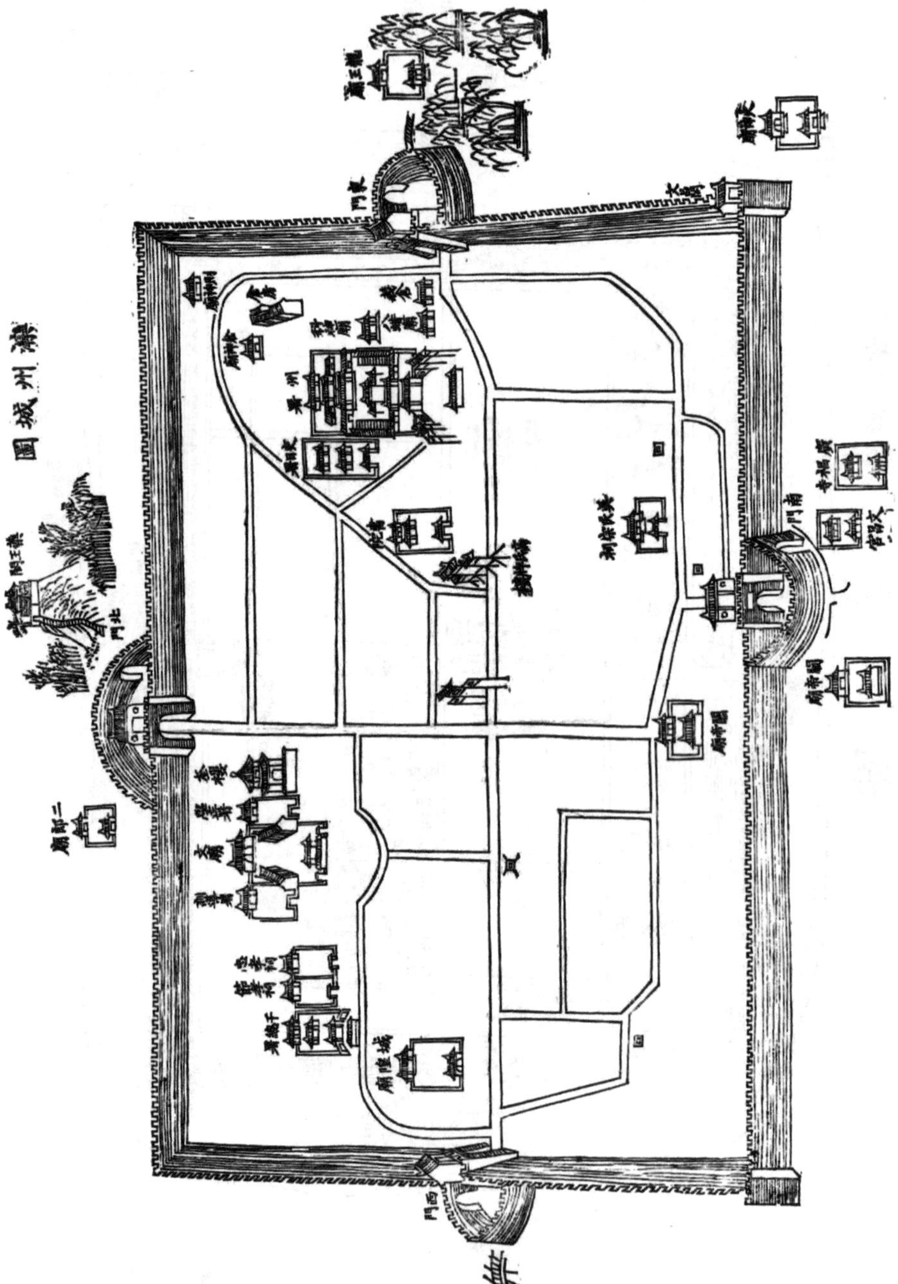

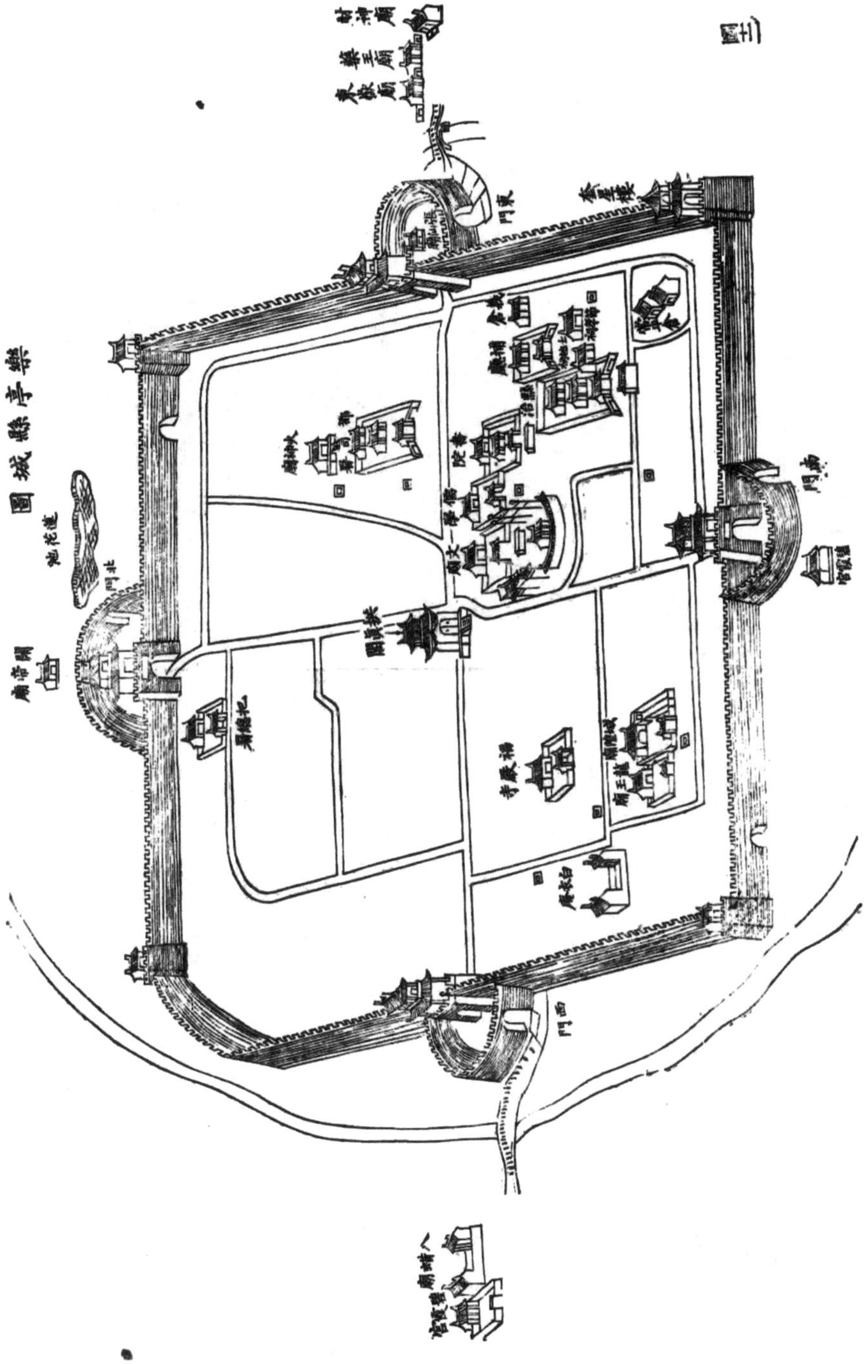
樂亭縣城圖

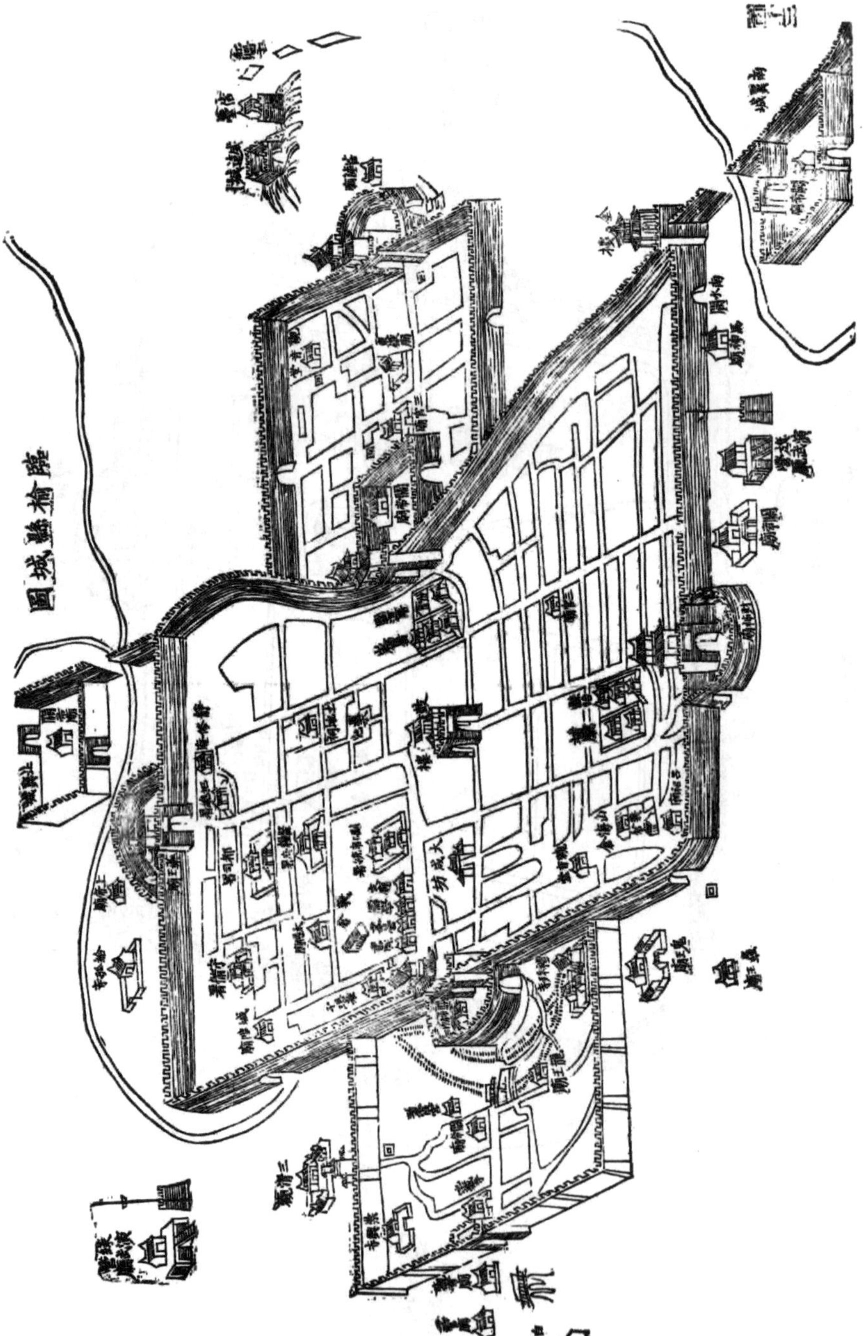
臨榆縣城圖

府治圖

圖十四

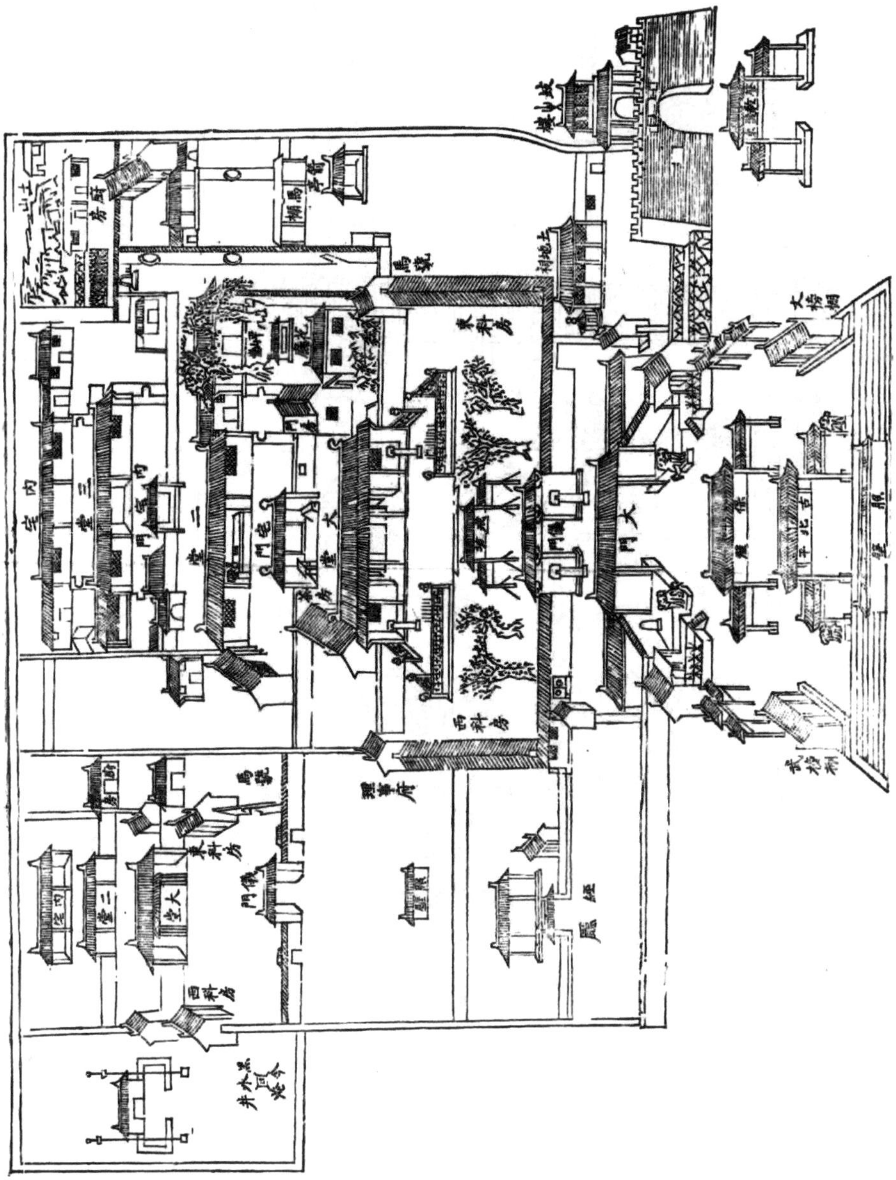

學宮圖

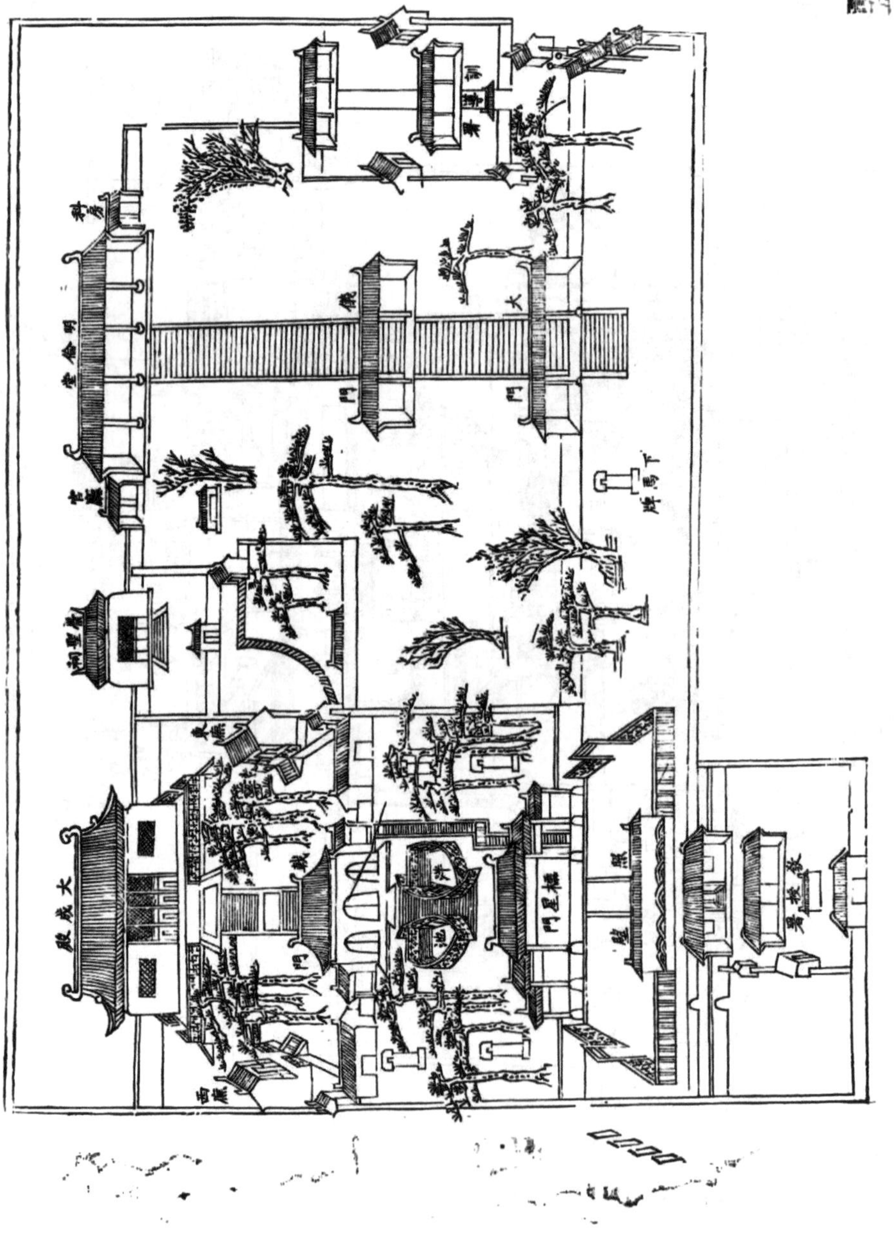

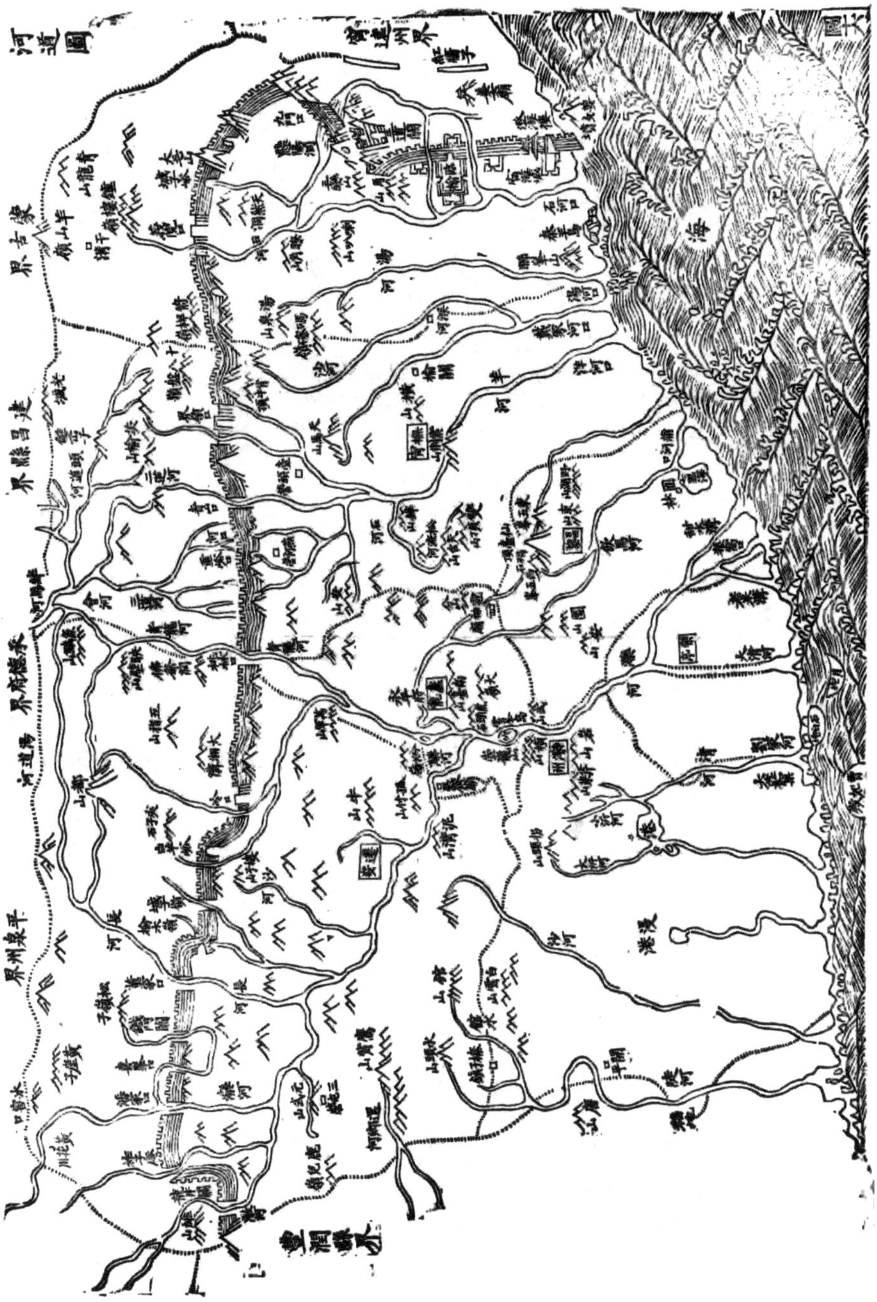
河道圖

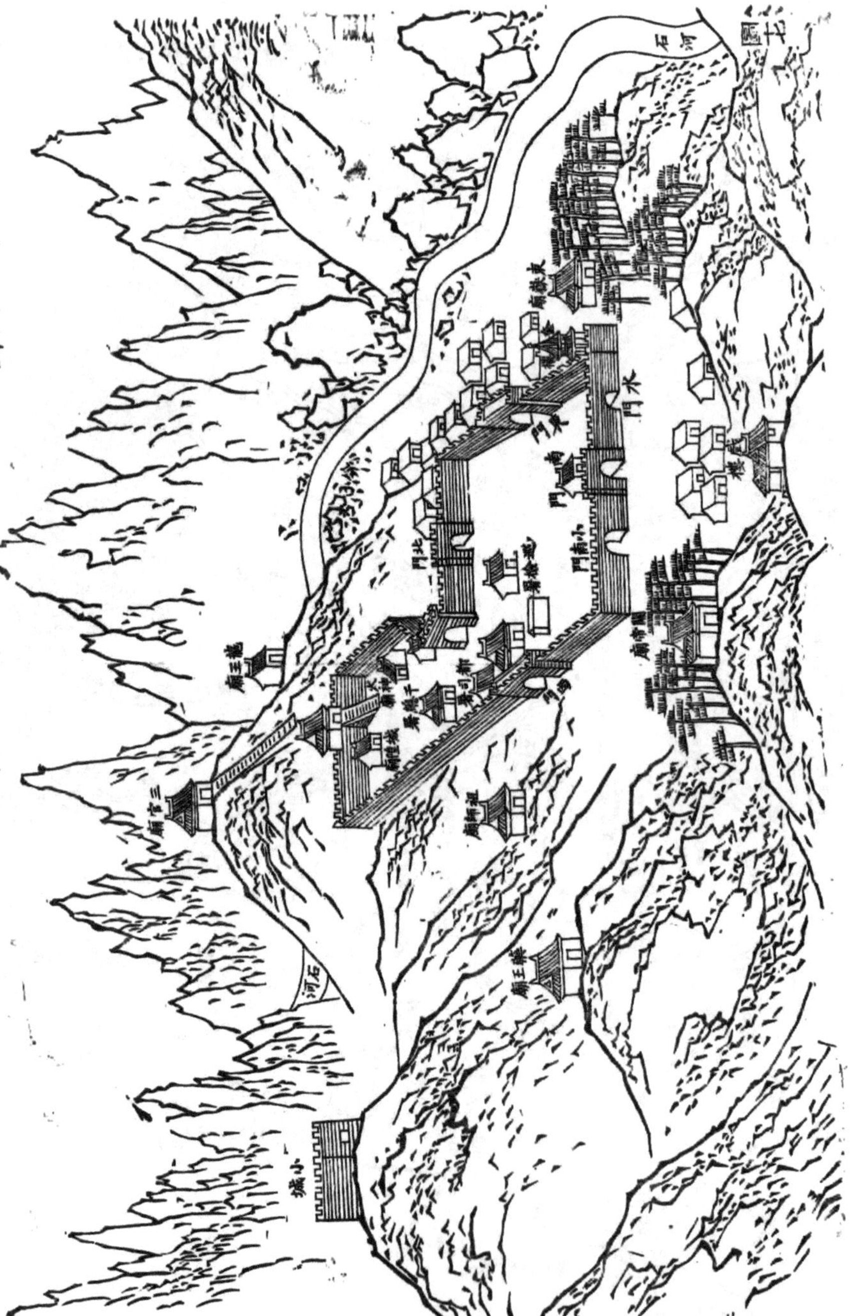
石門寨城圖

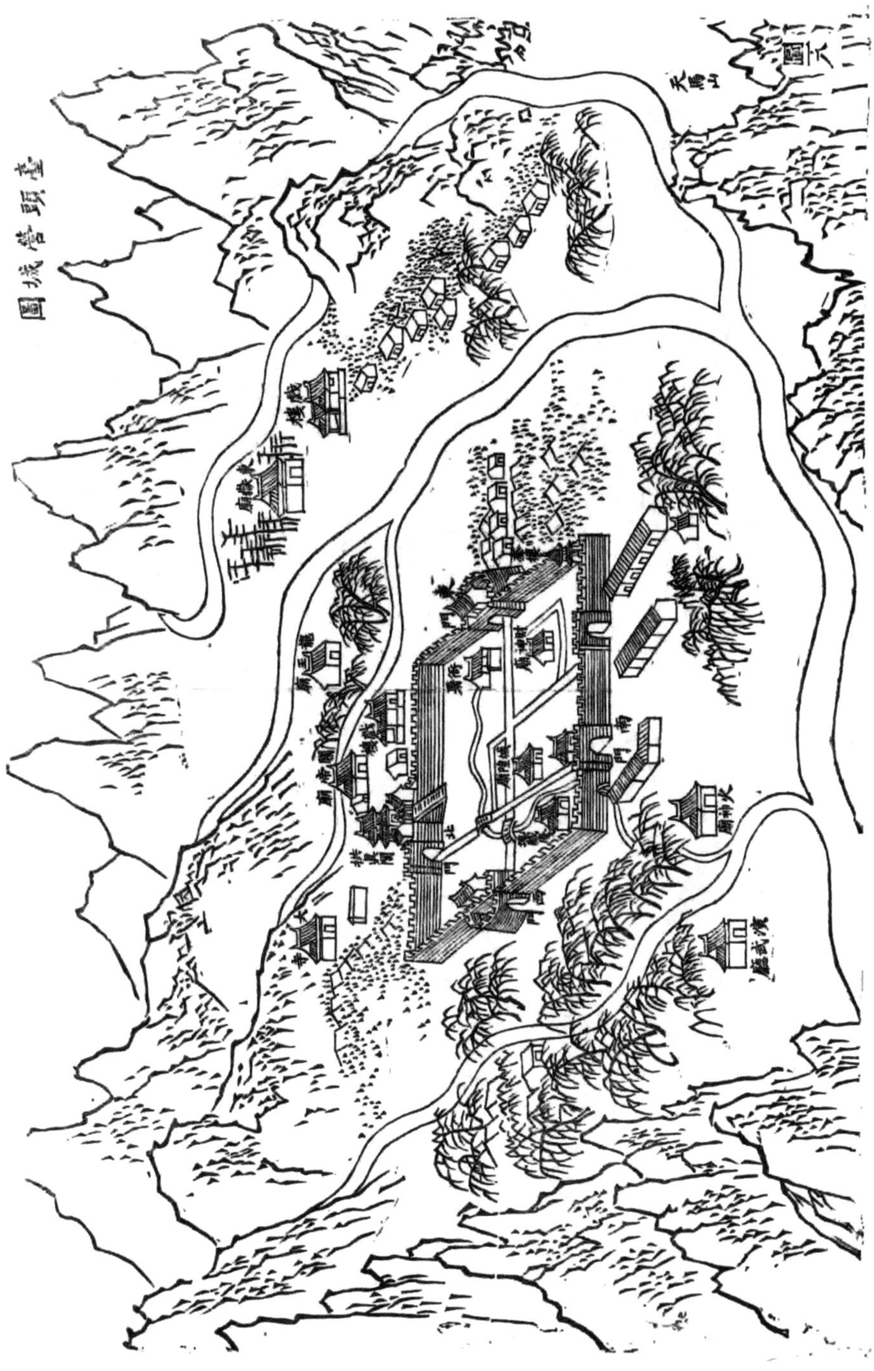
臺頭營城圖

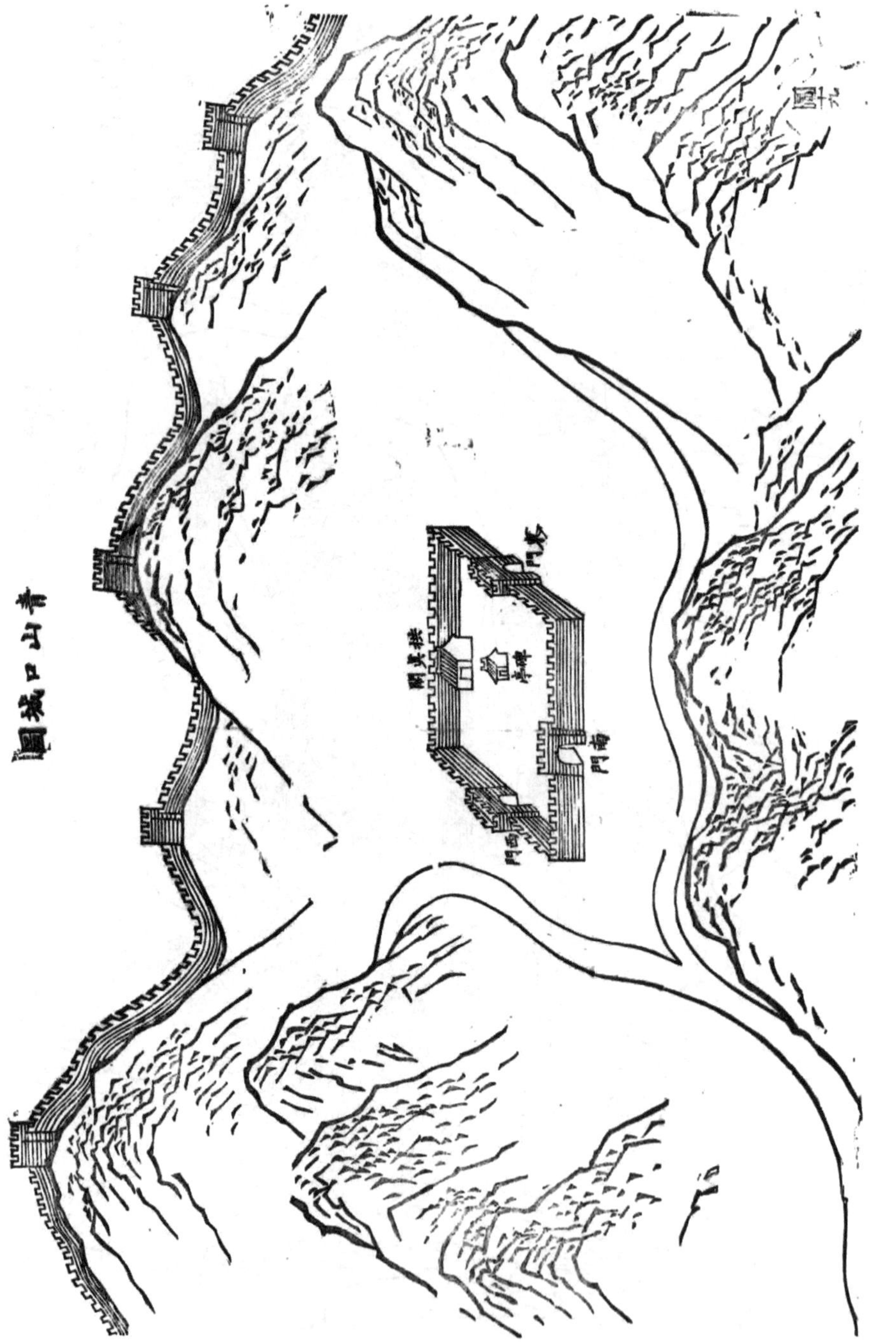
東門
碑亭
南門
西門

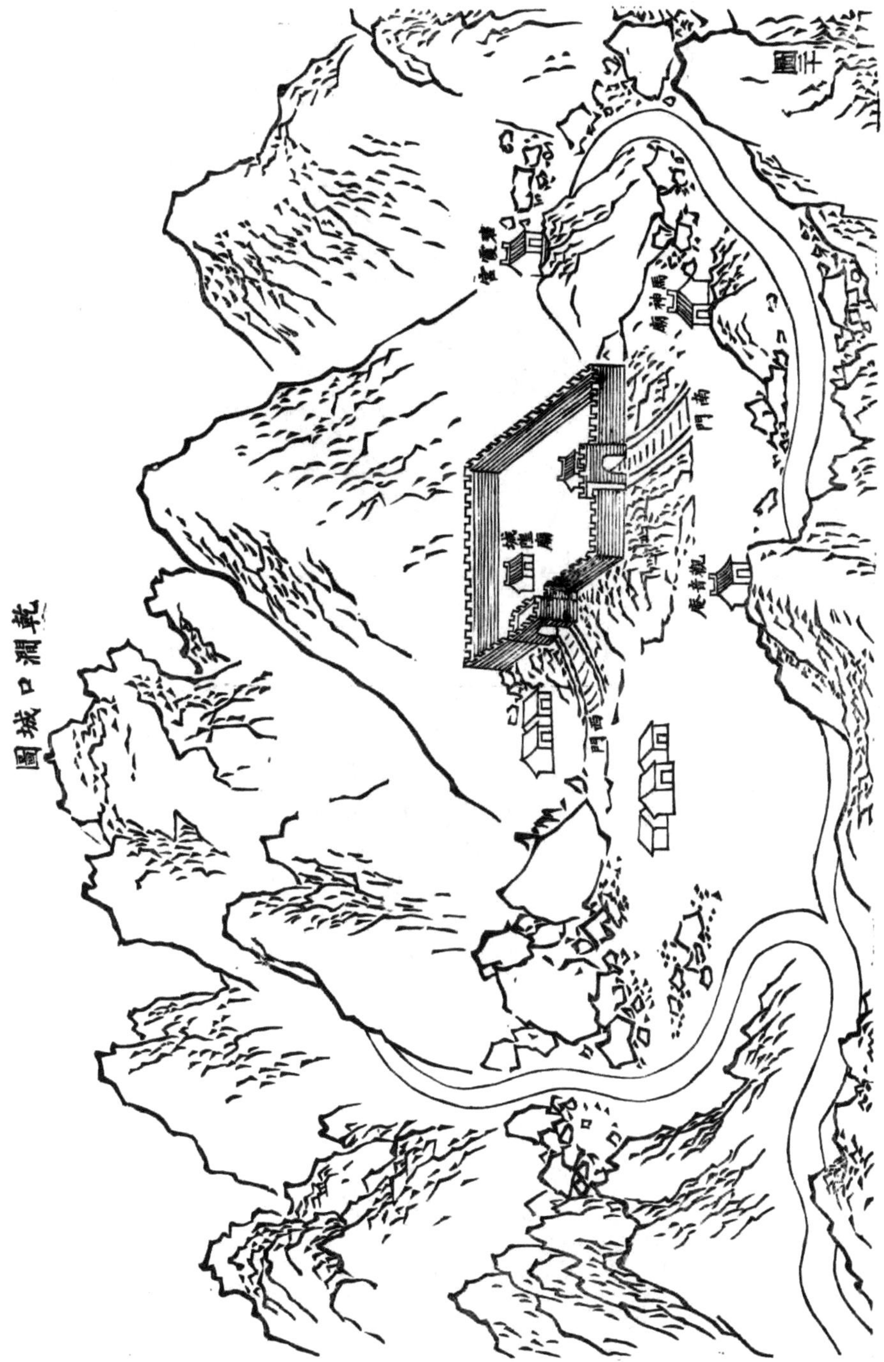
乾澗口城圖
南門
西門
城隍廟
龍神廟

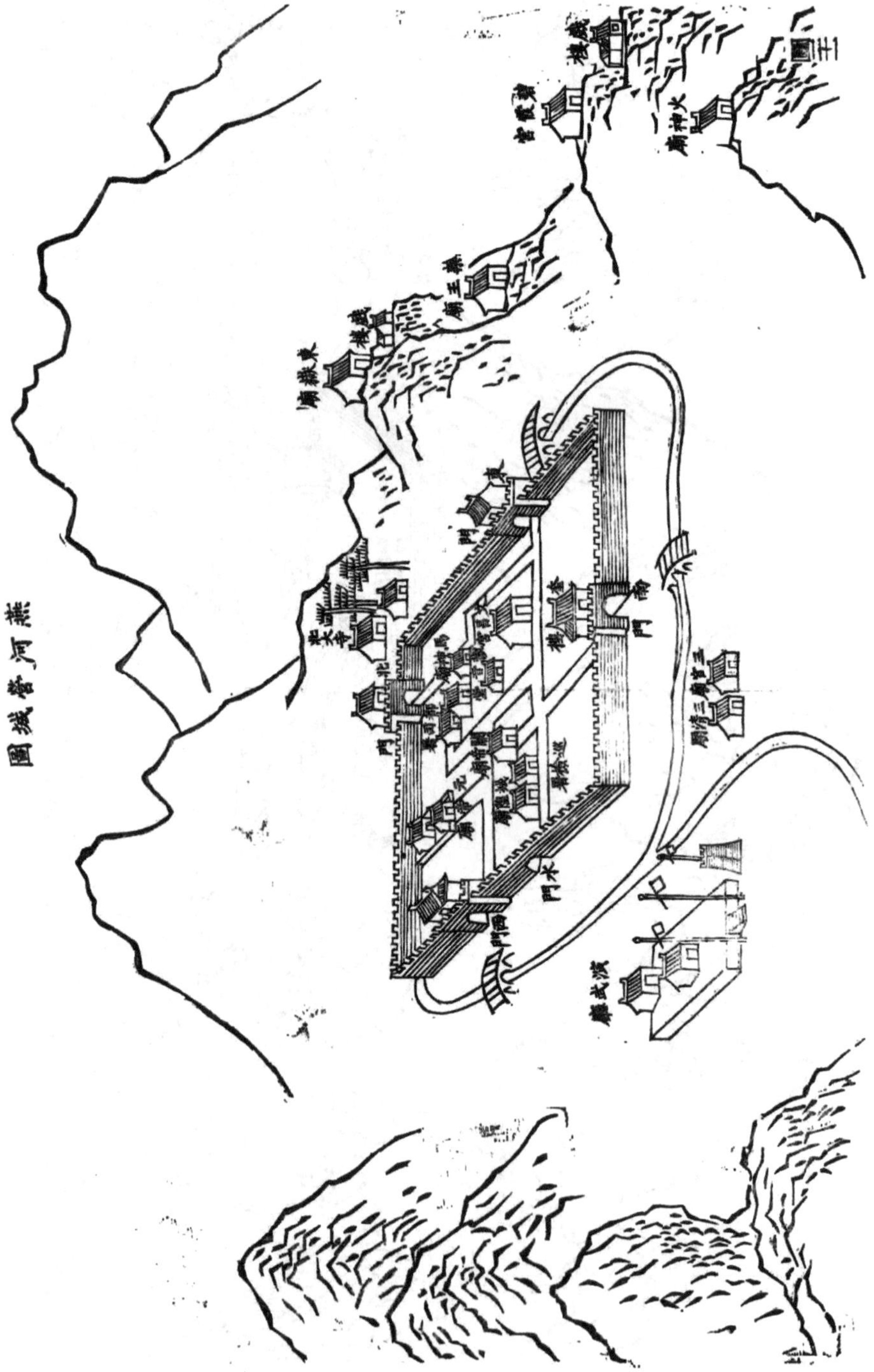
燕河營城圖

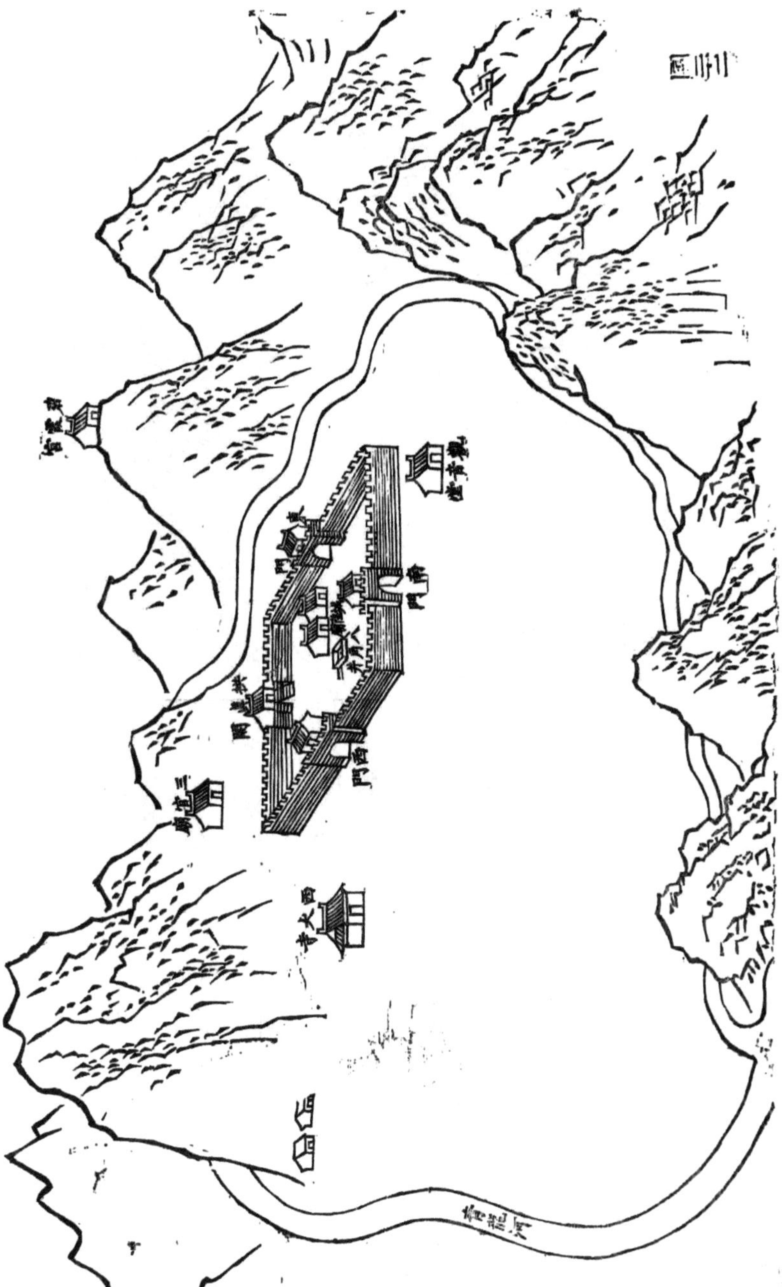

桃林营城图

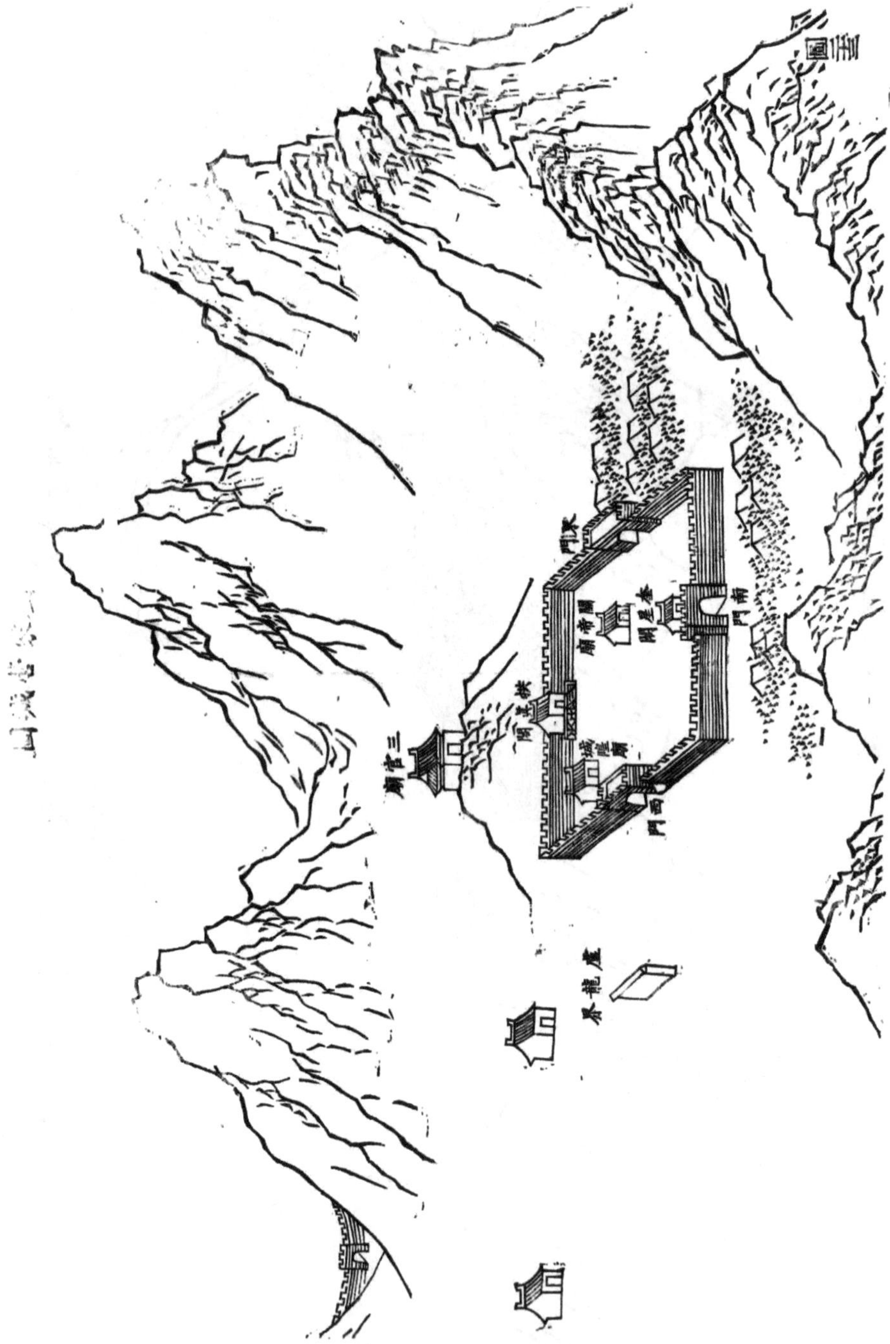

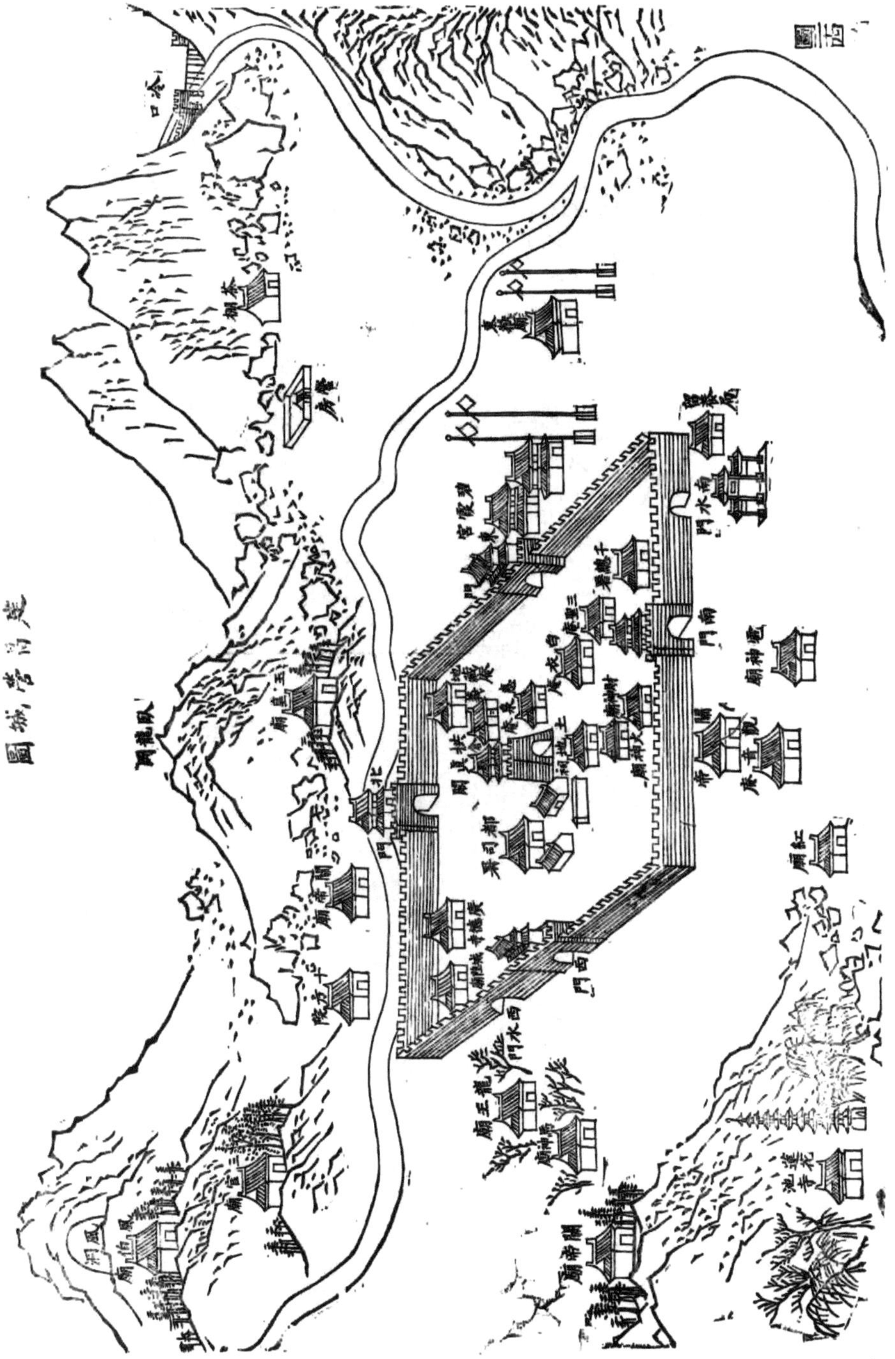

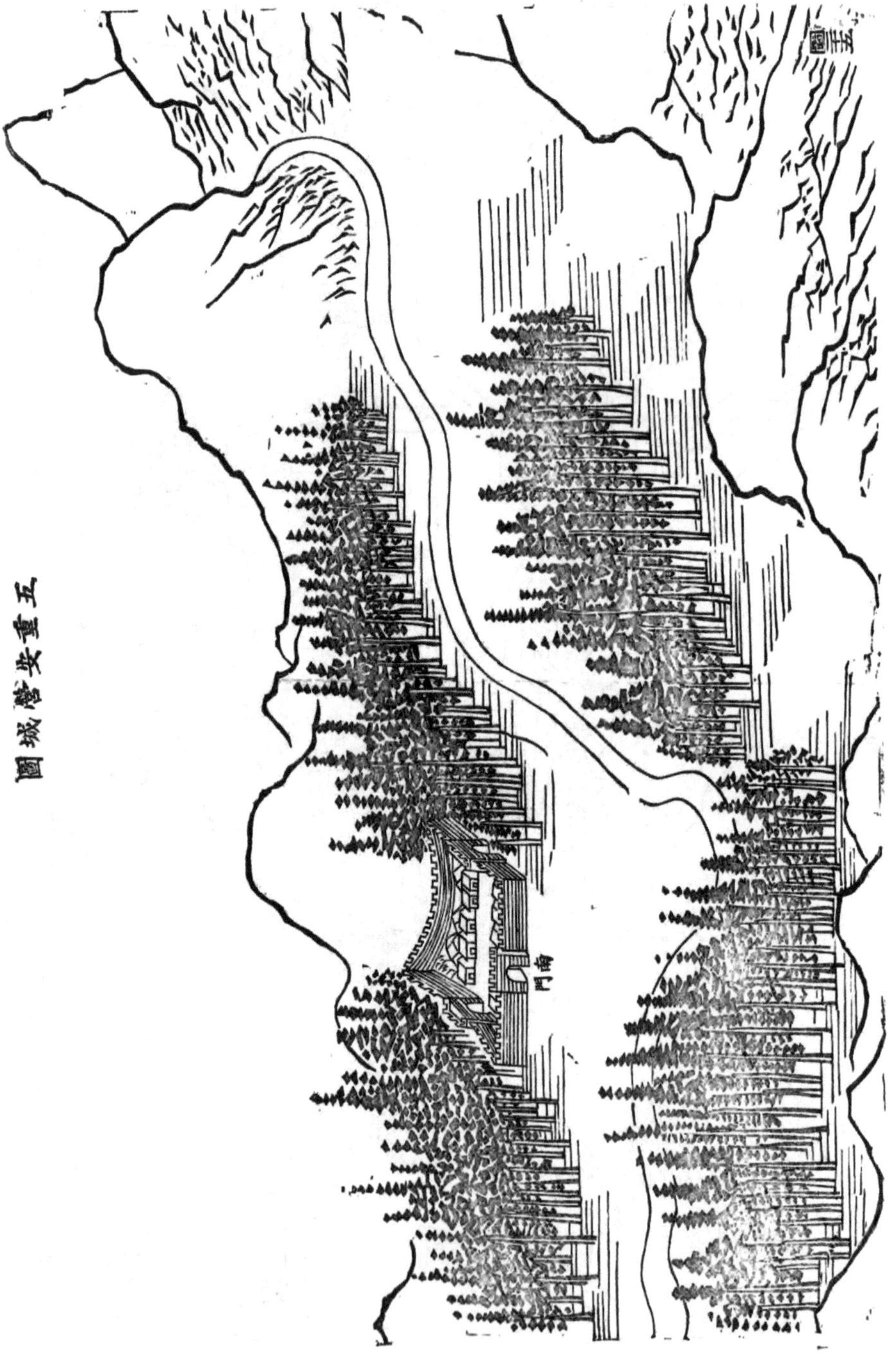

五重安營城圖

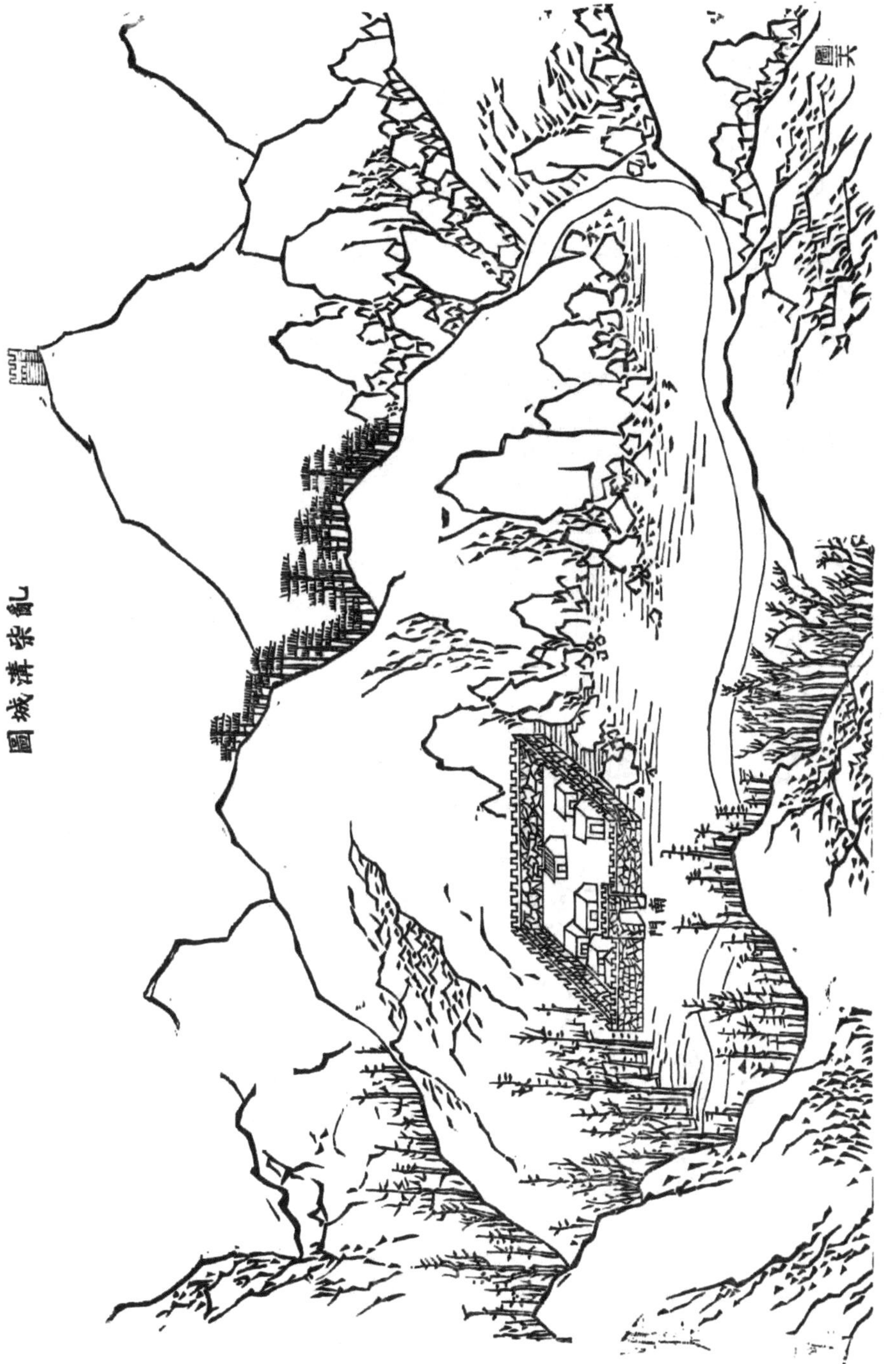

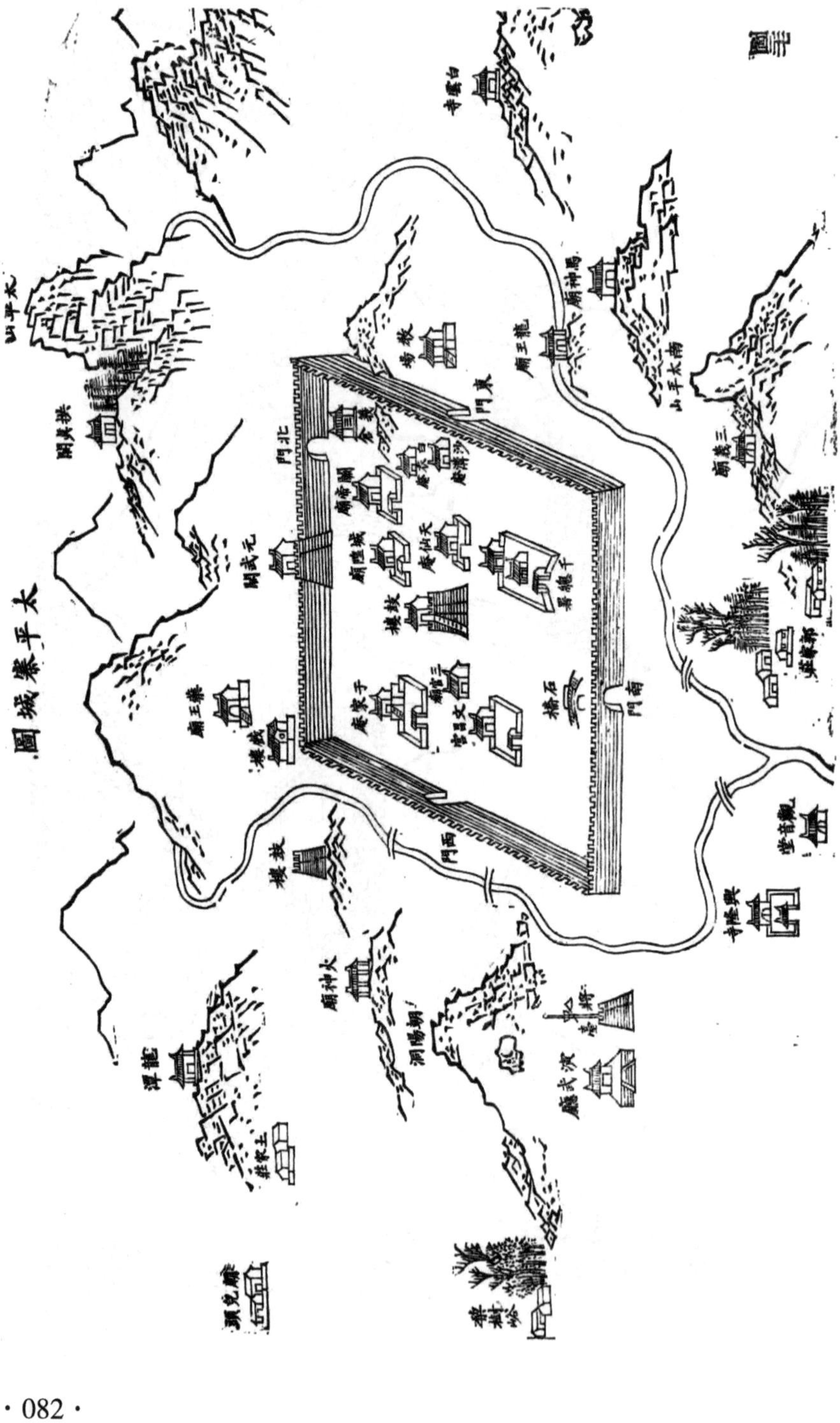
太平寨城圖
北門
東門
南門
西門

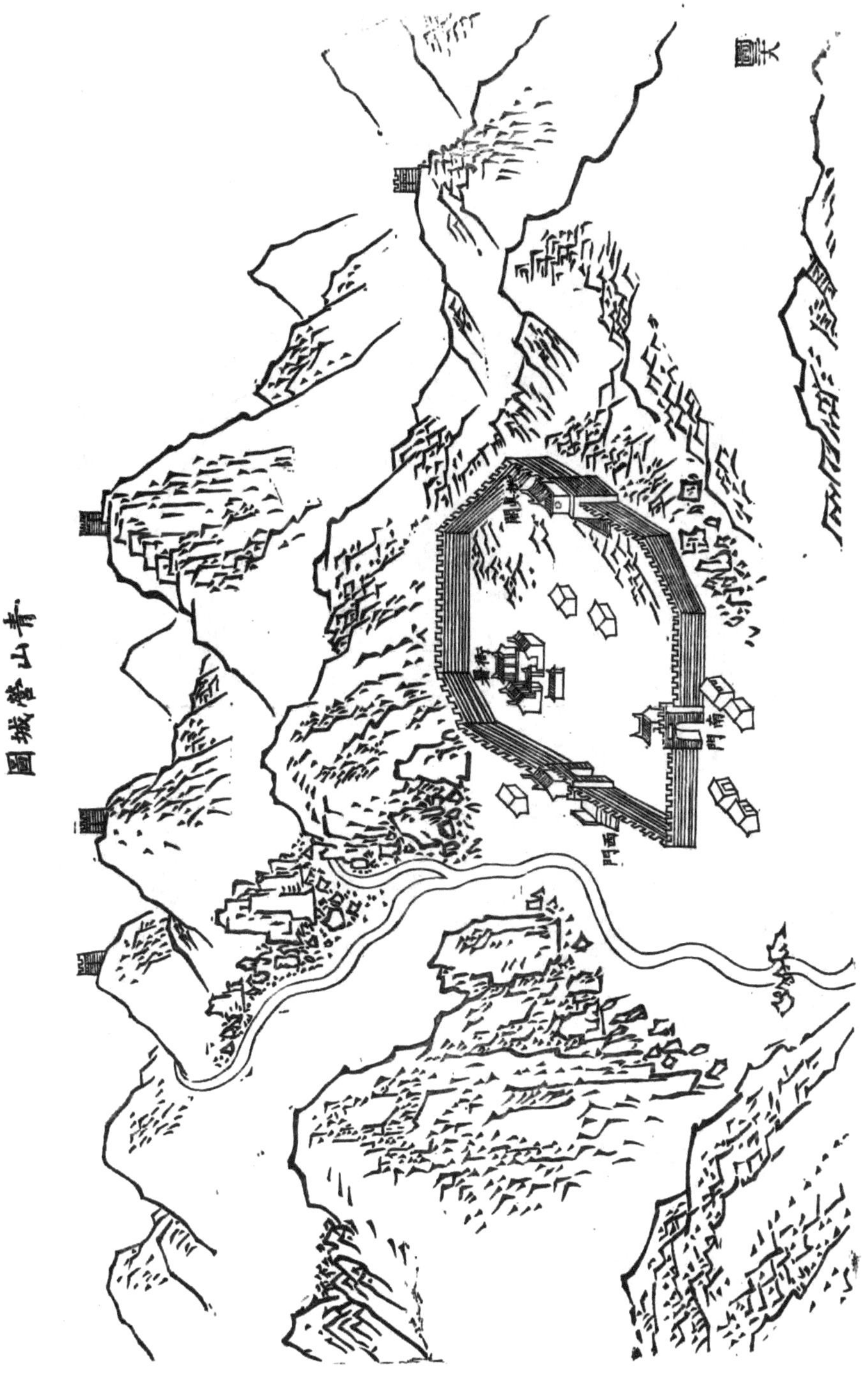
青山營城圖
南門
西門

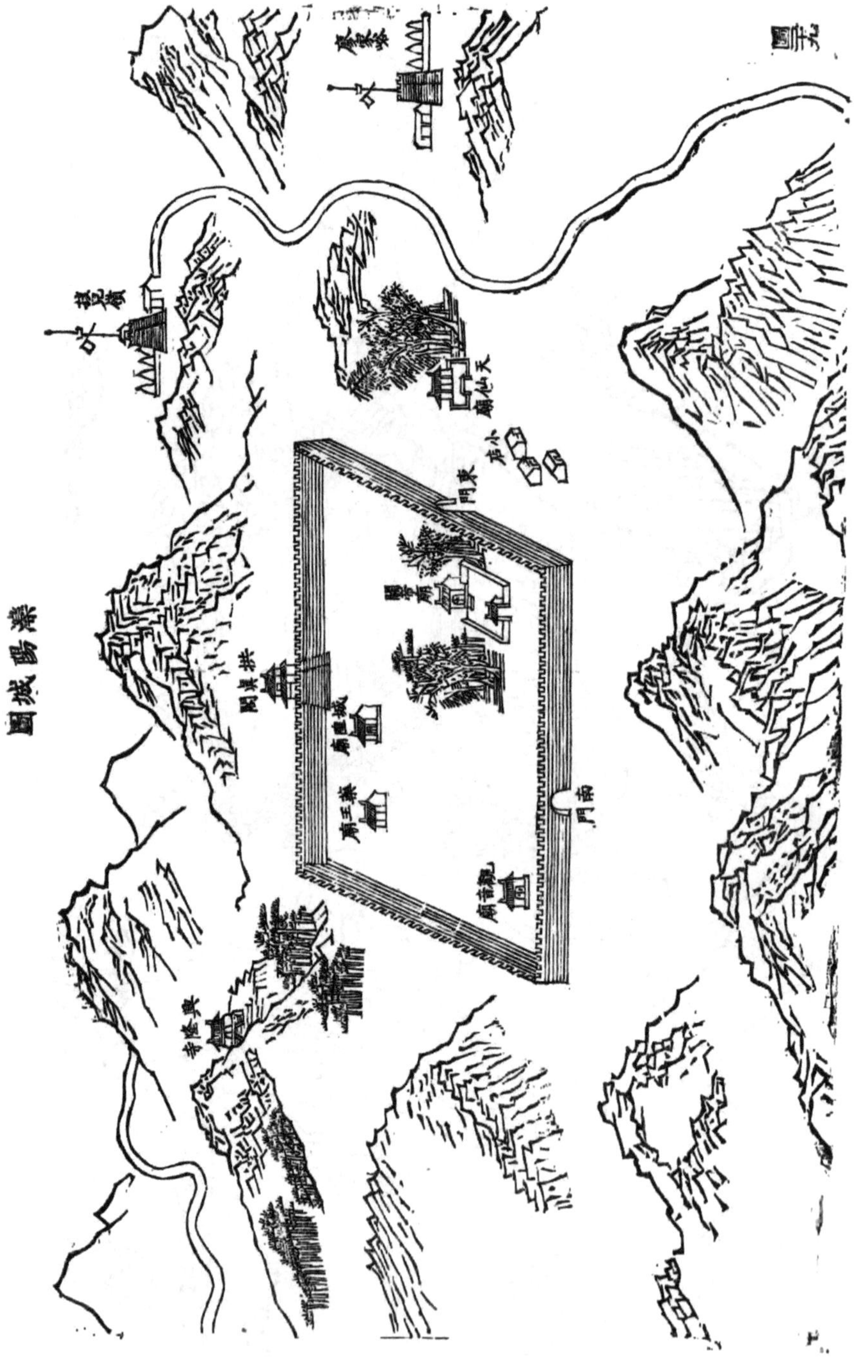
灤陽城圖
興隆寺
拱宸閣
城隍廟
藥王廟
關帝廟
觀音廟
東門
南門
天仙廟
小店

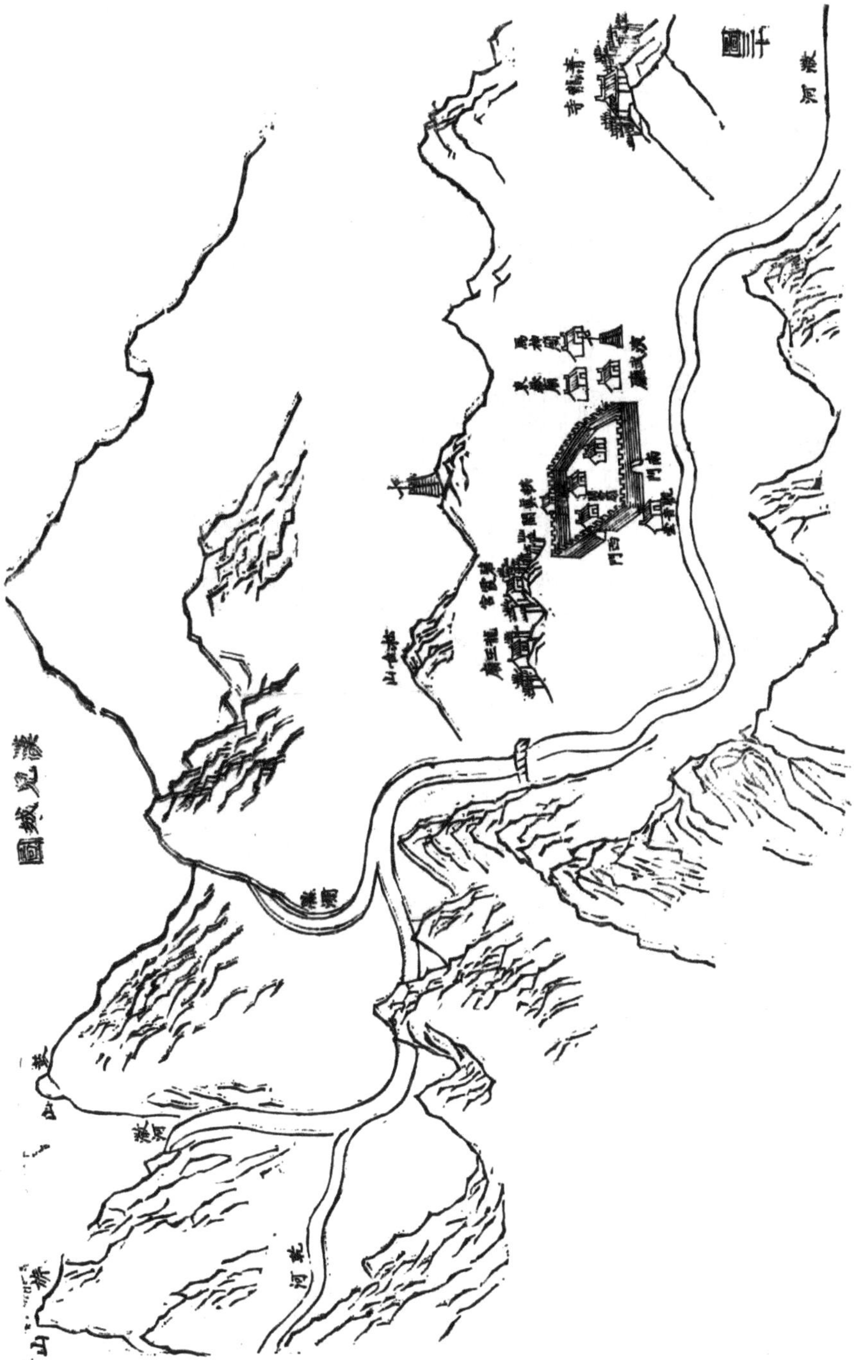

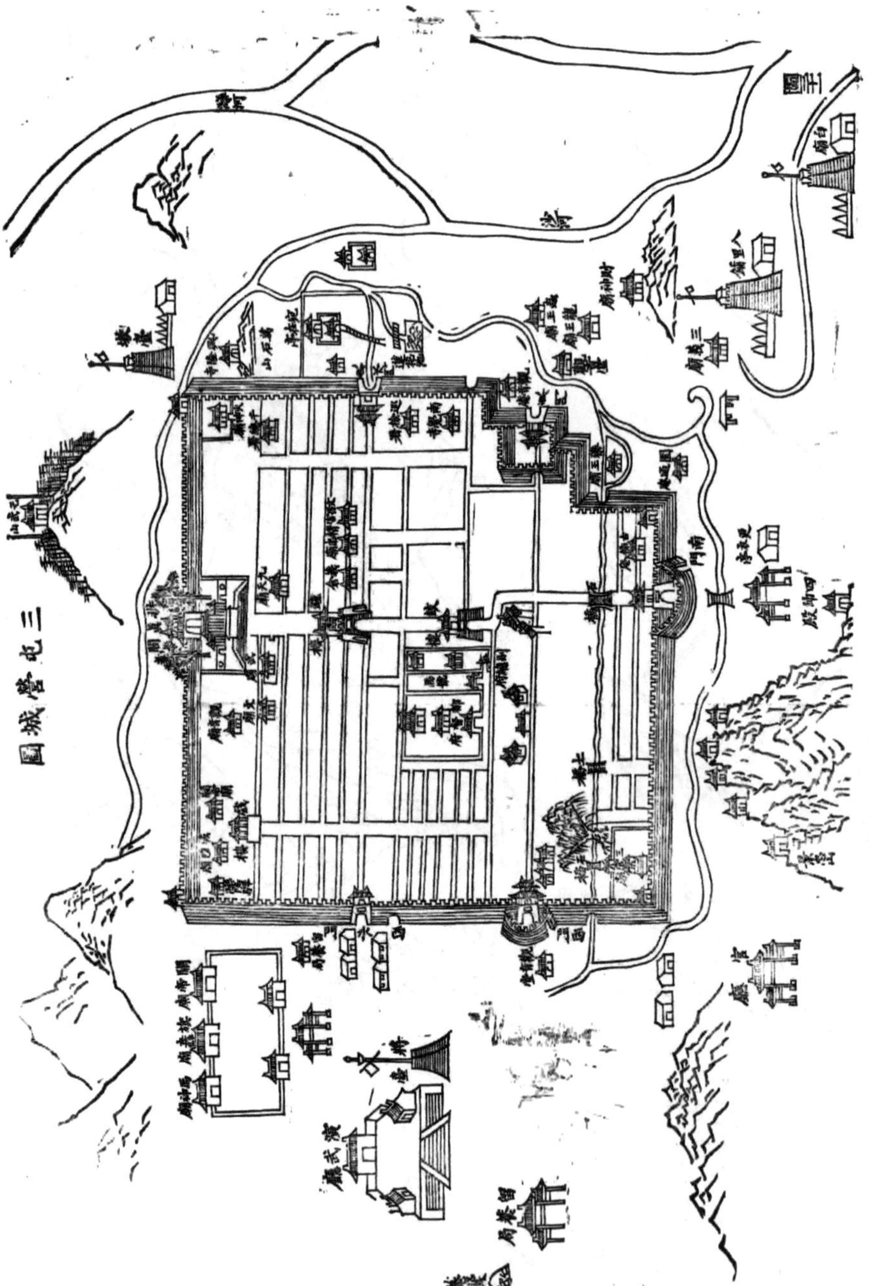
三屯營城圖

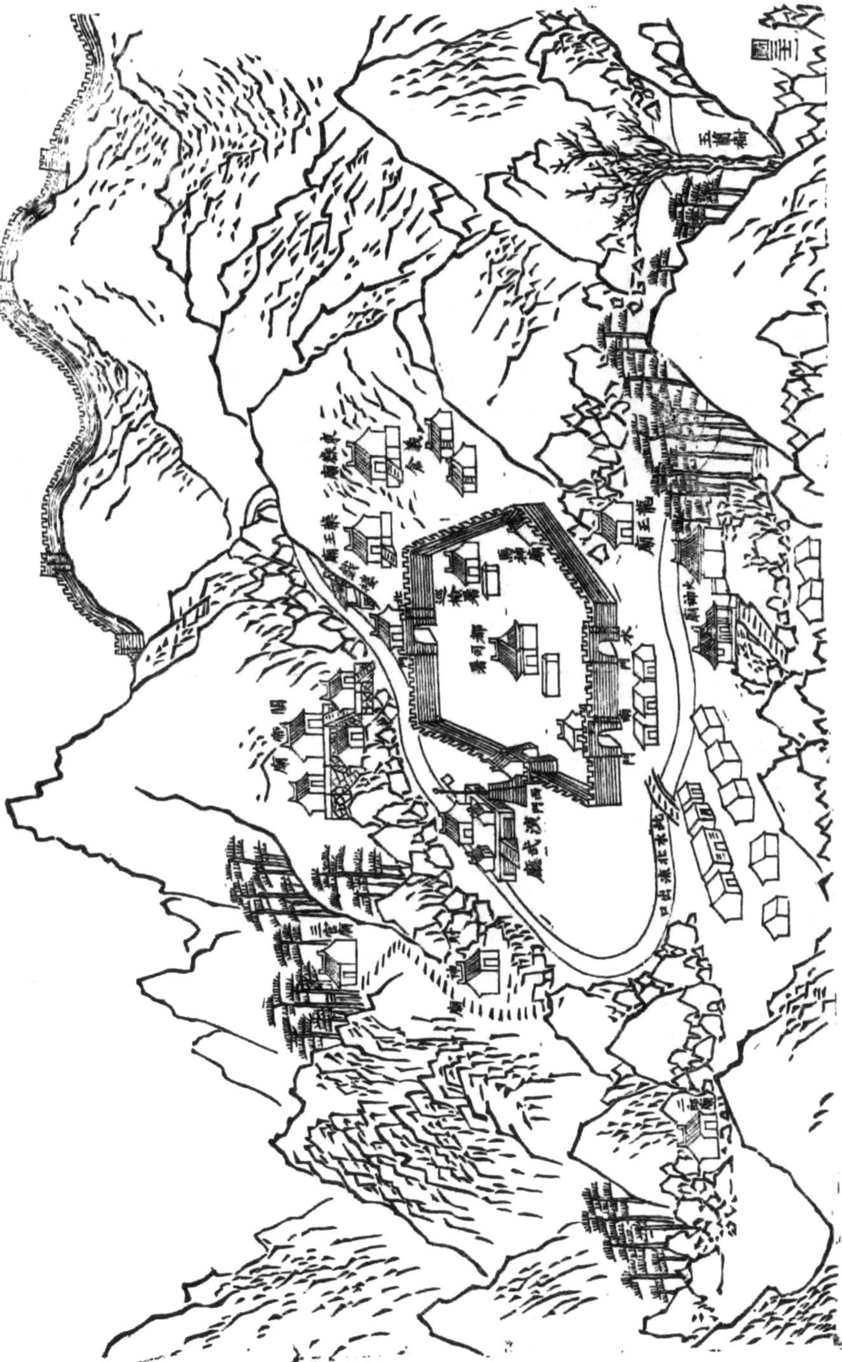

喜峯口城圖

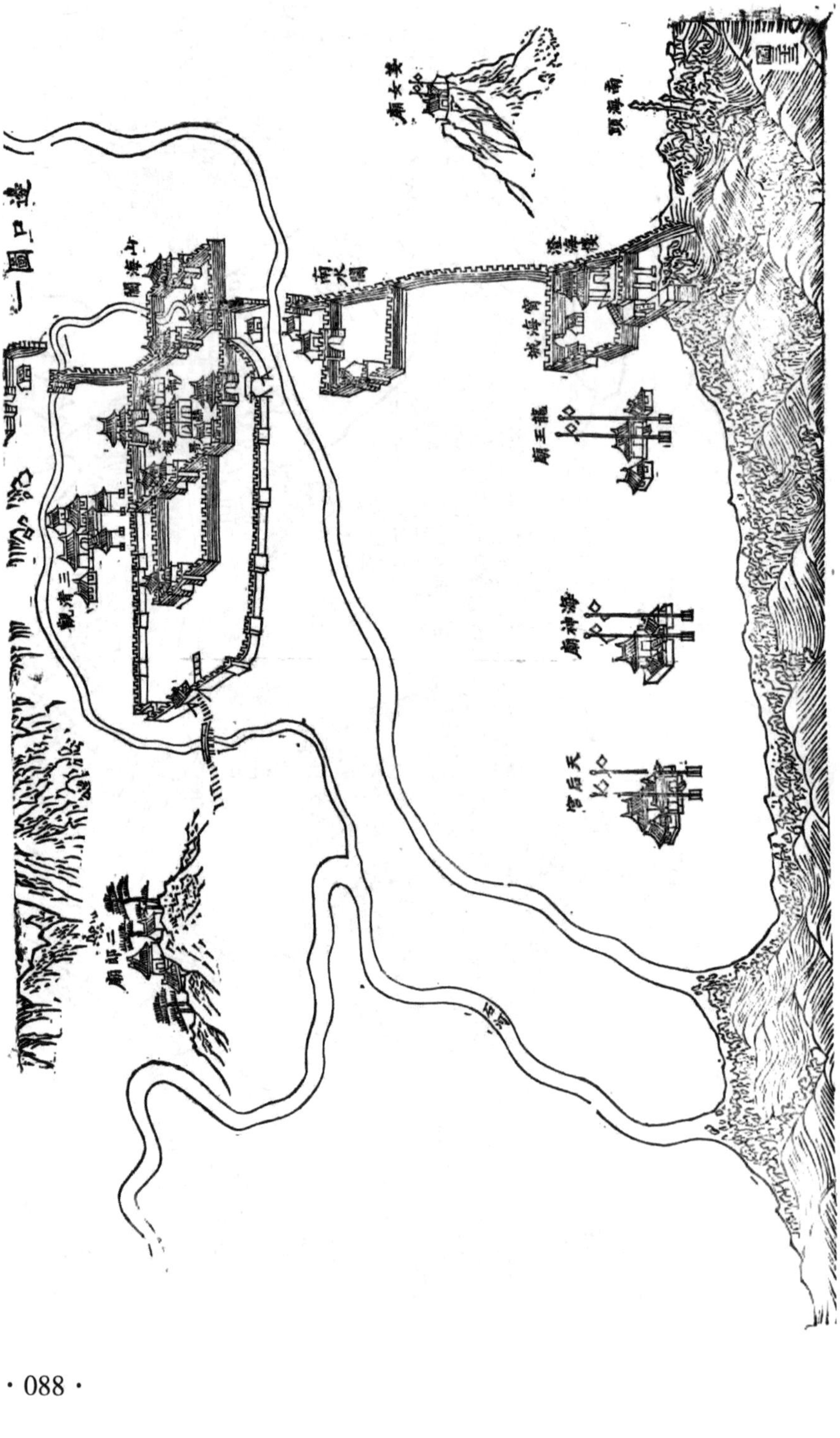
姜女廟
南海頭
澄海樓
寧海城
南水關
龍王廟
海神廟
天后宫
三清觀
三郎廟
石河

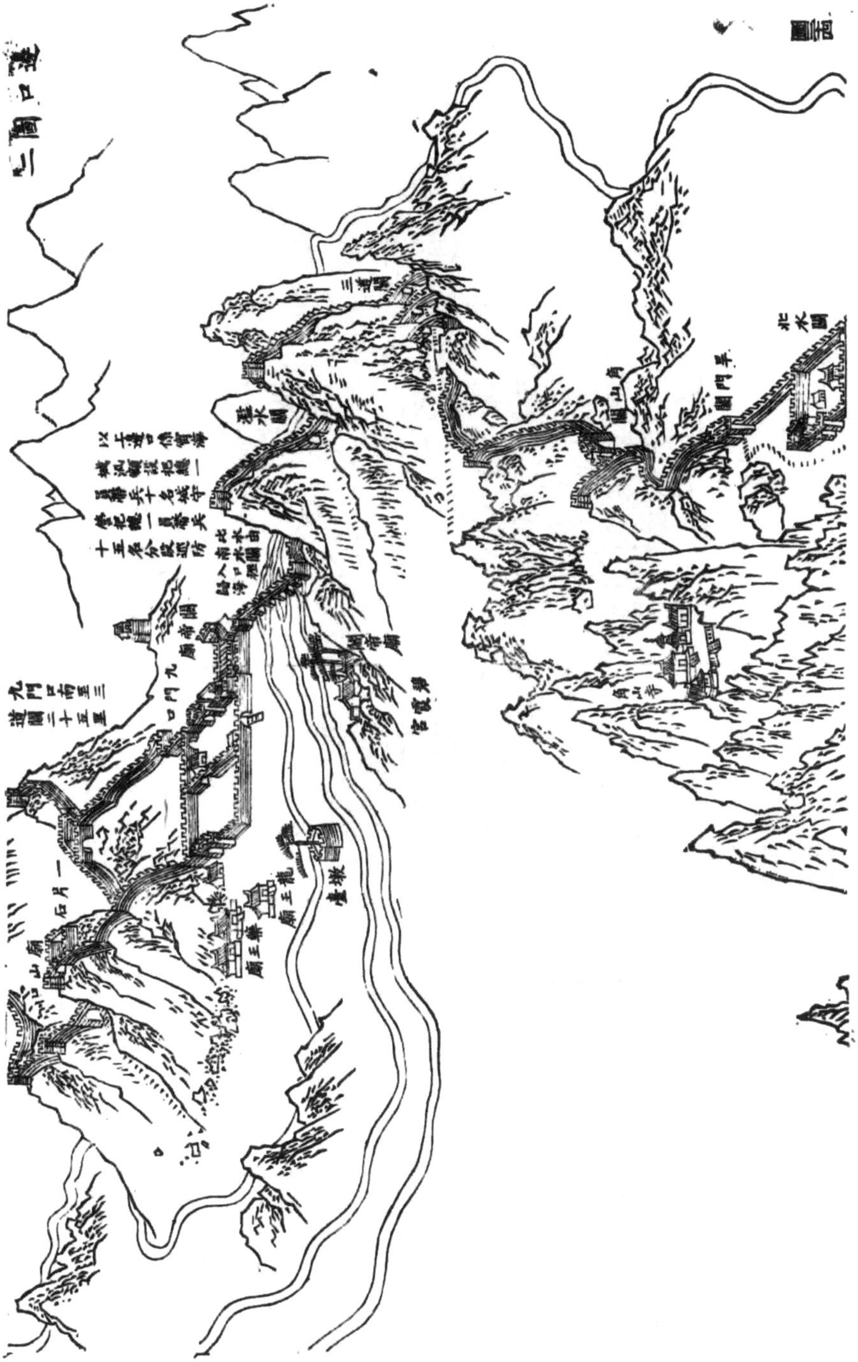

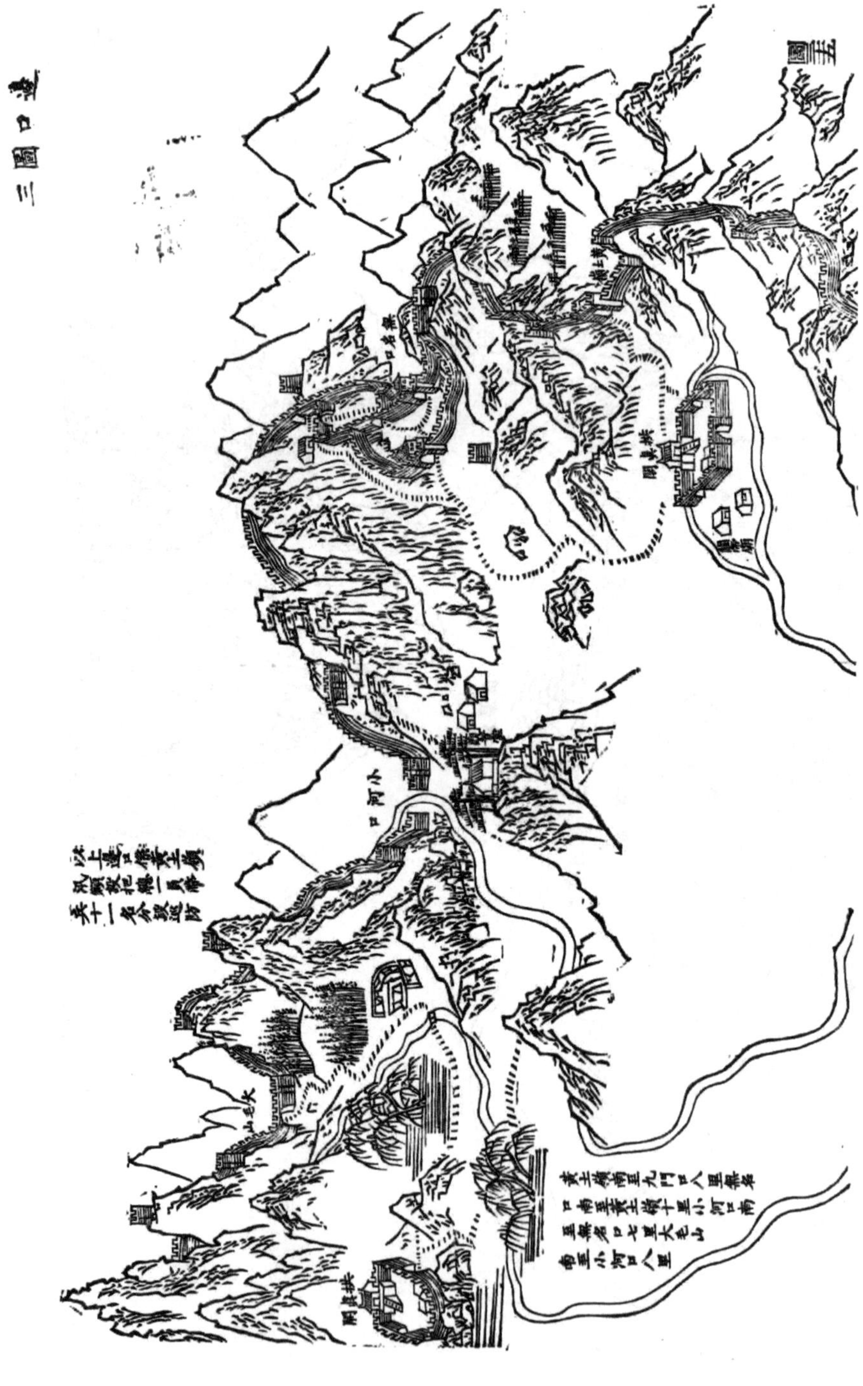

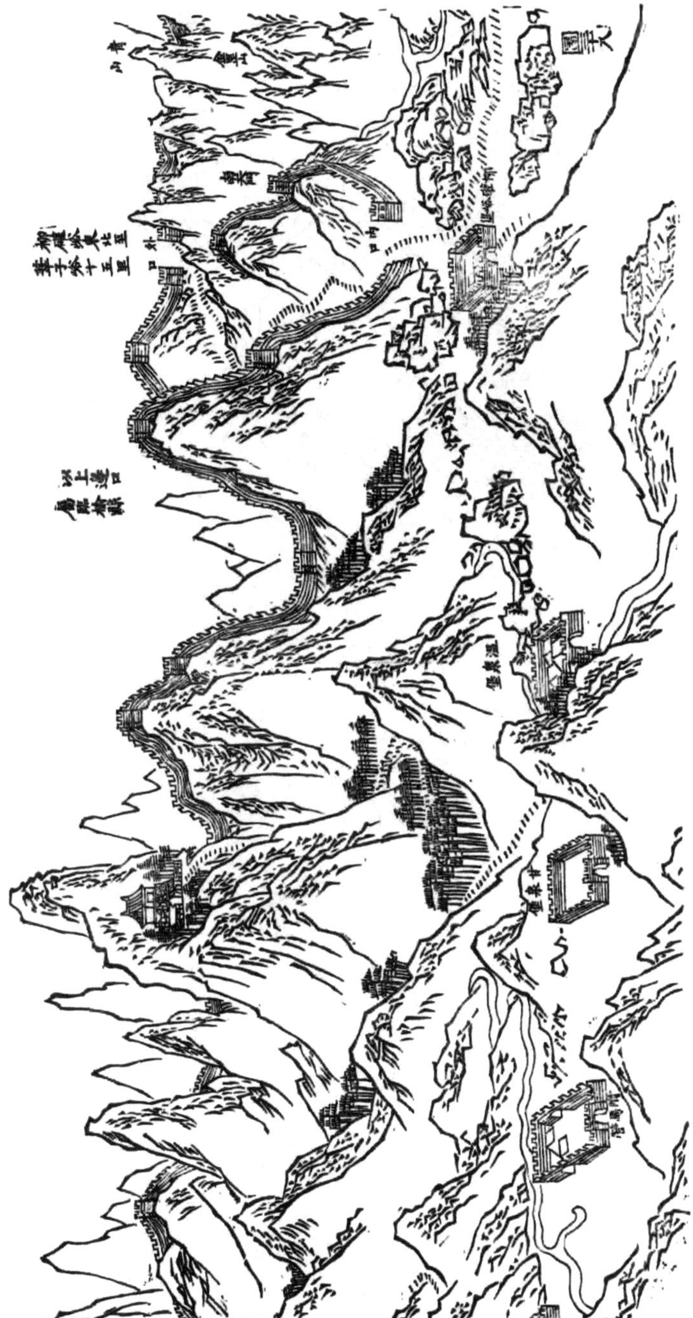

邊口圖六

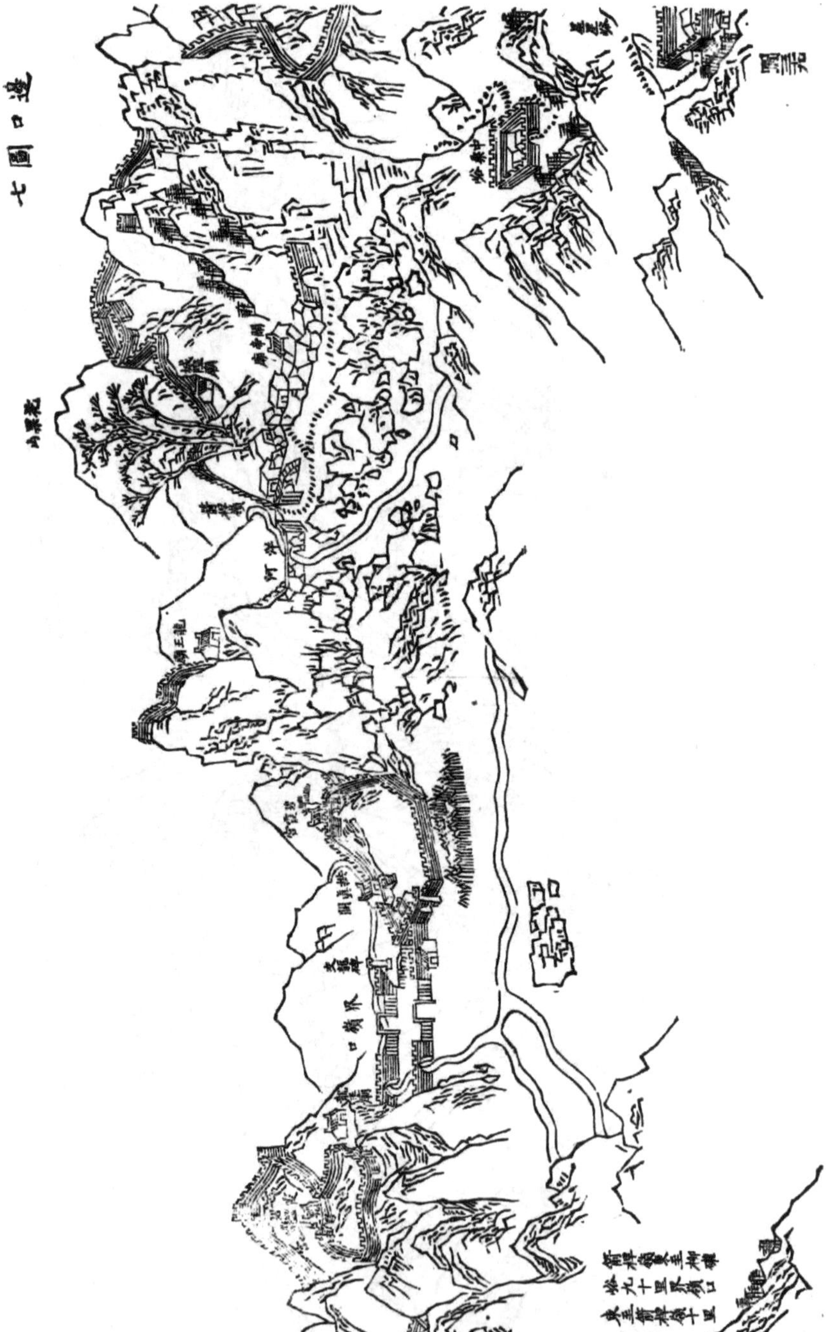

董口圖

九圖口邊

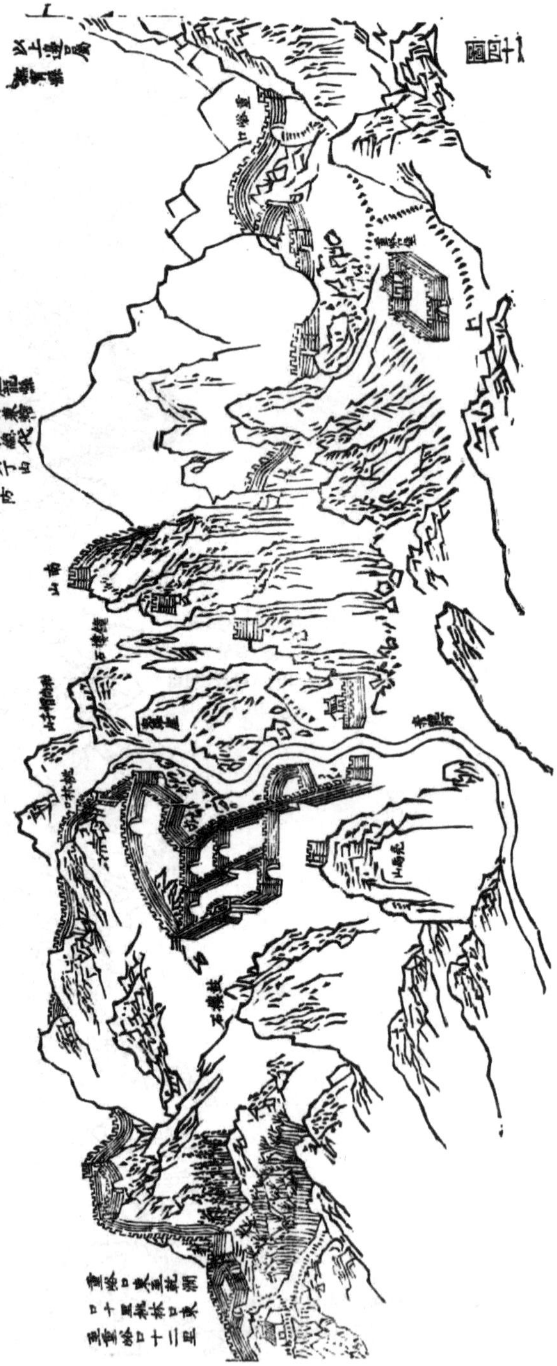

邊口圖十

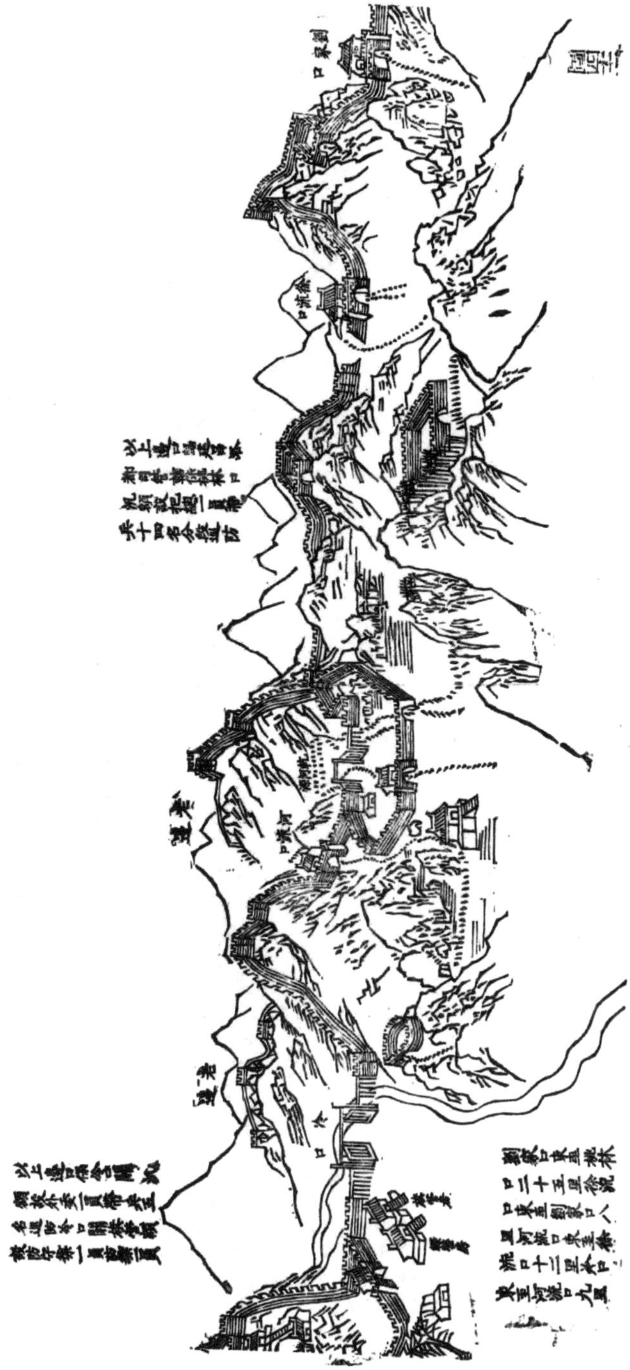

邊口圖十一

邊口圖二十

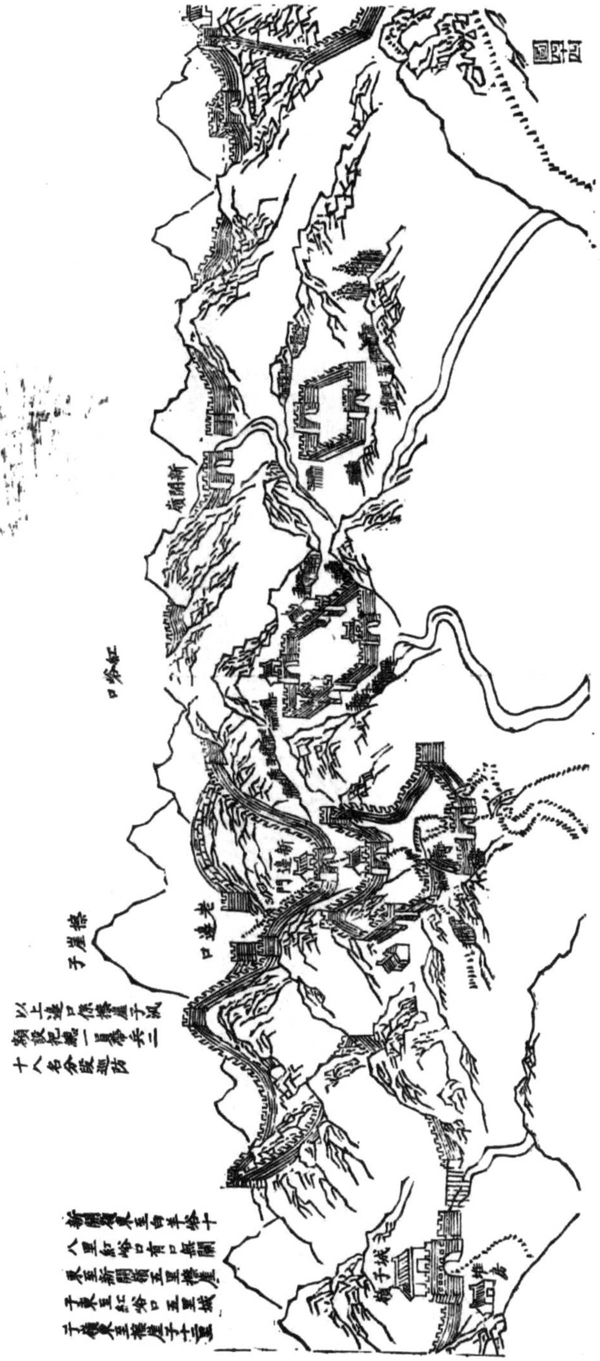
新開嶺東至自羊峪十
八里紅峪口有口無關
東至新開嶺五里擦崖
子東至紅峪口五里城
子嶺東至擦崖子十里
以上邊口係擦崖子汛
額設把總一員馬兵二
十八名分段巡防
擦崖子
老邊口
紅峪口
新開嶺
城子嶺

邊口圖十三

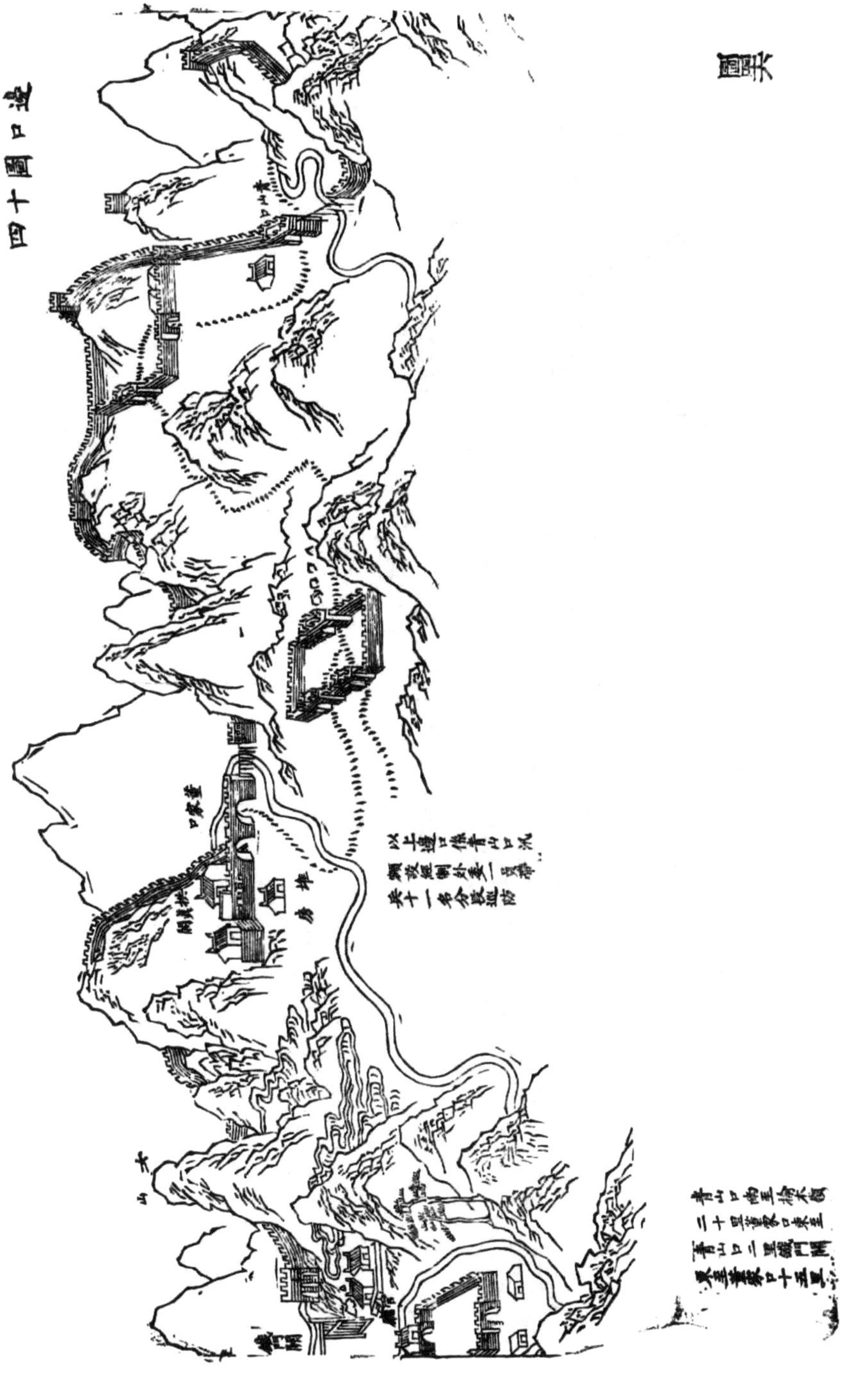
邊口圖十四
青山口
董家口
大山
鐵門關
以上邊口係青山口汛
額設經制外委一員帶
兵十一名分段巡防
青山口南至榆木嶺
二十里董家口東至
青山口二里鐵門關
東至董家口十五里

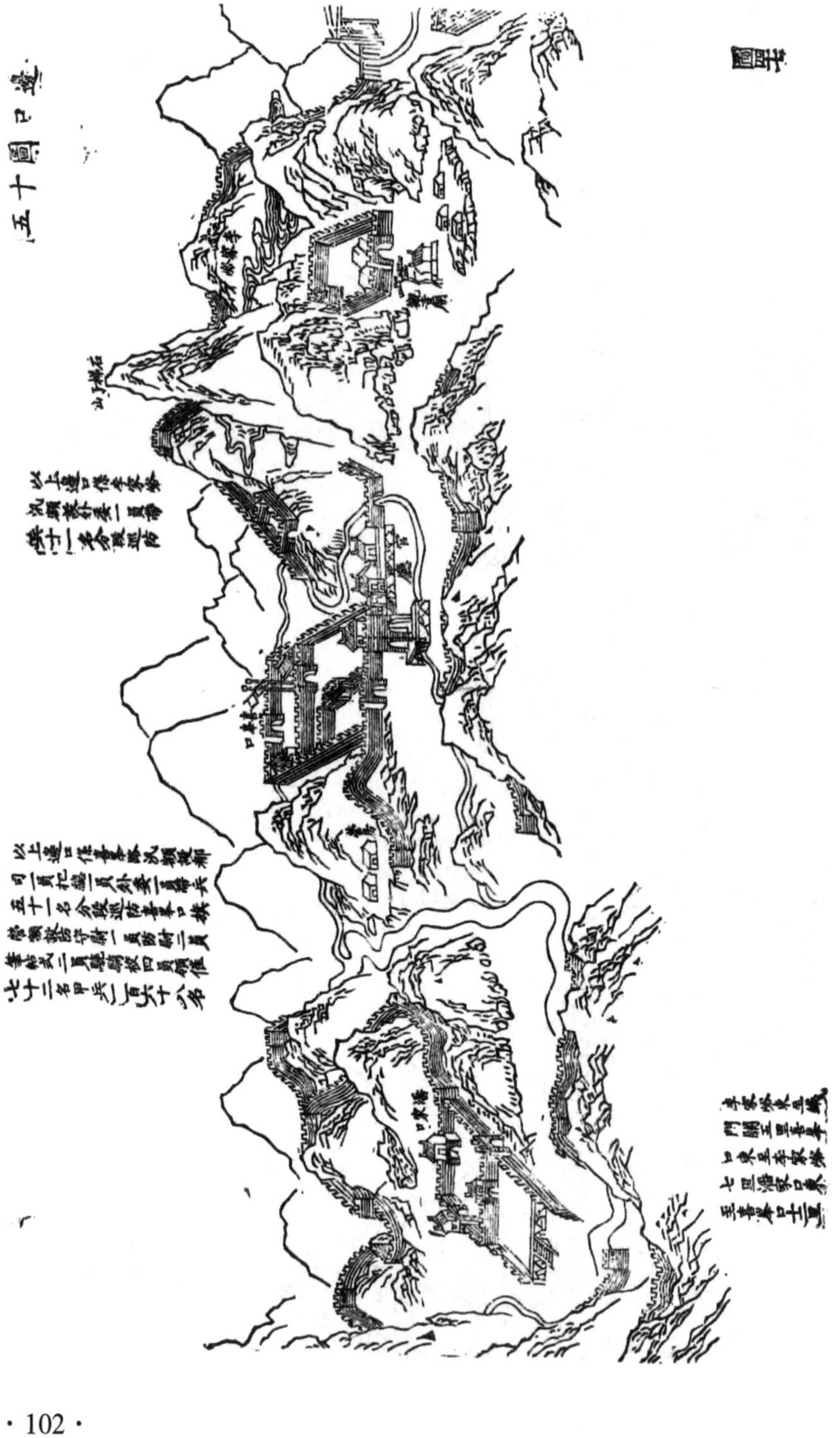
邊口圖十五

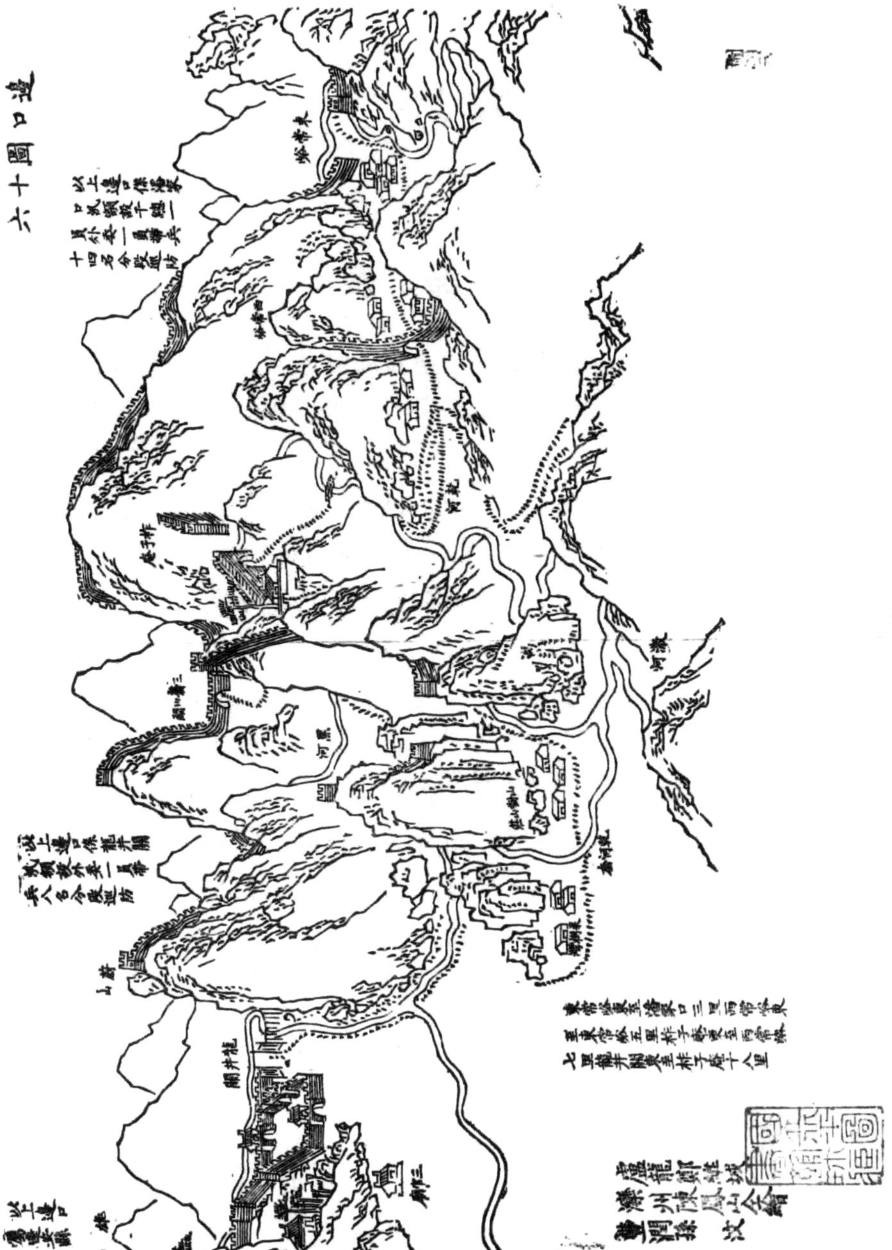
邊口圖十六

卷之二

沿 革 表

《汉书 · 地理志》 **右北平郡** 秦置属幽州县十六：**平刚** **石成** **赉** 都尉治。师古曰：音才私反。**字** 榆水出东。**夕阳** **昌城** **骊成** 大揭石山在县西南。

辽西郡 秦置属幽州。县十四。**且虑** 且音子余反，虑音庐。**海阳** 龙鲜水东入封大水，封大水、缓虚水皆南入海，有盐官。**新安平** 夷水东入塞外。**柳城** 马首山在西南，参柳水北入海，西部都尉治。**令支** 有孤竹城。莽曰令氏亭。应劭曰：故伯夷国，有孤竹城。令音铃。师古曰：令又音朗定反。**肥如** 玄水东入濡水，濡水南入海阳。又有卢水，南入玄。莽曰肥；而应劭曰：肥子奔燕，燕封于此也。师古曰：濡音乃官反。**交黎** 渝水首受塞外，南入海。东部都尉治。应劭曰：今昌黎。师古曰：渝音喻，下同。**阳乐** **临渝** 渝水首受白狼，东入塞外。又有侯水，北入渝。**絫** 下官水南入海。又有揭石水、宾水皆南入官。师古曰：絫音力追反。

《后汉书 · 郡国志》**辽西郡** 雒阳东北三千三百里。城五：**阳乐、海阳、令支、肥如、临渝**《山海经》：碣石之山，绳水出焉。其上有玉，其下多青碧。《水经》曰：在县南。郭璞曰：或曰在右北平骊城县，海边山也。

《晋书 · 地理志》幽州**辽西郡** 县三：**阳乐、肥如、海阳**。

《魏书 · 地形志》**平州** 晋置，治肥如城郡二。

辽西郡 县三：**肥如** 二汉，晋属。有孤竹祠、碣石、武王祠、令支城、黄山、濡水。**阳乐** 二汉，晋属。真君七年，并令支，合资属焉。有武历山、覆舟山、林榆山、太真山。**海阳** 二汉，晋属。有横山、新妇山、清水。

北平郡县二：**朝鲜** 二汉，晋属乐浪，后罢。延和元年，徙朝鲜民于肥如复置属焉。**新昌** 前汉属涿，后汉，晋属辽东，后属有卢龙山。

《隋书·地理志》**北平郡** 旧置平州，县一：**卢龙** 旧置平州郡，领新昌、朝鲜二县。后，齐省朝鲜入新昌；又省辽西郡，并所领海阳县入肥如。开皇六年又省肥如入新昌。十八年改名卢龙。大业初，置北平郡。有长城、有关官、有临渝宫，有覆舟山，有碣石、有玄水、卢水、涅水、闰水、龙鲜水、巨梁水，有海。

《唐书·地理志》**平州、北平郡** 初治临渝，武德元年徙治卢龙。县三：有卢龙军，天宝三载置。**卢龙** 本肥如，武德二年更名。又置抚宁县，七年省。**石城** 本临渝，武德七年省。贞观十五年复置。万岁通天二年，更名。有临渝关，一名临闾关，有大海关，有碣石山，有温昌镇。**马城** 古海阳地也。开元二十八年置，以通水运。东北有千金冶城，东有茂乡镇城。

《辽史·地理志》**平州辽兴军节度** 统州二、县三：**卢龙** 本肥如国。汉，晋属辽西郡。元魏为郡治，兼立平州。北齐属北平郡。隋开皇中，省肥如入新昌；十八年，改新昌曰卢龙。唐为平州，后因之。**安喜** 本汉令支县地，久废。太祖以定州安喜县俘户置，在平州东北六十里。**望都** 本汉海阳县，久废。太祖以定州望都县俘户置。有海阳山。县在州南三十里。

滦州永安军刺史 滦河环绕，在卢龙山南。齐桓公伐山戎，见山神俞儿即此，统县三：**义丰** 本黄洛故城。黄洛水北出卢龙山，南流入于濡水。汉属辽西郡，久废。唐季入契丹，世宗置县。**马城** 本卢龙县地。唐开元二十八年置。辽割隶滦州，在州西南四十里。**石城** 汉置，属右北平郡，久废。唐贞观中，于此置临渝县。万岁通天元年，改石城县，在州南三十里。唐仪凤石刻在焉。今县，又在其南五十里，辽徙置，以就盐官。

营州邻海军刺史 本商孤竹国，太祖以居定州俘户统县一：**广宁** 汉柳城县，属辽西郡。

《金史·地理志》 **平州兴平军节度使** 辽为辽兴军。天辅七年，以燕西地与宋，遂以平州为南京。天会四年，复为平州，县五：**卢龙** 倚。**抚宁** 本新安镇，大定二十九年置。**海山** 本汉海阳故城。辽以所俘望都县民置，故名望都。大定七年更名。**迁安** 本汉令支县故城。辽以所俘安喜县民置，因名安喜。大定七年更今名。镇一（建昌）。**昌黎** 辽营州邻海军，以所俘定州民置广宁县。皇统二年，降州来属。大定二十九年以与广宁府重，故更今名。

滦州刺史 本黄洛故城。辽为永安军。天辅七年，因置节度使。县四：**义丰** 倚。**石城** 有长春行宫、长春淀旧名大定淀，大定二十年更名，镇一（榛子）。**马城** **乐亭** 镇一（新桥）。

《元史·地理志》 **永平路** 唐平州。辽为卢龙军。金为兴平军。元太祖十年改兴平府；中统元年升平滦路，置总管府，设录事司；大德四年以水患改永平路，县四 州一。案《元史·考证》云：辽、金史志皆作辽兴军，卢龙盖其所领县名。**卢龙** 倚郭。**迁安** 至元二年省入卢龙，后复置。**抚宁** 至元二年与海山俱省入昌黎，三年复置；四年又与海山俱入昌黎；七年复置，仍省昌黎，海山入焉；十一年复置昌黎，以属滦州。今昌黎属本县。**昌黎** 至元十一年复置；仍并海山入焉。

滦 州 在卢龙塞南。金领**义丰、马城、石城、乐亭**四县。元至元二年，省义丰入州；三年复置，先以石城省入乐亭，其年改入义丰；四年马城亦省。领二县：**义丰** **乐亭** 元初，尝于县置漠州，寻废。复为乐亭县，隶滦州。

《明史·地理志》 **永平府** 元永平路，直隶中书省。洪武二年改为平滦府；四年三月为永平府。领州一、县五。西距京师五百五十里。

卢龙 **迁安** **抚宁** **昌黎**

滦州 洪武二年九月，以州治义丰县省入，南滨海，东有滦河，又南有开平中屯卫，永乐元年二月自沙峪移置于此，东北距府四十里，领县一：**乐亭** 州东南，南滨海。西有滦河，经县北岳婆港分为二：东曰葫芦河，西曰定流河，各入于海。景泰中葫芦河塞，定流河独自入海，其水清碧亦谓之绿洋沟。又西南，有新桥海口巡检司，万历四十三年移于滦州西之榛子镇。

永平府

禹贡冀州之域，虞初分为营州地，夏仍为冀州地，商为孤竹国，周属幽州，春秋为山戎、肥子二国地，战国属燕。

[汉]

右北平、辽西二郡地 因秦旧也后汉止，为辽西郡地。魏曰卢龙郡。

[晋]

幽州**辽西郡** 其后，石勒、慕容皝、苻坚、慕容垂相继有其地。

[北朝]

平州辽西 北平二郡地，魏徙置平州，治肥如，领辽西郡，又分置北平郡。齐省辽西入北平。周因之。隋初，郡废，仍曰平州。大业初复为郡。

[唐]

平州北平郡 武德二年，改郡为**平州**。天宝初，仍改州为郡。乾元初，复曰平州，属河北道。后唐同光初，陷入契丹。

[辽]

平州辽兴军 分置滦州与营州，并隶号曰平州路，属南京道。保大三年，入于金，寻入于宋，宋建抚宁军节度，寻仍入于金。旧作泰宁军，误。

[金]

平州 天辅七年，升为南京。天会四年，复为平州，置兴平军节度，属中都路。贞佑三年侨置临潢府。四年，入于蒙古。

［元］

永平路 太祖十年，改曰兴平府，中统元年，升平滦路，置总管府。大德四年，改永平路，属中书省。

［明］

永平府 洪武初，曰平滦府，属山东行省。二年，改隶北平行省。四年，改今名。永乐元年直隶北京行部。十九年，罢北京行部，直隶京师。

皇清初因明旧。雍正三年，以顺天府之玉田、丰润二县属焉。十三年，丰润、玉田改隶遵化州，乾隆二年，改山海卫为临榆县。乃领一州六县。

世谓永平府为古平、营二州地，不知平、营二州自汉、晋以来，屡废屡置，改徙无常，有名是而实非者，虽诸史亦不能无误。案：汉末，公孙度自号平州牧，及其子康、康子渊，并据辽东，此汉之平州也。本取辽东襄平为名。魏分辽东、昌黎、玄菟、带方、乐浪五郡为平州，后还合为幽州。晋武帝咸宁二年，分昌黎、辽东、元菟、带方、乐浪郡国五，置平州，治昌黎即汉交黎县，此晋之平州也。至后魏，平州乃治肥如，齐以下因之。《辽史》引公孙度之平州于此，殊误，《魏书》平州下注云：晋置，治肥如城。顾亭林《京东考古录》云：其曰晋置者，谓平州之名始立于晋也。其曰治肥如城者，谓魏之平州治肥如也。上下本不相蒙。且如辽西郡下注云：秦置。亦谓辽西之名立于秦也。岂可以秦之辽西亦治肥如乎？以此例之可见矣。虞分青州为营州，今府境自有其所属之地。至元魏置营州，治和龙城，领郡六，其一曰昌黎。昌黎领县三，其一曰龙城。太平真君八年，并柳城、昌黎、棘城属焉。有尧祠、榆顿城、狼水则在此东北七百里，详见《唐书·地理志》。五代后，始与平州并置于此。至辽则改平州为辽兴军，以营滦二州隶之，号为平州路。今称昌黎为营州，又称昌黎治西南六十里静安社为柳城，其以是欤？然岂谓五代后之营州即拓拔氏之营州乎？汉右北平郡治平冈，道在今蓟州北境；辽西郡治且虑，县在今府东境，所属之县皆有今府境地。至后汉右北平亦与辽西并置，而所属止土垠、徐无、浚靡、无终四县。晋改右北平为北平，所属与后汉同。后汉郡治土垠，晋郡治徐无，皆无今府境地，而府境地统归辽西。元魏置平州，领辽西、北平二郡，所领之县，皆在今境内。自此历齐、周、隋、唐，虽间有省并，改易名称，其土域要不甚相远。（案:《魏书·地形志》定州下，亦有北平郡，乃孝昌中，分中山所置者，治北平城。又孝昌中，营州陷，永熙二年，置南营州，寄治英雄城，皆与此无涉）。辽之平、营自于此地为切，他如泽州之滦河县，隰州之海阳县、迁州之迁民县、润州之海滨县、金大定府之神山县，皆于此有交涉。是在考古者之明辨以晰矣，案:《金史》瑞州领县三，一曰海阳、一曰海滨，海阳有迁民镇，即今之山海关。

卢龙县

[汉]

肥如县 初属燕国，武帝时属辽西郡，魏晋因之。

[北魏 齐 周]

新昌县 魏侨置，属北平郡，郡治朝鲜。齐移治新昌，并朝鲜入焉。又废辽西郡，并所领海阳入肥如，周因之。

[隋]

卢龙县 开皇六年省肥如，入新昌。十八年改名，属平州。大业初，复为北平郡治。隋末，移郡治临渝。

[唐]

卢龙县 武德二年改为肥如。刘昫曰：平州治临渝，是年移治。肥如仍改县为卢龙。天宝二年，又置卢龙军。

[辽]

卢城县 宋宣和四年辽将张珏据城降宋。宋改名，寻为金所取。

望都县 本海阳故城，太祖以望都俘户置，属平州。

[**金**]

卢龙县 复故名，属平州兴平军。**海山县** 大定七年改名。至元二年省入昌黎，三年复置，四年省，七年又置，十二年又省。

[**元**]

卢龙县 永平路治。

[**明**]

卢龙县 永平府治。

皇清因之。

卢龙以卢水而名，较诸县为古。案：卢水，即今之青龙河，魏置郡，隋置县，至唐置军，改置不一，所属之地亦广狭悬殊。考《唐书·方镇表》开元初，于营州置平卢军使，寻升为平卢军节度，继复以平卢军节度使兼押两蕃、渤海、黑水四府经略处置使，以幽州节度副使领平卢军节度副使，治顺化州。惟天宝二年，以平卢军节度使治辽西，故城于此地为近，余俱无涉。

迁安县

[**汉**]

令支县 因秦离支县改名，属辽西郡。后汉及晋因之。

[**北魏**]

令支县 真君八年省，入阳乐。

[**齐　周**]

肥如县地

[**隋　唐**]

卢龙县地

[**辽**]

安喜县 太祖以定州安喜俘户置，属平州。**滦河县** 辽置，属泽州。金初，与州俱废。承安二年复升惠州，孩儿馆为滦阳县，属之。

泰和四年，又废。

[金]

迁安县 大定七年改今名。

[元]

迁安县 至元二年省入卢龙，后复置，属永平路。

[明]

迁安县 属永平府。

皇清因之。

《汉书·地理志》：令支县有孤竹城。《史记·齐世家》作离枝。《索隐》曰：离枝音零支，又音令祇，又如字。离枝、孤竹皆古国名。秦以离枝为县，是离枝即令支矣。晋辽西郡领县三，阳乐、肥如、海阳，无令支。然石、段、魏、燕相构，令支之名见于史文者甚夥。元魏《地形志》与晋《地理志》同，其阳乐下曰：真君七年，并令支、合资属焉。案：此则晋时当有令支，史阙文也。

抚宁县

[汉]

临渝县 属辽西郡。

[魏 晋]

永嘉后，为慕容氏所据。《晋·地理志》无此县名，疑是省入阳乐。

[隋]

卢龙县地

[唐]

抚宁县 武德二年分置，属平州。七年，仍省入卢龙。

[辽]

置新安镇于此。

[金]

抚宁县 大定二十九年，以新安镇改置，属平州。

[元]

抚宁县 至元二年省入昌黎，三年复置，四年又省，七年复置。属永平路。

[明]

抚宁县 属永平府。

皇清因之。

《大清一统志》及洪稚存《乾隆府厅州县图志》皆谓抚宁，在汉为阳乐县。《广舆记》及《读史方舆纪要》皆谓在汉为骊城县。旧府志谓在汉为临渝县。案:《汉书》骊城作骊成，下注云：大揭石山在县西南，揭石即碣石也。今昌黎城北之碣石，恰在县之西南。县西一里有阳水，南五里相传有阳乐侯墓，晋以后临渝又省入阳乐，则谓此地为阳乐为骊城俱不为无据。但阳乐侯今已无考。骊城下又无渝水，今渝河在县东二十里。《汉书》临渝下注渝水，似又以旧志临渝为确。临渝城在县东北，隋初高宝宁攻陷临渝镇。大业中置临渝宫于此。旧通志言隋末复置临渝县，当是因宫而误。又案《读史方舆纪要》抚宁城下云：县旧治此，洪武十三年徙治县西北兔耳山东。案：今地势西北，当作西南，永乐三年，于故县治置抚宁卫。成化三年，议者请复县于旧治，乃于卫东立县合为一城即今治也。

昌黎县

[汉]

絫县 属辽西郡。后汉省入临渝。

[魏　晋]

海阳县地

[北朝]

魏为肥如县地。隋为卢龙县地。

[唐]

石城县地 唐《地理志》石城下，载碣石。今碣石，昌黎山也。

[辽]

广宁县 太祖以定州俘户置营州邻海军，并置县。

[金]

昌黎县 皇统二年，废营州以县属平州。大定二十九年改今名。

[元]

昌黎县 至元七年省入抚宁。十二年，复置，属永平路。

[明]

昌黎县 属永平府。

皇清因之。

昌黎有五，顾亭林尝辨之矣。今之昌黎，至金始建。若汉之昌黎，乃交黎县，后汉属辽东属国都尉。魏齐王正始五年，鲜卑内附，复置辽东属国，立昌黎县以居之，后立昌黎郡。晋太康二年，慕容廆寇昌黎。咸康二年慕容皝自昌黎东践水而进，凡三百余里，至历林口，是则渝水下流，而当海口，此一昌黎也。《晋书》慕容皝徙昌黎郡。又云破宇文归之众，徙其部人五万余落于昌黎。及慕容盛之世，有昌黎尹张顺、刘忠、高云，以冯素弗为昌黎尹。冯跋之世，有昌黎尹孙伯仁。以史考之，当去龙城不远，此又一昌黎也。魏并柳城、昌黎、棘城于龙城，而立昌黎为郡。列传如韩麒麟、韩秀、谷浑、孙绍之伦，皆昌黎人。即燕之旧都龙城，此又一昌黎也。齐以后，昌黎之名废。至唐太宗贞观二年更崇州为北黎州，治营州之东北废阳师镇，八年复为崇州，置昌黎县，后沦于奚。《辽史》建州永康县本唐昌黎县地，此又一昌黎也。郭造卿《永平志》辨昌黎有二，而不知有五。今序而列之，论古者可无惑焉。

滦　　州

[汉]

海阳县　属辽西郡。晋及后魏，皆因之。**新安平县**　属辽西郡，后汉省。**昌城县**　属右北平郡，后汉省。**夕阳县**　属右北平郡，后汉省。

[北齐]

省入**肥如**。

[隋]

卢龙县地。

[唐]

马城县　开元二十八年，析卢龙县置，属平州。**石城县**　武德初，置临渝为平州治。武后时，改名。

[辽]

滦　州　太祖置，属平州，亦曰永安军。**义丰县**　世祖置，为州治。**马城县**　改属滦州。**石城县**　徙置属滦州。宋宣和中，改曰临间。

[金]

滦　州　属永平路。

义丰县　**马城县**　**石城县**复故名。

[元]

滦　州　属永平路。**义丰县**　至元四年省。

[明]

滦　州　属永平府。洪武初，省入州。

皇清因之。

滦州之置始于辽，以滦水而名。滦古作濡。昔秦政灭燕，置右北平石城，盖今治之西南境也。辽西海阳，盖今治之东境也。王莽改北平为北顺，省石城入土垠。东汉复右北平石城，仍土垠，而海阳为辽西未改也。北齐省辽西海阳入肥如。隋开皇省肥如入新昌，未几改名卢龙。唐武德中，始置临渝。贞观后，置石城。开元又置马城。辽天赞析卢龙山南地，置滦州，领义丰、马城、石城三县。金增置乐亭县。

元初，省石城、马城。明初，复省义丰入州，遂止领乐亭县。洪稚存曰：海阳故城及昌城、夕阳故城，俱在州西南；新安平故城，在州西；马城故城在州南。案：洪氏谓海阳在州西南，疑误。

乐亭县

[汉]

海阳县地 《大清一统志》作骊城县地。案:《汉书》骊城有碣石山，在其西南。今县西南绝无山，疑误。

[晋]

为**乐安镇**。

[北魏]

为**乐安亭**。齐省海阳入肥如，则此应为肥如县地。

[隋]

卢龙县地

[唐]

石城县地　开元中，置马城县，遂为马城县地，辽因之。

[金]

乐亭县　大定末置，属滦州。

[元]

乐亭县　初于县置溟（潩）州，寻废，仍属滦州。又省石城入焉，寻即改入义丰。省马城入乐亭及滦州。

[明]

乐亭县

皇清初，与丰润、玉田并隶滦州。雍正末，丰、玉改隶遵化，县乃属永平府。

乐亭古称乐安。旧县志存疑一条云:《汉书》渤海郡临乐下注曰侯国，莽曰乐亭。盖元始四年，王莽更郡县为亭，以应符命也。东汉以后，转为乐安，或隶北海，或隶渔阳。《晋书·载记》曰乐安镇。《水经注》曰乐安亭。要皆幽之东南，青之东北濒海之区，渤碣之地也。是欲求斯地之封域，定斯地之沿革，将舍此奚适矣。乃从来作志者概不之及知乐安之近海，而隶于青州，则分青州之海与辽西之海为二；知乐安之迩濡，而隶于檀州，则分白檀之濡与肥如之濡为二；分离乖隔，为害甚矣。案：其说如此，总缘青州跨海之说而误，不知邑与青州虽同一滨海，谓越海而北有青州之地则可；谓越海而南有今乐亭之地则不可。临乐汉属渤海，去此当八九百里。其时平原郡之富平，莽亦改名乐安亭，今以新莽所改临乐之乐亭为据，岂新莽所改富平之乐安亭亦可据乎？至所云“东汉以后转为乐安，或隶北海，或隶渔阳”尤为疏舛。后汉之乐安国乃千乘郡所改，晋仍为国，魏改为郡，与北海并置。地俱属青州。隶渔阳者，乃安乐非乐安，《水经》濡水注云：高石水出安乐县东山，当即此也。邑名之所由，昉惟石虎屯粮之乐安城，濡水所经之乐安亭为可据，余俱涉于影响。如此条所云，泛滥无归，疆域混淆，几令人无从捉摸，岂不误而又误！

临榆县

[汉]

临渝县　属辽西郡。

[晋]

以后废。

［北朝］

［唐］

初置县，为平州治，非汉县故地。

［辽］

迁民县　圣宗迁归州民置，属迁州。**海滨县**　圣宗置，属润州。

［金］

改为镇。

海滨县　皇统二年废州，以县属瑞州。

［元］

省。

［明］

山海卫　洪武初，徙渝关东去六十里曰山海关。十四年，设卫。宣德五年以卫属永平府。

皇清顺治元年，设卫撤关，二年复关，七年省。抚宁卫入山海卫。乾隆二年改置临榆县，隶永平府。

临渝汉县也，以渝水得名，字从水旁。《唐书》书渝关时而从木，时而从水，字画两歧，或由笔误。至辽初，置榆州，史称本汉临榆县地，而书渝作榆。滦州下又云：临榆山，峰峦崛起，高千余仞，下临榆河，竟以临渝为临榆。则今临榆县之易水从木，其来有渐矣。今抚宁县东二十里有榆关，西临渝水而字亦从木。案：从木之榆关，当在今陕西榆林府。隋贺娄子干为榆关总管，见《隋书》本传。若临渝关则断以从水为定，洪稚存《乾隆府厅州县图志》云：汉置临渝县，在今锦州西界口外。唐初于今滦州西北界改置临渝县，为平州治。武德二年，移州治卢龙，七年省。贞观十五年复置。万岁通天二年，改名石城。辽又徙置，以就盐官。宋宣和尝赐名临间，寻入金复曰石城，元初省入乐亭。本朝雍正三年，复分乐亭、抚宁置临渝县。案此石城非汉之石城，即今之开平。《中屯卫志》所谓卫在滦州西石城废县是也。临渝亦非汉之临渝，稚存因史志临渝改名石城并元初省石城入乐亭之文。遂谓分乐亭、抚宁置临渝县，殊误。盖乐亭与抚宁不接壤也。

诸水归合表

临　榆

鸭子河　北水关河　石河（西关外）；南水关河　帅府河　刘家河　潮河（石河下流）；石河　温河（即果老河）　潮河　深河　边家河　李家堡河。

抚　宁

界岭口河　松流河；梁家湾河　小红河　倒流河　松流河　中桑河　洋河（即阳河）；贾家河　沙河（榆关西）；渝河　沙河　戴家河；大青山水　洋河　戴家河。

迁　安

蛤螺河、清河（县西七十里）；白洋河、冷口河；黑河、澈河；冷口河　两水河　暖泉河；石河（与临榆异）清河　宽河　长河；澈河　三里河。

卢　龙

温河（一名肥如水）　漆河；漆河　白沟河　青龙河；青龙河　淘金河　横河（一名恒河）　滦河。

昌　黎

泉河　深江河；急流河　深江河　梭头湾河　虹桥河　饮马河；绕湾河　两河；甜水河　潮河（一名马家河）　七里海；饮马河　蒲河。

滦　州

沂河　古懂河　大田泊　清河（一名青河）；白寺口河　陡河；陡河　王家河　帅家河　官渠河；龙湾河　唐家河　牤牛河（即馆水）；大水泊　海子长湾　沙河（自迁至丰入海）；滦河　清河　官渠河　靳家河　曾家湾河　牝牛河　海。

乐亭旧有清、滦二水。今滦水东迁，清河西徙，境内别无大河矣。故不复载。

卷之三

历代封爵表

《文献通考》云：汉初，论功封列侯者，凡百四十有三人。大者食县，小者食乡亭，得臣所食吏民。

晋令有开国郡公、县公、郡侯、县侯、伯、子、男及乡亭、关中、关内外等侯之爵。

后魏道武皇始元年，始封五等。至天锡元年，减五等之爵，始分为四，曰王、公、侯、子，除伯、男之号。皇子及异姓元功上勋者，封王；皇族及始藩王皆降为公；诸公降为侯；子亦以此为差。王封大郡，公封小郡，侯封大县，子封小县。其后，复加伯、男焉。孝文太和十八年诏：凡王、公、侯、伯、子、男开国食邑者，王食半，公三分食一，侯伯四分食一，子男五分食一。

北齐六等之爵：王位列大司马上；非亲王则在三公下，封内之调。尽以入台，三分食一；公以下四分食一。

后周制：封爵郡县亦有公、侯、伯、子、男五等爵者，皆加开国；授柱国大将军开府仪同者，并加使持节大都督。

隋开皇中制：国王、郡王、国公、郡公、县公、侯、伯、子、男凡九等。至炀帝，唯留王、公、侯三等，馀并废之。

唐制：皇兄弟、皇子、封亲王；太子男封郡王；其庶姓卿士功业特盛者，亦封郡王；其次封国公；其次有郡、县开国公、侯、伯、子、男之号，亦九等，并无官土其实。加封者则食其封。

《续文献通考》云：辽道宗太康五年诏，准王子封一字王，馀并削降。

元制：封一字王者，金印兽纽；两字王者，金印螭纽；次有金印驼纽、金镀银印驼纽、金镀银印龟纽，有止用银印龟纽，等级不同如此。又同姓，有无国邑而称王者，但曰宗王。

明洪武三年，大启封建。皇帝之子为亲王；亲王之从庶子为郡王；而功臣则公、侯、伯三等，有世袭，有流爵，罢子、男不置。公、侯位正一品上，伯位正二品上。

[**汉**]

侯

海阳侯**摇毋馀**　高祖六年三月庚子，以定三秦击项羽功，侯千八百户，谥齐信。传哀侯、昭襄康侯、建哀侯省。孝景中六年，侯省薨，无后国除。

肥如侯**蔡寅**　高祖六年三月庚子，以破龙且及彭城功，侯千户，谥敬。传庄侯成、侯奴。孝景元年，侯奴薨，无后，国除

北平文侯**张苍**　高祖六年八月丁丑，以为常山守得陈馀功，侯千二百户。传康侯、奉侯预。孝武建元五年，侯预坐临诸侯丧不敬，国除

[**晋**]

王

辽西王**慕容农**　孝武帝太元十一年，后燕慕容垂僭即帝位，改元建兴。夏四月甲子，封子农为辽西王。

公

辽西公**段务勿尘**　怀帝永嘉元年，以遣兵助东海王越有功，封子匹磾袭爵，事详《匹磾传》。

辽西公**慕容定**　安帝隆安二年，慕容盛长乐元年十二月丙午，封子定，为辽西公。二年十二月丁酉，立为太子。盛死，太后丁氏废定立熙，寻赐死。

辽西公**冯素弗**　安帝义熙间，北燕冯跋封。《十六国春秋》：素

弗，跋之长弟也。跋僭伪位，素弗所建之业居多，进侍中、车骑大将军录尚书事，封范阳公。加大司马录尚书如故，改封辽西公。

［**北魏**］

王

辽西王**冯崇** 《北燕录》：冯崇，宏之长子也。嫡妃王氏所生，封长乐公。宏僭伪位，立慕容氏为王后，废王氏不得立。又黜崇，令镇肥如。崇母弟广平公朗、乐陵公邈出奔辽西，说崇降魏。崇从之。世祖拜崇假节侍中、都督幽平二州东夷诸军事车骑大将军，领护东夷校尉、幽平二州牧，封辽西王，食十部。

北平王**长孙嵩** （《魏书》：长孙嵩代人。世为南部大人，以军功封钜鹿公。世祖即位，进爵北平王，薨年八十，谥曰宣王，配飨朝廷。子颓袭爵，有罪黜为戍兵，后复爵。子敦坐黩货，降为公。高祖时，自颂先世勋重，复其王爵。子道袭爵，久之随例降为公。子悦袭爵，建义初，复本王爵，寻降为公。

辽西王**常英** 《魏书》高宗以乳母常氏有保护功，尊为保太后，后尊为皇太后。兴安二年，太后兄英，自肥如令起为散骑常侍、镇军大将军赐爵辽西公。追赠英祖父亥，为辽西兰公，澄为辽西献王。改葬献王于辽西，树碑立庙，置守冢百家。太安初，英为侍中、征东大将军、太宰进爵为王，薨，谥辽西平王。案：旧志亥作海，误。

北平王**冯风** 熙子。《魏书》风幼养于宫，文明太后特加爱念，数岁赐爵至北平王，拜太子中庶子，出入禁闼宠侔二兄。高祖亲政后，恩宠稍衰，降爵为侯。幽后立，乃复叙用。

北平王**冯始兴** 熙，第二子。高祖太和二年封。见《本纪》。

北平王**超** 安定王休孙。《魏书》肃宗初，袭。时以胡国珍封安定公，改封北平王，后复本爵。

北平王**懋** 《北史》懋常山王遵后，袭爵，降为侯。孝武时从驾入关，封北平王。

北平王**拔拔** 《隋书·周摇传》其先与后魏同源。初为普乃氏；

及居洛阳，改为周氏。曾祖拔拔、祖右六肱，俱为北平王。案:《旧志》六肱作文肱，误。

公

辽西公**意烈** 《魏书》：意烈，昭成子力真之子也。先没于慕容垂，太祖征中山，弃妻子，迎于井陉，及平中原有战获勋，赐爵辽西公。

辽西公**贺卢** 太祖时封。《魏书》卢，讷弟，亦从平中原，以功赐爵辽西公。

辽西郡公**冯朗** 世祖时封。事详《冯熙》下。

侯

肥如侯**贺护** 护，一作泥，太祖时封。《魏书》泥，贺，讷从父弟悦之子也。悦以功赐爵钜鹿侯，进爵北新，卒。子泥袭爵，后降为肥如侯。

北平侯**安国** 太宗时封。《魏书》安同弟睹之长子，位至冠军将军，赐爵北平侯，杏城镇将。

肥如侯**冯熙** 显祖时封。《魏书》冯熙，长乐信都人，文明太后之兄也。世祖平辽海，熙父朗内徙，官至秦、雍二州刺史、辽西郡公，坐事诛。熙逃避氏羌中，后太后知熙所在，征赴京师，拜冠军将军，赐爵肥如侯，尚恭宗女，进爵昌黎王。

朝鲜侯**常泰** 高宗时封。英从兄，附英传。

子男

肥如子**高育** 《魏书》高育，道悦祖，冯文通建德令。值世祖东讨，率其所部五百馀家，归命军门。世祖授以建忠将军，齐郡、建德二郡太守，赐爵肥如子。

新昌县子**毕祖晖** 肃宗时封。《魏书》正光五年，豳州民反，攻逼州城，以祖晖前在州得民情和，复授平西将军、豳州刺史，假安西将军为别将以讨之。孝昌初，以全城之勋，封新昌县开国子，食邑四百户。

新昌子**孙绍**　敬宗时封。《魏书》绍，昌黎人。永安中，拜太府卿以前参议。正光壬子，历赐爵新昌子。

新昌男**窦瑗**　事详本传。

[北齐]

王

北平王**贞**　《北齐书》贞字仁坚，武成第五子，沈审宽恕，帝尝曰：此儿得我凤毛。案：仁坚一作仁固。

北平王**鲜于世荣**　《北齐书》世荣，渔阳人。武平七年，后主幸晋阳，令世荣以本官判尚书右仆射事贰、北平王、北京留后。

男

北平男**王峻**　事详本传。

[后周]

公

北平公**寇绍**　《高祖本纪》天和六年五月，以北平公寇绍为柱国。

侯

北平侯**和洪**　《北史》洪，汝南人，少有武力，勇烈过人。从武帝平齐，进位上仪同赐爵北平侯，邑八百户。后仕隋。

[隋]

侯

北平侯**张煚**　《隋书》张煚鄚人也。周明、武世，赐爵北平县子，邑四百户。宣帝时，进爵为伯。高祖受禅，拜尚书右丞，进爵为侯。

北平侯**段文振**　《隋书》文振，北海期原人也。辽东之役，授左侯卫大将军，出南苏道，在道疾笃，后数日卒于师。帝省表悲叹久之。赠光禄大夫、尚书右仆射、北平侯，谥曰襄。

[唐]

王

北平郡王**高开道** 《唐书·高祖本纪》武德三年冬十月庚子怀戎贼帅高开道，遣使降，授蔚州总管，封北平郡王，赐姓李氏。

北平郡王**突利** 契丹可汗。太宗时，请入朝，帝辍膳赐之，拜右卫大将军，封北平郡王，食户七百。详《唐书·突厥传》。

北平王**世武** 见《唐书·宗室世系表》。

北平郡王**阿史那什钵苾** 《旧唐书·太宗本纪》贞观五年冬十月，右卫大将军、顺州都督、北平郡王阿史那什钵苾卒。

北平郡王**武居常** 《新唐书》天后嗣圣元年九月丙辰，追尊武氏高祖居常，为太尉北平郡王。案:《旧书》作五代祖。

辽西郡王**高文简** 高丽王。开元初，款边，引拜左卫大将军、辽西郡王。见《唐书·突厥传》

北平王**偕** 开元时，封静恭太子琬子。

北平郡王**李过折** 契丹衙官。开元二十三年，斩可突干，传首东都，诏封为北平郡王，授特进检校松漠州都督。其年为可突干馀党泥礼所杀。详《唐书·突厥传》案:《玄宗本纪》作契丹王。

北平郡王**马燧** 《德宗本纪》兴元元年癸卯，加河东保宁军节度使、太原尹、北都留守、检校司徒同平章事、北平郡王马燧，为奉诚军晋、绛、慈、隰节度使，行营兵马副元帅。时，方命浑瑊与马燧出师讨怀光故也。

[五代]

王

晋北平王**刘知远** 开运二年四月封。见《本纪》。

晋北平王**高信韬** 见《辽史·高勋传》信韬，勋父也。

［辽］

王

辽西郡王**萧实喇**　实喇原作虚烈。《辽史·兴宗本纪》重熙十四年春正月庚申，以侍中萧实喇为南院统军使，封辽西郡王。

辽西郡王**呼富**　呼富，原作旅坟。《辽史·兴宗本纪》重熙十七年十一月丁巳，封特哩衮呼富辽西郡王。案:《辽史·皇族表》作埒富。注云原作驴粪，驴粪旅坟、埒富、呼富，当是一人。

辽西郡王**耶律良**　《辽史》良，著帐郎君之后，以功，迁汉人行宫都部署。咸雍初，同知南院枢密使事。未几卒，追封辽西郡王，谥曰忠成。

辽西郡王**萧余里也**　《辽史》作萧额里页，阿拉次子，便佞滑稽，善女工。重熙间，以外戚进。太康初，封辽西郡王。

辽西郡王**耶律伯**　伯原作白。《辽史·道宗本纪》咸雍六年八月丙子，中京留守耶律伯薨，追封辽西郡王。

辽西郡王**杨绩**　《辽史》绩，良乡人，封赵王。太康中，以例改王辽西。案:《文献通考》作马绩。

辽西郡王**杨皙**　《辽史》皙，安次人，封赵王。太康五年，例改辽西郡王。

北平郡王**耶律淳**　世号。北辽兴宗第四孙和啰噶之子。天祚初，以北平郡王进封郑王。

［金］

公

北平公**张进**　霸州保定县人。金季封北平公，守信安城。见《元史·张荣实传》。

［元］

王

北平王**镇国** 《元史》阿勒古斯托克塔古哩，翁观部人。太祖既定云中，追封高唐王。以其子布页赫尚幼，封其侄镇国为北平王。镇国薨，子尼古尔台袭爵，尚睿宗女特默根公主。布页赫幼，从攻西域，还封北平王。案:《史》尼古尔台，原作聂古台;《诸公主表》作聂古斛。

北平王**那木罕** 世祖子。《元史·诸王表》作诺木罕。至元二年封，十九年改封北安王。

抚宁王**彻里帖木儿** 宪宗后。《元史》晃火帖木儿封嘉王，改封并王。至元元年，丞相唐其势与王交通谋废帝，以危社稷，事败自杀。六年封其子彻里帖木儿为抚宁王。

永平王**燕赤** 《元史·本纪》作雅奇。顺帝至元四年，追封谥忠襄。

永平王**伯撒里** 《元史》作巴咱尔。顺帝至正二十七年封。

［元］

公

永平郡公**阿台** 世祖时封。《元史》作阿勒台有传。

永平郡公**锁咬儿哈的迷失** 《元史·列传》作索约勒哈陶默色。泰定初，追封永平郡公，谥贞愍。

［明］

侯

永平侯**谢成** 《明史》谢成，濠人。洪武十二年封永平侯，禄二千石，世指挥使。

抚宁侯**朱谦** 《明史》谦，夏邑人。景泰元年，以御寇功，封抚宁伯。明年卒，赠侯。

封爵之制历代不同。汉以前，食其国邑者也。魏、齐以降，多系空名而已，生非其地之人，职非其地之官，而其行事又绝不相涉。如高齐、宇文周无北平，而以北平称王、称公、称侯者，比比皆是，徒以其名也。而存之前志有例，不得而削焉。

卷之四

历代职官表一

《文献通考》：汉武帝置部刺史，掌诏六条察州凡十二州焉。成帝绥和元年，以刺史位下大夫，而临二千石，轻重不相准，乃更为州牧，秩真二千石，位次九卿。光武建武中，复为刺史。后魏诸州置三刺史，郡置三太守，县置三令长。北齐制，州为上、中、下三等，每等又有上、中、下之差，自上上州至下下州，凡九等。隋开皇三年，罢郡，以州统县。自是刺史之名存而州废。又改九等为三等。炀帝复罢州置郡。唐武德元年，复罢郡置州。改太守为刺史，而雍州置牧。古者，牧伯之任，后世之所谓监司也。隋以前多谓之刺史。自唐以刺史名知州，而后牧伯始别，有以名其官。

郡守 秦官。秦灭诸侯以其地为郡，置守、丞、尉各一人。守治民，丞佐之，尉典兵。汉景帝更郡守为太守。常以春行所主县；秋冬遣无害吏按讯诸囚，平其罪法，论课殿最，并举孝廉。王莽改太守为大尹。后汉亦重其任，或以尚书令仆射出为郡，或自郡守入为三公。晋郡守皆加将军，无者为耻。后魏初，郡置三太守。孝文初，二千石能静二郡至三郡者，迁为刺史。北齐制郡为上、中、下三等，每等又有上、中、下之差。后周，郡太守各以户多少定品命。隋，郡太守如北齐九等之制。至开皇三年，罢天下诸郡，以州统县。大业三年，又改州为郡，郡置太守。唐武德元年，改郡为州，改太守为刺史，加号持节，后加号使持节诸军事，而实无节，但颁铜鱼符而已。天宝元年，改州为郡，刺史为太守。自此州、郡、史、守更相为名，其实一也。

汉制，凡县万户以上为令，减万户为长。

晋制，大县令有治绩，官报以大郡，不经宰县不得入为台郎。

后魏，县置三令长。孝文初制，县令能静一县劫盗者，兼理二县，即食其禄；能静三县者，兼理三县；三年迁郡守。

《续文献通考》辽，南面诸州，各有州刺史，与古之州牧、刺史大小颇异。

金，州名不同，设防御者，谓之防御州；设刺史者，谓之刺史州。其官，刺史一员正五品，掌同府尹兼治州事；同知一员，正七品；判官一员从八品。

元，世祖至元初，置诸路总管府。二十年，定十万户之上者，为上路；十万户之下者，为下路；当冲要者，虽不及十万户，亦为上路。上路秩正三品，达鲁花赤一人，总管一人，兼管劝农事，江北则兼诸军奥鲁，同知、治中、判官各一人。下路秩从三品，不置治中，而同知如治中之秩。二十三年，又置推官二人，专治刑狱，下路一人。经历知事或一人或二人。元上州达鲁花赤州尹并从四品，中州达鲁花赤知州并正五品，下州达鲁花赤知州并从五品。

辽，五京诸州属县，各有县令、县丞、主簿、尉。

金，赤县令一员，从六品；次赤县又曰剧县令一员，正七品；诸县令一员，从七品。

元，上县秩从六品，达鲁花赤一人，尹一人，丞簿、尉各一人，典史二人；中县秩正七品，不置丞；下县秩从七品，设官如中县。

《草木子》曰：元路、州、县各立长官。达鲁花赤掌印信以总一府一县之治；判署则用正官，在府则总管，在县则县尹。达鲁花犹华言荷也，赤压口桼子也，亦犹古言总辖之比。案:《元史·语解》达鲁花赤作达噜噶齐，头目也。

刺　史

[晋]

案：晋之平州，与元魏之平州异；元魏之营州，与五代后之营州异，俱详《沿革表》中《旧志·职官》，于晋平州及北朝魏、齐、周营州诸官尽行拦入，殊属牵混。兹并削之。

[后魏]

元　婴　详《纪事》。

南平**王浑**　阳平王熙子，好弓马。世祖器其艺能，常引侍左右。后拜假节都督平州诸军事、领护东夷校尉、镇东大将军、仪同三司、平州刺史，镇和龙。在州绥导有方，民夷悦之。

元　纂　浑子。亦有誉于时，出为安北将军、平州刺史。

常　英　见《封爵》。

王　睹　常英妹夫。兴安中，为平州刺史、辽东公。

李　彦　陇西狄道人。高祖时，敕行徐州事，转平州将军、平州刺史。

王买奴　详《纪事》。

邢　逊　河间鄚人。灵太后时，出为安远将军、平州刺史。

侯　渊　神武尖山人。机警有胆略，常从征伐，屡有战功。孝庄即位，封厌次县开国子。后以勋进爵为侯，寻诏以本将军为平州刺史大都督，仍镇范阳。

东平**王国**　景穆皇帝后。因罪削爵，后特除平州刺史。

崔长文　东清河鄃人。永安中，以老拜征虏将军、平州刺史，还家专读佛书，不关世事。

窦　瑗　见《封爵》有传。

辛珍之　陇西狄道人。东魏武定间，历位北海太守，后行平州事，卒于州。

[北齐]

稽　烨　皇建中，平州刺史。建议开陂，岁收稻谷数十万石。见《乌台笔补》。

[后周]

源　雄　西平乐都人。武帝伐齐，以功封朔方郡公，拜冀州刺史。时以突厥寇边，徙为平州刺史，以镇之。

李迁哲 安康人。保定中，授平州刺史。

［唐］

田仁会 平州刺史，有传。

邹保英 万岁通天初，为平州刺史。契丹入寇，城且陷。妻奚氏率家僮女丁乘城不下。贼平，诏封诚节夫人。

刘守奇 仁恭子，守光兄。事详《纪事》。

［金］

完颜哈里 原作海里。天眷中，滦州刺史。

瓜尔佳扎拉 原作夹谷查剌。天德初，以功臣子，充护卫，凡再考，出为滦州刺史。

完颜京 本名呼噜，原作忽鲁。正隆六年，坐违制，降滦州刺史。

完颜永元 本名元努，原作元奴。世宗时，授宗正丞，改符宝郎，为滦州刺史。

布萨揆 其先上京人。世宗时，为滦州刺史。

武 都 东胜州人。大定二十二年进士，累迁中都路都转运副使，迁滦州刺史。

卢启臣 滦州刺史。见《七里桥碑文》。

太 守

［汉］

李 广 右北平太守，有传。

路博德 右北平太守，有传。

邳 吉 辽西太守。彤父，附《后汉书·邳彤传》。

卑 躬 右北平太守。卑耳国之后，或云鲜卑种类，见《通志·氏族》略。

新莽辽西大尹**田谭** 追击高句骊，战死。见《汉书·东夷传》，案：大尹即太守。

闵 业 辽西太守。见《后汉书·寇恂传》。

赵　苞　辽西太守，有传。

和　旻　右北平太守。桓帝元嘉二年，坐赃，下狱死。

刘　政　右北平太守。灵帝中平四年，为渔阳张纯所杀。

廉　翻　灵帝时辽西太守。见《水经注》。

窦　崇　汉窦武曾孙，附见《北魏书·窦瑗传》，案：武为后汉末人，崇既其曾孙，其为太守也当非汉官矣。因《魏书》未详世代，姑附于此。

［晋］

阳　耽　燕辽西太守，右北平无终人，清直沈敏。慕容翰攻段氏于阳乐，获之。廆用为谋主，官至东夷校尉。子骛为平州别驾，及皝即位，迁左长史。

怡　宽　燕辽西郡守。魏道武时，率户归朝，赐爵长蛇公。北周怡峰高祖。

李　朗　后燕辽西太守，事详《纪事》。

杨　豪　辽西人。后燕光始二年，以中坚将军为本郡太守。

邵　颜　后燕辽西太守。光始五年八月，有罪亡命为盗。中常侍郭仲，讨斩之。

高　谠　北燕辽西太守。太平十五年，以谋叛伏诛。以上本《十六国春秋》。

案：晋改右北平为北平，所属与后汉同，俱无今永平地。故于旧志所载晋时后赵、前燕北平太守，尽削之。

［后魏］

那　颉　辽西太守，为后燕所执。见《纪事》。

宗　谟　西河介休人，袭爵中都侯，卒于辽西太守。

于天恩　代人，位内行长、辽西太守。

司马灵寿　晋后。神䴥中，冠军将军、温县侯，所在著功。出为辽西太守，治有清俭之称。

尹　象　天水冀人。饶阳令、辽西太守，有政事才。

房思安 清河人。北平太守，有勇力，善抚士众。高祖嘉之。附《房法寿传》。

刘思祖 高祖末，除扬烈将军、辽西太守，于路叛奔萧衍。

高元昌 闾子。位至辽西、博陵二郡太守。

阳　固 北平无终人。世宗时，出为试守北平太守。案:《北齐书·魏收传》初，收修国史，得阳休之助。因谢休之曰:“无以报德，当为卿作佳传。”休之父固，魏世为北平太守，以贪虐为中尉李平所弹获罪载在《魏起居注》。收书云:“固为北平，甚有惠政，坐公事免官。”

张　代 上谷阻阳人。陈留、北平二郡太守。

柳　粹 河东解人，崇族子。武定末，平东后军，迁辽西太守。

宋景业 广宗人。魏末，任北平守。见《北齐书·方伎传》。

[北齐]

元景安 魏昭成五世孙。保大四年，从讨契丹于黄龙，领北平太守。

[梁]

睦　寂 豫父梁，北平太守，附《北齐书·睦豫传》。

[隋]

长孙洪 北平太守，泾州刺史览子。

元　宏 岩子。北平通守，见《元岩传》。

邓　皓 辽西太守。李景辽东之役，为高开道所围，皓率兵救之。见《李景传》。

突地稽 靺鞨酋长。隋末率其部内属，处之营州。炀帝授为金紫光禄大夫、辽西太守。见《唐书·北狄传》。

[唐]

史思明 宁夷州突厥种玄宗赐其姓。天宝初，累功至将军，知平卢军事，迁大将军、北平太守。

裴　旻　元宗时，以龙华军使守北平。附《唐书·李白传》。

[元]

阿勒台　平州路达鲁花赤，见《封爵》。

令长尹

[汉]

肥如令**郢人**　见《汉书·燕王刘泽传》注如淳曰：肥如燕之属县也，郢人者县令之名也。

[晋]

赵　揽　后赵石虎太史令，谏虎不听，黜为肥如长。

平　翰　视弟，后燕海阳令。建兴十一年，慕容垂遣征东将军平视发兵冀州，视以博陵、武邑、长乐三郡兵反于鲁口，翰起兵辽西以应之。

[后魏]

常　英　肥如令，见《封爵》。

[金]

李宝信　义丰县令。时张觉以平州叛。信妻王氏陷贼中，骂贼死。大定十二年，赠贞烈县君。

宋　倬　马城县令。

韩　昶　乐亭县令，奉直大夫，赐绯鱼袋。

[元]

傅仲斌　迁安县尹。

郭仁义　迁安县尹，有传。

忽都花大　昌黎县尹。

刘　懋　昌黎县尹。

左　阔　昌黎县尹，有传。

周　宏　昌黎县尹，有传。

张　翰　义丰县尹。

岳　志　乐亭县尹，洪沟军人兼督诸军提举学校事。

安　逸　乐亭县尹，兼督诸军奥鲁事。

柴本立　乐亭县尹，有传。

《文献通考》：唐天宝初，置十节度经略使以备边。平卢节度镇抚室韦、靺鞨，统平卢、卢龙二军、渝关守捉城。安东都护府，屯营、平二州之境。

《续文献通考》：辽北面著帐郎君有节度使，所掌非军民事。南面节度使，设官甚众。辽二百余年，城郭相望，田野益辟。冠以节度，承以观察、防御、团练等使，分以刺史、县令，大略采用唐制。上京道十二节度，东京道二十一节度，中京道七节度，西京道六节度，南京道二节度。（幽州卢龙军节度使司、平州辽兴军节度使司）以上各司，设官曰节度使、曰节度副使、曰同知节度使事、曰行军司马、曰军事判官。

金天会六年，诏诸州镇置节度使一员，从三品，掌镇抚诸军防刺总判本镇兵马之事，兼本州官内观察使事。

元都总管之职，盖节度使也。所掌事各不同。

金初，设转运司，后诏中外惟都转运依旧专管钱谷，自余诸路转运皆兼于按察。

辽太宗时，平、滦、营三州设处置使司。

《金史·地理志》：天会十年，改南京路平州军帅司，为东南路都统司之。

平州兴平军节度使，辽为辽兴军。天辅七年，以燕西地与宋，遂以平州为南京，以钱帛司为三司。天会四年，复为平州，尝置军帅司。十年，徙军帅司治辽阳府，后置转运司。贞元元年，以转运司并隶中都路。贞祐二年四月，置东面经略司，八月罢。

滦州刺史，本黄洛故城，辽为永安军。天辅七年，因置节度使。

《续文献通考》：金收国元年，置南路都统司，以讨张珏。天辅五年，始有内外诸军都统之名。

元立都总管府，各因其所司之事为名，皆无典兵之责。设官秩高者三品或四品；卑者五品六品；员数多寡视其事之烦简。至元二十九年，因招集平、滦散逸人户，立总管府。秩正四品，置达鲁花赤、总管、首领官各一人，隶皇太后位下。永平屯田总管府，隶大司农司。

元初，立元帅府、都元帅府，置都元帅二人。

元大都路提举学校所，隶大都路兵马都指挥使司，秩正六品。提举一员、学正二员、学录一员。至元二十四年，既立国学，以故孔子庙为京学，而提举学事者，仍以国子祭酒系衔。其各处行省所置之地，皆置儒学提举司，统诸路府州县学校、祭祀、教养、钱粮之事，及考校呈进著述文字。每司置提举、副提举各一人。

《元史·百官志》：行中书省凡十，秩从一品，掌国庶务，统郡县，镇边鄙，与都省为表里。国初，有征伐之役分任军民之事，皆称行省，未有定制。中统至元间，始分立行中书省，因事设官，官不必备，皆以省官出领其事。至元二十四年，改行尚书省，寻复如旧。至大二年，又改行尚书省。二年复如旧。

节度使

［唐］

李怀仙　柳城胡。为安禄山裨将。史朝义以为幽州节度使。朝义败，怀仙使其将李抱忠奉其首来降。即授幽州卢龙节度使。大历三年，为麾下朱希彩所杀。

朱希彩　幽州昌平人。既杀怀仙，自称留后。代宗赦其罪，诏宰相王缙为节度使，希彩副之。缙至镇，度希彩难制，劳军即还，乃授希彩节度使。后为其下所杀。

朱　泚　希彩同宗。军众既杀希彩，推为留后，诏即拜节度使。后朝留京师。

朱　滔　泚弟。泚留京师，滔遂领节度。泚既诛，滔兵复败，上书待罪，未几卒。

刘　怦　幽州昌平人。朱滔时，积功至雄武军使。滔死，总军事。诏为节度，卒。子济嗣，为其子总所毒死。总领军政，诏嗣节度。会吴元济、李师道平，总恐上书，愿奉朝。请诏张宏靖领其军。总入朝，至定州卒。案《旧书·穆宗本纪》作“遁去不知所之”。

刘　悟　怀州武陟人，后为幽州昌平人。穆宗长庆元年秋七月，昭义军节度使检校司空兼幽州长史、幽州卢龙军节度副大使知节度事。

朱克融　滔族孙。随刘总入朝，留京师。张宏靖赴镇，从还。幽州军变囚宏靖，推克融领军务。时朝廷方讨王庭凑，薄其罪，就拜节度，后为乱军所杀。子延嗣。

李载义　自称恒山愍王之后。为幽州牙中兵马使。朱克融死，子延立，叛命残虐。载义率众杀之。敬宗授载义节度使。后为兵马使杨志诚所逐。

杨志诚　载义牙将，逐载义，自为留后。诏以为节度副使，迁尚书右仆射。后为其下所逐，推部将史元忠总留后。案《旧唐书·文宗纪》太和九年二月庚辰，以幽州留后史元忠为卢龙军节度使。

史元忠　见上。

张仲武　有传。

张允伸　有传。

张公素　范阳人。为别将，事允伸。允伸死，表其子简会为留后。公素以兵来会丧，军士附之，简会乃出奔。诏公素为节度使，进同平章事。后为李茂勋所袭，奔京师。

李茂勋　本回鹘阿布思之裔，来降，赐姓，为燕将。诎纳降，军使陈贡言反，袭杀之。因举兵入府，茂勋逃，众推主州务以闻，即拜节度使，卒。子可举嗣。迁太尉，后为其将李全忠所攻，自燔死。

李全忠　范阳人。为牙将，攻可举，杀之。为留后，拜节度使，卒。子匡威领留后，进为使，后为弟匡筹所逐，奔赵，赵人杀之。匡筹既逐兄匡威，自为留后，诏授节度使。后为李克用所攻，兵败奔京师，次景城，为卢彦威所杀。

［五代］

刘仁恭 深州人。世为镇将，有功。李匡筹逐其兄，戍卒推仁恭趋幽州，匡筹逆战，败之，仁恭乃奔太原。李克用用其计，攻匡筹，取幽州，表仁恭为节度使。后为其子守光所囚。晋王存勖讨守光，取幽州，诛仁恭。守光既囚仁恭，自为卢龙节度使，益骄侈，僭号大燕皇帝。晋遣兵讨平之，诛守光。

［辽］

赵德钧 详《纪事》。

韩德枢 有传。又尝为平、滦、营三州处置使，见《百官志》。

萧延思 涿州人。太宗皇后父也。终辽兴节度使，见《契丹国志》。

韩德让 赐姓名耶律隆建。景宗时，以破宋兵功，拜辽兴军节度使。案《契丹国志》德让授辽州节度使，迁平州节度使，无子，以周王宗业绍其后。宗业历平州、锦州节度使。

武　白 宋人。为辽军所俘。圣宗时拜辽兴军节度使。

宗　业 见上。

宗　懿 晋王平州节度使。番名查个只，见《契丹国志》。

萧道宁 《辽史·圣宗纪》统和元年春三月辛巳，以国舅同平章事，为辽兴军度使，仍赐号忠亮，佐理功臣。

衮特哩 原作迪里姑，详《纪事》。

耶律诺观 原作奴瓜，太祖异母弟。统和二十六年，为辽兴军节度使。

耶律遂贞 《辽史·圣宗纪》开泰元年秋七月丙子，为辽兴军节度使。

耶律德政 《圣宗纪》开泰四年夏五月辛巳，为辽兴军节度使。

呼图克 原作胡都古。《圣宗本纪》太平四年夏六月庚辰，以辽兴军节度使，为临海军节度使。

萧虚烈 见《封爵》。

刘慎行 《圣宗纪》太平五年春三月壬辰，以临潢少尹为辽兴军节度使。

耶律玛鲁 原作马六。重熙初，拜北院宣徽使。帝尝以兄呼之，改辽兴军节度使。

吹　纲 原作锄窘。《辽史·本纪》重熙七年十二月己巳，以详衮吹纲大王为平州节度使。详衮，原作详稳。案《契丹国志》辽节镇三十三处，刺史州七十余处。平州为节镇之一，营州、滦州为刺史之二。平州有节度无刺史，营、滦二州有刺史无节度。盖辽之营、滦为平州所辖也。康熙、乾隆二志俱引郭建初之言，曰："若节度使当称辽兴军，平州当称刺史，以详稳锄窘大王为平州节度使，为误。"殆亦未详考《辽史·本纪》及《契丹国志》之书，而以臆断之欤！且韩德让历辽州、平州节度使，宗业历平州、锦州节度使，《国志》俱有明文。建初谓节度不当称州，殊为失考。至元时则滦州有节度矣。

耶律玦 重熙间，同知辽兴军节度使事。有传。

察　克 原作查葛。《辽道宗纪》清宁五年夏六月己丑，为辽兴军节度使。

阿　林 原作阿琏，兴宗第三子。清宁中，出为辽兴军节度使，见皇子表。案：旧志作阿挞，误。

耶律哈尔吉 原作合里只。清宁七年，封豳国公，历辽兴军节度使。

耶律图丹 原作独撅。清宁元年，召为皇太后左护卫。太保四年，改宁远军节度使，历五国乌尔古部、辽兴军节度使。

姚景行 太康初，镇辽兴军，有传。

耶律旺久 原作王九。《辽道宗纪》大安三年十一月，以辽兴军节度使为南府宰相。

哈　噶 原作何葛。《辽道宗纪》大安六年冬十月庚申，以辽兴军节度使，为伊实大王。

荣　格 原作荣哥。大安九年夏六月庚申，以辽兴军节度使为南院大王。

聂　呀　原作涅里。道宗寿隆四年夏六月丁亥，以辽兴军节度使为特哩衮。

韩果实　原作高十，韩德凝孙。终辽兴军节度使。

梁　援　寿隆五年冬十二月甲子，为辽兴军节度使。

韩资让　附《德枢传》。

萧兀纳　一名讬卜嘉。寿隆元年，拜北府宰相。初，天祚在潜邸，数以直言忤旨；及嗣位出为辽兴军节度使。

萧常格　原作常哥，国舅之族。乾统二年，改辽兴军节度使。

耶律达实　原作大石，世号西辽，太祖八代孙。登天庆五年进士第，擢翰林应奉，寻升承旨。辽以翰林为林牙，故称达实林牙，历泰、祥二州刺史，辽兴军节度使。

张　琳　沈州人。天祚时，为辽兴军节度使，详《契丹国志》。

时立爱　涿州新城人。辽末，为辽兴军节度使，后降金，见《金史本传》。

高安国　辰州渤海人。辽兴军节度使，见《金史·高彪传》。

张　珏　平州义丰人。以进士仕至辽兴军节度副使。平州军乱，杀其节度使萧谛里，州人推珏领州事。

[金]

宋　永　本名塔塔，原作挑挞。皇统五年，出为赵州刺史，秩满再任转兴平军节度使，改大名尹。贞元三年，复为兴平军节度使。

唐古德温　本名阿里，上京刷河人也。皇统初，历兴平军节度使。

耶律德元　辽东丹王后。为兴平军节度使，附见《金史·伊喇履传》。

完颜守道　本名实纳呼，原作习尼烈。皇统九年，同知卢龙军节度使事。

布萨欢塔　原作仆散浑坦，扶余路人也。海陵时，改兴平军节度使。

持嘉晖　原作赤盏晖。正隆初，为兴平军节度使。

张元素　正隆末，改兴平军节度使，有传。

路伯达　冀州人。正隆五年，进士第，由泗州榷场使，补尚书省掾，除兴平军节度副使。

图克坦巴噶　原作徒单拔改，叛臣图克坦彭呼楚克之父。工部尚书改兴平军节度使。

完颜福寿　世宗时，授兴平军节度使，大定三年卒。

乌库哩尼吗哈　原作乌古论粘没曷。世宗时，为兴平军节度使。

乌雅扎拉　原作乌延查剌。力兼数人勇果无敌。大定二十五年，为兴平军节度使。

马百禄　通州三河人。明昌间，同知兴平军节度使。

赫舍里执中　原作纥石烈执中，本名呼沙呼，原作胡沙虎。阿苏裔孙也。明昌四年，以傲肆失职，降肇州防御使，逾年迁兴平军节度使。

完颜阿里巴斯　原作阿里不孙。明昌五年进士，为兴平军节度。

通吉思忠　承安三年，除兴平军节度使，有传。

富察阿里　兴州路人，以廕补官。大安元年，迁兴平军节度使。

乌库哩庆寿　河北西路明安人。卫绍王时，历兴平军节度使。贞祐二年，迁元帅右都监，以保全平州功，进官五阶。

赫舍哩和勒端　原作纥石烈桓端。大安三年，西京行省选充哈济万户，遥授同知清州防御使，改兴平军节度副使。

乌凌阿奇珠　原作乌林答乞，住大明路，明安人。大定二十八年进士。贞祐初，迁归德军节度使，改兴平军，就充东面经略使。

崔建昌　兴平军节度使，附见《金史·孙即康传》。

［元］

鲜卑仲吉　中山人。岁乙亥，国兵定中原，仲吉首率平滦路军民，诣军门降，太祖命为滦州节度使。壬辰，平蔡有功，加金吾卫上将军、兴平路都元帅右监军，永安军节度使兼滦州管内观察使。

卑　群　仲吉子。权滦州节度使提举学校。

转运使

[金]

杨伯渊 真定藁城人。天会十四年，赐进士第，知平定军，用廉迁平州路转运使。

赵 隇 辽阳人，后居滦州。贞元初，为中都路都转运使，明年再徙顺义、兴平。

都元帅

[元]

塔 本 有传。

阿尔济苏特穆尔 原作阿里乞失铁木儿，有传。

都 统

[金]

张敦固 平州都统，详《纪事》。

总 管

[元]

谭 澄 兴德怀来人。至元二年，迁河南路总管，改平滦路总管。

贾惟贞 至正八年三月以前，奉使宣抚称职，特授永平路总管。会岁饥，请降钞四万余锭振（赈）之。

案:《辽史》阿古齐（原作阿古只）知平州，附《萧惟信传》。室昉，南京人。会同初，登进士第，为卢龙巡捕官。《金史》杨邦基，华阴人。天眷二年进士，调滦州军事判官。贾少仲，通州人，天眷二年进士，调营州军事判官。以上三人，俱详本传。又世宗以伊喇诺尔为同知滦州西南招讨使，见《金史·伊喇干罕传》。兹总录于此，以备一时官制。旧志载辽滦州宣慰使宋仲义。考辽《百官志》无宣慰使名，未详旧志所本。

卷之五

历代职官表二　明文秩

《续文献通考》：元至正十八年，命经略使问民疾苦，招谕叛逆，务收平复之效，不尚屠戮之威。明不专设，有兵事则暂敕行事。

永乐中，遣使采访民间疾苦，寻停罢。后另设巡抚，以提督军务及粮储。营田等事。

明初，团练诸务专设按察司分巡兵备道，以统之。明兵部，武选、车驾、职方、武库四清吏司郎中、员外郎、主事各一人，后添设主事或二人，或四人。守山海关职方主事一人。

《明会典》户部十三司职掌，各设郎中、员外郎、主事、分掌钱谷诸务。有注差者，从吏部选授；有题差者，疏名上请；有部差者，本部扎委。其限或三年、或一年、或一季而代。

山海督师经略

万历四十六年设，后裁

汪可受　湖广黄梅人，进士，四十六年，由密云驻扎山海。

杨　镐　河南商丘人，进士，四十六年任，有传。

熊廷弼　四十七年任，有传。

袁应泰　泰昌元年任，有传。

文　球　河南固始人，进士，元年任。

王象乾　山东新城人，进士，天启二年任。

王在晋　南直隶太仓州人。进士，二年任。

孙承宗　二年任，崇祯二年再任，有传。

高　第　滦州人，进士，五年任。

王之臣 潼关卫人，进士，七年任。

袁崇焕 崇祯元年任，有传。

洪承畴 福建人，进士，十四年任。

范志完 河南虞城人，进士，崇祯十五年任。时关内外并建二督，而关外加督师衔，地望尤尊。又于昌平、保定设二督，于是千里之内有四督臣。又有宁远、永平、顺天、密云、天津、保定六巡抚，宁远、山海、中协、西协、昌平、通州、天津、保定八总兵，星罗棋布无地不防，而事权反不一

山海巡抚

天启二年设，后裁

阎鸣泰 直隶清苑人，进士，二年任。

喻安性 浙江嵊县人，进士，五年任。

刘宇烈 四川绵竹人，进士，崇祯二年任。

邱禾嘉 四年任，有传。

杨嗣昌 湖南武陵人，进士，六年任。

冯　任 浙江慈溪人，进士，八年任。

朱国栋 陕西富平人，进士，十一年任。

马成名 南直隶溧阳人，进士，十五年任。

李希沆 湖南安化人，进士，十六年任。

永平兵备道

嘉靖二十九年设

温景葵 山西大同，举人，副使。

王惟宁 陕西兴平，进士，副使。

沈应乾 南直隶五河，进士，副使。

以上，嘉靖年任。

张学颜 直隶肥乡，进士，副使。

王之弼 陕西泾阳，举人，佥事。

杨　兆 陕西肤施，进士，副使，有传。

孙应元　河南锺祥，进士，副使，有传。

以上，隆庆年任。

宋守约　山西长治，进士，副使。

陈万言　广东南海，进士，副使。

雷以仁　夷陵，进士，副使。

成　逊　长垣，进士，副使。

叶梦熊　浙江归善，进士，副使，有传。

李复聘　陕西周至，进士，副使。

王毓阳　陕西绥德，进士，副使。

白希绣　陕西肤施，进士，副使。

杨　镐　见前。

詹思谦　浙江常山，进士，副使。

方应选　南直隶华亭，进士，副使。

顾云程　南直隶常熟，进士，左布政。

应朝卿　浙江临海，进士，参政。

王　编　湖南宁乡，进士，参政。

武之望　四川临潼，进士，副使。

黄一腾　南直隶宁国，进士，参议。

刘泽深　河南扶沟，进士，副使，有传。

袁应泰　按察使。

以上，万历年任。

杜　诗　山东滨州，进士，按察使。泰昌年任。

朱本洽　南直隶华亭，进士，副使。

岳和声　浙江桐乡，进士，右参政。

张　春　有传。

以上，天启年任。

郑国昌　有传。

方一藻　南直隶歙县，进士，副使。

王凝祚　河南安邑，进士，左参政。

刘景耀 河南登封，进士，右参议。有传。
邱民仰 有传。
石声和 平霸，举人，副使。
姚　恭 山东海丰，进士，佥事。
朱国梓 有传。
以上，崇祯年任。

山石道

天启元年设，驻山海关
陶　珽 云南人，进士，元年任。
阎鸣泰 二年任，见上。
邢慎言 山东人，进士，二年任。
袁崇焕 三年任，见前。
刘　诏 河南人，进士，四年任。
刘永基 浙江山阴人，进士，五年任。
石维屏 山东人，进士，五年任。
王应豸 山东掖县人，进士，六年任。
张　春 七年任，见上。
孙　榖 湖广巴陵人，进士，七年任。
梁廷栋 崇祯元年任，有传。
王　楫 山东泰安人，进士，二年任。
杨嗣昌 三年任，见上。
陈　瑾 广西人，举人，五年任。
杨于国 山西人，举人，八年任。
李　时 山西人，举人，十年任。
王继谟 陕西府谷人，进士，十一年任。
原毓宗 陕西蒲城人，进士，十二年任。
范志完 十二年任，见上。
冯　珍 陕西人，贡士，十五年任。

山海兵部分司

宣德九年设，后裁

罗　恪　江西宜春人，进士，九年任郎中。

刘　钟　湖广江夏人，举人，正统二年任郎中。

刘　华　湖广随州人，贡生，四年任主事。

张　瓒　山西崞县人，贡生，七年任主事。

萧馀庆　南直隶华亭人，进士，十年任主事。

刘　玑　河南鄢城人，进士，十一年任主事。

王　俊　直隶清苑人，贡生，景泰元年任郎中。

郭　瑾　山西高平人，贡生，二年任郎中。

裴　翱　河南洛阳人，监生，五年任主事。

章　瑄　浙江会稽人，进士，天顺二年任主事。

杨　琚　五年任，有传。

祁　顺　广东东莞人，进士，八年任。

冯　续　山东昌邑人，进士，成化二年任。

梅　愈　江西湖口人，进士，六年任主事。

尚　纲　河南睢州人，进士，六年任主事。

胡　赞　浙江余姚人，进士，九年任主事。

吴　志　浙江遂昌人，进士，十一年任主事。

苏　章　江西余干人，进士，十二年任主事。

熊　禄　江西进贤人，进士，十六年任主事。

尚　缙　纲弟，进士，十九年任主事。

朱继祖　江西高安人，进士，二十二年任主事。

张　恺　弘治二年任，有传。

黄　绣　五年任，有传。

陈　钦　浙江会稽人，进士，八年任主事。

张　玠　顺天宛平人，进士，十年任主事。

徐　朴　浙江上虞人，进士，十三年任主事。

张时叙　直隶沧州人，进士，十六年任主事。

曾得禄 湖广郧阳人，进士，十七年任主事。
顾　正 浙江海盐人，进士，正德元年任主事。
汪　瑛 浙江处州卫人，进士，六年任主事。
丁　贵 山东滨州人，进士，九年任主事。
李际元 山东阳谷人，进士，十一年任主事。
黄　绶 浙江鄞县人，进士，十二年任主事。
黄景夔 十六年任，有传。
刘　序 陕西长安人，进士，嘉靖三年任主事。
王　冕 三年任，有传。
徐子贞 浙江余姚人，进士，四年任主事。
马　扬 河南上蔡人，进士，四年任主事。
邬　阅 江西新昌人，举人，七年任主事。
楚　书 陕西宁夏人，进士，十年任主事。
葛守礼 十二年任，有传。
吕调羹 山西潍州人，进士，十五年任主事。
诸　燮 浙江余姚人，进士，十七年任主事。
徐　纬 浙江山阴人，进士，十八年任主事。
张敦仁 浙江丽水人，进士，十九年任主事。
王应期 山西蒲州人，进士。
张鹗翼 南直隶上海人，进士，二十二年任主事。
方九叙 浙江钱塘人，进士，二十五年任主事。
谷中虚 山东海丰人，进士，二十七年任主事。
吴仲礼 南直隶贵池人，进士，三十年任主事。
王献图 河南宁陵人，进士，三十年任主事。
吕　荫 山东阳信人，进士，三十三年任主事。
陈　绾 三十五年任，有传。
孟　重 陕西渭南人，进士，三十八年任主事。
商　诰 四十一年任，有传。
孙应元 湖广锺祥人，进士，四十三年任主事。

熊秉元 江西丰城人，进士，隆庆元年任主事。
赵慎修 山东胶州人，进士。
王继祖 陕西咸宁，进士，二年任主事。
任天祚 直隶天津卫人，进士，五年任主事。
裴　赐 山西稷山人，进士，万历二年任主事。
王家栋 浙江嘉兴人，进士，五年任主事。
孟　秋 七年任，有传。
王邦俊 十年任，有传。
杨　植 山西阳城人，进士，十二年任主事。
马维铭 浙江平湖人，进士，十五年任主事。
陈　果 广东新安人，进士，十八年任主事。
张　栋 直隶安肃人，进士，二十年任主事。
张时显 二十三年任，有传。
吴钟英 陕西高陵人，进士，二十六年任主事。
来俨然 二十九年任，有传。
李本纬 山西曲沃人，进士，三十年任主事。
李如桧 山东阳信人，进士，二十三年任主事。
邵可立 三十六年任，有传。
王致中 云南太和人，进士，三十九年任主事。
吴光义 南直隶无为州，进士，四十三年任主事。
邹之易 湖广黄冈人，进士，四十六年任主事。
莫在声 广西灵川人，进士，四十七年任主事。
林翔凤 广西崇善人，举人，天启二年任主事。
陈祖苞 五年任主事，有传。
陈民情 辽阳籍江西人，进士，六年任主事。
张元芳 顺天蓟州人，进士，六年任主事。
赵广印 陕西延安人，岁贡，七年任，员外郎。
郭捍城 直隶平乡人，进士，崇祯元年任郎中。
陈　瑾 广西宣化人，举人，二年任郎中。

李国俊 山西芮城人，进士，五年任郎中。
黄廷师 福建晋江人，进士，六年任主事。
魏肯构 山东曲阜人，进士，九年任主事。
刘士名 南直隶颍州人，进士，十一年任主事。
朱国梓 十二年任主事，见上。
张　延 陕西渭南人，举人，十七年任主事。

永平户部分司

吕　霍 湖南零陵，进士。 **程鸣伊** 山东安邱，进士，有传。
辛应乾 山东安邱，进士。 **许守谦** 直隶藁城，进士，有传。
宋　豸 直隶容城，进士，有传。
罗良桢 四川内江，进士。 **傅　宠** 四川巴县，进士。
燕好爵 山西翼城，进士。 **赵九思** 山西泽州，进士。
程宗伊 山西长治，进士。 **马瀚如** 河南陈留，进士，有传。
陈名华 福建晋江，进士，有传。
李开方 福建永春，进士。 **黎　芳** 四川丹陵，进士。
王大合 四川什邡，进士。 **李守贞** 直隶定州，进士。
武之夫 山东东平州，进士。 **周　御** 湖南湘潭，进士。
高登龙 山阳，进士。 **张应泰** 南直隶泾县，进士。
留敬臣 福建敬江，进士。 **张士雅** 顺天霸州，进士。
宋继登 山东莱阳，进士。 **曾绍芳** 湖南永兴，进士。
周之夫 湖南麻城，进士。 **王应豸** 山东人，见前。
方岳贡 有传。 **陈此心** 河南光山，进士。
罗应许 广东举人。 **刘胤直** 直隶任丘，官生。
张云鹗 陕西榆林，举人。 **陈　箴** 山西崞县，举人。
孟绳祚 山西蒲州，官生。 **姚兆豸** 河南襄城，官生。
李国瑞 陕西府谷，选贡。 **陈　爆** 河南孟津。举人。

山海户部分司

天启元年设，后裁

白贻清 南直隶武进人，进士，元年任，郎中。
郭竹征 山东胶州人，进士，二年任主事。
唐登俊 四川富顺人，进士，三年任员外郎。
杨呈修 陕西华阴人，进士，四年任主事。
王嘉言 山西寿阳人，进士，五年任主事。
孙如兰 河南陈留人，进士，六年任主事。
王 玑 贵州开州人，进士，七年任主事。
王建侯 陕西山丹卫人，进士，七年任郎中。
阎顾行 陕西蒲州人，进士，崇祯元年任郎中。
刁化神 四川江津人，进士，二年任主事。
林 弦 福建莆田人，进士，三年任郎中。
刘孔敬 福建建阳人，进士，五年任主事。
王鳌永 山东淄川人，进士，六年任。
刘在朝 湖广监利人，进士，六年任郎中。
严 鉴 广东顺德人，进士，八年任主事。
郑仪凤 湖广襄阳人，官生，十一年任。
蒋三捷 辽东广宁人，贡生，十六年任。

历代职官表三 明文秩

《续文献通考》：明初，罢各路总管府，于两京置直隶府，各省分置诸府，定为三等。赋二十万石上为上府，从三品。二十万下中府，正四品，十万下下府，从四品。已而，并为正四品知府一人。同知一人、通判一人、推官一人，因事添设同知、推官，或二人，通判至五人，其属经历一人、知事一人、照磨一人、检校一人、司狱一人、儒学教授一人、训导四人。

明不设州刺史，州官凡直隶畿辅各省及属府者，并从五品，佐贰首领品有差，知州一人、同知一人、判官一人。里不三十，而无属县者，裁同知、判官；有属县者，裁同知，因事添设、专设无定员。其属吏目一人、儒学学正一人、训导三人。吴元年定县三等：上县从六品，中县正七品，下县从七品。已而。并改正七品，京县正六品，知县一人、县丞一人、主簿一人，不及二十里者县丞主薄因事添设无定员。其属典史一人、儒学教谕一人、训导二人。

［明］

知　府

崔文耀　元行省参政。洪武元年九月十一日，以城降，命署永平府事。

董　翥　山西太原人。　**胡伯辉**　浙江东阳人。

马负图　山西临汾人，有传。　**张从道**　湖广京山人。

以上，永乐年任。

李文定　浙江临海，进士，有传，正统年任。

张　茂　陕西咸宁人。　**米　瓘**　浙江山阴人。

以上，景泰年任。

周　晟　河南安阳人，天顺年任。

王　玺　陕西周至，进士，有传。

郑　岑　浙江慈溪，进士。　**刘　杰**　陕西高陵，进士。

姜　琏　浙江兰溪，进士。　**陈　谊**　山东德州，进士。

王　问　山东武城，进士。

以上，成化年任。

吴　杰　南直隶江都，进士，有传。

张　桢　山西平度州，进士。　**惠　隆**　浙江钱塘，进士。

以上，弘治年任。

何　诏　浙江山阴，进士，有传。

唐　夔　广西柳州，进士。

毛思义　有传。　**王　光**　河南，进士。

郭九皋　锦衣卫，进士。

以上，正德年任。

陆　俸　南直隶吴县，进士。**曹　怀**　南直隶无锡，进士。
黎　良　河南洛阳，进士。**胡体乾**　山西交城，进士。
王　旒　山东济阳，进士。**刘　隅**　山东东阿，进士。
毛秉铎　福建福清，进士。**周汝范**　南直隶安福，进士。
孙应辰　河南考城，进士。**张　玭**　石州，进士，有传。
郭　监　山西高平，进士。**宋大武**　浙江余姚，进士。
李　逊　江西新建，进士。**孟　官**　陕西咸宁，进士。
纪公巡　山东恩县，进士。**阎光潜**　山东东平州，进士。
廖逢节　河南固始，进士，原姓杨，有传。
以上，嘉靖年任。
刘　庠　河南锺祥，进士。**席上珍**　陕西南郑，进士。
以上，隆庆年任。
辛应乾　河南安丘，进士。
顾　褒　江余姚，进士，有传。
任　恺　山西平定州。举人，有传。
张世烈　陕西延安，进士。
陈维城　山东丘县，进士，有传。题名记作姓孙。
马崇谦　河南安邑，进士。
徐　准　山东新城，进士，有传。
曹代萧　山东，进士。**程朝京**　南直隶休宁，进士。
高邦佐　有传。**史文焕**　山西盂县，进士。
刘泽深　河南扶沟，进士。**项良梓**　浙江鄞县，进士。
陶　珽　见前。
以上，万历年任。
徐廷松　山东掖县，举人。**药济众**　山西和顺，举人。
陈所立　福建长乐，举人，有传。
以上，天启年任。
张凤奇　山西阳曲，举人，有传。**黄运昌**　平坝卫，举人。
王四聪　山东鱼台，进士。**雷一凤**　陕西浦州，进士。

唐世熊 陕西灌阳，举人。 **石声和** 平坝卫，举人。
彭 份 江西南昌，举人，有传。
李在公 陕西三原，举人。
以上，崇祯年任。

同 知

永平设有边卫同知，衔曰清军，管马及沿海多事，增其衔曰兼管海防。

梅 圭 **潘 粟** 陕西白水人。
贾 杲 山西高平人。
以上，洪武年任。
唐 琚 南直隶上海人。 **任 佑** 河南灵宝人。
姚 纪 **王 泽** 河南郾城人。
胡 谦 河南孟县人。 **张 振** 山西夏县人。
刘 让 陕西朝邑，进士。
以上，永乐年任。
刘 遂 陕西清涧人。 **楚 麟** 河南密县，进士。
以上，弘治年任。
李 性 山东陵县，举人。 **邵 逵** 江西淳安，举人。
曹宗琏 河南郑州，举人。 **王 桢** 山东，举人。
张 柱 四川涪州，进士。柱旧作桂，依题名改。
以上，成化年任。
张 守 陕西泾阳，举人，有传。
张三畏 陕西长安，举人。 **孙允中** 山东兖州，进士。
刘 隅 **李 冕** 山东章丘，进士。
杨士魁 河南兰阳，进士。 **赵沛然** 四川梓潼，举人。
苏 烈 清源，举人。 **何继武** 南直隶灵宝，官生。
刘世绅 山西怀仁，举人。 **方 瑜** 南直隶歙县，举人。
程鸣鹤 南直隶休宁，举人。 **任服休** 山西大同卫，举人。

以上，嘉靖年任。

贺　溱　山西临汾，举人。　**陈王道**　山西临汾，进士。

以上，隆庆年任。

张　勋　山东寿光，举人。　**杨维乔**　四川富顺，进士。

张民范　甘肃秦州，举人。　**范伯荣**　南直隶休宁，举人。

林焲章　福建莆田，举人。　**曹署篆**　山西交城，举人。

王皞如　陕西朝邑，举人。

杨秉铎　南直隶溧水，举人。案：题名记，无此人。

熊梦祺　江西南昌，举人。　**曲　楷**　山东掖县，举人。

王家胤　陕西朝邑，举人。

张蕴道　山西五台，选贡。旧作运道，依题名记改。

罗世美　江西南昌，举人。　**左立功**　山西洪洞，举人。

左之龙　山东莱阳，举人。　**陈辅尧**　有传。

以上，万历年任。

薛国彦　陕西韩城，举人。　**李居简**　陕西同州，举人。

以上，泰昌元年任。

刘嘉会　贵州武定，举人。　**李之佳**　福建晋江，举人。

王家相　成山卫，选贡。　**郭宗宪**　陕西华州，举人。

魏君谟　山东左卫，举人。

以上，天启年任。

杨葆和　云南太和，举人。　**常三锡**　静海，贡生。

张　斗　河南温县，贡生。　**冯　珍**　陕西同官，贡士。

以上，崇祯年任。

通　判

管关通判

万历十七年设，驻扎山海。

吴天胤　江西金溪，贡生。　**李　岱**　四川丰都，贡生。

罗大器　云南安宁，举人。　**江一蔚**　南直隶婺源，举人。

周三聘 陕西三原，举人。
马河图 河南嵩县，举人。
常自修 南直隶来安，贡生。
王修行 河南陈州，进士。
焦思忠 河南延津，举人。
牛象坤 陕西，举人。
邓武沆 南直隶，贡士。
张文逵 陕西，贡士。
万有孚 偏头关，贡生。

以上，万历年任。

邵宗周 陕西，贡士。
宋廷谒 山东，贡士。
唐如渊 南直隶，贡士。
孙正气 浙江，贡士。
赵广胤 陕西，贡士。

以上，天启年任。

杨葆和 云南，举人。
沈澄源 浙江余姚，贡士。
于　锈 山西，贡士。
闫盛德 山西，贡士。
郑　材 山西太原，贡生。
李梦桢 河南延津，贡生。
葛惺山 西平定州，贡生。
桂继攀 河南，举人。
林维藩 福建，贡生。

以上，崇祯年任。

管粮通判

李　谦 山西阳城人。
邹仁升 湖南黄冈人。
张　毅 河南获嘉人。
罗　云 四川广安人。
张　鹏 山西潞安，举人。
韩　嵩 山东德州人。
彭　举 江西建昌人。
刘　儆 旧儆作成，依题名记改。
王　中 南直隶高邮人。
高　宁 山东蓬莱人。
段　玑
朱瑄 山东曲阜人。
胡　纬 山西交城人。
孙　骥 河南夏邑，举人。
白　金 南直隶武进，进士。
周　义 陕西举人。
荣　福 山东人。
程　福 辽东，举人。
王　雄 京卫，进士。
喻　珪 四川人。
张九霄 山东商河，举人。
夏时中 湖广，举人。

孙　辚　石州，举人。
刘致中　山西榆次，举人。
李光先　山西代州，举人。
孙　让　山西，举人。
管世禄　河南洛阳，举人。
曾梦祺　江西吉水，举人。
庞友黄　山东青州，举人。
赵　镗　河南颍上，举人。
陈宗年　湖广嘉鱼，举人。
白　悦　南直隶武进，举人。
董希孟　山西人。
常　涞　河南，举人。
余本纯　福建福清，举人，旧作本纪，误。
费　完　江西铅山，举人。
刘世绅
乔　文　京卫，举人。
张自期　山东利津人。
成　印　陕西擢州，举人。
韦文英　陕西泾阳，举人。
李　宋　河南陈留，举人。
石　麟　山东益都人。
张　义　大监人。
彭时望　浙江永嘉人。
洪　溉　湖广通城人。
张叔献　南直隶舒城，贡生。
尚　爵　南直隶颍州，举人。
齐汝宾　山东滨州，举人。
孙志仁　万全左卫人，岁贡。
张　魁　河南孟县人，选贡。
杨　幅　四川新都人，选贡。
李　穆　直隶天长人，岁贡。

以上，嘉靖年任。

案：旧志尚爵以下无齐汝宾至李穆五人。有孙志纯、郭郊、陈大为、李佩、王克访、程思岱、法晅、侯封、马徐、陈价、李橙、李元、杨莹卿十三人，与《题名记》不符。二者当有一误。兹并录于此以备考。

陈可言　河南确山人。
孙荆玉　辽东人。
林　相　浙江宁海人。
魏　兰　山东利津人。
萧以成　山东滋阳人。
李应期　山西静乐人。
李世相　辽东盖州卫举人。
郑世用　辽东铁岭卫，岁贡。
孟国诏　陕西富平，举人。
陈万卷　湖广黄冈人。
赵无咎　山东寿光举人。
张文襄　南直隶常熟人。
赵　兰　西宁卫，贡生。
王　建　河南固始人。
杨舜臣　陕西商州，举人。

徐学孟 南直隶庐江，举人。旧作徐举直依《题名记》改。

石朝选 陕西同州，举人。 **秦可久** 陕西咸宁，举人。

赵维屏 山东寿光，举人。 **樊　宝** 榆林卫，贡生。

杨　枝 山西阳城，举人。 **龙　游** 山东峄县，举人。

郭帷价 南直隶徽州府，举人。

方惟一 广西桂林，举人。 **毛志忠** 河南中牟，举人。

李一言 河南新蔡，贡生。 **杨廷楠** 河南屯留，举人。

马廷荆 山东临邑，举人。

刘东注 山东观城，岁贡。旧作秉注，误。

安所止 河南归德卫，举人。 **吴天胤** 江西金溪，贡生。

柳　明 山东临清州，举人。 **张重恩** 河南祥符，举人。

徐应麟 福建莆田，举人。 **孙兴贤** 甘肃狄道，贡生。

赵魁甲 河南虞城，贡生。 **黎民化** 宁番卫，贡生。

冯国贤 山西汾阳，贡生。 **林瑞芝** 恩州，贡生。

赵　阴 山东鱼台，举人。 **李如宝** 山西石楼，举人。

山海海运通判

天启元年设，崇祯十四年改屯盐通判，后裁。

李　曾 **徐廷松** 山东掖县，举人。

万起鹏 **王应豫** 山西，举人。

张　珍 山东，贡生。

以上，天启年任。

赵宋儒 浙江，举人。 **黄登云** **施王政**

臧嗣光 山东，举人。 **霍萃芳** 山西，贡生。

罗九有 云南人。 **刘德溥**

郭　敦 陕西，贡生。 **李梦桢** 河南，贡生。

王国臣 陕西，贡生。

以上，崇祯年任。

推　官

永平理刑推官

凌　璇　南直隶南陵人。　　**莫　训**　陕西岐山人。
张　远　山西兴县人。　　**宋　恭**　山西闻喜人。
以上，永乐年任。
杨　浑　　**杨　琰**　浙江钱塘，旧作谈，误。
吕　卣　南直隶无锡，进士。
以上，正统年任。
周　瑄　陕西朝邑人，旧作宣，误。
杨承祺　河南仪封人。　　**杜　澜**　淮安，举人。
以上，弘治年任。
李　凤　河南，举人。　　**李学诗**　平度州，进士。
钱　岫　南通州，进士。　　**卞仲仁**　河南人。
唐　宽　平定州，进士。　　**柯　乔**　南直隶，进士。
薛广伦　宁夏，举人。　　**杨印贤**　寿张，进士。
霍　冀　孝义，进士。　　**刘廷锡**　潍县，举人。
刘　鹏　濮州，举人。　　**孙文瀛**　依《题名记》补。
傅宗鲁　尉氏，举人。　　**宋　纁**　商城，进士。
丁　诚　安邑，举人。　　**高尚仁**　新蔡，举人。
以上，嘉靖年任。
辛如金　恩县，进士。　　**陈　训**　山西，举人。
刘　鲁　河南安阳，进士。
以上，隆庆年任。
冯　显　咸宁，举人。
饶学诗　山东东阿，进士，有传。饶，旧作乔，误。
丁汝谦　山西吉州，进士。　　**宋伯华**　山东益都人。
沈之吟　浙江乌程，进士，有传。　　**王业宏**　安丘，进士。
詹献策　浙江常山，举人。　　**王之屏**　亳州，进士。

费　逵　南直隶，举人。
饶景晖　江西进贤人。
孙毓英　辽州，进士。
任芳鉴　绥德州，进士。
喻守初　石首，进士。
刘进明　潍县，进士。
宋若愚　武定州，举人。
李乔仑　陕西，举人。
王　策　山西蒲州人。
来斯行　萧山，进士。
以上，万历年任。
董志稷　海宁，进士。旧作思稷，误。
罗成功　广东高要，举人，有传。
以上，天启年任。
韩国植　泾阳，进士，有传。
耿始然　山西，进士。
卫周祚　曲沃，进士。
修廷献　山东，进士。
宋学程　华州，举人。
以上，崇祯年任。

山海理刑推官

天启二年始设
李　增　陕西，举人。
陈祖苞　见前。
以上，天启年任。
黄师夔　福建，进士。
严　鉴　见前。
刘祖生　河南，进士。
许启敏　歙县，举人。
邹启胤　云南，进士。
以上，崇祯年任。

经　历

山海卫经历

徐　鼎　南直隶徐州人。
许　焕　山东人。
吴　佩　浙江人。
张　文　山西人。
车　桓　陕西人。
梁　琨　陕西人。
金　玉　河州人。
杨尚信　山东人。

徐　敞　山东人。
郭　寅　浙江人。
吴世赞　山东人。
刘国学　江西人。
唐思道　山东人。
傅　奎　江西进贤人。
魏公道　山东人。
高宗恩　河南洛阳人。
韩宗学　陕西泾阳人。
王景熙　南直隶泾县人。
周懋良　浙江永康人。
沈澄源　见前。
施　溥　南直隶选贡。

[**明**]

滦州知州

李益谦　山东德州人。
刘　政　江西南昌，举人。
谈　辉　南直隶华亭人。

以上，洪武年任。

卢　聪　南直隶颖州人。
何　敏　四州新都人。
张　敬　山西曲阳人。
王务信　南直隶贵池，举人。
陶　安　南直隶常熟人，举人。有传。

以上，永乐年任。

李　宁　广东南海，进士。

以上，宣德年任。

刘　弁　山西大同人。
稽　昭　南直隶昆山，进士。
郭　泰　陕西延安卫，举人。

以上，正统年任。

蔡　颙　福建长泰，举人。景泰年任。

尤　瓛　南直隶武进，举人。
郑　鼐　南直隶武进，进士。

以上，天顺年任。

李　端　湖南郴州，举人。
薛　穰　浙江鄞县，举人。
杨　鼐　江西南昌，进士。
李　智　山东曹州，举人。
潘　龄　南直隶嘉定，举人。

以上，成化年任。

吕　镒　山东郓城，举人，有传。

汪　晓　南直隶六安，举人。**曹宗琏**　河南郑州，举人。

以上，弘治年任。

王　溥　山东海丰，举人。**李　伟**　江西丰城，举人。

陈　溥　江西安乐，举人。**彭　璘**　甘肃兰州，举人。

高　堂　陕西米脂，举人。

以上，正德年任。

张国维　南直隶定远，进士。**赵　叶**　浙江东阳，进士，有传。

魏　谧　河南汝宁，举人。**刘体元**　广东南海，进士。

周　佐　江西永丰，进士。**陈　道**　山东陵县，举人。

卢　杰　山东商河，举人。

徐　桢　南直隶长洲，进士。有传。

张士俨　四川内江，举人。**陈士元**　湖北应城，进士，有传。

张　璜　山东海丰，举人。有传。

王家士　河南光山，举人。**董宗舒**　河南光山，举人。

孟鹏年　河南洛阳，举人。**韩应春**　山东茌平，举人。有传。

李　成　湖北江陵，举人。

以上，嘉靖年任。

邢元彻　四川阆中，举人。**崔　炳**　河南永宁，举人。

刘欲仁　河南陈留，举人。

以上，隆庆年任。

严守约　顺德，举人。**邢子深**　陕西南郑，举人。

周五凤　四川富顺，举人。**吴敬夫**　浙江余姚，举人。

郑　琉　湖北石首，举人。**陆从平**　南直隶华亭，进士。

白应乾　山东博兴，举人。**黄景泽**　山西襄陵，举人。

张元庆　浙江山阴，举人。有传。

王应选　山东阳谷，举人。**刘从仁**　山西解州，恩贡。有传。

张尧辅　陕西宜川，举人，有传。

李鸣皋　山东博平，举人。**赵　桐**　山西应州，举人。

何士玮 甘肃陇西，举人。 **孙　慈** 蕲水，举人，有传。
林养栋 广东番禺，进士。 **李乔岳** 陕西南郑，举人。
周　宇 四川成都，进士。 **林应聚** 福建漳州，进士。
以上，万历年任。
胡应聘 河南，举人。 **吴震元** 南直隶太仓，举人。
刘绳祖 河南汝宁，举人。 **段耀然** 陕西三原，举人。
以上，天启年任。
杨　慷 贵州铜仁，举人。有传。
柏之焕 奉天盖州，举人。 **施镜光** 福建，举人。
张鸿猷 河南商丘，举人。 **曹锺庆** 河南商丘，举人。
辛志谔 陕西三元。拔贡。 **冯如敬** 山西代州。恩贡。
王瑞麟 河南，举人。 **吴方思** 南直隶武进，进士。
以上，崇祯年任。

卢龙知县

胡　曷 洪武年任。 **尹守道** 山西阳曲人。
郑　彝 山东临清人。 **张　谔** 山西岚县人。
以上，永乐年任。
胡　琮 正统年任。
刘　魁 山东高唐人，进士。有传。
乔　聪 河南河内，举人。有传。
李景华 南直隶江都，举人。有传。
吴　果 南直隶山阳人。
以上，成化年任。
谭　绅 山东滨州，举人。弘治年任。
韩敏　刘世卿　李永昌　何宏　戴钰　王宗尧
王大猷 山西人。 **张维贤** 奉天辽东人。
以上，正德年任。
高凤鸣 河南人。 **陆　杲** 南直隶无锡人。

乔一举 山西人。 **胡景旸** 河南人。
吴道南 山东濮州人。 **李绍先** 山西盂县人。
王　纶 **赵　弁** 山西人。
杨保庆 山西泽州，举人。 **王　高** 陕西延安人。
赵敬简 山东益都，举人。
以上，嘉靖年任。
平　章 山东，贡生。 **张　澜** 冠县，进士。
杨舜臣 陕西商州，举人。 **潘　愚** 山东峄县，举人。
以上，隆庆年任。
臧仲学 奉天辽东，举人。 **武　成** 宁州，举人。
王与可 四川蓬溪，举人。 **杨时誉** 河南祥符，举人。
白希颜 山西。贡生。 **王　衮** 山西阳谷，举人，有传。
叶世英 浙江宁波，进士，有传。
王象恒 山东新城，进士，有传。
赵　绂 山西乐平，进士，有传。
谢廷赞 湖南沔阳，举人。 **侯胤正** 河南商丘，举人。
以上，万历年任。
刘　诏 河南杞县，进士。 **孙止孝** 山东历城，进士，有传。
以上，天启年任。
张养初 山西，进士。 **邓绍禹** 湖广，举人。
张　瑄 山西介休，进士。 **赵明远** 河南，进士。
张若麟 山东胶州，进士，有传。
马孔健 河南陈留，进士，有传。
刘浚源 山东曹州，进士，有传。
王三俊 浙江山阴，进士。 **荣尔奇** 山东德州，进士。
以上，崇祯年任。

迁安知县

萧　颐 洪武年任。 **金彦祥**

邢　冕
以上，永乐年任。
贾永年
于　羽
以上，宣德年任。
商　辂　浙江人。正统年任。　**费永宁**　景泰年任。
江　征　江西丰城人。天顺年任。
王　彝　山东济宁，举人。　**王　舟**　山东曹县人。
赵　桢　山东乐陵人。　**戚　胜**　河南遂平人。
张　霄　山西平度人。
以上，成化年任。
逯　鼎　山东章丘人。　**张　济**　山西阳曲，举人，有传。
周　密　山西马邑人。　**邓万斛**　四川富顺，进士，有传。
以上，弘治年任。
高　岱　河南孟县，举人。　**罗　玉**　四川南充，进士，有传。
郭　桢　河南陕州，举人。　**锺　驯**　山西汾州，举人。
吕　端　山东濮州，举人。
以上，正德年任。
孙　宥　河南新蔡，进士。　**张　镐**　山东沂水，举人。
杨　缙　山东寿张，进士。　**温志敏**　山西岚县人。
许樯卿　浙江海宁，进士。　**陈　策**　山东益都，官生。
王　锡　山西代州，举人。　**徐　州**　杨林所，举人。有传。
韦文英　陕西泾阳，举人，有传。
宋时俊　河南祥符，举人。　**崔文宠**　山西临汾人。
宋承郊　山（陕）西咸阳，举人。
罗凤翔　山西蒲州，举人。　**刘　钰**　山东邹县，举人。
赵文显　山东观城，举人。　**马　山**　山东益都，举人。
以上，嘉靖年任。
隋　府　山东鱼台，进士。　**赵云翔**　山东平阴，进士。有传。

刘邦彦 湖南龙阳，举人。

以上，隆庆年任。

王淑民 湖北咸宁，进士。 **冯　露** 河南襄城，进士。有传。

傅纳诲 山西定襄，举人。 **白　夏** 南直隶颖州，举人。

申　安 山东日照，举人。 **徐　安** 平山卫，举人。

张　鉴 陕西泾阳，贡生。 **仇际可** 山东章丘，举人。

金光初 南直隶长洲，举人。 **孟履长** 山西泽州，选贡。

雷　声 山东禹城，举人。有传。

钱吾德 浙江嘉善，举人。 **张九三** 河南新蔡，官生。

倪荣嗣 山东高密，贡生。 **林翰英** 福建莆田，举人。

骆行健 河南夏邑，贡生。 **刘仪凤** 陕西周至，举人。

刘　济 山东肥城，举人。 **张廷拱** 福建同安，进士，有传。

薛永宁 河南祥符，举人。 **张懋德** 山东青阳，贡生。

以上，万历年任。

王吁俊 陕西同州人。 **田化霖** 广东清远，举人。

王四维 山西河曲，选贡。有传。

屠登元 贵州都匀，举人。 **李可观** 山西岚县，举人。

以上，天启年任。

朱运泰 河南护卫，举人。 **胡文烈** 山西永宁，贡生。

任明道 陕西清涧，进士。 **黄道济** 山东曲阜，举人。

彭光祖 湖北江夏，举人。 **何　官** 云南大理，举人。

高承埏 浙江嘉兴，进士。有传。

张　祺 奉天盖州，举人。

以上，崇祯年任。

抚宁知县

娄大方 浙江奉化人。有传。洪武年任。

陈　坤 陕西石泉人。永乐年任。

王　懋 景泰年任。 **胡　方** 江西新喻人。

姜　镐　河南修武，举人。

以上，成化年任。

李　海

刘　玉　山东乐陵人。

窦　信　振武，进士。

曹　年　山东寿张人。

高　翔　江西临海人。

赵之彦　陕西泾阳，举人。

以上，弘治年任。

陈思谦　广东揭阳，进士。

盛　懋　南直隶仪征人。

李　岩　南直隶海州人。

叶宗腑　浙江遂昌，举人，有传。

袁　滨　南直隶通州，举人。

陈　谏　广东保安人。

王良臣　山西绛州人。

谢应征　河南安邑，贡生。

黑文跃　湖南常德，举人。

郭　涞　陕西咸宁，举人。

萧　铸　河南上蔡人。

段延晏　山西太原人。

姜　密　山东夏津，举人。

以上，嘉靖年任。

李一本　河南陕县，进士。

张彝训　山东宁阳，进士。

以上，隆庆年任。

宁　笏　河南河内，举人。

徐汝孝　山东嘉祥，恩贡。

雷应时　山西芮城，举人。

崔时亭　山西浮山，选贡。

孟　召　灵州所，贡生。

梁　槐　陕西，贡生。

崔敬立　山东临清，举人。

仝　梧　河南郏县，进士。

阎国魁　山西，举人。

李尚恒　江西新淦，举人。

曹司礼　山西潞城，举人。

王　台　山东临清，举人，有传。

以上，万历年任。

黄中色　陕西绥德州，举人。

薛寅宾　山西临县，贡生。

王道同　山东黄县，贡生。

以上，天启年任。

余　爵　河南禹州，进士。有传。

卢以岑　山西太原，举人。

李果珍　陕西雒南，举人。

熊钟张 江西临川，举人。 **霍　藻** 广东南海，举人。
孙廷铨 山东益都，进士。 **刘名彦** 山西贡生。
以上，崇祯年任。

昌黎知县

杨　禧 大兴人。有传。 **张　约** 陕西山阳人。
田　蕃 山东乐陵人。
以上，永乐年任。
于显祖 山东蓬莱人。 **王　玺** 以上，正统年任。
王　懋 景泰年任。 **王永亨** 天顺年任。
白纯道 **殷玘** 山东寿张人。
梁　谊 山东人。 **张云凤** 山东济宁，举人。
张　完 辽东前卫，举人。 **陈　纲** 浙江金华，进士。
赵　澜 河南修武，举人。 **郭　桢** 山东钜野人。
李　钺 山东金乡，举人。
以上，弘治年任。
高文学 山西繁畤人。正德年任。
秦廷锐 山东武城，举人。 **阎　凤** 河南汝州，举人。
袁　禧 陕西肤施人。 **秦志仁** 山西长子人。
康绍光 甘肃巩县，举人。 **李　桐** 河南洛阳，选贡。
文世英 广西护卫，举人。有传。
郭　锡 山西汾州，举人。 **李希洛** 山西太原，进士。有传。
王世叶 山东宁阳，举人。 **胡　溪** 贵州清平人。
张彦良 辽阳，举人。 **刘　宪** 南直隶赣榆人。
楚孔生 山东曹州，举人，有传。
陈良辅 山东莒州，举人，有传。
以上，嘉靖年任。
刘　泮 南直隶江都，进士。 **张存智** 山东历城，举人。
孟　秋 山东茌平进士。
以上，隆庆年任。

吴应选 甘肃会宁，举人，有传。

曹世卿 山西稷山，举人。 **胡　科** 河南武安，举人。

桂　尹 南直隶石埭，举人。 **石之峰** 山东丘县，举人。

马　恩 山西代州，举人。有传。

张正蒙 山东历城，举人。 **张孔思** 山东乐安，举人。

洪　霖 云南鹤庆，举人。 **王道平** 山东高苑，进士。

吴望岱 应选子，举人，有传。

王汉杰 陕西南郑，进士。 **杨于陛** 四川剑州，举人，有传。

徐州儒 甘肃固原，举人。 **姚一让** 山西五台，举人。

以上，万历年任。

陈廉善 湖南长沙，选贡。 **尚　镰** 河南安阳，举人。

王我锡 山东淄川，举人。

以上，天启年任。

左应选 山西榆次，举人，加按察佥事，有传。

景可观 山西猗氏，贡生。 **秦士英** 山西夏县，贡生。

黄映黼 山东沂州，贡生。 **樊腾霄** 江西宁州，举人。

张三槐 山西代州，举人。 **傅继悦** 山东利津，举人。

蒋三捷 奉天辽东人。 **徐可大** 镇武卫，贡生。

以上，崇祯年任。

乐亭知县

王文贵 **张似兰** 山东平原人。

刘　盛 浙江昌化人。

以上，洪武年任。

周彬甫 湖南桂阳人。 **魏　准** 山东武城人。

王继贤 德兴人。以上，永乐年任。

吕　渊 陕西凤翔人。宣德年任。

董　昱 武荣人。 **元　宏** 河南安阳，举人。

以上，天顺年任。

王　弼　山东栖霞，举人。　**李　瀚**　山西沁水，进士。有传。
以上，成化年任。
蒋廷珪　广东海阳，进士。　**张　谦**　河南叶县人。
郝　本　山西阳曲，进士。　**田　登**　山东武城，进士。
原　轩　山西阳城，进士。有传。　**王渊学**　山东东平人。
以上，弘治年任。
王　溥　山东海丰，进士。　**赵　宽**　山西垣曲，举人，有传。
王　恩　南直隶宜兴，举人。
以上，正德年任。
苏　文　河南南阳，举人。　**柴　轲**　山东，举人。
马　浍　山东武定人。　**王　述**　山西吉州人。
蔡　洞　南直隶宿迁，举人。　**卢　臣**　湖北均州人。
彭　钦　南直隶定远人。　**陈德安**　山东章邱，举人。
杨凤阳　南直隶宿州，贡生。　**梁公奭**　山东高唐，举人。
缪　俊　南直隶江阴，举人。　**吕　鸿**　山西太原，举人。
相文祥　浙江钱塘，举人。　**侯　庶**　山西泽州，举人。
冯时中　山东范县，举人。　**宋国祚**　湖北均州，举人。
李席珍　山东济宁，贡生。
以上，嘉靖年任。
王　暹　肥县，岁贡。　**李邦佐**　河南陈留，进士。有传。
尧允和　河南怀庆，举人。
以上，隆庆年任。
马　露　河南襄城，进士。　**冯　速**　山东曹州，举人。
林景桂　东宁，举人。　**赵子仁**　辽阳，举人。
于永清　山东青城，进士。　**杜和春**　甘肃陇西，进士。
潘敦复　山东夏津，进士。　**刘芳久**　河南安阳，举人。
胡　绩　江西丰城，举人。　**叶敬愿**　山东德州，进士。
王国桢　陕西安邑，进士。　**李继祖**　河南延津，举人。
张　鉴　山西灵石，选贡。　**雷春起**　陕西同州，举人。

桑　高　山西太原，举人。　**赵延庆**　山西盂县，进士。

刘　松　河南卫辉，举人。

以上，万历年任。

曹养气　陕西富平，举人。　**刘　檄**　历城，贡生。

以上，天启年任。

李凤翥　江西乐安，举人，有传。

王之晋　河南宝丰，进士。　**陈昌言**　山西泽州，进士，有传。

刘所创　四川临潼，举人。　**王文祥**　甘肃宁州，举人。

朱光熙　浙江山阴，进士。

以上，崇祯年任。

卷之六

历代职官表三　明武秩

《明会典》：凡天下要害地方，皆设官统兵镇戍。其统镇一方者，曰镇守；守一路者，曰分守；独守一堡一城者，曰守备；与主将同守一城者，曰协守；又有提督、提调、巡视、备御、领班、备倭等名，各因事异职焉。其总镇，或挂将军印，或不挂印，皆曰总兵。次曰副总兵，又次曰参将，又次曰游击将军，旧于公、侯、伯、都督、指挥等官内推举充任。其镇守内臣，自永乐初出镇辽东开原及山西等处，自后各边以次添设，而镇守之下，又有分守、守备、监枪诸内臣。嘉靖十七年令：镇守内臣原不系太祖定制，次第裁革。十八年尽数取回，于是边政肃清，军民称便。

蓟州镇镇守　一员

镇守总兵官，旧设。隆庆二年，改为总理练兵事务兼镇守，驻三屯营。

协守三员　案：三员在永平境内者二员

东路副总兵　隆庆三年添设。驻扎建昌营，管理燕河营、台头营、石门寨、山海关四路。

中路副总兵　万历四年，将三屯营游击改设，与东、西二路协守，具给关防。驻扎三屯营，带管马兰谷、松棚谷、喜峰口、太平寨四路。

分守　十一员　案：十一员在永平境内者六员

山海关参将　旧系守备，嘉靖二十八年，设游击。隆庆三年，裁革改设参将，驻本关。

石门寨参将 旧系游击。嘉靖三十六年改设，令与燕河营参将分守地方，所属黄土领、大毛山、义院口三提调。

燕河营参将 旧设。所属冷口、桃林口二提调。

台头营参将 隆庆三年将永平游击改设，移驻台头，所属界岭口、青山口二提调。

太平寨参将 旧有参将，裁革后，设滦阳营参将。太平寨设游击。嘉靖六年，复将滦阳参将仍归太平寨，所属擦崖子、榆木岭二提调。

喜峰口参将 旧系守备，万历二年以属夷进贡孔道，改设参将。所属董家口、李家峪二提调。

游击将军六员 案：六员在永平境内者二员。旧有密云、遵化、三屯三辎重营游击，俱万历十一年革。

总兵左营游击 嘉靖四十二年设，管本营标兵，驻三屯。

松棚峪游击 隆庆二年设。所属罗文峪、洪山口、龙井儿三提调。

统领南兵游击将军 三员 案：三员在永平境内者一员

东路驻扎建昌。

汉儿庄军营与石匣车营、振武车营、遵化右车营俱旧系游击。万历十年，改操练步兵。

滦阳车营万历十一年因裁革宁夏客兵，新募三千土著设。

守备八员 案：八员在永平境内者二员

永平城守备 先经裁革。嘉靖三十八年复设。

三屯营守备 隆庆二年设。

提调官二十六员 案：二十六员在永平境内者十七员。

义院口关、界岭口关、擦崖子关、桃林口关、罗文谷关、大安口关、将军关（旧为将军石）、黄土岭关（旧为一片石），俱万历四年改。大毛岭关、青山口关、冷口关、榆木岭关、董家口关、洪山口关、黄崖口关、龙井儿关、李家谷，万历四年添设。于喜峰口管各路抚赏事宜。以上旧多系该镇委用把总。嘉靖七年后，照例疏名具奏推用提调。

国初，兵事专任武臣。后常以文臣监督。文臣重者曰总督，次曰巡抚。其按察司官整饬兵备者，或副使、或佥事、或以他官兼副使佥事。沿海者，称海防道；兼分巡者，称分巡道；兼督粮者，称兵粮道。

总督蓟辽等处军务兼理粮饷　一员

整饬蓟州等处边备兼巡抚顺天等府地方一员，管理喜峰口、马兰谷、松棚谷、太平寨四路。监督副参等官，分管蓟州、遵化、丰润、玉田四州县，蓟州镇朔遵化营州右、东胜右、忠义中、兴州前、开平中屯、兴州左屯六卫，宽河一所，兵马钱粮兼屯田。

永平兵备　一员

管理燕河营、台头营、石门寨、山海关四路。监督副参等官，分管永平府滦州、卢龙、迁安、抚宁、昌黎、乐亭五县，抚宁、永平、卢龙、山海、东胜左、兴州右六卫兵马钱粮兼屯田。

镇守蓟州总兵官

[明]

永乐

张　信　隆平侯。

陈　志　遂安伯。

陈　敬　京卫人。

陈景先　东胜右卫人。

宣德

王　彧　密云卫人。

正统

孙继先　应城伯。

宗　胜　遵化卫人。

景泰

胡　镛　永平卫人。

天顺

吴　得　隆庆卫人。
马　荣　兴州前屯卫人。
沈　煜　修武伯。

成化

焦　寿　东宁伯。
冯　宗　京卫人。
刘　清　京卫人。
李　铭　山东邹平人。

弘治

刘　福　宁晋伯。
蒋　骥　定西侯。
阮　兴　京卫人。
王　铭　锦衣卫人。

正德

温　和　河间卫人。
吴　玉　遵化卫人。
冯　澄　京卫人。
陈　德　遂安伯。
戴　钦　绥德卫人。

嘉靖

马　永　金吾左卫人。
张　輗　大同卫人。
杨　慎　辽东人。
□　云　榆林人，旧志缺姓。
萧　升　抚宁卫人。
刘　渊　山海卫人。
祝　雄　山海卫人。
戴　廉　蓟州卫人。
周　彻　抚宁卫人。
罗希韩　平谷人。
李凤鸣　京卫人。
成　勋　蓟州卫人。
周益昌　辽东人。
欧阳安　宣化府人。
李　广　京卫人。
张承勋　怀安卫人。
孙　膑　绥德卫人。
胡　镇　阳和卫人。
王孟夏　宁武人。

隆庆

李世忠　绥德卫人。
郭　琥　永昌卫人。
戚继光　有传。

万历

杨四畏 辽东人。　**张　臣** 有传。
董一元 有传。　**张邦奇** 蔚州人。

镇守山海总兵官

案：谈迁《国榷》云：万历四十六年四月，初设山海镇，辖蓟镇东协为四路，召前总兵杜松驻之。

杜　松 榆林卫人。　**柴国柱** 有传。
刘　渠 顺天人。　**孙显祖**

天启

江应诏　**马世龙**　**王世钦**　**尤世禄** 榆林卫人。
杨　麒　**赵率教** 两任。
满　桂　**杜文焕**

崇祯

朱　梅 前中卫人。　**宋　伟** 刘源清
尤世威 榆林卫人。　**张时杰** 宣化人
侯拱极　**马　科**　**于永绶** 宁远卫人。
卢天福 东胜卫人。　**高　第** 榆林人。

东路协守副总兵

嘉靖

戴　镰 镇朔卫人。　**九　聚** 金吾右卫人。
韩承恩 辽阳人。　**王继祖** 密云中卫人。
毛绍忠 密云后卫人。　**程　棋** 兴州右屯卫人。
张世武 兴州右屯卫人。　**吴　涞** 通州人。
王　住 居庸关人。　**唐大节** 山海卫人。
李　鸾 陕西人。　**龚　业** 山西大同人。
王应岐 密云后卫人。　**李　意** 蓟州人。
戴　卿 保定人。　**毛绍忠** 再任。

李　贤	榆林卫人。	**吴　珮**	开元卫人。
蒋承勋	义州卫人。	**张承勋**	怀安卫人。
马　芳	陕西宁夏人。	**雷　龙**	陕西巩昌人。
黄　演	陕西榆林人。	**尤　月**	陕西榆林人。
董一元	万全人。	**戴　纶**	宣化府人。

隆庆

胡守仁	观海卫人。	**史　纲**	大同卫人。
史　宸	永平卫人。	**杨　文**	台州卫人。
孙朝梁	陕西人。	**白　福**	山西太原人。

万历

史　宸	再任。	**李如柏**	铁岭卫人。
杨绍勋	广宁前卫人。	**麻承恩**	大同左卫人。
张　玠	正定卫人。	**任自强**	阳和卫人。
彭友德	兴州右屯卫人。	**陈　霞**	大同左卫人。

天启

叶时新　江南人。

山海关参将

正统八年设守备，隆庆三年改参将

正统

王　整　羽林前卫人。

天顺

谷　登　永平卫人。

成化

陈　善	龙骧卫人。	**陈　宣**	永平卫人。
李　铨	锦衣卫人。		

弘治

李　增　永清卫人。
申　宁　沂州卫人。
王　喜　济州卫人。
赵承文　锦衣卫人。
杨　恭　府军前卫人。

正德

王　福　旗手卫人。
叶凤仪　锦衣卫人。
李　英　锦衣卫人。
田　琮　大宁都司人。
韩　聪　金吾右卫人。

嘉靖

钟　杰　抚宁卫人。
宋　琦　景陵卫人。
田　登　平谷人。
九　聚　金吾右卫人。
宋　经　金吾右卫人。
张世武　兴州右卫人。
栾　锐　营州右卫人。
萧　宝　永清右卫人。
赵　仁　兴州后屯卫人。
龚　廉　茂山卫人。
胡　潭　定州卫人。
涂永贵　山海卫人。
杨　舟　镇朔卫人。
李康民　永平卫人。
胡宗顺　神武右卫人。
康承绪　东胜左卫人。
戴　卿　保定前卫人。
何　凤　忠义后卫人。
朱孔阳　保定中卫人。
申维岳　遵化卫人。
倪云鹏　天津卫人。
谢　隆　忠义后卫人。
周　冕　神武左卫人。
杨四畏　定远左卫人。
赵云龙　义州卫人。
王廷栋　东胜左卫人。

隆庆

周承远　太仓卫人。
张良臣　宁远卫人。

以上守备，以下参将。

莫如德　龙门所人，武进士。
管　英　金吾右卫人。
孙朝梁　榆林卫人。
聂大经　大宁前卫人。

万历

林　岐　彭城卫人。
陶世臣　永平卫人。
沈思学　宿州卫人。
王　通　榆林卫人。
王有臣　东宁卫人。
吴惟忠　浙江义乌人。
杨　栗　延安卫人。
谷承功　永平卫人。
王守道　广宁左屯卫人。
王有翼　铁岭卫人。
谷承功　再任。
张应种　广宁卫人。
姜显宗　榆林卫人。
张守职　彰德卫人。
孙一元　宣府前卫。武举。
郭梦征　广宁中卫人。
李承祖　绥德卫人。
杨　元　定辽左卫，武举。
蔺登瀛　龙骧卫人。
聂　钰　燕山右卫人。
李自芳　金山卫，武进士。
朱洪范　武骧卫，武举。
姚　洪　金吾右卫，武举。
李获阳　保定卫，武进士。
李茂春　永宁卫人。
白慎修　榆林卫人。
刘孔胤　怀来卫人。
蔺登瀛　再任。
吴白勉　陕西人。

天启

施洪谟　正定人。
高国桢　山西人。
宁　宠　陕西人。

崇祯

申其佑　遵化人。
张继绂　辽东人。
崔秉德　辽东人。
赵应元　山海卫人。
王永福　顺天人。
慕继勋　定州人。

燕河营参将

成化

胡　镛　永平卫人。
王福　**吴铎**　**赵源**
李　铭　山东人。
王　瑄

阮　兴　会州卫人。　赵昶　杨胜

弘治

高　瑛　武城中卫人。　白　琮

正德

李　洪　山海卫人。　刘　玉　金吾右卫人。
王　钦　应天卫人。　张　安　府军前卫人。
陈　勋　宣府人。　程　漢　济阳卫人。
夏　仁　蓟州人。　叶凤仪　锦衣卫人。
高　谦　燕山卫人。　王孝忠　辽东人。

嘉靖

朱　卿　正定人。　杨　鼎　义勇右卫人。
白　珩　京卫人。　周良臣　营州前屯卫人。
王　钰　大同前卫人。　赵　卿　山东人。
邓　安　京卫人。　李　镇　武骧左卫人。
萧　宝　永清右卫人。　成　勋　蓟州人。
朱　楫　永平人。　叶　昂　山西大同人。
何　镇　卢龙人。　蒋承勋　辽东人。
王允中　辽东人。　李康民　永平人。
时　鎏　榆林人。　雷　龙　巩昌人。
李　意　蓟州卫人。　佟　登　辽东人。
傅　津　榆林人。　王治道　辽东人。

隆庆

张　冬　昌永卫人。　张　礼　榆林人。
史　纲　大同前卫人。　王　通　榆林人。
冯承胤　永平人。

万历

张　爵　忠义中卫人。　聂大经　大宁前卫人。

陈文治 登州卫人。
胡天定 浙江义乌人。
钱国用 阳和卫人。
王　通 再任。
孟尚义 宣化府人。
管一方 安东中屯卫人。
刘继本 莱州卫人。
陈愚闻 绥德卫人。
高如桂 绥德卫人。
姜显宗 榆林卫人。
徐从义 绥德卫人。
任自强 阳和卫人。
褚东山 羽林卫人。
薛虎臣 定兴人。
张　楷 济宁卫人。

崇祯

旧志石门寨、台头营、太平寨、喜峰口四参将，三屯营、松棚谷、建昌营三游击，姓名俱失考。

建昌营参将

万历中改都司

永乐

案:《明会典》及《明史·百官志》建昌营有游击，无参将。其都司系万历元年设，亦未云改参将而设也。《旧志》载建昌营参将二十二人，内有万历年间十七人，亦与改设都司年分不符。且东协副将既驻建昌矣，参副似不宜同城。此疑误。

嘉靖

卢国让 山东临清人。
李　潮 绥德卫人。
胥进忠 广宁卫人。
周孚光 蓟州卫人。
张懋勋 山海卫人。

隆庆

杨　腾 广宁中卫人。
王　轸 涿州人。
谷承功 永平卫人。

万历

谢惟能 开平卫人。
姚天与 广宁左卫人。

张　爵　忠义中卫人。
黄孝感　睢阳卫人。
王国翼　万全左卫人。
解一清　宣府前卫人。
陈汝忠　锦衣卫人。
林　桐　太原右卫人。
麻承训　大同右卫人。
周　俊　太原右卫人。
李如梅　铁岭卫人。
王承业　太原右卫人。
詹鞠养　铁岭卫人。
高　宗　榆林卫人。
卢拱极　东胜卫人。

以上参将，以下都司。

叶　鳍　处州卫人。
刘德温　开平人。
李　蓁　密云卫人。
艾应诏　榆林人。
朱　寿　通州右卫人。
马魁武　河间卫人。
胡懋功　青州卫人。
茹宗汤　东胜右卫人。
宗应魁　密云后卫人。
陶思仁　金吾右卫人。
王　问　义勇右卫人。
李宗牧　营州右屯卫人。
刘国威　广宁中卫人。
王养贤　山海卫人。
胥应征　南京留守左卫人。

崇祯

旧志石门寨、台头营、太平寨、喜峰口四参将，三屯营、松棚谷、建昌营三游击姓名俱失考。

石门寨游击

后改都司

案:《明会典》嘉靖三十六年，石门寨改游击为参将，无改游击为都司语。此疑误。

嘉靖

龚　廉　易州人。
王　芝　保定人。
张　勋　涿州人。
王允中　辽东人。
李　章　大同人。
佟　登　辽东人。

白文智 陕西人。
张　功 山东人。

隆庆

李　信 绥德卫人。
董一元 陕西人。
李　珍 榆林人。
张拱立 甘州左卫人。

万历

李　信 再任。
王抚民 绥安人。
毛　策 辽东卫人。
杨四德 辽东人。
戴朝升 辽东人。
王　锐 榆林卫人。
刘承恩 淮安卫人。
李应春 虎贲右卫人。
陈愚闻 绥德卫人。
樊崇礼 榆林人。
管一方 安东中屯卫人。
胡世芳 蓟州卫人。
王国梁 宣府前卫人。
丁世用 榆林人。
李芳春 平鲁卫人。
牛伯英

永平城守备

正统

罗　政 永平卫人。
胡　镛 永平卫人。
陈　瑄 永平卫人。

天顺

胡　瀚 镛之子。
罗　纲 政之子。
郭　英 蓟州卫人。
王　瑾 羽林前卫。
郭　铉 金吾前卫。
刘　瑁 羽林前卫。
单　聚 锦衣卫人。
萧　瑾 锦衣卫人。
杨　玉 锦衣卫人。
周　侨 锦衣卫人。
康　雄 锦衣卫人。
刘　宁 羽林卫人。
黄　瑾 京卫人。
李　镗 旗手卫人。
张天民 旗手卫人。
陈宗言 辽东前屯卫人。
毛绍宗 密云后卫人。
姚　海 腾骧右卫。

成　勋　蓟州人。

吴　涞　定远卫人。

周孚先　蓟州人。

陈　淮　东胜左卫。

祝　福　山海卫人。

嘉靖

郭秉中　彭城卫人。

孙　昂　镇翔卫人。

周孚先　再任。

陈尧勋　宗言之子。

卢国让　临清卫人。

陈逢吉　涿州卫人。

徐　勋　蓟州人。

胥进忠　广宁卫人。

罗惟冕　广宁卫人。

以上三十二名年代无考。

隆庆

姜　俊　金吾左卫人。

李　沛　正定卫人。

葛绍忠　永平人。

李惟学　济宁人。

万历

王添职　绥德卫人。

刘应时　德州卫人。

陈汝忠　锦衣卫人。

吴道行　扬州人。

陈邦哲　定辽左卫人。

陈永福　腾骧右卫人。

陈　仲　济阳卫人。

陈　燮　滁州人。

王　洪　苏州卫人。

陈曰栋　河南卫人。

王　诰　陕西人。

青若水　陈州人。

周永祐　锦衣卫人。

顾邦镇　天津卫人。

崇祯

永平道标中军守备

杨志和　陕西河州人。

明军卫表

《明会典》洪武二十六年，定天下要冲及边方去处，创立卫所。

卫指挥使，正三品；指挥同知，从三品；指挥佥事，正四品；卫镇抚，从五品；所正千户，正五品；副千户从五品；所镇抚，从六品；百户正六品。内外卫所军士俱有定数，大率以五千六百名为一卫，一千一百二十名为一千户所，一百一十二名为一百户所。其有卫分军士数多千百户，所统则一。每一百户所设总旗二名，小旗十名。

永平卫

在府治南。洪武四年建，领中、前、后、中左、中右、中前、中后、左前八千户所。原额官军六千四百名。

指挥使

李宏　马忠　谷祥

指挥同知

李桢　李忠　罗政　张福　李杰

指挥佥事

谷成　胡斌　姚全　庞英　马七十　陈雄

卫镇抚

王刚　李得

所正千户

中所：**司贵　陈聚　葛兴　贾长儿　汪祥　李端**

前所：**陈鉴**

后所：**吴海　孙玉**

中后所：**缪纪　李承爵**

中左所：**路彬**

中右所：**张辅　殷贵　吴本**

左前所：**石忠**

副千户

中所：**张荣　刘忠　倪旺　高鸾　周隆**

前所：章永　朱贵　陈敬
后所：张忠　邹和　白卯那海　刘广　曹清
中前所：蔡成　倪永清
中后所：王忠　李凯　张能
中左所：杨胜　赵成　马升
中右所：陆阿升　潘旺　张隆　王兴　武章
左前所：顾暹　马庸　杨允

所镇抚

中所：王成　陈福
前所：张壹

百户

中所：贾宣　华得　戴受　李成　毛成　李信　田旺　曾勋
前所：刘安　王荣　吴士美　王春
后所：朱真　臧文成　王宁　管受骡儿　陈京　白聚
中前所：安贵　邵原善　郑安　胡海　朱保　俞忠　姚纯　何成　姜銮
中后所：孙旺　杨勋　高林
中左所：郝贵　谢兴　夏聪
中右所：曲清　郭得　王友　李斌　王荣　侯胜　钱大金
左前所：吴兴　沈均祥　丁秀　顾成　刘成　谢钊　盛昂

试百户

后所：李福　王道安
中前所：陈华　蔡旺
中右所：萧淮
左前所：陶景　杜继宥

东胜左卫

在府治东北。旧属山西行都司。永乐元年，移建于此。领中、左、右、前、后五所。原额官军五千三百一十名，后并入永平卫。

指挥使

王贵　李永昌

指挥同知

吴海　陈得　汪锐

指挥佥事

唐泽　李春　张鹏　张观音保　谭澄　陈隆　孟祥　雷信

卫镇抚

杨荣　曹得

所正千户

左所：**罗源　高秀子　刘鉴**

右所：**陆胜**

中所：**陈贵**

前所：**周裕**

后所：**解恭　卢俊**

副千户

左所：**陈端　张福**

右所：**徐得　林信　金得**

中所：**李祥　王海　陈凯　薛昂　萧清　李艺　李成**

前所：**董旺　刘凤**

后所：**周山**

百户

左所：**陆毅　黄庆　潘甫祥　陶兴隆　徐贤　缪辉**

右所：**孟添受　张林　刘福兴　萧全　阎聚　张举**

中所：**杜敏　司能**

前所：**白恭　陈兴　朱真　葛兴旺　汪汝川　马忠　张斌　田贵**

后所：**陈琦　徐福　杨三　李肃　沈福　孙方　康宁**

试百户

右所：**周连**

后所：**卜羊秃　冯琦**

卢龙卫

在永平卫南。永乐四年建，领中、左、右、前、后千户所，七百户所。原额官军五千七百四十八名。后并入永平卫。

指挥使

吴旺

指挥同知

焦恕　宋堂　刘江

指挥佥事

高彝　董兴　郭昱　陈宗　袁镇　张仁敬　张雄　李贤　尚九皋　李瑾

卫镇抚

刘升　赵本

所正千户

左所：**许达　杨宣　刘鉴　许寿**

右所：**聂宣**

中所：**吕通　李英**

前所：**李海**

后所：**李安　姜彝**

副千户

左所：**才任礼　杨教**

右所：**王升　孙胜　赵敏　仇兴　陈义　刘景**

中所：**刘义　李真**

前所：**王兴　邵谅　王成　陈宗**
后所：**任政　周成**

百户

左所：**王衍　赵进　夏贵**
右所：**李官保　沈荣　李雄**
中所：**王成　贾清　卢旺**
前所：**刘海　张保儿　冯僧奴**
后所：**孙道　许铭　徐英　吴铎**
七百户所：**黄善　孙礼　赵铭　李升　陈礼**

试百户

左所：**廖自当**
前所：**周海马**
后所：**李三圣奴**

兴州右屯卫

在迁安县城，旧在口北大宁。永乐三年移建于此。领左、右、中、前、后五千户所。原额官兵四千五百名。后并入永平卫。

指挥使

魏显

指挥同知

潘仲祥　许斡　朱克恭

指挥佥事

陆贤　彭源　刘云瀚　张锐　梁尔

卫镇抚

程恭　何旻

所正千户

右所：**赵海　朱辅**

中所：**燕贵　孙堂**

前所：**张恭　张端　张应爵**

后所：**王大重**

副千户

左所：**曾敏孚　黄胜　汤清　赵霄　潘世武**

右所：**李荣　沈名　张真**

中所：**杨忠　牛信　侯兴　王贵　段先**

前所：**韩玉春　周钺　曹信　刘润**

后所：**王兴　陶能　李相**

所镇抚

前所：**许兴　王端**

后所：**黄贵**

百户

左所：**陆贵　危原　夏斌　郝三姐　周方　任贤　包义　李友儿　王二姐　张友　李兴　韩璿　梅春　聂胜　阴继勋**

右所：**刘福　张贵　吴兴　孟真　靳七儿　周礼　陈奇　殷广　杨兴　刘升**

中所：**李寿　张资　韩福　孙能　杨兴　阎敬　王玺　马斌　周真　蒋虞**

前所：**韦思义　国润僧　赵宗　杨茂　王英　刘永　刘顺　李福　林福敬　韩贵　黎海　高禄　金贵**

后所：**刘忠　轩林　赵敬　丁鉴　阎实　周源　邢宗友　滕俊　陈聚　赵智**

抚宁卫

在县城东十里。永乐三年建。领左、右、中、前、后五千户所。

原额官军四千五百名。后并入山海卫。

指挥使

陈斌　孟永　毛纪　林良　张宏猷

指挥同知

孙能　陈英　刘禧　赵铭

指挥佥事

高镛　萧鹏　周常　吴继璘　刘荣　曹勇　纪成　宋忠　凌海　钟楷　夏寅　张绳武　张耀先　魏国勋　吴世忠　陈交泰

卫镇抚

陈得

所正千户

左所：**范庸　任俊　陈有谅　程和**

右所：**邱安　李胜**

中所：**王兴**

前所：**王智　陈洪　侯三锡**

后所：**余宣　王聚　王福**

副千户

左所：**王桢　傅斌　罗忠　胡林　朱贵**

右所：**王得　汤回子　贾锦　陈兴　白玉　谢成　潘相**

中所：**白钦　毕达　袁钦奇　韩荣　田兴　蔡智**

前所：**邸得新　张能　宋虎　王成　黄忠　石玉**

后所：**沈英　殷纪　卢旺　张全　孙成　陆永**

八百户所：**荣春**

所镇抚

中所：**徐斌**

百户

左所：**李忏保　郭伴儿　成原　董兴　苗见儿　杨安　方敬**
右所：**王成辅　牛彬　陈兴　陈贵　陈旺　康贤　徐胜　龚景**
中所：**贾成　梁通　曹保儿　张翦　白整　康荣　李春　王宗儒**
前所：**魏廷玉　陈贵　解仕　贾兴　许能　王兴　于海　张堂　晏友**
后所：**吴真　王全　赵有通　郝福　公谅　赵成　王敬**
八百户所：**苏良　李安　谭整　刘聪　赵鉴　于鉴　高镗**

试百户

右所：**尹顺**
后所：**苏贵**

山海卫

在山海关口。洪武十四年建。领左、右、中、前、后、中左、中右、中前、中后、山海十千户所。宣德五年，调右、中二千户所于辽东，止领八千户所。

指挥使

施亮　吕英　魏振　张俊　徐铎　符浩　于珮　赵进　李胜　王玺　刘凯　孙贵

指挥同知

石金　唐旺　郭旺　徐庸　戴良　涂奇　王福　李冕　李堂　杜鸾　王佐

指挥佥事

刘得　徐敬　苏能　林得　李哈喇勤　赵忠　胡海　刘毅　吕升　李忠　任洪　傅政　何隆　李玺　徐锦　周宝　张懋勋

卫镇抚

余显

所正千户

右所：冯良　任宏　王鬼黑赤　高英
前所：赵谅　韩谅　李智中　于化　谢成　居端　孙良
后所：徐成
中左所：王礼保
中右所：孟受　陈聚　狄观　薛滕　王忠
山海所：任忠
中前所：洪海　李小四
中后所：范保山

副千户

右所：邢二　李贵　李军童
前所：李聚　刘兴　周翱　施信　杨瓒　蔡义　潘瓒　李英
后所：赵兴　朱官儿　张智　杨雄
中左所：钟兴　孙三
中右所：张文秀　高兴　朱胜
山海所：李成　张胜　孙德　解聚　杜旺
中前所：王祐　徐胜　周源
中后所：孙荣　张林儿　蔡应寅　徐端

所镇抚

前所：陈纪
中右所：汪斌

百户

右所：徐成　何礼　刘兴　谭忠　李源　谭贵
前所：虞贵　郭顺　王斌　徐斌　贾荣　白俊　鲍义
后所：周亮　查义　樊温　潘旺　傅贵　高虎儿　吴廉　徐韶
中左所：马旺　潘兴　陈忠　潘刚　赵铭　程锐
中右所：杨荣　张大都驴　张雄　郑海　吴旺　孙忠

山海所：**陈聚　高兴　贺贵　边荣　计旺　李兴**

中前所：**王海　温泉　魏成　常顺　熊彪　张信**

中后所：**段信　李茂　张忠　刘贵　许敬　张奴儿　张通　任得　倪成**

试百户

右所：**周才**

后所：**仇铭　刘顺　蒋名**

以上见《府旧志》而《临榆志》载山海卫指挥使以下皆本《山海关志》，与府志全不相合。未详其故，今并录于左：

指挥使

王服远　吕增荣　李长春　张科　魏时行　符之麒　曹汝科　赵梦轭　于来龙

指挥同知

傅应奎　郭东光　王应能　刘三杰　王应元　徐景泰　李承明　石维城　施怀长　戴承勋

指挥佥事

李泰　徐可用　徐时用　陈守节　刘大斌　张宏先　苏应诏　吕世疆　曹世爵　何万邦　任嘉胤　李卫国　赵世新　林应坤　周复初

所正千户

任汤聘　李维业　孙绳祖　洪进孝　孙纪　王得用　徐尚德　孟锡麟　高凤鸣　杨储栋

副千户

邢政　李学颜　蔡天玺　赵应元　徐世功　李延芳　杜绳武　潘高魁　刘起凤　刘显　高荐　钟宏功　李朝栋　徐国宾

百户

曹鼎臣　李阳春　陈中道　刘联芳　张成功　张鹏　蒋维藩
徐霓　徐光先　张艮　张崇启　向朝明　李登先　张朝梁
傅国珍　潘应龙　谭应龙　周凤翔　赵继勋　陈献策　仇天爵
张一元　鲍朝明

卷之七

国朝职官表一　文秩上

《大清会典》：国初，定各省设布政使、左右参政、参议，曰守道；设按察使、副使、佥事，曰巡道。有兼辖全省者，有分辖三四府州者，或兼兵备，或兼河务，或兼水利，或兼提学，或兼茶、马、屯田，或兼粮储、监法。各以职事设立，无定员。

顺治十年，裁直隶山海道，归并永平道管理。

康熙八年，改直隶通蓟道为守道，总管钱粮。通蓟道旧辖州、县、卫、所，归永平道统理，是为通永道。

国初，定每府设知府一人、推官一人、挂衔推官一人，督捕左右理事官一人，同知、通判因事增减无定员。经历一人，照磨一人、知事一人、检校一人、司狱一人，各因地方繁简设立，无定员。

顺治三年，裁各府挂衔推官一人。

康熙三十八年，裁各府督捕左右理事官一人。

雍正六年，改直隶永平府粮捕同知为理事同知，仍兼粮捕事。

十一年，改永平府司狱为巡检，驻喜峰口。

乾隆二十八年，谕外省知府向为正四品而巡道各视兼衔为差等，则有三、四、五品之不同。今道员既经裁去兼衔，统为正四品。知府乃其所属，自应量为区别，著将各省知府改为从四品。

国初，定每州设知州一人、吏目一人，州同、州判因事增减无定员。巡检、驿丞、仓大使、税课司大使，皆因事设立，无定员。

雍正四年，设滦州州判一人，属通永道管辖。

乾隆二十六年，议准直隶永平府属之滦州地阔政繁，改州判移驻州南之胡家庄，兼司巡检事。

国初，定每县设知县一人、典史一人、县丞、主簿因事增减无定员。仓库课税司大使、副使、巡检、驿丞所官，皆因事设立，无定员。顺治三年，裁各省、县主簿缺。

雍正三年改直隶山海卫置临榆县，隶永平府。设知县典史等官。

乾隆三十八年，裁直隶迁安县七家岭驿丞，改设该县建昌营巡检一人。

国初，各省设提督学政一员；府学教授、训导各一员；州学学正、训导各一员；县学教谕、训导各一员。又定辽东十五学寄设永平府。顺治五年，改设辽东于永平留辽学教官一员，其永平二员俱裁。十一年，设辽阳府学，其永平府辽学生员，俱归辽阳肄业。

知　府

顺治

冯如京　元年任，有传。

李日芃　二年任，有传。

李中梧　三年任有传。

林起凤　奉天人，旗籍。

张懋忠　奉天人，旗籍。

朱衣助　奉天人，旗籍。

罗廷玙　江西新建人。官生。

杨呈彩　河南林县人，举人。

路　遴　江南宜兴人，进士。

康熙

彭士圣　奉天辽阳举人。元年任。

李兴元　直隶遵化人。贡生。五年任。

陈　丹　七年任，有传。

蔡兴周　八年任，有传

唐敬一　十年任，有传。

常文魁 十五年任，有传。
佟世锡 抚顺人，荫生，十九年任。
卢腾龙 奉天，贡生，二十五年任。
梁世勋 二十九年任，有传。
蔡维寅 四十年任，有传。
华 黄 四十三年任，有传。
白为玑 有传。
张朝琮 浙江萧山，监生。四十六年任。
张道源 江南岁贡，五十二年任。
谢赐履 广西全州，举人，五十四年任。
郎文烈 奉天，岁贡，五十九年任。
王 鸾 陕西，监生，六十年任。

雍正

金熊飞 奉天人，官生。元年任。
赵国麟 山东泰安州，进士，二年任。
胡开京 浙江监生，二年任。
王麟瑞 福建人，荐举，三年任。
满云鹔 奉天举人，四年任。
吴士端 江南长洲，岁贡，四年任。
马 益 陕西绥德州，进士，十一年任。
梁锡范 山西介休，监生，十三年任。

乾隆

徐景曾 江苏武进，进士，七年任。
永 宁 正红旗满洲人，缗译、举人，七年任。
卢见曾 十年任，有传。
屠用中 湖北孝感，举人，十六年任。
赵屏晋 陕西同官，进士，十六年任。
七十四 镶黄旗满洲，进士，十八年任。

吴兆基 浙江钱塘，举人，三十年任。
谢昌言 江西宁都，进士，三十二年任。
明　兴 三十五年署任。
穆靖安 本府同知，三十六年署任。
李文耀 福建清流，拔贡，三十五年任。
刘　峨 山东单县，贡生，三十六年任。
穆靖安 三十七年再署。
李奉翰 正蓝旗汉军，三十七年任。
顾学潮 三十八年任，有传。
孔继炘 山东曲阜人，五十六年任，有传。
舒　明 五十九年任。
陈文骏 六十年任。

嘉庆

申允恭 元年二月任。
和　纶 五年十二月任。
陈凤翔 六年三月任。
承　恩 六年七月任。
屈承恩 六年七月任。
祝庆承 河南固始，进士，八年十月任。
郑光圻 十二年任。
祝庆承 十三年再任。
周　景 十四年任。
任　烜 十六年任。
薛学诗 十七年任。
任　烜 十七年再任。
韩文绮 十七年任。
景　庆 十九年任。
沈华旭 二十一年任。

陈世相 二十二年任。
陶　梁 江苏长洲，进士，二十二年任。
任衔蕙 二十三年任。
陈世相 二十三年回任。
张运旭 二十三年任。
姚景枢 二十五年任。
克兴额 二十五年任。
苏兆登 二十五年任。

道光

克兴额 元年再任。
秦　杭 江苏金匮人，监生，元年任。
陈　健 浙江会稽，监生，元年任。
秦　杭 二年二月再任。
王开云 贵州玉屏，荫生，二年任。
沈　涛 浙江嘉兴，举人，八年任。
阮常生 十年任，有传。
陶　梁 江苏长洲，进士，十二年署。
朱壬林 浙江平湖，进士，十二年任。
李　简 河南卫辉，监生，十八年署。
窦荣昌 安徽霍丘，监生，十八年任。
徐云瑞 江苏甘泉，进士，十八年任。
窦荣昌 十九年二月再任。
朱鸾廷 浙江乌程，进士，十九年任。
张起鹓 甘肃古浪，监生，二十一年任。
瑞　玉 满洲人，二十一年四月任。
彭玉雯 江西宁都，举人，二十一年任。
陈之骥 江苏上元，进士，二十二年任。
冯孝曾 山西屯留，监生，二十三年署。

陈耀庚 浙江仁和，进士，二十三年任。

崇　祥 二十四年任。

周郁文 山西闻喜，附贡，二十七年任。

谭廷襄 浙江山阴，进士，二十七年任。

张光第 河南祥符人，二十七年署。

史佩玱 湖北汉阳，进士，二十七年任。

高　午 陕西鄜州，副榜，三十年任。

咸丰

洪　观 浙江慈溪，进士，元年任。

锡　麟 蒙古人，四年七月任。

博多洪武 蒙古人，九年任。

范　梁 浙江钱塘，进士，十一年任。

同治

汪鸣和 江苏吴县，监生，元年署任。

延　福 满洲，荫生，元年十二月任。

福　俊 满洲人，五年十二月署任。

桐　泽 满洲人，六年四月任。

恭　钧 满洲人，十一年三月任。

游智开 湖南新化，举人，十一年任。

同　知

初设粮捕，雍正六年改为理事

顺治

冯如京 见上。

朱求枸 山西人，贡士。

李　持 四川江津人，贡生。

胡守德 山西长治人，举人。

刘曰永 湖广人，贡生。

王觉民 江南颍上人，贡生。

白　芬 八年任，有传。

康熙

韩　章 湖广汉阳，贡生，元年任。

梁泰来 四年任，有传。

罗　京 九年任，有传。

郑四国 山东乐陵人，十二年任。

朱用砺 江南山阴，举人，十八年任。

祖泽溶 奉天宁远，举人，二十年任。

崔　宧 奉天荫生，二十二年任。

赵邦牧 奉天辽阳，荫生，二十二年任。

彭尔年 三十二年任，有传。

郭　瑛 奉天铁岭，官生，三十九年任。

杨奕绾 河南河内人，官监生，四十三年任。

以上粮捕同知，以下理事同知

雍正

宋寿图 江南长洲人。

乾隆

文　敏 正黄旗满洲人，十三年任。

三　常 正蓝旗满洲人，十八年任。

五珥库 镶白旗满洲，二十一年任。

清　格 镶蓝旗满洲，二十二年任。

萨灵阿 镶蓝旗蒙古，二十六年任。

科灵阿 正白旗满洲，三十二年任。

福　庆 镶黄旗满洲，三十四年署。

科灵阿 缙译，举人，三十四年再任。

宝　福 镶黄旗满洲人，官学生，三十五年署任。

穆靖安 镶红旗满洲，三十五年任。

常　德　正红旗满洲人，三十六年署任。
福　顺　正红旗满洲人，生员，三十八年任。

嘉庆

麟　保　满洲举人，十九年七月任。
承　惠　满洲人，二十四年正月任。
舒　纶　满洲人，荫生，二十四年任。
保　昌　蒙古人，二十五年四月任。

道光

毓　泰　正黄旗满洲人，三年任。
为　光　正黄旗满洲人，三年任。
恒　寿　满洲人，五年九月任。
李　鹍　山东邹平，副榜，九年署任。
英　宝　满洲人，十年正月任。
李　鹍　十年再署。
华　封　满洲人，十年九月任。
瀛　泰　满洲人，十五年任。
博多洪武　蒙古人，十九年任。
朱銮廷　浙江乌程，进士，十九年任。
博多洪武　十九年十一月再任。
德　享　满洲，举人，二十二年任。
安　奎　满洲人，二十二年任。
金　龄　满洲人，二十七年四月任。
蔡五辰　浙江萧山，进士。二十九年。
多　寿　满洲人，三十年四月任。

咸丰

觉罗景兰　满洲人，四年署任。
庆　存　满洲人，四年闰七月护理。
续　昌　满洲人，八年六月任。

伊克精阿 满洲人，八年九月任。

同治

奎　昭 满洲人，元年五月署任。
庆　康 满洲举人，元年十月任。
明　通 蒙古人，三年十二月任。
唐　津 满洲人，四年七月任。

通　判

初设管关，乾隆三十五年改为管粮

顺治

朱伸毕 山西人，贡士。
王廷勷 山东举人，三年任。
□□□ 山西平定州，拔贡，八年任。
杨生辉 河南辉县，拔贡，二十年任。
刘观澜 十五年任，有传。
赵振麟 陕西商南人，十八年任。

康熙

陈天植 三年任，有传。
安达里 十年任，有传。
孔得孟 河南鹿邑人，十六年任。
黄鸿猷 江南江宁人，二十二年任。
陈日登 浙江诸暨人，二十五年任。
尚　标 浙江仁和人，三十年任。
叶允信 浙江嘉善，贡生，三十九年任。
周廷润 浙江上海人，三十九年任。
陈大纯 浙江会稽人，四十七年任。
戴肇名 江南，贡生。五十六年任。

雍正

侯　愸　陕西贡生，四年任。

陈　题　湖广人，七年任。

俞士恒　浙江人，九年任。

翁甫生　浙江，贡生，十一年任。

乾隆

胡定国　陕西，贡生，八年任。

钟邦秀　江南人，十五年任。

三　常　满洲举人，十八年署任。

叶宏图　湖广人，十九年任。

戴　棻　江苏举人，二十八年署任。

张应钧　河南人，二十八年任。

和隆鄂　满洲举人，二十九年署任。

杨有祐　广东，贡生，十九年任。

清　格　镶蓝旗满洲人，三十三年署任。

王　模　山东人，三十四年任。

以上管关通判，以下管粮通判。

德楞额　正黄旗满洲人，生员，三十八年任。

道光

聂有瀚　湖南衡山人，二十二年任。

张祐安　临榆知县，二十九年代理。

兆　安　满洲人，二十九年九月署。

乌林泰　蒙古人，二十九年十二月任。

咸丰

汪先培　安徽桐城人，五年正月署。

兆　安　五年十二月再任。

富　昌　满洲人，八年三月署。

续　昌　满洲人，九年六月署。

同治

庆　恩　蒙古人，十年三月任。

唐　津　永平府同知，十三年代理。

光绪

丁体勤　贵州，监生，元年二月任。

经　历

顺治

王嘉相　陕西西安人。

吴　淑　浙江山阴人。

陈文英　浙江人。

刘德正　陕西华州人。

康熙

俞　献　浙江慈溪人，四年任。

赵廷玑　浙江山阴人，十六年任。

方　琚　江南歙县人，二十二年任。

包祥钰　浙江鄞县人，二十八年任。

叶映桂　浙江余姚人，三十八年任。

储佐才　江南池州人，四十五年任。

戴兆龙　浙江慈溪人，四十六年任。

朱懔延　浙江山阴，贡生，四十九年任。

乾隆

刘民牧　江南歙州人，二十九年任。

祁　标　浙江山阴人，二十九年任。

嘉庆

郭兴汾　十四年任。

道光

窦尔载　江苏无锡，监生，二年署任。

魏彦仪 江苏阳湖，监生，二年任。
朱　效 陕西定边，吏员，十年摄任。
章国泰 十年署任。
徐沛然 湖南善化，监生，十年署任。
徐呈瑞 山西襄陵，监生，十一年任。
徐　麟 浙江平湖，监生，十八年摄。
龚　焕 江苏金匮，监生，十八年署。
石元善 安徽人，十八年任。
龚　焕 二十三年再署任。
任毓珏 湖北江陵，廪贡，二十三年任。
翁藩城 湖南湘潭，监生，二十九年摄。
邵　熹 江苏山阳，监生，二十九年署。
徐辰告 江苏武进，监生，二十九年任。

咸丰

谢秉镛 江苏江都，供事，元年署任。
袁守直 湖北江夏，监生，二年任。
陈　统 浙江山阴，供事，八年署任。
袁守直 八年再任。

同治

吴　钦 江苏阳湖，监生，三年摄任。
袁守直 三年再任。
宋成璟 浙江山阴，监生，七年任。
张桂森 山东胶州，监生，七年任。
陈寿保 浙江桐乡人，十一年任。
高　升 山东胶州，供事，十一年署。
孙镛绪 山东利津，监生，十一年任。
吴继瑞 江苏阳湖，监生，十一年摄。
陈丽生 浙江仁和，监生，十一年署。

于绍先 山东德州，监生，十二年任。

光绪

姚君弼 安徽贵池人，三年署任。
郭东槐 河南武陟人，四年任。

卢龙知县

顺治

夏之中 顺天举人，顺治年任。
金一凤 奉天辽阳人，生员。
梁应元 三年任，有传。
赵 汲 五年任，有传。
熊一龙 江西南昌人，贡生。
李士模 十四年任，有传。

康熙

闵 峻 四年任，有传。
魏师段 九年任，有传。
吕宪武 山东掖县，难荫，十三年任。
卫立鼎 十九年任，有传。
陆 懋 十五年任，有传。
陈梦熊 十七年任，有传。
倪奭棠 福建晋江，举人，二十九年任。
晏 宾 四十四年任，有传。
周宗鲁 江南宝应，副榜，四十九年任。
封俊升 江南泰兴，贡生，五十年任。
马腾龙 正白旗汉军人，五十三年任。
乔于瀛 迁安知县，五十七年署任。
杨鸿应 广西马平，拔贡，五十七年任。

雍正

沈继贤 五年署任，有传。
卫步青 山西举人，五年任。
韩履会 江南长洲人，六年任。
邓尊德 广西举人，七年任。
聂廷琮 湖广贡生，七年任。
万承岑 十一年任，有传。

乾隆

杨理范 浙江山阴人，五年任。
李廷桂 河南汲县，拔贡，八年任。
端木长浤 江南江宁人，十年任。
万承岑 十一年再任。
王元勋 广东乐会，拔贡，十四年任。
劳宗发 浙江钱塘，进士，十五年任。
王元勋 十九年再任。
陈金骏 福建晋江人，二十年任。
孙　洙 江南金匮，进士，二十一年任。
何大璋 四川会理，拔贡，二十一年任。
李文耀 福建清流，拔贡，二十一年任。
诸世钟 浙江山阴人，二十二年任。
顾　光 浙江仁和，举人，二十六年任。
李嵩嶙 山西太平，举人，二十七年任。
萨灵阿 本府同知，二十七年摄任。
方立经 湖北兴国州，举人，二十七年任。
魏源旴 江西广昌，举人，三十三年任。
夏　涓 汉军人，县丞，三十七年署任。
陈钟琛 抚宁知县，三十七年署任。
王直邦 贵州安平，举人，三十七年署任。

胡　淳　贵州修文，举人，三十七年任。
谢廷诏　三十九年五月任。
李逢光　四十三年十二月任。
唐汝风　四十九年十月任。
赵文光　五十三年十月任。
金监棠　五十三年十二月任。
章汝濂　五十八年三月任。
屈成霖　有传，拔贡，六十年十月任。

嘉庆

秦子钟　五十二年任。
杨理范　江苏山阳，监生，八年任。
李师白　十二年八月任。
褚世钟　浙江监生，十八年任。
辛文沚　山东贡生，十九年任。
李　钤　山东寿光县，优贡生，二十一年任。
宋豫芳　二十二年任。
周赞臣　二十三年任。
林庆云　二十四年任。
姚景枢　山东钜野县，供事，二十五年任。

道光

魏彦仪　本府经历，二年十月摄任。
姚景枢　二年再任。
魏彦仪　二年再任。
曾豫谦　江苏昭文，举人，二年任。
席元榜　江西宜黄县，进士，四年任。
赵　塘　山东利津，进士，五年任。
刘　瑀　山西阳曲，举人，八年任。
单文诰　安徽婺源，监生，八年任。

魏彦仪 九年复任。
汪鸣鹏 山东历城，附监生，九年任。
冀　洪 十二年任。
喜　禄 满洲进士，十二年摄任。
成章瓒 湖南宁乡，进士，十二年任。
郭时亮 湖北应城，举人，十六年任。
章希颖 江西奉新，举人，十七年任。
伊铿额 满洲进士，十八年摄任。
刘　瑀 十八年任。
陈嘉谟 浙江钱塘，荫生，十八年任。
王锡畴 四川汶川吏员，二十三年任。
石赞清 贵州贵筑，进士，二十三年任。
任毓珏 湖北江陵，贡生，二十八年摄任。
王应奎 浙江绍兴，进士，二十九年兼署。
段福广 河南温县，举人，二十九年任。
蔡五辰 浙江萧山进士，二十九年任。
王应奎 三十年九月摄任。
谢子澄 四川新都，举人，三十年任，有传。

咸丰

乔文蔚 山东高密，进士，元年任。
联　俊 满洲，廪膳生，五年任。
黄宗敬 山东蓬莱，监生，六年任。
祥　瑞 蒙古监生，八年任。
陈赞清 山东直隶州，监生，十年任。
陶治安 浙江会稽，供事，十一年任。

同治

萨炳阿 满洲，进士，元年任。
倪人垌 安徽附贡，元年任。

吴师郊 江苏监生，三年任。
倪人垌 三年再任。
袁守直 湖北江夏，监生，四年摄任。
杨春华 江西原籍，安徽举人，四年任。
凌颉德 河南西华，贡生，五年任。
吴　钦 江苏阳湖，监生，六年摄任。
吴鼎昌 安徽泾县，监生，六年任。
袁守直 七年摄任。
黄宗敬 七年再任。
刘垂荫 江西南丰，监生，九年摄任。
李葆贞 湖北松滋，供事九年任。
唐　钺 浙江会稽，吏员，十年任。
蒋嘉霦 江苏长洲，监生，十二年摄任。
单传及 奉天，岁贡生，十二年署。
福　曜 蒙古，附贡生，十三年署。

光绪

张承福 浙江山阴，监生，四年代理。
董汝缄 安徽合肥，举人，四年任。

迁安知县

顺治

阙士登 湖南桃源人，岁贡，三年任。
徐逢时 有传。
王　宏 山东济宁，进士，四年任。
张　玉 满洲，贡生，五年任。
张自涵 山东平原，进士，七年任。
吴德方 江南当涂，拔贡，十二年任。
刘光远 河南商丘，举人，十四年任。

戴廷对 十五年任，有传。

康熙

武纮周 元年任，有传。

杨　鸣 三年任，有传。

严仪凤 山东日照，举人。七年任。

王永命 九年任，有传。

唐九纬 十三年任，有传。

张一谔 十六年任，有传。

程万培 奉天锦州，贡生，二十年任。

张汝贤 广西进士，二十四年任。

李继烈 奉天人，二十五年任。

潘　眉 江南宜兴人，二十六年任。

熊梦龙 广东举人，二十七年任。

屈明基 奉天辽阳人，三十二年任。

蒋以选 浙江山阴，拔贡。三十九年任。

周廷槐 福建进士，四十五年任。

张世绥 江南娄县，恩贡，四十六年任。

乔于瀛 山西猗氏，进士，四十八年任。

刘文焕 江西举人，六十年任。

赵景荣 旗人，六十一年任。

雍正

王孔彰 福建举人，四年任。

张奎祥 六年任，有传。

李廷益 江苏吴县，拔贡，九年任。

杨理范 江南扬州人，监生。

乾隆

马尔栋 甘肃永昌，举人，元年任。

端木长淴 七年任，有传。

景师毅　山西安邑人，十三年任。
王述献　江南太仓人，十五年任。
燕臣仁　二十年任，有传。
朱惇元　江南常州人，二十二年署任。
顾伟烈　江苏上海，拔贡，二十二年任。
刘　同　江苏武进，副榜，二十八年任。
祁　标　本府经历，三十二年署任。
杨有祐　本府通判，三十二年署任。
何师轼　浙江钱塘，进士，三十二年任。
杨有祐　三十二年，再署任。
宫书禧　山东文登，举人，三十二年任。
祁　标　三十三年署任。
杨有枯　三十三年署任。
靳荣藩　三十四年任，有传。
陈钟琛　抚宁知县，三十七年署任。
靳荣藩　三十七年复任。
胡　淳　卢龙知县，三十八年署任。
熊道阶　湖南巴陵，进士，三十八年任。
祁　标　三十八年署任。
乔钟吴　江南上海，进士，三十九年任。
袁　口　四十八年署任。
王　兰　四十八年任。
刘　礼　五十三年任，五十五年再任。
夏　兰　五十四年署任。
滑承芳　五十五年署任。
周士孝　四川南川人，五十九年任。

嘉庆

郭宗封　江西崇义，拔贡，元年任。

衡　正　山西阳城，附贡，二年任。
陈景登　广西马安，举人，三年署任。
袁　玱　广西平南，拔贡，五年任。
崔作谋　山东平度州，举人，六年署任。
陈佩兰　浙江临海，监生，七年任。
冯　钰　山西阳曲，举人，十年任。
王师杭　浙江仁和，拔贡，十年任。
王余昌　山东福山，举人，十年任。
杨　璧　河南光山，举人，十五年任。
孙　熙　河南夏邑。贡生，十七年署任。
盛世绮　浙江秀水县，十九年任。
汪　本　浙江钱塘，进士，二十年任。
杨岳东　山东宁海，进士，二十一年任。
颜　樾　广东连平，举人，二十四年署任。
樊如杞　云南楚雄，进士，二十四年任。

道光

蔚音芳　山西朔州，增贡，三年任。
吕崇修　山东德州，进士，四年任。
陈　楷　安徽石埭，监生，四年任。
秦光扆　湖北黄安，进士，六年署任。
程正阶　四川垫江，举人，七年任。
张恩溥　江西泰和，进士，八年任。
袁正林　湖北江夏，进士，十一年署任。
赵廷椿　浙江山阴，监生，十一年任。
李伯鸾　河南林县，举人，十三年署任。
何朝恩　江苏青浦，进士，十三年任。
刘宗成　福建同安，举人，十四年署任。
温世泽　云南元和州，举人，十五年署任。

张梦容 有传。
李诗俊 贵州平越，举人，十六年任。
鲁　杰 湖北江夏，举人，二十年署任。
王长卿 云南昆明，进士，二十一年任。
倪　烒 浙江会稽，举人，二十二年署任。
毓　贵 满洲人。二十四年任。
郎汝珊 山西代州，监生，二十八年任。
于志瀛 河南汤阴，拔贡，二十九年任。

咸丰

朱华衮 福建邵武，举人，元年署任。
冯　章 福建闽县，举人，二年任。
宋炳文 奉天吉林厅，进士，四年任。
方汝翊 安徽安远，举人，十年署任。

同治

陆邦煃 江苏元和，监生，二年署任。
杨蔚本 贵州遵义，举人，三年署任。
何庚生 河南武陟，拔贡，三年署任。
周培锦 贵州贵筑，进士，四年任。
瑞　恒 满洲举人，四年署任。
胡如川 河南汝阳人，六年署。
彭爵麟 安徽怀宁，举人，七年署任。
韩耀光 山西洪洞，进士，九年任。

光绪

劳辅芝 湖南善化人，荫生。

抚宁知县

顺治

侯一匡 元年任，有传。

张毓中 二年任，有传。
李三元 奉天辽阳人，贡生。
张懋忠 奉天辽阳人，贡生。
王德新 奉天辽阳，贡生。
王全忠 奉天辽阳，贡生。
雷腾龙 陕西三原，贡生。
张宏猷 陕西榆林卫，贡生。

康熙

刘翊圣 福建闽县，恩贡。
王文衡 五年任，有传。
谭　琳 十年任，有传。
刘　馨 十四年任，有传。
赵　端 十九年任，有传。
何　琮 江南丹徒，拔贡，二十四年任。
刘　镳 江南丹徒，进士，二十五年任。
宋　绎 奉天辽阳，进士，二十六年任。
董隆祚 奉天辽阳人，三十一年任。
孙士贤 江南凤阳人，四十年任。
刘肇元 奉天辽阳，贡生，四十二年任。
武令谟 河南孟县，进士，四十七年任。
何得麟
曾光祖 四川遵义人，五十五年任。

雍正

程大禧 四年任，有传。
裘君韬 五年任，有传。
居　淳 江苏吴县人，十年任。
张奎祥 湖南拔贡，十年任。
庄学愈 江苏武进人，举人，十二年任。

陶　乐　浙江会稽人，十三年任。

乾隆

毛览辉　浙江遂安，贡生，元年任。

刘永清

刘士伸　湖广衡阳，举人，七年任。

王育榞　山西猗氏，进士，八年任。

钱　鋆　九年任，有传。

张　楷　江苏江宁，贡生，十三年署任。

张秉恪　江苏上海，贡生，十三年任。

袁芳杏　十四年任，有传。

单　烺　山东高密，进士，十七年任。

何大璋　四川会理州，拔贡，二十一年任。

宋英玉　江苏吴县，贡生，二十二年任。

贾　熙　河南武安，贡生，二十三年任。

王述曾　贵州贵阳人，三十一年任。

陈钟琛　三十二年任，有传。

祁　失名，浙江山阴人，吏员，三十七年任。

张若瀛　安徽桐城人，三十八年任。

王贻桂　山东直隶州，监生，四十二年署任。

刘毓德　浙江山阴，举人，四十二年任。

朱　筠　由安州州判，四十三年署任。

林熤堂　广东平远，贡生，四十七年十月署任。

袁汝浮　山东曹县，贡生，四十九年七月署任。

唐汝风　广东高要，举人，五十年七月署任。

白万程　五十年任，有传。

金际会　浙江永嘉，举人，五十四年署。

徐惇典　福建建宁，优贡，五十四年署。

孙先振　湖南善化，举人，五十五年署。

金际会 卢龙知县，五十七年兼署。
蓝嘉瑄 浙江定海，监生，山海通判，五十七年兼署。
葛长信 五十七年任，有传。

嘉庆

赵文标 安徽泾县，举人，十一年任。
李师白 河南洛阳，举人，十一年署任。
李寿春 山东利津，拔贡，十二年任。
余怀清 江苏阳湖，举人，十八年署任。
葛应曾 浙江山阴，举人，十九年署任。
周　衡 四川举人，十九年署任。
辛文沚 山东，贡生，二十年署。
陆费元演 浙江桐乡，监生，二十年任。
李长棣 安徽监生，二十年任。
沈惇厚 二十四年任，有传。
马锡书 山西，监生，二十四年署任。
沈惇厚 二十四年再任。

道光

李　僡 三年任，有传。
马锡书 四年再任。
梁　熊 甘肃灵州，拔贡，四年署任。
李　僡 五年再任。
吕诒安 江苏阳湖，举人，六年署任。
李　钰 陕西渭南，拔贡，六年任。
魏彦仪 江苏阳湖，内阁供事，七年代理。
刘延熙 贵州毕节，举人，七年任。
屈廷钺 江苏昭文，举人，八年任。
喜　禄 九年任，有传。
汪兆鹏 十二年四月署任。

李　钰　十二年再任。
张复吉　云南举人，十三年署任。
张　煦　四川成都，进士，十三年任。
许梦兰　十八年署任，有传。
张　煦　十九年再任。
费　涛　浙江归安，拔贡，二十年署任。
黄赞禹　江西庐陵，进士，二十一年任。
许梦兰　二十三年再任。
黄赞禹　二十三年再任。
李宗城　二十五年署任，有传。
徐天秩　江苏长洲，附生，二十六年任。
李步瀛　河南商城，进士，三十年署任。

咸丰

敖星煌　元年任，有传。
刘　灏　甘肃会宁，进士，四年署任。
沈　淳　浙江归安，监生，五年任。
梅宗望　江苏上元，监生，八年代理。
袁守直　湖北江夏，监生，八年代理。
昆　嘉　满洲监生，八年署任。
孙康寿　浙江仁和，举人，九年任。

同治

周锡璋　浙江山阴，监生，四年署任。
胡如川　河南汝阳人，五年署。
钱　莹　江苏阳湖，监生，五年任。
张桂森　山东胶州，监生，十年代理。
孙家锡　安徽举人，十年署。
福　曜　蒙古，附贡，十一年任。
张上和　浙江钱塘，荫生，十三年署任。

昌黎知县

顺治

刘应锡 有传。
程　量 奉天杏山人。
石应泰 满洲人，生员。
陈家修 山东即墨人，贡生。
刘彦明 陕西三原，举人。
宋　荐 甘肃巩昌，举人。

康熙

林　修 江南泗州人，贡生。
洪世讲 湖北黄梅，举人。
寇新民 河南西华，拔贡，七年任。
张广乘 山西翼城，举人。
王日翼 九年任，有传。
万　任 十四年任，有传。
陈邦齐 十五年任，有传。
孙复炜 浙江嘉善，贡士，十九年任。
刘　震 江西清江，举人，二十二年任。
李凝祚 山西绛州，贡士，二十六年任。
王　炜 山西平阳，举人，二十八年任。
丁　策 浙江嘉善，进士，三十年任。
刘之颖 奉天辽阳，贡士，四十二年任。
唐　缮 江南舍山，拔贡，四十七年任。
赵世卿 奉天人，五十年任。
蒙圣宗 广西武宣，拔贡，五十六年任。
徐寿畴 江南华亭，岁贡，五十九年任。

雍正

李士著 河南孟县人，三年任。

刘玉林 贵州大定人，四年任。

刘延泰 江南武进人，举人，十一年任。

乾隆

吴浣安 福建侯官，进士，六年任。

怀荫布 满洲进士，十年任。

吴世臣 十四年任，有传。

夏文广 二十一年任，有传。

朱嗣发 贵州清镇，副榜，二十三年任。

林中麟 四川泸州，进士，三十年任。

单　焘 山东高密，举人，三十七年任。

王其绪 福建惠安，举人，四十一年任。

梁肇文 广东三水人，拔贡，四十三年任。

刘崧岳 河南洛阳，举人，四十五年任。

李象井 江西吉水县，进士，五十年任。

钱本礼 浙江仁和，进士，五十年任。

吴之勷 山东海丰县，举人，六十年任。

嘉庆

查涤源 江苏娄县，监生，二年任。

何安澜 广东东莞，举人，九年任。

汤承恩 浙江仁和，举人，十六年任，二十年再任，二十三年复任。

道光

富升额 满洲进士，元年任。

张汝敦 安徽凤台，举人，七年任。

锡　谦 满洲监生，十一年任。

曾世仪 湖北黄冈，进士，十六年任，二十一年复任。

王应奎 浙江绍兴，进士，二十一年任，二十二年复任。

咸丰

胡璧华 湖北蕲水，举人，元年任。

萨炳阿 满洲进士，四年任，十年复任。

同治

何崧泰 安徽凤阳，进士，二年任。
贺祥麟 湖南浏阳，举人，四年署。
李　鼎 河南祥符，进士，五年署。
何崧泰 安徽凤阳，进士，五年回任。
瑞　恒 满洲举人，六年八月署。
袁守直 湖北江夏，监生，六年代理。
凤觐宸 江苏吴县，举人，六年署任。
江贡琛 安徽霍邱，监生，七年任。
刘垂荫 江西南丰，监生，八年代理。
韩　印 江苏江浦，副榜，八年署任。
张上和 浙江钱塘，荫生，九年任。
杨春华 江西南昌，举人，十年任。

光绪

王养寿 浙江萧山，举人，元年署。
杨春华 二年回任。
杨成爻 山东诸城，进士，四年署。
张谐之 河南陕州，进士，四年任。

滦州知州

顺治

孙维宁 青县，贡生，元年任。
朱伸甗 陕西，贡生，元年任。
郑　伸 二年任，有传。
许安邦 奉天辽阳人，三年任。
王光晋 五年任，有传。
傅成勋 奉天辽阳人，七年任。

刘大勋 奉天辽阳人，八年任。
刘汉杰 奉天辽阳人，十年任。
萧如芝 奉天辽阳，贡士，十四年任。
石　鲸 十六年任，有传。

康熙

陈钟斗 福建古田，副贡，四年任。
李溉之 六年任，有传。
侯绍岐 陕西三原，贡生，八年任。
潘士俊 奉天辽阳，荫生，九年任。
孙宗元 十年任，有传。
吴景炜 山西文水，贡生，十四年任。
马如龙 十六年任，有传。
欧　鸿 福建南平，举人，二十年任。
王奕曾 奉天辽阳人，二十一年任。
徐原本 奉天辽阳，荫生，二十四年任。
白宗玺 奉天辽阳人，二十六年任。
金垣生 奉天辽阳人，二十九年任。
韩逢庥 三十七年任，有传。
张勿执 山东昌邑，贡生，三十九年任。
刘士琨 山西安邑，贡生，四十九年任。
段标麟 云南南宁，举人，五十年任。
吴肇煌 五十四年任，有传。

雍正

朱　煌 浙江长兴人，元年任。
黄　伟 汉军贡生，六年署任。
李　馥 山东乐平，贡生，六年任。
刘　焜 江南太和，举人，七年署任。
胡文伯 山东太安，贡生，七年任。

乾隆

唐士梁　广西临桂，举人，元年任。
朱　煌　三年再任。
燕臣仁　四年署任，有传。
马琪瑞　山西介休人，四年署任。
张嘉成　浙江海宁，贡生，六年任。
李钟俾　福建安溪，进士，八年任。
卢见曾　山东德州，进士，九年任，见知府。
胡　星　山东高密，进士，十年任。
杨肇焜　浙江仁和人，十年任。
务　廉　满洲人，十二年摄任。
胡　星　十二年再署任。
怀荫布　满洲人，十三年署任。
景师毅　山西安邑，岁贡，十四年署任。
孙昌鉴　浙江山阴，贡生，十四年任。
卢　炅　十八年署任。
申　澍　陕西三原，举人，十八年任。
纳齐图　满洲人，十九年署任。
张正化　山西介休人，十九年任。
蒋日杞　江南吴县人，十九年署任。
叶宏图　湖北江夏人，二十三年署任。
朱　山　浙江归安进士，二十三年任。
王南珍　福建漳浦人，二十五年任。
萨灵阿　蒙古人，二十九年摄任。
顾学潮　二十九年任，有传。
王铭琮　江南上元，举人，三十四年任。
霍裕铨　江南合肥，贡生，三十四年任。
朱克阅　河南嵩县，举人，三十五年署任。

孔傅瀛 山东曲阜，廪贡，三十五年任。
王述曾 贵州贵阳人，三十九年任。
乔钟吴 三十九年署任。
王述曾 三十九年再任。
王　琮 四十三年署任。
高天凤 江苏监生，四十三年署任。
蔡　薰 四川安岳，监生，四十三年任。
朱元星 安徽进士，四十八年本府摄。
刘树芳 山西平定，进士，四十八年任。
欧阳泰健 湖南举人，五十三年署任。
黄开性 湖南桂东，监生，五十三年任。
金际会 举人，五十七年署任。
金　宝 浙江举人，五十七年署任。
张　健 山西崞县，举人，五十七年任，嘉庆三年再任。

嘉庆

彭　选 江西监生，二年署任，有传。
莫　谟 五年任，十年再任，有传。
刘　溥 山东监生，九年署任。
周　景 河南监生，十年署任。
赵　灿 山东举人，十一年署任。
王余昌 山东解元，十一年署任。
丁攀龙 山西贡生，十一年署任。
吴士鸿 十二年任，有传。
赵森元 浙江仁和，附监，十五年署任。
汪　洞 十五年任，有传。
朱高柋 安徽全椒县举人，十六年任。
周德纯 四川举人，十九年任。
郭兴汾 山西太谷，监生，二十年署。

盛世绮 浙江秀水，供事，二十年署。
王仲湘 江苏太湖，监生，二十年任。
杨岳东 山东宁海，进士，二十二年署。
颜　樾 二十二年任，有传。
陈景登 广西马平，举人，二十四年署任。
沈惇厚 江西归安人，二十四年署任。
阎　树 江苏萧县，举人，二十四年任。
包敷政 江西南丰，举人，二十五年署任。
陈　晋 江苏吴县，进士，二十五年署任。
黄克昌 江苏武进，监生，二十五年任。

道光

黄克昌 元年再任，有传。
傅以纳 湖北江夏，议叙，元年署。
曾豫谦 江苏昭文，举人，四年署。
陈　晋 六年再任，七年又回任。
吕诏安 江苏阳湖，举人，七年任。
赵庭椿 浙江山阴，监生，十二年署任。
李　僡 陕西华阴，进士，十二年署任。
查　揆 江苏海宁，举人，十二年任。
张　槐 浙江钱塘，监生，十三年署任。
喜　禄 满洲，进士，十四年任，十六年复任。
刘奋南 广东香山，拔贡，十六年任。
广　敷 满洲进士，二十年任。
陈嘉谟 浙江钱塘，议叙，二十年任。
卢兰馨 安徽无为，监生，二十一年署任。
唐　淳 江苏江都人，二十一年任，二十三年再任。
石元善 安徽宿松县人，二十一年署。
张祐安 浙江仁和，举人，二十三年任，二十四年、二十八年复任。

刘　衡　湖南善化，举人，二十三年任。
姜士冠　江苏六合，举人，二十四年任。
邓廷梅　江苏江宁，监生，二十四年任。
陆为棣　江苏元和，监生，二十五年任，二十六年回任。
恩　符　蒙古，监生，二十六年任。
石　玢　奉天铁岭，拔贡，二十八年任。
焦家麟　山东章丘人，二十八年任，至咸丰元年又回任。

咸丰

谢子澄　元年署任，有传。
博多宏武　蒙古监生，三年任。
景　兰　满洲人，四年任。
贵　龄　满洲人，四年任。
崇　禧　满洲人，四年任。
祁之瑹　山西高平，举人，五年任，八年回任。
汪　桂　浙江桐乡，监生，七年任。
祥　瑞　蒙古，监生，九年任。
汪鸣和　江苏监生，九年任。
宋炳文　奉天，进士，十年任。
陈赞清　山东监生，十一年任。
存　禄　蒙古，进士，十一年任。

同治

祁之鍱　元年再任。
倪人垌　安徽附生，二年任。
高锡康　江苏泰州，举人，三年任。
邓锡恩　四川监生，七年任。
张士铨　云南举人，八年任。
刘锡谷　山东举人，十年任。
游智开　湖南新化举人，十年任。

朱靖旬　河南进士，十一年任。
唐世禄　四川中江，举人，十二年任。

光绪

张承福　浙江山阴，监生，二年代理。
郭奇中　安徽合肥，监生，二年署。

乐亭知县

顺治

龚懋学　奉天辽阳人，元年任。
金廷献　奉天辽阳人，贡士，二年任。
梁宇曜　奉天辽东人，贡士。
姚时来　山西静乐人，贡士，七年任。
韩　望　九年任，有传。
李日闰　和津，岁贡，十三年任。
叶矫然　十五年任，有传。

康熙

黄肇丹　福建邵武，举人，二年任。
刘所勤　陕西临潼，举人。
姚舜民　浙江仁和，生员，六年任。
于成龙　七年任，有传。
张承瓒　奉天辽阳，荫生，九年任。
于成龙　十年复任。
唐懋淳　江南高淳，举人，十九年任。
金星瑞　二十一年任，有传。
陈梦熊　二十三年任，有传。
黄赐英　福建晋江，举人，三十年任。
周　琛　三十三年任，有传。
董隆祚　三十五年署任，有传。

汤　彝　三十八年任，有传。
王　经　陕西朝邑。副榜，四十三年任。
张德祁　四十五年任，有传。
张　敏　广东新兴，举人，五十五年任。
张景崧　江南吴县，进士，五十九年任。
张睿生　陕西郃阳，举人，六十年任。
熊　震　盱江，举人，六十一年任。

雍正

沈继贤　浙江海宁，进士，元年任。
来　珽　陕西富平，举人，五年任。
黄奇璧　广东花县，举人，六年任。
杨正传　四川南允，进士，九年任。
冯鸿模　浙江慈溪，进士，十二年任。
施世洪　十三年任，有传。

乾隆

李之蕃　广东翁源，举人，四年任。
李有爵　广西全州，举人，五年任。
董　沾　江南赣榆人。八年任。
秦　纲　山东日照，举人，八年任。
巨秉乾　河南南阳，举人，九年任。
安　泰　山西代州，进士。十二年任。
陈金骏　十四年任，有传。
张辅汉　陕西肤施，拔贡，二十二年任。
宁　城　山西即墨，举人，二十九年任。
曹　良　山东安丘，举人，三十四年任。
赵大经　三十七年任，有传。
谭见龙　江苏昭文，举人，四十年任。
李　棫　四川营山，举人，四十三年任。

郭兆麒 四十六年任，有传。
夏维翱 五十年任。
余昌祖 临乡，举人，五十年任。
白万程 五十四年任。
周光裕 浙江鄞县，拔贡，五十四年任。
徐　韶 浙江嘉善，举人，五十四年任。
邵之均 五十六年任。
胡大年 福建永定，举人，五十七年任。

嘉庆

张　□ 山西崞县，举人，元年任。
戴书培 元年任。
周　鱼 贵州贵定，举人，元年任。
查涤源 江苏娄县，监生，八年任。
赵　灿 八年任，有传。
吕嗣关 河南新安，举人，十一年任。
何安澜 广东东莞，举人，十一年任。
程　翔 广东南海，举人，十一年任。
黄河光 十二年任，有传。
刘晋阶 福建上杭，监生，十四年任。
陈念祖 湖北长乐，举人，十四年任。
宋庆赏 山东文登，举人，十八年任。
吕鹏南 河南新安，廪贡生，十九年任。
祝庆谷 二十二年署，有传。
顾汝寿 江苏上元，监生，二十二年任。
包敷政 江西南丰，举人，二十二年任。

道光

郭兴汾 山西太谷，监生，元年任。
张裕乾 安徽桐城，举人，元年任。

陈　楷　江苏石埭，监生，二年任。
富升额　满洲进士，二年任。
于崇本　四川举人，四年任。
许　博　山东定陶，拔贡，五年任。
魏彦仪　江苏阳湖人，五年任。
朱性堂　五年署任，有传。
潘元焘　安徽歙县人，六年任。
张　霖　六年任，有传。
刘延熙　贵州大定，举人，十二年任。
杨纪堂　浙江监生，十二年任。
吴承祖　江西南丰，举人，十四年任。
陈炳常　浙江归安，举人，十五年任。
郭景仪　山西举人，十九年任。
柳培盛　奉天海城，拔贡，十九年任。
陆为棣　江苏，监生，十九年任。
孔昭然　山东，进士，二十一年署。
张祐安　浙江仁和，举人，二十三年任。
马继眉　云南宜良，举人，二十九年署任。

咸丰

淡春辉　元年任有传。
袁守直　湖北江夏，监生，三年署任。
钱　璩　浙江仁和，进士，三年署。
祁之铼　山西高平，举人，四年署。
博　文　满洲，监生，五年署。
尤其胜　奉天铁岭，恩贡生，五年署。
张学权　江南江宁举人，七年署。
世　祥　镶黄旗，贡生，八年署。
德　成　正白旗，笔贴式，九年署。

任信成 浙江山阴，监生，十年署。

同治

刘　铠 甘肃武威，进士，元年任。

常　忠 正黄旗，监生，二年署任。

杨沛泽 贵州天柱，举人，四年署。

卢天泽 贵州遵义，进士，四年任。

惠　霖 正白旗，笔帖式，四年署。

蔡志修 四年任，有传。

张恩煦 山东福山，进士，八年调署。

吴　钦 江苏阳湖，监生，八年署任。

额尔德恩 满洲举人，八年署任。

张桂森 九年，府经代理。

江贡琛 安徽霍丘，监生，九年代理。

张光锷 江苏阳湖，监生，九年署。

王　霖 陕西郃阳，进士，十年任。

蒋嘉霦 江苏长洲，监生，十三年署。

陈以培 安徽合肥，监生十三年任。

光绪

顾肇墉 浙江仁和人，监生，二年任。

王恩霖 浙江绍兴，监生，三年代理。

陶云锦 江苏吴县，监生，四年署。

王崧翰 山东平度，举人，五年任。

临榆知县

《会典》作雍正三年，改山海卫置。旧府县志作乾隆二年设。彼此两歧，不知何故？

乾隆

王毓德 汉军人，二年任。

朱一蜚 浙江嘉兴，贡生，五年署任。
张　楷 江南江宁，贡生，六年任。
王式烈 湖南云梦，进士，十三年署任。
张秉义 山东胶州，贡生，十三年任。
程闰生 江南长洲，举人，十七年署任。
钟和梅 十七年任，有传。
周承业 江南吴县人，二十三年署任。
袁鲲化 江南宝应人，二十三年任。
田　澍 山东阳信，举人，三十一年任。
王建中 云南剑川，拔贡，三十四年任。
陶　淑 江西南城，进士，三十四年任。
祁　标 浙江山阴人，三十九年任。
凌世卿 四十三年十月任，有传。

嘉庆

周　冲 八年任。
王百龄 十五年任，有传。
常荣锦 河南卢氏，监生，十七年署任。
朱□□ 安徽全椒，举人，十七年代理。
阮□□ 山海关通判，十七年九月兼署。
汤承恩 昌黎知县，十八年代理。
马锡书 山西，监生，十八年任。
何继志 奉天，举人，十九年正月代理。
马锡书 十九年二月再任。
陈景登 广西南平，举人，二十三年署任。
马锡书 二十四年复任。
杨　鲲 有传。

道光

魏彦仪 江苏，供事，三年代理。

马锡书 三年五月再任。
张汝敦 安徽，举人，三年署。
魏彦仪 四年代理。
马锡书 四年再任。
卢兰馨 安徽，监生，八年任。
张　槐 山海通判，十二年代理。
李伯鸾 十二年署。
萧德宣 十三年任，有传。
王汝兰 安徽，举人，十五年署。
桂　荃 满洲，庠生，十六年任。
都尔逊 满洲人，十六年任。
伊铿额 满洲，进士，十七年理。
刘奋南 广东，拔贡，十八年署。
郭时亮 湖北，举人，十八年代理。
伊铿额 十八年代理。
沈如渊 浙江，监生，十八年任。
郭时亮 十九年代理。
孔昭然 山东曲阜，进士，十九年任。
郭时亮 二十年代理。
孔昭然 二十年回任。
陆为棣 江苏，监生，二十一年署任。
孔昭然 二十三年回任。
石　芬 奉天，拔贡，二十八年代理。
章桂联 浙江人，二十八年任。
石　芬 二十九年代理。
张佑安 浙江人，二十九年任。

咸丰

乌林泰 蒙古，副榜，元年兼署。

玉　简　满洲，官学生，二年任。
曹联城　江西，拔贡，四年署任。
廷　桂　满洲，生员，四年代理。
袁守直　湖北江夏，监生，六年代理。
许　忠　江苏，供事，六年署任。
丛　坛　山东，进士，七年任。
恩　泰　蒙古人，九年署任。
袁守直　十年代理。
瑞　恒　十一年任，有传。

同治

许　忠　二年署。
张庆奎　湖北东湖，监生，五年代理。
宋彭寿　江苏溧阳，监生，六年署任。
赵允祜　江苏常熟，供事，七年任。
周　煊　满洲，笔贴式，八年署。
赵允祜　八年回任。
陈以培　安徽合肥，监生，十二年署任。
观　祐　满洲，廪贡，十三年署。

光绪

赵允祜　二年再任。
劳乃宣　浙江钱塘，进士，五年任。

卷之八

国朝职官表二　文秩下

府学教授

顺治

陈　丹　遵化，贡生。
邹国琬　真定，贡生。
贾永升　晋州，贡生。
王　美　十一年任，有传。
郭履礼　静海，贡生。
苏之屏　良乡，贡生。
王思牧　固安，贡生。
李含春　通州，进士，十七年任。

康熙

谢国擢　延庆，贡生，四年任。
纪五典　宛平，举人，九年任。
高居敬　宁晋，举人，十七年任。
冀振先　内邱，举人，二十年任。
孙　麟　万全，拔贡，三十二年任。
赵允昌　满城，举人，四十四年任。
钱甫清　武清，进士，五十一年任。
左方焯　河间，岁贡，五十九年任。

雍正

杨昌言 曲阳，进士，元年任。
魏　枢 承德进士，十二年任。

乾隆

董　禧 辽阳，进士，二年任。
郭　琮 冀州，进士，十二年任。
朱毓崧 清河，进士，十四年任。
贾　璐 枣强，贡生，二十一年任。
杨　宸 宛平人，二十六年任。
王　临 奉天锦县，进士，三十一年任。
王家干 昌平，进士，三十四年任。

嘉庆

田维敬 二十四年任。

道光

周玉梁 四年任。
孙右章 宁晋，进士，九年任。
贺　庄 文安，进士，二十九年任。

咸丰

苏元峨 交河，进士，四年任。
梁凤翰 静海，进士，十一年任。

卢龙教谕

顺治十六年奉裁。康熙十五年复设。

顺治

韩秉正 陕西扶风，贡生。
黄扬化 元城，贡生。
王纳谏 大城，贡生。

王家彦　宁津，贡生。
杨应运　昌平，贡生。
马　备　大兴，贡生。

康熙

杨芳声　宣化府，贡生。十六年任。
朱持正　十七年任，有传。
史廷赞　宛平，副榜，二十六年任。
贺邦桢　大兴，贡生，三十一年任。
齐　捷　大兴，贡生，三十六年任。
王昌运　武邑，拔贡，四十五年任。
胡仁济　大兴，贡生，四十九年任。
郄作砺　阜平，拔贡，五十二年任。
杨　亢　宝坻，贡生，五十四年任。
李肇遴　枣强，拔贡，五十六年任。

雍正

王者佐　正定，举人，七年任。

乾隆

王于韩　永年，副榜，六年任。
赵树坊　祁州，举人，十六年任。
赵德仪　深州，拔贡，二十四年任。
丁廷辅　大兴，举人，三十四年任。
董　灼　文安，副榜，四十五年任。
沈依仁　保安州人，六十年任。

嘉庆

憨意成　元年任。
郭其仁　获鹿，恩贡，元年任。
边开禧　任丘，举人，元年任。
王　宪　霸州，恩贡，五年任。

刘佩蘅 任丘，廪贡，十九年任。
吴元俊 武强，廪贡，二十年任。
刘本曾 二十一年任。
陈宝笏 庆云，廪贡，二十二年任。
马其倬 灵寿，拔贡，二十四年任。
宋长春 易州，举人，二十四年任。

道光

刘佩蘅 六年再任。
赵士谞 八年任。
魏士棠 丰润，举人，九年任。
孙见曾 二十二年任。
刘广淳 义州，举人，二十二年任。
张　恕 二十八年任。

咸丰

纪应适 献县，廪贡，六年署。
郝锡章 三河人，恩贡，六年任。

迁安教谕

顺治十六年奉裁。康熙十五年复设。

顺治

蒋文灿 昌平，举人。
乔大绶 三河人。
田　宇 定兴，举人。

康熙

师若桀 安肃，举人，十五年任。
刘孟易 十七年任，有传。
孙　焕 大兴，贡生，二十六年任。
林维桢 三十三年任，有传。

解良栋 天津，贡生，四十八年任。

雍正

贺耀祖 安州，副榜，三年任。

王　灿 海城，恩贡，八年任。

乾隆

杜　师 怀柔，举人，八年任。

孙据德 铁岭，拔贡，三十一年任。

韩克铉 高阳，举人，三十三年任。

纪曾符 五十三年任，见南关关帝庙碑。

嘉庆

张太复 有传。

王书芸 蠡县，举人，二十三年任。

道光

周名世 奉天复州人。

李国垣 武清，举人，十三年署任。

刘硕彦 肃宁，举人，十五年任。

咸丰

朱心元 大兴，举人，元年任。

刘青云 宛平，举人，二年任。

同治

刘子舫 沧州，优贡，四年署任。

韩玉成 河间县，廪贡，四年任。

抚宁教谕

顺治十六年奉裁。康熙十五年复设。

顺治

黄可献 辽东人。《县志》作黄运昌，四年任。

王梦旭 唐山人。
王家遴 高阳，举人。
霍文炳 顺德人。
萧功一 宛平，生员。

康熙

聂应闻 宣化，贡生，十五年任。
辛进修 十七年任，有传。
胡文蔚 二十一年任，有传。
金兆玙 宛平，贡生，三十二年任。
赵予礼 大兴，贡生，三十七年任。
孙　临 大兴，贡生，四十二年任。
宋　琰 四十六年任，有传。
刘　溥 大兴，贡生，四十九年任。

雍正

李　堉 内丘，举人，三年任。
齐淑伦 鸡泽，进士，十三年任。

乾隆

赵　更 平山。副贡，八年任。
裴　澜 束鹿，举人，十一年任。《县志》作兰。
徐　壆 望都，廪贡，十四年任。
高秉钺 新安，副贡，十七年任。
王汝斌 广宗，廪贡，二十三年任。
齐士元 静海，拔贡，三十五年任。
张国栋 盖平，恩贡，三十年任。
刘克良 宁津，举人，三十二年任。
李　湜 天津，举人，三十八年任。
林桂森 铁岭，拔贡，五十一年任。
李　刚 丰润，副榜，五十五年署任。

冯国华 宣化，拔贡，五十五年署。
陈启墉 文安，拔贡，五十五年署。

嘉庆

田嘉燕 新安，廪生，六年署。
路国珍 南宫，举人，七年任。
傅景文 长垣，廪贡，八年署。
杨钟芳 巨鹿，拔贡，九年任。
王名芳 开州，举人，十五年署任。
李　旻 宁河，举人，十五年署。
李元焘 任县，廪贡，十八年署。
王璧成 顺义，拔贡，十八年任。
苏元翼 交河，廪贡，二十三年署。
张式璘 威县，副榜，二十四年任。
王家植 正定，拔贡，二十四年署。
王致和 武清，副榜，二十五年任。

道光

周玉梁 献县，进士，九年署任。
马其倬 灵寿，拔贡，九年署任。
丁永清 任县，举人，十年任。
韩　铭 高阳，举人，十二年署。
巩　嶟 隆平，拔贡，十二年任。
王道著 武清，廪贡，十三年署。
魏蟠龙 开州，举人，十五年任。
敖其相 永年，举人，二十八年署。
刘仁堂 庆云，拔贡，二十八年任。

咸丰

阎毓奇 静海，贡生，五年署。
马履礼 东光，廪贡，五年署。

刘士元　丰润，附贡，五年任。
李　椿　天津，优贡，六年署任。
王喜培　深州安平，恩贡，七年任。

同治

王树棠　祁州，廪贡，二年署任。
张九官　玉田，举人，四年任。
杨呈华　武邑，举人，六年任。

光绪

陆钟琦　宛平，拔贡，四年任。

昌黎教谕

顺治十六年奉裁。康熙十五年复设。

顺治

吴起凤　雄县，举人。
孙兆祯　完县，举人。
陈日晋　**张良猷**　晋州人。

康熙

田　嘉　大兴，贡生，十六年任。
吴宗伯　真定，拔贡，二十五年任。
张其祚　冀州，举人，二十九年任。
唐之夔　密云，贡生，三十二年任。
王中实　长垣，副榜，三十三年任。
汪敷敏　宛平，举人，四十二年任。
王士玙　安平，副榜，四十六年任。
郝性禄　蔚县，副榜，四十九年任。
王建衡　威县，拔贡，五十七年任。
姚文郁　宣化，拔贡，五十九年任。

乾隆

庞　玺　任丘，拔贡，二年任。

邵　纲　东安，举人，五年任。

姚肇修　大兴，举人，十八年任。

马霈锦　延庆，恩贡，二十三年任。

王大槐　清苑，廪生，二十九年任。

周兆升　南宫，拔贡，三十七年任。

耿朝选　河间，举人，五十二年任。

嘉庆

张兆凤　平谷，举人，八年署。

冯国华　蔚州，拔贡，九年任。

梁廷干　平山，拔贡，二十二年任。

道光

马履祥　东光，拔贡，三年任。

王麟昌　大兴，举人，六年任。

杨鼎文　献县，举人，十七年任。

贾友澄　平谷，举人，二十三年任。

咸丰

王　玫　宁津，副榜，五年任。

同治

于镜蓉　沧州，举人，元年任。

金衍庆　邢台，副榜，元年任。

张椿荫　宁河，举人，十年任。

光绪

马良喜　保定，廪生，五年任。

滦州学正

顺治

董　恪　高阳，贡生，元年任。
韩唐愈　永年人，八年任。
王　瀚　大城举人，十年任。
杨之柚　十七年任。

康熙

王麟图　四年任，有传。
刘元烓　枣强，举人，十一年任。
张问明　安肃，举人，十七年任。
吴　煜　大城，举人，二十年任。
及绍先　交河，贡生，二十二年任。
王登镆　任丘，举人，二十五年任。
白学曾　南皮，举人，二十九年任。
宋若郊　隆平，贡生，四十七年任。
王子梃　天津，生员，四十八年任。
徐肇鉴　大兴，举人，五十九年任。

雍正

张应昌　南和，举人，二年任。
李　准　通州，廪贡，六年任。

乾隆

丁之琮　宛平，举人，三年任。
姚肇修　举人，十九年署任。
杜天滋　元氏，举人，十九年任。
侯作吴　吴桥，廪贡，二十四年署。
张　方　安肃，贡士，二十四年署。
李复起　大城，举人，二十四年任。

石绍奋 清苑，举人，三十四年署。
李配元 西宁，廪贡，三十四年署任。
黄组绥 蠡县，举人，三十四年任。
谷希贤 易州，举人，四十二年任。
丁廷辅 大兴，举人，四十九年任。
边梦璘 静海，举人，五十四年任。

嘉庆

王凤池 高阳，举人，十年任。
廉志忠 宁河，举人，十二任。
耿绍渠 冀州，举人，十七年任。
黄文茜 大名元城，举人，二十二年任。

道光

庄　纠 东光，举人，元年任。
广　住 汉军举人，元年任。
刘天衢 大城，举人，三年任。
陈若畴 宛平，进士，四年任。
王　铎 定州，举人，五年任。
曹芳兰 正定栾城县，举人，八年任。
董　镇 顺天文安，拔贡，十一年任。
王德教 保定安肃，举人，十二年任。
潘为楫 保定安州，举人，十三年任。
刘泽节 天津举人，十四年任。
左乔林 十四年任，有传。
苏启绥 河间交河，廪贡，二十一年任。
李承诰 天津青县，举人，二十一年任。
马兴业 顺德任县，廪贡，二十四年任。
王炽昌 顺天宝坻，举人，二十五年任。

咸丰

巩东垣 赵州隆平，举人，元年任。
杨 涛 汉军，举人，元年任。
金逢辰 保定清苑，举人，三年任。
白 桓 通州，举人，五年任。
张朝桂 顺天三河，举人。
魏履泰 冀州武邑，举人，六年任。

同治

张汇升 天津静海，举人，二年任。

乐亭教谕

顺治十六年奉裁。康熙十五年复设。

顺治

傅作衡 大兴，举人。
胡继芳 三河，举人。
辛调羹 山海，贡生，八年任。
崔 冕 安平，举人，十三年任。

康熙

孙肯廷 辽东人，六年任。
王世遹 辽东，举人，十六年任。
李 瀚 宣化，贡生，三十三年任。
王 寅 大兴，贡生，二十五年任。
赵嘉会 任丘，举人，二十六年任。
戴 昙 沧州，贡生，三十四年任。
张有翼 大兴，贡生，三十八年任。
张鼎新 易州，拔贡，四十四年任。
韩雄嗣 高阳，贡生，五十年任。
傅保师 衡水，副榜。

王　纯　曲安，拔贡。
郭　炼　清苑，拔贡，五十八年任。

雍正

许廷卿　邢台，副榜，六年任。
孙枚枝　雄县，恩贡，十三年任。

乾隆

陈成德　清苑，拔贡，三年任。
戈云书　景州人，十二年任。
侯作吴　吴桥人，二十一年任。
施梦麟　鸡泽，拔贡，二十五年任。
张士俊　蓟州，副榜，二十九年任。
王士昕　义州，拔贡，四十一年任。
王焕章　四十四年任。
吴秉礼　义州，恩贡，四十四年任。
吴　容　海城人，五十三年任。
王永昭　固安，举人，五十四年任。
宋凤翼　五十五年任。
王金瓯　蠡县，拔贡，五十六年任。

嘉庆

鹿　雍　定兴，举人，七年任。
杨　灏　八年任，有传。
章　华　清苑，举人，十七年任。
陈萝卜　大城，举人，十七年任。
徐桂棠　大城，举人，十七年任。
曹致恭　冀州，举人，二十一年任。
张德潜　静海，副榜，二十一年任。
王　敏　通州，举人，二十三年任。
王继成　宝坻，举人，二十三年任。

道光

李恒云 衡水，举人，二十年任。
郑以恂 南和，拔贡，二十年任。
陈友棻 清苑，拔贡，二十一年任。
刘广渟 义州，举人，二十五年任。
饶大源 永年，贡生，二十六年任。
武澄清 永年，举人，二十六年任。

咸丰

张怡曾 盐山，举人，二年任。
许如楷 清苑，贡生，九年任。
陈麒鸣 冀州，恩贡，九年任。
程焕勋 开州，举人，十年任。
李　沄 宝坻，廪生，十一年任。

同治

单宗张 安肃，恩贡，元年任。

山海卫儒学教授

顺治

王养正 滦州，贡生，九年任。
徐乃恒 广宗，贡生，五年任。
姚舜臣 固安，贡生，十年任。
梁国衡 饶阳，贡生，十一年任。
徐乃恒 十四年再任。
韩雄胤 高阳，进士，十五年任。

康熙

韩国龙 元年任，有传。
韩雄胤 四年再任。
钱裕国 七年任，有传。

孟赉予 滦州，举人，十八年任。
傅　岩 滑县，举人，二十一年任。
贾　淑 晋州，举人，二十九年任。
臧际昌 宁津，举人，三十年任。
徐祖望 大兴，贡生，三十六年任。
张　璞 盐山，举人，三十七年任。
邓　俊 大兴，贡生，四十四年任。
王　珍 卢龙，进士，五十年任。
井　鎡 文安，举人，五十二年任。
夏御乾 滦州，贡生，五十七年任。
马子骧 灵寿，贡生，六十一年任。

雍正

吴一德 奉天，举人，四年任。
翟正经 卢龙，进士，六年任。

乾隆

张　瑂 丰润，贡生，元年任。

临榆教谕

乾隆

沈廷奎 宛平，举人，四年任。
董　禧 奉天，进士，十一年任。
阎　珣 曲周，举人，十一年任。
胡　坦 清苑，举人，十四年任。
贾天禄 辽阳，贡生，二十年任。
王　馆 通州，举人，二十二年任。
杜　师 怀柔，举人，二十八年署。
崔鹤仪 宁河，贡生，二十八年署。
田元枢 通州，举人，二十九年任。

王　临　锦县，进士，三十三年署。
赵　璧　安州，举人，三十三年任。
段　震　大兴，举人，三十四年署。
金　铨　通州，举人，三十五年任。

嘉庆

杨遇隆　十一年署任。
涂鹏翔　宛平，贡生，十二年以训导兼署。
杨调元　清苑，举人，十五年任。
戚　诚　武邑，举人，十六年任。
杜林杞　赞皇，拔贡，二十五年署。
杨云锦　献县，举人，二十五年任。

道光

贺逢吉　六年署任。
杨云锦　七年再任。
赵锦文　十九年署任。
何豫纶　大兴，举人，二十年任。
及树勋　交河，举人，二十七年署。
韩庆绂　静海，举人，二十八年任。

同治

王荫谷　河间，举人，七年署。
侯　煐　南皮，举人，七年任。

光绪

郝　浩　三河，举人，三年任。

府学训导

顺治十六年裁。康熙十五年复设。

顺治

王凤鸣　顺义，贡生。

李上举 枣强，贡生。
程　灿 新河，贡生。
杨呈秀 通州，贡生。
符永培 盖平，贡生，六年任。
霍文灿 沙河，贡生。
伊　椠 阜城，贡生。
高士奇 武清，贡生。
蒋甲春 大兴，贡生。

康熙

周宏勋 保定，贡生，十七年任。
桑开达 玉田，贡生，二十一年任。
徐　香 宛平，贡生，三十六年任。
胡天佑 昌平，岁贡，五十四年任。
萧沛兴 浚县，岁贡，五十七年任。

雍正

刘继儒 武清，岁贡，三年任。
车　通 景州，岁贡，九年任。
张尔公 锦县，岁贡，十二年任。

乾隆

杜　瑞 新安，廪贡，三年任。
刘　炜 文安，岁贡，十二年任。
王兆瑞 南宫，廪贡，十四年任。
于继祖 清丰，岁贡，十六年任。
董德良 丰润，岁贡，十九年任。
陈　章 西宁，岁贡，二十四年任。
崔鹤仪 宁河，廪贡，二十七年任。
傅基赐 灵寿，举人，三十二年任。
李锡朋 西宁，廪贡，三十五年任。

嘉庆

章汝坦　二十五年任。

道光

李　顺　冀州，举人，八年任。

梅成栋　十七年任，有传。

徐文焕　天津，举人，二十四年任。

咸丰

王明讷　宛平，举人，二年任。

于士琪　天津，廪贡，四年任。

同治

王　璋　肃宁，廪贡，五年任。

韩来贺　广宗，廪贡生，十年任。

卢龙训导

顺治

郑　锐　广平人。

杨　复　保定，贡生。

刘硕辅　无极，贡生。

贾　源　通州，贡生。

张缵拭　清苑，贡生。

康熙

徐焕然　魏县，贡生，四年任。

邢宗孔　新河，贡生，六年任。

孙　琮　河间，贡生，八年任。

冯尧天　九年任，有传。

李　升　清苑，贡生，十三年任。

赵孟豪　清河，贡生，十七年任。

尹国琳　阜城，贡生，二十一年任。

孟养诚 保定，贡生，二十八年任。
刘霅霖 献县，贡生，三十八年任。
刘缮先 大兴，贡生，四十二年任。
王拱宸 蓟州，贡生，四十三年任。
李宸扆 平乡，贡生，五十一年任。
卜尔贵 怀安，贡生，五十五年任。

雍正

路德秀 临城，贡生，三年任。
张鸿翰 正定，贡生，五年任。
杨　琮 曲阳，贡生，十年任。
魏　概 承德，贡生，十一年任。

乾隆

苏象贤 元氏，贡生，三年任。
高　节 密云，贡生，七年任。
杜德威 怀柔，贡生，十一年任。
徐　进 平谷，贡生，十九年任。
田云青 完县，贡生，三十年任。
李梦弼 沧州，举人，四十七年任。
姚士强 束鹿，贡生，五十六年任。

嘉庆

黄茂载 宣化，举人，元年任。
马振名 阜城，举人，十年任。
李　涉 故城，贡生，二十一年任。

道光

曹师冉 通州，廪贡，十三年任。
焦佑沄 天津，举人，十九年任。
杨培第 正白旗汉军，举人，二十三年任。
范　龠 雄县，举人，二十六年任。

张汝诠 涿州，举人，二十九年任。

咸丰

田曰璞 铁岭，恩贡，元年任。
张懋哉 南皮，举人，二年任。
廉百龄 宁远人，举人，六年任。

光绪

于文鉴 沧州，举人，四年任。

迁安训导

顺治

岳毓粹 保定人。
马攀龙 房山人。
崔及第
白方岳 河间人。
刘　峒 保定人。

康熙

韩谓道 献县人。
马负图 九年任，有传。
冯尧年 临城人，十年任。
吴　绍 正定，贡生，二十年任。
高桂茂 宁晋，贡生，二十六年任。
张治国 南宫，贡生，三十一年任。
夏三极 长垣，贡生，三十六年任。
王正宗 深州，贡生，四十三年任。
郭养高 南皮，岁贡，五十一年任。
王铨儒 天津，例贡，五十四年任。

雍正

张世宁 昌平，岁贡，五年任。

张　璐　满城，岁贡，八年任。
周世法　天津，岁贡，十三年任。

乾隆

王允征　二年任，有传。
吴自昆　承德，岁贡，七年任。
苏应昌　密云，岁贡，十八年任。
苑　瑾　新城，岁贡，二十三年任。
谷中璞　荣城，岁贡，二十五年任。
陈麟友　文安，举人，三十二年任。
萧　柏　奉天承德，岁贡，三十五年任。
赫　皎　奉天，岁贡，三十五年任。
李树滋　顺天宝坻人，五十三年任。

嘉庆

李云勤　十六年任，有传。
康文蔚　正定灵寿，举人，二十年任。

道光

赫　敬
王　荣　宝坻，举人，元年任。
芮汝翌　顺天宝坻，举人，七年任。
崔　旸　庆云，举人，十二年署。
阮春龄　遵化玉田，举人，十三年任。
霍五惇　深州武强，举人，二十年任。
李祥泰　汉军，举人，二十九年任。

咸丰

翟　钟　顺天宛平，岁贡，五年任。

同治

张鹏兆　枣强，附贡，七年署任。

张　检　定州，举人。七年任。

光绪

李泽沛　深州，举人，元年署。

孟昌言　遵化丰润，举人，元年任。

范　恒　永年，举人，三年任。

抚宁训导

顺治

吴士俊　良乡人。

杨应麒　辽东人。

丁与玉　宛平人。

吴　瑛　顺天人。

康熙

刘三德　顺义人，四年任。

魏永昌　庆云，贡生，十九年任。

戈　章　景州，贡生，二十年任。

王栋夫　交河，贡生，二十三年任。

张永寿　新城，贡生，二十九年任。

盖　琠　行唐，恩贡，三十四年任。

郭宪璞　赤城，贡生，三十六年任。

杨实秀　顺义，贡生，四十二年任。

刘有沛　延庆，贡生，四十四年任。

汪跃龙　密云，贡生，四十八年任。

雍正

杨继隆　保定，岁贡，十二年任。

乾隆

和　文　邢台，岁贡，十三年任。

魏士敏　香河，岁贡，十七年任。

米　玮　故城，岁贡，二十三年任。
李浩学　容城，岁贡，三十年任。
边乂禧　任丘，举人，三十四年任。
王　锦　元氏，岁贡，三十八年任。
黄组绶　顺天，举人，四十年署。
萧士锐　顺天，举人，四十一年任。
李　湜　四十五年教谕兼任。
李纯蝦　保定清苑，举人，四十六年署。
张敬临　顺德巨鹿，岁贡，四十六年任。
卢　鎏　正定井陉，廪贡，四十八年署。
窦　熙　顺天大兴，举人，四十九年任。
徐　熙　天津，廪贡，五十年任。
王良楫　顺天大兴，举人，五十四年署。
张永诚　奉天锦县，举人，五十年任。

嘉庆

陈启墉　五年，由教谕兼任。
韩　钧　遵化丰润，举人，五年任。
贾　汝　河间故城，举人，六年署。
田嘉燕　六年，由教谕兼任。
侯开山　河间东光，廪贡，六年署任。
崔文林　正定平山，举人，七年任。
阎攀龙　顺天良乡，拔贡，十八年署任。
黄文茜　元城，举人，十九年任。

道光

王致和　四年，由教谕兼。
侯开山　五年再任。
王明纪　密云，廪生，五年任。
蔡　培　顺天通州，廪生，七年署。

李　锷　河间，拔贡，五年任。
陈文然　保定清苑，举人，十四年署。
高中正　天津，举人，十四年任。
焦佑沄　天津，廪生，二十年署。
李思平　保定束鹿，廪生，二十一年署。
刘梦弼　天津盐山，举人，二十一年任。
刘仁堂　天津庆云，拔贡，二十八年署。
高克均　奉天，廪生，二十九年署。
王书俊　河间，举人，二十九年任。

咸丰

刘仁堂　三年，由教谕兼任。
王书俊　三年再任。
李元芳　保定安州，举人，四年署。
阎毓奇　天津静海，廪贡，五年署。
李元芳　五年再任。
王喜培　十一年兼署。
鲁　松　遵化丰润，举人，十一年任。

同治

李金锡　深州，优贡，四年署任。
鲁　松　五年再任。
杨呈华　七年兼任。
鲁　松　七年再任。

昌黎训导

顺治

石成璋　保定人。
刘尚信　涞水人。
田　芸　怀来卫人。

王　渠　顺天人。
张含章　大城人。

康熙

梁养大　井陉人。
李维楫　定州，贡生，六年任。
刘世绣　雄县，贡生，十五年任。
李枝振　涞水，贡生，二十四年任。
戈可展　景州，贡生，二十六年任。
孙枝翘　行唐，贡生，二十八年任。
张乾元　内丘，贡生，三十四年任。
王业正　宁晋，贡生，三十七年任。
刘令闻　饶阳，贡生，四十年任。
张　森　永清，岁贡，五十一年任。
郭鼎建　宣化，岁贡，五十五年任。
高呈照　静海，廪贡，六十年任。

雍正

郭惠普　成安，岁贡，五年任。
汪文质　天津，岁贡，六年任。
张　烜　清苑，岁贡，九年任。
吕成斌　延庆，岁贡，十一年任。

乾隆

许善庆　高阳，岁贡，七年任。
韩三才　高阳，举人，十年任。
王元钊　正定，岁贡，十八年任。
郭铉俊　大兴，举人，三十三年任。
贾廷梁　清苑，举人，三十八年任。
林天木　奉天辽阳人，生员，五十一年任。
赵国治　隆平，贡生，五十三年任。

吴邦庆 霸州，拔贡，五十六年任。

嘉庆

周　铭 玉田县，举人，元年任。
赵依中 丰润，举人，十八年任。
梁广有 鸡泽，贡生，二十三年任。

道光

王朝典 玉田县，举人，元年任。
韩炳铨 海城县，举人，十九年任。

咸丰

吕桂丛 房山县，举人，四年任。
张康侯 威县，举人，六年任。
陈　鹏 锦县，举人，九年任。

同治

周世卿 衡水，廪贡，四年署。
武承厚 天津，举人，六年任。

滦州训导

顺治十六年裁。康熙十五年复设。

顺治

马士麒 博野人，二年任。
李经济 魏县人，二年任。
马之骕 雄县，贡生。
赵　璧 河间人，八年任。
韩成溥 十二年任。
董温德 灵寿人，十五年任。
张国猷 十六年任，有传。

康熙

王志道 七年任。

郭大鹏 满城，贡生，十六年任。
郭如岱 河间，贡生，二十七年任。
杨文蔚 大兴，贡生，三十二年任。
刘　掞 固安，贡生，三十五年任。
田　秤 密云，贡生，四十六年任。
韩文煋 通州，贡生，四十七年任。
尉　昌 大兴，廪贡，六十一年任。

雍正

王　潅 清苑，廪贡，七年任。
刘汉杰 锦县，岁贡，八年任。
徐在丰 祁州，岁贡，十三年任。

乾隆

丁之琮 本州学正，七年署任。
李准中 任县，廪贡，七年任。
赵树坊 祁州，举人，二十年署。
赵　培 曲阳，岁贡，二十年任。
王元钊 正定，廪贡，二十四年署。
张　方 安肃，贡生，二十四年任。
李配元 西宁，廪贡，三十一年任。
王大槐 清苑，廪贡，三十六年署。
李　基 易州，廪贡，三十六年任。
陈国麟 庆云，拔贡，四十四年任。
牛　玮 元氏，岁贡，六十年任。

嘉庆

黄步青 十三年任，有传。
刘　会 柏乡，廪贡，十九年任。
王允升 赵州，廪贡，二十五年任。

道光

丘　瑄　顺天，岁贡，三年任。
章汝坦　朝阳，举人，四年任。
董　鉴　文安，举人，四年任。
谭宗济　玉田，岁贡，五年任。
于任重　沧州，副榜，二十三年任。

咸丰

刘湗森　东安，廪贡生，五年任。
张钦师　安肃，附贡，六年任。

同治

刘　铣　玉田，优贡，元年任。
张　济　文安，附贡，二年任。

乐亭训导

顺治

王元宾　三河，贡生。
韩章美　永清，贡生。

康熙

朱家麟　保定，贡生，四年任。
王之造　河南浚县，贡生，七年任。
郄三策　曲阳，贡生，十九年任。
阴志贞　容城，贡生，二十二年任。
陈王前　曲周，贡生，二十三年任。
杨培之　灵寿，贡生，二十四年任。
朱行健　晋州，贡生，二十七年任。
柴育德　大兴，贡生，四十五年任。
毛鸿逵　浚县，贡生，五十一年任。
毕鸿基　宛平人，六十年任。

雍正

赵　简　平谷人，三年任。

王德裕　昌平人，七年任。

乾隆

徐　颖　龙门人，四年任。

王客卿　平谷人，六年任。

杜振先　大兴人，十七年任。

杨登绅　开原人，二十年任。

栗　璠　阜平，岁贡，二十五年任。

王　昕　义州，拔贡，三十一年任。

张　方、雷发春　正定，无极，拔贡，五十四年任。

杜　瑸　锦州，附生，五十五年任。

嘉庆

白　晢　柏乡，岁贡生，元年任。

马为国　宝坻，举人，二年任。

道光

薛孟勖　大城，举人，二年任。

孔毓连　宁海，举人，三年任。

王相举　交河，举人，三年任。

张汝琪　隆平，举人，四年任。

吴　邠　河间，贡生，八年署任。

聂大本　清丰，举人，九年任。

周元亮　开州，举人，十一年署。

邹兆麟　大兴，举人，十一年任。

韩兆桐　高阳，副榜，十七年署任。

钟　煦　磁州，举人，十八年任。

张元亨　蔚州，贡生，二十二年署。

陈其政 丰润，举人，二十二年任。

咸丰

侯本临 南皮，廪贡，二年署任。
张道宝 宛平，岁贡，原籍湖南，二年任。
鹿传钧 定兴，附贡，十一年署任。
徐德玉 昌平，岁贡，十一年任。

同治

杨春元 元城，附贡，九年署。
黄　淑 隆平，举人，十年任。

光绪

纪堪诰 献县，举人，二年任。

山海卫训导

后改临榆县

顺治

苗有秾 宛平，贡生，五年任。
刘　龙 曲阳，贡生，九年任。
王　烨 顺天，教习，十六年任裁。

康熙

李昌宗 容城，恩贡，十六年任。
王芳毓 铁岭，贡生，二十二年任。
贾　圻 清苑，贡生，三十五年任。
梁薛一 沧州，贡生，四十一年任。
陈　谦 大兴，贡生，五十九年任。

雍正

马汝翼 隆平，贡生，九年任。

临榆训导

乾隆

马汝翼 隆平，贡生，二年任。
毕　清 东光，贡生，四年任。
杨淑茂 灵寿，拔贡，十一年任。
李准中 任县，贡生，十四年任。
李廷对 蔚县，贡生，十四年任。
王　馆 通州，举人，二十八年署。
杜　师 怀柔，举人，二十八年署。
段文时 栾城，廪贡，三十八年任。
赵德仪 深州，拔贡，三十三年任。
段　震 大兴，举人，三十三年任。

嘉庆

金　梁 籍无考。

道光

贺逢吉 顺天府，贡生，元年任。
姚　珮 顺天顺义，举人，十二年任。
张鹏程 正定阜平，例贡，十四年署任。
杨李甲 遵化，丰润，举人，十四年任。
徐文焕 籍无考。
刘种桃 顺天蓟州，岁贡，二十六年署。
孙　林 河间吴桥，廪生，二十七年署。
武澄清 二十八年兼署，有传。
范青选 河间交河，附生，二十八年署。
侯邦典 河间交河，例贡，二十九年任。
刘广渟 奉天，举人，二十九年兼署。
李鸿翥

王指南 定州，廪生，三十年任。

咸丰

张重貌 广平威县，廪生，三年署。
杨大鏶 天津，恩贡，四年署任。
张锦观 保定安肃，举人，七年任。
高汉墀 顺天通州，廪贡，八年任。

卢龙典史

顺治

高光照 陕西人。
赵之璋 陕西人。
程启先 湖广人。

康熙

戴万象 江西南昌人，有传。
汤　旺 十一年任，有传。
冯　杰 十五年任，有传。
徐鼎臣 奉天人，十九年任。
谢　玘 浙江会稽人，二十一年任。
徐　法 山东莱阳人，三十二年任。
杨希斗 山西平阳人，三十六年任。
韩象琦 山西襄陵人，三十九年任。
丁　周 浙江义乌人，四十年任。
凌兆昌 浙江山阴人，五十一年任。
赵　坤 山东济南卫人，五十四年任。

雍正

谢维贤 浙江山阴人，□年任。

乾隆

王世秀 江南绩溪人，三年任。

金仪凤 浙江山阴人，十三年任。
李　纬 山西解州人，十三年任。
单奇龄 浙江萧山人，二十年任。
骆琪光 浙江诸暨人，二十一年任。
易一东 湖南湘乡人，二十七年任。
平汝骐 浙江山阴人，二十七年任。
郭元治 江西南昌人，二十八年任。
饶易然 广东嘉应州人，三十三年任。
黄　吉 建昌营巡检，三十四年署任。
涂鼎先 江西靖安人，三十四年任。
黄　灏 四川简州人，三十四年署任。
方甸西 广东惠来人，三十四年任。
丁昌弼 无考，六十年任。

嘉庆

谢廷仪 十二年任。
郭兴汾 府经历，十五年兼理。
朱　效 陕西定边，吏员，十六年任。

道光

胡云吉 十年署任。
宋　绅 十二年署任。
陈湘洲 浙江，供事，十四年任。
胡力田 十九年署任。
沈学霖 喜峰口巡检兼理，十九年摄任。
陈湘洲 二十年再任。
翁模远 二十一年署任。
王受恺 山东人，二十二年任。
韩运泰 甘肃皋兰，吏员，二十七年任。

咸丰

朱体召 湖南，监生，二年署任。
汪　炳 浙江，监生，四年署任。
陈　经 浙江，供事，六年署任。
童景春 浙江，监生，七年任。
胡　珍 陕西，吏员，八年任。
张　锐 浙江，监生，九年任。
彭良臣 江西，监生，十年任。
宋成璟 浙江，监生，十年任。
李元炳 浙江山阴人，十一年署。

同治

陈大林 奉天，监生，二年任。
陈元杰 浙江吏员，四年任。
张文芝 山东，监生，五年任。
陈元杰 六年再任。
范为福 浙江人，吏员，八年代理。
奎　章 河南，满洲监生，十年任。
陈元杰 十年再任。
王　嵩 山西平定州，监生，十一年任。

光绪

胡文耆 浙江，监生，二年摄任。
叶为寿 浙江，监生，四年任。

迁安典史

顺治

丁应魁 江南人。
何春蛟 浙江杭州府人。
罗四维 湖广人。

来民服 浙江人。
张朝相 江南无锡人。

康熙

欧阳超 九年任，有传。
徐元慎 江南江都人，十八年任。
赵宏永 河南洛阳人，二十六年任。
崔含玉 山西潞安人，三十年任。
平　迁 浙江山阴人，三十二年任。
胡煜景 浙江余姚人，三十九年任。
吴清文 浙江人，四十六年任。
郝　浩 山西人，五十四年任。
刘　然 江南人。

雍正

关　绪 山西潞安人，□年任。

乾隆

陈渊度 江南石埭人，元年任。
鲁元华 浙江会稽人，九年任。
吴长忠 江南绩溪人，十九年任。
杨万春 江南华亭人，三十六年署任。
李维全 山东长山人，三十六年署任。
吴长忠 三十六年再任。
朱锡昌 浙江会稽人，三十七年署任。
陈　谦 浙江，鄞县人，三十八年署任。
鲁元华 三十八年再任。
余士夔 河南桐柏人，三十九年任。

嘉庆

傅承庆 山东高密，监生。

钟　本　浙江海宁州，附监生。
戴锡福　江苏吴县，监生。
晋德荣　云南晋宁州，吏员。
沈光坡　安徽石埭，供事。

道光

唐绳武　山东历城，吏员。
徐呈瑞　山西襄陵，监生。
谈绅绶　江苏武进县，监生。
陈光德　浙江上虞，监生。
王　栋　奉天承德，吏目，署任。
杨受祜　安徽桐城，监生。
吴治恺　湖南临湘，监生。
刘世勋　河南巩县，监生。
熊一阶　江西丰城人。
滕开勋　安徽婺源人，有传。
翁藩城　湖南湘潭，监生。
颜培政　广东连平州人。
吴光绶　江西南丰，供事。
梅宗望　江苏上元，监生。

咸丰

孟源长　山东历城，监生，六年署任。
王棣华　山西阳曲，监生，六年任。

光绪

奎　章　满洲，监生，元年代理。
汪承谦　浙江桐乡，监生，元年署任。
吴继瑞　元年代理。
柴崇清　浙江归安，监生，二年署任。

抚宁典史

顺治

魏邦秀 山西人。
彭尚式 湖广人。
李亘古 陕西人。
汪　湄 苏州人。
胡大鹏 江南无锡人。

康熙

王希彦 浙江鄞县人，六年任。
王震芳 浙江会稽人，十九年任。
田章玺 陕西人，二十五年任。
张文昌 河南人，三十三年任。
陈　策 陕西泾阳人，四十二年任。

雍正

傅良臣 山西阳曲人，七年署。
金仪凤 浙江山阴人，八年任。
黄廷楫 浙江余姚人，十年任。
王士重 十二年任。

乾隆

丁起凤 浙江会稽人，九年任。
胡礼煌 浙江山阴人，十七年任。
席世绶 江苏人，二十六年任。
孙　湘 贵州清平，附贡，三十六年任。
易升明 四川温江，监生，四十一年署。
刘录政 山东诸城，监生，四十一年任。
王纯智 江西安福，监生，四十六年署任。
周斐章 河南固始，吏员，四十六年署任。

何永庆 河南武陟，监生，四十六年任。
周尚贤 河南怀庆，监生，五十一年署任。
李芳华 五十二年署任。
李荫芜 安徽定边，监生，五十二年任。

嘉庆

李　熙 安徽石埭，供事，四年署任。
薛嵩高 江苏盐城，监生，四年任。
周　钰 河南祥符，监生，十一年署。
方芝庭 江苏桐山，监生，十一年署任。
高　云 安徽贵池，监生，十二年任。
李培文 广东嘉应，监生，二十二年署。
张鸣珮 浙江上虞，吏员，二十三年署。

道光

窦尔载 江苏无锡，监生，二年代理。
萧　翚 浙江山阴，监生，二年署任。
翁新福 江苏，监生，二年任。
唐绳武 山东，吏员，四年署任。
翁新福 四年再任。
卿廷琇 安徽人，十年署。
翁新福 十年再任。
江　锦 安徽人，十二年署任。
庾岭春 安徽当涂，供事，十二年署任。
胡力田 浙江会稽，监生，十八年任。
方能涵 安徽桐城，监生，十八年代理。
沈学霖 浙江会稽，监生，十八年署任。
虞　淳 浙江钱塘，监生，十九年署任。
吴　焘 安徽歙县人，供事，十九年任。
李玉昆 四川人，二十年署任。

梁廷栋　甘肃人，二十一年任。
翁藩城　湖南，监生，三十年代。
毛仰曾　浙江，监生，三十年署。

咸丰

滕开勋　安徽婺源人，元年任。
翁藩城　二年再任。
滕开勋　三年再任。
宋成琭　浙江山阴，监生，八年代理。
滕开勋　九年再任。

同治

焦颐龄　江苏上元，监生，三年署任。
董朝翰　奉天承德，附生，四年任。
吴继瑞　江苏阳湖，监生，十三年代理。
董朝翰　十三年再任。

光绪

陈寿保　浙江人，监生，元年任。
万秉铨　江西南城，监生，元年署任。
李金第　安徽含山人，监生，三年任。

昌黎典史

顺治

莫胜之　浙江山阴人。
高大成　浙江山阴人。
王国兴　浙江山阴人。
王　懋　浙江山阴人。

康熙

周　雷　浙江山阴人。
逯思仁　山东博平人，九年任。

丁应遴 湖北安陆人，十七年任。
张　杰 浙江仁和人，二十六年任。
宋缵殷 山东蒙阴人，二十九年任。
刘祚昌 广东广宁人，四十四年任。
郝　桂 山西大同人，四十九年任。
王　元 陕西肤施人，五十五年任。
陈廷元 江南武进人，六十年任。

雍正

朱宏堂 浙江山阴人，十年任。

乾隆

赵梦麟 浙江山阴人，四年任。
席世维 江南吴县人，十九年任。
赵梦麟 二十七年再任。
王吉昌 浙江钱塘人，四十一年任。
何锡韩 浙江萧山人，四十五年任。
李廷选 五十年任。
吴　昶 江苏江宁，吏员，五十年任。

嘉庆

罗　铭 安徽青阳，供事，三年任。
张茂庭 浙江会稽，吏员，二年任。
白应璧 浙江新城，吏员，十一年任。
王玉堂 山东临邑，监生，十二年任。
藩　景 浙江山阴，监生，二十年任。
王玉堂 二十三年再任。

道光

高　培 安徽绩溪人，二年任。
谢朝瑾 广东平远，监生，九年任。

杨安邦 浙江萧山，供事，十四年任。
刘辉斗 江西吉水，监生，十五年任。
唐　锜 浙江会稽，吏员，二十一年任。
黄兆宽 江苏太湖，监生，二十四年任。
黄谦受 云南昆明，监生，三十年任。

咸丰

郑豫泰 山西夏县，监生，元年任。
刘应选 山西灵石监生，二年任。
滕开勋 安徽婺源，监生，八年代理。
刘应选 八年再任。
卢宗祜 江苏上元，监生，九年署。
刘建勋 山东潍县，监生，十年任。

滦州州判

雍正五年添设，专管河务。乾隆二十六年移驻州南胡各庄，兼司巡检事。

雍正

程毓麟 江南海州人，五年任。
赵　坤 山东济南卫人，六年署任。
张天佑 江南长洲人，七年署任。
蔡亨宜 福建龙溪人，七年署。
刘永清 汉军人，九年署任。
傅天伟 湖南兴宁人，十三年署任。

乾隆

蔡亨宜 元年再任。
刘永清 元年再署任。
郑松滋 丰润，生员，二年任。
潘　宾 大兴人，二年署任。

沈　湘　浙江山阴人，十年署。
汪志观　浙江钱塘人，二十二年署任。
黄维藩　大兴人，二十三年署任。
焦汝亮　山东青城，拔贡，二十七年署任。
狄朴存　江南溧阳，拔贡，三十年任。
蔡多福　浙江萧山人，四十三年任。
周安国　广东南海人，四十七年署任。
李奉瑞　汉军人，四十七年任。
夏振芳　湖北崇阳人，五十年任。

嘉庆

沈梦淮　江苏武进人，十一年任。
俞腾蛟　浙江海宁人，十二年任。
王锡景　江苏青浦人，十三年署。
赵森元　浙江仁和人，十三年任。
刘师良　**李经**　**钱垂绅**　**徐臻**　**汪炳文**　**杨旦华**　**祝庆谷**
以上七名籍无考。
胡奉恩　安徽桐城人，二十年任。
蒋纯毅　江南阳湖，监生，二十年任。

道光

程际亨　浙江嘉善人，七年任。
沈　桀　浙江海宁，监生，十三年任。
程　榞　浙江桐乡，监生，十五年任。
沈廷方　江苏娄县，吏目，十六年任。
王　佐　山东长山，监生，十六年任。
王　栋　奉天承德，监生，十七年任。
吴丰培　河南光州，举人，十七年任。
喜　禄　满洲，进士，十八年知州兼摄。
项本廉　河南人，议叙府经历，十八年任。

孙　驯　山东阳谷县，拔贡，十九年任。
陈　鉴　河南信阳人，二十一年任。
张金煜　江西德化，进士，二十二年任。
王凤楷　山东长清，监生，二十三年任。
宋道熥　安徽太湖，监生，二十七年任。

同治

王嘉善　湖北孝感人，三年任。
吴　钦　江苏监生，三年任。
洪　植　浙江归安，监生，三年任。
吴　鲲　河南商丘，举人，四年任。
陈寿保　浙江桐乡，监生，十年任。
李辉祖　江西归安，监生，十年任。
王应霖　浙江，监生，十一年任。
奎　章　满洲，监生，十一年任。
侯焕尧　广西临桂，监生，十一年任。
任文斗　山东聊城，拔贡，十二年任。

光绪

侯焕尧　二年署任，后改名绍瀛，丙子举人，现候补知县。
任文斗　二年回任。

滦州吏目

顺治

李翔士　浙江山阴人，元年任。
张文钦　浙江山阴人，三年任。
雍际飞　陕西华州人，十三年任。
都廷楷　浙江钱塘人，十七年任。

康熙

俞士章　浙江山阴人，十六年任。

凌文若 江南含山人，二十二年任。
谢玉龙 江南上元人，二十五年任。
章国才 浙江山阴人，二十九年任。
沈　楫 浙江会稽人，三十四年任。
赵　桢 山东莘县人，四十八年任。
赵正铉 江南江都人，五十二年任。
梁　渟 江南上元人，五十九年任。

雍正

杨国清 河南祥符人，元年署。
张可权 山东范县人，三年任。
郝　浩 山西祁县人，三年署。
韩峻德 山西广灵人，四年任。
赵　坤 山东济南卫人，五年署任。
张天佑 江南长洲人，六年任。
孙宸辅 山东益都人，十三年署任。

乾隆

罗天文 湖北安陆，岁贡，三年任。
王君德 奉天承德人，四年署。
陈宽亮 浙江会稽人，五年署。
李世杰 广东嘉应人，五年任。
金日廉 浙江山阴人，九年署。
施元恺 江南青阳人，九年任。
余　纯 浙江山阴人，十一年署。
廖肇先 四川万县，岁贡，十二年任。
吴一峰 江西乐平人，十六年署任。
王希文 四川万县，岁贡，十六年任。
朱　莹 河南东安人，十九年署任。
许　柱 江西萍乡人，二十一年任。

王师德 浙江会稽人，二十三年署任。
沈士濂 浙江慈溪人，二十四年任。
陆　蔚 广德人，二十六年署。
刘瑜文 山西汾阳，贡生，二十六年任。
胡　毅 江南阳湖人，二十七年署任。
杨文琛 江南靖江，武生，二十年任。
吴为鼎 浙江石门人，三十二年任。
罗　俊 浙江，拔贡，五十二年署任。
王逢长 山东人，五十二年署。
孙德嘉 江西人，五十二年任。

嘉庆

钟　珗 广西，副贡，三年署任。
黄　珽 三年任，有传。
程　垣 河南承宁人，十八年署任。
李　经 四川华阳，监生，十八年署任。
钱垂绅 江南如皋，监生，十九年署任。
王玉堂 山东临邑，监生，二十一年署。
吴尔祚 安徽庐江，附生，二十一年署。
金　桐 浙江秀水，监生，二十二年任。

道光

徐廷桢 浙江山阴，监生，三年代理。
程　垣 河南永宁人，四年署任。
吴文杰 江苏震泽人，五年任。
王　溱 江苏吴县，监生，七年代理。
唐绳武 山东历城，吏员，七年署任。
方能涵 安徽桐城，监生，八年任。
沈廷方 江苏悉县，监生，十三年任。
张煜堂 浙江会稽，吏员，二十年代理。

翁藩城 湖南湘潭，监生，二十三年代理。
颜龙骧 广东嘉应州，监生，二十三年署任。
王新三 浙江会稽，吏员，二十三年任。
吴肇镛 山东沾化县人，二十九年代理。

咸丰

吴世熙 浙江仁和，监生，三年署。
朱体召 湖南长沙，监生，五年代理。
何　东 河南祥符人，五年署。
俞　珣 浙江山阴，监生，五年任。

同治

左元文 江苏阳湖，监生，元年署。
周祥和 浙江山阴人，元年任。
葛瑞孙 江苏吴县人，二年代理。
陈寿保 浙江桐乡，监生，八年代理。
胡文耆 浙江上虞，监生，十三年代理。

光绪

高应奎 浙江山阴，监生，二年任。
周祥和 二年回任。
陈寿保 四年代理。

乐亭典史

顺治

陈尚典 浙江仁和人。
虞斐然 浙江奉化人。
钱青选 浙江钱塘人。
陶彬儒 浙江会稽人，《县志》作彬如。

康熙

马有良 山西太原人，七年任。

张秉耀　陕西绥德人，九年任。
孟　秀　山东益都人，十一年任。
叶士琮　江南江都人，十三年任。
郭　琯　山东济阳人，二十四年任。
马德良　江南寿州人，二十七年任。
柴　璨　山东章丘人，三十三年任。
宋麟祥　山东胶州人，五十一年任。
陈良懿　青阳人，五十四年任。

雍正

宁振乾　山东馆陶人，九年任。
王　玺　浙江仁和人，九年任。
蒋希仕　湖南巴陵人，十二年任。

乾隆

鲍　恺　江南仪征人，十一年任。
张德华　江南旌德人，十六年任。
朱　绣　浙江仁和人，二十五年任。
王天宠　江南庐江人，三十三年任。
鲁兴诗　河南信阳人，三十八年任。
赵星喜　四十三年任。
徐自超　浙江山阴人，四十三年任。
赵存焯　安徽桐城人，四十九年任。
黄金昌　五十三年任。
史凌升　江苏元和人，五十三年任。
冷素存　五十五年任。
金介五　奉天锦县人，五十六年任。

嘉庆

王　枟　江苏长州人，六年任。
姚重恩　安徽桐城人，八年任。

翁新福 安徽太湖人，八年任。
陈士润 浙江山阴人，九年任。
樊长庚 浙江山阴人，十六年任。
张自燮 山西洪洞人，十七年任。
利　综 河南镇平人，十七年任。
王玉堂 二十一年任。
黄扬祖 广东人，二十三年任。
曹元会 河南人，二十五年任。
王自任 四川忠州人，二十五年任。

道光

唐绳武 江苏武进人，二年任。
杨岷源 江苏阳湖人，二年任。
王宗沂 浙江山阴人，二年任。
章国泰 浙江会稽人，八年任。
徐式金 浙江人，十三年任。
徐　麟 浙江人，十三年任。
沈麐炤 浙江人，十三年任。
谢　恕 江苏人，二十年任。
普　庆 镶蓝旗人，二十五年任。
汪　炳 浙江海宁人，二十八年署任。
鲁　俊 浙江会稽人，二十九年任。

咸丰

朱体召 湖南长沙人，四年任。
汪锡驹 甘肃平凉人，五年任。
李　灏 浙江山阴人，五年任。
谢春城 湖北黄冈人，七年任。
奚德琇 湖北黄冈人，七年任。
沈汝翃 浙江归安人，八年任。

秦炳昭 江苏金匮人，十年任。
于　渊 江苏莘县人，十年署。
吴惠元 江苏阳湖人，十年任。

同治

宋成璪 浙江山阴人，六年代理。
荣　桂 蒙古人，十一年任。

临榆典史

乾隆

沈　钦 浙江人，三年任。
金仪凤 浙江人，五年任。
张　炯 河南人，四年任。
黄廷梓 浙江人，九年任。
钱士贵 江南人，十九年任。
金　简 四川人，二十年任。
周先祖 浙江山阴人，二十九年署任。
汪朝瑞 湖北汉阳人，二十九年署任。
马　驹 浙江钱塘人，二十九年任。
周大勋 湖南宁乡人，三十一年署任。
郭元治 江西南昌人，三十二年任。
刘宏庆 江南旌德人，三十四年任。
杨乐咸 江南武进人，三十五年任。

嘉庆

宋邦暹 湖北大冶，吏员，十三年署任。
宋辉远 浙江山阴，议叙，十三年任。
郭兴汾 山西太古，监生，二十一年任。
陈邦泰 石门寨巡检，二十一年兼署。
宋辉远 二十一年再任。

吴世铭 石门寨巡检，二十五年兼署。

宋辉远 二十五年复任。

道光

戴锡福 江苏吴县，监生，二年任。

吴文杰 深河巡检，四年代理。

刘文典 江苏如皋，监生，四年署任。

夏廷枢 江西新建，监生，五年任。

胡凤诰 石门寨巡检，二年兼署。

萧鲁藩 浙江山阴，吏员，九年署任。

章国泰 石门寨巡检，十二年代理。

余俊千 浙江会稽，吏员，十二年署任。

徐金声 浙江山阴，监生，十三年任。

岳魁龄 湖北江夏，吏员，十四年任。

钱万青 会稽人，十九年任。

归　淦 江苏常熟，监生，二十年任。

何瑛福 山西灵石，监生，二十一年代理。

朱　澄 籍无考，二十一年任。

龚元理 籍无考，二十四年任。

王曰钦 石门寨巡检，二十七年代理。

刘垂荫 江西南丰，监生，二十八年署。

吴治恺 湖南临湘，监生，二十九年任。

咸丰

朱体召 湖南长沙，监生，四年署。

吴治恺 四年再任。

杨惠均 石门寨巡检，四年兼署。

张　锐 湖南善化，监生，五年代理。

高醴泉 浙江仁和，供事，五年任。

沈　城 浙江山阴，监生，九年任。

同治

李元炳 浙江山阴人，三年署任。
陈鸿彬 浙江归安，监生，四年任。
方　珽 安徽桐城，监生，九年署任。
丁松年 湖南清泉，监生，九年任。

榛子镇巡检

自明以乐亭新桥海口移驻。

顺治

朱尚禹 江南丹徒人。

康熙

高以书 福建侯官人，十一年任。
谈　兹 陕西富平人，二十五年任。
徐廷佐 江西南昌人，三十一年任。
倪正义 湖北郧阳人，三十八年任。
金远敷 山东德州人，四十九年任。
杨国清 河南祥符人，五十六年任。

雍正

张可权 本州，吏目，二年署任。
李　伸 山西介休人，二年任。
陈廷元 江南武进人，六年署。
王荣宗 山西交城人，七年任。
陈成恺 浙江会稽人，十年署。
邢国桓 山西浮山人，十一年署任。
钟怀谔 程乡人，十二年署任。
陈宽亮 浙江会稽人，十二年任。

乾隆

沈良嗣 浙江山阴人，八年任。

金日廉 本州人，九年署任。
鲍梓芃 青阳人，九年任。
殷玉振 获嘉人，十一年署任。
胡　鳌 江南青阳人，十二年任。
廖肇先 本州。吏目，十二年署。
黄履端 江南甘泉人，十三年任。
胡位锦 江南山阳人，十五年署任。
胡宗远 福建人，十八年署任。
杨　炳 江南人，十九年任。
张　寓 江南人，二十一年任。
许　柱 本州，吏目，二十一年署任。
刘洪仁 四川人，二十二年任。
冯　礼 福建永安人，二十五年署任。
陆　蔚 江南人，二十五年任。
孙士俊 湖南人，二十八年署。
郑命新 福建人，二十八年署。
苏以太 江南人，二十九年任。
曹赓先 江西人，三十年署任。
刘钧恕 山东人，三十年任。
刘承梅 四川人，三十六年署。
孙腾蛟 浙江人，三十七年任。

嘉庆

徐　臻 安徽青阳人，十四年任。

道光

以上霉烂无存卷。
王锡绅 二十六年任。
顾　淦 三十年任。

咸丰

陈松洲 浙江山阴，吏员，元年任。
吴熙荫 湖南，监生，五年任。
彭　淦 湖北江夏，监生，五年任。
葛瑞孙 江苏吴县，供事，六年任。

同治

董秉玉 山东，监生，二年任。
常　准 奉天，监生，二年任。
裘文韶 江西，监生，三年任。
朱启学 浙江，监生，三年任。
唐启朝 四川人，四年任。
顾　耀 浙江人，八年任。
张廷瑾 奉天，监生，八年任。
奎　章 满洲人，十一年任。
高　珩 安徽人，十二年任。
宋春波 浙江山阴，监生，十二年任。

光绪

黄辉南 广东直隶州，监生，元年任。

喜峰口巡检

雍正十一年设。

雍正

施明法 江西青阳人，十一年任。

乾隆

王廷用 湖广人，七年任。
周士弼 江南溧阳人，九年任。
潘　芝 浙江山阴人，十五年任。
徐宜玺 广东揭阳人，二十三年任。

徐　钊　江苏丹徒人，二十八年任。
李葆玉　河南夏邑人，三十二年任。
赵守谦　深河巡检，三十五年署任。
杨万春　江苏华亭人，三十五年任。

嘉庆

程　垣　河南永宁人，监生，署任。
张耀箕　江苏铜山人。
陈　琳　安徽天长人。
陈佩兰　江苏江宁人，监生，署任。
唐克宽　陕西富平人。
顾　桐　江苏吴县人，监生，署任。
郭增光　江苏吴县人，监生。
席　震　河南渑池人，监生。
韩兆霖　浙江萧山人，署任。

道光

薛　鉴　浙江山阴，监生。
窦尔载　江苏无锡人，监生，署任。
章国泰　浙江会稽，供事。
江禹绩　安徽旌德人，监生，署任。
徐　麟　浙江平湖人，监生，署任。
狄　薰　江苏溧阳，监生，署任。
吴文熿　安徽休宁，监生，署任。
方能极　安徽桐城，监生，署任。
柏增书　湖北江夏，监生，署任。
张　煜　浙江会稽，吏员，署任。
沈学霖　浙江会稽，监生，署任。
陈文骥　浙江海宁州人，监生，署任。
陈周木　浙江山阴，监生。

汪　炳　浙江海宁州，监生，署任。
冯志仁　山西代州，监生。
马启巽　河南杞县，监生，署任。
顾绍熙　河南固始，供事。

咸丰

刘荣勋　广东香山人，监生，署任。
朱绍志　甘肃镇番人。

同治

杜　搢　山西崞县，监生，六年署任。
荀思敏　山东即墨人，监生，七年任。
陈寿保　浙江桐乡，监生，十一年署任。

三屯营巡检

乾隆三年，以滦阳驿驿丞改设。

康熙

郑泰辰　山东历城人。
章起焜　山阴人。
郭奎元　浙江开化人。

雍正

余　纯　山阴人。
张名儒　江西雩都人。
以上驿丞，以下巡检。

乾隆

贾联宾　山西汾阳人，二十一年署任。
张企良　江苏娄县人，二十五年任。
林　淇　广东平远人，二十四年任。
任方龙　山西闻喜人，三十四年任。
郭宜黼　江西庐陵人，三十四年任。

嘉庆

庄继高 江苏阳湖人，监生，二年任。
庾早春 安徽当涂人，供事。
王仲淇 江苏吴县人。
黄扬祖 广东嘉应州人，监生，署任。
韩　淦 浙江余姚人，监生，署任。
邵　骐 浙江山阴人，监生，署任。
白存仁 陕西长安人，监生，署任。

道光

章国泰 浙江人，署。
胡　彬 江苏元和，供事，署任。
张学澄 江苏江都，监生。
吴　燾 安徽歙县人，供事，署任。
陈建猷 广东嘉应州人，署任。
王国镛 奉天承德，监生。
沈家骆 浙江山阴人，监生。
潘　钲 浙江仁和人，监生，署任。
翁藩城 湖南湘潭人，监生。
陆祥保 江苏元和，监生，署任。
黄维莹 江西南昌人，附贡。

咸丰

方　理 安徽桐城，监生，十年任。

同治

刘君荣 奉天承德人，吏员，四年任。
王覲光 浙江诸暨人，监生，十年署任。
陈广烜 浙江山阴人，监生，十一年任。

建昌营巡检

乾隆三十年，裁七家岭驿丞改设

康熙

樊履信　山阴人。

雍正

张　林　山阴人，九年任。

□□□　□□人，五年任。

乾隆

黄　吉　江西宜黄人，三十年任。

嘉庆

唐　楷　安徽当涂人，监生，署任。

胡　成　浙江临安人，监生，署任。

庄继高　江苏武进人，监生，署任。

赵邦理　浙江会稽人，吏员，署任。

洪尚义　安徽祁门人，监生。

道光

方　镃　湖南巴陵人，监生。

杨友育　陕西澄城，监生，署任。

廉绍颇　山东历城人，吏员。

桂　德　蒙古人，监生，署任。

黄克俊　江苏武进人，监生。

张恩浩　江苏吴县，监生，署任。

黄应耀　甘肃狄道州人，附贡。

咸丰

俞维治　浙江山阴，监生，署任。

朱光恒　江苏吴县人，监生。

李仙椿　江西南丰，监生，署任。

沈祥麟 浙江海宁州人，供事。

同治

郑天垣 浙江山阴人，监生，七年任。

石门寨巡检

乾隆三年设。

乾隆

谢维贤 浙江人，三年任。
赖定瑶 江南人，十二年任。
吴迪锽 浙江人，十二年任。
黄廷梓 浙江人，十七年任。
钱士贵 江南人，十七年任。
易　东 湖南湘乡人，二十三年任。
何德辉 广东保昌人，二十九年任。

嘉庆

宋辉远 临榆典史，十四年代理。
周　钰 籍无考，十五年署任。
王景芳 浙江山阴，吏员，十五年署任。
陈邦泰 浙江山阴，吏员，十五年任。
汪文渊 安徽青阳，监生，二十三年署任。
吴世铭 安徽泾县，监生，二十三年任。

道光

朱承黼 籍无考，四年任。
陈学灏 浙江山阴，监生，五年署任。
夏廷枢 临榆典史，六年代理。
顾光夔 深河巡检，六年署任。
胡凤诰 湖南安乡，监生，七年任。
汪禹绩 安徽旌德，监生，七年任。

章国泰 浙江会稽，供事，九年任。
吴　焘 籍无考，十五年任。
王　栋 籍无考，监生，十六年代。
吴恩绅 籍无考，十六年署任。
朱炳南 湖南湘潭，监生，十六年任。
李　兰 籍无考，十九年署任。
汤绍先 江苏阳湖，监生，十九年任。
王曰钦 江苏阳湖，监生，二十六年任。
帅平章 籍无考，二十七年任。
汤岑名 籍无考，二十八年署任。

咸丰

彭良臣 籍无考，二年任。
杨惠均 河南光山，监生，二年任。
陈　烈 深河巡检，二年兼署。
沈叙时 浙江归安，吏员，五年任。
周宗信 浙江山阴，供事，五年任。
高醴泉 临榆典史，八年兼署。
宋成璟 籍无考，八年代理。
李仙春 江西南丰，监生，八年任。
汪川如 浙江仁和，供事，八年任。

同治

薛济唐 浙江山阴人，监生，十一年代理。
顾景臣 江苏太仓州人，监生，十二年署。

深河堡巡检

乾隆十一年设，抚宁、临榆分属。

乾隆

金仪凤 浙江山阴人，十一年任。

王　楠　河南商城人，十七年任。
胡礼煌　浙江山阴人，十七年任。
黄再英　四川三台人，二十一年任。
任　文　四川清溪人，二十八年任。
周光祖　浙江山阴人，二十九年任。
韩志溥　四川成都人，二十九年任。
徐国柱　广东镇平人，三十年任。
赵守谦　安徽合肥人，三十四年任。

咸丰

陈　烈　浙江会稽人，二年任。
童景春　浙江山阴人，九年任。
徐纯熙　九年五月任，籍无考。
俞庆恩　九年任，籍无考。

同治

杨同昌　籍无考，元年代理。
楼桂馨　浙江山阴人，元年署。
张文杰　江苏江宁人，二年任。
张廷楷　浙江山阴人，七年任。

光绪

施廷柱　浙江山阴人，元年署任。

场官表

《长芦盐法志》长芦盐政总理驻扎天津，兼辖山东。系钦差御史巡视一年更代。长芦都转盐运使司管盐法道运使专理，原驻沧州。康熙二十四年移驻天津，辖盐场十。济民场在滦州，石碑场在乐亭，归化场在抚宁。

济民场大使

康熙

陈大经 五十七年任。
顾玉宸 江南吴县人，五十八年任。
金世衡 五十九年任。
袁宏垌 南昌人，六十年任。

雍正

程继斌 九年任。

乾隆

赵廷松 直隶深州，岁贡，二年任。
庄楚宝 三年任。
徐毓椿 云南楚雄，举人，二十三年任。
于逢吉 山东诸城，举人，二十八年任。
周继萃 山东金乡，贡生，四十一年任。
员维沛 陕西咸阳，监生，四十三年任。
张崇鼎 山东东平，监生，四十九年任。

嘉庆

李士瑄 山东历城，监生，元年任。
刘大均 山东丘县，附贡生，十三年任。

道光

朱豫章 安徽泾县，监生，二年任。
袁定甲 湖南长沙，监生，二十四年任。
蔡傅谨 浙江嘉善，监生，二十四年任。

同治

蒋嘉泉 安徽歙县，监生，十三年任。
王凤冈 浙江山阴，监生，十三年任。
管之金 浙江山阴，监生，十三年任。

石碑场大使

康熙

牛继藩（山西人） **彭敬修** **李云瑞** **张必显**

以上四人,《长芦志》俱无籍贯。

雍正

程继斌 陕西镇原，吏员，二年任。

王允汲 江南，举人，六年任。

钱 玠 江南人，十二年任。

乾隆

汪元辉 顺天大兴，监生，三年任。

许 云 江西南城，举人，六年任。

叶重秀 四川南溪，举人，七年任。

李 授 四川中江，举人，十五年任。

袁 治 四川成都，举人，二十一年任。

揭凤翎 江西南丰人，二十七年任。

常天佑 顺天大兴，监生，三十二年任。

沈光裕 江苏，举人，三十四年任。

师问忠 云南赵州，亚元，三十六年任，有传。

许清猷 直隶易州，贡生，五十三年任。

陆费鉴 浙江桐乡，监生，五十三年任。

张庆涟 浙江嘉兴，廪生，五十六年任。

沈际清 浙江德清，监生，五十九年任。

嘉庆

邹 瀚 江苏吴县，监生，七年任。

道光

方 □ 安徽桐城人，□年任。

张元桐

张定球 江苏昭文，监生，十九年任。
庄　戣 浙江秀水，监生，二十□年任。

咸丰

花　圻 贵州贵筑，监生，八年任。

同治

王懋昭 浙江山阴，监生，四年任。
张　缙 奉天，监生，六年署任。
熙　年 蒙古，监生，七年任。

光绪

德　馨 满洲人，元年任。
黄煐奎 福建龙溪人，誊录，二年任。

归化场大使

康熙

陈如麟
薛天成 陕西人。
胡士杰 浙江人。
王　琳 山东人。

雍正

王治章 河南人。
郭余芳 山东人，六年任。

乾隆

景　莪 河南，举人，六年任。
江自岷 甘肃，举人，十三年任。
何绍图 湖南，举人，二十三年任。
梁　珽 贡生，二十七年任。

咸丰

赵邦彦 江苏丹徒，举人，八年任。

同治

李儒林 山西左云，附贡，十一年任。

张师夏 河南河内，监生，十三年任。

卷之九

国朝职官表三　武秩

《大清会典》：直隶绿营提督一人，总兵官五人，副将九人，参将八人，游击二十三人，都司五十八人，守备六十九人，千总一百五十六人，把总三百三十三人，外委三百六十人；额外外委三百九十六人。

顺治元年设通州镇、蓟州镇、天津镇、山海关镇等处总兵官，及游击以下等官，镇标各设旗鼓守备一人。设台头协各副将；蓟州城守营，喜峰路、山海路、石门路、燕河路、建昌路、太平路各参将；山永营各游击；松棚路各都司；宁海城营、刘家墩营、平罗营、黄土岭、义院口、青山口、桃林口、潘家口各守备。又设各道标下中军守备各一人。裁一片石参将一人。

四年，蓟州总兵官并中军游击一人，旗鼓守备一人。以原辖汛地，分隶山海、密云二镇。移汉儿庄副将，驻扎三屯营，为蓟州副将。协理喜峰、太平二路边口，隶山海关总兵官管辖。其原设之守备，即改为副将中军守备，改蓟镇中协副将为参将，汉儿庄仍设参将一人。

六年，裁义院口副将一人，添设把总一人。裁台头协副将一人，设都司、千总、把总各一人。裁冷口关副将、守备各一人，设操守。裁山永协游击、守备各一人，改设副将。裁蓟州中营参将，止设左右二营，均属天津镇管辖。裁蓟州城守营参将一人，设守备一人。裁喜峰路参将、都司各一人，设游击、守备各一人。裁太平路参将一人，设都司、千总各一人。裁山海路参将一人、石门路参将一人，均改设都司。裁黄土岭参将、守备各一人，设操守。裁燕河路参将一人，设守备。裁建昌路参将一人，设都司。裁桃林口参将、守备各一人，设操守。裁松棚路参将一人，设都司、千总各一人，兼辖罗文峪、大安口、鲇鱼关。裁蓟州协左营游击一人。右营都司一人，将左营原设守备改为中军守备，兼管左营事。裁大安口都司一人，设守备、把总各一人。裁青山口、界岭口、李家峪、擦崖子关、白羊峪、榆木岭、潘家口、龙井口、黄崖口、罗文峪守备各一人，均改设操守。

七年，裁通州镇总兵官及标下各官，改设通州协副将，左右二营各设守备以下等官。又裁山海关镇总兵官及镇标各官，改设山海关协副将，左右二营各设守备以下等官。

十年，裁山海关协副将一人并游击、守备各一人。裁喜峰路南台守备一人、太平路南台守备一人、松棚路南台守备一人、山海道标下守备一人。

十一年，改蓟州城守营守备为都司，兼辖黄崖口、将军关二汛。

十二年，裁台头营都司并千总、把总等官，各设操守一人。裁蓟州协守备一人，洪山口、白羊城操守各一人。裁潘家口操守，复设守备一人。改移洪山口操守驻玉田。

十三年，裁山海路游击、守备各一人。设蒲河营都司以下等官。

十七年，裁义院口守备，改设操守一人。

十八年，裁永平道标下守备一人。

康熙元年，改黄土岭、义院口、大毛山口、界岭口、台头营、桃林口、冷口关、白羊峪、擦崖子关、榆木岭、青山口、李家峪、龙井口、罗文峪、大安口、鲇鱼关、黄崖口、将军关各操守为把总。

十四年，裁太平路参将，只设千总；又移三屯营把总驻开平汛；移太平路把总驻黑羊河。

十六年，移刘家墩守备驻乐亭，改为乐亭营守备；其刘家墩只设把总。

二十三年，裁太平路都司一人，喜峰路守备一人，南海口守备一人、把总一人，青山口、董家口、刘家口把总各一人。

二十九年，设古北口总兵官。改天津镇统辖之蓟州协左右二营为三屯营并山永协标二营协标兼辖之。山海路等四营，均拨隶古北口镇统辖。其天津镇仍辖本标二营游击以下各官，其原属山永协兼辖之蒲河营都司以下各官、乐亭营守备以下各官亦隶天津镇，改松棚路都司兼辖之。龙井口把总归潘家口守备兼辖。

雍正元年，裁古北口总兵官，改设提督。

二年，改潘家口兼辖之松棚路千总，隶马兰镇。

十年，改马兰镇属松棚路。罗文峪仍归蓟州协管辖。裁山永协、三屯协之左营。潘家口路、燕河路、乐亭营等处守备，俱改为都司。

乾隆二十九年，移燕河路侪城汛把总驻热河，移乐亭营外委驻侪城，隶天津镇乐亭营管辖。

嘉庆十四年，以乐亭、蒲河二营归山永协管辖。山永协所属之建昌、燕河二营归三屯协管辖。

十七年，设建昌营存标千总一人、把总一人、外委一人。裁三屯协龙井关把总，汉儿庄外委拨驻。裁三屯协松棚路千总，山永协右营茨榆坨汛把总海洋汛外委拨驻。裁三屯协青山口把总，昌平营横岭城外委拨驻。设潘家口千总一人，以喜峰路千总拨驻。喜峰路汛务，以潘家口把总拨驻，均归喜峰路游击管辖。裁三屯协松棚路千总，以蓟州协左营外委拨驻，裁三屯协青山口把总，青山口汛务即归该汛外委管理。裁三屯协龙井关把总，以喜峰路太平寨额外外委拨驻。裁山永协右营茨榆坨把总，以古冶汛外委拨驻。裁三屯协汉儿庄外委，以潘家口额外外委拨驻。裁海洋汛外委，以山永右营额外外委拨驻。（以上俱本《会典》）

咸丰九年二月，内经钦差户部尚书瑞、直督部堂庆奏《遵旨酌拟派拨海口将弁并招募水师足数一摺》案内，以昌平营属巩华城都司，裁移大沽海口，即改千总管辖，营务恐难料理，拟将山海路中军守备裁移作为巩华城守备，将巩华城千总裁移山海路作为中军千总。并饬将实任山海路中军守备富连即卸，署宝坻营都司印，务速赴巩华城移驻之任。其实任巩华城千总张克忠，亦饬速赴山海路中军千总改驻之任，各专责成。嗣经本路前任游击文成遵札拟议得：本路兵马钱谷军火库贮向系中军守备经管，现既改驻千总，若仍令经理，似属官微任重，拟请作为游击专管。中军千总作为城守汛管中军事，专管郡城内外地面，与左右两司把总，以护城河岸分界暨专管差兵护送东西过往人犯，兼管两司马守兵丁差操技艺一切事宜，俱归本路游击兼辖。原设中军守备业已改驻，原领关防即行缴销。改驻中军千总原领钤记营汛不符，另请颁发，等情。详蒙督宪札饬，以所拟各条款，均尚允当，已经通行遵照各在案。

山永协镇副将

初设山海镇总兵，顺治六年裁，改设副将。并以山永营游击，改设山永协副将。九年，裁山海副将，统归山永协。

顺治

高　第　陕西榆林卫人。

朱万寿　浙江绍兴府人。

以上山海关镇总兵。

夏登仕　陕西榆林人，六年任。

以上山海关副将，以下山永协副将。

张惟一　京卫人，勋卫。

鲁国男　长清人。

朱运亨　奉天辽阳人。

王国栋　山东临清卫人。

张思盛　奉天辽阳人。

张　镇　陕西绥德人。

李廷楠　陕西西安人。

康熙

张应标　陕西人，七年任。

喻三元　十二年任，有传。

傅　成　陕西人，二十年任。

林伯馨　福建人，将材。三十年任。
黄　登　福建人，三十二年任。
李　默　福建侯官，武进士，四十二年任。
杜明义　陕西榆林，武举，四十二年任。
郑继宽　京卫人，武探花，四十六年任。
李正春　宛平籍，三屯人，四十七年任。
马振图　陕西甘州人，五十四年任。
黄　明
王安国　陕西成县人，六十年任。
王　仕

雍正

李如柏　陕西宁夏，武状元，四年任。
岳舍奇　陕西平凉府人，五年任。
胡　杰　四川保安人，六年任。
师应举　陕西西安，武举，八年任。
赵　伟　十二年任。

乾隆

杨泽宏　大兴，武进士，四年任。
伊萨纳　正白旗人，十年任。
兴　常　正黄旗人，十六年任。
明　达　正白旗人，二十年任。
德　保　正红旗人，二十四年任。
华　封　浙江绍兴，武进士，二十八年任。
王曰信　山西大同，武进士，三十年任。
纳尔吉　正黄旗人，三十三年任。
长　保　正黄旗满州人，三十八年任。

道光

魁　明　二十九年任。

咸丰

穆隆额　二年任。

立　祥　三年二月，以都司兼护。

吉　庆　六年，以都司兼护。

和　升　七年署。

关　立　八年调署。

双　庆　九年任。

伊克精额　九年以右翼协领署理。

同治

海　绶　元年署。

吉　庆　三年以都司兼护。

沈萃钿　三年任。

李炳业　八年署理。

常　远　十年任。

陈飞熊　十三年署。

光绪

麟　绂　二年任。

山海路游击

原设参将。顺治六年，改都司。道光二十三年，改游击。二十八年，移驻永平府。

顺治

朱运亨　奉天辽阳，武举，元年任。

刘朝辅　奉天辽阳人，五年任。

以上参将，以下都司。

秦国荣　山海人，六年任。

张开仕　江南淮安人，十一年任。

陈　锜　江南高邮，武进士，十六年任。

康熙

孙枝茂 万全，武进士，元年任。
陈名远 顺天，武进士，七年任。
钟　声 江南淮安人，十二年任。
严　梅 陕西，武进士，十七年任。
齐　明 河南人，二十二年任。
王　明 山西人，二十六年任。
俞启相 江西人，武举，二十七年任。
丁延相 旗人，三十三年任。
洪建都 陕西人，三十六年任。
许仕隆 陕西人，三十八年任。
冯西生 陕西人，三十九年任。
马　忠 陕西固原州人，四十三年任。
谭克明 陕西宁夏卫人，五十一年任。
刘得紫 奉天正红旗人，五十四年任。
王道义 大兴人，五十七年任。

雍正

刘　正 陕西西安人，元年任。
许全武 福建漳州人，九年任。
骆文镇 清苑人，十一年任。
李　挺 陕西长安县人，十二年任。
桂栖鹦 山西沁州人，十三年任。

乾隆

额尔登额 镶蓝旗满州人，十一年任。
黑　格 镶黄旗满洲人，十六年任。
玛尔清阿 正黄旗满洲人，二十二年任。
色　勒 镶黄旗满洲人，二十八年任。
六十九 镶红旗满洲人，三十五年任。

苏三泰 正红旗满洲人，三十八年任。

道光

蒋益辉 籍失考，二十三年任。

龚继荣 二十三年任。

景 福 二十四年任。

景 瑞 二十五年任。

王恩洪 二十五年任。

润 普 二十六年任。

廉 明 二十七年任。

以上驻山海关，以下驻永平府。

乌尔清额 蒙古，翻译生员，二十八年任。

咸丰

张履泰 邳州，武进士，二年署。

文 成 蒙古，佐领，七年任。

同治

赓音布 满洲人，二年任。

连 山 满洲镶蓝旗人，三年署。

音登额 蒙古，佐领，四年署。

瑞 凌 满洲人，七年署。

陈飞熊 原籍湖南宁远人，寄籍衡阳，行伍，十二年任。

梅东益 安徽怀远人，行伍，十三年署。

光绪

常 存 满洲镶红旗人，世职侍卫，二年任。

三屯营游击

原设总兵，顺治四年裁。以汉儿庄副将移驻三屯。道光二十二年，以三屯副将改设大沽海口。以喜峰游击移驻三屯，喜峰、燕河、建昌三路都司皆属焉。中军守备，左哨、右哨把总，各一员。

康熙

杨宏德　辽东人，四十九年任。

雍正

李如柏　宁夏卫，武状元，元年任。

赵国瑛　正蓝旗人，元年任。

柏之蕃　正黄旗人，三年任。

李元亮　正蓝旗人，四年任。

马　雄　宁夏人，七年任。

高宏桀　镶红旗人，八年任。

高文涵　广宁人，九年任。

乾隆

高　琦　镶黄旗人，元年任。

海　亮　正黄旗人，九年任。

明　泰　镶黄旗人，十年任。

永　德　正白旗人，十五年任。

四十八　镶红旗人，十九年任。

胡大猷　广东顺德，武进士，二十年任。

赵登高　山西大同，武进士，二十七年任。

耀成额　镶红旗满洲人，三十五年任。

道光

赵毓桂　山东人，二十二年改调。

苏勒芳阿　满洲人，二十三年任。

崇　福　满洲人，二十八年任。

咸丰

格洪阿　满洲人，三年任。

文　魁　满洲人，四年任。

伊兴阿　满洲人，六年任。

万　禄　满洲人，八年任。

同治

文　敏　满洲人，七年任。

光绪

立　祥　满洲人，元年署。

蒲河营都司

顺治十三年设。

顺治

黄腾蛟　江南人。

尤起龙　江南上元，武进士。

康熙

张德杰　山东滨州人，十七年任。

马见邦

杨国相　陕西人，行伍。

李俞隆

尤宏龙　陕西榆林卫人，五十一年任。

桂栖凤　山西沁州人，五十六年任。

雍正

孙志雄　浙江余姚人，二年任。

袁朝柱　正黄旗汉军，武进士，十年任。

乾隆

赵明奇　四川成都人，八年任。

瓦尔大　满洲人，十八年任。

卜　琮　浙江，武进士，十九年任。

庞佐元　浙江归安，武进士，二十四年任。

清　明　满洲人，二十九年任。

董　琰　汉军，武举，三十四年任。

道光

润　普　二十二年任。

王捷元　二十三年署。

薛成龙　二十四年，以守备署。

怀唐阿　二十四年，以守备署。

景　瑞　二十六年任。

萨灵阿　二十八年，以守备署。

祥　山　二十八年署。

咸丰

隆　祥　元年署。

金泰同　元年任。

连　山　七年任。

同治

奎　光　元年任。

张景华　二年任。

姬成功　四年署。

罗　铭　五年以守备署。

图塔布　五年署。

常　寿　九年以守备署。

王士祥　十一年署。

舒　普　十二年任。

乐亭营都司

雍正十年，以守备改。

康熙

孙中一　河南，武进士，十二年任。

陈起凤　陕西人，二十年任。

韩　璋　通州，武进士，三十二年任。
刘仕龙　陕西人，四十八年任。
孙承勋　陕西，世袭，四十九年任。
骆腾霞　福建惠安，武举，五十年任。
李　琏　四川人，五十六年任。

雍正

王　前　陕西咸宁人，三年任。
崔国瑞　湖广人，六年任。
以上守备，以下都司。
刘公义　湖广远安人，十年任。

乾隆

卢起凤　山东蓬莱人，元年任。
张自谌　陕西宁夏人，七年任。
朱奇芳　陕西，武进士，十二年任。
伍以信　湖广人，十四年任。
陈　襄　云南人，十七年任。
佟保住　满洲人，二十三年任。
德　魁　满洲人，二十六年任。
马得亨　陕西固原州人，二十八年任。
秦怀德　山西神池人，三十三年任。

道光

图他哈　满洲，侍卫，二十三年任。
李大荣　湖南人，行伍，二十七年任。
阿勒金　山东青州驻防，二十九年任。
魏武魁　河南，武进士。
福　连　满洲人。
以上二名，系初年任补此。

咸丰

李凤翔 汉军，武进士，九年任。

同治

于呈祥 武强人，行伍，四年任。

冯恩福 天津人，行伍，八年任。

喜峰路都司

道光二十二年，以游击改。

乾隆

色克图 满洲人，三十年间任。

道光

石生玉 陕西澄城人，十四年任。

以上游击，以下都司。

同治

李　海 直隶人。

湍多布 满洲正白旗人，八年任。

燕河路都司

雍正十年以守备改。

顺治

侯　全 奉天锦州卫人。

李世魁 辽东人。

董正己 宣化，武进士。

龙　纲 陕西榆林人。

康熙

葛天绮 京卫人。

张　光 清苑，武进士，十三年任。

万成功 江南人，二十一年任。

马进凤　陕西人，三十五年任。
孙梦麟　陕西人，武举，四十三年任。
姚大成　陕西人，四十九年任。
刘君豹　陕西人，五十年任。
杨云栋　陕西人，五十一年任。
南君晟　镶红旗人，五十六年任。
以上守备，以下都司。

雍正

宋　濂　陕西，进士，十年任。
郝满仓　山西人，十二年任。

乾隆

武尔登额　镶白旗人，八年任。
宋大鹏　湖北人，十六年任。
长　保　正黄旗人，二十一年任。
李彰祖　浙江人，二十七年任。
胡大忠　广东人，二十八年任。
吴　章　江南人，三十三年任。
曾　誉　云南临安人，武举，四十年任。
张永锡　汉军人，五十二年任。

嘉庆

彭善越　湖南人，行伍，六年任。
陈良策　陕西咸宁人，侍卫，十三年任。
陶振邦　安徽寿州人，武举，二十四年任。

道光

高上志　湖南永绥厅人，行伍，五年任。
刘占魁　陕西郃阳人，武举，八年任。
德　秀　镶黄旗，满洲人，十一年任。
苏都灵阿　正黄旗，蒙古人，十六年任。

黄起华 湖南澧州人，世职，二十四年任。

英　秀 镶黄旗，蒙古人，世职，二十八年任。

咸丰

松　瑞 正白旗汉军人，侍卫，武进士，四年任。

刘　钧 密云人，世职，十一年任。

同治

冯　杰 江苏铜山人，四年任。

吴振清 承德朝阳人，行伍，十三年任。

光绪

路全仁 遵化人，世职，二年任。

建昌路都司

顺治六年，以参将改。

顺治

骆长升 遵化人。

王丕振 山东历城，武进士。

康熙

缪嘉谟 江南江阴人。

毕世靖 靖远卫人，十三年任。

康允宁 浙江山阴，武举，二十年任。

朱　彩 陕西人，二十七年任。

游洪祚 湖广人，三十一年任。

方　凯 陕西人，三十四年任。

杨　英 甘肃宁夏人，三十五年任。

李世英 天津人，四十三年任。

史兰馥 陕西人，四十九年任。

哈元生 顺天人，五十年任。

雍正

何圣兆 河南，武进士，元年任。
保　定 镶黄旗人，二年任。
朱　采 山东济南，武进士，十三年任。

乾隆

凤　盛 镶红旗人，二年任。
萨　保 正黄旗人，七年任。
铁　保 正黄旗人，十二年任。
拖克拖和 镶蓝旗人，十六年任。
素尔方阿 正黄旗人，二十年任。
清　明 镶白旗人，二十六年任。
拜灵阿 镶蓝旗人，二十九年任。
敦多克 镶蓝旗人，三十三年任。
常　林 镶蓝旗人，三十六年任。

道光

伍勒登额 镶白旗人，二十七年任。

咸丰

德善保 蒙古人，二年任。
乐　麟 满洲人，五年任。
善　廷 蒙古人，十一年任。

同治

郭　云 密云人，四年署。
佛　喜 满洲人，八年任。
纳　钢 满洲人，九年任。
王思桐 天津人，十三年任。

石门路都司

顺治六年，以参将改。

顺治

王　雍　清苑人，六年任。
李三阳　顺天人，十年任。
段九功　直隶人，十三年任。

康熙

文兴明　河南人，二年任。
赵　琳　唐县人，十三年任。
朱　琳　河南人，将材，十六年任。
刘绍基　湖广，武举，二十二年任。
冯西生　陕西人，三十六年任。
高从斗　陕西人，三十九年任。
马　忠　陕西人，四十一年任。
王　琳　陕西人，四十三年任。
燕　纲　六十年任。

雍正

傅得胜　湖广武昌人，二年任。
哈元贵

乾隆

李存桂　元年任。
马清阿　镶红旗人，四年任。
甘　洲　镶蓝旗人，七年任。
巴　泰　正白旗，侍卫，十年任。
南　泰　正红旗人，十五年任。
邦　郡　正黄旗人，十七年任。
达　色　蒙古，侍卫，二十年任。
济兰泰　蒙古人，二十三年任。
福　明　满洲人，二十六年任。
喜　住　蒙古人，二十九年任。

六十九 镶红旗人，三十三年任。
苏三泰 正红旗人，三十五年任。
额璘亲 蒙古人，三十八年任。

道光

广　恒 二十三年任。
王恩向 二十五年任。
兴　山 二十七年任。

咸丰

庆　祥 元年以山海路守备署。
高清科 六年三月，以白塔岭千总署。
来　禧 六年五月任。
王之珍 九年署。

同治

罗　铭 元年以右营守备署。
贵　胜 三年署。
景　隆 四年任。
周成善 六年署。
李邦庆 七年署。
文　锦 八年任。

协标左营都司

雍正十年以守备改。

顺治

齐可常 保定人。
李人龙 复州人。
王著名 山东临朐，武举。

康熙

杨　梓 江南吴县，武进士，六年任。

尹得功 河南滑县人，十六年任。
秦 晋 山西夏县，武进士，二十八年任。
杨 威 山西蒲州人，三十一年任。
蓝 聪 福建漳州人，三十四年任。
张 仁 甘肃凉州人，三十八年任。
赵宏范 燕山卫，武举，三十九年任。
高 胜 湖北远安人，四十五年任。
李万鹏 顺天大兴人，五十四年任。
张自立 陕西宁夏人，五十四年任。

雍正

胡 典 江西万安，武举，三年任。
许全武 福建人，六年任。
以上守备，以下都司。
刘 瀛 宣化人，十年任。
李得勋 山东人，十三年任。

乾隆

萨木哈图 满洲人，二年任。
杨 舒 满洲人，八年任。
诚 代 满洲人，十二年任。
七十一 满洲人，十三年任。
杨桑阿 满洲人，十六年任。
鄂士馨 满洲人，十九年任。
福 明 满洲人，二十年任。
济兰泰 蒙古人，二十六年任。
伊凤阿 满洲人，三十一年任。
和绷额 蒙古人，三十五年任。

道光

王捷元 二十九年任。

咸丰

嵩　桂　元年任。
立　祥　二年任。
吉　庆　六年任。

光绪

罗　铭　元年署。

山永协标中军守备

道光

常　喜　密云驻防，满洲人，二十八年任。
松　瑞　汉军，武进士，侍卫，二十九年署。

咸丰

庆　祥　满洲人，二年任。
王清泰　天津人，行伍，二年署。
富　连　满洲人，六年任。
孔广泗　密云人，行伍，八年署。

山永协标右营守备

原设游击，顺治六年改设。

顺治

李之桢　万全人。
苏宏功　奉天铁岭人。
刘　杰　京卫人，武进士。

康熙

李一奇　通州人，十年任。
郑俊拔　大兴人，将材，二十年任。
谢大胜　江南丹徒，武举，三十年任。
哈应忭　河间人，三十五年任。

黄应龙 甘肃固原人，四十九年任。
马得功 河间县人，五十七年任。

雍正

窦进禄 山西汾阳人，二年任。
熊汝麟 直隶献县人，七年任。
李国柱 天津人，十三年任。

乾隆

塔　金 镶黄旗人，三年任。
福隆阿 正蓝旗人，八年任。
那　玺 正红旗人，十年任。
阿萨礼 正白旗人，二十年任。
福敏泰 正蓝旗人，二十五年任。
公　泰 正黄旗人，三十三年任。
绰尔浑 满洲人，三十八年任。

道光

张永寿 二十九年任。

咸丰

平　坤 元年任。
叶舒青 二年任。
平　坤 二年署。
李芳栋 三年署。
立　祥 五年兼代。
刘廷瑞 九年署。
罗　铭 十年任。

光绪

倪开玠 元年，以总兵衔尽先补用，副将借署。

三屯营中军守备

原设都司，道光二十二年改设守备。

乾隆

曹　炎　江南华亭，武进士，十六年任。
曹万卷　湖广芷江人，二十二年任。
汪　富　福建晋江人，二十九年任。
马应璧　汉军人，三十五年任。

道光

崇　寿　满洲人，十九年任。

咸丰

明　祥　满洲人，二年任。
恩　成　满洲人，三年任。
赵典涵　山东兖州人，十年任。

同治

广　泰　满洲人，九年任。

光绪

鲜仲元　密云人，二年任。

三屯营右营守备

乾隆

二保住　镶黄旗人，八年任。
诺　海　镶黄旗人，十一年任。
依桑阿　镶黄旗人，十八年任。
德金泰　镶黄旗人，十八年任。
常　德　蒙古人，三十六年任。

蒲河口标下千总　洋河口千总　浪窝口千总

以上三缺，俱属蒲河营。

道光

蒲河营浪窝口千总道光二十三年设

国　兴

滦州汛千总

属乐亭营

康熙

王　英　河南人，五十四年任。
黄　锦　宣化人，五十九年任。

雍正

苗遇春　万全人，五年任。

乾隆

张本立　陕西宁夏人，元年任。
李成龙　任丘人，五年任。
王　彪　宛平人，二年任。
李永新　山西阳高人，十九年任。

道光

李　起　卢龙人，十八年任。

咸丰

刘文清　昌平州人，武生，十一年任。

建昌路标下千总

康熙

韩生瑞　**杨茂基**　**王玉**　**李玉华**　**李长庚**
季光攀　五十六年任，《县志》作李先攀。
林报国　六十年任。

雍正

姜启猷 陕西临洮人，二年任。
猛济惠
曾受爵 福建留江人，八年任。

乾隆

段起凤 正定人，五年任。
佛　柱 满洲人，护军，十一年任。
李　刚 正定人，十七年任。
刘可州 赤城人，三十年任。
李明德 汉军人，三十二年任。
方　正 密云人，三十五年任。

喜峰路分防驻扎潘家口千总

咸丰

陈泰成 密云人，行伍，十一年任。

同治

张国安 二年任。
曹元庆 天津人。

山海路左哨千总　山海路右哨千总 白塔岭千总　中军千总

以上四缺俱属山海路。

康熙

刘昌龄 四十九年任。
刘　恂 五十六年任。
以上山海路，以下山永协左营。
常应龙 福建人，五十五年任。
吕灵钟 河间人，五十九年任。

雍正

韦　正　三年任。
田连登　七年任。
刘祚胤　十二年任，以上山海路，以下山永协左营。
徐登云　福建人，元年任。
萧大受　宣化府人，十三年任。

乾隆

沈　明　六年任。
刘大勇　十三年任。
姚　焕　十九年任。
毛凤仪　三十五年任。
以上山海路，以下山永协左营。
李天禄　陕西长安人，七年任。
马金凤　河间人，十二年任。
依拉齐　蒙古人，十九年任。
长　青　满洲人，二十五年任。
崔若峨　迁安人，二十三年任。
李存福　密云人，三十七年任。

咸丰

张克忠　密云人，行伍，八年任。
王得成　天津人，行伍，十一年署。

同治

李有贵　宁河人，行伍，三年任。

光绪

赵连会　乐亭人，行伍，二年任。
高占鳌　卢龙，武举，三年署。

卷之十

国朝职官表四　驻防　裁缺附

《大清会典》：畿辅驻防副都统二人、城守尉二人协领九人、防守尉十六人、佐领二十五人、防御六十九人、骁骑校七十二人。

康熙九年，喜峰口设防御二人，冷口设防御一人。十二年，滦州设防守尉一人、防御二人。二十三年，喜峰口增设防御二人；冷口增设防御一人。

二十七年，山海关设总管一人、防御八人。

三十四年，山海关增设骁骑校八人。移滦州驻防防守尉一人、守御二人改住永平府，增设骁骑校二人。雍正六年，喜峰口裁防御二人，设防守尉一人；冷口设防守尉一人。

十年，遵旨议定：直隶驻防官兵永平府、玉田县、三河县、顺义县四处，属山海关总管兼辖。喜峰口、冷口、罗文峪三处，属景陵总管兼辖。

乾隆元年，冷口设骁骑校一人。喜峰口设骁骑校二人。

八年，冷口、喜峰口增设骁骑校各二人。又改山海关总管为副都统，增设协领二人、佐领八人。其冷口、喜峰口、罗文峪三处驻防，俱归副都统兼辖。

三十七年，山海关裁佐领二人。其佐领事务，归协领兼管。

五十八年，以山海关管辖之玉田县、三河县、顺义县各驻防，改归密云副都统兼管。

山海关副都统

初设城守尉，乾隆八年改。

顺治

李悉怛 满洲人，元年任。 **塔不害** 满洲人，元年任。
朱登科 辽东人，旗籍。 **吕逢春** 辽东人，旗籍。
王镇伦 辽东人，旗籍。 **李国柄** 辽东人，旗籍。
石　汉 满洲人，五年任。 **祁富哈** 九年任，有传。
李兰芳 国柄子，十五年任。 **朱廷缙** 登科子，十七年任。

康熙

马归山 满洲人，十七年任。 **李奇芳** 国柄侄，十八年任。
李官舒 悉坦孙，二十五年任。
马呈祥 归山子。 **花　子** 满洲人，二十七年任。
车尔布赫 满洲人，三十三年任。
莫　代 满洲人，四十四年任。
达　廉 满洲人，四十八年任。
巴　泰 满洲人，五十七年任。

雍正

白　住 满洲人，元年任。 **马护善** 满洲人，四年任。

乾隆

和　尚 满洲人，元年任。 **四十八** 满洲人，三年任。
何雅图 蒙古人，四年任。
以上城守尉，以下副都统。
富　和 满洲人，八年任。 **常　生** 满洲人，十三年任。
舒　泰 满洲人，二十五年任。
富当阿 满洲人，二十六年任。
富　玉 满洲人，二十九年任。
伊拉图 满洲人，二十九年任。
素　保 满洲人，三十年任。 **岱星阿** 满洲人，三十五年任。
扎什扎木素 四十一年任。 **都尔嘉** 四十三年任。

塔章阿 四十四年任。
果兴阿 四十八年任。
萨克慎 四十九年任。
宝　琳 四十九年任。
琳　宁 五十年任。
海　录 五十三年任。
台费音 五十四年任。
积尔敏 五十六年任。
永　德 五十六年任。
德　福 五十七年任。
宗室**绵佐** 五十八年任。

嘉庆

韦陀保 二年任。
来　仪 八年任。
福疆阿 十年任。
额勒金布 十三年任。
文　孚 十九年任。
富　兰 二十年任。
福桑阿 二十五年任。
哈兴阿 三十年任。

道光

松　福 四年任。
福　祥 五年任。
富克精阿 六年任。
宗室**存华** 六年任。
左庭桐 十二年任。
张仙保 十二年任。
孟　魁 十三年任。
常　德 十五年任。
宗室**祥厚** 十七年任。
裕　瑞 十九年任。
扎拉芬太 二十年任。
富勒敦太 二十一年任。

咸丰

定　福 六年任。
舒京阿 七年任。
成　保 九年任。
宝　山 十年任。

同治

庆　春 元年任。
长　善 三年任。
玉　亮 七年任。
常星阿 十一年任。
宝　珣 十三年任。

光绪

崇　礼 元年任。

左右翼协领

乾隆

左翼　**何雅图**　八年，由城守尉改补。
右翼　**永福**　满洲人，八年任。
左翼　**淮提保**　满洲人，十年任。
左翼　**福尔禅**　满洲人，十三年任。
右翼　**七十八**　满洲人，十三年任。
左翼　**罗泰**　满洲人，二十年任。
右翼　**赛音禄**　满洲人，二十五年任。
左翼　**富住礼**　满洲人，三十四年任。
右翼　**穆通阿**　满洲人，三十六年任。
右翼　**老格**　四十年任。
左翼　**恒德**　四十四年任。
左翼　**法保**　五十七年任。

嘉庆

右翼　**伊凌阿**　二年任。
左翼　**特通阿**　四年任。
左翼　**常亮**　五年任。
右翼　**松凌**　九年任。
右翼　**珠尔松阿**　十三年任。
右翼　**恒青**　十八年任。
左翼　**六十七**　十九年任。
右翼　**珠尔松阿**　二十年任。
左翼　**倭恒额**　二十五年任。

道光

左翼　**德庆**　四年任。
左翼　**六十一**　五年任。
右翼　**扎克通河**　五年任。
左翼　**塔清安**　十四年任。
右翼　**德凌阿**　十四年任。
右翼　**阿凌阿**　二十一年任。
右翼　**关立**　二十三年任。

咸丰

右翼　**顺庭**　八年任。
右翼　**伊克经额**　九年任。

同治

左翼　**和盛阿**　元年任。　右翼　**顺庭**　八年任。

左翼　**伊克唐额**　十三年任。

光绪

右翼　**和明阿**　元年任。

山海佐领

乾隆

五　海　满洲人，八年任。　**阿木古朗**　蒙古人，八年任。

海　常　满洲人，八年任。　**额尔坠图**　蒙古人，八年任。

富　贵　满洲人，八年任。　**勒什泰**　满洲人，八年任。

萨尔那　满洲人，八年任。　**何　琳**　满洲人，八年任。

伊博赫　满洲人，十年任。　**兆　祥**　满洲人，十一年任。

朱尔呼达　满洲人，十一年任。

常　舒　**满洲人，十二年任。**　**赛音禄**　满洲人，十四年任。

罗　泰　正蓝旗人，十六年任。

南　泰　**蒙古人，十七年任。**　**福　住**　镶黄旗人，十八年任。

乌彦图　正白旗人，十九年任。

布　占　镶黄旗人，二十年任。

佛　进　蒙古人，二十一年任。　**三达色**　满洲人，二十一年任。

雅　琴　满洲人，二十四年任。　**都　喀**　满洲人，二十四年任。

佟　保　满洲人，二十四年任。　**赛音布**　满洲人，二十五年任。

齐克唐阿　满洲人，二十六年任。

达　色　满洲人，二十六年任。　**关　诚**　满洲人，二十七年任。

绰尔多　满洲人，二十八年任。　**伊常阿**　蒙古人，三十一年任。

喜普塔　满洲人，三十二年任。　**关　保**　满洲人，三十四年任。

永平府防守尉

康熙

恩额勒德依 镶白旗人，自滦州移驻。

阿尔赛 正蓝旗人，四十四年任。

卢尔尽 镶白旗人，六十年任。

乾隆

白 锡 正蓝旗人，元年任。 **福尔禅** 正蓝旗人，十一年任。

布达礼 正蓝旗人，十三年任。 **傅住里** 镶白旗人，二十年任。

哲 霖 正蓝旗人，二十五年任。

胡 保 镶白旗人，二十五年任。

常 清 正蓝旗人，三十七年任。

喜峰口防守尉

乾隆八年，原设四品防守尉一员、防御二员、骁骑校四员。委并甲兵二百名额，设鸟枪一百杆。按年春秋操演一字长蛇、八卦、抖底连环阵式，以及云梯、长矛、舞刀各项技艺。嗣于同治五年十月内，经前任山海关都宪长善绘图俱疏：喜峰口驻防添设五行方城折队阵式，按年随营操演，委并领催甲身二百名，俱系喜峰口驻防旗人。按年应领六七成俸饷米，折共银八千二百六十两零九钱，事隶直隶遵化州，由藩库承领转发，久经办理在案。光绪元年十月，内经钦差大臣崇奏：裁官马一半，现存官马十六匹，每马月支部平乾银二两。由山海关道库支发；原设修葺营房。喜峰口城内驻扎甲兵一百名，修葺营房；喜峰口外距城八里驻扎甲兵百名。

雍正

七克腾 正白旗，满洲人。

乾隆

富 保 正黄旗人。 **阿克墩** 满洲人。

四 九 正黄旗，满洲人。 **七十八** 满洲人。

善　柱　满洲人。
五吉里　满洲人。
和尔墩　满洲人。
僧　额　满洲人。
穆通阿　满洲人。
老　格　满洲人。
法　保　满洲人，五十八年任。

嘉庆

常　亮　满洲人，三年任。
海　诚　满洲人，五年任。
乌琳布　满洲人，十九年任。

道光

存　住　满洲人，十二年任。
卓镂阿　满洲人，十五年任。
伊立布　满洲人，十八年任。
伊克经额　满洲人，二十四年任。

咸丰

锡　昌　满洲人，九年任。

同治

德尔奇善　蒙古人，六年任。
英　喜　满洲人，十三年任。

冷口防守尉

雍正

明　得　满洲人，七年任。

乾隆

尚　保　满洲人，七年任。
七　十　满洲人，八年任。
托　莫　满洲人，九年任。
七　十　满洲人，十四年任。
福　庆　满洲人，十九年任。
武阳阿　满洲人，二十七年任。
富兰泰　满洲人，三十二年任。

道光

伯青额　满洲人。
德　恒　满洲人。
伯　岁　满洲人。
富林佈　满洲人。
苏章阿　满洲人。
怀塔布　满洲人。

塔青安　蒙古人。
依克精额　满洲人。
特图恩布　蒙古人。
志　广　满洲人。
硕隆武　满洲人。

以上世代未详，总录于此。

永平府防御

康熙　雍正　乾隆三朝

□色里　镶白旗人。

九　十　镶白旗人。

地保　伊伯赫　哈尔泰　以上俱镶白旗人。

郎柱　白锡　布达礼　三达色　哲霖　杨桑阿

以上六名，俱正蓝旗人。

黑　青　镶白旗人，乾隆二十五年任。

常　青　正蓝旗，二十五年任。

达　三　正蓝旗，三十八年任。

山海关防御

康熙　雍正　乾隆三朝

哈达哈　满洲人，乾隆八年任。
那　苏　蒙古人，八年任。
文　成　正白旗人，八年任。
色伦泰　正红旗人，八年任。
何　伸　满洲人，八年任。
朱尔呼达　满洲人，八年任。
哈什泰　满洲人，八年任。
常　舒　满洲人，八年任。
额尔克图　蒙古人，八年任。
南　泰　正黄旗，十一年任。
乌彦图　正白旗，十二年任。
九　常　正蓝旗，十二年任。
关　诚　镶蓝旗十二年任。
赛音禄　镶红旗，十三年任。
赛音布　镶红旗，十四年任。
罗　泰　正蓝旗，十四年任。
图　敏　正蓝旗，十六年任。
孙达善　镶黄旗，十六年任。
佛　进　正黄旗，十七年任。
六达色　正白旗，十九年任。
达兰泰　镶红，二十一年任。
强　都　镶黄，二十三年任。
杨桑阿　正蓝二十三年任。
普三保　正白，二十五年任。

二达色　正黄，二十五年任。　**齐克唐阿**　正白，二十五年任。
达兰泰　正白，二十六年任。　**六十四**　正蓝，二十五年任。
常　德　镶红，二十六年任。
穆　腾　正黄旗，蒙古人，二十七年任。
喜普塔　镶蓝旗，满洲人，二十八年任。
伊常阿　正白旗，蒙古人，三十年任。
德　琳　镶白旗，满洲人，三十年任。
明　海　镶黄旗，蒙古人，三十一年任。
白凌河　正蓝旗，蒙古人，三十二年任。
达兰泰　镶白旗，满洲人，三十二年任。
莽国里　三十二年任。　**苏腾额**　三十三年任。
阿尔善　三十五年任。　**六十八**　三十七年任。
颇尔泰　三十八年任。
以上五名，俱满洲人。

喜峰口防御

康熙　雍正　乾隆三朝

萨克察　镶黄旗，满洲人。　**葛德浑**　正红旗，满洲人。
岳西那　镶白旗，满洲人。　**文　泰**　镶红旗，满洲人。
那尔太　镶黄旗，满洲人。　**伊拉奇**　正红旗，满洲人。
富　贵　镶白旗，满洲人。　**布鲁图**　镶红旗，满洲人。
四　九　正黄旗，满洲人。　**萨哈连**　镶红。
黑雅图　正黄。　**富柱礼**　镶白。
善　柱　正黄。　**三　珀**　正黄。
都　喀　镶白。　**永　宁**　正黄。
德　山　正黄。　**巴十一**　正黄。
绰尔多　镶白。　**和尔墩**　正黄。
富　德　镶白。　**色合德**　正黄。
老　格　正黄。　**达星阿**　镶白。

永　德　正黄旗人。

以上十六名，俱满洲人。

道光　咸丰　同治　光绪四朝

哲尔精阿　满洲人。　　**苏克金**　满洲人。

左翼　哲尔精阿　满洲人。　　**右翼　苏克金**　满洲人。

冷口防御

康熙　雍正　乾隆三朝

昴　三　满洲人，九年任。　　**辛　太**　满洲人，二十三年任。

达哈那　正黄旗满洲人，八年任。

伯清太　满洲人，乾隆八年任。

七　十　正红旗人，九年任。　**福　庆**　满洲人，十五年任。

佟　保　满洲人，十七年任。　**武阳阿**　满洲人，十九年任。

武颜图　满洲人，二十五年任。

赫林太　满洲人，二十五年任。

五　十　满洲人，二十七年任。

德　亮　正白旗，三十一年任。

道光　咸丰　同治　光绪四朝

兆　住　山海关，满洲人。　　**德兴阿**　山海关，满洲人。

明　英　山海关，蒙古人。　　**伊立布**　山海关，满洲人。

庆　太　山海关，满洲人。　　**永　舒**　山海关，蒙古人。

特图恩佈　山海关，蒙古人。**福洪阿**　冷口，蒙古人。

札普善　山海关，满洲人。　　**和明阿**　山海关，满洲人。

苏伯通阿　山海关，满洲人。**魁　龄**　冷口，蒙古人。

英　喜　山海关，满洲人。　　**倭哩佈**　永平府，满洲人。

常　顺　山海关，蒙古人。　　**阿尔逊**　罗文峪，满洲人。

永平府骁骑校

康熙　雍正　乾隆三朝

强笃　拉岱　地保　伊伯赫　都喀　拔岱　布达礼

以上七名，俱镶白旗。

喜木布　拉色　尹柱　图敏　哲霖　达克散

以上六名，俱正蓝旗。

哈尔太　镶白旗人，乾隆二十五年任。

阿什图　正蓝旗，二十五年任。

达兰太　镶白旗，二十九年任。

七　格　正蓝旗，三十一年任。

六十八　镶白旗，三十二年任。

萨克信　正蓝旗，三十七年任。

雅隆阿　镶白旗，三十七年任。

山海关骁骑校

康熙　雍正　乾隆三朝

富尔泰　满洲人，乾隆八年任。

额尔克图　蒙古人，八年任。

佟保　七格　安七尔图　赛音禄　金泰

以上五名，俱满洲人，八年任。

索　住　蒙古人，八年任。　**佛　进**　蒙古人，九年任。

白凌阿　蒙古人，十一年任。**硕　格**　满洲人，十二年任。

赛弼图　满洲人，二十年任。**富　德**　满洲人，十二年任。

常　德　满洲人，十三年任。**海　兴**　满洲人，十七年任。

伊常阿　蒙古人，十七年任。**西楞额**　满洲人，十八年任。

永　宁　满洲人，十八年任。**强　都**　满洲人，二十一年任。

六十四　满洲人，二十一年任。**西凌阿**　满洲人，二十三年任。

德　山　二十三年任。　　　**舒　图**　二十四年任。

保　德　二十五年任。　　　**海明额**　二十五年任。

阿尔善　二十五年任。　　　**佛　保**　二十五年任。

苏彰阿　二十六年任。　　　**苏腾阿**　二十六年任。

永　舒　二十七年任。　　　**郭尔吉**　二十九年任。

达星阿 三十一年任。 **齐郎阿** 三十二年任。
明 宝 三十三年任。 **颇尔泰** 三十四年任。
永 德 三十四年任。 **巴 什** 三十六年任。
花 色 三十六年任。 **傅 明** 三十七年任。
武勒青阿 三十八年任。 **图 拉** 三十八年任。
以上二十名，俱满洲人。
六达色 正白旗，蒙古人，三十年任。

喜峰口骁骑校

乾隆年设。
康熙 雍正 乾隆三朝
四 九 正黄旗，满洲人。 **西尔萨** 正白旗，满洲人。
三达色 正蓝旗，满洲人。 **三音乂浑** 镶黄旗，蒙古人。
富庆 五十 黑青 杨桑阿 西布他 舒保山 达三 多隆乌 五哈图 海图
以上十名，俱满洲人。
菩萨保 正白旗人。 **□尔青额** 镶白旗，蒙古人。
道光 咸丰 同治 光绪四朝
萨勒哈奔 满洲人。 **喜 寿** 满洲人。
伊勒图 满洲人。 **夺 魁** 满洲人。

冷口骁骑校

乾隆年设。
康熙 雍正 乾隆三朝
善 柱 满洲人，乾隆元年任。 **常 书** 正红旗人，八年任。
达兰太 蒙古人，八年任。 **实 禄** 正红旗人，九年任。
萨木珀 十二年任。 **吉 来** 十四年任。
七十八 十四年任。 **胡 保** 十七年任。
萨 理 二十一年任。 **拴住 德亮** 二十五年任。
得 林 二十七年任。 **实 保** 三十年任。

延　书　三十一年任。

以上十名，俱满洲人。

常　格　蒙古人，三十六年任。

明　海　蒙古人，三十九年任。

德　敏　蒙古人，三十九年任。

道光　咸丰　同治　光绪四朝

吉郎哈　冷口，满洲人。　　**多隆阿**　冷口，满洲人。

长　永　冷口，满洲人。　　**春　山**　山海关，满洲人。

松　昆　山海关，满洲人。　　**永　舒**　山海关，满洲人。

达哈太　冷口，满洲人。　　**志　广**　喜峰口，满洲人。

胡东阿　山海关，满洲人。　　**嘎郎阿**　冷口，蒙古人。

喀尔蟒阿　山海关，满洲人。　　**多罗布**　山海关，满洲人。

庆　太　山海关，满洲人。　　**关　立**　山海关，满洲人。

多伦布　冷口，满洲人。　　**伊伶额**　山海关，满洲人。

德　敏　冷口，蒙古人。　　**富珠凌河**　冷口，蒙古人。

达春保　山海关，满洲人。　　**阿施善**　山海关，满洲人。

庆　云　山海关，镶蓝旗人。　　**锡　昌**　山海关，镶蓝旗人。

达崇阿　山海关，满洲人。　　**讷尔和善**　山海关，蒙古人。

英　喜　山海关，满洲人。　　**祥　安**　山海关，满洲人。

特和布　永平府，满洲人。　　**巴杭阿**　冷口，满洲人。

国绅布　喜峰口，满洲人。　　**刚　魁**　山海关，满洲人。

户部山海钞关监督

康熙三十三年设，为满洲差随印笔贴式一员，期年满任。同治□□年改设海关，道驻没沟营。

康熙

李学圣　内务府郎中。三十三年任。

恩格礼　内阁侍读学士。三十四年任。

刘光美　内阁侍读学士。三十五年任。

白良瓒 礼部员外郎。三十六年任。
吴子桢 内阁侍读学士。三十七年任。
王　仕 吏部员外郎。三十八年任。
沙　浑 兵部郎中。三十九年任。
费扬古 工部郎中。四十年任。
安达礼 工部郎中。四十一年任。
佟　猷 内务府郎中。四十二年任。
吴达礼 吏部主事。四十三年任。
查尔钦 理藩院员外郎。四十四年任。
纳穆萨礼 内务府员外郎。四十五年任。
三　泰 四十六年任，有传。
孙塔哈 户部郎中。四十九年任。
哲而谨 宗人府理事官。五十年任。
党阿赖 日讲官、左春坊庶子掌坊事。五十一年任。
保　柱 宗人府理事官。五十二年任。
伊特海 兵部郎中兼佐领。五十三年任。
何　米 太常寺赞礼郎。五十四年任。
白　禄 内务府郎中。五十五年任。
吴达海 考功司郎中。五十七年任。
关　保 刑部郎中。五十八年任。
常　明 御前侍卫兼参领。五十九年任。
常　柱 内务府员外郎。六十年任。
本　锡 理藩院郎中。六十一年任。

雍正

瓦　泰 内阁学士。元年任。
张保柱 礼部郎中。二年任。
常　寿 户部，四年任。
傅　柱 工部郎中。五年任。

德　福　刑科给事中。七年任。
布颜图　兵部员外郎。八年任。
五　格　户部郎中。十年任。
巴德保　大理寺少卿。十三年任。

乾隆

李之纲　武英殿员外。元年任。
江　都　内务府员外。二年任。
富尔逊　刑部郎中。四年任。
江　都　圆明园总管。五年任。
众神保　内务府郎中。七年任。
色　勒　内务府郎中。八年任。
富　凯　工部郎中。九年任。
阿敏尔图　兵部郎中。十年任。
高　诚　掌湖广道御史。十六年任。
双　玉　内务府郎中。十七年任。
德　安　户部郎中。十九年任。
福　诚　内务府护军统领。二十年任。
瑚　玐　宗人府理事。二十二年任。
特克慎　内务府郎中。二十三年任。
伊里布　内务府郎中。二十五年任。
广　安　吏部郎中。二十六年任。
海　成　刑部员外郎。二十八年任。
金　简　内务府员外郎。二十九年任。
阿敏达　户部郎中。三十五年任。
存　格　宗人府理事。三十二年任。
舒　泰　内务府郎中。三十四年任。
苏楞额　礼部郎中。十五年任。
永　德　内务府郎中。三十七年任。

观　光　兵部郎中。三十八年任。
福　德　刑部郎中。四十年任。
文　光　刑部郎中。四十年任。
额尔登布　内务府郎中。四十三年任。
文　兴　工部郎中。四十四年任。
宜　兴　宗人府理事。四十六年任。
敷森布　兵部郎中。四十六年任。
十　格　内务府郎中。四十八年任。
佶　山　内务府郎中。四十九年任。
富　昆　内阁学士。五十一年任。
董　楷　内务府郎中。五十二年任。
百福保　内务府郎中。五十四年任。
常　福　内务府郎中。五十五年任。
宝　淑　吏部员外郎。五十七年任。
普　德　工部郎中。五十八年任。
朝　庆　内务府郎中。六十年任。

嘉庆

德　新　工部郎中。元年任。
承　露　刑部郎中。二年任。
佛喜保　刑部郎中。四年任。
五诚额　兵部郎中。五年任。
永龄额　宗人府理事。七年任。
德　元　内务府郎中。八年任。
广　泰　内务府郎中。十年任。
龄　椿　十年任。
明　山　刑部郎中。十二年任。
富勒礼　十三年任。
多　赉　郎中。十五年任。

恒　敬　十六年任。
倭臣布　兵部郎中。十八年任。
景　福　吏部郎中。十九年任。
耆　宁　宗人府理事。二十年任。
增　保　郎中。二十一年任。
岳　安　工部郎中。十三年任。
存　宁　宗人府理事。二十四年任。

道光

重　喜　刑部郎中。元年任。
辅　廷　吏部员外郎。二年任。
吉勒章阿　宗人府理事官。四年任。
珠尔杭阿　吏部正郎。五年任。
恒　谦　工部郎中。七年任。
苏诚额　礼部郎中。八年任。
存　兴　工部郎中。十年任。
翔　凤　宗人府理事。十一年任。
咸　龄　郎中。十三年任。
奕　毓　宗人府理事官。十四年任。
福兴阿　礼部郎中。十六年任。
龄　鉴　工部郎中。十七年任。
景　福　内务府郎中。十九年任。
秀　毓　郎中。二十年任。
富　泰　吏部郎中。二十二年任。
豫　本　宗人府理事。二十三年任。
福　海　刑部郎中。十五年任。
祥　逵　刑部郎中。十六年任。
恒　廉　兵部郎中。二十八年任。
德　谦　兵部郎中。十九年任。

咸丰

春　保　吏部员外郎。元年任。
哈当阿　礼部郎中。二年任。
达　绶　工部郎中。四年任。
成　善　刑部郎中。五年任。
毓　桂　内务府郎中。七年任。
清　醇　刑部郎中。八年任。
寿　昌　礼部郎中。十年任。
乌勒洪额　内务府大臣。十年任。

同治

凤　安　刑部正郎。元年任。
英　元　宗人府理事官。二年任。
成　林　郎中。四年任。
俊　达　六年任。
庆　爱　锦州府。十一年接署。
景　福　十二年任。

光绪

景　福　元年回任。

工部分司

顺治十五年设，驻永平采木，寻裁。康熙十八年复设，抽分潘、桃等口税，为满洲差，后裁。

顺治

张云登　奉天辽阳人。
王　澧　江南常熟，进士。

康熙

孟　安　工部主事。十八年任。
龚　爱　工部郎中。十九年任。

张圣业　工部郎中。二十年任。
巴当什　工部员外。二十一年任。
安　泰　刑部郎中。二十二年任。
仲沙弼　吏部员外。二十三年任。
胡世屯　内阁侍读。十四年任。
桑　格　内务府员外。二十五年任。
英　山　刑部员外。二十六年任。
舒石泰　内务府都虞司员外。二十七年任。
陈希曾　内务府员外。二十八年任。
佟尔年　工部员外。二十九年任。
伊巴礼　户部员外。三十年任。
布少卿　太常寺正卿。三十三年任。
常　明　兵部员外。三十二年任。
迈　图　工部员外。三十三年任。
鄂齐礼　工部员外。三十四年任。
萨哈齐　詹事府右春坊右赞善。三十五年任。
傅　坤　翰林院侍读学士。三十六年任。
叶　舒　吏部考功司郎中。三十七年任。
戴　锦　吏部考功司员外。三十八年任。
傅殷代　刑部督捕司员外。三十九年任。
舒　丹　太仆寺卿。四十年任。
索　善　刑部主事。四十一年任。
黑　色　理藩院员外。四十二年任。
党阿赖　国子监司业。四十三年任。
常　保　理藩院主事。四十四年任。
布尔赛　工部都水司员外。四十五年任。
苏　泰　广善库员外。四十六年任。
佟吉图　广善库主事。四十七年任。
达　锡　理藩院员外。四十八年任。

叶成格　户部员外。四十九年任。
图克善　户部员外。五十年任。
以上工部分司，以下俱是户部监督。

雍正

策　林　户部郎中。三年任。
硕　色　通政司左通政。六年任。
常　龄　吏部郎中。八年任。

乾隆

韩四格　内务府郎中。三年任。
明　德　御前一等侍卫。六年任。
四达子　汤泉总管。九年任。
高　恒　户部郎中。十四年任。
哲库讷　畅春园总管。十八年任。
卓尔岱　内务府郎中。二十一年任。
鄂　鼐　太常寺少卿。二十四年任。
六十九　内务府郎中。二十七年任。
富拉他　畅春园郎中。三十年任。
申　保　户部郎中，十三年任。
平　泰　宗人府理事。三十六年任。
玛　彦　吏部员外郎。三十九年任。
德　义　户部郎中。四十二年任。
苏成额　工部郎中。四十五年任。
董　椿　内务府郎中。四十七年任。
巴宁阿　内务府郎中。五十年任。
德　纶　兵部员外郎。五十三年任。
多　善　宗人府理事。五十六年任。
景　庆　礼部郎中。五十九年任。

嘉庆

钱　保　内务府郎中。三年任。
百　贵　户部员外郎。六年任。
智　凝　兵部郎中。九年任。
奇　玖　内务府郎中。十一年任。
伊满泰　十四年任。
兴　科　十七年任。
保　昌　礼部郎中。十九年任。
海　昌　刑部郎中。二十二年任。
成　贵　户部郎中。二十五年任。

道光

海　忠　郎中。三年任。
春　昭　刑部郎中。六年任。
善　庆　吏部郎中。九年任。
爱明阿　吏部郎中。十二年任。
重　豫　郎中。十五年任。
多　龄　户部郎中。十八年任。
书　元　工部郎中。十一年任。
庆　年　内务府郎中。二十四年任。
存　诚　宗人府理事。二十七年任。
文　发　工部郎中。三十年任。
宝　龄　内务府郎中。三年任。
忠　淳　户部郎中。六年任。
诚　明　内务府正印。九年任。
福　瑞　内务府员外郎。十一年任。

同治

宝　章　兵部郎中。三年任。
贵　宝　九年任。

荫德泰 十三年署任。

永平兵备道

康熙八年，移驻通州，为通永道。

顺治

李丕著 有传。
石镇国 湖北黄梅，进士。
陈宏业 奉天辽阳，生员。
毕元彩 奉天辽阳，生员。
王廷宾 奉天锦州，生员。
宋　琬 有传。
赵胤翰 福建兴化，进士。
张云龙 奉天辽阳，贡生。

康熙

钱世清 四年任，有传。
崔谊之 十年任，有传。
张安世

山石道

顺治十年裁

顺治

杨云鹤 四川彭县进士，元年任。
吕逢春 旗人，二年任。
杨茂魁 旗人，五年任。

永平理刑推官

康熙六年裁

顺治

褚应于 山西人，元年任。
刘万策 山东恩贡，二年任。
林起宗 山东文登，进士。
尤　侗 九年任，有传。
刘浑孙 景陵人，进士。
刘　增 湖北潜江，举人。

任暄猷 河南息县，进士，十七年任，裁。

山海理刑推官

顺治二年裁

卢　传 晋州，举人，元年任。

山海卫经历今裁

武永成 山西太谷，拔贡。

闵应魁 湖广人。

永平卫经历今裁

卢硕辅 陕西，拔贡。

窦更新 陕西富平人，吏员。

府照磨今裁

顺治

金国祚 浙江山阴人。

杨继音 湖北兴国州人。

李文华 南直隶太和人。

府司狱司

今裁，归并经历司

顺治

盛永富 江南丹徒人。

金　钛 江南苏州人。

滦州州同今裁

顺治

赵钟瑞 本州人，生员，元年任。

劳于庭 浙江山阴人，元年任。

姜　镇 奉天盖州人，贡生。

王梦弼 奉天辽阳人。
史在德 浙江贡生，十三年任。
邓天栋 奉天辽阳人，二年任。
洪进生 江南池州人。
马希进 山西拔贡，十六年任。
李成采 奉天辽阳人，二十一年任。
陈廷柏 奉天贡生，二十九年任。
孔兴滨 山东曲阜人，三十一年任。
杨　捷 浙江人，三十五年任裁。

昌黎县丞今裁

顺治

成之暹 浙江山阴人。
章　浩 浙江山阴人。
陈泰宁 山西人。

乐亭县丞今裁

顺治

李习英 湖广人。　**胡以宁** 浙江山阴人。
金　汤 浙江会稽人。

抚宁主簿今裁

顺治

钱良基 江南人。

卢龙滦河驿驿丞今裁

顺治

杜文翰 顺天人。　**田生贵** 陕西人。

康熙

周太章 陕西三原人，四年任。
沈世麒 浙江义乌人，十七年任。
张辅弼 山东临清人，二十年任。
黄振声 山东寿张人，三十四任。
冯天贵 山西隰州人，四十四任。
周　桢 南直隶人，四十七年任。
陈景谟 五十四年任。

雍正

沈廷俊 六年任。
沈文奎 十一年任。
强永康 十一年任。

乾隆

朱肯荣 元年任。
王君德 元年任。
段廷栋 八年任。
沈自如 八年任。
张洗亮 八年任。
陈国选 十一年任。
李智声 十一年任。
左建宏 十三年任。
贺良朝 十四年任。
陈国选 十七年再任。
蔡　士 十七年任。

迁安七家岭驿驿丞

乾隆元年，兼巡检事，仍管驿务，今裁。

康熙

朱朝贵 江南长州人，十七年任。
张呈璧 山西文水人，二十二年任。
樊履信 浙江山阴人，三十七年任。

雍正

李　玲
朱开楚 浙江宁波人，五年任。

张　林　浙江山阴人，九年任。

乾隆

阎光学　山东馆陶人，十七年任。
胡宗远　福建永定人，十八年任。
杨龙翔　山东历城人，二十年署任。
刘　棻　江南武进人，二十一年任。

迁安滦阳驿驿丞

乾隆元年，兼巡检事，仍管驿务，今改巡检，驻三屯营。

康熙

范应选　山东阳信人，七年任。
姚　祥　浙江慈溪人，二十年任。
郑泰辰　山东历城人，三十四年任。
章启焜　浙江山阴人，四十九年任。
郭魁元　浙江开化人，五十三年任。

雍正

沈自如　江南石埭人，三年任。

乾隆

余　纯　浙江山阴人，九年任。
张名儒　江西雩都人，十三年任。
邱廷湜　江南元和人，十七年任。

山海卫迁安驿驿丞

今归临榆县，缺，裁。

康熙

徐上达　陕西咸宁人，十七年任。
张加慎　陕西富平人，二十二年任。
王元善　山东掖县人，三十六年任。

冀学成 陕西华州人，四十一年任。
宋抚民 江南砀山人，五十年任。
谢天旺 山东博平人，五十九年任。

雍正

赵可观 江南太平人，十一年署任。
沈　钦 浙江人，十一年任。

抚宁芦峰驿驿丞

乾隆十九年，驿务归县，缺，裁。

康熙

张　琪 山东阳信人，十七年任。
雷生玉 山西郃阳人，二十二年任。
李荣春 山西太原人，二十八年任。
石　岚 江南宿松人，四十三年任。

乾隆

陈士枢 江南石埭人，十五年任。

抚宁县榆关驿驿丞

驿在深河，今改巡检。

康熙

阎　琨 山西华州人，十六年任。
郭　苹 山西华州人，二十二年任。
陈良柱 陕西凤翔人，三十八年任。
王朝辅 山东潍县人，四十一年任。

雍正

金仪凤 浙江山阴人，八年任。

台头营副将

顺治六年改都司，寻改操守。

顺治

张邦谟 江南海州，武进士。

姜文惠 四川人。

黄腾蛟 江南镇江人。

山海城守游击

顺治十三年裁。

顺治

孙承业 顺天人，九年任。

潘家口都司

雍正十年改设

雍正

阎魁 **朱廷佐** **双鼎** **巴克坦** **查什** **赵兴** **德奇讷** **承德** **扎汉泰** **倭成额** **忒英额** **德克什布**

乾隆

三 德 蒙古人，三十六年任。

永平卫掌印守备今裁

顺治

王之熙 宣化人，进士。 **高君锡** 大兴人，进士。

康熙

冯邦彦 宣化人。

杜进梅 辽东人，十五年任。

山海卫掌印守备今裁

顺治

焦毓秀 顺天，武进士，四年任。

郭之俊 宣化，武进士，六年任。

董　戴　威县，武进士，十三年任。
王御春　陕西，武进士，十七年任。

康熙

陈廷谟　顺天，武进士，六年任。
王天福　京卫，武进士，十三年任。
罗　宣　河南，武进士，二十年任。
曾起祚　河南，武进士，二十二年任。
杨汇吉　河南，武举，二十三年任。
刘光唐　宣化，武举，三十六年任。
贝廷枢　沧州，武进士，四十二年任。
王廷桂　顺天，武举，四十九年任。
秦元勋　西安，武举，五十年任。

永平道标中军守备今裁

顺治

杨　丽　新城人。　　**于　龙**　天津人。
王国相　宛平人。

义院口守备

寻改操守。

顺治

张宿曜　江南海州人。
张异珍　陕西榆林卫人，指挥。
俞锡命　浙江慈溪人。

黄土岭守备

顺治六年，改操守。

顺治

张宏基　广宁卫人，指挥。

周　鼎　奉天铁岭卫人，指挥。

桃林口守备

顺治六年，改操守。

顺治

胡希孔　辽东人。　**佟绍圣**　辽东人。

李之桢　宣化府武进士。

刘家口守备

顺治六年，改操守。

顺治

高师文　陕西榆林卫人，指挥。

冷口守备

顺治六年，改操守。

顺治

赵　忠　陕西榆林卫人。　**许天福**　山海卫人。

界岭口守备

顺治六年，改操守。

顺治

何翀霄　陕西榆林卫人。　**李世魁**　奉天盖州人。

青山口守备

顺治六年，改操守。

顺治

李如登　京卫人。

南海口守备

顺治十三年设，今裁。

顺治

崔　吉　辽东人，十三年任。　**俞宗舜**　浙江人，十六年任。
高世俊　河间人，十七年任。

康熙

马子云　陕西人，七年任。　**陈万化**　辽东人，十三年任。

潘家口守备

雍正十年，改设都司。

康熙

孙得明　**陈万里**　**夏　云**

雍正

阎　魁　**徐登云**

大毛山提调

顺治六年，改操守。

顺治

党从戎　陕西人。

康熙

程　墨　陕西人。　**徐九伟**　江南江宁人。
秦　钺　山西曲沃人。

永平卫屯捕千总今裁

顺治

孙大谋　浙江绍兴人，武举。
萧云汉　南宫人，武举。

山海卫屯田千总今裁

顺治

马献祥　京卫人，武举，八年任。

沈登瀛 顺天，武举，十三年任。
丁　奇 京卫，武举，十七年任。

永平道标千总今裁

顺治

崔毓德 昌黎人。 **高　标** 迁安人。

山永协右营分防茨榆坨把总

雍正

冯茂兴 山西汾阳人，八年任。
吴德奇 卢龙人，十二年任。

乾隆

白成喜 河间人，五年任。
姚　焕 江南江都人，十三年任。
张绍彦 密云人，二十年任。

大毛山把总

康熙

魏明才 六十年任。

雍正

张　永 三屯营人，五年任。 **顾文耀** 八年任。
米　香 十二年任。

乾隆

张拱星 元年任。 **李若桐** 卢龙人，二年任。
钱尚礼 卢龙人，十八年任。

抚宁汛把总

康熙

张守仁 五十九年任。

雍正

陈光祖 福建人，五年任。

乾隆

王智翰 山西阳曲人，三年任。
王应麟 迁安人，十二年任。
张福禄 山东陵县人，十九年任。

冷口关把总

康熙

陈　虎 正白旗人，六十一年任。

雍正

白成事 定州人，五年任。 **孟　义** 十年任。

乾隆

姚　焕 江南江都人，四年任。 **白成喜** 十三年任。
王启业 卢龙人，十七年任。
李元成 福建固安人，二十一年任。
业尚忠 河间县人，二十四年任。

潘家口把总

乾隆

黄升　刘禄　谭子超　高明保
方瑞生 福建诏安人，三十七年任。

龙井关把总

属潘家口辖。

乾隆

谭子奇　何腾鳌　李进贵　徐定　孙国龙
林良栋 遵化州人，二十四年任。

汉儿庄把总

乾隆七年，移潘家口。

乾隆

李挺　**王有仁**　**盛龙**　**伊进忠**

监管高丽章京今裁

富昂腊　满洲人，拖沙哈番。　**双　哥**　满洲人，拖沙哈番。

卷之十一

选举表一　文科上

［辽　金　元］

《金史·选举志》：辽起唐季，颇用唐进士法取人。然仕于其国者，考其致身之所自进士才十之二三耳。金承辽后，凡事欲轶辽世，故进士科目兼采唐宋之法而增损之。其及第出身，视前代特重，而法亦密焉。金设科皆因辽、宋制，有词赋、经义、策试、律科、经童之制。海陵天德三年，罢策试科。世宗大定十一年，创设女直进士科，初但试策，后增试论，所谓策论进士也。明昌初，又设制举宏词科，以待非常之士。故金取士之目有七焉。其诗词赋、经义、策论中选者，谓之进士；律科、经义中选者，曰举人。

凡诸进士、举人，由乡至府，由府至省，及殿试，凡四试。皆中选，则官之。至廷试五，被黜则赐之第，谓之恩例。又有特命及第者，谓之特恩。恩例者，但考文之高下为第，而不复黜落。凡词赋进士，试赋、诗、策论各一道；经义进士，试所治一经，义、论、策各一道。其设也始于太宗。天会元年十一月，时以急欲得汉士，以抚辑新附，初无定数，亦无定期，故二年二月、八月，凡再行焉。五年，以河北、河东初降，职员多缺，以辽宋之制不同，诏南北各因其素习之业取士，号为南北选。熙宗天眷元年五月，诏南北选各以经义、词赋两科取士。海陵庶人天德二年，始增殿试之制，而更定试期三年，并南北选为一，罢经义、试策两科，专以词赋取士。贞元二年，定贡举程试条理格法。正隆元年，命以五经、三史正文内出题，始定为三年一辟。大定四年，敕宰臣：进士文优则取，勿限人数。

凡乡试之期。以三月二十日府试之期。若策论进士，则以八月二十日试策，间三日试诗；词赋进士，则以二十五日试赋及诗，又间三日试策论；经义进士，又间词赋后三日试经义，又三日试策，次律科，次经童，每场皆间三试之。会试，则策论进士以正月二十日试策，皆以次间三日同前。御试，则以三月二十日，策论进士试策，二十三日试诗论；二十五日词赋进士试赋诗论；而经义进士，亦以是日试经义，二十七日乃试策论。若试日遇雨雪，则候晴日。御试，唱名后，试策则禀奏；宏词则作二日程试。

《元史·选举志》：初太宗始得中原，辄用耶律楚材言，以科举选士。世祖既定天下，王鹗献计，许衡立法，事未果行。至仁宗延佑间，始酌旧制而行之，每三岁一次开试，举人从本贯官司于诸邑户内推举。

乡试。八月二十日，蒙古、色目人试经问五条；汉人、南人明经二疑二问，经义一道。二十三日，蒙古、色目人试策一道；汉人、南人古赋、诏诰、章表内科一道；二十六日，汉人、南人试策一道。会试。省部依乡试例，于次年二月初一日，试第一场；初三日第二场；初五日第三场。

御试。三月初七日，前期奏委考试官二员、监察御史二员、读卷官二员，于殿廷考试。每举子一名集赛台一人看守。汉人、南人试策一道，限一千字以上成；蒙古、色目人时务策一道，限五百字以上成。

冯唐卿　滦州人，大安元年第。

张　珏　义丰人，乾统元年第。历官辽兴军节度使。

孟　浩　滦州人，辽末登进士。《金史》有传。

以上辽。

刘敏行　平州人，天会三年进士。有传。

李　杭　乐亭人，天会年第，有传。

李元道　滦州马城人，皇统间，词赋登第。

李元璋　道弟，正隆元年律科登第，有传。

张　芝　滦州人，正隆二年第。

张天佐　乐亭人，正隆年第，历官侍郎。

张天佑　乐亭人，正隆年第。历官中奉大夫。

史　愈　滦州人，大定六年第。

牛子元　滦州人，大定十二年第。

张　介　平州人，正大元年经义进士第一，有传。

鲜于仲权　乐亭人，明昌年第，旧志作元太祖十年进士，今从《畿辅志》。

以上金。

杨绍先　滦州人，中统三年第，有传。

赵仁举　滦州人，至元二十年第，知晋州。

赵　衍　滦州人，至元二十年第，官国子监祭酒。

成　祚　滦州人，大德七年第，历官运副使。

张　德　滦州人，横渠七世孙，皇庆元年第，历官大宁路教授。

以上元。

案:《元史》自太宗至世祖，屡议科举，皆未及行，至仁宗皇庆二年十一月，乃下诏以三年八月天下郡县兴其贤者、能者充赋有司，次年二月会试京师。则《明志》所载，凡是年以前登第者，皆不足据。郭建初已辨之矣。今姑仍旧志列于右。

［明］

《明会典》：洪武三年，诏设科取士，以今年八月为始，直隶府、县贡额百人（案：此谓南直隶）。北平四十人。永乐三年，令北直隶府、州、县于顺天府乡试。洪熙元年，定北京国子监并北直隶共五十名。景泰四年，南北直隶各增三十五名。万历五年，准各房文字合式者，除正卷外，悉将备卷付礼部，填入副榜。

洪武三年，诏礼部会试额，取举人百名。洪熙元年，奏准会试临期请旨不过百名。正统五年，增额为百五十人。十三年以后，仍不拘额数。凡士之举于礼部者，以三月朔日御殿而亲试之，谓之殿试。后率以三月十五日，间以他事更日。

洪武十六年，奏准天下府、州、县学岁贡生员各一人。二十一年，令府学一年、州学二年、县学三年，各贡一人。必性资纯厚，学业有成，年二十以上者方许。二十五年，令府学一年二人、州学二年三人、县学一年一人。正统六年，令府学一年贡一人，州学三年贡二人，县学二年贡一人，遂为定例。

洪武十八年，令云南所属学校生员，有成材者，不拘常例，从便选贡（案：此即选拔之始）。

弘治八年，奏准自九年起至十三年止，每年该贡一名者，许贡二名；三年该贡二名者，二年许贡三名；二年该贡一名者，每年各贡一名。以后仍照见行例。隆庆二年，题准将各府、州、县卫学廪膳生员，不拘食粮浅深，通行考试。务取文行兼优、年力精壮者，府学二人，州县卫学各一人，以充恩贡。俱限本年到部听翰林院考校。

进　士

洪武

滦　州

夏　伸　乙丑，都察院左都御史。

乐亭县

宋宏道　乙丑，有传。

永乐

昌黎县

崔　碧　戊戌，山东佥事。

滦　州

王　翱　乙未，盐山籍，有传。

宣德

抚宁县

解　贯　庚戌，太仆寺少卿。

正统

迁安县

王　锐　己未，有传。

李　和　乙丑，河南参政。

昌黎县

张文质　壬戌，礼部尚书，太子太保。

滦　　州

夏　焯　壬戌，官按察使司。

景泰

卢龙县

刘　宣　辛未，有传。

李　胜　辛未，永平卫人，河南按察佥事。

杨　福　辛未，永平卫人官御史。

迁安县

李　文　甲戌，官历运使。

昌黎县

周　斌　辛未，有传。

杜　谦　甲戌，有传。

滦　　州

阎　鼐　甲戌，有传。

天顺

卢龙县

王　佐　丁丑，河南阳武知县。

抚宁县

刘　珙　甲申，刑部员外，《县志》作景泰甲戌，孙贤榜。

乐亭县

刘　恭　庚辰，河南参政。

成化

卢龙县

萧　谦　丙戌，永平卫人，湖广副使。

杨　祥　丙戌，永平卫人，山西佥事。

周　茂　壬辰，湖南永州府知府。

张廷纲　壬辰，永平卫人，有传。

张秉清　壬辰，永平卫人，历按察司佥事。

茆　钦　戊戌，江西佥事。

迁安县

魏　琮　乙未，浙江乌程知县。

王　和　戊戌，有传。

才　宽　戊戌，有传。

郭　镛　甲辰，兴州卫人，官历副使。

抚宁县

赵　绣　乙未，官行人。

昌黎县

张　忱　己丑，文质子，兵部郎中。

杜　源　辛丑，谦子，山东，青州府知府。

滦　　州

齐　章　丙戌，燕山卫籍，太常寺少卿。

齐　文　己丑，燕山卫籍，章弟。官郎中。

谢　纲　壬辰，有传。　　　**郝　隆**　壬辰，有传。

高　璁　戊戌有传。

余　璘　辛丑，南京员外郎。《州志》余作佘。

朱　玑　丁未，太仆寺少卿。**王　济**　丁未，太仆寺少卿。

山海卫

郑　己　丙戌，有传。　　　**萧　显**　壬辰，有传。

崔　锦　甲辰。

弘治

卢龙县

郭　经　丙辰，河南开封府知府。

朱　鉴　己未，有传。

王　翊　己未，永平卫人，有传。

张秉清　壬戌，永平卫人，按察司佥事。案旧志，作山海卫，误。

迁安县

王　廷　癸丑，山西佥事。**李　金**　癸丑，江西副使。

孙　炯　癸丑，陕西，苑马寺卿。

李　炫　己未，太仆寺卿。

陈　鼐　壬戌，陕西按察司副使。

抚宁县

王　春　丙辰，翰林院检讨，改周府左长史。

鲁　铎　壬戌，有传。

滦　　州

高　谦　癸丑，陕西巩昌府知府。

许　庄　癸丑有传。　**郭　瑀**　癸丑，和阳卫籍。
王　蕃　丙辰，陕西平凉府知府。
任　惠　丙辰，吏科给事中，有传。
王　辅　己未，有传。　**李　鉴**　壬戌，监察御史。

乐亭县

李宗商　庚戌，陕西行人、太仆寺少卿。

正德

卢龙县

白　麒　丁丑，永平卫人，山东丘县知县。
廖自显　辛巳，有传。

迁安县

王　念　辛未，有传。　**杨百之**　甲戌，山西佥事。
高　轩　丁丑，户部主事。

抚宁县

翟　鹏　戊辰，有传。　**王道中**　甲戌，有传。

昌黎县

王　翰　甲戌，官行人，以直谏被谴，卒赠御史。

滦　州

吴　吉　戊辰，户部主事。

嘉靖

卢龙县

赵德佑　癸未，有传。
李充浊　丙戌，永平卫人，有传。
廖际可　壬戌，浙江嘉兴府同知。

迁安县

李　涵　癸未，有传。

钱　澍　己丑，山东曹县知县。

昌黎县

王尚直　丙辰，工部郎中。

滦　州

王　庚　癸未，有传。　**蔡　锐**　癸未，永清卫籍。

段　麒　丙戌，卢龙卫籍，奉天府丞。

王金章　丙戌，河南睢州卫籍。

高　擢　己丑，有传。　**王　镐**　己丑，有传。

历汝进　戊戌，有传。

周　冉　甲辰，湖广汉阳知府。

乐亭县

卢耿麒　癸未，有传。　**王好问**　庚戌，有传。

山海卫

万　义　癸未。　**詹　荣**　丙戌，有传。

穆宁中　癸丑，户部主事。

隆庆

卢龙县

王大用　戊辰，东胜卫人，有传。

迁安县

李安仁　辛未，兴州卫人，有传。

抚宁县

王胤祥　辛未，有传。

万历

卢龙县

韩应庚 丁丑，东胜卫人，有传。
朱文运 己丑，有传。
白　瑜 乙未，东胜卫人，有传。
白养粹 甲辰，瑜子。山东兵备参议。
韩原善 丁未，东胜卫人，有传。
陈王庭 丁未，有传。

迁安县

徐云逵 乙未，光禄寺卿。
程大猷 辛丑，兴州卫人，山东曹濮兵备参议。
王大智 甲辰，玉田籍，太仆寺卿。
郭　巩 癸丑，兵部侍郎。

昌黎县

魏可简 己丑，尚宝司卿。县志作太常寺。
冯盛明 己丑，涿州籍，官至左布政。
龙负图 辛丑，户部主事。　**冯　铨** 癸丑，中和殿大学士。
邸存性 丙辰，兵部主事。

滦　州

高　第 己丑，有传。　**张鹏翼** 戊戌，工部郎中。
王尧民 甲辰，汉中卫籍。　**石维岳** 庚戌，有传。
冯运泰 己未，有传。

乐亭县

张国瑞 丁未，有传。

山海卫

冯时泰 庚辰，有传。　**刘廷宣** 癸丑，有传。

天启

卢龙县

崔及第 乙丑，官行人。

迁安县

李成性 丁卯，有传。

崇祯

滦　州

严梦鸾 丁丑，陕西宝鸡县知县。

高辅辰 癸未，第子。山东范县知县。

举　人

洪武

乐亭县

宋宏道 甲子，见进士。

温　厚 甲子，佥都御史。旧志作永平人，无官阶。《滦州志》作永乐甲午科，注云《乐亭旧志》列荐辟中，厚作原，误。

永乐

卢龙县

刘　哲 戊子，山西襄垣训导。

李　旺 辛卯，南直隶潜山县知县。

赵　忠 甲午，御史、改刑部郎中。

刘　诚 庚子，工部郎中。

邵　俨 癸卯，陕西右参议。

臧　敬 癸卯。

任　泰 癸卯。

迁安县

姚　著　乙酉，广东高州府知府。

尹　恭　戊子，知府。　**田　翥**　戊子，应天府治中。

崔　旭　辛卯，陕西府谷县县丞。

刘　让　辛卯，兵部郎中。　**吴　敏**　甲午，知县。

杜　兴　丁酉，户部员外。　**高　明**　庚子，山西岳阳知县。

刘　静　癸卯，陕西西安府推官。

刘　纪　癸卯，浙江平湖县县丞。

抚宁县

吴　杰　辛卯，湖广布政。　**姚　政**　丁酉，两浙运司。

昌黎县

费　隐　丁酉，山西泽州府同知。

刘　鸿　丁酉，照磨。

崔　碧　丁酉见进士。

张　震　庚子，山西永和训导。

孙　缙　癸卯，税课大使。

李　昉　癸卯，山东邹平知县。

滦　州

崔成节　乙酉。

刘　会　甲午，南直隶固始知县。

刘　干　甲午，山东曹县知县。**王　翱**　甲午，见进士。

阎　本　丁酉，南直隶徐州府同知。

张　勋　丁酉，参政。

武　信　丁酉。

乐亭县

孙　白　丁酉，河南杞县知县。

邢　润　丁酉，山东商河知县。

宣德

迁安县

陆　逵　丙午，河南祥符训导。

抚宁县

白　壁　壬子，山西沁水训导。

乐亭县

刘　懋　乙卯，江西袁州府知府。

正统

迁安县

王　锐　戊午，见进士。

崔　砺　辛酉，辽东三万卫教授。

沈　继　辛酉，山东栖霞教授。

赵　玉　甲子，有传。

李　和　甲子，见进士。

抚宁县

刘　钺　甲子，浙江布政使。

昌黎县

张文质　戊午，见进士。

滦　州

沈　礼　丁卯，南直隶淮安府通判。

阎　鼐　丁卯，见进士。

乐亭县

李　霖　丁卯，浙江衢州府通判。

景泰

卢龙县

谢　衷　庚午，永平卫人。

陈　暹　庚午，永平卫人，河南通许知县。
唐　福　庚午，东胜卫人，有传。**刘　宣**　庚午，解元见进士。
李　宽　癸酉，山东齐东知县。
陶　献　癸酉，见进士。案：旧志进士中无此人。

迁安县

徐　义　庚午，南直隶安庆府通判。
马　聪　庚午，陕西平凉府同知。
李　文　癸酉，见进士。
崔　镛　丙子，山西寿阳知县。
张　镛　丙子，国子监学正。

抚宁县

刘　钺　癸酉，山西介休知县。**颜　真**　癸酉，山东曹州训导。
欧阳懋　丙子，浙江宁波府同知。

昌黎县

王　杰　庚午，河南南阳府通判。
魏　安　庚午，福建运使。　**郭　鼐**　庚午，江西临川知县。
杜　谦　庚午，见进士。　**戴　纪**　癸酉，山东济南府同知。
周　斌　癸酉，见进士。　**李　敬**　癸酉，河南温县知县。
曹　纪　癸酉。
杨　森　丙子，南直隶池州学正，今改为府。
翟　旻　丙子，山西沁州学正。
张　忱　丙子，见进士。《县志》作天顺年举人。

滦　州

陈　恕　庚午，有传。　**吕　旻**　癸酉，山东邹县知县。

乐亭县

王　亮　庚午，山西蔚州知州，今属直隶。

牛　本　丙子，有传。

天顺

卢龙县

谢　宁　己卯，永平卫人，河南项城知县。

昌黎县

崔　鉴　己卯，碧子，河南安阳知县。

汪　理　壬午。

滦　州

李　贯　己卯，山西忻州同知。

乐亭县

刘　恭　己卯，见进士。　　**俞　衡**　壬午。

郁　瑄　壬午，昌子，知县。

山海卫

萧　显　己卯，见进士。　　**郑　己**　壬午，见进士。

成化

卢龙县

李　昶　乙酉，太仆寺少卿。

马　銮　乙酉，永平卫人，山西大同知县。

印　玺　戊子，永平卫人，南直隶太和知县。

谢　宥　戊子，永平卫人，南直隶亳县知县，今改为州。

周　本　戊子，卢龙卫人，山东济南府同知。

萧　临　辛卯，永平卫人。

吕　麟　辛卯，卢龙卫人，南直隶凤阳知县。

郝　谦　辛卯，南直隶六安知县，今改州。

金　英　甲午，永平卫人，兵部员外郎。

李　时　丁酉，永平卫人，有传。
赵　璞　庚子，卢龙卫人，山东蒙阴知县。
李文盛　庚子，南直隶溧水知县。
杨　东　庚子，东胜卫人，山东商河知县。
杨　润　癸卯，陕西金州知州。
杨　相　癸卯，安定知县。
朱　瑄　癸卯，陕西兴平知县。
潘　魁　癸卯，河南淇县知县。

迁安县

朱　缨　乙酉，山东沾化知县。
王　泽　戊子，山西长子县知县。
李　昺　甲午，户部郎中。　**章　英**　甲午，山西自在州知州。
魏　琮　甲午，见进士。　**王　和**　甲午，见进士。
王永清　丁酉，河南延津知县。　**才　宽**　丁酉，见进士。
王　溥　癸卯，陕西金州知州。　**郭　镛**　癸卯。

抚宁县

吴　谦　戊子，湖广蒲圻教谕。
郭　钦　辛卯，河南遂平知县。
谢仲达　辛卯，河南孟津知县。
黄　敬　甲午，辽东盖州卫训导。
金　茂　甲午，山东昌乐知县。
刘　琦　丁酉，山东兖州府通判。
刘　玫　丁酉，河南汝宁府通判。

昌黎县

宋　铭　乙酉，河南通许知县。
杜　源　乙酉，见进士。
张　愷　辛卯，文质子。

李　鼒　甲午，户部员外郎。
贾　琇　丁酉，山西交城知县。

滦　州

杨　琇　乙酉，山东堂邑知县。
郝　隆　乙酉，见进士。
高　璁　戊子，见进士。　**宋　儒**　辛卯。
谢　纲　辛卯见进士。　**田　增**　庚子，陕西凤翔知县。
高　寿　庚子。　**佘　璘**　庚子，见进士。
沈　阶　癸卯，亚元。南直隶亳州州同。
吉志学　癸卯，山东东昌府通判。
冯　清　癸卯，陕西鄜县知县。
王　用　丙午，河南西平知县。
许　庄　丙午，见进士。　**任　惠**　丙午，见进士。

乐亭县

卢　敬　乙酉，有传。
刘　昶　戊子，山东昌乐知县。
周　汉　戊子，山西临汾知县。《县志》汉作瀚。
王　琰　辛卯，山西忻州同知。
毛　凤　癸卯，山西万泉知县。

山海卫

曾　韬　甲午，山西应州学正。
崔　锦　癸卯，见进士。

弘治

卢龙县

李　桢　己酉，永平卫人。　**张秉清**　己酉，见进士。
黄　胜　壬子，山东沂州训导，今改府。

周　纪　乙卯。　**李　溥**　乙卯，山东东阿知县。

朱　鉴　乙卯，见进士。

王　鼐　甲子，永平卫人，陕西淳化知县。

迁安县

王　廷　己酉，见进士。　**李　金**　己酉，见进士。

孙　炯　壬子，见进士。

李　秀　乙卯，南直隶卢州府通判。

李　炫　乙卯，见进士。　**陈　鼐**　乙卯，见进士。

王　念　辛酉，见进士。

李世杰　甲子，陕西都使司经历。

才　英　甲子，山西平定州知州。

抚宁县

胡　宪　乙卯，山西大同，府通判。

鲁　铎　戊午，见进士。

昌黎县

高　胜　己酉，南直隶凤阳府通判。

崔仲淮　戊午，鉴子，山西翼城知县。

滦　州

徐　瑞　己酉，河南宝丰知县。《州志》瑞作端。

安　民　己酉，户部郎中。　**高　谦**　壬子，见进士。

范　兰　乙卯。　**王　蕃**　乙卯，见进士。

吴　吉　乙卯，见进士。　**李　鉴**　戊午，见进士。

王　辅　戊午，见进士。　**王　轸**　甲子，河南孟县知县。

乐亭县

李宗商　己酉，见进士。　**刘　振**　壬子。

李宗夏　乙卯，陕西邠州学正。

山海卫

田　跃　辛酉，山东金乡知县。初为郑己之子，复姓田。

正德

卢龙县

李　宏　癸酉，永平卫人，山东参议。

许廷璋　癸酉，东胜卫人。　**白　麒**　癸酉，见进士。

赵德祐　己卯，见进士。　**廖白显**　己卯，见进士。

迁安县

杨　锐　庚午，河南宁陵知县。　**高　轩**　庚午，见进士。

刘　镇　癸酉，山东费县知县。　**杨百之**　癸酉，见进士。

抚宁县

翟　鹏　丁卯，见进士。

周良臣　己卯，河南卫辉府通判。

昌黎县

王　翰　庚午，见进士。

滦　州

李时佑　癸酉，山西沁源知县。

任　信　癸酉，山东郓城知县。

吴　昺　丙子，河南汝宁府通判。

王　庚　丙子，见进士。　**段　麒**　己卯，见进士。

于　隆　己卯，河南卫籍。

乐亭县

王　诚　丁卯，山东禹城知县。　**王　昁**　庚午。

山海卫

李伯润　癸酉，浙江永康县。知县改补河南怀庆府教授。

嘉靖

卢　龙

纪　纶　壬午，卢龙卫人，陕西延安府同知。
朱　淳　乙酉，永平卫人，山东昌邑知县。
阚　杰　乙酉，石州知州。　**李充拙**　乙酉，永平卫人。有传。
李充浊　乙酉，见进士。
韩　梅　戊子，永平卫人，有传。
胡守仁　戊子，永平卫人。　**邵鹤年**　戊子，山西岢岚知州。
李一致　丁酉。　**廖献可**　癸卯，山东即墨知县。
茆世亨　癸卯，易州知州。　**廖际可**　己酉，见进士。
王大用　甲子，见进士。

迁安县

李　涵　壬午，见进士。　**梅如玉**　乙酉，山东福山县知县。
钱　澍　戊子，见进士。　**张效俭**　丁酉，山东兖州府通判。
王　宥　癸卯。　**李　纁**　戊午，山东陵县知县。

抚宁县

翟绍先　己酉，鹏子。　**白　经**　乙卯，山东寿张知县。

昌黎县

赵　瑞　壬午，有传。　**王尚直**　乙卯，见进士。

滦　州

王　镐　壬午，见进士。　**王　钲**　戊子，河南获嘉县知县。
高　擢　戊子，见进士。　**吉　占**　辛卯，通判。
周　冉　辛卯，见进士。
郑　钦　甲午，河南府通判。《滦志》作郑卿。
历汝进　甲午，见进士。　**刘　卿**　丁酉。
郝宗启　丙午，有传。　**陈　情**　丙午，有传。

吉　守　己酉，陕西阶州知州。
陈嘉谟　壬子，山东济南府通判。
张文炳　辛酉，河南泾州知州。　　**王　淦**　甲子。

乐亭县

卢耿麒　壬午，见进士。　　**王好学**　庚子，有传。
王好问　丙午。

山海卫

万　义　壬午，见进士。　　**詹　荣**　乙酉，见进士。
谭　坊　丙午。　　**穆宁中**　己酉，见进士。
刘复礼　壬子，有传。　　**萧大谦**　壬子，有传。

隆庆

卢龙县

韩应奎　庚午，东胜卫人，有传。

迁安县

李安仁　丁卯，见进士。　　**李承恩**　庚午。

抚宁县

王胤祥　丁卯，见进士。

滦　州

张所修　庚午，山东福山县知县。

乐亭县

李鹤鸣　丁卯，河南西华县知县。
张汝桢　丁卯，羽林卫籍。

山海卫

谭　讷　庚午，陕西中部知县。

万历

卢龙县

李汝茂 癸酉。 **韩应庚** 丙子，见进士。

朱文运 己卯，见进士。

崔凤雏 壬午，东胜卫人，河南巩县知县、荆州府通判。

白　瑜 乙酉，见进士。 **薛三桂** 庚子，有传。

白养粹 癸卯，见进士。 **陈王庭** 丙午，见进士。

韩原善 丙午，见进士。 **廖从周** 乙卯，教谕。

迁安县

魏汝桐 壬午，河南宜阳知县，《县志》作如桐。

徐云逵 戊子，见进士。

杨文粹 辛卯，南直隶松江府通判。

程大猷 庚子，见进士。

王大智 癸卯，见进士。

崔从教 丙午，山西太原府同知。

郭　巩 壬子，见进士。

抚宁县

王调元 戊午，有传。

昌黎县

魏可简 己卯，见进士。 **冯盛明** 乙酉，见进士。

王之屏 辛卯。 **龙负图** 甲午，见进士。

邸存性 丁酉，见进士。 **刘汝桂** 庚子，陕西固原知县。

宋文熏 癸卯，山西隰州知州。

冯　铨 己酉，见进士。

滦　州

高　甲 壬午，陕西巩昌府推官。

赵养正 乙酉。
沈育民 戊子。
高 第 戊子，见进士。
孟陈义 戊子。
张鹏翼 辛卯，见进士。
冯斗华 丁酉，有传。
张孔教 丁酉。
秦时跃 丁酉。
石维岳 庚子，见进士。
赵养蔚 庚子，有传。
冯运泰 癸卯，见进士。
张启源 癸卯，鹏翼子。
张联奎 己酉，有传。
严梦鸾 壬子，见进士。

乐　亭

王浑然 辛卯，好问子，有传。
曹司牧 丁酉，苑马寺卿。
张国瑞 丙午，见进士。

山海卫

冯时泰 癸酉，见进士。
张重立 癸酉。
刘思诚 癸酉，有传。
刘廷宣 丙午，见进士。
吕鸣夏 乙卯，有传。
刘廷征 乙卯，陕西洛南知县。

天启

卢龙县

崔启亨 甲子。
崔及第 甲子，见进士。

迁安县

李成性 丁卯，见进士。

滦　州

严梦鹏 甲子，梦鸾弟。
高辅辰 甲子，见进士。
伦之楷 丁卯，有传。
张汝贤 丁卯，有传。

崇祯

卢龙县

管声扬 己卯，有传。

抚宁县

王胤吉 癸酉。

昌黎县

贾重隆 丙子，直隶隆平知县。

李云起 壬午，见国朝进士。

滦　州

赵永祉 丙子。

张　直 己卯，湖广郧阳府知府。

高翼辰 壬午，第子，湖广参政。

石　申 壬午，见国朝进士。

乐亭县

陈兴门 庚午，贵州铜仁府推官。

山海卫

穆尔鹏 庚午。

佘一元 乙卯，见国朝进士。

贡　生

府　学

马　定 抚宁人，翰林典籍。

杨　讷 昌黎人，布政检校。

孙　谦 抚宁人，山东郓城知县。

李　益 滦州人，四川华阳知县。

张　彬 抚宁人，南直隶江宁知县。

马　德 滦州人，陕西蒲城县丞。《州志》作满城知县。

马　毅 卢龙人，浙江奉化知县。

李　举 卢龙人，湖南宁乡知县。

王　佐 卢龙人，浙江瑞安知县。

裴　友 滦州人，南直隶镇江府同知。

李　芳　迁安人，山西平陆县丞。
阎文昌　昌黎人，河东运判。
姚　贵　抚宁人，山东肥城知县。
王　纲　抚宁人，南直隶萧县知县。
才　通　迁安人，南直隶淮安府经历。
王　纶　昌黎人，山东恩县县丞。
王　贵　昌黎县人，陕西庆阳府知府。
张　忠　滦州人，南直隶广德州州判。
马　旺　昌黎人，南直隶高邮州州判。
姚　善　永平卫人，山东武定州学正，今改府。
邸　定　昌黎人，南直隶扬州府照磨。
李　玉　卢龙人，河南襄城县丞。
龙　震　永平卫人，甘肃庆阳府同知。
王　毓　滦州人，鲁府典仪。
鲁希贤　滦州人，山东登州府照磨。
卢尚质　乐亭人，布政检校。
赵　祥　迁安人，浙江嘉善县丞。
孟　华　滦州人。
安　远　永平卫人，山西河津知县。
蒋　泰　永平卫人。　**赵　定**　卢龙人，山东临邑知县。
魏　洪　昌黎人。　**杨　瑛**　永平卫人。
骆　胜　永平卫人，山东济宁州吏目。
殷　玘　永平卫人。　**胡　宁**　滦州人，直隶磁州州判。
秦　昂　滦州人，山东蒲台训导。
朱　辉　卢龙人，任丘训导。
傅　荣　东胜卫人，山东鱼台训导。
王士英　滦州人。　**胡　缙**　迁安人，山东阳谷训导。
陈　磁　永平卫人，陕西岐山主簿。
瞿　昂　昌黎人，山东诸城训导。

刘　铭　迁安人，山西洪洞知县。

邵　瑄　卢龙人，山东朝城知县。

李　旺　卢龙人，山西太谷知县。

张　凤　卢龙人。　　朱　杰　永平卫人，知县。

孙　武　滦州人。　　叶　华　卢龙人，知县。

张　昂　永平卫人。　　谢　寰　永平人。

冯　安　永平卫人。

杨　珍　卢龙卫人，山西黎城训导。

张　文　迁安人，主簿。　　宋　景　卢龙卫人，训导。

俞　能　永平卫人，训导。　　阎　辅　抚宁卫人，主簿。

王　璋　卢龙人。　　张　学　迁安人，知县。

胡　铨　滦州人。　　杜　浚　昌黎人，礼部司务。

孙　宏　永平卫人。　　瞿　让　马　恺

商　臣　县丞。　　张　仁　王　阳　检校。

吕　鼎　卢龙人，冠县教谕。　　靳　鸾　东胜卫人，教谕。

张　宁　训导。　　周　锐　昌黎人，河南桐柏教谕。

葛　玺　吏目。　　张　敏　卢龙人。

方　珍　训导。　　许　禄　训导。

范孔贤　河南巩县教谕。　　王　闰　卢龙人。

刘　儒　训导。　　钱　胜　永平卫人。

俞　熊　永平卫人，教谕。　　吕　贤　卢龙人，山西忻州学正。

刘　璧　教谕。　　王　宗　训导。

杨　淳　永平卫人。　　瞿　临　训导。

俞　璋　训导。　　刘　经　教授。

吕　辅　训导。　　张　阳　教授。

朱　瑾　永平卫人，河南武陵知县。

张　待　卢龙人。　　邵　岳　卢龙人。

徐廷璋　训导。　　傅良弼　检校。

李　景　训导。　　谢　泾　永平卫人。

朱鉴之 永平卫人，河南温县县丞。

靳　泽 东胜卫人，主簿。

李思睿 永平卫人，山西大同知县。

胡　铉 永平卫人，山东博兴主簿。

李　鹏 迁安人，山东章丘主簿。

唐　驷 东胜卫人，山东汶上教谕。

王　浩 东胜卫人，四川江安知县。

潘　恩

罗　乔 东胜卫人，学正。　**杨　昆** 永平卫人，教谕。

唐　采 东胜卫人，州判。　**杨继恩** 东胜卫人。

张思直 永平卫人，教谕。

胡　江 永平卫人，山东蓬莱教谕。

陈　悉 永平卫人。

杨　鼐 永平卫人，山东新泰训导。

唐　寅 东胜卫人，山西屯留知县。

王须用 兴州卫人。　**吕　鹏** 卢龙人，河南原武教谕。

吴　蒸 永平卫人，训导　**朱　侣** 卢龙人，山东肥城训导。

赵　英 永平卫人。

张维吉 兴州卫人，山西泽州训导。

李　举 卢龙人，直隶大兴主簿。

戴　擢 兴州卫人，河南河内训导。

杨守和 卢龙卫人，主簿。

谢　恩 兴州卫人，山东历城教谕。

李充升 卢龙卫人。　**卢　伟** 东胜卫人。

刘天禄 卢龙人，教授。　**胡　朴** 永平卫人，教授。

陆　纶 卢龙卫人，山东青州府训导。

杨守忠 卢龙人，山东兖州府教谕。

程　贞 兴州卫人，山西朔州训导。

侯　泽 永平卫人。

谢　塘　永平卫人，教谕。
王应鸾　永平卫人，山东莱州训导。
潘国栋　东胜卫人，山东淄川训导。
杨　济　永平卫人，河南辉县教谕。
王　用　迁安人，山东乐陵训导。
杨　坡　卢龙人，辽东盖州训导。
白　相　卢龙人，辽东辽阳训导。
彭述古　卢龙卫人，卢龙教谕。
曹一新　训导。
周　宦　兴州卫人，辽东金州学正。
王继志　迁安人，山西朔州学正。
孔思敬　迁安人，安州训导。
李　瀹　永平卫人，山东郯城知县。
唐承光　东胜卫人，山东昌乐知县。
俞志定　永平卫人，山东齐河训导。
李守平　永平卫人，江南海州学正。
魏仕贤　昌黎人，训导。
陈一正　永平卫人，山西岢岚学正。
程蓄德　卢龙人，河南嵩县教谕。
张思仁　迁安人，山西介休训导。
宋德正　卢龙人，山东郓城训导。
李子敬　永平卫人，山西闻喜训导。
王廷献　迁安人，山东东光训导。
唐　守　东胜卫人，湖广衡州府推官。
任守约　迁安人，训导。
李充道　东胜卫人，山西应州训导。
朱大鼎　永平卫人。
张彦中　卢龙人，密云教谕。
韦维翰　兴州卫人，辽东铁岭训导。

严　锜　卢龙人，江南兴化教谕。
朱友仁　永平卫人，辽东金州训导。
韩继仁　永平卫人，辽东金州卫训导。
李登瀛　迁安人，广东高州府通判。
王尚宾　迁安人。　**韩　珏**　永平卫人。
唐承先　东胜卫人，赞皇教谕。
王建中　迁安人，涿州训导。
李　鉴　永平卫人，训导。
李子恭　永平卫人，昌平州训导。
徐可久　迁安人，河南获嘉知县。
赵养粹　滦州人。　**何大吉**　迁安人。
韩继忠　永平卫人，沧州训导。　**韩师范**　永平卫人。
曾耿麟　永平卫人，大名府训导。
李承福　卢龙人，南直隶徐州学正。
罗文达　东胜卫人。
李可培　卢龙人，承福子，陕西两当知县。
赵安国　**孔应征**　迁安人，顺天训导。
韦孔修　河南阌乡知县。　**卜永清**　东胜卫人。
王　法　滦州人，鸡泽训导。　**陈擢**　**陶世宰**
卜文显　东胜卫人。　**吕际可**　陕西两当知县。
卢思门　东安训导。　**王重华**　**周寅**　**王三才**
方梦斗　山东莱州府训导。　**傅一梅**　顺天训导。
钱　府　**罗光裕**　江南保安州训导。
李鱼跃　滦州人。　**吴际盛**
李时阳　山西广灵知县。　**许汝高**　蓟州训导
张守愚　**王谥**　**伦之模**　滦州人，顺天训导。
白生华　**张鹏羽**　**田龙见**
孟元吉　**张　碟**　**王继绪**　**王汝器**　滦州人，南皮训导。
杨程学　滦州人。　**张凤竹**　迁安人。

赵安国 滦州人。
刘　权 滦州人，山东齐河县丞。
徐兰芳 顺天训导。
刘昌泰 定兴教谕。
杨复元
郝俊髦 滦州人，山东黄县主簿，死节。
杨国栋 乐亭人。
张　灿 滦州人，四川成都府训导，《州志》作爃。
王运泰 东胜卫人，湖广安陆府知事。
刘廷讲 河南武安主簿。
李更新 乐亭人。
葛攀凤 永平卫人，江南保安训导。
沈国光
卜运昌 东胜卫人，有传。
崔元吉
卜文烓 东胜卫人，直隶任邱教谕。
姚时俊　**赵际可**　**杜蔚然**　**许有勋**　**郝鹏宇**　**曾继儒**
穆显谟 湖广咸宁县丞。
王化征 乐亭人。
刘廷召 山海卫人。
刘尚宾
解所蕴 抚宁人，河南南阳府同知。

卢龙县

苏　实 太仆寺丞。
任　豫 山西襄陵县丞。
刘　侃 河南卫辉府经历。
甄　显 福建建宁府照磨。
张　杲 通政司经历。
王　礼 官至御史。
刘　本 陕西澄城知县。
刘　恭 工部郎中。
国　用 山东佥事。
郝　深 鸿胪寺序班。
贾　升 陕西神木知县。
宋　铎 知县。
陈　英 山西解州州同。
王　瑄 鸿胪寺序班。
张　璧 临洮府推官。
蒋　荣
王　昺 河南彰德府知事。
王　翔 河南中牟县丞。
邵　光 腾骧卫经历。
乐　恕 山东德平主簿。
解　宽 河南兰阳主簿。
朱　昭 山东金乡知县。

顾　本　福建延平府知事。　　**陈　卤**　山西蒲州州判。
张　溥　浙江杭州府知事。　　**邢　端**　鸿胪寺序班。
柏　茂　河南遂平知县。　　**李　诚**　浙江严州府照磨。
庞　恕　浙江秀水主簿。　　**王　道**　陕西安定知县。
刘　恭　　**李　雍**　石头港巡检。
郑　杰　陕西绥德州州同。　　**郝　清**　江南灵璧县丞。
景　源　河南阳武知县。　　**郑　广**　陕西醴泉知县。
萧　英　辽东义州卫经历。　　**贾　瑄**　山东滕县知县。
窦　广　山东鱼台县丞。　　**刘仲钦**　陕西按察司照磨。
周　瑀　　**董　胜**　晋府教授
张　戣　　**王　玉**　山东馆陶知县。
胡　忠　山东青城主簿。　　**彭　铭**　山西安邑主簿。
李　正　　**李　信**　晋府教授。
杜　祥　山东堂邑训导。　　**韦安**　**张纯**
时　恭　河南怀庆府训导。　　**薛钦**　**王深**　**岳寿**　**张纶**
刘　锐　教授。　　**杨　升**
王　博　知事。　　**苗　盛**　照磨。
杨　滋　知县。　　**沈　秀**　浙江秀水教谕。
胡　渊　教授。　　**徐　英**　县丞。
冯　恭　训导。　　**李　龙**　教谕。
刘　金　教谕。　　**郑　麟**　主簿。
易　鸾　教谕。　　**孟　熊**　训导。
薛　纯　州判。　　**李　纯**　县丞。
李永寿　县丞,《县志》作姓朱。
岳　镇　县丞。　　**郑　时**　主簿。
杨存性　　**邵　骥**　训导。
张源　**王阎**　　**胡　梁**　《县志》作梁胡似误。
窦崇德　**王登之**　　**朱仲贤**　训导。
刘　经　经历。　　**李一方**　训导,《县志》作芳。

朱朝用

萧永常

刘　雄　训导。

俞天爵　训导。

冯国相　训导。

石　声　州同。

张思聪　训导。

朱正颜　训导。

石　璞

魏凤鸣　**程宝**

王汝器　南皮训导。

刘　礼　训导。

李芳春　吏目。

白凤　教谕。

刘　纶　教谕。

茹一蒙　**高秉清**

鲁东山　训导。

柏友松　训导。

韩应箕　见《封荫》。

陈三策　训导。

张文华　教谕。

陆　鉴　辽东铁岭卫训导。

吕登洲

方　至　滦州人。

徐登云　迁安人，训导。

杨尔俊　卢龙卫人，广西思恩州州同。

钱青选　卢龙卫人。

张邦治　正定府教授。

李鸣时　山东茌平教谕。

白　珩　甘肃环县知县。

周鸣凤　保定府教授。

杨　熠

李崇德　房山教谕。

方从矩　顺天训导。

王汝成

丁应时　**张良贵**　**刘注清**

崔启亨　选拔，见《举人》。

康兆民　选拔，南直隶安庆府同知。　**冯景运**　**李发先**

朱爱民　陕西郃阳训导。《县志》作姓李。

李本实　河南泌阳训导。

赵鸣雷

石光斗　河南光山主簿。

李先培　江南丹阳训导。

赵　宸　河南永宁知县。

罗拱极　新城训导。

黄卷　**陈燮元**

迁安县

李　英　户部员外。

李　镇　山西清源知县。

李　恕　河南郏县县丞。　　杨　昭

周　凤　鸿胪寺序班。　　张　琛　户部主事。

何　彬　本县县丞。　　张　鲁　山东清平知县。

邓　俊　山东知县。　　王　通

马　麟　兵部主事。　　张　烨　户部主事。

王　苑　　魏　源　浙江温州府知事。

朱　镛　南直隶盱眙知县。

吴　城　河南道御史,《县志》作诚。

刘　清

崔　勉　吏部稽勋司,《县志》作江西南昌府推官。

石琳　刘海　边通　　刘　杰　代府典簿。

李　芳　湖广辰州通判。　　李　珝　陕西渭南知县。

窦　震　河南卫辉府通判。　　王址　张玘

张　纲　湖广武昌同知。　　李　荣

张　智　湖广黄州府通判，有传。

王　升　陕西潼关卫教授。　　刘　耀　河南郏县县丞。

刘　辉　山西榆次知县。　　元　圭　湖广长沙府知事。

杨　琯　山东长清县丞。　　田　治　南直隶武进知县。

杨春　周诚　　董　德　南直隶颖州吏目。

李　纲　章巨川　山东海丰教谕。

谢　纶　河南孟县知县。　　曹　智　江西抚州府知事。

李　桢　　王　辅　浙江盐大使。

吴　性　陕西两当知县。　　孙　琮

徐　琮　南直隶太仓州经历。　　蒋　盛　孝子，入府乡贤祠。

唐　忠　　石　磬　山东曹县县丞。

王　瀛　陕西清水知县。　　李　桀　山西寿阳县丞。

包　诚　南直隶高邮州判。　　魏　琮　见进士。

梅忠　李治　　杨　显　陕西汉中府照磨。

徐　礼　山西祁县主簿。　　李　祥　陕西宜川知县。

李　友　河南伊阳县教谕。　景　昭　浙江秀水主簿。
张文遂　陕西马邑知县。　邓　昶　周府教授。
李　彬　　周　文　保定府教授。
张　旻　河南荥泽县训导。　王　荣　山西榆次训导。
许　闽　山东馆陶县丞。　元　端
傅　俭　陕西同官知县。　李士杰　见《举人》。
史　祥
周　浚　山东青州府知事，《县志》作卫辉府知事。
李　浚　山东武城训导。　韩廷玉　河南沈丘训导。
赵崇礼　山东长清训导。　徐　升
张　钦　山西蒲城训导。　韩　举
郭　浩　陕西商州知府。　吴　诚　马文明　山东武城教谕。
徐　伸　礼子。　徐登高　陕西乾州训导。
徐　塘　山西石楼教谕。　李　晟　辽东宁远州训导。
赵　清　山东平原教谕。　李自立
韩守忠　山东阳信训导。　王　宥　见《举人》。
郭　浚　山东泰安府教授。　侯　升　周府教授。
刘　东　南直隶亳州吏目。　申　儒　山西盂县知县。
李介福　　赵邦岱　山西绛县训导。
李　节　山西荥河训导。　王　复　代府祀正。
李　泳　辽东宁远训导。　李　培
国　翰　河南息县训导。　张　立　河南汜水训导。
张效良　陕西两当知县。　孙　愚　山西孝义训导。
王之衡　南直隶虹县训导。　王　科　南直隶全椒教谕。
张效恭　国子监助教。　杨　纶　周府教授。
李应魁　山东历城教谕。　唐　润　涿州学正。
李一桂　山东诸城县丞。　杨汝继　安州学正。
章　铭　周府教授。　李　铎　山东高苑知县。
魏尚贤　顺天府训导。　刘汝庚　山西偏头关训导。

章国泰　**章国贤**
蔡维良　辽东前屯卫训导，《县志》名继良。
侯　度　　**崔　岩**　河南怀庆府同知。
王廷贵　博野训导。　**蔡天鹭**　山东宁海州训导。
张行义　滑县训导。　**王应元**
彭友直　恩贡，江西抚州通判。
周治隆　辽东铁岭卫教授。　**赵国贤**　容城教谕。
刘学古　**张效礼**　**李联芳**　新乐教谕。
徐云逵　山西平阳教授。　**王天相**　**李时新**　**许成章**
王与位　永清训导。
孙荣先　南直隶扬州府教授，升知县。
彭好学　　**阚守忠**　元城训导。
陈时策　　**王士选**　蓟州训导。
李国璧　深泽教谕。　**李毓秀**　邢台教谕。
杨述贤　柏乡训导。　**李树名**　东光教谕。
潘鹏程　**李国梓**　**张养正**　**程大猷**　恩贡，见进士。
李毓英　恩贡，湖广武昌通判。
杨树声　恩贡。　**程　量**　恩贡。
韩　范　恩贡。　**董世杰**　拔贡，知县。
董元吉　岁贡，南直隶凤阳主簿。
魏　翟　岁贡，宛平县丞。

抚宁县

杨国柱　副榜。　**周宗尧**　恩选。
郭永静　拔贡，福建邵武府同知。
王从正　拔贡，山东蒲台莱阳知县。
李蕴粹　恩贡，西安府乾州知州。
翟凌云　恩贡，山东兖州府同知，有传。《县志》作选贡。
萧奇栋　恩贡，河南南阳府同知，有传。

温克敏　恩贡，湖北汉阳府通判。一作克敬。
杨　建　户科给事中。
乔　益　南直隶寿州知州。
李　式　工部主事。
朱　萁　光禄寺署丞。
赵　通　广东韶州府经历。
李　宸　湖广沔阳州知州。
李　升　陕西葭州知州。
刘　本　浙江严州府知府。
周　郁　山西垣曲县丞。
刘　清　山西猗氏县丞。
赵春　赵正
李　显　户部员外。
葛　永　陕西华阴县县丞。
袁　节　山东青城知县。
张　鹏　阳和县经历。
张建　冯晟　王辅　张端
王　恂　崇德县丞。
张　献　河南太康知县。
陈洁　张勉　四川安乐知县。
李惠　王干　赵璧　董鉴
刘　俊　山东滨州判官。
贺　祥　山西按察经历。
王　春　南直隶桐城县县丞。
周　密　河南荥泽知县。
刘芳、王瑶　河南怀庆府知事。
郭　瑄　陕西西乡知县。
吴　洪　浙江上虞县丞。
俞　让　云南定远知县。
马　驯　陕西绥德州州判。
韩　升
乔　嵩　山东长山知县。
冯　彰　安徽英山县丞。
李　敬
赵　宠　《县志》名宏。
张　本　陕西略阳知县。
陈　琰　山西沁水县丞。
宋　吉　定辽经历，《县志》姓未。
金　镛　光禄寺署正。
单　雄　山西太原知县。
姚　让　河南汝州州判。
袁　通　陕西扶风知县。
白思谦
乔　忠　河南新野知县。
王　绍　思明州吏目。
郭　理　通州州判。
邵　镛
王　楫　晋府奉祀。
李　麟　南直隶安庆府经历。
张　琦　河南祥符县丞。
孟　诚　山西泽州吏目。
张　相　山东高密知县。
堵　昶
李　昱　辽东复州卫训导。

胡　英
周　南　南直隶盐城县县丞。
王　深
王廷楠　浙江衢州府照磨。
乔　璜　南直隶长州县县丞。
袁　奎
贺　表　浙江宁海主簿。
王廷纲　山东招远教谕。
赵　武
郭宗智　直隶赵州吏目。
袁　栋　云南建水州吏目。

李　恕　山东范县县丞。
冯世宁　南直隶徐州州判。
金　夔　山东武城县丞。
赵　通　河南获嘉主簿。
刘　堂　中书舍人。
陈　翱　河南临潼主簿。
金　溥　南直隶江浦主簿。
赵　镗　山东莱州府教谕。
张　淳　山东茌平主簿。
陈文辉　姚希贤
陈　镗

张　城　辽东广宁卫经历，《县志》作诚。

张伟　陈文质
马镮　赵宏　徐行
傅　金　山东观城知县。
朱　珍　京大仓经历。
谢恩诰
冯学诗　山东武城教谕。
萧　韶
吴锦　袁锡　杨泽
顾　伟
朱　跃　山西闻喜县丞。
张尚质　甘肃崇信教谕。
陈　言　云南顺宁府经历。
黄　钤　河南荣阳训导。

石　坤　山东栖霞训导。
潘士英　甘肃甘州府知事。
李　儒　南直隶绩溪主簿。
潘　锦　河南宝丰县丞。
杨　闰　《县志》作润。
乔明叙　崇德县丞。
王　凤　河南永城主簿。
鲁　东　河南卢氏县县丞。
赵　钦　浙江金华知县。
李相　金榜
郭　相　山西临县教谕。
黄　镇　山西大同训导。

吴光海　南直隶太平府训导，《县志》姓吕。

王汝珍　陕西延长知县。
王　卉　山西榆社训导。
赵　轩　容城教谕。

陈　清　山东招远教谕。
赵　相　河南中牟教谕。
朱自新　南直隶太平县丞。

张九三 河南汝宁通判。 **丘维德** 定兴教谕。
朱正心 房山教谕。 **王嘉礼** 赞皇教谕。
杨凤仪 **周尚卿** 陕西米脂知县。
刘廷彦 陕西汉中府教授，《县志》作朝彦，南阳府教授。
傅如兰 沧州训导。 **周尚赤** 山东丘县训导。
黄道东 辽东复州卫训导。 **陈所学** **王学礼**
黄道南 训导。 **陈中行** **苗来贡** 训导。
张　曜 获鹿训导。 **翟登云** 训导。
罗士佳 静海训导。 **贾继业** 山东丘县训导。
郭典学 完县教谕。 **张东铭**
龚　祚 南直隶怀安卫训导。 **王际明** 陕西沔县知县。
王之聘 山东钜野训导。 **田大有**
张　汉 密云训导，升山西洪洞知县。
徐文耀 庆云训导。 **王德育** 蓟州训导。
周之桢 **徐应登** 正定训导。
魏之璠 经历。 **姚应光**
徐　升 玉田教谕。 **龚承德**
金　淳 岁贡。 **赵　桂** 山西潞安府教授。
傅佳胤 山海卫教授。 **张鹏云** 河南灵宝县丞。
郭朝元 考授州同。 **王之葵** 江南徐州州判，有传。
丁元会 山东乐陵县丞。 **刘国玺** 山东历城县丞。

昌黎县

万　信 开封知府，有传。 **龙　云** 工部主事。
马　贵 陕西延安府照磨。 **鲁希贤** 山东登州府照磨。
卢　兰 湖广汉阳知县。 **王尚德** 河南经历。
祖　述 官至福建右参政。 **刘　澄** 四川叙州府推官。
石　确 南直隶溧阳知县。 **张　让** 经历。
赵　彝 辽西宁远知县。 **戴　成** 湖广应山知县。

刘　森　盐运同知。　　李　宁　山东济宁州吏目。
王　俘　江西瑞州府经历。　　崔　清　陕西朝邑知县。
傅　贞　山东齐河主簿。　　李　泽　山西汾西主簿。
张　伟　山东郓城知县。　　于　原　山东齐河知县。
孙　通　山东夏津知县。　　张　[illegible]　山东郯城知县。
郭　翰　河南磁州州判。　　李　超　山东益县县丞。
李　新　四川龙安巡检。　　张　麒　山东平原县丞。
宋　祥　贵州乌撒卫经历。　　马　让　知事。
齐　聚　吏目。　　王　琳　山西阳曲县丞。
冯　义　山西孝义主簿。　　张　羽　按察检校。
白尚文　河南上蔡知县。　　刘　瑄　河南信阳知县。
张　冲　燕山经历。　　刘　鼐　羽林卫经历。
牛　麟　山东兖州府知事,《县志》作知府。
杨　宏　湖广均州吏目。　　王　泉
才　俊　四川华阳知县。　　赵　范　陕西西安府照磨。
刘　信　南直隶太平府经历。　　萧　政　河南孟津县丞。
刘　翔　泗水主簿。　　喻　昭　河南考城主簿。
曲　旻　直隶曲阳县丞。　　石　瑀
任　震　山东濮州州判。　　郑义　姜颐
郭　玘　知事。　　张　瑾　南直隶溧阳知县。
李　志　山西闻喜县县丞。　　雍　泾　河南彰德府教授。
王　霖　副使。　　赵　凯　大使。
董　敬　南直隶江宁县秣陵关巡检。
田　贡　孙　琦　山东青城县丞。
董　济　山东商河主簿。
顾　宁　山东德州州判。　　朱　玉　大使。
张　深　大使。　　李　凤　山西忻州同知。
费　文　　冯　得　河南安阳县丞。
范希贤　山东朝城训导。　　刘志道　吏目。

张时中 河南宁乡训导。 **马添寿** 山西大同知县。

张　麟 **刘　隆** 山东乐陵主簿。

高　俊 山西静乐主簿。 **景　德** 山西万泉主簿。

周　明 云南武定州训导。 **王　缨** 浙江安吉府照磨。

竹　祥 太仆少卿。 **张　润** 山东济阳县丞。

卜　昌 **仕　凤** 山东阳信主簿。

万实　贡玺　冯瑮　李春

邸　泉 杭州府通判。旧志作滦州人，兹从《县志》。

王　臣　赵　绅 山西大同卫教授。

宋　鉴 河南太康训导。 **李棠　李贤**

郭如京 南直隶池州府检校。 **贾　琮** 浙江德清主簿。

李　祺 山西平定州州判。 **魏文益** 陕西石泉教谕。

王　鉴 山西怀仁训导。 **汪大绅** 山东文登教谕。

宋　端 山东济南训导。 **宋　宽** 山东东平州学正。

马　鼐 山东阳信主簿。 **范　芝** 山东登州训导。

白　瓘 南直隶常熟县县丞。 **李聘儒** 山东齐东县丞。

景维杰 山东蓬莱主簿。 **李　梅** 河南邓州州判。

魏　诰 王府教授。 **郭　晟** 南直隶宜兴县县丞。

贾　韶 浙江瑞安主簿，有传。

张从智 山东冠县县丞。 **邢　念** 山东蓬莱主簿。

汪大纺 陕西蒲城训导。 **邢　润** 南直隶金坛主簿。

孙　严 辽东义州训导。 **李　珩** 陕西秦州州判。

张　昂 南直隶上元主簿。 **齐宗尧** 河南运司，有传。

李跃浪 河南永城知县。 **周　急** 山东武城训导。

张奇龄 山东莱阳主簿。 **王尚贤** 翰子，陕西富平知县。

齐宗文 山东泰安知州。 **李学思** 河南兰阳知县。

高崇本 王府工正。 **张　汲** 王府工正。

王　槐 工部左侍郎，有传。 **赵克励** 河南孟县知县。

齐克肖 陕西平凉府通判。 **田桂林** 山东费县知县。

汪可诏 临洮同知。
宋可大 南直隶卢州府教授。
秦廷符
赵文蔚 南直隶山阳主簿。
龙进忠 山西潞城县丞。
张宗鲁 南直隶江阴县丞。
邹养正 山东莒州州判。
马呈瑞 恩贡。
王纯义
陈士俊 江西雩都知县。
齐鸣凤 宗尧子，有传。
刘思恭 知县。
齐应祥 山西阳城县丞。
张充鲁 景州学正。
张彭年 河南新乡教谕。
宋文灿 恩贡。
王　荐
齐鸣雷 宗尧子，有传。
宋维周 山西交城训导。
王德立 可邵子，卫学教授。
蔡志学 丰润教谕。
贾秉节
张国祥 昂子，陕西渭源知县。有传。
宋濂儒 遵化训导。
宋洛儒 长垣训导。
所无逸 保定训导。
张邦达 辽东卫教授。
孙　栋 肥乡训导。
张所性 充鲁子，南直隶山阳知县。
龙载图 进忠子，山西马邑知县。
李惟极 四川保宁通判。
魏功懋 可简子，南直隶吴县主簿。
孙明德 栋子，训导。
龙呈图 惟忠子，河南邓州府同知，有传。
齐士斌 鸣雷子，江西吉安府同知；城守功，进中宪大夫。
田宗周 保安卫教授。
王　任
邸养性 存性弟，直隶永清卫教谕，死节。
葛人杰 东安教谕，有传。
鲁可毅 深泽训导，死节。
张智临 国祥子，选拔。
王克顺 沙河训导。
冯光大 遵化训导。
段宏璧 顺德训导。
齐拱极
任应遴 山东武城训导。
齐士杰 良乡训导。

以上府、县旧志俱未注明何贡。

齐士业　岁贡。　　齐　臣　恩贡。

滦　州

马　秀　南直隶应天通判。　　袁　谊　光禄署丞。

张　彧　山东蓬莱知县。　　萧　俊　河南固始知县。

李　春　山西临汾主簿。　　艾　寿　山西汾州吏目。

艾　广　浙江开化知县。　　赵　伦

以上，永乐年贡。

任　亨　湖广湘潭知县。　　师　颜　河南许州同知。

宋　吉　河南怀庆同知。　　李　谦　吏科给事中。

崔　卣　户科给事中。　　王　恕　南直隶江阴知县。

张　铨　山东寿张知县。

徐　铉　山东商河知县,《州志》鈜作铉。

杨　兴　山东费县知县。　　程　选　陕西韩城知县。

宋　宁　陕西陇州州同。　　张　质　南直隶溧阳主簿。

张　泰　山东蒙阴知县。

以上，宣德年贡。

张　翙　河南祥符知县。　　李　恭　河南怀庆照磨。

刘　信　行太仆寺丞。　　王　威　山西解州州判。

王　鲤　山西夏县训导。　　刘　源　山西永和知县。

刘　进　按察司佥事。　　刘　贵　河南许州同知。

吴　宏　山西绛州州判。　　安　泰　山西稷山县丞。

齐　义　兵马司。　　邢　政　山东馆陶知县。

李　彝　　王　珣　南直隶繁昌知县。

张　瑄　山东平原县县丞。　　尚　庸　宣武卫经历。

刘　永　南直隶泗州知州。　　崔　清　南直隶五河知县。

张　弼　南直隶灵宝县县丞。

以上，正统年贡。

高　谅　武乡知县。　　赵　冕　南直隶寿州州判。
王　琉　南直隶武进县县丞。　　王　睿　河南陕州知州。
马　震　浙江长兴知县。　　赵　玘
谢　宁　河南原武知县。
以上，景泰年贡。
冯　宁　山西范县主簿。
田　华　南直隶常熟县县丞，《州志》作知县。
王　铎　高苑县丞。　　周　让　江西星子知县。
张　文　陕西鄠县知县。　　李　让
杨　晁　山东即墨知县。　　安　和　山西马邑知县。
王　佐　山东峄县县丞。　　伦　英　布政理问。
王　轨　　崔　礼　山西解州州判。
史　忠　河南孟津县县丞。　　王　钦　京卫经历。
秦　昂　山东蒲台训导。　　王世英
曾　文　辽东卫知事。
以上，天顺年贡。
赵　鉴　晋府奉祀。　　徐　衡　浙江绍兴知事。
薛　茂　山东莱州知事。　　高　铭
雷　进　陕西华阴县县丞。　　邢　端　山东益都主簿。
杨　宁　　史　经　福建清源主簿。
王　德　直隶满城县县丞。　　邸　琛
吴　昂　福建建宁通判。　　王　端　山东诸城县县丞。
张　举　山东昌邑主簿。　　吉　哲　山东商河知县。
高　玘　山东汶上训导。　　贺　盛　思明同知。
王　镗　南通州州判。
以上，成化年贡。
张勋　刘鼎　　薛廷实　陕西米脂知县。
卢　胜　南直隶沛县县丞。　　王　进　山西潞州同知。
高　亮　陕西西乡知县。　　艾　棋　《州志》作祺。

许　临　　杨　聚　鸿胪寺序班。
杜　澄　河南睢州吏目。　　高　嵩　南直隶凤阳卫经历。
杨　铨　河南通许知县。　　侯　爵　山东商河县县丞。
邸　隆　　李　举　山西浑源州吏目。
郑　举　浙江昌化知县。　　师　仁　江西贵溪主簿。
以上，弘治年贡。
冯顺亨　南直隶兴化主簿。　　马　璘　河南怀庆府照磨。
吉　民　　陈　因　山西榆社主簿。
涂　敏　河南源武教谕。　　熊　瓘
张　仁　南直宿迁县丞。　　雷　泽　河南陈留主簿。
张　吉　河南夏邑训导。　　张　祚　辽河卫教授。
王　章　王府教授。
赵凤岐　辽东海州州判，《州志》作岐凤。
刘　鲸　山西黎城县丞。　　于　隆　山东昌邑主簿。
伦秉忠　山西长子教谕。　　吴　俊　山东益都县丞。
张　渭　行太仆寺主簿。
吉志道　王府教授。
以上，正德年贡。
周朝献　山西浑源训导，《州志》作朝翰。
解　经　萧　镇　山东临清州判。
韩廷震　山东临邑训导。　　崔　鼒　山东东阿训导。
刘　洋　山东昌邑县丞。　　田舜耕　山西宣府卫经历。
曹　章
李　瀚　南直隶灵璧主簿，《州志》作浣。
杨　鲁　　李　永　山西吉州州判。
王　镛　南直隶长洲县丞。
王应昭　山西灵石主簿，《州志》作招。
张　珠　山西隰州同知。　　刘良臣　南直隶吴江县丞。
王　钥　直隶任州州判。　　卫　江

王　结　山西洪洞主簿。
张文学　辽阳卫训导。
任　价　河南商丘主簿。
冯余庆　河南西华知县。
吉杰　王好言　王铟
刘　芗
王廷蕙　高吉昌
安如磐　山东青州训导。
王承恩　辽东训导。
以上，嘉靖年贡。
谢嘉谟
谢九容　辽东铁岭卫经历。
周汝夔　夏县主簿。
吉　宦　陕西咸阳训导。
吴学颢　湖广荆门州州同。
以上，隆庆年贡。
陈国教
葛为绤　山西绛县知县。
王立本　山西荣河知县。
刘　照　辽阳卫训导。
张文耀　保安知县。
萧士毅　教授。
王子奇　河南睢州州判。
高思聪　定辽卫教授。
赵养心　井陉训导。
高　等　辽东教谕。
沈鱼化　隆平教谕。
吉士举　辽东义州卫教授。
张怀仁　深泽训导。

高　荐　主簿。
杨　铁　主簿。
马应期　刘克勤
王廷玺　山东齐河主簿。
翟世祥　照磨。
刘　昂　山东莱芜教谕。
王承荣　山东安丘主簿。
任　午　训导。
叶一芝　陕西同州同知。
王大化　教授。
孙　扬　恩贡，直隶武清教谕。
刘鹤来
萧继志　陕西洛川教谕。
王　涍
王　松　密云训导。
吴学颐
吉士赉　山东福山知县。
张名世　湖广武昌府通判。
王文台　宝坻训导。
任应昌　山东钜野县丞。
崔凤毛　顺义训导。
王　队　晋州训导。
陈之宠
徐可教　陈三纬　王时信
白廷魁　临县知县，有传。

田子实　**陈善道**　　**赵国彦**

以上，万历年贡。

曲文光　南直隶邳州知州。　**王　檦**　恩选。

沈士鲁　　**赵国翰**　山东钜野知县。

张熟礼　卫经历。　**张寿源**　**李充桂**　**吴际盛**

郝誉髦　山西洪洞县丞。　**厉荩臣**　山西怀来训导。

以上，天启年贡。

赵应瑞　山西阳曲县丞。　**李守约**

刘三顾　卫辉教授。　**张崇本**　山西夏县县丞。

郑　鼎　陕西清润知县。　**熊嘉志**　定兴训导，死节。

刘维桢　宝坻训导。　**张静源**　山东沂州经历。

刘光国　　**秦永明**　选拔。

王柚　**吉先见**　　**郑　卿**　河南府通判，有传。

冯运亨　湖广黄梅教授。　**冯运隆**　河间训导，死节。

王养正　青县训导。

以上，崇祯年贡。

乐亭县

何　兴　浙江湖州府知府。　**刘　浩**　江西广信府推官。

李　乐　御史，历任副使，有传。

刘　规　检校。　**单　清**　金吾卫经历。

艾　兴　河南修武县丞。

以上，洪武年贡。

史　怡　官至江西参政，有传。

刘　郁　山东长山知县。　**刘　瑞**　知府。

张　贵　山西阳曲县丞。　**崔　规**　光禄署丞。

吴　瓒　卫经历。　**李　辉**　河西宁州州同。

刘　均　南直隶寿州卫经历。　**苗　盛**　鲁府引礼。

张　亨　山西榆次知县。

以上，永乐年贡。

张　庸	鲁府典仪。	**赵　凤**	工部主事。
李　春	山西临汾主簿。	**魏　升**	南直隶吴江县丞。
崔　庸	卫经历。	**毕　铭**	河南阳武县丞。
刘景文	河南确山县丞。	**高　智**	卫经历。

以上，宣德年贡。

崔　瓒		**侯　彬**	山东安丘县丞。
李　茂	南直隶高邮知州。	**李　瓒**	序班。

段　宁　山东安丘县丞，《县志》作高邮州吏目。

郭　瑀	按察司照磨。	**齐　文**	运判。
丁　深	河南汲县县丞。	**张　杰**	山西临邑县县丞。
冯　杰	南直隶巢县知县。	**郁　昌**	岁贡。

以上，正统年贡。

张　泰　河南开封府通判，有传。

李　杰	广西永康主簿。	**孙　勖**	浙江缙云典史。

以上，景泰年贡。

王　能	山西蒲县知县。	**王　畿**	
李　琮	山东高苑县县丞。	**张　秀**	
张　振	浙江平湖县丞。	**晁　清**	山东胶州州判。
王　佐	陕西醴泉主簿。	**李　祥**	太仆寺主簿。

以上，天顺年贡。

郭　佐	山西宁乡知县。	**王　福**	大使。
李　珏	州判。	**郭进忠**	山东临淄主簿。
蔺　泰	南直隶石埭主簿。	**赵　讯**	湖广咸宁县县丞。
崔　翱	山西怀仁知县。	**稽源　何增**	
侯　铎	吏目。	**母　瑄**	周府典簿。
姚　正	南直隶江浦主簿。	**吴　睿**	山东曹州府同知。

以上，成化年贡。

王　庆	山东堂邑县县丞。	**吴　斌**	高平县县丞。

李　振　山西蒲州吏目。
王　卿　南直隶常熟县县丞。
王　钦
郁　昕　岁贡，山东陵县县丞。
张　璠　浙江会稽县县丞。
刘　钦　训导。
以上，弘治年贡。
吴　哲　山东蒲台县县丞。
李　晟　山东隰州训导。
赵　锡
孙　铬　县丞。
张　锦　山东淄州主簿。
魏　瓒　河南信阳县县丞。
郁　时　岁贡河南仪封教谕。
刘　瑶　河南信阳县县丞。
马　寅
以上，正德年贡。
张鳌　王闻
李宗儒　河南林县县丞。
杨廷璋　山西闻喜知县。
卢　梁　见封赠。
王　铚
王致中　南直隶常熟县县丞。
吴　佑
郁　佐　山东章丘县县丞。
李　瑶　河南原武知县。
张应祥　湖广汉阳府照磨。
王天佑　山东章丘县县丞。
刘孟纲
郁从舜　训导。
郭孟豪
王嘉言　山西荣河县丞。
王好问　见进士，有传。
王来聘　新泰知县。
杨　湖　山西都司断事。
杨　沔　山东平原县县丞。
冯恩孚　董承恩　韩世贤
王平康　河南淇县知县。
孟　春　山东栖霞主簿。
李时元　李　栋
曹九霄　山东临清州州判。
萧云汉　河东运同，有传。
张士让　山东乐陵县县丞。
以上，嘉靖年贡。
徐　权　山西沁州州判。
刘大章　山西汶水县县丞。
王三省　三河训导。
以上，隆庆年贡。
萧守卿　山西泽州州判。
高志颜

王用和 密云训导。
张自镐
温德基 宝坻训导。
栗崇本 南直隶上海主簿。
李子香
曹九思 山东淄川教谕。
张　镐 真定府教授。
王用刚 辽东锦州卫训导。
刘存仁 蠡县训导。
高文熙 陕西葭州州判。
任　相 怀柔训导。
王熙载
李如松 吴桥训导。
萧馨春 河南浚县训导。
陈继业 辽东锦州卫教授。
刘驯洛 景州训导。
谷迁乔 山东临清训导。
王孟豪
纪凤鸣
孙思顺 良乡教谕。
萧发春 河南温县教谕。
李惟贤 南和训导。
单道中 南直隶建平训导。
高启芳 福建镇武卫经历,《县志》作方。
温而厉 恩贡，山东历城主簿。

以上，万历年贡。

邵孔彰 恩贡。
韩思范 教授。
张鹏翼 魏县训导。
王确然 顺天训导。
萧时泰

以上，天启年贡。

赵鸣鹂 恩贡，北城兵马司副指挥。
韩孔育 良乡教谕。
陈经济 山西永和知县。
吴邦瑾
张世升 山西长治知县。
王时熙 满城训导。
王　选 教谕。
侯服休 魏县知县。
萧启泰 房山教谕。
宋尚德 山西静乐知县。
王利宾 兵马司指挥。
王时显 兵马司副指挥。

以上，崇祯年贡。

山海卫

曹　广
王　铎 南直隶庐州府检校。

刘　铭		苏　豫	陕西同州州判。
赵　仁	山东博平主簿。	李　春	山东邹平主簿。
张　宁	河南磁州训导。	刘　鉴	鸿胪寺序班。
戴　刚	山东黄县主簿。	蒋　英	
张　铉	陕西朝邑县县丞。		

以上，成化年贡。

李　琛	山东沂州经历。	房　绾	江西分宜主簿。
李　敬	贵州卫知事。	陈　策	山东莒州训导。
赵　纬		侯　荣	山东行太仆主簿。
杨　聪	德府典宝。	萧凤鸣	显之子。
王道亨	山东登州府训导。	张　礼	江南靖江主簿。
张　谦	山东新城县丞。		

以上，弘治年贡。

何　清		陶　恕	江南砀山县丞。
王　相	旗手卫经历。	赵　聪	山东临清训导。
王　伟		李　锦	陕西庄浪知县。
马应奎		李秉玉	山东沂州州同。
路　通	三万卫教授。	萧大观	山东商河县丞。

以上，正德年贡。

白九经		毛　传	山东潍县教谕。
刘　俊	新乐教谕。	沈　渊	山东平度州同。
田　鹰	甘肃静宁州州同。	高　宁	浙江秀水县县丞。
萧瑞凤	山西大同府通判。		
刘汝正	南直隶庐州府照磨，赠工部郎中。		
郭大伦	山东忻兴教谕。	曹　钺	东城兵马司指挥。
林　锦	南直隶长洲县丞。	孙　鸾	四川褒城教谕。
辛三畏	山东文登知县。	高　肃	河南临漳主簿。
崔宏沛	山西石楼知县。	刘　栋	辽东海州卫训导。
李承恩	山西广昌知县。	鲁孟秋	《临榆志》作孟春。

曹　蕙　钺子。
萧道远　显孙，山东武城教谕。
张德立　山东乐陵知县。
冯　瀛　山东平原县县丞。
张思聪　河南洧川教谕。
毛　恕　辽东铁岭卫教谕。
何秉元　辽东辽海卫训导。

以上，嘉靖年贡。

辛　涵　山西山阴知县。
谭　诗　恩贡，山西太原知县。
曹　芹　山东齐东教谕。
李东升　河间教谕。

以上，隆庆年贡。

赵　鹗　恩贡，山东成山卫教谕。
鲁应芳　南直隶定远教谕。
郝宗元　辽东锦州卫经历。
于思敬
王之藩　山西兴县知县。
王从政　山东莱阳知县。
萧大成　通判。
侯汝敬　南直隶怀来卫训导。
张问明　雄县训导。
田汝籽　辽东前屯卫训导。
何景奎　山东即墨教谕。
于思明　永清教谕。
刘熙载　拔贡，四川崇宁知县。
袁　钦　遵化教谕。
沈　琇　广平府教授。
刘　倮　河南宜阳教谕。
王嘉宾　顺天房山教谕。
邹大珍　恩贡，兴济教谕。
程　正　南直隶合肥训导。
沈国兆　山东堂邑训导。
刘思明　赠府同知。
辛　浚　甘肃宁夏卫教授。
何志重　曲周教授。
房自新　顺天府训导。
吕大成　深州训导。
蔡茂旸　吴桥教谕。
田大登

以上，万历年贡。

郭廉远　恩贡，江西南昌府通判。

以上，泰昌年贡。

吕鸣章　恩贡，陕西关西道右参议。
刘廷召　拔贡。
刘克勤　丰润训导。
吕世臣　天津卫教授。
穆齐方　柏乡训导。
张　翘　河南卫辉教授。
何天祚　副贡。

以上，天启年贡。

杨呈芳 恩贡，河南鲁山知县，有传。

刘克肃 涿州训导。　**穆齐正** 献县训导。

何天宠 河南获嘉知县。　**栾东龙** 山西平原同知。

刘应正 山东茌平训导。　**刘延龄** 顺德府教授。

张朝栋 山东濮州学正。　**毛应坤** 山东东昌通判。

程继贤 尚宝司卿，《畿辅志》作维贤。

郑文楫 **高儒**　**马应瑞** 辽东前屯卫训导。

郭仲金 湖广安陆府同知。　**刘廷讲** 拔贡，南直隶镇江经历。

以上，崇祯年贡。

卷之十二

选举表二　文科中

[国朝]

《大清会典》：顺治元年，诏以二年秋八月举行乡试；三年二月，举行会试；四月初一日，殿试；初五日，传胪。顺天乡试，中式一百六十八名，内直隶生员贝字号一百十五名，北监生皿字号四十八名。试卷文理优长限于额数者，取作副榜与正榜同发。康熙元年停止副榜。十一年，议准每正榜中额五名，设副榜中额一名。

顺治三年丙戌会试。奉旨：首科人文宜广，准中四百名，四年中三百名，九年中四百名，分南北中卷。十五年，题准定额一百五十名。（案：此后增减不一，今各省额数多寡，临期请旨）雍正九年，会试改于三月举行，著为例。

顺治元年，恩诏直省府、州、县学，均以本年正贡改为恩贡，次贡改作正贡。

又谕：首举选贡抡才盛典，准先行岁考，补足廪生，以拔其尤。顺天府，特贡六人；每府学，贡二人；州县学，各贡一人。如有拔萃奇才，特疏荐举。康熙三十九年议准选拔之年以陪贡充，停止选拔。六十一年，选拔一次。雍正五年，谕：拔贡旧例，十二年举行一次，嗣后六年选拔一次。乾隆七年，以六年为期太近，仍复十二年之例。

顺治二年，定顺天乡试副榜五十五名，增附准作贡监廪生及恩拔，岁贡、贡监俱免其坐监即与廷试，贡生廷试，以三月十五日，吏礼二部官同翰林院官赴内院阅卷序次。三年，题准四月十五曰廷试。又准府、州、县学不拘廪、增、附生，将文行兼优者，大学起送二人、小学一人，入监读书，名为贡监。案：此即优贡优监。康熙二十三年，覆准直省岁贡，概免来京廷试，著各学政挨序考，准咨部补授训导。捐纳岁贡亦听验看考选。

顺治初，定辽东十五学寄设永平府。于都司学设教官一员，兼管自在、沈阳、铁岭、开原四学；于宁远学设教官一员，兼管前屯、锦州、义州、右屯四学；于广宁学设教官一员，兼管永宁、海城、盖平、定辽、右卫五学。其复州、金州二卫学，附入山东莱州府置教官二员。五年改设辽学于永平，留辽学教官一员，其余永平二员及山东莱州二员俱裁。十一年，设辽阳府学，其永平府辽学生员，俱归辽阳肄业。国初，辽学科各附入表内：

进　士

顺治

迁安县

刘鸿儒　丙戌，有传。　**李成性**　丙戌，有传。

赵映斗　己丑，有传。

孙　灏　己丑，大兴籍，吏部主事。

抚宁县

田国足　丁亥，江西饶州府推官。

昌黎县

李云起　丙戌，有传。

冯源济　乙未，铨子，涿州籍，国子监祭酒。

滦　州

石　申　丙戌，有传。　**孙如林**　壬辰，河南祥符知县。

高　冈　己亥，山东蓬莱知县。

山海卫

穆尔谟 丁亥，山东莱州府知府。

佘一元 丁亥，有传。

程观颐 戊戌，山东淄川知县。

康熙

卢龙县

翁叔元 丙辰，永平卫人，刑部尚书。

蔡 珽 丁丑，旗籍，有传。

王 珍 丙戌，山海卫教授。

朱廷遴 己丑，河南府教授。

翟正经 壬辰，江南建平知县。

李 針 辛丑，有传。

迁安县

崔 灿 己丑，巍子，有传。

昌黎县

高天挺 甲戌，有传。

任五伦 庚辰，有传。

高棠萼 己丑，有传。

万 瑄 己丑，有传。

滦 州

汪淑问 己亥，东胜卫籍，有传。

刘 伟 乙丑，有传。

汪与恒 庚辰，淑问子，福建昌泰知县。

乐亭县

姚协于 丙戌，熙子，有传。

李 兰 戊戌，有传。

山海卫临榆县

张开第 庚辰，广东曲江知县。

应综文 己丑，大兴籍。

雍正

卢龙县

傅齐贤 庚戌。

滦　州

石袭曾　丁末，户部员外郎。**方　浩**　庚戌。

山海卫

牛天贵　庚戌。

乾隆

卢龙县

辛大成　丙戌，有传。　　**赵　桐**　己丑，沙河训导。

蒋　第　癸丑，山东武定府知府。

蒋　灄　乙卯，奉天府教授。

迁安县

贺让德　戊辰，江南天长知县。

贺贤志　甲辰，翰林院编修，历任吏、户、礼、兵科给事中，充己酉科江南乡试副考官，癸丑科会试同考官，江苏镇江府知府。

刘之睿　己酉，有传。　　**马学赐**　癸丑，有传。

抚宁县

温如玉　乙丑，有传。

昌黎县

阎公铣　丙辰，有传。　　**郭天性**　壬申，顺天府教授。

张作霖　丁丑。　　**魏元煜**　癸丑，有传。

滦　州

赵远猷　己未。　　**陈居易**　己未，旗籍，乐昌知县。

李士通　辛未，旗籍。　　**陈　纷**　丁丑，武泽知县。

赵槐符　辛丑，有传。

乐亭县

杨开基　乙卯，滦州籍，有传。

山海卫临榆县

孙日秉 辛已，奉天籍，云南贵州两省巡抚。

刘征泰 癸未，山西沁绛两州知州，署宁武府知府。

王　鹏 辛丑，内阁中书。

嘉庆

卢龙县

王　鋆 乙丑，正定府教授。

蒋　策 乙丑，四川重庆府知府。

赵光祖 甲戌，云南布政司。

迁安县

郑凤翔 甲戌，刑部主事。

抚宁县

吴荫松 壬戌，有传。　**王瑞征** 甲戌，有传。

昌黎县

张　焜 辛未，历官山东齐东知县、鲁甸通判、云南东川府巧宁同知。鲁甸立生祠。

魏元烺 壬申，有传。

滦　州

白克明 丙辰。

汪　鉴 辛西，广西柳州府知府。

李恩绎 戊辰，旗籍。历官江西、广西布政使，署江西巡抚。

张攀桂 丁丑，署山东莱州府知府。

汪于泗 戊寅。

乐亭县

李中淑 壬戌，有传。　**李广滋** 己巳，有传。

张朋来 辛未，有传。 **安树桐** 丁丑，广平府教授。

临榆县

吴鼎臣 己未，户部郎中、江西赣州知府。

道光

卢龙县

高龙跃 丙戌，山东郓城县知县。

马宗闵 戊戌，山西万泉知县。 **闫廷佩** 甲辰，有传。

傅观海 庚戌，山东盐运司。

迁安县

邓克兴 丙戌，刑部员外郎。

武兴绪 壬辰，工部郎中，山西、广东道监察御史。

杨宝树 癸已，户部主事。

万逢时 戊戌，历任山西宁乡、平遥知县。

抚宁县

王兆松 癸已，有传。

昌黎县

王　煦 壬午，有传。

滦　州

杜　詹 乙未。

乐亭县

周连仲 庚子，礼部主事。

宁曾纶 庚子，有传。

呼　震 庚戌，旗籍。兵部员外郎、山东督粮道，署按察使。

临榆县

刘锺洛 戊戌，历署江西彭泽、安福等县知县。

郭定柱 丁未，山东临清州知州。

咸丰

迁安县

姚亮臣 癸丑，河南通许知县。

昌黎县

高文煜 己未，户部主事。

滦　州

王凤森 己未，河南郾城知县。　　**王汝讷** 庚申，有传。

乐亭县

钱德昌 己未，河南唐县知县，加运同衔。

崔国庆 庚申，旗籍，户部主事。

临榆县

珂克僧 癸丑，驻防旗籍，刑部主事。

郭长清 丙辰，刑部主事。

同治

卢龙县

张　镔 乙丑，河南叶县知县。

张旭东 甲戌，选昌图府教授。

迁安县

郑　束 乙丑刑部主事。

陈宝树 甲戌，湖北候补知县。　　**刘鹏鸣** 甲戌。

抚宁县

王兆柏 壬戌，即用知县，未就。

傅　桢 壬戌，广西上林知县。

昌黎县

张旭曦　癸亥，山东章邱知县。

滦　　州

彭亿清　甲戌，贵州候补知县。

乐亭县

于宗瀚　乙丑，奉天府教授。　**韩　钊**　辛未，山东淄川知县。

宋广荫　辛未，河南候补知县。

临榆县

解　煜　癸亥，浙江衢州府知府。

李铁林　辛未，河南夏邑知县。

光绪

卢龙县

王弼藩　丙子，广西候补知县。

昌黎县

刘鸿逵　丙子，山西候补知县。

滦　　州

刘东美　丙子。

乐亭县

刘成诵　丙子，刑部主事。

临榆县

李桂林　丙子，翰林院庶吉士。

附：辽学进士

顺治

夏敷九　丙戌，锦州人，翰林院侍读学士。

吴允升 乙未。
田　麟 戊戌，自在州人，内宏文院编修。
陈尧言 己亥，宁远人，推官。

康熙

杨振藻 庚戌，辽东人，江苏常熟知县。
罗衍嗣 丙戌，金州卫人，福建盐法道。

举　人

顺治

卢龙县

朱尔怡 庚子，奉天籍，山东沂水知县。

迁安县

刘鸿儒 乙酉，见进士。 **戴殿云** 乙酉，兴州卫人。
李茂春 乙酉遵化籍，陕西汉阴知县。
赵映斗 戊子，见进士。 **孙　灏** 戊子，见进士。
李若璋 辛卯，四川什邡知县。
裴式度 甲午，原名成性。 **崔　巍** 丁酉，有传。
彭　翚 丁酉。

抚宁县

田国足 丙戌，见进士。

昌黎县

田应升 乙酉，河南罗山知县。
田三接 丙戌。 **赵启晋** 辛卯。
赵天锡 辛卯。 **马逢乐** 甲午。
张元复 丁酉，江苏靖江知县。
宋景时 丁酉，铭玄孙。 **田元扶** 庚子。

滦　　州

白培极　丙戌。 **鞠惟谦**　丙戌。
梁　桢　戊子。 **高显辰**　戊子，有传。
高　冈　戊子，见进士。 **孙如林**　辛卯，见进士。
秦文标　辛卯。 **汪淑问**　丁酉，见进士。
刘名远　庚子。 **孟赉予**　庚子，山海卫教授。

乐亭县

陈性天　乙酉，有传。
黄忱孝　戊子，山东单县知县。

山海卫

沈所端　乙酉。 **穆惟乾**　乙酉。
崔联芳　丙戌。 **穆尔谟**　丙戌，见进士。
程观颐　辛卯，见进士。 **谭从简**　甲午，有传。

康熙

卢龙县

沈锡眉　丙午，卢龙卫人。
周之桢　己酉，永平卫人，直隶景州学正。
蔡　珍　壬子，旗籍，有传。 **翁叔元**　壬子，见进士。
李　沛　壬子，永平卫人。
卢　丹　丁卯，永平卫人，赤城县教谕。
王家桢　丁卯，永平卫人。 **武克相**　庚午，易州学正。
蔡　珽　见进士。 **王　佩**　癸酉。
翟正经　癸酉。 **管名标**　丙子，声扬孙。
岂惟纳　丙子。 **朱廷遴**　己卯，见进士。
王　珍　乙酉，见进士。 **董　准**　戊子。
龚　严　辛卯，深泽教谕。 **李本洁**　癸巳，有传。
项道兴　癸巳。 **龚师胜**　癸巳，陕西武功知县。

李　针　庚子，见进士。　**陈　坦**　庚子。
阮文标　庚子。

迁安县

崔　璨　己卯，见进士。
李　英　戊子，旗籍，蓟州知州。
郑　勋　辛卯，旗籍，浙江处州府知府。
张致一　癸巳，武邑教谕。
李　征　丁酉，己酉科山东同考官。

抚宁县

张　坦　癸酉。　**张　壎**　癸酉，中书舍人。
金蔚昌　乙酉。　**程可法**　辛卯，大城县教谕。

昌黎县

阎允吉　癸卯，卢龙籍，有传。
马庆星　辛酉。　**高棠萼**　癸酉，见进士。
高天挺　癸酉，见进士。　**任五伦**　癸酉，见进士。
阎　瑄　丙子。　**邸　培**　丙子。
张　蔚　乙酉，宏子，有传。　**韩　珣**　乙酉。
马云蔚　乙酉。　**万　瑄**　乙酉，见进士。
赵文颖　乙酉，山东博兴知县。
马　淳　辛卯。
高宏裁　辛卯，安徽南陵知县。
田既嶷　癸已。　**刘　甡**　甲午。
张元复　丁酉。

滦　州

邢吉士　癸卯。　**刘疏泗**　癸卯。
郑惟一　己酉，陕西清涧知县。
刘　伟　乙卯，解元，有传。　**刘之源**　乙卯。

卫　蕃　辛酉，直隶曲周县教谕。
吕　征　辛酉，昌平州学正。
汪与恒　甲子，见进士。
张　瑄　壬子，《通志》作宜。

乐亭县

卫　锦　乙酉，昌平州学正。
郭　伦　戊子，云南普洱府知府。
董　携　辛卯。
卢元济　辛卯。
刘　清　甲午。
汪　瀹　丁酉。
张　端　庚子。
汪澹予　庚子。
宋一麟　己酉。
姚协于　庚午，见进士。
吴　班　庚午，有传。
黄如干　癸酉。
赵　健　癸巳。
李　泽　癸巳。
李　兰　丁酉，解元，见进士。

山海卫

张开第　戊午，见进士。
穆宗道　丁卯，宁晋县教谕，入名宦。
王祚兴　丁卯。
程廷宣　丙子，通志作陆姓。
张肇吉　己卯。
高汝翼　壬午，博野县教谕。
李作楫　乙酉。
吕养浩　戊子，东光教谕。
田永乾　戊子，内阁中书。
张可宗　癸巳，乡饮大宾。
是科，旧志有邢文明，官福建永安知县，未详何县人。
郭如柏　甲午。
赵　纪　甲午。
应绮文　丁酉，大兴籍，衡水县教谕。

雍正

卢龙县

杨　鲁　癸卯。
何　泓　癸卯。
赵　襄　甲辰。
王启文　甲辰，河南商城知县。

傅齐贤 丙午，见进士。 **翟 彬** 丙午，怀来县教谕。
张 玥 乙卯。 **邢希先** 乙卯，宁远学正。

迁安县

张 励 壬子，官学教习。

抚宁县

冯龙会 癸卯。

昌黎县

宋继祖 癸卯。 **王 瑞** 癸卯。
马 璐 丙午，有传。 **马拱辰** 己酉，有传。
郭天性 壬子，见进士。 **张宗美** 壬子，平谷县教谕。
阎公铣 乙卯，见进士。

滦 州

吕见龙 甲辰，长垣县教谕。 **裴 绯** 甲辰。
李 果 丙午。 **方 浩** 丙午，见进士。
石袭曾 丙午，见进士。 **李承恩** 壬子。
李继祖 乙卯，旗籍。

乐亭县

李 葳 癸卯，山西山阴知县。 **刘 洑** 癸卯。
陈永清 乙卯，有传。

山海卫

白受采 癸卯，高阳教谕。 **郭 熟** 己酉，蔚州学正。
牛天贵 己酉，见进士。 **穆开聪** 乙卯。

乾隆

卢龙县

蒋兴仁 戊子。 **刘学健** 辛西，平乡训导。

李其溥 辛酉。 **阮　谔** 辛酉。
李文沛 丁卯。 **岳　琰** 丁卯，铁岭训导。
何之杞 丁卯。 **岂非伟** 庚午。
李秉佶 庚午，永年县教谕。 **薛佩兰** 丙子，甘肃正宁县知县。
李其沛 丙子。
薛国琮 己卯，遵化州训导，山西乐平知县。
王焯 庚辰，山东知县。 **赵　桐** 庚辰，见进士。
李　源 壬午。 **辛大成** 壬午，见进士。
孟　炽 壬午，汉军旗籍，广东盐运使。
朱维钟 戊子。 **蒋　棣** 庚寅。
王　坊 庚寅，广东知县。 **项郁文** 辛卯，河间献县教谕。
张　琴 己亥，有传。 **王　燕** 庚子，有传。
王　增 庚子，国子监典簿。 **王　鋆** 甲寅。
蒋　灏 戊申，见进士。 **蒋　策** 丙子，见进士。
蒋　第 壬子，见进士。

迁安县

李宸诏 甲子，旗籍，榜名英绿。
贺让德 丁卯，见进士。 **范德昭** 丁卯，复州学正。
王可拔 庚午，湖北试用知县。
杨　僦 壬申。
刘希贤 壬申，清丰县训导。 **刘效上** 癸酉。
李殿英 丙子。 **刘之睿** 丁酉，见进士。
魏文兰 己亥。 **贺贤志** 庚子，见进士。
李　纶 丙午，有传。 **高占魁** 丙午，有传。
乌兆翔 戊申，历任容城、完县教谕。
马学赐 戊申，见进士。
宓绍曾 戊申，历任邯郸、宁津、容城教谕。
张光炘 戊申，宁津教谕。 **方文显** 戊申，山东高密知县。

武　俊　壬子，改名告成，历任山西洪洞、阳曲等县知县。
张铭新　壬子，遵化州学正。**张三省**　甲寅，冀州训导。
张　槐　乙卯，选香河训导。**李文焕**　乙卯。
郑凤翔　乙卯，见进士。

抚宁县

侯伸东　丙辰，山西宁武知县。
温如玉　甲子，见进士。**张　澍**　庚午。
翟绪祖　庚午，南皮县教谕。**单　槐**　壬申，有传。
杨贺麟　壬申，甘肃正宁知县。
陈四箴　癸酉。
才汇征　丙子，湖南新化知县。
齐　恭　壬午，广东会同知县。
杨大钠　壬午，浙江杨阳知县。
李玉柱　壬午。**宋　赫**　戊子，有传。
王　露　庚寅。**严用中**　辛卯。
王　霁　辛卯。
赵集义　辛卯，乐亭籍，阜城训导。
李　仑　丁酉，武邑教谕，恩赐国子监学正。
徐绍薪　庚子，阜年子，山东平度州知州。
魏滋莲　癸卯，遵化州学正。**冯士灏**　癸卯，安徽建平知县。
陈　沐　丙午，任邱训导，恩赐国子监学正。
郭　城　丙午，深泽训导。**翟文炳**　丙午，束鹿训导。
郭逢年　丙午，东光教谕。**吴荫松**　丙午，见进士。
徐　馨　戊申，成安训导。**李廷珍**　戊申，东安教谕。
张作睿　戊申。**郑廷梅**　戊申。
王鸿飞　戊申。
王　洁　己酉，改名淑，甘肃清涧知县。
张国钧　己酉，江西靖江知县，祀名宦。

赵振清 壬子。
徐　越 壬子，山东淄川、益都知县，改清苑教谕。
张廷模 甲寅，山东临清州同知。
李芳春 甲寅，龙门教谕。

昌黎县

张作霖 戊午，见进士。
刘敬授 甲子。
王　璠 丁卯。
刘　溥 壬申，宁远州学正。
王士升 壬申，有传。
冯立功 癸酉，卢龙籍。
王　璐 癸酉，万全县教谕。
孙豫吉 丙子，丰润县教谕、东流县知县。
费　敬 丙子，大兴籍。
张兆鹏 己卯，江南河工县丞、通州训导。
李丕承 己卯，天津训导。
焦天渊 己卯。
高宫玺 庚辰，有传。
陈维新 庚辰。
魏廷抡 庚辰，江南阜阳知县。
刘　恂 壬午，安州学正。
李正馥 壬午。
曹应龙 壬午。
张于宣 庚寅。
谭文彰 辛卯，有传。
段蒙泉 辛卯，顺天府治中，武强县教谕。
刘大儒 辛卯。
赵彦美 钦赐万全教谕。
常克容 庚子，文安教谕。
宋　锡 庚子，献县教谕。
董鹏翱 丙午，有传。
曹良弼 丙午，枣强教谕。
魏元炽 丙午，天津府训导。
魏元耀 丙午，西宁教谕。
冯　醇 丙午。
高人举 戊申，署江苏江宁知县。
王梦赉 己酉，南乐训导。
贾步青 己酉，固安教谕，抚宁籍。
冯冠士 壬子，霸州学正。
魏元煜 壬子，见进士。
高晨登 甲寅。
刘佐兴 甲寅，天津训导。

王　煦　甲寅，见进士。
刘介佑　乙卯，井陉训导。
田锺秀　乙卯，安徽太湖知县。
张廷儒　乙卯，满城教谕。

滦　州

王　辅　丙辰。
潘克昌　丙辰。
郭起凤　丙辰。
赵远猷　戊午，见进士。
陈居易　戊午，见进士。
石　瑚　辛酉，广东盐大使。
边继悠　甲子。
石兆熊　甲子。
李士通　甲子，见进士。
赵鸣球　丁卯。
李松龄　丁卯，宁津县训导。
李　璨　丁卯。
李士达　丁卯，旗籍。
李邦彦　庚午。
孟充善　庚午，任邱县教谕。
张玉柱　庚午。
杨贺麟　壬申，昌平州学正。
郑首瀛　壬申，赞皇县教谕。
陈广居　壬申，旗籍。
卫　全　丙子亚元，有传。
常　坦　己卯山西襄垣知县。
张大猷　己卯，蠡县教谕。旧志作乐亭人。
吴士瑛　庚辰。
吴　桓　庚辰，山西知县。
何其通　庚辰，庆云教谕。
孟廷铨　庚辰。
常　辉　庚辰，江南奉贤知县。
李廷仪　壬午，有传。
吴汝楫　壬午，玉田教谕。
李来宣　壬午，南皮教谕。
伦璠甲　乙酉，河南卢氏知县。
李德嘉　乙酉，沧州学正。
陈　调　乙酉，望都教谕。
李士杰　戊子。
赵槐符　庚寅，解元，见进士。
李　法　庚寅，旗籍，都察院经历。
李之骏　庚寅，旗籍，河南开封府同知。
石祖安　辛卯，任邱教谕。
王　昌　辛卯，有传。
汪曾贻　辛卯。
孙捷三　辛卯，湖北麻城知县。
李德舆　辛卯，云南河迷州知州。

郑　悌　乙未，庆云教谕。　**朱永沛**　己亥。
季秉钥　旗籍，浙江嘉善知县。
朱静涵　庚子，河间教谕。　**杜起远**　庚子。
石　钧　癸卯。　**李　惠**　丙午，满城教谕。
阚　瑗　戊申，钦赐国子监学正。
李　洙　己酉，安肃教谕。　**白克明**　甲寅，见进士。
汪　鉴　甲寅，见进士。　**马效曾**　甲寅。
邢良柱　乙卯，知县。　**吉静涵**　乙卯，山西知县。
刘光国　乙卯。　**李鸣冈**　乙卯。
李文彪　乙卯。　**赵鹏翱**　乙卯。

乐亭县

李　柱　丙辰，有传。　**高士英**　甲子。
刘之佐　己卯。　**姚倬云**　己卯，江苏元和知县。
赵有善　己卯，山西沁水知县。
李维垣　庚辰，山东邱县知县。
阴　海　庚辰，河南安阳知县。
张存柱　庚辰，安州学正。　**黄　淦**　壬午。
方世用　乙酉，奉天籍，广东乐会知县。
阴　璿　戊子。　**杨开基**　戊子，见进士。
李若愚　甲午，长垣教谕。　**宁羲年**　甲午，山西屯留知县。
阴振彩　己亥，昌平州学正。　**阴　琦**　己亥，有传。
裴联璧　庚子开州训导。　**张朋来**　癸卯，见进士。
艾中蕲　癸卯。　**李中淑**　丙午，见进士。
李中灏　戊申，河南知县。　**阴振宗**　己酉。
贾步青　己酉。　**王质孚**　壬子，山西朔州知州。
倪　翥　壬子。　**吴维翰**　乙卯。

山海卫临榆县

白龙光　丙辰。　**张嵩年**　丙辰。

常克从 丙辰。 **刁尚信** 辛酉。

刘景泰 丙子，更名徽泰，见进士。

孙曰秉 己卯，见进士。 **穆开聘** 己卯。

贲 领 己卯，四川隆昌知县。

李廷琰 己卯，一作廷谟，山西岢岚州知州。

王寿三 宁远籍，后归本籍，任内邱教谕、内阁中书、户部主事。

牛汇征 壬午。 **吴希灏** 壬午，四川试用知县。

何士麟 壬午。 **刘文英** 壬午。

董高龄 壬午。 **魏行方** 乙酉，有传。

刘元吉 乙酉，历任河南开封、山东曹州等府知府，署汝陕道。

张 亮 历署河南柘城、息县知县，改威县训导、保定清苑教谕。

郭升宗 戊子。 **冯 迈** 戊子。

杨培干 辛卯。 **计肇龙** 甲午。

吴希洛 丁酉。 **郭 瑾** 丁卯，有传。

萧国璋 丁酉，湖南临武知县。

张云腾 己亥，曲周训导，通州学正。

王 鹏 己亥，见进士。 **李 茂** 庚子，解元，有传。

毛大来 庚子。

魏行敏 癸卯，甘肃平凉府同知，嘉庆丙子陕甘乡试同考官。

刘士林 癸卯，拣选知县。

张 绅 丙午，亚元，柏乡教谕、延庆州学正。

吴鼎臣 戊申，见进士。

李树谷 戊申，江西泸溪县丞。

邬廷梁 己酉，选蔚州学正。

涂文魁 己酉，庚戌恩赐检讨。

魏思诚 壬子，有传。

郭锡汾 壬子，拣选知县。

贲泰征 甲寅。

程兰言 乙卯，选盐山训导。

嘉庆

卢龙县

王显烈 戊午。 **唱学涵** 戊午。

王　域 戊午。 **于　深** 辛酉。

唱天职 辛酉。 **侍　景** 丁卯，满城教谕。

王　垲 丁卯。 **王钟瑛** 丁卯。

王锡朋 癸酉。 **赵光祖** 癸酉，见进士。

马宗闵 丙子，见进士。 **蒋　玕** 己卯。

迁安县

杨伟学 戊午。 **杨思永** 戊午，甘肃西宁知县。

李昌琛 辛酉，江苏萧县知县。

马用中 辛酉。 **杨开运** 甲子，良乡训导。

李联芳 甲子。 **郑　蕙** 丁卯，江苏候补知县。

杨宝树 癸酉，见进士。 **邓克兴** 戊寅，见进士。

高继珩 戊寅，有传。 **李昌舒** 戊寅，有传。

李昌第 己卯，磁州学正。 **李德中** 己卯。

刘兰皋 己卯，山西寿阳知县。

抚宁县

冯如芝 辛酉，赞皇教谕。 **俞　泌** 丁卯，定兴教谕。

李青云 丁卯，新河训导。 **王瑞征** 癸酉，见进士。

张化民 戊寅，柏乡训导。 **张廷柏** 己卯，霸州学正。

昌黎县

李作梅 戊午，清丰训导。 **李钟清** 庚申，静海教谕。

魏元烺 庚申，见进士。 **李钟新** 辛酉。

高作桂 辛酉，隆平训导。 **赵国俊** 辛酉，恩赐国子监学正。
谭仲璐 甲子，解元，通州训导。
张 焜 丁卯，见进士。
孙文思 丁卯，恩赐举人，翰林院检讨。
张金锡 戊辰，恩赐举人，国子监学正。
张 煦 癸酉，行唐训导。 **刘向荣** 癸酉，有传。
张攀桂 丙子，见进士。
万文梓 丙子，光绪丙子，年八十九岁，重赴鹿鸣。
刘兴麟 己卯。 **魏亨逵** 己卯，有传。

滦 州

李 澈 戊午。 **常翼清** 戊午。
王 蕴 戊午，钦赐翰林院检讨。
张玉柱 庚申，恩赐。 **李恩绎** 庚申，见进士。
董敬用 庚申，恩赐。 **赵 翙** 辛酉。
李恩纬 辛酉，旗籍，笔帖式。
李 浩 辛酉，洙弟。 **李 晧** 辛酉。
伦乙杰 辛酉。 **赵元士** 甲子。
李作谋 甲子，旗籍。 **李文璜** 甲子，旗籍。
石 台 丁卯。 **赵攀桂** 戊辰。
李恩绥 戊辰，旗籍，主事。 **刘介祺** 戊辰，密云教谕。
王云思 庚午。 **李 钤** 庚午。
宋 琛 癸酉。 **石凌云** 癸酉。
张攀柱 丙子，见进士。光绪丙子，年八十九岁，重赴鹿鸣。
汪于泗 戊寅，见进士。

乐亭县

李广滋 庚申，见进士。 **田 玟** 庚申，恩赐。
石汝谐 辛酉，磁州学正，升广平教授。
王 润 辛酉，辽阳州学正。 **陆永思** 甲子。

马书田 甲子，任邱教谕。
阴鸣鹤 丁卯，广平训导。
宁肯堂 丁卯。
李　筌 戊辰，有传。
倪　耀 戊辰，有传。
安遇亨 庚午，广东茂名知县。
王大成 癸酉，河工试用知县。
李芳华 癸酉，望都训导。
阴振猷 丙子，有传。
杨学时 丙子。
安树桐 丙子，见进士。
张兴邦 戊寅，定州学正。
何云升 戊寅，祁州学正。
李铭恩 己卯，江西大庾知县。
宁兰森 己卯，有传。

临榆县

马士超 庚申，恩赐。
辛永禄 庚申，选宁河训导。
董　衡 庚申，选唐山训导。
刘　相 辛酉，武强训导。
杨汝雨 辛酉，新河训导。
李重锦 辛酉，恩赐。
高鹭飞 甲子。同治甲子，年八十五岁，重赴鹿鸣。
计鹏年 丁卯，密云训导。
杨绍勋 宁卯，恩赐。
程　端 戊辰，平山教谕。
范　坦 癸酉，固安教谕。
田永贞 恩赐。
计肇忠 丙子，静海训导。
潘　檝 戊寅。
吴骏声 己卯，雄县训导。

道光

卢龙县

李汉云 壬午。
高龙跃 壬午，见进士。
马宗沂 乙酉，邢台县教谕。
傅观海 辛卯，见进士。
闰德峻 辛卯。
何　恒 壬辰，福建闽清县知县。
薛安仁 壬辰，奉天复州学正。
罗耀先 壬辰，山东莱阳陵县知县，署平度州知州。
王世清 甲午，天津县教谕。
童　柱 丁酉。
王恩浩 丁酉。
王汝舟 己亥，奉天广宁教谕。

蒋树森 己亥，通州训导。 **闫廷佩** 癸卯，见进士。
朱荣五 癸卯。 **高济清** 癸卯。
李　朿 甲辰，有传。 **谢永泰** 丙午，安徽黟县知县。
王龙光 丙午，河南候补知县。

迁安县

杨宝善 辛巳，永清教谕。 **武兴绪** 辛巳，见进士。
万逢时 戊子，见进士。 **马　恬** 戊子，有传。
张　台 戊子。 **郑　芃** 辛卯，有传。
李克昌 辛卯，江苏河工知县，授桃源县县丞。
贾东儒 壬辰，遵化籍，密云训导。
姚彤勋 壬辰，工部郎中，南河学习保升河工道。
邓麟元 甲午，榜名遴元，唐县训导。
任　墉 甲午，历任山西黎城，陕西中部知县。
贺熙年 甲午，署河南修武知县。
郑鸣冈 乙未，山东即墨知县。 **郑光裕** 丁酉。
李超群 庚子，甘肃隆德知县，以军功用道员。
王化宣 庚子。
邵正寅 癸卯，榜名开寅，山西文水知县。
于调元 甲辰，署山东清平、沾化、惠民等县知县。
张以文 丙午，署故城县训导。
张光瀓 丙午，原名光宣，定州训导。
马负图 丙午，江苏睢宁知县。
马则璘 己酉，附父恬传。

抚宁县

徐春贵 壬午，绍新子，沧州学正。
王松陵 戊子，改名兆松，见进士。
杨碧林 戊子。 **金联甲** 戊子，南皮训导。
俞　震 辛卯，选栾城教谕。 **吴际升** 壬辰，广宗教谕。

乔永贵 壬辰。 **张 钧** 甲午。
王兆柏 乙未，兆松弟，见进士。
张程章 乙未。 **傅 桢** 己亥，见进士。
常国栋 丙午。 **陈 镛** 丙午，恩赐。
惠庆滋 己酉，有传。

昌黎县

魏亨培 辛巳。 **曹旭耀** 乙酉，四川雷波厅通判。
马连仲 辛卯。 **李凤山** 壬辰，行唐训导。
刘凤璪 壬辰，神木知县。 **敬纯一** 丁酉。
高桂礶 己亥。 **李如玉** 己亥，河南渑池知县。
金凤翔 己亥。 **高树杰** 庚子，拣选知县。
齐圣时 庚子，山东阜城知县。
刘开第 庚子，安徽盱眙知县。
韩振先 甲辰，文公奉祀儒士，奉天广宁训导。
魏亨采 丙午，户部员外。 **于作新** 丙午，江苏靖江知县。
郭天培 丙午。 **齐锡三** 丙午，署定州学正。
张俊亨 己酉，沙河训导。

滦 州

杜 詹 壬午。 **杜鹏飞** 壬午。
李攀麟 乙酉，高阳教谕。
王 庚 乙酉，历署山东寿张、费县知县。
孙德荣 乙酉。 **张万青** 乙酉，署临城训导。
李腾蛟 戊子。 **李传书** 壬辰，宁晋教谕。
刘 珠 甲午。 **李锡章** 乙未，有传。
李 萼 乙未。 **李性天** 丁酉。
李其玉 己亥，有传。 **田汝霖** 己亥，恩赐国子监学正。
王 勋 己亥。 **李恩龄** 庚子。
李 健 庚子。

马际清 甲辰，署通州学正、灵寿教谕。
张　堂 甲辰，有传。　**陈树槐** 甲辰。
王炳勋 丙午，交河教谕。　**石　城** 丙午，有传。
杜三省 丙午。　**王汝讷** 己酉，解元，见进士。
李昌瑞 乙酉，壬子，进士。原任湖南善化知县，旗籍。

乐亭县

宁申吉 辛巳。　**李　遴** 辛巳。
李善滋 壬午，有传。　**安联甲** 壬午，冀州学正。
杨大成 壬午，旗籍，改名培第，卢龙、肥乡等县训导。
王国昌 乙酉，晋州学正。　**姚国文** 戊子。
臧维城 戊子，山东新城知县。
井长福 戊子。　**李清泰** 戊子。
俎㧑谦 戊子。　**李清淑** 辛卯，有传。
宁曾纶 壬辰，见进士。　**周遇隆** 甲午，平谷教谕。
杨在汶 甲午，有传。　**张夺锦** 乙未。
安本曾 乙未，湖南桂东知县，改元城教谕。
周连仲 己亥，见进士。
张绍宗 己亥，旗籍，河工试用知县。
姚书楷 庚子，委署仪征知县。
史梦兰 庚子，选山东朝城知县，未就。
常守方 甲辰，有传。　**李庆祺** 甲辰，河工试用知县。
温如春 甲辰，房山训导，现任顺天府学训导。
王宗谟 己酉，蔚州学正。　**刘调元** 己酉，涞水训导。
呼　震 己酉，见进士。

临榆县

程儒珍 辛巳，吉林宁古塔学正。
李荫昆 辛巳。　**李国麟** 辛巳。
傅德谦 壬午，陕西韩城、三原、府谷等县知县。

马式游　壬午，顺德府南和县教谕。
李育德　辛卯，延庆州学正。　**郭定生**　辛卯，山西洪洞知县。
高　峦　壬辰，衡水教谕。　**杨士林**　壬辰。
应　杓　甲午，唐县训导。　**马学和**　甲午，山东昌邑知县。
常清任　甲午，栾城教谕。　**刘锺洛**　丁酉，见进士。
黄　锦　丁酉，庆云训导。
王元熙　己亥，署广东昌化、东安等县知县。
郭定柱　己亥，见进士。　**魏式曾**　庚子，湖南永顺府知府。
傅大鲲　庚子，雄县教谕。　**计鹏翀**　庚子，静海训导。
珂克僧额　庚子，见进士。　**李培元**　癸卯，就职直隶州州判。
郭长清　癸卯，见进士。　**张汝绳**　丙午。
穆继谟　丙午。　**王桂齐**　丙午。
陶以诗　丙午，恩赐。　**田植仁**　己酉，见进士。
郭志清　己酉。　**潘　楷**　己酉，浙江试用知县。

咸丰

卢龙县

王铭德　辛亥，宁远州学正。　**陈梦龄**　壬子，清丰县教谕。
何　椿　壬子。　**张旭东**　壬子，见进士。
张广益　乙卯。　**程维垣**　己未，平乡县训导。
朱克勷　己未，福建候补知县。　**高　擢**　辛酉。

迁安县

司　爽　辛亥。　**姚亮臣**　辛亥，见进士。
马鸣谦　壬子，署河南南召、桐柏知县。
高铭鼎　乙卯，宝坻籍，选满城训导，改捐知县。
庞　祺　戊午，遵化籍。　**刘鹏鸣**　戊午，见进士。
张廷珣　戊午。　**兰　亭**　己未。
金　绶　己未，旗籍，国子监助教。

赵　仲　辛酉满城教谕。
朱敬之　辛酉，内阁中书。

抚宁县

赵春龄　辛亥，署大名乡学训导。
单汝鹏　辛亥。
傅　朴　辛亥，桢弟，成安训导。
任欲贵　戊午，恩赐。
张兆显　辛酉，内阁中书。
张绍曾　辛酉，作睿曾孙，河南试用知县。
惠廷魁　辛酉。

昌黎县

张旭曦　辛亥，见进士。
高桂根　辛亥，武邑教谕。
李国瑞　辛亥，山东候补知县。
王荫墀　壬子。
杨　照　壬子。
刘敬之　壬子。
王廷魁　乙卯，山东候补知县。
薛梦兰　乙卯。
张艺林　戊午。
高文煜　戊午，见进士。
崔树宝　己未，有传。
齐赞廷　己未，任县训导。
檀宝森　己未。
赵万清　辛酉。
杨舒翩　辛酉。
陈养源　辛酉。
荀志仁　辛酉。
王永清　辛酉。

滦　州

刘　焜　辛亥。
宁　均　壬子。
王庆恩　壬子，故城教谕。
刘禹钧　乙卯。
张元瀛　乙卯。
吴遇隆　乙卯，长垣教谕。
王凤森　戊午，见进士。
白鸿逵　戊午。
陈致中　己未。
曾传唯　己未，河工试用知县。
梁玉书　己未。
李邦俊　己未。
闫继宗　己未，内阁中书。
李维芳　辛卯。

乐亭县

刘树棫 辛亥，亚元。

曹步瀛 辛亥，陕西安定知县。

左兆熊 壬子，山西试用知县。

钱德昌 壬子，见进士。

葛唐麟 壬子，浙江试用知县。

崔国庆 壬子，见进士。

王树屏 乙卯，署河间府学训导。

刘玉衡 乙卯，户部郎中。

谢宝琮 乙卯。

陈聚之 乙卯。

阴望之 恩赐。

宋廷楹 戊午。

韩　钊 戊午，见进士。

韩国梁 戊午。

王德馨 戊午，吴桥训导。

刘鳣堂 戊午，隆平教谕。

李文炳 己未，山东临邑知县。

宋广荫 己未，见进士。

张凤翔 己未。

王杏村 己未，昌黎籍。

徐元瑞 辛酉，亚元。

王绍玉 辛酉。

崔文元 辛酉。

宋廷荫 辛酉。

周　培 辛酉。

临榆县

傅元博 辛亥。

王定元 辛亥，选赵州高邑训导。

曹广滋 壬子。

余文骧 壬子，刑部郎中。

解　煜 壬子，见进士。

马沛昌 乙卯，国子监学录。

张春山 戊午。

杨士玉 戊午，历任河南鄢陵、密县、通许知县。

田恩熙 辛酉，内阁中书。

马近思 辛酉。

同治

卢龙县

刘青山 壬戌。

朱昌时 壬戌。

张　镔 壬戌，见进士。

王弼藩 甲子，解元，见进士。

邢济民 丁卯。 **王琦藩** 丁卯。
商天爵 丁卯。 **张鸣谦** 庚午。
翟省三 庚午。 **马宗允** 癸酉。

迁安县

陈宝树 壬戌，见进士，刑部主事。
郑　束 壬戌，见进士。 **许兰芳** 甲子。
李隽元 甲子。 **李昌时** 丁卯，冀州训导。
司鼎寰 癸酉。

抚宁县

侯永芳 壬戌。 **杨世熙** 壬戌。
张　衔 甲子。 **邹遇隆** 甲子。

昌黎县

杨际春 壬戌。 **齐鹤峰** 壬戌。
田世英 壬戌。 **齐麟玉** 甲子。
董树柏 甲子。 **董光燿** 甲子。
罗庆云 甲子。 **孙岳龄** 甲子。
齐锡朋 丁卯，安肃教谕。 **刘志清** 丁卯。
李文清 丁卯。 **秦焕章** 庚午。
杨肇第 庚午。 **杨凤池** 庚午。
杨占春 庚午。 **苟志学** 癸酉。
董国桢 癸酉。 **常书云** 癸酉。
赵元抡 癸酉。 **王鼎元** 癸酉。

滦　州

郝凤林 壬戌。 **刘占铎** 壬戌。
刘静山 甲子。 **彭亿清** 甲子，见进士。
李清华 甲子。 **王汉升** 甲子。
冯淑异 丁卯。 **孙汝漳** 丁卯。

吴　蓉　庚午，内阁中书。　闫裕宗　庚午。
潘其渤　癸酉。

乐亭县

宋森荫　壬戌，山东齐河知县。
杨庆祥　壬戌，旗籍。　柳柏年　甲子。
朱　俊　甲子。　于宗翰　甲子，见进士。
周渐逵　甲子。　王佩行　甲子。
崔毓隆　甲子，旗籍。　刘成身　丁卯。
安若兰　丁卯。　李廷楷　丁卯，旗籍。
杨瑞祥　丁卯，旗籍。　曹宗周　庚午。
马桂森　庚午。　王柏年　庚午。
王树铭　庚午。　王金铭　庚午，户部主事。
杨毓祥　庚午。　樊城齐　癸酉。
徐秉璋　癸酉。　李锡庚　癸酉。
张恩锡　癸酉。　孙国桢　癸酉。
姚浚源　癸酉。　崔炳文　癸酉，旗籍，郎中衔。

临榆县

李铁林　丁卯，见进士。　李桂林　丁卯，见进士。
陶允恭　丁卯，恩赐。　祥　瑞　丁卯，旗籍。
讷　钦　丁卯，驻防旗籍，见进士。
董馀庆　丁卯。　祥　顺　庚午。
王　璘　癸酉。　恒　谦　癸酉，旗籍。

光绪

卢龙县

翟奉三　乙亥。　王光藩　丙子。
王定清　丙子。

抚宁县

杨际虞 乙亥。

李春培 丙子。

贲鸾玺 丙子。

昌黎县

刘鸿逵 乙亥，见进士。

郭莲舫 乙亥。

杨　蓥 乙亥，恩赐。

马铭钚 丙子。

李清芝 丙子。

滦州县

王炳文 乙亥。

刘东美 乙亥，见进士。

石耀宗 乙亥。

杨俊彦 乙亥。

吴宝善 乙亥。

张汝舟 乙亥。

李念曾 乙亥。

梁于汶 乙亥。

韩潮海 乙亥。

王奉琛 乙亥。

李　威 丙子。

未之沣 丙子。

王文瑞 丙子。

乐亭县

史履升 乙亥，内阁中书。

董遇昌 乙亥。

刘成诵 乙亥，见进士。

刘　桢 丙子。

杨荣祥 丙子，旗籍。

临榆县

周星隽 乙亥。

郭之桢 乙亥，山东试用直隶州州判。

托龙武 乙亥，旗籍。

附：辽学举人

吴三元 丙戌，自在州人，贵州遵义府知府。

陶成玉 丙戌，沙后所人。
王大成 丙戌，沙后所人，兵部郎中。
吴允升 丙戌，见进士。
张羽明 戊子，宁远人，江南松江府知府。
罗绍伦 戊子，金州人，浙江温州府推官。
刘应龙 辛卯，宁远人，山东平阴知县。
范章祖 甲午，沈阳人。 **刘 瑸** 丁酉，广宁人。
杨振藻 己酉，见进士。 **罗衍嗣** 癸卯，见进士。
陶鼎铉 丙戌，中后所人，江南镇江府知府。
王共瞻 丙戌，右屯卫人，知县。
董以威 丙戌，广西知县。
李如桂 戊子，沈阳人，浙江提学佥事。
王应诏 戊子，金州人，直隶南和知县。
项天成 辛卯，盖州人，直隶赵州学正。
田 麟 辛卯，见进士。 **陈尧言** 甲午，见进士。
陈日晋 丁酉，宁远人。 **田维兖** 癸卯，自在州人，麟子。

卷之十三

选举表三　文科下

贡　　生

府　　学

蔡维新　迁安人，知县。《旧志》作卢龙县学，此从《迁安志》。

孟尝裕　滦州人，河南孟津知县。

王　亶　知县。

王谦吉　河南淇县知县。

韩宏业　甘肃礼县知县。

韩鼎业　东胜卫人。

赵维宁　滦州人。

邢维翰　昌黎人，县丞。

袁起鹏　卢龙人。

何重粹　滦州人。

刘文烂　滦州人。

刘以隆　永平卫人。

张文煊　滦州人。

姚乐尧　永平卫人。

白培元　滦州人。

张观成　乐亭人。

姚九万　抚宁人。

严应魁　滦州人。

鲁　颖　永平卫人，恩贡。

朱　庄　卢龙人。

董　铣　永平卫人，中书。

马玉聪　永平卫人。

陈常夏　乐亭人。

李挺秀　永平卫人。

董　钜　永平卫人，山西潞城知县。

余大知　永平卫人，选拔。

孙　琮　永平卫人，陕西武功知县。

郑　鼒　永平卫人，江南常熟知县。

董　锟　永平卫人，永清教谕。
于元征　卢龙人，天津府教授。
王　伸　乐亭人。　　马允兴　永平卫人。
刘镗德　永平卫人。　　刘　帜　永平卫人。
董　镃　永平卫人，选拔。
蔡发原　迁安人，选拔，旧志作法原。
张维新　昌黎人。　　陈培元　抚宁人。
刘　治　永平卫人。　　刘亮生　乐亭人。
许朝佐　抚宁人。　　贾　第　昌黎人。
葛耀辰　永平卫人。　　周　官　山海卫人。
李儒英　卢龙人。　　温奇彪　山海卫人。
蒋应选　滦州人，恩贡。　　王　谟　滦州人。
阮雯标　卢龙人，选拔。
陈际叔　滦州人，选拔。江西平乡教谕。
姜昌龄　卢龙人。　　张光綖　滦州人。
孙能恭　永平卫人。　　徐麟生　卢龙人。
陈　谔　卢龙人。　　刘　林　滦州人。
赵　朴　永平卫人。　　赵尔尹　昌黎人。
赵　珽　滦州人，恩贡。　　高士英　抚宁人。
韩振文　兴州卫人。　　刘　栏　乐亭人。
计大成　山海卫人。　　董　汤　永平卫人。
齐泽霈　昌黎人，岁贡。　　李　叙　岁贡。
卢瑞麒　岁贡。　　解闻缙　岁贡，望都训导。
刘　洑　岁贡。　　陈梦兰　岁贡。
任上庠　昌黎人，选拔。　　高甫昌　岁贡。
孙元会　岁贡。　　李庆生　临榆人，选拔。
郑　茂　岁贡。　　杨廷献　岁贡。
石　彬　岁贡，云南罗平州知州，有传。
高　卓　岁贡。　　刘　洁　昌黎人，选拔。

阮承先 岁贡。
李维柡 岁贡。
刘绍祖 岁贡。
冯梦龙 岁贡。
李维条 岁贡。
王　宏 岁贡。
郑方至 滦州人，选拔。
高越璠 滦州人，选拔。
田　璞 昌黎人，恩贡。
侯昌运 抚宁人，岁贡。
徐光耀 临榆人，岁贡。
龙朝彩 昌黎人，岁贡。
孟　鲸 岁贡。
陈　谧 滦州人，岁贡。
高履豫 昌黎人，选拔，有传。
李应元 滦州人，岁贡。
杨四知 昌黎人，岁贡。
高棠清 昌黎人，选拔。
赵文焕 临榆人，岁贡。
李　淳 昌黎人，岁贡。
唱　深 昌黎人，岁贡。
张继先 滦州人，岁贡。
张辉业 昌黎人，岁贡。
俞　楫 抚宁人，岁贡。
刘席琰 昌黎人，岁贡。
李廷瓒 昌黎人，岁贡。
宋　玳 昌黎人，恩贡。
刘得清 昌黎人，岁贡。
周国辅 昌黎人，岁贡。
阎　濂 玉田籍，选拔。
常克家 抚宁人，岁贡。
石　昆 昌黎人，岁贡。
张鹏翼 滦州人，岁贡。
韩毓蓂 卢龙人，岁贡。
宋荣先 抚宁人，岁贡。
杜　坦 昌黎人，岁贡。
龚永清 卢龙人，恩贡。
韩地声 滦州人，岁贡。
李云龙 昌黎人，岁贡。
姚汝良 抚宁人，岁贡。
魏全禄 临榆人，选拔，广东恩平知县。
毛学泗 卢龙人，岁贡。
高青选 滦州人，岁贡。
张延禧 昌黎人，选拔。
杨炳德 抚宁人，岁贡。
张国臣 昌黎人，岁贡。
李一梧 昌黎人，岁贡。
张笃生 迁安人，岁贡。
李　侃 滦州人，岁贡。
张自来 玉田人，岁贡。
鱼　鲲 抚宁人，岁贡。
张国经 抚宁人，恩贡。
李　缙 滦州人，岁贡。
钱　泽 昌黎人，岁贡。
张文谟 临榆人，岁贡。

卢龙县

崔维嵘 清丰知县，有传。
宋五聚 山东平原知县。
刘士模 安徽怀宁知县。
任三元 武清训导。
翟凤翥 平山训导，有传。
王大征 **冯华翰** **李虞龙**
刘疏泗 见举人。
李炜然 云南江川知县，有传。
穆国谟 江西弋阳知县。
张奇勋 甘肃平凉知县。
张钟英 福建知府，有传。
姚时茂 江南淮安府通判。
姚时盛 浙江温州府通判。
姚时起 山西大同府同知。
严文炳 山西岚县知县。
张其则 福建清源知县。
高士模 浙江淳安知县。
杨世俊 高阳训导。
李　锦 顺天大兴知县。
刘之鼐 **孙之俊** **白　素** **孙　翊** **董熙臣** **高拱极** **张大壮**
冯圣祚 **王　鼐** **王来聘** **宋嘉宾** **赵　捷** **郝光祚** **王　弼**
李　震 **李际泰**
赵　怡 东安训导。
李际亨 **刘德邵** **宋国柱**
王　杞 副榜。
杨　琳 副榜。
于　深 副榜。
贺　梅 恩赐副榜。
孟际亨 副榜。
王铭新 副榜。
伦魁甲 副榜。
闫廷佩 副榜。
秦天爵 副榜。
李廉善 恩赐副榜。
王宝贤 副贡。
何凌云 由拔贡，中副榜。
韩冠英 副榜。
傅　霖 副榜。
马宗允 副榜，见举人。
薛继武 副榜。
张星煌 选拔，山东东昌府同知，有传。
阮玉振 选拔。
王基文 选拔。
张可成 选拔，阜城教谕。
王　珍 选拔，副榜，见进士。
李　蘧 拔贡，容城教谕。
赵克鲁 拔贡。
刘学健 拔贡。
马兆文 拔贡。

袁世臣 拔贡。
王　坤 拔贡。
蒋大森 拔贡。
赵维飏 拔贡。
王显祖 恩贡，举乡饮宾。
高　贞 恩贡。
李　忠 恩贡。
马兆易 恩贡。
田怀德 恩贡。
孟丕义 恩贡。
周廷桂 恩贡。
武启基 恩贡。
方永清 恩贡。
王　卿 恩贡。
丁绍祖 恩贡。
王德普 恩贡。
何际隆 恩贡。
郭友棠 恩贡。
白纯修 岁贡。
张宗孔 岁贡。
许国用 岁贡。
汪淑旦 岁贡。
毛天翀 岁贡。
马　图 岁贡。
刘亮宣 岁贡。
伦　文 岁贡。
耿良臣 岁贡。
汪千顷 岁贡。
赵　珩 岁贡。
傅廷鉴 拔贡。
高龙跃 拔贡。
朱荣五 拔贡。
薛继畲 拔贡。
刘光远 恩贡。
岂与先 恩贡。
张子民 恩贡。
邢文敷 恩贡。
赵克显 恩贡。
李廷杞 恩贡。
田雯郁 恩贡。
王锺泗 恩贡。
吴荫杓 恩贡。
马象乾 恩贡。
赵继祖 恩贡。
吴荫柏 恩贡。
李际春 恩贡。
张克勤 岁贡。
刘炳辰 岁贡。
孙　彦 岁贡，内邱训导。
陈际隆 岁贡，浙江金华县丞。
汪与临 岁贡。
王　栋 岁贡。
王廷玺 岁贡。
俞　炳 岁贡。
周孝德 岁贡。
李本深 岁贡。
李如杞 岁贡。
王硕彦 岁贡。

胡　俊　岁贡。
岂惟文　岁贡。
郭　越　岁贡。
朱廷鼎　岁贡。
翟赐书　岁贡。
王　采　岁贡。
罗　熙　岁贡。
李德音　岁贡。
周　铨　岁贡。
朱　楷　岁贡。
蒋　昉　岁贡。
王进士　岁贡。
李　美　岁贡。
马廷琬　岁贡。
朱士荃　岁贡。
姚延禧　岁贡。
闫会一　岁贡。
王祚杰　岁贡。
李　枢　岁贡。
高可群　岁贡。
张仲星　岁贡。
吴景闾　岁贡。
韩如淦　岁贡。
李维新　岁贡。
王维咸　岁贡。
张士骏　岁贡。
姚阴棠　岁贡。
王宏绪　岁贡。
安清彦　岁贡。
刘宗淑　岁贡。
翟　彧　岁贡。
田　尹　岁贡。
岂非雄　岁贡。
王　淳　岁贡。
王世淳　岁贡。
姚士鹏　岁贡。
高士倬　岁贡。
岂非果　岁贡。
唱阳春　岁贡。
赵　霖　岁贡。
秦声远　岁贡。
张　寓　岁贡。
李廷銮　岁贡。
解心解　岁贡。
李德建　岁贡。
曹际昌　岁贡。
朱士骏　岁贡。
李永照　岁贡。
赵魁生　岁贡。
安培甲　岁贡。
安培因　岁贡。
唱天爵　岁贡。
马　鎏　岁贡。
赵睿生　岁贡。
何如澜　岁贡。
何　棣　岁贡。
何元海　岁贡。
赵文中　岁贡。

管世清　岁贡。

王淋皋　岁贡。

温子引　岁贡。

童绍祖　岁贡。

卫定中　岁贡。

王寿椿　岁贡。

翟　峄　岁贡。

王翊清　岁贡。

王铭振　岁贡。

王宝三　岁贡。

闫廷琥　岁贡。

迁安县

张　昕

崔　璨　副榜。

杨玉润　副榜。

张光前　副榜。

张敬先　副榜。

李敬止　副榜。

李继夏　副榜。

朱　鉴　副榜。

杨玉清　副榜。

杨伟宽　副榜。

李昌琛　副榜。

刘　焕　副榜，广昌县教谕。

李生淑　副榜。

马　恂　副榜。

姚光弼　副榜，博野教谕。

马则璘　副榜，见举人。

姚鸿钧

余朝俊　恩赐副榜。

刘鹏鸣　副榜，见进士。

浦清源　副榜。

刘鸣玉　选拔。

王　揖　选拔。

崔　璠　选拔。

马子庄　选拔。

李　芹　选拔，陕西凤翔知县。

张　励　拔贡，见举人。

李夫笃　拔贡。

刘宗汉　拔贡。

任　谦　拔贡。

贺贤志　拔贡。

张　纶　拔贡。

杨伟敏　拔燕。

宁　谦　拔贡。

李昌舒　拔贡。

郑　芃　拔贡。

邓克兴　拔贡。

杨宝树　拔贡。

张铭鼎　拔贡，浙江汤溪、义乌知县。

杨宝森　拔贡。

李超群　拔贡，见举人。

姚亮祖 拔贡，衡水县教谕。 **姚亮采** 拔贡，教习以知县用。
李俊元 拔贡。 **于凌云** 拔贡。
冯良宾 旗籍，拔贡。 **宋国宾** 恩贡，陕西知县，有传。
徐真修 恩贡，陕西临洮知府。
郭　铨 恩贡，廷试，知县。
裴成性 恩贡，改名式度，见举人。
郭　佩 恩贡。 **胡明宾** 恩贡。
魏　镛 恩贡。 **杨　堪** 恩贡。
张　纯 恩贡。 **张　劝** 恩贡。
张　杰 恩贡。 **徐　琰** 恩贡。
夏启淳 恩贡。 **李景苍** 恩贡。
魏　甡 恩贡。 **张存善** 恩贡。
傅　壤 恩贡。 **李　端** 恩贡。
张泰交 恩贡。 **范振声** 恩贡。
杨宝泉 恩贡。 **裴维智** 恩贡。
李晓元 恩贡。 **司之兰** 恩贡。
李榎林 恩贡。 **张书升** 恩贡。
赵凤起 岁贡，陕西安定知县。
郭　联 岁贡，陕西安塞知县。
李正临 岁贡，辽阳训导。 **崔登华** 江南江宁知县。
杨开泰 **刘永禄** 三河训导。
徐宸亮 康熙元年，以县丞用。
刘光胤 岁贡。 **朱成德** 岁贡。
刘王佐 岁贡。 **吴景隆** 岁贡。
任思诚 岁贡。 **宋　瑶** 岁贡。
郭观宸 岁贡。 **马　上** 岁贡。
王升阶 岁贡。 **张人文** 岁贡，鸡泽训导。
宋　琚 岁贡。 **才　善** 岁贡。
裴成艺 岁贡。 **韩启明** 岁贡。

郭　章　岁贡。
郭允中　岁贡，平谷训导。
蔡涵一　岁贡。
白承基　岁贡。
姜　璠　岁贡。
张　琬　岁贡。
刘　祀　密云训导。
陈尧三　岁贡。
张华宗　岁贡，延庆州训导。
刘天民　岁贡，乡饮介宾。
彭之洙　岁贡，保安州训导。
魏克仁　乡饮介宾。
王席求　岁贡。
方　林　岁贡。
虞光烈　岁贡。
王永清　岁贡。
魏　城　岁贡。
刘馀庆　岁贡。
梅献玉　岁贡,《县志》作斯玉。
刘　熏　岁贡。
王　戣　岁贡。
魏克仁　乡饮介宾。
韦作德　岁贡。
范毓泰　岁贡。
王建中　岁贡。
尹登甲　岁贡。
张兆文　岁贡。
王赐琛　岁贡。
魏开第　岁贡。
张　标　岁贡。
杨德晋　岁贡。
李　琯　岁贡。
王　裕　岁贡。
张百龄　岁贡。
张揆一　岁贡。
贾　朴　岁贡，隆平训导。
李　芃　岁贡，清苑训导。
姜　琦　岁贡。
张可遂　岁贡。
刘　杰　岁贡。
李景祥　岁贡。
刘　劲　岁贡，武强训导。
刘　焕　岁贡。
崔大申　岁贡。
宋继兴　岁贡。
赵　旭　岁贡。
夏　启　岁贡，《县志》作启后。
玉　谟　岁贡。
徐　昆　岁贡。
吴玉成　岁贡。
张笃生　府学岁贡。
张肇文　岁贡。
李生浩　岁贡。
杨玉振　岁贡。
田福广　岁贡。
金声远　岁贡，有传。
刘锡龄　岁贡。
李　缜　岁贡，任丘训导。

马　常　岁贡，充功臣馆誊录。

李震青　岁贡，都昌巡检。

金汝砺　岁贡，见父声远传。

吴凤至　岁贡。

沈万全　岁贡。

邓朝元　岁贡。

郑　荃　岁贡，原名铨。

姚　俊　岁贡。

杨梦麟　岁贡。

刘洁标　岁贡。

万世清　岁贡。

贾锡朋　遵化籍。

杨拱宸　岁贡。

杨宝兴　岁贡。

张　鋆　岁贡。

贾宜丰　岁贡。

王文德　岁贡。

张书绅　岁贡。

邓光亨　岁贡。

孟　鼎　岁贡。

杨宝和　岁贡。

李昌裔　岁贡。

罗天德　岁贡。

张化宣　岁贡。

李之纪　岁贡。

李香树　岁贡。

王粹儒　岁贡。

宋　绮　岁贡。

魏　宸　岁贡。

张朝柱　岁贡。

吴　瓒　岁贡。

王凤采　岁贡。

张寓文　岁贡。

杨云翼　岁贡。

白明楷　府学岁贡。

万逢銮　岁贡。

韩大儒　岁贡。

姚亮简　岁贡。

裴三益　岁贡，国史馆誊录。

李树勋　岁贡。

抚宁县

冯　琮　拔贡，《县志》作琛。

袁　涵　拔贡，河南布政司库大使。

张　珺　拔贡。

鲁祉厚　拔贡。

才汇征　拔贡，见举人。

吴荫松　拔贡，见举人。

王　洁　拔贡，见举人。

李　笃　拔贡。

张冲溥　拔贡。

王　圭　拔贡。

冯士灏　拔贡，见举人。

李士仪　拔贡。

徐春祝 拔贡。
吴际升 恩赐，见举人。
陈利用 拔贡。
惠庆滋 拔贡，见举人。
张兆显 拔贡，见举人。
单元亨 拔贡。
俞秉直 恩贡，甘肃阶州同知。
赵君镛 恩贡。
徐延荣 恩贡，河南新乡县丞。
王　简 恩贡，甘肃庄浪知县。
张　复 恩贡。
赵应瑞 恩贡。
锺蕃祉 恩贡。
吴执中 恩贡。
茹纳博 恩贡。
徐　显 恩贡。
郝宜振 恩贡。
郭朝儒 恩贡。
陈廷鉴 恩贡。
赵子基 恩贡。
冯德宁 恩贡。
张翮骞 恩贡。
诸金燧 恩贡。
傅泽商 恩贡。
陈　坦 恩贡，《县志》作垣。
刘兆亨 恩贡。
茹景文 恩贡。
杨逢盛 恩贡。
王襄陛 恩贡，《县志》作楷。
高玉德 恩贡。
金锡禄 恩贡，有传。
李洪馥 恩贡。
陈作梅 恩贡。
吴维垣 恩贡。
杜盈科 恩贡。
魏瀛山 恩贡。
党玉清 恩贡。
张宏文 恩贡。
陈熙春 恩贡。
徐廷周 岁贡，奉天训导。
李宏涵 完县训导。
陈　谟 高阳训导。
杨定国 密云训导。
李惟艳
邹　勷 浙江萧山知县。

侯更新　**张凤羽**　**田芳标**　**张希思**　**鲁大治**　**解起元**　**王运恒**　**徐廷璟**　**杨毓奇**　**陈治恒**　**钟蕃胤**　**冯永洁**　**冯永溁**　**杨仲昌**　**罗国玺**　**唐之迪**　**箫　范**　**张　雯**　**张　霦**

张　霖 福建，布政使，有传。

罗重绣　《县志》作唐绣。
许青云　杨毓美　白重丹　单铭　岁贡。
诸大申　鲁藻　杨时盛　郭永昌　惠即春　岁贡。
王子遴　岁贡。　　惠可溥　岁贡。
贾景谊　岁贡。　　孙芳馨　岁贡。
王占鳌　岁贡。　　高士元　岁贡。
林毓奇　岁贡。　　杨秉德　岁贡。
徐　习　岁贡。　　杨　恒　岁贡。
李　庆　岁贡。　　金之琛　岁贡。
张宗美　岁贡。　　黄三朋　岁贡。
赵　宋　岁贡。　　鲁　荫　岁贡。
赵启中　岁贡。　　王化行　岁贡。
齐应魁　岁贡。　　孙　理　岁贡。
锺　傧　岁贡。　　王　铣　岁贡。
俞　桀　岁贡。　　贾应元　岁贡。
李　坚　岁贡。　　周维新　岁贡。
金　莹　岁贡。
王基命　郝存性　任运泰　茹　珩　冯　骧　冯　瑾
田国润　岁贡，曲阳训导。　　王元相　岁贡，怀柔训导。
杨枝起　岁贡，青县训导。　　王丰基　岁贡，新乐训导。
单鼎祈　岁贡，蓟州训导。　　杨　炳　岁贡。
徐方达　岁贡。　　徐阜年　岁贡。
徐麟祥　岁贡。　　徐　昊　岁贡。
翟如鹍　岁贡。　　徐升开　岁贡。
徐骏声　岁贡。　　张文景　岁贡。
黄苍璧　岁贡。　　张感召　岁贡。
才　敏　岁贡，湖南酃乡知县。　　金斯盛　岁贡。
徐道中　岁贡。　　王　琳　岁贡。
杨国祚　岁贡。　　严建中　岁贡。

翟缵祖　岁贡。
王民皞　岁贡。
徐永泰　岁贡。
陈七具　岁贡。
翟　棻　岁贡。
王凤翔　岁贡。
王德溢　岁贡。
韩景琦　岁贡。
董　睿　岁贡。
王文言　岁贡。
李　馥　岁贡。
赵淑典　岁贡。
茹景梁　岁贡。
李觐銮　岁贡。
薛　儒　岁贡。
任欲贵　岁贡。
茹鹏飞　岁贡。
茹景玉　岁贡。
李芳辰　岁贡。
张缙云　岁贡。
陈文煜　岁贡。
丁青云　岁贡。
常　炽　岁贡。
乔永欣　岁贡。
张临光　岁贡。
金志廉　岁贡。
安际唐　岁贡。
张万春　岁贡。
单九畹　廪贡，吴桥训导。

徐　翼　岁贡。
王　锐　岁贡。
吴作霖　岁贡。
李景琦　岁贡。
陈　绰　岁贡。
杨锡畴　岁贡。
徐　礴　岁贡。
金文锦　岁贡。
陈浴日　岁贡。
聂　赞　岁贡。
赵淑章　岁贡。
张　雨　岁贡。
李观澜　岁贡。
吴　炽　岁贡。
盛如桐　岁贡。
李耀春　岁贡。
王毓德　岁贡。
郭鸣珂　岁贡。
张弼臣　岁贡。
周济川　岁贡。
张近光　岁贡。
张德明　岁贡。
郑青云　岁贡。
史联盛　岁贡。
李之棫　岁贡。
王德利　岁贡。
樊　勰　岁贡。

李廷俊 廪贡，天津府学训导。
王　锜 廪贡，江西上犹县丞。
王　衔 廪贡，湖北江夏典史。
王致澄 廪贡，候选训导。 **王理澄** 廪贡，文安训导。
田见龙 廪贡，光禄寺署正。 **侯永芳** 廪贡，见举人。

昌黎县

李毓丹 山西汾州府通判。 **王思问** 福建清源知县。
冯盛期 江南黟县知县。 **李似楠** 邵武府同知。
赵民瞻 延庆卫教谕。 **田起鹏** 贵州定番知州。
冯源漳 浙江云和知县。 **刘秉仁** 广东韶州府通判。
李先春 山东禹城知县。 **王天毓** 江南滁州卫经历。
石光岳 东安训导。 **赵起泰**
张元复 见举人。 **郭宪泰** **赵国才** **陈廷干**
张我籍 山东德州州同。 **高二正** 河南归德府通判。
张翰宸 湖南长沙知府。 **张尊德** 湖广副使。
张庄临 **贾九苞** **周元** **宋杰士** **齐如仑** 直隶涿州训导。
田蔵蕤 副榜。 **张鹏举** 副榜。
何象贤 副榜。 **万永年** 副榜，山东蒲台知县。
赵国俊 副榜，见举人。 **萧　琸** 副榜。
程　谦 副榜。 **张迈伦** 副榜。
李　拭 副榜。 **田种玉** 副榜。
张延寿 副榜。 **李松龄** 副榜。
陈允成 副榜。 **韩　超** 副榜，有传。
赵柏龄 恩赐副榜。 **王德树** 副榜。
李大业 副榜，曲阳县教谕。 **张俊亨** 副榜，见举人。
张胜亭 副榜，贵州司郎中。 **杨舒翾** 副榜，见举人。
程定邦 副榜。 **张　钧** 副榜。
焦续音 恩赐副榜。 **刘允升** 副榜。

戴云峰	副榜。	**邹希孟**	副榜。
郭养源	副榜。	**宋大椿**	副榜，教习。
杨　蓥	恩赐副榜，见举人。	**张　宏**	拔贡，江西知县，有传。
张丙宿	拔贡，藁城教谕，升湖南益阳知县。		
高士敏	拔贡。	**张宗美**	拔贡。
阎公锦	拔贡，盐大使。	**阎公铣**	拔贡，见进士。
段士林	拔贡。	**马元恺**	拔贡。
齐松年	拔贡。	**张　辉**	拔贡，山西岚县知县。
才宇和	拔贡，有传。	**李大猷**	拔贡，赞皇教谕。
高翼坦	拔贡，南皮县训导。	**高中沛**	拔贡。
刘敬之	拔贡，见举人。	**任上苑**	拔贡。
魏锡纶	拔贡，刑部主事。	**张　锐**	拔贡，交河训导。
张蔼林	拔贡。	**刘韩文**	拔贡。
赵桂林	优贡。	**王　培**	优贡，河南候补知县。
马恩培	优贡，内阁中书。	**魏锡祺**	优贡，户部主事。
高天晓	恩贡。	**邸　捷**	恩贡。
张　著	恩贡，完县教谕。	**高棠荫**	恩贡。
唱敦典	恩贡。	**王君录**	恩贡。
齐登云	恩贡。	**齐廷琬**	恩贡。
李　菼	恩贡。	**赵泰临**	恩贡。
张　拓	恩贡。	**阎　涵**	恩贡。
戴永嘉	恩贡。	**马际虞**	恩贡。
李壮猷	恩贡。	**刘　瑨**	恩贡。
李钟雅	恩贡。	**王治平**	恩贡。
张　炽	恩贡。	**宋骊龙**	恩贡。
李廷鉴	恩贡。	**马连科**	恩贡。
齐殿甲	恩贡。	**马纯熇**	岁贡。
马元会	恩贡。	**谭叔璐**	恩贡。
高振宗	恩贡。	**周家瑜　曹士鹏　才天纵**	

张应宿 岁贡，举乡饮。 **张灿宿** 河南西平县县丞。
邢纯政 **高　培** 岁贡。
田御梁 **赵云翌** **张贞复** 岁贡。
高　翙 **祖厘士** **邸绅** **任巨** **赵之屏** **宋普** **杨倬**
赵　玙 枣强训导。 **张四端** **李　惠** **李　俨**
刘天麟 衡水教谕。 **赵　琅**
张忠靖 岁贡。 **马　淳** 见举人。
马　浚 **张大生** 岁贡。
迟日昶 **刘寅** **刘瑞麟** 浙江金华县县丞。
孙时来 **高进** **田本** **刘炳辰**
马允良 岁贡。 **万　珩** 岁贡。
王好善 岁贡。 **任六经** 岁贡。
李　佶 岁贡，房山训导。 **齐　家** 岁贡。
赵宏发 岁贡。 **李作屏** 岁贡。
李协一 岁贡。 **马　璘** 岁贡。
邸　霖 岁贡，永清训导。 **杨杜永** 岁贡。
马　灏 岁贡。 **赵毅发** 岁贡，奉天开原训导。
马　瑜 岁贡。 **冯　醴** 岁贡。
齐崧龄 岁贡。 **张伟业** 岁贡。
李　馞 岁贡。 **李惟一** 岁贡。
冯嗣京 岁贡。 **韩士魁** 岁贡。
费肄咸 岁贡。 **刘建凯** 岁贡。
高履安 岁贡。 **曹天培** 岁贡。
张懋信 岁贡。 **李硕果** 岁贡。
周廷选 岁贡。 **马　璋** 岁贡。
吴克明 岁贡。 **刘文稷** 岁贡。
张廷熙 岁贡。 **张作枢** 岁贡。
宋景质 岁贡。 **齐泽茂** 岁贡，通州学正。
齐王谟 岁贡，奉天海城训导。

齐汝和　岁贡。　　齐汝安　岁贡。
田永裕　岁贡。　　齐廷琰　岁贡，晋州学正。
齐绍周　岁贡。　　王　瑶　岁贡。
马廷玺　岁贡。　　马廷琬　岁贡。
冯成六　岁贡。　　冯思九　岁贡。
何学泗　岁贡。　　唱震宇　岁贡。
魏天衢　岁贡。　　张元士　岁贡。
魏天章　岁贡。　　刘兆熊　岁贡。
杨　梅　岁贡。　　任　岩　岁贡内丘县训导。
齐维清　岁贡。　　齐维驭　岁贡。
杨云逵　岁贡。　　钱　恒　岁贡。
贾鹤庆　岁贡。　　杨蔚森　岁贡。
戴　鼎　岁贡，安州学正，借补获鹿训导。
陈廷训　岁贡。　　周世显　岁贡。
马秀升　岁贡。　　高作柏　岁贡。
李绍先　岁贡。　　张瑞征　岁贡。
张金锡　岁贡，见举人。　　田公均　岁贡。
杜作枢　岁贡。　　宋星辉　岁贡。
陈　宽　岁贡。　　王桂林　岁贡。
杨元揆　岁贡。　　赵人龙　岁贡。
赵　鲸　岁贡。　　冯玉佩　岁贡。
韩国英　岁贡。　　刘介福　岁贡。
齐邦杰　岁贡。　　董渤涵　岁贡。
齐邦直　岁贡。　　张　䎖　岁贡。
赵天祥　岁贡。　　王德崇　岁贡。
张复性　岁贡。　　龙百我　岁贡。
王　璠　岁贡。　　张　涵　岁贡。
高作枫　岁贡，有传。　　曹天培　岁贡，内邱训导。
贾　楷　岁贡。　　万士达　岁贡。

李儒英　岁贡。
刘大成　岁贡。
刘　缙　岁贡。
李延世　岁贡。
冯梦龙　岁贡，蓟州训导。
李毓秀　岁贡。
龙锡朋　岁贡。
才达政　岁贡。
张岳生　岁贡。
王　玠　岁贡。
祖德馨　岁贡。
萧荫年　岁贡。
高中淑　岁贡。
刘嘉遇　岁贡。
张跃天　岁贡。
何朝瑛　岁贡。
祖德润　岁贡。
任　沐　岁贡。
赵毓清　岁贡。
高路云　岁贡。
马焕文　岁贡。
刘　灏　岁贡。
刘　渤　岁贡。
李廷鸾　岁贡。
李　汾　岁贡。
高棠芾　岁贡。
王廷训　岁贡。
齐　禹　岁贡。
高元臣　岁贡。
李廷铎　岁贡。
杨文耀　岁贡。
刘克家　岁贡。
赵大魁　岁贡。
崔永清　岁贡。
刘瀛濂　岁贡。
赵万清　岁贡，见举人。
王　昶　岁贡。
王德音　岁贡。
刘训之　岁贡。
李　注　岁贡。
陈德馨　岁贡。
王获培　廪贡，户部郎中。
曹西采　廪贡，山东候补县丞。
邱　信　廪贡，候选训导。
魏元熙　廪贡东明训导。
刘树楷　廪贡，义州吏目。

滦　　州

郝光辅　湖北广济知县。
赵焕然　安徽芜湖知县。
吉　民
邢　恕　满城训导。
崔　灿　广西梧州府同知。
谢天锡

孟陈王	福建将乐知县。	**冯运嘉**	**赵明瑞**
李二阳	布政司经历。	**胡　琏**	**苏　贤**
刘绳武	江西都昌知县。	**李应祥**	河南祥符县县丞。
刘昌泰	定兴教谕。	**边柔远**	**何若奋**
孟赉予	副榜，见举人。	**崔景徽**	副榜。
石　庆	副榜。	**李再广**	副榜，满城教谕。
张玉柱	副榜。	**孙龙光**	副榜，沙河教谕。
孟廷铨	副榜。	**卫起元**	副榜。
何义存	副榜。	**赵　健**	副榜。
汪淑问	副榜，见进士。	**李　泰**	副榜。
李　果	副榜，见举人。	**赵邦瑸**	副榜。
郭起凤	副榜。	**汪曾晟**	副榜，陕州州判。
何其通	副榜，见举人。	**杨际寅**	副榜，临城教谕。
李　法	副榜，见举人。	**王　杞**	副榜。
阚　瑗	副榜，见举人。	**白克明**	副榜，见进士。
王　蕴	恩赐副榜，见举人。	**朱　朴**	副榜。
李作谋	副榜，见举人。	**李光第**	副榜。
张玉衡	副榜。	**王一晋**	副榜。
李耀春	副榜。	**王大钧**	副榜。
李蓉峰	副榜。	**蒋怀中**	副榜。
刘馥堂	副榜。	**伦品卓**	拔贡。
高显辰	拔贡，见举人。		
李　檠	拔贡，嘉鱼知县，祀乡贤。		
赵　秦	拔贡，《州志》作泰。	**石昌年**	拔贡，静海教谕。
卫　泰	拔贡，安平教谕。	**阚　瑱**	拔贡，平山教谕。
汪诚若	拔贡，副榜。	**郑　铎**	拔贡。
李茂勋	拔贡。	**李文芸**	拔贡。
陈　安	拔贡，旗籍，光禄寺典簿。		
杜鹏远	拔贡。	**石　煛**	拔贡，汉阳知县。

卫理元 拔贡。 **李儒珍** 拔贡。
石　烜 拔贡。 **常　瀚** 拔贡，延榆绥道，有传。
汪　檠 拔贡，广信府知府。 **吴遇隆** 拔贡，见举人。
王汝讷 拔贡，青州知府，见进士。
吴文瀚 拔贡，代理山西蒲县知县。
潘其渤 拔贡，见举人。 **吴文镜** 拔贡。
常　澍 优贡。 **赵　缵** 恩贡。
孙学冉 山西阳曲知县。 **袁四维** 山西兴县知县。
赵申宠 福建汀州府同知。 **赵联瑞** 甘肃渭源知县。
赵济胜 知县。 **孙启祚**
冯运皓 恩贡，夏邑知县。
陈蒙吉 **马运兴** **梅调鼎** **郑　璧**
白应昌 贵州威宁知县。
白　炜 **陈翼泰** **高灿辰** **石　翰**
白　章 广东新会知县。
孙延祚 **张光组** **常执中** **高士麟** **石　周**
石　端 无极训导。 **石　宽** **张　志**
伦品昭 良乡训导。 **伦品备** 平山训导。
何率白 献县训导。 **伦可久** 山西庆阳同知。
伦可大 山西泽州知州，有传。
胡一俊 绛州知州。 **高士鹗** 绛州知州。
高士鸿 江南常熟知县。 **王有功** 四川巴县知县。
王　玥 江西万安知县。 **赵及宏** 东明训导。
赵连璧 阜城训导。 **伦　觉** 云南府通判。
李丕烜 山东武定府同知。 **李丕煜** 四川川北道。
李拱极 恩贡。 **卫之俞** 恩贡。
陈　慈 **石有声** **张士宏** **高　粢** **陈天机** **刘　谦**
陈如兰 **高文焕** **卫　宣** **高　显** **卫　屏**
石　祕 江山知县。 **韩　溥**

王　斌　恩贡。
靳文蔚　恩贡。
张邦俊　恩贡。
毕梦梅　恩贡。
董凤翔　恩贡。
王玉树　恩贡。
李清彭　恩贡。
宋希濂　恩贡。
卢山鹤　恩贡。
常际清　府学恩贡。
汪与贲　岁贡。
吴可珍　岁贡，南宫训导。
卫　睿　岁贡，邯郸训导。
郑　琯　岁贡。
吴　胜　岁贡，高邑训导。
葛云麟　岁贡。
何　仪　岁贡。
卫　淳　岁贡。
李　益　岁贡。
张克复　岁贡。
陈　情　岁贡。
裴上襄　岁贡。
赵作霖　岁贡。
李凤瑞　岁贡。
曾宏诰　岁贡。
赵　桂　岁贡。
李　清　岁贡。
石廷灏　岁贡。
赵起鹍　广平训导。

宋元儒　恩贡。
王　标　恩贡。
张　献　恩贡。
陈席珍　恩贡。
王　造　恩贡。
杨维翰　恩贡。
宋应元　恩贡。
王鸿声　恩贡。
尹冠英　恩贡。
张我蓄　岁贡。
张　增　岁贡。
惠泽宏　岁贡，无极训导。
潘鸣瑜　岁贡。
张四勿　岁贡。
陈　瑗　岁贡。
张　豫　岁贡。
吕兆熊　岁贡。
潘克绍　岁贡，庆云训导。
张　璇　岁贡。
部　署　岁贡。
赵景行　岁贡。
张余越　岁贡。
汪与巽　岁贡。
王大绩　岁贡。
伦锡朋　岁贡。
裴　昭　岁贡。
李修德　岁贡。
雷鸣远
郑　健　武邑训导。

雷燮元　鸿胪寺鸣赞。
伦可经　有传。
汪曾颀　深泽训导。
李殿臣　饶阳训导。
董敬用　见举人。
李玉琢　涿州训导。
赵　翀　岁贡。
孟允泰　岁贡。
张元铎　岁贡。
刘景张　岁贡。
李元复　岁贡。
冯　淦　岁贡。
杜凌霄　岁贡。
胡凌汉　岁贡。
吴葆光　岁贡。
白玉章　岁贡。
石毓辉　岁贡。
毕乐天　岁贡。
李若樾　岁贡，高阳县训导。
于际春　岁贡。
徐纫芝　岁贡。
王大本　岁贡。
夏允彝　岁贡。
赵元台　岁贡。
王二南　岁贡。
王尊已　岁贡。
夏汝霖　廪贡，遵化州训导。
惠泽安　廪贡，无极县训导。
李元弼　廪贡，高阳训导。

夏汝膜　遵化州训导。
伦　文　训导。
吴　膜　盐山训导，有传。
李　森　高阳训导。
周之冕　岁贡。
张　鳌　岁贡。
刘国士　岁贡。
吴敦复　岁贡。
李步沆　岁贡。
李腾霄　岁贡。
李应时　岁贡。
李建绩　岁贡。
杜　鉴　岁贡。
王　策　岁贡。
石　城　岁贡，见举人。
耿仰山　岁贡。
彭锡祚　岁贡。
李昌熙　岁贡。
周天度　岁贡。
裴文焜　岁贡。
杨振廷　岁贡。
毕大伦　岁贡。
陆渐鸿　岁贡。
贾克敏　岁贡。
王一奎　岁贡。
郑　健　岁贡，直隶武邑训导。
赵　莹　廪贡，成安训导。
吴　映　廪贡，直隶盐山训导。
郑　茂　廪贡，江南盐城训导。

李殿臣 廪贡，饶阳县训导。

郭亨谦 廪贡，署唐山、鸡泽、雄县教谕、训导，加光禄寺署正衔。

朱赫南 廪贡，举孝廉方正。

吴良弼 廪贡，举孝廉方正。

乐亭县

宋一麟 副榜，见举人。

李九龄 副榜。

张铭范 副榜。

宁肯堂 副榜，见举人。

赵鸣群 副榜。

左遇隆 副榜。

王长臻 副榜。

于　迪 副榜。

刘锡绯 副榜。

高桂林 副榜。

安　铎 副榜。

张朋来 副榜，见进士。

阴鸣鹤 副榜，见举人。

宋文沛 副榜。

俎扔谦 副榜，见举人。

张正邦 副榜。

韩鼎泰 副榜。

魏镜仁 副榜。

李恩惠 副榜，广东州判。

史任官 副榜。

张一跃 拔贡，贵州广平知州。

韩孙迈 拔贡，山东青州府通判。《县志》作恩贡。

孙　驯 拔贡。

姚　采 拔贡，有传。

张　铉 拔贡。

姚　熙 拔贡，有传。

陈永清 拔贡，见举人。

裴嘉言 拔贡。

李维垣 拔贡，见举人。

杨松年 拔贡，府学。

阴　璇 拔贡，见举人。

宁淑昌 拔贡，任山西大宁县知县。

宁巨年 拔贡。

李广滋 拔贡，见进士。

宁兰森 拔贡，见举人。

李清泰 拔贡，见举人。

高应聘 拔贡，任新建县知县。

王善述 拔贡，高唐州州判。

钱德昌 拔贡，见进士。

陈守元 府学拔贡，任刑部主事。

徐元瑞 拔贡，见举人。 **杨庆祥** 拔贡，见举人，旗籍。
杨兆琦 拔贡。 **孙国桢** 拔贡，见举人。
崇　善 拔贡，旗籍。 **刘可兴** 优贡，有传。
韩世勋 优贡，有传。 **李　瑸** 优贡，举贤良方正。
安鲸甲 优贡。 **王宗瀚** 优贡，见进士。
宁炳文 优贡，山东利津、章邱等县知县。
阚润章 优贡。 **李恩庆** 优贡。
孙荣祖 恩贡，广平教授。 **张内怡** 甘肃庄浪知县。
萧思珠 鸿胪寺序班。 **赵允厚** 江南如皋训导。
邢于畿 **党化圣** 江南高邮卫经历。
曹际可 恩贡。 **商　确** 恩贡，完县教谕。
王含珍 恩贡，平山教谕。 **韩孙昌** 恩贡，静海教谕。
吴允治 恩贡。 **倪呈琰** 恩贡。
何宗培 恩贡。 **刘　著** 恩贡。
萧　柁 恩贡。 **张　昆** 恩贡。
杨　廉 恩贡。 **李如松** 恩贡。
王昌年 恩贡。 **赵书林** 恩贡。
刘树棻 恩贡。 **倪积信** 恩贡。
周梦兰 恩贡。 **董式谷** 恩贡。
王启元 岁贡。 **倪蕴用** 岁贡，魏州训导。
王化敦 岁贡。 **曹尔饬** 岁贡，博平县知县。
张光印 岁贡。 **曹三省** 岁贡。
王　典 **高启睿** 岁贡。
邵文升 岁贡。 **王　彪** 岁贡。
高弥高 岁贡。 **王　谦** 岁贡。
贾还模 **齐曰雩** **杨止圣** **戴　庚**
王含乙 岁贡。 **侯宝训** 岁贡，宝坻县训导。
李成龙 **阚汝霖** **高辛嗣** 岁贡，高邑县训导。
陈　斐 岁贡，邯郸县训导。 **姚　燮** 岁贡。

阚汝砺

王汝曾 岁贡，盐山县训导。

刘君弼 岁贡，庆都县训导。

阚怀玉 岁贡。

孙 辂 岁贡。

满朝贵 岁贡。

邹连登 岁贡。

萧斯荪 岁贡。

陈亦显 岁贡。

孙 钦 岁贡。

陈 善 岁贡。

李懋功 岁贡。

韩 桂 岁贡。

马曰麟 岁贡。

吴元历 岁贡。

李 肃 岁贡。

陈 曦 岁贡。

刘 慎 岁贡。

任永柱 岁贡。

赵 璠 岁贡。

阴 瓒 岁贡，任雄县训导。

李 蕃 岁贡。

侯锡爵 岁贡，新城县训导。

李 擢 岁贡。

李培中 岁贡。

王 渠 岁贡。

姚敷于 岁贡，有传。

张 彤 岁贡。

张 铉 岁贡。

姚询于 岁贡。

贾之钲 岁贡。

曹肯获 岁贡。

李生瑞 岁贡。

宋 桂 岁贡，易州训导。

高 炜 岁贡。

王云会 岁贡。

王师孔 岁贡。

陈常发 **王伸** **刘亮生**

高 灿 岁贡。

孟福禄 岁贡。

李玉璞 岁贡。

王效曾 岁贡。

李 芳 岁贡。

刘君佐 岁贡，任奉天开原县训导。

李 观 岁贡。

宋 发 岁贡。

姚永锡 岁贡，恩赐举人。

李 谟 岁贡。

王质强 岁贡。

萧清佐 岁贡。

李 临 岁贡。

张永泰 岁贡，鸡泽县训导。

赵作霖 岁贡。

朱 铣 岁贡。

贾玉采 岁贡。

倪 炆 岁贡，选雄县训导。

宁大成　岁贡。
陆文杰　岁贡。
王元通　岁贡。
崔一峰　岁贡。
邹邦倚　岁贡。
阴望之　岁贡，恩赐举人。
陈永泰　岁贡。
温　琢　岁贡。
赵　昕　岁贡。
张舒锦　岁贡。
孙介祉　岁贡。
徐祥云　岁贡。
曹君擢　岁贡。
石汝金　岁贡。
陈　诰　岁贡。
王丙南　府学岁贡。
刘楷年　府学岁贡。
王善成　岁贡。
张席珍　岁贡。
句青选　岁贡。
葛茂南　府学岁贡。
刘青选　岁贡。
钟运昌　岁贡。
张　山　岁贡。
王廷对　府学岁贡。
孟树棠　岁贡。
赵枫墀　府学岁贡。
安仪甲　廪贡，固安县训导。
史纪元　廪贡，东光县训导。
宋文楷　岁贡。
王思浚　岁贡。
曹士升　岁贡。
石凌汉　岁贡，有传。
陈佩章　岁贡。
李嘉第　岁贡。
程嘉言　岁贡。
于天成　岁贡。
陈晋三　岁贡。
李清淑　府学岁贡。
高峻峰　府学岁贡。
谢国干　岁贡。
张九鼎　府学岁贡。
李　埙　府学岁贡。
倪积芳　岁贡。
葛　覃　府学岁贡。
张凤翙　岁贡。
刘荣先　府学岁贡。
杨　荧　岁贡。
魏汝霖　府学岁贡。
李荫棠　岁贡。
杨凯南　岁贡。
方景山　岁贡。
石奉元　府学岁贡、孝廉方正。
毛凤瑑　岁贡。
董遇昌　岁贡，见举人。
李词垣　廪贡，任云南吏目。
宁元灏　廪贡。
李清治　廪贡，吏目。

宁曾笏 廪贡，署慈溪县知县。
赵建邦 廪贡，候选巡检，军功，以府经升用。
史履泰 廪贡，任浙江司员外郎，记名仓监督，候选知府加道衔。
倪　垣 府学廪贡，候选县丞。 **戴芳培** 恩贡。

山海卫临榆县

潘凤翼 副贡，陕西宁远知县。
白而诚 副贡。 **张　镇** 副贡，藁城教谕。
张　勋 副榜。 **周廷梁** 恩赐副榜。
宋炳辰 副榜。 **萧国璧** 副榜。
傅大鲲 副榜。 **傅　珍** 副榜。
张仰朱 副榜。 **杨曰釜** 副榜。
金在镕 副榜。 **涂文魁** 副榜，钦赐翰林院检讨。
张　逊 由拔贡中副榜。 **董　衡** 副榜。
庞克昌 副榜。 **李书田** 副榜。
侯士芹 副榜。 **田钟秀** 副榜。
李培元 副榜。 **刘景典** 副榜。
王　朴 副榜。 **吴汝良** 副榜。
吴咏虞 副榜。 **杨士端** 副榜。
托龙武 副榜，旗籍，见举人。
周廷栋 钦赐副榜。 **徐兆桂** 副榜。
张华春 钦赐副榜。
李铁林 由拔贡中副榜，见进士，河南夏邑知县。
郭之枢 副榜。 **马维熙** 拔贡，山西州同，有传。
刘克孔 拔贡，汾州府知府。 **李集凤** 拔贡，河南县丞，有传。
赵国屏 拔贡，庆都教谕。 **房　茂** 拔贡。
张肇吉 拔贡，见举人。 **张可成** 拔贡，元氏县教谕。
李庆生 拔贡，两淮盐大使。 **郭　熟** 拔贡。
郭　衡 拔贡。 **施　典** 拔贡，曲周训导。

郛廷栋　拔贡，平谷教谕。　**刘昌震**　拔贡。
王自玺　拔贡。　**李树谷**　拔贡。
刘昌霖　拔贡。　**魏全禄**　拔贡。
王士龙　拔贡。　**张克猷**　拔贡。
傅德谦　拔贡，见举人。　**傅毓沂**　拔贡。
傅元博　拔贡，见举人。　**郭长清**　拔贡，见进士。
郭之桢　拔贡，见举人。　**郑允升**　恩贡，湖广善化知县。
穆尔鹗　恩贡，江南无为州同知。
沈所元　恩贡。　**宋应奎**　恩贡。
王承中　恩贡。　**李　钠**　恩贡。
王道行　恩贡。　**杨　煜**　恩贡，奉天籍。
傅作楫　恩贡。　**刘家丰**　恩贡。
詹际唐　恩贡。　**曹　东**　恩贡。
郭基宗　恩贡。　**郭永清**　恩贡。
李逢暄　恩贡。　**袁　菉**　恩贡。
王国楷　恩贡。　**王一士**　恩贡。
张学浚　恩贡。　**吉松龄**　恩贡。
赵　钺　岁贡，陕西巩昌府通判。
辛调羹　岁贡，陕西潼关卫教授。
乐正馥　赵州学正。　**冯九光**　枣强训导。
吕爆如　湖广黄陂知县。　**程体乾**　房山训导。
赵于升　**辛桂棻**　**吕宪周**　**王应坤**　东昌通判。
穆尔洪　永清训导。
沈所慈　奉天铁岭训导。
王胤祥　**穆尔琰**　**王养凤**　**谭可兴**　顺义训导。
穆　熏　武强训导。
穆尔瓛　**谭国枢**　**张士达**　**杨希震**　**赵开诚**
任懋勋　获鹿训导。
赵三聘　**唐世济**　**高齐岱**　**栾　峤**　**魏天辅**　**王良弼**　**贾景谊**

任　衡　**穆维临**　**高映璧**　**萧友良**　**李含芳**
王天位　三河训导。
马世昌　**穆维贲**　**王万祚**　**常维豫**
张　霔　岁贡，内阁中书。　**杨　葵**　奉天籍，魏县训导。
夏见龙　奉天籍，柏乡训导。　**韩　照**　奉天籍，永年训导。
张可宗　**常天伟**　涿州训导。
李良才　安肃训导。　**王子选**
魏良琇　霸州学正。
高汝明　**魏自道**　**张汝楫**　**洪士名**
高汝听　东明训导。
翟如鹍　**王元相**　**刘　菾**　**李养和**
王著起　文安训导。　**穆景惠**　天津府训导。
锺　滨　**刘汉裔**　**李　哲**　井陉训导。
赵应甲　**赵汝楫**　鸡泽训导。
王永瑞　**赵文焕**　**田耕可**　大名府学训导。
张天祥　**赵　兰**　新河训导。
徐　镕　**赵光祖**　岁贡，完县训导。
陈　理　**郭　备**　岁贡，故城训导。
沈德远　**谭从易**　**赵宏宣**　**董　贯**　**石　玺**
傅文璧　岁贡。　**张可立**　岁贡。
马士超　钦赐国子监学正。　**李重锦**　钦赐国子监学正。
杨绍勋　钦赐国子监学正。　**田永贞**　钦赐国子监学正。
陶以诗　钦赐举人。　**陶允恭**　钦赐国子监学正。
郭如松　岁贡。　**郭上林**　岁贡。
郭清辅　岁贡。　**魏思赞**　岁贡。
朱长龄　岁贡。
田国润　岁贡，任山西阳曲县训导。
田仃芳　岁贡。　**田既庭**　岁贡。
赍　顺　岁贡。　**袁国弼**　府学岁贡。

贲晋昭 岁贡。
李长悫 岁贡。
赵秉恕 岁贡。
王　润 岁贡。
靳毓秀 岁贡。
罗　粹 岁贡。
吴　彬 廪贡，新乐教谕。
杨时盛 廪贡，邯郸训导。
姚九万 廪贡，临汾训导。
谢丕显 廪贡，大名训导，升汝阳知县。
任宏杰 廪贡，清河训导，升郃阳县丞。
赵　忻 廪贡，沙河教谕。
林　琪 廪贡，阜城教谕，改补衡阳县县丞，升广东高明知县。
林　瑛 廪贡，赞皇教谕，改补溧阳县丞，升沭阳知县。
王曰恭 廪贡，保定左卫训导，升元城、交河知县、大名知府。
王自臣 廪贡南皮训导。
陆光龠 廪贡，曲阳教谕。
陆师渠 廪贡，交河教谕。
范　浚 廪贡，河间训导。
程　焕 廪贡，文安训导。
程式濂 廪贡，隆平训导。
魏淑曾 廪贡，平远州知州。

附：辽学贡生

府　学

朱国标
姚世选 本学教授。
黄尔性 陕西巡抚。
辛良器 宁远人，山西朔州知州。
张希轼 山东曰照训导。
薛征泰 广宁人，山西范县训导。
李若孱 义州人，广西永康知州。
田　本 永宁人，河南辉县知县。
王应麟 盖州人。
童宗圣 右屯人，训导。
张维栋 定辽人，训导。
裴承泽 前屯人，江南县丞。
王大经 海州人，县丞。

卢龙县

朱运芳
姜鹏程 湖北武昌府通判。

邹　文　江南舒城县县丞。　**张宏猷**　湖广粮道。
刘维城　广宁人。　**李日增**　前屯人，山西沂州学正。
巩邦畿　盖州人，河间府知府。
高　进　　**邹文郁**　宁远人，广西知县。
徐养魁　锦州人，广平训导。　**霍光祥**　自在州人，容城知县。
邴一茹　广东连州知州。

迁安县

李元龙　　**薛良心**　宝振知县。
张奇勋　甘肃平凉知县。　**龚勉吾**　乐亭知县。
宋文然　□□人，德平训导。　**赵廷佐**　石屯人。
程良友　开原人，山东训导。　**吴绍琯**　都司人，通判。
朱国材　锦州人，通判。　**冷然善**　铁岭人，涞水训导。
孔启秀　盖州人，训导。　**张光臣**　广宁人，训导。
曾守先　都司人，训导。　**岳登科**　浙江宁绍道。
裴承谟　河南荥泽知县。

抚宁县

陶天培　前屯卫人，湖北襄阳府同知。
李天池　江南宿州知州。　**房文登**　自在州人。
杨应麒　宁远人，山西兴县知县。
任学曾　锦州人。　**张士芬**　义州人，定兴训导。
刘洪宗　自在州人，江南松江府知府。
孙光先　右屯人，陕西邠州州判。
郝文启　义州人，山西兴县知县。
刘立极　宁远人，训导。　**陈尧言**　见进士。
张　伟　义州人，训导。

昌黎县

赵廷臣　铁岭人，官至浙江总督。

冯允升 江南安庆府通判。 **王懋敬** 定辽人。
应时章 雄县训导。 **蔡廷琇** 都司。
张世珩 海州人，广西知县。 **夏之时** 盖州人，通判。
杜名世 定辽人，山东濮州知州。
佟希圣 宁远人，广西知县。 **周旋礼** 锦州人，教谕。
鲁　启 广宁人，训导。 **呼中升** 前屯人，训导。
娄镇远 湖南辰常道。 **卢必登** 自在州人，县丞。

滦　州

白秉真 奉天杏山人，山西总督。
林天擎 盛京盖州人，官至南赣巡抚。
郭重光 山海卫人，云南腾越州州判。
宁宏谟 广宁人，陕西华州知州。
柏世杰 宁远人，山东莒州学正。
戴天德 铁岭人，河南郑州知州。
彭冲汉 自在州人，新城训导。
宁宏猷 自在州人，贵池知县。
尚廷辅 海州人，训导。 **黄家魁** 盖州人，训导。
姚　艮 前屯人，江南徽州府同知。

乐亭县

李新台 通州兵备。 **喻三畏** 福建建宁府同知，殉难。
郭　镒 铁岭人，河南确山知县。
余日新 锦州人。 **张　棋** 开原人，四川通判。
徐　昱 沈阳人，湖北黄梅知县。
张师圣 广宁人，玉田训导。 **李应麟** 盖州人，通判改经历。
曲登科 广宁人，训导。 **铁国光** 石屯人，训导。
吴廓元 沈阳人，县丞。 **陈嘉谟** 锦州人，县丞。
杨美生 江西吉安府知府。

山海卫临榆县

姚世胤 前屯卫人，湖北德安府通判。

龚家玉 江南粮道。 **李如柏** 沈阳人。

萧泽远 永宁人，献县训导。 **张国熙** 海州人，通判改经历。

李廷弼 宁远人，广西北流知县。

张文灿 自在州人。

寿无息 前屯人，通判改经历。

李天滋 永宁人，训导。 **方尧典** 义州人，训导。

朱朝瞻 锦州人。 **崔国祥** 广东开建知县。

姜　镇 江南兴化通判。 **陈全国** 湖南常德道。

卷之十四

选举表四　武科

[明]

《明会典》：正统时，两京并建武学，设教授、训导，品级俸廪如京府儒学之制。边徼亦建学，设官为武库司，掌行武学乡试。名数照顺天文举一百三十五名，不许过多。

《续文献通考》：凡遇子、午、卯、酉十月，武举乡试。次年四月初九日，会试。嘉靖十七年，议于秋九月举行，永为遵守。

《事物原会通鉴》：宋时，原有武科及武殿试，自神宗、哲宗以至元时，已废。迨明成化，始复武举、武进士。崇祯辛未科，始复武殿试。《香祖笔记》云：武会试旧无廷对胪传之例，有之自明末始，从考官方逢年之请也。

武进士

正德

迁安县

程　源　庚辰，兴州卫人。

嘉靖

卢龙县

陆　桢　戊戌，东胜卫百户。**司纶**　戊戌，永平卫人。

徐　惠　丁未，卢龙卫百户。**李承芳**　丁未，卢龙卫百户。

李　恩　庚戌，东胜卫百户。

迁安县

张世武　癸未，兴州卫人，建昌副将。

李　贤　丙戌，兴州卫人，锦衣卫守备。

郭　淙　己丑，兴州卫人。**李介明**　己丑，兴州卫人。

陆万钟　戊戌，兴州卫指挥。状元。案：武殿试始于崇祯辛未，则此科武状元似不足据。

程　照　己未，兴州卫舍人。

抚宁县

周　径　乙未，抚宁卫舍人。

山海卫

张世忠　丙戌，山海卫镇抚、偏头关参将。

常　润　丙戌，山海卫百户。

隆庆

卢龙县

郭应坤　辛未，卢龙卫舍人。

李逢时　辛未，永平卫指挥、阶文参将。

万历

卢龙县

王维新　甲戌，忠义卫人。　　**张世忠**　癸未，忠义卫荫袭。

迁安县

程　灿　庚辰，兴州卫人，义院口守备。

张九德　丙戌，兴州卫人。

抚宁县

李天培　庚戌，保定游击。

山海卫

熊文济 丙戌，游击。 **王养贤** 己丑，建昌游击。

天启

迁安县

马先登 壬戌，建昌营都司。

崇祯

卢龙县

丁明盛 丁丑，卢龙卫人，副总兵。

抚宁县

吴 迪 癸未，守备。

武 举

正德

迁安县

程 源 己卯，见进士。 **李 贤** 己卯，见进士。

嘉靖

卢龙县

陆 桢 甲午，见进士。 **谭 伦** 丁酉，东胜卫人。

司 纶 丁酉，见进士。 **张 麒** 庚子，卢龙卫人。

韩廷玺 庚子，东胜卫人。 **谭时中** 庚子，纶子，二科。

邵 永 癸卯。 **汪承恩** 癸未，永平卫千户。

徐 惠 癸未，见进士。 **杨承光** 丙午，东胜卫人。

郑 康 丙午，永平卫百户。 **朱承芳** 丙午，见进士。

李 恩 丙午，见进士。 **谷继节** 壬子，卢龙卫人。

夏时霖 乙卯，卢龙卫千户。

李时芳 乙卯，东胜卫荫袭，二科。

徐国柱 戊午，卢龙卫百户。 **程世禄** 辛酉，永平卫人。

赵　佑 甲子。 **李时茂** 甲子，东胜卫舍人。

米　实 甲子，卢龙卫百户。

迁安县

张世武 壬午，见进士。 **郭　淙** 己酉，见进士。

李介明 乙酉，见进士。 **陆万钟** 甲午，见进士。

彭　蠡 丁酉，兴州卫人，二科。

程　照 戊午，见进士。《县志》作隆庆丁卯，误。

陈　忠 甲子兴州卫人。

抚宁县

周　径 辛卯，见进士。 **罗　径** 己酉。

周德明 壬子。 **周尚文** 乙卯，抚宁卫指挥。

山海卫

常　润 壬午，见进士。 **张世忠** 乙酉，见进士二科。

谭　璋 丙午。 **吕　镗** 丙午，本卫指挥。

隆庆

卢龙县

李逢时 庚午，见进士。 **郭应坤** 庚午，见进士。

迁安县

戴时动 丁卯，兴州卫人。 **蒋国卿** 庚午，兴州卫人。

吴自科 庚午，兴州卫人。

万历

卢龙县

王维新 癸酉，见进士。 **王梦奇** 丙子，永平卫百户。

高　腾 丙子，东胜卫人。 **吕复亨** 丙子，卢龙卫人。

陶世学 己卯，永平卫籍浙江人。 **侯维翰** 己卯，永平卫人。

马逢乐 壬午，永平卫人。 **马士元** 壬午，永平卫人。
张世忠 见进士。 **胡自强** 乙酉，永平卫人。
毕邦辅 乙酉，忠义卫人。 **徐方言** 戊子，东胜卫人。
翟居正 戊子，忠义卫人。 **李文科** 庚子。
曲云龙 庚子。 **李政平** 己酉，永平卫人。
毕邦畿 己酉，邦辅弟。 **李廷臣** 己酉。

迁安县

程　默 癸酉，兴州卫人，二科。
程　灿 己卯，见进士。 **张九德** 己卯，见进士。

抚宁县

陈复先 辛卯，钦差罗文峪守备，行指挥事。
周光祖 癸卯。 **李天培** 丙午，见进士。
李干城 壬子。

昌黎县

刘汝宽 甲午。

山海卫

张　昆 丙子，二科。 **熊文济** 乙酉，见进士。
王养贤 戊子，见进士。

天启

迁安县

李养性 辛酉，中军守备。 **马先登** 辛酉，见进士。

乐亭县

曹维肖 甲子，都指挥，管乐练总。

山海卫

任国琦 丁卯，副总兵。

崇祯

卢龙县

谭九畴　钱　标　曹光启

丁明盛　见进士。

董其戎　王标

以上皆崇祯时人，科分未详。

抚宁县

吴　迪　壬午。

山海卫

马中骥　己卯，都司佥事。

[国朝]

《大清会典》：顺治二年，题准武乡试，定于子、午、卯、酉年十月举行。康熙二十三年，题准武乡试中额，顺天一百四十名。二十六年，准中一百八名，汉军四十名。

顺治二年，题准武会试，定于辰、戌、丑、未年九月举行，中额二百名案：此后增减不一。十月殿试。康熙三十三年，覆准武举于头场、二场合式之后，试第三场策论。将直隶、山东、山西、河南、陕西定为北卷，取中五十名；江南、江西、福建、浙江、湖广、四川、广东、广西、云南、贵州定为南卷，取中五十名。

康熙二十七年，定武生无武学处，照例属文学教官管理。除骑射外，教以《五经》、《七书》、《百将传》及《孝经》、《四书》俾知大义。提调仍将各学射圃修辑，置备弓矢。教官率武生骑射其中，以饬武备。武学系旧制，今裁。

武　进　士

顺治

卢龙县

钱　标　乙未。　　**李廷斌**　戊戌。

迁安县

张　曜　丙戌，京卫守备。《县志》作乙未。

周　彝　乙未，多罗机豸遮里虾二品服俸。

王肇极　辛丑，副将。

山海卫

张武扬　己丑，江南宜城守备。**穆廷梁**　辛丑。

康熙

卢龙县

余　烜　庚戌，永平卫人。　**余　焜**　庚戌，永平卫人。

卢启贤　癸丑，永平卫人。　**安定远**　丙辰。

陈　晋　丙辰，辽籍、本籍未详。

王心惺　壬戌，永平卫人。

滦　州

赵　跻　丁未，赤城卫守备。　**范继瑞**　乙丑，福建兴化府都司。

山海卫

穆廷栻　丁未，有传。　**张朝臣**　庚戌，有传。

董　恺　壬戌，江南崇明游击。

赵廷文　癸巳，浙江宁波守营守备。

雍正

昌黎县

杨浣初　甲辰。　**齐大勇**　庚戌，有传。

张伟人　癸丑。

乾隆

卢龙县

蔡永福　乙丑，旗籍，浙闽枫岭营游击。

蔡源宽　壬申，扬州卫守备。　**何之标**　癸未。

抚宁县

齐　威　乙丑，河南南阳镇标游击。

茹　沛　乙丑，江南潜山营守备。

陈　炳　丁丑，侍卫、广东那扶营都司。

王大猷　辛丑。

昌黎县

田怀孝　丙辰，云南景蒙营参将。

张廷亮　己未，贵州提标游击。

田怀智　壬戌，浔州府都司。　**张廷瓒**　壬戌。

刘明智　戊辰，贵州平远协副将。

宋壮猷　丁丑。　**张敬一**　甲辰，有传。

刘天锡　丁未，有传。　**刘文魁**　己未。

滦　州

李云标　乙丑，甘肃凉州总兵。

宣　斌　壬申。

刘景尧　丙戌，山东胶州都司。

吴尔彬　辛巳，福建建宁镇游击。

宣　启　辛巳，都司。　**白琼玉**　丙午潮州守备。

宋永年　丁未，四川抚标左营守备。

何永泰　丁未，旗籍，侍卫、西安府参将。

乐亭县

宋治安　丁巳。

《县志》云：以上莫考。

裴嘉献　乙丑，侍卫、山西石楼营都司。

杨德润　戊辰，会元，四川黎雅营游击、靖远营参将。

李　萱　辛未。　**安廷召**　辛未，探花，有传。

裴嘉乐　甲戌，侍卫。　**李国梁**　丁丑，会状，有传。

安廷赞 丁丑，有传。 **阴　璐** 庚辰。
杨大经 乙卯。

临榆县

吕文英 丙辰，福建邵武营都司。
李　霖 己未。 **穆尧年** 辛未，直隶提塘。
计宏谟 丁丑，湖北竹山营游击。
阮宁方 庚辰，广乐潮州营参将，有传。
吴瑾扬 癸未。
秦大勋 乙未，历任浙江处州、金华、湖南等卫守备。
嘉庆

卢龙县

胡　春 庚辰。

昌黎县

钱殿甲 丁丑，会元，蓝翎侍卫，恩赐昭武都尉。

滦　州

刘坤元 戊辰，旗籍，侍卫。 **张振鳌** 庚子。

临榆县

刘佩珩 辛酉，贵州提标中军参将。
计锦珩 己卯。
计清元 庚辰，蓝翎侍卫，候选都司。
道光

抚宁县

方开甲 辛丑，花翎侍卫。 **李连仲** 乙巳。

昌黎县

张国鼎 甲辰，三等侍卫，山西怀仁城都司。
钱殿一 己丑。

张定亨 壬辰，福建泉州府参将。

钱遇洪 戊戌，花翎侍卫。

张廷庆 庚子，三等侍卫，四川峨边营参将。

钱　昱 庚子，榜眼，二等侍卫，福建汀州镇标、游击。

田冠军 庚戌，候选都司。

滦　州

郭连山 庚子。

乐亭县

崔　琯 癸未，旗籍。　**吴殿元** 辛丑，以营守备用。

临榆县

李樾勋 丁未，二等侍卫，以游击用加参将衔。

咸丰

抚宁县

张长春 壬子。

马鸿图 庚申，状元，头等侍卫，甘肃镇海协副将。

昌黎县

李宝瑞 己未，三等侍卫。　**张书山** 壬戌，蓝翎侍卫。

燕鸿逵 壬戌，蓝翎侍卫。

滦　州

赵景清 壬戌。

乐亭县

徐寿春 壬戌，会元，榜眼，由侍卫以参将用。

同治

抚宁县

马遇春 乙丑，二等花翎侍卫。**王泰来** 乙丑，侍卫。

王万杰 乙丑，侍卫。 **吴长庚** 甲戌。

昌黎县

杨荣宇 壬戌，蓝翎侍卫，现任山东武定营守备。

杨荣第 辛未，蓝翎侍卫，现任山西太原府右营守备。

武　　举

顺治

卢龙县

李廷斌 甲午，见进士。

迁安县

张　曜 乙酉，见进士。《县志》作甲午。

周　彝 辛卯，见进士。 **王肇极** 甲午，见进士。

柯继贤 甲午。 **傅王臣** 庚子。

抚宁县

萧　箕 乙酉。

惠应诰 乙酉，江南仪征卫守备。

滦　　州

赵永祉 甲午，《旧志》阙州志作丙午。案：顺治年有丙戌、丙申，无丙午。

乐亭县

王宏胤 戊子。

山海卫

贲鹏程 戊子，浙江都司佥书。 **张武扬** 戊子，见进士。

王奋威 丁酉。 **穆廷梁** 庚子，见进士。

康熙

卢龙县

门耀鸿　丙午，辽籍，本籍未详。符文煌　丙午，辽籍，本籍未详。
余　烜　己酉，见进士。　余　焜　己酉，见进士。
孙继武　己酉，永平卫人。　卢启贤　壬子，见进士。
李艺苑　壬子，永平卫人。　陈廷遇　壬子，永平卫人。
安治远　乙卯。　李名超　乙卯，辽籍，本籍未详。
涂见龙　戊午。　王　镇　戊午，东胜卫人。
王心惺　辛酉，见进士。　唐　薛　辛酉。
常　冶　甲子。　汪养鲲　丁卯。
赵统国　庚午，杭州右卫守备。王之琏　己卯。
任　琮　壬午，陕西靖逆卫守备。蔡永铨　辛卯，襄敏公曾孙。
温士怡　甲午，江南漕运千总。
蔡　璠　丁酉，襄敏公孙，京营门千总。

迁安县

马　锡　癸卯，京卫籍，陕西临洮守备。
张元翰　辛酉，湖广沅州守备。魏克懋　辛卯。

抚宁县

张　震　壬子。　张正传　甲子。
张允显　壬午。　马鹏程　戊子，《县志》作甲午。
刘寅亮　辛卯，江南苏州卫守备。
傅义勇　甲午，《县志》作丁酉考选守备。

昌黎县

郑鸿儒　己酉。　马值乐　己酉。
唱纯如　甲子。　赵　璐　丁卯。
冯兆熊　丙子。　冯　侗　乙酉。
田　彪　乙酉。　戴宏勋　戊子。
杨尔琦　甲午。

滦　州

赵　跻　癸卯，见进士。　**董　嶙**　壬子。
石　篚　庚午。　**石　云**　丙子。
陈　瓛　乙酉。　**钱裕国**　乙酉。
范　锜　乙酉。　**王肇吉**　乙酉。
朱景圣　戊子。　**吴嘉会**　戊子。

乐亭县

高廷翰　壬子，《县志》作乙卯。**李廷猷**　辛酉。

山海卫

穆廷栻　癸酉，见进士。　**张启元**　丙午。
穆尔训　己酉，陕西延绥守备。**张朝臣**　己酉，见进士。
傅纬忠　己酉，尚谦子。　**郭邦弼**　己酉，河间籍。
郭　垣　壬子。　**田廷宾**　壬子。
赵三宣　戊子。　**董　恺**　辛酉，见进士。
侯一位　癸酉。　**郭　镃**　癸酉，垣子。
曹文焕　癸酉。　**尹大成**　癸酉。
刘丕振　丙子。
解廷瑜　已卯，湖广安陆卫守备。
张　羽　己卯。　**赵延绪**　己卯。
张联榜　壬午。　**韩建勋**　壬午。
高汝止　戊子。
穆景夔　甲午，由增生应武试中式。
曹维屏　甲午。
雍正

卢龙县

娄　玮　癸卯。
薛盛恭　己酉，江南泗州卫千总。

路文元 乙卯，江南大河卫千总。
翟赐钺 乙卯。

迁安县

张启文 丙午，山东德州卫千总。

抚宁县

刘文亮 甲辰，山东范县营守备。
李 信 乙卯。
□祚昌 乙卯，考选守备。

昌黎县

田永裕 丙午。
万一贯 丙午。
王己任 己酉。
齐大勇 己酉，见进士。
张伟人 己酉，见进士。
田怀智 乙卯，见进士。
张廷亮 乙卯，见进士。

滦 州

陈 恪

乐亭县

宋治安 乙卯，见进士。

山海卫

乔世荣 癸卯，浙江绍兴卫守备。
高曰训 丙午，浙江绍兴卫千总。
董 露 己酉。
吕文英 壬子，见进士。
侯来泰 壬子。
乾隆

卢龙县

董 芳 丙辰。
蔡 泓 丙辰，旗籍，江淮三帮领运千总。

翟廷鉴 戊午。 **祝献功** 戊午。
王栋梁 戊午。 **路捷元** 辛酉。
蔡永福 辛酉，旗籍。 **王 轼** 甲子。
陈明德 丁卯。 **王景云** 丁卯。
武 钜 丁卯。《抚志》辛酉有武巨府，《旧志》无，与此未知是一是二。
蔡源宽 庚午，见进士。 **王德厚** 壬申。
何之桓 壬申。 **杨曰钧** 壬申。
武 锦 癸酉，漕运千总。 **刘大凯** 癸酉。
李 铮 癸酉，江南镇江卫千总。
蔡永兴 癸酉，旗籍。 **王永清** 丙子。
何有本 丙子。
杨铎年 山东东昌卫领运千总。
薛则武 壬午。 **赵克让** 乙酉。
薛高飞 庚寅。 **董攀宫** 庚寅。
栗家修 辛卯。

迁安县

彭见龙 丙辰。 **徐 坤** 辛酉。
董绍先 甲子。 **王廷栋** 丁卯。
郭从智 庚午。 **武锦堂** 庚午。
李生渤 庚午。 **李飞熊** 壬申。
余文彪 壬申。 **刘 景** 壬申。
余廷彪 癸酉。 **余士彪** 癸酉。
李宗浩 戊子。 **郭 琳** 戊子。
刘化成 庚寅。 **董继从** 丙申，留标卫千总。
李如广 丁酉。 **李宗韩** 己亥，运千总。
李坛英 己亥，运千总。

抚宁县

刘　魁　丙辰，山东德州卫千总。

陈五伦　丙辰。　**茹　沛**　辛酉，见进士。

齐　成　辛酉，见进士。　**武　钜**　辛酉。

赵光绪　辛酉。

惠振先　甲子，江南苏州卫千总。

郭飞龙　甲子。　**张三元**　甲子。

王化隆　丁卯。　**陈六吉**　丁卯。

张伟烈　丁卯。

王　霦　庚午，湖北荆州卫千总。

惠可举　壬申，江南江淮卫千总。

冯大成　壬申。　**惠可伟**　癸酉。

郭飞龙　癸酉。

王化博　癸酉，淮安三帮领运千总。

张三元　癸酉。　**傅振武**　癸酉。

李吉贤　丙子。

武绍祖　丙子，陕西固原镇标千总、汤山镇千总。

陈　炳　丙子，见进士。　**王景云**　已卯。

张朝鼎　已卯。　**郭连元**　已卯。

杨大勇　已卯。　**惠可永**　庚辰，督运守备。

张汉武　庚辰，《县志》作复武。**陈九畴**　庚辰。

侯永邦　庚辰，江南太仓卫千总。

陈　伟　乙酉，《县志》作炜，湖北押运千总。

王　沛　乙酉。　**任熙光**　乙酉。

唐国梁　辛卯。　**于尚勇**　辛卯。

王大猷　甲午，见进士。　**惠之梁**　甲午。

惠之梅　丁酉，淮安卫领运千总。

于尚功　已亥。　**董宁川**　已亥，有传。

陈　烜　已亥，苏州领运千总。
陈国标　已亥。
刘龙光　庚子，江西赣州卫千总。
于青云　庚子。　**栾　城**　庚子。
侯辅清　癸卯。　**詹廷元**　丙午。
杨开甲　丙午。　**侯万清**　丙午。
周庆云　戊申。　**王大中**　壬子，沛子。
侯起标　壬子。　**侯扶清**　壬子。
刘怀德　乙卯。　**李克刚**　乙卯。

昌黎县

田怀孝　丙辰，见进士。　**万　璪**　丙辰。
张朝栋　戊午，王庆坨千总。　**张廷寅**　戊午。
刘明智　辛酉，见进士。　**段成琨**　辛酉。
张廷赞　辛酉，见进士。　**张　捷**　辛酉。
李寅衷　乙丑，大河三帮卫千总。
孙宏业　丁卯。　**马元浩**　丁卯，山西卫守备。
马元魁　丁卯，江南随帮千总。**张仲方**　丁卯。
白永泰　丁卯，千总。　**杨继舜**　庚午。
高天叙　庚午。　**刘　梧**　庚午。
张　焕　庚午。　**宋旂常**　庚午。
汪永清　庚午。　**李萼发**　壬申。
杨天锡　壬申。　**闫　净**　壬申。
马廷彪　壬申。　**李鹏翮**　壬申。
刘运筹　壬申。　**刘　彤**　癸酉。
何文炳　癸酉。　**闫　澄**　癸酉。
刘冠英　癸酉。　**宋壮猷**　癸酉，见进士。
刘廷宣　苏州卫守备。
刘廷标　乾清门千总。此上二名科分，《县志》未详。

戴毅发 丙子。 **张　抡** 丙子。
李实方 丙子。 **齐鹤年** 丙子，大勇子。
邱　珮 己卯。
刘大凯 已卯，山东镇标千总。
谭宁远 庚辰。 **侯俊登** 庚辰。
张冲霄 庚辰。 **贺淑靖** 庚辰。
刘大中 庚辰。 **刘　景** 庚辰。
高大用 壬午。 **钱用中** 壬午。
李廷彪 壬午。
齐岳年 乙酉，天津镇蒲沟汛司厅。
张声远 乙酉，江西随帮千总。
刘大鹤 乙酉。 **马腾骧** 乙酉。
刘廷梁 戊子。 **卞国梁** 庚寅。
魏开甲 庚寅。 **齐汝钦** 辛卯。
曹　涛 甲午。 **邵永澡** 甲午。
孙茂桂 丁酉。 **刘　代** 己亥。
刘运会 庚子。 **曹奠邦** 庚子。
张国兴 庚子。 **李冠英** 庚子。
张敬一 癸卯，见进士。 **赵沛然** 癸卯。
周中魁 癸酉。 **李见龙** 丙午。
刘士恭 丙午。 **张振修** 戊申。
张世英 甲寅。 **张岳年** 甲寅。
钱鹏汉 甲寅。 **赵殿魁** 乙卯。
阎开勋 乙卯。

滦　州

李云标 辛酉，见进士。 **何世杰** 甲子。
何殿安 乙丑。 **赵　忠** 丁卯。
刘步云 丁卯。 **赵安邦** 壬申。

刘嗣昌 壬申，湖州卫千总。 **赵大发** 壬申，旗籍。
解继芳 丙子，旗籍。 **傅大成** 丙子。
白兴贵 丙子，泸州营都司。 **吴尔彬** 庚卯，见进士。
杨名升 庚辰。 **宣 启** 庚辰，见进士。
王恩浩 庚辰。 **王 炳** 庚辰。
郑显贵 壬午。 **韩克润** 壬午，旗籍。
李之骐 乙酉，旗籍。
何国兴 乙酉，旗籍，江西卫千总。
解继贤 乙酉，旗籍。 **刘景尧** 乙酉，见进士。
何国纬 戊子，旗籍，江西卫千总。
鲁大勇 庚寅，旗籍，丰润营都司。
刘嗣哲 庚寅。 **焦国柱** 庚寅。
王 诰 庚寅，江宁卫千总。
刘开甲 辛卯。
刘开勋 甲午。
赵国相 甲午。
何世缙 丁酉，旗籍，江南卫千总。
宋义勇 庚子，江苏太仓后帮千总。
宋永清 庚子，江苏兴武六帮千总。
马友禄 庚子。
白凌云 癸卯，江南漕运千总。
郑清平 **袁君召** **吴一鸣** 丙午，有传。
罗遵禹 丙午。 **白岱云** 戊申。
崔应诏 己酉。 **王廷勋** 己酉。
刘开泰 己酉，江淮头帮千总。 **吴一宁** 甲寅。
熊一飞 浙江温州府前帮协运。

乐亭县

杨景征 辛酉。 **裴嘉猷** 辛酉，见进士。

傅登云 丁卯，旗籍。
依常阿 丁卯，旗籍。
赵成立 丁卯。
杨德润 丁卯，见进士。
杨靖邦 庚午。
安廷召 庚午，见进士。
李　萱 庚午，见进士。
杨景清 庚午。
李　萼 壬申。
裴嘉乐 壬申，见进士。
傅登衢 壬申，旗籍。
刘腾彪 癸酉。
徐久徵 癸酉。
安廷赞 丙子，见进士。
阴　璐 丙子，见进士。
宁乔年 己卯。
安如岱 庚辰。
安　琪 庚辰。
裴嘉颖 庚辰。
孟状猷 庚辰。
宁佑昌 壬午，解元。
金　玿 壬午，《抚宁县志》作抚宁人，江南安庆卫领运千总。
安如嵋 戊子。
王秉清 戊子。
安连升 甲午，广东韶州镇英清营守备。
张泰来 癸卯，有传。
王定邦 癸卯。
李作翰 丙午。
井善述 丙午。
周光岐 戊申。
陈大勋 戊申。
孙克恭 戊申。
徐凌阁 壬子，有传。
杨大经 甲寅，见进士。
周启业 甲寅。
何辅清 乙卯。

临榆县

周维镛 丙辰。
李　霖 戊午，见进士。
萧士屏 戊午。
傅　铭 辛酉，江南建阳卫千总。
张云鹏 辛酉，福建延平协副将。
赵　亮 辛酉。
穆尧年 甲子。
孙耀代 甲子。
庞廷抡 甲子。
萧士德 丁卯。
杨国麟 庚午。

杨秉乾 庚午。
计宏经 庚午。
吕　澍 壬申。
萧士标 壬申。
李　雯 癸酉。
刘　鹏 癸酉。
萧士发 癸酉。
徐　瑾 癸酉。
计宏谟 丙子，见进士。
刘体乾 己卯。
刘一元 己卯。
阮宁方 己卯，见进士。
吴觐扬 己卯，见进士。
李文翥 己卯。
孟国光 庚辰。
计肇发 庚辰。
李　芳 庚辰。
邱永安 壬午。
温大任 乙酉。
范建通 乙酉。
刘文渊 戊子。
周昌宗 戊子。
王士俊 辛卯。
马云标 辛卯。
任奇勋 辛卯。
秦大勋 辛卯，见进士。
刘永誉 甲午。
高又新 丙申。
刘永禄 丁酉。
李凤翔 庚子。
刘永安 庚子。
刘永年 庚子。
高鼎勋 丙午，亚元，浙江杭衢严头帮督运官。
秦占鳌 丙午，江南江淮卫协运官。
计锦标 戊申。
张登鳌 壬子，苏州前帮领运千总，升授卫守备。
刘佩珩 甲寅，见进士。
计锦荣 乙卯。
嘉庆

卢龙县

薛占元 丙子，运粮千总。
胡　春 己卯，见进士。

迁安县

白凤翔 庚午。
白凤山 癸酉，领运千总。
李志凝 戊寅。
司国栋 戊寅。

抚宁县

郑国鼎 戊午，四品顶戴。 **慕　唐** 戊午。
张宁邦 辛酉。 **张鹏翔** 甲子，宁邦侄。
王大用 戊辰，池州卫千总。 **吴廷槐** 戊辰。
傅恩荣 戊辰。 **王　锳** 庚午，大中子。
王　禄 庚午，大猷子。 **王　琎** 癸酉，大猷子。
王　锟 癸酉，大中子，兴武九卫千总。
孙履方 癸酉，建昌营千总。
贲大猷 癸酉，山东德州千总。
李云鹏 丙子。 **张大用** 丙子。
于景云 戊寅，尚功子。 **杨步洲** 己卯。
杨梦麟 已卯。
刘辅清 己卯，建昌营胡吉尔图千总。

昌黎县

李云鹏 庚申。 **王廷桂** 庚申。
何鹏云 庚申。 **曹大魁** 庚申。
赵清元 庚申。 **李清太** 辛酉。
秦国英 辛酉。
刘鹤龄 甲子，花儿市汛守备。
田国安 甲子。 **邢跃云** 甲子。
张腾龙 甲子。 **郑起凤** 丁卯。
邢跃天 丁卯。
张大年 丁卯，广东提标守备。
金宁邦 丁卯。 **邢殿魁** 庚午。
唱元调 庚午。 **钱殿甲** 癸酉，见进士。
刘大任 癸酉，山东茌平千总。
张振邦 丙子。 **崔殿魁** 丙子。
张殿瑛 丙子。 **刘　伟** 丙子。

赵清治 丙子。 **钱殿魁** 戊寅，兵部差官。
张　儒 戊寅，旗籍，光绪戊寅重赴鹰扬。
赵清一 戊寅。 **曹殿魁** 戊寅。
崔冠英 己卯。 **杜帮英** 己卯。
高士魁 己卯。

滦　州

刘坤元 丁卯，见进士。 **翟耀甲** 丁卯。
王一宁 戊辰。 **郑家勇** 戊辰。
郑永清 戊辰。 **郭瑞云** 丙子。
郭立川 丙子。 **张振鳌** 戊寅，见进士。
郭岱云 己卯。

乐亭县

李长清 辛酉，解元，贵州守备。
牛冠英 甲子。 **宁彭年** 甲子。
安国宁 丁卯。 **任毓祥** 丁卯。
安逢瑞 丙子。 **周清一** 丙子。
周经邦 己卯，解元，兵部差官。
张世英 己卯，湖北襄阳卫守备。
吕邦庆 己卯。 **安迎禧** 己卯。
周占一 己卯。

临榆县

周扬武 戊午。 **赵中昌** 庚申。
刘　佩 庚申。 **刘清泰** 甲子。
朱长清 丁卯。 **刘　垠** 庚午。
计清元 丙子，解元，见进士。 **阚国治** 丙子。
王元震 丙子，江苏太仓卫守备。
任秉彝 丙子。 **计锦珩** 戊寅，见进士。

赵殿魁 己卯。

道光

卢龙县

张永德 壬辰。 **白昆山** 丁酉。

迁安县

姜渭川 丁酉。 **韩　琢** 丁酉。
薛永新 己亥。 **邵鼎新** 己亥。
柴　蔚 丙午。

抚宁县

王士铨 辛巳。 **武冠军** 戊子。
茹兆熊 戊子，景文子。 **张云龙** 甲午。
茹兆麟 景文子，乙未。 **滕德魁** 乙未。
张献谟 乙未。 **田升华** 丁酉。
武观军 己亥。 **方开甲** 庚子，见进士。
李连仲 庚子，见进士。
王佐清 庚子，江西赣州营都司。
贲銮仪 丙午，兵部差官。 **陈殿甲** 丙午，建昌营千总。
王　魁 丙午，署城守营把总。**张得中** 丙午。
马壮图 己酉，山西太原营守备。
张长春 己酉，见进士。 **李作砺** 己酉。

昌黎县

甄树模 壬午。
周戴清 壬午，兵部差官、广东惠州协守备。
周冠英 乙酉。 **刘国荣** 乙酉。
张际垣 戊子，山永协右营把总。
钱殿一 己丑，见进士。 **张定亨** 己丑，见进士。
钱殿安 辛卯，解元。 **刘国庆** 壬辰。

萧大魁　甲午。
张春亨　甲午。
常殿英　甲午。
陈树勋　甲午。
朱耀天　甲午。
李贵英　甲午，署滦州千总。
田凌云　乙未。
朱连芳　乙未。
钱　昱　丁酉，见进士。
齐广立　丁酉，有传。
田冠卿　丁酉。
杨魁元　丁酉。
张延庆　己亥。
张允然　己亥。
郭冠英　己亥。
梁承惠　己亥。
张鼎亨　己亥。
李遇洪　己亥。
钱国庆　庚子。
齐国祚　庚子，兵部差官。
刘国瑞　庚子，天津府中营游击。
张重曜　旗籍。
张延清　癸卯。
杨荣武　癸卯，兵部差官。
张国鼎　癸卯，见进士。
钱遇清　甲辰。
李廷杰　丙午，解元。
张峻天　丙午。
田冠军　丙午，见进士。
石振声　丙午。
刘玉升　丙午，有传。
张运隆　丙午。
邵荫棠　丙午，通州千总。
孙振邦　丙午。
田丰润　丙午。
李冠林　己酉。
张毅然　己酉。
单立声　己酉。
刘定泰　己酉，兵部差官。

滦　州

徐　端　乙酉。
高玉堂　乙酉。
郭立城　辛卯。
庞殿臣　甲午。
庞遇春　乙未。
张　仲　丁酉。
郭连山　丁酉。
曾毓仁　甲辰。
赵　彬　甲辰。
刘攀桂　甲辰，贵州副将。
王玉树　丙午。
张凤麟　丙午。
吴魁元　己酉。

乐亭县

崔　琯　壬午，见进士。
彭文元　乙酉。
安佐清　乙酉。
李秀麟　戊子。
徐昆山　甲午。
吴联魁　甲午。
周贯一　甲午。
阚世泰　乙未。
牛元升　乙亥。
徐国庆　乙亥。
吴殿元　庚子，见进士。
牛元瑞　癸卯。
郭凌云　癸卯，以千总分发通永镇标委用。
李万清　癸卯。
吴殿英　丙午。
曹镇远　丙午。
吕清麒　己酉。

临榆县

李师善　庚子。
李懋勋　丙午，见进士。
黄元成　丙午。

咸丰

卢龙县

高殿魁　辛亥，古北口把总。
王　勇　辛亥，拣选兵备差官。
李鹏云　乙卯。
汪树藩　戊午，兵部差官。
李光甲　辛酉。
白宝山　辛酉，兵部差官。
王殿英　辛酉，兵部差官。

迁安县

司　垲　乙卯。
郝遐龄　乙卯，遵化籍。
刘泰昌　戊午。
刘恒德　辛酉，兵部差官。
冯定邦　辛酉。
刘庆昌　辛酉。

抚宁县

贲赓飏　壬子，兵部差官。
张振侯　壬子，兵部差官。

张铭鼎 乙卯。
李　鹏 乙卯。
马鸿图 乙卯，见进士。
赵国臣 乙卯。
王殿魁 乙卯。
杨捍侯 戊午。
张振邦 戊午。
王万杰 辛酉。
马雄图 辛酉，兵部差官。

昌黎县

顾殿元 辛亥。
李长春 辛亥。
孙国治 壬子，兵部差官。
甄元湛 壬子。
齐廷耀 壬子。
张通亨 乙卯。
宋建勋 乙卯。
李万成 乙卯。
单树声 戊午。
王国兴 戊午。
张冠英 戊午。
张　铭 戊午，旗籍，兵部差官、候选守备。
王冠英 戊午。
刘仲一 戊午。
田冠英 辛酉。
曹宗海 辛酉。
万学增 辛酉。
齐际洲 辛酉。
刘振清 辛酉。
以上五名，皆兵部差官。
李宝瑞 戊午，见进士。
杨荣宇 己未，见进士。
宋会魁 辛酉。
张书山 辛酉，见进士。
燕鸿逵 辛酉，见进士。

滦　州

冯玉山 乙卯。
赵景清 戊午。
王玉麟 辛酉。
王玉魁 辛酉。

乐亭县

徐寿春 辛酉，见进士。

同治

卢龙县

高殿甲 甲子，古北口千总。

胡仿超 丁卯。

周鸿宾 庚午。

抚宁县

王德刚 壬戌，兵部差官。 **董麟德** 壬戌。

马鹏图 壬戌，兵部差官，署代州守备。

马遇春 甲子，见进士。 **王泰来** 甲子，见进士。

安辅元 甲子。 **王虎臣** 甲子。

张魁元 甲子。 **王　翼** 甲子。

李　臣 甲子。 **李镇侯** 甲子。

傅开勋 丁卯。 **丁恩波** 丁卯。

吴长庚 庚午，见进士。 **陈建勋** 庚午。

昌黎县

钱维城 壬戌。 **万学均** 甲子，兵部差官。

杨荣第 甲子，兵部差官。 **董国庆** 丁卯。

宋殿元 丁卯。 **蒋振声** 丁卯。

祖世清 丁卯。 **杨荣富** 丁卯，兵部差官。

王德明 庚午。

滦　州

祁振棠 丁卯。 **王凤仪** 庚午。

临榆县

陈　炳 丁卯。

光绪

迁安县

冯安邦 丙子。

抚宁县

王世长 丙子。

昌黎县

宋贞元 丙子。

滦 州

郑良佐 乙亥。

符文煌 门耀鸿 李名超 安 彪

以上四名，无县分可考，附录于此。

卷之十五

选举表五

功例出身

[明]

卢龙县

习　成　洪武中，以才能擢用，历湖广按察佥事。

白　钥　山东经历。

迁安县

石　琏　山东宁海州吏目。

高　跃　山东阳信县县丞。

张效温　山西文水主簿。

张师曾　河南息县县丞。

王清泰　光禄寺署丞。

李果珍　河南颍州卫经历。

裘应时　湖广潜江县县丞。

蔡甲春　南直隶霍县县丞。

王成禄　山东巨野县县丞。

张文成　陕县典史，有传。

抚宁县

乔廷桂　甘肃宁州吏目。

傅　扬　南直隶旌德县县丞。

张　政　山西大同县县丞。

陈献策　山东高密县县丞。

陈九畴　河南淇县主簿。

傅　诱　浙江上虞县县丞。

翟重光　河南卫辉府通判。

周嗣昌　河南裕州吏目。

吕希周　自在州吏目。

夏　卿　河南卫辉照磨。

翟折彦　河南信阳州吏目。

周尚象　山西隰州吏目。

贺　潜　德府审理。　**贺　瀛**　南城兵马司。
金文照　应州吏目。　**王衍庆**　鸿胪寺序班。
翟鸿举　山海卫经历。　**王　铎**　王府典膳。
王　鉴　王府典膳。　**王　钥**　王府典膳。
王　鹤　河阳县主簿。　**王　鹦**　邳州吏目。
王　杰　王府典膳。　**王　鸢**　王府典膳。
王表正　庐州府知事。　**王家臣**　元氏县巡检。
王文华　清宁州吏目。　**翟圻俊**　太医院吏目。
傅尚志　蒲城县典史。　**王印祐**　太医院医官。
黄漳浦　瓜州通判。　**郭　太**　浑源州吏目。
王士伟　蒙阴县典史。
王士倜　乡饮大宾，顺治二年入祀乡贤。
王服休　松江巡检。　**王　肃**　丰民场大使。

昌黎县

张　葵　光禄寺署丞。　**常仲和**　河南巩县知县。
齐宗道　王府工正。　**孙　禄**　南直隶吴县县丞。
万　卿　山东巨野县主簿。　**张　昊**　河南林县典史。
张　昂　南直隶上元县主簿。　**齐宗贤**　山东邹平县主簿。
梁一孝　鸿胪寺序班。　**贾秉彝**　山东文登县主簿。
梁应秋　京卫经历。　**齐宗召**　主簿。
梁应时　抚宁卫指挥。　**梁应昌**　吏目。
王之鹏　府照磨。　**马　鼒**　主簿。
冯　钰　授光禄寺署丞。
王　槐　善书，选入中书科，直文渊阁办御典，修玉牒，赐狮麟飞鱼服，从一品俸。官至工部左侍郎。
王子椿　槐侄，四译馆中书。　**王子龙**　槐子，中书。
韩体仁　序班。　**宋文辉**　理问。
戴来聘　山西永合巡检。　**齐耿宗**　山西应州中卫经历。

齐廷符　飞云驿驿丞。

滦　州

高　阶　山西盐运司副使。
刘　璿　三水知县。
冯　钦　京卫经历。
高　逵　丹阳县丞。
郑惟精　褒城知县。
王　麟　禹城主簿。
王仪凤　韩城县丞。
崔　吉　凤阳主簿。
孙　镛　松潘卫知事。
关　伟　吏目。
吴　竹　兵马指挥。
郑鸣阳　密县主簿。
陈　忭　主簿。
崔　峨　经历。
陆继厚　闻喜主簿。
欧阳瑮　吏目。
王　夔　主簿。
陈国叙　扶风主簿。
王裕后　鸿胪寺序班。
刘　庆　训导。
陈四端　盂县主簿。
王　構　文水主簿。
李可培　两当知县。
孙学颜　布政经历。
孙学惠　平凉通判。
邸　泉　杭州通判。
陈　宣　仪征主簿。
何　义　黄县主簿。
谢君卿　高苑主簿。
陈　瑶　商河知县。
李　廒　福建正断事。
吴　冕　卫经历。
张　金　定襄主簿。
葛　桂　州判。
吉　祐　鸿胪寺署正。
王永淮　蓬莱县丞。
张　迁　盂县县丞。
刘　灿　主簿。
高　进　商丘主簿。
刘　忭　日照主簿。
王　臬　莒州吏目。
关　宪　绛州主簿。
石可磨　蒲州吏目。
刘　昂　训导。
沈　丘　主簿。
韩友欧　德平县丞。
赵养冲　宁波通判。
宋三策　光禄寺署丞。
陈家贞　广信经历。
陈绪武　镇江经历。

乐亭县

郁彦忠 广东湖州府同知。
王　俊 陕西隰州州判。
刘子中 南直隶平湖县主簿。
王　栻 羽林卫经历。
蔺文举 山东文登县知县。
王九韶 山东淄川县主簿。
王尚宾 陕西葭州吏目。
黄　宪 山东曲阜县县丞。
张维藩 保德州吏目。
李　焕 河南州吏目。
萧达春 河南芮城县主簿。
王利用 山西泽州吏目。
马　冕 南直隶山阳县主簿。
卢　迪 南直隶泗州州判。
吴　祥 山东黄县县丞。
尹君召 山东东阿县县丞。
王九容 南直隶凤阳府经历。
王一夔 南直隶萧县主簿。
李元棁 南直隶泰兴县主簿。
张宗伦 山东黄县主簿。
王汝为 陕西长安县主簿。
朱济民 兵马指挥。
王利贞 兵马司副指挥。

山海卫

穆思恭 山西河津县主簿。
萧大临 云南顺州吏目。
张德禄 山西怀仁县知县。
朱希哲 山西寿阳县主簿。
倪　纶 陕西宁州吏目。
李　铸 山西太原县主簿。
郭世称 南直隶邳州吏目。
王大宾 山西岷州卫经历。
倪从政 陕西泾州吏目。
郭东渊 王府典簿。
程信古 南京兵马司副指挥。
徐时中 山东沂州吏目。
詹世烈 河南禹州州判。
张文选 山东峄县知县。
王　鹤 山东金乡县主簿。
栾大中 南直隶无为州吏目。
王　缨 南直隶邳州吏目。
王表正 南直隶庐州府知事。
萧大恒 山东东昌府经历。
栾养礼 山东益都县主簿。
穆思敬 南直隶临淮县县丞。
程继伊 京卫经历。
王文华 山东东平州吏目。
程继贤 工部员外郎，有传。

［国朝］

卢龙县

孟乔芳　旗籍，有传。
蔡士英　旗籍，有传。
蔡毓荣　有传。
孟维祖　河南夏邑县县丞。
姚应选　直隶柏乡县知县。
宋国柱　山东曹州知州。
何　涵　江南江宁府税务司。
许　燮　云南镇雄州州判。
李化溥　广西藤县典史。
姚永祥　江南金陵驿驿丞。
朱成麟　四川福宜驿驿丞。
马锦文　江南青浦县巡检。
余曰虬　福建同安巡检。
傅元贞　刑部司狱司。
王齐玠　广西横州吏目。
张　锦　浙江盐大使。
余士钊　广西兴业县典史。
朱瑞麟　浙江桐乡县青镇巡检。
陈重曜　县丞。
李廷桂　县丞。旧志作拔贡误，此从《县志》。
常维桢　江西万载知县。

迁安县

彭祖贤　山东峄县县丞。
刘绳祖　永新县县丞。
刘　炳　直隶密云县教谕。
徐鸿猷　江南淮安盐大使。
章遵道　湖南溆浦县典史。
朱　煜　河南临漳县典史。
刘　趾　云南宜良县典史。
徐士魁　福建枫亭镇巡检。
董应聘　明生员，陕西凤翔县知县。
董廷壁　监生，朝考县丞，未任。
刘　杰　廪贡，安平、固安等县训导。
张　重　廪贡，南宫县训导。
郑德森　廪贡，故城县训导。
郑　兰　廪贡，隆平县训导。
李榜元　廪贡，浙江按察司照磨。
李丰文　增贡，青县训导。
李恩荣　廪贡，河工主簿。
李翠林　山东广昌县丞。
姚鸿镇　廪贡，官学教习。
李　柱　附贡，河南候补县丞。
李际青　廪贡，河南候补县丞。

刘敷文 廪贡，大名县教谕。 **李丰滋** 增贡，誊录候选教职。
范　江 山东莱州府同知，江西宁都州知府。
贺万年 浙江金山场盐大使。 **贺椿龄** 江西信丰县知县。
贺尧年 附监，广西苍梧县典史。
贺世清 光禄寺署正。 **薛　堧** 广西思恩府司狱。
万启钧 山西芮城县知县。 **薛昌龄** 山西威远堡巡检。
潘继昌 山东沙土集巡检。 **姚本和** 户部贵州司主事。
郑德庄 兰溪县知县。 **姚光璐** 有传。
姚开昫 户部湖广司郎中。 **姚开祺** 兵部武库司员外郎。
高兆鼎 附监，广东白堆司巡检。
李成林 江苏旧江司巡检。 **刘书麟** 光禄寺署正。
张士锦 浙江鲍郎场盐大使。 **武绍庭** 浙江仁和场盐大使。
张维礼 山西候补巡检。 **张　圻** 户部山西司郎中。
张文焜 兵部主事，员外郎衔。
姚鸿锐 山东候补巡检。
孙　铭 河南候补县丞。

附吏掾

徐鸿猷 淮安盐大使。 **章遵道** 溆浦县典史。
朱　煜 临漳县典史。 **刘　祉** 宜良县典史。
徐士魁 福建枫亭镇巡检。

附旧县志人材六人，出身未详

胡来相 山西道监察御史。 **郭　适** 安徽宿州州同。
傅梦钥 霸州兵备道副使。 **刘自清** 江南丹徒县知县。
郭希孟 山西陵川县知县。 **胡三祝** 监察御史。

抚宁县

冯泰运 江南溧水县知县。 **冯隆运** 山东长山县知县。

冯昌运 山西沁水县知县。 **冯永潾** 山东巨野县知县。
惠文俊 宁海大使。 **王士重** 河南孟县典史。
谢 铉 西城兵马司吏目。《县志》作镕。
荀聿修 江南税课局大使。 **徐 彧** 浙江杭州府经历。
姜友召 湖南安江镇巡检。 **王原向** 湖北兰溪镇巡检。
萧 苇 渭南知县。 **侯更新** 附贡，广东试用知县。
单祚盛 附贡，蓟州训导。 **惠 熙** 通州教谕。
黄维中 山西老营巡检。 **周汉章** 河南典史。
单廷椿 附贡，大名乡学训导。**王大瑄** 兵部员外郎。
王 铠 附生，河南巩县典史、明港驿驿丞。

昌黎县

张我籍 山东德州州同。 **高二正** 河南归德府通判。
张翰宸 湖南长沙府知府。 **张尊德** 湖广布政司。
冯 致 广东南海县典史。
周步瀛 廪生，贵州都匀府知府，加道衔。
张萼亭 廪生，广东石桥场盐大使。
孙润亭 户部主事。 **邵树棠** 翰林院待诏。
魏正源 兵部候补司务。 **李士瀛** 山东章丘县丞。
韩晖东 附生，河南藩经历。
赵世泩 河南洧川知县，加同知衔。
王荫培 附贡，石河场盐大使。
高绍伊 附贡，东光、西宁二县训导。
李春芳 湖北金子矶巡检。
齐 湘 附贡，山西候补同知。
朱旌寿 河南即补知县、同知衔，赏戴花翎。
李迎调 附贡，候选主簿。 **张炳勋** 山东候补典史。
高光显 附贡，长留县巡检。 **齐泰年** 附贡，凌湖镇主簿。
张熙瑞 附贡，河南郏县知县，加知州衔。

张锦荣　附贡，衢州府经历。　**王怀德**　附贡，温州府通判。
李秉成　附贡，云南顺宁府经历。**魏正藻**　附贡，山东候补知县。
阎　澧　附监，汝州州同。
宋星炜　廪生，麻城知县，升锦屏同知。
齐逢年　廪生，浦东场盐大使。
张　岩　茌平知县。　**张　炽**　河南老安镇巡检。
孙　芝　辉县知县。　**宋柏龄**　宜阳县典史。
刘嵩龄　增生，河工主簿。　**齐浚川**　山阳县主簿。
刘凤瑞　高安知县。　**刘凤枝**　河溪司巡检。
刘凤翱　金门县丞，尤溪知县。
魏锡祉　附生，鸿胪寺序班。　**魏锡经**　光禄寺署正。
张士吉　汝阳县丞。　**曹开来**　邵武府经历。
曹穆来　博白县知县。　**曹春来**　抚州府经历。
阎　垲　辽阳州吏目。　**张云亭**　鸿胪寺序班。

滦　　州

王效忠　浙江西兴驿驿丞。　**张　钟**　山东福山县典史。
陈极新　旗籍，陕西巡抚。　**王效忠**　西兴驿丞。
雷鸣德　一等哈达哈哈番，掌太医院使印。
张　镳　山东福山县典史。　**白　炜**　蒲城县丞。
韩锡玉　旗籍，福建福妙府同知。
李士遴　旗籍，福建邵武府知府。
李士适　旗籍，福建汀州府知府。
于秉鉴　旗籍，刑部司狱。　**常发祥**　四川按察使。
孙寿域　湖南道州知州。　**郑家屏**　由四库馆，官知县。
刘　玙　程乡典史。　**石　赫**　临晋典史。
李　简　浙江吏目。　**常际昌**　广西抚康司巡检。
常　濂　两淮河垛场巡检。
常　济　甘肃文县、碾白、古浪知县，升丹噶尔同知，署阶州直隶州即补知府。

常畏三 陕西富平县丞。

乐亭县

阴　琇 浙江湖州府经历。
李　芸 庠生，候选州同。
宁椿年 广东石桥场大使。
李树滋 广西桂林府司狱。
李德滋 候选县丞。
李　篯 江苏铜山县巡检。
魏有龄 山东章丘县典史。
宋德春 山西闻喜县典史。
王国杰 山西文水县典史。
姜树楷 旗籍，江南梁垛场大使。
李　祥 江西长兴司巡检、义宁州吏目。
刘祝三 山西归化城巡检。
安遇丰 山西巡检，加六品衔。
安璧田 广西永福县知县。
刘成功 山东齐东县知县。
周连甲 广东知县、知州衔。
周连云 刑部员外郎。
倪在镕 山西凤台县典史。
杨希闵 山东试用知县。
李振钧 从九，分发安徽。
钱宝箓 提举衔，赏戴蓝翎。
康济川 刑部员外。
曹遇亨 山西试用巡检。
韩殿甲 附生，候选典史。
李梦星 东河试用县丞。
刘铭箴 候选布政司经历。
王熙春 山东海丰县典史。
李恩鸿 附贡，候补知县，五品衔，蓝翎。
阴振澡 附贡，候补知县。
李润霖 增贡，候选同知，团防保举加四品衔。
刘清亮 附贡，户部主事。
黄廷魁 附贡，户部郎中。
刘树森 增贡，候选大使。
刘成允 廪生，候选通判。
孙魁五 武生，守御所千总。
赵靖邦 武生，守御所千总。
李荫唐 武生，守御所千总。
赵云祥 增贡，拣选赍奏厅。
苑如璋 候选州同。
苑如瑛 候选知府。
苑如琦 守御所千总。
苑如琨 候选游击，赏戴花翎。
张玉相 候选游击，赏戴花翎。
张云路 户部郎中。

崔国梁 骁骑校，赏戴蓝翎。
李保邦 郎中即补直隶州知州，赏戴花翎。

山海卫临榆县

冯祥聘 廪生，湖广长沙府同知。
刘克望 增生，山西知县，再任江南。
高　选 廪生，江西广信府同知。
穆齐英 增生，河南商城县丞。**朱时显** 直隶开州州判。
程启运 附生，河南磁州知州。
孟日吉 附生，陕西兴安州州判。
杨可楹 附生，江西吉安知府。
张瑞扬 增生，山西太原府同知。
穆嘉桢 附生，四川建昌卫经历。
李栖凤 增生，思州府经历。 **辛宗尧** 附生，江西长宁知县。
穆维泽 附生，江南睢阳驿驿丞。
程胤古 山西布政司理问。
王允猷 户部广东司郎中。
赵正勋 山西寿阳知县。
程观光 国初，召民有功，准作贡生。湖广衡州府同知。
张可兴 山东曹苑县知县。 **倪宏昌** 江南长州典史。
赵良玉 福建海澄县丞。 **王之都** 广宁府横州知州。
董奎武 历任广西苍梧道。 **柯永远** 旗籍，兵科给事中。
房星焕 旗籍，山东武德道，有传。
房星煌 旗籍，福建漳州府知府，有传。
曹时敏 廪生，录功授灵璧知县。
冯允升 旗籍，江南安庆府通判。
张　霖 例贡，由工部主事，历官福建布政使。
倪　鹏 四川荣县县丞。 **王允猷** 户部郎中。
王　州、王　册

王作乂 刑部郎中。
魏武曾 附贡，山东候补通判。
田承武 江苏平望司巡检，五品衔。
田蕙田 四川阆中县知县。 **田宅仁** 刑部主事。
余文凤 奉天府经历，署广宁县知县。
张　晸 云南罗平州吏目，蓝翎五品衔。
鲁应春 署左云县典史，军功，六品衔。

营伍出身

[明]

卢龙县

胡　镛 蓟镇总兵。
陈景先 蓟镇总兵。
史　宸 协守，东路副总兵。
陶世臣 试百户，蓟镇总兵。
谷承功 山海路参将。
朱　楫 燕河路参将。
何　镇 燕河路参将。
李康民 燕河路参将。
曹应登 指挥，燕河路参将。
孟国用 宁夏总兵。
卢天福 山海经理，镇总兵。
李逢时 进士，阶文参将。
章思恭 千户，黄甫川参将。
谷九有 德州参将。
潘光启 千户，龙井关参将。
罗　灿 指挥，任沈阳游击。
郑国忠 千户，南兵营游击。
骆子秀 永镇右营游击。
罗　墀 指挥，昌平参将。
朱魁春 千户，山西掌印都司。
张帷忠 冷口副总兵。
谢天爵 山永抚标旗鼓守备。
丁明盛 石匣副将。

迁安县

马　永 辽东总兵。
高　瑛 指挥，燕河营参将。
程　棋 建昌协守副总兵。
张世武 协守，东路游击。
彭友德 指挥，保定府总兵。
周承聘 指挥，昌平游击。

周大观 松棚路参将。

抚宁县

萧　升 佥事，蓟镇总兵。

周　建 佥事，阵亡，世袭同知。

钟　杰 指挥，独石参将。　**周　彻** 指挥，蓟镇总兵。

邱　陵 指挥，葛峪堡参将。　**吴尚贤** 指挥，太平寨参将。

周　德 指挥，永平游击。　**陈　舜** 黄花镇守备，阵亡。

魏邦辅 指挥，三屯营都司。　**刘　恩** 指挥，大同都司。

曹　纲 指挥，河间游击。　**萧继英** 佥事，遵化守备。

高维祺 佥事，蓟州守备。　**刘　涵** 指挥，神机营游击。

吴继璘 佥事，八达岭守备。　**高万里** 佥事，灰岭口守备。

刘　熏 佥事，义院口关提调。

昌黎县

李自馨 山永抚标旗鼓。　**齐鸣鹤** 山海卫指挥。

梁一第 游击。　**梁应时** 指挥。

宋文煌、王九州、李际春、田养茂、王正道、王世臣、杜文奇、史登云、李多闻、马性美、王自壮、王培、李士奇、杜茂秋、蔡时茂、李时贤、任自得、贾有元、刘光远、杨开泰

以上二十名，俱守城功，授守备。

滦　州

赵宗舜 锦衣千户。　**吴　永** 三品指挥。

乐亭县

李光启 葛峪堡参将。　**檀　枸** 燕山左护卫指挥。

郭思温 彭城卫指挥。　**刘　江** 坤武右卫指挥。

高敬中 金吾左卫指挥。　**孙　升** 永清右卫指挥。

王　来 福建汀州卫指挥。　**李　栋** 广宁后屯卫指挥。

杨　宏 羽林前卫指挥。　**高　升** 清良卫指挥。

王　甫　宝庆卫指挥。
李敬春　隆庆卫千户。
高文秀　常山中卫千户。
胡再和　燕山左卫千户。
胡得成　武城卫千户。
王　瘦　燕左卫千户。
杨　洪　永清右卫千户。
张　雄　忠义前卫千户。
张　汉　羽林前卫千户。
张　忠　忠义卫右千户。
李三思　营州前屯卫千户。
李　玉　济阳卫千户。
孙得良　燕山左卫千户。
董　聪　归德卫千户。
李从敬　大宁卫千户。
王　良　忠义前卫千户。
彭　刷　德洲卫千户。
杨　敬　济南卫千户。
商文升　武功中卫千户。
王小五　云南宜良守御所。
杨　聪　袭羽林卫千户。
王　安　永清右卫百户。
史　达　大兴左卫百户。
刘宏成　浙江昌国卫。
史　干　燕山左卫百户。
田仕原　永清右卫百户。
尹　四　羽林卫百户。
吴还家　永清右卫百户。
陈景文　云南卫百户。
赵　斌　太宁前卫指挥。
满　恺　常山中卫千户。
王　恭　彭城卫千户。
杨　彪　遵化卫千户。
吴　真　彭城卫千户。
张永泰　羽林前卫千户。
王思恭　羽林前卫千户。
王　刚　济阳卫千户。
刘伯义　永宁卫千户。
张　清　永宁卫千户。
陈　振　羽林前卫千户。
刘　文　贵州平坝卫千户。
刘　玺　燕山卫千户。
魏　让　济阳卫千户。
孟宏道　忠义前卫千户。
刘　曹　永清卫千户。
申　瑾　常山中护卫千户。
田　诺　羽林左卫千户。
马　铎　金吾前卫指挥。
马　见　羽林中卫千户。
曹维肖　指挥管乐亭练总。
王　昶　济阳卫百户。
张文整　济阳卫百户。
牛丑合　神策卫百户。
李　义　神策卫百户。
刘　升　永清卫百户。
温　良　永清右卫百户。
杨　尤　燕山左卫百户。
董　礼　府军前卫百户。

刘　四　燕山左卫百户。
张添僧　忠义前卫百户。
马　直　府军前卫百户。
张　振　大宁前卫百户。
韩　荣　燕山右卫百户。
孙　兴　燕山前卫百户。
李　暹　安东卫指挥。
孙得林　燕山左卫百户。
郝甫原　常山中护卫。
刘　聚　开平卫百户。
侯　杨　府军前卫百户。
郭　宽　武骧卫百户。
杨德滋　燕山左卫百户。
李　秀　义州卫百户。
徐来僧　大宁前卫百户。
王　臣　大宁左卫百户。
王比鲁　浙江杭州卫。
高长颐　苏州卫百户。
罗从政　莱州卫指挥。
严　顺　建州卫指挥。
张守忠　常山右卫百户。
陈赶珠　燕山前卫百户。
李　羔　燕山左卫百户。
彭　花　南京羽林卫。
史文学　袭燕山右卫。

山海卫

刘　渊　佥事，蓟镇总兵。
李　洪　指挥，燕河营参将。
赵　卿　指挥宣府总兵。
张懋勋　神枢营游击。
孙思坚　千户，大宁都司。
赵　勖　五军营参将。
郭重光　指挥，开平都司。
赵应元　千户，北部副总兵。
徐　枝　京营都督佥事，石塘岭副总兵。
任国琦　督师标下副总兵。
傅国珍　百户，花桑峪都司。
孙承业　千户，建昌路参将。
穆朝臣　经理镇标副总兵。
杜绳武　遵化营副总兵。
祝　雄　佥事，蓟镇总兵。
祝　福　保定总兵。
唐大节　协守，东路游击。
吕鸣咸　指挥，南部副总兵。
赵文明　指挥，宁山参将。
朱尚义　榆林总兵。
施兆麟　指挥，陆运营都司。
李鸣冈　镇标右营都司。
张文善　老营堡参将。

孙思吴 中后所城守游击。
刘　江 镇守辽东，封广宁伯。
石美中 指挥同知，天寿山守备。
徐　瓒 辽东义州卫备御。
涂永贵 指挥同知，蓟州卫守备。
任鹤年 佥事，三河卫守备。 **张四维** 桃林口提调。
施国藩 青山口提调。 **赵大纲** 佥事，青山口提调。
吕　纳 指挥，洪山口提调。 **王　杰** 指挥同知，擦崖提调。
徐国桢 指挥，白马关守备。 **张效良** 罗文峪提调。
傅国忠 一片石提调。 **刘　楹** 佥事，三屯营千总。
李逢阳 佥事，桃林口守备。 **郭东都** 佥事，界岭口提调。
张继祖 义院口守备。 **李天培** 指挥，桃林口守备。
任　重 墙子岭提调。 **傅崇德** 佥事，青山口守备。
于承芳 指挥，大安口提调。 **邢万民** 千户，马兰峪总兵。
戴天宠 指挥黄土岭守备。
孟锡璘 千户，董家口提调，升都司佥书。
林应坤 指挥，铁厂堡守备。 **徐应第** 军门标下旗鼓守备。
郭东光 指挥，开平打造局都司。
徐可用 指挥，镇标副中军。

[国朝]

卢龙县

卢拱极 大靖堡参将。 **谭九畴** 陕西彰义堡都司。
曹光启 狼山守备。 **郭文宣** 福宁镇左营守备。
怀永义 保定后营守备。 **王　翰** 山永协右营把总。
曹可显 山永协左营把总。 **怀永忠** 河南临漳城守千总。
吴德异 山永协茨榆坨把总。 **汪泽泓** 山永协义院口把总。
牛应虎 古北口提标右把总。 **王　林** 东昌卫守备。
李　起 行伍，滦州汛千总，历升张湾营都司，花翎，尽先游击。

迁安县

王　栋　河西务游击。
张师圣　登州副总兵，阵亡。
周　鼎　浙江都司，阵亡，赠荫。
李景阳　金山副总兵。

抚宁县

惠应诏　四川成都府总兵。
惠应诰　仪征守备。
萧奇楹　临清参将。
惠占春　山东沂州总兵。
惠延祖　世袭御前侍卫。
王　伟　苏州游击，管参将事。
王维屏　江南安庆卫千总。
李秉仁　采育把总。
惠世溥　世袭都尉，广西参将。

昌黎县

刘绍祖　洮岷守备。
李聚良　三眼井营守备。
崔毓德　广东守备。
冯　镜　进士，广西副总兵。
冯源淮　武进士，荆州总兵。
陈永春　蓝翎千总，阵亡，追赠都司。

滦　州

汤自道　北楼口参将。
王可就　有传。
姚季虎　通州张家湾守备。
石　钟　乐亭营千总。
陈一德　旗籍，官副都统。
石宪曾　江西永新卫千总，加参将衔。
郑　彬　唐官营把总。
王一清　直隶督标外委。
王化周　卫领运千总，署卫守备。
王定藩　通永镇标外委。

乐亭县

宁九锡　江南崇明营守备。
宁继祖　山西平阳营守备。
郑宏谟　游击。
赵云龙　本城把总。

张进英 山海关千总。
杨清华 守备，军功以游击用，赏戴花翎。
李清瑞 清河口汛把总。 **张　玉** 候补把总，六品衔。
赵连会 山海路中营千总，尽先守备。
冯振邦 山海路右司把总。

山海卫临榆县

詹世勋 江南副总兵。 **赵世新** 陕西高满守备。
傅尚谦 江南副总兵。 **秦国荣** 浙江金华游击。
赵世泰 河南参将，阵亡。 **鲁士科** 福建道标守备。
苗有年 山西保德守备。 **何万邦** 浙江水师都司。
周永柞 浙江衢州守备。 **孙遇吉** 苏松镇标都司。
郭重显 开封城营守备。 **白尚信** 三省督标守备。
谭　俊 广东游击。 **刘泽深** 广东碣石总兵。
谭　纶 陕西略阳副将。 **涂鼎臣** 浙江左营守备。
任嘉勋 平阳府守备。 **陈应魁** 提督标下守备。
穆秉衡 江南提标千总。 **常怀忠** 庄浪营守备。
赵　焞 江南卫千总，功依守备。
穆秉常 湖北抚标参将。 **穆贻烈** 高州镇守备。
林德门 东昌卫守备。 **傅文理** 太仓卫千总。
王度冲 湖广授剿右路总兵官，左都督。
魏明福 山永协协标把总。 **魏明才** 大毛山把总。

封　　赠

［明］

卢龙县

朱　有 以子鉴，赠刑部主事。
李　凯 以子时，赠甘肃平源府知府。

朱　侣　以子文运，赠江南丹阳知县。
王　堂　以子大用，赠刑部郎中。
廖　儒　以子自显，赠广东道御史。
韩廷义　以子应庚，封福建道御史。
白　钥　经历，以子瑜赠大理寺卿。
韩应箕　以子原善，封兵部主事。
陈志文　以子王庭，赠监察御史。
崔士登　以子及第，封行人。

迁安县

吴　纪　以子诚，赠南道监察御史。
王　民　以孙锐，赠副都御史。
王　都　以子锐，赠副都御史。
李　元　以子和，赠礼部主事。
王　政　以子和，赠监察御史。
郭　洪　以子镛，赠监察御史。
才　整　以子宽，赠工部侍郎。
才　通　以子宽，赠工部侍郎。
李　中　以子文，赠户部员外郎。
王　路　以子廷，赠兵科给事中。
李　臣　以子安仁，赠大理寺评事。
陈　英　以子鼐，封监察御史。
李　蕊　以子炫，赠兵部主事。
徐　申　以孙云逵，赠光禄寺卿。
徐可久　以子云逵，赠光禄寺卿。
程　墀　以子大猷，封户部郎中。
彭大节　以孙友德，赠兵部左都督。
彭万里　以子友德，赠总兵左都督。
郭汝藩　以子巩，赠大理寺正卿。

王朝宋 神宗戚畹，赠太仆永宁侯。
王道化 光宗戚畹，封光禄大夫。
王天允 光宗戚畹，封光禄大夫。

抚宁县

金　禧 以子镛，赠光禄寺署丞。
姚　斌 以子政，赠运使。
王　荣 以子春，赠周府长史。
王　春 以子道中，封顺天府府尹。
鲁　海 以子铎，赠户部郎中。
翟　昊 以子鹏，赠户部主事。
王　忱 以子胤祥，赠刑部给事中。
张　楫 以子九三，赠国子监学正。
萧春台 以子奇栋，封山西蒲县知县。
李　□ 以子蕴粹，封承德郎。

昌黎县

张　广 以孙文质，赠工部尚书。
张　鉴 以孙文质，赠工部尚书。
杜　复 以孙谦，赠工部左侍郎。
杜　敏 以子谦，赠工部左侍郎。
魏　栋 以子可简，赠尚宝司郎。
刘　锐 以子汝桂，赠登州通判。
邸尚信 以子存性，封河南河内知县。
齐　逌 廪生，以子宗尧，诰封朝议大夫。
宋馈豚 以子文熏，封河南虞城知县。
齐　逵 以子宗文，诰封文林郎。
齐鸣雷 山西灵石知县，以子士斌诰封中宪大夫。

滦　州

王　海　以孙翱，赠左都御史。
齐　□　以子义，赠兵马指挥。《旧志》及《滦志》俱缺名。
郭　兴　以子隆，赠大理寺评事。
王　侃　以子蕃，赠太常寺博士。
任　玉　以子惠，赠吏科给事中。
王　瑀　以子辅，封监察御史。
安　和　以子民，赠户部员外郎。
吴　宥　以子吉，赠推官。
王　璋　以子镐，赠大理寺评事。
高　聪　知县，以子谦，赠文林郎；孙擢，赠顺天府尹。
厉　鉴　以子汝进，封吏科给事中。
周　珍　以子冉，赠户部主事。
高　谦　以子擢，赠顺天府尹。
张大钧　以子鹏翼，封工部主事。
高　玉　以孙第，累赠兵部尚书。
高吉昌　以子第，累赠兵部尚书。
石　璞　大使，以子维岳赠河南怀庆府知府。
冯庆余　知县，以孙运泰，赠太仆寺卿。
冯斗华　知县，以子运泰封太仆寺卿。
伦　浃　以子之楷，赠陕西道监察御史。
张　夙　以子汝贤，赠定陶知县。
张秉直　以子联奎，赠临洮推官。
韩邦直　以子友柳，赠襄府长史。

乐亭县

刘　溥　以子懋，赠户部员外郎。
李　升　以子霖，赠柘城知县。
李　霖　以子宗商，赠户部主事。

卢　梁　以子耿麒，累赠山西右参议。
王　茂　以孙好问，累赠户部尚书。
王　臣　以子好学、好问，累赠户部尚书。
萧　富　以子云汉，赠户部员外郎。
王永昌　以子利宾，赠兵马指挥。
张问道　以子国瑞，累赠陕西左布政。
曹克勤　生员，以子司教，累赠巩昌知县。
陈说论　生员，以子兴门，封贵州铜仁推官。

山海卫

萧福海　以子显，赠兵科给事中。
詹　玉　以孙荣，赠副都御史。
詹　通　以子荣，赠副都御史。
刘　刚　以孙渊，赠都督佥事。
刘　镇　以子渊，赠都督佥事。
王　荣　以子相，赠经历。
刘汝桢　以子复礼，赠工部郎中。
冯　琦　以子时泰，赠工部主事。
刘光大　以子思诚，赠济南同知。
刘思诚　同知，以子廷宣，赠大理寺左少卿。
程矩以　子继贤，赠工部员外郎。

[国朝]

卢龙县

蔡云龙　以曾孙士英，赠漕运总督，光禄大夫。
胡宪玉　以子来相，赠监察御史。
蔡国忠　以孙士英、曾孙毓荣，累赠总督、光禄大夫。
孟国用　总兵，以子乔芳，累赠光禄大夫少保。
蔡绍胤　以子士英、孙毓荣累赠总督、光禄大夫。

陈靖华 以子君锡，赠江南睢宁知县。
蔡毓贵 以子玮，赠庆阳知府。
蔡毓华 知府，以子珍琦，累赠监察御史、四川永宁道。
李启先 以孙本洁，貤封文林郎。
翟　任 生员，以子正经赠文林郎。
赵继祖 恩贡。以侄维赓，貤赠朝议大夫。
张恩荣 旗籍。以子鸣泰，赠承德郎。
阎会一 岁贡。以孙廷珮，诰赠中议大夫。
李　桢 以孙起，赠武翼都尉。
李景荣 以子起，赠武翼都尉。
蔡德润 旗籍。以侄昌言，貤封武显将军。
蔡昌绪 旗籍。以子龄魁，赠武翼都尉。
蔡昌第 以侄龄魁，貤封武显都尉。
傅以德 以曾孙观海，赠资政大夫。
傅正坦 以孙观海，赠资政大夫。
傅绍祖 以子观海，赠资政大夫。
阎德峻 举人。以子廷珮青州知府，诰封中宪大夫。
张士荣 以子琴，诰赠奉政大夫。
薛桂馨 以子安仁，赠修职郎。
王维凝 理问。以子清海户部员外，诰封朝议大夫。
罗　瑞 以子耀先，封奉政大夫。
罗继先 以弟耀先，貤封奉政大夫。

迁安县

刘宗仁 以孙鸿儒，赠通奉大夫。
刘光裕 以子鸿儒，赠通奉大夫。
张麟角 以孙师圣，封怀远将军。
张美蕴 以子师圣，封怀远将军。
陈　贤 以子维纪，赠奋武郎。

董　锦　以曾孙应魁，赠光禄大夫。
董汉贤　以子应魁，赠光禄大夫。
贺让德　进士，知县。以子贤志，晋封朝议大夫。
贺贤书　以弟贤志，貤赠朝议大夫。
马呈祥　以孙学赐，貤赠文林郎。
马　玢　以子学赐，赠文林郎。
郑麟祥　以子勋，赠中宪大夫。
武保四　以孙兴绪，封奉直大夫。
武永至　以子兴绪，封奉直大人。
邓学诗　以孙克兴，貤赠奉直大夫。
邓　琢　以弟克兴，貤封奉政大夫。
邓绍元　以弟麟元，貤赠修职郎。
姚光弼　副榜，教谕。以子亮臣，封资政大夫。
于　踊　以孙调元，貤赠奉政大夫。
于希曾　以子调元，封奉政大夫。
邵奇蕴　以孙正寅，貤赠文林郎。
杨大用　以孙思永，赠文林郎
杨汝为　以子思永，赠文林郎。
杨汝翼　以侄思永，貤封文林郎。
李天禄　以弟天笃，貤封文林郎。
李国品　以弟国璧，貤封修职郎。
李　芳　以弟芹，貤封文林郎。
李元采　以子克昌，敕封文林郎。
任照寰　以子墉，封朝议大夫。
刘朝重　以子恒德，封武德佐骑尉。
刘朝贤　以侄恒德，貤封武德佐骑尉。
冯建邦　以弟定邦，封武德骑尉。
刘艺堂　以子泰昌、庆昌封武德骑尉。
刘文奇　以侄庆昌兵部差官，封武德骑尉。

刘绳武 以弟泰昌兵部差官，封武德骑尉。
冯善述 以孙安邦，诰封宣武都尉。
冯　寄 以子安邦，诰封宣武都尉。

抚宁县

张仲科 以孙霖，封光禄大夫。
张希隐 以子霖，封光禄大夫。
胡景鼎 以子松，封奉政大夫。
王国用 以孙度冲，封总兵左都督。
王　凤 以子度冲，封总兵左都督。
惠应诏 以子占春，赠光禄大夫。
王应举 以孙玮，封怀远将军。
王德润 以子玮，封怀远将军。
陈　上 生员。以孙炳，封蓝翎侍卫。
陈五伦 武举。以子炳，封蓝翎侍卫。
刘景祉 以子文亮，封武德将军。
翟　翔 以子绪祖，封修职郎。
齐　斌 以曾孙威，封武翼大夫。
齐化民 以孙威，封武翼大夫。
齐复显 以子威，封武翼大夫。
王永年 以孙瑞征，赠通议大夫。
王　济 以子瑞征，赠通议大夫。
王　润 以侄瑞征，赠通议大夫。
张廷璐 以子兆显内阁中书，诰封奉直大夫。
王天祥 以孙兆松，封中宪大夫。
王国兴 庠生。以子兆松，封中宪大夫。
王名立 贡生。以侄魁，貤封武德骑尉。
王名显 庠生。以侄魁，貤封武德骑尉。
王名扬 武生。以侄魁，封武德骑尉。

张　津　以孙廷模，她封儒林郎。
张　淮　以子廷模，封儒林郎。
张　洄　以子廷柏，封修职郎。
张　逾　以侄振侯，封宣武都尉。
张　逸　以子振侯，封宣武都尉。
张　鸿　以子秀芝，赠资政大夫。
贲大猷　以侄銮仪，封武德骑尉。
贲徽猷　以子銮仪，封昭武都尉。
贲宣猷　以侄銮仪，封昭武都尉。
贲銮舆　以弟銮仪，封昭武德尉。
贲克猷　以子赓扬，封武德骑尉。
贲兰香　以弟赓扬，封武德骑尉。
张作舟　以侄魁元，封武德骑尉。
张作谟　以侄魁元，封武德骑尉。
马从龙　以曾孙鸿图，封武显将军。
马冠英　以孙鸿图，封武显将军。
马殿柱　以子鸿图，封武显将军。
马殿梁　以侄鸿图，封武功将军。
马鹏图　以侄遇春，封武功将军。
马负图　以子遇春，封武功将军。
马雄图　以侄遇春，封武功将军。
马殿桢　以侄鸿图，封昭武都尉。
马河图　以弟鸿图，封昭武都尉。
王　悦　以继子泰来，封昭武都尉。
王　明　以侄泰来，封昭武都尉。
陈安邦　以子建勋，封昭武都尉。
惠　乡　以曾孙应诏，封荣禄大夫。
惠　吉　以孙应诏，封荣禄大夫。
徐道峻　以子馨，封修职郎。

王良贵 以子以庆，封修职佐郎。
惠芝桂 以孙庆滋，封奉直大夫。
惠昌治 以子庆滋，封奉直大夫。
杨士美 以孙捍侯，封宣武都尉。
杨　龙 以子捍侯，封宣武都尉。
金　振 以孙锡禄，貤封儒林郎。
金尚贤、**金尚质** 以子锡禄，貤封修职郎。
金生华 庠生。以子联甲，封文林郎。
王卫川 以子世长，诰封宣武都尉。
王清泰 以孙世长，诰封宣武都尉。

昌黎县

冯尚贤 以曾孙铨，赠太子太傅、礼部尚书。
冯从训 以孙铨，赠太傅、宏文院大学士。
冯盛明 以子铨，赠太傅、宏文院大学士。
张君玉 以子尊德，赠湖北安陆知府。
张是彝 以子翰宸，赠湖南长沙知府。
冯盛期 以子铎，赠平南知府。
张我铨 以子宏，赠江西新昌知县。
高　培 贡士。以子天挺，赠临淮知县。
齐如仑 以曾孙大勇，赠荣禄大夫。
齐如琦 大勇本生曾祖，貤封荣禄大夫。
齐如星 增生。以子泽茂，封登仕郎。
齐泽沛 贡生。以孙大勇，赠荣禄大夫。
齐曰都 以子大勇，封荣禄大夫。
韩法祖 昌黎伯裔孙，世袭奉祀儒士。以子珣，赠吉水知县。
高　翙 岁贡，以子棠萼，赠文林郎。
冯云尉 举人。以子拱辰，赠文林郎。
阎登第 庠生。以子允吉，赠中宪大夫。

阎及第 庠生。允吉生父，貤赠中宪大夫。
阎　璞 以子公铣，赠文林郎。
阎　玮 公铣生父，貤赠文林郎。
李桂林 廪生。以子佶，赠修职郎。
宋　兰 增生。以子治安，赠武德郎。
宋士杰 以子桂，赠修职郎。
宋　枚 县丞。治安生父，赠武德郎。
高天赐 以子宏裁，赠文林郎。
刘　英 以子明智，封武翼大夫。
田　阜 以子怀孝，封承德郎。
张绍业 以子焕彩、焕文，赠武德郎。
周应龙 以子德，赠忠显校尉。
周宅镐 庠生。以子永年，貤赠修职郎。
卞大受 以孙三元，赠光禄大夫。
卞为凤 以子三元，赠光禄大夫。
田　纶 以孙钟秀，貤封奉直大夫。
田　经 监生。钟秀本生祖，赠文林郎。
田奇逢 庠生。以子钟秀，赠奉直大夫。
万之俊 以子瑄，赠文林郎。
张　宏 知县。晋奉政大夫，祀乡贤。
张　蔚 沂水县知县，封文林郎。
魏　节 以孙廷伦，封奉直大夫。
魏　升 以子廷伦，赠奉直大夫。
魏　晟 以侄廷伦，貤封奉直大夫。
高棠萼 以孙宫玺，貤封奉政大夫，晋封朝议大夫。
高履豫 以子宫玺赠奉政大夫，晋封朝议大夫。
万天一 以子永年，赠文林郎。
刘毓秀 以子浦，赠文林郎。
刘希仁 监生。以子大魁，封武德骑尉。

刘瑞麟 以孙大鹤，封武德骑尉。
刘　晟 以子大鹤，封武略骑尉。
董　超 以子鹏翱，封奉直大夫。
曹天眷 以子良弼，赠修职郎。
宋鹏翼 以子星炜，赠文林郎。
齐大申 以子岳年，赠武略骑尉。
齐汝明 武生。以子逢年，貤赠修职郎。
齐　焜 以子廷琰，貤赠修职郎。
钱执中 以孙殿甲，封武德骑尉。
钱鹏著 以子殿甲，晋封昭武都尉；孙昱，封武翼都尉。
钱鹏霄 武生。以孙昱，赠武翼都尉。
刘世兴 庠生。以孙廷宣，封武德骑尉。
刘　靖 以子廷梁，她封武德骑尉。
魏　范 以曾孙元煜、元烺，封光禄大夫。
魏　符 监生。以曾孙元煜、元烺，封光禄大夫。
魏助唐 以孙元煜、元烺，晋封光禄大夫。
魏勷唐 监生。以孙元煜、元烺，晋封光禄大夫。
魏天章 岁贡。以子元煜、元烺，晋封光禄大夫。
魏天垣 痒生。以侄元烺，貤封翰林院庶吉士。
魏天旋 监生。以侄元貤，烺封文林郎。
张荣先 以孙定亨，封武翼都尉。
张元鹏 武生。以子定亨，封昭武都尉。
张元鹤 以子通亨，封武德佐骑尉。
李精一 以孙升猷，貤封武略骑尉。
李云从 以子升猷，封武略骑尉。
李升猷 以子廷杰，封武德佐骑尉。
张之俊 庠生。以孙岩，貤赠文林郎。
张炳南 以子芝，封文林郎。
才彦明 以孙宇和，赠朝议大夫。

才国奉 以子宇和，赠征仕郎，晋朝议大夫。

曹旭朗 以弟旭耀，貤封文林郎。

齐兆熊 以子泰年，封登仕郎。

魏锡五 以弟锡纶，貤封奉直大夫。

齐邦福 以子广立，封武略骑尉。

齐广孝 以弟广立，貤赠武略骑尉。

高人举 举人。以孙文煜，封朝议大夫。

高桂森 以子文煜，封朝议大夫。

刘桂芳 以子国瑞，赠武翼都尉。

刘荫甲 以侄国瑞，貤封武翼都尉。

李嘉猷 监生。以孙宝瑞，封昭武都尉。

李廷楷 武生。以子宝瑞，封昭武都尉。

杨　春 从九品。以孙荣宇，赠昭武都尉。

杨魁英 监生。以子荣宇，封武德佐骑尉。

韩　焜 以曾孙超，封资政大夫、贵州巡抚。

韩廷选 以孙超，封资政大夫。

韩　钦 以子超，封资政大夫。

韩　铣 以子振先，貤封修职郎。

张文奎 以孙胜亭，貤封中宪大夫。

张子建 贡生。以子胜亭，貤封修职郎，诰封奉政大夫，晋中宪大夫、户部郎中。

魏亨升 监生。以弟亨逵，貤封奉直大夫。

张　瑄 以孙书山，貤赠武德佐骑尉。

张俊亨 举人。以子书山，封昭武都尉。

张俊德 监生。以侄书山，貤封武德佐骑尉。

田光裕 以子冠英，封武德骑尉。

张国楷 以孙茂桐，赠武翼都尉。

马永祥 以孙恩培，貤赠奉直大夫。

马君弼 贡生。以子恩培，赠文林郎，封奉直大夫。

曹廷选 监生。以子宗海，封武德骑尉。

邸希贤 以子金广，封修武校尉。

张　炳 以子际垣，封武略骑尉。

张际垲 贡生。以子锐，貤封修职佐郎。

张崇本 以子焜，封文林郎。

张荣本 以子辉，封文林郎。

孙　沛 州同。以子国治，封宣武都尉。

齐岳年 以子邦莹，封儒林郎。

齐锡爵 以子湘，赠文林郎。

杨魁元 以子荣第，赠武德骑尉。

宋兆麟 以子建勋，封武德骑尉。

周　润 以孙步瀛，赠通奉大夫。

周廷兰 以子步瀛，赠通奉大夫。

邵国珍 以子树棠，赠登仕郎。

李廷柱 以孙继先，封武略骑尉。

李邦选 庠生。世袭恩骑尉；以子继先，封武略骑尉。

赵桂林 优贡。以孙世洤，封奉政大夫。

赵永宝 守御所千总衔。以子世洤，封奉政大夫。

张　魁 正黄汉军武生。以孙铭候选守备，貤封昭武都尉。

张　儒 正黄旗汉军武举。以孙铭候选守备，貤封昭武都尉。

张重光 正黄旗汉军。以子铭候选守备，敕封昭武都尉。

张重曜 武举。以侄铭，貤封武德骑尉。

宋秉礼 庠生。以侄贞元，貤封武德骑尉。

宋秉智 以子贞元，诰封武德骑尉。

滦　州

石　璞 以孙申，赠吏部左侍郎兼侍读学士。

石维岳 副使。以子申，赠吏部左侍郎兼侍读学士。

王朝凤 以曾孙可就，赠荣禄大夫、都督同知。

王道森 以孙可就，赠荣禄大夫、都督同知。
王好义 以子可就，封荣禄大夫、都督同知。
伦　中 以子品卓，赠南康知府。
李斗昭 以子檠，封嘉鱼知县。
白培极 举人。以子章，赠新会知县。
胡尔爵 以子一俊，赠绛州知州。
王永禄 以子有功，赠四川巴县知县。
李养琏 廪生。以孙檠，貤赠文林郎。
雷　声 以曾孙鸣德，赠光禄大夫。
雷　逊 以孙鸣德，赠光禄大夫。
雷以动 以子鸣德，赠光禄大夫。
白学诗 诰赠文林郎。
夏云龙 以子汝霖，赠修职郎。
李宏勋 以孙士适，赠朝议大夫、汀州知州。
李光祖 举人。以子士适，赠朝议大夫、汀州知府。
李扬勋 以子廷仪，赠奉直大夫、亳州知州。
李继祖 以子士遴，赠朝议大夫。
李绍祖 以子秉钥，赠文林郎、嘉善知县。
李承恩 举人。以子德嘉，赠沧州学正；德舆，赠香山知县。
李承志 贡生。以嗣子德舆，赠香山知县。
宣　纪 以子启，赠武德骑尉。
吴秉德 以曾孙尔彬，赠武翼都尉。
吴　适 以孙尔彬，赠武翼都尉。
吴可珩 庠生。以子尔彬，赠武翼都尉。
吴可琇 以子恒，赠登仕郎。
刘之廉 监生。以子嗣昌，封武略骑尉。
李士通 进士。以子法，赠承德郎；孙恩绎，赠儒林郎。
何国臣 以子永泰，诰赠三品。
吴　敏 庠生。以子膜，貤赠修职郎。

常　焕　以子坦，赠文林郎。

吴　聪　庠生。以子胜，贮赠修职郎。

吴尔杰　监生。以子一鸣，赠武略骑尉。

孙　铨　以子捷三，封文林郎，晋封奉直大夫。

霍　霖　以子凤冈同知衔，赠奉直大夫。

吴希曾　以子遇隆学正，贮封修职郎。

吴昌曾　以侄遇隆，贮封修职郎。

吴豫和　以子锡绶，封武德骑尉。

吴锡绶　守御所千总衔，诰授武德骑尉。以子蓉内阁中书，封奉直大夫。

霍凤冈　以知府衔，诰授朝议大夫。

王绩盛　以孙永彪，赠昭武都尉。

王日纯　太学生。以子永彪，赠昭武都尉。

王永澄　庠生，以子鉴诚，封武略骑尉。

王振凤　太学生。以孙培曾，赠朝议大夫。

王意诚　贡生。以弟著诚，封儒林郎。

王殿甲　武庠生。以子培曾，封朝议大夫。

王续曾　武庠生。以弟培曾，赠中宪大夫。

王嗣曾　武庠生。以弟培曾，赠中宪大夫。

乐亭县

韩来朝　以子孙迈，封山东青州府通判。

陈经济　知县。以子性天，赠陕西宜川知县。

姚廷嗣　生员。以子采，赠国子监学正。

宁君熙　以子九锡，赠明威将军。

李洪灿　前明增生。至国朝，以曾孙兰，诰赠通奉大夫。

李本恭　以孙兰，赠通奉大夫、安徽布政司。

李　拔　以子兰，赠通奉大夫、安徽布政司。

宁一贤　以子继祖，赠武德将军。

杨　玉　以孙德润，赠中宪大夫。
安　宣　以孙廷召，赠通议大夫。
杨　峨　以子德润，封中宪大夫。
安于德　以子廷召，封通议大夫。
陈国泰　以子永清，赠修职郎。
姚起陶　以孙云倬，赠文林郎。
姚汝典　以子云倬，赠文林郎。
安其位　以子如岛，赠奉直大夫。
安　民　以孙如岭，赠武翼大夫。
安其身　以子如岭，赠武翼大夫。
安四端　以嗣子廷赞，赠武功将军。
李　范　以子维垣，赠文林郎。
李星垣　监生。以弟掖垣，封朝议大夫。
李词垣　吏目。以子广滋，赠中宪大夫。
李　锦　庠生。以子若愚，赠修职郎。
李务滋　监生。以子筌，赠文林郎。
李顺滋　监生。以子籛，封登仕郎。
李　瑞　以子国梁，封振威将军。
安　琪　武举。以子连升，赠昭武都尉。
安树果　监生。以子遇亨，封文林郎。
宁大成　岁贡。以子兰森，封中宪大夫，晋赠通政大夫。
周见刚　武生。以孙连仲，封朝议大夫。
周启仁　监生。以子连仲，封朝议大夫。
魏　祥　以子有龄，封登仕郎。
宋文光　庠生。以子德春，赠登仕郎。
史成获　监生。以子纪元、连元，封修职郎，晋封儒林郎。
史纪元　训导。以兼祧子梦兰，封奉直大夫。
史纪瑞　以子梦兰，赠奉直大夫。
杨保时　监生。以子培第，封修职郎。

杨允中 以子在汶，赠修职郎。
李上歆 九品寿官。以孙润霖，赠通奉大夫。
李邦弼 九品。以子润霖，赠儒林郎，晋通奉大夫。
呼永寿 以子震，封中宪大夫。
崔　珖 监生。以子国庆，封奉政大夫。
周启信 武生。以子连魁，封奉政大夫。
周经邦 武解元。以子连云，封中宪大夫。
周靖邦 武生。以子清一，封武德佐骑尉。
周启义 监生。以侄清一，封武德佐骑尉。
周连城 以弟连云，貤封朝议大夫。
崔国辅 生员。以孙富文，封通奉大夫。
刘如峨 监生。以子玉衡，赠朝议大夫。
刘兆年 以弟玉衡，貤奉朝议大夫。
钱中选 生员。以孙德昌，赠朝议大夫。
钱汝金 生员。以子德昌，赠朝议大夫。
崔德玉 都司衔。以子富文，封通奉大夫。
徐国庆 武举。以子寿春，封武显将军。
佟世恒 开国宣力武臣位第一图赖裔，堂侄遐龄，封武翼大夫。
范义兴 开国宣力文臣位第一文程裔，侄封振威将军。
李实滋 以侄筌，貤封文林郎。
宁秉彝 监生。以孙兰森，貤赠朝议大夫。
宁兰森 知府。以子曾纶，赠通议大夫。
宁桂森 武生。以侄曾纶，貤封通议大夫。
宁槐森 以侄曾纶，貤封奉直大夫。
李作楫 以侄铭恩知县，貤封文林郎。
李有华 州同。以子保邦侯选知府，加道衔，诰授中宪大夫。
赵象龙 以子连会尽先守备，诰封武德骑尉。
宁君成 以子炳文，封文林郎。
于司孝 以子宗瀚，封文林郎。

刘景阳 庠生。以子成诵进士、刑部主事，诰封朝议大夫。

宋德春 庠生，山西典史。以子廷荫、广荫、森荫，赠文林郎。

曹君擢 岁贡。以子步瀛陕西知县、孙宗周举人，赠文林郎。

刘　祥 监生。以侄成诵刑部主事，封朝议大夫。

山海卫

佘崇贵 以子一元，赠奉政大夫、礼部郎中。

穆齐英 县丞。以子尔谟，封奉政大夫。

刘　愤 以子克孔，赠山西汾州知府。

穆思敬 以曾孙廷栻，赠骁骑将军，有传。

穆齐岱 以孙廷栻，赠怀远将军。

穆尔铉 以子廷栻，赠怀远将军。

谭有德 有子从简，封孟津知县。

谭　让 生员。以孙纶，赠怀远将军。

谭有法 生员。以子纶，赠怀远将军。

穆尔镗 以子廷梁，赠怀远将军。

穆维淑 以子景惠，貤赠修职郎。

张自立 以曾孙霖，赠光禄大夫、工部营缮司主事。

张仲科 以孙霖，赠光禄大夫、工部营缮司主事。

吕国弼 以曾孙文英，封中宪大夫、御前侍卫。

吕　铎 以子养浩，赠修职郎。

赵云翰 以子三宣，封宣武将军。

李思晟 以子庆生，貤赠修职郎。

吕应科 以孙文英，封中宪大夫、御前侍卫。

吕调升 以子文英，封中宪大夫、御前侍卫。

常维谦 以子天伟，貤赠修职郎。

赵启富 以子延绪，赠昭信校尉。

傅光显 以孙铭，貤赠昭信校尉。

傅作霖 以子铭，封昭信校尉。

解胤德 以子廷瑜，赠武德将军。

王向明 以子兴宗，赠儒林郎。

临榆县

王　瑜 以孙作乂，赠中宪大夫、邢部郎中。

王允猷 以子作乂，赠中宪大夫、刑部郎中。

田永乾 举人。以子耕可，赠修职佐郎。

吴邦佑 以子彬，赠修职郎。

林元寅 以孙德门，貤赠武德郎。

林　英 知县。以子德门，封武德郎。

李文秀 以子哲，赠修职佐郎。

范衡礼 以子浚，貤赠修职郎。

郭如柏 举人，学正。以子焘，赠修职郎。

邬　亮 贡生。以子廷栋，赠修职郎。

阮朝聘 以孙宁方，貤赠奉政大夫。

阮文秀 以子宁方，封奉政大夫。

赵宏绪 以子亮，赠武信郎。

傅　鉴 以子文理，赠武信郎。

程　鹏 庠生。以孙武濂，貤赠承德郎。

程　焕 大名教谕。以子武濂，赠承德郎。

郭　焘 清苑教谕。以子升宗，貤赠修职郎。

郭升宗 以孙长清，貤赠奉政大夫。

郭锡蕃 以子长清，赠奉政大夫。

魏文通 以子行敏，赠奉政大夫；曾孙式曾，貤赠资政大夫。

魏行方 以子思诚，赠奉直大夫；孙式曾，貤赠朝议大夫，晋资政大夫。

魏思任 以子式曾，赠朝议大夫，晋资政大夫。

魏思和 以子式曾，赠承德郎、奉直大夫，晋奉政大夫。

田耕可 以孙承武，貤赠奉政大夫。

田凤翔 以子承武，赠奉政大夫。
田承勋 以子蕙田，赠文林郎；孙宅仁，貤赠奉直大夫。
田蕙田 以子宅仁，封承德郎、奉直大夫。
田芝田 以子植仁，封奉直大夫。
余　澜 以孙文骧，貤赠朝议大夫。
余绳祖 以子文骧，赠奉政大夫。
余绍祖 以子文骧，貤封奉政大夫。
鲁大成 以子应泰，貤封登仕佐郎。
贲　玺 庠生。以孙领，貤赠文林郎。
贲清臣 庠生。以子领，封文林郎。
张明宇 以子霖，赠光禄大夫。
孙自贵 以孙曰秉，赠通奉大夫。
孙　贤 以子曰秉，赠通奉大夫。
廉　维 以孙九经，敕封文林郎。

荫　袭

[明]

卢龙县

王道平 以父珝巡抚功，荫授都察院经历。
白养元 以父瑜刑部左侍郎，荫太仆寺主簿。
康　成 茂才孙，靖难功，封世袭伯爵。

迁安县

赵　铨 以祖胜昌宁流伯功，世袭锦衣千户。
王　世 从父锐都御史功，世袭锦衣百户。
才　荣 以父宽总制三边功，世袭锦衣百户。
徐　真 以父云逵，光禄寺卿荫。

抚宁县

刘　镗

昌黎县

韩法祖　文公裔，荫袭世奉祀儒士，考选鸿胪寺序班。

张　皋　以祖父质礼部尚书荫。

杜　浚　以父谦工部侍郎，荫任礼部司务。

杜　汉　以父谦侍郎，荫官至南宁知府，一作南康。

王子兴　以父槐工部右侍郎，荫任詹事府典籍。

滦　州

高　霄　以父擢都御史，荫任宗人府经历。

高应辰　以父第都御史，荫任户部照磨。

冯显谟　以父运泰太仆寺卿荫。

乐亭县

李光启　卜裔，世袭授百户，升京营都指挥使。

史文学　袭燕山左卫百户。

王浑然　父好问，荫官至知府，升兵部副使。

杨　聪　裔无考，袭羽林卫千户。

杨德滋　裔无考，袭燕山左卫。

山海卫

詹于远　以父荣兵部左侍郎荫。

詹　廷　以祖荣兵部左侍郎，荫官至云南知府。

［国朝］

卢龙县

蔡毓华　举人。父士英总漕，荫官至遵义知府。

蔡毓秀　从父士英总漕，荫任河南永宁知县。

孟熊弼　父乔芳少保，功荫世袭阿思哈尼哈番。

蔡　琦　伯毓荣刑部左侍郎，荫官至永宁道。
蔡　琳　父毓荣吏部左侍郎，荫任内廷职事。
孟绎祖　祖乔芳少保，荫世袭。
孟维祖　祖乔芳少保，功世袭。
孟继祖　父熊臣福建汀州知府，荫。
孟缵祖　父熊飞北城御史，荫。

迁安县

刘　溥　父鸿儒顺天府丞，荫。
刘　涵　父鸿儒太常寺卿，荫任知县。
刘　冲　父鸿儒兵部右侍郎，荫历任福建延建邵道。
刘　樾　福林长子，以父死事千总，世袭云骑尉。
张书森　建功子，世袭云骑尉。

昌黎县

冯　铎　兄铨大学士，荫任广西平南知县。
冯源泗　从父铨大学士，荫官至甘肃庆阳府同知。
冯廷桀　祖铨大学士，荫授知县。
韩　珣　文公裔，法祖子，袭奉祀儒士、中式举人。
韩　绣　文公裔，法祖次子，袭奉祀儒士。
韩　熠　文公裔孙袭奉祀儒士。
韩　晟　文公裔，奉祀儒士、中式举人。
韩振先　文公裔，袭奉祀儒士、中式举人。
刘绍武　父天锡都司，袭云骑尉。
张树楷　父敬一，游击，袭恩骑尉，任宁津县把总。
魏亨埏　父元煜巡抚，荫外用通判，加捐知州。
魏亨采　举人。父元烺兵部尚书，荫员外郎恩郎中。
魏正源　祖亨逵，袭骑尉。
李继先　云起六世孙，袭恩骑尉、任城守营千总。
齐廷贵　广立子，袭云骑尉。

刘　恩　玉升子，袭云骑尉。

陈　瑄　永春子，袭云骑尉。

滦　州

石　几　以父申学士，荫。

石　章　以父申吏部左侍郎，荫。

高士鹓　父显辰云南知府殉难，荫任知州。

王应麒　父可就都督同知，荫任荣昌知县。

王应荐　父可就都督同知殉难，荫知州。

雷叟元　鸣德子，以父官荫三品。

吴　澍　一鸣继子，父守备殉难，荫世袭云骑尉、食半俸与国罔替。

吴以棠　袭云骑尉，历署乐亭营、玉田营都司。

乐亭县

李掖垣　父兰，荫任河南知府。

温国梁　振贤子，世袭云骑尉。

温如璋　国梁子，世袭云骑尉，现任守备。

宁彦魁　以父曾纶浙江按察使殉节，世袭骑都尉。

山海卫

吕焯如　父鸣夏知府，荫任江南知州。

吕焕如　从父鸣咸户部郎中，荫。

毛凤仪　父应坤通判，荫任陕西同知。

刘芳显　从兄克望知县，荫任河南知州。

高　进　以兄选知县，荫官监。

吕炜如　父鸣夏陕西兵备道殉难，荫任江西广信同同知。

余　瑜　父一元礼部郎中，荫官监。

张振麟　父朝臣都司阵亡，荫卫千总。

李栖凤　友松子，功荫贵州思州府经历。

穆秉宽 提督廷栻子，官监考，授光禄寺署丞。
张绳祖 朝臣七世孙，世袭恩骑尉。
王定元 保庸子，世袭云骑尉。
程祝春 虎炳子，世袭云骑尉。

卷之十六

列女表上

[金]

乐亭县

信武将军齐某妻**张氏**　有传。

[元]

昌黎县

李贤卿妻**王氏**　年十八，夫亡。至正十五年旌

滦　　州

李伯通妻**周氏**　有传。

任椿妻**董氏**　年二十余，夫亡，抚孤成立。元贞二年旌。

乐亭县

王伯川妻**石氏**　有传。

[明]

卢龙县

永平卫赠镇抚杨成妻**崔氏**　年二十六，夫亡，宣德三年旌。

吕文秀妻**李氏**　年二十二，夫亡，子在哺亦殇。天顺八年旌。

庠生李达妻**杜氏**　年二十五，夫亡，抚孤成立。天顺八年旌。

刘俭妻**孙氏**　年二十六，夫亡。成化二十年旌。

李泽妻**周氏**　年二十五，夫亡。成化二十年旌。

王铭妻**叶氏**　年二十三，夫亡，抚孤成立，守节四十余年。成化二十年旌。

庠生陈表妻**戴氏**　年二十九，夫亡，守节四十余年。万历元年旌。

庠生朱廷秀妻**茹氏**　年二十一，夫亡，抚孤克俭甘贫自守，抚按旌其门。

翟堂妻**钱氏**　有传。子守忠妻附。

庠生李鹗荐妻**程氏**　年二十七，夫亡，抚孤学孟为诸生，守节四十余年。

庠生李惨妻**胡氏**　年二十，夫亡，抚孤守节。

进士郭经妻**张氏**　夫亡，家贫无嗣，事姑尽孝，守节以终。

青山驻操艾绣妻**霍氏**　年二十，夫亡，长斋守志六十余年。

知州唐福继室**张氏**　有传。

朱昌期妻**罗氏**　有传。

御史韩应庚侧室**刘氏**　有传。

佥宪韩原善继室**宋氏**　有传。

韩原洁妻**王氏**　有传。

指挥焦承勋妻**李氏**　有传。

光禄监事李浣妻**韩氏**　有传。

庠生韩景昌妻**陈氏**　有传。

庠生李正藻妻**田氏**　附姑可培妻秦氏传。

陆纯妻**彭氏**　有传，子松妻梁氏附。

指挥同知焦庆延妻**韩氏**　崇祯庚午，夫战死，守节二十余年，及卒与夫木主合葬之。

户部主事朱文运继妻**李氏**　年二十六，夫亡，事姑尽孝，抚子济美为诸生，旌。

汤世功妻**王氏**　夫亡，守节，抚子思道为参将。

佥事孙铉妻**王氏**　年二十二，夫亡，抚孤光普承袭世职。

廖承训妻**陈氏**　有传。

王自省妻**陈氏**　年二十余，夫亡，抚孤耀祖、显祖俱为诸生。

永平卫监生张世昌妻**杨氏**　夫亡，无子，守节。诏旌。

东胜左卫白镛妻**张氏**　夫亡，守节，事姑尽孝。诏旌。

东胜左卫总旗卢尚钦妻**刘氏**　年二十一，夫亡，遗孤彦忠甫三月，抚之成立。

千总朱镇胡妻**石氏**　年二十余，夫殁于军，无子，守节几四十年。

庠生李思敬妻**尚氏**　夫亡，抚子入泮，守节五十余年。

宋成禄妻**岂氏**　年十九，夫亡，遗子鸿儒甫三月，教之食饩，守节五十余年。崇祯十四年旌。

庠生韩修业妻**蔡氏**　夫亡，无子，守节四十余年。

迁安县

魏樟妻**许氏**　年二十，夫亡，抚两孤成立，守节五十余年。

杨彪妻**吴氏**　年二十五，夫亡，教子入庠守节六十余年。

王龠妻**丁氏**　年二十，夫亡，教三子俱孝友。抚按表其门。

任佑妻**郭氏**　年十七，夫亡，抚孤成立，守节六十余年。抚按檄表其门。

建昌舍人李堂妻**谭氏**　年二十，夫亡，抚遗腹子成立，守节六十余年，旌。

李汲妻**沈氏**　年二十二，夫亡，抚遗腹子为诸生，守节五十余年。

建昌营军余周维屏妻**李氏**　年二十，夫亡，抚周岁孤，守节以终。

马杰妻**徐氏**　年二十八，夫亡，抚两孤成立，仲子玉授锦衣百户。

百户李承恩妻**陈氏**　有传。

指挥魏一清妻**纪氏**　有传。

张腾妻**石氏**　夫亡，无子，守节七十年，寿九十。邑宰旌以“天寿贞节”额。

军余王天禄继室**李氏**　有传，妾徐氏附。

百户滕汝捷妻**彭氏**　年十九，夫亡，家贫，无子，继从子为嗣，守节六十余年。诏旌。

武状元陆万钟妻**吴氏**　年二十，夫亡，无子，孝事舅姑，守节六十余年。

三屯管军余韩金妻**周氏**　年三十，夫阵亡，无子，守节终身，有司旌之。

建昌营军余张源妻**杜氏**　夫亡，无子，坚贞矢节，年六十卒。

抚宁县

金禧妻**高氏**　有传。

乔润妻**王氏**　年二十六，夫亡，抚子嵩由明经任山左长山令，诏旌。

姚斌妻**李氏**　年二十七，夫亡，教子政领乡荐，累官两浙盐运使。诏旌。

翟昊妻**王氏**　年二十五，夫亡，教子鹏成进士授户部主事。诏旌。

庠生许俊妻**刘氏**　年二十四，夫亡，抚孤成立，守节五十七年，诏旌。

金鼐妻**李氏**　有传。翁妾张氏、刘氏并附。

抚宁卫军余华寿妻**潘氏**　附女传。

庠生贾真儒妻**袁氏**　年二十八，夫亡，抚两孤继志、继业，俱游庠，守节四十余年。诏旌。

庠生王尧相妻**王氏**　有传。

李鹤年妻**朱氏**　年二十六，夫亡，抚孤天培成立，守节六十一年。

任子孝妻**范氏**　年二十七，夫亡，守节七十一年。

州同郭朝元妻**惠氏**　年二十九，夫亡，抚孤游庠。

杨枝盛妻**贾氏**　年二十四，夫亡，抚孤游庠。

温应学妻**周氏**　年二十四，夫亡，抚孤成立。

都司陈复先妻**祝氏**　夫亡，抚孤成立。

茹英妻**惠氏**　夫亡，继从子承嗣，守节四十九年。

庠生王有庆妻**傅氏**　年二十七，夫亡，抚孤游庠，守节六十四年。

庠生傅大成妻**徐氏**　年二十七，夫亡，抚三子俱游庠。

庠生萧春育妻**张氏**　夫亡，守节，抚孤成立。

庠生萧奇干妻**单氏**　夫亡，守节，抚孤游庠。

庠生钟朝杰妻**杨氏**　年二十七，夫亡，扶孤游庠。

王隆明妻**董氏**　年二十七，夫亡，抚孤游庠。

李守敬妻**杨氏**　年二十四，夫亡，抚孤成立。

刘天学妻**鲁氏**　夫亡，守节孝事舅姑。

赵中正妻**史氏**　夫亡，守节，抚孤成立，寿八十卒。

昌黎县

白瑛继室**刘氏**　年二十，夫亡，抚前子成立，诏旌。

张湖妻**汪氏**　年二十一，夫亡，将产尽遗族人，依母家守节五十余年。

郭宗愚妻**李氏**　年二十五，夫亡，抚孤成立，守节六十五年。

齐逍妻**王氏**　年二十一，夫亡，教子宗尧任河东都运。

庠生王尚宾妻**赵氏**　年二十五，夫亡，抚二女以老，旌。

主簿张昴侧室**王氏**　有传。

庠生郭然妻**李氏**　年二十五，夫亡，守节六十六年。

王欣妻**李氏**　年二十六，夫亡，守节六十三年，旌。

省祭官苏学颜妻**李氏**　年二十九，夫亡，守节二十八年旌。

庠生张至临妻**齐氏**　夫亡，守节。

张莹然继室**朱氏**　夫亡，抚前子仕季游庠旌。

庠生赵斐然妻**刘氏**　年二十九，夫亡，抚孤成立。守节六十八年，旌。

高世俊、高世龙妻**张氏　李氏**　无子，娣姒共励贞操。

庠生宋文耀妻**张氏**　有传，妾尤氏附。

滦　州

王宏妻**吴氏**　年未二十，夫亡，教子成立，守节五十余年。成化四年旌。

进士高璁妻**谢氏**　年三十，夫亡，教子谦成进士，为巩昌守，孙擢官至大中丞。守节六十余年，诏旌。

王侃妻**许氏**　年十九，夫亡，教子蕃，亲授《春秋左传》，后成进士为御史。弘治十四年，诏旌。

李恕妻**尚氏**　年二十七，夫亡。自誓抚遗孤成立，旌。

王珏妻**李氏**　夫亡，守节，嘉靖二十六年，郡守匾旌其门。

监生欧阳玳妻**赵氏**　夫亡，守节，万历十四年旌。

庠生萧士宏妻**王氏**　夫亡，守节，万历十五年旌。

庠生王泮妻**傅氏**　夫亡，守节，万历十六年旌。

庠生郝邠妻**吴氏**　夫亡，守节，万历十八年旌。

王思文妻**厉氏**　夫亡，守节，万历十九年旌。

李发妻**陈氏**　夫亡，守节，万历二十二年旌。

监生高朝妻**谢氏**　夫亡，守节，万历三十年旌。

左太妻**邸氏**　夫亡，守节，万历三十一年旌。

庠生李东妻**王氏**　夫亡，守节，万历三十六年旌。

庠生李柱国妻**刘氏**　夫亡，守节，万历三十七年旌。

庠生王许妻**张氏**　夫亡，守节，万历四十年旌。

庠生高升妻**郝氏**　夫亡，守节，万历四十五年旌。

庠生韩友苏妻**李氏**　夫亡，守节，天启五年旌。

庠生王之英妻**杨氏**　年未二十，夫亡，训子游太学，守节四十年，道府旌之。

庠生陈蒙吉妻**宋氏**　夫亡，守节，崇祯七年旌。

庠生高铉妻**冯氏**　年二十一，夫亡，抱遗腹子托于祖姑而卒。崇祯七年，旌。

乐亭县

宋升妻**孙氏**　年二十七，夫亡，抚二子成立，后相继亡，复抚孙成立，守节六十余年。天顺五年旌。

刘敬妻**王氏**　年二十七，夫亡，守节四十四年。嘉靖七年，旌。

宫富妻**李氏**　年十九，夫亡，守节四十年。嘉靖八年旌。

庠生刘孟弦妻**商氏**　夫亡，子珠甫三月，家甚贫，抚之成立，年七十卒。

庠生卢继伯妻**杨氏**　有传。

庠生汪必相妻**王氏**　有传。

庠生宁君锡妻**齐氏**　年二十五，夫亡，抚幼子以事继姑，守节六十余年，旌。

庠生魏化醇妻**史氏**　年二十四，夫亡，抚子入泮守节六十余年，旌。

廪生李龙瑞妻**朱氏**　夫亡，外氏欲夺其志，氏以死矢，抚四岁孤成立，卒年六十四。

山海卫

都督张世忠妻**郭氏**　有传。

千户刘世龙妻**田氏**　年二十九，夫阵亡，守节五十八年。部使商某诰旌之。

庠生张云鹗妻**萧氏**　有传。

罗荣妻**林氏**　年二十七，夫亡，家贫，子幼，守节六十九年。诏旌。

朱澄之妻**郭氏**　年二十二，夫亡，无子，守节五十九年。

监生栾养义妻**倪氏**　年二十四，夫亡，抚二子成立，守节五十七年，旌。

刘复初妻**张氏**　年二十七，夫亡，仅遗一女，守节三十一年。

庠生施允宸妻**王氏**　年二十六，夫亡，无子，守节三十四年。

千户高世勋妻**韩氏** 年二十六，夫亡，抚孤尚忠袭职。

千户洪大金妻**刘氏** 年二十，夫亡，抚孤成立，守节六十余年。

监生萧被远妻**刘氏** 年二十八，夫亡，子女俱无，守节四十余年，旌。

庠生程继忠妻**林氏** 年二十六，夫亡，毁容矢志守节四十七年，旌。

庠生郑廷献妻**罗氏** 年二十二，夫亡，抚子允升食饩，代巡吴阿衡旌之。

庠生冯九鼎妻**詹氏** 年十九，夫亡，遗孤甫六月，守节二十九年。

指挥李宗尧妻**魏氏** 年二十五，夫亡，无子，守节六十年，旌。

庠生萧裕远妻**王氏** 年三十，夫亡，仅遗一女，守节终身，旌。

穆齐仑妻**鲁氏** 年十六，夫亡，遗一子，剪发自誓，守节四十余年。

庠生李养士妻**郭氏** 年二十六，夫亡，抚六岁孤，守节四十四年。

韩国桢妻**周氏** 少嫠，孤幼，抚之成立。

徐承恩妻**郭氏** 年二十一，夫亡，孤方周岁，守节三十余年。

辛栋隆妻**张氏** 年二十一，夫亡，孝事舅姑，课子游泮。

庠生张翷妻**杨氏** 有传，姑王氏附。

廪生萧行远妻**孙氏** 有传。

庠生谭有临妻**郭氏** 年二十，夫亡，抚周岁孤，守节四十余年。

千户张守诚妻**范氏** 夫亡，矢志孤守，以针工自给，苦节以终。

[国朝]

顺治

卢龙县

田国祥妻**邢氏** 明末，夫殁于兵，氏携三月孤缒城避，守节四十余年。教子三杰为诸生。

陈靖策妻**李氏** 夫亡，事寡姑尽孝，教三子俱成立，守节三十余年。

庠生薛文龙妻**李氏** 明末，夫殁于兵，抚两孤守节，长子国佐中辛卯科将材武举。

庠生郭元士妻**杨氏** 年二十三，夫亡，孝事舅姑，抚育继子，守节三十年。

周士昌妻**王氏** 婚百日，夫亡，生遗腹子，又夭，守节终身。

杨体亨妻**刘氏** 夫亡，孝事寡姑，教子成立。

马大德妻**王氏** 夫亡，食贫守志，抚八岁孤成立。

王辅妻**沈氏** 夫亡，守节，孝事舅姑，教子成立。

庠生刘亮辅妻**管氏** 年二十九，夫亡，抚孤授室，又亡，慰妇抚孙。守节终身。

庠生毛峻岐妻**张氏** 年二十五，夫亡，抚孤成立。

庠生张宏妻**郭氏** 年二十九，夫亡，抚两孤成立。

庠生丁维楫妻**杨氏** 年二十，夫亡，孝事孀姑，教子惠入泮。

迁安县

明光禄卿徐云逵侧室**毛氏** 有传，子元修妻附。

庠生刘文举妻**李氏** 年二十八，夫殁于军，抚遗腹子游庠，守节五十余年。

杨湮滨妻**燕氏** 年二十九，夫亡，教子其盛为诸生，守节六十二年。

庠生魏售妻**刘氏** 年二十，夫亡，无子，守节五十余年。

魏高登妻**佘氏** 年十九，夫亡，事继姑，抚幼子，守节四十年。

庠生王弼妻**侯氏** 年二十，夫亡，孝事舅姑，抚孤昌绪游泮，守节三十余年。

庠生刘光琦继妻**朱氏** 有传。

杨国琦妻**阳氏** 年三十，夫亡，抚孤育和为诸生

庠生王鼎新妻**米氏** 弟庠生恒新妻刘、履新妻徐，一门三孀各抚幼孤共励苦节，有司旌之。

庠生韩儒妻**李氏**　年二十，夫亡，抚两孤成立。有司旌之。
马空群妻**张氏**　年二十，夫亡，抚两孤成立，守节四十余年。
庠生罗之鼐妻**程氏**　夫亡，无子。
张璠妻**汤氏**　年二十，夫亡，抚遗腹子崇一入泮。
王继卫妻**孙氏**　年二十八，夫亡，抚两孤成立。
方沛妻**李氏**　年二十七，夫亡，三孤俱幼，守节四十余年。
翁照民妻**徐氏**　年二十五，夫亡，守节三十余年。
庠生王瑞妻**蔡氏**　年十九，夫亡，抚嗣子成立，守节三十八年。
张一本妻**王氏**　年二十四，夫亡，抚孤游泮，守节五十余年。
武天锡妻**杨氏**　年二十五，夫亡，抚孤游泮，守节三十余年。
庠生杨学敏妻**魏氏**　年二十，夫亡，抚数月孤成立。
庠生徐燕妻**蔡氏**　年二十九，夫亡，抚孤佩荃游泮，守节三十年。
王建极妻**李氏**　夫亡，守节。
庠生王会极妻**汪氏**　年二十五，夫亡，抚孤志章游泮。
郭子旬妻**彭氏**　年二十二，夫亡，守节四十年。
庠生郭谦亨妻**金氏**　夫亡，抚孤，守节三十年余。
王三锡妻**张氏**　年二十二，夫亡，守节。
李温妻**宁氏**　夫亡，守节抚孤成立。
庠生张元妻**沈氏**　年二十四，夫亡。
侯灿妻**宋氏**　夫亡，守节。
虞光尧妻**王氏**　夫亡，守节，抚孤成立。
石光琇妻**王氏**　年二十八，夫亡，抚遗腹子瑾游泮。
庠生张逢辰妻**李氏**　年二十三，夫亡，继夫从子为嗣。
于鸿绪妻**高氏**　年二十五，夫亡，守节抚孤成立。

抚宁县

进士田国足妻**高氏**　年二十七，夫亡，守节抚孤游泮。
庠生田如梁妻**张氏**　年二十九，夫亡，守节抚孤游泮。
庠生茹良翰妻**惠氏**　年二十四，夫亡，守节五十七年。

庠生陈斯文妻**田氏**　年二十五，夫亡，守节六十余年。

庠生邱行三妻**夏氏**　夫亡，无子，守柩四十余年卒，亲族为之合葬。

焦明卿妻**黄氏**　年十七，夫亡，守节。

庠生陈鸿策侧室**杨氏**　夫亡，无子，守柩十年卒。

庠生冯永清妻**陈氏**　年二十八，夫亡。

马承爵妻**栾氏**　年二十一，夫亡。

杨会妻**王氏**　年二十二，夫亡。

张国仕妻**杨氏**　年二十二，夫亡。

杨凤翼妻**刘氏**　年二十四，夫亡。

朱廷佐妻**杨氏**　年二十四，夫亡。

孙承宗妻**贺氏**　年二十，夫亡。

郑起鹍妻**郭氏**　年二十七，夫亡。

齐步瀛妻**董氏**　年二十二，夫亡。

齐应聘妻**赵氏**　年二十四，夫亡。

祝（县志作锺）之彦妻**惠氏**　年二十四，夫亡。

武生杨毓英妻**赵氏**　年二十七，夫亡。

刘忠妻**杨氏**　年二十五，夫亡。俱守节，抚孤成立。

傅禀成妻**惠氏**　年二十八，夫亡，无子，守节六十余年。

总旗田芳显妻**张氏**　年二十，夫亡，无子，守节六十年。

贾一麟妻**傅氏**　年二十，夫亡，子女俱无，守节四十余年。

武生金启成妻**马氏**　夫亡，无子。

杨克礼妻**邹氏**　年二十，夫亡，无子，守节六十余年。

庠生唐之魁妻**任氏**　年二十，夫亡，守节四十余年。

庠生王辅妻**翟氏**　年二十，夫亡，守节三十余年。

单勉行妻**陈氏**　年二十三，夫亡，抚孤守节六十余年。

王一元妻**张氏**　年十九，夫亡，抚孤守节五十余年。

王晏妻**张氏**　有传，子妇祖氏附。

王址妻**赵氏**　年二十五，夫亡，守节三十六年。

庠生高科妻**陈氏**　年二十四，夫亡，抚孤游泮。

罗士俭妻**张氏**　夫亡，守节，抚孤成立。

高庭桂妻**刘氏**　夫亡，守节，抚孤成立。

惠应征妻**党氏**　夫亡，守节，抚孤成立。

张之忠妻**杨氏**　夫亡，守节，抚孤成立。

以上节妇三十六名，《县志》俱作明人，今依《旧志》仍载入国朝。

昌黎县

邢凤喈妻**刘氏**　有传，子更新妻附。

邵瑚妻**马氏**　年二十二，夫亡，抚孤成立，守节五十二年。

庠生齐如琦妻**曹氏**　年二十六，夫亡，教子泽霈需食饩，守节四十四年。

庠生齐如云妻**高氏**　年二十，夫亡，抚孤成立，守节三十余年。

贡生张以忠妻**赵氏**　年十八，夫亡，守节三十余年。

张化龙妻**李氏**　年二十，夫亡，遗孤旋夭，守节四十年。

周廷助妻**李氏**　年二十三，夫亡，抚孤成立，守节三十四年。

周文广妻**丁氏**　年二十，夫亡，家贫子幼，守节三十四年。

曹文质妻**刘氏**　年十九，夫亡，无子。

田种玉妻**刘氏**　年三十，夫亡，抚遗腹子成立，守节四十年。

张于堂妻**赵氏**　有传，夫弟于陛妻附。

杨廷棫妻**焦氏**　年二十二，夫亡，抚孤成立，守节五十一年。

张玠甫妻**任氏**　年十九，夫亡，抚遗腹子成立，守节六十年。

庠生段志灏妻**杨氏**　年二十五，夫亡，守节五十九年。

张廷绪妻**曾氏**　年二十，夫亡，无子，守节三十余年。

齐兆熊妻**陈氏**　年十九，夫亡，教子游泮，守节三十余年。

庠生段有经妻**任氏**　年二十三，夫亡，守节三十五年。

高偲妻**岂氏**　年二十三，夫亡，抚孤成立，守节四十三年。

苟堂妻**阎氏**　年二十三于归七月夫亡，守节三十余年。

杨成名妻**贾氏** 年二十二，夫亡，抚孤守节四十余年。

刘文炳妻**王氏** 年二十七，夫亡，遗孤复夭，守节三十四年。

举人赵天锡妻**曹氏** 年三十，夫亡，教子琅为明经，守节六十二年。

吉安郡丞齐士斌继妻**张氏** 年二十四，夫亡，抚前室子成立。旌。

齐士良妻**汪氏** 夫亡，抚孤游泮。旌。

庠生张我见妻**宋氏** 夫亡，守节抚孤游泮。旌。

进士李云起妻**白氏** 年二十，夫任黎城令死于寇，无子，矢节事翁姑。旌。

滦　州

省祭官田国祚妻**李氏** 年二十八，夫亡，守节数十年。时脱簪珥，以周亲族婚葬。八年郡守朱公旌其门。

庠生夏辅明妻**聂氏** 有传。

杨德斌妻**李氏** 夫亡，抚两孤成立，守节六十余年。

国学生张抡英妻**伦氏** 年二十五，夫亡，抚孤成立，守节五十余年。

举人白培极继妻**孟氏** 年二十五，夫亡，抚前子如己出，教次子章以贡生任新会知县，守节五十余年。

庠生赵琮妻**焦氏** 年二十，夫亡，遗孤谦在抱，抚之游泮，又亡；复抚孙文燕游泮，守节五十年余。

庠生赵玘妻**孙氏** 年二十二，夫亡，无子，守节四十余年。

李雅妻**王氏** 年二十七，夫亡，抚孤，守节四十余年。

乐亭县

杨甲第妻**刘氏** 年十八，夫亡，抚遗腹子食饩，守节七十二年，孙曾衍，旌。

山海卫

萧之高妻**郭氏** 年二十九，夫亡，抚遗腹子游泮，守节四十余年。

庠生郭重美妻**李氏**　年二十八，夫亡，抚两孤，长游泮又亡，守节四十余年。

王尔勤妻**潘氏**　年二十一，夫亡，抚孤食饩，守节垂六十年。

庠生刘廷巩妻**穆氏**　年二十九，夫亡，无子，孝事孀姑，守节垂五十年。

谭有章妻**王氏**　年二十三，夫亡，抚孤游泮，守节五十余年。

刘世民妻**曹氏**　年二十七，夫亡，抚孤游泮，守节垂五十年。

刘秉乾妻**郭氏**　年十九，夫亡，止遗一女，守节五十余年。

赵梦辐妻**穆氏**　年二十九，夫亡，抚孤游泮，守节三十余年。

魏士翰妻**林氏**　年二十七，夫亡，抚孤，守节垂五十年。

张（遗其名）妻**王氏**　旌表题曰“节孝坚贞”，余无考。

庠生任嘉彦妻**冯氏**　年二十九，夫亡，抚孤守节。

庠生王钦明妻**穆氏**　年二十七，夫亡，守节三十余年。

庠生程体观妻**董氏**　年二十九，夫亡，抚孤游泮。

萧升妻**何氏**　年二十七，夫亡，守节。

监生吕焕如妻**蔡氏**　年二十一，夫亡，抚孤成立。

监生郭进妻**董氏**　年二十七，夫亡，无子，守节三十余年。

庠生冯腾蛟妻**朱氏**　年二十七，夫亡，子幼，与孀姑詹氏守节，共抚遗孤。

冯九征妻**解氏**　年十七，夫亡，抚孤游泮，守节四十年。

康熙

卢龙县

庠生沈蕴秀妻**张氏**　年二十七，夫亡，教子应昌游泮。

候补主事金墩生妻**蔡氏**　有传。

海盐令蔡珣妻**韩氏**　有传。

李自玙妻**张氏**　年十九，夫亡，抚遗腹子成立，守节三十年。

武宏昭妻**李氏**　夫死他乡，矢志事姑，守节四十年。

周阿京妻**王氏**　有传。

胡兆麟妻**沈氏**　年二十七，夫亡，抚孤成立，守节二十五年。

张宏义妻**周氏**　年二十五，夫亡，抚孤成立，守节三十余年。

冯瑄妻**高氏**　年二十七，夫亡，守节，抚孤端云游泮。

张宏士妻**傅氏**　年二十六，夫亡，孝事翁姑，守节三十六年。

穆廷召妻**张氏**　年三十，夫亡，无子，守节四十年。

鲍联捷妻**段氏**　年二十九，夫亡，抚孤成立，守节四十二年。

陈美杰妻**管氏**　年二十五，夫亡，抚孤成立，守节四十七年。

蒋瑞秀妻**徐氏**　年十九，夫亡，无子，守节四十三年。

宋天禄妻**王氏**　年三十，夫亡，抚孤成立，守节三十四年。

候选经历赵正贵妻**易氏**　年二十三，夫亡，抚孤成立，守节五十三年。

赵世英妻**刘氏**　夫亡，遗孤复夭，抚嗣孙成立，守节三十年。

李若宾妻**郭氏**　有传，妾潘氏附。

王臣妻**李氏**　夫亡，抚孤成立，守节三十余年。

司狱王国垣妻**谢氏**　有传。

朱之琦妻**李氏**　夫亡，抚五子成立，仲为诸生，守节五十年。

刘建基妻**何氏**　年十九，夫亡，抚三孤成立。

刘承恩妻**石氏**　年二十九，夫亡，抚孤，守节四十余年。

李茂阳妻**高氏**　年二十，夫亡，抚孤维化游泮。

庠生韩遇春妻**闫氏**　有传，子生阳妻孙氏附。

朱正妻**闫氏**　年二十七，夫亡，抚遗腹子为极游泮。

庠生王绮妻**李氏**　年二十六，夫亡，抚两孤成立。

王九富妻**尹氏**　年二十四，夫亡，抚孤成立。

廪生许炳妻**蔡氏**　年二十四，夫亡，抚遗腹子游泮，守节三十六年。

童人文妻**高氏**　有传。

王启书妻**汪氏**　年十八而嫁，阅两月夫亡，守节四十四年。

尤谦妻**申氏**、韩宾妻**李氏**、马一霄妻**王氏**、朱成禄妻**彭氏**、庠生张琳妻**李氏**、张彬妻**王氏**、以上，俱夫亡，守节。

迁安县

翰林院庶吉士崔璨继妻**徐氏**　年二十九，夫亡，抚前室子成立。

王育民妻**何氏**　年二十，夫亡守节。

刘升妻**郭氏**　年二十四，夫亡，守节。

段太贵妻**吕氏**　年二十九，夫亡，守节。

郭子裔妻**尹氏**　年二十，夫亡，抚孤成立，守节三十余年。

范学乾妻**高氏**　年二十一，夫亡，守节。

庠生李俊妻**张氏**　夫亡，守节。

刘汉章妻**丁氏**　年二十五，夫亡，守节。

王承先妻**刘氏**　年二十二，夫亡，训嗣子继鳌食饩。

庠生凌渐槃妻**张氏**　年二十五，夫亡，守节，遗孤复夭。

刘爽妻**杨氏**　夫亡，抚嗣子成立。

李法德妻**翟氏**　年二十三，夫亡，抚遗腹子游泮。

谢理妻**凌氏**　年二十五，夫亡，抚孤成立。

郭祚显妻**李氏**　年二十二，夫亡，抚子升入泮。

王养民妻**田氏**　年二十二，夫亡，守节。

李成枝妻**王氏**　年二十八，夫亡，抚继子成立。

王三省妻**魏氏**　年十八，夫亡，抚嗣子成立。

魏玺妻**刘氏**　年二十四，夫亡，守节。

杨洪谟妻**杜氏**　年二十六，夫亡，抚孤成立。

杨允吉妻**李氏**　年二十二，夫与长子死于虎，抚次子成立。

李英妻**何氏**　年二十七，夫亡，抚孤成立。

杨明义妻**王氏**　年二十六，夫亡，子亦旋夭，抚嗣孙成立。

张定一妻**梁氏**　年二十五，夫亡，抚二孤成立。

许登荣继妻**张氏**　年二十七，夫亡，抚前室子焕章入泮。

李承业妻**章氏**　年二十六，夫亡，抚孤成立。

李振业妻**郜氏**　年二十七，夫亡，抚孤成立。

凌兆吉妻**李氏**　年二十七，夫亡，抚孤成立。

余杰妻**李氏**　年二十九，夫亡，抚孤成立。

李成义妻**季氏**　年二十七，夫亡，抚孤成立。

吴中宪妻**雷氏**　年二十八，夫亡，教子锦成名。

张从美妻**郭氏**　年二十，夫亡，无子，与其娣王氏共守苦节。

张从吉妻**王氏**　年二十七，夫亡，嗣子旋夭。

彭光烈继妻**雷氏**　年二十三，夫亡，抚前室二子成立。

庠生刘光珂继室**朱氏**　嫁数月夫亡，事衰老翁姑，抚前室幼子备极孝慈，坚贞守节不归宁者二十余年。

庠生韩儒妻**李氏**　年二十，夫亡，抚两孤成立，有司旌之。

抚宁县

渭南令萧韦妻**王氏**　年二十四，夫亡，抚孤成立。旌。

庠生茹春芳妻**陈氏**　年二十七，夫亡，教次子良翰食饩，守节六十年。旌。

校尉杨凤鸣妻**陈氏**　年二十五，夫亡，抚孤成立，守节四十五年。旌。

茹瑛妻**惠氏**　年十九，夫亡，无子，守节终身。九年旌。

赵文炳妻**齐氏**　年二十一，夫亡，无子，孝事孀姑，抚夫弟以续宗祀，守节三十余年。五十三年旌。

庠生刘振兴妻**王氏**　有传。

武举萧箕妻**高氏**　年十八，夫亡，抚孤成室孙游泮。

李九龄妻**鲁氏**　有传。

侯印祥妻**王氏**　年十九，夫亡，抚孤，守节五十年。

庠生张庆彩妻**余氏**　年二十，夫死于盗，后两孤复亡，抚孙成立。

王錡妻**齐氏**　年二十，夫亡，守节，抚两孤成立。

傅迪妻**韩氏**　年二十五，夫亡，抚孤，守节四十余年。

张自春妻**李氏**　年二十九，夫亡，守节三十余年。

国学生王煌妻**张氏**　有传。

庠生董悉悦妻**王氏**　年二十一，夫亡，抚两孤游泮，守节三十余年。

庠生诸大益妻**戴氏**　年二十六，夫亡，守节三十余年。

薛璠妻**李氏**　年二十九，夫亡，守节三十八年。

国学生罗国珍妻**傅氏**　有传。

石朝佐妻**刘氏**　年二十夫亡，守节四十余年。

昌黎县

苟鹤程妻**郭氏**　夫死于盗，氏年少无子，矢志不渝。旌。

庠生张是达妻**曹氏**　夫亡，无子，砥志守节。旌。

廪生高齐斗继妻**李氏**　年三十，夫亡，守节。旌。

庠生张敬宸妻**赵氏**　年二十二，夫亡，遗孤甫三月，守节三十年。旌。

齐士敏妻**田氏**　年少夫亡，家贫子幼，抚长子游泮。旌。

国学生齐士望继妻**党氏**　夫亡，抚孤成立。旌。

张凤鸣妻**黄氏**　夫亡，遗孤甫三岁，守节至八十岁。旌。

韩法祖妻**龙氏**　夫亡，抚两孤成立，长子珣中戊子科举人。

庠生田生瑞妻**冯氏**　年二十余，夫亡，遗孤甫三岁，守节三十余年。旌。

田鹍妻**张氏**　年二十七，夫亡，抚三岁孤克昌游泮，守节三十六年。旌。

庠生李位妻**常氏**　年二十六，夫亡，抚嗣子绍祖游泮，守节五十九年。旌。

马用德妻**孟氏**　年十八，夫亡，遗孤甫两岁，矢志事舅姑，守节三十余年。旌。

刘朝宗妻**才氏**　年二十九，夫亡，遗孤未周岁，抚之成立，守节四十六年。旌。

万斯属妻**张氏**　年十九，夫亡。旌。

庠生邸尔珠妻**贺氏**　夫亡，抚遗腹子以奉舅姑，守节四十余年。旌。

宋梯云妻**马氏**　有传，五十二年。旌。

盛治妻**刘氏**　年十九，夫亡，继夫从子为嗣，守节三十七年。五十二年旌。

戴君杰妻**刘氏**　年二十三，夫亡，抚子宏勋中戊子科武举，守节六十二年。

李桐妻**乔氏**　年二十三，夫亡，家贫，子幼，守节六十八年。

邵良臣妻**李氏**　年二十四，夫亡，抚嗣子，守节四十七年。

方成魁妻**郭氏**　年二十三，夫亡，守节。

庠生钱世珍妻**周氏**　年二十六，夫亡，抚嗣子泽列明经，守节五十五年。

任七政妻**张氏**　年二十，夫亡，抚嗣子上庠膺选拔，守节五十年。

唱煦其妻**梁氏**　年十七，夫亡，抚三月孤，守节终身。

王淑世妻**陈氏**　年十九，夫亡，无子，为翁买妾，生二子，躬亲抚养，以续宗祀。

李礼妻**孙氏**　年二十三，夫亡，守节五十余年。

刘国璋妻**马氏**　年二十六，夫亡，遗孤甫三岁，守节五十年。

李作梅妻**韩氏**　年十九，夫亡，守节。

李尚敏妻**陈氏**　年二十五，夫亡，守节。

高天赐妻**齐氏**　年二十五，夫亡，抚育两孤，长游泮，次宏裁登辛卯科乡荐，任安徽南陵令。

庠生高浚妻**侯氏**　年二十三，夫亡，守节，抚孤天权游泮。

滦　州

庠生孟臣极妻**冯氏**　明季，夫死于难，抚孤，守节四十余年。十年旌。

庠生伦品观妻**王氏**　夫亡，遗孤甫四十二日，教之游泮。三十五年旌。

李先期妻**伦氏** 夫亡，遗孤未周岁，教之游泮，守节四十七年。三十五年旌。

庠生李芝妻**杨氏** 年十八，夫亡，抚嗣子守节。

赵应泰妻**王氏** 有传。

谢昆妻**蒋氏** 年十八，夫亡，无子，守节三十余年。

袁侑妻**杨氏** 有传，嗣子学仲妻附。

郭运升妻**吴氏** 年二十八，夫亡，自残其躯，抚夫从子为嗣，仲孙伦登戊子乡荐，守节五十余年。

庠生、儒士李学诗、李学书妻**赵氏**、**高氏** 有传。

杨德淳妻**吴氏** 年二十余，夫亡，训嗣子化基列明经。

孟廷珮妻**李氏** 年十九，夫亡，守节六十一年。

马瑞图妻**刘氏** 年二十，夫亡，守节五十余年。

旗籍吴锡妻**李氏** 幼人和敬公主府为宫人，长出宫，适锡未及，夫亡，守节至七十七岁卒。

庠生郑喜妻**刘氏** 年二十九，夫亡，抚子柏龄游武庠。

吴钟泗妻**张氏** 有传，嗣子畲妻附。

监生吴德裕妻**郑氏** 年二十七，夫亡，训嗣子价游泮，守节四十余年。

庠生吴昌龄继妻**谢氏** 年二十九，夫亡，守节，训前子晋之游泮。

王（遗其名）妻**张氏** 附子曰琦妻魏氏传。

高俊继妻**尚氏** 年二十于归。未几夫亡，守节四十五年。

贾文英妻**刘氏** 年十八于归，甫八月而夫亡，抚遗腹子待游泮，守节五十八年。

伦锡蕃妻**王氏** 年三十，夫亡，守节六十四年。

庠生伦诠妻**吴氏** 年二十五，夫亡，守节四十二年。

冯绳妻**李氏** 年二十七，夫亡，抚长子兆信入太学，遗腹子兆元游泮，守节六十年。

陈如骐妻**张氏**　年二十三，夫亡，抚嗣子，守节五十余年。

戴诚妻**王氏**　年二十三，夫亡，抚嗣子，守节三十五年。

欧阳保妻**阚氏**　年三十，夫亡，家贫无子，守节四十二年。

郭有全妻**魏氏**　年二十二，夫亡，守节。

张尧绪妻**史氏**　年二十九，夫亡，抚遗腹子，守节六十一年。

宋廉妻**王氏**　年二十九，夫亡，抚孤成立，守节三十四年。

武举吴嘉会妻**朱氏**　年二十六，夫亡，抚前子晖吉列明经，守节五十余年。

王成城妻**葛氏**　年十九，夫亡，抚嗣子成立，守节六十三年。

庠生贺焜妻**吴氏**　年二十八，夫亡，守节二十二年。

乐亭县

张应赞妻**赵氏**　有传。

庠生王时衡妻**刘氏**　年十九，夫亡，抚孤暨孙成立，后相继亡，又抚曾孙，守节七十二年。

贾启妻**高氏**　有传。

王三晋妻**姚氏**　年二十四，夫亡，抚嗣子游泮，守节四十五年。旌。

庠生萧济妻**冯氏**　年二十三，夫亡，遗孤甫弥月，家人欲夺其志，氏毁容自誓，守节五十年。

庠生王积蔚妻**高氏**　年十八，夫亡，抚遗腹子全斌游泮，守节六十年。

贾思福妻**赵氏**　有传，嗣子尔印妻附。

江有余妻**朱氏**　年二十七，夫亡，教子游泮，守节五十余年。

齐自先妻**牛氏**　年二十八，夫亡，抚育两孤，孙曾游泮，五世同堂，守节六十余年。

葛万里妻**刘氏**　有传。

王君相妻**刘氏**　年二十一，夫亡，守节三十年。

吴宗圣妻**张氏**　年二十三，夫亡，抚孤成立，守节四十余年。

王调元妻**张氏**　年二十七，夫亡，抚孤成立，守节五十余年。

庠生商云生妻**陈氏**　年二十五，夫亡，抚孤成立，守节垂四十年。

贾升妻**任氏**　年十九，夫亡，抚孤成立，守节四十五年。

石崇玉妻**杨氏**　年十八，夫亡，抚孤，守节三十六年。

监生贾朝聘妻**王氏**　年二十三，夫亡，抚孤，守节三十余年。

庠生贾士英妻**邹氏**　年二十七，夫亡，教子游泮，守节垂五十年。

贾士祥妻**郭氏**　年二十二，夫亡，抚育两孤，长子游泮，守节三十年。

山海卫

彭瑾妻**李氏**　夫亡，守节，抚子世勋游泮。旌。

庠生郭重发妻**徐氏**　年二十六，夫亡，仅遗一女，守节几五十年。旌。

庠生张珦妻**杨氏**　年二十六，夫亡，守节终身。旌。

满洲庠生马图妻**曹氏**　年二十，夫亡，抚孤守节，历三十余年。旌。

武举郭垣妻**常氏**　年二十一，夫亡，抚孤镃捷癸酉武科，守节三十七年。

王慎修妻**刘氏**　有传。

庠生程启元妻**吕氏**　二十二，夫亡，抚孤游泮，守节五十余年。

庠生杨兆生妻**邢氏**　年二十九，夫亡，抚孤游泮，守节五十七年。

庠生刘天德妻**唐氏**　有传，妾聂氏附。

穆宗孟妻**吕氏**　年十九，夫亡，抚孤游泮，守节三十三年。

庠生穆维节妻**夏氏**　年二十，夫亡，抚孤成立，守节三十四年。

吕时名妻**穆氏**　年二十二，夫亡，抚孤游泮，守节五十年。

王成基妻**房氏**　年二十二，夫亡，抚孤成立，守节三十六年。

郑遇时妻**刘氏**　年二十七，夫亡，抚孤成立，守节四十余年。

詹宽妻**乔氏**　有传。

常进文妻**张氏**　有传。

监生任中杰妻**陈氏**　年二十九，夫亡，抚五孤四列胶庠，守节三十六年。

薛邦兴妻**魏氏**　年二十三，夫亡，抚孤成立，守节四十八年。

计可成妻**李氏**　年二十二，夫亡，抚孤成立，守节三十余年。

牛文龙妻**刘氏**　年二十八，夫亡，抚孤游泮，守节五十三年。

傅尚卿妻**张氏**　有传。

赵敏妻**房氏**　年十六归赵，甫三月夫亡，生遗腹女择婿配之，守节三十年。

蒋元辅妻**刘氏**　年二十二，夫亡，抚遗腹子成立，守节三十三年。

庠生赵登云妻**侯氏**　年二十六，夫亡，遗孤六月教之游泮，守节四十七年。

王应新妻**张氏**　有传，子加士妻附。

高琳妻**侯氏**　年二十二，夫亡，遗孤文绣甫四十日，教之游泮，守节四十余年。

庠生王象贤妻**计氏**　年二十一，夫亡，无子，继夫从子为嗣，守节二十三年。

监生谢昌言继妻**牛氏**　年二十九，夫亡，抚前室子游泮，守节垂三十年。

罗名世妻**王氏**　有传。

庠生马襄妻**郭氏**　年二十二，夫亡，抚两孤成立，仲子游泮，守节五十二年。

监生罗鸿儒妻**宋氏**　有传，子国珍妻附。

程起云妻**董氏**　年二十二，夫亡，抚孤游泮，守节五十三年。

雍正

卢龙县

武进士赵跻妻**张氏**　年二十四，夫亡，教子统国捷武闱，守节五十余年。

庠生赵惇妻**董氏** 年二十，夫亡，教子克显游泮，守节三十余年。

吏员傅启荣妻**王氏** 年二十九，夫亡，教子元衡任刑部司狱，守节三十年。

以上五年旌。

马化麟妻**王氏** 夫亡，守节。八年旌。

刘德宏妻**王氏** 年十七，夫亡，抚嗣子璞游泮，守节三十九年。十年旌。

王琻妻**李氏** 年十九，夫亡，抚孤，守节四十三年。

王玲妻**齐氏** 夫亡，守节。

以上十二年旌。

马化麒妻**王氏** 年二十三，夫亡，抚遗孤之骏，守节五十三年。邑令邓公表其门。

迁安县

朱之贵妻**曹氏** 年二十，夫亡，抚遗腹子成立。

贾琮妻**宁氏** 年二十七，夫亡，扶两孤成立。

庠生马松龄妻**武氏** 年二十，夫亡，抚嗣子成立。

刘体敏妻**苏氏** 年二十三，夫亡，抚子成立。

崔维毅妻**白氏** 年二十五，夫亡，抚子成立。

张贞妻**杨氏** 年十八，夫亡，抚遗腹子成立。

宋周秋妻**彭氏** 年二十，夫亡，继族侄为嗣。

李本裕妻**樊氏** 年二十六，夫亡，抚嗣子成立。

陈仲会妻**胡氏** 年二十，夫亡，子又殁，抚孙德元成立，苦节六十八年。

晏邦弼妻**刘氏** 年二十五，夫亡，守节。

方桓妻**张氏** 年二十七，夫亡，抚嗣子煜入泮。

李廷贵妻**张氏** 年二十四，夫亡，守节。

王显魁妻**姚氏** 年三十，夫亡，抚子佐入泮。

马祖谦妻**杨氏**　年二十六，夫亡，守节。

刘溥妻**李氏**　年二十三，夫亡，抚子绳祖任永新县丞。

杨文修妻**杨氏**　年二十九，夫亡，抚孤锦入泮。锦亡，其妇李氏年二十八，抚孤作栋亦入泮。郡守旌之。

张玢妻**王氏**　年二十三，夫亡，守节，抚嗣子成立。

蔡洪业妻**潘氏**　年三十，夫亡，守节。

傅宗孔妻**马氏**　年二十五，夫亡，守节。

艾尔英妻**张氏**　年二十六，夫亡，抚孤成立，守节五十四年。

韦彦妻**白氏**　年二十九，夫亡，抚孤体泰入泮，体泰亡，其妻郭氏年三十，复抚幼孙作德入泮。有传，子体泰妻附。

庠生徐纯妻**刘氏**　年二十六，夫亡，抚孤成立，守节五十五年。

庠生乌方升继妻**韦氏**　年二十四，夫亡，侍姑疾八年，无倦色，抚前室子宪章、孤侄龙章游庠。

王建勋妻**裴氏**　年二十四，夫亡，抚孤际兴入泮。

余谦妻**彭氏**　年二十五，夫亡，守节。

武庠生李桐妻**魏氏**　年二十九，夫亡，抚两孤瑞麟、兆麟俱人庠。

李之实妻**张氏**　年二十，夫亡，抚遗腹子作霖入泮，而夭，其妇华氏亦矢志事姑同甘共苦。

张宏业妻**刘氏**　年二十五，夫亡，抚孤成立。

张钟妻**魏氏**　年二十八，夫亡，无子。

罗万枝妻**杨氏**　年二十一，夫亡，抚两孤成立。

抚宁县

孙印蕃妻**曹氏**　年二十五，夫亡，抚孤游泮。二年旌。

郝明飏妻**赵氏**　有传，子善继妻附。

俞承恩妻**张氏**　有传。

刘成柱妻**祖氏**　年二十七，夫亡，抚夫从子为嗣，守节垂四十年。十年旌。

李元成妻**赵氏**　夫亡，三孤俱幼，抚子成立，守节四十余年。
温吉翰妻**高氏**　年十九，夫亡，抚孤成立，守节垂五十年。
王果妻**朱氏**　年二十六，夫亡，遗两孤俱幼，教之成立。
刘从新妻**张氏**　年二十四，夫亡，遗孤甫三岁，抚之成立。

昌黎县

庠生孙继武妻**赵氏**　年二十七，夫亡，抚孤游泮。
梁瑁妻**王氏**　年十九，夫亡，继夫从子为嗣，守节终身。
董用妻**周氏**　年二十七，夫亡，抚嗣子成立，守节五十年。
曹国柱妻**王氏**　年二十四，夫亡，守节。
高执中妻**周氏**　年十九，夫亡，无子，竭力以事姑，人称孝妇。
高理妻**王氏**　年二十一，夫亡，继从子为嗣，事姑以孝闻。
高宏琮妻**周氏**　年二十，夫亡，无子，守节垂三十年。
张琇妻**章氏**　年二十四，夫亡，抚孤入贡，守节三十八年。
赵梦麟妻**席氏**　有传，子延辅妻郭氏、延杰妻高氏并附。
赵兴昌妻**王氏**　年三十三，夫亡，抚孤成立，守节三十二年。
张基妻**赵氏**　年二十五，夫亡，抚嗣子成立。
李林妻**孙氏**　年十八于归，本年夫亡，守节终身。
卢焕妻**朱氏**　年二十三，夫亡，抚嗣子成立，守节五十年。
冯炯妻**王氏**　年二十于归，本年夫亡，守节终身。
杨作材妻**周氏**　年二十五，夫亡，无子，守节五十余年。
识庠生孟法孔妻**钱氏**　年十九，夫亡，守节，抚嗣子游泮。
阎公铸妻**赵氏**　年二十五，夫亡，守节，抚嗣子成立。
田永嘉妻**侯氏**　年二十七，夫亡，守节，抚孤成立。
张进德妻**赵氏**　年二十一，夫亡，守节。
傅进功妻**李氏**　年二十三，夫亡，守节，抚孤成立。
庠生戴琇妻**赵氏**　年二十四，夫亡，后子亡，复抚孙成立。
龙行云妻**张氏**　年二十三，夫亡，守节抚孤成立。
张起麟妻**常氏**　年十八，夫亡，守节抚孤成立。

滦　　州

监生李芬妻**罗氏**　夫亡，守节，抚孤名列成均。五年旌。

李棠妻**陈氏**　年十七，夫亡，无子，守节三十年。六年旌。

庠生吴倬妻**王氏**　夫亡，守节，抚孤克昌为明经。

张清模妻**董氏**　年二十，夫亡，教子镕游泮，守节四十余年。

庠生张起鲸妻**郝氏**　年十九，夫亡，继子生孙，未几，子妇相继殁，抚孙，守节四十一年。

以上七年旌。

吉谦妻**萧氏**　有传。

任三瑞妻**郝氏**　年二十一，夫亡，抚嗣子游泮，守节五十年。

李学孟妻**张氏**　年十九，夫亡，养亲抚孤，守节四十三年。

以上十年旌。

庠生田畴继妻**孙氏**　年二十二，夫亡，抚前子游泮，守节四十年。

彭起妻**汪氏**　年二十，夫亡，抚两孤游泮，守节四十年。

以上十二年旌。

刘永弼妻**苗氏**　年二十二，夫亡，抚孤成立，守节四十八年。

吴昌年妻**石氏**　年十九，夫亡，守节五十余年。

刘班妻**曾氏**　年二十余，夫亡，抚孤履和入国学，守节至五十六岁卒。

乐亭县

程可法妻**李氏**　年二十三，夫亡，抚孤生孙，而子又亡，复抚孙成立。三年旌。

萧裔介妻**侯氏**　年十九，夫亡，遗孤甫三月，抚之成立，守节五十二年。三年旌。

曹启贤妻**孙氏**　年十八，夫亡，抚三岁孤成立。六年旌。

康庆远妻**毛氏**　年二十五，夫亡，教子食饩，又亡，与妇任氏同抚孤孙成立，守节五十一年。八年旌。

郝文贤妻**萧氏**　年二十九，夫亡，事九十衰翁，抚幼子成立，守节三十三年。

毛钟秀妻**萧氏**　年二十八，夫亡，抚孤成立，守节三十四年。

李轮妻**李氏**　年二十八，夫亡，继夫从子为嗣，抚之成立。

杨甫望妻**王氏**　年二十六，夫亡，抚孤成立，守节四十四年。

以上十年旌。

张宏基妻**宁氏**　年二十四，夫亡，抚孤游泮，守节六十四年。

张永康妻**姚氏**　年二十三，夫亡，抚两孤游泮，守节四十年。

宁瑧妻**叶氏**　年十八，夫亡，抚孤游泮，娶妇生孙，而妇又亡，复抚孙游泮，守节七十余年。

萧有賚妻**赵氏**　年二十一，夫亡，抚前室子成立。

以上十一年旌。

尹仲成妻**刘氏**　年二十六，夫亡，抚孤成立，茹素终身。

陈永贵妻**云氏**　年二十四，夫亡，抚孤十余年复夭，继夫从子为嗣，抚之成立。

吴珧妻**杨氏**　年十九，夫亡，遗孤甫两月，抚之成立。

刘志儒妻**姚氏**　年二十二，夫亡，遗孤仅二岁，抚之食饩。

高甲妻**白氏**　年二十二，夫亡，事病姑以孝称，遗孤仅弥月，抚育成立，两叔俱幼，氏维持保护不少倦，守节五十五年。

以上十二年旌。

山海卫

庠生王文科妻**蒋氏**　年二十五，夫亡，抚两孤守绪、善述俱游泮。二年旌。

庠生郭声远妻**王氏**　年十九，夫亡，遗孤未周岁，守节四十余年。七年旌。

庠生穆维颐妻**张氏**　年二十二，夫亡，遗孤三岁，抚之游泮，守节三十七年。

庠生赵瑛妻**穆氏**　年十七，夫亡，遗孤仅二岁，抚之游泮，守节三十三年。

郭如朱妻**刘氏**　年二十九，夫亡，抚孤成立，守节三十四年。

林凤至妻**马氏**　年二十四，夫亡，抚子继芳授室、游泮，后子妇双亡，守节四十年。

以上十年旌。

常时兴妻**徐氏**　年二十六，夫亡，抚孤成立，守节五十九年。

吕正德妻**魏氏**　年二十七，夫亡，三子俱幼，守节六十三年。

吕储元妻**傅氏**　年二十四，夫亡，家贫子幼，守节五十余年。

刘碣妻**赵氏**　年二十一，夫亡，抚遗腹子娶妇生孙，后子又亡，偕妇共守，苦节三十四年。

以上十二年旌。

程廷对妻**詹氏**　年二十九，夫亡，守节。

庠生贾朝聘妻**王氏**　年二十四，夫亡，抚两孤成立。未几，二子相继亡，守节五十五年。

以上十三年旌。

郝爽妻**蒋氏**　年二十四，夫亡，抚孤成立，守节五十七年。

杜朝盛妻**王氏**　年二十五，夫亡，止遗二女，守节三十余年。

林枝宗妻**赵氏**　年二十三，夫亡，抚三岁孤毓奇贡入太学。守节五十余年。

潘天柱妻**刘氏**　年二十六，夫亡，抚孤成立，守节四十余年。

庠生马应运妻**张氏**　年二十七，夫亡，家贫子幼，守节三十余年。

刘文登妻**傅氏**　年二十七，夫亡，抚孤成立，守节垂四十年。

周琏妻**王氏**　年二十三，夫亡，抚孤成立，守节垂三十年。

赵德芳妻**朱氏**　年二十五，夫亡，抚孤成立，守节垂五十年。

李起凤妻**叶氏**　年二十九，夫亡，两孤俱幼，守节五十余年。

何尔通妻**李氏**　年二十九，夫亡，教子游泮，守节垂四十年。

郭万里妻**何氏**　年二十二，夫亡，守节，抚孤成立。

王云鸣妻**田氏**　年二十七，夫亡，抚孤成立，守节三十六年。

庠生杨赓妻**冯氏**　年二十五，夫亡，守节，抚孤食，旋殁。

田养粹妻**杨氏**　年二十四，夫亡，抚孤，守节四十七年。

乾隆

卢龙县

王栋妻**汪氏**　夫亡，守节。元年旌。

王前妻**葛氏**　夫亡，守节。

庠生李萧妻**王氏**　年二十八，夫亡，抚嗣子向春为诸生，孙美食饩，守节五十七年。

以上五年旌。

窦桂馥妻**葛氏**　夫亡，守节。八年旌。

刘植妻**马氏**　夫亡，守节。

郭肇基妻**王氏**　夫亡，守节。

王运泰妻**李氏**　夫亡，守节。

庠生刘德明妻**邸氏**　夫亡，守节。

王凝妻**韩氏**　夫亡，守节。

樊养正妻**姚氏**　夫亡，守节。

以上十年旌。

郝伦妻**赵氏**　夫亡，守节。

伦健妻**张氏**　夫亡，守节。

王元德妻**铉氏**　夫亡，守节。

以上十二年旌。

侍文秀妻**王氏**　夫亡，守节。

贾成章妻**吴氏**　夫亡，守节。

以上十三年旌。

王中善妻**魏氏**　夫亡，守节。

陈杰妻**燕氏**　夫亡，守节。

王之翰妻**杨氏**　夫亡，守节。

以上十七年旌。

张隆妻王氏 夫亡，守节。

王文鉴妻翁氏 夫亡，守节。

许焕妻杨氏 夫亡，守节。

李祲妻赵氏 夫亡，守节。

以上十九年旌。

许灿妻窦氏 夫亡，守节。二十年旌。

陈化鹏妻刘氏 年十七，夫亡，抚嗣子成立，守节五十余年。二十七年旌。

王辅清妻萧氏 年二十一，夫亡，守节五十九年。旌。

副贡生伦魁甲妻贾氏 年二十五，夫亡，抚二子游泮，守节二十六年卒。

王言妻高氏 有传。

王文明妻魏氏 年十九，夫亡，抚孤成立，守节五十余年。

王文德妻李氏 年二十九，夫亡，守节。

赵越妻王氏 年十九，夫亡，剪发矢志，抚两孤成立。

庠生郑应时妻夏氏 年二十八，夫亡，守节，抚孤成立。

王伟妻石氏 年二十八，夫亡，守节，抚孤成立。

庠生康赓扬妻胡氏 有传。

陈九经妻张氏 年十七，夫亡，一子旋夭，依母家，守节终身。

庠生姚盛猷妻王氏 年二十八，夫亡，守节。

张品超妻王氏 年二十三，夫亡，守节，抚嗣子成立。

窦以达妻周氏 年二十一，夫亡，守节，抚嗣子执中游泮。

庠生赵永禧妻翟氏 年二十一归赵，一载夫亡，抚孤德肃游泮，守节终身。

高文秀妻王氏 有传，子永清妻附。

庠生王玉峰妻冯氏 年三十，夫亡，守节三十八年卒。

王焰亭妻阴氏 乐亭阴凝如女，舅芬任兵马司指挥，年二十八夫亡，子启堂甫五岁，成立后又卒，复抚孙宝铃游泮，守节六十余年。

何熼妻朱氏 年未二十，夫亡，抚子游泮，旋殁，复抚两孙成立，年八十余卒。

何照妻**朱氏** 年未三十，夫亡，抚子秉泽游泮，守节至八十余岁卒。

迁安县

李怀德妻**张氏** 年二十八，夫亡，训子继夏中丁卯科副贡。

冯良栋妻**丁氏** 年十九，夫亡，守节四十余年。

以上四年旌。

马巽妻**孟氏** 有传。

刘宪章妻**高氏** 年二十二，夫亡，抚孤游泮。四十四年旌。

俞镜妻**邓氏** 年二十一，守节。旌。

武庠生李玉衡侧室**高氏** 年二十一，夫亡，侍嫡守志，训子成名。旌。

庠生武邦翰妻**赵氏** 年三十，夫亡，守节。

朱鹤年妻**宋氏** 年二十四，守节。旌。

杨际先妻**郭氏** 年二十五，夫亡，守节。

朱长福妻**张氏** 年二十四，夫亡，守节。

庠生徐元修妻**耿氏** 年二十，夫亡，抚子权入泮。

宓彩妻**刘氏** 久经入祠，事迹失考。

庠生郑保宁妻**李氏** 年二十七，夫亡，教子德庄任兰溪知县，德森任故城训导。六十年旌。

周士显妻**高氏** 年十八，夫亡，教继子游泮。未几，子妇俱亡，抚孙成立。

李桂祥妻**吴氏** 年二十四，夫亡，抚孤成立。

魏理妻**李氏** 年十八，夫亡，抚子文擢食饩。

张鸿磐妻**宁氏** 年二十二，夫亡，抚子璘入泮，县令旌之。

张宏业妻**刘氏** 年二十五，夫亡，抚孤成立。

抚宁县

庠生张希闵妻**王氏** 年二十四，夫亡，遗孤甫周岁，后复夭，抚族孙为嗣。

张廷棋妻**池氏** 年二十一，夫亡，守节。

孙文正妻**王氏** 夫亡，守节。

谢琦妻**张氏** 夫亡，守节。

胡连妻**茹氏** 夫亡，守节。

庠生单珍妻**萧氏** 夫亡，守节。

刘琛妻**贺氏** 夫亡，守节。

以上三年旌。

王三锡妻**李氏** 年二十九，夫亡，子进贤十一岁，抚之成立。

庠生单钰妻**郑氏** 年二十六，守节。

胡宇仁妻**王氏** 年二十，夫亡，抚遗腹子，守节三十三年。

孙文智妻**王氏** 年二十四，夫亡，守节。

以上四年旌。

李尚亮妻**姜氏** 年二十七，夫亡，子蕃仅三岁，后娶妇田氏，至二十四岁蕃亦亡，矢志共守。六年旌。

王基勇妻**李氏** 夫亡，守节。七年旌。

郝凤仪妻**傅氏** 夫亡，守节。

赵宪妻**李氏** 年二十二，夫亡，守节。三十三年。九年旌。

单从新妻**袁氏** 年二十五，夫亡，守节，子仅二岁。

董朝龙妻**王氏** 年二十一，夫亡，守节。

王诰妻**徐氏** 年二十二，夫亡，守节。

陈德修妻**徐氏** 年二十四，夫亡，守节，遗孤三岁抚之成立。

解朝佐妻**程氏** 年二十六，夫亡，守节，抚孤成立。

李璇妻**孙氏** 年二十八，夫亡，抚孤成立，后子又亡，与弱媳同守贞节。

李龙泉妻**宁氏** 年二十六，夫亡，守节。

惠来春妻**高氏** 年二十九，夫亡，子振先方周岁，后捷武闱。

以上十二年旌。

杨明妻**金氏** 年二十一，夫亡，遗孤三岁旋夭，抚侄为嗣。

方明妻**徐氏**　年二十一，夫亡，守节。

陈心章妻**程氏**　年二十六，夫亡，守节。

暴麟生妻**李氏**　年二十一，夫亡，守节，抚嗣子文能成立。

李有功妻**严氏**　夫亡，守节。

以上十三年旌。

杨天纯妻**姬氏**　年二十一，夫亡，守节五十六年。

李献之妻**赵氏**　年二十二，夫亡，守节六十年。

王仑妻**夏氏**　年二十七，夫亡，抚遗腹子成立，守节四十六年。

庠生翟琪妻**王氏**　年二十四，夫亡，遗孤三岁，教之游泮，守节五十余年。

翟璡妻**徐氏**　年二十五，夫亡，守节教子培祖游泮。

贾廷连妻**唐氏**　年二十一，夫亡，守节，抚夫从子应元食饩。

以上十六年旌。

赵秀龄妻**孙氏**　夫亡，守节。

安文杰妻**冯氏**　夫亡，守节。

以上二十二年旌。

张起云妻**李氏**　夫亡，守节。

吴从义妻**程氏**　夫亡，守节。

王桢妻**李氏**　年十九，夫亡，抚襁褓孤，守节五十一年。

以上二十四年旌。

杨旺妻**周氏**　二十六年旌。

崔国良妻**赵氏**　二十九年旌。

张德明妻**郭氏**　三十二年旌。

杨作辑妻**李氏**　年十九于归，数月夫亡，抚嗣子绪宗成立。三十六年旌。

袁宗凯妻**李氏**　年二十二，夫亡，守节四十一年。旌。

陈扶妻**张氏**　年十八，夫亡，无子女，守节五十七年。

陈宗尧妻**聂氏**　年二十四，夫亡，抚孤守节四十七年。

以上五十年旌。

程用妻**刘氏** 年二十一，夫亡，守节。五十一年旌。

茹瑾妻**刘氏** 年二十四，夫亡，守节五十三年。旌。

孙君德妻**祖氏** 年十九，夫亡，守节三十余年。六十年旌。

赵瑛妻**穆氏** 夫亡，守节。

李琬妻**贾氏** 夫亡，守节。

杨熥妻**傅氏** 夫亡，守节。

王柱妻**杨氏** 夫亡，守节。

徐洞达妻**刘氏** 年二十六，夫亡，抚夫从子信为嗣，教之成名，守节六十余年。

庠生徐信妻**诸氏** 年二十二，夫亡，继夫从子文藻为嗣，守节三十余年。

岁贡徐升闻妻**薛氏** 年三十二，夫亡，教子阜年食饩。

张选妻**陈氏** 年二十五，夫亡，子在抱，旋殇，抚嗣子作楫游泮，守节四十四年。

周于德妻**马氏** 年二十八，夫亡，抚孤成立，守节六十一年。

昌黎县

田发起妻**高氏** 年二十二，夫亡，守节，抚孤成立。

庠生荀毅继妻**郝氏** 年二十四，夫亡，守节，抚孤成立。

以上元年旌。

万之全妻**马氏** 年二十，夫亡，守节。

齐用极妻**罗氏** 年二十三，夫亡，守节，抚孤成立。

孟上妻**冯氏** 夫亡，守节。

以上十一年旌。

贡生刘寅妻**朱氏** 年二十八，夫亡。

马德众妻**刘氏** 年二十三，夫亡，遗孤甫七月，抚之成立。

田璠妻**陈氏** 夫亡，守节。

以上十三年旌。

庠生齐泽遍妻**孙氏** 年二十八，夫亡，守节十七年。旌。

陈恺妻**鲁氏**　年二十，夫亡，抚遗腹子，守节三十四年。

马瑗妻**王氏**　年二十，夫亡，事孀姑，抚幼子，守节终身。

以上十九年旌。

谭五伦妻**耿氏**　年二十四，夫亡，抚孤成立。

郭朝抡妻**俞氏**　年二十八，夫亡，无子。

高琚妻**周氏**　年二十，夫亡，无子。

成奇妻**王氏**　夫亡，守节。

高宏成妻**羔氏**　夫亡，守节。

齐国柱妻**王氏**　夫亡，守节。

以上二十七年旌。

韩炯妻**齐氏**　夫亡，守节。三十二年旌。

赵人龙妻**周氏**　年二十七，夫亡，守节五十九年。旌。

赵文光妻**戴氏**　年二十，夫亡，守节四十余年。旌。

万璋妻**李氏**　年十六于归，未及三月，夫亡，抚遗腹子，守节至七十余岁卒。

郭天民妻**范氏**　年二十一，夫亡，守节。

任上达妻**刘氏**　年二十二，夫亡，守节。

杨名实妻**王氏**　年二十八，夫亡，守节。

李尚礼妻**耿氏**　年二十，夫亡，守节。

李绍唐妻**刘氏**　年二十，夫亡，守节，教子成立。

魏景妻**乔氏**　年二十九，夫亡，守节。

石德妻**萧氏**　夫亡，守节。邑宰旌之。

刘耀宗妻**徐氏**　年二十七，夫亡，抚遗腹子，守节四十九年。

魏禄妻**王氏**　年二十八，夫亡，遗孤旋夭，守节四十二年。

张化民妻**刘氏**　夫亡，守节。

滦　州

马躬健妻**李氏**　年二十六，夫亡，守节，抚孤成立。

王日敬妻**孙氏**　年二十七，夫亡，抚孤成立，守节三十余年。

李之龄妻**刘氏** 年二十二，夫亡，守节五十余年。

冯骥妻**惠氏** 年二十五，夫亡，守节。

以上元年旌。

庠生赵及溥继妻**王氏** 年二十三，夫亡，视前子如己出，未娶旋殁，守节三十九年。三年旌。

庠生卫绰妻**王氏** 夫亡，仅遗二女，苦节三十余年。

王柏椿妻**周氏** 夫亡，抚孤成立，守节五十余年。

李正妻**胡氏** 年二十五，夫亡，抚孤成立，守节六十余年。

以上五年旌。

庠生裴有端妻**王氏** 年二十四，夫亡，抚孤守节四十余年。六年旌。

庠生王曰琦继妻**魏氏** 有传，姑张氏附。

庠生鞠汝捷妻**赵氏** 年二十一，夫亡，抚孤，守节四十余年。

以上九年旌。

赵大成妻**李氏** 年二十六，夫亡，姑老子幼，仰事俯育，备尝艰苦，守节终身。

边元佐妻**李氏** 夫殁关外，命子扶榇归葬，守节终身。

金泰妻**李氏** 年二十三，夫亡，守节五十余年。

马斯徂妻**董氏** 年二十四，夫亡，教子口授诗书弱冠游泮。

霍瑞起妻**谷氏** 年二十二，夫亡，守节。

以上十二年旌。

耿建生妻**徐氏** 年二十三，夫亡，守节，抚孤成立。

同知吴基远妻**宋氏** 年二十一，夫亡，守节，训子成立。

张义妻**高氏** 年二十二，夫亡，守节。

赵乘时妻**周氏** 年二十三，夫亡，守节。

郭翰妻**伦氏** 年二十三归郭，一载夫亡，饮卤自尽，翁姑救之复苏，守节终身。

以上十六年旌。

周成羽妻**史氏** 年二十七，夫亡，家贫，母弟欲夺其志，因断左中指以誓。

袁学惠妻**张氏** 年二十二，夫亡，守节，训子成立。

何谦妻**陈氏** 年二十五，夫亡，守节。

以上二十三年旌。

许有抱妻**刘氏** 年二十一，夫亡，抚孤，守节。二十四年旌。

监生杜步章妻**李氏** 年二十三，夫亡，守节，抚孤成立。二十五年旌。

张礼妻**高氏** 年二十四，夫亡，守节，抚孤成立。

鲁澧妻**郭氏** 年二十二，夫亡，守节。

以上二十七年旌。

毛承基妻**李氏** 年二十七归毛，未一载夫亡，抚继子守节。二十八年旌。

庠生于魁份妻**赵氏** 年二十二，夫亡。三十一年旌。

李敷勋妻**季氏** 年二十六，夫亡，遗子旋殁，复抚孙成立。三十五年旌。

营兵张逊妻**陈氏** 年二十一，夫阵亡，抚遗子，守节三十三年。三十六年旌。

何其选妻**刘氏** 年二十三，夫亡，教子游泮，守节四十余年。四十三年旌。

赵起鸾继妻**张氏** 年二十二，夫亡，守节，教子廷玺食饩。四十七年旌。

张炳妻**赵氏** 年二十七，夫亡，抚孤守节四十九年。旌。

张鹏程妻**席氏** 年三十，夫亡，抚嗣子，守节五十二年。旌。

汪曾裕妻**李氏** 年二十五归汪，逾半载夫亡，抚嗣子哨若，由选贡任镇海县令。五十六年旌。

赵承先妻**周氏** 年二十九，夫亡，守节，教子伦游泮，未几伦殁，复抚嗣孙荣甲成立。六十年旌。

井起龙妻**刘氏** 夫亡，守节。旌。

刘希宽妻**郑氏** 夫亡，守节，御史罗某给额旌曰“阃内须眉”。

田玮妻**史氏**　年十九，夫亡，守节，继子承嗣。

刘宗岳妻**吴氏**　夫亡，守节，学宪张某给额，旌曰："节范维风"。

李琨妻**张氏**　夫亡，守节。

李璧妻**张氏**　年二十四，夫亡，守节。

冯宏清妻**五氏**　年十九，夫亡，继夫侄承嗣，守节四十七年。

庠生阚文选妻**寇氏**　年二十六，夫亡，守节。

阚信妻**熊氏**　年三十，夫亡，守节。

鲁克发妻**季氏**　年二十，夫亡，守节。

徐惠生妻**张氏**　年二十六，夫亡，守节。

王庸妻**汪氏**　年二十，夫亡，守节。

马宗孔妻**李氏**　年十九，夫亡，守节。

于兆熊妻**田氏**　夫亡，守节，家贫无子，日勤纺绩，以养瞽姑。

于世杰侧室**曾氏**　世杰病笃，嘱以改适，曾誓曰愿从一而终，世杰殁，氏遂不复为容。

于香妻**王氏**　年三十，夫亡，守节抚孤成立。

郭思温妻**王氏**　年十七，夫亡，守节，抚嗣子兆鳌游泮。

高国仁妻**杨氏**　年十七，夫亡，守节。

张大元妻**吉氏**　年三十，夫亡，守节，抚孤成立。

何（名失考）妻**周氏**　年二十七，夫亡，守节，抚子大有成立。

姜得贤妻**崔氏**　年二十五，夫亡，守节。

王宽妻**汪氏**　年二十八，夫亡，守节。

陈铎妻**赵氏**　年二十四，夫亡，守节。

张贵龙妻**章氏**　年二十，夫亡，守节。

李方坤妻**赵氏**　年二十二，夫亡，守节，抚孤成立。

裴廷选妻**齐氏**　年十八，夫亡，守节，抚孤成立。

璩国燕妻**吕氏**　年二十一，夫亡，守节，抚孤成立。

吴统绪妻**曾氏**　年十八，夫亡，守节。

赵文立妻**齐氏**　年十八，夫亡，守节，抚孤成立。

王廷招妻**杜氏**　年二十，夫亡，守节，抚孤成立。

张廷美妻**荣氏** 年十九，夫亡，守节，抚嗣子心一游泮。

王炜妻**董氏** 年二十三，夫亡，守节，抚孤成立。

王刚妻**孙氏** 年二十六，夫亡，守节，抚孤成立。

赵联登妻**李氏** 年二十，夫亡，守节，抚孤成立。

赵国枝妻**王氏** 年二十，夫亡，守节，抚孤成立。

张汝浚妻**姚氏** 年三十，夫亡，守节。

王瑞妻**牛氏** 年二十二，夫亡，守节。

张仑妻**武氏** 年二十五，夫亡，守节。

贺贵妻**董氏** 年二十五，夫亡，守节。

刘瑢妻**柳氏** 年二十七，夫亡，守节，抚孤成立。

刘永浮妻**董氏** 年二十六，夫亡，守节，抚孤成立。

刘海妻**夏氏** 年二十三，夫亡，守节，抚孤成立。

刘（名失考）妻**牛氏** 年二十四，夫亡，守节，抚子昌伟成立。

王（名失考）妻**常氏** 年二十八，夫亡，守节，抚子宾成立。

宋守醇妻**阚氏** 年二十六，夫亡，守节，子旋殁，复抚孙成立。

吴铎妻**尚氏** 年二十五，夫亡，守节，抚嗣子昀成立。

刘丕暹妻**吴氏** 年二十九，夫亡，守节，生遗腹子旋殇，抚嗣子景张食饩。

常世则妻**刘氏** 年二十三归常，未市月夫亡，继子承嗣，又夭，族人更为立嗣，及成立又亡，苦节终身。

常世臣妻**王氏** 年三十，夫亡，守节。

金运春妻**宋氏** 年二十六，夫亡，守节。

郑家荣妻**李氏** 年二十三，夫亡，守节，抚嗣子芳成立。

吴延年妻**田氏** 年二十一，夫亡，守节。

李桂生妻**杨氏** 年二十五，夫亡，守节，抚孤成立。

王足民妻**孟氏** 年二十五，夫亡，守节，抚孤成立。

王希贤妻**乐氏** 年二十六，夫亡，守节，教子惠民游泮。

张昭妻**王氏** 年二十九，夫亡，守节抚孤成立。

石如玉妻**李氏** 年二十一，夫亡，守节。

曾兆鹍妻**毛氏**　年二十，夫亡，守节，抚嗣子智儿成立。

郑军妻**赵氏**　年二十五，夫亡，守节，抚孤成立。

戚林仁妻**汪氏**　年二十三，夫亡，守节，继子承嗣。

蔡允莩继妻**高氏**、蔡允芳妻**孟氏**　高年二十六，夫亡；孟年二十三，夫亡；娣姒同心守节，共抚莩前室子昆入太学。

王文妻**汪氏**　年二十一，夫亡，守节，继子承嗣。

郑俊妻**陈氏**　年二十五，夫亡，守节。

廪生崔立业继妻**徐氏**　年二十九，夫亡，守节，抚孤云升游泮。

田泗清妻**史氏**　年二十二，夫亡，守节，抚孤成立。

田成玉妻**于氏**　年二十一，夫亡，守节。

李壮行妻**吴氏**　年二十四，夫亡，守节，抚两孤成立。

梁万仓妻**高氏**　年二十三，夫亡，守节，抚孤成立。

王柏年妻**黄氏**　年二十九，夫亡，守节，抚孤成立。

黎诰妻**李氏**　年二十八，夫亡，守节。

庠生吴秀廷妻**彭氏**　年二十五，夫亡，守节，抚嗣子元质成立。

周伟妻**彭氏**　年二十一，夫亡，守节，子未周岁旋殇。

郭焕妻**李氏**　年二十二，夫亡，守节，抚孤成立。

郭进幸妻**张氏**　年二十，夫亡，守节。

郭俊妻**周氏**　年十九，夫亡，守节，抚子授室，后又殁，复抚幼孙，以绵嗣续。

徐振英妻**高氏**　年二十一，夫亡，守节。

杨凤妻**姜氏**　年三十，夫亡，守节。

徐秉成妻**王氏**　年十九，夫亡，守节。

孟孝枋妻**孙氏**　年二十四，夫亡，守节。

监生彭大勇妻**王氏**　年二十三，夫亡，守节，抚孤成立。

陈廉妻**邹氏**　年十七，夫亡，守节。

庠生吴佑之妻**张氏**　年二十六，夫亡，抚子元瀹守节。

姜开周妻**王氏**　年二十七，夫亡，守节。

韩封五妻**李氏**　年二十三，夫亡，守节。

季逢通妻**何氏** 年十七，夫亡，守节。

李昌龄妻**季氏** 年十九，夫亡，守节，抚孤成立。

李成金妻**曹氏** 年二十六，夫亡，守节，抚孤成立。

泰聚和妻**刘氏** 年二十三，夫亡，抚孤成立，守节二十余年。

李廷弼妻**黄氏** 年十九，夫亡，守节二十余年。

李安妻**吴氏** 年二十六，夫亡，守节抚孤成立。

孟淳妻**吴氏** 年未三十，夫亡于外，家贫，依母兄以女红自给，抚子成立。

周成妻**邹氏** 年二十四，夫亡，守节。

李谦妻**王氏** 年二十三，夫亡，守节，抚孤成立。

庠生石钟继妻**苗氏** 年二十七，夫亡，守节，抚二子成立，长宝德入府庠。

杨嘉谟妻**袁氏** 年十七归杨，未一月夫亡，抚嗣子守节。

卫溥妻**孟氏** 年十八归溥，未两月夫亡，抚嗣子绵守节。

卫金妻**解氏** 年二十五，夫亡，守节。

张俊妻**许氏** 年十八，夫亡，守节。

张美功妻**王氏** 年十九，夫亡，守节。

武敬妻**张氏** 年十八，夫亡，守节抚嗣子成立。

康见龙妻**张氏** 年二十一，夫亡，守节抚孤成立。

张瑛妻**章氏** 年二十四，夫亡，守节抚孤成立。

常应征妻**李氏** 夫亡，守节，二十余年。

常如枚妻**李氏** 夫亡，守节二十余年。

刘（名失考）妻**赵氏** 年二十五，夫亡，守节四十五年。

王汉继妻**朱氏** 年二十七，夫亡，守节抚前室子廷栋成立。

宋愈妻**傅氏** 年十九归宋，因夫久病，未尝晤面，月余夫亡，守节终身。

庠生杜佑远妻**沈氏** 年二十一，夫亡，守节。

乐亭县

廪生王孙兰妻**萧氏**　年二十五，夫亡，守节，抚孤游泮。

曹沈妻**佟氏**　夫亡，守节。

陈一甲妻**毕氏**　夫亡，守节。

卢毓花妻**魏氏**　夫亡，守节。

刘通妻**萧氏**　夫亡，守节。

田选妻**周氏**　夫亡，守节。

孙可振妻**邹氏**　夫亡，守节。

赵璠妻**孙氏**　夫亡，守节。

以上元年旌。

商鹏九妻**齐氏**　年二十四，夫亡，抚孤游泮，守节五十余年。

刘京妻**王氏**　夫亡，守节。

张捷魁妻**康氏**　夫亡，守节。

李朝华妻**杨氏**　夫亡，守节。

郭健才妻**胡氏**　夫亡，守节。

张荫选妻**井氏**　夫亡，守节。

段修道妻**贾氏**　夫亡，守节。

以上二年旌。

李芝妻**姚氏**　年二十三，夫亡，守节，抚嗣游泮。

阴思恭妻**刘氏**　夫亡，守节。

田聚宝妻**胡氏**　夫亡，守节。

周广生妻**王氏**　夫亡，守节。

何怀璞妻**石氏**　夫亡，守节。

阴自科妻**徐氏**　夫亡，守节。

以上三年旌。

张绅妻**姚氏**　夫亡，守节。

徐弼龙妻**李氏**　夫亡，守节。

王道复妻**倪氏**　夫亡，守节。

张启健妻**孙氏**　夫亡，守节。

以上四年旌。

毛印龙妻**刘氏**　夫亡，守节。五年旌。

赵庄妻**王氏**　夫亡，守节。

刘孔训妻**苗氏**　夫亡，守节。

李宝玉妻**石氏**　夫亡，守节。

陈子上妻**王氏**　夫亡，守节。

以上六年旌。

贾尔印妻**景氏**　夫亡，守节。七年旌。

王思敬妻**张氏**　夫亡，守节。

杨玉秀妻**王氏**　夫亡，守节。

严居珍妻**葛氏**　夫亡，守节。

高良宰妻**武氏**　夫亡，守节。

刘明泽妻**杨氏**　夫亡，守节。

高奇妻**康氏**　夫亡，守节。

以上九年旌。

曹琮妻**萧氏**　夫亡，守节。

杨聚兰妻**富氏**　夫亡，守节。

孙好问妻**杨氏**　夫亡，守节。

郁文灿妻**耿氏**　夫亡，守节。

刘海问妻**李氏**　夫亡，守节。

齐国碧妻**苗氏**　夫亡，守节。

孙连举妻**杨氏**　夫亡，守节。

孙朝宾妻**王氏**　夫亡，守节。

以上十二年旌。

张永正妻**李氏**　夫亡，守节。

刘兴仁妻**张氏**　夫亡，守节。

以上十三年旌。

汉军黄琦妻**王氏**　年二十五，夫亡，抚两孤成立，守节三十余年。本旗题旌。

李守凤妻**季氏** 十七年旌。

李范妻**倪氏** 年十九于归，逾九月夫亡，无子，抚嗣子维垣以选贡登贤书官县令。十八年旌。

石可举妻**孙氏** 有传。

刘文进妻**高氏** 年二十六，夫亡，守节。

以上十九年旌。

孟显妻**陈氏** 年二十二，夫亡，守节，遗子云甫四岁抚之成立。二十一年旌。

监生阴自成妻**葛氏** 年二十五，夫亡，守节，抚夫从子思和为嗣，孙璐成武进士。二十三年旌。

庠生宋传胪妻**张氏** 年二十七，夫亡，守节，抚嗣子为诸生。二十九年旌。

王克勤妻**汪氏** 年二十八，夫亡，教子游泮，守节三十五年。

王钟灵妻**倪氏** 年二十四，夫亡，抚夫从子为嗣，教之游泮，守节三十五年。

王承烈妻**高氏** 年二十二，夫亡，奉翁鞠子，苦节六十年。

以上三十五年旌。

黄登五妻**曹氏** 年十七，夫亡，教子淦举于乡，守节四十五年。三十九年旌。

庠生陈赟妻**李氏** 年二十五，夫亡，子方襁褓，教子游泮，守节三十九年。

吴恒泰妻**康氏** 年十八于归，五月夫亡，抚四岁夫侄承嗣。

以上四十三年旌。

邬贤妻**张氏** 年二十一，夫亡，抚嗣子，守节四十四年。

任怀宝妻**阚氏** 年十八于归，期月夫亡，继夫侄为嗣，教之成立，守节四十五年。

以上五十二年旌。

庠生史秉德继妻**李氏** 有传。

庠生安如崃妻**吴氏** 年二十五，夫亡，守节三十余年。

王大年妻**阎氏**　有传。

杨政时妻**董氏**　年二十九，夫亡，守节，继夫从子为嗣。

刘汉继妻**王氏**　有传，妇徐氏附。

杨进妻**郝氏**　夫亡，守节。

张重妻**高氏**　年二十三，夫亡，抚孤成立，守节五十一年。

杜成芬妻**赵氏**　有传，子妇陈氏、曾孙妇徐氏俱附。

高继先妻**马氏**　夫亡，姑老，一子旋殇，守节三十余年。

杜邦相妻**景氏**　年二十二，夫亡，抚幼子成立，后子媳俱夭，抚周岁孙成立，守节六十年。

宁宏昭妻**刘氏**　年二十五，夫亡，守节五十年。

赵子荣妻**葛氏**　年二十七，夫亡，守节六十年。

张侗妻**苗氏**　年二十，夫亡，抚孤成立，守节五十余年。

孙大志妻**杨氏**　年十九，夫亡，无子，守节三十余年。

庠生朱采妻**戴氏**　年二十三，夫亡，抚孤守节三十余年。

李寅妻**陶氏**　年十七适李，数月夫亡，无子，守节终身。

李成玺妻**霍氏**　年十八，夫亡，守节。

庠生李醑妻**徐氏**　年二十一，夫亡，守节三十余年。

廪生商卓妻**陈氏**　年十八，夫亡，无子，守节四十八年。

张廷桂妻**邬氏**　年二十四，夫亡，守节六十二年。

李智轩妻**王氏**　年二十五，夫亡，守节四十九年。

李维新妻**王氏**　年二十六，夫亡，守节，抚两孤俱成立。

宁尔成妻**萧氏**　年二十，夫亡，守节，遗孤甫二岁，抚之成立。

庠生姚起陶妻**张氏**　有传。

韩效孟妻**刘氏**　年二十七，夫亡，抚孤成立，守节三十七年。

廪生葛鸿箓妻**张氏**　年二十六，夫亡，守节，抚孤成立。

庠生萧斯萼妻**阴氏**　年二十二，夫亡，守节四十年。

王鸿绩妻**李氏**　有传。

萧嗣燫妻**张氏**　年二十四，夫亡，守节。

彭云贵妻**唐氏**　年二十一，夫亡，守节六十三年。

庠生李镇妻**徐氏** 有传。

谢永誉妻**石氏** 年二十六，夫亡，守节四十八年。

杨德泽妻**吴氏** 有传。

山海卫

庠生吕世升妻**沈氏** 年二十七，夫亡，抚孤成立，守节。

范维礼继妻**郭氏** 年二十九，夫亡，守节，训前子浚由明经秉铎河间。

以上元年旌。

临榆县

监生李馥生妻**赵氏** 年二十九，夫亡，抚孤成立，守节五十四年。二年旌。

施怀信妻**熊氏** 有传。

赵正功妻**郭氏** 年二十二，夫亡，抚孤文焕贡入太学，守节六十一年。

庠生吉毓麟妻**李氏** 年三十，夫亡，家甚贫，事衰翁，抚幼子，孝慈克全。

施邦佐妻**余氏** 年二十九，夫亡，孝事孀姑，抚孤成立。

以上四年旌。

袁起云妻**张氏** 年二十一，夫亡，守节四十余年。五年旌。

杨进朝妻**郝氏** 年二十八，夫亡，教子读书有成，守节五十余年。十一年旌。

吏员李惠民妻**赵氏** 年二十七，夫亡，止遗一女，抚嗣子，守节十四年。旌。

袁德恒妻**张氏** 年二十七，夫亡，守节三十四年。二十七年旌。

穆维丰妻**刘氏** 年二十五，夫亡，遗孤甫十月，守节四十年。

庠生李开芬妻**张氏** 年二十五，夫亡，守节四十三年。

范思胜妻**黄氏** 年二十六，夫亡，子未周岁，守节四十二年。

曹鼐妻**刁氏** 年二十一，夫亡，守节。

吴昢继妻**赵氏** 年二十八，夫亡，子未周岁，前室二子俱幼，皆抚之成立，守节三十余年。

刘士贤妻**郭氏** 有传。

常维乾妻**李氏** 年二十八，夫亡，守节，教子天俊食饩。

庠生穆廷遴妻**李氏** 年二十六，夫亡，守节四十七年。

庠生穆宗霨妻**谢氏** 有传。

齐进孝妻**杨氏** 年二十四，夫亡，守节。

李开香妻**高氏** 年二十五，夫亡，守节。

陈四海妻**程氏** 年二十七，夫亡，守节。

傅国备妻**王氏** 年二十八，夫亡，守节，教子游泮。

李养植妻**杨氏** 年二十八，夫亡，守节。

李时秀妻**涂氏** 有传。

闫梅之妻**向氏** 有传。

监生穆永清妻**谭氏** 有传。

李道和妻**甘氏** 年二十四，夫亡，守节，抚八月孤成立。

邵起云妻**李氏** 年二十九，夫出关堕于海，抚遗腹子，守节。

温大妻**陈氏** 年二十八，夫亡，抚遗腹子，守节三十三年。

吉永泰妻**宋氏** 年十九，夫亡，守节。

辛延丘妻**陈氏** 年二十九，夫亡，守节。

薛良斌妻**郭氏** 年二十八，夫亡，守节，抚孤成立。

赵子玉妻**徐氏** 年二十八，夫亡，守节，抚两月孤成立。

赵昌绪妻**田氏** 年二十八，夫亡，守节，抚两孤成立。

刘中兴妻**郑氏** 年二十九，夫亡，守节，抚两月孤成立。

赵升妻**高氏** 年二十六，夫亡，守节。

张开甲妻**连氏** 年二十六，夫亡，守节，遗孤五岁抚之游泮。

陈自贵妻**张氏** 年二十五，夫亡，守节，遗孤至弱冠亦殁。

张谨至妻**王氏** 年二十三，夫亡，守节，子未弥月抚之成立。

张彬妻**赵氏** 年二十九，夫亡，守节，遗孤三月抚之成立。

田尔渥妻**李氏** 年二十三，夫亡，守节，子方周岁抚之成立。

刘朝典妻**赵氏**　年二十一，夫亡，守节。

王锡位妻**何氏**　年二十六，夫亡，守节。

杨超妻**石氏**　年二十八，夫亡，守节。

田吉妻**罗氏**　年二十一，夫亡，守节。

刘琬妻**谭氏**　年十八，夫亡，守节，一子旋夭，抚嗣子成立。

庠生赵元英妻**张氏**　年二十二，夫亡，守节。

庠生张玮妻**金氏**　年二十九，夫亡，守节。

监生周梦龙妻**穆氏**　年二十四，夫亡，守节，子年三十六亦殁，抚三孙成立。

张瓒妻**石氏**　年二十四，夫亡，守节，子方二岁，抚子成立。

冯性妻**甘氏**　年二十八，夫亡，守节至七十九岁卒。

侯文班妻**马氏**　年二十五，夫亡，守节至六十六岁卒。

刘文声妻**徐氏**　年十六，夫亡，守节至五十四岁卒。

战从亮妻**杨氏**　夫亡，守节，抚侄成立。

袁**马氏**　夫亡，守节。

李德仲妻**卢氏**　年二十八，夫亡，家贫乞食，守节三十二年。

李宗尧妻**郭氏**　有传。

徐璧妻**黄氏**　年二十二于归，一月夫亡，守节五十一年。

黄文焜妻**娄氏**　年二十二，夫亡，守节五十四年。

李肇妻**侯氏**　年二十六，夫亡，抚嗣子，守节五十五年。

王文运妻**吕氏**　夫亡，守节。旌。

庠生王斌妻**姜氏**　年二十九，夫亡，守节。旌。

马垣妻**某氏**　夫亡，守节。旌。

任九公妻**李氏**　年二十八，夫亡，守节。

阮凤仪妻**侯氏**　夫亡，守节。旌。

蔡廷辅妻**凤氏**　夫亡，守节五十七年。

章（名失考）妻**周氏**　年二十八，夫亡，守节四十九年。

田基妻**罗氏**、张云鹗妻**萧氏**、张彬继妻**范氏**、王昶妻**陈氏**、杨煜妻**刘氏**、王泰妻**陈氏**、马遇歎妻**杨氏**、刘玮妻**张氏**、富兰泰妻**关氏**、刘绍祚妻**郑氏**、朱士恭妻**王氏**、曹铨妻**刘氏**、贺廷弼妻**任氏**、吕文蔚妻**刘氏**、靳箭妻**张氏**、石珩妻**张氏**、郭登云妻**乔氏**、赵秉哲妻**马氏**、刘国辅妻**赵氏**、傅士谦妻**夏氏**、胡玢妻**陈氏**、谭绰妻**张氏**、傅鸣绍妻**徐氏**、赵鸣玉妻**王氏**、马嘉寅妻**张氏**、魏功妻**刘氏**、张江妻**计氏**、张作谟妻**杨氏**、李士选妻**曹氏**、田凤仪妻**刘氏**、曹建妻**刘氏**、王基远妻**高氏**、朱宗尧妻**吕氏**、李升妻**张氏**、石国泰妻**李氏**、王士仪妻**蔡氏**、杨礼妻**常氏**、李廷富妻**张氏**、王仲妻**刘氏**、高曰诚妻**李氏**、周富妻**某氏**、张景泰妻**王氏**、郭量妻**陈氏**、张云路妻**魏氏**、程湘锦妻**李氏**、张国杰妻**李氏**、于文滨妻**马氏**、张姓童养妇**潘氏**、巴扬阿妻**张佳氏**、举人穆开聘妻**常氏**、庠生方墉继妻**张氏**、州同程任远妻**王氏**、监生计国梓妻**吉氏**、前锋多隆额妻**葛氏**、千总李天嘉妻**马氏**、经历韦一元妻**俞氏**、庠生杨培性妻**李氏**、庠生张咏之妻**范氏**

以上节妇五十八名，俱夫亡，守节，已经入祠，惟年久事实失考，谨照祠中牌位载入。

卷之十七

列女表中

嘉庆

卢龙县

唐靖妻**郝氏**　夫亡，守节五十余年。
蒋严妻**方氏**　年二十，夫亡，守节四十三年卒。
司肇元妻**李氏**　夫亡，守节终身。
李弼妻**陈氏**　夫亡，抚遗子成立，守节五十三年卒。
蔡荣妻**宋氏**　夫亡守节。
王达妻**李氏**　年二十四，夫亡，守节六十余年。
张士兰妻**刘氏**　年二十六，夫亡，守节五十余年。
鲁洁妻**周氏**　年二十八，夫亡，抚幼子成立，守节终身。
武宗闵妻**王氏**　年二十九，夫亡，守节四十余年。
程守则妻**孟氏**　年十八，夫亡，守节五十一年。
叶从善妻**李氏**　夫亡，守节。
马轶群妻**李氏**　夫亡，守节。
张忠妻**于氏**　年二十，夫亡，守节六十年。
崔成妻**侯氏**　夫亡，守节三十九年。
任开妻**李氏**　夫亡，守节。
王允升妻**梁氏**　夫亡，守节四十年卒。
安德成妻**赵氏**　年十七，夫亡守节。
王永年妻**徐氏**　年二十，夫亡，守节六十四年。

迁安县

乌兆恒妻**刘氏** 年十九于归，不数月夫亡。抚继子入郡庠，卒年八十七。三年旌。

王汝龙妻**黄氏** 年二十八，夫亡，守节终身。

庠生杜佑远妻**沈氏** 年二十一，夫亡，守节终身。

朱凤池妻**梅氏** 年十九，夫亡，守节终身。

李芳妻**高氏** 年二十，夫亡，守节终身。

李彭妻**焦氏** 年二十二，夫亡，守节六十年。

张照福妻**徐氏** 年二十九，夫亡，守节五十五年。

万鹏举妻**郑氏** 年二十四，夫亡，抚三岁子成进士，守节终身。

张尧妻**李氏**

庠生沈廷英妻**杨氏** 年二十二，夫亡，守节六十四年。十六年旌。

王仟妻**陈氏** 年十九，夫亡，守节五十四年。

张昕妻**王氏** 年二十三，夫亡，守节十二年卒。

沈廷标妻**李氏** 年三十，夫亡，抚子廉成立，守节五十八年。

张（名失考）妻**刘氏** 合卺后数日，夫亡，年八十余卒。

李克先妻**田氏** 年二十九，夫亡，守节五十九年。

武生沈兆鹏妻**陈氏** 年二十四，夫亡，守节六十三年。

庠生杨如柏妻**魏氏** 年二十四，夫亡，守节六十二年。

张光奎妻**何氏** 夫亡，守节，年八十七卒。

杨成枝妻**任氏** 年二十二，夫亡，子早逝，抚二孙成立，守节六十五年。

千总杨德成妻**阎氏** 年十九，夫亡，守节六十九年。

宋永安妻**赵氏** 年十九，夫亡，抚周岁子成立，守节六十余年。

赵昌龄妻**刘氏** 年二十一，夫亡，守节六十余年。

胡永荣妻**范氏** 年二十，夫亡，抚孤成立，守节六十余年。

李德源妻**韩氏** 年二十，夫亡，抚七月孤明儒成立，守节六十余年。

孟玉书妻**许氏** 年二十九，夫亡，守节六十余年。

王德发妻**李氏** 年二十九，夫亡，守节五十余年。

李天柱妻**刘氏** 年二十八，夫亡，守节五十余年。

刘天成妻**徐氏** 夫贾不返，苦守五十年卒。

庠生王建中妻**杨氏** 年二十九，夫亡，守节五十二年。

抚宁县

王电妻**李氏** 夫亡，守节。九年旌。

韩察妻**曹氏** 年十九，夫亡，守节。十三年旌。

王淑襄妻**梁氏** 夫亡，守节终身。

李璇妻**孙氏** 年二十三夫亡，守节终身。

张怀远妻**刘氏**、李文熙妻**黄氏**、聂思义妻**徐氏**、王可量妻**李氏**、王桢妻**李氏**、庠生王楫妻**冯氏**、李如兰妻**刘氏**、祖良玉妻**贲氏**、祖馨妻**高氏**、单正心妻**刘氏**、张选妻**陈氏**、庠生王国勋妻**李氏**、于成妻**翟氏**、茹英妻**惠氏**。

王宠升妻**张氏** 年二十八，夫亡，抚孤成立，守节五十五年。

吕琨妻**王氏** 年二十二，夫亡，继侄思明为嗣，守节六十三年。

王涌妻**李氏** 年三十，夫亡，苦节五十余年。

武生詹杰妻**蒋氏** 夫亡，守节四十九年。

谈玉发妻**毛氏** 年二十九，夫亡，抚孤成立，苦节四十五年。

武生贲勋妻**吕氏** 年二十五，夫亡，子早逝，继孙承祧，守节三十二年。

赵泌妻**张氏** 年二十九，夫亡，抚孤成立，苦节五十五年。

州同贲大典妻**田氏** 年二十五，夫亡，嗣侄承祧，守节四十一年。

李琨妻**马氏** 年二十五，夫亡，以侄清玉为子，守节五十六年。

昌黎县

正黄旗汉军张玉林妻**高氏** 有传。

邢廷直妻**张氏** 夫亡，守节。七年旌。

张国梁妻**韩氏** 年二十五，夫亡，抚孤成立。十一年旌。

刘有德妻**靳氏** 年二十九夫亡，抚孤成立，守节四十三年。

周（名失考）妻**高氏** 有传。

齐涵妻**高氏**、张玉林妻**赵氏**、田时雨妻**郑氏**。

任汝贤妻**杨氏** 年十九，夫亡，无子，守节终身。

张朝弼妻**魏氏** 年二十五，夫亡，教子成名，学使旌之。

刘连元妻**陆氏** 年二十六，夫亡，守节终身。

邵榘妻**赵氏** 年二十二，夫亡，抚继子入泮，守节终身。

郝大雅妻**赵氏** 年十七，夫亡，抚遗腹子成立，守节终身。

贾平凤妻**许氏** 年二十四，夫亡，守节终身。

郭思忠妻**荀氏** 年二十三，夫亡，守节终身。

赵梁栋妻**邵氏** 年二十九，夫亡，守节终身。

李廷琳妻**费氏** 年十七，夫亡，守节终身。

李云鸿妻**吴氏** 年二十四，夫亡，无子守节终身。

赵三多妻**秦氏** 年二十七，夫亡，抚两孤成立，守节终身。

杨实妻**庞氏** 年二十，夫亡，守节终身。

阎穆熙侧室**张氏** 有传。

傅应遴妻**杨氏** 年二十八，夫亡，抚孤成立，守节五十二年。

邵怀升妻**郭氏** 年二十九，夫亡，苦节五十余年。

吴士英妻**郑氏** 年十七，夫亡，守节六十四年。

田甫荣妻**王氏** 年二十二，夫亡，守节六十年。

马克泰妻**程氏** 年二十九，夫亡，守节五十三年。

孙洙妻**赵氏** 年二十四，夫亡，抚子成立，守节五十七年。

李定邦妻**赵氏** 年二十，夫亡，子早逝，抚孙成立，守节六十年。

朱禄妻**张氏** 年二十九，夫亡，抚孤成立，守节五十六年。

曹培元妻**朱氏** 有传，培元之弟三宝妻杨氏附。

田宝盈妻**赵氏** 年二十四，夫亡，以侄为嗣，守节四十二年。

齐熙年妻**李氏** 年二十八，夫亡，抚孤成立，守节六十年。

许圣德妻**刘氏** 年十九，夫亡，抚嗣子成立，守节五十九年。

许怀宝妻**张氏** 年二十一，夫亡，抚孤成立，守节四十五年。

马耀先妻**马氏** 年二十七，夫亡，无子，守节三十七年。

张景贤妻**杨氏** 年二十七，夫亡，抚孤成立，守节三十九年。

马君玺妻**许氏** 年二十四，夫亡，守节五十一年。

马大魁妻**曹氏** 年二十八，夫亡，守节四十二年。

廪生张佐麟妻**李氏** 年二十六，夫亡，抚两岁孤泰征入泮，守节五十一年。

李成安妻**孙氏** 年二十四，夫亡，抚嗣子成立，守节五十四年。

曹崇利妻**孙氏** 年二十，夫亡，抚孤成立，守节四十九年。

梁廷妻**李氏** 年二十四，夫亡，抚三岁孤成立，守节四十二年。

孙琅妻**戴氏** 年二十三，夫亡，守节五十二年。

刘钟妻**张氏** 年二十二，夫亡，抚周岁孤成立，守节六十年。

陈宏妻**杨氏** 年二十七，夫亡，以侄为嗣，守节六十四年。

张君银妻**杨氏** 年二十五，夫亡，抚嗣子成立，守节四十六年。

武生张腾霄妻**张氏** 年三十，夫亡，抚二子成立，守节三十六年。

邵池妻**萧氏** 年二十九，夫亡，抚犹子鸣谦成立，守节四十一年。

贡生张述栻妻**孙氏** 年二十九，夫亡，抚周岁孤成立，守节四十二年。

邵深妻**万氏** 年二十九，夫亡，家贫，无子，富家三聘，坚志不渝，守节四十一年。

曹养粹妻**常氏** 年二十四，夫亡，无子，守节三十三年。

翟炯妻**王氏** 年三十，夫亡，无子，守节二十八年。

曹奕奎妻**任氏** 年二十四，夫亡，守节二十八年。

庠生杜奎炽妻**苏氏** 年二十四，夫亡，教犹子荫堂入泮，守节四十二年。

胡进凤妻**杜氏** 年二十，夫亡，无子，守节三十年卒。

李廷妻**韩氏** 有传。

齐世纶妻**贾氏** 年二十九，夫亡，抚两孤成立，守节四十一年。

郭宏志妻**王氏** 年十九，夫亡，抚四月孤成立，守节六十年。

监生孙德崇妻**魏氏** 年三十，夫亡，抚孤成立，守节四十三年。

齐应璧妻**王氏** 年二十八，夫亡，无子，守节二十年卒。

周元善妻**高氏** 年二十一，夫亡，抚孤成立，守节五十五年。

任德顺妻**许氏** 年十八于归，甫一月，夫亡，无子，守节四十二年。

杨桧森妻**张氏** 年二十六，夫亡，嗣子早逝，抚孙士衡入泮，守节四十五年。

庠生齐兆璜妻**马氏** 年三十，夫亡，无子，姑目失明，奉事维谨。

陈玉宾妻**许氏** 年二十八，夫亡，守节四十四年。

郭生妻**石氏** 年二十，夫亡，无子，翁患瘫症，奉养四十余年无少怠，守节五十七年。

马重光妻**刘氏** 年二十九，夫亡，无子，守节三十余年。

李明礼妻**刘氏** 年二十四，夫亡，抚孤成立，守节五十二年。

陈良玉妻**郭氏** 年二十九，夫亡，抚二子成立，守节四十年。

赵成功妻**曾氏** 年十九于归，甫三月，夫远出不归，苦守六十二年。

田仁妻**刘氏** 年二十二，夫亡，无子，抚嗣子成立，守节五十五年。

田得仁妻**冯氏** 年十八于归，甫三月，夫亡，守节五十一年。

李中权妻**魏氏** 年十七于归，未一年，夫亡，守节六十七年。

王一新妻**郭氏** 年二十八，夫亡，以侄为嗣，守节六十一年。

张富妻**颜氏** 年三十，夫亡，子幼，夫系出继，其本生父母氏一体奉侍，养葬皆任之，守节四十一年。

张顺德妻**李氏** 年二十五，夫亡，抚二子成立，守节五十五年。

卢钺妻**丁氏** 年十九，夫亡，无子，以侄为嗣，守节六十年。

高珣妻**阮氏** 年二十一，夫亡，博通书史，教子成立，守节六十四年。

高作桀妻**吴氏** 年二十二，夫亡，教嗣子伟照入成均，守节二十七年卒。

高士英妻**刘氏** 年二十一于归，仅五月，夫亡，苦节四十八年。

张引年妻**郭氏** 年二十一，夫亡，以侄为嗣，旋夭，复继族子，守节六十七年。

宋兆昌妻**胡氏** 年二十四，夫亡，抚嗣子成立，守节五十年。

赵宫璠妻**高氏** 年十八，夫亡，以侄为嗣，守节五十二年。

何中文妻**高氏** 年二十七，夫亡，抚孤成立，守节五十四年。

孙应举妻**江氏** 年三十，夫亡，无子，守节四十五年。

庠生高士俊妻**唱氏** 年二十二，夫亡，抚孤成立，守节四十二年。

李文魁妻**封氏** 年二十一，夫亡，以侄为嗣，守节四十五年。

崔俊妻**赵氏** 年二十二，夫亡，守节六十年。

李邦英妻**唱氏** 年十九，夫亡，无子，守节四十年。

孙学易妻**姚氏** 年十八，夫亡，抚孤成立，守节六十四年。

孙积德妻**窦氏** 年二十三，夫亡，抚孤成立，守节五十七年。

李有仁妻**李氏** 年三十，夫亡，抚嗣子成立，守节四十二年。

李有义妻**王氏** 年二十九，夫亡，守节四十四年。

范文魁妻**李氏** 年二十二，夫亡，以侄为嗣，守节四十三年。

王宗成妻**魏氏** 年二十七，夫亡，守节五十六年。

孟秉钧继妻**魏氏** 年二十一，夫亡，抚遗腹子成立，守节六十三年。

郭（名失考）妻**曹氏** 年十九，夫亡，抚嗣子成立，卒年八十余岁。

赵大伦妻**李氏** 年二十四，夫亡，无子，守节四十余年。

许成勋妻**赵氏** 年二十二，夫亡，守节五十一年。

宋（名失考）妻**崔氏** 年二十六，夫亡，无子，姑目失明，氏事之敬谨，守节四十年。

杨（名失考）妻**邵氏** 结缡未久，夫即夭逝，苦节四十余年。

韩佩镖妻**王氏** 年二十二，夫亡，抚嗣子成立，守节五十二年。

赵璐妻**刘氏** 年二十八，夫亡，教嗣子兰芳入泮。

刘立基妻**康氏** 年二十九，夫亡，抚三子成立，守节十六年卒。

李鹏龄妻**张氏** 年二十四，夫亡，守节四十四年。

李培润妻**王氏** 年二十一，夫亡，抚孤成立，守节五十三年。

李时猷妻**阎氏** 年十九，夫亡，无子，守节四十七年。

邸际清妻**胡氏** 年十九，夫亡，无子，守节三十四年。

李维俊妻**王氏** 年二十二，夫亡，抚孤成立，守节四十六年。

毕逭妻**白氏** 年二十一，夫亡，慈抚嗣子，守节五十二年。

张大任妻**龙氏** 年二十三，夫亡，无子，守节五十三年。

宋春荣妻**梁氏** 年十九，夫亡，无子，守节六十四年。

吴登云妻**李氏** 年二十四，夫亡，抚周岁孤成立，守节六十四年。

王鸣声妻**程氏** 年二十一，夫亡，以夫弟子为嗣，守节五十八年。

高长发妻**刘氏** 年二十九，夫亡，抚孤成立，守节二十一年卒。

田文思妻**魏氏** 年二十四，夫亡，抚孤成立，守节三十八年。

齐亮工妻**刘氏** 年二十三，夫亡，抚两岁孤成立，守节四十一年。

王大绅妻**陈氏** 年二十六，夫亡，抚子成立，守节五十六年。

王国栋妻**张氏** 年二十一，夫亡，抚孤成立守节四十九年。

伦乙临妻**林氏** 年二十八，夫亡，抚孤成立，苦节五十六年。

陈万有妻**陈氏** 年二十三，夫亡，抚孤成立，守节五十二年。

王兆凤妻**龙氏** 年二十三，夫亡，抚孤成立，守节五十二年。

陈嘉秩妻**宋氏** 年十八，夫亡，抚一岁孤成立，守节六十二年。

陈祖孟妻**刘氏** 年三十，夫亡，抚孤成立，守节四十余年。

万琇妻**白氏** 年二十，夫亡，守节终身。

万克让妻**张氏** 年二十，夫亡，守节五十四年。

万元辉妻**马氏** 年二十五，夫亡，抚孤成立，守节四十五年。

万士林妻**宋氏** 年二十二，夫亡，抚一岁孤成立，守节五十年。

顾莲峰妻**孙氏** 年二十，夫亡，守节四十二年。

刘轩举妻**张氏** 年二十二，夫亡，守节五十一年。

田钟英妻**李氏** 年十九，夫亡，抚孤成立，守节六十年。

魏助唐侧室**张氏** 年二十一，夫亡，守节五十余年。

陈殿魁妻**丁氏** 年二十三，夫亡，守节二十五年卒。

崔训妻**李氏** 年二十一，夫亡，无子，守节五十三年。

李明裔妻**李氏** 年十八，夫亡，无子，守节六十三年。

李玥妻**宣氏** 夫亡，守节。督学徐给匾旌之，年岁失考。

郭来全妻**蒋氏** 年三十，夫亡，守节六十余年。

李廷璋继妻**张氏** 年二十六，夫亡，抚嗣子成立，守节五十六年。

李诏妻**姚氏** 年二十五，夫亡，抚继子成立，守节四十二年。

李筠妻**唱氏** 年二十四，夫亡，抚嗣子成立，守节四十七年。

李成裔妻**张氏** 年二十六，夫亡，抚继子成立，守节四十年。

李基宽妻**唱氏** 夫亡，年岁失考，守节终身。

李权妻**宣氏** 年二十二，夫亡，抚嗣子成立，守节五十一年。

王士完妻**郑氏** 年二十七，夫亡，抚二子成立，守节四十八年。

李素妻**高氏** 夫亡，年岁失考，守节终身。

李从喜妻**刘氏** 年二十七，夫亡，抚孤成立，守节五十七年。

滦　州

卫朝进妻**赵氏** 年十七，夫亡守节。五年旌。

张汝霖妻**侯氏** 年二十三，夫亡，守节三十余年。

石成玉妻**苏氏** 年二十九，夫亡，守节四十余年。

以上，六年旌。

孟登榜妻**阎氏** 年十六于归，夫已病，越两月，夫亡，抚嗣子成立，守节三十余年。七年旌。

王恩涛妻**董氏** 年二十一夫亡，教子廷玑入泮。八年旌。

刘昆妻**郭氏** 年二十九，夫亡，无嗣子景云入泮，守节六十余年。

周昌鉴妻**吴氏** 年二十三于归，数月夫亡，守节三十余年。十二年旌。

杜雅远妻**沈氏** 年二十一，夫亡，守节终身。

王汝龙妻**黄氏** 年二十八，夫亡，家贫无子，守节终身。

以上十三年旌。

李冠山妻**王氏** 年二十二，夫亡，抚嗣子如己出，守节终身。

李天嘉妻**马氏** 年二十八，夫亡，守节终身。

宣圣功妻**王氏** 有传。

旗籍郑良继妻**刘氏** 年二十一，夫亡，抚前子元理、元炳成立，守节三十余年。

以上十五年旌。

李盛妻**许氏** 年十九，夫亡，抚嗣子成立，苦节终身。

王梦魁妻**汪氏** 年二十，夫亡，继襁褓侄为嗣，守节终身。十八年旌。

马震妻**牛氏** 年二十，夫亡，无子，守节三十余年。

姜天贤妻**崔氏** 年二十五，夫亡，守节五十余年。庚申年旌。

弭廷宣妻**颜氏** 有传，子妇张氏附。

武举刘嗣哲妻**王氏** 年二十八，夫亡，教嗣子玮入泮，守节二十七年卒。

白腾贵妻**韩氏** 年二十二，夫亡，教子岱云中戊申科武举，守节四十年。

田泽清妻**刘氏** 年二十三，夫亡，抚子成立，守节五十余年。

张岱妻**刘氏** 年二十，夫亡，守节四十余年。

刘殿元妻**周氏** 年十九，夫亡，守节三十余年。

薛文达妻**刘氏** 年二十三，夫亡，抚子璋援例入成均，守节五十余年。

于泗清妻**孟氏** 年二十八，夫亡，守节三十余年。

张耀先妻**傅氏** 年十九，夫亡，守节四十年。

张午妻**姚氏** 年二十，夫亡，教子定预入武庠，守节四十余年。

孟文学妻**刘氏** 年三十，夫亡，守节三十余年。

李腾蛟妻**吴氏** 有传，夫弟腾云妻张氏附。

李复振妻**高氏** 年二十，夫亡，守节三十余年。

李复明妻**高氏** 年十九，夫亡，守节三十余年。

李德妻欧**阳氏** 年二十，夫亡，守节六十余年。

杨震妻**崔氏** 年二十三，夫亡，家贫子幼，守节四十七年。

张运廷妻**张氏** 年二十六，夫亡，守节三十余年。

乐亭县

庠生姚云从妻**高氏** 年十八于归一年，夫亡，抚夫堂侄为子，守节四十一年。

陈家夔妻**安氏** 武探花廷召女。年二十一，夫亡，抚三月孤成立，守节终身。以上，四年旌。

王显妻**孙氏** 年二十三，夫亡，抚三岁孤成立，守节四十八年。十一年旌。

耿士壮妻**孙氏** 年十九，夫亡，守节。十二年旌。

王建邦妻**任氏** 年二十二，夫亡，以夫侄元通为嗣，教之入庠，守节五十年。二十一年旌。

石国成妻**陈氏** 年二十四，夫亡，抚子汝珏成立，守节终身。二十二年旌。

李俊生妻**史氏** 年二十三，夫亡，守节四十余年。

张百玉妻**张氏** 年二十三，夫亡，守节五十余年。

乡贡生刘可兴妻**赵氏** 有传。

高果妻**邵氏** 有传。

王教妻**吴氏** 有传。

刘志广妻**李氏** 夫亡，守节终身。

陆联珠妻**石氏** 有传。

临榆县

袁国本妻**张氏** 年二十一，夫亡，守节三十余年。三年旌。

李棨妻**侯氏** 年十八，夫亡，以侄思训为嗣，守节六十三年。五年旌。

常灏元妻**魏氏** 年十九于归，月余夫亡，守节终身。二十三年旌。

邹士敏妻**刘氏**　年二十四，夫亡，守节终身。

李长春妻**郑氏**　有传。

解维翰妻**张氏**　年二十九，夫亡，抚孤成立，守节六十年。

李思恭妻**齐氏**　有传。

道光

卢龙县

王永喜妻**方氏**　年十九，夫亡，守节四十余年。二十九年旌。

赵大猷妻**刘氏**、郭玉麒妻**安氏**。

张榜妻**吕氏**　年二十六，夫亡，守节终身。

王文富妻**汪氏**　年二十一，夫亡，抚三岁孤成立，曾孙起勇入邑庠。

王桀母**方氏**　年十九，夫亡，抚孤成立，守节四十年。

郑显灵妻**刘氏**　年二十七，夫亡，守节四十余年。

贡建邦妻**侍氏**　年二十五，夫亡，守节三十余年。

张德源妻**董氏**　年十七于归，未期月，夫亡，生遗腹子，抚之入庠，守节六十余年。

迁安县

镶白旗甲身常明妻**袁氏**　二年旌。

薛湛妻**刘氏**　年十八，夫亡，抚周岁孤成立。二十年旌。

镶黄旗甲身凌泰妻**那木都鲁氏**、正白旗闲散图肯妻**萧氏**、正蓝旗甲身色克通额妻**特业勒氏**。

以上，二十四年旌。

商云富妻**王氏**　年二十三，夫亡，抚幼子成立，守节六十四年。二十五年旌。

李腾香妻**孟氏**　年二十三，夫亡，守节。二十六年旌。

乌兆扬妻**徐氏**　年二十三，夫亡，抚孤成立，守节终身。

张桂妻**曹氏**　年十七，夫亡，守节三十五年。

满洲闲散人英喜妻**王氏**　年二十九，夫亡，抚二孤成立，守节二十九年卒。

刘德昭妻**韩氏** 年十九于归，甫一年，夫亡，守节四十余年。

才文福妻**刘氏** 年十九，夫亡，守节三十余年。

庠生杨兆基妻**赵氏** 年二十八，夫亡，抚四子成立，守节四十七年。

韩大立妻**郭氏** 年二十七，夫亡，守节终身。

韩林妻**刘氏** 年二十八，夫亡，守节四十一年。

张元烺妻**郎氏** 年十九，夫亡，守节终身。

任克岐妻**陈氏** 年二十二，夫亡，抚遗腹子成立，守节五十六年。

王美泰妻**郭氏** 年二十，夫亡，抚二子成立，守节五十余年。

高成妻**李氏** 有传。

司典妻**刘氏** 年十七，夫亡，抚嗣子光裕如己出，守节六十一年。

庞（名失考）妻**吴氏** 贡生凤至次女，年十八，夫亡，守节三十余年。

蔡玉成妻**李氏** 年二十八，夫亡，守节五十六年。

王嗣福继妻**孟氏** 年二十八，夫亡，守节五十六年。

吴泰妻**马氏** 年三十，夫亡，继侄为嗣，守节四十四年。

司国梁妻**刘氏** 年二十五，夫亡，教二子兰、蕙成名，守节五十二年。

白顺妻**杨氏** 有传。

刘国宠妻**刘氏** 年二十，夫亡，抚遗腹子成立，守节六十年。

魏士源妻**石氏** 年二十四，夫亡，抚继子成立，守节终身。

杨德蔚妻**魏氏** 年二十，夫亡，抚嗣子成立，守节终身。

魏秀妻**张氏** 有传。

魏泽妻**张氏** 年二十五，夫亡，教嗣子君锡入武庠，守节五十二年。

杨宝临妻**徐氏** 年二十四，夫亡，抚三月孤成立，守节三十一年。

兰溪县知县郑德庄侧室**夏氏** 有传，侧室李氏附。

岳玉玱妻**徐氏** 年十七，归岳，夫以贾客死，守节四十二年。

刘玉鲤妻**马氏**　年三十，夫亡，教子成名，守节四十年。

张协理妻**王氏**　年二十七，夫亡，守节三十六年。

张域妻**李氏**　年二十三，夫亡，抚遗孤成立，守节三十二年。

潘文锦妻**张氏**　年二十四，夫亡，抚嗣子入武庠，守节四十余年。

杜宽妻**王氏**　年二十四，夫亡，抚遗腹子入庠，守节四十余年。

刘忠臣妻**谌氏**　年三十，夫亡，子亦早逝，抚孙成立，守节四十四年。

任琢妻**姜氏**　年二十八，夫亡，抚嗣子如己出，守节四十七年。

白全洁继妻**赵氏**　年二十六，夫亡，抚前室子如己出，守节三十四年。

庠生邓绍先妻**杨氏**　年二十八，夫亡，抚幼子复亨成立，守节三十六年。

贾福社妻**朱氏**　年十八，夫亡，以族子念祖为嗣，生未百日，抚育成立，守节终身。

王（名失考）妻有传。

刘耀妻**钱氏**　年二十二，夫亡，抚子仲林成立，守节二十六年卒。

李儒妻**张氏**　年二十五，夫亡，抚子起财成立，守节五十年。

白灵妻**崔氏**　年二十七，夫亡，抚孤智生成立，守节终身。

庠生吴泰淳妻**徐氏**　于归七月夫亡，抚遗腹子入庠，七十余岁卒。

增广生吴凤彩继妻**王氏**　夫亡，子幼，守节终身。

李兆鲲妻**张氏**　年十九，夫亡，抚遗腹子德元成立，守节六十一年。

姚本和侧室**沈氏**　孪生二子彤勋、开祺甫八月，夫亡，抚之成名，年七十九卒。

郑廷锜妻**李氏**　夫亡，抚子娶妻，生孙月余妇亡，抚孙成立，年六十七卒。

余发源妻**刘氏**　年二十六，夫亡，抚孤成立，守节三十六年。

刘士第妻**张氏**　年二十二，夫亡，守节二十七年。

卫守备范洛妻**郑氏**　年二十七，夫亡，以侄毓峨为嗣，守节五十年。

武生冯齐朋妻**李氏**　年二十三，夫亡，子兆祥甫三岁，兆奎以遗腹生，抚之成立。

薛溶妻**万氏**　年二十五，夫亡，抚遗腹子殿乡成立。

李永员妻**万氏**　年二十五，夫亡，抚孤遇春成立。

杨士标妻**王氏**　年二十五，夫亡，守节四十五年。

裴光祺妻**陈氏**　年二十八，夫亡，抚孤成立，守节二十五年。

马德振妻**陈氏**　年二十八，夫亡，守节三十一年。

王占魁妻**孙氏**　年二十九，夫亡，抚孤成立，守节四十八年。

任彬继妻**白氏**　年二十一，夫亡，抚前室子如己出，守节终身。

王诰妻**邓氏**　年二十五，夫亡，乞养二子，长夭，次大勋入邑庠，守节三十一年。

庞思岐妻**李氏**　年二十一，夫亡，守节终身。

岂尚志妻**马氏**　年二十三，夫亡，抚遗腹子守谅成立，守节终身。

伭重儒妻**王氏**　年二十五，夫亡，抚孤成立，守节五十五年。

郑九龄妻**何氏**　年二十三，夫亡，有子不慧，守节五十二年。

张禄妻**王氏**　年二十六，夫亡，守节四十一年。

周杰妻**王氏**　年二十四，夫亡，守节三十八年。

庠生蔡遴元妻**殷氏**　年三十，夫亡，抚子成立，守节终身。

杨永凝妻**范氏**　年二十三，夫亡，守节四十三年。

张德邻妻**李氏**　有传。

赵连起妻**李氏**　年二十九，夫亡，守节四十二年。

孙增妻**王氏**　有传，子妇徐氏附。

吴国栋妻**邓氏**　年二十七，夫亡，遗孤方七月，抚之成立，守节五十一年。

杨好学妻**杨氏**　年二十四，夫亡，守节五十五年。

刘业超妻**王氏**　年二十八，夫亡，守节四十六年。

姜圣范妻**晏氏**　年二十，夫亡，抚襁褓孤十五岁入泮，守节五十年。

白连璧妻**尹氏**　年二十，夫亡，抚三月孤成立，守节终身。

李炳妻**杜氏**　年十九，夫亡，抚遗腹子翘车成立，守节终身。

李进义妻**白氏**　年二十五，夫亡，继从侄为嗣，守节五十三年。

邢启重妻**叶氏**　年三十，夫亡，守节四十年。

刘天成妻**徐氏**　夫贾于辽，不返，孤苦无子，守节五十余年卒。

樊成美妻**杨氏**　年二十二，夫亡，抚族侄成立，守节四十七年。

晏德谨妻**周氏**　自七岁童养夫家，婚三年，夫出关不返，苦守终身。

张鹏飞妻**王氏**　年二十七，夫亡，抚五岁子成立，守节四十五年。

王柱妻**凌氏**　年二十四，夫亡，家贫，无子，苦节四十一年。

司珇妻**贾氏**　年二十二，夫亡，以侄之惠为嗣。守节五十九年。

刘大妻**张氏**　有传。

王琳妻**王氏**　嫁未百日，夫亡，守节四十二岁卒。

周天相妻**徐氏**　年二十三，夫亡，抚孤，守节十六年卒。

李士学妻**白氏**　年二十五，夫亡，守节二十余年。

李孝妻**沈氏**　年二十一，夫亡，守节三十余年。

宋海莲妻**陆氏**　年三十，夫亡，守节三十余年。

刘守枢妻**程氏**　年二十八，夫亡，教子成立，守节终身。

徐荣妻**张氏**　年二十三，夫亡，守节四十余年。

张金瑛妻**吕氏**　年三十，夫亡，抚三岁孤成立，守节四十七年。

高域妻**王氏**　年二十七，夫亡，抚六月孤鸿绪成立，守节四十余年。

王允治妻**钱氏**　年二十七，夫亡，守节四十余年。

蔡际清妻**李氏**　年二十四，夫亡，抚幼子成立，守节四十余年。

刘宗颜妻**高氏**　年二十，夫亡，继侄为嗣，守节四十余年。

张越妻**李氏**　年二十四，夫亡，抚两岁孤成立，守节终身。

赵琨妻**傅氏** 年二十三，夫亡，继侄士元为嗣，守节三十余年。
朱运昌妻**杨氏** 年二十四，夫亡，抚孤成立，守节五十余年。
吴珍妻**宁氏** 年二十二，夫亡，守节三十余年。
蔡国栋妻**贾氏** 年二十九，夫亡，抚孤成立，守节四十余年。
生员李英哲妻**杨氏** 年二十五，夫亡，守节五十余年。
蔡应瑞妻**邓氏** 年二十七，夫亡，守节二十余年。
李廷赞妻**王氏** 年二十四，夫亡，抚嗣子成立，守节四十余年。
王清源妻**田氏** 年二十七，夫亡，守节三十余年。
裴滋妻**李氏** 年二十九，夫亡，守节五十余年。
王永明妻**陈氏** 年二十五，夫亡，抚孤成立，守节四十余年。
张纶妻**刘氏** 年十八于归，未两月夫亡，守节五十余年。
蔡国富妻**杨氏** 年二十七，夫亡，守节四十余年。
何滨妻**吴氏** 年二十，夫亡，守节三十余年。
尹贞妻**何氏** 年二十七，夫亡，守节三十余年。
崔百祥妻**陈氏** 年二十八，夫亡，守节三十余年。
朱广大妻**刘氏** 年二十五，夫亡，守节三十余年。
张俊生妻**郁氏** 年二十九，夫亡，守节三十余年。
白廷模继妻**李氏** 年三十，夫亡，抚孤成立，守节二十余年。
穆兴起妻**刘氏** 年二十八，夫亡，守节三十余年。
李进义妻**朱氏** 年二十五，夫亡，守节三十余年。
董福存妻**赵氏** 年三十，夫亡，抚孤成立，守节五十余年。
董五常妻**赵氏** 年二十，夫亡，抚孤成立，守节三十余年。
张钰妻**柴氏** 年二十四，夫亡，抚子福清成立，守节五十余年。
于福宁妻**萧氏** 年二十五，夫亡，守节三十余年。
孙鸿妻**李氏** 年十九于归，未一年夫亡，守节三十余年。
谌际光妻**张氏** 年二十八，夫亡，抚孤成立，守节三十余年。
任其惠妻**王氏** 夫亡，无子，守节至七十一岁卒。
李高明妻**张氏** 年二十六，夫亡，抚孤成立，守节二十余年。
侯永锡妻**高氏** 年二十六，夫亡，子亦早逝，抚孙富春成立，守节四十余年。

虞天广妻**李氏** 年二十九，夫亡，抚孤成立，守节三十余年。

侯楝妻**晏氏** 年二十三，夫亡，抚嗣子成立，守节三十余年。

庠生姜纯妻**邓氏** 年二十八，夫亡，抚幼子成立，守节三十余年。

全稳妻**李氏** 年二十九，夫亡，守节四十余年。

李永清妻**蔡氏** 年二十九，夫亡，守节五十余年。

薛众冠妻**刘氏** 年二十七，夫亡，抚三岁孤鸿禧成立，守节四十余年。

李明儒妻**李氏** 年二十九，夫亡，继侄玉生为嗣，守节三十余年。

张建邦妻**张氏** 年二十六，夫亡，守节四十余年。

刘太安妻**王氏** 年二十六，夫亡，教二子开寅、开印成立，守节三十余年。

杨玉柱妻**许氏** 有传，夫弟玉堂妻李氏附。

薛瓒妻**方氏** 年十九，夫亡，抚继子如己出，守节三十余年。

王宗富妻**刘氏** 年二十六，夫亡，守节三十余年。

邵振妻**全氏** 年二十九，夫亡，继夫兄子开绪为嗣，守节三十余年。

张起生妻**任氏** 年二十六，夫亡，抚继子如己出，守节三十余年。

唐凤昌妻**郭氏** 年十八，夫亡，教子成立，守节三十余年。

李邦宪妻**周氏** 年二十九，夫亡，抚二子兆惠、兆顺成立，守节终身。

傅存盛妻**宋氏** 年二十三，夫亡，抚一岁子兆有成立，守节三十余年。

郝得安妻**陈氏** 年二十七，夫亡，以夫兄子玉润为嗣，守节四十余年。

李茂德妻**周氏** 年二十七，夫亡，抚两岁孤邦贵成立，守节五十余年。

高振宗妻**宋氏** 年三十，夫亡，抚二子才德、才功成立，守节三十余年。

李云祚妻**王氏** 年二十六，夫亡，守节三十余年。

张士荣妻**崔氏** 年二十四，夫亡，抚孤成立，守节三十余年。

萧棫妻**贾氏** 年二十三，夫亡，守节三十余年。

刘清白妻**杨氏** 年二十九，夫亡，抚子廷芝成立，守节三十余年。

杨富年继妻**王氏** 年二十，夫亡，教前室子入泮，守节三十余年。

李有妻**刘氏** 年二十六，夫亡，守节五十余年。

吴绪妻**郭氏** 年二十一，夫亡，抚两岁孤成立，守节三十余年。

吴让妻**周氏** 年三十，夫亡，抚孤成立，守节三十余年。

刘立妻**郭氏** 年二十九，夫亡，继侄金榜承祧，守节四十余年。

监生王德培妻**杨氏** 年二十八，夫亡，子早逝，抚遗孙朝玺、朝瑞俱成立，守节五十余年。

张云龙妻**李氏** 有传，媳刘氏附。

邹富妻**玄氏** 年二十六，夫亡，守节三十余年。

潘德润妻**刘氏** 年二十三，夫亡，守节四十年。

李彬妻**武氏** 年十九，夫亡，守节五十余年。

杨溢妻**潘氏** 年二十二，夫亡，抚嗣子建堤成立，守节三十余年。

崔（名失考）妻**马氏** 年二十，夫亡，守节四十余年。

杨付春妻**彭氏** 年二十九，夫亡，抚侄为嗣，守节四十余年。

金常妻**杨氏** 有传，子妇李氏附。

朱玉周妻**郭氏** 年二十八，夫亡，抚幼子成立，守节二十余年。

杨廷玺妻**杨氏** 年二十八，夫亡，抚子玉魁成立，守节三十余年。

魏思齐妻**张氏** 有传，子妇某氏附。

杨德宽妻**王氏** 年二十九，夫亡，抚孤成立，守节二十余年。

吴景和妻**张氏** 年二十六，夫亡，抚幼子成立，守节四十余年。

李宗顺妻**徐氏** 年三十，夫亡，抚孤成立，守节四十余年。

李辉林妻**杨氏**　年二十六，夫亡，守节三十余年。

刘元堃妻**刘氏**　有传，子妇韩氏附。

郭乾妻**马氏**　年二十，夫亡，抚襁褓子成立，守节四十余年。

裴祥妻**宣氏**　年二十一，夫亡，继夫兄子为嗣，守节三十余年。

陈邦兴妻**孟氏**　年二十九，夫亡，抚五岁子绎成立，守节三十余年。

林士英妻**刘氏**　年二十七，夫亡，抚孤成立，守节二十余年。

纪惠妻**张氏**　年二十，夫亡，守节三十余年。

徐亨妻**蔡氏**　年二十，夫亡，守节三十余年。

郭兆祥妻**魏氏**　年二十六，夫亡，教嗣子入泮，守节三十余年。

刘元堪妻**张氏**　年三十，夫亡，守节三十余年。

王彬妻**王氏**　年二十三，夫亡，守节四十余年。

康元祥妻**李氏**　年二十五，夫亡，守节三十余年。

杨守和妻**郑氏**　年二十九，夫亡，守节四十余年。

朱永和妻**金氏**　年十五于归，夫年十四，不数日，夫亡，守节三十余年。

周尚之妻**蔺氏**　年二十六，夫亡，守节五十余年。

武生马连升妻**王氏**　年二十三，夫亡，继夫弟子鸿恩为嗣，守节三十余年。

孙英妻**任氏**　年三十，夫亡，抚三子成立，守节二十余年。

段名卿妻**范氏**　年十九，夫亡，教子成名，守节三十余年。

张连妻**徐氏**　年二十四，夫亡，守节二十余年。

刘元升妻**张氏**　年二十八，夫亡，抚犹子为嗣，守节四十余年。

杜望之妻**赵氏**　年二十九，夫亡，抚孤成立，守节三十余年。

张连举妻**张氏**　年十九，夫亡，守节三十余年。

刘福德妻**刘氏**　年二十五，夫亡，抚子纯入国学，守节三十余年。

凌天成妻**甲氏**　有传，子妇贾氏附。

王纲稳妻**邓氏**　年二十八，夫亡，守节三十余年。

赵宏发妻**薛氏**　年二十六，夫亡，抚孤成立，守节三十余年。

张姓妇**刘氏**　于归时，夫已病笃，旬日而死，守节终身。

任楷妻**任氏**　年二十四，夫亡，守节四十余年。

王文瑞妻□**氏**　年二十三，夫亡，守节，现年五十九。

高（名失考）妻**张氏**　年二十九，夫亡，抚孤成立，守节年五十二。

举人马则璘妻**邓氏**　有传。

杨和安妻**王氏**　年二十六，夫亡，子幼。年六十卒。

抚宁县

郭其宗妻**宋氏**　年二十二于归，数月夫亡，守节五十余年。八年旌。

鲁知止妻**王氏**　年二十一，夫亡，守节终身。

俞标妻**惠氏**　年二十二，夫亡，苦节六十余年。

以上十一年旌。

冯开第妻**邵氏**　年二十七，夫亡，守节十七年卒。

李端妻**刘氏**　附姑传。

金泰妻**刘氏**　年十八，夫亡，守节终身。

以上，二十四年旌。

周延鼎妻**俞氏**　年二十六，夫亡，守节二十七年。

程用妻**刘氏**

王成功妻**郭氏**　年二十八，夫亡，守节三十余年。

杨时明妻**李氏**　年二十二，夫亡，守节五十余年。

任有廉妻**吴氏**　年十九于归，三月夫外出不返，苦守五十余年。

张永虎妻**狄氏**　年二十九，夫亡，抚子治成立，守节四十余年。

王锡庆妻**戴氏**　年十七，夫亡，苦节三十余年。

张承光妻**王氏**　年二十四于归，二年夫亡，抚嗣子成立，守节三十余年。

李璧妻**杨氏**　年十九于归，六月夫亡，抚侄万桷成立，守节四十余年。

监生李逢元妻**冯氏**　有传，子端妻刘氏附。

周德用妻**张氏**　年二十六，夫亡，守节三十余年。

界岭口把总李升妻**施氏**　有传。

杨得禄妻**秦氏**　年二十四，夫亡，抚孤成立，守节三十余年。

黄景和妻**钱氏**　年二十八，夫亡，守节三十二年。

庠生冯璐妻**杨氏**　年二十七，夫亡，以侄瑞符为嗣，守节四十余年。

李作栋妻**韩氏**　年二十七，夫亡，以侄煜兼祧，守节五十八年。

张炽妻**陈氏**　年二十二，夫亡，苦节三十年。

张森妻**周氏**　合卺之夕，夫出不归，儒学李公撰文纪其事，守节六十余年。

张儒位妻**李氏**　年十七，夫亡，抚侄魁为嗣，守节五十五年。

杨开识妻**王氏**　年二十五，夫亡，抚侄凤为嗣，守节五十一年。

李开衔妻**杨氏**　年三十，夫亡，抚三子成立，守节五十一年。

杨皖妻**陆氏**　年二十四，夫亡，抚孤得山成立，守节五十年。

杨若松妻**赵氏**　年二十九，夫亡，抚四子成立，守节四十六年。

王士钧继妻**武氏**　有传，子妇某氏附。

员外郎单光裕继妻**吴氏**　进士荫松女，二十五岁夫亡，毁容独居，年六十九无疾卒。

刘景顺妻**高氏**　年二十五，夫亡，守节二十余年，孤贫自缢死。

徐志槐妻**张氏**　年二十四，夫亡，守节四十三年。

徐志柏妻**程氏**　年二十八，夫亡，抚二子成立，守节三十二年。

张喜妻**单氏**　年三十，夫亡，从堂兄德林极力周恤，守节三十年。

杨开蔽妻**张氏**　年二十四，夫亡，抚侄葆为嗣，守节五十八年。

李麟妻**陈氏**　二十七岁，夫亡，抚孤成立，守节四十三年。

曾玉妻**俞氏**　年二十九，夫亡，守节三十八年。

王铨妻**陈氏**　年十八于归，一月夫出外卒，抚侄成立，守节五十六年。

赵（名失考）妻**宋氏**　年二十，夫亡，抚四岁子凌云成立，守节五十四年。

赵开云妻**王氏**　年二十二，夫亡，抚侄为嗣，守节三十五年。

王奇文妻**刘氏**　年二十，夫亡，守节四十一年。

赵稳妻**王氏**　年二十八，夫客死辽东，独养继姑，昼樵夜绩，苦节三十余年。

生员陈珍妻**萧氏**　年二十九，夫亡，抚孤成立，家贫依母，守节四十余年。

彭璠妻**鹿氏**　年二十五，夫亡，抚三侄皆成立，守节四十余年。

郭武妻**王氏**　年二十四，夫亡，抚周岁子成立，守节三十一年。

赵荣妻**于氏**、张凤彩妻**茹氏**、邸发妻**杨氏**

以上，皆夫亡守节，抚孤成立。

张（名失考）妻**丁氏**　年二十六，夫亡，抚二子成立，苦节四十余年。

朱檀妻**荆氏**　年二十八，夫亡，无子守节三十余年。

傅文锦妻**刘氏**　年二十四，夫亡，抚孤弼成立，守节四十余年。

李作梅妻**吴氏**　年二十三，夫亡，抚孤春熙游庠。守节四十余年。

陈沐妻**王氏**　年二十二，夫亡，继侄凤俦为嗣。守节五十余年。

陈国标妻**张氏**　年三十，夫亡，抚五岁子慕元入武庠，加守备衔，守节三十余年。

杨若松妻**赵氏**　年二十九，夫亡，抚四子成立，守节四十余年。

郑全妻**谭氏**　年二十九，夫亡，家贫就食母家，守节三十余年。

张连魁妻**王氏**　年二十八，夫亡，孑然一身，守节四十余年。

茹太和妻**王氏**　年二十三，夫亡，守节三十余年。

胡国仲妻**王氏**　年十九，夫亡，抚侄春为子，守节三十余年。

鲍文启妻**孟氏**　年十七于归，未及三月，夫出外身故，守节四十三年。

刘文新妻**栗氏**　年二十九，夫亡，抚五岁子大奇成立，苦节四十二年。

昌黎县

任方谷妻**冯氏** 年十九，夫亡，抚嗣子成立。

魏元炜妻**刘氏**、魏元照妻**单氏**。

冯炯妻**王氏** 年二十于归，一年夫亡，守节终身。

李如干妻**孙氏** 年二十三，夫亡，抚孤成立，守节六十年。

齐维岳妻**宋氏**、张际隆妻**刘氏**、周玉瑛妻**赵氏**、田志元妻**郝氏**、阎燮杰妻**李氏**、郭士明妻**刘氏**、杨凌阁妻**李氏**、孙德修妻**王氏**、韩绪祖妻**侯氏**、宋恒妻**杜氏**、宋泽阔妻**景氏**、何绍先妻**高氏**、刘桂妻**冯氏**。

赵振飞妻**周氏** 年十九，夫亡，守节终身。

林文杰妻**栾氏** 年十九，夫亡，守节终身。

余旺妻**李氏** 年二十二，夫亡，抚孤成立，守节五十二年。

李廷用妻**钱氏**、刘祁妻**郭氏** 年二十一，夫亡，苦节五十六年。

庠生张蹶妻**孙氏** 年二十一，夫亡，抚侄艺林中咸丰戊午举人，年八十五卒。

刘德章妻**张氏** 年二十，夫亡，守节终身。

马自有妻**田氏** 年二十九，夫亡，抚嗣子振先入庠，守节五十三年。

赵氏 有传。

刘纯妻**吴氏** 年二十九，夫亡，抚八岁子成立，守节四十余年。

张福成妻**李氏** 年二十一，夫亡，守节二十四年卒。

郑赉妻**谭氏** 年二十九，夫亡，家贫事姑守节三十余年。

李连城妻**刘氏** 年二十八，夫亡，抚遗腹子成立，守节三十五年卒。

杨昆妻**江氏** 年二十七，夫亡，抚侄成立，现年六十九。

程志法妻**赵氏** 年二十九，夫亡，苦节四十余年。

赵熙妻**白氏** 年二十八，夫亡，苦节三十余年。

李锟妻**刘氏** 年二十七，夫亡，抚幼子成立，守节四十余年。

田光甲妻**孙氏** 年三十，夫亡，守节三十余年。

刘琨妻**王氏** 年二十七，夫亡，守节四十余年。

田熙暇妻**王氏** 年二十四，夫亡，守节三十余年。

邱广学妻**田氏** 年二十二，夫亡，现年六十。

董沛霖妻**阎氏** 年二十六，夫亡，抚继子成立，现年六十三。

董士升妻**杨氏** 年二十四，夫亡，抚二子成立，现年七十五。

何景瑞妻**宋氏** 年二十七，夫亡，现年六十。

何景桢妻**郭氏** 年二十九，夫亡，现年六十三。

田溥妻**罗氏** 年二十九，夫亡，教子入成均，现年七十三。

刘占元妻**朱氏** 年十三岁，夫亡，守节五十余年。

杨大典妻**赵氏** 年三十，夫亡，抚三子成立，守节三十余年。

王志均妻**汪氏** 年二十八，夫亡，守节四十余年。

武庠生邵清珍妻**王氏** 年二十九，夫亡，以侄武举荫堂为嗣，现年七十八。

常凤荣妻**昌氏** 年三十，夫亡，守节四十余年。

陆位妻**李氏** 年二十四，夫亡，择孙承祧，年七十六。

齐邦用妻**何氏** 年二十八，夫亡，抚二子成立，守节三十余年。

常际虞妻**刘氏** 年二十九，夫亡，守节五十余年。

李宗贤妻**汤氏** 年二十八，夫亡，守节三十余年。

赵炽妻**刘氏** 年二十一，夫亡，现年七十五。

曹进妻**郭氏** 年二十七，夫亡，抚孤成立，现年六十。

崔万龄妻**孙氏** 年二十六，夫亡，抚孤成立，守节四十余年。

张（名失考）妻**周氏** 年十八，夫亡，继族侄以延嗣，现年八十余。

任澍妻**冯氏** 年二十二，夫亡，守节四十余年。

张云汉妻**田氏** 年二十七，夫亡，现年七十。

冯起瑞妻**李氏** 年二十九，夫亡，抚二子成立，现年七十二。

费润宗妻**何氏** 年二十九，夫亡，守节四十余年。

曹之俊妻**张氏** 年二十三，夫亡，苦节五十余年。

高维仁妻**郭氏** 年二十三，夫亡，抚嗣子成立，现年六十九。

刘瑞选妻**宁氏** 年二十四，夫亡，守节四十余年。

高作魁妻**王氏** 年二十九，夫亡，现年六十五。

刘兰妻**张氏** 年二十一，夫亡，守节四十余年。

张浴兰妻**刘氏** 年二十三，夫亡，孝事孀姑，现年六十。

曾天熙妻**张氏** 年三十，夫亡，抚遗腹子成立，现年六十六。

王朝用妻**张氏** 年十九，夫亡，无子。合族以额表其门。现年六十七。

王宗韩妻**盛氏** 年三十，夫亡，守节四十余年。

景朝卿妻**陈氏** 年十七，夫亡，抚继子成立。现年七十一。

刘大经妻**顾氏** 年十九，夫亡，守节四十余年。

王琰妻**王氏** 年十八，夫亡，苦节五十余年。

刘成功妻**孙氏** 年二十三，夫亡，抚七月孤成立，现年六十四。

唱会文妻**张氏** 年二十八，夫亡，守节。

李维璧妻**孟氏** 年二十八，夫亡，抚二子成立，守节四十余年。

孙岳生妻**马氏** 年二十八，夫亡，抚抱养子成立，苦节四十余年。

张世辅妻**孟氏** 年三十，夫亡，现年六十七。

张世清妻**孙氏** 年二十九，夫亡，抚孤成立，守节四十余年。

崔俊妻**孙氏** 年二十八，夫亡，抚遗腹子成立，现年六十二。

田成文妻**赵氏** 年二十四，夫亡，抚嗣子成立，守节四十余年。

孙（名失考）妻**张氏** 年二十二，夫亡，孝亲抚孤，现年六十六。

梁起山妻**杜氏** 年二十四，夫亡，抚嗣子成立，守节四十余年。

傅宏绪妻**赵氏** 年二十五，夫亡，以夫兄子兼祧，守节四十余年。

刘（名失考）妻**周氏** 年二十四，夫亡，苦节五十余年。

张耀妻**陈氏** 年二十七，夫亡，抚孤成立，守节五十余年。

王谟妻**刘氏** 年二十一，夫亡，守节五十余年。

李绪德妻**张氏** 年二十五，夫亡，抚嗣子成立，现年六十二。

王岳年妻**赵氏** 年二十七，夫亡，守节四十余年。

周际平妻**张氏** 年二十四，夫亡，继侄为嗣，守节四十余年。

李纯德妻**张氏** 年二十五，夫亡，抚嗣子成立，现年六十二。

刘继业妻**李氏** 年二十四，夫亡，守节五十余年。

郭顺天妻**王氏** 年十七，夫亡，现年六十五。

韩鸣盛妻**王氏** 年十八于归，四月夫亡，以死自守，现年六十六。

邸富妻**康氏** 年二十八，夫亡，以侄为嗣，苦节四十余年。

王有执妻**裴氏** 年二十二，夫亡，孝姑，抚孤，守节四十余年。

张（名失考）妻**王氏** 年二十四，夫亡，继堂侄为子，现年七十五。

王维瑞妻**邓氏** 年十七于归，一年，夫出外另娶；年二十六，夫亡于外，迎柩归，恩抚遗孤，现年七十。

周际隆妻**李氏** 年二十二，夫亡，抚两岁孤成立，苦节四十余年。

田鹏翱妻**朱氏** 年二十一，夫亡，守节四十余年。

郭维城妻**傅氏** 年二十五，夫亡，现年六十八。

秦如昆妻**郭氏** 年二十一，夫亡，抚遗腹子成立，守节五十余年。

刘凝妻**邸氏** 年二十，夫亡，抚孤成立，现年六十八。

高庆临妻**马氏** 年二十九，夫亡，抚孤成立，守节四十余年。

高长祥**唱氏** 年二十八，夫亡，苦节三十余年。

崔富妻**赵氏** 年二十一，夫亡，抚孤成立，守节四十余年。

郭永奎妻**李氏** 年二十七，夫亡，现年七十一。

白桂妻**孙氏** 年三十，夫亡，抚二子成立，守节三十余年。

宋承泽妻**宋氏** 年二十六，夫亡，教子桂芬入庠，守节四十余年。

程明妻**陈氏** 年二十三，夫亡，守节五十余年。

潘福来妻**燕氏** 年二十九，夫亡，守节四十余年。

李秉春妻**冯氏** 年二十三，夫亡，抚嗣子成立，守节四十余年。

孟廷梁妻**王氏** 年十九，夫亡，守节四十余年。

滦　州

王孔昭妻**王氏** 年二十一，夫亡，苦节终身。二年旌。

庠生王丰年妻**孙氏** 有传，子士纯妻赵氏附。

宋沛霖妻**郑氏**　年三十一，夫亡，守节三十九年。

吴椿龄妻**张氏**　年二十，夫亡，抚遗腹子成立，守节三十余年。

张福成妻**李氏**　年二十一，夫亡，守节二十四年卒。

刘（名失考）妻**张氏**　年二十九，夫亡，守节四十四年。

监生李濂妻**董氏**　夫亡，守节终身，教子与孙皆入泮。

张鸣泰妻**杨氏**　年二十五，夫亡，抚孤成立，守节三十余年。

李际云妻**王氏**　年二十，夫亡，守节三十余年。

李刚妻**国氏**　年二十五，夫亡，守节四十余年。

王克瑞继妻**申氏**　有传。

举人李（一作鲁）浩妻**周氏**　年二十八，夫亡，守节三十二年。

李震恒妻**李氏**　年二十九，夫亡，守节十四年卒。

王才妻**吴氏**　年二十二，夫亡，抚子成立，守节四十余年。

张（名失考）妻**贺氏**　于归不数年，夫外出不归，苦守七十余年。

武生王国兴妻**徐氏**　年二十四，夫亡，守节五十余年。

庠生郑尔询妻**李氏**　年二十，夫亡，抚遗腹子成立，守节终身。

郑合选妻**徐氏**　夫亡，抚二子成立，年七十四卒。

李昱妻□**氏**　年二十，夫亡，守节六十余年。

庠生郭以安妻**董氏**　年二十九，夫亡，以侄承恩为嗣，守节三十八年。

吴鸣岐妻**靳氏**　年二十一，夫亡，守节三十三年。

常灏妻**李氏**　年二十，夫亡，抚孤成立，守节四十余年。

刘文翰妻**田氏**　年二十二，夫亡，抚嗣子成立，守节三十余年。

贺昌妻**杨氏**　年二十五，夫亡，抚子成立，守节四十余年。

谭光第继妻**陈氏**　夫亡，择宗子承嗣，四十二岁卒。

朱择仁妻**石氏**　有传。

刘大才妻**崔氏**　年二十一，夫亡，抚孤成立，守节四十一年。

李杏林妻**张氏**　年二十八，夫亡，抚孤无子，守节二十二年。

王理藩妻**李氏**　年十九，夫亡，无子，守节二十八年。

陈继圣妻**宋氏**　年二十八，夫亡，抚孤，乞食奉姑，守节五十余年。

乐亭县

庠生宁柏年妻**董氏**　年二十五，夫亡，继夫侄元灏为嗣。二年旌。

徐维妻**周氏**　年二十三，夫亡，抚孤成立，守节五十七年。

檀国标妻**李氏**　年二十二，夫亡，抚弥月子成立，守节三十七年。七年旌。

王元瑞妻**艾氏**　年二十一，夫亡，以夫侄亮功为嗣，苦节二十余年。十二年旌。

刘炼妻**赵氏**　有传。

监生李中融继妻**孙氏**　年十七于归，一年夫亡，抚幼侄成立，苦节三十三年。

以上六年旌。

何名益妻**安氏**　年二十五，夫亡，抚两月孤成立，守节四十一年。十八年旌。

李克昌妻**王氏**　二十年旌。

庠生宁亿年妻**刘氏**　年二十五，夫亡，奉姑教子，守节四十四年。

左其灵妻**石氏**　年二十七，夫亡，守节六十二年。

周元善妻**高氏**　年二十三，夫亡，守节三十三年。

史纪瑞妻**王氏**　有传。

监生赵巨川妻**安氏**　年三十，夫亡，抚子象复、象萃入太学，守节四十一年。

倪瑞妻**宁氏**　甘州守兰森胞姑，二十六，夫亡，抚嗣子积昌游庠，守节三十六年。

以上二十二年旌。

高修龄妻**安氏**　年二十一，夫亡，继侄清臣为嗣，守节四十三年。

王国开妻**石氏**　年二十，夫亡，抚孤成立，守节五十四年。

以上二十五年旌。

李继昌妻**王氏**　年二十三，夫亡，抚幼子嗣孙成立，守节三十六年。

李守诚妻**倪氏**　有传。

以上二十七年旌。

杨允中妻**李氏**　有传。

徐凌霄妻**李氏**　年二十，夫亡，无子，坚贞自矢，继夫侄国庆为嗣，后以孙寿春贵，赠二品夫人。

陈九鼎妻**杨氏**　有传。

牛万亨妻**罗氏**　年二十二，夫亡，守节六十年。

陈哲妻**苑氏**　年三十，夫亡，家贫无子，守节五十余年。

王珍妻**魏氏**　有传。

举人李篪选妻**宁氏**　有传。

薛汉臣妻**李氏**　有传。

张兰妻**王氏**　年三十一，夫亡，抚孤成立，守节四十六年。

李（名失考）妻**杨氏**　有传。

王泽庶妻**葛氏**　有传。

张勉基妻**董氏**　有传。

裴详三妻**刘氏**　年十八，夫亡，守节五十余年。

临榆县

董大训妻**陈氏**　年二十四，夫亡，守节。元年旌。

张羽宸妻**王氏**　年二十六，夫亡，守节二十年卒。

张广绪妻**杨氏**　年二十三，夫亡，守节二十三年卒。

马负书妻**袁氏**　年二十三，夫亡，守节终身。

马作宾妻**韩氏**　年二十七，夫亡，守节终身。

以上七年旌。

李天香妻**张氏**　年二十二，夫亡，守节三十二年。

以上十五年旌。

举人郭锡芬妻**刘氏**　年二十七，夫亡，教子成立，守节三十九年。

王宏谟继妻**张氏** 年二十五，夫亡，抚嗣子成立，守节四十年。

以上十七年旌。

杨从一妻**王氏** 年二十二，夫亡，守节四十余年。

梁万和妻**梁氏** 年二十七，夫亡，抚孤成立，守节终身。

庠生张国昌妻**梁氏** 年二十七，夫亡，抚孤成立，守节终身。

以上二十一年旌。

周作铭妻**陈氏** 年二十九，夫亡，守节五十一年。

王延年妻**傅氏** 年二十五，夫亡，守节四十余年。

千总衔杨开业妻**孙氏** 年二十五，夫亡，守节二十年。

牛金诏妻**赵氏** 年二十八，夫亡，守节终身。

袁国贤妻**张氏** 年二十二，夫亡，抚孤成立，守节终身。

以上二十六年旌。

吕士杰妻**姚氏** 年二十九，夫亡，苦节终身。

穆文炳妻**程氏** 年二十，夫亡，守节十七年卒。

刘礼妻**杨氏** 年二十七，夫亡，抚侄成立，守节终身。

杨继曾妻**刘氏** 年二十七，夫亡，守节十九年卒。

程式哲妻**刘氏** 年二十三，夫亡，守节二十三年卒。

程翊妻**牛氏** 年十九，夫亡，立侄为嗣，守节终身。

李廷桢妻**解氏** 年二十四，夫亡，事继姑以孝闻，守节终身。

刘鸿禧妻**周氏** 年二十五，夫亡，抚继子成立，守节终身。

萧理妻**李氏** 年二十五，夫亡，抚孤成立，守节终身。

杨士芬妻**朱氏** 年二十二，夫亡，守节六年卒。

郝渊妻**刘氏** 年二十三，夫亡，守节终身。

以上二十七年旌。

余绳祖妻**韦氏** 年二十八，夫亡，守节抚嗣子成立。

年介龄妻**曹氏** 于归两月，夫亡，守节三十余年。

王慎修妻**刘氏** 夫亡，守节，抚子娶妻张氏，子旋殁，姑媳同抚一孙，苦节数十年。

刘玺妻**陈氏** 年十九，夫亡，守节五十五年。

魏士纯妻**刘氏** 年二十，夫亡，守节十余年。

孙兰妻**温氏** 年二十三，夫亡，守节三十四年。

应如渭妻**王氏** 年十九，夫亡，苦节三十五年。

张文玉妻**陈氏** 年二十五，夫亡，守节四十年。

张受制妻**章氏** 年二十四，夫亡，终身绣佛素食，年五十八无疾卒。

庠生傅珦妻**王氏** 年二十二，守节十年卒。

王凤仪妻**侯氏** 年二十一，夫亡，守节。

咸丰

卢龙县

张连发侧室**赵氏** 年二十一，夫亡，守节四十八年。五年旌。

王宝山妻**冯氏** 年十九，夫亡，守节二十余年。

朱公沂妻**章氏** 九年旌。

迁安县

镶红旗甲身西普产妻**杨氏** 元年旌。

王科妻**赵氏** 年十九，嫁数月，夫亡，守节六十年。三年旌。

庠生王者荣妻**吕氏** 年二十二，夫亡，守节四十八年。五年旌。

镶白旗甲身常兴妻**佟佳氏** 八年旌。

史鸿继妻**蔡氏** 有传。

刘元址妻**孙氏** 年二十九，夫亡，三十八岁卒。

庠生李特达妻**徐氏** 年三十，夫亡，二子尚幼，抚之成立，年五十五卒。

侯仁妻**王氏** 子富春生数月，夫亡，抚子成立，四十八岁卒。

张志瀛妻**刘氏** 年二十四，夫亡，抚二子成立，四十三岁卒。

卜陵妻**林氏** 年二十八，夫亡，五十五岁卒。

庞祝妻**杨氏** 有传。

李赓恩妻**马氏** 年二十三，夫亡，三十岁卒。

苏永山妻**秦氏** 年二十九，夫亡，抚三子成立，守节二十余年。

王连城妻**王氏** 年二十九，夫亡，抚遗腹子成立，守节二十余年。

王廷桂妻**蒋氏**　年二十，夫亡，抚孤成立，守节四十二年。

马春妻**李氏**　年二十三，夫亡，守节二十余年。

秦宗绪妻**李氏**　年二十六，夫亡，守节二十余年。

高松龄妻**邓氏**　年二十三，夫病，氏潜割臂肉和药，创发，人始知之，夫亡后六年亦卒。

李玉成妻**王氏**　年二十五，夫亡，抚孤成立，守节三十余年。道光年旌，补录于此。

抚宁县

金培英继妻**王氏**　年二十四，夫亡。二年旌。

庠生王本源妻**董氏**　年二十九，夫亡，教三子成立。五年旌。

傅盘铭妻**耿氏**　年二十八，夫亡，守节二十余年。

陈世中妻**李氏**　年十九，夫亡，同治十三年卒。

昌黎县

刘铨妻**杨氏**　年二十四，夫亡，抚遗腹子学诗入泮。元年旌。

李遇桂妻**任氏**　年二十四，夫亡，五年旌。

田国祥妻**刘氏**　七年旌。

任瑄妻**常氏**　八年旌。

齐运枢妻**毛氏**　八年旌。

刘凤琜妻**李氏**　九年旌。

赵丕天妻**董氏**　九年旌。

范纯乾妻**赵氏**　十一年旌。

滦　　州

陈作舟妻**吴氏**　年二十二，夫亡，守节三十余年。元年旌。

王恩沛妻**董氏**　年二十二，夫亡，守节六十二年。

马文明妻**张氏**　年二十九，夫亡，守节五十七年。

以上二年旌。

吴维纲妻**周氏**　年二十九，夫亡，守节四十四年。

以上三年旌。

监生耿钟妻**王氏**　年二十五，夫亡，守节三十六年。

以上四年旌。

余联桂妻**牛氏**　八年旌。

乐亭县

庠生郭永清妻**阚氏**　年二十七，夫亡，抚幼子成立，守节三十五年。元年旌。

刘勋妻**李氏**　年十八于归，未逾期夫亡，抚继子成立，守节三十八年。

王好善妻**张氏**　年二十一，夫亡，守节四十七年。

以上二年旌。

刘坦妻**安氏**　年二十七，夫亡，抚孤成立，守节五十二年。

张成基妻**阚氏**　年二十一嫁，期月夫亡，抚嗣子景江游庠，守节三十六年。

以上三年旌。

冯成英继妻**刘氏**　年二十六，夫亡，五十七岁卒。五年旌。

监生赵象复继妻**王氏**　年二十八，夫亡，抚前室子女如己出，子早殁，依夫侄以生，学使杨公题旌，苦节四十九年。

张国泰妻**刘氏**　年二十四，夫亡，七十七岁卒。六年旌。

高俊邦妻**刘氏**　年二十六，夫亡，抚继子成立，守节四十八年。七年旌。

陈瑞妻**孙氏**　年二十七，夫亡。八年旌。

庠生闫镇东妻**魏氏**　年二十七，夫亡，遗孤凌汉甫三岁，教育入邑庠，守节三十余年。九年旌。

王瑞雯妻**刘氏**　年二十二，夫亡，抚三岁孤德馨戊午科登贤书，任吴桥司训。

韩连仲妻**赵氏**　年十九，夫亡，抚三岁侄殿甲入庠。

刘开基妻**贾氏**　年二十二，夫亡，抚三月孤入邑庠。

以上十一年旌。

萧如云妻**李氏** 年二十，夫亡，以夫侄为嗣，守节五十余年。

谢（名失考）妻**张氏** 年二十一，夫亡，抚孤底泰成立，守节五十年。

张德旺妻**艾氏** 年二十八，夫亡，抚子，守节四十四年。

艾兆禄妻**严氏** 年二十一，夫亡，无子，守节三十七年。

葛珩妻**宁氏** 年二十一，夫亡，抚嗣子成立，守节六十一年。

曹世平妻**高氏** 年二十八，夫亡，抚子宗武由武庠援例授千总，守节五十四年。

张定邦妻**安氏** 年二十六，夫亡，抚前室子如己出，守节三十年。

任振声妻**刘氏** 年二十六，夫亡，无子，翁侧室子复生子，抚之为嗣，守节五十二年。

张继恩妻**刘氏** 年二十一，夫亡，抚逾月孤成立，授室，生一孙，夫妻皆夭逝；抚育孤孙，守节五十二年。

安琳妻**阴氏** 年二十五，夫亡，以夫侄武生连茹为嗣，复得失心狂易之疾，苦节三十一年。

安守训妻**胡氏** 年二十四，夫亡，抚三子成立，守节四十九年。

刘枚妻**阴氏** 年二十五，夫亡，抚嗣子成立，守节五十一年。

刘希唐妻**刘氏** 年二十九，夫亡，抚孤成立，守节五十二年。

刘承任妻**周氏** 年二十八，夫亡，抚一月孤成立，守节五十五年。

张有德妻**杜氏** 年二十六，夫亡，抚四子成立，守节四十六年。

李天龄妻**董氏** 年二十九，夫亡，守节四十六年。

李中定妻**李氏** 年二十四，夫亡，抚嗣子成立。

于明纪妻**陈氏** 夫亡，无子，抚诸侄如己出，年七十九卒。

刘福臣妻**刘氏** 年十九，夫亡，守节五十六年。

张宣妻**赵氏** 有传，夫弟维妻刘氏附。

徐汝金妻**张氏** 年二十，夫亡，无子，以夫侄柏年为嗣，守节五十六年。

张楷妻**蒋氏** 年二十五，夫亡，抚二孤成立，守节六十八年。

王应鹏妻**王氏**　年十七于归，六月夫亡，守节四十一年。

宋文谟妻**王氏**　年二十九，夫亡，以堂侄德馨为嗣，守节五十四年。

朱墉妻**杨氏**　年二十七，夫亡，守节五十五年。

王璞妻**张氏**　于归时夫已病，逾年夫亡，年八十四卒。

安怀义妻**王氏**　年二十一，夫亡，守节四十一年。

史珩妻**於氏**　年二十三，夫亡，守节四十四年。

张进妻**李氏**　夫亡，遗二子，家贫孝姑，抚子成立。

李际清妻**赵氏**　年二十二，夫亡，以夫兄子为嗣，旋亦夭折，守节五十九年。

赵长寿妻**刘氏**　年二十五，夫亡，抚孤成立，守节三十九年。

刘如珠妻**酆氏**　年二十四，夫亡，抚三月孤成立，守节四十三年。

贾德俊妻**高氏**　年二十六，夫亡，无子，守节五十七年。

王士魁妻**徐氏**　年二十一，夫亡，无子，守节三十四年。

崔遇昌妻**李氏**　有传，嗣子文林妻张氏附。

李芙妻**陈氏**　年十八于归，一载夫亡，无子，守节五十九年。

临榆县

邵蓬妻**李氏**　年二十一，夫亡，守节三十余年。七年旌。

谭玉洁继妻**王氏**　年二十八，夫亡，抚二子成立，守节二十三年。

宋元龙妻**杨氏**　二十四岁，夫亡，年三十四卒。

以上八年旌。

王兆祥妻**高氏**　年二十八，夫亡，抚继子成立。

朱大新妻**王氏**　二十三岁，夫亡，孝姑，抚孤，年五十卒。

王遇麟妻**张氏**　年十九，夫亡，抚侄成立。

廪生张学韩妻**艾氏**　年二十九，夫亡，抚孤成立，守节三十年。

以上十年旌。

庠生马万程妻**杨氏**　二十三岁，夫亡，守节，年三十三卒。

例贡李建勋继妻**计氏**　有传。

庠生程兰佩妻**计氏**　二十九岁，夫亡，年七十九卒。

卷之十八

列女表下

同治

卢龙县

傅绳祖妻**满氏**　四年旌。
韩玉昆妻**刘氏**　八年旌。
王贡妻**陈氏**　年二十六，夫亡，守节四十三年。
王应熙妻**常氏**　有传，娣应君妻陈氏附。
杨劝妻**张氏**　年二十三，夫亡，守节五十四年。
王谟妻**刘氏**　年二十四，夫亡，守节五十一年。
李镇妻**刘氏**　年二十七，夫亡，守节三十三年。
高龙庆妻**赵氏**　年二十三，夫亡，守节二十六年。
吴荫杰妻**王氏**　年二十，夫亡，守节五十五年。
陈祥妻**鲍氏**　年二十四，夫亡，守节四十九年。
郑泰周妻**孙氏**　年二十三，夫亡，守节四十年。
崔文魁妻**张氏**　年二十六，夫亡，守节四十三年。
刘广财妻**赵氏**　年二十六，夫亡，守节四十三年。
王伟钤妻**李氏**　年二十三，夫亡，抚子泽霖入泮，守节四十三年。
马宗濂妻**徐氏**　年二十一，夫亡，守节四十八年。
赵从礼妻**黄氏**　年二十，夫亡，守节四十八年。
吕逢吉妻**王氏**　年二十二，夫亡，守节四十六年。
张连科妻**张氏**　年二十二，夫亡，守节四十四年。
管世才妻**赵氏**　年二十四，夫亡，守节三十四年。

宋家相妻张氏 年二十一，夫亡，守节三十五年。

解耀邦妻王氏 年二十九，夫亡，守节二十七年。

刘进喜妻李氏 年二十一，夫亡，守节三十三年。

王国臣妻杨氏 年二十五，夫亡，守节二十九年。

夏宗禹妻王氏 年二十，夫亡，守节三十一年。

李芳妻刘氏 年十九，夫亡，守节三十四年。

马连升妻王氏 年二十一，夫亡，守节三十一年。

张珠妻张氏 年二十，夫亡，守节二十三年。

王显贵继妻邵氏 年二十三，夫亡，抚前室子宝贤中辛亥副榜，守节三十八年。

张真妻王氏 年二十，夫亡，抚遗腹子成立，守节四十一年。

沈廷兰妻王氏 年二十六，夫亡，守节三十三年。

赵荣先妻李氏 年二十，夫亡，守节五十六年。

王廷桂妻李氏 年二十九，夫亡，守节四十五年。

以上俱十二年旌。

李向善妻周氏 年二十一，夫亡，守节五十八年。

王福昌妻孟氏 年二十九，夫亡，守节三十年。

孙成福妻曾氏 年二十，夫亡，守节二十三年。

翟提妻刘氏 年二十八，夫亡，守节三十年。

阎廷瑞妻祁氏 年二十九，夫亡，守节三十一年。

吴锐妻郝氏 年二十三，夫亡，守节三十年。

王廷柱妻赵氏 年二十六，夫亡，抚嗣子成立，守节五十八年。

萧如玉妻徐氏 年二十四，夫亡，抚孤成立，守节四十四年。

徐殿魁妻窦氏 年二十七，夫亡，守节三十三年。

高钦妻张氏 年二十三，夫亡，守节三十五年。

郑兴周妻朱氏 年二十九，夫亡，守节二十四年。

印成发妻龙氏 年二十二，夫亡，守节三十四年。

王承德妻孔氏 年二十八，夫亡，抚孤成立，守节二十四年。

陈榜元妻翟氏 年十八，夫亡，抚嗣子光宇成立，守节三十三年。

孝子徐良臣妻**刘氏**　年二十七，夫亡，抚孤成立，守节十九年。

以上十三年旌。

唐秉正妻**李氏**　年二十五，夫亡，以侄瑞为嗣，守节四十八年。

迁安县

庠生王杰妻**柴氏**　年十八于归，一年夫亡，守节五十余年。癸亥年旌。

庠生任玉寰妻**张氏**　年二十九，夫亡，守节四十余年。四年旌。

于踊妻**王氏**　七年旌。

张瓒妻**张氏**　年十八，夫亡，守节五十余年。九年旌。

张怀兴妻**安氏**　年二十八，夫亡，守节四十七年。

张峰妻**王氏**　年二十一，夫亡，守节五十四年。

周得永妻**张氏**　年二十七，夫亡，守节四十三年。

张俊妻**裴氏**　年二十四，夫亡，抚孤成立，守节五十五年。

刘让妻**于氏**　年二十三，夫亡，抚嗣子成立，守节四十七年。

陈遇泰妻**韦氏**　有传，子妇邓氏附。

刘儒妻**贾氏**　年二十九，夫亡，抚子良臣入泮，守节四十二年。

徐荣妻**张氏**　年二十三，夫亡，守节四十六年。

刘国用妻**朱氏**　年二十七，夫亡，抚孤成立，守节四十二年。

王凤山妻**张氏**　年二十九，夫亡，抚数月遗孤成立，守节三十三年。

高玉庭妻**刘氏**　年二十九，夫亡，抚孤成立，守节二十九年。

杨万发妻**赵氏**　年二十一，夫亡，抚嗣子成立，守节三十年。

冯世民妻**胡氏**　年二十二，夫亡，无出，抚两夫弟成立，守节三十四年。

任凤翔妻**李氏**　年二十二，夫亡，抚遗腹子成立，守节三十三年。

杨允执妻**孟氏**　有传。

于秉和妻**王氏**　年二十三，夫亡，抚嗣子成立，守节三十一年。

庠生张四维妻**李氏**　年二十六，夫亡，抚子入泮，守节二十七年。

张元恒妻**章氏** 年二十，夫亡，守节三十二年。

孟其昌妻**邓氏** 年二十二，夫亡，抚嗣子成立，守节二十九年。

刘绎如妻**邓氏** 有传，媳某氏附。

浦清涟妻**王氏** 年二十五，夫亡，抚孤成立，守节二十五年。

王克勤妻**郭氏** 年十九，夫亡，抚嗣子成立，守节三十年。

以上十二年旌。

彭峻德妻**张氏** 年二十八，夫亡，抚孤成立，守节三十三年。

梁廷显妻**张氏** 年二十八，夫亡，抚孤入泮，守节三十年。

戴熏妻**袁氏** 年二十，夫亡，抚两孤成立。守节五十四年。

符开泰妻**张氏** 年二十九，夫亡，抚孤成立，守节二十七年。

李树达妻**乔氏** 年十九，夫亡，抚嗣子成立，守节三十二年。

以上十三年旌。

王尚勇妻**张氏** 年二十一，嫠居无子，继侄克勤为嗣。克勤甫娶而夭，与其媳郭氏共励冰霜。同治十二年并旌。

抚宁县

李希闵妻**张氏** 年二十三，夫亡，守节三十四年。二年旌。

王化雨妻**傅氏** 年二十六，夫亡，抚孤成立，守节六十余年。三年旌。

赍材妻**杨氏** 年二十，夫亡，守节五十四年。三年旌。

史俊儒妻**王氏** 年二十四，夫亡，守节。

吴琢妻**刘氏** 年二十，夫亡，守节。

以上六年旌。

杨上林妻**张氏** 年二十，夫亡，守节三十余年。十三年旌。

单吉庆妻**周氏** 年十七岁于归，逾月夫亡，孝事祖姑，二十九岁卒。

李必发妻**陈氏** 年二十七，夫亡，抚孤成立，守节四十五年。

李树本妻**陈氏** 年二十五，夫亡，抚三子成立，守节四十六年。

李占元妻**杨氏** 年二十一，夫亡，抚嗣子成立，守节三十二年。

侯天瑞妻**冯氏**　年二十五，夫亡，夫兄弟俱故，抚孤侄兼祧三门，守节二十七年。

杨盛林妻**张氏**　年二十，夫亡，守节三十年。

赵立妻**李氏**　年二十一，夫亡，抚嗣子成立，守节六十四年。

高维名妻**王氏**　年二十六，夫亡，抚嗣子步瀛入泮，守节五十四年。

张敏妻**王氏**　年二十五，夫亡，守节三十四年。

李交泰妻**刘氏**　年二十七，夫亡，抚犹子璧为嗣，守节四十七年。

武太平妻**王氏**　年二十七，夫亡，抚嗣子清新成立，守节五十一年。

陈永发妻**李氏**　年二十六，夫亡，无子，守节五十年。

耿国妻**薛氏**　年二十三，夫亡，守节四十八年。

张鹏举妻**周氏**　年二十八，夫亡，守节二十七年。

李克勤妻**孙氏**　年二十二，夫亡，以侄为嗣，守节三十二年。

高玉美妻**崔氏**　年十九，夫亡无子，守节二十四年卒。

李超妻**于氏**　年二十八，夫亡，抚孤成立，守节五十六年。

王万春妻**黄氏**　年二十七，夫亡无子，守节五十五年。

茹大全妻**张氏**　年三十，夫亡，抚周岁孤锟成立，守节四十八年。

郭麟书妻**唐氏**　年二十三，夫亡，守节五十三年。

赵士林妻**孙氏**　年二十，夫亡，无子。守节五十六年。

徐运祥妻**宋氏**　年二十六，夫亡，抚孤成立。守节四十七年。

张联魁妻**王氏**　年二十五，夫亡，守节四十八年。

李长新妻**齐氏**　年二十九，夫亡，抚孤成立，守节四十三年。

王赞妻**游氏**　年二十七，夫亡，抚己子与前室子无异，守节三十九年。

柳向青妻**袁氏**　年十九，夫亡，抚嗣子池成立，守节四十七年。

袁兆堂妻**田氏**　年二十九，夫亡，抚孤芳成立，守节三十六年。

翟承先妻**高氏**　年二十九，夫亡，守节三十六年。

马景云妻**张氏**　年二十三，夫亡，守节四十二年。

周文友妻**杨氏**　年二十一，夫亡，守节四十一年。

张文富妻**滕氏**　年二十六，夫亡，抚孤成立，守节三十五年。

陈锐妻**鹿氏**　年二十八，夫亡，守节三十三年。

张开国妻**张氏**　年二十一，夫亡，守节四十年。

黄国祥妻**郝氏**　有传。子妇某氏附。

盛景时妻**宋氏**　年二十一，夫亡无子，守节三十九年。

盛景隆妻**王氏**　年二十九，夫亡无子，守节二十九年。

张明逵妻**章氏**　年二十九，夫亡，守节二十九年。

常宽妻**于氏**　年二十六，夫亡，抚孤成立，守节三十年。

殷德明继妻**李氏**　年三十，夫亡，抚前室子如已出，守节二十五年。

刘士宽妻**傅氏**　年二十，夫亡，抚五月孤成立，守节三十四年。

朱万美妻**李氏**　年二十三，夫亡，抚孤成立，守节三十年。

王序堂妻**杨氏**　年二十三，夫亡，抚孤成立，守节二十八年。

殷椿龄妻**钱氏**　年二十于归，仅三月夫亡，抚嗣子大儒成立，守节二十七年。

庠生张景岳妻**冯氏**　年二十二，夫亡，抚孤濂成立，守节四十三年。

王殿明妻**李氏**　于归甫一月，夫即出关贸易客死于外，时其长姒亦殁，遗孤万镒仅二岁，氏抚之成立，守节三十余年。

李德妻**高氏**　年二十一，夫亡。

史春妻**李氏**　年十七于归，仅三月夫亡，守节二十三年。

杨永春妻**杨氏**　年二十，夫亡，抚侄成立，守节三十二年。

王汝起妻**李氏**　年二十六，夫亡，抚孤镳成立，守节四十九年。

郭连书妻**唐氏**　年二十三，夫亡，抚嗣子成立，守节五十三年。

岳声妻**王氏**　年二十八，夫亡，教子鲁詹、曾孙殿邦皆入泮，守节五十二年。

韩润妻**王氏**　年二十三，夫亡，以侄为嗣，守节三十三年。

王定一妻**单氏**　年二十八，夫亡，抚两孤及两侄成立，守节二十四年。

张麟瑞妻**李氏** 年二十九，夫亡，抚孤成立，守节四十二年。

李峤妻**陈氏** 年二十七，夫亡，无子，守节二十三年。

聂鹏飞妻**郭氏** 年二十七，夫亡，抚孤爽成立，守节五十年。

张大儒妻**胡氏** 年二十四，夫亡，抚孤成立，守节五十年。

昌黎县

张隆本妻**梁氏** 有传。

李廷辅妻**刘氏** 二年旌。

马清年妻**史氏** 三年旌。

段维恭妻**孙氏** 年二十二，夫亡，抚孤成立，守节五十一年。

段昌德妻**张氏** 年二十五，夫亡无子，守节三十七年。

段继先妻**王氏** 年二十于归，三月夫亡，守节三十一年。

段泽远妻**常氏** 年二十嫁，两月夫亡，年七十八卒。

刘占一妻**赵氏** 年二十二，生子二日夫亡，未五十而子又亡，守节三十一年。

李运阶妻**马氏** 年二十八，夫亡，抚继子成立，守节四十五年。

监生张壬妻**宫氏** 年二十三嫁，五月夫亡，抚嗣子成立，守节四十五年。

庠生董渤润妻**邵氏** 禹城令鹏翱子妇，二十四岁夫亡，教嗣子荣绍食廪饩，守节四十四年。

陆致发妻**卜氏** 年二十九，夫亡，抚幼子成立，年七十卒。

孙连聘妻**杨氏** 年二十八，夫亡，抚八月孤成立，守节三十二年。

孙诚一妻**陈氏** 年十九，夫亡，抚继子成立。

刘马妻**赵氏** 年十七于归，数月夫亡，继侄为嗣，年八十卒。

刘常发妻**罗氏** 年二十一，夫亡，守节二十九年。

张理继妻**李氏** 年十八于归，一年夫亡。抚前室子如已出，守节四十八年。

方大勇妻**常氏** 年二十五，夫亡，守节二十九年。

张金瑶妻**田氏**　年二十一，夫亡，守节四十五年。
齐万全妻**赵氏**　年二十八，夫亡，抚孤成立，守节四十五年。
张如阜妻**石氏**　年二十三，夫亡，抚嗣子成立，守节四十七年。
赵世荣妻**齐氏**　年二十九，夫亡，守节二十二年。
张有平妻**曹氏**　年二十九，夫亡，五十六岁卒。
监生李元忠妻**杨氏**　年二十七，夫亡，守节三十年。
庠生王佩玖妻**景氏**　年二十八，夫亡，守节三十年。
李缙妻**张氏**　年十八，夫亡，守节三十四年。
曾诚妻**崔氏**　年二十二，夫亡，守节四十三年。
李文春妻**马氏**　年二十九，夫亡，守节四十一年。
陈永成妻**王氏**　年二十九，夫亡，守节三十八年。
刘邦直妻**赵氏**　年二十九，夫亡，守节三十五年。
张树椿妻**钱氏**　年二十，夫亡，守节三十一年。
张树糖妻**张氏**　年二十，夫亡，守节四十年。
刘沂光妻**张氏**　年二十九，夫亡，抚二子成立，守节二十三年。
解雷妻**丁氏**　年二十一，夫亡，守节三十一年。
贾永仁妻**马氏**　年二十九，夫亡，守节四十三年。
韩福春妻**郭氏**　年三十，夫亡，守节五十一年。
刘嘉猷妻**张氏**　年十九，夫亡，守节六十二年。
马敬思妻**石氏**　年二十五，夫亡，苦节六十六年。
王冠英妻**傅氏**　年二十四，夫亡，守节二十七年。
李鸣玉妻**邵氏**　年二十九，夫亡，抚孤成立，苦节三十六年。
田光祖妻**刘氏**　年二十九，夫亡，抚子钟英入泮，守节二十九年。
段维藩妻**马氏**　年二十四，夫亡，守节六十余年。
李翥妻**张氏**　年二十，夫亡，守节二十九年。
田广兴妻**费氏**　年十八，夫亡，守节三十四年。
王炽妻**聂氏**　年二十九，夫亡，守节四十余年。
张希圣妻**刘氏**　年二十六，夫亡，守节三十三年。
以上均四年旌。

王宗谦妻**赵氏**　年二十九，夫亡，抚孤成立，守节二十三年。
李金桂妻**张氏**　年二十一，夫亡，守节三十一年。
赵桂森妻**张氏**　年十九，夫亡，抚嗣子成立，守节三十二年。
史诠妻**李氏**　年二十九，夫亡，守节五十一年。
邸汇征妻**秦氏**　年二十七，夫亡，抚孤成立，守节五十年。
李乐妻**孙氏**　年二十四，夫亡，守节五十三年。
刘思敬妻**丁氏**　年二十五，夫亡，守节三十九年。

滦　　州

张廷梁妻**刘氏**　年二十六，夫亡，守节六十二年。三年旌。
张桂武妻**刘氏**　年二十四，夫亡，守节三十年。四年旌。
彭云贵妻**唐氏**　年二十一，夫亡，守节六十三年。五年旌。
张殿卿妻**孟氏**　年二十三，夫亡，守节四十余年。七年旌。
萧云峰妻**高氏**　八年旌。
庞希舜妻**郭氏**　年二十四，夫亡，守节四十余年。
赵廷灿妻**张氏**　年二十四，夫亡，守节六十余年。
戚印妻**张氏**　年二十六，夫亡，六十七岁卒。
戚铡妻**周氏**　年二十五，夫亡，守节三十余年。
霍凤翥妻**王氏**　年二十二，夫亡，守节五十年。
高怀复妻**毕氏**　年二十七，夫亡，守节三十九年。
毕成侧室**罗氏**　年二十九，夫亡，守节三十一年。
毕臣阁妻**金氏**　年二十八，夫亡，守节三十年。
毕宜妻**彭氏**　年二十三，夫亡，守节三十六年。
邓林妻**马氏**　年二十六，夫亡。
于怀休妻**姚氏**　年二十二，夫亡，守节六十余年。
以上十二年旌。
刘君辅妻**张氏**　有传。
张相妻**李氏**　年二十，夫亡，抚遗腹子成立，守节三十余年。
杜玉和妻**秦氏**　年十九，夫亡，守节三十余年。

张玾妻**赵氏**　年二十七，夫亡，守节六十年。

张大科妻**杜氏**　年二十一，夫亡，守节。以子玉昆同知衔，诰封宜人。

马维清妻**张氏**　年十九，夫亡，守节三十九年。

张大成妻**刘氏**　年二十六，夫亡，守节五十一年。以子遇清鸿胪寺序班，封孺人。

王汉妻**杜氏**　年二十一，夫亡，守节三十七年。

乐亭县

葛志强妻**刘氏**　年二十七，夫亡，守节五十余年。

李福林妻**温氏**　年十七嫁，未逾月夫亡，苦节四十余年。

王顺滋妻**陈氏**　年二十一，夫亡，苦节五十余年。

庠生葛会麟妻**李氏**　年二十二，守节，抚遗腹子葆光入郡庠。

以上元年旌。

王璠妻**任氏**　年二十六，夫亡，抚五岁子兆庆成立，年八十五卒。

王连茹妻**刘氏**、李萱妻**董氏**　有传。

周永亮妻**霍氏**　年二十八，夫亡，无子。

高允安妻**蒋氏**　年三十，夫亡。

张柏龄妻**崔氏**　年二十九，夫亡。

葛吉�妻**刘氏**　年二十八，夫亡。

以上三年旌。

张希儒妻**张氏**　年二十五，夫亡，教子成立。

徐书田妻**安氏**　年二十二，夫亡，继夫姓为嗣。

庠生石肄三妻**杜氏**　年二十，夫亡，抚三岁子入邑庠。

陆永修妻**王氏**　年二十一，夫亡，以犹子联城为嗣，年八十二卒。

陆永言继妻**李氏**　年二十三，夫亡，抚前室子联城、联甲如己出，生子联云，苦节五十余年。

以上四年旌。

宁元壼妻**刘氏**　年十九嫁，一年夫亡，继夫兄子宝森为嗣，入邑庠。

张希训妻**谭氏**　年二十四，夫亡，年六十四。

王凝基妻**刘氏**　年二十一，夫亡，孝事孀姑，三十余年如一日。

王化成妻**蔡氏**　年三十，夫亡，抚二子成立，守节四十余年。

史孟妻**刘氏**　年二十八，夫亡，守节四十余年。

萧柏年妻**李氏**　有传。

以上五年旌。

韩连科妻**符氏**　年十八，夫亡。

徐聪妻**李氏**　年二十九，夫亡，守节四十余年。

以上六年旌。

杨国清妻**刘氏**　年二十九，夫亡，抚孤成立。八年旌。

孙自昭继妻**李氏**　年二十三，夫亡，抚三子成立。十年旌。

何连茹妻**董氏**　年二十五，夫亡，守节五十余年。

牛锦峰妻**杨氏**　年二十一，夫亡，抚幼子成立。

高尚贤妻**杨氏**　年十七嫁，逾年夫亡，守节四十余年。

杨大用妻**王氏**　年三十，夫亡，抚幼子连级成立。守节四十余年。

以上十一年旌。

田昌培妻**庞氏**　年二十四，夫亡，慈抚嗣子，守节三十余年。

王世荐妻**谷氏**　年二十三，夫亡，以夫弟子心德为嗣，守节四十六年。

石资正妻**潘氏**　年二十二，夫亡，抚四岁孤向儒成立，守节三十余年。

以上十二年旌。

董桂龄妻**王氏**　年二十九，夫亡，守节抚幼子成立，守节三十年。

孙丕祚妻**王氏**　合卺次日，夫病即别室居，阅六月夫亡，守节五十余年。

张福亨妻**祖氏**　年二十九，夫亡，奉姑教子五，守节五十年。

倪堉妻**杨氏**　年二十一，夫亡，守节三十一年。

倪埥妻**徐氏**　年十九，夫亡，守节三十三年。

王嵩妻**董氏**　年十七，夫亡，守节四十年。

吴玲妻**宁氏**

李文魁妻**吴氏**　年二十七，夫亡，守节四十六年。

卢镇东妻**史氏**　年二十九，夫亡，教子象乾成立，守节三十六年。

李俊士妻**史氏**　年二十三，夫亡，守节五十四年。

尹百玉妻**张氏**　年二十三，夫亡，守节五十四年。

张保基妻**刘氏**　年十九，夫亡，守节四十二年。

刘邦有妻**母氏**　年二十二，夫亡，守节三十五年。

刘君辅妻**张氏**　年二十九，夫亡，守节五十五年。

蒋坊妻**李氏**　年二十一，夫亡，守节二十五年。

石汝楠妻**周氏**　年二十七，夫亡，守节四十八年。

石汝器妻**李氏**　年二十三，夫亡，守节四十四年。

谢永誉妻**石氏**　年二十六，夫亡，守节四十八年。

李崇岳妻**黄氏**　年二十五，夫亡，守节四十年。

徐鹏翼妻**高氏**　年二十九，夫亡，守节三十七年。

徐鹏志妻**蔡氏**　年二十七，夫亡，守节三十六年。

石汝梓妻**李氏**　年二十九，夫亡，守节四十四年。

常福均妻**王氏**　年二十五，夫亡，守节三十七年。

商泽普妻**刘氏**　年三十，夫亡，守节四十三年。

张历妻**赵氏**　年二十，夫亡，抚孤成立，守节四十余年。

刘珍妻**裴氏**　年二十七，夫亡，守节三十四年。

王德庭妻**王氏**　年二十三，夫亡，无子，守节四十一年。

张广生妻**程氏**　有传。

张国梁妻**齐氏**　年十九，夫亡，无子，守节三十余年。

倪维翰继妻**陈氏**　年二十四，夫亡，无子，守节三十四年。

李勤妻**张氏**　有传。

张树基妻**谢氏**　年二十六，夫亡，抚孤成立，守节四十二年。

徐九儒妻**商氏**　年二十六，夫亡，抚数月孤成立，守节五十年。

高弼臣妻**李氏**　年十七，夫亡，抚遗腹子至六岁又殇，守节四十余年。

武生安凌云妻**高氏**　年二十八，夫亡，抚孤成立，守节三十五年。

阴成之妻**安氏**　有传，妹夫弟习之妻附。

刘朝东妻**李氏**　年二十五，夫亡无子，守节四十年。

刘连奎妻**李氏**　年二十九，夫亡，无子，守节三十六年。

阴炯妻**张氏**　有传，子士杰妻吴氏附。

张德凤妻**石氏**　夫亡无子，现年七十一。

李云龙妻**宁氏**　年十九，夫亡，抚遗腹子惠成立，守节五十五年。

李绍文妻**杨氏**　年三十，夫亡，抚孤天叙成立，守节三十七年。

李绍武妻**李氏**　年二十六，夫亡，抚二孤成立，守节四十八年。

刘含芳妻**赵氏**　年二十二，夫亡，守节四十七年。

张廷荫妻**谢氏**　年二十九，夫亡，守节四十三年。

赵纯妻**李氏**　有传。

倪苇妻**常氏**　年二十九，夫亡，抚嗣子遇泰成立。

严绅继妻**石氏**　年二十五，夫亡，抚前室二子一女与己子无异，守节三十七年。

张建学妻**韩氏**　年二十五，夫亡，守节五十年。

杜君用妻**李氏**　年二十一，夫亡无子，守节三十六年。

张金瓯妻**武氏**　有传。

汉军旗籍蒋嵩龄妻**黄氏**　年二十七，夫亡无子，守节三十六年。

王兴旺妻**汪氏**　年十九，夫亡，抚遗腹孤成立，守节四十三年。

王永贵妻**张氏**　年二十一，夫亡，无子，守节四十四年。

郑松年妻**石氏**　年二十一，夫亡，抚夫堂侄为嗣，守节四十年。

郗士杰妻**王氏**　年二十二，夫亡，抚夫侄芝馨食廪饩。

何家俊妻**郗氏**　年二十七，夫亡无子，守节四十三年。

韩琬妻**高氏**　年二十五，夫亡，以夫侄为嗣，守节五十五年。

和明清妻**李氏**　年二十五，夫亡，以夫侄为嗣，守节四十年。

曹鹏龄妻**李氏**　年二十，夫亡，守节三十五年。

张振声妻**赵氏**　年二十六，夫亡，守节三十六年。

裴国泰妻**李氏**　年二十六，夫亡，抚两孤成立，守节五十八年。

庠生王中立妻**倪氏**　年二十，夫亡。

刘絅妻**齐氏**　年二十四，夫亡，抚八月孤成立，守节三十七年。

宋文锦妻**刘氏**　年二十九，夫亡，子亦殇，抚夫侄德谦成立，守节四十四年。

宋文明妻**刘氏**　年二十六，夫亡，抚嗣子德尊入泮，守节四十七年。

刘志祥妻**张氏**　年二十七，夫亡，抚两孤一入泮，守节三十六年。

刘志和妻**卢氏**　年二十九，夫亡，抚嗣子云锦成立，守节四十六年。

宁大孚妻**苑氏**　年二十五，夫亡，抚孤楷森成立，守节四十七年。

朱怀贵妻**姚氏**　年二十四，夫亡，抚夫侄为嗣，守节四十八年。

牛景山妻**李氏**　年二十九，夫亡，抚子成立，守节三十七年。

赵元一妻**陈氏**　年二十四，夫亡，守节四十一年。

张继清妻**张氏**　年二十三，夫亡，遗一女，夫堂兄妻再醮亦遗一女，氏与已女同抚之，守节五十一年。

何杏林妻**张氏**　年三十，夫亡，抚二子成立，守节三十六年。

石守先妻**孙氏**　年二十二，夫亡，以堂侄为嗣，守节三十七年。

李芬妻**李氏**　年十九，夫亡无子，守节五十八年。

李英妻**郭氏**　年二十三，夫亡无子，守节五十三年。

薛汉兴妻**曹氏**　有传，夫兄汉臣妻李氏另有传，夫弟汉屏妻邹氏附。

郭俊妻**葛氏**　有传，娣姚氏附。

郭继文妻**刘氏**　夫亡，抚孤成立，现年六十九岁。

戴永立妻**李氏**　年三十，夫亡，无子。

聂文魁妻**张氏**　年二十二，夫亡，抚嗣子成立，守节六十四年。

武生曹遇隆妻**王氏**　年二十九，夫亡，抚孤成立，守节二十二年。

以上十三年旌。

临榆县

庠生计树棠妻**吉氏**　年二十六，夫亡，事亲抚孤，守节四十余年。

柳湛墀妻**王氏**　年二十六，夫亡，守节。

李开俊妻**才氏**　年二十八，夫亡，守节。

任秉义妻**杨氏**　年二十三，夫亡，抚嗣子成立，年三十五卒。

吉汉英妻**傅氏**　年十八，夫亡，守节三十九年卒。

以上元年旌。

营千总王大琛继妻**许氏**　年二十七，夫亡，抚兼祧子成立。二年旌。

从九品杨开甲继妻**李氏**　年二十六，夫亡，抚前室子如已出，早岁游庠，守节三十余年。

庠生侯熙泰继妻**缪氏**　年二十四，夫亡，抚子成立。

侯准妻**刘氏**　年二十一，夫亡，守节五十余年。

以上三年旌。

傅士诚妻**张氏**　年二十六，夫亡，抚继子成立。

六品衔王恕侧室**李氏**　年二十八，恕亡，抚嫡子汝襄成立，年四十九卒。

李连杰妻**马氏**　年二十八，夫亡，年七十四卒。

杨士恺妻**田氏**

丁荣章妻**吴氏**　年十八，夫亡，守节五十余年。

以上七年旌。

安兆福妻**郭氏**　年二十一嫁，三月夫亡，以侄为嗣，守节六十余年。

以上八年旌。

张存诚妻**阎氏**　年二十四，夫亡，三十九岁卒。

以上九年旌。

广西桂平盐法道王州侧室**蘧氏**　年二十九，州亡，生二子并嫡众子共六人，皆抚之成名，年五十五卒。

孙岳生妻**马氏**　年二十七，夫亡，守节五十余年。

孙岳增妻**李氏**　年二十五，夫亡，守节四十余年。

马成龙妻**任氏**　年二十二，夫亡，守节三十余年。

张鹏飏妻**吉氏**　慈怀保妻**刘氏**。

以上十年旌。

齐应璧妻**王氏**　年二十八，夫亡，守节二十余年。

王德熙妻**田氏**　年二十二，夫亡，五十六岁卒。

梁世俊妻**王氏**　年二十四，夫亡，抚孤成立，苦节四十余年。

萧廷镇继妻**方氏**　年二十四，夫亡，抚前室子成立。守节五十余年。

以上十一年旌。

刘珍妻**贲氏**　徐天佐妻**蔡氏**　年二十四，夫亡，孤幼，抚之成立。苦节四十余年。

李绪文妻**石氏**　年二十二，夫亡，抚侄为子，三十三卒。

苏自理妻**赵氏**　年二十八，夫亡，守节二十余年。

李瑞信妻**刘氏**　有传。子妇某氏附。

王培兰妻**马氏**　年二十七，夫亡无子，守节三十二年。

高克方妻**陈氏**　有传。夫弟克端妻李氏附。

齐硕彦妻**魏氏**　年二十七，夫亡，抚嗣子成立，守节三十二年。

马士璋妻**王氏**　年二十八，夫亡，守节四十四年。

以上十三年旌。

光绪

卢龙县

王镇达妻**刘氏**　年三十，夫亡，抚孤成立，年七十八卒。

窦玺妻**谭氏**　年二十一，夫亡，守节七十年。

安宗云妻**花氏**　年二十三，夫亡，守节五十七年。

李汶妻**陶氏**　年二十三，夫亡，守节五十一年。

窦永荣妻**徐氏**　年二十四，夫亡，守节四十四年。

张德安妻**董氏**　年十八，夫亡，守节六十一年。

黄正冠妻**苗氏**　年二十，夫亡，守节三十五年。

王玉树妻**宣氏**　年二十四，夫亡，守节二十六年。

李占魁妻**陈氏**　有传，夫弟占鳌妻刘氏附。

窦桂清妻**廉氏**　年二十一，夫亡，守节十二年卒，年三十三。

李荣妻**杨氏**　年二十一，夫亡，守节四十九年。

驻防昆都妻**黄氏**　年二十九，夫亡，抚孤柯木、荷恩成立，现存五十三岁。

以上俱三年旌。

董士义妻**韩氏**　年二十五，夫亡，抚孤成立，守节二十九年。

阎成保妻**任氏**　年二十九，夫亡，守节三十年。

任子菱妻**宋氏**　有传。

赵辛妻**严氏**　年十七，夫亡，守节六十六年。

迁安县

谌俊妻**尹氏**　年二十八，夫亡，守节三十九年。

刘玉衡妻**凌氏**　年三十五，夫亡，抚孤成立，守节三十二年。

庠生刘永泰妻**李氏**　年二十四，生子运成未弥月而夫亡，守节四十二年。

杨云来妻**阚氏**　年二十七，夫亡，抚孤成立，守节五十年。

高环妻**张氏**　年二十八，夫亡，抚孤成立，守节三十四年。

马闲妻**陈氏**　年二十五，夫亡，守节五十三年。

高步云妻**唐氏**　年十九，夫亡，抚孤坤甫成立，守节六十五年。

王荣妻**冯氏**　年二十四，夫亡，抚孤成立，守节三十年。

乌昌元妻**刘氏**　年二十，夫亡，守节三十四年。

杨喜妻**朱氏**　年二十九，夫亡，守节五十三年。

李昌才妻**张氏**　年二十三，夫亡，抚八月孤成立，守节四十九年。

王芬妻**吴氏**　年二十八，夫亡，抚嗣子成立，守节三十年。

王国宝妻**高氏**　年二十八，夫亡，守节五十五年。

康忻妻**刘氏**　年二十八，夫亡，抚孤成立，守节三十五年。

孟保妻**王氏**　年二十七，夫亡，抚孤成立，守节四十四年。

渠万有妻**曹氏**　有传，嗣子涌泉妻某氏附。

王纯妻**张氏** 年二十三，夫亡，守节三十五年。

刘廷献妻**柴氏** 年二十，夫亡，守节五十八年。

王垣妻**梁氏** 年二十七，夫亡，守节三十一年。

张馥妻**李氏** 年二十七，夫亡，抚嗣子成立，守节三十二年。

杨荣妻**郭氏** 年三十，夫亡，遗六月孤旋以痘疾殇，抚夫弟子喜林成立，守节三十四年。

张服妻**李氏** 年二十一，夫亡，守节三十八年。

李尚义妻**孟氏** 年二十一，夫亡，抚犹子春成立，守节三十九年。

王魁妻**刘氏** 年十七，夫亡，守节三十三年。

张君政妻**徐氏** 年二十九，夫亡，抚子鹏翼入泮，守节五十三年。

以上三年旌。

郭尚飞妻**杨氏** 年二十五，夫亡，抚嗣子大成成立，守节五十一年。

张鸿文妻**邵氏** 年十九，夫亡，守节八年，二十七岁卒。

宋作明妻**张氏** 年二十九，夫亡，守节四十二年。

杨开俭妻**韩氏** 年二十四，夫亡，抚遗腹子成立，守节三十四年。

郭明远妻**姚氏** 年十八，夫亡，抚侄为嗣，守节四十年。

郝逢时妻**张氏** 年二十九，夫亡，抚孤子恂入泮，守节三十年。

郭锡爵妻**徐氏** 年二十七，夫亡，抚一岁孤铣入泮，守节三十年。

姚成义妻**杨氏** 年十九，夫亡，抚孤成立，守节三十七年。

杨兆元妻**米氏** 年十九，夫亡，守节三十二年。

王彬妻**杨氏** 年二十，夫亡，抚孤成立，守节三十年。

王祥妻**裴氏** 年十八，夫溺井死，抚嗣子成立，守节六十四年。

孟训妻**彭氏** 年二十九，夫因贫自经死，抚二孤成立，苦节五十年。

陆大成妻**杨氏** 年二十七，夫亡，抚子成立，守节四十九年。

庠生杨肇基妻**赵氏** 年二十八，夫亡，教子成立，守节四十七年。

于福德妻**张氏** 有传，子丰妻某氏附。

刘文妻**孟氏** 年十九，夫亡，教嗣子秉礼入泮，守节四十三年。

潘汲妻**高氏**　年二十四，夫亡，抚嗣子成立，守节二十一年。

李廷荣妻**杨氏**　年十七，夫亡，遗孤亦夭，抚侄为嗣，守节十六年卒。

马准妻**耿氏**　年二十九，夫亡，抚六月孤成立，守节五十二年。

王大治妻**杨氏**　年二十，夫亡，抚孤成立，守节五十三年。

高德正妻**杨氏**　年十九，夫亡，抚遗腹子成立，守节五十三年。

杨起荫妻**金氏**　年二十八，夫亡，抚孤德元成立，守节五十一年。

史鸣皋妻**王氏**　年二十八，夫亡，抚两孤，长子尚文入泮，守节三十五年。

佟品妻**马氏**　年二十四，夫亡，抚嗣子成立，守节三十七年。

王镩妻**张氏**　年二十三，夫亡，抚襁褓孤树椿成立，守节三十三年。

杨荣贵妻**吴氏**　年三十，夫亡，遗两孤皆殇。

吴振之妻**崔氏**　年二十二，夫亡，无子，族中无可继者，买异姓子为嗣，守节三十年。

李雨田妻**殷氏**　有传。

张贞妻**刘氏**　合卺之夕，夫已病笃，未旬日而殁，抚嗣子成立，守节五十余年。

高（名失考）妻**张氏**　年二十九，夫亡，抚孤成立，守节二十三年。

庠生李景坤妻**李氏**　年二十，夫亡，无子，守节二十七年。

刘俊成妻**王氏**　年二十五，夫亡，无子，守节二十一年。

陆永福妻**韩氏**　年二十三，夫亡，无子，抚嗣子成立，守节二十一年。

张逸妻**孟氏**　年二十七，夫亡，抚子陛兰成立，守节五十九年。

庠生张翰妻**裴氏**　年三十，夫亡，母弟欲夺其志，遂与母家绝，抚孤成立，守节四十五年。

张汲深妻**韦氏**　年三十，夫亡，抚嗣子成立，守节四十五年。

许纯妻**张氏**　年二十四，夫亡，抚从子其善为嗣，守节四十五年。

张棣妻**张氏** 年二十九，夫亡，家贫，携两孤寄食母家三十七年。

张巨川妻**王氏** 年二十六，夫亡，教子重食廪饩，任南宫训导，守节三十八年。

张玙妻**董氏** 于归四年，夫亡，抚犹子汝弼成立，五十八岁卒。

宁儒珍妻**李氏** 夫亡，抚嗣子书绅入泮，卒年四十七。

李天柱妻**刘氏** 年二十八，夫亡，守节五十七年。

耿显妻**李氏** 年二十三，夫亡，抚孤成立，守节三十五年。

胡昌禄妻**金氏** 夫亡，守节三十五年。

孟显扬妻**吴氏** 年二十，夫亡，家贫无子，寄食母家，守节四十八年。

王纲妻**侯氏** 年二十五，夫亡，守节四十年。

高均妻**杨氏** 年二十八，夫亡，家赤贫，孝事跛翁，抚孤瑞生成立，守节三十六年。

李永和妻**王氏** 年二十一，夫亡，抚襁褓孤成立，守节四十二年。

李宽妻**张氏** 年二十八，夫亡，守节三十五年。

张见深妻**蔡氏** 年二十九，夫亡，抚孤成立，守节三十年。

李玉成妻**王氏** 年二十五，夫亡，抚孤成立，守节三十二年。

张万年妻**廉氏** 年二十三，夫亡，抚襁褓子发成立，守节四十四年。

佾生（乐舞生）秦占魁妻**杨氏** 年二十，夫亡，抚周岁子成立，守节三十三年。

郭福妻**刘氏** 年二十一，夫亡，守节二十八年。

庠生邓安清妻**李氏** 年三十，夫亡，教子成立，守节四十年。

白廷顺妻**司氏** 年二十六，夫亡，抚两孤成立，长子魁一入武庠。守节三十年。

赵有来妻**陶氏** 年十八于归，夫出关无踪，苦守六十六年。

吴麟兆妻**庞氏** 年二十三，夫亡，守节二十八年。

庞祥妻**鲁氏** 年二十三，夫亡，以侄兆兰为嗣。守节七年卒。

张玉玺继妻**王氏** 年二十三，夫外出不归，苦守三十年。

裴应时妻**依氏** 年三十，夫亡，抚孤成立，守节二十四年。

吴龙翼妻**尚氏** 年十九，夫亡，甘贫励节，后姑殁，过哀呕血数斗而卒，年三十五。二年旌。

王玖妻**时氏** 十三岁待年夫家，十八岁合，年余夫卒，坚志守节，继子娶妇又死，姑妇俱孀。见年六十一。四年旌。

抚宁县

贲兰波妻**高氏** 年二十一，夫亡，守节四十七年。

党从虎妻**范氏** 年二十三，夫亡，守节四十三年。

张程道妻**侯氏** 年二十七，夫亡，抚嗣子入泮，守节三十八年。

王锡田妻**茹氏** 年二十，夫亡，抚继子成立，守节四十余年。

陈桐妻**周氏** 年二十五，夫亡，抚两岁孤至十二岁亦殇，苦节三十五年。

孙耀妻**王氏** 年二十六，夫亡，守节三十余年。

李鹏云继妻**陈氏** 年二十三，夫亡，抚前室子成立，守节三十余年。

才士俊妻**李氏** 年二十九，夫亡，守节二十六年。

张克俭妻**祖氏** 年二十九，夫亡，守节二十六年。

杨开弟妻**徐氏** 年二十四，夫亡，守节二十六年。

杨向荣妻**贲氏** 年二十一，夫亡，守节三十二年。

王步陵妻**孙氏** 年二十四，夫亡，抚遗腹子成立，守节三十余年。

胡连元妻**徐氏** 年二十，夫亡，守节三十余年。

单鸣鸾妻**魏氏** 年十五嫁，七月夫亡，抚幼侄成立，守节五十余年。

杨伦妻**郭氏** 年二十一，夫亡，抚遗腹子成立，守节四十九年。

李兆经妻**聂氏** 年二十一，夫亡，抚周岁子成立，守节六十余年。

张云立妻**武氏** 年十六，夫亡，抚孤成立，守节六十余年。

王希敏妻**王氏** 年二十四，夫亡，守节四十一年。

樊尚武妻**王氏** 年十七嫁，数日夫亡，教侄国祚入武庠，守节二十八年。

俞跃升妻**张氏** 年二十七，夫亡，抚三岁孤成立，守节五十六年。

王复春妻**安氏** 年二十五，夫亡，抚孤成立，守节五十余年。

张登岳妻**陈氏** 年二十四，夫亡，教继子澐入泮，守节五十余年。

张玉坤妻**王氏** 年二十三，夫亡，抚子成立，守节五十五年。

王柱妻**张氏** 年二十八，夫亡，守节三十三年。

杜瑞卿妻**卢氏** 郑世英妻**杨氏** 傅家树妻**杨氏**

王会征妻**鲁氏** 年十九，夫亡，守节四十年。

温志和妻**王氏** 有传。

以上元年旌。

薛景然妻**周氏** 年二十，夫亡，守节四十年。

郭士发妻**赵氏** 年二十二，夫亡，抚孤成立，守节五十一年。以上二年旌。

赵俭妻**马氏** 年二十五，夫亡，守节四十八年。

周柏龄妻**张氏** 年二十七，夫亡，抚嗣子成立，守节三十八年。

李可式妻**张氏** 年二十，夫亡，守节五十八年。

庠生周松龄妻**苏氏** 年二十九，夫亡，抚二子，长习商，次入泮，守节五十二年。

张殿升妻**李氏** 年二十六，夫亡，家孤贫，依族嫂廖氏，守节三十一年。

王揆伦妻**崔氏** 年二十六，夫亡，抚孤成立，守节三十一年。

高玉梅妻**卢氏** 年二十三，夫亡，守节四十一年。

刘耀春妻**杨氏** 年二十三，夫亡，守节三十二年。

常兆兰妻**刘氏** 年二十二，夫亡，抚孤成立，守节三十一年。

金锡勇妻**孟氏** 年二十二，夫亡，守节三十二年。

千总张龙文妻**寇氏** 年二十七，夫亡，抚孤成立，守节二十五年。

庠生周连科妻**宋氏** 年二十七，夫亡，守节三十九年。

罗振声妻**张氏** 年二十五，夫亡，守节四十一年。

李长柏妻**赵氏** 年二十一，夫亡，守节三十一年。

杨锦府妻**高氏**　年十九，夫亡，守节三十四年。

陈万良妻**罗氏**　年二十，夫亡，抚襁褓子成立，守节三十一年。

樊国垣妻**鲍氏**　年二十八，夫亡，守节三十二年。

常铠妻**金氏**　年二十五，夫亡，抚孤成立，守节四十二年。

以上三年旌。

马恩妻**王氏**　年二十九，夫亡，抚前室子成立，守节二十八年。

寇连元妻**董氏**　年二十九，夫亡，无子，为翁纳妾生两夫弟，翁殁，氏抚养两叔成立，守节四十一年。

庠生史安策妻**高氏**　年二十七，夫亡，抚孤成立，守节六十七年。

王琨妻**王氏**　年二十九，夫亡，抚两孤，长务农，次入泮，守节四十二年。

李龙章妻**杨氏**　年二十二，夫亡，抚遗腹子成立，守节三十一年。

王祥瑞妻**周氏**　年二十六，夫亡，抚嗣子成立，守节二十年卒。

李荣春妻**张氏**　年二十，夫亡，抚子，守节三十四年。

昌黎县

董行妻**王氏**　年二十九，夫亡，教二子成立，七十三岁卒。

监生邵永汉妻**阎氏**　年二十九，夫亡，教二子成立，七十一岁卒。

李澍妻**张氏**　年二十三，夫亡，以侄枫新为嗣，年七十五卒。

李清选妻**万氏**　年二十二，夫亡，孤苦无依，居于母家，年五十一卒。

刘凤仪妻**杨氏**　有传。

丁运隆妻**夏氏**　年二十六，夫亡，依母以居，守节四十五年。

周清儒妻**田氏**　年二十六，夫亡，子辉祖，每于灯下课读，守节四十一年。

张元士妻**傅氏**　年二十二，夫亡，守节四十二年。

萧文辉妻**张氏**　年二十六，夫亡，守节三十五年。

刘大智妻**刘氏**　有传。

邸云逵妻**李氏**　年二十一，夫亡，以侄仁培为嗣，守节三十余年。

陆竞一妻**鲁氏** 年十九，夫亡，以侄为嗣，守节二十九年。

刘鹤举妻**王氏** 年二十一，夫亡，抚七月孤成立，守节三十六年。

李德钊妻**鲁氏** 年二十七，夫亡，守节三十一年。

赵荣昌妻**崔氏** 年二十四，夫亡，守节，现年五十二。

马凌云妻**安氏** 年二十一，夫亡，守节三十四年。

庠生李壮猷妻**阎氏** 年十九，夫亡，守节四十七年。

张君福妻**李氏** 年二十七，夫亡，抚孤成立，守节五十五年。

梁世显妻**杨氏** 年二十二，夫亡，无子，姑殁，痛哭双目失明，守节五十六年。

蒋瑨妻**吴氏** 年十九，夫亡，无子，抚嗣子成立，守节四十年。

李元丰妻**张氏** 年二十四，夫亡，守节二十九年。

庠生加捐鸿胪寺序班阎克恭妻**李氏** 年二十七，夫亡，守节五十七年。

王国瑞妻**邢氏** 年二十八，夫亡，遗三子，守节十年，卒后次子渐逵、三子汝霖，皆入泮。

万（名失考）妻**朱氏** 年十九，夫亡。

庠生田德裕妻**石氏** 年二十，夫亡，抚孤成立，守节三十五年。

陈桂林妻**马氏** 年二十五，夫亡，无子守节三十年。

田茹妻**王氏** 年二十七，夫亡，守节三十三年。

刘景山妻**田氏** 年二十八，夫亡，抚孤成立，守节二十六年。

刘崇妻**王氏** 年二十，夫亡，无子，守节六十五年。

王金声妻**刘氏** 年二十，夫亡，抚孤成立，守节四十一年。

张恩妻**萧氏** 年二十四，夫亡，无子，苦节三十五年。

陆廷美妻**张氏** 年二十四，夫亡，抚孤成立，守节五十八年。

杜垠妻**李氏** 年二十八，夫亡，抚孤成立，守节三十年。

龙茂桂妻**张氏** 年二十七，夫亡，抚孤成立，守节三十三年。

郭鹏翔妻**卢氏** 年三十，夫亡，抚孤成立，守节四十六年。

邶有德妻**赵氏** 年二十，夫亡，抚孤成立，守节三十年。

郭义妻**马氏** 年二十七，夫亡，抚孤成立，守节三十四年。

郭琪妻**李氏**　年十九，夫亡，抚孤成立，守节五十一年。

王文德妻**刘氏**　年二十五，夫亡，抚孤成立，守节五十三年。

李焕妻**阎氏**　年二十五，夫亡，抚孤成立，守节二十七年。

顾福寿妻**杨氏**　年二十四，夫亡，抚孤成立，守节二十七年。

王理妻**万氏**　年二十五，夫亡，抚孤成立，守节二十七年。

张明远妻**王氏**　年二十二，夫亡，无子，守节二十六年。

郭钟和妻**王氏**　年十七，夫亡，以侄为嗣旋夭，守节三十八年。

李照明妻**马氏**　年二十五，夫亡，以堂侄如岳为嗣，守节四十八年。

陈士贵妻**董氏**　年二十，夫亡，以侄永智为嗣，守节四十年。

胡士俊妻**张氏**　年二十六，夫亡，抚两孤成立，守节四十三年。

裴廷桂妻**赵氏**　年二十七，夫亡，抚犹子成立，守节三十年。

李永秀妻**刘氏**　年二十，夫亡，以侄茂林为嗣，守节三十四年。

赵景曾妻**李氏**　年二十一，夫亡，抚两孤成立，守节四十年。

牛起妻**陈氏**　年二十四，夫亡，抚孤成立，守节五十一年。

刘振妻**罗氏**　年二十九，夫亡，抚孤成立，守节二十一年。

张俊妻**赵氏**　年二十五，夫亡，抚嗣子成立，守节六十一年。

萧天宠妻**杨氏**　年二十七，夫亡，抚孤成立，守节四十五年。

孙士德妻**于氏**　年三十，夫亡，遗孤七岁而夭，守节三十二年。

刘职继妻刘氏　夫亡无子，遗一女仅五岁，年及笄旋夭；娣吴氏亦早寡，共励冰霜，人称双节。

萧连级妻**常氏**　年二十六，夫亡，抚嗣子入泮，守节三十八年。

张玲妻**史氏**　年二十五，夫亡，遗二子一女，长系前室所生。夫弟妇殁，遗孤甫六月，氏皆抚之，厚于己出，守节三十一年。

张定亨妻**徐氏**　有传。

邸登甲妻**王氏**　年二十一，夫亡，无子，守节五十五年。

刘永和妻**魏氏**　年三十，夫亡，抚两孤成立，守节二十一年。

常裕宝妻**刘氏**　年二十二，夫亡，抚嗣子成立，守节三十二年。

郭朝选妻**王氏**　年二十三，夫亡，无子，守节四十八年。

费兴顺妻**周氏** 年二十八，夫亡，抚孤成立，守节三十三年。

魏福申妻**周氏** 年二十七，夫亡无子，守节二十七年。

李连士妻**刘氏** 年二十八，夫亡，抚遗腹子成立，守节三十六年。

李得全妻**李氏** 年二十四，夫亡，遗孤两岁病殇，以侄为嗣，守节六十五年。

张现龙妻**刘氏** 年三十，夫亡，抚嗣子成立，守节四十三年。

费季春妻**陆氏** 年二十七，夫亡，抚三子，长子鹏飞入泮，守节三十一年。

白天秩妻**魏氏** 年二十四，夫亡，守节二十九年。

田均妻**孙氏** 年二十一于归，三日夫暴卒，抚侄为嗣，守节三十年。

监生董灿妻**梁氏** 年二十，夫亡，守节三十年。

王永恩妻**张氏** 年二十一，夫亡，无子，家贫佣工，苦节三十年。

赵钟元妻**赵氏** 年二十四，夫亡，无子，守节二十八年。

李奎升妻**杨氏** 年二十三，夫亡，守节三十一年。

周纯妻**宋氏** 年二十九，夫亡，抚四子成立，守节四十年。

赵兴福妻**吴氏** 年二十七，夫亡，守节三十九年。

王玉衡妻**贾氏** 年二十一，夫亡，守节四十一年。

赵兴印妻**李氏** 年二十七，夫亡，守节三十六年。

高锋妻**姚氏** 年二十二，夫亡，抚嗣子荣绶成立，守节四十年。

张璞妻**史氏** 年二十五，夫亡，子亦殇，守节三十八年。

平振声妻**杨氏** 年二十，夫亡，抚嗣子成立，守节三十九年。

王振声妻**刘氏** 年二十，夫亡，抚孤成立，守节三十九年。

王仲魁妻**李氏** 年二十二，夫亡，抚孤成立，守节三十七年。

顾文粹妻**周氏** 年二十，夫亡，抚嗣子成立，守节三十九年。

孙秉起妻**李氏** 年十九，夫亡，抚七日孤成立。守节三十七年。

张廷骧妻**孙氏** 年二十一，夫亡，抚嗣子成立，守节三十五年。

赵岱妻**张氏** 年二十九，夫亡，抚二孤成立，守节二十七年。

史鸿仪妻**李氏** 年二十三，夫亡，守节三十二年。

常履贞妻**路氏** 年二十一，夫亡，抚嗣子长山成立，守节三十年。

唐起妻**傅氏** 年二十七，夫亡，抚孤成立，守节三十一年。

增生宋焜妻**邵氏** 年二十三，夫亡，守节三十年。

刘履泰妻**宁氏** 有传。

戴永桢妻**金氏** 有传。

唐瑞麒妻**张氏** 年二十六，夫亡，抚孤成立，守节七十年。

刘永泰妻**孙氏** 年二十九，夫亡，抚孤耀科成立。守节四十一年。

唐继有妻**赵氏** 年十九，夫亡，家贫，寄食母家，守节六十六年。

陈桂妻**阎氏** 年二十五，夫亡，抚嗣子廷林成立。守节四十五年。

赵平妻**赵氏** 年二十九，夫亡，抚八月孤汝升成立。守节三十五年。

邵永美妻**曹氏** 年二十九，夫亡，抚孤成立。守节五十三年。

戴志兰妻**赵氏** 年二十九，夫亡，抚前室子成立。守节四十四年。

王永福妻**刘氏** 年二十六，夫亡，抚嗣子国显成立。守节四十二年。

刘作雨妻**李氏** 年二十一，夫亡，抚孤成立。守节四十二年。

戴凤辉妻**范氏** 年二十九，夫亡，抚嗣子清入泮，守节五十二年。

齐开业妻**赵氏** 年十九于归，未两月夫亡，守节三十六年。

宋国桓妻**钱氏** 有传，嗣子增生焜妻邵氏附。

高梦麟妻**常氏** 年二十九，夫亡，抚嗣子兆元成立。守节六十六年。

孙维柱妻**曹氏** 有传。

李武魁妻**郭氏** 年二十三于归，七日夫暴卒。守节五十一年。

张朴妻**龙氏** 年二十四，夫亡，抚子廷俊成立。守节五十七年。

孟檀妻**李氏** 年二十九，夫亡，守节四十三年。

顾邦荣妻**郑氏** 年二十一，夫亡，抚襁褓孤文耀成立。守节六十五年。

王大儒妻**李氏** 年二十，夫亡，抚嗣子成立。守节五十年。

张涛妻**李氏** 年二十四，夫亡，抚孤成立。守节五十三年。

李辉堂妻**尹氏** 年二十二，夫亡，抚嗣子成立，守节三十年。
高如桂妻**杨氏** 年二十一，夫亡，以犹子为嗣，守节四十三年。
赵桂森妻**张氏** 年二十，夫亡，以侄为嗣，守节三十三年。
赵维第妻**李氏** 年二十四，夫亡，守节五十三年。
杨国梁妻**李氏** 年三十，夫亡，守节三十一年。
马永福妻**李氏** 年二十一，夫亡，守节三十年。
李连城妻**张氏** 年二十五，夫亡，守节四十年。
赵荣世妻**齐氏** 年二十四，夫亡，守节三十四年。
赵荣祖妻**刘氏** 年二十三，夫亡，守节三十八年。
贾兆麟妻**张氏** 年三十，夫亡，守节四十五年。
陈永玉妻**张氏** 年二十三，夫亡，守节三十年。
孙庆源妻**李氏** 年十九，夫亡，守节三十一年。
孙廷相妻**李氏** 年二十五，夫亡，守节三十一年。
李凤飞妻**张氏** 年二十，夫亡，守节四十四年。
徐溥妻**褚氏** 年二十三，夫亡，守节三十一年。
李宗贤妻**杨氏** 年三十，夫亡，守节四十一年。
马之骧妻**林氏** 年二十五，夫亡，守节三十六年。
张佐清妻**陆氏** 年二十九，夫亡，守节四十二年。
李秉明妻**康氏** 年二十一，夫亡，守节六十一年。
李辉祖妻**马氏** 年二十，夫亡，守节四十四年。
李世猷妻**刘氏** 年二十五，夫亡，守节五十四年。
马兆麟妻**韩氏** 年十九，夫亡，守节五十三年。
齐中和妻**石氏** 年二十三，夫亡，守节五十三年。
李俭妻**胡氏** 年二十八，夫亡，守节三十九年。
赵继业妻**陈氏** 年二十三，夫亡，守节三十六年。
李淑春妻**刘氏** 年二十一，夫亡，守节三十一年。
王德林妻**胡氏** 年二十一，夫亡，守节三十三年。
丁连甲妻**齐氏** 年二十五，夫亡，守节四十三年。
王德寿妻**黄氏** 年十八，夫亡，守节三十三年。

罗亭妻**万氏**　年二十九，夫亡，守节三十三年。
王佩妻**鲁氏**　年二十七，夫亡，守节五十四年。
李玉麟妻**阎氏**　年二十，夫亡，守节三十一年。
王贵妻**宋氏**　年二十一，夫亡，守节五十三年。
赵桂年妻**刘氏**　年二十六，夫亡，守节三十一年。
马承恩妻**沈氏**　年二十一，夫亡，守节五十年。
高鉴三妻**周氏**　年十九，夫亡，守节三十一年。
张文爚妻**李氏**　年二十一，夫亡，守节三十年。
李云峰妻**张氏**　年二十，夫亡，守节三十四年。
廪生张玉珍妻**王氏**　年二十一，夫亡，守节十年卒。
李大新妻**刘氏**　年二十六，夫亡，守节四十年。
齐殿飏妻**葛氏**　年二十七，夫亡，守节五十六年。
李锦云妻**吕氏**　年二十七，夫亡，守节二十七年。
董进宝妻**郝氏**　年十七，夫亡，守节三十八年。
李殿有妻**孙氏**　年二十九，夫亡，守节四十九年。
齐于钦妻**傅氏**　年二十二，夫亡，守节三十年。
刘锝妻**尹氏**　年十六，夫亡，守节四十六年。
韩桂荣妻**晁氏**　年二十三，夫亡，守节五十一年。
李殿镛妻**梁氏**　年二十六，夫亡，抚二子成立。守节三十一年。
齐维吉妻**刘氏**　年二十五，夫亡，守节四十三年。
韩耀东妻**郭氏**　年二十五，夫亡，守节十五年卒。
张元亨妻**郝氏**　年二十九，夫亡，守节五十年。
李时宜妻**高氏**　年二十五，夫亡，守节四十三年。
卢俊妻**周氏**　年二十九，夫亡，守节五十年。
韩培善妻**李氏**　年三十，夫亡，守节三十六年。
宋禄昌妻**吕氏**　年二十四，夫亡，守节四十二年。
宋薰妻**曹氏**　年二十三，夫亡，守节四十三年。
方元灼妻**李氏**　年二十，夫亡，守节四十一年。
顾有义妻**康氏**　年十九，夫亡，守节五十年。

张惠妻**史氏**　年二十，夫亡，守节二十八年。
董树桐妻**张氏**　年二十九，夫亡，守节十二年卒。
许怀武妻**李氏**　年三十，夫亡，守节四十年。
甄元澧妻**田氏**　年二十，夫亡，守节三十一年。
殷文义妻**阎氏**　年二十，夫亡，守节三十四年。
何廷荣妻**刘氏**　年二十六，夫亡，守节四十年。
张瑞妻**姜氏**　年二十一，夫亡，守节五十四年。
李耀云妻**田氏**　年二十一，夫亡，守节三十二年。
杨发年妻**费氏**　年三十，夫亡，守节四十五年。
刘振绪妻**贾氏**　年二十八，夫亡，守节三十年。
陈琏妻**邵氏**　年二十九，夫亡，抚孤成立。守节五十五年。
王家玺妻**刘氏**　年十九，夫亡，守节四十二年。
董信妻**吴氏**　年二十，夫亡，抚嗣子宝珊成立。守节三十二年。
董恕妻**梁氏**　年十八，夫亡，守节五年卒。
以上三年旌。
齐德全妻**廖氏**　有传。

滦　州

刘宽妻**崔氏**　有传。
李复起妻**高氏**　年二十三，夫亡，七十九岁卒。
李云衢妻**贾氏**　年二十三，夫亡，守节，七十八岁卒。
李钟美妻**程氏**　年二十一，夫亡，八十五岁卒。
刘希孟妻**宋氏**　年十九，夫亡，七十八岁卒。
邢士干妻**李氏**　年三十，夫亡，抚二子成立，年八十四卒。
孟俊升妻**龚氏**　年二十五，夫亡，六十岁卒。
孙富妻**张氏**　年二十二，夫亡，六十三岁卒。
任自通妻**杨氏**　年二十四，夫亡，守节四十余年。
董荣妻**刘氏**　年二十七，夫亡，教子有方，守节四十余年。
杨士林妻**杨氏**　年二十八，夫亡，守节四十余年。

靳椿年妻**刘氏**　年二十五，夫亡，守节四十余年。
刘福昌妻**王氏**　年二十五，夫亡，守节五十余年。
李坤妻**李氏**　年二十五，夫亡，守节四十余年。
卫普妻**孟氏**　年十八，夫亡，守节七十年。
李德荣妻**张氏**　年二十九，夫亡，教子成立，守节四十七年。
张沛妻**李氏**　年二十一，夫亡，抚孤成立，守节三十余年。
屈文焕妻**吴氏**　年二十九，夫亡，教子成立，守节五十余年。
李秉春妻**高氏**　年二十九，夫亡，教子成立，守节四十余年。
姜瑄妻**刘氏**　年二十八，夫亡，守节四十余年。
姚锡龄妻**岳氏**　年二十九，夫亡，抚侄若子，守节四十三年。
单诰妻**鲁氏**　年二十六，夫亡，教子成立，守节二十四年。
高名立妻**王氏**　年二十六，夫亡，抚二子成立，守节二十八年。
杨起鸾妻**侯氏**　年二十七，夫亡，守节四十五年。
吴应麟妻**董氏**　年三十，夫亡，守节三十三年。
郑裕福妻**柳氏**　年二十三，夫亡，抚孤成立，守节三十二年。
璩澄妻**王氏**　年二十九，夫亡，守节四十七年。
王国宾妻**姚氏**　年二十八，夫亡，抚孤成立，守节六十二年。
王九龄妻**张氏**　年二十一，夫亡，守节二十九年。
范兆凤妻**张氏**　年二十六，夫亡，守节五十五年。
薛复桂妻**曹氏**　年十九嫁，数月夫亡，守节五十八年。
刘希福妻**刘氏**　年二十八，夫亡，守节三十六年。
刘尚年妻**单氏**　年三十，夫亡，守节四十三年。
赵廷桂妻**么氏**　年二十八，夫亡，守节四十五年。
刘同文妻**陈氏**　年二十二，夫亡，守节五十年。
郭廷耀妻**李氏**　年三十，夫亡，夫弟幼抚之成立，守节四十七年。
郝如芳妻**于氏**　年二十九，夫亡，守节六十一年。
高廷俊妻**郑氏**　年二十九，夫亡，抚孤成立，守节三十年。
何平妻**赵氏**　年二十三，夫亡，继侄为子，守节四十七年。
赵百妻**高氏**　年二十一，夫亡，抚幼子成立，守节六十余年。

梁思明妻**王氏**　年二十五，夫亡，守节五十余年。

董调元妻**傅氏**　年二十九，夫亡，守节五十年。

孙万全妻**王氏**　年二十二，夫亡，抚幼子成立，守节五十六年。

石祥云妻**李氏**　年二十八，夫亡，教子读书孙游泮，守节五十余年。

汪秀儒妻**郑氏**　年二十，夫亡，抚孤成立，守节五十余年。

杨嘉宾妻**张氏**　年二十七，夫亡，抚子成立，守节五十余年。

王克明妻**左氏**　年二十一，夫亡，祖姑八十、姑七十俱中年守节。孙媳年二十四，夫亡，抚孙二、孙女五，与孙媳共守。

王允裕妻**吴氏**　年二十二，夫亡，守节五十余年。

王善佑妻**祈氏**　年二十五，夫亡，守节五十余年。

李会友妻**耿氏**　年二十九，夫亡，守节四十余年。

张大文妻**董氏**　年二十五，夫亡，抚侄云秀成立，守节四十余年。

毕贤妻**李氏**　年二十九，夫亡，抚孤成立，守节四十余年。

何成妻**高氏**　年二十五，夫亡，教子成立，守节四十余年。

刘永佑妻**张氏**　年二十九，夫亡，抚幼子成立，守节四十余年。

晁见远妻**史氏**　年十八，夫亡，抚襁褓侄如已出，守节五十余年。

王进禄妻**王氏**　年二十九，夫亡，教子成立，守节四十余年。

于长春妻**毕氏**　年二十，夫亡，教子成立，守节五十余年。

梁国泊妻**殷氏**　年二十二，夫亡，守节四十余年。

常万有妻**于氏**　年三十，夫亡，守节四十余年。

金克三妻**伍氏**　年二十，夫亡，继侄为嗣，守节五十余年。

王钧妻**王氏**　年三十，夫亡，守节四十余年。

刘义妻**李氏**　年二十六，夫亡，抚孤成立，守节四十余年。

毕朝聘妻**王氏**　年二十九，夫亡，抚侄成立，守节五十余年。

彭元英妻**宣氏**　年二十九，夫亡，抚四岁孤成立，守节十六年卒。

张明睿妻**孙氏**　年二十七，夫亡，守节三十余年。

高连会妻**黄氏**　年二十六，夫亡，抚孤成立，守节三十余年。

李屾妻**吴氏**　年二十八，夫亡，抚孤成立，守节三十余年。

黄崇信妻**赵氏** 年十九嫁，一年夫亡，以侄为嗣，守节三十余年。
刘宣妻**张氏** 年二十五，夫亡，抚孤成立，守节二十余年。
彭观海妻**张氏** 年十八，夫亡，教侄入庠食饩，守节十二年卒。
杜致远妻**张氏** 年二十七，夫亡，守节十九年卒。
杜濡妻**邓氏** 年十九，夫亡，守节十年卒。
汪果妻**赵氏** 年二十八，夫亡，生遗腹子承烈，守节十年卒。
赵允赫妻**李氏** 年二十二，夫亡，守节三十余年。
李玉良妻**张氏** 年二十一，夫亡，教子成立，守节二十二年。
李明善妻**王氏** 年二十八，夫亡，家贫，苦节二十二年卒。
刘振声妻**王氏** 年二十四，夫亡，守节二十九年。
刘志海妻**魏氏** 年二十四，夫亡，家贫，守节三十年。
彭元寿妻**鲁氏** 年二十八，夫亡，守节二十三年。
鲁善述妻**董氏** 年二十八，夫亡，守节三十余年。
李浩妻**黄氏** 年二十八，夫亡，抚继子成立，守节三十余年。
屈怀瑜妻**尹氏** 年二十九，夫亡，抚三幼子成立，守节三十余年。
赵允焕妻**李氏** 年二十八，夫亡，守节三十余年。
刘国永妻**赵氏** 年二十四，夫亡，守节三十余年。
杨钊妻**商氏** 年二十九，夫亡，守节三十余年。
郭士林妻**马氏** 年二十七，夫亡，守节三十余年。
冯端妻**田氏** 年二十三，夫亡，抚孤成立。守节四十余年。
崔俊智妻**吴氏** 年二十四，夫亡，守节三十四年。
靳美法妻**武氏** 年二十七，夫亡，守节三十余年。
张桂龄妻**赵氏** 年二十六，夫亡，守节三十余年。
张继泰妻**王氏** 年二十八，夫亡，守节三十余年。
刘大森妻**李氏** 年二十六，夫亡，抚侄兼祧，守节四十余年。
顾宗义妻**潘氏** 年二十六，夫亡，教子成立。守节四十余年。
郑永发妻**王氏** 年二十二，夫亡，守节四十余年。
张朝良妻**张氏** 年二十一，夫亡，守节四十余年。
陈兆祥妻**张氏** 年二十九，夫亡，抚子成立，守节二十余年。

张增妻**刘氏**　年三十，夫亡，守节二十余年。

姚安九妻**郑氏**　年二十八，夫亡，以侄为嗣，守节四十余年。

常万龄妻**张氏**　年二十九，夫亡，抚孤成立。守节四十余年。

王发声妻**毕氏**　年二十六，夫亡，守节四十余年。

张士芳妻**徐氏**　年二十四，夫亡，抚继子成立，守节三十余年。

于怀恩妻**柳氏**　年二十一，夫亡，抚幼子成立，与嫂柳氏共励贞操，守节四十余年。

于万义妻**高氏**　年十七嫁，数月夫亡，守节五十余年。

孙天喜妻**陈氏**　年二十二，夫亡，抚子成立，守节四十余年。

张炳旭妻**佟氏**　年十五嫁，数月夫亡，守节五十余年。

毕臣汉妻**赵氏**　年三十，夫亡，抚孤成立。守节四十余年。

刘浩妻**晁氏**　年二十八，夫亡，守节三十余年。

吴阜陵妻**周氏**　年二十一，夫亡，抚孤成立，守节四十余年。

王永泽妻**朱氏**　年二十九，夫亡，抚孤成立。守节三十余年。

贾顺妻**萧氏**　年十九，夫亡，抚继子成立。守节四十余年。

韩碧妻**孙氏**　年二十八，夫亡，抚幼子成人。守节三十余年。

石书升妻**郭氏**　年二十九，夫亡，抚诸叔成立。诸叔事之如母。守节三十余年。

刘河妻**蔡氏**　年二十九，夫亡，生二子，长子殉天津营国难。守节三十余年。

唐希望妻**崔氏**　年二十八，夫亡，抚三岁子成立。守节三十余年。

李祥妻**周氏**　年二十七，夫亡，抚孤成立，守节三十余年。

朱华妻**韩氏**　年二十一，夫亡，守节三十余年。

王柏妻**王氏**　年二十九，夫亡，抚孤成立。守节三十余年。

张思儒妻**张氏**　年二十三，夫亡，守节三十年。

曹彦廷妻**常氏**　年二十四，夫亡，守节四十余年。

萧振德妻**吴氏**　年二十一，夫亡，抚继子成立。守节四十余年。

张书传妻**杨氏**　年二十六，夫亡，守节三十余年。

崔保妻**赵氏**　年二十七，夫亡，守节三十余年。

孙景贤妻**葛氏**　年二十八，夫亡，抚孤成立。守节三十余年。

袁俊妻**吴氏**　年二十七，夫亡，守节三十余年。

陈本妻**李氏**　年十九，夫亡，抚继子成立。守节四十余年。

刘名达妻**石氏**　年二十三，夫亡，守节三十余年。

袁润妻**张氏**　年二十三，夫亡，守节三十余年。

岳祥妻**刘氏**　年二十九，夫亡，抚幼孤成立。守节三十余年。

孟云燕妻**周氏**　年二十三，夫亡，守节三十余年。

靳福妻**张氏**　年二十七，夫亡，守节三十余年。

于永盛妻**李氏**　年二十二，夫亡，抚幼子成立。守节三十余年。

张顺情妻**郑氏**　年二十八，夫亡，守节三十余年。

张顺和妻**徐氏**　年二十九，夫亡，守节二十余年。

裴文荣妻**郑氏**　年三十，夫亡，守节四十余年。

鲁知乐妻**安氏**　年三十，夫亡，守节二十余年。

杨桐柏妻**吴氏**　年二十一，夫亡，守节三十余年。

庞志妻**刘氏**　年二十二，夫亡，苦节三十余年。

张鄂妻**申氏**　年二十九，夫亡，守节二十余年。

孟克勤妻**李氏**　年二十九，夫亡，抚前室子如己出，守节二十余年。

魏谔妻**刘氏**　年二十，夫亡，守节三十余年。

阎大成妻**靳氏**　年二十三，夫亡，抚三侄成立，守节三十余年。

彭应清妻**李氏**　年二十七，夫亡，抚孤成立，守节三十余年。

王际飞妻**李氏**　年二十九，夫亡，抚子成立，守节二十余年。

顾宗贵妻**梁氏**　年二十一嫁，未百日，夫亡，守节三十余年。

刘美宗妻**于氏**　年二十，夫亡，守节三十余年。

杨玉峰妻**梁氏**　年二十六，夫亡，守节三十余年。

张俊妻**徐氏**　年二十一，夫亡，守节四十余年。

杜玉峰继妻**李氏**　年二十八，夫亡，抚前室子如己出，守节二十余年。

刘邦杰妻**吴氏**　年二十二，夫亡，守节三十余年。

靳明玉妻**郭氏**　年二十三，夫亡，抚嗣子成立。守节三十余年。

李盛增妻**刘氏** 年二十九，夫亡，守节二十余年。

刘维翰妻**田氏** 年三十，夫亡，苦节二十余年。

王根实妻**袁氏** 年二十七，夫亡，抚四岁孤成立，守节二十余年。

彭琇妻**鲁氏** 年二十一，夫亡，抚侄为嗣，守节三十余年。

韩树滋侧室**徐氏** 年二十八，树滋亡，抚所继韩瀛如己子，守节二十余年。

岳瑞云妻**高氏** 年二十一，夫亡，抚侄为嗣，守节三十余年。

孟克谨妻**李氏** 年二十三，夫亡，守节三十余年。

张明仁妻**陈氏** 年三十，夫亡，姒亡遗一子，抚如已出，守节二十余年。

王静澄妻**靳氏** 年二十五，夫亡，抚子成立，守节二十余年。

宋云腾妻**赵氏** 年二十四，夫亡，抚遗腹子成立。守节四十余年。

郝棠妻**白氏** 年二十七，夫亡，遗襁褓子，方娶寻殁，事亲抚媳，守节二十余年。

田佐妻**王氏** 年二十七，夫亡，守节二十余年。

杨柱妻**毕氏** 年二十一，夫亡，守节三十余年。

赵升陛妻**贺氏** 年二十五，夫亡，守节二十余年。

江明美妻**王氏** 年二十四，夫亡，抚侄为嗣，守节二十余年。

季庆妻**刘氏** 年二十五，夫亡，抚幼子守立，守节二十余年。

杜均良妻**赵氏** 年二十三，夫亡，子娶刘氏旋殇，姑媳同心守志。

郑好勇妻**姚氏** 年二十一，夫亡，继侄为嗣，守节三十余年。

萧起禄妻**刘氏** 年二十五，夫亡，守节二十余年。

王瑞征妻**高氏** 年二十八，夫亡，守节二十余年。

李际和妻**周氏** 年二十九，夫亡，抚三子成立，守节二十余年。

刘希贤妻**武氏** 年二十六，夫亡，教子成立。守节二十余年。

董铢妻**安氏** 年二十九，夫亡，教子成立。守节二十余年。

刘谦妻**田氏** 年二十六，夫亡，守节二十余年。

马永龄妻**薛氏** 年二十九，夫亡，训子有方，守节二十余年。

王韩妻**杜氏** 年二十三，夫亡，守节二十余年。

郭廷芍妻**张氏** 年二十四，夫亡，抚侄成立，守节二十余年。

吴士珠妻**张氏** 年二十五，夫亡，守节二十余年。

杨立瑆妻**潘氏** 年十九嫁，数月夫亡，守节三十余年。

刘永良妻**高氏** 年二十七，夫亡，抚孤成立，守节二十余年。

王玉妻**崔氏** 年二十二，夫亡，守节三十余年。

许国刚妻**张氏** 年十八，夫亡，抚孤成立，守节三十余年。

周桐妻**董氏** 年二十九，夫亡，守节二十余年。

沈乾妻**屈氏** 年二十五，夫亡，抚孤成立。守节二十余年。

陈亮妻**张氏** 年二十四，夫亡，守节二十余年。

舒文贵妻**张氏** 年二十四，夫亡，守节二十余年。

王棠妻**郑氏** 年二十五嫁，数月夫亡，抚遗腹子成立。守节二十余年。

霍德聚妻**曾氏** 年二十，夫亡，守节二十余年。

鲁植桐妻**张氏** 年二十，夫亡，守节十余年。

刘景春妻**董氏** 年二十五，夫亡，守节二十余年。

苗均妻**段氏** 年十八嫁，数月夫亡，抚遗孤成立，守节三十余年。

戴保天妻**许氏** 年二十，夫亡，守节三十余年。

孙士元妻**陈氏** 年十八于归，是年夫亡，守节三十余年。

周恒盛妻**蔡氏** 年十九嫁，数月夫亡。抚嗣子成立。守节三十余年。

李宝冬妻**张氏** 年二十五，夫亡，家贫，守节三十年余。

李庆云妻**冯氏** 年十九，夫亡，守节三十余年。

苏文耀妻**李氏** 年十八，夫亡，守节三十余年。

阎永宽妻**张氏** 年十七嫁，一年夫亡，守节三十余年。

韩叙妻**李氏** 年十九，夫亡，守节三十余年。

蔡占魁妻**王氏** 年十七嫁，数月夫亡，抚孤成立。守节三十余年。

王魁妻**陈氏** 年十七于归，数月夫亡，守节三十余年。

张起贞妻**安氏** 年十七嫁，一年夫亡，抚孤成立。守节三十余年。

梁秀兰妻**顾氏** 年十五嫁，半年夫亡，抚子成立。守节三十余年。

焦永思妻**李氏**　年十五嫁，数月夫亡，抚七月侄为子，守节三十余年。

李君玺妻**王氏**　年二十九，夫亡，守节四十余年。

张绳祖妻**李氏**　年二十八，夫亡，抚孤成立，守节四十余年。

刘璋妻**王氏**　年二十二，夫亡，守节二十余年。

布政司理问李遇亨妻**陈氏**　年二十六，夫亡，教子茂春成立，授部员。守节三十余年。

刘体纯妻**洪氏**　年二十五，夫亡，抚嗣子成立。守节二十七年。

赵青云妻**朱氏**　年二十八，夫亡，事衰姑，抚幼子，守节三十年。

赵成妻**劳氏**　夫亡，抚孤，事亲能孝。

高玉珍妻**郭氏**　年二十一，夫亡，守节三十五年。

邢士哲妻**李氏**　夫亡，守节五十四年。

刘福昌妻**王氏**　年二十五，夫亡，守节五十年。

李怀勈妻**刘氏**　年二十六，夫亡，守节四十八年。

刘得宽妻**张氏**　年二十四，夫亡，守节四十二年。

张同云妻**王氏**　年三十，夫亡，守节四十六年。

张会云妻**张氏**　年二十五，夫亡，守节四十六年。

王者富妻**刘氏**　年二十九，夫亡，守节四十六年。

陈应铮妻**张氏**　年二十九，夫亡，守节四十五年。

张大成妻**刘氏**　年二十六，夫亡，守节四十六年。

张惠妻**徐氏**　年三十，夫亡，守节五十六年。

陈福生妻**焦氏**　年二十六，夫亡，守节二十七年。

郝行秘妻**杜氏**　年三十，夫亡，守节四十八年。

张全性妻**赵氏**　年二十六，夫亡，守节五十一年。

边照传妻**张氏**　年二十八，夫亡，守节五十一年。

以上元年旌。

刘安邦妻**李氏**　年二十七，夫亡，守节三十六年。

刘永锡妻**高氏**　有传，子府妻杜氏附。

石廷山妻**孟氏**　年二十八，夫亡，抚孤成立，守节三十九年。

安惠基妻**李氏**　年二十七，夫亡，遗孤旋殇，抚嗣子成立，守节三十二年。

孙连照妻**郑氏**　年十七，夫亡，抚嗣子成立，守节十九年卒。

刘企汤妻**董氏**　年二十八，夫亡，守节三十一年。

张士铅妻**葛氏**　年二十五，夫亡，守节三十四年。

吕文焕妻**曾氏**　年二十，夫亡，守节三十三年。

崔鸿训妻**马氏**　年二十八，夫亡，抚孤成立，守节三十五年。

孙德基妻**褚氏**　年十九，夫亡，守节四十七年。

庠生贾克志妻**宋氏**　年三十，夫亡，守节四十七年。

庠生马鸣冈妻**宋氏**　年二十五，夫亡，抚孤成立，守节三十五年。

王永发妻**刘氏**　年二十六，夫亡，守节二十七年。

冯玺妻**刘氏**　有传，子德谟妻**夏氏**，孙朝栋妻**曹氏**，朝柱妻**党氏**附。

费广忠妻**高氏**　年二十二，夫亡，抚嗣子监生宗奎成立，守节三十一年。

武生王嗣曾妻**张氏**　年三十，夫亡，抚二子成立，守节二十二年。

李玉妻**李氏**　年二十九，夫亡，抚三子成立，守节三十年。

吴云作妻**刘氏**　年二十一，夫亡，守节三十三年。

夏中兴妻**韩氏**　年十七，夫亡，抚孤成立，守节四十六年。

吴大用继妻**邵氏**　年二十九，夫亡，抚前室子成立，守节四十一年。

刘思玉妻**李氏**　年三十，夫亡，抚孤成立，守节三十一年。

屈广生妻**孙氏**　有传。

庠生赵毓秀妻**张氏**　年二十，夫亡，守节三十五年。

阵亡六品衔李善纯妻**高氏**　年二十六，夫亡，抚孤成立，守节二十五年。

刘明达妻**吉氏**　年二十一，夫亡，抚子名列成均，孙游泮水，守节五十六年。

刘禹功妻**吴氏**　年二十六，夫亡，抚孤成立，守节三十六年。

刘宝善妻**高氏**　年二十二，夫亡，抚夫侄为嗣，守节四十一年。

潘均达妻**王氏** 年二十八，夫亡，抚孤成立，守节三十一年。

李明章（一作名彰）妻**李氏** 年二十七，夫亡，抚子凌云入泮，守节三十二年。

康秉仲妻**吕氏** 年二十六，夫亡，抚嗣子瑞来成立，守节三十五年。

马国昌妻**李氏** 年二十，夫亡，抚二子成立，守节二十一年。

李相春妻**林氏** 年二十一，夫亡，守节三十三年。

艾秀林妻**李氏** 年二十五，夫亡，抚孤成立，守节二十六年。

桑国华妻**刘氏** 年二十五，夫亡，抚侄如子，守节三十九年。

陈克明妻**李氏** 年二十，夫亡，守节三十三年。

齐恭妻**郑氏** 年二十二，夫亡，守节四十三年。

张永禄妻**刘氏** 年二十九，夫亡，抚孤成立，守节二十六年。

李续龄妻**赵氏** 年二十六，夫亡，抚孤成立，守节四十二年。

崔凌图妻**孙氏** 年二十八，夫亡，抚二子成立，守节三十三年。

王翰才妻**张氏** 年二十，夫亡，抚嗣子镜成立，守节三十六年。

庠生张鹏翮妻**李氏** 年二十六，夫亡，守节三十五年。

曹江妻**张氏** 年二十六，夫亡，守节三十九年。

吴希仲妻**潘氏** 年二十八，夫亡，抚子成立，守节二十九年。

赵怀仁妻**李氏** 年二十三，夫亡，抚嗣子成立，守节五十四年。

夏镒妻**郭氏** 年二十五，夫亡，抚子成立，守节三十二年。

王克俭妻**孟氏** 年二十四，夫亡，抚二子成立，守节四十一年。

刘企兴妻**项氏** 年二十一，夫亡，抚嗣子成立，守节三十六年。

夏正棠妻**王氏** 年二十三，夫亡，抚嗣子成立，守节五十年。

侯廷柱妻**朱氏** 年二十二，夫亡，抚孤成立，守节三十三年。

监生彭鹤立妻**李氏** 年三十，夫亡，抚孤成立，守节二十年。

王福田妻**顾氏** 年三十，夫亡，守节二十四年。

王宝方妻**刘氏** 年二十七，夫亡，抚孤成立，守节二十五年。

孟文魁妻**李氏** 年二十八，夫亡，守节四十八年。

举人李其玉妻**萧氏** 年三十，夫亡，抚二子成立，现年七十二。

以上均三年旌。

张鹏羽妻**梁氏**　年二十九，夫亡，守节五十三年。

张天池妻**张氏**　年二十一，夫亡，抚子文昌成立，守节三十余年。

戚禄妻**赵氏**　年二十二，夫亡，抚周岁孤成立，守节三十余年。

以上三年旌。

王墀妻**边氏**　有传。

赵连城妻**李氏**　年二十七，夫亡，守节三十一年。

李良训妻**张氏**　年二十二，夫亡，守节五十三年。

杨昆妻**江氏**　年二十七，夫亡，守节四十三年。

范居荣妻**陈氏**　年二十七，夫亡，抚两孤侄成立，守节三十二年。

吴文浚妻**田氏**　年二十九，夫亡，抚子成立，守节二十二年。

张万仓妻**武氏**　年二十九，夫亡，抚孤成立，守节三十一年。

王汝成妻**周氏**　年二十二，夫亡，抚子克锐中武举，守节三十年。

李伟妻**石氏**　年三十，夫亡，守节四十三年。

庞继妻**刘氏**　有传。

刘国勇妻**赵氏**　年二十四，夫亡，守节四十年。

田国桢妻**李氏**　年二十四，夫亡，抚孤成立，守节四十年。

田得山妻**张氏**　年二十六，夫亡，抚孤成立，守节三十七年。

王汝棠妻**杜氏**　年十九，夫亡，无子，嗣子又夭，守节五十六年。

段浴妻**王氏**　年三十，夫亡，抚嗣子念兹成立，守节二十一年。

顾士哲妻**侯氏**　年二十四，夫亡，守节五十六年。

王兆贞妻**史氏**　年二十一，夫亡，守节六十年。

张培妻**杜氏**　年十九，夫亡，守节五十三年。

张开一妻**李氏**　年二十五，夫亡，抚嗣子作宾成立，守节四十六年。

杜君柱妻**韩氏**　年二十四，夫亡，继侄为嗣，守节四十三年。

王国华妻**陈氏**　年二十九，夫亡，抚四子成立，守节三十五年。

宣廷诰妻**张氏**　年三十，夫亡，抚两孤成立，守节三十一年。

周作梅妻**傅氏**　年二十四，夫亡，抚襁褓孤永隆成立，守节三十五年。

李测妻**韩氏** 年二十六，夫亡，抚嗣子成立。守节三十三年。

刘麟书妻**高氏** 年二十五，抚二子成立，守节三十三年。

李克智妻**马氏** 年二十，夫亡，守节三十八年。

刘敬舆妻**王氏** 年二十四，夫亡，抚五月孤成立，守节三十五年。

王多福妻**李氏** 年二十六，夫亡，守节三十三年。

吴君仁妻**王氏** 年二十七，夫亡，守节二十八年。

贾起凤妻**王氏** 年二十八，夫亡，抚孤成立，守节二十五年。

陈好古妻**王氏** 年二十四，夫亡无子，抚侄成立，守节二十六年。

张作明妻**王氏** 年二十二，夫亡，守节三十年。

武生杜德建妻**张氏** 年二十五，夫亡，抚八月孤成立，守节四十年。

李成春妻**葛氏** 年二十二，夫亡，守节二十八年。

以上三年旌。

王化平妻**陈氏** 年二十五，夫亡，抚嗣子成立，守节三十八年。

霍席珍妻**张氏** 年十九于归，八月夫亡，抚嗣子成立，守节五十一年。

杨镇妻**吴氏** 年二十，夫亡，抚嗣子成立，守节四十三年。

郑克明妻**沈氏** 年二十九，夫亡，抚孤成立，守节四十一年。

耿景山妻**王氏** 年二十二，夫亡，抚嗣子成立，守节三十八年。

吴云潭妻**徐氏** 年十九，夫亡，抚嗣子成立，守节三十三年。

张大智妻**刘氏** 年二十六，夫亡，抚孤成立，守节三十一年。

姚可诱妻**陈氏** 年二十二，夫亡，守节四十八年。

靳兆熊妻**刘氏** 年二十二，夫亡，守节五十五年。

李翎妻**徐氏** 年二十九，夫亡，守节五十六年。

郭廷诏妻**李氏** 年十七，夫亡，断指自誓，守节五十九年。

李逢时妻**刘氏** 年二十六，夫亡，抚孤成立，守节四十六年。

杜景禄妻**张氏** 年二十五，夫亡，抚八月孤成立，守节四十六年。

王对才妻**郑氏** 年二十三，夫亡，抚嗣子成立，守节三十八年。

李兆福妻**崔氏** 年二十三，夫亡，抚孤成立，守节三十五年。

马永祥妻**李氏**　年二十二，夫亡，守节三十五年。

姜永德妻**张氏**　年二十八，夫亡无子，守节二十五年。

张进仁妻**姚氏**　年二十，夫亡无子，守节三十年。

王嘉宾妻**吴氏**　年十七，夫亡无子，抚两夫弟成立，守节三十二年。

杨廷荣妻**张氏**　年二十八，夫亡，抚孤作霖成立，守节十六年。

霍鸣岐继妻**李氏**　年二十九，夫亡，守节十五年。

张　氏　刘家庄人，夫姓失考。年二十九，夫亡。抚孤成立。

以上三名，年例不符。

王一肃妻**张氏**　有传。

常耀瑾妻**张氏**　年二十六，夫亡，无子，守节五十一年。

高翔妻**阎氏**　年二十，夫亡无子，守节十五年卒。

高瑞妻**林氏**　年三十，夫亡，抚孤成立，守节五十一年。

张凤妻**吕氏**　年十九，夫亡无子，侄幼孤，抚之成立，守节三十三年。

金印妻**裴氏**　年二十八，夫亡，抚嗣子成立，守节三十三年。

刘大章妻**崔氏**　年二十三，夫亡，无子，守节三十九年。

李仁升妻**吴氏**　年二十一，夫亡无子，守节三十三年。

宣保泰妻**吴氏**　年二十六，夫亡，抚犹子以慈，守节二十四年。

安铎妻**朱氏**　年二十八，夫亡，抚孤成立，守节五十一年。

李濮妻**张氏**　年二十八，夫亡无子，守节四十七年。

李岳妻**李氏**　年二十六，夫亡，抚周岁子成立，守节五十一年。

李辉前妻**刘氏**　年二十九，夫亡，遗孤成立，守节四十四年。

张士杰妻**赵氏**　年二十八，夫亡，无子，守节四十三年。

史义廷妻**常氏**　年二十三，夫亡，无子，守节四十六年。

李文进妻**吴氏**　年二十七，夫亡，抚孤成立，守节四十一年。

周梦蛟妻**郑氏**　年二十三，夫亡，抚嗣子成立。守节五十五年。

贾克明妻**孙氏**　年二十九，夫亡，守节五十一年。

艾玉春妻**刘氏**　年二十八，夫亡，抚周岁孤成立，守节三十五年。

贾发妻**邸氏** 年十九，夫亡，抚嗣子成立，守节三十余年。

曹椿年妻**郑氏** 年二十二，夫亡，抚遗腹子成立，守节四十七年。

乐亭县

李廷槐妻**王氏** 年十五于归，阅七月，夫亡，守节四十年。

孟永锡妻**张氏** 年十七于归，三阅月，夫亡，守节四十三年。

徐大鹤妻**黄氏** 年二十五，夫亡，无子，守节六十三年。

徐明道妻**董氏** 年二十五，夫亡，抚弥月孤成立，守节四十二年。

吴心一妻**刘氏** 有传，嗣子如柏妻**阴氏**附。

张勤妻**裴氏** 年二十八，夫亡，抚孤成立，守节三十四年。

张永春妻**魏氏** 年二十三，夫亡，无子，守节三十九年。

陆鹏魁妻**李氏** 年二十四，夫亡，抚嗣子成立，守节三十六年。

史万年妻**张氏** 年三十，夫亡，抚孤成立，守节二十年卒。

阎富妻**王氏** 年二十六，夫以树株压毙，守节三十一年。

李岐山妻**高氏** 年二十一，夫亡，守节三十年。

戴永清妻**宋氏** 年二十一，夫亡，守节三十四年。

苗有年妻**张氏** 有传。

才金卓妻**萧氏** 有传，子妇董氏附。

刘际清妻**刘氏** 年二十八，夫亡，抚嗣子大山成立，守节五十余年。

庠生李宗濂妻**张氏** 年二十一，夫亡，抚孤成立，守节四十六年。

王春兴妻**刘氏** 年十八，于归时，其夫已病，合卺后即异室居，未两月夫亡，守节五十余年。

石作镇妻**裴氏** 年三十，夫亡，守节五十余年。

康宜英妻**萧氏** 年三十，夫亡无子，守节五十年。

阚遇安妻**裴氏** 年二十七，夫亡，守节三十四年。

李廉士妻**邢氏** 有传，祖姑**刘氏**、庶姑**吴氏**附。

李彬妻**唐氏** 夫故，无子，以夫侄为嗣，见年六十八。

何宗正妻**安氏** 年二十四，夫亡，抚孤成立，守节四十六年。

朱振基妻王氏 年二十九，夫亡，守节五十余年。

毋怀锡妻张氏 年二十八，夫亡，守节五十七年。

杨得滨妻程氏 年十九，夫亡，守节二十四年卒。

毋俊哲妻陈氏 年二十六，夫亡，守节五十七年。

王明祥妻赵氏 年二十九，夫亡，守节四十四年。

张书妻高氏 年二十九，夫亡，守节四十二年。

周精诰妻井氏 年二十八，夫亡，抚子渐逵中甲子举人，守节四十一年。

张九经妻高氏 年二十四，夫亡，守节三十年。

吴逢源妻张氏 年二十，夫亡，守节四十二年。

阚兴文妻雷氏 年二十四，夫亡，守节三十八年。

张九儒妻王氏 年二十一，夫亡，守节四十年。

刘成名妻孙氏 年二十九，夫亡，抚已子及前室子入泮，守节三十一年。

马文会妻刘氏 年二十一，夫亡，守节三十二年。

阚毓章妻何氏 一作刘氏，年二十二，夫亡，守节三十二年。

邓国才妻杨氏 年二十一，夫亡，守节四十年。

张振旅妻赵氏 年二十一，夫亡，守节三十四年。

王福龄妻蒋氏 年二十七，夫亡，守节五十二年。

毛如春妻程氏 年二十一，夫亡，以夫弟子为嗣，守节四十年。

王永芳妻张氏 年二十五，夫亡，守节五十余年。

薛应宽妻赵氏 年二十三，生子甫两月夫亡，守节五十余年。

李法贤妻朱氏 年二十三，夫亡，守节四十余年。

刘尚勋妻郝氏 年十九，夫亡，抚兼祧子成立，守节四十八年。

吴联惠妻王氏 年十九，夫亡，守节三十九年。

鄂象贤妻张氏 年二十四，夫亡，守节三十余年。

王连（一作达）玉妻阚氏 年二十，夫亡，抚嗣子成立，守节三十余年。

高兴邦妻晁氏 年二十七，夫亡，六十四岁卒。

戴让妻**王氏** 年二十八，夫亡，抚二子成立，孙守身入郡庠。

庠生李符妻**倪氏** 有传。

李桂枝继妻**刘氏** 年二十八，夫亡，抚前二子如己出，守节四十余年。

廪生何景运妻**刘氏** 年二十五，矢志抚孤，六十五岁卒。

左松年妻**李氏** 年十七，嫁未百日夫亡，守节三十余年。

袁彭年妻**赵氏** 于归六年，夫亡，其叔有四子，择二子为嗣，守节至七十余岁。

李九叙妻**安氏** 年二十七，夫亡，抚侄锡庚领乡荐，守节五十四年。

赵福谦妻**侯氏** 年二十二，夫亡，抚孤成立，守节三十五年。

王绪妻**刘氏** 年二十一，夫亡，抚侄为嗣，守节三十一年。

刘步全妻**吴氏** 年二十三，夫亡，守节四十余年。

刘会信妻**温氏** 年十五于归，夫病，合卺即异室居，两月夫亡，抚侄成立。

谷峻妻**王氏** 嫁半年，夫病卧床褥二年卒，不起，抚犹子成立，年八十余。

郑连盛妻**韩氏** 有传。

王天宠妻**刘氏** 年二十一，夫亡，抚嗣子成立，守节三十余年。

王秉仁妻**裴氏** 年二十一，夫亡，叔秉顺生子抚如己出，安贫守志五十余年。

张振翮妻**徐氏** 年二十六，夫亡，以堂侄殿臣为嗣，苦节三十余年。

以上元年旌。

赵廷兰妻**姜氏** 年二十五，夫亡，抚一岁孤成立，守节四十五年。

赵廷玺妻**裴氏** 年二十七，守节十六年，四十三岁卒。

萧（名失考）妻**高氏** 年二十二，夫亡，守节五十余年。

张振勋妻**张氏** 年二十一，夫亡，抚子云平成立，守节四十余年。

以上二年旌。

柳起新妻**石氏**　有传。

赵兴基妻**郭氏**　年十七，夫亡，继夫侄为嗣，守节十九年。

李迎春妻**李氏**　年二十三，夫亡，抚嗣子成立，守节二十八年。

刘永来妻**吕氏**　年二十三，夫亡，抚孤成立，守节六十六年。

刘建起妻**王氏**　年三十，夫亡，抚嗣子成立，守节三十六年。

张希俊妻**阎氏**　年二十七，夫亡，抚嗣子成立，守节五十七年。

魏逢明妻**张氏**　年二十，夫亡，守节三十四年。

武生阚隆泰妻**何氏**　年二十六，夫亡，抚三子成立，守节二十六年。

张益昌妻**周氏**　年二十三，夫亡，守节五十五年。

蒋松龄妻**黄氏**　有传，子妇李氏附。

安厚恩妻**阴氏**　年二十九，夫亡，守节三十九年。

安纯曾妻**任氏**　有传，子妇某氏附。

牛克智妻**高氏**　年二十七，夫亡，抚嗣子成立，守节三十六年。

曾述武妻**牛氏**　年二十六，夫亡，抚孤成立，守节二十七年。

赵宗美妻**郭氏**　年二十三，夫亡，抚二子成立。次媳晁亦孀。氏守节二十八年。

雷肇昌妻**酆氏**　年二十一，夫亡，抚夫侄为嗣。守节　　年。

苗丰年妻**张氏**　年十七，夫亡，继族侄为嗣。守节六十五年。

王善言妻**刘氏**　年二十四，夫亡，抚孤成立。守节五十一年。

安有朋妻**王氏**　年二十四，夫亡，抚遗腹子尊期成立。守节六十三年。

田可霖妻**张氏**　年二十八，夫亡，抚嗣子成立。守节五十五年。

张恩瑞妻**黄氏**　年二十四，夫亡，守节六十二年。

裴善言妻**王氏**　年二十，夫亡，抚嗣子性全入武庠。守节六十二年。

裴善述妻**毕氏**　年十九，夫亡，抚嗣子骏声入武庠。守节六十二年。

赵国治妻**张氏**　年二十二，夫亡，无子，守节五十九年。

王文妻**伊氏**　年二十六，夫亡，抚孤成立。守节五十二年。

刘如冈妻**杨氏**　年二十六，夫亡，无子，守节四十九年。

张平万妻**苑氏**　年二十五，夫亡，抚嗣子成立。守节四十九年。

刘旺妻**李氏**　年二十九，夫亡，守节四十四年。

杨吉迎妻**姜氏**　年二十五，夫亡，抚孤成立。守节四十八年。

王开妻**李氏**　年二十一，夫亡，抚侄成立。守节四十九年。

甄欲生妻**张氏**　年二十七，夫亡，抚孤成立。守节四十三年。

李文显妻**阚氏**　年二十一，夫亡，抚嗣子赞猷成立。守节四十二年。

谭泽妻**张氏**　年二十二，夫亡，抚孤成立。守节四十年。

宁太华妻**赵氏**　年二十八，夫亡，继犹子兆升为嗣，守节三十三年。

杨贵成妻**田氏**　年二十四，夫亡，抚孤成立。守节三十六年。

裴得汝妻**刘氏**　年二十八，夫亡，无子，守节五十余年。

李根妻**李氏**　年二十四，夫亡，子未娶亦夭，守节五十五年。

李宾妻**唐氏**　年二十，夫亡，抚侄为嗣，亦夭，守节五十六年。

陈典继妻**吴氏**　年二十六，夫亡，子亦夭，抚孙成立。守节四十九年。

魏卿妻**杜氏**　年二十六，夫亡，守节四十八年。

郭江妻**部氏**　年二十四，夫亡，抚二子成立。守节四十八年。

裴祥枝妻**刘氏**　年十八，夫亡，无子，守节五十三年。

徐邦银妻**李氏**　年十九，夫亡，抚嗣子成立。守节五十年。

刘从化妻**赵氏**　年二十六，夫亡，无子，守节四十年。

庠生安性田妻**李氏**　年二十七，夫亡，抚孤若兰登贤书，守节三十九年。

戴大有妻**张氏**　年二十三，夫亡，抚周岁孤成立。守节四十三年。

何继祥妻**王氏**　年二十六，夫亡，抚前室子永泰成立。守节四十年。

吕连升妻**洪氏**　年二十六，夫亡，无子，守节三十八年。

雷元荣妻**倪氏**　年十九，夫亡，以侄万利为嗣，守节四十四年。

宁瑞桓妻**王氏**　夫亡无子，抚嗣子成立。守节四十余年。

杨得荣妻**陈氏**　年二十七，夫亡，抚孤成立。守节三十四年。

张希皋妻**任氏**　年二十七，夫亡，抚孤成立。守节三十四年。

李喜妻**陈氏**　年三十，夫亡，守节三十年。

廪生安椝曾妻**裴氏**　年二十七，夫亡，无子，守节三十三年。

葛国兴妻**李氏**　年二十六，夫亡，无子，守节三十四年。

庠生于督扬妻**柳氏**　年二十七，夫亡，守节三十三年。

高尚贤妻**杨氏**　有传。

刘礼贤妻**贾氏**　年二十一，夫亡，抚嗣子承先成立。守节三十七年。

孙成先妻**崔氏**　年二十五，夫亡，抚四岁孤，授室后又夭，抚两岁孤孙。守节二十八年。

任廷桂妻**彭氏**　年二十四，夫亡，无子，守节三十一年。

王棠妻**徐氏**　年十七，夫亡，无子，守节三十三年。

裴用枝妻**王氏**　年二十，夫亡，无子，守节三十余年。

孙廷良妻**徐氏**　年二十七，夫亡，抚两岁孤培元入泮。守节五十余年。

庠生吴长贞妻**孟氏**　年二十六，夫亡，抚嗣子成立。守节三十四年。

庞英妻**宋氏**

赵友智妻**康氏**　二十一岁，夫亡，子亦殇。

高思聪妻**李氏**　年二十二，夫亡，无子，守节四十六年。

孙尚哲妻**刘氏**　年二十，夫亡，夫弟子千总魁五兼桃两支。守节四十一年。

许明妻**黄氏**　年二十七，夫亡，以侄象邦为嗣，守节六十年。

监生韩芳妻**倪氏**　年三十，夫亡，抚孤永春成立后得六品军功，赏戴蓝翎，守节五十年。

张大用妻**张氏**　年二十七，夫亡，抚孤成立。守节四十六年。子存富侧室井氏另有传。

王成家妻**何氏**　年二十六，夫亡，以侄为嗣，守节四十二年。

张辉曾妻**李氏**　年二十七，夫亡，抚孤成立。守节四十二年。

赵象恒妻**张氏**　年三十，夫亡，抚两孤成立。守节三十四年。

赵象典妻**卢氏**　年二十六，夫亡，以侄进隆为嗣，守节二十七年卒。

李学滋妻**张氏**　年二十一，夫亡，抚三月孤钟秀成立。守节四十一年。

王煜之妻**才氏**　有传，夫弟耀之妻**张氏**附。

艾廉妻**杨氏**　年二十三，夫亡，无子，守节三十九年。

许永泰妻**严氏**　年二十，夫亡，无子，惟夫弟永安是依，以侄为嗣，守节三十六年。

崔顺昌继妻**赵氏**　年二十七，夫亡，抚前室子如己出，守节二十八年。

石椿年妻**卢氏**　年二十二，夫亡，无子，就食母家，守节二十二年。

阎开甲妻**张氏**　年二十九，夫亡，抚两孤成立，守节二十三年。次子凤文入泮。

葛锡麟妻**周氏**　年二十四，夫亡，无子，守节二十六年。

刘及第妻**李氏**　有传。

赵国麟妻**阴氏**　年二十，夫亡，抚侄为嗣，守节二十九年。

张攀达妻**刘氏**　年二十六，夫亡，抚嗣子明善入泮。守节三十六年。

刘士固妻**郗氏**　年二十六，夫亡，抚孤成立。守节三十二年。

康维墉妻**王氏**　年二十一，夫亡，守节三十九年。

安近智妻**潘氏**　年二十七，夫亡，守节四十五年。

安守谨妻**黄氏**　年二十一，夫亡，守节六十一年。

安永顺妻**马氏**　年二十三，夫亡，抚孤成立，授室后，子又夭，苦节四十九年。

李尚清妻**刘氏**　年二十九，夫亡，抚二子成立。守节三十六年。

刘景和妻**牛氏**　一年二十三，夫亡，抚孤成立，守节三十五年。

高甫申妻**孙氏**　年二十五，夫亡，无子，守节四十八年。

强希俊妻**田氏**　年二十四，夫亡，抚数月孤如玉成立。守节五十三年。

常维新妻**王氏**　年十九，夫亡，抚嗣子慎德成立。守节三十九年。

以上三年旌。

黄（名失考）妻**刘氏**　邑举人户部郎中刘玉衡女弟，于归未三载夫亡，一子亦相继殇，翁殁，痛切成疾而卒。

周连科妻**高氏**　年二十三，夫亡，抚嗣子坊官郎中。守节三十余年。

周咸一妻**李氏**　年二十六，夫亡，抚嗣子玉成成立。守节四十余年。

王绘妻**李氏**　年二十三，夫亡，子永恭成室，不数年子、媳又相继殁，遗一孙，抚之成立。守节五十余年。

高位妻**苗氏**　年三十，夫亡，抚二子成立。守节四十余年。

周棠荫妻**赵氏**　年二十六，夫亡，抚子运昌成立。守节三十三年。

陈惠卿妻**韩氏**　年二十一，夫亡，抚嗣子树棠成立。守节五十一年。

阴大来妻**刘氏**　年二十五，夫亡，抚三岁孤成立。守节二十七年。

杨景信妻**刘氏**　年十八，夫亡，守节二十二年卒。

赵应麟妻**李氏**　年二十一，夫亡，无子，抚夫弟妹婚嫁，守节二十九年。

张文蔚妻**冯氏**　年二十四，夫亡，现存六十一岁。

张福泉妻**刘氏**　年十九，夫亡，无子，守节四十一年。

李际明妻**赵氏**　年二十五，夫亡，以侄为嗣，守节三十七年。

王恒昌妻**王氏**　年二十九，夫亡守节，现存六十二岁。

马好学妻**姚氏**　有传。

母怀忠妻**高氏**　年二十二，夫亡，抚嗣子成立。守节六十一年。

刘明妻**张氏** 年二十六，夫亡，守节，见年七十五。

郭岑妻**史氏** 年二十一，夫亡，继夫伯兄子遇交为嗣。守节三十二年。

高瑞峰妻**段氏** 年二十九，夫亡，遗五岁孤，侧室王亦殁，遗一女甫三岁，氏皆抚之成立。守节二十三年。

高凌霄妻**刘氏** 年十八，夫亡无子，守节三十二年。

高树森妻**倪氏** 年二十八，夫亡，以夫兄长子汝骏为嗣。守节十七年卒。

宁元莹妻**刘氏** 年二十七，夫亡，抚二孤成立，守节四十余年。

安守训妻**胡氏** 年二十四，夫亡，守节四十九年。

谢心传妻**艾氏** 年二十五，夫亡，抚子通诰入国学，守节三十五年。

赵国选妻**杨氏** 年二十六，夫亡，抚前室子成立，孙文炳入郡庠。守节三十九年。

宁瑞凤妻**李氏** 年二十七，夫亡无子，以侄书田为嗣，守节二十余年。

苑云峰妻**武氏** 年二十七，夫亡，守节三十六年。

刘成功妻**孙氏** 年二十五，夫亡，遗二子抚育成立。守节三十六年。

曹明时妻**吕氏** 年二十二，夫亡，遗一女抚之成立。守节三十年。

史宝瑞妻**张氏** 年二十一，夫亡，无子，守节四十三年，现年六十四岁。

临榆县

庠生梅开泰妻**张氏** 年三十，夫亡，抚犹子成立，守节二十三年。

程华龄妻**计氏** 年二十八，夫亡，守节二十年。

王锡勇继妻**杨氏** 年二十五，夫亡，守节四十二年。

秦占英继妻**王氏** 年二十八，夫亡，守节二十八年。

田思文继妻**武氏** 年二十七，夫亡，守节二十六年。

赵葆清妻**李氏**　年二十四，夫亡，守节二十七年。

徐春妻**郭氏**　年二十九，夫亡，守节二十一年。

黄玉璋妻**马氏**　年十八，夫亡，守节三十二年。

郭锡年妻**王氏**　年二十三，夫亡，守节二十七年。

郭寅清妻**赵氏**　年二十七，夫亡，守节三十五年。

周国定妻**张氏**　年二十四，夫亡，守节二十一年。

杨珊妻**应氏**　年二十三，夫亡，守节七年卒。

杨大旼继妻**阎氏**　年二十八，夫亡，守节五十一年。

毛珍妻**李氏**　年二十六，夫亡，守节三十四年。

李福康妻**陈氏**　年二十八，夫亡，守节三十一年。

佟坤妻**袁氏**　年二十四，夫亡，守节三十年。

李荣庆妻**杨氏**　年二十五，夫亡，守节二十九年。

魏大复妻**解氏**　年二十，夫亡，守节三十四年。

刘佩珩妻**陈氏**　年二十八，夫亡，守节三十二年。

郝际清妻**狄氏**　年二十八，夫亡，守节五十八年。

杨壮龄妻**刘氏**　年二十，夫亡，守节四十年。

姚遇庆妻**曹氏**　年二十四，夫亡，守节三十年。

周耀宗妻**王氏**　年二十四，夫亡，守节二十四年卒。

李大德妻**张氏**　年二十五，夫亡，守节四十三年。

张煦妻**杨氏**　年二十，夫亡，守节四十一年。

张彬妻**曹氏**　年二十八，夫亡，守节三十四年。

以上三年旌。

郝钧妻**马氏**　有传，子玉琛妻某氏附。

监生王衣德妻**房氏**　年二十五，夫亡，守节六十一年。

李宗圣妻**陈氏**　年二十七，夫亡，抚二子开亮、开思成立，守节五十九年。

王希思妻**田氏**　年二十三，夫亡，以侄为嗣，守节六十一年。

石生妻**杨氏**　年二十八，夫亡，守节五十五年。

附贡计士秀妻**陈氏**　年二十于归，仅半载夫亡，守节六十三年。

郝季熊妻**杨氏** 年二十四，夫亡，抚侄澜为嗣，守节五十九年。

张镛妻**周氏** 年二十五，夫亡，抚嗣子如璧成立，守节五十六年。

冯（失名）妻**甘氏** 年二十八，夫亡，抚子，守节五十一年。

董泰妻**陈氏** 有传，子大训妻陈氏附。

王哲士妻**崔氏** 年二十五，夫亡，抚二子成立，守节五十三年。

庠生程廷升妻**张氏** 年二十三，夫亡，抚嗣子成立，守节五十三年。

侯天锡妻**尚氏** 年三十，夫亡，抚孤九余授室，寻夫妇相继夭逝，抚遗腹孙成立，守节四十五年。

倪发妻**陆氏** 年二十，夫亡，抚二子承祥、承嘉成立，守节四十五年。

徐靖妻**刘氏** 年二十八，夫亡，守节四十五年。

王曰俞妻**汪氏** 年二十六，夫亡，止一女适李光祖亦孀，母女相依为命，守节四十四年。

李光祖妻**王氏** 年十八，夫亡，无子，苦节五十五年。

倪识名妻**蔺氏** 年二十七，夫亡，守节四十五年。

鲍士勇妻**厉氏** 年二十八，夫亡，抚嗣子锦入泮，守节四十二年。

李士德妻**苏氏** 年二十七，夫亡，抚孤成立，守节四十年。

张金瑛妻**吕氏** 年三十，夫亡，抚孤成立，守节三十七年。

程永福继妻**刘氏** 年二十四，夫亡，抚己子与前室子如一，守节四十三年。

侯文琚妻**马氏** 年二十五，夫亡，抚两岁孤士严成立，守节四十一年。

苏泽涣妻**战氏** 年二十六，夫亡，抚嗣子蔚成立，守节三十九年。

徐德福妻**张氏** 年二十八，夫亡，守节三十六年。

洪玉书妻**张氏** 年二十四，夫亡，守节四十年。

邢铎妻**郝氏** 年二十一，夫亡，抚侄尚清为嗣，守节四十二年。

才国屏妻**王氏** 年二十八，夫亡，以侄为嗣，守节二十四年。

刘召书妻**周氏** 年二十一，夫亡，守节四十一年。

周梦麟妻**王氏**　年二十七，夫亡，无子，依母家以女工自给，守节三十三年。

杨和安妻**王氏**　年二十六，夫亡，守节三十四年。

袁墉妻**马氏**　年二十三，夫亡，抚嗣子圣迁成立，守节三十三年。

萧瑃妻**徐氏**　年二十七，夫亡，守节三十一年。

杨其瀚妻**郑氏**　年二十，夫亡无子，以侄为嗣，守节三十五年。

例贡王延绪妻**刘氏**　年二十四，夫亡，守节二十九年。

张文秀妻**吉氏**　年二十，夫亡，守节三十三年。

王大受妻**程氏**　年十八，夫亡，守节三十四年。

刘尔杰妻**张氏**　年二十二，夫亡，抚嗣子肇寿成立，守节三十年。

王汝砺妻**刘氏**　年二十二，夫亡，翁以讼事里误籍家资，氏以针自给，守节三十年。

赵鸣玉妻**王氏**　年二十七，夫亡，守节二十四年。

举人穆开聪妻**张氏**　年二十二，夫亡，守节二十九年。

庠生冯万孚妻**吕氏**　年十九，夫亡，守节二十七年。

周玺忠妻**高氏**　年二十三，夫亡，守节二十年卒。

周梦弼妻**蔡氏**　年二十五，夫亡，守节十一年卒。

李德新妻**张氏**　年二十，夫亡，无子，苦节六十一年。

乔秉睿妻**李氏**　年二十四，夫亡，守节五十三年。

张清儒妻**李氏**　年二十八，夫亡，无子，守节四十三年。

王继仁妻**查氏**　年二十四，夫亡，守节六十六年。

贺思忠妻**王氏**　年二十六，夫亡，守节五十九年。

梅楷妻**刘氏**　年二十八，夫亡，抚孤成立，守节五十三年。

刘永禄妻**吴氏**　年二十，夫亡，无子，守节五十八年。

刘环妻**王氏**　年二十三，夫亡，守节五十三年。

杨凤瑞妻**龚氏**　年二十五，夫亡，子夭，媳再嫁，苦节五十年。

郝学思妻**侯氏**　年二十二，夫亡，抚二子，长子发夭亡，次子樵采为生，守节五十三年。

张景元妻**赵氏**　年三十，夫亡，抚孤成立，守节四十四年。

庞克让妻**陈氏**　年二十，夫亡，守节四十四年。

李长芎妻**王氏**　年二十九，夫亡，抚孤成立，守节四十四年。

黄伟人妻**曹氏**　年二十六，夫亡，守节四十七年。

李杏园妻**赵氏**　年二十四，夫亡，抚嗣子成立。守节四十七年。

刘昌祚妻**金氏**　年二十二，夫亡，守节四十年。

赵景福妻**侯氏**　年二十，夫亡，守节四十年。

赵宗普妻**朱氏**　年十九，夫亡，守节三十四年。

刘文敬妻**戴氏**　年二十一于归，十四日夫亡，守节二十八年卒。

梅廷楝妻**凤氏**　年二十二，夫亡，抚嗣子成立。守节十三年卒。

都建瀛妻**钟氏**　年二十二，夫亡，无子，以侄为嗣，守节十一年卒。

武生王连征妻**王氏**　年二十三，夫亡，抚二子成立。守节五十二年。

候选大使王锡马继妻**杨氏**　有传，侧室李氏附。

刘吉升妻**侯氏**　年二十八，夫亡，无子，守节三十一年。

姜维元妻**张氏**　年十九，夫亡，无子，守节三十年。

刘文炳妻**侯氏**　年二十九，夫亡，抚孤天培成立。守节四十余年。

时文臧妻**杨氏**　年十九，夫亡，无子，守节五十余年。

时维清妻**姜氏**　年二十一，夫亡，抚孤成立。守节四十余年。

庠生杨嗣龄妻**马氏**　年二十五，夫亡，抚子德有成立。守节三十余年。

杨伟元妻**徐氏**　年二十一，夫亡，抚孤成立，守节五十余年。

孙文蔚妻**毛氏**　有传，嗣子兰妻温氏，女适刘国相附。

郭崇祺妻**魏氏**　年二十九，夫亡，家赤贫，终身为人佣工，以族侄为嗣，守节四十三年。

张世则妻**樊氏**　年二十九，夫亡，无子。嗣子玑娶妻马氏后亦夭，马寄食母家。氏就养族侄孝廉名绅者，年八十二卒。

张泰昌妻**刘氏**　年二十七，夫亡，无子，苦节三十四年。

孙安妻**张氏**　年二十八，夫亡，无子，守节四十四年。

李士俊妻**王氏**　年二十四，夫亡，抚周岁孤成立。守节三十七年。

马玺妻**张氏** 年二十九，夫亡，守节五十二年。

贾杰妻**李氏** 年二十二，夫亡，抚孤成立。守节五十八年。

王采妻**岳氏** 年十九，夫亡。

倪镕妻**曹氏** 年十九，夫亡，守节五十七年。

王淑和妻**杨氏** 年二十八，夫亡，抚嗣子成立。守节四十二年。

张维翰妻**王氏** 年十九，夫亡，守节五十年。

庠生杨玉龙妻**杨氏** 年二十，夫亡，守节五十年。

杨运龙妻**张氏** 年二十七，夫亡，抚孤成立。守节三十九年。

靳尔梓妻**孙氏** 年二十四，夫亡，守节五十一年。

增生傅国瑞妻**卢氏** 年二十三，夫亡，抚子荣成立。

梅希武妻**刘氏** 年十八，夫亡，抚子成立。守节六十二年。

张恭妻**翟氏** 年二十六，夫亡，抚侄为嗣，守节三十九年。

赵之银妻**高氏** 年二十一，夫亡，抚子和成立。守节三十八年。

王廷瓒妻**马氏** 年二十二，抚一月孤鹏成立。守节四十三年。

李永密妻**贲氏** 年二十六，夫亡，抚孤成立，守节三十九年。

李连茹妻**杨氏** 年二十一，夫亡，无子，守节三十九年。

李德仲妻**卢氏** 年二十，夫亡，无子，乞食度日，守节三十九年。

董树勋妻**王氏** 年二十六，夫亡，无子，守节二十九年。

马伦妻**赵氏** 年二十六，夫以急救其祖溺水身亡。

孟琪妻**周氏** 年二十四，夫亡。

刘国相妻**孙氏** 附其母毛氏传。

庠生王化雨妻**李氏** 年二十八，夫亡，抚孤弼成立，后入太学。

常正春妻**董氏** 年二十七，夫亡，无子，守节三十八年。

常坦之妻**杨氏** 年二十，夫亡，无子，守节四十二年。

李士熊妻**王氏** 年十九，夫外出不归，贫苦自守五十一年。

杨超妻**石氏**

杨似柱妻**赵氏** 年二十四，夫亡，抚三孤，长子其源、季子其泽皆入泮。守节五十余年。

杨彰妻**贲氏** 夫亡，抚孤成立。

庠生杨其泽继妻**张氏** 年三十，夫亡，抚前室子如已出。

李成章妻**刘氏** 年二十八，夫亡，守节四十年。

王炎妻**徐氏** 夫早亡，抚孤成立。

李名勤妻**靳氏** 年二十五，夫亡，无子，止一女，初依母家，后就女养。

赵斗妻**赵氏** 年二十三，夫亡，守节四十九年。

张启昆妻**王氏** 年二十九，夫亡，守节四十一年。

丁世贤妻**李氏** 年二十七，夫亡，守节四十二年。

梁国相妻**薛氏** 年二十，夫亡，守节四十九年。

李时发妻**张氏** 年二十三，夫亡，守节五十一年。

周先烈妻**王氏** 年二十四，夫亡，守节三十五年。

董韶龄妻**阎氏** 年二十六，夫亡，守节五十一年。

周梦麒妻**王氏** 年二十，夫亡，无子，依母家，以女红自给，守节五十二年。与前周梦麟妻王氏未知是一是二。

刘永吉妻**辛氏** 年二十，夫亡。

曹士英妻**李氏** 年十八于归，四月夫亡，无子，守节六十九年。

萧文渊妻**李氏** 年二十五，夫亡，遗孤至十二岁亦殇，守节五十四年。

常孝遵妻**印氏** 年二十五，夫亡，无子，守节三十七年。

庠生张壮猷妻**高氏** 年十三于归，三十岁夫亡，无子，抚嗣子成立，守节二十八年。

张伦妻**王氏** 年二十一，夫亡，抚嗣子成立，守节三十五年。

杨承忠妻**侯氏** 年二十六，夫亡，抚遗腹子成立。守节二十四年卒。

廉万年妻**杨氏** 年二十九，夫亡，抚嗣子成立。守节四十七年。

王玉祥妻**李氏** 年十六，夫亡，抚嗣子成立。守节五十八年。

邹有方妻**刘氏** 年二十三，夫亡，抚孤成立。守节四十九年。

聂文元妻**石氏** 年二十九，夫亡，抚遗腹孤成立。守节四十二年。

温廷瑛妻**李氏** 年二十九，夫亡，抚孤成立。守节三十九年。

牛居幸妻**李氏** 年三十，夫亡，以侄为嗣，守节三十六年。

刘谔妻**李氏** 年二十二，夫亡，抚二岁孤，守节八年卒。

张清瑞继妻**宋氏** 年二十二，夫亡，抚前室子成立，守节三十五年。

刘效韬妻**徐氏** 年二十四，夫亡，守节五十七年。

王国用妻**汪氏** 年二十九，夫亡，抚嗣子成立，旋夭，遗孤孙勇巽抚之，入泮，补增。守节六十三年。

杨国柱妻**王氏** 年二十八，夫亡，守节六十一年。

庠生郝鸿继妻**李氏** 年二十四，夫亡，抚前室子长龄入泮。守节五十七年。

王天一妻**张氏** 有传。子凤仪妻侯氏附。

徐士奎妻**张氏** 有传。子承宗妻高氏附。

邵良樗妻**陈氏** 年二十八，夫亡，守节四十一年。

解德麟妻**李氏** 年二十八，夫亡，无子，就食女家，守节四十一年。

柳湛诚妻**王氏** 年二十一，夫亡。抚嗣子顺魁娶妻生子，夫妻遂相继殁。守节四十八年卒。孤孙本生祖母余氏收养。

苏恒贤妻**杨氏** 年十九，夫亡，守节三十五年。

武生马作屏妻**吴氏** 年二十九，夫亡，子宗坊亦夭，抚孙铭成立。守节四十四年。

柳清源妻**石氏** 年二十五，夫亡，抚嗣子成立。守节四十六年。

王秉义妻**刘氏** 年二十八，夫亡，抚孤成立。守节四十一年。

吕姚妻**杨氏** 年十六于归，三月夫亡，守节五十年。

王君重妻**朱氏** 年二十三，夫亡，抚孤铨士入太学。守节四十二年。

李天泰继妻**杨氏** 有传。前室子文矩妻王氏，文靖妻杨氏附。

才萱妻**杨氏** 年二十七，夫亡，无子，守节三十八年。

高存龄妻**王氏** 年二十八，夫亡，守节三十四年。

邵文宗妻**曹氏** 年二十八，夫亡，守节三十四年。

王宗顺妻**李氏** 年二十九，夫亡，抚孤成立，守节三十二年。

吴天文妻**侯氏** 年二十一，夫亡，抚孤起龙成立。守节四十年。

杨宜春妻**金氏** 年二十二，夫亡，守节三十九年。

王鹏振妻**张氏** 年二十六，夫亡，守节三十六年。

李文植妻**杨氏** 年二十四，夫亡无子，守节三十六年。

曹礼先妻**魏氏** 年二十九，夫亡，抚孤识入泮。守节三十一年。

李文铎妻**赵氏** 年二十九，夫亡，抚子桂声成立。守节三十一年。

李成祥妻**王氏** 年二十二，夫亡，抚孤文瑞成立。守节三十七年。

李端亭妻**苏氏** 年二十七，夫亡，守节三十三年。

马述曾妻**杨氏** 年二十五，夫亡，守节三十年。

应坤妻**王氏** 有传。夫弟增妻赵氏附。

古成珍妻**杨氏** 年十七于归，合卺之夕，夫病咯血不能成礼，逾月夫亡。苦节四十余年。

庠生张玉振妻**李氏** 有传，夫弟王瓒妻王氏附。

庠生李士纪妻**陈氏** 年二十九，夫亡，抚孤成立，守节五十余年。

马福臻妻**杨氏** 年二十三，夫亡，抚孤成立。守节五十余年。

张永义妻**李氏** 年二十五，夫亡，抚子仲元成立。守节三十六年。

马钟麒妻**郭氏** 年三十，夫亡，抚嗣子成立。守节三十年。

李清珊妻**吕氏** 年二十一，夫亡，抚犹子成立。守节三十四年。

吕庸德妻**郭氏** 年二十四，夫亡，抚嗣子成立。守节三十一年。

倪天祥妻**郭氏** 年二十一，夫亡，守节三十年。

傅岷妻**杨氏** 年三十，夫亡，教子游庠食饩。守节三十八年。

王凤翥妻**刘氏** 年二十二，夫亡，抚孤成立，守节三十二年。

以上节妇

[**唐**]

滦　州

采薪妇**李氏** 有传，见《山川》五。

[**辽**]

昌黎县

邢简妻**陈氏**　有传。

[**明**]

乐亭县

杜仁义妻**韩氏**　洪武间，与夫并以孝旌表。

庠生卢继伯妻**杨氏**　有传。

庠生汪必相妻**王氏**　有传。

[**国朝**]

卢龙县

张镈妻**傅氏**　韩义妻**范氏**、郭自立妻**岂氏**、何文炳妻**王氏**、鲁玺妻**刘氏**。

以上均有传。

阎廷珏妻**姚氏**

迁安县

王运昌妻**赵氏**、郑士亨妻**王氏**、张德邻妻**李氏**、**石灰妇**、张玉玺妻**王氏**、张若工妻**刘氏**、刘天成妻**徐氏**、张桂妻**曹氏**。

以上均有传。

抚宁县

温永成妻**胡氏**、王有容妻**陈氏**、孙尚勇妻**刘氏**、高瑞征妻**王氏**、赵奎妻**傅氏**、李祥妻**梁氏**、史相迁妻**王氏**。

以上均有传。

昌黎县

阎穆熙侧室**张氏**　有传。

李得全妻**李氏**　有传。

滦　　州

赵成妻**劳氏**　事亲至孝，远近称之。光绪元年旌。

举人李念曾妻**赵氏**　有传。

乐亭县

阚相宸妻**李氏**、乡贡生刘可兴妻**赵氏**、高果妻**邵氏**。

郭永禄妻**唐氏**　侍姑病，数年不怠。

斐文魁妻**石氏**　姑病，每夜焚香祝天，以祈姑寿，八十六卒。

王教妻**吴氏**　有传。

康仲妻□**氏**　有传。

陈九鼎妻**杨氏**　有传。

王珍妻**魏氏**　有传。

陆联珠妻**石氏**　有传。

庠生侯补知州阴振澡妻**刘氏**　有传。

宁永照妻**刘氏**　有传。

孙翰妻**李氏**　有传。

从九品宁元琛妻**李氏**　有传。

阴**杨氏**　有传。

临榆县

李思恭妻**齐氏**　有传。

以上孝女孝妇。

[明]

抚宁县

华贞女

临榆县

龙升聘妻**黄妙宣**　有传。

王贞女　有传。

[**国朝**]

迁安县

杜贞女、朱贞女、周荣姑、孙贞女

以上俱有传。

抚宁县

谢煐聘妻**陈氏**　有传。

鲁春姐　樊正姐合传。

徐翮聘妻**陈氏**　有传。

张贞女　茹各庄人。母卒，父清年迈，矢志不嫁，以针黹供甘旨。

昌黎县

张素兰　有传。

阎锡恩妻**郑氏**　有传。

滦　　州

张宗姐、于贞女、赵柏龄妻**郭氏**

以上俱有传。

吕贞女　榛子镇人。父士儒已故，兄出嗣，弟夭亡，女守贞不字，与母相依，见年四十四岁。

乐亭县

刘永聘妻**张氏**、苗某聘妻**刘氏**、**董贞女、刘贞女**

以上俱有传。

张贞女　有传。

临榆县

郭生姐　有传。

王福升聘妻**赵氏**

刘贞女　许字于宋，孺子未婚而宋亡，女守志终身。乾隆年旌。

蔡贞女　许字于周锟，未婚而周亡，女守贞事姑。嘉庆年旌。

以上贞女

[金]

滦　　州

义丰令李宝信妻**王氏**　有传。

[元]

卢龙县

王宗仁妻**宋氏**　有传。

[明]

卢龙县

杨江妻**李氏**、杨大芳妻**谢氏**

以上有传。

御史韩应庚侧室**杨氏**　崇祯庚午之变被执大骂而死。

庠生韩原洞妻**王氏**　崇祯庚午，率子妇吕氏，俱缢死。

程玉妻**王氏**　有传。

两当知县李可培妻**秦氏**　有传。

卢龙卫百户马逢时妻**牛氏**　夫亡守节。崇祯庚午，城陷自缢。

庠生侯王臣妻**王氏**　夫亡，不食九日死。

指挥张国翰妻**韩氏**、高应矾妻**侯氏**、刘声远妻**杨氏**、刘承敬妻**贾氏**、王惠民妻**沙氏**、生员陈蒙贞妻**宋氏**

以上俱以庚午之乱，死节。

迁安县

庠生冯玺妻**周氏**　年二十二，夫亡，自缢以殉。诏旌。

榆木岭军丁孙忠妻**张氏**　年二十一于归，三月夫亡，自缢以殉。

兴州卫百户沈凤妻**仇氏**　庠生何秉善妻**马氏**　有传。

高贵妻**陈氏**　有传。

拔贡生韩范继妻**杨氏**　有传。

杨茂华妻**徐氏**　有传。

抚宁县

陈天禄妻**孙氏**　夫亡，翁姑怜其少而无子令改适，不从，自缢死。

昌黎县

谷钟妻**王氏**　年二十，夫亡，誓以死从，亲属劝不能解，防少疏，遂缢死。诏旌。

滦　　州

宁春姐　有传。

陈瑛妻**余氏**　有传。

庆阳知府张联奎妻**田氏**　有传。

廪生陈蒙吉妻**米氏**　城破殉节。崇祯三年旌。

高士凤聘妻**陈静瑛**　附卢龙廪生韩景昌妻**陈氏**　传。

乐亭县

党文明妻**葛氏**　有传。

山海卫

赵烈女　有传。

李升之妻**张氏**　有传。

庠生何志道妻**郭氏**、标兵马如麒妻**陈氏**

[国朝]

卢龙县

白奇妻**贞媖**　有传。

王修妻**赵氏**　有传。

孙烈妇**苏氏**、**徐氏**　有传。

王烈妇　有传。

王从聘妻**张氏**　有传。

左贵妻**叶氏**　有传。

蒙古正蓝旗嘎尔杭阿妻**那氏**　有传。

庠生潘赞清妻**张氏** 有传。

张澐妻**高氏** 有传。

安某妻**俞氏** 有传。

迁安县

刘锟妻**许氏** 有传。

陈学贤妻**李氏** 有传。

岳某妻**崔氏** 有传。

张助妻**李氏** 有传。

某烈妇 有传。

马成妻**张氏** 因张九林调奸而死。二年旌。

侯天德妻**尹氏** 因田克登索债出秽语，羞愤自缢。诏旌。

殷荣妻**罗氏** 有传。

马开祥妻**杨氏** 有传。

张改姐 因陆云陇调奸，抱愤投井死。诏旌。

张烈妇**刘氏** 因夫族叔张有顺调奸不从，被杀死。道光十三年旌。

宋烈妇**赵氏** 因夫族侄宋副才调奸，羞愤自尽。

柴文运妻**吴氏** 庠生凤桐女，十九岁适柴，逾岁夫故，自缢以殉。时在道光十六年。

白镕妻**尹氏** 有传。

岂守先妻**马氏** 有传。

马廷林妻**张氏** 夫亡六日，自缢以殉。

高松龄妻**邓氏** 有传。

贾登第妻**徐氏** 有传。

王烈妇 有传。

王连发妻**谢氏** 有传。

宋赵氏 有传。

张刘氏 有传。

全林妻**徐氏** 有传。

抚宁县

蔡锡田妻**高氏** 有传。

庠生王绍先妻**陆氏** 有传。

郭三姐 有传。

董锐妻**李氏** 庠生悉愉子妇，卢龙庠生李汲女也。年十八，夫亡，守节十三年。因遭醉侮，服卤死。雍正九年旌。

杨黑头妻**梁氏** 因施瘦头辱骂，服卤死。道光二十三年旌。

冯开樽妻**常氏** 年二十，夫亡于宁远，自缢以殉。咸丰元年旌。

乔万选妻**史氏** 年二十七，夫亡，仰药以殉。

李学伸妻**杨氏** 因乡约李汉阁秽言污蔑，羞愤自缢死。官治汉阁罪如律。

张允天妻**单氏** 有传。

昌黎县

冯昌炽妻**张氏** 有传。

赵万钟子妇**刘氏** 有传。

冯际隆妻**苏氏** 有传。

谭光楷继妻**田氏** 有传。

齐万福子妇**李氏** 有传。

监生魏业懋妻**齐氏** 有传。

田氏 年十七，夫幼姑孀，有强暴乘姑出诱之，氏拒骂，怒击碎其首死。阖邑为立烈女坟。

温成义妻**王氏** 年二十，夫亡，舅姑欲夺其志，氏痛哭柩前，自经死。邑宰给匾旌之。

高宏奏妻**刘氏** 夫病剧，誓以身殉，归与母家诀，及还，夫愦，遂乘间自缢，时年二十有二。

王国臣妻**齐氏** 年三十，夫亡无子，氏哭夫泪染巾成血，逾日，自经死。

赵德妻**冯氏** 因村人曹某调奸，氏怒骂，某扼其喉以死。鸣之官，治某于法。道光十四年旌。

王崇文妻**李氏** 有传。

汉军旗廪生出西试用同知田瑞先继妻**李氏** 有传。

滦州

云南知府高显辰妻**戈氏** 一作葛氏，有传。

彭玉妻**李氏** 有传。

于烈妇 有传。

庠生伦品著妻**石氏** 有传。

庠生陈玮妻**刘氏** 有传。

魏守中妻**张氏** 因恶少张某秽言辱骂，羞愤自缢。乾隆六十年旌。

袁礼五妻**刘氏** 有传。

伍成勋妻**陈氏** 有传。

王成姐 有传。

李香姐 有传。

张郭氏 因张印培调奸，羞愤服卤死。道光年旌。

王普姐 因李宗科误向便溺，羞愤自缢。道光年旌。

舒妥姑 有传。

王荣姑有传。

董九姐 有传。同治八年旌。

王瑞妻**石氏** 因夫从堂兄王明调奸不从，羞愤自缢。同治八年旌。

耿坦继妻**彭氏** 夫亡，哀痛情切，即日身死。同治八年旌。

张魁妻**李氏** 年二十二于归，数月夫亡，仰药以殉。同治年旌。

刘国干妻**杨氏** 年三十，夫亡，殡后自缢。同治年旌。

王恩普妻**曹氏** 年二十五，夫亡，殓毕吞金以殉。同治年旌。

刘李氏 夫亡，守节，有讽以改适者，痛愤服卤死。

榆林道常瀚侧室**杨氏** 年二十四，瀚在籍病故，仰药以殉。

朱占魁妻**李氏** 夫亡，服卤以殉。光绪年旌。

张相妻**李氏** 有传。

许国儒妻**常氏**　有传。

常沅妻**吴氏**　有传，侧室姚氏附。

李洪聘妻**段宦姑**　有传。

朱择仁妻**石氏**　有传。

汪文贵妻**王氏**　有传。

康朝选妻**刘氏**　年十九，为族侄康赛逼奸，不从被杀。康熙年旌。

监生阚旺妻**阴氏**　事舅姑敬恭不怠，年二十八，夫亡，其夜即投缳以殉。乾隆四十年旌。

王朝真妻**程氏**　真兄朝清于以非义，强逼不从，因勒毙，清亦畏罪自杀。县令赵大经榜其墓。

王福妻**韦氏**　年十九，为韦谨语言调戏，羞愤投井死。嘉庆年旌。

阴鸣岐妻**李印娘**　有传。

严芝妻**史氏**　因缌服夫弟严珠调戏，羞愤自缢。道光年旌。

高锡华妻**王氏**　有传。

李鹤林妻**许氏**　有传。

朱仲信妻**董氏**　有传。

周耀东妻**高氏**　有传。

刘继瑞妻**石亭姑**　有传。

陈肇先妻**潘氏**　有传。

黄冠英妻**刘氏**　有传。

张存富侧室**井氏**　有传。

井兴源妻**韩氏**　有传。

刘烈女　有传。

刘琨妻**徐氏**　有传。

临榆县

李天祚妻**穆氏**　顺治元年，闯贼寇关，欲强逼氏，怒骂不从，抱女投井，死时年二十有六。

烈女**典祖**　宋有怀室女。幼许字蔺姓，夫亡，投缳死。康熙年旌。

于应翔妻**杨氏** 有传。

平烈女 有传。

王元良妻**赵氏** 尝独处，邻人以言调之，氏怒骂，邻遁去。元良归，氏诉其事，遂自缢。乾隆年旌。

张姓聘妇**潘烈女** 有传。

黄殿魁妻**宋氏** 有传。

陆功骆继室**程氏** 有传。

侯补典史郭肇申妻**姜氏** 申在籍病故，氏随舅姑在山左掖县任所闻讣，仰药死。东抚丁题旌。

刘文声妻**徐氏** 年十七，夫亡，随夫弟凤书临清任所。咸丰四年，发逆之变，投河殉难，时年五十有四，守节三十七年。

邱光祖妻**田氏** 有传。

侯四姐 年未笄，往看其姊，为侯俭诳以母病，急回。俭于路间强逼不从，以石破其额而死。县令以图奸害命，正俭于法。

以上烈女烈妇。

[**明**]

卢龙县

张腾妻**石氏** 少寡，无子，守节七十年。邑宰马旌曰“天寿贞节”。

迁安县

庠生赵斐然妻**刘氏** 年二十九，守节教子，寿九十六。

抚宁县

郭宗愚妻**李氏** 年二十五，守节抚孤，寿九十终。

昌黎县

临邑知县进士高聪妻**谢氏** 年三十，聪卒于官。氏教子谦成进士，为巩昌守；孙擢登嘉靖己丑第，官至大中丞，氏年九十余。累封太淑人，诏旌“节寿”。

[**国朝**]

卢龙县

恩贡生何如澜妻**李氏**　廪生惠霖母，副贡生凌云祖母，寿九十五。

迁安县

杨烟滨妻**燕氏**　年二十九，夫亡守节，抚子其盛为诸生，寿九十岁。

陈义妻**姜氏**　十八岁，夫亡，守节七十年，寿九十八。

张海亮妻**任氏**　年十九，夫亡，守节，寿九十二。

千总范濂继妻**吴氏**　年二十八，夫亡，子亦殇，继孙宏为嗣，寿九十。

武天英妻**侯氏**　寿百岁。

庠生吴峻冈妻**某氏**　寿九十八。

抚宁县

贲魁妻**王氏**　年二十七，夫亡，教子大训、大文入文武庠，寿九十。

王永妻**杨氏**　年三十，夫亡，教子大猷授千总职，寿九十六。

杨天喜妻**李氏**　年二十，夫亡守节，抚子凝成立，年七十五，五世同堂。

昌黎县

举人赵天锡妻**曹氏**　年三十，守节，教子琅为明经，寿九十一。

庠生邵瑄妻**刘氏**　年二十三，夫亡，抚子孙半列胶庠，寿一百二岁终。

监生张振妻**李氏**　子九龄乡耆，次子赞宸庠生，孙冠英戊午武举，曾孙煜堂庠生，玄孙增万。同治八年，氏年九十四，五世同堂。

胡敬胜妻**杜氏**　年二十二，夫亡，抚侄冠英为嗣入武庠，寿九十五。

唱鸣霄妻**王氏**　年三十，夫亡，家贫奉姑，寿九十一。

陈克保妻**王氏**　年二十六，夫亡，守节，寿九十二。

高士修妻**宋氏**　年二十一，夫亡，抚遗腹子作柏贡成均，寿九十二。

黄镇妻**邹氏**　年二十六，夫亡，守节，寿九十。

滦　　州

杨德斌妻**李氏**　寿九十。

王连惠妻**郝氏**　年二十守节，光绪二年寿九十五，五世同堂。

赵锡继妻**李氏**　寿一百一岁。

乐亭县

庠生王时衡妻**刘氏**　年十九，夫亡，抚孤，后子孙相继殁，抚曾孙成立，寿九十终。

庠生阚绥猷妻**陈氏**　有传。

李攀桂妻**李氏**　子三人，孙十人，曾孙十五人。乾隆三年，旌为“贞寿之门”。寿一百一岁。

高万林妻**刘氏**　年二十七，夫亡，子得仁生七日抚之成立，寿九十七。

邬冀妻**王氏**　年十九，夫亡，以侄柱为嗣，寿九十五。

监生赵滦源妻**刘氏**　寿九十五。

齐自先妻**牛氏**　年二十八，夫亡，抚育二子，守节六十余年，孙曾游泮，五世同堂。

石国成妻**陈氏**　有传。

李上达妻**于氏**　寿百有一岁。

张守亮妻**韦氏**　夫亡，无子，同治五年寿一百三岁。

张九成妻**戚氏**　举人凤翔母，现年九十七。

从九李邦弼妻**刘氏**　四品衔增贡生候选同知润霖母，诰封二品夫人，寿八十余。以“五世同堂”题旌。

临榆县

罗荣妻**林式**　年二十七，夫亡，家贫，抚孤，寿九十六终。诏旌。

驻防满洲正黄旗达崇额妻**马氏**　家贫，守节，子珠隆安、孙恩龄、曾孙兴魁荫生、联魁，玄孙吉昌，五世同堂。

卷之十九

封域志一

疆　界

永平府　东西广四百里，南北袤四百五十里。东至山海关外红墙子宁远州界一百八十里；西至铁山坎丰润县界一百三十里；南至乐亭县绿洋沟海口一百八十里；北至迁安县桃林口六十里，出口至城根与建昌县界一百八十里；东南至昌黎县赤洋海口一百里；东北至抚宁县界岭口关一百四十里，出口至城根与建昌县界二百五十里，至临榆县义院口关一百八十里，出口至阳岭与建昌县界二百九十里；西南至丰润县越支场二百里；西北至迁安县喜峰口二百二十里，出口至冰窖与平泉州界二百八十里，至龙井关二百四十里，出口至雄山与遵化州界二百六十里；东至奉天九百七十里；西至京师五百五十里。

卢龙县　附郭东西广七十里，南北袤八十里。东至双望堡接抚宁界三十五里；西至赤峰铺接迁安界三十七里；南至刘各庄接滦州界三十里；北至刘家营接迁安界五十里；东南至黑石庄接昌黎界二十里；西南至康家庄接滦州界二十五里；东北至燕河营接抚宁界五十里；西北至分水岭接迁安界二十里。

迁安县　在府城西北四十五里，东西广二百里，南北袤二百九十五里。东至孤庄接卢龙界三十里；西至鹿儿岭接遵化界一百五十里；南至野鸡坨接滦州界三十五里；北至白羊峪边城六十里，出冷口至绊马河接建昌界二百二十里；东南至分属岭接卢龙界二十里；西北至喜峰口边城一百八十里，出口至冰窖口接平泉州界二百四十里，出潘家口至门子哨接承德府界二百六十里；西南至乾河草接滦州界七十里；东北至刘家营接卢龙界五十里，出桃林口至茨儿山接抚宁界一百八里。

抚宁县 在府城东七十五里，东西广七十五里，南北袤二百二十五里。东至深河堡接临榆界六十里；西至双望堡接卢龙界三十五里；南至马家峪接昌黎界二十五里；北至界岭口关七十里，出口至城根接建昌界一百三十里；东南至戴家河海口四十里；东北至码礤岭接临榆界六十里；西南至两家店接昌黎界五十里；西北至燕河营接卢龙界五十里。

昌黎县 在府城东南八十里，东西广九十里，南北袤一百二十里。东至段家店接抚宁界二十里；西至樊家庄接滦州界七十里；南至王家楼接乐亭界七十里；北至张各庄接抚宁界二十里；东南至团林七里海三十里，隔沙坨即大海；东北至小林庄接抚宁界二十里；西南至滦河沿接滦州界七十里；西北至两家店接抚宁界三十五里。

滦　州 在府城西南四十里，东西广一百二十里，南北袤一百七十里。东至滦河接昌黎界五里；西至铁山坎接丰润界一百二十里；南至大海一百一十里；北至小横山营接卢龙界十二里；东南至汀流河接乐亭界四十五里；西南至开平接丰润界九十里；西北至赵各庄接迁安界三十里；东北至偏凉汀接卢龙界五里。

乐亭县 在府南迤东一百二十里，东西广五十五里，南北袤七十五里。东至黄瓜口堡接昌黎界三十里；西至高各庄接滦州界三十里；南至海四十五里；北至姚家新庄接昌黎界三十里；东南至沙崖庄接昌黎界四十里，至海岸四十五里；东北至哱罗坨接昌黎界十三里；西南至新寨艾太庄接滦州界三十里，至海岸四十五里；西北至沙铺接滦州界三十里。

临榆县 在府城东一百七十里，东西广七十里，南北袤二百三十里。东至关外红墙接宁远州界十里；西至深河接抚宁界六十里；南至海十里；北至义院口关七十里，出口至羊山岭接塔子沟界一百五十里；东南至海十里；西南至戴家河接抚宁界七十里；东北至条子边接蒙古界七十里；西北至码礤岭接抚宁界七十里。

形　胜

永平府　连接边郡（《隋书·地理志》)，负山带河，四塞险固（《文献通考》)。肥水之西，洞山之北，赤山之东，方山之南，四塞险固，实东北之雄邦（《地志集略》)。碣石之依，长城之枕。护燕蓟，为京师屏翰；拥雄关，为辽左咽喉（《畿辅通志》)。

卢龙县　平州，有卢龙镇山如龙形（《元和郡县志》)，负关阻塞，襟漆带滦，阳山首昂于东南，桃、燕尾蟠于西北（《县志》)。

迁安县　左环分水，右据尖山，滦水经其南，塞垣倚其北（王永命《修县城记》)。

抚宁县　北密迩边徼，东控扼山海，为辽阳襟喉（彭时《新城记》)。横山龙抱于东，兔峰虎踞于西，洋河天堑于南，界岭云连于北（《县志》)。

昌黎县　北背碣石，南临沧海，左控榆关，右带滦水，辽西之胜地也（《王鏊《修城池记》)。

滦　州　滦水龙翔，岩山虎踞（《州志》)。滦为畿辅名郡，横山如游龙豆其北，岩山如天马峙于南，溯河由东北曲折而来襟带于左，别故河乾地历城西转南而合流。山川拱抱，钟秀颇多。

乐亭县　背绕群山，面临沧海，左望碣石，右带滦河（旧志）。地势原衍，胎甲隐窿过卸，委折二河夹送，俯临绿洋绝岛。隑洲、平畴、绿野，邻邑称美焉《滦州志》。负山对海，夹以两河（《县志》)；后背群山，前阻大海，可谓冀北之神皋，燕东之天府（县旧志）。

临榆县　峭壁洪涛耸汇南北，束若瓮牖。

星　野

《周礼》保章氏以星土辨九州之地所封。封域皆有分星，以观妖祥（注：星土，星所主土也）。

《周礼注》：析木，燕也。

《周礼疏》引《春秋纬文·耀钩》云：冀州属枢星。

《周礼总义》析木燕之分星，幽州之星土也。

《春秋元命》苞尾散为幽州，分为燕国。

《春秋说题辞》箕尾为燕。

《尔雅》析木谓之津（注：即汉津也）箕斗之间汉津也（注：箕龙尾，斗南斗，天汉之津梁。《疏》云：天河在箕斗二星之间。箕在东方木位，斗在北方水位，分析水木以箕星为隔。隔河须津梁以渡，故谓此次为析木之津也。不言析水而言析木者，此次自南而尽北，故依此次而名析木也。案：经典有析木之津，无析木谓之津。今定本有谓字，因注曰即汉津也。误矣）。

《史记·天官书》尾箕幽州。（《正义》云：尾箕，燕之分野为幽州）。

《汉书·天文志》壬燕赵，亥燕代。燕齐之疆，候辰星占虚、危。

《汉书·地理志》燕地，尾箕分野也。东有渔阳、右北平、辽西、辽东，西有上谷、代郡、雁门，南得涿郡之易、容城、范阳、北新城、故安、涿县、良乡、新昌及渤海之安次，皆燕分也。乐浪、玄菟亦宜属焉。自危四度至斗六度，谓之析木之次，燕之分也。

《晋书·天文志》自尾十度至南斗十一度，为析木。于辰在寅。燕之分野属幽州（费直说《周易》析木起尾九度。蔡邕《月令章句》析木起尾四度）。又曰：右北平入尾七度，辽西入尾十度。

《隋书·地理志》与《晋书·天文志》同。

《唐书·天文志》析木为云汉末派，山河极焉。故其分野自北河末派，穷北纪之曲，东北负海为析木。负海者，以其云汉之阴也。又曰：尾箕，析木津也。初尾七度余二千七百五十秒二十一少，中箕五度，终南斗八度。自渤海、九河之北，得汉河间、涿郡、广阳及上谷、渔阳、右北平、辽西、辽东、乐浪、玄菟，古北燕、孤竹、无终之国，尾得云汉之末派，龟鱼丽焉。当九河之下流，滨于渤碣，皆北纪之所穷也。

《宋史·天文志》北斗七星，五曰玉衡，为音主土，其分为燕。第八日弼星，在第七星右不见《汉志》主幽州。又曰：天市垣东蕃十一星，三曰燕。又曰：十二国十六星在牛女南，近九坎，各分土居列国之象，楚南一星曰燕（陶隐居曰：燕一星，在楚南）。

《辽史·地理志》野旅寅为析木之津（《国语解》曰：野为星野，旅谓躔次，寅者辰舍东方之位）。

《元史·历志》太阳黄道尾三度九十七分七十二秒，外入燕析木之次，辰在寅。

《明史·天文志》尾三度至斗二度，析木之次也。永平府尾分，滦州尾箕分。

《淮南鸿烈·天文训》亥燕，又申戌燕也。

《星经》辰星主幽州。

《帝王世纪》自尾十度至斗七度百三十五分，而终曰析木之次，于辰在寅谓之摄提格，于律为应钟，斗建在亥，今燕分野。

《地理通释》九州十二域，或系之北斗，或系之二十八宿，或系之五星。冀主枢此系之北斗者也。析木燕此系之二十八宿者也。辰星主赵代，此系之五星者也。

《山堂索考》尾箕星曰析木宫，曰人马时，曰寅州，曰幽。

《大清一统志》永平府《禹贡》冀州之域，尾分野。

永平府各州县舆地经纬度

卢龙县 北极高三十九度五十五分王十秒，偏东二度二十八分三十秒。

迁安县 北极高四十度五分五十秒，偏东二度十六分。

抚宁县 北极高三十九度五十五分，偏东二度五十一分。

昌黎县 北极高三十九度四十五分，偏东二度四十四分三十秒。

滦州北 极高三十九度四十七分三十秒，偏东二度十九分。

乐亭县 北极高三十九度二十九分，偏东二度二十九分。

临榆县 阙

以上各数，俱见《舆地经纬合表》。凡云偏者，俱以京师为中线。

山 川 一

平山在府城中，以其与南台山平，故名。山巅为提督学政行署，自东北迤南为府治。

明□□许令典《平山游记》云：男儿志在四方，上不能为国家佐命策勋，垂青书白；次不能为一身趋时媒进，腊膴升阶，庸庸碌碌，逐队随行。间膺任使出关塞，阅戎马，历山川，逢夙好，十余年陈人面孔相向，欣然若新，亦是四方快事。平山年友韩继之与余同师门，同吴令，同杯酒，啸咏山水，兴契最厚。一在海之东；一在海之北，居最远；自辛亥至甲子别最久。其间居处不同，坎壈一致。迩来继之偶困二竖兀坐斋居，绝不见客，惟冀余一见之为快。兹岁冬仲，天子遣大司马经略三韩有犒师之役，遴间曹郎往。余以是月二十八日，冒雪异金，其行徐徐。腊月六日，过榛子镇，晤继之，喜剧，匆匆饭去。初十抵关，十一，移寓陈司马尔翔署。中午后，同尔翔出关十里，饮望夫石，戎装跃马，壮哉！十二，董司理配公至，复饮。十三，大雪不能行，烧烛拥炉，饮至半夜。十四，同配公还。十五，宿其署。十六，赴郡（伯陈如有），酌宿继之郡居小年斋中。其子广业字子有主之，又贻余诗，有“天涯鸥鹭皆兄弟，膝上儿童作主宾”之句。十七，同继之从弟开西、西宾管席之，游平圃。圃依北城，西邻蒙恬井（又名扶苏泉），泉甚冽。南构一亭于石壁，嶙峋中，曰平山石，隐雪中如嵌玉。出城东三里为驴槽村，俗传为张果老喂驴处。隔淝水，临榆关孔道，一楼曰“飞布”。当酉、戌东圉失守，风鹤屡惊，人心惶惑。继之日率诸弟子，习骑射，投距贾勇，以安集之。俾无恐，冀露布早捷故云。内有墅畦、清逸堂、枕云居、抚弦室，三径纡婉，轩敞高闳，一带阳山尽收睫底。卉木繁植，两葡萄高数丈，夏月绿阴可荫数亩。尚多旷址，经理未竟。继之休沐来，次第所构别业止此。十八，开西拉游侍御公土门，庄在北门外里许，即李广土门寨。四面皆山，庭前突起一石，高丈许，曰："土门一柱"。循墙而东南面皆松，摘唐句曰"一望松"。门前有驰道。夹道有荷，一亭曰"采莲"。稍上，又一亭曰"隐松"。出土门东北里许，踏水涉泥，为李确斋方伯万柳庄。庄临流，亭曰"醉流"，壁有朝鲜使臣柳梦寅《排律十六韵》。植三松，曰"三大夫"，亦以李氏三世为大夫故。西有杰阁，高数十仞，曰"轻阴阁"，外多奇松。垣外富枣栗，今属其后诸生李熙字春如即继之东床也。暮归东城，礼碧霞元君祠，祠松更奇。又南数武，为开西黎花庄（又名皆可园）。园内亭曰"醉雪"。入城登"恒足堂"，为司农郎永丰仓公署。登堂，南山一带尽在几席，青翠层叠，若拱若屏，北平大观也。西诣郡庠，谒宣圣，观五松。又胜元君祠，平山奇松甚多，此更绝，恨不能写之归耳。十九，开西复拉出东门十里，盘谷深靓，上下溪坂，游刘、麻二山。刘山为侍御西元公手筑"调象居"。居后皆石壁，藤萝牵挂，高峻不可登。前卧一石，如象鼻，袅袅欲动，骑象而观四山，凸凹起伏万变。余笑曰："若隐此中，纵潢池兵起，能深入谷中犯狂象鼻锋乎？"北里许，为响水峪，冰坚响绝。西二里为麻山。山有石鼓，高丈，圆半之，踹之彭彭有声。曲涧水至，淙淙不绝，今亦冻雪中。山房有侍御公手书绝句，云："松楼待月三更后，石鼓催花二月天。近日麻山松又好，明年花月共谁怜。"时年七十有三，明年化去，亦诗谶也。刘、麻名非古，其买山自刘，即刘；自麻，即麻。山非旧，而姓空留。余题一绝云："沧海桑田几变更，住山何必以山名。天台玉女知何处？祇有空名未识荆。"二十，别开西席之而西，子有携榼饯余城西二十里夷齐庙。庙乃元时所建，据地清高如其人。周遭皆石，石最高处，有清风台。台前绕古松，后临滦河，深广倍他所。水北平石，为孤竹君庙。庙前水中又一石隆起，非舟不渡，有隔水而祭者。庙无守，渐圮。当事者当图善后，毋令子掩父也。二十一巳刻，复至榛子镇继之"繁祉堂"。堂左右皆暖房，与其仲兄成之炙胡饼，列长几，呼卢共饮。继之久戒酒，犹喉痒，攘臂一掷尽兴乃止。醉卧砖榻，有奇温。次日强别，犹遽期继之旦暮出山，重会于三竺两湖之滨，不知得此胜缘否？大抵平山之胜，未易觌缕。其山自三河始，东至榛子镇而锁。故继之王父封侍御公自九百户徙居，始一传而赠。长洲南立年伯以明经荐，高尚不仕，积功累仁，为乡祭酒。南宫之捷继之始。由镇而东二百二十里，至深河复开，北山连塞，山顶粉堞如线。南即海，至关山尽，海无涯。其水自塞外潘家口入大溪细涧，曲折澄泓，无所不讫。各家园亭藉以点缀，蔽流巨木不减邓林。鱼大而肥，冬月冰坚，渔者卧冰求之。即得松皆可栽，独盛于侍御土门、刘麻诸山，诸松皆奇，更奇于郡序五株，寒威减于关上，烈于长安。风气庞厚，不逐纤趋，吾不知其他。若韩开西为继之从弟，与余无生平，一见如故。子有甫弱冠，端凝善承父志，视余如父，饮余如与其父饮，不必将命。榛镇次公成之，亦别十五年，视余如兄，见其三子居业、修业、昭业，异姓同胞恍然一家。不知孰为许，孰为韩也。诸子咸执蓺问盲裁句索和，无不心赏。噫！韩氏先世之培植如彼，其厚也满门之和气如彼，其蒸也子弟之美秀如彼。其稠也受于天乎？受于人乎？受于山川乎？此行兴殊不浅，故呵冻记之。

南台山 一名印山，在府城南三里。左为阳山，右为孤竹山，南台中峙，形如印。上有开元寺，郡人游宴之所。寺中有井，下通滦河，今湮。

凤头山 城南二里，社以之名。迤东为试剑石。

龙王坡 城南五里，南台山右上有祠。滦水先经其下，今改而西。

盘头山、塔盘山 城南六里。

近阳山 城南十五里。

雪　峰 城南十五里，有寺。

人首山 城南十五里。磈垒万片，纵横有章，若人累而成者，为取石者凿崩。《畿辅志》云：在城北四十五里。

千头岭 城南十五里。有岨临青龙河。

乐亭张凤翔《千头岭》诗云：石径一线通，日影蔽云树。险巇少人行，足底河声怒。下视心骇然，目眩不敢顾。登顿脚力穷，蹒跚频缩步。东北最高峰，绝顶悬瀑布。天晴风雨来，潇潇在云雾。下岭日已昏，野寺钟声度。回首晚烟中，峰影青无数。

羁徨岭 城南十五里。

笔架山 城南十五里。峰峦秀峭，形似笔架。

范家峪 城南十五里。

小　岭 城南十五里，岭南属昌黎。

涧子山 城南十五里。有三跳涧。

行虎山 城南二十里。

一柱峰 城南二十里。孤石直秀，雄立滦河之浒。

永平推官长洲尤侗九日同沈旭轮夫子、罗芸皋太守、王心海总戎登一柱峰再和前韵二首云：去去方舟联骑回，登高谁继大夫才。只今歌舞卢龙塞，何处江山戏马台。寒菊一丛随客老，怨鸿万字背秋来。相逢半是东南侣，莫惜风前数引杯。望断楞伽水一涯，行春桥傍画船斜。笙歌子夜犹灯火，士女轻妆杂縠纱。绝塞自来饶白发，故人相对只黄花。且堪痛饮添悲壮，楼堞当风叠鼓笳。

孤孤岭 城南二十里。

鸽子崖 城南二十五里。

灰　山 城南三十里，下有龙潭。

石花岭 城南三十里。

瓦陇山 城南三十五里。

佛洞山 城南三十五里，一名窟窿山。洞在绝壁，下临滦河。自石龛左折半里，转龛右而出，冬暖夏凉，为昌黎滦州界。

乐亭张山《游记》云：郡南三十里，有山曰崆岽。东临滦河，崖高丈百余不能尽，石壁插入水底，势陡绝。侧径盘旋，右峭左削，步慄慄若将圮坠。蛇行里许，忽见舍宇悬头上。盖径在山腰，西依峭壁，壁上为寺，遂疑空中楼阁忽堕，势将压人然。又南行数十步，再折而北，级而登，始达寺所。寺北得一洞，东向峭壁中立，口南北各一。持火由北口入，西行转而南，而东，乃自南口出。洞中两壁石，如禽、如兽、如鬼怪、如龙蛇，嶙嶙峋峋不可以目。其西壁复现洞口二，望之俱漆漆然黑。相传，愈入愈深，中有佳境。心窃自计，倘遇桃源鸡犬便留此不返也。寺西山愈高，有石壁峭立数丈而空其中，远衬天光，望之若破镜。土人谓之“南天门”。寺南有石壁，亦高数丈，石磴鳞次，高下以横。壁上镌“白云梯”大字三，为石花所掩，仅可辨认。缘云梯登绝顶，山势东回，如人曲肱状。有洞，北面与“南天门”遥遥相对。传为郡人蔡珽读书处。藤蔓纠结，无径可入。由洞东行，为山东面之尽处。下俯滦河，如兕象之饮于水。余是时足不敢举，惧为云气裹去，为天风吹坠；不敢俯视，波涛汹涌，惧有蛟龙来攫拏。余兴素豪，至此心悸力尽，嗒然若失，虽有幽林邃谷不能复穷矣。循旧路返，入寺少憩。宗人肃亭孝廉读书于此。告余曰：“每当水涨时，彭湃荡击，如万马奔腾，山谷俱响，窗户为之震动。夜来渔火星光，荡漾万顷。”此又余所未见也。道光壬寅四月记。

滦州知州祁之钬花朝前一日，邀同焦笠泉、史君牧、张景君、顾晓村，《游崆岽山》诗云：“仲春风日佳，簿领得间旷。挈榼邀朋俦，扁舟溯晴涨。隰草初萌芽，沙禽乍引吭。中流剧谈谐，延赏极幽畅。一山枕河滨，苍翠颇殊状。琳宫结天半，四顾绝依傍。峰回得藓磴，联步悬崖上。攀林目屡眩，憩石胆稍壮。何年洞府辟，古佛屹相向。左转益深邃，巨石逆而抗。清泉滴乳窦，阴湿疑古圹。跛僧然烛导，入隘如入巷。百步尽黡翳，一隙忽熌阆。石巘类仰盂，岩空等覆盎。如诵柳州文，幽奥境别创。如参惠始禅，穷探秘密藏。云梯贾余勇，猎猎天风飏。舒啸答遥岑，快意双眼放。山灵意可感，尽以奇景贶。徙倚神自怡，登顿劳乃忘。苍然暮色来，斜晖隐西嶂。舟人理棹归，烟波晚溶漾。蓬窗一回首，峰峦犹在望。只惜春风寒，韶光未骀荡。相期岸花发，挐舟更来访。流连须竟日，泛舟听渔唱。夕景延澄鲜，尘襟共涤荡。

溧阳史一经诗云：“滦江清且长，崆岽枕其沚。上有太古穴，玲珑若层累。不知何年凿，斧工役神鬼。居人谈最胜，游客愿随喜。盘陀峻如削，侧蹬劣容趾。嵚崟欲生云，崱屴入江底。循蹊转屈曲，始到山腰里。就壁筑小庵，喘息供徙倚。悬崖两石门，天然相对启。蛇行秉烛入，黝黑难极视。深或隘巷如，仰或覆釜似。衣或罥崭崭，肤或触齿齿。崖空多旁窦，杳窅畏移跬。景奇辟岩腹，气蒸滴石髓。出洞更升巅，云梯隐岌岌。其中颇宏朗，曾栖读书士。兹境自昔开，我闻盖如此。朋游多好事，相约穷嵬崼。放舟自偏凉，一去十五里。春江漾平渌，风急浪华起。远岸多桃花，寒迟未吐蕊。江行颇放旷，眼界俗尘洗。中流洽谈谐，煎茶试江水。时见眠沙鸳，惊飞度浅汜。层峦如送迎，缘岸去迤逦。峰回石矶出，系缆傍沙觜。石径悬半空，危垠暗已圮。年衰筋力疲，未上气先馁。平生登陟兴，口噤不敢哆。惭无济胜具，贾勇谢诸子。黄门亦倦登，相与话船尾。更期载月游，看花及上巳。

章丘焦友麟诗云：平生雅抱浪游癖，为访梅花行万里。朅来边州恶风土，如睡冬山枯欲死。忽从意外得桃源，崆宠光之山在尺咫。清明才过好时节，逸兴遄飞命俦侣。烟霞隐隐招游人，惆怅盈盈阻滦水。兴来便买霅溪棹，柳阴待渡呼舟子。野航风送峭帆稳，春水潮生乱流驶。艇孤坐如人聚床，浪小纹似绉生纸。四围山影酒杯落，一色天光镜奁启。形移步换劳应接，路转溪回程迤逦。当前黛色来笑迎，蓦遇芳林忽背指。回头试望偏凉汀，崔嵬金碧半空倚。树石纷披石谷王，楼台界画营丘李。前行望望忽无路，一径弯环傍山趾。来帆疑是出石罅，孤屿突然插波底。隔林峰远头露髻，绝涧流淙石漱齿。或如刀斧妙劖削，或如堵垣半倾圮。蒙巅草树翳兰若，不诚攀跻何处是。群山北走偶顿束，罢棹扶筇自兹始。陂陀曼衍憩复上，磴道纡盘足顿跱。旁临绝壁左碍肘，下俯深渊右骇视。峰腰一转寺门出，顿消恐怖生欢喜。山僧肃客来殷勤，貌古头童跛能履。小停延伫纵遥目，高下山田翠交绮。松柴吹火煮新茗，滴乳泉甘浇雪蕊。穷幽探奥入古洞，溜出云根漏石髓。流泉光景日西矬，一杵清钟催客起。试寻旧径觅归棹，倒景苍茫暮山紫。不图斯地得斯游，如此山川信亦美。乃知胜迹需胜流，晦迹韬光待知己。泰岱云松匡庐瀑，自笑从前叹观止。君不见赤壁二赋千载豪。坡老游踪亦复尔。又不见武陵返棹误渔郎，彭泽寓言非信史。人生舍近爱求远，是为贱目贵两耳。大书斯语质同游，我欲结茅便居此。此中难为俗者言，不用传闻到城市。

乐亭史梦兰《和祁季闻刺史游空龙山原韵》云：众山如奔骖，脱衔走平旷。滦江自北来，两峡束秋涨。空龙山最奇，横出扼其吭。忆昔岁在丑，往游意颇畅。石窟辟蠡房，大小各殊状。飞轩乱树围，古刹危崖傍。一径引修蛇，蜿蜒碧霄上。老僧出迎客，道我腰脚壮。少憩入洞府，幽深迷背向。怪石撑齿牙，伛偻不敢抗。曲似蚁穿珠，诡如狐穴圹。天光豁然开，腾身出狭巷。更上白云梯，扶摇接蓬阆。兴尽寻归路，舟中倒杯盎。拱手谢山灵，奇观此云创。醉欲斗诗笺，狂思眠酒藏。牛羊忽下陂，落日孤帆飏。别来三载余，岩花几开放。同人散如星，空将尺素贶。低徊溯旧踪，梦寐犹难忘。公诗善写生，纸上具波嶂。读罢心迷惑，烟云遥漾漾。想见政清暇，出城恣眺望。幕下聚邹枚，满座光风荡。屈指近重九，好山应再访。霜林夹岸红，绝顶发高唱。会当杖策从，烦襟同一荡。

滦州州判桂林侯焕尧《游崆笼山》诗云："层峦梵宇夕阳红，石径斜欹一线通。古洞旧形镌佛像，名山位置识天工。潜鱼不动寒潭静，怪鸟惊啼碧嶂空。兴尽不愁归路晚，星星渔火点波中。

乐亭常守方《游佛洞山》诗云："共喜离尘网，逢山便一登。洞深防虎伏，径仄效猱升。酌酒呼樵客，烹茶待老僧。故人京洛去，空忆读书灯"。

乐亭张山同祁季闻刺史、史君牧记室、焦笠泉给事《游崆笼山石佛寺》诗云："东风吹送画船轻，三尺春波打浆行。怪石迎人云影活，寺门临水佛心清。官能息讼原多暇，山果堪游不在名。曾是昔年登眺地，前尘如梦尚分明。又《崆笼山》诗云："石径断复通，山鸟飞忽去。幽绝无人声，风叶如相语"。又云："直上最高峰，天风塞满口。举步石牵衣，招人云在手。"

烟墩山 城西南十里。

周王山 城西南二十里，滦水绕之。

狼望山 城西南三十里。

四空山　一名狼窝山，城西南二十里。有寺，圣水源出焉。

石　崖　城西南二十三里。

独子山　城西南三十五里。会圣安之流及清凉山泉为横河，入于滦。

门楼山　城西南三十五里。

龟　峪　城西南。

龙　山　在府西四十里。山势蜿蜒，其形似龙。相近者曰赤峰岭，亦名赤峰山。又西有峰火山，一名西安山。又西北曰石崖儿，连峰数十里。北出为瓦硫诸山，皆设险处也（《读史方舆纪要》）。

烽火山　城西南五十里，一名西安山。安河之源也。

龙王岛　城西石梯子下，滦河中流。旧有龙王祠，今废。

赤峰山　城西二十五里，在洞山之西，社以之名。前为鹞鹰崖。

洞　山　城西十八里，古孤竹山也。孤竹城在其阴，其嶚有洞，下滦水会之。或曰即古卑耳溪。崖际镌“月素风清”四字，不著姓氏。清风台在其上（《旧志》云：“山麓有青莲寺。”案《读史方舆纪要》：“洞山，在府西十五里，山产铁，有铁冶在焉。”《地志集略》：“肥水之西，洞山之北，地称险固是也”）。

㕒㕔洞　城西十五里。

裂坡山　城西三十五里，下有龙潭。

铁石坨　城西北十五里，饮马河西。

分水岭　城西北二十里。水从西北来者，左由挝角山、盘头山入漆；右由塔盘山、马鞭山入滦。与迁安接界。

清凉山　城西八十里，一名分水岭，与迁滦接界。南崖下有石刻曰：“仰止”。又西为料马台。

双子山　城西北二十里，孤竹长君之墓在焉。一名长君山。

马鞭山　在双子山西。孤竹少君墓在焉。一名少君山。

罗家山　在八里坨西北。

明邑人朱鉴《北山神祠记》云：罗山之阳，众脉皆南走。其一支起伏而东南约二里许；又蜿蜒而西南仅一里许，结为陵状，如覆釜。厥土青黎，厥草畅茂，乃其钟灵毓秀于此而结焉者也。自是而南，地皆平衍。漆水绕乎其东，滦江经乎其西，阳山环抱乎其前。东阡南陌之参错，远村近疃之联络，鸡犬相闻，牛羊被野，乃卢龙第一乐土也。先是有祠，瓦木脱朽，古杏一株，疎干少花。罹兵燹而禁风雨者，不知其经几变故。乡人旦夕往来其下，樵者、猎者、负者、戴者，远而凝望，心皆怅然，至而顾瞻罔不兴怀。余髫年时，犹及见之。今莫考其年代为某姓名。意者，昔在先民为春祈秋报而建焉，则断乎无疑矣。逮余历官中外，殆二十年。正德丁丑岁，致政归田。有时杖履散步，徘徊故墟。但见瓦砾半见于沙碛，石峰岿然于山巅，祠之旧物，惟此而已。向之朽林老杏，无复余屑。俯仰今昔，未尝不迟迟吾行也。嘉靖癸未秋，北乡舍余王宣辈谒余于桑梓下而言曰："北山有祠岁久则颓势使然也，我辈欲重建，复敢丐一言，以纪岁月"。余即欣然而诺。盖以敬神？而有合焉，不可以不文辞。是岁孟冬工落成，祠宇一间，深一丈，广九尺有奇，高如广之数。中题木主四：五土五稷之神一、风云雷雨之神一、山川之神一、八蜡之神一。祠之前，抱厦四楹栋如之，为置炉香火朔望展拜之地。祠之内，东西两壁加以黝垩，绘以丹青，象春生、夏长、秋收、冬藏。除五谷、草木、山川、风云之外不画焉。山灵亦知余文之不流于俗也。噫！人敬神而知礼，神福民而血食。感登梁兴思之怀，遵春祈秋报之典。是岂创淫祠邀非望之福者之比哉？生于斯者，览余文而知其重修岁月、乡人姓名，且因以知祠之创建不肇于今日，而祠之修废不能不望于后日也。

龙王岩 城北五里。

菊花坡 城北五里。

白蟒山 城北十五里。

架炮山 城北十八里。

茶叶山 城北二十里。

卧龙山 城北二十里，燕河营西。山势蟠结，俨若卧龙。

鹰窝峪 城北二十里。有古洞。

大王山 城北二十五里。有虎洞，深丈余。

青龙岩　城北二十五里，在桃林关东高三里余，嵌岩如龙。旁日照之，其色黄，映水如金，一名黄山。

鸽子岩　城北二十五里，燕河营东。

叉都岭　城北三十里。

大　岭　城北三十五里。

常福山　城北三十五里。案:《卢龙旧志》云:“自淘金河沿而西南为笔架山，西为常福山，又西为涧子山。”似常福山亦在城南。今云:“在城北三十五里”，疑有误。

兵马峪　城北三十五里。

三角山　城北四十里。

牛尾岭　城北四十五里。

梯子山　城北四十五里。

盘龙山　城北五十里。

峰　山　城北五十里。

桃林山　城北五十里。昔人于此种桃成林，故名（案：桃林山，在桃林营东，与桃林关尚隔五十里。旧志谓山产桃，因名关，大谬）。

挝角山　（应作量角），城北五十里。

黑崖峪　城北五十五里。

犭令狗峪　城北五十五里。在燕河营北，过峪即迁安界。案:《卢龙旧志》行虎山、刨钱山、犭令狗峪、沙井坡，俱在石梯子西。与此俱不合。

棋盘山　城北五十五里。

松　崖　城北五十七里，有堡。

鹿尾山　城北五十八里。高峰四围，悬于绝谷。

佛堂峪　一作神堂峪，城北六十里。案:《卢龙旧志》:“佛堂峪去烟墩岭二里，又三里为鹰窝峪”。今于烟墩岭，云在城东北十里；佛堂峪，云在城北六十里；鹰窝峪，云在城北二十里。疑有误。

梧桐峪　城北六十里，在燕河营北。

沙石坡　城北六十七里。

烟墩岭 城东北十里。

桃花峪 城东北十里。

石虎山 城东北二十五里，山势狰狞若虎。又名蝎虎山，近山无蝎。案：山今俗名府君山，上有崔府君庙，庙碑称宁山。土人不知其名。

阿罗卜山 城东北二十五里。

亭子岭 城东北二十五里。

大牛山 城东北三十里。

狮子岭 城东北三十里。

北安山 城东北三十五里。下有河，常起白云，日出方散，故其寺名白云寺。案:《说文》云:“安，止也”。土人以高平处为安，故永平以安名者甚多，如五重安、静安社之类，比比皆然。旧志谓山形如鞍者。非也。

景封坨 城东北三十五里。

红　山 城东北四十里。在双望堡北，与抚宁界。

杏儿山 城东北五十里。

石矸山 城东北五十五里。《畿辅志》作石硢山。

石门山 城东北五十五里，在燕河营北。两山如壁，有龙潭。其南为羁徨岭，言羁旅者至此徬徨也。又西北则鹿尾诸山，渐近塞外矣。

了望山 城东北五十八里。嶕峣崒嵂，下有洞深二十丈、广五六丈，四壁五采如绘。前有水，颇艰涉。刻曰:“普陀真境”。

梦　山 城东北六十里，一云墓山。相传高丽国王葬于此。

鹰嘴山 城东北六十里。

甑　山 城东北六十里，以形名山。巅有孔，周七丈许，深四十丈，直洞悬峡下，视青龙河如镜。

千松岭 城东三里。

红　坡 城东十里。

刨钱山 城东十九里。

部落岭　城东二十七里。案:《读史方舆纪要》作府东十八里。旧志云：唐初，居黑水部于此，因名。明建文二年，辽东兵克昌黎，燕将谷祥败辽东兵于定流河。又追败之于部落岭。

茄子山　城东三十里，与昌黎县界（《畿辅志》作茹子山，误）。

狮子岭　城东三十里。

马兰坡　城东三十里。

青沙岭　城东南四里。

孤　峰　城东南五里。

青石峪　城东南十里。

正水峪　城东南十二里。

芝麻山　城东南十五里。

阳　山　城东南十五里，首山之阳也。一作峁山。山多溪谷，古阳乐县在焉。旧志云:“中有大洼寺”。今山阴有九莲庵，境最幽，为郡胜地。案:《论语注》马融曰:“首阳在河东蒲坂，华山之北，河曲之中。”《庄子》云:“伯夷、叔齐西至岐阳，见周武王伐殷避之，北至于首阳，遂饿而死。”今渭源县首阳山，在岐山西北。《史记·正义》曰:“曹大家注《幽通赋》云，夷齐饿死于首阳，在陇西。”又戴延之《西征记》云:“雒阳东北首阳山，有夷齐庙。”今在偃师县西北，皆与此不合。惟《说文》云首阳山在辽西。宋白《北蕃·地理志》曰：首阳山在平州。旧志言今府城东南之场山，一作阳山，即其地。高宗纯皇帝《御制诗序》，亦以《说文》之说为近是，诚千古之特断也。

唐胡曾《首阳山》诗云：孤竹夷齐耻战争，望尘遮道请休兵。首阳山倒为平地，应始无人说姓名。

元陈赓《首阳望雪》诗云:“天风吹琼瑶，白冒首阳顶。欲和采薇歌，千山冻云冷。”

元段成已《首阳望雪》诗云:“薇歌一曲对青山，万古千秋老翠峦。望断空岩人不见，光摇银海玉峰寒。”

国朝迁安潘文本《阳山射虎行》云:“孟氏家儿力如虎，乡塾辄将塾师侮。盗父厩马奔长安，贵戚小侯相尔汝。击剑蹴踘鸣雕弓，诸公碌碌何足数。归来发箧读阴符，闲复射猎阳山隅。霹雳弓鸣白额死，腥风殷血相模糊。笑向山灵仰天誓，侯封不博非丈夫。鼍鼓逢逢真龙起，杖策军门谒天子。朱明荆棘埋铜驼，留侯誓欲报韩死。逐寇褒斜盗贼如麻枭，鸟破獍膏血军牙。一十七万收降虏，充国屯田议汉家。恩遇一旦通侯贵，帐下貔貅竞趋侍。回忆城南射猎时，男儿不负生平志。公去经今百八年，北平犹是旧山川。嵩岳降神当圣世，自惭头脑滞儒冠。（案：此盖为孟忠毅乔芳作也）。

乐亭杨在汶《阳山晚眺》诗云：乡关一望遥，孤岭上岧峣。远树青围蓟，长河白入辽。斜阳收急雨，野烧助飞飙。忽听笳声起，城头月色饶。

老虎洞　城东南十五里，洞深丈余。

铜矿山　城东南四十里。或曰：昔曾于此掘得铜鼓，故亦名铜鼓山。

黄獐峪　在府城东南，与碣石山西麓相近。案：峪一作谷。刘昫曰：平州在西硖石、东硖石二戍，与西硖石近者又有黄獐谷。硖石盖碣石之讹也。唐武后万岁登封初，契丹军帅李尽忠等作乱，寇檀州。将军曹仁师击之，为契丹所诱，先进至黄獐谷。寇复遣老弱伪降。仁师等不设备，轻军争入，战于硖石谷败没。谷盖近昌黎界。

滦　水　源出宣化府西一百二十里炭山。东北流，经云州堡北六十里，马营堡南二十余里。又北流，经故恒州南入旧开平卫界，土人谓之商都（商都即上都音讹也）。东南流古北口边外七百里与九流河及诸水合，透迤而东入柳河（柳河在遵化州北口外）；又有青龙河及宽河自都山西来入之。又东南过潘家口、铁门关水注之。又东入团亭寨口内地；又东南经桃源庄与澈河合；又东至中峰山与恒河合；又东过唐山与长河合；又东至官寨与清河合；又东过黄台山之箕石，去迁安县三里，纳要孤水。滦河至此，其势愈大，每夏秋水盛，波涛彭湃若江湖。又南入卢龙县界，又西过清节庙，又南至虎头石与漆河合。又南至偏凉汀，入滦州界，又南经岩山下与别故河合。又南五十里至岳婆沙港入乐亭县界，东歧为二：左曰胡卢河，右曰淀流河。葫芦河在县东北三十里，流经县东二十里，南流入海，谓之东滦河。明景泰中淤塞。淀流河遂独承滦河，至县南四十里刘家墩入海。自嘉庆十八年滦水东迁，淀流河遂闭。后惟蔺家营及老米沟入海之处，尚属乐境，其余尽入昌黎。今蔺家营河已闭；又东往，自昌黎甜水沟入海。案：滦水即古濡水，别详卷首御制《滦河考》。《元史·河渠志》大德五年，平滦路言：六月九日霖雨，至十五日夜，滦河与淝洳三河并溢。冲圮城东西二处旧护城堤、东西南三面城墙，横流入城，漂郭外三关。濒河及在城官民屋庐粮物没，田苗溺，人畜死者甚众，而雨犹不止。至二十四日夜，滦、漆、淝洳诸河水复涨入城，余屋漂荡殆尽。乃委吏部员外马同都水监官修之东西二堤，计用工三十一万一千五十。

元宋本《滦河吟》云：滦河上游隘，涓涓仅如带。偏岭下横渡，复绕行都外。颇闻会众潦，既远势滂沛。虽为禹贡遗，独与东海会。乃知能自致，天壤无广大。

明乐亭卢耿麒《过滦河有感》诗云：吾怜双鸳鸯，泛泛河之滨。飞随鸣唱和，终日无猜嗔。如何平生友，意气若相亲。一言稍不合，当面分胡秦。羽族汝不知，恻恻伤心神。

国朝知县高密李士模《滦水歌》云：滦水一何清，喧豗日不止。回风喷雪过大荒，渡壑穿岩数千里。入关几处抱岩城，形势如弓复如矢。岸边荒沙高接云，波底惊石粉若齿。黯黮能令白日寒，天阴时有蛟龙起。忆昔榆关正用兵，旌旗白羽乱纵横。万舸平冲波上月，清笳吹彻鼋鼍惊。物换星移仍此水，不改涛声改战垒。两两沙鸥弄夕阳，秋风落叶伤游子。

嘉兴钱陈群《渡滦水》诗云：山根左折势回旋，一道中开到日边。估客暮收东海市，戍楼春冷北平烟。白云自拥卢龙塞，断碣犹题贞观年。三月滦河重问渡，当流立马听溅溅。

乐亭张九鼎《滦河夜发》云：鼓枻下滦河，归梦水云里。秋波净如练，平铺吹不起。疏钟天未晓，已行三十里。举头月在山，低头月在水。

滦　河　在府城西门外，源出塞外，土人呼为乌填河。南流入桃林口，鹿尾山诸流会之；南行至峰山西，至燕河营合青龙河。

《畿辅志》云：滦河，即古玄水也。《水经注》：玄水出肥如东北玄溪，西南流右合卢水肥如故城，在卢龙北界桃林关。玄溪即旧志所云鹿尾山诸水也。卢水即青龙、白洋二河。桑钦所谓卢水二渠，大沮、小沮合而入玄者也。

青龙河　又谓之凉河。源出都山东南豹崖之三岔，又二十里合寺儿崖三温泉，三里入冷口关，经建昌营与白洋河会，南入卢龙界，至孤竹故城之阴，中流有石如砥柱，又西至虎头石，入于滦。乃卢水之小沮也（《水经注》云：小沮水发冷溪，世谓冷池，又南温泉注之，又南与大沮合为卢）。

案：旧志及《畿辅志》皆云：青龙河入冷口关。而《迁安县志》云：源出刀儿磴西北众山沟，入桃林口，经鹿尾山。不知入桃林口，经鹿尾山者自是滦河。窃意滦与冷口皆青龙之上游，迨合于卢龙界，乃谓之青龙。后乃混而称之耳。至大沮旧志以阳乐水当之。《畿辅志》则谓系白洋河，其说近是。永平境内，沿青龙河、撒河一带，多有水磨，其法于水流湍急处，闸为隘口，上搭草屋。屋内安设磨架，上扇悬于屋梁，使之不动；下扇用板浮诸水面。磨扇安一大杙，杙下有轮，水行则轮转，不烦人工。每于白露后开磨，于头雷后六十日撤磨，否则恐被水冲。如卢龙刘家营有河租钱四十串，即设水磨者之所纳也。凡磨香者皆用之。若就此推广，则翻车戽斗按法制造，濒河之田皆收灌溉之利矣。

凉水河　在滦西里许，八里坨下。

温　河　在城北十二里，源出部落岭，即古温水也。一曰肥如水，西行合白沟河，入滦。（案:《读史方舆纪要》：肥如河在府东二十里，亦名濡河。源出口北，流经部落岭，又西流入于滦河。或日即滦河支流。《水经注》所云：小濡水是也）。

白沟河　在城东南十五里，源出阳山，过石槽绕城东北，西流入青龙河为阳口，即古阳乐水也。案：阳乐水初由上水关入城，经砖桥，沙河流入洋沟，穿过新城大街，出东南水门，归于永安桥下，流入青龙河。雍正间，因郡城数经水患，乃迁河于城外，上水关遂塞。

淘金河 在城南十里。源出笔架山东北诸山谷水，西流入滦。其水产金，地名沙金厂。

横　河 源出独子山，合安河东西山水，南入横山营后北沙岸下，东至泡石淀，经榆山后刘家庄，至偏凉汀而合于滦。

饮马河 在长君山北（长君山在城西北二十里。前城南八十里之清凉山云，又西为料马台，有饮马河。二者以方向里数相较，当必有一误）。

陷龙河 在燕河营西门外。有三源：一出重峪口，一出鹰觜山，一出兵马峪，绕会于燕河城西。顺流而南，至于抚宁燕河庄，东入于洋河；又燕河营东门外，河源出于道士洞，流经石门山龙潭会众流，至抚宁花台堡，入于洋河。

圣　水 出四交山。

安　水 城西三十里，出烽山。

谷沟泉 有三，涌出如瀑布，并流为暖泉河。至徐流营西南，入青龙为水田。

鸽子崖泉 流入青龙河。

孤窑寨泉 在燕河营城东，西流入青龙河。

石龟峪泉 西流至莲花池而绝。

五里峪泉 自狼家谷西流，至道东而绝（峪，县志作塔。）。

白望泉 自双子山流至白砂崖青石头而绝。

杜台西峪泉 自部落岭阳岛谷合，出于肥如水，至坛西而绝。

黑水井 在府治内，有长石端刻牛首形。为其怪也，久掩之。

谯楼井 在府治南谯楼前。天将雨则气出，遇岁旱时占之颇验。旧志称“谯楼飞雨”是也。今湮。

鱼　井 在刘家营北一里，满而不溢，鱼常出没其中。

以上卢龙县。

卷之二十

封域志二　山川二

牛　山　在县东二十里，有石状如牛，故名。南为野狐峪。有水东入漆；北逾岭十里，即晒甲山。

万军山　在县东三十五里，一名帐房山。其麓有清玩寺。青龙河自东北而南，冷口河自西北而南，至山下合流。

团　山　在县东南二十里，即次君山也。孤竹次君墓在焉。又名团子山，旧名覆釜山。一峰独秀，望如覆釜，顶上有浮屠号文峰塔。明万历中，邑令张九三建。

邑教谕南皮张太复《登团山》诗云：秀绝单椒势，孤高一笠同。绿云盘细路，与塔立层空。城郭苍茫外，河山指顾中。丹霄如可托，我欲跨飞鸿。

分属岭　在县东南二十五里（俗名分水岭）。路旁有牌，与卢龙分界。

张太复《分水岭》诗云：阴岭下分水，高低路几湾。棹欹残雪岸，樵响夕阳山。东北两疆域，春冬三往还。青帘招客处，驻马且松关。

邑人马恂《分属岭倒垂古松》诗云："翻身低攫水，何不擘青天。龙饮喷山雨，松回压岭烟。因依空杂木，吟啸动前贤。相识苍髯叟，非遥四十年。"自注云：下有巨石，镌楚黄魏师段"龙吟虎啸"四字。

龙泉山　在县南十五里。中有古刹。山腰有泉，甚清冽，岁旱祷雨，辄应，因名圣水泉。上有蟒洞遗迹，又有石方丈余，明万历中邑人李安仁题"眠云漱月"四字于上。案：龙泉世谓齐桓伐山戎所凿，蚁知泉脉者也。

爪村山　在县南十五里，产白土。上有石城，昔人于此避兵。

岚　山　在县南三十里。翠色层沓，虽晴霁气沸如蒸，山根有洞。《水经注》“素河出令支县之蓝山”，即此。南为秦王顶。

明邑人李安仁《岚山叠翠》诗云：列嶂干霄翠黛凝，露蒸雾拥碧云层。斜阳笛里山城暮，徙倚南楼兴倍增。

羊角双山　在岚山南。沙河经之，浒有石矶，曰钓台。至野鸡坨与卢龙西洞山界，乃滦之阴、沙之阳也。

黄台山　在县西南三里，山多黄土，其状如台。滦水自西北来，经其右，南流至岚山，折而东。山阳有栖真寺。乾隆丙寅邑人郑勋建亭于其上，春夏之交游人谦集，为邑胜境。山上有塔，今遗址尚存。

明邑人李成性《秋日续游黄台山》诗云：白帝行新令，黄台忆旧游。山河仍古昔，岁月已迁流。鸟向洲中集，云依天际浮。投竿垂小钓，载酒泛轻舟。目醉石疑虎，形忘客似鸥。放开江海量，收尽水天秋。

国朝知县山阴张一谔《登黄台》诗云：林峦树色起晴光，野翠溪风入草堂。百尺滦流漱白石，万家砧杵动寒霜。清分萧寺松前月，逸醉香山社里觞。心净片尘何处著，惟余琴鹤伴奚囊。又云：循郊驻辔历苍苔，极目晴空翠嶂开。野鸟含枝云外出，山僧指月水边来。欲吹青霭全披谷，已送丹霞半入台。何日桑麻盈四境，莫教中泽雁鸿哀。

南皮张太复《重九后二日登黄台山》诗云：节过黄花冷未开，且携樽酒上黄台。依然水远山长势，已后登高作赋才。树色寒添新雨后，河声怒卷北风来。醉余藉草高歌剧，又听城头画角催。

邑闺媛高顺贞《黄台夕照》诗云：口薄众峰低，紫翠变俄顷。返照上孤亭，空山荷笠影。

五里山　在滦西，高十余丈，就石壁凿佛，名石佛寺。又十里，有佛儿峪山，西为栖峰，北为芝麻岭，有寺。

佛院山　在县西南三十里，山势环绕中有古刹。

松汀山　在县西南三十五里，高六十余丈，矗立沙河中。有洞三，每洞可容二百人，昔人结筏缚梯而上以避兵。下有澄潭，石孔无数为鱼穴，上有古公侯冢。渡河而西为荞麦山。

香　山　在县西南三十五里，上有寺。南为沙河驿。

挟车岭　**石鼓岭**　俱在县西南四十里。

马蹄峪　在县西南四十里。又西为龙堂峪、鹰嘴峪。

岳野山　一作耀冶，在县西南五十里。下有胜水寺，寺后山势壁立，有龙虎二峰，夜闻吟啸声，寺僧怪之，因削去。西有虫、蛇、狳、狗诸峪。

城　山　在县西南五十里，有古刹，多花果。自黄山南三岔山、鸽子山、驴驹岭至甘家峪，即此山。

馆　山　在县西南五十里，城山西。又名罗家岭，一名大岭山，下有泉为牤牛河源。

血石岭　在县西南五十里，石色如血。有泉清洌，为石河之源。

福　山　在县西南六十里，与滦州界。

三茅山　在县西南六十里，黄山之右。

双顶山　在县西南六十里。两峦对峙，中有古刹无梁殿；下为鸣盆涧，盆乃石凹，泉滴其上音如磬。还乡河经其北。

鸡冠山　在县西南六十里，以形似名。在马蹄峪西。

鹰嘴山　在县西南七十里，山势陡峻，在鸡冠山西。又有大小岭，还乡河经其北。

宁　山　在县西南七十里，中有古刹。在荆子山西十里，逾松崖即此山。

观音岩　在县西南八十里。有大小二洞，上有戍楼。在柞子庵西，又名二郎坨。

贯头山　在县西三十五里。众山起伏，联贯如珠，其腰多窦，黑鹰巢之。北有灵泉寺。香炉崖在横山西，沙、石合流之阳。

平顶山　在县西四十里，贯头山西。顶有平地顷余，可容万人。又西有四角山、牛心山、孤山（牛心一作羊心）。

尖　山　在县西五十里，贯头之阴。有妙峰，在滦河西北三十里，群峰攒立，尖如立锥，顶有石寨，环以二泉，有寺曰龙崖，又曰赤岭。泉突出而南为沙河。寺后峰头有石佛二，东西相向，俯身捧手，低头侧耳，酷似听经者。土人呼之为听经石佛。

三盆山 在县西四十里。

鸽子山 在县西四十五里。

黄　山 在县西五十里。绵亘十里，巍然高耸，昔人于此避兵。内有灰窑峪，旧关寨遗址也。灰白如粉，又名糕乾峪。魏文成太安三年将东巡，诏起行宫于辽西黄山，即此。山麓有泉涌出，西流成河。

从照峪 在县西五十里，灰窑峪前。左为长峰。

莲池山 在灰窑峪左。有正觉院泉出，西行经崖儿口，亦还乡河源。

葫芦峪 在县西五十里。内有塔儿峪、朝阳背阴二洞；又有文殊、摩诃二洞，世传菩萨养心及摩诃修行处。

烽火山 在县西七十里，潵河之滨。峦头接续不断，若传烽然。左有矶，瞰中流有石窟，旧传黄龙居之。

障楼山 在县西八十里。高出众山，在稔子口渡西三里许，昔人避兵处，层耸如楼，屏峙如障，故名。迤东为长河源，自董家口入，至钓台南入滦。西五里，有獾口峪、黄家山，其怪石危立为唐山；西南连障十里为望龙岗。

潵石崖 与龙井山近，绝顶为烽火台，两崖如门，其故关也。今关移出十里许，在鸡冠之麓，有垂纶台，出关十里为柞子庵。

老君禅山 在县西九十里，俗传老君坐禅于此。有寺临滦。有黄崖，产银沙，为矿洞，今沙尽。

白龙山 在县西九十里，滦河之滨，宁山之北。上有浮图。

井　山 在县西九十里，白龙之西，三棱之北。有井下通滦水。

三棱山 在县西九十里，有三峰在井山南相连。有玉带山。

九家岭 在县西九十里。案：俗名救驾岭。谓唐太宗征辽，尉·迟敬德救驾于此。或音近而附会之欤！

骆驼岭 在县西百里，以形似名。其北高峰二十里，为玉带山与杨老山、柏山相连（一作骆驼峪）。

柏　山　在县西百里，多柏树。中有古寺，又有香罗山，横水经其北。

藏龙山　在县西北四十里，又名龟口。两山雄峙，滦水经其中，汇为深潭。水中石上有龟龙影，谓之龟龙津。在罗家屯南八里，上有黄龙庵；其后为偏崖子。案：旧志藏龙、龟口作二山。

邑人马恂《龟口》诗云：老龟呀呀笑不止，苍山劈破黄龙死。北来大河何崩奔，怒涛惊吼黄龙魂。黄龙性急青龙缓，约之为江竟懒散。五十里外方合流，鳅嘲鲤叹声啾啾。天倾地缺少如愿，寄语群龙休作健。而今河水来滔滔，断立积铁双崖高。我踞龟石俯龙窟，屈曲山根抱龙骨。

邑闺秀高顺贞《峡谷影龙》诗云：峡口影蜿蜒，潜形阅今古。何不挟风云，与世作霖雨。

采树岭　在县西北五十里，即偏崖子。昔人行兵至此，曾采树依山麓为营。

将军山　在采树岭西五里。上有二将军墓。又西为柳河、石塘诸峪亘十里。为钓台，临滦，可容百人祀龙其上，中有孤石，高三五丈，极深。渔人集之山下。为滴水崖，无泉而涓滴不绝。

栲栳山　在县西北五十里。高接洪谷关。上有大洞二十余丈。前面尖　山，有云岩寺，至五重安二里。

长岭峰　在县西北五十里。二峰南北夹峙，通道所经。南有清泉寺，下有清水峪，清河经其东入滦。

玉泉山　在县西北五十里，下有泉自石孔出。

梁家山　在县西北六十里。

太平山　在县西北六十里。南北两山，去太平寨二里许，左川右河，凭高可眺。北五里，峭壁森立，清河绕之。崖下二矶，鱼多聚焉。西五里，有银矿山，与鹞鹰崖对，谷口仅容两马，北为华岩寺。

小黑山　在县西北六十里，相近有水峪寺山。

大黑山　在县西北七十里。有大方黑石，玲珑剔透，手迹宛然。

旧传为攻书台。台上有泉石微凹，大仅碗许，水出不竭。山崖有四平石。其山周环三四十里，中峰高八九里。上有望海龙王庙，无梁栋以砖瓦悬筑，不知历几何时。峰东偏有洞，传为异人修真处。洞有巨石，凹如人坐之迹。山下东、南、北三面俱有兰若，其南麓有泉出石上，倚石筑屋，灶置流泉之下，制为曲沟，闸以木板使水外流。炊时抽板水即注入釜内。俗传韩湘读书其上，故名攻书台。

明崇祯七年，游人刻诗于石上，云：榆关烽火息，疆吏亦登临。缪尔山川气，苍然桧柏心。天光亲绝巘，春色透边阴。铭石终尘迹，赤松尚可寻。

五虎山　在县西北七十里，原名九山。下有九泉，汇而入滦。或曰以山有九叠名之。旁有袁李洞，对面松林有古刹在滦水滨。长河合于前山北，即米峪口大路（此路初甚险阻，不便行旅。康熙十年，山西介休商人段文德捐资凿平）。康熙二十年冬十二月，圣祖仁皇帝狩于此山获五虎，诏改为五虎山。案:《畿辅通志》以九山、五虎山列为二，又别出九峰山。《府旧志》无九峰名。《迁安旧志》亦别出九峰山，并非盖九峰即九山耳。

南皮张太复《五虎山》诗云：近塞山连少平土，刍荛雉兔无猛虎。一日曾闻获其五，天为仁皇示神武。当年万乘从天来，云罕羽骑弥山隈。漫冈络野被网罟，突出白额奔风雷。乌号雕弓夏服箭，一发再发血雨溅。范用三驱禽得五，万岁声呼人亿万。仁皇至仁罢穷搜，天颜有喜山名留。至今一百一十有八载，长将圣武传遐陬。君不见汉皇射蛟江水中，周王捕虎志虢东。此间射石能饮羽，亦有飞将留英风。前朝轶事何足数，仁威广扇八方同。猗欤九山亦何幸，睿藻标名典特盛。遥遥相望景忠高，灵山秀色长辉映。小臣瞻山向天阙，玉辇不来仍巇嵲。深仁厚泽洽五朝，民无疵疠物复无夭札。深山穷谷尽人烟，毒螯猛噬远驱挞。圣子神孙孙复孙，万年神武称不杀。

城子岭　在县西北八十里。中有寺，昔有僧居此，募化往来，二虎随之。关东有白云山，关西为伏虎山，迤北环以湖。又西二十里为寺儿峪。

牵马岭 在县西北八十里，山形陡峻，过者不能乘马，故名。

烽堠山 在将军山下，滴水崖之西十五里。山北有石插滦，为刀儿崖。

大荆子 峪山小荆子峪山 在建昌西南十八里，以所产名。

范 山 在县西北八十里五虎山北，至米峪口大路二里。

芹菜岭 在县西北九十里。十八盘山之南，去榆木岭关十二里。

五峰山 在县西北九十里。顶有五峰高里余，左右为龙虎二峰。下有唐寺，前有天桥川，涨常高数尺，其流入还乡河。又冷口外别有五峰山。

大青山 在县西北九十里，太平寨西六十里。迤西有横山，北为董家口关。又北三里为游乡山，两山夹溪如锦步障。又西五里为胜岭，水东西分至龟口合。

女儿山 在县西北九十五里。又西为铁门山。

十八盘山 在县西北百里。自爪山盘曲而入，宛转崎岖，凡二舍余，总名曰十八盘。行人稀得见日，在榆木岭关南，去董家口二十里。

榆木岭 在县西北百里。明洪武初设关，在寺儿峪东二里。岭南二里为爪山。

石盆山 在县西北百里。顶有大石盆，泉涌上出，冬暖夏凉。旁有石洞曰“胜水”。对面有鹦鹉岩，其阴为青山关营。

杨老山 在县西北百里，采树岭北。

中峰山 在县西北百里。恒河经其西二十里合滦。

窟窿山 在县西北百里，铁门山南。高与铁门齐，顶明如月洞高十丈，大小二孔，内极宽广，周十余里。小洞十数。极巅大洞，红觜鸦巢之。转而东，悬石皆五色。坡上鼓以八音，莫不应焉。

三十二窟 在县西北百二十里。中有深窟三十二，昔人避兵处。

景忠山 在县西北百二十里，矗立云表，高八里许，在三屯营城南。旧有二名：南曰明山，北曰阴山。明嘉靖中，总兵马永建三忠祠于山巅，改今名，取景行义。又立碧霞元君祠，增置神游亭，每年四月、十月，远近进香者如市。因设官收税，以充抚赏之资。国朝康熙丁巳，圣祖仁皇帝驾幸此山，题“灵山秀色”匾于祠中。道光乙巳，毁于火。又御赐金佛一尊，重十六斤四两，高一尺六分；珠冠一顶，重五两三钱；同时赐藏经一堂、香火地五十八亩六分。今俱存。三道茶棚有牌坊一座，上悬御书“天下名山”额，今废。四帅殿牌坊一座，上悬御书“名山初步”额，今存。大殿前，南天门东壁卧碑镌世祖章皇帝敕书一道。山有知止洞，一名别山洞，即别山上人修静之所也。

明总镇戚继光《景忠山死事祠奠文》云：钦差总理练兵事务兼镇守蓟州、永平、山海等处地方总兵官中军都督府右都督戚继光等，奉迎敕赠光禄大夫柱国镇守总兵官左都督阵亡孙公，及阖镇阵亡副将、参、游、守、提、中军、千把总、管队等官军之灵于新祠。奠而告之曰：呜呼！公等或统三军，或膺一命，下至行伍，受任虽殊，报君则一。其间克敌致果，取义舍生，即不得已而亦无苟免之羞，死难攸同，所宜毖祀。顾有奉制立祠于死所，而祠湮没者；亦有文献无征，名位咸缺，不复知为何人，即具祠犹无祠者。继光愍之。檄上总制，乞行五标十一路各立分祠于其城。其有制祠越在穷山僻野，直附之城中，便更于三屯营为总祠，通祀之。檄下，适边台工役繁钜，诸路建祠之役竟罢。而光曾于滦阳之浒，见有总祠垂废，又见景忠山绝巅有附祀者几人，弗便弗专。乃奖率保、河、三屯等营将士，鼎建兹宇。以滦阳、景忠所祀暨镇属阵亡官军，东西列庑，分路置主，各登封号、籍贯于屏位，以志不朽。是日适五标十一路将领会计秋防，而八守备二十五卫所听较军务。《易》之“萃涣”，《诗》之“相祀”，兹惟其时，而奖忠扬美，鼓舞士心。于是乎在乃具牲醴迎孙公遗像，建诸将士木主等位，肃然咸享，敢用昭告。夫光等之寄与公等同。每念国恩甘死绥幸而功遂身退，与公等殊，社稷之福也。光等厚幸，神亦且为社稷幸。若神庥不可微，有伏臣节耳。俎豆与否，所不敢知。然必不至见笑九原，为公等罪人也。呜呼！当公等死时，偷生者何限，今其骨安在？视息谁寄？精爽谁凭？即今奔走祀事者，又谁为乎？独公等忠烈，不死者在天，犹在人耳，崇报有所，祀事孔明，朔望镇帅率营属祗谒。又申令：凡将士过者必谒，春秋镇帅躬𨗋，偏裨分献，虽下必建，重其为国殇也。且有田以资修葺，有人以专洒埽，器皿咸备，可俾弗替。我明万年永历，则血食万年惟城也。万世不毁，则庙貌万世。视彼偷生者所得孰多耶？灵爽不昧，见我将士之诚。凭鼓旗张杀伐，用舒愤气，以报国恩，以奠我边疆，则光等所私祷祈者也。

郭造卿《总理蓟永戚公景忠山去思碑》略云：昔公总闽浙兵事矣。驱岛彝而复郡县。整军、禁侵掠如毅：喜士退让如无忌；善用浙人如颇之用赵；其幕府市租如牧之为士卒费；料敌合变，出奇无穷，声振天下如起，而不尚首功。故家俎里祠相望，然已定七省之反侧，渡海歼贼于越裳，诸巢闻风溃窜。南粤请镇，闽争留之。是时已身经九十七战，功成求退，公亦劳苦兵革矣。朝议以居重，召公入京营，旋出总理练兵兼守蓟镇。蓟镇之不可理，如乱丝之棼，而卒不服习犹市人也。公殚心三年，三军日驯，百废俱兴。三屯之库署扼垝垣，阛阓茨艽错四野。百堵甫作，而安宅之歌兴。又三年，半壁之墟甍艭比封，和门庄馗交树，绰楔龙断，肩摩毂击，市廛租税什百矣。越三年，城之高广倍，堂之廉纪严，协府左右标具辎重奇兵，有营移忠义卫以佐守备，武场车厢咸饬，远戍新伍之区莫不秩秩如也。春秋殿最，将士十二路旌旗如云。九载绩用既成，而以其休暇服习士卒。俾署有余馆，神有余寓。若文武庙、阴山、碧霞、景忠诸坛翼其颠，束香而祷之者不远千里。薄取酹金，以佐军兴。日累月羡，岁时士女婆娑。俯瞰三屯楼台，旁东湖而掩映，若海上三山五湖。因濠为险，导溪而资灌溉，蓄鳞而赡饔羞。护之柳堤，憩以荷亭，彩鹢箫鼓而游。荐绅缝掖，投壶行觞，闲赋饶歌而杂铜鞮然。诸所缮由于简核节啬，士未尝告劳，官未尝发帑，皆永图也。经营即繁，而卧鼓灌烽，黍稷蔽野，牛羊塞川，商旅日通，版筑日兴，皆修边乘隙之余暇也。已而，制抚之镇城辟营汤泉以待大阅，除潮河、松关之捶扼，固山示连雉堞，难可悉数。劳而病五旬，不寝犹篝灯治军书焉。德公者，皆曰何乃自苦如此？公言臣本死官，幸且夕未死，将垣千里之隙，而使一矢之不穿也；将桥百道之川，而使匹马之莫度也；将慰九边之情，而使间左之不成也。盖公功成后，感上寄托重，又劳苦于蓟十年，乃移镇南粤去。夫善息保百中，则复射而力全御，不尽骥力则不终日千里。既百中以藏弓，幸完辙而税驾矣。父老率阖镇赴关留，不可。罢市而哭，攀辕相属，追出境外，日不绝。耄耋咸为孺子慕言官以群情请，召公回蓟，蓟父老日祈得所愿，其子弟文武士自公兴书社，乃有登科者，“子衿”亦日夜望之。而南粤制府，因公乞骸骨，复请重公节钺往镇之。父老“子衿”乃绝望，相与肖像景忠山而祀之。先是公将去为之兆：所种鱼鳖亡，菡萏绝茎，桃李丧华，归于士女泪所枯。而邻关荼毒，蓟则又以坚利完，士民安堵高枕，弥思念帡幪不置也。

江西举人薛华封《游景忠山赋》云：尔其茏苁巇　巢，岭嵣嶙峋，峭崿嵚崎，嵯峨峥嵘。壮神京之屏卫，峙东表之金城。驰沧海以北走，障滦水而西倾。上倘恍而有见，下寂听以无声。中如簪而崛起，絜众岫之权衡。俨龙首之瞻双阙，状鳌头之翘大廷。山有灵以依慕兮，恋君恩之真诚。惟仰止之必景兮，用肇锡以嘉名。土人告余曰：“此其为景忠山也。”夫其下纽地纪，上应列宿，联恒山于衣带，割太行于襟袖。图典陈其祯祥，风诗详其受授。百川注润，则月润分甘；列雉环青，则花封错绣。居邻金穴，货殖擅卓郑之雄；户拥书仓，诵读袭班杨之旧。使非有兹山高峙，照荫于其间，又焉能承藉而为含章蕴秀与！爰择良日，步行逶蛇，屏车马之繁。从要乡旧以所之，惬素心之相得，遵微行以游嬉。上陂陀之分陇，瞻飞将之巍祠，焚妙香于石鼎，藉拜地以茅茨，溯南塘之杰出，谛静镇之容仪，执如意以指挥，洵不谬而能持。托神交之耿耿，诵遗咏而行迟。俨貔虎之环卫，列十二之雄师。或如脱弁以恬算，或如按剑而怒驰。生奋威以报国，死勒庙于边陲。垂俎豆于不祧，亦一代之雄姿。足砭顽而起懦，当式敬于有司。何几筵之寥落，复栋宇之崩离。循廊庑以凄恻，守祝不为之持颠而扶危。乃遵捷径，登彼高岭，若俯高檐，若出深井。云半叶以垂阴，日中峰而倒影。攀茑萝之密蒙，效猿猱之飞骋。援临高之深戒，禀垂堂以自省。顾斑白以扶携，务神间而气整。警天台之石梁，诚未敢试乎以逞。石栋森罗，诸甍矗立，仰法宇之特，启坦天衢而徐入。异哉！明代之为君也，委柄职于嫪毐，倒政刑于寺狱，使阉人以监兵，慑军容而气夺，丰碑屹立于道左，实乃孽宦之遗笔。想委鬼之弄权，慨忠良之焚剔，国运为之中枯，贻谋于焉溃裂，为后来者之作鉴，孰不虑此而存惕。彼宵小之靡，宁国与家而一辙。故宽假者危伤，而猛制者安逸也。少焉，纵步一遨一游，引谷涧之泠泠，翼绪风之飕飕。石背巉岩而莫援，缭曲宛扬而上浮。既惕息以狼顾，复趋踊以熊遒。则见夫千丈之枫，百围之木，林茂大夫之松，涧挺此君之竹，敷余东风之茶，芬披南阳之菊杞，鸣夜吠之庬，芝种仙孩之肉。郁郁纷纷，填坑塞谷，不燎扬薰，非风腾馥。夫非山灵为之扶荣，神仙为之培植者哉！乃而上，言蹑天梯，五步流汗，十步声嘶。习腾猿之相接，若联臂之饮于溪。指天门而右转，骇狐□于□霓。宛三危之峻坂，逾九折之铜隄。又奋勇以直上焉，跳趯于尘泥。险阻备尝，康庄始得，清风徐来，鸣蝉不息。顾谓同行毋乃惫力。文章蔚采，深探雾豹之区；咳唾成珠，巧落云鹏之翼。虽登峰无路，忽焉路转天开；望寺无门，窈尔峰藏寺仄。于焉聆法鼓之振响，听鲸钟之宣音。由高递下，宛转折寻，石楼崔巍，其特起朱宫，窈窕以云深。洵此山之安宅，奉碧霞之元君。灵旗摇飏于天半，鸾驾憩止于茂林。缅皇祖之乾运，惊清跸之巡临。为苍生兮祈福，降膏液之甘霖。瞻庙像而起敬，洗宿夜之洁心。或御笔于龙象，亦手画而口吟。历殿堂之重叠，周曲廊之往复。见旁楹之低敞，慨香火之寂寞。是曰三忠爰祀，诸葛异代同心，联襟文岳，谨拜首而陛陈，依芳馨而有托，虽苹蘩之未荐，谅神感于冥漠。乃登后轩，接见慧辩，道力宏深，言容端善。溯法宝之相传，究梵轮之流转。秘无奥而不宣，妙无微而不显。洞过去兮来今，证天人于舒卷。仰赐藏之峨峨，贮空王之要典。贝多纳绎于鸟书，花笑发挥于龙篆。宜其视富贵如游天之云，脱名利若缠身之藓者耶。洞开窗户，大扩心胸，舒睇四望，白日正中。赴冈峦之奔凑，驰万马而来同，抵云中以迤逦，趋碣石以朝东。又似沧波之上，潮纷腾沸涌而怒冲，或上拔以高耸，或下壮而沈雄，或镇列城以一撮，或走千里以连峰，填勃萃于宇宙，塞天地之玲珑。南指泰岱，北接卢龙。吸阴阳之一气，含万景而昭融。睇秋色之西来，青表里以蒙蒙。问彼苍之结撰，殆杳不知其所穷。俄焉，雷车迅厉，风雨欲至，旷若无天，密如无地。骇海水之上飞，慄片云之下坠。鬼神于焉，蠖蜿神龙，卷尾而掉戏，出鳞甲之蜿蜒，拖金光而闪翠。电闪闪以逼人，震空山之精魅，从太白以扬威，横天河而驾驷。秉紫宫之成算，埽搀枪与妖彗。溥膏泽于群芳，试真宰之利器。有风自南，倏焉清朗，摆落氛秽，一苏涤荡。出寺门而徘徊，恣顾盼之高昶，指卓立之群峰，按林林之仙掌，咸负气以竞高，虽培嵝而悉仰。群饮霞而吐雾，钦摩天之肃爽，酿湛碧于新晴，笼日华之滉漭。吸清气以凌虚，餐翠微而自赏。思欲要秦祖摩诃之流，超六极而长往。使飞廉、望舒为余先驱兮，谒东皇、金母于斗魁之上。神飘飘以往来兮，周天池而税鞅。宴帝台之群神兮，扬风舒其鹤氅。赓白云之古谣兮，聆钧天之逸响。虽未离乎尘滓兮，固已动其遐想。望青云而浩歌兮，意平远而跌荡。窃有要于后期兮，笑学仙之莽苍。爰遵来径，细步归途，乐不可极。游贵徐趋，谢法侣以返顾，扪松检以防扶，路习险而匪难，流向下而易图。犹学术之升降，固同归而殊途。驰白日以西下，啼空岩之鹓雏。懔游光之见逼，狎山都而为娱，怅盛年之寥落，梗长念于云衢。折孤竹以击石，发清啸于茹荼。追夷齐之高节，雨流泪以沾襦。承二叟之结契，愿行止之与俱。顾台省而整辔，志不忘乎江湖。

长洲尤侗《谒景忠山》诗云：磴道盘盘七十二，板车宛转似猿扪。群峰皆作儿孙立，绝顶应知天姥尊。夜月灵旗招五岳，春风社鼓走千村。迎神拟赋离骚曲，欲荐湘君乏蕙荪。又《憩石洞留赠别山上人》诗云：石洞阴森小有天，朗公卓锡此安禅。钵龙夜静归山雨，野鸭秋高起海烟。玉磬每闻郇照里，蒲团忽挂御炉前。悬知树下无三宿，面壁因何历九年？

钱唐高士奇《扈从登景忠山极顶应制》诗云：晓仗肃前驱，远峰忽迎面。骋目迷烟萝，游鞅豁葱茜。逼仄马难旋，郁纡磴屡变。五步十步中，仿佛楼阁现。直上丹梯悬，横题金粉绚。天风引翠华，斯须若奔电。峻陟慚微躬，传呼复扶倩。凭虚乃振衣，心悸目犹眩。俄惊巅崖间，飞翥尽美善。山光惬睿情，万灵答隆眷。

知县靳荣藩《景忠山》诗云：景忠山色何缥缈，石磴如云树如草。尽收远山作近山，山限起伏千岩小。忆昔仁皇临御年，每因搜狩来山前。华颠父老尚能说，湛恩渥泽盈原田。我到行宫瞻圣迹，夜瞻星月昼瞻日。始识名山原寻常，烟云都自御书出。复从别院拜三忠，仰止高山异代同。当年应自入宸赏，许留报祀依琳宫。归路郤疑从天下，筍舆面山身似架。仰看虚无层霄间，曾于其上共僧话。又《口号》云：三屯营外景忠山，俯眺烟云万里闲。旧是仁皇蒐猎地，都将田牧付民间。又云：景忠山畔觐宫墙，舜屋尧阶万祀长。载笔词臣都拜赐，江村学士富缥缃。

张太复《景忠山》诗云：路指三屯外，青莲朵朵擎。万松穿石立，一径与天争。行殿仍余迹，先皇旧列营。五云钦睿藻，常傍九霄明。又云：游亭七十二，指点翠微间。北顾吞雄塞，西来俯乱山。高峰原近日，猛士想当关。祠宇三忠在，风云正郁盘。又《景忠山西楼纵眺》诗云：丹楼跨层峰，飞动凌绛霄。到此如缘云，坐据西山椒。雕甍肆披豁，形神欻焉超。其时日初斜，烟岚幕岩腰。下俯千万山，怒涌如崩潮。一气青苍中，大块欲动摇。茫茫白云外，黑丸郁不消。云是无终城，指顾百里遥。我欲呼黄鹤，乘之迈松乔。弱水三万里，旷望或可招。乾坤修已暮，罡风正调刁。一落惊鸾凤，腐鼠争鸱鸮。

鹿儿岭　在县西北百二十里，景忠之阴。岭东即三屯营城，置滦阳驿。横河在岭东三里，合城北狮子峪诸流，至四家峪入滦。

玄武山　在县西北百二十里。山峰独峙，上有真武庙，在三屯营北。横河发源山下，东南流入滦。

知府李奉翰《登元武山瞻礼》诗云：石磴纡回碧树巅，畀人指点入苍烟。巍峨楼阁凌霄上，层叠峰峦列槛前。晃朗秋光普大地，清虚法界近诸天。屏营瞻礼如临在，心迹怡然静万缘。

南皮张太复《玄武山》诗云：飞阁凌云起，真疑帝座临。人同高鸟立，寺出乱松深。绝塞千秋感，长城百战心。浮云看不极，直到雪山阴。又《玄武山尤少保继先祠》诗云：玄武山高知几经，将军独目想声灵。擒渠火落敌王忾，夺隘南山建屋瓴。贼促二川纷弃甲，心倾八百尽降丁。可怜祠宇同飘瓦，自有风棱照汗青。又云：西陲移镇更辽阳，呼吸风云百战场。三仕威名留朔漠，十年勋业亚南塘。卒凭收召疑先起，寇不穷追计岂荒。貌得笑啼两番汉，似将恩怨识夷羌。自注云：肖两番人左右侍，一笑一啼状如生。

祁　山　在县西北百三十里。

叠翠峰　在县西北百三十里。远望山峰叠叠，翠色如滴，与唐王台、打儿山、月城山接。其外为长城岭诸山，近川自鹿儿岭西流，入遵化。

六宝山　在县西北百三十里。山势深广，产金、银、铜、铁、铅、锡，在寿星南半舍。

铁门山　在县西北百三十里。至铁门关二里，关外有大潭，喜峰水之源也。

喜峰山　在县西北百六十里，窟隆山西十里，为西山岭，即古松亭山也。其峰削下，岩腰有洞，高二丈余，深倍之。上有古夷王墓。南行二十里，为小喜峰，两石并立，俗呼公婆儿，今其一已折半矣。西南三里为老子峪，下为团亭寨。

元许有壬《喜峰口诗序》云：滦阳驿北四十里，有双冢。世传昔有久戍不归者，其父求之，适相遇此山下，相抱大笑，喜极而死，遂葬于是，因谓之喜逢口。亦犹望夫之有石也。虽莫究其世代姓氏，而其言有足感人者故作是以记之。其诗曰：儿寒解衣重抚摩，儿饥推食孰忍诃。长成与国远负戈，一去不返当如何？去时云戍东北鄙，直出榆关度辽水。白头郎罢与影俱，岂惮关山千万里。天教此地适相逢，父日从天坠吾子。笑疲乐极俱殒身，谁谓情钟遽如此。官家开边方未已，同生又别宁同死。山云漠漠风飕飕，山头双冢知几秋。当时不忍一朝别，今日翻为千古愁。犹胜贞女化为石，终古孤身双不得。清江形影日悠悠，行人一去无消息。案：此喜峰当是喜逢之误。

明兵备副使姜永《喜峰口关》诗云：自古名关说喜峰，岩岩非豹亦非熊。悬崖松影遥摩汉，绝顶泉声半入空。北抵烟沙通塞北，东连山海接辽东。可怜秦世防危策，万里长城绝域中。

会稽陶允宜《喜峰道上呈戚少保》诗云：蓟门往事震京华，十六年来静不哗。路出万山通鸟道，城悬千嶂压龙沙。空中云影连楼阁，夜半风声度鼓笳。老将莫怜心力破，金汤终古在皇家。

武进唐顺之《晓发喜峰》诗云：客心流水与争驰，寒垒疎星度峡时。未返王孙犹草色，初来成卒是瓜期。去乡祇觉蝉声似，出塞方知马脊危。辛苦下情何计达，早年曾诵《采薇》诗。又《登喜峰古城》诗云：绝顶孤峰见废关，短衣落日试跻攀。三秋豹旅方乘障，万里龙媒正满山。候雁似随乡思去，寒花将送使臣还。筹边迂薄真无补，空望伊吾抵掌间。自注云：时三卫贡马，散牧关外。

王演《宿喜峰口城楼》诗云：万里秋风暮，华夷到此分。几年望紫塞，今日宿黄云。片石临关见，孤军击柝闻。燕歌争劝酒，强饮不成醺。

国朝乐亭知县德州赵大经《喜峰口即事》诗云：几日关城诵《采薇》，简书堪畏未言归。调鹰野外风初劲，牧马山头草尚肥。上将乍承新节钺，健儿争著旧戎衣。誓擒赞普应寻约，莫道松州但解围。

钱塘高士奇《扈从出喜峰口》诗云：清跸出雄关，鸣笳历荒徼。夹障真天开，壁立尽奇峭。往时设重成，藉此为险要。战垒虚风生，孤城斜日照。年年荷戈人，未得息征调。自从被至德，远近奉明诏。遂使边隅民，不用惊烽燎。喜随万乘来，快哉肆登眺。

凤翅山　在县西北百四十里。又名舞凤山，形若凤，与中峰山接。

寿星山　在县西北百七十里，澈河之阴，去汉儿庄五里。旧名勒马山，明总兵戚继光改今名。东为五老台、莲花峰，西有石壁，诸窟中窖其团独兀曰平台，昔人避兵寨也。

将军石　在寿星山之巅。高二丈，屹然而立。

泽高山　在县西北百八十里。袤五十里，高七八里，盘折而上，土名三十二窟道，其阴为松茅峪。郭造卿曰：辽泽州有祁山、九宫石子岭，此山可以当之。因改名泽高山。

珠　山　在泽高山之阴。有圆觉寺，临滦河；西崖为朝宗岩。

李家峪　在县西北百八十里，铁门山之右。高出塞上，俯视群峰。至喜峰口八里。

大小尖山　在泽高山之阳，并如兜鍪大者尊严，小者崎岖相次。钓台小尖山之支也，瀔河至此十一曲而汇焉；松台大尖山之支也。旧有莲心馆，其旁为龙井山。

长　山　在县北三十里。

金　山　在县北三十里，白羊口关西南半舍。上有寺，即山为名，下临滦水。其东凿山为路，蜿蜒如蛇，山北为了高山。

塔子山　在县北三十里，于家坎之北。

降龙山　在岳孤山西北三十里，中峰拔竖，左右如伏，一名堡子山。

三岭儿　在县北三十里，了高山南十余里。岭北为五重安，东北蛤螺河，下曰于滦。土人开渠，灌稻田。

莲塔山　在县北三十五里。为擦崖子关，有琵琶洞，狐穴其中。案《通志》在县北三十里，高三十丈，周三丈，以状名。

阿罗山　在县北三十五里。

卧龙冈　在县北四十里，建昌营北门外。冷口河经其东。

关帝庙岭　在县北四十里，建昌营西门外。上有关帝庙。

石门子山　在县北四十里。石形夹峙，天然成门，山高七十五丈。半坡有风洞，每年夏月望日赛之。三里有白道洼，其岭石壁下有泉三眼，河源出焉。

白羊山　在县北四十五里，石门关西八里。关东二里为马城山，山形排列如墙，长百余丈；迤北多青白石，可凿为碑。西三里为韭叶山，又五里为擦崖子关。

南皮张太复《白羊峪敌台怀古》诗云：我来白羊峪，怀古心苍茫。不见白羊斗，但见青山长。青山起伏如骇浪，西来直到东海上。蜿蜒一气犇游龙，万里回头只一望。远距居庸近喜峰，直走山海地忽穷。长城高下互钩带，随山转涧纷崇墉。崇墉回环接敌台，台台相望四面开。台各二成门十六，内外关通珠九曲。蛇窟仰穿忽透天，睥睨横空恣遐瞩。当时创制由南塘，勇夫重闭成金汤。土蛮朵颜屡窥伺，鸳鸯阵结分圆方。千骑万骑漫蹙踏，飞炮轰击拒马如。排墙长枪狼筅更勇敢，从此长昂惊破胆。十年烽燹静幽燕，宛在芳亭日游览。北山南庙吟风烟，轻裘缓带追岘山。赖得中钥肘无掣，江陵宜黄司其权。飘忽神宗四十载，奄寺弄权时事改。关门出入虚无人，空有坚城屹山海。城郭如故人民非，此间形胜依然在。于今中外称一家，戍卒常闲辽海涯。天下有道四夷守，边隅设险何足夸。君不见，青山四围斜日冷，一带清溪动光炯。乘高四顾人烟稀，老树青苍被冈岭。好及春来，薄薄落落开雪花，踏遍银云十万顷。自注云：山下人家多植梨树，一望无际。

楼子山　在县北四十里，山形如楼。相传为县城发脉之山，又名猴儿山。南十里为屏山。

东鳌山　在县北五十里。

佛面山　在县北七十里，白羊口关西，亦名三角山，至五重安四里。其峰多圆，有巨石，远望如佛，又名达摩峪。北有槽子岭，石垣约七尺许，中空如槽。再西十二里即栲栳山。

岳孤山　在县东北三里，屹然独峙，一名耀孤山，亦名要孤山。阳有古寺，三里河经其麓。南为次君山；又南为分属岭，与卢龙界。

蟒　山　在县东北十五里。产铁，昔有冶。古传山东有深穴，三蟒出入为害，官军射杀之，村因以名。西南三里许，有兰若院。山南即牛山，在岳孤山东半舍。案顾祖禹《读史方舆记要》谓：蟒山以山形蜿蜒而名。

兰若院山　高十丈，周三里，上有废堡，今人呼为羊栏山。

晒甲山　在县东北二十里。或云李广晒甲于此，或云唐王，无征焉。迤东为青山岩。

邑人马恂《晒甲山怀古》诗云：风雪铁衣冷，挥汗铁衣湿。铁衣欲解无时休，连山戍火传烽急。夜保前山望敌兵，朝开戎幕列连营。朝朝夜夜铁衣重，岁岁年年边戍更。沙场春草黏天碧，指点空山晒甲名。晒甲谁自逸，枕戈英雄出。铁马偶放闲，金鳞光射日。山石嶣哓风飕飗，铁衣未干催筚篥。将军战罢脱征衣，千骑奔腾雪打围。齐向山前住麾节，瞳昽紫塞丽阳晖。浴铁光寒解金锁，小偃干戈盘礴裸。兜鍪机虱久欲忘，坐抚青唐惟尔我。青唐锤甲工精良，贯穷还能刮箭。骄阳炙甲刘忠武，未许靴尖戳顺昌。茫茫今古谁同异，莽莽黄云道路长。山前片甲今无在，笠蓑时来农负耒。曝背山阳话汉唐，俗语丹青辨无碍。日月光明兵气销，中外一家恢圣代。

河架山　在晒甲山东北。又北白羊口河，流入漆。

了蟒山　在县东北四十里。昔传有蟒，樵采者登峰望之。山有红白二坡：红在冷口关西南，灰窑坡下；白在口外三里许，圬人取之。坡有温泉，有池三，可浴。明内官缮以石柱木阑。今废，仅存一池。

明邑人李安仁《冷口温泉》诗云：白云堆里碧泉开，一脉融融绕战台。不是榆关寒气重，那知春意此中回。国朝邑人潘文本《温泉》诗云：寒衣无望寄征轮，泪洒残瘢冻血痕。终古荒沙埋战骨，泉台犹喜作春温。塞月胡霜冷莫论，泉开汤沐万家温。恩波圣世无中外，近日春光度玉门。

鸡林山　在了蟒山东徐流口关，无蝎。其营西为烽口山，山外水流经薄过庄，至万军山入青龙河，戚少保开水田处也。

武家山　在县东北四十里，鹿尾山之西。其巅有登龙石，周二三丈许，上平下锐，撼之欲动，上宽敞可布数席。

鹿尾山　距城六十里。青龙河经其南，与卢龙界。

佛儿峪　距城六十里。有石高广王丈，就石壁凿佛。

口外山俱在县北

桃林口外：

佛爷洞　距县八十五里。

莺窝山

鸡冠山　距县百十五里。

石梯子山　距县百十五里。

茨儿山　距县百三十五里。

半壁山 距县百四十里。至葡萄沟，与抚宁界。

冷口外东北路：

山神庙 距县八十里。

五指山 距县百里。

双虎山 距县百十五里。

大石门 距县百二十里。

淘金山 距县百三十五里。

广财山 距县百五十里。

车川沟 距县百八十里。两山夹路，势如壁立，宛转崎岖，长十数里。

映壁山 距县百八十里。

鱼鳞山 距县二百二十里。峰峦层叠，石有五色若鱼鳞然。至绊马河，与塔子沟界。

拉拉岭 距县百九十五里。左山右涧，径极险险，车难并轨。

冷口外西北路：

五峰山 距县九十里（即大相山），上有飞泉。

牛心山 距县百二十里。

都　山 距县百七十里，高三十里，周倍之，一名马都山。唐开元二十一年，郭英杰与契丹战，死于此山。高寒耸秀，俯视群峰，为郡之镇山。其水中分，东归渝，西归滦。山顶有白沙似雪，或云雪积其巅，迄夏不消，望如堆玉。其西峰峦相属者，曰荞麦山。

明□□朱吉《都山积雪》诗云：同云冻合天一色，鸟不高飞苔石裂。朔风卷海声如雷，一夜都山满头雪。千岩万壑光玲珑，琼台瑶室开仙宫。是中可望不可到，安得一访浮丘翁。

知府福建陈所立《都山望雪》诗云：祁连绝处总燕支，到此回看北斗低。六月山头犹戴雪，罡风吹落蓟门西。

辕门齐 距县百七十五里，凿山为路，高似辕门。

栅子岭 距县二百里，山多柴木故名。

老虎洞 距县二百三十里。至达子沟与塔子沟界。

白羊峪口外：

沙儿岭 距县八十六里。

擦崖口外：

杏叶坨 距县九十里。

柳子峪 距县百十五里。

榆木岭口外：

雄虎头 距县百二十五里。

董家口外：

孤山子 距县百三十五里。

峪儿崖 距县百四十五里。

三叉口 距县百六十里。

背搭岭 距县百八十里。

喜峰口外：

黑山觜 距县百八十五里。

苞栎台 距县二百五里。

梦子岭 距县二百十五里。

南天门 距县二百二十五里。

救护岭 距县二百三十七里。

野鸡峪 距县二百四十五里。

黄　崖 距县二百五十里，遍山皆塔，出自天成，俗名黄崖。万塔上有独木仙桥，至冰窖口与八沟界。

钱塘高士奇《奉和御制过黄土崖原韵》云：黄崖天外削，碧树半霄悬。径绝迟归鸟，山空聚午烟。北来千嶂密，西去一关偏。万乘披襟处，风回百尺巅。又《黄土岩》诗云：何年凿山骨，屹立疑千寻。徙倚不可即，驻马空沈吟。藤梢与葛刺，蒙密何阴森。悬崖支一木，微径通崎嵚。岩扉有遗迹，邈矣烟霞深。杳霭青松际，白云迷至今。

铁门关外：

桃树峪 距县百三十五里，长河左侧。由岭突出一枝，如身之有臂，横亘五六里，悬崖百丈，具飞动之势。山脚皆石罅，长河经绕其下。透崖而过，崖下为深潭，虽严冬暖气如蒸，名透水湖。又有观音洞，在长河右侧，深阔一二丈许，内外皆悬石，洞有小孔，侧耳听之作金鼓之音。崖上泉涓涓下滴，如水晶帘。

鹿皮崖 距县百五十里。

黄花川 距县百六十里。

潘家口外：

燕子峪 距县二百二十二里。

墙子峪 距县二百四十里。

东昌峪口外：

水泉墩 距县二百五里。

栅子庵口外：

枳木林 距县二百十五里。

蘑菇峪 距县二百二十五里。

双堂沟山 距县二百四十里。

龙井关外：

雄 山 距县二百五十里，与遵化州界。

滦 河 在县西三里（源委详卢龙）。每遇泛溢，县西南一带辄受其害。明万历三十三年，城北龙起庄冲开河口，损田庐无数。四十年，县令张廷拱筑堤御之。又尝奔流城下，浸没城门。康熙十年，县令王永命筑堤西门外，御之，其患始息。今历年久，两堤坍塌，时复为患。

南皮张太复《雨后登县门楼，观滦河涨势，慨然有作》云：一夜风雨狂，滦河怒奔流。横溃擘山阜，陆地斯行舟。滔滔入阛阓，阛阓尽欲浮。我驾一叶来，直上城东楼。目极睥睨外，高下同浮沤。洪涛啮城根，岌若摧不周。远浪排云端，灏漾凌沧洲。哀哉彼穜稑，尽逐鼋鼍游。此方亦何辜，俨蹈怀襄忧。今岁喜发生，多稼如云稠。实颖而实栗，坚好计日酬。一往归沦，那复论车篝。所幸涸可待，栖亩余粮留。然而两河畔，深谷无陵丘。沉灶而产蛙，屋宇成龙湫。眠食胥以沦，户牖谁绸缪。我闻野人言，龙藏需岁修。大木资人间，奔冲役蛟虬。或浮出地底，或漂来山陬。藉此波浪势，驱向溟渤收。动见洪流中，植立木万头。茫茫随烟雾，阴灯照潜幽。疑鬼而疑神，是非人力侔。猗嗟造物仁，民命惟给求。忍令损禾稼，资彼筑室谋。傥复神禹遭，定遣伯翳俦。怪同巫支锁，远向有畀投。奈何此遗孽，恣睢无汝尤。里语夫岂然，巫咸不下搜。谁为排天阍，忧恂叩其由。白波浩漫漫，苍旻远悠悠。安得千斯仓，博济无面鸠。安得厦万间，露处佥芘庥。虽水不为灾，鼓腹仍歌讴。

邑人马恂《河崖古屋行》云：人生坠地自局缩，阅世睽睽且瞠目。前尘后尘尘相因，横据中间为归宿。岂知刹那非定踪，摧岸河出古人屋。古屋何年沈地里，波荡沙埋壮遗址。何年今人来定居，屋上架屋屋新起。今屋正压古屋头，古屋横立回奔流。长滦漱崖卷地尽，势漂今屋危如舟。暗结古砖坚积铁，今屋始免昏垫忧。今人自享古人利，古人岂为今人谋。今人古人无一面，今屋古屋一相见。水落河干更下窥，旁罗灶突俨深院。升沉迁变何必论，世事如斯过飞电。眼前且作眼前心，不名古屋名今堰。昔者秦人穿地涸〔三泉〕，叩之空空如下天。似有人居下复下，时闻鸡犬声飘然。颇疑古屋亦若此，安知地底无人烟。麻姑海叟不可问，〔遥忆黔蜀〕绝壁千尺横悬船。

邑人潘文本《晓过黄台河》诗云：疎懒原成性，晨兴走马牛。笨车疲老仆，残梦续春愁。古木下寒月，虚沙起宿鸥。一声孤棹响，渔火点汀洲。

鸭子河　在县西六里许，滦之支流也。自白家窝铺分支，经黄台山下，流入滦。亦有暖泉，泡桑皮、沤麻，与三里河同利。

沙　河　在县西二十里，旧志作西北四十里。源出赤岭赤崖寺，经好树屯东流，至松各庄合石河，过七家岭，至院头与王家河合，历安山口，由沙河驿入滦州界；又经丰润界，转东南入于海。案：沙河之水并非名川，系山水涨溢之所致，无利而有害。河西岸是土，东岸是沙，夏霖两山水骤发，将西岸平畴沃壤冲作沙滩，以故地日窄，而民日贫。此水发源于迁安之车营寨，至滦州之南白洼则漫散矣。

石　河　在县西三十里。源出血石岭，至刘全庄合沙河，过七家岭至院头与王家河合，至滦州西四十里海子崖庄长湾入海。案：永平石河有二，一在抚宁县东，源出口外，南至山海关入海。

清　河　在县西七十里。有二源：一出口外东马道，人城子岭口；一出口外松岭子，人大岭寨口。至太平寨南合流，由长岭峰至官寨下入滦，即《水经注》之敖水也。

宽　河　在县西北七十里，一名瀑河，亦作豹河。流百余里入滦，即古高石水也，又名薄河。元《一统志》谓薄河源出惠州西北，南至冷岭合为宽河是也。又在辽时谓之柳河，与今承德府南境之柳河异。

还乡河　在县西北七十里，即便水，亦名环香河。发源泉庄南一里黄山之麓，一泉涌出，汇为方塘，澄碧中喷珠累累。西流成河，水势甚驶。由吊水院、崖儿口达丰润城北松林庄，至城西塔儿湾，迤通向西南入海。明成化十七年，议者欲于丰润还乡河通漕永平是也。案:《燕山丛谈》凡水皆自西而东，此水独西，俗谓之还乡河。《水利备考》云：明嘉靖四十五年，诏浚丰润县还乡河，转运太平等寨军饷，于北齐、张官屯、鸦鸿桥，特设三闸以潴水焉。

长　河　在县西北九十里，源自口外聂门龙须三岔口，入董家口，东经青山营、太平寨，西过稔子口，至钓台南入滦，即《水经注》之黄雒水也。

横　河　在县西北百里，亦日恒河。源出玄武山下，经三屯城北，而东合狮子峪诸水，过中峰山而西，东流二十里入滦。

澈　河　在县西北百六十里，一名强河，以波流汹涌也。源出口外黄崖阴，过大安山后黄门子二百余里，会横水由龙井关流入，合黑水过汉儿庄，至澈河桥东二里合滦河。《旧县志》云：至赵家庄二里合滦。案：赵家庄在县西北七十里。

黑　河　在县西北二百里，入栅子庵口，至汉儿庄南入澈河。

《畿辅通志》云：徐流营、三里河、泉庄等处营田，引徐流河、三里河、黄山泉河之水，仍泄水于本河。案：滦河入口，邑首受之，源高势猛，引用为难。然各属支河藉以汇归，故少涨溢之患，而涓滴皆农田之资。徐流营山下涌出五泉，合流入桃林河。三里桥涌泉流出滦河。又黄山之麓，清泉喷涌，俱夹岸可田。前人论列甚悉。雍正四年，县治东北三里河、徐流营西北云峰寺等处，营治稻田共十二顷七十八亩四分。五年，县治西北泉庄营，治稻田共二顷五十亩；东南丁家泉、半坡营、芦沟堡、磨眼泉等处，农民自营稻田九十九亩。案：明徐贞明《西北水利议》云：迁安县北徐流营山下，涌出五泉，合流入桃林河。又三里桥涌泉流出滦河。又蚕姑庙涌泉成河，与滦水相接，夹河皆可田之地。

蛤螺河　在县北三十里，即口外之乾河川也。自白羊口外入城子岭关与青河合，至峡口入滦。

白羊河　在县北四十里。自白羊口北入关，绕石门堡白道子，至建昌营东南入冷口河。即《水经注》之大沮也。

冷口河　在县北四十五里。众山水所聚，口外为沙河，入口名冷口河，自建昌东南流至万军山，为青龙河。

温泉河　在县北五十里，一名暖泉。源出刘家口西，有泉三涌出如瀑布，并流为河，至徐流南入青龙河，为水田。即古温泉水也。案:《水经注》云：温泉，出东北温溪。县旧志载：在冷口外，四时长暖。明守关阉臣立木槛，建屋舍，人多于此澡浴。乃另一温泉，非卢龙县北之温泉水也。

两水河　一作凉水河，在县东北三十五里。至万军山入青龙河，迤南至虎头石入滦。

青龙河　在县北七十里。源出口外刀儿磴西北众山沟，入桃林口，经鹿尾山而西南至万军会诸水，至卢龙界下虎头石，会滦。案：青龙河亦曰凉河。源出都山东，由冷口关流入，经建昌营南与白洋河会，又南经卢龙西南入于漆，即古卢水之小沮也。《水经注》云：小沮水发冷溪，世谓之冷池，又南得温泉水，口注之，又南流与大沮水合，而为卢水也。

三里河　在县东三里。源出小寨庄南，东流经岳孤山下，南流至卢沟堡入滦，即岳孤水也。盛夏愈冷，严冬不冰。案：迁邑之水，曰蛤螺河、石河、黑河、清河、白羊河、冷口河、滦河、沙河、宽河、长河、青龙河、澈河，而其有利无害者莫如三里河。三里河水势本不甚阔，发源于降龙山小寨之南，引流而南，与滦水合。自小寨、新寨沿河一带，至徐家崖、杨家崖、芦沟堡四十余村，皆设立纸坊，就河水沤洗桑皮，用以造纸通货，两京商贾萃聚，大获其利，倍于田亩。刘家营、冷口外温泉一带，皆种稻田。蚕姑庙亦种稻田。邑东南十五里永新庄，有一小泉如磨眼，人呼为磨眼泉，夏不涨，冬不涸，北与沙河脉相接。村人多引泉布畦分秧，以资灌溉。

馆　水　在县西南五十里。源出馆山南，流经乾河草庄，由滦州界入丰润陡河。

龙　井　在龙井关外。乱山交错，分上、中、下三井。上井在山坳，人迹罕至；中井亦深不可测；惟下井人皆易到，以葛探之，深十数丈，戏投之石，次日必涌出置井侧，岁旱祷雨辄验。

冷　池　在县北四十里，虽暑月泉气如冰。

以上诸水皆与滦会，惟还乡河与馆水、沙河、石河不入于滦。

以上迁安县。

卷之二十一

封域志三　山川三

横　山　县东五里。山势横亘，如屏障然。

临渝山　县东二十里。峰峦崛起，高千余仞，下临渝水，旧为关隘，一名马头坡。

文笔山　县东三十里，在偏顶山南五里。其形如笔，故名。一名文峰山。

缸　山　县东南十五里。在龙门山北，高百余丈，其状如缸，而顶极平坦。

冯家山　县东南二十五里。上有石纹，成“士彬”二字，晨则见。相近有封鞴崖，南曰尖山，形如龟；北曰平山，形如虎。尖山南有二井，深广尺余，水一黄、一白，俗称金银水。平山下，东西皆有洞。东名天水窟，高广丈余，相传与西洞通。俗以为海眼，祈雨有应。平山一名平顶山，山半石门，镌“凌海岩”三大字，崇祯甲申春冯景运书。又“松峒别筑”四大字，诸元寿书。旁有石碾，故老传为冯公屯兵所。

知县钱塘张上和《尖山纪游》诗云：出郭三十里，言寻好丘壑。川原既浩莽，丹枫渐摇落。特见尖山奇，化工疑鬼削。萧寺幽而敞，先登最高阁。鲁公兴不浅，谈锋利如锷。史鱼正色坐，孟嘉气亦拓。余与王子猷，举觥互酬酢。杯盘具草草，缓步临峭崿。虽无千仞壁，怪石争崿岞。虽无千尺松，嘉木荫参错。苔藓石成文，隐约似雕凿。古洞入云深，十步九回却。云昔有道士，于此采藜藿。二客不能从，让余腾芒屩。龙泉闻更胜，日已西山薄。昏黑抵城闸，遥听数声柝。

联峰山　县东南三十里，俗名莲蓬山。渝水自其西人海；东有双峰如对话者，曰话石。

商邱宋荦《海上杂诗》云：千里惟遵渚，连峰不见山。石林开鸟道，云海封禅关。涛泊牛头响，岩留话石间。秦碑沦没久，鸥泛自沙湾。

钱塘赵景徕《莲蓬山观海》诗云：骊城山势临卢龙，塞垣千里当要冲。两京拱峙咽喉通，背枕淇渤开鸿蒙。滨海有岭号莲蓬，悬崖削就金芙蓉。海光山势相争雄，怒涛隐隐凌太空。我来登时秋正浓，澎湃上下吹天风。双螭初起驭祝融，元气磅礴涵苍穹。咫尺蜃楼变化中，早潮欲上雷隆隆。登莱城郭烟雾胧，三山何处求秦童，祖龙鞭石杳无踪，征辽遗迹推唐宗。张骞无复乘槎功，采芝徒羡安期翁，俯仰今古谁复同，八方吞吐归心胸。酒酣拔剑喷长虹，光芒倒射蛟人宫。安得骑鲸直向凌波冲，修忽已抵扶桑东。

牛头崖　县东南三十里，联峰山西，形似牛头。海军侦探戍守，往往驻泊于此，即牛头崖营也。

望海冈　在牛头崖东。登此可以望海。

紫荆山　县南三里。下临洋河，有立石状如妇人，俗呼紫荆石婆，即《魏书》之新妇山也。康熙十二年，知县谭琳建奎阁于中峰。

知县崇阳谭琳《九日登紫荆山》诗云：大观已如是，何必更高岑。秋色千峰淡，海云一望深。移樽因爱菊，落帽本无心。遣兴携佳客，狂呼万岛吟。

知县钱塘赵端《登紫荆山奎阁》诗云：飞阁临虚壁，千峰晚翠连。振衣时一上，秋气净长天。

黄家山　县南八里。

天台山　县西南二十五里。山寨险峻，旧名碓臼崖。下有双泉寺。嘉庆二十三年，直督方公观承于此建行宫一所。道光九年，那制军行文秋兰差次，面奉上谕，赏给直隶作为修署之用，招商拆卖，遂废。

双顶山　县西南四十里。其阴为松流河。

银洞峪 县西南四十里。

兔耳山 县西十五里。双峰尖耸，状如兔耳。绝顶有潭，云常覆之，其上平广，可容数万人。明洪武七年，知县娄大方率属吏、士民常避难于此。故其地至今尚称旧县。

赵端《兔耳山行》：兔耳两峰，为抚邑灵镇。山麓有栖霞寺。寺前有桥，传为唐尉迟鄂公所建，岁久倾圮。余于庚申秋，承乏邑事，捐资新之。甲子夏五月，忽为暴雨冲颓，冬初复有修葺之举。载酒登山，曷胜陵谷之感。因作《兔耳山行》，示同游诸君子。

兔耳山高高入云，双峰插汉浮云分。骊城百雉与山接，卷帘长对青山色。我令骊城已四载，人渐苍颜山不改。谁云好山不待人，山灵生面今重新。彩霞一经萦香阁，红泉百道天边落。忆昔公余蜡屐来，汲泉终日坐松斋。山水尽堪供吏隐，簿书安得扰诗怀。今年五月蛟龙怒，风霆夜撼山中树。花台圮仄石桥颓，不辨春风游赏处。同游为山伤怀抱，令未有言口先笑。从来桑海如瞬息，何况兔耳一卷石。君不见山公酒醉习家池，举鞭真似并州儿。又不见杜公立石岘山上，深谷为陵徒祝怅。令今洒酒酬西风，惭愧山公与杜公。百年一日安足虑，笑策花聪下山去。

尖　峰 在兔耳山北，峻拔有洞。

罗汉峰 在兔耳山南。

邑人宋赫《登罗汉峰》诗云：长林叠叠水湾湾，溪畔人家落照间。几点烟螺看不定，问人说是五峰山。

黑鹰峪　平房峪 皆在兔耳山南。耸秀深茂，多果实者为石佛峪。泉从佛顶上出，下有井深黝不测，祈雨多应。邑人徐廷璟《邑侯赵公祈祷灵应记》云：岁癸亥，旱魃为虐。邑侯赵公步祷郊坛，雨澍而未遍。我侯忧之。六月望，复牒于本境城隍，却舆盖冒暑行二十里，取雨于石佛岩之龙潭，斋宿禅舍。是夕，雷雨骤至。明朝，侯自山中还。阖城士庶，相与欢迎于洋河之浒，扶老携弱坡野为满。侯亦载色载笑，忝我髦士而慰之。璟老惫不能出，因忆前任谭侯曾取水于东北龙潭水，至而雨倾，犹以为偶然耳！今我侯取西南龙潭之水，水未至而雨已沾足。夫龙之为灵昭昭也，非独灵于二公，实二公之诚感，有以致龙之灵也。爰纪其岁月以志喜。

大崇峪 一名大虫峪，在石佛峪东南。其石自片厚，或数寸或盈尺，利于用。自此南至黄柏峪与昌黎界。

芦 峰 县西十五里。旧置驿于此。

七王山 在尖峰之南，逾河。

背阴山 在七王山北十里，接卢龙界。

熊 山 在背阴山北，山距城四十里。旧有熊，其阳白塔庄产金，接卢龙界。

严家山 在熊山北。有水入松流河，迤西为卢龙之红山。

铁佛顶 在熊山东。

楸子峪 在熊山东。

铧 山 一名滑子山，县西北十二里。松流河逆流绕其下，至曹西庄入洋河。案:《畿辅志》误以为二，又讹铧为靴。

雕 崖 县西北三十里，在严家山北。怪石耸立，旁峰平漫。其东北面，卓立如削，因险为砦，周里许。昔人避兵处也。案：雕一作刁，旧志两出，误。

祥霖顶 在雕崖西南五里。峰不峻，而时有云气覆之，若轻霞冠日。谚云:“祥霖云作帽，云兴三日田夫笑”，谓可占雨也。

朝阳洞 在县西北四十五里。青山口南岩腰，高五尺，深丈余，阔二丈余。洞壁滴水成池，深不盈尺，雨旱不溢不竭。旁有庙已废。

茶芽山 一名桃儿峪，县西北五十里。顶有洞如盘，水不盈勺，饮之不竭，名“圣水”。案:《读史方舆纪要》茶芽山在县东北二十里，一名八角山，又名九花崖，顶有水，谓之“圣水”。

栲栳山 县西北五十里，旁为东胜砦。

业固山 县北五里余。为邑之人脉正龙。

天马山 县北二十里。高耸秀拔，如控马首于云际，旧名马头崖。明隆庆初，蒙古土蛮入犯，邑人多避兵于此。万历中，改今名。绝顶镌“天马行空”四大字，又有“山河一览”、“海天在目”诸大字，明戚继光题。庙前南向有石洞，口不满三尺，深远无尽，旁有“桃源洞”三大字。山北悬崖，有马影首入石缝中。

邑人宋赫《天马山》诗云：为有悬崖迹，因传天马名。譬诸磊落士，一望气峥嵘。生死谁堪托，羁栖自不平。至今风雨夕，振鬣欲长鸣。

青石山　一名流濠峪，在天马山东北十里。有石佛三尊。

九华岩　在天马山东。

八角山　县北二十里，天马山东。

麻塔峪　在天马山西五里。腰有洞，深二丈余，广半之。其东北泉不盈勺，久雨大旱如常。

峰山岭　在天马山东北三十里，张果老河源也。出于温泉堡。

滴水崖　台头营西五里，岩高千仞。

偏顶山　县北四十里。高插云霄，山腰平漫可耕，号平台。明隆庆初，居民避兵于此。

岩口山　县北五十里。

半壁山　县北五十五里，滴水崖西。山如刀削，有避兵旧寨。

鵁鸰峪　在半壁山北。

青阳山　一名青山，县北五十五里，偏顶山北。上有塔，后有寺。

抓角山　在青阳山东。

黑龙头　在东胜寨北。山前有无底石窟，俗呼云井，望有云气触石而出，三日内必大雨。谚曰：“云井兆雨”。

背牛顶　县北七十里，山后有石如牛，故名。高峻秀拔，必攀缘而登，置梯十二层，上有无梁殿。雨时铺云万叠，有如堆絮，名“兜绵世界”。东南有石鼓，从此至暖泉，历冰塘峪，至黑牛湾乃至梯下。下半石梯六层，上半柏梯六层，约有数十丈，同治初，僧一元重修，傍有铁索二，长者铁环一百八十，短者八十七，梯尽乃入山门。殿宇已圮，惟无梁殿尚存。

迁安李成性《游背牛顶记》云：予自数年前，访奇胜于从裔王子腴，闻牛顶峭拔苍翠，撑空一柱，万山回合，环列画屏，面临沧海，不辨波涛，第如澹墨横挥，平满无际。遥看巨舟，似轻燕撩水，点点堪疑。至晓日将升，红云乍起，晃作金光万顷，殊为壮观。尔时，便已神飞绝顶矣。至辛未秋杪，偕王子来游。以九月十四日发白衣庵，抵燕河，过台头，入猩猩峪，两山夹道，愈转愈幽，一水成蹊，旋涉旋行。又三里许，见瀑流一脉，飞涛骤雪，下注深潭，水色正绿。方可半里，两崖草树紫翠苍黄，秋容如绘。南壁磨石一片，镌“龙泉”两字，后题缺一字村金灿书。王子语予曰：“此所谓龙潭也。”予曰：“此《易》所谓潜龙者欤！夫龙驾霆鞭电霖雨寰区，总于潜中得力。人亦如之，于斯笑然犀者，为多事矣。”出旧边之外，望山头立石数片，为老崖。转折而北，前渡一水，悬崖在望，下有山家，壁镌“虎穴”两字，亦是金书。穴深丈许，今如胜国之社，已成屋矣。想开边时，虎畏定远之窥，故携子去耳。摩壁拂苔细辨，上面有七言一律，后记万历戊子季春八日，真定将军帝乡望松徐道书。迤逦行来，山形渐窄，景物亦渐幽。水石粼粼，如象、如马、如豕、如龟，咸如孟光肥而色黑。山石磊磊，危者似堕，峭者似升，眠者似卧，立者似行，赏心悦目，应接不暇。不觉数里，则至宏量寺。寺乃背牛下院，凡游人至止，为解装休骑之所。各换轻衣便履，携杖绕出山后。远望山门缥缈空际，乱石之下则有蒙泉，涓涓始流，是为水源。至于触石赴谷，因物肖形，或缓如带，或急如弦，或直如矢，或转如环，行则为濑，止则为渊，悬则为瀑，聚则为潭。浚鱼龙之窟宅，费仆马之盘旋。啮山露根，漱石出骨，偷云取影，弄日流光，风来面皱，月到心澄，千态万状，百折不回。披萝寻径，又三四里，见石丈植立，名“将军石”，此处遥呼，则上头相应。开关下迎，代负行李，过此，则渐逼山麓，声不上达矣。西竖一岭，名为砂鼻，高可数里，鸟道纡回，俯躬差力，歇足数回，始造山崦。其南为欢喜岭，直北则登山线路也。石磴嵯峨，仅同马鬣。飞梯三处，势似猿攀，后人继前，直视足底。自崦口至山门，可八十余丈，虽称陡绝，石牢梯稳，步步可攀，只须定神，除其恐怖，则与康庄无异。梯穷之处，斯入山门，形如圭扇，游客到此，恍似升仙，疑与世尘隔绝矣。山门之上，平台短垒，可以凭眺。松石引路，俄到梵宫。彩椽朱户，金相玉毫，宛一极乐小景。其大致负山面海，吞吐烟云，俯视群山，如丞如尉，若孙若子，不可胜纪。恍忆前闻，犹未尽也。因思山高路峻，尺木抔土，皆从下来，古音上人成此杰构住山之功岂在开山者后哉？晚听梵响清圆，顿觉浮生无住，热肠欲冷。起行松下，见凉月去人才隔数尺，疎星低岫，举手可扪，清狂欲仙。晓峰升日，晴晖满檐，不下禅榻，而海山尽在目。屋后见方潭一碧，云树倒影如现镜中，乃凿成天井，以储水者。迨上一级，地势平敞，无梁殿内，供望海观音，有碣石记“参将谷成功造”，因话此中。饭香鸟乞，果熟猿收，灵羊听经，猛虎戢暴，北植鲸音一架，苍藓斑剥，叩之清远。石畔万松，插壁钟路。迤西百余步，则悬崖之下，枵然一洞，中二丈许，不甚平广。然背风抱日，温暖如春。石井居左，翠柏参前，右壁镌“海阔天高”四字，字如人大，笔势苍劲，题“参将林桐书”。复循旧路，过偏坂，斜穿松径，西北里许，始陟山巅。分为两顶，西顶稍高，遥望都山，积雪如玉；东顶有石如床，松株攒秀，可以眠卧。忽闻涛声骤至，因悟杜工部诗“万壑树声满”，殆谓是乎？独背牛古迹，无可觅处。老衲或云：“三峰师闻牛鸣山后，即以名顶至今。山脚有牛象云”，想当然矣。兹山深路僻，又以险闻。文人墨士，无太白之豪，东坡之逸，往往望而却步。故山之奇胜，至今尚未发也。予与从裔搜寻灵祕，以纪胜游。好事君子，或将览焉。

沔阳余淮《牛顶兜绵》诗云：牛崖云雾起，山半似兜绵。混沌千峰合，氤氲三辅联。流霞明绝顶，灵雨足沙田。高下无多远。阴晴各一天。

鹰窝洞　在背牛顶山后。深十余丈，宽二丈，高丈余，有小井二，左壁镌“石洞烟霞”四大字。

云峰山　县东北五里。有数峰相属，绵亘如云。

石佛顶　县东北二十里。

羊角山　县东北三十里。形如羊角，高峻而顶平，上有避兵城，土名南寨。

塔子山 县东北三十五里。顶有砖浮图，高二丈余，名女儿塔。明隆庆元年，土蛮入界岭口杀掠万计，惟此山避兵千余人获全。

猩猩峪 台头营东三十里。

鹦鹉洞 在猩猩峪东北四里许。凿石为门，周以墙垣，门镌“鹦鹉洞”三字，径一尺。

中茶盆山 县东北四十五里，距东茶盆五里，交临榆界。山半有砂岭，古刹在焉。殿后危石壁立，东谷名斗，西谷名箕，当以其形似名云。

鸡冠山 县东北四十五里。近村无蝎。

南天门山 县东北四十五里，一名窟隆山。南峭壁数丈，斲为石磴，崖半有白鹤巢。

科名山 县东北四十五里，在兴盛峪庄南里许。上有三岭，高插云表。

屏风山 在科名山南五里许，宛肖围屏。

黄崖山 县东北五十里，在猩猩峪北。高可十里，半山有舍身崖，深三四十丈。崖旁石壁凿佛像三尊，径仅容足，为望海寺。

知县赵端《和王贞一明经黄崖山诗》云：木落郊原淡绿芜，山行处处见樵苏。好凌绝壁成高会，敢视悬崖作畏途。凤阙遥瞻云北护，龙潭倒影日西晡。永怀万乘登临宴，文教于今已诞敷。

淘龙洞 县东北五十里，在方家河东南石壁间。山旧无洞。嘉庆间，有村人党姓牧羊于此，见石壁有缝，用棒杵之，忽石坠洞现，门高五尺五寸，阔六尺余。时天气正晴，仅有片云，暴雨骤至。次日，土人以为内有宝物，入洞淘水，又暴雨如倾。淘涸，自洞门北行数步，折而西约二十余步，有石穴如盆。土人用麻绳、山葛蔓系石沈之数十丈深不见底。每逢岁旱，近洞诸村淘之辄应，雨后以豕酬之，相传洞有龙居，故名。

孤石峪 尖峰秀出，有温泉可愈疾，南流为河，一名和尚山。

风　洞 在和尚山，岁为灾，居民祭焉。

大河峪 县东北五十里，南距猩猩峪七里许。小河峪在龙潭南。

雁　崖　县东北五十里，西距猩猩峪六里许。其峰最高，雁必回翔始度，故名，俗又名鹰不落。

西茶盆山　县东北五十里，距东茶盆二十五里。山麓有药王祠，左有泉二，其水下流五里入洋河。

牡丹坡　县东北六十里，其坡多牡丹。

马和尚洞　在望海寺东里许，高二寻，广仞余。

三石洞　在牡丹坡西，高二仞，广半之，深二寻。洞东水帘倾于石龟背下，汇为河，将入关，有沟在下，故为蛟窟。蛟徙，其窟沙壅。或云沙下深不测，与龟背洞通。

香炉山　在青山关外，巅有石状若香炉。

十八盘岭　在界岭口东十五里。又东为箭笛岭极高，分道处为双岔股。东抵码岭，接临榆界。

知县张上和《由袁家沟渡十八盘至香山即事》诗云：浮岩未数里，村鸡日将午。却怪穷谷中，人气于此聚。沿缘数十家，零落亦村坞。丁男拾薪去，老妇守门户。茕茕杖一藜，饥色上眉宇。入门何所有？屋角牵萝补。土锉藉草茵，豆羹无半甒。山田多恶岁，辍耕皆弃土。安得翦白云，被寒成絮缕。我闻感此言，好语相慰抚。薄日破苍冥，遥天雁声苦。我行西山口，蹊径已偪窄。及历十八盘，盘盘皆劣石。高者如升梯，低者如坠泽。残雪半在林，败叶乱沟积。征马尽踌躇，往来惟鸟迹。仆夫汗如雨，舍舆理蜡屐。十步须九憩，徒御相扶掖。长城隔重岭，终古判华貊。历代置边戍，费尽万夫戟。因念盘之中，那有逃秦客。空山少薇蕨，所产松与柏。翦伐亦殆尽，谁起沟中瘠。人家在何处？鸡犬白云隔。适逢村女来，蹇驴一鞭策。荒崖行欲尽，坐观万物零。香山有主人，可以为居停。老稚出门候，为我开柴扃。短垣修且整，四顾无一邻。养树得生意，伐木时丁丁。佳城古高垄，双涧流清泠。松柏发古茂，下有千岁苓。我言山色好，惟有君家青。人在羲黄上，教子读且耕。临别语主人，慎勿轻一经。

花果山　在界岭关外。有洞，道人筑阁其中。洞外悬泉万派，至冬凝结如冰帘，夏初始解。

邑人宋赫《将往花果山，憩箭杆岭禅刹》诗云：旧是屯兵处，今余只树林。碑残怜字剥，城仄逼山深。草色依禅榻，秋风动客襟。欢言得所憩，空翠落庭阴。

将台山 县东北七十里，连界岭关。

吧喇岭 县东北七十里。岭东属临，西属抚。又东北十五里，至无梁殿分界；南十里，至黄土峪分界。

响　山 在主山东五里，距城东北百里。高数百仞，形如丘墓，峭壁、滑石不生草木。山半石洞南向，相传有比丘住焉。常时，山响如崩裂。

望天峪 在主山西六里，高接云霄。

猴儿石 去望天峪里许，以形似名。

大祖山 即老岭，县东北百余里，为境之祖山，一名主山。绵亘边外，周围五十余里，高二十里，山势极峻。有大祖、小祖之分。小祖东北属临，大祖西南属抚。上有石城，是昔人避兵处。

虎　穴 在旧边外，石壁镌“虎穴”二字。明戚南塘展边，虎徙去。

窟窿山 在主山北十五里，距县东北一百五里。其巅石壁有门，高丈余，宽五六尺。东则石崖千仞，下近驻操营，临榆界也。

海 在县东南六十里。

抚宁教谕谢鹏《南海市记》云：或问谢子曰：“海有市乎？”予曰：“市起于《易》，如云日中为市。盖致民聚货，市之集也；交易得所，市之散也。故楼观城郭，车旗伞盖，井灶人烟，咸市所有而蓊焉。海，水乡也，茫茫无际，混混无穷，市安在耶？”语未竟，吾君侯雷公在座，哂曰：“子未知其详乎？”吾语子，吾自万历癸未守兹土，迄辛卯桐华望后，公出榆关，晓眺东南，海碧连空，朝暾散彩，赤光夺目。秦岛雄峙于前，淳汹涌于后，乃与邑幕鲁子往观焉。既而，乘渔舟，历甘泉，吊秦城，已乃散步南行，跻陇陟巅，见洪涛巨浪，浴日吞天，诚奇观也。良久东旋。从者云：‘金山海市矣！’遥指而望之，隐隐然伞盖三出，山颇高，又渐小渐高，顷之蔑如也。余方进饭，前筋未彻。从者复报曰：‘海复市矣！’予往视，一如前睹。无何，金山彻莲蓬，联络数十里，忽伞盖，忽旗帜，若浮图，若城郭，殿阁脊兽，异状百态，变幻无穷。俄兔耳峰前，三山耸秀，层峦叠巘，宛如笔架形，即摩诘亦难绘也。自午迄申，乃已，竟莫究诘。吾与鲁子觞毕，即询诸士老，云：‘不识此市可常见乎？’佥曰：‘吾等垂白没齿，幸今一睹。’噫！若此者，吾子以为何如？”学博谢子怃然自失，乃前谢曰：“南人不梦驼，北人不梦象，习使然也。矧百年奇观，岂吾辈所能与乎？前所对诚妄矣。”时邑尉郭公在侧，乃对予曰：“子未学古乎？昔宋眉山氏守登莱，诏还日，心慕海市未获一见，乃祷于广德王而见。盖至诚动山川也。故东坡诗曰：‘异事惊倒百岁翁’，又曰：‘自言正直动山鬼，不知造物哀龙钟’之句可验矣。”谢子闻之，色沾沾喜，起而敛容曰：我公斯言至矣，妙矣！虽然苏君迁谪也，必祷而后见。我侯久宰兹土，政善民安，神人胥悦，以故神休助顺乃显是奇观也。不待祷而立见矣。“君侯曰：‘信如子言，吾何以当？’予曰：“兰产于谷，不能祕其香；玉韫于山，弗能隐其辉。我侯谦谦即予不志，亦必有志之者。”郭君曰：“善。”因觞谢子以酒，既醉乃倚席而歌，以述其盛，曰：“碧海东南隅，茫茫逝水东。其中何所见，烟云空复空。一朝显神异，惊骇百岁翁。或言蜃气结，或言造物工。妙夺天孙巧，谁谈绘画功。我达天人理，感应恒相通。我侯有善政，至德动元穹。不数休征出，无烦祷祀祟。我歌备采择，千古真奇逢。”歌已，曙色东生，因起而笔之如左。

魏武帝《观沧海》诗云：六神诸山，沦涟大壑。北风勃来，簸荡不息。帝命巨整，更负危揭。冠簪东出，以为碣石。烛龙双眸，以为日月。下苞苍苍，浩荡靡极。幸甚至哉，歌以咏志。

隋炀帝《望海》诗云：碧海虽欣属，金台空有闻。远水翻如岸，遥山倒似云。断涛还共合，连浪或时分。驯鸥旧可狎，卉木足为群。方知小姑射，谁复语临汾。

隋虞茂《奉和望海》诗云：清跸临溟涨，巨海望滔滔。十洲云雾远，三山波浪高。长澜疑浴日，连岛类奔涛。神游藐姑射，睿藻冠风骚。徒然虽观海，何以效滑毫。

唐太宗《于北平作》诗云：翠野驻戎轩，卢龙转征施。遥山丽如绮，长河萦似带。海气百重楼，岩松千丈盖。兹焉可游赏，何必襄城外。

又《春日望海》诗云：披襟眺沧海，凭轼玩春芳。积流横地轴，疏流引天潢。仙气凝三岭，和风扇八荒。拂潮云布色，穿浪日舒光。照岸花分彩，迷云雁断行。怀卑运深广，持满守灵长。有形非易测，无源讵可量？洪涛经变野，翠岛屡出桑。之罘思汉帝，碣石想秦皇。霓裳非本意，端拱且图王。

唐杨师道《奉和春日望海》诗云：春日临渤海，征旅辍晨装。回瞰卢龙塞，斜瞻肃慎乡。洪波回地轴，孤屿映云光。落日惊涛上，浮天骇浪长。仙台隐螭驾，水府泛鼋梁。碣石朝烟灭，之罘归雁翔。北巡非汉后，东幸异秦皇。搴旗羽林客，拔距少年场。龙击驱辽水，鹏飞出带方。将举青丘檄，安访白霓裳。

独孤及《观海》诗云：北登渤海岛，回首秦东门。谁尸造物功，凿此天地源。洞吞百谷，周流无四垠。朗然混茫际，望见天地根。白日自中吐，扶桑如可扪。迢迢蓬莱峰，想像金台存。秦帝曾经此，登临翼飞翻。扬旌百神会，望目群仙奔。徐福竟何成？羡门徒空言。惟见石桥足，千里潮水痕。

明华善述《海楼篇》云：上客且归休，我歌送行舟。君家近东海，海中有瀛洲。瀛洲不可见，但见金银楼。此楼谁为之？无乃蜃气浮。相望邈无梁，引领成悲愁。

国朝管粮通判永嘉陈天植《望海》诗云：上方高极目，海气薄晴空。万里生寒浪，千山咽朔风。马驱沙碛里，鸟度夕阳中。几历沧桑变，堪嗟是塞翁。

柏乡魏裔介《观沧海》诗云：沧海非东，昆仑非西。倬彼天汉，元气混齐。蓬莱三山，是耶非耶？银台金阙，侯不乘槎。润色万物，震荡九土。沐日浴月，天枢地户。幸甚至哉，歌以咏志。

江宁王金英《观海宿吴学山前辈寓斋》诗云：天水相涵碣石孤，

居人指点影模糊。桑田不信能迁变，蜃市从谁辨有无？自叹浮生同断梗，敢于盛世说乘桴。来兹幸值添筹会，好共群仙奉玉壶（是日值学山生辰）。

商丘宋荦《海上杂咏》云：在昔新河口，曾漂海大鱼。然脂分异县，遗骨尚专车。风物闻皆别，农桑望转虚。自惭鞭算拙，辟土定何如？鬼蟹蹲沙恶，狼鱼出网腥。海翁瞻使节，灶户作邮亭。岸隔关门紫，波涵岛色青。输渠张木笔，临眺赋沧溟。真欲穷荒外，追随节使行。朝朝观日出，夜夜听潮生。浩荡求仙志，艰难彻土情。何时沙碛里，提榼饷春耕。

迁安马恂《渔人谈海上事》诗云：衣于斯，食于斯。鱼为我稼，海为我池。灵波时溢，神沙自移。潮随月转，日应云披。生于斯，长于斯。但见到海即无地无底无岸海外难思。黤黤黮黮，百异千奇。目所未见，我所不知。君问蜃楼，蜃楼万变。君问蛟龙，蛟龙难见。蛟不露响，龙不露形。海上风雨，激水冥冥。巨虾夜游，举鬐如樯。巨鱼巨舶，触之则伤。非大奇而小常，非异多而常少。飞鱼飞翠，牛鱼角娇。人鱼泣网，海犬吠晓。为猪为蛇，海马伏窈。烹蚌得珠，望烟知鸟。天鹄沙凫，蔽天翰扰。不知非无，所知非有。于何不生，于何不受。晶晶长波，富哉积厚。

经历德州于绍先《海上寓目》诗云：来是初冬候，荒凉草木雕。云黄烘晓日，沙白咽寒潮。渡塞迟征雁，盘空没健雕。不嫌情况别，万里海门遥。

渝　河　县东二十里。源出口外古瑞州，由宏量寺绕流入戴家河，归于海。《汉书》：渝水首受白狼水，东入塞外，又有侯水北入渝，疑即此。《方舆纪要》云：渝河，由古瑞州东南流，至联峰山西，一名狮子河，又曰泥蒲河。

案旧志所载如是。《抚宁旧志》但云："渝水下流，经联峰山下人海。"不曰人戴家河。至于狮子河，但记其名，源委皆不细书。今即渝河下流之道名狮子河者，访之城东二十里许柏新庄之西北有一巨浸，中有鳞介老物。雨集受正北泥河庄与北房庄东西沟之水，即亢旱之日水不外来，恒自溢。东流经柏新庄东折而南，又经张家庄东折至古城寺南，经李庄、赵庄、郝庄、蒲蓝大庄，又东流至杨家庄东南，有大石桥，一名莲花蒲草桥，实牛头崖西郊之要路也。自此以北曰蒲泥河，以南则曰狮子河。经望海冈东南顺流而下。自河源至此数十余里，见获捕鱼之利，若以水田之法行之，利或倍于蒲鱼，但惜土人不谙耳。又东经细河桥会戴家河，由联峰山入海。此渝河下流。或曰泥蒲河，或日狮子河，入海之大略也。今宏量寺无考。而入海之口犹背，就渝河下流上溯狮子河之源，至柏新庄西北而绝。案《读史方舆纪要》云:“金大定时，有两石狮沦于河，故名。”

戴家河海口　在县东南四十里，明时海运此为积储之地。

案：前志所载渝河水道，今实难辨。而《郡志》渝水下流第曰为蒲泥河，为狮子河，会戴家河，由联峰山南入海。而戴河之所由来，概不为载。今就见在水道访之，县之东北有水从董庄北岭来，经戴家山头东南流，西至大新立庄南，与北蚂蚁沟水会，西流经小新立庄至洼里庄南，又与北沙龙殿水会，而西流至香房庄南又有从北歪顶山泉眼沟东来之水，经鸭儿峪、牛蹄寨南流，同绕出马奔山后，即马头坡地，从东而南至沙河庄西入渝关河。此渝河东条之水道也。又西有三水，自北峰沟岭、庙岭、米家峪来者，绕流至车厂北，三水合流。东南下经龙腰庄东，绕龙口甸庄后西南流。又北有水自清泉寺山郁家沟来者，南绕周傅诸庄，东至龙口甸，合而东南流，至安庄南。又有水从西北朝阳寺山口，经聂口庄东、东新寨西流来者，至五王庄西合而东南流，至黄土坎庄前则俨然一大河矣。此渝河西条之水道也。东流至沙河庄西，与马奔山北绕流之诸水会，而东南以下，今所称为戴家河水经北戴河庄西，又有太和寨东西田水归之，南流与狮子河会，至南戴河北、联峰山南入于海。

黑洋河海口　在县南。

阳　河　一名洋河，在县西里许。源出界岭口外裂驼山，一云县北三十二里有星星峪，即阳河之源也。口北群川，多汇于此，南流经县西，又东南历紫荆山下，复南流而入于海。后西徙二里，康熙二年复归故道，所徒之道遂湮。又有分支，在县南二十五里，由刘家庄绕流归清河口入海。

案：洋河为抚邑巨浸源之所出，前志已详，今就其所自所入访之。邑西北境外有水自分水岭来者，东流经常各庄南，又有水自西北阳山来者与之会，东流经冉庄及燕河庄南之单各庄，则倒流河入之，又经良仁诸庄，至雕崖庄跨周各庄而南，则又自北青山口流入者，与西来水会流经湾子岭南至塔子会此里，人所称西洋河之水道也，俗呼石河与临榆石河异，台头东北有水自花果山来者，西南流由背牛顶径贾家庄、北寨前绕流西至野各庄东，又有水自李阳峪来者，贾家河与之会，绕流而西至营东之七各寨又有水自东北之峪门口来者，西流经三水头庄北绕流而南。此里人所称东洋河之水道也。至湾子岭西与西水会而南，其流遂大，南流经县治西南，绕紫荆山麓东流，至孟家庄西南入于海。

又案：洋河上流河滩宽阔，不甚为害。又至黄家山、崔铁营北有西南山水入河会流，昔为南岸害。康熙六年，移石狮二镇之。即邑之所云洋河古渡处也。又东北有城，东横山以南诸村水入河会流。下流之害或以膏壤付之波臣，或以华屋归之河伯，荡析离居，地去粮亡，无所控告，以至海下河滩两岸莫不皆然。东之万家庄，又南数里之桃园庄、卢王庄，岸北之北崖�武、赵各庄，民居皆塌去过半。由是而东折，即《旧志》所载分支入海之道。昔年本一小沟，至道光年间决开两岸，村居大受其害。于是数庄鸠工庀材，立行堵塞。今水口虽闭，水道尚存。《郡志》又云："由刘各庄绕流归清河口入海。"今访分支故道，实至卷子营东南会归于河。里中父老言此道本不通河，皆因东河西塌，冲断此堤，故分流之水至此入河。由此南行，至西河南庄北，有向西南分流之道，经水月庄归清河口，入海。此仍前志分流人海之故道也。河之经流东折，由东河南庄北东行，又经港营庄南流，会归至此，潮逆波翻，其流益大，又南入海。旧有分流水道，东岸经孟家庄，西岸经圈里庄东，昔年皆为入运之口。中有盐滩一段。今两岸合为一漕，水道大开，通船入运，为利甚溥。此洋水下流利病之形，分支开闭之大略也。又案:《旧志》"洋河发源于界岭口外裂坨山，其山已失考，不知何在？"今访其源盖不一焉。一自界岭口外东北二十里老沟，山名苗裔窊岭，此岭水向东流者，入临榆边，西流者入界岭口；一自界岭口外正北，地名界岭，此岭水向北流者，经双山入卢龙青龙河，南流者人界岭口。然此二水皆由散而聚，并非出自涌泉，流至界岭口门外会归一处入边。一自箭杆岭口外花果山上草窝铺天井发源。其井深不可测，曾有采樵者以葛系石投入百余丈，犹未至底。水由上而下，飞涛溅沫，入下龙潭，流经箭杆岭口三十里至西峪沟，与界岭口外所来二水合，又十五里至峪门口，与东峪背牛顶东横岭下所来之水合，又十五里至南寨与猩猩峪龙潭所来之水合，名为东洋河。及流至台头营南茹各庄北，与燕河营所来之水合，名为西洋河者，会归大洋河入海。

又案：旧志"芙蓉山，旧名裂头山。在县东九十里。"裂坨，或即裂头之讹也。

知府德州卢见曾《洋河筑坝挑引河记》云：洋河发源塞外裂坨山。由界岭入口，为抚宁县之东北境，抵塔子山，转而南。循兔耳山麓，掠县治之西，绕紫荆以南入于海。形家所谓"随龙水"也。康熙甲子，河身东徒，去县治南数里。乾隆丁卯，水暴涨。其自兔耳循麓而南者，横趋直，东阻于古城之废丘，则别啮土根以南下，而震荡及于西郊。回视甲子河身又淤为断流矣。郊故有明帅黄公惟正墓，逼于河。邑人不忘公之能军以庇其先人也。议迁墓以避之。邑令钱君告于众曰:"是固然矣，然水且益迫亦将迁城以避之欤？"乃以发帑复故道为请。予檄迁安端木令勘之，令故老于治河者也。复予曰:"抚之患迫矣。邑人请复故道是也，而未知河也。洋河冬春仅一带水，而夏秋霖雨则天马、半壁、将台诸山涨彭湃奔会，乘建瓴之势，卷石如斗夹沙以行。数十年来故道之壅于沙石者，积为阜壤，复之费以万计，详勘驳覆更历岁月。抚之患迫矣！虑不及待，且邑人忧黄公墓，而不周视其上流，亦未知河也。河今循兔耳麓而南，自故道壅为阜壤，横流射北郊，今资为捍御者独古城之废丘。再冲啮不已，必尽溃。溃则北郊悉为巨浸，不但西也。谓宜亟保古城，于其上流顶冲筑圆坝障勿东。乃因废丘之势筑斜长坝，使大流不得直下，折而西南。若余波之溢而东者，于黄公墓再筑圆坝以障之。坝之制，编荆为筐，绾以巨木，护以椿，实以滩石草泥，用民力值三百金，以上西北两郊无旦夕之患矣。夫洋水之力固能卷石夹沙以行者，不得志于东，必逞于西，而西固水之故道也。”予曰：“善。”亲勘之。端木君为树建标竿，指画形势，邑士大夫以及耆民老匠环而观听者千人，咸悦服无异议。乃上图议于制府，那公苏图具折以闻。制曰：“可”。钱君复请于予曰：“三坝之制善矣，顾更有道。夫水就下者也。古城以南甲子河身之淤为断流者，壅而高黄公墓之为。今河身者刷而下，河经两坝捍导虽折而西南，倘阻于断流，仍流而东，则黄公之坝危矣。谓宜亟挑引河于斜长坝尾，因大溜之，折而西南开水道以纳之。于甲子中泓，再于断流之淤开水道以达于老河。两引河总长二百余丈。上者宽十丈、深五尺，下者宽二丈、深三尺。其加费可数计，而收效若龟卜也。”予曰：“善。”再上其议，复报可。令首捐百金，邑人输财趋事不啻谋其室家。是役作于乾隆戊辰三月庚子，竣于四月壬午。计费白银五百四十两有奇。历夏秋两汛，郊庐田墓无恙，余波之溢而东者，比其退舍沙不之壅，如西故道。邑人举手加额，咸谓今而后莫予毒也。已，予惟兹役相度得势之要。使费省而功易举者，江宁端木公长浤也；同民之患，周画万全，悦以使民民忘其劳者，常熟钱君鋆也。然微我制府那公渊明坐照任人勿疑，二公又何由以勷其尺寸之长，而奏厥肤功也哉？不可以无纪也。乃从邑人之请，为文以镵诸石，并载襄事之众于碑阴，以垂不朽。

赵朗《洋河晚眺》诗云：饮马洋河秋水浑，绿湾遥隔几家村。边城九月无青草，衹有斜阳似故园。

沙　河　发源猩猩峪，由榆关镇西，绕流入戴家河。

案：沙河之源有三：一来自西北聂口庄北之山泉；一来自正北平市庄北之山泉，二水流至榆关南小李庄北合流为一；别有一源，来自东北，即抚临分县之界河，流至小李庄东南、高家店庄东，与二水合流。南入于海。每当夏雨连绵，河水涨溢。天光一霁，水势即杀，傍岸田畴不至受害，以近海故也。河沙甚细，近处居民每用以粪田、筑墙，是亦水之一利云。

梁家湾河 发源东峪门口庄北，绕流归洋河。

小红河 发源李阳峪北沟，由野各庄东，绕流入洋河。

倒流河 一名饮马河，发源卢龙之腰站庄。至单各庄入境，绕流由雕崖庄归洋河。

松流河 县西北十二里。源出双顶山银洞峪，由所各庄入石河，倒流至滑子山后，又北至黄家山，诸涧水注之，流经背阴铺、曹西庄，东入洋河。

界岭河 源出口外坨山十八盘。曲折弯环，合关内黑谷岭关、东胜寨北诸水，由鹿角峪二十里入松流河，此《水经注》封大川水也。

贾家河 发源花果山。由箭杆岭口外，流入贾家庄，南归洋河。

中桑水 自马思岭西人口，十里至王家庄，三十里入洋河。

双龙池 县南八里。

卧龙滩 在和尚洞东。

双龙眼泉 在黄崖望海寺东。有二石穴，冬夏不涸。

龙　潭 在猩猩峪北，深不可测。上有瀑布，每旱祷雨立应。

双龙眼汀 在洼里庄野田中。两汀相近，形如两眼，中间土脉坟起，又如鼻有两孔，水深丈余，鱼多金色。大旱祷雨，将龙眼泥滓淘挖，多验。

蛤子汀 在县东北洼里庄，距城四十五里。长数十丈，有二泉，大旱不涸，有鱼虾之利。口外杨树窝堡，有水亦名蛤子汀，距县二百余里。

以上抚宁。

卷之二十二

封域志四　山川四

东　山　在县东二里，一名围山。前有石南向，形如屏幛。上有佛影山背石窟，与千佛山扒虎洞相对，仅可容人。近为土石掩塞。旧志云：可容千人。疑误。

知县顾崧岳，《为永行禁止凿挖山石碑记》云：自古创建城池，不特雄藩重镇固尔图度周详，即山城末邑亦必审曲精至。或襟江而带湖，或砺山而抱水，建立之来，非无因矣。昌邑有仙台山及五峰山，考厥龙脉实为一邑之干。其东西两山则枝脉之所发也，层峦叠嶂，围绕城垣，形势秀而风俗淳。北平郡中，昌黎独推人文之胜，惟山效灵，其以此与遐。稽前岁奉旨重修城垣，所需石块，皆运自远方。曾未取诸此山者，诚有见于此山之石，关系綦重也。前已屡示晓谕，不许凿毁。嗣后或恐无知之徒，私自取携，致损风脉。间亦有之。爰镌诸石，永行禁止。倘敢有再取此山一石者，地方人民立即禀究。即本山住持，亦不得辞巡察之责焉。是为记。乾隆四十六年四月。

野湖山　县东四里。

两　山　县东八里，以路旁两石名，有庙。

卢龙辛大成《两山道中看花》诗云：崎岖无路访招提，野草春深信马蹄。淡抹斜阳花万树，五峰东畔两山西。野棠如雪小桃红，半放苹婆醉晚风。仿佛赵昌新著色，黄鹂无语坐花丛。

樵夫山　县东十二里。其山孤立，山畔两石窟可容数百人。

法宝山

联峰山　县北二十里左右，袤十余里。一日海眼山，石洞有泉潮汐应候，接抚宁界。案：此山似即抚宁之冯家山，与临榆之联峰山异。

行虎山　县东北十里，状如行虎。

正面山　县东北十五里。

药局山　县北三里，秀石错峙，传有异人采药于此山。东面有石平坦，上可容十余人。后围石如屏，镌曰“醉翁亭”。山腰东壁旁镌十八罗汉像，中镌观音像，形神活现。下有扒虎洞，势类悬弓，中有石如伏虎，故名。山南石壁界划如匾额形，中镌“壳化登天”四字。

馒头山　一名千佛山，县北四里。元人张勖题曰“蓬莱第一关”，往来诸山所必由也。

三角山　县北四里。上有石城，昔人避兵于此。石槽、石碾尚存，一名平顶峪。

白石山　县北四里。

桃花山　县北五里。上有洞，下石壁有泉。亦名桃源，旁有慰心台。

御史万泰《觉园和尚跌化塔碑》云：释之习佛，犹儒之习圣也。释不能人，佛间有人焉，无愧于佛之徒。犹儒不能人，圣贤间有人焉，无愧于圣贤之徒也。当吾世而遇淬，德砥行遹，追前修之儒，必流连慨慕以为圣贤之徒。奋笔扬扢，风兹来许，此秉彝自然之理也。乃与释之刻意苦身精进证正果者，以为佛之徒，而谢之。靳不操觚使沙门之功，行踔绝者。掩抑不传不几畛域，过严阻人，孳孳白业之徒耶！同乡佛种上人，河南郡之永宁人，代袭指挥，盖亦勋旧之家。云：童年善病发出世愿舍身熊耳东山景德寺，皈依象教戒慧勇猛，号以沙弥巨擘。明没，寇焰猘猖，中州无宁宇。上人遂一衲飘然西游晋阳，东抵燕蓟，卓锡于马兰峪城角寺，钟磬梵呗不倦，勤者五载。忽一日语弟子信受曰：“吾济虽矻矻，奉佛不越，寻常比丘功课耳。不遇禅宗棒喝，惧终堕恶趣，无由入三昧境也。”乃偕徒入都，受戒于悯忠寺。上座栖心禅悦，谋精蓝柞山西巷之地藏庵。庵旧址湫隘，上人竭蹶开拓，规模宏敞，遂为清净名区。上人天性真悫，寡言笑，常兀兀趺坐。从幼啖素，濒老不渝，中间屏去滋味，滫糗五年，恬然不为苦。矢愿抄法华经一部，匝岁功竣。抄《华严经》一部，五年功竣。皆刺舌血为之，尤浮图家所难。功德无量，如恒河不可思议，洵缁流中不易多觏者矣。年六十九于康熙六年三月二十七日奄然寂灭。玉箸垂地，肉体历五日不仆。都人闻之，聚观如市，皆诧异焉。先是上人豫知大数，至遍辞朋辈，其徒以办后请，语以勿仓皇俟吾弃世后，汝等徐为之未迟也。至是果然。所谓习佛而毅然无愧于佛之徒者，兹其人欤！兹卜于己酉年三月三日建浮屠瘗于昌黎之桃花山。同郡国子先生刘龙宾属余记其事。因叙颠末，勒贞珉以告后之孳孳白业者。康熙八年三月。

碣石山　县北八里，山顶有石卓立如柱。相传为天桥柱，碣石之名以此。其石在仙台顶西北云峰寺，右距城十余里，与仙台顶实是一山。史言秦皇、汉武、魏武、元魏文成、高齐文宣、唐太宗，并登此山。（汉武登之名汉武台，魏文成登之改名乐游山）今无可见，惟石壁文五十四为石花所封。仅存"明昌几年五字"，乃金章宗年号也。

案:《禹贡》"夹右碣石入于河。"特以山之高大，足为标帜者言之，而非拘拘于地脉之连络。古今之断断以碣石争者，皆因"夹右人河"一语，以为九河必由碣石以入海也。于是有王横沦入于海，无可指实之妄说。地至五百里，岂能空阔无人？并无所属郡邑之名，而漫言五百里乎？况碣石为大山，即沦入海，断不能灭顶，何至渺无踪迹，此为妄说无疑。而蔡氏直谓：九河入海之处有碣石，在其西北岸。遂将执碣石以求九河，而九河茫然，而碣石愈杳然矣。夫兖、冀诸地本无此石，而援濡易诸水中高不与河通之故，驳九河之必不能从平州之境入海，其说诚然。乃因九河之不于是入海，而遂舍平州以别求所谓碣石，则大误。夫《战国策》常山九门之碣石，人知其非矣。而《蔡氏集传》，引《汉书·地理志》骊城县，大碣石山在其西南，而增之曰河口之地。骊城为平州之境，乌有所谓河口者哉？是盖未深绎夫夹右之义也。（蔡九峰生于南宋，南北分裂何由知北方山川之形势，此不过以意为之）善夫孔颖达之说曰："导河入海"，传云入于渤海也。计渤海北距碣石五百余里，《禹贡》行碣石不得人于河也。盖远行通水之处，北尽冀州之境，然后南回入河。而逆上夹右者，夹行此山之右，则碣石非河口之地，审矣。夫夹者腋也，右者行其右也。经文自明。如九河口在碣石，则《禹贡》当言至于碣石入于河，而岂得云夹右哉？盖海道浩森，必望大山之特出者，以为标准。海过平州，南趋瀛渤之间，地势坦衍千百里中无大山可望，故必以碣石为准。而夹右以行，然后可南转，以入于河。然则碣石特取其远，望可为标帜。不惟不必求之于河口，而并可不必求之于海旁矣。郦道元言："骊城枕海有石如甬，道数十里，当山顶有大石如柱形。韦昭以为碣石。"其山则今临榆县之角山然。又谓昔在河口海滨，沦入于海，则亦未明夹右之义，为王横之说所误耳。《汉武帝纪》注文颖云："碣石在辽西絫县。"絫县今之昌黎县也，其说盖与郦异，郦所云之碣石，诚在海旁，而骊城为今之抚宁县，角山实在其东南，显与《地理志》相歧。今昌黎县之仙台顶，去海三十里犹之海畔也。形如覆钟，通址顶皆石，高五里许，上有石柱数十丈，自海滨望之矗矗高出，可为标帜。其地实当抚宁之西南，夫舆地之书，《地理志》最为近古而可信。则断之以骊城之西南，而碣石定矣。乃《地理今释》，以为求之于抚宁、昌黎杳无碣石踪迹。其意遂以道元、文颖之说为不足据，而直以《肇域志》所言，山东海丰县有马谷山，即古碣石。且援刘文伟之说，以为合于《禹贡》入河入海之文，则尤为武断。独不思碣石果在山东。班氏岂指千里外杳不相及之山，以为右北平骊城之封城乎！推原其故，殆不知古之骊城今析临榆，而求之于今之抚宁，而骊城无碣石矣。又不思海道标准之山，不必附在海旁，而问诸海滨，而絫县无碣石矣。于是泥河口以求碣石，而夹右之义，亦晦矣，岂不误哉！昔曹孟德之伐乌桓也，盖尝临碣石而赋诗，道里所经，夫岂海丰之马谷，所可假者？而或者曰：操自无终回军，上徐无山，出卢龙口，经白檀历平冈涉鲜卑庭，东指柳城，柳城当今宁远州地。则近登临榆之所谓碣石山，于理为近，固无由入关，而临昌黎之碣石也。然操之进军，本以故道之滨海洿下，故用田子春计，履险蹈虚，以乘乌桓之不意，至战胜而归。又何必不从故道，方轨徐行以就安，而便粮运者。且操之将伐乌桓预凿泉州渠以通运。胡三省以为泉州渠东至海阳县乐安亭南，与濡水合而入于海。乐安亭今之乐亭县。然则由泉州渠而粮运诚于行故道为便。操而归从故道，则昌黎之碣石相去至近，东临之以观沧海亦宜矣。史言：秦始皇刻铭碣石门，今仙台顶下不远有二小山对峙其状如门，未知是否？

秦始皇帝《碣石铭》云：遂兴师旅，诛戮无道，为逆灭息。武殄暴逆，文复无罪，庶心咸服。惠论功劳，赏及牛马，恩肥土域。皇帝奋威，德并诸侯，初一泰平。堕坏城郭，决通川防，夷去险阻。地势既定，黎庶无由，天下咸抚。男乐其畴，女修其业，事各有序。惠被诸产，久并来田，莫不安所。群臣诵烈，请刻此石，垂著仪矩。

魏武帝《碣石篇》云：东临碣石，以观沧海。水何澹澹，山岛竦峙。树木丛生，百草丰茂。秋风萧瑟，洪波涌起。日月之行，若出其中；星汉灿烂，若出其里。幸甚至哉，歌以咏志。孟冬十月，北风徘徊。天气肃清，繁霜霏霏。鹍鸡晨鸣，鸿雁南飞。鸷鸟潜藏，熊罴窟栖。钱镈停置，农收积场。逆旅整设，以通贾商。幸甚至哉。歌以咏志。乡土不同，河朔隆寒。流澌浮漂，舟船行难。锥不入地，丰籁深奥。水竭不流，冰坚可蹈。士隐者贫，勇侠轻非。心常叹怨，戚戚多悲。幸甚至哉，歌以咏志。神龟虽寿，犹有竟时。腾蛇乘雾，终为土灰。老骥伏枥，志在千里。烈士暮年，壮心不已。盈缩之期，不但在天。养贻之福，可得永年。幸甚至哉，歌以咏志。

明李攀龙《碣石篇》云：碣石中怒，沧海北倚。元气吐歙，若偃若起。长风相薄，跳波千里。悬流冒颠，天汉外纪。地轴高标，毂转白日。与齐俱入，与泊俱出。委蛇者河，千里一曲。方之舟之，匪刍伊粟。大行诘屈，西北是经。车辙马迹，日不遑宁。于铄圣人，依其在京。差次吏功，郡国以成。羽翼未就，鸿鹄徘徊。神龙失水，蝼蚁所裁。珠不暗投，剑不倒持。能弗用利，勿处于疑。高才者，匪但其人。逃名避世，以保其身。

《古碣石辞》古碣石者，本《禹贡》冀州之域，盖今东南海运，自海而北达漳河，实出乎此。予喜其符唐虞之旧制也。勒之以词云：惟圣建国，实日冀都。北极之运，万邦作孚。宫廷彤赫，时彼中居。士女和会，溢廛塞郛。江桥白粲，淮粻黄淤。聿官有漕，竞海其舻。伟哉碣石，枕我海隅。表此水道，长为委输。上蟠乾奥，下结坤区。割流貕养，披秀医闾。三月播荡，星辰盘盂。怪神罔象，鼍鳄龙鱼。帆扶缆守，翼奋鳞驱。番犛国用，来通帝家。自国有贡，或河而渠。或砥斯凿，或绝或逾。茧丝纨帛，金宝象珠。搜毫竭缕，满茵压车。矧兹米粟，诚系藏储。得一圭祚，悬万命躯。汉乖转挽，唐户征需。于穆我后，仰唐承虞。按之图籍，实以德符。普天率土，瞻戴罔渝。伟哉碣石，厥状屹如。若柱斯植，若丹斯涂。溟涨如席，浊浑以趋。削巉勒辞，永代斯模。

明卢龙韩原善《碣石》诗云：凿石凭谁问巨灵，摩空古壁摘寒星。岩深仙客时留驭，树老僧人不记龄。松覆鹤巢山点翠，瀑翻龙洞涧流腥。红尘永谢清凉境，招得闲云锁薜扃。

国朝知县阳城王曰翼《碣石》诗云：一柱孤悬霄汉旁，千秋禹迹旧茫茫。峰回雁塞关云紫，日射鲸门海气苍。汗漫残碑埋径草，崔嵬宫阙照扶桑。朝宗不有中流砥，谁障洪涛万里狂。

水　岩　县北八里，有寺。林木繁茂，苹果最佳。又有上水岩，在果老院北。

黑鹰峪　县北十里，两山壁立。

乐亭赵建邦，《由黑鹰峪过马秀才山庄》诗云：石磴万千曲，山村三两家。压檐羊枣树，夹路马兰花。云过松阴暗，泉通薜径斜。卜邻待他日，长此伴烟霞。

柳　峪　县北十里。

紫草峪　县北十里。

散坡峪　县北十里。

白庙峪　县北十里。

仙台山　县北十二里，自太行分派东来，惟此与裂头山、景山、角山、兔耳山，为平营五顶。顶有石棋局，相传仙人曾弈于此。山腰镌“仰止”二字，明杨于陛书。金天会十五年有僧建台，四面立石若阑槛，台后有果老院。又东北半空，有韩湘洞。案：仙台有二径，西径中间南面一石镌“天门第一”四字，下镌“解脱岭”三字。天门第一上西壁北，镌“天风海涛”四字。又上有地名把式场，镌“天门第二”四字。东径有黑峪沟长六里余，上顶险峻名阎王鼻，镌“止水”二字，大二尺余。沟中西壁峭立千寻，有瀑布泉。中间镌“峭壁流泉”四字，匀圆秀耸其大如斗。县丞杨于芳题。旁钉一铁环，不知何用？

迁安马恂《海山揽胜记》云：东望峦岫浓翠蔚积，有崒然耸出乎诸山而俯若万里者，昌黎之仙台顶也。形如冢，传有之曰天桥柱，古碣石也。登碣石以观沧海，壮哉！观乎顾艳昌黎山水者，不徒援碣石而啧啧。碣石之支五峰，是昔者高人胜士西堂、牧仲诸公所流连而啸咏也。人爱山乎！山藉人乎！癸巳秋仲，湝厓约为海上游，道于之五峰也。便栖鹤、退叔少需，余乃与尹田先发，行益近碣石，乃益下洎。相去十许里，则让旁之山高之矣。其亦如名贤硕德名称高四方而近之，愈温谦谦而善下也。海以善下王百谷，碣石以山具海德，奇哉！有天成石柱，三叠而造天图经，谓上颇有古刻，惜无路见之。晨起试屐于凤凰山，亦碣石支也。小熟视之，无凤形，奇石峭于顶。憩云峰寺，观元碑，失径跋稚棘，滑沙而登，怯者半途退矣。鼓勇猱进竟至脊，俯入避兵石城，西无垣。望之山几水带树荠，而村若绘焉。南上一门，蛇游乃可入斯，至绝顶，路益峻，不入。而下循北涧，觅昔拾铜婴在佛几携之以返。栖鹤、退叔至，议游。乃先五峰，中休于水岩寺。香山秀峭，屏拥寺后。坐东轩望白沙，远界淡墨渺猕如积雨，宿云平眠著地者，曰海也。询僧以五峰路，言人人殊觅，导者无之，或惮而欲辍。浴里计门人马生居五峰下可仗也。勉而意进逾二岭，方趑趄，有短衣前揖者，马生也。适莅场圃遥见，故前迎耳。进望五峰排天削翠，阴壑万丈，积岚浮动，欲流崭绝，若无路者。从马生行，乃蛇曲而羊转，殊无猿挂鸟骇处，中路得一岭，甚平可憩，殆欢喜岭欤！远见海涛，黑涌沸沸，疑闻声，又疑巨浪洗趾，山遂欲浮去也。惜少营构得一亭焉，慰山行而吞海，若当益胜前望若列三石床，私喜至可坐卧息。吾惫且有床，去寺当不远。以询马生，乃不知床处，大疑讶指示之，则大笑是即寺也。值仄径数武，浮沙而下深，栖鹤曲跽，退叔亦惴惴。余从后视，心遽摇股慄几不能进，急自持乃过。益信兵家言勇怯必视，所倡也。入寺殊荒凉，寺前旧有千年松干霄，今以材斧斤及之。山松之中薪者皆尽，而大夫松无恙，不以奇，以险，以小，渻厓见而揖之。虬干贯石盘拿一尺，老态绝支离余数株。折曲，横倒，皆其子孙，皆据石为固。谒昌黎及范、朱遗貌，已为庸手所损。观北山图读壁间诗刻，高吟之山灵欲也。里指五峰顶，气凌之若已登立，峰前黛色盈眦，灵气吸嘘，山不一状。化工为匠，山无定形，转转各成为百圾，碎为三成，削为岣嵝碑，为飞来峰，为宝瓮悬，为秦皇鞭之走，奇秀错出，不可以名指而综之五，则锦绣挂月诸名姑以名焉。对之不忍去，西南为刘九洞。竟不往固倦乎！亦五峰留之也。渻厓深惜襆来卧山翠中。看三更月上，金碧玲珑，海色浮银乾坤澄碧，而峰顶霞垂，夕阳已下矣。不得已出寺，顾见天桥柱，对五峰忽析为二。白龙潭石级龙攫不可上，山中奇境历历，目前皆不能登也。厥明东指渤澥，日落抵蒲河旅舍。湫以隘主人，耄而顽几不可一席，安然而主顽矣。其子至，乃与渻厓话，戚谊情意拳挚再授餐焉。食不叹无鱼，舍湫矣。视其栋五阴沈在，昔海舟所贻，异材罕觏也。事奚可意限哉，出门立莽莽天低，潮声雷吼。缺月乍上，飐飐欲摇星光，悉震荡而居者。曰：是非潮侯之巨也，地去海一牛鸣，将观出日。戴星往已而天湛深，碧涛挟怒，风则已至海上矣。东望天半，红眩胭脂，而玻璃界之下，乃益黑，突一线莹白，如眉月，如判圭，引而益长，上樀下平，恍如水晶城双扉之阖也。若吞若吐，忽欲飞起，则大金莲花，萼跗洞彻捧宝钥而破金地。黄虬丹龙，昂头争攫，莲花隐，而日在天矣。斯时目愕神逐，不得以瞬。早潮初退，腾击激转，相抟相让，相诡相助，相引相抑，万变幻惑，不可一稽。洒雪飞珠，洗天益远，蒙蒙白雾，横起无际，奇观哉！岸见团冰，水母泊也；雪团烟散，驾鹅水禽，逐潮舞也。于水岩见海之静，于中岭见海之动，于五峰如在员峤五山矣。而海上则尤奇变为无穷也。闻海当极，寒风战潮，立僵为冰山嵌空，雕镀海之奇山之奇矣。近午而返，便途叩石佛洞穴，山而肖佛上为绝壁，百尺铸铁洞。外镌昔人游记，浅漫不可读。挹灵泉一丘一壑，余兴益壮。归途望五峰不得见，遥见若巨禽，高冠轩翼欲冲云去，则凤凰山也，使目论必失之矣。车中默念，灵区名胜，福媲洞天。若马生之数椽，烟云池莲，岸柳拥山于座泻海于杯山水缘，谅非浅浅矣。是游也，往返六日，既别里归。爱山者，津津不去口，而乘长风破万里浪，忆海者，梦且游也，乃觌缕而为之记。追忆一过，若复对巉岩，而俯鸿洞也。

乐亭史梦兰《登仙台顶》诗云：碣石山畔山丛丛，就中秀拔仙台峰。卅年望之未能上，常恐风雨迷樵踪。今来重九日晴霁，贾勇而上偕冠童。攀萝扪葛觅苔磴，长松夹路鸣天风。群山渐渐觉低伏，千岩万壑来朝宗。风巘龙潭列左右，五峰对峙分西东。南望溟海在眼底，日光下注玻璃红。帆樯万点乱凫乙，岛屿想像蓬莱宫。七里之海如杯勺，滦江一线纷横纵。下视城郭与村落，苍茫一气开鸿蒙。峰巅辟梵宇，绀碧光融融。排云驾雾势缥缈，呼吸可与帝座通。仙台之高何茏炭，仙人传是白兔翁。云有灵药在绝顶，服之白日能飞冲。我今到此眼界豁，何止云梦（八九）吞心胸。我闻北溟有鱼（南有）鸟，飞腾变化穷寰中。人生何为居瓮底，百年甘作醯鸡虫。登山不登顶，终与不登同。寓内山难更仆数，安得一一著屐筇。十二州中环巨镇，虞帝望祀秦皇封。慈山之游已称快，何况东泰、西华、南衡、北恒与中嵩。他年会当结伴游，五岳倒骑（日月）凌虚空。

宝峰台　仙台山麓，有寺。昔有井七十二，今存十余。花木森然。

香　山　宝峰台左。

西五峰　县北十二里。西名挂月，北名平斗，东名望海，东北名锦绣，西北名飞来。东峰悬崖削拔上有深洞，又有一峰宛如浮图，名药师塔。案：县境诸山皆为碣石之支阜，四面环列得名者以数十计，其实皆一山也。平斗峰，半石隙一松枯老巑岏高仅盈尺，俗呼千年松。挂月峰半有范公洞。旧有石壁如洞形，俗传若要洞门开，还得刘九来。范督师因与己小字相符，遂凿开改名范公洞，洞下石隙出泉下积一池水，光清澈，石壁镌“澄光”二字。西北复有一洞，形较范公洞差大，口仅容人，今俱为土掩。韩文公祠后有井，形如半月，深三尺，味甘洌，石壁镌“玉液泉”三字，俗呼菩萨井。五峰中间悬崖有横镌“泰山北斗”四字，竖镌“五峰环翠”四字，大俱如斗。皆崇祯辛巳中州范志完题。观澜石，在五峰上可望大海。

迁安《马恂范公洞》诗云：古洞望中见，开门说范公。神仙镌石碧，戈甲卧沙红。旧梦沈边雾，高怀冷朔风。不堪谈住事，刘九亦匆匆。

东五峰　县北十五里。形如笔架，秀绝人寰，溪径幽峭，游屐罕至。上有柏源洞，大如三间屋。洞有石佛一尊高三尺许，两旁有井二，深各二尺余。土人多取以疗病，因名圣水洞。西石磴天生石纹，作寿星老人像。又西有石镌“张果像。”

国朝龚应霖《游五峰山》诗云：君不见，巫峡之山十二峰，鬼斧削出青芙蓉。又不见，太湖之峡七十二，波光云影两摇曳。北平山水古称奇，五峰兀然当昌黎。我来客此将三载，今夕何幸相攀跻。寒谷春回冰雪少，和气习习吹春草。寂历空山人迹稀，枝头格磔鸣黄鸟。山灵知我巾车到，岚光云气清如埽。叠嶂层峦果大观，不让太湖巫峡好。一峰壁立俯沧溟，一峰掩映如锦屏。一峰巍巍侵牛斗，一峰天竺灵鹫形，又有一峰名挂月，梯云不羡周生绳。恍如五老相揖让，又如五凤争飞鸣。始知奇迹遍海内，我欲尽历恨未能。芒鞋竹杖正未已，疏钟何处隔溪水。古木千寻夹道生，苍藤怪石互腾倚。肃瞻庙貌祀文公，荒碑剥落多倾圮。当年未得列门墙，至今再拜犹兴起。凭栏一览意茫茫，收拾海天数千里。朝看扶桑日色红，暮观明月沧波紫。岩前古洞凿何年？范公遗像俨神仙。老松如虬不盈尺，霜皮黛色岩之巅。清泉一勺流不竭，尘襟对此顿洒然。长啸几欲裂翠壁，把酒还拟问青天。不觉诗兴随酒发，提笔一一写崖间。嗟哉此游信非偶，谁谓山水无宿缘。山水长存人易去，对影欲别还流连。且喜山僧颇不俗，知我行游兴未足。留向山窗卧白云，梦魂踏破春山绿。

杏山彭延祀《登五峰山望海》诗云：北平山水称五峰，五峰屹立摩苍穹。秋来绝顶试登眺，林整如画烟濛濛。地尽忽惊天水合，怒涛千尺腾蛟龙。山僧指点为东海，沐日浴月波涛红。昔我鼓棹江湖内，茫茫已叹排长空。谷王真与凡水别，百川巨细皆朝东。嗟乎！秦皇汉武意无穷，渡海欲寻蓬莱宫。只今三岛杳何处？秋日遥射玻璃中。

知县阳城王曰翼《登五峰山》诗云：青旻丹嶂合，攀陟最高头。海气朝成雨，松阴暑欲秋。石幢迎露洗，云窦泛泉流。吏况同僧拙，登临足胜游。

又《再游五峰》作云：芙蓉谁削五枝妍，万仞青青势插天。仙掌孤撑摇海日，云屏高挂染松烟。盘承夜露东瀛近，樽接星河北斗悬。几度扪萝晴不散，沧洲有兴代中偏。

莱阳宋琬《宿五峰山》诗云：为践西山约，扪萝到翠微。松光青不定，海气白成围。待月穿云径，留僧宿石扉。莫教官骑促，吾醉欲忘归。

又《同王兰陔工部重游五峰候高钦亮不至》诗云：已共山僧别，为因水部过。白云相识旧，红叶再来多。三井气含雨，群峰势欲波。衔杯思谢眺，徒倚向岩阿。

又《西峰雨中》作云：被星河近，人同野鸟栖。片云孤嶂起，一雨万松迷。城郭微微见，峰峦漠漠低。不辞苔径滑，更欲杖青藜。

又《东五峰》诗云：已谓西峰好，东峰更不群。悬崖疑峭刃，古木善藏云。海色朝来变，泉声雨后分。何年此高卧，自翦薜萝裙。

邑人阎瑄《五峰山》诗云：独立高峰上，遥瞻众壑微。烟霞连海出，风雨半山围。鸟道人穿径，僧房客启扉。五峰犹似旧，何事倦东归。

邑人张元复《东五峰中秋看月》诗云：玉虬初驾冰轮上，一片清光发岭东。素魄传来松际影，幽香时送桂边风。乘凉身在瑶台畔，一踏影人行水荇中。坐久不知霜露冷，褰裳拟入广寒宫。

邑人王煦《五峰》诗云：纡回行几曲，灵境欻然开。积铁崖如削，浮岚翠作堆。松根不著土，壑底自生雷。南望天疑尽，沧淇水一杯。

乐亭张九鼎《登昌黎五峰望海》诗云：石径嶙峋接碧霄，腾身直上兴偏豪。路经绝壁方知险，人到凌云不觉高。八月霜寒摧木叶，九天风怒起惊涛。神山飘渺无由见，千古空传戴巨鳌。

乐亭杨在汶《游昌黎西五峰》诗云：秋色苍然来，出门度林樾。危径矗天梯，扪萝腰屡折。凭高一振衣，奇境森然列。远海静无波，遥山小于垤。日月互蔽亏，烟云时出没。孤岭覆釜钟，双峰辟枨闑。丘壑胸中藏，何须更饶舌。爰谒文公祠，前朝认碑碣。人生天地间，立身重品节。模楷仰前贤，遗像钦英烈。石洞在其南，峰回探云窟。危磴霜叶堆，曲涧流泉咽。涉险力已疲，惶悚临杌陧。鹭伏学蛇行，手抠石缝裂。二分足外垂，露湿苍苔滑。坐我卷石中，天风荡漻泬。人随飞鸟还，浮踪感鸿雪。好景付奚囊，清歌薄暮发。仄径人影稀，斜阳半明灭。飞觞得月亭，东山吐明月。

乐亭赵建邦《登五峰望海》诗云：五指竖东溟，雄分太华形。沙平连海白，岭断补天青。明德怀神禹，奇踪想巨灵。文公祠小憩，山斗仰遗型。

石门峪 县北十五里。

龙潭洞 仙台山畔。有石磴一百一级，一名水岩上院。院上有龙王祠，院下有关帝庙，今俱废。庙西石壁陡峻，中启一洞，即龙潭洞也。洞门颇大，以石砌之，宛如窑形，中有一潭，水常溢，上架横桥履之以入。泉在洞东北隅，人因于此凿一龙头，使水从口出。正面列石佛三尊，高俱二尺余。至今石磴已毁，人迹罕至，半为鸽鸟所居云。洞东悬崖下，大石峙立，有辽邻海军题记二百余字，后记太康五年五月十九日，太康道宗年号。浩然台在龙潭山畔，明知县孟秋命名。

山心洞 在龙潭下百步，洞下有巨石，大如夏屋，石底有穴，可容百人。金大定乙未四月初吉，北平牧高侯贰车王公记游于此。西面字大如斗题曰“独立不惧”，南面题字如杯，乃高侯命其客王密所书也。龙潭洞中北壁下镌“山心”二字，色纯赤，故名山心洞。向南石底东面镌诗云：“沧溟无际入仙台，绝壁龙潭挂断崖。更有山心人未识，茂林深处洞门开。”旁署“一斋”二字，又镌云：“此处山心在，千秋一得之。山灵可意会，未许世人知。”旁署方泉李学诗题。洞口上横镌“海山景会”四字大如斗，旁有小字二行“明御史吉庵赵得书”。洞东南，紧依悬崖有石面南，镌题云：“为爱山居懒慢便，竹床石灶引清泉。渴来一漱香生齿，谁识仙台别有仙。”旁亦署“方泉李学诗平度州人，嘉靖九年二月十日书。”又东南一石，西面镌云：“仙遗幻像岩空在，龙住寒潭水自青。览胜不妨多载酒，万山寂寂海溟溟。”旁署“洙滨孙允中”。又下半里许，道名十八盘。旁一大石，镌“任王佛”三字。（案：县志于龙潭洞，称有海月寺，多题咏。以上石刻诸诗，当即当日海月寺地）。

明邑人张庄临《新秋登龙潭》诗云：积雨秋初霁，新凉已透裳。泉嘶夜疑雨，沙皎月如霜。极听穷边静，愁看野塞长。登崖时一啸，终老此僧房。

欢喜岭　仙台顶东。登顶者至此，如出中霤，稍可四望故名。直南向下乱石交牙，俗谓之阎王鼻。两山夹峡翳不见日，长溪路滑，湛湛阴阴。《水经注》言碣石有石如甬道，数十里。疑即此。

观音山　仙台之北。有前后二峰，其岩有矿洞，今莫知其处。

黑石山　县北十二里。

罗汉山　五峰前。顶有飞盖石，形如僧包，一名顶包石。（县志作五峰山顶）

达摩峰　五峰后左。有石乳，垂数尺沥沥，然旱不涸，冬不冰。

锯齿崖　县北十五里，四面壁立无径可登。樵人间有至者，云上顶平广，有天生莲花盆。大小各一，大盆上有“圭月扬明”四字。

大同山　县北十八里。张各庄西，俗名西老城。高数十丈，上有石城，东南隅有石井径数尺，深二三尺，虽冬不冻。石上镌“太平年造天井”六字大如拳，太平辽圣宗年号也。又庄西南三里许，滑石山北，峭石壁立高丈余，隙滴水下注为泉。味极甘，俗名龙眼泉。

西　山　县西二里。

磨垲山　县西三里。其石可材，一名板石山。

龟盖山 县西三里。壁有人影，相传为韩湘遗影。山石皆青，此迹独白，道者衣冠袍袖东指。下有水横截山麓（源即温泉），东清西浊，名浴仙池。其西石壁镌“天地同春”四字，径尺余。

训导郭铉俊《湘子影》诗云：曾寻小室达摩影，又访昌黎湘子踪。峭壁依稀留幻相，飞崖约略想遗容。水分清浊都堪映，人隔仙凡未许逢。笑我烟霞缘不浅，半生鹿鹿一枝筇。

午 山 县西五里。

石门山 县西五里，两山相峙故名。

石窟峪 县西七里。一名石佛洞，又名混沌洞。深二尺中有罗汉像，山顶有一方石，长五尺广二尺名玉砚池。

明知县剑州杨于陛《混沌洞记》云：洞旧名石佛洞，不易之以混沌者何？政暇偕诸生周道兴、杨嘉善兄弟，来游此洞。俯仰眺望，前后左右，绝无标题，惟《邑志》之石佛洞，在县西七里，深二丈数字足据。辟于何时？成于何人？命以何名？俱不可考。洞口圆如车轮，额兀嵝狋翳砧碍青霄，腹摩窌巧老，如一大周天，非有神鬼斧凿迹。偏右玉窦石乳滴沥，中坐一大佛，环列诸佛念四尊。大佛壁间隐隐有石佛相吁，此真佛也。不然何以半含半露，若有若无，隐隐若是，莫见乎隐佛之隐正佛之现也。诸佛相可不必作矣，不必作佛相，尚以相名乎！石佛洞之名，世俗误之耳。洞乎何尤？不佞以为未有佛先有洞，有洞而后有佛也。则洞之灵，岂因诸佛始有。既有洞方有佛，有佛亦归于无佛也。则洞之名，当与佛同空，胡不溯之未始有佛，未始有洞。并溯之未始有，有佛未始有，有洞强而名之日混沌洞。

耍儿峪 县西八里。

楸皮峪 县西十里。

牛儿峪 县西十二里。为昌黎西北境，凡一舍余抵抚宁界。

长 峪 县西十二里。

凤凰山 县西十八里，峰如凤首，两翼轩翥。旧志云：上多奇花，名穿花凤，今无。山右有堡，险可避兵，名凤凰城。

邑人王煦《凤凰山避兵堡》诗云：凤岩崛起碣石右，巇嶭特立钟神秀。两峰夹峙两翼张，作势昂翥如伸咮。上有石城据险固，四门豁敞春云曙。袤延百亩容千人，传是昔年避兵处。破釜斑驳出沙中，遗钱犹见古青铜。苔痕时映千人血，天阴坟起石上红。此地古与鲜卑连，乌桓前燕与后燕。数百年来争割据，居人未始得熟眠。五代金元尚安靖，胜朝烟火毁万井。思陵未造不堪谈，平壤用兵倭为梗。征役繁费民不支，土寇蜂起良由兹。白莲趁势纷聚众，荼害生齿乐不疲。猖獗来往时无常，村野男妇窜苍黄。绷儿负女山上去，高踞谓可避强梁。云黑尘迷喊声起，山鸣谷应贼马驶。夺赀屠命血风腥，千人万人霎时死。幸我今生际泰平，携酒登临醉绕城。满山喁于遍樵牧，今人欢歌昔人哭。

卧牛山 县西北二里。

驾鳌山 县西北八里。

笔峰山 亦名尖山。县西北十里，上有拴马洞，水源洞。

衡　山 县西北十里。

道者山 县西北二十里，其上旧有道者寺，故名。

元宋纲《题道者山》诗云：兹山介平营，时与太古存。碣石拱其侧，水岩何足论。东北医无闻，罗列为弟昆。

虎皮山 一名虎牢关，东有观音洞。

中峰山 县西北二十余里，顶有净影池。

孤　山 县西北三十里。

纱帽山 县西北三十里。

安　山 县西三十里，山有避兵堡，饮马河经其下。

骆驼山 县西四十里。

书院山 县西四十五里。两冈合抱环列石屏，屏下朝阳洞，覆石如厦。一小井，深不满尺，冬夏不竭。西壁镌“夷齐读书处”五字，苔痕剥蚀摩挲可读。

牛　耳 书院山西。案:《县志》作牛眼山。

茶叶山 书院山东。

荆　山 书院山北。

团　山　县西五十里，杨文坨在其上。

长　山　县西五十里。

坟　山　县西五十里。

安乐峪　县西五十里。山东南横峙，北接卢龙，西近滦州。

七峰山　县西六十里。

拉虎山　县西六十里。东南二峰，下侧滦河，其后孤石直立，即一柱峰也。

分水岭　县西六十里。

庙儿山　县西六十里。

龙　山　县西六十五里。上有塔，下有莲池百亩。今改为静安社，去山十里。

驻跸山　县西七十里，相传唐太宗驻跸于此。《读史方舆纪要》作在县西五十里。郭造卿曰：按史帝自命名驻跸之山，在辽东安市城。著作佐郎敬播谓銮舆不复东，是矣。帝征高丽至孟冬班师，闻太子奉迎，从飞骑驰入渝关，太子迎于道左相见为欢。因在道左登功纪德耳，未尝游幸至海隅。兹驻跸之名，或魏文成改乐游山，筑坛纪行于海滨，而误为唐太宗乎？

武　山　一名五山。县西七十五里，绝顶四望，边城在目，有古垒遗迹。

阇黎洞　一名临河岩。在武山西，壁立千仞，顶分八字洞。在其腰，前逼深潭由小径匍匐入，颇昏黑，穿而直上丈余，四壁有隙如牖，爽垲可容二百人。又有小者十余，皆幽胜。辽金以来，居民多避兵于此。

海　在县东南七十里。

七里海　县东南三十里。即古溟海，亦日七里滩。

按:《旧志》七里海，纵七里横十余里。今广袤几倍之。旧谓水咸可作盐。自饮马河由沙河入海潮淤沙成坨，水亦遂淡。名之为海，其实褰裳可涉，舟楫不通。旧有蟹鱼之利，咸丰八九年，忽竭，民皆种麦，十年复潴水如故。洪稚存《乾隆府厅州县图志》云：渤海在永平府南一百六十里，东连辽海，西抵天津，南通山东登莱，浩瀚千有余里。自直沽之北，折而东去，丰润、滦州之南，各一百二十里，乐亭县南四十五里，又迤逦东北绕昌黎、抚宁二县。东南历山海关，接宁远州界。其在昌黎县南者，又名溟海，去县三十余里。海至此突然北出七里而嬴，亦日七里海。

商丘宋荦《海上杂咏》云：七里亦名海，寒潭作镜平。数峰当岸秀，双鹭照波明。鱼艇通蒲泊，村烟接柳城。因思静修句，世累一蓑轻。

滇西师范《七里海泛舟》诗云：团林镇前朝驻马，落木萧骚雨同下。塞云飞尽霜旻高，杯中一泓海新泻。涓滴何堪享大名，浑疑匹练眼前横。好趁轻舟双打浆，碧琉璃滑御风行。照岸斜阳倏明灭，细縠寒摇半篙雪。菰芦四面浮青黄，鸥鹭千群起飘瞥。森森爽气扑人凉，鹿碛龙堆草尽荒。长歌汉上沧浪曲，来泛辽西白雁乡。凌虚径渡可七里，回视天容俱在水。烟景空濛看欲无，千里万里亦如此。舍船直上沙屿头，冈峦起伏阻且修。特生屏障别咸淡，不然潮汐将何收。暝色西来解缆去，渔火依微隔村树。跂脚能添浩荡情，披襟已得江湖趣。何日乘流下北溟，波涌神山泼面青。吹罢梅花三弄笛，紫霞深处挹仙灵。

沙　河　县东南十里，此东沙河也。

蒲　河　县东南二十五里，即蒲泊也。源出县东二十里海眼山，夹莲峰、樵夫诸山而下，经惠民场东，西入海。

饮马河　县南五里，源出卢龙桃花峪。自县城西北三十五里，两家店入境。经县西安山下东流为沙河，又至县西十八里合深江河。又东南至琉璃庄合虹桥河，又东南至团林庄入七里海。其一支由古河，至陈家海口入海。（按：此即《汉书》絫县下之宾水）

潮　河　县南二十五里。源出仙台顶，后由达摩峰下张各庄汇上源诸水达七里海，一名马家河。（按：此即《汉书》絫县下之官水）

甜水河　县南三十里，入七里海。赤崖镇南有旧河一道，乃滦河支流，道光三十年闭。同治六年夏，其水涨发，巨浪洪涛仍归故道。

经石各庄、仓上、拗榆树三庄，自甜水沟入海。

两　河　县西南八里。上流诸水至此，合而为二，因名。

泉　河　在两河之西二里。源出青沟营，至兴宁屯为土桥河，由古蛤泊、捻坨入深江河。

绕湾河　土名瑶湾河，在两河南。源自西北茶芽山贯各庄，由黄土营、垫子里、安山、崔刘庄入两河，一名安山河。

套里河　县西南五十里。源出龙山，过静安堡入乐亭。

滦　河　县西北六十里。详《卢龙》。

急流河　县西门外，源出龙潭水岩，至县西南入饮马河。又名西沙河（按：此即《山海经》绳水，《汉书志》编水也。旧志云：县下碣石水，亦即此）

深江河　县西十八里。源出静影池、长峪石窟，诸川南流入饮马河。

梭头湾河　土名锁头关，县西北三十里。源出道者、凤凰诸山，合深江河达虹桥河入饮马河。

柳　河　县北二十五里。案:《读史方舆纪要》云：在县西二十里，诸山溪之水所汇流也，有柳河桥跨其上）。

温　泉　县西关玉皇庙前平地涌出，隆冬不冰。明知县杨于陛凿有莲花池。

瀑布泉　在仙台山龙潭洞东。西崖有“忠孝节义”四大字，明嘉靖间，邑令王世业书。

鬵　泉　海月亭左石孔中涌出。冬夏不竭，饮之甘美。

洗心泉　在县西北。黑鹰峪飞流千尺横空如练下，注为潭，深三丈许。又书院山寺后有洗心泉（卢龙县北亦有洗心泉）。

桃源泉　桃花山石壁涌出。

圣水泉　在县西书院山云居寺。

莲花池　一在城西龙王庙，一在静安堡。

玉砚池　石佛洞上池水。冬夏不竭，深可二尺许（又笔峰山有玉砚池）。

天　池　在上水岩休粮寺，冬夏不涸。

净影池　孤山之上。昔有异人幻影于此，下流入深江河。

以上昌黎县。

卷之二十三

封域志五　山川五

岩　山　一名研山，州南五里，状若虎踞。其东绝壁有洞，凡十有八。上三洞最大而深，人莫能上（中一洞有石几石榻可容多人。明嘉靖二十九年八月二十一日，北兵入中原，自京都掠及丰润。本州花园庄民张儒同、李科、何朝、庠生刘调元，各家老幼寓此洞避兵数日，今洞口北壁刻字尚存）。下有金大定间石桥，石多红色，一郡之水口也。上有塔。

副使裴骞《岩山石洞辨》云：岩山在滦州南为屏障，状如飞鸟昂首振翼。其东巉岩有石洞，凡十有八。有大者，小者，深者，浅者，可入者，不可入者。其上有三洞最大，而深者在绝壁间，非步空梯云不能入者也。下有石桥，大定间建，石多红色，有石柱二。其下半红，相传为石洞多妖。石柱上红，则妖出予，惟石洞山之有罅而虚者，尔其始也。草木繁茂，蛇鼠狐狸盘据其中，时或出没，居民骇之未为妖也。有妖民者奸贪豪猾诳诞诪张为鬼，为蜮，情态万状，剥人皮肉嘬人脑髓，白昼公行恬不为怪。而独求妖于石洞何哉？为吾人者可以辨矣。因为之说，以祛惑以风世也。

训导黄步青《岩山虎踞》诗云：山影高低乙字同，神威懔懔峙畿东。三春花发文初变，五夜风生啸更雄。壮士敢撄空攘臂，将军善射不张弓。千秋昂首凭登眺，四野都归一望中。

蚕箔峪　在岩山西麓。

卸甲山　在蚕箔峪西二里，相传为唐太宗遗迹。

宋家山、杜家山　俱在岩山西二里许。

许家山、张目山 俱在岩山南五里。

法宝山 在州南十八里。

小峰山、披甲山 俱在法宝山南二里。

小　山 在州西南四里。

州人吴晋之《登小山》诗云：摄衣当峭壁，眼界任东西。浦极江天迥，城连草树低。春云离岫出，野鸟向花啼。仰止倾心久，今朝快一跻。

马鞍山 在州西南七里。

胡家山、柴家山、林家山 俱在马鞍山西南七里。

芹菜山 在州西南十八里。辽进士冯唐卿于山前结庐，种菜自给。

尹家山、习武山 俱在芹菜山南二里。

磨笄山、小摆头山 俱在尹家山南。

媳妇山 在州西南二十五里。唐时有妇李氏随姑采薪于此，遇雨雹以身翼姑而死。

五子山 在州西十二里。上有五子洞，龙溪之源出焉。

双山 在州西十五里。小泝水经其下，入于大泝水。

拐头山、小龙山 俱在双山北。明正德十三年，武宗观鱼于拆河，尝幸拐头山巅。

馒头山 在双山南。

五子洞 在拐头山南。一名墓子洞，有四陇五峰巅。有石冢，龙溪源出而伏，伏而复出，昔人投糠验之。

佛住山 在双山西北七里。

刘家山 在佛住山西八里。

土　山 在刘家山南十里。

洞　山 一名吞流山。在土山西五里，下有水洞名受虚洞。深黝莫测，夏秋之际港汊积水注焉。伏流而南至二十里外河草等庄，从地泄出。

尖　山 在洞山北五里。上有城，下有金、水、火三洞，水洞今塞。

巍峰山 在尖山西七里。

毛家山 在州西五十里。

万石山 在毛家山南十里。其南麓，有鲜卑元帅墓。

州人李恩捷《万石山登高》诗云：九日寻游玩物华，乡山高洁压龙沙。佩萸旧俗传来久，赐橘新荣望欲赊。万里清秋飞白雁，一天冷雨瘦黄花。风流自赏今犹昔，落帽何须独孟嘉。又《九日游万石山》诗云：山水悦予情，况当重九日。行行偕冠童，步步入嶒崒。路转一峰高，烟笼千树密。攀萝露沾衣，拾级花绕膝。寺古苔生阶，僧闲云出室。置身百仞巅，回首尘烟失。小憩清气来，探幽静理出。泉声石叠三，雁字天垂一。酌酒话康年，题糕轮快笔。日斜兴未阑，醉者十之七。

北长山、小山 俱在万石山西十余里（此小山与研山西之小山名同地异）。

亭子山 在万石山西北十五里，石可作碓硙。

大扒头山 其石可用以磨刀而快利，胜于亭子山。

白道子山 在大扒头山西十里。

塔儿山 亦在万石山西北，石青韧可为碑碣。

马家峪 一名七哥峪，上有圣泉。

刀楞山（楞当作棱）。

逗遛山 在刀楞山东。

白云山 一名自来峰。在州西七十里，巅有大湫曰湫岭。

水峪、王子峪、秣轴峪 俱在白云山南。

凤凰山 在白云山东。

佛座山 在凤凰山北。

围　山 在州西八十里。上有瀑布四五，飞流会于泉河。

香花峪 在围山麓。

九里长山 在州西七十五里。林果茂密，其上为天井峪，深险可避兵。

大崖山 在佛座山西。

大风山 在围山西南，其巅有洞，内有铁梯三折而入百步，水如河流深六尺许，前通陡河，风波不停，渊黑莫测。洞南顽铁如牛，半入土，愈掘愈深。

知州吴士鸿《风洞飞虹》诗云：篮舆今又出南关，望里纡青不断山。待渡沙汀新雨后，停骖古镇夕阳间。烟飞洞口虹千尺，笋进芦芽水一湾。来向风姨申祀典，五云霭霭见仙鬟。

州人汪鉴和韵云：洞门常倩白云关，洞口飞花自满山。终古风声含穴底，有时虹影挂崖间。烟岚缥缈笼千界，沙溆萦洄抱一湾。我欲凌虚探胜迹，好偕仙侣步螺鬟。

树儿岭 在大崖山南。（按州志，在大烽山南五里）

骆驼岭 在树儿岭南。

贾家山 在骆驼岭南。出茶，山尝掘得龙骨，因名龙骨香茶。

唐　山 在贾家山西。孤高秀出有暖泉数十，上有姜将军庙。将军，后唐时人，斩蛟有功，没，葬此山。士人建庙祀之。有张勖碑记，唐山顶上有石城，周二百余丈。相传为后唐李嗣源屯兵处，基址犹存，山之名以唐者实始于此。西南岭下有小洞，其石色黑上多金星，有大如棋子者，土人取其石作砚磨墨颇佳。

钱塘卓金殿《唐山》诗云：孤峰秀耸陡河边，松带虬形柳带烟。红透夕阳横石壁，翠连芳草泻山泉。将军古墓谁瞻拜，妃子遗踪共话传。只有端阳旗鼓闹，村村赛祷圣神前。

灶突山 在州西北十里。

马鞍山 在灶突山南。

石门山 在马鞍山西三里。

庙儿山 在石门山西三里。

止马山 在庙儿山南三里。

老坡山 在止马山西北七里。

连镓山 在老坡山西。

烽火山 在连山西北八里。小沂之源出焉，其巅有寺。

三岔院山 在烽镓火山西南五里。

宜安峪 在三岔院西二十里，群峰崒嵂，万壑争流。

清凉山 在州西北五十里，一名分水岭。卢龙、迁安分界，翠微万叠，人迹罕至。中有黄土山院，寺形如屏，泉绕回廊清澈可爱。

抽分峪 在分水岭北。

成山、城子山 有寺，俱在抽分峪西北十里（抽分峪一作分水峪）

龙盘山 在城子山西一里。

司家山 有临水院寺，在龙盘山西五里。

偏　山 在州西北九十里。涧谷逶迤，草木丛茂，土厚居繁，有榛、栗、枣、梨之利。东高西低，状如旌旗然。故因其形而名之。东南北三面峻绝不可升，惟西面平坦如砥，有石城横于山腰。城上有炮台、马道，旧迹内有石井口宽丈余，深不可测。《读史方舆纪要》云：山南五里曰下五岭，北五里曰上五岭，益引而北峰峦环绕，非亭午不见人也。

龙爪峪 在偏山北二里。

荆　山 在州西北九十里。

小白峪 在荆山北三里。

折腰峪　横山峪

罗家岭 在州西北九十里。

铧山　牵马岭 俱在罗家岭西南。

王家岭 在荆山西北，牵马岭南有洞。洞有石刻篆字，不可识。

苦地岭 在王家岭南。

白塔山　索树儿山 俱在苦地岭南。

桃　山 在州西北九十里。

罗　山 在桃山南三里。

万子山 在索树儿山南八里。

杏儿山 在万子山西。

孝家岭 在杏儿山东南八里。

平台山 在州西北九十里。

菜　山　在州西北九十里，产蕨。

一斗泉山　在菜山西。

梯子岭　在州西北九十里（《省志》作梯子山）。

泉子峪　在梯子岭北二里。诸岭环耸，午乃见日，有龙泉寺瀑布。

铜盆峪　为迁安界。

绳索峪　在上五岭北二里。

横　山　在州北四里。耸列如屏，山腰有寺。前有石井，且则烟雾出焉。东麓为偏凉汀，悬崖有径，明正德年间所凿。下有关，陡瞰滦河，为北郊保障。前有深潭（正德十三年车驾东巡观鱼于此，旧漕运泊舟处也）。

明琼山丘浚《偏凉汀记》云：太行西来数千里。环帝畿而来又数百里，散一支南出为平滦诸山。滦河自边塞迤东南行入平滦境，始益大，去滦州城北五里许，横渡山下是为偏凉汀。汀出众山间，据川流之汇，山之列其旁者有五，若龙，若榆，若洞，若紫金瓦陇之属。参错联亘，狡猊踞而龙蛇走其间，林壑幽胜，草木葱茜。水之经其下者，若漆，若澈，若沮，若横，若肥，如青龙之类。下流胥会膏黛渟而绮縠张。其间凫雁翔集，鳞族潜泳，是诚一郡之奇观也。昔人凿崖通道，因山建亭，岁久而圮。近时中贵人重为修筑，然未殚厥美也。及天顺庚辰，御马少监韦公将命道兹，因旧加高，下为圜门，上为新亭。规制宏侈，丹碧照映，登临眺望一目千里。山若增而高，水若增而深，与夫风景云物之美，咸若踊跃奋迅而突出也。知永平府事古相周侯晟按属至斯，慨曰：是不可无记，乃以书走京师征予记。予复之曰，山川信美矣，景物亦奇矣。瞩目之顷可以尽得之，奚用记为哉？然有不可不知者，盖兹地在古为孤竹国，汉唐时皆属内地。不幸五代初始入于契丹，始终四百五十余年。当其时山川如故，而其人则贸贸焉，忘其为华也久矣。人伦日用之常，尚不可得而有。况有所谓山水登临之乐者哉！幸而我高皇帝再造天下，大正疆界，兹地始复于古职方氏。今日二三君子得以于此因胜游以恣奇观，可不知所自哉！登斯亭也，见行旅往来于此，以车，以舟，而无水陆之虞。居民环处于此，或佃，或渔，而遂生育之乐。近而瞰乎城市、官寺、屋宇、衣冠、文物，如此其盛；远而望乎边徼、城堞、楼橹、烽堠、关隘，如此其固若是者孰使之然？与要不可不知也。后之人有事过此，而登斯亭者，其尚悠然而长思，侧然而深虑矣乎！于是乎记。

训导高翰《创修偏凉汀路记》云：距州治北五里许，有滦河焉。河东南入于海，两岸皆山。龙山去东仅百步，临浒多沙名偏凉汀。横山在西岸之上，水经于下，山半有路东通辽左，西抵京师。路中有圜门架亭于上匾曰“偏凉亭”。前年亭为风雨颓毁，亭下路崎岖险仄，怪石岑岩如齿，如坑。乘者至此为之下骑，行者至此为之惊心。若冰霜严凝，阴风怒号，足一不谨必坠水中，尤为可悸。人皆病其险，力不能平。成化丁未，嘉定潘侯寿夫来守。是州因公务之府，一经此路，慨然曰桥梁道路为政之一事也，不可不修。即捐已俸命工匠，使义官陈彬、谢纶、福增董治之。凿石坑以下深五丈筑堤岸，以墙高四尺，辟道路南北长一百五十丈有奇，路原广三尺，今四倍之。石坑悉平，乘者，行者，无复坠险之虞，人皆便之。经始于秋八月五日，落成于冬十月一日，既而复新此亭，饰以丹垩，金碧交辉，快人心目。且刻名人题咏悬于壁。又建僧堂三楹，侧舍十间。楼阁森然，所谓地与亭俱胜，因人而胜也。时太仆丞江右张公德威奉命东巡，适登斯亭，履是路相与为记，以彰侯之功。固让不获，记其实以传永久，弘治六年癸丑仲夏。

州人高擢《重修偏凉汀记》云：偏凉者，负横山之阴，岩崖峻拔四面辽阔，风气益袭阴飔一动，虽烈火流金之候，令人修修有挟纩意，识其高也。汀者，当滦水冲注山下为潭，澄凝莫测而潜渊之鳞时见时作，渔人泛泛取之不竭，识其深也。惟高则尘氛自远，惟深则滞虑自空，此地之所以得其名也。中筑庵庐，前构亭榭，枕山临水，明迥爽洁。四顾峰峦环映，川泽萦回，山葩野卉吐秀舒荣，时鸟候虫宾寒祖暑，四时相禅无穷也。汀中之乐也，有客登临，豁眸弥望，目得之而成色者类皆奇观，而爱玩忘归；兼之可琴，可弈，可洁，尊罍而饮，无不宜者。人之乐乎其汀也。嘉靖庚戌海丰张君来守此郡。公饮憩此，瞩目高庐岁久就圮，欲新之，遂撤亭于别所，庵庐尚存。入秋以边事不果去，嗣是者鲜克念焉。竟至室庐荒废，台榭一空，过此视之骇且叹焉。甲子冬，有客僧募缘者，郡之士夫耆民乐捐费以助。讵意竟为所渔，罔克。就予因贱号寄此，弗获辞。乃鸠工饬材畚锸第举，撤其故庐，更其朽蠹而聿新之。逾年乙丑夏，庵庐成，越明年丙寅复构亭三架于前如故制。因而甓甃珑像饰宇绘楹，焕然维新焉。虽视诸栋宇翚飞金碧绚烂者不伦，然于风雨之摧剥不虞，山川之风气不涣，一方之胜概不虚亦足以俟后矣。於戏！旷乎其亭，邃乎其庐。时予涤烦襟脱俗况，来游于此，披鹤氅衣，支九节筇散步亭中，退坐庵庐注视久之，精神凝合物我两忘，恍若与造物游，予心之乐也。水焉而方舟，陆焉而并辔。嘉客可偕，有酒可把，有鱼可烹，而清歌妙舞可番休而递进也，众人之乐也。夫乐其乐者，盖不知其几矣。今人乐前人之乐以为乐。又将以今人之乐，乐后人也。于是乎记，时嘉靖庚寅仲夏吉日。

国朝通永道张安世《重修偏凉汀记》云：北平郡为神京左辅，东枕关门，西连都会，南临沧海，北跨长城。其间水石嵯峨，崎岖奥行，昔人所谓常山蛇首胜地也。有水自塞外来，历郡城南，日滦。郡旧有州，因是以名。州北四五里许，日偏凉汀。夹岸两山对崎，壁立如削，河流其中，奔浩苍漭，水湍与石罅相岩，汩汩有声。庙居其腰，神惟关帝，楼居其巅，颜曰“白云”。俯视群山，即离变化。猗与！洵北平一大观也。为询建起之人，则故大司马高公之所缔造，载在州乘由来久矣。康熙乙未灾黎告饥，时予职守上谷，奉檄监赈来辑是邦。使辙所至，遍历穷乡，乃得憩于斯而纵目焉。是时也，斜阳欲落，树影参差，欸乃渔歌。空山谷应，为之低徊者久之。而乃哀鸿未集，王事靡盬，不得不驱车怅然而去。事竣归休，而厥汀风景犹恍然在目，因之起愿重修，未尝一日去诸怀内。丙申春，今上御极之五十五年，余秩满迁通永按察副使，锁钥西京，而滦正隶于属。乃得鸠工庀材，因旧增新，废者兴之，弃者存之，缺者补之。如白云楼是兴其废也；庙右船房一带西山松柏，是存其弃也；而补之者，则有青云亭、益香池、偏凉虚阁、浮霞小楼。凡兹创造捐俸劝修，阅年四纪而迄有成功。或与客登临四眺，痛饮雄谈，说剑则气指边云。论文则襟澄潭月。于时水天触兴，好句纷来，塞地燕支，情饶宦兴，辽西红粉，梦绕征人。看河上之莲舟，沙棠一叶；听山阳之铁笛，牧马千群。为问黄沙白草，非霍嫖姚之战场乎！又北则苏子卿送李陵之故处也。今其迹犹有存焉者乎？若夫近而峃然在望者清风台，北孤竹之旧墟也；隐然而雄堞者，昌黎也，韩文公之食邑也；而皆于偏凉汀上，一览得之。然则兹汀之见辑，于余也幸也。余之得游兹汀，而娱心悦目也，亦幸也。楼之建于松间者，振作斯土，予之责也。楼之仍额以古“白云楼”者，著始事也，不欲没高公之遗也。余今量移楚臬，行将舍此而去矣。踵事增修尤重，有望于后之抚兹土者也。是为记。

明州人高擢《偏凉汀》诗云：凿石通周道，临流构短楹。层云霾岭翠，落日映沙明。野寺山腰迴，长江槛外横。凭阑遥对月，万古有余清。

州人高第《偏凉汀夕阳泛舟》诗云：偏舟乘夕照，万顷欲凌之。水映天如动，波回岸自移。探奇常载酒，蹑险更题诗。逸兴归犹剧，江空觉月随。

国朝泽州陈廷敬，同永平唐太守、滦州吴守，《滦河放舟晚登偏凉汀二首》云：滦江极浦移舟远，漆水交流放櫂宽，隔渚濛濛空翠合，连波森森夕阳残。渔村门巷桃花映，佛寺楼台石笋攒。晚泊谢公栖隐处，欲携被宿层峦。黄洛城西历翠微，金泉亭北俯斜晖。落花低槛时沾酒，细雨深林不湿衣。丹顶霞明雏鹤小，银鳞水长鲫鱼肥。也从仙吏销忧到，归梦江湖忆钓矶。

永平推官长洲尤侗，《偏凉汀登眺二首》云：独凭虚阁俯滦河，萧瑟凉风襟带过。不断青山趋雉堞，忽来白浪出渔蓑。夕阳背陇牛羊下，秋草平沙鸿雁多。四野荒芜村舍少，十年回首几干戈。此地风尘埋断碣，当年歌舞醉芳茵。荒丘剩有松楸在，废屋行于鸟雀亲。秋水觉多濠濮意，田家时似武陵人。岘山魂魄应相忆，俯仰兴衰一怆神。

□□朱禋《游偏凉汀过洞山歌》云：朝宴偏凉汀，夕渡横河水。

洞山更在横山东，叠嶂参差画屏里。一迳入山腹，窈窕绿青萝。上临有顶拂苍翠，下极无地皆盘陀。横者若双峡，植者若兵戈。高者疑雉堞，低者同旋涡。岈亘古蟠地轴，万象回隔迷森罗。大哉造化结灵异，列空宛转如青螺。神奇物怪互恍惚，珊瑚玉树交枝柯。中有忍辱仙，趺坐悬崖间。左为大迦叶，右者如阿难。拈花相顾一微笑，点头应悟无生关。棱棱铁色绣苍藓，绝顶斜露天光悭。我来游览当首夏，绿阴啼鸟声绵蛮。探幽历险昼秉烛，十步九折穷跻攀。同登二三子，府倅偕群侯。相逢邂逅总乡曲，文采光映珊瑚钩。索我赋长句，拟刻西岩头。要令姓字与山谷，同传万载而千秋。我诗不足珍，惟有德者名乃留。君不见，先王礼乐不假石，天下至今称孔周。

知府曹代萧《偏凉汀虚阁》诗云：长天下远水，落日照山楹。谷口烟光袅，岩头树色明。僧归知院静，鸟度见云横，路隔尘寰外，风来万里清。

□□冯余庆《偏凉虚阁诗》云：寻幽脱俗况，采药独徘徊。汀远迷樵径，天空见钓台。扁舟随浪转，危阁傍云开。禅榻僧归晚，江鸥去复来。

莱阳宋琬《偏凉汀》诗云：谢公高卧处，屐齿至今留。峰影朝临牖，波光夜入楼。长松千笏立，大海一杯浮。欲访三山去，凌风一放舟。北地园林少，尤难近里间。楼台新霁色，城郭暮烟余。野饭春菰米，霜刀脍鲫鱼。狂歌明月下，归钓每徐徐。白石村边路，何如华子冈。芰荷香作屋，薜荔蔓为墙。载酒偕裴迪，抽毫忆谢庄。凭栏意无限，鱼鸟欲相忘。松径苍无际，沙舟碧几湾。虫声秋雨外，渔笛夕阳间。怪石随高下，轻舠自往还。群鸥浑不去，似爱主人贤。

桐城方文《偏凉汀》诗云：滦河东去海天空，白草黄云一望同。惟有偏凉汀数里，两边山色似吴中。

卢龙蔡斑《偏凉汀》诗云：徒倚对云汀，徘徊恋翠甍。乱山当户牖，一鹭入空明。芳草春城路，斜阳倦客情。吟馀无个事，心与暮江清。

知州元和顾学潮《偏凉汀晚眺诗》云：年来偷得在官闲，选胜城南往复还。花柳接城六七里，亭台临水两三间。平头土屋春开牖，衔尾渔舟晚入湾。蔬圃麦畦都望雨，待看绣野湿烟鬟。

桐城黄斑《登偏凉绝顶望清风台》诗云：汀上楼台接远天，云开绝塞净无烟。卢龙屡易兴王地，青史犹刊让国年。日落层台山照耀，春回旧里草芊眠。关心最是滦江水，第一清流属古贤。

钱塘卓金殿《登偏凉汀有感》诗云：临流背麓好幽居，拂拂清风暑气除。一带波光浮几上，四围山色入窗虚。呼童去买浭阳酒，携客来烹滦水鱼。欲似宝林常寓此，登瀛无计愧何如。

□□冯国泰《陪王菊庄山长游偏凉汀》诗云：壬申夏五天气晴，冯子初游偏凉汀。时当赤日惮炎暑，快携蜡屐出南城。不信呼舟先有客，顾余一笑拍手迎。及席而坐者谁子，二王之后骆季丁。诗酒差仿竹林数，溪山恍入桃源行。观者谓是神仙侣，余亦歌出金石声。沿流而下六七里，虎头之石何狰狰。似此功略封则未，将军且然矧书生。前林正与蔡坟近，乃公飞挽旗常铭。谥以襄敏制曰可，丰碑屃赑留芳名。乃知遇合自天定，幸与不幸谁其争。江屿微茫鹭鸥白，雪峰掩映松杉青。粥鱼响处日卓午，停桡聊复叩禅扃。同济于焉暂憩息，杂陈野蔌芳且馨。曰予量小不善饮，便从衲子同谈经。逢场亦各恣所适，而我宾主尤忘形。此来已饶林壑兴，此去更深烟霞情。放鸭船归茅屋小，钓鱼人去荒台平。谁知山重水复处，别有图画天然呈。到此又一人间世，置我冰壶洁且莹。古人秉烛夜以继，而况衔杯日未倾。须眉萧飒衣裳冷，仰瞻宸翰炳日星。无多亭子悬崖置，时有仙禽杂树鸣。可以案上联石鼎，可以岩畔调玉笙。可呼猿兮可招鹤，可振衣兮可濯缨。乘兴而来兴尽返，杯盘狼藉客已醒。引入胜地爽如许，招隐当不负山灵。曲水潆洄环如带，奇峰乱插削若屏。放棹中流月初出，一枕不知东方明。

滦州毕梅《偏凉汀即事》诗云：一雨浮来面面青，周遭山色木如屏。滩头有客扬帆过，看我孤樽坐小亭。

乐亭杨在汶《过偏凉汀》诗云：离宫护烟树，路入半天微。滦水玻璃合，横山紫翠围。磴盘萝蔓长，门掩杏花飞。拂藓寻题句，无言对夕晖。

乐亭常守方《游偏凉汀》诗云：横山若列屏，小憩坐云亭。河浅低浮碧，峰高倒晕青。林泉堪适性，鱼鸟并忘形。古磴何年辟，还须问巨灵。

州判桂林侯焕尧《偏凉汀小憩》诗云：滦水回翔俨若龙，乱山高下走奇峰。荡胸云气生虚阁，满耳涛声泻古松。汀下鲫鱼夸极品，岩边猿鹤悟仙踪。匆匆未尽登临意，回首层峦暮霭封。（自注云：傍有吕祖洞）

乐亭张山《晚过偏凉汀》诗云：萧萧落叶送归程，石径崚嶒下马行。残照将沉烟雾起，半山楼阁不分明。

昌黎张钊《偏凉汀》诗云：寺在峰回水抱间，石阑干畔海棠殷。红楼百尺窗三面，饱看滦河两岸山。

抱花崖　在偏凉汀西北。

紫金山　州北三里。以产赤石脂而名，亦名文笔山。背横面岩襟滦带泝，山不甚高，颇饶佳趣。

榆　山　州北六里。在横山后，宛若重屏。

海　在州南百三十里。

明知州陈士元《观海赋》云：玄黄肇分，一六凝质，溟瀚呈灵，函维翰极。北包穷发，南控炎溢，西环聚窟之洲，东浴扶桑之日。曼倩之记不能详，玄虚之篇不能毕也。若有蓬瀛仙子，周游历迈八埏九垓无往不届。乃濯足于北平之滨，尺渡乎东渤之派。望洋吐词，即小喻大。四海之广，固可想像其形，依稀其概也。曰：维兹裨海，幽冀之陬。浸碣石，薄莱州，掩朝鲜，萦辽丘。尔乃洪波渼漫，细沫滑涣，潏湟泂濩，沓浤浃泙，纳川不盈，浮空无岸。洸瀁乎析木之津；漩澴乎京畿之畔。一潮一汐，烟昏沙漶。倏晦倏明，鲲腾鹏乱。若乃飚风发，罔象蝺，海若呀，冯夷舞，天吴怒，阳侯鼓。于是徙沃焦，闭尾闾，扬霾幕，震雷车，骇浪山叠，激波电驱。消浉磓荡，訇訇煦虚。泰岳掀揭而反覆，河浍涨瀵而沦胥。状如湫盘转侧，会曲江而同区。又如飙轮逆运，倾天潢而下潴。迅势所涤，馀湍所宕，盐畯为之陆沉，林皋为之潢淤。若乃淡晴潜消，晴市初旦，鲛室出奇，蜃楼斯烂。变化无端，珍灵璀璨。画图成于顷刻，远迩恍其辉焕。地皇辟土而直视，羲和弭节以长叹，孔父登东而无语，苏公惊走以难判。若乃极深之府，至静之央，澒洞渺漠，沌灏浑茫，察之无际，测之无旁。则有百灵栖息，阴火澄光。神龙之所隐蛰，巨鳌之所撑当。寰宇是奠，民物用康。岂但鲸謦插云，凤髓储浆，珠玉林积，贝宝山藏。徒无救于寒饥，空竞侈於遐方。已哉！若乃陶唐之世，汜滥延靡。夏禹施功，此焉伊始。二老出而周兴，重译来而波止。卞人好勇于乘桴，河伯见笑于秋水。乃有不死之药，黄金之宫。望之如云，就之有风。鞭石莫及，牵犬无功。羡门驰骛乎驺生之术，五百漂泊乎瑯琊之东。悠悠海德，何损何降？纳汙受涓，居卑量洪。原泉盈科后进而江汉一泻，已瞬息而朝宗。

滦　河　在州东南五里。详《卢龙》。《读史方舆纪要》:《元主历代心史》泰定二年，永平路屯田总管言，马城东北五里张家庄龙湾头旧筑堤以防滦水。西南达清水河，至州南九十里公安桥皆耕屯地分，因霖雨不时滦水冲溢，宜复修治，从之。盖滦水合众水而入州境，决溢常不免矣。

案：滦水直省大河二十五条之一也。水既浑浊，性尤慓悍。其上流在迁卢界内，有山约束旁溢犹难。自偏凉汀以下，地势坦平，两岸沙土松浮，一经夏末秋初大雨时行，山水暴涨，河水出槽，或数年一遇，或十数年一遇。遇则其水逆行，虽坚筑堤坝，一经冲刷，无不决。州南马城镇，北有所谓闾芬沟者，即滦水涨溢所经行之处也。乾隆二十八年，筑堤防堵，有碑记可考。至五十五年，大水毁民田庐尤甚。嗣后，嘉庆十三年大水，二十三年又大水。虽屡经修筑，而沟口低洼处，河水一涨即复出槽，每连年为患。二十五年州南三百余村，禀请州尊黄公，再行修筑。既坚且高，视旧有加。至道光三年河水溢出，竟于修筑处冲坏。沙随水流，水深与深，水高与高。沿马城一带，五六里内，田地尽被冲压。且清河发源，旧在马城西翟家庄北。从此滦水人与相通，向名为沟，今则称为二滦河矣。同治甲戌，又众议防堵河口。而马城一带士民，皆具票阻行，诚以修筑之害为尤甚。又何水利之可言哉？若沿岸低洼处每年循视修补，亦未始非尽力沟洫之遗意也。

清　河　在州南二十里。源出州西五子山东五里，有大泉腾沸，流经州南八里，曰八里河。又经料马台、丘官营伏入地中，俗名地桥。又东南二里，经阎家庄复现为龙溪，乱泉突涌分为二派，东派出南闸头南行一百三十里，经乐亭西南马头营，合滦河故道，达绿洋沟入海。今淤。其西派由龙堂寺西南，经破桥、三岔口合沂河，折而西南，下沙沟至泽头会古董河，又南合大田泊达公安桥，又西南至蚕沙口东入海。今东徙由刘家河入海。案《水经注》云："清水出海阳县东南，流经海阳城，东南合新河，又南流一十许里西人九过口，注海。"据此当属今龙台南出之派也。顾亭林曰："此秦汉以来漕运故道，闸迹尚存。洪武八年浚漕于蚕沙口，仍于新桥海口筑城。置千户所监守闸潴，辽边多赖焉。永乐十八年运漕遭风，议革之矣。尝考漕运自三岔河有三道：其一由天津经白河至通州；其一由娘娘宫经粮河至蓟州；其一由芦台经黑洋河、蚕沙口至滦河。是滦之漕运，三岔河之东道也。"滦乐通漕，自元始，顾氏远稽秦汉，亦无足据。

老龙湾　在州南二十五里。

沙角湾　在州南三十里。

破风港　在州南，四十里达韩家泊。

古懂河　在州南四十里，源出城，南流经石桥入清河。

于家泊　在州南，五十里入陷河。

新河故道　在滦乐之间，即古新河。（案：《水经注》"新河自雍奴县，承鲍丘水东出谓之盐关口，魏太祖与口俱导也。又东北迳右北平而达于海阳。"海阳今滦州，雍奴即武清，鲍丘水，即潞河。盖新河横亘于南北，而滦潞得以交通，故馈运相接也。）

陷　河　在州南五十里。源出州西南于家泊，至韩家泊会破风港，于倴城西又会龙堂河、吴家河，人清河，别出为古运河。龙堂河源出李家庄，流为七里港。吴家河源自清河，并经丰腴屯入倴城，经屈王店、孙家坨、王冢坨港、白沙坨南，又经胡家庄，至印步甸，又南经天井，折而东又西绕梨花坨，达蚕沙口入海。案:《旧志》今考此河特夏日河水洋溢，从屈王店经天井河等处入海。如其四时川流，则自倴城，古城北东流，至东庄后，折而东南，经王家土桥下、司家营桥下，以及石家桥庄东、翟坨庄西，由清河入海。城西北素无水利，惟官寨庄西有一大沟，未知其始，当即田间水道也。倴城街北松树庄东，有前后两河，即于家泊之陷河分派也。一名通津河，相传为元时运河，水不冲塌，夹岸多种蔬菜，中产芦蒲菱芰之属，民颇利赖焉。

州判侯焕尧《冬日循行古运道即事》诗云：漠漠寒云澹远天，闲行河畔意萧然。沙萦古港随村曲，树隐残阳堕地圆。豚栅依墙环矮屋，牛车载土压高田。老农相遇浑相识，应量穷官不要钱。冰凝泽腹冻生花，散步归来路转赊。人苦波臣思水利，家迎田祖况污邪。徭轻已少催租吏，署冷常来问字车。为语此间诸父老，大家安稳度年华。

又《河流顺轨歌序》云：滦之下八社，有古运河一道。开自唐开元二十八年岁久失修，沟形平衍。小民贪种官地视为祖遗良田，虽有议浚之举，辄为梗阻之谋。不知盛涨无可宣泄为害益甚。余不才经营半载，次第兴修，去民田数十亩，用民力五万工，辛劳四旬之久而大功以竣。无阻挠之议。鲜掣肘之人，千百年不开之河道，一鼓而成。此中不无天幸云。作歌以志之：青滦怒激波涛骇，排山倒峡趋辽海。平原浩浩走狂澜，田庐顷刻沧桑改。唐代曾开古运河，上流泝陷回清波，马城云是古时县，东引滦水驱蛟鼍。乱山回绕卢龙塞，榆关控制戎胡界。沧溟转粟充军储，水运至今何可废。元明之际屡议修，相地建闸蓄微流。不特借此利舟楫，水旱启闭应无忧。年深岁久河形塞。帆樯浅滞行不得。菰蒲萦绕沟港岐，萑苇壅闭泥沙隔。夏秋盛涨水南趋，下湿俨然成巨泽。微官分驻东海滨，沈沦昏垫悲吾民。其鱼之叹所不免，疏浚何敢辞劳辛。建议之时岁在酉，语我农民计长久。导流始自孙家坨，疏通直达蚕沙口。万二百丈亲勘量，六十余里长河走。乡民踊跃相欢呼，四人一丈争挑淤。土中时有古钱出，年号字迹全模糊。河底才深三四尺，以土培堤俨如壁。水面依然三丈宽，一痕风皱浪花碧。中有大泽波溶溶，佥云或是蛟龙宫。老鱼倔强时作怒，嘘气鼓浪乘东风。长官不敢言驱鳄，只凭一点诚心格。召我乡农万锸挥，下段流通水自涸。古铁销沉土花紫，应是船矛坠于此。残砖碎石纷嵯峨，前朝闸坝留遗址。蛰龙蜕骨知何年，之而隐约断复连。土人宝作药笼物，一时四境争相传。自来治水如治病，药石针砭随厥性。咽喉顺利尾闾通，四体冲和神自定。又如大将将奇兵，扼要截险列重营。迎刃而解如破竹，中坚已拔渠魁惊。此役本自乘农隙，先浚海滩齐努力。洪涛万丈落沧瀛，一线潮头竹箭急。事竣咸归别驾功，别驾何功咸尔绩。尔田尔宅庆安澜，从兹不畏青滦溢。谱作河流顺轨歌，江淹尚有生花笔。（自注云：龙骨一具，长二三里）

州人史璿《登梨花坨》诗云：碣石遥相望，云开列远屏。雨痕沙晕白，天影水涵青。春尽梨花老，潮生海气腥。桑田何日变，吾欲问南溟。（自注：每当海啸，潮水即至坨南）

绳家河　源出永登屯游观庄。其水入河漕，东南去陷河约四十余里，中隔沙冈不相通。

龙落湾　在州南五十五里，自大港流出。

刘家湾　在州南八十里。

王家坨港　在州南九十里。

大田泊　在州南九十里独莫城。

麻湾港　在州南九十里。

潮　河　在州南一百三十里。海水荡潏延漫百余里，即黑洋海口也。州境群川悉由此入海，潮河东二十里有蚕沙口。（《读史方舆纪要》作蚕丛口。）一名林里河，亦曰交流河。旧时海运多避风于此。（案：蚕沙口河，即天井河。今虽淤，故道犹存。《旧志》分交流河，林里河，与蚕沙口河为三，疑误）。

泉水湾　在州西南三里。冯家坎下，冬夏不竭，后为流沙所壅。

七姐湾　在州西南八里。

二滦河　一名闾芬沟，乃滦之分支也。自蔡家营北折而南，经阎家庄，至吕家店东，与清河合。

州人王昌《重修闻芬沟碑记》云：司牧之职，钱谷刑名诸烦经理，而其大者，以为民除害，兴利为先。州城傍滦水而西而？余里，滨河南近乐邑。言夫河伯之肆虐也，每暑雨连绵，巨浸洪涛，弥漫田舍。老幼男妇，辄有沉灶产蛙之忧。约计西南向，不下三百村庄，所在怨咨厥害最钜。距城十余里，为闻芬沟。旧有古堰，盖雍正十三年，升任方伯胡仁天莅州时创修御水遗爱也。嗣是间有补筑，自乾隆二十七年后。基址渐湮。士绅彭、刘诸君思以义倡，踵式前型，顾以事非一家，功非一手，乐成虽易，图始为难。天矜于民，值我邑侯简命初膺保障兹土，下车之顷，士绅公请重修。惟我邑侯弗待踌躇，约期七日，估勘亲临，随下办理之条，随布劝捐之谕，莫不提纲领揭肺肠。董事者遵照指画，谨懔限期，财非抑勒，力务均齐，乃得有条有理。非纠非徐而及时告竣焉。首事中树堂毕君月前过余，具白事由并请为记。余老矣，笔研久缺，藏拙为宜。虽然余不居城南向滨河之冲哉？余不有百亩汗邪之田以糊口哉？此既不敢自外，抑余更有所欲言者。我村民向义急公，素称易使，而近或闻有难治之名。此役也，事成反掌，人无异言，且比户而歌颂之者何哉？盖邑侯练达勤敏，驾驭有方，策励有道，而至诚恺侧，又遍历于民之心，贯彻于事之内也。由此观之，而知滦民之无难治矣。余故乐书而不以陋辞，至若河流之原委，堤岸之规模，诸事董率之勤劳，具详邑侯自记，故不复赘云。

董家湾　在州西南三十里入于泝河。

汉王渠　在州西南赤堆社六十里。经永丰屯，为大水泊，又播为小水泊，经孙家沟入沙河。

狮子湾　在州西南七十里套里庄。

大　港　在花港社，城西南七十里。

七里港　在孝家庄。

唐王港　在州西南一百里。以上诸港皆可资畜牧，所产萑、蒲、菱、藕、鳞介、凫鸭之属甚蕃。

曾家湾河　在州西南一百二十里。源自狗儿庄鸿鸭林港，迅流至济民场，达于潮河。

长春淀 在州西南一百二十里。旧名大定淀，大定二十年更名长春。案：淀，在旧石城废县地，即今稻地集西。

□□王好言《长春古淀》诗云：春暮适单袷，淀水温可风。马蹄踏沙去，山路披蒙茸。云收溪练白，日出村曈红。遗趾翳丛薄，见说长春宫。眼前走狐兔，金屋榛莽中。春色年年镇长在，玉颜一去无遗踪。君不见姑苏台，吴歌楚舞今尘埃。往事分明在人耳，千秋亦复令人哀。

州人汪鉴《长春古淀》诗云：盘马弯弓莅此州，边庭烽火几春秋。至今遗址留行殿，伊昔长驱恣猎游。帝业遂基耶律相，战功空纪冠军侯。千年兴废归陈迹，淀水苍茫日夜流。

任家港 在州西南司家庄。

马家港 在州西南康家庄入小河。

聂家港 在州西南。

官渠河 在州西南，陡河、帅家河下流也。至丰润胥家庄，漫入白场总达建河，入于海。

齐家港 在州西南康家庄社。

别故河 在州西南。其源有四：一出州西北二里庙儿山，东经柏树庄、高家坎，至演武亭，此正流也；一自演武亭东北，经莲花池，是为金鱼泉；一自绿豆湾至府君山，沿河隄至岩山之岬，折过岩山而下是为玉带河；一自刘家营而东是为五里河，四水胥会于演武亭西堰而为别故河，经岩山石桥下，会于滦。日久故道渐湮。雍正四年，复旧疏通播流，灌溉水利滋广（绿豆湾昔称绿头湾，谓泉内有绿头物；别故俗传别沟声之讹也）。

莲　池 一在州西三里，金泉亭下。知州潘龄引金泉注之。今废，有断碑存焉。一在州西南芹菜山下，今废。一在州西南唐山之阳。一在州东南于宁社薛家庄，水泛时入于泝河。一在州南崇本屯清河西。一在州西南姚家庄社曾家湾西。

小龙湾 在州西十五里。人多于此种稻。

泝　河 即古素水也。大泝河在州西十八里，源出卢龙马家庄，西南流经州西北二十二里之佛住山。又南合于小泝河，小泝河出州西北二十三里之烽火山。东南流经双山下，又南六里合大河，至州西南二十里合董家湾。又东南经州西南十二里之芹菜山波落桥，又南合莲台港。又东南经于家泊，入清河。（今莲台港潴水为泽，烟波浩渺。方广二三十里，较昔加倍。鱼虾蒲苇之外，别无所取。近年愈益愈宽，实下流壅塞之故。若浚其下流，使仍经于家泊入清河，则沮洳尽变沃壤，附河农民，不皆永享其利哉！

沙　河　源出迁安。由沙河驿，至州西四十里海子崖庄，合长湾，又合大水泊、小水泊。经宜安社，迤逦而南至北柳河社，入丰润界，转东南达于海。凡沙河所经，民患之（《汉书·地理志》“海阳有缓灵水，南入于海。”或谓即此。《读史方舆纪要》云：明成化十七年，管粮郎中郑廉请自丰润还乡河通漕永平。说者谓由榆水、还乡河东导陡河抵沙河，通陷河而及清滦，即运道所经也。庚水非滦所通，沙河淤烂溢涸不时，所以随行随止。）

海子长湾　在州西四十里。产菱，藕，鱼，虾。流入沙河。

帅家河　源出州西六十里，白云山南之水峪西南，经孩儿屯、官套，至石城东，又西南为小河，与陡河合而为官渠河。

杏树湾　在州西七十里。自翟湾至此，九湾皆潴水不流者。

靳家河　在州西八十里，一名小青龙河。源自游观庄，五十里西经司一、司二社，又南二十里为黄坨河。又二十里经柏家庄，为宽头河，散流于潮河。

唐家河　在州西九十里，榛子镇西。发源狼窝铺崖下，东流经冷家湾，又东南经红顶寺，入牤牛河。

石溜河　在开平东。流经狮子河，南经聂家庄，西南至唐山入陡河。

白寺口河　在州西一百二十里。源自松梁社任家庄南，流入陡河。

陡　河　在州西一百二十里。其上源曰馆水，源出迁安县馆山南。经偏山又西南合黄花港，入牤牛桥河，至榛子镇东龙湾河，西合唐家河，双桥河。（双桥在州西八十五里，一自松亭社泉河头西南，经风山下入之。一自丰润板桥河东入之。）又西南合金沟马家港、康家庄、大夫坨，而人官渠。案：陡河，自稻地镇东北分出一渠。不知始于何年，察其故迹，或旧时分畦种稻，引流溉秧所用，今无可考。其渠迤逦北去，入大夫坨西大泽中，复转南来入稻地街北，直西流为一河，过十字街，横隔南北大路。嘉庆二十二年，镇人舒姓者性好善，约同马信捐建通利石桥一座，以济往来。迄今行人便之，沿修不废。其河春冬率为乾流，夏秋之间，水势往还无定。雨水盛，则北路各村低洼，所聚之水尽汇于大夫坨泽中，入渠南流泄归陡河。或陡河泛涨则水亦分入此渠，流转街北西行三里，经安集寨下至于家泊等处漫散港汊而去，沿渠一带亦有赖以灌园者。

王家河　在州西一百二十里。源出曹家口社南，经郑家庄水湾寺、将军坨，入官渠。

于家港　在州西北松梁庄。

黄家港　在州西北八十里。

龙湾河　即黄崖河，在州西北九十里。发源罗家岭南三里天渠，注石槽，下转石瓮又至石盆，南经皂角湾、梯子岭，至榛子镇东五里桥，合陈官营暖泉而东，至西顶寺入牤牛河。

一斗泉　在菜山西。

翟家湾　在州北三里。

暖　泉　一在州西北九十里，即北甸河；一在西南百里龙湾，过唐山入大河；一在唐山下，传为姜将军斩蛟处；一在州南八里龙溪；一在州西北八十里围山下。俱沍寒不冰。

横　河　在州北七里。源出卢龙县独子山南，迳横山营，又东至泡石淀，经榆山后至偏凉汀合滦河。即古瓠沟水，因绕横山之麓故名。

以上滦州。

卷之二十四

封域志六　山川六

祥云岛　县西南四十里。旧在海内，今去岸数里矣。晨光烘日，常绕祥云，故名。旧志云：人传中有李斯碑。

明邑人曹尔俊《祥云岛》诗云：海岳茏炏一抹斜，冯夷曾此驻云车。登临每羡三春浪，眺望遥期八月槎。蜃气朝腾疑舞鹤，鲸鼍夜吼惨悲笳。何当一假乘风翼，为访三山问玉华。

石臼坨　一名十九坨。县西南四十里，在海内，广数顷，中为古漕运市店。

侯官黄佾《石臼坨赋》云：维海阳之废县，为渤碣之奥区。星载箕尾之度，野分析木之隅。出镇海之郊门，距三舍而有余。敞平原之百顷，环沧海以为居。地虽废壤，境实名墟。惟象形而若臼，乃肖象而名诸。秋涛汹汹，春水溶溶，夜月沉碧，朝曦浴红。贾舶渔出没乎其外，琳宫梵宇罗列乎其中。泉既甘而觉爽，村亦古而堪风。汉武雄心兮，寄遗踪于缥缈；羡门高蹈兮，传佳话于空濛。论臼坨之胜，概靡笔舌而能穷。若乃丽景乍开，波光甫动，骊宅辉生，鲛人采贡。縠纹叠处，矗彩巘于洪涛；树影纷时，走龙蛇于濒洞。由是羲辔舒，飙轮运，海若藏，天吴遁。鱼虾千种，喷沫争奇；蛟蜃百灵，潜逃效顺。迨至崦嵫日挂，海峤云收，雁栖苇泽，渔唱葭洲，十里平沙，半途青草，数家烟火，残照荒丘。梵磬悠扬兮，咽潜龙于水底；飘风震荡兮，出魑魅于陇头。斯又晦明风景之不同，举而绘之悉海上之谬悠。至若露濡银井，潮退江皋，临三岔之浅，濑驾一叶之轻舠，舟藏绝港，网撤长涛。长鲈兮，得细鳞之美；子鱼兮，羡通印之褒。锓深房之牡蛎，持郭索之巨螯，香凝石乳，腹满金膏。文鱼、石拒、海蜃香螺，论臼坨之土产，实珍异之。为多贡都门之豪贵，悉此地之余波。嗟嗟！地以人而显，亦以时而韬睠。兹胜壤僻在东皋，职方之所不载，圣哲之所罕遭，访辽金之故事，驾楼橹于层涛，虽宿兵于微外，每辐辏而争麈。春或有脚，地已不毛。寄传闻于胜岛，徒吊古兮空劳。

邑人阴振猷《游十九坨序》云：坨在县治南七十里，大海环之，然而侧峰横岭，泽国有山灵寄焉。余耳食者久，亦心艳之有年矣。岁丁丑自都东归，裹粮径上，坂平，坻似。皑皑然如洒玉尘，盖潮汐所经晒而成盐。若是者望之数万亩不尽。自是土益卤，亦渐泥泞。水没踝者五里许，没膝者二里许。又二里许，则膝以上者，既出淤泥，遂达彼岸。时则潮信大发，秋日高晶，水光天光上下一碧。于焉仰攀高丘，俯瞰木末见其中起伏变灭之状。与水气相涵漾者，若云流，若霞骞，苞孕森秀，远混天碧。惟是家弟抑之，抱幽忧之疾，深肢体之困。游屐所历，胸臆亦豁如。余于是知天地间，无不适志之处。其适不适皆志，与天地隔膜之为之，而上蟠下际之故，究如镜无蓄影，水无停流也。抑又叹自有此坨以来，其境之沉郁，景色之幽旷，气象之雄奇，使得遇昌黎、柳州诸公，丽藻抽思，点景绘象，即一草一木之精神，当必有千百年尚发越者。惜乎！吾乡之人摈之海隅，而学士大夫之足迹，又终古不及履。遂共指为荒寒寥落之区寂寞�религioso之野。自生自灭，无见无闻，良可慨矣。顾物极则必返，名盛必招尤。古今名迹指不胜屈，当其发山水之精华，蜚声名于词客。凿幽缒险，莫避雕搜，遂不瞬目间而已变洁净场成污秽土，则此坨之嵚奇历落，与其洋溢乎庸耳俗目，曾不若听蜒人估客之寄迹，犹未至杀风景，凿混沌。其闷肫抑塞之故，安知非地示昭鉴百灵呵护，绝不著纪录于人世间，而沐日浴月，呼翕乾坤，自抒海外之灵异，以留为终古之胜也。是则重可慨也。

商丘宋荦《海上杂咏》云：沃焦秋更热，喷薄下滦河。眺望蛟龙窟，微茫十九坨。地怜榆塞近，人说钓台多。侍侧中男在，双江续旧歌。

知府游智开《游石臼坨》诗云：嘉约屡愆期，兹游独长往。兼乘潮落时，风日开清朗。人海一瞬间，尘外觏奇赏。逸兴不可羁，直拟蓬壶上。停晓阻泥淖，恶绪殊养养。舟人指叵罗（本饮器名，北人编桑条为器。深尺许长圆三四尺，盛诸杂物，亦有此称），谓此如箕仰。置我坐其中，滑汰相磨荡。推挽登前途，斯御非非想。浩歌行入山，矫首空天地。初疑非人间，稍远见古寺。有僧冠芙蓉，合掌临岩迟。荒僻伊古来，太守惊初至。拂苔憩桑阴，纵横杂田器。四月麦正黄，花实复丛缀。平皋被芳草，眠处牛谁食。借问畴比邻，应与三山四。此境移我情，驾言步林麓。短童喜前导，窈窕穷幽谷。径转沙阜高，傍海迭起伏。连蜷若虬龙，首尾蟠其腹。中原广百顷，邱壑隐樵牧。苍波外绕之，仙境分汤沐。异哉奥旷区，修到真仙福。金焦峙江介，一拳浪花蹙。览胜惧日短，兼虑归路长。洪涛间险恶。阻滞嗟何常。僮仆刺船至，欢语开愁肠。潮长高于山，十丈帆可扬。登舟一回顾，岛树青茫茫。少留兴有余，疾返行自臧。久速惟所适，身世翩翱翔。会当驾螭首，翼以白凤凰。

半月坨　县西南五十里。在海内形如半月，地广十余顷。

李家岛　在祥云岛西，李姓旧居于此。

桑坨岛　在李家岛西，地多桑，故名。（以上二岛今无考）

曹北店　一作曹泊店。县西南五十五里海中。海水咸苦，店有泉独甘洌，渔者资焉。

曹母店　一作曹马店。在济民场西南八十里，元海运时故迹犹存（案：曹母店，在济民场西南八十里，则去县治一百四十余里矣，其地宜属丰、滦，但大海茫茫无从画界。《旧志》相沿已久，兹复仍之。）

明邑人卢耿麒《望曹母店》诗云：岛上人家夜泊船，舳舻湾处水茫然。海门一片清波月，惟见沙丘青草连。

海　在县南四十五里，东西接昌、滦界，延广一百一十里。

滇南师范《老米沟观海》诗云：未识方舆壮，今来问谷王。一泓殊渺渺，四顾总茫茫。岛路通诸国，涛声薄大荒。故乡归卧后，把酒话东洋。

又诗云：揽辔得新霁，沉阴风埽开。潮平初日上，木落远山来。忽到熬波地，空怀作赋才。鱼龙如识我，为结小楼台（自注云：是日适观海市）。

又《东海辞》云：古诸侯之制，五岳四渎，在其境内者祭之。乐为邑方百里而广，地坦土平，即无名山大川、乔林巨麓之奇，而南际沧海，一望无极。鱼、盐、蜃、蛤，茭芦茨苇，凡民之所攸赖者，罔不于是乎取，则神之赐福于乐固不可以数计。而周知乃近年夏秋之交，大雨时行，河之水注于海，海之水复溢于河，河与海角而惊涛四出，以致田庐禾稼半就漂泊。于时濒海居民济济溱溱，靡不惧曰：神苟一怒何难，吾邑而鱼之。然卒荷神庥，而人畜俱得以无恙。夫能御大灾则祀，能捍大患则祀，神纵不责报于人，而人之所以谋报神者，讵可一日忘哉！今岁自立夏后，风雨时阴阳，若无河鱼胜遇之异，无疾雷震霆之威。伏波不兴，安澜胥庆，与翼塞野，黍稌盈郊。数年之叹污潦者，神遂予以丰穰矣！数年之迫饥寒者，神遂畀以盈宁矣。滇南师范客兹土者九载，爰代乐民而侑以辞曰：芦花白兮芦叶黄，陈桂醑兮罗椒浆。侧身东向瞻搏桑，天风入耳声琅琅。神之来兮自何方，紫贝宫兮碧玉房。结惠幄兮张荪床，星弁嵯峨辉大荒。灵旗飘飘纷两旁，飨我粲兮羞我觞。使我民兮常悦康，神之去兮心彷徨。赤螭夹路苍虬翔，青云为衣白霓裳。夕将晞发阿之阳，波平如镜烂生光。天吴蝄像皆遁藏，沮洳龟坼疑截肪。一亩十斛黄赤粮，千秋万岁乐无央。

邑人李广滋《观海歌》云：管窥者不可与观天，蠡测者不可与观海。我家濒居北海滨，需此奇游已十载。四月十日天气清，同人邀我海上行。未至数里见白浪，汹涌迸作殷雷声。蓬壶员峤不可见，但见浑茫一气腾。晴空乾坤，昼夜恣嘘噏荡。星浴日涵，空濛。阳侯乍出天吴拥，川后欲发冰夷从。变幻翕忽生万状，潮汐往来无终穷。天际一塔小如豆，恍惚海市开云岫。舟人指点云是吴粤万斛船，千里风帆如驰骤。乃知大地空浮萍沧桑变幻。何人经此中，橐籥参不得。苍茫东望云溟溟，丈夫志气凌八极。斋居索莫伤逼仄，到此翻疑天地宽。一片愁心荡空碧，开襟痛饮海云边，欲落不落夕阳残。睥睨乎岛屿，邂逅乎天关。醉后狂歌暮烟紫，咫尺欲到三神山。诗成径骑赤鲤去，下见蓬莱之水半清浅，天风浩浩超尘寰。

邑人史梦兰《海上词》云：观音柳下古神堂，牡蛎墙围曲曲房。铜鼓朱幡迎赛日，船来先祭赶鱼郎（自注云：庙中泥鬼，有名赶鱼郎者，报赛时，争以肉塞其口中）。祥云岛下暮云平，鱼骨祠前潮水生。侬意只怜公子蟹，阿郎偏爱美人蛏。一叶渔舟小似瓢，棹歌唱出太平谣。黄昏出网人争闹，紫蟹银鱼拾小潮（自注云：渔人旧例，凡鱼落网外者，任人拾取，谓之拾小潮）。贫家女不解朱铅，嫁得夫郎惯刺船。半月坨前坐坨去，坨前望月几回圆。（自注云：半月海中坨名。海滨人家每于春秋赴坨采海菜，去辄经月谓之坐坨。）盐田弥望牧场围，点点牛羊散夕晖。韭菜沟边春雨过，绿茵满地马牙肥（自注云：韭菜沟海上地名，马牙草名，马食之则肥）。

落日团焦入望空，灶丁比户尽编蓬。东风雨过春潮长，又费盐池数日功（自注云：灶户晒盐，天久晴，则盐成速而多，遇雨则渗入地矣）。粮艘商舶聚丛丛，十九坨前水路通。斥卤无须问丰歉，全家温饱仗关东。（自注云：本地所产禾麦恒不敷用，濒海尤斥卤不堪耕种，一年口食全恃关外。石臼坨一名十九坨）。滩头雨过上鱼虾，郎去扬帆采石华。拣得青螺学盘髻，蛤蜊冈下是儿家（自注云：海畔有村名蛤蜊冈）。潮去潮来信不讹，不闻郎信却如何？镜儿鱼好难照面，照面还愁泪点多（自注云：镜儿鱼形圆如镜，味最美）。

傍岸鳞鳞插界桩，西南风起各家忙。农家合让《渔家傲》，不识旗租与御粮。（自注云：海上打鱼处，各有界桩不相侵犯。俗以立夏日入海捕鱼，视西南风则多得，东北风不利，《渔家傲》词名）

滦　河　在县东北十五里。（详《卢龙》。案:《旧志》载前令陈金骏详文云：查本县滦河由定流河抵海里数：东岸自姚家新庄，始抵沙铺五里，河身广二十余丈，深丈余。自沙铺至西岸定流河六里，河身广三十余丈，深丈余。西岸自定流河与滦州交界起，抵石各庄三里。自石各庄至贾各庄四里，河身广五六十丈，深一二丈不等。内有沙滩一，面宽三四丈。深二三丈不等，势漫小船可行。自贾各庄至新立庄六里，河身广三四十丈，深七八尺不等。自新立庄至小圣庙三里，河身广一二十丈，深六七尺不等。小圣庙至边流河八里，河身广四五丈，深五六尺不等。东有河套比大河较宽。船由西行，自边流河至马家渡口六里，河身广五六丈，深二三丈不等。自马家渡口至嵩林渡口六里，河身广四五十丈，深四五丈不等。以上河身俱系沙底。自嵩林渡口至老河口七里，河身广八九十丈，深七八尺不等，系泥底。自老河口至垫子渡口十里，河身广五六十丈，深八九尺不等。自垫子渡口至常家渡口六里，河身广二三十丈，深八九尺不等。自常家渡口，至小河沿七里，河身广五六十丈，深七八尺不等。内有土坎二道，小船可行，水陡流。自小河沿至石家坨十里，河身广四五丈，深丈余。自石家坨至马头营三里，河身广二十余丈，深二丈余。自马头营至清河口入海二十五里，河身广十余丈，深一二丈不等。以上河身仍系沙底。统计东岸自姚家新庄起至清河口，凡一百一十六里；西岸自汀流河起至清河口，凡一百五里。此自明景泰三年至我朝嘉庆十八年，滦河之故道也。虽狂澜肆虐，岁时不无迁移，然究未离乎县西南之境。自东迁后，乾河复还旧观，而西南之民始免其鱼矣。夫滦之为害，自古已然。《河渠考》云：元至元六年，漂溢不时，郡境田庐多被其患。而最盛者，莫如大德五年、至正四年为害尤甚。延及明朝，横决不免，一遇水潦，害辄随之。嘉靖三十八年平地水深数尺，城市可以行舟。其漂田庐坏城郭者，害不胜书。邑于乾隆五十五年、嘉庆十六年，洪流横溢，城乡尽成泽国。其为害几与元大德五年、明嘉靖三十八年相埒。今西患虽纾东患时剧，疏泄之方可。弗筹之于早哉?

明邑人萧云汉《滦河》诗云：滦水蜿蜒来，长泓日射。下有蛟螭潜，上有云雾滉。有客乘兴游，铁笛中流响。从此人十洲，羡门可相访。醉来夜忘归，船头一偃仰。清风当我怀，明月波心。归与亭阁间，心神犹觉爽。

东荫商《滦河泛月》诗云：双舸凌风散郁蒸，飞觞度曲兴堪乘。

自怜去国如王粲，却得同舟是李膺。云影微茫遥岸月，林端明灭远村灯。沧溟只在帆樯外，莫道三山未可登。

师范《滦河》词云：环永者七邑，乐素称沃壤阡陌。沿滦河百里势平敞，秫粒大于指，秫穗阔过掌。杂粮名更多，比户庆丰穰。连岁苦污潦，此事成梦想。蒿目盼今秋，椀粥天或赏。那意六月中，急雨郁莽苍。横流遂四出，迅疑马绝鞅。赴海海不受，惊涛一夜长。可怜数十村，似蚊撞盆盎。心逐樯影乱，耳骇浪声响。泥涂得性命，田庐付漂荡。水退已三旬，余浸犹养。载理滦河楫，河波深且广。洒酒酹河伯，民情亦堪惘。相与约明年，安澜神是仰。

又《葫芦河》诗云：葫芦河畔草初生，鱼海南连雁塞平。十五年前诗上景，今朝真向景中行。

清　河　在县西二十五里。源出滦州，流经县西乡之潘各庄桥，东属乐，西属滦。又南十三四里，皆在滦境。距乐界不远，至杜家坞庄西复入县界。又南二里许经齐家庄西，又南十数里经古河庄西，又南十余里，至滦境刘家河入海。(《读史方舆纪要》："县西南二十五里有清河套，以夹于清滦之间，而名。"案：旧志载，乾隆间，知县陈金骏详文云：查本县清河归滦河入海。里数自滦州小营儿起，至略军坨三里，河身广丈余，深二三尺不等。自略军坨至撒布店二里，河身广丈余，深二三尺不等。自撒布店至流水庄一里，河身广丈余，深二三尺不等。自流水庄至小河沿三里，归滦河，河身广丈余，深一二尺不等，合计共九里，沙壅难行。此乾隆十余年至嘉庆十余年清河之故道也。后为滦水所逼，沙泥愈壅愈高，而河遂西徙矣。今刘海庄及杜家坞庄，其故迹宛然可寻。年六旬以上者皆能言之，小营前后分二庄，前庄属乐，后庄属滦，撒布店一作撒马店。)

于家河　县东南二十五里。

汤家河　县东南二十五里。

囤子河　县西南十五里。

高密河　一作高麋河，县西南三十八里。

以上皆海支港。

戴家河 县西北六里。

滇西师范《晓发戴家河》诗云：瓜枣田园路欲迷，秋风吹鬓马头西。水荭花映碧潭晓，无数野禽烟外啼。

又《戴家河》诗云：秋村木落有余清，绕屋渟停一水明。毛豆满畦瓜满架，干予何事太欢生。又：秫篱欹侧路横斜，满地荞花夹菜花。场上有人依树立，乱蛩声里宿庄家。

贾家河 县西十五里。

杜家河 县东十七里。

苑家河 县西南六里。

董家河 县西南八里。

三岔口河 县西南九里。

卢家河 县西南二十里。

以上皆滦河支流。

庞家河 县东北五里。

沙城社河 县东北二十里。

中淀河 县东十二里。

韭菜河 县东南三十五里。

以上皆东滦河支流。

狼 河 县西八里。

新寨河 县西南二十五里。

介马河 县西南二十七里。

以上皆清河支流。

翟家湾 县东北三里。

萧家湾 县西四里。

栗家湾 县南八里。

小 港 县西南十一里。

大 港 县西南二十五里。

四沟港 县东南十五里，中有高阜，四围皆水。

麦 港 县东南二十九里。（以上湾港本非巨浸，滦河及支川之水尝潴流于此，水涨则达于滦河。自雍正三年六月六日，滦水汜溢。大港村后变成经流，其开闭年月，乡中父老尚有能言之者。萧家、栗家诸湾，自嘉庆十六年，侯家河开口，流经邑之西关冲断石桥，由诸湾南流，经独幽城、纪各庄、常各庄。又东南由雷庄，后至王家河房入海。汪洋浩渺，浪舶风帆，直与经流等。及道光八年，上流淤塞，其流始断。

绿洋沟　一名强河，在海内。海水青黑，而滦水青碧，入海五十里不溷，故名。去岸二十里，遥通如带，邑人呼为洋拖绿带云。

老米沟　一名老姥沟，县东南四十五里。

臭水沟　县东南四十五里，道光间立营。

韭菜沟　县南三十里。

知县晋江陈金骏《浚乐亭支河议》云：余续修《乐志》，作禨祥志。检旧籍知邑被水患至数，而本年六月事，又余所目睹者。窃以邑承滦下流，自塞外千余里。柳河、宽河之水，注之入内地。合澈、恒、长、清、横、漆诸水进会于兹，以一水当众条之水，以一邑当众邑之水。而又地势平衍，土脉疏恶，此非天行之愆，惟地势然也。盖水之受源远者，必使有所受，以纳汪洋之势；亦必有所分，以杀奔迅之形。今邑之境内，经流者惟青、滦二河，外若戴家河、贾家河、杜家河、苑家河、董家河、三岔河，深者不过三四尺。夏秋水盛乃通，则河身浅而水无所受，可知矣。又邑本以两河夹送，自景泰间河徙，东滦河绝，凡附滦诸支港，如沙城社河、庞家河、中淀河皆绝。则河流直而水无所分，可知矣。愚窃以为天下事，与其周章于临时，何如计议于平日。与其散财赈粟惠民于穷约之中，何如有备无患，措民于皞皞之天。请以每岁冬春之交，塞外水绝河流蜿蜒。凡邑中旧河故道悉行挑浚，其为今时河流所及者，挖之使深，使水之势有所受。其为今时河流所不及者，决之使通，使水之势有所分，如此则潦以为泄者。旱亦以为备，不诚一举两得乎！况前人之已事。如白河为患於顺义，刘天和请以兜杓数千具治河，官夫遇浅即浚。此先其事，而后水有所受也。会同河、子牙河为患于霸州。王凤灵请多开支河，联络相属，而委输于海。此先其事，而使水有所分也。先事不治，追乎！既事赀费而无功，不既晚乎！说者曰：凡民难与虑，始可与图终。昔之旧河陵谷既久，渐成田庐，况邑多旗庄地，内府税粮所在未可轻议。予曰："唯唯否否，苟日旧河，本非民之所宜有。况平原壤土疏故港凿新渠，盖亦数十年来，京东之功令。曩者，宪宗皇帝命怡贤亲王躬历郊原，尽力沟洫，引港疏渠，开京畿水田数百万顷。维时若滦，若迁安，与邑接壤，亦各开水田数十顷。惟邑未遑，特乏任事之人耳。滦与迁安不皆五百里，内圈地乎？诚使诚孚谊治熟议，询谋捐小利成大功。于旧港疏瀹外，更相河流两岸洼滩地，因其高下，开浚长渠，近海者兼行潮田法，吾知斥卤变为膏腴，分水之道既多，奔腾之势自减，人歌乐恺，士庆安澜，与郑国、史公并懋不朽矣，岂非民之所乐从哉！

又《濒海潮田议》云：南方山高土硬，可耕之地少，故其民习于农事。凡濒海之区，概为潮田，盖潮水性温，发苗最沃。一日再至不失晷刻，虽少雨之岁，灌溉自饶。其法临河开渠，下与潮通，潮来渠满，则闸而留之，以供车戽。中间沟塍地埂，宛转交通，四面筑围，以防水涝，凡属废壤，皆成膏田。闻昔明世袁中郎黄为宝坻令，尝行其法于壶卢窝等村，至今赖之。汪司农应蛟至天津，见白塘葛沽一带斥卤，民之近河艺豆者，每亩收不过二斗。依闽浙潮田法，开渠筑堤，种水稻二千余亩，亩收谷四五石不等，土人至今犹传为十字围者。然则潮田之法，不独南方即北地边海之区，皆可依仿而行也。

又《坨地垦田议》云：从古立国者必有川泽之利。川主流，泽主聚，二者相为体用。泽不得川不行，川不得泽不止，废一而患斯至矣。北地原衍，凡经流之河皆川也。凡低洼之坨，皆泽也。自小民不知大体，规觅小利见有滩碱者，往往占耕为业，报垦升科，而地方有司不察，其为泽与潴也，或以开荒增赋为已。最近年以来，贪小利而忽大计。使水无所蓄，水患濒至，未必不由此也。不知淀泊碱滩，本非耕地，偶然减涸，旋复潴蓄，倘不加察偶乘减涸即听垦田，殊不知不数岁又将以水占除粮见告矣。为今之计，凡碱地之认垦者，当详察其情形，如无关河道经流积水所潴固不，当使地有余利。倘或本为废洼，偶然减涸，则勿轻议垦。如是则川与泽常相须，水患可蠲。而旋垦旋除此等案牍亦稀矣。

以上乐亭县。

角　山　县北六里，有前后二山。其脉自居庸、古北、喜峰诸山而东延亘千余里至此。耸峙如角，长城枕其上，为蓟辽二镇边界山口。有角山关筑城置戍地也。（角山旧多松，蒙茏蓊蔚，皆百年以上物也。嘉庆二十三年，办差者采取殆尽。余数株，又为不肖僧偷卖，今濯濯然矣，令人增牛山之慨。）

知县瑞恒《角山灵异记》云：岁辛酉，余承乏渝水。夏大旱，祷城隍不应，因取水角山。遇绅耆廿余人，祷文昌殿竖星宿旗及云雷雨各一帜，中设星宿真宰牌，谓父老相传若是。余曰："星有好雨不妄也。"因与约不雨不辍，各祷至七日，使觇之，祷愈挚，余祷亦愈诚，次日遂雨。亟登山谢拜，焚星宿牌，藏旗帜于山。因悤观胜迹盖别后弗忘。丁卯夏，余之任昌黎，雨阻旅次。遇渝之秋试诸生，询渝事，对曰"大旱两次。"余曰："未登山祷星宿乎！"曰："祷应如前。"余曰："灵山也。"曰：更有异。乙丑冬马贼起，奉省关城戒严。庙祝梦关圣与孚佑帝君同一苍髯碧眼尊神坐殿上。阶下竖二十八宿旗，如祷雨状，而命将点兵，约略闻谨守辽河语。又一尊神谓祝曰："我兄弟与星宿帝君同歼逆寇。尔其衅我刀矛。"寤告董事，遂刑牲以衅，并祀星宿旗以祷。不数月东寇歼除，并闻有神兵退贼之异。而角山先有梦警，是不惟祷雨著灵也。余闻斯语，因念近年来神灵显佑，屡登奏牍，盖护国救民。太史书之不怪，角山灵异如此，乌可不传！抵昌后，簿书之暇，登五峰望角山，追忆见闻，而记之。即寄渝水诸生，以当雨窗一话焉。同治六年八月。

泽州陈延敬《角山赠程淄川》诗云：昔我出关东，登望关门楼。群山连波涛，腾涌天龙游。长城为鳞鬣，角山为舌喉。尾蟠荒陬外，首著大海头。高亭冠山巅，步檐俯沧洲。程生杰雄人，翱翔夫旧丘。蓬莱与方丈，眼底自拍浮。缥缈三神山，脱躧万户侯。奚为客京辇，游戏驱羸骀。关楼留我诗，君归试一讴。

本卫人李养和《登角山》诗云：青山万仞削芙蓉，杖策先登第一峰。满径花香俱是药，半山松老尽成龙。采芝力倦年非壮，对酒裁诗兴转浓。搔首几番寻绝壁，旧题多被紫苔封。

□□梁洪《答角山友人二首次廓菴元韵》云：山寺读书处，相思一片心。流云虚远色，鸣壑足清音。崖畔应寻药，松间定裹琴。春来雷雨过，细听海龙吟。

又《次心鲁元韵》云：诗成劳远寄，千里说孤峰。每忆山中酒，宁忘岭外钟。春云生梦寐，海月照心胸。振策烟萝上，还期一笑逢。

邑人蔺士元《角山》诗云：连山蓟门来，络绎尽东向。当关耸双峰，斗角不肯让。峨峨数千仞，终古作保障。岚翠九天落，雄城近相傍。辽东左接壤，沃野千里旷。西瞻碣石山，百里势遥抗。长城俯龙首，蜿蜒到海上。海与山争高，天水相摩荡。村墟水墨图，城郭凤凰状。茫茫二百秋，皇图自雄壮。朔漠群峰低，起伏似风浪。渝水入断山，委折日奔放。侵天樵径微，填壑怪云扬。石门四十里，隐约入岚瘴。阴晴有万变，天地周四望。自非登山椒，难尽烟霞量。伊余性不羁，山寺慕高尚。朝立飞云岩，暑天尚挟纩。天鸡啼一声，海日浴寒涨。清夜四山寂，危坐钓月舫。渔灯认遥浦，鬼火出古圹。寒鸥答铃语，山魈和樵唱。僧楼疏钟鸣，静理悟三藏。吾乡富山水，兹山无与况。何必五岳游，高怀始跌宕。饮兴岂厌豪，诗格不嫌创。胜游百年期，青山自无恙。

又《角山仙阁落成登眺有作》云：悬崖创云宫，飞宇势超拔。廊回抱三面，云气入囊括。拓地古苔薙，傍槛新竹活。入门得幽趣，吟眸敛未豁。开窗纳万象，始见天地阔。意匠巧莫阶，佳构恒蹊脱。晓踏山云归，斯爱苦难割。

又《偕王砥山游角山，即景兼以赠别》云：才人足迹所未经，好山寂寞无高名。欲邀诗仙壮山色，青莲坡老不复生。王君砥山笃於古，烟霞缘重尘缘轻。家山岂无灵异境，朝暮习见翻平平。东来选胜结游侣，别开生面增豪情。秋风飒飒万里来，疏襟高爽争先登。海云变霞薄欲尽，岚气填壑低如蒸。寻寺彳亍古道曲，看碑剥剔寒苔青。漫游不足夜继日，满亭凉月欺灯明。幽蛩吟秋傍乱草，饥鸱警夜鸣荒城。远火贴地豆明灭，误疑迸落秋天星。是时诗怀若禅定，忘言淡淡心相盟。天然图画赠佳士，赖君名句酬山灵。兹山僻在东海畔，难与五岳名相争。一朝作君锦囊料，嵩恒岱华齐峥嵘。山有奇缘荷雕镂，我歌下里偕韶韺。明朝别山复别友，一声愁听荒鸡鸣。

又《角山看云》诗云：游人笑向山中指，云自空山空处起。大壑神风卷地来，白龙飞出深潭里。初看一缕相钩连，蜿蜒欲上苍里巅。错疑幽谷隐村落，晨炊煅灶生孤烟。陡然蓊蔚侵林麓，万朵芙蓉披素縠。排空疑拥众仙行，作势不容飞鸟逐。须臾渐掩扶桑暾，欲雨不雨愁黄昏。罩海俨若吞云梦，驭气直欲包乾坤。有时势尽忽中断，两扇崖门卷罗幔。锦绣山川入画图，下方依旧晴曦烂。须臾又引奇峰来，满座浮阴埽不开。从前过眼繁华梦，似真似幻生疑猜。交烟凝雾迷楼阁，只手拿云招白鹤。湿气难凭羽扇挥，腥风欲袭罗衣薄。此时远望云濛濛，云绕身边色转空。只道眼前云百变，不知身已在云中。

抚宁王立柱《登角山，遇雨归途中作》云：海天同一云，松栝浓于染。飞雨溅崇冈，笋舆自崖返。村墟水墨图，历历纷入眼。长城自南来，委蛇赴修坂。时清烽燧间，颓堞卧苍藓。粤自周秦后，兹地实僻远。乌桓暨契丹，投隙弄兵燹。明季政不纲，发纵凭捷谝。暂息边防肩，旋炽流贼焰。真人应运来，六合如席卷。关门一一开，安步度天险。红瓦陈王师，余烬苍黄殄。两京兹要冲，列圣驻雕辇。雅化被诗书，耕凿安田畎。百年忘帝力，讴歌事游衍。颇闻高绝处，琳宫建瓴。会当绝顶游，望古恣退览。

乐亭史履晋《登角山遇雨》诗云：清晨出北郭，阴云四野漾。崎岖山路幽，林峦孕万状。杖策登高峰，一径盘千嶂。丹翠古琳宫，崇冈作屏障。入门聊小憩，攀萝陟巅望。飒然风雨来，烟云共奔放。下视浓雾中，城如坠寒涨。晚归雨未歇，衣薄思挟纩。回首旧路迷，四山犹拱向。

乐亭史履升《角山遇雨·贺新凉》词云：浓淡俱如画。枕山腰，此间原是，栖霞兰若。指点晴峦青未了，多少风亭月榭。更百叠长城高下。南望沧溟来眼底，白茫茫一片潮痕挂。风乍起，倍潇洒。无端倒把天瓢泻。听铿然，乱跳珠碎，溜飞鸳瓦。万木无声烟雾合，铃语磬音都哑。翠欲滴，松枝低亚。坐久云归衣暗湿，本无心触石穿窗罅。雨渐歇，暮钟打。

又《角山钓月亭夜坐·月华清》词云：倚笛楼头，压人山影，桂轮徐拥天半。槛外松杉，照到满身枝乱。数不了，北斗南箕，且唤取酒枪茶幔。凝眄，见星星远火，乍明还暗。笑我疏狂性惯。正铃铎声圆，龛灯光闪。同卧闲云，翻怪老禅偏懒。从今厌，尘梦繁华，好常住，蓬壶清浅。情恋，忽晨星窥牖，玉绳低转。

又《角山爬山虎·玲珑四犯》词云：依样蓝舆，更仿佛简舆，藤竹编就。逐逐南山，联步后先驰骤。遮莫踏破层云，如傅翼，两竿微逗。怪古松，碍路枝横，还惹攫云龙斗。几番穿得芒鞋透。送斜阳，压肩红瘦。从他拂石寻幽处，翻学下车冯妇。小憩踞坐如箕。人影偏惊隅负。试举头长啸，空谷应，风生否？

又《由角山至天后宫途中即景·山亭宴》词云：岭头一抹晴烟补。滴浓翠，嫩凉如许。昨夜雨潺湲，喜今日，霞飞日煦。高山流水尽移情，约风月，海云谁主？石磴笋舆停，更踏遍，城边路。竹鞭指点连村树。有多少，画栏红柱。天意惯催诗，又飘洒，濛濛细雨。门前添得几分潮，问潮信，甚时曾误？回首望遥峰，向我青无数。

双松岩　角山关北。石河经其下，后角山城北十八里。

三峦山　在角山之北，山多猿猴。

狼窝山　县北十里，上有朝阳洞。

本卫人佘一元，《朝阳洞记》云：山海关者，面海而背山，城北一带皆山也。最高而秀曰角山，迤西则曰朝阳洞云。山名狼窝，洞居山之半，以南向，因以朝阳名。其深广可坐十许人。内石泉一，旱不涸，潦不溢，常足供一人竟日之用。昔有王道人者，奉菩隆像焚修其间，岁久化去。嗣是有南僧俗姓徐，而忘其名。募建大士殿三楹，首事则余业师冯赓廷先生也。先生讳祥聘，时食饩卫庠，后以绩历仕长沙亚守。尝梦有人持簿化缘，而僧适至，遂肩其事。扩基构宇，颇费斧凿工，坚者炼以火，缺者砌以石。石艰至，乃邀王、刘二将军游山，进其从兵近百人饮食之。自麓达洞，鱼贯列传石。不终日而用毕。裕如人众水远，炊沃维艰。遇老妪指以灵狗石下，果得水。凡若有神助焉。由是知地之废兴人之离合，允各有数，无容强也。余弱随师友频游斯地，兵扰，运革，继以宦，间隔几三十稔矣。病归再游，向之与偕者殆寥寥焉，顿不胜今昔之感也。兹石工井某等夙愿捐珉，求余文一记其胜，余记仅耳目所闻见耳。若夫弗经见闻以前与夫未及见闻以后，乌从而记之？余不能记，山灵当自忆，其必哂我见闻之固也。顾见闻有不可秘者，用以勉应石工之请。是为记。

洞　山　县北十里。在首山西，当两角之冲。孤峰峭拔，石河绕出其中。山有岩壁立高数丈，下临深潭石平如削。横镌八分字四曰“百二山河”，再东曰“层峦叠嶂”，明山石道范志完题。又东数里，则悬阳洞矣。

邑人郭上林《望洞山呈平轩先生》诗云：万壑千岩里，居人八九家。溪光衔日净，山势倚云斜。白板秋风敞，黄茆老树遮。何年谐卜筑，相与采苹花。

悬阳洞　城北十五里。在洞山之阳，角山之东。洞顶有穴，日光悬照，其上穴中，乳水涓滴不绝。下有石如盆，积水其中，俗呼穴为天井，石为地盆。

乐亭史梦兰《游悬阳洞记》云：凡事非躬历其曲折，不能悬揣而知。人为一事，非立志坚用力果百折不回，罕有不畏难而阻半涂而废者，即一游览间亦然。三道关内，有悬阳洞，一作玄阳洞。南距山海关十五里，豔称人口者久矣。光绪丁丑初冬，余以修志小住郡城。太守游公邀游临榆之角山，并登澄海楼观海。是日把酒临风，缥缥然有凌云之想。遂共约游玄阳洞，太守召土人问之，言人人殊。且谓道路险远，车骑不能通，上下登顿可十余里，非老人所宜。太守因邀临士曾游其地者结伴往。临士皆缩朒有难色，托故以辞。太守力排群议，奋然欲往。余亦欣然从之，翼辰携三子履晋随太守命驾出关，循长城而北。不数里山路益狭，遂舍车而徒人峡西行。怪石森立，涧泉瀰瀰鸣足下。岭上长城如锯齿，自西北蜿蜒而来至此，如渴虹下饮，横亘涧中。两峡广不及寻，盖即所谓三道关也。三道关者，水关三道也。第一道为水所冲决，基址无存，夹路两巨石壁立如门，人行其间，余戏以第一关目之，谓可补三道之阙。入第二关，南有飞瀑自石壁垂下，如匹练跳珠喷雾，下汇为潭，溢出数十武，又一潭汇之，较之匡庐大小龙湫当无多让，而僻在边陲，世无称焉。物固有遇不遇也。潭侧有盘石平净，可卧，观瀑最佳。入第三关，南壁复悬一瀑，其势少杀而时值天寒半流半冻，如玉线千条，结成纱幕，尤令人玩赏不置。过此蟠折数十叠，乃岭巅。有平田数百亩，村落聚焉。四山如幄，恍入桃源。太守出所携果茗，拾落叶烹泉啜之。啜已，复行，招村人导引。同游王君砥山，以力疲谢不往。余与太守贾勇而前，里许见苍松六七株，挺立岩腰高数百尺，岭头奇石离立，如人形。村人遥指曰："松下即洞门矣。"至则松益高，石益奇。洞外西北山趾，有石孤悬如夏屋，空处高丈余广可容百人，土人名曰石棚。远望之如手出袖端伸掌外覆，又如衣襟戌削为风扬举者，然亦异迹也。余与太守选石而坐，令从者少憩。然后入洞，洞西北向门高广三丈余，深倍之。下层塑观音像，由左升阶入上层，右转内塑如来罗汉像。前架板为楼回栏绕之，轩豁可望远。降阶由左入内洞，初入狭而暗，间可槭剑，行数武即透明。又拾级数十，猿攀而登，即后洞门焉。洞上有二窍，圆如井，口上通天光，俗称天井洞，之所以透明者以此也。下有方池径四尺，水色澄碧，人皆呼为地井，以与天井配。洞内壁镌"洞天福地"、"清虚凌空"、"一窍通灵"诸大字，皆劈宋王代心下仪窠。书款识半不可辨。洞之前后，松石森罗，溪谷蹇产，与尘世隔绝。若当春夏岩花涧草相向争妍，当益佳胜。太守云："余牧和州曾游白石、鸡笼二山洞，唐杜光庭记所称二十一洞天，四十二福地者。与此相较，此当首屈。"因共留连者久之，仍复穿洞而出，寻旧路而归。归见王君徘徊村外，口占一绝以调之云："石壁崚嶒古洞开，清泉白石隔红埃。归来欲向同游傲，今日真从天外来。"因相与大笑。太守盛道洞天之胜，而惜其不往。砥山云：“余若往何以得此诗料，斯非无用之用乎！”又相与大笑。夫天下之所称洞天者，要不过一石窟耳。其胜在洞，实皆不止在于洞。使非亲历其境，则洞前、洞后、洞左、洞右，与夫一路所见若泉、若石、若花木，俱不能因洞领会之，几何不如人言所云，且将以道险而为人言所厄哉。吾故曰：事非亲历其曲折，不能悬揣而知。立志不坚，用力不果，亦未有不畏难而阻半途而废者也。是行，晋儿年最少，他日励志修途，尚其取则于此游也可。是为记，光绪三年十月。

商丘宋荦《海上杂咏》云：闻说悬阳洞，秋云隔几重。千层垂石乳，四面绕莲峰。疏沼养飞瀑，推窗揖古松。老僧年九十，塞外自鸣钟。

兵部郎中咸龄《游三道关悬阳洞》诗云：平生有癖嗜烟霞，痼疾无缘未得疗。今年视榷到临榆，旧章不紊惟撮要。公余试马出东郊，习勤藉以抒瞻眺。闻说玄阳山势奇，一洞崯岈如凿窍。问途遑借马蹄遥，抵境方知鸟道峭。秦城汉垒犹峥嵘，风磴云门真缭绕。乘骑崎岖舍骑难，老仆揶小仆笑。际此不觉退志生，振衣勉力学年少。折尽羊肠路几回，贾勇竟能越重峤。万峰绝顶一家村，村畔营城细柳屯。健卒招呼争引径，升降登陟捷如猿。路转沙柔得平麓，兰若依岩成小筑。老僧爱客出门迎，揖我入门茶已熟。缘山支木俨危楼，楼以为阶通于谷。谷中初入敞如轩，深入如房复如屋。然香代烛拾级登，僮仆摸索相追逐。搴裳瑟缩骇熊蹲，触手嵯峨疑虎伏。到头方识个中元，造极才知别有天。仰窥宇宙忘千象，俯视河流汇百川。忽然峦气四围合，海雾深茫岩翠沓。山僧促我著归鞭，我兴未阑思埽榻。欲吟未已空流连，好待明春再携榼。

邑人王朴《游三道关玄阳洞，次咸春圃戎部韵》云：白云高压青山陲，俗疴还仗青山疗。山挟长城东北趋，山断重关扼其要。关城倒插双峰尖，一径迂纡达幽眺。疑自盘古生太荒，天帝凿开混沌窍。入关祇觉人影低，仰面群骇众峰峭。倚石微闻紫菌香，碍步但见青藤绕。扪参历井得坦途，如见山灵迎我笑。小憩梵宇观题名，片字摩崖窥逸少。地接天根镌最奇，此境想像通壶峤。桃花源畔桃花村，洞口山翠如云屯。山僧导我秉幽火，行历荦确攀猱猿。微明渐启达山麓，珠宫未识何时筑。摩挲残碣剔藓衣，岩畔垂垂山果熟。到此境异天亦晴，长啸一声声振谷。欲呼卢敖游太清，俯瞰贝阙黄金屋。同人吃吃笑我痴，携手更与云相逐。此时立身千仞冈，水势潆洄山起伏。我闻灵境通幽玄，古称三十六洞天。其中仙人寿不死，呼吸一气通山川。又闻琅环山四合，羊珠麟脯罗纷沓。龙洞奇翻二酉书，绳床隐抵千年榻。安得重为汗漫游，与我同人共携榼。

围春山　在城北。自洞山入，东五里。山形四合若环堵。明佥事萧显曾筑别墅其中，名围春庄。有墨香亭、荫秀亭，今废。

明本卫人萧显《围春庄杂感》诗云：三十年来走宦途，乞归白发半头颅。依山结屋尘偏静，临水观鱼兴不孤。野老崎岖寻橡实，林僧谈笑断松腴。离家复作还家梦，一夜团栾骨肉俱。

□□洪钟《围春山》诗云：翠拥螺攒四面高，淡烟疏雨景偏饶。始怜径路稀车马，便觉林泉隔市朝。薛荔香邀麋鹿狎，笙簧声度燕莺娇。寻常诗酒皆堪乐，莫怪渊明懒折腰。

拦马山　在围春山西。壁立万仞，马不能行。

白云山　在城北五十五里。上有福庆寺，西有玉皇殿铜像，相传出于神工。寺有一石，砣立如碑，高可四五尺。康熙二十一年山海管关通判孔得孟题曰“自然碑”，为文以记之。

山海管关通判孔得孟《白云山自然碑记》云：盘古及今，有天有地，我不知其几千万年也。问谁开辟？则曰：自然而已，自有天地即有山水，我不知其几千万年也。问谁生成？则曰：自然而已。于天地山水间，有白云山。于白云山上有石碑，亦不知其几千万年也。问谁建修？屹然自立，琢磨无人。亦曰：自然而已。诚山水灵秀之钟气，天地莫测之妙用。所谓自在真谛，如来本然欤！我因而题其名曰“自然碑”。夫既云自然矣，斯自然已耳。胡为于旁选贞珉镌刊为文，且篆额焉，毋乃多事以凿破天地混沌哉？咦！政不尔尔。盖古今来传奇等等难以尽述。如黄冈州有《竹楼记》，竹楼已朽，得文以传常留不朽。兹白云山有自然碑，自然不朽，借文以传更留不朽。况天地于千万年后，忽然生我。我于千万年后，忽然游白云山。岂非天地间，不期然而然者。我与白云山自然碑，又有此一段自然之遇合，以传留不朽耶！是为记。康熙二十一年。

兰溪赵端《夜宿白云山》诗云：夙慕名区胜，而今幸一过。不来萧寺宿，其奈白云何。月色逢山好，猿声出塞多。倚栏频极目，同此坐烟萝。

平林山 在城北六十里，黄土岭西。

首 山 县西北十里。自北而南，此为诸山之首。山有亭，名可琴，北揽群山，南瞻大海，为邑之胜地。上有二郎庙，俗又称二郎山。

榷使金简《可琴亭记》云：首山之阳，有古刹焉。其巅得屋三椽廓如也。当楹则海光荡漾，少折而东，莹然如带之环焉。倏见惊涛乍起，奔若连山，汩汩殆必有海。童蜩像之属狎波涛而遘。许者乎！回视层峦拱翠，怪石巉岏，清流夹岸，沈澈可镜。意虽荆关妙笔不能尽云影天光之幻态也。余公余之暇来游，于兹窃爱其境之邃、涧之幽、石之奇、松之古。鸠工而重葺之，更得两椽，颜曰“可琴亭”。余不善琴，奚以可琴名？盖有音之琴播诸弦缦，而无音之琴触乎性灵。对此流水高山，如必一弹再鼓是犹浅之乎！言琴者也如是，而以“可琴”名吾亭。夫亦焉乎其不可！落成后，余援笔而为之记。庶登此亭者，揽山海之大，玩泉石之美，将必流连而共适焉。固可知斯亭之筑，非予一人所得而私也。乾隆三十年。

又《可琴亭跋》云：岁乙酉余视榷海关。公暇来游，辄流连不能去。爰筑小亭，颜曰“可琴”并为记，勒诸石以公同好。越于今十数年矣。忝贰司农趋承禁近，夙夜惴惴惧弗胜。每忆五花城畔，蹑迹登临，恍如太白之梦游天姥也。丁酉秋，奉使吉林，重过兹亭。戊子春又至。波光岚翠，逐序生新，风泉答响，泠泠作弦上声，藉令余果善琴，一弹再鼓，怡我情者更当何如海上成连，庶几且夕遇之。昔刘定公观河洛而思禹德。余轺车三至，纵览山海胜概，益念我朝底定规模所从来远矣！是为跋。乾隆四十三年。

榷使董楷《重修可琴亭记》云：余奉命视榷海关，闻首山之胜，兴到辄欲访之，以王事敦我未果。越明年春暮，登其山陟其顶，南瞰溟海，北瞩岩峦，西眺石河。海水之汩汩，烟岚之霭霭，河流之荡荡，四时变态奇幻难名。洵此邦之灵境欤！抑兹山之大观也。山之北隅有轩二楹，曰“可琴亭”。盖前榷使大司空金公建之也。傍青崖临碧水，凡百君子宴坐啸咏其间，松涛逸韵，泉石清音，沨沨入耳，如绮弦之雅奏。然古之人会心不远，亶其然乎！大司空去此，于今二十余年矣。其流风余韵，即目犹存。韩子曰：“莫为之前，虽美弗彰；莫为之后，虽盛弗传。”余见斯亭之朱梁就萎，画栋将颓，免费绕于墙，鼯鼪穴于宇，怦然心动，急思所以葺之。适邑尉徐公名自超者，与余有同志。一为商榷即征匠氏召般师，鸠石构木率作董成。亭之侧护以抱厦，亭之前周以长廊。阅五旬而蒇事。前此之盛举，庶可至历代心节传矣！若夫垂之不朽，辉映今古，则非余所能任也。是又望于后之君子。乾隆五十二年。

本卫人佘一元《登首山》诗云：林下生涯借胜游，云山渺渺水悠悠。南瞻大海波涛涌，北顾群峰苍翠浮。刍牧牛羊遵陇陌，耦耘禾黍遍田畴。临风把酒陶然醉，策蹇归来似泛舟。

□□王芳毓《首山》诗云：山头神宇壮，左辟小亭幽。领袖群峰秀，回环碧水流。云封石一色，风动树皆秋。胜境应为首，清光集古丘。

泽州陈廷敬《首山》诗云：塞外山益奇，图经无其名。土荒昧胜迹，问之伤我情。首山名颇佳，三峰何峥嵘。上有古时戍，下有今时城。南山如龙卧，北山如象行。中裂忽如凿，漠漠春水生。压寺面怪石，角立森丛横。林岨绣苔藓，丹碧含晶英。山川既盘郁，风气亦高闳。太息炊烟稀，沃野无人耕。

山阳陈丹《登首山》诗云：重阳过半又登高，大将开筵拥节旄，山领群峰排翠嶂，海当亭午涌银涛。采花共泛杯中菊，剖蟹争持醉后螯。传道荒陬多虎豹，暮归共欲控弓刀。

知县萧德宣《二郎山诗》云：山无数仞高，灵气于焉结。亭无半亩宽，万象齐罗列。大海远浮空，青气时起灭。回环千里间，混茫不可说。背有群峰围，峰峰特奇绝。高低若翠屏，天然开石穴。带以石河流，沙明聚如雪。俯首瞰归樵，影小缘溪叠。予无求仙志，仙人真可接。愿仙赐丰年，使我民气悦。

礼部郎中佘一元《登首山亭》诗云：揽胜玩高亭，重峦绕翠屏。闲云挂远岫，涧水漾寒汀。平眺海波碧，环观峰色青。衔杯逸兴发，长啸动山灵。

邑人王权《可琴亭》诗云：非必鸣琴自可琴，高山流水有余音。数声渔笛吹凉月，一曲樵歌度远岑。云树苍茫闻鹤唳，天风浩渺起龙吟。谁为海上移情者，领取成连出世心。

乐亭杨在汶《首山题壁》云：鸿泥偶此滞须臾，绝顶登攀近海隅。南望惟看云气合，北随祇有月轮孤。黄沙白草龙堆路，叠嶂层峦雁塞图。为问乡园诸旧雨，天寒可念故人无。

五泉山　在县西北十三里。山有泉五道，北流入石河为鸭子河。

玉王山　在五泉山东北。下有突泉，为沙河之源。(《畿辅志》作玉旺峪)。

鹰窝山　在县西北十五里，崖际有石如鹰。

平顶山　在城西北二十里。

团云山　亦曰云蒙山。在县西北二十五里，四时云气变幻无常。(《畿辅志》误为二)。

蟠桃峪　又名蟠道峪。在县西北三十五里，鹰窝山西北。

喇叭山　在县西北。距城三十五里，产黑矾、红土。

九连洞　县西北三十五里。洞在山半，中一环八，故名。

黑　山　在在县西北四十里，产煤。

六罗山　山在城西北四十五里，产煤。

芙蓉山　在城西北，旧名裂头山。其自挝角山东，高广倍出群山而尖，顶分三四者为前芙蓉山。其迤东十余里，有七峰相连。极东而尖者，为后芙蓉山。

水　峪　在芙蓉山之间。

耕果山 在六罗山西，石岭东。

石门山 在芙蓉山西连崖对峙。阳、石二河上游，中间厄要之区也，亦名石门峡。

平　山 在城西北四十五里，芙蓉山西。旧志云："汉公孙瓒败乌桓处"。

老君顶 在城西北六十七里，义院口南。上有老君庵，庵东丹炉遗迹犹存。

本卫人佘一元《老君顶记》云：石门之北，有山日老君顶。上有丹炉二，相传为老君炼丹之所。未知然否？山腰有殿，林木蓊葱，荒废已久。昔人往往见神异踪。山巅构三教堂，僧某住持。其间道士陈某合众每岁进香于其地云。夫山以老君名，道家祖也。厥流进香宜矣，僧适居之此三教堂，所由构也。尝见三教堂位置，大抵老左孔右佛居中，或疑之。窃以佛由西域客中华，老与孔同时年加长。佛居中序宾也，老居左尚齿也，吾夫子秉礼为儒人，宗于此正见盛德冲怀，究何损于大圣人之尊哉？略因记山，而并及之。

邑人王一士《老君顶下庵重修碑记》云：老君顶高大崔巍，为石门诸山之冠。窃怪二十八景中独未见收，盖山之遗佚者也。其巅平数亩，有老君堂三间。堂前有井水甚清冽，为挖煤者穴空其下，山漏而井乾。康熙二十年，绕山而居者十三庄始建庙于山之麓，遂为下庵云。是庵地势坡陀宽大，庙制视上庵雄阔焉。正殿三间，供一佛二菩萨。前殿三间，北面者护法韦驮，南面则接引弥勒佛也。东西二廊各三间、禅室三间、山门一间。初次重修在乾隆二十七年，再重修在乾隆五十一年，皆有碑记可考。山侧龚家庄，龚公名玥字华堂者，贸易中奇人也。新与余友善，于道光六年合会十三庄之力而又重修焉。规模皆复旧，观戏房四间、厨房数间。其增修也，工成属余记之。忆余壮时因事居山右颇久，闲游顶上，南瞻海水，空明与日光相闪射。西眺群山奇峰矗立，东北三边峭壁连云，层叠围绕，如蹲虎，如奔牛，如惊蛇，如翔鸾舞凤。直如顿笏，横如锯齿。群相拱揖，呈奇献怪。皆可指数于凭临之下，真所谓一览众峰小也。倦而反至下庵少憩焉，则又别有天地矣。后坐高顶，前面一岭横亘向所呈露，不知归于何所。时值深秋，红叶正殷，盈坡满谷，如胭脂染成一片光明锦。长空雁唳数声，山鸣谷应，不啻闻暮鼓晨钟，消却许多凡想。然当是时余不知龚君为何许人也？龚君亦不知余为何许人也。数十年间，我两人深相契合，因有斯记之属，岂非缘之所结。因此庵而成欤？抑兹庵之景或为我二人写照欤？勒于石，非惟记此庵之盛，亦以见结缘之有由也。道光八年。

天然洞 在城西北六十九里。板荡峪东南，内有铜佛像三。

明山海兵部分司南直吴光义《天然洞碑记》云：海内外称洞天福地三十有六，皆不可穷诘。予登吴山，云是洞天之一。山势奇拔窈幻，喜怒揖让，情性形体，诸态毕具。中有丁仙人遗蜕在焉。东四十里为法相寺，幽渺过之。佛祖长耳相亦遗蜕于此，皆历千百年不坏。大都天地钟灵之气必藉仙人以传，彼其精气神之炼结凝聚上薄重玄，下入无间。于山川灵秀之气，互相摩荡輓摄，故福地不虚，而真人藉以不朽。此三才相成之妙也。岁乙卯，余奉命守山海，暇登角山之巅，南眺大海，北望穹庐。见其盘礴踊跃，如千军万马奔突而来以入于海。海水绕其前，盘则如带，踊则如云，吞吐日月。穷奇极变，意山水交会。若此，必有洞天福地俯嵌其下。询之土人，云：百里外有背牛顶，登者作猱状仰梯而上，然界于夷地，罕有居者。折而西，则有天然洞，洞不知为福地与否？大都玄猿白鹤之场，榛莽之所封也。道人翟太真，始辟而居焉。太真隶戎籍，事业屠沽，其于玄理漠如也。一日，追虏出塞，下马居山，限危坐不觉人定。虏骑驰突过。不加一矢，若有呵护之者。既收兵，查无翟卒，意必中虏，主者急遣人搜之，瞑坐如故，始挟以归。自是行住卧坐，不期而定。定则终日如尸，惟一息绵绵不绝耳。人皆以道人为颠道人，亦不知其是颠是玄也？久之弃屠沽业，断荤酒从事清静，遂渐透玄宗。尝避谷五七日神愈主。夏月裸体暴赤日中，历几旬不倦。盖庶几入火不热者欤！夫玄之为教，聪敏有识力者，多希心瞑目于此。然瓢云笠水，穷年不能涉津梁一步，道人目不识丁，身不离行伍，猝然从事，未十年而功以不解，解以无得得，盖其素根然也。洞去山海七十里，接壤虏境，世不知有天然名，知名自道人始。异日道人证其果神出蜕遗与丁仙人、长耳相呼吸。相应洞亦与吴山两芥子焜耀天壤间，岂非三才相成者哉！余且携道人南遍历名山，行将挂瓢于此，与道人同为天然洞主人，先为之识其颠末。万历四十六年。

孙嘉猷《天然洞诗序》云：天然洞者，仙师翟真人修炼之场。搢绅逸士至自四方者无月无之。去义院口关仅五里许。壬戌冬，予游于王将军署中，一病几无起矣。因谒仙师，遂施起死之功。诚仙师大觉力哉！逾旬少愈，叩首座前，因陟龙蛇之巅，冈原、林麓、田畴、墟落一指顾间耳。其时山色生寒，木叶尽脱，无能遂其步履也。癸亥夏初，复谒仙师。天朗气清，风和景明，花光烨烨，鸟语嘤嘤，恍疑桃源，避秦处也。俄而使君亦至，翩翩皆出世语，诚哉其仙吏乎！顷入洞中，有岭崎岖，然膏而登，上有数窟。澄泉若盈，失明者涤之重明。远近之溪水声泠泠，喷沙漱石，仙师尝汲之以治人。洞上构堂不设幻像，堂后茂林下，即仙师餐霞吸瀣处也。四山周匝寂无人迹，万木参天，重阴覆地，不独洞天之一，抑亦福地之首者乎！今仙师复徙南山之巅，山曰双峰洞，曰红轮，去此颇遥。石磴峻峭，投骖者稀，或者渐谢人间世也耶！予三宿而归。因以拙作镌之小碣，以志相遇之不凡也。奉酬仙师翟真人诗云：萍迹蓟之西，师居蓟之东。若无素生缘，千里奚相逢？驱病非针砭，下手以神功。回生呵咄间，降魔唏嘘中。顷刻涌泉下，上与泥丸通。向重如沉石，今轻若御风。从此皆余生，仙师活无穷。又《宿天然洞山房》诗云：虚堂开绝顶，仿佛与云连。夜柝松风外，晨钟山雨前。关营与涧隔，人事两相悬。悟到无为处，无为即是禅。

箭笴山　一名茶盆山。县西北七十里，上有无梁殿佛舍。（案：《读史方舆纪要》：后唐同光二年，契丹阿保机袭叛夷军于箭笴山。宋宣和五年，辽臣奚回离保据箭笴山称夷帝，金人击平之。《辽史》迁州有箭笴山是也。其南去苇子峪十余里。

胜水岩　在茶盘山西南。人至半岩，常闻下有流水声，以竹引之于罅，名曰胜水。

了角山 在石门城北里许。东望角山，如在目前。

训导蔚县李廷对《了角山》诗云：孤亭高倚夕阳东，槛外晴光八面通。芳草近涵春水碧，落霞低衬野花红。云添山外重重色，树透帘前细细风。得意几忘归处杳，不知村店雨濛濛。

尖　山 县西八里。下有龙潭深冽。

白塔岭 在城西四十里。

梁洪《白塔岭》诗云：高岭遥听更漏残，黄花白日望中看。萧萧一夜西风急，近海潮声枕上寒。

烟墩山 城西五十里。

石　岭 在城西五十里。产煤，佳于六罗山。

房　山 在石岭北，高峻可避兵。

溥塘山 在石岭北。内空深十余丈，水淳为渊。

傍水岩 县西五十五里。石门寨西，峭壁悬崖，外平内险。

明隆庆九年，戚继光设伏歼敌于此。

明□□传《新德张大将军傍水崖建功碑铭并序》云：粤考蓟门砺山带海，控上谷，引渝辽，天险甲天下，乃数舍许即逼虏穴。繄我明列圣相承，威德旁洽，厥酋延颈款塞，初终罔替。嘉靖末，穆宗庄皇帝践祚，酋长土蛮狡焉，启疆乘间肆逆，迤界岭永昌胥蹂躏，所民弗堪。时东山张大将军讳臣，尚职延绥，入卫游击将军，誓不与酋生，出奇奋勇，帅所部卒三千扼酋吭。酋北道穷，我兵追益迫，斩馘无算，迄石门之傍水崖。崖深若千仞，酋不暇择地，竞奔堕崖，死者数万计。酋痛哭，戒勿犯，遂大创去，环蓟宴如。圣天子玺书衰公功，蓟士女愿立公祠尸祝焉。厥隆庆丁卯史录烂焉者。余以木天校史，暇尝慷慨疆埸事，不惟其官惟其人。曾口占一绝："十万单于遁石门，水崖血战石头殷。衹今想见累累骨，夜月悲风泣虏魂。"用是恨不亟见公，暨询公动履以都督悬车，年八十有奇，益矍铄。其长君望峰，讳承允，业秉钺延镇，又公傍水崖捷之，它年载有甘州永泉之捷，土人亦尸祝之，史不乏书。庸讵非公有大造于东若西亹膺天纯嘏也，祝宜尔也。然余闻蓟祝之修，公不居功，归之武安王神，为王筑殿庑，诸君子创传，记垂贞珉不朽，公功益彰，第猝不得肖公像，不宁缺典欤？余莫逆鹤沚姜公东巡，因人望，复葺公祠，肖公像于武安王侧，意忠勇即义勇，俾从祀春秋，请余言以志。余喜，囊昔读史，击节公功意，而后乃今始惬也。用思崇德报功，严像斯肇，标铜勒石，匪名奚存？铭曰：奕世之张，繄迈种德。惟德馨闻，于昭上国。蓄极而流，爰诞我公。英风烁灼，岳峙云从。提师古北，誓灭群丑。指挥风雷，鹰扬虎吼，兼程载趣，海月平明，斩将搴旗，秣马砺兵。虏北水崖，狼奔乌喙，喋血成川，奇功震世。帝念厥庸，畀节登坛，名垂竹帛，威慑可汗。锲人去思，筑庑崇祀。公不居功，伊神之赐。栋宇崔嵬，纪载烂然。烝尝勿替，祝史是蠲。罔逮尸公，众心攸缺。于兹肖像，永怀耄耋。百岁期颐，天禄靡垠。駪駪龙种，尚念蓟门。天骄渐肆，杞忧诩诩。愿言匹休，万祀安堵。

□□梅之焕《创建张将军破虏碑记》云：我高皇帝驱逐胡元后，即经略边政，遴选材官，不肯一日忘虏者。盖知虏性矣，其贪狼也！其暴虎也！其反覆无常，非得真将军世世守之，未见长城可恃者。迨后大宁之割，河套之捐，岂真宠而锡之，一时细柳无人，不得已而弃之耳。即己巳之变，庚戌之危，岂中国之长技尽诎哉。缘承平日久，将惰士弛，有刃未淬，有弓未调。士马仅供送迎，旌旗仅示夸诩。人人高枕，可幸无事。而突然羯鼓一震，胡骑长驱。以髀肉久生之士，见飞尘走马之奴，则以为虏尽万人敌不敢进，故未接刃而先走矣。兼之全躯保妻子之念重，纵鼓舞而前，又虑不得生还，辄踌躇却步矣。夫将惟气耳，惕于害则馁，贪于利则馁，甚矣！真将军之难也，有真将军而忍，使将略不昭，揭于中天，百姓且共惜之。穆皇帝元年，有真将军东山张公讳臣，家榆林，起自卒伍，中以首功累授游戎，恒思以智勇报天子，而未得展其用。适朵颜影克入犯界岭口罗汉洞，凡永平、昌黎、抚宁、卢龙等处皆虏放马之所。辽阳诸路兵不下百万莫敢犯镝锋，虏以二十万横行汉地，如无人境。斯时也需真将军，亟而张公奉天子命，捧军门檄率健儿，伸以大义。皆奋不顾身，誓决死战。与虏接即夺虏锐气，我师始振，遂连战连捷，虏乃谋遁。公尾至石门寨，斩获十余级，追至傍水崖，崖之东西巉岩绝壁，鸟飞不渡，北临大泽，南逼我师。虏归路穷，乃据崖之巅以守，公轻骑掩至，仰攻崖上。虏素谓我师怯，见此以为神。公拔刃先登，虏仓皇无计，悉委泽中，死者数万，尸骸林藉几与崖齐。其幸脱者号恸北去，自入犯以来未有如斯之挫衄者。四十路莫破之敌，公破之；二百年未伸之气，公伸之；堂堂天朝，委靡不振之威，公振之；元元老幼流离未雪之恨，公雪之。信真将军哉！天子嘉公功，百姓亦宜尸祝公矣。越二十年，公巡关至石门，诸黄白以建祠请，公不允。请不已，公乃命祠关壮缪侯，以前功归之神。都下刘公有记矣。又越二十六年，榆林肖园官公来守蓟东，父老犹口道公事，官公又素知公之巅末也。以请于抚台刘公咸走书不佞曰："张东山功在史册者，边民不习见；在碑记者，又竟以归之神公，功几泯矣。行且勒石于破胡处，实为公功非以谀神也，乞一言张大之余不佞曰：旨哉归之神也。兵法有云以上攻下势如破竹。公乃仰而破之。又云归师勿掩，穷寇勿追，公乃追而灭之。盖公洞悉虏情，志在女子粮畜一掠于手，无心恋战，可以袭而取矣。且素玩视我师，一褫其魄，其军自乱。横行直撞，无不如意，公所谓用兵如神也，安得不归之神耶！以斯言勒之关壮缪公祠中，公功不朽矣。是为记。万历庚戌春吉旦。

石门路参将署指挥佥事袁登都督《东山张公蓟甘两镇血战奇捷记》云：北夷之患，自古记之。我国家设为九边，建牙列戍，防御备至，蠢兹丑虏，宜俯首以奉款贡，乃跳梁跋扈，时躏入而为边境患，则折冲御侮之臣始足为世重。若余乡东山都督张公蓟甘两镇之战功，洵可录也。公赋性忠勇，谋略绝伦，以束发从戎，凡建四大钺。其诸战建功，更仆未易悉数，论其著者，蓟门虏患。自嘉靖庚戌朵颜夷酋董狐狸勾引东西之虏入古北，犯都城，虔刘我生民，伤残我士卒。蓟滦之间，岁无宁宇，虏竟得志去，会未有一挫其锋者。浸至丁卯，受害不为不久矣。时公以延绥游戎，分防古北口。虏酋土蛮，纠众大举，从界岭入犯，抢掠永平、昌黎一带，荼毒甚惨。公奉督抚檄，提兵应援，三昼夜星驰七百里。遇虏所掠牲畜辎重盈途，男女哭声载道。公一见愤激，矢翦灭此而朝食，会辽帅之入援者与蓟帅议战不决，且阻挠之。公且前曰："虏凶斥如此，尚尔按兵，简书之谓何？"于是奋不顾身，率所部千人冲突其中，无不以一当十，斩获多级，虏众披靡，奔走至傍水崖，争路出口，自相挤跌，填崖而死者以万计，委弃辎重如山，几令只轮不返。盖自虏犯以来，未有遭此挫衄者。嗣是虏辄相诫，谓蓟镇天险，不惟难于入，而甚难于出，故四十余年不敢大举入犯。即前年河流口随旋踵而遁者，孰非此一创之余威所震慑耶！后公之镇甘肃也，俺答以迎佛为名，肆行抢掠，两河已遭涂炭矣！吉囊复率众西来，匈谋回测，当其时人心汹汹，未知其祸之所底止也。公乃统兵巡边，屡遣官通谕，彼肆其桀骜，从永昌宋家庄墩空溃边入犯，势甚猖獗。公不胜忿怒，挥兵夹攻，乃亲犯其锋，手斩数级，三军争奋，虏乃败北，卜酋带箭奔逃，遂大获水泉之捷矣。此一战也，扯酋闻之啮指丧胆，离海渡河而去。西、宁两地始获更生，孰非此水泉一创之力欤？嗣焚仰华寺，而抚道勒碑于水泉营，曰："张将军战胜地。"迄今西河老稚念不绝口，不犹赫赫有余风耶！呜呼！夷虏犹犬豕，彼其所以敢人犯者，以无以惩创之也。有如公之两战：一则击其惰归，一则遏其散掠，皆堂堂正正出奇制胜。于鏖突之间，斩获无算，真足以褫膻裘之魄，而贻中国以敉宁之安，诚北门之锁钥，万里之长城也。昔汉文帝拊髀颇、牧而日："岂忧匈奴？"藉令今九塞之握符制阃者，而皆如公，抑何患夷虏之猖狡哉？今公疏乞里居，年逾八十有二，而长公望峰坐镇延绥，客冬挫摆彦太沙计之锋，威名大振，嗣为名将，其勋业未易涯量也。非其忠勇传家，畴克当之。然则公之两战奇功，虽未获分茅懋赏，而后嗣峥嵘若此，彼苍之报施，为无负也。余奉命守石门，每过傍水崖，窃叹公之功，为蓟门之所永赖也。于是并及甘镇水泉之捷，而以垂不朽云。万历庚戌。

知县南城陶淑《题傍水崖》诗云：绝壁凌空起，何年刻削成。万峰皆欲俯，一水若能撑。老鹳盘松宿，寒云绕寺生。山川奇险处，随意脱尘缨。

□□黄标《傍水崖》诗云：松风一径驻篮舆，突兀孤崖矗太虚。四面水如襟带束，几盘峰似髻螺舒。烟生古磴将军石，鹤老空山处士庐。今夜月明禅榻畔，定知清梦觉徐徐。

汤泉山 城西六十里。有泉冬夏常温，建寺其旁，引泉为二池，浴之愈疾。

团　山 在城西南，五十五里。

金　山 俗名金山觜。县南六十里，其山如觜，半入于海。

联峰山 俗名莲蓬山。城西南七十里，渝水自其西入海，与抚宁界。

天水洞 在矿古岭南。有石门一，内西隅有石穴，深不可测。门外有石匾曰“天水洞”。洞旁有泉，冬夏不竭。

孤　山 在县南六里，去海四里，下临潮河，屹若砥柱。石河自东入海。

欢喜岭 亦曰惶凄岭。县东二里许。言成辽者，去而悲还而喜也。

泽州陈廷敬《欢喜岭有慢水河》诗云：欢喜岭前慢水流，归人欢喜去人愁。归来也是天涯客，家在千山万水头。

窑　山 在城东北二十五里。

南　山 在城东北二十五里。

画皮山 在城东北三十里。

锤子山 在城东北三十五里。

马鞍山 在城东北三十五里。

鸡冠山 在城东北五十五里，近山各村无蝎。

金鸡石 在北门外。方圆丈余，以石击之音，如鸡声。

老人石 在县西北孤石峪口。

骆驼石 在城西南六十里。高一丈五尺，长丈有八尺，广八尺。

海 自直沽、新桥、赤洋而东，势渐北转抵辽境，为登、莱、金、复一带海面，明初运道抵关城南十里。今虽废，而遗迹尚存。

澥儿海口 县西南十里。

石 河 在县西三里。源出口外，自义院口流入。旁多丛石，水流石罅中，至城西回马寨出山，经招练营，转至文殊庵，左南流入海。案：石河虽非大川，而临榆境内之水实无大于此者。河有二源，其东源出东口外马尾岭，前由栲栳山下转折二十余里，至山神庙前会马头岭下诸水；入城子峪，南流二里许，至斗岭下，东转至柳河冲，与董家口大毛山水合，转而西南流过邹家庄、贺家庄之间；又西过黄泥河，与平顶峪之龙潭下流，会于大张庄龙王庙石崖下；又西过查家庄、南转至驻操营西绕青龙山出苍虎山口，至猴儿崖下与西源之水合。其西源出西口外中杌岭，会梯子岭下诸水，入义院口；至猴儿崖下，与东源之水合；南流至房家庄前转而西，从北庄坨东折过未家庄，从邓林钓台下转而南流至关帝庙前，绕抱西行；至傍水崖庄与花桑峪、苇子峪、楸子峪诸水合；又折而东，过上庄坨，南至长城古刹；又东过石门寨，北至浅水营；又南环绕石门寨东面，饮马河入之；又南过上下花野村，至黄龙口，压水河入之，南入山；经蟠桃峪庄前蟠桃寺后，转折南流十余里，汇为刺渝汀；又南流过玉旺峪，东转至五泉庵山后，汇为印子汀；又北流汇为大黑汀，又南流东转为四道河，又南过围春庄西三道河，又南至洞山，下为二道河；又西南出首山，下为头道河，又南流经回马寨诸村。有董典捐修石桥一座，又南故道在行宫西，今东徒由灵神庙东折而南流，北水关河入之，南经县城西有王名标捐修石桥二座。南过魏家庄等处，有田茂捐修石桥一座。又南滨海处名潮河，刘家河、边家河入之，同入于海。今之考石河者，或谓石河，即渝河。盖缘汉置临渝县，以临渝水而名。然今之临榆县，固是汉临渝县地。而汉之临渝县治，实不必在今之临榆县治。榆关旁之渝水，其名称已久，今忽欲移此徒以刘观察首山记为据。似尚不足为典要，余详《古迹门渝关》下。

石河口向可通船，历年由奉省载运粮石，接济民食。同治十三年，奉省有粮石出境之禁，海运不通。邑中苦于乏食，五六月间，斗米东钱八吊有余，甚有持钱入市不能得米者。秋间奉旨开运，乃得通畅如常。又向来粮船到口，有应交规费，但往往日久弊生，不免需索过多。致粮船稀少，于民食大有妨碍。惟赖官长随时详查严禁，以清弊端，则粮船踊跃源源接济矣。附录前任邑侯陈《开运告示》一纸，前任邑侯马《严禁需索告示》一纸，并前任邑侯孔《申禁需索告示》一纸。

道光六年钦命山海关副都统、世袭一等子福，特授直隶山海路城守都司额，特授临榆县正堂马，为严禁各衙门兵役需索规费，以招商船，而便军民事。照得：临榆境内，依山傍海，地土瘠薄，所产粮食无多，不足军民之食。历来全赖奉省商贩粮艘到来，源源接济，所以粮价不昂。近年来商船稀少，粮价渐增，究其所由，乃因各衙门、兵役，藉查察之名，需索规费。以致商人裹足不前。业经各衙门叠次严禁在案。兹据举人辛永禄、傅德谦、武举周扬武、拔贡傅毓沂、生员张燕绪、廪生田继芗、王朴、李培元等呈请，将示禁勒石海口，以垂永久等情。自应俯如所请，各衙门彼此照会，均各立案。饬令勒碑海口，永远禁止，以裕商民，合行刊石示禁。为此示。仰商贾人等知悉，尔等贩载米粮到境，即自定价值粜卖，倘有兵役需索规费，及斗级把持多索用钱。尔等指名到县票报，定当按法严惩，决不宽贷。各宜懔遵毋违。特示。

道光二十六年钦命山海关副都统富、山海路游府景、临榆县正堂孔，为申明严禁需索旧章，以招商船而济民食事。照得：临榆县境内，依山傍海，地土瘠薄，所产粮食无多。不足军民之食，向赖奉省商办粮船，源源而来，以资接济。所以米价不昂，惟米船到口之时，恐各衙门兵役，有藉端需索情弊，前曾会衔出示勒石海口，永行严禁在案。兹查近年以来，海口商办粮船，虽尚不致短少，而严禁需索章程，奉行已久。恐各衙门兵役人等，视为故常，仍有藉查察名目，乘机需索情弊。以致商船裹足不前，于民食大有妨碍。当经本县呈移各衙门，申明旧章出示，严禁在案。兹据侯选都司计清元，前任吉林学正程儒珍、前任藁城县教谕傅毓沂、侯选训导田继芗、议叙五品衔曹开文、侯选通判王保庸、举人李培元、魏式曾、傅大鲲、郭长清、郭定柱等，以申禁需索旧章告示一经风蚀雨剥势难历久不磨，呈请呈移各衙门会衔出示勒石海口，以期永远遵守等情。具呈前来，自应俯如所请。除呈批示，并呈移各衙门，于告示内会列衔名，并各立案查照外，合行刊石示禁。为此示仰商贾人等知悉：自示之后，尔等办载米粮到境，即自定价值粜卖，倘有兵役需索规费，及斗级把持多索用钱，并间杂人等滋扰情弊。许尔等立即指名扭票，本县衙门照例究办，决不宽贷。各宜懔遵毋违。特示。

同治十三年，署临榆县正堂陈，为出示晓谕事案。蒙督宪准兵部火票递到，军机大臣字寄大学士直隶总督一等肃毅伯李、盛京将军都、盛京户部侍郎兼管奉天府府尹志、奉天府府尹恭，同治十三年五月二十六日，奉上谕："李鸿章奏直隶灾区甚广，请伤奉省，仍准就近贩运杂粮一折。前据都兴阿等奏，奉省现存粮石，仅敷本地民食。拟俟本年秋间，体查情形，如果收成丰稔，再当奏明开运。惟直隶向赖奉天粮米，现在灾区甚广，穷黎待哺嗷嗷，若由远省贩运，实恐缓不济急。奉省与直隶毗连，贩运最为近便。李鸿章请仍准就近购粮，系为拯救灾黎起见，著都兴阿等仍准直隶商民就近贩运，源源接济以顾民食。将此各谕令知之，钦此。"遵旨，寄信前来等因，到本阁爵部堂承准此，除分别咨行外，合行恭录，札饬该县，即便钦遵，传饬商民一体知照。此札等因，到县蒙此合行出示晓谕。为此示，仰县属商民人等知悉：尔等即各遵照前赴奉省，就近贩运平粜，源源接济以顾本地民食，不得运赴他处。兴贩亦不得藉此渔利，高抬粮价。此系奉旨开运，原为拯救灾民之至意，倘敢故违，定即照例究办，各宜懔遵毋违。特示。

南水关河　源出关外东北诸山，由南水关穿长城入。稍西分流：一为刘家河，一为边家河，俱归潮河入海。

北水关河　源出关外。由北水关，穿长城入，经西关南流入石河。

李家堡河　在城东四十里，源出一片石炕儿峪，归奉天老君屯河入海。

大青山水　在城东北。自关外人一片石河，自小河口入关。西行会黄土岭、庙山口各川，出一片石门，至辽东铁厂堡南，由老君屯东芝麻湾入海。此《水经注》之高平川水也，其水九道而下，今名九门口。

帅府河 县西南四里。源出赵家亭泉，入潮河。

潮　河 在城南六里。孤山下，海潮止此。乃石河下流，非昌黎之石河也。

温　河 即张果老河。在县西三十里，《旧志》源出口外孤石峪，峪旁有温泉堡，裂头诸山之水，汇流于此。分为二支：西为汤河，东为张果老河，下流复合而入于海。此即《水经注》之方城川及木完水也。（案:《畿辅志》载，汤河在抚宁县东北六十里。源出汤泉寺山，经海阳店，南流由秦皇岛入海。又张果老河，亦在县东汤泉寺之别派也，合流入海。）

深　河 源出县之青石山、苏子峪，至抚宁入戴家河归海，河西为抚宁界。

鸭子河 县西北三十五里。柳罐峪西有温泉。其源出黑崖子，由棒槌崖东流凡四十道，会于石河。此即《水经注》清水，入九道口而注海也。

饮马河 在城西北四十里。石门寨北门外，源出龙王庙下。

龙　潭 在尖山下，县西八里。水深不可测。相传旧有龙居，今湮。

东西龙潭 在平顶口外，山上有龙王庙。庙西有小潭三，连络而下，至山峡高十余丈。悬流倒泻注于潭中，形如练，声如鼓，潭水碧黑，深不见底。每祈雨有白蛇浮游水面，相传为龙，此东潭也。西潭在西山之曲，去东潭二里余，形势略同。二潭之水至山前，合流曲折入平顶峪口，经庄窝至黄泥河，与大横岭水合。

黑水池 城内积潦所聚，色如墨。（《县志》作墨水池）

莲花池 一在城东南，咽喉桥之南。一在桥北，一在海洋。

温　泉 在县西北汤泉山。

龙　泉 在城西北三十五里，白塔寺庄。

老峰潭　在东北边城外。

华家湾　池距黄土营二里。

暖　泉　在暖泉庄土山下。

附：历代水利议

元泰定中，虞集为翰林直学士进言曰：京师之东，濒海数千里，北极辽海，南滨青齐，萑苇之场也。海潮日至淤为沃壤，用浙人之法筑堤捍水为田，听富民欲得官者，合其众分受以地，官定其畔以为限，能以万夫耕者，授以万夫之田。为万夫之长，千夫、百夫亦如之。察其惰者而易之。三年后，视其成，以地之高下定额，以次渐征之。五年有积蓄，命以官，就所储给以禄，十年不废，得以世袭。如军官之法。

至正十二年，丞相脱脱言：京圻近水地，召募江南人耕种，岁可收粟麦百万余石。不烦海运，京师足食，从之于是。西自西山，南至保定、河间，北抵檀顺，东至迁民镇，凡系官地，及原管各处屯田，悉从分司农司立法佃种，合用工价、牛具、农器，谷种，给钞五百万锭。命悟良哈台乌古疆定畔，因其多少授以官职。一如虞集之策。臣尝闻之闽浙人言，大凡濒海之地，多碱卤，必得河水以荡涤之，然后可以成田。故为海田者，必筑堤岸以拦咸水之人，疏沟渠以导淡水之来，然后田可耕也。臣于京东一带，孙良祯并为大司农卿，又于江南召募能种水田及修筑围堰之人，各一千名为农师。降空名添设职事，敕牒十二道，募农夫百名者授正九品，二百名正八品，三百名从七品，就令管领所募之人。所募农夫，每名给钞十锭，由是岁乃大稔。

《大学衍义补》：今国家都于燕京，师之东皆濒大海，烟火数千里，居民稠密，当此全安极盛之时，正是居安思危之日，乞将虞集此策，敕下廷臣计议。特委有心计大臣，循行沿海一带，专任其事。仍令先行闽浙滨海州郡筑堤捍海去处，起取土民之知田事者，前来从行相视可否？讲究利害，处置既定，然后召募丁夫。随宜相势分海涯，虽未及行，而尝泛漳、御而下由白河以至潞者，观其入海之水，最大之处，无如直沽。然其直泻入海灌溉不多，请于将尽之地，依《禹贡》逆河法。截断河流，横开长河一带，收其流而分其水，然后于沮洳尽处筑为长堤。随处各为水门，以司启闭。外以截咸水，俾其不得入内；以泄淡水，俾其不至漫，如此则田可成矣。于凡有淡水入海所在，皆依此法行之。则沿海数千里，无非良田。非独民资其食，而官亦赖其用。如此则国家坐享富盛，远近皆有所资，譬则富民之家。东南之运，其别业所出也；滨海之收，其负郭所获也。其为国家利益，夫岂细哉！由是而可以宽东南之民，由是而可以壮西北之势，虞集之言，不见用于当时，而得行于今日矣。

明万历初，工科给事中徐贞明上疏议开西北水利为工部议阻。未几，以事降外。著《潞水客谈》见志，言水利甚悉。久之，人思其言，内升兵部主事，改尚宝司丞升少卿兼御史，许便宜开水田。贞明谓：凡民难与虑始条列数款，以释民疑。上谕抚按官晓谕，所在军民而巡关都御史苏贸复疏言曰："治水与垦田相济，未有水不治而田可垦者也。畿郡之水为患，莫如芦沟、滹沱二河。芦河发源于桑乾，滹沱发源于泰戏，源远流长，又合涞、易、濡、雹、沙、滋诸水，散入各淀，而泉、渠、溪、港，悉从而注之，易以高桥、白洋等淀大者广围一二百里，小者四五十里，汇为巨浸。每当夏秋霖潦之时，膏腴变为泻卤，菽麦化为萑蒲矣。夫水患之当除大概有三：曰浚河，以决水之壅也；曰疏渠，以杀淀之势也；曰撤曲防，以均民之利也。唐刺史卢晖于河间开长丰渠，引水东流以溉田。宋临津令黄懋屯田雄、莫等州，置斗门引淀水灌溉，民赖其利。嘉靖初，巡抚许宗浚三岔口，引诸淀入海，而景州知州刘深开千顷注导决河入渠，民免水患。此皆昔人遗法，而近世行之有效者也。"工部请如鄭议，并令贞明遍历郊关，与抚按司道讲求疏浚潴蓄之法焉。贞明亲至永平一带设法开垦，戚总兵继光复以南兵助之，一岁之中已得熟田三万九千余亩。时内侍勋戚恐夺其田，又虞增课为累，极力飞言阻之。御史王之栋，出疏纠劾。神宗亲御门谕令停止，阁臣恐违内臣意不敢争，人皆惜之。崇祯十五年六月上谕，西北水利长便易举，又出贞明《潞水客谈》命阁臣抄发，户部详议举行，然已无及矣。

天启中，屯田都御史董应举曰：臣近到天津，历何家圈，白塘口、双港、辛庄、羊马头、大人庄、咸水沽、泥沽、葛沽，见汪司农往日开河旧迹犹存，可作水田甚多。荒废不久，开之甚易，一亩农工止用八钱，可得粟三石三斗。久废者，亩用农工一两，其挑浚旧河为力不多，只须挑浚数尺，明年万石之粮可必也。按天津水田议之者，科臣解学龙也。董应举所开四当口及双白二港，又同知卢观象所开何家圈，皆得米万石。转饷关门，此亦曩行水利之明效也，今尽草莱矣。

万历十四年□月，上视朝毕，御暖阁问辅臣申时行等曰："近开水田人情甚称不便，不宜强行。"时行曰："前科道官纷纭建议，谓京东地方，田地荒芜，废弃可惜，相应开垦。京南常有水患，每大水时，至者漂没民田数多，相应疏通，故有此举。昨御史既言滹沱河难治，宜且开垦荒田，则蓟州等处，开成已五六万亩。不宜遽罢。"上复云："南方地卑，北方地高，南地温润，北地咸燥。且如去岁天旱，井泉可竭，水田如何可做？"时行等云："臣等愚意，亦只欲开垦荒田，不欲开垦水田。"上从之。又以御史王之栋言，竟罢工部言开垦成熟地数已三万九千余亩，弃之可惜。不听。

徐贞明《西北水利议》云：当今经国订谟其大且急，孰有过于西北水利者乎？虽然概而行之，则效远而难臻；骤而行之，则事创而未信。盖西北皆可行也。盍先之于畿辅，畿辅诸郡皆可行也。盍先之于京东永平之地，京东永平之地皆可行也。盍先之于近山濒海之地，近山濒海之地皆可行也。盍先之于数井以示可行之端，则效近而易臻，事狎而人信。京东辅郡而蓟又重镇，固股肱神京，缓急所必需者。矧今地负山控海，负山则泉深而土泽，控海则潮淤而壤沃，水利尤易易也。予所属二三解事者，盖遍历山海之境阅两月而返，披图出示，如指诸掌也。为言诸州邑泉从地涌，一决而通水与田平，一引而至，比比皆然。姑摘其土膏腴而人旷，弃即可修举，以兆其端者。自西历东如密云县之燕乐庄，平谷县之水峪寺及龙家务庄，三河县之唐会庄、顺庆屯地，皆其著者。蓟州城北则有黄崖营，城西则有白马泉、镇国庄。城东则有马伸桥，灰林河而下。城南则有别山铺及夹阴流河而下。至于阴流淀疏渠皆田也。遵化西南平安城，夹通河而下，及沙河铺地方，又铁厂、涌珠湖以下，至韭菜沟、上素河、下素河百余里，夹河皆可成田。迁安县北徐流营，山下涌出五泉，合流入桃林河。又三里桥，涌泉流出滦河。又蚕姑庙，涌泉成河，与滦河相接，夹河皆可田之地。卢龙县燕河营涌泉成河，及营东五泉涌漫四出，至张家庄。抚宁县西，台头营河流，亦自燕河营涌泉而来皆可田。自西以东，如丰润县南则大寨及茨榆坨、史家河、大王庄之地。东则榛子镇西则鸦洪桥，夹河五十余里皆可田。玉田县清庄坞导河可田。后湖庄疏湖可田。三里屯及大泉小引泉可田。其间有民所不业之地，有屯地，有牧马之地，屯草之地，属于官。官为辟其芜，而收其利不难也。至于民不业者，召民业之，官为助其力，何至连阡以弃鞠为茂草乎！至于濒海可田，则自水道沽关，黑崖子墩起，至开平卫南宋家营之地。与东西度之百余里，南北度之百八十里，皆隶丰润地。与吴越濒海之沃区相等，今萑苇弥望，而系名于势族，然苇之利微，即势族亦无厚入于其间也。若吴越人田而耕之，则利十倍于苇。即捐其一以与势族，使不失其旧入，势家亦何憾焉。昔虞文靖公之议，东极辽海，南滨青徐，濒海皆可田之地。今丰润实其中境，欲举其议而行之，兹非其先当致力者乎！盖先之京东数处，以兆其端，而京东之地，皆可渐而行也。先之京东以兆其端，而畿内而列郡，皆可渐而行也。先之畿内列郡而西北之地，皆可渐而行也。在边陲则先之蓟镇，而诸镇皆可渐而行也。至于濒海，则先之丰润，而辽海以东，青徐以南，皆可渐而行也。夫事有小用则宜大则局，而不通大用则宜小则窘，而难布兹其试一井。究之天下无不利者事，有旦夕计功，而远猷不存，积久考成而近效难覩。兹其暂乏岁收，久之永赖无不利者。特端之于京东数处，因而推之西北，一岁开其始，千年究其成，而万世席其利矣。

国朝怡贤亲王《敬陈京东水利疏》云：窃河道有经有纬，而纬常多于经。所以资节宣利浥注也。臣等力勘京东之水，若白河，若蓟，若沙，以及永平之滦河，皆经流之最大者。白河为漕运要津，农田之蓄泄不与焉。然河西旷野，平原数十里内，止有风河一道。自南苑流出，涓涓一带蜒蜿而东，至武清之堠上村断流而河身淤为平陆。此外别无行水之沟，亦无潴水之泽，一有雨潦，不但田庐猕漫，即运河堤岸亦宛在水中矣。查凉水河源，自京城西南，由南苑出宏仁桥，至张家湾入运。请于高各庄开河分流至堠上，循风河故道疏浚，由大河头入，仍于分流之处各建一闸，以时启闭，庶积潦有归，且可沾溉田畴，而于运道亦无碍也。运河之东则香河，其下为宝坻，沿河堤岸坍颓，屡为二邑之灾，应饬河官，及时修筑高厚，并于牛牧屯以上斜筑长堤一道，以障上流之东溢，则香河、宝坻无运河之患矣。再通州燕郊以南之水，皆汇于窝头，分为二股。一股南入运河，一股东流经香河县之吴村，汇于百家湾入七里屯，达于宝坻。查七里屯以上，大半淤塞地，皆沙卤难以开凿，若将南流一股疏通深畅，则窝头经流归于运河，分入香河之吴村者无多。少加浚导，则亦可免冲溢矣。又夏店之箭杆河经香河东北入宝坻之沟头，疏浚导流于宝坻城南，会七里屯之水，东入八门城，达于大河，庶可有攸归，不致漫溢为害。且潮水至八门城逆流入河，于农田亦有利焉。宝坻之西北壤接蓟州，蓟州运河自三台营会诸山之水，东南至宝邑会白龙港，又南经玉田，丰润，合沙水达于海。河身深阔，源远流长，所谓弃之则害，用之则利者也。臣等愚见，请先筑河堤，务须高厚，永保无虞，然后于下仓以南，建石桥一座，空下闸壅水而升之，注于两岸，以资灌溉。多开沟洫，自近而远，纵横贯注用之不乏矣。沙水又名还乡河，发源迁安之泉庄，喷薄汹涌悬壁而下，既入平地，则委折蛇行，土人有三湾九曲之称。自康熙四十二年，决运河头夺流而西，至雍正元年，始塞决口，挑引旧河，然河道狭而堤堰卑，东决则淹丰润，西决则淹玉田。二邑士民请展狭为广，改曲为直，其说近是，然以建瓴之势，奔放直泻，恐下流益滋冲溃之患，似应酌量于甚曲之处。如刘敛庄、王木匠庄，各开直河一道，其旧流亦无令壅塞，俾得两处分泻，堤堰之逼近河身者，扩而广之，再加高厚可无冲决之患。至沿河一带，建闸开渠数十里内，无非沃壤土。人动言便水湍急为患，不知败稼之洪涛，即长稼之膏泽，凡溃而为害者，皆分而为利者也。现在近河居民，引流种菜千畦百陇，在在皆然，曾未见利于圃，而有不利于农者也。玉田本属稻乡，蓝泉水出蓝山西南流入蓟运河，潴水为湖。伏秋山水暴发，河与湖平，一望猕漫，应将河身疏通深广，束以堤坊，西北另开小河一道，引山涧汗漫之水，入河不流，使湖无泛滥。而南湖内外田地均沾灌溉，仍于湖心，最下之处，圩为水柜，以济泉水之不足，其利可以万全。又泉河发源小泉山，东流会孟家泉、暖泉达于蓟运河，现在引流种稻，所当搜涤泉源，多方宣播以广水利者也。丰润负山带水涌地成泉，疏流导河随取而足，志乘所谓丰泽润美，邑之得名非虚也。臣等力勘所至，如城东之天宫寺、失鹿山、铁城坎，以及沿河沮洳之处，或疏泉，或引河，可种稻田数百亩，多至千余亩而止。惟县南接连大泊一带，平畴万顷土膏滋润，内有王家河、汉河、龙堂湾、泥河，其四道皆混混源泉，春夏不涸。王家河、汉河流入泊，龙堂湾、泥河西入蓟运河，而田畴不沾勺水之利为可惜也。应请涤其源，疏其流，坝以壅之，堤以蓄之。东北引陡河为大渠，横贯四河，而中间多开沟洫，度陌历阡，潆洄宣布，数十里内取之，左右皆逢其源。涝则田水达于沟，沟达于渠，渠会于河，河归于大泊，广八里长方十余里，若于东南穿河导入陡河，以达于海，而泊内可耕之田多矣。陡河即馆水，源自滦州之馆山，东流绕县境而南，旁河村庄曰：上稻地，下稻地，南曰官渠。盖昔年圩田种稻之处，沟塍遗址尚存者，宣各庄以下至今稻田数百顷，村农以此多致饶裕。若推而广之沿河坚筑堤防，多设坝闸，以时蓄泄，疆里一循，旧迹不劳区画，而两岸良田不可数计。至板桥、狼窝铺等处，东达榛子镇一带，流泉大概入滦河境矣。滦州为永平属邑，永平之水滦河为大。其源远所从来者高汹涌滂沛，推壅沙石，既不可束以堤防，亦难以资灌溉，然各属支流藉以汇归。故少涨溢之患，而涓沥皆农田之资，如滦州近城之别故河，淤塞漫流数十年，于兹若照旧疏通，不惟城南不受浸啮，而西南负郭之田皆收浸润之利。城南则有龙溪出五子山，东大泉腾沸流至五官营，伏入地中，至阎家庄复见，即清河之源也。城西则近河，经芹菜山，南流折而东又转而南，二河之间地势平衍土冈环之，东南一望无际，皆可播流而溉也。西南则游观庄之靳家，黄坨河引泉可田。南则稻河、吴家龙堂等处，引河可田。西北则自沙河驿之东，榛子镇之西，龙溪黄崖暖泉会于牤牛河，经双桥而围山瀑水入之，流清而驶，地平而润，沿岸一带建坝开沟，无处非水耕火耨之地矣。滦州之北，为迁安城。北徐流营涌出五泉，合流入桃林河。又三里桥涌泉，流出滦河蚕姑庙，泉河与滦河相接。龙王庙之泉头流为三里河，经十里桥而南，夹河皆可田。黄山之麓，一泓湛然，浮沫如珠，西漾入石渠。渠岸皆清泉喷涌，即还乡河所自出也。自泉庄至新集五六里两岸地与水平，播之可种稻田百余顷，且可分还乡河上流之势。滦河经府治之西，青龙河会焉。青龙河即卢水，县以此得名。境内冈峦起伏，地高水深难以汲引，惟县北之燕河营，涌泉成河。及营东五泉漫溢四出，至张家庄一带皆可挹取为树艺之利。他如抚宁、昌黎、乐亭，以及遵化、三河等州县，臣等未及遍历，然按图考志，大抵水泽之利居多，伏念京东土壤膏腴甲于天下。祗缘积俗息玩，苟且因循，人有遗力，地多遗利。我皇上轸念民瘼宵旰勤求无刻，或释臣等奉命查勘所至，宣扬圣德，明白晓谕。一时民情踊跃，欢声雷动。今春融冻解，正动工修筑之时，臣等分遣效力，人员逐一确估，请旨兴工。惟是工程浩大，地方辽阔，臣等钦遵圣谕殚心筹画，所勘情形大概如此。至高下广狭，随宜随量，容有变通之处抑或委员经理未必尽合机宜，圩田之多寡，奏效之迟速，统俟工完汇齐送册，将勘过情形绘图，恭呈御览，伏乞皇上睿鉴施行。

迁安马恂《水利议》云：议水利于西北，如论封建井田于三代。后不过自诩经济者，例以此侈，规模之宏远耳。而最异者，臆谓西北土皆旷，农皆惰，何未观禾稼之弥望乎！曰西北能陆田不能水田，以无教之者。然则东南之农，孰始实教之，吾知其推本神农无疑也，水田有所知，陆田岂比农智能自创乎！吾知推本神农无疑也。俱由神农而教之，田者何以水陆异则，地各有宜，尤无疑也。而谓水田获多，则陆田将可废。谷可不必百。抑知区种有法，固古所已行，所获不减水田乎！谓南农必能教，北农迁地，其果良乎！如南田有灌以盐卤者，施之北斥卤不生物矣。古之于田多其法尽禾之，性多其种因地之性而不强，其所不宜沟洫畎浍大小相属以行水，而非如后世之不问土宜，概以多稻望。西北且地有渠者，沟洫遗意未尝废也。而水田不必尽行山溜，猛悍虽多，分支港冀杀其怒，而每专攻：一，股顷刻洪涛害一挟沙，急行入田，渐缓淤变瘠薄害。二，土性疏缓，停久积之水力不能胜遂至泄。薄加粪亦复渗漏，禾难畅茂害。三，平日泉脉弱引之入田常不足，霖潦山溜盛森焉，没田尤有余害。四，徒见岁转南漕，遂谓因无水田而不知，帝都所在天下之众归焉，自古固无不需，在外之转输也。盖水利可行者，民早自行之，如渠水稻田，有不待上令者。如不可行之地，即自古竭力再三经营，而旋作旋废，其效可睹矣。以上谈水利者，持论不一，姑并载以待留心时务者折衷焉。

以上临榆县。

卷之二十五

封域志七

屯　社

卢龙县　民社七：西南二十里，曰在城社。西南二十五里，曰凤头。西南三十里，曰南堂。东北三十五里，曰台上。西北二十七里，曰大河。南北五十里，曰周王庄。西四十里，曰赤峰。屯四：城北三十里，曰丰隆。西北三十里，曰丰润。西南二十里曰丰稔。东二十里，曰丰成。

迁安县　民社十四：城中曰在城社。其北十五里，曰黄北。东北四十里，曰望都。西北二十里，曰北平。南六十里，曰长岭。七十里，曰太平。东南十五里，曰陶村。西南二十里，曰爪村。西二十里，曰岚山。五十里，曰贯头山。七十五里，曰夹河。百二十里，曰林河一。百八十里，曰林河二。百六十里，曰林河三。屯三：东三十里，曰嘉祥。南八十里，曰丰膳。西北九十里，曰丰廪。（《县志》云：康熙中改屯为社，又省军归农，而以前明官军屯田之地，编为里甲，因所居之方别为东西二卫。）

抚宁县　民社十二：曰城社。其南十五里，亦曰城社。县南二十五里，曰洋河。二十里，曰张家庄。北七十里，曰宣北一。二十五里，曰宣北二。东三十里，曰万家庄。四十里，曰回安，曰海洋。东北二十里，曰宣南。西北五十里，曰良仁。五十里，曰山西。屯五：县西北十二里，曰富实。西二十里，曰富饶。西南三十里，曰兴福。西北十五里，曰歌欢。西五十里，曰庆福。

昌黎县 民社十六：北曰在城社。其东二里，曰顺德。二十里，曰两山。八里，曰洋山。西二十里，曰葛家一。十八里，曰葛家二。三十里，曰安峰。三十五里，曰刘平。五十里，曰静安。八十里，曰石门。南三十五里，曰团林一。五十里，曰团林二。七十里，曰槐套。四十五里，曰赤崖。六十里，曰沙程。七十里，曰会东。屯十一：东五里，曰兴宁。西三十里，曰归厚。六十里，曰延昌。二十里，曰永受。八里，曰安和。南三十里，曰禧福。八十里曰，嘉颖。北曰，正业。二十里，曰兴善。十里，曰宜春。五里，曰康乐。

滦　州 民社四十一：曰城社。其东三十里，曰长港。西二十五里，曰何家寨。四十里，曰黄家疃。六十里，曰孩古。九十里，曰义丰。百二十里，曰松梁。南五里，曰周南。十里，曰法宝。二十五里，曰于宁。三十五里，曰李家庄。五十里，曰土屋儿。六十里，曰连清，曰倴城。百二十里，曰柏家一、柏家二、柏家三。北十五里，曰横山营。东南二十里，曰催官一、催官二。西南二十里，曰古马。六十里，曰榆子林。七十里，曰赤堆、曰花港、曰王冢坨一，王冢坨二。八十里，曰北柳河，曰狗儿庄、曰司家一、司家二。九十里，曰独莫一、独莫二。百里，曰康家庄。百十里，曰姚家庄。百二十里，曰桥头、曰长春、曰曹家口。西北五十里，曰宜安。八十里，曰偏山。九十里，曰梅相一、梅相二。屯二十六：南九里，曰兴利。十八里，曰长乐。二十里，曰普利。四十里，曰富聚。五十里，曰风淳。六十里，曰崇本。西二十里，曰高平。二十五里，曰丰野。三十里，曰长庆。四十里，曰平原。五十里，曰广布、曰广益。七十里，曰嘉祐。东南二十五里，曰务本。西南三十里，曰惇本。三十五里，曰富庄，曰嘉真。四十里，曰丰腴。五十里，曰永登。八十里，曰崇道。百里，曰乃积。百二十里，曰馀庄。西北十五里，曰兴庆。九十里，曰康庄。其新编屯一二里乃散处，其地不一。

乐亭县 民社十五：城中曰在城社、曰二里社。城东南八里，曰冯家哨。二十三里，曰称坨。城东二十里，曰沙城。二十五里，曰黄瓜口。城西八里，曰嵩林儿。十五里，曰商家堰，二十里曰茨榆坨。

东北十里至七十里，曰临榆（从临榆拨归）。南六里，曰千金。西南十五里，曰白沙峰。城西北二十五里，曰酱家河、曰尊礼。北二十五里，曰胡东。屯九：北二里，曰富饶。西北八里，曰富有。二十五里，曰美化、曰九有。东十六里，曰禾登，西无。南十二里，曰时登。东北二十五里，曰庆宁。东南二十里，曰力本。西南二十五里，曰致顺。

临榆县 民社七：城南五里，曰天清。城北六十里，曰地宁。城北四十里，曰长治。城南六里，曰久安。城西三十里，曰属国。城西五十里，曰年有、曰丰登。

风　俗

士

旧志谓明初习记诵，而心理道者少。然多醇谨经书，务在讲贯，子史亦多涉猎。自嘉靖以后，率记诵时文以邀荣施今。当我国家文运聿兴二百余年，不独科第蝉联，亦颇有博古通今，留心根柢之学者，而醇谨之风，似不如昔。盖文多胜质，习尚渐即虚浮也。今敬胜书院，重加整理，而外六属，亦各有书院。严其考课，厚其膏火，士君子于此，苟能励志姱修，文行兼重，则文风日上，士品亦日端矣。

农

永平延袤偪仄山水纠纷其中，地之可耕者无几。滦、乐独称平沃，民亦务农。然自圈占之后，地之属民者什二，馀皆水洼沙坨。雍正年间，怡贤亲王奉命开京畿水利，滦、迁亦各开水田数十顷。其耕地之法，抚邑以西尚小陇，以东尚大陇。植苗恒于脊惧其埋没也。农皆远城市，务本力作，不习奸伪，古心犹未凿然。旱潦悉听之天，三四月得雨，麦乃熟；六七月雨过甚，下地率潦。平岁为下农丰稔，不知积蓄，故闾阎鲜盖藏焉。

工

明制工匠有籍，今亡矣。且地鲜物产无良材，故攻艺者寡。其以工名者，不过日用所需之器什而已。奇技淫巧，居人不尚，亦不能制造，盖相安于拙也久矣。

商

郡非四通，而习质朴，故无富商大贾。其挟赀营运者，多出口贸易。至于列肆称贾者，土著多客民少。城堡市集，皆有定期，遇期远近毕集，日夕而散。所易不过布、粟、鱼、盐之属，无他异物也。近年洋舶辐辏，奇巧渐兴，器物之不中度数者多矣。他若钱帛之阿枉，阻侩之奸，贪权量之欺伪，尤晚近墟市之通弊，有心世道者，当思善为补救也。

冠　礼

不讲久矣。宋司马温公已尝极论之，何论今曰。至于女之笄，犹士之冠也。古者许嫁则笄，而字不必于归也。今则结褵之夕，始加髻，髻非笄也，已失古人加笄之制矣。盖古之首服繁重，今乃率从其便，然则士冠，女笄之礼，谓之均废也可，岂特永郡七邑哉?

婚　礼

男女议亲，无论贫富，率以一言为定。不用婚书，后亦间有贫富不齐，负约成讼者。官长出示晓谕，然用婚书者，终寥寥也。其先通以媒妁，两家各相允。男家即备布帛、首饰以达女家，谓之定亲。媒妁治具相邀，男女家亦各邀媒妁，交相燕会谓之会亲。逮婚嫁有期，男家先期月馀，倩阴阳家笺书时日，并世俗喜忌诸事，佐以果饵、彩缎，肃致女家，谓之催妆。届期率用午前夫家备五彩、肩舆、鼓吹、仪仗，以送女。并敦请亲族中男、妇偕往，谓之娶客。女家亦请男妇偕往，谓之送客。女入门设真宰神位于庭，女立于右，婿拜于左，女入房安坐三曰，谓之坐福。三日后，行庙见礼。七邑大略相同。至亲迎之礼，惟乐亭最重。昌滦绅富之家，间有行之者，他邑则绝无矣。

若夫贫无立锥，议亲以财，或因中馈无主，而乘丧以娶，谓之孝妇。或因幼弱无依，竟不娶而先归，谓之童养。此皆村氓不及于礼者之所为，非郡俗之常也。

丧　礼

始死设床置帷，首南向，子孙苫块于其侧早晚设奠。逢七而祭，其制率，本家礼三日。初昏，居城者在城隍庙，居乡者在五道庙，设虚座，陈酒馔，并列刍车，纸马，诸冥器。主丧之人，以素纸缕裁缚木柄，如麈尾形，谓之托魂树，俗名摇钱树。持以绕棺三帀，舁置庙前，预设虚座中，亲族以次拜奠毕，复奉以升于刍车，并诸冥器焚之，子孙哭拜于地，谓之送路。绅富之家，并延礼宾四人饯祭于庙前，至卜葬有期，以白帖通于亲朋奠仪厚薄则往来有定数，成主必择亲朋中之明显而有德者，任其事。既葬则树碣以志，其墓搢绅之家亦有以碑铭，行述发扬先德者。但初殁有送路于庙之习，孝男与孝眷同往，未免为非礼之礼云。

祭　礼

行于家庙。而家庙之设甚少，士庶惟于堂室之中设龛，以位主。无主者，用牌书其先讳，月朔望拜焉。岁中逢节及总辰必祭，新物则以时荐俗。尤重墓祭，清明于冢上增土，备牲楮为奠。阖族长幼咸集。七月中元，惟奠牲褚于墓。若新冢则孝子先中元一日丑时往墓，以麻谷招魂，至家设牌于堂，具服哭临，至亲皆与祭之。明日仍于丑时，以麻谷送魂于墓（今此礼亦渐趋简易）。外神惟灶为常祀，腊月二十三日，设糖饼、果菜，祀于灶。阨元旦日五鼓，迎神起造苇棚于院落，设天地神祇位于内，早晚上香，以元宵为止。此实近僭而习以为常，若男女祷于寺庙求福邀功，盖亦往往而有是则愚夫愚妇蛊惑之深，有难以理晓者，诗礼之家皆痛以为戒（昌黎邢家庄一带，嫁娶丧祭不用鼓乐，询之父老云：自雍正年间，有生员邢汝谦倡之，至今尚守其遗规焉）。

岁　时

立春先一日。县官戒东门外官亭，以各色器物选集优人装剧戏教习，谓之演春。届期阖城官员往迎，鼓乐交作，前列戏队，殿以春牛，老稚趋观，谓之迎春。有幼孩者，则以袋盛豆挂牛角，谓可稀痘。至府堂，次日届时鞭而碎之，随以鼓乐，将别塑小芒神、土牛，分献各官府及乡宦，谓之送春。州及外县，亦如之。所鞭之土，市民争取，涂灶或涂壁，云去臭虫。豪门则设酒饼殽核燕会，谓之庆春（旧志云，优长假冠带过官府豪门，各有赞称韵语，博笑取利，谓之闹春。今无是也）。孟月朔日，官府望阙遥贺，礼毕，盛服诣公署往来交庆。士民家昧爽热香烛祀神及祖先，又设庭燎奠祀真宰，日焚天地日月楮，则渎也。祀毕，家人拜家长，举觞称寿，食饺饵。贵家蒸丹药户内，谓之辟瘟（《旧志》谓，喧鼓吹于庭院，谓之闹厅，今亦无之）。炽栗炭于堂中以迎旺气。取除夕所置百种（详见后）而较量之出息者丰获。启视秸豆，而次数之，以粒卜月，润者其月雨，乾者其月旱。户前置水，主消灾。所插芝麻秸主门户清吉，夙具肴馔需供。三日内邻里交贺，多闭门以应甥婿来谒，则留饮焉。营将于上旬中，择日迎喜神，如府县之迎春鼓乐喧阗，齐民竞观。自朔至十二日，并晴明无风，则以日卜月，而岁大吉。妇女多辍针，名忌讳。十四日，先试灯。上元夕，通衢张灯演剧，或影戏，弝戏之类，观者达曙，男女群游，谓走百病。既望，为残灯，妇女交错度桥，谓度百厄。邀厕姑以问吉凶，即《异苑》。所谓紫姑也。又有苕帚姑、箕针姑、苇姑者，皆因紫姑而诳诞其俗耳。或用膏油贮之面盏十二蒸於釜，依月而验，有积水者，主多雨，微湿及乾者雨多少如之。或蒸于除夕，亦验。廿四日，曰鼠会亲，是宵燃灯，一岁作耗，故禁火。廿五日，曰填仓，是日必具食餍，饱以糕饭黏于瓮盎、囤匮，炷之以香，为丰盈兆。又以二十日为小填仓，女子于归者，姻亲俱于此数日内宴请，香车如织。仲月二日曰龙抬头，农家用灰自户引至井，用糠自井引至瓮，谓之引龙入宅，主有财。用香油煎糕熏虫，财物不蛀，且以辟虫蚁。士人家塾令童子开笔，取吉兆也。是日妇停针，俗云恐穿龙头也。季月三日屋地不平，取土垫之吉。是日俗云蟠桃会，又观河之明暗，以卜一岁水涨，明则水少，暗则水多云。十四日俗称城隍神生日，竞设赛焉。清明日，官请城隍神出北门外祭厉，闾阁插柳枝于户。男女并出，展墓簪柳。谚云：清明不戴柳，红颜成白首。前一日为蛆日，忌造醯酱。是月村女树秋千为戏，童子团纸为风鸢，引绳而放之。下旬八日，祀东岳庙，俗为大帝诞辰也。男妇有为父、母、兄、弟，赛愿，顶纸马，敛衣、束身出户，且行且拜，亲众鼓吹随及庙乃止，并曰拜庙。山海，则拜于天妃庙。立夏日，入海捕鱼，视西南风则多获，东北风不利。孟月雨，占麦丰歉，俗云："一二麦脚黄，三四落把穰，五六泥中割，七八麦上场。"以七八日雨为上也。又以初三四新月，占风雨。谚云：月儿张弓，少雨多风，月儿仰瓦，不求自下，"为甚验焉。八日为浴佛日，僧尼各建道场宣经偈，男妇结会持斋，诣佛寺礼拜。或以黄豆置盘盂而念佛，悉如豆数以分众食，谓之结缘。十八日，祀天仙。亦谓之拜庙，视季春尤盛。盖妇人求嗣者，又童男女多病者，以小纸秸为枷锁荷之，诣庙祈祷，三年为满，焚神前，谓枷愿。其祠在迁安景忠山巅者，俗称顶上。境数百里内外，进香往返交错于途，是日乡屯间犒食，佣人给钱，以备蓑笠焉（昌黎仙人顶，亦称顶上，其祭赛则以十月）。仲月五日，为端午节，比户插桃枝及蒲艾，朱书："五月五日天中节。"赤口白舌尽消灭。揭之楹户，泛菖蒲，朱沙酒又以洒于屋隅，云避恶物。儿童颈臂胫足击彩绘，名百岁索。戚里以角黍饷，男女姻家互馈。为追节俗不竞渡，惟妇女群游城上，以为乐。十三日俗为关帝诞辰，是日必有微雨，谓之洗刀水。季月六日晨，汲井水贮之，经年不坏，可以造曲，渍醯。日午曝衣裘、书画。伏日宜造麦曲。初伏洗头去风，以杏仁炒麦子食数粒，一年头不痛，心无呕。时黍将登，旬有三日祭龙王庙。至望，祭风神庙。立秋后十八日，寸草实。如夏至之麦，刻期不爽焉。七夕妇女对月穿针，或以水注瓷碗，撇绣针于中，照影以试巧拙。又为牛生命日，挂花枝于角，可无灾，以面饼赏牧童。中元为地官赦罪辰，僧家建盂兰会，施食于河干，放莲灯，复墓祭。官祭厉如清明，里社亦行之，谷始登。仲月朔日，蒸黍饭撒场圃以祀，少女分日喜。阴及西方微云起，忌热，主旱。中秋，制月饼，杂以瓜果酒醴，祭月而赏之，戚友亦以月饼、西瓜之属相馈遗，木棉始登家治纺绩。季月九日为重阳节。稍如《荆楚岁时记》家制枣糕，士夫或携酒登高。霜降，官祭旗纛。十七日福神诞辰，城乡皆以羊祀之。立冬日谓之阳日，晴雪则一冬应之。孟月，朔。士民家祭先墓，翦色楮为冥衣，曰送寒衣。官祭厉如中元。十六日，谓之寒婆，晴，主冬暖。是月毕场功，劳农，遣工人归。赛祭，燕享，竞尚影戏。妇女群观，竟夕焉。仲月，冬至，谓之亚岁，官府五鼓望阙，拜贺毕，彼此拜贺如正旦；民间祭先祖，其往来拜贺。惟山海为然。至后九日为一节，语云："一九、二九冰上走。三九、四九不舒手。五九、六九沿河寻柳。七九、八九赏花饮酒。"盖九讫，而暖至矣。村中挖地穴，以藏菜果，用秫秸敷土盖之，否则冻损。季月初八日，为腊八。以米、豆、杂果肉作粥。童女钳耳，童男剃发。下旬三日，暮设糖饼、果菜，祀灶。俗以糖丸黏灶门。云："毋得言家长短"，以祈福庇。乡人秉高炬，照田间，日照耗。僧道作疏，送檀越。医士作辟瘟丹，送往来者。除日，易桃符联帖插芝麻秸于壁，陈仪祀真宰及土神。祢祖设庭，燎照星斗，放爆竹，驱鬼。焚苍术，辟疫。取百谷种，量较钧壹置之地面，取秸茎以析之，纳豆。十二闰加一粒，置之水中，以为元旦占验，乃辞岁。家宴少长咸集，儿女终夜博戏，谓之守岁。亦有夜深祷灶请方，抱镜出门，潜听市人偶然言语，以卜新岁休咎云。

永平地接边陲。《隋书》谓人性劲悍，习于戎马。《元史》谓人尚义勇，节俭务农者，其大较也。卢、滦二《志》言：自前明嘉、隆以降，朴变而巧，野变而文，谨约变而夸诈。以今观之，颇好礼让，而近繁缛，宴宾每仆仆亟拜，此其所谓文乎？迁安，质直近于椎鲁。昌黎，朴茂务本而健讼斗捷之风，仍所不免。抚宁，挚猛而实，少虑。盖渤碣之间如是，司马迁已论之矣。乐亭，俗尚节俭，其耕织纺绩，比屋皆然。临榆，则《县志》谓：其负气任侠，士鲜恬退，而闺阃绝织作。盖由明季兵役繁兴，五方杂处辐辏，俨若都会，习染使然，今亦渐就敦庞矣。《乾隆旧志》于风俗云：然今相越百余年，七邑习尚亦不无变迁。

迁安潘文本《乡土杂咏》云：十道灰疆地一弓，香花儿女拜春风。谁家娘子郎新赘，忽漫抬来石相公。小填仓后大填仓，丙引仓龙破晓忙。昨夜无灯鼠子会，也应为我祝余粮。年年依样画葫芦，艾叶桃枝无处无。数世农桑忘战伐，人家不问避兵符。（自注云："请石相公必择一人，呼石相公妇。"）

滇西师范《乐亭竹枝》词云：欢似滦河妾清河，两河无日不通波。涓涓滴滴同归海，迸作春潮上月坨。三皇庙前春麦青，三皇庙后柳冥冥。打扇归来瞥相见，对欢先颂药王灵。一窗明月照秋机，捣罢清砧活计稀。不道今年寒更早，重阳才过就添衣。相公桥下水迷濛，相公桥上秋叶红。怪绝沙头一双雁，年年只在道途中。

滦州学正左乔林《海阳竹枝词》云：元宵花鼓响东东，士女欢腾庆岁丰。点缀太平春富贵，满城火树月灯红。红粉游春绣縠襦，满身花影不须扶。归来笑问金钱卜，阶下焚香拜紫姑。张灯作戏调翻新，顾影徘徊却逼真。环珮珊珊莲步稳，帐前活现李夫人。百花生日是花朝，踏过城南花港桥。行到杏花村十里，花中都有酒旗飘。十二栏干拂绿杨，长春淀里落鸳鸯。秋千摇曳谁家院，墙角风来笑语香。高峰媲嫓七哥山，软浪潆洄七姐湾。夹路桃花夹岸柳，香车十里永间关。山南山北墓田遥，好是清明浊酒浇。一径斜阳人散后，棠梨花冷纸钱飘。三篙新水蔚蓝天，斜挂蒲帆鸭觜船。花港桥头花港寺，香风四月放红莲。舟车络绎接榆关，行李匆匆日往还。蓬背秋霜榛子镇，马头春色杏儿山。城市归来日未斜，黄团红绉卖田家。麻湾港里咿哑棹，菱角山前觳觫车。田家妇织佐夫耕，不待西风络纬鸣。深巷鸳机声札札，木棉枝上月三更。鲤鱼风信自关来，重九樽筵处处开。臂系茱萸头插菊，登高齐上汉皇台。（自注云：花港桥，在城南莲台东。长春淀，在城西南。《滦志》：女子春日多架秋千为戏。七哥山，在城西上有圣泉，居者多产七男。七姐湾在城西南，《志》云：嫁娶用五采肩舆迎女，亲迎者少。花港，在城西南。榛子镇在城西。杏儿山在城西北。麻湾菱角山，在城南，村名。汉武台，在城西，唐太宗征辽次此。）

乐亭赵建邦《乡土杂咏》,《迎紫姑》云：女郎三五戏香阶，笑语群将敝帚抬。趁得今宵明月好，姑姑为我下山来。《填仓》云：新填仓过老填仓，送到邻家新嫁娘。底事仓龙多禁忌，入门不许拜姑嫜。《煎虫》云：二月二日龙头抬，针箱线贴不轻开。厨娘报道煎虫熟，开笔儿童放学来。《祭风婆》云：节交白露纳新禾，尚去中秋十日多。依煮黄粱郎奠酒，月婆不拜拜风婆。（自注：迎紫姑者，踏歌云：我请姑姑下山来，拙的不来巧的来。）

物　产

谷　类

麦（有大、小、秋、米，四种），黍（有黑、白、红、黄四种）、稷（一谓之糜，与黍类。黏者为黍，不黏者为稷）、梁、稻（迁安徐流口出，今冷口外温泉左右亦开稻田，其属有糯，有粳）、粟（梁属也，北方直谓之谷，有数种，脱壳，则谓之小米），高粱（一名蜀黍，一名木稷）、秫（黏粟也），玉蜀黍（有夏秋二种），荞麦，豆（有数种，五色俱备），豌豆（有二种）、稗（有白、黑二种），脂麻、苏子、西丰谷。

蔬　类

葱（有数种），韭、蒜（有紫皮、白皮二种）薤、胡荽（即芫荽）、芹、芥、白菜（有春、秋二种）、萝卜（有长、圆二种，有红、白、青三色），胡萝卜、蔓青、菠菜、莴苣、擘蓝、椒（有草、木二种）、壶卢、瓠、茄（有紫、白二色）、水茄、扁豆（即云豆，有夏、秋二种）、豇豆、刀豆（有数种）、蚕豆、胡瓜（俗名黄瓜，有数种）、冬瓜、倭瓜（即南瓜）、菜瓜（俗名咫瓜）、金瓜、丝瓜、搅瓜、山药、蘑菇（有数种）、木耳、莙荙、苦菜、茼蒿、蕨、藜（俗名埽帚菜，嫩苗可食，至秋干老，可为帚即地肤子）、金针菜（俗名黄花）。地螺蛳、木兰芽、玉环菜（此二种出迁安，近年亦不多见）、薯蓣（有红、白二色）、饭花（出迁安）、龙须菜（出海中）。

迁安潘文本《乡土杂咏》云：草笠�笼短短衫，万松深处踏云还。回头雨脚南山过，笑指雷蘑起暮天。不惯餐霞懒学仙，云边曾采饭花还。间收木耳黄花菜，赚取山家本分钱。（自注云：饭花，紫色，山家采以为糜。）

果　类

桃（有数种）、李（有紫、黄二色）、杏（有数种）、枣（有数种，昌黎油头枣，尤佳）、榛、梨（种类最繁，有杜梨、棠梨、香水、无香罐儿、沙果、水红绡、安梨、面酸、窖酸、秋白诸名。以迁安卜梨为最）、柿、樱桃（有红、白二色）、安石榴（有红、白二种）、苹果、沙果、槟子（似林檎而非）、互斯赖（似杏非杏，似李非李，柰属也）、虎喇槟（似苹婆，而小名见滦志）、花红（即楸子）、海红、核桃（昌黎漏瓢者佳）、羊枣（有无核、有核二种）、山楂（俗名山里红）、榅桲（似楂而小，蜜溅可以致远）、葡萄（惟紫而圆者，耐久，外有琐琐、公孙、马乳、鬼晴、鸡心诸名，产凤凰山者尤佳）、西瓜（产沙河驿者大而味甘）、甜瓜、酸瓜、桑葚（有红、白二色。）、银杏（即白果）、菱、芡实、莲实、慈菇、落花生（昔无今有）、地栗（似葧荠而小，产滦州倴城镇）、龙须米（出滦州法宝社，形似莲须可炒食）。

迁安令靳荣藩《迁安口号》云：沙田簇簇午阴齐，佳果团圞压树低。抵得农人秋一半，滦河岸上卜家梨。

郡守顾学潮《卜梨诗》云：迁安一邑山皆峻，土非不毛产亦仅。东村卜家梨树多，内有异种名四震。皮细梗软小而圆，味甘肉脆芳以润。霜后竹筐百个盛，冻前稻草十层衬。收藏能使旧见新，入夏浮冰香更韵。取小宁惟孔北海，嗤蒸应有桓南郡。人言他本接亦佳，我愿此根除弗吝。昌黎胡桃滦州鲫，天生尤物非民幸。

迁安潘文本《乡土杂咏》云：林林土锉短篷齐，栗子花绳引火低。未备钩梯劳夜守，白羊峪口卜家梨。

花　类

牡丹、芍药、海棠（有西府、贴梗、垂丝、四季数种，西府尤艳）、秋海棠（有红、白二色）、莲、菊、紫薇、蔷薇、酴醿、刺蘼、十姊妹、月季、木槿、榆梅、杏梅、珍珠梅、金雀梅、蓝雀、迎春、探春、长春（俗名寿丹）、丁香（有紫、白二色）、碧桃（有红、白二种）、紫荆、夹竹桃、马缨、萱、蜀葵、锦葵、西番葵、玉簪、石竹、草茉莉、蓼（有水、陆二种）、鸡冠（有高低二种，低者即玉树后庭花）、雁来红（一名老少年，一名秋色）、七月菊（俗名江西蜡）、夜合、金盏、金钱、山丹、卷丹、荷包牡丹（即当归花）、翦春罗、翦秋罗、罂粟、虞美人、牵牛、茑萝松、旱莲（一名鳢肠花）、火球、滴滴金、蝴蝶花、绣球、凤仙、青香子、胭脂草（昔无今有）、马兰、洋松。

木　类

松（有数种）、柏（有数种）、槐、桧、桑、柘、楮（一名谷桑皮可为纸）、榆、柳（有数种）、柽、杨、白杨、椿（味香芽可食）、楸、橡、杜、椴、樗、栎、孛罗木（橡属，山中皆有之，可烧炭，叶摊面蒸饼佳）。

药　类

枸杞、桔梗、黄精、黑白丑、柴胡、茯苓、玄参、蒺藜、荆芥、皂荚、苍术、远志、防风、紫苏、知母、升麻、北细辛、苦参、瓜蒌、葛根、藁本、天南星、瞿麦、前胡、五灵脂、萹蓄、益母、半夏、茵陈、豨莶、薄荷、葶苈、地榆、木贼、菖蒲、黄柏、苍耳、漏卢、商陆、卷柏、艾、桑白皮、麦门冬、急性子、夏枯草、马兜铃、地骨皮、小茴香、大茴香、薏苡仁、天门冬、白蒺藜、都参（都山所产，医家与党参并用）、《旧志》云:《唐书·地理志》，平州土贡人参今迁安口外有之，然未可用也）蓖麻子、酸枣仁、葳灵仙、柏子仁、侧柏叶、郁李仁、无名异、蒲公英、紫花地丁、车前子、天花粉、冬青草（出血石岭，乃款冬花之类也）、金银花、草黄连、地肤子、黄芩（旧志云，出滦州横山营，入贡）、薤白、石花、五加皮、茺蔚子、泽兰、牛旁子、沙参、紫草、重楼、金拂草、苦丁香、凤眼草、丹参、贯仲、藜芦、酸浆（一名灯龙草，燕京野草，有红姑娘之名即此），香附子、白蔹、刘寄奴、白薇、水荭子、麻黄、青蒿、茜草、蠡实、老鹳筋、葛花、赤芍、槐花、桑螵蛸、槐角、莱菔子、藿麻仁、马齿苋、旋覆花、菟丝子、香白芷（明《一统志》、乐亭出香白芷，今无）。蔓荆子、羊蹄大黄、马鞭草、五味子、白丁香、藕节、鬼箭羽、白头翁、野小菊、蒲黄、马勃、狗脊、石苇、青黛、茅根、地黄、甘草、木通、黄崖草（出卢龙燕河营，叶圆根皮紫肉微红，状如羊尾不知名，为金刃伤者，取根焙乾去皮刮肉末敷，速效）、芎䓖（一名麋芜，滦州产，不堪入药，惟可入茶）。

货　类

盐、碱、卤水、硝、蜜、蜡（有黄白二色）、靛、丝、绢（出乐亭），棉裯（出临榆）、布、花布（经纬以黑白线界成井字文）、家机布、水线布（出滦州）、搭连布（出乐亭）、冷布、麻（有黄麻，苘麻二种）、枲、棉花（有黑、白子、紫花三种）、烟草、草纸、桑皮纸（出迁安）、桑畚筐、桦皮、楸皮、木炭、石灰、煤（炼熟者，为焦子炭）、白土（出迁安白道子及爪村山）、红土（出冷口关）、不灰木（出冷口外，作火炉甚佳）、煤粪草（出迁安县西，蚕姑庙旁）、芦席（出乐亭商家堰）、香油（即脂麻油）、黑油（即棉子油）、麻油、落花生油（昔无，今有）、瓷器（出滦州唐山、开平一带，黄黑色用烧瓮盎诸器）、瓦器（出昌黎石门，乐亭吴家蓝坨，及临榆石门寨者佳）、沙器（出临榆石门寨，烧火盆佳）。

迁安马恂《故书叹》云：牛腰巨轴入市来，市人色喜观者哀。岂有牙签缃帙皮高阁，但见折叶断线拉杂捋扯，欢呼博价投尘埃。经、史、子、集、秘、简稗辞古所希有，一网尽之，如昆，冈火烈山石砆玉皆烧摧。零笺寸楮不收拾。往来践踏终不成灰，睥睨市翁持秤至。呼持书者权以相示。《周易》颇讶无一斤，九经那知共几字。买菜求益，市瓜取肥，此则市翁之意。数十青蚨掷以酬，收书既多，吾济吾事。左顾右盼，翁良得志。人读书万卷坐书穷，吾目不知书，享书利。载书驴背归于纸肆。噫嘻乎！悲哉！书厄辱如此，书有知，书应泪。有釜字可以煮，有碓字可以舂，列以待书除字务尽。芟夷蕴崇如去草之农。精华恐不竭，糟粕恐不浓。吁嗟乎！钜制精言通古贤之性命，铅椠涂乙写才士之心胸。一旦火蒸水濡不相容，纸匠相顾那知许事，但见手扪足踏馀，惟有朱汁墨沈远，随沟水流溶溶。昔蔡伦之取材鱼网、敝巾、木皮，因弃为功无所毁；后来用茧，用藤，用海苔，壹不害书皆可喜。此土作纸亦有方，爰求柔桑皮之存大可使。以纸作纸。作俑嗟自谁始？其纸无骨逊鱼子坚，莹洁乏银光美。不供写，不供画，不供诗，惟供整齐裹物。狼藉拭几。书之后，身何鄙。乃尔书不鄙，人无似谓此利实多不谓害难纪。奇籍古册抱残守缺，网罗放失心何如？今也，杳不可见尽投诸水，书生爱书成癖，那堪见此。心不暇怒，力不能止。惟有欷款嗟悼立移晷，以纸传书固重书，废书成纸何用纸。噫嘻乎！悲哉！纸解还魂书已死，市人目笑书生汝何为？借书一痴还书一痴，汝借敝书故纸，其痴当更不可医。仓颉造字鬼夜哭，固畏此物生智巧。而长浇漓何必留书，已蔓更滋又见。故家藏书恐不足，千金悬购搜珍奇。书万卷，读者谁？匪惟不读久亦不护持。《尚书》遭典尚遇主，蔡字褙册付小儿。深闺线夹，僮仆酒。赀，展卷页缺列函卷，遗弃置如斯。何妨为吾纸资，矧制纸极不辱书濯字。尽始加椎。如地上画字漫去践踏，岂须疑汝。亦知天地之数有聚散、成败、盈亏，书在其间何能不危。祖龙嘘焰上焚三代下百氏，江陵、南唐余火犹赫曦。其余水火刀兵厄，摧残卷轴理可知，若今所损甚微细，万中一耳。存者汗牛充栋，足供人仰窥，况损书亦多，端于吾业，何訾蠹以腹果，鼠以齿披手寒，具油纸盐水糜，雨漏霉败墨溅烛隳维兹多劫，书一一不能避。汝诚痴矣！胡独历纸市见书而悲，非不可逃者劫，非不可违者数，天下纷纷走利，固如鹜既嗜，蝇头不求章句，目如盲，胸如痼，愿纸值昂书值低，毁书愈多心始足。唇焦舌敝劝使改业，决不能即令壁中丝竹声震耳，应亦难相悟。世有如此人作如此务，将以何计曲救其误？何当旁有具眼如电，人市中书来匠手，不轻付判，别好丑权衡重轻。去取无乖互一若谈，空说有虚无荒唐言，以及变是乱非诬民惑世，才人谬说，陋儒僻解急宜毁勿顾。不独污秽浮滥无用文，请君入瓮水频注。既拔书中莠，遂埽世间雾。外此虽有高下，皆什袭以待取用，严戒渍污。岂不摧陷廓清，有功文教当宣布。惜哉！市人止市心，但祝多财。于书初不用好恶，得书心是平等待书物无长住。一概糜烂之为作纸，具乞禁请之官，淋漓朱墨高张严谕久，久懈弛，成空言。募赎谋之友，惜费乏费，筑室道谋声空宣。书生力绵薄，故书来者方源源。市人深畏利为他人夺，急搜猛攫不惮其烦。趋时如猛兽鸷鸟之发，濡缓作计何由前为援。救书计已穷，怜书声欲吞。时时残编断简五夜萦梦魂，心与书何其亲？寝食沾丐于书，故知书尊。偶拯一编出危险，千百庶几十一存。其他湮泊裂磔，不可问何由降色曲，迹远款市人门，归来对藏书，含意谁与论此，犹得所愿。祝著作可读，史可绎，经可翻，永永无极留诸乾坤。何事舍其田而芸人田，但保旧有屏绝诸患，坚文垣，文章品贵诗书好敦。已矣！何如乎？惟有退坐一室，伏日骈罗搜脉望，除夕酒脯呼长恩。

豢养类

马、牛、驴、骡、猪、羊、犬、猫、鸡、鹅、鸭。

禽　类

雁、燕、鹊、乌（纯黑反哺者谓之乌，小而腹下白不反哺者谓之鸦）、雉、雀、斑鸠、鸭鸠（即布谷）、鸽、雕、鹘、鹰、海东青、鹞（隼也，小者有鸷、鹞二种）、凫、鸥、鹭鸶、鸳鸯、信天翁、鹳、鹈（俗名淘河）、鱼狼（似鹭而小白色曲翅）、鸿（尔雅翼谓之鱼狗、又名鱼虎。色青似翠、喙红、项下白、食鱼又名翠拏、与翡翠鸟别)、鵟(即戴胜)、桑扈(俗名铜嘴)、鹡鸰(俗名哗唧棒)、黄鹂、黑鹂、鸢、鸱鸮、鸨、鹑、鴷(即啄木)、黄雀、练雀、苏雀、鹂雀、百舌、蜡嘴、铁脚、晶眼、沙鸡、鸡(一名剖苇俗名苇蜡)、阿兰、胭脂变、红点颏、蓝点颏、靛青儿、红嘴鸦、拖白练、黑老婆、云里雁、青燕儿、青头鬼(夜鸣)、乌鹉儿(夏秋之际夜鸣声如牛)、乌鹭儿(似鹑无后趾)、金翅儿、柳叶儿、鹨(有红黄麻三色)拳头鸡、胡八喇、王乾哥、蒲蠖、老和尚披袈、铁树皮(似啄木)、太平雀、松鸦。

兽　类

玄貘，距虚(《周书》王会云：令支玄貘孤竹距虚)，虎，豹，熊(抚宁境内有熊山，盖旧产也，今出口外。《唐书·地理志》云：平州士贡熊鞹)、豺、狼、獾、鹿、獐、狍、猴(迁安大尖山团亭有之)、猿(抚宁三峦山最多，每至八月义院口、温泉堡外，辄有数万至，尔月乃去，田家苦之)、狐、狸、貉、兔、獭、紫狗、黄羊(卢、迁关外有之，人莫能捕)、野猪、鼠、黄鼠(一名鼠，俗名鼠狼)、鼸鼠、松鼠、香鼠、鼢鼠(《说文)地行鼠伯劳所化也，一名鼹鼠，一名犂鼠)、猬(七属惟乐亭无之)。

鳞介类

鲤、鲫(出滦河者尤美)、鳅、白鲦、鲇、鳝、、鳗、鳢(俗呼黑鱼、其胆不苦，首左右各有窍如七星。故又名七星鱼，旧志两载之误，鲀(一名即黄颡鱼也。无鳞身尾似鲇腹黄背青腮下二横骨两须，群游作声轧轧然。《本草》云：肉能醒酒)、丸子(身黄头大有翅无鳞)、秤杆(小而长似之)、马口、船钉、扁首(以上五种俱滦产)、浮青(出清河)、海胎、石恋鱼(以上二种出临榆)、鳖、虾(有青白二种，七属河中皆产，海虾堪为酢醢，曝乾去皮，呼日海米，大者俗呼对虾，蟹(河出者壳圆双螯有毛，海出者壳尖双螯无毛，有数种)、鳎鲏(一名版鱼、《正字通《集韵》诸书皆云，即比目鱼也，味极美；一种形似版鱼，俗呼偏口尾歧味逊)、面条鱼(以形色名又一种，俗名出水烂，似面条而柔嫩过之）、海（一名黄花，小者名梅大头）、鲈、鳘、鲖罗（以上四种，均首有石子皆可名石首），鱼（行疾如梭，故名。小者俗名爬齿，名母娘，味尤浓腴）、镜鱼（鱼中极品）、带鱼、瓶鱼（以上三者皆以形似名）、鳓（小首细鳞状如鲥）、鳗、鲟鲼（京师名为海鲫，俗名大头鱼）、白眼（似梭鱼而大，味极浓厚）、鲭（即青鱼，昔有，今无）、青鲦（熟时骨作翠色）、鲆（俗名马鲇）、鲀（即豚鱼也，有毒，肝、血、子皆杀人）、魟（俗名羊鱼、以其味膻故也。尾上有三刺如剑，刺人有毒）、鲚（似魛形稍宽）、鲨、鳆（似蛤半体著石壳有数孔，即石决明）、油光（一名鳞棒）、沙钻儿（即《尔雅注》，所称吹沙小鱼也，体圆而有点文）、小白鱼（似面条鱼而小，季秋始见，味极清鲜）、赤赤条、红娘子、叵罗（多骨似鲥鱼）、驴尾、蝙蝠（一名章钜，俗名八带，以其一首八足下垂如带也，又一种名沙八带足稍短）、乌贼（墨鱼也，大者名墨斗背有骨即海鳔蛸）、鲊（一名水母）、懒妇（肉不可食，渔人煎其膏然烛）、琵琶虾、海马（不可食，止可入药）、蚌（壳有珠光）、螺（大小数种，肉皆不可食）、蚶（一名瓦陇，大者名魁陆不常见）、青蛤（土人以此名蚶非是）、哈蜊（形似西施舌）、牡蛎（俗名蛎黄蛤中极品）、蚬、蛏、鲎（俗呼刀鬼）、鲢、蟭蛣（一名寄居，一名蟹奴）、蛤次蛙（国语俗呼哈什马，形似蛙，其油腴而不腻，产涧水）。

迁安潘文本《乡土杂咏》云：三里河头蟹簖赊，鲜新南市卖纷拿。西来别有山家味，瓦缶争收蛤次蛙。

又马恂《拾蛤诗》云：海岸沙平无片石，罗绫被光螺蚌碧。倾筐收来殊足观，品众应难征典籍。质簇玲珑刻不成，色晕红紫画无迹。或如莲花披，或如木叶窄，或如蒺藜或如杯，或如瓦屋或如舶。薄红谓是弹筝甲，崟嵚直为置笔格。海婆牙说老而黄，江女鞋看轻且白。如锥如月尚常才，为贝为龟更难核。赠人如璧去不返，好奇在我真成癖，聊存梗概缀芜辞，且拟扬帆复挂席。

乐亭赵建邦《海鲜杂咏三十首》《梭鱼》云：水花穿处疾如梭，赪尾银鳞跃绿波。一样素鱼名冷口，登筵佳节庆中和。《黄花鱼》云：

番风甘四楝花天，柳线条条石首穿。本是天厨无上品，尝鲜翻让野人先。《鲈鱼》云：黑斑点背却非鲐，道是松鲈少四腮。腹镖熬成功用大，轮舆梓匠藉成材。《鳘鱼》云：浓调白醭蛾儿醋，碎斫红芽獛子姜。黄竹小笼蒸烂熟，胶牙鱼鳔味偏长。《镜儿鱼》云：渔家新妇惯调羹，厨下鱼鲜溉釜烹。人手分明匳镜启，却怜照面不分明。《鳎鲂鱼》云：状类牛脾任卷舒，由来江左号王余。如何婢屣兼奴屏，唐突双双比目鱼。《鳓鱼》云：骨鲠鱼头变相工，天然舞鹤势盘空。从知鳓鲞虽多骨，不列渊材五恨中。《鲻鯀》云：黄梅时节鲻鯀来，郭璞无惭作赋才。颁首巨鳞非上品，缘何声价重燕台。《鳜鱼》云：鳜讹为燕不须疑，身著乌衣尾两歧。玉骨冰肌难免俗，耐人咀嚼是鲲鲕。《青鲦》云：四月风回大海潮，白鲦未见见青鲦。爱他一副玲珑骨，宛似佳人翡翠翘。《带鱼》云：扶桑日出火轮飞，海水如汤浴曙晖。想是冯夷苦炎热，暂将玉带解腰围。《瓶儿鱼》云：形同汲水一军持，哆口弯环贯柳丝。疑是银瓶落井后，化身又逐海潮嬉。《豚鱼》云：豚鱼聚族水滨多，产此无分江海河。任是清馋须忍耐，不应舍命学东坡。八带鱼云：腹虽有墨却无书，八足如蚕二尺余。非介非鳞风味别，岂惟南越重蜛蝫。《墨鱼》云：腹笥便便蕴墨华，皮囊点点晕丹沙。脂膏迸作桃花色，大嚼如餐洞口霞。面条鱼云：雨后鱼苗胜麦苗，鱼儿幻作面条条。小园翦到菠薐菜，翠甲银丝羹细调。《鲚鱼》云：尔雅疏名鮤鱴刀，浓煎翠釜出金膏。井花水浸桃花粥，努力加餐笑老饕。《鲨鱼》云：公子相呼名太差，或缘顶上戴乌纱。华筵时尚黄金翅，莫以沙皮轻海鲨。《白眼鱼》云：明珠为目玉为肤，新谷登时味更腴。漫道鱼头多骨鲠，此鱼灌顶是醍醐。《油光鱼》云：不染污泥偏滑滑，未施膏沐自油油。异鱼图赞名虽阙，细腻风光近上流。《魟鱼》云：昔闻宝剑号鱼肠，鱼尾今腾宝剑铓。莫为无鱼便弹铗，须防鱼腹剑锋藏。《鮀》云：目虾水母佐盘餐，佳品端应列食单。随水团团类羊胃，登筵叠叠肖鸡冠。《螃蟹》云：无肠自昔称公子，无子于今号女儿。待得麦黄椿绿后，团脐满壳凸红脂。《绒虾》云：曲身小子玉腰肢，二寸银须一寸肌。记得辛盘珍味荐，梅花开后杏花时。《对虾》云：芍药飞香扑玉缸，海棠扶影上纱窗。赏花佐饮须珍味，笑指珊瑚钩一双。《琵琶虾》云：赋形原不似琵琶，头似蝼蛄体似虾。忆得儿时酷嗜此，剥将紫玉净无瑕。《蛤蜊》云：鹿汁浇床炙铁丝，调羹雅爱冷蟾儿。扶桑旸谷名虽远，不及筵前有蛤蜊。《蛎黄》云：海面蠔山万窍开，鸾刀曲折剖珠胎。江南但嗜江珧柱，牡蛎何曾入馔来。《青蛤》云：碧玉脂膏黄玉肤，春初青蝓重皇都。生憎瓦陇名相溷，鱼目何容更混珠。《蛏》云：性秉纯阴产海滨，形同罗袜不生尘。腰围解却黄金带，浴出冰肌似美人。

自注云：梭鱼一名素鱼，花朝前渔人冒冷入海网之，名冷口梭鱼，婢屣、奴屎皆鳎饭别名。鲲鲕，鱼子也。蝺蝫，即八带鱼，见《南越志》。鲨鱼，首有双耳如沙帽翅，渔人呼为沙公子。鲊，土人呼其皮为片子。鲊，其足为鸡冠鲊。蟹未出子者，土人呼为女儿蟹。曲身小子，虾名也。对虾，形似珊瑚钩。扶桑旸谷，见《南史·王融传》。牡蛎壳，名曰房，其房复叠如山，名曰蠔山。青蛤，土人呼之为蚶，大误。蚶，瓦陇子也。蛏绕身有黄缕，名曰带，弗去则味腥，以沸汤浇之立解。红鱼，俗名羊鱼，以其味膻故也，尾上有三刺锋利如剑，刺人有毒，血碧色疑亦有毒，非佳品也。

虫　类

蚕、蜂、蝉、萤（七属惟乐亭无之）、蛾、蝶、蚁、蛙、蝎、蛇、蝇、蚊、蠋、蚯蚓、蜻蜓（有红黄青三色，青者较大）、蜘蛛、蠨蛸、蟋蟀、蚱蜢、螳螂、蛣蜣、虾蟆、蝙蝠、蜉蝣、天牛、蜗牛、水马、灶马、鼠妇、木虻、促织、蛐蜒、蜥蜴、蝼蛄、斯螽、莎鸡、樗鸡、斑猫、蜎蠉、货郎虫、叩头虫、蛇舅、土鳖、蛴螬、马蛭。

珍宝类

金、丹锡、铁（以上三品，昔有今无）、玛瑙石（石似玛瑙）、车渠石（石似车渠）、文石（滦州出）、紫石英、白石英（昌黎出）、赤石脂（出滦州紫金山）、子母石（迁安出）。

迁安马恂《滦河文石诗》云：滩石何磊磊，采之登几筵。清泉时涤濯，光色相新鲜。滩石何磊磊，泥沙今几年？长滦日荡潏，有弃无人怜。一旦忽相觅，弃取何因缘。到手相矜夸，珍秘缄藏坚。人心不可测，兴尽恐复捐。滩石何磊磊，叩之徒铿然。

卷之二十六

封域志八　古迹上

孤竹城　府西十五里。《汉书·地理志》：令支县有孤竹城。《史记正义·引括地志》云：孤竹古城，在卢龙县南十二里。今城南已无其迹，而祠在府城西北二十里，滦河之左洞山之阴，夹河有孤竹君三冢。岂唐之卢龙治尚在其东北耶？又案《辽史》云：兴中府本古孤竹国，汉时为柳城地，则又在今祠东北五百余里矣！《尔雅》作觚竹，是北荒之总名，盖犹五岭以南，言瓯言越本其国名，后乃概而称之耳。郭造卿曰：今有土筑垝垣不过千年物耳！宇内商周城其存者有几哉？未可信以为孤竹之古城也。（城有石额曰："贤人旧里"，容城杨忠愍公书。）

山戎国　杜预《春秋》注曰：山戎北狄胡。《三省通鉴》注曰：自汉北平无终、白狼以北，皆大山重谷，诸戎居之，春秋谓之山戎。顾亭林曰：春秋之山戎，在黄帝为獯粥，夏曰淳维，殷曰鬼方，周曰玁狁，汉曰匈奴。齐桓公越燕，以伐山戎，次孤竹还。胡安国曰：桓不务德，劳中国而事外夷，争不毛之地。又按唐李德裕《幽州纪·圣功碑》云：回鹘者本北地之裔也，或曰獯狁，或曰山戎。是山戎之非燕地彰彰也。今《旧志》云：滦在春秋时为山戎国，《通典》亦云：滦为山戎、肥子二国地，误矣。（案《钦定热河志》云：令支及孤竹，今卢龙、迁安县地。自此以东北皆戎境，齐师至此，而山戎遁走。故遂自孤竹而还。今永平府北边外，即承德府属之东南，知为春秋时山戎地也。）

右北平郡　北平之名有二，而右北平为最古，其专言北平者汉县也，属中山国。《后汉书》注：北平故城，今之永乐县也。其地当在今之保定府满城县，与右北平无涉。汉右北平治平刚。案《水经》注：卢龙东越青陉至凡城二百里许，自凡城东北出趋平冈故城，可百八十里。平冈，即平刚也。

纯皇帝御制《滦水考》云：卢龙塞，今之潘家口也。兰陉，今之喜峰口也。青陉，今之冷口也。其地皆在今迁安北境。由是而东，又折而东北，凡三百八十里，则去今之永平府远矣。后汉右北平治土垠。案《后汉耿弇传》，光武遣弇与吴汉等十三将军，追贼至路东，及平谷战斩首万三千余级，遂穷追于右北平、无终、土垠之间，至浚靡而还。注云：土垠故城，在今平州西南。《水经注》：巨梁水出土垠县北陈官山。陈官山在今丰润县北七十里。则土垠当在今丰润境内，唐时未立丰润。故注云：平州西南。明《一统志》乃云：在府城西南，则沿此注而失之也（丰润东十里垠城铺，即古土垠城）。且今之永平府治卢龙。卢龙，古肥子国，即辽西郡所属之肥如县。晋置北平郡，去右字，徐无、土垠浚靡无终属焉。于是始不称右北平，而肥如县固仍隶辽西郡也。隋开皇中，置平州于卢龙。大业初，废州置北平郡，属县一曰卢龙，则实为今永平府之地。是时辽西郡治柳城县，以《京东考古录》考之，在前屯卫之北，当今宁远州地。而无终县转属于渔阳郡，大非秦汉之旧域矣。稽之地域，古之右北平，其地当自玉田并塞而东北至奉天府境。昔魏武伐乌桓上徐无山，经白檀历平冈以东，至柳城。平冈、徐无，固右北平地。田子春谓之卢龙塞，而与今之卢龙县无与也。今永平府地，适居秦汉右北平、辽西二郡之境，特隋以后之北平郡，平州有未可与古之右北平相混者耳。

唐陈子昂《送著作佐郎崔融等从梁王东征》诗云：金天方肃杀，白露始专征。王师非乐战，之子慎佳兵。海气侵南部，边风埽北平。莫卖卢龙塞，归邀麟阁名。

杜审言《送著作佐郎崔融等从梁王东征》诗云：君王行出将，书记远从征。祖帐连河阙，军麾动洛城。旌旗朝朔气，笳吹夜边声。坐觉烟尘埽，秋风古北平。

颜真卿《赠裴将军旻时守北平诗》云：大军制六合，猛将清九垓。战马若龙虎，腾陵何壮哉。将军临八荒，烜赫耀英才。舞剑若游电，随风萦且回。登高望天山，白云正崔巍。入阵破骄胡，威名雄震雷。一射百马倒，再射万夫开。匈奴不敢敌，相呼归去来。功成报天子，可以画麟台。

辽西郡 在府治东。案：汉，辽西郡治且虑。后汉、晋治阳乐。

魏治肥如，此或后魏置郡处也。北齐省入肥如。杜佑曰：汉辽西郡故城，在卢龙城东。至隋，改置辽西郡于营州之境汝罗故城。唐武德六年，又徒于幽州城中，则皆非本境矣。（案《读史方舆纪要》：府东十八里，有辽兴城，唐开元初安东都督府尝治此。五代时，契丹置辽兴府治焉，旋废。）

唐崔颢《辽西作》云：燕郊芳草晚，残雪冻边城。四月青草合，辽阳春水生。胡人正牧马，汉将日征兵。露重宝刀湿，沙虚金鼓鸣。寒衣著已尽，春服与谁成。寄语洛阳使，为传边塞情。

高适《别冯判官》诗云：碣石辽西地，渔阳蓟北天。关山唯一道，雨雪尽三边。才子方为客，将军正渴贤。遥知幕府下，书记日翩翩。

肥如城 府西北三十里。《汉书注》应劭曰：晋灭肥，肥子奔燕，燕封于此。汉初为侯国，《史记·功臣表》肥如侯，蔡寅是也，后改为县。《燕王传》杀肥如令郢人是也。是时肥如虽为县，而属于燕。故燕王得以杀肥如令。及武帝析藩国，置缘边诸郡，而肥如自此定属于辽西矣（肥如之见于史者甚多，详纪事门）。《魏书·肃宗纪》城平州，所治肥如。章怀太子注云：故城在今平州。而《汉书》言：有玄水、濡水、卢水。《魏书》言：有孤竹山祠、令支城、黄山、濡河。《水经注》言：肥如县，南十二里，水之会也。则在今卢龙境。无疑燕慕容垂世子，令说其父守肥如之险，以自保。胡三省注以为即卢龙之塞，盖今沿边一带大山长岭，古时亦属之肥如与。

阳乐县 秦置，汉因之，属辽西郡。后汉为郡治。《魏书》阳乐下有武历、覆舟、林榆、太真诸山，山名转易多不可考。但言太平真君八年，并令支属于此。而章怀太子云：阳乐在今平州东，则知不出卢龙之境。《水经注》云：阳乐水出东北阳乐县溪。《地理风俗记》曰：阳乐故燕地，秦始皇二十二年置。《魏土地记》曰：海阳县西南有阳乐城，其水又西南入于沮水，谓之阳口，或曰阳乐。在今大宁废卫境，后魏迁治于此，亦属辽西郡。东魏省入海阳县。《抚宁旧志》乃云：阳乐城，在西关外。无据。案:《旧府志》谓白沟河，为古阳乐水。在卢龙县东南十五里，源出阳山。洪稚存《直隶境众水归合表》谓：阳乐水，旧入海。今改合沽河则去抚宁益远矣，俗称抚宁阳河，为阳乐水误。

新安平县　汉辽西郡所统之县，后汉省，今不详所在。据《汉书》云：夷水东入塞外。《水经注》云：新河自枝渠东出，合封大水，谓之交流口。水出新安平县西南，流迳新安平县故城西，又东南流，龙鲜水注之，合而东流注封大水乱流，南会新河，南流入于海。详其水道，则知其县，必在海阳、肥如之间。今抚宁县，在辽时为新安镇，岂以新安平而名之欤？洪稚存《乾隆府厅州县图志》云：新安平故城，在滦州西。明《一统志》谓：新安镇在乐亭西北二十二里，殊无其迹。

令支县　在府东北，春秋时，山戎属国也。《史记·齐世家》作离支。《周书王会》作不令支，皆令支之转也。二汉辽西郡，俱有令支，晋省县，而城不废。永嘉中，辽西鲜卑段辽都于令支。其后慕容俊，取令支置辽西郡（他见之《载记》者不一，俱详《记事门》）。令支地在燕之东陲，故为重镇。人魏，太平真君七年，乃并于阳乐。《水经注》濡水东南，流经令支县故城。旧志云：令支城，在迁安县东，盖亦近之。

絫　县　在昌黎县北。汉，县属辽西郡。后汉省入临榆。《汉书·地理志》注：县有碣石山，一作揭石水。《水经注》：濡水东南至絫县碣石山，似在今昌黎、抚宁之境。而《明一统志》以为今义州卫，未详何据？（案:《辽史·地理志》，宜州崇义军，本辽西絫县地，东丹王每秋畋于此，隶积庆宫？

昌城县　汉置，洪稚存曰：在滦州西南，今无考。

夕阳县 汉置，洪稚存曰：在滦州西南，今无考。

海阳县 汉初为侯国，《史记·功臣表》海阳侯摇母余是也。后改为县。《汉书》言：有龙鲜水、封大水、缓虚水皆南入海，有盐官。《水经注》云：濡水过令支县，又东南过海阳，西南入于海旧志谓，当属乐亭境。案:《魏书·地形志》海阳下有横山、新妇山、清水。《水经注》又云：清水出海阳县东南，流迳海阳城东，今乐亭无横山、新妇山，而清水又在县西。是魏海阳，当非汉海阳。至唐于海阳县改马城县，金于海阳县改海山县，皆魏之海阳。惟《辽史》称海阳，滨海地多碱卤。则于今乐亭地为近。（案顾祖禹《读史方舆纪要》云：海阳城在府南三十里，汉置属辽西郡。魏《土地记》令支城南六十里，有海阳城。晋及后魏，仍属辽西郡。高齐废郡又并海阳入肥如。《新唐书》马城县，即古海阳城误也。五代梁乾德初，契丹阿保机掠定州、望都民居于此，因置望都县。金大定七年，改曰海山县，元省。或曰汉海阳城，在今府东南百里，（《辽志》误以为即望都县治也。）

骊城县 《畿辅通志》云：在乐亭县西。案《通志》之说，应据欧阳忞《地舆广记》指辽之石城县，今开平镇为骊城也。然汉书右北平郡骊城下云：大碣石山在县西南，今乐亭县西南无碣石遗迹。而世所指天桥柱为碣石者，则在今昌黎城西北，抚宁城西南，是骊城故县，当属抚宁，不属乐亭矣。

临渝城 在抚宁县东北，汉县，晋省县，而城如故。义熙十年北燕褚国言于其主跋曰："章武，临海舟楫可通，出于辽西，"临渝谓此也。隋开皇初，营州刺史高宝宁与突厥沙钵略合军攻陷临渝镇。大业中，置临渝宫于此。十年复议伐高骊，自涿郡幸临渝是也。《隋书·地理志》，卢龙有临渝宫，盖于故城置宫云。《水经注》渝水西南循山径一故城，以为河连城，疑是临渝县之故城。渝水南流东曲，与一水会，世名之日槛伦水，《通鉴》榼卢城下注引。此大约在今抚宁之东，其城不可考矣。

营邱郡 《晋书》慕容廆立郡，以统流人，以青州人为营邱郡，至䠱罢营邱郡。魏复置营邱郡。《水经注》渝水，又东径营邱城西。案:《辽史·地理志》兴中府，本霸州，彰武军节度，古孤竹国统县四，一曰营邱，析霸城置。

平　州　平州之见于书者，有三，有地名，有国名，有州名。《左传》宣公元年，会于平州，以定公位，地名也。《史记·朝鲜传》封王唊为平州侯。《功臣表》又有平州侯，昭涉掉尾国名也。其州名，亦有三，有汉末平州，有晋平州，有后魏平州。汉末公孙度，自号平州牧，及其子康，康子渊，并据辽东。此汉末之平州也（平州本取辽东襄平为名）。魏分辽东、昌黎、玄菟、带方、乐浪五郡，为平州，后还合为幽州。晋武帝咸宁二年十月，分昌黎、辽东、玄菟、带方、乐浪等郡国五，置平州，治昌黎（当即汉之交黎），此晋之平州也。至后魏平州，乃治肥如。而自齐以下因之，《辽史》引公孙度之平州于此，则误矣。

金高廷玉《道出平州寒食忆家诗》云：柳色方浓别玉京，程程又值石龟城。山重水复人千里，月苦风酸雁一声。上国春风桃叶渡，东归寒食杏花饧。楚魂蜀魄偏相妒，两地悠悠寄此情。

金张翰《奉使高丽过平州馆诗》云：昨日龙泉已自奇，一峰寒翠压檐低。兼并未似平州馆，屋上层峦屋下溪。案《读史方舆纪要》：顺天府南十里，有永平馆，一名碣石馆。辽时朝士宴集处也。与此是一是二不可知，姑列此以俟考。

朝鲜县　府北四十里，汉乐浪郡之属县也。后魏延和元年徙朝鲜民于肥如，置朝鲜县。并置北平郡治此，高齐移郡治新昌，并朝鲜县入焉。

新昌县　今府治。汉新昌，辽东郡之属县也。在今辽东海州卫境。后魏，侨置于此，属北平郡。后齐，为郡治。隋改曰卢龙。

马城县　滦州南二十里。《唐书·地理志》云：古海阳城也。开元二十八年置，以通水运，仍属平州。辽亦曰马城，改属滦州。金因之。《辽史·地理志》云：在州西南四十里。误。《宋史》张珏以营、滦二州并所领三县来降，赐马城，名曰安城。旧志：城周一千四百四十四步，高一丈五尺，门五。今废。《通典》谓，平州西南至马城县百八十里。尤误。

安喜县 《辽史·地理志》本汉令支县地，久废。太祖以定州安喜县俘户置，在平州东北六十里。金大定中改名迁安县。《读史方舆纪要》引《金志》云：安喜废县，即汉令支故城。近《志》城在迁安县东北二十里是也。

滦河县 辽置，与神山县并属泽州。本汉徐无县地。隶永兴宫泽州，有松亭关、神山、九宫岭、石子岭、滦河、撒河，属中京。金，废州，留神山，以属大定府。而滦河县并废，今滦阳营是也。

滦阳县 在迁安县西北百六十里。《金史·地理志》神山下云：章宗承安二年，尝置惠州，升孩儿馆为滦阳县，以隶之。泰和四年，罢州及县。元复于滦阳置惠州，无属县，隶大宁路。明初，废州为营，备御官民居焉。辽，滦河县，在今滦阳营。金，滦阳县在今汉儿庄。辽人以南人为汉儿而设南面官，有汉儿司及汉儿行宫都部署，故馆谓汉儿，其官及民居之也（案:《契丹国志》辽天禄元年，晋太后求于汉儿城侧赐地种牧以为生，即此）。盖《金史》转语以汉为孩耳。元《一统志》惠州有废神山县、滦阳县，元俱罢为站。

柳城县 明《一统志》柳城，在永平府西二十里。《永平府旧志》，柳城在昌黎县西南六十里。汉末，为乌桓所据，曹操灭之。历魏、晋，为慕容氏父子所据。隋置县属辽西郡。唐置营州。元省入昌黎为静安社。二说不同，今府西二十里，全无遗迹，而静安社实在昌黎县西南六十里，然皆非柳城之旧也。以地图案之，柳城当在今前屯卫之北。但《唐书》平州，下有柳城军。永泰元年，置有温沟、白望、西狭石、东狭石、绿畴、米砖、长杨、黄花、紫蒙、白狼、昌黎、辽西等十二戍，或即此地。元日静安堡。明嘉靖三十一年置静安社。盖唐时柳城之地屡被陷没，移徒无常，此其在平州者，或即今之静安社未可知？然不可以永泰元年之柳城军，为古之柳城县也。顾亭林《京东考古录》，辨之最详，兹不具录。案:《读史方舆纪要》柳城在府西二十里。一云在府东北二十余里。唐天宝以后，柳城郡曾侨治于此，因名。《一统志》云：即隋所置柳城郡唐为营州治，误。

石城县 在滦州城西九十里，辽之所置县也。与汉、唐、元、魏所置之石城县俱异（详见顾亭林《京东考古录》）。金太宗时改为清州（见宋著作郎许亢宗《奉使行程录》。）明永乐三年，移开平中屯卫于石城废县，遂名开平镇。案《通典》云：滦治本黄洛旧城，义丰倚焉。《武经总要》云：滦西九十里至石城，今开平西距滦治九十里，其为石城地明矣。是义丰、石城本两地也。今开平既为石城地，而城碑里刻俱称义丰，殊未可晓？岂石城裁后，曾以义丰移治欤？

义丰县 今滦州治，汉海阳县地，属辽西郡。隋为卢龙县地。唐为石城县地，属平州。《辽史・地理志》云：本黄雒故城，黄雒水北出卢龙山南，流入于濡水，世宗时置县。金、元因之，明初废。《郡县志》云：黄洛故城，殷时诸侯国。古史武丁析孤竹之地，封功臣黄洛为侯国。今州城，即辽故址也。

海滨县 《辽史・地理志》隰州平海军统县一，日海阳。润州海阳军统县一，曰海滨。至今，则改海滨属瑞州，与海阳并置。海阳下注云：辽润州海阳军故县。海滨下注云：辽隰州平海军故县。皇统三年废隰、润二州来属。据此则金之海阳县在辽为海滨。金之海滨县在辽为海阳也。钱晓征谓:《辽史》二县互讹，或其然欤？《山海旧志》云：海滨县，在山海关东一百二十步，洪武中于其地置东门递运所，不知何据？（案:《钦定热河志》，今建昌县南一百八十里，瑞云山中，有元至正七年大宁路瑞州海滨乡周家庄云溪观碑，知建昌县之东南境，为辽海滨县地。）

迁民县 《辽史・地理志》迁州兴善军统县一，曰迁民。本汉阳乐县地，至今废为镇。属瑞州归德军之海阳县。《元史・文宗纪》所云：守迁民县，堑迁民镇，以兵入迁民镇，皆指此（详纪事门）。盖即今之山海关也。《一统志》表谓辽迁民县，即迁州治。案：宋著作郎许亢宗《行程录》云：自润州八十里至迁州。润州，今海阳镇，以道里计之，州当在县东四十里矣。

溟　州 《畿辅旧志》云：在今乐亭治。元置，是为东溟。案：

《元史地理志》乐亭下注云：元初尝于县置漠州，寻废，复为乐亭县，隶滦州。字作漠，不作溟。今县治南崇法寺，元中统四年《重修碑记》，有前溟州刺史、镇国上将军石昌题名，似州以作溟为确。

卢龙塞 《三国志·魏太祖纪》：建安十二年北征乌桓，田畴请为乡导，引军出卢龙塞。《田畴传》：随军次无终时。方夏，雨水而滨海洿下泞滞不通。虏亦遮守蹊要，军不得进。太祖患之，以问畴。畴曰：此道夏秋每常有水浅不通车马，深不载舟船，为难久矣。旧北平郡治在平冈，道出卢龙，达于柳城。自建武以来，陷坏断绝垂二百载，而尚有微径可从。今虏将以大军当，由无终不得进，而退懈弛无备若嘿回军，从卢龙口越白檀之险，出虚空之地，路近而便掩其不备，蹋顿之首可不战而擒也。”太祖曰：“善。”乃引军还，令畴将其众为乡导，上徐无山，出卢龙，历平冈，登白狼堆，去柳城二百余里。虏乃惊觉，单于身自临阵。太祖与交战，遂大斩获，逐北至柳城。厥后诸史所载卢龙之事颇详（俱见纪事门）。《魏书》新昌有卢龙山。《水经注》濡水，又东南迳卢龙塞，塞道自无终东出，渡濡水向林兰陉东至青陉。卢龙之险峻坂萦折，故有九峥之名。杜氏《通典》：卢龙塞，在今平州城西北二百里，即潘家口。张行人旧志云在今府城南一里，误矣。明《一统志》今府西南一百九里，有卢龙镇，土色黑，山似龙形，即古卢龙塞云（案新《唐书·地理志》蓟州渔阳郡东北，渡滦河有古卢龙。自古卢龙北至奚帐六百里）。

唐高适《塞上诗》云：东出卢龙塞，浩然客思孤。亭堠列万里，汉兵犹避胡。边尘满北溟，胡骑正南驱。转斗岂长策，和亲非远图。惟昔李将军，按节临此都。总戎埽大漠，一战擒单于。常怀感激心，愿效纵横谟。倚剑欲谁语，关河空郁纡。

唐钱起《卢龙塞行送韦掌记》诗云：雨雪纷纷黑山外，行人共指卢龙塞。万里飞沙咽鼓鼙，三军杀气凝旌旆。陈琳书记本翩翩，料敌张兵夺酒泉。圣主好文兼好武，封侯莫比汉皇年。

唐戎昱《塞下曲》云：北风凋白草，胡马曰骎骎。夜后成楼月，秋来边将心。铁衣霜雪重，战马岁年深。自有卢龙塞，烟尘飞至今。

明梅国桢《出卢龙塞诗》云：晓风匹马渡滦河，极目胡天感慨多。近塞虏营还历乱，弥山雉堞自嵯峨。林间残雪经春冻，峡口孤云带雨过。不少谋臣忧社稷，只应暂许郅支和。

长　城　今人言长城必日秦始皇所筑。案：秦筑长城《史记》《汉书》称其因边险山堑溪谷可缮者治之，起临洮至辽东万余里。长城在战国已递兴筑。秦昭王伐残义渠，于是有陇西、北地、上郡筑长城以拒胡，此秦之长城也。魏惠王筑长城塞固阳，此魏之长城也。赵武灵王北破林胡、楼烦筑长城，自代并阴山下至高阙为塞，置云中、雁门、代郡，此赵之长城也。自上谷郡至辽东，则为燕之长城。地势本自相接，始皇特因而增筑联缀之，其方位原未大改也。秦长城东尽处，《括地志》以为东入辽水。大约自卢龙塞以东，尚迤北以迄于辽水。与唐以后之长城自平州东境即迤南以至渝关者，微有不同。考长城自秦以后，一筑于后魏，再筑于东魏，然皆在上谷郡、代郡以西，惟北齐五筑长城，史称显祖天保七年，自西河总秦戍筑长城，东至于海。后主天统元年，自库堆戍东距于海随山屈曲二千余里，斩山筑城，置立戍逻五十余所。则长城之迤南迄海，当改筑于是时。周宣帝大象元年，发山东诸民修长城，立亭障。西自雁门，东至碣石。逮隋四筑长城，于是北魏以前之遗址渐废。观《隋书·地理志》渔阳郡无终县、北平郡卢龙县下皆有长城。《太平寰宇记》蓟州东北至平州石城县界，废卢龙戍二百里，成踞长城开皇置。所云无终、卢龙及蓟州东北之长城，即今潘家口迤东之边墙，知为北齐与隋之所筑也。《典汇》云：洪武初，即古会州大宁地设北平行都司，兴营诸屯卫，封建宁藩与辽东。宣府东西联络为外边。已而魏国公经略自古北口至山海关，增修关隘为内边。山海关始于魏公，当亦即前人之所筑而增修者也。据此则谓永平境内之长城为秦筑固非，谓自魏公始筑亦未必为是矣。

国朝高士奇《长城诗》云：嬴秦昔设险，绝徼营坚城。蜿蜒亘万里，形势何峥嵘。堑山筑雉堞，绝壁同云横。人工既已尽，天险巍然成。控制接陕右，拱抱环燕京。畴昔边事严，老幼苦长征。秋声警哨动，夜火边烽明。盛朝久息战，四境歌承平。石楼鸟雀栖，亭障荆棘生。但看饮马窟，日落寒潭清。

丁彭《度岭见长城诗》云：岭坂风回树郁盘，长城如带雾中看。随阳雁断天疑尽，背日峰高夏苦寒。沧海不沉秦女石，浮云欲动楚臣冠，伊州一曲先挥泪，况是亲经行路难。

赵大经《途中望长城诗》云：峰腰一线露边痕，匹马秋风为断魂。长笑蒙恬伤地脉，何如李广将军屯。深山虎乳巢墙缺，破障人归越塞门。太息前朝增垒处，夕阳残堞易黄昏。

迁安马恂《长城歌》云：长城筑怨秦不知，崇墉万古长嶷嶷。长城备边秦不及，孤鸣蛇断群雄驰。空见延延太行尾，堑山堙谷海为池。后人望之若蜃市，大笑秦皇汝痴矣。同时燕赵各筑边，毕竟覆国非北鄙。秦能灭之秦不思，效其劳民焉足恃。秦人摇首不谓然，非秦谁使长城起。自从五丁开山来，百姓乐成难虑始。捶拊刀锯严迫驱，民筑长城且缓死。亭障罗列百万兵，牧马无人七百里。英雄举事必无穷，害在一时利万纪。岩崿紫石蟠危墙，纷纷于此论边防。中原天界一线内，大地平围万里长。万乘待边诅缚马，三城设险虞亡羊。使非旌旗倚秦塞，何能再距森开张。渝关险隳勇将怯，燕云地失雄图亡。遂令后代遑豪骏，百楼万雉营修忙。敌台千里少保戚，马池再筑三目杨。詈秦者即飨秦利，今古功名归战场。始知苍昊若有意，专遣秦人治边地。不然闰运何不延，长城功毕辒辌至。卢生秦谶逢沙丘，沛公送徒起丰泗。鹑首醉秦忽复醒，长城月冷空闲弃。从来智计难胜天，但留铁壁横风烟。烽堠橹棚分向背，高高下下皆珠联。连云岌嶪上瓴甋，抵谷委折穷渊泉。迤逦列戍转蜗壳，星罗棋置黄云巅。西北环抱烛龙脊，东南填压共工肩。关峻但闻通流水，势险直欲遏飞鸢。长城一筑限中外，神皋遂隔龙沙边。王公设险守其国，勇夫重闭防未然。岂知梯航通玉币，郅治八荒归控制。金瓯早画益地图，开拓唐虞古形势。天之所覆同一家，稽首皇家作仆隶。长城蜿蜒空自长，所用防秋巩带砺。古苔没址埋战骨，野花含香围埤堄。古云在德不在险，而今外户已不闭。岩谷桑麻安耕凿，山城诗书竞鲁卫。当年饮马冰雪窟，童叟息辟给租税。唯见长城匹练舒，翠屏九曲叠云际。长城磊磊山峨峨，天下大同亿亿世。

知府游智开《巡边诗》云：马头日日傍边城，向晚城头月又明，关塞万重天万里，西风何处雁飞声。

明垤关 顾祖禹《读史方舆纪要》引旧志云：在抚宁县北，唐《会要》平州有明垤关，与临榆关并为险要。今关道榛塞，渝关独当东面之冲。

榆　关 《史记·楚世家》惠王十三年，三晋伐楚，败我大梁榆关。注云：此榆关当在大梁之西。《隋书·文帝纪》开皇三年，城榆关。四年以贺娄子干为榆关总管。《玉海》秦有榆中关、榆塞名。隋之所城，疑即秦之旧关。(《隋志》榆林郡全河县，开皇初置榆关总管。《五代史》引此作开皇三年，是修关置官俱一年事)。《唐书·地理志》胜州榆林县，东有榆关，贞观十三年置。《文献通考》榆林在《禹贡》属雍州，秦汉属云州，唐为胜州，属关内道。据此则唐之榆关，亦即秦、隋之榆关。其曰城曰置者，虽或不无变易，要皆不离乎榆林之地。案:《隋书·列传》贺娄子干时镇凉州，方议陇西河右屯田事，故命为榆关总管，非此临渝关也。《旧志》引之甚误。临渝关在营平之间，古所谓临渝之险也。字原作渝，以渝水得名，与榆林之关异。史家传写混淆，不可不辨。《唐书·地理志》石城有临渝关，一名临闾关。又云营州城西四百八十里，有渝关守捉城。《贾循传》循为渝关守捉使。地南负海，北属长城。其他渝关之见于记载者，或书作渝，或书作榆，一书之中两字互见。至《辽史》则书临榆全从木旁矣。杜佑《通典》渝关在平州卢龙县东百八十里，而遗址久废。案:《通鉴》及《通典》所载道里似即今之山海关，其在今之抚宁县东二十里者，乃驿递之所，取榆关为名耳。旧说大抵如此。(顾希范《读史方舆纪要》，洪稚存《乾隆府，厅、州、县图志》皆然)。然考宋著作郎许亢宗《奉使行程录》云：离营州东行六十里，至渝关并无堡障，但存遗址，有民三数家，登高四望，东自碣石西彻五台，幽州之地沃野千里，北限大山重峦中。有五关：居庸可以行大车通转饷；

松亭、金坡、古北口止通人马，不可行车；外有十八路，尽兔径鸟道，止能通人，不可行马。山南五谷、百果、良材、美木无所不有。出关未数十里，则山童水浊塉卤，弥望黄茅白草莫知其极。盖天设此以限南北也。据此则渝关居五关之一，过此以东别无关隘，计其里数恰是今抚宁城东二十里之榆关，当时无堡障而尚有遗址，今并遗址不可寻矣。

唐骆宾王《送郑少府入辽共赋侠客远从戎》诗云：边烽警榆关，侠客度桑乾。柳叶开银镝，桃花照玉鞍。满月临弓影，连星入剑端。不学燕丹客，空歌易水寒。

高适《燕歌行》云：汉家烟尘在东北，汉将辞家破残贼。男儿本自重横行，天子非常赐颜色。摐金伐鼓下榆关，旌逶迤碣石间。校尉羽书飞瀚海，单于猎火照狼山。山川萧条极边土，胡骑凭陵杂风雨。战士军前半死生，美人帐下犹歌舞。大漠穷秋塞草排，孤城落日斗兵稀。身当恩遇常轻敌，力尽关山未解围。铁衣远戍辛勤久，玉筋应啼别离后。少妇城南欲断肠，征人蓟北空回首。边庭飘摇那可度，绝域苍茫无所有。杀气三时作阵云，寒声一夜传刁斗。相看白刃血纷纷，死节从来岂顾勋。君不见沙场征战苦，至今犹忆李将军。

卢弼《边庭怨》云：春衣昨夜到榆关，故国烟花想已残。少妇不知归未得，朝朝应上望夫山。卢龙塞外草初肥，燕乳平芜晓不飞。乡国近来音信断，至今犹自著寒衣。

温庭筠《伤温德彝》诗云：昔年戎虏犯榆关，一破龙城匹马还。侯印不闻封李广，他人丘陇似天山。

薛能《送友人出塞》诗云：榆关不可到，何况出榆关。春草临歧断，边楼带日闲。人归穹帐外，马发废营间。此地秋堪想，霜前作意还。

金刘著《出榆关》诗云：羽檄中原满，萍流四海间。少时过桂岭，壮岁出榆关。奇祸心如折，羁愁鬓已斑。楚累千万亿，知有几人还。

明李攀龙《塞上曲》云：燕山寒影落高秋，北折榆关大海流。马上白云随汉使，不知何处不堪愁？

徐学古《秋日边报有警》诗云：秋气何萧索，千山落木空。黄霾吹野戍，赤羽急山戎。碣石雕戈拥，榆关铁骑雄。将军频授钺，一战报重瞳。

总理戚继光和前韵云：飞羽辽河上，移军滦水东。前驱皆大将，列陈尽元戎。夜出榆关外，朝看朔漠空，但期常献馘。不敢望彤弓。（注大将炮名，元戎车名）

督师孙承宗"渝关以兵赭地不毛，予下令种柳资军需也，再来而柳始花"诗云：山峦水渚柳依依，忆得来时雨雪霏。一到临榆八百日，倚阑重见絮花飞。倚楼长笛月明中，入破偏随宛转风。摇落不堪愁里听，满城甲马又西东。

又己巳嘉平廿四日《榆关同诸文武祝万寿》诗云：问夜何其夜未央，起来他火著衣裳。天威咫尺违颜远，职业寻常入手忙。帝语忠勤惭匪懈，官家明圣咏无疆。时难正倚股肱力，可有虞廷一字良。

陈绾《榆关诗》云：汉塞秦关控海隅，长城千里为防胡。月明满地无传箭，静听军中夜博卢。榆关东去是营州，门外车轮似水流。夜半边城吹觱栗，何人不起望乡愁。

鹿善继《榆关八月骤寒邀姜山启、孙鲁章赋诗》云：萧瑟非关秋色高，诘朝严令懔弓刀。千营杀气风云阵，九地藏机虎豹韬。幕下无奇惭借箸，杯中有酒慕投醪。剧谈欲出鼻端火，华发年来无可搔。

又《归自榆关别高阳相公》诗云：依倚龙门学挂冠，朝来进见不称官。四年殊觉从军乐，一路应知分手难。入鬓边霜人并老，举头关月夜同看。此身当日非轻许，出入风涛总是安。

董越《抚宁道中榆关驿有感》诗云：晓别抚宁郭，天低海气连。苍茫初出日，惨淡未收烟。茅屋多倚树，村氓半在田。榆关前驿近，伐鼓正渊渊。

冯惟讷《出榆关逢征兵使人作》诗云：闻道云中将，先秋戒铁衣。虎符千里至，龙骑五营归。夜月明雕戟，山风曳画旗。谁怜瀚海外，□□驻金微。

范志完《春日渡榆关，闻远钟并闻海潮》诗云：榆关西去渡危桥，溪水涓涓月半霄。弹指三生俱梦幻，钟声遥带五更潮。

国朝无锡王模《榆关诗》云：绝壁开天险，千寻控塞垣。荒沙寒白骨，新鬼啸黄昏。水急蛟龙怒，山深虎豹屯。当年百战地，遗恨至今存。

泽州陈廷敬《古榆关诗》云：白草黄云出乱山，渝河东下古榆关。沙场多少征关恨，行到长城惨客颜。

张琴宿《榆关诗》云：辞家将百里，薄暮抵榆关。倦客才停辔，苍烟已没山。夜寒闻漏永，梦短对灯闲。欲问连营处，鸡鸣又路间。

卢龙故城 《水经注》濡水，又东南卢龙故城。东汉建安十二年，魏武征蹋顿所筑也。

蹋顿城 《晋书》载记：石虎谋伐昌黎，遣曹伏将青州之众，渡海戍蹋顿城，无水而还。隋炀帝征高丽，其右第七军出蹋顿道。

卢溥城 《晋书·地理志》自幽州至于卢溥镇以南，地人于魏。案《魏书·太祖纪》范阳人卢溥，聚众海滨，杀幽州刺史，封沓于此，盖即其所据之地以名镇，而燕之幽州，乃令支也。

万军城 迁安县东三十里，山岩突起，顶有土城，周三百余步，中有将台遗址。相传唐太宗征高丽驻军于此。《旧志》云：今名帐房山，或指为军所宿，非也。盖辽国之法，天子践位，置宫、卫、分州、县析部族，设官府，籍帐户，备兵马。崩则扈从后妃宫帐，以奉陵寝。有调发则丁壮从戎事，老弱居守。此特其军府之台帐，所谓平州提辖司也。（案《辽史》平州提辖司。九：宏义宫（太祖）、长宁宫（应天太后）、永兴宫（太宗）、积庆宫（穆宗）、彰愍宫（景宗）、兴圣宫（圣宗）、延庆宫（兴宗）、文忠王府国，《圣国语解》云：提辖司，诸宫典兵官。）

龙纪城 迁安县北二十里，周二百余步。又有杨买驴城，在县北四十里，周五百步。案：顾祖禹《读史方舆纪要》引《城家记》云：二城俱辽圣宗时，萧太后所造。杨买驴辽臣姓名，司营筑之事者。（旧志作金误）

海洋城　抚宁县东六十里。按宋著作郎许亢宗《奉使行程录》：自营州一百里至润州。营州今昌黎，润州即辽之海阳军也。按其里数确是此地，洋当作阳，旧志谓是汉县，误。

洋河城　抚宁县东南十五里，方圆六里。旧云：唐太宗征辽时所筑。又云或隋之泸河镇也。（案：杜佑《通典》隋开皇中，厥稽部长突地稽举部内附，置顺州以处之。本在柳城燕郡之北，炀帝改为辽西郡，取秦汉旧名也。统辽西、怀远、泸河三县。唐初改为燕州，废泸河县。武德六年自营州南迁寄治幽州城内，今顺天府顺义县治，为辽西废县地。泸河当去顺义不远。）

山西城　抚宁县东南五十里。旧亦云唐筑，未详所据。

五花城　《旧志》云：在山海关西南八里，连环五座，若五花然。相传唐太宗征辽时所筑。《志》云：县东有大人城，唐贞观十八年议伐辽，北输粟于营州，东输粟于古大人城是也。案：太宗将征辽太常丞邓素使高丽还，请于怀远镇增戍，以逼之。帝不从，惟命北输粟营州，多储古大人城耳。自发雒阳春蔬亦不进，惧其扰民。但明斥堠不堑垒，虽逼虏城终不敢出钞，而士运粮单骑野宿如中国焉。安得筑城于此？或以为城盖秦始皇所筑。今城西南八里有城一，俗名古城，余四座未见遗址。《盛京通志》云：山海关有老城、东罗城、西罗城、南新城、北新城，五城环绕亦名五花城说。与《旧志》不同。

抚宁县知县刘馨《五花城》诗云：五花城列近关门，怀古凄其入暮村。宿昔军容开紫塞，至今战垒向黄昏。长城不见春云色，虚寨仍连沙雨浑。驻马几回空怅望，萧萧华发独无言。

凤凰城　昌黎县西凤凰山上，可容数百人，与魏松所修临河洞俱可避兵。《旧志》以为道者山，误。案：道者山，别是一山，古有道者寺，今废，与凤凰山相近。

千金冶城　在马城废县东北。《唐书·地理志》马城县东北有千金冶城，旧为冶铸处，盖石沙可炒铁，今尚有遗石立水中。《滦志》云：古城在州西七（疑脱十字）里孩古社。案：洪稚存《府、厅、州、县图志》千金冶在滦州南。班固云，夕阳有铁官。

茂乡镇城 在滦州，千金冶东。

独莫城 在滦州西南九十里，今无遗址。

侪 城 在滦州西南六十里。元将那颜盏屯粮处，今镇北遗址尚存。

独幽城 在乐亭南十里，事迹莫考。

威远城 俗名呜咽城，在长城东二里外欢喜岭上。城高三丈，下甃以石，四隅起台垛，城上女墙高五尺，周方七十步，正南为城门，上镌“威远”二字（今已剥蚀不可辨），城内北面起平台延袤三丈，台左右磴道各一。南面东西隅亦各有磴道，随其形势，于四面城墙上下起大小券洞二十一（大洞广八尺，小洞广五尺，高皆一丈）。城门外，为小月城，高丈余，面西为门（其月城东南、西南亦各有券洞，内设睥睨），周城百步，外为垒三重（相传此城为吴三桂所筑，既以了远且可屯兵，与城中为犄角之势，有隧道通其署中。今都统衙门，旧为吴三桂署，隧道久湮，枯井尚存）。

乐安旧镇 在乐亭东北二里，石赵筑城置镇于此（详《纪事门》)。《明一统志》云：永平古迹有七，此其一也。《晋书·载记》作安乐城。《通鉴》作乐安，与旧书合。《水经注》云：濡水分为二，北水枝出谓之小濡，水东迳乐安亭北，东南入海。濡水东南流迳乐安亭南。近质水道，县中古迹此为最确。今城东北二里，有旧镇庄，俗作救阵，误。

新乐镇 《旧志》云：在乐亭西北二十二里。此盖因《明一统志》新安镇而讹也。按《晋书·地理志》新乐县，属乐陵国。慕容臧为王猛所败，遂城新乐而还，当即其地。《旧乐亭志》援臧所城之新乐为新乐镇之证，恐不足据。

望都镇 旧志云：在乐亭境内，按《辽史·地理志》云：本汉海阳县，太祖以定州望都县俘户置。金大定七年更名海山，详《金史·地理志》。辽时海阳、马城与望都并置。望都有海阳山，在平州南三十里，望都属平州。马城属滦州。海阳属隰州。是辽之海阳，与汉之海阳，同名而异地。望都在马城之东，即今滦州、昌黎之间也。

宋著作郎许亢宗《奉使行程录》云：自滦州四十里至望都县，自望都县六十里，至营州。营州今昌黎，由滦至昌径行止七十里。当初纡道而行，纵及百里，然究未必履及今之乐境也。《录》又云：唐庄宗以铁骑五千退保望都，即此。

新桥镇 即新桥海口，在乐亭南。按《读史方舆纪要》云：新桥营在县西南三十里，有城，周二里。旧有巡司。万历二十年，倭犯朝鲜，因设营，与昌黎赤洋、抚宁牛头崖为海口三营。联络巡哨，以为防御。旧志永乐七年倭寇乐亭，设立新桥海口营，因为巨镇，府志因之。今考《明史·成祖纪》及《海防志》俱无倭寇乐亭等文，不知旧志何据？且乐亭之有新桥镇见于《金史·地理志》，是新桥为镇，自金已然，非始于明也。《乐亭旧志》有古城云在县西南三十里，疑即新桥之城。新桥海口，在今马头营，至今相传尚有城后、后城壕、仓东、阁上及七街八胡同七十二白窠之名，又有石桥九，今俱废。

昌国署 《畿辅志》云：在乐亭东十七里，元时为屯田署。今犹称为署里。按《元史·世祖纪》及《兵志》云：至元二十四年，秋八月以北京伐木三千户，屯田平滦，立丰赡、昌国、济民三署。秩五品设达噜噶齐、令、丞直长各一员。成宗大德四年罢之止。立打捕屯田所。今滦州西南济民盐场，当亦由济民而名。

温泉栅 《读史方舆纪要》云：在废石城县东北，旧为成守处。唐广德初，史朝义既败，欲北走奚契丹，至温泉栅追兵及之，穷蹙自缢处也。

卷之二十七

封域志九　古迹下

夷齐里　在府城内，仓坡下，今棉花市地。

江西张星炳《夷齐里诗》云：摇落江湖此结庐，何期得傍古人居。粟知难与西周比，薇幸犹餐北海余。荷戴一方新制笠，携持几卷旧残书。儿今授室余将老，归思多年已渐除。

滇西师范《夷齐故里诗》云：寒山叠叠水鳞鳞，木落霜天代写真。两让都堪全父子，一言端可定君臣。未闻以暴能移暴，始信求仁自得仁。殷社已墟周社屋，里名千古不容湮。

夷齐井　在府城北门之西。崇祯初，郡守陈所立勒铭其旁，铭凡三十二字，其词云：有洌者泉，在城之阴。凿井而甘，浚池而深。柳色花香，式畅予襟。夷齐饮此，当不易心。又夷齐井古铭，不知何代人撰，有云：夷齐居此，饮之而甘。今铭已亡，无可考。

清风台　在府城西，夷齐庙后。高据悬崖，滦水横经其下。

国朝倪承宽《游清风台记》云：永平郡西北二十里，乃孤竹君旧封地，建夷齐庙，后为清风台。台下俯滦河，滦水经焉。河北小山如蛾眉，山前祠孤竹君。余校士永平，试毕启行，乃迂途拜庙下。至则石城嵯峨，碑碣林立。地多古松，其尤异者三：一如偃盖，高不逾六七尺，下可坐千人；一如卧龙，北向作拿攫势；一则矫矫入云，绝顶一枝，倒落至地而起，皆画格所不及。余偕宾友登堂肃谒清圣，徘徊松下久之。爰自东入后碱，西转登山，拾级上。古屋三间，下瞰滦河如带，阑外松声肃肃，心目俱静，此则清风台也。太守谢慎庭遣罟师放艇崖前，获巨鲤酌酒宴客。时日亭午，微风乍来，云影波光相掩映于空山寂寞之中，此境如出世外。余从后山石径至河涘，坐渔舟沿山行。仰视山北面石壁如削，中多岩洞，嵌空玲珑。西崖下一洞如小屋，左有石门一尚存。其右则阙，迤逦至东壁。河中侧视微有字迹不辨，因刺舟傍崖石，剔藓谛观，得“明月清风”四字。字几广二尺，顾石质粗，又风雨磨灭，刻画之迹仅存十二三，而笔致洒落，如虞永兴。既登岸，质之太守，则《郡志》未载也。余谓太守曰：“宇内山林泉石所在足供游览，顾游览之人何如耳？余奉命校士诸州郡，日不暇给。公等有守土责，亦未遑发兴来游此地。今之片刻宴集，其偶然乎？且游亦不一，竹肉繁喧，罗绮杂沓，则伤侈；杖策孤征，兴尽独返，则伤寂；冠盖酬酢，俯仰跼蹐，则更伤俗。如此不贻笑山灵，见鄙清圣耶！然则得山水趣者，乃不负山水耳。顾当日之游此台，乐此境之闲旷，而后大书勒石，冀垂名于无穷。而今数百年来，不独不得其名，而并此擘窠大字亦付之空山风雨之外。幸余之一过，而搜得此四字，又不能重镌旧刻发古人之幽光，则后之不与余同好并舍此不顾，不知凡几矣。吾乃今知山水不负人，人自负山水耳。晚抵沙河驿记此，时乾隆庚寅暮春晦日也。

明卢龙韩应庚《九日登清风台》诗云：台枕滦涛秋气清，冥冥征雁暮云横。龙沙断岸疑无路，鸟道通天忽有城。庙享历朝伏腊火，神留千古子臣情。首阳多少登临者，谁步西山第二程。

滇西师范《清风台双松歌》云：贤人去已久，惨淡旧邦国。落落清风台，双松犹古色。一株奋起独骧首，凌空欲挟风雷走。一株据地形蜿蜒，辑鳞缩爪嘘云烟。不知经历几千载？或自西归就养年。一枝一叶足元气，无古无今相映蔚。岂有神明为呵守，由来愚贱同悲忾吁。嗟乎！尼山老松余枯根，孔明庙柏今何存？双松双松吾再扪。

知府新化游智开《登清风台诗》云：扁舟泛滦河，湛湛清见底。临流峙层台，影落清波里。凭高纵远怀，今古长如此。双鹄翩翱翔，邈矣谁能企。感兹发遥吟，松壑涛声起。

乐亭史梦兰丁丑七月十八日，《侍郡守游公暨志局诸君游清风台诗》云：小住太公祠，言寻清圣庙。凌晨起披衣，同泛滦江櫂。太守游兴豪，诸子皆英妙。饮具排舟中，酒杯与茶灶。把盏望西山，指点纵言笑。须臾到庙门，一径入窅窱。崇台云外倚，拾级共展眺。楼影印澄波，松涛激飞瀑。溪上白鸟飞，柳外秋蝉噪。残暑尚未退，新凉此先到。醉后披襟当，泠泠透毛窍。缅怀古人心，不禁发长啸。昔待天下清，避居北海澳。岂非以独夫，腥闻遍四墺。一旦武王来，坶野宣誓诰。待清清有期，应惬中心好。胡为叩马谏，责之以仁孝。求仁固得仁，易暴讵以暴。且师已出矣！焉能反换号。八百国来同，前徒戈尽倒。尚父方鹰扬，早罢渭滨钓。二老皆圣人，底事不同调。特以君臣义，须为万世告。藉此扶纲常，非云妄讥诮。后来篡弑徒，往往神器盗。谁具汤武志，动称古是效。墨胎见及此，数言揭其要。质之于太公，当以心相照。彼功在永清，此圣以清造。一饿足千古，争光并两曜。今来挹清风，尘虑净如埽，薄言采蕨薇，聊当苹蘩芼。

又抚宁王立柱诗云：小艇茶瓜主客同，一帆洄溯圣人风。滦江十里沿朝旭，孤竹千秋仰宫。画壁宸题辉御气，高台斗酒会诗雄。清吟莫讶清逾甚，坐对西山俗藻空。

又乐亭张山诗云：故国荒孤竹，城门寂寞开。前贤留胜迹，我辈上高台。山水清双眼，黄农付一杯。秋风薇蕨老，欲去复徘徊。犹记初来日，匆匆卅五年。回头迷指爪，有梦扰云烟。地喜重游好，躬逢太守贤。清风余两袖，安稳送归船。

又乐亭赵建邦诗云：三十年前此旧游，山城无恙枕寒流。幸陪太守重登览，喜有群贤迭唱酬。雅集大难应快饮，清风长在况新秋。林峦未暮归舟促，一路高吟惊白鸥。

又滦州史璇诗云：昔来孤竹城，狂吟曳春服。今来孤竹城，秋风振岩谷。舟滦江湄，缓步西山麓。主客偕登临，我亦豁双目。日射远烟开，元气孕清淑。河水东南流，波声撼地轴。寒涛泻长松，倒映浓阴绿。灵籁发天机，使我清心曲。入庙历重阶，遗像冕旒肃。山空薇蕨老，世慨黄农促。浩歌有余哀，低徊再三读。北望启仁祠，怆然增感触。鸣蝉咽故宫，飞鸟下乔木。墨胎血食余，俎豆馨伯叔。至今贤太守，岁岁仲辛卜。岂惟仰前徽，实以励风俗。廉立兴吾乡，古义乃不辱。快兹携榼游，登台召僮仆。酣饮众皆醉，言归讵忍速。夹路野花黄，隔岸秋菘熟。扬帆挂夕晖，落影动闪修。清风载与俱，爽气迎入扑。回首首阳巅，白云自往复。

德州于绍先诗云：出郭二十里，首阳矗崔嵬。滦河走山脚，急流不复回。言念思古人，遗踪绝尘埃。人生各有志，不须后人猜。高台蹑屐上，远眺何旷哉！宾客延入座，徐徐清风来。望古古已杳，安得相追陪。

卑耳山 《国语》言齐桓公悬车束马，逾太行与辟耳之溪枸夏。韦昭注曰：太行、辟耳山名；枸夏，辟耳之溪也。《史记·齐世家》登太行，至卑耳山而还。《正义》曰，卑音壁。《管子》桓公二十年，征孤竹，未至卑耳之溪十里。案《国语》《史记》皆云西伐，而《管子》则云征孤竹，或曰燕北一带之山，皆名太行。故旧志载之孤竹之境。又案《水经注》清夷水西南，得桓公泉。桓公北伐山戎，过孤竹西征束马悬车上卑耳之西极，故水受斯名也。则卑耳在上谷之沮阳。二说不同，今姑仍旧志存之。

迷　沟 在府城滦河西二十里，去清节祠三里，其地多平沙无草木。相传即齐桓伐孤竹，老马识途处。今西北之泥沟山是也，盖误迷为泥云，或曰在榛子镇西乱石山。

虎头石 在府城南六里。状若虎踞，旧传为汉李广射虎处。其下滦、漆合流。

长洲尤侗《虎头石诗》云：将军射虎阳山下，视之石也虎所化。至今石虎尚狰狞，当日将军何叱咤。数奇不遇高皇封，时去反遭醉尉骂。世上谁无万户侯，过此张弓不敢射。

莱阳宋琬，《夏雨初晴，同路屺望太守王心任、郡丞刘声玉、司李李公治令君泛舟虎头石作》云：出郭病良已，物色新霁后。旭日霭平畴，轻烟冒远岫。柳岸杂莺啼，麦陇闻雉雊。参佐命方舟，乘流望岩窦。昔人挽大黄，殪发拳石透。遗迹榛莽间，于菟昂其首。我辈际时康，边亭罢斥堠。所僧簿领繁，困人如介胄。自公偶然暇，壶觞款清昼。举网出鲙鲂，开林走鼯鼬。山暝勿遽归，渔人可相就。

泽州陈廷敬《射虎行》云：北平太守飞将军，城南射猎天气昏。射虎中石没羽箭，至今石戴霜花痕。萧关昔日良家子，结发从军动边鄙。寂寞南山忆夜行，霸陵亭尉醉呵止。一朝飞盖来北平，三边夜无刁斗声。将军善射出天性，射敌欲尽兼射生。虎也腾伤上猿臂，将军意气轻搏刺。怒形威振万物伏，精爽足可贯厚地。我来访古卢龙傍，广不逢时吾黯伤。吹箫屠狗有异表，时来起作诸侯王。

蔡泓《汉飞将军射虎处》诗云：茂草丰碑立水滨，题名犹记汉将军。雕弧劲挽天边月，骏马狂嘶塞上云。万古英雄余片石，千秋功业付斜曛。行人莫话封侯事，呜咽滩声不忍闻。

南皮张太复《李将军射虎石歌》云，世无飞将军，有虎不敢射。岂知精诚之所贯，白羽一发乃没石。君不见北平太守南山来，驰骋林薄披蒿莱。马头倏然见伏虎，须磔猬毛太守怒。大黄满彀去若飞，白草飕飕风偃树。树风倒卷虎不动，弃弓大笑射已洞。祇有肉虎寝虎皮，谁知顽石同丽龟。持弓引满一再发，石光迸火镞不没。乃知得失判俄顷，无心有心间一发。猗欤飞将军，善射能通神。不得当单于，壮志空轮囷。若令飞而食肉万里外，挂弓天山清瀚海。区区一虎何足射，况乃顽石对碨磊。沧桑陵谷几变迁，剩有虎石垂千年。天阴月黑恐行客，英风猛气相回旋。将军新故堪歔欷，欲把狂吟销意气。只愁落日归骑迟，犹有都亭呵醉尉。

抚宁宋赫《虎头石》诗云：衰草槭槭秋欲暮，落叶萧萧埋荒路。残碑剥落戍烟横，云是昔人射虎处。当年射虎人已去，此石依然卧林坞。引弦注矢石饮羽，石犹如此况其虎。飞将军，北平守，虏骑望风尽北走。卢龙祠庙何其多，从无人与浇杯酒。卫青天幸辄有功，李蔡为人仅下中。将军善射空猿臂，七十余战终不利。岂是吾相不当侯，至竟耻对刀笔吏。将军才气雄无双，将军数奇不肯降。太息为摩草中石，千载悠悠空滦江。我生何幸罢烽燧，携尊今日真大醉。归去不须觅封侯，何物知有霸陵尉。

迁安潘文本《射虎石怀古》诗云：壮不能封万户侯，七十余战空戈矛。老不能对刀笔吏，百姓闻之尽垂涕。英风浩气安在哉？北平片石犹崔嵬。石崔嵬俨白额□，摩挲当年射虎迹。当年射虎真通神，胡为再射空逡巡。当年射虎乃余事，胡不生逢汉高帝。高帝逐鹿走中原，从龙起者如云屯。虎狼之秦早授首，区区虎石安足论！猗嗟将军休扼腕，烹狗藏弓亦堪叹。当时武皇非寡恩，年老数奇知公深。侯封不博等闲事，咄咄陵也伤公心。

滦州王一翰《射虎石》诗云：汉代将军北平守，野戍风尘静刁斗。弯弓擒得射雕儿，寇不窥边皆北走。一朝围猎向阳山，大驱猛兽歼群丑。射石没镞事尤神，虎石至今犹俯首。古碣摩挲传已久，将军不侯数不偶。汉家片土竟何有？将军此石传不朽。

辽阳刘文麟《射虎石》诗云：南山顽石作虎卧，掉尾磨牙伺人过。狂风四卷边云阴，模糊月黑青枫林。猿臂将军瞥眼见，马上腾身疾于电。硬弓十夫挽不开，霹雳一声弦激箭。猛气所到山为摧，狐兔惊号依鬼窜。古人去矣不更回，我经山下重徘徊。跃上虎身拍虎背，瘢痕细认爬苍苔。垂头跧伏不敢动，犹恐将军复飞来。

乐亭张九鼎《舟泊虎头石诗》云：枫叶萧萧两岸秋，惊涛似雪打行舟。此生合有看山分，又乘风帆到虎头。

又史梦兰《自滦州抵卢龙道中口号》云：乱峰合沓接榆关，滦水萦回路几弯。日暮不逢人射虎，短衣匹马过秋山。

又张山《过虎头石诗》云：轻舟南下绿波皴，草色山光两岸春。射虎遗踪何处问？矶头闲杀钓鱼人。

东西硖石　在府城东南，与碣石山西麓相近。《唐书·地理志》有西硖石、东硖石二戍。刘昫日：“平州有西硖石、东硖石二戍。与西硖石近者，又有黄獐谷。硖石盖碣石之讹也”。又《唐书·契丹传》左鹰扬卫将军曹仁师等，战西硖石、黄獐谷败绩。武后更诏夏官尚书王孝杰等讨契丹战东硖石师败，孝杰死之。

驴　槽　在府城东五里庄后，有石如槽，东转而北，有一小河名为仙河。其流虽细，冬夏不涸，相传谓果老饮驴于此。

石　幢　在府城南街。高三丈，环以石栏，觚棱八面，自下至上凡七层。第一层刻创建石幢记:（金大定年间）。第二第三层刻佛经，第四层刻明万历年间重修记。以上三层皆佛像。迁安城东南隅，亦旧有石幢。高三丈，方圆六丈。上有八棱，下有三层花草、人物，雕刻玲珑。明正德间巡按刘士元撤去。

□□国《平州石幢记》□□□中都□□僧井述：窃闻□东汉永平年间，摩腾入洛，始闻佛教之声。尔后西僧继至，故佛之圣典，渐流二京。三藏真证大衍九域比屋，黔黎皆沾甘露。上至王公，下及皂隶，竞为读诵，诚为苦海之舟航矣。然佛教虽著，犹有多门，乃大列三乘高张五教，或偏圆不定，或显密殊途，虽万派洪波，咸归大海。后至唐仪凤年中，西天神僧曰：佛陁钦凤殉命，来游清凉参游未遍，遇文殊化身，相对言论。文殊曰："尊者远来，游礼五顶，欲求圣利，未知将得尊胜陁罗尼经来不？"佛陁曰："不。老叟曰："若未将经来空游何益？"佛陁闻次便□，老叟策杖西归。不数年间将经再至，还遇老叟相慰晤言。叟曰："若将经至以利生民，诚为大善。"佛陈陁乃诣阙陈词：□□真文译讫，朝廷降旨令于京邑州，□□□中建石幢，刻密言于石上。以希尘□影覆之，□潜滋万古，此乃建石幢之始也。平州大郡东□遥山，西临大水，厥田上中，居民纯厚，有三代遗风。原其所系尧创九州，属青州。舜□三州，遂隶于幽。武王封召公于燕，故此州属燕。秦并六国，以天下为三十六郡，乃号辽西郡。炎汉御宇更号右北平。司马氏及曹丕有国，改置卢龙郡，今之县名，乃从古号。元魏、石勒、慕容氏父子建国皆从卢龙之郡。隋文创业，去郡为平州，盖顺古北平之号。唐乘王辇只号平州，后唐五代，□辽皆从平州之名。大金建国远收淮北之地，正隆迁都于燕京，大修宫殿建中都，故我州为大国之东门矣。平州古城今之北城是也。南城辽人筑之，于城中旧有石幢一座。于正隆四年五月二十日，遭风雷暴至仆之于地，居民秽污，深可悲夫。于戏！万事无恒，荣枯互作，会州中信士王昌吉校尉□发心再建。遍告州人，□邑□施铜钱二千万。令匠琢石及刻密言于上，始于大定九年五月间兴工，后至十一年九月二十日工毕，奇巧之势十倍于前，举高三丈，□落风规，实州中之伟望。落成之日，士庶稽□□谓奇哉！众议式昭厥德，万古不泯，乃命都僧□

直笔茂实以传不朽。大定十一年九月三十日建。□□医士黄玄书石，以后三面皆刻当日官爵及邑人姓名，字多漫灭不辨。

八棱塔 在府城西七里许白塔寺。其塔八棱两层，珉石一色。高八尺，而各有字。明建。石色青翠，晶光眩目，俗呼为八里塔，即八棱之讹也。

万柳庄 在府城北门外二里许。明方伯李确斋别墅。朝鲜使臣柳梦寅有诗。内有醉流亭、轻阴阁，今废。

井井亭 在府城南棋园庄高阜上。距城二里，与南城魁星楼相对，今废。

看花楼 在府城东南隅奎楼地旁。有断碑可考，即前明白家花园也。

揽胜楼 在府城南小圣庙侧，韩御史应庚建。

石隐亭 在府城上水关，韩佥事原善别墅。

钓鱼台 在卢龙南一柱峰下面，北临滦。韩御史筑为别墅，有月白楼，在钓台之右，今废。

明滦州伦浃《钓台记》云：平郡山水隩区，西南二十里为钓台山。名初不载《郡志》中：而筑台以栖，自侍御韩公始，公素好山水，虽身历宦途，常愿得一丘一壑栖息其间。于是请告以归，卜幽胜之处，乃得钓台山。兹山形从郡城东平山透迤而南为南台。又南为虎头石，连亘数里为安乐峪。曲折而西则为钓台山，东西横峙，面北下临河。河固漆、滦二流交会于虎头石下。南流夹雪峰直抵安乐峪之崖，折而西流二百步许，其上为台。台址为石矶，右傍突起，孤峰由石矶东上丈余，有小岩，盖舟子停泊之地。稍西上二丈有余，复岭可置杖屣，即公所号为台者。因而广除东西阔十余丈，南北半是。凿石层累之以为基，高三丈余，由基东横筑一壁，壁间设门，入门有巨石蹲踞可当屏。由石右转西向又一门，入门北转，则履台之端平处，北面直承而上，构七楹小轩，其檐宇飞覆台之外。中三楹向北，牖启扉下瞰河；西二楹为庖湢；东二楹贮器用。各分壁界门窦，轩内敞豁。南距数武架楼三楹，楼东西各翼一小阁。楼下中半为堂，东西各一室，为寝榻。堂中设屏，由屏后蹑梯东上，则为楼上层。北面周以栏槛，凭眺则连郡山川与夫烟云林树一览在目。楼后基址渐高，即山为壁，东西阔数丈，南北丈许。西面复缭以垣，上接山阿，下接轩之西檐。循南崖而东上峻岭十余丈，有一洞悬壁。自洞还东出，有石阶下出门，即所升入之门，盖周围曲达如此。连山上下，树松千余，苍翠可爱，然自河下升台，路皆崎峭不易攀跻。于是为砌磴，凡三转折共得九十阶，以白石为之。拾级而上，英英若白云梯。梯下尽即渡河，北岸有护沙围绕。又北上二百余步，有团峦与台对峙，蟠踞如龙。堪舆家言，此地脉灵秀，亦自西北而来，临河结聚。东则安乐峪，西则灰山相向共抱，最为吉壤。公修为元宅，树松数百，郁郁葱葱，如列画屏。向后北转则此山之拖尾也，多五色石，绚若错绣逶迤而北三里许，则为雪峰，峰之对面高岭处，又筑一台，与钓台南北相望，曰钓雪台。岭东西原有樵迳崎岖不可置足，自卜筑钓台，因辟为驰道。北面临渊栏以石壁，舆马往来经行，宛在云路中。由驰道西下转北，雪峰之西岸为张家村。有腴田置庐治稼事以赡家之食指。雪峰之东南下渡河，林皋郁然，为宣家村别墅，田二百亩，计岁人以资钓台缮修之用。是皆缘建置后所增设者，盖台之经始。在万历丁亥阅几稔而后告成，其诸次第修补不悉记，姑记其略如此。韩公名应庚，字希白，别号西轩，万历丁丑成进士，初授彰德府司理，擢福建道监察御史，历巡甘肃、山东，自归隐七征不起，称钓台山人云。

韩应庚《钓台》诗云：结榭青山里，栖迟得自由。困来眠小榻，兴到驾轻舟。事业惭鸣凤，生涯叹拙鸠。尘缨何处濯，台下有清流。

又《台上吟》云：华阳陶隐君，仍号山中宰。我已出世缘，询谋岂堪采。孤竹城边水，阳山顶上薇。并作渔台供，水香薇亦肥。卸却惠文冠，裁成薜荔服。闲来理钓丝，时复寻樵牧。辞别京华路，归来三十霜。山居耽习静，身世两相忘。

韩应奎《钓台月白楼》诗云：载酒过滦江，登歌兴欲狂。台朝天北极，人在水中央。月白芦烟淡，楼高海气凉。一竿垂钓罢，清梦到羲皇。

滦州高辅辰《登钓台，吊韩开之烈士》诗云：立马松原下，遥江过鹜轻。暗楸连雨黛，高嶂罨人声。威斗麟栖冷，颔珠骊卧腥。水仙空谷意，徒有碎琴情。

国朝桐城方文《游韩御史钓台》诗云：绣斧文孙老布衣，风标栖遁继前徽。三公不易青山乐，一艇长随白鸟飞。瀚海愁闻新战伐，滦河久别旧渔矶。故园丘壑今如此，胡不携家自雒归。（自注云：公之孙鼎业，避地中州。）

昆山顾绛诗云：我登钓台山，喟焉念先民。韩公昔盛年，隐此甘垂纶。九原不可作，山水留清真。于今有哲孙，逸韵追芳尘。独抱文献怀，愧我非其人。徒坚狷士节，与公映千春。鸿爪虽暂留，龙性终难驯。结交尽四海，落落星向晨。江湖倘相忘，一笑情弥亲。

沈阳范承谟《永平秋夜钓台泛月》诗云：极望知流尽，轻舟岸岸移。恰回丛树后，已在小桥西。星动渔灯乱，天寒雁阵低。隐沦何处觅，此地有夷齐。

莱阳宋琬《游韩御史钓台》诗云：先生蚤岁返丘园，选胜垂纶此结轩。到海遥看千派入，倚云高见一峰尊。月明华表松杉影，雨洗丹梯杖履痕。谁谓风流难再嗣，客星今已属诸孙。（自注云：先生孙桃平隐浙东，子新居密县，并有文名，称高士云）

又《钓台图歌赠马兰台山人》诗云：九嵕山人聊玩世，伏波将军之苗裔。家在美陂紫阁间，孤情独与烟霞契。弹筝叩缶本秦声，裂芰为衣皆楚制。儒冠误人几半生，秋风屡雪刘蕡涕。长焚笔砚事丹青，泼墨吮毫称绝艺。横皴酷似黄大痴，细染还宗吴仲圭。近代以来数文沈，嘉隆而后作者谁？山人工意不工似，匠心自出无专师。卢龙山水颇不恶，韩家钓台尤最奇。一峰高入白云里，登楼坐见沧海湄。游人欲绘每束手，譬如写照难须眉。一日坐我悠然堂，解衣盘礴无人窥。须臾图成挂诸壁，高岩邃谷光参差。濒澮旋涡渔艇立，窈冥洞口烟萝垂。主人韩生有狂癖，此台自尔高曾贻。见图再拜悲且喜，重之不啻商尊彝。便买贞珉勒山侧，酹酒欲告山灵知。山人此别欲何往，赠汝一枝筇竹杖。避世宜从麋鹿群，结庐高卧仙人掌。宁恤床头妻子饥，要令胸中丘壑长。我今持节越王城，兰渚剡溪恣偃仰。预拂霜绡以待君，一挥欲使群山响。记取雪深一丈时，山人须鼓山阴桨。

又《滦河放舟暮登钓台得十八韵》云：放棹下飞湍，川原正薄寒。岸遥沙似月，霜冷叶初丹。漆水交流驶，滦江引派宽。篙师轻舴艋，石子碎琅玕。归鸟纷何向，秋云无定端。村烟林外暝，野烧谷识中残。日脚连红岫，星光满碧澜。高台临澒洞，孤嶂插巑岏。状类三寻戟，名同七里滩。阴崖巢鹤宿，深濑蛰蚊蟠。石笋堪为杖，藤须或碍冠。横槎施蟹簖，束苇照渔竿。山鬼啸还灭，惊鸦去复安。客怀方悄悄，徒旅欲啴啴。胜地回舟懒，劳人载酒难。北崦松桂好，更拟拨云看。

又《游钓台作》云：未雨山如醉，既雨山如醒。遥遥水云间，苍翠无时定。我携筇竹根，扪萝践危磴。平穿鸥鹭群，幽造鹿麋径。高峰矗层霄，突兀有余劲。鸣榔潭底遥，吹箫谷中应。僧房水鸟栖，松际孤烟凝。薄暮且投纶，阑干醉复凭。

长洲尤侗《陪周伯衡黄门游一柱峰、钓鱼台和韵二首》云：偶然走马看花回，却喜登临接赋才。山势遥吞射虎石，水声长绕钓鱼台。风吹古墓无人到，月白高楼有雁来。弹指春光半零落，谁教轻放掌中杯。

又云：平生荡浆在江涯，载酒河干忘日斜。疑有山僧点寺石，只无村女浣溪纱。渡头客散空流水，马上人归满杏花。紫塞东风暂行乐，严城灯火又悲笳。

卢龙蔡斑《钓台村南坡》诗云：朝阳上东岭，草树含辉光。爱此南坡行，瀹然松露香。林禽啭幽呀，涧阴余夜凉。徙倚坐白石，沈吟恋众芳。青山寂无事，素心机亦忘。清赏妙两惬，镇日同徜徉。

又《钓台村居》诗云：茆屋与尘隔，云峰自一关。五株陶令柳，数亩谢家山。晴岭卧黄犊，幽溪下白鹇。如何垂钓客，日暮不知还。

乐亭史梦兰《韩御史钓台歌》云：一柱峰前水如注，旁有石矶临古渡。舟人指点说遗踪，云是韩公栖隐处。韩公化去三百年，至今遗爱留人间。出为司李入侍御，绯鱼骢马鹓鸾班。我昔少年读公传，如从纸上觌公面。有脚阳春宋广平，雍梁兖豫行皆遍。苍生待命方殷殷，掉头忽尔辞朝绅。十载恩膏布阴雨，半生富贵轻浮云。古来勇退谁如此，乞归年甫逾强仕。月白高楼当菟裘，图书花鸟供驱使。钓台上，山峥嵘，钓台下，水澄清。先生所乐在山水，山水因以先生宋主历代心名。君不见？君家淮阴功第一，当年羞与哙等匹。钓台一去不归来，终教吕雉囚钟室。人生隐见须有时，塞翁祸福尤难知。今我独上钓台望，俯仰高躅生遐思。子陵不仕汉，尚父终臣姬。渭滨严滩同钓耳，一出一处不相师。先生出处俱不苟，遂合千古名臣高士兼得之。我生四十犹潦倒，名场端合抽身早。愿向先生借钓台，一竿坐对江天晓。（自注云：钓台旧有月白楼。）

黑　石　在府城西北十五里。从地突兀而出，昔人琢“黑石”二字于上，卢龙令魏师段，又镌“龙吟虎啸，南宫俯首”诸大字，与迁安县界。

鲤鱼石　在燕河营城门洞中，平日观之不见鱼形，惟天将雨时，则石纹润泽，宛然一鲤，土人以为雨征。

落星石　在府学署中。

国朝孙祥凤《落星石赋·以物华天宝人杰地灵为韵》云：挹一拳之突兀兮，何光怪而陆离。瞻万点之寒芒兮，独盘纡而茀郁。崛起则欲比瑶篸，绮散则疑分霞蔚。岂蹑窟以高探，竞引袖而下拂。无劳月斧追琢，渐以成章畴斲。云根精气，凝而为物。粤稽夜朗瑶枢，仰珠光之灿烂。流名天雁，占车甲之菁华。方霄汉之昭回，攸好既殊。其风雨何膴，原之堕落赋形，竟等诸肺。嘉计数以书载，在子宋之野命名而纪聿称彭蠡之涯。非戴鳌之浮于渤瀣，岂支机之来自仙槎。维兹青龙泽畔，射虎山前，学舍如舟。新喜文昌之入，寒毡独冷，尝分太乙之然。忽自三霄而破块，曾辉五色以补天。窈冥峥嵘，瑞气遥连黄道；嶙峋岿峉，荣光直接魁躔。尔其窞者如窋，凸者如岛。突怒如奔，斜倾如倒。非苔丹兮若斑，非藓驳兮若藻。宁同晋国之能言，疑是谷城之逸老。泷荗崛垒，高不及于寻常。绵亘袤延，周仅可以合抱。带银铄之末光，增黄舆之瑰宝。盖惟来从云阙，宜其品轶风尘。

遥应椓星而峙，俨同石鼓之陈。倘或制以为磐，应覆书于天柱。假使漱及其齿，且厉节于群伦。呈万态于庆云，曾何魂磊；胜五如于江岸奚患磨磷。韫玉兮耀彩鸾旂，洵足辉联东壁；出金兮和声弦诵，欣占里聚贤人。于时启将绛帐，既深赏夫嵚崎；集得青衿，亦共钦其竦杰。秉宿海以钟英，与泮池而方洁。择胜地以安排，就广居而特设。镇兹义路，爱瑟若之坚肤；位置礼门，懔介如之真节。可但比郁林以同廉，未妨与乖崖而并拙。固堪为簪绂之针砭，亦足资史乘之采撷。居常慨想前徽，遐稽旧志，越履蜀镜，幻化长留。李踞陶眠，醉醒傲寄，虽皆标胜迹于简编，衹以供耳目之游戏。奚如兹石之含章，本自列星而掷地。蹲踞绮榭，客来欲整米袍；兀立雕栏，露坐讶临益使。乃为之歌曰：明星荧荧兮丽紫冥，维石岩岩兮擘巨灵。在天成象兮在地成形。彼君子兮介石是铭。诚共体斯意兮，以砥砺而砻硎宁。惟象句陈之环卫，为畿辅之藩屏。行见作皇朝之柱石，即圣世之景星。

南皮张太复《落星石诗》云：何代星精落？卷然此一方。卧苔仍磥砢，悬象本辉光。沦谪千秋感，坚贞历劫忘。坠来犹射斗，叱去岂成羊。陨宋知奚似，支机未可量。怪疑蹲虎豹，变不共沧桑。却想九天外，流辉万丈长。台阶邻辅弼，奎壁接文昌。照合通南极，高原近太阳。几年沉下土，闷彩向平冈。砺角曾经否？埋尘转自伤。波凌忆河汉，榆白感风霜。已隔三霄路，还依数仞墙。梦应迷太白，奇或拜元章。迥异昆明岸，难归帝座傍。秋风怀五丈，化石亦光芒。

训导广宗韩来贺落星石诗云：蚩尤怒触天柱摇，文星惊走落泮桥。霞蔚云蒸世罕睹，陆离光怪疑石妖。我尝箕踞松阴下，视之石也星所化。至今石体缩一卷，当年星精光四射。辉光不减长荧荧，迥殊太华擘巨灵。宋野吴山若鼎峙，未落成象落成形。有时枕石数列宿，陨处常恐天或漏。我欲问石石不言，仰视苍苍幸如旧。红尘坠落几千秋，黉宫辉映同共球。补天未入娲皇选，填海何容精卫投。星移物换流光过，雨逗天惊石不破。我来此地已七霜，日日对我寒毡坐。吁嗟乎！在天既不作景星，璧合珠联耀苍冥。在地复不作柱石，屹然卓立青天擎。任教苔藓侵过半。甘谪风尘思乐泮，君不见？万物升沉皆数定，而我胡为感慨激昂发长叹。

乐亭赵建邦落星石诗云：娲皇铼石补天青，此地何年陨大星。托迹恰邻清圣里，化身仍是丈人形。乘莲太乙藜分照，被酒长庚梦未醒。辉映明伦堂上月，广文屋窍更珑玲。英灵不受祖龙鞭，填海何须藉一卷。谪向泮桥欣得地，化为砥柱定擎天。侍摹画本邀王宰，合具衣冠拜米颠。欲订心交头屡点，三生与尔证前缘。

蒙恬井　一名扶苏泉。在府城内，上水关迤西。

土门寨　在城北里许。相传为汉李广屯兵处。明侍御韩应庚别墅，四面皆山，门前突起一石高丈许，曰“土门一柱”，中有“采莲”、“隐松”二亭，今俱废。

调象居　在城东十里刘山，亦韩侍御别墅，今废。

飞布楼　在城东三里许。驴槽村外。明佥事韩原善别墅。旁有“清逸堂”、“枕霞居”、“抚弦室”，今俱废。

梨花庄　又名皆可园。在城东碧霞宫南数武，明邑人韩开西别墅。中有“醉雪亭”今废。（以上五则俱依明许令典《游平山记》补入）

太子岭　在迁安县西北百里。秦扶苏所登山，因以名。

黄山宫　《魏书》肥如有黄山。《高宗纪》太安三年十月诏太宰常英起行宫于辽西黄山，四年正月巡平州，庚午至辽西黄山宫，常英传梦日坠其所居黄山下水中。

三跳涧　在迁安县东三十里。世传唐太宗征辽，跃马过涧（卢龙城南亦有三跳涧，详卷十九山川一）。

试剑石　在三跳涧旁。世传唐太宗曾试剑于石，以示勇，遗迹尚存（卢龙城南亦有试剑石，详卷十九山川一）。

铼铁炉　在迁安县西四十里，唐太宗造军器于此。

缆船椿　在迁安县西北百六十里烟墩山下滦河之滨，铸铁于石上。案:《通志》作澈河之滨，旧尝为铸铁之所。

松亭关　《辽史·地理志》泽州有松亭关。《宋史·刘敞传》奉使契丹，素习知山川道径，契丹导之行。自古北口至柳河回屈殆千里。

敞质译人曰："自松亭趋柳河甚径且易，不数日可抵中京。何为故道此？"译相顾骇愧。《阎询传》使契丹，询颇谙北方疆理。时契丹主在靴淀迓者，导询由松亭往。询日："此松亭路也，胡不径葱岭而迂枉若是。"《金史·地理志》松亭关，国名萨勒扎，原作斜烈只（误入滦州下）。《通鉴》注引，《金卤节要》景州（今遵化）之东北乃松亭关，今之喜峰口是也。

台头寨 古碑在冷口外，山神庙南石坡上。金明昌五年，立碑首横嵌"台头寨邑众等"六字，下列姓名大约开路时所建也。

震 湖 在三屯营城东门外。明隆庆间，戚少保所凿，长三百五十余丈。

迁安马恂《三屯营震湖考》云：湖者潴水也，而名于南者多，名于北者鲜。故微山明湖名者十一，而若沽，若泊，若泡，其著者若掘鲤之淀、梁山之泺，其实皆湖也。永平益北则湖益鲜，有之惟三屯营之震湖。是昔明天顺间自狮子峪移蓟镇于三屯营。三屯者何？忠义卫三百户屯地也。隆庆二年，戚少保南塘来镇者十余年，百废俱举，烽燧戢息。增敌楼，创新城，嵂然崒然。而复以其余力，凿湖于城之东，长三百五十丈，以留北川之东奔者而渊渟之，名曰震湖。夫少保宦久于浙，西湖、鉴湖耳目所习。其将寓钓游之思欤？果尔则盍不名之东，以与西俪，而必取诸震。在当时宾从记咏，亦不过美形胜，夸景物，志鱼芡之利，而广灌溉之资，如果止耳。而迄今思之，震湖之所以创其意，当不止此。或者曰：少保生平喜用浙卒，南兵便舟楫娴水战，是湖其隐以肄南卒于舟师欤？独思长城之下林木崖谷陆险水乏，少保当不为此不急之务也。考三屯城当迁安之西北百有二十里，又西则遵化，明历设抚道，亦重镇也。而由三屯之东之北，诸关隘悉在焉。中惟喜峰为最巨，是为松亭关，即古兰陉。而三屯实障其西南，相去仅二舍，健马力驰顷刻可至。蒙古苟入塞，则城之东北面当其冲。然边墉皆无北户，武库内峙可据以御，彼无隙之能窥。则惟东面尤为要地，限之以湖，马足不得骋，沮洳浸淫，亦不得门焉而近攻。盖城得湖而益有金汤之巩固。观少保自记城工之文，于震湖特取同音而谐其声意。已微见乎辞矣。然则少保何不昌言而止，若斤斤于流连光景也者，是盖兵机也。兵机至深，不容浅露。何宅使开雄莫之水，则咏爱蓼花矣；颜清臣将浚池隍，则泛舟饮酒矣。少保有明示焉，不几以有恃启士之惰心乎？别为寄托，深心所以同符古人也。说者谓张韩公筑城不设瓮门，少保乃城之不足，又卫以湖，似与前贤意异。而不知三屯之城，不得以三受降城例，外出犄角利以战，则不得为守备而望城者，且当斩内植根本，宜以守，则不得效渠丘，而设险以守国。诸关隘者。三屯之角距也。而三屯乌可以不固？而震湖乌可以不凿？不然，孤出根本以控敌前，其不为王思政之长社乎哉！嗟夫！震湖之为水微，特不足与洞庭、具区、都阳、焦泖诸巨浸争雄长，即方之金牛、鉴湖、沽、泊、淀、泺亦曾不足当其一渚。乃迄于今中外一家，蒙古臣仆，城东一区已就芜塞，而由孟堤溯孟诸之号，俨然苏白之思焉。同春、宛在诸亭久圮矣！而樵子牧竖犹将口其名。则震湖之为保障，少保之为镇卫，其功永永不可忘。不能忘也。

宛在亭　在三屯营城外东北隅，明戚少保建。

国朝三屯协镇胡大猷《宛在亭碑记》云：朝廷设官分职文武，虽属两途，总以竭力尽职者，期无负命官之意。若今之庆弹冠者，幸逢神圣相承之世，重熙累洽百有余年，利无可兴，弊无可革，亦惟取前人之良法美意，有关民风者，踵而增之，培而补之，润而泽之，修而明之，用以维持悠远庶几哉。虽未克称厥职，犹不至大旷厥官耳！乙亥岁，余叨膺简命协镇三屯。抵任后，见地方宁谧。营伍整齐，因得于公务余暇出郊游览以观风而问俗焉！一日者甫出郭至东北隅，忽于荒烟蔓草中，见萧然一亭，心窃异焉！趋而视之，惟一砌石堆山，东西横倒。因遍觅遗迹，得本协殷公之《重修碑记》于泥涂中。拭其垢，阅其文，始知此地当年有曲水，有疏林，有荷池，即少保戚公所建之宛在亭也。噫！戚公才兼文武，体国公忠，其为民生社稷计者，良法美意至今渺不可寻，仅余斯亭而已耶！且戚公当有明之末造，岂暇为此亭，而为游目骋怀之计耶！乃验之残碣，传之人口而已。有此亭则当日之为此亭者，必有深心微意寓乎其中，而可听其雕敝而摧残耶！遂以重修之谋商诸本城绅士。佥曰："可。"于是捐俸以倡之，择人以董之，新其亭，缭其垣，扶其石，浚其池，而且建桥以通之，植莲以匝之。至观成之日，都人士咸乐甚。以为不见戚公见斯亭，如见召伯之甘棠焉！遂归美于余，以勒石为请。余不敢居功，适值邑侯燕公修《县志》，索记载文苑。嘻！异矣！余于燕公文武分途，远距百里，乃各取前人之良法美意为之踵，增而培补，为之润泽而修明者，亦曰少谢旷官之咎也云尔。然我二人不谋而合之举，有不禁自蹈于未能免俗者。于是乎勉以应命而为之记秋八月，此亭落成。后将浚池掘地尺余，得卧碑一通，辞旨渊奥，其后一书同安陈道基撰文，一书定远戚继光立石。噫！亭之建迄今垂二百年，而此石忽出自尘埋中。想物之兴废有时，抑古人之菁华，终不可掩耶！因附录于后以志不朽。碑铭云：松竹双青，琴鹤自随。比物砥行，为弦为韦。时式先哲，如蓍如龟。俨上帝之临，汝恒虩虩而若雷。夜气勿梏，人心勿危。庶几哉！体受而全归。

明总兵萧如薰《集宛在亭诗》云：雅有登临兴，言寻别墅游。溪流通广陌，村树带前洲。度曲行杯缓，看山入座幽。野鸥如夙约，相傍共悠悠。又：改席移舟晚，中流杂鼓声。高林催月上，短棹入波平。飘霭茶烟细，微茫野火明。今朝出城郭，暂觉此身轻。

凌云亭 道光十年江右熊茗斋孝廉精堪舆学，来游黄台山。登高四顾曰：壮哉！后倚秦关，右抱滦水，前对岚山之麓，左襟三里之河，烟波浩渺，溪涧潆洄，诚负郭胜地也。若于山巅建一亭，以象文笔，文箕石以"象砚"，则邑之人文科第，必将联翩鹊起。邑绅郑兰韪其言，请于邑侯，因建此亭。名之曰"凌云"，非状其高，盖寓邑人共登青云之意也。亭既建，而邑之登科第者，踵相接。亭中旧悬题名榜。道光十五年毁于风，十六年重建，易石柱。至三十年，邑令于峤溪惑于不利官府之说毁之。既毁，官遂以事去，而科第亦为之不振。同治九年，廪生金培元鸠费重建。

迁安马恂《凌云亭六月五日圮于龙风纪事诗》云：龙头戴亭如戴冠，龙爪攫亭如弄丸。霹雳横飞火千尺，白点坠地敲银盘。怒埽高林掷烟碧，半空云水腾波澜。噫嘻乎！飞廉狂奔千里复万里，一亭矗路激转飞蓬团。战雨战风踞虎吼，瞥然力尽流雹裂石纷相攒。不知为搜古秘箓，抑为驱索精灵搏白烟。黑雾迷离塞空起，恍然排旌拥纛丁甲罗神官。叱龙辟路走天海，所当者碎无坚完。君不见茅屋卷随大木舞，何况危亭巇嶪，四无障翳凌空寒。云斤谁割乖龙耳，寸刀欲刽痴龙肝。噫嘻乎！何如骑龙挥鞭，挟风乘雨走八极，上叫阊阖，置身迥出青云端。

文箕石　俗名簸箕石。在迁安县黄台山背后，形如箕。邑人李安仁刻“文箕射斗”四字于上。又名聚米，水涨不没，验岁丰。

迁安刘都宪鸿儒《箕石有感》诗曰：突兀文箕石，狰狞蹲山麓。浩森汇积流，根抵若空谷。渊深不可测，中有蛟龙屋。澄泓倒云影，洄旋撼地轴。乞祝应如响，岁岁效霢霂。灵境不纪年，盛时多丰熟。忆昔儿童游，临岸足蹜蹜。砉然水石离，昏蒙沙土覆。无乃天厌怪，暗中鬼神逐。重来三叹息，光芒不在目。昔也巨浪浸，今则赤日暴。块然一顽冥，射斗名空录。物理逝如斯，沧桑几见复。

烽　台　在迁安县北，如吉兰庄、平房店、石胡同山、金山院、米峪口。县南，如洪家庄、赵家庄。县东，如吴家庄，皆有古台。

平台山铁锅　在迁安县西北八十余里，平台山南岭之半，不知制自何时何人？半衔山中，半丽山外，锅有数锔。上悬大石，石缝中滴水涓涓，旱不竭，潦不溢。夏月牧畜者以千计，俱从锅中取饮焉。

饮马河　在抚宁县西北，相传阳乐家饮马处，今改为洋河。

绿　湾　在抚宁县西北五里，铧子山坡下。相传唐太宗驻此闻蛙声恶之，至今不鸣，近为平地。

满　井　在抚宁县东南二十里许，井水常满，汲取不竭。相传为唐太宗征东遗迹，庄因以名。

栖霞涧　在抚宁县西南十二里，石桥跨涧上，傍有寺。相传唐尉迟恭建涧石上，马形似金。知县张毓中题曰“金马遗踪”。

靴子石　在抚宁县西北三十五里。燕山沟北，山之阳有石如靴子，高七尺余，立于峭壁之巅因名。

韩昌黎书院 旧志云：昌黎在静安，盖因符《读书城南诗》为之也。案：文公诗，所谓城南，乃长安城南集中，又有城南联句诗可证，与此地渺不相涉。静安有一碑，自叙其地为慕容都，其中事迹错谬，年代乖舛，不可悉数。夫慕容一鲜卑耳，岂足援之为重？何舍可据之柳城军，附此鲜卑名下哉？

湘子楼 在昌黎县西三里。县丞杨希舜建，知县朱嗣发重修。

观莲亭 在昌黎县西南。胡科建，今废。

迎仙亭 在昌黎县北水岩寺上。明知县孟秋修，改为后乐亭，今废。

静观亭 在昌黎县北龙潭山上。石之峰建，又名海月亭，今废。

山神庙凉亭 在昌黎县东北，有小山高十数丈，连石绵亘起伏如卧龙。山前有山神庙，庙前旧有凉亭六角，夏间邑人游宴于此。今废。

钓鱼台 在昌黎县西北板石山麓，一石方正平坦，下临沙河。

止水石 在昌黎县北山，口方圆数尺许，上镌“止水”二字，傍有咒曰：水行故道，龙归旧渊，永为民利，毋为民殃。

扶苏泉 《辽史·地理志》滦州有扶苏泉，甚甘美。秦太子扶苏北筑长城，尝驻此。案：府城上水关有井，亦称扶苏泉。郭造卿云：扶苏乃狐苏之讹。旧志云：在抚宁之东，以《辽史》为信，则滦是矣。汉辽西郡有狐苏县。

谎粮坨 一名三角坨。在滦州南五十里，世传唐太宗为此以诳高丽。州境及迁安、丰润以此名者甚多。旧志疑以为石虎伐燕时事。太宗渡辽水征高丽，夷人岂敢至此，而安用此为哉！

汉武台 《唐书·太宗纪》贞观十九年九月戊午，次汉武台，刻石记功。

擂鼓台 在滦州西百里松梁社。《志》引《册府元龟》唐太宗贞观十九年十月征辽，次汉武台，余基三成，旁有祠。至营城，帝问侍臣，对曰：“此汉武求仙之处。其地临大海多峻石险怪，后人借此擂鼓御敌，因号为营城擂鼓台云。”是亦谎粮之类也。

长春宫 在滦州西南百二十里。长春淀，本名石城行宫。金大定二十年更名长春宫。《滦州志》以为辽萧太后所建，非也。辽之长春宫，在长春州，不在此。又东南三十里，有丹阳宫，皆金置，久废（历年行幸见《纪事》）。

明高吉昌《长春宫诗》云；故宫鸥瓦纪遗楼，野淀斜阳水尚流。八部国残惟有恨，十香人艳自生愁。珮环似听松声在，奁镜虚疑槛月留。莫叹回心空署院，玉环飞燕总荒丘。自注云：海陵曾三幸春水。

乐亭赵建邦《长春宫赋，以石城有长春行宫为韵》云：不见夫衰草长堤，夕阳古驿，树秃烟皴，苔荒雨积。环兽抛金，瓦鸳埋碧。如许荒凉，几多追惜。乾元殿冷，空悲女直河山；艮岳图残，莫问宣和花石。客曰：此非长春宫之故址，而大金国之所经营者乎？余曰：唯唯。想其拜天西苑，赏菊东明。草承凤辇，花拂霓旌。霞蒸月扆，日丽云甍。于斯时也，已觉春融阆苑，春满蓬瀛。如入化人之国，如游不夜之城。况复选伎征歌，称觞上寿，教坊则色绢簪花，武士则雕弓射柳。鹧鸪曲里，如闻长乐钟声，鹓鹭班中，也有长杨赋手。于斯时也，亦足以快意。管弦怡情，诗酒乐也，何如得未曾有。然而狎则生厌，习焉若忘。谓游豫可为侯度，谓温柔别有仙乡。乃向离宫而驻跸，乃求倾国而专房。剧怜蓬岛、瑶池，韶华骀荡；听到荷花、桂子，逸兴飞扬。帐殿春浓，捧金杯兮手软；镜台春暖，斗翠黛兮眉长。又或球场日永，猎苑风驯。盘马而绿初薙草；呼鹰而红不惊尘。毡帐悬来，共拜风流天子；月旗开处，应携自在夫人。豹子河避暑年年，不羡湾名消夏；雀儿庵从禽日日，何须阁结临春。无何紫微宫圮，集庆宫倾，青燐夜照，碧草秋萦，而是宫也亦复垣颓粉剥，础没莓生。三十六殿之楼台，惟堪系马；百二十年之士女尽化啼莺。明月自来，空照当年游幸；翠华一去，更看何日巡行。予怀渺渺，客意忡忡。行歌落日，凭吊临风。歌曰：春去春来春雨濛，长春宫外野花红。行人莫当闲花折，曾入金源御览中。高歌未已，余恨难穷。倚歌而和，古调相同。客歌曰：舞榭歌台一曲终，繁华已逐晓云空。寒鸦毕竟多情甚，犹带斜阳觅故宫。

濯清台 在滦州东河侧。许亢宗《奉使行程录》云：滦州负麓面冈东行三里许，乱山重叠形势险峻。河经其间，河面阔三百步，亦控扼之所也。水极清深，临河有大亭，名曰“濯清”。为塞北之绝，郡守将迎于此，回程锡宴是州。案：其地当在今偏凉汀。

辽海亭 久废。

金高士谈《晚登辽海亭》诗云：登临海面洒清风，竟日凭阑兴未穷。残色楼台山向背，夕阳城郭水西东。客情到处身如寄，别恨他时梦可通。自叹不如华表鹤，故乡长在白云中。

中和馆 久废。

金李晏《中和馆》诗云：藤花满地香仍在，松影拂云寒未收。山鸟似嫌游客到，一声啼破小亭幽。

晾马台 在滦州徐家官寨东，高三丈余。道光二十八年，雷劈其顶出水尽黑，后村人掩之，至今遗迹尚存。

燕王坨 在滦州城南六十里。明燕王驻兵于此，故名。旁有小坨，一登其上，而踏之空洞有声，相传为明王者坟。

双雁坨 在滦州南二十里。明成化中，瘞二雁以名。

明滦州沦浃《双雁坨》诗云：飞鸿有匹偶，饮啄滦水阿。但知谋稻粱，不解离网罗。弋人获其雄，縶之以为。哀彼雌也孤，悲鸣意无他。终日自回翔，一夕忽来过。相呼不肯释，纠颈死沙坨。吁嗟彼羽毛，处世曷幺麽。矫矫著奇节，英英挽颓波。矧伊毓灵秀，贞烈更如何。鹑奔耻无良，狐绥志已讹。争如纠首禽，一死良足多。维世赖纲常，聊赋哀鸿歌。鸿名历千秋，大义永不磨。

壮观楼　白云楼 俱在滦州偏凉汀，今废。

长洲尤侗《春日白云楼》诗云：独凭虚阁俯滦波，萧瑟凉风襟带过。不断青山趋雉堞，忽来白浪出渔蓑。夕阳背陇牛羊下，秋草平沙鸿雁多。四野荒芜村舍少，十年回首几干戈。

瑞莲亭 即金泉亭。在滦州西二里莲池上。弘治中，知州潘龄建，今废。

明训导刘澄《瑞莲亭记》云：瑞莲亭距州西二里奇，即畴昔金泉亭也。岁久湮塞，涸为荒壤。戊申三月，潘侯演武亭台畚东北五十步许，挖见石甃遗岸，割开泉源水涌莫御。侯询其所自，居民曰：此维金泉遗址，俗名莲花池。于是浚沼引水，架亭中壖，种莲盈沼，植柳于堤。四月后亭沼落成，莲芰滋茂，蔚然一奇观也。侯榜曰“金泉亭”，用复其故。夏六月花开，观者旁午间有一朵英瓣差大。议者以为花魁。既而结成双蓬。人咸异之，以为瑞也。士大夫侈为歌咏，侯命工绘图揭之楣间。岁庚成太仆丞浮梁张君德视马于滦，询知其历，乃曰：“亭乃所架也，池乃所凿也，瑞莲乃所召也。忠厚之泽洽于品汇，可容虚耶？成周得同颖之禾，著之篇诰，可易亭为‘瑞莲’。”且属澄记其事。澄曰：池莲呈瑞时，适圃之丁报一蒂四茄，是为嘉茄人，亦绘图矣。草木英华，畅为嘉瑞，表显一时，讵非政通人和所感召耶？时同官多潘侯之贤砻石记事，侯自丁未知滦郡，不疾不徐，百废毕举，岁己酉又修别故亭，于兹亭之西规模相埒，俱与民偕乐云。

雪鸿亭　在瑞莲亭右，昔名别故。嘉靖间知州赵业重修。今废。

大观亭　在滦州东北五里，偏凉汀之上，旧名醒翁。万历间，知州林养栋更名。

六角亭　四角亭　俱在偏凉汀，乾隆十九年重修。案：许庄赋序云：辽乾统初年柳城张子记偏梁亭，梁字与今异。盖彼时水在榆南。横北舟楫留难，故作偏桥、偏梁以通绛路，因以名亭。今水不西去，旧迹无存。明宣德初年，镇守阮公，与金姓居士，斩石盖寺。始有石路可通舆马及商贾荷任之属。天顺庚辰都宪邹镇守韦，因亭圮乃于极阸甓门，置亭其上。但于梁无取，故讹梁为凉耳。或曰山以半削为偏，此处如山梁而偏也。

将　台　在滦州西八十里康庄屯。高丈五尺，广八尺，长二十步。不知何时筑，下有黄崖河，或云即料马台。

点马厅　在滦州北十里横山营社炮石甸。周围草场百余顷，盖牧马地也。中有厅，点验种马，民甚便焉。明时遗址尚存。其地又有千里台。因马有千里之号，故名。今俱废。

项家坨　在滦州西南八十里司家庄社三里许。其南潴水数亩下流通任家港，火光迸出。有盔甲、枪槊等器。相传为王者墓，掘之风沙顿作，遂掩之。

牛过庄 在滦州西北九十二里，今讹为尤各庄。先是有牧童遇虎，童惊坠卧牛腹下，自分必死。牛乃怒与虎斗，触虎毙，童竟得生。土人义牛，因牛过其地，遂以名村。今村东庙壁上犹刻其像，即牧童卧牛腹下，牛触虎死状，依稀尚有字迹。庄分上下，石刻在下牛过庄，土人又名为东营。

欹 井 俗名攀倒井。在乐亭南四十里，祥云岛龙兴寺前。海滨水多咸苦，此井独甘。相传唐太宗征辽东经此，马渴求水器不得。薛仁贵以手攀井，井欹而水出焉。此亦与束鹿、灵寿之倾井同，事属不经，或以好事者附会之耳。

新河套 在乐亭西二十五里。夹于清滦之间，即古所谓新河也。案《水经注》云：滦水迳乐安亭南，东与新河故渎合。自雍奴县承鲍丘水东出谓之盐关口。魏太祖征蹋顿，与泃口俱导也，此之谓新河矣。新河又东北出迳右北平，绝泃渠之水，又东北迳昌城县故城北又东分为二水，枝渎东南入海。新河自枝渠东出合封大水（《畿辅志》云，封大水疑即今陡河下流之官渠水），谓之交流合水，又东南流龙鲜水注之，又东出海阳县，与缓虚水合（《畿辅志》云：缓虚水即今之沙河），又东与素河合（《畿辅志》云：素河即今之泝河），谓之白水口。又东至九澼口，枝分南注海。又东迳海阳县故城南，又东与清水会，又东木究水出焉。又东左迤与北阳孤淀合，又东会于濡。今查城西南，惟清与滦通他无所会，所谓木究水，北阳孤淀者，亦杳无其迹。意古者此与清河，龙堂南出之派，俱东行，今不无变塞欤（《畿辅志》云：新河横亘于南北，而滦潞得以交通。故馈运相接。自此渠废，而东饷由海运，风帆浪船时日靡定。盖亦变革之大者也。《读史方舆纪要》作清河套，县西南三十五里）。

乾滦河 在乐亭东二十里。案：河自景泰六年徙而东滦河之路绝。稽《水经注》，滦水北出世谓之小滦水，东迳乐安亭北东南入海。则二千余年，经流故道，尤在东也。

孝子泉 一名甘泉。《乐亭旧志》云在东南。案《畿辅志》云：

邑有孝子刘文焕者，亲殁庐墓，凿井墓傍，汲以自爨，不数尺异泉涌出，世呼为孝子泉。《旧志》云：孝子泉在县西七里嵩林庄，以孝子刘文焕名。

秋风亭 分水台，在葫芦河西岸。明成化三年，土人筑，今废。

秦皇岛 在临榆西南二十五里。海水环之，世传秦始皇求仙驻跸于此。或作秦王岛云，是唐太宗遗迹。

明上虞陈绾《题秦皇岛》诗云：闻说秦皇海上游，至今绝岛有名留。不知辽海城边路，多少秦人骨未收。

商丘宋荦《秦皇岛望海歌》云：渤海之岸耸断山，横截巨浪排空烟。人言此是秦皇岛，回冈辇道留依然。白头山僧葺古屋，晨炊远汲荒村泉。危矶荦确带沙石，荡胸万里开长川。天吴出没老蛟舞，百灵彷佛惊涛前。我来榆塞正秋晚，苍鹰叫侣摩青天。靴纹波细风忽止，白鸥容与殊清妍。俄顷变幻不可测，归墟岂必非桑田。秦皇一去汉帝至，孤台野岸空千年。蓬莱方丈在何处？一眉新月来娟娟。解鞍脱帽便此住，斫松煮蕨容高眠。移情爱鼓水仙曲，无须直到三神山。秦碑磨灭藓花绣，谁能与结翰墨缘。欲鞭蛰龙作海市，良惭玉局登州篇。

抚宁令赵端《秦皇岛望海歌》云：层冈叠巘势插天，横截巨浪排百川。秦皇自昔登高巅，纡徐辇路犹依然。洁森一望海云连，潜蛟奔走舞深渊。喷风吹雨岸脚穿，轰轰澎湃惊龙眠。疾如骏骑腾空边，勇如马陵万弩悬。暴如东游碣石鞭，猛如钜鹿沉战船。我来不为访神仙，羡门安期徒千年。人生变幻总相沿，奚知异日非桑田。老僧结构供檀旃，蒲团坐参一指禅。荡胸豁目冷荒烟，断碑磨灭生苔钱。安澜底定溯昔贤，谁能赤手独斡旋。榆关秋静月娟娟，塞鸿南望最堪怜。

山阴诸元寿《和秦王岛》诗云：大唐天子志勤兵，幕府犹传秦邸名。自是征辽趋乐浪，非关渡海访蓬瀛。千年错事谈驱石，百代遗踪话拜荆。碛里秋风悲战骨，荒碑空忆魏元成。

滇西师范《秦皇岛望海》诗云：目力所难极，蒙蒙今古青。乾坤生积水，风雨落南溟。坐抚成连操，空悲帝女灵。祖龙鞭处石，万载有余腥。

迁安马恂《秦皇岛怀古》诗云：秦皇当日专征讨，六王族灭如除草。楚人一炬秦关定，至今祇存秦皇岛。莫因斯岛想斯人，还因斯岛叹斯民。其民避秦避海外，至今此岛传为秦。秦皇一宇抚中外，那复时巡来翠盖。长城有窟血满中，忆万同声唤无奈。吁嗟乎！岛何不幸名以此，三十六年堪屈指。于今尺土俱非秦，岛映秦边暮烟紫。

桂林侯焕尧《夜宿秦皇岛海栈》诗云：荒凉风景未曾经，小憩征鞍一偶停。鸡犬喧嚣茅店隘，鱼虾堆积土墙腥。晴滩月冷沙偏白，大碛春迟草不青。剩有秦皇孤岛在，茫茫何处问仙灵。

姜女坟 在山海关东南海中，有石出海上，其形肖冢，人以为姜女坟云。世传女为许姓，居长，故称孟焉。陕西同官人，其夫为范郎，秦筑长城郎操版服役，久不归。女制衣送筑所，闻夫亡，哭而死。土人于高阜祀之名曰望夫石，石上有乱杵迹。夫秦无陕称，史册亦无载范郎事者。当是剿齐杞梁妻崩城之事，而附会其说。不知其所谓长城者，乃泰山下之长城，非辽东之长城也。

莆中黄世康《秦孟姜碑》云：重瞳南狩，湘君之号聿兴；八骏西征，盛嫔之徽弥焕。乃知离为火而照物，道由人而宏世。故渐台齐女，送幽质于绿波；居庐楚姬，抗谬恩于白璧。并皆联景青编，延芳彤管。然顾兔朗矣。烛龙炳于九阴；玄鹄翔矣，云鹏息以六月。则夫体真行健，骑气通灵。稽诸秦世，日有孟姜焉。孟姜许姓，关中范植妇也。昔者苍天雨粟，炎帝植其灵根；赤鸟衔圭，文叔敷其乔木。暨翦于楚，以国为氏。晋楚之际，代有名家。溱洧之间，邑多著姓。孟姜濯珠彩于蕊宫，吸瑶华于香苑，天然规矩，俨若神明。譬彼八卦，少女定位于东方。观于四时，夫人宣风于南国。及于结缡以往，紫气绕车；解佩于归，黄光照幕。识者已揣诞应之渊祟，芬华之秘远者矣！琴瑟方鼓，凤凰始飞，河水更名，衮衣变黑。秦始皇包六合为一家，筑长城为外屏。起自陇西，极于辽左。督众百万，遵海而东。高堂则母子伤离，中阁则女郎怨别。脱巾就道，莫定反面之期；荷锸出门，惨于归泉之路。民生其间，良亦苦矣！姜既割良人于燕尔，奉寡姑以色养。秋分霜月，啾蟋蟀而响石砧。春令柳园，哢仓庚而抽丝茧。缝衣寄远，固有悲端，候枕承安，罔回孝绪。既而世为阅水，倚闾之影奄然；哀以临桑，吞血之声何惨。门前罕奔吊之人，垤上衹悲鸣之鹳。人生到此，天道如何？绕床登奠，伤行役之未归，负土成坟。悼幽沦之难返。镜鸾照舞，憔悴其形。琴蛟值阴，凄郁其气。于是度三从之义，衡千载之权。出秦岭而西，循漆川而北，逢人稽首，掩泪陈情，按剑破颜，问风远觅。狼望之野，雪沍于黄台。马阑之波，泥浑于黑水。未尝志阻而心惊，知其物凭而天鉴矣！朔风憭慄，闻塞马之长嘶。白骨参差，见阴霾之特起，君子逝乎？怨不自胜。介夫有言，痛将安及。爰乃噬指枯髅。越三日夜，睫无停潜，喉不辍咽。尔时扶苏太子、蒙恬将军，拥武帐于卢龙，趣具装于涿鹿，修闻其事，咸伤厥心，就而询之，以观其怨。姜乃言曰“义于君臣，诚有使事之分。礼云夫妇，宁无哀伤之情。夫今不生诸秦前，妾何弗死于夫后？语毕遂呜咽而绝。有如杞妇，远追袭莒之魂，无负范郎同游析木之野。于是太子等纷然破泪，遮以元盖。表范为左军将军，姜为贞烈夫人。给鼓吹一部，赐以合葬。是日也，飞沙凝石遂变望夫之形，圆岛涌波忽示佳城之势。石则离关东八里，岛出海涯可一里焉。有德动天，惟迹骇众，遂议创庙于石，登榇于岛。时乃虎责执绋，鲛人送榜，笳吹繁凄，薤歌摧怆。慷慨燕赵之士，表里山谷之人，莫不白马驰香，缟衣祭酒。浮丘环水，左夹碣石之宫，双梓盘枝，远对蓬莱之殿。□始信笼泉幽室，未足称奇，石椁东都，方斯多让也。降及汉魏，载饰碑金。肆我国家，复彰栋彩。余小子飘落巾车，咨嗟时代，叨承假梦，备悉行藏。揽茔封之葱郁，随潮汐以浮沉，觉云气之徘徊，似旌旗之出没。悚然惊异，乃为作铭。铭曰：朝鲜故国，孤竹旧疆。殷有二士，秦有一姜。德唯天鉴，容恍月举。作相于范，应运于许。如彼智琼，飞轩北止。如彼杜兰，飙轮西起。既静而恭，终明且毅。不见藏书，偏知秘义。凤箫始吹，桃笙未换。长城崛兴，九野流散。子出母伤，夫行妇叹。况守黄姑，未弄稚子。翦尺风霜，苹蘩涧水。事生也勤，送别则哀。榆阳既迈，薤露已埋。乃眷飞狐，载过玄兔。掩泪绕城，吊影问渡。愿侣良人，同归幽土。呜呼！其圆匪规，其直匪扶。经权克运，颠沛弗渝。坎壤生前，照耀身后。志感山灵，诚通波后。人间何事？海底几尘？浮茔弗没，遗像犹新。凌虚万顷，清此湘沅。仪陵一碣，高并昆仑。旒纩代御，笾豆时存。日光下荡，云气上温。虬螭夜惊，孔翠昼幡。阴阳无极，今古兹坟。

明上虞陈绾《姜女坟》诗云：妾身本在深闺里，十五嫁夫作胥靡。赭衣就役筑长城，闻道辽东今已死。妾身本为从夫来，夫死妾身朝露耳。间关呕血竟何归？万里将身葬水涘！孱躯虽死心未灰，化作望夫石垒垒。江枯海竭眼犹青，望入九原何日起。

国朝泽州陈廷敬《姜女坟》诗云：秦皇抔土今安在，六国君卿剧可怜。何似望夫山上石，不随海水变桑田。

望夫石　在山海关外，姜女祠后。

昆山顾炎武《望夫石》诗云：威远台前春草萋，望夫冈畔夜乌啼。九枝白日扶桑上，万叠苍山大海西。国是祇凭三寸舌，老谋终惜一丸泥。愁心欲共秦贞女，目断天涯路转迷。

秦王井　在临榆西南八里。水甘冽，异于常井。相传秦王征东，曾饮于此。案：唐太宗东征时，即帝位已久，何得复称秦王？此等古迹，大约与秦皇岛之或作秦王岛，同一附会耳，无足深辨。

箭笴山　《辽史·太祖纪》，天赞二年三月戊寅，军于箭山，讨叛。奚胡损获之，射以鬼箭。奚《回离保传》，金兵自居庸关入，回离保知北院，即箭山自立，号奚国皇帝。《地理志》迁州有箭司山。《永平旧志》云，今石门寨茶盆诸山也。

殚忠楼　在山海关。

明督师高阳孙承宗《殚忠楼阅雪示诸将》诗云，行边特上最高头，万里晴光雪未收。蹀躞千群同锦练，陆离双剑若星流。烽高遥辨三城成，月暗还明百尺楼。闻道至尊临便殿，念寒持解紫貂裘。

又《殚忠楼同鹿乾曜、杜培亭、宋园如、程星海、张起间、宁次田、杜亦河有作》云：高楼更上一层看，四望浑开大将坛。千里金汤横雉堞，万方车骑拥雕栏。真人气接尘先静，猛士云飞胆亦寒。却忆中山徐太傅，独留兵法向平蛮。槛外雯华手欲拈，阵成鹅鹳斗风帘。

山屏翠拥云横塞，海带晴纡日绕檐。有客筹边还借箸，无眠警夜几投签。莫须百尺元龙傲，信美相看意未厌。

《再登殚忠楼》诗云：四年重上殚忠楼，总为筹边边未筹。渝海蛟龙浑不夜，北山猿鹤漫相求。六朝发老心头泪，万国眉攒醉里愁。倚槛一穷千里目，不知天地几同仇。

又《朝鲜贡使郑之羽持平谒予殚忠楼下以新□滦永□赠，赋此答之》云：皇舆不散万方谆，银珰初悬合有人。莫以巉嶾识丽句，似从筴簩见诚臣。低徊风景河山旧，邂逅交情缟纻新。古锦好题黄绢字，却嫌多病扰闲身。十万重提老将兵，筹边楼下集群英。橐空南海传新语，地挟中山表旧营。鹤表是非千古恨，鸡林文字远人情。盈盈衣带扶桑水，不隔周颠告太平。

又《殚忠楼用儿钥对雨韵》诗云：帝城云树倍应新，谁遣风烟旧轮。自是当关饶虎豹，春来秋雁更称臣。风水苍山绿野新，雨香花径衬雕轮。寄声万贮楼双鹤，莫向云霄怨老臣。

又《殚忠楼》诗云：三十年前献寿杯，赤盘麟脯擘高台。于今朝雨关城下，独望孤云燕子来。骄风急雨满回中，烽火惊传入汉宫。闻说至尊怀钜鹿，谁堪麟阁定元功。长剑空看高倚云，风烟四海自纷纷。谁家预作清平曲，故杂悲笳夜夜闻。秋风白发故人情，相对一尊塞外城。坐久莺花浑故国，突来晓角两三声。

又《楼中闻笳》诗云：西风落木海山秋，小院谁攒万里愁。待得升平归去日，听笳应说殚忠楼。又《九日殚忠楼作》云：东篱东海两豪华，幕府秋风处士家。仔细较来清更胜，重阳无酒亦无花。

又《殚忠楼》诗云：缥缈凭高百尺头，筹边何暇坐销忧。目穷江树家千里，笛倚风檐月一钩。藻井幕天开雁阵，鬘云结市失龙湫。白山黑水榱楹外，玉帐箫箫万垒秋。

又《殚忠楼闻钟·小重山》词云：兀坐枯床听晓钟。更人清啸歇，起高舂。野花燕麦舞秋风。回乡信，惊问是西东。夕日下晴峰，黄昏钟又发，月朣胧。枯床兀坐思忡忡。撩人处，铁凤搅帘栊。

澄海楼 初名知圣楼，即观海亭。遗址在宁海南城上，明兵部主事王致中建。国朝康熙间通判陈天植、游击陈名远，守备陈廷谟、乾隆八年知县张楷重修。十二年我高宗纯皇帝恭谒祖陵，过临榆驻跸于此。因赐御书楼额曰“元气混茫”，联曰“日曜月华从太始，天容海色本澄清”。楼前建御碑亭，亭中碑一，楼壁间碑二，恭勒宸翰。楼东碑一，题曰“一勺之多”。明天启六年，海运同知王应豫立。

通判陈天植重修澄海楼记云：史记秦皇帝筑长城，大发天下丁男。起临洮至辽海，延袤万有余里。以为长治久安策无逾此。讵蒙恬之役方罢，而孺子婴已衔璧迎沛公。呜呼！险亦安足恃哉！由汉晋以迄宋元，更姓改物，不知经历几朝，然代有修筑。故明徐中山王守燕，依山阻海规方度势。即元迁民镇，拓而城之。建关设卫，领千户所十，置官军万人屯田。其地名曰山海关。其亦赵充国屯守金城意乎！迨至中叶，中外脊脊多事，于是重兵宿将，风屯云扰关门，遂为边疆要地焉。甲申贼破都城，横肆屠戮。我大清世祖章皇帝，爰整六师入关，合关辽两镇兵歼贼于石河之西，乃定鼎燕京。期年之间，南北浑一。六合之内，罔不臣服。关城为向化首区，且其地东通奉天，西达畿辅，屹然称中腹重镇。因设章京为城守，计用专讥察。向来越边者，出入靡禁，当事者患之。遂谋修葺边墙。今上龙飞改元之七年，诏下大司农议发内府金钱二万五千有奇，筑修坍垣，督抚行令北平观察使钱公督其事。公因檄下山海厅、路、卫，分监厥工。予因是与路、卫两君昕夕仆仆于山榛水湄间。长城之杪，又甃石为垒截入海中，高可三丈许，长且数倍，曰老龙头。此则故明将军戚继光所筑，涛摧波撼日就倾欹。又城之上有楼三楹，为明职方王致中所建，亦颓败不可登。予与两君监视城工，坐其下时有戒心，尝共叹曰：“危哉！斯楼不亟为葺，行将化为冷风岩烟矣！”十阅月城工告竣。会路帅孙君以病去，予宗殿扬君以廷试第三人奉天子命来镇是关，时时阅武海上。每至斯楼，慨然有重修意，过而问之予。予曰：是役也，固予之夙心也。矧又有守土之责乎！案旧志形家言关城势如飞凤，左右罗城为两翼，楼台高峙海涯，厥象首若就圯，顾可令凤之首俯而不举乎？”因集关之士大夫与子衿耆老佥为谋，咸称善。且曰：“聚腋成裘，聚土成丘，斯楼之修，要非一手足之力。”皆乐捐金共襄其胜，予又与路、卫两君董厥成焉。工始于仲夏，落成于仲秋。众因请予为记，予不敢以不文辞。因思昔人兰亭、岳阳、竹楼，亦各有记，以志景物。若斯楼也，面临巨壑，背负大山，高枕长城之上，波澄万里，嶂叠千重。又岂区区彭蠡、洞庭、会稽、山阴诸胜，足媲其雄深哉！仍其旧颜曰：“澄海。”绎斯义也，海不扬波有圣人出，职方题名或以是欤！方今圣天子临御万方，东鹣西鲽测水来王，乌弋黄皮望风兼隶，以名澄海，岂虚语哉！若夫为翰，为屏，为锁，为钥，于以巩固雄关，奠安海寓。是在朝廷之得人，又不徒恃此长城之固与斯楼之壮也已。予愿后之君子登斯楼也，振叔子之轻裘，舒庾公之清啸，当念关之人士修葺艰难，捐助美善，加意拊循，勤思保障，庶不负予勒名而记之意。

明蔡可贤《观海亭》诗云：城头望海海潮生，白浪乘风撼塞城。汉使不来槎自转，秦皇已去石还惊。桑田反覆千年事，云水苍茫万里情。此日流觞须尽兴，当时采药竟何成。

总理登州戚继光《观海亭》诗云：曾经泽国鲸鲵息，更倚边城氛祲消。春入汉关三月雨，风吹秦岛五更潮。但从使者传封事，莫向将军问赐貂。故里苍茫看不极，松楸何处梦魂遥。

南城张时显观海亭诗云：沧溟极目水连云，翠色遥看已半分，潮拥百城浮蜃气，剑横绝塞闪龙文。晚风落日秦王岛，夜月飞涛姜女坟。万里灵槎无计借，乘闲且自狎鸥群。

卢龙韩原善《澄海楼为王海若司马赋》诗云：蓬莱咫尺望中移，员峤风来吹鬓丝。烟净玉门闲虎豹，浪翻银屋隐蚊螭。琼沙雪霁冰初泮，绣陌春回柳未窥。不信边头多气色，雄关新简丈人师。习习天风动客衣，登楼把酒送斜晖。眸随雪浪翻青海，梦逐春风入紫微。十载浮沉肝胆是，半生潦倒鬓毛非。樽前幸预鲈鱼会，不到秋风已赋归。

国朝通判陈天植《澄海楼》诗云：天风日夜吼，万里洪涛漾。元气接青冥，夕阳归岛上。蓬莱弱水隔，倚槛遥相望。何处觅神仙？孤怀独惆怅。

□□李铠《澄海楼》诗云：观海平生志，凭虚到十洲。乾坤涵万象，今古汇东流。绝岛鲛宫隐，遥天蜃市收。披襟舒望眼，高处落沙鸥。

长洲尤侗登《澄海楼观海》诗云：茫乎望洋向若叹，大哉归虚渺无岸。近视争看白马奔，远观不辨青霓断。似雷非雷声殷殷，鱼鳖颠倒腾千军。骇浪乍浮出地日，惊潮翻射垂天云。方丈蓬瀛疑尺咫，汉武秦皇心欲死。鲛室蜃楼有若无，璠台琼阙非耶是。飘飘我亦凌云游，海风吹摇城上楼。援琴为奏水仙操，鼓棹不见渔翁舟。东望独存姜女墓，精卫填成血泪注。纵使银涛万丈高，不到坟头草青处。西行更上海神祠，罗袜凌波来几时。雾髻烟鬟光窈窕，夜深鼍鼓舞冯夷。土人指点先朝事，十年以前风景异。关上皆屯细柳营，墙边乱蹴桃花骑。水犀之师蔽艎艅，木牛之粮衔舳舻。铁甲将军吹觱栗，胭脂小妇醉酡酥。只今眼中一事无，寒沙萧萧雁飞疾。仰头屹峙长城孤，惟有沧海依依在。沧海尚变桑田枯，而我感叹何为乎？

又《沧海楼·归朝欢》词云：家在芙蓉江畔住，两桨沙棠桃叶渡。天风吹我北溟来，芒羊一望无穷处。漫将秋水注。此时好读元虚赋。倚危楼，不闻呼啸，满耳惊雷雨。却怪冯夷缘底怒，白马乘潮鸣急鼓。鲛人又喜起楼台，璇宫出市珊瑚树。风鬟雾髻女，戏弹宝瑟来迎汝。趁渔舟，一声欸乃，送我蓬壶去。

华亭沈荃《澄海楼》诗云：杰阁临无地，危栏俯大荒。连山横睥睨，截海作金汤。岛屿邻青岱，乾坤入混茫。皇威加绝域，万里尽梯航。浩荡天风发，空蒙海气阴。良朋一樽酒，胜地此登临。日月通潮汐，沧桑阅古今。醉来还徙倚，欲听老龙吟。

钱塘高士奇《澄海楼观海歌》云：六龙巡狩沧海东，千骑万骑花五鬃。长城既尽插泱漭，层楼更上攀穹隆。凭阑四望豁远目，惚恍灵变难周穷。胚浑太极杳无际，初看水面摩青铜。轰雷忽动势震撼，耳畔飒飒鸣惊风。碧沙腾涌银涛折，白石崭凿波光充。回澜相碰壁矗立，飞沫互起山宠炏。荟蔚荡沃云雾集，转旋上下乾坤通。蓬莱具阙在何所，仿佛想像沆漭中。珊瑚为梁玳瑁础，水晶镂出冯夷宫。介鲸喷浪驾龙女，苍蛟扬警舞海童。吐吞螺节光闪闪，瀕渃鼍鼓声逢逢。大瀛澄泓散霞绮，扶桑照灼初阳红。登州海市更奇幻，须臾台榭生虚空。停銮古岸列兰锜，华旃翠羽翻长虹。三山灵境疑咫尺，蜃楼缥缈将无同。百川朝宗会九野，缅维大禹真神功。宸游扈从广闻见，荡涤心地开尘蒙。平生壮志重登览，北历穷漠东溟蒙。愧无广川赋浩汗，鬼神笔底争豪雄。我思扬帆纵舟柁，濯足万里凌沖瀜。茫茫大块百虑集，栖托岂敢休微躬。安期乔山事荒忽，秦皇汉武心矇矇。旷哉坎德合圣度，纳来弘往含渊冲。

泽州陈廷敬《澄海楼观海》诗云：燕山蜿蜿如游龙，东将入海陵虚空。峦壑汹涌变形状，腾波赴势随飞虹。长城枕山尾掉海，海楼倒挂长城外。地坼天分界混茫，山回城转横烟霭。楼脚插入大海头，巨灵触搏海怒流。呼吸万里走雷电，崭凿中涌堆山丘。乍到魂虑忽变慑，意象惝慌难寻求。五岳卷石渺一粟，九州小屿浮轻沤。沧溟浩荡乾坤窄，弱水流沙在咫尺。扶桑弄影杳何处？空青一线摇金碧。却忆洪涛泛滥时，苍茫神禹经营迹。百川既导万穴归，天吴海若安窟宅。四海以内真弹丸，秦还汉往如翻澜。海月万古堆玉盘，愿得一食青琅玕。乘风破浪生羽翰。我来手拍洪涯肩，仰天大笑忘愁叹。

又《澄海楼观海》诗云：云起碧空尽，潮来紫浪翻。有天浮昼夜，无地著乾坤。日月还高下，蛟龙自吐吞。乘桴知圣意，浩荡与谁论。

临榆令陶淑己丑冬，受事山海。十日后《偕署中友人辈同登澄海楼，谒海神祠、天后宫，次孙梅亭韵》云：渝水九州穷，轩然巨波扬。昔闻今始到，望洋迷荡漾。雄关镇其东，众峰北拱向。仿佛见蓬莱，排空立仙仗。飞廉若助势，日夕相摩荡。乾坤浩森中，危楼耸天上。壮哉如是观，余情曷奔放。直以山为屏，且以云为帐。长城围缭绕，万世颇赖资。当时除暴虐，空负博浪椎。至今存渔岛，犹说秦皇遗。传信或传讹，后人争倡随。怀古徒慨叹，仰视日潜辉。回马驻珠宫，素侣罗文綦。吟声四壁静，但见各捻髭。我亦脱形骸，一骋天外思。

梁洪《澄海楼》诗云：危楼浮海上，绝顶一攀跻。虚壁潮声落，遥山树影迷。犹怜荒塞远，不觉夕阳低。搔首天难问？城乌冷欲栖。

仁和汤右曾《澄海楼》诗云：大海东回水波恶，如山浪打长城脚。千年万年鬼梦哭，冶铁销沉石崩落。王公设险古制存，屹立重关严锁钥。干戈相寻远不数，六十年前事如昨。大盗移国明社墟，澒洞烟尘昏六幕。是时关门临贼垒，白日旌竿莽萧索。奸凶满盈人鬼怒，世运艰屯神圣作。飞龙首出在九天，熊虎戎衣只一著，石河西南破贼处，父老犹言战时乐。不闻人声闻刃声，霹雳摧枯风埽箨，只今车书通万里，天下一家无厚薄。名都货贝街喧阗，属国赆琛驿交错。承平暇日展游眺，宾客闲情寄觞酌。兹楼我到亦偶尔，万古心胸忽开拓。更喜天容海色清，侧身东望蓬莱阁。

新建裘曰修《澄海楼》诗云：连山赴溟渤，高楼出其限。同人有成诺，系马升层阶。东方羲车上，爚煜朝霞开。御题书在壁，荣光相徘徊。是时秋气霁，一镜如新揩。泬寥鸿雁过，寂寞蛟螭回。涛声不作波，万里流濯濯。天末见毫发，估舶森高桅。大海亦宇内，不限人往来。旧禁一以弛，懋迁无嫌猜。太平本有象，对此舒心怀。轩楹俯浩荡，夙抱兹获谐。回首嬴秦氏，痴绝圣所哈。神仙在人世，如何寻蓬莱。

临榆令萧德宣《偕抚宁李集堂明府，登澄海楼》诗云：危楼三面水如烟，一气茫茫望渺然。此外不知何世界，昔人枉自说神仙。苍龙稳睡云归洞，白马狂奔浪拍天。齐向水晶宫底拜，恩膏即早慰穷边。自注云：时久旱同至海神庙祈雨。

□□张登高《澄海楼》诗云：石势参差一径通，扪萝长望海天空。亭高下瞰扶桑日，野旷平临太乙宫。云起波涛飞几席，潮来风雨满帘栊。行吟洞口青冥上，十二楼台暮霭中。

□□周体观《澄海楼》诗云：祖龙鞭石神蛟怒，喝族横洋倾北注。九点烟州天尽头，丸泥封隘不封愁。踏断秦城回雁影，戍楼直取沧溟枕。冯夷起舞斗风寒，谁伐鼍鼓沸狂澜。折芦欲凌碧波去，自恨凡骨沈于石。桧可楫兮松可舟，员峤如何不可游。邈邈余怀望仙子，东拜贞娘能不死。借问陇西李细眉，一泓水泻幽梦时。而今白玉楼中看，俯身下视见不见。

盛京将军崇实《澄海楼》诗云：百尺危楼俯大荒，海天一色混茫茫。包涵不作鱼龙戏，吐纳惟看日月忙。地险九边劳戍守，时清万国走梯航。我来笑指求仙岛，痴绝何人学始皇。

乐亭史梦兰《澄海楼》诗云：海上三山不可即，仙人楼阁际天极。四千里外起罡风，吹来矗向沧溟北。沧溟之北山重重，长城划断关西东。南趋入海行且止，势如峻坂回奔龙。龙奔欲驻首昂起，云霞万丈摩青空。危楼高压老龙顶，雕梁画栋疑神工。蜃气迷离相映带，凭阑俯瞰冰夷宫。瀛洲方丈在咫尺，惊涛卷地声隆。三十年前曾到此，旌旗猎猎斜阳紫。秦皇岛畔筑新营，记得海防自兹始。当时欲弃终军繻，请缨无路空踟蹰。今来登眺头已白，海防视昔当何如？列圣东巡此驻跸，赓歌盛与唐虞匹。楼前地界接蓬壶，楼上天章辉日月。创建今逾二百载，风雨摧残形渐改。荆南太守谋鼎新，轮奂依然发光采。旧称澄海果能澄，金榜犹题御赐名。安得海氛净如埽，千秋常并黄河清。

桂林侯焕尧《侍游子代太守登澄海楼》诗云：陡然楼百尺，高距海潮头。万国来王会，重城锁帝州。乾坤真浩荡，日月任沉浮。太守今文正，应怀天下忧。

抚宁王立柱《侍郡守游公登澄海楼观海》诗云：第一雄关第一楼，六龙几度驻宸游。天章久倩天龙护，月殿新经月斧修。风紧姜坟收雁阵，雨晴秦岛认渔舟。危栏便是甘棠树，记我曾随召伯游。

乐亭史履晋侍郡守游公登澄海楼观海诗云：蓟辽山海此咽喉，万里长城百尺楼。地奋晴雷疑玉虎，涛翻晓日走金虬。六龙昔驻留宸翰，五马今来话胜游。对岸蓬莱高阁在，云烟指点说登州。

乐亭史履升《澄海楼·水调歌头》词云：昨上角山顶，今到长城巅。快哉百尺楼上，一望水连天。天半目穷千里，天外涛来一线。潮汐去犹还。咄咄若相逼，乌兔走双丸。回首处，连秦岛，控渝关。乘风破浪来往，无数估帆悬。漫说蜃楼海市，绝胜岳阳波撼。笑傲五云端。仰视四天白，长啸倚栏杆。

安徽潘锡恩戊寅年大考一等一名，《澄海楼赋序》云：臣闻巨海周乎八极，而东曰归墟。虽襟闽带越，惟委输于京辅之左者，尤为钜防焉。钦惟圣祖仁皇帝来巡，经山海关，特志澄海楼之缘起。高宗纯皇帝祇谒三陵旋跸，辄登楼观海，与侍臣联句，且仿欧阳禁体，凡字画涉水部者概不用。臣今奉命撰《澄海楼赋》敬效兹体，以志钦慕之诚云。于廓乎大哉！灵鼇无垠，环周亥步，吸百谷而兼吞，纳百川而毕赴。谧隐隐乎际云，霅苍苍其揭雾。咫尺万里而未遥，盈缩千年而若故。拱环畿辅，萦绕冈峦。塞卢龙而近接，岛对马而遥看。雄关作镇以屹兀，层楼郁起乎巑岏。叠层石以址固，絫亿釜而基蟠。圣祖首停夫翠罕，高宗屡驻夫玉銮。尧赓皋和，颂缉诗制。标新裁于振古，揭景纬而不刊。凡以极登临之胜，驰域外之观。斯楼也，班输巧寓，杞梓材储。重檐复宇，翼跂鳞舒。彻荧荧其耀远，赫盱盱以临虚。挹云霞于屏槛，罗岛屿于棂疏。盖昭旷之观，极乎千变万状，咸与目乎相于。有若扶桑耀光，跋乌绚采。玉帐启而金钲悬，宝鼎开而神丹在。琼宫璇阙，扩天关而磊；金支翠旗，从云车而璨璀。招羲娥以须臾，夺变化于真宰。斯奇观先现于一隅，而后曜灵徐周夫四海。至乃风日嬉晨，氛埃静野。纳云影而练铺，倒天光而镜写。珊撑月以鲜新，贝夺霞以丹赭。纷石蛣之争荣，森蚌珠其可把。比夫星纬列垣，绮纨就织，未睹乎若斯之丽者。矧复惊飙骤起，狂飓生寒。斗雷霆于顷刻，显幻化于无端。卓鲸身而人立，展鹏翼而空搏。龙骧万斛之舸，藐然轩播；鳌抃千寻之岳，与为蹒跚。抑且遥观而动色，奚俟身试而知难。重以神灵骇瞩，瑰异惊思。天吴翔舞，蛧蜽迷离。《夷坚》之所不志，卢敖之所未窥，极蚡蝹以俶诡，无不于斯楼献其奇。信大观之天设，非可得于人为。皇上绍序维虔，翠华东指。展桥山以彰孝，迪前光而继美。笔参造化之功，地著灵奇之轨。小臣向若，先惊酌蠡无似，犹欲积壤崇山，曲防增水。诚欢欣鼓舞，以歌咏升平，冀昭垂乎千纪。

邓林钓台 在临榆县西北傍水崖后。明末永平兵备道朱国梓隐此。

临榆庞克昌《邓林钓台诗》云：欃枪满目痛何言，家国飘零涕泪痕。就养有方全母命，复仇无计答君恩。残山剩水孤臣迹，落日寒烟隐士魂。搔首钓台人不见，空留明月照芳荪。

又王一士诗云：复仇一战散家兵，独把纶竿结鹭盟。封爵两朝归阃帅，钓台千载属先生。风凄雨冷孤臣泪，酒美鱼肥孝子情，我到河干寻古迹，抽毫欲补史官评。

卷之二十八

封域志十　丘墓

［商］

孤竹长君墓　在府城西北，双子山。

孤竹少君墓　在府城西北，马鞭山。

［汉］

公孙冢　在府城外，赤烽岭，俗传公孙瓒墓。

［明］

王侍郎珝墓　在府城东南，莲花源，敕葬。（案《卢龙县志》“源”作“池”）

李布政充浊墓　在府城北门外，三里庄。

廖御史自显墓　在府城南五里。

韩御史应庚墓　在府城西南二十里，钓台之北。

朱知府鉴墓　在府城北八里寨。

韩佥事原善墓　在府城西七十里，九百户堡西北。

陈太仆王庭墓　在府城东北三里。

卢都督天福墓　在府城东北三里。

崔隐士赴闱墓　在府城西北，崔家庄。

郭兴国公墓　在府城东二里。

茆少卿墓　在府城南六里。

薛兵备墓　在府城东三里大坡下。

李少卿墓　在府城北五里台。

萧评事墓 在府城东一里。

王兵备墓 在府城南四里。

赵御史墓 在府城东三里。

康千户侯洪祖墓 在府城南二里。

赐进士第、行人司行人、奉敕册封官、布告安南使赐极品服，卢龙张廷纲撰。康侯墓志铭云：案康氏祖名成，系凤阳宿州之在城胄。智勇过人，明初应募，扶太祖扫除海内，所向有功。洪武八年调永平卫右前所。其子宁，永乐中随太宗靖内难，栉风沐雨，躬冒矢石，累官至武德将军，永平卫左前所世袭正千户。再传至侯洪，普于惠爱，勤于政事，获上治下，藉有声光。因袭祖荫，不忘水源木本之思，述其祖考以来之行实，请铭勒石，昭告来世。铭曰：康自凤阳迁永平，飞龙早际功业成，缨组相继何光荣。箕裘克绍皆贤英，中有克家子峥嵘，韬略既习文事精，拳拳水源木本情。殷勤索我求碣铭，要令奕世知先行。我作铭章表诸茔，后来考此为墙羹。弘治十一年。

[国朝]

孟忠毅乔芳墓 在府城东十里红坡。敕葬。（案：朱竹坨神道碑云，葬京西蔡公庄东红坡。所葬乃其祖廷勋，父国用，弟乔荣，及其夫人卜氏之墓也。旧志载竹垞神道碑，今仍附于此并补录王阮亭所作，以备参考。）

新城王士正《孟公神道碑铭》云：公孟氏，讳乔芳，别字心亭。其先徐州人，始祖某，明洪武间，从燕王就国靖难立战功，世袭官永平卫，遂为永平人。九传至国用，历宁夏总兵官。生公，少倜傥任侠，不屑经生章句，入乡塾辄侮其师。夜取父厩马渡河，匿杜氏，遂之京师，鸣弓击剑，斗鸡走马，诸勋戚小侯争邀致之。归永平，发阴符伏读，暇即出城南，射猎发必洞札。岁庚午太宗文皇帝兵入关，公杖策谒军门。太宗奇之，引置左右。不期年擢刑部承政兼梅勒章京、管牛录事。屡从太宗征伐大凌河、锦州、松杏、宁远，皆著战功。顺治元年甲申，世祖章皇帝义师入关定李自成之乱，公帷幄中筹策居多。自成战败，窜归关中，公率师追之，由燕南下河北三郡，逾太行出河东，所至箪食壶浆以迎王师，遂入关直抵长安。九月关中平，就拜兵部右侍郎兼都察院右副都御史、总督陕西三边军务驻西安。亡何，贼渠贺珍数万众围西安，公遣诸将，陈德军西门，任珍军北门，往来驰突贼退，追北至永寿，贺珍遁去。是时张献忠尚据蜀，二年冬十月，遣总兵官范苏等讨之。伏兵雉溪茅沟子，鏖战白水青川，屡破之，斩获无算。以反间计杀贼帅况益，擒刘心虎，遂收龙安。先是武大定作乱固原，戕杀宁夏巡抚，余孽未歼，三年五月公至固原，遣任珍讨白天寿等，擒斩之。授计总兵官刘芳名，擒宁夏贼王元焦浴，遣陈德讨镇原贼姬蛟王总管，降之，固原西北平。十一月，遣任珍、陈德、马宁讨贺珍、刘二虎于兴安。十二月任珍讨胡向宸于荞麦山。四年正月，斩向宸于板桥。四月任珍斩孙守法于药箭寨。十一月擒米国珍，于漫营山寨，兴安悉平。八月遣补艾马宁讨马德于乱麻川，追至河儿平斩之。九月遣张勇、刘友元，擒贺洪器于安家川，攻李明义堡寨，克之，擒明义，环庆贼平。时秦贼据险负固者实繁有徒，公授策陈德、王平等，招青嵴寨贼，折自明三十六寨，贼渠王希荣，辘轳寨贼高一祥皆降之，斩天峰寨贼张贵。五年夏四月，河西回米喇印、丁国栋作乱，甘凉皆为贼有。渡河而东，连破兰岷、临洮据之，薄巩昌，关辅大震，朝议发禁旅援剿。公密奏止之，而请身任其事，自统大军驻秦州，遣马宁救巩昌，会赵光瑞军大战于广武坡，逐北七十里，斩首三千级，遂解巩昌之围。贼据临洮、岷州、内官营，以数万计。公分大军三路以进，遣张勇、陈万略取临洮，马宁、刘友元取内官营，赵光瑞、佟透取岷洮河三州。勇败贼于马韩山，斩首七百级。光瑞败贼于梅川，擒丁光射，斩首二千级。宁直捣内官营，破之，斩首八百级。岷洮河三州皆复。闰四月公自巩昌至兰州，勇、宁、光瑞，皆会师兰州城下攻拔之。别遣光瑞追丁嘉升于旧洮州，战于野狐桥，嘉升遁去。土番土目马你完卜袭斩之，复旧洮州。五月，张三耀斩米喇印于古城窊，传首军前。七月公至凉州，八月至甘州。贼婴城固守，公夜命将士设伏，自然炬坐帐中，招幕僚高会，行炙痛饮，弹琵琶醉歌不辍，矢落帐前如雨。左右皆错愕，公谈笑自如不为动，顷之伏兵四起，鼙鼓震天，贼已面缚，献帐下矣。遂遣张勇乘夜袭之，而身与提督满兵昂邦章京傅夷蟾及马宁、齐升、赵光瑞诸将继之，贼食尽乞降，已而复叛。六年正月亲督攻甘州，勇、宁、光瑞、贾勇先登拔之，逐北至北山，斩首八千级。是时丁国栋奔肃州，立土伦太为王子，哈密缠头畏兀红帽哈喇五种番人为都督，火者而自为总兵官，据城固守。时出掠武威、张掖、酒泉地。会大同姜瓖反，其党虞印、韩昭宣等众号三十万，攻陷蒲州。公旋师河上，而留马宁、张勇、齐升等围肃州。十一月诸将克肃州，巷战十日，斩首五千级。土伦太、国栋及其党黑二哈只等皆伏诛。传首三边，河西悉平。八月公自潼关渡河，诸将根太、赵光瑞复蒲州，斩首七千级，遂进兵临晋、猗氏，斩贼元帅白璋，擒监军道卫登方，复平阳诸郡县。虞印、韩昭宣等走据运城。九月诸将狄应魁、赵光瑞、沈应时、根太、杜米等攻拔之，斩虞印、韩昭宣，平阳寇悉平。七年三月，世祖章皇帝嘉公勋劳进兵部尚书，照旧管事。八年六月，遣诸将马宁等，讨刘宏才于北山，大战于保安，擒其军师苗惠民，再战于合水县，擒宏才以归延庆，余贼悉平。十年九月，赵光瑞讨孙守金于紫阳洞山，擒之。公在秦十年，凡抚贼胁从一十七万六千有奇，公豁达大度，推赤心置人腹中，有所爱骏马，诸将或径取以去，诘之，对曰：“欲得此马，为公杀贼耳。”公捧腹大笑，遂赐之。其他宝刀良铠之属，诸将目属，辄以赐之。有功者辄力奖拔，不限资格，起偏裨至大将，或爵通侯者，如张勇、马宁、赵光瑞、任珍、陈德、狄应魁、刘友元、沈应时、赵良栋辈皆是也。诸寇既殄，于是疏豁陕西荒粮，以苏民累，靖盗源。又上屯田奏曰：“秦省自明季寇变以来，荒田最多，亏正赋不赀。深山大谷虎狼所窟，地方多事，议裁兵则不可。惟有屯田之一法，既可足食，亦可强兵，而弭盗安民，亦在乎是矣。”上可其奏，以白士麟等五人分屯延庆、平固，及西安、凤翔诸郡。兵屯岁收粮米二万六千有奇，民屯岁收粮米一万六千有奇，省协饷无算。又条奏省兵略曰：秦省七镇及督抚各标官兵，计九万八千有奇，合满洲四旗及平西王固山额真兵，每岁共需饷银三百五十九万余两。而秦赋熟粮并钱息仅一百八十六万有奇。缺额者一百七十余万，年复一年后将难继。近日逆贼叛孽以次削平，各镇之兵实有可省，甘肃远在天末，兴安界连三省，应照旧额，余如延绥、宁夏、固原、临巩四镇标下宜各留兵三千，分中、左、右三营领之。所余之兵，固镇拨五百人隶庆阳协守，余五千五百人可省也。汉羌驻平西王固山大兵应裁去总兵官，设城守副将统兵一千人隶兴镇，余兵拨防黑水峪、汉阴县各五百人，余二千五百人可省也。汉兵提督四千人驻省会，宜留二千协同满兵征剿，余二千人可省也。各道标兵尽易屯兵，免其起科。延镇、定边、神木等处无屯兵者止用守兵，计所省又二千余人。约共省兵一万二千有奇，岁可省饷三十一万两有奇。”皆报可。又疏陈蜀地战守之计曰：“蜀接壤秦楚，自唐宋以来在所必取。今献贼蹂躏之余，所在焚掠，人民死徙，大兵深入恒苦转运之艰。且水泉多毒，饮之则人马皆病。是以两经挞伐未克底绩。今大兵撤至保宁，杀贼殆尽，断当以保宁为驻兵之地。以四川右路总兵官马宁统马兵精锐三千驻之，以为汉中藩篱。以步兵五千分驻保宁，迤北广元、昭化之间为屯种久远之计。令平西王驻汉中相为犄角。战可制胜，守可固圉，兵食有赖，不苦运输，流亡来归，渐可生聚，从此规取全蜀易易也。以本地之粮养本地之兵，兵心既固，民情亦安，举动罔不利矣。或狃一时之见，撤兵汉中，则保宁咽喉之地必为贼有。东而紫阳、西乡，西而阶州、文县，中而宁羌、阳平之间，凡诸险要贼得与我共之，三秦且无宁日矣。臣故决以保宁为驻兵之地，不可轻移尺寸弃以资贼。其固山额真之兵，当暂撤以纾秦民转饷之劳。”皆见施行。九年，入觐京师。赐内厩御马二，诏从驰道出，以宠异之，加太子太保还西安。十年，命总督陕西三边四川等处军务，累疏乞休，慰留不允。冬十二月，以病乞骸骨，始允之，加少保驰驿回京，而公已薨于位。年六十。讣闻，上震悼，命内大臣酹酒柩前，谕祭三坛，赐以碑文，加赠太保，赐谥忠毅。公状貌伟硕，腰腹十围，望见者惊为神人。诸将惮其威严，而乐其坦易。性不甚读书，每令人诵文书于侧，坦腹听之，鼾睡如雷，偶误一字，辄惊寤曰:“误矣！”人以为神奇。公生于万历乙未二月初五日申时，卒于顺治十一年甲午正月初一日子时。阶光禄大夫官，总督陕西三边四川等处军务兼理粮饷、少保兼太子太保、兵部尚书、兼都察院右副都御史，世袭三等阿思哈尼哈番。祖考廷勋、考国用，皆赠光禄大夫如其官。祖妣王氏、姬马氏、杜氏皆赠一品夫人，配卜氏、艾氏，皆赠一品夫人。子三人：熊臣，汀州府知府；熊飞，浙江道监察御史；熊弼，袭父职三等阿思哈尼哈番。孙九人：缵祖，康熙丙辰进士、大理寺右评事，继祖、祖、绎祖、绵祖、缵祖、缉祖、维祖。四哥铭曰：粤定鼎初，巨寇西债，维司马公，威棱退震，电激两河，飙驰三晋，遂指崤函，雍凉埽汛。天子曰：咨汝维坐镇，蠢尔遗孽，豕啼螳奋有铚未膏，有鼓未衅，公抚其徕，乃戕厥愠，先胜后战，神机独运，告成三载，底绥八郡。凡公之绩，成于善任。桓桓武臣，以威以信。发纵指示，所响斯躤。天笃眷公，展厥底蕴。秦川既宁，河西复焮，酒泉报倾，金城告祲。天水传烽，咸阳福近。谈笑御之，指挥而烬。云中逆命，狂如饮鸩。睒旸跳踉，河东为甚。返旆渡河，叛臣是问。摧其藩篱，断其鞲靷。贼势分崩，获丑执讯。疆圉既奠，远敷棠荫。抚此疮痍，育以旸润。方略亟上，请奏不靳。省兵择吏，屯开农训。击鼓吹豳，以乐田畯。露积崇墉，车输充牣。流冗四归，荒残丕振。秦地无虞，川师继进。井络重开，鲸鲵膏刃。天造草昧，公功为俊。于赫孟公，功高益慎。帝曰吁来，驷骖入觐。何以锡之，天闲神骏。诏行驰道，光贲中禁，保障秦蜀，才唯汝仅钦哉！汝往勿辞劳，疢公乞骸骨，甲命重巽。鞠躬尽瘁，卒归以榇。丈人贞吉，行险而顺。云雷方屯，经纶奋迅。帅秦十载，衮衣金印。八水同流，二华比峻。风虎云龙，会逢尧舜，神为列星，生符瑞谶。像列云台，恩施祚胤。刻示丰碑，以永令闻。

秀水朱彝尊《孟公神道碑铭》云：太保孟忠毅公薨，归葬于京西蔡公庄之东。岁在庚午，其子熊弼请予撰碑立石于神道，于是公薨三十有七年矣！公之德善功烈记诸史册，无俟碑铭后显，乃予读公奏疏，窃恐史氏未载其详，而讦谟伟略不尽传于天下，不可以不铭也。

公讳乔芳，字心亭，永平人，诰授光禄大夫，总督陕西三边四川军务，少保兼太子太保，兵部尚书兼都察院右副都御史，世袭阿思哈尼哈番，加赠太保谥“忠毅”。其先世某徐州人，以靖难立功，世袭东胜卫指挥同知。祖某考某皆赠如公官。祖妣张氏、刘氏、王氏，妣马氏、冯氏、杜氏，皆赠一品夫人。公幼负大志不羁，伟岸善骑射，能以一矢堕双雁。太宗文皇帝兵入关，公杖策谒军门。太宗壮其貌与语，奇之，引置左右，官刑部承政兼梅勒章京，管牛录事。使定律例，从征大凌河、锦州、松山、宁远、朝鲜，屡著战功。顺治元年，李自成自山海关战败西遁。世祖章皇帝定鼎燕京，命公帅师追之，由畿南下河北，逾太行定汾路，拔太原，遂渡河入关。下延安，略定庆阳、平凉，所至秋毫无犯。世祖嘉其绩，命以兵部右侍郎兼都察院右副都御史，总督三边军务。当是时，自成弃关中走，张献忠尚据蜀，民情未定。妖贼胡守龙自号圣公，称元清光，谋为变。叛寇贺珍连兵十万，攻西安。李鹞子陷同州，武大定踞固原，孙守法啸聚兴安，刘二虎出没汉中，胡向宸负固黑水峪关以西，群盗塞路。马德、贺宏器、李明义、米国珍、折自明诸贼叛服不常，各拥众数万为害。公广招徕，布恩信，散奸党，峙粮粮，简将帅分道出奇掩击，枭守龙于市。追珍及于永寿，蹴之汉中，击走二虎、大定。诛向宸于板桥南山，斩守法于药箭砦，戮德于河儿平，降自明于青觜寨，擒宏器于安家川，俘明义缚国珍。前后百余战，斩馘无算，降者十七万余人。又陕西多回种，河西尤甚，五年夏四月群回煽惑米喇印、丁国栋聚众反，陷甘肃，破凉州、庄浪、兰岷、临洮，所至响应，关中大震。而巩昌回攻城未克，公疾驰救援，贼败走，乘胜遣张勇复临洮，马宁由上路趋内官营，破之。赵光瑞由南路至梅川，贼迎敌奔溃，而梅川去岷州五里，左山右河，道险隘，贼据守坚甚，光瑞诱之出战，大破之，遂复岷州。张勇由中路一败之宫堡，再败之马韩山，三败之二崖洞，于是喇印、国栋合兵守兰州。公督满汉精锐径薄兰州，俾协剿户部侍郎额色暨张勇为前锋，贼出大战良久，公令勇袭破其城，贼大败，焚浮桥遁。而王印久、马宁亦破贼金县。会兵兰州时，朝议大出师会剿，公上奏曰："叛回为徒虽繁，然乌合易散，臣已大破之，临巩城堡尽复，其伎已穷，进取河西甘镇，计曰可复。且秦民力已竭，大兵复临，供应难复支。又西宁祁廷谏、李天俞、庄浪、鲁典皆未肯为贼下，今廷谏子兴周赴臣军，已令其纠各族协捕，乘破竹之势，鼓行而西，必能奏绩。若旷延时日以俟大军，不惟坐糜粮刍，且使贼得合余烬自备，而廷谏等亦懈失机，长寇非计也。"朝廷乃止，遂将兵渡河，游击张三耀斩喇印于古城帘，逐北至甘州。时夜已深，公曰："贼必出袭我。"乃设伏以待，而张灯弹琵琶酣饮，歌声彻栅外。贼果出遇伏，悉擒之，遂围城月余平之。丁国栋窜肃州。立土伦太为王，哈密缠头畏兀红帽哈喇五番附之，据城固守。而山西大同降将姜瓖反，远近震慑，其党虞印、韩昭宣陷平阳，号二十八万，此六年秋七月也。世祖遣兵进攻大同，命公引兵赴援。公留马宁围肃，驰赴潼关。贼兵拒河守，公佯置巨舰于上流，伐鼓扬旗作欲渡状，而夜率师从下流径渡急击之，贼势披靡，战且走四十余里，比明抵蒲州，贼出城迎敌，公督将士刀战杀贼七十余人，贼弃城遁。遣将复临晋、荥河、猗氏解州，共斩首二万有奇。乃合兵围运城，城破，贼党歼焉，遂定平阳。而马宁以十一月破肃州，杀土伦太、国栋就擒，河西亦平。七年，进兵部尚书。八年，定河南何柴山之乱，又擒延庆巨盗刘宏才，于是全陕盗贼叛逆俱尽。陕西自罹寇祸，户口消耗，荆棘弥望，乃荒田之粮尽责之未亡之户，百姓苦之。公力陈其害，请蠲久之始听，蠲其绝户，而有主荒田仍自七年起征。公复奏日："所云有主者，皆贫氓耳，佣作糊口以延旦夕，欲其开垦纳赋断不能也。且未有六年不能垦七年即能者，若欲藉此为兵饷责有司追呼，茕茕孑遗力不能支，必至相率逃徒。诚恐有主之田转为无主，将来饷缺愈多矣。"时有司考成急催科，公又请以户之增减、田之荒辟为殿最，使知爱养抚绥，其拳拳民瘼如此。先是二年，公至秦，即以奇兵人龙安，为图张献忠取蜀之计，后朝廷以重兵屯汉中，秦民转输艰苦。九年取成都，即请屯田，而廷议退兵汉中，乃力请驻保宁为汉中藩篱，屯田广元、昭化间，战可制胜，守可固圉，兵食有赖，不苦转输，则规取全蜀无难，从之。于是秦运始抒，而蜀地以次就平。既又上书曰：“秦省自明季寇变以来，田亩荒芜，今虽屡诏开垦，而雁户未集，耕耨无人，饷仰给于大农，非久远计也，惟屯田可足食强兵，而弭盗安民，亦于是乎在！”上嘉纳之，因举白士麟、郭之培领其事，而以高应选等八人分理。于是兵屯，民屯并兴。岁得谷数万斛，十年复荡平紫阳孙守金。自此民渐复业，而关中宴然矣！公为人精敏沈毅，善料敌，诸将票方略辄致胜，又知人善用，爽豁无嫌猜，人人乐为之效死。其章疏皆剀切条贯，千里外如面陈，故有请必从。当蜀未定，上言曰：四川一日未复，臣心一日未安。世祖喜曰：“若封疆大臣尽皆如此，朕复何虑？”盖君臣交孚若是，是以所向奏功。初公累疏入朝，优诏不允。九年复请，许之，升见慰劳备至，赐内厩马二，命从驰道出，以宠异之，赐帽靴弓刀，加太子太保，命还秦，既又命兼督四川，而公以积劳成疾乞休，慰留不许。疾笃复乞骸骨，乃加少保驰驿未至，而公薨，十一年正月元日子时也。世祖闻之震悼，柩至遣大臣酹酒，谕祭三坛，存问其妻子，赐第一区，白金千两。公生于万历乙未二月五日，年六十，配卜氏、艾氏、王氏，赠封一品夫人。子三，熊臣知汀州府事，熊飞监察御史，熊弼世袭职阿思哈尼哈番，予告光禄大夫。孙九人，曾孙五人，呜呼！公督秦十年，外诘戎兵，内定经制，抚循百姓，广收名将为心腹。以二十余年盗贼充斥荒残流莩之乡，复使升平乐业，屹然为中原保障，朝廷无西顾忧，人皆知公之功在秦，不知河东之乱非公不能定。取蜀之策非公不能有成。然则公不徒出秦民于汤火而已，晋与蜀咸受其赐焉，公之功不伟欤！铭曰：神龙之奋，云则从之，诞作霖雨，以蒸有黎，桓桓孟公，万夫之特。早事太宗，宣劳肇域。世祖受命，师入临榆。公蹑残寇，渡河而西。帝哀秦民，仳离疾苦。俾公建牙，节制文武。凶渠在蜀，倡乱孔多。潜狙乳兽，争磨其牙。公遇将士，披豁心曲。昧者必攻，降者弗戮。如带斯结，解之以觿。如发斯通，理之用篦。荡寇河东，有战必克。蒲坂既收，解梁乃服。曩者秦俗，壤地荒芜。吏患追呼，民困转输。征徭克缓，屯务毕举。有畎有沟，有禾有黍。既策王公，载懋民庸。君子来朝，谒帝于宫。何以予之，衣裳在笥。又何予之，弓刀是佩。天马既秣，帝曰汝骑。出从驰道，异数则希。我作此辞，纪公之实。片石既刊，百世有述。

蔡襄敏士英墓 在府城南虎头石后，敕葬。

康熙十三年三月十五日，皇帝遣经筵讲官礼部右侍郎兼翰林院学士史大成谕祭，文云：鞠躬尽瘁，臣子之芳踪，恤死报勤，国家之盛典尔。蔡士英性行敬慎，才猷敏亮，克襄王事，著有勤劳。因积劳而成疴，令解任以调摄。方俟病痊，以需召用。忽闻长逝，朕甚悼然。特颁祭葬，用展哀悰。呜呼！宠锡重垆，庶享匪躬之报；名垂信史，聿昭不朽之荣。尔如有知，尚克歆享。

又：赐谥碑文云：稽古建业，驱策群力。不吝爵赏，以劝有功。昭示后世，用传不朽。所以励忠，盖甚备也。尔蔡士英，性行端良，才猷敏亮，历经委任，著有勤劳。因积劳而成疴，令解任以调摄。方俟病痊，以需召用。忽闻长逝，朕甚悼焉！特赐谥曰："襄敏"，勒诸贞珉，永光泉壤。国典臣谊，庶其昭垂无斁哉！

蔡绥远将军毓荣墓 在襄敏墓后。

新城王士正《蔡公毓荣墓铭》云：前绥远将军、总督云南贵州、兵部尚书兼都察院右副都御史，改兵部左侍郎仁庵蔡公考终于永平府卢龙县之里第。孤琳等泣述治命，来请文其隧道之碑。公之言曰："某罪臣也。分宜归死，司败荷，国厚恩，念先臣阀阅微劳，放归田里，俾守丘墓，得侍先襄敏于地下。天高地厚，未足比拟。吾死则葬襄敏墓侧，伐石为碣，书官爵以彰国恩。书祖父家世生卒年月以垂家乘，如是足矣！不佞襄敏公门下士也。谊不可辞，则以治命具书之。公讳毓荣，仁庵其字，别字显斋。其先河南人，始祖清，明初以军功世袭武节将军，居辽东左屯卫，遂隶籍。曾祖国忠，祖绍荫，考襄敏公士英以从龙勋旧累官至总督漕运、兵部尚书兼都察院左副都御史，阶至光禄大夫。赠祖父如其官。母张，继母徐，俱赠一品夫人。继母王、史、伍，俱淑人。公为襄敏公仲子，起家佐领，补刑部理事，官擢监察御史。康熙初进内秘书院学士，历刑部左右侍郎，吏部左右侍郎。九年，特简总督四川、湖广，改兵部右侍郎兼都察院右副都御史。十八年，特加绥远将军。二十一年，改总督云南、贵州，进兵部尚书，兼宪职如故，阶正一品。二十五年，内移总督仓场，户部右侍郎，转补兵部左侍郎。公生于天聪癸酉三月八日。卒于康熙三十八年己卯正月二十二日。元配闵累封一品夫人，生于天聪乙亥六月二十一日，卒于康熙十八年己未八月初一日。继配朱封一品夫人，子八人，琳前食主事俸，执事内廷。珣前海盐县知县，玑、琴、瑄、璠、璨、瓒。女子八人，皆适名门。孙二人，武曾、福保。铭曰：维右北平，古之孤竹。维乔及梓，郁郁乔木。依然几杖，侍厥先臣。山高水长，荫及后人。南皮张太复游蔡家坟归，登南台作云：我来蔡氏茔，四顾动惆怅。煌煌襄敏公，功德未可量。当时隆帝眷，赐谥与祭葬。至今表壮观，巨丽莫相当。绰楔高矗云，翁仲巨骇人。石马疑嘶风，骏逸迥绝尘。其中一石䴅，如山峙嶙峋。烛奴更傍列，方丈镌龙麟。刻镂剧天产，目骇如有神。云昔委鬼物，伐山财几竭。赫赫九千岁，终凶遭剉骨。一旦移寘来，磈砈峙高阙。衰盛常相因，叠体犹积薪。石兮寂无言，阅历多秋春。宁知入我朝，墓门更廞陈。苍苍万松树，延蔓接烟雾。惊风时一吼，长涛欻喷怒。高冢何巍巍，恍与祁连遇。因之登后山，放眼一纵观。连冈抱龙虎，一水潆南端。却眺叠岭外，滦江浩漫漫。如此大结束，伟人合代出。空山常寂寥，树石莽萧瑟。徒令百战下，翘首仰巨室。山川而能语，笑杀青乌术。去去返郡城，日脚西欲倾。南台适中道，单椒亦峥嵘。摄衣拾级来，一望苍烟平。城郭与人民，攘攘微闻声。方兹山丘感，复此阛阓行。俯仰人间世，终古宝令名。

杨工部文魁墓　在府城南小岭。

郎总督廷佐墓　在府城北，四十里土山。

李选贡廷桂墓　在府城东漂白河东。

孔郡主墓　在府城北二里许，乃靖南王孔有德幼女之墓也。墓以石砌。俗称公主墓，冢东西皆有民居，盖墓户也，后繁衍成村，名曰范家庄，墓正居庄心，墓田皆出自御赐。墓前一小碑，上载坟地八顷八十亩，有官租无钱粮，乃咸丰元年三月所建，旧碑无存。

徐孝子良臣墓　在徐家沟北，距府城十三里。

刘孝子顺时墓　在府城西北十五里，白蟒山旁。道光二十八年奉旨建坊。

卢龙温序斌《刘孝子歌》云：孤竹国，墨胎氏受爵唐虞历殷纪。天生夷齐振颓风，父命天伦成一是。首阳高躅讵难攀，兴起由人不尽顽。白蟒山阴刘孝子，敦仁笃义于其间。日出早出耕，日入不得息，持家有苦心，养亲无余力。四十痛父归黄泉，骨已如柴为母全。五十老母又见背，肝膈摧崩心几碎。抔土成坟力莫当，诛茅作室墓之旁。食无盐酪卧无席，三年血泪凝冰霜。有司久阁悭表异，徒令道路增悲伤。嗟嗟！刘孝子孰与比。人皆父母生，何遽忘毛里，无端忽动短丧思，无端竟借夺情仕。口不绝肥甘，身不离朱紫。三年之爱等寻常，何怪征歌与选妓。东夷有少连，降志辱身矣。中伦中虑圣独称，孰意于今得见此。

翟进士正经墓　在府城北三里庄南。

温学政如玉墓　在府城北十五里，招军屯庄东。

张知州琴墓　在府城东北尹家洼。

赵布政光祖墓　在府城北三里庄。

阎知府廷珮墓　在府城北七里小刘庄。

以上卢龙。旧志载公孙神康墓云：在府城南烽火山，相传公孙度之子也。案:《三国志》公孙度本辽东襄平人，自立为辽东侯、平州牧。度死，子康嗣位，封襄平侯。康死，子渊为辽东太守。考其始末俱与辽西无涉。康死当不葬此。且度子名康，并无名神康者，旧志殊不足据。

[商]

孤竹次君墓　在迁安县东南团子山。传曰：国人立其中子，或谓次君即中子也。案：此盖孤竹先代之冢，岂必次君为中子哉！若云少长二君之墓，即夷齐所葬，于义尤觉未允。

[宋]

杨仆射照与夫人合葬之墓 在沙河驿西北八里环子峪。墓前有碑，系嘉庆十七年四月朔立。其先原无碑记可考，农人耕地，冢陷报官，经知县杨君验视，内有石匣二，盖上有字云：杨公照系宋仁宗嘉祐戊戌三年（契丹清宁四年）九月二十四日辰时合葬，仆射夫人之墓碑后刻有余地一亩三分禁止耕种，长宽有弓尺。

[明]

王中丞锐墓 在迁安县东三里河滨，敕葬。

才襄愍公宽墓 在迁安县东三里河西，谕祭三坛。

武宗《谕祭才尚书文》云：正德五年，岁次庚午八月甲申朔，越初四日己丑，遣直隶永平府知府何诏谕祭于工部尚书兼都察院左都御史、特赠荣禄大夫、少保谥襄愍才宽曰：惟卿器识恢宏，才猷敏达，蜚英甲第，试守方州。遂晋郎曹，历迁岳牧。旬宣多誉，惠在名藩。节镇再移，威行远塞。本兵参佐，邦士攸司。夙夜在公，优游筹画。日因边警，爰整我师。断自朕心，命卿总制。先声所至，号令一新。亲帅三军，抄道追袭。仁而且勇，奋不顾身。讣音来闻，实切伤悼。穹阶特赠，美谥复加。宣谕有司，赐葬举祭。仍推延赏，以恤后人。九原有知，尚其歆服。

又云：正德五年岁次庚午八月甲申朔越初五日庚寅，遣直隶永平府知府何诏谕祭于工部尚书兼都察院左都御史、特赠荣禄大夫、少保，谥襄愍才宽曰：卿素有才望，总制西师。国而忘身，忠愤所激。追念往事，恒用恻然。奄至十旬，载赐以祭。精魂不昧，尚克享之。

赵昌宁侯胜墓 在迁安县西北七十里黑汀，敕葬。

郭御史镛墓 在迁安县南门外三里王家园。

李按察金墓 在迁安县东六里三里河东，有石门。

王御史和墓 在迁安县东三里河滨。

李太仆炫墓 在迁安县北二里。

李副使安仁墓 在迁安县北十八里龙纪庄北。

徐光禄云逵墓 在迁安县西北三十里大安山李家庄。

彭都督友德墓 在迁安县东北角百步。

郭侍郎巩墓 在迁安县南十里徐家崖东一里。

[国朝]

宗室辅国将军马锡礼墓 在迁安县秀松园东南半里。

刘封君光裕墓 在迁安县东十五里牛山西。

张副将师圣墓 在迁安县北三十五里三岭庄北。

刘都御史鸿儒墓 在迁安县西北七十里牟家庄。

李知县成性墓 在迁安县西南二十里蚕姑庙。

胡太常来相墓 在迁安县北四十里建昌营。

崔学博巍墓 在迁安县画儿山，子翰林璨附。

马知县学赐墓 在迁安县北六里吉兰庄东半里许。

以上迁安。

阳乐墓 在抚宁县南五里。阳乐侯姓氏未详，亦不能确指何代墓有二冢，相去二百步，东西并峙。有八角石井，东西各八面，其下莫测，相传为隧道。

[明]

鲁佥事铎墓 在抚宁县西北七里，铧山之阳。

翟尚书鹏墓 在抚宁县南关外，敕葬。

萧都督升墓 在抚宁县东关外，敕葬。

姚母李太恭人墓 姚经历政墓在抚宁县南二十五里樊各庄。墓有宣德四年诰命碑。

山东布政司右布政致仕吴兴黄定《姚母李太恭人墓表》云：浙江湖州府姚政葬其母之七年，恐先德沦没，请表勒石，以图不朽。案志，太恭人李氏讳惠秀，系出永平府迁安县。洪武间御史大夫文吉之从孙女，户部员外郎英之从妹，处士昌之女。生而聪慧，谨言慎行，敬守礼度，父母钟爱，既笄归抚宁县姚斌，即太守之先大夫也。恭人习女红供蚕事，中馈必精洁，蒸尝必敬恪。奉舅姑礼恭弗息，处妯娌和睦不废。闺门整肃，少长咸宜。年二十七先大夫卒，恭人抚膺垂绝复苏，襄赞大事，卒合礼仪。时政方八岁。或以少孀勉之他适，恭人泣且誓曰："人之所异于禽兽者，以有节义廉耻也。妇之从夫，终身不改。苟以夫殁而异之，与禽兽何择哉！"毅然决之，惟保育遗孤，尽提携抚爱之事。政年十一，则曰："人不学不知道。"即遣入邑庠为弟子员，躬自综理，以纺织供服食。且加以内庭训迪之严，由是政得成立，中永乐丁酉科乡举，明年会试不第。迄至甲辰岁初，授知山西绛州事。政绩美异，改授司右军都督府经历，职满升行在户部郎中。宣德己酉天子赐荣恩及厥亲，赠父奉直大夫、都督府经历，封母太宜人。乡邦嗟叹，以李氏为有子矣！邑人以恭人贞节实行闻于朝，诏旌表其门曰"贞节之门"。政由郎中升知直隶太平府事，迎恭人就养，尝戒政曰："居官务廉节恤民，尽父母之责，汝不废我言，则可为孝矣。"政谨受命不违。恭人，生男二：长曰政，即太守，次曰走儿，未冠而卒。女一未笄而殇。太守娶赵氏，生孙女曰悟明，适李太。孙男曰谦，娶同邑杜氏，卒，又娶姑苏孙氏。太守妾孟氏生孙女曰悟真，又李氏、王氏生孙男曰谏。恭人生洪武乙卯五月六日，正统乙未五月十八日终官舍，享年六十五。政扶榇合葬于先大夫之封。呜呼！人能洞金石格鬼神者，以信义也。知信义重，则天下之物不足以摇其心，是道也慧男子不逮焉！恭人一妇人，不惟知之，又能尽之。方其初孀年二十七，子八岁，乃抗志操节而待，岂能必其成立乎！亦惟知信义之重也，耿耿日星将与天地同悠久。是宜表而志之，为百世之妇节励焉！正统十二年丁卯。

黄岩吴禹运使《姚公墓碑铭》云：尝谓前有可称之美，非后人莫明，后有可称之人，非前美何述。求其兼尽者，惟任光州节判姚君让，为故同宗伯考姚公立碑冢上，斯为得矣！余与节判大选同榜，兹寓京邸，君专使致书捧公系表请墓铭。且曰："让游学时，伯考显盛视之犹子，恒接德音。今伯已往，顾瞻宰木拱矣，碑碣蔑焉，九原可作，有阙于心，愿希言以刻诸石。"余浙人，虽未事公，闻誉于父老稔矣！案系表公讳政，字以德，秩中奉大夫，两浙都转运盐使司运使。世家永平抚宁县洋河社，寓樊家庄。曾祖讳信甫，祖讳永秀，皆有德誉。考讳斌，赠奉直大夫、右军都督府经历。妣李氏，赠宜人。考蚤世，妣年二十七，坚守贞节，旌表门楣，行实详载墓表。公生而秀雅，天性颖悟，孤时方八岁。妣抚育教诲至十一，有司以俊茂选入邑庠。克勤于学，年二十四以麟经中顺天府永乐丁酉科乡举，继游国学，谒天官，始任知山西绛州事。未几升行在右军都督府经历。九载任户部江西司郎中。宣德十年回朝，以贤劳升外部领敕知直隶太平府。奉亲事养于任，曲尽孝敬，阅三载。丁艰哀毁切至，奉丧旋葬服阕。复部改知浙江湖州府，职满进前秩，食禄正三品。历九载，年臻耳顺，辞官致政，时天顺四年。自为郡暨升运使，所至历有嘉政，成化纪元诏升一级，秩从二品。昼锦还荣，顺时遂乐。未尝以势加人，乡党重之。生于洪武二十七年甲戌十二月十四日，终于成化五年正月十五日，享年七十有六。以是年二月二十一日葬公先茔。闻之先贤曰慎终追远，君子笃于亲。世俗浇漓虽亲远，亦有忘者，况笃于同族乎！惟伯考与若考为再从兄弟，不忘德泽，惟兹立碑。非忠厚之至然乎！谨书以归，俾刻之，冀观者谅焉！铭曰：世有哲人，文物悠全。月宫攀柱，天府登筵。州牧始试，贤幕继延。列司民部，贤劳秩迁。两治大郡，忠爱政宣。咸司掌篆，盐课充然。盛朝恩宠，四纪荣研。英名盖世，昼锦辉缠。令妻显并，贞母光前。子孙俱庆，福寿胥兼。理还造碑，玉蕴斯田。深年远祀，春草含烟。笃有伟裔，行篆未旋。刻铭昭德，天壤同绵。弘治十四年五月。

金光禄署丞镛墓　在抚宁县南二十里，八条龙沟内。墓有成化二十年诰命碑。

王封君忱墓　在抚宁县西五里。

黄将军惟正墓　在抚宁县西关。

抚宁吴兆鳌《吊黄将军墓诗》云：榆柳森森古渡东，一抔黄土盖英雄。冲锋曾作孤城障，陷阵犹传百战功。垄草到今凭牧马，家山何处付归鸿。可怜岁岁清明节，杯酒无人奠晚风。

白尚书瑜墓 在抚宁县芦峰口。

[**国朝**]

惠总兵应诏墓 在抚宁县东八里。

董参戎宁川墓 在抚宁县东南三十里，留守营西。

嘉庆六年九月十九日皇帝谕祭文云：皇帝谕祭阵亡参将董宁川之灵曰：鞠躬尽瘁，臣子之芳踪；恤死报勤，国家之盛典。尔董宁川，赋性忠直，为国忘身，御敌冲锋，奋勇阵殁。朕用悼焉，特颁祭葬，以慰幽魂。呜呼！聿昭不朽之荣，庶享匪躬之报。尔如有知，尚克歆享。

王廉访瑞征墓 在抚宁县东南三十里，太和寨东南沙龙峪。

以上抚宁。旧县志载张果老墓在县东南七十里，今无考。

[**明**]

张尚书文质墓 在昌黎县南七十里，中堡，敕葬。其上有其母杨氏墓。赵吉士寄园寄所寄引，《应庵随录》云：张公鉴卒，妻杨氏遗腹生子文质，字允中，即改嫁，育于祖母王氏。正统壬戌，文质登进士，其继父已卒，乃迎母归，亦养其异父之弟妹。至成化间，杨氏受封太夫人。（案此乃嫁母而归受封者，故其墓碑止镌“杨太夫人之墓”六字，无他语。）

成化谕祭文云：维成化十七年，岁次辛丑二月乙日朔，十六日庚申，皇帝遣礼部左侍郎周洪谟致祭于太子少保、礼部尚书张文质母太夫人杨氏曰：惟尔妇道母仪著于闺阃，笃生令子显用于朝，揆厥所由，实本慈训。既累膺于封命，宜安享于暮龄。胡为一疾，溘焉长逝。特兹遣祭，用示殊恩。尔灵有知，尚其歆享。

杜侍郎谦墓 在昌黎县西北三里，敕葬。

崔御史碧墓 在昌黎县北施各庄十三里河东。

薛文清公瑄《崔公墓志铭》云：山东按察佥事崔公卒于官，将返葬故乡，其弟理奉公行状请铭于其兄同官河东薛瑄。谨案状：公讳碧，字仲玉，永平昌黎人。大父彦名，祖妣齐氏。彦名有隐德，乡人尝被兵无食，彦名以其家积谷千余石贷与之食。兵息取券焚弃，一无所责偿。父得母齐氏，生四子。长即公，次叔琮，次叔璘，次即理。公少有美质，大父母、父母特爱之，遣充县庠弟子员习经史举业，中永乐十五年乡试，登辛丑进士第，宣德初拜交趾道监察御史。立事举职强干不屈，藉藉有声，建国家推恩例封父得文林郎、交趾道监察御史，母齐氏封孺人。时公大父母俱高年，安好无恙，父母又皆显受褒锡。公尝衣绣归省于家，祖子孙三世一门，寿庆光显，乡邦以为荣。正统纪元调行在江西道监察御史。明年，为廷臣，荐擢升今职。分巡部属，剔濯奸垢，振挈纪纲，事以无坠，竟积劳成疾以卒，正统四年十二月二十三日也。享年四十又九矣。先是公有疾，因念太夫人已卒，大父父母俱年老，在故乡不得朝夕见，愈忧思不置，遣理往迎之。既而大父暨御史父俱弗克来，独母孺人至，公舆疾迎郊外，相持感泣不已，疾遂增革。公初娶张氏早卒，赠孺人，再娶刘氏，泰州同知浩之长女，封孺人。公存日尝命理之子善聚后已。公没，理如其命。善聚甫四岁，幼不任事，理奉公柩归。以正统五年四月二日葬于故里司家庄鹊凤山之先茔。铭日：胡丰其始，胡啬其终，命实为之，嗟嗟乎崔公。

齐运同宗尧墓　在昌黎县柳河北。

齐知州鸣凤墓　在昌黎县张各庄。

齐指挥鸣鹤墓　在碣石之阳。

齐知县鸣雷墓　在鸣鹤茔东。

齐同知士斌墓　在昌黎县石各庄。

邸封君尚信墓　在昌黎县。

嘉善钱士升《邸封君墓表》云：余天禄石渠之暇，时过侍读瑞石张君之庐，与之诠次淑慝之品，考镜得失之林。侍读公时为余称封翁邸公，津津不置，且出其所撰志铭示之。余因得悉公之世系及其履历，形虽未接，神实向往之矣！岁壬戌之春王正月为公游仙之又明年，其长男河内君遗书于余，以公阡未表为请。余念萎我哲人，方切悲悼，何文之能为！惟是阐扬幽光，少展犹子仰止之思，兹之役非曰能之，固所愿也，则何敢以谫陋不文辞！公名尚信，字中孚，别号大醇。以长男贵，封文林郎。公之始祖翥以忠厚开基，其自高曾而下，若敬、若友祥、若文厚，俱以素封好行其德。至公考仲良，门益高大。娶于于，生丈夫子五，公独倜傥磊落，其志正而直，其行端而介，其言确而厉，其所为无弗合于礼。如志所称，义让诸昆，孝事孀母，焚券以宽穷乏，斯皆其二十龄以前事。则公之孝友慈和非出于天授耶！人无不爱其子，而疏其侄。公独全侄于颠沛流离之际，至委其子于虏弗顾也。此之高谊伯道宁得专美于前耶！李氏儿为野犬所啮，公奋力追之，是儿卒得自死而之生。是岂仅仅萩渡以全蚁命者比耶！方里妇诱公以非礼之色，时已夜分矣。公大诟曰："妖畜奈何败吾德行，独不畏阴谴耶！"世每谈论午夜秉烛为千古绝德，如公所为，不亦前无古人耶！公庭训甚严，不独课其文章，又时训以孝友，且拳拳以近世相戕相犹为戒。即河内君为令四年，公第教以约己恤民，急公执法，绝不言及温饱。及被恩纶膺章服贵矣，而衣不重帛，食不兼味，暇则与二三老友寻芳选胜，登高临流，形骸两忘。至有所感，奋词气益峻，虽达官贵人，冲突不顾，见依违徇情者，心窃鄙之。晚益晓畅典故，每谈古今果报事，以儆醒人。如某人作善，应若何？某人作恶，应若何？言皆历历有据，令人毛发悚然。一旦耳下起一疮，初大如豆，未几大如栗，坚如铁，未几而溃。家人数以药进公，俾持去曰："吾治棺待尽久矣！且吾年七十有六，岂夭耶！"竟卒。娶于氏，赠太儒人，继陈氏皆幽闲贞静克修阃则。其生卒及安厝月日已详侍读公志中，兹不复赘。子二：长存性，登丙辰进士为河内令，锄强弭暴，有拔薤风，虽豪右侧目乎，然闾左赖以蒙庥。袭庆者人人有口碑矣；次养性，邑廪膳生，蜚英振藻，为一时髦士之冠，取青紫直探囊耳。孙男十，皆轩昂奇伟，翩翩凌云之器。意公食报于天，固将引之勿替哉！余故为之表曰：世有抱璞全真如斯人者乎！有不愧衾影，不惭天日如斯人者乎！亦有刚直好义，高旷绝俗如斯人者乎！有如斯人，当观其终，子孝孙慈，振振绳绳。呜呼！我公庶无愧乎其中！天启二年二月

[国朝]

齐都督大勇墓　在昌黎县锯齿崖下。

张知府翰宸墓　在昌黎县三角山西。

张知县宏墓　在昌黎县赤崖堡东。

高封君培墓　在昌黎县西北三里。

张游戎敬一墓　在昌黎县。

滦州赵槐符谨堂《张公碑记》云：窃惟忘身许国，志士之贞心；封墓表忠，明王之盛典。此在胜国，仁贤恩隆谊笃如此其肫！听鼓声而思将帅，其为干城之选、保障之臣，更可知已。我国家优礼臣工，内外一体，而于边疆死事之员，酌订礼典，分别加恩。有自翰林院衙门撰文而赐之祭葬者，有自本营衙门撰文而赐之祭葬者，体恤倍周，洵所谓生死而肉骨也！故昭武都尉昌黎谨堂张公，由侍卫历任广西协标都司，壮志激昂。孙伯符，早有英雄之目，英姿卓越，霍去病不思家室之营。值楚氛不靖，苗匪扰疆。圣天子赫然震怒，命将出师，俾殄此丑类，绥靖嘉师。公自粤省勃兴奋勇，慨焉有马革裹尸之志，请于幕府。以本军从讨平陇川、结石冈等处，奏捷著有成劳，晋提标前营游击。乃巨魁未歼，而身已先亡。嗟颇牧之不逢贤君，增叹惜关张之无命，才士兴悲。公竟丙辰七月没于凤凰坡军营。奏以闻，仰荷圣明硃批："可惜！"盖公虽非大帅，而其邀主知而蒙天鉴者，较诸大帅无异也。广督毕公，具题录功，照例优恤，荫一子入监候补忠勇校尉，赐之祭以妥其灵，赐之葬以安其魄。於戏！阶崇游府，荷宠命于天家；恩贲泉垆，慰忠魂于地下。而公为不死矣！余于公谊属桑梓，在都时公宿直乾清门，余亦备员天部。因得交于贤乔梓。迨后余简外任，公都阃粤西，天各一方，惟各敬乃职，以图报称于朝廷耳。及闻公没，不胜怆怀。公榇回闾里，形归窀穸。公之尊大人封翁、象徽公固在相知，因邮传翰札，乞言于余。余重公之为人，欣公之没有余荣，用为述其眷顾之阴，勒之贞珉，以光泉壤，是为记。嘉庆三年戊午十月。

赵善人应忠墓　在昌黎县南关外。

邑人马逢乐《善人双庵赵翁圆寂碑记》云：自韩退之以墨名儒行，有取于文畅，宜不得概以异教摈人矣！女不必苎萝，要之于静好；马不必大宛，要之于调良；人不必儒墨，要之于德行。卜子夏以好贤敦伦，虽未学为已学，是非鉴竖品之景臬哉！今人口诗书而心桀跖，动矜阀阅，辄诩文章，巍帽阔袖，里巷咸尊为大儒。其暗昧所为，有驵僧偷儿所深耻者，而竟躬蹈之若此者，没齿后虽有一篇好文字送归地下，吾知其与买臣妻之羞墓等矣。吾邑有双庵赵翁者则足嘉焉。翁讳应忠，生平朴讷，处党里无忤容，忮求胥忘，孝友兼备。中年茹素，长斋绣佛前，栖心梵呗，历二三十年如一日。倘所称有恒而且善人者非耶。今上庚戌岁已七十有四矣。忽无疾趺坐而终，鼻注如玉垂至膝，神色俨然。前数日即预戒家人以后事，非夙有根器了死生者曷克几此？于是四境善男女皆合掌赞礼，敛资以建浮屠，且勒石以垂不朽，而命记于余。余曰：方今白莲采花纷繁四境，双翁之善洵足欣慕，若过为骇异，恐亦非赵翁素志也。特述其生平，无疵类可摘，即未尽如卜西河所云，亦曾不得与文畅等乎！此亦可为世人劝也，是为记。康熙十二年。

知县刘崧岳《重建三座塔茶棚碑记》云：皇上御极之四十五年，奉命视事昌邑，见郭南有三塔岿然，心窃异之。询及士民，言邑人有赵应昌者，家非素封而性极好善，常自输家财构室数楹，施茶济渴，招请羽士李道者住持其地。复置地二十四亩，以为久远施茶之资。道者羽化，应昌之子起元克承父志，与张同选父子相继施茶。其建塔以示后者，应昌葬其兄应忠也。其屹然并建者，一则应昌生前所建，一则道者死后所志也。同选物故，其子张振之嗣其地，遂归赵族经理，茶棚渐废，三塔仅存，迄今百余年矣！予闻而义之。今岁之夏，有以复兴茶棚为请者。予讯其故，缘由赵族争种地，地经前任林公判令关帝庙住持代理。历年无几，摧残殆尽，赵氏合族目击心伤，请愿共捐资财盖房施茶，别择住持以继先业。予嘉其意之美事之善，准其茶房修讫此地仍归赵氏施茶，以图久远，其族人亦不得当卖争种。事竣，赵族欲勒碑垂久请序于予。予曰：“猗与！美行之不可没也！君子立身天壤，当思於人有济，然值得为之。时建功立业，泽今传后，犹所优为之。而其子克相继而为之，以及后之子孙更能仰承先志，共奋义举而为之，信乎！好善之所感无穷，而善行之所及甚远也！从兹赵氏后人自必善行不怠，永世永年遵守勿替，庶几三塔与地而常留，又安有当卖争种，而因以为利者乎！是为序。乾隆四十六年。

以上昌黎。旧县志载韩氏祖墓在县西五里，韩湘墓在县西南八里。案：文公祖墓自在河南孟县北尹村，湘墓自在孟县西摘星村。旧志殊涉附会，乐亭城北十余里昌黎界道旁有古冢岿然，翁仲尚存，相传是李晋王墓。村中有祠，绘晋王及诸太保像，村人皆李姓，云其后裔。案《五代史》晋王克用卒于唐天祐五年，子存勖立葬之于雁门。雁门去此甚远，何能至此，此传讹无疑。然墓之所以讹，与祠之所以建，既无碑碣可考，亦不知始于何时。又昌黎旧志载，蛇皮王墓在城西北三十里，今废。今静安山上有古墓，传以为慕容皝墓，直无稽之言，或疑即蛇皮王墓，昔葬大蛇于雅者，见郭造卿《碣石丛谈》，要同归于荒唐耳，故概不著录。

［**后唐**］

姜将军墓　在滦州西百二十里唐山下。

元州人张勖《后唐姜将军墓志》云：将军庙碑在滦州石城县唐山洞贞观内。谨案：后唐清泰间将军受命持节北镇榆关，碣石有县曰石城，有山曰唐山，山麓有水曰唐溪。形势幽阻，林壑疏遮，北接渜阳，南连沧海，东西形势，延蔓百里。将军乃建城郭而居之。唐溪之水有蛟为害，触岸崩崖，波涛汹涌，居民苦之。将军奋怒提剑斩蛟于溪上，民咸以为神也。及将军没，葬于山岭。厥后唐溪之民感其功，思其德，建庙于溪侧，时致祭焉。将军有二夫人，七子，七女，皆得配享。本庙崇奉益盛，每岁上巳适惟将军诞辰，居民争祭。号其庙曰神庆。远近车马骈臻，不啻千数。祥云道人纠尚义之士殚力输财，创殿于庙东，厨室宫堂种种皆具。长春真人题曰“洞贞观云”。至元四年，庙忽颓毁，时有拟真散人重修之，至元九年工始竣。夫庙之显晦固乘乎时，而将军之功，则千古一日也。友人王子中请余文。余本乡人，故记其始末，俾刻之石云。

[辽]

辽将韩常墓　在滦州西南百里，高庄子南，有碑可考。

任运使询墓　在滦州南七十里。

[元]

张防御使晋及其弟进士德墓　在滦州西二里。

鲜卑元帅仲吉墓　在滦州西五十里卑家店。案：卑家店在前明为三百户营村，盖因鲜卑而名。其墓碑上横书“大元”，字下分六行书，“金吾卫上将军、兴平路都元帅、开国侯、知同知枢密院事、封永平郡襄顺公鲜卑公之茔。”其神道碑云：卑仲吉字庆仲，滦州人，姓出鲜卑。汉有北平太守躬太傅掾整，皆以卑姓显，世次远不可考。仲吉先家中山，石晋末徙滦西万石山下，后为义丰卑氏庄。祖谦，父彦明，孝养尚气节，好给施。金贞祐元年卒，乱不克葬。亡何，长子仲成避岚山流矢贯颊，仲吉负走，及土岭冈乃死。火其骨抱归。岁凶疫大乱，仲吉日令家人掘蒬茈以食，有贷者倒囊与之。州牒令监迁安园栗，凡求者即资之，园为空。素与巡检许枚善，枚死，父耄无所归，载之家，事惟谨，及终还其葬。仲吉膺选勇敢，充副统。平州陷，郡中豪杰推权领永安军事。乙亥首率滦州军民诣蒙古军门降。丁丑，以破贼功拜本州节度使，兼管内观察使。躬耕陇上，与百姓同劳苦。妻孥亦蚕织自给，于是郡人争务勤本，号令严肃，境内以安。丁亥，进金吾上将军，兼授金虎符，许世传，赠父如其官，葬父以兄骨附。未几入觐，遣副阿术会诸将。南征信安诸寨，寨城四面阻水，金北平公张进独固守不下，仲吉以滦人王仲添为副都统。仲添胆略过人，同士卒甘苦，且耕且战，为持久计。敌至城下与都统赵简松引兵逆战。少却，简松陷敌军，仲添入其阵，击刺所向披靡，以简松出，虽中流失，必战罢而后取，独殿以归。戊子四月，信安兵复至，仲添被围鏖战至晚，力尽死之。辛卯，以破诸城功，为兵马都元帅，将四行台六总管。壬辰春，兵将南征，会行省苏椿叛，中外震扰，仲吉与主将定之。或欲尽屠其众，仲吉曰："椿反，百姓何与？"于是魏人遂定，大驾南下。一日卧营中，主将外来谓曰："受敕，尽杀在营诸俘！"仲吉力言不可，附主将以奏，上甚喜，悉除前令。明年从征邳州，降之。主将欲屠其城，仲吉止之，全活以数万计。甲午，还家。仲吉性聪悟，《通鉴》一过，历历上口。凡与人论，辄引古人事，折衷之居。无何，以旧勋起为兴平路兵马都元帅，总管上将军、平滦总管、右监军、永安军节度使，兼滦州管内观察使，提举常平沧事、开国侯。仲吉诣阙以老病辞，不许，曰："右北平易治，吾欲汝卧镇焉！"赐之燕令，位在侯上。甲辰年秋孟，以疾薨于家，年五十有七，仲冬葬于万石山。先人兆次，娶五氏为夫人，有子十人：巩、肇、群、萃、庠、中、准、华、章、常，以巩袭爵年十七，肇年十六射虎西山下，群迈爽辩而能文，萃能家，庠勤学，中、准以下皆幼。孙六人，女十三人。葬后群权滦州节度使，立神道碑勒铭。

吉将军巨昌墓 在滦州西四十五里宜安店东。碑字模糊，翁仲仅存，殆与鲜卑公同时至今有山前卑元帅，山后吉驸马之谣。

元州人宋谦亨《吉将军墓志》云：公讳士宽。其先邑于中山，五代末徒居滦右宜安里，四传至公。幼而渊静，长而宽厚，深于翰墨，闲于治生，费累巨万，不自骄矜。人有不给者周之，小过者戒而释之。是以乡里咸称为长者。娶同郡翟氏，与公并耄期而卒，葬于艮岑。子三，长文用，次文整，并早卒。季曰天用，赖公余庇，亦富于资。性好廉直，重节义，古所谓畏四知重一诺者，无以加此。乙亥秋暮中旬，疾终正寝，闻者无不悼惜，后赠镇国上将军、护军都尉、河南郡侯。娶邢氏，性亦婉顺，闲于妇道，事舅姑有礼，教子孙有法，后君一月卒，寿五十五岁，赠河南郡太夫人，与君并葬于公之兆次。其次子玉璋早逝，长男巨昌有祖考余风，蕴大志，捐小节，与万石卑公、古冶杨公相友善。二士亦一方伟人，近以气义相高。后值乱离，人罹疲瘵，强凌弱，众暴寡，甚者或毙于砧鼎。君慨然叹曰："吾属将无遗类矣”。乃与二公谋集亲邻昆弟等联为保伍，出入相友望，疾病相扶持，赖以全活者不啻数千。识者私相谓曰：“有阴德者，必享其报。之子其将显乎！”不数载，果以众誉遽蒙大任。戊子春首，追荣祖考。巨昌娶杜氏，有男三人，长名斌，任镇抚弹压。伟哉！吉氏之名如是，子孙又如是，此非积善余庆之明效耶！巨昌与余有旧，因叙其祖考行事表于墓前，以垂永久云。

王将军祥墓 在滦州南五十里，土屋儿社。

元右丞赵简《王侍御墓志》云：公曾祖镇国上将军珪，祖行军都统镇钦，父武略将军玺，三代勋业墓刻详矣！公讳祥，字兴国。至元间武略公屯河口，与南兵战，冒矢石发九矢毙九人，下高邮绝粮道，明年武略没于王事。公荫补侍御亲军忠显校尉。八年辛日，赐金牌，进武义将军。十九年，升武略将军，亲军千夫长。公曰：“知足不辱，知止不殆。”乃累章求退，时年六十有三。大德七年癸卯正月以疾终，年七十有九，后又赠金吾上将军、征行兵马都元帅。夫人何氏封修武校尉中卫郡君。

路校尉进兴墓 未详其处。

元教授李本《路校尉墓志》云：公讳进兴，通举其字也。祖居武清县东乡，值二金零替，乃北走宝坻。往渔阳东越玉田，经丰润峰山山右，遂占籍于石城县之栗园庄。初以将领五十卒佐万户宋君征收高丽。公父衰老，令公承替，已而高丽平定。至元九年从李鲁欢官人破淮安。十四年，江南大定，还师。又随逐伯颜大丞相和琳迤北屯守，权授百夫长事。十五年，破贼兵要不忽儿。十六年，又破贼脱脱木儿于算都鲁山，虏掠人口牛马数十万。公于万众中，未尝妄杀一人，奉敕牒印绶，赐敦武校尉，以亲老乞养致仕。公昆仲三人，亲属百余口，恩义咸周焉。大德八年九月三日以疾卒于家。

[明]

石副使维岳墓 在滦州西北五里。

王佥都御史镐墓 在滦州北五里横山下。

王御史蕃墓 在滦州北一里。

高京兆璁墓 在滦州北二里。

历给谏汝进墓 在滦州西三里，前教场庄西。

冯太仆运泰墓 在滦州西四里冯家坎西。

高尚书第墓 在滦州西百二十里。

吴别驾学颢墓 在滦州东关南。

许参政庄墓 在滦州西南十里，响堂庄西北许家山。

王宫保翱祖墓 在滦州刘家庄。

《王公先茔碑记》云：翱以不肖之质，获蒙祖考余庆以有禄位。

缪膺奖擢，践更要职，国有常典，命及其先。非惟优异台宪之臣，盖以彰积善垂庆，其来有自。而欲昭潜德，发幽光，俾为臣子者退得伸孝于家，而进得尽忠于国。此朝廷所以推仁而广恩，而为臣子者之至幸也。翱自永乐乙未第进士，历官监察御史、行人司正佥都御史、进副都以至左右都御史，今加升太子太保，仍兼本职。累朝恩典，随官迁转，皆受诰敕，藏之于家。而此二通乃翱为左都御史镇辽东时，今上皇帝所赐。追赠翱之祖考，祖妣者也。翱之先世家滦州刘家庄。自吾祖太公而上，至讳进昌者，凡十七世，俱葬滦州。元季兵乱，吾父及吾伯叔携家徒沧州之盐山，卒葬其地，子孙遂为盐山人。今翱自辽阳还，乃得命工砻石，勒祖考妣受诰文，树于滦之先茔，余皆以次当勒石于盐山也。吾所以为此举者，非在夸耀于间里乡党，侈君上之恩，彰先世之德，尔后之子子孙孙观感而兴起者，登斯陇都睹斯文忠孝之心得不油然而兴乎！景泰三年月日，荣禄大夫、太子太保兼都察院左都御使孝孙翱谨识。

乡饮大宾王光业墓 在滦州西官寨庄。

州人石申《王公墓铭》云：于赫岳降，矍铄不群。矫矫鹤立，振衣浊氛。其生也时，嘉隆熙熙。韦布行道，士绅则之。遂初作赋，反璞全贞。豳图维宝，岩筑莘耕。嗛嗛之德，薄不足就。道味自饧，世芬莫嗅。火灭修容，杖带必恭。淑慎尔止，伦彝克雍。承先则参，慈幼则陈。刑于则珪，友于则荀。阅不在墙，谪不入室。兰茁桂芽，煦煦秩秩。蕃范泰度，岩松谡谡。义闻炯皇，群起沐服。揖入圣域，周著虞庠。鼓簧鼓瑟，誉处能光。乔姿鹤发，宽胸稳黻。以引以翼，亦德亦年。羽化登仙，翩翩任天。为星为汉，无往不然。山之崔崔，水之溶溶，山峻水深，皎兹高风。

[国朝]

石少宰申墓 在滦州后明碑庄。

刘御史伟墓 在滦州秦家庄。

喻封君墓 在滦州西南稻地胡家庄。

高太仆显辰墓 在滦州城北横山下。

吴都阃一鸣墓 在滦州西北五里。

赵观察槐符墓 在滦州城西八十里后营庄。

侍郎刘跃云《赵公墓志铭》云：永平充泉赵公，吾先文定公典顺天试所得士也。优于德，洁于操，工于文。历官山右，确有治绩。于嘉庆八年，癸亥五月以疾卒于任。嗣子彦澄，以其门人汪宫庶所撰状，乞余铭其墓。余于观察既世笃其谊，复心仪其为人，弗敢辞。案状，公讳槐符，字子荫，充泉其别字也。世居永平古石城里，曾大父明经冲汉公，大父邦瑾公，考文学光绪公，并以公贵赠中宪大夫。曾祖妣暨祖妣李太君、妣金太君并赠恭人。公少而颖异，六岁就傅，端谨嗜学，即若成人。年十九入州庠，旋食饩。永平为古孤竹地。自元姚文宪暨侄端甫以道学著，与许鲁斋齐名，而文教称盛。至明为边塞重镇，迄今习尚多奋武卫。公则邃于经学，为诸生时，试辄冠其曹。乾隆庚寅先文定公，典京兆试得公卷，叹为异才，取冠多士，及来谒，觇其端凝有度，益爱重之。辛丑成进士，授吏部主事。癸卯秋丁外艰，丙午服阕补考功司主事。已酉迁文选司员外郎，充会试同考官所荐拔多知名士。旋迁稽勋司掌印郎中，仍掌文选司事。公持衡察吏，屏绝干谒，为同官推重，京察一等。壬子秋，特简山西潞安府知府，值岁荐饥，道殖相望，大陵之气行于乡，死者填委。公慨然曰："阴阳不和，黎民失所是皆守土者责也！"亲率僚属斋戒祷于神，率绅士捐资以赡贫乏，全活甚众。今上元年丙辰冬调太原首郡，郡务殷繁，遇有案牍，必虚衷讯鞫，务得其平。蒋大中丞倚如左右手。大计卓异，保荐嗣伯，大中丞莅晋一见如旧相识，题升冀宁观察，倚毗尤笃。辛酉，奉拨陕省军需米十万石，亲赴蒲绛规画经理，自绛及雍，给饷无愆期。既归，勘长子水灾，经画殚心，赈恤备至。中丞益奇其才。壬戌冬，署臬司篆。公瞿然曰："一日任事，当尽一日之责。"阅案牍常夜分不寐，折两上俱蒙御批嘉奖。公以果力精心，荷天恩优渥，方思上报。隆施，修婴剧疾，遂以不起。呜呼！何年之不能假也。公生于乾隆辛酉九月十七日。卒于嘉庆癸亥五月三十日，年六十有三。诰授中宪大夫，分守冀宁道辖太、汾、潞、泽、辽、沁、平七府州，兼管水利事务。公性孝友，善事兄嫂，守太原时恭遇覃恩，将本身应得封典貤封兄若嫂，敦宗睦族，亲疏咸周恤之。自处俭约，接寮寀以敬，训子弟以先器识次文艺。配孙恭人生子女殇，以伯兄次子彦澄为嗣。孙六人，方棫、方朴、方权、方檀、方榕、方林，卜葬于后营南原新阡。铭曰：峨峨紫金，生此秀杰，蔚为国华，淹贯六籍。先公得之，如珍斯获。扬历中外，治绩丕彰。泽流汾路，才轶龚黄。监司展骥，待莅封疆。望切苍生，夫何溘逝。公身则遐，公英在世。锲石幽宫，百祀弗替。

何果毅建鳌墓　在滦州西筱水坡。

同治四年乙丑《御赐葬祭文》云：朕惟阃外励策勋之略，气郁风云；行间摅致使之忱，义昭日月。盖临难克全乎大节，斯饰终宜沛以殊恩。爰命礼官，用将祀事。尔原任中营副将记名总兵何建鳌，才堪致果，性本知方。数省从戎，卅年效职。奏朕公而报捷，枭獍叠擒；偕爪士以同仇，熊罴益壮。在先帝屡加懋赏，头衔膺协阃之荣；迨朕躬复奖贤劳心，简进总戎之秩。当匪踪之肆扰，随大帅以往征，转战无前，鸱张尽翦。长驱直入，免脱难容。渺彼游魂，率皆破胆。方冀妖氛尽埽，何期困兽犹奔，势已蹈于危机，身不离乎主帅。痛戢凶而冒险，忠竟忘身；怜授命以如生，魂能杀贼。艰贞克矢，轸恻良殷。赐以隆施，嘉其勤事。秩均一品，祭命肆筵。於戏，英名已播于旗常，芳生雕俎；精爽常贻于竹帛，辉映龙章。用妥尔灵，懋彰予典。

又《御赐碑文云》：朕惟折冲御侮，臣心摅效命之诚。赐恤推恩国典，示褒忠之厚。酬庸身后，青简弥光；追美生前，翠珉宜勒。尔原任中营副将、记名总兵何建鳌，致身刚介，矢志坚贞。随大帅以长征，任偏裨而效命。摧锋陷阵，所向无前。摩垒靡旌，何坚不克。绝流而渡，歼皖豫之匪踪，卷旆而前，扑曹徐之逆焰。秩洊跻于协阃，权更授以总戎，奖劳而屡览荐章，嘉绩而特颁勇号。方冀妖氛尽敛，气埽欃枪，何期困兽犹奔，毒罹锋镝。孤军深人，贼若蝟毛。大节无亏，尸还马革。诘奸慝而除凶暴，勇冠全军；同患难而共死生，魂依主帅。睠怀忠魄，叠沛隆施。肖厥生平，谥日果毅。於戏！松阡在望，堪嗟马鬣之封；华衮常存，永耀螭文之彩。式彰伟绩，视此丰碑。

大学士倭仁《何果毅公墓志铭》云：何君立夫，有将才，以战功起家，至总戎。为余姻家之族，耳名久矣！嗣随忠亲王战殁于曹，闻而甚惜之。公子绍昌奉行状乞为志墓，不获辞，爰按状而为之志。公讳建鳌，字立夫，行四，镶红旗汉军人也。幼端谨纯笃，不好嬉戏。七岁就外傅读书，即明大义，志在立武功。馆课毕，取小弓箭习射，辄命中。塾师与王父赠公钟爱之不禁也。年十三随族兄外出习武事，专精笃志，学大进。年十七冠童子军。十八膺道光辛卯乡荐。壬辰会试不第。效力右营。壬寅补西便汛把总。时赠公殁，与季兄同居殊友爱，捕务勤，颇为上游重。咸丰元年春，随前大臣达公征粤西。七月初十、十五，八月初三等日，战于紫荆山新墟，枪毙发逆多名，前相国赛保奏奉旨赏戴蓝翎。二年，补千总。三年，从前理藩院尚书宗室恩公剿豫省发逆，前敌获胜多次，会恩公殁旋京。四年正月，隶参赞大臣科尔沁亲王僧麾下，自王家口一带追杀逆匪至舒城、阜城，攻破后康村、连庄坫宅贼巢，血战数日，擒斩多名，夺获器械多件。二月十七日，奏以守备用，先换顶戴。八月，补南营守备，在连镇接仗多次，首逆林沨翔伏诛。移师高唐，追杀逆匪至山东茌平属之冯官屯，首逆李开芳被擒，解京凯旋。五年，到京营任事。六年八月，拿获私铸人犯，奏换花翎。七年五月，奉旨发往河南军营，交英桂差遣，钦此。在角子山剿匪出力，奏以都司用，加游击衔。剿阜阳教匪，平之，请以游击用。八年六月，补右营游击，七月二十日，调赴大臣曾营。十月，到京营游击任。九年二月，随大臣僧赴海口防堵，打仗奋勇，请加副将衔。十年，随大臣僧为翼长，在山东一带剿捻匪。十一年，赴济南及登、莱、青各府属追剿捻匪，叠次获胜。旋带兵勇炮位赴江南宿迁、沭阳各路，攻剿马庄、高唐沟、高流镇各贼，围杀贼数千，获枪炮多件。又在山东曹州府一带剿灭土捻各匪，连次获胜，并攻克如川口、刘家庄、郭家糖房、马家集、魏湾各贼。围埽穴擒渠，获枪炮旗帜无算。十二月，奏请以副将用。同治元年九月，克安徽亳州捻首李廷彦等数寨。九月，请以陆路总兵用，为营总，叙斩张洛行功。二年三月，奉旨赏给雄勇巴图鲁名号。六月，攻山东之淄川县白莲池等处土匪悉平之。剿宋逆景诗于高唐，毁其巢穴，擒斩余匪殆尽。三年五月，补京营副将。是年征蒙亳，灭捻首苗沛霖，救出难民以万计。张洛行死，贼侄张总愚领其众，纠合发逆赖文洸、任柱等为流寇，剽掠于楚、豫、齐、皖、闽。王师跟剿百战，未净贼氛。四年二月，大战于豫之鲁山，贼狂窜，尽夜走数百里，王意穷追，公谏不从。四月二十四日，追贼于曹州府之高家楼集，大获胜。王与公陷阵，贼穷促，齐回马横冲，各军惊退，公率亲兵数名寻王，杀贼多名，被围无惧色，马中伤后徒步冲击，手刃数贼，力竭捐躯，公为贼所最恨，死尤惨。翼日，王与全阁部亦遇难。事奏上深悯悼，奉旨：著加恩，照提督例从优赐恤，并附祀忠亲王专祠，以慰忠魂，钦此。赏给骑都尉兼一云骑尉世职，予谥曰：果毅。呜呼！今天下亟需将帅才矣！积数十年天地亭毒之厚，朝廷培植之深，始生一二，顾生矣，未必能用其才；用矣，未必能当其才；当矣，未必能尽其才。至几几欲尽其才，又仓卒遇变以终，则其才仍不能尽。如汉李广、宋曲端辈，指不胜偻，古今有同慨矣！虽然大丈夫以身许国，犹以马革裹尸为幸。况将帅同心，志在社稷，泽被生民，声施后世，直与周陈配关，牛张配岳共享千秋，岂非不朽盛业哉！公性严洁，行军有纪律，军营十五年，身经数百战，不贪财，不矜功。自王下感服其雅量，军所过勿犯秋毫，楚、豫、齐、皖之民咸感之，且尸祝之。所谓生荣死哀者，固其宜也。公入关始祖诰授振威将军，公以军功膺男爵，伯祖振威将军，公以军功膺轻车都尉，至公而三，可谓能继先志矣！曾祖毅赠振威将军，妣氏刘赠一品夫人。祖国兴赠振威将军，妣氏范氏王赠一品夫人。父世英赠振威将军，妣氏孙氏、鲁氏唐赠一品夫人，咸以公贵早世。公兄弟五人，居乡者三人，同居京者一人。公原配氏赵先殁无出，追赠一品夫人，继娶氏闫封一品夫人，生子绍昌袭职，妇氏闫。长孙荫芳，孙女一，俱幼。公生于嘉庆甲戌，殁于同治乙丑，享年五十有二。四年八月二十九日，葬于滦州筱水坡祖营。铭曰：长白山势雄压边防，鸭绿江派远衍滦阳。灵气郁结，挺生忠良。七尺磊落，千顷汪洋。怒提干橹，誓埽欃枪。大江南北，如虎驱狼。巍巍竹帛，烈烈沙场。赏延于世，俎豆馨香。佳城永奠，山高水长。

以上滦州。旧州志载后魏段永墓云：在州北二里。案：永乃宇文周人，非魏人，生平未尝至辽西。其传云：卒于贺葛城，丧还，高祖亲临，则必无葬辽西之理。

[金]

齐将军墓　在乐亭县西三里。案：乐亭旧志云，齐氏自明威将军陶仕于金后，有信武将军葬于此。

[元]

张大夫升墓　在乐亭县北五里，今无考。

王总管仲位墓　在乐亭县西南三十五里，青河东。乐亭旧志作仲仁，误。

蔚州灵丘县主簿张亮《奥鲁总管王公之碑》云：公永平路乐亭人也。公之子瑱，今八旬有六。以其始立碑铭间有不备。再行磨洗，欲别为叙文，补刻阙略，羊虎翁仲仍旧无改。公挈家从公居长安而终于彼，久不附葬祖。项故寄书与次男志刚，俾起灵柩东归。今志刚回称，依命卜日开墓，入于中见紫藤根引顶而下，络绎不绝，周密束棺，众为诧异，如动则凶不可移。志刚遂依旧严闭，从其志而东归。瑱以父之功行，虽关中纪录，而故茔无碑，使子孙不得睹其行事，昧家之世次，岂为人子之道乎！遂令侄子持状而来，乞予为文辞，不获已续补其阙。关中碑所载甚详，此文亦有增略，两观之实为表里，可为完碑。公讳仲位，方天造草昧之初，首从元戎阿术鲁搴拔有功，授麾下左监军。后隶先锋，使夹合破江芩，取归德，迁先锋翼镇抚都弹压。而西将有事川蜀，挈家从军居长安，为久驻之营。复与备海都帅耶律太傅并兵袭瞿塘、忠万、重庆诸郡，皆望风奔溃。巴蜀之平，校功得赐玺书银符，升太傅府诸翼军马都镇抚。乙卯，公小有违和乞闲，瑱当立，固让兄理代父职。中统建元，陕西、四川行中书省。以公素有令闻，起复擢先锋使。未逾年，四川便宜都帅耶律达鲁花赤荐公充大都、大同、真定等路奥鲁都总管。抚养将士，恩威并著。后为通例，并归有司。年老不复仕，退以就闲。至元十七年春三月九日以疾终，享寿七十有八。是时权瘗于咸宁县洪固乡凤栖原。至大四年将起灵柩，来祖茔附葬。因有紫藤根之祥，不曾动移，然所在而葬，亦其理也。公之曾祖钧，祖居实，皆潜光未出。显考讳统，资刚毅，有材力，金末从镇国上将军完颜公领兵出镇高丽，东方得安统之功居多。太夫人赵氏生王子：长曰仲录，课税所副使，今更为永平路；次即公也；季曰仲贵，管本路盐场事。公夫人李氏、赵氏、梁氏、次谢氏。子男三：长曰珪，赵所生；仲曰瑱，李所生；季曰瑛，谢出也。女二，梁所生，长适昌黎县尹严侯男，次适大同路千户萧公。男珪娶吕氏，再娶贾氏，有子曰褫刚，吕出也。珪自代父职从太傅都元帅并留蜀川，复立成都，同狃邻收附马湖、勺门、黎雅、建都、嘉定、泸州、白马、五花等郡。又下巴南数城，由是多获恩赏。至元七年，例革诸军，镇抚举伯男珍代、珍充拔都马军总把。至元九年，陕西五路西蜀四川行中书省，激厉有功，移文枢府，降恩命金符，升兴元路义士军千户。镇压南山十八处关隘，巡行金房绣堆，开达夔路重庆、句当。至元十二年，四川平定。安西邸王相府论次其功敷奏之，不妨本职知洋州兼诸军奥鲁事。至元十九年上章乞解职，请召命珪男褫刚领千夫长。至元二十年，行中书以珪旧望善于绥抚闻之，朝省。越二十一年，优荷纶恩特加武略将军、商州知州兼诸军奥鲁。至元二十九年，授宣命武郎将军、成都路总管府治中兼诸军奥鲁。顼仕本路诸军奥鲁镇抚。娶高氏，生男二，长曰伯川。先充断事官知印绶，授懿州判官。辽阳行省美其清慎，屡摘委问事及给散赈济钱粮，悉公正。秩满，改授大都丰润县尹。颇有政声，闻于时。未几，卒于官所。次志刚，现居长安。女三，各适名家，瑛，云南宣慰司奏差，娶鲁氏。公侄九人。兄之子四，长曰珍，本路拔都马军总把，又受脱脱大王令旨，兼永平路打捕鹰鹞事。珍子进威，受公番顺原等处元帅府劄付，充本翼百户。弟之子五，次曰瑜，充王邸管稻地户总领。孙男三，曰褫刚，弱冠代父职，授教敦武校尉，就带金符领千夫长。守镇兴元南山十六处。大德二年，叙受宣命武略将军，吐番、河州，军民中副千户。娶安西太傅府经历李之女，生渊及源。曰伯川娶永平古淇州太守孙女石氏，生男守兴，早卒。曰志刚娶卢氏，生泽。泽娶刘氏，生德。受公之子孙，永继不绝。盖公积行累功所致也。予既条阵实事，岂可无一言嘉之。公从壮至老，尽瘁国家，自东徂西，勤劳王事，立德立功，于今未见。真北方之古贤也。遂就其实取而铭之云：公讳仲位，少负远略。首从元戎，诛斩残虐。授左监军，襟怀绰绰。汴蔡归德，一掠无遗。有事川蜀，挈家以随。巴蜀悉平，长安居之。都帅荐引，奥鲁是主真定、大同、大都置府。将士之家，咸赖摩拊。皇庆元年季夏六月望日。案：此志则茔中所葬，乃其衣冠墓也。今翁仲已没，羊虎尚存，文虽不佳，姑存其真，以备考。

[明]

姚郎中墓　在乐亭县北三里，今无考。

李副使乐墓　在乐亭县西南二十三里，张堡庄西南。

宋参政宏道墓　在乐亭县西一里，今无考。

温佥都御史厚墓　在乐亭县东北三里。

李通判霖墓　在乐亭县北一里，今无考。

牛知府本墓 在乐亭县北一里，双庙许家庄。

卢司务敬墓 在乐亭县西北一里。子参议梁，孙副使耿麒附。

王封君臣墓 在乐亭县东北一里，长子知府好学附。

王尚书好问墓 在乐亭县东北二里，子副使浑然附。

万历十年十一月二十三日丁丑，遣直隶永平府同知张民范谕祭文云：惟尔志行端纯，才猷敏练，奋登甲第。筮仕奉常，任台察而风采独持，历卿寺而勋庸茂著。升华总宪，掌赋留曹，表仪独树于官。方出纳有禆于邦计，位高而心益下，身退而名弥尊。兹拟赐环，讵期易箦，讣音来奏，良轸朕怀。爰念往劳，特颁恤典。灵如不昧，尚克歆承。

万历十一年二月二十八日辛亥遣直隶永平府推官丁汝谦谕祭文云：惟尔位登八座，望重三朝，清忠夙著，于陪京雅素，尤敦于晚节。胡为一疾，倏掩重泉，载举彝章，用酬往勣，灵其不昧，服此殊荣。

户部尚书蓟门张守直《西塘王公纪恩碑铭》云：宫保公讳好问，字裕卿，别号西塘。世传为邑中著姓。历仕至南京户部尚书三载。奏最具疏乞归，不获允，至数请始遂所恳。十年四月二十几日以疾终。至十一年二月十八日葬事襄矣！其冢嗣官生浑然，一日谒予泣言曰：先君不幸，至大故。顷当宁慎恤典不易。徇所请惟先君得宠，锡以贲泉，壤恩至渥矣！愿乞言，俾不朽于螭首。嗟乎！公固不可以弗识也，劳者表乎忠者也。恩者酬乎实者也。文者纪乎盛者也。所以永思也，思以显亲不忘，备物其处，虑深而为示远也。案：状公敏慧性成，童而受学，颖悟超异，群弟子莫及也，长而勤力不倦，嘉靖丙午举于乡，庚戌登第。拜太常博士，擢河南道监察。时袁州通贿言者率揣摩希望以结其欢，其或浮慕骨鲠之名，张空排击阴附腹心。公独中立不阿，侃侃如也，历官至今。大司徒旧南中号闲局日棋，酒、吟、咏是娱。公至，立规画，谨簿书，长日无暇习，移于率属，弊绝于励。官人咸以任事归公，而不知识体负器。自筮仕已定矣！扬历南北，凡三十余年，力致崇阶，冰蘖苦节，无殊寒素。三立之业，缅乎无涯，如公者世岂易哉？宜鼎彝穹隆，列勋而铭焉！其殁也宸章重恤，首乡贤而祠焉！先王之制礼也，以激忠也！所以报乎其直者也。公历三朝，规绳不替，树绩懋勋。兹亦足以报矣！然以公鸿巨，何重不肩，何远不拓。舆论早品藻人物以望，公大所燮理，荏苒南中，非当宁意也。时江陵擅威福，树私党，僭逾无人臣礼。缙绅稍自重，即才弗用，用亦弗显。公之不竟所施，以江陵困也！观公在南都有“几年寥落长安客，一夕愁来思更繁”之句意重忧之矣。及江陵罪发，身后丑秽，彰露阖门，诛且窜焉！上乃广厉言路，往往延辟直谅宿德，公已仙逝矣。命也！虽然宫保诰命及谕祭种种，制文行将刻之丰碑。上之则国史书庸，下之则贞珉勒绩。若公者，可谓天全者耶！抑公之自全厥天也。谚曰：“不竟其福。子孙之谷。”君子知王氏长矣！令嗣博学宏养，蔚为国桢，行将有光奕叶孝德允征矣！语曰：“无言不酬，无德不报。”人患无实，实斯思，思斯永矣。因系之铭日：于维哲英，监精含贞。扬历三朝，鹗节是崇。靡圮弗撤，靡猷弗徵。终始一德，直谅且诚。山屹玉立，不激不震。群然趋炎，公持以正。计纠处纷，警系游刃。仇尔孤忠，嗟彼巧荏。於乎！我公，世实尔思。缙绅永悼，朝野凄其。绵绵厚遗，歘其有嗣。神应不昧，维石嶷嶷。

乐亭杨在汶《经王尚书好问墓诗》云：古墓郁岧晓，秋深木叶凋。土花迷曲径，碑藓蚀前朝。宅几更新主，林空唱墓樵，可怜三百载，遗泽付寒潮。

萧封君富墓　在乐亭县西南三里，子运同、云汉附。

曹苑马司牧墓　在乐亭县西北三里巩家庄。

张布政国瑞墓　在乐县西北三里，巩家庄西。

陈推官兴仁墓　在乐亭县东北一里旧镇庄。

刘大理廷宣墓　在乐亭县西三里蔡各庄。案：廷宣，山海卫人。

明谕祭碑云：维崇祯八年，岁次乙亥十月丁亥朔越二十八日乙巳，皇帝遣永平府知府唐世熊，谕祭原任大理寺左少卿刘廷宣制曰：惟尔才猷练达，行谊端方。自花县敷仁而柏台，秉直历阶，卿贰遁迹，家居迨□□孤城，乃身先倡义，保全邑社，劳勩可嘉。软念沦殂，特恩予祭，灵其不昧，庶或祗歆。

[国朝]

姚封君延嗣墓　在乐亭县北八里明福坨，子员外采附。

陈大令性天墓　在乐亭县南五里棘儿坨。

姚大令协于墓　在乐亭县西五里朱家庄。

吴大令班墓　在乐亭县西南二十里双坨。

李封君本恭　子封君拔墓　在乐亭县南八里，栗家湾坨。

予告都察院左副都御史全州谢赐履《乡饮大宾李公墓表》云：信乎哉！修德未有不获报，潜德未有不显扬。吾所闻固如是，吾所见亦有然矣！前余守永平郡，尝欲访求一二耆德之士，以奖励世俗，而观风庠序。因旌其文行之优异者，以为士子劝。乃访求所至，人辄称道乐亭李翁之贤。余因深悉其为人，醇谨居家，孝友能敦，笃其族姓子弟一遵良。有司约束如编审资生延阖族于家，饮食教诲之。亲率诣县令，无欺隐，而己身丁粮终不求免，恐累人补替也。其临则尤慎于取而不吝施予。尝与王姓交，则王姓附银数万封锢相授，每封游二三两，彼此不知也。归验乃浮二千余，翁悉清还，人共服其不欺。又有山东杨姓为人诚笃，翁敬之，与之共事，尽推所获以予，且别为经纪其家。盖翁夙诚信，遇有同志性命，以之其乐善之笃，一至于此。故其人至今立位于家祠以报德。凡里中婚、嫁、死、丧，告匮于翁者，事必得济。里有渠通滦河，大雨盈溢，行人病涉，岁建木桥，水辄冲圮。翁之父买石数百里外，欲筑石桥，未及而殁。翁继成之，人咸赖焉！其待人甚恕，仆隶不轻加呵叱，临殁悉检身券还之，曰："毋令若子更为人奴也。"其生平大类如此。余闻之喜而不寐。他日考课属邑，得乐亭李刘二生卷奇其文。召见之，李貌甚伟而文又特美。询其家世，即所闻李翁之孙也。因询其祖居家时事，谓先祖兄弟四人最友爱，能相率尽孝，待子孙及从子孙，慈蓄无二。然小有过，每切责曲谕不少宽假。居常课读教之。读书以明圣贤之理，求为孝弟。祖年七十余，逢先世生忌之辰，必亲诣墓祭扫拜跪，间涕下沾襟。其言外事，与余前所闻不少异。噫！是可以信李君真笃行君子矣。李生因进而请曰："先祖少而壮，壮而老，惟以孝养积善。闻其行事，往往与古人合，而不求人知久矣。顾安得天下有德行能文章之大人为表扬之，则幸甚。"当是时，余心许之，而未之应也。姑最之曰："尔二人毋谓乐亭小邑，尔貌尔才皆可大显而出。佐国家则于表尔先人也何有？"未几李发解捷南宫选庶常矣！余益更有望于刘生者。今年夏，蒙圣天子高厚恩念臣，赐履犬马齿衰，予告归田里。道出南昌，则李君已自掌科，来为监司，迎劳之下，备道前事，言向所取刘生名澓者，已与厥弟同举京兆贤书，遂心折余具眼，更以翁之墓表请。曰："先祖行善，不令人知。求之他人，恐疑为饰美。惟公素稔于十余年之前，灼见无所疑，其可吝一言乎？"将行，复具行状来请余，惟翁之行善，不令人知，非潜德乎！有孙若此，非获报乎！余虽不敢以能文章，有德行自居，而窃欲践往年心许之约也。故谨次昔日见闻之事，为之表却寄之按状。翁讳本恭，字成。初举乡饮大宾。生于明崇祯二年八月十一日。卒于康熙四十五年正月二十九日，享年八十，配待赠恭人王氏、刘氏、黄氏，葬于三月十五日。墓在时登屯七甲栗家湾头祖营之次。王恭人，生二子擢岁贡生，候选训导。拔邑庠生。敕赠文林郎翰林院检讨，候赠如翁爵孙八人，芝、蕙、蓁、董俱训导，君出兰，丁酉顺天解元，戊戌进士，翰林院庶吉士，进检讨充日讲官起居注，改户科给事中，今任江西等处承宣布政使司，督理粮储道副使。芸，邑庠生。葳，癸卯恩科举人，范，早卒。俱赠君出其子若孙，所娶与女子，子及女孙所适详《墓志》既表如状，且系以辞。辞曰：谓天盖高，其听则卑。积善余庆，在昔若兹。翁秉纯资，善勿求知。不言躬行，孝友永思。睦姻任恤，崇义黜私。煌煌世儒，孰克逾之。栗里之湾，有水潺湲。幽室孔固，左抱右环。潜德所劭，光远有耀。于门既高，王槐亦效。济济文孙，纶音紫诏。孙曾之贤燕翼诒教。

大学士张廷玉《李公墓表》云：康熙六十一年冬，皇上初登大宝，覃恩群臣，并进爵秩。既又及于其亲，若存若亡，咸被宠命。于时翰林院检讨李君兰得以其爵推赠厥考文学公，如其官去赠。公之卒十有八年矣！余时在掌院，与李君朝夕禁近。因得悉赠公家世，及其行事，所谓质行君子人也。又八年李君奉命总藩江右，以治行为天下最。于是赠公之遗绪，日益光显，乃具书币奉状遣其季葳乞表于余曰：“先人之葬也，某少贱不克有铭。今幸叨时窃位，荷天子宠，章光及幽壤，而隧道之石尚阙焉！无辞以刻，敢以是请。”余不获以不文辞按状：公讳拔，字汇征。先世山后六州人。祖受宗始迁乐亭，遂世为乐亭人。六传至文学化亭，弱冠负才名，早世遗一子，洪灿甫四龄，继配朱，抚孤植节，卒大其宗，是为公曾祖洪灿，生乡饮宾本恭，两世皆以好行其德，为一邑倚赖，语具左都御史谢公赐履所撰墓表中，是为公祖与考也。公生而颖异，五岁通句读。六岁能举忠孝二字，解说大义娓娓动人。年二十一补弟子员，与伯兄擢并有声库序。性纯孝，凡所行一切禀承父意，终身未尝有所违于其亲。四岁失恃，事继母刘氏、黄氏，皆如母。母病朝夕炼药奉淖糜以进，中夜衣不解带，中裙厕牏必躬亲。如是经岁不懈，及没，擗踊无算。凡复袭摆缀敛殡奠祔，悉如礼父。尝行贾济兖间，及年稍衰，公请母往。乃自蹑屩代往。计宿责贫不能偿者约万金，悉券还之。归白父为之忻然至今。济兖之间人称李氏之德，公与伯兄以文学行谊共相淬，厉思大振厥家事。兄如严师，凡细事必关白而后行，虽析产推财无间。有同母姊婿早丧，遗四子，贫无以活。公力给之，凡教养之具必周，俱赖以成立。继母刘没时遗三妹俱幼，公抚之如同母。长为择婿，一一具资装焉！公资产不甚丰，然性乐施济亲。知每赖以缓急，待公举火者常数十家，非其义一介不取。一日偶过郊外，获遗橐衣物，甚不资。公招失者，迟三日始至，举以还之，无德色。平生无饰言矫行，遇人无贵贱，皆有恩礼。教其子严而有方，所以成就之者甚备。公用诸生皆不获有位于时，其志不酬而年止四十有三，其设施他无可见者，而孝弟于其家，信义仁让洽于乡闾。固足以昌其后嗣，虽不在其世而卒，来褒宠于天朝固其宜也。生于康熙二年十二月十三日。卒于四十四年十一月十九日。葬于西庄先陇之次。元配高氏，继配赵氏，皆先公卒，赠孺人，又继配杨氏皆有令德。子男四人：曰兰，康熙戊戌进士，江西布政使，前翰林院检讨，娶吴氏，封孺人；曰芸，太学生，娶张氏；曰葳，雍正癸卯举人，余主试时，所得士也。娶赵氏。俱高孺人出。曰范，早卒，娶倪氏，守节。杨孺人出女四人。

李方伯兰墓 在乐亭县西二里蔡各庄。

尚书曹秀先《西园李公墓表》云：安徽布政使李公西园先生，卒于雍正十三年十二月二十八日，年四十有五，葬某地。公之莅西江也，秀先以髫龄应观风试，受知于公。公奖诱有加，拔置门墙。既长，延课公子星垣入公署，历有年所。故不但知公之立心行政，而于公之家世亦详。岁壬子，公调皖藩。秀先适应公车，丙辰幸叨一第，选庶常。得公先年凶闻，怆念旧恩，潸然泣下。诸子居忧，皆稚弱，欲时通音问不得也。丁卯，公次子掖垣以荫授京曹，乐与数晨夕者数年。今秀先齿逾花甲，忝贰铨衡。公子掖垣以补郡职来京，属余表公墓。余愧不文，然知公最稔，有不得辞者。公讳兰，字汀倩，号西园，籍直隶永平府乐亭县。其先山后六州人。自受宗公迁乐，世有隐德，根蟠枝蔚，迨公已十世矣！公祖讳本恭，性孝友，好施济，晚举乡饮大宾。父讳拔，县庠生，绩学励行，年四十三即世。皆诰赠通奉大夫、安徽等处承宣布政使司布政使。祖母王氏，母高氏，继母赵氏，皆诰赠夫人。娶吴氏诰封夫人，甲午科举人、四川成都府井研县知县吴公讳班次女。男子四人：星垣，太学生；掖垣，广西庆远郡守，嗣补河南彰德郡守；维垣，庚辰恩科举人，山东丘县令，调滕县令。以公季范早卒，命之嗣词垣，由诸生人贡捐州吏目。女子六人，孙男十六人，孙女八人，曾孙二人。公纯孝性成，甫七岁丧母高太夫人，十岁丧继母赵太夫人，皆哀毁骨立如成人。长受业于并研先生，先生识其非常人，因以女妻之。年十有五遭父丧，哭泣擗踊，誓不欲生。杨太夫人强以粥杖而后起。公之奉继母杨太夫人也，先意承志，无敢自专。待昆季宗族念天显笃，友于无闲言焉。弱冠游黉序，藉藉有声。康熙丁酉，仪封张清恪公以当代大儒典顺天试房考。嘉定匠门先生暨商丘兰挥先生得公卷大惊，呈荐主司，击节叹赏，以第一人领解。是时，公年二十有七。戊戌连捷，选庶常，寻授检讨。雍正癸卯，充省方盛典馆纂修官，恩科会试充同考官，得何君玉梁等十六人。十一月以原衔充日讲官、起居注簪笔，承明多所献纳。十二月二十八日，蒙召入养心殿，赐御书福字。明年甲辰，补行癸卯正科钦点江南副考官。召入养心殿面谕："乡试为士子进身之始，尤宜谨慎。尔等人品学问很好，朕知之最悉，故着尔等去。"赐墨一匣，貂一张。公偕侍读学士炳仪吴公虚心校阅，得吴君绶等九十九人。回京复命，诣宫门进折。传旨召见，上云："汝这折子公直很好，你们读书人原当以天下事为己任，随处都该留心，像你这样公正才是。"赐紫霞茶一瓶，貂一张。是年八月，擢户科给事中，赐斑笔十枝，墨刻《得雨诗》一卷、墨刻《谕督抚文》一卷。充甲辰会试同考官，得陈君璟等二十一人。公凡一典乡试，两校礼闱，矢公矢慎，志在为国得人。一时文坛宿儒，多出门下，称极盛焉！武会试充同考官，又充武殿试收掌官，乙巳晋户科掌印给事中，召赐圣谕广训，上谕满汉字各一本。公任谏垣议论多持大体，如请追封关帝三代以崇典礼；定太学课士法以饬伦常。请令学臣择诸生之通贯经传精研理学者升诸太学，以兴士行，诸奏记皆垂令甲。其他嘉谟嘉猷入告甚多，然听解之余，辄焚其草。人故不尽知也。是年四月，简授江西督粮道。公抵任后，毅然兴利除害，勒定章程，踣其奸蠹，军民便焉。先是各邦水手，生事滋害，当事议请清查。什军子弟，学习挽运，尽更旧募舵水。由是县卫拘查佥报，奸丁藉以诬攀者甚众。民间嚣然苦之。公持议力陈不可，请将雇募舵水如保甲法，互相稽查以清奸弊，始得停佥。时中丞迈公以靖共率属诸兴革，多从公议，漕务为之一振云。丁未七月，升湖南按察使，每有谳狱，必取全招，再四寻绎勘鞫之下，每至夜分不寐，遇冤狱立为平反。莅楚八阅月，而刑宪肃清。论者以为释之、定国后一人。戊申三月，升江西布政使。时秋成歉薄，公请发库帑往江南湖广购米三万石，减价平粜，民免于饥。明年夏，大庾等邑骤雨淹苗，公奉命亲往督赈，冒暑徒步遍历村墟，被水灾黎均登衽席。至如念蓼花池之口淤而村田悉废也，则请帑疏之，以导民耕；严家闸旧坝圮，而封一封二之民不聊生也，则请帑建之，以纾民困；滨江之南、丰两邑向有圩堤易圮而难复也，则请帑复之，以奠民居。凡此之类，俱载口碑。戊申八月，奉命署理江西巡抚印务，匝月卸事。庚戌四月以审案镌级，特命仍管藩篆。壬子四月，补江西臬司，寻升安徽布政使。其正己率属承流宣化，一如任江西时。公一生公忠体国，见信先皇。受任以来，荷圣德之同天，繄臣心之似水。早作夜思，悚惶弥切。乙卯九月，惊闻先帝上宾，公伏地号痛，几不能生。迨哀诏下颁，日率僚属，齐集公庭，尽哀不辍，夜归治事，仍至漏声三下，身心交瘁，疮患遽生，卒以不治。呜呼！岂天为国生材不使竟其用耶？抑何夺其算若是之速耶？说者谓盛世明良如腹心之于手足，公自释褐即蒙圣祖仁皇帝拔置清华叠邀恩眷。恭遇世祖宪皇帝缵承大统，膺喉舌之司，受心膂之寄，服勤至死，义无所逃。一闻先帝大行，即于是年不录。岂非先帝在天之灵默有所召，而追随扈从一如生时耶！是亦足以慰公之志，竭公之忠。而公之得君，与所以事君者，诚不以幽明异矣！《经》云："孝始于事亲，中于事君，终于立身。"公其无憾矣夫。是用序次本末勒诸石，并系以辞。辞曰：维天佑善，维岳降灵。哲人翊运，之翰之屏。无父何怙，负耒横经。连搴桂杏，破浪鲲溟。出入禁闼，献纳丹廷。明体达用，本固邦宁。再命三命，繄鼎之铭。南金东箭，入贡王庭。得人资始，白驹在坰。湘沅章贡，载路福星。飞刍挽票，弼教明刑。天子曰咨，百尔仪型。乃藩南服，轩车亭亭。载锡之福，载赐之腥。君恩优渥，稽首涕零。靖共尔位，清风泠泠。作忠移孝，上格苍冥。先皇在天，五色云轩。骑箕应召，强仕之龄。甘棠勿翦，铸像图形。子孙济美，分符搢綎。佳城郁郁，松柏青青。里曰栗湾，邑曰乐亭。呜呼夫子，明德惟馨！

李宫保国梁墓　在乐亭县南二十五里，徐各庄。

乾隆五十二年谕祭文云：风清棨戟宣威表经武之勋。恩贲泉墟，报祀重饰终之典。成劳丕著，降典宜昭。尔李国梁。力任驰驱，才优保障。周庐备直，冠虎榜以抡英；参阃分猷，展龙韬而肄武。美专营之政，肃由协镇而总军牙；闵陟岵之心，劳自岩疆而移畿辅。方殷简注，忽告沦徂。轸念良深，崇衔特畀。於戏！干城攸寄，久资训练于戎行。俎豆维馨，尚克歆承乎恩恤。灵其不昧，享此芯芬。

又，御赐碑文云：朕惟韬钤肄武，牙璋申阃外之威。纶续垂荣，贞石表师中之绩。特沛鸿恩于奕叶，爰昭伟略于丰碑。尔加赠太子少保、原任直隶提督李国梁，质秉诚悫，才优训练擢冠翘材之榜。侍直期门，洊膺专阃之司。扬麾岭峤，统全楚而足资控制，移近畿而弥著勤宣，方效驰驱，忽闻徂谢，既予崇衔以示眷，复从优典以易名。用核生平，谥为恪慎。於戏！听鼓鼙而思将帅，不忘貔虎之雄，铭琬琰以示子孙，式焕松楸之色。荷兹殊宠，慰尔幽扃。

李教授中淑墓 在乐亭县东关外半里许。

张内翰朋来墓 在乐亭县西北八里，馒首庄西。

宁太守兰森墓 在乐亭县东十五里四沟港。

阴训导琦、子学正振猷墓 在乐亭西南二十里田各庄。

邑人史梦兰子翼阴公墓志云：大凡一邑，有一邑之著姓。姓之所著，则必以其中有品端，学粹，立功，立言之人。而后足为世族光，彼徒以富贵炫耀一时者不能也。吾邑自国朝定鼎以来，著姓首推阴氏。而阴氏中品望之最著者，则尤推子翼先生。谨按先生讳振猷，字子翼，一字子犹。幼失估恃，世父方溪公嗣为己子。气体素清弱，而嗜书不辍，诗喜昌谷，赋摹兰成，古文学昌黎、柳州，其笔阵纵横排奡。在近人中，实与魏叔子为近年弱冠补弟子员，以诗赋受知于学使吴健庵、杜石樵两公，试必优等。嘉庆丙子捷于乡，六人礼闱屡荐不售。筮仕初得复州学正。尝语人曰："官无大小尽职为难，教职虽冷官，岂无职所当尽哉？彼自为贬损及以优游养望者皆旷官也"。时复州方行盖平票，以空纸取物，农商俱困。先生病之。乃作书数千言，向盖平令强公陈其弊，盖令出示严禁，积弊始革。又谓妇人以节义为先，穷乡僻壤恒有怀冰茹蘖守志终身，而无力请旌者，著《女士奇行传》二卷，以表章之。出俸钱，镂板存学宫。训诲士子，文行兼重。复之风俗，为之丕变。任满，大宪以县令举，不就。既以丁本生继母忧，去官家居十余载。布衣蔬食宴如也。道光二十八年又选得平山县训导，甫抵任卒于官。灵归之日，举族如哭私亲。乡党中多远迎数十里外者，则素习敦睦和辑之行，又概可见矣！所著有《前型记略》、《庭训笔记》行于世。《亦爱吾庐诗文集》俱待梓。德配王孺人，同邑书升公女。于归后，佐理家政，能得翁姑欢。教子育孙皆有家法，后先生九年卒。咸丰八年四月十六日合葬于田村南之旧阡。子二：长惟霈庠生，次惟澍九品职衔。

以上乐亭。附张孝女墓，在阎镇东南，其父山东滨州人，任石碑场大使，碑阴有铭。

[明]

郑御史已墓　在山海城西北八里马家山。

萧佥事显墓　在山海城北五里角山阳，孙泰安令大谦附。

詹尚书荣墓　在山海城南六里大湾之关，敕葬。孙知府廷附。

刘太仆复礼墓　在山海城西北三里。

冯参议时泰墓　在山海城西十里丁武寨。

赠大理少卿刘同知思诚墓　在山海城北三里角山阳。

程尚宝继贤墓　在山海城西北三里。

刘将军渊墓　在山海城西十里红瓦店。

吕协镇鸣威墓　在山海城北六里角山山麓。

王都督廷臣墓　在山海城南七里。

烈女赵氏墓　在山海城北三十里一片石。

巡关御史傅光宅《烈女碑记》云：自孔孟著成仁取义之说，学士雅言之。然至于所以成所以取，即世所称丈夫者，胡寥寥也？安论妇人女子哉！大都生长于礼乐之区，耳目之所见闻，庭闱之所训诲。讲之明而守之定。彼其慷慨捐躯，从容就义者，世人犹以为两间正气所钟称之，不容置口。岂非以仗节死义求之妇人女子难也，况求诸边隅之妇人女子不尤难之难哉？以今观于赵烈女当别论矣！烈女者，一片石关戍卒赵来住之女也，美姿容性庄重，未尝轻言笑。年甫十有六，而女红娴习过人。时有比邻马铎，瞰其父母他往，谬为借针，而漫以淫词挑之。女即敛容骂日："吾父母偶出，若何为者？敢窥吾室。且若以我为何如人乎？"挥拳殴之。已而，其邻叔闻之，具陈所辖提调将铎稍惩责。女自是不胜惭忿，欲自尽。已又私念曰："不面吾母，胡以自明？"次日母回，具述之。即痛哭不食，曰："人谁无死，迟速等耳。儿宁能以皦洁之身，冒此亵辱于人世乎！"母知其志决，旦夕守之。又三日，女佯为解愠者，给其母曰："若且往理煤，吾自居此。"母不虑其远己也，趣而往。女即闭门自缢死。其邻妇觉之，排闼入，已无及矣。悲夫！余惟赵女者，问其地则边陲，问其家则戍卒。匪长育名阀，匪素谙姆训，其所渐染习闻未知于成仁取义之旨。何如而所为若此，其劲节刚肠，真欲凌霄汉而薄日月，视流俗猥鄙之行不啻浼之。虽古竹帛所载，丹青所图，殆未能轩轾于其间矣！藉令女而丈夫，显庸于时，其所以植纲常维名教者，岂其微哉！顾造物者，奈何厚其所禀而虐其所，遭卒使之抱愤郁以殁也。天乎！虽然女子不遭恶少身不亡。即使幸而称百岁妪，亦汶汶闷闷以老耳。然后知天之所以玉成斯文者，千百世不死也。

又《吊烈女诗》云：一家青山下，经过感慨深。家贫依草莽，塞远对荒林。正气来天地，芳名自古今。崔巍一片石，千载见贞心。

山海李集风《吊赵烈女坟诗》云：不独姜坟古，闻风感倍深。冰操一处子，霜烈入寒林。英爽浑如昨，馨香直到今。年年片石下，夜月对孤心。

[国朝]

刘教授延龄墓　在山海卫。

山海卫佘一元《顺德府学教授刘松乔先生暨配王孺人合葬墓志铭》云：呜呼！余竟从而志翁耶！翁余外父族弟也。余弱冠时，翁见余文而奇之。尔时遽以大业相期，固姻戚而师友之矣。距今三十年，余竟从而志翁耶！翁先世河南仪封人，明初以医从戎山海，遂家焉！艺闻于朝，俾世其业，传四世生鉴为翁曾大父应卫明经授鸿胪寺序班。鉴生汝祯，翁大父也，亦以明经授庐州府照磨，后以子贵，赠奉政大夫、工部虞衡清吏司郎中。祯子四人，长复礼，以明嘉靖壬子领乡荐，官至太仆寺少卿。次复初，次复言，次复道。复言生翁。生而颖敏，冏卿公爱而教之。尝语人日："续予钵者此子也。"髫年赴试，辄见重于有司。未几游庠，又未几食饩，屡试优等，文名最一时。每科与棘闱之选不见售而名益著。为古文词，数见赏于当道，求代稿终弗以私干。当道益重之。幼时父与伯兄析爨，赞之让以成父德，所谓文行兼隆者乎！以载记授弟子，及门成材者四十余人。榆关近年科第多出其裔派焉！伯父乡公历任宦迹最盛，善政缕缕，载家乘及《卫志》中。以未与宫墙之祀，翁念之究副厥，志夫表章，前烈继述之。恒独其舆，情允孚乡评协畅积，久而论弥，定见翁之成。于公议非遂私，悰也至广，应试之额增入泮之数。翁为诸生，固尝以名教为己任矣！需次贡春官司训任丘值多事，尝以祕谋赞军机。岁试举优遗劣，以培厚道，是足多已逾数年，迁霸州学正。当乱后，学宫倾圮，翁极力修葺之。前此学印未给，翁陈于部如其请，生平弹精曲台。在霸时辑《庭训》一编，授其子兼广其传。其有功后进抑何伟欤，嗣是升顺德府教授，随在诲迪勤勤，不为苟禄。若翁者庶不愧人师矣！翁性鲠介不妄求，虽膺奖荐，而自律以严。量移嵊县丞，未抵任以老疾致政归。归而课子训孙，暇时惟手一编自娱而已。翁讳延龄，字景仁，别号松乔先生。生于明万历壬午十一月初十日，卒于顺治丁酉二月初三日，盖得寿七十有六云。王孺人者，抚宁王给谏公从侄女也，幼适翁。事舅及继姑以孝闻。相翁能以诤相成，茹素好善，俭持家，慈抚下，实与翁有同德焉！生卒皆同翁岁，以十月二十九日先翁十月生，三月二十日后翁四十七日卒。自昔称偕老，若翁与孺人，亦奇矣哉！生一子名允元，卫学生员，有材名，克绍翁志。女一适郑印。孙二：长鼎铉、次鼎鼐，俱业儒。孙女一，适谭从恕。乃举人纳之孙，坊之曾孙，皆翁先世所亲厚而教诲之者也。将于某月某日合葬于先茔之侧，是为铭。铭曰：活人医筹，治人宦猷。载振斯铎，襄化薪槱。于赫□烈，俎豆千秋。传经启后，邮播方州。存没与偕，爰得其逑。佳城郁郁，永绵厥庥。

冯司马祥聘墓 在石门寨大峪口。

山海卫佘一元《湖广长沙府同知赓庭冯先生墓志铭》云：吾师冯赓庭先生告殂，厥嗣风仪、风来二君求志于元，相对而泣。元不敏，何足以志吾师？元虽不敏，又不敢不志吾师。师先世山西汾州董寺里人。大父昆源公讳琦，以贸易来山海，因家焉。有隐德，人号善士。生三子：长元吉，早卒。次时泰，由进士历官辽东广宁兵备参议，以直致忤被谴，士论冤之。次讳时盛，即吾师父也。配李氏生子四人：长伟聘，次纯聘，次讳连聘，游榆庠，元髫龄师之，不幸早世。次吾师，讳祥聘别号赓庭，性颖异，能文工书。未弱冠蜚声黉序间。然赋资豪迈，虽诸生而游艺韬钤，结纳英雄。时方用武，若祖大将军，皆其少壮交欢，往来以意气相许者也。棘闱屡踬，志切请缨。尝喟然曰："长剑大戟，文事武备，岂必拘拘，效咿唔绳瓮间耶！"竟日宾友满座，丝竹不废。或有以旷业箴者弗恤也。置身行阵，辄经旬月，绩几就而复隳，乃复事铅椠，勤苦刻厉，夜寐夙兴，寒暑罔辍。年既艾矣，当事训练乡勇，推师为闾巷长。运逢改革，□□□举义关门，以师□□委督糗糒兼预谋议。大清兵至，遂联辔出迎王驾，戮力殄寇，录功以食饩生授山东齐河宰。此其生平出处之大概也。师至孝，因早失估，事孀母备极色养，措甘旨，搜时物，冬夏服饰务鲜洁，犹时贮青蚨千百，置卧榻侧。或问："母衣食充饶，将焉用此？"辄斥之曰："汝何知！母或偶有所需，岂得以分文琐琐向子妇索取耶！"二兄分爨，师专任子职，若不知有伯仲。然母安其养，亦若不知有伯仲也。二兄赖其赡助，各成产，并及侄辈，久而弗替。族人咸藉周庇焉！盖天性固然，非假学力以成之者，且为人慷慨果敢，临事若卒无所辨。及徐探人言，旁资众力，少顷胸有成算，遂一往直前，无所回护，以此终身无挫衄之虞。其在齐河，垦荒田，备驿马，招逋亡，缮城郭，清讼，免耗，课士，劝农，种种善政未易缕述。海宇初定，土寇不时窃发，师躬督家丁捕役，屡擒渠魁。寇积愤，一旦纠合数万众，并力攻城。势危累卵，师撄城固守，以死自誓。令人潜出告急，适值禁旅方他出，闻警旋旆相救，内外夹击，一举而尽歼之。由此济青大盗，无复有窃窥齐河四境者矣。事虽平，乡里愚民素怀反侧者，蓄疑首鼠，致废耕获。师忧之，单骑率数人遍历庐井间，召其子衿父老，相与饮啖谈笑，抚慰曲至。户给印纸，俾安作息，由是士民欢欣，如亲慈父。岁致丰稔，人歌乐土矣！迁秩长沙郡丞，邑人建祠尸祝之，俎牲载酒，岁久而爱戴尤坚。夫岂倖致者哉？长沙古熊湘地，师至诘戎抚众，民安其治。代邑篆，有惠政。未几以前任失欢上官，假漕米欠核得解任，师遂飘然归里。相处城北绵花庄上，犁田数顷，村酒社肉以娱亲宾。延师课子，青灯黄卷，期绍书香。凤仪、凤来二君，时继掇泮藻。而诸孙济济，亦崭然露头角云。师初艰于嗣，五旬后得异方，连生三子，成药授人多所生育，且能已病。岁时施济全活甚众，今其方具在，按方合药弗臻厥效。师殆有仙缘者欤！黄白之术，堪舆之理，向尝究心，久无所得，辄弃去。优游林下十有七年。晚岁卧病年余，不复亲世务矣！大约师之为人也，大节克敦，不饬纤曲。人毁之而不损其名，人侮之而不坠其业，人或消之讪之而德弥邵福弥茂。大度汪洋，不衔旧愆，不介夙怨。虽有偶相龃龉之事，久之不觉，咸归其宇内也。原厥所自得之天授者居多哉！没之日，嘱家人丧事悉遵儒礼。勿用浮屠，洵足法已。师生于明万历庚寅年二月初三日午时，卒于康熙丁未年六月十一日戊时，享年七十有八。元配赵氏，继配刘氏，侧室陈氏，三子：长九昭即凤仪君，卫庠生，娶汪氏；次九箫即凤来君，卫庠生，娶郝氏，系卢龙县庠生郝希孔女。次九征，娶石氏，继娶解氏，先师卒。九箫、九征刘出。九韶陈出。二女俱刘出，长适刘允济，后师卒，次适武庠生傅纬忠，乃江南寿春营副总兵官傅公尚谦子也，既嫁卒。孙五人：应兴、应隆，俱业儒。应昌、应茂、应亨尚幼。应兴、应茂九昭出。应隆、应亨九箫出。应昌，九征出。孙女一人，未字。师将于已酉年四月念七日巳时葬于石门寨之大峪口李氏太母墓侧。爰为之铭，铭曰：惟山语高，峻极于天。惟海语阔，天水相连。笃生哲人，行迹伟然，宦业卓铄，德厚承先。佳城郁郁，石门之巅。荣庇后裔，师模永传。

耿封君国才墓 在临榆县东北三十里一片石。案:《碑记》耿官山东巡抚，非总督。名焞，无起字。墓系其父国才墓，非焞墓。《临榆县志》作耿总督焞起墓。在城北三十里九门城东，误。其碑记云：闻之臣善归，君子善归亲。焞无状何能光显前人也！自焞始祖长兴侯炳文佐明太祖荡平海内，勋名藏于天府，带砺誓于苗裔。至靖难师起真定之役抗敌遇害，侯爵中绝。世居辽左，咸不欲以功名显。至参戎公贤慷慨，欲绍前人之业，奋起行间。辽故不设守令，凡赋税、刑狱，咸受成于公。公莅官以廉，事母至孝。直指公微行得其状以闻上，赐飞鱼二袭以宠异焉！既殁，赐四里庄田以供祭祀。至先考华轩府君讳国才，幼通经籍，性豪遇孝友姻睦著闻乡里。见辽事日非，乃决计不求仕进。挟重资入关游燕齐，任侠结客。不知者以为轻去其乡，而不知辽阳之变公早已烛照而数计也，故卒免于难。嗣是时事多艰，忧愤邑郁，疾日以痼。乃大散其财，诸戚友咸德之。重为殡殓藁葬于一片石之麓，未几风雨骤至，山巅土落，封墓成丘崇数尺。焞时陷辽，痛骨肉异地，乃冒险泛海迹先考所在，登、莱、青、冀之间几遍焉！直抵山海，始知其故，悲号欲绝之余，惟见封树屹然也。焞入楚监军，与宁南侯共事。皇清启运，蒙恩授钺，辟江右，镇抚其地。复召补遵化巡抚，旋历今职。恭遇覃恩，追赠先府君为通奉大夫。焞因得邀荣勒诰，以光泉壤。敬志行略于碑阴，以无忘先德云尔。钦差巡抚山东等处地方督理营田提督军务，加二级兵部左侍郎兼都察院右副都御史，加正二品服俸，男耿焞立石。顺治八年八月二十四日。

吕光禄鸣夏墓 在临榆县北六里角山麓。

佘封君崇贵墓 在临榆县北八里尖山上，敕葬。

刘封君桢墓 在临榆县北三十里朝练营。

佘郎中一元墓 在临榆县西北十里七星寨

刘知府克孔墓 在临榆县西北十五里，盛水庄西。

谭知州从简墓 在临榆县北八里，首山下。

谭副将纶墓 在临榆县北八里棉花庄。

高知府选墓 在临榆县西二十里铺。

穆封君思敬墓 在临榆县北朝阳洞南。子郎中齐英附。

穆封君尔铉墓 在临榆县西十三里七星寨。子都督廷栻附。

吕封君应科墓 在临榆县五泉寺西北。孙侍卫文英附。

王郎中允猷墓 在山海关外鸡冠山下。

张封翁明宇墓 在临榆县西十五里，兴富庄。俗名厢房。张明宇系张霖之父，诰赠光禄大夫。

张方伯霖墓 在渝水西十余里惠源庄。俗名户远寨。张霖《抚宁县志》有传，因国初临榆地属抚宁故也。而其实则临榆县城西富家店人。

平烈女墓 在秦王岛。

郭烈女墓 在临榆县给孤寺前，距城里许。

钱张氏墓 未详其地。临榆牛天贵《钱张氏碑记》云：立人之道在纲常，妇德之贞惟节义。节义者，天地之经风俗之原也。粤稽《柏舟》作誓，诗纪共姜割鼻盟心，贞传曹嫒劲节，光昭于今为烈。若生自蓬门，初无师保训而秉贞，性懔冰霜，身经奇苦，甘心守死而不渝者。其人，其节，更足砥末世，树风声。然论节至此当之者，鲜矣！临邑节妇钱张氏者，龙武营齐民张汝贤之室女也。早岁失怙恃，育自伊叔张汉三。比长，循蹈规矩，未尝苟言笑，盖贞淑自天成也。乾隆十年岁次乙丑，适南人钱子舟之子钱朝怪。钱姓故贫家，阿翁子舟怀抱利器不得志，由浙之山阴，流寓临邑，以市隐谋生。氏小心慈顺，执妇道惟谨。娶两月，伊夫东赴锦州觅生理，未半载以暴疾亡。悲哉！氏也。年才十八，蹇遭不幸，早寡无孤儿，见者为心恻。氏一痛欲绝，誓不二天。尝语人曰："夫亡而改适，失身之行也。妇而失身，身安矣，何以为人？且翁姑伤独子，垂老无依，忍令失侍养。"夫没后，茹苦守贞，以妇代子职，并女工勤俭供翁度朝夕。虽祁寒盛暑，忍饥寒而供颐养者三十余年。洎乎翁姑没，哀毁尽礼，心血几枯。今日者，行年五十有三矣。无家何依，寄居夫好王姓家，鹑衣藿食，自分之死志靡他。吁嗟！噫嘻！庸庸巾帼，罔知节义无足论，即或初念在从一，而孤贫无依，势将填沟壑，苟爱吾身，畴其坚厥志。又况须眉男子，平时读书谈气节，及临利害遭事变改节而易操者，自古在昔何可胜数。氏何人斯？平民家女耳！非搢绅之族，非诗书之家，当此茕独无告，艰苦谁怜，而心坚金石，报亡人于地下，尽妇职于高堂。一点贞心历百苦不移。女子也而丈夫矣！天地之经，风化之原，非氏其谁与属者。所惜孤寒嫠妇，无缘入采诗。千秋大节，将湮诸草莽。今岁夏五，氏夫表侄李公持平怜其苦而重其节。携诸同人之好义者，解囊为颐老资，并托吾世兄牧怀应公属予作文，勒诸贞珉，以表幽光。予不敏，年老学荒，愧不堪胜任。独念潜德幽光有关名教，且诸公之义举其善亦不可没也。遂不揣固陋，而为之记。乾隆四十五年。

孙封翁贤墓 在临榆县南五里，马头庄东。

詹事府少詹事龙门王杰《孙封翁墓志铭》云：公讳贤，字敬一，行二。杰同年进士孙君日秉之父也。家世山海卫人。曾祖守祖、祖自贵皆不仕，乡党称善人。至公，少好读书击剑，雅不欲寻章摘句，略观大意而已。而其天性之笃，尝数千里外心动而即命驾遄归，虽古之庾黔、蔡顺不啻也。其于连气之人所为，天显鞠子哀念之特挚。中年家道凋落，终以析箸，而一门裙屐辈无不缘以成名，其所以教养而玉成者，媲之第五伦之有私殆为过之。第数十年名场困踬，学书不成，学剑不成，而又学计然之术，遂以国子生懋迁辽水。然而明发有怀常以不得光显其亲为觖觖，此则其所悄焉不怡者也。其平居训吾同年友之言，曰："古言为善最乐，而其所以善，则端自读书中来，汝识之乎？能读书而躬行之，则大儒可以成，独科名乎哉！"盖易箦之时，犹以从名师力学业勖年友焉！今观吾年友之为人，磊磊明明可云克肖，想见其庭训之有自，而且金章紫绶以甲榜而绾符百里，其所以答圣天子知人善任之哲而光显前人，以垂庥奕业者将未有艾，需次之先期。吾年友归琢石为墓表，而属杰志铭，杰叨年谊不敢辞，故撮其梗概而志之。初非谀墓也。铭曰：士有遇不遇，而莫不期显其亲，而休有光。唯公怀玉而被褐，以亡考作宅，而子则肯堂，勤敷菑而终庆坻京。卜兹幽宅二纪强。勒铭高冈，终焉允臧。

赵封翁瑞晋墓 在临榆县西北一里，北水关河岸。封翁系赵廷臣之父，按《国史》赵廷臣奉天铁岭人，寄居山海关。由贡生历官浙闽总督，赏入镶黄旗汉军籍。谥清献。《畿辅通志》载人《贡生门》，《临榆旧志》载入《流寓门》。

贞女蔡氏墓　在关外二里，威远城下欢喜岭。

烈妇黄宋氏墓　在临榆县西南十里团练部落。

以上临榆。姜女坟在山海关外海中，乃叠石为之，非真墓也。故止列于古迹，以资谈柄。

卷之二十九

封域志十一　纪事上

[虞]

舜肇十有二州。以冀兖地广，始分冀东恒山之地为并州，其东北医无闾之地为幽州，又分青之东北辽东等处为营州（陆氏《释文》曰：十有二州谓冀、兖、青、徐、荆、扬、豫、梁、雍、并、幽、营也。时舜以冀、青地广，始分卫水西北为并州，燕以北为幽州，青州东北跨海为营州）。

[商]

汤十有八祀三月，王至东郊，立禹后及古圣贤有功者之后，封孤竹等国各有差《纲鉴》。

[周]

惠王十有三年（齐桓公二十三年），山戎伐燕，燕告急于齐。

齐桓公救燕，遂伐山戎，至于孤竹而还（《史记·齐世家》。案《国语》载：桓公之言曰寡人北伐山戎，令支，斩孤竹而南归。滨海诸侯莫不来服）。

七国时，燕筑长城。自造阳至襄平。置上谷、渔阳、右北平、辽西、辽东郡以拒胡（《史记·匈奴传》。案：韦昭日造阳地名，在上谷）。

[秦]

始皇三十二年，帝东巡刻碣石门，坏城郭，决堤防（《通鉴》徐广曰：门一作盟）。

三十三年，蒙恬斥逐匈奴，收河南地，筑长城，起临洮至辽东，延袤万余里（《通鉴纲目》）。

二世元年，帝东行，到碣石，并海，南至会稽而还（《通鉴》案：秦本纪二世东行尽刻始皇所立刻石，石旁著大臣从者名，以章先帝成功盛德焉）。

［汉］

高帝十二年，封摇母余为海阳侯《史记·功臣侯年表》。

武帝元朔元年秋，匈奴入辽西，杀太守《汉书·本纪》。案《汉书·匈奴传》，匈奴二万骑入汉，杀辽西太守略二千余人。又败渔阳太守军千余人，围将军安国。《韩安国传》安国为材官将军屯渔阳，捕生口虏，言匈奴远去。即上言方佃作时请且罢屯。罢屯月余，匈奴大入上谷、渔阳。安国壁乃有七百余人出与战。安国伤入壁，匈奴虏略千余人及畜产去。上怒使使责让安国，徙益东屯右北平。

五年春，令大行李恩、岸头侯张次公为将军。出右北平击匈奴《史记·霍去病传》。

元狩二年夏，匈奴入雁门。遣卫尉张骞、郎中令李广皆出右北平。广杀匈奴三千余人，尽亡其军《汉书本纪》。

三年，匈奴入右北平，杀略千余人。《汉书本纪》

四年春，骠骑将军霍去病出右北平二千余里，击匈奴，所斩捕功多。上以五千八百户益封骠骑将军。右北平太守路博德等四人为列侯《汉书·霍去病传》。

元封元年夏，上东巡海上至碣石，自辽西历北边《汉书·本纪》。

太初二年帝击破匈奴左地，徙乌桓于上谷、渔阳、右北平、辽西、辽东五郡塞外，侦察匈奴动静。于是始置护乌桓校尉《汉书·本纪》。案:《后汉书》所载，有辽东乌桓、辽西乌桓、右北平乌桓、渔阳乌桓、上谷乌桓之别。而鲜卑亦复有辽东、辽西等名。则漠南之地其疆圉分合虽不可考，要其为二部之错居也久矣。

[后汉]

光武帝建武元年夏，遣耿弇，与吴汉、景丹等十三将军追贼至潞东及平谷，斩首万三千余级。遂穷追于右北平无终、土垠之间，至浚靡而还《后汉书·耿舜传》。案《注》云：浚靡，县名，属右北平。故城，在今渔阳县北。

二年春，渔阳太守彭宠反，攻拔右北平数县《后汉书·彭宠传》。

二十五年春正月，辽东微外貊人寇右北平，辽东太守祭彤招降之《后汉书·本纪》。案《东夷传》：二十五年，寇右北平者即句骊也。是岁，辽西乌桓大人郝且等九百二十二人，诣阙朝贡，封其渠帅为侯。王君长者八十一人，皆居塞内，布于缘边诸郡《乌桓传》。

和帝永元九年秋八月，鲜卑寇肥如《后汉书·本纪》。案《注》云：肥如县属辽西郡，《前书音义》曰肥子奔燕封于此，今平州也。

十三年冬十一月，鲜卑寇右北平《后汉书·本纪》。

元兴元年，辽东貊人反，钞六县。发上谷、渔阳、右北平、辽西乌桓兵讨之《后汉书·天文志》。

安帝永初三年夏，渔阳乌桓与右北平胡千余，寇代郡上谷《后汉书·乌桓传》。

元初四年，春二月己巳，鲜卑寇辽西。辽西郡兵与乌桓击破之《后汉书·本纪》。案《注》云：辽西郡故城在今平州东阳乐城是。又案《后汉书·鲜卑传》：元初四年，辽西鲜卑连休等烧塞门，寇百姓。

永宁元年冬十二月，辽西鲜卑降（《后汉书·本纪》）。案《后汉书·鲜卑传》：永宁元年辽西鲜卑大人乌伦、其至鞬率众诣郑遵降，奉贡献。诏封乌伦为率众王，其至鞬为率众侯。建光元年秋，其至鞬复叛，累杀郡守，控弦数万骑。后其至鞬死，鲜卑抄盗差稀。

桓帝延熹九年夏六月，南匈奴及乌桓鲜卑寇缘边九郡（《后汉书·本纪》）。案《鲜卑传》云：桓帝时，鲜卑檀石槐者勇健有智略，部落畏服。自分其地为三部，从右北平以东至辽东接扶余、涉貊二十余邑为东部；从右北平以西上谷十余邑为中部；从上谷以西至燉煌、乌孙二十余邑，为西部。各置大人主领之。

灵帝熹平六年冬十二月，鲜卑寇辽西（《后汉书·本纪》）。案《乌桓传》：灵帝初，乌桓大人辽西有丘力居者，众五千余落，自称王。右北平乌延众八百余落，自称汗鲁王。并勇健而多计策。

中平四年夏六月，渔阳人张纯与同郡张举举兵叛，攻杀右北平太守刘政等，众至十余万，屯肥如（《后汉书·本纪及刘虞传》）。案《乌桓传》：中平四年，前中山太守张纯叛入丘力居众中，自称弥天安定王，遂为诸郡乌桓元帅，寇掠青、徐、幽、冀四州。

五年冬十一月，公孙瓒，与张纯战于石门，大破之。瓒深入无继，反为丘力居等所围于辽西管子城二百余日。士卒死者十有五六，虏亦饥困远走柳城（《后汉书·本纪及公孙瓒传》）。案《公孙瓒传》注：石门山名，在今营州柳城西南。

六年春三月，幽州牧刘虞，购斩渔阳贼张纯《后汉书·本纪》。

献帝兴平二年，右北平杀公孙瓒所置长吏，与刘虞从事鲜于辅及虞子和兵合《后汉书·公孙瓒传》。

建安十年春，袁熙、袁尚为其将焦触、张南所攻，奔辽西乌桓《后汉书·袁绍传》。

十二年秋八月，曹操征辽西，击乌桓，大破蹋顿于柳城，斩之。袁尚、袁熙与楼班、乌延等皆奔辽东。辽东太守公孙康，并斩送之。其余众万余落，悉徒居中国（《后汉书·本纪，及袁绍传，乌桓传本纪》注云：蹋顿匈奴王号）。《案后汉书·乌桓传》献帝初平中，丘力居死，子楼班年少，从子蹋顿有武略，代立。总摄三郡，谓辽西乌桓、右北平乌桓、辽东属国乌桓。众皆从其号令，建安初，冀州牧袁绍与前将军公孙瓒，相持不决。蹋顿遣使诣绍求和亲，遂遣兵助击。又案《三国志·魏武帝纪》：三郡乌丸承天下乱，破幽州，略有汉民合十余万户。袁绍皆立其酋豪为单于，以家人子为己女妻焉！辽西单于蹋顿尤强，为绍所厚，故尚兄弟归之。乌丸即乌桓。

［**魏**］

明帝景初元年秋七月，公孙渊反。幽州刺史毌丘俭进军讨之。右北平乌丸单于寇娄敦。辽西乌丸都督王护留等居辽东，率部众随俭内附《三国魏志》。

二年春正月，诏太尉司马懿帅众讨辽东《三国魏志》。进师经孤竹，越碣石，次于辽水《晋书·宣帝纪》。

[**晋**]

武帝太康二年，冬十一月鲜卑寇辽西，平州刺史鲜于婴讨破之《晋书·本纪》。

五年，慕容廆入寇辽西，帝遣幽州诸军讨之，战于肥如，廆众大败《十六国春秋前燕录》。案:《旧志》作六年误。

惠帝太安二年，冬十一月封鲜卑段务勿尘为辽西公《晋本纪》。案:《魏书》徒河段就六眷，本出于辽西。其伯祖日陆眷，因乱被卖为渔阳乌丸太库傉官家奴。其后，渔阳大饥。库傉官以日陆眷为健，使将之。诣辽西逐食，招诱亡叛，遂至强盛。日陆眷死，弟乞珍代立。乞珍死，子务目尘代立，即就六眷父也。据有辽西之地，而臣于晋。其所统三万余家，控弦上马四五万骑。晋穆帝幽州刺史王浚，以段氏数为己用，深德之。乃表封务目尘为辽西公假大单于印绶。〇目尘即勿尘。《魏书》作穆帝时，与《晋书》异，应误。

愍帝建兴元年，慕容廆攻段疾陆眷（案：其时段氏当已迁于令支）。取徒河新城至阳乐。时中国流民归廆者数万家，廆乃立郡，以统流民。冀州人，为冀阳郡；豫州人，为成周郡；青州人，为营丘郡《水经注》，渝水南流经营丘城西南人于海；并州人，为唐国郡《前燕录》。

[**东晋**]

元帝大兴元年春正月，辽西公疾陆眷卒。其子幼，叔父截附真自立为单于《晋本纪》。

永昌元年，慕容廆遣其世子皝袭段末柸，入令支，掠其居民千余家而还《前燕录》。

明帝太宁三年冬，段牙谋去令支，国人不乐。段辽以徒都为牙罪，率国人攻牙，杀之自立《前燕录》。案:《魏书》辽作护辽。烈帝时，假护辽票骑大将军、幽州刺史大单于北平公，弟郁兰抚军将军、冀州刺史渤海公。

成帝咸康四年（后赵建武四年），春正月，石虎伐鲜卑段辽于辽西，辽率妻子宗族豪大千余家，弃令支奔密云山。虎入令支，迁其户二万余于司、兖、雍、豫四州。士大夫之有才行者，皆擢叙之。夏四月虎谋伐昌黎，遣渡辽将军曹伏将青州之众渡海，戍蹋顿城，无水而还。因戍于海岛，运谷三百万斛以给之。又以船二百艘，运谷三十万斛，诣高句骊。使典农中郎将王典率众万余屯田海滨，掠缘海诸县《后赵录》。案:《前燕录》是年正月，皝遣都尉赵槃如赵请听师期。虎将击段辽，募骁勇者三万余人，悉拜龙腾中郎。帅舟师十万、步骑七万伐之。三月赵槃还至棘城。皝引兵攻掠令支以北诸城，段辽遣弟兰来拒，大战败之，斩级数千，掠五千余户，及畜产万计以归。五月虎入令支，怒皝之不会师，先攻段辽而自专其利，帅众来伐兰。《魏书》作郁兰。

五年（后赵建武五年）夏四月，燕遣别将攻辽西，俘获数千家而去。冬十月以抚军将军李农为使，持节监辽西、北平诸军事，征东将军营州牧镇令支。虎以辽西近燕境，数遭攻袭，乃徙其民于冀州之南《后赵录》。

六年（后赵建武六年）春二月，虎将石成与慕容皝战于辽西，大败引归。秋九月，虎将讨慕容皝，命司、冀、青、徐、幽、并、雍七州，兼复之，家五丁取三，四丁取二。合邺城旧军满五十万，具船万艘，自河通海运谷千一百万斛于乐安城（即今乐亭县），以供军征之用。徙辽西、北平、渔阳万余户于兖、豫、雍、洛四州之地。自幽州以东至白狼、大兴屯田，括取民马得四万余匹，大阅于曜武场。冬十月，皝入自蠮螉塞，戍将当道者皆斩之《后赵录》。

康帝建元二年（后赵建武十年）秋九月，虎命段兰帅所部鲜卑五千人，屯令支《后赵录》。

穆帝永和元年（后赵建武十一年）冬十二月，虎使征东将军邓恒将兵数万，屯乐安《后赵录》。案：是年燕慕容皝始不用晋年号，自称十二年。

六年（燕俊二年）燕王俊，使慕容霸将兵二万。自东道出徒河（在今锦县西北），慕舆干自西道出蛭螉塞（蛭螉即居庸之转音在今昌平州），俊自中道出卢龙塞（即潘家口在今迁安县），三道并进伐赵。霸军至三陉（《魏书》海阳县有横山盖即三陉之地）。赵征东将军邓恒，焚仓库弃安乐遁去。南部都尉孙泳入城扑灭余火，藉其谷帛。霸收安乐、北平兵粮，与俊会于临渠《前燕录》。临渠今三河县地。案：《汉书·地理志》安乐县，属渔阳郡，乐安县属千乘郡。邓恒屯兵之所《后赵录》作乐安，《前燕录》作安乐，就三陉之地论之，当以安乐为长，时其地尚别有乐安城，不知谁是？姑分录以俟考。

永和九年（燕元玺二年）遣将军步浑治卢龙道，焚山刊石，令通方轨。刻石岭上，以纪事功。《水经注》。

升平二年（燕光寿二年），辽西获黑兔《前燕录》。

孝武帝太元十年（后燕燕元二年，即建兴元年，北魏登国元年）秋七月，建节将军余严叛，据令支。垂遣骠骑将军慕容农，讨斩之《后燕录》。

十五年（后燕建兴五年，北魏登国五年）秋九月，北平吴柱聚众千余，立沙门为天子。攻破北平，转寇广都，入白狼城。高阳王隆遣安昌侯进将百余骑，穷捕斩之《后燕录》。

二十年（后燕建兴十一年，北魏登国十年）春，征东将军平视反于鲁口。视弟海阳令翰起兵辽西以应之《后燕录》。案:《旧志》视作规，误。

二十一年（后燕永康元年，北魏皇始元年）春三月，闻魏兵东下宝使征南将军库傉官伟、建威将军余崇，将兵五千为前锋。伟等顿卢龙城近百日《后燕录》。

安帝隆安二年（后燕建平元年，北魏天兴元年）夏四月，燕主宝为兰汗所杀。汗子和屯令支。长乐王盛遣兵袭诛之。秋九月乙未，以慕容豪为幽州刺史，镇肥如《后燕录》。

三年（后燕长乐元年，北魏天兴二年）秋八月，辽西太守李朗阴招魏兵，许以郡降。盛遣辅国将军李旱讨之。朗留其子养守令支，躬迎魏师于北平。旱袭克令支，遣广威孟广平率骑迎朗，及于无终斩之《后燕录》。

四年（后燕长乐二年，北魏天兴三年）春正月，魏遣材官将军和拔（一作突）袭幽州刺史卢溥。盛遣孟广平援之无及，斩魏辽西守宰而还。高句骊王安，事燕礼慢。二月丙申，盛率众三万伐之，开境七百余里，散其积聚，徙五千余户于辽西《后燕录》。

五年（后燕光始元年，北魏天兴四年）冬十二月乙卯，魏虎威将军宿库（一作沓）干率众攻令支。壬午拔令支而戍之《后燕录》。

元兴元年（后燕光始二年，北魏天兴五年）春正月丁丑，熙遣平寇将军慕容拔，攻辽西，拔令支戍。宿库干退走，执魏辽西太守那颉，以拔为幽州刺史镇令支，以中坚将军辽西阳豪为本郡太守《后燕录》。

义熙二年（后燕光始六年，北魏天赐三年）夏五月，以上庸公懿为镇西大将军冀州刺史，镇肥如《后燕录》。

三年（后燕建始元年，北魏天赐四年）秋七月丙寅，夕阳公高云杀其主熙，自立幽州刺史。上庸公慕容懿，以令支降魏《后燕录》。

五年（后燕高云正始二年，北燕冯跋太平元年，北魏永兴元年）夏五月，以尚书令冯万泥为幽冀二州牧，镇肥如《后燕录》。

六年（北燕太平二年，北魏永兴二年）冯万泥叛，跋命将讨之，俘斩无遗《北燕录》。

十二年（北燕太平八年，北魏泰常元年）冬十月，跋别将库傉官斌降魏。既而复叛来归。太宗遣骁骑将军延普渡濡水，击斌拔之《北燕录》。

十四年（北燕太平十年，北魏泰常三年，明年晋亡）夏五月，魏太宗东巡。遣征东大将军长孙道生等，率精骑二万来伐。又遣骑将军延普、幽州刺史尉诺，自幽州引兵北趋辽西，为之声援《北燕录》。

[后魏]

世祖始光二年（北燕太平十七年）春正月甲寅夜，天东南有黑气广一丈长十丈，占有兵。二月慕容渴悉邻反于北平，攻破郡治。太守与守将击败之《魏书·灵征志及本纪》。

延和元年（北燕太兴二年）夏六月，大简舆徒将讨冯文通。秋七月己未，车驾至濡水。庚申，遣安东将军宜城公奚斤发幽州民及密云丁零万余人，运攻具出南道俱会和龙。帝至辽西，文通遣其侍御史崔聘奉献牛酒。九月乙卯，车驾西还。徙营丘、城周、辽东、乐浪、带方、玄菟六郡民三万家于幽州，开仓以赈之（《通鉴》注：燕国自慕容以来分置郡县于辽西，其间或省或并，为郡为县，皆不可考）。冬十月癸酉，车驾至濡水。十有一月乙巳，车驾至，自伐和龙。十有二月己丑，冯文通、长乐公崇，及其母弟朗，朗弟邈，以辽西内属。文通遣将封羽围辽西《魏书·本纪》。

延和二年（北燕太兴三年）春正月乙卯，抚军大将军永昌王健督诸军救辽西。二月庚午，诏兼鸿胪卿李继持节假冯崇车骑大将军辽西王，承制听置尚书，已下赐崇功臣爵秩各有差《魏书·本纪》。

太延二年（是年北燕亡）二月辛未，平东将军娥清、安西将军古弼，率精骑一万讨冯文通。平州刺史元婴帅辽西诸军会之，文通奔高丽《魏书·本纪》。

五年春二月，辽西上言木连理《魏书·灵征纪》。

太平真君八年，秋七月，平州大水《魏书·灵征纪》。

高宗太安三年冬十月，将东巡，诏太宰常英起行宫于辽西黄山《魏书·本纪》。案：肥如县有黄山。

四年春正月乙卯，帝东巡平州。庚午，至于辽西黄山，游宴数日。亲对高年，劳问疾苦。二月丙子，登碣石山，观沧海，大飨群臣于山下，班赏进爵各有差。改碣石山为乐游山，筑坛记行于海滨《魏书·本纪》。

五年春三月，肥如城内大火，官私庐舍焚烧略尽，惟东西二寺不及《魏书·灵征志》。

高祖太和三年，春三月戊辰，平州地震有声如雷，野雉皆雊《魏书·灵征志》。

六年冬十一月辛亥朔，月寅现于东方，京师不见，平州以闻《魏书·灵征志》。

世宗正始四年，自碣石至于剑阁，东西七千里，置二十四都尉《魏书·本纪》。

永平四年秋八月，平州献白鹿《魏书·灵征志》。

肃宗熙平二年秋九月，城平州所治肥如城《魏书·本纪》。

孝昌元年，秋八月癸酉，杜洛周反于上谷。九月丙辰诏幽州刺史常景与幽州都督元谭讨之。别敕谭西至军都关北，从卢龙塞据险，以杜贼出入《魏书·本纪参常景传》。

二年秋九月，就德兴攻陷平州，杀刺史王卖奴《魏书·本纪》。

孝庄建义元年十月丁酉，以冀州之长乐、相州之南赵、定州之博陵、沧州之浮阳、平州之辽西、燕州之上谷、幽州之渔阳，七郡各万户，增封太原王尔朱荣为太原国《魏书·本纪》。

[北齐]

显祖天保四年，秋九月契丹犯塞。冬十月丁酉，帝至平州从西道趋长堑（曹操征乌桓出卢龙塞，堑山堙谷五百余里，后人因谓之长堑）。诏司徒潘相乐帅精骑五千，自东道趋青山，大破契丹别部，所虏生口皆分置诸州。丁巳，登碣石临沧海。十一月己未，帝自平州入晋阳《齐书·本纪》。

七年，冬十一月壬子，并省州三、郡百五十三、县五百八十九、镇三、戍二十六。先是自西河总秦戍筑长城，东至于海。前后所筑东西凡三千余里，六十里一戍，其要害置州镇，凡二十五所《北史·齐本纪》。

幼主承光元年，周师至邺。营州刺史高保宁率骁锐并契丹靺鞨万余骑赴救，至北平闻邺都不守，乃还据黄龙，竟不臣周。《北齐书·高保宁传》。案:《齐书》保作宝。

[隋]

文帝开皇二年，夏五月己未，高宝宁寇平州《隋书·本纪》。

三年夏四月庚辰，行军总管阴寿帅步骑数万出卢龙塞，破高宝宁于黄龙。以寿为幽州总管（《隋书·本纪及阴寿传》）。案:《隋书·突厥传》高祖受禅，待之甚薄，北夷大怨。会营州刺史高宝宁作乱，沙钵略与之合军攻陷临渝镇。上敕缘边修保鄣，峻长城以备之。

十八年春二月，高丽王元帅靺鞨之众万余骑，寇辽西。命汉王谅为行军元帅，总水陆三十万讨之。时馈运不继，六军乏食，出渝关复遇疾疫，王师不振《隋书·本纪及东夷传》。

炀帝大业八年春正月，帝亲征高丽，遣二十四军，分道并出。右候卫将军赵才出碣石道，左骁卫将军史祥出蹋顿道。秋八月敕运黎阳、洛口、太原等仓谷，向望海顿（《隋书·本纪及赵才、史祥各传》）。《旧志》赵才作孝才。案：孝才，赵才，字也。右候卫将军，作石武候将军，误。《通鉴》注：望海顿，当在辽西界。

十年春三月，帝征高丽。癸亥次临渝宫，亲御戎服，祃祭黄帝，斩叛军者以衅鼓。夏四月甲午，车驾次北平。五月庚子，诏举郡孝、悌、廉、洁各十人。秋八月己巳班师《隋书·本纪》。案:《本纪》是年二月戊子，诏曰：往年出师问罪将届辽滨，死亡者众，不及埋藏。今宜遣使人分道收葬，设祭于辽西郡，立道场一所恩加泉壤，度弥穷魂之冤，泽及枯骨，用宏仁者之惠。

十一年春二月戊辰，贼帅杨仲绪攻北平，滑公李景破斩之《隋书·本纪》。

十三年（一作十二年）秋，河间贼帅高开道陷临渝，围北平。守将李景遂据其地《隋书·本纪》及《唐书·高开道传》。

[唐]

高祖武德三年，契丹寇平州《旧唐书·北狄传》。

太宗贞观十九年春二月，上亲征高丽。秋九月癸未，班师。冬十月丙辰，入临渝关，皇太子自定州迎谒。戊午，次汉武台，刻石以纪功德《旧唐书·本纪》。

武后万岁通天元年夏五月，契丹首领松漠都督李进忠归诚。州刺史孙万荣陷营州。秋七月辛亥，命春官尚书武三思为渝关道安抚大使，以备契丹。八月丁酉，左鹰扬卫将军曹仁师、右金吾卫大将军张元遇、右威武大将军李多祚、司农少卿麻仁节等，与契丹战于西硖石黄獐谷（《唐书》平州有西硖石、东硖石二戍），大败。契丹执元遇、仁节，进攻平州。刺史邹保英妻奚氏，率家僮女丁乘城不下《旧唐书·本纪及列女传》。

神功元年春三月，清边道总管王孝杰、苏宏晖等将兵十七万，与孙万荣战于东硖石谷，大败，孝杰死之《新唐书·本纪》。

久视元年秋八月壬子，平州火燔千余家《唐书·五行志》。

大足元年秋七月壬午，苏味道按察幽、平等州兵马《新唐书·本纪》。

睿宗景云元年冬十二月，奚霫犯塞，掠渔阳、雍奴，出卢龙塞而去。幽州都督薛讷追击之，弗克《新唐书·本纪》。

玄宗开元二年七月庚子，薛讷及奚、契丹战于滦河，败绩《新唐书·本纪》。

八年，营州都督许钦澹合众讨可突干，官军不利。钦澹移军西入渝关《旧唐书·北狄传》。

十八年，奚众为契丹衙官可突干所胁，复叛降突厥。鲁苏不能制，走投渝关，东光公主奔归平卢军《唐书·北狄传》。

二十一年闰三月癸酉，幽州副总管郭英杰及契丹战于都山，英杰死之《新唐书·本纪》。案:《郭英杰传》作二十三年。又《北狄传》云：开元二十一年可突干抄掠幽州，长史薛楚玉等率精骑万人，追击之。军至渝关都山之下，可突干领突厥兵以拒官军，官军大败。

二十二年，秋八月榆关蚜蛂虫害稼，人平州界，有群雀来食之，一日而尽《唐书·五行志》。

二十六年，榆关蚜蛂虫害稼，群雀来食之《唐书·五行志》。

二十八年，以安禄山为平卢兵马使《唐书·安禄山传》。

天宝元年，以平卢为节度。以禄山摄中丞为使，兼柳城太守押两蕃渤海黑水四府经略使《唐书·安禄山传》。

二年，平卢军节度使，治辽西故城《唐书·方镇表》。

三载春三月己巳，以平卢节度使安禄山兼范阳节度使《通鉴·纪事本末》。

十载八月，禄山率河东等军五六万以讨契丹，去平卢千余里。属久雨，弓箭涨湿，将士困极，奚又夹攻之，杀伤略尽。禄山走投平卢城《唐书·安禄山传》。

十一载冬十二月甲申，以平卢兵马使史思明兼北平太守，充卢龙军使《通鉴·纪事本末》。

天宝十四载，安禄山反。吕知晦拜平卢军节度使，寻降贼《唐书·方镇表》。

十五载，刘客奴拜平卢军节度使，赐名正臣。杀伪节度吕知晦，擢平卢军先锋使，董秦为兵马使，攻长杨，战独山，袭榆关、北平，杀贼将申子贡、荣先钦、执周钊送京师《唐书·方镇表及叛臣李忠臣传》。案：忠臣即董秦赐姓名，德宗时以叛诛。

代宗广德元年，春正月贼将李怀仙杀史朝义，传首京师。怀仙仍故地为卢龙节度使。《纲鉴》案：朝义自缢温泉栅，详《古迹》。

永泰元年夏六月甲申，平州置柳城《旧唐书·本纪》。

德宗贞元八年秋八月，平州平地水深丈五尺《唐书·五行志》。

十一年夏四月丙寅，奚寇平州。卢龙军节度使刘济败之于青都山《新唐书·本纪》。

宪宗元和元年，君梅落身入朝，拜检校司空归诚郡王。以部酋索氏没辱孤为平州游奕兵马使，皆赐李氏《唐书·北狄传》。

穆宗长庆元年二月己卯，刘总以卢龙军八州归于有司《新唐书·本纪》。

文宗太和四年，奚复盗边，卢龙李载义破之，执大将二百余人《新唐书·北狄传》。

宣宗大中元年，北部诸山奚悉叛。卢龙张仲武擒酋渠烧帐落二十万。取其刺史以下面耳三百、牛羊七万、辎贮五百乘，献京师《唐书·北狄传》。案:《通鉴·记事本末》，是年春二月庚午，加卢龙节度使张仲武同平章事，赏其屡破回鹘也。

昭宗乾宁二年春二月，以刘仁恭为卢龙节度使。(《通鉴纲目》)案:《新唐书·北狄传》光启时，刘守光戍平州。契丹以万骑入，守光伪与和，伏发擒其大将。输重赂求之，乃与盟，十年不敢近边。时，耶律阿保机建旗鼓为一部自立为王，而有国大贺氏遂亡。

昭宣帝天佑四年（是年唐亡）夏四月，刘守光囚其父仁恭，自称幽州卢龙军节度使。秋七月其兄平州刺史守奇，率其众数千人奔契丹（《唐书·及辽本纪》。案:《旧志》守奇作守文，误。

[后梁]

太祖乾化元年秋八月，燕王刘守光称帝。受册之日，契丹陷平州。《通鉴纲目》案:《辽史》作二年。

末帝乾化三年夏四月，晋师逼幽州，拔平、营州。冬十一月，晋王人幽州，执刘仁恭及守光以归。卢龙巡属皆入于晋，以周德威为卢龙节度使《通鉴纲目》。

[辽]

太祖神册二年（梁贞明三年）春二月，晋裨将卢文进率其众奔契丹。太祖以为卢龙节度使居平州。《契丹国志》案:《志》云，先是幽州七百里有榆关，下有渝水通海。自关东北循海有道，道狭处才数尺，旁皆乱山高峻不可越，北至进牛（一作午）口，中国尝置八防御军，募士兵守之。田租皆供军食，岁致增纩以供衣。每岁早获清野以待，契丹兵至，则坚壁不战，俟其去则选骁勇据溢邀之。契丹常失利，不能轻入。及周德威镇卢龙，恃勇不修边备，遂失渝关之险。契丹始刍牧于营平之间。卢文进来归，常居平州，率骁奚岁入北边杀掠吏民，卢龙边属为之残弊。

神册六年（梁龙德元年）秋七月丙子，命弟埒克分兵攻平州。冬十月戊寅，埒克破平州《辽史·本纪》。

天赞元年（梁龙德二年）夏四月辛未，攻石城县拔之《辽史·本纪》。

二年（后唐同光元年）春正月丙辰，大元帅耀库（原作尧骨）济克平州，获刺史赵思温、裨将张崇。二月如平州。甲子，以平州为卢龙军节度使《辽史·本纪》。

三年（后唐同光二年）太祖谋南征，遣其将秃馁及卢文进据平、营等州，以扰燕地《契丹国志》。

六年（后唐天成元年）冬十月，卢龙军节度使卢文进，率其众十万奔唐。《契丹国志》时，文进守平州。唐遣人说之，以易代之后无复嫌怨，而文进所部华人皆思归故也。案:《辽史》作卢国用，奔在天显元年。

太宗天显二年（后唐天成三年）五月，契丹退师，为卢龙节度使赵德钧邀击，殆无书孑遗《契丹国志》。

六年（后唐长兴二年）冬十二月丙辰，遣人以诏赐唐卢龙军节度使赵德钧《辽史·本纪》。

七年（后唐长兴三年）秋七月壬寅，唐卢龙节度使赵德钧，遣人进时果《辽史·本纪》。

会同六年（晋天福七年）以赵延寿为卢龙节度使（《契丹国志·太宗本纪及延寿传》）。案：传云，是时晋少帝初立，构怨契丹。延寿欲代晋帝中国，屡说太宗击晋。太宗乃集山后及卢龙兵合五万人使将之，曰得之，当立汝为帝。

圣宗统和元年（宋太平兴国八年）秋九月癸丑朔，以东京平州旱、蝗，诏赈之《辽史·本纪》。

四年（宋雍熙三年）春三月，诏林牙勤德率兵守平州海岸，以备宋。夏四月戊申，将军华格统平州兵马赴蔚州，以助色珍。秋七月丙子，枢密使色珍奏复朔州，擒宋将杨继业，诏传其首以示诸军。仍以朔州之捷，宣谕南京平州将吏。冬十一月壬申以古北、松亭、榆关征税不法，致阻商旅，遣使鞫之《辽史·本纪》。

九年（宋淳化二年）夏六月，淫雨伤稼。秋九月地震。

十五年（宋至道三年）春三月，募民耕滦州地，免其租赋十年。夏五月己巳，诏平州决滞狱《辽史·本纪》。

十九年（宋咸平四年）冬十二月，免平州租税《辽史·本纪》。

二十年（宋咸平五年）平州麦秀两歧《辽史·本纪》。

二十二年（宋景德元年）平州进白兔《辽史·本纪》。

二十八年（宋大中祥符三年）秋八月，赈平州饥民《辽史·本纪》。

二十九年（宋大中祥符四年）春三月庚寅，平州水，赈之《辽史·本纪》。

兴宗重熙二十一年（宋皇祐四年）秋九月乙卯，平州进白兔《辽史·本纪》。

道宗咸雍十年（宋熙宁七年）春二月癸未，蠲平州复业民租赋《辽史·本纪》。

大康元年（宋熙宁八年）夏四月丙子，赈平州饥。闰月丙午赈平、滦二州饥《辽史·本纪》。

五年（宋元丰二年）冬十月丁巳，赈平州贫民《辽史·本纪》。

六年（宋元丰三年）夏五月壬申，免平州复业民租赋一年《辽史·本纪》。

大安四年（宋元祐三年）春三月己巳，赈平州饥《辽史·本纪》。

寿昌六年（宋元符三年）冬十月，以平州饥，复其租赋一年《辽史·本纪》。

天祚帝天庆四年（宋政和四年），召宰相张琳、吴庸付以东征事。琳等请用汉军二十万，分路进讨。天祚谓其数多，即降宣扎付上京、长春、辽西诸路，计人户家业钱每三百贯自备一军，限二十日各赴期会。时富民有出一百军、二百军者，家资遂竭《契丹国志》。

保大二年（宋宣和四年，金天辅五年）春正月乙亥，金人克中京。平州军乱，杀节度使萧谛里，张觉（一作珏）以乡人能招安息乱，以功权知平州事。《辽史·本纪》参《契丹国志》案：是时金破中京，别遣精兵五百骑到松亭关邀截本京官民奔逸车乘。天祚在燕京，闻报甚惧，即日出居庸关。又闻金师渐逼，遂自奔夹山，命令不行。燕王淳守燕深得人心，李处温等谋立之，王惊泣，辞不获免，乃即位。改元建福，废天祚为湘阴王。遂据有燕、云、平及中京、上京、辽西六路。天祚所有沙漠已北西南、西北路两都招讨府诸番部族而已。是年八月，燕王薨。觉度契丹必亡，籍管内丁壮充军得五万人，马一千匹，招豪杰潜为一方之备。萧太后尝遣太子少保时立爱知平州，觉有不容之意，由是立爱常称疾不出，觉依旧权知州事。

保大三年（宋宣和五年，金天辅六年，天会元年）春正月丁巳，奚王和勒博（原作回离保）即箭笴山自立（一作据卢龙岭），号奚国皇帝，改元天复（《辽史·本纪参和勒博传》。案：传云，和勒博为郭药师所败，其党杀之，伪立凡八月）。甲子辽平州节度使时立爱降，诏曲赦平州（案:《金史·时立爱传》，太祖已定燕京，访求得平州人韩询，特诏招谕平州。是时奚王回离保在卢龙岭，立爱未敢即朝见。先使人道款，乞下明诏宣谕德意。上嘉之）。二月戊申，诏平州官与宋使同分割所与燕京六州之地。改平州为南京，以张觉为留后。五月甲寅，南京留守张觉据城叛。六月壬午，栋摩（一作阇母）败张觉于营州。是岁金太宗即位，改天会元年。九月癸酉，南路军帅栋摩败张觉于楼峰口。十月己亥，栋摩及张觉战于兔耳山，栋摩败绩。十一月壬子，命宗望问栋摩罪，以其兵讨张觉。庚午，宗望及张觉战于南京东，大败之。张觉奔宋城中，人执其父及二子以献，戮之军中。壬申，张忠嗣、张敦固以南京降。遣使与张敦固入谕城中，复杀其使者以叛《金史·本纪》。案:《地理志》是年以燕西地与宋，遂以平州为南京。又案:《大金国志》云：燕云之地易州西北，乃金坡关。昌平之西乃居庸关。顺州之北乃古北口。景州东北乃松亭关，平州之东乃榆关。榆关之东，乃金人之来路也。凡此数关，乃天造地设以分番汉之限，一夫守之，可以当百。当时南宋之割地也。若得诸关，则燕山之地可保，然关内之地平、滦、营三州，自后唐为契丹阿保机陷之后，改平州为辽兴府。以营、滦二州隶之，号平州路。至石晋之初，耶律德光又得燕山檀、顺、景、蓟、涿、易诸州。建燕山为燕京，以控六郡，号燕京路。与平州自成两路。昔宋朝海上密议割地，但云燕云两路而已。盖初设燕山之路，尽得关内之地，殊不知关内之地，平州与燕山异路也。由是破辽之后，金人复得平州路，既据平州。则关内之地番汉杂处。故斡离不后自平州入攻。此当时议割燕云不明地理之误也。

四年（宋宣和六年，金天会二年），张敦固等皆加徽猷阁待制。金栋摩克南京，杀都统张敦固，移置中书枢密于平州。宋建平州为泰宁军，以张觉为节度使，觉奔宋入于燕京。金以纳叛，责宋。宋人杀觉，函其首，以与金人。冬十月丙寅，诏有司运米五万石于广宁，以给南京、润州戍卒（《金史·本传，及张觉、韩企先传》）。案：《企先传》初太祖定燕京，始用汉官宰相赏左企弓等。置中书省枢密院于广宁府。而朝廷宰相自用女直官号。太宗初年无所更改，及张敦固伏诛，移置中书枢密于平州。蔡靖以燕山降，移置燕京。凡汉地选授调发租税，皆承制行之。故自时立爱、刘彦宗及企先辈官为宰相，其职大抵如此。舍音宗干当国，劝太宗改女直旧制用汉官制度。天会四年始定官制，立尚书以下诸司府寺。

[金]

太宗天会三年（宋宣和七年，西辽延庆元年，自此至金泰始元年，西辽始亡，凡七十七年），秋九月，宋兵三千自海道来破九寨，杀马城县戍将节度使图尔噶（原作度卢斡），取其银牌兵仗及马而去（《金史·宗望传》）。冬十月甲辰，宗望为南京路都统，栋摩副之，知枢密院事刘彦宗兼领汉军都统，自南京入燕山。丁巳，以栋摩为南京路都统，苏赫副之，宗望为栋摩、刘彦宗两军临战《金史·本纪》。案：是岁辽亡。

四年（宋靖康元年）九月己巳，复以南京为平州《金史·本纪》，改辽兴军为兴平军节度使《地理志》。

熙宗天眷元年（宋绍兴八年）九月己酉，省平州东西等路州县《金史·本纪》。

皇统二年（宋绍兴十二年）秋，平州大熟《金史·五行志》。

四年（宋绍兴十四年）正月己未，以宋使王伦为平州转运使，既受命，复辞。罪其反覆诛之《金史·本纪》。

海陵王正隆元年（宋绍兴二十六年）春二月，遣刑部尚书赫舍哩罗索等，拘括大兴府平州路僧尼、道士、女冠等地授所迁之明安穆昆户。且令民请射，而官得其租《金史·食货志》。

世宗大定元年十月丙午，即位于东京。甲子，兴平军节度使张元素上谒。己丑，如中都《金史·本纪》。

二年，（宋绍兴三十二年）夏六月庚午，诏出内府金银，给征契丹军用。己卯，诏守御古北口及石门关《金史·本纪》。

三年（宋隆兴元年）春二月庚午，徙滦州饥民于山西就食。十一月戊申，诏，平州饥荒，并经契丹剽掠有货卖妻子者，官为收赎《金史·本纪》。

四年（宋隆兴二年）秋九月己酉，以平、蓟二州蝗旱，民多鬻为奴，遣使阅实其数，出内库物赎之《金史·本纪》。

十三年（宋乾道九年）春二月，罢平滦盐铁（《金史·本纪》)。案:《食货志》大定十三年，平州副使于马城县置局贮钱、解盐，行河东南北路。

十八年（宋淳熙五年）春正月壬戌，如春水，己丑还宫（《金史·本纪》)。时上谓宰执曰：县令之职，最为亲民。当得贤才用之，比在春水，见石城、玉田两县令，皆年老苟禄而已，畿甸尚尔，远县可知。

十九年（宋淳熙六年）春正月丁卯，如春水《金史·本纪》。

二十年（宋淳熙七年）春正月己巳，如春水。丙子幸石城县行宫。丁丑，以玉田县行宫之地偏林为御林，大淀泺为长春淀《金史·本纪》。

二十一年，（宋淳熙八年）春正月甲子如春水，以蓟平滦等州民乏食，命有司发粟赈贷（《金史·本纪》。案:《食货志》是年六月，平滦等州经水灾之地免今年租税，不罹水灾者，姑停夏课，俟稔岁征之)。十二月，罢平州桩配盐课《食货志》。

二十二年（宋淳熙九年）冬十月辛丑，徙河间宗室于平州。(《金史本志》)。案:《富察鼎寿传》鼎寿为河间尹，号令必行，豪右屏迹。有宗室居河间侵削居民，鼎寿奏。徙其族于平州。

二十三年（宋淳熙十年）春正月壬午，如春水《金史·本纪》。

二十四年（宋淳熙十一年）春正月戊戌，如长春宫春水《金史·本纪》。

二十五年（宋淳熙十二年）春二月丁丑，自上京如春水《金史·本纪》。

二十六年（宋淳熙十三年）春正月甲辰，如长春宫春水《金史·本纪》。

二十七年（宋淳熙十四年）春正月庚戌，如长春宫春水《金史·本纪》。

二十八年（宋淳熙十五年）春正月甲辰，如春水《金史·本纪》。

章宗明昌元年（宋绍熙元年）春正月己卯，如春水《金史·本纪》。

三年（宋绍熙三年）春正月壬戌，如春水(《金史·本纪》)。是岁高丽使下节金挺回，至平州抚宁县，殴死当驿人何恬尔。诏自今接送伴使，副失关防者，当坐。《金史·高丽传》。

四年（宋绍熙四年）春二月戊戌，如春水。癸丑，猎于姚村淀《金史·本纪》。

六年（宋庆元元年）春正月壬辰，如春水。乙卯，次御林《金史·本纪》。

承安五年（宋庆元六年）春正月丙申，如春水《金史·本纪》。

泰和元年（宋嘉泰元年）春正月庚午，如长春宫春水《金史·本纪》。案：泰和六年丙寅，为宋开禧二年，元太祖即位。

卫绍王大安二年（宋嘉定三年，元太祖五年）庚午，绰诺为古北口屯戍千户。国兵南下，金将扎克丹巴克实遁，绰诺遂开关纳降。太祖命袭扎克丹巴克实，追及平滦降之。因攻取平、滦、檀、顺、深、冀等州《元史·萧拜珠传》绰诺拜珠曾祖也。

三年（宋嘉定四年，元太祖六年），德兴府、宏州、昌平、怀来、缙山、密云、抚宁、集宁，东过平滦，南至清、沧、白，临潢过辽河西南至忻、代，皆归元《金史·本纪》。

至宁元年（宋嘉定六年，元太祖八年），蒙古分兵三道，皇弟哈扎尔为左军，遵海而东取蓟州、平滦、辽西诸郡而还《元史·本纪》。秋八月壬辰，右副元帅纥石烈执中以兵逼上出居卫邸，使宦者李思忠弑之，尽撤沿边诸军赴中都，平州骑兵屯蓟州以自重，边戍皆不守《金史·纥石烈执中传》。案：执中即胡沙虎。

宣宗贞祐二年（宋嘉定七年，元太祖九年）夏四月，侨置临潢府于平州《金史·地理志》。

三年（宋嘉定八年，元太祖十年）夏五月，以乌凌阿奇珠（原作乌林答乞住）为兴平军节度使，就充东面经略使。完颜哈达（原作合达）为临潢府推官（时侨置临潢府于平州）权元帅右监军。时临潢避迁与全庆两州之民，共击平州。哈达隶经略使奇珠，奇珠以便宜授军中都统会燕南诸帅，将兵中都城，行至迁安，临潢、全庆两军变，杀奇珠。拥哈达还平州，推为帅，统奇珠军。哈达以计诛首乱者数人。其年六月，北兵至平州，哈达以本军降。令还守平州（《金史·乌凌阿奇珠完颜哈达传》）。蒙古改兴平军为府《元史·地理志》。案:《滦志》是年秋八月，金鲜卑仲吉以滦州降。

四年（宋嘉定九年，元太祖十一年）夏四月壬辰，辽西伪瀛王张致遣完颜内赫张乌逊上表来归。诏授致特进行北京路元帅府事，兼本路宣抚使《金史·本纪》。冬十月，木华黎克锦州，杀张致，辽西平（《元史·类编》。案:《辽史·穆呼哩传》锦州张鲸降，诏以鲸总北京十提控兵，从多果朗南征未附州郡。穆呼哩察鲸有反侧意，请以萧额森监其军。至平州，鲸称疾谋遁去。额森执送行在，诛之。鲸弟致愤据锦州叛，略平、滦、瑞、利、义、懿、广宁等州。又《额森传》致既伏诛，额森籍其私养敢死之士万二千人，号黑军者上于朝，赐虎符进上将军，举辽水之西滦水之东，悉以付之。又案：穆呼哩即木华黎。十一月，哈达率所部及州民，并海西南归国《金史·完颜合达传》。

［元］

太祖十六年（宋嘉定十四年，金兴定五年）夏四月，驻跸铁门关。金主遣乌克逊（原作乌古孙）仲端奉国书请和称帝为兄，不允。金东平行省事孟古（原作忙古）弃城遁《元史·本纪》。案:《纲鉴大全》云，铁门关在撒马儿国碣石城西。

太宗二年（宋绍定三年，金正大七年）冬十一月，始置十路征收课税使，以瓜尔佳水程泰使平州（《元史·本纪》）。案：金自此逾四年为天兴三年，亡。

六年（宋端平元年）兴平豪李仙、赵小哥等作乱。塔本讨平之《元史·本纪》。

八年（宋端平三年）秋七月，以中原诸州民户分赐诸王、贵戚。旺沁诺延于平滦州拨赐（《元史·本纪》）。案:《托音邑辰传》又有永平路滦州、卢龙、迁安、抚宁、昌黎、石城、乐亭六县，此至大元年之所赐也。年分与《本纪》异。又案《滦志》是年赐张晋食邑于滦。晋横渠五世孙，有传。

世祖中统元年（宋景定元年）秋七月丙子，诏中书省给诸王塔齐尔益都、平州封邑，岁赋金帛（《元史·本纪》）。升兴平府为平滦路，置总管府，设录事司（《元史·地理志》）。案:《元史》时西域人塔本世袭行省总管于平州。

二年（宋景定二年）冬十月，太行一带东至平滦，西控关陕，应有险阻，于附近民内选谙武事者，修立堡寨守御《元史·本纪》。

三年（宋景定三年）春二月，发蒙古汉军，讨李璮。平滦诸路兵皆会济南。辛亥，敕元帅阿哈分兵戍平滦海口。癸丑，平滦诸路皆藉兵守城。秋八月戊申，平滦陨霜害稼。冬十月戊寅，命布噜噜（原作不里剌）所统固安、平滦质子军，自益都徒还故地。十一月丁亥，敕长春宫设金箓周天醮《元史·本纪》。

四年（宋景定四年），命阿海充都元帅领平滦军（《元史·本纪》）。案:《兵志》世祖中统四年二月，帝以太宗旧制设官分职军民之事，各有所司。后多故之际，不暇分别。命阿海充都元帅，专于北京、东京、平滦、懿州、盖州路管领现管军人。凡民间之事，毋得预焉。

至元元年（宋景定五年）春三月庚辰，设周天醮于长春宫《元史·本纪》。

二年（宋咸淳元年）夏五月戊午，禁平滦等处捕猎《元史·本纪》。

三年（宋咸淳二年）夏五月丙辰，蠲平滦质子户赋税之半。六月丁卯，封皇子诺木罕为北平王，以印给之。冬十二月，平滦蝗《元史·本纪》。

四年（宋咸淳三年）秋八月辛酉，申严平滦路私盐酒醋之禁《元史·本纪》。

五年（宋咸淳四年）秋九月丁巳，敕长春宫修设金箓周天大醮七昼夜《元史·本纪》。

八年（宋咸淳七年）春二月丁酉，发滦州民筑宫城。夏四月，平滦路昌黎县民生子中夜有光，诏加鞠养《元史·本纪》。

九年（宋咸淳八年）秋九月，滦州淫雨，河水溢，圮田庐害稼《元史·五行志》。

十年（宋咸淳九年）秋九月戊子，禁京畿五百里内射猎《元史·本纪》。

十一年（宋咸淳十年）春正月丁酉，长春宫设周天金箓醮七昼夜《元史·本纪》。

十二年（宋德祐元年）春三月辛卯，赐北平王诺木罕所部马二千一百八十、羊三百。冬十二月壬午，诏两都、平滦猎户新签军二千，皆贫无力者，存恤其家《元史·本纪》。

十三年（宋景炎元年）秋九月乙亥，赐皇子北平王出征军士贫乏者，羊、马、币帛有差。是岁，平滦以水旱缺食，赈军民站户米钞《元史·本纪》。

十四年（宋景炎二年）春正月己未，命嗣汉天师张宗演，修周天醮于长春宫《元史·本纪》。

十五年（宋祥兴元年，明年宋亡）冬十二月戊申，封伯夷为昭义清惠公、叔齐为崇让仁惠公《元史·本纪》。

十六年十二月丁酉，敕自明年正月朔，建醮长春宫凡七日，岁以为例《元史·本纪》。

十七年正月戊辰，赐开滦河五卫军钞《元史·本纪》。

十九年夏四月壬寅，以留守司兼行工部，勅自今岁用官车勿赋于民。即滦河造之，给其粮费。五月庚辰，议于平滦造船，发军民合九千人。令特默齐巴延岱领之，伐木于山及取于寺观、坟墓，官酬其直。冬十月丙申，由大都至平滦，平滦至瓜洲，设南北两漕运《元史·本纪》。

二十年春正月庚午，以平滦造船，去运木所远，徙于阳河造之。夏五月戊午，纵平滦造船军归耕，拨大都现管军代役。六月丙戌，免平滦路今岁丝料。秋七月丙子，免平滦路今岁俸钞《元史·本纪》。

二十一年冬十一月戊子，命北京宜慰司修滦河道《元史·本纪》。

二十三年冬十一月丙子，平滦水旱为灾，免民租《元史·本纪》。是岁，置平滦路，放良孛兰奚人户于打捕屯田府《滦志》。

二十四年夏五月庚子，帝自将征纳延（元作乃颜），诏范文虎将卫军五百镇平滦。六月壬申，括平滦路马。秋八月丁亥，以北京伐木三千户屯田来滦，立丰赡、昌国、济民三署，秩五品。设达噜噶齐、令、丞、直长各一员（案:《元史·兵志》永平屯田总管府，为户三千二百九十，为田一万一千六百十四顷四十九亩。又平滦、真定、保定三路屯夫四百五十户并入广济署屯田）。九月己亥，以平滦路饥，禁酒。冬十二月以平滦路风雹害稼，诏赈贫乏《元史·本纪》。滦州四处盐课旧纳羊一千者，亦令如例输钞《元史·食货志》。

二十六年夏六月丁丑，平滦霖雨害稼，免田租。秋七月丁亥，发至元钞、市马于平滦。九月丙申，平滦、昌国等屯田，霖雨害稼《元史·本纪》。冬十月，平滦路水，坏田稼一千一百顷《五行志》。癸酉，以平滦等路饥，弛河泊之禁。十二月戊寅，罢平州望都、榛子二驿，放其户为民。辛巳，诏平滦大水伤稼免其租《本纪》。

二十七年夏四月甲申，免平滦今岁银俸钞。庚子，哈坦复寇海阳。六月辛丑，免平滦岁赋丝之半。秋八月庚辰，免平滦等路流民租赋及酒醋课。冬十二月戊寅，免平滦自至元二十四年至二十六年逋租《元史·本纪》。

二十八年春三月已亥朔，平滦饥。秋九月乙卯，免平滦屯田二十七年田租。辛酉，敕姚演浚滦河漕运。十一月，平滦诸州饥，弛猎禁其孕字之时勿捕。十二月癸未，以平滦路及丰赡、济民二署饥，出米赈之《元史·本纪》。案:《食货志》二十七年，减平滦路丝线之半，二十八年平滦路丝线并除之。

二十九年春三月丙午，平滦路免今岁公赋。秋八月戊午，弛平滦州酒禁。九月丁丑，以平滦路大水且霜，免田租二万四千四十一石(《元史·本纪》)。案:《食货志》二十九年，免平滦路包银俸钞。

三十年（成宗即位）秋八月癸未，平滦路迁安等县水，蠲其田租(《元史·本纪》)。冬十月，平滦路水(《五行志》)，是岁，置平滦路军器人匠局大使、副使各一员《百官志》。

成宗大德元年夏六月，平滦路虫食桑《元史·本纪》。

二年夏五月，平滦路旱，六月水《元史·五行志》。

五年秋八月己巳，平滦路霖雨，滦、漆、淝、洳河溢，民死者众。免田租，仍赈粟三万石。冬十一月己亥，降平滦金丹提举司为管句(《元史·本纪》)。案:《河渠志》大德五年八月十三日，平滦路言六月九日霖雨至十五日夜。滦河与淝、洳三河并溢，冲圮城东西二处旧护城堤、东、西、南三面城墙，横流入城。漂郭外三关濒河及在城官民屋庐粮物，没田苗，溺人畜，死者甚众。而雨犹不止，至二十四日夜，滦、漆、肥、洳诸河水复涨入城，余屋漂荡殆尽。乃委吏部马员外同都水监官修之。东西二堤计用工三十一万一千五十钞、八千八十七锭十五两。糙粳米三千一百一十一石五斗，桩木等价钞二百七十四锭二十六两四钱。

六年春正月乙卯，以平滦路去年被水，其军应赴上都驻夏者，免其调遣一年三月。丁酉，免平滦差税三年《元史·本纪》。

七年春二月己卯，平滦路饥，减直粜粮以赈之。冬十月庚子，改平滦路为永平路《元史·本纪》。

八年夏四月庚子，以永平屯田被水，其逋租及民贷食者皆勿征《元史·本纪》。

十一年（武宗即位）秋七月乙亥，以永平路为皇妹鲁国长公主分地，租赋及土产悉赐之。冬十一月庚午，卢龙、滦州、迁安、昌黎、抚宁等县水，民饥。给钞千锭赈之《元史·本纪》。

武宗至大元年夏四月，诏以永平路盐课赐僧格喇实公主。中书省臣执不可，从之《元史·本纪》。

二年秋八月丁丑，永平路陨霜杀禾《元史·本纪》。

三年春三月辛卯，发喀喇（原作康里）军屯田永平，官给之牛《元史·本纪》。

四年（仁宗即位）夏六月，永平丰盈屯雨水害稼。秋九月丁巳，奉太后旨，以永平路岁人，除经费外悉赐鲁国大长公主《元史·本纪》。

仁宗延祐二年，绰和尔败叛王额森布哈（原作也先不花）所遣将于齐默根之地。追出其境，至铁门关《元史·绰和尔传》。

六年夏六月，永平路水《五行志》。

七年（英宗即位）冬十一月庚辰，并永平路滦邑县于石城《元史·英宗本纪》。案:《元史·类编》亦作滦邑县。

英宗至治元年夏六月，永平路大雹，深一尺，害稼。秋七月，永平石城县大水《五行志》。

二年夏五月庚辰，置营于永平，收养蒙古子女，匿者罪之《元史·本纪》。

泰定帝泰定二年，筑滦河堤。夏六月丁未，蠲永平屯田丰赡、昌国、济民等署租《元史·本纪》。案:《河渠志》泰定二年三月十三日，永平路屯田总管府言，国家经费咸出于民，民之所生无过农作。本屯辟田收粮以供亿内府之用，不为不重。访马城东北五里许张家庄龙湾头，在昔有司差夫筑堤以防滦水。西南连清水河至公安桥，皆本屯地分。去岁霖雨水溢冲荡皆尽，浸死屯民田苗终岁无收，方今农隙若不预修，必致为害。工部移文都水监，差濠寨泊本屯官及滦州官亲诣，相视督令有司，差夫补筑之。

三年春三月，永平诸路饥，免其田租之半。秋七月庚午，永平路属县水、大风雨雹，赈永平钞七万锭。八月，永平饥，发粟赈之。（案:《五行志》八月，永平蝗）。冬十一月，弛永平路山泽之禁，免其租，仍赈粮四月《元史・本纪》。

四年春二月，永平路饥，赈钞三万锭粮二月、夏四月，免永平路租，仍赈粮两月。冬十一月，蠲永平路田赋三年《元史・本纪》。

致和元年夏四月，永平路石城县蝗。六月，永平路水，属县雨雹（《元史・五行志》）。秋七月丁酉，发中卫兵守迁民镇。庚戌，发平滦民堑迁民镇，以御辽东军。九月戊辰，上都诸王额森特穆尔（原作也先帖木儿）、平章图门岱尔（原作秃满迭儿）自辽东以兵入迁民镇《元史・本纪》。

文宗天历二年春二月，永平告饥，赈粮五万石。夏六月丙午，永平屯田府所隶昌国诸屯，大风骤雨，平地出水，免今年租。秋七月，永平蝗《元史・本纪》。

至顺元年春三月辛巳，永平路以去年八月雹灾告。秋七月，永平庞遵以孝行旌其门。冬十二月甲寅，西域军士居永平、滦州、丰润、玉田者，人给钞三锭、布二疋、粮两月《元史・本纪》。

顺帝元统二年，春二月滦河、漆河溢，永平诸县水灾。赈钞五千锭。

至元四年闰八月甲寅，追封湖广平章雅奇（一作燕赤）永平王《元史・本纪》。

至正四年春闰二月辛酉朔，永平路饥，赈之。秋七月，滦河水溢（《元史・本纪》）。案:《五行志》七月滦河水溢出平地丈余，永平路禾稼庐舍漂没甚众。

五年春二月，永平饥赈之《元史・本纪》。

八年春二月，以前奉使宣抚贾惟贞称职，特授永平路总管。会岁饥，惟贞请降钞四万余锭，赈之《元史 · 本纪》。

十三年春正月辛未，命乌兰哈达（原作悟良哈台）乌克逊良桢（一作乌古孙良桢）兼大司农卿，给分司农司印。西自西山，南至保定、河间，北至檀、顺州，东至迁民镇。凡系官地及元管各处屯田，悉从分司农司立法，佃种合用工价、牛具、农器、谷种、召募农夫诸费，给钞五百万锭以供其用（《元史 · 本纪》）。案:《托克托传》作皆引水利，立法佃种，岁乃大稔。

二十年秋七月乙未，平章程思忠叛，陷永平。诏伊苏（原作也速）出师，遂复滦州及迁安县《元史 · 本纪及伊苏传》。

二十一年春正月，思忠弃叶城走，伊苏亟追至瑞州，杀获万计《元史 · 伊苏传》。

二十二年秋八月，以伊苏为辽阳省左丞相知行枢密院事，开省永平《元史 · 伊苏传》。

二十七年秋八月癸丑，封太师巴咱尔永平王《元史 · 本纪》。

卷之三十

封域志十二　纪事中

[明]

太祖洪武元年，秋九月戊申，大将军徐达遣都督同知孙兴祖等徇永平。元分省参政崔文耀以州县降。兴祖留平章俞通源等，以元五省八翼兵守之（旧志）。

二年春，元行省丞相也速寇永平（旧志）。命大将军徐达等备边，自永平迤西二千余里关隘，皆置戍守《明史·兵志》。

三年夏，滦州大水（旧志）。

四年，徐达帅盛熙等，赴北平练军马，修城池，徒山后军民，实诸卫府，置二百五十四屯，垦田一千三百余顷（《明史·徐达传》）。案:《明太祖实录》洪武四年二月，罢山后诸州徒其民于山南。中书右丞相魏国公徐达奏山后顺宁等州民虽已招集来降，未见安土乐生，恐其久而离散，已徙顺宁、宜兴州。沿边民入北平州县（《明史·本纪》)。是年三月乙巳，徙山后民万七千户，屯北平。六月，徙山后民三万五千户于内地；又徙沙漠遗民三万二千户，屯田北平。今府属自山后迁居者，皆相沿称自永乐二年，盖误。秋，永平旱《明史·五行志》。

六年，冬十二月，元兵寇抚宁县及瑞州，诏罢瑞州迁其民于滦州，徙抚宁县治于洋河西（旧志）。

七年夏，乐亭、昌黎蝗（旧志）。

九年，秋旱（旧志）。七月赈永平旱灾《明史·本纪》。

十年夏六月，永平滦、漆二水，没民庐舍（《明史·五行志》）。

秋九月丙辰，大火（旧志）。

十三年冬十一月，元平章完者不花与乃儿不花率骑数千入桃林口，寇永平。指挥刘广战死，千户王辂追击至迁民镇败之，擒完者不花（旧志）。

十四年，春正月辛亥，大将军徐达发燕山等卫屯兵一万五千一百人，修永平界岭等三十二关（旧志）。案：此二条与《明史·太祖本纪》合，而此较详。

十七年，北平留守傅友德奏通滦河、青河故道漕运（旧志）。

二十年三月，征虏大将军冯胜等帅师出松亭关。六月至金山，降元将纳哈出（旧志）。

二十三年，燕王同晋王讨乃儿不花。晋王怯不敢进，王倍道趋迤都山，获其全部而还。太祖大喜，令王节制沿边士马《成祖本纪》。

二十六年冬十月癸亥，喜峰路台西北楼内，旋风大作，黑气冲天有火光《明史·五行志》。

惠帝建文元年春三月甲午，敕都督耿瓛将兵屯山海关。秋七月丙戌，靖难兵至永平，指挥赵彝、千户郭亮、百户吴买驴等以城降（买驴后改名成，封清平伯）。庚寅，大宁兵出松亭关攻遵化。壬辰燕王来援，兵退守关。癸巳，百户鲁敬败大宁兵于迁安之钓鱼山。丙申，燕王回北平。九月，江阴侯吴高、都督耿瓛、杨文率辽东兵围永平焚西门。燕王自将救之，营于永平城东，追奔百余里，斩首千余级。高等退保山海关。王遂引兵出刘家口（旧志）。案:《明史·惠帝本纪》元年十月，燕兵自刘家口间道袭陷大宁，守将朱鉴死之（《成祖实录》)。十月戊戌师至刘家口，路极险隘，守关百余人。乃命郑亨领劲卒数百，卷旆登山断其归路，而从后攻之，悉擒守关者。师遂度关。以东胜孤远难守，调左卫于永平，右卫于遵化，而墟其地《明史·兵志》。

二年夏四月，辽东兵下昌黎。五月，指挥佥事谷祥败辽东兵于定流河。秋七月，又败之于部落岭，克兔耳山寨。八月，辽东兵围永平不克（旧志）。

三年夏五月，辽东兵围永平，指挥吴兴旺、谷祥昼夜对敌，凡八十日。燕王遣指挥刘江救之，大破辽东兵于昌黎，斩首数千级。冬十一月，燕府论守永平功，军士普升一级为小旗，小旗升总旗，总旗升试百户，以上普升一级（旧志）。

四年夏五月，辽东兵至永平。都指挥佥事谷祥引军过小河，至十八里铺拒却之，论功普升一级。秋七月己巳，燕王即位。九月，以守城功，封郭亮为成安侯、赵彝为忻城伯（旧志）。八月丁丑，命抚永平流民复业。冬十二月丁卯，成安侯郭亮镇守永平、山海。壬申，许永平民、兵还籍（谈迁《国榷》）。案:《读史方舆纪要》十八里铺，在府东。小河，即漆水也。

成祖永乐元年，诏流民复业，遣南民来屯。特免北平差税三年（旧志）。春三月壬午，以大宁地界兀良哈。起前屯至喜峰为朵颜卫；自黄泥洼至开元为福余卫；由锦义至白云山为大宁卫。自是宣、辽，道绝三卫，后为门庭之寇矣。(《国榷》)。案:《明史·诺音传》成祖从燕起靖难，患宁王蹑其后，自永平攻大宁入之。谋胁宁王，因赂三卫说之来。成祖行，宁王饯诸郊。三卫从一呼皆起，遂拥宁王西入关。成祖复选其三千人为奇兵从战。天下既定，徙宁王南昌，徙行都司于保定，尽割大宁地界三卫，以偿前功。诺音旧作朵颜。冬十月乙卯，敕镇守永平山海成安侯郭亮，选三千骑剿十八盘贼（《国榷》）。

二年春二月，命成安侯郭亮镇永平，都指挥同知费瓛镇山海（旧志）。

三年，春正月庚申，复免顺天、永平、保定田租二年（《成祖本纪》）。筑昌黎决堤（《河渠志》）。

四年，修筑乐亭鲁家套社河口。

八年夏四月丁酉，抚宁老人张甫通、迁安老人何彬，督运至清水源，各授本县县丞（《国榷》）。

十二年冬十二月己丑，免乐亭水灾田租（《国榷》）。

十三年夏四月丁丑，以永平水赈之。秋七月己未始召商，中盐北京，纳米喜峰口（《国榷》）。

十四年，秋七月，永平大雨水坏田庐，命赈之（《国榷》）。案：《明史·五行志》是岁滦、漆二水溢，坏田禾。

十五年春二月，添设管马通判一人（《滦志》）。

十八年春三月甲申，都指挥李昌镇守山海关，徐甫镇守永平（《国榷》）。

二十年，秋八月戊戌，车驾次玻璃谷。诸将先受命征乌梁海者，奏云：已入寇穴，寇悉众来敌，大败之。斩首数千级，余众溃而西走，尽收其人口孳畜，先到大宁入喜峰口（《明成祖实录》）。案：乌梁海，旧作兀良哈。

二十二年秋八月戊午，襄城伯李隆镇山海（《明史·仁宗本纪》）。九月戊子，遂安伯陈瑛充总兵，往山海、永平，巡视关隘。

冬十一月，永平、山海饷足，改大同中盐（《国榷》）。

仁宗洪熙元年春三月癸酉，赈乐亭县饥。夏四月庚子，勅责山海、永平总兵官遂安伯陈瑛及都指挥陈景先，以纵寇疏防之罪（《国榷》）。滦州水（《明史·五行志》）。闰七月丙午，后军都督佥事郭义为游击将军，巡永平、山海关隘（《国榷》）。

宣宗宣德元年秋七月丁未，镇守蓟州山海都督佥事陈景先巡边，值北寇四十余骑，于鲇鱼石关歼之。上以虏好鼠窃，戒景先毋贪小利。八月乙丑，召镇守永平总兵遂安伯陈瑛还京。边事付都督陈景先（《国榷》）。

三年秋七月丁未，帝自将巡边。九月辛亥，次石门驿。兀良哈寇会州，帝帅精卒三千人往击之。乙卯，出喜峰口，击寇于宽河大破之。甲子班帅。癸酉至自喜峰口（《明史·宣宗本纪》）。冬十月，命遂安伯陈瑛镇永平，武进朱冕镇山海（旧志）。

四年春二月壬寅，昌黎知县杨禧秩满，耆民乞留，从之，加俸一品。夏五月丙辰，经理山海至蓟州屯田（《国榷》）。

九年夏六月辛未，免永平通租（《国榷》）。

英宗正统元年，春正月庚寅，发禁军三万人屯田畿辅（《英宗本纪》）。

五年夏，蝗（旧志）。四月戊戌，赈，永平、开平等卫军余（《国榷》）。六月，遣吏部侍郎魏骥，抚安永平等府蝗灾（旧志）。

六年春三月，遣大理寺右少卿李奎，抚恤永平府州县流移饥民（旧志）。

七年秋九月丁卯，蓟永总兵王彧言：兀良哈二卫，假射猎犯边。乞剿之，不许。都指挥同知宗胜充右参将协守蓟州、永平、山海（《国榷》）。案：此后凡协守蓟、永、山海，镇守蓟、永、山海者，皆驻三屯营。

九年，春正月辛未，命成国公朱勇、兴安伯徐亨、左都督马亮、陈怀分剿兀良哈。时三卫阴寇边。勇同太监僧保出喜峰口，恭顺侯吴克忠佐之；亨同太监曹吉祥出界岭口；亮同太监刘永诚出刘家口；怀同太监但住出古北口，各领万人。期至辽河、土河会辽东总兵曹义之师，夏四月丙戌，增山海卫户部主事，提督屯粮并巡视永平、界岭口、刘家口、喜峰口仓场。秋闰七月，永平大水伤稼，遣视。冬十月丁巳，应城伯孙杰为总兵，镇守蓟州、永平、山海，召都督王彧还京（《国榷》）。

十二年，秋七月辛卯，赈永平蝗灾（《国榷》）。

十三年，帝东巡观渔于偏凉汀，驻跸于滦城（《国榷》）。

十四年夏，永平蝗（《明史·五行志》）。秋七月庚辰，命给事中翟敬、监察御史罗篪等劳辽、蓟、永平、山海等军士各一金。庚寅，召商盐永平，纳粮界岭口、刘家口。九月丙午，镇守山海、永平总兵应城伯孙杰免。指挥同知宗胜为后军都督佥事代之。冬十月癸酉，敕蓟镇总兵宗胜以选锐五千，付右佥都御史邹来学、都指挥佥事胡镛，赴京追敌（《国榷》）。十一月癸未，修沿边关隘（《明史·景帝本纪》）。

景帝景泰元年，提督京东军务右佥都御史邹来学修喜峰迤东至一片石各关城池。是岁，大水入城，与东南城几平，滦河徙（旧志河旧在城东至是徙于城西）。

三年，秋八月辛丑，永平大雨，水淹稼，赈之（《国榷》）。十二月，免永平被灾秋粮（《明史·本纪》）。

五年夏四月，旌表滦人谢福尚义之门。秋七月，太监曹吉祥及侄钦作乱伏诛（《滦志》）。案：吉祥滦之长春社人。冬十二月丙申，免滦州及昌黎水灾秋租（《国榷》）。

六年夏四月，遣吏部右侍郎叶盛安，抚永平等府流移饥民。刘家营大水。秋七月，陨霜伤稼。十月，大雷雨竟日（旧志）。冬十一月丁丑，免永平灾租（《国榷》）。

七年夏六月，遣户部侍郎原杰，赈恤永平等府水灾（旧志）。秋八月甲寅，卢龙人刘杰言：和籴，乞秋稔依直收纳，庶官民两利。从之（《国榷》）。

英宗天顺元年，滦州人唐兴以妖术聚众作乱，伏诛（旧志）。春莲花生（《昌志》）。夏四月已未，免永平去年灾租（《国榷》）。

二年庚戌，遣官以江南折银输永平一万，易粟（《国榷》）。诺音卫欲从宣府入境朝贡，守臣以闻。命仍从喜峰口入（《明英宗实录》）。

五年，春三月丙寅，蓟州永平右参将马荣为总兵官镇守（《国榷》）。

宪宗成化元年秋八月，永平大雨坏城（《明史·五行志》）。

二年，夏五月丁丑，永平同知刘璲著绩，特赐诰敕。秋七月丁丑，永平知府晟廉能，赐诰敕旌表。八月甲寅，东宁伯焦寿为总兵，镇守蓟州、永平（《国榷》）。冬十月丁未，抚宁伯朱勇击擒石龙，贼平，进爵为侯（《明史·本纪》）。

三年，发军屯田。刘家营佛儿口十三山风洞，为灾赛息。又雷震死刘家营官马八匹（《国榷》）。

六年夏五月乙巳，安抚永平。六月戊辰，永平大水（《国榷》）。

七年夏六月，遣户部侍郎原杰，赈恤永平等府水灾（旧志）。

八年，春正月乙卯，右都督冯宗总兵镇守永平、山海。二月丁亥命蓟辽总兵修城堡边垣台堑。丙申，知府王玺给诰敕（《国榷》）。

九年，秋九月丙午，修永平伯夷叔齐庙，曰清节，致祭，。从知府王玺之请。冬十二月壬申，赐山海关中山王徐达祠曰显功

（《国榷》）。

十年夏，五月庚戌，增永平劝农通判。秋九月戊辰，兀良哈犯青山口（《国榷》）。

十二年，喜峰等口益成五千，分驻永密，策应辽东（《明史·兵志》）。

十三年，夏四月，汪直执行人张廷纲，下西厂狱（《明史·本纪》）。秋七月，总兵刘青移永平山海。右都督冯宗还京（《国榷》）。八月壬戌，锦衣卫官校执工部尚书张文质系狱，帝知而释之（《明史·本纪》）。廷纲卢龙人，文质昌黎人。

十五年，夏五月癸未，燕河营右参将李为署都督佥事总兵官。镇守蓟州、永平。冬十月辛亥，永平地震（《国榷》）。

十六年，夏五月戊子，福建左布政使李田为都察院右副都御史，整饬蓟州、永平、山海边备（《国榷》）。

十七年夏，六月甲辰，永平地三震（《国榷》）。清水溢，漂没庐舍禾稼，民大饥（旧志）。

十八年春，三月甲申，免顺天、永平田租三万六千三百余石（《国榷》）。

十九年夏，六月庚辰，闻寇警，命安顺伯薛瑶驻永平（《国榷》）。

二十二年夏，四月乙未，清畿内勋戚庄田（《明史·宪宗本纪》）。

二十三年冬，十月甲午，旱。免永平夏税麦（《国榷》）。

孝宗宏治二年秋七月，永平属县大水（《明史·五行志》）。壬申，暂停永平寄牧马征驹。戊寅，户部郎中陈瑗赈永平水灾户粟一石（《国榷》）。

三年春，三月甲戌，兵部右侍郎张海、左通政元守直，阅山海关（《国榷》）。

四年五月，蝗（旧志）。

五年，春三月乙未，禁永平麻谷山采矿。夏四月甲寅，加镇守蓟州宁晋伯刘福总兵官。凡文武不佩印，不称总兵。至是福以请，寻给总兵长印。此后制稍变（《国榷》）。

六年，夏四月丁酉，以蝗灾免迁安、抚宁去年田租（《国榷》）。

八年夏，四月，蝗（《乐志》）。秋八月己未、庚申、丙寅、戊辰，滦州地屡震有声、（《国榷》）。冬十一月己酉，免直隶被灾秋粮（《明史·本纪》）。

九年，春二月戊寅，定西侯蒋骥总兵镇守蓟州。三月辛未，永平卫地震。夏四月庚寅，兀良哈再入蓟州、燕河营（《国榷》）。

十年秋，七月癸丑，都督杨玉帅京营军，备永平（《明史·本纪》）。八月乙巳，泰宁、福余虏患不入贡。命署都指挥同知王杲驻永平，游击将军白琮分守燕河营，发游兵三千驻建昌。九月乙巳，大星陨于永平，天鸣。冬十月甲戌，永平地震声如雷。已卯，地复震（《国榷》）。

十二年，夏六月戊申，朵颜犯永平之苇子谷。冬十一月壬申，昌黎地震有声（《国榷》）。

十四年，永平饥（《明史·五行志》）。

十五年，秋七月辛卯，命各边卫设养济院、漏泽园（《明史·本纪》）。冬十月壬寅，滦州、昌黎各地震有声（《国榷》）。

十七年夏六月丁丑，兀良哈犯蓟州、潘家口（《国榷》）。秋七月，大水（旧志）。

十八年，夏六月辛酉，团操畿内军余民兵，永平千人（《国榷》）。

武宗正德元年夏六月甲子，命太监王宏镇守蓟州、永平。冬十月丙寅，免永平灾租。十二月戊午，都指挥佥事温和为右府署都督佥事总兵镇守蓟州、永平、山海（《国榷》）。

二年，春闰正月丁未，中旨增补守备内臣。命都知监左少监屈让往蓟州黄崖口等营。右少监王鉴往台头营司设监。左少监万钊往永平太平寨青山营。印绶监、右少监刘睿往遵化、滦阳各关。都知监、右监丞高永往刘家营。印绶监、右少监李准往蓟州鲇鱼石。癸亥，卢龙、迁安、滦州大风，拔木昼晦。冬十一月甲辰，守备刘家口左监丞高永，求兼分守燕河营，特许之（《国榷》）。

三年，春三月己未，逮永管粮户部郎中刘乾及知县郭议、通判田泰、指挥李英，下镇抚司狱。滦阳驿草场火，乾请别委，触瑾怒。夏六月甲戌，太仆司少卿刘聪，督理永平山海等马政（《国榷》）。

四年，春三月丁未，永平水旱，免田租（《国榷》）。秋八月辛酉，遣使核各边屯田（《明史·本纪》）。

五年，春二月，迁安风霾昼晦（《迁志》）。

六年，迁安刘家口、关峰口、谷风洞为灾后，立风王庙。每六月十五日，知府亲祀（《迁志》）。夏五月丙子，裁刘家口、遵化滦阳分守内臣。右少监梁俊、太监刘睿仍改守备（《国榷》）。秋七月癸亥，开平卫观音阁、诸兽口，现五色光自卯至巳散（旧志）。

七年，黑青出迁安，大旱饥（旧志）。

八年春，开平城观音阁，西墙上龙起寺中大兽带，落于老龙坡。大饥（旧志）。正月癸巳，右佥都御史陈玉巡视山海关，至古北口（《国榷》）。夏四月，蝗（旧志）。秋七月己巳，免永平旱灾夏租。冬十月乙卯，遂安伯陈惠总兵镇守蓟州（《国榷》）。

九年，春二月戊申，永平大饥，命赈之。运通州粟十万石，减其值。三月壬辰，移密云兵备副使于永平。冬十一月戊辰，免永平水灾屯田租（《国榷》）。

十年，夏六月丁丑，蓟州总兵官遂安伯陈鏸劾免（《国榷》）。

十一年，秋八月癸丑，免永平旱灾夏税有差（《国榷》）。

十二年，春二月辛未，赈永平。夏四月癸丑，免永平通赋（《国榷》）。

十三年，春正月庚申，中旨以蓟州总兵署都督佥事戴钦为靖卤副将军，镇守延绥。总兵署都督佥事柳涌，移镇蓟州。夏四月甲申，执永平知府毛思义。时上幸密云，民间讹传欲括子女。思义示曰："车驾必不远游，皆奸徒煽惑。"上怒，下锦衣狱，谪安宁知州。五月己亥，上次大喜峰口，初幸银山、蓟州、遵化以及喜峰。欲招致朵颜三卫彝人纳质晏劳。巡抚蓟州右副都御史臧起凤疏谏，不报（《国榷》）。辛亥，帝观渔于偏凉汀，驻跸滦州。癸丑，观渔于泝河。六月刘家口关，雨，城坏楼倾，铁叶门流至乐亭（旧志）。

十四年，春三月丁未，右监丞李原守备刘家口。夏四月丁亥，永平地震（《国榷》）。六月，滦州蝗，秋大水（旧志）。冬十一月壬申，免永平水灾粮刍有差（《国榷》）。

十五年，夏六月丁巳，雹（旧志）。秋九月丁卯，免永平水灾夏税有差（《国榷》）。

十六年，春正月甲寅寅刻，永平有大星如火，变白长六七尺，复变句曲之状，久之散。秋九月庚午，宥冀州总兵马永罪。前江彬胁贿事发，御史田永重其才，责永任职自效（《国榷》）。

世宗嘉靖元年秋七月，螟，大旱，地震（旧志）。冬十月甲申，永平地屡震。十一月甲辰，蓟镇总兵马永平炼金山矿盗，命塞矿穴（《国榷》）。

二年，夏五月，滦州野蚕成茧。六月，蝗。秋七月滦州、昌黎地震有声（旧志）。八月癸卯，蠲永平田租。乙巳，朵颜犯界岭口，总兵马永击却之（《国榷》）。

三年，秋八月丙午，免永平旱蝗夏税（《国榷》）。冬辽东妖贼李珍等谋不轨，乘虚入山海关，纵火杀人，守臣王免死之（《山海志》）。

四年，春正月庚午，始榷山海关商税（《国榷》）。抚宁大雹如鹅卵，杀稼（旧志）。冬十月戊午，蓟镇总兵马永罢。永颂前总督陆完讨流寇功乞赠荫，并宥学士丰熙等罪。上切责其妄言（《国榷》）。

六年春三月，乐亭境内起黑风，火飞如斗，焚及木抄，禽鸟多死，流灾海面，竟夕乃止（旧志）。秋七月己亥，蠲永平田租有差（《国榷》）。

七年春二月，滦州、昌黎地震，夏四月大风昼晦，大饥。山海关大水，入西关，民舍有湮没者（旧志）。

八年，夏五月蝗（旧志）。案《乐志》云：四月大水雹损稼，七月蝗。秋九月丙戌甲申，免永平旱蝗夏税（《国榷》）。

九年，春二月辛未，免永平田租（《国榷》）。赈乐亭灾（旧志）。

十年，春正月丙午，裁蓟镇镇守太监。三月丙申，停永平各守备（《国榷》）。四月大风（旧志）。

十二年春，旱蝗（《滦志》云：正月不雨至六月蝗落地尺厚）。夏六月，雹（旧志）。秋七月壬子，免永平旱蝗夏租（《国榷》）。

十四年，春二月辛酉，雨雹大如卵，夏淫雨，滦水溢害稼。冬十二月，雷（旧志）。

十五年，夏四月，昌黎大水。滦州、乐亭，蝗（旧志）。五月丁已免永平田租。秋九月己未，命诸边立武塾，教将士子弟（《国榷》）。冬十月，永平地震声如雷（《明史·五行志》）。

十六年，春正月庚子，裁永平边粮通判（《国榷》）。夏六月丙辰，大风雷雨击迁安县新堂。现玲珑花草如刻画，有龙戏其脊上（旧志）。秋八月甲子，免永平水灾田租（《国榷》）。

十七年，夏四月，滦州、昌黎，蝗（旧志）。

十八年春，迁安饥（旧志）。三月甲戌，免永平灾租（国榷）。

十九年夏，滦州旱（旧志）。

二十年春，滦州旱（旧志）。夏六月，免永平灾租，仍赈之（《国榷》）。秋九月辛酉，滦州、昌黎，大风霖雨。癸酉，雨雹。甲辰，滦河溢（旧志）。冬十月辛酉，复辽、蓟、永平治饷户部郎中（《国榷》）。

二十一年，夏四月丙子，赈永平（《国榷》）。霪雨伤禾，霾沙屡作，蝗蝝遍地，大饥。冬十月，桃李花（旧志）。

二十二年，夏六月雹（旧志）。

二十三年，春二月壬申，蓟镇总兵祝雄卒。雄廉慎有古良将风，在镇三年，卤马不敢南牧。蓟人立祠，以祝之（《国榷》）。是岁滦河溢，天方雨，忽雷火飞入镇东楼摄梁间，斗栱出，坠于田间（旧志）。

二十四年，永平饥（《明史·五行志》）。赈乐亭饥（旧志）。

二十五年夏，霪雨四十余日。六月滦州大水，坏开平中屯卫北城七十丈。昌黎县城西南莲池内，并头莲生。秋七月，滦州、昌黎大风。昌黎、迁安麦二歧，谷双穗（旧志）。

二十六年，滦州水（旧志）。冬十月甲寅，免滦州、昌黎灾。戊辰，役永平，军民浚海口新河（《国榷》）。

二十七年，春正月甲子，增建昌兵三千，设游击将军。己巳蓟州总兵周彻劾免，密云副总兵罗希韩为署都督佥事总兵，镇守蓟州。三月甲申，堵筑蓟镇各隘（《国榷》）。蛟龙斗于石门子沟七日，龙出景忠山玉皇殿。秋八月，昌黎地震（旧志）。九月庚子，免永平水灾田租（《国榷》）。

二十八年春，三月丁酉，大风昼晦（旧志）。

二十九年，春三月丙戌，大风昼晦。秋蒙古入犯，至滦河东岸。初设蓟辽提督（旧志）。秋八月丁亥，命总兵李凤鸣，镇守蓟州、永平、山海。诏京营将尤聚、许策等以万人趋冀州，防卤东掠（《国榷》）。

三十年，秋七月大水，迁安地震有声如雷。是岁改蓟辽提督，为总督（旧志）。

三十一年冬十一月，帝遣本府知府郭鉴，谕祭诰赠通议大夫顺天府府尹高谦（《滦志》）。案：谦滦州人。

三十二年，秋七月大水（旧志）。

三十三年，春三月大风昼晦，地震（旧志）。

三十四年，春正月戊申，大雷雨。二月己巳，大雪（旧志）。甲午，土蛮入马兰峪、宽佃谷。总兵周益昌自建昌营驰援，敌不意大兵至，遽缘崖而走。获二十余级，马四百三十余匹（《国榷》）。冬饥（旧志）。

三十五年，春三月戊辰，大风昼晦，旱（旧志）。冬十一月辛巳，打来孙以数万骑屯青城，分犯一片石，三道关。总兵欧阳安拒却之。壬午，夜入喜峰口，杀哨卒四十人，知有备乃遁（《国榷》）。

三十六年，春正月甲申，闭迁安、抚宁、昌平矿洞。二月癸丑，蓟镇总兵右都督周益昌卒。燕河营，地震有声（《国榷》）。三月辛巳，蒙古犯冷口。壬午攻刘家口关，副总兵蒋承勋死之，遂陷桃林营，掠迁安县，及永平至双望堡。夏四月甲申朔，陷河流口，及暮引去（旧志）。案:《明史·世宗本纪》三十六年二月，俺答犯大同。三月癸丑把都儿寇迁安，副总兵蒋承勋力战死，与此异日。府城地震。秋八月，滦州蝗。岁大祲，疫疠盛行（旧志）。

三十七年，春三月丁丑，永平地震。夏五月辛酉，赈滦州（《国榷》）。秋七月蝗，水，岁饥（旧志）。冬十月壬申，土蛮十万骑薄界岭口，建昌副总兵马芳御却之。分犯黑峪墩，把总冯时雍死之。明日二百余骑还奔界岭口，芳及总兵欧阳安力战败之，擒斩四十余级（《国榷》）。

三十八年春二月庚午，把都儿数万人入潘家口，渡滦河，进三屯营。责督抚官，立功自效。敌先驻会州属卫，影克哈孩导之，反诳我欲东犯义院、冷口。王仔不察，兵遽东，疲于奔命。三月己卯，把都儿自遵化东掠迁安、蓟州、玉田，五日乃出。戊子，提督京城巡捕署都督佥事李广为总兵，镇守蓟州、永平、山海。六月戊午，杨博定蓟镇兵备，画地分守。霖雨，滦、漆河溢，城内行舟。秋七月戊子，复设永平守备。八月蝗。九月庚午，蓟州总兵李广劾免。壬申，大同总兵张承勋移蓟州。庚寅，建昌副总兵都督佥事马芳改宣府。冬十月，免永平水灾田租（《国榷》）。

三十九年，春二月丁酉朔己亥，增永平兵备副使。已未，赈永平水灾。三月壬午，大同总兵刘汉，出镇河堡，捣巢于灰河，斩二十八级。时俺答聚喜峰塞外，窥蓟镇。汉乘虚出塞以牵之，狼狈而西。夏四月壬子，赈永平饥民。秋九月庚午，免永平旱蝗田租（《国榷》）。

四十年，春正月戊子，赈永平饥。增蓟镇抚赏银（《国榷》）。夏蝗（旧志）。案抚志云：斗米银二两，人食草根树皮。秋九月甲申，神机营副将署都督佥事孙膑为总兵，镇守蓟州、永平、山海（《国榷》）。

四十一年夏五月，滦州地震有声如雷。州南孙家坨地裂，涌黑水。秋七月庚戌，蓟镇喜峰口地震。昌黎生雄鸡，四足。迁安大有年。乐亭蝗，入境不为灾，有秋（旧志）。

四十二年，春三月，昌黎闻天鼓鸣。夏四月，初七日，霜。甲子，三屯营地震，日数次。昌黎，旱。秋八月，大水（旧志）。

四十三年春正月，蒙古报警，关门戒严。时海冰坚且阔，主事商诰先期督凿，复冻如初。至是敌果趋海口潜渡，忽冰解，惊退。又攻旱门关甚急，诰督军力却之（《山海志》案《明史·本纪》是年春正月，土蛮黑石炭寇蓟镇，总兵官胡镇，参将白文智御却之）。秋昌黎螟，乐亭大有年（旧志）。

四十四年，春昌黎大疫（旧志）。

四十五年六月，府廨后，产芝五本五色（旧志）。

穆宗隆庆元年，春三月癸未，地震。夏霪雨，损禾稼。山海卫石河溢涨，入西关，卧牛桥坏（旧志）。秋八月甲辰，免永平屯租。九月壬申，土蛮寇蓟镇，掠昌黎、乐亭、抚宁、卢龙，游骑至于滦河。乙亥，总兵李世忠东援，值土蛮于抚宁李家庄，斩五十级（案：旧志抚宁毛家营，大柳树鸣三日甚悲，土蛮自界岭入杀抚昌二县人十余万）。冬十月丙戌，土蛮东出义院口，会大雾迷失道堕棒棰崖中，延绥游击张臣等趋之报斩九百五十五级。总兵李世忠，多滥杀称功。戊戌前署都督佥事郭琥起总兵官镇守永平、山海。甲午免永平田租（《国榷》）。

二年，春三月戊子，迁安地震有声，经旬乃止。滦河滨岸得龙蜕，长二十五丈余，大二十余围。乐亭刘忭庄地裂三丈余，涌沙水（案:《明史·五行志》作地裂三处，俱涌黑沙水）。夏六月，飞蝗蔽空。冬十月初二日，白昼星陨有光（旧志）。

三年，春正月乙卯，诏郭琥入京。改戚继光总兵镇守蓟州、永平、山海（《国榷》）。三月丁未，三屯营五色云见。夏四月朔，山海关地震。五月，昌黎雹（旧志）。六月乙酉，蓟镇、三屯营、地震。秋七月戊子，赈蓟州、遵化、迁安灾民。冬十一月壬辰，三屯营地震（《国榷》）。

四年，夏六月燕河营城北，真武庙钟鸣自落地者三。建昌风洞为灾，县官祭之方息，后每岁为常。乐亭，有秋（旧志）。

五年，春夏大疫（旧志）。冬十二月丁巳，治永平水利（《国榷）。是岁夏水，冬饥。知府顾褒革民户走递，立顾役法，民始苏（《滦志》）。

六年秋七月，地震（《乐志》作二月）。山海关戴家河，有海牛死，浮沙岸高数丈，长十余丈。阳河溢，有大树数百成筏，由义院口人，过阳河，至刘家寨入海（旧志）。庚戌，土蛮万余骑犯中后所，参将杨燮、游击李维一，御之。贼奔，寻攻沙河驿，总兵李成梁驰至，乃引去。冬十二月辛未，蓟辽总督刘应节、巡抚杨兆议遵化密云三屯各辎重，作大车八十辆，车各八骡，每营三千人。部覆，从之（《国榷》）。

神宗万历元年夏四月乙卯，增蓟镇、昌平敌台二百（《国榷》）。六月望，甘露降于山海卫学宫。秋，官城北火神庙自焚，雨雹大如拳（旧志）秋七月己卯，发帑金八千，于蓟镇备抚赏之用（国榷）。九月戊子，设永平武学。派遵化辎重营官军于清河四口防守。派建昌车营官军于滦河口防守。派河南车营官军，于胡林庄暨昌黎等口防守。为备倭也（旧志）。

二年，春正月辛卯，蓟镇总兵戚继光进左都督（《国榷》）。乙卯，五色云见于三屯营。二月，建昌营千总周尚春率兵过卧龙冈，雷火然其兵马器械。秋七月壬辰暮，三屯营暴风起，教场西南飘战车于空中碎之如纸叶（案:《图书集成》载此条作三年正月）。昌黎，大有年（旧志）。九月甲戌，议立三屯营儒学，已，寝之。冬十一月辛未朔，命山海关总兵戚继光久任有功，破格序赉。从蓟辽总督刘应节之请（《国榷》）。

三年春正月，长昂犯董家口。总理戚继光遣兵御之，获其叔长秃（旧志）。二月己亥夜，永平各台旗上俱有火光。秋九月甲辰，蓟州三屯营地震如雷（《国榷》）。昌黎，大有年（旧志）。

四年春正月辛酉，太平寨滦河断流数里，二时而续。壬戌，营东城河干百步。癸亥，西河亦干，并逾时二月。庚辰辛巳，太平路地连震（旧志）。

五年，秋雹，乐亭大水（旧志）。是岁滦州知州邢子琛均田（《滦志》）。

六年，春饥。秋大有年（旧志）。

七年，春二月癸未，定边饷，蓟镇五十七万五千二百余金（《国榷》）。夏五月乙巳，朔，雹大如拳。六月辛丑，三屯营地震声如雷。五重安营，野蚕成茧。秋大熟。八月己亥，滦州雨雹（旧志）。

八年春，夏疫（旧志）。四月辛卯，作蓟镇冲锋器械，总兵戚继光匠意。以木拒马临战，先南兵，次骑，次轻车，四人运之如飞，追寇利器齐发，步卒间出，俱长枪、狼筅。闰四月癸亥，修永平、通、蓟、丰润、玉田、迁安、抚宁、遵化、怀来等城（《国榷》）。五月壬午至戊子，地连震。六月辛丑，三屯营地震如雷（旧志）。癸卯，裁永平武学提调（《国榷》）。是岁滦州知州郑琉复均田，照亩起科（《滦志》）。

九年，春正月，减永平均徭银。二月乙卯，蓟镇三屯营、喜峰口，各地震（《国榷》）。夏甘露降理刑公署（旧志）。

十年春正月，遣刑科给事周邦杰阅视蓟辽（《国榷》）。迁安，风霾、旱、疫（旧志）。

十一年，春二月丙申，镇守居庸、昌平总兵右都督杨四畏，改镇守蓟、永、山海。闰二月戊寅，改镇守蓟州等处总兵关防，先有总理练兵官也（《国榷》）。三月，抚宁大风，霾。夏四月，大水（旧志）。五月甲辰，三屯营喜峰口地震（《国榷》）。六月，蝗（旧志）。乙卯，蓟镇中路副总兵张爵为署都督佥事总兵官，守保定。秋八月庚戌朔，永平大雨水（《国榷》）。冬十一月，帝遣本府推官丁汝谦谕祭户部尚书王好问（《滦志》）。案：好问乐亭人。

十二年春正月，雷雨，滦河溢（旧志）。喜峰口大风雨，坏各墩台（《明史·五行志》）。二月，发民壮，修山海罗城（《滦志》）。三屯营莲心馆，池中开并蒂莲，龟游莲叶上（旧志）。秋八月乙巳，长昂犯下庄，总兵杨四畏、副总兵徐从义击却之。斩千级，追至老鸦岭而还。冬十月乙巳，蓟镇总兵都督同知杨四畏镇守保定。壬子，以马兰峪副总兵张臣为镇朔将军总兵官，镇守蓟镇（《国榷》）。是月朔，蒙古入大古路口，至岭上，去山海关可二里。关兵出拒，分伏南北两水关，趣居民入城。时参将王守道拒墙东门，游击杭大才拒其南，中军盛庄拒其北。敌亦分三枝来攻，数十合终不得入。敌骑奔突旱门关、两水关、南海口者以千数。关兵发炮，敌被创，日昃遁去（《山海志》）。十一月，帝遣本府知府张世烈谕祭通议大夫都察院右副都御史高擢（《滦志》）。案：擢滦州人。

十三年春旱夏五六月大水，雹，损稼。昌黎大收（旧志）。冬十二月辛巳，复蓟镇、遵化辎重营及其将领（《国榷》）。

十四年春饥，行赈。夏四月癸酉，三屯地震，旱，疫。乐亭大风，拔木损稼。秋七月二十日，抚宁大风霾。霜，损稼。迁安大水，冷口关涨没城数丈，关北水中有物，似形非形，初长二丈余大如瓦甓，后短小如杆棒，而无首尾，击之分而复合，晶白蜿蜒，雨霁水落乃没（旧志）。

十五年，春赈乐亭饥（旧志）。夏五月癸巳，喜峰大雨雹，如枣栗，积尺余，田禾、瓜、果尽伤（《明史·五行志》）。秋七月霪雨。庚子，滦河溢，城不浸者三板，坏田卢，损禾稼，大饥（旧志）。八月庚辰，蓟镇副总兵杨绍勋为总兵官，镇守保定。镇守宣府总兵官董一元，改镇蓟州、永平、山海（《国榷》）。

十六年，昌黎饥。夏闰六月丁未，大风损稼，秋大水。迁安麦秀两歧（旧志）。九月己巳，昌平总兵张邦奇镇守山海关。冬十二月辛巳，免永平灾租（《国榷》）。

十七年春饥，夏季穗两歧，秋大熟。设管关通判（旧志）。三月壬子，复蓟镇小河卜户猛可真市赏。夏六月戊子，蓟镇旱，给粮三万石（《国榷》）。是岁，始祭风山（《滦志》）。

十八年秋，大熟（旧志）。

十九年夏，五月己巳，土蛮犯石门路。甲戌，雷震太平路喜峰墩台（《国榷》）。滦州、乐亭有秋，斗米二分有奇（旧志）。

二十年秋七月，大风雨害稼（旧志）。八月丁酉，蓟镇永平总兵官张邦奇为右军都督府佥事。已亥，调山西总兵王保镇守蓟、永、山海。庚戌，铸经略保定、蓟、辽等处关防。命总兵张邦奇仍蓟镇，王保仍山西。九月丙戌，设海防游击，驻乐亭县南，兵三千人，益募七百人。冬十月辛丑，命沿海防御，仍听蓟镇密云，永平，三道整备增入。敕内总兵官李如松为提督蓟、辽、保定、山海等处防海御倭总兵(《国榷》)。

二十一年，春饥（旧志）。夏五月庚申，蓟镇青山口，雷火焚台内火箭毙官军数千人（《国榷》)。是岁，加派东征钱粮。(《滦志》:地方雕瘵始此）

二十三年，春二月丙戌，长昂愤革赏，率千余骑犯石门路、木马谷。复令小郎儿入喜峰口，被缚。序功有差(《国榷》)。夏五月二十五日，山海关地震有声。秋八月二十七日夜半雷震异常，诘且震东楼向北一柱有烟，掘之其下得火，大如球（旧志）。

二十四年，秋七月乙酉，始遣中官开矿于畿内(《明史・本纪》)。九月庚申，户部郎中戴绍科奏蓟州，永平，事繁矿微，命分道开采。冬十月癸未，蓟州镇报罗文峪败虏斩四十九级。己丑，尤继先为镇守蓟州、永平、兼备倭总兵官(《国榷》)。

二十五年，春二月庚午，罢昌黎开矿太监田进，以与王彪争采也(《国榷》)。是年春正月至夏四月，不雨。秋七月，大水。冬饥。昌黎地震（旧志）。

二十六年，春二月癸酉，设蓟镇东南滨海副总兵一，游击二，募三千三百余人(《国榷》)。春不雨。夏久雨，田潦。秋螟。冬饥（旧志）。十月癸亥，喜峰路台西北楼内旋风大作，黑气冲天，楼内有火光（明史・五行志）。

二十七年，春二月辛未蠲永平屯田通租(《国榷》)。春夏疫。地震有声，潞王发粟赈饥（旧志）。

二十八年，冬十一月癸丑，真保蓟永税监王彪求征屯租复盐商侵占苇地，从之(《国榷》)。

三十年，夏四月辛丑，蠲永平去年灾租。辛酉，宽滦州丰润、昌黎、乐亭站银（国榷）。案:《明史本纪》夏四月辛丑赈顺天永平饥。

三十一年春正月丁丑，蓟镇总兵尤继先进都督同知(《国榷》)。夏秋，昌黎霪潦，大荒（旧志）。

三十二年夏，霪雨四十余日。六月癸卯，滦河溢。丁未复溢，乐亭坏城垣，伤禾稼（旧志）。秋七月，永平水（《明史·五行志》）。

三十三年，春大饥（旧志）。夏五月乙酉，雷毁蓟镇松棚路墩台。己丑，又毁燕河路墩台（《国榷》）。六月大雨，滦河溢，冬饥（旧志）。

三十四年春三月，西南海市见。秋九月，蝗（旧志）。冬十二月戊申，延绥总兵杜松调守蓟镇（《国榷》）。

三十六年，秋七月辛卯，蓟镇总兵署都督佥事杜松为征北前将军总兵官镇守辽东，兼备倭总兵官。癸卯，山西总兵官都督佥事马棟调蓟州、永平、山海总兵兼备倭总兵（《国榷》）。冬十月戊辰，大雷雨（旧志）。

三十七年，春三月丁未，大风昼晦（旧志）。案：是年春正月庚寅《国榷》云：初河流口之失，各属部伯牙儿、满且屠记等皆踵赖蟒之后，率部众胁赏。而赖蟒复纠黄台吉欲犯喜峰口。蓟辽总督王象乾议赖蟒其父长昂为宣镇款胡白洪太之婿，长昂妻皆在宣镇。市赏其类，在蓟有贡赏，有抚赏，有木市马市之赏，计不下万金。蓟赏停革无论而躏于近郊，赏于两镇非计，宜并革之。严谕西胡毋西行，宣胡毋助逆，以孤赖蟒之势，上是之。

三十八年，春三月戊寅，征西将军宁夏总兵官萧如薰，改守蓟镇（《国榷》）。燕河路营，生豕一身二头六蹄二尾（《明史·五行志》）。

四十二年，冬十二月壬午，蓟镇总兵萧如薰罢（《国榷》）。

四十三年，春正月，不雨至于秋。九月大饥（旧志）。

四十四年，春饥。秋七月，飞蝗蔽天落地尺余，大饥。诏发通仓粟，赈之（旧志）。是岁为我大清太祖高皇帝天命元年。

四十五年，抚宁旱。春二月壬寅，迁安五色云见（旧志）。夏五月乙丑，免永平过路落地二税（国榷）。

四十六年，夏四月戊午，召前总兵杜松驻山海关。闰四月甲寅，朱国弼嗣抚宁侯（国榷）。甲申，大风霾（旧志）。戊辰，移顺天巡抚刘日梧于山海关。壬寅，初设山海镇，辖蓟镇东协，为四路。五月甲寅，杨镐至山海关，奏摘调蓟镇台兵，借大工马价各五十万，资辽饷。秋九月庚戌，命总兵柴国柱移山海关。冬十月丁卯，宽永平田租（《国榷》）。蚩尤旗，见东方（旧志）。

四十七年，春二月二十日，风霾昼晦（旧志）。夏六月丙子，甘肃总兵李怀信移驻蓟州、永平、山海（《国榷》）。是岁，始增辽饷（《滦志》）。

光宗泰昌元年，秋九月朔，大风昼晦（《国榷》）。

熹宗天启元年，春二月初八日，大风霾。是年初设山海经略、山石道、山海户部分司，设海运通判通海运（旧志）。

二年，夏四月辛巳，董应举为太仆寺卿兼御史，屯田天津至山海关，安插辽民（《国榷》）。设山海理刑推官。秋，滦河溢。霪雨坏边墙无算。七月，地震有声（旧志）。八月庚辰，孙承宗以原官督理山海关及蓟辽、天津、登莱军务（《明史·本纪》）。

三年，春二月戊寅，谕兵部发内库佛郎机神炮八十位、神统二百五十位、盔甲千五百二十副、枪一千、斧四百、弩三百、箭如之，弓三千、箭三千，命太监刘朝赴山海关督师行营，劳银十万，色蟒百五十匹。孙承宗赐金一百蟒衣一袭。辛巳，永平府东门城楼火，毙三十七人（《国榷》）。三月朔，山海关地震。秋八月，大雨雹。是年始设巡抚，驻山海关（旧志）。

四年，春二月丁酉，永平地屡震，坏城郭庐舍。甲寅，乐亭地裂，涌黑水高丈余（《明史·五行志》案:《滦志》春二月地大震四十余日，坏庐舍无数。地裂，涌出水火竹木各异物）。秋八月望，大风雨，冻死人民甚众。冬十月丁未，风、雨、雷、震，夜二鼓鸡鸣（《迁志》）。

五年，冬十月己卯，兵部尚书高第经略辽蓟、登莱、天津军务。庚寅，孙承宗致仕（《明史·本纪》）。

六年，春三月丁未，设各边镇监军内臣，太监刘应坤镇守山海关。壬子，袁崇焕巡抚辽东，山海（《明史·本纪》）。秋七月，飞蝗遍野，伤禾稼（《迁志》）。冬十一月丙戌，荫厂臣锦衣卫指挥使，以修喜峰口功（《国榷》）。

七年，春正月，蓟辽总督阎鸣泰、顺天巡抚刘诏、巡按倪文焕，各颂魏忠贤捐费抚军发粟助赈，请祠于景忠山。报可。逮遵化道副使耿如杞，因立祠喜峰口不往，被纠（《国榷》）。三月丙子，赤风蔽空，昼晦如夜。夏四月乙巳，地震。自春至夏五月，不雨（《迁志》）。秋九月甲子朔，分镇桃林口太监杨朝，报插汉虎墩免西侵（《国榷》）。是岁，为我大清太宗文皇帝天聪元年。

庄烈帝崇祯元年，春正月，趋总督张凤翼赴关，移顺天巡抚王应豸于喜峰口（《国榷》）。夏四月甲午，袁崇焕为兵部尚书督师蓟辽（《明史·本纪》）。秋八月辛卯，以赵率教为总兵，镇守永平、蓟州（《国榷》）。是年撤监视太监。抚宁有防兵采薪锯大木，中有“天下太平”字（旧志）。

二年春二月，地震有声。夏闰四月己未，地震（《迁志》）。冬十月戊寅，大清以数万骑入大安口，参将周镇死之。分入龙井口，游击王纯臣、参将张安德败走。十一月壬午朔，督师袁崇焕自宁远趋山海关，闻警急趋榛子岭调援。乙酉，山海关总兵赵率教入援战于遵化，中矢死。丙戌，责蓟辽总兵朱国彦，以退屯三屯营戴罪自效。丁亥，三屯营副总兵朱来等夜遁。总兵朱国彦忿甚，榜逃将名氏于市，散赀享士，同妇张氏自经。庚寅，督师袁崇焕入蓟州，以故总兵朱梅，副总兵徐敷，奏守山海关。参将杨春守永平，游击满库守迁安，都司刘振华守建昌，参将邹宗武守丰润，游击蔡裕守玉田。丙申，黑云龙补山海关总兵，杨肇基补蓟镇总兵（《国榷》）。己丑，召前大学士孙承宗为兵部尚书、中极殿大学士，视师通州。辛卯，袁崇焕入援。十二月辛亥朔，袁崇焕下锦衣卫狱。甲寅，总兵官祖大寿兵溃东出关。乙卯，孙承宗移驻山海关。诸将闻承宗至，多自拔来归。当溃兵出关，关城被劫掠闭门罢市。承宗至，人心始定（《明史·本纪》参《明史·孙承宗传》）。甲子，滦州地震有声（旧志）。

三年春正月甲申（一作甲午）。大清兵入永平，右布政兵备道郑国昌、知府张凤奇、推官罗成功等死之。卢龙知县张养初、郡人原任山东参政白养粹、行人崔及第、贡士杨熠等，以城降。己丑，建昌中军白衍庆，以白养粹义子遂劝主将冯光远降。丁酉，攻昌黎，知县左应选固守七昼夜不下。丁未，下滦州知州杨廉死之。迁安知县朱运泰以城降，后送京师诛之。庚戌，祖大寿遣参将张存仁帅骑兵都司刘雄帅步兵守乐亭。昌黎协将王维城守台头营，副总兵何可纲守石门。马明英守燕河，关内道副使王楫、署都督佥事朱梅谋复建昌，而建昌守将孙承业等密通款。孙承业（宗）令朱梅犒燕河、台头兵。祖大寿以都司陈可立等随往安抚。二月乙卯，昌黎知县左应选，加山东按察司佥事。丁巳，官军复建昌，诛叛人白衍庆、郭毓伟、赵宗国等。戊午，祖大寿入建昌。庚辰，督师孙承宗以六百骑援总兵杨肇基于三屯营。三月戊子，大清兵攻建昌，都督朱梅遣刘邦成，都督祖工工大寿遣刘应选，力拒之。丁酉，大清益兵攻建昌。夏四月癸丑，马世龙克大安口。壬戌，赐故都督戚继光表忠祠，从其子锦衣指挥使昌国之请。甲戌，孙承宗令参将王龙、汪子静持十日粮赴乐亭。昌黎游击傅以昭屯抚宁。副总兵刘应选、钟宇等屯乐亭。参将张存仁、游击孙定辽、蔡可贤，合大兵图遵永（《国榷》）。诏起原任按察使永平道张春，为监军兵备道，驻乐亭（旧志）。五月乙酉，孙承宗檄总兵马世龙屯丰润，总兵朱梅以游击靳国臣取迁安。协将王维城等趋滦州，檄中军何可纲等分守双望各山，牵永平之敌。义兵游击刘法等合三万人，屯滦州之莲泊。承宗驻抚宁。祖大寿来开平会之。辛卯，复滦州。壬辰，复迁安。癸巳复永平。甲午，复遵化。孙承宗入永平，仍回山海关。诏免永平、滦州、迁安租。昌黎白莲妖人，据云峰寺作乱，左应选移檄歼之。六月丙子，修三屯、大安、喜峰、冷口、建昌城堡。秋八月甲寅，提督总兵马世龙罢。世龙玩寇，寇入永平，大杀掠。冬十月辛酉，大清谋合插汉虎墩兔憨，人冷口。十一月壬辰，逮前经略辽东兵部尚书高第（《国榷》）。十二月戊午，地震如雷，大疫（旧志）。案：是年书张凤奇等死之，后七年又书张凤奇阖门殉难，均出《国榷》，必有一误。

四年，夏六月初七日。抚宁城西南角楼崩，木石如雨飞去数百里许，中梁现存济南府历城县村落中（旧志）。冬十月丁未，命太监监军张国元往蓟镇东协，王之心中协，邵希韶西协（《国榷》）。戊戌，地震声如巨雷，一夜六次。闰十月戊申，地震。壬戌，又震（《迁志》）。是年，开河运（旧志）。

五年，春三月，有鱼长九丈浮海滨，三日死。是年，复命太监监视关、永、蓟、辽军务，驻山海（旧志）。

六年，春二月戊子，山海关、永平大雨，水坏城郭、田舍、人畜无算（《国榷》）。

七年，夏五月庚寅，建昌路参将刘芳声私役步卒采木，戍边。庚戌，蓟镇火药库灾。六月乙卯朔，张凤奇守永平阖门殉难（《国榷》）。海溢，漂没沿海民居，地生土阜。山海关旱（旧志）。秋九月辛巳，巡抚山永右佥都御史杨嗣昌奏：今闰八月二十三日至九月十九，土、火、金三星聚尾，分在永平、辽海之间。其占，主内外有兵警（《国榷》）。

八年，山海关大疫（旧志）。秋八月壬辰，诏撤监视总理内臣，惟京营及关、宁如故（《明史·本纪》）。

九年，移清军同知，兼海防驻昌黎（旧志）。夏六月辛丑，大清兵入喜峰口，巡关御史王肇坤死之。秋八月辛丑，大清兵掠雄县而北，攻陷城堡。督师兵部尚书张凤翼，自京出屯迁安之五重安，从邓林奇之计，固垒自守。大清兵出建昌、冷口，守将崔秉德遏其归路，总监高起潜令半渡击之，实纵之也。永平监军刘景耀忿，自出战，士民挽之不听，率兵战迁安之枣村河，夜击杀一二百人。凤翼经旬不出。九月壬寅朔，大清兵出冷口，奏凯归，凡四日乃尽。己巳，顺天始乡试。冬十月，榜出百二十四人，例百五十五人。时真定、保定、永平之士，被警不至（《国榷》）。是岁夏，遣永平府知府唐世熊，谕祭大理寺卿刘廷宣（《滦志》）。案：廷宣山海人，葬乐亭。是岁为我大清太宗文皇帝崇德元年。

十年，春，大饥，疫。发内帑赈之。夏四月辛未，大风昼晦如夜，自午至申（《迁志》）。癸巳，以旱霾，谕清狱，发帑金八千，赈滦州、昌黎。是月，总监太学高起潜、行部永平道刘景耀、山海道杨于国，俱不屑隅入，屈膝上疏求免。上以总监，原以总督体统行事，罢于国，降景耀二级（《国榷》）。

十一年夏四月，霪雨至秋八月乃止。大水。五月戊寅，喜峰口雪深三尺（《明史・五行志》）。秋九月辛丑，大清兵约蒙古大举分入西协墙子岭、中协青山口，越迁安，薄丰润。辽东副总兵丁志祥、窦浚来援。大清兵南下（《国榷》）。

十二年春正月，乐亭南新庄牛产麟（旧志）。丁丑，改洪承畴总督蓟、辽（《明史本纪》）。二月戊戌，大清师至青山口，总兵陈国威于喜峰口同南兵前营副总兵崔秉德却之，未出塞。三月壬戌，大清师趋丰润，副总兵杨德政、虎大威、何其明，御却之。京营各镇兵战于太平寨北。丙寅，大清师至冷口，以备严，去之，复出青山口。癸酉，蓟镇总兵陈国威，分守太监孙茂霖免（《国榷》）。是月，下黄沙，昼晦。冬十一月戊寅，地震有声一夜数次（《迁志》）。

十三年，春正月己未，地震。闰正月丁亥，又震（《迁志》）。甲午，中书舍人沈廷扬，请试海运。从之（《国榷》）。二月壬申，地复震。夏五月，蝗伤禾稼，大饥（《迁志》）。秋七月壬辰，设蓟镇、宣府督饷侍郎。八月甲子，昌黎知县张自槐，以粮累自经。是年二月，总督蓟辽尚书洪承畴，恐蓟镇、永平汉胡杂沓，令总兵白广恩屯蓟镇，曹变蛟屯丰润。俟各镇兵出关而后行。大同总兵王朴至永平南关，胡丁叛者千人。永平兵追之滦州，曹变蛟追之鸦峰桥，白广恩追之三河东，共斩一百十五级，余就抚（《国榷》）。

十四年，春大饥。迁安知县高承斑煮粥赈之（《迁志》）。添设屯田道，驻滦州（《滦志》）。

十五年夏五月，大风雹，城颓四十余丈。卢龙学宫尽圮，大树皆拔，惟先师神位不动（旧志）。冬十一月癸酉，大清师陷迁安、三河。甲戌，大清师屯永平之台头。丁亥，令蓟镇东西两协唐通等策应蓟州（《国榷》）。大清兵息马汀流河（旧志在乐亭西北二十五里）。闰十一月丙子，复设监军御史，以蒋拱宸监蓟镇（《国榷》）。

十六年，自春至夏，六月亢旱不雨（《迁志》）。冬十月，大清兵攻破辽东前卫，及中前、中后所三城，乘胜直至欢喜岭而还（《山海志》）。

十七年，春三月丙辰，大风昼晦，白气冲天。是月，李自成犯京师。封总兵吴三桂为平西伯，诏入援。尽撤辽民入关，分驻昌黎、乐亭、滦州、开平等处。丁巳，京师陷。壬戌，平西伯兵至永平。夏四月，平西伯还驻山海。遣将出关，乞师。抚宁栖霞寺龙潭水变成血。甲申，李自成至永平。丙戌，至山海。大战于城西石河。是月，大清摄政王帅师抵山海。平西伯出迎于欢喜岭。庚寅，大清师入关，分三路，平西为前锋力战连破七营，师乘之歼贼于红瓦店。辛卯，贼回永平，杀明总兵都督吴襄于范家店。五月，摄政王入京师（旧志）。是即为我大清世祖章皇帝顺治元年。（案：商邱宋荦《记文康公遵化平伪，始末》云：甲申三月，自成既犯阙，分设伪将军方面州县官遍布畿东。亲提贼百万往拒山海，而遣骑分建诸旧官甚急。公闻变时会出巡，微外百口犹在遵化。逮者将至，公欲归见丁太夫人。家人王楷曰："事急矣！同死孤城无益。"乃率楷与杨俊等数人。间道骑一骡一夜行二百里，走白羊峪，会宣府旧镇唐公珏自京师出亡，与公遇。遂同至白羊峪谋起义，计无出，公倦极卧地。忽守备张允重踉跄至，呼曰："公尚卧耶！太平路伪将黄锭以五十骑逮公，今已在门外。公奈何尚卧耶？"公遽起，顾五十人者，皆旧卒，不忍害公。公默计是五十人者可用也。乃呼至前，遍抚慰之，且告以起义。故众皆诺，独一人语稍异，公叱曰："鼠子敢尔"，趣命斩之。唐公珏跃起斩异言者首，徇众。日："急取太平，以应吉兆"。不半日至太平路，入邮舍。伪帅黄锭方掳一民间女，饰衣服鼓吹，讲合卺礼。忽传公至。锭仓卒出，忘所佩刀，仅带一小刀至。则公端坐于堂上待锭，锭出不意，惶愕向上揖。公命左右缚锭。锭故悍甚取小刀左右刺，尽卸其衣裸而走。家人王楷追之不及。适吏陆魁春带刀从外人，楷急呼曰："杀贼！杀贼！"魁春浙人，文弱，刀又不利，第双手持刀向锭。锭急奔出，春入两相值，正揕其胸。锭仆，众因杀锭。锭党箭从外射入如雨，公命持锭首示之曰：“伪将已诛。汝等皆吾民，无动。”众遂定。是时，伪将马应湖、毕三才，踞喜峰、松棚，刘衷拥贼数千踞三屯。公曰：“太平已定，汝等谁可分往杀贼者？”守备米富玉同姜承印慨然请往。公曰：“须兵几何？”玉曰：“不须兵，吾二人足矣。”公壮之，各饮以斗酒。上马携一大囊，驰至喜峰语门者曰：“宋公有密语遣白将军。”贼见人少不疑，命之进。贼坐堂上，富玉前谒作拜跪状，承印西向侍。贼欣然下扶玉，玉奋然力抱贼，承印以刀斫之。误中玉左臂几断，玉终不释，承印遂杀贼。二人大呼曰：“官兵数千且至，伪将已斩。”众咸伏。二人以其首投囊中归报公。公大喜。顾视玉衣袖重，类有物。解之，血淋淋下也。玉既报命，遂晕倒。急以药投之，苏。须臾松棚诸处，各杀伪将以应。盖先后仅二日云。时自成兵败于关门奔还京，三屯贼刘衷犹不知也！公度彼兵众未可力胜，密谕旧镇孔希贵子国治潜入为内应，而公率数骑至衷营，屏众耳语曰：“公知自成已败乎？”曰：“不知。”公曰：“今自成败。王屯义旅齐举，公宜早为计，迟恐不利。”衷心动，遽上马拥众去。三屯一带俱下，公反遵化，有众三千。而遵化伪道潘跃龙、伪同知张跃然、伪知县李廷瑗，素惮公威名，虽踞城不敢害公家。公至城下，密约旧将张德裕等，以计悉诛之，得伪印七、伪官十余人。自成既败归京师，闻公诛诸伪将怒甚，将屠遵化。公召诸将计曰：“今初起义师，赖天地之灵，三协稍定，而贼势剽悍，度不能御，不若乞援关上与并力，贼渠可歼也。”众曰：“首诛贼者公也，敢不唯命。”因共歃血，北向拜故主，还拜太夫人，约合力御贼。而太夫人素知唐公珏骁勇可籍以集事，至是，泣语珏曰：“吾知公百口在京师，然举大事者，不顾家。公勉之，万一不测，吾孙即若子也。”唐公感激泣下，遂军骑往关门乞援。公虑贼至震惊太夫人，令家人奉之夹山，身自宿城上御贼。贼果遣铁骑数千驰至。公密遣将士易甲胄，扬旗鼓，声言北兵数十万已至。贼惶惑不敢前，公乘势出数百骑蹂之，贼大奔溃。遵化获全。而唐公至关得遇王师，具言公仗义复仇状，大叹美之。又数日而王师入都，自成奔关陕，公迎太夫人入遵化。曰：“故主之仇已报，吾事毕矣！”疏请归田，不许。诏抚遵化如故。

佘一元《山海关志》云：顺治元年春三月，流寇李自成犯京师，议者将辽东合镇兵民移驻山海关，赴京勤王，行至玉田县。闻十九日京师已陷。遂还兵山海关，遣人出关乞师。四月，自成来攻山海。十九日传令聚演武堂合关、辽两镇诸将并绅衿誓师拒寇，二十日，祭旗斩细作一人，与诸将绅衿歃血同盟，戮力共事。二十一日自成至关，两镇官兵布阵，于石河西大战自辰至午，忽西北角少却，寇兵数百飞奔透阵，直至西罗城北，方欲登城。镇城守兵，用炮急击之，又遣偏将率兵还剿尽歼之。寇营望见气夺不复来战，相持竟日，遂各收兵。二十二日，大清兵至欢喜岭，主帅同关门绅衿吕鸣章等五人出见摄政王于威远台前。拜毕，命坐。少顷，唤至前谕云："汝等愿为故主复仇，大义可嘉，予领兵来成全其美。先帝时事，在今日不必言，亦不忍言。但昔为敌国，今为一家。我兵进关若动人一株草，一颗粒，定以军法处死。汝等分谕大小居民，勿得惊慌。"语毕，赐茶免谢。各乘马先回，方见时忽报北翼城一军叛降贼。王遂分兵三路进关。时值大风扬沙，满汉兵俱列石河西，寇军识旌帜知为大清兵至。自成率骑兵先遁，各营数万余人一鼓俱溃。追杀二十余里，僵尸遍山谷。傍晚风定细雨，炮车连夜俱进关。摄政驻师郊外，三日遣人入城，登明伦堂安民讫，领兵而西，遂定燕京。

南昌刘健《庭闻录》云：崇祯十七年春三月初五日，封三桂平西伯，诏徒宁远之众，入援京师。数十万众日行数十里，十六日人关。二十日至丰润，闻变还师山海关。吴骧既降贼，三桂亦以所部之众西行赴降，道遇家人来自京师者，诘问得父被执状，莞尔曰："此胁我降耳，何患？复问陈姬无恙乎？"陈姬名沅，字圆圆，吴门名妓，得之戚畹田宏遇者也！色美而善歌，三桂嬖之。贼执骧，圆圆为伪将军刘宗敏所掠。家人以告。三桂怒曰：大丈夫不能保一女子，何面目见人耶？"遂挥众返。自成闻三桂之来而复返也，命伪相牛金星，假骧书招之，三桂不答，传檄远近讨贼复仇，招集溃散，及唐通降兵约二万人，以众寡不敌为虑。有进乞师策者，遂遣副将郭云龙、杨坤，孙文焕请兵于大清。时和硕睿亲王西征师次翁后，得三桂请，大喜许诺。四月十三日自成命牛金星居守，自率刘宗敏等以精兵数十万东击三桂，并挟永王、定王，及吴骧以行。十八日贼兵犯关城，围之数匝。关东二里许，有罗城外拒。贼虑三桂东遁，出二万骑，从关西一片石转东夹攻关外城。三桂坚壁拒守，遣人趣大清援兵，睿王兼程进，命英王将万骑为左翼，由西水关入。豫王将万骑为右翼，由东水关入。自以大兵随后。继使宿将祖大寿帅精甲驻欢喜岭，高张旗帜为声援。三桂选死士五百人突围出，谒睿王，情词息切，声与泪俱，一军为之动容。三桂即壁中薙发，与睿王钻刀定盟而返。二十一日，开关出战，败之。贼分道并进，会日暮乃罢。二十二日复战，贼知边兵劲，成败待此一决，驱其众死斗。三桂悉锐而出，无不以一当十，杀伤过半。成恃其众，鼓勇选进，挟二王于庙冈，立马观战。贼众我寡，三面受敌。我兵东西驰突，贼众亦左紫而右拂之，阵数十交围开复合。自成按辔冈上，见有骑兵出三桂旁突阵而入者，自成麾后军益进。或曰："彼骑兵非关宁兵必满洲兵也！宜避之。"骑兵锐甚，所至莫当。自成策马走，诸贼畏令严未敢退，忽尘开见辫而甲者，咸惊呼曰："满兵来矣！"拉然崩溃。是日战初合，满兵蓄锐不发。苦战至日昳，三桂军几不支。满兵乃有左右翼，鼓勇而前，以逸击劳，遂大克捷。阵斩贼大帅十余名，歼贼兵数万，夺军资无算。自成溃败奔至永平，使降臣张若麟诣三桂军议和。明日，三桂追至永平，又败之。自成杀吴襄于永平城西二十里范家庄。

光绪永平府志

（下册）

燕山大学中国长城文化研究与传播中心◎主编

秦皇岛长城地域明清方志丛书

燕山大学出版社
·秦皇岛·

卷之三十一

封域志十三　纪事下

［**国朝**］

顺治元年夏四月，摄政王帅师入关，五月，入京师。秋九月，世祖入关，经永平驻跸城外，文武官朝见如仪，赏赉有差，抚安各州、县。（以下凡有巡幸恩赉俱详卷首，兹不复赘）。

三年，命兵部郝璧来圈民田给旗丁，以各卫屯田补民。

四年，再圈民田，人户投充英裕二王者半。

七年，诏释英王投充人户，归籍为民。

九年秋九月，大雪。府城民家，鸡生四足。

十年，春旱。夏四月，霪雨四十余日。滦河溢，有蛟见于河。（牛首身若枯槎）淹没田庐。冬饥。大雪，人畜多冻死。

十一年春，饥赈之。秋七月，滦河溢。

十二年秋，雷击城东南角楼鸱吻。火自壁中出，焚楼一柱。

十三年夏四月，大雨平地成河，滦水溢，冲去西门外城桥。六月蝗。冬，大雨雪三尺，行人有冻死者。案:《滦志》大雪五十余日。

十四年，滦州侪城民获朱雁。详见《志余下》（色赤如朱，双目俱绛，项系金牌，有元狩年号，惊以为神释之）。夏无麦。秋滦河溢。冬饥。十一月甲申，地震。

十五年夏，饥。赈之。设工部分司。秋七月（或作九月）丁未，雷震滦州清凉山（削如沟者数处，水立几丈余，如有物凭以行，击死大虾蟆如斗无皮）。兰坨庄，大雨雹。九月，大雪。

十七年春二月，不雨至于夏六月。民饥。撤工部分司。

十八年，秋八月戊辰，地震。

康熙元年春正月丁亥，日生双珥。三月辛巳，霾。夏，大旱。

二年夏六月，望日雷火焚东南角楼。大水。冬十月十二日，雷。

三年夏闰六月，滦河溢漂木无数。时修清节祠，适供其用，如有神助。冬十月丙子戌刻，地震（自乾趋艮）。

四年春正月戊子朔，大霾。二月戊子，地震。辛亥，风雷昼晦，拔古木千余株。夏五月初三日，临榆火药局火。六月甲子未刻，东南五色云见。秋七月，大霖雨。

五年春正月，异风，黄雪。三月甲辰已刻，地震（自艮趋乾）。夏六月辛未夜，星流如织。冬十月癸丑，地震（自乾趋巽）。十二月甲子，夜大雪。辛未，地震。

六年春正月戊寅，雨木冰。壬午，井泉冻。辛卯，地震，旱。夏五月庚戌，钟楼灾，秋蝗。九月以任丘县民地一百三十六顷十五亩零补民圈地，寻以民不愿受，仍归任丘县。（是年有年）

七年春正月丙辰，地震（自乾趋巽）。夏六月甲申，地震，大水。至秋七月，河凡五溢，坏民田庐无算。山海关，北门卧牛桥坏。是年，诏发帑金修边城。

八年春，复圈民田。夏六月诏，追归本年所圈民房民地，永行停止。秋七月，永平道移驻通州，更为通永道。

九年秋，有年。冬十一月丁卯，大雨。

十年秋七月朔，暑热如炽。冬十一月朔，严寒异常。

十一年春三月丙戌，大风昼晦。冬十一月，土寇劫乐亭城，驻防把总陈柱国战死之。知县子于永祯被劫，不屈死。乃改马头营守备，移驻城中。时知县于成龙，奉委公出在郡。

十二年春旱，屡风霾，虫伤稼，谷秕。夏五月辛卯申刻，飓风、大电（自兑趋巽）。碣石、黄岭一带，雹有大如斗者。秋七月霪雨，滦河溢，损禾稼无数。九月乙亥，地震。案：是年平地水深二三尺，河溢凡十三次，乐亭被害尤甚。

十三年夏六月，滦州添设满州驻防，建营房于城内西北隅。

十四年夏，麦秀三歧。

十五年夏四月，大风昼晦。

十六年秋七月，甲午申刻，青气如霓（自震趋兑）。冬十一月朔，知府常文魁移修蜡庙工竣。有蝗云集庙前，信宿而去。十二月，雷雨。

十七年夏六月，酷暑，暍伤人畜甚众。迁安大雨雹，河西南北四五十里伤禾稼无算。

十八年，复设工部分司。夏四月，旱。秋七月，蝗，民大疫。庚申，地大震有声（自乾趋巽）。

十九年，龙见于套里堡。

二十一年诏，蠲免地丁钱粮。

二十四年，乐亭水。

三十三年，复设山海关，户部抽分（先是原设抽分于关，因榷关者苛征虐民，浙人倪宝鼎叩阍鸣状，遂裁）。

三十四年，滦州满洲驻防，移驻郡地，建营房于城内东南隅。

三十五年，临榆大水。

三十六年，大水坏边城百余丈。

四十五年夏，大水坏临榆南水关百余丈。

四十七年，秋大熟。

四十八年夏六月，大水，滦河溢城，不浸者三板，凡三日乃退，浸田庐损禾稼。

四十九年夏五月旱，秋大熟，谷有一茎三四穗者。冬十一月，大雪严寒。（以上俱《康熙旧志》）

五十年夏六月，炎暑，秋大熟。

五十四年，虫灾，饥。

五十五年，卢、迁、抚、昌、滦、临皆有年，惟乐亭大饥。

五十八年夏，大水，坏临榆拱辰门外龙王庙，及城北水门。

雍正三年夏六月，滦河溢，损禾稼坏田庐。秋日月合璧，五星联珠。

六年夏，大疫。

八年秋八月十九日，地震。

十一年夏六月，滦河溢损禾稼。

十二年春三月，虎入城。

十三年夏闰四月，滦民张得福，一产三男。秋九月，胡在梁一产三男。

乾隆二年夏六月，海潮逆河上，沿海禾稼淹。

三年秋七月，滦民李廷玺，一产三男。裁山海卫，改设临榆县。拨归卫地，于近县内拨归本县，庄凡一十八，地亩凡六十五顷五十八亩五分零。

六年夏五月，雹不成灾。

九年春旱，至夏五月十七日，乃雨。是岁，大熟。

十二年，大有年。

十五年夏五月，大风雨，海潮逆河上，沿海田庐禾稼淹。

十六年夏六月，滦河溢。秋七月大雨，滦河复溢。

十八年夏蝗，不为灾。秋七月蝝复萌，食稼殆尽（案：是年乐亭、临榆扑蝗得力，岁大丰）。

十九年夏六月，滦河溢。

二十年，滦民高宗义一产三男。

二十二年冬十月二十四日，大雨震雷。

二十四年春三月初七日，天雨黄土。旱夏，膡秋。九月二十六日，夜大雪。

二十七年夏四月，雨。至闰五月始霁，田尽淹。

二十八年春，饥（斗米银七钱）。夏，蝗蝝生，七月晦始尽。秋有年。

二十九年秋，有年。

三十二年夏，霖雨。临榆城内，董姓民家有龙降于煤堆，数日翔去。

三十五年，滦溢损稼。秋七月二十七日夜，正北方天光五色如霞。

三十七年夏，二麦大熟。

三十八年秋七月十九日，大风雨，拔木禾尽偃。（以上《乾隆旧志》）

四十六年夏，霪雨伤稼。

四十七年春，饥。

四十八年，滦溢，西南乡大水圮坏民居，秋未成灾。

四十九年夏五月，大雨雹害稼。

五十二年夏，霖雨，合境大水。

五十三年，大水饥。

五十四年，滦溢，浸田庐损禾稼，河塌近岸一二里不等，海南退十余里。

五十五年夏四月至六月，霪雨。二十八日滦河溢，迁安北城圮。滦、乐漂没庐舍无数，大饥，糠秕不给。郡城不没者三版，官民祈祷不退，后投以永平府扁额方退。先是县学东，系旗营驻防，因被水灾，奏移西北高处。

五十六年，大水，迁安北城陷。

五十七年夏，大旱，旋大水，饥。

五十九年夏、秋霪雨，滦水溢，禾稼尽淹，漂没田庐无算。

六十年，芝生迁安学宫明伦堂，其色黄赤。夏六月十三日，雷震滦州捕厅庭树，及乘骡。自二十一日亥刻，地大震，连日不绝。至秋七月十五日乃止。邑南村中井溢，地裂涌沙水。

嘉庆元年，春正月初七八九日，严寒，井冻，花木多枯死。夏闰六月十三日，地震。乐亭旧镇庄，地裂涌黑水。秋大有年。

二年，春三月二十一日，大风霾，夏四月十四日大风昼晦（吹坠东城女墙十余丈）。闰六月十三日戌刻，地震有声。秋有年。

三年春二月二十九日，大风昼晦。冬十月二十九日亥刻，流星如织，经时乃已。是岁有年。

四年夏四月初三日，日月合璧，五星联珠。五六月地震数次，盛暑无蝇。秋有年。

五年春，地震。夏闰四月癸亥，又震。六月迁安罗家屯北起异风，毁屋倾瓮伤人畜无算。出口至刀儿磴，巨雷轰，飏风始息。秋七月丁酉，大雨雹伤稼。辛丑，地复震。

六年夏六月十九日，滦河溢，漂没田庐无数（是岁直省被水者七十余州县）。

七年夏，临榆地震有声。龙坠于滦州孙儿庄东七昼夜，雨后不见（是年春蝝，夏蝗至秋未绝）。

九年春旱，夏六月方雨。

十年夏，临榆蝗缘。六月十六日大风雨抚宁东夹河船摄去二十余步。二十九日，地震。秋七月十八日，大雨雹，大风拔木。二十一日，地复震。

十一年夏，五月初四日，大雨雹霪雨四十日。滦河溢，秋谷穗双歧，大有年。

十二年春三月，不雨，至夏六月二十五日始雨。

十三年春夏大雨，滦、漆河溢水灌城，禾稼庐墓淹没无算。冬无雪，岁饥民多流亡。

十四年夏四月，霪雨，滦溢伤稼，高田有秋。

十五年冬，至次年春，每夜有光如火，近之则无。

十六年春三月，卢龙燐火遍地，高二尺许，月余方息。秋雨滦溢，伤稼，岁大饥。

十七年，春正月丁酉，大雨雪如绵，长二寸许，大饥，斗米十千。广设粥厂，赈之。是年，秋大熟。（以上七属新旧志）

十八年春大旱，夏秋之交，粮价踊贵，滦河溢，东徙。秋大有年。

二十年，旱。

二十一年，有年。

二十二年，夏亢旱。秋七月庚戌，始雨，岁大熟。

二十三年，夏四月八日大风霾，黄雾四塞，二十六日，大风折木。六月滦水溢，分流故道，淹民居，伤禾稼。秋大霖雨，石河溢。

二十四年，滦河溢。

二十五年秋七月，大风拔木。八月二十七日，东南方星月并见，已后始没。九月十八日，大雨雪寒甚，人畜有冻死者。

道光元年，夏四月初一日，日月合璧，五星联珠。大疫，民多死，邻里至不通庆吊。秋七月霪雨连旬，山上起水泡，自冲成沟。

二年大饥，疫，人死甚众。夏五月，蚄虫伤麦。秋有年。

三年，春三月辛卯，黄气四塞，复大疫。城中死者甚众，乡村少减。滦州赈饥。夏六月霪雨四十余日，水大溢。冬苦寒，岁饥。

四年夏六月，霖雨坏民屋，秋飞蝗压境，冬苦寒，人多冻死。

五年春，蝝食苗，夏秋蝗大旱，禾尽枯。六月壬戌，大风自西南来。

六年夏五月八日，蝗自抚宁西北方来，伤田苗殆尽。六月霪雨，大水淹濒河田庐甚众。

七年夏六月大旱，风日如火，暍死者甚众。滦河溢。秋九月丙午，大雷雨。冬十二月庚辰，大雪。

八年夏五月甲子，雹。秋七月乙巳，水大溢。冬十月壬子，大雪。

九年春二月戊子，大雪。夏四月甲戌，雹。五月丁未，又雹。冬十二月，雾淞竟日不消。

十年夏闰四月癸巳，雹，平地深二寸许。

十一年夏四月九日夜，郡城明远楼灾。六月无蝇，秋蜮。冬十二月朔夜，大雪深五尺许，鸟雀冻死者无算。

十二年春夏旱。四月戊寅，霜大冻，大风数日。至秋瘟疫盛行，夭札过半。虫食禾稼，七属皆大饥，详请出借籽粮。冬十二月初三日，大雨，天气骤暖，冰凌俱消。

十三年春大饥，人多饿莩。七属官绅设粥厂赈之，民困少苏。秋大熟。八月初三日，雨雹。初七日，又雹，晚禾伤，是年大疫。

十四年夏，麦有。秋七月甲子，烈风折木沉海舟。

十五年春三月戊辰、己巳，大风霾。

十六年，春正月元日，风霾。夏旱。合境大雩，后霪雨，滦河溢损田禾。六月十九日，滦州有怪风，屋瓦皆飞，城垛倾仆者二十余丈。冬大雪，饥。

十七年，春二月甲子大风，昼晦。秋有年。冬大雪。

十八年夏，六月十八日大风雨，自西南来郡，城南门迤西女墙揭去大半，城内瓦箔乱飞，车瓮等物有越墙飞去数里外者。太白昼见时，当未申之交。冬十月癸未，大雪。是岁有年。

十九年，夏旱。六月己丑，大霖雨。秋有年。冬十二月乙丑，大雨终日，冰结尺许。

二十年春二月，大风昼晦。丁丑，大雪。夜白气亘西南逾月乃没（或云其北有小星。盖长星也）。夏六月，滦河溢，水入迁安城。秋七月，又大水。时因海氛不靖，调乐亭营兵四十二名、古北口兵二百四十名、提标兵二百名，在清河口臭水沟驻防。召募乡勇巡稽海口，并办理乡团互相保卫。秋霪雨，冬饥。

二十一年春，闰三月己未，夜雨成冰。调吉林、黑龙江官兵四百名，在祥云岛、汤家河驻防。

二十二年夏，滦河溢。防海兵撤回，归伍于臭水沟，添设把总一员；存城汛，添设外委二员。冬十二月，磷火遍地。

二十三年，夏五月甲子，大雾。秋七月戊寅，河水溢。

二十四年夏六月，霪雨伤稼，滦河溢。

二十五年春大旱。夏四月海啸，上溢二十余里，渔舍尽没。六月霪雨连旬，屋宇倾圮无算。滦河大溢，乐亭城西旧河复发，沿海禾稼尽淹，岁大饥，民多乘船流亡关外者。迁安县西南，水洼寺西山下，地陷。抚宁洋河、薄泥河、戴家河，同日溢。

二十六年，春大饥。夏四月，蚄为麦灾。六月，霪雨，洼田尽潦，高田有秋。

二十七年，春三月甲辰，雨雹。夏六月癸未，大雾。秋九月甲午，大风。

二十八年夏五月，滨海蝝起，捕之，不为灾。六月大雨，河溢，损稼无算，详请缓征免徭役。秋九月己卯，雹。

二十九年，春三月癸酉，地震有声。星陨于迁安，白塔寺山东，其黑如毉。夏六月大雨连旬，水入城。秋七月十八日，滦河大溢，平地水深四五尺至丈余不等。郡城不没者三版。滦州岩山东塌去数庄。乐亭西南乡滨河者，皆筑堰以防之。境内洼地尽没，高田有秋。冬，旧河仍涸，详请缓征免差徭。

三十年，春二月丙戌，大风寒甚，河冰复冻厚二尺许。秋大雨雹，滦州西南夏家庄，姜家庄，屋瓦皆碎，伤稼。冬十一月丙申，雨，丁酉大雨。

咸丰元年，大疫。夏五月丙午，大风昼晦。

二年，秋九月庚午，夜大雷雨。是岁多疫。十一日，郡城大雨，雹，雷震屋。

三年夏五月，大雨连旬，平地水深三尺，麦没不见。秋九月粤匪至天津，诏令天下普行团练。冬十一月二十四日亥刻，磷火遍野，沿村钟鼓枪炮不绝，如有寇警，永遵皆然。

四年夏，四月壬午，大雾。五月癸亥，大雷雨，河溢。秋八月滦州蝗。

六年春三月，迁安县西长店，白衣庵钟鼓自鸣。秋七月，蝗不为灾。初九日夜子刻，滦水溢，乐亭城外，水深丈余，东北，东南乡，沿河田庐多没。清河溢，洼地尽潦，西南乡老河滩，水深丈余至五七尺有差，禾稼浸没殆尽。八九月，枭匪横行东北乡，抢劫尤甚，人情浮动，道路戒严，缉斩数名，民心始定。招募练勇，修补土围。

七年春，蝝子复生。三月二十九日，大风如晦，昼皆然烛，府城雉堞，城隍庙旗竿，为之崩折。迁安河西有人遇风伏地，见赤蛇粗如瓮立行风中。秋七月，螟半害谷，次年夏螟复生，捕之无害。八月乙丑，抚宁洋河溢，坏堤道御桥。

八年春三月二十九日，大风昼晦。夏蝗。

九年春大旱，至四月不雨。五月乙酉，乃雨。秋大熟。八月九日，卢龙雨雹尺许，禾稼尽伤。

十一年秋八月朔，日月合璧，五星联珠。冬十月十一日戌时，大雨迅雷，前此连日风雨晦冥。

同治元年，春二月二十六日，大风昼晦。秋七月十五日戌刻，星流如织。瘟疫大作，人死无算。甜瓜剖之有血，食之立病。

三年春，大风霾，风过处草木皆有火光。夏四月，滦州倴城西，麦秀双歧。

四年，瘟疫流行，人死无算。

五年春三月，迁安西南杏叶山，地陷深数丈，内有金星石无数。

六年，春夏不雨。六月十八日雨始足，府城北尤多雹。是岁种荞荞麦颇收。秋七月，滦河溢，迁安大水入城。甲戌建昌营西关，沙河水溢，淹没庐舍无数，岁饥（案：自五年秋八月不雨，至本年六月中旬始雨，盖赤地数千里云）。

七年，夏五月辛巳，迁安西南上炉庄农民王惠家，地陷深数尺广三尺有奇。十五日申刻，有流星大如斗自东而西过处有五色云曲曲蛇行。已而，天鼓大震声殷墙壁，逾时云气始散。秋九月十五日申刻，有火球似灯，光自东南飞坠西北，俄而天鼓大鸣，飞龙在天，多有见其鳞爪者，云气化成五色，移时始散。

八年，秋八月十三日，自滦州倴城至西北十五里，大雨雹。

九年，春大旱，三月初旬（或作八年三月）。滦州西枣园、七百户、卑家店一带，雨雹，厚三四寸，深处且盈尺。积日消融，农人转得藉以播种，岁大熟。夏五月，大雨雹，损麦禾。秋迁安县东洪家庄，有谷一茎六穗。

十年秋七月，滦州倴城南北三十余里雨雹。辛未，霪雨连旬，郡城乾方圮城墙半边，平地水深尺余，伤稼。

十一年夏五月，风霾自滦州月河庄起，损破房屋木拔禾偃，至车轴山止。六月二十二三日，大雨，滦河溢，平地水深二三丈。秋八月二十二日未刻，滦州方家泡雷震死童男七人。二十三日未刻大雨，抚宁马家峪至细家庄十余里，顷刻水深丈余，漂去纸房等庄禾稼无算。

十二年夏，滦溢，是岁滦溢三次。

十三年，夏六月二十八日，大雨，滦河溢，洼田尽没，高田有秋。冬无雪。卢龙狼入城，城中畜豕者多被啮，间伤小儿。十二月二十二日，地震如雷。

光绪元年春正月五日夜，地震。初九日夜半天无片云，火龙游空。夏五月，不雨，至六月二十三日雨，后大旱，人多暍死。秋八九月始雨，菽稗秀而不实，秋麦多枯死。冬无雪。十月初十日夜，地震。

二年春大旱，秋麦尽死，失种，饥（斗米钱六千，斗麦钱八千）。夏闰五月始雨，粮价未减。秋八月初十日，严霜，晚稼尽枯。

三年春饥，卢、抚、滦皆赈。滦州官绅设粥厂，全活甚众。倴城镇亦赈饥半月。夏旱，滦、乐蝗。白莲妖人以邪术剪民间辫发。秋螟，伤滦、乐谷殆尽。八月滦、乐大疫，人死甚众。抚宁有年。九月十三日夜，震雷大雨雹，冬馑。

四年春正月二十六日，乐亭地震。冬十一月郡城夜二鼓鸡乱鸣。

五年春三月十一日，滦州海洋大风，覆舟溺三十余人。十七八日雪，寒甚。

卷之三十二

建置志一　城池上

永平府城　高三丈有奇，厚二丈，周九里十三步，计一千六百二十六丈五尺。前代修建年月无考。明洪武四年，指挥费愚等拓其东而筑之，砌以砖石。门四：东曰“镇东”，南曰“德胜”，西曰“望京”，北曰“拱辰”。其西北别有一门，曰小水西门。各有台，有楼，有重门，曲而尽制。景泰中参将胡镛、知府张茂，弘治中知府吴杰，嘉靖中兵备副使温景葵，隆庆中知府刘庠，万历中知府张世杰、任铠、马崇谦、徐准、推官沈之吟，天启中兵备副使张春，皆经修葺。国朝康熙十二年，城西北倾塌六丈余，知府唐敬一公捐补筑，三十六年被水复倾，知府梁世勋，同知彭尔年修筑。乾隆十八年知县劳宗发，二十三年知县方立经，皆请帑修补。光绪元年，各门谯楼俱已倾隤，而西北城垣坍毁尤甚，知府游智开捐资重修，一律坚整。

池　深二丈广五尺，有东西二堤。元大德中，吏部员外同都水监官修。明弘治中知府吴杰，万历中副使叶梦熊，国朝顺治中副使宋琬重修。雍正五年，郡人蔡总督珽捐修。乾隆二十六年，知县顾光重修。三十八年，知府李公奉翰修浚下水关一带城濠，加筑土坝二座。

明陈循《重建永平府城楼碑记》云：京师之东，有永平府，盖孤竹国也。虽为禹贡冀州之地，然舜分十有二州，已隶于幽矣！至秦为辽西郡，汉属右北平，魏为卢龙郡，元为永平路，国朝始改路为府，置永平卫戍守府，故有城，筑土而已，卑隘不称。洪武四年，指挥费愚廓其东而大之，周围至九里十三步。其形势则东表碣石，西界滦河，大海在其南，群山限其北，山之外为朔漠之地。城有四门：东曰“高明”，南曰“德胜”，西曰“镇平”，北曰“拱辰”，门上有楼，旁有雉堞相属，已壮伟宏丽矣！而于城之东南暨北三最高处，又各为楼，以望烽火，名之曰“望高楼”。太宗文皇帝建北京，以其畿内东藩且为重镇襟喉之地，朝鲜诸番朝贡必由之路，乃增置卢龙东胜左卫所，以控制守御乎一方者严矣。近岁朝廷虑典兵者久则或生懈惰，往往简命大臣之刚廉者，俾总其事，且典其机焉。圣天子践祚之初，都察院左佥都御史麻城邹公来学，实以提督军务，巡抚是邦。既遍阅关隘，悉设险固守，以防外患。顾视永平城楼，颓毁俱尽，无以壮观内服威视远方，会岁屡登，人用咸给，乃聚工材，悉仍其旧，而重建之。赞襄之者，则总兵官都督佥事宗胜、左参将都指挥佥事胡镛暨都指挥佥事罗政、永平府知府张茂，亦皆协力助成其事。盖经始于景泰二年秋七月十六日，而落成于是年之十月十五日。文武勤于奉公，故用虽费而不以为侈，军民乐于趋事，故成虽速而不以为劳。其视致力于释老无益之祠庙，若其他所为者，何可同日而语也哉！既成，宗公以为不可以不记其成之岁月，乃介翰林庶吉士刘宣来请文书于石，且以彰邹公之美焉。宣予同郡人，尝自永平戍举进士，固予所爱重者，而邹、宗二公又都宪总戎之贤者也，故不辞而书以归之。

明邑人兵备白养科《重修下水关孤竹闸记》云：宇内之龙有九，三入中国蓟东，属艮之孙枝发脉，虎不□溯。而古北平则近自界岭，历桃林，委蛇南走，折而北，复揖南而为郡治。以是西北之水，千溪万派皆潴于青河、滦河，汇北平而达于海。其势彭湃，至雪峰寺两山峙立，喷薄不及乃逆行，怒而斗，斗而溢。溢则必嚼城，荡荡方割，不辨牛马，室可鬵，市可舟，民与蛟龙争一旦之命，从来患此久矣！独万历之十五年，三十二、三年为甚。而今天启二年之七月，殆尤甚焉！先是下水关看花楼下有水闸足障而葺修无法，往往溃决不能御，徒切望洋之叹。我历下孙公止孝来，凡求瘼抚字，罔不竭心力，一时百度维新。悯兹水患，捐饩甃修，不括民间一钱。子来功就，天堑地平，中流一柱，河伯海若难以肆虐矣！北平士若民相与饮功德水，请记于予。予以公之三善政参志之。公不尝练乡兵乎？语曰：兵犹水也！其冲突若波涛之卒至。公讲武于闾井，闻而兴起，今可战者得君子营五千人。公治兵即治水也。公不尝修学校乎？堪舆家九星以文曲为水，卢邑人士久不达于公车。公振起之，而崔氏昆季翻锦浪而出，其余鼓鳞甲以待秋风者尤众。公之治士，即治水也！至其令如流水，转民清波，澡德浴身，不受浊淖，则渊渟泽湄，北川而东之矣！嗟乎！苍赤犹水，能载舟犹能覆舟。故曰："防民之口，甚于防川。"有公若此，安忍不传之后世，而见之版筑之力，造福北平哉！是役费金钱百八十四两，俱公捐处。工肇天启五年九月，落成于十月。其神速乃尔！予为之记，而赓其歌。歌曰：万川兮，千折而必东。河澌兮，翕受而汤容。肥蠛兮，驾鳌山而雷响，荡折兮，若蛙灶之沈空。玄夷兮，授金简之绿字；畚臿兮，若云凑而龙从。春流无恙兮，桃花之水；秋色依然兮，瓠子之宫。不必沈白马兮，银效西门之凿；即特锡玄圭兮，争颂禹疏之功。知同楼橹城隍次第而金汤兮，为郡藩之陈守、观察之张公。更复有继贤而起者，宁晋之张令卓然树骏而流鸿。予恐使其肤功懋绩湮以没兮，敬作歌以为四公之标铜。崇祯岁次戊辰，菊月吉日。

凭虚阁　在府城下水关城上，今废。

望高阁　在府城东门之北，今废。

元览楼　在府城北上水关城上。

武备楼　在府城西北隅。

文会亭　在府城北隅，今废。

钟　楼　在郡治东古城址，上有玄帝阁。

鼓　楼　在郡署大门东。

国朝郡守张朝琮《新修鼓楼记》云：予至永平之三年，岁则大熟，嘉谷盈野，自两穗至于四五穗者踵而献。盖尝陟明远之楼，以临郊牧而望西成，时则有若宾客寮友列坐而语岁丰。客有告予者曰："公前来摄是邦，曾指斯楼谓吾济曰：'此屋不修且坏，我若久于是必新之。'黄山濡水与闻斯言。今公为政亦既三年矣！犹未可以云久乎？公所至喜修废坠，岂独无情于是邦乎？”予应曰：“然！是吾心也。微子命，予几食言。”于是栋梁椽柱槛栏之欲朽者，甍甓砖甋之残破不完者，丹雘粉饰之殷者，修之治之，复其旧观。工既毕，又会同人命酒以落之。抑且私念其故以告于客。昔者鲁为长府，楚建章华。君子讥其改作，而病其速成意者，剿民兴筑之事，得已而不已，非为政者所宜有也。而予今之所以不食其言者，无乃自贰其过也！欤客曰不然我闻三代之际，天子之庭，鸡人呼旦，诸侯则掌漏告时，凡所以谨夙夜示警守也。今郡国守臣实惟古者大国之诸侯，而斯楼之制则周官掌固夜三鼛，以号戒之意也。夫固可以一鼓而作勤政之气，再鼓而宣从欲之风，三鼓而鸣天地之朗也。不然而昔之作之者，谓何而岂得已也哉！予深喜客之有以启我也于是乎！记若其云山之胜，风物之美，游览者宜自得焉！至于资材之所出工力之所费，其不足，书者皆不复云也。

明王世贞《永平道中》诗云：卢龙左冯翊，白马旧安西。浴日沧溟小，摧天碣石低。虎沈飞将羽，龙出慕容题。驱传令支塞，问津卑耳溪。荒祠孤竹并，让国大名齐。引首哀兵镞，沾膺愧马蹄。榆关秋一带，慎莫动征鼙。

东荫商《永平》诗云：肥子城高北斗悬，燕关东去路依然。谁知戎骑挥戈地，翻见边疆撤堠年。春转渔阳霜压碛，云开碣石水连天。墨胎社稷今何处。独有西山二子传。

谷继宗《卢龙道中》诗云：白云卢龙道，青毡使客车。日瞻沧海近，云带碧山斜，烽火宵传警，材官晓建牙。降王能款塞，归及报重华。

国朝昆山顾炎武《永平》诗云：流落天涯意自如，孤踪终与世情疏。冯欢元不曾弹铗，关令安能强著书。榆塞晚花重发后，滦河秋雁独飞初。从兹一览神州去，万里徜徉兴有余。

泽州陈廷敬《北平怀古》诗云：浅草寒沙路，春风数骑行。常思射虎石，何处北平城。没羽边云动，收弦塞月横，书生无燕颔，因尔倍含情。

又《次北平》诗云：蓟门行已尽，杳杳复孤征。落日辽西郡，春风右北平。登高望远海，饮马出长城。不作关山使，谁知边塞情。

大兴朱珪《恭和御制过永平府咏事元韵》云：天兵振旅指东旋，埽搴雄风迅破坚。王气云龙迟震业，使臣首鼠递惩愆。义宣不杀迂三舍，仁算无遗出万全。禹迹山河归一统，抚时揽胜更光先。

滇西师范《永平道中次南池韵》云：漠漠黄云带野平，朔风吹送晚鸦声。石桥沙碛空春水，落日寒烟见古城。山接九边青不断，柳当三月翠初生。即今海宇无征战，漏永严关角自鸣。

又《永平郡郭闻钟》诗云：荡荡古卢龙，孤城锁万峰。河流吞郡阔，草色入关浓，国已迷肥子，碑犹纪慕容。临边无限感，坐倚一楼钟。

新化欧阳绍洛《卢龙道中》诗云：畿东形胜数平州，有客来为汗漫游。终古云烟迷海气，一天风雪拥边楼。关山未改燕辽旧，鞍马频惊岁月周。莫指遗踪夸射虎，汉家飞将不封侯。

南皮张太复《登北平郡城》诗云：群峰四绕郁崔巍，睥睨横空亦壮哉！石矗虎头衔日落，河翻龙势破山来。凉风朔雪三冬尽，白草黄云万里开。一望榆关接辽沈，当年戈甲仰边才。

昌黎齐乔年《登北平城楼》诗云：西风吹朔漠，白露下遥天。日落千峰静，河流一带烟。采薇歌尚在，射虎事空传。不尽苍茫意，低徊念古贤。

辽阳刘文麟《永平府》诗云：边风如箭客衣单，白草黄沙一望宽。水为太清偏激急，山非甚峻自峰峦。层崖细路征轮缓，落日孤城画角寒。太息汉家飞将勇，不侯因失幸臣欢。

昌黎王煦《卢龙怀古》诗云：平州重镇控燕幽，拔地峰峦郭外周。一带春云凝远塞，千家烟树覆层楼。采薇公子常辞国，射虎将军竟不侯。吊古闲行经晚渡，漆滦呜咽抱城流。

乐亭张凤翔《晚登永平城楼》诗云：危楼直上与云齐，绕郭峰峦一望迷。万点星光天咫尺，满城灯火屋高低。长街露冷秋虫咽，绝塞风凉战马嘶。乡思怦怦消不得，几声归雁过河西。

张山《卢龙道中》诗云：匹马卢龙道，风沙二月天。凿山通细路，叠石护高田。野店难留宿，舟人横索钱。不禁行役苦，僮仆亦凄然。

又《发郡城》诗云：乱山围不住，匹马出平州。旧垒如峰立，长河带石流。抗怀飞将事，回首少年游。无限沧桑感，萧萧两鬓秋。

卢龙县 附郭

安山堡 在城北三十里。

松崖堡 在城北三十里。

安河堡 在城西二十里。

赤峰堡 在城西三十里。

新罗寨 在城东三十里。

双望堡 在城东三十五里，明嘉靖间建。案:《读史方舆纪要》以上皆民堡，今俱废，惟双望东西有门。明嘉靖三十八年，蒙古入犯至双望堡，即此。

泽州陈廷敬《双望堡》诗云：千里营平道，青冥万仞山。烟烽双望堡，征戍几人还。塞柳春光断，边鸿夕照间。萧条怀古意，匹马近榆关。

桃林营堡 在府城北五十里。距边城十三里，明万历间建砖城。高一丈二尺，周里半，东西南三门。

桃林口城 在县北六十三里。砖城高三丈六尺，周里半，南北西三门。

明兵备刘景耀《桃林诗》云：野水年年去不还，荒林面面出高山。小舟晚泊鸳鸯渚，画角秋生虎豹关。出塞将军谁侠骨，中原赤子正愁颜。悲笳遥对啼猿急，暮日争如归鸟闲。

燕河营城 府东北五十里，距边城十里，砖石城高二丈四尺，门四，周三里余。明万历间建。城外西南隅旧有教场，将台厅壁刻“仁智信勇”四大字，高丈余，少保戚继光题，本路参将高如桂刻石，幕下陈忠言书。

重峪口堡 府东北六十里，距边城八里。石城高一丈，周里余，东西门各二，南门一。明弘治十三年建，今废。

迁安县城 高三丈五尺，周围一千二百三十丈，共计六里半有奇。城内大街五，中为四面坊，城外有南、北关。旧本土垣，高二丈一尺，周五里许，建筑莫知所始。明景泰二年，巡抚邹公来学奉敕檄县甃以砖石。学宫旧在城外，成化四年增筑东城以包之。旧止西南北三门，弘治十三年知县张济增筑东门。正德七年知县罗玉建北楼。嘉靖十二年知县许穑卿建南楼。二十六年知县韦文英建东楼。三十八年，知县罗凤翔建西楼。城东北较卑，隆庆元年，知县隋府增高一丈。有四隅，有角铺，四面有腰铺，门楼设闉扁额：东曰“肃清海滨”，南曰“阜安岚甸”，西曰“夹辅神京”，北曰镇静边陲。二十五年北门楼毁。二十七年，知县钱吾德修甃城，三十年，知县张九三修北门楼。崇祯十四年，知县高承埏重修。国朝顺治五年南楼毁，知县张玉重修。康熙九年知县王永命修城建西门楼，额曰“屹然西镇”。十九年，知县张一谔修城东北隅三十余丈。五十七年知县乔于瀛修城垣及北门楼。乾隆四十六年，知县乔钟吴于城陴楼堞之残缺者悉加修葺，改题东门曰“丰乐”、西曰“阜安”、南曰“惠宁”、北曰“祺福”。同治元年，署知县方汝翊修补北门瓮城，计三十余丈。同治七年，署知县胡如川修理四城马道，以及门楼女墙，凡残缺处，均修补完固。

池 深一丈，广三丈。万历十二年，知县申安加以疏浚引河流环之，四围植柳。顺治五年知县张玉复浚。嗣皆颓圮，迄今沙壅水涸，疏浚维艰。

明教谕张文明《新增城记》云：迁安在汉为令支，在唐为安喜，迨明御世仍隶于右北平，距边陲仅四十里许。昔值无事，学宫尚建于东郭门外。继因变，成化癸巳上命拓之。城周垣东北隅，独卑隘弗类。夫东北当建昌之冲，嘉靖庚戌岁北边有警，举邑懔懔，莫不欲严整险峻，以为固守之具。斯时虽各尽输其财以助之不惜也。甫平，又苦其难而寝之。己未岁，晋蒲罗公凤翔以名科尹兹土，尝以人和地利为重。见边方不靖，恒廑西顾之忧。嗟尔众曰：“民为邦本，城以卫民。专城之命寄之于我，而卑隘若此，若不豫为之所，奚以卫民而固本耶？”乃议增城事：计长短则自东睨以抵西堞，概有七十余丈；揣高低则接垛口与腰墙统有一丈二尺，始得与匝雉连亘而齐等。比议材费，约砖灰若干以裕用，约谷粟若干以食工。因请裁于上，报可。又思增城者本以卫民也，使尽民之力与民之财，城虽高实为厉阶，池虽深实为陷阱。以卫民者病民，犹弗城也。因自为设处，得砖三万六千六百一十五数，得灰三万六千六百一十五斤。仍谋捐俸，以补其不足。于时乡士夫感义而动，争出其所有以自输。居民之效义者亦然。不旬日，得砖以方计者四万九千六百六十五，灰以斤计者四万九千九百三十五。公又割俸资得菽粟以石计者十有三。因命医官徐良能以董厥事，省祭姚仲进赞之。公日省月试，庶民乐役如子之来趋父事。自七月九日癸酉卜吉鸠工，迄十月二十八日辛卯，三阅月而百雉云兴矣。规制仍旧而壮丽有加，匪惟足以慰王公设险之心，而尤足以杜敌人窥伺之念。公之轸念于兹，其重负亦可以少纾矣！乡士夫梅如玉、王淳，父老李廷宾、吴祥等欲永其传，征言于予。顾予谫劣，弗能揄扬，然亦不容终秘。遂妄僭以次其事。昔寇莱公知归时，尝植柏于庭，民德之，谓之曰“莱公柏”，苏文忠公知杭时，尝葑田于湖，民利之，名之曰“苏公堤”。今明公之城，万世永赖，其与城谢、城齐、城朔方无异，遗爱甚大，感于心而颂于口者。安知迁邑之民无归、杭之民将效其誉二公者，为明公誉曰“罗公城”哉？是为记。

国朝邑令王永命《修迁安县城记》云：迁安距永平府四十五里，左环分水，右据尖山，滦河经南，塞城倚北，山川四固，为攸聚矣！我清混一区宇，建极京师。县相距四百七十里，实为左辅要地。余以康熙九年庚戌承乏兹土，城垣摧圮，雉堞崩颓，门无锁钥之防，民鲜安枕之乐，不胜殷然念曰王公设险，古志之矣，城池所藉以安守者也。今若此非惟无以壮观，内服威视远方，其谓吾民之保障。何会奉道府檄，倒塌城垣，该地方官设法捐输修理，未及两月而催修者，凡五行乃集邑绅公议，虽士民乐言捐助，咸有费大赀绌不易告竣之虑。余则毅然以为己任。时当盛冬，庀材候举间，寻圣驾东巡奔走于桥梁供张而未遑也。逾年春，将有事城垣，又有督修冷口边城之役。余思修理县城令专责也，过此不修，恐有不及修者矣！遂详报各宪，众心齐驱，并力合作，经始于二月二十六日，告竣于五月初八日。其间鼓众劝徒，殚才竭力，为时仅三阅月，而报大成者，无一工之不举不坚，无一处之或漏或瑕也。噫！此非吾民之乐于趋事，而能遹观厥成乎！因呼父老而抚之曰：城郭坚固，外患可不生，内奸可不作。尚其各和尔室家，各睦尔乡里，敦乐土而勤本业，庶几实符迁安之名而久安，以供翼我神京于无疆哉！计修倒塌城垣并垛墙二十一处，共一百四十五丈四尺，造册申送在案。又未入报册而修者，系前令已报修而未完，则西面垛口二处，计五十九丈一尺；南面垛口一十二处，计三十四丈二尺。外此而建城角窝铺，立瓮城，内房设锁钥，谨防御以与民共休息焉！其捐轮姓名，勒列左方，以垂永久。夫修葺城垣固令分内事耳！何谓是屑屑哉？余于此殆有深虑焉。念我国家当承平之日，而令有司完固城池，古圣王安不忘危之意也。傥政之不修人将嗟怨，城非民而谁与守哉！余又不禁念是役而兢兢云。

建昌营城 县北四十里，砖城高三丈，周围四里许。门三，曰东、曰西、曰南。有月城，有楼。外有小西门、小北门。教场在城西北，距冷口十里。

明徐学古《秋日建昌有警诗》云：秋气何萧索，千山落木空。黄霾吹野戍，赤羽急山戎。碣石雕戈拥，榆关铁骑雄。将军频授钺，一战报重瞳。

戚继光《和韵诗》云：飞羽辽河上，移军滦水东。前驱皆大将，列陈尽元戎。夜出榆关外，朝看朔漠空。但期常献馘，不敢望彤弓。

国朝邑令靳荣藩《迁安口号》云：舞衫歌扇话从前，五十年来礼教全。学取唐风吟蟋蟀，建昌已有武城弦。自注云：建昌营素号繁华，今皆书声弦歌矣！

抚宁宋赫《建昌营观王军门阅兵》诗云：玉帐牙旗向晓开，军麾一转掣云回，龙蛇结阵坚于壁，鹅鹳分行动若雷。柔远不忘严武备，承平仍自重边才。须知圣主忧危意，曾御雕弓自挽来。

又《建昌郭外》诗云：嫩柳重重照客颜，风光淡沱最相关。不知射雁村边草，绿过溪桥第几湾。

徐流营城 在县东北五十里。距口五里，石城高丈五尺，周二百六十二丈二尺，东、西、南三门。

徐流口城 在县东北五十五里。石城高丈七尺，周二百二十四丈有奇。门曰东，曰南。

五重安城 在县北四十里。石城高丈五尺，周百二十七丈五尺。门曰西，曰南。

太平寨城 在县西北七十里，亦曰太平营，旧设太平路参将。石城高二丈六尺，周五百六丈六尺，堑五十一丈。东、西、南门各有楼。西山关、北水关、钟鼓楼。教场在城南。

明总兵戚继光《练武太平，守将王君禄邀登南庙望北山古刹》诗云：忆昔从戎向北陲，重来持节鬓成丝。夜悬炎海烽烟梦，时听严关杕杜诗。古戍寒云过铁马，中原晴日闪牙旗。安危赖有诸君在，酹酒还期下月支。

上青山营城 在县西北一百一十里。石城高二丈四尺，周二百三十一丈二尺。门曰东、曰西、曰南。

下青山营城 在县西北一百里。石城高丈五尺，周二百四十三丈。门曰东，曰南，曰北。

烂柴沟城 在县西北一百里。石城高丈四尺，周百三十丈三尺，门在南。

汉儿庄城 在县西北一百四十里。砖城高二丈，周五百二十六丈。门三：曰东、曰西、曰南。教场在城东。

滦阳城 在县西北一百四十里。砖城高丈余，周六百丈。门三：曰东、曰西、曰南。（以上二营，为各路营兵赴三屯操练之所）

三屯营城 在县西北一百二十里。石城高三丈，周围七里。门三：东曰“宾日”，西曰“巩京”，南曰“景忠”，各有重城。教场在城西，至喜峰口六十里。

《明三屯营总兵官都督李公边政记》云：署都督佥事邹平李公，自新镇蓟门之八年，当圣天子龙飞之初，以年陈乞归老。营卫诸戎帅下逮卒旅闻之惧，相率诣余强留止之。余不能遏，公固不可。众相与嗟惜。请建碑纪绩以垂将来，盖不待去而后思也。余亦不能遏东人若曰，维蓟之镇，自古檀以极榆关，内护京师，外控夷虏。大口三十八，小口七十四，列营三十二，戎卫十六。自太傅徐公来城，关口筑亭阵人有所恃，然久或玩湮。自公之为总戎，吾见祁寒盛暑，短衣轻骑，涉险相度，分督左右参，岁加修塞，峻处刬偏坡，漫处甃石壁，蜿蜒山巅逾数千里，屹然一巨防也。喜峰之口尤其称大，朵颜三卫道是贡。往时，既进坟山关犹俾露宿，殊失柔远之意。公乃即关内造大屋十有八间，缭以周垣，至则居之坟山之上。内险外夷，奸黠易以攀缘窥伺。公截立墩台，且砌石墙五百余丈，夷人感悚，益坚内向。并边耕地俱民业，我兵独资饱运，而生聚日繁，家口或不给，咸困于食。公令旁垦余地以自赋。每岁夏秋之交，预檄老稚杂采山菜、榛橡之属，计口收积，官为守之，以备荒凶，人免流移。其贫病无倚，婚嫁失时，与死丧不能葬者，又皆有措备之储以为助。罗穴谷关外四十里，曰黄门，有龙潭，元世立庙，人传其神异验甚。公遇岁旱，辄遣官诣祷迎以归，雨因大注。遂庙神内地颂功德焉。迩年以来，虎出为暴。公曰："是为戾气，不早殄之，居人弗安。"乃行边祷于山祇。于是，不数日二虎毙于猎者，群虎北逾关去。选东西路精卒万人，供待优厚。躬亲团练。武艺娴习，人鼓其勇皆可一当十。其樵苏戍守屯牧役作者，不下二万。更番授事，人均其劳，大小无怨言。此固有成规润泽之公耳！更思阅古，常存景慕，遂建都督陈公景先、都宪邹公来学数先辈文武二碑，于三屯等城，用无忘其勋绩。惟公勤整廉劲，老而不衰，猎兵书，行军以智谋为先；遇敌坚阵，务以不可败为本。结发从军，有志勤王，壮岁中年，树劳烈于川陕。在行伍久，晓畅军情，故起小将以列督府，守重镇，宜乎边虏知名，而吾军畏爱也。兹将去不可留，其何以酬德？愿假辞执事以识之。既而公章上圣明，方以边寄委重于公，不允辞。连营欢忭而不欲变，适余赴召将行，众密祈终事，又请。乃述其言为之记。成化三十二年，刑部右侍部郎莆田彭韶书。

明总镇戚继光《重修三屯营城记》云：国初，捐大宁藩封界，兀良哈为属夷，赖障辅郡，莫重蓟镇。未几匪如，廑我宣庙，出喜峰贡路征之。而尚引外夷为梗。故初镇桃林口，移于狮子峪。天顺又移三屯营，去喜峰二舍矣！营曰三屯，忠义卫三百户屯地也。属迁安县西百二十里，左山海，右居庸，而绾毂其中。以要贡路示重，非拥武卫北城何以张形势而抗威棱哉！旧城卑薄而隘，南有垝垣，为截杀营，即移镇府所茇也。二营间有阛阓，每以无城戒暴客，而屯戍非土著，两防空营以行，虽名重镇，虚亦甚矣！遵化县去此五十里。忠义三卫一所附之，而此惟三百户，势轻不足以犄角镇府麾下移兵饷。顾抱檄印于卫，非所以尊统驭而急御侮之完策也。自嘉靖来，夷震京国。隆庆之元，入蓟东陲，而是镇益重。次年，乃以余总理之，边垣孔亟。经营六年。次第就绪，内地赖以安堵。二营阛阓日壮，恐益诲盗为夷资。虽增司守备，非若军卫可永赖而全镇之重。常练于此，弗足以容，戍者病之矣！乃谋辟城于制府刘公、抚台杨公。当上即位，诏增饬边城，二公因得所请，适少司马汪公阅师，而以移卫谋之。公于元年条其便宜，制以忠义中卫移之三屯城内，其掌印佐贰、巡捕、指挥及千户、经历各一，佩印赴之旗军。春秋践更而有警悉至，遂置卫增营，及缮建公署，百废俱举，旧城益不足以居之矣！乃于二年秋，规外地而善其址。三年，杨公为制府，王公为抚台，辛公为兵备，胥襄工于三月，撤南垣而环南营以围之。凡五百五十七丈，高二丈五尺，加五尺为雉堞，而广半于高，址广四丈有余。门三：南曰“景忠”，东曰“宾日”，西曰“巩京”，其谯甚丽而阓次之。徂暑外完，秋甃其里，上下有埤，以为之防。次年春二月，乃缮旧城，凡六百一十六丈，表里高厚悉如新制，冬而毕役。正北为重阁，祀玄武，尤雄于丽谯。角楼凡五，丽视于阓旧。东西重门于上为楼台、神祠，下旁各有开便门。周城水洞有二，敌台有九，环以牛马墙，列孔备睥睨。东辟场，以积茭藁，纵横五十丈。其北有聚星堂，为东路诸将所属。西则阅武之场，旁隍辟十丈，长二百丈，以益之。其堂台昔卑陋，余新建而高敞焉。诸将之厅事有五，兼之路西，来者盖亦可寓矣！前为车营四百二十间，凡制甚具。所费公帑仅六千余金，它皆操奇以佐之。而城内外所创营房八百余间，若保河、河南、南兵辎重诸署，及守备司、滦阳驿、督府行台，城心抚松西南诸馆，旗纛、马祖、汉寿、忠烈诸祠，不出三年，一切告成。贡夷过者罔不惊异。三军呼曰："壮哉！城也。足以卫众矣！"或有疑其制多异，而因军正以请业已乐成。则谂之曰：凡堞战格利用御远若钩，援薄其下，而俯视出击为艰。乃于堞址亦创睥睨，如悬半霤。可藏身而俯击，水且从之下。以外杀孔多势分而注坚，瀑落内则迤丽鳞次如级。视彼内势直而水专注，其土善崩外因以倾者殊矣。凡池有隍，高而涸也，其卑为濠堑，故隍多复而险以夷。乃因其势，浅七尺而深三尺，其广六七尺不等。又以北川东走势不环抱完固，而于东门外，下高就卑，引以十丈湖。其长三百五十余丈，深仅七尺。以所出土筑为堤。名曰"孟堤"者，孟诸余别号也。莳以桃柳，上下二梁以跨之。堤之亭曰"同春"，留土中为亭，名曰"宛"，在取诸蒹葭环流植荷，而为将士休沐地，或击楫以游焉！湖曰"震湖"，以在东方以取镇胡，其音同也。凡边障无北户，旧为门三而已。直北经涂有岑楼居钟鼓，金木相克，多水火灾。乃于北台旁级左右共制四室如城门状，及所塞旧门各虚其内。如此制皆为武库，以藏戎器、简书、伍符、避水火也。又留旧南谯，悬贡鼓。岑楼独悬景钟，跨通衢重关，金革和鸣，达于四境。登而眺之，楼台署庙，联以阛阓，绣错而翚飞，谓之锦城可也。嗟夫！城制本鲧以防水，后用蓄众乃藏。窃闻之古人矣：城者，盛也，所以盛众也。众则益之，不展曷以盛诸？城者，成也，一成而不可毁也。制未曲尽而孰保其毁乎！故余九年于兹，东控辽左，西护陵寝，为台一千二百有余，里凡五，五标十五营，皆为保障。计于以重封疆，而卫社稷也。兹奉制抚诸道之书，幸有余日，及此敢不毕心力，藉将校百执之劳，而遹观厥成于重镇乎！凡我同事既保我圉而无罹于锋镝，则此亦可以忘劳矣。军正敬诺镌之，而示三军。且次执事于碑左，俾来许之毋忘是劳者。

伦文叙《重修三屯营城楼记》云：都城东迤可五百里许，为三屯营。乃总戎大师所居，凡沿边将卒皆隶焉！诚边场一雄镇也。宣德初，建于峙子谷。景泰间，改城今地，以忠义三屯环列于外而得名，其实一大营而已。地既完固，而楼橹率亦壮豁闳丽，诚镇域之伟观也。夫何阅岁既久，栋棁攲挠，寖用费烦。正德己巳，前军都府同知马公澄，用忠勇谋略受知今上，命镇兹土。至则拊循战士，士皆可用，殊思奋效力。逾年仲春，登楼阅习深用慨叹！乃度群力善陶者瓦，善匠着斲，善葺者茨，善圬者涂塈。乃命偏校之有工思者，董焉！迄冬十月，南城楼洎西隅城楼，咸就轮奂。于是部下都指挥使单聚、李兰辈谓公临戎未几，而边城规式为之鼎新，宜营文刻石，以永后祀。爰因刑科都给事中王君汝温介而谒余。夫边防之记，记其可书者耳。春秋之义，常事不书，修葺楼橹，守圉职耳！恶用屑屑为耶？虽然尝闻之矣：小者大之，影缓者急之，图末者本之。昭小者不张，则大者必弛缓，不为则急无据，末不理其本从可知。是以古之谋臣良将，知周万众必治察乎一粒一旂之微图。惟警急必绸缪乎纡缓。无际力严守备以为攻战之本，而其末节亦罔弗饬焉！不如是，则无以蓄威，伐谋而专阃康扞，寄荒矣！诸君事举无亦以公于凡大者，急者，本者，思已过半，故假是以表见其余耶！抑犹有一之或遗行将举以相明一心戮力，务求其至而俾公之勋业益永彰耶！不尔犁庭埽穴，取祁连登燕然，顾又若何而为刻哉夫？然则亦可嘉也矣！于是乎书之。

戚继光《三屯新城工成志喜诗》云：受降新筑壮三屯，灯火遥连十万村。障燧层峦春作塞，风云大陆蓟为门。东回地轴山河固，西拥天关宫阙尊。百二城边过质子，千秋同载汉家恩。

陶允宜《三屯呈戚宫保诗》云：蓟门往事震京华，十六年来静不哗。路出万山通鸟道，城悬千嶂压龙沙。空中云影连楼阁，夜半钟声动鼓笳。老将莫怜心力破，金汤终古在皇家。

宗臣《塞上歌送王侍郎赴蓟镇》云：榆关北望阵云高，五月天风吹战袍。共说总戎王相国，十年身佩吕虔刀。

国朝顾炎武《三屯营》诗云：三屯山势郁峥嵘，少保当年此建旌。名似北平临宿将，制如河上筑降城。忠祠日落来山鬼，武库苔封蚀禁兵。一望幽燕人物尽，颓垣荒草不胜情。注云：三忠祠，在城南山上。城西小门内有神器库。

高士奇《扈从过三屯营诗》云：百雉岩岩古镇雄，野祠多祀戚元戎。荒屯黄犊耕春雨，老树乌鸦噪晚风。壁垒遥分榆塞北，旌旗曾驻蓟门东。登坛将略今谁是，寂寂花开乱草中。

邑令王永命《恭纪三屯营驻跸诗》云：望里龙旗掣海云，晴光瑞霭竞缤纷。六师济济从神武，万姓欣欣祝圣君。自是虞廷昭典礼，非同汉帝乐河汾。升平事业今欢遘，朱鹭铙歌次第闻。

邑令靳荣藩《迁安口号》云：三屯坞壁巩京师，长说文皇驻跸时。开国承家谟烈远，至今紫气自天垂。自注云：天聪四年，太宗文皇帝驻跸三屯营，见《八旗通志》。

南皮张太复《三屯营有感戚少保故迹诗》云：此公威略本如神，运掌中枢况有人。戎马不教惊万瓦，风云常自护三屯。东方事去成龟手，南国归来垫角巾。好上景忠闲指点，敌台无数屹嶙峋。

抚宁宋赫《三屯营》诗云：城压群山势郁盘，曾闻少保旧登坛。少年习射犹蹲甲，宿将挥戈欲据鞍。自古三边须锁钥，于今万国尽衣冠。太平不废防边策，为解吴钩一笑看。

邑人马恂《三屯营怀戚少保诗》云：练兵筑寨固山河，故垒荒残绩不磨。十六年功销战伐，三千人队肃条科。南征甲盾鸳鸯阵，北戳琵琶虎豹歌。纪效有书应尽读，蓬莱少保问如何？自注云：少保未至时，有琵琶歌者其辞云：白豹哥哥劲又劲。谓前总兵郭琥。又云：赤虎头，又来胜。雷也轰，地也震。急急如律令。谓少保镇边，边境严肃军伍修饬也。

新店子城　在县西南六十里。旧设递运所于此，今废。

邑令靳荣藩《周将军故里说》云：迁安之南六十里为新店集，或曰此周将军遇吉故里也。考《明史》《大清一统志》《盛京通志》《山西通志》，并以将军为锦州卫人。锦州今隶奉天升为府，距迁邑千里而遥，而以故里加迁邑，何欤？或又谓新店多周姓，即将军之裔孙奉其木像甚谨。夫将军为故明守宁武，其像设当如明制，而闻其服色，已与今同，又何欤？予尝以事至新店询所谓周姓者，鲜能识字，惟藏判牍数纸，漶漫蚀蠹，略可辨认。顺治十三年，有名鼎者，自辽东来官台州右营都司，驻防仙居县，没于阵。国家奖其忠烈，许袭拖沙喇哈番注籍通州左卫之左所。数传后，其世职为同宗者袭去。而都司之裔，遂世为新店人，因奉都司像。先是武臣五品以上，例封将军，其以为周将军故里，盖因乎此而指为遇吉则舛也。都司自辽东来，或亦遇吉之宗人，顾谱牒均无可稽，而以故里加新店则愈非也。然其非遇吉，而并使死事者之子孙里居弗传，亦过也。予故为之说，以俟迁邑之编志乘者。

邑人马恂《周将军祠》诗云：征西周玺閟英光，忠武何曾寄此乡。易箦心犹同絷马，摧锋身未殒飞虻。名因标姓翻湮晦，志久沿讹孰改张。碑碣沈埋祠宇冷，云礽椎鲁老耕桑。案：周将军，旧志以为忠武，靳《说》辨为周鼎。今马《诗》又以为周玺。传闻异辞，故并载之，以备考。

沙河驿城 在县西南五十里，倾圮无存。

正水峪石城 高丈五尺，周百十八丈，门曰南。

孤窑谷石城 高丈五尺，周八十三丈，门曰南。

佛儿峪石城 高丈五尺，周百四十丈九尺，门曰南。

刘家营城 在县东北五十五里，至边城八里。万历间参将刘宗汉建里城，砖高二丈四尺，周百二十三丈八尺，门曰南。外城石，高丈四尺，周百六十九丈六尺，门曰东、曰西。距口五里。

刘家口城 在县东北六十里，砖城高二丈二尺，周一里。门曰西、曰南。

河流口城 在县东北五十里，今废。止水门一道。

冷口城 在县东北五十里，砖城高二丈九尺，周三百八十七丈有奇。门，曰东、曰南。教场在城南。

明督师孙承宗《瓦窑坡诗序》：坡在冷口关西，登坡而北折向东，遂通冷口。予阅冷口抵坡下，戍将指石垒曰：此烈妇坟也。当胡入永平掠生口北出，有少妇绮服马上，两胡儿捉马将下坡，大呼坠岸死，不知谁是也？掩其骨山之下。

瓦窑坡里边城路，飞燕巢林不见家。拟死低徊且不死，尚留一息见中华。谁家少妇茜裙新，马上犹余不死身。才欲下山山上死，玉颜终不染胡尘。山口犹疑见汉官，下山那忍入呼韩。白沟不渡差堪拟，莫作明妃青冢看。新调缥绮为谁雄，碧血漓漓野火中。听子回来烽正急，山头犹见美人虹。

石门子城　在县北五十里，石城高丈五尺，周二百十丈有奇。门，曰东、曰西、曰南。

白道子城　在县北五十里。

白羊峪城　在县北六十五里，石城高丈四尺，周三百十四丈三尺。门曰东、曰南。

五重安营土城　高二丈五尺，周二百六十七丈四尺五寸。门曰东、曰西、曰南。

新开岭石城　高丈四尺，周百六十九丈五尺。门曰南、曰北。

擦崖子城　在县西北七十里。石城高丈四尺，周三百十七丈有奇。门，西、南、北，各有楼。教场在城南。

城子岭城　在县西北八十里，石城高丈四尺，周百六十八丈五尺。门曰东、曰西、曰南。

大岭寨城　在县西北九十五里。石城高丈五尺，周百六十三丈一尺。门曰东、曰西。

榆木岭城　在县西北一百里。石城高丈五尺，周百四十七丈三尺。门曰西、曰南。教场在城南。

青山口城　在县西北一百十里。石城高丈四尺，周六十六丈九尺。门曰西、曰南。

董家口城　在县西北一百二十里。石城高丈六尺，周百九丈六尺。门曰西、曰南。

邑令靳荣藩《迁安口号》云：抚字催科两未能，山田冲后额相仍。地官伫广天恩渥，积欠销时口自增。自注云：董家口外等处水冲地十六顷有奇，详奉部查。

游乡口石城 高丈五尺五寸。周百一丈二尺，门在南。按《图书集成》补。

铁门关城 在县西北一百三十里。石城高丈三尺，周百二十七丈。门在南。

李家峪城 在县西北一百四十里。石城高二丈五尺，周二百二十七丈。门在南，有楼。教场在城南。

喜峰口城 在县西北一百五十里。石城高二丈，周四百十八丈六尺，堑八十一丈五尺。西南门有楼。荒城在北，有月城。教场在城西，距关二里。

元许有壬《喜峰口诗叙》：俗为父求子，而逢之于此。犹望夫之有石也。虽莫究其年代名氏，而其言有足感人者，故作诗以记之。

儿寒解衣重抚摩，儿饮与食孰忍诃。长成与国远负戈，一去不返当如何？去时云戍东北鄙，直出榆关渡辽水。白头郎罢与影俱，岂惮山川千万里。天教此地适相逢，父曰从天坠吾子。笑疲乐极俱殒身，谁谓情钟遽至此！官家开边方未已，同生又别宁同死。山云漠漠风飕飕，山头双冢知几秋？当时不忍一朝别，今日翻为千古愁。犹胜贞女化为石，终古孤身双不得。清江寒影日悠悠，行人一去无消息。

明唐顺之《喜峰口观三卫贡马诗》云：贡道走东胡，关门控北都。每逢金镜节，来献玉骢驹。酋长花当后，山川松漠纡。天衣赐虬蟒，国马出騊駼。乞赏孙随祖，专兵妇代夫。珥珰珠错落，褴褛锦氍毹。盘舞呈鞮革，侏言译象胥。白狼回左衽，黑水作通衢。

又《登喜峰古城》诗云：绝顶孤城见废关，短衣落日试跻攀。三秋豹旅方乘障，万里龙媒正满山（时三卫贡马，散牧关外）。候雁似随乡思去，塞花将送使臣还。筹边迂薄真无补，空望伊吾抵掌间。

又《晓发喜峰》诗云：客心流水与争驰，寒垒疎星度峡时。未返王孙犹草色，初来戍卒是瓜期。去乡只觉蝉声似，出塞方知马脊危。

辛苦下情何计达，早年曾诵采薇诗。

王演《宿喜峰口城楼》诗云：万里秋风暮，华夷到此分。几年望紫塞，今日宿黄云。片月临关见，孤军击柝闻。燕歌争劝酒，强饮不成醺。

丁廷辅《喜峰口次郡尊韵》诗云：仿佛江南路，忽教倦眼开。山烟烘日出，野水傍人来。寺古依岩树，城荒老石苔。佳兵无扰动，何用埽尘埃。

国朝赵大经《喜峰口即事诗》云：几日关城诵采薇，简书堪畏未言归。调鹰野外风初劲，牧马山头草尚肥。上将乍承新节钺，健儿争著旧戎衣。誓擒赞普应寻约，莫道松州但解围。

熊文富《喜峰口和郡守李香林先生韵》诗云：峰逼重关险，蚕丛特地开。城根盘似蠖，山骨削无苔。卫国边墙固，驱氛铁骑来。雄风忽迅发，应得净征埃。

钱塘高士奇《扈从出喜峰口》诗云：清跸出雄关，鸣笳历荒徼。夹嶂真天开，壁立尽奇峭。往时设重戍，藉此为险要。战垒虚风生，孤城斜日照。年年荷戈人，未得息征调。自从被至德，远近奉明诏。遂使边隅民，不用惊烽燎。喜随万乘来，快哉肆登眺。

又《晓行将入喜峰口，新霁》诗云：云际露山顶，青林来日光。晓从六龙行，高下逾重冈。岩花落未残，磵道余芬芳。鸟声辨关树，人语如故乡。铙歌清吹发，远风旌旆扬。鋬凿万仞余，郁岪临大荒。历兹战斗地，壮士颜慨慷。愿施造化功，处处知耕桑。

英和《喜峰口》诗云：万重山作郭，一片雪当门。地回春光浅，年深古迹存。几朝森壁垒，此日统乾坤。在德非关险，秦皇何足论。

钟昌《喜峰口歌》云：山苍苍，海茫茫，长城直亘青天长。长城险绝行不得，但见诘屈蜿蜒山路如羊肠。撼地涛声作龙吼，扬鞭直出喜峰口。峰下奔沙团雪飞，峰头老树挟风走。边墙凸凹断复续，两崖峙壁势一束。雄山扼险五丁开，中留一线通车轴。古堠遗址犁为田，居人往往拾金镞。我今奉使出关来，立马斜阳首更回。白日阴森双峡合，青天苍莽万山开。吁嗟乎！长城雪，战场血，至今犹见秦时月。

我欲狂歌饮马谣，古来壮士同灰灭。

又《七律一首》云：驱驭危疆鼓角催，雄关百仞势崔嵬。无边紫塞笳声起，一派黄沙晓雾开。路绕羊肠纷雉堞，山名狐耳瞰雕台。书生那有筹边略，也向长城策马来。

潘家口城 在县西北一百六十里，土城高二丈二尺，周二百十九丈六尺。门曰西、曰南。教场在城南。

东昌峪城 在县西北一百七十里。一作东常峪。

西昌峪城 在县西北百八十里，一作西常峪。石城高丈六尺，周百九十二丈九尺。门在东。

龙井关城 在县西北百六十里。石城高丈五尺，厚四尺，周二百九十七丈八尺。门曰东、曰小北。东北月城，高二丈，周二十一丈一尺。

抚宁县城 高二丈九尺，厚丈余，周千一百六十四丈。旧土城一座，在阳河东二里。明洪武十三年，迁河西兔儿山东。永乐三年，于旧县址置抚宁卫。成化三年复县于旧治。乃于卫东立县，合为一城。门四座，月城四座，水门一座，敌台一座，桥四座，楼八座。本府刘遂、指挥陈恺建。弘治间，知县李海、指挥陈勋；嘉靖间，通判李世相、知县段廷宴、指挥凌云汉、知县姜密；隆庆间，张彝训；万历间，管县事通判雷应时、指挥张辉先；崇祯间，知县卢以岑；国朝康熙间，知县王文衡、谭琳、刘馨、赵端，皆经修葺。乾隆十八年，知县单烺请帑重修。嘉庆二十二年知县沈惇厚，道光九年知县喜禄，均修东西城。二十三年，知县许梦兰修内外城八百八十丈有奇，垛口五百八十七个。同治元、二、三年知县孙康寿修城楼，并内外城二百丈。十三年，知县福曜修东月城。

明大学士彭时《抚宁县新城碑记》云：距京师之东五百余里，有府曰永平。又东七十里，有县曰抚宁，是为永平属邑。盖其地在汉隶右北平郡，汉以后率多荒废。至金大定末，升新安镇为抚宁县，抚宁之名始于此。元无抚宁，与昌黎邻地，或并或析，最后乃并置焉。国朝因之。洪武十一年，知县娄大方以避寇故，请迁治于兔耳山之阳。

永乐中，复即旧治置抚宁卫。而卫与县相去十里许，皆未有城，居者懔焉，惟外患是惧。名虽曰抚宁，而实有不宁者矣！时提督右都御史李公秉巡抚，右佥都御史阎公本询察民情利病，乃具疏请城卫并复县治、学校于一城。制曰可。于是镇守右少监龚公荣、总兵官东宁伯焦公寿相与，赋财鸠工，命永平府同知刘遂、抚宁卫百户郝铭，督率军民分工筑砌。始成化三年三月一日，越明年五月告成。周围一千一百五十六丈，高一丈有九尺。其上为垛口一千八百七十。其东、西、南、北辟门，以通往来。县治、学校并列于内。自外观之，城垣崇固，濠堑深阔，森严壮观，隐然为一邑之保障矣！同知刘遂、指挥毛绶，具事本末，致书兵部左侍郎昌黎张公文质，托以求予记。余惟天下郡邑，有僻有要，恒因时势为轻重。抚宁之地，在唐宋以前，僻居东北，概视为荒远未之重也。迨永乐肇建北京以来，是为畿内要地。盖其北密迩边徼，东控扼山海，为辽阳襟喉。其要且重如此，故军卫置焉。置卫所以安民也。而县与卫异治，非因循之过，与兹当承平百年之久，所宜思患而预防，不合于一，何以相守以安生民。不固以城池，亦何所凭藉以相守也。《易》曰："王公设险以守国。"斯其时矣！阎公有见于此，于是首创请城之举，而龚、焦二公，乃能谐谋经营以成厥事。府卫诸隽亦殚心劳力，以佐其成。非皆有忠爱上下之心宁及此欤？可谓得大《易》设险守国之义矣！虽然险可设也，不可恃也！继自军凭城以为固，民资军以为安，拱翼京师将有赖焉！司军民之政者，尚思和辑其心，使居有以乐，患有以捍，而奸宄不敢作。庶几抚宁名与实相称，长治久安，永为京师之巨防也。倘恃城而怠政，不恤其人，则人心嗟怨离叛，虽有金城汤池之险，奚益哉？此又来者所宜知也。昔圣人作《春秋》，凡城必书。说者以为重民力。兹所为书者，不独重民力，且将使民德诸公不忘，并告来者，是修是葺，益善其政，保民于不怠矣！

侍郎刘健《抚宁修造碑文》云：抚宁本汉骊城县，今属永平府，在京畿之内。县旧治洋河东，朝鲜辽东道路之所经。洪武庚申，徙河西兔耳山。永乐己酉，于县旧址置抚宁卫。县卫相去十里，使轺军需旁午迎送不便。成化丁亥，巡抚右佥都御史阎公本奏复县于旧治，而基址已并于卫。乃于卫东立县，县南立学。虽垣屋制度略备，而一时草创不固。廿余年来，日就颓敝，不支风雨。甲辰，修武姜鄗宗武由乡进士来知县事。下车遍视之，遂以修造为己任。乃谋聚财捐俸以倡，于是卫之官卒、县之士民力有余者，咸愿出助，命学官刘瑁籍记之，先学校庙之礼，殿廊庑学之讲授之堂，肄业之斋，库厨门垣以完以固。次县治视事之厅、居处之所，下至仪门，官廨次第就绪。县治在通衢之后，为所蔽障，复买地通之，以便吏民之出入。昏晓旧无钟鼓，乃作新钟鼓各二，并建楼以庤置焉！他如祭祀有坛，养济有院，仓廪之所、邮传之处，悉焕然增新。以成化甲辰六月经始，至丁未四月而落成。凡费钱之缗以数千计，工之作以数万计，他料物皆称是。而民不知扰。始学之未修也，师生之行礼讲学，卑且污无所资，以为严敬。县之未修也，官吏之号令，奔走隘且陋，无所资以为公明。钟鼓楼之未建也，民生之出作入息，刻漏不明，昏晓不节，无所资以为劝率。今卑者高而污者去，严敬之心油然可生。隘者宽而陋者易，公明之念，皎然可著。刻漏明而昏晓，节民生之出以作入以息。有所劝而勉于成，风俗为之丕变，商旅为之改观，此修造之所为有益于县，而姜君之为能知其本，皆可书也。姜君之受业乡先达户部主事张公士玉，于余为同年进士，尝闻其称姜君能学问有才识。今观其治抚宁，则信然矣！抚宁之治，他可称者尚多，此特以修造一事而言耳！一时县之赞成其事，若县丞张君俭来征记文，若举人郭君钦其勤劬，亦皆可称也。故并书使归以刻之，庶其后有闻焉！

乐亭张国瑞《抚宁修城碑文》云：古来守疆土者，莫不重地利，而地利自山川河海盘结纡回之外，曰城之高，池之深而已。说者曰三里七里亦可老师，何必十仞百步为？余曰不然，思患豫防宰责也，又且抚宁为古榆关。介在黄龙、玄菟、易水、燕山间。昔称险阨，今入邦畿，为东北第一邑。当道重其地，因重其人，乃以古河东卢公任焉。公自下车以来，政无一不从古，尤以城池为急务。训练乡壮，整理药局，更设滚石，严查奸细，或站台，或火炮，或悬牌，凡守城之具，无一不备，真神京之一大锁钥也。更奉旨接城八千余丈，俱增三尺许，内筑站台四尺许。池更凿之而深，其费赀甚奢，虽有输助，勿继也！公慨然捐赀成焉！未几而霪雨为灾，又坍圮二百余丈。斯何时也！城中城外士民闻之，无不胆落。公昼夜拮据雇觅街夫，每名工食五分，更犒酒肉，工必至三更而后止。且夜宿城上，与百姓同其艰辛。举二百余丈之坍圮者，倏然如故。乡民咸运薪粟于城中，而无奔山涣散之虞矣。是公之善为保障者，贼虽饮马河边，亦可藉以无恐。抚台冯公即以绩特闻，一方士人蒙公再造之恩，无不铭刻五内，欲勒石以志不朽。乡耆徐好问、黄梅、殷大德、周一龙等索余言以记。余按公之善政多端，不可枚举。据修城凿池固若金汤之一绩，实得守疆土之要务，当超卓鲁，龚黄而上之矣。目前考最之期，龙章宠贲，亦不负公之劳瘁也。余不揣菲劣，援笔以纪，一以彰公之善美，再以望后之宰斯邑者，效公之注意城池，时时修补，我国家庶永永无患焉！公讳以岑，字叔瞻，号裕南，山西古河东太平县人，崇祯十年九月。

国朝礼部郎中余一元《新建抚宁县谯楼记》云：读《北平志》，而胜迹莫备于骊邑。邑有大兴筑靡不载，而鼓楼旧阙其文。邑之改也，于明成化间。历几二百稔，不闻经始者，何与无以为？斯邑肇造城郭，楼橹一时毕兴，复烦吾民，不可迟之。非数十百年，未易谋也。康熙六年，秣陵王侯来牧兹邑，政平时丰，与民休息，既而环顾四邑，见其蜿蜒飞舞之概，屏列拱立之仪，倘非岿然其中，矗然直上者，不足挹取全胜，称岩邑也。屡欲面势审材而卒止之。乃曰："中立者头颅也，四峙者四支也，苟肢体不举，而头颅是崇者，何为乎邑城？"素有四楼及二角楼，经兵燹之余，皆颓废不可收拾，而西南二楼久废无迹，仅存阛阁焉。侯曰："是皆不可不先为之以作楼之权舆。"由是鸠工发费，烧瓴构材，出俸余以作之，倡给饩值以召之，役未匝月，而群废毕起。侯顾而笑曰："四肢举矣，兹不可不安头颅。"复于邑之中逵，揆日平砥穹窿其覆，而四辟其途，其下足以通车马，而上建谯楼三楹，矗然中峙。直可近窥星汉，俯瞰川原，而骊邑之观，于是乎大备矣。数役爰始于丁未六月，落成于戊申三月。

计其赀费不下钜千，而侯用才数百有余裕焉。侯慈明饶干才，凡其甃石瓦墁之需，榱桷丹垩之用，匠石工役之数，皆能预计不失铢两。故能刻石而成，挥斤而就也。百废俱兴，民不知。邑广文刘三德暨诸衿士索余言以记斯楼。《传》曰：“古今人不相及”。余观前人重斯楼之举，不得城郭斯楼橹并谋于全力之时，而侯起既废之城郭楼橹，竟与斯楼并兴与于雕残之日。古今人之才相去不大迳庭乎？侯才足以振举摄坠，兹略睹一斑耳。后之君子慨兴废之迹，而今昔之殊其观也。按志披图，将见斯楼得与群楼并载于不泯者，则自秣陵王侯始。康熙六年。

明督师孙承宗《抚宁杂咏》云：大将云麾下大东，排来十万领雄风。班家夜半康居火，半照龙山夜雨红。土窟骄成五饵通，渔阳鼙鼓北平东。极知狡计过淮蔡，雨夜何如雪夜功。

池 广二丈，深一丈五尺。

钟 楼 在县二门东，久废。知县王文衡建于西城上迤北。

鼓 楼 在县二门西，久废。知县王文衡建于城中央。

马头嶷堡 在县北二十里。

羊角山堡 在县北三十里。或作牛角山寨。

鹁鸽堂堡 在县西四十一里。

雕岩堡 在县西北三十里。

塔子山堡 在县东三十里。

兔嘴岩堡 在县南三十里。今俱废。

深河堡 在县东四十里。城高其垛口三丈二尺，周三百余丈，门四，东西门尚存，门楼俱废。今设巡检分司。

甘泉堡 在县东北五十里。西接星星峪，又东有温泉堡。

台头营城 在县北三十里。砖城周四里。南二门，东、西、北各一门。北至界岭口四十里，东至李家庄二十七里，西至卢龙燕河营三十里。

明永平兵备刘景耀《台头营新创天马雄飞楼记》云：山建燕石东协凡四路，而台头居其中焉。台头东控辽海，西引滦江，南凭碣石，北倚长城，亦边塞重地也。己巳冬，东兵入犯，郡邑不守，而台头能以弹丸之地，保燕河，扼抚宁，为关门犄角，撑持东北半壁。岂不以区区之城，可恃无恐也哉。城三面楼俱有，而南门独缺。于所谓台头者，义殊不协。张君时杰以武进士总此地兵，毅然独创一楼，而捐资为诸将士先，不日告成。中丞文弱扬公题其额曰“天马雄飞”，取映马头岩而名也。天马也，胡繇而雄飞，人杰则地灵也。如张君者洵一时之杰哉！景耀癸酉秋，备兵北平。登临斯楼望茶芽之晚翠，披芦壑之惊风，洋河横地而潺湲，界岭插天而宠炭，居然塞上大观也。楼凡三间，可避风雨霜雪。一层可藏弓矢器具，更觉武库赖之矣。老媪六月而制寒衣，邻妇过而笑之，迨金风转气乍肃，手则缩，口则呵，又始知制衣者之深谋远虑，而临期补缝晚矣！大将之治边犹老媪之治家也。乡之露宿风雪者，非兹南城也耶？则斯楼之劳而不怨，盖有以。夫猛将之气紫黑如门上楼，而况实有楼也欤哉！南楼盖台头千载一大地利也，后受斯楼之福者，其有绎于“天马雄飞”云。崇祯六年。

巡关御史傅光宅《题台头营演武台松树诗》云：细柳环金甲，孤高见此松。名应留汉将，爵不受秦封。云影来归鹤，风涛起卧龙。清霜十月尽，苍翠照千峰。

国朝临榆蔺士元《晚过抚宁北口，望台头营诗》云：万松高锁白云窠，行尽烟萝异境多。山合四围包古堞，岩分两界纳洋河。断霞落日春鸿渺，淡月寒沙匹马过。旧是南塘飞檄处，只今惟有野樵歌。

又《台头营紫极宫晚眺》诗云：荒城四面低，让出清虚府。筑台有百梯，拓地只数武。捷足试先登，翩然疑化羽。水浅沙碛平，山缺松林补。眼底万千家，比鳞纷可数。晚爨起炊烟，白云互吞吐。铃声语佛楼，神风动廊庑。翻思上一层，余勇犹能贾。金锁涩难开，松扉隔琳宇。老僧期不来，日落洋河浦。

麻官营城　在县北三十五里。北至青山口城二十里，东至台头营十里。石城周里半。东、西、南、三门，今废。

青山口城　在县北五十五里，距边城二里。城高丈六尺，东面八十三步，西面九十四步，南面一百零一步，俱有门。北面八十六步，周围一里零四步。口设木栅，外有重垣横亘，水穿栅入，迳城西直下。东至界岭口二十五里。与麻官营声援，国初设把总。今裁。

青山营城 在县北六十里，距边五里，石城高二丈，周三百四十七丈。东、西、南三门。

东胜寨城 在县西北五十五里，距边五里。石城高丈五尺，周百二十八丈八尺。门曰南、曰西。今废。

乾涧堡 在县西北五十里，距边五里。石城高丈四尺，周百九十二丈。南、西二门。

猩猩峪城 在县东北四十五里，距边五里。石城高丈七尺，周八十八丈二尺。本名宣府营，明设指挥二名，兼烽把总三名，信官四名，界岭口管辖。至我朝顺治年间裁撤。城用石垒高二丈五尺，周百二十丈，门一西向。城四角有警楼，今废。烽墩楼十二座，炮台三座。明万历十六年春，防修烽楼，在猩猩峪东山者有四，在黄土峪者有八，今俱存，炮台均废。每楼周十四丈高，并垛口三丈二尺，上盖房三间，每楼戍卒五名。由猩猩峪至边墙三十里，边墙外有石城三座，基址尚存。外边墙一道里许，墙上戍楼与敌楼，由背牛山下至孤石峪，入临榆界，共二十五座。明万历四十六年春重修，每戍楼高并垛口三丈五尺，周十四丈，兵十名。敌楼高并垛口三丈六，周十六丈，上盖房三间，兵十八名。

界岭口城 在县东北七十里。口有山，曰东顶、西顶。两顶相对，高耸人云。旧城在两顶之下，中隔一水，分为东、西月城。东月城，自东顶蜿蜒面来。东面狭不足丈数，西面百二十步，有城门，有衙署，有民居。南面三百二十七步，北面三百九十一步，即边城。统计周二里零十七步，北面三百九十一步，即边城，统计周二里零百十步。西月城由西顶蟠绕而下，多树木无民居。西面狭不足丈数，东面七十八步，有小水门，南面二百十步，北面百八十四步，即边城，统计周一里零百十二步。自康熙元年设把总一员、马兵一名、字识一名、守兵十四名。兼管青山口、河口、重峪口、冷峰口汛地。东至箭杆岭，二十五里。旧云三十三关，此为最要。案《图书集成》云：界岭口关城，砖高三丈五尺，周三百七十五丈四尺，西门有楼，外有月城、教场。城西南，左右山上有荒城。案:《读史方舆纪要》云，嘉靖三十七年，土蛮犯界岭口，官军拒却之。今有关城为戍守要地边略。界岭口东十五里，曰十八盘岭。又东三十五里日牛心山。去义院口三十里，又口北十八里，为梨花山。又北六十里，为茨儿山，又北三十里，曰红石岭。皆朔骑出没处也。

明刘景耀《界岭诗》云：界岭连云际，阳河入海流。山川胡地近，风雨汉宫秋。处处严烽火，朝朝逐马牛。谁怜汉飞将，白首不封侯。

又《秦总镇邀饮界岭正观楼得才字诗》云：城头碣石郁崔嵬，倚槛春风塞外来。三辅河山时对酒，九边烽火共登台。秦皇岛上仙云散，姜女祠边新月回。莫道书生无侠骨，毛锥元负佩刀才。

国朝乾隆十四年《界岭口核减碑记》云：界岭口原额正加米七十一石五斗九升四合九勺九抄一撮，豆八十二石六升四勺三抄四撮七圭五粟。在昔作斗征收，民苦上纳久矣！乾隆六年有娄思福者，会众具呈蒙宪辕详申奏，将原额减去十之七，下剩十之三。今存正米二十五石五斗五升九勺八抄零，豆二十八石六斗二升一合一勺二抄零，连驸马寨粮数在内。民等雀跃欢忭歌颂无由，有常君得荣洎子常贞恐积久弊生，与众共议，故勒石以记其事。俾后世纳粮之家，知圣德无疆，抑以知核减始末之由也云尔！

咸丰九年《界岭口减差碑记》云：盖闻官以恤民，民以奉公，官民一体，由来旧矣。吾堡小人，向蒙皇上牧养之恩，敢不奉公守法，而图免国家之差务乎？缘我界岭口一堡，民居边关，山稠地窄，奉上之物无出，河涨水发，贻害之道有由，饥饿冻馁所必然也！于咸丰八年，县尊梅公莅任，乡地刘永发差务循旧，遵办甚难，民人鲍希升太息堡之困苦尤切，具禀请轻恳恩上叩，一一诉其缘由。而梅公著念子民之困乏，心甚恻然，布化宣猷，大展召伯之德；惠鲜怀保，欲存郑侨之风。怜我一堡，恺切劝谕，谓国家经费有常，民力在所必借，为之斟酌，率以差务折办东钱三百贯为度。梅公之德，没世难忘。于是集会一堡二十三庄公同商议，均拨均劈勒碑刻铭，永垂不朽。

箭杆岭城 在县东北七十里。口设木栅两重，河水穿栅入。东南至花果山十里，东北至码礤岭十里临榆界，城高三丈六尺，东面八十四步即边城，西面二十步有门一。南面二百步，北面百八十一步，统计周一里零百二十五步。南二里旧有墩台一，今废。东南半里有墩台一，高三丈六尺，周十二丈，城有守兵一名，属台头营管。又城东南有小月城，周八十六步，西北有小水门，今废。案:《图书集成》箭杆岭口关城石，高丈八尺，周二百九十二丈三尺，西门有楼。其荒城在东南山。案《读史方舆纪要》云：箭杆岭关在县北，界岭口东第一关口也，又东接双岔谷、星星谷等关，又苇子谷关，界岭口东第四关口也，又东历细谷口、花场谷、拿子谷等关，而接义院口，皆有小城为戍守要地。

国朝乾隆六年，五关一营十八庄花户同立三官庙《改征边屯米豆数目牌示碑记》云：宫保兵部尚书兼都察院右都御史总督直隶等处地方紫荆密云等关隘提督军务兼理料饷加七经孙为奉闻事，乾隆五年十二月二十六日，户部咨前事等因到本部堂，准此拟合就行为此牌，仰该司官吏查照。咨牌内部覆奉旨事理，即饬遵移永平府转饬该地方官，将箭杆岭等处河淤地边储屯地，应改征银米豆石各数目于辛酉年为始，减额征收，并饬该府出示晓谕。俾里民均霑实惠，取具遵依送查，仍将铁永二堡屯地每亩减征米五合之处。部覆无庸议缘由并行知照外，合行出示晓谕。为此示仰屯民知悉，各口边储屯地，自乾隆六年为始，凡系河淤屯地，每亩改征银一分，米二升二勺五抄七撮一圭六粟一颗，豆三升。边储屯地每亩改征米一升五合一勺二抄八撮五圭八粟五粒，豆一升五合。荒无新旧，每亩纳征银一分。尔等俱各查明，应输科则及时完纳，如有不肖官弁兵役及各粮头移行多征者，许尔花户赴本部衙门喊禀，以凭分别参究，决不姑贷，慎之毋违。须至告示者。

乾隆十五年《箭杆岭边储屯地赋重奉文改减碑记》云：箭杆岭河

淤屯地，每亩额征米五升，征豆六升。边储屯地每亩额征米四合九勺零，征豆四升七合零。较之民粮科则原系为重。兹蒙宪檄饬议酌减。蒙前任本府梁悉心筹度查核，河淤屯地，较之屯荒，尚可种植，其所征米豆科则数目应请照抚邑中地科，则每亩改征米二升二勺五抄零，征豆三升。边储屯地每亩改征米一升五合一勺零，征豆一升五合。共征正米二十九石五斗七升七合零，共加耗米八斗八升七合零；共征正豆三十二石六斗九升三合五勺，共加耗豆九斗八升七勺七抄五撮零。庶军屯额赋不致重于民粮，而边地穷氓均沾高厚于无既矣！详请督宪咨部具题，奉旨依议，出示晓谕边民，照依减额数目科则输纳。穷乡僻壤，共沐皇恩。我皇上深仁厚泽，轸恤民隐之至意也云尔。前任永平府知府梁锡蕃、特授永平府知府卢见曾。

梁家湾城　在县东北六十里。即中桑谷堡，石城高丈八尺，周百三十二丈七尺，南门有楼。案:《古今图书集成》中桑谷堡下云：旧桑岔谷、中庵二堡，后置梁家湾合为堡，有城。距边五里，今废。

驸马寨营　在县北五十里。石城高二丈，周百八十五丈。门三，东、西门俱废，南门存，上无楼。城中无井，井在东门外二百步。距边三十里。

桑岔谷关　在城北四十五里，石城今废。

卷之三十三

建置志二　城池下

昌黎县城　高三丈，厚丈余，周围四里。旧惟土城。弘治中知县殷圮甃以砖，门四，上各有楼。弘治中知县陈纲，嘉靖中秦志仁、李希洛、胡溪、楚孔生，隆庆中张存智，万历间孟秋、吴应选、胡科、石之峰、冯恩、洪霖、吴望岱、王汉杰、杨于陛，天启中尚镰，国朝顺治中程量、刘彦明，康熙间王曰翼、陈拜齐，皆经修葺。同治十三年，知县杨春华修补城垣三十八丈一尺。

池　深三丈五尺，广四尺。东西门有栈板，南北门有穹桥。

鼓　楼　在县治东北。万历间冯恩建，杨于陛修。国朝康熙间，典史王懋修，乾隆三十五年，知县林中麟重修。

明邑贡生张庄临《重修鼓楼碑记》云：稽之《周礼》，秋官司寤氏掌夜时，以星分夜，以诏夜士夜禁，此更漏所由昉也。楼之名秦以前无所闻，而台则有之。天子有灵台，诸侯有观台。凭高而视，以辨四序，审氛祲察妖祥也。然则楼之制，倘亦台之遗意欤！是以魏有丽谯之楼焉。遂设为谯楼、谯门，皆以严守御警非常也。昔常有闻更鼓而知令宰之贤者，则鼓之有楼顾不重欤！吾邑兹楼创自前朝邑侯代郡冯公恩，高可五丈，雄峙于城之中，其上为玉皇阁。一登眺之，则山光入牖，海色浸檐，宿斗牛于窗棂，挹明河于咫尺，四野千村一望百里，诚一邑之大观也。嗣是踵而葺者，则剑门杨公于陛、夏县秦公士英，皆贤令宰也。入清以来，历岁已久，雕败已极，兼之兵燹之余，腴壤收于圜中，豪猾充于旗下，赋税不敷，追呼难逭。莅兹土者方救过之不遑，奚暇为补葺计也。以故颓圮者不止斯楼，而斯楼则摧于庚子夏霪而陨矣。秋七月，林公来宰是邦，慨然有兴复志。但以岁祲，欲少需以俟有秋。阅明年，方宽征缓讼，为苏息计，乃遽闻外艰，奉上命勉，亲政如故，以俟代者。然而老成愈严，催檄雨集，公悲厥志之未成也。亲著募疏，以为先倡，因劝助得百余金。于是选材于市，鸠工于肆，择吉鼎建。八窗以户，取其坚也；易雕栏以垩，尚其质也。徒困支用不给，事未获集。继而洪公来任，亦欲亟襄厥事，但以民逃地芜逋赋难完，不遑启处迟之。癸卯，复与县幕王君谋力图振举，凡综理之事一切委之。迨夏杪而功竣，则依然跂翼矢棘鸟革翚飞之胜矣。瞻观于是乎壮，更漏于是乎明，阛阓于是乎集，奸宄于是乎屏且也。画角吹残杨柳月，早起者思勤；金壶滴断辘轳声，夜作者弗息。后之司牧者于公余一登临焉，则风俗之淳漓可望而知也；里巷之盈虚，可俯而瞰也；原野之桑麻，可坐而卜其丰歉也；村坞之生聚，可立而见其登耗也。况岁时而望风云，分至而占星日吉凶，饥穰可预为测也。由民俗之美恶，见政治之得失，思补救之良图。孰非斯楼之裨益乎？柳子曰："贤者之兴，愚者之废。"废而复之为是，习而循之为非，若是之不狃因循，可让而任，岂不谓贤哉？所惜者时艰邑敝，城墉楼堞不获次第以理耳。虽然继是而生聚宽养，俾用度渐充，庶几百废可兴，未必非是楼为之嚆矢也。林公讳修，字矧堂，江南之泗州人。洪公讳世讲，字石胎，湖广之黄梅人。是役也，会稽王君懋，经营督课实有力焉。故因以为之记。康熙二年癸卯仲秋。

钟　楼　在东城上，万历间，杨于陛迁建，后废。国朝康熙间，王懋移钟于鼓楼上。

迎恩楼　一名永泰楼，在西门外。洪霖建，杨于陛重筑。台基下，有温泉，修莲池，今废。

昆山顾炎武《昌黎》诗云：弹丸余小邑，固守作东藩。列郡谁能比，雄关赖此存。霜槎春砦出，风叶夜旗翻。欲问婴城事，声吞不敢言。

裴家庄堡　县东十八里。

蛤泊堡 县西北三十里。

静安堡 县西南五十五里，详《古迹》柳城下。

莫各庄堡 县东南三十里。

套里堡 县西南五十五里。

石各庄堡 县南六十里。案:《读史方舆纪要》以上皆民堡，今俱废，惟蛤泊南、北、东有门。

滦州城 高二丈九尺，厚二丈，周四里二百余步，前代废兴无考。唐哀帝天祐四年，刘守光暴乱，辽阿保机攻陷之，修筑城郭，传历金、元。迨明景泰二年邹来学檄州同杨雄，甃以砖。门四：东曰“御滦”，西曰“迎恩”，南曰“安岩”，北曰“靖远”，门各有重楼。弘治中知州孔经，嘉靖间知州张国维、陈士元，隆庆中署州事同知贺溱、知州崔炳、刘欲仁，万历间知州郑琉、白应乾、张元庆、何士玮、周宇，皆经修葺。周宇榜东门楼曰“迎晖”，西曰“丰成”，南曰“朝阳”，北曰“拱辰”。

池 深二丈，广三丈。嘉靖间，陈士元浚。国朝乾隆二十八年，州牧王南珍修浚，别故护城河。

明大学士高谷《滦州修城记》云：滦州去京师五百里，其地旧属冀州，再隶幽州。晋唐以来属辽西及北平。五代阿保机筑城以居之，州之有城，盖昉于此。我朝混一南北，四海为家，州隶永平为郡。文皇帝靖内难，此为邦畿内地，民安物阜，熙然太和，士习于家，农耕于野，地之蕃牧、贡赋较夫前代有加。奈何承平日久，官怠其职，吏慓其事，关门无抱击之虞，城郭无捍修之备，因循废弛，匪一朝夕矣！戊辰之秋，戎狄犯顺边城，老稚惊散，室家或不能相保。故滦民惴惴焉，未尝安乎枕席。佥都御史邹公来学阅视滦城，土疏址平，非居守之长策。乃谋于总戎督都金事宗胜、参将都指挥佥事胡庸、马荣、府守张茂、州同知杨雄，因旧为新，高若干丈，周若干里。叠砖石以固基本，扃门钥以严开闭，楼橹器械无一不具。肇功于景泰辛未七月十有九日，毕力于是年之十月一日。民暂劳而收久逸之利，物暂费而获永宁之益，诚边防保障中国喉襟也。功既就，宗胜书来乞文，请书其事。辞曰：冀门千里皆尧封，滦州迴接榆关，东南临瀚海，北控戎，山环水绕地势雄。形胜不异崤函中，前人城此徒劳功。遗基数尺为高墉，年深岂免颓雨风。崇者咸垤卑者空，城狐社鼠无所容。百年遗事如转蓬，兴废举坠今古同。微哉贤达心忡忡，既竭目力肤奏公。伐石叠甓鸠众工，晨夕举杵声相舂。筑城言言知几重，视旧不啻丘与峰。围如铁瓮坚如锋，壁立万雉难磨砻。戍楼远望遐迩通，绝彼警急清尘烽。四民乐业声沨沨，兴起礼让还租庸。舆情但愿年岁丰，寒则有衣饥有饔，百年万祀歌时雍。

国朝泽州陈廷敬《滦州》诗云：山势长当面，峰峦忽四围。地经烽戍苦，路远塞天微。边马还东去，春鸿故北飞。扶苏泉下水，曾此映斜晖。

滇西师范《滦州道中》诗云：霜老平林绿尽凋，国门西望路迢遥。马前亦有堪图处，细雨寒烟寡妇桥。

谯　楼　在州治大门上。万历间，知州张元庆建。

大观楼　在州治后门。万历间知州张尧辅建。

马城堡　州东南二十里。即马城废县。

倴城堡　州西南六十里。详《古迹门》。

石佛庄堡　州西四十里。

榛子镇堡　州西九十里。《金史》天辅六年置滦州永安军节度使，领县四镇二，其一为榛子镇。《独吉义传》云：世宗次榛子岭，闻海陵没于军中。谓义曰："信如卿所料。"即今榛子镇。案：《读史方舆纪要》榛子岭，州西九十里，近丰润县境。金大定初，世宗乌禄自辽归趣燕京，次海滨县寻至榛子岭即此，今为民堡。又李家庄在州南四十里，又南十里曰柏家庄，一名风淳屯。又南四十里，曰独莫城，城南有大田泊，皆有土城旧址。又州西百二十里，有桃李城，亦曰长春社。州西南百二十里为唐山城，亦日桥头社。《志》云：元立屯田总管府于马城县。诸城皆屯兵所居，今因为村社。佛庄堡在州西四十里，又州西南八十里，有司家庄，皆民堡也。今俱废。

明州人高辅辰《重修榛子镇公署记》云：北平之西一百一十里至

榛子镇堡。系蓟辽孔道，旧有公廨，备冠盖使者行台。自经兵燹，鞠为瓦砾，四壁仅存，暂售民居数楹，为星轺停骖之所。而行址浅隘，庖湢弗备，庭中仅容旋马，一遇刼薛重臣，衔命乘传留犂径路之旅，驺骈骏骑动以千百噭计，势须刍秣于市阛，不足壮皇华四牡之行色也。太守常公以医闾异材麟符竹郡，行部镇城。思维卜缮旧基建署、庌舍，敹塞墉堵以肃门阑，计其费匪土不尧，匪木弗植，匪工弗僝，匪粟弗给也。谋之周大夫马公，不藉一民，不牒一物，出其俸缣规度。前后作屋三间，用栖纪纲圉人之地，自两扆以及台门鳞次栉立，涂茨维新构居，停以避风雨，崇户垣以代梐枑。俾使星鸾轭之临，憩邮亭，而安信宿。磬控骕骦之役，获居处而谨藩篱。非太守大夫减膳垂橐之经营。旧馆茂草之区，不几废为瓯脱哉！倘继来州绥但慎葺宫墉无忘补饬，则今日太守大夫缔造之劳嗟，予勤其有念哉！是不可以不纪岁月也。竟珥管而勒诸石云。

国朝知府顾学潮《榛子镇示刘尉钧恕诗》云：到眼青山认欲真，偏因忙暂得闲身。墨池光动疏窗午，茶鼎香浮小屋春。梦里回头应有岸，年来举步亦看人。一官最是惊心处，未辨能声亦累民。

司家庄堡　州西南八十里。

开平堡　州西南九十里。明之开平中屯卫也。唐石城废县。卫原设口北大宁沙岭。洪武中调真定府。永乐元年移置于此，其地原有土城。成化二年，阎巡抚、焦总兵委永平通判段玑，易以砖，为东、西、南三门，各有楼。今城圮，遗迹尚存，绅商岁修其城楼焉。

明尚书姚夔，《开平中屯卫新城碑记》云：永平禹贡冀州之域。秦汉为右北平郡，唐为平州。元置平滦路。我太宗文皇帝，入正大统，迁都北京，而永平去京师五百里，遂为畿甸重地。又以滦负山带河，尤为要害。乃于义丰旧县置开平屯中卫，自大宁沙岭徙来，今去州九十里，旧有土城颓圮。成化改元之明年，都察院右都御史李公以其地密迩边境，宜有城以备非常。奏准，下有司讲修筑之政，于是巡抚右佥都御史阎公、镇守印绶监右监丞龚公、总兵官东宁伯焦公，相与协谋经画，而府卫咸听约束。择廉洁官得永平府通判段玑、忠义中卫副千户陈昶董领厥事。计货食之出入，量工程之多寡，因旧增新百堵既完。乃作南门，以正面势，作东、西门以通往来。浚沟隍，布桥梁，疏水道，是故甲兵有宿，室家有护，晨昏警严，钟鼓分明，民居帖安，诚可谓一劳永逸者也。周计尺九千二百七十有八，高为尺二十有三。始事于成化三年十月一日，讫工于明年五月十二日。通判以是役钜而不费，重而不劳，上卫乎国，下庇乎民。巡抚镇守总戎之功，不可无记述以示后。乃次其颠末来请余文。余惟城郭沟池，有国者所当设也。然设必有时，我国家承平百年于兹四方无患。而城郭沟池惟恐其不完固者，诚安不忘危之意也。况京东保障之地乎！虽然民非兵无以卫，兵非民无以守城具矣！而守之非其人与无城同。人得矣而治之，非其人与无人同。故曰地利不如人和。长斯卫者，何思有以和其人而善所守哉？庸书此俾刻之城隅，以告诸执事。

国朝滇西师范《开平道中》诗云：秫篱低护老农家，十里西风酒旆斜。秋水夕阳山数点，石桥疏柳路三叉。黄登岁晚千仓粟，绿长霜前一架瓜。最是授衣人事早，牵裙扱衽采棉花。

又《冒雨抵开平》诗云：瘦马随饥仆，迢迢古北平。歧途回积水，寒雨入秋城。地僻炊烟少，年荒酒味更。客怀正无赖，愁见雁南横。

乐亭县城 高二丈八尺五寸，厚一丈五尺，周三里，凡九百九十七丈。门四：东曰“寅宾”，南曰“镇海”，西曰“望宸”，北曰“控远”。东西俱南向，南北俱东向，各悬铁栈，有月城。四门楼俱两层三间。角楼俱两层一间。敌台十、堞一千三百六十。土城之创建年代莫考。明成化元年，巡抚阎本檄知县元宏甃以砖。十七年，知县李瀚增修。弘治十二年，知县田登设堞。正德中县丞孙鸿，嘉靖中知县侯庶、相文祥，隆庆中知县李邦佐，万历中知县于永清，国朝康熙中知县金星瑞，相继修。迄今已历多年，屡被水冲，圮坏已甚。

池 周城，广三丈五尺，深一丈四尺。池外有堤。石桥四，当四门。水关二，一自镇海门西出，一自控远门东出，以泄城中积潦。明万历十九年，知县潘敦复重浚久淤。国朝乾隆十六年，知县陈金骏浚水关二道，仍由故道出。

案：乐城，自前邑侯陈公详请修葺未准后，日就倾圮。迄今南北东三面砖石罕有存者，而土峰错峙望之参差如锯齿。惟西面旧墙犹存十之一二，仅有败堞十余，然亦不可保矣！咸丰十年庚申海口戒严遂有掘壕筑围之事。邑人李润霖《壕工记略》曰：咸丰己未夏，夷船至大沽海口，为我军所击，船四散，间有驶至昌、乐二境者。先至臭水沟泊五日，次至清河口，均以三板小舟上岸。盖河口水浅，不任轮船故也。时余带勇随同营弁往视，夷四人上岸，索供给。营弁乔某应对有方，毫无畏怯，夷见其势难诈索。立岸上两时许，遂上船飏帆去。庚申春正月，僧亲王为海防事宜，同恒制军，及清河、通永二观察，亲历沿海州县，相度地势，筹置团防。因昌、乐二县近海，谕令城外掘壕，令急如火。二月朔，制军由昌赴山海关，二观察会同署县任刺史出示晓谕，无论绅富商民出资出力，工竣时奏请奖励。城乡人等罔敢不遵，竭蹶趋公，不数日捐款甚巨。爰选日兴工，兼招邑绅数人，立支应局与督委各员弁，在事在局协同监视。余亦滥厕其间。于是鸠雇民夫，日集数百人，或千余人不等。各备镬臿蘽梩，自东关增福庙东起工，牌示口宽三丈，底宽一丈深一丈，土积壕里筑墙，高五尺底厚八尺，顶宽一尺。沿排垛口，迤北由北关外，掘至西城下，去城根三、四、五、七丈不等。迤南由南关外至陈庄，接至起工之处。立四门树栅栏。嗣僧邸专派督办昌、乐壕工团练侯补道李，于东、南、北三栅栏内，各筑炮台一座，两阅月而工告竣。惟我乐城西北两面，原滦河故道，城在沙滩中，南东两面亦沙土参半，非如大沽水卤土坚者可比。是年六七月雨集，所筑墙即淋塌数处，历冬及辛酉春风起沙旋填淤过半，间有穿墙而过者矣。余身亲其事，而惧事之久，而无征也。爰掇其大略而记之。

明编修余有丁《重修乐亭县城碑记》云：乐亭县，永平之下邑也。本古卢龙地，唐开元中，割为马城县。在五代时，契丹并入滦州。金又置县，始定今名焉。大明有天下因县而城之，当是时疮痍甫定，天子既重用民力。而海内方销锋锐，兴礼乐，北烽不然，斩关走圹之盗蔑如也。范土为城，稍示关阑出入之计。成化壬寅，县令李君瀚者始更甓焉。继令田君登建楼橹，设雉堞，渐次除备，隐隐有御暴之险矣！自兹以来，民且狃于燕安，惮有所更作，虽时时补塞，不足胜其复隍之渐属。今丁卯秋，边圉有警，城弗自保。御史少泉郝公曰："是非贤宰莫能安之矣！"计其部下惟陈留李君可，而李君时为献县，乃由献县徒乐亭令，君乃裒其众力，虞其材植，经其赋役，筮日兴事，不几何，而墉崇于云，隍浚于川，告已事矣。邑大夫廷尉西塘王公，谓史余氏曰："若李侯者，岂不诚吾民保障哉！"方边警时，乐亭去烽火尚远，人乃相顾自危。谁不欲挽强挺锐为天子树奇勋，而顾平日不习于干戈之事。既又谁不欲凭高据险收保清野，击敌人之惰归。而顾险不足恃虑先为敌所得，于是求速化之术，悔桑土之晚矣！仅仅贼去辄又偷安暇日，无有昔日激昂慷慨之气，深长安全之思，居安而讳危，若无有人间刁斗之警者。吁！见亦左矣。此李侯所以为吾民画至远，而不恤虑始之艰也。李侯他政皆卓卓，能纪纲其民，度民力可以筑，而于时又不得不筑。民争欢负锸事不告勤，可以示来世。且城大事也，《春秋》必书，吾忝为史氏因书之。

给事中滦人厉汝进，《修城记略》云：乐亭县在永平府为上为望，而邑城之规，则旧垣为土。自成化乙酉，元尹始易以砖。壬寅岁，李尹则建置四门，各设一铺。弘治乙未，田尹乃树楼设堞，斯固邑城增修之渐，若夫高坚壮丽制犹未也。迨今百有余祀，惟卑隘而朘圮继之尚弗可言蔽矣。岁甲申，晋泽西山侯君除宰是邑，忧时多事，有见于远者大者，遂不以修举为难。计财量工，朘而薄者，砌而厚之；卑而圮者，筑而崇之。工起于庚申四月十八日，成于五月之二十五日。君之政迹实大且久，溟人德君者议勒石以志厥实，属文于进。余谓实墉实壑，燕师所以完韩，筑城凿池，孟氏所以示训。今之有司，凡欲言尽职者，必曰实政实迹。夫谓之实政实迹，孰有先于守土之为重者哉？乃值多事之时，避嫌者莫肯为，因循者莫能为，贪墨者不及为。西山君有见于远且大者，毕志于实政实迹，毅然为之。期年之间，城池楼橹工役毕举。所谓保厘东郊者，非与且措处得宜，不需民财，不费多储，上嘉其能，下感其功。名誉益彰，而庶务不废。盖颙仰垲爽，君之高也。清休宏雅，君之美也。纡徐详审，君之深也。君以所养之预，斯达之为实政实迹，故观垣墉之崇坚者，可以知君之高矣！仰丽谯之宏壮者，可以知君之美矣！睹池洫之环浚者，可以知君之深矣！西山之政迹，信宜垂之永远。余因为之记云。

胡家坨堡 治东二十里。

黄瓜口堡 治东二十五里。

连北店堡 治西北十六里。

新塞堡 治西二十五里。

马城堡 治西南三十五里。

阎各庄堡 治南二十里。案:《读史方舆纪要》，以上皆民堡今俱废，惟阎各庄东西有门。

马头营堡 治西南三十里。即新桥海口，详《古迹》。

汤家河堡 治东南二十五里。

临榆县城 高四丈一尺，厚二丈，周八里一百三十七步四尺。明初，中山王徐达，创卫立关，始建此城。土筑砖包，其外门四：东曰“镇东”，西曰“迎恩”，南曰“望洋”，北曰“威远”，上各有楼。其东门颜曰:“天下第一关”。西门，乾隆九年御书，赐曰“详霭搏桑”。嘉靖中管关主事吕荫、陈绾、孙应元，万历中王邦俊、杨植、员外郎邵可立、副将刘孔尹，国朝乾隆三年永平知府梁公锡蕃，十八年知县钟和梅，二十九年知县袁鲲化，皆经修葺。

池 深二丈五尺，广倍之。外有夹池，广深半之，有水门三：东、西、南三隅，以泄城中蓄水。

北翼城 又名北新城。在北水关边城上，高二丈有奇，周三百七十七丈四尺余。门二，居南、北二方。

南翼城 又名南新城，在南水关边城上，制与北翼城同。明巡抚杨嗣昌建。

东罗城 在东关外。高二丈三尺，厚丈有四寸，周五百四十七丈四尺。门一在城东即关门，为盛京孔道，建楼于上曰“服远”。水门二，角楼二。明万历间，管关主事王邦俊、永平兵备副使成逊建郭，设三门。国朝康熙四年，移关时，通判陈天植、都司孙枝茂、守备王御春重修，因塞南北二门。环城有池，周四百二丈九寸。

西罗城 在西关外。明崇祯十六年，巡抚朱国栋请建，工未备遇改革中止。门一，在城西，有楼曰“拱辰”。楼在城先，筑城时即作城之西门。

钟鼓楼 在城中央，穿心四孔。明初徐武宁建于城中之北。万历十四年，参将谷成功移建于此。国朝康熙五年管关通判陈天植、乾隆八年知县张楷、十七年知县钟和梅重修。

附关法

顺治元年撤关。二年复关，设户部。抽分榷关者，苛征虐民。浙人倪宝鼎叩阍鸣状，奉裁。康熙三十三年复设，建今户部署。

县票兵房所司，嘉庆年间，书吏勒索重价，人皆苦之。嘉庆二十三年，海洋附贡张燕绪呈控，蒙通永道任本府张讯断永立定价票一纸，制钱十七文。二十五年，出示有碑记，现存海洋镇。

明张佳允《山海罗城记》云：开国统一，既逐故元。于燕故五郡，封大藩有四。取五方闾左适戍，连衡犄角而为卫。燕首膺茅土，绣错州县间。徐太傅所经营于捶院备矣！故其幕南为我王庭。宁，出于松亭；谷，出于居庸；辽，出于山海。而各域以重关。岂胡马敢闯三藩窥燕，而为之设哉！盖候微支缭，遏初戍逃亡，居重以驭之，不独燕计也。乃帝念功锡祠，惟镇于山海者，彼二区之为劳，古有而缮之耳。非若临榆久废，经始为之，再卜于山后之胡及海上之夷，枕流藉阻。壮哉！关乎！咽喉于一隅，吐吞乎万里。迨燕王龙飞建都，藩封胥以南徙，大宁都司亦移，其地弃于兀良哈。辽、谷之故壤中断，而松亭以外为属国，始视此若内边羁縻之。以犬羊鲸鲵迹遁于望海，承平久而变生焉。嘉靖初，辽暴客戕主关事，胡马如故。中季以后，乃四五至瓮城外。此间亦为诲盗资防之，斯无宁日，遂视为外边矣。岁癸未之春，参将王守道筑土墙未讫，秋而部刺史长垣成君巡边，虑而将为之图。未几，胡犯前屯，郊原血战为墟，惟拒墙者完，是土功固足恃也。若甓而石之，其图不亦有永哉！爰咨群筴，初议雇役，用帑金四万两，佐以班军一部，期之雨防毕役。力诎而费不赀，当诘奸之严关尤不便于讥察，弗若悉用主客便，时有大工未报命，何敢全用其力乎？况胡睥睨有日，秋而戒严，且筑且御，能不衍于素哉？不谷合而调剂之。会抚台邯郸张公以二万金请，司农不忍予，为再四于当路司马乃复于上。圣明洞见，边画破格，取太仆藏，佐以军力之半，不待毕于秋防，兹伐谋之全图也。属成君栽而巡功文武各效厥劳。甲申仲春爰作，而告成于仲夏。日不及百，其功则倍。周五百四十七丈余，高三丈三尺，广丈四寸半，表里石址，垒以瓴甋，顶则防墁之，面势秩如也。西接故关，为敌楼二附墙，候台七、便门二。以楼东门丽谯有阛，出入新旧间，重关而复矣！夫城以盛民，故众心成城。古今石画者，筹利害两端较多少以从事。不无一彼一此。而名为俱利者，惟秦赵东西于会遇则然，非为民保障也。兹关法有期多顿舍于外，藉馆谷之利者；土人受廛日众，耕种亦取自便，相与聚族于斯，倚之安于巢幕。岂虞今有胡灾哉？自辽阳如线背瓯脱，襟渤解而戒为畏涂。离关以斯留，及关以宿留，而苛留于抱关，夜不能安枕，昼不敢解鞍躯，尝虑其不保商贾。所以垂橐而东之，惮人告哀，西亦未尝席厚利，且不免震剥之虞焉。居者既晏堵，则远至如归。百利万全，而无一害。秋防届期，岂不燕胥为奏乐府？《碣石》有云：天气肃清，繁霜霏霏，鹍鸡晨鸣，鸿雁南飞，鸷鸟潜藏，熊罴窟栖，钱镈停置，农牧积场。逆旅整设，以通贾商。岂不幸甚至哉，歌以咏志之秋乎！他日富庶必倍于关内，虑始虽为御胡，乐成其究安宅矣！若但为守圉计，掌固自有司，存罗以重关而复之，非所以贵攻取也。彼陈仓连筑者，虽诸葛不能攻；而受降之退，忸不以壅城失耶？岂不谷与诸大夫所以蜂厉戏下土，横海伏波万里，外及绝幕犁于天山之庭乎！试延宾僚，暇日登之，南秦岛，北汉塞，扶桑日出，医闾在望，朝鲜女直，叩关而贡。雉连翚飞，夺目摄志，令奏《侏离》之乐，而佐之以《碣石》，鼓舞斯民于太平，不谷愿望不浅也。今者之劳，而岂徒哉？爰附记其姓名，以旌之于左方。

乾隆二年十月，《禁革落地税告示》石刻云：太子少保、兵部尚书兼都察院右都御史、总督直隶地方紫荆密云关隘提督军务兼理粮饷加十级纪录二十三次，李为钦奉上谕事。雍正十三年十月二十三日，准户部咨江南清吏司案呈内阁，抄出雍正十三年十月十六日总理事务王大臣奉上谕："朕闻各省地方关税杂税外，更有落地税之名。凡耰、锄、箕帚、薪炭、鱼虾、蔬果之属，其值无几必查明上税方许交易。且贩自东市，既已纳税，货于西市，复又重征。至于乡村僻远之地，有司耳目所不及，或差胥役征收，或令牙行总缴。其交官者甚微，不过饱奸民滑吏私橐，而细民已重受其扰矣！著通行内外各省，凡集市落地税，其在府州县城内，人烟凑集，贸易众多，且官员易于稽察者，照旧征收。但不许额外苛索，亦不许重复征收。若乡镇村落，则全行禁革，不许贪官污吏假借名色巧取一文。著该督抚将如何裁革禁约之处，详造细册，投部查核。倘奉旨之后，仍有不实心奉行，暗藏弊端者。朕必将有司从重治罪，该督抚益加严谴。此旨可令各省刊刻颁布，务令远乡僻壤之民共知之，钦此。"钦遵于本月十八日，抄出到部，相应通行各省各督抚，转饬各府州县一体刊刻，钦遵旨内事理施行可也。为此合咨查照施行，到本部院准此出示晓谕合属官吏人等知悉。嗣后，人烟凑集贸易众多之处，自应遵旨照旧征收，于则例之外，不得丝毫加增。有于东市纳过税银者，西市不得重征。其于乡镇村落征收之处，永远禁革。倘有不肖官吏仍敢巧藉名色，差人私行抽收零星物件，扰累民间，并于集市额外苛索，暨重复征收者。许受累商民人等或赴上司衙门呈控，或赴本部院辕门禀诉。官则飞章纠参，从重治罪；吏胥人等立即严拿杖毙，决不宽贷。各宜懔遵，勿贻后悔，须至告示者。

嘉庆二十五年八月，《禁革关票宿弊告示》石刻云：特授临榆县正堂加五级纪录五次马，为晓谕事。案：蒙本府正堂张宪牌转，蒙通永道任批，据本府呈详该县生员张燕绪呈控兵书张璃等，私增出关印票大钱八十一文一案。查乾隆七年，案卷前府会同管关通判详定：商人载货到关，每引收制钱十七文；其止带随身行李，并出关农民，每引收制钱八文。奉准部议在案。张瑜、张珠、张瑀先后接充，私增至大钱八十一文之多，以致张燕绪呈控。虽讯系笔墨纸张饮食办公使用，并未侵吞入己，但究属不合。除张珠病故，张瑜告退，均勿庸议，应请将张瑀斥革，并饬临榆县照乾隆七年之例办理等情到县。奉此，除将该兵书张瑀斥革外，合行晓谕。为此示，仰县属商民人等知悉，嗣后如有载货商民领票出关，给钱十七文；其止带随身行李，并农民领票，出关者，给制钱八文。该商民领票毋得借端滋扰。各宜懔遵毋违，特示。

山海卫《镇城立义杠碑记》：盖谓事之可传于不朽者，必有以厘积弊，协舆情，俾闻之人人而称快，斯垂之历久而弥新也。山海一城地狭人稠，居民不下万户。丧葬之事，或一日而见数家，或一月而见数十家。既乏车牛之资，复艰绳杠之费，无论贫富，无不拮据。顾虑此事之繁难也，盖四十有余年矣。合卫绅衿士庶目睹其横，亦且身受其害。思立义杠，共敦友助之风，期免掯勒之苦。乃公呈府宪，蒙张太公祖严惩革弊听立义杠，复张示晓谕，凡有地方之责者，务以除害安民为心。嗣后凡有婚葬之事，听民自便，不许仍前扰害。告诫谆切，真剔奸若神，爱民如子。阖城四民，无不感激涕泣，幸旧弊之除，乐公义之举。由是家无停柩，俗敦睦姻。积数十年匍匐艰难之状，一旦慰其情而靖其扰，非我张太公祖，奋雷霆之威普天地之德，一时并至，而互用之，何以有此？我山海之民，固且家焚户祝，累百世以不忘。岂仅一二日之颂祷已哉！用镌于石，以垂我张太公祖恩威之曲当，且喜阖城公祖父母之与有同心也。若夫此举之规画尽善，善酌得宜，是在我卫之人，审量而区处之，又何必以琐务细节，烦渎官长之听闻也哉！是为记。

山海卫《东罗城立义杠碑记》：致治必先兴利，然弊不除则利不兴。故除弊之小者，则利兴于一时；除弊之大者，则利及于百世。事无巨细，俗困于习而相与安之忍之惫极矣！为之上者，又以习俗相仍恬不为怪。遂令弊日益滋，以致民气抑郁无可控告，痛在死丧惨怛之际，真有悲号莫诉之隐，讵非地方之大弊欤！山海杠夫，为丧殡之役，名甚微，而业甚卑。无何至今日，而弊不可言矣！结党纵暴，呼类引济，伺人之年高，为奇货任己之口，号为定符，尊以上宾，而横肱恣肆陪以嘉客而旁若无人，任意苛索。虽叩首顿颡而终，不能挽其桀骜。呜呼！彼何人斯？而幸人之丧，扼人之急，风俗之弊，尚可言哉！幸逢府宪张太公祖来莅永郡，剔弊除害，戢奸禁暴，政日益饬，民日益宁，我卫之绅衿士庶，咸跃然曰："吾俗之弊，莫大于杠夫。"值我郡宪，而不吁陈，将无口矣！爰举义呈，沥陈其害，蒙郡宪雷厉风行，严惩禁革，谕从民便，而山海义杠始立。义杠立，而土役积久盘结之弊始除。于是卫之人，举相庆曰："今而后，如某某之青钱若千贯者免矣！如某某之白镪若千金者免矣！如某某之肆筵设席，而挥手不顾者免矣！如某某之兄弟，青衿而屈膝告哀者免矣！且如某某之祖父亡，而子孙不敢殡；某某之额数缺，而门塾不能保；且如某某之家庭无恙，而佣值不敢不豫支者，皆可免矣。"呜呼！毒不至于伤心，其怨不甚。泽不及于枯骨，其感不深。卫人受土役之害，已四十余年。谁无父母！谁无骨肉！逞其凶横，长此安穷。乃值郡宪公明刚断，毅然革除。实令九泉戴德，百世蒙恩，吾卫之被利，岂有涯哉！特是郡宪仁声、仁闻，洋溢畿东。即此枯骨之泽，上天眷鉴，必将膺特宠，而抚封疆。我永郡何能久留宪驾，所虑大利方兴，孽潜弊伏，不得不勒石志之。非谀词颂郡宪也！愿郡宪之良法美政，永著不朽云。公姓张名朝琮，号式玉，浙江萧山人。

山海卫《西罗城立义杠碑记》:《传》曰:"善人在上，国无幸民"信哉斯言也。士会为晋太傅而盗奔于秦，卓茂为汉太守而蝗不入境，岂偶然哉？我郡宪张太公祖，福星高悬，照临七属，于兹四年矣！观风拔萃，取士广额，启人文也。禁除火耗，劳瘁捕蝗，重农事也。既禀无亏，工有歌也。税务无苛，商有庆也。而且表节旌义，存没蒙恩，翦霸锄奸，强悍畏法。善政善教，难更仆数。而今所尤感者，山海地居边关，民贫俗朴，自独霸之杠兴，而丧葬之典废，垄断之桥起，而婚姻之礼失。富者畏其贪噬，贫者畏其凶焰，伤心惨目垂四十余年。幸遇太公祖，恩威远播。是以绅衿百姓合辞公吁，太公祖痛惩严革积久之弊，立除设杠，便民将来之惠无尽。法不移日，恩可同天，其爱民之深，待民之厚，与士会、卓茂后先媲美。阖卫之被其泽者，咏父母乐恺悌爰镌石以垂不朽，使后之观者，畏威怀德，而太公祖之休声，可与山海同其久长矣！是为志。

明尚书马文升《山海关》诗云：曾闻山海古榆关，今日经行眼界宽。万顷洪涛观不尽，千寻绝壁画应难。东封辽地三韩险，西固燕京百世安。来岁新正远旆日，拟图形胜献金銮。

巡抚闵珪《山海关》诗云：幽蓟东来第一关，襟澄沧海枕青山。长城远岫分高下，明月寒潮共往还。贡入梯航通异域，天开图画落尘寰。老臣巡历瞻形胜，追想高皇创业艰。

□□黄洪宪《山海关》诗云：关城风急飏征袍，潮落天门万籁号，槎泛银河浮蜃气，山衔紫塞卷秋涛。月明午夜鲛珠泣，沙白晴空雁影高。司马风流偏爱客，桃花羌笛醉蒲萄。

又《山海关晚眺》诗云：茫茫沙碛古幽州，日落乌啼满戍楼。万雉倒垂青海日，双龙高映白榆秋。虎符千里无传箭，鱼钥重关有捍掫。自古外宁多内治，衣袽应轸庙堂忧。

又《陪唐荆川职方、王岸泉监察过关诗》云：长城古堞瞰苍瀛，百二山河拥上京。银海仙槎来汉使，玉关衰草戍秦兵。星临尾部双龙合，月照平沙万马鸣。闻道辽阳飞羽急，书生直欲请长缨。

主事秦夔《山海关赠张职方诗》云：高城设险壮金汤，作镇平林大海旁。筐篚每来重译贡，关门常峻外胡防。草肥深谷熊生白，渡暖春洲蛎吐黄。天遣仙郎此持节，年来文化及殊方。燕云百二绕皇都，万里边城入画图。到海有山皆设险，入关无吏不持符。诗书已足怀殊俗，筹策还看翼庙谟。闻说秋高戍马健，也须辛苦事防胡。

督师孙承宗《山海关诗二首》云：甲胄诗篇少，乾坤戎马多。幻仍看海市，壮拟挽天河。塞上人先老，山头月奈何？群雄骄语日，一剑几经过。

又《山海卫城头用王郎中饷司韵》云：一笑颓颜为酒红，玉关初见度春风。谈来当世饶扪虱，字寄南林有塞鸿。海上楼台随懒慢，意中天地几英雄？城头压阵黄云满，孤剑犹堪倚断虹。

国朝昆山顾炎武《山海关》诗云：芒芒碣石东，此关自天作。粤惟中山王，经营始开拓。东支限重门，幽州截垠堮。前海弥浩渼，后岭横岝峉。紫塞为周垣，苍山为锁钥。缅思开创初，设险制东索。中叶狃康娱，小有干王略。抚顺矢初穿，广宁旗已落。抱头化贞逃，束手廷弼却。骎骎河以西，千里屯毡幕。关外修八城，指麾烦内阁。杨公筑二翼，东西立罗郭。时称节镇雄，颇折氛祲恶。神京既颠陨，国势靡所托。启关元帅降，歃血名王诺。自此来域中，土崩无斗格。海燕春乳楼，塞鹰晓飞泊。□□竟为灰，六州难铸错。

容城孙奇逢《鹿伯顺邀抵山海诗》云：中山眼到立雄关，叠浪层峰势几环。好个家居谁撞破，补天功在坐筹间。

蔚州魏象枢《巡行至山海关拟登澄海楼观海未果》诗云：东海具大观，观者眼界廓。平生未见之，汪洋那敢度。天子命巡行，首在恤民瘼。驻马问雄关，民贫俗不薄。长堑护金汤，北门慎锁钥。帝王以德兴，设险犹如昨。南有百尺楼，欲登步先却。登高非吾愿，临深岂所乐。古署独徘徊，目恤风涛恶。四海况澄清，自潮还自落。拜手赞皇舆，愧我咨询略。

钱塘高士奇《恭和御制山海关诗》云：历代称重险，相沿置内边。喜峰沙气拥，碣石海云连。壁类千丁凿，门容一箭传。岂知龙跃日，应是鹿亡年。赤羽飞军垒，黄花卷戍烟。绸缪终失守，燮伐迅乘权。永奠鳌为极，长披锦作川。休哉清宴久，扃钥自天然。

泽州陈廷敬《望海店望山海关》诗云：孤城连积水，一线见波澜。春色临关尽，天风过海寒。沧溟今浩渺，江汉日惊湍。万派朝宗意，登楼细细看。

又《出山海关二首》云：大漠孤城海气生，关门漏尽野鸡鸣。边鸿欲度低残月，晓角翻为出塞声。角山关下角声残，口外桃林柳色寒。客路长城今日尽，平沙万里更漫漫。

又《出关有怀府寮诸公》诗云：春衣洒酒别长安，二月貂裘出塞寒。青草不生烽戍地，黄沙已涨海云端。莺花禁苑边城隔，雨雪关山客路残。殿上群公应赐食，东华归马簇金鞍。

又《出关门百里，宿沙河站》诗云：关南沧海浮天尽，漠北连峰拔地青。一片山河围障塞，几家烟火接边庭。辽歌调苦风还断，芦酒愁多夜易醒。却喜皇威临绝域，镇东门户不须扃。

又《入关》诗云：出塞今为入塞行，东来万里尽长城。平沙古堠孤烟色，落日危楼暮角声。远近青山如故国，浅深春草是王程。红尘荏苒征人老，不见关门紫气生。

又《关楼》诗云：壁垒高楼壮，旌旗古镇尊。塞风春不断，边日昼长昏。悲角关云动，孤城海气翻。往来凭吊意，辞赋欲销魂。

又《关门馆舍后楼晚登》诗云：一片青山势压城，晚风楼上海涛声。沧溟万里堪乘兴，无那乡心日夜生。

长洲尤侗《出关行》云：出关去，往辽东。诏徙十万填新丰，五陵年少走如风。黄金白米青丝笼，招呼村市争来从。白头龙钟扶老翁，红颜伶俜携孩童。栈车羸马送尔去，银章墨绶何雍容。未知为官善与恶，且喜吾民暂吃著。巫闾山高渤海深，日把锄犁垦硗埆。不独有田堪耕作，更避差徭免敲朴。共醉黄酒饭茹茹，谁人不说辽东乐。辽东厚，辽西薄，辽西虽穷是故土，辽东虽好流移苦。亲戚坟墓天一方，惜别临岐泪如雨。玉关生入定何年，夜梦犹依旧庄户。昨日邻翁寄书还，桑麻鸡犬各平安。但得今秋谷子熟，只教家居莫出关。出关容易入关难。

裘曰修《山海关》诗云：我朝定鼎初，事与向代异。明祚既已移，流贼竟猖肆。举国徒狺狺，何人正神器。天兵从东来，倒海排山势。一埽氛祲空，欃枪欻焉逝。为彼明除凶，为天下吐气。出民水火中，且以伸大义。天与而人归，大位安所避。旷览史册间，贯古实无二。宇内得真主，自此有宁岁。俯仰百卅年，累洽重熙际。芸生何林林，食德凡几世。轺车经岩关，询知战时地。仰维巍巍功，奋笔谨书事。

成德《山海关》诗云：雄关阻塞戴灵鳌，控制卢龙胜百牢。山界万重横翠黛，海当三面拥银涛。哀笳带月传声切，早雁迎秋度影高。旧是六师开险处，待陪巡幸扈星旄。

宗室塞尔赫《山海关》诗云：飐风吹海云涛翻，排峰削玉森戈铤。一关雄据山海间，险隘不亚秦崤函。东控鸭绿襟三韩，清流百道纡回环。一夫当厄众莫前，安用更封泥一丸。讵知天心胜地利，偏能假手移神器。义旗西指草昧开，四海归仁消鼎沸。百年相继都重华，中外而今已一家。出入惟凭一片纸，何劳关吏更相哗。

又《出山海关》诗云：九月滦江幸未冰，龙城石路旧崚嶒。狐裘貂帽去年客，自喜雄关老更登。

吕履恒《山海关》诗云：天际重关虎豹扃，前瞻云树尚冥冥。山余落日千峰紫，海荡遥空一气青。汉塞烽烟亭鼙坏，秦城膏血土花腥。漫吟碣石东临句，绝代雄才敢乞灵。

陈天植《山海关》诗云：雄关划内外，地险扼长安。大海波光阔，遥峰杀气寒。疆场百战后，烟火几家残。塞草连天碧，行人不忍看。

徐兰《出关》诗云：凭山俯海古边州，旆影风翻见戍楼。马后桃花马前雪，出关争得不回头。

韩雄胤《关门秋夜》诗云：静夜蟏蛸响，新凉蟋蟀吟。三山归远梦，一夜助悲心。月色凄团扇，霜华冷素襟。幽人寥落意，不待九秋深。

大兴朱圭《恭和御制，敬依皇考山海关，四依皇祖元韵》云：五关雄北塞，山海扼榆边。在德防非险，维垣帅自连。地形多守捉，天命速邮传。忆昔四巡日，于今载觐年。光轮升王气，紃缦上卿烟。继志诚为孝，居中执有权。因高尊五岳，导左会千川。对越声依永，钦忱独穆然。

又《恭和御制，出山海关作元韵》云：四城三卫筑初明，唇齿如何固帝京。鸟道极天雷殷鼓，鲸波伏地雨弢兵。当年戡伐惟谟烈，今日关津视荡平。永念豳岐所无逸，一家中外颂维清。

崔廷槐《出关》诗云：关吏开金锁，邮人控玉珂。三韩辽社稷，五镇汉山河。白草荒原合，黄云古戍多。纵令沧海土，万里不扬波。

益都孙廷铨《山海道中》诗云：高柳荒亭下，残碑古戍前。秋光晴到水，山色净于天。气变虫音急，波沈月影偏。鸡鸣催堠吏，争渡古溪船。

刘馨《山海关》诗云：关门岧岹控京华，一眺平原万里赊。三卫旌旗闲虎豹，九边睥睨走龙蛇。狼山夏日寒凝雪，溟海秋涛暮卷霞。我欲相寻姜女石，数行烟树白云遮。

卓金殿《咏山海关诗》云：漫言百二崤函险，此是前朝第一关。浪打长城三面海，云笼古戍万重山。甲兵洗尽边民乐，车马交通塞卒间。叹息当年移国后，将军一怒为红颜。

滇西师范《山海关》诗云：树羽上参天，关门落照前。海山争一径，辽蓟划当年。绿隐龙庭草，青消鹿碛烟。空嗤秦氏堞，辛苦为防边。

临榆知县萧德宣，《山海关杂咏》云：乾坤日月任沈浮，终古神仙不可求。对岸樯帆八百里，有人破浪到登州。高悬云罕记宸游，万里波涛汇一楼。御笔原宜寿金石，羡他侍从也名留。海云远映现烟鬟，乐寿亭边时往还。千叠屏风一曲水，夜来梦绕二郎山。果然石径隐优县，楼阁参差贴翠岚。红叶白云看不厌，教人常忆五泉庵。开国功臣豹略奇，长城重整寄安危。平西也是元戎贵，独拜秋风太傅祠。东罗城外晓飞霜，东罗城内剑戟张。中外一家门户好，莫教当道有豺狼。万里追寻太苦辛，长城忽尔哭声振。秦皇纵有鞭山力，不及穷途一妇人（自注云：俗传水门，乃孟姜哭倒处）。副军独领驻防营，坐拥辕门大纛明。一片荒凉南北翼，最无生计是旗兵（自注云：南翼北翼二城，乃旗兵聚扎处，多系破瓦颓垣）。偪仄深沟望欲还，蓦然匹马上天关。后山洞转前山去，奇绝辽西第一山（自注云：三道关，玄阳洞乃临邑第一胜地）。东风著力任吹嘘，海上冰消二月初。新起茅棚三十所，家家占地打青鱼。贫民多半采樵忙，涧底归来已夕阳。一路蹇驴负薪走，隔山错认是骡纲。二仲中旬轰炮雷，南城入夜报关开。沿途十里红灯起，都帅承恩祭海来（自注云：都统一岁二祭海）。

二百里外是乾沟，多少庄头作市头。不应官差种官地，山中别有古春秋（自注云：乾沟乃口外一大集镇，俱庄头儞之）。山田望泽喜长流，驱尽旱虹岁倍收。早起看云知有雨，昨宵海啸老龙头（自注云：海分东西啸，西啸无雨，东啸至老龙头则雨）。队队游鱼逆水回，薰风吹遍石河隈。绿杨影里人声杂，小艇轻蓑卖海胎（自注云：海胎鱼味美）。迎恩门外马如梭，日日侯王拥节过，莫漫放青山里去，大官支应近来多（自注云：迁安驿在城西关）。买得南城屋几层，诸生分点读书灯。频揩老眼天边望，望尔东溟起大鹏（自注云：予买左翼德君旧宅三十余间，改作书院额曰东溟）。一山横跨水当中，尽道秦王旧筑宫。风雨海天成一色，老僧时见蚌珠红（自注云：庙祝言每逢风雨有大蚌戏珠）。场开归化令申严，灶户年来减未添。野外火枪声不断，官人夜半缉私盐。细流经雨便洪湍，守渡篙工下手难。任尔故添风浪势，须臾到海即安澜（自注云：石河水涨多停渡）。小车轧轧独轮摧，男女咨嗟面色灰。问是贫民勤服苦，一年一度出关来（自注云：山左贫民俱于二月出关耕作，九月回）。徘徊歧路俨迷津，偷渡更遭关吏嗔。万里辽东皆内地，于今犹禁扒边人。白帽时逢高丽使，黄衣常见喇嘛僧。缘何毂击肩摩甚，十月辽东又厚冰。红墙一带肃观瞻，旅店年来次第添。相戒行囊收拾净，关门翻索比前严（自注云：红墙离城十里，出入关者多住此）。叫破晴云透晓寒，角声隐隐起城端，土人说系催租例，莫认悲笳泪不干（自注云：二八月城上辰鸣角，云催旗租）。北城阴窖筑牢牢，砍取河边雪后涛。开到荷花天暑甚，县官小印送冰条。

寿阳祁隽藻《出山海关》诗云：为问长城几许长？前朝曾此重边防。兵屯满地今墟落，禾黍连天古战场。惟见凌河仍牧马，不闻辽水更分疆。六龙案辔经行处，却望岩关是故乡。

天津梅成栋《永平怀古诗》云：榆关遥接凤凰城，前代东征过北平。隋主开疆勤远略，唐家拓土练团营。中原膏血全输饷，海上疮痍正苦兵。纵有白袍能陷阵，愿消金甲乐时清。

辽阳刘文麟《出山海关》诗云：行路五千里，征鞭尚未停。沙深虚马足，风劲健雕翎。海抹长空黑，山横大漠青。关门回首望，云树晚冥冥。

又《临榆道中》诗云：辽蓟边形壮，凭高一望中。山根盘到海，沙气积成风。列戍长云北，重关落照东。徐王规画在，大略见英雄。

乐亭杨在汶《山海关》诗云：屹立金汤据要冲，烟消赤日上城墉。南回沧海鲸波息，北跨雄山雉堞重。复国将军成画虎，入关豪杰说从龙。即今界不分中外，故垒萧萧静战烽。

广西侯焕尧《山海关》诗云：群山如龙走东海，秦皇鞭石神人骇。一关屹立镇中原，万古雄边终不改。巨灵手擘青峰高，天吴尸闪掀波涛。长城万里此称最（其下恐有负山不动之神鳌），仰观俯视杳无极。鲸波滉漾螺鬟碧，医巫间接北溟潮。形胜如斯真第一，雉堞参差断复连，敌台高在翠微巅。全局遥吞辽沈地，宏模拓自汉唐年。汉唐代远不可溯，胜国筹边俨如昨。松山一战鼎祚移，全军悉化悲猿鹤。孙熊将略非不臧，当时枉自夸金汤。十二军营空制胜，八千女鬼方披猖。忠谋不用党祸起，自坏长城斯已矣！人心天命有所归，大东云获真天子。二百年来治化同，关门不闭各西东。八荒共此梯航路，根本由来重镐丰。壮游且付看山眼，于此登临兴不浅。丞相于今说管萧，将军自昔思牧翦。兵法争先占上游，畴云在德不在险。

明龚用卿《镇东楼》诗云：齐云结飞阁，跨岭限虹桥。积水平河汉，凭栏望海潮。蛟龙从变化，鹏鹗任扶摇。欲借凌风翼，翱翔上九霄。

睢州尚絅《镇东楼》诗云：十二危楼百尺长，倚天杰构镇边疆。海山南北环千里，城郭高低匝四旁。入座云笼村树渺，隔帘风递野花香。太平时节登临好，暴客重门不用防。

丰都黄景夔《镇东楼》诗云：城角声催独倚栏，海门斜月转云端。清辉近水应先得，永夜中天正好看。风露欲流平野阔，星河不动夕烽寒。早朝待踏长安路，清影疏槐带马鞍。

上虞陈绾《镇东楼》诗云：楼阁晴阴向晚开，海天秋思独徘徊，寒生绝塞碪声急，木落荒郊雁影来。关树不迷南国望，羽书频见朔风催。感时忽讶潘郎鬓，作赋还怜王粲才。

巡抚王一鹗《镇东楼》诗云：百二金城保障哉，翩翩万雉拂天来。楼悬晓日扶桑近，帐拥春风细柳开。三辅雄图环睥睨，五云佳气接蓬莱。汉家新画麒麟阁，燕市谁登骏马台。

国朝陈名远《镇东楼》诗云：百尺镇东楼，遥临瀚海秋。怒涛吞乐浪，大漠接营州。月冷闺人梦，风高戍士愁。独怜章句友，空复羡封侯。

明戚继光《望海楼》诗云：楼前风物接辽西，日暮凭栏望欲迷。禹贡万年归紫极，秦城千里静雕题。蓬瀛只在沧波外，宫殿遥瞻北斗齐。为问青牛能复度，愿从仙吏换刀圭。

国朝容城孙奇逢《登望海楼》诗云：关门夜夜响涛声，此际真如一境明。远望好逢晴霁日，雄图行见海波平。

塞尔赫《望海楼观海作》诗云：东望浩无极，凭虚思渺然。谁将蠡共测，我识蜃空悬。大地浮如芥，飞身竟欲仙。蓬莱知未远，缥缈隔苍烟。

蔡珽《巴淳庵学士招饮望海楼诗》云：我家本居此海滨，生平未尝获见海。世尘宦网两难排，腾腾已进五十载。今年奉使幸过此，一观始雪夙昔悔。探奇赖有贤主人，同游更复饶佳宾。初从槛下窥浩淼，已觉胸次吞乾坤，旋见微风磨紫縠，渐看碧浪推朱轮。固知大小生眼界，未免浑濩惊心神。小僧作态劝清酤，旋转能为八风舞。含悲不语对高春，冷醉微吟思独苦。人间为有恨难消，打浪摧潮自今古。君不见，十里堆琦海畔城，可怜犹是秦时土。

曹贞吉《登望海楼》诗云：杯勺沧溟望里收，百年觞咏几登楼。尊前忽觉来三岛，此外犹闻更九州。断岸雨晴天倒影，海门风急气成秋。摇摇坤轴浑难定，曾否金鳌背尚浮。

宁海城　在南海上。周一里有奇，高二丈有奇，门二，居东北二方。明杨嗣昌建。设龙式营于此。

一片石城　在县东北三十里。石城，后砌以砖，高二丈五尺，周二里。东、西、南三门。

抚宁知县刘馨《重修一片石九江口水门记》云：距骊城百余里而遥，东北一带地多崇山峻岭，壤接荒服俗习，边徼马迹之所不至，屐齿之所未及。有名一片石者，雉堞鳞次，巍然其上者，长城也。城下有堑名九江口，为水门九道，注众山之水于塞外者也。山谷虽众，泽匪江河，每夏秋间，或山泉泛滥，或霪雨淋漓，则众山之水汇为一流。其汹涌澎湃，弗减万壑之赴荆门也。不宁惟是时而雨毕水涸，樵采者、负贩者又咸利用往来。以故多历年所，易为倾圮。岁乙卯，余承乏骊邑，甫及半载奉命修葺。爰鸠工庀材取石于山，伐木于林。道里之殷遥也，山径之崎岖也，肩负背掖之劳瘁也，畚挶錾凿之勤劬也。计费帑银三千余两，六阅月而事竣，用告厥成。是一役也，边疆之急务，而朝廷之成命也。百姓虽劳，登登冯冯又乌可以已哉！虽然早作夜思，岂惟民哉！心烦于虑身，亲其勚固，人臣之分，应尔乎！分土分民无论矣！第王士王臣设官分职之，谓何时启闭，稽出入，勤补苴，严防御，当不独余之责也。夫共襄厥役者，时则有若石门路都阃赵君辉，始终经营例得并书。余因记其事而镌之于石，以见余两人拮据匪解，且以质之均有司之责者，俾勿坏云。是为记。

明抚宁翟鹏《一片石次孙洙滨韵》诗云：开国资元老，中山独壮猷。奇勋归太史，遗像肃荒陬。宿露迷寒戍，阴风起暮愁。不堪惆怅处，悲角咽楼头。

督师孙承宗《入一片石五首》云：秋风乱禾黍，夕日下牛羊，营垒迷官道，烟鬟簇女墙。中流石作柱，枯室玉为堂。社稷安危里，狂生自不狂。山分一片石，水合九门关。大壑开双阙，孤亭压五环。倦飞怜弱羽，蹇步爱孱颜。枕漱饶生事，高风不可攀。好磨一片石，一勒燕然铭。万卉随云绿，四山当户青。乱峰时让月，樵火半疑星。可恁饶山鬼，皈心夜听经。押牙传吉语，插羽听鸣珂。石簇平原少，峰高落照多。阖扉涛正怒，乘障雨初过。莫漫怜征佩，山山有薜萝。小草谁如石，大毛自有关。何来忧乐意，此际后先间。山引轻雷入，霞容孤鹜还。似闻黄阁老，亦苦紫宸班。

又《一片石公署作》云：四山烦应接，当牖不须延。占候长河烂，严更竟夕传。月岩群雁过，风峡片云填。耐可随留滞，胸春漫口捐。岩间无结构，片石孤亭开。一负游鱼乐，独看倦鸟回。松涛当佩落，岩岫向隅来。真想披襟在，班庐尚可裁。古人怜弱子，遂用忘华簪。而我盘荒徼，三年损道心，关山一以眺，明月几长吟。不尽秋风意，谁堪听捣砧。双屿迎人面，凉飙吹短襟。好将山水会，揽结贮清音。古柏森千尺，纤萝蔓一岑。谁能勤拂拭，一为洗云浔。偶逢山水乐，何异幽栖时。漠漠生烟远，亭亭旧树奇。近人唯好鸟，邀月有凉飔。再岁苦行役，相看独在兹。

又《九日一片石小集诗》云：三年三地度重阳，佳节东篱忆草堂。黄石篋中经岁月，青松岩下老风霜。云飞猎骑秋潭净，日落征鸿塞影长。自笑调鹰双健臂，登高仍佩紫萸囊。一片石城拥万家，幔亭风雨乱悲笳。愁心原自同飞雁，诗思还因问晚霞。北海尊前衔落日，南山篱下见黄花。登临此日多词客，漫说龙山有孟嘉。

国朝兰溪徐世茂《一片石》诗云：山回地回几人家，斜抱长城一望赊。乱石远沙含夕照，深林空翠映飞霞。九门洞曲浮秋水，三辅风高起暮笳。寂寂客怀愁不寐，忽来寒月照窗纱。

临榆王一士《一片石》诗云：危乎九江口，剑阁险相班。双扇逆拦水，两边高上山。乱峰通一线，叠嶂接三关。禁旅长歌入，谁云飞过难。

平山营城　在县西北五十里，东至石门寨三十里。砖城，高丈三尺，周二百五十一丈八尺，东、西、南三门。

石门寨城　在县西北四十里。砖城，高三丈六尺，周四里。南、北、东三门。距义院口二十五里。

明范志完《石门道上》诗云：四月边城始觉春，依依杨柳映青蘋。石桥隔岸遥相望，犬吠花村门倚人。

国朝临榆刘征泰《石门杂咏》云：乡村四月罢春农，少妇家家针线同。缝得新衫薄于翼，相邀齐踏药王宫（自注云：药王庙，每于四月内烧香）。城东城北绕清波，撩角山隈饮马河。日半柳阴停浣女，碧湾秋水照新蛾（自注云：饮马河源在撩角山下，绕城北而东而南人石河。明季屯兵引此水以饮马，因以名焉）。八月霜飞早制绵，夜窗轧轧五更天。断成几疋家机布，裁作冬衣好御寒（自注云：邑出布号家机布）。六琯吹灰那解迎，女郎深院鼓双鸣。时清不作渔阳弄，小字欹斜记太平（自注云：俗有耍鼓子戏，深院少女两两相逐旋转婆娑，其声错落，每于十一月起至后尤盛。其风不知所始，或即古人吹豳击鼓导迎阳气之意。鼓面多画太极图，写天下太平四字）。鸭子河边秋水清，渔人夹岸放歌行。夜来网得金鳞鲫，未到天明已入城（自注云：鸭子河城东南六里，产鲫鱼鲜美异常）。大王庄面大溪斜，十里阳坡五里瓜。待得瓜时齐上市，生涯不羡五侯家。东南层叠万山青，曲水迢迢俨碧汀。安得幽人寻谱志，凿山重葺四宜亭（自注云：孤山之东山明水碧，景物宜人，旧有亭名四宜，今已废）。虫王庙下唱骊歌，岁岁秋风触恨多。送上官桥齐执手，那教思想不成河（自注云：虫王庙在城东，居人往关外贸易秋来多饯于此。东行里许名官桥，送者皆临河而返，邑人王静川有送人诗云：祇言相送不相留，瑟瑟西风淡淡秋。他日相思须记取，一樽清酒大桥头）。隔河烟火见人家，绿柳红桃迤岸斜。底事花园名字好，村中生女尽如花（自注云：石河岸东有庄名花园）。三春好踏艳阳天，到处风光剧可怜。最爱西山桃百树，酒酣人卧落花眠（自注云：西山下人家多种桃为业，每春花开，一望夭灼满山皆是，人谓为桃花屏）。边城雨过日初晞，处处桑麻带露霏。为语秋来勤薙草，山田争似隰田肥。瓜棚豆架接平沙，水转山回似若耶。为爱蟠桃山寺近，佗年结伴欲移家（自注云：城东南十里，即大山有谷口，石河所经也。渡水里许，山势忽开，有平田千余亩，东山有寺名蟠桃寺，西山麓有庄，名蟠桃峪，居人二十余家，鸡犬桑麻迥非外地）。

临榆郭上林《游石门陶然亭》诗云：石磴连云上，空亭夕照荒。窗开山四面，檐转木千章。近水墟烟白，迎霜塞草黄。何人弄长笛，仿佛奏伊凉。

铁场堡城 在县北三十五里。砖城，高三丈一尺，周二百六十四丈废。

黄土岭城　在县东北三十五里。距边三里，石城，周一里，东、西二门废。

黄土营城　在县北五十五里。石城，高二丈周一里，南、北、西三门。

驻操营城　在县北六十里。砖城，高丈五尺，周四里，东、西、南三门。

大毛山城　在县北六十五里。距边三里，砖城，高二丈五尺，周一里。门二曰东、曰南。

义院口城　在县北六十五里。距边半里，砖城，高三丈四尺，周四百六十六步。东、西、南三门。

拿子峪城　在县北六十八里，距边半里。废。

董家口城　在县北七十里。距边三里。砖城，高二丈五尺，周半里门一，曰南。

板场峪城　在县北七十五里，周半里。废。

城子峪城　在县北七十五里，距边五里。石城，高二丈一尺，周一里。门二，曰南、曰西。

永安堡城　在县西北七十里。沿边周一里。门二，曰南、曰东，废。

水门寺城　在县北八十里。距边一里。石门一，曰南。

平顶峪城　在县北七十五里。距边二里。石城，高二丈，周半里。东、西二门。

花场峪城　在县西北六十里，距边半里。砖城，周半里。废。

苇子峪城　在县西北六十里，距边半里。石城，高二丈，周半里。废。

柳罐峪城　在县西北五十五里，距边六里，石城。废。

孤石峪城　在县西北八十里，距边十里，石城。废。

八里堡　在县东八里关外，砖城，周一里，与锦州府接界。废。

卷之三十四

建置志三　公署上

永平府署　在城中平山上，明洪武二年建。大堂东经历司（今改为官厅）；次库西照磨所（裁）；次架阁库。前抱厦露台缭以短垣，中甬道，戒石牌亭前，仪门两翼。东署门，次八房，次銮驾库。西署门，次八房，次大润库。大堂后为穿堂（今改为宅门），入为二堂，左为花厅，北为内宅，东为理刑厅（今改为幕厅）。马政厅，又前为检校宅（今俱裁改为马号）。堂西，为清军厅、粮捕厅（今改理事厅）。又前为知事（裁）、照磨（裁）、经历宅，次列吏舍（废）。仪门外东，土地祠、寅宾馆（今废）。西司狱司（今改为经历署）。大门前东申明亭，西旌善亭（俱废）。亭前即东西道，左有坊，曰“辽左咽喉”。右有坊，曰“京师屏翰”。中有坊，曰“保厘”。东为文官厅，西为武官厅（俱废）。前有坊，曰“古北平”。东西榜棚，各四间。又前即照壁。正统中知府李文定、张茂，成化中周晟，嘉靖中曹怀，万历中刘泽深，国朝康熙中梁世勋、张朝琮，乾隆中卢见曾、刘峨，皆经修葺。光绪三年，知府游智开重修。

理事同知署　在府大堂西，旧为清军厅，粮捕厅。大门东向，仪门南向，入为大堂，为宅门，为二堂，为后堂。西为箭亭，树木森然，遥岑在望。乾隆三十二年，萨灵阿详请修理。

经历署　在府仪门西，旧东向，颇湫溢。乾隆三十二年经历祁标改建南向，拓而广之。

明知府曹怀《改建永平府门记》云：古之王者向明而治，明之义，阳也，离也，南方之象也！阳则动物，离则照物。动则变，变则不穷；照则远，远则不蔽。兹天下之所由治也。臣行君之政，而致之民者也。台省、郡县之设制，皆南向，无庸少贬求以治民焉尔！我圣祖肃清华夷，奄有天下。郡县之制，悉遵旧典。间有东西向者，拘之以形势，仍之以习染，泥之以风水。识治体者恒病之。岁丁亥，予忝承宠命握符兹土。道出蓟门，谒宪台熊公，间谓予曰："永之门东向，前守者时阻群议，子其图之。"予闻而病焉！抵郡之日，斋宿公所，首谒诸少府，兰阳杨君士魁辈曰："政以治民，门以出政。治之有门犹身之有首，首不正则形体痿，门不正则规模陋。永之门，诚若熊公之言邪（耶）。"杨君曰："然治之南为清军局，地若干？局之西，为民家王贡等地又若干？已檄上诸当道，幸相厥成。"予慰曰："殆先得我心之所病者乎！"遂躬任厥事，图维厥终。三月甲辰，命工择日，撤旧门之材，置诸南向，楹三间，台四丈，高下广狭，一无愆素。第腐者易之，朽者新之，缺者全之。越四月乙巳工聿告成。官不为费，民不知劳，门于是乎改观矣！杨君以迁去，代之者兖郡孙君允中。别驾洛阳管君世禄、阳曲孙君让节推去任。曹州李君凤、平度李君学诗，佥谓余不可无作，以识岁月。乃记之曰：嗟乎！民诚可与乐成不可与虑始哉？始予经营厥工，庶喧于道，士哗于室，至有持《郡志》告者。曰：门创自洪武二年，公其慎动计其意无他，而世俗之见，有未能尽脱者。予力排群议，百年之谬，一旦始革。由今观之，两衙既放，重门洞开，幽隐毕达，私曲悉见，出入有稽，吏胥辈不敢夤缘为奸，向之得失邪正，果孰多耶？偕我二三僚，寀试登门，驻望南山在前，具瞻在念，端乃威仪，慎乃政令，矢乃操守，协乃心力，上布皇明求治之意，下广斯民乐成之心。是门也，岂特伟厥瞻宏厥度而已哉？相度旧门隙地创厅事三间，匾日"公止"，凡我僚寀相与顾名思义，求无失断金之利斯可矣！因并记之。嘉靖七年戊子三月。

知府宋大武《永平府题名记》云：夫永平本燕冀故墟，自商有孤竹国以来，世历汉、魏、隋、唐，虽制殊沿革，代为名邦。逮后汉迄于宋元，没于夷虏，相将二百余年，故典章文物散漫无纪。惟我太祖廓清宇内，始恢复卢龙故地而郡县之，暨成祖定鼎金台，永平遂为股肱郡。出守兹土者，累不乏人。随时蒐辑规度仪物，或存什一于千百，独题名一石，尚有缺焉。盖地邻边境，庶务丛委，故有所未暇焉耳。嘉靖辛亥，晋阳郭丹泉氏，尝志是而欲记诸石矣！越癸丑春，秉宪中原，乃未获成其志。何双泉氏，又复砻石以待，而其石尚仆弗克立也。予至自夏四月，牒牍旁午。逾秋及冬，稍得休暇。间尝取丹泉所记而读之，觉传写有舛讹处，且言守而不及于同寅诸公，殆非题名意也。予故更为删定，自知府而下，同知、通判、推官，凡若干人各分列一行，以序登记。庶有得于共事法守云耳！况自洪武以至永乐，近得数人而甲第，履历一无可考。成、弘以及于今，虽存名姓，而宦迹亦鲜所据。予为此惧亟谋于石，非敢欲寄不朽也。抑因以知叙迁之岁月而已。若其人之贤否，政之善恶，因之而美刺兴焉！劝惩立焉！则系于观者之自择也。奚俟予言？嘉靖甲寅孟夏，知府辛应乾《北平创建总记》云："夫土木之工，劳民伤财，贤者多避而不为，恐丛怨招谤也。然事有补于地方，民劳而不为厉也，财费而不为靡也，求无愧于心而已，畏嫌裕蛊如职守何？"予自隆庆五年春，叨承上命，典守兹郡。体念边氓疾苦，极力节省，至于兴作数事，不免劳民费财，推原本心非私计也。今工已告竣，予亦秩满。谨述其工作次第，勒之石，以俟察者。夫城池，保障军民，城池不固，职守之责。况永平去边仅五十里，较之腹里城池，最为紧要。前守刘公于隆庆元年，虏患之后，修筑城垣，工方竣。任满迁秩，池尚未浚，议者佥谓缺典。予代公守任后，即移文当道，锐意浚池，为保障计，遂于城居军民照房分派，夫役不足者，量派于州、县、里、甲共计夫一千余名。浚完池濠，周围一千二百丈余，高深二丈余，池边植柳一万五千余株。工始于隆庆五年三月，告成于万历元年六月。董斯役者，省祭官杨华季问赐，先后督工官照磨尹时鹏，检校傅一敬也。公馆以待使者，府城旧止察院一，诸司并临，假馆民居，少不如意，怒形于色，有司每以此为苦。予于察院东加建察院一座大堂、退堂并内外厢房、门房共计四十二间。西建本道官厅，东建本府官厅，共计内外房一十六间。始于隆庆五年八月，竣于隆庆六年十月。其夫役拨派城操木料出自课税，砖、瓦、灰、箔、工匠、食米出自罚赎。董役者千户杨应龙，省祭阚九思、戴铭，仍以照磨尹时鹏督之。储养人材，有司第一义也。予于府后空地建书院一座，大堂、退堂，并内外厢房、号房，共计四十八间。工始于隆庆六年二月，竣于万历元年五月。夫役取之本府，并州县缺官皂快。木料、砖、灰、匠作、食米出自罚赎。助工者，省祭官朱文邹文达，董役者杨应龙、阚九思。城隍之祠，载在祀典，与社稷埒。所以佐守令，而同福斯民者也，久旱祈祷，履有征验。庙久就颓，神何所依？予与同寅见峰陈君、西河赵君淑斋、徐君守城、双桥李君并所属州县各捐俸，命工重修示报。其殿寝室并内外廊房共三十间，俱更而新之，创建大门、二门各三间，斋宿所三间，东西厢房四间。工始于隆庆六年二月，告成于万历元年七月。夫役出自本府空闲民皂，不足者借拨大小二河水夫，间有尚义乡民捐资助工者，其详载于《庙记》。董斯役者，义官杨汝谦也。府门系一方观瞻，政令所由出焉，旧制狭隘。前守屡议扩充，竟尔中止。予承兵宪孙公之议，用银二百九十两，买监生廖汝楠房地丘间，省祭官杨守房一间。南向开街以便出入，建立坊牌二座。匾其南曰“神京左辅”，北曰“承流宣化”。更建大门五间，东西申明亭共六间。坊牌之南东建州县官厅三间，西建卫所官厅三间。东西各建榜棚四间，前建□□三间。工始于隆庆六年七月，告成于万历元年六月。夫役即衙门空闲壮皂，木料出自抽取商课，匠作、工食、砖、瓦、颜料随时设处。同寅陈君等各捐俸以充不足之费。董斯役者，亦杨应龙、阚九思也。夫修城池公馆，建书院，修庙宇，开府街，劳民伤财固所不免，然役可劳之民费无碍之财，为地方计，而不为身家计，反之于心，实无愧焉！知我罪我，有公论在，敢曰托石以自文也。是为记，万历元年仲冬。

《国朝知府李文耀德政碑》云：大泽旁敷，除弊即所以兴利；仁恩广被，守旧弥切、于更新。此固闾阎黎庶引领翘首期其然，而未敢必其然者也。兹何幸我郡宪李公来守其邦，有以恤民隐而惬民情焉。永郭西北里许，有渡口曰宋家哨。其水环绕边隅，蜿蜒而来达于海，即带玉之漆流也。夏秋非船莫济，冬春非桥莫通，需用不赀，并无公费。百余年来，皆两号九庄民间备办。而长民者念其勤劳，免其力役，所以预备车马，承办杂差，秋毫无扰。历任邑侯皆然。乾隆丙子岁，我公视篆卢邑，更沛鸿慈，久已颂声载道矣！第恐时移日积，法久弊生，胥吏舞文，狡狯营私，草野疾苦，壅于上闻。今我公抚绥永郡，卢邑仍隶宇下，因复渎叩，蒙批准照旧办理，免派杂差。捧读之下，群情感戴，积弊除矣！大利兴焉！旧政复矣！新猷焕焉！爰勒贞珉，永志不朽。夫我公为一郡福星，七邑蒙庥，岂我一邑之愚氓沐其慈惠，九庄之百姓，仰其仁明而已哉？然即此一地一事，亦可概其。大凡吾知德隆福厚望重位尊，出而开府建节，周、召争光；入而赞化，调元、伊吕比列，皆将以此卜之公名。文耀字芰，裳号云巢，福建清流人，乾隆三十六年，卢龙岁贡生翟赐书撰文。

知府卢见曾，《平山堂菊花诗》云：三朝前已度重阳，何故东篱未绽香。晓唤酿夫催漉酒，夜来檐瓦著轻霜。又：乞栽远郡走书频，五载常添色样新。宦兴已阑花转盛，知花原自媚幽人。

龙　亭　在府治南，东西两朝房，岁久倾圮。光绪元年，知府游智开率属重修。

督学院行署　在永丰山巅。国朝康熙间，知府张朝琮重修，乾隆间卢见曾修理坐号，甃以砖。光绪元年，知府游智开复于号板下植以石，其余门垣，均修理坚整。

顺天督学梅之珩，《重修考院碑记》云：圣天子崇学右文三年，简儒臣按试诸郡，厥有公廨为考校地。顾京畿首善，人文所系甚重，永平为京东名区，廨踞平山巅，规模极伟，以历久风雨，鸟鼠渐患倾颓。岁丁亥，余校士兹土，适太守张君甫下车。余闻其牧蓟州时，前学使按部将调考，君悯诸生童往返维艰，捐赀创立考场。俾无忧跋涉，都人士咸啧啧称道。因卜其材猷精敏治剧有余，乃以临行时，进诸生而告以栋宇之朽坏。盍请诸新守，吁以修葺，而又惧斯役之不易也。及科试余入署环视，则坏者新矣！邪者正矣！坚致周好，焕然改观。而生童之入院应试者，风雨不侵，燥湿无患，含毫濡墨，得尽所长。昔少陵诗云："安得广厦千万间，大庇天下寒士皆欢颜，风雨不动安如山。"此不过悬拟虚愿之辞耳。而今乃见诸实事，因叹道路口碑之不谬，而太守之留心人文者，随在皆托帡幪也，夫永平兴胜之地，襟山带海，实产异材。自孤竹清圣、仁惠，而韩退之以文高北海起衰八代，后之继起者，绳绳不乏。特以辽左咽喉，历代为用武地，未免文事稍弛。自我皇清奠鼎以来，中外一家，士皆得鼓箧逊业，科岁两试，遴选无虚。今君又从诸生请，为一劳永逸计经营不日告成。则凡所谓兴贤育材，崇奖风教者，亦概见于斯矣！不诚多士之厚幸哉！将来日浸月盛俊彦蒸蒸蔚起，以应圣朝文武将相之选者，其毋忘贤太守之嘉赐。是为记。太守张君讳朝琮，浙江萧山人。

句容李东檏《试院三松歌》云：松关茆屋江水东，欲去不去淹春冬。辎轩使者香案吏，后车载我旋提封。滦漆襟带雄三辅，南台孤竹高宠嵸。城官阛廨三古松，翠蛇扬鬐鹿养茸。令支丘墟燕国故，不知何代长此青笼葱？此行诘曲龙坂恶，草木摧落山皆童。桃褫李奠不可见，惊沙极目迷荒墉。西斋坐久群动息，惟闻院宇谡谡来天风。生人不如丁令鹤，又不能为葛陂龙。征轮蓬转敝裘裂，侧身旅食天涯踪。大枝臃肿小拳曲，颇遭诟厉同非同。牺尊青黄夸世用，不尔吐萼飞韶红。平鳞铲甲吁可惜，霜欺雪虐时有穷。此松敷荣欣得地，交柯摩戛相铮纵。饱经岁月天使独，斧斤不到神灵钟。古根盘礴化为石，苔缠藓剥辞磨砻。我从燕南历边塞，新月已见三弯弓。青山万叠蔽归路，独抚古物舒心胸。婆娑清影吟不寐，素壁先已铿鲸钟。

学使钱陈群《北平试院三松歌，用壁间李东檏孝廉韵》云：七年三度马首东，历春而夏秋未冬。来时百卉竞献秀，鱼钥一一开提封。缘坡登磴就平处，堂宇肃肃当宠嵸。入门案牍不挂眼，敛容振襟寻揖三高松。两株并耸轩之后，似踞虎豹登蒙茸。低者随肩高俯首，各有本性含茜葱。一株平铺荫十丈，高张车盖青童童。月斜倒影城郭外，下瞷雉堞如垣墉。笙簧间作自酬答，况有万窍来清风。退之老而愚，乃欲东野化为龙。何如三松非龙亦非云，龙蟠云护相追踪。由来后凋质御攘，冰雪千古同。奈何相赏在春夏，坐令奇节群嫣红。松也有知若欲语，忍见众草丁其穷。座客感之为起舞，剑珮摩戛鸣铮枞。句容词客青莲裔，拳曲臃肿遭龙钟。想其醉后泼墨题素壁，肝肠镂刻工磨砻。调孤似弄云和瑟，力大拟挽乌号弓。我从校士得清暇，长廊缓步开心胸。读罢涛声落众壑，高歌一撞蒲牢钟。

□□范长发《和韵》云：狂澜欲倒孰障东，古音欷响如蛰冬。空廊题句纷唱和，长歌磊落埽尘封。我来北平春欲暮，院静谡谡开宠炭。乔柯鼎峙张云幕，乃有千古，偃盖三虬松。此松得地最高洁，山海盘踞超五茸。前庭卓立耸霄汉，后院屹向挺青葱。昨秋天雄咏古柏，摩挲翠干双童童。即今孤竹山堂。复见岁寒友，淋漓翰藻洒崇墉。缅想采薇作歌标峻节，草木犹带古清风。句曲仙山卓荦士，独挥健笔走游龙。迩来大雅何寥落，少陵千载渺云踪。歌词跌宕风格老，宗工击节非雷同。要自奇崛傲霜骨，讵学桃杏争春红。惜乎斯人已化鹤，坷壈毋乃坐诗穷。仅留跻壁尝一指，松涛墨沈相铮枞。英锋自来造物妒，散材何限老龙钟。流行坎止亦遇耳，偃息免受匠氏砻。昔余西逾瀚海路，万里曾挂天山弓。白头尚走卢龙塞，天令老干荡奇胸。不嫌技痒雕枯肾，诗成一笑寸莛撞洪钟。

新化欧阳绍洛《北平试院听松呈祝三兄太守诗》云：北平试院双古松，两年见汝冰雪容。升堂埽榻三日坐，爱汝谡谡窗前风。海门高寒朔气动，中宵起舞鞭虬龙。初疑江湖夜潮满，倒泻溪谷穿堤墉。忽如万马蹴坚阵，鼙鼓杂沓旌旗讧。须臾急雨洒檐瓦，半天瀑溜鸣淙淙。山岳摆荡天地震，鬼神战斗雷霆雄。众山声势亦相倚，万窍响答迷西东。夜深侧耳不复寐，起对烛影摇残红。心惊所托定何所，此身似在苍茫中。晓来影定响亦寂，两株苍玉撑晴空。回飙吹散夜来雨，化为十顷烟岚浓。两廊昼敞秋日永，诸生程艺声隆隆。旧游检点了无恙，但有微径苍苔封。我生漂泊落尘海，浮萍备历风波攻。人间变幻有如此，嗟尔阅世霜髯翁。午窗吟讽寄遥慨，中天丽日悬曈曈。

察　院　在督学行署东。今废为草场。

太仆公馆　在城外东南二里。久废。

永平监军兵备道　在府治东南二百步，旧为南察院。嘉靖中改建。国朝康熙八年，改为通永道移驻通州，乃为工部分司署，继裁工部。遂废。

户部分司署　在府治东北，永丰山西麓。今废。

税课司　在府前街左谯楼前。今废。

阴阳正术　在府治东南。

医正科　在府治东。

僧纲司　在城南三里隆教寺。

朝鲜馆　在府治南。今废。

接官厅　在府城南关外。光绪二年，知府游智开创建。

知府游智开《接官厅壁记》云：永平为京东孔道，冠盖相属。余守永五年，于城南关外，购隙地筑五楹，缭以短垣，环顾冈峦，屏列滦漆交流。偕僚寀小憩，其间足供眺览，因以为接官厅。曩余伺侯于道旁者屡屡矣！当輶轩之将至也，邮吏走告曰："前导至矣！需马若干匹，车若干辆，酒食铺设若干，仆从所需又若干。"同人闻之，则相与蹙额。或告曰："前导至矣，轻车减从，勿扰厨传，勿令供帐。"同人闻之，又交口称叹。夫未见颜色，而或贤，或否，即窃窃然议其后者，众情也！而舆中人不知也。予则用是悚然矣！人国问禁，入境问俗，觇民生之休戚，卜政治之盛衰。某也贤？某也不肖？舆中人固已心焉！数之历历不爽，彼执首版，而迎道左者，其自知也耶？其不自知也耶？然则上下往来，求所以相接者，固在此不在彼矣。是役也，縻东钱若干串，同官集俸金助之。自经始至落成，工未匝月，爰记数语刊诸壁。光绪二年夏五月。

卢龙县署　旧在府治后。明隆庆二年，知县赵敬简移建于府治东南。堂左右为库房。仪门外，东为寅宾馆（废）。土地祠西，为监狱。堂后为宅门，为二堂。北为内宅，西为书房。国朝康熙间，知县魏师段、吕宪武，乾隆中魏源旰，皆经修葺。

知县魏师段《德政碑记》云：时岁在甲寅。魏公老父母于庚戌秋来知卢龙邑事，至是将四稔矣！今孟夏奉命荣迁，邑四民德公感公不能舍，公众为借寇之请，奈君门万里弗获进见而言情，虽图卧辙攀辕之举，莫挽行旌也。佥谌仿古立祠记碑事，乃于城南二里许，有古刹南台寺，择地而良，庀材鸠工，构祠三楹，肖公像焉。曰：“公去矣！无能留矣！卢民思公于心者，可见于目。见公于目者，故思公于心益不忘。”群丐余为记，勒公绩于石，以志不朽，且以为后贤法也。然余栖息棠荫久矣，公之治行，余何敢默，因思天下最难强者民心也。然民有爱慕惓惓于衷，而不解者。余不知其何心，要非实有以被其泽洽其隐，何以能使民心之感若是乎？夫卢龙处畿左辅，为永平附郭。地狭土瘠民疲，兼之膏腴不隶治版，细弱半去公室。今之卢龙治亦难矣！自公莅兹土下车日，民甫望见公，即欣欣有安全色。公朗中惠外，周仁处厚，智足御众，而独用宽和。不锋厉以市能声，不峻绝以树威望。惟瞩乎疾苦之原，而轻重布之，莫不群服其德教，而畏其神明。其为治也，击强拔薤则凭城社为祟者，息矣。仁育义正，则比阳魽于名教者，屏矣。宽赋税，杜诛求之扰，则室家安矣。均丁徭，革烦重之弊，则劳逸公矣。明听断覆盆之冤，则摘发神矣。至清簿书，则六案如冰焉！哀茕独则万姓如子焉！而且作人有化焉！而且恤商有政焉！而且野无草窃，稀鸣桴于砥路。狱无絷囚，鞠草茂于圜扉焉！公善政之可述，岂能尽仆数哉？不惟此也，卢龙为二京咽喉，圣驾东狩，两驻跸于邑。而轮蹄旁午，人所张皇失措者，公从容应之而自足。当时上召对而嘉美，下安堵而蒙庥。是公才于繁剧间而益恢恢有余。其度量含宏，其识力慷慨，虽疑难重大事而经画担当，过人更远矣！大都公为治肃括济以和平，强明出之仁恕。有公仪休之廉，而不刿有范史云之清，而不皦有陶士行之勤，而不烦有羊叔子之简，而不疎有朱仲卿之严，而不苛卢民日游宇下若不知有桴鼓之警，石壕吏之怒呼者，真所谓恺悌父母也耶。稽古循良若荀勖、张戬，召信臣狄仁杰、房彦谦、贾敦颐诸公，民感仁化颂嘉绩者。安阳、金堂、南阳，或为立祠。宁州、长葛、洛州，或为纪碑。以公方之，不亦齐美后先哉！夫民祠公纪公，在公固无事于斯，然公德泽之在民心，民自不能释然于公也。今而后将见官卢邑者，以前无公若也，自公始也；

以后皆公若也，又自公倡也。孰谓祠之，纪之，之可忽乎哉！虽然公非仅吏治才异日晋秩台衡，公将勋铭彝鼎，像绘麟阁，又宁止著芳卢龙一邑也乎？公湖广黄冈人，讳师段，字松岩，今升广东肇庆府同知。康熙十三年，迁安刘鸿儒撰文。

《知县怡堂凌公去思碑记》云：同治二年，余侨居永平郡城。越明年怡堂凌公，莅治卢龙。因得与之相接见，公恬静谦抑，恂恂若儒生。四座倾谈，公独不轻启口。间有言，皆朴实恳切。公尝曰："牧令之设，所以为民也。乃世之逞才使智者，置斯民于度外，而竞走别径。附托津要，工于夤缘；悦谀当路，工于迎合；沽恩市义，工于牢笼，敲骨剔髓，工于科敛。若此者，吾不能为，亦不愿为也！读书学古处则谨守其身，出则求济于世。为亲民之官，宜将民之休养疾苦事事萦怀。竭吾力之所及，以不负民者不负官，庶自问稍安耳！"聆公之言，其为官可想见矣！公宰兹邑三年，合境康乂，颂声盈耳。不幸丁艰以去。夫人当在官时，抖威逞势，高下任意，视群黎不啻土芥，如是而去，去将恨晚，恐更有不堪名言者。去后之思，固未可强致也。公之去，送者塞道且致有泣下者。然或一时倦恋，久则渐忘。今相距已数年矣！邑人犹念之不置。属余为文，欲以镵石，非仁政之沦浃肌肤奚克臻此？余谓邑人曰："君等于公去后思而植碑，意良厚矣！盍即被泽之实，为余陈之。有农夫前曰："公以农为民之根本，常躬历阡陌，奖勤诫惰。又凡婚、嫁、丧、祭，谕民以从俭去奢，由是家给人足，窃盗衰息。是宜志。"有士子前曰："公每月扃门课士，予给膏火文之瑕瑜亲为讲授，且训诸士曰：'人之作文，非止为科举计也。阐圣贤之理，即法圣贤之行，其文乃非空言，而人之体用兼备。'服其教者，无不进而日上。是宜志。有曾讼者，前曰："公之理讼明与公不待言，而不恃刑威，以理与情委婉开导。直者，不以胜而自矜；曲者，不以不胜，而少怨，恺恻所感，两造俱知向善。是不可不志。有曾应差徭者，前曰："旧岁兵差络绎，官吏多籍以肥己。公独恐民之伤财失业，敷用之外一车一马不忍多派。嘻！真好官也。异日大展其用，蒙芘护者无穷限矣！是又不可不志。余曰：止举其数端，公之心挚于民，概可类推。余亦无庸赘词，即以是，垂诸贞珉可也。公名翙德，河南西华人。同治九年九月，渤海张印西撰文。

又《知县廉夫李公实政碑记》云：凡人中有所蕴一端之施，即足显当时而传后世。廉夫李公莅新昌数月，邑中绅士耆老来言于余曰："世之称牧令者，皆曰父母官，副其实者盖鲜。若吾刺史李公洵，可谓民之父母矣！钱、粮、仓库、驿站、缉捕以及劝农、课士，诸务公之谨循成规，一一周妥，缕述莫罄。而阖邑之诚服爱戴，惟治狱为最深。夫民不得已而有讼，乃一纸入公门，淹滞拖累，黑白颠倒，甚至纳赂受托，长奸屈良，卒使民不敢讼而后已。此而奉之曰父母，父母云乎哉？公则有讼即讯，一讯即结，是非曲直，区处允谐，两造各餍其意以去，父母之教诫其子，不是过矣。"因属余为文以志之，余曰："案无留牍，勤也；烛无隐迹，明也；予夺奖惩无偏私，公也。此公之德与才也，而德与才之所由著固有本矣。人必有实心，然后有实政。讼之至也。实心恐民之耗财失业，不期勤而勤；实心探民之真衷诞念，不期明而明；实心望民之向正远邪，不期公而公。不然心无一毫在民，徒汲汲于钓誉梯荣，急遽为勤，勤必舛；伺察为明，明必苛；拘迂为公，公必窒。浅识者或目为好官，而欲民之实被其益，而舆情感孚不得也。吾闻公宰魏昌建书院，以训民俗；除豪蠹，以安民生；浚泉筑城，以兴民利。而卫民居当事者，欲以民田移河流，公极力阻止。几因庇民之故，被谪而不恤，知其置怀起虑刻刻在民。今抚兹土，而理讼不恃权，不仗刑，揆理原情，婉导曲谕，恺恻恳挚，沁肝沦脾，由是悍者驯，顽者悟，胜者因而愈劝不胜者，因而知奋。当对簿时，圜阶观听，每数十百人，或欢呼称快，或感激泣下。一狱之断，动人若此。然则德与才之著于民者公之实政，而皆本为民之实心积而出也。伪心不能成一事，实心可以成万事。内而道义，外而勋业，极之通天彻地，奇变百出，无不由实心为之。造就运量，公异日得竟其用，吾岂能有以测其所至也哉。是为志。公名葆贞，湖北松滋人。

明王世贞《卢龙署偶成》诗云：朱帘翠箔过杨花，睡起中庭日未斜。却似深闺娇小妇，楼头痴坐怨天涯。

又《卢龙署中有寄》云：山城小雨鹧鸪啼，杨柳辞寒绿正齐。我梦春闺独不见，怕乘云雨问辽西。

典史署　在县署西。

满洲驻防　在城内西街。康熙三十四年自滦州移驻。旧署在东南隅。

山海路游击署　在城东南隅，旧副将署。明系永镇中营，设副将一员，旧无公署。国朝顺治间，改统辖副将，即白氏花园遗址改立。

协标左营　在府治南，今改为中营千总署。

协标右营　在东门内，今改为右司把总署。

左司把总无署　赁住民房。

燕河路都司署　旧参将府。在燕河城内，距府五十里。把总无署，赁住民房。

燕河路都司胡大忠《重修燕河营衙署碑记》云：燕河营，古卢龙重镇也。北鄙边陲，有明间尝设重兵居守。我朝中外一家，兵卫遂减。而盛世不弛武备，营署依然。自万历时参将府陈公文治莅任斯土，庚辰年重修城池，暨真武、文昌、武帝、城隍各庙，巍峨壮丽，工程坚固。以及城之西南，建修演武厅，局势宏敞，洵称大观。至于衙署，修建一新，规模甚巨。其有功于燕营，实堪不朽。讫今百有余载，犹称道而弗衰也。顺治三年，大部阅边奏请议改。至六年，改为守备，南公君晟莅任最久。于衙署间有修补，犹为整饬。至雍正十年，改为都司，嗣后年深不无颓毁，历任诸君子皆耽清净，莫为补葺。及破坏日甚，复惮详请查驳，董理之烦，势不至尽为，倾圮焉不止。余自癸未季冬，蒙皇恩调补兹路。目规衙署坍塌异常，询之，已数十年矣！私心不禁怆然，窃念此虽传舍，实要路攸关。若再为因循，将官署一变为瓦石，何以复朝廷体制壮营伍观瞻？爰是甲申春初，即申明上宪，详请再三，讵往返查驳，阅有三载。迨丙戌秋杪始蒙制台咨部奏准，获领公帑银九百两有奇。即于丁亥春鸠工庀材，将大堂三楹、东西厢房、各五楹，并仪门、大门、照壁、墙垣以次告成。式焕维新，复睹从前规模。吁！由万历迄于今，几二百年矣！其间转废为兴，运会使然，非吾力之所能为也！自兹以往孰持兴废之运乎？惟望后之莅斯土者，时加修补，不坠前模，与有厚幸云。是为记。乾隆三十二年。

演武厅 在府城西门外，青龙河西，知府游智开重建。

知府游智开《演武厅重建记》云：永平在汉为右北平郡，昔李广为太守。与匈奴大小七十余战，匈奴避之称曰飞将军。今阳山之阴，有虎头石，盖其当年射石没羽处也。余自同治十一年擢守此郡，间或登山临眺，览其遗踪，未尝不望古遥集低徊不忍去。郡城西旧有演武厅，与虎头石隔河相望。岁久倾颓，近又为卢水所败，只椽片瓦无存者。余久欲改建，时以资诎未遑也。今书院、贡院、诸工相次告竣。因卜地于故址之西里许，重建演武厅，砌以崇阶，后增筑三楹，暨落成命工绘飞将军射石故事于壁，设木主以祀之。自兹以往，凡讲武于此者，其或庶几有善骑射，如将军其人者乎！然吾又有说焉！《史记》将军传云："广行无部伍，行阵就善水草屯，舍止，人人自便，不击刁斗，以自卫。"又云："其射，见敌急非在数步之内，度不中不发，发即应弦而倒。"夫度不中不发，发即应弦而倒者，此审固之良规，致胜之极。则吾愿人之学之也。行无部伍，行阵不击刁斗以自卫，此将军神勇不拘成法，人皆不能学，亦不可学。吾不愿人之遽学之也。人苟于将军而善学之，则一旦有事，出而应将帅之选，将百战百胜，博取侯封直分内事。即不幸数奇如将军，亦必如将军威名炫赫千载，懔懔有生气。彼将军同时诸部校尉以下才能不及中人，以击胡功取侯者又何羡哉？此则吾改建演武厅，而尸祝李将军之意也。遂书以记之，光绪元年春三月。

迁安县署 在城内西街。明洪武初，建大堂三楹，后为亲民堂。又后为内宅，凡四层。东库在堂东翼，西库在堂西翼，堂前为露台。戒石坊在其南。吏、户、礼及承发科在露台之东。兵、刑、工及马政科，在露台之西。仪门外，东为土谷祠，西为监狱。明弘治中知县张济，嘉靖中徐州，万历中王淑民、白夏，国朝顺治中张自涵，康熙中王永命、张一谔，雍正中李廷益，乾隆中周士孝，嘉庆中樊如杞，道光中赵庭椿，咸丰中宋炳文，同治中何庚生、韩耀光，皆相继修葺。十年，缮修监狱，增设女监一所。堂东北隅，旧有官职题名碑尚存。西北隅有“咬菜根轩”，今废。

知县王永命《修菜根轩记》云：昔贤云：凡人咬得菜根，则百事可做。此轩之命名，所由来也。轩在县署西北隅，隅外有菜圃焉！此轩之建立，所由来也。始建轩者率不可考。胜国中叶，经白公重修。白后以政美，调烦去。嗣白至今，而轩圮久矣！余顾名思义，爱其命轩之旨，与令兹土者起居动静有深味焉！乃少葺而新之，为轩三楹，中旷，周庭以垣，颇足自适。余间一独坐其间，深院寂然，四望寥廓，闻鸟雀攫食声。下瞰庭际，左顾则北墉雉堞历历可数，右盼而韵堂之松枝矫干两翼，而前直指轩畔，去视事厅不十几武，而喧静顿异烦逸顿殊矣！余乃取“咬菜”之义，而反覆味之。苏长公云：“气含土膏，液饱霜露，殆得咬菜三昧者然。”余独有取于菜根之清而不滓，澹而弥永焉！濯濯数茎，可以涤肥艳之肠胃，可以湛冲虚之气体，从此说也。其以治迁之民，则亦与之相安，于澹相誓以清用，合乎昔贤命轩之深味可欤！夫令具“咬菜”之操而不致民有菜色，是“菜根轩”之所以葺而新，新而不易其名，以不愧于前人，百事可做之义者也。是为记。

又《松韵堂记事诗》云：一行来作吏，满眼不禁看。老弱盈编户，孤贫恋宰官。敢教遗重累，弗令得粗安。父母真吾责，如何强自宽。

典史廨　在县东。

沙河堡巡检　三屯营巡检　俱无廨，赁住民房。

建昌营巡检　喜峰口巡检　廨俱在本城内。

察　院　一在县治东，一在城东南隅，一在建昌营，一在七家岭，一在沙河驿。俱废。

阴阳学　在县治南。今废。

医　学　在县治西。今废。

僧会司　在玄坛庙。

道会司　在昊天观。

冷口驻防署　在关城内营房。又建昌北，冷口南，有乾隆七年新添营房。

喜峰口驻防署　在南关城内营房。

三屯营游击署　在三屯城内，旧总兵帅府也。中有楼上镌圣祖仁皇帝御书“养勇”二字。其中军右营守备，及千总把总廨，俱在本城内。案：总兵帅府，明天顺中由峙子峪移建于此。弘治三年都督李铭建题名碑。万历中，戚少保重建镇府。镇府之西，有厅事，东西壁皆锓石刻，西偏为少保《留别亭记》、萧如薰《介石轩铭》，东偏有聊城傅光宅诗。

明侍御郑书《三屯营帅府题名记》云：我国家自太宗文皇帝建都金台，其蓟、润、营、平之地，即周之东郊，汉之左冯翊，唐之同华、关陕也。然东郊诸地，宅中诸夏去夷俱远；今日蓟、润、平、营则外限戎狄，内属畿辅，乃天下第一重镇也。永乐即命重臣，如张隆平、陈遂安俱以伯爵充总兵，备御桃林口。继以陈都督敬移镇峙子峪。天顺间，又移置三屯营，其所统领卫所一十有七，关塞一百一十有五，营堡三十有五。士马众盛，甲于天下。数十年来，内修外攘，上恬下嬉，晏然如一日。及正统己巳，北虏犯顺，而京东一路，得以安堵如故者，未必非诸总镇，后先维持之力也。成化十五年今都督李公铭，由分镇左参将大著能声，我宪宗纯皇帝简知日久擢总镇，迄今十有五年。较之前任诸公，其履历之久，皆未有如公者也。公平恕乐易廉简宽硕，以忠赤报上，以仁恤御下，以周密处事，其为将虽当平治，必谨斥堠，严巡逻。时训练慎守关隘。加修墙堑储峙，丰而歉岁之有备贴。守增而均力之更番，下至细微诸物，莫不一一究心用。是千数里内，刁斗不鸣，生养自遂，隐然作长城壮我都邑，于亿万年之永。论者以公之为人，盖与秦之王频阳、汉之赵营平、唐之郭汾阳辈，同一流亚也。故能握权之久，而上愈信。莅政之久，而下愈服，虽屡恳归里，而上下眷恋，举莫之能舍也。兹岁春，予南省先垅，过三屯邂逅。顷话旧谈心之余，作而语予曰：“题名亦一重事也。敝镇自设制使来承乏，到铭首末十有五人。其记向为缺典。铭欲托之先生，以垂久远，盖素愿也。”予以途次仓卒，未敢奉命，辞秋还公走伻，具书帛申前请辞，难以再故，敢述兵之大，较与建立之沿革，为后来诸执事，告意其为天下之大计，亦不外此云。

少保戚继光《重建三屯营镇府记》云：国初镇蓟为侯伯所开府云。自天顺移镇，而有三屯营署。其后多都督，或参以内臣。逮嘉靖来，乃权一而势重，府尚卑隘，而偪介于城。幕客中无所居，椽吏则便于私室，故机密多泄漏，而缘簿书为奸久矣！凡历三十八人，余乃以总理称。自隆庆二年至，将展之而未赡也！居六年始辟城。展前门于其址，外达通衢，中立桓表。两端为次门，屏以萧墙，施以周栏，而左右桓表，远跨衢之东西。其间容千马可方轨而四出。入次门，为军候厢房及钲鼓亭台，乃周道以上，其等级尊矣！门有伉而庑有俪，左中甄右偏裨，列伍候入其庐，维旅神祠宾馆夹于其内。入仪门而甬有奇石，以对于堂，号曰“常对君”。堂列五楹，衡高台广，台下可容数千卒。余莅以作之，故其名“率忠”。后为中溜，当皇为止，“止堂”盖取之艮而止忠之义在是矣！后为牙舍，护以层楼。堂左有五六区，列肆聚掾吏辈居之。簿书乃聚于公室，牙舍之右，为图书府。其前斋有亭池，或节劳佚于斯斋。右为习射之区，有层轩序宾而揖让焉！其右为牧圉，缭府维垣疏以周道，言言如也，踧踧如也。而不衡垣如城。堪舆家以坎位大川，宜蔽以高垣。适余请创全镇塞垣，其襄工有四等，恐将士未喻于兹，试之以为边式。俾未临塞者，登兹而虏亦在目中矣！岂不益壮钜丽而称雄于列镇哉！然费不烦公帑，乃余节浮而举之。故告成工，而力不诎。落成之旦，用诰军正。不谷闻大司马掌武备，象猛兽以爪牙为卫。军门旗帐咸以牙名之，出师则称建牙，号令必至其下，故幕曰府而部曰署，牙门所繇名，其起于武也明矣！自讹而为衙，文署因通称之，而鲜有弗缮，以其费有所出；武署之毁过半，虽京卫且然，则军驭不张，而陵替可概矣。夫称大将军而少负大志者，营家且广前路以容大戟幡旗，况于公署，为全镇所瞻视。尤贡夷往来，稽颡之地，而不之辟与！不谷弱冠从戎，未尝敢以家为，但于营伍所至治之急于垣屋，乃镇府而自弛。其何以观哉？然则新三军耳目于兹，宁不以急乎？初有事塞垣，今乃克遂所志，亦岂敢以定居第，急公之义则然耳！古人虽一日必葺，去之日如始至。其用心若兹，非为后事者地邪？不谷始至则陋，而今奂然改观焉。实服其劳亦令无以加。敢诏来者第葺之而已矣！乃记诸石并题名者，亭立于仪门之前。嗟夫！昔之居者乃尔，其名岂不咸在焉！知来者视今何如哉？

又《留别亭记》云：隆庆六载，三屯西郊缮完代舍，余以"留别"名其亭。舍人复于余："兹亭亦备郊劳，独名之以别谓何？且人臣奉命去，孰得而留诸？"余曰："留别之义大矣哉！夫人情之恒有初而鲜终。必观于别，其情乃见。若所留之何如？则人不能与矣！盖自封建之世，禄爵不出，竟唯使于四方者，互相引重。主之馈以盘飧，客之觌以玉马。斯留别所由起也。春秋而下宦游广矣！然其任颛历年久，民不忍别，犹得而借之。亦有以官为氏，或于其地居焉！子孙以之百世祀，而民之奉烝尝唯谨。何则留者善也。召伯所茇安在？甘棠之诵不衰，畏垒其穰虽殊，尸祝之礼无致，鄙人何知，享其利者为有德耳。近世溺其职焉，居公府如传舍，视部民如涂人。故其贬则诋丑之，罢则姗笑之，稍迁而出，祖亦踵故而已。唯当路者，或阳为遮道状，且置祠勒石以为寿。实已目摄其去，而腾以睚眦之词矣。卒之磨灭，而名不称。甚则行或尼之，又伺之于其所往。乃先归囊中装，惴惴然微服戒涂，未尝敢与人别。居亡何，部索者至，虽没齿而且追案之贻仇，仇于子孙，暴名状于史册，所留不善，一至于此。嗟夫！兹亭非得失之林与！余食封东牢，祖先所留具在。比授阃钺。凡东海波及皆父母之邦，幸赖先职之泽，在人免于罪戾。而别自越抵闽会海夷猖獗，从事逾纪，当危急之秋，稍有微劳，人不忍弃。幸藉朝廷之宠灵，赴召免于罪戾而别，及待罪于兹业已五年，追念弱冠，即在西北军事，距今二十余稔，齿骎骎长矣，树立几何？念之心恧，幸而生别，或可卜留脱冒锋镝，讵所敢知？不将留之子孙，其或为余卜之耶？虽然大人者天地为蘧庐，古今为旦暮。其留其别曷与焉！若留以甘棠，则如伐木者何？留以尸祝，则如削迹者何？虽以夫子之盛，不能卜之当年，猥余何人，敢卜其世第？引可为劝戒者，庶得见君子□择焉！”舍人敬诺，示于执事志之。明万历元年。

总兵萧如薰《介石轩铭并序》云：堂之西偏旧树峰石一座，少保戚公采置以备园亭之胜者也。余观兹石，其象有四中立，象气节坚贞，象操持峻嶒，象威玲珑，象智。观止矣，更有进焉！尝读《易·豫》六二之象曰“介如石”。人当豫时，志侈成功。稍湛逸乐，期以介然守正，砥柱慆荡，于是乎难。夫子称知几其神，故非以介者神，而神自出于介，则诚明所固然耳。然欲征介于清，惟是一往不淄，远天下以若浼，天下望而知其介也。犹易也！至如解去廉隅，包容荒秽，即田畯野牧，尽可狎与而相亲，实乃衷有主衡确乎不拔，营扰丝棼一力自定，此真和者之介，子舆氏谓展禽之不以三公易者。嗟嗟！难言之矣！余因触象会心，题其轩曰“介石”，且系之铭，庶几后来君子念兹石匪虚观也，铭曰：唯此岩石，望之俨然。壁立四虚，一柱擎天。其道伊何？以凝以峻。其守伊何？不转不磷。经尝阅历，风雨晦明。坚忍执持，摇撼震惊。是曰具瞻，无愧矫矫。允矣于盘，夐夐伦表。

潘家口千总署 旧守备署，旧又有把总廨，亦在城内。今裁。汉儿庄，外委廨，旧守备署。

喜峰路都司署 旧参将署。标下千总廨，旧守备署。

李家峪 外委青山口，外委榆木岭，把总廨，俱旧守备署。

太平寨把总廨 旧都司署。

擦崖子把总 白羊峪把总廨，俱旧守备署。

建昌营都司署 旧参将署，标下千总廨，亦在城内。

冷口关外委 桃林口把总廨，俱旧守备署。

县城防守把总廨 在县治后营房。今废，赁住民房。

卷之三十五

建置志四　公署下

抚宁县署　在城内东北。明洪武七年建。堂东西二库。仪门外，东土地祠，西寅宾馆。堂后为二堂，为内宅。东，主簿衙（今裁），仪门西为监狱。成化中知县姜镐，弘治中刘玉，国朝顺治中王全忠，康熙中王文衡，乾隆中钱鋆、陈钟琛，嘉庆中沈淳厚，道光中张煦、黄赞禹。咸丰中沈淳，同治中钱莹，均重修。

翰林院学士董越《抚宁县大尹姜侯去思碑》云：君子之为政也，以有可及人为惠。惠之深浅，感之久近系焉！严峻以威之，不若平易近之，之愈然徒知平易之是务而施，或至于失宜，令或不能戢，则惠爱虽存，而民之所被者，亦浅矣！民被之浅，而欲求有誉于当时，无忘于既去，不亦难哉？永平有属邑曰抚宁，旧在郡东之兔耳山。成化四年，始迁今治。东距山海关百里，编户以里计者，仅十七，近边者半。贡道必经，飞輓供役所不能免，为之诚难也。成化甲辰，河南姜侯镐宗武者，以偕计需次，来为县。下车初，首询民隐，慨然有兴革志。凡民之事，以身先之，率众共力而不敢或轻。久之，视民有余力，公私有余积，乃修夫子庙学，范铜为祭器；次及境内坛、仓、库递置；而后丽谯亭事作焉！招复流亡，闻风而来归者相属于道。视其便而奠其居，廪其老而作其少。皆有实可纪。他如安良善，锄强梗，息词讼。时简教皆有法，而抚宁之治遂大逾厥初。始仓库所积以石计者，不逾五百，今则逾一万。弦诵之声旧废于莫可居止，今口溢流闻。转输兴复，旧多至于厉民。今民自以为不厉，侯之尽心民事如此，可谓难矣！前后部使者，屡以其绩最上闻，迁秩守大州去。而民之怀其惠者，犹惓惓不能忘。乃以邑致政大尹王君纲，状君遗爱。介乡贡士刘锜来征言，归刻诸石，若侯者可不谓之有惠及民哉！自古论为政，莫大于得民。而民心之所以得，其道甚难。解衣推食，于耳目之所及，而乘舆济涉，或不能免议，心存冰蘖以莅政于民而鲜克有终，或不能免惑，若是者何哉？盖素不定而守或移，若是乎甚愚，而若神者，之难于欺也。侯始即却供费廉取神惠，人固尝疑之。比为政八年，始终一致。举此以例，其余则侯之有惠斯民，民之不忘于既去，皆非无自矣！予昔有使事，道抚宁，见垂白之老数十人，道跪陈侯治状，予既慰遣之去，恒窃识于心。今之民欲图不朽于侯，而不他属者，岂以予所尝及见欤？为作《去思碑》以答其意，且系以诗：王畿东辅孤竹城，有山屹立摩青冥。下有属邑远柳营，何年今治斯合并。以临边境多震惊，况乃贡道所由经。维民凋敝晨落星，谁与安定全其生？维侯风夜怀靡宁，抚之育之母保婴。锄强安弱且息争，有事教战无事耕。阴阴坛杏连孔庭，春弦夏诵今流声。侯今辕去不能攀，能攀岂惮修阻程。临渝兔耳目送青，具瞻百世存仪刑，繄后有作于焉征。

翰林院编修史钶《抚宁张侯去思碑铭》云：抚宁边邑也，军民杂剧屡遭兵燹，百度丛脞，素称难治。张侯由明经掇高第，自隆庆壬申简授兹土。下车观庶务凋瘵，官舍倾圮，瞿然有忧色。蘖苦冰清，以康济时艰为己任。更新学校，广储义粟，废坠以次修举。越三载，通流渐复，户口滋多，弦诵相闻，章缝竞劝。骎骎乎！与单父匹休士民沐侯之泽，碑口铭心。惧其久而湮也，乃征言于予，将勒贞珉以识不朽。予读史，每见汉世良吏，心窃慕焉！闻张侯莅政有声，请询其实。曰：张侯性资敦朴，不事粉饰，每以实心行实政。悉情体恕，薄赋宽刑，仁之实也！破幽剖疑，不为苛察，明之实也。清白简约，纤介弗染，廉之实也！节里甲事宜，则国用充缮；城池保障，则边防静；革左右积弊，则公庭肃。分田均税，审编得法，则岁额定。以至增学田，崇道学课章程，靡不周悉切至，真循良之选也。时以伟绩考最，天子锡诰封留久任，期大用之。士民爱戴，鼓舞适如所愿。一闻讣音告归，阖邑士夫百姓惶惶焉！如赤子失怙恃，遮道涕泣，怀德不已，将刻于石，以昭去思之永兹。德政感人之深，亦土人怀德之心有不容泯者。《经》曰：“有斐君子，终不可喧兮！”张侯有焉！他日登朝仁敷谠言树勋庸以对，我后则必付之史馆，不将与斯铭并传矣乎？侯讳彝训，号复所，山东宁阳人。铭曰：古称利器，宜于盘错。亦有南金，虽火不烁。于铄贤侯，游刃烦剧。三载政成，声闻昭赫。维民有生，待侯而植。昔也流移，今也滋息。维士有居，待侯而辑。昔也怠荒，今也时习。士论既孚，民情允协。跂足内迁，霖雨舟楫。繄侯之思，源源者溢。托始于兹，本之以实。以实与伪，其感孰深？贞珉不朽，忆侯此心。

段铉《柳亭记》云：骊城为古卢龙塞东北际，极边多崇山隧谷，即所以限内外者。厥土维下，不树桑麻粳稻，民藉皮毛、秕稗以衣食。城郭之间，居民鲜少，故县治颇空旷。而令于是者，无所事事，尝得就其隙地，树艺以自娱。厅事旁有柳林，方可数百步，其柳皆大数十围，高可三四丈，阴足覆数亩。间以枣、梨、楠、杞其旁以艺，蓼莪、薯蓣、葵藿、薤韭以给官之蔬。有井泉甘冽，可食。有小池，上作辘轳可资灌溉。侧有小屋为“咬菜轩”。艺植之暇而为偃息者也。沔阳刘君敬庵令于兹邑。始至，游于是林，倚柳而叹曰：“凡人之情，处于穷边绝塞，靡不悒快怨尤者，斯皆气有所不平！顾官无崇卑，地无丰瘠，皆可以行其道而安于心。”于是治书简易，阅二年，赋均而刑清政平，而民和铉。于是时得同游于所谓柳林者，顾其地，卑下污湿，不可坐卧眺远。于乃浚池为潴，复依柳而为亭，不久落成。遂以柳名其亭，与宾客登之，则见极边之崇山邃谷，有若俯而下者，昂首而高者，拱者，卧者，若翔、若舞者，而莫不一以亭为归。其缘山上下有雉堞，历历可数者，盖秦所筑长城也。长城之外有山，如引领望者。有仅见青黛色者，乃蒙古城也。亭之北有城垣，下有民居数家，土屋危垫，体拥败絮，其妇子呼号声甚苦凄，无非迫于饥寒者。刘君复怃然谓客曰：“始吾之作斯亭也，盖欲与二三子，烹葵刈菽论道讲艺于此也。不意登斯亭也，见生民之疾苦，而惨然动怀。其城郭之间，以生以息者，尚如此。推而至于乡，遂陬野之氓。其为旱、潦、蝨、螟之所戕，胥吏之所扰，豪强之所吞并，以致饥寒失所者，又当有几何哉？能无为之抉垢爬痒，惠保绥徕乎！吾恐忧勤之不暇，而不得时偃息于是亭也。”铉闻其言而喜之，遂援笔而为之记。

夏驷《柳亭远眺》诗云：闲闲十亩缭垣荒，高阁飞甍背女墙。一道寒泉初出井，数株垂柳未经霜。青山绕郭留人住，明月开筵引兴长。翻笑弦歌元亮宰，篱边偏少菊花香。北风萧瑟雁声阑，十月边城草木残。息足乍忘关塞远，登楼陡觉地天宽。云开兔耳双峰峻，日落牛头大海寒。几欲振衣临碣石，不知蜃气共谁看。

慈溪姚世翼《登柳亭二绝》云：官衙小筑柳亭幽，雨过凉深树树秋。旧是田畴征战地，月明笳鼓动城头。苍茫漠北野云生，阵阵惊寒雁影横。新著七言塞上曲，东园亭子学搊筝。

副总戎赵朗《抚署秋夜》诗云：地偏无应接，拥被坐空斋。鹤影风摇幕，蛩声月满阶。懒从羁客性，闲称老人怀。一卧沧洲晚，平生意转乖。

典史署　在县署东。

察　院　在县治西。成化间，同知刘遂建。国朝康熙间知县王文衡重修。今废。

东察院　在县治东，后改为太仆分司。今废。其石狮二座，移镇洋河。

抚宁卫　在县治西。今废。

乡进士周良臣《原设抚宁卫记》云：抚宁古骊城地也，属右北平郡，东汉以来废矣。逮至永乐三年，创设抚宁卫，因县建于兔耳山之阳，相去十有余里。卫县相隔，政令难通，兼之西联神京，东接辽海，其间星轺络绎，迄无宁日。地里窎远甚，非所以一道而同风也。成化初，本卫具由申请，巡抚都御史阎奏准，将抚宁县迁于本城东北隅。增扩旧制，军民同处，而卫、县合焉。成化四年，指挥使陈君恺重修卫治，堂宇维新，官威重矣。临莅有地，官业立矣。方隅有象，风水萃矣。官威重，则军士服焉。官业立，则当道重焉。风水萃，则将材出焉。建立之功，焕然其可观哉！嘉靖丙午，掌卫事指挥刘君涵率僚属请言以纪其事。余曰：汝知国家所以设官之道乎？文武并用，致治之术也。要使互相砥砺，以资化理。若悠悠自待，不克振拔，究与碌碌者等。岂国家建官之本意哉？盖前有所创，则后有所继。今刘君以一人倡之，将鼓舞感化咸思自奋，以效大用者接踵矣！是卫也，有正厅三间，后厅三间，仪门三间，东西典吏房六间，大门三间，東房三间，经历司三间，镇抚司三间，预备仓一处，杂造局一处，左、右、中、前、后五千户，所及带管八百户所，各门房一间，所厅三间。创于指挥陈君，兴于总戎周君，成于指挥刘君。有始有卒，规模可谓宏远矣！是为记。

蒲河营都司及千总署 在县治东南牛头崖。

城守营把总 无署，赁住民房。

台头营把总署 在台头营城内，距县三十里。

界岭口把总署 在界岭口城内，距县七十里。

官庄把总 无署，赁住民房，在县东南三十里。

昌黎县署 在城内东南。明正统中，知县王玺建。堂东西二库。东幕厅，西军储厅。仪门外，土地祠，寅宾馆（今废）。西，狱堂。后为二堂，为内宅。弘治中白纯道，嘉靖中文世英、楚孔生，隆庆中孟秋，万历中胡科、石之峰、王汉杰、杨于陛，国朝康熙中陈邦齐，乾隆中单焘，皆重修。

明知县杨于陛《县正题名碑记》云：昌邑为王畿冯翊重地，滨海邻边处孤悬之势，非中原沃衍奥区可比。前代为辽西郡，为营州，为广宁，为海山、柳城。偶而奉冠带祠春秋，作上国藩篱；偶而封豕长蛇窃据我竟土。递废递兴，以讫我明，置县属永平府，编户仅二十七耳。县正题名阙如。岂前令营职救过之是棘，无取于浮名乎？抑亦逢执事之不间，以俟后日，后日人复因循不举，遂至此耶？噫嘻！我知之矣！吏道绝盛于元康、神爵间，当时左冯翊、右扶风，居官类长子孙，朝廷嘉其成劳，赐金增秩。或有以县令迁二千石者。今格于功令，罔有久任。于是官视若传舍，奚贞珉之垂为？况乎名也者造化所忌。与其浓以竞之，孰与澹以忘之。竞不已，为膻，为攫，为窃，为谲，百计以营乃私。澹不极亦若推，若赴。逃之而愈以集，空之而愈以寄。竞者，受名之病显，澹者，种名之根微。显微同病，名可以不题也。不知国家广厉激劝之权，独有此名耳！无劳之奉一沥已属荒饱。畴处秽而不章，敬事之食厚糈仅足代耕畴，标芳而不扬名之传不传，可以考其职之共不共。职之共不共，可以征其品之真不真。品之真不真可以写其心之慊不慊，欺慊之关君子小人之分也。名所系不重哉？古今为吏，唯山阴父子，有治县谱，不以示人，何其悭？若是不佞承王南郑之乏，南郑承吴会宁之乏，会宁父子不减山阴，是镌谓会宁一家谱也。可谓余前后同寅，共成一大家谱也。可是非得失之林可以观已。明元年戊申题名，乃今年戊午其题千同。起自前令杨禧，共四十八人，而伐石镌名自不佞杨于陛始，其姓氏同，或亦事与时会之不偶然者。

典史署 在仪门西。

县丞署 在大堂西，今废。

东察院 在县治东，今废。

西察院 在县治西，今废。

僧会司 在源影寺。

蒲河营左司把总署 在县城内。

浪窝口千总署 在城南姜各庄。

滦州署 在城内东街。明洪武初建，堂东幕厅，西库。仪门外，东寅宾馆、西土地祠。祠东北为仪仗库，西狱，狱大门，为谯楼堂。后为二堂，二堂后为内宅。后圃有一篑山，山麓为洁清池，池北为洗心轩。又北为后乐亭，堂东为州同衙（今废），前吏目衙（今移西），堂西为州判衙（今为吏目宅）。正统中知州刘弁，成化中李端，弘治中吕鉴，正德中高堂，嘉靖中赵叶、陈士元，万历中张元庆，国朝康熙间张勿执，皆经重修。

明知州赵叶《十美堂记》云：退思堂匾于岁之丁丑，为滦治退食公署，为关西彭子璘治滦时所志。岁既一纪，东竹赵子叶以谪代前守张国维氏至焉。日惟其颜思康厥居，以宁庶民，实弗敢毖。既乃视官考履，察司侦度谋之往政，或遗厥心疚，弗称于思民，淫于观听，亦颠颠罔攸正，用丛厥极。乃与寮之同知事魏谧氏以下谋，思所以易之，以休官服，尚罔知所迪。乃御史三溪钱子学孔以书谕叶曰："惟尔往弗良于遇，以罹于无妄，亦惟尔时义未充，乃兹有一峰罗氏子所志谕文之"十美"，实为政箴尔！其攸行以协率罔休。惟尔以诚，以廉，以俭，以恕，以勤，以敬，以严，以和，以仁，以宽，上下罔弗宜。乃罔有后艰民，亦罔恇惧以狃于匪僻。惟尔敬之念之。"叶敢稽首以拜。乃谂于有众曰："惟民有恒衷，兹新之将存。厥攸存以祛其非，好率以攸往，政乃庶几。叶虽不敏，敢不敬将以谐官度以无忘。今日以自速外尤为戒聿，惟古昔民上相依翼乎！其无有二心，胥匡以生，亦罔有淫僻，是以民用叙，居政用迄。若以无有秕稗神用享诸帝，亦用嘉乃诚绩昭明天祚，启佑吉人，以遹观成，则无有昏迷不恭。尸厥官若罔闻知，昵比罪人，怙侈灭德，淫为劓刵以肆乎民。上以自乱厥躬，以昏昏于叛常灭纪，播厥彝典。凡厥士庶罔不昭赖，亦如之何？乃有玩心以携贰于其下？矧其在今日往哲敷明，实惟古训，乃不于其美，亦于何为美？叶实嘉赖，愿与二三子行之。惟二三子克念民庸，祗勤官服，以无病于纪，无隳于其纲，无翦艾其下，用以昭报庶哉！咸休二三子，厥亦维何？叶惟无载尔伪，不洪于货，勿淫于财，勿备于人，勿昏于逸，勿慢然统，勿狎于近，勿竞于寅司，勿夺于康功，勿苛以恣极，克以攸往，敬以司之，将裨于滦，实为专壸。叶以是易其旧，矢心厥成。罔必逊于非彝，以辱我王，度自负所愆。惟二三子尚鉴于兹，欣欣于名言往哲是励。戒其贞，勿戒其辱。岂惟尔二三子之衷，实亦民士所共侈，观用以灵。承乎众俾，训式有光，亦兹之职司攸系。无或弗虔，以干舆议庶哉！兹堂美将勿替，厥亦惟何？惟时二三子谋彼良畴眷焉！罔敉将班于政司官采，以无干彝宪，以光昭士服，交济其美。堂以焜燿。厥亦惟何？二三子惟堂之易，是宜是劝，亦惟兹弗逮是惧。叶实惧不美，敢曰侥冒，其徽言诡畔自滋，而昵比非人，以不敬正士。惟兹则于典常以仇敛，俶扰天纪实为常刑罔宥。惟二三子终之。明于有美，乃出于誓言，以征于位。惟兹十美，当弗缓于尔多。尔其惟民士有休庆哉！”佥曰：“司兹土必无弗美，亦罔或有弗逮。”叶曰：“允若兹美斯有终，惟二三子念之哉！叶将观于有政。”

知州陈士元《亲民堂记》云：岁乙巳冬十月庚子，士元承乏来视滦篆，壬寅同知晏早请公谳于城南寺中。问其故，曰：“堂将圮，柱梁椽箔皆蠹而朽也。先兹长官张士俨遇公急一升座，风日必设蔽，雨必张盖。视中梁折欲断，恒懔懔，宴于堂恐不堪为礼。”十二月庚寅，早谋判官王钵、程瀚，吏目徐汝勋，请曰：“堂朽矣！盍补诸？”时，受元方承委于外，未有以应也。丙午春正月丁丑，早又以补堂请曰：“春雨将至，堂必圮。”时元至自渔阳，始得清往牒，弊孔百露，吾民之蠹甚于堂。不先民蠹，矧忍厉民。辛巳早又请士元曰：“咨慎厥终惟其始。”越三日甲申，乃询诸僚属，询诸乡大夫士，询诸郡民。佥曰：“善。”又三日丁亥，乃谋割俸将鸠工市材。郡散官赵武见木蠹莫可补，议新之，乃谋诸筮得比之泰，其辞曰：“长生无极，子孙千亿。柏柱载梁，坚固不倾。”筮者解曰：“长生无极者，父母之道也。子孙千亿者，民庶之兆也。柏柱载梁坚固不倾者，言堂之梁柱，宜坚固也。”明日戊子，武自运四柱来，民乃效义。士元闻之亟止焉未能也。不旬日，共来柱十有六，梁十有四，檩五十有二，椽六百有八十，板六百一十有一，砖瓦共八万有四千，灰以石计四百有五十，铁以斤计三百有二十，菽粟以斛计五百一十有六，佥付于武。武宁受物料不受价。工起于二月己亥，落成于三月戊寅，凡四十日。堂制高坚，或称美焉！士元曰：“《春秋》重民力，每役必书，虽时且义亦书。兹役自有能书之者。书或致美于予，是重予愧。盖堂之成，滦人为之也。予何有哉？不能亟止，则有责矣！恐后来者，其或兴役将口实予也！”故作纪，镌石嵌于东壁。效义民二百六十，名在西壁。

又《州廨后圃记》云：滦署后圃有山，有池，有草，轩有亭。不知创自谁氏。山高二丈许，巨榆数株，径磴盘曲。岭有石，假峰巉削天成。中有洞，藤萝覆蔚洞扉，有石鹤。中有三石人，大可盈掌，二人奕一人旁观颔笑。稍西有一小峰，上有翠瓷亭，中有二石人相对指画，五人丰度闲适，箕坐散发如仙流。然山北有石池，褜壁罙窾，芙蕖馥郁。池边有隙，呼仆及井注隙，水瀑泻潺潺有声。井自石渠透迤渐达诸闸，闸在石渠折角。闸于上流，则下洼告竭屯膏之，几可发深省。草轩柱立四顾无障。轩北有亭，南向高敞，花木泉石之态，俯览可尽。余刺滦有暇得登赏，已乃慨然，名其山为“一篑”，池为“洁清”，轩为“洗心”，亭为“后乐”云。夫仕学若为山，余幼未学，筮仕来兹，戚然不忍惰弃。故曰“一篑”；涤厥石渠，则池瀑明泚可鉴，源流同体，故曰“洁清”；轩中水流芥蒂众罔不见，矧有污滓，故曰“洗心”；圃中惟亭最后，郡务稍优，始得往憩，优而倦，则惮且止。计经岁不能一二往，故曰“后乐”。往偕僚儒，泛觞曲水，觞流迟疾相错，后者忽前，足征宦波，故曰“后乐”。往亭时惟日暮数觞即出，盖缓之尔，故曰“后乐”。负兹簿牒，业业不能宁久，乃法定事辑，故曰“后乐”。若谓损民自便，媚乃服食，快乃役令，徇乃情好，是悖于范公。余方忧之。是先此何乐焉？丙午夏至日。

《知州游、朱二公德政碑记》云：盖闻薄赋轻徭，固朝廷恤民之至意。而赴公趋事，亦闾阎奉上之殷怀。滦邑兵差迄无定章，小民受累已久。惟我府尊游老公祖前任斯邑，体恤民隐，念切民依，有利必兴，无弊不去。遇吉林兵过境共一千名。彻底根究，通盘筹计，将虚靡一概减裁。酌定过兵千名，连守候、回空、口粮、马乾、酒席等费，共用大车一百二十辆，往返二十八日全行在内，其奉票、头役，向各社索要垫办，车价争多较少。一经涉讼，酌系查照历任断案，饬令每车一辆，按日交价东钱十串，兵多照增，兵少照减。各社欢腾，以为昔所未有。本欲出示晓谕，未及颁行，遂升永任。嗣后朱老父台来莅兹土，遇有黑龙江换防兵五百名过境，即照前定车价，日限办理，共用大车一百二十辆，往返十四日，减半签派，一切在内，即有差役垫办下乡催起，车价全遵前任断案。并刻告示千章晓谕四乡绅民人等，一体遵照。不得少有增减，是即古人因田制赋，寓兵于农之遗意也。有为之前者，以启其绪；又有为之后者，以竟其功。召父、杜母接踵而来，滦民何幸如之！举人王荫堂共绅士人等，叩恳府台存案，行文宪台亦恩准存案。合郡被此鸿恩，喜同雀跃，立碑颂德者数处。附近村庄闻风兴起，恳余领告示数十张，邻庄欣然来取，共议立碑，永远奉行不替。诚以良法常昭，吏胥无从需索，深恩共戴，黎庶共乐输将也。勒诸贞珉，同垂不朽。俾后之睹斯碑者，共颂前人之德，是则四邻之志也夫。

知州游智开《上宪堂记》云：同治十年秋，余捧檄莅海阳。甫下车，诣各祠庙行香毕，吏请往谒上仙堂。问何神？答曰："孤仙也！庙在署东南隅，甚著灵应，每逢朔望击鼓鸣钟，香火甚盛。"余闻而怫然，令禁止之。嗣询诸老掾晁佐清云："滦署远年被回禄，昏夜火光中，见有纱帽圆领者，在大堂往来，扑救司土者，因穴壁为龛，奉上宪之位以祀之。是说也！佐清闻于掾吏。中年老者至穴壁为龛之处道光间犹及见之。讵相沿日久，以讹传讹，易上宪为上仙，难免杜十姨之诮矣。"爰命匠人毁其牌，改塑纱帽圆领之像，而题其位曰"救灾御患之神"，以示反邪归正之意。署之西北隅，又有矮屋一间，中设胡、白二仙座，不知起自何时？此无论其虚诞不足信，即令狐鬼有灵，而官廨为办公之所，异类与人类杂处其间可乎哉？又三堂后有树一株，强半朽矣！枯枝倒地犹未敢动，历任者以为神也！建坊立庙焚香致敬以祀之，亦惑之甚矣！同时并命拆毁。爰志数语，以告来者。同治辛未。

吏目署　在州署西。

州判署　在州南胡各庄。

济民场大使署　在州西南柏各庄。

巡检署　在州西榛子镇。

察院行署　在州治东。今废。

太仆司行署　在察院左。久废。

阴阳学　在州治西。

医　学　在州十字街东北隅。

僧正司 在州城南广福寺。

存城千总署 在城内。

把总署 一在榛子镇，一在开平镇，一在刘家河。

乐亭县署 在城内东南隅。明洪武三年，知县王文贵建。厥后章似兰、刘晟、于继贤、李瀚、李邦佐、于永清、潘敦复，国朝金星瑞、熊震、巨秉乾、陈金骏、张霖、陆为棣、常忠、王霖，相继增修。大堂旧名五美堂，隆庆中更名澄源堂。乾隆中重建大堂，左右旧东为幕厅，西为銮仪库，后改为东西库房。两廊东吏户、礼、仓、粮承发五房。西兵、刑、工、招、库五房，旧有马政科（今裁）。仪门东，为土地祠，前有寅宾馆（今废），西为狱神祠。大门两旁，为柜书收粮所，旧左有"旌善亭"，右有"申明亭"，中有"海内首邑"坊（今俱废）。宅门内为二堂：曰燕省堂，隆庆中，更名节爱堂。康熙中，重建复曰"燕省堂"。西花厅三间，旧名"怡心堂"，今名"镜清室"。又西厢房，乾隆十六年建，旧系"思化堂"址，今为长随房。三堂曰"至公堂"，乾隆十六年，更名"退思堂"。前设门楼一座，同治十二年，知县王霖改建。正房五间，额曰"稽经诹律之堂"。

明知县李邦佐《建县署燕省堂记》云：乐亭县旧有退思堂，遗址仅存，而起废莫考。由前瞻望，若荒邨旷野，无县治态。丁卯岁暮，予奉命令兹土，至则瞿然曰："此退暇检身之所，胡可以传舍目之而废？"究图即欲经营之，顾前堂政所出也，垣颓楹朽懔乎欲压矣！视是孰急也。且重门倾陊，外墝可蹈而越，城堞楼橹浸淫墉敝，方僘僘然，悔桑土之晚，而遑为退舍营邪？越己巳夏，前工撤敝，以次而新，内之观瞻，外之防御称具焉！向日恂恂劻残之众，有安枕苏息之期。余亦秩满将代矣！夫城难事也，吾勚其难而成之，而此迁延竢代，贻以废政可乎？时复岁稔，民安可不劳而底绩。乃于中秋，命工技丈拨绳度广袤，略侈旧址。抡材督作，丹垩涂墍，再月而工讫矣。闻之古人几杖盘盂微物也，亦有铭戒。矧是堂之建，而退食，而寅宾，而出谟修令恒于斯，可无所以自警乎？乃匾"燕省"冀寓是者，仰而窥，俯而思，惕然而奋。几涤荡乎身心，一精乎化理，靡所不至，而官箴是励矣。则名斯堂也，亦古人铭戒意也。

知县于永清《建县署宾亭记》云：岁癸未，余甫释褐即承乏乐亭令。乐亭密迩畿辅，夙称善地。顷颇缪不然，则下不畏三尺，而上目为传舍故也，余兢兢惧。既受篆，而惩恶梗涤烦琐，举圮坠兴湮没者。自顾谫劣少，且不谙，而况事如蚁集，情如蜩竖，岂能动中肯綮？思得耆硕长者，以匡不逮。而宾至辄迎庭见，于仪不协。余喟然曰：宾馆果徒为宴游，侈靡丽也。则亦奚当于有亡，不尔恐弗宜，难于创始。于是与寀幕若惠齐姚君辈议，占日鸠工，择巽地而构亭焉！亭成，延邑嘉宾乞以封疆利病编氓疾苦，与夫时事淑慝。更恳再四，乃稍稍聆其梗概。则所藉于嘉宾者，不浅也。寀幕辈请记构亭迎宾之意。余窃反覆，不厌其说。盖古哲谈敬宾者，莫逾周《诗》，而其要归于燕宾心，然后已是宾主相孚，而后相与有成也。夫披衷竭素乞以周行，余一二有司敢不祗受，而嘉宾抱宏猷留心桑梓必熟，固余所恃以开聋瞽者，惟冀其心相孚尔！假令缄口自洁，视若秦越，或外趋而中讧，阳与而阴非。喋喋间，谍以便己图，附众喏喏，而退复啧啧，将终置余于不逮。谓此心可知嘉宾必不若是，聊过为进箴，期相劝勉，俾兹一隅为善地焉！则斯亭也，不大有荣藉哉！

又《建县署思化亭记》云：夫丰蔀失昼，炀灶蔽明，自古记之。清以少不更事，叨领邑符，其民情土俗，兴革利病，岂尽昭晰？左右吏、农里书、豪右之辈，弊孔奸穴，岂尽烛记？两造曲直，门以外有公论，而门以内若面墙。官属贤不肖上之人，若数一二，别黑白，而下犹贸贸无闻。盖耳目不及接，智虑不及周者，多矣！僚友谀而忘规，乡先生讳而不以告，百姓心非巷议，一至公门，辄摇首闭目而不言。吁！危矣哉！若之何不思也。于时卜地于堂之西圃之北，作“思化亭”。公务之暇，独坐焚香，尘嚣退舍，芳华避席。其日中之夜气乎！当斯时也，销我疆场，抑我客性，澄神涤虑而思焉！某事不可与天知？某事不可对人言？某事左乎民情？某事戾乎上俗？某某以豪强而得志？某某以善良而不获伸？盖哲人有云：“思之，思之，又重思之。思之不得，鬼神将与通之。”此“思化亭”所由取义，而清所恃以寡过也。是役也！仰皋齐君召实始经营，骧峰朱君汝宁则董匠役，而收成功。比告成，而仰皋行矣！惠齐姚君世和来任，并及之后之明公，倘有味乎丰蔀炀灶之说，不以清之思为过也。此亭当不朽矣。

国朝知县熊震《修县署记》云：乐亭县治，创建于前朝洪武三年，历今三百余稔矣。考之邑乘，仅载建始时堂宅之大概，其间改易，修葺，先后异辙各略而弗传。余自康熙己亥仲春，掣选乐邑。甫得缺时，邑少府陈君令侄来谒，寒暄款洽外，叩及县治规模。陈侄居乐久，凡衙署之崇卑，房舍之多寡，园囿台榭之废存，门墙牖户之完弛，靡不备举以告。是时虽未即其地，而因革损益之宜缓急先后之序，已默识心喻焉！且闻署内有旧楼数楹，高旷宏敞，整之足供登眺。余心窃喜之，以为退食之暇，聊当黄冈一席。清和下浣来兹土，神祠倒坏，门庭倾圮，一望芜榛，备极苍凉之概。及历观燕省二堂，外余房舍飘摇益甚，所闻高敞层楼败壁颓椽，仅存遗址。因思官署虽同传舍，祠宇神所恁依。乐邑虽小，钱、谷、刑、名、职掌具在，仓库、囹圄，关系非轻。苟任其倾颓，岂惟渎神明而亵观瞻，其防奸杜患之计，抑已疏甚。昔于公、金公来任，即以修理公署为务，宁仅燥湿是惧，亦莫非思患预防之意。迄今睹兹“燕省”制度具在，俨然甘棠之遗意焉！故君子为政，务其远者，大者，而徒屑屑苟安，识者病其居心之已隘矣。余不敏窃有志焉！下车之始，捐资解俸，聿新神祠，整顿仪门。盖以仪门，实为关键要枢。倾者植之，朽者易之，乃塈乃涂丹绘之，施不百日，而尽睹维新之象。周围环以墙垣，尉署建以角阀。昔为四通八达之衢者，今则出入是门矣！又念署后废楼危压堪虞，乃就故址复为一台，相其地势而经营之。虽层楼今改房屋，而加筑土石，自外观之，则巍然旧时楼阁也。斯固余不欲没前人经制之微意。兴工于己亥孟冬之上浣，落成于庚子季春之中旬。不役一民，不牒一物，自出俸缣，窃幸前后规模粗就。方期渐次修废举坠以绍前徽，无何内艰讣至，有志未竟，予心滋戚矣！虽然予以前人之心为心，安知后之君子，又不以予之心为心也？爰书其事，以待同志云。

知县陈金骏《新建怡心堂记》云：乾隆己巳秋，余谬以循卓量移自江右来莅兹邑。见公署圮甚，几无驻足地，心忧之。顾费无出，民信亦未孚，聊栖托焉！居无何，中宵大震电，暴风挟骤雨至，声如吼。继闻人语甚哗。披衣起视，则幕中友及诸仆从，匆匆避岩墙恐后。余亦悚然惊，瞿然惧。噫嘻！坐视而不为之所，岂知命者哉？夫署位之表也，所以辨上下定民志也。古者出政有地，必善所处，以为教化先，故能不下堂阶，鸣琴而理。所谓一日必葺，已去犹完者，职是故也。兹署创者王公，修者于公，有明迄今百余年矣！先后履斯任者，指不胜屈，岂无贤者、能者？胡为传舍相承倾欹颓败，一听其飘摇于风雨耶？余用是寝食不宁，厚自啬缩储廉俸之所入，思所以饬庀而振新之者。凡二年，犹未敢遽兴力役也。乃邑之人士，相率以请，工匠不期而集，转移执事，攘臂争先。各奏尔能，以集厥事。盖不逾月，而三堂成。则缭以周垣，而门楼巍然峙其中，于是退思有所。又不逾月，而四堂成。则翼以两厢，而平房翼然绕其畔，于是偃息有地。其余门屏、厅事、二堂、夹室以暨厨廄之属，或完，或旧，或创，始莫不次第改观。然而嘉宾戾止示我周行，寅恭协和，式燕且衎，犹虑无以将其诚款也。爰度地于二堂之西偏，构屋三楹，其为翼房者六。药阑曲屈入窗，玲珑洒埽，以时杂莳花木。公余，游衍怡然，旷然。回视曩日之启处靡宁者，大有迳庭。遂颜之曰："怡心。"而予心之所以怡，尤在吾民之踊跃急公，视官事如家事。俾百年旧署，倏尔更新，用是知乐邑风俗人心之厚，而司牧者之易为治也。若夫后之君子，抚基勿坏，未雨绸缪，得以优游敷政。则斯堂也，虽以自怡，岂不堪为人持赠哉！时辛未夏日事也。

知县沈继贤《严革官价碣谕》云：为官价革除勒石永禁事，本年闰四月二十八日，据具公呈人康文通等呈称，乐邑地近边海，民少富饶，城乡铺户糊口维艰。官价之例，不知起自何年？前任县主俱循旧例，凡一应鱼、肉、薪、菜，以及棉花、席、布等项，俱发官价。不过止给十分之三四不等，甚至胥役借名勒买，小民受累无穷。幸逢恩主莅任以来，即行禁革。一切署用诸物俱照时价全不发派，今经一载，行户沾恩，理合金叩勒石。永禁以除后弊。等情到县，当批准详上宪，勒石永禁。据此该职查得官价一项，上干功令，下亏行户，律例森严，本应裁革。职于抵任之初，访闻乐邑齐民，或列肆市廛，或贸迁村集，往往因官价亏本，商贾畏避。究其由来，历任司牧，盖以邑小官贫，难以养廉，不得已相沿成例，因循不改。职一介寒儒，荷蒙圣恩得邀一命，与其仍习陋弊，朘万民之膏，以供一官之用，何如尽行裁汰，淡泊自甘，下不病民，上不负国之为愈乎！随即出示禁革，凡署中应用之物，俱发现银平买，固不短少，亦不拖欠。行之一年，行户称便。此皆属吏职分应行之事，何敢上渎宪聪？其如各铺户康文通等计深虑远，环集县庭公吁，通详勒石永禁，以除民害。职又以舆情谆切，难以壅阻，相应据情详请宪台俯赐核转。因得勒禁，久昭法守，实为恩便。此详府、道、院各如详，饬令勒石，永行禁止可也！为此立碣。

知县陈以培《德政碑记》云：苏文定云："王道之本，始于民之自喜，而成于民之相爱。"王者之所以求之于民，其粗始于力田，而其精极于孝悌廉耻之际。盖不自喜，则惮劳苦就逸乐，而不力田。不相爱，则阴贼强很淫僻邪放，一切与孝、悌、廉、耻，相反而转以病夫力田之民。乐亭民情敦朴，男耕女织，习勤者忘其勤，而尽力者轻其力。庶几所为自喜者与！顾往往为一二很戾无亲者所苦。比陈序东明府来权乐篆，乃敛迹，盖夺于公之先声也。先是公权篆临榆。邑之人有阴贼强很淫僻邪放不轨于正者。廉得之皆置之重法。其来乐也，喜其民之朴，而俗之厚也！故务抚之以宽和，凡讼于庭者，事无巨细，不惮烦琐，必破其锢蔽，导以善良。邑民亦皆翕然向化，而很戾无亲者流，乃于是狎公之仁，而忘公之威也。公悉其不法，立取首恶惩治之。俾善良自喜，力田得以无苦，乡人德焉！而乞余为文以记。余承乏讲院，谂知公爱士亲民，久多公之所为，不容以不文辞。公名以培，安徽庐州府合肥县人。以军功起官，当官多干济不畏事。奉省患盗，大吏谓系粮、米外贩，民艰食，故奏禁米无出境。公因临邑民食不敷，即上言禁米外出则邻省无以济其乏，而奉省更将谷贱伤农，是两病也。民穷始为盗，若谷贱伤农，则丰年亦穷，不更可虞乎！督宪爵伯李公𫐄之敷奏变通，民困以苏解。临篆士民攀辕乞留，是可以见公之德化矣！其治乐一如治临，大抵欲民自喜力田，以黾勉于孝悌廉耻之际。继此而后其惠政，更有进于是者，将屡书不一书也。谨濡笔以俟之。光绪二年，蓟州举人王晋之撰文。

典史署 在县署东。

大使署 在石碑庄，今移阎各庄。

县丞署 有二，并在县治东，一为管粮县丞，一为管马县丞，后裁并为一。今俱裁。

主簿廨 在县治西，今废为马棚。

巡检廨 在新桥海口。明万历乙卯移滦州榛子镇。

察院行署 在县治西北。按旧察院署即太仆行署故迹，万历间建。《府志》云，在县治东者即所谓东察院署也，洪武间知县王文贵建，今不详所在。

明邹德溥《乐亭县创建察院记》云：乐亭故钜邑，以弗当孔道交，公署率圮隘弗称。间者，岛夷跞朝鲜，天子𢬵然命大臣提兵往捍之。凡有事海防者，悉道出乐亭，于是乐亭遂为冲邑。邑侯潘计之曰："司理不授馆，单襄子所以识陈亡也。吾敢忽诸？"乃请于兵宪白公，购冏寺废址，于县治西营焉！徼北而堂，堂五颜曰"运筹决胜"，志防也！左乃为寝所，右记室。步出南四筵象舫而屋穴牖焉！两厢其傍，翼而属于寝。又步出南五筵为大堂，颜曰"振扬风纪"，纪志职也。堂之南为台翼，台左右而室各三，筵步自台，而南门焉，盖仪门也。仪门之外为大门。则张左右翼，以示观。于构、于饰、于陶、于冶，悉廪自公。不烦民给矣！岛夷大创去，邑解严。乃以间问记于邹子。邹子曰："察院故主贞度，观风者也。然兹署为兵防始设，姑以兵论。夫兵以豫振以果克者也，易是必败。即东征一举，以存世世贡献之朝鲜，于义得先其未我犯，而协朝鲜并御之于计便。顾众犹或然或否，赖天子与诸大臣决筴督师。致果乃始折夷而殿属疆。曩令驻辽左回翔而不敢渡，是示敌弱，且益之气也。夫恶谓东蔽撤而任自完？顾今诚盛矣。然始而悖终而不无骚者，无亦承平久而玩愒素也。

不然蠢兹小丑，真操箠厌之耳。何至烦天子与大臣鳃鳃动色，四征戌伍，而后攘却乎！昔周盛时，寓兵于农，寓武于文。盖比闾皆劲卒，比闾之藏皆军储，兔罝野夫犹足任干城托腹心。及至受命陈师，则有壮猷之老虓虎之臣，如雷霆飞翰不测不克，兹乃所称必胜之具，与潘侯轸虑于馆舍之弗肃以蔑王使豫矣。起而立营焉。果矣！余故因是以推论于兵筴，俾嗣是舍，斯者务先于计，而奋于勇，以无负圣天子长城之托。且余所称豫与果者，微独谋即贞度观风，法亦如是。盖纠吏于其既溃者，不若格之于其未溃。彼方观指于我，我导之善，而开使自新，能无祓志乎！吏诚良，即我拂拂诸贵也必扬，诚弗良，即我比比诸贵也必激。繇斯以言夫振纪者，乃所以决胜者，与兹所为两志也。潘侯名敦复，字彦恒，起家癸未进士，山东夏津人。

阴阳学　医学宅　在县治西，今俱废。

都司署　在县署后东街。

邑人吴班《修乐亭营署记》云：乐邑之有营汛，由来旧矣。地隘而兵稀，原额不满二十营，摄不过营把，赁民居为官署。自康熙二十年冬，白昼劫城，阖邑绅士呈请刘家墩海防移驻县城。追蜀都李公到营，整肃军务之暇，谋建官署。询及兵目，佥曰：“前县尊于公已详部宪，请以旧察院署为营署。”特以砖、瓦、木、石费烦莫措，事遂寝。公于是慨然捐俸，欲购民房为之，约需二百五十金，然独力不能任，于是滦汛部厅中军司厅刘汛司厅，不谋而合，各输廉俸，复劝捐于好义绅士、旗、商共成盛举，丝毫不累于兵署。既成，灿然可观，阖营欢忭。谋镌石以垂久远，问记于余。余任井研时去公侨居咫尺，复与令器有文字知，遂爰笔直书，勒诸贞珉，以志公之有功于乐营也，时雍正三年春。

存城汛把总署　在北门内，西二条胡同。咸丰七年士绅捐建。

清河口汛把总署　在马头营。

臭水沟把总署　在西瓜里。

讲武堂　在县城西北二里许。久废。

明大学士李廷机《乐亭修讲武堂碑记》云：乐亭古卢龙地，今京师左辅。北邻边，南滨海。其人劲悍，习戎马，尚义勇，图经载之。邑有教场距城二里许，在乾之隅。厥土澶衍潦淖所钟，而广轮不能数雉，不足以驰逐。邑故所募乡兵，率白徒冗弱弛玩，因循校阅，希旷间一集而比之。阒拥纷拿，肩摩趾错，曾不得成列。而公宇湫陋堂庑浅迫观亵而威，顿有事于是者，立表下漏，即意斁色厌，亟亟卒卒，趣具弥文而已。阅时既久，荒秽倾圮，日以益甚。岁庚寅，潘公来视邑事，行保甲法。无何有烽警，奉檄蒐乘，则简保甲丁壮得五千余人，募视训肄，因故教场地扩而辟之，纵横五百二十步，增庳垫隰既燥而刚。前为讲武堂，后为养威堂，左右为翼堂，东南为将台，南为坊曰“容民畜众”。凿井二。环植以树，而绕以堑。北有小塘，通河流而浚之。裒土为冈，以捍冲决，垦前污莱为方田百二十亩有奇。简阅百需，于是焉出其赋功，则兵之离次，辞行者讼之，论为鬼薪地。旦春者，材木甓甂，悉公自筹，会贸以奇羡不费帑亦不勤民。于是畛域宏廓，位置整严，旌旗孔扬，金鼓加震，队明伍肃，骑骏射疏，人皆欢欣倍生。武勇投石超距，矜斗乐战。监司大夫行县凭轼而寓目者，貌峻体肃，视豁意舒，校艺程材，旌能劝敢，甚安且谛，罔有厌怠。士毕其技，上狎其观，赞诵称叹，以为令绩。而公顾鳃然若有遗也。谓尾善濡隍易复，先甲存乎事，后甲存乎言。不有以告来者，令弗嗣事而堕前功，亦惟前人之责。爰砻石征予记。且曰：不肖为令满秩，幸逭于辜戾，被圣书之锡。有云：“朕不忘东顾，尚其容民畜众，曲轸周防，俾闾井敉宁。”凡不肖所为矻矻，惟闾井是计，惟圣天子德意是承。是宜用敢恭揭丝纶施之绰楔，以扬威武，耸厉兵士，懔然若天威临之也。盖仲尼《系·师》曰：“水比于地。”夫地以有容善畜，而水比焉。兵，犹水也。畜而后可用，容而后可畜，故场圃之步武修而众以博，惬其观矣！坛宇之规制易而士以奋扬其气矣！倘固陋弗更，踵敝不饬备，衰防弛保障，谓何乐亭为畿辅岩邑？一旦屹然如长城，藉令继兹者绸缪涂蔇绎，而弗失敉宁之庆。讵惟乐亭庙廊长无东顾忧。边尘倭祲永静全销。是则公所为拳拳之意。公讳敦复，山东夏津人。与予同举癸未进士，始令洛阳，既固始，暨令乐亭，凡三为令，所至有美政云。

临榆县署 在城南门内。乾隆五年知县王毓德建，原系明户部署堂，东西为库，库西及两序为吏舍。仪门外为役舍，东为土地祠堂，后为宅门，为二堂。又后为内宅。西为酿春亭，知县钟和梅建。乾隆三十七年陶淑修葺，增建花厅。

典史署 在县署西。

管关厅署 在城西北隅，道光二十四年重修。

归化场大使署 在盐务庄。

巡检署在石门寨 乾隆五年建，系察院旧址。

察院行署 在城内文昌祠右。今废。山海卫署，在察院旁。

户部监督 在城东门口，国朝康熙间建。今裁。

山永协副将署 在县城东街。

中军兼左营都司署 在县城北街城隍庙胡同。

右营守备署 在县城西北隅。

存城千总署 在县城二条胡同。

左营把总署 在县城北街。

左营头二司把总署 在县城北马道。

宁海城把总署 在县南八里。

石门路都司署 在石门寨城中。

白塔岭千总署 在县西南白塔岭，距城四十里。今移海阳镇。

朝鲜馆 在城西门内北马道。

驻防副都统署 在城内西街旧制府署。

右翼署 在城西北隅，旧火药局。

左翼署 在城东北隅，旧递运所。

副都统存《德政碑文》云：国家自设立山海关驻防官兵，历二百余年。迄今差役月剧食指日繁，其军饷之入有定额，而办公之费无成数。其尽力于公者，必不可省，而取给于官者，别无可增。致使鹅鹳无欢熊罴坐困。外无以备裹粮之用，内无以弭悬磬之忧。虽则众志成城，争奈炊原无米，纵使雄心作障，其如甑已生尘。此历任以来，所为目击神伤心非意怆，而卒不能一为手援焉者也。惟我大督护恩宪韫斋公，春长在手，矩不逾心，恺乐本乎性生，饥溺引为己责。莅任之初，即已洞见隐幽，熟悉利害，因慨然进职等，而命之曰："昔武乡侯微君恩，而分士卒；赵清献出官粟，而贷饥寒；汲长孺之巡视河南，发仓拯患；范希文之镇抚浙右，给饷兴工。今山海关驻防生计凋残，军容委顿，当此补偏救弊，嘘枯吹生。上以报知遇之恩，下以慰疮痍之苦。余于古人何敢多让。"随即缮折驰奏，请给马乾。惟事为部议所沮，而我大督护悯恤官军之至意，盖未尝一日去诸怀也。继届年班循例入部，屡蒙召见。因以山海关驻防情状，据实详核面陈。圣听奏请，赏借生息银二万两，即蒙赐允，俾回任后，具折覆奏，钦奉上谕，批准在部。今将谕旨敬书立于署堂之东偏，重纶音而崇帝赉也。每岁息银若干，职等暨印房、两司、章京，公同会议勘定条例，镌诸碑阴，以示久远，而垂无穷。维时万灶生烟，征如火如荼之盛。三军挟纩励同袍同泽之风。行见戈铤彗云，埽鲸鲵于万里。非徒甲兵耀日，坐貔虎于重关。此固出自皇上天恩，而要非我都护公酌盈剂虚，吁天请命，则无由回阳春于寒谷，邀嘉贶于九重也。职等幸躬逢其盛，谨具其事之本末，援笔而书之。是为序。

副都统宝《德政碑记》云：天下之善政，患无人为之创，尤患无人为之因。咸丰十年，都帅奉命移镇山海关。适亲王僧同直镇恒前都帅成，以关近海，筹防宜严。奏请于八百旗兵外，挑其闲散子弟，添设余团三百。是举也，上有利于国，下有益于旗。凡我驻防莫不同声颂德，然此特为筹防暂设，未即永远遵行。迨入冬撤防之时，实余团议裁之日。都帅乃慨然曰："余团年力悉皆精壮，技艺又多娴熟，与其裁之，置归闲散之地。曷若留之，永为捍卫之资。不特此也，八旗户口滋繁，俯仰无给，藉此余团之饷补济贫乏。是一事也，而二善兼焉。遂以永远设置入请，奉旨谕允。於戏（呜呼）！覃敷惠泽，九重沛雨露之恩，入告嘉谟，一言溥仁人之利，是非谋关国是念，切恫瘝者，谁克出此？顾或谓是举，不有前帅倡议于其前，都帅亦难踵成于其后，似此举之善，不得为都帅专美矣。然正为踵人之后，而因善以成善，其为善乃愈大。而不可量。盖当余团议设之时，前帅身处局中，及撤防议裁之日，前帅远在局外。此时若竟无言留者，议裁则径裁矣。行之仅数月之暂，虽善奚补哉？都帅乃起而因之昭诸永久，荷地天之高厚，妻孥幸勉（免）啼号。绵祀世之恩施，又恶得不为之颂美也。爰勒贞珉，用志不朽。

副都统《长德政碑记》云：从来天下有非常之人，然后有非常之事。有非常之事，然后有非常之功。我都宪乐初长公，阀阅名家，诗书世裔。初试部曹，改就武职。同治甲子秋，奉命镇守山海关。斯时也，五处疲敝，百困丛生。俸饷既经核减，季米又遭积欠，官势拮据，兵情窘迫，有岌岌不可终日之势。我都宪目击心惨，设法调剂。疏请以口捐之款，移补积欠饷米，仰荷允准。虽天恩之高厚，究宪德之宏深。至八旗差操官马向系兵朋，不敷周转。复经疏请，添设官马，请以厘捐之款，专为马乾之用。疏上称旨，赏拨官马四百匹，分拨八旗五处，差操之用。俸饷向由监督支领，至前任成榷使之任议裁，监督改设关道，俸饷议由藩库支领，兵心罔定，物议纷腾，都宪焦灼万分，亟思力挽其议，用使各遂其生，时通商大臣地山崇公前往奉省查办改设事宜。道关时，相与晤商，力为陈请。会疏具奏奉旨，仍照旧章支领。自天闻命遍地欢声。兼之米折银两，已经核减之多年，复请赏还于一旦，生计充而兵食裕，披甲者无虑呼庚。用度足而军政修。执事者，咸思竭力，若夫直省盐利，乃小民衣食之源，而永属设盐店，议归官办。此际人情汹汹，疏称不便者六，力罢其请，由是熬波出素克济民生，煮海为盐，仍安本业，在关城固蒙其惠，即直省亦荷其休。他如盐枭星聚，马贼獍狂，稂莠不除，嘉禾焉茂？都宪乃亲委人员，严为缉捕，而关内外之潜奸悉皆震慑焉！播声威于远近，除暴正所以安良，明刑典于边疆，用宽尤贵于济猛。由是不止营垒整饬，而畿辅奠安矣！寻奉命升任广州将军，去任之日，官兵绅士泣送者，攀辕卧辙，不可胜数。藉非恺泽深感乎人心，何以爰戴潜孚乎众志？于是举其政之尤著者，勒诸贞石以垂永久，非敢贡谀，亦使后之人得知其梗概云尔。

演武厅 在城南迤东。同治乙丑，副都统长善重修。颜曰“筹边台”，复饰以楹句曰：“策上将以登坛，趁秋满关山，铁骑五花参阵法；宣皇威而振武，望云连辽海，金城千里靖边烽。”

卷之三十六

建置志五　学校上

学　宫

永平府儒学　在治北百五十步。明伦堂五间，两序东西斋各五间，前为仪门，又前为大门，外东西两坊。创建年月莫考。元延佑中总管府达鲁花赤也孙秃，至正中总管贾维贞，明正统中知府李文定，天顺中知府周晟，成化中知府王玺、王问，弘治中知府吴杰，正德中知府何诏、唐夔，嘉靖中知府李逊，隆庆中兵备沈应乾、知府刘庠，万历中兵备宋守约、知府辛应乾、张世烈、徐准，皆修葺。国朝顺治中副使宋琬、知府杨呈彩，康熙六年知府李兴元，十六年知府常文魁，三十六年知府梁世勋、郡丞彭尔年，四十八年知府张朝琮，乾隆二十八年知府七十四，三十八年知府李奉翰，嘉庆十七年通永道任烜、知府韩文倚，道光元年知府秦沆，咸丰十一年知府范梁，同治十一年知府游智开，皆重修。

先师庙　在明伦堂西，正殿五间，两庑各五间，前露台，戟门。又前泮桥，左右碑亭，前棂星门。

崇圣祠　在庙左。

名宦祠　**乡贤祠**　在戟门左右。

敬一亭　在庙西，久废。

教授署　旧在明伦堂后，有号舍两楹，俱废。康熙三十二年，教授徐麟详请借居北平书院，在文庙前，今废书院为学署。

训导署　三所，在明伦堂左，国初废，借居武学右舍。康熙三十七年，训导徐香修建。乾隆二十八年，教授杨宸、训导崔鹤仪，仍改建于旧处。

武　学　在府治南，旧守备厅地。明隆庆六年，知府辛应乾建，今改为敬胜书院。

辽　学　顺治二年，因辽生散居关内，题设。至十二年裁官，归并府学代理。今裁。

顺天督学吴国对《重修永平府文庙记》云：北平负山带海，称燕冀神皋，屹然一大都会也。考古为用兵之地，汉太守李广以神勇著，下此兵兴之事，史不绝书。今天下中外一统，人民乐业。圣天子右文崇道，宏奖儒术，多士蒸蒸，向风渐摩于道德仁义，陶淑于礼乐诗书。盖三十余年于兹矣！比年以来，水旱频仍，稍稍失所，太守三韩常公甫下车即遍访利弊，问民疾苦闾阎疮痍，引为己疚。其间厘剔振兴有关民生者，善政不一而足。乃先为谒文庙而慨然曰："今天下恺悌作人，惟此为兴贤育才之地。士子朝于斯，夕于斯诵法景行而顾令，庙貌之颓圮，暗勿弗章，其何以尊圣教，而励儒修也。"然当此十室九空之际，下竭民力，朘民财，以伤吾休养百姓之意，则大不忍。爰是捐俸庀材，给赀鸠工，经始于康熙十六年正月望日，落成于十一月朔日。殿庭巍巍，廊庑峨峨，辉煌璀璨，焕然一新。于前另建书院，其中大庭三楹，左右环以号房十二间。庭后正房五间，东西厢房四间，为诸生修息之所。庭前设照壁坊表，以界内外大门，与周匝墙垣及厨爨等室。以供诸生月课肄业，又前此未有。余以试事至，谒拜毕，进诸生而勖之曰："尔知二千石葺庙意乎？尔俗刚武雄悍，思以柔之；狙诈剽黠，思以诚之。其或轻浮躁浅董之而进于庄，鄙朴固陋饰之而泽于雅，非圣道不为功。是故，他务未遑而汲汲于此。"吾于此而知太守之能重文也，能敷教也。能体圣天子恺悌作人之意，而以兴贤育才为首务也。能以先师之道德仁义、礼乐诗书渐摩陶淑于斯民，而令父兄之教，必先子弟之率，必谨其用心，厚而嘉惠于尔多士与斯民，甚深且至也。异日考多士之蔚兴，大则栋梁舟楫，为邦家光。次亦孝、悌、忠、信，笃尊君亲。亲之谊化行，俗美比户可风。

自贤郡守始之，而成之矣！推此以治一郡，而一郡理；以治天下，而天下理。而犹虑文教不敷，太平不可坐致也。又谁信其然哉？余顾而乐之，遂援笔而为之记。始其事者，即太守常君文魁。因其事而共勷，则郡司马郑君四国、州守滦州马如龙、县尹卢龙吕宪武、迁安张一鹗、抚宁刘馨、昌黎陈邦齐、乐亭于成龙、永平卫守备杜进梅、山海卫守备王天福，至督修生员杨新鼎，例得并书。

左都御史迁安刘鸿儒《重修永平府学宫碑记》云：教化者，制治之本也。学校者，教化之原也。苟使在位者，由学校起教化，由教化得制治，能令人文蔚起喁喁向风，即龚渤海，赵京兆，当俯而逊谢之。况学宫严地，先圣先贤巍示之所，博士弟子员讲肄之区，郡守邑宰诸公瞻侍之域。而顾与荒烟丛草、败址朽楹日相寻，而莫为革整，当亦升平之世所最憾也！北平为畿东名胜之处，山水潆带。先贤墨胎氏，焜燿千古。其间文人粹士接踵。历代而建学于城西北隅，规宏而制伟，数十年以来，兵燹洊加，榛莽之所，蒙塞荆棘于焉！蕴祟遂至，殿庑堂奥之间，椽毁而瓦迁。守令诸公若与我绝不相属者。会我公祖常公守兹邦，绾绶之始，即汲汲以整理学宫为己任。进属吏乡士大夫而咨之，咸乐输恐后，鸠工庀材，度越前人。拆正殿而新之，辍彝堂而构焉！一椽一础，变腐为灿，栋宇节棁，丽若妍明。门之外，有两坊，芟其朽，而更奠之易柱以示别，坊之内有木栅，改以石，垂为可久。铲碶蕃秽，环以松翠，森蔚周匝。望之巍然，猗欤盛哉！余于是服公祖之知治要而崇先务也。夫梵宇道院，所在居多名胜地，郡邑大者百余所，小者亦数十所。商贾妇子愿施而不倦，莫不涂朱垩，碧照耀瞻视。独至于学宫，每郡邑仅处其一，兵兴以来，大半鞠为茂草颓垣破壁。先圣先贤栖于烈风霪雨之下，而莫之或恤问师儒？而师儒无其权问文宗？而文宗无其意。是正学彝统反不若二氏，足炫愚罔也。惟我公祖常公，以文章理学表为经济，能使墨吏解绶，豪氏怵息，而敦崇大体，首力学宫。上以承朝廷崇儒右文之至意，下以鼓士子读古明道之深心。前以接昔圣昔贤，茫茫未绝之统，绪后以启十数百年、十数百处，遥遥无尽之人材。虽华缛而不以为侈，虽烦重而不以为劳，致泮林閟宫之盛再见于今日，再见于此邦，虽古名公卿，孰能絜隆于公祖也哉？夫天下者，郡国之积也。郡国者，州邑之积也。使抚兹六属，晓然知公意指之所在，则先其教化，后其刑罚者，击蔀廓蒙学者，归向率乡曲之原悫者。群而敦诗书明正谊，力田孝悌之风，争自濯磨。民有不畏桁杨，而畏清议，不矜智勇，而矜名检者矣。昔文翁为蜀太守，置学宫数十区，以教养士子，而蜀文彬彬始盛。何武为刺史，行部必先至学宫，而后至传舍。古今贤太守，其识同力同而经纬亦同也。余游学宫睇观焉！既有慨于昔，因有快于今。快于今，故记之。记之以风天下之凡为郡守如我公祖者。

知府范梁《重修庙学碑记》云：永平为畿东剧郡，我朝二百余年来，人文蔚起，崇礼让，敦气节，骎骎乎！有齐鲁风。是固山水灵秀之气之所毓钟，而要由沐浴圣泽，陶泳涵育于庠校之中者之深且厚也。郡学在城西北隅，规制宏敞，七邑之所瞻仰。岁科试，遵、玉、丰诸生咸于此观礼焉。历年既久，日渐倾圮。咸丰丁巳，前学使李公案临，亟谋修葺，捐廉以倡，谕各州、县学官、生童集捐以成之。仅新东西两庑。于时董其役者，为郡绅士王维凝、王国柱。辛酉春，前学使杨公以明伦堂仅存基址，复捐廉议修，委其责于前守博公，未几博公卸事去。梁奉简命于其夏来守是邦。下车展谒，慨然思所以成杨、李二公之志。顾以为工钜而需费多也，乃以书院存典息银七百余两益之。又昌黎杨生肇第捐银四百两，遂仍俾两王绅董其役。经始于是岁秋，因其旧制而新之。先之以大成殿、崇圣祠、明伦堂，次则戟门、棂星门，又次则乡贤名宦祠。其余若阶，若庭，若池，若坊，若门，若垣罔不毕治。越次年壬戌冬，遂观成焉。巍巍翼翼，其足以妥先师之灵矣乎！先是勘工，约需银四千余两，今止用银一千五百两有奇。工俱坚致，可永久。良由两王绅善区画，旧材可用者用之，捐资或未集，王绅维疑先为筹垫以佐之，是以费不滥，而工速成也。顾梁闻之教化者，所以维人心，厚风俗，以相持于不敝者也。学校者，所以为教之地也。颓废而不修，荒芜而不治，不特无以称长者之责，其何以副国家养士之心乎？是役也，两学使开其先，又赖诸生捐资集事，书院息银固生童膏火之需，犹是生童之捐资也。卢龙县郝教谕锡章、袁经历守直，实经理其事。襄事者，为府学梁教授风翰、于训导士祺、县学廉训导百龄。工既竣，会梁奉檄调首郡，濒行为文泐石用志岁月云。同治元年十月。

卢龙县儒学 在郡城东南隅。县治之前明伦堂三间，前有卷棚，前为仪门，又前为大门。明洪武二年建，知县胡炳经始，正统间巡按御史李奎、魏林、徐宣相继捐修。景泰间，知县胡琮重修。天顺间，圮于水，教谕李伦重修。成化间，教谕徐润等更拓之。弘治间，知县李景华、吴杲，知府吴杰增建号舍（今废）。嘉靖间府同知张守，知县王大猷、吴道南、杨保庆，隆庆间知县潘愚重修。万历十五年又为水圮，兵备叶梦熊，知府孙维城，推官沈之吟，知县王衮、王象恒；天启中孙止孝；崇祯中张煊；皆重修。崇祯十五年，为飓风所拔。国朝顺治中知县梁应元、赵汲，康熙间知县闵峻，相继重修。十年淫雨倾侧，知县魏师段、吕宪武，教谕朱持正，知县卫立鼎、陈梦熊重修。四十八年，大水坍塌，知县晏宾，教谕胡仁济，修葺。乾隆三十六年，教谕丁廷辅，训导田云青，重修明伦堂。

先师庙 旧在明伦堂前，规制卑狭。嘉靖四十五年，兵备道沈应乾迁于学左，正殿五间，东西庑各五间，前戟门、泮池，又前为棂星门。棂星门之南，建坊二。其东西临街，建坊各一。今废。

崇圣祠 旧在敬一亭西，后改建东北隅。

名宦祠 **乡贤祠** 在戟门左右。

敬一亭 在庙后。今废。

教谕署 在明伦堂后。

训导署 在明伦堂西，旧废。训导王拱辰复建。

馔　厅 在堂左。废。

学　仓 在堂右。废。

明御史邑人韩应庚《卢龙重修庙学记》云：我国家远稽隆古，建学立师。内而两都，外而郡邑，莫不有学。盖造士作人，则胶序党庠，不厌其详，意甚盛也。是以二百年来，文武聿兴，即黎献共臣思皇济济何以加？兹卢龙为永平附郭，自洪武己酉肇建学宫，万历丁亥为霖潦所啮，土木颓圮，丹雘剥蚀，累朝之隆构，几且荡然。知府事东郡孙公上事于诸台，报可。以公帑之羡三百金，檄邑令白君董其役，经始于己丑之七月，迄庚寅之四月告成。学谕刘君元卿、训（导）李君允恭、周君道，率弟子员刘礼等造不佞，请曰："昔鲁作泮宫，郑修乡校，学士至今诵之勿绝。今兹学鼎新，春秋释菜，青衿士俱得群居教业，是郡邑大夫之大有造于斯也。愿乞一言，以纪其事。"余惟校教也，序射也。教与射而并称，则文武兼资，非儒者之所有事乎！而谓学事务文者，非通方之论矣！平卢古幽州之域，东抗辽海，西枕居庸，四塞莽苍，盖用武之国也。方高皇帝创业，□定欲偃武修文，故惟兴学为兢兢。今海宇恬熙，忘战日久，时当经文而纬武，要讲折冲于樽俎。盖事期有用文事武备，缺一不可。孔子于卫尝任俎豆而辞军旅矣，他日乃曰："我战则必克。"至夹谷之会，以好往而具三司马，以从卒夺莱夷之魄于坛坫之间，而疆自辟。其时射于矍相之圃，则命子路延射而曰："败军之将无入此。"其养之者裕，而其应之者壮以暇也。今统其所教子弟，即粗而名之曰："文武吉甫，万邦为宪。"诸士诵法孔子，佩服仁义，其无废韬钤。异日者，身都将相出其深略，壮猷可以绥内治，亦可以折外侮，使天下称之曰丈夫也，实有其文武焉！即以宪万邦何有哉？斯无负于国家，建学养士之意。而郡邑大夫之是举也，信乎！其有大造矣夫！孙公讳维武，辛未进士，山东丘县人。白君讳希颜，丙子贡士，山西平卤人。

国朝知县吕宪武《重修卢龙县学记》云：卢龙为北平附郭，另设学宫，专祀先圣，所以仰法古帝王之盛典储育此一邑之人才也。考诸碑记，创立于元末，盛建于明初。规模制度，与郡国学宫无异。其历代增修已载于他碑，兹不并列。迨明季崇祯壬子岁夏月，巽二肆威，圣殿彝堂随风飘没。岂非地运逢屯宫墙一厄也哉？然而圣牌高拱，大风雷雨弗移，泥沙瓦砾弗污，金硃俨然。观者咸肃然起敬，说者谓圣贤有灵，厌故宫之污莱，假此天风埽荡数十百年之尘垢，以俟后起者之再为维新者耶！以礼陶乐淑之地，倏而为荒烟瓦砾之场，一时官师弟子员，瞻仰无地，乃捐募售买民房，重修殿庑门祠，制称粗备，仅蔽风雨而已。适会皇清定鼎燕都，首崇文教。顺治丙戌，重修于梁公应元，戊子岁再修于锦州赵公汲。斯时明伦堂以及门壁方始就焉！康熙戊申，又重修于乌程闵公峻，而闵公旋行取入都矣！余于甲寅岁筮得卢龙令，将佩符东行。适闵公会余于京邸，注意卢庠，悉言卢庠兴废之故。以历代创造之宏规，忽为天风之飘没，虽经草创以重修，终不若古制之周备。向曾捐俸重修，奈规模宏敞无能遍及，欲立石以记岁月，且劝同志于将来。属余代为立石以志之。余于是岁之仲秋，抵卢莅事，谒庙间见学制宏阔，虽经数次重修，阙者犹然未备。以万乘崇祀之香火，而一邑小吏经营，何异蚊负泰山乎！余家东海之滨，去圣人之居不远，遥忆尼山秀气阙里鸿规。值此景象，岂可以祀先圣耶？余亦景仰前哲，乘时修葺，恐费繁之莫继，付托之无人，时拳拳于念，切切于心。戊午春，大兴朱君持正来谕卢庠。谒圣时，首以修学为请。余与之谋画颠末，志同道合，与有同心焉！余即为捐资，首创设以簿籍，示其专也。钤以印信，示其公也。仍令该房乡耆劝助于阖邑绅士商民之尚义者，一时金钱集济。朱君先劳无倦，慨然自任。李生延蕃，协赞劝董。即觅匠鸠工，经营指点，易其颓朽，整其剥落，缮补其窦漏，再造其倾圮，增添圣位中龛，以肃威仪。更制配哲台阁，以顺位次，补全先贤先儒之木主。重葺泮桥璧水之曲栏。棂星坊前，新筑品墙，以期坚久，设以栅栏，以严内外。经始仲春，毕功仲夏。凡三阅月，宫墙改色，殿庑增新，虽非撤地重新之修造，即此补修补造之工程，殿、庑、祠、坊、堂、厦门墙，可期经久而不坏也。余进朱君、李生而劳之曰："此番修造，既无虚糜之费，修葺又得实济，成始成终，无旷无冒，余与共事诸君，俱有厚幸焉！"何者余有修学之盛怀，弗遇朱君可托之人，则何由谋其初。朱君有修学之美意，倘余有闵公之转迁，则何由善其后。今新庙奕奕圣灵妥矣！徐观厥成，遇合奇矣！于是知圣贤之灵爽，原有默属；圣宫之兴废，亦有定候；同心之遇合，亦有迟早。今值告成，余拳拳念伸，切切意释，敬珥笔直书其事，以志不忘云。

迁安县儒学 在治东。明伦堂五间两序，东为进德斋，西为修业斋（并废）。前为露台，下为甬道，东出为义路，西出为礼门。洪武二年，知县萧颐创始，永乐中知县邢冕，宣德中巡按余思宽，正统中知县商辂，景泰中费永宁，皆增修。原在东门外。成化四年，教谕胡宪详准展城以包之。嘉靖中，都御史孟春重修增建后，知县陈策、温志敏、王锡、韦文英、罗凤翔，万历中王淑民、冯露、申安、张镒、张廷拱，相继修补。崇祯三年，毁于兵火。七年，知县任明道重修，后复倾圮。国朝顺治中教谕蒋文灿，康熙中知县武纮周、王永命、张一谔、屈明基、蒋以选、乔于瀛，教谕杜维桢，雍正七年知县王孔彰，相继修葺。

先师庙 在明伦堂前。正殿三间，东西两庑各五间，前为戟门三间。又前为泮池，为桥。又前为棂星门，有文书房、祭器库、斋宿所、更衣亭，并久废。道光三十年，知县于志瀛、教谕刘硕彦、训导李祥泰，捐修。

崇圣祠 三间在庙东北。

名宦祠 乡贤祠，在戟门东西。

敬一亭 在明伦堂后。今废。

教谕署 在明伦堂西，前为儒学大门。

训导署 在教谕宅后。

射圃亭 在崇圣祠东，久废。

明邑人李副使安仁《学宫重修记》云：迁安学宫在城东北隅，屡圮屡修，无虑数四。万历丁亥，洪水灾，学宫倾圮，时诎于财力，因循者有年矣。辛卯仲秋，邑侯张公以关中名士来视邑事。甫下车，祗谒先师孔子回瞻宇下，喟然叹曰：“是乌足严妥祀安弦诵哉？废坠弗饬，有司责也！”毅然捐俸，以修葺为己任。白其事于兵宪梦山白公、郡伯瞻崖马公，咸报曰可。仍助罚锾，以襄厥事，而邑之官寮师生好义者，亦相感出资，乐为之助。侯乃鸠工庀材，首建大成殿，次两庑，又次明伦堂，进德修业二斋。阶序森严，垣墉崇固，加于旧规远甚。经始于壬辰四月，落成于八月。章缝悦怿，黎庶欢踊。有鲁泮水小大从迈之盛焉！学博杨君学、沈君应堂、刘君廷桂，佥曰：“不可无记。”乃率文学王生、应元周生治隆肃币谒文，图载绩于石，因以劝多士。余惟库序为风教所关，教化实政事首务。故有匡世翊道之志者，恒注心焉！昔文翁之在蜀，倪若水之在汴，范纯仁之在襄邑，率皆兴学广教以隆化理，后世传颂不衰。侯之用心岂异昔贤哉！夫学校既新，士习当与之俱新。所谓新者，非徒新其文艺，以猎科第荣禄已也。聿新厥德，使存诸心者无昏昧蔽固之私，见诸行者无卑贱懈怠之失。日就月将，理得性成。骎骎乎入圣贤之域，然后谓之自新焉！而新民事业，由是时出之矣。否则缉熙有间惑于二三崇口耳！侈枝叶违背师说，曲徇当世之好，是谓学术坏；矜事为急功利，阴怀诈力，阳饰仁义之言，是谓心术坏。二者坏，而孔氏之道术亦因以坏矣！不亦负贤侯作新之意乎？谅诸士不安于是。诸士念之哉，行将有新民之责矣。侯名鉴，号湛川，陕之泾阳人。居任期年，多惠政，于学校尤切。即置学田，可概其余，不独新学校一事已也。先令赵城，定兴士民有去后思。今擢岢岚刺史，行之日，士民拥泣遮道，情不忍舍。迁之思侯当无异于赵、定二邑，而在岢岚又可逆知云。

国朝邑人马恂《文庙重修碑记》云：将以畅皇风扬儒休，尊隆道德，美报圣神，则木砻密石，瓦融丹铅，金镂窗而玉带壁，不足以为其华；飞槛延星，雕楹切月，宛红翠而藏虹蜺，不足以为其峻。思天下之物，无可以称其德者，其惟夫子乎！庙焉而飨，文不在兹乎？自天子以至于庶人，以师事之罔弗敬。庸于纮埏所周，跂喙所字，道无不周昭。禋都宫从同，同而各有宜也，各有称也。夫荷毡被毳，首蒲身枲，无以美于藻火山龙，而概之皆谓衣。龁匏啜盐，赋齑饴豆，无以甘于淳母捣珍，而概之皆谓食。然则尽性至命，达化穷神，下及夫孩提爱敬，夫妇知能，而概之皆谓道。道无不在，敬亦无不在。分异而敬同，地异而礼同。渺兹弹丸黑子，圣天子扇巍巍显翼，翼铺鸿藻信景铄，夫子宫墙缔构，岁饬未或，遐遗职是之。故令支秦县，在古隶燕，滥自桓伐，亦若燕说。属在畿甸，屹列东藩，则犹汉左冯翊之支县也。组绥若若，俎豆莘莘，固一文学区，乃春秋释菜，方瞻天仰圣其地者，顾室庣廷芜，丹青彫涣，群诚恫焉！繄惟是筑室道谋裘狐羞羊，趑趄嗫嚅屏营无适。姑曰有司者治之耳！岁阳屠维作噩中州，于公以刺史尹兹。东郊政咸得民，才恒余事图新举废，瞩幽规远。越岁乃登众而咨之，叩囊而筹之，复轸聋俗，申揭明训。凡与庙事者，效赀展力，请贲章服如令甲，乃谨，乃趋，乃振，乃葺。埽敝益缺，举卑崇高。旧视殿廷偃以为广也；今则岿然而山岳峙。旧视祠庑黯焉无色也；今则炳然而日月辉。七曲之神，六星之祀，力赢众勖，兼营毕新，缭墉环雉，罘罳纷葩，黄虬仰楣，白泽卫扂，匪特补苴罅漏，实乃焜耀前规，饰观增荣盛矣！丽矣！则所以宣敷朝廷重道之意，而乙瑛请食钟离拭车者，事无不宜。扶植至圣垂教之模，而体象天地经纬阴阳者，礼无不称。士气以作，鸿渐于逵，民志以从。风偃夫草惟贤令有之矣！计鸠匠自某时，至某月，费缗钱若干，而事以蒇。爰镌乐石，举其计以志，用书勚原始而告成。

三屯营文庙　在三屯城内西北隅。

抚宁县儒学　在县治东南。明伦堂三间，前为仪门，又前为大门。明洪武十一年建。成化间知县姜镐，弘治中刘玉，嘉靖中叶宗荫，万历间知县张彝、训导徐汝孝，国朝康熙中，王文衡、谭琳、刘馨、教谕辛进修、知县赵端，皆经修葺。

先师庙　在明伦堂东，正殿五间，东西庑各五间。前为戟门，又前为泮池，石桥三座，前为棂星门。乾隆五十八年知县蓝嘉瑄、葛长信，嘉庆二十四年知县李长棣、沈淳厚，道光十八年知县张煦，俱重修。

崇圣祠　在庙左

名宦祠　**乡贤祠**　在戟门东西。

敬一亭　在明伦堂后。今废。

教谕署　在明伦堂东北。

训导署 旧在教谕署西，久废。今移学前东山书院，重修增建。

明李东阳《抚宁县重修文庙碑记》云：抚宁县学教谕袁溥，训导刘瑁、沈钰具书，因县丞张俭上京师，以达於余。曰：抚宁庙学久不修，惟一殿一堂，亦就倾圮。修武姜侯镐来知县事。乃会官赢财，复劝富室为义举，图新厥制，葺大成殿五间，建东西房为十间，饰先师及四配十哲为龛各一，为贤士二十有三龛及主皆用木，而髹以朱。其外，为宰牲之厨，为簠簋笾豆，与凡祭物咸备。为棂星门，为戟门，皆一而三。为持敬致洁，门左右皆一。为碑六覆以亭。增明伦堂三间，为重檐翼室，其旁为二斋，后为馔堂，前为仪门。又前为大门，为二楼，曰“兴贤育才之楼”，凿地为“泮池”，有亭曰“泮亭”，为井曰“桂井”。为亭以习射曰“观德之亭”。皆揆地势，简物财，规度宏丽，制用详密。盖曰：侯莅政以来，再阅寒暑而命工举役，仅及其半，于是献荐有所，教学有地，章缝衿佩之士有所瞻法，闾井之民，有所观化。按州部而察吏治者有所据而称为才。侯虽不敢自以为功，而兹事也，不可以不识也。敢以是，请于太史氏。予尝观之《易》曰：“盥而不荐，有孚颙若。”其《传》曰：“圣人以神道设教，而天下咸服。盖诚积会神以示仪表，莫若于祭。而设教垂训，成天下之治者，于道则甚重焉。必其为祭，不徒簠豆龠羽之仪，所谓教者不独以词章、句读、条格、号令为事，然后足以观于天下。”此《易》之道，孔子之意也。今天下郡县必有学，学必有庙，庙必为孔子设者。盖学道之传彝伦为著，而其著于经者，待孔子而后明，则仪刑所在，非极崇奉以为报祀，有不可者。故其名学先而后庙。彼斋居廪食者，不过习口耳为身家计，彝伦之重，漫不省为何物？是自弃于孔子之教。则所谓崇奉报祀之典，蔑为末节细务而不举也。奚惑哉？然苟祭焉而诚不至，礼不备，徇文而遗实，其视学之末者殆无以异也。夫学者士之所，有事而倡导训厉之，政则有司存。圣天子尝视国学，躬释奠戒，饬师生俾进学业，以为天下倡。抚宁畿内地，风化所先，承宣之功于是乎在。而凡有事乎庙与学者，虽欲不自致于文明之治，其亦有不容已者。姜侯本宦裔，初命今官，廉勤而惠，弹修仓库举凡废事，多可书者。而无与乎庙学之事，故不复及云。

昌黎县儒学 在治西南。明伦堂三间，东西斋各三间，曰“博文约礼”。后有号舍，久废。前为仪门，又前为大门，创建年月无考。元大德四年县尹刘懋修，明永乐十五年知县杨禧重建。弘治中殷玘、张云凤，嘉靖中阎凤、胡汉、楚孔生，隆庆中孟秋，万历中吴应选、石之峰、胡溪、吴望岱、杨于陛、徐汝孝，崇祯中秦士英，国朝顺治中推官刘增、知县宋荐、教谕吴凤起、陈兆桢、训导王渠，康熙间知县王曰翼、训导李维楫，皆重修。光绪元年续修。

先师庙 在明伦堂东。大殿五间，两庑各五间，前为戟门。又前为泮池，为棂星门，东西牌坊，各一座，曰“兴贤育材”。

崇圣祠 在庙后。

名宦祠 乡贤祠 在戟门左右。

敬一亭 在明伦堂后，有敕谕碑《四勿箴》。

射 圃 在城西南隅。

教谕署 在敬一亭后，教谕邵纲、王大槐重修。

训导署 在庙左，旧废。康熙五十五年，训导郭鼎建建。乾隆十九年王元钊，三十七年郭铉俊，皆增修。

元翰林院编修张勖《昌黎重修文庙碑铭序》云：黄帝少昊之世，以天下为九州。禹治水之后，以贡赋道里差远，分冀州之西北为幽州。并以青州之东，□为营州。玄菟、乐浪、营平、渤碣、卢龙、辽海，皆营州之封域也。其后或分或并，不可备载。昌黎者，盖古之营□平也。其地背负碣石，南临沧海，左控榆关，右带滦水，山辉川媚，物伙民繁，利足鱼盐，土饶沃壤，异人杰士，历代不乏。如唐之韩文公,《唐书》宰相世系表云：韩氏之元祖怡，为玄菟太守。怡之曾孙继，徙居昌黎之棘城。文公亦自称力昌黎人。斯邑，韩氏所徙之昌黎欤？自周、秦、汉、晋以来号为名郡。国朝开创，分治于右北平之平州，常以通明法理之士为之宰。大德己亥夏六月，刘公从仕以辽阳省椽除尹是邑。下车之日，即谒告先圣先师，入而再拜，出而瞻仰。见殿宇倾欹，廊庑圮坏，门墙芜秽，陛砌荒凉，将有免迹狐踪之兆。慨然叹曰：“昔吾夫子祖述尧舜，宪章文武，修诗书，正礼乐。以正君臣，以亲父子，为万世标准。使后世之人，仰之若日星，称之如谷帛，得之则生，弗得则死。吾之所以少报厚德者，惟一庙貌耳！今而颓敝如此，羊亡礼废，大不可也。方今明天子在上，夔契立朝，左武右文，尊儒向道。上自京师，下及乡邑，皆修崇庙貌，建立学宫，于以明射飨之仪，于以明人伦之化。公卿大夫倡引于朝，守令师儒宣布于外。庶几育材成德，以备他日之擢用。况斯邑者，近在封畿之内。而庙貌不修，学校不立，非惟吾有司得罪于朝廷，其亦邦人之大耻也。于是与达鲁花赤忽都花修诚、主簿李公，为兴废举滞之计，邑中耆旧诸儒闻知未武节、孙铸天成、梁清才美、严鹍鹏翼、王□管句、窦萌润□、孙彬文伯，从而倡和之。各出家镪，以助其资费。于是远近闻之，莫不响应。工者献其伎，强者役其力，或探于山，或筏于水，为陶者以埏，砻础者以石，农樵之在田，屠沽之在市，或辇以薪，或负以米，或壶以浆，或箪以食，咸乐为之助。经始于大德四年八月，告成于五年四月。敝者一新，倾者复起，必改作者不以旧。而仍所未完者，不以劳而□□□揭圣殿于中央，创讲堂于西序。门启正而将将，陛周延而济济，庭□广以爽垲，周垣缭而透迤，栋宇檐阿，翚飞矢棘，彩色相辉，丹青映饰，使过我圣人之门者，弥高其仰。入我圣人之门者，得窥其奥。未必不权舆于刘公从事也。邑耆旧诸儒欲以始终岁月刻之于石，以传永久。命邑人田继和，求铭于余。继和余门生也，义不可辞。谨摭其所告之实，而铭之曰：昔在神禹，治水功成。申画九有，分青为营。惟营之平，有邑其成。其成伊何？昌黎是名。惟此昌黎，壮哉固兮！幽燕之左，辽海之西。北接卢龙，南瞰青齐。其望惟碣，其浸溟渤。其利鱼盐，其稼禾麦。其俗惟厚，其民惟勤。其化易人，其教易循。矧兹令长，屡得其人。人之屡得，自我皇国。奖拔搜求，奇才异德。故以刘公，来尹是邑。兹惟刘公，崇尚儒风。下车之日，即谒学宫。再拜而起，慨然曰嘻！庙貌不严，吾徒之耻。学宫之修，吾徒职耳！乃及僚侣，谋为兴举。邑中耆旧，倡和如雨。或出家资，进于公所。野而农樵，市而商贾。或以缯缣，或以䌷纻，或以稻粱，或以稷黍。源源而来，差肩接武。或探于山，或筏于川。工师具材，陶人以埏，匠运斤斧，是斲是迁。不日不月，而告成焉。圣殿中亡，上栋下宇。以丹以青，饰其梁桷。齐堂讲序，长廊广庑。或东或西，夹分两辅。门阙将将，陛戺楚楚。有豆有笾，有簠有簋。以燕以飨，有处有所。伊谁之功？□来自东。伊谁之力？公相是职。报德维何？取石山阿，既璞既琢，载砻载磨。摛藻为文，作颂成歌。大书深刻，永世无讹。大德六年三月。

明王鏊《重修昌黎县学城池记》云：昌黎为永平属邑，北背碣石，南临沧海，左控榆关，右带滦水，即古营州之域，辽西之胜地也。前之令是邑者率多因陋就简，其于学校，城池多弗留意。弘治癸丑，兖郡寿张殷侯佩玉授命来尹兹土，下车之日，见学宫倾圮，城池废弛。乃集父老而谕之曰："学校以敷教化，所以作养乎贤才。城池以御外侮，所以保障乎生灵。二者皆为治之急务。今昌黎学宫虽设，榱桷朽腐，瓦木将坠，檐不蔽影，户不留风，不有以新之将何以敷教？城池虽有，高不逾仞，深不满尺，车马往来用之成路，不有以修之将何以保障？吾将欲理而修之，新之，何如？"众喜曰："诺。"所恨者公帑所积不足供砖瓦木植之费。乃劝邑民好义而羡于财者，或出木植，或出砖瓦，不强其所无。故民皆咸愿致助。不数日间，砖有五十万有奇，灰有八千斤有奇，木植之类悉皆具备。遂谋诸同寅杨公清、杨公显，而董其役于学宫也。坚者仍之，蠹者易之，倾者植之，邪者正之。侈弗过奢，俭弗致陋，则学宫焕然一新矣。于城池也，溢者宽之，缺者完之，卑者垲之，高者平之，宽其基址，鲜其涂塈，则城池确然完固矣。经始于弘治八年七月十三日，落成于次月初三。无何，殷侯丁内艰去任。邑中耆旧同知李凤等，相率来告于予。既而勒诸石，以示不忘之意。予甚嘉之。孟子有曰："以佚道使民虽劳不怨，以生道杀民虽死不怨。"杀者（衍文）岂不信哉！予之言何足为轻重，但颂前人之美者，将以为后人之式。侯有善政使人有去后之思，有古循吏之风焉！后之来官斯土者，果能奋发兴起，亦能如殷侯之善其政，则后人亦必为之立石矣。

余姚孙铤《重修昌黎县儒学记》云：学校之关乎政理大矣哉！其道□转□之功在人，而风声之树，心目所寓，未尝不于学宫系焉！知教之所由始，则知政之所由善。始自国都达于边境均也。昌黎古营州，域东北边胡。史称其俗尚勇侠，人性刚悍，习于戎马，固用武地也。文武一道，治教相成，上者下之倡，士者民之观。矧昌邑近在畿封之内，自洪武庚戌诏立学宫，彬彬俎豆，章缝之辈，□为世用，超轶往昔，圣化所被深矣。顾乃历年□弛不常，倾圮浸敝。嘉靖壬戌，邑大夫曹州楚公至，则喟然曰："此吾职也。"一日，集司训桐柏杨公及诸生宋可大、张彭年数辈，议曰："士之所依者学，学之所重者庙。而春秋之飨祀，岁时之伏谒，莫大成殿为重也。盍新之殿之东西有庑，前有戟门，旧章率庳陋未称。又儒者明伦之教，先孝殿新矣，而启圣祠未之及焉。学之制讲习藏修，师生相守，是故有堂有斋，有教谕宅一，训导宅二，有号舍东西各五。岁久不治，何以示常所，而定居业也。盍并新之。"佥曰："如议。"于是新庙门，新大成殿，新启圣祠及诸堂斋舍，力用农隙，财取诸筑城之羡者。肇癸亥九月至乙丑十月以次迄工，民不苦役。乃今栋宇层峙，丹青交映，望而宫墙，入而堂室。制不加崇，而仰瞻之若益尊，址不增拓，而周阅之为始备。邑大夫，暨司训诸公，率诸生涓吉修祀，升降揖让之间，雍雍如也，秩秩如也。暇日，每进诸生，讲明理道，根极圣训，远吊夷齐，则贤人之是求。近诵退之，则山斗之在仰。上下千有余年之文献，而表彰之。俾士明于所趋，乐于所聚，济济祁祁，如百工之在肆，其必益奋勉，愿际圣时，以成贤大夫作人之意。而远近闻风，人咸益知学。即戎马之习，而不失诗书，率边境而邹鲁矣。嗟乎！圣道之大，如日月之丽天，江河之行地。无事不寓所在而有者也。为邑大夫者，讵可惟簿书之是亟，而缓于学校？而诸边邑大夫又讵可右武而左文曰疆场系念时固，有所不暇也哉？楚公，名孔生，字梦征。己酉乡进士，尝游先宗伯文恪之门，知为文武通才也。在邑□善政，诸所兴复城池、楼堞，武修矣！别有述。乃今所记，则邑之士人立石学宫戟门之右，欲存故实风示后来者也。故独详于学校如此。嘉靖丙寅七月。

国朝山海佘一元《重修昌黎庙学碑记》云：夫营建而立碑，志不忘也。将使后人游其地，而读之，知其创造者何人？重修者谁氏？一举目而厘然，所以纪成绩而兴嗣绪也。昌黎之庙学建于元，历明以迄今。其间颓而治，治而颓，盖数数矣。夫日月易迈，漂摇剥蚀者有年，遂令枯楹溜雨，败瓦飏风，门缺全扉，环无完堵。师生共处，莫不感叹，欲修葺而无资。幸顺治戊戌秋七月，郢潜刘公声玉，以郡司李摄篆于邑，行释菜礼，目寓之而慨然系怀。谓昌黎材藻之薮，人文蔚兴，而学宫堂宇，庳陋毁坠，曾不及浮图，外说克壮厥居可乎？顾安所得资乎？适仙台之椒有步檐为天妃祠。每岁十月，境内外旁及他邑，树灵旂，鸣社鼓，群聚而祷祀者立如鹭。旧日长令设胥以榷之，入其缗于官，沿为例。公知其事，戚然不宁。邪说不可诬民，况利其赀乎？革之则倍难卒易，仍之则身不忍壑，却之则货恶其弃。因喟然曰："吾知所以善其用矣，夫一阿堵物耳，私之则伤廉，公之则□义，以之奉淫祀则滋惑，以之饬□序则反经。其所以转异说而扶正教者，其在斯乎！于在斯乎！"于是括而算之，可五百缗。悉籍记而归之学，办置物料以为重修之费。学博上谷曲水、孙兆桢，都门王渠，即进庠廪孙时来等而谋之，急为经营相度，诹吉兴作。随择其谙练有守庠生周家珍、张国珍二茂才，以董理之。克日鸠材，按佣给值，司斤者问匠氏，司埴者问陶人，司锸畚者效奔走。先明伦堂，次敬一亭，而柱之，础之，栋之，甍之，垣墉之，构茨之。瓦缝参差之，针头磷磷之，涂塈丹彩之观美矣。乃戟门未饬，宫墙倾败，尤非所以肃庙貌妥神灵也。复捐赀以庀木石，乘时以僦工役。旬日内端严□丽，气概一新。庙自戟门外，皆重葺之岧峣也。堂自明伦而后，皆新开之丹垩也。阶无蔓草，廊无垝垣，松森柏蔚，佳气郁葱，门翼翼而宫岩岩，堂殖殖而亭闲闲。泮水钟兮，清且涟，芹藻荣兮，色芊芊。文明运启兮，灵杰肇于斯焉！夫诗咏《頖宫》，颂鲁侯也。史称兴学，美文□也。今刘公冠冕人文，提奖多士，崇文课艺，分糈饷士，实鼎革以来所未有。非雅意名教者乎！是役也，县幕王懋，亦与劳焉！故皆得详书诸石，以俟后之游斯学而读碑者。顺治六年。

滦州儒学　在州治西北。明伦堂三间，左为厨，右为库，东西两序。东为“兴诗斋”，西为“立礼成乐”，二斋今废。东出为“居仁门”，西出为“由义门”。又前为东西儒学二门，门外两坊，曰“兴贤”“育材”。辽清宁五年始建，元至正四年，知州孙明撤而新之。至明洪武四年，李益谦重建。洪武中刘政，永乐中谈辉、陶安，正德中刘并，天顺中郑鼐，成化中杨鼐，弘治中吕镒、汪晓，正德中陈溥、高堂，嘉靖中刘体元、张士俨、陈士元，隆庆中推官陈训，万历中知州郑琉、张元庆、刘从仁、林养栋、李乔岳、周宇，国朝顺治中朱伸。府同知刘日永、州同史在德，康熙中知州张勿执、学正白学曾、王子梃、训导韩文煜，相继修葺。

先师庙　在明伦堂前。正殿五间，夹室为东西两庑。两庑神牌。同治四年学正张汇升，训导张济补修。前为戟门，又前为泮池，为桥，又前为棂星门。门外有石望柱二，郡人许庄立。

崇圣祠　在庙东南隅，聚奎堂北。

名宦祠　乡贤祠　在成乐斋西，本馔堂地。

敬一亭　在明伦堂后。

学正署　旧在“兴诗斋”东，久废。今在明伦堂后。乾隆三年，李光祖购买民地建。咸丰六年，署学正魏履泰捐募重修，增生王汉文、贡生吴优善监修。

训导署　旧在馔堂南，久废。今在殿西。乾隆三年李光祖建，同治十一年重修。增生王汉文，贡生吴优善监修。

射圃亭　在乡贤祠西。今废。

学　仓　在学正廨南。久废。

演乐所　在训导宅南。咸丰七年，学正魏履泰、训导张钦师、暨增生王汉文、贡生吴优善等捐置。同治十一年，州牧游智开捐置祭器。

明州人高辅辰《重修启圣宫记》云：治统开于唐虞，地平天成，璇玑七政，而天事已毕。道统惟成汤始肇，圣敬日跻，一时伊训虺诰启万古性道之学，以人文化成天下也。神明之胄衍，玉筐瑶台之瑞传，锡姓三命之裔，至郰大夫叔梁纥始诞生至圣，为百世师。明初封启圣公，配以颜、曾、思、孟，从以程、朱等之父袝祀明禋。前守刘公体元，择宫东巽方创建专祠，以隆蠲馎。岁月遂遐，继经兵燹，鞠为茂草矣。春秋有事于俎豆，仅绵蕞蓬围粗了几筵。闻之子虽齐圣，不先父食。况崇宫绮殿，既奠先师，而顾瞻圣父，露栖不幕，非所以燕娭冥孝妥侑严灵也。大夫马公，拜而兴叹，念时诎难以劳民，首捐俸缣以劝绅士，而身任其费十之七。聚棼栌拱桷之材，坚甓砺灰之具，咸罗于公庑，目综心计焉。梓匠佣直，垩䰍应时，丹髹从质。旬月而厥工报成。博士弟子员于落成之日，尊酒劳大夫曰："百年湮圮之宫，楹鸠僝鼎建实创始，非因旧也。"圣父寝成，新庙奕奕，先师陟降，在其左右，惠于宗公，神罔时恫。大夫之功，作之屏之，当与奚斯《閟宫之什》并声之管弦而寿之金石，是不可以不记也。时岁次戊午，知州事马公如龙，绥德州人，壬子科举人。

国朝知州黄克昌《重建滦州学宫记》云：滦之有学宫也，始于辽清宁五年，是为宋嘉祐四年。历元明，代废代兴，制度规模不可深考。圣朝开国重道右文，薄海内外所以崇祀我夫子者，礼隆典备，远迈往古。滦之学宫，于斯为盛。嘉庆庚辰，岁除前一日，余来是州。顾见榱栋倾欹，岌岌是惧。爰拭碑读记，知自十五年吴君士鸿修葺后，寒暑仅十易耳。夫乃叹百八十年间，官绅相承，庙貌无堕，其人不必尽举，其功不容或忘也。余窃欲绍前人之迹，而彰前人之功，顾多事卒卒，而同志复鲜。今上御极之五年乙酉秋，学正王君、训导谭君，同时任滦。喜与有同心焉！余乃捐廉首倡，绅士商民，率皆踊跃。以明年二月诹吉兴工，八阅月而告成。学宫旧基，西盈而东绌，因地缔构，美富未臻。乃移大成殿东去四尺，殿基培高三尺，殿本三间，今约二五。崇圣祠移南七尺，增高一尺有奇。东庑移东三尺，并西庑增高一尺六寸。戟门增高一尺。照壁故址，甬道左右胥易砖以石。名宦、乡贤二祠，撤其壅蔽，豁然开朗。东西坊拓外二尺，闬闳墙垣，皆仍其故。卑者崇之，敝者新之，隘者削之，巍焕之象于是乎在。董事者冯生淦不惮嫌怨，任劳尽瘁，风雨勤作。又赖王、谭二君，朝夕督视，洞合余指。余既嘉其心诚而力奋，信其费节而工坚。用有所阙请，无不行。以故轮奂堂皇，落成綦速。既告竣，诸生请余一言，以志其美。余思游圣门者难为言。繁文缛辞，徒灾珉石。谬学古人指事不饰，谨述其实，以告来者。是为记。道光六年丙戌十月。

史一经咸丰九年《重修滦州东学碑记》云：昔叔孙婼每有所至，虽一日必葺完室屋，去之日如始至此。其事在今日人以为诽笑，而《左氏传》以为美谈。何古今人不相及？所见如此其悬绝哉！盖古人兴念举事，不为一己必求利人，苟利于人，虽损于己弗恤也。苟居其任，必为其事，虽止一日，勿论也。是以上无虚禄之臣，下无弗治之事。后之君子则不然，皇皇焉惟利己之是图。盖有久享其利而弗修其事者矣！遑问一日哉？滦州东学之毁，职由是也。学故东西两署，东署在明伦堂后，以居学正，年久倾坏。学臣固冷署，力未足自谋，以故不能修复，而常僦屋以居。往岁武邑魏君素庵以摄篆至，故事摄篆者远不过期。而素庵已历再，考士谕翕然，推其笃厚，以为真师范也。乃至闾巷负贩亦莫不敬信。今年春素庵念学署久废，而僦舍无定，湫隘嚣尘，不称讲肄接宾之所。乃谋于诸生议新东学，俾诸生之稍有力者，亲董其事。而阖庠之秀与绅耆商富，咸踊跃捐资，乐为之助。鸠工庀材，三阅月而落成。是举也，以暂摄之官，兴久废之工，资众人之费，而询谋既协，遂以立就。固由滦士之好义，而非素庵夙孚乎士望，吾且虑其号呼而罔应也。虽然使素庵以五日京兆自视，或稍存自私之心，则必不肯捐其资，劳其身，以为后人也明矣！而素庵顾汲汲为之，不自疑阻。若君者，其真有古人之风欤！余与素庵交虽浅，而志意最相得。素庵属余为记，故书其事。俾后之享其安者，永念成劳，花木几案加爱护焉！是则素庵所厚望也夫。

乐亭县儒学　在县治西。明伦堂五间，两序东为“居仁斋”，西为“由义斋”，后为馔堂（今废）。其前为中门，门内为号舍（今废）。

又前为学门，金天会中，邑进士李杭建。县令韩昶、邑进士鲜于仲权，元至元中县尹柴本立修葺。元季兵燹。明洪武中知县王文贵重修。正统中吕渊，天顺中董昱、县丞狄春，成化中知县王弼修补，李瀚迁建于文庙东。弘治中郝本、田登，嘉靖中杨凤阳，万历中林景桂、于永清、杜和春，天启中刘檄，国朝顺治中知县叶矫然，康熙中于成龙、金星瑞、张敏，教谕王纯，训导柴育德，乾隆间知县陈金骏、教谕赵云书，相继增修。

先师庙　在明伦堂右。正殿五间，东西两庑，各五间。前为戟门三间，角门各一间。又前为泮池、为桥、为棂星门。门之外，绕以围墙，形如玉带。左右各一坊，其神厨、神库、宰牲房，今废。

崇圣祠　旧在戟门东，今改建大成殿北。

名宦祠　**乡贤祠**　在戟门左右。

敬一亭　旧在崇圣祠前，久圮。改建明伦堂后。

教谕署　在明伦堂左。

训导署　在明伦堂右。

射圃亭　在居仁斋后。久废。

学　仓　在明伦堂后。

金邑人鲜于仲权《重修文庙碑记》云：吾夫子生固多能，天纵将圣垂六艺之素教，实至治之成法。仁、义、礼、智皆具备，道德政化无不明。正君臣上下之分，笃父子兄弟之伦，三纲五常，所自出也。其云百代帝王之师者，岂曰妄欤？故孟子称出于其类拔乎其萃，自生民以来，未有如夫子者也。夫子之没也，微言几绝。汉兴复阐，大猷崇化，励贤以风，四方明太平之原也。降及皇唐，以文绥海内，尊夫子为先圣，谥以至圣文宣王。广学舍，文治□然勃兴。鼓箧踵堂者纡侈，袂曳方履訚訚秩秩。虽云三代之隆，未之闻也。天会间，吾乡进士李杭等，追迹古风，□文明之地，特建宣圣庙于城之东南隅。岁时致祭莫之或阙，厥后经历岁久，殿宇颓坏，榱栋摧折，为风雨所敝。明天子践祚以来，首以教化为大务，一新文事，始自京师，延及外郡。开设学校，广致儒生，冀渐摩之化行，而习俗之美也。以故县邑间亦复修饰宣圣庙。县庠迩来独有一殿，绝无学舍，生徒于何而游息乎？余是以遍白于乡人曰："吾拟兴置学馆，聚后来雅素裒衣博带藏修于其地，方领矩步委蛇乎其中。上以副国家尚文之意，下以励生徒进业之心。俾愚俗睹之者起念善之怀，浸成阙里之风，不其伟欤！"乡人师锡而对曰："可！"于是奉以钱币，或致之力役，源源而来，莫计其数。于是特新殿宇十哲塑像，配座于圣师，余贤者立侍绘像于东西序。前置大成门，稍前起东西黉舍，以居学者。迳南复开敬业门。其出也回折而西，外达乎康衢。至于绠汲之，用庖厨之，所莫不备焉！自春之始，徂夏之中，其事毕矣。呜呼！学者来思，可不勉欤！有负吾志，能无愧乎？旧按时风气初开，文以质略，时以兹邑设学立教之始。不忍没之，因具录云。

元监察御史李讷《重修文庙碑记》云：乐亭孤竹之名邑也，供厥职者，罔艰于治。盖习俗朴茂，人好礼让，有古夷齐风。其所由来者，渐矣。柴君本立自邹平丞来尹兹县，敬事爱民，俱有明迹。岁时释奠，睹文庙倾颓，仅庇霜露，喟然叹曰："学校不修，儒风靡振，长吏罪也！仆何人哉？遽敢效尤！"爰是谋诸僚佐，咸乐为之捐俸金。练时日鸠工庀材，躬相其宜，以襄盛举。择高年笃厚之儒董其役，逾月讫功。殿宇门堂，焕然一新，邑之贤者，靡不感叹。相率而踵门，顾谓予曰："泮宫圮裂久矣。匪孳孳吾道者，熟能起废如是乎？盍纪其劳，以励将来。"予作曰：诸君言之诚是也。今之牧守令君殆遍天下，知所务者几人哉？或提刑以立威，或沽名而通好，或挟吏事以轻儒徒，或务植私而戕公业焉！知教化之源，推诚报本于先圣先师之门乎？噫！若柴君者，可谓知所务矣。虽然尹之心宁止于斯而已。方将扩而充之，博延先觉之君子，诒后来以仁、义、礼、智之道，诗书六艺之文。春弦夏诵，日新时习，渐摩圣化于变时雍。使天下凡为尹者，悉充此心以为心，将见风行草偃德泽所濡，致吾民，于熙熙皞皞之天，有不期然而然者矣。不亦大快于心欤！并书以为记。时至元丙子仲春。

明大学士徐溥《重修文庙碑记》云：天下之事功，皆得人材而建，而人才多由学校而出。故学校者，治道之先务。世之为治者，或反以为后，而留心于奔走期会之间，簿书鞭朴之际，是以其事虽粗若可观。欲其民之耻于争讼，归于礼乐难矣！惟我国朝首重乎此，自洪武建元以来，诏旨所至，虽遐陬僻壤莫不有学。百二十年间，圣化远被，儒教大兴，人才皆于此出，事功皆由此建。济济赫赫，其效至盛有足征矣。今李君固出于此者，及其居县令，有民社之寄，遂不忘乎此，而惓惓焉！岂非知所先后轻重者哉？宜师生不忘其功也。李君为予会试校文所取士，名瀚，字文渊，以明经冠山西乡解，登成化辛丑进士第，为人有才识。尝以乐亭密迩畿甸，为东方要地也。即旧城修完至三百余丈，而民不为劳，是皆可书者，因及之。

太常寺少卿杨一清《重修文庙碑记》云：善为国者必崇礼教，学校者礼教所自出也。今天下郡县皆有学，守令实提之，考其学政修者恒少，甚则视之漠然，事神作士，一切苟简，法且不知畏礼之云乎！永平乐亭为畿内剧邑，士多务学。先是学宫久敝，他令皆不能治。成化间，沁水李君瀚始治之，亦既宏丽，旋以征擢去，不备也。弘治丁巳武城田君登至，慨然兴学，遂集材兴工，次第建立之。学南面民居拥其前，亨衢弗通。君市而通之，表以棹楔，中作泮池，而桥其上。又市学左民居若干步，以通往来。乐亭之学至是大备矣。夫学之治不治，部使之所不暇责，彼为慢易。正坐此君，以进士为令，上官所优礼众，方计月数日，以俟征檄之至，乃能视学校为首务，而汲汲图之。较之李君之用心一也。是岂无所见于礼，而有待于法者。

明左春坊庶子冯琦《重修庙学碑记》云：乐亭有学创自金大定末年，迨我太祖定天下，诏郡县饬新学宫，惟时稍稍扩兹基址。成化嘉靖间，再一缮葺，迄今五十余年。蚀于蠹虫，颓于风雨，不修且就圮。邑侯潘君为令之明年，百废俱兴，恺悌作人，建议鼎新。又以学宫西鄙闭塞，棂星门外仅数武，卑隘荒芜。夫圣道若宫墙数仞，而士贵进广大高明，奈何卑塞若是？乃出赎锾佐役，构旁舍地为圣域环桥街，鸠工计赀庀材辇石，克日始事，再稔而竣。殿庑门墙，瓦墁棼，金碧丹垩，莹耀参错，以至镛笙管弦，簴簨云雷之属靡不修饬。凡为敬一亭三楹，就中亭三楹，为斋若厨者八楹。起正月十五日，落成于七月二十四日。诸博士弟子，谓不可无籍。不佞按《隋·地理志》载本为卢龙故郡，据险乘塞，实东北上游，而清潴一带，绵亘渟滀，其人率豪杰任气，习于戎马击刺，而间不雅驯。已又读《元庙学碑》，乃谓士多朴茂，彬彬礼让之遗。何两者所载，剌谬甚也。岂其豪杰戎马尚未讲于俎豆，而朴茂礼让则兴诗立礼之后乎？议者谓国家二百余年，弓矢在橐，干旌在卷，畿之地童子舞勺，成人秉槧，道且大明而比者东西告警，所乏不在诗书，而在韬略。然则乐邑之故习，故今之所急，而后乃秕稗也。是又不然。《诗》曰："既作泮宫，淮夷攸服。"古者璧宫桥门之内藏焉，修焉，游焉，息焉，出以受成，入以献馘。有文事，有武备，则学之所为学也。夫子不答军旅之问，而自命曰"我战则克"。至其论人材则喟然三叹于狂狷忠信之徒。夫豪杰近狂狷，而朴茂近忠信。乐邑之风气人心，吾夫子所愿见也。孚而翼之，道心宏矣！鼓而用之，德心广矣！然则昔之所谓戎马击刺，宁无说礼乐，敦诗书。而今之彬彬礼让也，天下无事则不争不党，天下有事，则不吴不扬。倡率化导，是在有司耳！夫子修《春秋》，宣榭桓楹，皆谨书之，而泮宫之作无讥焉！录其诗以彰鲁公之美。今之为政者，簿书日不暇给，何暇问两楹。潘侯广励学宫，兴贤育才，不费公帑，不程民力，今且以治行高等征，而乐邑文物，日浸月长，将相文武之选，云蒸龙变，则无忘侯之教也。因为志其岁月，于泮宫之左。

给事中滦州白瑜《重修庙学碑记》云：郡属邑乐亭，地沃民愿，士亦任质无诡行，往往名士辈出，有先圣之遗风焉。近士虽苦学，尤苦大司南也。属邑大夫雷公至，政次第举，尤以教化为孳孳。曰：令，父母若者也，师帅若者也。父母不忍弃其子，训以义方；师帅不忍縻其军，训以纪律。司南非我而谁？"乃于诸生选秀简奇，说经辨难，程督课艺。士莫不踊跃，意向蒸蒸然起矣！又谓学校为教化所关，圣天子广励学宫。弟子入门者，升堂者，骏奔者于斯，景仰圜桥者、负笈者、立雪者于斯。瞻依若听其日颓而莫支，虽督其学，是求成于废肆之工，责易于废田之农也。必无幸矣！屡谒庙环视璧画，命工鸠材，大为之饬，或增崇益廓，或振圮更新，不啻创始。始于岁之四月，讫于岁之十月。问其费则不赀也。其费所出，则大夫之糈之缗也。或曰："大夫撤旧宫而新之矣。诸生亦舍旧业以与海内更新可乎？"不知旧可变而新之者，学之宫新未可变，而仍旧者俗之美。乐俗朴野近古，可圣、可贤、可卿、可相、可为隐君子，正赖有此。倘从新则巧狯文饰已矣，不为不善变乎？诸生避席敬领，谋代石勒之，余即以其为记。

大理寺少卿山海卫刘廷宣《重修庙学碑记》云：不佞宣读《汉·循吏传》，而知天下郡国，皆有学校。官自文翁始也，文翁治行不多见，独以兴学一事，度越千古，且蜀人士，至今好文雅不衰。吾乃今而知作人之道，通于天矣！邑大夫捧云刘公至，突未黔而亟修庙学，所营建功，胜经始万万详在自为记中，不具论。因以作人意属记于余。余与公为忘年友，习知公文章光焰万丈，亟谢不敏。公执弗听。曰："第邀钟鼓之灵为耳提诸弟子员耳！吾业另募短碣以致岁月，已宣朴邀无足比数，何能有以诏诸君子？吾将吹太乙之藜，抉二酉之藏，为诸君子振大业于千秋。则既莫不家灵虵人隋珠矣！吾将筑黄金之台，启芙蓉之镜，为诸君子作朝气于万里，则既莫不家稷契人咎繇矣！无已，则姑与诸君子讲学，世之人终身学不知所学何事？夫学者，为圣人而已，圣人去人不远，不过日用言动之间，能曲尽其道，便是圣人。吾人日用言动，君、臣、父、子、夫妇、昆弟、朋友各得其所，便是天地位万物育率者。率此修者，修此谁得谓圣人不可学而至？议者曰："讲学方今之大禁，君不见南皋邹子、少墟冯子之已事乎！"不佞目慑之走，子安所得此言？诬圣政之大乃尔。圣天子睿哲符烛，龙炳照经，筵视筴历常悬。何日不学？何学不讲？所禁者乃巧立宗门，妄标坛宇，号召天下，虚浮之士，蚁附蝇趋。至以林壑，夺朝廷用舍之大权，甚乃总宪元老，拥皋比于都会，斯为滥□，使主者半埽。丞相之门奴者几厌宗庙之美，真不可耳。是故处士横议，子舆氏用为切齿，龙门高峻，申屠生终当裹足。率是道也，彼皆非与？然则圣天子标同轨同文之极，所以为诸学士大夫劝甚勤且至，而曾是讲学为厉禁哉？东溟故号才□，而泥蟠天飞之彦，指不多屈。得公以文翁化蜀之治，陶之，铸之，想当有名世者，应运而起。宁讵第好文雅不衰，与巴蜀士埒，文翁治术不多见《史记》。其谨身率先，居以廉平，疏公治行端合在伯仲间。文翁可作史所称“廪廪庶几德让君子之遗风，直相视而笑耳。”乃知公之教，实先身之矣！诸君子幸默识焉，夫子之文章，可得而闻也。

邑宰刘檄《重修庙学碑记》云：岁甲子，余莅兹土。躬谒学宫，见大成殿草蔀其上，尘芜其下，贤儒主莫不长莓苔，堂斋鞠为茂草。不觉欷歔叹曰：“释氏异端之教，苦心受戒，类能募众庀朱提起雄构。吾辈沐圣贤埏植其崇奉，反弗异端，若能无愧乎？”爰先捐俸□助于乡，谋鼎新之。始于天启五年，讫于七年。虽曰重修，不啻创始。予意乐之士必有应时而起高掇巍科者，非游词也。虽然吾望乐之士，不但掇巍科真人品，必从真学问中来。脱乏学问，偶以掇拾游词，博得一第，服官丁盘错未有不见眩而守摇。真之一字，可以潜可以跃，可以对圣贤，可以足千古。否，即翦采为花之一说也，岂古司徒教胄意耶？昔吕东莱讲学兼及举业，晦翁止之曰：“士先道德而后功名。”东莱曰：“若不开此一路，则堂前草长三尺矣。”予谓功名与道德可分言，亦可合言。古之功名，即是道德，今之道德，止是功名。真耶？不真耶？吾不知之矣？

国朝大学士陈廷敬《重修庙学碑记》云：国朝守令以学为重，其间创修有时，或一人起之，不自一人成之。或众人成之，众人不克全之。无忘其始，贵有其终，斯为吏治之光。乐邑有学，前不具述。自天启丁卯而后经四十年，未闻缮理语云。苔侵鲁壁，烟障尼山，殆不妄也。叶侯前来，慨然有志，捐金五十两，琉璃圣殿，无何而去旌揭矣！高生启祚肩其任，姚生延嗣厚其施，协力同心，作庙翼翼。时康熙三年春也，嗣而学训王君之造，吴生缵圣因两庑之垣墉，而涂塈茨焉！其余戟门、棂星日见崩坠，乡贤名宦基址仅存。于侯至，谓司训王公曰：“殿庑修而余皆吾事矣！虽然无欲速，德惠未敷而竞事土木，其谁与我？且功易成者亦易毁，补葺之谋，曾先我而图之，不旋踵而复坠。况二祠破瓦颓垣无复存乎！计此者必养全力而后可。”越明年政治既平，百废且举。丁巳夏六月诹日而从事焉，计其经费之需，为集鸠义簿，捐俸百二为创。先而司教孙君、司训王君，并阖邑之绅衿士宦，四方之向义者，共捐有差，乃聚尔工。工出于募，不征调于夫家。庀尔材材出于措，不支给于公帑。既躬亲以省之。又属王谦韩、孙昌齐曰：霁侯宝训四斋长以督之。凡今之宜修而未修者，即因为创，而悉出之以心裁。并前之已修，而未臻厥美者，踵事增华，而勿仍其阙陋视彼聊且苟完之。政则大相天壤矣，且由内及外，细大不遗壮屏翰，则崇饰其垣缭，谨出入则增设其栅栏。肃外望则易制，其天衢以逮圣域贤关二坊，凡四阅月而观厥成。先是侯有闻于人曰：“公治留心在文，文不振，风为之也。东南城头，建文昌之阁，而祠魁宿于上，则文治可兴。”侯重其说而为之。嗟乎！谈吏治者，惟簿书是急，侯则略而不讲。以为学宫一事，司宪所不纠，司衡者又不以之课殿最，自非循吏洞瞩治源，未足语此。此而有成，信吾道兴废在人，而不关之气运，而其心犹未已也。若明堂、斋房、门垣皆循次及之，又以考来春之工作云尔。

永平府知府谢赐履《重修庙学碑记》云：学校之设，所以育人材，兴教化，著文明之治也。是以历代帝王，莫不由之。我上右文致治，尤加意振兴，释奠曲阜，缮理圣宫，亲洒宸翰，颁额天下。凡内外大小臣工，孰不欲兴行教化，仰赞圣主熙隆之治。矧其在畿辅郡县也哉！乐邑古海阳地，为京师左辅。首被文明之化，人才辈出，争自濯磨，国朝尤盛。独以介在海隅，地狭而贫，视他邑为甚。旧有学宫，建造干元，继修于明，历年既久，倾圮堪虞。乙未秋余以民曹出守北平。岁值不登，民鲜粒食。其明年荷蒙特恩，蠲租发廪，赈贷穷黎。余行部乐亭，谒夫子庙，虽殿宇巍峨，规模具在，而腐厥黦黖，急待增修。东西两庑，栋折榱崩，为太息者久之。欲议修，而赈务倥偬未暇也，秋九月张君敏以滇南孝廉，新任兹邑。慨然以作新为己任，而谋诸余，余惟工作浩繁，虽量捐薄俸为始倡，顾虑资用弗给，而邑之僚寀绅士旗民，感张君之善举，胥乐输捐，惟恐居后。张君又能经度盈缩，鸠工庀材，次第举之。经始于丁酉四月之朔，竣役于戊戌九月之望，约费四百余金。期年之间而焕然一新矣。东西两庑、棂星门、圣域坊，皆从新改作，伟于旧观。泮池则围以花墙，树以朱栏。其他丹雘漫漶者，彩绘之；木石败腐者，更置之。大殿月台，铺以地平。神路丹墀，甃以砖石。环垣易以砖墙。角门，固以扃键。未讫工，邑人李兰翊起文运，秋解，抡元礼闱联捷，非聿新文庙之一验与？虽然学者立身文艺，不先品行无以虚名误，实修无以功名害道谊。忠孝节义，晨夕讲摩，出为名臣，处为端士，不徒区区以笔墨，苟邀富贵利达已也。是以为儒者，敦本之学，朝廷兴学之意，余于邑人士尤厚望焉！于是乎书。

邑宰陈金骏《重修庙学碑记》云：三代盛时，教民以大小学，频璧而外为庠、为序、为校。互见于乡党州闾之中，猗盛哉！我朝立大学于畿内，立儒学于郡邑，复令城郭村庄各置义学，法良意美，声教四讫。以故考德行书贤能，野处不匿，其秀蒸蒸乎！迈三代而独隆矣。然而守令师儒，虽不乏其人，学校之鞠为茂草者，亦往往有之。乐邑文庙，创自金大定末年，其间相继增修，邑乘班班可考。而社学旧载有五，今已荡然无存，诚阙典也。乾隆己巳秋，予承乏兹邑，念涤瑕举废，未尝一日去怀，又注意学校。适广川戈君谕斯学，一日谓予曰："子民必以教学为先，为学必以崇圣为本。顾予自司铎来锐意振厉，睹黉序悉罅漏坍塌，而崇圣宫且就圮。己巳春予既倡捐营建，择地于大成殿北立崇圣宫，垒以层阁，列圣之神妥焉。然而文庙之丹陛未饬也，泮水未浚也，宫墙未葺也。他如弟子之在门者，予虽殚心启迪，至士庶人之子弟，非借义学以养正不为功。凡皆予心所耿耿而未逮者。"予闻戈君言作而曰："诚哉！师之为师也。自古风俗之美，贤才之茂，未有不自学校出者。师言何适合予心乎！顾功业莫大于是，是不可以不速举。"辛未春，予与戈君倡义首捐，集诸庠遍告绅士，绅士亦踊跃乐输恐后。择庠中生之明干者董之。而予与戈君时共省视察其能，则见丹雘整而崇之，坚栗方折中乎矩也。泮水浚而深之，环曲半规澄泓如分月也。宫墙撤而新之，周缭高垣玲珑如窗棂也。复即启圣祠旧基，建为义学，讲堂三间，厢房三间，门楼一间。颜曰“集英书院”，密迩圣域感发，尤易。爰选子弟，以充生徒；延耆宿，以端师范；置学田，以给膏火；立学规，严程督过者。俯而就不及者，仰而企焉！异日以文章鼓吹休明，胥权舆于是矣！故于其成也，戈君属记于余。余忝父母斯民之责，既乐观厥成，因濡毫记之，以著贤师规画之盛心，作人之雅意，与夫都人士之向风慕义，并寿诸珉垂不朽云。时乾隆十六年夏也。

教谕徐桂棠《重修文庙碑记》云：且夫有城邑，则有学校。有废兴，则有修葺。有修葺，则有碑记。由来旧矣！然不能以其为故事，而略而不记者。盖以学校为教化本，则修葺为邑事要，有举勿废，袭前人之迹，以示后人。庶久久相承于勿替也。乐邑文庙，始自金之大定，近七百余年。中间不知几经修葺，各有碑记可考。岂非前人重本，图足为后人规法者欤！余以壬申九月教谕斯邑，释奠初见戟门、两庑名宦乡贤祠皆新造，而未施丹雘。讯知为赵邑侯及前司教杨公未竟之业，心窃惜之。既又周视崇圣宫、大成殿及诸所门窗悉就残缺，而泮池甬道，率圮毁倾陷。奎光阁之西为斋宿所，块然瓦砾而已。心益伤之。然以初莅任，噤不敢言。无何，赵侯调繁河间摄篆，宋公又以兵差甫毕罢去。甲戌岁吕侯来，余又以公车北上，复未及议，然刻刻未尝去诸怀也。乙亥春，正适邑绅群萃，乃倡言曰：“不佞莅任已数年，比岁大登，未竟之业，图功攸终可乎？”佥曰：“可。”于是亟造簿，偕司训马公，携以商吕侯。侯慨然以为分内事，首捐俸百五十金，都人士闻之欢然乐输者相续不绝。乃择诸生数人庀材督工，诹吉三月之末，凡五阅月而告成。缺者补之，坠者修之。自崇圣宫、大成殿、戟门、两庑、两祠、而外若环桥、若棂星、若圣域、若贤关、若奎星阁，以及斋宿所，莫不灿然一新，照耀人目。于是数年夙愿，为之一快。夫学校重则教化行，比年乐邑文章科第甲于一郡。自兹以往，蒸蒸日上，崇本食报，奚有艾焉？夫始其事者，赵邑侯、杨司教也。而苟非吕侯好义，邑绅好施，又何以光前烈而成厥终哉？赵侯没矣，使杨公闻之，慰藉当何如也！维时赞其议者，进士李陶山、张快亭。为多督其工者，前则从九品李中洵，兹则义民王慈、诸生朱国光等，也事毕勒记。非以为名，冀历年久远，同志者嗣而葺之，庶几有兴而无废矣夫！

邑举人阴振猷《重修文庙碑记》云：间考邑志，至元人著《文庙碑记》，谓乐亭习俗朴茂，人好礼让，得古贤遗风焉。夫士有朴茂礼让之质，不可无学校养成之法。是以荆玉含宝，要俟开莹，幽兰怀馨，事资扇发，自然之理也。吾邑立学创始金元，其后废兴俱有记录。顾自乾隆己巳重修以来，迄今又将百年之久，且其时于大成殿仅饰以丹雘，而屋材皆其故物朽腐而坏。适会有时安可以弗虑，邑侯归安陈公始至。祗谒先圣，周览宫墙，方欲为经营。而邑中荐绅，已合辞以请。公乃捐俸百金为倡，复择谙练老成者，使董其役。群心并力，鸠工庀材，虽施为有次第，而气毕贯乎始终矣。惟公未及见学之成而去，嗣是邑侯江左陆公，今邑侯山左孔公，并值戎车倥偬之时，而于化民成俗之意不懈益坚，俾克蒇其事，方其经始也。巍然殿宇舍旧图新，厚栋大梁，市不常有乃应期而得，咸谓神助。进而修崇圣宫，文昌宫，魁星阁，东西两庑，名宦、乡贤祠，必庄严足以栖神。进而修斋宿之所，筵宾之位、藏书之阁、游泮之池，必整饬足以备事。他若闬闳阶序，旧址不移，而精彩一变，俨与创造同功。总计用财万金，自己亥夏兴工至壬寅秋告成。严严翼翼，壮伟焜耀。诸生以时习礼其中者，存诚敬以告虔，谨威仪以定命，非徒取入庙思钦之一念而已。当是时，予方自复州学署归来，适遇兹重修之盛举，众谓不可无记，而属予为文，予甚愧。夫文章尔雅不能如欧阳子之记吉学也。第惓惓于桑梓之多士，亦何独古人抑愚闻之，师曰国家曲成，士类广厉。学官将为升平，储有用之才。与圣贤衍无穷之脉，要其宗旨，则至简至精，故又曰："天命常明，是谓生理。性真不没，即此本心。"惟有真性情，斯有真学术。有真学术，斯有真事功。进而筮仕固为国之贤臣，退而潜修亦为乡之君子。伯颜称廉希宪，宰相中真宰相，男子中真男子，不过如斯。乃廉公一生，祗好读《孟子》以此知学之益人甚大。而吾乡抱朴茂礼让之质者，洵不可无学校之陶成矣。予既让之不获，谨刻辞于石而立诸其庑以俟。

训导黄淑《重修文庙碑记》云：士风之纯驳，木乎圣教之盛衰，而圣教之昌明，则视乎人心之趋向。学宫芜秽，尚漠不关心，而欲圣教之明，乌可得也？淑自同治庚午岁司训乐邑，谒圣之时，见殿宇荒落，金声、玉振二门，及贤关一坊，仅存旧址，心窃伤之。至辛未夏秋之交，霪雨连绵，东西两庑及乡贤、名宦二祠，尽行坍塌。先贤、先儒暴露风日中。此固人人见而动心者，况有师儒之责乎！是年冬，适陕右王公来宰是邑，身任其事，淑与司教单君，左右赞襄之。于是输财者联镳接轸，趋事者鸠工庀材。经始于癸酉正月下旬，落成于八月中旬。凡昔之荒芜颓败者，皆焕然一新。逾岁诸生又以先儒木主朽蠹已甚，各愿捐资易之。于是择坚木，募良工，修理整齐，复添设祭器若干，而圣庙之工程始备，此则邑侯陈公之所经理也。是役也，王公开其始，陈公集其成。要皆以明圣教为重，而非如俗吏之急急于簿书钱谷为也。淑因有感矣。我朝崇师重道，诏天下郡县皆立圣庙。岁久修补，动支公款，诚欲正人心而维风俗也。乃相沿日久，习为故事，群祠皆知修理，至于圣庙则以为工程浩大，废然思阻。

乐邑民情敦朴，士习纯良，而又明于轻重缓急之故，他务未遑，而汲汲出资出力以成盛举，亦可谓克端趋向矣。从此父诏其子，兄勉其弟，家讲孝悌，户重节廉，将见人材辈出。处则为正士，出则为名臣，皆可于此基之也。爰书之以为券，并记其岁月云。

临榆县儒学　在县治西，系山海卫旧学。明伦堂五间，东西两斋曰：“文成”“武备”，后改建“崇德”“广业”，今废。前为仪门，大门。明正统元年创建，都指挥王整，教授张恭。天顺间指挥刘纲，成化中主事尚䌹、胡赟、吴志、苏章、熊禄、尚缙，嘉靖中黄景奎、邬阅，隆庆中任天祥，万历中孟秋、王邦俊、张时显、遵化巡抚李颐、主事李本纬、员外邵可立，相继修理。崇祯中，山永巡抚杨嗣昌改建。庙西旧射圃废地，巡抚朱国栋、关内道张志完增修。国朝顺治中，关内道杨茂魁，通判杨生辉，康熙中教授韩国龙、通判陈天植、安达里、周廷润，教授张璞，训导梁薛一，乾隆间教谕胡坦，训导李廷对，重修。

先师庙　在明伦堂东南。中为大成殿，东西两庑，前为戟门，门外泮池，石桥三甃，又前为棂星门，照壁左为金声门，右为玉振门，其神厨、更衣亭，在戟门左右，并废。

崇圣祠　在大成殿东北。

名宦祠　**乡贤祠**　在戟门左右。

敬一亭　旧在崇圣祠前，改建明伦堂后。

尊经阁　即旧明伦堂改建。

教谕署　旧在堂西，训导署，旧在庙东，并废。今在本学大门左，魁星楼后，原为生儒号舍。

射圃亭　在崇圣祠右。

明李东阳《山海卫儒学碑记》云：国朝建学之始，惟府州县有之。越自正统改元之诏，诸戎卫始得置学，而山海卫学实为建焉。然庙地湫隘，且规制弗称。十有四年都指挥王侯整镇山海。始与卫学教授张恭建庙宇，为象设构明伦堂五间，东西斋各三间，余尚未备也。天顺六年，指挥刘侯刚复构东西庑十间，学舍六间。成化七年，兵部主事睢阳尚君䌹来守山海，建棂星门，及制祭器若干。厥后余姚胡君赟别筑殿址。遂昌吴君志、余干苏君章继作栋宇，为戟门于棂星门之内。进贤熊君禄重修学堂，外为周垣，为泮池，池上为桥。今尚君弟缙复以主事来守，乃修斋舍，筑官廨，辟射圃，规制悉备。与所谓府、州、县学者相埒。盖始于甲午之夏，告成于丙午之春，历十有二年而后备，可谓难矣！教授周达、训导曹选，谓岁月不可无纪，尝属兵科给事中萧君显、前监察御史郑君己请予记，比训导君率诸生李琛，及给事君子鸣凤，复具书以请于予。予惟唐虞以降治天下者，大抵以武功勘祸乱，以文治致太平。故草昧之世，不遑他务，及其久也。化甲胄为干羽，变韬略为经籍，故汉之学校至武帝始为之。宋初虽有国学，而仁宗之世，州县学始遍天下。其功效次第，有不得不然者也。先皇帝缵祖宗成业偃武事，敷文德，休养生息，置天下于衣冠礼乐之域。故虽戎官武士亦为之置官建学，始出科贡与文士为伍。当是时，小大臣庶奔走祇奉之不暇。暨乎复辟之岁，乃复有继而兴者。今圣天子在上，绍志述功，日宏月著。出使者，宣德意之休。居守者，协寅恭之效。故虽关徼远地，拥衿佩而横诗书者，与辇毂之下，畿辅之内，殆无以异也。孔子谓善人为邦，百年可以胜残去杀。鲁两生亦云礼乐百年而后兴。况圣人过化存神之妙，宜有朝令而夕布者，而又积之以百有余年之久哉？牧观学校者，当以时论，不当以人地论也。且古之胄子，固未尝分文武为二途。今文士习科举，而仕者亦与兵事，武胄虽专荫袭，然亦有由科以起者，名虽判而实亦相通也。况彝伦风俗，天下所同，无彼此之间，则所以学为忠与孝者，其容以二乎哉？山海旧学，固有取科目著名节者，不止乎甲胄弓矢之雄。后之学于斯者，其亦知所勉矣。盖国家之文教于是乎成，而有司之政于是乎始。故特书之，俾观者有感焉。

山海卫佘一元《兴文汇书引》云，不肖某备员春秋两曹凡五载，幸荷温纶，准以原官致仕，养疾于家，又三年矣。一日榆庠领袖士某某，叩门造榻，而前请焉！六生者，皆余弱冠以来窗社友也。其言曰：子知今日学宫之状乎？由棂星门、达圣殿、两庑以暨各宫祠亭阁渐就缺欹，而奎楼为甚，见者怆然。子昔游吾庠与我辈共笔砚，朝夕习礼肄业于斯，一旦先我而升太学，登贤书且魁南宫也。此发轫地也，今若此，岂子独无意乎？余蹴然而起曰："吾愧矣！将竭赀以济焉。伤哉，贫也！将竭力以趋焉！仆病未能也。吾愧矣！"六生曰："非是之谓也，别驾杨公乐只君子也。爱民好士雅意作人，目兹榱栋颓然，欲捐俸以为首倡，方虑工浩而资不副也？我辈禀命学博徐先生，将谋为广募之策。上自宦僚之有事于兹土者，以次至绅衿而逮于农商工贾，凡慕义之人，协力赞成之，借子一言，以弁简端。"余又愀然曰："圣人之道，炳如日星。吾儒之学道者彬彬焉！济济焉！奈何效缁流羽衣辈，作沿门持钵态也。"既而思之，复幡然曰："无伤也！夫庠序以明伦也。为之列宫墙、陈俎豆钟鼓以宣之，师儒以董之，以彰教也。夫与二三子明之，何如与数十百人明之；合吾党之士彰之，何如合各家众流之士彰之乎！今有位勿限文武，无位不择士民，同在五伦之内，均属圣人之徒。俾其各懔圣人之尊，共仰圣道之大。视缁流羽衣辈不啻霄壤矣！”六生曰：“懿哉！此言。可奉此复徐先生，以达我杨公用遍告夫诸有意于兴文之义者。”

山海卫佘一元《代阖学乞存卫学呈》云：呈为卫分各地不同，学校归并未便。恳祈转详仍旧，以慰寒士，以励儒风事。切照山海一学。自明初与卫并设，应试生童俱系本卫九所之人，从无冒籍之弊，已三百年于兹矣。今奉旨通查卫学，应否归并附近州县？伏念山海之视他卫事，实有万万不同者。山海自立学以来，士风颇淳，科名浸盛，在东鄙号人文之区。见今如佘、穆二礼部，新科程进士，皆关门由来土著之家。此外举贡知名之士，尚自有人。并无一籍贯不明，滥竽充试者。阖学生员近三百人，每考进学二十余人，定为中学相沿已久，其不可归并明矣。且关门土瘠民贫，士恒怀北门终窭之叹，附近州县，远则二百余里，近亦在百里外，万一归并，饮射读法，势难遥涉，恐人材不免沦落之虞。非所以奖进后学，敦励儒风也。况我大清定鼎，榆关首归，在本朝托为兴基，在天下倚为重镇。形擅山国、海国、四塞之胜地。介顺天、奉天两京之间。岂可不留学宫片地，以收育群材，而令鞠为茂草耶？伏乞熟按事情俯采末议，将山海卫仍前自立一学。既省纷更之扰，复宏作养之门，造就栽培匪浅鲜矣！为此理合具呈须至呈者。案：此后并抚宁卫共为一学。

唐皋《重修儒学记》云：山海隶京师为濒海际边之地，连引长城控制辽左，盖东北重镇也。故设重关以限内外，列戎卫以严捍御。其所任者将领，所临者卒伍，所闲（娴）习者戎武之备，黉序初未有设也。正统间，奉明诏始建庙学于城之西北隅。聚武胄之子弟，游肄其中，不数年间，蜚英扬辉，掇科目，宾贡途，代相望也。顾营建之始，规制未备，久而圮，圮而葺者屡矣。皇土起自潜藩，入缵鸿序。是岁冬，予同年黄君德和，以夏官主事来董关守。躬谒庙学，谛瞻庭宇，制之自昔颓者弗振，缺者弗完也。慨然曰：“是乌足以振士风，弘化理乎？”乃谋经费，量工锐意修葺，殿、庑、堂、斋、棂星、戟门，以次具举。复移泮池于棂星门之内，而甃石桥其上，别创神库以庋祭器，神厨以洁庖宰。习肄有室，都养有饩。昔所无者，咸加备焉。其材用则撤淫祠之在境内者而充之，规费则皆行旅之冒禁，而薄其罪者所乐输，以佐巨役者也。已讫工，学之诸生张伯镇、詹荣等偕万进士义，谒予请记。始予奉使朝鲜竣事还，弭节山海。尝偕君诣学，目睹敝陋为之兴叹。乃今获闻增新其旧，岂无恔然于心乎！顾谫劣无能为役。窃惟祖宗以武功定天下，而兴道致治必先文教，士之养于学宫，而取诸科目者，颇以明体达用为学，通经博古为贤，经非孔、孟、程、朱之说，例摈弗用。盖以孔孟推明帝王之道，历万世而无弊；程朱折衷先儒之论，俟百圣而不惑。故学者能究程朱之旨，可以探孔孟之心。能探孔孟之心，可以语帝王之志。我朝百五六十余年，治平之效卓然，与唐虞三代比隆，用是故也。程朱之教人内外本末之论，知行先后轻重之训，盖深有意于学者故。不求诸内，而以文为主，不求诸本，而徒以考详略采异同为务者。是诚无益于德，而君子弗之学也。且入德有序，以知为先；成德有等，以行为重。故足必资目，以有见而足之不履，虽见无所用之。二者不可偏废，乃可以入德，而造成功之地矣。故学者笃信程朱之说，而加之沈潜玩索之功，允蹈实践之力，内外交修，知行并进，则固不惑于异说之入，流于曲学之规。以之治心，以之修身，以之事主，以之泽民，无所施而不得矣。非益之大者乎！然近时学士大夫或小程朱之说，离而去之，至欲夺其壁，而树之帜，徐而考之，高论有余，而直内之功不足。富贵为累，而道德之念何存？其于学者，非徒无益，而又害之。则固不若主敬以固聚德之基，定志以端趋途之始，可以要成功而资实用矣。黄君务宣德意而新是学，所以期望诸生之意，将不在是乎？新学未几，万君以颖脱举进士，诸生其有继踵而奋起者矣。于是乎书。

国朝周廷润《重修山海卫学宫记》云：山海卫学，创自明天顺间，规制宏备，厥后增修者屡矣。然考旧志所载，已多废坠不举，至我朝龙兴以来，凡再修而再圮。庚辰冬，余奉命莅兹土，经理关务，兼司学校。朔望瞻谒，见殿庑祠门，以及彝堂两斋，皆剥落蚀蠹，日就倾颓。怒焉以忧。即与司教张君、司训梁君，谋缮葺之。值时诎以休息为务，未忍遽兴工作。越二年壬午，捐俸为倡，荐绅衿士共相资助。佥谓武扬鲍君、庠生右君高子，忠信可任，乃令董厥事。鸠工庀材，诹日营始，物料依时给价，匠作计日给饩。仆者植之，欹者整之，朽者易之，缺者补之。涂塈是加，丹雘是饰。再稔，而工告竣。窃惟政治莫先教化，而教化必本学校。方今圣天子，广立学宫，弘奖儒术，于万几之暇御制训饬士子。文颁示直省各学训辞深切，海内士子靡不争自濯磨。蒸蒸然，向风丕变矣。而山海处北平东鄙，风气近古，俗尚崇朴，导而为善也易。由博士弟子员出身，加民以勋业，显闻于一时者，代有其人。虽古称用武地哉，亦人文渊薮也。况今为两京管钥，皇华四牡络绎于道，玉帛职贡往来。惟时以故，士习日趋于上。殆彬彬乎！质有其文焉。继自今游于斯学者，睹宫墙之翼翼，缅美富之渊渊，相与敦实行励实学，先器识而后文艺，泽躬于尔雅，抗志于古昔。处为真儒，出为名臣。于以光邦家，而隆治化岂不盛哉！若夫前作后承因时缮理，车服礼器之地，灿然常新，有以鼓舞士气，而振起斯文。仰副盛朝崇儒右文至意，固官师之责也。又乌容因陋就简，苟且塞责而已乎？余不敏，方慨初制未尽，复窃幸兹役之迄有成也。爰志岁月，勒诸珉石，俾后之君子有所考焉。

明主事陈绾《乡贤祠碑记》云：山海旧无祠，立祠以祀贤，自海钓萧先生始。继此而祀者，有克修郑先生，角山詹先生。祀止三先生，故曰"三先生祠"。夫三先生名在海内，忠在朝廷，绩在治所，彰彰著矣。顾独于山海祀之何哉？盖山海三先生之梓里也，生斯，长斯，没而魂魄游于斯，则固宜俎豆于斯。礼不忘其本，三先生之祀于斯也，重所本也，礼也。且夫贤才之生，岂偶然哉？彼太行之麓，蜿蜒东注，横亘塞垣，至山海则峭壁洪涛，耸汇南北，束若瓮牖，其秀爽灵淑之气，无所输泄，宜必产而为瑰伟卓特之士。而三先生者，实出其间。故即山海以祀三先生，昭地产也。不然将不谓秦无人哉？关令陈绾曰："《诗》云'高山仰止，景行行止。'"余始至山海，询父老，访故实，即知有三先生，及考其行事，与其言论风旨，未尝不为之降心焉。三先生之言行已详于志乘，今姑举其大者。夫海钓公振绝学于边徼，一旦释屏，而处谏垣，不可谓不遇矣。使能毁方以徇时俗，其崇要可立致，乃独弹驳无所避忌。卒至流落黔中者数年，稍迁至闽臬，即抗疏东归。虽戚畹有力者，欲为之援，公亦不暇顾。独于海内诸名公交，往来篇什，以泄其豪岩不羁之气。故人称萧先生曰贤。郑御史以鲠介之资，疾恶如仇，甫入道即指摘天官阙失。巡按陕中，复侃侃论当世事。卒罹谗构，谪戍独石，几于不免。语云："木直者伐，羽奇者铩。"然不如是，不足以见克修公之贤矣。昔大同军士之变，杀总兵官李瑾，外阻中讧计无所出。角山公以郎中督饷，独激于义，乃与游击戴廉等啮血盟。因密通总制，阴令穴城，蕲为内应以擒首恶。不成则以阖门报。呜乎！斯志也。虽以质鬼神可也。此乡党自好者不为，而公为之，岂不伟然贤丈夫哉？论者曰：海钓公，勇退完名，皭然不滓，有蘧伯玉之操。克修公，抗言亮节，之死靡悔，有史鱼之直。角山公，奋勇决谋，不避险难，有宁武子之愚。三先生者，数奇见绌，遗佚放弃。已矣！角山公宣劳边镇，晋位卿贰，望重台揆，乃竟沮于寿。悲夫！使得究共施用其树立，岂如是已耶？然皆有高世之想，以名节勋庸自砥砺。视得丧死生若鸿毛，非气雄万夫志坚百折者不能。其超逸绝尘，慷慨激烈之风，犹能使顽懦之士，兴起于后代。所谓乡先生没，而可祭于社者，非若而人与？

国朝知县陶淑《重修学宫募引》云：学校，王政之本也，国家崇儒重道，文治蒸蔚所在，先师祠宇，渥然而丹。然遐陬僻壤，废不修举，以致残圮者，亦往往而有。大率有司以案牍听讼之繁，视此为不急之务。其能免于风雨、鸟鼠之剥蚀乎？余己丑调兹土，下车谒圣庙，见庙貌颓然风日中，两庑亦颓塌已极，不胜太息。即谋所以重新之。顾频年差务倥偬，志焉未逮。忆余自丁丑出宰山右之广灵，后莅北冀之衡水，两处学宫皆率邑人士修葺，且各建有书院，而后文风蔚起。矧临榆砺山带海，当两京之冲，赫然声名文物之邦。而可坐听其倾圮，使百废不举乎？顾此举糜费浩大，虽修而实近乎创，非寻常小补之所能为功。今予蠲俸而为之倡，所望邑之士大夫起而肩之，力为领袖，集腋成裘，共襄盛举。使上雨旁风之旧规，奕奕改观。岂惟守土者之志，抑诸士大夫共有荣施焉！然后鸠工庀材，并创建书院，选邑子弟，鼓箧肄雅其中。庶几小大从公，文治蒸蒸日上。于以仰副圣天子云汉作人之化，岂不有厚幸欤！乾隆三十八年。

知县高天凤《重修学宫碑记》云：临榆故山海卫地，北枕紫塞，南临沧海，枢钥两京，固东道之雄关，神皋之沃壤也。惟皇上御极之二年，乃建县治。缘关以为城，其西北隅，旧有卫学。都人士之能立身，致通显者，屡不乏人。今县博士弟子之释菜横经者，亦因之洪。惟我国家文命覃敷，重熙累洽，凡称边隅入版图者，近若热河，远则新疆，皆隶守令，兴学校。彬彬乎，一道同风之盛矣！况临榆尤为京师冯翊，其所以振兴文教，树之坊表者，舍学校其何所风示耶？丙申秋，余膺简命来治兹土，展谒先师庙，见殿宇一切正在鸠工庀材，筑基竖础，将以新厥堂皇焉。询之诸生，具言自康熙甲午年修葺，及今六十余载。渐次倾圮，昨癸巳岁，始议修举，倡于升任邑侯陶公，继以前任邑侯祁公，与诸绅士之经营摒挡，于今三年矣。以公费之不齐，人力之未可骤集也，故不得不需以受之。余乃美诸搢绅子衿之善于集事，而益冀其事之迄用有成也。爰捐俸以当锱铢之助，而诸绅士亦罔不鼓舞趋事，更广劝输。越二年，而废者兴，倾者起，堂宇俨如，两庑翼如。其他祠、阁、坊、表，井然就绪，秩然改观。既已废之毕举矣。而余窃有进焉，兹邑负山面海，土厚水深，坤舆之秀，毓为人材，所谓赫赫雄关者。昔备干城，今讲羽龠矣。诸生称述乎古先，沐浴于当代，其敦本崇化，以为四民倡者，岂止优游乎黉序，焕此宫墙已哉？杨子云："学山不至于山，学海而至于海。"但使人怀景行，学探渊源，则泰山洙泗之传，遥遥可接。将德行文章之选。胥于是乎！在于以道可型方，才堪华国。以上副我皇上寿考作人之化，岂不休欤！爰濡墨以纪其概。乾隆四十四年。

邑人翰林院庶吉士刘征泰《重修学宫碑记》云：民为国本，士为民表，学校乃造士之区。而圣宫，又学校所由兴也。古之辅世长民者，衣食斯民而外，必有以教化之择其秀茂，升之于学。因设师儒之官，以司训导。立先师之庙，以习礼仪。俾士敬其业，民安其畴，劳来匡直，隆兹治道。故饰宫墙修祀典皆为政，治民之先务也。吾邑在前明为畿辅边隅用武之区。正统间始建学宫，我朝因之。士之升乡国为朝廷用者，不乏人。由初创迄于今，兹修废频仍，记有可考。而泰于髫龄童试，时入庙瞻谒，半就蒿莱，渐致倾圮。历任父母，数议完修，咨诹未果。岂皆视为不急之务，而顾相与因循欤？大都以工繁费钜。宰是邑者，往往委之绅士，意在不劳而兴此废坠。而邑中绅士，未免怵于成败，毁誉归重。邑宰亦欲因人成事，故春秋释奠，俯仰怆然，语及修葺，彼此欣然。迨至议经营，计捐助，则相对又索然矣。岁至癸巳，倾圮愈甚，两庑几于坯土。郡守李公讳奉翰闻而心恻，以修葺属邑侯南城陶公淑。公召绅士集议，初亦游移，继乃论定。募财鸠工，未逾岁，而陶公迁浙水，祁公讳标继之。公仁厚君子也，抚我邑民恺惠非一端，而于兹事为尤切。越二载，竟以疾逝。迄于江苏高公天凤莅任，又二载，方获竣事，非故缓之，盖有难焉者。且夫事之操持，自我急之可也，缓之亦可。事之有待于人，缓之不可，急之亦未能。因数人之鼓舞，奋兴举此一事，缓急可订以同心。合一邑之人情，物力成此一事，缓急又当酌以完善。方泰与诸君子，初承邑侯命也，持论终日弗决。夜展转不能寐，黎明心境顿开，始觉游移之见，皆私妄也。悟及此，志乃果。遂与诸君子破成败之见，忘毁誉之归，矢尽心力，持疏劝捐，登诸纸上者，得六千余金。次第催索且修且待。甲午岁起工，完启圣祠两庑，资匮而止。丙申，完大成坊、名宦、乡贤、忠孝、节烈等祠而止。丁酉，完棂星门、魁楼、墙垣、照壁，添建黄公祠而止。戊戌春，施以丹雘，所募之金已尽。圣宫粗底于成。而且一堂一宇皆从基筑，一工一木俱按时值。盖崇圣人之祀，不敢以苛敛违圣人之心。因邑人之财，不欲以促急，伤邑人之力，是以宽以岁月，日望其成，而几几未敢必也。今得竣其事矣。而泰统计兴筑之由来，窃有感焉。天下事非道之于上，难必作始，上道之而下不应难于有成，道应俱有人矣。或粉饰要名，或浮情供事，事虽成，必邻于苟且。上下皆真诚矣，或不斟酌乎时俗，体顺乎舆情，事虽成，而所伤必多，旁滋怨讟。吾邑是役，守土者，凡三易，而倡率如一人。兴竣凡五年，士之奔走，操督如一日。上下之情协矣！急公之志笃矣！聿观厥成，有嘉德而无违心矣！则凡父母师傅于兹邑者，岂徒乐小大从公，欣俎豆于勿替哉？吾知入庙思敬，必深探乎国家崇祀之意，因而体圣贤之道，模范儒林，本圣贤之心，抚绥兆庶，克宽克仁，优游敷政，移风易俗。和气旁流安见宫墙肃穆学校之光？不大为吾邑斯民之幸也乎！是为记。乾隆四十四年。

邑人郭永清《文庙岁修碑记》云：文庙重修屡屡矣。而皆修举于一时，未筹岁修之款，所以屡兴而屡废也。自道光元年重修以后，迄十九年又复渐至倾圮，诸绅士共议重修，兼筹岁修款。于是竭力捐赀，多方劝募，鸠工庀材，次第修举。凡殿、庑、楼、祠、坊、壁、门、池各加修葺，焕然一新。玉振门外水道岁久失修，年年雨水冲决，积渐坍削成沟。长二十三丈，宽六丈，深四五尺。儒学前已成巨壑，将及宫墙，诸绅士捐赀修补，装土砌石修坝束水。以上各工，自十九年起，至二十六年止。所收捐款除一切费用外，共余东钱六千贯，交殷实铺户生息，以备岁修之用。又共议章程，凡邑中自进学以至出任者，各随分力均有捐输，每年所收胥归岁修项下。嗣因大成坊木植黪朽，共议另行劝捐，重新修建，所收款项除一切工料杂费外，余钱亦归岁修项下。二十七年，修整水沟。二十九年，修葺崇圣祠。咸丰六年，修葺节烈祠。同治二年，修葺忠孝祠明伦堂。七年，油饰大成坊东庑。九年，修葺西庑。十二年，油饰大成坊、棂星门、南北魁楼。光绪元年，油饰大成坊、戟门。以及按年零星修补，芟除草莱，皆系从岁修项下支销。统计三十年以来，每年所有赢余，亦陆续交铺户生息，又积有东钱三千贯，连前六千贯，共息本东钱九千贯。按年八厘起息，每年得利七百二十贯，历年斟酌动用，以期永久不废。方岁修之初议续捐也，邑绅李孝廉培元实司其事，适有西街广阜当执事人郭益图，交到东钱千六百贯。据称：有山西人张廷玉者，在该铺佣工，所得工价积蓄生息，历有年所。张廷玉病故后，其家并无妻子，亦访无亲族，拟将此项钱文，为之捐输文庙，以备岁修。李孝廉遂约诸绅公议，呈县存案批准。诸绅因是竭力续捐，遂得集有成数，具岁修之章程，则李孝廉约诸绅公议所定也。至今踵而行之，俾文庙长新，人咸谓章程之善云。张廷玉，字书声，侨葬城北给孤寺前，其同乡犹将所余之款，留作埽墓之用，因其余赀捐入文庙，故附记之。光绪元年。

卷之三十七

建置志六　学校下

大成殿

正　中

奉至圣先师**孔子**　位南向。

东配祀位

复圣**颜子**　名回，字子渊，鲁人。唐贞观二年，配享。

述圣子**思子**　名伋，字子思。孔子之孙。宋大观二年，从祀。端平三年升哲位，咸淳三年配享。

西配祀位

宗圣**曾子**　名参，字子舆，鲁南武城人。唐开元八年从祀，宋咸淳三年配享。

亚圣**孟子**　名轲，字子舆，邹人。宋元丰七年配享，明洪武五年罢配享，逾年复之。

东哲祀位

先贤**闵子**　名损，字子骞，鲁人。唐开元八年，从祀。

先贤**冉子**　名雍，字仲弓，伯牛之宗族，鲁人。唐开元八年，从祀。

先贤**端木子**　名赐，字子贡，卫人。唐开元八年，从祀。

先贤**仲子**　名由，字子路，鲁之卞人。唐开元八年，从祀。

先贤**卜子**　名商，字子夏，卫人。唐贞观二十一年从祀，开元八年升哲位。

先贤**有子**　名若，字子有，鲁人。唐开元八年从祀，国朝乾隆三年，升哲位。

西哲祀位

先贤**冉子**　名耕，字伯牛，鲁人。唐开元八年，从祀。

先贤**宰子**　名予，字子我，鲁人。唐开元八年，从祀。

先贤**冉子**　名求，字子有，仲弓之宗族。唐开元八年，从祀。

先贤**言子**　名偃，字子游，吴人。唐开元八年，从祀。

先贤**颛孙子**　名师，字子张，陈人。唐开元八年从祀。国朝康熙五十一年，升哲位。

先贤**朱子**　名熹，字元晦，婺源人。宋淳佑元年，从祀。国朝康熙五十一年，升配十哲之次，乾隆三年升有子入东位，卜子之次。次朱子于西位，颛孙子之次。

东庑祀位

先贤**公孙侨**　《左传》鲁襄公八年始见，昭公八年卒。国朝咸丰七年，从祀，原西庑拟移东庑。

先贤**林放**　唐开元二十七年，从祀。明嘉靖九年，改祀于乡。国朝雍正二年，复祀，原西庑拟移东庑。

先贤**原宪**　唐开元二十七年，从祀。

先贤**南宫适**　唐开元二十七年，从祀。

先贤**商瞿**　唐开元二十七年，从祀。

先贤**漆雕开**　唐开元二十七年，从祀。

先贤**司马耕**　唐开元二十七年，从祀。

先贤**梁鳣**　唐开元二十七年，从祀。

先贤**冉孺**　唐开元二十七年，从祀。

先贤**伯虔**　唐开元二十七年，从祀。

先贤**冉季** 唐开元二十七年，从祀。

先贤**漆雕徒父** 唐开元二十七年，从祀。

先贤**漆雕哆** 唐开元二十七年，从祀。

先贤**公西赤** 唐开元二十七年，从祀。

先贤**任不齐** 唐开元二十七年，从祀。

先贤**公良孺** 唐开元二十七年，从祀。

先贤**公肩定** 唐开元二十七年，从祀。

先贤**鄡单** 唐开元二十七年，从祀。

先贤**罕父黑** 唐开元二十七年，从祀。

先贤**荣旂** 唐开元二十七年，从祀。

先贤**左人郢** 唐开元二十七年，从祀。

先贤**郑国** 唐开元二十七年，从祀。

先贤**原忼** 唐开元二十七年，从祀。

先贤**廉洁** 唐开元二十七年，从祀。

先贤**叔仲会** 唐开元二十七年，从祀。

先贤**公西舆如** 唐开元二十七年，从祀。

先贤**邽巽** 唐开元二十七年，从祀。

先贤**陈亢** 唐开元二十七年，从祀。

先贤**琴张** 唐开元二十七年，从祀。

先贤**步叔乘** 唐开元二十七年，从祀。

先贤**秦非** 唐开元二十七年，从祀。

先贤**颜哙** 唐开元二十七年，从祀。

先贤**颜何** 唐开元二十七年，从祀。明嘉靖九年罢。国朝雍正二年复祀。

先贤**县亶** 国朝雍正二年，从祀。

先贤**牧皮** 国朝雍正二年，从祀，原西庑拟移东庑。

先贤**乐正克** 国朝雍正二年，从祀。

先贤**万章** 国朝雍正二年，从祀。

先贤**周敦颐** 宋天禧元年生，熙宁六年卒，年五十七。淳佑元年，从祀。

先贤**程颢** 宋明道元年生，元丰八年卒，年五十四。淳佑元年，从祀。

先贤**邵雍** 宋大中祥符四年生，熙宁十年卒，年六十七。咸淳三年，从祀。

先儒**公羊高** 子夏弟子。唐贞观二十一年，从祀。

先儒**伏胜** 秦博士。唐贞观二十一年，从祀。

先儒**毛亨** 年无考，受诗于荀卿，以授毛苌。按《史记》楚考烈王二十五年，荀卿废，居兰陵，距汉兴三十二年。《太平御览》引《毛诗正义》云：荀卿授汉人鲁国毛亨。则是秦汉间人。国朝同治二年，从祀。

先儒**孔安国** 汉武帝时为博士侍中。唐贞观二十一年，从祀。原西庑拟移东庑。

先儒**后苍** 汉宣帝时为博士，明嘉靖九年，从祀。

先儒**许慎** 字叔重，汉东京人。国朝光绪二年，从祀。

先儒**郑康成** 汉永建二年生，建安五年卒，年七十四。唐贞观二十一年，从祀。明嘉靖九年，改祀于乡。国朝雍正二年，复祀。原西庑拟移东庑。

先儒**范宁** 晋咸康五年生，隆安五年卒，年六十三。唐贞观二十一年，从祀。明嘉靖九年，改祀于乡。国朝雍正二年，复祀。原西庑拟移东庑。

先儒**陆贽** 唐天宝十三年生，永贞元年卒，年五十二。国朝道光六年，从祀。

先儒**范仲淹** 宋端拱二年生，皇佑四年卒，年六十四。国朝康熙五十四年，从祀。

先儒**欧阳修** 宋景德四年生，熙宁五年卒，年六十六。明嘉靖九年，从祀。

先儒**司马光** 宋天禧三年生，元佑元年卒，年六十八。咸淳三年，从祀。原西庑，拟移东庑。

先儒**谢良佐**　宋元丰八年进士，生卒年无考。与杨时同称“程门四先生”。国朝道光二十九年，从祀。

先儒**罗从彦**　宋熙宁五年生，绍兴十年卒，年五十八。国朝咸丰元年，从祀。原西庑拟移东庑。

先儒**李纲**　宋元丰六年生，绍兴十年卒，年五十八。国朝咸丰元年，从祀。原西庑拟移东庑。

先儒**张栻**　宋绍兴三年生，淳熙七年卒，年四十八。景定二年，从祀，原西庑拟移东庑。

先儒**陆九渊**　宋绍兴九年生，绍熙三年卒，年五十四。明嘉靖九年，从祀。原西庑拟移东庑。

先儒**陈淳**　宋绍兴二十三年生，嘉定十年卒，年六十五。国朝雍正二年，从祀。

先儒**真德秀**　宋淳熙五年生，端平二年卒，年五十八。明正统二年，从祀。原西庑拟移东庑。

先儒**何基**　宋淳熙十五年生，咸淳四年卒，年八十一。国朝雍正二年，从祀。原西庑拟移东庑。

先儒**文天祥**　宋端平三年五月二日生，元至元十九年卒，年四十七。国朝道光二十三年，从祀。原西庑，拟移东庑。

先儒**赵复**　生卒年无考。以宋端平二年，至北庭，当列元儒之首。国朝雍正二年，从祀。

先儒**金履祥**　宋绍定五年生，元大德七年卒，年七十二。国朝雍正二年，从祀。原西庑拟移东庑。

先儒**陈浩**　宋景定二年生，元至正元年卒，年八十一。国朝雍正二年，从祀。原西庑拟移东庑。

先儒**方孝孺**　元至正十七年生，明建文四年卒，年四十六。国朝同治二年从祀。

先儒**薛瑄**　明洪武二十二年生，天顺八年卒，年七十六。隆庆五年从祀。原西庑拟移东庑。

先儒**胡居仁**　明宣德九年生，成化二十年卒，年五十一。万历十二年，从祀。

先儒**罗钦顺**　明成化元年生，嘉靖二十六年卒，年八十三。国朝雍正二年，从祀。

先儒**吕楠**　明成化十五年生，嘉靖二十一年卒，年六十四。国朝同治二年，从祀。原西庑拟移东庑。

先儒**刘宗周**　明万历六年生，国朝顺治二年卒，年六十八。道光二年，从祀，原西庑拟移东庑。

先儒**孙奇逢**　明万历十三年生，国朝康熙十四年卒，年六十三。雍正二年，从祀。原西庑拟移东庑。

先儒**张履祥**　字考夫，一字念芝，浙江桐乡人，世称杨园先生。国朝同治十年，从祀。

先儒**陆陇其**　明崇祯三年生，国朝康熙三十一年卒，年六十三。雍正二年，从祀。原西庑拟移东庑。

先儒**张伯行**　字孝先，河南仪封人，国朝顺治八年生，雍正三年卒，年七十五。光绪四年，从祀。

西庑祀位

先贤**蘧瑗**　《左传》鲁襄公十四年始见，卒年无考。《史记》定公十四年，孔子犹主蘧伯玉家，其卒后于公孙侨盖三十余年。唐开元二十七年，从祀。明嘉靖九年，改祀于乡。国朝雍正二年，复祀，原东庑拟移西庑。

先贤**澹台灭明**　唐开元二十七年，从祀。原东庑拟移西庑。

先贤**宓不齐**　唐开元二十七年，从祀。

先贤**公冶长**　唐开元二十七年，从祀。

先贤**公皙哀**　唐开元二十七年，从祀。

先贤**高柴**　唐开元二十七年，从祀。

先贤**樊须**　唐开元二十七年，从祀。

先贤**商泽**　唐开元二十七年，从祀。

先贤**巫马施**　唐开元二十七年，从祀。

先贤**颜辛**　唐开元二十七年，从祀。

先贤**曹恤**　唐开元二十七年，从祀。

先贤**公孙龙**　唐开元二十七年，从祀。

先贤**秦商**　唐开元二十七年，从祀。

先贤**颜高**　唐开元二十七年，从祀。

先贤**壤驷赤**　唐开元二十七年，从祀。

先贤**石作蜀**　唐开元二十七年，从祀。

先贤**公夏首**　唐开元二十七年，从祀。

先贤**后处**　唐开元二十七年，从祀。

先贤**奚容蒧**　唐开元二十七年，从祀。

先贤**颜祖**　唐开元二十七年，从祀。

先贤**句井疆**　唐开元二十七年，从祀。

先贤**秦祖**　唐开元二十七年，从祀。

先贤**县成**　唐开元二十七年，从祀。

先贤**公祖句兹**　唐开元二十七年，从祀。

先贤**燕伋**　唐开元二十七年，从祀。

先贤**乐欬**　唐开元二十七年，从祀。

先贤**狄黑**　唐开元二十七年，从祀。

先贤**孔忠**　唐开元二十七年，从祀。

先贤**公西蒧**　唐开元二十七年，从祀。

先贤**颜之仆**　唐开元二十七年，从祀。

先贤**施之常**　唐开元二十七年，从祀。

先贤**申枨**　唐开元二十七年，从祀。

先贤**左丘明**　唐贞观二十一年，以经师从祀。

先贤**秦冉**　唐开元二十七年，从祀。明嘉靖九年罢。国朝雍正二年，复祀。

先贤**公明仪**　国朝咸丰三年，从祀。原东庑拟移西庑。

先贤**公都子**　国朝雍正二年，从祀。

先贤**公孙丑**　国朝雍正二年，从祀。

先贤**张载**　宋天禧四年生，熙宁十年卒，年五十八。淳佑元年，从祀。

先贤**程颐**　宋明道二年生，大观元年卒，年七十五。淳佑元年，从祀。

先儒**谷梁赤**　子夏弟子。唐贞观二十一年，从祀。

先儒**高堂生**　秦末汉初人。唐贞观二十一年，从祀。

先儒**董仲舒**　汉武帝初年对策为江都相。元至顺元年，从祀。原东庑拟移西庑。

先儒**刘德**　汉孝景皇帝子，封河间献王，立二十六年薨。国朝光绪三年，从祀。

先儒**毛苌**　汉河间献王博士，当武帝时。唐贞观二十一年，从祀。

先儒**杜子春**　汉永平初年，年九十。唐贞观二十一年，从祀。原东庑拟移西庑。

先儒**诸葛亮**　汉光和四年生，建兴十二年卒，年五十四。国朝雍正二年，从祀。原东庑拟移西庑。

先儒**王通**　陈至德二年生，隋义宁二年卒，年三十五。一作开皇二年生，年三十七。明嘉靖九年，从祀。

先儒**韩愈**　唐大历三年生，长庆三年卒，年五十七。宋元丰七年，从祀。

先儒**胡瑗**　宋淳化四年生，嘉佑四年卒，年六十七。明嘉靖九年，从祀。

先儒**韩琦**　宋大中祥符元年生，熙宁八年卒，年六十八。国朝咸丰二年，从祀。原东庑拟移西庑。

先儒**杨时**　宋皇佑五年生，绍兴五年卒，年八十三。明弘治八年，从祀。原东庑拟移西庑。

先儒**尹焞**　宋熙宁四年生，绍兴十二年卒，年七十二。国朝雍正二年，从祀。

先儒**胡安国**　宋熙宁七年生，绍兴八年卒，年六十五。明正统二年，从祀。

先儒**李侗** 宋元佑八年生，隆兴元年卒，年七十一。明万历四十二年，从祀。原东庑拟移西庑。

先儒**吕祖谦** 宋绍兴七年生，淳熙八年卒，年四十五。景定二年，从祀。原东庑拟移西庑。

先儒**袁燮** 字和叔，宋浙江鄞县人。国朝同治七年，从祀。

先儒**黄干** 宋绍兴二十二年生，嘉定十四年卒，年七十。国朝雍正二年，从祀。

先儒**蔡沈** 宋乾道三年生，绍定三年卒，年六十四。明正统二年，从祀。原东庑拟移西庑。

先儒**魏了翁** 宋淳熙五年生，嘉熙元年卒，年六十。国朝雍正二年，从祀。原东庑拟移西庑。

先儒**王柏** 宋庆元三年生，咸淳十年卒，年七十八。国朝雍正二年，从祀。原东庑拟移西庑。

先儒**陆秀夫** 宋端平三年十月八日生，祥兴二年即元至元十六年卒，年四十四。国朝咸丰九年，从祀。

先儒**许衡** 宋嘉定二年生，元至元十八年卒，年七十三。皇庆二年，从祀。

先儒**吴澄** 宋淳佑九年生，元元统元年卒，年八十五。明正统八年，从祀。嘉靖九年罢。国朝乾隆二年，复祀。原东庑拟移西庑。

先儒**许谦** 元至元七年生，后至元三年卒，年六十八。国朝雍正二年，从祀。原东房拟移西庑。

先儒**曹端** 明洪武九年生，宣德九年卒，年五十九。国朝咸丰十年，从祀。原东庑拟移西庑。

先儒**陈献章** 明宣德三年生，弘治十三年卒，年七十三。万历十二年，从祀。

先儒**蔡清** 明景泰四年生，正德三年卒，年五十六。国朝雍正二年，从祀。

先儒**王守仁** 明成化八年生，嘉靖七年卒，年五十七。万历十二年，从祀。原东庑拟移西庑。

先儒**吕坤**　明嘉靖十五年生，万历四十六年卒，年八十三。国朝道光六年，从祀。

先儒**黄道周**　明万历十三年生，国朝顺治三年卒，年六十二。道光五年，从祀。原东庑拟移西庑。

先儒**陆世仪**　字桴亭，江苏人。光绪二年，从祀。

先儒**汤斌**　明天启七年生，国朝康熙二十六年卒，年六十二。道光五年，从祀。原东庑拟移西庑。

崇圣祠

正位南向

肇圣王**木金父公**　正中南向。

裕圣王**祈父公**　中之东南向。

诒圣王**防叔公**　中之西南向。

昌圣王**伯夏公**　东之东南向。

启圣王**叔梁公**　西之西南向。

东配祀位

先贤**孔氏孟皮**　国朝咸丰七年，配飨。

先贤**颜氏**　名无繇。唐开元二十七年，从祀。明嘉靖九年，配飨。

先贤**孔氏**　名鲤。宋咸淳三年，从祀。明嘉靖九年，配飨。

西配祀位

先贤**曾氏**　名晳。唐开元二十七年，从祀。明嘉靖九年，配飨。

先贤**孟孙氏**　名激。明嘉靖九年，配飨。

东庑祀位

先儒**周氏**　名辅成，年无考。明万历二十三年，从祀。

先儒**程氏**　名珦，宋景德三年生，元佑五年卒，年八十五。明嘉靖九年，从祀。

先儒**蔡氏**　名元定，宋绍兴五年生，庆元四年卒，年六十四。明嘉靖九年，从祀。

西庑祀位

先儒**张氏**　名迪，年无考。国朝雍正二年，从祀。

先儒**朱氏**　名松，宋绍圣四年生，绍兴十三年卒，年四十七。明嘉靖九年，从祀。

存储书籍

《钦定周易义疏》　《御纂周易折中会纂》

《钦定（书经、诗经）传说会纂》　《御纂诗义折中》

《钦定春秋传说会纂》　《钦定仪礼义疏》

《日讲四书解义》　《批驳吕留良四书讲义》

《御纂性理精义》　《御纂通鉴纲目》

《御批资治通鉴三编》　《钦定明史》

《圣谕广训》

上谕

《钦定大清通礼》　《朱子全书》

《钦定四书文》　《御制诗初集》

《御制诗二集》　《钦定礼部则例》

《康熙字典》

《畿辅通志》

《学政全书》　《科场条例》

《磨勘条例》　《中枢政考》

《吏部铨选则例》　《吏部品级考》

《处分则例》　《祭器图一本》

《乐章一本》

以上书籍，俱散失无存。

释奠礼乐

《仪注》：先期致斋二日。祭之前日，承祭官率僚属至明伦堂，观演乐习仪毕，更朝服，诣先师庙前丹墀，行三跪九叩首礼，兴视涤器，鼓乐前导至省牲亭香案前，献爵、奠、酒，三揖。宰牲，取血。执事者，捧送各庙、祠供奉。承祭率僚属至先师庙丹墀，陪祭。至崇圣祠，阶下俱候，诸执事安奉毕，各一揖退。正祭日，鸡初鸣，齐集文庙门外，更朝服先诣崇圣祠，致祭毕，阴阳官鸣鼓三通，起乐。通赞生引各官至先师庙丹墀，文东、武西排立。通赞二生立月台唱："主祭官、陪祭官，各就位。乐舞生，各就位。执事者，各司其事。"瘗毛血，迎神。乐奏"昭平之章"。各官皆行三跪九叩首礼，兴，乐止。奠帛，行初献礼。乐奏"宣平之章"。引赞二生上，分班导承祭官诣盥洗所，盥洗进巾。诣酒樽所，司樽者，举幂，酌酒。承祭官诣至圣先师孔子神位前，跪献帛，上香，献爵，叩首。兴，诣四配位前跪，献帛，上香，献爵，叩首。兴，诣读祝位跪，各官皆跪，读祝生跪读祝文毕，兴，复位。行分献礼，赞引陪祭官，诣东西两哲神位前，又赞引陪祭官，诣东西两庑先贤、先儒神位前，跪，献帛，上香，献爵，叩首。兴，复位。行亚献礼，乐奏"秩平之章"。赞引承祭官诣先师位前，跪献爵，叩首。兴，诣四配神位前，跪献爵，叩首。兴，复位。赞引陪祭官，诣东西两哲神位前，又赞引陪祭官，诣东西两庑先贤、先儒神位前，跪献爵，叩首。兴，复位。行终献礼，乐奏"叙平之章"。赞引承祭官、陪祭官，行礼，如亚献，复位。赞引承祭官，诣饮福位跪，各官皆跪，饮福受胙叩首，兴，复位。行谢福胙礼，各官俱三跪九叩首，兴，复位。彻馔，乐奏"懿平之章"。送神，乐奏"德平之章"。行三跪九叩首礼。读祝者捧祝，司帛者捧帛，各诣燎所望燎，礼毕。众退，执事生皆退。

崇圣祠，祭日鸡初鸣，承祭，陪祭，各官齐集祠下，通赞唱起乐。承祭官就位，陪祭官就位，执事者各司其事，瘗毛血，迎神。各官皆二跪六叩首，兴，奠帛，行初献礼。赞引承祭官，诣盥洗所盥洗进巾。诣神位前，跪献帛，上香，献爵，叩首。兴，诣读祝位跪，各官皆跪。读祝生跪读祝文毕。兴，复位。行分献礼。赞引陪祭官诣东西配、东西庑神位前，跪献帛，上香，献爵，叩首。兴，复位，行亚献礼。赞引承祭官，诣神位前跪献爵，叩首。兴，复位，赞引陪祭官，诣东西配、东西庑神位前，跪献爵，叩首。兴，复位。终献礼如之复位，彻馔，送神，各官皆二跪六叩首，兴，捧祝帛，诣燎所望燎，礼毕，退位。

礼器

祝版二（书祝文之版也。以素木为之，有座朱漆金饰。大成殿、崇圣祠，正位各一）。

祝案二（髹以朱漆黄纻为围，大成殿、崇圣祠，正位各一）。篚十八（承帛之匣也。制方长有座，编竹丝为之，边座皆朱漆。正位一，配位各一，哲位东西各一，两庑东西各一，崇圣五，正位各一，配位东西各一）。供香帛案（髹以朱漆）。彝（裸以盛酒之器也，云缘素腹，两耳作夔形，铜质无丹）。勺（所以斟酒者也。铜质，外刻星水文，柄端与御勺处，皆刻龙首）。

幂（覆尊彝之巾也，用黄纻为之，绘以云气，四角有押）。斝（酌以灌地降神之器也，古制画禾稼以为饰，是尊之属。今纯素无文，两耳如戟，铜质）。彝几、斝几（髹以朱漆）。茅沙池（裸以缩酒之器也。用铜池实以沙，为茅束立沙上，裸则沃酒其上）。尊（献以盛酒器也。制有七：一大尊，以陶为之，素质；一牺尊制为牺形，穴背受酒；一象尊，制为象形，穴背受酒；一山尊，刻为山云之形；一雷尊，古雷文从回。汉制刻为雷师云气之形。以上四尊皆铜质，与大尊共为一案。陈而不用，不加勺幂。一著尊，亦铜质，饰饕餮雷文，惟酌献至圣先师位前用之，有勺幂。一壶尊，亦铜质，状如瓜，壶饰同著尊）。尊案（大、牺、象、山、雷五尊，共为一案。有座有栏，雕刻云花饰以金朱五彩。著尊，面刻三凹，以承三尊，髹以朱漆，黄纻为围。壶尊面有孔，以承尊朱漆红纻围）。爵，一百九十（饮器之象爵者，前若噣，后若尾，足修而锐，两柱为耳，以牛首为扳。金有雷文云气，饕餮，蟠夔之饰，以铜为之。献爵。正位三，配位各三，哲位各一，东庑六十一，西庑六十二，又东西各三，崇圣祠五，正位各三，配位各三，东西庑各三，福爵一）。坫（似豆而卑，斲木为之。口圆微哆，所以置爵，亦以承尊，今惟爵用之）。登一（盛太羹之器，古用瓦，今亦范铜为之。饰以云雷，饕餮，惟圣位前用之）。铏二十四（盛和羹之器也，亦范铜为之。三足两耳，盖施三纽，皆镂以饕餮雷文。正位二，配位各二，哲位东西各二，崇圣祠五，正位各二）。簠、簋，各三十八（簠盛加馔之器，稻粱也。簋盛常馔之器，黍稷也。方曰簠，圆曰簋，皆两翅两耳，镂以饕餮雷文。正位各二，配位每位各二十二，哲每筵各一，两房每筵各一。崇圣祠五，正位每位各二，配位东西各一，两庑东西各一，降用一者去稻粱）。笾、豆，各一百五十二（所以荐庶馐者也。白饼、黑饼、形盐、薧鱼，为朝事之笾。枣、栗、榛，实为馈食之笾。菱芡、鹿脯，为加笾之实。韭菹、醯醢、菁菹、鹿醢，为朝事之豆。脾析、豚胉，为馈食之豆。芹菹、兔醢、醓菹、鱼醢，为加豆之实。笾，竹质，朱漆里金边，足里黑漆。豆，木质，刻鱼鳞文。正位各十，配位每位各八，哲位东西各二筵，每筵各八；两庑东西各五筵，每筵各四。崇圣祠，正位每位各八，配位东西各四，两庑东西各四。其降用八者，去白饼、黑饼、脾析、豚胉。降用四者，又去榛、菱、芡、薧鱼、韭菹、醯醢、笋菹、鱼醢）。供案，二十八（所以陈祭品也。两端施档，四足，圆卷，髹以朱漆。正位一，配位各一，哲位东西各二，两庑各五。崇圣祠正位各一，配位东西各一，两庑东西各一，并有围）。馔盘，十六（朱漆方口，取簠簋笾豆之实，每品各置少许于盘。于送神前彻之，即古胙俎之遗意。正位一，四配位各一，哲位东西各一。崇圣祠正位各一，四配东西各一，两庑东西各一）。俎，三十三。（载牲之器，今制似周房俎，木质，朱漆。正位三，配位各二，哲位东西各二，两庑东西各三。崇圣祠五，正位各二，配位东西各一，两庑东西各一）。

毛血盘（铜质）、胙盘（木质朱漆）、燔炉（铁质）、香鼎、香盒、香盘、烛台、花瓶、庭燎（今制用铁如笼有干，植于陛间，实以松明然之）、洗罍（贮水器）、盥盘、巾（拭手之悦）、燎叉（燎时擎帛，以铁为之，有柄）、瘗锹、斋戒牌、誓牌、班位牌、拜席。

乐　　器

麾二（身用朱纻丝，首则以青篆书“中和”二金字，通体绘金升龙，朱干上饰龙首，承麾其下有架，在柷敔北东西相向，举则乐作，偃则乐止）。节二（以旄牛尾茜为赤色，凡九就有盖，朱干，金为曲首，以维节。其下有架，在舞佾之北，导舞列进退）。镛钟、鼗鼓各一（即特钟。县鼓在大成门左右，初祭击鼓毕，祭击钟，迎神送神齐击）。楹鼓、足鼓各一（楹鼓一名建鼓，贯以柱而竖之，下设兽跗，上覆黄盖，顶置翔鹭，四旁垂五采流苏，在编钟之东。足鼓有四足，在编磬之西，皆北向）。鞉鼓二（有柄，两旁有耳，持其柄摇之，耳还自击，设搏拊之下。东西相向与搏，拊同节）。搏拊二（形如鼓，以苇为之。著之以糠，在歌工北一字，终拍拊应之）。编钟一堵（即歌钟，十六枚共一虡。在东南每一句之始击之，以开众音）。编磬一堵（即歌磬，十六枚共一虡。在西南每句终击之，以收众音）。埙二（范土为之，中空锐上，平底六孔，在编钟、编磬之北，左右各一）。篪四（似管，在编钟、编磬之北，左右各二，次埙）。凤箫二（十六管，今谓之排箫。左右各一，次篪）。篴六（在埙篪排箫之北，左右各三）。洞箫六（无底在篴北，左右各三）。瑟四（在洞箫北，左右各二）。琴六（在瑟北，左右各三）。笙六（左右各三，直列在歌工后）。柷一（形如桶，内有椎柄，连底挏之，令左右击。今改正方为斗状，上广下狭。在搏拊北，用以举乐）。敔一（状如伏虎，背有龃龉，以木尺拣之。在搏拊北，用以止乐）。龠、翟，各十八（龠以竹为之，开三孔，朱漆；翟以木为柄，朱漆金龙，首上植雉尾，文舞所执）。手版（木质，粉饰，歌工所执）。衣顶（执事时，用裲衫，雀顶；常服用银盘，起花银顶）。

今制，陈乐器于露台上。舞佾之外，不分堂上堂下。

文舞生在乐悬之北。

乐　谱

乾隆八年钦颁

新谱依圣祖仁皇帝御制《律吕正义》旋宫起调之法，以黄钟为宫声；大吕为清宫声；以次太簇、夹钟为商；姑洗、仲吕为角；蕤宾、林钟为变征；夷则、南吕为征；无射、应钟为羽。半黄钟、半大吕。当变宫之音去四清声，加四倍声，而以倍无射、倍应钟为变宫；倍夷则、倍南吕为下羽；五正二变阳律，从阳阴吕，从阴各成，一均其法。以月律立宫下羽。主调宫、商、角、羽，皆起调。正征及变宫、征皆不起调。调皆用五正音，二变音。不入调倍夷则于箫，为上字于笛，为凡字倍南吕于箫，为伍字于笛，为仉字倍无射于箫，为尺字于笛，为合字倍应钟于箫，为伬字于笛，为六字黄钟于箫，为工字于笛，为四字大吕于箫，为仜字于笛，为五字太族于箫，为凡字于笛，为乙字夹钟于箫，为仉字于笛，为亿字姑洗于箫，为合字于笛，为上字仲吕于箫，为六字于笛，为仕字蕤宾于箫，为四字于笛，为尺字林钟于箫，为五字于笛，为伬字夷则于箫，为乙字于笛，为工字南吕于箫，为亿字于笛，为仜字无射、应钟，与倍夷则倍南吕应埙、篪与箫。应笙与笛，应琴瑟则以五音定弦位，琴芎应羽萄应宫，芶应商，芍应角，芼应征，瑟苺萄应下羽，莓芍应宫，莓芶应商，莓芍应角，萄芍应征，萄苺应羽。释奠之乐，四仲皆以月律为宫，以月律之下羽起调。春丁，以夹钟为宫，仲吕为商，林钟为角，应钟为征，倍应钟为羽。倍应钟起调为夹钟清商宫之羽，清变宫调。秋丁，以南吕为宫，应钟为商，倍应钟为角，夹钟为征，仲吕为羽。仲吕起调为南吕清，征宫之羽清角调，立宫之均不同，其旋言声调则一也。

《阙里文献考》云：案《律吕正义》，旋宫起调，表各律皆以下羽，主调正羽，同调首而无半宫之音是正羽。虽入调，而调首则必以下羽，且歌亦不用半宫矣。乾隆十二年秋，太常乐工来阙里教肄新乐。其奏歌章惟宣平、秩平、德平，三曲起调。六曲毕，曲及懿平渎字用下羽，余皆歌正羽。高声又昭平章之韵字，宣平章之振字，既字秩平章之再字，誉字叙平章之祭字，懿平章之四字、不字、自字，德平章之祀字，此十字皆歌半宫。高声是为下羽，至半宫，凡七声。正义皆未言此用意者，正羽既同调首，亦可起调而歌。正宫声于正羽声之上，清浊悬远难合抗坠之节，故以子声间正奏欤！然则表列下羽，至正羽。殆所以著律吕旋宫之列，而半宫子声又太常歌工之变例也。

乐　章

乾隆八年部颁

春祭，夹钟为宫，倍应钟起调。

迎神　昭平之章

案：仉为宫，伏为商，伍为角，仕为征，伬为羽。

大伬哉仉孔伏子伍，先伬觉仕先伍知伏。与仉天伏地仕参伍，万伬世仕之伍师伍。祥伍徵仕麟仉绂伏，韵仉答仕金伬丝伍。日仉月伏既伬揭伍，乾仉坤伏清仉夷伬。

初献　宣平之章

予伬怀仉明伏德伍，玉仕振仉金伬声仕。生伏民仉未仕有伍，展仉也伏大伍成伏。俎伍豆仕千伬古伍，春伏秋伏上伍丁伏。清伬酒仕既仉载伬，其仉香伏始仉升伬。

亚献　秩平之章

式伬礼仉莫口愆伍，升仕堂伍再仉献伬。响仕协伍鼓仉镛伏，诚伍孚仕罍伍甗伬。肃伍肃伍雍伏雍伏，誉仉髦伬斯仕彦伬。礼仕陶伍乐仉淑伏，相伍观伏而仉善伬。

终献　叙平之章

自伬古仉在伍昔伏，先仕民伍有仉作伏。皮伍弁仕祭仉菜伬，于仕论伍思伏乐仉。惟伍天仕牖伬民伍，惟仉圣仕时仉若伏。彝伍伦伍攸仕叙伬，至仕今伍木仉铎伬。

彻馔　懿平之章

先伬师仉有伏言伍，祭伬则仩受伬福伍。四仉海伬黉伍宫仩，畴仉敢伏不仉肃伬。礼伍成仩告伬彻伍，毋仉疏伏毋仉渎伬。乐伍所仩自仉生伬，中伍原伏有仉菽伬。

送神　德平之章

凫伬绎仉峨伏峨伍，洙仩泗伬洋仉洋伏。景仩行伍行伍止仩，流仉泽伏无伍疆伏。聿伍昭仩祀仉事伬，祀伬事仩孔仉明伏。化伬我伍蒸伬民仩，育仉我伏胶仉庠伬。

秋祭，南吕为宫，仲吕起调。

迎神　昭平之章

大伏哉亿孔仩子伬，先伏觉仉先伬知仩。与亿天仩地仉参伬，万伏世仉之伬师伬。祥伬徵仉麟亿绂仩，韵亿答仉金伏丝仉。日亿月仩既伏揭伬，乾亿坤仩清亿夷伏。

初献　宣平之章

予伏怀亿明仩德伬，玉仉振亿金伏声仉。生仩民亿未仉有伬，展亿也仩大伬成仩。俎伬豆仉千伏古伏，春仩秋仩上伬丁仩。清伏酒仉既亿载伏，其亿香仩始亿升伏。

亚献　秩平之章

式伏礼亿莫仩愆仩，升仉堂伬再亿献伏。响仉协伬鼗亿镛仩，诚伬孚仉罍伬甗口。肃伬肃伬雍仩雍仩，誉亿髦伏斯仉彦伏。礼仉陶伬乐亿淑仩，相伬观仩而亿善伏。

终献　叙平之章

自伏古亿在伬昔仩，先仉民伬有亿作仩。皮伬弁仉祭亿菜伏，于仉论伬思亿乐仩。惟伬天仉牖伏民仩，惟亿圣仉时亿若仩。彝伬伦伬攸仉叙伏，至仉今伬木亿铎伏。

彻馔　懿平之章

先伏师亿有仩言伬，祭伏则仉受伏福伬。四亿海伏黉伬宫仉，畴亿敢仩不亿肃伏。礼伬成仉告伏彻伬，毋亿疏仩毋亿渎伏。乐伬所仉自亿生伏，中伬原仩有亿菽伏。

送神　德平之章

凫伬绎亿峨仩峨伬，洙伵泗伬洋亿洋仩。景伵行伬行伬止伵，流亿泽仩无伬疆亿。聿伬昭伵祀亿事伬，祀伬事伵孔亿明仩。化伬我伬蒸伬民伵，育亿我仩胶亿庠伬。

舞　谱

凡执龠秉翟，皆左手龠，右手翟。未开舞时龠在内，翟在外，龠横而翟纵。盖左手属阳，右手属阴。阳主于声，阴主于容。故左龠而右翟。和顺积中，英华发外，故龠内而翟外。龠象衡运准平，翟象表端绳直，故龠横翟纵也。其用之也，齐眉执之为执，起之齐目为举，平心执之为衡。尽于向下执之为落，向前正举之为拱，向耳偏举为呈。龠翟纵横两分，为开龠翟，纵横两加，为合龠翟，纵合如一，为相各分。顺手向下为垂，两执相接为交。凡执龠秉翟俱右手在外，左手在内，其手指俱大指在内，四指在外。纵则如绳，横则如衡。执秉者不可忽也。凡立之容五：两阶相对为向内立，两阶相背为向外立，俱面北为朝上立，两两相对为对面立，两两相背为背面立。舞之容二：两阶相顾坐势为向内舞，两阶相负坐势为向外舞，首之容三：举面朝上为仰首俯，面向下为低首，左右顾为侧首。身之容五：起身正立为平身，曲其背为躬身，正立左右转为侧身，转过为回身，开左右膝直身下坐为蹲身。手之容五：一手高举为起手，顺下为垂手，前伸为出手，两手合举为拱手，相持为挽手。步之容二：前迈为进步，后缩为退步。足之容七：起足尖以足跟著地为跷足，起足后跟以足尖著地为点足，稍前为出足，膝前足后为屈足，履位迁换为移足，左足加右足加左为交足，反覆向上为蹈足。礼之容九：屈身手向下为授，屈身手向上承为受，拱手后退为辞，拱手向左右为让，低首屈身拱手为谦，平出两肘拱手齐心为揖，低首屈身至地为拜，屈膝至地为跪，点首为叩首。跷一足屈一足拱手左右为让。凡舞合字四字：欲迟工字、六字，欲疾上字、尺字。欲适中《关（阙）里文献考》云：案此舞容，尚有未备，窃以己意增之曰：树龠翟曰植，擎龠直向前曰舒，平擎籥曰横，翟籥相近曰并，横翟于上以籥拄之曰支，坚持籥翟于掖间掖荷籥翟于肩曰肩并，籥翟舒于臂曰抱，两手向臂相抱曰抱手，拜首至手曰拜手。

舞生就位，旧有转班鼓节，以齐其步武，凡十三节。而各就位退班亦如之。其谱：初三节，先二节先击鼓边二，次击鼓心一；后一节，先击鼓边二，次击鼓心二。次三节，每节击鼓心二。又次三节，每节击鼓心三。又次三节，每节击鼓心五。末一节击鼓二，共四十二击鼓声。既严执节前导，既列缀兆，则分东西立。麾生唱乐奏某曲，东阶节生亦扬节唱曰奏某。舞则散而为佾，三献皆同。舞毕，西阶生抑节唱曰："舞止！"则聚而成列，遂殖节架上，舞生俱归班。

第一成：初向上，垂籥出翟，出右足；次微向外，衡合籥翟；次转向内；次向上，掖翟呈籥平身立；次植籥横翟羽并籥；次向外，垂籥出翟出右足；次起手开籥翟；次向上，衡合籥翟；次向内，躬身开籥翟；次向上，合籥翟躬身受；次平身，植籥横举翟于籥末；次向内，合籥翟躬身受；次向上平身，出籥翟于外；次向外，合籥翟躬身受；次向上开籥翟；次向内，合举籥翟；次向上，合举籥翟；次点左足于前，植籥横落翟，加于膝；次大开籥翟；次合举籥翟；次籥支翟；次向外，衡合籥翟；次向上，平身出籥翟于内；次躬身右植翟，左横落籥至地，相并；次平身，直交籥翟；次向内衡合籥翟；次出籥翟于南；次向上合举籥翟；次合翟躬身受；次横落翟植籥于上；次合执籥翟跪；次顿首。第二成：初向上植翟横籥；次向外掖翟舒籥并肩出右足；次横落籥植翟于上；次向上开籥翟；次合籥翟，舞蹈向内躬身南让；次舞蹈北让；次向上平身，抱手开籥翟；次合籥翟躬身受；次向内肩翟垂籥，躬身出右足；次肩籥垂翟出左足；次向上植籥横翟羽，并籥；次向内合籥翟拜；次向上合举籥翟；次向外合籥翟拜；次向上垂籥出翟，出右足；次开籥翟；次合籥翟平身内让；次外让；次向外合籥翟拜；次向上衡合籥翟；次躬身垂籥肩翟于内，出左足；次斜落籥，斜植翟于籥末；次举籥怀翟；次点左足于前，植籥，横落翟加于膝；次向内掖翟舒籥并肩，出左足；次向上出籥翟于外；次向内横落籥，植翟于上；次开籥翟；次向上掖翟，出手垂籥；次向内衡合籥翟；次合执籥翟跪；次顿首。第三成：初掖翟平身，侧首向上呈籥并耳，点左足于后；次植籥横举翟于籥末；次合举籥翟；次向内掖籥垂翟；次向上横落籥植翟于上；次横交籥翟；次向外合籥翟，躬身受；次向上平身，植籥横翟柄末并籥；次躬身衡籥出翟；次外向，掖翟舒籥，并肩出右足；次向上，合籥翟拜；次向内，出籥翟于南；次向上，开籥翟，交足立；次合籥翟内让；次外让；次合落籥翟，至地躬身，外俯首出右足；次合籥翟，躬身受；次微向内，举籥翟；次向上，植籥横翟羽并籥；次向外，衡合籥翟；次向上开籥翟；次合籥翟拜；次肩籥于内，垂翟躬身蹲；次肩翟于外，垂籥躬身蹲；次开籥翟于外；次开籥翟于内；次斜落籥斜植翟于末；次大开籥翟；次出籥翟于内；次出籥翟于外；次合执籥翟跪；次顿首。（此从《阙里文献考》）

祭文　乾隆九年部颁

先师庙祭文

维年，月，日，某官，致祭于至圣先师孔子。曰：

先师德隆千古，道贯百王。揭日月以常行，自生民所未有。属文教昌明之会，正礼节乐和之时。辟雍钟鼓咸恪，荐于馨香泮水胶庠，益致严于笾豆。兹当仲春（秋），祗率彝章，肃展微忱。聿将祀典，以复圣颜子、宗圣曾子、述圣子思子、亚圣孟子配，尚飨！

崇圣祠祭文

维年，月，日，某官，某致，祭于肇圣王、裕圣王、诒圣王、昌圣王、启圣王曰：惟王奕叶钟祥，光开圣绪，盛德之后，积久弥昌。凡声教所覃敷，率循源而溯本。宜肃明禋之典，用申守土之忱。兹届仲春（秋），聿修祀事，以先贤颜氏、先贤曾氏、先贤孔氏、先贤孟孙氏配，尚飨。

先师位陈设祭器图

		爵		爵		爵		
				篚				
		铏		登		铏		
豆	豆	豆				笾	笾	笾
豆	豆	豆	簋		簋	笾	笾	笾
	豆	豆	簋		簋	笾	笾	
	豆	豆				笾	笾	
		俎		俎		俎		
				祝				
	烛			版			烛	
	台						台	
				炉				
		案		祝		读		
				拜				
				席				

先师位陈设祭品图

		终献		初献		亚献		
				帛				
		羹和		羹太			羹和	
析脾	菹芹	菹韭				盐形	榛	饼白
胉豚	醓兔	醓醢	稻		黍	鱼藁	菱	饼黑
	菹笋	菹菁	粱		稷	枣	芡	
	醓鱼	醓鹿				栗	脯鹿	
		豕		牛		羊		
				祝文				
	烛			香			烛	
			受胙		饮福			
				拜位				

每位各一笾
四配位陈设祭品图

终献　初献帛　亚献

羹和　　　　羹和

菹芹　菹韭　　　　盐形　榛

醢兔　醓醢　稻　黍　鱼藁　菱

菹笋　菹菁　粱　稷　枣　芡

醢鱼　醢鹿　　　　栗　脯鹿

豕　　　　羊

烛　　香　　烛

拜席

东西各二笾二俎又香帛案一
十二哲位陈设祭品图

终献　初献　亚献　　终献　初献　亚献

羹和　　　　羹和

菹芹　菹菁　稷黍盐形　栗　菹芹　菹菁　稷黍　盐形　栗

醢兔　醢鹿　　枣　脯鹿　醢兔　醢鹿　　枣　脯鹿

俎　　　　俎

豕羊　　　　豕羊

烛　　香帛　　烛

拜席

两庑视此东西各五笾三俎又香帛案一

五位各一筵

崇圣祠陈设祭品图

终献　初献　亚献

帛

羹和　　　　羹和

菹芹　菹韭　稻　黍　盐形　榛

醢兔　醢醢　粱　稷　鱼薧　菱

菹笋　菹菁　　　　枣　芡

醢鱼　醢鹿　　　　栗　脯鹿

豕　　　　羊

祝文

烛　香　烛

拜席

东西各一筵

崇圣配位陈设祭品图

两庑视此东西各一筵

终献　初献　亚献

菹芹　菹菁　稷　黍　盐形　栗

醢兔　醢鹿　　　枣　脯鹿

俎

豕　羊

烛　香　烛

帛

拜席

乐舞总图

麾							麾
敔							柷
搏拊							搏拊
笙	工歌					歌工	笙
笙	工歌					歌工	笙
笙	工歌					歌工	笙
	琴	琴	琴	琴	琴	琴	
	瑟	瑟			瑟	瑟	
	箫	箫	箫	箫	箫	箫	
	笛	笛	笛	笛	笛	笛	
	排	篪篪	埙	埙	篪篪	排	
	箫					箫	
	鼓鼗	磬编			钟编	鼓鼗	
足							楹
鼓							鼓
干	节				节	干	
戚	舞舞舞		丹		舞舞舞	戚	
	舞舞舞		陛		舞舞舞		
	舞舞舞				舞舞舞		
	舞舞舞				舞舞舞		
	舞舞舞				舞舞舞		
西	舞舞舞				舞舞舞		东
廊鼗			甬				特廊
隅鼓			道				钟隅

学　额

永平府学　额设廪生四十名，增生四十名，一年一贡。岁试取入文童二十三名，武童二十名；科试取入文童二十三名。

卢龙县学　额设廪生二十名，增生二十名，三年两贡。岁试取入文童十八名，武童十五名；科试取入文童十八名。

迁安县学

抚宁县学

昌黎县学　以上，与卢龙县同。

滦州学　额设廪生三十名，增生三十名，三年两贡。岁试取入文童十八名，武童十五名；科考取入文童十八名。

乐亭县学　额设与卢龙县同。

临榆县学　廪、增与卢龙县同。岁试取入文童十五名，武童十二名；科试取入文童十五名。同治五年加增文、武学额，各二名。

山海佘一元《致宋观察书》云：老公祖教化弘敷，仁风遐畅阖郡。士子沐浴时雨，而成德达材者比比矣。兹值督学按临之期，正诸生殿最之际，敝关僻处一隅，人文寥落，然士风在近今犹称淳谨。且地方满汉杂居，丁粮稀少，既无衿佩之荣，并乏优免之利。所恃以绵诗书之脉，而维持儒业于不坠者，仅此秀才二字之虚名耳。伏乞老公祖格外开恩，鼎致学台公祖，恳将入学人数稍稍从宽，末等人数稍稍从减。至于首次贡生员，历年既深，前途将济，尤望俯赐曲成。凡此皆法中之仁，一以培边鄙之文风，一以奖谨朴之士习。造就洪慈与覆载同不朽矣。恃爱冒干统，祈鉴注，临颖瞻切不一。

山海佘一元《致钱观察书》云：向者老公祖台驾临关，过承枉顾，兼邀鼎爱，鄙忱未申，迄今耿耿。今学台公祖按试此方，治某夙附年谊之末，一时避嫌未敢通候。奈山海入学十五名，乃某同敝年友穆宾曰托前任宋道尊，转致前任熊学台所定之数。又以抚宁卫归并山海，因而遂为定额，已历三案。此番考取止十二名，尚缺三名，恐后援此为例，复之诚为不易。恳祈老公祖代达学台公祖，乘此考案初发，倘蒙开恩复其原数，世世沾被不朽矣。冒昧具渎，伏冀留神，谆祷不既。

附乐舞生额数，原额一百六名。乾隆三十二年，奉文议照康熙二十九年部资顺天府学现用人数：歌童四人，乐生二十二人，执麾、引节各一人，舞生三十六人，合计六十四人，以四十名为正额，二十四人为附额。其衣顶，执事时用襴衫雀顶，常服用银盘起花银顶。

学　田

永平府学　石梯子地四十亩，又二顷一十五亩；胡家庄地四十五亩；张家庄地五十四亩七分；横河地一顷零四亩；薛家庄地七十二亩；滤马庄原地七十三亩，水冲五十六亩，现地三段共十七亩；大岭曹家坡地六亩；野鸡坨地五十亩；葛新庄地三顷；张木匠庄地二顷二十六亩；胡家园地四十一亩五分；石岭子地十亩；双望地七十八亩，共地十二顷五十九亩二分。每年共征租谷八十二石三斗五升，零征租银十八两一钱零。系本学征收散给赞礼生、廪生、贫士，岁有报销。

卢龙县学　《县志》旧载一段，一顷九十九亩。知府高邦佐捐俸置一段，一顷六十亩。郡人御史韩应庚置又一段，六十一亩。今查石梯子庄地，二顷三十四亩五分，韩御史应庚置，每亩租银四分七厘六毫五丝，共银十一两一钱六分八厘九毫零；顾家岭地，一顷九十九亩，白翰林瑜置，每亩租银六分七厘九毫零，共银十三两五钱二分四厘二毫零。野鸡坨地一顷，前郡守谢公置，每亩租银五分三厘五毫零，共银五两三钱五分六厘八毫零。以上共租银三十四两五分。系本县儒学征收散廪生、贫士，按年造册奏报。又野鸡坨地二顷，孟家庄地三十亩，十八里铺地十亩及房基地四处，收租为义学修金之费。

迁安县学　负郭田一顷零六亩，明万历间知府高邦佐捐奉置。康熙六年奉圈野鸡坨下地一顷二十六亩八分七厘。万历间知县张廷拱置，现存。每年租银三两六钱三分，赈济贫士。鸭子河上地十亩一分七厘八毫，国朝雍正十一年置，租东钱二十二千八百二十五文，给义学膏火之费。阎家店小地三十六亩三分八厘，雍正十一年置，租东钱十八千。又鸭子河地八十二亩，乾隆二十一年置，每亩租银五分。共租银四两一钱，给义学膏火之费。小乔各庄西一段六亩，又一段一亩二分六厘，乾隆三十六年，知县靳荣藩置。给县人董杜氏执契管业名曰“贞女田”。陶新庄西地一段六亩五分，又一段五亩。乾隆三十六年，知县靳荣藩置。给县民王留喜管业，名曰“劝孝田”。

抚宁县学 城北李良峪长身地一段，边山地一段，河身地一段，原系牧马荒田，约有百亩。城东新庄一段七亩五分，城东南洋河套荒田十亩余，共一百五十一亩，知县王文衡捐置。城北张家庄一段五十亩，知县谭琳捐俸置。富实屯荒地四十二段，共一顷四十亩三分七厘，知县赵端捐俸置，每年输租交儒学，给乡社学为笔楮膏火之助。满井三段，一百一十六亩一分二厘；曹西庄十五段，一百八十八亩三分三厘；任各庄五段，二十五亩；杨家庄二段，二十七亩；吴家庄一段，二十五亩；李官营一段，五十亩。共计四顷三十一亩四分五厘。以上学田收租银二十三两五钱四分，零散给廪生、贫士。

昌黎县学 《县志》旧载，一段三十亩五分，一段四十亩，一段一顷十九亩一分，一段三亩八分，一段三十六亩五分，一段五十四亩，泡石港山场一处。以上除拨补乐亭县，尚遗两段五十余亩、泡石港山场一处。今俱失，惟山场存。现在静安西庄河滩地，二顷二十七亩，康熙五十年入官，每年租东钱四十千；城东何家庄地，十八亩，雍正十年入官，每年租东钱十二千；城西朱各庄河滩地，三十六亩，雍正十一年入官，每年租东钱二十千；城北山地，三十亩五分，每年奏销报上租银二两。以上共地三顷十一亩五分，共租东钱八十四千，散给廪生、贫士。

滦州学 《州志》旧载，万历二十六年，知州陈士元给长春社官地三顷六十亩。又三十八年，知府高邦佐，置田一顷三十八亩。圈占后退出三十五亩，今失。现在学田五十五亩，于雍正三年，以水利营田拨入。坐落苏各庄、老新庄，每年租银一两七钱五分，散给廪生、贫士。

乐亭县学 《旧志》载，共四顷七十一亩七分，圈地后莫考。乾隆四年教谕陈成德详请报置鲁家套三段，计一顷四十亩。小寺上计五十亩，每亩起租银三钱四分，共收租银六十四两六钱。除清交钱粮外，尽数散给贫士，以资膏火；科岁两试，凡各生试卷，亦从此项办理。义学田：一在刘家庄西地八十七亩，每亩租银一钱，共租银八两七钱。又二顷七十五亩，每亩租银一分，共租银三两七钱五分；一在井各庄地三十八亩四分六厘，每亩征银三分，共租银一两一钱五分三厘八毫；一在嵩林西地八十七亩，每亩租东钱五百文，共租东钱四十三千五百文。又三十亩，每亩租东钱二百五十文，共租东钱七千五百文。又二十九亩五分，每亩租银一钱，共租银二两九钱五分。撒马店庄西一段十二亩，又一段一亩三分，每亩租银五分，共租银六钱六分五厘。以上共地五顷六十亩二分六厘，共租银十六两二钱一分八厘八毫，东钱五十一千。俱乾隆间知县陈金骏置，为义学膏火之费。

国朝刘松《置学田记》云：乐亭学田不一而足，惟河东高郡公学租良法极便诸生。予视事后，私心向往之。因查县额有柴夫之征，遇闰加派，不无余羡。长令公费率取于斯库，胥缘旧例请。予应之曰：“否否！凡兹国课秋毫皆官帑也。奈何自为出入？”予向白之二千石支解七十金为学田之需，予之素心人已耳，而目之矣。今既饶微息，何不自为吾子弟计。库胥极言无几，少俟再闰。予复应之曰：“如必取盈而议田，则予嘉惠斯文之心，能久稽乎？且予尝为诸生，稔知四民之业，惟士独高。而士之穷者，则较他途独苦。乐庠不乏素封，中岂无雪案萤窗抱膝永夜者？予雅志勤民，独缓占毕之家师，师谓何随？”捐俸金二十两，并柴夫支解之剩者，凑足四十二两八分。适曹家庄何尚文，变产不得，因罄值付之，易堪种之田七十六亩七分，岁租五两三钱六分九厘。冬底油炭可市千斤，遍给诸生，虽涓滴之水何济饥渴？予一念不自润之热肠，颇亦愉快。窃念谫劣无似，尚能出闰派置膏壤，嗣后贤者接踵，乐庠之田，难以数计矣。济济青衿，其触目警心，焚膏继晷，岁岁季季，无忘创始之意。联袂而起，更以予之迂图布之庠序予，亦有荣施哉？行之二年，诸生德予甚众，仿高郡公学租，例勒诸坚珉，予辞。不得已命笔记之：是地南北长，东西阔，东至赵计时等，南至何尚文等，西至徐仲山等，北至徐仲山等。佃户赵彦登等，岁无丰歉，租无增减，绝不更易，以滋纷扰。不腆油炭，惟资诸生，他无与焉。亦效高郡公之芳规也，并记之。

临榆县学 明主事黄景夔，捐地四千九百五亩，主事葛守礼、马敫等捐地三百四十顷有奇。国朝康熙三十三年，清丈出地百八十八顷，共征米七百五石九斗零。由管粮厅征收，给廪生米，每名十石六斗八升八合，贫士额四十名，每名六石六斗八升八合。

明主事黄景夔《学田记》云：治世养士，衰世使士自养。士自养其弊三焉。上焉者，自食其志，无所事养，守其道，甘死不悔，然其不遇也，其困也极矣。下焉者，自食其力，徙其业从而之他。其次焉者，诎于志，而惰于力，不能自食，资于人以食，若战国四公子之养士，美恶淆而廉耻丧。冯欢之歌曰："长铗归来乎，食无鱼。"可哀也，已非国之耻欤？三代盛时，其养士尚矣，然其详不可知。已后世乃有学田，然不能皆有。我朝无学田而有学粮。府、州、县有差无地无之者，唯卫学则无焉。窃意当是时介胄子弟罕学者，卫虽有学仅存空名。故不为置粮，非法不备也。山海关东地民久私。景夔稽而归之公，仍令业焉，而出其租。地四千九百五亩，米七十三石五斗七升五合。得诸生经试优等者十二人，人月食五斗，载于籍以为恒。呜呼！尔士一夫一妇之养，此差足矣。此地今以前之士无养，然不闻弛业，奋而出者，有人焉。今以后之士有养矣，奋而出如前焉，恒也。吾不尔异其奋也，倍焉，斯异矣。然吾愿尔士不惟是。《易》曰"颐贞吉"，又曰"圣人养贤，以及万民，尔养尔贞"。吾兹观尔处，尔推尔及，吾将俟尔仕哉！

山海詹荣《乡饮田记》云：与川葛子，以天子职方氏出镇山海关。逾年为嘉靖甲午，法准，弊裁，无扰，无戾。因次及便宜，爰图修复。乃询诸士民曰："乡饮为我明盛典，著在令甲，有司奉行罔怠以替，凡以兴行崇化焉尔！矧山海畿辅重镇，当首被声教，胡于是独缺？岂国典故靳于卫，抑所司者遗也？"或对曰："乡饮举于学，我高皇帝建学定制即有之。时山海未有学也。自正统改元之诏，始得建学。第初事草卤，他制未遑。今人文彬彬然，日渐以著。独兹缺典，举之是待我公。”或对曰：“用本于财，礼备诸物，无能越者。有司乡饮之供，取诸岁额，斯可常继。吾卫无乡饮额，胡取之？即取足目前，胡继之？处画是在我公。”葛子曰：“嗟哉！嗟哉！维兹山海，虽称边隘，犹夫人也。乃摈诸恒典之外，若无与于化理焉者，殆非圣朝同仁之制夫！法无靳于卫，徒执往迹，无改于循习之弊，人自靳之。间有识者，顾诿诸区区之费而止，是爱物而贱礼焉！呜乎！可吾天子使臣职，得议法责与处分，是诚在我。”乃查近郭间田籍之，官得若干亩？岁取佃租若干？委官敛贮，乡饮之需取给焉。又下令于卫，若学俾慎选诸乡仕而休者，必恪乃官箴完名高节，无以墨败者滥。其诸乡民，必耆年宿德，六行允修，无以弗检者滥。主之者，则卫视篆指挥也。乃正月既望，实为创举肆筵，黉序宾僎毕来。始而迎，翼如也。扬觯有词，懔如也。读法有条，肃如也。酒食旅献，乐章间作，将将如也，雍雍如也。既醉而出，充然若有所得。环桥门以观听者，惕然深有所感矣。翌日，诸士民造詹子所。请曰：“匪创弗开，匪承弗永。兹举也葛公开惠吾人至矣。犹惧弗永也。子其记之，以告承者。”詹子曰：“卫以即戎，知方是急；学业俎豆，养老所先。故卫弗学，厥方斯昧，学非乡饮，厥业斯荒。施之政教，皆苟焉耳！山海自国初有卫，历数十年始学。又历数十年，始乡饮。国初作人覃化之制，至是大备。吾人果能务忠孝之实，兴仁让之风，以资亲上死长之效，遹观治隆俗美之成，庶几无负长人者之意。若日惟永是图则法罔，或限而用，复弗窘。葛子亦既有言，承之者，将无所诿也。奚惧其不永？

王应期《山海关义田记》云：山海奠畿东北，称雄海隅，惟不附于有司。是故制度纬缅，典礼繁多，未备。予抱关之暇，每询事采物，考制协轨，图肇举焉，而以财用为咨访之先。职方氏黄公以关东了望地，给为学田。至今居聚日繁，而垦辟益广，以租而输官者，仅得其半。乃与诸生议曰：“遗利以藏下，遗典以陋上，非所以成民。取彼益此，何为而不可哉？”遂令官度之得地一万三百四十四亩，岁征租百七十二石。兹不惟供饩有余，而大事犹可以肇举也。乃虑事以授守备龚子，相与量功略趾筮日，分司计财称畚平干，旬日告竣。建祭五：曰社稷；曰风、云、雷、雨、山川、城隍；曰八蜡；曰无祀鬼神；曰东镇义勇武安王。举农政一曰鞭春，咸修有坛宇，植有树木，祭有品物，辨有粟米。计春秋粟米之费，共六十三石有奇。呜呼！是举也，庶工底绩，百度咸贞。嘉虔攸宜，礼文咸秩。均灵剡剡，蒸民憺憺，若将共恃之，夫先王之成民也，而后致力于神，是神导之趋也，委之典秩；示之从也，设之象魏；协之同也，律之禁令。故民乐于福，而惕于祸。是以时和。年登而神降之福，将或恃之以为不恐焉！故曰："神以幽之，君以明之。"幽之故绥福，明之故训化。匪绥奚惧？匪训胡成？斯治之大防也。山海于是乎有赖矣。于是殚心综理，则守备龚廉；翊力赞相，则掌印指挥石美中；度亩计征，则指挥赵伦、林洪；鸠工效力，则指挥戴臣、符英，百户潘洪、王銮；嘉乐盛典，适观遹成，则教授官善，生员李成恩等也。因并书以垂永云。案：旧志艺文内，王应期作国朝人，疑误。查文中所列官名，多系明秩。自称抱关之暇，当是管关通判。各官而《旧志·职官志》无名，惟管粮通判有李应期，海运通判有王应豫，不知谁是？所称守备、指挥各官旧志亦未载。

书院　义学

孤竹书院　在府城东北隅，望高楼下（久废）。

北平书院　在府学南，卢龙县旧基。明隆庆六年，知府辛应乾建。国朝康熙十六年，知府常文魁复建，今改为教授署。

御史刘伟《新建北平书院志》云：稽古致治之本，首重于人才，风俗以之而肇，教化藉之而兴，天下待之而理。岂不重欤？虽然作养无术，则人才终莫能振也。丙辰岁暮，幸我常公来守斯邦。□□本一疲郡也，民苦瘠土赋重役劳，且当东西冲繁，簿书鞅掌。即有非常之才，恒虞调剂之不遑，安望余力以作养人才耶？若我公者，甫下车未几，而政事毕奏，即观风课士，修举废坠，重修文武两学，深有作养人才之意矣。于谒庙之日，见非农非士环列于前，即诘之曰：“吾青青子衿也欤？”咸应之曰：“唯唯。”嗟乎！青青子衿，何乃衣冠狼狈至斯哉？夫衣冠狼狈至斯，遑问其诗书乎？诗书不兴，人材何由而作爰是经营学宫前隙地，堪为弦诵之所。苦于狭隘，买近居民房四间，空地一段，方称斯院。不扰民力，不动公帑，大捐己资。公每省试几费心裁，命生员杨新鼎督监，不月余构成讲堂三，东西书斋十二，后肄业正房五，厢房四，厨房二，中门、大门共四，内外墙壁莫不严密。又建木坊，设以廪饩，延乃师儒，无所不至。即菁莪朴棫之化不过是矣！吾往而观焉，奇哉斯院耶！外瞻之高耸层叠，岩然壮观。进视之，曲折周匝，幽若仙景。不觉喟然曰：“幸哉！北平之书院，可与江西之白鹿比隆。”俾吾永士子入斯院者，必致其知，必力其行，学成孝子，学成忠臣，异日掇科甲纡青紫，龙见豹变蔚然汇起。万古千秋，孰不相传曰：非我公之作养人才，而然者哉？若后之君子，继公以行，则永之人才有盛而无衰也。不然燕朋昵师，虚糜岁月，即当幡然而逝，不可一日污此地。公三韩世家也。名文魁，号独占，字月生，戊子贡士，并书以志不朽云。

敬胜书院　在武庙西，旧武学地。乾隆十二年，知府卢见曾创建。乾隆五十二年知府单煃，嘉庆十二年知府祝庆承，道光十一年知府阮常生，同治十二年知府游智开，俱重修。

德州卢见曾《创建永平府敬胜书院碑记》云：敬胜书院建于府城平山之麓，故武成王庙右，盖武学旧址云。乾隆甲子，天子起曾于谪戍，俾牧滦州，逾年擢本郡守。先是永公宁治是郡，政通人和，纲目毕张。曾来岁大熟，讼狱益息，艮其趾萧然无余事。思惟报国，莫如为国作人。爰因郡人修武庙之请，请建书院于总督那公苏图、布政使方公观承，报可。郡人输财趋事，沛若江河之就下，月余赀用大集。于是监税工部佛公宝柱构材于桃林之口，昌黎县致浮于海之大木。相宅鸠工位其为讲堂，堂三楹，前为门，后为斋，亦各三楹。右为学舍，南北向者三，各五楹；东西向者四，各三楹。散室三，各二楹。计四十有二楹。庖湢寝处器用之需，备庙之制。若殿，若庑，若棂星门，悉复其旧制。合院之四十二楹，而缭以垣。得请于丙寅年六月，迄于丁卯年四月，十阅月而工毕。乃延名师，立学规，征七属士之才者肄业焉。进之曰：二三子亦知武学之兴废，与予以敬胜名书院之意乎？明初定天下建国学，立六堂之法。乃命韩国公李善长，选勋臣子弟入学。又置武学于大宁等卫。盖将范武于文使介胄之士，皆知说礼乐，而敦诗书，其用意深远。故其为制也，明以备，严而不苛。法久浸弛，而会典程式累朝犹修。明之永平武学，建于隆庆刘公应节。其时入学者犹应袭舍人也。崇祯十年，命天下府、州、县，皆设武学，生员提学官一体考取，杂进无实，而学舍荆榛矣。末流沿袭祖宗之法，而或反其意，概如斯夫！古之教者，文武不分途。古之学者，体用无偏废。太公以见知之圣际会鹰扬阴符云乎哉！《丹书》曰："敬胜怠者吉，怠胜敬者灭。"呜呼！太公所以为王者师也。二三子朝夕诵习于斯，仰瞻庙貌，遡其德业之巍巍，明乎见而知之。之为何事而敬？以为主者，之于家国天下无所处而不当，斯其处也。有守而出也足以有为，如以举子业为文章之能事，而不究其全体大用之本原，则与骑射技勇，以为武者等耳！二三子尚无忘顾谌以废斯举哉。诸生曰："谨受教。"遂书之，以为记。

乐亭史梦兰《重修永平府敬胜书院碑记》云：敬胜书院，前太守德州卢公见曾于乾隆初，因明武学旧址所建也。以其左邻太公庙，故取《丹书》语名之。迄道光中，阮公常生来守吾郡，雅意培植生徒，莘莘号称极盛。咸丰末畿辅有警，郡守重团练，而书院遂渐即蓁芜。同治壬申夏，今太守游公至，见堂庑颓败，矗然伤之，力亟重修，增其膏火，并购经史，广搜宋、元、明儒及畿辅诸贤哲文集藏之院中，以备诸生肄业，甚盛举也。工既竣，属兰为文以记其事。曰："书院者，储才之区也。然书院遍天下，求其坐、言、起、行，才堪适用者，恒不数数。覼其故，何哉？课士之法，率以制艺，试一日之工拙，第其甲乙高下，其廪饩学者，亦遂墨守此途。间有聪明颖异之士，思欲博古通今，明体达用，又往往苦于僻处穷乡，无书可购。于是有问以古今传位之次、州郡隘塞之名，及兵农钱谷时务利病之略，茫然一无所知者。以此求才，是犹钻火于三凌之冰，絷骐骥之足而责千里者也。则才之不足适用也固宜。且吾之置此书以课诸生，非欲人薄科举之文，而不为也。诚欲学者通经，以窥圣贤授受之原，读史以知历代兴亡之故。根柢既深，枝叶自茂。即为科举之文，必高出寻常倍倍。科名何患不得？若穷年矻矻，徒抱腐烂时艺，为兔园册子，纵侥倖科名，亦空疏无用。岂国家取士，书院储才之意哉？吾介介独为此耳！至他日书院之兴废，书籍之存亡，自有后来者。主之人之欲善，谁不如我？我亦惟为事之所当为，力之所能为，心之所愿为而已，他非所知也。兰深感其意，韪其言，爰次第书之，以为记。游公名智开，湖南新化人，由滦州擢守本郡，与卢公同。同治十二年秋七月癸酉。

存储书籍

《四库全书总目》一部，十函，共一百二十本。

《十三经注疏》一部，十六函，共一百一十六本。

《钦定五经》一部，二十函，共一百五十六本。

《通志堂九经解》一部，五十九函，共六百零二本。

《皇清经解》一部，三十六函，共三百六十本。

《廿一史》一部，四十八函，共三百零四本。

《明史》一部，十二函，共一百一十二本。

《资治通鉴》一部，二十四函，共一百三十本。

《朱子纲目》一部，十二函，共一百二十本。

《通志》一部，十九函，共一百五十四本。

《通典》一部，六函，共四十八本。

《通考》一部，十五函，共一百二十本。

《读史方舆纪要》一部，十二函，共九十二本。

《天下郡国利病书》一部，八函，共六十四本。

《皇朝中外一统舆图》一部，全函，共三十二本。

《海国图志》一部，四函，共二十八本。

《大学衍义补》一部，八函，共四十八本。

《周子全书》一部，全函，共六本。

《二程全书》一部，二函，共十五本。

《朱子大全》一部，六函，共三十六本。

《朱子全书》一部，四函，共三十本。

《张子全书》一部，全函，共八本。

《小学》一部，全函，共二本。

《五子近思录》一部，全函，共四本。

《名臣言行录》一部，二函，共十二本。

《陆象山集》一部，二函，共十二本。

《王阳明集》一部，二函，共十六本。

《薛敬轩读书录》一部，二函，共八本。

《李二曲先生集》一部，二函，共十二本。

《四礼翼》，一本。

《渊鉴类函》一部，二十函，共一百四十本。

《佩文韵府》一部，二十八函，共一百六十本。

《说文解字》一部，全函，共八本。

《说文通训》一部，四函，共三十二本。

《李氏五种》二部，每部十本。

《史姓韵编》二部，每部二十四本。

《全唐文》一部，五十函，共五百零四本。

《全唐诗》一部，十二函，共一百二十本。

《大清会典》一部，六十函，共四百四十二本。

《皇清经世文编》一部，八函，共六十四本。

《国朝先正事略》一部，二函，共二十四本。

《农政全书》一部，四函，共二十四本。

《学政全书》一部，四函，共二十四本。

《畿辅水利四案》一部，全函，共四本。

《正谊堂理学全书》一部，二十函，共二百本。

《容城三贤集》一部，二函，共十二本。

《孙夏峰先生集》一部，四函，共十六本。

《理学宗传》一部，四函，共十六本。

《四书近指》一部，全函，共五本。

《年谱游谱家规》一部，全函，共四本。

《畿辅人物考》一部，二函，共八本。

《中州人物考》一部，二函，共八本。

《定兴鹿忠节公集》一部，全函，共六本。

《四书说约》一部，全函，共四本。

《柏乡魏文毅公集》一部，二函，共十六本。

《鉴语经世编》一部，二函，共十二本。

《约言希贤录》一部，全函，共八本。

《圣学知统录》一部，全函，共十本。

《蔚州魏敏果公全集》一部，二函，共十二本。

《高阳孙文正公集》一部，二函，共十二本。

《孙文正公年谱》一部，全函共二本。

《车阵扣答合编》一部，全函共四本。

《静海毛若人春秋三子传》一部，共七本。

《春秋诸家解》一部，共八本。

《永平诗存》一部，共八本。

《永平府志》一部。

文峰书院 在迁安城内，东南隅。旧名安昌书院，久废。知县韩耀光捐办，膏火奖赏每月考课。光绪二年修补斋房，筹款延请山长。

云从书院 在抚宁儒学南。明万历乙卯，知县王台建。国朝康熙十四年知县刘馨，道光四年知县李德，俱重修。

明知县王台《云从书院记》云：人文之兴，或曰天运，或曰地钟，二说皆是然未可恃也。予直以为存乎其人。昔文翁化蜀，文定授湖，唯是萃而处之，程而课之。士遂蒸然崛起。即殊方绝傥，莫不向风归化。未闻移变其星野，更定其岳渎也。则人心之灵于此，征矣！抚宁号岩邑，连关接塞，应尾宿之墟。马头，兔耳，渝水，阳河种种为邑胜。概往岁登甲乙籍者不乏人，迩乃寥寥晨星垂四十祀。或以堪舆家言，建浮屠于南之紫荆，或西辟郭门诸建置不一。前令惺涵崔君，加意学宫其尤最云。然今寥寥如故。余不佞承乏兹土，求所以兴贤翊治，不敢自后于前人。窃以文物盛衰关天地，转移属人文。与其乞灵于天地，固不若乞灵于多士也。乃卜之学校，迤南得善地，捐俸赀帑羡若干缗，创书院一区。堂五楹，东西厢各三楹，亭一楹，厨馔供张具备，缭以周垣。集诸生课艺其中，月三试之，别有条约。甫两月落成。会闽大使庄公，以使过临。余请名其堂。公题曰“云从”。盖取《易》“云从龙”义也。夫龙之需云以灵，讵不昭昭，要之非云灵也。有龙之灵，而后云从之，以灵也。假令蝘蜓当前，徒抱空质，即翁然蔚然，嘘以泰岱浓云，亦何所益？故士患不为龙，勿患云之弗从也。虽然应龙之神，蛰以存身，不存不可以奋屈伸，变幻从泥蟠时，陶成之跃而雄飞，直须时耳！诸生诚勿以土俗局限，澡乃志，凝乃神，相观相长。挺然以神龙自命，就先资之业，储为霖雨源流，泉滓冲而徐盈。有不跃然而起，骧首天路，润泽寰宇者，吾不信也。然则云从一区，谓非诸生存以高奋之地不可。彼邀灵天地者其为不足恃，明矣。不然者，泄泄宽假，今日俟气数，明日易山川，恐星野岳渎必有笑舍己之田而芸人之田者。多士勉之！抚之为蜀，为湖，将拭目睹之矣！

东山书院　在云从书院之西，国朝康熙二十一年，知县赵端捐俸建，今改为训导署。

香山书院　在昌黎县北，水岩寺香山下，邑绅建，今废。

碣阳书院　在昌黎县文庙东，同治二年捐建。

知县王应奎《新建碣阳书院碑记》云:《邑志》载书院山去昌黎城四十里而近。山势两冈合抱，为“夷齐兄弟读书处”云。厥后，卢公丑以经学授北魏世祖，嗣援师傅旧恩，赐爵济阴公致仕。唐之韩氏，为兹邦著姓。奕世载德，故文公仍锡爵为昌黎伯。盖敦文好学，自三代以来，清风久著者也。顾邑壤瘠薄，民多亟于治生。虽世家大族，不乏勤修敦行，擢科第而陟棘槐者，勋业崇隆，望重朝野。其德成而上要之家，自为学者，多焉。他如单门寒士好学者，固亦有人，然镇心焠掌闭门勤励于造车，不知丽泽，盍簪他山尚资夫攻玉，良以淳朴性成。而独学孤陋之讥，守土者固宜筹度之，而化导之也。岁庚子，余以刑曹铃授是邑，下车后见城垣雉堞倾圮无存，黉、宫、祠、宇，以及文武官廨，半归零落。窃念修废举坠，责既无能旁贷，时亦未可久延。屈指十年来，捐廉筹款而缮完修葺之，幸先后一一蒇事。乃复与司铎瑞堂贾君、胜之韩君两广文，暨搢绅先生，卜地城之西，偏介于学宫武庙之间，创建书院。颜曰“碣阳”。案碣石乃邑之名山，秦王之铭，魏武之诗，卓乎尚矣！左右五峰，争奇挹秀，足以为斯邑发文章之秀气，振甲第之先声者。招集生徒，朝夕讨论，虽未敢诩弦歌之化，盖亦振兴文教之权舆焉。且夫庠序学校，历代遵而行之。书院之设，则莫盛于赵宋白鹿遗规，曾奉考亭之训；吴兴讲院，犹宗安定之风。今稍异于古所云者，羽龠诗书之艺，易而为经文诗赋焉耳！然而德行本也，文艺末也。士先器识，而后文艺，亦必行修而后经明。诸生肄业者，果能诵书习礼，砥砺而淬磨之，融气质之偏而归之浑化。破迂拘之识，以致乎精微，奉瓣香而恪守师承，敦友谊而情符黻佩。达而在上，可以播礼、乐、经、术之化，以摅文字之耿光。即使穷而在下，亦必尽其乐群敬业之功，修用立人伦之标准。庶几哉！济阴公，昌黎伯之遗风余烈如有存焉者，是则余区区私愿之所在，而亦邑之先达诸君子，所为乐观其成者欤！道光己酉九月。

知县徐纸《续修碣阳书院膏火碑记》云：夫国衡渺论邻家凿壁之光，刘峻专愚永夜燎麻之炬，古人尚矣亶其然乎。然而业守青毡，家无金穴，出则绿�竿小嵯，麦雨之常漂，入则白板床低，就桑阴其已暮，使皆责以断带，能然荚糠，自照盖亦难矣。此书院膏火之设，所以开书城夜炤之天，为学海宵征之助也。顾南康旧址，晦庵来而业修，春风，讲堂明道去而学辍。求其拥商陆之火，围皋比以谈经；吹太乙之藜，坐石渠而校字，非永厥传，鲜难为继。昌黎旧有碣阳书院，璧水望衡，厅容旋马，奎垣对雷，堂称悬鳣。前邑令王君应奎，实创其制，甚盛事也。乃者日久废弛，风流阒寂；因播膏之难继，遂银钥之常扃。同治纪元之冬，余由涇阳移权斯邑，辟扉而入，户尽承尘，叩钟无闻，门真似水。以为亭名杨子，便来问字之车；乡号郑公，讵少读书之族？爰作解囊之倡，用为集腋之谋。果其人纳隋珠，家输赵璧。自春迄夏，数共滕以五千，益寡裒多，准致用于三十。是役也，说者谓官为号召，原应手于悬桴。吏不侵渔，遂探囊而献璞。岂知苦县多贫，难分金于家赡。严山自铸，或怀宝于函方。良由邑本号文，人皆慕义。指囷便与，夙多子敬之贤。贷粟无难，不作监河之吝。用能裒成盛举，丕振文风，坐烛奴于讲舍之旁，呼济叟作经神之伴。咿唔一室，不虞兰烬之消。占毕三余，即是莲花之炬。方今遭际圣明，沐浴文化，词林根柢允推，器识先资。模范人师，尤乐奖扶后进。则奉昌黎为国子先生，冀共闻夫仁义道德有作者，皆大方家数，不徒治其雕镂文章，是固余之厚望也夫！同治二年八月。

横渠书院　在滦州西关。明嘉靖八年知州赵叶建。

海阳书院　同治十一年，知州朱靖旬新建，迁于州署西偏。

育贤书院　在榛子镇。明隆庆四年，推官辛如金建，久废。

尊道书院　在乐亭儒学东。同治十二年创建。

知县陈以培《新建尊道书院记》云：乐亭旧有书院一区，在文庙左侧，废而不修者久矣。且院宇逼仄，不足以容多士。同治壬申，关中王斗坪明府临莅兹土，奉节相李公兴建书院之命，乃集其乡士大夫而谋之。不数月捐赀钜万，于是鸠工庀材，卜筑于县署偰学之左，盖有明主簿廨之遗址也。中为讲堂三楹，大门三楹，内斋三楹，讲堂前为屋。东西向者，各十一楹，后视前屋各五楹，俱以门墙界之，缭以周垣，而庖湢寝处器用之需咸备。外复置几凳若干，为每科试童子之用，甚盛举也。工甫竣，王公适以事去官。余自临调摄乐篆，爰因其已成之基，理其未竟之绪，延名师，立学规，进诸生而诏之。曰：“二三子亦知书院之立与王公以‘尊道’名书院之意乎？夫书院所以佐学宫以造士也。我朝雍正十一年，诏京省及天下府州县各立书院。主以山长，莫不置膏火，以赡其身，优奖赏以鼓其志。其制视宋四大书院为尤备。然求其有体有用，如古之坐、言、起、行者，恒十不一二。覵其故何也？三代教士之法，一出于德行道艺之实，故其时人材为极盛。降及后世，上者讲章句、课经义，为干禄之文；下者燕僻废学，征逐酒食，儢儢然，离离然，其不为荀卿之所谓贱儒者几希？居今日而论学，势不能屏弃举业，高谈性理，但能于谈艺之中，隐寓讲学之意，文行并重，本末兼修。循乎今之法，以期无戾乎先王之道，此教士者之责也。而士果当何以自立哉？乐邑文学袖袖，科名之盛，甲于永郡。继自今肄业于斯者，益思敦本励行，以圣贤为师，则于德性尊之。问学道之合乎子思子教人之旨，安见士不古？若如其号称学者，而不知所学何事？徒断断焉，以文艺争一日之短长，是虽费养士之资，终难收养士之效，有名而无实。岂国家广立书院，与王公名书院之意乎？二三子勖诸！”诸生皆再拜曰：“谨受教。”遂书以为记。

知县王霖《尊道书院藏书记》云：三代时有乡学，有国学。汉以来独有太学，自唐始有书院名，尚未以为教士之地。我朝诏天下郡县，皆立书院。则书院之设，与国中之学等。聚一方之士，肄业于中，以成就其德行道艺，而官师训课之，而升降之。信乎！造士之法，莫良于此矣。顾近世之士，大率以干禄为心，以速成为望。四子六经之书，不过童而习之，其熟复而讲明者已不多有。一旦执笔学文，则此书也，且束之高阁。其口之所吟，手之所披，日月之所积累，盖惟以剽窃袭取为要术。有劝之以读书通古今者，鲜不以为迂，远而笑之。父师子弟习固然，游谈无根，恬不知怪。无惑乎文字日趋于卑陋，而士之百行，亦无往而不出于苟且也。然则欲振今日之士习，其必自读书始矣。有院而无书，则实不副名，士奚赖焉？此吾所以于院工蒇事之后，又必购书而藏之也。夫书之浩博，岂惟不能尽读，抑亦不能遍讲，吾无取乎其多也。略备有用之书而已矣，常见与罕见者，皆不蓄。凡为书三千余卷，而经史居大半焉。从学之士，倘幡然悟向时之失，而思进，于有用之学也。即所有之书，求之沿波而讨源，采华而撷实。以古人为学之程计之，吾知由一年以至几年，必有能充然其自得，密然其自娱，而不能舍者矣。子瞻苏氏所谓才分不同，而求无不获者，岂不然欤！若夫纪律之使无至散轶，推广之使时有增益，是所望于后之君子已。余因为之记，遂胪列其目于左：

《御纂周易折中》二十二卷，二函。

《钦定书经传说汇纂》二十一卷，二函。

《钦定诗经传说汇纂》二十一卷，四函。

《钦定春秋传说汇纂》三十八卷，四函。

《钦定礼记义疏》八十二卷，八函。

《钦定周礼义疏》四十八卷，四函。

《钦定仪礼义疏》四十八卷，四函。

《御批通鉴辑览》一百六十卷，夹板六。

《钦定唐宋诗醇》四十七卷，四函。

《钦定唐宋文醇》五十八卷，四函。

《钦定古文雅正》十四卷，二函。

《钦定佩文韵府并拾遗》二百十六卷，二十四函。

《钦定四书文》二十四卷，四函。

《十三经注疏》三百三十三卷，夹板十二。

《四书汇参》四十三卷，五函。

《史记》一百三十卷，四函。

《前汉书》一百卷，四函。

《后汉书》一百二十卷，四函。

《三国志》六十五卷，二函。

《五代史》七十四卷。

《资治通鉴》二百九十四卷，十二函。

《宋元通鉴》一百五十七卷，四函。

《通典》二百卷，六函。

《通志》二百卷，二十函。

《文献通考》三百四十八卷，十六函。

《文选》六十卷，二函。

《国朝先正事略》六十六卷，四函。

《钦定康熙字典》六十卷，六函。

渝关书院　在临渝县署东，于道光年间废。每月课移在明伦讲堂。咸丰四年建修于学署迤西。

知县许忠《重建渝关书院记》云：渝关书院者，临渝书院之旧名也。今止坊额岿存矣。道光年间，春田萧君宰斯邑，建立东溟书院，规模既隘，亦复倾圮。余于同治癸亥春，重莅兹土。欲创建一区而未逮，权就明伦堂为每月扃门课士之所。延郭廉夫比部主讲，比部玉成善类，珍惜群英，课士已一岁有奇矣。第念党庠州序肄业非殊，而鼓箧担簦住斋无地，非所以重课程广甄育也。邑监生姜德源独力捐银千数百两，以建修书院来请。余嘉其义，亟予施行，拟于落成后，详请优奖。爰商同人，相度城内常平仓隙地，南北三十四弓，东西十三弓，复以时价购旗户自置地一所，以正界画。于是平地址，测土圭，排八门，而布星躔，推三元，以察地气。鸠工既裕，鸿构初营。乙丑正月十六日兴工，至五月十五日工竣。树之照壁，界以周垣，外曰大门，颜曰“渝关书院”以存旧也。次重门篆额曰“文明在是”。内为东西考舍各三间，可容百号。正中讲堂三间，前楹洞敞正屏上颜曰“学海堂”，家宰滇生公笔也。后壁嵌石刻，礼部书院，则例，暨本邑书院章程，以便省览，堂左册档房一间、书斋四间，堂右茶膳房一间、书斋二间。后仿古白鹿、睢阳、岳麓各书院，祠祀先贤宋儒于东北隅，题曰“阐性堂”，设主于两楹之间。俾学者有所宗仰。左夹室颜曰“静观”，右夹室颜曰“欣赏”，为茶话衡文之所。功毕，规模宏整，结构精严，办理甚为妥速，而赞成姜生义举，以及专司支发款项，克期诹吉，度地庀材，则昌黎卜士张集贤，始终其事也。堂后余地尚多待将来增筑，今未遑也。所余原买拆料之张姓房旧基，并东溟书院所存余房，皆修葺之。以两处租值为岁修役食之需。时成竹坪郎中视摧关部慨分清俸相资，余亦捐廉增入，又拨白衣庵园地房租，及先后劝谕绅富捐输生息。前已案月支发，而未用尽之款，核计共存钱若干，一并发当生息，以给束修膏火诸费。虽然积水无多，余波易罄，功尚亏于一篑，举更恃乎众，擎宏乐育而辟轩，楹已勒成，于此日广蓄储，以赀奖励。更有望于将来，非特集腋以成裘，亦贵倾囊而造福。所愿事垂久远，人乐输将。从此，渝水清流，洗尽风云月露；关门紫气，蔚为杞梓菁莪。储腾蛟起凤之才，以仰副国家。璧水桥门之化，岂不猗欤！同治四年。

知县萧德宣《喜东溟书院落成诗》云：我性如蠹鱼，爱结文字缘。每逢退食暇，常自手一编。头脑本冬烘，弟子喜来前。就中求佳士，皋比颇陶然。无福提玉尺，衡量天下贤。籍此升斗禄，清贫相悯怜。储育华国彦，贱名附以传。平州峙雄关，刚强为要边。历代征战苦，风与齐鲁悬。涵濡蒙圣化，百年乐诵弦。岂乏奇杰流，教导恐无权。买地卜城南，结构整堂檐。诸生时习礼，文采何翩翩，花下一樽酒，亲为点丹铅。勖以经济学，勉以韶华年。虽逊湖州叟，道德独仔肩。登之爱才心，素餐或免愆。

邑人郭长清《渝关书院讲堂铭》云：新构此堂，匪嚣匪虚。嚣而聚议，古之祸也。虚而无人，今之颓也。弗嚣弗虚，名实符焉。贤使君邑之主也，贤司铎邑之师也。诸朋友邑之英才，而储为国器者也。强余居此，周还其间。正席余何敢，末席余其陪。问堂奚事？其礼让之地乎！问讲奚事？文与行并励也。读圣贤书，学圣贤事。作秀才时，器识先立。登科筮仕，举而措之裕如矣。窃与诸友共勉之，以无负贤使君栽培之深意。

府义学 旧在城隍庙西，明成化九年，知府玉玺建。弘治中吴杰修。崇祯中，推官韩国植移建于府治后，俱久废。道光四年知府王开云建“端本义学”，于太公庙内，嗣亦倾圮。光绪元年，知府游智开移建书院之前，龙亭之后，东西各三间，东系书院隙地，西系买童姓、薛姓地基。

永平府知府王开云《新建端本义学记》云：前守卢公雅雨，改建府书院于武成王庙之右，名曰“敬胜”。盖期学者景仰先圣云尔。余来，后卢公七十年余，课士于兹犹见旧制井井，且闻都人从此造就者，不少。前贤遗爱未尝不乐后人之踵，而增之也。余幼蹑名场，长袭国恩，寻以部郎入选，珥笔侍从者有年，愧不称职。今为俗吏久矣，治术尤疏。惟所至，必兢兢以劝学为首务。永郡故非沃壤，其窭人子，恒有幼而失业者，书院难兼收亦恐躐等，将欲别倡义举而建之学，岂易易哉！往岁，余姑分俸延师，招集数十人，假馆课之。卒虑其未可以垂久。今年夏，邻境无麦，流民麇至，乃与郡人谋捐赈。解囊者欣然，事蒇资且有羡，窃喜其可为吾建学筹也。请于大吏皆允。时，武成王庙重修，亦余倡义。往度之，得隙地，因构两学舍，以前所招诸童，暨续增列居其中。观者以为斯郡二百年来所未有，抑亦盛世兴教之未助也与！是学也，事由义起，宜以义得。冠以“端本”者，为始基言耳。昔盱江李构有言曰：“诗书之道，废人惟见利，而不闻义。”今永人向义，而学赖以成，斯道其自此兴乎？吾愿司铎者，正蒙养以基圣功，当其离经辨志，既晓以大义所在，公私之分明，然后廉耻之防立。扩充以至于无往而非义。庶义胜之旨终于敬胜并存，而不失为景仰先圣者，则亦使余今日之举，得附卢公而名彰也。幸甚！并将义学条十则，开列于后：

一义学经费期垂永久也，所有捐资八百两，饬交卢龙、昌黎二县。各银四百两，转发盐当商人承领，每月以二分生息。自道光四年秋季为始，按季批解府署，每岁共银一百九十二两，遇闰加增，取具商人。如地方官提用本银，情甘加倍赔补归款，切实领结通送存案，以杜亏挪之弊。

一义学塾师修金，宜酌予加增也。蒙童为养正之始，师资实化导之源，必采访本郡之岁贡生员中，品学优长者，方可饬监院教职下关敦请，以二人为定，按季分送修金，各二十两，每岁各八十两，共银一百六十两。如有始勤终怠，不善教读者，由监院密禀辞退另延。

一义学蒙童宜广为收录也。无论旗汉军民之家，凡无力从师者，准其由监院处报名入馆。塾师不许收受丝毫，以示优恤。

一义学人材宜严甄别也。蒙童中有资性敏捷，及沈潜可以造就者。令监院随时查看禀明，另加鼓励。如年长无成，或玩劣不驯者，令其改图，无致良莠杂处，以端士习。

一义学馆舍宜有专所也。自道光三年创始以来，系借居敬胜书院闲房。今书院居斋生童日众，难以借居。因查太公庙岁久倾塌，劝令绅董修葺一新，即度棂星门外隙地，两旁捐建瓦房六间，分为两学，颇觉宽敞，名曰“端本”。于四年九月迁人，所有桌凳什物，均经制备完全。其各童应用书籍亦多购就，若不敷用，随时买给。

一义学课程，宜移易陋习也。塾师每晨必敬讲圣谕广训数则，俾蒙童早知迁善，不致将来流于匪僻。读四书五经者，务令精熟句读，讲究义理；学诗律者，必先知音韵，毋错平仄；初作文者，必以清真雅正为宗，理法词气是务，毋事涉猎钞袭，毋滥习坊刻浅陋文字，以正风教。

一义学人数，宜有限制也。两馆现共有六十余名，后即以此为率。若蒙童过多，塾师课读不及，转恐荒废。去岁每节系自行捐资奖赏，今既有款生息三节，每人酌给制钱数百文，以为添补纸笔之费。如以后再有经费，可以扩充多取，必加请塾师听其随时禀办。

一义学监院无庸另设也，每岁于府县学官内遴选妥员，委监敬胜书院即可监管义学。向例监院设有公费，亦可毋庸再筹。

一义学供给，宜稍为添设也。蒙童茶水自难携带，每月发制钱六百六十文，饬监院派人备办应用。

一义学人役，毋庸多派也。书院本有夫役，即可分用，每月工食酌加制钱三百文。

卢龙义学　在县治南关厢街西，明隆庆二年，知府刘庠建。万历十二年，知府杨时誉修，久废。国朝康熙四十年，知县倪爽棠另建于武学南，亦废。光绪三年知府游智开，于文昌宫、接官厅，又设义学二。

迁安义学　在县治西二十步，明弘治十一年，知县张济建，久废。国朝雍正七年，知县王孔彰建义学三间于城内小南街，久废。光绪二年，知县韩耀光筹款重修。

抚宁义学　旧在县治南。康熙十九年，知县赵端于东西南北四乡各置义学，今俱废。洋河庄义学，在大兴寺，道光四年设。界岭口义学，道光二十六年设。光绪二年附贡吴连贵施地三十亩，创立义塾报县存案。

昌黎义学 旧在县治北，久废。知县夏文广，移设忠义祠，一南街旧有义学。北街义学，系同治初知县何崧泰捐建。俱屡经废兴。同治十二年，知县杨春华重修。

滦州义学 旧在州城养正巷，今在州城东南隅。乾隆十五年知州孙昌鉴，偕绅士捐置。

乐亭义学 明初在县治西南，久废。万历二十一年，知县潘敦复置养正堂三间，于朝天街西，又择庙宇僻静者，借为乡学。一在兴仁关东岳庙，一在秉礼关观音祠，一在慕义关八蜡庙，一在明智关崇定观，寻亦废。国朝乾隆十六年，知县陈金骏，择启圣祠旧址，建讲堂三间，厢房二间。同治十二年，邑庠生李签捐募重修。案《畿辅志》载：乐亭义学五，一在城内西街，一在城南汤家河，一在城东胡家坨，一在城北汀流河，一在城南闫各庄，俱康熙五十七年建。

山海义学 旧在城东南隅，明弘治十四年，主事徐朴毁治淫祠为之。万历十五年，主事张栋，置城西门内廊房，又置东关门外待拆厅，令士之有行者施教贫童。每名月给谷一石，俱在关部支领。二十年主事张时显，定为岁额。今并废。

卷之三十八

建置志七　坛庙祠宇上

风云雷雨山川坛

府　在城南三里南山之麓。横五十四步，直五十三步。明正统十三年，卢龙知县胡琮重建。成化六年知府王玺，弘治十四年知府吴杰，皆重修。国朝旧基废坏，知府张朝琮甃砖辟治，同治十三年，知府游智开移建于玄都观东。

卢　龙　附府。

迁　安　在城西南一里。

抚　宁　在城南门外。明万历间，知县张彝训修筑。

昌　黎　在城南。明洪武三年建，万历间，知县孟秋筑城垣，王汉杰建房一楹三间。

滦　州　在城南六里。直八十步，横六十四步，墙高八尺四，方栅各四，厨宰斋房各三间。

乐　亭　在城南里许。明洪武中，知县王文贵建。万历中，于永清建亭，潘敦复砌垣，周围广袤各二丈八尺，久废。国朝乾隆四年，知县施世洪重修，广一十四尺，袤一十三尺。

临　榆　在西罗城南门外。

案：唐虞望祀山川，《周礼》有风师雨师之祀。三代以下汉以丙戌日祀风师于戌地，以己丑日祀雨师于丑地。唐诏祀雷同坛。宋兆风师于西郊，祀以立春后丑日；兆雨师于南郊，祀以立夏后申日；又以雷师从雨师之位，独云无祀，亦与山川不一祀。至明太祖洪武二年，敕府州县以风、云、雷、雨诸天神为一坛，山川城隍诸地祇为一坛。三年，命合祀之。我朝定制，风、云、雷、雨、山、川、城隍之神，共为一坛。坛制崇三尺，方二丈五尺，四出陛各三级，缭以周垣，四门朱色。自南门入。东南隅为燎所。坛北正中立石主一，去坛二尺五寸设三神位，风、云、雷、雨居中，山川居左，城隍居右，神牌高二尺四寸，宽六寸，座高五寸宽九寸，朱漆青字。祭以春秋仲月上巳日。风、云、雷、雨前帛四、爵十二，山川前帛二、爵六，城隍爵三、帛一，皆白色。各羊一、豕一、铏一、簠二、簋二、笾四、豆四。

乾隆九年，部颁祝文：维神赞襄天泽，福佑苍黎。佐灵化以流形，生成永赖。乘气机而鼓荡，温肃攸宜。磅礴高深，长保安贞之吉。凭依巩固，实资捍御之功。幸民俗之殷盈，仰神明之庇护。恭修岁祀，正值良辰。敬洁豆笾，祗陈牲币。尚飨！

社稷坛

府 在城西三里。乾隆五年，知府辛应乾以其阻河，命知县杨舜臣改于城西二里。今仍在府西三里，知府张公朝琮甃砖辟治。

卢龙 附府。

迁安 在城外西北隅。

抚宁 在西门外。明万历间，知县张彝训修筑。

昌黎 在城西一里。明万历间，知县孟秋修筑。

滦州 在城西一里。

乐亭 在城西北一里。明洪武中，知县王文贵建。万历中知县于永清建亭，潘敦复砌坛，广袤各二丈八尺，缭以周垣，久废。国朝乾隆四年，知县施世洪重修，广三十丈，袤一十九丈。

临榆 在西罗城北门外。

案：社稷之祀，三代之礼不同。汉唐诸儒，谓以句龙后稷为配，而又以为非（配即祀）。至明太祖主《孝经》说，以社为五土主，稷为五谷主。皆自然之气，然广土、诸谷不能遍祀，故合土以为社，推长以尊稷也。我朝雍正二年奏准各府、州、县设坛，壝坛而不屋。四围俱二丈五尺，高三尺三，出陛各三级，北向缭以周垣。四门丹油，北门出入。西北隅设瘗坎一成，立石主一，埋于坛南。正中，去坛二尺五寸，下入土中，上露圆尖神牌二，以木为之，高二尺四寸，宽六寸五分，趺高五寸，宽九寸五分。一书府州县社之神，一书府州县稷之神。俱硃漆青字。临祭设于坛中，置案上稷左社右。以春秋仲月上戊日致祭，各帛一爵三，帛用黑色。其祭品仪式，同风云雷雨坛。

乾隆九年，部颁祝文：维神奠安九土，粒食万邦。分五色，以表封圻。育三农，而蕃稼穑。恭承守土，肃展明禋。时届仲春、秋敬修祀典。庶丸丸松柏，巩磐石于无疆。翼翼黍苗，佐神仓于不匮。尚飨！

先农坛

府 在东门外，周围计七十三丈，为殿三楹，厢房三间，籍田地四亩七分。

卢　龙 附府。

迁　安 在南门外里许。雍正六年，知县王孔彰建。地四亩九分。

抚　宁 在东关。籍田四亩九分。

昌　黎 在城外东南隅。籍田地十二亩。雍正五年，知县刘玉林置。

滦　州 在东关。籍田地四亩九分。

乐　亭 在风云雷雨坛右。周围计五十丈，为殿三楹，左右厢房，籍田地二亩零。雍正五年，知县李有爵建。

临　榆 在南门外，籍田地二亩。

案：古者天子为籍千亩，冕而朱纮，躬秉耒；诸侯为籍百亩，冕而青纮，躬秉来；以事天、地、山、川。社稷先古以为醴酪粢盛，于是乎出也。三代以下，令准古之诸侯，守准古之方伯连帅。我朝雍正四年，定每岁仲春行耕籍礼，坛在东郊，方二丈一尺，高二尺一寸，四出陛各三级，缭以周垣。三门朱色，自南门入。坛北建正房三间，东西配房各一间。神牌高二尺四寸，宽六寸，座高五寸，宽九寸五分，朱漆金字。祭品仪式用：帛一（青色）、爵三、羊一、豕一、铏一、簠二、簋二、笾豆各四、樽一，祝板一。

乾隆九年，部颁祝文：维神肇兴稼穑，粒食蒸民。颂思文之德，克配彼天。念率育之功，陈常时夏。兹当东作，咸服先畴。洪惟九五之尊，岁举三推之典。恭膺守土，敢忘劳民？谨奉彝章，聿修祀事。惟愿五风十雨，嘉祥恒沐于神庥。庶几九穗双歧，上瑞频书于大有。尚飨！

厉　坛

府　在城北半里。初建在城北四里，隆庆间知府辛应乾以其滨河，命知县潘愚改建。国朝张公朝琮甃治。

卢　龙　附府。

迁　安　在县北关外。坛制四围五丈五尺，崇二尺五寸，前出陛三级，缭以周垣，南为门。

抚　宁　在城北。明万历间，知县张彝训修筑。

昌　黎　在城北百步。明万历间，知县孟秋修。

滦　州　在城北一里。直八十步，横五十五步，南面一门，楼二座，墙高八尺，斋厨如山川。

乐　亭　在城北二里。地广袤各九丈八尺，坛广袤各二丈八尺，缭以周垣，西向树坊。明万历二年，知县潘敦复建。

临　榆　在城西北。

案:《祭法》王有泰厉，诸侯有公厉，大夫有族厉。自三代后或弃不用。洪武三年（昌黎志作八年，误），十二月命京都、王国、府、州、县，各立厉坛于城北。每岁三祭，春清明，秋孟望，冬孟朔。守土官先期牒城隍庙祀日以为祭，主祭余羹饭，则散诸民之无告者。用羊二、豕三、饭米三石。我朝定制因之。至里、社、乡厉之设，今多废不行。

祝文：维神幽明异路，守土维均。命折殊名，求食罔异。维聪明正直而一，有以作之鉴观。庶焄蒿凄怆之情，无不极其情状。爰遵定制，聿举明禋。凡斯无祀之魂，俱属有生之类。为男为女，姓莫纪于宫商；是故是新，代何稽于子丑。号风啸雨，断子姓而畴依？附草栖烟，绝姻亲其何托？谨设坛于城北，仰主祭于尊神。惟兹中元，禁火禁衣之节，敬备牧醴，肃具饭羹，统一境之幽魂，索群灵而大享。鬼言归也，庶几望坛壝，以知归。神之格思，尚其鉴馨香而来格。尚飨！

城隍庙

府 在治东南。康熙戊子，知府张公朝琮重修。

卢龙县 在府城隍庙左。

迁 安 在县治西。雍正十三年知县李廷益，道光元年樊如杞，同治十三年韩耀光，皆重修。

抚 宁 在县治东南。旧又有抚宁卫城隍庙在县治西。

昌 黎 在县治北。明洪武九年立，康熙十八年灾，陈邦齐重修。

滦 州 在治西迎恩门内。有正殿，有路寝，有东西序，时久废坏。知州张士俨、陈士元相继增葺。殿东有斋宿所。嘉靖丁未，陈士元重建，今复废。道光三十年，郡人耿润等重修。

乐 亭 在县治西南。明洪武间建，万历间知县林景桂、于永清、潘敦复、雷春起，及国朝知县李有爵，相继修。乾隆十八年，知县陈金骏劝阖邑士民会捐重修。

临 榆 在城西北隅。明洪武间建。崇祯间巡抚杨嗣昌，国朝康熙间守备王遇春，重修。

案：城隍之祀，莫详其始。先儒谓有社，不应复有城隍。然芜湖城隍庙建于吴赤乌二年，唐以后则所在多有，宋祠遍天下矣。明初祀以坛。后罢坛，祭祀于庙。以五月十一日为神诞，听民间祈赛。今于春秋仲月二分日致祭。

祝文：维神德懋聪明，功隆捍御。壮金汤于千载，崇墉表畿甸之规。节风雨于四时，和会佐岁功之叙。祸淫福善，显呈有赫之灵威。阜物康民，默相无私之化育。神庥丕应，祀典宜昭，敬练日时，肃陈牲帛，馨香唯德，鉴格在兹。尚飨！

郡守唐敬一初致《告文》云：维康熙十一年壬子七月甲辰朔祷日辛亥，直隶永平府知府唐敬一等，谨蠲白乃心，敢昭告于本府城隍感应之神。曰：呜乎！旱魃之灾，帝天非无因而降。凡我僚属，奉天子命，牧养斯民，未能实心抚字，致此失业，遗黎类多饥寒失所。其或溢怒淫威，刑罚失中；再或吮民膏血，寄我温饱。有一于此，皆足以上干天和下积人怨。太守顽冥不察，诸司怙过不悛，灾及己身，固其宜也。民何罪之与有而罹兹凶鞠耶？惟神血食北平，职司幽赞，与太守表里斯民。若太守无德，不能格天尊神，犹将显震英威，谴太守以回天怒。若太守苟可告无罪于百姓，则今兹不雨，万灶立见烟寒，当亦非神之所安坐而默默也。谨告。

再致《告文》云：敢再告于本府城隍之神。曰：呜呼！惟神以帝天喉舌之司，造下土一方之命。今此下民所为，岁时伏腊，焄蒿凄怆而奔走恐后者，凡以为今日也。北平财尽民穷，所恃以延如线之生者，惟有秋是赖。目今禾黍垂成，而骄阳不雨。万姓携妻挈子，头抢地，声震天。太守惴惴悔过，是用率兹僚属，匍伏祷求告庙。前言，尊神亦闻之矣！朔九午刻，仰见阴云密布，霡霂氛霏意微，尊神响应之灵不至。此其如敷泽未几，屯膏如昨。岂太守之呼吁，有胸无心，神不我格乎？抑亦神将吐我，而帝天之视听，果高远而不见不闻乎？非是，则天道好生，当必不忍纵旱魃之播虐此一方，民若是其甚也。太守父母此一方者也，尊神御灾捍患血食此一方者也。百姓不敢呼天而呼父母，太守不能问天，而问尊神。若三日不雨土膏竭，十日不雨千里其赪矣！嗟此孑遗，弱者转壑，强者揭竿，铤走流离，将不旋踵。则太守与尊神，必有分任其咎者矣！神其鉴而裁之。谨告。

三致《告文》云：直隶永平府知府唐敬一等，谨免冠匍伏大声疾呼，三致告于本府城隍感应之神。曰：嗟乎！此方之民何不幸而罹此旱虐耶！北平古称瘠国，其民刀耕火种，其地水立沙飞，产无百亩之遗，家无儋石之储，所恃上天降祥，时和岁稔。顾此遗黎尚得与畿辅七郡之民承丁负版，以上报天子者，饥馑不臻，而不忍轻去其乡也。嗟乎！今何不幸而罹此旱虐耶？下官敬一，奉天子命来守兹土，未敢登堂受事，先入庙而谒尊神，循朔望跪拜之仪，尽人神祈格之礼，岂有他哉？良以此地方久遭兵变，小民鹄面鸠形兼之弱肉无几，不堪强食。是用简刑息讼，训暴惩刁，片纸蠲供一钱不罚。期与二三赤子，休息相安，以尽太守心所欲为力所能为之事。庶几假此可告无罪于天子也。至于捍大灾，御大患，人谋所诎，则太守有所不能者，而神实能之。此有皇上帝所以特简聪明正直之仙班，敕为保障城隍之显爵。俾尊神理幽赞阳，奠丽此一方民，以辅佑天子，于以享此一方之血食而无愧也。此其义，与下官之奉天子命而抚摩兹土者，将无不同。今下民罹兹旱虐，虽或天运使然，在尊神亦有不能自主。然而，天子者天之子也，所以代天而子民也。尊神则天之吏，而太守又天子之吏也。无非为此民也，譬如父母不慈，孝子未有听其违道，而不迎几以谏者。人主有失，忠臣未有徒畏膏斧而不折槛以诤者。况乎帝天仁爱，养育万物，是其本心。而大兵大荒，不过数十年而一见。古之人主六事自责，舍腹吞蝗，亦一言之善遂可回天。此又人事之彰彰者矣。若必欲尽此一方民而饥之馑之，使之流离转徙，而不恻然念者，斯又必无之理矣！今者，阳日以骄，禾日以槁，万姓呼天抢地声彻重霄。太守匍伏悔过，叩头流血，一告不已，至于再，再告不已，至于三。凡若此者，非敢为渎也。诚欲尊神大彰捍御之能，以兹下情上告天帝，亦如孝子之谏其亲，忠臣之诤其君。挽回天怒，为民请命而已。若三告而神不应，是必尊神之刍狗生灵而虚拥天爵也。尚不能与人世之敦伦闻道者比，其亦何神之与有？语云："虽有恶人，斋戒沐浴，则可以祀。"上帝诚为之通也。今太守之夙兴跪祷而咄咄不休，可谓至矣。而神不我听，则旱其不可药矣！民其无如何矣！眼见千里如焚，穷檐熄爨，析骸易子，盗贼繁兴，且震惊城社绝灭烝尝，势所必至。太守即无面目见此北平父老，即尊神亦岂能腼焉血食，对万姓而无惴乎？此太守之死不择音，泣尽而继之血也。谓神不听，当不其然。神如有灵，其疾告帝天立驱旱魃，以造万民之命。再三日不雨，则太守不职，尊神不灵。不灵者，法当黜。太守其囚服绁颈，迁尊神之行主于日中，共受天罚，必大雨乃止。谨告。

《谢雨文》云：谨以牲牢鲁酒，致祭于本府城隍感应之神。曰：于赫惟神，至正至灵。有祷必应，理幽赞明。降此时雨，粒我蒸民。捍灾御患，振古英名，回天有力，记过无心。于容戆服其量，于麾魃敬其能？民其苏矣，永奠北平。太守暗昧，陈辞失伦。譬彼育子，罔测高深。今日之奠，悔罪负荆。神不我吐，惠然来歆。尚享。

郡守张朝琮《祈雨牒》云：伏以水旱荐臻，虽属天行之数，斋明精祷冀回上帝之心。官吏忧惶，闾阎愁叹。知府张朝琮等顿首稽首具言：窃惟此邦为上国之东藩，厥田类冀州之中等。盖山畬卤壤，地利既匪比神皋，而恒雨愆旸天时又每违人愿。念夫深村穷谷，豆屑杂糠。过丰年而犹见。际此铄石流金木饥火旱，度凶岁以何堪？矧自春夏以还，叠被灾祲之至。螽斯未灭，海若旋来。今旱魃又见告矣！何苍生罹此极欤？凡皆人事之废荒，以致天灾之示儆。予诚有罪，其又何辞？然上帝以好生为心，而神明得体天行道，官之失职可以降殃，民则无辜，还期锡福。若五日不雨，十日不雨，是使壮散四方，老填沟壑。讵五日一风，十日一雨，不在平平之世，荡荡之天？伏望神人协德，视听同心，大雨时行。即俾四郊沾足甘霖早需，更期倾刻飞来。则田畯野叟不赓《云汉》之诗，而鼓蜡吹《豳》，共享太平之乐矣！谨牒。

《祈雨第二牒》云：伏以精诚通冥漠，不逾呼吸之间。大旱望云霓，未慰闾阎之望，谨申悃愊，犯渎神威。知府张朝琮等顿首稽首具言：窃惟上帝之覆庇苍生，过于慈母之保全赤子，有求必得，无感不通。今乃弥月不雨，殆将遍境成灾。呼天抢地之徒然，纵阴闭阳而罔效。念此终年之勤动与夫稼穑之艰难，而饔飧不给。既无以养其父母，又不能宁其妇子，亦情景堪怜！虽则天心仁爱，偶寓儆于铄石流金，然而民口怨咨常不离乎祁寒暑雨。朝琮等变食迁居，凡以敬求民福，断屠禁酒，未能感格神祇，罔不夙兴夜寐，倍切忧思。因之尚德缓刑，载深修省，所望天流霈泽，不致海国如焦。俾引领有丰穰之象，则抚心无饥饿之忧。庶几百蜡一娱各安田里。抑且庶鲜艰食，幸免嗟来。纵未能若尧舜之世，比户可封，亦可以见天地之大，于人无憾。伏乞鉴此馨香，赐民珠玉，腾云致雨。勿徒江上空，雷蚘化为龙。伫见黑风吹海，公私之庆，早暮以需。谨牒。

昌黎王聘儒《重修城隍庙碑》云：昌黎为永平属邑，古之名地也。邑有城隍庙，寓于县治之北，大街之西。尝考本庙壁记，重修于至正十四年。盖建于前代远矣。逮我太祖高皇帝，奋埽胡元，受天明命。俾天下置祠，各欲鉴察。昌黎城隍适当其时，属望尤重。于时，庙宇盖尝修理，迨今百六十年有奇。风雨摧折，瓦脊脱落，栋宇渗漏，神像坏损，晨昏不堪香火。乡耆龙能、张纲辈触目惊心，戮力协志，白于前邑侯山西高公修整，缘是乡城士民捐赀，无敕堂庑卑隘者增广之，神像弊缺者增补之，图画异常，塑设倍昔。不数月，厥工就绪，焕然一新。意者其神之助乎！兹欲勒石以传诸后，复白于山东秦公。公命愚为文。予窃喜公于新任之初，值此新美之事。则夫神之灵愈加于前，公之政日新于后，从可知矣。官之与神，虽有幽明之殊，而朝廷所以设置属望之意，实相表里。夫昌黎特天下之一县，令尹特天下之一官，城隍特天下之一神。自其一县而言之，官之莅政以临乎民固矣。若夫诚伪罔辨，幽微莫彰，强众之凌暴，良善之罹于恶，与夫风雨不时，旱蝗荐至，而六畜田产之不蕃且盛者，抑孰之责乎？呜呼！神之为灵，昭昭矣。冥冥之中，聿修厥职，赫赫之威，丕著斯世。别白民情之诚伪，显阐世事之幽微。强者必抑，弱者必扶。众者必御，寡者必助。善者必福，淫者必祸。雨旸时若，年岁多顺成，灾疫不生，畜产咸茂盛，城池盘固永无外虞之警，士民安堵长享太平之休。城隍之于斯县斯民，岂曰小补之哉？然则我国家圣祖神孙，圣圣相承之鸿基大业，足以绵之于亿万斯年矣。虽然灵固在神，而其所以感通之机孚格之具，而又未始不相涉于人也。以秦公忠诚纯厚，而庶事之感神无不应，以城隍聪明正直，而庶事之应公无不行。是知神乎？公乎？其所以相为表里。而上副朝廷之属望，下慰斯民之景仰乎！尚慎旃哉。嘉靖三年甲申二月。

昌黎知县王曰翼《祷雨文》云：盖闻上帝以生万物为心，而寄其权于神。朝廷以爱万民为心，而分其责于吏。是神与吏共有守土之任，吏当体朝廷之心，以爱万民；神亦宜体上帝之心，以生万物也。使民之失所，惟吏之愆；序之失调，亦惟神之咎。今者冬既无雪，春复亢阳，二麦未布，谷种失期。杲杲出日，密云不雨。嗷嗷万姓，赤地堪忧。夫一年之计在于春，春时未种，秋何所获？终岁之需在于食，民食艰矣，民命何存！神其忍之乎？或者吏之不谨，民之暴殄，以干神怒，此其咎在吏于民何尤？抑或旱魃之虐，孽龙之祟（祟），神不及制，江海之封，神不得专，以重困此一方欤？此其害在民，惟神是赖。吏既为民请命于神，而神亦当为民请命于天。早霈甘霖，大甦民困，一雨三日，四野沾濡。惟愿应于桴鼓，庶几黩不再三，此固大造之美，惟神之力也。万民之利，社稷之福也。吏何功焉？敢用披沥，神其听之！

明洪武二年《封乐亭县城隍诰》云：帝受天命，命行政教于天下，必有生圣之瑞受命之符，此天示不言之妙，而人见闻所及者也。神司淑慝，为天降祥，亦必受天之命，所谓明有礼乐，幽有鬼神，天理人心，其致一也。朕君四方，虽明智弗类，代天理物之道实罄于衷，思应天命，此神所鉴，而简在帝心者。君道之大，惟典神天，有其举之，承事惟谨。乐亭县城隍聪明正直，圣不可知，固有超于高城深池之表者。世之崇于神者则然，神受于天者，盖不可知也。兹以临御之初，与天下更始。凡城隍之神，皆新其命，睠此县邑，灵祇所司，宜封曰：鉴察司民城隍显佑伯。显则威灵丕著，佑则福泽普施。此固神之德，而亦天之命也。司于我民，鉴于邑政。享兹典祀，悠久无疆，王者施行。

乐亭知县张德祁《重修城隍庙碑记》云：岁壬辰，余莅任之十年。城隍庙配殿、仪门补修告成。住持道人尹重住请余记之。余观郡邑之有城隍庙，在在皆然。倾颓之需补葺，比比而是。然非其时则不能举，乏其财则不能行，无其人则为之而不力，谋之而不就。今幸时和财足，其人足以任事宜乎！经始未几，廊庑焜耀，门戟巍峨，瞻拜威严，永垂不朽。从此春祈秋报，禳灾捍患，里民之有事于兹者，神妥人安，幽明协庆。其所裨益，岂浅鲜也。余因之而有感矣！夫庙者，貌也。设为貌而礼之，所以起人敬也，乃先王神道设教之微意。然敬生于心，不生于庙。入庙而后起敬，其为敬也几何？人能于十二时中，日用饮食念念不忘天理，即此已与鬼神合，其吉凶福善祸淫，原不在惠迪从逆之外。故曰："神道远，人道迩。"又曰："有道之世，其鬼不灵。"盖上之人彰善瘅恶，所以励世而摩俗者，一出于直道之公人心之同，又奚待雷霆之击魑魉之诛，然后快于舆情也欤？独是无所劝而为善，无所惩而不为不善，惟守道之君子为然。下此则劝之，而犹未必信，惩之而犹不知畏。至于劝惩无权，而后感应之。说果报之士，纷纷而起神道之设。所以儆愚顽而惕奸宄者，其在斯乎？后之君子，苟能躬行教化，由感应而进于劝惩，并略劝惩而相忘于无言。使民自然蒸蒸向善，跻一方于仁寿，以无负圣天子爱养元元至意，是余之所不逮，而实余之所厚望也夫！

乐亭知县陈金骏《重修城隍庙碑记》云：人于幽明之理，有所未达，则往往为佛氏所惑。邑民每岁仲冬，携老幼匍匐数十里，献钱于祠宫，如迁安景忠山、昌黎仙人顶者，比比而是。盖俗之渐民久矣。顾古来秩祀之典，神为重，鬼次之，若仙与佛皆妄也。勤于佞佛而不知事神，岂所为达幽明之理者哉？余因勖之曰：以若所为祠、钱、香楮，与其浮费于无益之地，曷若转而事神之为愈乎？邑之城隍，其为灵也昭昭矣！往岁天行偶愆，为旱，为潦，俱以虔祷得免，神之遍为尔德，不为不加。庙在城隅，虽屡经修整，近颇废坏。以余计之，籍若辈两巡香楮之费，可以振新祠宇，维尔亦愿为之乎？邑中人瞿然如梦方觉，各喁喁首肯。岁壬申王在丰等首事积财若干贯，癸酉又积财若干贯。凡两度而事以襄焉！余窃悲乡人沉溺之久，而又幸转移之易也。遂因乡人之请而书之。若夫神之功德丕著，具在前碣者不述。

关帝庙

府 二：一在县治东，一在南瓮城。国朝增二：一在城东南隅，一在北城上。

迁安 三：一在南门外，一在北瓮城，一在三屯营。其他在边关者不列。

抚宁 二：一在治西，一在石门路。

昌黎 二：一在治西，一在治东。

滦州 在南月城。旧在城外南街，明万历间毁于火，知州刘从仁改建。知州张璜、王家士，州同何思正，知州韩应春、刘节，州判允寿等，又就旧址先后补建。有厉给事汝进《碑记》。一在南大街，同治元年，郡绅吴锡绶等劝捐重修。

乐亭 在北门外。明万历，知县桑高重建。国朝雍正九年知县黄奇璧，十三年知县施世洪，重修。

临榆 五：一在西罗城，一在东月城，一在东城，一在演武场西，一在旧招练营。余不可胜载，惟石门寨西北二十里许傍水崖，隆庆元年总兵张臣与蒙古战，获神佑立庙崇祀，宏敞壮丽，为东藩之胜地。

案：明制，祀关侯于鸡鸣山，每岁四孟及岁暮，遣府官祭。五月十三日以侯生辰，又遣太常寺祭，称汉前将军汉寿亭侯。万历中，封三界伏魔大帝、神威远镇天尊关帝君。我朝顺治九年，封忠义神武关圣大帝，各府州县以春秋仲月上戊日，及五月十三日致祭。雍正十三年，复增封三代，祀于后殿。雍正五年，加享用帛一、爵三、牛一、豕一、羊一、笾豆各十，祭日先诣光昭公、裕昌公、成忠公前行礼。其祭品用帛三（白色）、爵三、羊一、豕一、笾豆各八。乾隆三十三年，加封忠义神武灵佑关圣大帝。

乾隆五年部颁祝文：维帝浩气凌霄，丹心贯日。扶正统而彰信义，威震九州。完大节以笃忠贞，名高三国。神明如在，遍祠宇于寰区。灵应丕昭，荐馨香于历代。屡征异迹，显佑群生。恭值嘉辰，遵行祀典。筵陈笾豆，几奠牲醪。尚飨！

祭关公三代文：维公世泽贻休，灵源积庆。德能昌后，笃生神武之英；善则归亲，宜享尊崇之报。列上公之封爵，锡命优隆。合三世以肇禋，典章明备。恭逢诹吉，祗事荐馨。尚飨！

明刘效祖《台头营新建关王庙碑记》云：台头营城北多冈峦，每夏秋霪雨，水辄涨而啮城，居者不安堵，多患之。然无源之水，涸可立待，既不能引置为渠而峻坂下注，即堤防亦莫可施。参戎张君来授镇事，父老有以其故告者。君为龃唇久之，曰："父老休矣。明有人，幽有神。其相违者迹，其相通者理也。若兹水患当立神祠以镇之。"已又谓："汉寿亭侯正神也，能为人御灾捍患，与其崇事之别所宜，莫若就兹地而庙貌焉。"复诏父老与订之。父老曰善。遂审曲面执为之，起正殿者三楹，窔室者三楹，翼以庑室相向各二楹，而楹桓、墉垣，靡不缔绵备具。既告成，乃命父老奉侯像，自演武厅旧址，迁于斯。营士卒亦多负弩为前驱者。君为告奠间以其辞，语余曰："惟侯之生，乃在汉季。忠勇天成，以兴蜀帝。英灵不泯，既没为神。保我疆场，庇我黎民。繄此行潦，岁时为患。砥柱其谁？惟侯是攀。春秋享祀，以莫不虔。云耕至止，障我潺湲。"余闻而嗟异之。窃谓君以安人事神，神必为君以安人，幽明感召捷于影响，古所谓能御大灾捍大患则祀之。此君事侯之意也。不则，溟漠中既不与我事而千秋万祀历享血食者，之谓何神？必不然，虽君亦不谓神其然矣。君属余为记。余遂检押其始末，以登诸丽牲之石，惟侯有神垂灵鉴焉。万历七年己卯。

明抚宁知县王台《傍水崖关帝庙增田豁粮记》云：盖闻关帝诸天护法之神，灵应捷于桴响，薄海内外靡不崇而祀之。傍水崖者，距骊治一由旬而遥，旧无帝庙。隆庆元年，虏从罗汉洞入寇，夜渡骊城，望旌旗冉冉，若有备者。遂从间道攻营州，时营壁坚。诸人畜逃未入城者，多为所剽卤已。而闻我师援至，虏遂溃迷其归路，若神在云端，插汉帜截诸酋而蹂于潭中者，尸相藉也。是役也，大将军榆林张公讳臣，以重兵尾其后，不费一矢，虏无一生还，获其驼马兵甲无算。捷上两台，请即崖树关帝庙祠以祀之。给田一百五十亩，以供焚修。岁久，山空孤僧，香积之资，半为风沙所妒。今悉举而归之乌有。然余籍尚存，征呼者趾尝错于山门也。僧有朝投而暮徒者矣。丙辰夏，兵宪宛陵黄公，以巡边抵崖阅视，入庙肃谒，因备询巅末。深嘉神之精英灵彩散于穷荒绝徼，而默有以张国威。又悯僧之灶突寒烟，累于行持道乞，而显无以答神贶。因谋所以赡僧者，以妥神也。时台承乏骊治，查有额外积凑下地三百亩，属在虚悬，请割其半，以补此庙冲压虚粮之数。盖虚凑与旧额两抵，而不至于绪累，至便也。维时太守扶沟刘公，据县由转详如议，报可。命立石以垂永。永勿贻以侵渔之窦。爰书以勒之贞珉。万历丙辰。

明王图《关武安王庙重修碑记》云：太祖高皇帝驱逐胡元，成祖文皇帝三犁虏庭，于九边重镇各设督抚，镇兵以弹压之。独于蓟镇三边，尤为吃紧，以其外控辽左，内护京陵，较他镇为至重也。钱谷之储，士马之盛，亦较他镇为至备也。陕西、宣大入卫戍兵，分防要害，棋布星列，硞然奠安磐石之势矣。隆庆丁卯，值土蛮袭庚戌之辙，纠众大虏，从界岭口入犯。抢永平，攻昌黎、滦东一带。掳掠大空，荼毒甚惨。时督抚会调延绥入卫官兵应援，而榆林东山张公以游击将军分防古北口，闻调即率所部三昼夜星驰七百余里薄虏。会蓟辽二帅，方议战守良久不决，面面相顾。张公觇二帅无主战之的谋，眦裂发指，挺身而前曰：“将帅享国家爵禄，二百余年用在一朝。此何时也？尚作儿女子之态乎！保躯之士何众，徇国之士何鲜也。倘若复有庚戌之变，能保他日无身家之累。死荣生辱在此一举！”誓众曰：“汝多士受朝廷豢养之恩，不思图报于今日乎？”众士厉声曰：“欲以死从将军。”东山公撊然，跃马持戈，挥霍手刃数首，虏众披靡。千人奋勇，无一不当百。所谓风声鹤唳，皆为晋兵者。追至傍水崖投鞭断流之酋，尽歼于悬崖巨浸矣。河水不流者十日，谢康乐淝水之捷，当不右于此也。竟有乙其首功者。地方耆旧相率而献牛酒曰：“自庚戌至今十有八年，百姓不闻兵火，原野遂幸桑麻。不意今岁遭此大劫。若非仗将军神威，一方赤地矣。今日，苍颜白发得苟延残喘于一日者，莫非将军之所赐。愿为将军立祠，尸祝香火，以申崇报。”公敛衽而谢曰：“不佞何武？而劳诸君郑重。实藉高皇帝在天之灵，今上如天之福。神明默佑，幸获此捷。若贪天之功而为己有，或其不然。”诸父老缓颊而进，曰：“礼以义起者也，祠以礼兴者也。愿以将军不伐之德，移于关武安王何如？夫幽显一理，神人一心，王义贯金石，公精忠日月，所谓异世同神，旷世相感。关即公，公即关也。关之香火，千百祀不绝，公之勋业，千百世不朽矣！”公怡然曰：“惟举是从。”嗣后公历镇甘州。卜扯二酋首最称桀骜，率常内侵。公约诸士曰：“授予节钺，权不为不专，锡予蟒玉，威不为不重。讵傍水崖千夫长比哉？不犁其庭不已也。”于是大获水泉之捷，二酋重创而归。人民始安耕牧。至今张将军犹有战胜之碑在此。与勒石燕然，标铜新息，何相今古也。公且请告休沐矣，其令嗣承胤且晋延绥大都护矣。彤弓白玉之赉，载躅庭芳，奚啻曹武惠之蝉联云。而东西拮据，王事之劳瘁，司功者竟不入之时疏中。冯唐易老，李广难封，自古然矣。将军豁达沉毅，毫无扼掔。每念关祀而叹曰：“丁卯迄今四十余年矣。其春秋香火之耆旧相继而沦落矣。岁易人非，庙貌倾圮。谁复振之？”时贰师白公，自保宁移节北平，且以兼才摄协镇符。公走使曰：“石门傍水崖，君之提封也。有关武安王祠，乃四十年前，本土父老所建。昭神明而扬人事者也，公其首倡勿废勿坠，公之功德不浅矣。”白公即捐资，犹不自居，请于大都护而共成之。不日而告竣矣。群策毕谐，百物咸集，大彻陈构，具起新增。堂、庑、门、坊，鲸轰夔吼，熣熣燿燿，无不宏丽，京然壮观矣。由是冠盖相过，瞻礼庙貌，抚今追昔，因事考实。将军之奇功伟烈，不廓然宇宙哉！万历三十八年。

明孙承宗《重修山海卫关帝庙碑》云：盖公之论丹诚也，曰天有日，人有心。夫日在天，人人皆仰，终古常新。天下各据所见以为向慕，而日不知。故冬以为爱，夏以为畏，畏爱生于人心。而日在天，不亲于爱，不尊于畏。公之灵感在天下，每当狂恣横暴之晷，辄见夫龙旗火马，掀髯而逸群绝伦者，公也。则畏及困厄，蹙迫水火盗贼之变，呼天呼父母不可得，而解者公。若为手提烦恼以列之清凉，则又爱至习于所畏所爱，则祸乞为之免，福乞为之予，而且爱且畏。凡今之细民不习孔氏，而大人不佞佛，然罔不畏爱公，如其习孔氏而佞佛者。殆如日然，天下各据其心所愿以享之。自有生民以来，未有盛于公也。昭烈提三尺于汉末，公与邂逅定王霸大略。谲强如孟德议迁都以避险，杰如仲谋愿结婚媾，公为詈斥不屑。公识略自足千古，史记公于武侯颇有小间，又羞与黄汉升同列。何也？陈寿于《蜀志》多涉微辞，或不无少诬。予谓公差有深意，非诬也。昭烈奔走狼戾，取国于他人，人心未定，所与如胶漆者，惟公及桓侯。诸葛为相固无俟，有所喻以明心。以山野书生骤冠百僚，谋臣猛将岂可以空言慑服？昭烈借公发鱼水之言，以晓喻将士，当时必自有说。汉升猛士耳！昭烈收降，推心任之，未必不虞其骄，鸷难制。公特云不平，以寓藜藿不采之意。史遂据迹以书。不然，将与相不和，汉何国之能为？公与昭烈谊同兄弟，誓结死生，苟利社稷，遑恤其他。而悻悻觖望，偶语沙中，君臣将相间有遗议哉？呜呼！天有日，人有心。日不变冬夏，心不变险夷。公之心如日，吾之心如公。夫忠而得福，奸而得祸，惠吉逆凶，各以其心为影响，无不一一游公神威中。顷者，予与诸大吏将领盟于公之祠，曰："试扪此心，有初终相戾，面背相渝，心口相逆，知性命不知忠义，知身家不知朝廷者。神其殛之！"今诚与关人士提此语以反此心，能无为予所盟叱者。其心之丹如公，即如日，又安在龙旗火马鬒髯如戟翩翩乘风云而降止者为公也。天启甲子，余阅兵觉华，几殆阳侯之难。或言公降神佑护，一时喧传，以其语涉怪，略为辑祠于宁远，未暇为记。兹复莅关门，借二三吏士力，蒸蒸祝神之休，随其心所愿，以印公心于不穷，此公之所以为盛也。祠立于山海卫城西关衢北，创于崇祯庚午，判山海沈承源、副将军叶时新等重修，视旧址扩十七八。予既取公语为颜，其坊曰"天日丹心"。又嘉诸将吏意，为之记。

国朝赵秉恕《傍水崖关帝庙重修碑》云：时维九月，节值重阳。是日也，或升戏马之台，或陟龙沙之郡，古人登高远眺，良有以也。

余与二三知己心焉志之，携菊酒，把茱萸，行行且止，步于傍水崖之关帝庙焉！登其室也，见神威赫奕肃毖，祀于千秋，庙貌巍峨，仰辉煌于百代。私心窃计，此必有人焉。前为开，后为继，苦心劳力于其间者。爰进住持僧海贵而问焉！曰：“斯庙也，由来旧矣，兹者正殿偏殿何以能翚飞焕彩？钟鼓二楼、马殿、山门，何以能粉垩凝霞？且东有爽垲创客舍前后六间，又何以能堂构一新？”维时海贵起而对曰：“僧来斯庙数十余年矣。念黜鼯栖栋，霜露沾衣，非所以敬神也。且岁逢五月十三日，六会虔心将享，人集如云，席地者大半，又非所以延宾也。缘是同六会诸公立愿修补，六七年间经营缔造，幸而告竣。愿先生为僧志之。”嗟乎！余鄙人也，何能志哉。将溯其创立之由，谓此为张将军建功处也。前人勒诸石已详言之矣，吾胡为乎赘？将指其形势之胜，谓此襟山带河苍松巢鹤别有一天地也。又为有目所共识，余维是缅怀已往，逆计将来，而知今日之重修，不可不志矣。粤自前明敕建以来，历有补葺。至康熙四十六年，六会同心，广其式廓，岂为目前计也。亦为后人绳绳勿替，无废厥功耳！迄今五十余年，渐即颓败。海贵于是废者修，坠者举，极力整饬。更于东偏创客舍数间，以补前人所未及，且无论有当于敕建之初心，即六会之重修盛举，亦赖海贵而弥新也。不宁惟是，兹又属余即事属词用垂久远，他日有继此者，触目兴怀，不敢废坠，亦莫非海贵力也。虽然海贵一僧，而囊斗粟，何克建此功德？是皆六会捐资乐贡，共散谪仙之黄金，因而海贵鸠工庀材，得运公输之鬼斧。海贵之志，六会成之。六会之有补于斯庙也，岂浅鲜哉？然有说焉，聪明正直之谓神。帝正神也。无意于庙之废兴，然而正气之充塞，感人心于不容已者，其为灵固昭昭也。援笔而书，即为我帝君之诚能动物，使天下之人，莫不有继往开来之志者，亦理之必然也。是为记。乾隆二十七年。

乐亭李兰《请封关帝先代疏》云：为请封正神之先世，以崇祀典以植纲常事。窃惟天地之正气，灵秀所钟；而忠义之英风，渊源可溯。从古以来，忠贯金石，义盖山河，福国庇民，历征神应，如关帝者，固其正气独伸，抑亦禀承有自也。乃四海九州，穷乡僻壤皆知关帝，而于其先世阙焉未详。祇缘《汉志》失传，遂致后人莫考。钦惟我皇上教忠劝孝，崇德报功，特加封孔子五代王爵，并增诸贤从祀，殊荣旷典千古未有。臣愚以为先圣之高，曾固已获邀异数，则明神之祖父似应并沐洪仁，窃见《关帝圣迹图志》一书所载，里居世系甚详。内云：关帝系夏臣关龙逢后裔，祖讳毅，世居解梁常平仓宝池里，以《春秋》传家，代有潜德。于康熙十七年，士子于昌因浚井得砖，考知名氏，表其先茔，勒为碑记。臣伏念关帝祖父世德清芬，诒谋忠孝，而其姓字遗迹，历今数千年，沉埋井底，几就湮没。幸逢圣朝，乃得昭显。又恭遇我皇上振幽出滞，表扬潜德，千载一时，万灵征应。敢请特颁敕谕，命礼臣酌议追封。俾福国庇民之正神，得邀荣恩以扶两间之正气，以植万古之纲常，似于祀典名教均有裨益。伏候皇上睿鉴施行。

乐亭李广滋《重修关帝庙碑记》云：尝论至神无方而有方，至道无为而有为。意者殆即关圣帝君之谓乎！帝生后汉，历千余年，由宋及明，庙貌始崇，春秋致享罔替。我朝加封协天大帝，视前代为尤隆。而帝之翊赞宏图，圣迹显赫，不一而足。迄今庙祀遍乎中外，敬畏洽乎闾阎。岂非无方而有方，无为而有为者乎？乐邑北关关帝庙，创始不知何时？重修于万历年间，有碑碣可考。令甲凡守土官始莅事，及春秋二祭，朔望之日必躬谒祠下。其严如是，历岁滋久，屡修屡废，□藩级蹙夷，栋腐桷摧，不称瞻仰。右堂沈公慨焉增叹，商之邑侯陈公。问谁可当谋新之任者？即以武举张泰来、文学刘光宇对，偕诸善士募焉。又使其经书五人襄其事，抡材程役，用度樽节。盖两月有余，不特涌殿、穹堂、长廊、邃庑、钟楼、斋室，焕然一新。即东之三代殿，西之现报祠，亦复补葺。丹青过者祗肃。又于嘉庆五年，当出地八亩竭力赎回，以奉香火。虽张、刘为之，抑亦诸善士之喜舍好施相与以有成也。功毕，求叙于余。余维帝之德义无能赞。世俗不学徒据稗官衍义，艳称桃园结义，秉烛达旦诸事。此皆正史所不载，事即有之，亦一介自好者所优为，以是求帝，帝反小矣。而孰知帝之乾坤正气，万古为昭。有如是之无方无为之大者哉！是为记。

临榆王朴《角山新建关帝殿记》云：关圣大帝，正气弥满乾坤，丹心炳如日月。国家屡崇徽号，郡邑岁奉明禋。此其威灵震叠，自在人心，固无俟笔墨之赘述已。角山为临渝保障，珠宫琳宇，蔚起崇阿，洵众圣之所式临，合邑之所仰托，不可无关帝专祠，以答鸿庥，以镇抚邑之人士，而冀垂显佑于无穷。帝像旧在佛殿东廊，与伽蓝、灌口之神同龛列坐，议者非之。道光庚戌乃更于西院卜建正殿三楹，奉移帝座，并关周两将军。自秋季兴工，越九月而工竣。共费金钱若干，盖惟慕义心同，是以输赀力巨也。弓矢、甲令、骴箭及幔前联额之属，亦后先毕具。至殿中迎面匾对与壁间长联，皆诸大帝降笔留题。邑同人复续检《圣帝训世》诸篇，书之于牓，悬置祠宇。是时，庄严显相，虽云今昔情同，从兹奠丽名区，足使海山气壮接天，威于咫尺。对越共矢寅清，迓帝德之生成无疆，永邀申锡。就瞻念切，展谒礼虔也。抑有进者，圣帝之鉴观有赫，覆帱无私，又当有懔于入庙之先，而求诸像祀之外者。古人钦崇永保，只在一心，惠吉逆凶，严于平日。愿与同人共懔之。庶几上无负于《圣帝训世》诸篇，下亦不失我同人奉移帝像之初愿也夫！咸丰十一年辛酉四月。

清节庙

府　在孤竹故城，旧址无考。明洪武九年，同知梅圭移建于府城内东北隅。景泰五年，知府张茂复建孤竹故城，在府西北二十里。成化九年王玺修庙落成，奏请赐额“清节”。国朝康熙四年，知府彭士圣修建。四十年，蔡维宾重修。乾隆八年、十九年，高宗纯皇帝两次临幸。有御制诗碑暨和亲王诗嵌壁间。其庙门外左一碑题曰“忠臣孝子”，前明崇祯间陈泰来草书；又一碑题曰“到今称圣”，前明万历间，江右李颐八分书。定于春秋二仲丁后二日致祭，用羊一、豕一、粢盛肴核数器。

昌黎　在城内东北隅。旧在城北迎恩楼上，楼圮。康熙十一年，知县王日翼移建。同治二年，邑绅劝捐重修。

元至元十八年，《封先圣伯夷、叔齐诰》云：盖闻古者伯夷、叔齐逃孤竹之封，甘首阳之饿。辞爵以明长幼之序，谏伐以严君臣之分，可谓行义以达道，杀身以成仁者也。昔居北海之滨，遗庙东山之上。休光垂于千古，余泽被于一方。永怀孤竹之风，庸示褒崇之典。呜呼！去中国而辞周粟，曾是列爵之可縻。扬义烈以激清尘，期于世教之有补。可追封伯夷为昭义清惠公、叔齐为崇让仁惠公。

明成化九年，《钦降清节庙祭文》云：惟神逊国全仁，谏伐存义。为圣之清，千古无二。怀仰高风，日笃不忘。庸修岁纪，永范纲常。尚飨！

元马祖常《清圣庙碑记》云：大元建国金燕，以御华夏，永平为甸服股肱郡。至元十有八年，世祖皇帝甫平江南五岁矣，即櫜干戈，放马牛而不用，大召名儒修礼乐之事。敕有司咸秩无文，于是永平郡臣以其邦为孤竹旧壤，伯夷、叔齐兄弟让国之所也，列闻以请大臣以闻上。曰："其令代言为书命以褒之，谥曰'清惠''仁惠'。"于今又五十年矣。郡臣前后凡不计几人，漫不加意兹者。某年某官等乃状上书，曰：郡境庙像"清惠""仁惠"之神，岁无牲牢，祭品不备，领祀无官，尚书秩宗有礼有义，谨以告。其日，会太常议制，白丞相府符下永平，曰"夷齐求仁得仁，庙食固宜，岁春秋蠲吉具仪，有司行事符且署矣。乃重白丞相府，以孟轲称伯夷圣之清，孤竹其宗国也。今既像设而庙食之，宜以清圣额庙，丞相府佥曰："允哉。"呜呼！大道之郁也，则民乌得而知古焉，士盖有一二世不知其传者。大道之彰也，则民不识金革战斗之暴。内则有父子夫妇相与饬于礼节，外则有官师之教，朋友之交，相与让于古。岂独知己之所传，又知当时之名世者两传之。则是永平之人，遭逢国家之隆，而沐浴大道之彰也。吾将见行者让途，耕者让畔，学士相让于俎豆，工商相贷以器货而市价不二矣。推本我世祖皇帝教化之意，顾不由此。与邦之人，尚砺其志，而施行哉！毋徒神之而已也。

明商辂《清节庙碑记》云：成化九年癸巳，前监察御史知永平府事臣玺上言：是郡实孤竹旧壤，伯夷叔齐所生之地也。夷齐兄弟逊国而逃，节义懔懔，虽百世犹一日。故孔子称其仁贤，孟子称为圣之清。迨夫宋、元加之以封爵。至我朝洪武初，再饬祠祀，岁久祠圮，祀亦寻废。事载《大明一统志》可考见已。窃为表章前贤，风励邦人，臣之职也。因谋诸同官捐俸，倡义鸠工敛材，重建正堂三间，翼以两庑，门二重，神库、厨、斋房为间各三。肇役初是岁春三月，至秋八月落成。庙有余地数百亩，以付居民侯玉等种之，岁收其租之入供祀事。伏惟皇上，追念二贤生平节义，赐以庙额，庶几永终弗坠。臣玺昧死以请制曰：可赐额“清节”并降祝册，命守臣春秋行事，如仪。恩典涣颁，军民胥悦。于是守具事状加书，介郡人通致司掌司事兵部左侍郎张文质属辂为记。谨案孤竹有国，封自殷汤，传至夷之父墨胎氏，将死遗命立叔齐。叔齐逊伯夷。伯夷曰：“父命也。”遂逃去。叔齐亦不立而逃之。盖伯夷以父命为尊，叔齐以天伦为重。其逊国也，皆求所以合乎天理之正，而即乎人情之安。诚有功于世教，如孔孟之所称道是已。夫有功世教，虽天下犹将祀之，况宗国乎。太守此举，可谓知所重矣！是以朝命允俞，礼秩有加，自今二贤节义益以表白于世。殆见逊让成风，民德归厚，由近以达远，举一以劝百。夫岂小补云乎哉？噫！邦人士毋徒以祠祀视之，则善焉用。书以为之记。

明蒋超《祭伯夷叔齐文》云：维阳山之鸠毓，肆濡水之涟漪。郁真操之皎洁，秉大义之崔巍。配扶舆而并立，夹日月以同飞。鹫冕轻其敝屣，朱户视如蓬扉。虽徘徊于岩穴，实寤寐于京畿。回周原之六辔，挽商日之余晖。天纲懔其楮柱，地极奠其倾欹。武周闻而心折，孔孟仰为师资。怅飘摇于冠剑，空灭没于音仪。揣神游而莫定，访埋照其焉依？想子臧之恋宗国，悲钟仪之操南徽。魂遥遥而返驾，身兀兀以扶犁。抚中子之弱存，喜宗祐之留遗。料云旗与风马，必暮漆而晨泚。义感均于顽犷，瑞液浃于芳菲。鸿哀鸣而死节，麦挺秀而连歧。酿容城之让爵，激碣石之穷薆。缘三伦而表烛，留万古于几希。关人禽而下键，揭仁义以为旗。痛彼妇之呶谰，谢薇蕨之纷披。白鹿跪而献乳，清泉溅以投饴。终逍遥于桐柏，证仙籍于紫薇。超忝学校之纲领，乏礼义以提携。羡此乡之浑朴，秉诚信而不移。贩夫耻竞于二价，儒者躬修于耘菑。望松楸而投涕，抚榱桷而凝悲。喧檐棱之鸟雀，罥庭户之蛜蝛。闻圭田之远播，拟镌俸以留祠。知达人之窃笑，真竖妇之庸词。曾圭组以弃捐，何苹豆之从违。方缠绵于禁火，欲亲荐于芗萁。徒爇檀而作供，亦对锦以陈词。虽物微而诚结，愧鬼是而人非。斩颠毛而布褥，剖心血以铺饥。夫子谅有明鉴，庶援匕箸以尝之。

明柳识《吊夷齐文》云：洪河之东兮，首阳穹崇。侧闻孤竹二子，昔也馁在其中。偕隐胡为？得仁而死。青苔古木，苍云秋水。魂兮！来何依兮，去何止？掇涧溪之毛，荐精诚而已。初先生鸿逸中州，鸾伏西山，顾薇蕨之离离，歌唐虞之不还。谓易暴兮又武，谓墨缞兮胡颜？一吒兮忘饥，若有诮兮，于岩之关。岂不以冠敝在于上，履新处于下。且曰一人之正位，孰知三圣之纯嘏。让周之意不其然乎！是以知先生所恤者偏矣！当昔夷羊在牧，殷纲解结。乾道息，坤维绝。鲸吞噬兮鬼孽。王奋厥武，天意若日。覆昏暴，资浚哲。于是二老归而八百会，一戎衣而九有截。况乎！旗锡黄鸟，圭命赤乌，俾荷钜桥之施，俾申羑里之辜。故能山立雨集，电埽风驱。及下车也，五刃不砺于武库，九骏伏辕于文途。虽二士不食，而兆人其苏。既而，溥天周土，率土周人。吁嗟先生，逃将奚臻？万姓归德兮！独郁乎方寸。六合莽荡兮！终跼乎一身。虽忤时而过周，终臣心而侧殷，所以不食其食，求仁得仁。然非一端，事各其志，若旁通以阜，厥躬应物以济，其利则焉。有贞节之规，各亲之事。灵乎！灵乎！虽非与道而保生，乃勖为臣之不二。

明王世贞《吊夷齐赋序》云：卢龙故孤竹也，城西有伯夷叔齐祠。吴人王世贞奉使过此，酌水酹焉。而为之辞曰：余奉辎以东逝兮，策马放乎令支。山巑岏而嵬垒兮，众草鬱蘿而条纬。俞儿道余于卑耳兮，武夫磷磷其参差。曰青帝之握枢兮，颤改煦泬漻而惨凄。玄宫承云而黮霒兮，佥告余二子之所都。羌回虑以返照兮，澒溛踣靡而内疑。足次且欲却兮，又雀跃而前趋。段含光刿余之素兮，挩清泠使濯余之崴裹。招沆瀣以酝醴兮！裹朝霞以为餦餭，嘘玄冥之窃机兮！

噫噫拊歌之圹怆，受哀弦于太娥兮！涓延和之以清商。灵萧萧而若睹兮，冀回爀烛乎微躬。又惝怳其不可节兮，掌梦疏帝以奚从。眺孤竹之亶曼兮，台要灵以故祊生。剽举而脱屣兮，宁郁郁处彼幽方。溟波委输涉貉兮，箕蒙难而延宗灵。庶偕以翱游兮，语侏离而不可通，北海泱漭灵所辟兮，受浡潏使不得宁。将岐丰沃以愉兮，灵又薄周德而莫宫。诸毗绵延具区兮，太虞夷犹于其旁。羌德配而耦娱兮，灵谓狎附乎周盟。陂陀首阳忽嶕崿兮，益薇以荃之芬芳。灵闻阖而下临，将绁驾以憩息。掌梦申申以表诚兮！丰隆臾而来假。霓车殷殷以翩缤兮，皎双鸿之次翼。匪宝璐而陆离兮，舍篱芷以弥馥。介九宾而见予兮，祝史要予以靡忒。伯从父以成命兮，叔违亲以成德俶。舍君以明志兮，既殉主以明极。昔巢父之让皇兮，托勋华而稍佚。尹五就而拯涂兮，愀然面故主以惶怩。谓题跂以死名兮，庄任诞而废节。迁哓哓于骥尾兮，嗜微声之有托。彼纍修辞而求白兮，卒牢慅沉乎湘泽。绎邹人之无怨兮，乃从容于天则。世滔滔而毖涌兮，战伐莽其相仍。顾蒿目以挨挠兮，竞含沙而蛊光。驺虞草以伏食兮，于菟夸咀夫衡主。阳虩之啮纤鳞兮！偃蜓神龙以自矜灵。既悼农虞之忽没兮，氓踯躅而殷慕。愧突梯之苟容兮，将捐足乎灵御。胡司命之不晰微兮，抑餔糟以昏骛。盻媌娥之要渺兮，涓浊躯而不及顾！

国朝彭士圣《重修清节祠碑记》云：祭有十伦，非求福也。先王神道设教，立学礼先圣先师。虞、夏、殷、周，则以舜、禹、汤、文为先圣，各取当时左右四圣者为先师。汉高虽祀孔子太牢，先圣先师号尚未正。至安帝始隆阙里。唐武德中，释奠太学，犹以周公为先圣。太宗用房玄龄议，乃停周公升孔子，以颜渊配而先圣先师始定。其后，学校并祀名宦乡贤。诸凡古圣先贤、忠臣、义士、节夫、列女亦得专祀于里。蜡祭报神，汉仪犹曰报诸鬼神及古圣贤之有功于民者也。迨二氏教兴，倡以祸福动民，愚夫愚妇惑资冥福，绀宇琳宫侈极金碧，反将胶庠古祀茂草荒烟。希福阎正，俗使然矣。永平属古孤竹，采薇二子起商季，逊国叩马，清节万古为昭。上而孔孟亦称曰贤、曰圣，且推为百世师。是夷齐已在先圣、先师列，虽不能如孔子崇祀天下学校，而祀诸宗国。今清节祠留洞山之阴，俯临滦水，当与孔子阙里等。固不仅若他贤尸祝于乡而已。予壬寅来守，春秋例得率属致祭。是夏，相国范公承祀祖陵东旋，追陪清风台上，纪之以诗。目击祠圮，实维有司咎，祀不祀，固无与二子。而稽自汉熹平五年，已有祠。唐天宝七载，祀义士八人于郡县，崇祭则自此始。宋大中祥符四年，曾访庙遣官致祭。清惠、仁惠谥号则封于政和三年。进侯加公则更于元至元十有八年。至顺元年颁庙额曰“清圣古庙”。久废。曾移于郡城内东北隅，为明洪武九年郡丞梅圭所建，未几复废。景泰五年，郡守张茂乃重建于孤竹故城。成化九年郡守王玺请于朝，赐今额，御定祭文。详载元中丞马祖常、明学士商辂两记甚著。弘治十年，郡守吴杰重修，有行人张廷纲记之。嘉靖二十六年，郡守张玭重修，规制大备，有侍讲袁炜记之。四十二年，备兵使者温景葵始于庙北隅，隔河建孤竹君庙。隆庆六年郡守辛应乾，万历十一年兵备雷以仁，郡守任恺，二十七年郡守徐准、曹代萧等，皆经重修。代萧且复同给谏白瑜辑《夷齐志》。嗟夫！首阳一饿民到今称。台城同此一饿，尚肯舍身同泰，未闻顶礼先世。饿夫乞衣钵斯民之不遑从事于兹，又奚足怪？《礼》曰：“有其举之，莫敢废也。非其所祭而祭之，名曰淫祀，淫祀无福。狄人（仁）杰奏废天下淫祠，吴中止存泰伯、季札，四祠。如泰伯、季札者议废所不废。夷齐有功世教，恶（乌）可听置俎豆不光？爰谋诸僚属，咨于士民积黍为铢，延至甲辰夏，尚未及千金。待鸠工庀材，卜吉启土，不期大雨，滦涨平城道没，弗克往。又越月余水退，口外冲入木植集庙下，如有夙购筏至，计获命工度之已赢，止需砖瓦灰钉并匠作食用，因以所募金顾济。俾卢龙李令守掌择乡耆督工经营。论庙制规模宏钜，非数千金不可，用力少而程工易，所赖浮木居多。时会相值，似亦有神助云。是役也，工肇于康熙三年甲辰夏闰六月至十月终粗完。沍寒暂辍。越明年乙巳，春融加以丹雘，四月既望迄用告竣。门、楼、殿、堂、台、庑、库、厨、斋房。咸撤易，焕然一新。其孤竹君庙就毁，恐墨台父子异视未安。且于孔庙启圣祠意有戾。矧兹土实此君旧服，是应相继修复。往虽有庙户，恒别处朝夕不之顾，尚或利其木石，而反侵损之。旧存地籍固可考多被隐占，清出择僧舍守本，不宜用浮屠籍司香火，岁以租供祀事并食之，庶不致斯庙无守，而仍为旷废也。予乃进邦人而告之曰：“尔思享福，曷若远祸？祸几实兆于争，止争莫善于让。尔邦人嘘被其清风已久。今新其庙，岁时伏腊瞻拜其前，仰而思尔邦之前人，为子如是，为臣如是，为兄与弟又如是。即当自审尔宜何如为子，为臣，为兄，为弟。纵不能比节致谨而试先师，其让始而雍容于门内，继充此操于乡党朋友之间，无不以逊让相期，廉隅共砥。自然讼狱衰息，室家和平，内侮不生，外患不作，于此鼓腹康衢，优游盛世，以载扬神休。谁谓祭不获福？”

永平兵备道楚黄石《镇国碑记》云：庙有膏腴地一顷五十六亩，是先朝嘉靖间少司马张公玭前任永平太守，感二圣之梦，捐俸镪而置者。授庙户侯、李、何、岳四姓世为守之，岁输谷二十石、柴价三两一钱二分于县官，为本庙修缮之需。垂今百有余年，突被劣衿石谟积快钱时魁等，藉以圈补，一朝而夺之，无敢问者。予四月八日偶同饷司孟公为郭外之游，因单骑谒庙，则见壁垣亭榭非昔，供器袍幔全无。召庙户李吉诸人而讯之，始以香火地被窜之情泣告。余闻之不胜发指，诘旦即约太守李君，慨然定克复之议。寻予草牍，申闻于抚台柳公、案台黄公、学台张公，俱蒙谆谆严饬在案。为千秋砥砺风节，何谊之隆与是日也。侵地已编入民粮，当求所以易之。查孤竹之墟，尚有中下地可拨焉！该府县立拘石谟等取供，宁以二顷抵还一顷五十六亩，且贯而罚，彼不口罪之不遑著，且认退状，反其故物于庙户矣。然犹恐其不可以久守，鸠工勒石并纪同事者姓名于左。俾后之仁人君子共笃新盟，勿替引之。顺治丙戌，知府孔继炘《清圣赞》云：吾祖称贤，孟尊曰圣。圣也贤也，天伦父命。纲常千古，风节何劲！想像遗墟，陇蒲莫定。维兹肥如，为我皇敬。

宋司马光《题夷齐庙》诗云：夷齐双骨已成尘，独有清名日日新。饿死沟中人不识，可怜今古几多人。

明郡人韩应庚《谒夷齐庙》诗云：清圣非苦节，乃见纲常先。君父固攸重，子臣情堪怜。此情不自已，奚恤后誉延。邈矣探薇事，市朝已数迁。谁招饿夫魂，庙食首阳巅。寒松覆碧瓦，古殿生黄烟。遗像俨生存，咫尺手足连。拱拜瞻容色，恭逊蔼周旋。盘无周室粟，陇有涧山田。粢盛戒清酤，伏腊击肥鲜。光烁北海滨，历历三千年。高风自长久，污世空颠沿。所以嗟贪夫，身没名弗传。

乐亭王好问《孤竹怀古》诗云：镐京商邑总蒿莱，千载何人吊墨胎。啼鸟仍伤人世改，野花还向故园开。荒城隐隐水声去，古殿岧岧山势来。一望凄然成旷感，尘车欲发更徘徊。又《读伯夷传》诗云：纲常万古同天久，功利须臾过眼无。请看渭水鹰扬者，不薄西山二饿夫。

明朝鲜柳梦寅《夷齐庙》诗云：首阳苍翠郁嵯峨，滦水悠悠也自波。士俗尚闻孤竹庙，邦人能唱《采薇歌》。一时贤士知俱出，万古高名问孰多。此地清风吹不尽，荒台只是旧山河。

高第《夷齐庙》诗云：树压荒城古庙幽，千年遗像意悠悠。采薇高节首阳在，孤竹清风濡水流。香火山翁频伏腊，沧桑世代几商周。我来瞻拜增伤感，不为登临览胜游。

国朝顾炎武《谒夷齐庙》诗云：言登孤竹山，忾焉思古圣。荒祠寄山椒，过者生恭敬。百里亦足君，未肯漓吾性。逊国全天伦，远行避虐政。甘饿首阳岑，不忍臣二姓。可为百世师，风操一何劲。悲哉尼父穷，每历邦君聘。楚狂歌凤衰，荷蒉讥击磬。自非为斯人，栖栖无乃佞。我亦客诸侯，犹须善辞命。终怀耿介心，不践脂韦径。庶几保平生，可以垂神听。

魏象枢《巡行过北平登孤竹堂，望伯夷叔齐庙有感》诗云：孤竹何崔巍，两圣高千古。仰止梦魂间，有怀常欲吐。安得置山颠，瓣香头一俯。告我希圣心，难济苍生苦。懔懔对简书，汗下浑如雨。此行负朝廷，愆尤何日补。遥望乞神灵，相助驱豺虎。滦水自无波，澄清在畿辅。

尤侗《登孤竹城，拜伯夷叔齐祠堂》诗云：孤城郁岧峣，临河激寒响。清风缭绕之，白云翔其上。中有古贤人，端然肃遗像。社稷已丘墟，精神自天壤。金石永令名，俎豆芬将享。劲飙回颓波，顽薄兴慨慷。我来北海滨，欣对西山爽。驻马俯平畴，陟阶埽荆莽。百年乔木坚，三春芳草长。高台闻鸟啼，远水明渔网。抚景迥幽瑟，披襟顿超朗。薄宦亦苦饥，怀古用自广。行行歌采薇，寤寐伫遐想。

宋元伯《谒夷齐庙》诗云：孤城烟雨中，长河绕百折。驱马越陌阡，巍巍庙貌设。阴森郁乔松，斑驳敬石碣。二子饿首阳，孤竹尊高节。嗟彼黄与农，滦水常澄澈。波光淡不流，山色远还灭。阴晴祟朝移，烟霭众鸟悦。夕阳满中流，发棹闻幽咽。箫鼓夜未央，归舟月如雪。

范文程《游孤竹城置酒清风台》诗云：让国清风百世师，阴阴松桧隐空祠。黄农事业应无异，山水萧森自不移。石动鼋鼍分大壑，城荒乌鹊下高枝。接䍦同醉花间酒，绝胜襄阳访习池。孤竹城空隐夕阳，山中笳鼓漫悠扬。穿林闲听松杉韵，隔岭遥闻薇蕨香。漆水波澜交宛转，滦河岛屿自苍茫。登临宾佐多清兴，长啸高台明月光。

泽州陈廷敬《夷齐庙》诗云：清圣祠堂沧海边，首阳往事尚依然。峥嵘泰伯兴周日，寂寞成汤放桀年。万世君臣今论定，古来兄弟几人传。只将一勺滦江水，挦取山薇荐豆笾。

钱塘高士奇《过卢龙县孤竹城，恭和御制夷齐庙》诗云：史迁著列传，夷齐乃居首。慷慨念声施，青云期不朽。砥行与立名，兹言亦藉口。敝屣视千乘，身后复何有？西山云耻周，北海亦避纣。抗怀天地间，踽踽绝济偶。遐尚渺畴昔，凭吊歔童叟。附会采薇迹，洛阳或陇右。适来孤竹城，庑宇崇丹黝。摄衣历虚堂，俨然肃冠绶。白日暗阶除，寒烟生几牖。寂寂荒祠春，顽懦咸奔走。粤稽祥符中，加以侯封久。古人如有知，一笑同刍狗。借问墨胎祀，奚若首阳寿？猗与清且仁，千秋良独守。

和亲王《题夷齐庙》诗云：敬受吾皇令，抒诚谒二英。孔称仁已得，孟曰圣之清。维世纲常定，持身节操明。愧他冰与雪，未许比晶莹。

东荫商《谒夷齐庙》诗云：秣马西周客，维舟北海滨。关河犹此地，今古有斯人。松老荒祠月，山间故国春。自怜藜藿士，终愧采薇民。

李士模《谒夷齐庙》诗云：许由三皇资，遇帝则洗耳。夷齐帝者师，遇王轻一死。器识故有恒，各视其相取。使其在勋华，定当不尔尔。虞夏何风规，孤亭俯寒水。

会稽陶元藻《过孤竹城谒夷齐庙》诗云：茅土何人锡，兴亡肯晏然。行歌采薇日，洒泪渡河年。古庙空原上，荒城落日边。油油禾黍地，惆怅旧山川。

王金英《清节庙古松》歌云：沙石荦确滦江澄，江上山围孤竹城。有松万本环城生，苍鳞白骨颜色贞。就中数株尤殊形，知是何年芽蘖萌。一株侧卧虬龙蛰，之而牙爪何狰狞。枕以巨石珠在额，有时风雨恐飞腾。一株团圂葆幢立，绸缪纠结枝交萦。平铺坐席可茶话，何由得此天然棚。殿垣终古倚霜雪，深夜仿佛神依凭。周游更历崇台上，俯瞰丘壑胸次清。台畔一株又奇绝，百尺中折倒垂青。有如羽士颓然醉，解衣磅礴翻身轻。移时静坐好风起，谡谡乍听琴谁横。忽然变作海涛吼，万顷鞺鞳还嶒竑。古槐老柏相俦匹，仙材得地呈精英。过者摩娑增叹息，香林太守含深情。济南仙吏今妙手，爰命作绘镌璠璎。约我哦诗纪盛事，好随二老隆声称。君不见阙里桧，尼山手植今犹荣！俯仰上下历千古，庙堂灿列如日星。此松虽非商周物，要亦时代几变更。使君采风重灵迹，特报明主宜兢兢。昔日况曾邀睿赏，宫壶宝墨挥缣增。小臣珥笔则岂敢，吟声唧唧窃比应候秋虫鸣。自注云：御制夷齐庙四景，有屈蟠松绝句一首。

萧山张文瑞《春游夷齐庙诗四章》云：迟迟春日，卜兹芳朝。言策我马，于彼雪郊。清风有台，上彻云霄。我游其下，采薇之苗。岂无清流，我缨斯浊。岂无高山，供我遐瞩。古人有言，惟曰不足。追此良辰，云曷不乐？言有春衣，岂必浴沂？亦有童冠，可以咏归。虽有丝竹，清风发挥。西山夷齐，邈焉莫追。瞻鸟爰止，伯夷之庐。我行其野，舍此焉如。青山在眼，名酒在壶。有风自东，飘飘吹余。

案:《康熙志》原系张作,《乾隆志》误为徐作，今正之。

孙廷玉《清明日吊伯夷叔齐，用尤西堂先生重九贺新郎词韵》云：节届清明矣。驾轻舟，寻芳访胜，流运滦水。健羡夷齐兄与弟，自古及今无几。瞻故迹何禁流涕。翠柏苍松风谡谡。惜首阳山上惟余此。况复际，纷纷雨。当年事，亦难言耳！重伦常，忠君尊父，弃违乡里。采药荆蛮推至德，差拟仁人君子。终不顾，饥穷而死。月印江心留万古，幸清风岩漾滦波里。化顽懦，皆兴起。

仁和傅以德《谒清节祠》诗云：俗子拜清光，清风冷俗肠。求仁双去国，取义独存商。马首词何壮，山中蕨更香。周畿今已矣，孤竹不沧桑。

山阴金堂《谒清节祠》诗云：惟二士兮高风，超终古兮夐绝。绥故土兮立庙，承天子兮褒锡。奉蒸尝兮荔蕉，馨仿佛兮薇蕨。敞两庑兮会鼓，响繁音兮促节。羌偃蹇兮云旗，爰缥渺兮灵魄。在天上兮乘箕尾，归祀像兮栖松柏。松与柏兮乃负灵，傍西山兮挺高节。后世无比义兮深太息。予登台重为题曰：日见官民廉，蹈兹孤竹里。清风激台上，台下得兴起。

礼部尚书徐琼《清节祠》诗云：国统人推仲子承，首阳甘饿有余清。两逃兄弟彝伦重，一谏君臣大义明。殷地既非薇自老，周邦虽有粟无生。故墟古庙悬旌额，篡逆相过愧岂胜。

南皮张太复《谒夷齐庙登庙门楼作》云：望望孤竹城，去去北平路。浰浰一水间，袅袅长桥渡。峨峨见台殿，清圣冕旒具。升堂展谒余，门楼信飞步。浩浩滦河流，郁郁首阳树。山川良匪新，城郭谅匪故。长令百世下，廉立到妇孺。采采薇蕨香，清风有余慕。

又《夷齐庙古松》诗云：我昔游晋祠，周柏瞻嶙峋。前一偃盖松，排空却横陈。柏直穿白云，松曲走电轮。当时诧奇观，欲去还逡巡。兹松态离奇，怪变尤绝伦。拔地不竟丈，斗下垂其身。倒走欲及根，奋爪而张鳞。一折忍上出，怒尾捎青旻。翠鬣阴蔽亩，虬卵实结蘋。不知所种年。毋乃先封秦。观其状则屈，蓄其势则伸。殆如夷齐俦，独行无比邻。不学周顽民，不作周嘉宾。一谏不得当，去去称逸民。其身甘屈蠖，其志高绝尘。树木与树人，万古相依因。我来重摩挙，顽懦同一振。飒然风雨来，如在黄虞春。

刘青选《夷齐庙屈蟠松歌》云：清风百代今犹传，古庙嵯岈欲凌烟。亮节不曾少屈膝，蟠松犹知倚前贤。君不见，涛声在空半临院，亭亭拂影如羽扇。人言薇蕨今犹生，岂识古干尚未变。我策蹇驴岭上行，奇材并与奇人见。槛外婆娑风飘飘，危磴支离疑蛇绾。尾自长兮音自和，郁郁苍苍尽入眼。

乐亭李善滋《谒夷齐庙》诗云：孤竹遗墟古，斯人宛在兹。一方存庙祀，百世仰师资。渺矣西山迹，遐哉北海思。清风台畔立，惆怅采薇词。

吉林德保《谒夷齐庙诗并序》云：丙戌春二月，永平试竣。偕太守吴自堂、卢龙大尹方综南，展谒夷齐庙，抚摩古松，继登清风台。眺望云山，俯临滦水。渔人网得鲜鳞数尾，烹食供酌，尽兴而返。扃闱已匝月，校士多辛苦。偕伴谒名祠，距城刚数武。旧为肥子国，夷齐生故土。庙貌懔森严，虔诚肃拜舞。入门仰先贤，遗像衣冠古。堂上列弟兄，让国惟义取。缅想当年心，轩冕污眉宇。至今百世下，顽懦思奋举。历朝崇褒封，祀典重鼎俎。两邀玉趾临，标题勤圣主。石碑篆剥落，吟咏满庭庑。老松幻奇形，宛转如卧虎。一枝枕墙出，回龙似顾祖。又有插天高，倒垂若玉柱。此殆冰雪姿，化作□□□。徐步清风台，泠然沁肺腹。到来尘念消，高洁轻伊吕。对岸孤竹祠，推本故尊父。山险依滦江，滔滔似剑弩。四面云峰合，变态常所睹。长官具雅兴，小艇捎数罟。举网得鲜鳞，佐酌烹锜釜。剧谈付深杯，投契获贤侣。太守素名流，方君亦翘楚。酒酣无拘束，树影日过午。此行留佳话，援笔记端绪。

寿阳祁寯藻《夷齐庙》诗云：行殿邻祠宇，平原驻旆旌。旧传孤竹国，今作万松城。海气逼秋冷，山光助晚晴。采薇赋于役，还励此心清。

学使程庭桂《谒夷齐庙，步魏果敏公韵》云：商季有圣人，忠孝撑万古。让国得其仁，叩马辞直吐。称贤复称圣，孔孟咸首俯。今日蘋蘩香，当年薇蕨苦。持衡来此邦，教化乏时雨。志勉冰壶清，官惭衮职补。蔚州有名臣，云风会龙虎。清圣不可希，心仪此硕辅。

迁安马恂《夷齐庙屈蟠松歌》云：偃蹇松身傍地走，卧雨拿云岁年久。孤标自欲干清霄，逢著夷齐一低首。夷齐特立超群伦，圣之清者惟天真。地拆天回存本性，不朽岂数青松身。春风一夜穿林杪，老树柔花争袅袅。吹嘘乍荷东皇恩，万绿千红喜回绕。此松此际如不知，支离自老虬龙姿。叩马夷齐忍槁饿，大义不为周仁移。或谓高贤甘涧壑，抑郁如松屈林薄。岂知夷齐非隐沦，懦立顽廉伦纪托。德祠庙貌瞻夷齐，摩挲古干盘阶低。凉阴下覆薇蕨老，惊涛横卷歌声凄。苍云匝地围山月，蜿蜒曲折出龙骨。眠柯化石回清秋，坐来疑踏冰雪窟。清风谡谡怀古贤，宸题炳耀辉山川。老松蟠屈倚阶陛，待学夷齐千万年。

杨在汶《谒清圣祠诗》云：风烟孤竹国，秋杪此登临。薇蕨贤人隐，松杉古殿阴。阶前容纳履，头上可披襟。千载应如昨，顽廉懦立心。

山海使者刑部尚书崇实《夷齐庙诗并序》云：同治甲戌六月，奉命出使，过北平谒夷齐庙，正思题咏。入行馆后，见堂上悬额，乃环极先生当年之作。其职任正与实同，因步原韵以志景仰。诗云：峨峨孤竹城，懔懔自千古。山石亦不顽，清流互吞吐。停车肃明禋，心折头先俯。王程不敢留，涂炭忘辛苦。幸生虞夏时，枯薇沐甘雨。谁无臣子心，明圣究何补。平生手中节，四握龙与虎。廉立佥有期，清风满畿辅。

知府新化游智开《夷齐庙》诗云：停车孤竹城，风物近醇古。佣贩息喧竞，童稚欢且舞。缅怀逸民贤，遗像肃祠宇。亭亭双长松，夹道枝交附。循阶步层台，清风动遐举。云山郁苍苍，飞鸿渺何许。惟见滦河流，湛然汇州渚。愿言濯尘缨，虞夏兹焉处？

孤竹君祠

在清节庙北，隔河之浒。明嘉靖四十二年兵备温景葵建。郭造卿曰：嘉靖厘祀典于孔庙。正位号，革爵谥、塑像，而别祠启圣。今孤竹君有祠矣。但夷齐庙位号未正，爵谥塑像未除。是知重先正，而尚未达于礼也。宜请从孔庙例，木主。称逸民先圣伯子，逸民先贤叔子，而孤竹君庙，当称曰“启仁”。

张登高《过永平谒孤竹祠未果》诗云：长河行曲抱城隈，万古清风一旧台。让国几闻陵谷变，采薇今见庙庭开。寝园松老巢玄鹤，古道碑残长绿苔。奉祀未能瞻圣迹，羞将簪弁恋尘埃。

旗纛庙

迁　安　在三屯营演武场。

抚　宁　在县治西北。今废。

昌　黎　在县治西北。

乐　亭　在县治南。明万历二十年知县潘敦复建。

临　榆　在旧卫东署。今废。

案：各卫所皆有，今多废。武职衙门以霜降日，祀于演武厅。

明戚少保继光《创建旗纛神祠记》云：隆庆玄默之岁玄月吉日己酉，钦差总理练兵事务兼镇守蓟州永平山海等处地方总兵官、中军都督府右都督戚继光等，敢昭告于军牙六纛之神。维兹三屯实为全镇之枢，主将三军咸于大神请命。旧宇类于丛祀，弗足以展神灵。神灵匪安，军威曷振？主将初谒，盖甚恧焉！窃惟不佞弱而任事，自抗旌牛女之虚，皆并海鲸鲵之寇。乃咨议当涂，得乌伤诸壮士。作而练之，踊跃以前。□殿两浙复七闽，转蒐江右，薄涉岭南。战必有功，岂伊人力？仰惟皇天上帝及大神之光烈威灵。或于天时，或征吉梦，或临机而变，或转祸为福。受神之贶，可谓渥矣！寻徙蓟门，俾总兵事兼镇重地，愧亡瘉人。第感恩思奋。抗疏为公家忠计，故辍于多议。又不敢便安自营，惟先重保障，为堑垒、木樵校联不绝二千里。复饬部曲授中坚诸校，以都肆击之略，一乃众心罔奸。旗鼓于兹五年所矣。故烽燧将然而辄息虏谋，屡成而自伐，幸得整暇跃马，而为障徼之□甚设，且禁科敛，革虚冒，率将吏歃血于坛坫。令其秉心塞渊。匪惟夙弊渐厘，亦既狃忕。其利神牖之庇，盖日笃而时殷矣。于是乘武隙，命将吏操畚臿创兹祠以奠神居，吉蠲而迓神驭，俨然遵国制也。

取昔名将配之两庑，明类享也。得如故事，以次受脤，崇实报也。誓师振旅，类祃有地，端戎纪也。自兹以往，继光等务期无负此生一有犯诅，自干祸适，罔赦、尤冀、鉴此孤衷，益直士忾，永弭封疆。俾威棱日，憺于沙漠，三军鼓舞，胪欢腾歌，以妥以侑，永唯明神，之假歌曰：赫赫神明，载之令典。国家禋祀，视昔丕显。追惟南伐，实神之灵。兹率北师，将犁虏庭。庙宇新开，西郊肃肃。简师讲武，于兹之陆。貔貅十万，马阜车坚。有旐有旆，有旟有旃。为旌为旗，以练以组。锦杠帛线，曰旒曰缕。错之物类，象以天文。戏（麾）下鼓之，部署三军。明神在上，或左或右。申令止齐，罔敢前后。廊庑仰止，名将森森。开我执事，咸秉赤心。志驰燕然，身甘马革。毋为神羞，永光史册。敢徼宠灵，蜂棋不扬。安攘有成，天子寿昌。于万斯年，四夷宾服。翼翼帝室，黄屋左纛。

马神庙

府 在城南二里，隆教寺西。

迁安 在城东南隅。明弘治间知县张济重建，嘉靖中知县王锡重修，知县韦文英移置预备仓内，以祀之。隆庆中，知县隋福因旧址复修。国朝康熙十一年知县王永命修补。一在迁安驿。

抚宁 在治东。

昌黎 在治西。南街关帝庙左，同治十二年续修。

滦州 在治东。旧在太仆寺左，明万历二十二年，知州刘从仁改建于城东半里。

乐亭 在演武厅东南，明万历二十年，知县潘敦复建。国朝乾隆十三年，知县安泰、都司朱奇芳重修。

临榆 在演武场。

案:《周官》春祭马祖，天驷星也。夏祭先牧，始养马者。秋祭马社，始乘马者。冬祭马步，乃神之灾害马者。今概曰马神，所在厩牧皆祀之，于春秋仲月上戊日致祭。

尹乐尧《马神庙记》云：洪武乙亥，令民养马免税。天顺己卯，添设管马判官一员、吏二名。点马厅，在城北横山营社炮石淀内。坰野百余顷，四境随社草场二十四处，计地六百二十一顷二十五亩。太仆寺，在察院东，马神庙附焉。自马政废后，四仲刚日之祭亦废。万历甲午，太守刘公讳从仁，移庙于东郊外，与八蜡庙同垣并架。春秋上巳致祭加虔。太守去郡三年，为日已久，民思愈深。有乡民刘秉正等，征尧为记。窃维初制，儿马三百六十匹，每马免税五十亩，骒马一千四百四十匹，每马免税一顷。儿马一、领骒四为群。计群三百六十。立长以主之。每岁春秋二运，选□生驹三百六十匹，名曰大马赴京。太仆寺交俵备用，官民两利。弘治乙卯，太仆寺卿彭礼，以种马增损无常，税地顷亩有限，奏立定额，以防异议。疏略云：言利之臣，自以为世之不可少我，而不知其人之不多我也。以此为戒。奈何嘉靖末，御史王济议不征驹而买俵备，用则群长之法废矣；少卿武卿议存备用，而尽卖种马，则孳生之路绝矣；御史吴守议存府判而裁革州判，则怠玩之端启矣。往往数为纷更，循其末流而不究，其本始愈变而愈弊，必至于不可复焉而后已。语曰："人有弊而不理，法无弊而屡更。"言之可长叹息。矧我州境界适当蓟辽之冲，北近长城百二十里，南滨大海百一十里。三卫、日本交相窥伺，亦讲武地也。何可籍口省费轻易废置？不惟绝官马，民间私马亦少矣。习战御盗，徒步难行。始作俑者，独不念马为甲兵之本，国之大用，无事则以别尊卑之序，有变则以代远近之劳乎？太守立庙，方欲教民间养马意念深远，一旦中蜚语而去，譬则赤子待哺，夺慈母而释之怀也。故既去，而民思以纪其绩，并俟夫作循吏传者，考之。

明刘效祖《台头营新建马神庙记》云：台头营故有马神祠，与隍隍并。经始不知自何年？毁于回禄，无能为嗣起者。万历丙子，范阳张君爵来受事，甫下车谁何及此，怵然有愧于衷，乃进部属诸材官谓之曰："国之大事在兵，军之司命惟马，然冥漠中必有神以典护之。奈何岁时阙俎豆也。"于是先蠲秩俸若干，以作权舆，次令诸材官量力为佽助焉。寻祠之旧迹未由得，乃卜城南演武厅西隅，画广袤若干，为正殿三楹、门一楹，退舍三楹。置守者，供埽除。自是，岁时举祭典，君必熏沐而后对越焉。今既三年所矣。而马之调习蕃息，恒必赖之。君私窃幸甚！顾未有言以记岁月，间尝为余道之。余谓君曰：君兹举可谓急先务哉！古昔《周官》以马政为重，牧师、校人皆其官也；天驷、先牧、马社、马步，皆其神也。岁秋冬，觞享皆其事神之典也。即在内服，偃革时犹然不可废。矧兹边徼，日需骐骏以捍敌，可视为细故而漫不加之意哉？乃君能锐情兴起，为马以事神，然非独为马，为马即为兵也。为马与兵即为国家固疆场也。君诚可为急先务矣。然又闻君不独事神，其备举马政，如刍秣必丰，调习必专，驰驱必节，皆躬自督视。以是皂枥多上乘，而虺隤者无百一。以此攻敌，何敌不克？以此众战，孰能御之？语云："君子先成民，而后致力于神。"君其庶几矣乎！君名爵，字国正，早承世胄，久历戎行，盖师中之瑰望云。万历己卯。

龙神庙

府　在阳山西麓。旧在城南十里，滦河中流。明万历十五年圮于水。国朝光绪元年同知唐津重修。

迁　安　在县西南黄台山。

抚　宁　在西郭外。明知县徐汝孝建，后废。康熙间知县王文衡重建。

昌　黎　二。一在龙潭，一在莲池。

滦　州　在城西。后移建东门外，嘉庆十二年知州吴士鸿重修。

乐　亭　在城北三里。明万历间知县张鉴重修。本朝康熙七年，邑内士民重修。

临　榆　四。一在宁海城西。雍正四年，奉敕建为永佑寺。内藏钦颁藏经六百八十部。有额二：一雍正四年御笔曰"四海永清"，一乾隆八年御笔曰"永庆清晏"。十九年，知县钟和梅修；一在宁海城内；一在石河之滨；一在西罗城。

案：唐祀龙池如雨师之仪，用中祀礼。宋有五龙祠，因唐礼行其祀，皆封王爵。我朝雍正二年封四海龙王，东曰显仁，南曰昭明，西曰正恒，北曰崇礼，乾隆二十四年，礼部议定于春秋仲月辰日致祭，用帛一、爵三、羊一、豕一、簠簋各二、笾豆各十。

知府常文魁《重修龙王庙记》云：余丙辰岁来守永郡，明年丁巳，春旱祈雨获应。越戊午春旱甚，祈雨又应。连年丰稔，固朝廷之福，实亦龙神之力所致也。讵己未夏初，旱虐异常，草枯地赤。我皇上爱民如子，焦思亢旱，谕礼部府尹祷雨郊坛，又躬率大小臣工步祷。真尧舜复见于今矣。余仰承君命，俯膺民社，敢视为膜外乎。即设坛于八蜡庙，率属员绅士日祀神前，夜宿斋坛。至三日，竟不雨。转而思之，《易》云：云行雨施盍于龙神是求。询之耆老，咸曰："龙王原有专祠，在南山之麓。"余即跣足趋谒，见败殿孤存，神像颓圮，考其残碑，庙建于明季弘治十一年，卢龙善士李纲创正殿三楹，谷冕添建一厦，后正德元年孙让增一香亭，至万历乙卯，重修而扩大之。缘岁久坍塌。于是跪而祝曰："天地好生，苗关民命。惟神有灵，来朝降雨。余当聿新厥祠，永祀香火。"及暮阴云四布，大雨滂沱。噫嘻！龙神之灵，一至于此。是神之无爽于余，余何敢爽于神乎？爰不惜罄囊，鸠工备物，不募一文，不派一役，旧向西北，卜改南向，构正殿三、两庑六，以及大门、戏楼、斋室、茶房，焕然一新。又中立牌坊，以肃威仪，旁列碑亭，以志岁月。庙外西北隙地围以垣缭，仍筑舍三十余间，招集乡民居住，以充庙户。又置近庙民田八十余亩，印契存庙，以供神前香火之资费，且资庙户焚修之廪糈。内而神像庄严，上而殿宇巍焕，外而卢舍鳞集，云山环拱，滦水纡回。斯庙之悠久可期万祀矣。余泐石以志，非示功也！愿后之君子，景此灵应接踵以修，庶几垂之弗替云。

己丑六月十五日，大水围郡城，西隍上墙九尺。知府张朝琮告龙神文云：麦已熟矣！而雨是不能刈以获也。禾既兴矣，而雨是不能秀且实也。无麦无禾民无食也。江水涨流，逼此郛郭蔀屋穷檐，泛滥溃溢，视此下民扶老携幼，而无所归。是守令之忧也？守令不足恤，百姓何辜俾至此也。御灾捍患，神之职也。及今不雨则丰年犹可望也，引狂澜而远去，百姓颂神明也。神其听我，降以福也。无使斯民无食无归，以勤我天子忧也。敢告。

明郡人韩应庚《河西范家庄重修龙王庙碑记》云：河之浒沃野连阡，平原如镜，不井授而聚庐。耕菑者，岁洊登佥有赫胥之想，居然一乐郊也。虽菑畬之告成，固默有以相之。夫相之维何？上不在天，下不在人，而代天之工，以立人之命，则嘘气成云，变不知其所始，化不知其所终。而潜见乘时，灵莫灵于此者。乃其所自灵也，非能使为灵也？异哉！其所凭依，乃编氓衣食之所凭依也。故曰："龙之为灵，昭昭也。"不可以形像求，形像求焉亦不得已也。夫庙貌传薪，岁时奉酒，盛以告示虔也。顾重渊之神物，而斗室可居，夫乃非其宫乎？昭阳之南吕月（八月），会守朱守成等，特拓而新之。厥基孔奠，厥材孔良，厥匠得心而应手。背孤竹而面平山，垩丹夕映，五采垣成，不日而工竣，古灵台弗速于此。夹墉树以松杞，久而丛然林也。风吼如虬，壮奕世威灵。禽鸟飞鸣其上，亦足以商岁事。且父老勤动，或时游憩其中，监兹在兹，饮水思源，可以识不忘，可以垂不朽。自兹以后，雨旸时若，蝗不入境。伊谁之力？龙王不有，归之造物，造物无心，归之当境之灵。万历癸丑仲秋。

明训导单镛《重修龙潭上院碑记》云：昌黎县治北六里，有山名仙人台。强半应阳处，岩洞涌泉停潴为池，溢而成流，父老相传以为龙潭。潭之下断岩旧有龙神祠。祠之上，崖平广处有僧刹，名龙潭上院，又名上水岩院。前此，祠敝院规甚狭且颓废。弘治十三年间，县尹杨公重治祠。是岁，有僧名祖香者，因而重治院，募材鸠工，开砌基址，建佛堂及东西廊各三间，铸佛像，治供器，辉光整备。岁时，官民耆庶搢绅士夫祈雨泽禳灾疫，有事于神祠者，咸登院以游。憩茂树蓊郁流泉戛玉，翠嶂环列，而红尘殄绝，可以凝神怡情，可以豁目远眺，诚昌黎形胜之首境也。院告成，祈文勒珉以志。予尝从邑侯张公祈雨，游于斯。眷兹工程未竣，且未审沿革来历，奚足记？既而思之，院之建以祠，祠之建以潭，潭之钟与山俱。院祠之建，虽未可逆追其始，其来亦尚也矣。山之峙泉之流，天造地成，亘古如一。院与祠出于人为，不免有隆替。始得其人，则兴以成，继不得其人，则废以毁。废兴成毁，循环无端，理势之自然也。斯工之兴，固有数存乎其间。得非善于承继修造者之所致欤！况此山势最竣绝，自平田而上，盘旋若干回，细路崎岖，怪崖颠险，若非樵牧惯于登者，虽空行必停歇几次。乃至斯工之成，梁栋楹牖、覆瓦基砖，壁饬佛像供器之料，其办以资，其输以力，较之平坦之工之艰。奚啻倍蓰！非善于修造募缘者，能之乎？则其记也，亦宜但张公治邑于兹，深重名教者。其于儒墨之辨甚严。斯举也，固宜记，事由浮屠又似不可记。乃具颠末，躬以质于公。公曰："是亦无碍于治。何也？院因祠而建，祠因潭而建。其迹既旧，吾民之施材效力而乐于从事者。又非屑屑于浮屠缘业之所诱，实因出祈祷感应之所致耳！感应之神，宜立祠以妥居，僧以奉其于治也。奚碍其为记也？胡为乎不可？但斯民徒知人神感应之机，在于诚；而不知人神感应之机，有其道。何则？福善祸淫神之道。为善去恶人之道。人能忠君王，孝父母，笃兄弟，和夫妇，信朋友，敬老慈幼，恒存心于爱物，勿存心于妒物。不愧不怍，明无人非，幽无鬼责，则人道尽神道合。一旦祈福禳灾于厥神，则神之应之。殆有捷于桴鼓影响者。不然，徒殷勤于造像，焚修，斋沐，礼拜之间，岂足以安神意邪？岂足以尽感通之道邪？春暮率众祈雨泽，亦尝以是而谕诸吾民矣。可记于石，以垂示吾民于无穷，则斯记之作，不惟无碍于治，亦且有裨于治矣。胡为乎不可？"予谢曰："侯之意有关于世教也。大矣！"谨并记之，且以书施工者于碑阴。弘治十七年。

明刘廷宣《修龙王庙碑记》云：乐邑之城北甫三里，旧有龙王庙，因以名庄。庙制之昉，不可问。世传谓乐近于滦，相去仅十里。而庄尤居乐下流，河才涨即泛滥，奔激不可御。岁岁苦之，人谋无力。爰借砥柱于龙神焉。旧制颇湫隘，兼以风雨之陵夷，日甚一日，废弛倍甚。而整理愈艰。乡所供止续灯火。图鼎新，则面面视耳！前邑侯张君鉴民乐只也，以旱来祷，入则榱栋欲颓，仰面皆天。侯感怵良久，捐俸金若干新之。高耸华铅，非复前日。乡民李久安等，复葺台基筑墙垣，设钟鼓，树旗幡。凡历年三而制备。属记于余。余实不文，而深羡乡之得所凭也。夫旱潦何常来？而修备不若计其勿来。譬之水然，逐流防波，傍将复溢。杜其源，倏斯涸矣。神正为源者也。得其主旱者，而旱何足为乡虑？得其主潦者，而潦何足为乡虑？奕世凭依，乃基之矣。且乡之事神，恪朝夕必谒，非斋宿不敢参植。神诞则颂功称德，费奢极而各心愿也。乡即自致非为福谋，而予以为神相之矣。请观张侯侯岁选耳，三迁而崛起数仞上，固政绩哉！恶（乌）知非神监其德，而起若翼也。则神所以答乡者可知，抑予更有欲与乡言者。先民曰："神所冯依，将在德矣。"又曰："黍稷非馨，明德惟馨。"乡既素号醇厚，盍充德心，鉴神明于尔室。若然微直无负张君更新之意，其亦不虚此石矣！

东岳庙

府 在东郭外里许。

迁安 在城北里许；一在城西北喜峰口关。

抚宁 在东郭外。康熙十九年，知县刘馨重修。

昌黎 在城西北。

滦州 四，一在城西北二里冈上；一在城西关半里；一在开平城东关；一在偏山。

乐亭 在城东关。康熙三十三年建，同治六年重修。

临榆 在南罗城。又西罗城有泰山行祠。

案:《博物志》云：泰山一曰天孙，言为天帝之孙。主为召人魂魄，知生命之长短者，其见于史册《后汉书·方术传》《三国志·管辂传》之类，是元成以上无有也。而释家又有十殿阎罗王，及地狱变相之说，殆魏晋以下之人所附会耳，今岳庙塑之。

明郡人白瑜《重修东岳庙碑记》云：东岳考之《博物志》云天孙，《五经通义》云：岱宗岩岩，虞柴汉禅，为兖之镇，而鲁之瞻也。薄海内外，靡不像祀之，视招提兰若有加焉。吾平属冀北，乃不它祀，而独祀东岳何也？瑜诵孔子，不敢举幽怪诡谲之说，以骇观听。盖东方主生，氤氲两仪育成万品，故借肃慎禋祀，报天地万品生生之德。政遵皇明，封号大生，意也。庙不知创自何年？自嘉靖年重建，中间如伯父钺诸乡耆亦有修葺，无碑可稽。迄今又六十余年，隆者挠，翼者折，颓者、敬者且崩且仆，苔壁凄风雨，古木乱禽鸦。善士据向卜改于东阯，似吉迁焉。然而新规未易，竟而旧宇益不支。乘之者遂攘为禾稼之场矣。夫神之精英赫赫，犹水之流泛滔滔，何拘方向？乃为人司命翻听于人，不能自卫其土木遗形，伤哉！矧龙山滦水，点翠飞虹，民居环聚，真福地也。奈何舍此而就彼邪？瑜每过，不忍仰视，犹见祈者。死者之家焚告于此，灰落石炉间。瑜欷歔久之。是人所乞灵，是神所凭依也。亟图新之，随审形势鸠工材，首正殿，次配殿，次东西二司、大门，周垣亡庚（无更）而加圮，更而壮隘，更而垲貌、更而焕气，亦渐更而扬。自壬子夏至癸丑夏，逾一年而事竣。举事之日，戚友欲捐金助，力辞之。佥曰：“诗称以享以祀，以介景福。福徼于一人，何如福徼于众人也。无乃太颛乎？”余应之曰：“否！鬼神降福，亦诛不善，诚则享潢潦可荐，不诚神其吐之。闻之圣贤受福之说，福者备也。谓备大顺也，内尽于己，外顺于道。臣忠子孝之谓备，非以我望报于神，神以福显酬于我也。人神岂市道交邪？”瑜与乡耆友盟，神既主生，我辈宜体好生之心。宁弱勿强，宁让勿争，宁拙勿巧，宁夷易勿高陵，宁取长覆短勿传讹捕风，宁愿人安己安勿忌人富己贫。天地是大父母，四海皆我弟兄。生机既活，神鬼自钦，灾沴全消，丰穰荐登。庆覃阖郡，愈于我一家之有庆也。瑜曷祈福之有？瑜又有慨焉！庙之坏也，新之。我辈有行，亦当新毋坏。厚础培基固藩窒隙，此身之坛宇坊表，能植无亏，所以捄败而自完也。不与庙常新哉？期共勉之。谨勒石以俟来者。万历己未。

明迁安王念《东岳庙记》云：昔太祖高皇帝定鼎之初，首厘祀典。凡天下之名山大川，悉崇庙祀定名位于胜国，妄加之封爵皆革之，而加神以本称焉。若泰山则曰东岳之神，诚万世不刊之典也。吾迁故有庙在城外西北，莫知其所从起，惟存石鼎刻数字，乃知为元皇庆元年所建。卑陋陕（狭）隘，甚非事神之礼。正统初，乡耆杨俊、吴从礼尝增修之。拓庙地基，南北为丈者，凡二十有四，东西称是。于是起大殿三间，两庑门屋，然事皆草创，犹未备也。迨弘治初，俊之孙曰洪者，募材鸠工，大加修缮，殿庑门垣伟然改观。复于庙前，置地八亩，为香火之资。建屋四楹于庙内隙地，为司者栖焉。庙之置，侈然加备于昔矣。然久之未有纪其迹者。嘉靖丙申秋，邑处士孙君燧，夜梦庙阙（缺）碑，若神有以使之者。越二年戊戌冬，梦亦如之。越月又梦，亦如之。君遂力任厥事，合谋庙会诸耆刻石，征之以是役及予。予惟邑之有庙历二代，及重修则垂百年矣。乃无一庸心于是者，而始托于君，岂事之举滞有数，而此石之刻，有待于君之今日哉？谨案《图志》东岳者，鲁之泰山。有黄帝以来封禅者七十二君。历唐、宋、元皆封号，于是东岳之庙遍天下。此吾迁所以有庙也。夫天下名山无逾五岳，而东岳实四岳之宗，其发祥昭异，显有灵迹，载在祀典。或岁不登，及有大故，天子遣重臣赍香帛遍告百神有以也。兹固庙之所宜有，而诸耆之加意于庙者与！或者曰："天子祭天地，诸侯祭封内山川，礼也。今泰山在鲁封内，祀于鲁固宜。而迁安隶永平，乃古幽冀之域，非其地且庙祀于民间，又非其人也。是举也，不几于谄渎不经之甚矣乎？"予曰："咈！《祭法》谓为民御灾捍患有功于民者，皆得而祭之，昭崇报也。泰虽东国之山，在鲁境，鲁固青兖域也。而永平亦冀域也，壤地相接，风气相类，其山之发祥昭异，兴云致雨而福庇吾民，亦必有河润而波及之者。相违其几何哉？斯庙之设亦弗愆于礼矣。且永平东北之地，岳以东方之神，庙食其土，奚不可者？"予因纪其事，以是告之后人，俾无惑焉！

明迁安陈侍御鼐泰《山神祠记》云：吾邑城北旧有东岳庙，每岁寎月二十有八日，邑之人士，无问老稚率瓣香往谒以吉祝焉。此予家食时所习闻见者，而未闻有敕封碧霞元君祠也。正德庚午，乡耆吴宪因畴昔有感于元君之灵应也，尝矢天建祠，以为妥灵揭虔之所。而频年地方多故，作而复止。至是，欲偿夙愿，遂割己负郭膏腴之地，以丈计广十二有半，深十七有奇，前临通衢，后远民居，诚可为元君行府也。一时乡闾父老闻而翕然响应，富者输财，贫者效力，间有不远百里而来者。噫！何神速若是耶？材木既合，宪不敢率尔。乃为状，白于邑侯高公岱云："宪匹夫也。不敢自速其罪，于建祠之律效尤乎胪岱之僭。"侯喻之曰："若过矣。律设大法，礼顺人情。矧若事无害于义，且有裨于正教乎！夫官府之治民也，悬之象魏，耻诸嘉石，父师之教子弟也。义方之切，程督之严，其中人以下道之为善而弗从，禁其为恶而弗悛，虽圣人无如之何矣。今也，不待号召而子来，趋事者川涌云集。盖冀其徼福而善心以萌，觊其免祸而恶念以消。夫人未必皆然，要亦什之六七耳！故曰有裨于正教也。若第为之勿疑焉！"宪唯唯承命，爰鸠工抡材，建正殿三间，中范元君像三侍者像，四前设屏障，若罘罳之状，自外视之，不知其内之蝌蜎蠖濩也。东西司各三间，绘福善祸淫之像于其壁，使人冀其徼而觊其免者胥此焉。寓殿前拜亭一间，谒者所籍（藉）以祝延也。旁有茅庐，后有蔬圃，守者所赖以栖止，而生养也。其余门幢垣壁，亦各完备。经始于庚午二月，讫工于丙子三月。既成乃以祠额请于郡牧毛公思，谕之曰："神属渺茫，鲜克胜识。然尝闻之日月星辰皆天也。元君庙在灵岳之巅，不谓泰山之神，而何况我圣祖鉴胜国以前渎礼之失，尊岱宗为东岳泰山之神。则凡历代封禅诸神之称，皆檃括于是矣。而今建祠神位，自有识别，宜匾其祠，曰'泰山之神行祠'。而勿撼于俗论也。"宪复唯唯承命。又十年为嘉靖丙戌，宪欲勒石以永助募官民士夫功。顾以纪事之职，请予。予惟建祠之义，二公论之悉矣。奚假予言哉？虽然亵渎神明，令甲具在，敬而能远，圣训昭然。斯固正教之大，亦侯牧未发之余意也。敢以是并告诸碑阴诸君子，幸勿以为赘云。

明杨允中《重修喜峰口东岳庙记》云：五岳莫尊于岱，庙而祀之由齐鲁，达于四方，所从来远矣。喜峰口关，故有东岳庙，在城东北隅，地为荒阜湫溢不治。谒者叹之。会嘉靖四十四年，守戎杨君、参戎时君因议城事，拟移其庙稍南。而道士施贞良者，故里人也。慨然任之，茧足募化。时君捐俸首倡，应者参藉，于是卜日鸠工，去故所仅十余丈，翦棘辟土度其中为正殿，殿后为寝殿，再后为斋室。殿各三楹，缭以周垣，树之崇门，门内为两碑楼。瞻谒者恢恢称宏构云。然神像金碧尚缺然未及，而时君以迁秩去。罗君代至，复率诸部曲捐金，范神像于前后殿，而两壁绘善恶报应诸事，金碧周映。谒者恍悚。嗟乎！罗君之用心亦勤矣。当是时，余方读礼家居，询少时诸游谒地，而父老独侈称兹宇，且请一言以记。考先生之制祀典也，惟其有功德于民，山林川谷能兴云雨产材用，皆曰神。而吏之职于其土者，岁有常祀。矧威灵煊赫如东岳，其位主生，其德为仁，虽数千里外，神功骏惠，罔不沦洽耶！乃说者犹往往惑于祸福报应，儒者不道信斯说也。宜莫如明之礼乐法度，然临民者即夏楚榜笞日驱之从，而其欺益甚。至言鬼神事，则相率蒲伏惊叹，衷相戒止者。何哉？岂非以神道设教，感人尤易入乎？夫欲以解急怒，而释格斗，则诗书之说或不如滑稽之嘲谐。滑稽之说，非君子之说也。要于解怒而释格斗，则君子不废，况于鬼神其报应之说，虽不称于大雅，而匹夫匹妇因以劝善而惩恶，则杳冥诡怪之不可测，有裨于礼乐法度之不及者多矣。诸父老曰："然。兹庙而新之之意也。请书之。"工始于隆庆元年春，落成于四年夏。其董理捐助，并效悃劳，则乡人冰澄任堂、陈銮、杨尚中其最也。

国朝乐亭王善述《重修东岳庙禅堂两廊碑记》云：岳有五，华嵩最高，而东岱独以"天齐"名者，谓其高与天齐，谓天之大生、广生、纵生、横生，始于东方，蕴于泰岱，充周乎四海。俾生齿富蕴跻寰区为寿域，其功用实齐乎天耳！祭隆祀典，庙遍坤舆。岂佛寺禅林，所可同日而语。则乐邑之有东岳庙，信奉而尊崇之宜也，非谄也。惟是自创立以来，重修者不一次。道光二十七年，董事人新其前院殿庑，后殿及墙垣则未暇及，不能不俟诸后人也。有僧全光者，聘而来兹，不忍目睹残缺，商于董事人，托钵善门，虔求信士，一时青蚨白镪资，鸠工庀材而不匮。向之残缺者，顿发其光辉。此僧之诚感所致，抑天齐之灵默启于先欤？闻僧于所住持新庙宇者三，然前如智慧如翠峰皆属佛寺，其当新与否？儒者多不言。兹则祀典昭垂，望秩之仪，肇于帝世，其视佛寺之新，不大相径庭哉。抑又闻之，僧为戒僧三千界，五万春华梦□不□矣。当此差役兴，农商困顿，以闾阎之财力，作土木之观瞻，吾知其有愁然不安于心者。谨守清规拜瞻神像之余，当以云触于石，雨遍于天下，为苍生默祷之。则释也而进乎儒矣。是为记。

八蜡庙

府 在东南一里。

迁安 在北门外一里。旧在县南，明崇祯间知县朱运泰移建。

抚宁 在北关外。

昌黎 在城南。

滦州 在治东。旧在城北紫金山，万历年间知州刘从仁重建于马神庙左，祭日同马神。

乐亭 在城西。明万历年间知县于永清重建，本朝乾隆十八年知县陈金骏，道光四年知县崇本，皆重修。

临榆 在社稷坛。有坛无庙。

案：伊耆氏始为蜡，其神有八：一先啬、二司啬、三农、四邮表畷、五猫虎、六坊、七水庸、八昆虫。盖与社稷相表里，同为农功祈报之典，乃以举国之人，皆若狂，而孔子不禁。善夫郭建初之言曰：“蜡祭虽为民而报神，实因神而乐人也。”

知府常文魁《新建八蜡庙记》云：案《礼经》云：蜡祭者有八，一曰先啬，二曰司啬，三曰农，四曰邮表畷，五曰猫虎，六曰坊，七曰水庸，八曰昆虫。斯皆苗之神，国家之丰亨关焉，生民之忧乐系焉。故昔天子岁十二月，合聚万物，而索飨之，缘仁之，至义之，尽祭之。以报神功乎！余丙辰岁暮来莅兹土，越明年丁巳，岁旱。秋七月，有报蝗虫西至丰润县者。蔽天东飞，黔黎惊悸，茕茕感伤，遭此虫食，国赋无出，饥馁难当。余闻而叹曰：“天降斯蝗，实我不德。即用刚鬣柔毛，率阖属官生商民，迎祭于八蜡庙之神前。祝曰：惟神最灵，祈护群生。五谷嘉禾，万物性命。惜斯性命，风逐雨迸。倏而北飞，沿边远腾。遂不成灾，永属丰登。岂非神灵之默佑维护而然也。观其庙宇狭隘，余与官生商民共议广袤，故经营斯地。斯地原文昌移建遗址，山环水旋精秀难摹，宜可建焉。余先捐资，觅匠鸠工，每亲省试官生商民咸为乐输，不逾月构成正殿三间，两廊六间，茶坊四间，戏楼墙垣，绘事丹漆，灿然一新，甚胜观也。庶可以报丰功厚德于万一耳！兹庙既竣，妥侑神明。恒格享祀，斯郡维康。千亿万年，勿遭蝝蝗。勒石以铭，用志不忘。

尹乐尧《八蜡庙记》云：蜡者，年终腊祭也。昉于伊耆氏，唐虞因之，夏曰嘉平，商曰清祀，周曰大蜡，秦曰腊，汉曰腊祭。唐贞观中，以季冬寅日蜡祭百神于南郊。宋建隆中，和岘则定腊日蜡祭之仪，正月一日为天腊，五月五日为地腊，七月七日为道德腊，十月一日为民岁腊，十二月八日为王侯腊，合聚万物而索享之也。我国家稽古定制，社稷坛外，推先啬、司啬、百种、先农、昆虫、猫虎、堤防、水庸八神，春秋上巳有司致祭，其民间试犁开锄保苗收割。十月一日、十二月八日，各有私祭，农家词云：丰年之报，谆谆于前。嗣岁之祈，恳恳于后。祭毕享胙，家家扶醉人而归。此成、弘以前皞皞气象也。正、嘉而后，风俗渐漓，祠淫仪黩，谓诸罪恶，可祈禳而免释道。又从而张大之，民间避祸求福，废民务之义，而正典为之不举。即灾异叠见，亦第祷于风、云、雷、雨之坛，而不知祷于八蜡之庙。以故神不依人，人益略神，致干和气，屡以祲告。万历甲午，解梁刘太守议及前事，播于众曰："庙非其地，则神不妥。祭非其时，则神不享。名位不正，则神不来。有其诚，则有其神。畴不知之年不顺成则八蜡不通。当毁其坛壝更立别所。今滦之大蜡三者俱失。若不加意改正，欲望年之顺成，不亦难乎？"于是卜地东郊，捐俸助役，令民因时致其私祭。庙制三楹，与马神庙并。复构翼室三间，居僧觉情，以奉香火，缭以周垣，两门洞辟，计地六亩。讵意庙甫成，而太守已解任矣！乡民何廷美等思太守之德，痛太守之冤，故镵石勒碑，举立庙一节，以纪甘棠。一篑之石，将与堕泪而比烈者。太守姓刘，名从仁，字德宽，号约所，山西平阳府解州人。由选贡再为邑令，三绾郡符。历官一十八年，中蜚语而去。惜哉！

乐亭倪炆《重修八蜡庙碑记》云：乐亭西关旧有八蜡神祠，据邑乘所载，一重修于明万历间邑侯于公永清。一重修于本朝乾隆间邑侯陈公金骏，其功德在民，前《志》纪之详矣。岁久倾圮，未经修葺。今年正月我星伻于邑侯来署于乐，其为政一以爱民为心。适承累岁灾歉，薪桂米珠。邑人之望岁甚切，公之为民望岁也尤切。幸而自春徂秋，雨旸时若，禾稼蓬茂为前数岁所未有。物价以平，人心以慰。公方为民乐之。乃至闰七月八日，黄瓜口、翠坨一带，忽以飞蝗告。公急往率民捐资督捕之，退而虔祷八蜡庙。不数日，旋就捕灭，岁获大稔。而黄瓜口、翠坨一带尤稔。于是邑人拟其事于中牟。曰："此我公之力也夫！"约以跻堂称觥，效豳民之祝。公曰："繄岂余德，实惟神助。神能竭力以庇人，人尤当竭诚以事神。今神之为吾民御灾捍患者，彰彰如是，而听其庙貌摧残，雨风不蔽，其能安余心乎？"曷谋而更新之，众闻之咸相感动。公乃倡同僚友各捐清俸，而吾邑绅士、农商踊跃出资。始于十月，三月而庙成，中为正殿三间，周以墙垣，设木位而不塑像者惧亵也。一八蜡神位，一苗神位，一刘猛将军位。将军挥剑驱蝗著名宋代，又蒙今上敕赐匾额，功足与蜡神并寿，故类祀之。殿西别为院，以三间为僧舍，以三间为士大夫礼神之所。功既竣，邑人谋志于石，而属记于余。余，邑人也。身受其赐，不敢以不文辞。顾念神以诚通，不诚则无物。自非我公爱民之深，忧民之切，亦孰能感通若是其神者乎？然则神之呵护乐邑者，固将永世无穷。而我公之德，亦与前邑侯于、陈两公并垂不朽矣。公名崇本，四川举人。赞其成者，都阃府魏君武魁，暨两学博王君继成、张君汝琪、存城汛把总王君天宠、典史王君宗沂，董其事者则绅士史成获、张泰来、石纯修、姜兆龙、宁巨年、李中洵、宁大成、崔玫也，例得并书。

虫王庙

卢　龙　在八蜡庙。

迁　安　在东岳庙东。

抚　宁　在八蜡庙。

滦　州　在八蜡庙。

乐　亭　在县西二十五里。乾隆四年，知县施世洪重修。

临　榆　在西关水门外。

案：虫王之神本出于八蜡，自魏王肃解经，以猫虎二神分而为二。宋儒张子因之，皆以昆虫为害苗者，不当祀。然考之诗曰：“去其螟螣，及其蟊贼。”而终之曰田祖有神秉畀炎火，则兹祀正，所以消其为害也。后世为刘猛将军，名承忠。元末吴川人，以剑逐蝗尽殛死。雍正二年，总督李维钧奏请立祀，以春秋戊日行礼，用帛一、爵三、羊豕各一，馔十品。

三皇庙

俗讹为药王庙。

府　在治北。不知创始何时？国朝康熙间，前守张公朝琮重修。乾隆间，医士赵柱率众修，太守谢公昌言同各属捐资。

迁　安　在西甕城。

抚　宁　在北关外。

昌　黎　二，一在东关外，一在仙台顶。

滦　州　在城北二里。即紫金山八蜡庙故基，明万历中知州刘从仁建。一在马城；一在城南九十里胡各庄。

乐　亭　在东关。一在阎镇街南。

临　榆　在北门月城。

案:《元史》元贞元年初命郡县通祀三皇，以黄帝臣俞跗以下十人，载于医书者，从祀两庑。有司岁春秋二季行事，而以医师主之。明洪武四年，令天下罢三皇，以名分非民间所得祀，且因民渎以药王，非所以尊敬之也。嘉靖间太医院庙成，以僦贷季以下十三人从祀东庑，以华陀以下十四人从祀西庑。我朝顺治三年，定每年春二月，冬十一月上甲日致祭。俗以四月二十八日为药王生辰，赛会祈祷。

昌黎张元复《重修药王庙碑记》云：粤自三皇，御宇伏羲，首画八卦，开万世道术之祖。神农遍尝百味，为五谷药石之宗。黄帝著为《素问》，鼎足扬化医之用肇焉。方其时，风俗浑穆，人民淳朴，无淫佚以溺其志，无骄奢以害其气，上寿逾百，中寿耄耋，不汤液而生全，不针石而安悦。虽药有三百六十五种，而奇方妙术未之前闻。盖其人无灾疠，而夭折鲜也。厥后，风气渐漓，嗜欲日滋，戕生之事非一，于是名医辈出，以神明特达之资，存济世安民之志。辨运气之异，审补泻之宜，研极《内经》，发明脉理，变通趋时，议论极微。自此，虽庸下医家，藏肘后之书。异证危疾，人知从治之理。回春寒谷，仁寿疲癃，厥功伟矣！夫农有一岁之获，尚举报赛之典，况拯危卫生功在万世者，而崇祀之仪可勿讲哉？吾邑明于东关，旧药王庙宇一区，崇祯戊寅岁知昌黎县事蒋三捷建。然规模狭隘，门垣浅陋，阅岁积坏，棁剥榱倾，庙貌不肃。何以妥神灵，祈肸向哉？邑人孙承甲等，发愿立社，鸠工庀材，构抱厦，立仪门，堂壁严整，金碧交映，四时香火，于是盛焉。后此，凡有疾病请祷，吁号哀祈。意神如有昭明，在上感于其诚，霍然响应于见闻之外者矣。功既竣，爰勒石以垂不朽，因记其事如此。康熙三十七年。

乐亭史梦兰《重修药王庙碑记》云：药王庙旧称三皇庙。案：《元史》元贞元年初，命郡县通祀三皇，如宣圣释奠礼。太皞伏羲氏，以句芒氏之神配；炎帝神农氏，以祝融氏之神配；黄帝轩辕氏，以风后氏、力牧氏之神配。黄帝臣俞跗以下十人姓氏载于医书者，从祀两庑。有司岁春秋二季行事，而以医师主之。明洪武四年，令天下罢三皇以明分，非民所得祀。且因民渎以药王，非所以尊敬之也。嘉靖间，太医院庙成，以僦贷季以下十三人从祀东庑，以华陀以下十四人从祀西庑。我朝顺治三年，定每年春二月，冬十一月上甲日致祭。俗以四月二十八日为药王生辰，赛会祈祷。其说盖亦本于佛书。乐亭治南十八里，阎镇东南隅旧有药王庙一座，创始于明万历二十五年。至我朝康熙二十年复建戏楼于其前，每岁四月二十八日作会演剧。四方百货云集，有无懋迁，至今称极盛焉。岁久庙貌倾隤，戏楼亦欹侧不可枝梧，过者伤之。今上初元，本镇张君□□□，发愿重修，虔心募化。于是鸠工庀材，凡正殿、山门、缭垣，次第补葺髹垩。数阅月而工竣。而戏楼尤革故鼎新，视旧为固。兰考药王之名，昉于神农尝百草。《易·系词》有云：神农氏作日中为市，致天下之民，聚天下之货，交易而退，各得其所，盖取诸《噬嗑》。据此则神农不独为医师之祖，且为商贾之祖。今当庙会之时，以有易无，凡转毂废居者，莫不握奇赢，游都市，准以报本反始之义，当必有以祈之，并有以报之也。而兰窃有惑焉，庙祀三皇而止以药王称，伏羲黄帝若附祀者然，名实殊不符。史言黄帝作冕旒正衣裳，亦谓服采至帝始定耳。非谓帝以前无衣也。庙于帝像作衮冕垂旒，而伏羲、神农二帝则裸体跣足，头竖二角，未免不经云。

滦州李锡章《重修马城西街药王庙碑》云：外神之祭，皆为民也。或资捍御，或资祈报，义有攸当。然祭不以庙。庙祭外神，非古也。自淫祀盛，庙貌繁，其崇奉者惟意所便，大都皆怪诞不经，矫诬惶惑，虽金碧辉煌，徒耀人耳目而已。滦城南二十里为马城镇，旧多古庙，惟药王庙居西街西，中奉药王，参以龙王、虫王，而合享之。其创始虽莫寻，其取义盖可识也。夫天地之性，人为贵。人之生，病以灾之，谷以养之。而治于已病，尤不若治于未病。故《周礼》设食医，而疾医所需亦先五谷，后五药。谷之益，岂金石草木云乎？然而，风寒湿暑人之灾也，水旱螟螣谷之灾也。谷能养人，何以养谷？祀药王而参以龙王、虫王，盖意主乎疗人，而兼及于疗谷。无所害，则得所养，人得所养，而益无害。时和年丰，疫疠不作，此诚有得《素问》《灵枢》之深意者矣。况国以民为本，无民是无国也。民以食为天，无谷是无民也。今太平已久，粮莠渐滋，夭札时作，于为民可缺略而弗讲乎？兹得同居首事者，葺而新之，发好善之心，念民命之重，固仁人君子所乐观其成者耳！后之人，有同此志者，随时理之，俾无颓废。是又所厚望也夫。

火星庙

府　二，一在治北，一在教场左。

迁　安　在南门内。

抚　宁　在治西南。

昌　黎　在治东北。

滦　州　在城外东南隅，一在稻地镇。稻地镇火神庙前后两层，宽三间。中祀火神，左祀龙王，右肖冥曹，后塑观音。传为本朝康熙、雍正间，镇人田泰征所建。庙无碑记，其详莫考，惟稻地别庙俱无会，而此庙有正月二十九日会期，每至岁丰一举，远近称为盛观。溯其由来，则自乾隆甲寅年，稻地大火，四面延烧两河之间，几无完宇。丰盛盐店商人吴衣园先生者故太史也。适在稻焚香诚祷，愿捐立火会，以救将来之燎，而店竟不毁。遂邀集镇中首事人等，告以意。出资制办水机两架、梢担一百副，分布居人，立为十会。遇火即救，居人思志其善，乃以“翰林院诚保永远庆太平”十字编作会名，以各字为首，而庙会从兹兴焉。然会“期自昔禁赌，故行之既久，有救灾之备而无生事之端”。至道光乙巳，器具残缺，旧数不全，人恐其事之遂废也。合镇公捐，补旧增新，撰记勒碑，详记数目，彰前善以劝后世焉。

乐　亭　在治西北隅。明隆庆间，邑人王好问暨士民重建。国朝乾隆九年重修。

临　榆　在治北管关厅署东。顺治八年通判朱仲跸，康熙七年通判陈天植，修。

案:《尔雅》曰：法祭曰：幽禜发星，注禜者，星坛也。以昏见夜出，故曰幽星祠。历代有之，与群星共祀，独郊祀六典，唐太宗祀，赤帝荧惑星于南方三辰，七宿从祀，宋修太火祠以三月九日祀之。明以六月二十三日祀火德星君。我朝康熙二年，定如明制。

明迁安郭巩《重修火神庙记》云：天地有不可泯者，不垂史则勒石，石亦史之料也。史文而石信。石而犹未信也，则史愈讹矣，将焉用文？况神关五德，可以不信，信以不敬？敬哉五德，效两间之神化，司群生之吉凶，官分用合，独水火灵也。第言水则属坎矣，司坎正者，神曰真武。《元始经》说之晰矣。额其庙曰：“玄帝。”问之智愚，岂有骇焉？言火则属离矣，司离正者曰“赤灵神君”，《太上经》不甚著乎？乃邑之南门内，何代何年，创“荧惑执法星君”之位，称其庙曰“火星”。火星并赤帝，亦不额也何欤？且荧惑凶星也。临分野则灾立见，何如赤灵承天尊而救阳九。今事荧惑惟谨。将赤灵不足敬乎？舍吉星而奉凶星，亦递惑而递讹矣。何两考《邑志》，不曰荧惑星庙，特记之曰“火神”乎？则何不考之《太上经》标其位曰“南方火德赤灵神君”，仿其额“玄帝”者，亦额之曰“赤帝”乎？赤帝之灵不遗也，亦不私不密也，亦不漏牖善之明，无忧灰烬矣。夺不善之鉴，即炎隆可恃乎？此其威明赫赫，岂藉庙灵哉？然贤人惕以心，众人惕以貌，即甚不肖未有瞻庙貌而不惕然者。今以久敝，庙貌补旧益新，栋宇焕如，四壁亦改观焉。谋始于万历甲辰，落成于天启辛酉，计年盖十有八矣。功艰于创，所费实不资也。斯举也，朱思让实首倡之，李时中、胡尚信等又竭力而赞之。乘此而正其位尊其额，岂第能信而能敬，不亦可石而可史乎！乌可无记？

真武庙

府　在钟楼上。一在燕河营。

迁　安　三，一在东门内；一在北关外；一在三屯营玄武山。

抚　宁　在治西北。

昌　黎　二，一在治北；一在北城上。

滦　州　在城内北街，邑人高第又建于北月城。一在州南百里薛各庄。同治间村人张殿元重修。

乐　亭　在县治正中。一名拱贞阁，明嘉靖中建。

临　榆　在北关外。《临志》作北镇庙，明初建。国朝康熙六年参领朱廷缙修，又有玄帝庙，在白塔岭庄。明嘉靖间，庄民郭让建。

案：此乃玄武七宿，后人以为真君。宋真宗避讳改为贞武。《图志》则云：神为净乐王太子修炼武当山，功成飞升，上帝命镇北方被发跣足，用皂纛玄旗。

通永道钱世清《重修中心台真武庙记》云：郡国之有钟鼓，必建丽谯以居。虽案时考系用其正于晨昏，而援古出作入息之义。抑亦治道，所由关也。国家辽左，定鼎燕山，北平介在孔道。龙沙曲抱，滦水回环，南台拱其前，紫塞护其后，实东西二京一大都会也。使无飞楼杰阁，崇祀神灵于其表，何以仰迓天庥，俯控地势以作镇一方哉？郡故有钟台，与鼓楼相迩，名曰“中心”。岧晓百尺，俯临巷市，每至甲夜，其声噌吰镗鞳与灵鼍互响，启聋俗以惊旦明焉。中规为庙，以奉真武。历考前代，或降玺书，或赐玉册，谕有司春秋肃拜坛下。而此邦为尾星分野，上应斗极，例得祀之。右有文昌阁，瑞霭飘飖，令人作天际三台想。余乙巳莅任后，朔望瞻拜，眺望城郭、山河参差在襟带间。喟然叹曰：“有是哉！台之胜也。”无何，有窃饮于台者，遗烬，庙为之墟。余惧胜迹之湮废，无以光前而照后，谋鼎新之。庙工料赀费，逡巡未果。曾有空屋数楹，捐一年俸购之，僚属慕义一时金钱略集。爰撤故就新，广两楹而四之。自戊申秋迄小春，不烦公帑民力，凡三月落成。其指挥董率则卫守御卢化凤力也。所可异者，北平地苦早寒，至秋土辄凝沍。手龟水冻于以绘塑实难。而是岁风恬日融，筑场之月盎如春温，金碧五彩，维所涂饰。于是帝容晬然玉座之表。岂非是凭是依，用福兹土之明验欤！余固服习文教，而家世奉真武，厘其灵迹，莫著于武当别院，从所专也。夫阎伯屿领洪都，聿标滕阁；瘐亮镇江夏，并建南楼。昔人丽瞩江山，类多名构。矧望海台遥，卢龙塞回，增筑胜地，以拱神皋。俾闾阎之众，安其出作入息，跻风俗于康衢，固治所观成乎！后之君子，保障此邦，毋使狂客荒兹净域，以时缮完罔或失坠巍乎！此台永镇北平，是尤余之所祷祝而求者。是为记。

玉皇庙

府　在城南一里。

抚　宁　在县治西南。

昌　黎　三，一在仙台顶，一在一蓦河，一在西关。

滦　州　在城东，一在紫金山顶。

乐　亭　在城正中。

临　榆　在城西关。

卷之三十九

建置志八　坛庙祠宇下

武成王庙

府　在治前，旧守备厅地。明隆庆六年，知府辛应乾改建。国朝康熙十六年知府常文魁，三十六年知府梁世勋、郡丞彭尔年，四十八年知府张朝琮，修葺。同治十一年，知府游智开重修。

抚　宁　在文庙西。康熙十六年，知县刘馨协同教谕聂应闻捐资建。乾隆三十六年，知县陈钟琛重修。

案：唐开元间，始制太公庙，以留侯配。上元二年，尊为武成王。始置亚圣、十哲等。建中三年，列古今名将凡六十四人。贞元二年，去亚圣、十哲之名，惟祀武成王及留侯。宋祥符元年，加谥昭烈。宣和五年，定以张良配享殿上，管仲、孙武、乐毅、诸葛亮、李勣，并西向。田穰苴、越范蠡、韩信、李靖、郭子仪，并东向。其列东西庑者凡七十二将。绍兴十七年，又以管仲至郭子仪十八人，祀于殿上。乾道间，升李晟于殿上，仍以曹彬从祀。金泰和间，以秦王宗翰，同子房配，而降管仲以下，又黜王猛、慕容恪等二十一人。元以孙武子、张良、管仲、乐毅、诸葛亮以下十人从祀。明洪武三十一年罢其祀。永郡昭烈武成王庙，建于隆庆六年，在武学之左。祀于东西配者十六人，曰：齐管仲、孙武、孙膑、田穰苴、越范蠡，燕乐毅，汉张良、韩信、周亚夫、诸葛亮，唐裴度、李靖、郭子仪，宋曹彬、岳飞，明刘基。祀于两庑者四十六人。东庑曰：赵赵奢，秦王翦，汉李广、班超、邓禹、赵充国、马援、寇恂、岑彭、冯异、贾复、耿弇、赵云、臧宫，吴周瑜、陆抗，晋杜预、羊祜、陶侃，宋赵普、杨业、范仲淹、韩琦、狄青、寇准。西庑曰：齐田单，赵廉颇，吴伍员，汉曹参、樊哙、彭越、卫青、霍去病、张飞、姜维，宋檀道济，周韦孝宽，唐李晟、颜真卿、李光弼、薛仁贵、尉迟恭、李勣，梁王彦章，宋刘琦、文天祥。

明程观颐重修武庙碑记云：北平古多豪雄激烈之士，产斯土者，类皆智勇自命，气习使然也。苟见学而训练之，均足备干城之选。故自明隆庆间，刘公应节视师棘门，上书请立三镇武成王庙，振武功以储将材，永平其一也。则武学之建，多历年所矣。第天下有创之者，必有继之者，然后其事可大可久而不至于废坠。自鼎建以来，前人立而兴之，后人习而安之。悠悠忽忽视为故事，官如传舍，民如蘧庐，不复有问创学之深心者。以是自万历二年重新之后，迄今百载修葺罕闻，竟使殿宇就倾，庑廊告圮，鸟鼠虫蠹居其室，荆榛芜莽鞠其庭，败壁颓垣，风雨勿蔽，木主散失，神怨神恫。何以崇享祀而作士气乎？矧我朝廷定鼎燕京，震威殊俗，文武并重。讲阅独勤，所谓振武功以储将材，诚不可一日废也。顾欲储其材，必先谋其本，武学储材之本也。有其材而后简阅者于斯，讲读者于斯，由鹰扬而秉钺者于斯，则后此之运筹帷幄决胜千里者，无不于斯也。武学所系大矣，庸可听其废坠邪？是望于新之者，甚急。幸而三韩常公来守是郡，甫下车，自问疾苦，察利弊而外，即以振兴教化为己任。爰捐资首新文庙，建书院以崇文化，方告成而复有再新武学之命。力有弗逮，则进都人士及新补博士弟子员，力劝而输之。爰是鸠工庀材，择人任事。为大殿者九间，两廊者十间，戟门之为间者三檐焉！棂星有门，储将毓英有坊，凡三座焉！至于围墙四周，石碑一，具无不次第修举。越百日而竣厥事，倾者植，圮者立，缺者补，废者兴，焕然一新。规模宏整，猗欤盛哉！由是而多士简阅有其地，讲读有其资，鹰扬而秉钺有其光，运筹而决胜有其养矣。甚哉！公政之善也，能储材也，能谋本也。殆上体圣天子崇文右武之盛化，而为此可久可大之业也。公为政之深心类如此。以视昔之人以官如传舍，民如蘧庐者，不径庭若耶？尔多士，能承公志，而励厥功，精厥艺，由是而秉节钺勒旅常报朝廷，以垂竹帛，为斯学光。始不负我公修学之深心云尔。是为记。

国朝知府游智开《重修太公庙碑记》云：武庙之建，始于唐开元十九年。玄宗亲降制，令两京及天下诸州，各置太公尚父庙，春秋释奠以上戊。肃宗上元元年，尊为武成王，祭与文宣王比，为礼亦隆矣哉！厥后庙貌兴替，历代无考。明正统以后，两京及边徼，并建武学，设教授、训导各官。武庙之设，当在斯时。至我朝裁武学，令儒学兼督骑射之事，而庙祀遂寖衰。永平旧有太公庙，在明武学旁，即今敬胜书院地也。屡修屡圮。同治十一年壬申秋，智开来守永平，因修书院并庙宇重修之。以前、左、右各三间为义学，司事者请记其岁月。智开按《孟子》七篇之末历序道统所传，由尧、舜、禹、汤、文至于孔子、太公，固见而知之者也。丹书十七铭，上接虞廷危微十六字，后世人君仅以《阴符》《六韬》鹰扬著绩斤斤焉。于武庙祀之。犹浅之乎视太公矣。太公当未遇时，避居东海，与伯夷同称天下之大老。永平清圣故里也，则太公之庙，固不可废，而其庙食于兹土为尤宜。

陈钟琛《重修抚邑武成王庙碑记》云：尝考汉唐以前有文庙，而无武庙。自唐玄宗开元十九年始立太公庙。以燕昌国君、汉张留侯、唐英卫诸公，备为十哲。春秋飨祀，如孔子礼。迨后，历代增修，凡省会府州县之地，大率多立庙者。抚邑武庙，创建于康熙十六年，邑令刘公、学师聂公经营成立，而县治之体统始备。历年既久，殿宇残缺，戟门、棂星门渐就颓废。余待罪于兹，每切修举之念。岁辛卯，吾宗五伦、六吉昆仲，偕王君化溥慨然发愿，与邑之由武庠起家者，踊跃捐资。鸠工庀材，两阅月，而欹侧者以整，漫漶者以明，庙貌维新，诚足以妥神灵，而昭典制矣。工既竣，问记于余。余惟古无歧武于文之事，礼乐射御学者，盖未尝偏废也。然自分途既久，章缝之士日弹精于典章经籍，而常若不足。于是折冲御侮，不得不别置翘关负重之科，以待夫魁梧奇杰之士。而武成王之庙，遂与先师文庙同为朝廷崇德育才所并重。诸君斯举，诚有当于国制之大也。顾余思之，王虽以武祀，然观之丹书，自献见知绍统，其经天纬地者，原不仅以赳赳之概，昭示来兹。则今日之沐王庥守王教者，宜何如束身名教，以恪遵夫敬胜义胜之旨。善夫！《前记》之言，曰："诸生孝弟礼让，人人自重，于以储干城之望，著元戎之勋，乃为建庙崇祀之意。"余迟钝无能，窃喜诸君子好义有为，藉得遂数年屡欲修举之念。故即举前人揭示之语，以复于诸君。庶几圣人述而不作之训，至于兴创之由，规制之略，则前记具在，兹不复道云。

文昌宫

府 在东门内。康熙六年创建。道光十七年知府朱壬林重修，光绪三年知府游智开重修。

迁　安 在学宫东。康熙五年，邑贡生郭觐宸会众重修。三十七年，教谕杜维桢修补。乾隆十九年，知县王述献、教谕杜师、训导苏应昌率邑绅重修。同治十二年，知县韩耀光、教谕韩玉城、训导张检，建文昌三代祠并重建文昌宫照墙。一在沙河驿，乾隆间重修，丰润进士宋梅为之碑记。

抚　宁 在儒学东。

昌　黎 在治北。王汉杰重建。

滦　州 在西月城内。州人高云衢修，高辅宸伦璠甲有记。一在东南城上，知州王南珍建，吴士鸿重修。一在南门外。

乐　亭 在学宫前，一在阎镇街东迤北。

临　榆 在文庙右。

案:《周礼·大宗伯》:"以槱燎祀司中。"天子祀司民、司禄，诸侯以下祀司命。司命，文昌宫第四星也。此祭神之最近古者。后世以梓潼神当之，其说出于《太平广记》，颇不经，又与《搜神记》互异。姚苌游蜀，为立庙曰张相公庙。元僖播迁时，封顺济王。历代略加圣号为帝君，皆以冥助武功，则武而非文矣。唐及后五代皆未有主文之说。宋祥符中，有举子宿庙中，见诸神会商作《来岁状元赋》，后遂显验文场来集之，谓必是。文昌与张亚子两庙俱在梓潼，故混而为一耳。今天下学宫，文昌祠宜奉之以主，而张相公仍别祀可也。

迁安教谕杜师《重修文昌祠碑记》云：安昌学宫左侧，文昌祠建焉。正殿三楹，门楼一所，围墙四周，前列照壁。厥来已久，渐至颓坏。癸酉春，邑侯王公述献瞻拜毕，四顾徘徊，慨然曰："此吾守土者之责也。"遂捐俸以倡之，且为文属县尉鲁元华令劝修并董厥事。绅士商民莫不仰承德意，踊跃蠲输，鸠工庀材。两阅月，而栋宇、门墙，巍焕聿新。用是庄严仪表，肃穆辉煌，都人士乐观厥成，群思勒石以纪之。时因邻境生蝗，迫近迁界，公勤恤民事奔走焦劳，遂不敢请。余亦奉檄赴滦捕蝝月余，又飞调至昌平、怀柔办差，比回署已岁暮矣。而绅士感慕之私，拳拳未已。乃揖余而言曰："自我公下车后，振兴学校，培育斯文，更仆未易数，兹工之兴，上以光俎豆，下以振文风，所关非细。今告竣垂及一载，倘不亟为表章，将令盛举湮没，且俾奕祀之修举废坠者。考文献而无征，不几大为缺典乎？"余迫于请，而不能以譾陋辞。爰。谓之曰："善夫！邑侯兹举非徒为福田善庆之说也，诸君兹举亦勿徒为讴歌祝颂之文也。盖崇儒重道者，司牧之心；而敦品饬躬者，士人之责。伏愿道德文章，共相砥砺。行见人文鹊起，科第蝉联，将奎壁生辉，庙廊宝贵。其以是上应光昌之文运，即以仰作养之深心也。

昌黎谭文彰《重修文昌宫碑记》云：文昌，星也，天神也。地以梓潼神而祇矣，号以亚子，天而人矣。异神祇者，典而不经；限天人者，经而不典。夫阴阳二气，不一其途，金木五行，众别其类。而有其气，则有其神。有是神，则有是配。无匹不行，无主不止，幽明义一。此文昌阁若宫遍天下，祀及下民如灵星。然礼不典于官仪，无著于志。所在度邑量力具酒、脯醢，尸一而已馂。其犹据与然，无以作之肃矣。今上辰居一纪，旁罗日星，睿鉴祀典，独与神谋，文治日隆。其崇祀有特尊，有加尊，其日以时筮。及期，邑侯何齐肃视事之异，归饮属绅以桷楹拱树金碧鲜辉，无以严昭。事不副我朝崇祀之至意。乃改建议捐曰："自我始。"公廉能也，慨资俸金以十者五。因共得金以五者，不及十而足以其余为羡资，余法用责率作于邑庠张崇本、赵大任，即日赴功，逾月告竣。宫成于新作，新有故也。有改其度者，门堂如故。中门左右塾比向，即事者习对越也。享殿不木主，尝以神事之，重其所以来也。后庑五楹如故，中二楹同堂异尊，中崇圣，优尊也。中东临淮国故也，同面侧尊也。西两楹荐尊退息也。守者以东，东主也。夫圣教与王化为远迩，神道与人道为崇隆。入汉唐，皇师、帝师、王师，隆以世。南向、东向、西向，别以号以至圣，圣先师而圣周师、孔圣、孔师。颜代不相袭，迄无以定于一，而隆庙号。又何有于文昌？今震马去从祀而跻无上，拜跪牲牢视文庙崇圣亦如之。岂不以文盛而治隆，神之福矣！明昭有神，胡弗式序在位也。星在天，皆天文，别以文而系以昌者，星全乎其为文以经天，人全乎其为文以昌世。观乎天文，而天文昌。观乎人文，而人文昌。此文之所以为文，俾尔炽尔昌也。是宫也，成是所望有与于斯文。

昌黎魏元烺《蛤泊堡迁立文昌行宫碑文》云：紫微垣为天帝所居，太乙之次二曰文昌宫。宫六星，天之一府也。一上将，二次将，三贵相，四司命，五司中，六司禄，其星光明吉，故曰文昌。世所传梓潼帝君者，西蜀孝友之神，销劫运，掌文衡，悲悯众生，降而著《阴骘篇》，功莫大焉。天神人鬼非一也，乃庄严而奉之。玉女玉童持钟传卫，手执如意，身拥五色云霞，尊曰文昌梓潼帝君。何哉？精气之在，河岳与灵英之在，圣贤、帝王、卿相，其芒烛天，俱上应列宿。则夫文章之在云汉，光华辉彩之莫得而掩遏者。其灵及地，亦必下阅人事。况上帝好善，人心善则明生，明生则文日盛大。故说者谓驭文命于四海，法文昌也。由是以推文德文教皆法以训世。是古帝王圣贤，无非帝君之化身，又何疑于梓潼欤？蛤泊隶昌黎。昌黎韩文公振兴斯道，士大夫以北斗仰之。而邑北之称钜者，惟蛤泊斗魁戴匡，象亦似焉。其南偏，旧有行宫，风摧雨犯浸灭不可识。乾隆甲申之岁，南门建阁而祀。越二十余年，又残。爰谋曰南门诨嚣湫隘，非所以尊神明，而尽虔诚。观音大士庵东西，严肃而外轩敞，尚其妥焉。岁在癸丑，乾隆五十九年也。是岁，应贡举者登科甲，入明经者选学博。阅岁，而文武补弟子员者十数。雕龙绣虎之才，夺标被锦之士，济济而具。噫！神之福欤？地之灵欤？抑人心之善欤？其必有合而一焉者矣。是堡也，近在河港环绕如襟带，远则山阜排列如屏幛。宜神明之留意于斯，而清淑磅礴之气，日新月盛。不第如今之效而已，虽然惟天阴骘下民，文昌代天以福善。士大夫日修厥德，以教其弟子。斯昌邑之人，咸有韩子之周情，孔思而感应之灵通乎！上帝信若符契，贤圣不朽事业将于是乎在。区区冠带之荣，未足深道。予不敏，迫于乡先生之索而从命。故本神所由设，推禄所由长，补缀成篇，藉以共勖，且自勖焉尔！乾隆五十九年甲寅孟冬。

迁安马恂《代王煦撰重修文昌宫记》云：泰阶六符，炳然斗旁，是为三台。戴匡星六，下敛上哆，履泰阶而增辉，则文昌在焉。大圜垂象自洪荒以来，烺烺炳炳于太乙之垣。孰从而文之？亦孰从而神之？惟《甘石星经》肇自秦汉，执后起之号，以号列星。王良、执法、阁道、华盖，诸如是象，固非并星，而有要止，即世所知，以为职志。然则上将、次将、贵相、司命、司中、司禄，乌知六星之必若是，必为是而又安知？兹六星之可析为司命云云，而必不可合而为文昌，而必不可主文治欤？我朝崇儒右文，隆文昌之祀，上媲宣圣。而乡邑皆得分祠，宏文教也。昌黎城西，古柳城军之西村，人文盛一邑。村有万寿庵，前为文昌宫，崇饰庙貌，而历岁年久，丹青凋焕。岌岌焉！上雨旁风是惧。张荆南先生爰倡同志并庵而新之，经营越数月，轮奂翚革，增于其旧。入殿廷而谒焉，冕黻执玉，穆然古皇。朱衣执卷，左右侍。彬彬大雅之堂也。立骑于砌，若骡而角，骦欤？驳欤？曰：神所乘也，有服焉，有执焉，又有乘焉。星也而人之，人也而神之矣。溯古实沈主参，骀台主辰，阏伯主大火，传说上乎箕尾，皆人也。人而星，则亦星而人。乌乎！不可。洪惟神化无方，乘地车，平泰符，执魁柄，以斟酌玄化至教，昌明光焕，奎壁固非操觚腐毫之伦，独私其帡幪也。然昔者孙可之文，承昌黎返雨为晴，独荷神庥。若于文人有专惠，或即谓文昌之为应焉。抑王弇州文章九命方切，切于困踬厄塞之不可出。而兹独号以文。而振以昌，文而必昌。士斯归之。又何事斤斤核六宗之禋，考幽宗之典也哉？

滦州高辅辰《西城文昌祠记》云：文昌之神，秩祀于滦者，初附玄真观，未有专祠也。先正厉文峰先生创立紫金山麓，岁久大颓。明嘉靖中，州守邢公又建于城南巽隅。万历十三年，河溢庙废。先达云衢张公出赀，特建于西城之重闉。崇堂轩丽，玄爽宴娭，炳萧酏兰之奉，视郊垧为至近，而灵鹭亦桴响应之。五十年来，郡人通籍铜龙，观黎西馆，英英之彦，蝉绥云矗，谓非斯祠之玄祐乎！然自明迄清，迢递既遐，是构是臒，又后起之责矣！康熙癸卯，滦之绅士等，轸宫堧之宜严兴也，圣范之宜重焕也，爰盟同志醵金鼎新，柜楄娓者复之，甎甋薛者治之，绀碧剥者饬之，梡豆筵筹弗足者益之。煌煌乎！琳琅之易观，几筵之至备也。爰衅牡告成，而授简于辰，期贞其事于奕祀。敬稽首拜言曰:《易》曰:“观天文，人文以出，治天之有文昌，所以辅弼紫皇，化章云汉也。”吾滦届析木、天风之间，传说之所骑也，斗牛之所邻也，且横岩环龟鸟之方，濡泝回震坤之域，殆合天地人以成文也。天有文而地为之符，人有文而神为之亶。时至事起，阴吐阳茹，理则宜然。岂可诬欤？然辰犹有私祝于神者。滦人士凭式隆庥，登笏纶阁者、人座间有之。而曼音黄麻之拜，则曩未有膺爰立者。今皇上右文揆道，崇新制以待殊才。三辅之郡，抡元简揆，不一而足。何滦之久虚梦赉乎？抑人士之蠲虔未至也。兹将与神约，愿显贶吾土以玄箓昆命之贤，俾箕尾之精，专注一二人，为国朝赞云雨丹青之化。再与吾人士约，愿憺心以濂洛自治，而肆力于诗书之圃，以待威宠之方来。魁三之象，符六之阶，应运而出，以彰神之陟庥，而合地与天之文钟休我滦也。猗与！有厚望哉！诸君额手跂之。凡同志例得并书。是为记。

迁安刘鸿儒《修文昌祠记》云：今夫人之居于斯也，必有所安也。安斯乐，乐斯居，居斯久矣。若夫居而弗安，弗安而弗去，则为矫，为溺，为因循，君子弗取焉。神与人一也。神既厌之，人强安之；神欲去之，人固止之。则神宁歆其祀乎？乐亭文昌阁，旧在城头之巽隅，背坎面离，厥址称壮，神固安之矣。运会沧桑，时移物换，我朝继统百年维新。而邑之文昌阁，俨然无恙也。未几，神像为狂人所毁。前令三韩金公谋复之。都人士佥曰：“神居此逾百年。我祀事孔虔，无可撄神怒者。今忽若此，意者神厌居此，而或假手于斯人与！曷更择地以妥神。”公曰：“然。”乃相地于就中亭故址，卜之得吉，爰立新宫祀神于中。规制甫定，而公以内召去。继今于公每谒祠徘徊瞻视，谓祠基颇隘，欲扩之。以时□物赢未果兴举。适今令金公至，欲辟置之。司牧王君跃然曰：“此前令于公志也。公今继成之，甚善！祠前为诸生陈乐天宅，后空地市之可得。”公遂捐俸求市，而陈生却金施地。于是，鸠工庀材，扩厥基宇，增其式廊，立抱厦以蔽风日，辟台路以容骏奔，门棨崇严，焕然改观。既完既好，神莫其居。乃具状乞不佞文于籍。不佞于公为邻邑民，为公九里之润为多，嘉公加意文治，喜其事之有成。遂不辞视缕，为记其事。

临榆郭长清《文昌宫记》云：学者拘迂之见，往往以近代所奉之神明不见于经传者，即谓之傅会。是以宋（元）马氏《文献通考》，于文昌帝颇有异议，不知《礼经》云：“司中、司命。”《史记》云：“斗魁戴匡，曰文昌宫。”其为紫微垣之辅佐，悬象著明。有上帝以主宸垣。则有文昌，以为上相。而代天宣化之大权属焉。是珠宫如世之官署，而帝君则其主司也。若谓此而无神，则以天象昭昭，仅视为窥测度数之用，而古圣敬天勤民之意，反成虚语。其有害于人心风俗，可胜虑哉！夫愚者不谙圣教，未有不谙祸福者也。梓潼帝君，以十七世之功，修溶跻尊秩，主文明，评阴骘，垂训锡福显佑尘寰千百年，圣迹昭垂，实足以甄陶善类，震慑淫邪。世运赖以转移，民风赖以感化。而读孔孟之书以治世者，即仰赖神道福善祸淫之不爽，以维持世教而拨乱反正，转危为安。彼马氏以考据专家，其立言之体则尔也。学者宜通观，而勿滞耳！且夫帝君之训世殷殷也，岂得已哉？孟子于人世周旋，其好辩且非得已。神在九重天上，亦惟无言以持造化之柄而已矣。无如人心日流于浇薄，风俗日就于沉沦，若不极力挽回，更恐江流日下。圣心不忍，是以屡降鸾书，如世所传，《阴骘文》《孝友经》诸篇，其不得已之苦衷，已可概见。而学者溺于马氏《通考》之说，是未能即天人之理，而贯通者也。兹以角山新宫，久经告成，尚无碑记。欲记以传于后，则必当述崇奉之意，以告乡人，尤必当敬述所以为神，所以宣化之故，以白天下。庶几天下人心知祸福之不爽，不敢背圣道而驰，斯风俗渐以敦庞，而承平可睹也。角山旧无文昌宫，宫之建自庚戌岁始。因城西佛寺有古铜圣像一座，系七十一化真容，即化书所载人。西凉称谢艾，青年应举，而乘白驴者也。侍者执如意一柄，则指挥三军，破麻秋兵十万者也。镕铸精彩，神气如生。顾尘封于废寺中，则亵甚。乡人士恭舁至角山之巅，而建宫以祀焉。十余年来，灵休迭著，旱而祈，疫而祷，遇危而惧，无不仰邀福佑，默为转移，愈足征兹山为云軿驻驾之区，而主文明评阴骘皆在于斯矣。故仅即鄙见之所及者，而记之如此。咸丰十一年辛酉仲夏。

魁星阁

府 在南城上。同治十二年，知府游智开重建。

迁安 在南城东偏。道光十六年移，距旧址西数十步崇以高台。

抚宁 在城南紫荆山。知县谭琳捐俸建，久废。今在文昌宫东南隅。

昌黎 在文庙前。

滦州 在学正署前。

乐亭 在城东南隅。道光间重修。

临榆 在东南城隅。

案：奎为文章之府，以文而祀则于奎为宜。乃不于奎，而于魁者，殆以北斗七星，魁为首，杓为末，取制策首举之义。《吕氏春秋》所云：魁，士名，人是也。然取之字形为鬼，举足而起其斗，又以必定之音，而执持笔锭则不经矣。

卢龙知县方立经《重修永平府魁星阁碑记》云：永平城东南隅魁星阁，案形家言，盖一郡之文星吉曜，非独事观美已也。创自前明，至我朝一丹葺之，物久而敝，固然无足怪。乙酉春，郡伯自堂吴公以浙右名儒来守是邦，整躬率下，吏饬民和。遂开书院，厚廪饩擢七属之英，走币延明师教育之。公余辄诣讲席，开示以有用之学。虽严寒盛暑，不少辍。艺文一轨乎道，复多所以程式诸生。噫！公承流布化，雅意作人如此。其为文星吉曜，不已多乎！而斯阁就圮，其何以称会昌邑。有贡生张廷俊者，世儒而行侠，服公教之深也。既葺武庙，复请斯阁新之。于时武孝廉王君栋梁者，亦多方怂恿，不浃月而阁成。阁旧一楼，虽嵯峨城隅，与谯橹无异。兹乃璧其趾，圭其巅，翼以飞椽，缭以雕楯，虚窗旁启，危磴曲上。岿然与澄海、清风相低昂于盘龙射虎之区。而燕云蓟树日碣星关，莫不输青递紫，撰，奇结态，豁眉宇而荡心胸。奂乎，都哉！盖昔之为文星吉曜者，今又畿东一钜观矣！夫永平古边徼，守此者将觇候之不暇。今国家中外一统，世际文明，士生其间，扶舆磅礴得气最先。而公又力为振作，以孚景运。则斯阁之成，吾知启图书于东壁，倬云汉于中天，萃秀灵桢，王国骎骎日上。有以哉！立经备员首邑，时又会理城工，无能为役，犹得于宣扬德教之余与郡人士乐观厥成也。因砻石而为之记。乾隆二十一年丙戌孟冬。

明参议刘景曜《台头营魁星楼记》云：天下有千百年大计，历来相沿未备。有一人焉毅然创始，军不称厉，民不称劳，相与踊跃欢呼，竭蹶共臻厥成者，台头之魁楼是也。台头密迩边垣，一墙之外，即虏穴，是从来用武之地。生长于其间者，罕事诗书，人文落莫无表见。又己巳庚午之变，虏骑躏入，各城失守，而台头以斗大之地，系挽千钧或不免于虎口。人情方汹汹，惟修干戈之不遑，乃问文德哉？协将权侔于大帅，而威不若守令之可加于民，且虑创始之难也。张君时杰则不然。张君守台头逾三年矣。视地方士若民，无以异于吾卒。而士若民之爱君戴君，奉君令者，尤不啻守令若也。甲戌夏，奉大中丞文弱杨公命，从一方士民之请，揆厥势，涓厥吉，而是楼之举兴焉。因捐俸，发常兵为之先。民曰："此我地方事也。何与于兵？"争输财。兵曰："此我主将意也，何与于民？"争输力。财与力俱有余，不逾时而楼成。人方疑其天造地设，而又恶有称劳称厉者哉？案奎乃天之武库，西方虎宿，主兵，而于五行属木。谁谓其专司文教，而边地可以不建也哉？惜从前之协帅，不学无闻者多，非吝与诿，则又以修建为不甚关切，而膜外置之。留以待张君之今日也。楼建于城东南隅，周围六面，共七丈五尺，高三丈七尺。工始于是年五月六日，竣于八月之十日。凡三阅月而成，因为之记。崇祯七年九月。

昌黎宋维祖《重修文庙魁楼碑记》云：事必有主而后兴，由来尚矣。如我昌邑之文庙，未由稽其所创始而石缺之。可考者，则重建于元之大德七年，其规模陋隘，犹不如今。今之制，乃增修于明之万历辛卯岁，二百年来，有替则兴，莫不有人焉以主持之。贞珉之间，于今为烈，兹则又就圮矣。司铎先生姚讳文郁者，蓄鼎新之志，而力若不逮。矻矻焉募之诸生，得五十余金，仅可为补葺计，觖望者久之。既而，跃然以起语人曰："主斯役者，其惟邑侯刘公乎！自公莅斯邑，政通人和，百废俱兴。凡坛社、仓廒、衙署、先农祠、龙神庙，葺其有，创其无。峥嵘巨丽，增庥兹土，为功多矣！又况文庙者，道统之所关，名教之所系，士习之所本，文运之所兴，人心之所以长留，风俗之所以丕振。顾乃委之荒烟蔓草中，而莫之省忧，谅非所忍也。"商诸谒庙之余，公果慨然捐俸，为阖邑之绅士倡。近者面谕之，远者属诸生以意晓之。计犹不足以成厥功也，乃于邻邑之好义而丰于财者，不惮躬亲劝助之。资财渐集，工役可兴。司出纳者，则有贡生戴鼎；鸠工庀材者，则有廪生赵毅发；监督募化者，则有生员齐玑衡、赵桂、田克昌、赵鸣琚、赵汝楫、暨县幕朱宏堂。出者，辑敛不辞风雨，处者纠察无间暑寒。经始于二月三日重修大成殿，易旧以新。鼎建东西庑，增卑而高，若崇圣、若名宦、乡贤诸祠，以及魁楼、泮池、义路、礼门。东西周垣，悉加葺理。至若棂星门明柱旧以木掖之经时则朽，长虑倾欹，今则易之以石。戟门内院落土基易生茂草，今尽甃之以砖。牺牲之设，旧无供桌，借用民间。今系新制，如国学式上丁释菜。旧止燔燎，今益制高檠灯二十七对，由棂星至于大殿，荧煌历落，灿若列星。蜡烛之需，公特捐银一两，著为永例。此皆从前所未有者。斯役也，为大作不为小补，计千秋不计旦夕，费几千金，工将一载，而厥始竣矣。非姚公有以谋其始，刘公有以主其成，乌能使贤关圣域焕然一新若此哉？记之以文，知能承既往之权舆，勒之以碑，又以作将来之嚆矢。雍正十一年，癸丑十月。

训导周铭《重修文庙奎楼碑记》云：昌黎古辽西地也。左带沧溟，右背碣石，仙台耸秀，五峰毓灵，风俗朴质，士习礼让，固人文荟萃之区，其沐浴于泮宫者，匪伊朝夕矣。考庙制，重建自元大德七年，嗣后代有修葺。我朝文治大隆，崇儒重道，所以尊奉先师者，典礼愈备。自雍正十一年整理后，日久年沿，渐就倾圮。乾隆辛亥岁，霸州吴君邦庆分训兹土。见大成殿及奎楼颓败甚，爰同正斋耿君朝选集众绅士佥议，鸠工庀材，兴废举坠。越数月，庙貌巍峨矣，奎壁亦辉腾云汉矣。虽赞襄不乏人，而经营董理吴君之力居多。嘉庆丙辰冬，铭以借补来兹，释奠入庙，睹鸟革翚飞，瞻拜之下，益增严肃。无何，至乙卯闰六月十一日黎明，蓦然地震，有若巨雷之发于地中，轰然一声，山鸣谷应，坏民居数十百家，启圣祠山墙覆矣。自大成殿戟门、棂星门及两庑、名宦、乡贤、奎楼，俱有损坏之处。因同寅长□阍屋先生两人商议，集绅士诸生谋所以干补，奈力与人不齐，两越岁兴工。今春乃复邀绅衿齐岳年、张崇本、赵大任等，捐办资财，旦暮督工，越四旬而竣。坏者修之，圮者培之，暨茨丹雘鲜有缺遗。洵乎，美哉！轮美哉，奂矣！夫一邑之盛衰在人文，人文之兴废关学校。气象一新，人文自蒸蒸日上，将士习端而人心风俗因之益醇也。司铎者于兹有厚望焉。嘉庆十三年戊辰孟秋。

训导王朝典《重修昌黎文庙魁星阁碑记》云：夫事之有关乎大义者，人皆乐而为之。然非有贤明之吏以倡之于先，则天良未动，众情不协，欲其事之速就也难矣。如至圣先师之庙祀，固大义之显然者也。历观庙碑，昌黎之举义重修，业更数次矣。乃自嘉庆戊辰，至今未二十年，而前后殿、魁星阁，均已摧敝，且两庑两祠与棂星、戟门尤甚。噫！是谁之责欤？道光辛巳之冬，富侯来尹是邦，入庙释奠之余，一为瞻阅，即欷歔嗟叹者久之。顾谓余曰："此何如势耶，失今不理，恐后难支矣。"于斯时也，已毅然起劝修之志。特以莅政方新，治未就绪，姑未之暇耳。嗣因岁祲，议又寝。至甲申春月，见耕畊力毕，雨泽均调。正斋马君曰："此可以议及庙事矣。"邀余请之富侯，果得允。酌派在城绅士八九人董治其事，更邀集四乡诸绅士，谕以尊师之义，启其重道之心，俾之分路募赀共襄盛举。计自五月兴工，至闰七月末止。向之摧敝者焕然一新焉。是役也，名列胶庠者，固皆慷慨助资，即商贾农人乐捐者亦复不少。此岂邑之人天性好施欤？良由宰是邑者，平日导以大义，乃感发而生其鼓舞也。柳州有云："德及故信孚，信孚故人和。"曾南丰亦云："惟其令之一倡，而四境之内响应而图之，如恐不及。"此非其明验欤？独是丹楹刻桷，《春秋》所讥。兹也堂廉既固，而金碧采色复以饰，其外观得非习尚侈靡之过乎？然以吾夫子之教，舄奕万世，鼎俎牲牢，无仪不备，则于庙楹之际，尊之而惟恐不至者，礼固然也。夫礼缘义起，谓昌民之不好义，其谁信哉？至于人文之茂蔚，本由风俗而成。风俗既正，则学问必纯。行见科甲奋兴，而黉宫遂为之生色。此好义者必然之效也。惟侯有庆，司铎者能不拭目望之耶？董事诸人殷殷请记。余本欲以不文辞，因不忍没众人好义之美，且欲使后世知易于倡帅者之有由然也。于是乎书。道光五年。

乐亭知县于成龙《修奎光阁记》云：奎宿主文章，灿然丽天。现则人文蔚起，而治登彬雅。凡郡邑建学，必祀奎星。所以遵古帝王兴贤育才遗意也。乐邑有奎星阁由来久矣。曩昔英俊杰出，树骏流鸿，鳞鳞济济，号称极盛。迩来风雨飘摇，仅存基址，举向之巍然焕然者，竟付之丘墟而已。士之策贤书登天府者，三十年中二三见焉。虽士之奋发登庸，亦不专依夫天象，但既缺此阁，值人文之否。世俗之见未必不以此阁有无而生疑焉。余于士民吁留之明年，岁在壬子，正值宾兴之际，人皆谓此阁兴废关人文盛衰。乐邑古称彬彬礼让之遗，带河滨海，必有负如河如海之奇，而云岛、月坨又具风云月露之秀。余忝司牧，何弗因天地之灵秀，而一为助发耶！爰捐俸金，谋诸绅士共为协赞，而重构此阁，鸠工庀材。营始于本年仲春之下旬，落成于孟秋之中旬。是役也，诸生姚子延嗣实董厥事，复将文昌帝君重塑于阁下，并妥而祀之，制称粗备。阁在文庙之东南城上，于方为巽，巽主文明，与魁宿同偕，与北斗同临。兹者，魁光灿灿于上，帝君穆穆于下，一堂喜起，四座生辉。新庙奕奕，高阁巍巍，瑞霭缤纷，云汉徘徊。彩笔高挥于七曲，绿袍近映夫三台。自兹已往，兴起斯文，鸿飞凤举，科甲连云，为名世辅，为王国桢。愿我邦人，勿惮苦辛。益励厥修，无负此心。有光斯阁再造一新，庶于乐亭有小补云。后之君子，鉴余微忱，因时补葺，勿任沉沦。爰志岁月，勒之贞珉，以告同心，垂不朽云。

明兵部主事管山海关事务李本纬《建魁楼上梁文》云：伏以宫墙万仞，祀坛新俎豆之观；星斗一天，危槛动云霞之象。映蜃台于海气，纳黛色于山椒。楼耸文明星联极影，恭惟魁星，主张名教，启佑斯文。笔颖飞腾，扬藻思于学海；斗牛冲射，增艺价于花城。连珠曾叶乎窦占，辉流乾德；缠玉适符乎汉瑞，光照关中。东壁煌煌，图书作府；中天烂烂，翰墨成林。大凡夺标战棘之英，必须炬照藜然之力。会值月桂浪桃之日，悉多斧挥马疾之功。故峙高楼阁，用象清虚，悬构频芹，式祈佑相。钩心斗角，崇檐飞挂于云隈；彩栋雕疏，峻壁危出乎树杪。倒影入宫池，而摇荇藻；高栏插银汉，以接星辰。盖祀之崇，高固以壮。百官而丽宗庙，而祈其阴佑，实以助笔阵而发葩辞。即日揭月照之区，尚犹藉于星照。况地灵人杰之会，岂可废乎天文？兹山海者，峰峦环抱，溟渤潆洄。长城雉堞在其左，大河襟带绕其右，此其间精秀之所包孕，真气之所毓钟出而宁虞其穷，泄而何虑其涸？固宜冠簪群集，轩盖联翩。弦颂诗书。握日光而抱明月；户家科第，题驷马而列虎符。顾迩者垂三十余年，䍐羁樊绁，若滞泥蟠，青衿不赏于朱衣，士点龙门之额，彩管多沉于白屋。家遗沧海之珠，致使抱奇握瑾者，断望于孙山；而汗血逸尘者，绝盼于伯乐。岂以人文之厄，重贻山水之羞。纬扼掔怜才，矢心造士。爰新宫庙，创构层楼。耸翠流丹，烂九霄之奎井；飞云卷雨，映万户之书灯。屏角岭以挹翠微，辞坛增色；联铜焦而并谯丽，艺圃生辉。龟策协乎，虹梁应举。上梁东扶桑曙色，日曚昽，鹏搏直逐扶摇上，好趁天风御六龙；上梁西飘摇金粟，月轮低，回看淬锷吴刚在，速度清虚仙子梯；

上梁北参首明枕，山岑侧，菁葱峦色满关来，云程赊路何曾塞；上梁南溟海烟霞，疏绮涵，鳌头原待任竿钓，上苑飞花信手探；上梁上太乙偏明，天禄杖，五车二酉富胸藏，宁怯龙门矗万丈；上梁下气压王杨，香马贾，货与皇家作础石，拱璧连城奚论价。伏愿上梁之后，文星增朗，魁曜呈辉。笔势照时，八俊三杰，缋藻其骈丽。斗杓指处，七贤五桂，绮锦以蜚回。蹈舞而仙籍香浮，人人荷橐。跳跃而恩袍色动，士士垂鱼。俾苏锥不必于长操，而车萤无烦于永照。庶江管随挥以吐风，而李柳协兆以染衣。幸赋洛水之诗，元龟象齿；慰怀西归之愿，素丝干旌。

又《魁星楼落成，勉诸生诗》云：突兀危栏插绛霄，凭虚极目瑞光高。期将海岳出锺鼎，敢谓宫墙种李桃。白璧明投收上价，朱衣暗点锡恩袍。休夸百尺多灵验，好办长安钓巨鳌。魁躔岂亦好楼居，壮尔仙才射斗墟。槛落彩云飞翰墨，窗含奎宿映图书。篝灯夜夜烧藜杖，荷橐人人佩玉鱼。咫尺星门森武库，也知文战豫犀渠。莪朴联翩化雨年，泽宫济济奋多贤。蠹鱼不老儒生志，萤火偏成幼妇篇。九万扶摇骞远到，三千献纳吐真诠。由来禹惜珍分晷，莫放流波白日延。祇凭艺藻振金声，岂有方家浪得名。漫羡彼曹生富贵，须知吾辈可公卿。毫端五色春能吐，匣底双锋夜自鸣。傥尔弁衿争玉立，清朝簪笏满山城。

陶人群《登魁星楼，读李司马勉诸生诗有感》云：龙门自古雅兴贤，高筑层楼映讲筵。色接海天星斗动，光摇峦翠杖藜悬。已新云构培灵气，更倒奚囊泻秘传。咫尺逢衣饶鹊起，应知棠咏满歌弦。

天妃宫

迁　安　在治北。一在建昌营东关。

滦　州　在西门外。一在蚕沙口。

临　榆　在南海口，永佑寺西。明初海运时建，我朝乾隆九年知县钟和梅修。十二年御书赐额曰“珠宫涌现”。一在城西北。

案：江淮之间，多祀天妃，其神为女子三人，俗传神姓林氏。司马温公谓：水阴类神，当为女子。太虚之中天为大，故天称皇，地称后，海次于地，宜称妃耳。元通海运，郡邑多滨海，故祀之，俗称圣母庙。

明祁顺《山海关天妃庙碑记》云：天地间海为最钜，海之神天妃为最灵。凡薄海之邦，无不祀焉。渤海之广，无远不通，神之流行无往不在。人赖神以安，神依人以立。然则斯祠之建，庸可后乎？当祠成之岁，居其旁者，厄于回禄，势焰赫然，及祠上人远望之，见烟光中人影上下，意其为护祠者。既而，旁居荡为灰烬，而祠一无所损，向所望烟中人影皆无之，乃知其神也。噫！神之显赫不可掩，如此所以惠福于是邦，岂浅鲜乎哉？顺既叙其事，复作迎享送神之辞，俾邦人歌以祀云。其辞曰：荪壁兮，药房。辛夷楣兮，兰橑桂梁。杂芬菲兮，成堂。神之奠兮，海旁。吉日兮，将事。女巫纷兮，至止。蕙肴蒸兮，荐芳醴。衣采兮，传葩。吹参差兮，舞婆娑。神不来兮，奈何？清风飕飕兮，水扬波。神之来兮，容与。载云旗兮，驾风驭霆。成再拜兮，传神语，旋焱不留兮，使我心苦。神庙食兮，无穷。神降福兮，曷其有终。海波恬兮，偃蛟龙。弭怪雨兮，驱暴风。灾沴弗作兮，时和岁丰。人有寿考兮，无瘝痌。永世不磨兮，神之功。

滦州史璇《蚕沙口天妃宫》诗云：年年三月赛天妃，晒网新从海上归。阿妇拈香郎酹酒，风波无恙水田肥。

碧霞元君庙

府 在东门外。

迁　安 在北斜关外。一在景忠山。

抚　宁 在西郭外。一在泊河寨。

昌　黎 在仙人顶。

滦　州 在开平镇。内有明工部郎司经局正字黄衍相遗墨。一在佛住山。

乐　亭 在县西慕义桥右。明嘉靖间建。

临　榆 在南街八道胡同。

案：碧霞元君，为宋真宗所封也。以为泰山之女，后之文人知其说不经，曲引黄帝遣玉女事，以附会之。不知当日所以口封，固真以为泰山女也。张华《博物志》云：太公望为灌坛令，期年风不鸣条。文王梦见一妇人当道而哭。问其故，曰："我东海泰山女，嫁为西海妇。欲东归，灌坛令当吾道。令有德，吾不敢暴风过也。"明日，文王召太公归。已而，果有骤雨疾风去者。又干宝《搜神记》载，胡母班为泰山府君致书女婿事。据此，则封号虽自宋始，而泰山女之说，西晋前已有之矣。

卢龙辛大成《碧霞元君宫重修碑记》云：淫祠之设，几遍天下，士女祈祷无虚日，甚非所以端风化也。《功令》：诸不在祀典者，罢勿设。昔汤文正公抚江左，毁淫祠凡数百，厥功甚伟。延今百十年来，渐复旧习，而象教兴修，名蓝林立，尤属不典。虽然方今太平日久，物阜民丰。圣天子崇重西番红衣僧，礼数有加焉。夫天子神圣，岂真视如生佛，而资为祈祷哉？然且立之大刹，纳其徒众，朝觐有期，锡赉如制。岂不以夷俗？信佛服教，畏神如天如地，因其信而礼之，而西僧贴然矣。而夷人之信西僧者愈贴然矣。不亵朝廷之体，已得怀远之道。古帝王神道设教之义，如是也。夫然而象教之设，亦何不可？台头营直北八里许，濒河有村曰泊河寨，旧有碧霞元君祠，由来已久，而左右翼佛像列焉。岁戊午，行脚僧亮文挂单于此，讶为不伦，度祠后隙地欲别建三楹，位置诸天。咨于众，咸曰："可。"乃高阁数年所，万富李公慨其无成也，因起而任之。而鸠工庀材，黝垩丹雘，凡七阅月工始竣。费钱若干缗，虽大众乐施，而李公之力居多焉。既落成，续书刘子属余为记。余素不佞佛，然喜李公勇于为善，并喜村人之赛丰年于兹，禳灾祲于兹。种种吉祥善事，不犹愈于作奸犯科乎？其于神道设教之义，微有合也。爰志其巅末，俾砻诸石，以谂后之人。至佛之载在祀典与否？姑不论。乾隆五十七年壬子十月。

永平推官尤侗《景忠山碧霞元君祠上匾疏》云：伏以玉简风高，震出东方之位；琳宫祀肃，升中左辅之区。咨四岳而称尊，指九天以为大。采衣如睹，香瓣维虔。恭惟碧霞元君，职主天孙，恩推众母。

体上帝好生之德，兆下民司命之功。风人雨人，不崇朝而遍天下；顾我复我，亘终古以育人间。固合四表为瞻依，仅见三屯之巍焕。风笙锦曲春飘渺，穗绕猊床瑶草金。光画有无，花迎雉扇。洋洋乎！在其左右，风马云车。蛰蛰兮！宜尔子孙，珠环瑜珥。为岱宗之别馆。是造化之权舆。伏念侗江左儒生，边隅俗吏，偶驰驱而客止，恍连蜷之灵留。稽首慈云，如渡海南之筏。洗心仙露，疑趋蓬岛之尘。未荐悃于兰荪，敢铭词于绰楔。仰祈鸿泽，下逮乌私。有妻曹氏方当梦燕之期，有子珍郎甫及戏鸠之岁，愿邀神佑，获遂天从，赐以如意之珠，导以延年之药。生男欢喜，勿同生女之悲酸。养子聪明，差胜养儿之愚鲁。三生有庆，大德无疆。庶锡福于臣门，长衔恩于帝座。谨疏。

张太复《景忠山礼碧霞元君》诗云：翠微深处礼元君，台殿嵯峨敞碧雯。百六金容辉满月，三千大界覆慈云。灵旗风肃丹霄丽，宝篆香腾上界闻。自是灵山饶秀色，中天一气接氤氲。

乐亭杨在汶《碧霞宫》诗云：凌晨出东郭，朝烟积成曲。古刹寂无人，满院苔花绿。

蚕姑庙

迁　安　在治西二十里。

滦　州　在城南十五里麻北庄；一在城西赤堆社。

案：此即古礼之先蚕也，俗以四月八日祈蚕功。

迁安李成性《蚕姑庙考正记》云：迁邑之西三十里，曰平顶山，邑城之西五里，曰滦河。西十余里到山，十里曰蚕姑庙庄，以庙名。庙之来盖久矣。明初，吾高祖名海者，始卜居于斯。斯庙主神女像三，南向。塑女嫔二，左承茧，右奉丝。次一判，一鬼列侍焉。其为蚕姑，彰彰也。庙原在庄南，岁久倾圮。海季弟名聚者更新之，移置庄东，即今庙址是也。正月上元修祀事，四乡之士女咸往焉。万历中，庙复圮。乡人侯继文会众再新之。中堂像如故，于左右两室间，增眼光子孙二像。庙中寖失其旧，然犹祀以上元，蚕姑之名未没也。迩来岁寖久，乡愚习见眼光、子孙二像在泰山行宫中，遂以三姑，为泰山娘娘。改四月十八日祭赛之。蚕姑之名没，而祀湮矣。予为此惧，搜采稗乘，见《农桑杂录》云：四孟之年，大姑把蚕；四仲之年，二姑把蚕；四季之年，三姑把蚕。乃知三姑，盖三处女，姊妹共职蚕事者。闻之真定亦有此庙，神像相同。正月上元日则祭，四月挂丝则又祭，于祈报之义甚明。然则世俗所称马头娘，乃蚕姑之始化也。《荒史》所称，黄帝命元妃西陵氏，教民蚕，乃蚕之始育也。三姑分岁主运，乃代天地化育之功，以衣被万世者也。其绩实与后稷乃粒蒸民者等，在在宜尸而祝之，以不忘衣食之源本。岂可以边地不蚕，废没其禋祀也哉？世运改革，民生凋瘠，庙祀之不沦于土壤者无几。乃纠乡人葺之，筑室招僧，以司香火，用以延一线之不坠。予恐久而泯没，失其本。以正厥事，勒之于石，以备乡之后来者取征焉。

南皮张太复《蚕姑庙观荷》诗云：桑柘阴阴村景幽，藕花共道盛中洲。远香覆水迎人面，浓绿遮檐祀马头。对我亭亭当芷岸，与谁采采泛兰舟。溯洄那意清波阻，一望苍烟素练浮。

增福庙

府 在钟楼上坡。一在城西北隅。一在南门外。

迁　安 在县南石眠庄。一在县北纸庄。

抚　宁 在县治西北。

昌　黎 在南关。

滦　州 在城东北隅。

乐　亭 在东岳庙东。明崇祯十二年重建。一在城西南董家圈。一在芍榆坨。

临　榆 在南月城。

案:《增福记》，魏曲梁令李诡祖，令家世本淄川。文帝时任曲令，殛狐妖，塞横水。邑人德之，为立祠。厥后屡显灵异。唐封增福相公，元封福善平施公。明嘉靖中，毁淫祠议及公庙，寻稽功德存之。今俗以九月十七日为神生日，祭以少牢，不用豕。岂亦祠山张大帝避食豨之类耶？是又不得其说矣。

三官庙

府 在北郭外菊花台。

迁　安 在县北门外。

抚　宁 在县治东南。

昌　黎 在城西。

滦　州 在西关外。一在卑家店。卑家店乃三百户营旧址也。村东有三元大帝庙，创于明初。后千户、百户重修之。惟正殿三楹，塑三官像，大门一楹。至国朝历修百年，未经修葺。乾隆乙卯科邑举人李公对乾，因其址而扩之。奎星楼、文昌宫、关帝阁，并峙于三官殿之前。禅堂增其后，凡五层，计数十楹。并于庙之东，建义学南北向者八楹，计二层；东西向者三楹，计一层。名曰“延庆祠义塾”，为延名师课读乡之子弟。一时永、遵两郡就读者盖门外之，屡满矣。在塾肄业有登贤书者，则以科名匾记其姓字，前后共得数人。郡守卢雅雨先生题其额曰“广我教思”。兵部左侍郎王公会汾题文昌宫额曰“阴骘下民”。

乐　亭 在县西南三里韩家坨。一在县东南王各庄；一在县西南孙家套。

临　榆 在城东南。一在东门外。

案：三官之称，见于《后汉书·刘焉传》注：盖谓天、地、水也。其以正七、十月为三官生日者，盖本《宋史·方伎传》苗守信上言三元曰：上元天官、中元地官、下元水官，各主录人善恶之说。后谢氏《文海》《披沙郎氏》《七修类稿》，各以木、金、水臆说，傅会道藏。谓三官为周幽王谏臣，一曰唐宏，一曰葛雍，一曰周实，皆未有实。征《通志》，有三官醮仪一卷。《宣和画谱》大历中，周昉有三官像，其神之尊，奉于世。自汉以来，盖未尝绝也。外又有水府三官。《留青日札》谓起于南唐保大中，上水府马当，中水府采石，下水府金山，皆有王号。宋因加封爵祭告。又唐、葛、周三真君，一作厉王臣。

明郡人韩应庚《重修三元大帝碑记》云：天地之间，神德为盛，三官之神，尊且最灵。天下都邑，无不祀三官者。由其赐福，解危，消灾，延寿，大有功于人世也。直隶卫前所千户刘师词、百户田铭，其屯三百户。我太祖年间，旧有三官祠，以妥神明。历岁滋久，而堂宇隘陋，乡耆段增重建已毁。乡人石乌珍谓诸友曰："三官之神，功利天下，而庙貌若兹，非所以崇神明也。"盖撤其旧而新是图，遂将会中所积财物重建。而凡好义者，亦皆致财资助，择时兴役，崇旧基而加广焉。祠正殿三间，大门一间，其像惟三官神也。因旧以整饬，复绘像于壁间，威仪跄跄，远近来观者，莫不肃然起敬。但石未有刻，使予记其始末，用传诸后。夫能御大灾捍大患，以安生民，此征诸祭法于祠为称。我国家明制度，尊祠祀，岂无意哉？所为生民计耳！凡兹乡之人，获福之多，皆神之默佑也。乃知其神之不可掩，如此遂刻诸石。庶来者有可考焉。

锡山王会汾《延庆祠记》云：事为乡国之所戴者，始为繁祉之所归，况世济其美者乎？李子对乾，同门友也。家世德行，久推当代。乙卯获隽，即闭户读书，乐善不倦，长安道上弗克见也。今年冬，嗣君铜陵谒予，而请曰："明初里左创三官神祠，万历间重葺之，乡先达御史韩先生记其事。历今倾圮，古柏外荡然也。家君悯旧基之湮，新而扩之为五层。前奎星阁，文昌宫次之，关帝楼耸其中，又次仍旧址为三官殿，禅堂其最后焉。增亩请僧重其祀，傍建义塾，延师广训乡之子弟。落成矣。请延其名而记之。"予尝慨善行之难也，悭吝者无论矣。搢绅素封之家，亦间有轻不赀之费，创神庙祠观，巍焕其制，壮丽其观，尊崇其号者。然但奉神道以饭僧，义塾之举，阙如也。抑因之有感矣。太翁万服公之居乡也，善行未可更仆数。尝捐资沙河驿建文昌宫，以开义塾，乡之子弟成就者不少。至今过其地，犹闻颂高风于不衰。李子又绍乃休嘉，广兴义举。韩子云："莫为之前，虽美弗彰；莫为之后，虽盛弗传。"李子以孝子之心，继仁人之事，诚不独亲其亲，不独子其子，此非甚盛德，安能若是。古人有言曰："积善之家，必有余庆。"李氏世德作求如此，较世俗仅奉神道以饭僧者，不相悬万万哉？予乐其成，卜其庆之悠长也。因颜其祠曰“延庆”，并纪世济之美。俾勒石以垂永久焉。乾隆十三年戊辰孟冬。

吕祖庙

在临榆西水门内。

鲁般庙

府　在东月城。

昌　黎　在东门外关帝庙内。

滦　州　在城西南暗牛淀。

临　榆　在都统署前。

太傅庙

在临榆管关厅西。

海神庙

府　在南关外南台寺西。

滦　州　在偏凉汀。

临　榆　在南海口。明初建，万历间主事王廷俊修，今废。

天仙庙

府　在城外东南隅。

滦　州　在西关。

昌　黎　在东关。一在仙台山。

雹神庙

卢　龙　在城西八里塔。光绪四年重建，并于正殿后增修文昌祠三楹，东西耳房两楹。

迁　安　在建昌营南。一在喜峰口。

抚　宁　在城西南四十里。一在背阴铺北山中。

滦　州　在城西暗牛淀。一在曾家湾。

乐　亭　在县西十五里马各庄。

案：风、云、雷、雨，皆祀以坛壝，而雹未之及焉。诚以雹雨类也。云雷所以作雨，雨以时则雹不作。祀云、雷、雨而雹即在其中。今俗以重五日赛雹神，又谓神为赵将李左车，不知始于何时？总之雹足为灾者也。为民御灾，则当祭。若必如雷公、电母，求姓名以实之，亦凿矣。

二郎庙

迁　安　在东瓮城。

抚　宁　在县西冉庄东。一在燕河庄西，今废。

昌　黎　在治北。

滦　州　在北关。

乐　亭　在县西南十五里石碑庄。

临　榆　在南门外。一在西罗城外，一在首山。

案：二郎神有数说。一云秦将李冰之子，因凿离堆渠灌田有功，蜀人祀之，呼为“灌口二郎”。一云赵昱，隋末弃官不知所终，会嘉州水涨，蜀人见雾中乘白马越流而过，乃昱也。因立庙灌江，呼为“灌口二郎”，宋开禧间，封为王。今神庙塑像，率衣黄挟弹，拥猎犬，盖因蜀孟昶而误。宋艺祖平蜀，得花蕊夫人，奉昶小像于宫中。艺祖怪问，对曰：“此灌口二郎神也。”因命供奉于京师。其说见于《朱子语录》《常熟志》及《贤弈》等书。俗以演义之谬，谓二郎为杨戬，盖非也。

临榆刘元吉《重修二郎庙碑记》云：首山踞县治之西北，前临大海，后倚边城，群峰之向南而峙者，如屏之列。渝水之自北而来者，如带之环。凭高一眺，樵者、渔者、行者、渡者，历历如在画图中。此首山之大观也。二郎神之建庙于其上，斯何以故？记有之，能御大灾则祀之。能捍大患则祀之，二郎神斩蛟除害，遵险为夷。是有功于民社者也。故自前朝，以迄于今，土人崇祀不辍。岁乙酉，前榷使今大司空金可庭先生督榷海关，曾新是庙，榜其东之乐寿亭曰“瑶岛蓬壶”。复于其北构亭二楹，颜曰“可琴”，盖于山水间，得弦外之音者矣。第廿余年来，风雨剥蚀，日渐倾颓，见者心恻，鲜不绌于力之无如何也。丁未冬，内府大夫仁斋董公，以榷使奉命莅兹邑，仁心仁政著于海关。视榷之暇，时出其间，情逸致以与士大夫遨游山水间，羊叔子之风流，谢东山之高旷，不是过也。且发菩提心，遍种善果于五泉寺，则大施丹雘，以著其庄严；于海神庙多植松槐，以壮其形势；于火神庙则增新殿宇，以焕其规模。洵盛举也。日者偶登首山，见斯庙之就圮也，因于我少府徐鹤溪公谋，所以新之。乃捐俸而为之倡，士商之慕义者，争输恐后。徐公故良吏，具综核才，鸠工庀材，诹吉兴作，物料依时给价，匠师计日给饩。擘画经营规制尽善，两阅月而工竣。重葺正殿，而神像聿新，以重本也。改建西庑，而山门并起，以饰外也。朱栏画阁，美观瞻也。抱厦回廊，蔽风雨也。凿山为道，砌石为阶，所以便于登跻，而无攀附之难也。一时之废者修，坠者举，使都人士耳目一新，性情俱适。君子谓二公之为此，非市名也，特致其力于神，以公其好于人云尔。予时共襄其事，知之最悉，是为记。

宗室存华《题首山二郎庙》诗云：首山之巅有庙堂，珠宫绀宇排琳琅。举国祈祷走且跄，爱如旭日懔如霜。我观庙貌窥金相，少年气宇多轩昂。虽有弓弩侍座傍，依稀志意思虞皇。庭东片碣言渺茫，道是灌口神威扬。庇护生民除咎殃，至今崇祀歆椒浆。我闻灌口神姓杨，妙道真君封李唐。调鹰饲犬炼彭殇，不知人世有沧桑。胡乃翩然下大荒，御灾捍患且驱蝗。思维辗转得端芒，抚掌大笑神汪洋。孤竹古国建自汤，卢龙遗迹咫尺望。伯夷避纣居海邦，子舆论古知康庄。西周就养拟归昌，适值孟津旗鼓张。叩马强谏过归漳，返轮而东理所当。首阳今著雍豫方，三分当日已非商。耻食周粟投周疆，清圣得无神转伤。或者采薇来此乡，首山之南即首阳。夷齐二子今二郎，曾参杀人难忖量。君不见！拾遗庙中子美装，公然列塑十姨娘。陆离环珮垂鸣珰，杜老有知应涕滂。以讹传讹如鼓簧，二而一之谁短长。我今道破此行藏，自谓披云见天光。留待后贤考据详，再翻前案摘云章。

十王庙

府　在城东门内迤北。

乐　亭　在城西北二里。

案:《蠡海集》谓地府十王，即十千之义，其五称阎罗，最尊，位配戊土居中，故也。《睽车志》云：张叔言判冥鬼有十人，而十人内，两是妇人。翻译名义亦云阎罗，一名琰魔，其兄及妹皆作地狱主。兄治男事，妹治女事。而今所塑十王，并无女像。《金刚经》谓转轮王，即是如来。今概列之十王中。彼教之说已难庄论，而世之谈彼教者，更非其本教矣。

土神祠

府　州，县，均在治内东南隅。

案:《孝经》纬社者，土地之神。今凡社神，俱呼土地。惟茔旁所祀，称后土。

乐亭知县陈金骏《土神祠碑文》云：凡人之生，无不践土而食毛。先王教民美报焉，故家主中霤，而国主社。下逮成群立社，曰置社。此后世土神祠，所自始也。抑以古者取财于地，礼行于社，而百货可极焉。故又曰财神云。邑之神祠，建置旧矣。康熙庚子，前令熊公修整后，距今三十余稔，复就颓圮。余履任初，即欲缮治，而学宫而衙署渐次饬庀，今岁夏始谋及神祠，非惟力弗胜，亦财弗赡也。然余终不敢为是而迁延废置者。其在《诗》曰:“敬共明神，宜无悔怒。”曰宜云者依稀，悬拟未敢遽以无悔怒，求之神也，可谓善颂善祷矣。余亦犹此意焉。今已卒事，堂宇新矣，黝垩焕矣。惟是祠前寅宾馆废地，地敞且旷，可以建台，为祈报所未竟厥绪。余思后之人，莫不有美报之诚，则莫不有敬共之意，其不敢遽谓神无悔怒之心，当亦犹夫余也。爰为记，以俟之。

元坛庙

府　在城东门内迤北。

迁　安　在东街。

晏公庙

在府城东北隅。

三义庙

府 在城北一里。

迁 安 在城北四里。

小圣庙

府 在南郭外。

临 榆 在南海口（今废）。

府君庙

在乐亭西南二十七里阁楼坨。

案：神之以府君称者有二：一为崔府君名□字玉祁，谷城人。唐贞观中为长子县令，多异政，没后为神。肃宗至德间，封灵圣护国侯。武宗会昌间，加封护国威胜公。宋真宗加封护国西齐王。高宗建炎元年，赐庙额曰“显卫”。一为高府君，名获，汉时人。与严子陵有旧，尝在富春。祈雨有验，邑人立庙祀之。唐开元间，高适作碑记其事，今庙曰“府君”。其崔耶？高耶？与其所以庙食于此之由，俱不得而知矣。

张仙庙

在乐亭，东月城内。明嘉靖间王好学建。

案张仙之说，见于陆深《金台纪闻》、郎瑛《七修类稿》等书。或以为孟昶，或以为张远霄。远霄，五代时游青城山得道者。苏老泉尝奉之，后果得轼、辙，有赞见集中。人但知蜀中张仙，为花蕊假托之词，不知真有张仙也。明高启有《谢海雪道人赠张仙画像》诗，亦引老泉事。今以祈嗣所在祀之，妇女之见溺于人心也，久矣。

郎君庙

在乐亭南十五里庙上，一在县西南十八里大尖坨。

乐亭史梦兰《重修十八郎君庙记》云：吾乡素不崇淫祀，其庙宇之建，间有不在祀典者。惟佛刹及二郎、三官等神而已，它寥寥焉。去岁续修《县志》，于建置一门，附载寺观，访有郎君庙二，一在独幽城西，一在县西南大尖坨。尖坨之有郎君庙，不知创自何时？考之旧碑，一修于雍正八年，再修于嘉庆二十二年，迄今又逾五十寒暑矣。乡耆某君悯其倾圮，鸠工重葺事蒇，问序于余。余案郎君之称，原出《任子》。自汉以后，凡身事其父者，皆呼其子为郎君。而郎君遂为贵介，及裙屐少年之美称。唐称新进士为郎君，并有加之帝王、大臣者，如李辅国呼代宗为郎君，李义山呼令狐楚为郎君，是也。今神称郎君，乡贯、姓名、封爵，俱无考。而仅以十八称。岂其行第然耶？神之配食，有女像。旧碑谓神夫妇和偕子孙众多，求子息者，莫不焚香顶礼。由此观之，盖亦世俗祀文王为百子王之意也。其人虽无，征于载籍，其神则有益于民生。蛰蛰绳绳，保艾尔后。岂得以其本末失考，遂斥之淫祀哉？邻邑昌黎东门外，有拽梯郎君祠。顾亭林曾记之。盖以其有全城功，死而不得其名，故即以其事名之，而呼为郎君。此之郎君，倘亦类是，或曰神。旁初无女像，嗣因见梦于其村人，某日当娶某氏女为妇，而其女果于是日亡，故其后增塑女像以配之。果尔则与河伯娶妇无以异，聪明正直之神，不几等于淫昏之鬼乎？是直以敬神者，诬神矣！诚荒诞不足道。

八仙庙

在昌黎仙台山。

宗圣祠

在滦州西南张各庄。

左乔林《新建宗圣祠碑记》云：天之所生，地之所养，惟人为大，人之所行，惟孝为大。故孝者天之经也，地之义也，民之行也。昔至圣先师，志在《春秋》，行在《孝经》，《春秋》授左氏，《孝经》授曾子。左氏据经作传，并著《国语》；曾子受《孝经》，兼作《大学》。然《大学》之书，一则曰“为人子止于孝”，一则曰“孝者所以事君也”。一则曰“上老，老而民兴”。孝十传之中，于孝三致意焉。盖与孝经相表里也。故《春秋》成，而乱臣贼子惧。得《左氏传》，而忠孝愈明，《孝经》传而百行之源昭万世。曾子之孝，尤得其宗也。秦火后，《孝经》灰烬。汉兴河间人，颜芝之子得《孝经》十八章以献。而古本复出。予系出左氏，祖居河间，幼而获读真本，复参以《家语》载记，及百家所志宗圣格言，虽异同互见，总之不离乎言孝。《南华》引宗圣之言曰：“吾及亲仕三釜而心乐。”《韩诗外传》引宗圣之言日：“吾为吏，禄不过钟釜，欣而喜者，乐其逮亲也。”予每读是，而心怦怦焉。癸巳，捷南宫，除县令，以亲老就补滦州学，博遵宗圣遗训也。莅任后，谒清圣庙，及横渠夫子祠。而州南张集镇上，舍生曾公介眉，谱名毓琨者，新建宗圣家祠，适告成。六月其季男茂才名传甲者，造予而请曰愿有记。予案曾氏图谱，汉孝元时宗圣十五世孙名据者，自山左徙山右，历三十二传至质粹公，归故里。明嘉靖间，授翰林院五经博士，是为曾氏大宗。世居嘉祥县。其别子为祖者，则有五十五代子楪公，先于永乐甲申，由江南永丰县迁直隶滦州张各庄。传十五世为介眉公，则继别为宗。闻介眉公少贫，性最孝。儿时从先人展祖墓指碑词示之曰：“吾家宗圣裔也，旧有祠宇，而风霜兵燹之余，颓垣断址，半消磨于荒烟蔓草中，亦有家乘，而蟫蚀尘封编残简断，支派未详。夫士庶之家，稍知尊祖，收族犹妥先灵以寝庙，联世系于宗盟，而神明之胄。顾无一瓦之覆，一轴之卷，以荐馨香，以溯本源，非不于邑也。资不给，故孝思未展也。是时介眉公闻之，即隐以兴复为己任。及长擅端木货殖才，积贮渐饶。乃召诸子，诲之曰：“吾岂持牙筹，拥重资，效俗贾哉？盖七十年兴复之志，今可藉以酬矣。”壬辰春遂命传甲挟谱，至嘉祥县谒博士参考，悉符归，遂刊印全谱。复仿宗祠规模，卜地建正室三楹，东西庑，首门次门各二楹，照壁一座，其匾额柱联，悉录宗祠语。凡阅岁而蒇事，传甲复走曲阜谒衍圣公，以少弟传芳奉祀，请获允斎文到滦，申详上宪，以达仪部。而后乃令介眉公之孝心得少慰，夫晋顾和有清操，族叔荣雅而重之，曰：此吾家麒麟也。梁沈正有才学，宗人演之曰：此宗中千里驹也。曾氏居滦近五百岁，由介眉公溯始，祖凡六十九传。历年久远，陵谷变迁，卒赖介眉父子，济美寝成。孔安与清圣庙、横渠祠相鼎峙。岁时复集卑幼，以孝经大学课读，则他日子生孙，孙生子，子子孙孙，绳绳继继，荐千年之俎豆，衍百世之本支，皆其力也。斯诚无愧孝孙矣，若介眉者，岂仅为曾氏家之麒麟，而传甲者，亦岂仅为曾氏宗之千里驹也。方今圣天子以孝治天下，凡先圣先贤，以及明德之后，所以尊礼之者，典极优隆。而宣上德，以风学校司铎者事也，予虽乏作传才，敢不再拜首，而为之记。道光十四年。

韩文公祠

在昌黎县治东北。明洪武中建。嘉靖五年知县秦廷锐重建，国朝咸丰二年重修。一在西五峰右。范督师建。

明翟銮《重修文公祠堂碑记》云：昌黎县治之东北隅，故有文公祠宇在焉。我太祖高皇帝，龙飞四年建也。兹百六十载，楹桷摧毁，丹青漫漶，且规制卑隘，享祀弗称，无以上慰圣祖崇重咸秩之典。嘉靖丁酉山西柱史景君溱案历其地，瞻拜慨然，谓观风首事，景行莫先焉。遂属永守刘君隅、郡宪柯君乔，拓地易材，鼎新其制。越数月而告成。乃走伻京师，征予为文，以纪岁月。余读《唐史》，考公世系南阳，邓州人，昌黎本源地也。高祖以上实葬于斯。其在邓，七世祖茂后魏以功封安定王，盖以功名显。其在唐，诸父云卿，铭志擅声大历择木，书法媲美阳冰。滂、湘辈，文学及第，相望于时。盖以文章显，植本发源，兹地之灵，信不可诬。国初建祠宇不于南阳，而于昌黎，圣主真有见哉！顾岁久则敝，敝斯忘。方今浮屠淫祠遍天下，金碧装严，四方士女争致金钱，日久奔走。顾名贤之区，视若疣赘，或存或敝，恬若不闻。然则侍御君景仰尚友之心，端不可及。宋儒论公“文起八代之衰”，此纪体裁之华实耳！若辟邪辅正，左右六经，羽翼圣轨，与孟轲氏相表里。岂托诸空言无益理道者同日语哉？又公忠勋法应祀典。唐穆之世，藩服不庭，攻围制师，公奉命往谕，君臣上下，莫不危公。公开谕忠梗，卒折其逆将，而出我王人。是公一时之功，贤于四节度之师，劳孰甚焉！夫以公经世之文，定乱之勇，崇德报功，万世血食可也。兹庙貌一新，梓里对峙，九泉之下，公必神游其处矣。侍御君望重山岳，百废俱兴，崇植风教急先务矣。太守君幼笃心学，与郡县君，皆以前柱史来莅是邦，是故相与以有成也。未几皆迁秩去。嗣守郡宪钱君显，方以柱史征。乃诸君用心之勤，遂怂恿襄其事，乐善之心咸可嘉尚也已，并书以记。

副使江瑞熊《新修韩昌黎祠记》云：予尝读《韩子传》，见其自叙孤苦。怃然废书曰："孔子之祥，发自汤契。程朱之庆，衍于洗公。退之独偶然生哉？"既而，以宪事至昌黎。见其山水之胜，雄冠京东，有蜀之奇，有浙之丽。骇而问之。乃知韩子之先，自晋历唐，咸居于是。中间若玄菟太守恬、曹州司马泰，皆一时名士。至于燕公麒麟之清慎，侍郎显宗之刚直，昭穆虽不可考，要亦或其族类也。乃慨然叹曰："地灵人杰，德厚流光。古人之言，岂我欺哉？"既而，谒子之祠，祠在□□中，□□□□殊甚，且卑隘浅陋，不足以展祀事、肃人心。乃请之都宪孟公、侍御王公，□□□□□求材之良，与工之善者。既阅二寒暑矣。甲申予侍都宪刘公亲往督之，始克有成。或曰子生于河阳，既从祀孔庙矣。曷为复有是祀？且谥曰"文"者，文亦艺焉矣尔！予曰："孔门教人不越四科，观子之立朝奉使，何等节行？守潮迁□，何等德政？折凶辨事，何等言论？其谥独于"文"者，举其盛也。又况"文"之谥法不同。大圣如孔，大贤如朱，亦谥止于"文"乎！后世之擅文者，必曰韩、柳、欧、苏。柳精矣，或失之拘；欧纯矣，或失之弱；苏豪且大矣，或失之怪。子则兼数子之长，而无其失，是固有本矣。盖文者德之著，三子之德，至今观之，果于子若是班乎？子之昌黎，亦犹朱子之亲（新）安也。凡有所书不曰新安朱熹，则曰昌黎韩愈，其惓惓故国之意可知矣。新安之专祠，不以徙祀而废，则此独可以已乎？予辈忝子之徒，残膏遗馥沾溉已久，今幸至是，子祠不称，忍坐视哉？是用记之，以俟后之同志者。孟公名春，晋人；刘公名泽，鲁人。皆巡抚也。王公名应鹏，浙人，畿内提学也。祠为堂三间，门庑十间，皆宏壮闳侐，所费殆二百金。

县令秦廷锐、乐亭令苏公□，亦与有助焉。

提学阮鹗《韩昌黎庙碑文》云：鹗少挟为山之术，从兄竹崖游᠋ 山之洗药池，揖九华，拜匡庐。慨然欲浮河历华，登泰山，而观乎沧海也久矣。悠悠卒岁，屡仆屡兴者，盖三十余年。庚戌春三月，受圣人命督畿辅之学政，夏五月东巡至于昌黎事。事毕，偕昌黎士登仙台山之观海亭，将以求先生之所自来也。盘龙踞虎，仪凤游麟，七十二峰，联络星辰，乐哉！山乎。其诸先生之仁乎？南望沧海，一鉴万顷，影浮光沉，辉壁耀金，变幻烟云，五色成文，乐哉！水乎。其诸先生之智乎？鹗始恍然有悟，顾诸士而窃叹曰："天下之奇观也，天下之奇遇也。三十年志于是而未至，而今得之于此。人亦有言玄之又玄浑浑沦沦中，有异人不遇，不闻湘子者，昌黎之异人也。其将我遇乎？不然，鹗将之山海矣，胡为乎来哉？鹗固知先生不我弃，而使湘子一遇我也。湘子！湘子！其能削香山之石，清我之骨乎？掬龙潭之泉，浴我之德乎？裂五色之云，裁我之衣裳乎？扬东海之波涛，明我之襟度，而休休有容乎？鹗将振万里之长翼，驾天风，跨辽鹤，翱翔于溟渤之间，而至止于泰山也。二三子其孰与从乎？"语讫，而雷雨交作，海天溟濛，云封仙台，莫之适从。相与二三子，枕石卧云，吸雨餐风，以待东方之白也。而忽不觉其万缘之皆空。嗟乎！昌黎，先生之故国也；湘子，先生之犹子也。裂其裳以为云，假之雷以自鸣，皆先生导之也。然则先生之化，奚止于亲炙之徒也与哉！虽然为山不极于岱宗，未见其止也。先生之学其止诸否乎！如其止也。则干执政，礼太颠，犹有议焉。如其未也，则佛骨一表，生色千古，《原道》非遗格致，实牖愚蒙。谓非萃山水之英，而深于仁智者不能也。不然，则执政之书，其诸奔走卫、楚、齐、梁之意，而太颠之礼，其诸问李耳命夷子之心乎？不然，先生忠矣，勇矣，文足以起衰，而道足以济溺矣。夫其不谨于此入其乡，尚友先生而未之能也，谨此告虔，并质所疑。

大学士黄景昉《昌黎五峰山，修建韩文公祠并抚道两台生祠记》云：昌黎畿东下邑，其称名天下者，以乡有退之先生，故后之尊韩公者，必曰昌黎。昌黎云是，则地实因人藉之以不朽者。故俎豆有祠，烝尝勿替。煌煌乎！泰山北斗之在人心矣。虽然，犹有缺焉，曰山斗以言乎尊，巍高之神，而不得一巍高之地以居之，其何以耸人具瞻之望，而慰人仰止之思？邑人士实懵懵于此。岁辛巳，道台范公以名进士，备兵关内，行部昌黎。憩于五老峰下，见峰峦屏列，瑞气环缭。因大赏识曰："奇哉！此天成文笔峰也。昌黎文气全萃于斯，宜建韩文公祠以镇之。"比同海防监军郡丞冯公代管县郡丞蒋公，遂卜地于古石洞之东基。公且慨然欲捐俸镪，置祭田，请立承祀者，期为亿万年禋祀之计。奇欤！恂惓惓为都人士之深心也。而捐赀以成其事者，非学士之责乎？然犹有进焉者，余以为文星固宜辉，而福星尤宜显。夫昌黎之瘠，由往之□□□□也。民之展转而四散者，几不堪命。顷承道台范公轸念之切，痌瘝若己饥己溺。会抚台朱公为昌邑招流移，开荒芜，蠲拖久，彻召买，其泽被不能细述。即移军就草一事，省昌民运送之费，奚啻万金。况昌黎所最苦者，迁安马驿之烦，数倍于他驿。每岁所费约以数万计，尚不能敷，复堪别驿之劳累协济以重役哉？道台范公更加垂悯，调停攒槽，召役代管，并裁去抚宁攀累车夫，议以帮贴，不特节万民无穷之财，而且留万民不尽之生，其为昌之福星，何如也。昌黎诸害去，而百昌应，连岁丰稔，皆抚道两台之深仁所抟捖也。合议鼎建两公生祠，星岳公神同垂不朽！庶足见邑人士之彝好，得文星与福星之并辉，大有裨于昌黎也。所以愚士忻然乐输，以成是举。是役也，有建正祠献殿共六楹，次及斋室厨房，再次及品墙、碑楼，并建之。可谓焕然壮观。祠西岩有古洞，公向游憩于此，以故肃像镌石，因额其洞曰"范公"。流无疆矣！时经始于辛巳暮春月，告成于中秋日。时维冬初，公荣升山西大同巡抚矣。□□□□为文公立永祀，置祭田，而谆谆不置铭刻，宁有既极耶？仍欲立贞珉，以历永久。因孝廉贾子重隆与庠士宋景彬、田永成，同董其事而以记嘱之不佞。虽不敢辞，亦不敢溢，聊述以记岁月云。崇祯十五年壬午。

国朝昌黎崔树宝《重修韩文公祠记》云：碣石苍苍，溟海茫茫，佳气孕灵，宜有磊落奇伟任大任者崛起于其乡。孤竹子清风其杳如耶！相与二三同志，俯仰古今，滂滂下岘山之泪。客有指顾五峰称道唐贤韩文公者。公家世邑乘有书，明季朱、范两公构置圆通禅院建公祠。今春，晓山贤裔以妥神之余，大启尔宇，为谒山祠者游憩地。当夫山雨过檐，海月度岭，披云兀坐。手公遗文一编，朗诵数过，觉潮声万里，沸沸松岩间。时而壮公微言阐道正论格君，使有唐三百年天下，如乍闻雷霆，而复见日月。时而悲公磨蠍之运，遭际屯蹇，而卒气数不易乐道之胸，谗谤益昭永世之名。不禁酹酒阶前，拜手稽首，望我公翩然来下大荒也。同治十三年春。

郭铉俊《谒昌黎韩文公祠》诗云：南阳曾展谒，碣石拜崇祠。两地芳徽在，千秋秩祀垂。文章悬日月，节义见须眉。独障狂澜倒，偏扶坠绪衰。辟邪烦累牍，折叛只单词。大勇过贲育，真堪百世师。

宋琬《过昌黎谒文公祠》诗云：先生海岳姿，实践圣贤道。微公表章力，孰障狂澜倒。兹邦乃故里，庙貌俨圭瑁。乡人困豺虎，生齿嗟凋耗。安得奋云旗，再息鳄鱼暴。泰山不可跻，俯仰余深悼。明禋展奉笾，余生愿执埽。九原风雨中，英爽冀来告。岩岩临巨石，遗像肃何年。乔木留松古，高山近斗连。文章功并禹，香火境犹仙。灵爽千秋在，瞳瞳海日圆。

尤侗《登五峰谒文公祠》诗云：五峰青不断，引入白云中。春后山崖雪，秋空海上风。三钩菩萨升，一尺大夫松。怪石排如笔，森严拱钜公。先生高座处，北斗逼山寒。松柏疑青冢，芙蓉捧绛坛。塞云浮雉堞，海日照阑干。把酒空冥外，茫茫起百端。

白引谦《过昌黎谒韩文公祠》诗云：碣石当海隅，下有昔贤祠。栋宇蔼云光，阶藓幸未滋。斯文邹鲁后，斯人实续之。荡辟障狂澜，功足并禹垂。焉知乾坤秀，钟蓄乃在兹。我来肃洒埽，瞻顾发叹咨。微言尚不隔，努力崇令规。

东荫商诗云：双柏祠堂碣石间，高皇曾此礼名贤。文开大雅榛芜日，道峻元和谏诤年。俎豆岁时严伏腊，枌榆南北渺风烟。只今精爽依栖地，多在苍山碧海边。

杨本深诗云：庙古风云驻，台荒岁月长。蛛丝罗飨殿，蜗篆上颓墙。封国名尊重，升仙事渺茫。重来追古迹，感慨兴多狂。

姚士圭诗云：京兆遗墟碣石傍，五峰山下旧祠堂。参天黛色青松老，漾日波光碧海长。八代已能恢汉魏，一封何事谪潮阳？心源未绝存原道，赖有庐陵续瓣香。

张横渠祠

在滦州西关。

李将军祠

在府城南虎头石下，祀汉太守李广。久废。同治十四年，知府游智开于明远楼绘像祀之。一在卢龙县治内，东北隅。知府卢见曾《李太守祠》诗云：射虎祠堂祀战功，我来瞻拜认英雄。明禋别有千年相，不在封侯骨格中。

李临淮祠

在昌黎县西城上，祀唐司徒李光弼。今改建文昌祠前。

姜将军庙

在滦州西唐山麓。

案：旧志云碑云：将军仕后唐，清泰间，镇碣石之石城。时有蛟为民害，将军斩之。人怀其惠，立庙祀焉。此地自后唐天成初已属契丹，安得清泰间，乃属于唐乎？此碑记之不可信者也。

精忠庙

府 在北门瓮城内，祀岳忠武王。康熙庚辰，浙人翁赞育建。

迁　安 在县北关。

抚　宁 在县西门内。

显功庙

在山海城内西北，祀中山武宁王徐达。明景泰甲戌奉敕建，国朝顺治十三年参领李国柄修。

景泰四年，《钦降显功庙祝文》云：惟王开国辅运，为时元勋。

缮治边疆，万世允赖。军民怀仰，祠祝以陈。神其鉴兹。荫佑无斁。尚飨！

明商辂《显功庙碑记》云：中山武宁王，早以雄才大略，首从太祖高皇帝举义，平定天下，混一海宇。已而，率师漠北，收其余民，比还留镇于燕。慎固封守为长治久安计。以平滦渝关土地旷衍，无险可据，去东八十里，得古迁民镇。其地大山北峙，巨海南浸，高岭束环，石河西绕，形势险要，诚天造地设。遂筑城移关，置卫守之，更名曰山海关。内外截然，隐然一重镇也。自山海以西，若喜峰，若古北，大关小隘，无虑数百，葺垒筑塞，既壮且固。所以屏蔽东北，卫安军民，厥功甚伟。景泰甲戌，今左都御史李宾奉命巡抚，卫人萧汝得等合词告言："昔中山武宁王镇此，城池关隘，皆其创建。边陲宁谧，殆将百余年矣。愿立庙祀以报王。公为请诸朝，许之。属岁屡歉，事未克就。成化辛卯李进握院章，追维前诏，因谋诸总戎，募义敛材，卜日蒇事。乃即山海卫治之西，建王正殿三间，翼以两庑，树以重门，缭以周垣。兴造伊始，适巡抚左佥都御史张刚下车，锐意倡率。时镇守太监龚荣，总兵右都督冯宗，参将刘辅、李铭，悉以俸赀来助，用底完美，实癸巳春三月也，刚告成于上，赐额"显功"。仍降祝祠，命有司春秋致祭，岁以为常。山海军民闻命欢呼踊跃称快，有以见王之功德及于人者，深且远矣。李以事之始末，属守关兵部主事尚纲，述状征予以记。谨案《祭法》有云："能捍大患，则祀之。"若王之设险守国，使百年之间，敌国莫能窥其隙，室家得以奠其居，其功不已大乎？祠而祀之，岂不宜哉？虽然王为开国元勋，当其时南取吴越，北定中原，东平齐鲁，西入关陕，王之功居多。独山海之人，思慕之深者，盖王镇抚燕蓟十有余年，丰功盛烈，非他处比。庙祀聿严有以也。夫王姓徐氏讳达，凤阳人，累官太傅中书右丞相，进爵魏国公，追封中山王，谥武宁。其履历备载《国史》，兹不重著。惟述立庙之意，俾刻之坚珉，庶来者有考焉！谨记。

明孙承宗《显功庙重修碑记》云：昔在中山王徐武宁公佐我高皇帝，百战而有天下，上开日月，下奠河山。当其定中原，驱胡元于沙漠，归守燕蓟者十余年。其规画河山为创，乃其藉河山险易、阔狭、短长、近远为因。盖天地，设河山之险，以待经纶补凑。而先笃一代圣明，合群策力于四方，又笃生佐运之豪杰，以补河山之缺，而佐圣明所为裁成辅相以中，还礼乐文章于一代之人心。予阅关以东，北山南海，向东北去可千百里，而关为扼要一垣，蜿蜒若蛟螭，具兵家方员曲直锐之大略。而三十里内外，用海用山尽可用奇。初武宁经营辽蓟，以大宁护喜峰，以辽护山海。文皇帝予胡大宁，而固守辽。盖无辽无以护关，无关无以护辽，西以护神皋。予向抗天下之议，复辽以守关。顷以蓟人不戒，虏从西入，怦怦乎关之不守。而得与文武将吏，凭关以拒。则武宁之功，不独在守燕蓟之年，而更在后人之凭燕蓟为守。当高皇帝即位之二年八月，大将军取燕都诸郡毕。明年冬中，河山带砺之誓，赐铁券，授开国辅运推诚宣力武臣，特进光禄大夫左柱国太傅中书右丞相魏国公，参军国事，食禄五千石，使子孙世世承袭。后追封中山王，谥武宁。呜呼！武宁之烈，与高皇帝所以酬武宁，盛矣！予读武宁券辞，嘉大将军之功，以唐汉名将虽得中原四五未尽宾服。言大将军自起兵以来，为首将十有六年。廓江汉，清淮楚，电扫两浙，席卷中原，威声所振，直抵塞外，其间降王缚将不可胜数。呜呼！胡元，以天下之力，岂不能歼？胡元所殄灭之遗虏，而为武宁喝噱。武宁以百战之余，略规画守计，令千百世不可移。而今循武宁之计，踆踆于不可守而何以战？凡我文武将吏，瞻庙貌企想英风，岂其念高皇帝百战之天下，又当今皇帝中兴之年，曾不急为天下决一战，而踆踆于守，而更踆踆于不能守。其何以护神皋？呜呼！以武宁之烈，高皇帝嘉其班师星驰，而饬以高危满溢。后人功未一班，而赏同懋宁，不读武宁金书而心悸？予以哲皇帝二年，视师山海，以五年予告。以今皇帝二年再视师，每率文武将吏俯仰高深，辄披大烈而叹曰："将之圣也。"判山海沈承源、副将军叶时新等重修公显功祠。予题其坊曰"河山大烈"。盖高为仰止，深为向若，凡我文武将吏，仰瞻日月，俯履河山。日游文章礼乐之中，宁独以祠报武宁云？

明陈绾《显功庙》诗云：太傅提兵出塞还，更因榆塞起榆关。石驱到海南城堞，垒筑连云北倚山。辽水至今来靺鞨，蓟门终古镇完颜。岁时伏腊犹祠庙，麟阁勋名孰与班。

顾佐《谒武宁王庙》诗云：云龙风虎际昌辰，铁马金戈靖塞尘。百雉层关今尚固，千秋报祀永难沦。乾坤疆宇恢前代，带砺山河启后人。庙貌仰瞻生气懔，朔方长赖庇吾民。

表忠祠

在武庙戟门左，祀明崇祯庚午殉难。**郑国昌、罗**（《明史》作卢）**成功、张凤奇、杨㦤、赵允植**（俱见《名宦》）**张国翰、陈靖华、吕鸣云、蔡国勋、严大宽、杨开泰、杨廷栋、韩原性、张汝恭、冯继**（《明史》作维）**京、弟联京、高应见**（俱见《忠烈》）、**韩原洞**等三十六人（俱附《忠烈·韩原洞传》）。郡民**陆松**（一作陆相）、武举**唐之俊**（案:《旧志》之俊未祀表忠祠，因《明史》附于《郑国昌传》故增入）。今移在县东关帝庙内。

忠烈祠

在武庙戟门右，祀明崇祯庚午殉难。**唐之靖、程应琦**（俱见《名宦》）**焦庆延**（见《忠烈》）。今同祀于表忠祠。

明刘景曜《忠烈祠碑记》云：古有祠，今无祠。古之祠有功于民者祀惟谨，否则必其有关于教化风俗，而其人虽死犹生者也。故其祠常少，而皆足垂不朽！今则大都取媚生前已耳，时之不古若也。即一祠已不胜升降之感者矣。永之有忠烈祠也，科正李江，为唐、程、焦三公而建者也。三公当胡入内地，能从容就义，视死如饴，忠烈懔然，如出一辙。夫名城失守，人方肉袒迎降，贪旦夕生。而愤不顾身，如三公者，何可多得也哉？唐则先令举家自焚，因谓左右曰：“吾死之后，亦焚吾尸，勿中□□。”遂更衣西向，再拜自缢。程则拔所佩刀自刎，不死，令家丁断颈。众皆涕泣劝慰，程竖发裂眦复起自杀。焦则持长矛血战，死锋镝下，骸骨竟无人收。噫！亦烈矣哉！李子捐金四十，募三十，为之立祠于武学戟门之右隙地。而又还赡田四分之一，以永厥祀。谁谓今无祠哉？唐公之靖，古越山阴籍，以会举第二人，官武学科正。程公应琦，与唐同邑，以武闱三捷，任道标中军。焦公庆延，卢龙世胄，历营路参军。不佞感三公之忠节，多李子之义举，辑其事实、姓名勒之石，以识不朽！因为之辞曰：人之有生，百岁为期。其何不树，以止于斯。三公临戎，名城报破。琬琰俱碎，声名并大。万祀传流，芬芳远播。有尽者形，不灭者心。今之视昔，后之视今。落落祠宇，以轩以豁。孤竹之墟，高风可掇！

张公祠

在府城关帝庙西庑，祀明崇祯己巳被执不屈兵备道张春。一在东门外（今废）。一在北门外张家庄西。一在滦州。一祀于表忠祠。

李布政祠

在府东北，祀李公浊。

怀德祠

在府城外东南天仙庙左，祀韩御史应庚。久废。

莱阳宋琬《怀德祠记》云：余读史至《韩献子世家》，嘉其有存赵武之功。太史公称其为天下之阴德，享祀十世有以哉！卢龙韩氏，盖多君子，而侍御西轩先生，以名德闻。考其先，自晋平阳迁居于此。先生起家万历丁丑进士，为御史有声，解组归，累征不起，隐于钓台者三十年。余尝徘徊其下，窃忆先生殆古狂狷者流，既已不为世用矣，故放乎山水以自娱。已而，过东门之墟，有堂岿然曰“怀德祠”。询之则先生之畏垒也。先是郡城东南地多污莱，先生用形家言，建天妃宫于其方。乡人德焉，以其余材作室，肖先生之像而祀之。他如置学田以赡贫士，输囷廪以活饥人，掩骴，施槥，餔糜，授药，父老至今能言之，相与咨嗟，涕泗过其下者，辄流连不能去云。宋子曰：“呜呼！贤者之系人家国岂不重哉？昔者臧文仲没，鲁人哀之。子皮之死，子产叹其无与为善。先生抱经世之略不获用于当世，退而为德于乡，亦岂望后人之俎豆我哉？而夷考卢龙自庚午被创以来，问当时阀阅之家，今尚有存焉者乎？非若敖之馁，则栾盈之败，甚且有污潴其宫室者。而先生之子孙，独能保世滋大，蔚有令闻。不亦骎骎乎献大夫之遗烈哉！且夫先生悬车之岁在明神宗之中年也。上恬下熙，灾变罕有，然而岁一不登，先生辄忾然忧之。今卢龙之可忧者，非一端而足也。士有荡析之悲，氓有采蕾之困。千金之家，有丐于市者。凡民之丧，有葬而裸者矣。使先生而在，则必有蒿目伤心，发为救时之策。而惜也，九泉不作，民罔依归？官先生之里者，靡所资故实而为政焉。《传》曰：不有君子其何能国宜乎，豚肩免首，劳邦人之伏腊也欤！祠之修始于万历甲辰岁，顺治庚寅，陈公宏业乃更葺之。从先生祀者，仲氏南轩公，季氏东轩公，从子观察鹏南公。隐君发西、烈士开西，皆先生之子而贤，故并祔焉。先生名应庚，字希白，号西轩。父子兄弟，各有传载《韩氏家乘》中。先生之孙鼎业，隐于中州，来修祀事。请余为记。因书之，俾后人有所考焉。

孟公祠

在红坡庄南，祀忠毅公乔芳。

魏公祠

在府城南二里，南台寺中。

卢龙王基文《魏松岩生祠碑记》云：时岁在甲寅，魏公老父母于庚戌秋，来知卢龙邑事，至是将四稔矣。今孟夏奉命荣迁东粤，卢四民德公感公不能舍公。众为借莱之请，奈君门万里弗获言情。虽图卧辙攀辕，莫挽行旌。佥谋仿古立祠纪碑事，于城南二里许南台古刹中。择地鸠工，构祠三楹，肖公像焉。曰：“公去矣，无能留矣！卢民思公于心者，可见公于目，见公于目者，故思公于心，益不能忘。”群丐余为记，勒公绩于石，以志不朽，且以为后贤劝也。然余栖息棠荫久矣，公之治行，余何敢默？因思天下最难强者民心，然民有爱慕，惓惓于衷而不解者，余不知其何心？要非实有以被其泽，洽其隐，何能使民心之感戴若是乎。夫卢龙处畿辅之左，为永平附郭，地狭土瘠，兼之治版细弱，半去公室，今之卢龙治亦难矣。自公下车日，民望见公朗中惠外，周仁处厚，即欣欣然有安全色。智足御众，而独用宽和，不锋厉以市能声，不峻绝以树威望。惟睹乎疾苦之原，而轻重布之，莫不群服其德教，而畏其神明。其为治也，击强拔薤，则凭城社为祟者，息矣。仁育义正，则比阳骄于名教者，屏矣。宽赋税，杜诛求之扰，则室家安矣。均丁徭，革烦重之弊，则劳逸公矣。明听断，雪覆盆之冤，则摘发神矣。至清簿书，则六案如水焉。哀茕独则万姓如子焉。而且作人有化焉，而且恤商有政焉，而且野无草窃，稀鸣桴于砥路，狱无絷囚，鞠茂草于圜扉焉。公善政之可述，岂能尽仆数哉？不惟此也，卢龙为二京咽喉，圣驾东狩，两驻跸于邑。而轮蹄旁午，人所张皇失措者，公能从容应之。当时，上召对而嘉美，下安堵而蒙庥。是公才于繁剧间而益恢恢有余，其度量含宏，其识力敏练，虽重大事，而经画担当过人更远矣。大都公为肃括济以和平，强明出之仁恕。有公仪休之廉，而不刿；有范史云之清，而不皦；有陶士行之勤，而不烦；有羊叔子之简，而不疏；有朱仲卿之严，而不苛。卢民曰："游宇下若不知有枹鼓之警、石壕吏之怒呼者。"真所谓恺悌父母也耶！稽古循良若荀勖、张戬、召信臣、狄仁杰、房彦谦、贾敦颐诸公。民感仁化颂嘉绩者，安阳、金堂、南阳，或为立祠。宁州长、葛洛州或为纪碑。以公方之，不亦媲美后先哉？夫民祠公，纪公，在公固无事于斯，然公德泽之在民心，自不能释然于公也。今而后将见官卢邑者，以前无公若也，自公始也；以后皆公若也，又自公倡也。孰谓祠之纪之，之可忽乎哉？虽然公非仅吏治才，异日晋秩台衡，公将勋名彝鼎，像绘麟阁，又宁止著卢龙一邑也乎？公，湖广黄冈人，讳师段，字松岩，今升广东肇庆府同知。时康熙十三年甲寅。

昭忠祠

在府城关帝庙东庑，祀嘉庆间阵亡董宁川、吴一鸣、温振贤（俱见《忠烈》）、三屯协守兵宏吉，潘家口守兵张士印，喜峰路守兵李万宝（俱迁安人），石门路守兵张作舟（抚宁人），建昌路守兵李文善、刘天贵（俱滦州人），乐亭营守兵杨得春、张礼（俱乐亭人）。

三忠祠

在迁安县景忠山，祀汉诸葛武侯、宋岳忠武王、文信国公。

明戚继光《景忠山景忠庙》诗云：冰霜谁识抱关情，三辅河流一洗兵。楼阁晴悬新气象，桑麻色起旧屯营。龙回地轴开戎幕，水合天门驻汉旌。天下奇才今不见，愿留方略佐金城。

国朝靳荣藩《景忠山谒景忠祠》诗云：西川南宋景三忠，一片丹心异代同。吴魏何人矜将略，金元本自服英雄。旌旗气肃云车到，箕尾芒寒帝座通。仰止高山修禴祀，边关万里一龛中。

张太复《景忠山三忠祠》诗云：三忠不同时，庀塞同所遭。百折志不回，万载钦雄豪。缅昔炎赵代，毁室同鸱鸮。三人各龙腾，奋力安宗祧。五丈星忽陨，三字狱莫逃。艰难过丁零，白浪空滔滔。所遇竟若此，一掷成鸿毛。意天生若人，将使奠断鳌。胡乃摧折之，中路如冰销。因思三顾恩，鱼水逾漆胶。大廷举第一，声名上云霄。终焉以死报，志士原特操。哀哉风波亭，俎醢供欧刀。戮忠以快敌，此意真难料。使当蜀宋际，三人钟鼎叨。成功迈耿邓，致治均益皋。亦只令万古，人仰勋业超。惟其生不辰，身死名愈标。乃知造物工，无意扶衰朝。故作此奇举，反常骇俗嚣。遂令不死心，激厉千俊髦。我来古祠下，怀往心郁陶，纵目万仞颠，莽莽风云遥。借问兹三忠，何似吴三高。

马公祠

在三屯营景忠山下，祀明总兵马永。

崇报祠

在三屯营新鼓楼东，祀明总兵戚继光。

明兵备范阳马思恭《戚少保公功德碑记》云：夫戚少保公位极人臣功高天下。掀揭之业，载在史册，声之诗歌，路人能道之也。奚俟予之拾唾余哉？惟是吾乡三屯，有崇报馆，为崇德报功之祠。乡邦父老捐赀所建，中塑公像，庑绘功迹，善去世思也。迄今二十余年，都护尤公来继事，见祠宇倾圮，捐俸鸠工，遂再修葺。益以围房十间，召僧焚修司香火，围房则召人居住，取其赁，直供僧衣钵。一番兴作，整旧如新矣。顾无碑记纪其事，予自释褐，通籍薄游中外弗及知。比自云中还，过三屯，入祠瞻礼，诸父老诵公功德不衰。予喟然叹曰："吾蓟苦于边患久矣。使微公安能安堵如此，生齿日繁如此？可阙典而不勒一石乎？"守戎龙君、庠生张九思等，进而揖予曰："乡大人兴言及此，真仁人君子之心也。某等有心无力，屡求钜公名笔而不可得，敢丐乡大人一言，为公重可乎？"予笔砚久疏，何能为役。而念公丰功伟烈，厚泽深仁，沦浃我乡人肌髓。予总角时，即耳而目之，恨弗获操觚艺林为公扬扢。敢以不文辞，遂为之言。曰：公宗出濠梁，崛起东海。讳继光，号曰南塘，又号孟诸。方英年即提伐东南，荡浙倭，靖闽寇，功既无前。若浙若闽之人，家祀户祝，在在有传，班班可考。予虽殚齿牙罄颖墨，又何足增重万一，姑不琐述。即自其镇抚我蓟也。蓟本内地，自大宁内徙，遂称极边。东西界交讧，大举则大入，小犯则小入。若嘉靖二十九年、三十八年、四十二年，隆庆元年事可征也。穆庙患之，特简公来听便宜从事。公入疆，见士马彫敝，边墙低颓，愀然而太息，曰："士马如此，边墙若此，且章程庶务百孔千疮，何以资御倭，而制边患乎？"于是合马步十万而训练之，教以坐作进退之方、攻战击刺之法，造战车，教车战，制火器，扼险隘。跨山筑墙，跨墙筑台。募南兵万人，分布了守，明烽号，严侦探。不期年，而士卒知方，器械犀利，马战、车战、步战，等等有法，井井有条。二千里台隍，顿成金汤之胜。东西夷相顾错愕，咋指相戒，无敢生事于边。土蛮则远徙绝塞，俺酋则奉贡乞封。烽火不扬，羽书寂静，蓟之为蓟不啻衽席之安，殆登春台寿域之天矣。黄童白叟，孰不歌咏而祝颂之。惜其功业未竟，而忌者媒孽排挤。公去，蓟之人，如失怙恃，此祠之所由作也。古所谓其可能者人，其不可能者天。非公之谓欤！然仁人昌后，子而若孙，孙而又孙，当必奕叶云礽，踵芳济美，衮衮公侯，源源不已。又所谓平生不了事，留与后人补也。吾敢以是为公祝，为公慰。佥曰："乡大人之言，足以概公矣，请书之。"遂勒诸石。

忠烈祠

在建昌营西北，祀明阵亡副总兵蒋承勋。

遗爱祠

一在迁安南关，祀明知县张廷拱；一在迁安大南街，祀明知县王四维（俱废）。又书院有前知县王余菖、张恩溥、张梦蓉栗主，而祠宇无考。同治十二年，知县王耀光于书院建遗爱祠，合祀之。

路公祠

在三屯营西门外，祀阵亡千总路印章。

迁安马恂《路公祠碑文》云：国重昭忠之典，临照则末弁不遗；士殷效命之忱，勇壮则明堂可上。奏《翁离》于乐府，义气如生；礼《国殇》于楚骚，明禋永肃。维加赠守御所衔喜峰路太平寨千总路公，讳印章，字绶若，籍属遵化之州，家居忠义之卫。少耽文翰，磨铁砚而欲穿；壮奋风云，请长缨以自试。军门齐辟，洊蒙国士之知；仕路汎厅，克振戎行之绩。道光在干壬支寅之岁，昌黎饬抽丁授甲之防。羽书遄奉，渤澥遥驰。目空鲸浪。不慑圭黎之火轮；手绾豹钤，自坚蒲河之铁壁。蒇事归营，书勋升秩。廿六年三月，拔补太平。三十年九秋，晋加爵级。感恩展力，将军无愧虎牙；报国殷怀，烈士不忘马革。咸丰三年癸丑八月，奉调随征，带兵逐寇，积守御转战追袭之劳，历天津、河间、阜城等处。从上将以驰驱，致其果毅；奋前茅之锋锐，积有战功。四年驰山东以进征，二月助临清之防守。抗彼豺狼，功防期于汧督，援无蚍蚁，势竟异于钟离。黑云压而地城隳，白骑奔而鼓死。蟾魄初盈，雉墉骤陷，鹿惊铤险，鹑肆毁巢。公乃独冲晕月之围，益吐长虹之气，短兵狭巷，决命争颅，长铩远屯，高呼奋臂，经一昼一夜之久，失百战百胜之雄。日当十六，竭力身歼。年歉五旬，志纾忠遂。以事上闻，奉谕旨加守御所衔，予嗣子云骑尉，世职三次。袭次完时以恩骑尉世袭罔替。并交部议，恤于原籍，建立专祠。呜呼！乾坤载德，实为显忠遂良，雨露垂恩，即以承家延世。荷哀荣以图报，如公定化青魈，崇庙貌而来歆此祀，自腾铁马指顾捧海之浇，全消萤焰心仪。景山之宇，永戴龙光。用志忠规，以镌乐石。

王公祠

在抚宁县治东南隅，祀明知县王台。

明庄奇显《抚宁令清源王侯生祠碑记》云：抚宁王侯，讳台，号古柏，山东清源人。万历四十二年除抚宁令，荐卓异者数次，越六年，迁扬州府同知。去抚之日，士若民如赤子之失母也，攀缘二百余里，至丰润涕泣而回。曰：“何日再见侯乎？”于是绘侯像，建祠祀之。不敏过抚宁见而敬服焉！越四年，抚之士民，束帛陈实求一言于余，勒之石以垂侯政于不朽。不敏肃容而问曰：“人情思于方去之时易，思于既去之后难。树碑于显宦要津之人易，树碑于郡佐间散之职难。今日之思，真思也。王侯何政而感人之深如此？”士民作而对曰：“侯抚民以仁，训士以礼，赋役从轻，刑罚从宽，约束吏胥，裁革冗役，禁摴蒱，绳左道，问疾吊丧，表扬节孝，煮汤糜以活饥民，立保甲以资武备，创书院，建魁楼，置社学，以兴文教。朝勤夕惕，百废俱举，此侯抚绥之政也。复修山石边墙二千六百余丈，建台三十座，烽墩一十有四，此又侯济变佐时之政也。”不敏闻而叹曰：“侯抚民勤苦如此，又能佐时济变，可谓盛世之循良。而筹边之利器矣，世人以沉灶产蛙为城守功。不敏独以为绸缪未雨，如王侯之功更大耳！士民爱如父母，戴如天地，敬如神明，有由然矣。”是为记。

陈公祠

在昌黎城外，祀明知县陈良辅。

孟公祠

在陈公祠左，祀明知县孟秋。

吴公祠

在昌黎东北，祀明知县吴应选。

杨公祠

在昌黎东，祀明知县杨于陛。

忠义祠

在昌黎北门外（明巡抚杨嗣昌疏建），祀崇祯庚午守城死事者四十人（俱附忠烈门拽梯郎君传）。一祀于府城表忠祠。

拽梯郎君庙

在昌黎东月城内。明崇祯中巡抚杨嗣昌建，久废，今祀于府城表忠祠。

顾炎武《拽梯郎君祠记》云：忠臣义士，性也，非慕其名而为之。名者，国家所以报忠臣义士也。报之而不得其名，于是姑以其事名之，以为后世之忠臣义士者劝，而若人之心何慕焉，何憾焉。平原君朱建之子骂单于而死，而史不著其名；田横之二客自刭以从其主，而史并亡其姓。录其名者而遗其晦者，非所以为劝也。谓忠义而必名，名而后出于忠义，又非所以为情也。余过昌黎，其东门有拽梯郎君祠，云：方东兵之入遵化，薄京师，下永平而攻昌黎也，俘掠人民以万计，驱使之如牛马。是时昌黎知县左应选与其士民婴城固守，而敌攻东门甚急。是人者为敌。舁云梯至城下，登者数人，将上矣，乃拽而覆之。其帅磔诸城下。积六日不拔，引兵退，城得以全。事闻，天子立擢昌黎知县为山东按察司佥事，丞以下迁职有差。又四年，武陵杨公嗣昌以巡抚至，始具疏上请，邑之士大夫皆蒙褒叙，民兵死者三十六人立祠祀之。而杨公曰："是拽梯者，虽不知何人，亦百夫之特。"乃请旨封为拽梯郎（君），为之立祠。呜呼！吾见今日亡城覆军之下，其被俘者，虽以贵介之子，弦诵之士，且为刈薪刍拾马矢不堪其苦，而死于道路者何限也。而郎君独以事著。吾又闻奢寅之攻成都也，一铳手在贼梯上，得间向城中言曰："我良民也，贼以铁锁系我守梯，我仰天发铳，未尝向官军也，今夜贼饮必醉，可来救我。”官军如其言，夜出斫营，火其梯，贼无得脱者，而铳手死矣。若然，忠臣义士岂非本于天性者乎？郎君之祠且二十余年，而幸得不毁，不为之记，无以传后。张生庄临，亲其事者也，故以其言书之。

四贤祠

在滦州西门外，为明知州卢杰、韩应春、李鸣皋、孙慈建。

明州人高第《四贤祠记》云：吾滦自有长牧以来，固多遗爱于民者，乃去见思，相与尸而祝之，惟四大夫所由民情系结念不容释。自非然者，弗为娇举也。当嘉靖初，得商河卢公杰，癸亥得在平韩公应春，今上之戊戌得博平李公鸣皋，三大夫皆廉而才，才而循。诸善政各有碑记，兹不具书。顾其先独卢公一祠耳。迨我韩、李二公，皆以次附。父老之意盖曰：祀以类从，便于风劝，于是共模像于一堂，名三贤祠。岁时伏腊，搢绅暨诸父老子弟，无弗奔走瞻仰，一如任吾滦时坐堂皇。族进而谒者翼如也。越十年，又得蕲水孙公，公楚才之甲，岁丙午筮仕吾滦。期月政成，维时方迎太公于滦，怡以禄养。无何，太公至则寝疾捐馆，公遂以制归矣。民既痛公之去，又思公之为德于滦者。聚族而谋创生祠，以识不朽已。又相顾而言曰：“守土则同，报事则均。盍于前祠增其堂宇，并三贤而四之。庶后事者，益有所鉴，而加惠吾民乎？”遂以属尚宝魏临宇公撰遗爱碑。第并请而得为之记。

杨少卿祠

在滦州城东南隅，为明知州杨嫌建。

明巡抚冯任《杨光禄少卿祠记》云：维曜仪天，维岳峙地，人位乎中。其生也直。说岂僢里而遗形乎？世间飞动之物，身皆侧偻而行，人则凝然直立。是必有与立者矣。其身担荷纲常其志，维持节义，剑霜戈日，筠竹心松，又何异二曜之仪天，五岳之峙地哉？尝于少卿杨公服官死难，未尝不慨然流涕，曰：“嗟乎！贤哉，公以贵竹劲才，绾章滦水，摘发宛如京兆，雅泽不让西川平居登蜀楼题咏，有‘寸心许国奠于磐’之句，其平生自许殆忠孝人也。岁己巳，遵阳告警，近滦仅五舍。时承平日久，郡县销兵，城楼经年锁闭，况矛铤炮石具乎？州无兵，士绅佥议请兵戍守，愿以饷出集之仅民壮六百名。又奉道檄传令调抽四百协守府城。长吏争之不可得已，签民守陴，率屠沽菜佣，刺木未裂中裙，同儿嬉耳。啼寒守柝，半掉臂宵遁去。除夕，七家岭驿破，守备卜文熿以居民髡首降。授以官旗，榜招摇州之恶少，又笱起插誓立号约，探丸斫吏，操戈。入室，急则逃遁为退步。公日夕与搢绅暨二三措大登城，洒泪鼓以敌忾，然鸟散乌合壮有戎心，稚无斗气。黠者且夜竖旗木悬长绠缒城，以其室行且尽矣。庚午王正初四日昧爽，永平陷。次日闻之，群心瓦解，奸势鸱张，火人之庐，刃明于市。公知事不可为，归坐堂皇握剑自办一死。维时士民怆惶避难，纷纷藉藉如鸟兽散。又三日闻有招安之信，公发立眦裂，题句壁上，拔剑自刎，溘然长逝。呜呼！壮哉！可谓贤矣。卒五月而天戈克复，军于城东，炮震烟迷，隐隐有冠裳贵人，踏云雾上，见者咸相惊咤，敌遂中宵北走。嗟乎！生为正士，没为明神，公虽死犹生也。大宗伯旋以旌典请，天子嗟叹，赐祭葬，赠光禄卿，录公子人胄监，诚煌煌异数也。土人睹莱公之竹思，召伯之棠泪，岘山之碑摹，桐乡之祀。卜址近坰，庀材未备。大夫嵩曙刘君，随余行部停车展谒，荐菊采薇，谋永其祀。刘君慨措香火田六十亩，以供俎豆，至盛心也。太守凤来石君、刺史谏门辛君，同坚雅志，捐俸佐之，首先绅士。建堂三楹，楹前有轩，后有斋、厨、门、台、阶、垣，岿然皆具，知公翩然披发之下蒸爨萧，一有所也。刺史请书颠末以寿贞珉。余曰：嗟乎！是不可以不记也。国家巩瓯无缺近三百祀，而吏气如饴，臣力已竭。矧月晕围合，云压城摧。祸心有内煽之蜂豺，却步半奔林之猿玃。而公洒血题诗，见危授命，忠魂补国，英厉却兵。公死诚重于岱，磬芬于椒桂者矣。故天子旌之。宪臣表之，太史书之，刺史立庙而禋祀之，郡人流涕而崇奉之。公烈彰矣！公如在矣！是担荷纲常维持节义者，莫公若也。千秋讵有朽哉？时崇祯十一年岁次壬寅仲秋记。

巡抚杨嗣昌《祭杨少卿文》云：维甲戌岁夏六月朔，越祭日丁巳，巡抚山东等处地方杨嗣昌，谨以羊一、豕一，致祭于诰赠太仆寺少卿、前滦州守杨公之神。日：呜呼！惟兹北平，滦流碣峙，既雄且清。商周远矣，孤竹而外，殆无前闻。自是厥后，割据僭乱，盖千余岁之久，而无一再世之宁。惟高皇帝逐亡元，以造中夏。嗣文皇帝定都会，以辅神京。于是民生其间，有二百年之丘墓，老终幼养享十数传之太平。而且为衣冠之望族，流甲第之盛名，袭累业之资产，操要路之奇赢者，皆前时所无，而当代所独也。呜呼！是宜如何而报国恩？如何而保乡土？如何而重名义？如何而销逆萌？岂知一朝有警，凡兹士民望风瓦解，非捧头鼠窜，则肉袒迎降。敌未至而城已空，官欲守而民先去。如庚午正月八日，守滦州杨公之四顾无人，拔剑自刎而死。则何其冤哉！痛哉！可感哉！可憾哉！抑至于是也。呜呼！公奉命守滦，则有滦之民人社稷矣，民人去而社稷存，公死守社稷，死得其所矣。朝廷以公能死节，加赠公官袭之世荫，名垂青史，泽流子孙，死食其报矣。痛则应痛，何以曰冤？感则应感，何以曰憾？昌盖有说焉，使公以自刎之刃，而与敌人角则无冤，今未遇敌人而死，公有其志未遂其事也。昌不为公冤，公必自冤也。抑公之不免取彼肉袒迎敌一二逆竖而先戮之，然后死无憾。今未得戮贼，而独死，公死无所雪，昌不为公憾，公必自憾也。虽然敌且旋踵去矣，逆竖骈首诛矣；即或仅存者，恢恢之网，终不漏奄奄之息，不如无生也。公又何冤？何憾乎？昌也后公抚山永，滦其辖属也。以公事至滦，幸生识公面。今肃拜公祠，瞻仰公遗像，不能不痛乎悲也！询问滦之人，朝赠公何官？袭公子何职？尚茫然不知。闻公慷慨死，捉笔草遗言，昌未知信否？不能不寤寐思也。公其幸启迪我乎！抑吾所称此中人宜如何而报国恩，如何而保乡土者？公或以为然，则幸移其启迪我者，以启迪于斯人乎！是则公之灵也，昌之愿也，斯人之福也。公其来格思乎！尚飨。

州人石维岳《劝建杨公祠疏》云：滦州仁牧杨公者，天末伟人，铜崖烈士。名魁省榜，苜盘留南楚之鳣；策献丹廷，仙舄叶西秦之雉。六鳌日驭，五马神州。依慈母而裤襦兴歌，戴神君而鸾凤起颂。特传恩诏来守滦封，甫下脂车，即流膏泽。循阡越陌，屡勤农业之咨。剔蠹厘奸，尽革役胥之弊。置蒲鞭而不用，四郊大布阳和。谢苞苴而无庸，一郡通瞻冰洁。岂期时艰，偶值兵燹忽兴。远迩震惊，士民前却。公遂婴城敛众，固圉请师。永夜饥肠，堞士佩分餐之惠。寒风裂肤，陴军感泣谕之恩。无何而运会艰虞，孤城沦陷。有怀莫遂，视死如归！当使庙祀千秋，节留弈世。神既乘乎箕尾，气直壮乎山河。兹者天心厌乱，海阳奏绥定之猷。人愿思公，孤竹编祝厘之典。可无祠宇，何妥音容？凡我士民，愿同捐助。盖创兰若之刹，尚有檀那。岂修忠烈之祠，乃无义士？务使鸠工成壮丽，共看遗像肃清高。伏腊泣甘棠，不断白苹之荐。凄风吹茂草，永垂青史之芳。谨疏。

刘善人祠

在滦州南马城。嘉靖六年重修。

《重修善人祠堂碑记》：马城刘氏，大族也，其先世有称为善人者。去东关里许，玉皇殿后有其祠。余自垂髫时，即闻父老传说，谓其喜舍资财，兼能远方募化，于邑中外多修庙宇。爰为立祠，以表其善。然欤？否欤？抑焉知非糠慨好施，济人贫，扶人困，力敦睦姻，任恤之行而一时感其德者，特假修庙一事为之塑像以志爱欤！祠前无碑记，不知创建何年？亦不知重修几次？兹因风雨剥蚀，将即颓败。其合族子孙，庀资鸠工仍旧址而构新居，四壁黝垩，栋宇门棂染丹装碧。虽非巍然大厦，却亦焕乎可观。告竣之日，欲刻石以遗后，于是求志于余。余因拙于文辞，然善人二字，窃有感于心焉。古今以来，名公巨卿，及郡侯邑宰，凡有功德于世者，青史流芳而外，或勒珉以铭之，或建祠以祀之。固历历可数。即伏处闾巷终身，未尝显达，而力行善事，亦能若是之永垂不朽。甚矣！人而为善。即谓留祖功宗德于后裔也。是为记。

二李公祠

在乐亭北月城内，祀明知县李瀚、李邦佐。明万历间建，久废。

贞女祠

在山海东关外十三里，望夫石之巅，祀孟姜女。明万历间主事张栋建，崇祯间，副使范志完重修，增龛，以榆关烈女十九人附祭。

明主事张栋《贞女祠记》云：贞女孟姜，姓许氏，陕西同官人。夫久赴秦人长城之役。姜制衣觅送，万里间关，天监贞烈，排岸颓城诸异，载在诸志传中。或以夫为范郎，又云杞梁。杞梁事载《檀弓》，春秋时人其为误无疑，皆不足论。惟是山海关外八里铺东南，有望夫山；又东南二十里，辽海中有姜女坟，一封挺立，就之则石。土人传迤北大边，即长城旧迹，所谓起陕西临洮，以至辽东者。姜寻夫至此，曾登此山而望之，后死或瘗于此。然坟以从土，峃然一石，谓可（何）以？大端乾坤正气如水行地中，无处不有，凿之始见。姜之节，姜之心，人人同具。无亦因海中石似坟，因此山高可望，且以近长城而思孟姜，因指以为迹。将令同此心同此节者登山望坟，望坟吊姜，直欲上论其世，以启人之贞烈欤！此迹不必真，而姜则实有其事，君子直求之心已矣。甲午春，予与参戎郭将军企此山而登焉。北眺山麓，南望海涛，环山面水，巅有巨石徙倚孤松，远如人息其下，盖胜地也。因命夏千总东升夷其荒芜，得旧砌伏白石布袋和尚小像一具，则知旧原有祠。今岂运数当兴乎？因谋恢复。而协守秦都督闻之，亦为捐廪金；关内外部曲慕义者，又各捐金若干。工食既备，祠即告成。于是年三月二十五日始，于是年九月二十日终。庙正中观音大士像，左贞女像。为茶房左右各一；后为草亭一；环以石垣。景态辉映，触目豁心，真称胜地矣。嗟嗟！孟姜一妇人耳，一念贞赤，千古不朽。至今，荒徼绝塞人犹祠而思之。吾济丈夫戴天履地，为妇人之纲，肩君臣父子之伦，视此当何如也？予因纪其事，且告来世所为兴其祠之意。万历二十二年。

明张时显《重修孟姜贞女祠记》云：天地间之气，阳刚与阴柔异。齐有阴柔中得阳刚之正者，是女子而丈夫者也。若人也，生有裨世教，死无愧庙食，谓之间气所值亦宜。关之东行八里，有望夫石，石之巅为贞女祠。考诸野史，女许姓居长，故名孟姜。夫为范郎，时兴长城之役，由临眺（洮）抵辽左，郎操版锸于辽无返期。女矢心远觅，至则郎已物故矣，遂哭而死。土之人遴高阜祀之，因名曰“望夫石”。然郎之即膏此土，及女之曾跻此石，皆不敢遽附其说。世久庙貌湮没。岁甲午，前关尹张公栋始修复之，表章之意蒸蒸盛矣。丙申夏六月显赍瓣香往，先望见其祠，额曰“贞女祠”。既入。中肖圆通大士像一，南向；旁肖贞女像一，西向。予乃私讶曰：“大士清净法门也，人世女获配，芳魂岂不慰？第神既位其中，而祠额实为他设。女既称有专祠，而位次若同仅附。两者皆无当也。事疑偏而不举，是则从之人耳！”于是谋诸前屯协守赵副将军梦麟，并檄八里铺千总李栋董其事。将军鸠工伐材，而陶埏糗粻余佐之。关内外有慕义者，且子来也。始相祠外无剩地，四至皆嵬垒石。则命石工施锥凿，突者铲之，凹者补之，甫匝旬而石之平若砥方若画矣。再命木工即石之上，增构前堂三楹，堂之外复砌祠屋三楹，左右翼以僧舍，后草亭已圮者并葺之。三阅月竣事，而规模视昔益宏敞幽邃云。至大士仍旧祠不迁，明尊也。贞女像移置今祠，明专也。中堂则游客藉以憩息，亦所以安神也。庶几祠之名不虚设，而于前人修复之意，谓相成而非相戾，可乎？抑子感此，而尚论往事。晋公子出亡，狐、赵诸人相从十九年于外，臣道也。宋朱寿昌幼失母，足迹半天下求之幸遇于蜀，子道也。寻夫之事，史不多见，惟《博物志》载：舜南巡不返，二女追之不及，泪染竹，死为湘神。顾亦不知何据？大抵身不逾闺阃，即归宁有时而废，此礼之经也。间关万里，往行旅宿，必死于同穴，则所遭之不幸者。窃意姜女当时舅姑已殁，可无井臼虑，不则安得事远征？又或以无后为郎惧，倘有子代行，必属之矣。故不量礼之可为与力之能为，而执一为之者，是苟难之行也，姜女必不然也。凡为贞者，所当知也。嗟乎！秦人是役，百万生灵悉膏草野，孰从诘其姓氏？今千载之下，独知有范郎，则郎有妻如姜女耳。节义之感人心，千古不朽如此。余故曰：若姜女者，是女子而丈夫者也。何可以无祠？何可以无专祠？因续为记。万历二十四年。

泽州陈廷敬《姜女祠》诗云：谁筑长城万里长，至今片石对苍茫。辒琼风起鲍鱼腐，得似空祠一瓣香。

诒晋斋《题姜女祠》诗云：姜女祠前秋草黄，姜女祠外秋风凉。高原突兀望夫石，遥看海水今茫茫。

定亲王诗云：坚节曾闻道姓姜，夫亡徭役痛悲伤。至今海屿留孤冢，剩有凄风伴夕阳。

德楞额《游姜女庙》诗云：策马雄关外，遥临古寺头。清操留片石，烈气懔千秋。泪滴苍峰翠，情牵碧海秋。荒祠谁结伴，巾国邈难俦。

府学训导天津梅成栋诗云：一恸倾城事可真，明珰翠羽庙犹新。海波化泪都成血，墓草凝霜惨不春。古碣谁题黄绢字，危楼如殉绿珠尘。何须据史评荒诞，如此夫妻定有人。

管关通判永嘉陈天植《贞女祠》诗云：迢迢长城路，纤纤弱女身。不惮万余里，寻夫辽海滨。夫婿从征役，劳劳多苦辛。耐此霜雪威，白骨委黄尘。寒衣刚送到，不见扊扅人。对兹筑愁者，翻令娥眉颦。登高遥怅望，水石空粼粼。可怜妾薄命，哀怨难具陈。夫魂不可招，泪血倾城闉。妇心金石坚，此生聊以殉。长城役方罢，二世已亡秦。至今千载下，贞女祠犹新。东海有沧桑，斯坟无沉沦。偶来凭吊生，悲歌当蘩蘋。

寿阳祁寯藻姜女祠诗云：姜女祠前秋草生，望夫石上泪纵横。亦知精卫难填海，谁遣蒙恬更筑城。遗事至今传莫定，灵风终古恨难平。依依最是关山月，犹作蛾眉送远行。

迁安马恬《姜女庙》诗云：纲常千古赖人扶，姜女何劳问有无。耿耿中情天莫补，绵绵此恨海能枯。长城昔枉矜防寇，片石今犹说望夫。秋至寒砧悲远客，夜潮寒浸月棱孤。

广西侯焕尧《姜女庙》诗云：缟袂云鬟惨素颜，捣衣石染泪痕斑。剧怜门外秦时月，犹照边城万仞山。化石此心原不死，凝眸犹复望辽西。杜鹃那识贞媛恨，静夜无人庙里啼（自注云：女为石像，凝眸西望）。又《用朝鲜人韵七律》云：高阜登临拜古祠，仰瞻遗像不胜悲。山容照水凝愁黛，月镜凌霜写怨姿。肠断啼猿余旧恨，琴弹别鹤寄哀思。潮头终古孤坟在，寒翠迷离蔓草滋。

劝义祠

在山海西关外，祀明阵亡参将张世忠。

褒忠祠

在山海西关，石河西。今废。

黄公祠

在临榆县学宫旁。

临榆靳毓秀《重修黄公祠记》云：黄公讳景夔，四川丰都人，前明以主事莅山海。东瓮城旧有祠宇久矣，废为民居。乾隆四十四年重修圣庙。邑先达，暨诸弟子员于庙旁重建此祠，以郡守梁公配之。梁公讳锡蕃，古晋介休人也。自有明以迄昭代，官于此者多矣。而独二公之得祠何哉？盖山海地瘠民贫，士无恒产。明初居民垦无赋之地，中官守关，括入私橐。黄公稽地归官，以给廪贫士，永为学田。定制其有益于士林者，实有功于圣教也。乾隆二年改卫立县，学田几为邻邑所争，而梁公分籍画深河为界，将廪贫粮照常颁给，原委通详。是以每廪二十四斛，每贫士十二斛，至今奉行不易。夫一学粮也，始于黄成于梁，二公待士之心，异世而同，符然则奉于一祠，与圣庙并垂不朽。岂不宜哉？乃未逾二十寒暑，忽尔倾圮，安肃李公应侯振铎是邑，见其荒芜，爰以修葺之举。谋之诸生，诸生皆鼓掌称善，于是集腋成裘，不月余而蔚然如故。予窃有感焉，士人读圣贤书，自当别有抱负，义所当为者，德怨可以不计，依违二三之见，则何事可成？今我广文李公，切切为此。予为今日幸又不能不为后日望也。是为记。嘉庆元年。

陈公祠

在临榆东月城。为明兵部主事陈祖道建。

张老相公祠

在临榆县弥勒庵。

忠爱流芳祠

在临榆县西月城。乡民为历任关门之廉能者建。

来公祠

在临榆龙王庙后。祀明兵部主事来俨然。初建西关外，后废。仅存木像，今改建于此。

三善祠

在临榆义院口三官庙内，祀参将浙人金斌，寿官王守道、乡耆高廷贵。明季边防最重，义院口为关隘要地。斌于崇祯七年抵任，查阅城垣半为倾圮。约集诸绅耆，捐募鸠工为修整计。众情踊跃，数月功成。嗣屡经烽警，而地方赖以保全。是役也，王守道、高廷科二人，赞襄之力居多。后之人思捍卫功，为祠以祀之。

忠义孝悌祠

卢　龙　在县治东关帝庙。
迁　安　在县东街。
抚　宁　在名宦祠南东夹院。
昌　黎　在文庙右。
滦　州　在儒学右。
乐　亭　在县治东南。
临　榆　在文庙棂星门东。

节孝祠

卢　龙　在儒学右。
迁　安　在县东街。
抚　宁　在乡贤祠南西夹院。
昌　黎　在儒学右。
滦　州　在儒学右。
乐　亭　在县治东南。
临　榆　在文庙棂星门右。

案:《大清会典》直省府州县，立忠义孝悌祠、节孝祠。已故者，设牌位于祠中。有司岁以春秋致祭。用帛一、羊一、豕一、爵三、尊一，承祭官行礼，与各省祭贤良祠仪同。

乐亭史梦兰《迁安节孝祠碑记》云：昔刘中垒，作《列女传》，滥及辰嬴南子；范蔚宗作《列女传》，遂登蔡文姬。识者非之。盖妇人以节为重，节操一玷，其余概不足观。国家设旌表节孝之典，凡妇女能识从一之义，守不二之贞者，年例已符，无论其及事父母舅姑与否，例得以节孝旌之，准予入祠。烈妇贞媛同堂俎豆，其礼仪与诸坛庙埒，所以正人心，维风俗也。迁安节孝祠，旧在学宫西南数十步，岁久倾圮。前教谕张公太复移祠于文昌宫后，而旧基遂废为蔬圃，嘉庆间事也。今邑侯韩公悯其湫隘，仍于旧基重为缔构，规模视旧有加，复因续修《县志》，广加采访。于节孝贞烈之舆论可凭者尽为请旌，已故者奉主入祠，甚盛举也。案《说文》："节，操也。"言人之有操，犹竹之有节也。士有士节，臣有臣节，至于孝尤为百行之原，自天子至于庶人，皆不能外。然则节孝云者，岂独妇人女子事哉？乃间观一乡一邑之间，求其处为良士，出为良臣，行谊无亏，所生无忝足称名教完人者，恒不如节孝之多。其故何也？《春秋传》曰："圣达节，次守节，下失节。"《礼·祭义》曰："小孝用力，中孝用劳，大孝不匮。"士君子被服儒术，敦本力行，毋徒以节孝二字，责之妇女。而妇女亦当益知所重，以期名实不负，而扬彤史之芳矣夫。

卷之四十

建置志九　寺观附上

隆教寺　一名草堂寺，在府城南一里。明洪武初，僧吉岩建。景泰五年，敕赐寺额，设僧纲司于内。久圮。国朝顺治六年，都御史蔡公士英捐资重建，规模壮丽，置藏经一部，建高阁藏之。水陆诸像，绘画精绝，为北平第一名刹。

府学训导天津梅成栋《秋日登草堂寺藏经楼》诗云：消此胸中闷，闲登眺远楼。林凋山露骨，云截树平头。远碧天如梦，新黄草变秋。故乡杳无际，南去羡扁舟。

谭允谦《隆教寺》诗云：雪晴山寺趁朝登，老衲相迎挂一藤。鸿附尺书临玉塞，马驮梵册自金陵。来同陕右栖禅客，还问江南结社僧。邻庙尚存飞将在，几谁敢恃射雕能。

开元寺　在南台山顶。明永乐七年，僧洪声建，今呼南台寺。

国朝莱阳宋琬《初夏同杨九章太守、王心任郡丞宴南台寺》诗云：孤台缥缈俯长河，参佐追陪到薜萝。黄鸟鸣时烟树合，白鸥飞尽夕阳多。渡头吹笛闻渔唱，月下烹泉试茗柯。此日接篱须倒载，莫教归骑促笙歌。

王金英《登南台》诗云：天风吹我此遨游，一度登台一度讴。领略烟光朝复暮，徘徊杖履去仍留。群峰叠起趋龙塞，二水交流到虎头。故国山川春梦里，摄衣如上阅江楼。

李斐章《南台寺》诗云：野寺高台上，登临感慨生。河流经绝塞，山势抱孤城。破灶残僧去，长廊落日明。空阶余老树，时有怪鸦鸣。

张元《游南台寺》诗云：琳宫遥指问山灵，胜日登临蜡屐停。返照平分秋涧紫，晴云高压晚峰青。香灯杳霭留禅榻，花树扶疏散客亭。试倚双林舒远眺，几行鸥鹭下沙汀。

丰润鲁克恭《南台寺》诗云：城郭看如画，巉崖碧四围。松涛寒作雨，柳黛浅描眉。怖鸽冲檐出，山僧荷锸归。惊沙河北起，又见马蹄飞。自注：时方较射。

卢龙辛大成《登南台寺》诗云：著来双不借，拾磴古招提。地接滦江近，山回孤竹低。雄风生大壑，落日满长堤。吊古情何极，苍茫塞草迷。

临渝蔺士元《九日登南台寺，和郭廉夫韵》云：恰喜无风雨，登高寄兴豪。城包群树暗，河避断山牢。雁字秋千里，渔船水半篙。唱酬诗有料，何必定题糕。

乐亭张九鼎《登南台寺》诗云：寻胜忘途远，穿云到寺门。寒山青客眼，秋色瘦诗魂。碑缺文难读，僧贫佛不尊。禅房堪小憩，归去近黄昏。

又，张山《携同人由隆教寺至南台寺振衣庭》诗云：出城为游山，游山从寺始。山中复有寺，相隔尚三里。偶然得一径，却入空翠里。梯崖踏乱云，触足石齿齿。路狭人贯鱼，峰回磨旋蚁。前几踏后肩，下乃承上趾。俯仰相招呼，攀顿暂憩止。贾勇造极巅，城垣落足底。下视接苍茫，群山争拱峙。险过境始奇，惊定心方喜。有庭名振衣，喘息供徙倚。座上见征帆，风生滦漆水。筋力疲来途，欲归气先馁。灵运兴固豪，退之哭有以。甘作退缩人，先行谢诸子。诸子指示余，落日燕支紫。

双泉寺　城北二十里。

龙泉寺　城东一里。明洪武二十六年，僧源就建。

郡人白瑜《重修龙泉寺碑记》云：营平城东古刹名龙泉。创自洪武，数颓数新，至万历颓益甚。僧定期飞锡来，秉心募化，敝衲徒跣，祁寒不为侵。乡官廖汝南等，感其虔，多檀施。若天王殿、大雄殿、观音阁、伽蓝、祖师，皆因故址饰之，增塑罗汉，丹垩辉映。肇于十八年，迄二十七年，事乃竣。伐石丐余文碑焉。余昌黎后学，昌黎一表，方之禹功。踵者闭关距之不啻华戎。余独不非而与之乎？噫嘻！非佛者非，非佛非奉佛者之非佛也。白马以降，迷所司南，击影捕风，同室为敌约者，守吾宗离见解而求之寂。有寂则有住，住非佛博者张吾教，外性命而求之迹。有迹则有相，相非佛空中赞美塔边放光，借寓言以为说铃。总之常在常满，常自光明耳。诡异非佛，甚则杂市混俗舍身，然指射利钓名，欲愚人而先自愚。无怪世称五横，而厕沙门于其间乎！而圣道中天，谬谓一花五叶殊途同归，诬也。佛化西极，猥以悖训，玄来酷罪，高曾诬之，诬者也。吾尝观若党一举顿，诸体备，圆觉为最上乘者，似难其人亦有抽簪剃发，襟宇高轩湛，禅师于绝境。扬微言于慧门，脱世故于樊笼，蔑人荣于尘垢，驱策远途，期阶大道，安得以薰莸溷之。此何异患头而首欲并焚，痛足而股欲并解也。不亦冤哉？经有之心生则法生，法界惟心造。是心也，干天协地，寿国脉，遂民生，原非幻景。即心即善，即善即佛。一念发菩提心，即证菩提。它如五戒、八难、报应诸经，匪事迫胁，不过开此群迷，登之善路。名教而外，未必非利济之慈航也。不然香积上方，投足是买椟也。而竟不问珠，只重叛伦毁形之罪耳，且佛在诸天不习有为，迹堕落宝地梵宫，宛转镂刻间亦何乐，日伴尸肉，永贻訾缪也。于是定期绕坐，顶礼唯唯而去，万历二十七年。

天津梅成栋《独游龙泉寺》诗云：不欲人相识，幽寻古佛堂。郊原初放眼，林木已新霜。石发通身绿，山花透骨香，自行还自止，留恋此秋光。

胜水寺 城北二里。

临河寺 城北十里。

白塔寺 城西八里，元建。

古兴寺 城东八里。

白莲寺 城西二十里泥沟。

青莲寺

温泉寺 城北六里。

兴隆寺

迎恩寺 城东北二十五里。

雪峰寺 城南二十里雪峰岛。

李士模《雪峰寺回舟即事诗》云：薄暮垂山霭，中流落照红。舟行蓼影上，人语水声中。芦酒堪迟月，絺衣不耐风。隔林灯火近，归路响秋虫。

乐亭杨在汶《舟泊雪峰寺下》诗云：前路暝烟稠，蒲帆傍岸收。钟声山寺晚，渔火大江秋。夜久霜侵幔，天寒月入舟。晓来红日上，荡桨起沙鸥。

乐亭张凤翔《舟过雪峰寺》诗云：轻舟过处水溶溶，两岸山光拥万重。层叠僧楼深嶂里，西风吹下数声钟。

白云寺 城北三十里安山，元时建。正统敕赐寺额。

白蟒山寺

迁安马恂《重建白蟒山龙兴寺碑记》云：盖闻法轮如日照，华藏而腾光，象教若云布，恒河以散影。断情河之水，叩钵龙居；低宝树之枝，临池牛热。三藐三菩提，真实相惟波罗密；无我无人相，善知识遍阎浮提。斯伽蓝护德，表兰若于灵山，弥勒同龛，种莲花于火地也。爰有禅林，奠于白蟒。嗅溪水之香，是宜建寺。问锡环之卓，犹记开山。是故创于前代，额以“龙兴”。夫其黑蜧飞神，苍虬拗怒，衙衙布应龙之翼，巍巍蟠神螾之精。宫中翻袜，疑广利之谈经；井底潜麟，岂志公之造忏。则峦岫走于长蛇，冈阜吞于香象，斯山所由名乎？抑寺所由肇乎？启罗什之谈，经来白马；滴曹溪之乳，水抱青龙。广长舌与清净身，宜山宜水；妙明心叩修罗杖，证月证风。诚甚多之，福地为不坠之精蓝。然而浮图已故，谁是岳阳王？铁佛既坚，犹迟平等阁。则兴废者时也。时固无损于色空，振修者人也。人乃自深其愿力，既入宝山，定难空手，各求实地，惟在信心。有大善信永亨，睹丹青之雕焕，慨金碧之无恒。苍鹞无图，刍尼巢座，金翅灭影，扑朔穿墉。青松寂历空枝，非鹦鹉之林。绀殿苍凉荒径，想猕猴之舍。乃有动于中力图其始，而住持庆洁上人亦复竭力勛勦，随缘募化。傅大士，拍板而歌法情。是优婆塞、给孤，独布金以建。福德过阿，祇僧而虎跑神运。俨萃于其旁，鸟革翚飞，大逾于其旧。尊严释家之宝，相眉毫光，普照大千。开辟羼提之真，如心法门，同归不二。参遍黄梅，道路之石头不滑。勤修白业，楼台则弹指皆成。当前著棒喝，看鸭任扭住鼻头，随处是道场。骑驴莫多生口角，则有有无无之际，新古寺以鸿骞，而如如等等之真，镇名山以鸾峙矣。道光十四年甲午仲夏。

万军寺　城西北二十里。

云水寺　燕河营。

清凉山寺　城西清凉山。

观音寺　一在城北四十里刘家营；一在城西五十里无税庄。

大洼寺　城东十五里。

九天观　城东门外。

元都观　城南关外。

三清观　独子山。

观音堂　一在府台南；一在燕河营。

观音阁　南关。

大佛堂　崆峒山。

三教堂　杨家庄。

白佛院

明郡人韩应庚《重修白佛院寺碑记》云：夫永平乃畿辅重郡也。郡城正西二十余里大道南向，有白佛院寺。衢通京辽，位正坎离，北望孤竹，东环滦水。其来尚矣，继是以往。正殿一座，左右两廊各一间，大门一座，住房三楹，铁钟一口。兹则中范以佛像，东廊三护法，西廊地藏王，周围以垣墉，岁禋祀焉。及今正殿两廊，大门并四围垣墉颓坏，时则住持高僧圆惠敬诣同庄省相张君嵩、萧君永明，环视骇然。病其颓圮太甚，无以严祀事，示具瞻也。遂相与协议，涓辰卜吉，鸠工庀材，各捐资给粟，或募缘助缘。正殿、两廊、大门之颓坏者，壮丽之。住房之隘陋者，增崇之。垣墉之圮折者，补葺之。规模恢宏，气象光大，焕然一新，视昔有加。非特可为揭虔妥灵之所，仍居者，行者往过来续，莫不仰其庙貌之森严，动其钦承之念虑。善因以劝，恶因以惩。有祈必应，咸胥赖焉。是役也，盖经始于万历癸巳春之吉，而落成于万历甲午秋之辰。此固神有所感，人有所应，佥益信其为护法之灵神也。工即告竣，邑乡省相张君嵩、居士王君济民，靡不乐其成工之速，且欲不忘诸善人重修之功，合辞走币，征余文勒石以垂永久。予告来者，曰：德者福之征，福者德之致，自古记之矣。矧上古曾云，金像梦于汉帝，祥光见于周朝，是言也岂徒空言哉？一以因人之修德，以致是耳！《易》曰："积善之家，必有余庆。"此之谓也。苟不自修其德于身，顾徒望其福之致于神。及福不致，而曰神之冥冥不我鉴也。此又倖福于回者所为也，是岂诸君协力崇神之初意哉？夫佛者，金像也。重修者，盛举也。人人相乐以有成，可书也。故予嘉其请，而不敢辞。谨记岁月，并述会福之意，以为诸君告。俾视此者，知所感云。

迁安马恂《广代上人重修白佛院碑记》云：盖闻能仁之为宗也，存平等心，存无著心，存无我相、无人相、无众生寿者相，而总归之于无。心而总归之于无无。赵州和尚念一个无字，是即天龙之一指，布毛之一吹也。无去无住，故亦无佛。即无佛何有院？即无院何有修？宗门白，惟城欲一叩然。而何处非道场？何处不可骑驴？何处不容唾地？识得真无字，则有有皆无无也。又何妨即佛见院，即院见修，即修见无也。广代上人住持夷齐庙，圣之清者悟入深矣。其中洞然而无物，不知寒暑阴阳之为寒暑阴阳也。其外浩然而无触，不知兴废得失之为兴废得失也。其天者全，其胶者解。虽未必一捧打杀释迦牟尼而烧木佛取舍利，自有丹霞神通一空诸相，故能即空生相。过白佛院而感其堕废，非感于无院也！感于无佛无空也。感即非感，感于无感也。太虚空中，著此一院，一微尘中，立此一佛，此意即佛。此意即可白佛，白佛而佛闻之乎？白佛而佛应之乎？乃未几而上人疾矣，维摩老病不二启门，阿难面皱识性不皱，况释迦牟尼文佛背痛示疾卧双树中，更说法要。疾即非疾，疾而祷亦非祷也。以心印心，以佛求佛，我见不立诸妄自空，于大光明藏中认取。主人霍然。良已，取常住物，新我佛宇，工巨费广，不觉其艰。败址颓垣中，如华严楼阁弹指涌出。世眼观之咸骇愕钦仰，欢踊无量。谓佛之灵也，寻声救苦而已。上人之剧疾，上人之宏也。冥感玄通而成白佛之大愿，亦无檀那，亦无募化，而千金之举，不日成之。诚慈氏之梯航，法门之龙象也。然吾观上人成功，而不有厚施，而不知院可新则新之，力可举则举之，恒河沙不可思议，功德与邻。虚有漏同因心心归空，故心心归佛。其起无而使之有，正举有而显其无也。四十年张弓架箭，只射得半个汉。诚得此意，可与上人下一转语。一切三千大千诸尊宿，将欢喜作礼而白佛，言广代上人是真，法乳是真，得无无第一义谛。因为之颂曰：如来西方土，非可声色求。黄金布祇园，粉碎水上沤。甚深微妙义，佛言不可说。眉间白毫光，大千俱照彻。一钵一蒲团，我安佛亦安。石头路不滑，梅子何时酸？平地起宝山，宝山正平地。唾手佛院成，即此求子义。莲座七级高，突作狮子吼。佛眼有见无，世眼无见有。道光十一年辛卯仲冬。

洪福庵　城东门外。

祇陀庵　城西北六里。

观音庵　府治东北。

万寿庵　城西北。

普济庵　小河西岸。

福国庵

永兴庵　县治西。

红石庵

三慧庵　县西街南，与明远楼对。

太清庵　杨家庄。

妙莲庵　府治北沙河。

白衣庵　刘家营。

九莲庵　城东十五里张家沟。

国朝王金英《游九莲庵记》云：郡城东十余里为阳山，古阳乐水出焉。其阴有小寺，即九莲庵也。同年友孟炎初尝言其可游，而予未暇往，学博丁远亭曾偕同僚游之。意若歉然未惬。蔡梦堂闻之，曰："是未尝造其胜耳！"癸巳八月晦日，县尉方君具壶榼相邀，远亭以梦堂之言，乍疑乍信，亦奋然从之。益以学博李君、处士苏君，凡五人并辔连镳出郭外。是日，天气清朗，秋光如拭，过驴槽村小憩，由红坡南入山。山岭起伏，倏升倏降，约五六里许至张家沟，而径渐幽，红叶离离拂帽檐。诸君咸相顾色喜，既而攀登而上，林际隐隐，见墙屋则庵在焉。规模颇隘，佛宇三楹，左右厢数楹而已。山僧延入客座，望屋后峰峦巍然。予曰："是可登乎？"僧曰："否，否！"予曰："闻是中有山水佳境，从小屋穿出，其安在耶？"僧乃导予辈行，至则群峰环拱，万松夹涧，水声潺潺起足下，心目豁然，盖别一洞天矣。遂于清泉白石间，各据地坐。李君欲穷泉源独傍崖迤逦行，山石荦确不得道而返。老僧携茶果至，远亭向索象棋与李君对著。苏君从靴勒出纸笔作绘事。予嗒然且吃茶，忽忆老友杨默堂侍御诗曰："四海几人成独契，百年此石亦三生。"不觉喟然发叹。远亭回顾曰："君殆有所思乎？"予谓之曰："人生踪迹如云，随风飘飘然，不可拘执。予与诸君，东西南北之人也。忽而聚于郡，忽而聚于是山。且居郡数载，偕游者屡矣，而独未尝至是山。南台非不可以眺远也，清风台非不可以吊古也，而幽窅之至，则俱不及是山。是山在郡境，阅数千年，曾无人亟称之。近日梦堂炎初称之而言之不详，非身至斯地，不能言之之必详也。然而身至斯地，亦不能言之之必详也。惟自得者心领之而已。"诸君皆曰："唯唯。"是不可以无记，故授笔书之。

王金英《偕丁、李二广文，方少府，苏处士访阳乐水于阳山下，得九莲庵，杳僻幽静，真仙境也，欣题二十四韵》诗云：昔我同年友，结庐城东郊。为言阳山胜，未至心忉忉。兹来寻水源，兼以快游遨。跨蹇出郭门，迄行果老槽。勒辔过红坡，清流何滔滔。引人渐入胜，步步登云霄。小庵搆山麓，崒嵂群峰包。入门逸兴豁，穿室趋山椒。天开一片石，平洁临素涛。松风鸣其上，入耳如闻韶。彷佛遗世立，顿令百虑消。同人三五辈，趺卧随逍遥。山果熟堪摘，枰局静可敲。就中吴门客，墨妙倪迂曹。拟写真面目，拂苔铺生绡。人山两相肖，山人宛相招。老衲亦解事，隔林送壶醪。坐久共忘倦，结邻欲诛茅。平山五载住，游历遍隰皋。他山那及此，洵是山之翘。胡为名不著，有似淹贤豪。信耳不用目，毋乃山灵嘲。久宿既未得，倏别生郁陶。奋笔聊题句，纪实良非褒。

丁廷辅《游九莲庵》诗云：为访河源信马蹄，深幽疑是武陵溪。凡心到此皆冰释，小寺无名许鹤栖，白石临流堪作枕，青松夹涧不成溪。人间粉本从兹有，笑看龙眠一卷携。

李锡朋《九莲庵》诗云：古刹阳山曲，凭临景物幽。坐看青嶂合，行听细泉流。籁发千松韵，凉生六月秋。闲曹无个事，风雨亦须游。

乐亭张山《游九莲庵》诗云：一径入幽壑，风松起翠涛。云阴山色重，石峭水声高。选地安吟席，邀僧尽浊醪。荒庵聊小憩，倚壁听蒲牢。

以上卢龙县。

宣觉寺　在县东街。唐时建。国朝康熙五十二年毁，旧设僧会司，今移元坛庙。

邑人刘都宪鸿儒《重修宣觉寺碑记》云：迁邑有古刹宣觉寺者，创建自唐，历千有余年，其间废兴无考。按碑记，一重修于元至正之十五年，再重修于明弘治之二年，其寺基可三十亩许，规模宏远，有殿，有堂，有藏经阁，有天王殿，有两庑配阁，有斋厨、管库之属。殿后则老松盘纡若龙，殿外古槐参天，灵禽双栖，朗月松风，疏钟鸟语，瑞霭烟笼。允矣！迁城佳胜地也。自明弘治至国朝龙兴百五十年间，罹兵火者，又不知凡几。鹫岭之遗风日替，虎溪之胜韵谁扬？法熄僧残，庭鞠茂草，画栋雕梁，竟归空花幻影矣。适余京宦三十年，未尝目击其状。癸丑冬，有诸生魏子讳高拱者，偕比丘性灯至京邸，与余谋重建而鼎新之。余曰："此固盛事，恐非此时所可及。余尝游畿辅西郊一带，绀宇精蓝，飞阁联云，金碧宇舍，文绣土木。窃叹其资费之浩巨，及讯所由建，非宫掖之重，则大珰鹾贾耳。于齐民何寡也？况迁邑弹丸穷黎，其何能以一篑而望为山之举乎？”魏子曰：“不然。乡里之匹夫匹妇，与之谈法律之赫赫，则罔知忌畏。与之言瞿昙之娓娓，则莫不提策。俾阐提之众，振怠为警，破悭为施，闾左之金钱粟帛不去，而之狭斜改陆博游冶斗讼之业，而皈善地者，谓非末法之一助哉！”余遂善其说，随草一募，引付之。无几时而余归里矣。同诸亲友步游其地，果尔四壁不存，荒芜满目，独老松之盘屈，绿槐之清荫如故也。丈六金身，不免风雨之凄，尼藏经万卷难保贝叶之零星。余不觉喟然曰：“离乡几何时？眼底顿成沧桑。思欲倡众一新，又不禁望洋之叹。魏子毅然曰：“是不难见。今有善信韩文秀，发愿出中金二数，可为经始之资。徐听四方捐输之来，可不日成之。”余口唯而心难之。维时有性灯弟子海滨者，清净少欲，精勤自励，六时皈命，一钵不私，闻而慨然请任其役。丙辰冬，遂鸠工庀材，拮据经营，继而捐者辐辏。二三年间，凡前此之所有者，整葺以复其故，前此之所无者，变易以增其新。千楣万拱，俄腾丹雘之辉。龙发螺文，复见端严之妙。余甚嘉其志，而庆其成。曰：“有是哉！一念之勇猛，而遂至万象之森然。一篑为山，吾夫子岂欺我哉？凡天下事真能具勇猛念，而奇绩异功充塞宇宙者，皆可作如是观。”魏子复请曰：“是皆众信善之乐输以成厥功，于我何与焉？是不可无记，为众信善劝。”余曰：“斯诚不可无记也。余闻达摩有云：“一切有为，迹属有漏小果。”余以为佛法无为，其道精微。不有有为之迹，何以感百千亿万心。盖象教之易入人也。自六朝而后，潮摩久矣。从兹瞻依在望，晒慧日以耀昏衢，洒法云而清火宅，合百千亿万心入无净三昧，登清凉界。则有为之功德，岂有量耶？余故识其颠末，昭示来兹，用勒之贞珉。

金山寺　在县西北金山下。临滦水，晚霞掩映，望如浮舟。

开福寺　在县北。明宣德中建。

松棚寺　在县之白道子岭。有古松荫地亩许，故名。

栖真寺 在县西南黄台山岭。顺治二年，邑庠生魏焕等修葺。同治三年重修。

滦州石申《黄台栖真寺重修记》云：迁邑山水封也。城西南三里，有山曰黄台。孤岫郁纡，石骨浮于肉麓，则滦水经焉。迤逦而东，若游龙然。厥阿直南则精蓝于是乎在，颜曰“栖真”。相传李唐所建。第时代云易，岁月靡得而稽也夫。山势似属坦阤而屹，然近郭旧有浮屠矗其巅，能留晚影于深夕，胜最一邑。后虽以故废，而遗址尚存。至若夕映朝晖，芊眠四际，屏开带拖，青绿万状，竟可于山门坐眺收之。其览奇结秀，则固不殊以崔崿著者。是则经寻者必涉，而净侣皈依所毕萃也。年来，寺宇渐圮，妙相至为风雨蚀，无以作瞻礼者。敬悟、苾、刍明孝为之疾心，约会重修。庠生魏焕实倡焉久之，而未有举也。一日入礼慈尊，叹曰：“山川为风气攸锺，象教又群宗所仰。”脩然化城夫非青鸟偕丹鹫而抒灵者哉？”乃慨然亟议新之，首为捐橐逾量，以倡于一邑。而邑自宰官以暨诸居人士，则又罔不檀施，以应苾刍之募，于是金钱稍集。即鸠工庀料，寓创于因，直磐其址，而缔构之。且董视究图，又不啻焕家堂构然者。未几而巨栋崇檐豁如殖如矣。然后，尽撤其故象之薄蚀者。凡如来、阿罗汉十八，悉重加持范，复益菩萨侍卫尊天四像。工竟。而金碧未施，则资以匮告。会景阳李都护，以参边戎至，闻此忻然捐俸三十金，而丹垩之施以竟。由是绀宇燿如，丹臒一新，妙好如来，青莲趺座，金蜚采兽，上翼下持，森然众相葱茏四映。瓣香顶礼者叹未曾有。天际群峰咸遥拱而来贺。一时冈峦体势，俨乎头鹫而足鸡者矣。计厥工肇于顺治二年，距今凡再逾年而始竟。盖其艰哉！乃若大众檀施，始卒劳费，丝粒皆征信心，不可无识，以诏来者。明孝暨焕等，不远百里属予言，以永诸石。于此，则有感于凡物荣瘁之无端，而胜果必由心造也。在昔释迦现世，王布金以居刹，则敬事若象教之权舆矣。自白马东迈，而中华日盛，则服其说之精者，以治身心而了上乘；其粗者，又足慑服大众，以佐教化之弗逮。此历代所由不废，而崇事瞻依者之信且广也。惟此独当一邑右地，使日就陵夷蔚彼丛林翦若槎蘖，喟然者多，慨然者寡，不几慧海荡为尼连也耶？是役也，有事善男，收功国将，而苾刍刹那懈惰永释，以竭蹶乎巅末。余不文，聊铨厥有事而缀言如此。诸布施姓名并列碑阴。

邑人刘鸿儒《题黄台寺》诗云：山水重相知，黄台系人念。敦庞太古形，未加雕凿艳。中峰戴招提，老僧珠莫玷。峦气封窗翠，云容衣袂染。巨石虎豹蹲，郁林排壑堑。日受滦龙攻，屹然不可占。蜿蜒奔南溟，昼夜波光滟。临兹洗心胸，俗尘欻自敛。来往游无期，境缘幽不厌。

龙泉寺 有三，一在县南十五里龙泉山上。案:《通志》作圣泉寺以祷雨有应而名；一在县西四十里下莲花院，元时建；一在县北七十里九山。

邑人刘鸿儒《重游龙泉寺》诗云：溽暑郁我怀，携朋寻高爽。出城见南山，幽况夙所赏。龙泉久神异，风雨灵泽广。别来二十年，老健喜重往。密树结层阴，峭壁当沆漭。嵚岈窅窱入，薜萝分披上。蹑翠陟其巅，大千指诸掌。法王宝地尊，霞光罗万象。景趣犹如昔，理会顿殊曩。探无悟无极，阅有谢有攘。临兹诸缘空，耳目余清响。留连恣遐瞩，浩浩神气朗。桃源勿劳思，舍此将焉访。

南皮张太复《龙泉寺寻龙泉，晚酌裴氏山庄有作》云：遥指城东山，数峰何其峭。言寻山中寺，盘亘未易到。佶倔石齿中，马足困凌暴。山门倚崩岁，云树深窈窕。拾级上台殿，金容亦何妙。殿前古柏双，抚之可寄傲。惜哉窘物力，垣宇半欹倒。因之感兴废，运数关象教。舍此寻龙泉，攀萝一舒啸。半天矗古佛，绝壁谁斧削。青红杂苔藓，庄严犹妙好。下窥杳然深，一泓剧奥窔。不减复不增，万古此罅窍。人云兴云雨，旱暵所祈祷。毋乃神龙神，竟潜此荒徼。纵心睇大荒，山河纷缭绕。塔山似天柱，突兀上云峤。滦江如蟠龙，蜿坛洒飞涝。波上风帆飞，点点争云鹞。千里出边城，涉险资贩粜。转输济其穷，宁以规利诮。乃知顺民情，贵因势利导。俛循山右径，树阴肆瞻眺。巨石匡床如，大书何炤耀。其字欲竟丈，力大龙象肖。漱月而眠云，快哉领其要。归途逆长风，平沙白浩浩。村居幽可憩，村酒清任醑。薄醉扬归鞭，昏鸦满林叫。回首隔长河，青山尚残照。

法华寺 在县东三里。

清宁寺 县南八里。旧名千佛寺，创建未详。金天会十年修葺，元至正十五年重修，更名“大觉”，皆有碑记。明正统中，内监高某捐资修理，敕赐“清宁禅寺”匾额，盖取边徼清宁之意。国朝乾隆中，邑人孟克勤重修，咸丰十年邑绅复捐资修葺。

灵崖寺 在县东二十里牛山之阳。

石佛寺 在县西十里。

南皮张太复《石佛寺后山即事诗》云：冈峦参互接黄台，风日清佳我独来。石佛几经残劫后，野棠无数向人开。团山东走仍南面，滦水西流自北迴。多谢偕游老开士，为余指点立苍苔。又：令支四月苦风沙，雨后登临静不哗。高下青山围县郭，依微绿树见人家。一声清磬飞驯鸽，无限斜阳闪暮鸦。闻道点头有顽石，凭谁说法坠天花。

露台寺 在县西十二里张官营。嘉庆中邑人玄镜等重修，同治五年复修。

邑人张重《重修露台寺碑记》云：去余家而南可四里许，道左有古刹焉，曰“露台”。相传为附近居民叩天祈雨之所。每岁旱虔祷之，则慈云引于西极，法雨沛于东陲。洵哉！有其诚斯有其神，殿之柱础生润是其兆。已然，余独怪夫露台自创建以来，不知几历尘劫，几经废兴，首事之人既不惜以金布地，又何难垒石为垣，而乃缩以版实以土，登登冯冯倏告成功。迨夏秋霖雨，则城复于隍丈六金身，其何以谨屏蔽而肃观瞻，是岂前人之见不及此耶？抑故留缺陷，以待后人踵而成之耶？嘉庆庚辰，乡望玄镜等，协力布施，并走之诸方善信。重修大殿三楹，左右伽蓝共四楹，山门一座。像设庄严一新。而四周五十丈，甃以滦江之石，披以西峪之灰，带其腰以砖，覆其颠以瓦。又架数椽于禅堂之西，以为祈祷瞻礼者斋沐地。而露台于是乎焕然改观矣。夫莫为之前，虽美弗彰；莫为之后，虽盛弗传。露台为此方雩坛，于此起梵王宫殿，亦圣人神道设教之意。其规模固贵严整，是役也以前，明尚膳太监史君具绝大愿，力率其曹而修举废坠，且不及此。而诸君毅然为之，以竟历劫未能竟之绪，则诸天降鉴其诚，嗣是望泽辄应以甘澍，即谓诸君之霖雨苍生也可。爰濡笔而为之记。

灵泉寺 一在县北五十里；一在县西三十五里贯头山。

宝峰寺 在县北九十里。

南觉寺 在三屯营城内（《旧志》作城南）。

牛山寺 在县东十五里牛山之阳。同治十年重修。

龙起寺 在县北十五里。

兰若寺 在县北十五里。

马古寺 在县南二十里。元时建，同治十一年重修。

西阁寺 在县西南二十五里（《旧志》作十五里）。

独觉寺 在县东二十里。

关泉寺 在县西三里。

大云寺 在县西北一十里。唐时建。有大松生于古井。

南皮张太复《大云寺东峰顶孤松》诗云：擘云出东峰，我身忽飞到。盘桓孤松下，凡尘倏如埽。长根互蟠郁，老干肆折拗。云来龙怒飞，风卷虎猛啸。单椒自秀绝，独树倍孤峭。此峰与此松，一气共排奡。落落数石丈，奇古不可肖。与松作俦侣，万古同兀傲。坐卧松石间，位置揭天造。我来久摩挲，谁与同此好。嗟嗟大夫封，乃不值一笑。

又《大云寺璇公房》诗云：马蹄行不尽，树底径微分。苔色山门闭，经声隔院闻。松蟠一峰翠，石涌遍山云。忽漫萧萧雨，开窗静俗氛。□面风来好，周回倚步廊。云根三朵黑，日气四山黄。谡谡松涛合，幽幽石榻凉。药栏余色相，还与问空王（自注云：门左巨右三色，黑状如覆瓮）。

邑人马恂《题大云寺》诗云：天风响铃铎，殿角声琅琅。飘然吹我来，豁目收八荒。川原变明晦，村郭同苍茫。举手弄白云，云化松林香。西日不肯下，抱光停我傍。何烦问倒景，去住心皆忘。

兴教寺 一在县西北二十里，元时建；一在县西八十里。

清玩寺 在县东北三十里万军山。

峰山寺　在县北三十里。

罗汉寺　在县北三十里。

六合寺　在县西四十里马官营。寺有白果树一株，高逾五丈，大逾五抱。

清泉寺　在县西四十里。

上护国寺　在县西南三十里。辽时建，同治七年重修。

下护国寺　在县西四十里，元时建。

旧儿峪寺　在县西四十里。

水洼寺　在县西四十里松汀山。

南皮张太复《水洼寺》诗云：雨来云满四山陬，雨过泉从佛座流。叠嶂插空环殿脊，万松拥翠坐山兜。望深睥睨浮岚外，目极斜阳古渡头。倚遍绿阴空色相，顿忘炎暑是新秋。

云峰寺　在县西四十里。

新化寺　在县北四十里。邑人李天笃于殿之后壁题“别有洞天”四字，径三尺许，书体遒媚。

云岩寺　在县西北四十里。

保宁寺　一在县北大庄四十里；一在县北五十里。

龙崖寺　在县西四十五里尖山。

白塔寺　在县西五十里。辽时建，同治二年重修。

南皮张太复《游五峰白塔寺，既夕遇雨既事诗》云：亭午更移罇，遥寻祇树园。塔根三井汇，云表五峰尊。松破山门色，苔穿石磴痕。偏反任驯鸽，心不动风幡。又：不定阴晴色，蒙蒙翠几堆。双虹平地起，飞雨四山来。嶂外仍残照，窗前走怒雷。他时还蹑屐，休恨马蹄催。

邑人潘文本《重阳前二日同人游白塔寺，兼寿维纲李六丈诗》云：倦游暂返长安道，重叩岩扉人薜萝。三日青樽尘梦远，一山红叶白云多。东轩鹤奏南飞曲，末座人传下里歌。莫为浮名减清兴，重阳风雨等闲过。

赤崖寺　在县西三十五里东屯。同治六年重修。

圣崖寺 在县西五十里。金时建。

成山寺 在县西五十里。

龙眼寺 在县北五十里。

广德寺 在建昌营城内。

云泉寺 在县西六十里。

黄柏峪寺 在县西六十里。

苏家窝寺 在县北六十里。

胜水寺 在县西南五十里岳野山上。同治四年重修。

正觉寺 在县西七十里。

大黑山寺 在县西北七十五里。

兴福寺 在县西八十里。

西白峪寺 在县西九十里。

清泉寺 在县西北九十里。

泉水寺 在县西北六十里。

圆觉寺 在县西百里。

观音寺 在县西百里。

相福寺 在县西八十里。

平台寺 在县西九十里。

邑人刘鸿儒《西山平台寺重修碑记》云：迁邑之西，长山如带，上下百余里，翠巘奇峰，茂林瀑布，秀丽甲诸冀北。但纯乎天质之古朴，无人事之修饰。不似江南一邱一壑，辄为之点缀，歌馆亭榭，巾履云会者无虚日。非南北之性情各异，亦穷边荒塞，实乏好事者为之耳！是以有美弗传，山灵之寂寞无色所从来矣。而龙盘气聚之阳，多仙佛之居。有旧刹名平台者，幽深可藏，旷达可眺，清泉可濯而可汲，亦西山胜迹之一。平台，云者以四面皆崇山峻岭，而中独坦然一台，故名平台，而寺名因之。不知创自何年？考诸碑记：明永乐年，有僧宝公者，曾结庐数椽居之。暨嘉靖年间，有道公偕衲子及同心有力之家，鞞彝经度，大宏厥规。琉璃其殿，金碧其像，悬钟有亭，方丈有室，堂库厨湢各有攸处，俨然西方之灵鹫华台也。无何，胜地不常，劫灰再焰，祇林香沉于幻鸟，□陀影散于空花。昔之轮奂翚飞者，今则荒蹊蔓草矣。止余一平台石泉，还之天地尔。盖成败之数，自古然乎，虽神无定在。不囿形迹，而人事兴废过者亦为之叹惋。我朝辛丑年，有僧本志者，久住京国，厌京国之尘氛，拥锡东来欲觅净地，以安身了性。遨游至此，欣然曰："此真吾处所也。"遂挂锡焉。意不过构茅屋二三间，日对山光鸟性怡悦天真，悟我本来耳，而畔援歆羡寂然不生一念。不意众信善勇于怂恿，始而锱铢，继而捐材助工者纷集。布置经营，一如嘉靖年间之旧制，而大殿，而两配，而禅室、围垣，不数年皆次第告成。又为之请大佛像者三，诸佛菩萨像者八。煌煌乎！金碧辉映，是又从荒蹊蔓草中辟成一灵鹫华台矣。僧大欢喜，因就予丐文作碑记，以志不朽。予素不佞佛，每遇高僧则礼之。遂进而与之语，气度冲穆，慧心灵彻，应答之际，词理响捷，殆志公惠远之流亚欤？噫！此举岂偶然哉？凡天下事之兴举系乎得人。有僧如此德行高妙，不感而孚，不速而成，亦事理之自然无足异者。从此仰斗电之重华，拾天花于玉雨；挹紫云之异彩，竞界线于金铺，而若僧与众信善之极乐也，曷有穷哉？且也后之高人达士游览其间，俯仰上下，山云蒸郁，冽泉澄泓，顿觉胸次宽平，襟期洒落，不知身之在何境界也。西山奇观不已见一斑哉！庶迁安名胜之区不至湮没无传者，亦如此举。爰为具识颠末，以昭示来兹云。

邑人张重《游平台寺》诗云：莽莽万重山，合沓含奇趣。平台古道场，乃在云深处。偕我游仙侣，夸君济胜具。驴背耸吟肩，列子风初御。行行入翠微，冈阜相盘互。野花送幽香，闲草缀秋露。高岩耸谽谺，数武足频驻。回望后峰合，前峰颠趾惧。阴阴谷口深，怪石皆虎踞。鹿角仅容身，羊肠愁窘步。近天天乍宽，灵岩共惊顾。石径上盘盘，出没菩提树。讲经台已荒，喝水泉犹注。四围半颓垣，祇园金枉布。古佛镂秀檀，残缺亦倾仆。剔藓读穹碑，兴废悠然悟。龙华小劫中，盛衰祇朝暮。当年面壁人，传衣毋乃误。乘兴登后峰，岚光为拥护。天外一举头，指点边城路。远水作带萦，遥山如猊赴。鸾凤啸一声，人孰知其故。日夕策蹇归，回首隔云雾。

圣泉寺 在县北一百五十里澈河桥。

德楞额《题澈河桥圣泉寺诗》云：寺古人烟寂，山深路更幽。松蟠千古月，泉泻一泓秋。不觉尘心净，还疑世外游。偷闲聊驻足，多为白云留。

柏山寺 在县西百二十里。辽时建，咸丰十一年重修。

兴隆寺 在县西百里。金时建。

永泉寺 在县西一百三十里。

西水峪寺 在县北一百四十里。唐尉迟恭建，有碑记。

圣显寺 在县北一百四十里。

昊天观 在县东南隅。明洪武初建，万历间重修。国朝康熙二十四年复修，邑人刘鸿儒撰碑记。嗣乾隆中，孟克勤倡修。同治六年，沈万和、王芝、王德音复捐修。旧设道会司，今移城隍庙。

上清观 在县西北百里。宋时建。

栖云宫 在县西三十里。唐贞观时建。

元卢龙教谕李廷翰《栖云宫记》云：原夫混沌之朴，肇启于鸿蒙虚无之功，潜敷于形器二仪焉。自此而始，至道焉由兹而兴。然垂世立教，抑亦多途，伊大乘真宗其来尚矣。我太上金阙玄元皇帝，乃空劫外真宰存焉，在无象无形之内，居太初太易之先，应变无方，隐显莫测，天地得之以清宁，日月因之以开度。荡荡乎！纲维乾坤。巍巍乎！包罗宇宙。寂兮寥兮，雕琢众形。杳兮冥兮，陶甄万彙。亭之毒之，适于时；藏焉息焉，顺其性。乃至横目下首蜎飞蠕动莫匪仰赖矣。则知我太上圣道，首自旷古，默而识之。下于三皇，昭然见矣。洎乎！羲轩以来，方方设教，代代为师，辅翊皇风，肃清国步。逮苍姬之讫录，经籍蔑传于世。嗟乎！去圣愈远，真风凌迟，氓之蚩蚩，妙奥难造。大矣哉！皇天垂愍，爰降我东华教祖，以道宏济，立教卓然。帝君以之传于正阳，正阳传于纯阳，纯阳传于海蟾、重阳，重阳传于郝、王、邱、刘、谭、马，全真宗派，仙辈也。异哉！轨范重兴，规模别设，指见性识心之捷径，济超凡人圣之慈航，日居月诸，教风弥著。幸遇我太祖成吉思皇帝，圣文神武，应天顺民，施厚德以育黔黎，霈洪恩而濡草木，升孝廉以移风俗，举逸民而求治体。切冀润色丕基，镇抚华夏，故手诏蒲轮，宣诸沧海。是时，师长春真人，风云际会，惠然肯来。猗欤！真人。道价光于千古，德音冠于诸天。贵而无位，推先于素王之誉。高而无民，处上于玄圣之尊。核众教之，万法宗之。吐峥嵘之高论，激清颓俗；开浩荡之奇言，济时利物。赫赫高风，昔振于鲁齐之地；霖霖法雨，今膏于燕赵之人。厥后轩盖云集，州簪海会。内有高弟清虚太师傅公者，世居暖阳，宦族也。乃礼真人为师，法名志常，遍得真人之道，洞达众妙之门。志荡乎淫欲，性证乎圆明。博施济众，屈已伸人，实教门础柱者也。志常曩拜玉阳为师，法名道均，有乡官玄师王荣禄，及刘傅二县宰，施地二所及园馆。正迁安之西一舍，其山秀水明，而院俱无其名，谨诣珍席郑重祷请真人，师欣尔俞允，而名之焉。观曰“栖云”，庵曰“栖真”，仍命工构制殿宇，涂雘圣像，不日成之。其观形胜东枕河曰“玉泉”，西控山曰“太山”，南面山曰“横翠”。北背岭曰“清风”。晓来，满目奇花齿香露浥，晚霁，一川翠柏，瑞气烟浮。水之流兮，清且连漪；山之秀兮，维石岩岩。“栖云”之名，谅不虚矣。据本观之下院、数处园馆、道众等事，具载碑阴。命予为文，自度才识蹇浅，安敢措辞？奈至于再三，不揆狂妄聊纪其实，以勒于石。

通明宫 即玉皇庙，在三里河桥东，为邑令迎春东郊之所。元时建。明景泰弘治中增修，国朝屡经修葺，殿后建斗母阁五楹，高逾三丈。游人避暑，恒集于此。有石桥，系乾隆四十年知县乔钟吴，光绪元年邑人阚生美等重修。

紫极宫 在三屯营北城台。明天顺二年建。

明督运蓟镇主兵粮饷范阳王国翼《重创三屯营北城台紫极宫记》云：蓟东设镇建帅，僻在峙子谷，其后地狭兵微，虏辄阑入，势莫能支。天顺二年，总戎胡公镛，始扩为三屯营城郭，即完。既城为台，即台为祠。祠镇城正北，负坎抱离形如负扆，非玄武不足以当之。肖像列楹祀事，聿始成化十二年定西侯蒋公骥，以神威显赫有保卫之勋，因复恢宏祠宇，祗事益虔。嘉靖间，虏众内讧，烽火屡警。庄皇帝思戚少保继光靖闽浙功，时简镇蓟。至则诘戎兵，饬战具，增置台堡，守徼乘塞，百废俱兴。暇则延礼师儒，聚庠士瓌琦者教之，亲课文艺。岁时伏腊，率所司修祠事，报赛神贶。自是毡裘闻风远遁，十有六祀。此非神佑我全蓟，默启异人保我疆圉之明验耶？始少保下车，诸父老请曰："帝畤丕显，祠宇圮蔽，愿效缗镪，以新北宫。"少保曰："噫！明诏加惠元元，始得及于休息，予何敢疲民力以徼宠灵乎？愿有所需。"万历改元，诸父老复进曰："明公甫下车，一镞不遗，而远人服。今主上纾忧，而蟒玉宫保锡矣。勋之懋恩之渥也，请因崇祀以彰神休。"少保曰："嘻！以宗庙社稷之灵，明神震荡之绩，予敢忘崇报之诚，顾祠址倾圮未足宏敞栋宇。吾将缮治城郭，尽彻而新之。"岁丙子，三屯城告成，城北祠址视昔倍广。少保乃谋诸将士，取材塞外。不旬日，得合抱美材长十仞有奇，足任隆栋。津吏以告，诸父老爇香为少保贺，以至诚感神其应乃尔！诹日授之工师，即城台为紫极宫。上建高阁，匾曰"玉虚金阙"，神像一新，金碧错落，檐牙高啄，四接星辰，巍然东镇之巨观也。左右庑各三楹，悬以钟虡声应清霄。两掖降阶前为亭堂五楹，匾日"咫尺天威"，为四时祝圣之所。堂下深阔平敞，分墀而出仪门三楹，题曰"佑圣宫"。大门直称"玄天上帝"。列垣以周，望其门轩如也，仰其宫翼如也。内墀之东，为街院十数楹，西为驾库，如之极北高台之下，邃洞重关，奥储兵籍案牍，仿石室之藏，以垂不朽。某年某月祠成。少保公致斋，率所司祭告且祈神庥，享毕。而燕燕毕登高阁，可以观云物，可以察民和，可以指画山豀险扼，知虏出没，而折冲之。少保沾沾自喜，其意未尝不冀明公之笔勒诸贞珉，以贻永久。无何，移镇南粤。去今九载，诸父老思少保之德之功，荷神光愈普，而四方焚谒之愈盛也。以予尝乐育少保公门墙，素闻其经画甚悉。值予赐第，奉使归省，相率丐一言以纪盛事。余惟少保镇蓟之勋，譬在甘棠，其人往矣，而公论舆情凿凿概见。安俟余纪？大都少保未莅镇之前，神感非不显赫，而藩翰之绩则疏。少保镇蓟之日，文教武功翕然并举，而神贶益因以显世。有不修专阃之职，而听治乱于神者，非也！谓修崇祠宇，恢宏庙貌，以徼宠佑者，亦非也！夫高城垒堡，战守有备，使匈奴不敢南下牧马，扬武立信，擒纵酋首，使内顺治而外威严，安辑边圉，招怀远近；使蓟东商族聚为东都，忘为塞上。此公之力，咸神之功，神人相待以有成也。及今里巷愚民，以至儿童走卒，岁时奠神祠，亦思少保公，至有泣下者。呜呼！以斯民而瞻斯阁也，登斯堂也，口碑载道，又乌藉夫予言？云谷张公莅镇五年，诸凡祠事之缺修葺有绪，祀礼有成，方来震垒之勋，绥怀之绩，将继少保而兴颂声也。余因士民之归心也，并述以俟观风者采焉。

观音堂 在县南关。道光四年移建，同治十二年重修。

邑人马恂《重修观音堂碑记》云：宋蒋之奇以观世音菩萨为妙庄王女，善释手眼，救父而证佛果。后人援据佛经则观世音固勇猛丈夫，而作花鬘璎珞满月宝相为妇人容，大谬。然按普门品中应身固无定，如天童舍利，万人共拜，万人殊见。固曰应以妇人身而得度者，即现妇人身，而为说法，且观世音广大灵感，大慈大悲，慈者众人之母也。即肖慈容，乌乎不可？城之南关有观音堂，重修于天启四年。历今二百余年，白衣竹林，俨近普陀。依慈域者，熙熙愉愉，隐戴其福。顾基太近市，湫隘器尘，又卑其阶墀。岁偶淫潦，则浊流浑浑，自北自西汇庵后，而东浸渍沮洳，非所以妥慈氏也。夫烟户万室，默托帡幪，长依仁宇，而顾坐视其所处之垫隘，庸敢安乎？甲申岁，善信士不约而集，欢踊檀施，愿移庙而轩之。乃鸠工庀材，缔构筑隩，迁去故址者百尺。崇其基者一寻。增两护法，以壮神威。翼以两厢，俾拜稽者有所憩。而后伟丽宏敞，规模崇大可荫覆于无穷。入是门者，瞻依皈向，生大信心。则庵之新也，慈云其更广布焉！

老君堂 在县北五十五里。

邑人潘文本《过老君观感赋》云：老子颜苍然，侍卫森天宫。祠祀遍区宇，玄元膺唐封。异端隆百世，大地何梦梦。我不重异教，亦不鸣鼓攻。渠本大豪杰，智慧超群蒙。周末独崛起，思继娲皇功。一官隐柱下，典礼深研穷。所嗟志不偶，白发来关中。血气尚用事，愤懑填心胸。生不甘碌碌，高谈辟蚕丛。吁嗟五千言，定非其初衷。倘早文武遭，大宝归陶镕。祥金不跃冶，夭散将毋同。时乎竞不遇，斯道随污隆。毕竟贤者过，力不能中庸。宣尼乾九二，此老初九龙。倘尽骑牛去，谁挽狂澜东。

白衣庵 一在县西街；一在大王家庄。

西来庵 在黄台山左侧。旧时施茶，俗呼茶棚庵。

朝阳庵 在县东北岳孤山阳，岁久倾圮。道光十九年，邑众重修。

龙蟠庵 在县东三十里。

大乘庵 在三屯营城内。

南皮张太复《登黄龙庵望峡口》诗云：松色翠重重，孤庵据一峰。河流喧白马，峡势走黄龙。侧想巨灵掌，长留太华踪。此间惊地坼，谁与擘云封。披豁垠厓险，崔嵬剑戟冲。帆飞疑破冢，浪卷想追锋。幻影传奇迹，幽探信短筇。四山还纵眺，乱涌碧芙蓉（自注云：旧传峡为龙擘，滦河贯其中，水中留龙影云）。

以上迁安县。

大安寺 西门外。

碧岩寺 县东北一百里。峰冈环绕，花木森秀。久废。

观音寺 一在县治南门内迤西，后有藏经楼。明万历中，知县王台创建。国朝雍正中，知县何得麟重修。光绪三年五月，卖菜人程万仓捐百余金重修经楼，邑董事陈慕元踵修成之。一在县东二十里。

广化寺 县东北八十里。

石佛寺 县南十五里。山林耸秀，泉石渊深。

长城寺 县东北九十里，在古长城上。

圣水寺 县北三十里。有二泉冬夏不涸不溢，屡汲不竭。登其巅可以观海。僧超恩募化重修。

卢龙辛大成《圣水寺远眺》诗云：莽莽秋空迥，凭高酒乍醒。峰罗千点翠，海划一痕青。塞雁低平楚，晴烟接杳冥。此心天地外，何事苦劳形。

龙泉寺 在县南二十里无瑕峪。辽天庆年建，明弘治十四年重修。

卢龙辛大成《龙泉寺》诗云：杳霭岩扉薄暮天，长廊人静娴晴烟。微凉不用蒲葵扇，一枕斜阳雨后蝉。

栖霞寺 在县西南十二里。山林幽邃，尤宜避暑。

知县赵端《重修栖霞寺石梁记》云：县城西十五里，有兔耳山为邑屏障，山南麓有寺曰栖霞。背山面溪，溪旁石上马形金色，昔人题"金马遗踪"，乃邑之胜景也。山南即旧县治，村民错落以居，跨溪有桥，建自唐鄂国公尉迟敬德。乡之人凡陟山樵苏者，赖之以登往，田耕耨者藉之以济。桥之利众，实与徒杠舆梁等。至其为坤水之要梁，兑山之关锁。又与邑为轻重，固不独金汤梵宇而已也。余于劝农之余，憩于寺内，登山瞻眺。俯仰之间，飞泉百折，峭峰双峙，林木阴翳，禽声上下，为低徊留连者久之。甲子夏五，洋河泛溢，平地水深数尺，沿河居民悉遭水患。余奉檄勘灾，重过山寺，见夫洪涛汹涌，桥被冲塌，隔岸山光恍招故人。其如急流正泻，一望迷漫，无处问津，迷桃源踪迹矣。嗟嗟！自唐迄今，历经千载。余以数年间，沧桑兴废一至于此，忍使山灵落寞水咽钟沉也耶？于时，值修城孔亟，未遑兼为筑桥之举，怅然而返作《兔耳山行》以志慨，亦大不得已于怀者矣。秋杪，城工告竣。遂于冬十月，捐资购料重为建桥。令本乡之耆老董其事，于乙丑春而落成焉。余复与二三知契，渡桥至寺，瞰而顾之。见蹲鸱低伏，雁齿遥铺，石虹高耸，云刹近连。较诸畴昔之登临，别觉一番新色，而碧润清深，更无复山行之感矣。然是役也，谓余为利农樵之济涉，可。谓余为恣士庶之流览，不可。谓余为表一邑之胜概，可。谓余为作精蓝之善缘，不可。山与城俱，寺并山永，而桥又同寺与山并传不朽也。

明副总戎赵朗《夏日游栖霞》寺云：兔耳双峰秀，遥青插海天。林深方结夏，寺古得安禅。蜃市楼中气，蚕沙槛外烟。腥风潭水沸，应有渴龙旋。

国朝知县赵端《三月邀同沈宫詹夏征君游栖霞寺》诗云：花明春

寺僻，水净石桥幽。兔耳宜邀月，禽声直似秋。四时开士定，一曲夕阳留。酒兴兼诗思，殊堪纪卧游。片石老寒烟，霜蹄神骏传。碧抽春草恨，红对落花怜。松响涛生树，云低鹤下天。丘亭今有地，吾意欲逃禅。乱山巉崿处，绝顶觉天高。岁月惊芳草，生涯问浊醪。醉书应自圣，诗史定谁豪。石壁侵莓藓，临风落兔毫。薄日林皋迥，残霞出岫明。远钟虚谷应，古木暮烟平。蹊湿晴疑雨，苔青断复生。臣心同勺水，聊足慰怀清。

又《春日同汪子明峻、姪景从、儿景徕、景衡游栖霞寺》诗云：禅房高耸乱峰头，此地烟霞足卧游。心远独疑仙路近，林深翻觉洞天幽。敢将啸咏同山简，自爱清狂过子猷。最是登临多胜事，竹床茶灶共淹留。

辛进修《九日赵邑侯招饮栖霞寺》诗云：何幸逢仙令，郊原载酒过。黄花迷野径，红叶点山阿。涧泻泉声远，桥横云影多。忘形已落帽，醉倒更婆娑。

赵景徕《游栖霞寺》诗云：梵宫花柳散晴烟，十里香尘驻锦鞯。觞咏疑追春夜宴，风流不羡永和年。兔峰无恙摩霄汉，马迹何时枕瀑泉。歌管半残人欲醉，上方清磬自泠然。

无锡王模《秋日游栖霞寺》诗云：策马骊城古塞西，万重飞翠拥招提。野花过雨香还浅，山树迎秋果正齐。踏遍乱云盘曲磴，坐临欹石弄清溪。徘徊更欲穷幽兴，兔耳峰高落照低。

华亭沈荃《赵令君又吕邀同夏子宛来游栖霞寺》诗云：一碉龙潭胜，双峰兔耳悬。穿云寻野寺，拨草听新泉。石迹遗金马，松风韵管弦。兴来频顾曲，日暮未知还。陟磴循松径，携樽坐石矶。野花晴落帽，山翠泠沾衣。地僻留僧话，亭虚待鹤归。我来方鞅掌，到此已忘机。幽刹何年构，栖霞此擅名。晓窗延海色，夜壑饱松声。园果秋堪摘，山田岁可耕。石桥流水静，湜湜照人清。登顿何辞远，山川信有缘。幽期真不负，东道况多贤。碧草余春色，黄鹂动暮天。酒酣题石去，回首渺苍烟。

苏滨《秋日游栖霞寺》诗云：十里晴光散晓霞，寻幽重过老僧家。云开山径初传呗，木脱寒林尚见花。结社未携彭泽酒，汲泉堪煮赵州茶。归来策马斜阳路，遥听边城起暮笳。

乐亭倪纹《初到栖霞寺》诗云：林泉僻且幽，绝无人烟住。松声万壑鸣，是我栖霞处。又《勺泉诗》云：东海有巨碑，题云一勺多。此水真一勺，能添东海波。

清滦寺 县北十二里。

水峪寺 县西北四十里，楼台掩映，泉壑环流，在猩猩峪北八里许，东倚高山峭壁百仞，西临深涧百余丈。寺后有飞瀑，由寺东顺流而下，可以涤器皿，灌园圃。用则储水以待，否则听其徐流，以入于涧。

邑人吴兆鳌《寄读水峪寺》诗云：雨晴风冷翠斑斑，乞得闲身图画间。采药僧归红叶路，钓鱼人立碧溪湾。香台已许渊明共，方丈宁无谢客攀。我亦惯游任学士，夕阳且莫闭禅关。

双泉寺 在天台山。

知县陈钟琛《双泉寺记》云：余生长山陬，游迹几遍天下，每于山水之际，结癖良深。一行作吏，得永平之抚宁。抚故多山，尝于簿书之暇，纵辔寻幽，有所得辄欣然忘返。戊子春，偕友人探胜于天台山，憩双泉寺。其地崇山奥衍，竞秀争奇，绕寺多种梨花，时琼英缤纷，恍入神仙窟宅。顾仅神宇数楹，游人倚徙无所，乃与住僧正化言而慨之。僧前席曰：是寺也，旧在兹山之东岭，结茅而居，名“饮泉庵”。形势逼仄。殆不可状。雍正七年始移建于此，而“双泉寺”乃得名焉。草创粗完，规模狭隘。乾隆二十七年僧焚修寺中，醵金葺治，以今视昔盖已略为宽广矣。当时本欲备精舍，缮缭垣，旋以经费不敷而止，至今僧盖心焉念之，弗敢忘。”因为余言某处可以建房，某处可以浚池，指画地形，井井不紊。余为之輾然而喜，属之曰：“勖哉！有志者事竟成。毋负此一腔善念也。”继此二年来，正化垦辟地利，加以抄募，竟于辛卯之春，鸠工庀材，次第修治，既蒇事来告。余曰：“僧今有以报命矣！”山门改建三楹作敞轩式，以资眺远；门东置群房五间；殿仍旧，治而丹垩之；前增东西耳房各一间；后筑围墙数十丈。果木周匝，莲池清深。不敢云为山灵别开生面，庶几一招提深境矣，请落其成而记之。会余适以王事驰驱，未即践约。然而峰峦林麓之间，神游盖久闻正化。言境界已历历在心目间，默念寺既改观，山益献技，从此可以快游客之登临，供骚人之啸咏，则天工将藉人力而益著。正化之用心可谓勤矣。爰书数语以付之，他日吏事少闲，行将再命游屐，旷观新构。回忆前缘，必且坐卧低徊，流连不忍去，则余山水之癖，亦不至销磨于尘纷俗障中也。是为记。

卢龙辛大成《游双泉寺》诗云：数年绝游迹，今复快登临。一水清尘抱，层峦豁远心。路穿高鸟外，杖入乱云深。恨少惊人句，峰头恣啸吟。

陶淑《初夏摄事骊城偕振远上人，及舍弟辈自水云寺至天台山双泉寺得七古一章》云：联朝讼牒纷纷埽，有如荒园除蔓草。胸次欲使俗根除，会访名山事幽讨。平明骑马出城西，四面峦光接马蹄。山灵一似招我去，冈峦变幻无端倪。路转芦峰烟径曲，一山奇突飞浓绿。人言此地天台山，放眼贪看意未足。山后黄崖峙碧峰，上有古潭蛟龙空。水云漠漠不辨寺，但闻万壑鸣松风。盘登几层到山腹，始见天台真面目。双泉涌地法界凉，祇让老僧纳清福。吾闻天台迷阮刘，仙人洞府藏深幽。兹山无乃是幻化，飞来此地成丹丘。山峰倒景山岚收，墨花狼藉觥交酬。惟有远公横淡趣，挥麈山门石点头。

旧县寺　县西二十五里，即抚宁旧治。

福胜寺　县北十二里。西有小石柱，呼辄应。

报国寺　县东八十里，即旧海阳城中。

台头寺　县北三十里。

圆通寺　县西二十里。

聚会寺　县西三十里。

杏虎寺　县东北八十里，今废。

清凉寺　县东十五里。

水月寺　县南三十里。

崇福寺　县南三十里。

望海寺 县东南三十里。

庄头寺 县东南三十五里。

隆兴寺 县东四十里。

清源寺 县南二十五里。

福胜寺 县东六十里。

柳会寺 县东六十里。

东联寺 县东南四十里。

龙岩寺 县东南十八里。

元方寺 县东三十里。

云城寺 县西北三十里。

慈氏寺 县东二十里，创于元。内有古柏二株，大可数十围。

香山寺 县西北三十里。

东流寺 县东北一百里。

沙河寺 县东二十五里。

永芳寺 县东南三十里。

云滦寺 县西北四十里。

灵鹫寺 县东北一百一十里。

中峰寺 县东北一百里。

法云寺 县东北四十里。

椒园寺 县西七里。

邑人王致澂《为王砥山招游椒园寺》诗云：拨云寻古寺，万壑树声多。路曲频移屧，情豪欲放歌。新斋盈卷轴，满壁锁烟萝。岚影当窗落，斜阳上竹坡。自注：有亭在禅堂东畔，为砥山所建，以为读书之所。

清峰寺 县东北三十里。

石桥寺 县东北一百里。

天庆寺

卢龙辛大成《重修天庆寺碑记》云：盖闻刹利瞿昙，种分六姓。能仁善慧，派衍一宗。留众教于波罗，常昭佛日；畅元风于震旦，普荫慈云。试看欢喜园中，转曦轮而开觉路；曾闻烦恼城里，现法炬而渡迷津。回苦海之茫茫永名功德，断尘情之种种久最慈悲。故宝气初占，花雨沵乎西极。而金身不坏，供养满乎大千。虽兹山之钟灵，洵理佛之净土。河流黑石，俨同七宝之池。峰涌黄崖，可面十年之壁。惜乎！开创久远渐觉道场凌夷。僧人普浴，早晤三空，夙除八垢。得闻第一义谛，皈依不二法门。果证无量，识大梅之将熟；清修最上，知行者之通灵。戒定慧历劫相生，早已放下布袋；贪嗔痴一丝不挂，何须将过蒲牢。乃于乾隆二十六年，岁在辛巳，卓锡于万嶂之巅，挂衲于五粉之树。爱其幽僻，恐遂颓残，增为大观。居然化城之金碧，扩其旧制，愈觉法相之庄严。夫而后钵洗清泉，性与晨钟共适；经翻贝叶，心随暮鼓同参。麋鹿衔花而驯扰，缟鹤巢松而徘徊。遍地檀香，无非般若。虚心禅理，总是法身。诚哉！入道之丛林；展也，真如之盛境。是为序。乾隆三十三年五月。

垛石寺　在县东北三十五里。寺有石井五，水与地平。

教谕武克相《重修三峰山垛石寺碑记》云：或言天下佳山水大半属之僧房道院，理或然也。余则谓有僧房道院，而山水之佳乃出。譬之奇花异卉，栖于幽谷之中，非有特识者品题之，亦熟知其沁心动目耶？天地之大，造化之巧，磅礴潆洄，凝聚交会，何可胜穷？然而登临弗至，凭眺无人，则亦等诸荒邱断堑，寂寞无闻已耳！且山居壑处，齐民维艰。惟缁羽者流，其事可以感人心，其力足以聚财利，而其人又多遐识远见，足以经营而结构。故凡一丘一壑，得为僧房道院者，莫不改观，矧佳丽者乎！抚邑之北去台头十二里，有峪曰垛石峪。冈岭四合，独缺其西一面，两山环抱如门，清流漩绕，禽鱼悠然其中，渐次廓大，青松怪石各如人意。行二里许，其南有巨石者三，危然相垒如人手置此，垛石峪所以得名也。又东行里许，为峪之尽处，而山起焉。是山祖黄崖顶、天马山为其外屏，有石峰者三。中者如人拱立，稍内敛，在右有狮、象形稍外出，而向中峰。此又三峰山之所以得名也。山之东麓有池，泓然阔不过丈，深不过数丈，不盈不竭，俗名龙潭，神其说也，而实峪门流水之潦也。自故明来，即有因而建寺者，曰“垛石寺”。规模狭隘，山水之气象弗昭，久益荒废，莫识其奇。僧者光庆，老僧万河之弟子也。万河大有解脱，年七十余，饮食动履如丁壮，貌有童子色。光庆得其作用。自康熙癸酉岁，飞锡至止，慨然重修。计大殿三楹，伽蓝殿二座，皆因旧而扩充之者也。禅堂五楹，东西厢房各三间，东西地楼各三间，西客座二间，东厨房二间，山门、角门、二门、碾磨、柴房无不修焉，皆其所创建者也。又扩地基三丈，月台为阶九级，殿阶三级，围墙四十六丈余，高丈余，下石上砖。前后殿佛像修饰金铁，铸造地藏十王铜像十三尊。引泉水周匝于屋宇园林，以为烹湘灌溉之便。又为东西二池，以为种莲之所。是役也，工务求坚，事务求永，或再易，成三易。自癸酉至己丑凡十七越岁而工始告成。佐之者惟已故赵君自荣、呼君明尧，及二三村中之施主善会也。无沿门之钵，无强勉之请，居然而成，灿然而新。凡登临凭眺者，仰而视其崔巍，非有所筑培，而面目至是而呈其真也；俯而视其流漩，非有所涤濯，而意致至是而表其秀也。一林，一壑，一禽，一鱼，增色生好，刮垢磨光。俨如天地之间今日而方有此丛林，今日而方有此山水，孰谓僧房道院不足以增山水之色与？说者谓五蕴皆空，四大非有，即有丛林山水亦殊多此一事。不知空非真空乃可言空，有所当有不可为有，此峪之上应有此山，此山之中应有此寺，正所为空而不空，有而非有者也。后有作者，知此意而增美之，宁知不更有进哉？是为记。

邑人宋赫《垛石寺》诗云：双石累青嶂，相依秋已残。栖兹岩谷里，谁作丈人看。月照长城晓，霜沾绝塞寒。泰山纷欲倚，特立尔巑岏。为怜幽谷僻，到此一摩挱。疑是生公聚，曾无米老过。嵚崎违世久，安稳得天多。任尔封三品，悠然卧薜萝。

金峰寺　在县城东北黑石堡，去城七十里，与临榆分界。下有黄崖寺，改名金峰寺。十月初五日香火最盛。高可十五里，顶上有铁瓦佛殿，瓦上镌姓名，系明徐彦昭与府中男女人等施舍。顶上可以望海，因名望海红沙寺。

明兵备副使石声和《增修黄崖顶碑记》云：扶舆精灵西县黄花

镇，迢衍而东数百里辞楼下殿为黄崖顶。左角山，右孤竹，南控大海，古刹在焉。余亲和元，寺之檀越也。夙缘山水，谈及此寺之景，兴废之由，命余为记。考此寺创于金大定间，僧三峰者。历阅元至我皇明，今已四百余载矣。残碑堕宇，惨淡夕阳，茂草颓垣，鞠为荆棘。有僧云祥往依焉，斩草而居，采蔬而食，矢心苦节，跪诵华严。夫古今之事，靡不以一人亡，一人兴而一时，有国玺湛源者，往来燕永间，结檀越作目缘，而山寺之费稍舒矣。有三才者推之座元，简阅大藏以立长期，而山寺于是乎有人矣。有知弥者，通音义，善楷书，多技能，而寺之书记任之焉。有显光者，总出入之数，而寺之度支，人之施予，皆属之而靡不给焉。薪者，汲者，各执其事，固犁然而有序矣。于是鸠工庀材，未有者创之，已有者新之，穿天井造浮图，起韦驮殿，筑周围墙垣。佛像壁珰，白莲狮象，刓者金之。砖甓甋瓴之，缺者丹朱漆绿之，晦者陶而绘画之。又虑下院达禅室高远，材木而易腐，修石磴二十三级。廊庑、厨舍、斋房，莫不备焉。因者什之一，创者什之九。翚飞鸟革，焕然观美。登斯顶也，夜静风轻，星横斗转；晴云晓日，眼阔天空；禽音鸟语，迭奏笙簧；暮磬晨钟，经翻贝叶；山卉野花，香气惹人；古木怪石，栖鹤踞兽。天籁鸣而奇峰绕，落霞灿而孤鹜飞。古今之感兴废之由，益信有不诬者。和元曰："是役也，不有三峰之创，则云祥何以因。不有云祥之修，则后之人，何以观感兴起于无穷也哉？今日之云祥，即昔日之三峰也。愿勒石以为记。"噫嘻！君子哉，和元乎！一言而起王峰于四百载之前，能推本也。不没善也，云祥当不朽矣。君子哉和元乎！君姓冯讳景运，邑之文学也。宜得并书于贵官善士显姓扬名，则镌诸碑云。崇祯十六年癸未仲秋。

邑人王简《创建金峰寺大悲殿碑记》云：俗传西有五台，东有五顶，皆摩诘胜迹。稽山右五台，秀萃一山，畿东五顶，峙形各处。要不出孤竹郡界。而黄崖乃五顶之一。开山于三峰和尚，悬岩削壁，沧海波涛，云霞沃荡，日月薄迴，俯视临榆、碣石犹一卷耳。四方登眺者计至顶十五里许，势不能蹑屦直前，必斋宿而后攀缘，非有下院以夕息，人将望而畏之。旧有数椽即名黄崖，腐瓦颓垣，逼处山麓，实不足以容车马矣。远近来游，每借寓山村，僦屋而居，买饭而食，事之非伦人多厌射。有僧庄福目击心动，不觉怃然曰："登大名山，下无接引，其不损鹫岭之奇观，而消鹰堂之真境者几希！"遂卓锡于此。劳心苦志，养气存神，每眷言灵宇，载怀兴葺，祝遇同心，共成因果。恒言人有善念，天必从之。随获左右善信，暨台营施主外翰王养凤、庠生茹瑜董启瑞、岁荐茹珩许青云者，互相劝勉，感动十方。老僧引愿勃勃不惮劳瘁。鸠工庀材，因高就远，创建毗卢大阁五楹，庄严千手千眼佛像。规模初备，乐善无穷。幸逢邑侯谭公遥集高轩，继而敬庵刘公亲临山峪，督催附近居民，免其徭役，人以悦来，工以心竞。共砌地址台阶数百余丈，因而围墙廊庑，香积禅房，次第俱兴，几无遗议，改寺名曰"金峰"。丹刻翚飞轮奂离立，俨然东土一大道场也。纂葺方殷，忽然云殇，所谓高轨难追，藏舟易远，良可叹息。其徒海印克承师志，功著垂成，补所未逮重修大雄宝殿，并石级山门。迄今晨钟暮鼓，松柏青葱，层轩曲槛，迥出云霓，恍如入大千而荒三界者乎！毓金碧交辉之景，于深山穷谷之中，不独游览者得所依归，而名区胜地藉有荣光。较诸背牛、仙人诸顶，更觉奇绝。经云："祥河辍水，宝树低枝。通庄九折，安步三危。"岂多让哉？谋勒石以志之，凡山之兴废，寺之创修，人之因缘，僧之德行皆知所稽考，而并以砺千百世之后，之发善心者。康熙四十五年，丙戌季春。

坠石寺 县北一百里。

弥陀寺 县北六十里。

慈悲寺

潮水寺 县东六十里。

圣水寺 在乾涧堡北青华山上，久废。道人刘云鹤筑舍，修炼于此。

五静庵 县东白云山一百二十里。

白衣庵 在东关路北。

地藏庵 在卫胡同，女道士陈氏募建。

南天门洞 僧寂禄募建。

观音堂 在南关外。

寻真观 城北二十里，即俗名蚂蚱庵。

知县赵端《秋日游寻真观遇雨》诗云：晓出城西路，仙坛访旧游。绿沙平野阔，红树乱山秋。数骑穿盘磴，双旌渡浅流。停鞭遥指处，骤雨湿征裘。一片溟蒙色，千峰望不分。瀑声翻助雨，风气总成云。过岭人呼队，穿林马失群。悬知仙院近，山果落纷纷。古观清幽处，偏宜静者寻。为将丘壑趣，遥浣市胡心。扪石凌虚壁，披云见远岑。啸台凭吊久，茗椀足长吟。吟眺忘归晚，隔林疏磬声。烟霞留永日，竹树寄余情。野渡流方急，沙痕湿更轻。岩城灯火近，戍鼓报初更。

秋月寺 在城北天马山西岭上，明嘉靖中建。庠生杨修道重修，山旧无泉，杨尔祚创僧舍凿井得泉，有三鱼纯白跃出，立石纪之。

知县张上和《游秋月寺》诗云：平冈复下坂，柳色乱春渚。蓬蓬远翠间，殿角露孤屿。古木峭以森，枯泉沙作础。近山寺转无，乃在岩腰处。舍车遂徒步，余勇犹可贾。山僧颇野朴，斋厨藉蔬圃。知是长官来，呼童埽庭宇。平台堪小憩，煮茗涤瓯瓶。群山正纠纷，不辨孰宾主。樵径细如发，石痕半劈斧。丁香发初胎，松杉杂参伍。俯视下山路，炊烟满村坞。

水云寺 在县西二十里。

卢龙蔡梃《水云寺碑记》云：水云寺，古刹也。不知建自何年？余昔与器公家兄等游其处，见壑中巨石，刻有"元至正年"及"大众五百会"等字。倾圮已久，株砾无存，惟山云涧水自朝暮而已。寺西谷口外，为所各庄。庄有居士王霄阳先生，不犯欲尘，抱道自处，凡数十年。僧育山大师杖锡东来，获晤王先生，夙生缘契，法爱殷勤，不忍去。先生问师所欲居？师曰："无人居者？我则居之。"先生欣然曰："水云寺久无人居矣，当为师经营之。"爰结茅而处焉。道存缘集，众皈事兴，凡三十余年，三迁而建寺于麓。盖王先生经始，众善信共力以助其成，而育山之劳瘁胼胝三十年，未少休也。寺成，索记于余。余愧不文，略述数语以志其废兴之因缘遇合焉。至于水之一味流通，云之去来无自，萃无量庄严，成众生功德，即缘非缘，无兴无废者。此大师常住之水云寺，而诸佛菩萨七趣三有亦同居共处，而时时念念觌面相呈者，非一非异。文长不赘也。育山大师，传临济正宗三十五代，名实崙，一字湛水，别号云堂。余尝戏谓大师之字号，既俨然受记兹寺云，又题水云寺。因赠湛水诗云：松风满幽谷，落日瞻远山。飞鸟去已尽，幽人常自闲。种芋岩石下，采叶水云间。阒寂忘尘事，萧然独闭关。

双龙禅院 在县东北四十五里，南天门洞。

山阴诸元寿建《天门洞双龙禅院记》云：背牛奇矣，黄崖雄矣，五峰秀矣，天门兼雄奇秀奥，而名独晚出于诸山，岂不以时哉？兹山始则荒莽中一石崖耳，高插云岚间。斯时山显而洞隐。旧传野人掘土山窟中，岁久窟穿，忽见石洞，旁行往瞰见苾刍趺坐。盖化僧也，而洞显矣。但当日山属塞外，熊鹿所居，人迹罕至，时虽有洞而少僧。自南塘戚公展边，僧性存来住锡于兹，结庵施茶才展其地耳！时虽有僧，而无院。夫山灵之迥异天胜之也，梵宇之弘隆人胜之也。况人定胜天乎！昔人移山而山惧，非惧其人也，惧其子若孙耳。性存勤修数十年，临殇属其徒海据以成其志。时当鼎革兵燹，未遑。康熙初，始募资庀材拮据卒瘏，乃于庵后凿崖辟地，建大殿三间肯堂矣。未肯构也。弟子寂禄复持疏下三韩，趋齐鲁，栉风沐雨，奔走有年。于是补建韦驮殿一间，两廊六间，大殿配房四间，山门一间，垣环砌垩中塑三慈氏像，凿理洞门，悬钟于簴。于康熙十四年八月功始成。采龛朱几，绣柱雕题，望之如在天半，始与三山竞胜矣。登兹山也，直上逼诸天扪星汉，下视日苍苍耳。入其洞窈然而深，升其堂朗然而瞩。予因慨兹山之显晦，有时人力之通塞有待。当其时之未至。虽天造之奇，不能自显；苟人力不怠，始即见难积数世之经营，而志无不遂者。乃知时必有待，而志不可不坚也。宁独开山也哉？予深嘉禄祖孙之坚其力，而山灵有待而显也。为记之如此。然禄所为特福田耳，若夫究无上之微言，希一乘之妙法，则洞中老僧，或出而有以诏之矣。

以上抚宁县。

崇兴寺　一名地藏寺　县北一百二十步。

明邑人王之屏《重修崇兴寺碑记》云：昌黎之崇兴寺远矣，旧无记述，不知创自何代？第近年来寺僧销秏，曾不以舍利为事，比谋相侵相寻日废而已。吁！有僧无僧寺轻，有寺无寺僧亦轻。谓尔教何此？掌教者奋然有激于事也。尝问予曰："士为寺主实祇园衣钵，于是乎在吾不能为黄金地，倡三缘演五蕴，揭日中天。而一二颓垣，任其坏而弗理，吾甚惭！"嗣焉，乃不取檀越一赀，自食自力，凡为佛舍三间，巨钟一座。并于山门右得甘泉。而大殿两廊前后，百堵俱饬。灶下执爨辈亦俱森森晓畅法事。此一时也，寺若增而高，僧若增而重。回视曩者，不啻百倍胜之矣。于是谋所为立石以留岁月，尤苦于前无所踪。其始事，僧云："已难讯，姑有待耳。"会有泥工得片瓦于殿角，上题曰："弘治十一年六月。"逆而数之，适当百年，时会俱合。呜呼！亦奇矣哉！夫寺幻相也，僧幻身也。寺终不敝，百年一新，□□真觉万古不朽。顾寺造于人，人亡；人造夫寺，寺存。是不敝者归之土木，而腐朽者乃在生身。良可惜也。盖闻之，觉心如烛，何灭何明？欹之则倾，定之则荧。稍加之□，必动其扃。而况多歧以逞其能，群往以采其精。奈何生以无生，空以无空，以畀而教传灯。则斯石也，犹赘之矣。掌教名真士，号脱尘，南海之沙崖人也。

邑人张焜《重修地藏寺碑记》云："或有问于余曰地藏寺何神乎？"余曰："不知也！"地藏寺之神何职乎？余曰："亦不知也！"夫不知而有是神，不知而有是事，不知而创之于前，不知而因之于后，不知而行之与不知而言之。古今同慨矣，荅碑可胜扪乎？邑之北郭外，地藏寺者，古庙也。不知创始何代？中有二碑，则康熙三十九年重修所记也。至今百余年，殿宇多颓落矣。僧果旺从而修之，索记于余。余观其庙中，为地藏菩萨旁则十帝阎君，盖冥府也。夫冥府之事，而曰我知之，妄矣。既不知之而曰我能言之，我为文以记之，抑又诞矣！且又何以为冥府哉？夫余亦言其冥冥者而已矣。冥则何所不冥：鹿苑，冥苑也；龙门，冥门也；戒之为地狱，冥狱也；修之为愿海，冥海也。大觉金仙，惟冥故觉；祇园精舍，惟冥故精；乐界化城，惟冥故化。但乐明者可避，冥者难逃。使邑之见者、闻者其懔然于冥冥之中。有明刑，有显戮，束身畏罪而不敢为非，则不知而行之与不知而言之者，皆有裨益于天下后世，而不至获妄且诞之咎。夫向冥冥而祈福，向冥冥而祷祸，愚民之所为也。余复以冥冥为言，是民已愚又从而愚之，岂不惑乎？余曰不然。夫愚人者，不以冥冥为言者也。方且指无为有，言其形状之若何，言其报应之不爽，言阴狱之凡数十重，犯某罪入某狱，确凿不可移，夫言之诚，足动听矣。乌在其为冥府也哉？故曰视之而弗见，听之而弗闻。

九圣寺 城东二十里。

源影寺 县西二百步，即古塔寺。塔下有井，其泉独重而甘。

明知县杨于陛《重修源影寺记》云：寺不知创于何代？被以何名？旁有浮图，横可十余拱，直插云端。蚩蚩之众，相沿称之曰“塔寺”。塔寺云中有井，清香甘冽，前民日用饮食。题其名曰“源影”，自不佞于陛始也。旧址湫隘，堂宇狭小，捐资募疏，市材鸠工，较往日宏敞辉煌，虽善知识之力居多，慨然身任其事者僧会司杨慧进与李通学也。落成。会不佞迁官将行，慧进跪恳一言垂诸石。请毕源影之说可乎？夫汩汩而出者委流耳，孰浚不竭之源？矗矗而峙者色相耳，孰映无形之影？计此井塔之在大地也，如以俗眼观，未可语一勺卷石之多；如以道眼观，停然一泓何殊巨浸。渺然毫末，何殊泰华。分对之水自有源，塔自有影。各不相假借互参之。水之源涵影，影之空涵源。机自可融通对，忘其对参。忘其参，则源影不在山河大地。山河大地时露源影之端倪，大要不越尼父之指引合证知仁之蕴。其于源影，庶几乎！告慧进，并以告吾昌士民日用饮食者。衙斋古铜瓶炉一具，经若干卷留以镇山门，并告好为护持。万历四十八年庚申重九日。

明邑人赵瑞《重修昌黎塔记》云：昌黎县城西北隅，有塔一座，高十二丈有奇。巍然耸立雄表一邑。究厥创始无可稽，岁久渐圮，甓瓦脱落。嘉靖辛丑春三月间，有蓟州盘山僧姓李名明贵，来相度之，欲化募材货以新斯塔。兴作之初，会有谓僧黩货自私，工或弗就，将以怵阻之者。俄有黑风自东北来，猝至塔下飞沙走石，众皆惊惧失色，乃不复他议。呜呼！异哉！嗣是而后施助甚多，材物云集，僧乃造砖瓦，贸材木，朽者以易，缺者以全。凡雕刻琢磨甚多，弥缝罅补皆僧自为之，而他匠不能有所预。其匠役所事者，时粗迹而已。既而，立宝瓶于顶，挂响铃于檐，焕然一新，警人耳目。盖自辛丑至庚戌经历十年，始克竣事，可谓难矣。且昌黎城北多奇山，望之如画图，塔适居山前之中，若卓笔然青山白塔两相辉映，真一方之奇观也。塔完将树碑求文，以志其事，介乡人来请。惟浮屠氏之学，予不及知，而其学之与儒殊，亦不待论。独僧之勤苦自持，坚忍不二，以底厥功，信有不可遗者焉。《传》曰："有志事竟成。"殆于是乎见矣。石凡二，一则予备载修建始终，俾将来者有所考；一则皆记名施主。僧又建碑楼二座，以庇风雨，固永久焉。塔前作一小殿，供佛塔，东为屋楼数楹，以及门垣，悉具皆其力也。是为记。嘉靖庚戌三月。

邑人李云起《重修源影寺塔记》云：阿育王之建塔也八万四千，而东震旦盖得十九。厥嗣象教聿宏，而法界之铃铎如昙花梵贝飘舞云除。自胡后作永宁十九层，而下黄泉，浮屠遂高九十丈。而杨坚遇阿罗汉授舍利一裹，安置雍岐等三十州，亦诏州各一塔。是永平以来，犹若辰星。皇兴、天监而后，塔盖林林焉。故天宁隋塔也，妙应辽塔也，弥陀金塔也，慈寿明塔也。皆有年可记也。吾邑之塔，不知创自何代？间考唐野乘载，贞观十八年亲征高丽，十九年诏班师，遗骸集柳城焚其骼髓，设塔以镇之。乃司马公复遗其文之半。即或然也，则亦可以营州作柳城耶？且凡人起塔于佛生处、得道处、转法轮处、佛泥洹处，暨三像一迹处，皆得安华盖供卷。吾邑之塔，又不知创自何因？想亦有涅槃圆觉，而为娑罗林精舍耶？是皆不可知也。但观于钱蝶之飞于桑乾，而泛滥斯灾，塔亦关盛衰矣。再观于赤白谣乎南北，而主客遂分，塔亦知兴亡矣。若是乎，其如之何不修也？修之而必待其时，亦必待其人。去春本还大师挂锡此间。见缺坏之状，深用怆感，乃发埽魔愿，广募善果。而汾水巨商任姓讳一龙者，遂慨施拾金。观感而兴，则邑之衿弁与村之男女复各有所益。乃经始于孟春，观成于仲夏。今磨崖以志不朽。余曰：前此者，吾不得而见也，后此者吾不得而知也，则说无所说也。姑记其所费大约绳木以千计，砖瓦以万计，金钱总以数百两计，曲为琐载，以告后之同志者。顺治六年。

望海寺　城东三十里。

滦州张堂《秋日游望海寺》诗云：瑟瑟西风送晚凉，登临人自爱秋光。寒苔细路轻粘屐，野菊闲寮淡著霜。天地百年真逆旅，溪山几日又重阳。凭栏羡杀南飞雁，万里寥空自在翔。

仙化寺　城西三十里。

绕湾寺　城西十五里。

云峰寺　城西二十里。

东荫商《云峰寺》诗云：遥岫乱云黑，古林残月明。台荒多鸟迹，楼圮断钟声。山鬼披罗出，村僧夹涧耕。前峰问何许，碣石少人行。

莱阳宋琬《云峰寺》诗云：借得樵人笠，来遇道者山。簿书聊自假，屐齿未曾闲。树老蝉声合，碑残鸟篆斑。高寒碣石在，何日复重攀。

山海刘廷宣《云峰寺》诗云：梵声响落最高峰，一驾茅龙万壑钟。春色奚囊收不尽，剑花昨夜吐芙蓉。

清峰寺　城西三十里。

青龙寺　城西三十里。

妙峰寺　城西三十里。

清修寺　城西四十里。

千佛寺　城西四十里。

金峰寺　城西四十里。

古兴寺　城西五十里。

双峰寺　城西五十里。

延福寺　城西五十里。

邑人张焜《延福寺碑文》云：寺院之设，果无益于人，则创修为无谓矣。果有益于人，则吾又未见寺院之多，而为善者日益多，为恶者日益少也。然则创之不已，而复修之，修之不已，而屡修之。诚何以故？吾知之矣。盖愚民之心，惟吉凶祸福之说，牢不可破，不信人，专信神，不畏人，偏畏佛。有心世道者，因设寺院以示儆，而初不计其果能信畏与否。自东汉以来，未之有改也。邑之西南五十里，古柳城地，旧有延福寺，寺中神像前关圣帝君，后佛殿，由来久矣，且重修者屡矣。由来久，则夫命名之义与圣与佛所以同寺异庙之故，必有先我而言之者。重修者屡，则佑护之何以灵？感应之何以速？与夫士民之何以欢欣鼓舞乐与观厥成？又必有先我而言之者。余复何言？虽然帝君以汉室忠臣，名垂竹帛，光昭史册。其生平独得孟子浩然之气，所以生英死灵，我朝享以太牢祀典，綦重此祭所当祭者也。若夫佛则《文中子》有曰："佛圣人也，西方之教也，中国亦多奉之。"此则有其举之莫敢废者也，要皆神道设教之意也。夫乾隆年间，曾重修此寺，至今四十余年，颓圮已甚。兹首事者，又劝众重修。呜呼！此与人为善之意，不可没矣。余虽未睹庙貌而已，不啻见灵鹫之名山，瞻鹿野之华苑，游奄罗之胜地，企坚固之贞林焉。若夫何以免祸？何以获福？则在欲延福者自领之。是为序。

滦州张堂《夜过延福禅房》诗云：疏钟催月上，琳宇晚来投。门静客初到，夜凉天欲秋。惊鼯翻佛座，野鸟宿僧楼。瓦废垣颓外，苍茫无限愁。

镇龙寺　城西六十里。

香莲寺　城西五十里。

弥陀寺　城西七十里。

云居寺　距城七十里。

桥梁寺　距城十里。

新庄寺　城南三十里。

孔庄寺　城南四十里。

福安寺 城南四十里。

金峰寺 城南五十里。

述圣寺 城南六十里。

龙泉寺 城南七十里桥头庄。

元平州海山县萧湘河龙泉禅寺《故贺首座塔铭》云：盖闻圣人启运扬妙，道于竺乾，大士传辉，播玄风于震旦。阐慈悲之至化，立清净之要门，或拯物而匡时，或守真而自适。出处语默，事有多途，务在经纶理归善世。龙泉首座，亦金时之开士也。师讳祥贺，本潇湘里人王氏子，生于大定二十载，幼纯俭，薄夸嗜，长怀笃让，厚惠尚贤。甫登立岁，已有老成之风，里仁之美，介然秀出。崇庆之末，天下沸腾，国若缀旒，齐民波荡。师避难东西，从容如故，澹然自逸，知命不忧。□天朝革运人物萧条，邑里居民，多罹物故。惟师一族，安而得全，斯亦积善之佑也。亥、子之后，郡国少宁。师素奉释宗，雅□□□外，乃投本无大和尚禀受戒法，为优婆塞。好善不穷，孜孜匪怠。于时乡井之中，少于经会，师卓尔先拔招训隽士，持念金刚般若，又讽楞严神呪。盛暑祁寒，未尝有替。由是四方豪杰，翕然从化，人知归向，师之力也。旧来邑内有大泥河，海浪通潮，人苦涉厉。先贤募力，高构石桥。因兵火连年，实多圮坏。师恐古功坠地，乃加增补复鸠义邑，岁岁修营，兼济之仁，孰不仰戴？师每叹曰："身为苦本，家是火宅。何足羡乎？远抵云峰，礼本无老师，披剃受具，澄心慕道，知足自居，二利俱宏，清微自远。"丁未岁，乡老佥诚命归故里，驻锡兹寺。师既主此刹，有道友莹监寺，亦德人也。相与戮力毗赞成功，钟鼓一新，什物咸备，厨堂再启，佛殿重修，人□□香邀成法会。己酉秋，微疾内轸，神色熙和，未逾浃辰，奄从谢世，俗寿七十，僧腊二十。越明年季春，迁窆于寺之乾地门，资净选创坟建塔，纂绍前烈焉。余于上人昆仲之次也，平昔行履咸悉，见闻匪敢饰于游词，乃抚实而铭。曰：真空吐秀，性海凝聪，比斯哲士，实唯贺公。少欲无求，随缘自足。游刃元准，何惊荣辱？谆谆善诱，穆穆能和。拯拔弱丧，仁惠孔多。兰芳而摧，玉光以折。盛德方崇，厉苦遽□。歇而不出，颠路堂堂。安时处顺，此界他方。云倚青山，水归大壑。月落潭空，真寂洞照。木马朝嘶，金鸡夜啼。塔藏无缝，亘古巍巍。庚戌年三月初七日建塔，本寺传法住持袭祖沙门祥迈撰文并书丹。案:《纪元编》此僧生于金大定二十年，岁在庚子，寿七十是殁于己酉时，金已亡十六年矣。明年庚戌建塔，当是元太宗十二年也，海山县尚未并入昌黎。

储圣寺　城南八十里。

龙潭寺　城北十里。

宝峰寺　城北八里，俗名水岩寺。有唐《佛顶尊胜幢记》，开元灌顶国师不空，奉诏译。辽保宁元年建石。

明知县杨于陛《宝峰寺纪游》云：余以丙辰夏，受命来尹是邑。莅治之明年春，事稍就理，欲搜古人遗迹，而览山川胜概。于是携二三僚友，登仙台之巅，吊湘子之庙。挹瀑布之泉，以脱其埃；掬龙潭之水，以豁其襟。已而，东望沧海，漭洋澎湃，与天无际，碧波黄沙，浮光似霓，恍出舄履之下。俯而眺之平冈长陆，虎伏龙蹲，荒蹊丛落，晻暧缘云，又皆在衽席之内。乃划然长啸曰：“嘻！是真异境哉。无惑乎！人物之灵，龙蛇之神，与夫仙人释子，恢谲之观，咸附托于是也。观止矣！”返而至其麓，有招提曰“宝峰”。一老头陀真山者实为本刹上座，长跪迓。余因至其中稍偃仰焉，以复其足力。周视之，断碑残石，皆唐开元间法物。而庙貌榱题，则焕然新也。询其故？头陀曰：“五代初邈，不可记忆。开国统一既逐胡鹿，兹地始复古职方氏。隆庆丁卯，狄复入寇，此寺片瓦寸株尽付之祝融回禄之烬矣。今皇帝二年，小释始以力募粗创其概，渐而金碧丹垩，以有今日。”余闻之曰：“噫！自辽金元，腥膻此土，始终四百五十余年。当其时，山川如故，而人则贸贸然，忘其华也久矣。人伦日用之常，尚不可得而有，况有所谓山水登临之乐者哉？又安有谓尹兹土，而乐民之乐者哉？今海不扬波，仙灵安堵，登斯山也。见游民往来于此，以樵以牧，而无刍薪之虞。居民环处于此，或稼，或树，而遂生育之乐。近而瞰乎城市、官寺、屋宇，衣冠文物如此其盛。远而望乎边徼、城堞、楼橹、烽堠，关隘如此其固。若是者，孰使之然欤？余今日与二三君游以恣奇观，要不可不知所自，又不可无言以纪所自也。头陀即具石以请，余因撮其所与言之颠末书之。万历四十六年。

明邑人邸存性《重修水岩寺记》云：太行恒山，西来蜿蜒数千里，抵碣石而东濒海，驻足突兀，杰峙最巨。丽者为仙台山，山之麓有刹曰“水岩”，岩处众山间而据其腹心，郁然深秀。山之列其旁者，左五老峰，右锯齿崖，参错连亘，狻猊踞而龙蛇走，若三角，若药局，若笔峰，若馒头，若东西两山，又如人之双臂合抱，而拱中辟一阙。邑治正当其冲，似衔珠然。登城远眺，则山如翠屏，而寺其烟郭也。登山南望，则邑如列眉，而海其襟带也。是诚一邑之奇观。而龙脉，实本于是。昔洛阳多名园，识者以花木瞻盛衰。余亦曰：“刹之废兴，邑之盛衰之候也。刹不知创自何时？五代时地没入夷，邈无所纪，断碑残石多胡元番篆。嗟夫！此一时也，山川膻毡，流浪苦海，刹且不知作何状，安问邑矣？幸版图归我大明，隆庆丁卯，狄人关弓南寇，虏火燎原化为灰烬。今上之二年有大比丘真山者，修行如幻三摩钵提，乃募大因缘。甃石庀材，建梵宇三楹，以无量宝黄金丹砂，涂垩榱题，以大旃檀作菩萨像，庄严妙丽。砌其缭垣，敞其门户，阶以层级，回廊僧舍，各量址环竖于别院。复购求水陆诸菩萨变化图及诸经藏。作大会场，度无量众求脱一切恶浊烦恼。曳杖游南海五台、普陀、落伽，施茶于都门之西义井马肆。十年来，足迹殆遍天下胜概，既而复归老于斯。谒余求记，曰：“衲子四大将尽，不朽盛事，祇藉贞珉。”余因忆少挟为山之术，亦尝登临憩息于斯，洞壑萧森，林木鲜少，想丁卯之劫未远也。今郁林珍果，深树文禽，佳花椒聊列植成阴。非前日之苍烟白露而荆棘乎？高甍巨桷，宽间深靓，泠泠泉瑟，谡谡松风。非前日之颓垣断堑而荒墟乎？佳时令节，邑都人士，趁绿倚红，啸歌而管弦。非前之晦冥风雨、鼪鼯鸟兽之嗥音乎？五代之初，胡元之季，毋论矣。即丁卯之秋，安睹此景物哉？由此观之，不独一邑之盛衰，以候天下之治乱可也。余世间法安能文出世法，姑纪其废兴之由，使后之君子摩石而读此文，尚思彻桑土而绸缪之，亦知真山公为护法天魔之后身也。是为记。万历四十六年戊午。

东水岩寺　城北十五里。

明永平刑政官李学诗《云山行》云：海天云滃白虹飞，倏忽千峰都不见。三年宦况一登山，泉石烟霞才识面。偶然一见起沧溟，几回变化如交战。昏明混沌又初分，去住娲皇重补炼。寒潭隐隐蛰龙升，崇台浮动仙人现。鹤回东海失松巢，采药山人迷竹院。客留石室罢登临，袭人寒气心神眩。自度云深不可留，穿云拄杖羊肠转。眼底危峰势欲颓，风泉激烈奔雷电。山腰恍见蜃楼台，玲珑却是梵王殿。道左僧人报水岩，寻幽到处那知倦。肩舆聊住过僧房，秋塘居士来邀馔。投壶酌酒更留连，细雨冲寒飘作霰。松下相看惊岁华，山灵娱客风光炫。嫩柳才黄絮已飞，空林乱坠梅花片。瞬息云敛上方明，琼楼玉阁峰峦变。山容词客古犹今，胜水名山能几宴。东山谁似谢公情，兰亭笔绝羲之砚。英雄宇宙以为家，梁园金谷谁能擅。山水气势雪风轻，裘马纷华云雾旋。神州西望五云深，目极乡山空恋恋。喜向云山得大观，瀛洲阆苑无庸羡。君不见衡山韩子独开云，至今海内流风遍。又不见梁公曾上太行山，白云飞尽瞻依眷。

王翱《东水岩寺》诗云：未到仙人顶，先登道者山。兴随流水远，意共野云闲。鹤唳空冥外，钟声垒嶂间。追游赖朋友，怀酒话禅关。

国朝东荫商《夏居水岩寺》诗云：石萝盘磴幽，石髓溅云流。不历诸天境，焉知六月秋。山蔬邻叟采，崖果野僧收。一榻堪容我，浮生何所求。郁葱藏一径，巇嵲俨双扉。得树堪消暑，逢山可当归。行看孤石立，坐待片云飞。枯寂人谁解，吾将杜德机。

邑人间瑄《秋日雨后再登水岩寺》诗云：踏破崎岖路，重来访旧游。晴岚迎日翠，深树护云稠。涧落雷霆险，泉含风雨秋。相携坐危石，樽酒自交酬。

邑人阎公铣《水岩寺下院》诗云：山行六七里，一径入丛林。凤彩腾青汉，龙湫隐碧岑。阁寒蟠老树，僧定涤尘心。前路烟横处，层台更可寻。

邑人王煦《游水岩寺》诗云：碣石敞高屏，中峰插碧冥。烟笼城树黑，天压海门青。岩风迎秋翥，潭龙过雨腥。他年此卜筑，闲醉劚参苓。

又《重游水岩寺》诗云：北郭寒山耸，重来到小亭。岩虚风落木，秋冷雁呼汀。世事隍中鹿，游踪水上萍。盍簪思旧会，延伫晚天暝。

桂林侯焕尧《游仙台山水岩寺》诗云：烟锁云封翠不开，四围花木拥平台。山深渐入无人境，林密应多有用材。明德至今思大禹，禅机到此悟如来。山头鹤去无消息，好酬仙灵酒一杯。

邑人张钊《水岩寺》诗云：松翠迎人滴，林开露寺门。沙痕随路曲，花气抱亭温。塔远疑枯树，城低似小园。翛然四山静，禅茗欲忘言。

圆通寺 城北十五里。

沙河寺 城东南二十里。

山坡寺 城东北二十里。

石佛寺 城西南五十里。

大明寺 城西南五十里。

福云寺 城西南五十里，敕建。

香岩寺 城西南六十里。

龙安寺 城西南六十里。

观澜寺 城西南五十里。

休凉寺 城西北四十里。

果老院 在观音山西。有石槽、石碾遗址。

万寿庵 城西五十里。

邑人王煦《重修万寿庵碑记》云：凡人之杰者，蓄道德，能文章，直裨于世，为乡国天下之望，人咸推为地之钟灵，神之默佑焉。不知惟人平生淬厉修省，而心之神明一无所作，设诚而致行之与神之聪明正直合一，而神始佑之，地亦若显其灵焉。然则仍人之杰者之自为之自佑之也，地与神何与焉？昌邑城西五十里，西庄旧有万寿庵，创自明万历间，又累次重修。于国朝乾隆初年及辛巳、乙巳间，后殿供佛，前为文昌宫，阅今四十余年矣。丹青凋焕，岌岌焉上雨旁风是惧。爰是合乡捐资重修，兴工于本年春季，匝月而事蒇，共耗若干金，属余一言记之。余素未究心释典，然尝谓即心即佛，与《鲁论》欲仁斯至之旨，相发明。至帝君，朱彝尊谓《史记·天官书》斗柄，戴筐六星为文昌，四曰司中，五曰司命，六曰司禄，而引《周礼·大宗伯》槱燎，祀司中司命以证之，且谓今之帝君，近于司禄。而《阴骘文》所云：济急救危，悯孤容过，种种存心，实可砭世。盖主持文运，佑启人士之神也。嘉庆辛酉，奉敕列入祀典，春秋祭享仪至隆焉。窃惟人为万物之灵，止一心耳。祛人心，存道心，修己在此，安人在此，极之参赞化育，亦罔不在此。自古圣贤未有不从心性中磨炼出者。心与神合，而神有不启佑而福之者乎？况西庄为人文之薮，家弦户诵，多方闻之。士科第联绵，贡太学者，肩相并，踵相接，鹊起黉宫者，尤难更仆数。合邑莫敢望焉！则皆其讲明切究于心性之学，渐摩薰陶积为风俗，而不致少汩于无心，无无心之说至深且久。故道德文章，皆能有立，为学为仕，照耀远迩，而岂仅地之灵神之佑与？然即谓地之灵，神之佑焉，实已可信也。固自有所以致其灵与佑者在也，则斯庵之修也。合乡士庶所望于儒林之方兴未艾者，意念深矣。固在此不在彼也。道光十二年壬辰五月。

以上昌黎。

卷之四十一

建置志十　寺观附下

广福寺　城南门外，设僧正司。

荐福寺　城西北隅。金大定年建。

古马寺　城西二十里。金大定年建。

莲台寺　城南二十里。唐建。

昌黎阎公铣《秋日游莲台寺》诗云：寺古台空在，池荒莲已枯。林声疑过雨，日色冷平芜。野水绿于染，遥山青欲无。高天望不极，秋逼海云孤。

延庆寺　城南三十里长宁镇。唐建。

明州人许庄《重修延庆寺塔碑记》云：释氏之兴，其来尚矣。虽与吾道不同，均为圣人。目之不治而不乱，不言而自信，不化而自行也。故世有起浮图、建塔庙者，铃铎声闻十里，其盛行也奚盛哉！滦城南三十里有寺，寺之名曰延庆寺。中后局方二丈余有塔，塔高数寻，轮檐冲举，殊爽人目。其建不知权舆于何时？尝闻先达故老，口口相传，谓李唐征辽敬德辅之，凡膏秣所经，便为设寺建塔。或立石刻铭，在在有之，不一而足。无非昭勋崇德，以永终誉延庆寺其正与斯举。然此乃不稽之言，既无竹帛可证，又无点画可考，盖与宣王石鼓、伏波铜柱者，异矣。君子于是乎怠于齿焉！必其谓太朴之世功者，亡其功，故人莫能功；中古之世功者，不自功，故人功其功；末流之世功者，矜其功，故人鄙其功。不功者愈崇其功，功功者反堕其功。噫！殊不知不功其功，乃所以为至功也。君子所以不之齿者，岂无谓与？自敬德至今千余年矣。其寺之殿宇、轩廊暨塔之云铃、露顶，虽遗址俱在，然风雨飘零，无复旧象。感世故者过此尚有慨焉。呜乎！当其树建之时，虚耗乎疲敝之黔，而糜烂不切之役，宁知今日颓坏如此，而有待于王均之矩乎？矩，吾滦世裔也。悯前功之将堕，慨然捐己资，与本寺住持僧张圆喜领袖，市村殷民檀越各施己财，而更张修葺。私令雕题轮饰焕然，排拶可爱，均之功也。均此举诚何心哉？盖谓功者难成而易败，必若此则是不功其功，而今人之功，以忘其功也。安得不致君子之功，以功其功哉？昔者魏起世安殿，而其后得而居者，世安也；桓氏作盘龙斋，而其后得居者，盘龙也。事虽不可概论，而亦适有相似者，使桓魏自功其功，而后日之居，或未必也。以此往事，卜之王均等，他日大获福泽必矣。下视浊门富阃不耕道义，惟知壮丽，己居，雄伟私塾，当何如哉？均等恐没世不称，遂并庠交李宝、王玠辈，走文勒石，用垂不朽。噫！然地以人胜，治以地胜，在不重修则以为常。今其重修，则有所系其义云何？园圃之兴废，洛阳盛衰之候；洛阳之盛衰，天下治乱之候也。吾于滦之延庆重修，盖亦云第不知往来，经目者果能伺察其微意之所寓否乎？故以是为记。

州人高第《万历三十二年重修延庆寺记》云：大雄氏说法利生，其往处众所依止，以是因缘成大兰若。象教东渐，遂建道场，藉是明自心性，忏罪修因，是为大善，是为大法，是为大道，是为大恩，是为福田。涌殿飞楼，在在而是。州治南三十里许，曰长宁店。接店之西南，有古招提在焉，名曰延庆寺。地势恢廓，规模崇广。佛殿后，塔峙凌空，百里相望。曩古亦称胜概矣。其创建年世辽邈，莫可考证。但据人传为尉迟敬德监建。盖敬德唐人也。由唐而五代，而宋、辽、金、元，以讫我皇明，世代历多少矣。其间之兴废，与时消息者，又不知凡几矣！嘉靖间，寺复剥落，殿宇轩廊，瓦败壁倾，木石狼弃。本寺沙门汝敬者，乃寺东普利屯居士张儒第四子也，幼投明慧为沙弥。性颇颖健，每奉师命供殿廊洒埽役，即恻然悯寺之倾圮。年十五六，遂以寺之修葺为己任焉。尝私语人曰："吾不能更新此寺，当不与世共。”旁人闻者，为之吐舌。至万历十年壬午，乃告彼善信，先修天王殿，兼筑四面墙垣。明年装塑四王神像，及改建左右二门。构钟楼于甲申。砌露台于乙酉。十六年戊子，劝募善士赵君汝道、汝明，鼎新伽蓝殿，列像图壁。十八年庚寅，建禅诵之堂五楹，东西廊房六间，以为集僧之室，香积之厨。十九年辛卯，起建地藏殿而加辟焉，复抟土易旧木像，为三大士而妥置之。又谓佛殿为招提主也，竟可使颓且隘耶？复为之崇基高阔，梁栋枓笨，矢棘跂翼，穹窿巍峨，绘塑佛像菩萨护法神王以及十八应真，使与殿称。庄严采饰，金碧辉煌，恍如人间天上。工始于二十四年丙申，落成于三十一年癸卯之秋也。复补塔崩陀以新，王翁矩之功。首尾二十余年中，以葺，以饬，增无创有，窅窅爈爈，奕奕堂堂，规制俨如。山门外，栽植树株，粹粹如棨卫，视彼往模，埒雄而倍丽矣。四方人士来游，来观者，若登耆阇崛山，视逢如来法会之未散，莫不欢欣赞咏，得未曾有。然是役也，其费虽出于募化，方右善信捐赀；亦赖己之农蓄嵘积，与徒性智、性亮无论岁时伏腊，胼胝沉瘁，谯谯翛翛，不遑启处。兼以夏君正寅建寅役饷不足者助之，功之不给者，贷之，共成厥美。噫！功亦伟矣哉。苟不图文勒诸贞珉，则后来者何以知其艰哉！窗丈王君池，所述颠末，走京而恳余为之记。夫吾儒与释异途而殊辙者也。余何屈笔以违名教耶？然三教圣人之道，天地合德，日月合明，大成小成各利其器，有若一雨溥澍，草木咸资。况释之语彝伦者必求宗于九畴，谈阴阳者亦研几于六位，其教人为善戒恶之言，亦可以翊皇度而克补于治化者也。奈何避嫌之有，矧余郡人也。寺郡地也，义何可辞？允案来状，握管托楮，请归而勒诸石。使后人见之者，则知坏之者何代？修之者何人？前足以昭千百年之建立，后足以启千百世之观瞻。功德善行，耿耿不没，此余挥文之至意也。于是乎记。

国朝州人石申《顺治五年重修延庆寺碑记》云：顺治三年春，八王旗下屯田滦阳郡。越明年，岁登人和，百废俱兴，善信庄头韩朝进重修延庆寺，增其旧制，工讫落成矣。督工张元正、陈万金，属余作文以记之。余观夫郡南盛状在长宁一集，北枕岩山，南襟溟海，滦江环于左，清河绕于右，舟车商贾多聚于此。中有古刹名曰延庆寺。宝塔凌空，耸观百里，殿宇壮丽，赫奕四方，圣凡释道多会于此。其间营缮焚修，不知凡几经禅代。年逮明末，运际式微，盗贼烦兴，士马疲于甲胄，粮饷屡匮，军民困于转输。乡村诸善信自治不暇，莫有捐金修建之者。而殿宇佛像，山门院墙，亦听其崩塌踦倒，而不堪观。自我清朝皇叔父摄政王乘时举义，应天顺人，鼓之以雷霆，润之以风雨，驰铁骑而荡寇，定鼎幽陵，振神武而埽贼，廓清诸夏。今天子握大象，运洪炉，星重辉，海重润。八旗内徙，拔塞外苍生复睹光天化日，四海来宾，庇疮痍赤子再游寿域春台。旗下善信庄头韩朝进，默感佛天福佑，得享中土荣华，纠众发心聚材重建。督工效顺，匠役欢营。于是正殿、配殿庄严神像，东西墙垣，从斯种种焕观。钟楼、鼓楼、四大天王、左右山门，由是一一告竣。鸿工兴于不日，大业奏于成风。盖天地间有三不朽事，立德、立功、立言是也。德莫厚于捐金，功莫高于修建，言莫大于丰功。峻德流传万世，如朝进之捐金修建。故者饰之，新者创之，使神有所依，人有所供，观者游者得有所适，穷途歧路得有所托。然后刻石勒名以之不朽，谓非千秋盛事哉？吁！浪子汤汤，挥金欲海。啬夫斤斤，守钱爱河。两者俱等消灭。又孰若此之捐金修建者，其于利益更无穷也耶！诸善信亦得与天地同其悠久矣，是为记。

州人石祖安《乾隆四十九年重修延庆寺碑记》云：国家物阜民丰，时和世泰，奚啻慈云法雨，宝筏金绳，路大千三千于仁寿哉！然而晨钟暮鼓，足醒群动之幽，秋报春祈，亦应万民之感。则孚佑一方，庇荫亿姓，端有赖于神功，非浅鲜也。郡治之南，有长宁镇，盖附石城地界，而隶于滦也。东倚滦江，南极海澨，土沃民淳，甲于一邑。其镇坤离之交，寺曰延庆。前辈父老相传谓创自唐之尉迟敬德公。其犹古刹，多始于唐，而坏于五季之说欤？亦无可确据。寺既无能记年，而左右附列概不易名，其一时并建与踵事而起，俱不可知。然人祉于神之灵，神依于地之爽，未必不于是乎在。重修再三，文砖兽石，雕砌绮窗，工斯殚焉。云軿鹤驭，霞簇月排，神斯集焉。猗欤，盛哉！其一镇之伟观也。波斯匿之宫掖，想作如是观耳。第乘除者时新故者事，久之风剥雨蚀，霜侵露濡，所谓沈沈其宫，翼翼其庑者，倏又改色矣。夫摧败之渐，始于尺榱片甂不无刊落，而人多弗问。久之，兔葵、燕麦，徒增喟感余情，其亦颓难复振。故图功者审其机，作事者谋之预也。环镇居人韩德玉、鲁爕、袁绪、张尧玺、鲁通、田中宽、韩克庄、尤士彦、鲁国柱、袁宗升、韩景献、鲁国标、张鹏、陈琮、宁福成、袁文辉等，善根性成，慷慨好义。寺僧源星，亦禅缘夙定，清净皈依。爰于四十二年冬建议补修，数年来中寺之大佛殿，天王殿，以次而举。无尘满月之像，如何绘生？担山吐电之魔，咸皆伏法，姑无论也。既东西两配，周垣百丈，亦皆庑序生辉，蟉延增色。迨至四十九年，官房五楹，火房附之，枕枅甋甓，楣楄居楔，焕然一新。岂徒为半偈头陀、一瓢居士地哉？凡兹岁时伏腊，居者可为会聚之区；宾客往来行者，可为憩息之所。所谓延庆者，庆在一乡，而且庆在一郡矣，而且庆在异郡矣。至于左右寺，刊者未即益之范仪，颓者未即加之修葺，亦力不逮于一时，事将需之异日。况风铎传响，耸入云端者，其梵塔也欤！阇利之说，儒者弗道，而青乌家以为文笔攸系。鸠工庀材，相继缮完。余以为延庆又不独人无疵疠，年无歉败，而人文蔚起，其更进焉者也。余叔高祖仲生公，于是寺文会有所撰，余愧无以继也。宁镇戚谊，托余为记。因不揣固陋，谨序倡仪诸公，肇工年月，以勒贞珉。其人之物故者，虽不得终襄其事，而死者之赍志，与生者之有事俱列诸碑，以垂不朽。

云居寺　城西南四十里。金大定年建。

青阳寺　城南五十里。元至正年建。

胜严寺　城南五十里于家泊。元至顺年建。

巍峰寺　城西五十里。金建。

华麻寺　城西南七十里。辽建。

西套里寺　城西七十里。辽寿昌年建。

寿圣寺　城西南六十里偫城。元至正间建，明正统间重修。

乐亭杨开基《寿圣寺记》云：滦阳有寺名寿圣，在偫城之巽方。

创建于金，世历四朝，中间兴废可考者，国朝庶常高钦亮先生一说而已。乾隆庚寅，重修未竟。自嘉庆丁巳至庚申，合力鸠工，殿庑门庭，百废俱举，镇以钟鼓楼，缭以周垣，规模轩豁，金碧煜晃，群情欢惬。费弥繁而工日集，得非佛力护持潜孚而默相之欤！工既竣。王乘六姻丈偕诸同事，属记于余。且曰："寿圣之义，前记所云常使本来清净，同登寿域者。已引其端，未究所以，吾侪实所钦慕而窃有疑焉。愿悉其说。"余肃然曰："此非浅见所及。虽然尝闻之矣。本来清净心，人之本性也。直指人心，见性成佛。自菩提多罗之来震旦始也。佛者觉义，圣之异名。佛为一大事因缘，出现于世。其以寿为因，地心而圣，其果地觉乎？故当时梁武造寺写经，度僧不可胜纪，斥为并无功德，谓有漏之因。虽有不实，进询其真，惟曰净智妙圆，体自空寂。此西来之的旨也。盖真源湛寂，觉海澄清，为自觉圣智之所亲证。佛不依有住而住，不依无住而住，如是而住，寿所以无量也。最初发心先审因也，悟得不生不灭，为本修因。渐入行门，除其助因，刳其正性，违其现业，以次增进，至于觉地。始信自心本来是佛，更无身心受彼生死，法性如是，勤求至道，各在当人。非言思拟议，边事苟或未然，而积善修福，以祈长年，谓之人天果呼吸吐纳，以企住世谓之寿者相；至于离奇变幻，如十种仙更千万岁，报尽还来，散入诸趣，皆辗转于生灭场中，而不足与于至教也。抑佛又有言："度尽众生，然后成佛。"盖必尽众生而普寿之，乃所以自寿。故既有《了义》诸经，又为说大小《弥陀经》，敷扬净土，欣耸往生，护念扶持，务使智劣根微，并齐觉位。妇孺、仆隶，悉被权机，则寿域同登，固大雄之慈力，而大觉之宏愿也。可勿承诸？今诸善信，钦奉皈依，竭诚布施，以集盛事，从此洗濯身心，昌明大教，必有进于庄严。供养者，请即以寺之命名为左券，而以鄙说滋发轫可乎？"王丈曰："唯然信如是，然后此举为不虚，请勒诸石，以勖同志。"

风山寺　城西八十里。辽建。

兴福寺　城西九十里。金大定年建。

白云寺　城西北九十里。金泰和年建。

洪觉寺 城西南九十里。金大定年建。

临水院寺 城西北九十里。金泰和年建。

卧如寺 城西南百里曾家湾。唐建。

辽太康七年《卧如寺碑记》云：大辽义丰县榆子林西堡曾家湾，卧如院都维社李守民，武清县南张性讲经业论沙门行阐撰书。伏以金容殄影，权方终于天竺；玉偈流芳，适化被于支祈。自明帝之梦神人，洎摩腾之赍梵筴。谛信者，证无生而超三界；偈依者，获不退而净六根。实可谓登觉山之梯磴，运苦海之舟航，福国佑民，其来尚矣。伏维今皇帝，璇衡御极，玉斗乘时，程文选入彀之英，恤孤颁省刑之诏。礼乐交举，车书混同。行大圣之遗风，钟兴宗之正体。东韩，西夏，贡土产而输诚，南宋，北辽，交星轺而继好。位符十号，名契千轮。销剑归农，率土有仓箱之咏；櫜弓弃武，边方无烽燧之虞。百代之间，一人而已。然则妙象遗迹本资于胜因，福壤精蓝用恢于善果。所谓正觉，可以敷鸿化，睿谋可以集盛缘。斯院也创建清宁癸卯之年，特兴太康辛酉之岁。南临巨海，北觇连峰，西邻种玉之乡，东俯清滦之郡。闾阎绮合，道路环周，集四众以投诚，顺一同而布政。爰有清弟子守民等，特营净刹，可植福田，虔修六度之因，共结千人之邑。肇从昔构，迄至今成，聚僧徒二十余春，辟法席十五余夏，度木也，取橡樟之良；择匠焉，得鲁般之妙。丹梁画栋，烁螮蝀之辉空；缥瓦朱檐，状鸳鸯之接翼。萃之以日力，鸠之以岁功。斤斧挥风，筌绳揆景。右壁降生说法之相，左龛降魔入灭之仪。图地藏之十王，备炽盛之九曜。经营有日，炜烨增华。壮制锦之名乡，变雨花之胜境。其为供也，绘盖幢幡；其为奏也，歌舞伎乐。灵踪圣概，不可殚纪。但行阐，才非敏锐，辞愧刍荛，屡请托而弗遑，数推让而增愓。滥随部伍，竭伸庸鄙之情；虔发谛诚，聊述赞扬之颂。谨为铭。曰：觉皇西灭，像泽东传身化百亿，威震大千。应现不测，微妙虽诠。爰有清信，能兴胜缘。特营香刹，大树福田。访奇采异，极巧穷妍。经营有渐，轮奂增鲜。殿安宝相，廊秘金编。沉檀香馥，钟梵声联。信解无愧，贞珉常镌。历劫非坠，永世弥坚。神功不朽，亿万斯年。

皐家城寺 城西南七十里。辽乾统元年建。《州志》作隆院寺。

黄土院寺 城西南八十里。元至正年建。《州志》作城西七十里，辽寿昌年建。

石佛寺 城北五里，金大定年建。《州志》两见：一在偏凉汀，明景泰三年建；一在王盼庄，太安十八年建。别有石佛古寺，在白道子庄。康熙四十八年重修。

北石佛寺 城南十里（《州志》作十三里）。

法宝寺 城南十里，辽建。《州志》冠南字在法宝庄。万历三年建。案：法宝社南北两寺，北为上寺，在山巅；南为下寺，在平地。虽上下有分，实一寺也。

崇兴寺 城西南七十里，元至正年建。《州志》二：一在狗儿庄，乾隆十一年重修；一在石各庄，明天启七年建。

上青龙寺 城南六十里。明景泰年重修。《州志》两见皆无上字，一在黄家河，康熙二十二年重修；一在佛住山北，明万历八年建。

开觉寺 城南三十里。《州志》作城北四里。城南三十里骆家营有海眼寺，别无所谓开觉者，意者开觉即海眼之原名乎？

神台寺 城南二十里马城北，久废。同治三年复建。

建福寺 城南三十里。洪武年建。《州志》二：一在大孟家庄，明万历二年建；一在范家庄，乾隆十一年重修。

州人李健，《同治七年重修建福寺千佛殿碑记》云：佛自汉明帝始入中国，历魏、晋、唐、宋、元、明以迄我朝，祠宇遍天下。历时既久，兴废无常。所在多有，然皆后先相望，迟之又久，而后一举兴焉。未闻一人之身，数年之内，再废再兴，而志不稍挫，事竟有成，如建福寺之千佛殿者。殿在寺之末层，其间兴废不具述。自乾隆五十年，五楹被火，寺僧广亮募化捐修，厥功未竟。至咸丰七年戒衲觉闻重整寺院，始建而新之。伊曾丐予另作一文以记其事。予谓其本一念之诚，以谋始；求万全之美，以图终。此前福印之经营，劳瘁有过之无不及也。数年来，明灯焚香，朝夕敬礼，无日以怠，何至不戒于火也。不意人间黄金殿，化为天上白玉楼。于同治五年腊底，又遭回禄，并延烧净室三间。非楚人之一炬，竟焦土之可怜。未免有情，谁能遣此？此佛运之劫也。天也，非人也。天之所废，谁能兴之？乃觉闻仍发大愿，力欲回天，不惮艰辛，叩募四方善士，捐资重修。遂将佛殿六间，净室三间，外又增修三间。鸠工庀材，不数月而蒇事。向之只椽片瓦，毫无所存者，一旦而金碧重辉，丹青再焕，佛像金装，悉如其旧。非其一念之诚，始终不渝而能然乎？诚之所感，天人交应。故当其废也，若天有以折挫之，而观其善念之坚与否也。及其兴也，又若天有以启牖之，而示人以有志竟成。不可委诸气数之适然也。则兹殿之旋废旋兴，不独觉闻之志可嘉，并檀越诸君好善乐输，冥冥中亦必有默鉴其诚者。后人赓续重修，其亦有感于斯也夫。是为记。

兴国寺　城西百一十里，唐建。

毗卢寺　城西南三十五里。成化年建。

水湾寺　城西百一十里。金大定年建。

土山寺　城西二十五里。

蚕箔峪寺　城南五里。

红寺　城西南四十里。

佛头寺　城西十八里。洪武年建。

华严寺　城西五十里石佛庄。辽寿昌年建。

华严寺　城南四十里南套里庄。

沙坞寺　城西二十里。

清水兴国寺　城南五十里。元至正年建。

宜安寺　城西五十里。明永乐年建。

烽火山寺　明徐如勋《烽火寺》诗云：寻芳直上翠微间，梵宇潇潇出半山。诗罢酒阑游客去，白云依旧伴僧闲。

周家坨寺　城西南五十里。明天顺年建。

清凉寺　榛子镇，明洪武年建。

永寿寺　城西五十里。明成化年重建。

花港寺 城西南八十里。明永乐年建。

草堂寺 城西南六十里。

兰坨寺 城西南八十里。明永乐年建。

宋家庄寺 城南六十里。明天顺年建。

延福寺 城西南八十里。明正统年建。

下兴隆寺 城西南六十里。明天顺年重建。

砖窑淀寺 城西南八十里。明洪武年建。

广严寺 城西六十里。

横坨寺 城西南八十里。明天顺年建。

大觉寺 城西七十里。元至正年建。

鸿鸭林寺 城西南八十里。明永乐年建。

龙泉寺 城南七十里。明洪武年建。

卢家庄寺 城南八十里。正统年重建。

永安寺 城西七十里。明洪武年建。

相公寺 城西八十里。元时建。

延古寺 城西七十里。

坨里寺 城西南九十里。明正统年建。

洪济寺 城西八十里。金建。

宝塔寺 城西百里。明永乐年建。

观音寺 城西南九十里。明永乐年建。

白寺口寺 城西一百里。

香花峪寺 城西九十里。明永乐年建。

兴唐寺 城西百十里。明洪武年建。

青坨寺 城南一百里。

峰化山寺

龙盘院寺 城西北九十里。明成化年建。

望海寺 城西南百二十里。明景泰年建。

永庆寺 城西南百里薛家庄。辽咸雍十年甲寅七月建，有辽碑，乡贡进士王庆延撰，乡贡进士李文治书。

观音阁 一在榛子镇；一在开平。

四面观音阁 在偏凉汀南。郡人高第建。

元真观 在州城北街。

玉清观 在开平。

西方庵 城西南三里。明万历年建。

弥陀庵 城西南八十里。明嘉靖年建。

阜平庵 城南九十里。明嘉靖年建。

观音庵 城西南稻地。

明郡人魏可简《重修观音庵碑记》云：夫观音祠，古未闻也。汉魏后，厥祠弥盈。乃业化人之术者，崇其神力；衍文献之传者，或薄其幻说。予谓崇之不了其义，与夫薄之不达其旨，犹之无益也。说者谓观世音，盖妙庄王女，既证圆觉，后栖神于炎海之普陀岩。每以大法力，护兹百千亿万劫众。此其刊梵藏中，未可尽凭。试与谈观音之名蕴可乎？夫观非骋睫穷睇竭目力而观也，观其心也。观世，又非彻视扩明，遍照于百千亿万之形也，以心观心也。而曰观音者，何以故？盖尝早夜思议矣。百千亿万，具百千亿万心，如是者譬之音然。高者、下者、清者、浊者，激而起者，响而应者，鸣其不平者，畅其所郁者，其又发之于湫底，杂之于烦嚣，而鼓之于声，实者或天籁、地籁、人籁钧倪之和，感应之触，不可名状亿计，皆音也。皆流于心者也。尘世者，各自为心，即各自为音。而大士能会兹菩提，即能会万于一，又能通一于万。洪钟耶，有叩辄鸣，海潮耶，其来莫御；空谷耶，其神不死。夫是以心无其心，且心有其心，心心相照，且心心相应，故曰观音。则观心之谓也。高明者，回光返照，默观其心；愚昧者，去壅疏蔽，求观其心。则观音之心，至今存矣。讵直清幽之境，闳恤之刹，豁世人尘俗见解已哉！滦之长春社南，旧有基址，岁久圮坏。居民张景、张大钧，鸠众改卜于镇中，是有得于观心之奥。予缘其请，臆词以醒世之耳食者。

以上滦州。

福严寺 城西南隅。元至元年建。

明邑人萧云汉《记略》曰：福严寺，邑中寺也，居西南隅。其先创建年代无考。案：旧碑元至正智顺，明正德真学，前后修葺，祝厘焚沐焉。余少时，馆招提，三历春秋，诵法孔子。而院主显存尝言佛出西方圣人。余曰：佛心也，心佛也，吾心兴则佛矣。其口佛而心不焉，则相去远矣。诚不灭其本来良心，较西方大士何殊哉？若中善知识痛，大法之将敝，开后昆之智眼，辟共证之新途。俾灵觉之地，虚虚朗朗，不为欲牵，不为尘垢，此便是离苦海，而登彼岸也，聿嚆矢群生矣。且也西方圣人欲众生者如是，而世道亦借以挽嚣慝耳！昔谓圣人神道设教，厥阐化机，岂其微哉？若曰轮回生死之说，现在、过去、未来之旨，佛弟子所夙讲者也。余不具论。时万历十八年孟夏。

普照寺 县东北三里旧镇庄。嘉庆七年重修。

邑人李中淑《记略》云，普照寺在邑城东北三里许，其创建年代未详。案旧碑，当前朝百余年来，屡废屡兴，未能悉纪。迨乾隆三十三年，僧性在重为修补，讫今又三十余年，而倾圮如故矣。余考《县志》邑之寺三十有五，建于金元者为多。而普照之名不载志以纪事，何以附郭而遗之也？又闻乾隆年间，有戒僧养性者，住锡于此。先大父西醒公，养疴寺中，曾与为方外友。尝言其为人朴诚，精通禅理。寺之方丈，西廊皆其所手创，是师之功德，实大有造于寺也。而碑又不存，夫书难尽信固已。而可信者，又无所藉以传，遂令盛事弗彰，名区弗著。惜哉！且夫天下事，善创不如善述，营之者亦云劳矣，传之久有举而无废焉，未始非仁人君子之用心也。辛酉孟春，里中袁君天培、温君振德、温君珍、赵君联举，谋新之。因邀会中诸友，敦请戒僧员成随缘募化于十方。鸠工庀材，凡为山门大殿，又东西廊，为像，为龛，为禅室，无不焕然一新。工始于二月十三日，至九月十八日告成。复请戒僧达乘主其香火，于是普照之传灯不灭。今岁六月，将立石以垂久远。诸君子属家大人记之，会余以待铨归里，因命考其废兴，志其颠末，以见诸君子之乐善不倦，而二师之相与有成也。至于佛力之坚深，佛法之广大，所以普照万方者，非余所能识也，故不赘。

胜严寺　县东八里冯家哨。

明山海卫人刘廷宣《记略》曰：乐之东走可八里，是为冯家哨庄，旧有胜严寺一座。阅记不详，所创相传与庄同始，夫与庄同始，则寺之圮坏修复，庄为政矣。而以不亢之身，亢宗不赡之材，治寺势必不能，则庄之侥寺之饬者，是庄之赢寺之颓者，是即转为村之雕敝蕃，滋寺为政亦得耳。弘治十七年重建，建者以岁久湮其名，大约王氏之先。盖王氏于庄属巨族，代不乏义士于其后卜之也。以后卜先，以寺卜庄则，王氏于斯为盛云。至隆庆四年间，王氏有省相讳永昌者陈殷百万，好施捐资数百贯，贻比丘性宽使新之宽善其事，巍然灿然远若近耳。目知者之王氏，为再盛。今且五十年所于兹矣，盛者不必不替，隆者不必不陨，兼以风雨之陵夷，鸟鼠之穿穹，日甚一日。紫衣人宽禄、宽隆恻之，谋所以修复于众。于是王姓曰利宾曰可观咸踊跃愿输，为诸檀那倡，而禄，若隆又作偈。广募夫十方之结莲社者，爰庋松取锻，革故离新。凡为山门，为东西二殿，为像，为龛，为禅室有五，无不犁然鲜者。工起于万历之四十八年五月，而告成于天启之元年四月。既竣，因以志属余。余既闻命矣，不获默，乃为志。

观音寺　有二，一则县东二十里张各庄，元建，明成化、弘治、嘉靖间皆重修；一则县西南三十里马头营，乾隆末为滦水所圮，今无存。

宝塔寺　县东二十里胡家坨。

明邑人李鸣鹤《记略》曰：邑之东二十里许，有胡家坨堡，地耸而坦，泉流而润，尤风气所钟。堡之东一里，有宝塔寺，固居民祈会之所也。嘉靖间，信官商氏曰大瑶者修缮，阅今三十余岁。其倾颓犹故矣。万历庚辰秋七月，高氏西泉号召于众而新之，会余读礼屏居。介予戚氏东泉王君以记请。呜呼！余非能文者也。矧佛事当辞而辟之者乎？虽然厥善厥恶，皆起于一念，以致千里，而人心之敝，固无不可缘明以通之也。故焕新禅林，若非要务，亦其心乎善，而又欲与人同归乎善。休哉！是举也。义何以辞？尝谓佛西方圣人也，以寻声救苦自任，不待人之鸣号于我，寻其穷苦之声，而拯救之。仁矣哉！佛之圣矣。夫人信之固宜，然是心也，岂直西方圣人有之？天下有溺者，由己溺之，禹之所思也；天下有饥者，由己饥之，稷之所思也。天下匹夫匹妇，有不被尧舜之泽者，若己推而纳之沟中，伊尹之所思也。禹、稷、伊尹之所思，即西方圣人之所寻。一念恻隐，扩而充之，仁不可胜用矣。西泉氏起而修葺是刹，曰："吾任此，愿与一乡好善者共之。"仁哉！高氏之志乎！禹、稷、伊尹之所思，自此一念充之。而充之无穷，百万苍生，堕崖受辛苦者，皆可拯救。苦声不必寻，苦海皆先登矣。安知予非佛地中人乎？遂述其始末，而记之。

隆兴宝峰寺　县东十八里杜家小口。

邑人阴振猷《记略》曰：寺未详建始自何代？庄严妙相，正大仙容。余尝一再至焉，金粉迷漫，渐就颓夷，而起地为十数村期会所必须。凡春秋徭役，及里中公务，咸于此集焉。以故里人咸欲新之，而又苦力不赡也。乡长者傅翁国柱，慨然身任之，稽介众以咨方略，走束戕以广资用。于是饬八材，鸠六工。砖问陶人，金问冶人，木问匠人，色问隤人。凡六越月而讫。乃走伻丐余记之。余闻佛之义，取诸觉其道，实为道人。自禅宗事钳椎棒喝，佛遂流于机锋。而不肖浮屠，甚至惑人以福田利益，使佛有知当亦悔震旦之来，为西土第一重罪案。客难之曰："如子之说，则兹寺之名，义当不副与！"余曰："否。命名之义诚难，起古人相讯，姑以意会之而妄言之。隆者崇义，兴者旺相。夫寺之必假众力以成也。鸟鼠风雨，牧竖樵夫，皆得而摧残之。故夫污隆兴废之故，即可以占年谷之丰歉，物力之盈绌，民气之惨舒，风俗之淳漓。前人命名之义，其有忧患乎？抑或又深冀倖也乎？且夫余尝闻《维摩经》云："断取三千大千世界，掷过恒河沙国界外。"《圆觉经》云："此身毕竟无体，妄身当在何处？"则知三十二相，一如万法皆空，此渠渠者，在瞿昙氏何足重轻与？而余独善傅翁之此举也。吾邑地滨海澨，其民朴质敦庞，祈年报赛，里中父老子弟，咸于此聚焉。于以割肥击鲜，燕毛尚齿，长者作，少者侍。父与父言慈，子与子言孝，共乐恬熙之日月，而轩饕于无事之天。于以风气洪鬯，民情醇茂，甚盛事也。是则于乡党中，所厚望者夫。

兴国寺 县东十里夏庄。元中统二年重建。今寺中有古柏数株，相传为元代故物，亭亭如盖，直凌云汉。

邑人史梦兰《碑记》云：城东十里夏庄有寺曰“兴国”，盖寓祝厘之意也。案碑记，在元中统间，已云重修，则寺之建，由来旧矣。世代迁流，屡修屡圮。咸丰十一年，释子沙印号莲峰者，住锡于此。悯殿宇之凌迟，虔心募化，鸠工庀材，凡为佛堂，为禅室，为山门、缭垣。数阅月而焕然一新。夫佛刹之废兴，在吾儒原无足深论。然以缁流而崇饰祇林，庄严佛像，固其职分所当为者也。使天下人各能尽其职分所当为，则其人之事治，即天下之事胥治。吾儒受孔子戒，恒期处为良士，出为名臣，准此志也。将必干城乎圣道，黼黻乎皇猷。其所以守先而待后者，岂仅如法宝之当护，戒律之当持乎？其所以致君而泽民者，岂止若佛日之宜尊福田之宜广乎？呜呼！读圣贤书，所学何事？而或志道而叛。夫，道在官，而尸厥官。曾不如游方托钵之徒，尚克举坠修废，为所当为。顾且哨哨然。藉口儒书抗颜辟佛，其不为彼教所窃笑者，几希矣。今莲峰上人，以寺功落成，问记于余。余嘉其能尽其职，而叹夫世之旷厥职者之多也。爰书此意，以勒诸石。

华严寺 县东二十里大黑坨。明天顺间建，嘉靖四十五年，乾清宫太监谷朝重修。

大兴寺 县东南三十里黄瓜口堡。乾隆二十四年重修。

云峰寺 县东南二十五里戈儿崖。明永乐间建，崇祯十一年重修。

万福寺 县东南二十里纪各庄。明正统间建，乾隆四年移伽蓝殿、关帝像于天王殿正中祀之。咸丰六年重修。

邑人倪积信《记略》云：万福寺原在常各庄，顺治年间河水冲坏大钟一具，逆流至纪各庄东而止，时王晋强之祖好善乐施，以地八亩建寺。

正觉寺 县南十里独幽城。明永乐间建，道光三年重修。

邑人倪炆《记略》曰：寺以正觉名者，言佛以正知正见觉人也。人之迷也如梦，其悟也则觉。觉则无不正，不正不可谓觉，言觉又言正，不亦赘乎。曰正觉之名，因迷者自以为觉，而立言也。庄子曰："功利机巧必忘夫人之心。"今之人疾痛疴痒则知，声色货利则知，功名才望则知，利害攻取则知，孰不自以为觉。而试问吾性吾命自本自根，所以朝闻而夕可者，虽读书穷理之士，亦但能言之，而未能真觉之，而况利欲纷挐之众乎？故人世之觉，正其梦也，非真觉也。或曰：圣人之立教以诚，佛氏之立教以空。二者孰为正觉？曰：皆正觉也。诚者，诚其所固有；空者，空其所本无。至诚未有不空，真空亦无不诚。上古之民淳朴无伪，教之以诚，则诚矣。后之人循生执有爱河，长溺苦海求乐，佛于此时乃特举真空以示人，谓非朦胧昏睡中晓钟一击乎！是故，西来大意，大抵以灭绝情欲，出离生死为始；以明心见性，复还本来为终。本来既复，则超脱自然，妙应无穷，此其大指也。至于三纲五常，人非是无以为人，国非是无以为国。佛亦何尝教人去而君臣弃而父子，以求所谓清净寂灭也哉？而况祝咒变幻眩怪逞奇，乃邪魔中之邪魔，外道中之外道，佛所深恶而痛绝者也。而或乃以是为神道，岂不悲哉？乐亭独幽城，旧有正觉寺，盖京东一大丛祠也。日久渐有损。岁乙亥，寺僧双峰师恐其大坏难理也。命其徒孙净尘谋诸善信，广捐赀财。重修门首，配殿一层，大殿禅堂，山门，群墙悉就整理。去岁壬午，净尘又募诸善信，重修钟鼓两楼，寺中气象遂觉焕然一新。谓非庄严佛土一事乎？净尘谋勒诸石，盖不欲没众善之檀施，且以告诸后人，肯堂肯构，勿使至于大坏难理而后修之也。嗟乎！今郡邑祠宇规模宏阔，既坏而无可如何者，何可胜道？其本在于心之不诚，而因循畏难之弊从之，天下何事不坏于此哉？余嘉净尘之意，而为之记。因举正觉之意，而并书之，以告世之奉佛者。

毗卢寺 县南二十里卢家河。创建莫考，明崇祯十五年重修。

明吏部主事扶纲《装佛记略》曰：乐亭西南隅，旧有毗卢寺。不知始自何年，岁久渐圮，其后稍就修葺。迩来，浮屠氏如海有戒行，来守是寺，且坐关绝嚣，不欲闻户外事。其乡之善士赵九华者，祖曰赵守定，实奉大乘教。相传云，正统北行时，大士托身吕氏，有护驾功，复辟后敕赐保明寺主。其父赵崇知乐善好施，犹崇是教。寺之毁，而复修者，崇知多所力焉。及九华与弟九琴亦循其教，至是见如海秉心苦行，遂捐赀倡义。一乡善信，咸鼓舞乐输，得金二百余。宏制佛像共一十八尊。今人刮佛面金腴囊箧者不少矣。而赵君乃能出血赀，积恒河沙，数功德是可嘉也！赵君与予有通家谊，因焚旃檀香拂九莲台波罗蜜，以菩提甘露水濯笔书其事，勒诸石而记之。

滇西师范重《九日裴璞轩招饮即游毗卢寺，率赋二律》云：他乡逢节倍徘徊，谁识同岑有异苔。三辅关河初落木，百年天地几登台。沙围古刹重重聚，烟拥遥村漠漠开。黄菊满头萸满把，醉中秋色逐人来。毗卢寺傍古滦河，喜向重阳策杖过。渤海潮回明月迴，龙城霜冷朔风多。云封断碣传中统，磬发间房礼达摩。相约幸逢裴叔则，晴窗斫地续狂歌。

又《裴璞轩招饮毗卢寺，酒间即事诗》云：翠柏毗卢寺，风寒晚磬希。我生宁佞佛，此地足忘机。燕雪迟游屐，滇云照客衣。重来知有日，半醉即言归。

崇法寺　县南三十里。辽太康间建，元中统四年重修。今寺已无存，一旧碑在毗卢寺，毗卢疑是崇法所改。

吉祥寺　县西南八里郭家庄。元中统三年建，明天顺壬午重修，我朝乾隆十年于佛殿前创大殿三间，特请关帝居尊向离。人遂皆称关帝庙，而不称吉祥寺矣。案:《长芦志》石碑场，亦有吉祥寺，今无考。

普济寺　县西南八里。金大定间建，久废。案:《旧志》庞各庄亦有普济寺，当由普济庵而误。

昊天寺　县南十七里堰上庄。元至元年建。明天启三年重修，曾绍芳《碑记》谓寺为唐所创。

滇西师范《昊天寺访璞轩孝廉》诗云：驱车又复逐征鸿，万里云衢一径通。地拥晴沙沧海上，天开古刹夕阳中。重逢顿觉须眉爽，小坐深惭礼数恭。我辈交游千载外，莫言分手太匆匆。

邑人赵建邦《昊天寺访友人不遇》诗云：荒径背孤村，寻幽抵寺门。仆闲惊剥啄，僧朴失寒暄。尘积书仍展，云阴窗欲昏。悄然认归路，屐印雪留痕。

翠峰寺 旧在滦河西岸青坨，明洪武间建。后万历三十三年为水所圮，改建于严坨西。

庆云寺 县西南二十五里新寨街西。久废。今钟与石碓尚存。

海云寺 县西南三十五里，撒马店。明天启间，我朝雍正、乾隆间皆重修。

邑人陈立《记略》曰：自古寺宇之建，惟唐最多。至明以姚氏之故，大兴土木，而吾北省香刹宝塔遂甲天下。夫佛法诸儒盖尝排之，先代亦禁之，然其为教历千余年而愈盛。其故云何？盖其为说主于因果，劝人为善，戒人为恶，要之于奇怪恍惚以止顽钝之邪心。则所谓开觉路，渡迷津者，亦圣帝明王神道设教之一助也。乐邑撒马店海云寺，由来旧矣。兹已倾圮，十三庄善士锐志重修，自四十一年至四十七年告竣。大殿、配殿、佛堂、山门、耳房、群墙、钟鼓、法器，焕然一新。落成之日，属文于余。余为文羞涩，且诎于言佛，惟记其年月日时，而以福善祸淫之理参焉。古人有言，勿以恶小而为之，勿以善小而不为。愿吾乡善士，以此修身，以此喻人，使愚夫愚妇，作止语默，如在佛前，则自天祐之吉，无不利矣。

圣严寺 县西南二十五里吴家林。其创建莫考，道光二十六年重修。

邑人史连元《记略》曰：自东汉佛入中国，而释教遂盛。佞佛之徒，争以祸福为说；而矫枉者，又假传奕请除佛法，韩昌黎谏迎佛骨之余论以逞其臆见。吾谓皆非也。释之有佛，犹儒之有圣，其道虽殊而不可废则一。李丹《天堂地狱偈》有云："释迦生中国，设教如周孔。周孔生西方，设教如释迦。"刘敬虚《小隐三径》一书，合释儒道为一。陈眉公论佛，谓佛氏为朝廷之大养济院。创论也，亦至论也。我朝乾隆间御史有以沙汰僧道为请者，御制诗以见意云："颓风日下岂能回，二氏于今亦可哀。何必闲邪犹泥古，留资画意与诗材。"

大哉！王言煌煌史册矣。然则佞佛者固愚，而藉辟佛为名者，不尤妄也哉？吴家林旧有圣严寺，创建不知何代，其碑之可考者，在胜国洪武、万历间已云重修，则寺之由来远矣。厥后雍正三年，及乾隆二十年、嘉庆八年，屡增式廓，壮丽宏敞，亦乐邑一大刹也。近因风雨摧残，垣墙倾圮，古先生几有露处于榛莽者。余心恻焉，然犹有志未逮也。是年春，香道张公善初及余族兄定周绍先邀余集工作修补之举，余喜甚，亟赞成之。门墙殿宇，焕然一新，阅八月而工告竣。至于随时补葺相引勿替，则又所望于后之董斯事者矣。是为记（《旧志》作君严，误）。

大慈寺　县西南三十里马头营。

张作霖记略曰：乐邑之坤隅三十里，曰马头营。营之南一里许，旧有东西两寺，西寺入于河，观音浮归南海。东大慈寺，厥昉不可考。稽诸《弘治四年碑记》僧人真良等，尝于天顺成化时，重加缮葺云。今岁几三百，瓦砾倾颓，惟正殿一间摇落仅存。李公毓德，见而悯之，谋及住持，图为恢宏之计。储砖瓦，构木石，一切腐物概置不用，乃于其左广数丈许，合观音寺建之。层基亘地，高阁摩空，历年于兹，积费数千金，往返督监，年逾古稀不倦。即谓今之须达长者可也。虽然此地滨于河，素患彭湃，自为招提胜境，当必遣庚辰驱支祁，永作一方保障。则斯寺之建，公其尤有深心乎！余客兹土，闻其事最悉。爰备志之，以垂不朽。乾隆五十年，因滦水逼近，形将冲塌，李君维藩移建于营东。维藩，毓德子。

崇福寺　有二：一在县西南二十五里石碑庄，元至正间建，明嘉靖间重修；一在县西二十五里，火烧佛庄，本金马城县石佛寺故址，元至元间改建，明崇祯九年重修。

崇兴寺　县西南二十一里，张卜庄西北，即今岚泉堡，元至元三年建。乾隆四十二年被滦水圮坏，村人抢出铜像百余尊，大钟一口，透龙碑顶一方，移建于河南岸，然止平房五间而已。后为风雨摧败，复移建于东南半里许，草创仍旧。嗣于咸丰十年本村人李润林倡捐，重修山门、大殿、后殿配房，遂复规模备具，焕然一新。其自记略曰：兴衰起废，前人所未及，为者皆后人任也。吾乡之崇兴寺创始于元，本为岁时祈报地。自滦河为患，迁徙靡常，迄今将近百年矣。衰而不兴，废而不起，是谁之过欤？佛教自东汉入中土后，历唐、宋、元、明，寺院日广。乾隆时有侍御某上言，沙汰僧道销除寺院者，纯庙面谕曰：一纸诏书有不奉行者乎！唯相沿已久，三教并行，是在读书者，维持而已。大哉！言乎！真非臣下所及矣，且中人以下之资，语以圣贤书，辄瞠目不识，触见神像，每生肃敬心，戢匪僻意。盖其观感，有动于微者，此《易》所云神道设教也。寺工既竣，乡人谋勒诸石，余因质言以记之。

福明寺 县西南十四里国仙院。明初建。弘治十六年重修，久废。乾隆三年，于其地建天齐庙。

兴龙寺 县西南三十里韭菜沟齐家寺庄南。乾隆三十五年重修。

邑人倪上述《记略》云：释氏因果之说，儒家所不道，然六经所载，福善祸淫之理，固昭然而不诬也。但儒家所言者，自然之实理。释氏所言者，假设之名像。虽其立说太幻，奸民时得乘之以为非。然亦乘之者非也，而释氏之意不然也。夫释氏亦期于劝善而已耳！方今圣人在上，治教修明，一切事涉妖妄不可为，不必为之。善夫！人而知之矣。至若孝父母，敬天地，戒贪残，惩欺诈，济人利物，以公灭私，固皆秉彝之常理。而释氏之所谆谆致意者也，假诸轮回因果之说于以晓譬，愚人仰赞圣化，不亦可乎？且彼愚人，乌能知理道哉？知有祸福而已。圣人曰："为善获福。"实理之自然也。愚人未必皆信，而佛者曰："是有神焉，以察其善恶，而司其报应。"则竦然动矣。故佛之有无无足论，而有不必概行斥绝，以博卫道之名者，无所取诸？取诸劝善而已焉可也。乐邑西南乡韭菜沟庄，故有兴龙寺一所，创自前朝弘治年间。至我朝康熙四十年，曾一新之。迄今历岁浸久，风雨之所剥蚀，多所缺坏。因而阖庄人等，其议捐金欲成斯举，而四方善信，亦有捐赀，乐襄其事者。前后殿宇，山门围墙，一并重葺。是役也，起于去年二月，讫于今年十月。岂敢妄称功德，为芥子须弥之说，亦曰义存乎劝善。则居是乡者，固不得不稍为留意于其间也。

灵泽寺 县南二十里阎各庄。金明昌间建，康熙、乾隆间皆重修。

邑人邸阁《记略》曰：粤稽舆图，名区胜境不一。其地要皆天地清淑之气磅礴郁积之，以供诗客骚人之歌咏，畅游人逸士之胸襟者也。顾又私心窃计，天下之所谓名区胜境者，率皆创寺建院，为缁流羽士所据。吾人虽一寻幽访胜，偷闲作尘外想，反若假借者。然又自维吾人不皆绝世之人，职分所当，为伦常所难逭。自有事业在，断不能以其身为无足关系之身，放荡于礼教之外，恋此名胜者而众居之。苟非缁流羽士，倡为因果之说，以鼓动乎？斯世取所谓名胜者，而修饰之，而点缀之，则胜地亦黯焉而无华。且不没于荒烟蔓草者几希？斯寺之建亦旧矣。今则重加葺理，寺之内丹青焕采，栋宇增辉；寺之外茂林修树，飞鸟噪音，极目骋怀致足乐也。嗣是而诗客骚人、游人逸士，必将携伴联群歌吟，上下于此。则岂非斯街之光哉？抑斯寺之成费甚繁，需岁月而工始竣，虽积缕成缙，积土成岳，固非一手足之烈然。自鲁九贡一倡，而阖街响应，四方风从，厥有勤劳不可没也。故街之人征余为文，勒之贞珉，用垂不朽，且以劝后之好义者云。

邑人黄丛拙《记略》曰：汉明帝闻天竺有异人其名曰佛，遣使迎至京师，建立白马寺。此后世佛殿，所以名为寺也。此寺旧名灵泽，不知何所取义？即阎各庄镇，亦不知肇基何代？灵泽寺则始于大金明昌年间，迄今盖五百有余岁矣。此五百余岁中，世代变迁，朝市改易，不知凡几。而灵泽寺乃焕然常新，则修建之功，诚有足多者。独是佛教未入中国之先，凡垂诸祀典者，六宗五岳，四渎五祀之各异其神。只天子、三公、诸侯、大夫之各异其等级。从未闻比闾族党之间，举尧、舜、禹、汤、文、武、周公之圣而塑像，奉祀者也。即如孔子道隆千古，德配天地，历代州县奉敕修建庙庭矣。亦未闻比闾族党之间，有所谓黉宫泮池也。迨佛教既入中国之后，四海响应，百世尊崇，各区胜境，城市乡村，莫不修寺塑像，以供香火。何令人景慕信从，一至于此耶？且其言曰："色即是空，空即是色。"又曰："一切事为如梦幻泡影。"是盖以虚无寂灭为主矣。今也，桂殿兰宫，庄严佛像，金碧辉煌，极尽繁华，揆诸清净法门亦不相似。然试向皈依佛教者而慰之曰：“公今诚心向善，皈僧礼忏，修寺奉佛，是无量功德，则必欢然大喜。”更试即其人，而诘之曰：“若既皈依佛教，何不去尔君臣父子，弃尔昆弟夫妇，以从事于明心见性之说？”则必艴然不悦。抑何慕其名而避其实乎？亦可见天理之在人心，固未尝须臾而或泯也。即此感通发见之真语，以忠孝纲常之理，分析心性，辨别异同，必晓然天性之亲，顿悟人伦之乐，岂非名教中之现身说法，慈航普渡者哉？夫厘正祀典，挽回风俗，有心斯道者，既愚贱而弗能违心从时附会成文。受孔子戒者，又迂阔而莫为。仅于碑记中追溯原委，微示义指，仿佛昌黎《送浮图文畅师序》犹见斯文之未丧，用寄感慨耳！后之览者，将谓我为刻画古人乎？固不能辞其责也，而深有望于当代有道之君子。

滇西师范《过灵泽寺》诗云：略彴桥西路，闲来礼梵王。始知开土宅，半属老农场。秫穗出檐紫，瓜花当院黄。寒鸦飞不定，绕屋噪斜阳。

又《偶过灵泽寺》诗云：忽有寻幽兴，行行策短筇。人来秋色里，寺在夕阳中。野水含情绿，孤花著意红。到门僧不见，庭草自西风。

龙兴寺　县西南五十里祥云岛。

明邑人张国瑞《记略》曰：邑西南五十里祥云岛中有寺曰“龙兴”，创建于唐。殿宇恢宏，最胜地也。维时僧虽不满千，约以五百计，盖神灵所栖止。迨我朝正德间，遭风霾之害，虽以正源和尚杨不语诸人不能挽其盛。盖盛衰倚伏，物理然也。万历年间，忽有行僧名佛照者，拄杖寻真至海岛，缓步而行，四顾徬徨，喟然长叹，不觉泪下，若有夙业者。乃就其地而卓锡焉。募之善士，法堂重建，夫非剥极之将复也。不二年，佛照圆寂，其徒法居者，乞予文以记之。

清隆寺　《旧志》云县西二十五里。案：境内无此寺名，疑即相各庄清龙寺之讹。相各庄为滦乐分界处，庄西属滦，庄东属乐。寺在庄西当是滦境。

大云寺 县西北二十里杨各庄。金大定间建。

殊胜寺 旧在县西商家堰社。元至元间建，明万历辛亥，河涨寺圮，改建于庞各庄西，今废。

兴盛寺 县西北八里小圣庙庄。旧为明佛坨。天启二年重修。

龙泉寺 县西北十里馒头庄。元至正年建，明弘治、嘉靖间重修。李充《记略》曰：北平滦郡连清社卢家庄，于至正年间建立。寺院内有井泉一，遂名寺曰龙泉。

清鸾寺 县北十三里博落坨。

知县陈金骏《记略》曰：邑距城北十三里博落坨，有寺曰“清鸾”，创建旧矣。乾隆癸酉，邑之人重葺之，属记于余。余既述其颠末，毕独于命名之意，有未解焉。案佛书佛每出以五色鸟为前导，东青鸾，此青鸾之所自出也。然则宜曰青鸾，不宜曰“清鸾”也。况以是名寺遍寰中，寺皆然亦不独于乐之博落坨也。抑尝有疑焉。寺之西与滦之故道接，滦为邑之巨浸浊流，涨发浸壤田舍不可胜计，为害最烈。邑之人愿其清而不愿其浊也，久矣，有祷祀之心焉。因曰“清滦”。年代既久，土俗渐讹，乃误滦为鸾亦未可知欤？然又稽之邑乘及前碑志所载，统曰“清鸾”，则又不宜一再误若此也。夫儒者载籍极博，事不经耳闻目见，未可独断其有无。然则青之与清，滦之于鸾，亦姑阙焉。以俟后之博古君子，详考焉耳！

严佛寺 县北二十五里葫芦河。元至正间建。

朝阳庵 县西南七十里海中十九坨。

邑人李中淑《碑记》略云：乐邑滨于海，其西南五十余里有坨在海中，其形如臼，故名石臼坨。境幽而地广，泉甘而土肥，桑田数十顷，与洪波相上下，盖邑之名区也。余尝闻诸友朋而未获一览其胜，岁戊午三月，僧会司瑞光偕其住持慧辰，以重修观音庵，请书于石。瑞师之言曰：“石臼之胜，人知之久矣。而其兴衰之故，创造之劳，有不可以不详者。坨之中梵宫鼎峙，而观音庵为最。住僧智元，余之法兄，即慧辰之师也。自幼时落染于此，足不履城市，苦志参修，自摅其力播植艺，获积铢粒而存之，量所入以给僧众终岁之用。而以其余，为祠宇修补之资。迄今六十余年，广积囊资，于乾隆二十四年创修佛殿两座，费千金有余。至六十年积蓄倍常，志在修整未逮。适遭恶徒慧林抢劫之变，幸蒙府县断明枷杖递籍，遂令还俗，仍给告示严禁，晓谕钞铭碑阴，以杜后患。斯时也，智元已示寂矣，其徒慧辰续其衣钵，尽所有以终其志。自丙辰三月，至今告成。佛殿六楹，廊房六间，门宇墙垣无不焕然一新。而又恐后之无以继也，窃欲述其巅末，以贻将来。”余慨曰：“有是哉？智师之能守也。世之游方者，奔走富贵之门，不过为一身之衣食计耳。今其师徒不布施，不经谶，铢积寸累，未尝借檀越之力，可不谓知道者欤？夫茫茫沧海中，而有桑田，是亦天地之秀灵，非人力所能逾也。又得贤师徒修整废坠，以大其规模，则观音之庵，可以久不敝矣。”余欣慕有年，会当身历其地，以极海外之大观，而并颂智元贤师徒之功于不朽云。

邑人阴振猷《记略》曰：十九坨或曰石臼，草树蒙茸，蔽亏阏天地，其外杀绿洋水，险恶深可数十丈，盘盂下陷，黯黯作黝绿色，不可以目。以故人迹罕到。明万历初，显光上人伐榛莽，铲茆茷，始建庵于此。代有嗣人，而鹿野坛场与临济宗风，大阐海澨。及八代智元，发洪愿，力鸠工饬材，事未蒇而圆寂。道光纪年之戊子，其法嗣慧辰，慨然于师志之未就，悉鼎新之。既讫，以碑属焉。余窃维释迦坐四禅天，现一切相，开十丈眉，说万种法。直将断三千大千世界，掷过恒河沙国界外，区区兰若一幻相，而曰“即此是佛”。此亦如《涅盘经》所云：“象之形如箕，如臼，如芦菔根者，同一盲而已矣。”第庄生有言：“道恶在，恶不在。”通斯义者，其视甓瓦蝼蚁，曾不异其视圣贤，彼之斯而后可。是亦作胶柱之鼓者也。然则朝阳庵一祇树林也，十九坨一灵鹫峰也，偃月半环一华藏界也，瀛海四围一功德水也。埽金粉数笔，即应身法身之具足也；焚柏子一粒，即摄身摄意之分香也。荒寒寂寞之区，杳冥汨没之所。肸饰秘仪，摛张大乘，于以庄严宝相光音人天。于呼！允矣。皇兮，大哉！抑吾于此且重有感焉。胜国自中叶以还，淀迄海、盖，海氛甚恶。沿岸食毛之地，俱伏在莽之戎。大圣人出，狐鼠伏，而四海一，男女织耕老死，不知外事。极之寒丘穷野至此，一天犹得以耕雨锄风，含哺鼓腹，鼓钟击磬，梵呗祝厘夫！亦孰知皆重熙累洽之功德，休养生息，涵濡于数百年之深也。余之至止此也，登高丘望远海，鲸波平漾，飓风恬然。睇四山，则嗔恚泥开。仰虚空，则愚痴云散，则遍阎浮提百千万亿之总总林林者。披梵夹，溯根因，岂必待兜率陀天而始见一茎草化为丈六金身也哉？

乐亭杨在汶《游石臼坨朝阳庵》诗云：几载探奇兴，今偿夙愿来。旷沙明积雪，晴昼走奔雷。估客帆樯集，渔人网罟开。仙源真世外，何必觅蓬莱。随潮乘一叶，万顷接茫然。海外疑无地，寰中别有天。僧楼融雾湿，经榻抱云眠。卧听钟声动，空林起暮烟。

观音庵 县东南二十五里翠坨。

邑人倪炆《记略》曰：观音大士者，迷途之指南苦海之慈航也。凡情缘孽海愁苦抑郁之人，一守其教，立跻春台。顾人之尊信何如耳？或曰：释氏之教，以空为宗，以无为尽，彼且一空诸有，又焉能普济万有耶？曰：惟其一空万有，故能普济万有耳。吾不能博通内典，然尝读《心经》之言曰："照见五蕴皆空，度一切苦厄。"呜呼！尽之矣，今夫天下有不可空，不可无者；有不可不空，不可不无者。一日不再食则饥，一岁不制衣则寒。虽欲无之，谁得而无之。无君臣则天下乱，无父子则人道绝，无夫妇则化育息。凡三纲五常之道，亦焉得而空之，焉得而无之。虽然君子之教，亦期于素其位而行而已。人必胸中无富贵，而后能行乎富贵。胸中无贫贱，而后能行乎贫贱。胸中无夷狄患难，而后能行乎夷狄患难。古之人，有天下而不与，则能空乎富贵者也。箪瓢陋巷不改其乐，则能空乎贫贱者也。夫空乎富贵，岂复有富贵之苦？空乎贫贱，岂复有贫贱之苦？以此类推，凡物皆然。所谓照见五蕴皆空，度一切苦厄者，如是而已。彼浮屠子，宁得而闻之耶？或曰：天下之物，明明有矣，焉得为无。明明实矣，焉得而空。曰：齐景公有马千驷，一骢安在？秦始皇吞并九州，片土奚存？且婉兮，娈兮。倏而华颠。碧茎朱华，顿成萎草。虽欲不空，得乎？故君子自有所以不没者，而凡有形之物，皆不得谓有也。今之人沾沾于色相之中，役役于形体之末，辗转陷没苦恼无休，诚一举而空之，则观自在所谓乘般若舟，渡烦恼浪者，在是矣。岂非一守其教，立跻春台也耶！乐亭滨海有庄名翠坨，旧有观音庵，不知其创建何年？岁甲寅，乡人谋而新之，鸠工庀材，数月而毕。而某某实董其事，前殿、后殿、庙宇、神像。巍乎！焕乎！金碧辉煌。以及群墙、月台、甬路、亦皆严翼可观。甚盛举也。既竣，将勒石，而请记于予。予故举大士之所以能慈天下者，为乡人告也，是为记。案：经云观音菩萨，勇猛丈夫。而世之塑画者，多作妇人像。盖承鱼篮变相而误。要之观音，既现众身为人说法，虽飞走之物，亦无不可。何论男女乎？惟元僧谫陋无识，遂以为妙庄王女。良足噱尔！

白衣庵　县西八蜡庙左。案：江南潮音洞相传为观音示现处。其像作白衣璎珞，手执杨枝，故又称白衣大士，是白衣即观音之别称也。今祀白衣者止塑一尊，祀观音者，则多塑三尊，且牵与三霄相混，统以圣母娘娘呼之。事本荒幻，俗又沿讹，是一是二诚无足深辨矣。境内庙宇之称庵，称堂者，类祀此神，其他淫祀绝少。兹聊志一二，以见习俗所尚，余不具录。

以上乐亭县

崇兴寺　在西罗城。

地藏寺　一在西罗城，一在北门外。

栖霞寺　在角山之巅，一名栖贤寺。

明卫人郑己《重修栖贤禅林碑记》云：大雄氏以一空，空众有。于是乎！天地覆载之空也，日月照临之空也，河山流峙之空也，家邦界限之空也，阴阳运行舒惨一空也，冬夏往来生成一空也，古今递传兴废一空也，民物繁耗消长一空也，世代隆替瞬息一空也。一空之所现，大光明也；一空之所运，大阖辟也；一空之所利，大功德也；一空之所施，大慈悲也。形形色色，各各圆满者，一空之赋予也。化化生生，各各流动者，一空之通利也。万起万灭，一空无起灭也。万寂万感，一空无寂感也。一空者何？吾本来之真性，不以有而有，不以无而无。人人可圆觉之而佛也，人人可了济之而菩萨也，人人可跻涉之而法乘道航也。顾世之人自为之梏械，自为之执滞，自为之遮碍。目夺于五色，则目蔽之，而不空矣；耳夺于五音，则耳壅之，而不空矣；口夺于五味，则口窒之，而不空矣；体夺于五官，则体役之而不空矣。一念之动，一魔之兴也。一事之为，一阵之设也。所谓家家有路透长安，则于是乎千险万阻末之，由以达矣。故大雄氏之徒，有欲宏阐祖风，丕振宗教，绳绳相续而无端，灯灯相传而永照，率于荒山穷谷中居之。庶几息尘绝想以顿悟乎！大空之理，以径超乎大空之域。非惟可以济渡一身，亦将溥渡宏济。但凡众生群品，孕灵含气者，皆得以违离苦海，普赴灵山，而证此一空之因果。此吾镇之栖贤禅院之所由以建也。栖贤古刹也，在吾镇城北主山之巅，山高侵太空，俯鉴诸像，一顾四远，动出数千里外。刹毁于兵燹日久。洪武间，高僧有圆胜、洪正者，因其迹而新之。继之者，曰祖宏，曰净寘，寘之弟曰悟澈。几百年间，日延月炽，位置雄大，栋宇高丽，真吾镇第一名胜道场也。弘治纪元，直欲治追唐虞之盛，道衍孔孟之传。以大雄氏之教，与古治道相背驰，有廷臣奏命天下人庐其居，火其书，如韩愈氏所云者。惟在京暨古刹敕建二三事，不与撤毁例。澈大为宗门惧，以本寺虽古而无征，不信也。托先容于予室弟张君彦明，偕过而述其巅末，图示永远。予因而戏之曰："刹之古耶不古耶？身之存耶不存耶？人之僧耶不僧耶？教之行耶不行耶？一皆所谓空者也。况大雄氏之教，自周显王时始有于西域，汉明帝时始入于中国。根盘蒂结，上下二三千年间，其惑世也，甚矣。其入人也，深矣。兹遽以一二寮寀建白，遂为之毁之。窃恐既非经正民兴之大本，又非明先王之道之微权。名曰扑之，实以炽之。不几作一场空谈说也邪？尔澈习空而或有得焉者也，虽乾坤之大，犹不能不坏。于一十二万年之后毁之与否，奚暇容心于其间哉？"澈曰："不然。吾子之论至此，固宗旨也。然糟粕精液之所出也，土苴英华之所见也。指空非空，一切有色，皆真空之呈露也；泥空非空，一切有为，皆真空之显形也。且归斯受之，亦昔孟轲氏之辟杨墨，不辟之辟也。矧今日入海无边，不假有形象者以示之，吾恐其有天下而不与，君孰其舜耶？禄天下而不顾，臣孰其尹耶？身一空也，故杀之可以成仁。生一空也，故舍之可以取义。斯不亦吾子名教之一大助也。”予曰：“如尔言，似亦于真空之有少见焉者也。盖鲁男子之善学柳下惠，正在于不开门以纳嫠妇也。若然，则百千万亿化身之丈六金人，个个具之矣，在在有之矣。其于一世之建废，以今日观之，不能以或无，以后日观之，不有。有有无无，又皆一空之鱼而筌兔而蹄焉者也。尔于真空似少有见者也，曷识而归之，镌诸碑石。俾后之观者，将如今人之视古人。庶几世有所征以知真空之不可灭云。弘治三年。

邑人佘一元《角山栖贤寺会碑》云：榆关北角山有寺，曰“栖霞”，或曰“栖贤”云。寺之从来，盖已有年。正殿奉观音大士，而配殿、山门、厨斋、僧舍、厘然与群峰掩映。苍松翠柏，古碣石泉，参差秀丽，依山面海，洵关门一名刹也。岩山之巅，昔建有山海亭，乃部使陈公钦同乡先达萧公显，郑公已所构。又有望京亭，乃部使葛公守礼，同乡先达詹公荣所构。今二亭早已倾圮，而记之载在《旧志》者，犹可考也。且山巅镌有萧公诗，寺中留有郑公记，虽岁久渐就剥落，而苔藓浸渍间，犹可想见昔人手泽之所存。且詹公读书其中，别号即为角山先生，因知此地，实前贤往来栖止之区。寺之由“栖霞”更名“栖贤”，岂以是耶？尝闻观音大士现身说法，为士人救诸苦难，佛门尊之。犹神之有关侯，仙之有吕公也。故大士救人之苦，必先自具苦心，此段苦心必人能奉之体之，而大士斯能救之，不然大士亦只自苦耳！大士救人而致令自苦，势且不暇，救人而姑自救。夫大士能救人，使不得已而以救人者自救，则人将奚赖耶？若人各具苦心，各思自救，而大士之心慰，大士之力亦必绰然有余矣。吾愿人之自救苦难，以无负大士现身说法一段苦心，一番苦口也。寺前此僻处山隅，香火稀旷。僧常元能殚力焚修，悉心感化。迩来殿宇增新，崇奉日众，每于二月十九大士诞日，纠有数会。会各数十百人，号佛进香阐扬，视昔加盛焉。会首王化虎等，率众发愿竖碑，求余言一志其事。余谓：“尔诸人知奉大士，亦知所以奉大士者乎？果知奉大士，必仰体大士之意，各具苦心，各思自救，庶真能奉大士者。慎勿谓徒博崇奉虚名也。”余友程君观颐读书此中，戊戌成进士，今乃司教津门，似能踵萧、郑诸公后尘者。余犹望仰体大士，由此自救，以为救人。地盖吾乡先达皆贤者，而大士之在佛门尤佛门大贤也。然则寺之由“栖霞”，更名“栖贤”，良有以夫！是为记，康熙元年。

驻防重禧《重建角山栖贤寺东廊记》云：蓟北诸山，自居庸而东，其峰峦如屏障，绵亘千里，而长城即因其形势蜿蜒，至平州之角山，折而南下直趋海涯。山与海相去十余里，其间为山海关城。而角山者，高出群峰南临大海，实一邑之巨观。山巅旧有栖贤寺，为昔人游赏之区，其东西两廊岁久倾废，仅存遗址。乡人议重修而未果也。余幼时自喜峰来居山海，即乐其形胜。罢官后，与二三同好，时为角山之游。晚年多病，日登山以学健步，习之既久，颇不以攀陟为劳。遂设榻僧寮，一岁中居山常数月，既欣其林壑之美，又叹夫颓垣断甓之荒芜日甚也。乃谋于同志，拟复建廊庑，勿堕前规。庶可为山灵壮色。且兹山为关城保障，其钟灵毓秀，前人言之详矣。据余所亲见，则尤有灵异可纪者。道光壬辰岁大旱，城乡遍祈无应，人情汹汹。邑绅数十百人，徒步登山，祷于山寺之井。拜未讫而片云起山隈，大雨如注，田野露足，人心遂定。是举也，首事者傅问樵孝廉；而题额于井亭以志其异者，则邑侯萧公也。丁未孟春廿四夜，有鹤数百，集于山头，鸣若笙璈，向晨始去。时余适宿寺中，闻声出视，则白翎丹顶弥满山冈，心窃异之，不知其为何祥也？而邑人郭石臣以是科捷南宫，始悟为地方文明之兆。夫以山之灵异如此，则葺而新之也固宜。余老矣，力不能举其全，仅以劝募之资，建两楹于东偏；其西则尤有待。苟同志君子因而成之，俾复旧观，斯则兹山之幸也。抑岂独兹山之幸已哉？道光戊申暮春下浣谷旦。

邑人傅德谦《重建角山栖贤寺西廊记》云：余友重怡斋，满洲人，官佐领。嘉庆间，解组归林下。晚年习静角山寺中，倘徉泉石之间，淡如也。余自秦中赋归来，与之款洽话旧，羡其步履犹健，欲相偕为角山之游，每以未能为恨。适怡斋营山寺之东廊，并移魁星碑于岩上，属郭怿琴孝廉以碑记商订于余，且谋其西庑。余读其记而叹曰：“美哉！怡斋此举也。人之举事，多务其切己而已，角山之兴废，其与于怡斋也几何？而汲汲然以起衰修废为务，且留心于祷雨之验，鸣鹤之祥。呜呼！民生之利赖，人才之奋兴，非日往来于胸中而能若是哉？夫角山固一邑之镇望也，其林木尽于官吏之翦伐，而寺复坏于不肖之僧。道光初年，关部春公捐数百金，属邑人田西源昆季，葺其正殿山门。其后，以无僧住持，又几为樵苏者所毁。怡斋以物外闲人时加护视，寺赖以存。因念两廊为昔人读书之地、游息之区，而殷然以兴复为己任。且建奎光阁于岩上，俾文星光显于千仞之巅，其用意诚美矣。”余嘉其意，乃谋于同志，续劝檀施，建西庑以成其志。工既竣，爰志其始末于壁。其捐修衔名，工料费用，则别勒石以记，至于寺西之殿宇暨詹先生讲学之斋，遗址具存，又赖同志君子有以复其旧观，则当年全盛之规模，庶几复睹于今日矣。道光二十八年七月朔日。

水阴寺 在海阳北三十里。山深水陡，人迹罕至，秋末，红叶青松，满山冷艳。山南有古洞，中有石佛。

团云寺 在团云山。

后角山寺 在三道关西。

明马扬《角山寺》诗云：夙抱烟霞癖，无缘脱鞅掌。百虑荡内机，庶事劳外像。忽忽青杨暮，遥忆山林赏。薄言寻蹊壑，所希绝尘纲。佳气纷郁葱，宝地开虚敞。泉声清且幽，物色何骀荡。莓苔染阶碧，松露滴石响。举觞临东风，悠然任来往。长歌故徘徊，古洞恣偃仰。归来憩空堂，芳树日初上。

黄景夔《角山寺》诗云：古寺乱峰里，岚光四映碧。出城指郊路，游赏恣所适。俗吏苦纷拿，久抱山水癖。跻高乃未倦，惬愿如有获。远蹈想幽人，安得卜一宅。曲径便通樵，蕨长柔可摘。白昼鸣林禽，寒甃汲泉脉。藤萝萦崖树，鼪鼯挂石壁。信步陟绝巘，去天不盈尺。澒洞睹海氛，光景相薄射。旷哉此时怀，迥与尘世隔。长风吹襟袖，清啸万里客。

陈绾《角山寺》诗云：每日城中见角山，入山始觉远人寰。松云细袅龙宫静，石藓斜侵鸟道斑。殿阁影从沧海落，梵钟声度碧空还。关门吏隐无多事，犹羡斋僧尽日闲。

陈天植《角山寺》诗云：振策最高处，危峰接大荒。云归辽海白，沙涌蓟门黄。野草匝边地，秋风冷战场。不堪重吊古，把酒酹斜阳。

朝鲜使臣金昌业《游角山寺记》云：自燕京归，至凤凰店。朝饭，欲往角山寺，谋诸同行。是日，大雪初霁，风甚烈，人皆惮行。有尝游者，亦言路绝峻，不可骑，雪被其上，决难著足；纵得上去，今日内不可回到关上；去大路远，又不可独往。劝止之言盖纷然而皆不听。遂雇健骡骑之，选从者三人以随。以乾肉、烧酒贮革囊，据鞍乃行。至山海关西罗城而北，始行人家中。俄而，无路，穿过坟墓、田垅，凡八九里，及山趾。路陡峻，上数百步，有红门跨路，匾曰“扶桑观日”。过此，路皆布石为级，益荦确难行。然从者言：“视前犹易”。盖近经修治也。约二三里，当路又有一间屋，此在山为三分之一。俯视关城内外，民居、田野、道路，历历可指。海中一舟，挂白帆向东去，望之渺然。又上二三里，有六面亭，此亦游人止歇之所也。匾曰“玩芳亭”。此在山已居三分之二，而望寺犹缥缈。寺后有一圆峰，左右各抽一麓为龙虎。寺居其间，地虽高却平稳。在途上，雪深没屦，风寒砭骨。及至山上，风日却温和，如入室中。雪为风所吹尽入于壑，余皆融尽，一路如埽，殊不知登陟之难。至寺，始下骡。从西偏角门入，去庭院，阒然若无人。佛殿东小屋中有读书声，遂径造其处。堂中坐金佛一躯，转过佛东北隅，有一小户，垂以帷，遂揭而入。有一少年在炕上读书，见余至，掩卷而起。余直上，揖而坐。少年取纸笔置前书问曰：“先生至此何干？”余答曰：“外国人因游玩至此，不期得遇佳士。”少年日：“佳士二字不敢当。”呼童子进茶，坐少顷，出，就东寮，与从者议留宿计。少年随至。余问曰：“今夜欲宿此，不知有余榻可借否？”少年曰：“此炕好。”南炕有一老僧，少年告以故。老僧颔之。已而，寺僧进夕饭，与从者饱。于是遣从者一人持骡归察院，使，以明早来，待山下。乃登寺之西冈。冈皆奇岩，层累如台。其西深谷，俯视千仞，群峰拔地矗立如列剑戟，奇壮磊落，但色惨如铁，欠秀气耳。一道大川出其间，即石河上流也。自此望绝顶不甚远，遂从岩隙攀援而上，凡三四憩乃至。其上平，可坐百人，亦有石可踞。到此视望海亭，却在膝下。东南天水相接，登莱地方亦可见，但眼力不及耳！西南群山重复，时有青峰出云烟间，似是昌黎县近处诸山也。自绝顶东去十余步，即长城也。随山北走粉堞隐现于叠嶂间，自是天下伟观，令人魄动。然此非秦时古城，乃明初魏公徐达所筑也。城外，冈麓高处各置墩台，深谷暗壑，无所不瞩，使贼兵不得潜身，其设置可谓壮且密矣！循堞徘徊，自有感慨之思。日暮风多，乃下。寺庭有弘治、万历所立两碑。寺后又有一碑，前面字皆漫不可见，阴则皆古人题咏，亦明人作也。少年又要余至其房，翦烛烹茶，闲话。至夜深，归东寮和衣而寝。夜中风起，松桧皆鸣。呼从者视夜，云：“月犹未出。”余遂自起视之，海色苍然而已，乃复卧。自念人生虽曰如浮云不定南北，而此身卧此地，岂梦寐所及哉？于是意思似喜似悲，遂不能睡。少顷，又起视之。月上东南，海波半明半暗，光景殊奇。鸡亦鸣矣。枕上得七绝一首，又用碑上韵作七律一首。呼烛，起坐，使从者求笔砚于少年。少年即自至。遂书两诗赠之，出囊中酒共饮。俄而，南炕老僧至。问其年，少年书曰“七十四”。又曰此僧不可轻视，亦曾作过五品官。余问曰：“何以托迹空门？”答：“罢职之后，老而无局，故寄托于此。”想亦有志君子，而恨不能早知，叩其所存也。遂别少年，出山门，日已高矣。俯视关城，炊烟满空，亦一奇观。少年姓名：程洪，字度容，年二十三。眉目清朗，举止闲雅，言语不苟，前后所见秀才，无如此人也。问答说话颇多，而所书纸留少年所，不能尽记。时癸巳二月二十三日。所谓余者，朝鲜人金昌业大有也。

又《角山寺次碑上韵》云：骑骡百折到禅庐，迥出人寰地势孤。绕塔雪峰连北漠，度窗云影目东吴。偶看古碣惊前劫，远抚长城叹壮图。俯视向来争战处，茫茫落日满平芜。

圆明寺 城西北二十五里。

蟠桃寺 在蟠桃峪。

鹰武寺 在鹰窝山。

汤泉寺 在城西北六十里温泉山。

陶淑《癸巳七月望后浴汤泉，得长句十四韵》云：神工偷凿云根虚，地居离位坎流趋。人间烟火绝不到，长以大造为洪炉。酿成髓液沸温暖，换将冰雪回春舒。曾闻骊山擅名胜，兹泉胡出边之隅。我来时值大暑退，峰岚翠点秋光疏。一一寻源到真境，中涵清净摩尼珠。一泓空碧剖作两，千斛流乳倾不枯。濯缨濯足人自取，俗云疗疾斯言愚。我欲伐毛兼洗髓，忽觉清风生体肤。平生烦热涤不尽，快意且复得斯须。夜来散发深林外，天边放出玉蟾蜍。湛然照我清肝肺，空中禅旨疑有无。此时气冷诸天寂，但闻幽泉鸣笙竽。回头始觉尘海脱，倚床高卧梦蘧蘧。

又《宿汤泉寺和三弟东川韵》云：疏磬声摇夜影幽，上方冉冉妙香流。人依月冷心都静，山借泉温气不秋。造物何曾清福吝，名扬几见好官休。今宵此夜良难得，桑下能无三宿留。

庆福寺 在白云山，详见《山川志》。

邑人佘一元《白云山庆福寺修建大雄宝殿碑记》云：佛生西域，汉明帝时入中国，其教寖盛深山穷谷中，靡不崇奉尊事之。夫深山穷谷以之陈俎豆，设礼容，人皆骇而避之矣。以之演梵音，谈内典，人皆习而安之矣。故舜居深山之中，与木石居，与鹿豕游。此时深山之野人，他日明堂之圣人也。当其在山举植者、峙者、角者、啄者，相与纯纯闷闷，狉狉榛榛焉耳。意佛之宜于山也，亦若是乎？盖山主静，佛之修曰“静修”，悟曰“静悟”。人心静不至于昏，世道静不至于乱。凡天地间静境即佛境也。石门东北，有白云山庆福寺，前此未有也。僧圆真道戒夙成，能以寂静苦行感众。创建于明季清初，迄今盖二十余载于兹矣。缔造之举，不藉持募，人争助之，业已构观音大士殿五间，辅以耳室。配以两庑，又构毗卢佛殿五间，其耳室两庑亦如之。顺治乙亥，修建大雄宝殿五间，中奉以释迦世尊暨诸罗汉果，耳室六间建造如前，而闳整过之。工虽未竣，而气势巍峨，规模壮丽，居然深山中一禅林也。守山僧索余言一记其胜。常论佛称圣西方，亦自修自悟耳！何与于人？而奉之者谓惟其能福人也。

抑知佛之福人，由于自福。其自福也，曰静而已矣。《易》曰："吉凶悔吝生乎动。"人生日用何能废动，要惟动本诸静，而动斯吉焉。佛能锡人以福，岂能假人以静耶？苟人能师佛之静，福已随之，是即佛之福之矣。诸葛武侯有言曰："学须静也，才须学也。惟淡泊足以明志，惟宁静可以致远。"不然庞杂震撼惑于中胶，扰纠纷萦于外，欲以几佛之福，不亦难乎。是人之奉佛，佛之依山，惟其静也。静之一言，以之志山，以之诠佛，并以告天下之悉心安佛者。是为记。顺治十七年。

滦州石申《庄严庆福寺佛像殿堂募缘疏》云：蓟门而东，平沙迥野，既鲜苍山秀水，亦无古刹幽宫。三百里至我永平，始睹有川岩之盛。至关门百余里，南临巨壑，北走太行，广大精微无不备具，而亦止有斗庵丈室，一二土僧点缀林泉，应酬斋忏事耳。从未见有创辟道场庄严佛土，能容僧法宏亮钟灯者。余以顺治十八年，告归滦州。一年中，州之一丘一壑无不探至。至二年抵关俯海，从余子占一访山人朱公于抚宁县北之蟠桃庵。叹其水石之奇，林果之茂，而庵中煨煤烧地炕，与春气相烘发，尽宿谈宴。地主有副戎傅君、都司文君、诸生冯子、李子。次日互携酒肴，与诸公各争丰盛至暮，酬酢不下百觞，此日饮量再倍平时。诸公流连争相投辖，余以俗事期迫，跨蹇策行，见西北一带，山光峰势，程程迎送，应接不暇。三日抵舍，岩壑之气，勃勃心面，因决计于初秋再往。仍是五六人前从游者，过他山而不顾，径赴石门寨不入城，止于冯子之别馆。余子占一不果来，其诸他主皆至。与朱公夜商晨出之所向。公云："去此十五里有棒槌崖者，乃戚南塘之旧迹。有余钓石在焉。关帝祠雄壮苍幽可憩也。"其意欲先众举觞。众云："不如二十五里，向白家山，先其远者，后其近者，作归计绪游有余地。"次日遂并驱而前，过石河，历村聚，联亘环折，民气熙乐。篱落、房壁、豆架、壶棚、采鲜蓄乾，家闲人朴。见客来至，咸异咸喜。泉溪争流，溅迸尘迹，幽邃欲极，忽焉豁坦，盖无几何时而至山也。肩舆渐升，曾无险仄，高处更平，皆种谷菽，垂及望寺路旁，皆榛丛不逾尺，随手掇取，盈腴可食。遥闻钟声，早有僧众十余辈，拱立路侧，导引而前。有侍者数人，揖客而通词云："师在山门久等"。甫至，则老僧相迓。余见其威仪之整齐，迎客之班次，盖不待见老僧，而知其为守律谨严师范也。其开山创业也，宜哉！登堂谒佛，即瞻后殿，崇阶石砌，配房宏敞。入讲堂、方丈，皆精洁有条理。而又有别院两区，为十方僧檀所容足。石工、木师经营未毕。相揖茶次，老僧礼恭貌静而朴情苦相存焉。寺后址尽山巅，直北百十余里，通边口疏凿堙堑，尽可行车。东西瞻眺，所览无极。由后复前殿，台而南无所碍瞩，触目皆苍，荡胸皆秀。其豁然开处，如八达之绮疏，其密然围处，如四周之屏幛。其屹然立处，矗然起处，断焉续处，合焉分处，不可方物处，不可捉拟处，疑古大将之布万阵于边陲。又疑三世佛之交照于圆光，而诸人天之环树幢于云际也。其奇也如此。盖此山适当众山之中，而众山无不耸峰削壁，干霄接汉，斗险争危，愀猿抑鸟，枯仙臞道，外绝跫焉之足矣。惟此山平衍而又在中，真众山之都会。又众山尽石，而此山独土，又众山之皮肉也。天不设此山，则凡经游于水迳湾蹊者，亦止畏远嫌深悲阴怯冷耳！天设此山，而人不设此寺，则农竖所采樵，而牛羊所宫囿，又焉得有士夫屐辙？而为诸山一发其高苍幽奥，俾天下知太行东处，四大三光之间，气藏蓄于中原九塞者。万里而至，我永平乃一大聚洩也哉！询老僧建创之由，乃山下古有庆福寺，而前代关门有将帅刘居士等，首布大施，移在山上。而我朝又有太乙胡居士，与守关兵主互相继迹而为之功德。老僧不过雇工估料，抬石扛木杂诸人役中，助一手足之力。一布一鞋之外，未尝敢耗一钱也。僧幼零落，几冻饿死，赖山庄人救活。中年始入释门，不识字，况佛法只知有勤苦为忏悔也。基既立则业兴，功既举，则人集。一切僧众自为。山寺而聚僧以诸檀所散体其心，而养其来者无厌焉。非有重于僧，而为社为道场也。至于众僧饭，而僧啜其余，众僧休，而僧躬其役，则二三十年如一日。此一种老实心愿，未知于佛法何若？而实为大众所鉴怜。今日非贵官居士来，亦未向人发一语也。余与朱公暨各客皆聆而伤之，重之。乃知其入门相见，朴苦之状有由也。又相与赞之，以为真苦行头陀也。何患事业之不建？况大工垂成于八九，何患山门之未辟？天龙相好，无不毕具，栋宇墙扉，无不壮坚。何患金碧之无资，而光辉之不丽也哉？孰知余去此甫二年，而遂有魔之侵，贼之劫，突如其来者哉！其详委难言。而老僧竟不得终其居而去矣。谁复有终信大法，惜此！余緇悯此精蓝，而为世尊一埽尘埃，慰龙象之泣者。因忆在山住游三日，见山下骡负水来。问："山无泉乎！"僧云："泉碍殿基，故塞之。"余闻之而愀然不悦，但云："可惜！"岂意佛法亦在风水耶？自是归，而从朱公盘桓其崖石幽壮，果不谬。而事迹有出南塘右者，当另为记。嗣是余来京，僧去寺，忽忽者共十年。今秋余告艰病卧，忽守山僧来省云：有城内贵官某某慨然发数百金，已置金粉丹青诸用料，为山中佛开生面，并绘采殿廊而窘于工力之尚有所需。乞书一疏，而募助之。余叹曰："余笔之不文也，难劝人也。中外之皆贫也，难捐财也。而山事之垂成，而忽坏也，难再举也，虽然不敢谓天无悔祸心，不敢谓人无力行志，不敢谓佛法之终断此有相功德。不敢谓尾宿之不同于恒星而闷其瑞应，又岂忍谓我永平郡山海之汇灵秀一现而即晦，不自圣朝太平时。一开辟，而待异日后之重表章也。故曳疾走颖，不觉情词之遂长也。

迁安刘鸿儒《白云山庆福寺建造庄严碑记》云：余自康熙甲寅解组归里，荏苒十有一年矣。回念三十年，久历仕途，味同嚼蜡。而今世情灰冷矣。自揣筋力衰微，上之不能耽释氏之空，次之不能学老庄之放。于是修葺旧里，构十数间茅屋，与长沮、桀溺偶而耕焉。始而逍遥岩壑，怡云听松，致足乐也。不惟世上名缘，不得溷我烟萝，亦且谢绝笔墨，不致劳我精神。销声匿景，依然深山老衲耳！一日有僧到门投刺，进而见之。朴朴古貌，讷讷似不能言。予心知其必深山老衲与予同趣者。坐次，遂问曰："僧何来？"僧云："白云山庆福寺住持明机也。"又问："来何为？"僧云："欲求大获法一碑记，作不朽事。”余云：“凡文必据事实敷陈，此山此寺，余虽耳之已熟，但未亲历其所。此中之情形景况，何以上我笔端，峥嵘其词乎？即捕风捉影，夸言失真，质言无当，甚无益也。”僧云：“有少宰石公《募缘文》一篇言之详，且悉观之，而山寺之情形景况毕矣。”余遂取其文阅之。展读未竟，怆然生感。石公与我同年好友也，为人旷达不羁，性情雅好山水，一遇名山大川，辄流连豪饮数日不忍去。故其文亦流宕宏肆，有行乎其所不得不行，止乎其所不得不止之势，文在兹乎！人何往耶？见迹思人，情容已耶！感叹移时，复取之一竟其读。山势之峻秀幽邃，峰峦回合，苍翠四映，千态万状，不可方物，真天造地设一精蓝佳境也。至老僧之惨淡经营，而宝殿，而禅堂，而配庑，而讲室、别院，无不布置有条，精洁宏敞，皆自石公之笔端绘图以出，跃跃纸上。余读竟不禁神飞响往。仙仙乎！觉身世欲浮也。“噫！吾郡中有此灵迹异境，未获蜡屐一游，荡胸豁目，亦平生一大阙事也。但石公之游之文，在数十年之前，而尔僧求记于数十年之后，其故何欤？”僧云：“石公游时方草创，规模润色未及。无几，而开山老僧遭难而去。赖少宰公殷勤募缘之章，贵官长者捐金布施，与夫闾左之众善信输资输力，遂得续往因于未断，合大力于几成。今则焕乎改观矣。千榍万拱，俄腾丹雘之辉，龙发螺文，倍见端严之妙。使少宰公今日见之，不知当作何如欢喜，何如赞述矣。是可默默无记，听其湮没不传耶？”余因思天地灵秀之气，川岳之精，有大结聚，必有大发洩，时至则昌耳！观此寺隆兴之由，前之开辟生面，继之踵事增华，阅数十年始就。榆关之白云峰顶，俨然西方灵鹫华台。虽属人谋之臧，天实启之。岂偶然哉？今亦不能再赘一词，扬扢功德。姑即石公之文，僧人之口，一重述之，表章之，勒碑刻铭。俾此山此寺永镇雄关，遥拱神京，亿万斯年为不朽云。其辞曰：太行发脉，蜿蜒而东。万里结聚，瑞霭罩笼。高僧卓锡，法觉群蒙。妙相庄严，气象庞鸿。金碧非色，湛寂非空。鳌柱斯标，龙宫斯奠。如鹫如嵣，如鹿如苑。花雨缤纷，祥光隐现。日月法灯，风雷鱼梵。业修清净，土涤尘氛。莲花宝墨，贝叶龙文。灵鸟怡性，仙鹿追群。慧日慈航，彼岸是渡，色界虽迷，希彝自足。抱朴观空，保元还素。金刚不毁；至性常住。勒此贞珉，象教永布。康熙二十三年。

栖云寺 在团山。

朝阳寺 在首山。

昌黎王照《和唐小潜重阳后一日登朝阳寺韵》云：前年曾到此，今岁又登台。景已随时换，人看逼老来。秋山青入座，霜树锦成堆。昨日茱萸酒，何嫌覆一杯。

观音寺 在南海口一名永佑寺。

吴尔成《重建望海观音寺碑记》云：希有世尊哀悯众生没于苦恼，犹如小儿匍匐将入井时，触者靡不恻然。非谓其入井而矜其无知也。妄人缘爱生障，溺没诸欲蹈险走危，俄失颠倒，迷谬互为，一旦殒谢。喻之蜗牛，骎骎上升，终黏高壁，而犹不自觉。审如是观，则种种赀宝何益？智者早及思维运诸功德，是为舟航济渡险难，是为刀剑护诸国土。愚者操弄失度，而我慈尊哀悯，普观说法，虽穷岛绝域，不有异施。故人当身强健时，造诸福利，三世诸佛恩德甚深。塔庙所在，恭敬严饬，是即佛想扩此功德，何莫非菩提也？关城之北多山，山之最高阜处，旧有大士院。面巨浸而控夷夏，岩石郁然，烟雾时作。飞锡峰头，则见猿啼断岸；降龙钵底，则见花散诸天。峨然万山之表，而溥福兹土，拯救众生者，利益无量。竟以岁久，为风雨摧剥，士人莫能新之。大檀越主高侯，现富贵身，修清净业，常以赀财，广作佛事，遂起其圮败而更新之。大士始俨然南面而称隆崇也。已于寺右平坦处，复构轩三楹。令登眺者，豁眸于沧桑间，即关城诸盛罗在目中矣。微高侯谁复有破吝心，而割财以施哉！真具神通力为不可思议矣。复为之作颂曰：稽首不动尊无去来，住法恒沙十万界。佛身常充满慈悲，悯众生故示庄严相。见者生净，信甚于金。口宣称赞，大智力神，妙绝希有。愿彼未来世，共闻常住法。万历壬午年。

山海李养和《永佑寺》诗云：参差楼阁压潮头，突兀危檐界斗牛，天上只闻传贝阙，世间何处访瀛洲。层云暗展庭前画，孤棹斜飞镜里舟，到此几忘归路远，心随凫鹭晚悠悠。

报国寺 在城。

赵国屏《报国寺碑文》云：兹寺之建，不知始于何时？然据西寺碑碣所载，东曰报国，西曰灵鹫。是则报国之创建，当与灵鹫相终始。盖尝为之因其名而思其义。报国之命，胡为乎来哉？说者谓兹寺去水门寺，仅三四里许。其先为水门寺关，后更为提调大毛山关，诚一方重镇也。忆其时谨烽台，严边疆，凡将总之往来戎马之调遣，靡不经过报国寺前，或因而萃止其间。意者其人矢怀报国，共励忠贞，即以之名寺欤？抑佛者之称，别有所为报国欤？吾不得而知也。尝闻京畿之内有报国寺焉，历代敕建，由来久矣。以兹寺僻在一隅，而亦曰报国，殊为不类。岂其地不同者而义同，义既同，而遂无不同也。吾益不得而知也。特相传已远，世代云遥，当时父老未尝砻石志之，故建寺颠末寂然无闻。所仅存者，佛殿伽蓝数楹而已。其他残垣剩础，四壁萧然，即住持僧辈第以伽蓝殿为栖身之所。审是，而报国之荒废，其不至泯没无余者几希！寺僧顺亮誓愿重修。缘工程浩大，广厦非一木所支，兼以山地荒凉，乞化无人，则又缩缩不敢以兴也。因与庠生刘玉祥谋之，玉祥遂首倡其事。由是乡中之长者，与一方之善信，亦各以力相助，其来有不啻若川涌而云蒸焉。祥与僧亮，辈因惊且喜，曰："兹事成矣。"爰鸠工庀材，轮之奂之，黝垩丹漆，金之碧之。肇修大殿禅室，次天王殿，伽蓝殿，皆塑像于其中。而又辅以两廊，卫以山门，缭以围墙。曾几何时，而庙貌遂焕然改观矣。以废若彼，以兴若此，岂非有数存乎其间欤？兹其工告竣，欲镌诸石，以垂不朽，征记于余。既谢不敏，又因而念曰：凡事之兴废，虽在乎数要，实系于人也。矧兹寺当其未修之，先一荒废古刹耳。迄于今庙宇维新，庄严毕具，兼之四山环列，一水回流，映带其中，居然一方之胜。概以是观之，人杰而地灵，不信然乎？众人之善，固不可没，使非有人焉纲维其事以成之，又何能若是。是人也，可不谓贤于人者乎？自今以始，惟愿后有作者，嗣为葺之，以广其善于无穷。则兹寺永永万年长存而不泯也，可卜矣！是为记。

普济寺 在西门外。

白衣庵 在南门外。一在西罗城外。

文殊庵 在石河西。

余一元《修建文殊庵记》云：山海石河西有禅院，曰“文殊”。盖僧明玉坚志苦行之所构也。其初，茅茨数椽，不蔽风雨，未几而易瓦舍，未几而成殿宇。由是增两廊，增抱厦，增耳房，增韦驮殿，暨山门。寒暑昼夜梵语钟声，遂巍然一丛林云。改革之际，故宫古刹，或涉榛莽，或沦丘墟，独此屹立西郊。具瞻不坠，固神明实式凭哉？抑亦人之精诚，有以维之也。窃尝用是而有事感焉。我朝定鼎燕京，救民水火。入关一战，肇造鸿基。尔时石河以西三十里，僵尸数万，庵之内外前后，横罹锋镝者数十百人。此地之不为兵燹残毁者，危仅一线。今日之佛境，即当年之战场也。夫佛生西域，西方主杀，而佛日以生人为事。昔人有言曰：善人为邦，百年可以胜残去杀。宣尼韪之，诚以一念之善，福利群生；一人之善，覆被天下。协气蒸濡，湛思旁洽，嚣凌之气渐化慈祥，理固有断。断不诬者。且菩萨以文殊为号，讵无谓也耶？天道烈风雷雨不终朝，文德武功帝之并设也。

在昔苗民逆命，舞羽两阶。毖殷顽民，惟周公克慎厥始，惟君陈克和厥中，惟毕公克成厥终。夫当唐虞、成周之盛，岂不能秣马砺兵，灭此朝食哉？而顾于潜移默转，不惮迂阔以行之者，诚以文德之入人深，非若武功之可暂陈，而不可以久恃也。知此，则佛菩萨救世之旨，原与吾儒无异。夫固有彰明较著者矣。庵基址及庵前地若干亩，皆先伯父所施，以供本庵香火。迄今几四十年，尚未一勒贞珉，用志颠末。僧老矣，于是求余为文并镌诸捐施姓氏，以示来者。夫迩来滇黔大定，海内一家，东西南朔，尽归版图。回视国初气象，迥不相侔。惟愿后之人，念畴昔缔造之艰，思为久安长治之计。俾礼乐聿兴，兵刑胥戢，将天下享升平之福，一方蒙乐利之庥。则此庵亦与常延不朽云尔。康熙二年。

广嗣庵 在西门外。

静衣庵 在南门外。

弥勒庵 在狮子林。

普贤庵 在关门外。

慈悯庵 在城西街。

女贞庵 在城东北隅。

五泉庵 在五泉山，康熙中邑人张霖捐修，同治中其耳孙国英独力修葺，复捐香火地若干亩，有庠生郝漳撰碑。

梁洪《五泉山寺》诗云：鸟静松林冷，高峰插五泉。闲花开涧曲，流水到床前。草是山中历，僧为世外缘。不须移屐齿，尽可白云眠。

邑人郭上林《五泉庵》诗云：屏翠叠玲珑，楼台杳霭中。薄云樵子径，斜日梵王宫。吾辈能高咏，斯游惜太匆。吟鞭归去晚，一笑指城东。

老君庵 在老君顶下。

吴廷玺《重修老君庵碑文》云：老君山之西麓，有庵名曰“接引”。创建自顺治龙飞之初，重修于康熙四十载之际。其披荆棘辟草莱，当年创始之人与阔规模宏殿宇，后世重修之士，已有碑记可考，余无容多赘。但久历年所，不无颓败，西北数庄善信赵明、许国兴、苏文彩、杨怀义、王来见、王重文、徐国相、韩英，复重修而丹雘之，庙貌巍峨。前以绍创建未竟之功，后可开将来难量之德，诚可谓造福修因积功累仁者矣。人事告竣，各庄善信与住持净月，欲立石垂久，以志其施舍之功、庀材之胜。问记于余。余久疏学业，未谙挥毫，既承下讯敢抒鄙见，以叙其事。余观夫老君山之壮丽，南望北海，北控长边，东接雄镇，西连汤泉，虽箭笴茶盆之胜，俱可俯视。而且石河为带绕于前，群山如屏障于后，而兹适置其麓。每当春夏之交，树木阴翳，鸟鸣上下，登斯庵也。觉薰风拂面，娇花袭人，则心旷神怡，可以感发人之善心。即当秋冬之际，霜露既降，木叶尽脱，登斯庵也，觉万缘皆空，一尘不染，则性静情逸可以潜移人之妄念。此“接引”之名所由来也。后之人习而不察，有以此庵为下院者，有以此庵为数庄之香火者，各抒己见，纷纷难定，遂将古人立意命名之义俱失矣。余不敏，无论其是也，亦无论其非也，亦无论其名之有异于实也，亦无论其实之果符乎名也。但就是庵以名是庵而已矣！是为记。乾隆二十七年。

慈愍庵

新化孙起栋《慈愍庵香火地碑记》云：慈愍庵近置香火地二十套，乃永合局为之也。先是有闽人陈崇徽坐事谴戍，此与永合局善有银一百九十五两，托永合局田岁丰、马占一，为牟子母，按月支给子钱。洎陈养疴魏氏。除子钱外，两次取去母钱七十九两，畀魏。陈遂死，余八十两。陈意以酬永合局历年赒恤之惠，而永合局弗受也。冀竢其本籍之子姓来迎丧而付之，乃鱼雁杳然，此物悬而无薄。岁丰、占一乃为施之慈愍庵中。于乾隆三十五年，以七十金置地八套，已碑而记之矣。嗣于三十九年原地户复求售其祖遗地十二套，计陈银仅余十两，其何能济？岁丰、占一乃与同事梁正文、金翙羽，共筹助施银六十九两，后置此田竟成义举。是从陈姓物故后，仅存母银八十两，前后置田二十套，并税契共费银一百五十两有奇。此固永合之不负所托，以为陈姓资冥福。予谓不啻永合局之自作福田也。因询正文，请为援笔，记其颠末书之，以付庵僧普来。乾隆五十年。

大悲阁 在南马道。

观音堂 在东罗城。

三清观 在西罗城北门外。

山海佘一元《修建三清观记》云：自太极分阴阳，而道之名昉之矣。黄帝以前，其说近幻，至周道德五千言，遂奉为其门鼻祖，而梦蝶庄生，御风列子，皆裔派焉。羽衣者流隆称其号，曰：太清与玉清、上清，并列为三，而以四帝配之。固自有说，世或疑之。窃尝援儒者之书，有以证其非诬也。语云：师臣者，帝宾臣者，王周官立太师、太傅、太保、兹惟三公。论道经邦，燮理阴阳，当时有是官天子所改容敬惮不敢以臣礼加之者也。其人洞悉天人，精窥奥理，殊非庶职百职事之所可测其浅深，故其时三光明，群生遂凤仪兽舞，重译来朝，惟世实有其人，为之上者。知而举之，遵道谊不衡势，分为能相得益彰也。后世杜渐防微，尊卑界严古人去天未远卑躬问道。然则上帝师三清，宜有其理在帝不以为亵，三清不以为倨，斯诚足解世人之惑，而断其说之非诬矣。山海旧无道观，明末有阴阳李真成者，发愿募资。百岁翁曹绣实，首其事。创建于城西北隅，维时正殿两庑，门垣略具，而规模犹未大备。嗣是全真张守正，自都门至，止其间，增抱厦两廊二十余楹，继起钟鼓二榭，门坊一座，于是修为日盛，钟磬之音，四时不辍，一方祈禳有举，必于是会归焉。间尝因是而进求之三清以道家祖为上帝师，福世利民，亘古罔堕。当兹大清正统中外一家，所恃以廓清其疆域，而肃清其纪纲，俾四海普享升平之庆者，属之人乎，抑属之神乎！古大臣告成，事往往归其庥于神，诚以人力或有所不及，不敢贪天功以为己利也。是不能不敬祈夫神功。

观音阁 在北月城。

孚佑灵宫 在城西北角山上。

邑人张汝金《孚佑灵宫记》：伏维孚佑帝君以紫垣右相协赞天宫，部署风雷，权衡善恶，与文昌、关圣、忠勇、明垣诸帝君飞鸾救世久矣。夫震慑尘寰，感孚海隅矣。自乙卯岁，临渝之乡人士，感荷神庥，建灵宫于角山之上。驻云軿而资保障，不有碑记何以传信于将来？粤稽孚佑帝君，世称吕祖。祠宇遍天下，功德在苍生。而究之人之所以崇奉者，不过求方祈福卜灵签以决休咎，藉梦枕以问功名，诸细事。是以但目为诗酒神仙，尊为道家宗祖。而于帝君维持圣道默化人心之深意，则茫乎其未得。世传《吕祖全书》较详于《全唐诗集》，虽多言道术，而其阐明圣学，宗仰尼山，弥复谆谆垂训，勒为成书。盖道术者，出世之具圣学者，治世之方圣，无不通道，固有并行不悖者。世欲之文人学士，自读孔孟之书，而于《全书》则忽而不察，无怪乎所以崇奉者，不过求方祈福卜灵签以决休咎，藉梦枕以问功名而已矣。甚矣！俗情之惑也。有事则祈请神明，而于神明所谆谆属望于世道人心者，则无一事以相应。即稍知报答，亦不过建庙宇以修供献，谓可对神明也。抑知帝君救世之苦衷，固不在是哉！窃尝读《尘寰要览》一书，综括《曲礼》、《少仪》、《内则》诸经之精义，而酌古准今以为小学之绳墨，即以示大学之津梁。而《鸾鹤集》理学一编，实足以发明洙泗之学。仰见众愿宏深，务期海内群生举化其计功谋利之私，胥归于诚意正心之实。庶几挽回世运，共睹升平，而救世之心始慰。故曰：建庙宇以修供献，亦未足以答神明也。”然而，庙宇又何可不建也？敬考国家祀典，文帝武圣皆已秩隆中祀，享备春秋。岂非以维持世道功德在民而祀之哉？乡人士之奉孚佑亦然矣。临渝旧有吕祖庙，在西南城隅，湫隘嚣尘，难以敬修。而角山为关城保障，实仙灵所欣赏之区。人心既默有感通，神功亦屡昭灵异。于是移建祠宇之议，众志佥同。自乙卯岁经始，至丙辰落成。广集众缘，敬留灵迹石刻绘象。正中为孚佑圣容负剑者为天真子，右为卢仙君，左为柳仙君，皆天上真容，非人间笔墨也。又有诸天宝墨辉映榱楹，忠勇帝一联云：“愿世人广修阴骘；到此处来谒神明。”旨哉！至言。实立庙之本意，亦若曰：“建庙宇以修供献，未足以答神明也。”欲遂其谆谆属望于世道人心者，而救世之心始慰耳！至于兹山为诸神会聚之所，临照匪遥。乡人士果能时时修省，如对神明，即不祈祷登山，亦必在洞鉴之中，而仰邀锡福矣。固愿与乡人共勉之！爰述立庙之原始如此。咸丰十一年辛酉仲夏。

以上临榆县。

卷之四十二

建置志十一　关隘

山海关　即临榆县之东门。南十里，为南海口关。明天启二年增设龙武营于此，即老龙头也。（顾祖禹《读史方舆纪要》作东五里，误）。极冲，北十里（《旧志》作十二里，误）为三道关。案：顾炎武《郡国利病书》山海关明魏国徐公达所建，为朝鲜等国入贡及通辽商贾所由，关法稽文凭验年貌出入，禁辽卒逆逃并商贾非法者。宣德九年，始设兵部郎中守之。正统八年，添设守备武臣同事。正德二年，逆瑾怙权矫上，命以中官赵纲守之，去主事。五年，瑾伏诛，纲坐瑾党罪，废。设主事仍旧。十二年，复用中官王秩来守之，革主事。然纲虽逆党，犹能礼重士大夫，绳家奴以法，不敢大肆；秩则纵暴网利，锱铢无遗。嘉靖改元，剔除弊政，复设主事而永革中官。适丰都黄公景夔来，乃呈部革守备同事。越二年，黄公代去，值主事王公冕为辽卒所害，镇守太监李能圭设抽分，而商贾尤困，犹夫中官时也。主事新昌邬公关，乃呈部题请永革之，则嘉靖八年秋也。顾祖禹《读史方舆纪要》云：山海关本名渝关，盖汉唐旧址，非明朝创建，亦有所据，然究不免聚讼也，详见《古迹门·渝关下》。又案：山海关，明洪武十四年徐达发燕石等卫屯兵万五千一百人，修永宁、界岭等三十二关。弘治中，蓟辽巡抚洪钟筑边墙，自山海抵居庸，凡二百七十余处。隆庆中，军门谭□□，筑敌台三千，自居庸东距山海关。佘仪部一元《山海关志》云，边墙南入海，北抵角山绝壁，墙外，仍浚有池，俱明初徐武宁建。后沿墙增设敌台防守，明嘉隆以前，原额边墙八千五百七十六丈六尺，万历七年增筑南海口入海石城七丈，都督戚继光、行参将吴惟忠修，国朝康熙七年重修。

三道关 在临榆县东北十里，关凡三重。一设涧口，涧水冲刷基址仅存；一建山麓；一踞岭腰悬崖危磴，险巇难行。其间旧有旱门关，角山关，寺儿峪关，皆砌塞。角山关在角山之巅，长城补山截谷，纡回其上，由三道关而北二十里为一片石。

一片石关 在临榆县东北三十里，一名九门口。东西门各一，其西门额曰“京东首关”，东门外为边城关，正东向又折而东南直抵角山之背。复设正关门六，以洩水，合之凡九门云。今已半圮，守兵筑黄土墙补之，高三尺，上披荆棘阑行人出入。东南隅辟小水门一，以洩山水，与内城之南水门隔河相映。又北二里为庙山口，又北二里为西阳谷，皆废。又北五里为黄土岭关。案:《读史方舆纪要》云：一片石关有城，其北三十余里曰大小尖山，又北三十余里曰大小横岭，自大横岭五十余里，曰平漫川，又十五里，有孤山。自孤山至辽东界三山营四十里，南去一片石，凡百六十里。嘉靖三十九年，朵颜卫影克句致把都儿犯一片石，戍将郭琥败却之。《边防考》一片石西，有铁鹿崖称为隘要。其相近者，又有乱石关，诸关皆有小城，乱石关今名滥水关。在寺儿峪南。

黄土岭关 在临榆县东北四十里，关设岭脊。西南二里许，有山圆小，堡枕其下。地势广五六里，长倍之。路多碎石而平，马可驰骤，然不通辙迹。关外悉平冈宽敞二十余里，西至黄土营十五里，北至无名口十里。案：旧志，有大安口关，在临榆县东北三十里，今久废，不详所在，要当去黄土岭不远。

无名口 即大青山关，在临榆县东北五十里。明弘治中移建，今仍以无名口称。山势自西北蜿蜒而来，南折为岭。岭南一山顶圆而微高，边城缘岭上，关倚北山，路可通马。关南有空城一，砖石堕坏，自西门入，东上边墙，登敌台远望百里外皆坡坨。有涧水西流，入炕儿峪。又北十里为小河口。

小河口关 在临榆县东北六十里。关东北向，左右山皆高百寻，相距仅三四丈，而支脚凑聚，如人合手拱抱，促狭不能容百人，中有微径可通马。关外稍宽，明时并关于娃娃峪堡，今堡废。又西北七里，为大毛山。由关外行七里，由关内行八里。

大毛山 在临榆县北七十里。城据山腹，山不甚高，而数峰连起，直竖如柱，可十余仞，俯临城北、东南两面皆土坡，坡下宽二三丈或五六丈，路旁有古井，水味甘洌。由井北行，迤东里余，高山矗立，双峰如骈指，在关门之右，连起一山，巇岦高峻。在关门之左，横顿为岭，高可数十丈，岭脊为边城。细路盘绕，人马可登。出关北望，群山环顾，俨若大将当关，敌皆慑伏。关南则重峦复岭，蚁聚蜂屯，山势至此，又一聚矣。西至董家口二里。案：小毛山口有关，明时小毛山失守，移入大毛山口。以上四口，在旧志与庙山口、西阳口俱为董家口内之小口。

董家口关 在临榆县北七十里。山多平，易登。惟左侧一山，陡起如狮形，南向东首边城横扼其项。又东，即大毛山之背，地势甚狭，口外群山纠纷，沟路拗仄，仅通匹马。与迁安之董家口名同实异。明嘉靖初，移石门儿、柳河冲二堡于此。有泉自南而北，西流入城子峪河。又北有径至城子峪关外约三里，由堡至城子峪五里。案：《读史方舆纪要》边略云：董家口北二十六里，曰龙潭，又北十五里曰横岭，又北五十五里为十字河，又五十五里曰长岭，又北五十五里曰大卤场。三卫侵轶往往出没于此。

城子峪 在临榆县北七十五里。明嘉靖元年，移西家庄，仍旧名即此。关北向，西山微高，山脚东回为漫坡，边城缘坡曲折，坡断处为河。河东一山形类覆釜，高二三十丈。左侧有涧，狭而深，旧筑空心台，以塞涧口，今已半圮。其东、西两山相距半里许，路多碎石无辙迹，然马易驰骋，可联百辔行。近关诸山，零星散漫，低若伏龟，随处可升关。南为堡，今已废。有水自北来，经河口前入关，南流折而西为庄河。又西南流入大石河。由关西北行三十里至梅花沟，与河口一路东北行二十里至官场，又十里至大横岭，又四十里至白枣林，又东通中后所大路，凡一百二十里。自白枣林分路，北行二十里至磨石岭，又北至和尚房，通三座塔大路东行，至望冈台六十里，合九门口路又十里至前卫。北至水门寺五里。《旧志》城子峪，与水门寺、平顶峪，皆为板场峪关内之小口，就现在形势言之，城子峪为大水门，平顶、板场皆在河口内，而板场尤小。

水门寺 即河口关，在临榆县北八十里。明嘉靖元年，移水门寺于黄土坡，即此。关东向，其北山高数十仞，南高十余仞，边城自北而南，约三四百步，强半摧残。居民捐修矮墙，树栅为关。关外对面一山，尖秀可爱，山麓有大石卓立如勇士戴兜鍪状，土人谓之将军石。口内路狭难行，口外河滩极阔，石细碎而平，可容万人。自滩而南直抵城子峪，则河口据上游矣。其水自北山葫芦套沟发源，至关外横流而南，入城子峪口，由关东北行三十里，至大横岭。又三十里为建昌县界，西北行三十里至梅花沟，又十八里至偏石，合义院口路，皆通马。西至平顶峪五里。

平顶峪 在临榆县北七十五里。西有大山与长峪相接，循麓北行，阴崖壁立，边城自峰顶层级而下。其西北拖脚一山，高三四丈，顶平而长，横列如卧蚕，边城即筑其上。峪名平顶，盖肖形也。平山断处，距东山二百余丈，皆乾流碎石，关门颓废无存。关内半里许，为堡亦废。惟远山险要，非出河口无大路。由堡南行二里余，右侧有数峰尖削，森森如玉笋。又南为庄河村，涓流环绕，峰峦竞秀，居民称富庶焉。有泉自口外发源，南流入大石河。西南至板场峪三里。

板场峪 在临榆县北七十五里。山势平漫，边城残坏。由堡东北行二里许，皆涧水碎石，阔约二三十丈。路旁有石城，今废。又东北里余，为老边城，东西横亘，设水关二，已圮。出老边城东北行，林木茂密，碧草没径，约二里，始抵新边城。左右山较险峻，两峰低处为岭，城依岭侧，有口，可通马。惟口外仅至平顶峪，余别无路。南至义院口十里。旧志作四里。

义院口关 在临榆县北六十五里。关西北向，右双峰高耸，南峰贯顶侧下形如鱼脊首，注河流边城，屈曲如钩，倒挂尾上。其左山则层叠而下，临水壁立，高二三丈。迤南四山联属，长五六里，广参之。二城倚关内，关门倾圮，设栅稽出入。余则叠石为墙，高四尺许，上护荆棘，下开水窦。出关数十武，遥望远山，皆坡陀。道路宽敞，人马往来踵相接。城南为教场，濒河居民五千余家。其东南诸山迤逦，及石门寨多产煤。有水发源于口外之中杌岭，即大石河。南流入关，深可及股，由石门寨东，经临榆城西入海。由关西行三里，至山神庙，合拿子峪路，又十二里至三岔山，又十五里至三间房，合箭杆岭路，又二十里至龙王庙，又十五里至偏石，又十五里至烟台子，又二十里至乾沟，为临榆之巨镇。东通奉省锦、义二州大路，东、北、西三面通热河八沟、塔子沟、哈达、三座塔等处大路。自乾沟北十里至阳岭，与建昌县分界。西至拿子峪三里。案《读史方舆纪要》云：义院口西南十二里，曰石桥谷，又南十三里曰石门寨，东八里为长谷营，皆有小城戍守。《边略》云：义院口北九十里地名常海，贼巢也，又北二十八里曰三岔口，又北三十五里曰红草沟。景泰中，朵颜来犯县北之车渠庄，官军击败之于红草沟是也。又老岭在旧边外，山陡险难修边墙。万历初设墩台于此。《志》云老岭在长谷口外二十余里。

拿子峪　在临榆县北六十八里。山下为堡，石城颓废。其西山两峰骈列，北一峰微高。边城自左而右，关界其中，为涧水所冲，已非旧制。宽约十余丈而路坦，易人马通行。边城内林树阴森，草木丛密，行人隔数武即不见。南接花场峪，北联义院口，形势较为要害。有泉水自近口各山汇流而入，经堡西南下东南流至石门寨入大石河。由关西北行二里，至灰窑沟，又一里至山神庙，合义院口大路。南至花场峪十二里。

花场峪　在临榆县西北六十里。明时移细夯口（夯或作谷）关家庄，仍旧名，即此。关南一山，中凹而陡，极高峻，绝顶皆立石。北山略卑，亦势如削壁，两山相距可三十余丈。边城横亘其间，关门已圮。外有大山障之，即老岭之东面也。关内居民千余家，负山临水，道路坦夷，有泉发源于口北之龙潭，碧波涌沸，南流十二里入关，又南十余里，至石门寨，入大石河。关左山坡有石城一，由关西北行八里，至清水关。又十二里至孛罗岭，又五里至牛心山，又五里至土胡同，又五里至三间房，合义院口路，即达乾沟。西南至苇子峪十五里。

苇子峪 在临榆县西北六十里。由柳罐峪东行四里至三杨寨，折而北三里，至楸子峪，又西北六里，至车场沟，约阔百余步，循水涯曲折而北，乱石满径。二里许，凡七渡河，塞河怪石大如熊罴，宛转石中，可通匹马。又北里余，即苇子峪堡，河愈宽，石愈多，东西山极陡峻，高可数里，边城自西南顶递降而下，距河东岸几二百丈，关城皆荡于水，即石河之西派也。发源老岭下入口，东南流二十里至石门寨归大石河。由峪北行，至老岭，路极坳险，不与他口通，居民非樵苏罕有至者。西南至柳罐峪十六里。

柳罐峪堡 在临榆县西北五十五里。堡东北角有普陀庵，即前明官署旧址。国朝康熙初，改建堡。西北四里余为边城，山口阔十余步，左为青山，右为金刚山，为南天门，旁有洞泉，水下滴石坎中，不盈不涸，土人祈雨辄应。由口西行通宏量寺，西北至老岭三十余里，与箭杆岭合路。南至蒋家湾大路十五里，又东南二十里，至石门寨。西南至孤石峪十里。孤石峪无北出之径，惟边城山低，其外雄峰障蔽，势若屏藩，西与马思岭相接，即老岭之东南山也。马思岭在抚宁县猩猩峪堡，北有水自境外入口，西南流至中桑峪，又西南至王家庄，又三十里入阳河。由柳罐峪西到箭杆岭九十里。以上四峪，在《旧志》与孤石峪为义院口内五小口。

明抚宁王明府《复边碑记》云：盖非常之事，必非常之人能建之。故立一时之功易，建万事之业难。抚宁县马思岭背牛顶一带，边圉称神京左臂，祖宗万世之业建焉。朝廷无东顾之忧，胡虏绝南牧之衅，百姓无掳掠之患者，以吾圉固耳。近年边吏失守，惧蹈诛夷，蒙蔽欺罔，虏数为边患，深入三千里，如蹈无人之境。使三百余年血战之业，为天骄盗据之所，百姓叹无宁处久矣。间有清查，而债帅钱神贿赂通行，事竟寝。格于维祖宗之灵，社稷之福，生民之业，天佑官家。甲寅春，以清源王侯，视抚宁事。甫下车，至二月二十四日，虏适内掠，长驱至大国寺中。住持郭道士，并村民王□□□□等二十七人，及王良富等，牛只□□抢获中华人物北出，为阴山之鬼矣。阅二十六日，虏复掠平市庄，较大国寺人逾深矣。庄民李节等相继告变，侯勃然色动，诣战所，勤勘问，誓必复此，而后朝食。虽将吏曹仇而弗恤也，掣肘而弗阻也，利害而弗辞也。任怨任劳，毅然担荷，卒之为国之心见直当路。据侯所申，上奏阙廷，而边是用，复楼墩星布，锁钥严肃中国之防峻，华夷之限明，百姓无兵戈之扰，室家遂安全之庆。究厥太平，侯实造之。边民□□□□□□□九皋，陈志义等，德侯甚。欲绘侯像而生祀之，共期铭心磨石，不朽侯功。爰叩余而言曰："吾侪边之鄙民也，朝夕惧不保首领者，惟边备之失是虞。朝夕惧不保父子、兄弟、夫妇、亲友者，亦惟边备之失是虞。今吾侯一言，而边功告成。孰使我父子、兄弟、夫妇、亲友，之不仳离也欤哉！非侯也耶？孰使我首领克保，乡土不失，而长为中华之民也欤哉！非侯也耶？侯之功至矣。第德不忘报者，忠之节也。而虑不图远者，计之失也。追忆太祖高皇帝驱逐胡元，树此疆界。日久玩生，藩垣废弃，遂令虏肆猖獗，民遭虔刘。幸赖吾侯复之。然今之视后，犹昔之视今耳。倘积岁之久，怠玩复开，边烽再起，吾民之父兄、子弟、夫妇、亲友，能保其长无仳离也欤哉？吾民之首领、乡土能长保其完聚也欤哉？前事之鉴，后事之师也。狃目前之安，非万年之计也。愿执事记侯功，以崇报彰之美，以戒来执事为我其利图之。"余应之曰："嘻！侯之功，独在一民哉？窃思马思岭等边一失，渐必无大国、平市。无大国平市，势能保抚宁乎？神京左臂将何恃焉？况窥伺久而径路熟，径路熟而出入便，而国家之虚实情形为虏所知矣。此最利害之关也，侯建必然之，画复既失之土地数十里许，杜胡虏三千里深入之衅，衍宗社亿万载无疆之休。保民之勋，优于斩获；恢复之略，胜于开疆。诗曰："文武吉甫，万邦惟宪。"《易》曰："利见侯主三锡命。"侯心任国家，勋流边圉，泽渥生民，宪垂后世，所谓非常之人建万世之业者矣。铭钟鼎勒太常三锡建侯，当与吉甫俱称也。北门锁钥，非侯而谁？若侯之弦歌化蔼，训雉标仁，有抚宁士民之口碑在。侯讳台，字古柏，山东世第阀阅也。应备书之，以垂不朽云。万历四十四年仲春，赐进士第、兵科都给事中、前翰林院庶吉士、邻治生白瑜拜撰。碑在平市庄道旁。

箭杆岭关 在抚宁县东北七十里。地狭仅数十步，四围高峰环拥，其中为堡。边城自北而趋东南，连贯两山之间，中夹河流，关门已陷于水。其东接双岔峪、猩猩峪等关。猩猩峪在县东北四十五里，移堡退四十里于潘家庄，仍旧名。由本关西至界岭口十里。

界岭口关 在抚宁县北七十里。地势宽敞，左右山相距百丈余，城角挂于两山之顶，皆上狭下宽，形如覆舟。东北为正关城，居民栉比。西南城极小，但设水门一，以洩涧水，关门跨水上，为水冲刷，基址无存。树重栅以阑出入。北有横山，拱揖高仅数仞，道路平坦，车马往来，视冷口、桃林口尤属极冲。昔人云："三十三关，此为最要。"信矣！阳河发源于西北之罗汉洞，有关，今废（案:《读史方舆纪要》罗汉洞关西接青山口，东连界岭关有小城为戍守要地。隆庆初，蒙古土蛮入沙岭罗汉洞，大掠郡境，即此。沙岭在迁安县冷口关外）。南流十里入关，西至青山口堡二十里。案《读史方舆纪要》引《边略》云：界岭口东十五里，曰十八盘岭，又东三十五里曰牛心山，去义院口三十里，又口北十八里为梨花山，又北六十里为茨儿山，又北三十里曰红石岭，皆朔骑出没处也。

青山口堡 在抚宁县北五十五里。由堡北行迤西入山沟宽百步，凡四里至内关。关北向，山不甚高，而树木阴翳，曲折西行半里许，有仄径缘北山之麓数十旋转而上，俯临深涧。其南一峰尖峙山腰，北横为岭，边城自西而南，又折而东北是为外关，关西向，已圮，路仅通马。内关之西，有泉自山下发源，清澈可鉴，经堡西南流为雕崖河。由关北行二十里，至官场与河口合路。西至河口二十五里。案：《读史方舆纪要》引《边略》云：青山口北二十里曰王岭沟，又北八里日初子谷，皆戍守处也。

河口关 在抚宁县北五十里。东西皆大山，负麓有城曰"东胜寨"，过寨西行二里至青山营，即今所称河口也。其西南三峰雄峙，中峰极高而峻，边城缘山而下，为关东北一山，高与西埒城，多圮废，尚存敌楼二。出关北行，涧宽丈余或数丈，约二里有山如困，正塞北口，循山脚而西半里许，南北横障一山，泉水自涧流出，边城亘于山脊，是为外关。关内东西不通路，西南至乾涧口堡十六里。

乾涧口堡　在抚宁县西北五十里。堡城四周，西门颜曰“抱塞”，出门北行碎石厚盈尺，宽二三十步或四五十步，约四里至老边城。悬崖卓立，高数十仞。又北四里至邬家房，又北二十里，缘山而上，崩石如弩刃相向，险恶难行，登其巅为新边城。城当山峡，设关门一，关南双峰夹峙路如一线，故又名棱峰关。关北皆土坡，径虽曲折，而易于上下，又北为大岭路狭不能容马，堡门以抱塞名有以也。关内东西不通路，南至堡十里，由堡西行四里至白家房，为卢、抚分界处。又八里为重峪口。案：旧志无棱峰关。顾炎武《郡国利病书》关隘有乾涧儿堡。同治初，燕河屯兵主兵者，严饬边防，屡加勘验，又因乾涧之名，称为旱关。然旱关在山海关北，明时砌塞，土人沿讹不足据也。

重峪口关　在卢龙县北五十里（旧作七十里误）。东西山不甚高，左右回抱如掩衣襟，北横一山，关门设于山脊，盘折而上，仅容马。关北二里许，曰对面山，高插云汉，下视涧底深数百丈，涧水皆东西分流，由口缘山而下，口内东西皆无路。南至堡四里，由堡西至桃林口十五里。

桃林口关　在卢龙县北七十里（旧作六十误）。桃林山口也，关南凡二路，大路自秀各庄涉青龙河循涯北行约半里，抵水关。楼堞已圮，故址仅存。小路西北行，过栗树岭梁，抵北关可通马。关西五里为了望山，即佛爷洞，其中峰抽下为经摩岭，城建岭上，奇邪不整。右抱者为栗树岭，转而东北俯瞰河流，为晾马山。山侧有照影石，光明如镜。土人相传管仲伐山戎，逐墨如驻兵于此。左抱者为兜罗崖，连崖而起为南山。石纹皆侧立，约高千仞，无径可攀。边城南尽经摩岭东接南山，中为青龙河，天然险阻，地属卢、迁两界，距迁安县八十里。内小口三：一正水峪水口也；一孤窑口；一正佛儿口。皆通桃花口大路，南至桃林营十五里。西至刘家口二十五里。案:《读史方舆纪要》引《边略》云：桃林口北十四里，有梳头崖亦汛守要地，自口以东曰梧桐谷、重谷口等，皆筑城置戍处也。又云：桃林关城东百余步有山高三里许，悬岩耸峙，日照之色黄如金，或以为黄山。

刘家口关 在迁安县北五十五里（旧作七十误）。左右两峰不甚高，山脚斜拖而下，关当其界内外，路宽丈余，白石丛聚，殊不易行，骑者缘涧上，过润无水。当雨潦时流至关南包谷庄入青龙河。南至刘家营八里，西至徐流口八里。案:《读史方舆纪要》明建文初，燕王驻永平，谋并大宁。诸将曰:“攻大宁必道松亭关，关门险塞，恐难猝下。”燕王曰:“今从刘家口径趣大宁，不数日可达。大宁拔，松亭自溃矣。”遂引兵自刘家口而北，大宁果下。嘉清三十六年，蒙古犯冷口，转攻刘家口，遂陷桃林营，大掠县境及卢龙之双望堡。

徐流口 一名徐刘口，在迁安县东北五十里。山顶平坦，边墙在山坳。南北皆漫坡，视城如在平地，敌楼当极凹处，外通河流口，冷口大路。西至河流口九里。

河流口 本作合刘口，在迁安县东北五十里。明嘉靖二十六年，蒙古把都儿入犯，陷河流口，寻引去，即此关。距古边城五里，南北山凡三重，雄伟不足，而各相环抱，中宽十余丈，路狭仅通马。其西为堡，即河南营（《迁安志》作货须营）。防冷口者必防合刘，以易于出入，与冷口一也。西至河南营三里，至冷口九里。以上二口为刘家口之内小口。

冷口关 在迁安县北五十里。明初三卫贡道，关距古边城里许左右。山势低平，中间阔数百丈，口内山脚横开，宽敞不下十余里，诸山如龙眠虎卧脊背，随处可登。内外道路坦夷，往来四达。关南十里曰建昌营，为明之车营，戚南塘、叶梦熊诸公论之甚悉。内小口二，一石门子，一白道子，皆通冷口路，西至白羊峪二十五里。案:《读史方舆纪要》石门子关，去建昌营二十余里东鳌山北，其门天成高七十余丈。嘉靖十年，三卫部长阿堆哈利赤数杀掠建昌及喜峰口、太平寨一带，关为控御要地。自建昌营而东，至燕河营五十里，西至太平寨六十里。志云：东方多事，冷口常为出入之冲。高宗纯皇帝《滦水考》卢龙塞今之潘家口也，兰陉今之喜峰口也，青陉今之冷口也，其地皆迁安北境。邑令靳荣藩《迁安口号》云：冷口迢迢近热河，入沟三塔广坡坨。陪都内外年年熟，容得中原万灶多。自注云：庚寅、辛卯间，山东西、河南人出冷口、喜峰等关，垦地就食者多。

白洋峪关（羊或作阳、杨）在迁安县北四十五里（旧作六十误）。西北山势蜿蜒郁盘二十余里，横亘如锦幛，层涌如巨波，陡然中断，阔数十丈为关。关外西山斜长，与东南山麓相对，为老边城关内，城门二，其南曰“景皋”，有河发源于山神庙，下距城三里许，入口南流入沙河，即大沮水，今名白羊河。关南水右有山，高百仞、西与大山相属，多乱石似卧羊状，道崎岖仅可通马，俯视河流如线。由关北行自二道拨至七道拨计三十里。又北至八字岭，皆深山无人烟道路，即都山之阳。东至白道子八里，石门子十五里，至擦崖子关四十里。

擦崖（一作牙）**子关**　在迁安县西北七十里。山势自西北陡落，城缘山而下为老边，又南百步为正关。门洞厚七丈有奇，半甃以石凭城为守，即扼其吭。东北诸峰稍卑，韭菜山障之于外，巉岩突兀，如猛士擐甲噩立睥睨无前，关内半里，为擦崖子城，城四周弯曲，环绕五山之巅于四正门。外辟水门四，南北浚沟横石梁以泻山水。内小口三，一新开岭，在东南十五里；一洪峪口，为边城水口，在东五里；一五重安，今废。南至五重安营二十里，关西至城子岭关十二里，由关外行仅八里。明景泰中，朵颜尝挟赏于此。

城子岭关　在迁安县西北七十里（旧作八十误）。岭去关二里许，城已颓废。过城北行东折至关，北有大山如鸟垂翼，南一山壁立千仞，中阔百余步，关城已圮于水。其水亦名清河，视大岭寨势缓而宽深过之，发源于口外之槽儿碾西北。至大岭寨八里。案：城子岭西南至榆木岭，其间山岭崎岖，所谓十八盘也。

大岭寨　在迁安县西北七十里。东一山峭峻高里许，其北大山负边城斜插东山之背，缘东山攀崖而上，绕至山背，则南北山复矗矗上侵云汉。下窥关门，正当涧曲清河经关，下奔流入壑作怒吼声，转啮东山之足，南流十八里，与城子岭之清河合。山径蜿蜒，仅可通马，向属榆木岭内之小口，近日商贾往来过者甚伙。北至榆木岭二十四里。

榆木岭关 在迁安县西北一百一十里，古蓟北雄关也。石刻尚存，明时易今名。四峰对峙极尖秀，东西相距四十余丈。城倚关下，关外地势稍阔，石径纡回不通辙迹，然马可并辔行其东，即四道关，相传为秦遗址。内小口二：一即大岭寨水口；一烂柴沟，在其东南十六里，有城。外至熊虎头，通董家口大路，又西北二十里，为青山口。案:《读史方舆纪要》自关而北五十二里曰靴儿岭，又北四十里曰乾河川，近都山西麓，又有古城岭，亦在口北二十里，皆沿边守御处。

青山口关 在迁安县西北一百二十里。由青山营东入青山沟三里，有废城一。又东四里，地阔百丈，长三里许，又有废城一。自此山势盘曲如蛇，凡十三折始抵关下。城踞北山之巅高数十丈，登城俯瞰远峰，历历可数。出关对面有山，为楸木岭，岭左右大小路各一。有泉入关，归长河，西南至青山营十五里，至下青山口三十里，西二十里为董家口关。案:《读史方舆纪要》董家口在李家口东。隆庆三年，三卫兵突犯，帅臣戚继光御却之。其北十里，曰桃树峪，又北六十五里，地名聂门，又北三十里曰龙须门，又北七十里即废会州也。《志》曰：自喜峰口至青山口，凡七口。明嘉靖二十一年，三卫部长导北部入犯青山口，又万历初朵颜长昂犯喜峰口，戚继光勒兵出青山口，败却之。

董家口关 在迁安县西北一百十五里。前山西峙，后山东趋，横山亘于口北五里余，即横山寨关。南则了墩山高数里，层峰叠障，可恃为险城。在东山之腹，有长河发源于都山之阴，入口西流归滦河。关内外大路宽平，车马往来为要冲之地。内小口二：即青山口，一曰游乡口，即游乡山也。在其东二里，又西十五里为铁门关。

铁门关 在迁安县西北一百三十里。外通董家口大路，明三卫属夷入贡通衢也。东西山环锁严森，中宽不及半里，关城如瓮。南向门一，北则真武阁，高踞城巅。南北口纽会处，仅阔四五十步。其南口一，近山障之。北口障山，则曰“炮儿岭”，有泉水发源自左侧绕关，西南流经李家峪，西水峪又西至喜峰城南，迤北出口至潘家口，东北入滦河。土人呼为水绕三关云。李家峪、西水峪皆关内之小口，又西十二里，为喜峰口关。案:《读史方舆纪要》关南十五里为窟隆山，山多洞穴高与铁门关齐。自洞口而西十里为西山岭，即喜峰古松亭山也。

喜峰口关 在迁安县西北一百五十里。地势宽平，为边防要害，内关即《县志》所称“来远楼”，乃明时朵颜入贡经行之地，故名。左右高山拱对，势甚雄伟，上多松柏，苍翠蔚然，余山皆以次而低。东南五里，为喜峰城，城东广阔，较关数倍。外关之西南二里，为小喜峰口，今闭。正北十二里，为椴木峪。（旧作六十里误）西行八里至营房，又一里至堡子，又三里至潘家口，凡十二里（旧作六里误）。

潘家口关 在迁安县西北一百七十里（旧作二百里误）。山势西北高峻，城负山麓可通马，阻河为险，为滦河上流。春秋水深丈余，入夏或数丈，波流甚，驶帆樯，上下相接。北通热河，南经迁、卢、滦、乐、昌五邑，顺流而下，实水路要冲。内小口二，曰东常峪、西常峪（常或作昌）。其东为团亭寨，西至栅子庵关十三里。

栅子庵关 在迁安县西北二百里内。小口一，曰三台山。由三台山，循黑河而北，过漆棵岭至关，凡八里。两山环立，势险而狭，东北为柴胡，路南为龙头山，边城横亘其间，黑水入经关下东南流，关路曲折仅通匹马。由关北行，即四道沟，为承德府界，西至龙井关十八里。（黑河源《县志》无考。案：顾炎武《郡国利病书》出口外，乔家岭西南。）

龙井关

在迁安县西北一百八十里（旧作二百二十里误）。左右两山相对如门，西南为雄山，三峰竦峙，迤南为鸡冠山，为陡岭，为勒马山，东北为蔚山，阴崖陡峻，上有小顶，若旗纛形。澈河入口，经关下东南流为碎石所激，声如骤雨，浅不胜舟。关城在水右，坡石嵚崎，仅可通马。关东北二里，为苏郎峪，今闭。西北古道岭长十里，西南至洪山口关，则遵化界矣。

附录:《天下郡国利病书》节选

山海路关外，川宽四十里，或半有水，东北至铁场堡。堡在大川中，川三十里又至背阴障堡，在川北坡南川里半。又至三山营东野马川营南前屯卫，共川宽六十里，卫西南至中前所，及至本关。又自营北至常海，亦名大古路，西北至横河，东北至恶力，而西北至大卤场俱大川，乃二路总括。远哨所止，东边聚兵场也。又西北三十里，由儿女亲，而至毛挨儿，及恶木林坝川十里，并有树有水，东北至黜梨根卜喇儿，川宽里许，有树。又至察汉壕川三十丈，旁俱高崖。又至拨梨兔废城，外有小砖塔三座。又至老河南岸，各有树。又至旱赤八哈，亦名亦八哈兔，西顺老河北岸至厂房，俱有树。又由阎河兔至大宁城，少树。其旱赤东通辽东三岔河，西北至赊白兔，北出老河，至火郎，俱有水。其赊白西北至舍喇哈，又至迭儿孛只英亦总括路，东西二敌之所会兵。又由大荒至黄台吉插汉脑巢，千三百里。一通白马川，一通逊川。白庙儿穴，皆大荒，川有草木，又有卤场。西北至好逊，又至心集，俱川三里，有水合恶木林派，出辽东。又至旱落兀素，沟宽三十步，高山俱有树。其兀素东南通恶木林，川多小墁山。又北至大宁三十里，夹冈川十里，外皆大荒。其川中，旱落兀素也，并通大举。又北至坤墩吝之，插汉挠孛，之舍伯兔，之火郎兀，之公固儿迤东之舍喇世林，里未详。自关北至石门路一片石关，川二里去东八里宽四十里，迤北通铁场堡，自关北至庙山口关外，川八十步，俱有水。又至黄土岭关外，川里许去东五里，宽三十里有小树，通铁场堡，川亦如之，并通大举。自关西北至大青山口关外，川里许有树，通单马。北从间道，至鹞子山拨，又至孤山子，俱山高里许，沟三十步。又至茶条山，高如之，沟四十步。又至直北山高二里，沟如之。又至大尖山，高半里，沟七十步，俱多树。又至小尖山，高如之，沟抵横河，凡八十里，宽百步阔五六步，夹崖崎岖通步。又至横河东北至恶力川十里，通单马，并有树，有水。其自关外小道东北，至闯水洞迤东，至茶条冲。又至大谷里，左右险峻。又通背阴障川，俱里半。又自关西南，至小河口，川半里，西北至白洋川，沟如之，东通闯水洞。自口西沟半里，至大毛山，关外去城北三里，有水沟里许。又迤东沟二丈，或半通白洋，并通马，西北沟如之，去三里，沟百余步，或十余丈，道董堡龙扒出。又自关西北，至董家口关北，至龙扒山沟五十步，或三十步，多石坎，西北沟一二丈。通城子谷龙潭又由山溪至大高坝，有树，有水并通。又自关西至柳河冲，转西北至城子谷关外，川半里。又至张家庄，沟里半，东北至旧关，川百余丈，或四五丈。又至大高，又至龙潭，川四十丈，或十余丈，潭极深，周八丈，东崖峻，西坡宽四十步。又六丈或半，通单马。至一岔口，川十丈或三丈。又由正冲之横岭，高五里，俱川三丈或十步，水入于本谷口。又至稍腰兔，北至十字河，俱川一里或四五丈，河东通横河，川亦如之。近横河宽百余步，俱有树，有水，并通马。河东北通恶力川三里，傍墁山，马由山行，有树，通大举。自旧关西北，至大小龙潭，沟宽皆二丈，二潭周八丈，两崖壁立，西有线道，今断。秋夏涨，容单步。东卤扬沙布米，通单马，俱有树。又至黄崖，沟五丈或三丈。又自关外西北，至水门寺，沟半里。又至平顶谷北，川五十丈或十余丈，至黄崖堡，在山稍高，路由崖北通单马。又至驴驹岭，高里许，有水，南入城子谷，北出龙王庙，西北至马蹄岭，东通十字河，俱川二里，并通马。西至义院常海，有龙王庙址，川四里或一里，通大举，并有树，有水。自谷口西北，通长谷龙潭，川二十丈或七八丈，其至小口子，沟宽三十丈或二丈。西南至长谷水口有三道，东九里，西十里，中七里，东西相隔五里，川北横冈。又自本口西北，由中水口十里，东七里西六里，俱川五里，至老岭，高二里，有栏马栅城。岭北平漫，水下龙潭岭；南陡峻，水入本口。又至龙潭迤西，至羊圈子，俱沟二三丈，傍高崖圈东，水入龙潭。又本口西水北出水口西五里，东六里，中十里，而至盘道子，俱川五里，有树，有水。又沟宽三丈，至羊圈子。又腾山通义院小卤场，俱有树，并通步。又至本口西南，至义院口关，北至流头崖，西南腾山，有树，步通瓦庙冲崖，北至小卤场，西北五里，奚河高北四里，奚河流渡，自场从间道八里，亦至奚河，川东北至沙岭，在奚河北岸可了。又至常海，又至偏梁石堡，在奚河西山，水入奚河。又至歹彦打坝，高里许，平漫岭水南，入奚河。北由三岔口出兀栏，转入奚河东北，至三岔口，至黄石，又至红草沟，俱川里许，或半里间十余丈。又由挨石岛至兀栏打坝，川六十步，坝溢五六尺，长四五丈，左高崖右深沟，西亦高崖，此大举必经之道。敌至架梁倚之，共宽丈余，亿众须二昼夜乃尽。东有间道，宽三四步，长七八里，亦分人马行之，岭西正道远十里。又至大卤场，有树及水，其红草沟东道恶力川，宽百余步，有树，属边。由此行，自关水西北至三岔山，又西北有三道：一至大梯子岭，高半里，顶平墁；一至种花岭，高二里，北平陂，南陡崖；一至瓦庙冲岭，高三里，腰坦平，南险峻俱川里许，或十余丈，有水入院口，并通大举。其瓦庙西南腾山，至种老，又至大梯，又至白蒿，多树，并通步。又自白蒿东南，川一里，或百丈，至本院口，而过小岭至拿子谷，俱有树，并通大举。西北沟三丈或二丈，有树及水，马通。横岭高半里，岩拿多树，有水，岭南入拿子岭，北由白蒿入院口，又至白蒿，沟宽二丈或半之，多石坎，下马过白蒿西南，腾山马通石婆婆岭，高三里，北平墁，南多树，下有小龙潭，水入花场东南，沟宽三丈，单马通独石，高丈广半，有石字七行，独立川东，故名。又至清水关，乃苍场旧关也。苍谷关，俱川一里，或半里，西过沙岭，陡险沟宽半里，有树。至细谷水口，并通马，西北至仰盘，沟宽四丈或丈余，山顶平有水，由大石上而下。又至小岭，一名大横岭高二里，北平墁，南陡险，水会仰盘入细谷，西北下岭顺乾河，川沟三丈或丈余，通独石。又半里转西南，至石虎谷，抵西北沟二丈，有树，有水，并通步。又至石虎谷，中南抵棺林，沟宽二三丈，旁陡大树，有水，川南叠嶂，马步不通。又自本关西南腾山，至苇子谷。西山腾山至洞儿，转西南至柳罐水口有树。又西北至胜水崖，沟丈许，两旁高崖有水，及树。又腾山至旧城头，有树。又有本谷西南至孤石谷，水口有水，及树。又西三里转东南，至大偏梁山，沟二丈，本口源此，其前高山马步不通。又自本谷外西三里，转北至小黄崖子，迤西至老岭，俱川二丈。又腾山至清凉石，其石三片，高二丈，在道西，山巅登之，可望抚宁、卢龙。又西腾山，至旧城头，有栏马废垒，俱多树，并通步。自本口西南至温泉谷，沟宽三丈，有树。北至响泉，川八丈，或二三丈，有树及水。又至乾河川，沟宽三丈，或丈余，夹崖有树。又至扒带岭，又通旧城头，俱川半里，自扒带西腾山至马思岭，俱有树，并通马。又自本口西甘泉谷，石梯子，墩本堡自石梯子为界，西北至流冲，俱沟三丈，有树。又至钟楼岭，以形名也，东通响泉，沟宽五十丈或丈，有水及树，西北腾山通扒带，有树。北至土胡同，沟宽五十步，或二三丈，有水及树。西北腾山至旧城头，又腾山至砖庙儿，俱有树，并通步。转东北五里，沟三丈，有树。去水沟十里，有水，马通牛心南口。其于东南口。一至种老，一至大梯，一至白蒿，俱漫坡，有树，并通大举。一至石婆婆，沟宽五丈，有树，通马。东北口，顺川至奚河，险要如东南口，其自本堡口外，西至星星西北，至中桑口外，川五里或三丈，有树，有水，多石坎，通单马。东北至天桥，石磴高四尺，桥东崖壁立，西河石坎丈高，下马而过。北顺崖至夹脚，石槽长丈宽尺，东接悬崖，西临深渊，间有石坎，高七八尺步者，亦缓东沟二三丈，而通马思岭，本岭即星星边城也。又北至头架沟，宽十里，岭高半里，有树，水入中桑。又至二架岭，平墁，又通砖庙儿，俱川三丈，有树。又自本堡西北，至箭杆岭口关，川一里或百步，转东北至箭杆岭，高二里，岭南水入本关。又八里，小石孔在道西山腰，水由孔出牛心。又十里大石孔，如屋在道东北崖下，俱沟五丈或三丈，并通单马。又至牛心西南口，沟十丈，通马，俱有树，有水。又自本关西北，至葛藤岭，沟丈余，有树，通步。又沟五丈或二三丈，西至台头路界岭口关，东北至十八盘，沟五丈，岭高二里，北平墁水，合金冈水出三岔入奚河，南崒险水入关。又至金冈，其义院属边，皆由此入关。东通牛心，俱沟三丈。西北至三岔山，沟三丈，通奚河中稍，川里许。东南通十八盘，沟五丈，俱有树，有水，并通单马。西南由小庄窠而东界岭儿，沟三丈，有树，通单马。其自关西北，川里许，至白台，台在川东冈，废矣。又川六丈，至界岭儿，岭平墁，有水，南入关。北由土胡同入青龙河，西北三丈，有树容马。由小庄而通三岔山，从拨道经梨花儿至明朗，由山道至偏崖，北三里，有树。两崖若门，故号偏崖，为石门也。虽通大举，至此不得长驱。又至许家，去东三里无路，北沟五丈。至明朗而西过小岭，由大苇子转南而通青山，川一里或百步，间或五六丈。又西至土胡同，北至恶卜庄，俱川里许。自胡同西北，至松林店，川半里，或三十步，平墁，东北川二里，亦至恶卜庄，庄东界二路会哨所也。至北寺儿山，川里许。又至白石觜，川七里。又通奚河中稍，河五丈，连川宽七里。又至兀栏，川十里，东通红草沟，川一里，北至东逃军兔。又至恶力哥，俱夹高山，川一里，庄有树，有水。又至嗑里，川二里，又九十里，川宽五里，外荒，川至青城，俱有树。又至哈喇兀素，川斥卤无草木。东北至大宁，俱川十余里，其城东由一揹精转东北，亦至大宁，俱大川有水城。西至兀胡骂岭，川八里，有树。西南至接白个岭，平墁，川一里。又川五六里，有水及树，而至会州。又自城西北，至旱落兀素，川五里。东北通舍伯兔，西南过小岭，至呵乐贺，俱川百余步。又至欧利兔，东南通接白个，西南直西逃军兔，俱沟二十余步。其自嗑里东至那林，川二三里，转东北荒川墁山。东通旱落兀素，西至哈喇素，川六里。又至刻儿沟，川半里，有水，出会州，入宽河。又至会州亦如之，并通大举。又自本关西北至罗汉洞，北至欢虎谷，转西通界岭儿，俱沟五丈。又西南至青山口，关西北五十步，或二十步，至鲇鱼洞东口。又至张家坟，川半里，俱有树。东北至杓子谷，川一里，又沟三十步，或二十步。至北横岭平墁，长三里。

又顺坡至土胡同，俱有树，有水，其杓子西，即总墙，沟宽二里，近城址，宽百步。迤南至青龙河，其张家东至大苇子，川百步，俱有树，有水，通大举。西南至扒带岭，沟七十步，或三十步。其岭西即五道沟，宽十余步或半之，通单马，而至青龙河。南腾山，有树，马通乾涧儿。又南之顺巢之麻地，之枯木，之大字，之野猪，之桃林青龙河，俱沟五十步或二十步，迤逦，有小树及水，多石坎，通步。其自燕河路，桃林口关北，过河，至桃源川，转西北至白蜡谷。又自桃林东北，至三岔山，俱川百余步。东道总墙坟城址，北至金香，沟十余步，俱有树，有水入青龙河。又东北至荆林，沟倍之，东通恶卜庄，沟四十步，北川一里，过二小岭，通奚河中稍。又自三岔西北至李家谷，沟十余步，水大若桃源。又沟三十余步，过山岭，至胡石达儿。又至一揹若列兔，川东南口，即青龙河岸，川五十余步。又川一里，至一揹苦列兔，西北至把哈苦列兔，又至把哈苦列打，坝平墁，俱川一里，并有水，入青龙河。又北至汤兔，川二里，自汤兔东北至舍喇素，川一里，西北至昌毛太，川三十余步，有水流出会州合宽河，流入滦州。又至会州，川一里，其一揹苦列兔来南口，东北顺青龙河，川一里，过河数次水深二尺余，至兀梁素。又顺青龙河，川五十里，过河六次，水深如之。通奚河中稍，并通大举。又自本关西北顺河，至白蜡谷，川百步。又至安子山，又自关西北，至水谷寨东北至安子山，西北至正安子山，又西北至石河，通东安山，西通佛儿水谷，岭高险，东北至安子山。又北至赵家坝，狭沟通步。又过青龙河，至黄岳，川西北通苦列兔，川南口，俱川三十步余，通马。又自本寨西至佛儿谷寨，东北窄沟步通水谷岭，西北至石岭墁山，沟七八步。自本寨水口，西北过小岭，至刘家口，关东北由拨道，自花台经大野猪，而至桃林，第八拨峰台谷山。又自关东北至石岭，又至小土岭西北至溜渭，沟宽百余步。又北至白滩，一名臭水坑，又通一揹苦列兔，川南口，俱川一里，或二十步，有树，西沟十余步，至石门南川。又自溜渭东通七谷口，沟四步。西至张盘山，迤南至孤树坪，俱沟六步，并通马。又自木关水口，西至徐流水口关，沟十余步。北过大川至麻地里，凡兵马出口，烧荒皆此和扎营。又至老鸦岭，沟二十步，东北通溜渭沟，宽百步或十余步，并通大举。自麻地西，沟六七步，至沙岭又腾山至羊圈，并马。又至前石河，沟二十步。又自本关西至冷口关，东北至斜崖川二百余步，其崖东通前石河，乃沿边夹道沟二十余丈。北至孤树坪，又至石家坟，西北顺河至荞麦山，高耸可步，俱川一里，又北至石门川半里，东北三里沟二十步，二十七里沟，至一揹苦列免俱有水，入青龙河。其石门至召毛兔沟二十步。自本关西北，至过石门，有水。又至石牌岭，墁山东北，通荞麦山，西北至擦肚岭，在川南高陡，下马而过冷口关。又至狮子坪，北至龙王岭，又西北至召毛兔，俱川一里。毛兔东北通一揹苦列兔，沟二十步，西北川二里。至讨来打坝，一名抄来打坝，并通大举。其过石门东至倒梨树，沟五十步。转东北过岭，至石家坟，沟十余步，墁山西北，沟五十步或七八步，亦通擦肚岭，并通马。西至阎王鼻，川一里，岭高二里，陡峻有树，岭南步通边城，五里。又沟十余步，单马至横岭，岭在沟南路，由沟中行岭南，沟十余步，通单马至边城。又南至太平路擦崖子提调下白羊谷水口，沟二十步。东北至白土岭，沟一里或三十步。又腾栲栳山，步通狮子坪。又自本谷西北，至枯井儿，川一里。又至绿豆谷，沟七八里，南腾山十五里，通边城，东北沟七十余步。至东长城，高三里陡峻，又沟四五步，单马通狮子坪。又自本关西至新开岭，北至芝麻岭，沟十余步。东北由沙岭，川十余步，马通。绿豆谷西北，至獐狍谷，川六十余步，有沟百步，有水及树，通擦拨老长城岭，并通大举。又自本关西至擦崖子关，拨分东西：东拨北至树木枝，川七十步，又至牌撅岭，迤东西至老长城岭，高七里，陡峻，下马，鱼贯而进。又西北沟五十步，或十余步，单马至鹅石。又至讨来打坝，东北至呼奴思大岭，沟二十步。又北至乾河川，并通马。东北过岭狭，沟单马通思太。其自鹅石东北，至舍喇镇，沟百步，有树，通马。东通龙王庙，川二里，东北通召毛兔，川三百余步，西北通讨来打坝，川百余步，俱有水，有树，并通大举。其自树木枝，东通芝麻坪，川一里，有树。西至蔡家岭又至单家岭，俱川一里或三十步，并通马。西拨西北至单家岭，又至白石山则与榆拨陡儿互哨。又自本关西至城子岭关，北至单家岭，沟五六步。西至柳子谷北，沟五步。通夹山岭，东通单家岭，沟十余步或三四步。岭西至哈哈石，又至双树，俱川六七步，并通单马。又自谷西至大岭寨，北至莺窝崖，又至红石谷，俱川三十余，至双树，川四十步。又至横河，川半里，俱有树，并通大举。又自寨西至榆木岭关，东北至马道岭沟百步。又至韭菜畦，沟十余步。北至长儿沟，川半里。西北至鱼鳞沟东口，川二十步，或十余丈，俱有水及树。又至古城北至松林岭，又至熊窝头，各川半里，东至血岭沟，五十步。又通讨来打坝，又东北通呼奴里太岭，各沟宽二十步，有树。西至瓦窑川，又西至石口儿，东北至靴儿岭，又至长河台，俱川一里，又通乾河，川宽百余丈，西北沟一里，至孤山北，川半里，至篮子岭东通长河台，北至三岔口。又如背答，如聂门，如龙须，俱川宽一里。龙须夹山若门，中宽二十步。达贼若犯本关，须过此门，经由大川犯在喜峰。又东北至骆驼之半壁之打鸡，而通会州，皆大川，有树，有水，并通大举。其聂门东至安答石，川一里，或半。又至安答打坝，沟四十步，俱有水，通马。迤北二十里，沟狭容单马，外大川通汤兔。自本关北至第四道关，川二百余步，东通鱼鳞，沟宽二十步，北由陡儿岭通古城岭。又自本关西北至喜峰路董家口提调下青山口关，北通石口儿岭，西南至艾谷口关，北东至腰岭，北至平林谷，沟四十五步。又北通孤山，自本口至黄土台，东北通平林谷，川半里，俱有树，并通大举。又自本口西至董家口关，北至黑山砲。又东北由长哨通石口儿，俱川里许。西至花园，川百余步。北至观音堂，川一里。东北骆驼岭，川二百余步。西北至桃树谷，川一里。其桃树东通黑山砲，西南过小狭岭，沟通单马至喜峰拨营盘里。东北由破房，通三岔口，俱有水及树，并通大举。又自花园西至分水岭，川二十步通马。又至铁门关，北至炮岭，各川一里。又至细岭，西北至古道岭，各沟二十步。西至磨石谷，沟五十步。南十里通边城，沟二十余步。又至西莺窝里，沟四十步。又自本关西南至大喜峰口关西北，川宽三里，至营盘里，凡兵马出口烧荒皆此札营。东通营窝崖，沟二百步，北至庙儿岭，又至梦子岭，平墁，先年有石牌记梦，故名，亦名农济岭。西北至腰站，川里，东北至九姑岭。又至黄崖里东，沟十余步，过小岭狭沟，单马通聂门。又东北至宽河城，川三里，即原宽河所，今移遵化县。又至龙须门，俱川里许，又至黄崖西北，至冰窖，川半里。又至虔婆岭，川里许。北即旁牌，川东北通会州，又北顺滦河至恼奴河，川口西北，至西逃军兔川南口，俱川二里。东至丫头沟，又北通会州，各过小岭，俱沟二十步。又东北由小子沟，迤北亦通会州，沟宽亦如之。西北至阿谷得岭，又川亦名呼鲁伴，俱有树，有水，并通大举。又自本关西南至小喜峰口北，沟二三步，多石坎，通步一里即大荒川。又西至团亭寨，北至栗树湾，又至夹儿庵，至横河，即九道流河，合滦河川口，又至傍牌川，俱川二里，有树，有水，并通大举。其大小喜峰近边，沟狭石口通步，至本寨乃通大举。自寨西至松棚路潘家口关，北至小河口，即滦河西岸，西至东常谷堡，西北至太阳谷，川半里。东北至长城岭，又通小河口，西至西常谷，北至到沟谷，东通太阳川王里。西至三台水谷沟，宽六十步并通马，自本堡西至三台山，关东北至回回墓，川十丈或一丈。又至土松岭，长六里，俱通单马。又至房儿岭，平墁，通马。又至大古道岭，长十五里，又至横岭长二十里，又至谢儿岭，俱高险，过岭东即滦河。北至东河川，又至庙儿岭，岭长五里，险峻，岭北水出流河。又至流河中稍，西顺滦河，至大宁寺谷口，又至起塔兀兔，过滦河，迤北通恼奴河，川口有水，并有树，俱通大举。又自本关西北，至鸡冠山，即黑河，宽一里。又至忠义寺址，在黑河西南，又至马海棠，又至团漂石，二川，黑河石崖夹立，宽七八步，石多水急。又至大黄茶子，在黑河东北山上。又至乔家岭，长三十里，南陡峻，北平坡，并通步。其黑河源出本岭，西南又东北，至小河口，川二口，或五十步，通单马，并有树。又自本关西至水谷沟，又至苏郎谷水口，又至杀贼子沟，俱沟半里，或百步，有小树。又至龙井谷关，西北至古道岭，长十里，有树。西南至洪山谷关。明初徐中山筑边墙，自山海关西抵慕田峪一千七百余里，边防可云密矣。乃四塞为固，卒无救于毁垣。即如永平所属诸关，时为北兵阑入关隘，果足恃乎？我朝中外一家，威德远播，穷边朔漠，悉入版图，何有于此疆彼界也。然北门锁钥，启闭惟谨，有备无患之计，当于记载详之。兹志关隘，而附以津梁，亦谓山溪之险，未始非固国之一端也。

津　　梁

府　　城

北门大街桥　自河改，城外故迹久湮。

新城街桥　久废，其迹尚存。

下水关桥　久废。

永济桥　在南关，同治三年知府游智开重修。

漆河桥　俗呼小河桥。

滦河桥　俗呼大河桥。以上二桥，春夏济以舟楫，秋冬架木上实以土，可通舆马。

漆河渡　西门外，设有官船。

石梯子渡　城西南十里。

虎头石渡　城南十里。

于家河渡　城南二十里。

念经河渡　城东北三十里，久废。

迁安县

黄台桥　滦河上，距城八里，冬春桥，夏秋舟，官修。通沙河驿大路。

十里桥　三里河上，石桥三洞。嘉靖中，王珙会众修。国朝顺治中，张大中、张进孝、潘道士，康熙间姚道士，乾隆二十一年杨道士，皆募缘重修，增两洞门。

青龙桥　青龙河上，距城六十里与卢龙县界，通山海关大路。

青河桥　距城七十里，冬春置，夏秋撤。

滦阳桥 潵河上，距城百五十里，冬春桥，夏秋舟，通遵化州大路。

知府李奉翰《潵河桥》诗云：非无舟楫济双河，飞跨徒梁快若何？万骑临流嘶晓色，长桥锁雾枕苍波。中泓沙屿涛声涌，隔岸乔松露气多。此日雄师来紫塞，定西遡听凯旋歌。

爪村渡 滦河，距城十二里，义船，通滦州大路。

商家庄渡 滦河，距城十里，民间小船。

青龙河渡 距城九十里，义船，通塔子沟大路。

稔子口渡 滦河，距城七十里。

偏崖渡 滦河，距城八十里，义船。

蔡家渡 滦河，距城十里，乡民小船。

蔡家渡 滦河，距城六里，乡民小船。

抚宁县

阳河桥 凡七处：一在城西一里，乾隆十三年，合邑绅士修筑河堤一道，知县陈钟琛捐造渡船，并捐俸生息为船夫之费；一在城南二里；一在城东五里；一在城西北八里；一在城西北十五里；一在城西北三里；一在正北三十里，水寒则设，水泛则拆。

钟家桥 城东三里。

渝河桥 城东二十里。

海洋桥 城东六十里。

李官营桥 城北三里，石桥。

程家庄桥 城北七里。

栖霞桥 城北二里。

昌黎县

八虹桥 城东八里庄西。

虹桥 城南八里。金时建，楚孔生重修。

晏海桥 城南三十里，原名郭公桥。乾隆二十九年，庠生郭迈伦募众重修。

三因桥 团林庄西。康熙年建，乾隆三十五年重修石桥。

太平桥 **乐成桥** 俱在团林。

石　桥 城西八里。

柳河桥 城西二十里，今废。

梭湾桥 城西十里。

白家桥 城西三十里，安山南白家庄，武生白永年建石桥。

槐家店桥 **狮子桥** 俱城西南五十里。

滦河渡 城西七十里。

滦　州

石　桥 在南门外。

岩山桥 在城南五里。

御驾桥 在城南十五里。

龙塘桥 在城南二十七里，距马城西南七里，旧名七里桥。今久湮，外止存数石而已。旁有宁国寺碑在寺前。

金承事郎马城主簿卢启臣《七里桥碑记》云：平州兴平军，《禹贡》冀州分野，所谓“夹右碣石”者是已。商周时，孤竹国之故地也。汉魏而后，更名平州，唐制兵府加额兴平军，今因之不改。山重水复方且千里，城小而坚，燕蓟之东，号为雄镇。支郡曰滦，刺史所治。今之刺史，古之太守耳。三县隶焉，马城其一也。厥户万，厥土惟黄壤，厥田惟粟麦，厥木惟桑，厥篚丝枲奇组，又并海多鱼盐之利。徭赋调发，当境内七县三分之一。民颇富且廉，然素号繁剧难治。其西有一水溪，源流极清，而入海不淆，士俗，因呼为清水河。直县治西南十里许，汇为泽，其水益深，旧有木桥，积久腐败不胜轮蹄。至横潦暴涨，河水渺弥，行者熟视而不能渡，咫尺有千里之阻。吁！可悯哉！大定甲申岁，玉州卢启臣来主簿书事。每以公事经过，未尝不嗟悼久之。尔后，从事京师。衮衮红尘，间逾两期。因有代，且永给解代之文，得告而还，寓于城中之浮屠祠。明日，有父老八九十人，樽酒盘果罗跪于前，奉觞为寿。且告曰：“吾等不佞，幸遇贤夫子尝佐是邑，奴吏子民。公清疾恶，非其道非其义无一介之取。与多许而远不根之谤，其意要之于济人。今新城一桥，拯民濡泥，将砻一石为碑，求文以记之。事虽幺麽不足记，然且副吾子所以兼济之意，庸何伤？”辞谢，未之许。翌日至桥所，父老已尽在焉。复置酒固请作文辞，不能已，因请其所用功。乃曰：“桥九间栋柱，皆巨石。上饰以红栏，两头畚土为通道，石狮兽四尾，其高例逾寻，围阔称是。总用石一千三百载有奇，功不啻二万钱，无虑万余索。自经始逮底绩几二年矣。”因相与视之，以实计费，知其信然。噫嘻！是皆村老编户甿，资产出汗血，尤宜纤啬厚藏以为自足计，反舍己之有，或亦假贷以成。利物之事良可嘉叹与！夫豪猾肉食，身载高位，蚕食渔夺，皇皇于财利，名为治人，其实为害人者。岂可同日而语哉？如羌有廉耻，能不愧矣！遂命笔志之，其词曰：《易》称作舟楫，《书》曰乘四载，《诗》云造舟。为梁桥之时，义岂始于此耶？若夫秋霖溃岸，冬水流澌，篙工无施，揭厉不可当。此之际，斯桥之功可胜道哉？可胜道哉！大定八年五月二十六日，都惟郡程君铳立石，饶济书，裴仁端刊。昭信校尉行县尉飞骑尉高顺昌、从仕郎主簿文志华、昭信校尉行县丞飞骑尉李挥、敦信校尉行县丞飞骑尉宋倬。《旧志》称卢启臣为滦州刺史，倬为马城县令。

波落桥　在城南三十里。

知州山西祁之镃《咸丰五年重修波落桥碑文》云：政有兴废，事有修替，是故善作非难善成难，善始非难善终难，此古今通病也。而时至事起，政以人行，惟司牧者默审乎，作成终始之几，而力持其际，则小以济一邑，大以济天下，又不徒一桥之区区。今上御极之五年，余摄篆乐邑。于七月间，特简滦州牧。赴任时道出滦之南，诸川暴涨，跋涉为艰，因慨斯民饥溺，患不得人以济之。犹之河流汜滥，患不得桥以济之耳。查城南三十里浙河一道，旧有桥三座，名曰波落，束水归清河以入于海。嘉庆十九年，经善士李学礼等重修。迄今半就倾圮，武生阎德生好义者也，又复倡率诸生协谋重筑，以济往来。工讫具禀，丐记于余。详东西水面三百余弓，两旁俱有堤岸宽三丈五尺，道南水面十五弓，道北水面十五弓，以备捞泥垫道栽芦苇，以备水冲。诚义举也。余因之有感，政有废兴，事有修替，不难作而难成，不难始而难终。其济与否？在司牧者时时以济人利物为心，毋望始事，毋堕成功，于以济一邑济天下，又何不借证于一桥之区区。是为记。

延庆寺石桥 城南三十里长凝镇。

州人卫锦《延庆寺石桥记》云：盖闻贝叶传经古刹，表庄严之象；津梁普渡行人，沐利济之功。从来修寺与造桥皆无量之功德也。州治长宁镇延庆寺，创自唐朝，迄今千余年矣。虽随时补苴旧规，而日久不无薄蚀，且寺之左侧滦乐通衢也。车轮马迹，负笈担囊，往来如织，而低洼积水，陆地成渠，一经夏潦遂成洪瀚，行者苦之。住持僧亮辉目击心伤，不胜嗟叹，但海水必合众流，大厦难支一木。踵本镇檀越建封韩公之门而商焉。公闻之曰："是善缘也，乌可缓哉？"遂欣然首倡义举，四方善信，亦莫不慷慨乐施，资用既集，修筑可兴。于是鸠工庀材，勤劳夙夜。自乾隆壬戌之春至乙丑之夏，石桥落成。俾乘车者无濡轨之忧，徒步者免褰裳之苦。长虹直通南北，险阻倏化坦途。越癸亥岁，而佛寺亦告竣矣。大殿、配殿，丹霞炳焕，东庑、西庑，金碧辉煌。士女心倾，香火云集。闻之古者，或布祇园之地，或舍佛面之金，或献如来之盖，种种善迹，昭于千古。今也，既新梵宇，复设桥梁。不诚为我佛凭依万民永赖哉？然非韩公首倡之，众善乐施之，亮辉夙夜忧勤而督理之，未易臻此也。用勒诸石，以垂不朽云。

清水河桥 城南三十五里。

榆关桥 城南五十里。

歇驾桥 城南五十里。

通津桥 城南六十里。

公安桥 城南九十里。

砖窑店桥 城南九十里。

八里桥 城南八里。

溯河桥　城南二十五里。

大海桥　城西南九十里。

石牛桥　城西六十五里。

蔡家桥　城西八十里。

双　桥　城西八十里。

牤牛桥　城西八十里。

马家桥　城西八十里。

唐山桥　城西一百二十里。

稻地桥　距城一百里。

李家大桥　距城四十里。

韩家桥　废，距城九十里。

李家营桥　距城九十五里。

丰台桥　距城一百二十里。

古冶桥　城西六十里。

五里桥　东西有二，俱在城西北九十里榛子镇。

知州莫谟《重修承流桥碑记》云：榛镇为滦西冲要之区，镇东因河而桥。其名承流者，为畿东万里同天，承上德意，宣布中外，绵绵流行千万年，如一日也。桥创于有明万历，盖二百余年于兹矣。岁久摧圮，隆者垫平者，侧砺碌倾欹，行人踯躅。予莅滦之明年，即诹谋所以修之者，以经理乏人，而苦于无资。癸亥冬，镇之绅士朱君宝树、王君廷勋、郭君天印、介浙右江君桂森，谒予而言曰："公欲修此桥，某等敢效指臂，早暮以趋承奏功。"于是闻之太守，甚喜。盖念系斯道之津梁，而又羡予之能董承其事也。爰暨予各捐廉以为之倡，在镇士商同志协力鼓舞乐输，咸集千余金，而三君复多告募，共醵金六千有奇。于是江君觅匠京师，三君奔走画擘鸠工庀材，众具毕备，务期于坚美。工期于完，固撤旧制，而加扩充焉。经始于癸亥之腊七，阅月而告成。佥曰："昭示来兹，是不可以无记。"予惟废兴之道有天有人，其不能久而不敝者天也，其及时辅相而补救者人也。昔人之创此桥也，竭虑尽谋初不愿有今日，而未始不计及于今日也。是其不敢薄待今之人也。今日之重有建也，倍思加虑不肯专美于昔人，而亦难保不有昔人之今日也。是尤不敢薄待今后之人也。后之视今，犹今之视昔，不令昔人独蒙美声焉。于是乎书。嘉庆九年，甲子夏六月。

白石店渡　城东四里,《州志》作北释院。

偏凉汀渡　城北五里。

横河渡　城北七里。

宁家庄渡　城东南二十八里。

马城渡　城南二十里。

边落湾渡　城南九十里。

乐亭县

崇信桥　城中。明万历间，知县潘敦复建。

务农桥　演武厅北。创建同上。

布德桥　城东门外。创建同上。乾隆二十年，易以石。

悦泽桥　城西门外。创建同上。乾隆八年，易以石，民人吴允中自修。

阜民桥　城南门外。创建同上。乾隆十四年易以石，贡生宁咸临等倡修。

迎恩桥　城北门外。创建同上。乾隆十年，易以石，生员张炳倡修。

仁政桥　城北门西。创建同上。乾隆十九年，知县陈金骏重修。

嵩林社桥　城东十五里，国朝建。

汤家河桥　城东南二十五里。在南常家河桥三十里，国朝建。

栗家湾桥　城南八里，康熙年建。

解家桥　城南三十五里。今废。

清河桥　城西三十里。今废。

汀流河桥　城西北二十三里。

商家社桥　城北六里。今废。

套程渡 城东南三十七里。

嵩林渡 城西南八里。

毕家渡 城西南十里。

马各庄渡 城西南十五里。

陈家渡 城西南十八里。

石家坨渡 城西南三十五里。

马头营渡 城西南三十五里。

边流河渡 城西十四里。

甸子渡 城西十八里。

常各庄渡 城西二十里。

郑家桥渡 城西三十里。

临榆县

大城桥 在学宫前。

大明桥 在钟鼓楼北，明初建。

引龙桥 在南门内。明兵部主事陈果建，今淤。

卧牛桥 在西罗城。三门两栏俱石筑，初建无考。明万历间主事张时显，国朝康熙间通判陈天植、游击明远守备陈廷谟，重修。

石河桥 在西门外二里许。用土木浮架，夏秋水涨撤去土木，岁以为常。乾隆二年设船，十九年知县钟和梅重修。

探海桥 在南门外。明参将张守职建木桥，国朝重修筑以石。

北镇桥 在北门外真武庙左。

咽喉桥 在咽喉坊前。

登仙桥 一名望仙，在东罗城门外。

地镇桥 在东街。

望门桥 在东罗城大街。

瀛门桥 在柴市南。

永济桥 在浅水营西。康熙间，庄民杨大坤建。

太平桥 在蔡各庄。

青龙桥 在石碑庄。

响水桥 在猪熊峪。村民杨名川建。

无名石桥 共十座：龙王庙东、西各一；石河二，此二桥，生员王名标捐建；北门外、八里铺、浅水营、崔家庄各一；回马寨一，监生董典捐修；魏家庄一，民人田茂捐修。

唐农川渡 知县钟和梅重修。

卷之四十三

建置志十二

仓　储

永平理事厅

永丰仓　前明在城东北里许，后移建于城内。永丰、山阳仓廒凡十六座，历久坍塌。至国朝仅存永丰仓一座，仓神庙三间，廒房共计十间，归理事厅经管。道光二十五年，同知安奎重修。同治六年，同知唐津修葺，又于光绪元、四两年，筹款修葺东西廒房。历年奉藩宪坐派，永属州县运解米、豆、草束，供支本城驻防山永协山海路、桃林口汛等营官兵俸饷，暨东三省过往官役行粮。卢龙县运解米六百七十石，草五千五百束。抚宁县运解米四百五十石，草四千束。昌黎县运解米一千石，豆七百五十石，草一千束。滦州运解米一千三百八十石，草九千四百束。

明兵部主事钟祥孙应元《重修北平永丰仓碑记》云：国初饷蓟镇诸戍卒，自屯田民赋外，率仰给海运。其制道海入滦，达于永平。故永平之仓，规制洪钜，视它处为最。旧在府城外东北里许；后改建城内，仓廒凡十六座，计五十六楹。官厅大门凡四座，计一十二楹，载诸乘可考者。永平运罢，乃乱海溯沽，达于渔阳，以避惊涛之险。司计者遂谓仓为虚设，而丰润还乡河可通漕，乃主开河之议。今撤仓材之半，移构丰盈，事虽罔功，而仓实渐废矣。嗣是以来，虏数窥边，增兵日众，本色匮□无以为计。滦东诸路岁支月费，咸取裁于蓟州。司农氏往来千里，动弥旬月，上下病之。嘉靖甲子岁，当事者议于北平增置户部官，如蓟州例，督理燕石军饷。上可其奏。命郎中日洲吕君往焉，甫莅事，适值外艰，复改命肖溟程君。盖慎厥选也。时石创始，百务填委君夙夜计度，殚竭心力，罔惜劳瘁。如议设库藏，议准量衡，议严查追议核虚冒，诸所条上，咸当理裁，寻次第施行，君犹四顾未已。乃历燕河，越石门，察诸仓场虚实，所至湔涤百蠹，参酌盈缩，审诹利害。既事旋车永丰，履图审视，追按旧所建列者十去八九，廒舍亦尽可十数楹，尽桡栋折坏，不蔽风日。怃然叹曰："平州界在燕石，吾视诸仓，往来适中，无逾此者。仓制大不宜狭隘，国初创置洪钜，未为无当焉。顷昧远猷，更张失次，真左画矣。二路兵联主客控弦常三万，月之给亦如之，本折间支当不下十六七万。而吾岁赋民屯米豆，曾不克两月之费。此中负山阻海，南北不盈，一视东西疆域，仅三四百里耳。解运不通，籴买为艰，地多沙确，农鲜厚藏，乐岁犹易为力，脱遇连俭，东西闻警，征兵四集，日费不赀。当是时，尽出帑金以召商，则贸易无资以给，军则枵腹待哺，事涉安危，隐忧窃伏。平城固京师左辅也，桑土绸缪，广储博蓄其可已哉？"走檄报部，悉如君议。君乃诹日饬器具，不烦于官，不扰于民，匠氏则量征近邑，夫力则借派操余，陶瓦则取诸官，刍工费则出诸赢积，材木之需则先任总帅胡君镇所输，以佐是役者也。始事于丙寅仲秋望日，讫工于闰月晦日。凡四易朔，计增建廒房十七楹，厅事大门各三楹，重修旧廒十楹，仓后复易晒地一区，方隅各若干丈，较诸旧制虽不及半，而颓圮一新，穹隆山立，讵不奕然改观矣乎？计所储数，大约可七万石，岁计不足，月计有余。俭则议支，丰则议折，即有警调兹，亦可无□虑已。是年冬，议通海运，得奉明诏复故道。仓之成也，若有所待焉。君岂不诚早见哉？越明年丁卯，君以绩最，升擢云中守。谓事之颠末宜勒之石，以告来者，乃以状命元为之记。元惟是兵先足食，爱民重积粟，古人盖藏之法其来远矣。中人之家，不为三年计，遇大祲必饥。匹夫匹妇不朝之谋夕，且不得食。大君子理国如家，独不办此哉？恃宠灵而隳本业，玩近细而忘远图，乐因循而惮劳动，优游岁月，视官若传舍然，彼自谓得计矣，如国计何？悯事忧时，图艰惕大，起积敝而贻永利，若是举者。其诚可无也？其诚不可无也。呜呼！此一仓也，盛建于国初，再振于今日，而不能不敝于它日。后之视今何异今之视昔也。剔芜饬蠹，增所未备，以复仓之全额，体国者当有同志焉！肯自后于前人哉？兹固程君所望于诸君子意也。君名鸣伊，别号肖溟，贵州乐安人。嘉靖己未进士。材猷操履褒然表著，其所树立未艾，兹不敢赘云。隆庆改元四月既望。

明黎芳《重修永丰仓碑记》云：镇仓以永丰名，由来远矣。我朝初，航海以饷北平，于时建在城外，规制宏钜。后徙城内，制半之。及罢海运，而仓始废。先是营路饷务，咸隶于蓟，箠虽长难及马腹，率病之。世宗朝岁纪瘀逢，下部臣议，分置饷司，一如蓟密。是计君程复葺之，仓之沿革俱载郡乘者可考镜矣。嗣是议者，谓营路业置仓而不丰如故，不已虚乎？遂议裁。而仓遂倾圮过半。嗟乎！此盖计睫前耳。岁丁酉，余衔命来计是镇，值□□□□需饷孔急。前部永春李公视篆东曹，议开芦浙引凡二万，以体军兴故事。召商中纳余上缴。制府邢公、抚台李公金俞，缮永丰贮之。木石砖瓦，藉资官帑，工匠量鸠州县。创造者凡十二楹，补葺者十五楹，新盖碑亭二所，大门一座，神祠官厅类皆修饬之。经始于丁酉之冬，落成于戊戌之夏。甫及一周，而废堕焕然聿新。是事也，主裁则兵宪蒲城樊公，经制则管郡事副宪新城徐公，而奉行之者则卢龙叶君洎诸贤令也，饷厅隋君新莅与有力焉。顾土运商夙习长芦，不习浙引。巧脱者观望掉臂，□几于苦窳。余数数请大司徒杨公，方得允改，而诸商始翕然乐就。后有断此而开者，其尚殷监浙焉。役既竣，卢龙请纪其事。余惟永郡神京左辅也，顾不重耶？乃阻塞限海，边关禁制，延袤可四百里许。且土瘠民贫，夫以弹丸之区，而襟喉三韩，拥卫都会，其郑重若此，主客旧额数几十万，而岁征民粟米仅四万有奇，止足支两月士饷。若遇海□交□征调四集，旱涝岁俭，民多转徙。当是时，召买则室空如悬，折给则腹枵以待，是不可深长思乎？古称未雨而彻桑土，未济而谨衣

�，言贵预也。昔荆川唐公，尝请复海运，斯说盖自天津出洋，以达滦河海口，滦达郡，最为省。旋以台议惊涛而止。太守孙公亦常议通运河，自王家闸引滦导青以入交流，进黑洋，出大沽，入运河以通于天津，乃所勘议凿凿可据。试一仿而行之，则岁可省太仓十万余缗，而水旱、师旅始无可虞矣。无则广积贮平，东惊底定，请将新开盐引，留贮永丰，勿拘年例。时其敛散易其新陈。期以恤卒济边，是又常平之遗意也。不然，庚癸已呼而后谋及于爨，必不几矣。然则盖藏之计，顾独可忽乎哉？余谫陋代匮一稔将半，谬竽西秦惭无裨益，行矣。乃若为镇计久远图永利，则以俟后之君子。董是役者，例得次之碑阴。是为记。

卢龙县

常平仓　社　仓　俱在府治东北。原建五座，历久坍塌，仅存国字廒一座。道光二年知县姚景枢，二十九年知县蔡五辰，相继修补。常平仓额贮谷一万六千八百三十九石九斗七升五合，社仓额贮谷二千二百七十九石零九升三合。

以上二仓谷石均经历任亏缺无存。咸丰元年，知县乔文蔚，奉文劝捐得谷三百石，报明另项存储，及交代案内仅折价入交作抵，并无实存谷石。

义　仓　六处：一在十八里铺，城东十八里；一在横河庄，城北二十里；一在滤马庄，城北五十里；一在柏家店，城南二十里；一在安河庄，城西二十五里；一在阎各庄，城西六十里。

共存谷三千八百八十三石零九升，又应存各年续捐谷二千七百八十四石六斗二升二合五勺。道光六年，知县赵塘于城内添建义仓六间，坐落仓坡观音庙后，修复律马庄义仓一处，余皆借用庙宇分储。道光十三年，因灾散放全数，已动用无存。其添建修复之仓廒，亦久经坍塌。

知县赵塘《改建义仓碑记》云：义仓之制，盖做自隋长孙平，其道在于劝输，以勤收贮，以备荒歉，而董其事于仓。正于储蓄之法，最为得要，不独视常平仓之设，于城市往来守候，无烦乡民之劳。即彼社仓之在村落者，计息收耗，亦微于此有别。故自古三仓并建，官民相济，惟义仓为更便于民。卢龙僻处边塞，地瘠民贫，一切救荒之策，尤不可以不豫。城之西南乡九百户，旧有义仓遗址，原为赈穷济急而设，但因岁久年湮，墙垣废坏，屋宇倾颓，不能盖藏。是有仓而无仓也。无仓便无积贮也，无积贮是无民命也，其可不为大惧乎！今承乏是邑，即举行救荒之政，而下其令于乡。其在九百户者，遂有好义之士，移建于郝家庄之观音庵，既坚且固，可永远为盖藏，而且捐输谷石充溢其中。余甚嘉之，此亦轸恤困乏之有同心，而丰凶不可诿之天数，举可以人力调济也。推而行之，又何难于济众，又何难于复古，岂独因积陈陈为一方所恃以不恐也哉？兹因其落成之后，乐为之序而记之。盖司其事者，一为光耀张生，一为继善李生云。

迁安县

常平仓　在仪门内西隅，凡十二廒，共三十九间，额储谷五千七百八十五石，东新仓在大堂左，西新仓在大堂右。

社　仓　在常平仓内，额贮本谷二千二百八十一石八斗五升，息谷八百一十八石八斗。以上二仓谷石久已动用无存，廒亦久废。

喜峰口仓　共七廒二十一间，额储谷八千石。系存本县并理事厅，滦、卢、抚、昌、乐六属谷石以备热河等处蒙古需用口粮之资。久经动用无存，廒亦久废。

义　仓　八处：一在包各庄，去城五十里；一在沙河驿，去城四十里；一在新集，去城七十里；一在罗家屯，去城五十里；一在三屯营，去城一百二十里；一在喜峰口，去城一百八十里；一在建昌营，去城四十里；一在黄花峪，去城。

以上义仓八处，额储谷四千五百五十七石七斗六升，久经动用无存。嘉庆、道光年间，四次共捐义谷一万一千五百二十八石三斗一升，嗣经动用一千七百七十四石有奇，尚存九千七百五十四石有奇。于本城、三屯营、喜峰口、沙河驿、罗家屯、建昌营，复建义仓六座，分储备用。今已经历任动用无存，廒亦渐废。

三屯营巡检王仲淇《重修义仓记》云：义仓之设，所以储丰岁之有余，资凶年之不足。裒多益寡，有备无患，法至善也。三屯旧有义仓三楹，在精忠庙内西偏，创自何人？始于何岁？文献均无可考。因代远年湮，谷既久虚，仓亦圮侧。余自莅任以来，即为谘访留意焉。乙亥秋大稔，适宫保督宪那公奏明，兴复义仓旧制，详议条款，转饬各属，一体劝捐。余奉檄即邀绅士张葵、杨桂等，劝输不数日，得谷六百石有奇。爰议储谷之所，而众惟龃讷，以甫经捐谷，势难与修仓并举也。会候选副郎姚开第、邑廪生张蕴至，与之商榷，即慨允于捐谷之外，分任出资修整旧仓，以备储谷。余当即会同仓正尚廷擢、仓副孟五伦，鸠工庀材，克日兴修。自仓廒以及坛垣，悉以砖木灰石灌砌，以期巩固。嗟乎！麦舟高义，自古恒称；漂饭遗风，今犹不泯。觇人心之好义，知今昔有同然，后之君子，顾名思义，同此振奋，将见屡丰有象，储蓄盈宁。是固守土者之深愿也。姚君字振奎，捐谷三百石，修仓银五十两；张君字德昭，捐谷一百石，修仓银二十五两。除义谷数目及捐户姓名，随时报明请奖外，兹将修仓颠末，用勒诸石以垂久远云。

抚宁县

常平仓 在县治西，原建四廒十九间。康熙末知县裘君弢添建二廒十二间，仓亭三间，小房二间。今实存仓廒二十九间，仓夫房二间，额储谷一万四千石，今实存五千九百二十三石。社仓在常平仓内，应存谷三千三百五十五石一斗一升，今俱无。

义　仓 七处：一在榆关，城东二十里；一在留守营，城南二十五里；一在曹东庄，城西十五里；一在万家翟坨，城西南五里；一在平房店，城西北四十五里；一在台头营，城北三十里。一在董家庄，城东北十五里。

以上仓廒均已坍废。嘉庆二十一年，署知县李长棣，于城内察院口，改建仓廒五间，仓神庙、值宿房四间。道光六年，知县李钰，劝捐义谷二千六百四十五石，添建仓廒十间，仓神庙一间。与嘉庆二十一年所建合为一处，原存谷四千五百石，今实存三千七百四十九石。

附《论积贮序》：盖闻救荒无奇策，预备焉而已。预备云者，藉富岁所储，济凶年之乏，如周制所谓余一余三是也。然小民终岁勤劬，半入官租，半给妇子，所获不足以偿所用，即欲少有积，而势常不能。万一岁不登，富室廪有余资，穷檐瓶无半菽，于是饥馑迫而流亡多，流亡多而农业废，农业废则彼此均无所赖。富者亦不得不转而为贫矣。当国者忧之，以为常平之仓，常设也。赈贷之典时行也，一则动淹时日，一则仅属虚文，以至平时虽有预备之名，临事终无救荒之实。古来积弊往往然也。今圣天子轸恤民瘼，各宪遵部颁行郡县，皆积谷备饥，真久安长治之至计也。抚邑虽小，七十里凋瘵之余，较他属尤为难缓。所冀阖邑绅衿商民，稍有余蓄，各量力乐输，以为思患预防之图。遇丰年则滞穗遗秉，不过减太仓之一粒，遇凶岁则朝饔夕飧，有资亦得弹力耕耘，而不至于旷业。安知所入者，不什倍于所出耶？上裕军国，下为身家，计莫善于此矣。然则预备一策，非为救荒之要图，抑亦屡丰之早兆也。

昌黎县

常平仓　在县治西南。十二廒，共四十九间，额储谷一万石。今现存谷五百零一石。社仓在常平仓内，现存谷五十石，息谷八十石。

明陈王庭《重修昌黎县仓记》云：昌黎故有仓一，预备仓在治西南隅。正统中，置一北仓在治东北隅。隆庆中，置皆积赎谷备赈。岁久而圮，榱栋倾挠，上雨旁风，地气浥蒸，往往耗破，坐主守者罪。万历丙辰六月，剑门杨侯至任，阅见存粟可三万斛有奇，米豆杂粮耗之一，且渐就腐败，慨然议新之。谓谷价半粮，更可久贮，以粮易谷便。请于兵宪刘公，报可。无何，共得五万斛有奇。明年丁巳春，相地经营，计蠹残不任斧斤，遂市材鸠工，迁南仓之神庙于厅事后，而增筑仓舍于遗址。故凡二十六间，今拓为三十六；北仓十四间，今拓为十七。铺垫故用席藁等物，既速朽而民以折派为累，今悉更以板。

凡一期而两仓告成，坚壮轩竦。虽基绪仍前，而规模别创，费皆由于捐俸节省，官民无有所与。今戊午春，其乡绅渭源令张君以状来，不佞庭读未竟，跃然曰：“有是哉！昌黎自是无饥岁矣。”夫灾异之来，禳之不如救之，救之不如备之。故《周礼》载荒政十二，而王制以三十年之通制国用。然当时所谓余在民间而已，未必官府更有储待也。至汉，耿中丞寿昌通其法为常平，历世称便焉。本期州县置预备仓，实得常平遗意。而有司多具文玩之，大都染指自嫌，则疑而沮，逆旅视官，则狃而废。及仓卒莫支，不过藉口天行以罪岁解耳。孰如吾杨侯经始图终不费帑金，不烦民力，而埽因循之宿弊，以兴积贮之永利，用详曲悉岁不能灾。其焉用罪之而且禳之。往者蕴隆为虐，岁尝歉矣。然人犹二釜未任病也，而危疑恇扰，莫有固心，赖守牧极力抚绥乃定。假令饥馑荐臻，小民开口待哺，而国储空虚，公私交困，其何以应之？杨侯亲承旱蝗之余，戒已然，防未然，故不修救而修备，要在抵京仓箱，隐然为亿兆之所寄命，而属意深远，不欲以荒政见奇。昔苏子瞻论常平之法，以为谷贵之时，千斛在市，物价自平，一市之价既平，一邦之民自足。今以五万斛展转流通，充而广之，三年九年之蓄自可持验，于今日何忧饥岁哉？昌黎隶右北平，号三辅剧邑。杨侯以文学政事，提衡其间，作人，劝农，辟土，清赋，简讼，辨冤，抚流，汰冗，诸治绩未易弹述。特叙其作仓始末如此。侯姓杨氏，名于陛，别号谐明，四川剑州人。

义　仓　八处：一在石桥营，城东关二里后移本城西街城隍庙内；一在蛤泊，城西二十六里；一在静安庄，城西南四十五里；一在套里堡，城西南五十里；一在石门店，城西五十里；一在赤崖，城西南六十里；一在姜各庄，城南六十五里；一在施各庄，城南三十里。

共存谷四千三百十八石九斗二升零，息谷八石六斗九合零。今实存四千七百零六石六斗三升零七勺。

滦　州

常平仓　旧在治西北，后移建治东。共十廒，额储谷一万八千石。今止存一廒。道光二十二年重修，其余皆废，谷石无存。社仓无廒，在常平仓内，额存谷二千八百九十二石五斗九升三合，又息谷一百五十石。今俱无。

明知州周宇《社仓议》云：直隶永平府为议立社仓，大广积储以备灾变事。照得病民莫大于灾荒，而救荒莫要于储蓄。况永平密迩关塞，不但天灾足虑，而且变乱可虞。设无仓谷备荒，则虽都城百雉，民弗与守。金钱百万何以疗饥？此预备仓之粟，与常平仓之粟，原系积贮在官，而不可轻为出入者也。乃者小民借贷，岁以为常。不与，则穷民无藉；与之，则凶岁难防。而有司只顾目前，不顾日后，归恩一己，贻患他人。仓谷有出而无还，积贮月消而日减，则何益于民生，而地方又焉赖之？该本府查得一府六属，数万军民倚赖，而仓谷寥寥，甚为可虑。随亦酌之见闻，参之舆论。除本府及各属自理积谷，再求自己广储以资预备外，查得民间宜各立社仓，县官收掌，置立循环，登报上司不必查盘。春时借放民间，秋时加二还仓，不得市恩滥与，亦不得拖欠短少。然此欲责之官买，何时得就？今议欲于秋成丰收时，仍出民间，每地一亩输谷一合，官量设处，盖立仓房三两所，或在城市收完，积贮就将附近居民编拨看守。春时申请动支借放，或在乡村大荒则量借于稍便之家，平时则止借于贫民，以助布种，多不过一石，少或五斗或三斗，秋时及早催征，每斗加二还仓。积之一年，则一千有二百之入，积之十年，则一千有二千之入。此岂不足以备非常而御灾眚耶？如或行之不得其人，而谓催征未便，又或姑息于加二之说，而谓抵斗亦可，是谓自逸，是谓邀名，则有司之无实心于地方，可知矣。合无呈候详示，备行所属州县。遵行修举完日，将行过缘由积过谷石，另文呈报。施行缘由呈详，蒙顺天巡抚吴、永平兵备副使武批：据议立社仓，广积贮，诚备荒之急务。即通行各州县，详定修仓处所，每州县约几处，修仓之费作何设处？通限三月内完报。待收时即征谷入仓可也。仍候抚院详示，行缴蒙此续于四十五年，据滦州申报，按亩征完谷三千五百石七升三合九勺七秒五撮，现在本州前新建社仓收贮等因。又蒙永平兵备副使刘案验，蒙顺天巡抚刘批：该本道呈详前事，悉如议行。以后现在者，严稽出纳，未完者，速行追究。庶充盈之效可臻，本院实嘉与同心矣。此缴。

义　仓　十处：一在榛子镇，城西北九十里；一在石佛口，城西三十五里；一在开平，城西九十里；一在古冶，城西六十里；一在稻地，城西南百二十里；一在茨榆坨，城西南六十里；一在司各庄，城西南九十里；一在胡各庄，城南九十里；一在倴城，城南六十里；一在马城，城南二十里。

共存谷六千四百八十七石七斗八升六合，又存息谷八石。嗣古冶、稻地、茨榆坨、司各庄义仓俱废。本城东街添建一处，共七处。系嘉庆二十一年兴建，道光七年先后劝输谷石存储。今实存义谷八千八百六十九石一升五合，并无息谷。

乐亭县

常平仓　在县治东南。明万历间，知县潘敦复同预备仓建，久废。后于旧基重修仓廒二座，每座五间共十间，内存历年征存民屯米豆以备支放，并拨解兵糈。社仓，在常平仓内，谷石无存。

义　仓　六处：一在东乡胡家坨，离城十八里；一在西南乡堰上村，离城十七里；一在南乡马头营，离城二十七里；一在北乡高庄窝，离城十八里；一在东南乡汤家河，离城二十五里；一在东北乡夏庄，离城十里。

以上俱乾隆十六年，知县陈金骏奉文建，久废。道光十年知县张霖奉文于县治东南节孝祠后，总建义仓一所，三廒共九间，仓门一，仓房一。内藏谷三千四百一十四石零五升。现实存二千三百九十八石二斗三升九合八勺。

明焦竑《乐亭县建新仓记》：我国家稽古立法，以积贮为大计。岁俭有助，军储有供，程其盈缩，以殿最有司者。故自畿辅郡邑而下，廪庾相望。然恬熙久远矣。令甲虽具，有司或阳以名应之，往秦晋吴越，岁一告祲，辄输内藏以给。甚且议支转漕之粟，而竟无疗于龟肠蝉腹之氓。此仅一方一岁之非，时而中内俱困矣。矧望于佐军兴之急乎？盖卑者不府于官，府于橐；高者征会簿书，槁心竭力，庶几岁满得代可幸无罪。顾安有深思遗力，及此者哉？乐亭为三辅奥区，地有遗秉，民无敛穧，旧帑廏败为尤。积粟雅不甚饶，而多露积。自潘君之令也，出牛百八十蹄，谷种三百余，而民始知缘南亩种粟以钟计。若预备，若社仓，若义仓，若常平仓，三万二千有七百。而官始知有羸粮，请帑金五十，拓仓而新之。环者为廒五十五楹，北者为祠三楹，中蹲者为亭一，东西峙者为门二，而粟始知有盖藏。余因数成绩而慨叹于君之能任事也。食为民天，积贮为民大命，姑无暇远引，即迩者扶风、冯翊告荐饥矣，岛艘、塞马告交哄矣。有如万分一，转徙之民枵腹而待哺，不遑之徒瞋目而语。虽长孺发淮南之粟，而降人仰塞下之供，人所腐心莫磨者。君不宽然应之有余哉！呜呼！自干进之风炽，任事之效微。当官者往往有不屑之心，视其官如传舍。前者既以遗之后，后者复以委之前。展转相仍，坐待其事之自坏。君既奋身倡首，而继是任者，不能缵其成，或又从而堕坏之，此岂复有人理也乎？君名敦复，余乡夏津人，癸未进士，三为令，所至有能声。而未调犹勤，其官若此，其德未有涯也。余固因请而乐书之。

邑人张九鼎《义仓行》云：修义仓，仓初筑，百姓摊钱卖却屋，县吏捉人挽砖木，一夫入城一家哭。修义仓，仓既成，又比百姓捐谷粳。皂隶持签夜出城，沿村挨门察富户。匹妇稚子都登名，乡民苦辞乏升斗。一岁收藏难糊口，封纳官粮已不支，再要捐输复何有？里胥发怒声如雷，抗官群捽入城来。县官一见谓阻众，满杖严押受刑重。百姓闻风魂魄飞，典衣鬻产易粮送。仓内积储果有无？一方民脂竞使枯。县官又著循良绩，题报移文称乐输。呜乎！前年曾见修义仓，劝捐也说备凶荒。未几水涝年岁恶，不闻有司发仓粮。老弱嗷嗷饥欲死，守吏日卖仓中米。

临榆县

常平仓 在县治北，久废。应存谷三十二石六斗二合，在义仓廒寄存。

社　仓　久废。

义　仓　九处：一在李家堡，城东二十里；一在傅家店，城西北二十里；一在范家店，城西三十里；一在黑山窑，城西北四十里；一在石门寨，城北四十里；一在海洋庄，城西四十里；一在深河堡，城西六十里；一在蔡各庄，城西南六十里；一在驻操营，城北七十里。

旧存谷四千三百四石九斗四升。现仓廒坍塌，谷石无存。

本城义仓　三座：一在太傅庙前，廒五间，应存谷九百二石五斗三升四合三勺，又寄存常平仓谷三十二石六斗二合；一在文昌宫侧，廒三间，应存谷六百三十五石二斗七升七合六勺；一在南水门内，廒六间，应存谷五百九十三石七斗四升九合八勺三抄。

以上三仓各有仓夫一名，每按季各给工食银一两五钱。同治元年详修，迄今历任随时修补。

山海仓　在临榆城内管粮通判署。

旧制设有仓官。顺治八年，归关厅。廒一座共三十八间，陆续坍塌。道光六年，修整一次，今基址仅存。每年昌黎坐派屯米一千七百石零五斗九勺，草三千束。滦州坐派屯米八百九十九石四斗二升九合一勺（同治三年，由昌黎改派），草无。抚宁坐派屯米一千二百五十石，草五千束。乐亭坐派屯米二百五十石，草四千束。临榆坐派屯米九百石，草七千束。

每年界岭口、箭杆岭、青山口等处边储米一百零一石一斗六升六合，豆一百一十四石二斗五升六合三勺。石门、黄土、大毛、义院等处边储米一百三十石零二斗四升一勺，豆一百四十五石七斗一升零三勺。铁永、南海、赤洋、牛头等处边储米九十九石九斗七升六合六勺，豆七十二石四斗一升八合二勺。以上各款米石系支给旗、绿两营，及过往行粮，孤贫口粮等项需用，豆草系支给永协营马，及过往行粮需用。

每年奉省协拨宁、锦二州县兵米四千四百石。此款系由嘉庆十三年奏准，奉文协拨。挽运、车脚、口袋等费，于司库领银一千三百三十三两一钱三分，尚不敷运，并于永属七州县捐摊津贴共银四百四十两。奉米专支给旗营兵糈。

每年山海关学田租正米四百九十九石二斗一升六合；又丈出学田租米，二百零六石九斗三升六合二勺，以上共米七百零六石有畸。内除支给廪生贫士外，余米均搭放兵米，孤口粮。

明主事陈绾《荒政记》云：嘉靖丙辰秋，岁大不登，辽民重困。初关西人率仰给辽东，至是辽人悉出其银钱杂物以易粟，关内近关等处粟顿空。关西人乃浮山东之粟至丰台，辇运抵山海，展转接卖，比至其地费已数倍，斗粟至三四钱，至六七钱。富者犹倾囊自给，贫民遂无从得食。始剥木皮和糠秕食之，又刮苔泥作粉以啖，谓之“土面”，然多肿懑以死。乃相率呙死人肉食之，久则掠生人食之。妇女、童稚独出走道上，辄为人掠去。有桀猾者，纫皮为套贯以索，三五为伙，见人行，则掩其后套其首，而索扼其喉，喑不能出语，即拖持去，脔共食之。官司禁不能得，捕至，即承曰：“食人应死，不食亦死，与其馁死，孰与饱而死也。”初就杖杀之，后捕多不能如法，益无所惮。甚或子死父食，妻死夫食。曰：“不则为他人食。”军士宰官马食，往往脱巾呼号，出不逊语，广宁为甚。当事亟为请年例银，夙所逋欠给发之，多不能厌其求。属国见辽境士民疲惫，常使人伏匿，脱间候粮过，辄邀遮出塞。道路阻塞。米益腾贵。春夏少雨，疫气盛行，民乏牛具、籽粒，无力以种，极目荒碛。说者以为秋成复无望云。论曰：“古称人将相食，未必真相食也。至易子析骸，杀奴妾等事，皆在围城中，出万死不得已之计。未有饥馑若斯其极者也。”盖辽境僻介绝域，其所容通往来者，止山海关一路，非通邑大都舟车辐辏之所也。又其地邻不毛，无蹲鸱橡栗之产，故一惫至此。夫全辽二十五卫，横亘二千余里，地大荒甚，即当事不能为之处。圣天子发粟赈贷，恩至渥矣！然转输难，而博施未易。岂所谓尧舜犹病者？与议者，欲请少宽海禁，使西引丰台之粟车，通登莱之贩，而尚未及行。然则，救荒果无奇策矣哉？

又《与辽东抚巡诸公书》云：夫辽东之荒极矣。敝关切近，触目刿心，愧不能上郑侠之图，亦尝抱邻父之忧。窃为议之，今之所谓救荒者，非请发内帑乎？非悉发官廪乎？非劝借富民乎？夫请发内帑，大工鼎兴，司农告匮，年例外不能多发矣。悉发官廪，辽之廪庾所积几何？劝借富民，自霖雨坏盖藏，外国掠屯堡，富者转为贫矣。今之所恃，惟关西籴买一节耳。然蓟永岁本不登，加以沿边籴买军饷，其资辽东者，所谓以升合之水，救涸鱼也。近以蓟，永籴米者少，辽人籴买者多，则有商贩转市山东之粟，自天津等处下船，径抵丰台镇。辽人有力者从此转搬；无力者，止赴山海携数十百文，觅升斗于商贩之手。夫米价已腾贵，加以展转接买，大者驴驮车輂，小者背负手提，盘桓中途计车脚之费，浮于米值，然亦止可达广宁以西耳。辽阳以东，不惟隔三岔河，而平陆沟渠，车牛莫达。其所仰给者，惟金、复等处及黄山一带些须之产，而关西之米，逾河而东者绝少。夫转输不通，籴买无从，则米价日增，虽月散金无益也。说者以为海禁少宽，使天津直沽之船，不抵丰台镇，得抵三岔河。不惟广宁以西可济，而辽阳以东，岂至踣毙如今日哉？夫救荒如救焚溺，海禁固不可弛，然与活辽东千万人旦夕之命孰重？夫从权以济一时之急，而年丰禁复如故，是从权以活千万人之命，而禁复在也。夫辽镇之隶山东者，本以通海道也。成化以前，禁例未行，文移往来，花布钞锭解送，又取海上捷径，故有无相通，缓急相济。自禁例一行，公私船只尽废。究其所以，不过杜绝逃军之路，又或以为泛海，恐引水寇也。夫欲绝逃军，惟严盘禁。若倭寇自刘江望海埚之捷，其不至辽东者，且百余年；就虑其至，不过远哨望，谨烽火而已。即如江海时有倭寇，岂能使江海之间不行只艘乎？此所谓失火之家，不火食之计也。呜呼！使辽境时和年丰，道路无梗，则可。万一山海、宁前咽喉一线之地，少有隔阻，则辽境不孤悬绝域乎？即今盗窥衢路，转输万难，则咽喉之不塞者，直一间耳。其可不为寒心哉？且登、莱二府，去金复等州，不浃日而近。考之《会典》，正统年间，登州卫犹存海船三十余只，海道既废，船亦无存。夫登、莱阻山依海，商贾不行，其地有羡粟而无厚售。设若少宽其禁，使金复之人，得以泛海贸易，则一苇航之，而辽阳以东皆可获济。其与广宁以西，辇输关内之粟者，劳逸奚啻十倍也。诚欲设为防范，则嘉靖二十一年，抚按尝奏添边备佥事，驻金州矣。今建议复添，亦无不可。不然，则专责守备等官，时为督察，亦不至于滋奸而长弊，就使有之，较今日脱巾枵腹恐恐然，虑萧墙之变，利害不有间乎？夫斗米六七钱，人相食不顾，而犹泄泄然守葸噎之过计。愚窃以为过矣！夫惟仁人君子，切痌瘝之念，而不惑于拘挛之议，当必有以处。此者，生何容赘。

惠　政

牛痘局

在府城三条胡同。光绪元年知府游智开创设，集资一千两发商生息，以每岁二月初十日开局，至六月初十日止，并经禀明各宪批示立案。

惠民药局

抚宁在县治东，今废。

乐亭在县治拱真阁东。万历间，知县潘敦复修，余无可考。

冰　窖

卢龙在县治北永丰山麓。

抚宁在县西门外洋河左侧。康熙间，知县赵端创设。

乐亭在县治西，均贮仓前。

育婴堂

卢龙在城隍庙东。康熙四十五年奉文设立。

养济院

昌黎在城东南。王懋建，今废。

乐亭在北关迎恩桥。乾隆间，知县陈金骏修。

临榆在北门外。明嘉靖间，主事葛守礼建。今额设孤贫十名，每名岁给银一两八钱，支山海学田米变价；额外，孤贫口，给口粮银一分，于耗羡银内支销。

留养局

卢龙五处：一在南关外；一在范家庄；一在十八里铺；一在双望堡；一在燕河营。光绪四年，南关留养局，知府游智开重修，款筹发商。

迁安五处：一在城；一在建昌营；一在沙河驿；一在三屯营；一在喜峰口。原有劝告捐银二百两，按月三分生息。

抚宁一处：在本城西关。乾隆三十五年知县陈钟琛建，有劝捐银二百两交当商生息，每年收息银四十八两。

昌黎五处：一在本城西关；一在石门；一在静安堡；一在蛤泊堡；一在套里堡。知县吴世臣暨土商输银三百两，交当商生息每年收银七十二两；又园地十四亩五分，平房五间，树十五株，每年收租制钱七贯三百八文，为贫民口粮及绵衣等项之用。

滦州二处：一在城；一在榛子镇。知州申澍暨士商捐银三百两，交商营运收息办理，每年十一月起至次年二月止。

乐亭八处：县城四关各一处；一在胡家坨；一在连北店；一在汤家河；一在卢家河。有交商本银五百两输息，又河淤地二顷四十三亩，征银二十四两三钱。

临榆三处：一在西关玉皇庙；一在范家店关帝庙；一在深河娘娘庙。知县钟和梅倡率劝捐银四百二十两，交商生息，每年自十月初一日起至次年二月底止，收养道路无依及本地孤贫之不在额者，其银入于交代册。

漏泽园　义冢附。

卢龙在县东五里，周三里。

迁安三处：一在南门外地十亩，知县张济建；一在黄台山，地二十亩，知县张一谔建；一在城东大王家庄西，知县王宏建。

国朝邑人刘鸿儒《漏泽园记》云：古之仁人，民吾同胞，物吾偕与。诚见夫天地为吾大父母，人物异同共此一气，而林林总总，犹吾之伯叔兄弟，支分而派远者也。是故生必尽其养，死必尽其情，有知无知咸无失所，而后即安。此《周礼》所以有墓大夫之官，西伯所以有瘗骨之举。是皆大不忍于中，而不得不为之安顿措置也。而或者以为不然，谓生民之众，饥者欲食，寒者欲衣，困者欲苏，劳者欲息，此之弗恤而委骸朽骨之戚戚，得无缓急失伦乎？故墓大夫今废不存，西伯之仁瘗骨亦其余耳！然而识者，必以恤死为仁政，即当时之颂西伯者，亦必以泽及枯骨为首称，抑又何说。盖不忍之心，有轻重长短。死者如此，生者可知？已朽者之不忍其暴露如此，存活者之不忍其疾苦可知。推是心也，几所以利吾民，抚吾众，惠我田畴，益我子弟者，必无不委曲周详者矣。邑宰张公下车以来，凡有裨民生之事，知周道济，未可更仆。兹复捐赀置义冢二十亩许，于邑之南郭。孤磷野鬼，其无恫乎？且此地襟山带河，蕴灵凝秀，眠牛卧马，天启佳城，葬于斯者，后将有昌大其门者矣。张公之仁覆迁邑，不独显在目前，且阴及千百年之远。山高水长，曷其有极！余故乐为之记，以风后之在位者。

抚宁在城东片石山。康熙间，知县赵端捐赀买地十二亩。

知县赵端《义冢记》云：义冢之说，由来久矣。顾在承平之世，则其事缓，在乱离之世，则其事亟而又有所不暇。承平之世，贤圣继作，生民力耕作而安闾里，生有以养，而死有以葬，固不待上之人之有以泽之也，故曰缓。乱离之日，干戈四起，和气乖而灾疠作，非死于锋镝，即死于水旱病疫。斯时长吏即恫目伤心，顾求刍求牧，救生者之未暇，奚暇及于死亡乎！故曰其事亟而又有所不暇。唯是大难方平，大化将登之际，斯民虽已安于衽席，而元气未充，衣食未足，流离未归，疮痍者未息，则枯骨之泽，非王政之周遍而普及之不能也。国家定天下已历三纪，顾江南黔、滇之间，变乱再作，戎马转输，遍于四方。而抚邑界二京之中，往岁东辽之变，烽火几相照肝脑涂地者，殆不知其几矣。今幸四方荡平，然则义冢之设，亟且有暇。其在兹日与兹土乎？余任事期年，心切念之，适有文学钟朝鼎有弃地一段，即捐赀买，以为漏泽园。未及申报，适大中丞于公檄至，谆劝各属举行义冢，辴然自喜，何下吏寸衷竟与行台节使不谋而合也？因叙而记之。

邑人王瑞征《劝埋亡婴义冢记》文云：古人云："老吾老以及人

之老，幼吾幼以及人之幼。”又云：“不独亲其亲，不独子其子。”休哉！何风之厚欤！盖孝慈之理，人心所同，故以孝子而为慈父者，又必欲天下之共为慈父母焉！斯埋婴义冢之所由立也。从前吾乡陋风，凡儿女幼亡，多弃诸荒郊，尸骸暴露，狼犬残食，虽行路之人，见者莫不酸鼻。为彼父母者，何竟狠毒至此哉？其说曰：“儿女幼亡，弃之则续生者可存，埋之则续生者难保。”噫！是何不思之甚也。王道必本人情，立子全凭积德，儿女者己之遗体，即父母之遗体，因其幼亡而弃之，其心太忍。忍即捐德之阶。悯其幼亡而埋之，其道近仁，仁即种德之本。种德者，其后必昌；损德者，其罚不远。降祥降殃，毫厘千里，非可忽也。试以时事验之，如吾宗兄遂明，初生四女皆幼亡，亡则敛埋之，继生五男，成立者四。今且行年五十，已抱五孙焉。余前所生儿女有幼亡者，亦皆埋之，今复有子二人，女三人，亦渐次成立。由此观之，立子在种德，而不在弃儿，信矣！弃儿徒捐德，而未必立子，益信矣！遂明先生，吾乡之孝子也。孝不匮而慈亦不匮，捐施义冢，劝埋亡婴，客死无归，亦许殡葬。且令男左女右，分穴挨埋，永不相紊。斯举也！可以见先王仁及枯骨之风，可以补邑侯泽被群黎之漏。吾乡之父老兄弟，谅必欣然乐从，而不忍以亡儿之骨肉，供犬狼之一饱也。其所全，岂有量与？道光乙丑。

昌黎在城西南一里。周四亩，明张云凤、李桐立。

滦州在城东北一里。

乐亭四处：东乡在戈儿崖庄南；西乡在馒头庄南；南乡在醋流庄南；北乡在罗各庄东。地各十亩。又古义冢在龙王庙庄后。康熙二十四年知县金星瑞清查丈出地五亩三分。

临榆十五处：一在西水门外；一在南水门外；一在给孤寺前；一在董家庄；一在石河沿；一在关门外；一在沙锅店；一在义院口；一在砚台沟；一在崔家庄；一在浅水营；一在周家庄；一在十家园。候选知县张雯舍地二十亩。一在回马寨，候选州同董典舍；一在红瓦店。民人解良材舍。

国朝佘一元《山海石河西义冢记》云：尝读《月令》孟春之月，

掩骼埋胔王政也。夫王政行于上，泽及枯骨，其利溥矣。或有行之于下，以仰赞王政之所不及。在上好仁，在下好义，殆并行而不相悖者欤！山海旧有义冢数处，大抵湫隘倾仄，岁久丘墓稠叠，几无余地。迩有绅士商民汇金作会施棺济乏，积谷备荒，酌量多寡为便民事未已也。爰就西郊文殊庵右，用价购抚宁县下地十五亩。益以本庵香火地五亩，扩为一大义冢区，建坊竖碑，冀垂久远。因忆昔甲申王师入关，与流寇战此地以西二三十里间，凡杀数万余人，暴骨盈野，三年收之未尽也。值旱，约贫民拾骨一担给钱数十文，骨尽窃取已葬之骸以继之，觉而遂止。彼时但就坑堑，或掘地作坎，以合掩之耳。然所杀间多胁从，及近乡驱迫供刍粮之民，非尽寇盗也。故瘗埋之举，上所不禁。况此累累者，羁旅之魂，则贫窭不能辨营地之椋，孰非并育并生之俦，安忍听其暴露抛弃，而不亟为之所哉？盖普天之下皆王土也，率土之滨皆王臣也，以王土葬王民，即王政也。下之好义，本于上之好仁。方今圣人在上为之，下者相与培淳风敦厚道，以为祈天永命之助。故为斯举者，事出众情，而命禀当事，慎勿视为愚贱之私惠，则庶几近于道矣。惟是在会诸姓名为不可泯，悉镌诸石。俾后来者，有其考据，知所观感焉！是记。

驿　站

滦河驿　属卢龙县。在南关东街，乾隆四十七年，移县署东院。额设马七十二匹，夫役八十八名，内：抄牌一名，兽医一名，马牌十三名，草夫三名，接递皂隶四名，马夫三十六名，扛轿夫四十名。每岁支工料银四千三百三十九两一钱五分二厘。遇闰加增银三百三十四两四钱零九厘。在本县地粮银内，给银三千二百四十四两九钱五分，在于布政司库请领银一千九十四两二钱。

七家岭驿　属迁安县，今改设沙河。额设马七十二匹，夫役八十名，内：马夫三十六名，兽医一名，马牌三名，草夫三名，抄牌一名，扛轿夫三十二名，皂隶四名。每岁工科廪给口粮协济等银共四千五百零九两四钱三分三厘，遇闰支银四千八百一十二两五钱二分一厘，在滦州支销。

明谷继宗《宿七家岭驿》诗云：野馆停车骑，青灯照绮罗。闻钟疑近阙，振袂想鸣珂。夜久霜华重，山高月色多。邮人戒明发，鼓吹渡滦河。

国朝尤侗《早发七家岭》诗云：边地悲风苦，春来吹不禁。征衣霜露结，驿道岁华深。晓色千村动，寒声万马吟。坐怀官阁上，初日照横琴。

陈廷敬《宿七家岭驿》诗云：桑柘青阴花药红，残春家寄五陵东。行人两地想思处，尽在寒镫古驿中。

辽阳刘文麟《暮投沙河驿》诗云：马首频东向，离京第五程。空山生峭冷，返景湛虚明。渔火寒溪渡，人烟小驿城。解装先买醉，一慰客中情。

顾学潮《沙河驿早发》诗云：不断村柝长，已过宵烛短。并程行休迟，怯冷起偏缓。倦仆眼未开，出门喜沙软。比屋啼晨鸡，排檐多卧犬。野旷更何人，来无去亦罕。行早如啖蔗，佳境每不远。星落自东稀，霜浓知午暖。下马问酒家，闻钟到僧馆。融融初日来，万恐付一莞。

滦阳驿 属迁安县。设立三屯营。额设马六十二匹，夫役五十七名，内：马夫三十一名，兽医一名，草夫二名，马牌子二名，抄牌一名，扛轿夫十六名，接递皂隶四名。每岁额支工料等银三千四百六十八两二钱五分七厘，遇闰岁支三千六百八十三两一钱九分四厘。

榆关驿 属抚宁县，在县东四十里深河。额设马七十二匹，夫役七十六名，内：扛轿夫三十名，兽医一名，马牌子三名，抄牌一名，马夫三十四名，草夫三名，皂隶四名。每岁额支银共四千零九十一两六分二厘，遇闰加增银三百二十七两三钱九分五厘，在乐亭支销。

明董越《抚宁道中榆关驿有感》诗云：晓别抚宁郭，天低海气连。苍茫初出日，惨淡未收烟。茅屋多依树，村氓半在田。榆关前驿近，伐鼓正渊渊。

国朝陈廷敬《食榆关驿，有老卒语世父侍御公令乐亭时事诗》

云：下马食驿亭，杯酒乾欲去。悯此人凋残，停骖诘其故。驿卒老记事，洒泣跪而语。此地古要冲，车马繁徒御。小县丁徭稀，取足外协助。乐亭籍民夫，十人九饥仆。当时陈县尹，吾民赖调护。走谒大府官，抵掌借前箸。庶人者在官，定禄出邱赋。枵腹事公家，公事亦缪误。是时大府贤，立为尹拜疏。雇直余赀粮，行役乃奔赴。尹去民寒饥，尹来有衣裤。驿东古神祠，尹至常此驻。驿南荒沙碛，是向乐亭路。迩来四十年，吾民思乳哺。我闻驿卒言，双泪零如雨。尹吾先伯父，宰木已拱墓。县路邈难逾，古祠在何处？驰马往视之，祠门日斜暮。故额宛犹存，戊寅字细署。戊寅吾以降，老大懔百虑。酹酒再拜行，春风吹独树。

又《榆关驿见桃花》诗云：东行霜草白成堆，柳塞桃林待我来。谁道榆关春色晚，花开时节使车回。

张琴《宿榆关》诗云：辞家将百里，薄暮抵榆关。倦客才停辔。苍烟已没山，夜寒闻漏永，梦短对灯闲。欲问连营处，鸡鸣又路间。

芦峰驿　属抚宁县，在南关外。额设马七十二匹，夫役八十七名，内：杠轿夫四十名，兽医一名，马牌子三名，草夫王名，抄牌一名，马夫三十五名，接递皂隶四名。每岁额支银四千二百九十二两七钱一分六厘，遇闰加银三百二十八两五钱七分四厘。

迁安驿　属临榆县，在西关外。乾隆二年改隶县治。额设马七十二匹，夫役八十四名，内：兽医一名，马牌子三名，马夫三十六名，草夫三名，抄牌一名，扛轿夫四十名，每岁额支银四千三百九十八两九钱七分一厘，遇闰加银二百九十九两一钱八分九厘。案：明永乐元年，以三卫朝京师，由迁安东北境，遂徙驿于山海后仍其名。又《畿辅通志》云：迁安驿，洪武十四年置，崇祯中归昌黎县应役。建置年与《郡志》不符。

铺　递

卢龙县　自府治南四十步为总铺，东十里周家铺，又八里第二铺，又十里双望铺，又十二里至抚宁背阴铺。自总铺而西十里石梯子铺，又十里白佛店铺，又十二里安河赤峰铺，又十里至迁安色山铺。自总铺而南二十里周王山铺，又十里至滦州刘各庄铺。自总铺而西北十五里分水岭黑石铺，又十五里，至迁安沙河铺。

迁安县 自县前总铺东南十五里至芦沟铺，又东二十五里卢龙属彭家店铺。西南二十里至赵家店铺，又十里至郑家店铺，又十五里至沙河驿铺。东北十五里至小寨铺，又三十五里至冷口关铺。西北二十里至龙启铺，又二十里至擂鼓台铺，又二十里至东寨铺，又二十里至大寨铺，又二十里至旧城铺，又二十里至白庙铺，又三十里至遵化州属二十里铺。由沙河驿东十里至沙窝铺，又十里至野鸡坨铺，又十五里至卢龙安河铺。由沙河驿西十里至马坡营驿铺，又六里至七家岭铺，又六里至新店铺，又十里至滦州属王家店铺。

抚宁县 自治东二十步为总铺，东五里横山铺，又十里白石铺，又十里马坡铺，又十五里深河铺，又十里团山铺。自总铺而西五里绿湾铺，又十里芦峰口铺，又十里义院岭背阴铺，又十里至卢龙双望铺。额设铺司兵三十名，岁支工食银一百二十两，遇闰加银十五两。乾隆三年，裁银五两，实支十两。

昌黎县 自治东十步为总铺，西十里石堠子铺，又十里柳河铺，又十里梭头湾铺，又十里营城铺，又十里訾家铺，通卢龙八里铺。自总铺而东北张各庄有铺废，外距临榆红瓦铺一百二十里。

滦州自治东二十五步为总铺。南十里棘园铺，又十里马城铺，又十里长宁铺，过此为乐亭界。自总铺而北十里刘家庄铺，过此为卢龙界。自总铺而西北七十里王家店铺，又十里牤牛桥铺，又十里榛子镇铺，又十里狼窝铺，又十里铁城坎铺。凡一百十里为丰润界外。距抚宁地马坎、深河二铺，百三十四里。

乐亭县 自治西北二十五里至新乐镇铺，接滦州长宁铺界。东北距抚宁地团山铺百里。旧治由总铺递曹家庄铺，再递此及曹家庄，被水坍塌铺已久废，总铺亦废。

临榆县 自治前铺西十里至红瓦铺，又十里至丰台铺，又十里至张果老铺，又十里至团山铺，抚宁县界。额设铺司兵十二名。岁支工食银七十二两，遇闰加银六两。咸丰八年，裁减八成银五十七两六钱，仅剩工食银十四两四钱。因临邑系入关首站，来往公文络绎，除兵差紧要文件归马递外，其余统归铺递。十四两四钱不敷办公，其裁减五十七两六钱之数，仍由县按季捐发。

墩　拨

东自山海关城七里，至五里台，又六里至栾家岭，又七里至二十里洼，又六里至烟墩岭，又七里至汤河沿，又九里至凤凰店，又十里至望海店，以上属临榆。又十三里至高台岭，又九里过深河堡至马棚山，又十四里过榆关，至白石铺，又二十五里过抚宁县至芦峰口，又六里至饮马河，又五里至新庄铺，又十里至吴达子营，以上属抚宁。又十里过双望堡至部落岭，又五里至十八里铺，又十三里至驴槽儿，又十五里过府城至鸭子河，又十里至望府台，又八里至安河铺，又七里至赤峰铺，又十里至野鸡坨，以上属卢龙。又八里至沙河铺，又十二里过沙河驿至红庙，又五里至马坡营，又七里至七家岭，又四里至新店子，又六里至乾河草，以上属迁安。又十里过新店，又十里至王家岭，又十二里至牤牛桥，又十八里至榛子镇，至烟墩山，又八里至白草洼，以上属滦州。又西接丰润界。

卷之四十四

武备志

营制

山永协副将一员，旧驻永平府。永平原设游击，顺治六年改设副将，辖山海、石门、燕河、建昌四营，属天津镇。康熙二十九年，改属古北口。道光二十八年，改隶通永镇，移驻山海关，将山海关游击移驻永平府。其原设山海路左哨，及城守、宁海二汛千总、外委兵丁均归左营管辖；原设山海路中军守备，改为右营守备，山海路右哨，及白塔岭千、把、外委兵丁，均归右营管辖。同治五年，将白塔岭千总移驻海阳，为海阳镇千总。由白塔岭拨兵八十名，仍归右营守备管辖。将左营头司把总，移驻乾沟，为乾沟汛把总，归石门路都司管辖。其左营二司把总，改为头司把总，乾沟前设额外外委仍归左营。

左营中军都司一员，原设守备。雍正十年改设都司。标下旧设千总一员、把总一员、马兵四十三名、守兵二百二十名。道光二十八年，随同副将移驻山海关。其原设山海路左哨千总，改为左营领哨千总。现辖千总一员、把总三员、经制外委三员、额外外委四员。左营领哨千总一员，头司把总一员，城守汛把总一员，领哨经制外委、头司经制外委、城守汛经制外委，各一员，领哨额外外委、头司额外外委、二司额外外委，各一员，均驻扎同城。

宁海城汛把总一员，额外外委一员，驻扎宁海城。额设马兵一百二十七名、步兵一百四十二名，守兵三百八十九名。同治三年，调赴天津洋枪队步守六十三名。十年，裁赴通永练军马步守兵一百五十名。十二年，裁拨永定河守兵二名，调赴北塘炮台步守兵十三名。光绪三年，调拨古冶汛守兵一名。现存马步守兵四百三十名，内存营领哨原设马步守兵三百八十四名，除裁调现存马步守兵二百四十名。分防城守汛原设马守兵一百七十四名，除裁调现存马守兵一百二十七名。分防宁海城汛，原设马步守兵一百名，除裁调现存马步守兵六十三名。官例马二十四匹，营操马一百二十一匹。案《大清会典》顺治六年题准，武职官员骑坐马皆系自备，名曰例马，每月照数支领草料。提督准例马十五匹，总兵官十二匹，副将八匹，参将、游击各六匹，都司、守备各四匹，千总、把总各二匹，至兵丁骑操马酌量。各营情形或马步各半，或马四步六，或马三步七，或马二步八，或马一步九，或不设马。皆于奏销案内，照各营实在数目开造报部，察核。八年题准，副将以下把总以上，每月于应支银内扣二钱，马兵扣一钱，步兵扣五分，守兵扣三分，名曰朋扣。存贮营中，以备买马之用。若有余剩由部核明于奏销本内题交户部充饷。十六年题准，官员例马提督准二十匹，总兵官十六匹，副将十二匹，参将八匹，游击以下仍各照旧数。

官员俸薪，每岁支原估俸薪等银六百七十四两八钱五分六厘。

官员养廉，每岁支原估养廉银一千五百零四两。官兵每岁支原估饷米折乾等银九千二百八十三两七钱四分。陈设马守兵，支本色米七百三十石。陈设营自马支本色豆九十七石，草一万九千八百束。以上官兵，俸廉饷乾银两俱按季由通永道请领。陈设兵米，营操马匹豆草，由山海仓支领。移驻副将、都司例马豆草，由永丰仓支领，每岁支公费银二百三十九两八钱四分一厘，由藩司请领。

右营守备一员，驻扎临榆县城。道光二十二年，筹议海防，新设山海路中军守备，以宣化镇右营守备移驻。道光二十八年，改设山海路左右两哨，为山永协左右两营。原设山海路中军守备，改为山永协右营守备，现辖千总二员，把总二员，经制外委三名，额外外委三名。

右营领哨，千总一员，头司把总一员，二司把总一员，经制外委二名，额外外委三名，均驻扎同城。

海阳汛，千总一员，驻扎海阳镇。

白塔岭汛，经制外委一员，驻扎白塔岭。

额设马兵九十七名，步兵一百五十三名，守兵二百六十三名。调赴通永练军马兵二十名，步兵三十名，守兵六十八名。调赴天津洋枪队马兵二名，步兵一名，守兵五十名，裁拨永定河守兵二名。实存马兵七十五名，步兵一百二十二名，守兵一百四十三名，共马步守兵三百四十名。

存营马兵五十七名，调赴北塘炮台，步兵五名，守兵一百五名，安设塘拨马兵七名，步兵九十二名，调赴北塘炮台守兵三名，拨古冶汛守兵一名。实存马兵五十名，步兵八十七名，守兵一百一名，共马步守兵二百三十八名。

分防白塔岭马兵八名，步兵十二名，守兵十四名。调赴天津马队马兵一名，安设塘拨马兵二名，调赴北塘炮台防兵一名。实存马兵五名，步兵十一名，守兵十四名，共马步守兵三十名。

海阳汛马兵十名，步兵十八名，守兵二十四名。调赴天津马队马兵二名，安设塘拨马兵二名，调赴北塘炮台步兵二名。实存马兵六名，步兵十六名，守兵二十四名，共马步守兵四十六名。

官员俸薪，每岁原估二百五十八两七钱六厘，守备一员，岁支俸薪银九十两七钱六厘。千总二员，每员岁支俸薪银四十八两。把总二员，每员岁支俸薪银三十六两，除扣朋银十二两，减平银十五两五钱二分二厘四毫外，实领银二百三十一两一钱八分三厘六毫。

官员养廉，每岁原估银六百七十四两。守备一员岁支养廉银二百两，千总二员每员岁支养廉银一百二十两，把总二员每员岁支养廉银九十两，经制外委三名，每名岁支养廉银十八两。除扣减平银四十两四钱四分外，实领银六百三十三两五钱六分。外委马步守兵饷，每岁原估银一万零二百五十两四钱，外委马兵一百三名，每名岁支饷银二十四两共银二千四百七十二两，步兵一百五十三名每名岁支饷银十八两。共银二千七百五十四两。守兵二百六十三名，每名岁支饷银十二两，共银三千一百五十六两。岁支米一千八百六十八石四斗，每石折银一两，共银一千八百六十八两四钱，除扣朋银三百十两零八分外，实领银九千九百四十两三钱二分。官例马十二匹，操营马一百三匹，共马一百十五匹。每匹春冬，支豆五石四斗，每石折银七钱，支草三百六十束，每束折银八厘，共折银六两六钱六分；夏秋乾折银三两，每匹岁支豆草乾折银九两六钱六分，共银九百九十四两八钱八分。每岁官弁兵马俸廉饷乾，除扣减平朋银外，实领银一万零八百五两六分三厘六毫，内除扣还调赴裁拨马步守兵官银二千六百九十八两六钱二分外，每岁实领银八千一百零六两四钱四分三厘六毫。

山海路游击一员，原设参将。顺治六年，改设都司。道光二十三年，改游击。二十八年与山永协副将互相移驻，现辖千总一员、把总二员、经制外委二员、额外外委三员。

中军千总一员，原设守备。道光二十八年，由山永协右营改设，专管兵马、钱粮、军装、库贮，兼管本路官兵马匹操防。咸丰九年，移驻巩华城。将巩华城千总移驻山海路，为中军千总。

左司把总一员，管城内外西南二汛。右司把总一员，管城内外东北二汛，右司额外外委一员，均驻扎同城。

左司经制外委一员，驻扎城西范家庄。

左司额外外委一员，驻扎夷齐庙。

茨榆坨汛，经制外委一员，驻扎滦州茨榆坨。

古冶汛，额外外委一员，驻扎滦州古冶。

额设马兵五十三名，守兵二百六十二名。同治十年四月，裁拨通永练军马兵二十二名，守兵四十九名。十二年三月，裁拨天津洋枪队马兵七名，守兵二十三名。四月，裁拨永定河防汛守兵一名。十二月，调拨北塘北岸炮台守兵六名。现存马兵二十四名，守兵一百八十三名，左司马兵十名，守兵八十九名，右司马兵十三名，守兵八十五名。分防茨榆坨汛，马兵一名，守兵五名。分防古冶汛，守兵四名。

额设营操马四十五匹，自咸丰三年正月，至同治十年二月，历次调赴各路军营，原额马匹无存。除调赴河南军营马十五匹，扣除住支外，现由本路随时筹款陆续买补营马三十匹，以资操防。

官员俸薪每岁原估银三百五十一两三钱三分六厘，游击一员岁支二百三十一两三钱三分六厘，千总一员岁支四十八两，把总二员岁共支七十二两。除扣朋银九两六钱，小建银五两八钱五分，还减平银二十一两零八钱零，领银三百十四两八钱零六厘。

官员养廉，每岁原估银七百三十六两。游击一员岁支四百两，千总一员岁支一百二十两，把总二员岁共支一百八十两，外委二员岁共支三十六两。除扣还减平银四十四两一钱六分，游击停给一成银四十两，实领银六百五十一两八钱四分。

兵饷、马乾豆草折银，每岁原估银四千七百八十五两九钱六分，米一千一百五十二石，豆三百四十五石六斗，草二万三千零四十束。外委五名、马兵五十三名，岁共支饷银一千三百九十二两。守兵二百六十二名，岁共支饷银三千一百四十四两。外委马守兵，三百二十名，岁共支米一千一百五十二石。官例马十二匹，营操马六十四匹，每匹岁支乾豆草按数折银如前。除扣马守兵朋银一百六十三两九钱二分，小建饷银七十九两四钱二分八厘，小建米十九石二斗，小建豆五石七斗六升小建草三百八十四束。裁拨军洋枪永定河马兵守兵一百零二名，裁减马十三匹，调赴河南军营马十五匹，应住支饷米马乾豆草外，实领兵饷，马乾豆，草，折银二千五百三十九两九钱七分一厘。米一千一百三十二石八斗，豆二百六十石零一斗九升，草一万七千三百四十六束。以上官弁，俸廉，兵马饷乾等银，俱由通永道库按季请领，会同永平府逐名散放。

石门路都司一员，驻扎石门寨。原设参将，顺治六年，改设都司。标下旧设存城千总一员，大毛山把总一员，深河经制外委一员。道光二十三年，存城汛改设把总，大毛山改设经制，深河改设额外。道光三十年，添设乾沟汛外委，由蒲河、乐亭二营拨兵六十名。同治六年，撤乾沟汛，外委改设把总，由左营拨驻。现辖把总五员，经制外委一员，额外外委一员。

存城汛　把总一员，驻扎同城。

抚宁汛　把总一员，驻扎抚宁县城。

义院口　把总一员，驻扎临榆县北，距本路二十五里。

黄土岭　把总一员，驻扎一片石关。

乾沟汛　把总一员，驻扎乾沟街。

大毛山　经制外委一员，驻扎城子峪。

深河汛　额外外委一员，驻扎深河堡。

额设马兵三十名，步兵十二名，守兵一百六十八名。同治三年，裁拨洋枪队马兵一名，守兵十六名。十年，裁拨通永练军马兵八名，步兵八名，守兵三十二名。十二年，裁拨永定河防汛兵一名。实存马步守兵一百四十四名。存城汛马兵八名，步兵八名，守兵二十五名。抚宁汛马兵十一名，守兵三十一名。义院口汛马兵一名，步兵一名，守兵十二名。大毛山汛守兵十名。黄土岭汛守兵十三名。乾沟汛马兵一名，步兵一名，守兵二十五名。深河汛防兵五名。各汛共实存马步守兵一百五十二名。

额设营操马三十匹，原裁省五匹。自咸丰三年至同治十年，历次调赴各路军营原额马匹无存。除调赴河南军营马九匹，扣除住支外，现由本路随时筹款，陆续买补营马十六匹，以资操防。

官员俸薪，每岁原估银三百二十一两三钱九分六厘。都司一员岁支俸薪银一百四十一两三钱九分六厘，把总五员岁共支一百八十两，除扣平朋小建银，实领二百八十二两三钱五分四厘。

官员养廉，每岁原估银七百二十八两。都司一员岁支养廉银二百六十两，把总五员共支四百五十两，经制外委一员岁支十八两，除扣减平银，实领六百八十四两三钱二分。

兵饷、马乾豆草、饷米折银，每岁原估三千四百二十两零六钱，米五百四十七石二斗，豆一百九十四石四斗，草一万二千九百六十束。外委马守兵一百五十二名，每名岁支银米如前，官例营操马三十六匹，又以蒲乐两营拨来营马十匹，每匹支乾豆草折银如前，除扣朋银，小建，并裁拨洋枪队、练军，永定河马步守兵六十六名，及裁减省马调赴河南军营马，均应住支外。实领兵饷、马乾豆草银一千九百九十两零五钱二分四厘，米五百三十八石零八升，豆一百九十一石一斗六升，草一万二千七百四十四束。由昌黎县仓支米三百八十五石八斗六升，豆一百四十八石六斗八升，草九千九百一十二束。由山海关管粮分府支米一百五十二石二斗二升，豆四十二石四斗八升，草二千八百三十二束。

以上官弁俸廉、兵马饷乾等银俱由通永道库按季请领，会同山海关分府逐名散放。

蒲河营都司一员，驻扎牛头崖。标下旧设千总一员，把总二员，经制外委一员，额外外委一员。道光二十二年，筹办海防添设千总二员，把总一员，经制外委三员，额外外委二员。二十六年，裁清河口把总，拨归石门路。存汛现辖千总三员，把总二员，经制外委四员，额外外委三员。

存营千总一员，经制外委一员，额外外委一员，随都司驻扎本营。

清河口汛　经制外委一员，驻扎官庄。

昌黎汛　把总一员，驻扎昌黎县城。

昌黎蛤泊汛　额外外委一员，驻扎蛤泊堡。

洋河口汛　千总一员，经制外委一员，驻扎东河南庄。

蒲河口汛　把总一员，驻扎大蒲河庄。

浪窝口汛　千总一员，经制外委一员，额外外委一员。驻扎陈庄。

额设马兵七十五名，步兵一百十二名，守兵二百七十六名。同治二年，拨天津马队马兵九名。四年，拨天津洋枪队马步守兵三十八名。十年，拨通永练军马步守兵一百六名。十二年，拨防守北塘北岸炮台守兵十名。裁拨永定河防汛步兵一名。今存营实存马兵二十三名，步兵二十四名，守兵六十三名。清河口汛，马兵一名，守兵五名。昌黎汛，马兵五名，步兵六名，守兵十九名。蛤泊汛守兵二名。洋河口汛，马兵六名，步兵十五名，守兵二十八名。蒲河口汛，马兵四名，步兵十三名，守兵十九名。浪窝口汛，马兵六名，步兵十九名，守兵三十五名。共实存马步守兵二百九十九名。

额设营操马八十二匹，原裁省五匹，自咸丰三年至同治十年，历次调赴各路军营，原额马匹无存。内除调赴河南军营马二十六匹，扣除住支外，现由本营随时筹款，陆续买补营马五十一匹，以资操防。

官员俸薪，每岁原估银三百五十七两三钱九分六厘。都司一员，岁支一百四十一两三钱九分六厘；千总三员，岁共支一百四十四两；把总二员，岁共支七十二两。

官员养廉，每岁原估银八百七十二两。都司一员，岁支二百六十两；千总三员，岁共支三百六十两；把总二员，岁共支一百八十两；外委四员，岁共支七十二两。

兵饷，马乾草豆，每岁原估银九千四百三十三两五钱，米一千三百五十石，折银一千三百五十两，本色米三百四十二石，豆三百十八石六斗，折银二百二十三两零二分，本色豆一百九十九石八斗，草三万四千五百六十束，折银二百七十六两四钱八分。外委马步守兵三百七十五名，每名岁支银米如前，外委马守兵九十五名，岁共估本色米三百四十二石，由昌黎县支领。官例马十匹，营操马八十二匹，每匹岁支干豆草折银如前。内除裁减营马五匹，调赴河南军营马二十六匹，应住支外，余由昌黎县支领。以上官弁兵丁马匹，俸廉，饷米，草豆，折等银，俱由通永道库支领，会同抚宁县逐名散放。

乐亭营都司一员，驻扎乐亭县城。原设守备，康熙十六年，从刘家墩移驻。雍正十一年，改设都司。旧制蒲河、乐亭系山永协辖。康熙二十九年，将山永改隶古北口，蒲河、乐亭隶天津镇。道光二十八年，山永协改隶通永镇，蒲河、乐亭仍属山永协。标下旧设千总一员，把总二员，经制外委一员。道光二十二年，筹设海防，裁刘家墩汛，添设刘家河、清河口、臭水沟三汛。现辖千总一员，把总四员，经制外委三员，额外外委一员，存城汛把总一员，经制外委一员，额外外委一员驻扎同城。

滦州汛　千总一员，经制外委一员，驻扎滦州城。

刘家河汛，把总一员，经制外委一员，驻扎大庄窝。清河口汛，把总一员，驻扎马头营。

臭水沟汛　把总一员，驻扎西瓜里。

倴城汛　经制外委一员，驻扎倴城镇。

额设马兵七十六名，步兵一百十二名，守兵三百名。同治十年，裁拨通永练军马兵二十五名，步兵十七名，守兵六十八名。十二年，裁拨天津洋枪队马兵四名，步兵九名，守兵三十三名；裁拨永定河步兵一名；调拨北塘北岸炮台步兵一名，守兵九名。光绪二年，裁拨山海路，古冶汛守兵一名。今存城汛实存马兵二十名，步兵十八名，守兵六十八名。滦州汛马兵八名，步兵十九名，守兵四十六名。刘家河汛马兵八名，步兵十八名，守兵二十七名。清河口汛马兵五名，步兵十三名，守兵十八名。臭水沟汛马兵四名步兵十四名，守兵十五名。倴城汛，原设马兵二名，守兵八名。同治十三年，由本营刘家河汛，拨归步兵二名，守兵十三名，现存马兵二名，步兵二名，守兵十五名。共存马步守兵三百二十名。

额设营操马八十一匹，除裁减营马五匹，调赴河南军营马二十五匹马，拨马八匹，经额马五匹，现存营马三十八匹。

官员俸薪，每岁原估银三百三十三两三钱九分六厘。都司一员，千总一员，把总四员，除扣平朋、小建银，实领二百九十三两四钱三分六厘二毫四丝。

官员养廉，每岁原估银八百十二两。都司一员，千总一员，把总四员，经制外委四员，除扣减平银实领七百六十三两二钱八分。

兵饷、马乾豆草，每岁原估银九千六百八十四两二钱四分。外委马兵八十一名，岁共支饷银一千九百四十四两；步兵一百十二名岁共支饷银二千零十六两；守兵三百名，岁共支饷银三千六百两；外委马步守兵三百七十四名，岁共支米一千三百四十六石四斗，折银一千三百四十六两四钱；外委马守兵一百十九名，岁共支本色米四百二十八石四斗。官例马十四匹，裁减马五匹，调赴军营马二十五匹马。拨马八匹，经额马五匹，营操马三十八匹，共马九十五匹。

每匹岁支乾豆草，折银如前。除扣朋银小建，裁拨练军，洋枪队，永定河，古冶马步守兵一百六十八名，应住支外。实领兵饷，马、干豆、草银七千八百零五两四钱七分五厘，米四百二十八石四斗，豆一百九十九石八斗。存城傍城汛，外委马步守兵，八十九名，由乐亭县仓，支本地米三百二十石零四斗，豆一百五十六石六斗。滦州汛外委马守兵三十名，由滦州仓支本地米一百零八石，豆四十三石二斗。

以上官弁俸廉、兵马饷乾等银，俱由通永道按季请领，会同滦州、乐亭县，逐名散放。

以上各营属山永协辖。

三屯营游击一员，原设总兵。顺治四年，改设副将，辖喜峰、建昌、燕河三路，标下旧设左营都司一员，右营守备一员，千总一员，把总二员，经制外委一员，额外外委二员。道光二十二年，副将移驻大沽，以喜峰路游击改拨作为三屯营游击，以三屯右营守备，作为中军守备，左营千总移驻洋河口，经制额外俱裁拨蒲河口。现辖守备一员，把总二员，额外外委一员。

中军守备一员，专管兵、马、钱、粮、军装、器械，兼管本营官兵、马匹操防。左哨把总一员，管西路拨二处，系遵化州地界。北路拨二处，系迁安县地界。右哨把总一员，管东南路拨汛三处，系迁安县地界。协防额外外委一员，均驻扎三屯。

额设马守兵三百八十七名，营马一百十七匹。自乾隆十年至道光二十二年，裁马守兵二百十九名，营马七十匹。现额设马守兵一百七十一名。同治九年，调赴古北练军马兵十三名，守兵三十七名。现存营马兵四十七名，守兵七十四名。

额设营操马四十七匹，除调赴江南、河南、天津，海口军营马十九匹，现存二十八匹。

官员俸薪，每岁原估银三百九十四两四分四厘。游击一员，守备一员，把总二员，除扣平朋小建银，实领三百四十九两一钱。

官员养廉，每岁原估银七百八十两。游击一员，守备一员，把总二员，除扣减平停给银，实领六百九十五两六钱。

兵饷、米、马乾等银，每岁原估四千四百五十三两二钱。外委马兵六十名，岁共支饷银一千四百四十两。守兵一百十一名，岁共支饷银一千三百三十二两。马守兵一百七十一名，岁共支米六百十五石六斗，折银六百十五两六钱。官例马十四匹，营操马四十七匹，每匹春冬二季，日支乾银四分；夏秋日支乾银三分，共银七百六十八两六钱。除扣小建、朋银，并裁节省马十三匹，调河南、江南、天津军需马十九匹，及调赴古北练军马守兵五十名外。实支饷米乾银二千九百四十五两八钱八厘。

以上官弁俸廉、兵马饷乾银等，俱由通永道库，按季请领，会同遵化州逐名散放。

燕河路都司一员，原设参将。顺治六年，改设守备。雍正十年，改设都司。标下旧设把总一员，现辖把总三员，专城汛把总一员，驻扎同城。

台头汛　把总一员。康熙元年，以操守改设，驻扎台头营城。

界岭口汛　把总一员。康熙元年，以操守改设，驻扎界岭口。

额设马兵十名，守兵五十四名。同治九年调拨古北练军马守兵二十名。光绪元年，由练营撤回原营马守兵四名。现存专城汛，马兵七名，守兵二十三名；台头营汛，守兵八名；界岭口汛，守兵七名；箭杆岭口，守兵一名；青山口，守兵二名。共马守兵四十八名。

额设营马十匹。除裁减营马一匹，调赴河南军营马二匹，实存营马七匹。

官员俸薪，每岁原估银二百四十九两三钱九分六厘。都司一员，把总三员，除扣平朋、小建银，实领二百二十两零六钱七分四厘。

官员养廉，每岁原估银五百三十两。都司一员，把总三员，除扣减平银，实领四百九十八两二钱。

兵饷、马乾、豆草，每岁原估银九百四十八两，米二百三十石四斗，豆一百零八石，草七千二百束。马兵十名，岁共支饷银二百四十两，守兵五十四名，岁共支饷银六百四十八两。马守兵六十四名，岁共支米二百三十石四斗。官例马十匹裁减马一匹，营马九匹，每匹岁支乾豆草折银如前。除扣裁减马，调赴河南军营马，并扣马守兵小建、朋银，及扣还调赴古北练军马守兵十六名，均应住支外。实领兵饷马乾银六百五十七两三钱五分四厘，米二百二十六石，豆一百零六石二斗，草七千零八十束。专汛马守兵三十二名，营自马十一匹，由昌黎县仓支米一百十三石二斗八升，豆五十八石四斗一升，草三千八百九十四束。台头、界岭二汛，马守兵三十二名，营自马九匹，由抚宁县仓支米一百十三石二斗八升，豆四十七石七斗九升，草三千一百八十六束。

以上官弁俸廉、兵饷、马乾等银，俱归通永道库按季请领，会同卢、抚二县逐名散放。

建昌路都司一员。原设参将，顺治六年，改设都司。标下旧设千总一员，把总一员。现辖千总一员，把总三员，经制外委二员。

中军千总一员驻扎同城。

迁安汛　把总一员，驻扎迁安县城。

桃林口　把总一员，康熙元年，以操守改设，驻扎林口关。

冷口关　经制外委一员。康熙元年，以操守改设把总。道光二十四年，拨归海口，改设经制外委，驻扎冷口关。

经制外委一员，驻扎沙河驿。

榛子镇把总一员，驻扎榛子镇。

额设马兵三十八名，守兵一百四十五名。同治九年，调拨古北练军马兵七名，守兵五十三名。现存建昌路马兵十二名，守兵二十三名；迁安汛马兵六名，守兵十六名；桃林口守兵十三名；冷口关守兵七名；榛子镇马兵十三名，守兵三十三名。共存马兵三十一名，守兵九十二名。

额设营操马四十匹，除裁减营马七匹，现存营操马三十三匹。

官员俸薪，每岁原估银二百九十七两三钱九分六厘。都司一员，千总一员，把总三员，除扣平朋、小建银，实领银二百六十二两五钱九分六厘。

官员养廉，每岁原估银六百八十六两。都司一员，千总一员，把总三员，外委二员，除扣减平银，实领银六百四十四两八钱四分。

马守兵饷，每岁原估银二千七百两，米六百六十六石。外委二员，马兵三十八名，岁共支饷银九百六十两，守兵一百四十五名，岁共支银一千七百四十两；外委马兵四十名，岁共支米六百六十六石，除扣朋、小建银，并扣还古北练军马守兵六十名外。每岁实领银一千七百五十一两零一分，米四百四十二石五斗。米由永丰、迁安、滦州三仓支领。官例马十二匹，营操马四十匹，每匹岁支乾豆草折银如前，除扣裁减马并小建，每岁实领银一百五十八两零二分，豆二百四十石零三斗，草一万二千七百六十束。由迁安仓领豆一百三十三石五斗，草七千二百束。由永丰仓领豆五十三石四斗，草二千七百八十束。由滦州仓领豆五十三石四斗，草二千七百八十束。

以上官弁俸廉、兵饷、马乾等银，俱由通永道库按季请领，会同迁安县，逐名散放。

喜峰路都司一员。原设参将，都司各一员。顺治六年，改设游击，守备。康熙二十三年，裁守备。道光二十二年，将游击移驻三屯营。以三屯左营都司，移驻喜峰路。标下旧设千总二员，把总四员，经制外委三员，额外外委三员。咸丰九年，改拨天津大沽海口营千总一员，以白羊峪把总拨驻太平寨，其白羊峪拨归擦崖子汛管辖。现辖千总一员，把总四员，经制外委三员，额外外委三员。

中军把总一员，额外外委一员，驻扎同城。

李家峪汛　经制外委一员。康熙元年，以操守改设把总。后改设经制，驻扎李家峪。

青山口汛　经制外委一员。康熙元年，以操守改设把总。后改设经制，驻扎青山口关。

榆木岭汛　把总一员。康熙元年，以操守改设，驻扎榆木岭。

太平寨　把总一员。原设千总。咸丰九年，千总拨大沽协，以白羊峪把总移驻。

擦崖子汛　把总一员。驻扎擦崖子关，白羊峪汛地拨归管辖。

以上属喜峰路东汛。

潘家口　千总一员，原设守备。雍正十年，改设都司，辖把总一员，后俱裁。改设千总，辖汉儿庄。额外外委一员，驻扎潘家口。

松棚路汛　经制外委一员，驻扎遵化州地界。

龙井关汛　额外外委一员。康熙元年，以操守改设把总。后改设额外，驻扎龙井峪关。

以上属喜峰路西汛。

额设马守兵二百十九名。同治九年，调赴古北练军马兵四名，守兵六十六名。十一年，裁拨永定河守兵三名。光绪元年，由古北练军撤回本营马兵一名，守兵三十一名。现存喜峰路存城马兵十三名，守兵五十名，李家峪守兵十五名，青山口守兵十三名，榆木岭守兵十一名，太平寨马兵二名，守兵十七名，擦崖子白羊峪共守兵二十名，潘家口马兵三名，守兵十六名，松棚路守兵八名，龙井关守兵十名。共存马守兵一百七十八名。

额设营马二十七匹。除裁省马六匹，经制额外骑操马六匹，马兵骑操马十五匹。自咸丰八年至同治元年历次调赴江浦、河南、天津、海口等处，军需马八匹。本营乾银住支，同治七年，由古北口拨还补额营马五匹，并未发给乾银，实领乾营操马十二匹。

官员俸薪，每岁原估银三百三十三两三钱九分六厘。都司一员，千总一员，把总四员，除扣平朋、小建银，实领银二百九十三两四钱三分六厘。

官员养廉，每岁原估银七百七十四两。都司一员，千总一员，把总四员，外委三员，除扣减平银，实领七百二十七两五钱六分。

兵饷马乾米等折银，每岁原估银四千三百五十两零六钱。外委六员，马兵二十一名，岁共支饷银六百四十八两；守兵一百九十五名，岁共支饷银二千三百四十两；外委、马兵二百二十二名，岁共支米七百九十九石二斗，每斗折银一钱，共折七百九十九两二钱。官例马十四匹，节省马六匹，营操马二十一匹，共马四十一匹。每匹岁共支乾银五百十六两六钱，除扣朋、小建银，并扣还调赴古北练军马兵三名，守兵三十五名，及裁减省马六匹，调赴江浦，河南，天津，海口等处军需马，应扣住支外。实领兵饷、马乾、米等银共三千三百九十三两三钱七分六厘。

以上官弁俸廉、兵马饷乾等银，俱由通永道库按季请领，会同遵化州，逐名散放。

以上各路属三屯营辖。

边　防

东自临榆县老龙头起，北十里至山海关，又北十二里至三道关，又北三十三里至化皮山中岭（以上系山海路千总汛，今增设宁海城把总）。又北八里至一片石，又西七十二里至董家口（以上系石门路黄土岭把总汛，驻九门口）。又西八十里，至板场峪尖山台（系石门路，大毛山把总汛，驻城子峪）。又西四里至义院口，又西百二十二里至背牛顶下扒挞岭，与抚宁界（以上系石门路义院口把总汛）。自扒挞岭又西六十里至骆驼岭（系燕河路台头营把总汛）。又西五里至界岭口，又西二十里至青山口，又西四十里至八号花楼与卢龙界，又西十里至重峪口，又西十五里至吉了峪与迁安界（以上系燕河路界岭口把总汛）。自吉了峪西八里，至桃林口关，又西七里至刘家口关。（系建昌路桃林口把总汛）。又西三十二里至冷口关（系建昌路冷口把总汛，今改外委）。又西二十里，至白羊峪关（系建昌路白羊峪把总汛，今归并擦崖子）。又西四十里，至擦崖子关（系喜峰路擦崖子把总汛）。又西十四里至城子岭关。又西二十五里至榆木岭关（系喜峰路榆木岭把总汛）。又西四十一里至董家口关（系喜峰路青山口把总汛，今改外委）。又西十五里，至铁门关，又西十五里至大喜峰口关（以上系喜峰路李家峪把总汛，今改外委）。又西八里至潘家口关，又西十三里，至柞子庵关，又西十三里至龙井关（以上系八沟营潘家口把总汛，今改千总）。

蓟永为京师左臂，一带边关，明季最要。孙文正公前后督师出关，筹画营制，相度山川，谓守关内不如守关外，盖统黄土岭及南海头言之也。我朝定鼎以来，烽烟无警，虽经裁汰，旧制犹存，旗绿两营，沿边戍守，每岁秋季查器械，葺边墙，升平日久，武备不弛，慎重之意至矣。夫岂曰在德不在险，而遂忽诸？

明主事陈绾《蓟镇守边论》云：蓟镇京师之环卫也，延袤二千余里，其边防固亦重矣。说者谓崇冈叠嶂，诸边惟蓟边为可守，而守之者，则在于兵，所患者兵不足也。愚谓蓟边固可守矣。而今之所谓守者，非昔之所谓守也。昔之守边者专守要害，而余兵以备策应，故兵虽省而不少。敌常聚而不分，敌不敢入肆毒者，制防使然也。今则不择要害，不分奇正，而徒议把守。把守未必能全，而策应只见其寡，力分势弱其何以支，就使加兵，亦岂能遍实二千余里之边乎？常考蓟镇原额兵止四万有余。自二十九年多事之后，抽拨召募已增至六七万矣。加以防秋客兵，往往不下十余万。去年寇自流河口入，把守既无如之何，经二昼夜而参游所统之兵星散瓦解，竟无一枝一队为之应援。副总兵蒋承勋特以数卒堵截，歼于敌手。此何以哉？良由蓟镇有把守之兵，而无策应之兵，以十万之众，而派守于二千里之边声援，既不足以却敌，缓急又不能以相救。盖聚分之势异，而战守之形不相及也。兵法云："所备者多，则所与战者寡。无所不备，则无所不寡。"昔之守边者，既有所择矣，且步兵把守，而马兵以供策应，参将把边，而游击之兵原无所定者，备缓急也。今则尽参游马步之兵，而分派于沿边，名曰各守汛地。夫把守果足以御敌之入则善矣。万一不能使之不入，则声援隔绝，首尾冲决。其分散者既难仓卒使之聚，而彼以各守汛地为名，方将藉口以逭其责，孰肯相机策应以冒不测之险哉？是故把守之兵不可废，而策应之兵犹不可缺也。夫据险省戍，自古为然。蓟镇冈阜重叠，敌难径入，其平坦易驰逐者，可数而尽也。则不必随处而守亦明矣。夫惟随处而守，此兵之所以常不足也。诚使当事者，尽阅蓟边，其冈阜层叠，敌难径入者，略置屯堠，而省其把守之兵；其平坦易驰逐者，则增多其兵，以为把守；仍有以马之兵，挑选团练分为数队，驻于沿边要害，及东西适中之处。一旦有警，则一呼而集，或遏其冲，或邀其惰，纵不能胜，而牵制联络，使不得大逞以饱欲。兵不至星散瓦解，如曩日之盛也。夫把守者正也，策应者奇也，奇正者兵家之形也。得其形者可以战亦可以守，此动之所以不跌也。不得其形者，不可以战，不可以守，徒恃其不来，不恃吾有以待之，兵家之所忌也。盖兵固贵足矣，而有术以张之；守固为急矣，而有略以权之。故蓟镇之守边，不可以不深长思也。

隆庆二年五月蓟辽总督谭纶《疏陈边务》言：游兵破敌，诚为制驭长策，而行之有四难：制敌长技非车不可，召募强壮岁费甚多，司农告匮，一难也。燕赵之士自备敌以来锐气几尽，募卒吴越又疑，用之不可北，散之不可南，二难也。燕赵之人素骄，骤见军法，不无大骇，且去京甚近，流言易生，三难也。我兵素未当敌，战而胜之，敌不心服，能再破之，终身创矣；第恐忌嫉易生，奇祸或至，四难也。不若姑就蓟镇现兵讲求战守之策。各路选兵十支，每支务足三千，列为三营，营分三军，各加训练，仍付戚继光以督理练兵之职。每春秋两防，三营之兵各移近边。臣与继光往来督饬，各负墙以战，遏之边外，此乃为上策。万一乘隙溃入，亦愿少逭罪诛，臣等决一死战，收桑榆之功，亦不失为中策。若先事不能御，后事不能战，掩取微功，苟图塞责，是谓无策。又言中国长技无如火器，欲练兵三万人，必得鸟铳手三千人为冲锋，而时加肄习，必迟之一年不可令。防秋期近，请选取浙兵三千人，以济一时之急。从之。既而复条上分立三营事宜。言春秋两防云：时各屯要地，如永平有警，则遵化一营御之，三屯出二哨应之，密云出一哨应之。蓟州有警，则三屯一营御之，遵化出二哨应之，密云出一哨应之。密云有警，则密云一营御之，三屯出一哨应之，遵化出一哨应之。兵皆据墙力战，以拒敌不入为上功，其或一面失守，致敌溃入，则合三营之兵，并力奋击，务收会捷。又言蓟镇专用主兵将，以罢调客兵，今行之而未效者，任未专也。宜责臣纶与继光专董其事，勿使巡按巡关参与，其间俟三年，补练有成，然后遣官阅视，补得主兵几何？即罢调客兵几何？疏入，报可。

三年，总理练兵都督戚继光上言：蓟镇近兵虽多，亦少之，原有七不练之失，有六虽练无益之弊，有四又言兵形象水，水因地而制流，兵因敌而制胜。蓟之地有三平，易交冲内地百里，以南之形也。

半险半易，近边之形也。山谷夹隘，林薄蓊翳，边外之形也。敌入平原易于车战，敌人近边利于骑战，敌在边外利于步战，三者迭用，乃可制胜。边兵所习惟马、山战、谷战、林战，之道，惟浙兵能之。愿予臣浙兵三千战守，又以三千鸟铳手付臣教练，分发十区听臣总领车骑合练。庶臣得展布而无制肘之虞。部议宜取回总兵郭琥，而独任继光。上是之。

以上皆胜朝陈迹。于今似无庸议，然边防虽弛，海防宜知触类引伸。即此正可悟彼。故附录于此，以俟知兵者神而明之也。

海 防

已详营制中，后附海防旧制，以备参考。

山海路 明季原设海防三营，官兵三千员名。

国初经制官兵二百零三员名，分防海口三处。老龙头，即南海口，极冲，上有望海楼一座，设守备一员，目兵百五十名。西至秦皇岛三十里，秦皇岛次冲，设把总一员，目兵二十四名。西至白塔岭十里，白塔岭即汤河口极冲，设把总一员，目兵三十名，旧有墩台。西至金山觜三十里，系蒲河营汛。蒲河营汛，东自金山觜起，西至小滦河界止，共计二百里。明季设副将一员，目兵三千名，内牛头崖、赤洋海口，明季设坐营官一员，兵各八十名，驻防海口，旧有土墩。

国初，新更经制蒲河口一带，设立都司一员、千总一员、把总二员、目兵四百名。按汛冲缓安设官兵。备盖窝铺，叠砌炮台，督率目兵昼夜了望巡防。金山嘴土台一座，西岭土墩一座，西至戴家河二十里。戴家河极冲适中，都司千总驻焉。总辖东西一带海口，领兵二百名，木楼二座。连峰寺土墩一座，西至蒲河口四十里。蒲河口，即青河口极冲，把总驻焉。领兵一百名，木楼一座，口南木楼一座，洋河口西土墩一座，苏家镗西木楼一座，西至沙崖口七十里。沙崖口次冲，把总驻焉。领兵五十名。木楼一座，口东木楼一座，西至野猪口二十五里。野猪口次冲，防兵二十五名，把总兼摄土墩一座（明永乐时，倭犯境自此入），西至胡林河十五里。胡林河次冲，防兵二十五名，把总兼摄土墩一座，西至刘家墩三十里。刘家墩营汛，原设守备一员，把总二员，目兵二百名，分防海口五处。滦河口极冲，把总驻焉。领兵五十名，木楼一座（以上三口，明初统隶乐亭新桥营，自万历后加设蒲河营，将此三口改隶，有把总一员驻官庄，经制外委一员驻胡林河），西至韭菜沟三十五里。韭菜沟次冲，防兵三十名，把总兼摄土墩一座，西至清河口二十里。清河口极冲适中，守备驻焉。东西调度领兵四十名，土墩一座，西至高糜河八里。高糜河次冲，防兵三十名，把总兼摄木楼一座，土墩一座，西至蚕沙口四十里。蚕沙口极冲，把总驻焉。领兵五十名，土墩一座（以上四口，明初皆隶新桥营，嗣改刘家营，遂隶之）。西至望风交界，三十七里。

永平海口记

刘家河口 属滦州。为青河之末流，合泝河下注于海，即今所谓大庄河口是也。北至州一百三十里，西至黑洋河七十里，过此为丰润境。东至乐亭大清河三十五里。宽二三丈不等，潮长水深四尺，潮落不过尺许。距河口十里，有拦江沙一道，百石之舟乘潮出入，尚无滞碍；二百石以上，须用小舟拨运。炮台一座，旧基约略可考。惟无险可扼，似宜移筑齐罗网铺，因河流曲处，收左右环击之势。

大清河口 属乐亭。滦水未徙时，由马城奔注入海。自嘉庆二十年淤塞上游，遂涸。北至县五十里，西至刘家河三十五里，东至老米沟六十里。口宽四五丈，浅不盈尺，潮长水深七八尺，三百石粮艘可以驶入。距河口廿余里，有拦江沙一道，沙内有半月坨，石臼坨，为曩时集市，上多水草，商舟恒于此取给。龙神庙旁炮台一座，土人称为老爷尖是也。若于月、白二坨对筑层台，如两鳌耸峙，尤制胜良策。

老米沟即猪觜口 属乐亭。滦流旧徙时入海处。今虽闭塞，然潮汐逆流尚可浸淫十余里。北至县三十五里，西至大清河三十五里，东至昌黎甜水沟六十五里。口宽七八丈，浅不盈尺，潮长水深六七尺，距口十里，有拦江沙二道。迤北旧炮台一座，仅余废土。

甜水口 属昌黎。向入七里海，涓涓浅濑，本不能行舟。自滦水东合入海，河槽遂广而商船亦即由此进口。然清流迅急，大船俱泊太平湾，即此河之下口也。何谓太平湾？盖滦流挟沙下注海潮壅泥，上行淤而成湾。海舟泊此，可以避险，而且水底无沙，便于抛锚，舣舟最稳。外即拦江沙，潮落水深四五尺，大舟入滦毫无阻滞。河口尚有横沙一道，百石商船亦可驶入内。河北至县七十里，西至老米沟三十五里，东至蒲河口六十里，口宽二十余丈，深一二尺不等。东岸沙坨绵亘百余里，滦水至此为沙所扼，不能东徙云。背坨筑台，炮力亦能俯击太平湾，浅处可设暗樁，深处可伏水雷，要皆海防所宜。

蒲河口 属昌黎。发源海眼，夹莲花、樵夫诸山而下，宽三丈，深尺许，下口为浮沙所淤，商船收口甚艰。有旧炮台二座，其一为沙所偃，其一砖石尚存。北至县二十五里，西至甜水沟六十五里，东至抚宁洋河口三十里，按蒲水清流滚滚，来源甚旺，开屯可资灌溉，《水利丛书》言之颇详。

洋河口 属抚宁。发源花果山，宽三四丈，深一二尺不等，绵延百余里入海。西岸炮台一座，故址犹存，惟距海稍远，不足控制。似于河口两岸，添建重台，则锁钥益严。北至县二十五里，西至蒲河口三十里，东至戴河口十五里。莲峰山有炮台一座，即扼守戴家河口者。今河口已淤，台亦相距廿里，炮力未能远及，以现在形势而论，不如移建东河寨，尚可与金山嘴呼吸相应。

秦皇岛 属临榆。三面环海，汤河一线入之。屹立海滨与金山嘴对峙，湾环约三十余里，海船入此可以避风，外无沙线，滨岸水浅二三尺不等，是以大舟不能停泊，然百石粮艘犹可舣焉。北至县三十里，西至洋河口三十里，东至石河口三十里。岛势岿然，筑台与金山嘴遥相控制，皆海防所必争之地。

石河口 属临榆。发源口外城子峪，潮河逆流十余里与之合。外无沙线，水浅不能容纳巨舰。两岸俱有炮台，建于道光十八年，旧基尚存。宁海城者，故明戚将军所筑，占河之上游，敌台突出海浒，俗称为老龙头。澄海楼高踞其巅，俯临巨壑，宇宙之大观，尽于此矣。

北至县十里，西至秦皇岛三十里，东至姜女庙十里。宜于老龙头筑台扼守，石河之防自固。

永平依山阻海，前代重防边，今时则重防海。所属七州县，除卢龙、迁安外，由滦州迤东，而乐亭，而昌黎，而抚宁，而临榆，五邑皆濒海。滦西界丰润，临东界宁远，沿海东西约四百里。明代备倭之法，乐亭各口有最冲、次冲之分。迩来通商各国轮舟所至，市埠如林，时局已一大变矣。夫渤海回环二千余里，由登莱，经朝鲜，际辽左，放于天津。而永郡适当其中，临榆之宁海城，与朝鲜为对渡，东出庙岛，即日本之太平洋。日人入中国驾驶轮舟，朝发而夕至，可弗虑乎？顾论海防者多云战于海中，不知永属宜防于海岸。何则？永属各口内河狭隘，水浅沙停，所谓铁船夹板皆无所施其技，即艨艟走舸乘潮驶入，台兵凭高俯击，于势尤便。又或冒死登陆，后者莫继，接济将穷，知兵者必不出此。此陆兵所在宜精练也。今各口台堠倾颓，非复曩昔严整，然营制错落，大小相维。当有事之秋，各守汛地，毋任海氛拦入，而又有游击之师往来策应，亦计之得者也。智开守永数年，今查阅海口敢陈其略。光绪二年四月朔，新化游智开记。

海　运　附

按魏太祖征蹋顿，从河口凿渠，径雍奴泉州，以通河海，此京东通运之始也。唐神龙中，姜师度为河北道巡察兼支度营田使，循魏武故迹，并海凿平卤渠以通饷路。然魏武故迹，《水经》新河故渎，谓之盐关口，与俱导，以通河海者。东北绝庚水，今称还乡河，又东北出径右北平，绝渠水，今蓟州运河也。师度所修者，河而不及庚水新河，故久废无存矣。元之并海通河者，自三岔河有三道：一由直沽，经白河至通州；一由娘娘宫，经粮河至蓟州；一由芦台，经黑洋河、蚕沙口、青河至滦州。是滦之漕盆河东道，若善导之，自辽西、右北平无不可通者。明洪武间，颍川侯傅友德疏陈转输之法，宜通青河、滦河故道，上嘉其言而未行。成化中，管粮郎中郑康奏言：丰润还乡河可通漕，以便永平、山海之饷，然由庚水还乡河东导陟河，抵沙河通陷河，而及青滦。庚小非滦所通，沙河淤滥，足以随行随止。嘉靖三十七年，巡视郎中唐顺之《疏》言：滦河自永平，可通滦阳营，省陆运百五十里。后巡抚温景葵、孙正杨梅惟和，各疏请。言隆庆中通判萧以成，勘由府城西门起潮滦河海口，至天津卫四百二十六里。纪各庄通海潮处，至府西门一百五十四里。乐亭知县宋国祚勘海道，自天津卫至乐亭新桥海口海洋百二十里，中有建河、粮河、新挑大沽、小沽可避风。隆庆中，知府孙维城复议海运，委武学科正王宏爵博访详度。据称滦河迤东二十里马城堡，西为王家闸，原系海运入滦故道，闸迹尚存。今马头营，即旧囤仓处，自王家闸起，引滦水入青河，导入王家坨河，再导使由艾家青沟，下接靳家河，以通交流河，进黑洋海口三十里。经建河海口，又四十里经堂儿上海口，又四十里复出大沽海口，入通州运粮白河百余里，则天津卫矣。此道一通，不过三百余里，舟行可经天津抵滦。比西由芦台河，其道倍近，且惟黑洋海口，至大沽百十里，由海道随营船出入，常保无他虞，比由绿洋海口造滦，其远近险夷亦不啻十百相悬云。

再海边潮河自芦台南旱沽子起，东行三十里至大坨，可通巨船。坨东北四十五里，由椿树沟高家庄，至李家庄通于建河下稍，顺河东北行十里，至碓臼儿，又东十五里至于家沽入黑洋潮河。则黑洋河海口迤西，全用建河上稍，迁安、丰润所汇白场之水，每年积聚不涸，如闸碓臼儿束水东入于家沽，以接黑洋河，闸李家庄，使水西通大坨，接旱沽子。是东为李家庄坝，西为李家庄闸，中间宣洩合宜，为尤便也。

卷之四十五

赋役志一

户　口

永平府

所属七州县，乾隆三十八年分。共民户二十五万一千四百五十一。男大口四十九万六千四百七十二，小口二十五万五千六百二十五；女大口四十万二千六十五，小口二十二万一千五百八十三，共男女大小一百三十七万五千七百四十五口。

济民场　共灶户一千四百九十九。男大口二千五百六十八，小口三千零五；女大口二千三百零四，小口一千九百九十，共男女大小九千八百六十七。

归化场　共灶户二千五十八。男大口七千五十三，小口五千二百九十三；女大口六千一百五十六，小口八千七百四十四，共男女大小二万七千二百四十六口。

石碑场　共灶户一千五百四十一。男大口五千三百三十九，小口六千七百零九；女大口四千九十五，小口三千二十二，共男女大小一万九千一百七十三口。

以上通共民灶户男女大小一百四十三万二千三十一口。

卢龙县

乾隆三十八年分，共民户一万八千一百零六。男大口五万九千二百三十四，小口三万二百五十三；女大口四万七千一百五十六，小口二万二千一百四十九，共男女大小十五万八千七百九十二口。

光绪三年分，本城四街民户四百五十九户，男大小口一千五百六十四，女大小口七百一十。驻防旗户一百户，男大小口一百七十六，女大小口一百六十四。东乡八十三村庄，民户一千六百一十六，男大小口四千三百九十，女大小口三千二百九十九。西乡一百零六村庄，民户三千六百四十九，男大小口一万一千五百零二，女大小口八千四百七十。屯居旗户七十三，男大小口一百六十八，女大小口一百二十三。南乡六十五村庄，民户一千五百零二，男大小口四千四百三十四，女大小口二千九百七十五。屯居旗户十六，男大小口六十，女大小口三十。北乡一百六十四村庄，民户五千一百二十三，男大小口一万八千九百八十四，女大小口一万一千七百四十五。屯居旗户三十一，男大小口一百三十六，女大小口八十九。

以上共四百一十八村庄及本城四街，民户共一万二千三百四十九户，男共四万零八百七十四名，女共二万七千一百九十九口；旗户共二百二十户，男共五百四十名，女共四百零六口。统共计旗、民男女共六万九千零一十九名口。

迁安县

乾隆三十八年分，民户共三万八百八十七。男大口六万二千九百一十七，小口二万七千二百四十六；女大口四万三千四百九十三，小口二万三千九百七十八。共男女大小十五万七千六百三十四口。

同治十年分，民户共四万一千七百六十四。东乡男女大小共二万七千七百二十四口，南乡共三万九千七百二十三口，西乡共五万四千二百零五口，北乡共八万八千零十八口，共男女大小二十万九千六百七十口。

光绪二年分，民户，东乡共七千二百五十一户，男女大小共二万八千一百七十四名口；南乡共六千五百一十九户，男女大小共四万零一百七十四名口；西乡共一万零六百一十户，男女大小共五万四千八百七十九名口；北乡共一万七千三百八十四户，男女大小共八万八千八百七十二名口。以上四乡，共一千一百五十四村庄，民户四万一千七百六十四，男女大小共二十一万二千零九十九名口。

抚宁县

乾隆三十八年分，民户共二万二千五百五十。男大口四万八千二百三十四，小口一万九千七百九十。女大口四万四千一百三十，小口一万九千九百一十九。共男女大小十三万二千七十三口。

归化场 共灶户三十二。男大口七百六十九；小口八百七十六，女大口六百七十三，小口五百六十八。共男女大小二千八百八十六口。

光绪二年分，民户共五万七千三百九十七，男大小口共十七万八千六百零六，女大小口共八万九千一百四十。旗户共四百三十，男大小口共五千四百二十，女大小口共二千六百九十。灶户共七十五，男大小口共二千九百九十，女大小口共一千三百四十五。统计旗、民、灶户五万七千九百零二，男十八万七千零十六丁，女九万千一百七十五口，男女共二十八万零一百九十一丁口。

昌黎县

乾隆三十八年分，民户共三万四千五百二十一。男大口五万七千九十六，小口四万一百二十；女大口四万三千七百五十三，小口三万七千八百四十一，共男女大小十七万八千八百一十口。

石碑场 共灶户二十一。男大口一千四百五十七，小口一千六百二十一；女大口一千二百五十五，小口一千八十六，共男女大小五千四百一十九口。

归化场 共灶户七十四。男大口一千三百五十九，小口一千六百二十四；女大口一千九十一，小口八百五十九，共男女大小四千九百三十三口。

同治四年分，民户共三万九千八百九十六，男女大小共二十七万一千七百四十二口。

石碑场 灶户共二十一，男女大小共八千五百五十七口。

归化场　灶户七十四，男女大小共六千二百六十五口。

光绪元年分，四乡共六百六十八村庄，共三万九千零一十七户，男女大小共二十八万二千八百五十二名口。东乡共八十八村庄，烟户共五千五百九十八户，男女大小四万二千九百六十一口。西乡共二百五十三村庄，烟户一万三千五百七十七户，男女大小十万零八千八百二十七口。南乡共二百七十六村庄，烟户一万六千九百二十九户，男女大小十一万六千二百六十七口。北乡共五十一村庄，烟户二千九百一十三户，男女大小一万四千七百九十七口。旗灶户尚未造册报明。

滦　州

乾隆三十八年分，民户共五万二千二百九十三。男大口八万五千八百九十六，小口五万王千七十一；女大口七万四千八百六十二，小口四万一千一百二十，共男女大小二十五万四千九百四十九口。

济民场　灶户一千四百九十九。男大口二千五百六十八，小口三千零五；女大口二千三百零四，小口一千九百九十，共男女大小九千八百六十七口。

嘉庆十四年分，民户共七万四千七百二十五。男大口十二万零四百八十一，小口十七万一千零九十七；女大口十二万五千六百四十，小口十三万一千一百三十六，共男女大小五十二万八千三百五十七口。

济民场　灶户共一千七百七十八。男大口三千三百四十七，小口三千一百五十二；女大口三千一百五十六，小口二千五百六十一，共男女大小一万二千二百一十六口。

光绪二年分，民户共七万六千九百二十六。男大口十六万零四十，小口十五万九千七百七十八；女大口十三万九千一百三十五，小口十三万三千七百六十八，共男女大小五十九万二千七百二十一口。

济民场　灶户共四千三百六十一。男大口一万三千一百一十五，小口一万二千二百五十四；女大口一万三千三百六十一，小口一万二千五百七十七，共男女大小五万一千三百零七口。

乐亭县

乾隆三十八年分，民户共三万七百三十一。

男大口五万六千一百二十，小口二万六千三百五十三；女大口五万四千五百八十六，小口一万八千七百八十四，共男女大小十五万五千八百四十三口。

石碑场 共灶户一千五百二十。男大口三千八百八十二，小口五千八十八；女大口二千八百四十，小口一千九百三十六，共男女大小一万三千七百五十四口。

光绪二年分，东、西、南、北、西南五乡，并本城四街、四关民户共四万零七百三十，男女大小共二十一万零七百口，旗灶户尚未造册报明。

临榆县

乾隆三十八年分，民户共六万二千三百六十三。男大口十二万六千九百七十五，小口五万八千七百九十二；女大口九万四千八十五，小口五万七千七百九十二，共男女大小三十三万七千六百四十四口。

归化场 共灶户一千九百五十二。男大口四千九百二十五，小口二千七百九十三；女大口四千三百九十二，小口七千三百一十七；共男妇大小一万九千四百二十七口。

光绪元年分，四乡共五百一十四村庄连镇城共三万一千五百七十六户，男女大小共十九万六千九百七十一名口，旗灶户尚未造册报明。

人　丁

永平府

原额人丁十万四千一百六十二，自顺治五年至乾隆三十一年节年编审，除康熙五十五年以后，盛世滋生人丁七千一百四十一丁，又优免并出旗改归民籍人丁三千一十一丁，钦奉恩诏永不加赋外，实在行差人丁十一万四千一十丁半，各征银不等，共征银二万三千四百六十三两二钱七分六厘。又匠班，新更实在人丁一千九十八丁，各征银二百九十八两四钱九分八厘。以上丁匠银两经前任总督李公维均于雍正元年题定，奉旨以雍正二年为始，照江浙等省之例摊入粮地银内征收。

卢龙县

原额人丁上中下则不等，通折下下则，共一万三千四百八十七丁。每丁征银二钱二分九厘零，共征银三千九十二两九钱六厘零，又闰银一两三钱。节年编审，除优免绅衿本身，并出旗改归民籍人丁一百七丁，及康熙五十五年后，盛世滋生人丁五百五丁外，实在各则行差人丁一万三千一百八十二丁。每丁征银不等，共征银三千三百六十一两六钱四分一厘，遇闰加征丁闰银均摊入地粮内征收。

迁安县

原额人丁上中下三等九则，通折下下则，二万一千六十三丁，每丁征银二钱六分，共征银五千四百七十六两五钱六分，节年编审，除优免绅衿并出旗归民人丁四百十三丁，及康熙五十五年以后，盛世滋生人丁一千四百九十八丁不加赋外，实在各则行差人丁九千七百七十五丁。每丁征银不等，共征银二千七百一十六两三分三厘，遇闰加征丁闰银均摊入地粮内征收。

抚宁县

原额人丁上中下则不等，通折下下则，一万五千二百六十四丁，每丁征银一钱一分七毫五丝，节年编审，除康熙五十五年以后，盛世滋生补剩余丁五百三十五丁，不加赋外，实在各则行差人丁通折下下，则一万四千五百九十丁，每丁征银不等，共征银一千八百六两七钱七分八厘，内除临榆人丁不加闰外，每丁逢闰加银三分四厘六毫九丝零，俱摊入地粮内征收。又不在地丁内匠班、新更二项人丁，共征银六十四两二钱五分九厘。

昌黎县

原额人丁上中下则不等，通折下下则，二万三千六百五十八丁。每丁征银二钱，共征银四千七百三十一两六钱。节年编审，清查出人丁除康熙五十五年以后，盛世滋生补剩余丁六百四十九丁不加赋外，实在行差各则人丁二万三千七百三十四丁，每丁征银不等，共征银五千二十四两八钱三分二厘六毫。又匠班四十三丁，每丁征银四钱五分，共征银十九两三钱五分，遇加摊丁闰银归于地粮内征收。

滦　州

原额人丁上中下则不等，通折下下则，共五万四千六百四十三丁半，每丁征银二钱，共征银一万九百二十八两七钱，节年编审除康熙五十五年以后，盛世滋生人丁一千四百四十七丁，又出旗改归民籍人丁一千四百一十丁不加赋外，实在行差各则人丁一万七千三百九十五丁。每丁征银不等，共征银三千九百五十九两四分五厘，遇闰加征丁闰银均摊入地粮内征收。

乐亭县

原额人丁上中下则不等，通折下下则，共四万八千三百三十五丁。每丁征银二钱，共征银九千六百六十七两，节年编审除优免并流寓及出旗改归民籍人丁一百八十一丁，又除康熙五十五年以后，至乾隆三十一年，盛世滋生人丁一千七百四十丁不加赋外，实在行差各则人丁二万二千二百八十丁。每丁征银不等，共征银四千五百一两四钱七分，遇闰加征丁闰银俱摊人地粮内征收。

又匠班新更人丁共一百七十七丁，共征银五十一两六钱五分。

临榆县

山海卫原额人丁上中下则不等，通折下下则，七千六十七丁，每丁征银二钱，共征银一千四百一十三两四钱。抚宁卫原额人丁通折下下则，二千五百六十二丁，每丁征银二钱九分七厘三毫，共征银七百六十一两六钱八分二厘六毫。节年编审，除盛世滋生人丁七百六十五丁不加赋外，实在各则行差人丁折下下则；一万七百九十七丁。每丁征银不等，共征银二千六十二两八钱八分四厘，遇闰加征丁闰银俱摊入地粮内征收。

山海管粮厅

经管山海卫新更实在人丁，下中则十九丁，每丁征银四钱；下下则一百八十三丁，每丁征银二钱。共折下下则二百二十一丁，共征银四十四两二钱摊入地粮银内征收。

田　　赋

永平府

所属七州县，并台、界等关营，额内额外民荒等地，共二万三千四百四十一顷九十二亩三分六厘，各征银不等，共征银五万六千四百三十三两八钱八分三厘。内除丈出口外香火房基等地，租银二十六两六钱三分五厘，例不摊征丁匠外，实征地粮银五万六千四百七两二钱四分八厘零。共征本色正加米一万三千一百六十四石四斗三升四勺；本色正加豆三千二百一十七石一斗二升五合；本色草九万四千四百三十六束八分九厘。每两均摊丁匠正银二钱七厘二丝零，共征均摊丁匠正银一万一千六百七十七两六钱九分三厘零，遇闰之年每两均摊丁闰银七厘九毫四丝零，共征均摊丁闰银四百四十八两一钱六分一厘。又征原加地闰银二千三百二十二两九钱七分四厘。又卢龙余租银十两一钱九分；昌黎滦榜纸张银六两五分八厘；滦、昌、乐三州县渔课并官房赁钞银二十八两一钱二分八厘；昌黎民壮籽粒、豆乾银七十五两二钱四分；滦、抚、乐三州县瓦草平房租价银六十七两八钱一分；均例不摊征丁匠。以上各项，共银七万一千七十两一钱三分七厘（《旧志》）。

卢龙县

原额上中下不等，共地三千六百四顷八十四亩八分九厘九毫。内：上地二百七十九顷二亩八分四厘九毫，中地八百三十三顷六十四亩三分（每中地一亩五分，折上地一亩），下地二千四百九十二顷十七亩七五厘（每下地三亩，折上地一亩）。上中下三等共折上地一千六百六十五顷五十一亩六分三厘三毫，每亩征银三分八厘二毫九丝四忽零，又每亩加增闰月银三厘九毫九丝六忽零，每亩征夏税米二合七勺一撮九圭，每亩征秋粮米六合四勺五抄六撮二圭，每石加耗米三升。每亩征马草一分五厘九毫一丝二忽（《旧志》）。

永平卫民粮，折上下薄地七顷二十八亩三分。每亩各征米豆草束不等，共征米六石二斗三升五勺，每石加耗米三升，共加耗米一斗八升七合；共征豆六石二斗三升五勺，每石加耗豆三升，共加耗豆一斗八升七合；共征草一百六十一束九分九厘。

卢龙卫民粮，折中下薄地共四顷九十八亩九分。每亩各征米豆草束不等，共征米五石四斗八升七合九勺，每石加耗米三升，共加耗米一斗六升四合六勺；共征豆五石四斗八升七合九勺，每石加耗豆三升，共加耗豆一斗六升四合六勺；共征草八十二束三分二厘。

东胜左卫民粮，折下薄屯地共二十八顷八十三亩。每亩各征米豆草束不等，共征米十三石一斗九合五勺，每石加耗米三升，共加耗米三斗九升三合三勺；共征豆十三石一斗九合五勺，每石加耗豆三升共加耗豆三斗九升三合五勺；共征草二百一十二束五合九厘。

兴州右屯卫民粮，上地并下薄地共十二顷零九亩七分六厘六毫。每亩各征米豆草束不等，共征米六石八斗七升六合九勺，每石加耗米三升，共加耗米二斗零六合三勺；共征豆六石八斗七升六合九勺，每石加耗豆三升，共加耗豆二斗零六合三勺；共征草六十六束五分五厘。

以上永平卫并卢、东、兴四卫上中下薄屯地五十三顷一十九亩九分六厘六毫。每亩各卫征米豆草束不等，共征米三十一石七斗四合八勺，每石加耗米三升共加耗米九斗五升一合五勺；共征豆三十一石七斗四合八勺，每石加耗豆三升，共加耗豆九斗五升一合二勺；共征草五百二十三束四分五厘。统计县卫共地一千四百二十八顷三十七亩二分五厘。每亩合征米豆草束不等，共征米一千二百九十一石一斗一合八勺，每石加耗米三升，共加耗米三十八石七斗三升三合一勺；共征豆三十一石七斗四合八勺，每石加耗豆三升，共加耗豆九斗五升一合二勺；共征草二万二千四百零九束二分。

民种荒田地，无折合，共地四百七十六顷一十二亩七分九厘六毫。每亩征银一分二厘零七丝零二微七尘，共征银五百七十四两六钱九分九厘三毫，遇闰之年每亩征银一分二厘一毫四丝九忽六微八尘，共征银五百七十八两四钱七分九厘七毫三丝。

民种水田地，无折合，共地十一顷四十三亩一分九厘。每亩征银三分六厘二毫一丝六忽，共征银四十一两四钱零一厘七毫六丝九忽，遇闰之年每亩征银三分六厘四毫五丝零三微，共征银四十一两六钱一分九厘八毫七丝八忽。

民种草场地，无折合，共地四顷四十二亩八分四厘。每亩征银三分六厘三毫一丝八忽二微三尘，共征银十六两零八分三厘一毫六丝九忽，遇闰之年每亩征银三分六厘六毫五丝三忽六微，共征银十六两二钱三分一厘六毫八丝零一微。

民种边荒卫地，无折合，共地三十六顷一十二亩八分，每亩征银二分三厘七毫三丝六忽四微四尘，共征银八十五两七钱五分四厘，遇闰之年每亩征银二分三厘八毫三丝六忽四微，共征银八十六两一钱一分六厘一毫五丝。

以上统计四项，荒田、水田、草场、边荒卫地共五百二十八顷一十一亩六分二厘六毫。每亩各项荒田地征银不等，共征银七百一十七两九钱三分九厘，遇闰之年每亩各项荒田地征银不等，共征银七百二十二两四分四厘七毫。

民种河淤上地，无折合，共地一顷三十七亩一分一厘。每亩征租五分，不计闰，共征租银六两八钱五分五厘五毫。

民种河淤中地，无折合，共地一顷四十三亩八分。每亩征租银四分，不计闰，共征租银五两七钱五分二厘。

民种河淤下地，无折合，共地三十顷零六十四亩三分零二毫。

每亩征租银三分，不计闰，共征租银九十一两九钱二分九厘零二毫。

以上河淤上中下，无折合，共地三十三顷四十五亩二分一厘二毫。每亩征租银不等，共征租银一百零四两五钱三分七厘。

民种海防上地，无折合，共地三十八亩九分。每亩征租银八分，共征租银二两三钱一分二厘。

民种海防中地，无折合，共地三十亩。每亩征租银六分，共征租银一两八钱。

民种海防下地，无折合，共地四顷七十八亩六分五厘八毫。每亩征租银五分，共征租银二十三两九钱三分二厘九毫。

以上海防地，上中下无折合，共地五顷三十七亩五分五厘八毫。每亩征租银不等，共征租银二十八两零四分四厘九毫。此件系道光二十三年查办之件。

民种旗民交产上地，无折合，共八顷五十八亩七分七厘。每亩征租银一分三厘六毫，不计闰，共征租银十一两六钱八分。

民种旗民交产下地，无折合，共一顷二十二亩五分五厘。每亩征租银一分二厘一毫，不计闰，共征租钱一两四钱八分二厘九毫。

以上旗民交产上下地，无折合，共九顷八十一亩三分二厘。每亩征租银不等，不计闰，共征租银十三两一钱六分二厘九毫。此件系同治三年查办起。

民种认垦升科荒田地，无折合，共地十亩零五分。每亩征银一分七厘七毫，不计闰，共征租银一钱八分五厘九毫。此件系同治七年查办起。

额内民种征粮，折大地一千二百六十五顷八十亩四分五厘二毫。

滦卫社，存地四百二顷五十八亩二分四厘，征银九百零五两九钱八分三厘。

卫所社，存地一百五十顷二十亩三分一厘，征银二百四十一两六钱五分五厘。

以上二社，例不更过并无增减。

台上社，存地一百二十顷四十六亩二分，征银五百五十六两八钱一分一厘。

台下社，存地七十九顷四十五亩六分三厘，征银三百六十七两二钱七分。

周上社，存地二百五顷五十六亩六厘，征银九百五十两一钱六分二厘。

周下社，存地一百五十九顷五十九亩九分一厘，征银七百三十七两七钱一分四厘。

隆上社，存地八十顷二十四亩四分三厘，征银三百七十两九钱一分三厘。

隆下社，存地七十一顷七十五亩四分三厘，征银三百三十一两六钱六分九厘。

以上六社，原奏销册内三社现在分为六社。

在城社，存地八十一顷零二亩四分八厘，征银三百七十五两三钱五分二厘。

凤头香社，存地九十八顷五十七亩零一厘，征银四百五十五两六钱二分五厘。

大河南社，存地八十顷八十六亩一分五厘，征银三百七十三两七钱六分五厘。

丰稔社，存地七十一顷五十一亩三分一厘，征银三百三十三两五钱五分四厘。

南堂社，存地八十顷八十六亩一分七厘，征银三百七十三两七钱六分六厘。

北赤峰社，存地二百一十七顷四亩五分五厘，征银一千零三两二钱四分八厘。

丰润社，存地四十八顷五十八亩二分三厘，征银二百二十四两五钱六分二厘。

丰成社，存地一百一十五顷九十四亩四分一厘，征银五百三十五两九钱二分八厘。

外有余租，征银十两零一钱九分。

以上十六社，共额征地粮银八千一百四十五两三钱六分六厘。内留支俸工等银六千四百二十一两二钱，起运司库银一千七百二十四两一钱六分六厘；遇闰之年征银八千七百四十八两四钱七分六厘，留支俸工等银六千八百八十六两九钱一分四厘，起运司库银一千八百六十一两五钱六分二厘。除圈丈投充外，实剩民种征粮折上地一千二百六十五顷八十亩四分五厘二毫。

又额外审首开垦、清查及归并四卫并荒田，共地一千三百七十七顷七十二亩七分八厘。

以上通共额内、额外共地二千六百四十三顷五十三亩二分三厘一毫。各征银不等，共征银六千七百二十六两七钱四分七厘，每两均摊丁匠正银二钱七厘二丝六忽零，共征均摊丁匠正银一千三百九十二两六钱一分七厘；逢闰之年，每两均摊丁闰银七厘九毫四丝一忽零，共征均摊丁闰银五十三两四钱一分八厘，共征原加闰月银五百四十九两五钱八分，本色正加米一千三百二十九石七斗八升四合三勺零，本色正加豆三十二石六斗五升五合九勺，草二万二千四百四束三分四厘九毫零。又余租银一十两一钱九分零，例不摊征丁匠。

其额外不入地粮内，有当税、牙税、杂税、房地税各项，俱无定额，尽收尽解，年底奏销（余州县同）。

迁安县

原额上、中、下不等，共地五千一（县志作四）百十八顷二（县志作八）十二亩九厘二毫。内上地六百六（县志作八）十七顷二十四亩三分四厘八毫，中地一千七百七十一顷九亩八分五厘零（每中地二亩，折上地一亩）下地二千九百七十顷四十七亩八分九厘三毫（每下地四亩，折上地一亩）共折上地二千三百一十五顷四十一亩二分四厘六毫。每亩征银七分二厘四毫九丝八忽九微，每亩加闰月银四分九厘三毫三丝一忽五微，每亩征夏税米四合四勺五抄八圭、秋粮米一升一合九勺四抄六撮三圭，征马草一分六毫八丝八忽，征草折米五合一勺八抄二撮七圭（《旧志》）。

除节年圈占荒芜拨补投充并续经圈给庄头扣去地亩之数，自顺治二年至九年，共荒芜拨补圈占有上地五百五十五顷一十五亩七分八厘三毫二丝五忽。自顺治二年至十三年，共投充带去上地八百五十一顷七十五亩一分六毫。康熙六年，续经圈给庄头扣去上地五百七十五顷八十八亩六分。收节年退出并清查出地亩之数：自顺治八年至十四年，共退审丈出上地二百二十七顷九分六毫。以上额内民地并退出等地，折上地五百五十九顷六十二亩六分六厘三毫五丝。

额外地亩收额外退买并清查出地亩之数：节年收旗下当明等退出地亩折上地六顷三亩八分，又收裴成章等自买出民地折上地二十一顷四十亩二分二厘五毫，节年奉文清查自首民地折上地十七顷七十二亩三分八厘四毫五丝。

除奉部覆圈并占用地亩之数：节年奉文圈给镶黄旗下折上地三十顷三十六亩六分一厘，乾隆十三年，移建墩台营房占用民地五亩七分五厘一毫七丝六忽，现存民地十四顷七十四亩四厘七毫。

收垦荒并退出地亩之数：节年新旧荒田地，至康熙十一年止，共地四十七顷二十三亩四分，节年退出并劝垦荒田，自康熙八年起科至乾隆七年止，共地一百六十四顷八十五亩一分七厘八毫。

以上二项，共地二百一十二顷八亩五分七厘八毫。清查首报地亩之数：自康熙十六年起至乾隆五十四年止，共清查首报上荒等地四百二十五顷一十八亩八分六厘二毫七丝五忽。

改额地亩之数：乾隆三年，收回滦州改归地亩一百九顷五十九亩四分六厘二毫，收回遵化州拨归地亩七百三十二顷一十七亩三分八厘二毫五丝九忽一微，收回三河县拨归地亩三百四十二顷四十八亩八分三厘五毫，收回玉田县拨归地亩三百五十一顷五十七亩九分六厘。

以上拨归，共地一千五百三十五顷八十三亩六分三厘有奇。

通共额外退买、认垦、清查、首出、拨归，共地二千一百八十七顷八十五亩一分三厘七毫七忽五微。

归并永、卢、东、兴四卫地亩之数：康熙二十八年，归并奉裁永平卫所辖永平卫、卢龙卫、东胜庄卫、兴州右屯卫屯荒并入官，及自首地一百九十二顷二十四亩二分有奇。

不在均摊丁匠银内地亩：乾隆元年，陆可贵等开垦上、中、下地不等，共地一顷四十一亩五分有奇，又奉文丈出香火地上、中、下不等，共地八顷一十三亩一分有奇，又自首地三十五亩。

以上三项，共地九顷八十九亩六分有奇。

凡前项各地，共应征正赋银八千三百三两一钱四分八厘五毫七丝，额内、额外则例不一，征银各别，具列于下：

原额各项民地，每亩征银七分三厘四毫九丝八忽九微。

额外节年清查自首出上地，又雍正十三年兴州右屯卫自首，又玉田县拨归内民荒地，折上地粮额同。

康熙二十八年，入官任九贡地亩，每亩征租银一钱二分；康熙三十年入官马居蛟地亩，每征租银七分，又三十三年，收镶黄旗歪图库等退出地租额同；滦州改归内抚宁卫上地，每亩征米豆草折价并余地银三分一厘九毫八丝六忽；额外不摊丁匠银内自首地，每亩征银三分；遵化州拨归内兴州卫地，每亩征银二分二厘三毫三丝一忽九微一纤一沙；三河县拨归原额受补，每亩征银二分二厘；归并永平卫荒田地，每亩征银二分，又卢龙卫、东胜左卫、兴州右屯卫荒田地粮额同；滦州改归内永平卫地，每亩征米豆草折价并余地银一分九厘六毫八丝六忽六微；遵化州拨归内边储地，每亩征米豆草折价并余地银一分九厘六毫六丝四忽九微一沙；滦州改归内民壮地，每亩征米豆草折价，并余地银一分八厘七毫八丝七忽五微；遵化州拨归内山场地，每亩征银一分八厘七毫七丝五忽九微，又草场地粮额同；康熙十六年清查出下地，每亩征银一分八厘一毫二丝四忽七微；遵化州拨归内更名民壮地，每亩征银一分七厘九毫五丝六忽九微；滦州改归内东胜卫地，每亩征米豆草折价并余地银一分二厘八毫八丝二忽五微；玉田县拨归内民壮地，每亩征银一分七厘五毫七丝三忽，又屯地粮额同；遵化州拨归内民壮地，每亩征银一分二厘三毫三丝五忽九微；滦州改归内卢龙卫地，每亩征米豆草折价并余地银一分四厘七毫七丝四忽七微；太仓地，每亩征银一分二厘二毫三丝一忽九微；节年自首垦荒地，每亩征银一分，又滦州改归内草场地、又三河县拨归内沙碛下下地、又玉田县拨归内垦荒地退晌地、太仓荒地粮额同；归并兴州右屯卫屯粮中地，每亩征银四厘四毫；兴州右屯卫屯粮下地，每地征银二厘二毫，玉田县拨归内屯荒地粮额同；归并卢龙卫屯粮下地，每亩征银二厘一毫七丝八忽；归并东胜左卫屯粮下地，每亩征银一厘七毫八丝；归并兴州右屯卫下下薄地，每亩征银七毫三丝四忽，玉田县拨归内内务府退出卫地粮额同。

以上各项地，则征银不等，除乾隆元年陆可贵等开垦地、又丈出香火地并自首地粮银二十三两五钱六分八厘六毫九丝，例不摊丁匠外；余银八千二百七十九两五钱七分九厘八毫，每两均摊丁匠银二钱七厘二丝六忽八微，共摊丁匠银一千七百一十四两三毫三丝，遇闰共征加银二百九十五两四钱四分八厘，每年额征共计地亩丁匠银一万一十七两二钱二分九厘三毫，遇闰共征地亩丁匠银一万三百一十二两五钱九分七厘。

正赋之外，尚有应征耗羡。起自雍正二年，各州县轻重不等，迁邑应征地粮除收回三河县地粮银八百六十五两三钱六分五毫向不征耗外；又收回玉田县地粮银六百五十五两三钱七分二厘二毫，每两加耗银一钱，共征耗银六十五两五钱三分七厘二毫；又收回遵化州地粮银一千七百三十二两五钱三分五厘七毫，每两加耗银五分，共征耗银八十六两六钱二分六厘六毫；其余地粮银七千五十九两三钱二分八厘六毫，每两加耗银一钱五分，共征耗银一千五十八两八钱九分九厘二毫，每年额征耗美银一千一百七十一两八厘三毫，遇闰征银一千二百十一两六分三厘。乾隆五十三年，奉文随同正项钱粮报解。

各项地亩，除正赋、耗羡地粮，分别起运留支外，每岁共征本色正加米一千五百七十七石九升六合三勺七抄，本色正加豆七十六石二斗八升一合一勺二抄，本色草七千九百九束七分三厘。照数征完，储仓支放。

附载地粮额外地亩

拨补遵、三、玉三处地亩之数：

原额山场地一百三十二顷三十亩七分，拨补遵化州；

原额牧地四十五顷三分五厘，拨补三河县；

原额太仓荒田地六十三顷三十八亩八分九厘四毫，拨补玉田县；

原额永镇荒田地七十六顷十三亩九分一厘一毫五丝，拨补玉田县；

原额民壮籽粒地一百六十六顷八十八亩三分二厘五毫，拨补遵化州。

边储地亩之数：

李家峪屯地一十六顷八十二亩三分有奇，每年征黑豆、小米各半，共八十八石。本汛征收散给营兵。

青山营屯地六顷四十八亩三分，每年征黑豆、小米各半，共斛斗二十七石八斗三升二合。本汛征收，散给营兵。

太平寨屯地一十六顷三十四亩三分一厘，每年征收黑豆、小米斛斗六十九石七斗四升一合四勺。本汛征收，散给兵丁。

榆木岭屯地八顷一十三亩二分，每年征收黑豆、小米斛斗三十九石二斗二合。本汛征收，散给兵丁。

擦崖子屯地一十六顷五十二亩二分，每年征黑豆、小米斛斗八十二石六斗八升八合一勺六抄。本汛征收，散给兵丁。

以上，俱系喜峰路于年底造报，通永道扣兑兵饷。

建昌路边储荒地五十顷八亩七分七厘六毫八丝五忽，每亩征银二分，共征银一百一两六钱一分五厘五毫有奇，每两均摊丁匠银二钱七厘有奇，共均摊丁银二十一两三分有奇，遇闰每两加银七厘九毫有奇，共均摊闰银八钱六厘有奇，通共征银一百二十三两四钱五分九厘六毫有奇。系粮头催征，解永平府、通永道各宪库内交纳，并无征粮。

刘家口垦荒地八顷八十亩五分，每亩征银二分，共征银一十七两六钱一分。

桃林口垦荒地一十五顷一亩五分，每亩征银二分，共征银三十两有奇。二处共垦荒地二十三顷八十二亩，历年征银四十七两六钱四分，系粮头催征，一半解永平府，一半解通永道，并不征粮。

冷口关垦荒地八亩每亩征银二分，共征银一钱六分，通共垦荒地一顷九十六亩三分，历年征银三两九钱一分六厘。系粮头催征，解永平府并不征粮。

承德府、平泉州在迁境征银之数

承德府

潘家口汛，征银二百一十三两九钱六分八厘；

喜峰口汛，征银九十两九钱三分；

冷口汛，征银二十二两九钱五分七厘；

李家峪汛，征银一百一两三钱三分三厘。

平泉州

冷口汛，征银一千一两九钱一分五厘；

榆木岭汛，征银二十七两八分二厘；

龙井关汛，征银三十二两一钱四分二厘；

桃林口汛，征银五百一十两五钱二分九厘。

以上热河在迁境征银数目，从《承德志》增补。

抚宁县

原额上、中、下地八千二十八顷六十亩六厘八丝，内上地五百七十三顷四十七亩一分四厘七毫二丝、中地一千七百二十顷四十一亩四分四厘一毫六丝（每中地二亩，折上地一亩）下地五千七百三十四顷七十一亩四分七厘二毫（每下地四亩折上地一亩），共折上地二千八百六十七顷三十五亩七分三厘六毫。每亩原额及加增征银四分一厘三毫五丝二忽零，每亩征夏税米一合五勺一抄零，秋粮米五合三勺八抄零，征马草六厘五毫草折米二合九抄二撮六圭。

除圈丈、拨补、投充带去外，实剩民地种征粮共折上地一千六百五十九顷八十七亩二分四厘。

又节年退出及拨收各卫地二千九十一顷二十七亩四厘。

以上额内、额外，通共地三千七百五十一顷一十四亩二分八厘，各征银不等，实征地粮银九千五百九十七两五钱二分九厘，每两摊丁匠正银二钱七厘二丝六忽零，共征丁匠银一千九百八十六两八钱五分八厘；逢闰每两摊丁闰银七厘九毫四丝一忽零，共征丁闰银七十二两六钱一分八厘。本色正加粟米一千八百九十七石六斗六升三合一勺，本色草一万四千二百二十束五分二厘，本色正加黑豆二百六十六石九斗九升三合八勺。

又香火官基地银一两六钱一分五厘，房租银七两五钱（《旧志》）。

实在征粮民地，并新收榜式壮丁、庄头清查首出等地，上中下不等，共折上地二千六百五十七顷八十八亩八分一厘一毫七丝五忽，每亩征银四分一厘三毫五丝二忽七微六纤一沙，共征银一万九百九十一两一钱一厘六毫二丝二忽九纤九沙三尘五埃一渺八漠（此疑是顺治三年题明开除久荒坍塌水冲以后数目）。

实在行差人丁并抽出供丁清查首出及编审幼丁共一万五千七丁，中下则不等，通共折下下则，一万六千五百六十则，每则征银一钱一分七毫五丝，共征银一千八百三十四两三钱一分六厘二毫五丝（此人丁数目，似康熙二十五年以前编审者）。

地丁二项，通共征银一万二千八百二十五两一钱二分一厘六毫二丝二忽二微九纤九沙三尘五埃一渺八漠。

起户、礼、兵、工、太仆寺马价等银四千二百四十七两八钱三分五毫四忽二纤六沙一尘一埃八渺二漠。奉文总归户部项下。

起解奉裁、奉文并抽扣官役俸食等银二千七百五十九两一钱二分五厘七毫七丝八忽二微七纤三沙二尘三埃三渺五漠。

存留支解官役俸食及二三年一办等银五千八百一十八两一钱六分五厘三毫四丝。

遇闰加银四百一十一两八钱三分七厘七毫七丝八忽三微七纤四沙

九尘七埃四渺八漠。其起运存留细数，备载《赋役全书》。

本色粮草，每亩征夏税米一合五勺一抄七撮四圭，征秋粮米五合三勺八抄四撮四圭，征草折米二合九抄二撮六圭，共征米二千三百九十石六斗一升八勺八撮三圭四粟八颗一粒；每亩征马草六厘五毫，共征马草一万七千二百七十六束二分七厘三毫四丝一忽三微七纤五沙。

实在民壮地并拨补退出，共地一十三顷七十九亩七分三厘二毫五丝。每亩征黑豆七升四合九抄四圭四粟，共征黑豆一百二石二斗二升四合九勺八抄八撮七颗三粒。

太仓永镇荒田地，共三百二十八顷二亩四厘八毫。每亩征银一分，共征银三百二十八两二分四毫八丝（此系额外钱粮）。

丈后备荒地，共一顷二十三亩五分，每亩征银三分，共征银三两七钱五厘（此亦额外钱粮）。

节年新垦荒田地，共二百四十六顷三十七亩二分八厘，每亩征银一分，共征银二百四十六两三钱七分二厘八毫（此疑是截至康熙十九年止数目）。

牧马草场地，共一十一顷八十九亩九分一厘六毫，每亩征银二分九厘八毫四丝，共征银三十八两四钱九分一厘九丝三忽四微五纤（此地于乾隆三年拨归临榆县）。班匠共三十五名，每名征银四钱五分共征一十五两七钱五分（此系额外）。

周庄头退出瓦房三十间，每间租银二钱五分，共租银七两五钱（此系康熙六年，不在均摊丁匠内）。

新更实在人丁，共四百三十四则，每则征银一钱一分七毫五丝，共征银四十八两六分五厘五毫（《旧志》此系不在地丁，实折下下则，四百三十七丁，共征银四十八两三钱九分七厘七毫五丝）。

康熙十六年春，奉文清查出地亩内上地三顷六十六亩一分三厘八毫，今以四分一厘三毫五丝二忽七微六纤一沙起科，共征银一十五两一钱四分八毫一丝七忽二微七沙一埃；征夏税秋粮草折米八合九勺九沙四撮四圭，共征米三石二斗九升三合一勺九抄一撮六圭二粟七颗二粒，征马草六厘五毫，共征草二十三束七分九厘八毫九丝七忽。中地一顷二十七亩四分六厘，今以二分六毫七丝六忽三微八纤八沙五尘起科，共征银二两六钱三分五厘四毫一丝一忽四微五纤八沙五尘三埃；征夏税秋粮草折米四合九勺一抄三撮九圭，共征米五斗七升三合二勺一抄三撮一圭一粟二颗；征马草三厘二毫共征草四束一分四厘二毫四丝五忽。下地四百十一顷四十七亩八分二厘二毫，今以一分三毫三丝八忽一微三纤二尘五埃起科，共征银四百二十五两三钱九分四厘一丝二忽二微；征夏税秋粮草折米二合二勺四抄八撮六圭，共征米九十二石五斗二升五合二勺五抄三撮，征马草一厘六毫二丝五忽，共征草六百六十八束六分五厘二毫一丝七微。

自首出荒田地一百一十一顷七十八亩八分六厘，今以一分起科，共征银一百一十一两七钱八分八厘六毫。

自首牧马草场地一顷六十八亩九分三厘六毫，今以二分九厘八毫四丝起科，共征银五两四分一厘五丝二微四纤。于乾隆三年拨归临榆县地五十三亩七分一毫四丝，每亩除银二分九厘八毫四丝，共除银一两六钱二厘四毫四丝九忽七微七纤六沙外，实剩牧马草场地一顷一十五亩二分三厘四毫六丝，每亩征银二分九厘八毫四丝，共征银三两四钱三分八厘六毫四微六纤四沙。

康熙二十二年，奉文为海氛既靖案内起科，垦荒地六顷七十三亩五分（以上皆《旧志》，今每亩征银一分）。

今实在征粮，共折上地一千七百三十顷七十二亩七分四厘一毫六丝五忽，内拨补民壮地七顷二十三亩七分七厘二毫五丝，照原额起科，共征正豆五十三石六斗二升四合六勺二抄二撮九圭八粟四颗九粒，每石加耗豆三升。

共征耗豆一石六斗八合七勺三抄八撮六圭八粟九颗五粒四黍七稷。

实在征粮，折上地一千七百二十三顷四十八亩九分六厘九毫一丝五忽，今一千七百二十二顷八十八亩二分九毫一丝五忽。

共征银七千一百二十七两一钱五厘七毫二丝九忽八微五纤六沙三尘二埃三渺一漠，每两均摊丁匠正银二钱七厘二丝六忽八微一纤九沙二尘八埃二渺七漠三湖，今七千一百二十四两五钱九分三厘一毫八丝三忽七微。

共征夏税正米二百六十一石五斗二升三合三勺二抄五撮七圭八粟八颗一粒六黍，每石加耗米三升。

共加耗米七石八斗四升五合六勺六抄九撮七圭□粟三颗六粒四黍四稷八糠。

共征秋粮正米九百二十七石九斗九升五合七勺八抄九撮四圭九粟一颗二粒六黍，每石加耗米三升。

共加耗米二十七石八斗三升九合八勺七抄三撮六圭八粟四颗七粒三黍九稷三糠。

以上四项，今共征米一千二百二十四石七斗七升一合七勺一抄三撮。

共征马草一万一千二百二束六分六厘二毫九丝九忽四微七纤五沙，今征草一万一千一百九十八束七分三厘二毫九丝五忽四微。

共征草折米三百六十石六斗五升七合四勺五抄二撮八圭四粟三颗二粒九黍，今草折共三百六十石五斗三升三抄一撮三圭。

自康熙二十年后，节年奉文编审除豁及乾隆三年拨归临榆县，折下下则三千六十三丁。又临榆县边疆所辖村庄附近，抚邑应拨收，山抚二卫折下下则，一千二百六十五丁。截至乾隆十六年编审止，实在行差人丁中下则不等，通折下下，则一万三千八百五十四丁。内除优免、绅衿免派差徭银，又除盛世滋生补剩余丁，钦奉恩诏永不加赋外，实行差通折下下则，人丁一万三千二百九十丁。内中下则一丁，征银四钱四分三厘；下上则五丁，每丁征银三钱三分二厘二毫五丝，共征银一两九钱二分九厘。下中则四百四十丁，每丁征银二钱二分一厘五毫，共征银一百四两一钱六分一厘一毫；下下则一万一千八百六十一丁，每丁征银一钱一分七毫五丝，共征银一千四百九十七两五钱七分二厘七毫五丝。

顺治十六年，奉文抽出供丁，折下下则五百三十丁。每丁征银一钱一分七毫五丝，共征银五十八两六钱九分七厘五毫。

以上额内人丁，上中下供丁不等，通折下下则，一万三千二百九十丁。每丁征银一钱一分七毫五丝，共征银一千六百六十二两八钱三厘三毫五丝；每丁加闰月银三分四厘六毫九丝六忽二微八纤二沙三尘二埃，共加征闰月银四百一十七两二钱二分二厘七毫八丝四忽八微九纤八沙。因直属穷民地去丁存苦乐不均，蒙前任总督部堂李公维钧题定，援照江浙等省之例，以雍正二年为始，摊入地粮银内征收讫。

额外钱粮，今除拨归临榆县，实剩荒田地三百一十五顷六十三亩七分三厘，每亩征银一分，共六粟八颗一粒三季六稷。

民壮地二顷二十亩六厘四毫，共征正豆一十六石三斗四合六勺四抄六撮五圭七粟五颗四粒，每石加耗豆三升。

共加耗豆四斗八升九合一勺二抄九撮三圭九粟七颗一粒六黍二稷。

额外人丁，下下则七百七十丁，共征银八十五两二钱七分七厘五毫，遇闰加银一两八钱四厘二毫六忽六微八纤六尘四埃五漠，奉文摊入地粮银内征收讫。

不在地丁，新更新收人丁上中下则不等，通折下下则，四百三十七丁。共征银四十八两三钱九分七厘七毫五丝。

通共额内、额外地粮摊征丁匠，及不在均摊丁银内房租，共征银一万一千五百八十一两九钱三分一厘二毫一丝九忽三微二沙八尘四埃八漠九湖二虚一澄九清四净六逡九巡。

共征地粮正银一万一千五百九十四两一钱一分二厘，每银征耗一钱五分。

征银三百一十五两六钱三分七厘三毫。

退赎开垦清查首出，及拨收山海卫、抚宁卫、遵化州、滦州共地二千一百二十二顷三十二亩七分五厘二毫五丝六忽二微六纤，内除开豁圈补去地一百八顷三十亩二分九厘，又久荒沙薄地七十一亩五分外，实剩地二千一十三顷三十亩九分六厘二毫五丝六忽二微六纤，内征银米草上中下不等。地二千一十一顷一十亩八分九厘八毫五丝六忽二微六纤，内除香火并官地八十四亩八分七厘，共征租银一两六钱一分五厘，例不摊征丁匠外，每亩各征不等。

共征银二千四百六十二两四钱七分九厘四毫四丝一忽三微九纤四沙四尘六埃一渺四漠九湖二虚，每两均摊丁匠正银二钱七厘二丝六忽八微一纤九沙二尘八埃二渺七漠三湖。

共征均摊丁匠正银五百七两七钱二分九厘一丝八忽一微八沙一尘八埃一渺七漠九湖八虚七澄六清三净四逡八巡，每两均摊丁闰银七厘九毫四丝一忽一微七纤八沙五尘八埃二渺一漠二虚七澄四清。

共征均摊丁闰银一十九两五钱五分四厘九毫八丝八忽九微九纤八沙八尘七埃八渺一漠一湖六虚二澄八清八净四逡五巡。

共征夏税米二百八石五斗五升五合二抄六撮八圭二粟一粒，每石加耗米三升。

共加耗米六石二斗五升六合六勺五抄八圭四颗六粒三稷。

共征秋粮米六十八石三斗六升七合七勺三抄七撮八圭七粟三颗四粒，每石加耗米三升。

共加耗米二石五升一合三抄二撮一圭三粟六颗二粒二稷。

共征马草三千一十七束八分三厘三毫四丝六忽一微八纤四沙五尘九埃二渺。

共征草折米二十六石五斗七升五勺二抄三撮七圭八粟六颗一粒。

共征豆一百八十九石二斗八升八合三抄二撮二圭七粟一颗二粒，每石加耗豆三升。

共加耗豆五石六斗七升八合六勺四抄九圭。

共征耗银一千七百二十三两六钱一分一厘，内除收回遵化州地粮银一百三两三钱七分，每银征耗银五分，共征耗银五两一钱六分九厘，下余一万一千四百九十两七钱四分二厘。

实支存留银五千一十五两七钱七分四毫八丝一忽外，今留支正银一万一百八十九两六钱七分四厘，应征改归耗银一千五百一十八两一钱四厘。

实应征起运银六千五百六十六两一钱六分七毫三丝八忽三微二沙八尘四埃八漠九湖二虚一澄九清四净六逡九巡，今起运正银一千四百四两四钱三分八厘。

实征本色正加米一千八百九十七石六斗六升二合八抄三撮一颗四粒九黍九稷一糠，今米一千八百九十七石一斗三合二抄。

实征本色正加豆二百六十六石九斗九升三合八勺二抄八圭八粟六颗三粒四季五稷，今豆二百六十六石九斗三合八勺。

实征本色草一万四千二百二十束五分一厘六毫四丝五忽六微五纤九沙五尘九埃二渺，今草一万四千二百一十六束五分七厘一毫。

额储仓谷一万四千石（户部则例）起运山海粮通判米一千二百五十石，起运永丰仓米四百五十石，起运迁安县豆五十石（七属田赋惟抚宁未报清册，兹照《抚宁新志》节录，中多复沓处，姑仍之）。

昌黎县

原额上中下不等，共地九千八百九十七顷二十七亩。内上地一千一百四十七顷二十七亩，中地二千二百五十亩（每二亩折上地一亩），下地六千五百顷（每四亩折上地一亩），共折上地三千八百九十七顷二十七亩。每亩征银三分五厘九丝一微六纤，地闰银二厘三毫九忽零；征夏税米二合四勺九抄零，秋粮米六合七勺四抄零，每石加耗三升；每亩征草折米二合四勺六抄八撮；征黑豆三合六勺六抄一撮，每石加耗三升；征马草七厘八毫六丝五忽五微。

除圈丈、投充、坍塌、水冲外，实剩民种征粮额内折上地二千六百七十八顷四十二亩二分二厘一毫零，额外、退赎、开垦、清查、首出及各卫屯田草场等项地二千四百三十八顷八十二亩七分一厘六毫。

以上通共额内、额外地五千一百一十七顷二十四亩九分六厘七毫九丝。每亩征银不等，共征银一万二千五百七十六两二分四厘二毫；每两均摊丁匠银二钱七厘二丝六忽零，共征丁匠银二千六百三两九钱八分八厘三毫五丝零；每两均摊丁闰银七厘九毫四丝一忽零，共征丁闰银九十九两八钱八分四厘零；征原加闰月银五百四十六两三钱三分八厘零。共征本色正加豆二千二百一十八石五斗五升八合一勺，本色正加粟米三千六百九十五石五斗五升九勺，本色草二万四千九百一束五分二厘（《旧志》）。

民屯共地三千一百顷零四十三亩三分七厘。

荒田共地四百六十二顷二十七亩一分八厘。

草场共地十二顷七十一亩二分八厘。

归临卫地共四百一十二顷零四亩五分七厘。

滦、乐共地一千二百八十五顷九十八亩五分七厘。

海防民荒共地十三顷九十四亩零一厘。

以上各项共地五千二百八十七顷三十八亩九分七厘。

共应征正加米三千六百九十五石五斗五升九勺，豆二千二百一十八石五斗八升八合一勺，草二万四千九百零一束五分二厘。除拨运山海仓米二千六百石，草三千束，永丰仓米一千石，豆七百五十石，草一千束，滦州豆一百石，乐亭豆一百五十石外，尚存米九十五石五斗五升九勺，豆一千二百一十八石五斗八升八合一勺，草二万零九百零一束五分二厘，以备各营路支放。

丁银共额，征地亩银一万二千八百零三两九钱二分五厘九毫，除海荒征银六十九两七钱零一厘，无加丁闰银外，每银一两均摊丁匠银二钱七厘二丝六忽零，共征均摊丁匠银二千六百三十六两三钱二分六厘二毫零；每两均摊丁闰银七厘九毫四丝一忽零，共征丁闰银一百零一两二钱四分一厘二毫六丝零；征原加闰月银五百四十六两三钱三分八厘零。

又滦榜纸张、民壮、籽粒、豆乾、渔课、官房等银九十四两五钱五分六厘。

通共额征银一万五千五百三十四两八钱一分。

扣解：

共额征银一万五千五百三十四两八钱一分，除扣支银一千七百三十九两一钱零二厘，遇闰加支银一百零二两一钱七分七厘七毫，共额解银一万三千七百九十五两七钱一分；遇闰增解银五百四十一两一钱四分九厘。

同治四年，开垦民人张守则等，报垦公产地九十七亩四分三厘，每亩议征租银二三分不等，共征租银二两一钱三分三厘四毫。

同治五年，开垦民人张镜等，报垦公产地一顷五十六亩七分六厘，每亩议征租银二三分不等，共征租银三两五钱七分八厘二毫二丝。

同治六年，开垦民人檀树培等，报垦公产地三顷三十五亩八分三厘四毫，每亩议征租银二三分不等，共征租银七两四钱七分四厘一毫八丝。

同治八年，开垦民人赵林堂等，报垦公产地三顷五十八亩二分一厘四毫，每亩议征租银二三分不等，共征租银九两五钱五分五厘七毫。

同治四年，详报民人赵锡龄认垦官荒民地二顷十七亩七分五厘四毫，每亩征银一分八厘，共征正银三两九钱一分九厘五毫七丝二忽，每两加征耗银一钱三分，共征耗银五钱零九厘五毫四丝四忽四微。

同治六年，详报民人刘邦本等，认垦官荒民地九十六亩二分一厘，每亩征银一分八厘，共征正银一两七钱三分一厘七毫八丝，每两加征耗银一钱三分，共征耗银二钱二分五厘一毫三丝。

滦　州

原额地亩上中下不等，共地三万八十六顷三十四亩九分七厘五毫，内上地七百九十八顷二十亩四分五厘三毫，中地二千五百一十七顷七十七亩六分四厘一毫（每中地二亩，折上地一亩），下地二万六千七百七十顷三十六亩八分八厘一毫（每下地四亩，折上地一亩），上中下三等地共折上地八千七百四十九顷六十八亩四分九厘三毫零。每亩征银四分五厘二毫八丝九忽零，每亩征闰月银五厘二毫五丝九忽零，每亩征夏税米三合二撮零，每亩征秋粮米八合四勺零，每石加耗米三升，每亩征马草九厘一毫零，每亩征草折米四合三勺零。

除圈占、投充并拨补外，实剩折上地共一千一百六十九顷四十九亩三厘。

又额外清查丈出开垦荒田并归卫地，实共地三千四十顷六十七亩二分四厘。

以上额内、额外等地四千二百十八顷十六亩二分，共征银一万三百一两八钱三分八厘，每两均摊丁匠正银二钱七厘二丝零，共征丁匠正银二千一百三十二两七分八厘，每两均摊丁闰银七厘九毫四丝零，共征丁闰银八十一两八钱九厘，征原加闰月银六百十五两一钱四分八厘零。征本色正加米二千八百四石四斗九合四勺零，征本色正加豆二十八石九斗三升二勺零，征本色马草一万二千五百一十一束六厘九毫零。又额外不在地丁内渔课、房间等，共征银六十一两九钱五分九厘零（《旧志》）。

新收民欠，耿连珠等续报认垦荒地四十六顷九十四亩一分零，每亩征银不等，共征银五十一两三钱六分八厘。

《旧志》载，内外额地四千二百八十四顷五十九亩七分零，银一万三百七十五两九分零。

前二件，共地四千三百三十一顷五十三亩八分零，银一万零四百二十六两四钱五分零，每两均摊丁匠银二钱七厘零，共摊丁匠银二千一百五十八两五钱五分零；原瓦草土房二百七十七间，每间征银不等，共征银五十四两五钱九分，例不摊丁匠；又渔课征银七两三钱六分零；遇闰地丁每亩加五厘二毫零，共征闰月银六百十三两九钱九分零，丁匠银每两摊银七厘九毫零，共征丁闰银八十二两九钱七分，通共加闰银六百九十六两九钱六分。

总计地粮正耗项下：截止光绪元年奏销止，地丁征银一万二千六百四十六两九钱七分五厘，每两加耗银一千八百九十七两零四分四厘，通共加耗银一万四千五百四十四两零二分一厘；遇闰之年共征银一万三千零四十三两九钱三分六厘。又遇闰耗银二千零一两五钱九分，通共闰正耗银一万五千三百四十五两五钱二分六厘。

地粮起存项下：起运地粮银一万三百六十三两一钱八分，内有咸丰八年裁减铺兵归入起运银一百十八两八钱、遇闰加银五百五十九两五钱八分四厘、存留地粮银二千四百二两五钱九分五厘。内于咸丰八年奉文裁减六成铺兵银一百十八两八钱，已归起运银内，实剩存留银二千二百八十三两七钱九分五厘，遇闰加银一百三十七两三钱七分六厘。

旗租存退项下：存退入官原地七百五十七顷八十一亩五分零，银三千三百十二两七钱一分零。内于道光十三年，奉文豁除水冲沙压地十二顷三十四亩六分零，银二十九两六钱八分。实剩存退入官地七百四十五顷四十六亩八分零，银三千二百八十三两零三厘。

又新收存退项下：革退庄头入官地四百四十五顷四十八亩三分零，银二千五百五十七两二钱九分八厘九毫。

又成柱广化地二顷八十五亩一分零，银十三两一钱二分九厘。

前三件，通共地一千一百九十三顷八十亩二分一毫，每地征银不等，共征银五千八百五十三两四钱三分九毫。

庄头项下：庄头入官原十二顷七十五亩八分零，银四十八两五钱九分零。

又新收庄头入官地二顷三亩二分零，银三两四分九厘。

前二件，共地十四顷七十九亩一分零。每亩征银不等，共征银五十一两六钱四分六厘。

另案项下：另案入官地二百七十八顷五分零，银二千五百七十九两二钱一分零。

又新收另案入官地九十八顷六十六亩二分零，银一百八两四分零。

前二件，共地三百七十六顷六十六亩七分零。每亩征银不等，共征银二千六百八十七两二钱五分七厘八毫。

三次项下：三次入官地原五顷九十一亩八分零，银七十三两一钱九分。内奉文豁除水冲、沙压地二十六亩，银六两七钱三分五厘，实剩地五顷六十五亩八分，银六十六两四钱五分五厘。

四次项下：四次入官地原五百三顷八十八亩一分零，银五千二百二十九两八钱八分零。内奉文豁除水冲、沙压地三顷二十五亩九分，银一百二十五两八分零。实剩四次入官地五百顷六十二亩二分二厘，银五千一百四两七钱九分一厘。

奴典项下：奴典入官地原二百八十八顷八十亩七分，银二千九百十九两五钱二分零。

又新收奴典入官地四顷九十五亩二分八厘，银十二两四钱八分八厘。

前二件，共地二百九十三顷七十五亩九分。每亩征银不等，共征银二千九百三十二两八厘。

公产项下：公产入官地原二百四十三顷十六亩四分零，银二千二百八十二两三分零。

又新收公产入官地三百八十七顷八十二亩一分零，银二千五百五十三两六钱三分。

前二件，共地六百三十顷九十八亩五分一厘三毫，银四千八百三十五两六钱六分五厘五毫。

杂项河淤项下：河淤地原三十八顷二十九亩五分零，银一百十四两九钱九分零。

又新收河淤地二十四顷六十七亩六分零，银七十四两七钱七分零。

前二件，共河淤地六十二顷九十七亩一分零，银一百八十九两七钱六分零。内奉文豁除水冲、沙压地十顷九十八亩七分一厘，银三十二两八钱六分四厘，实剩河淤地五十一顷九十八亩三分九厘，每亩征银不等，共征银一百五十六两八钱九分六厘。

乐亭县

原额上中下不等，共地八千一百三十二顷七十九亩八分六厘六毫。内：上地七千九百八十五顷四十五亩二分九厘六毫，中地一百一顷三亩五分（每二亩折上地一亩），下地四十六顷三十一亩七厘（每四亩折上地一亩），共折上地八千四十九顷五十四亩八分一厘三毫五丝。每亩征银二分八厘七毫一丝五忽零，每亩征原加闰月银五厘九毫四丝一忽，每亩征夏税米一合五勺六抄零，征秋粮米四合一勺四抄零，征马草六厘六毫，征草折米一合九勺八抄零。

除圈占、投充并拨归外，实剩六百三十七顷四十五亩七分三厘一毫五丝。

额外节年退出，并荒田开垦等地一千八百三十九顷七分八厘。

通共额内、额外共地二千四百七十六顷五十三亩五分七厘，各征不等。共征银三千八百三十五两四钱八厘；每两均摊丁匠银二钱七厘二丝六忽零，共征均摊丁匠银七百九十四两三分二厘；每两摊丁闰银七厘九毫四丝一忽零，共征均摊丁闰银三十两六钱六分六厘；原闰银三百八十一两一钱九分五厘。本色正加粟米五百九十七石七斗八升七合六勺零，本色正加豆四十石三合六勺零，本色草五千一百三十一束三分七厘零。

又不在地丁内，渔课、房租银一十三两二钱二分（《旧志》）。

旗租：

国初，原额上中下则不等，共地八千一百三十二顷七十九亩八分零。内上地七千九百八十五顷四十五亩二分零；中地一百顷三亩五分，每二亩折上地一亩，共折上地五十顷五十一亩零；下地四十六顷三十一亩零，每四亩折上地一亩，共折上地一十一顷五十七亩零；通共折上地八千四十七顷五十四亩八分零，内除圈投地亩。

顺治三年，差满官毕圈去地一千四百七十五顷三十一亩八分零。又圈给僧道香火地一十七顷七十一亩。

四年，差满官顾圈去地五千六十四顷六十亩四分零。康熙六年差满官□圈去地一百三十六顷一十五亩。五年十二月、六年二月差满官贾圈去地六十五顷八十亩。

顺治三年刘汝桐等投充镶白旗下，带投地十七顷六十四亩。

四年张可祖等投充镶白旗下，带投地八百五十顷四十四亩二分零。

六年贾应正等投充正白旗下，带投地六顷四十亩一分。

七年李思秋等投充正黄旗下，带投地本县地四十八顷五十四亩。通共圈给并带投地八千二十五顷一十五亩七分，实剩民地二十二顷三十九亩一分。

一收旗退地：顺治四年，收投充退出严进朝等五顷八十九亩三分。

八年，收投充地及退出李先春等民地五百七十一顷五十四亩六分，又收多儿波下退出地五顷一十七亩五分零。

十年，收投充人孟守广并李孟豪退出地二顷一十九亩一分零。

十二年，收满洲退出不堪耕种地七顷八十四亩五分。

十四年，收退出壮丁地六十顷二十七亩，垦成田一十一顷九十亩二分。

通共收旗退地六百四顷五十五亩二分。

一收首占地：

顺治四年，清查出夹占地六顷六十六亩七分零。

八年，收审断出隐占地一十一顷五十六亩。又收清查出隐占地一十四顷三亩二分。

九年收审断出归民地五顷三十九亩。

十年，清查出隐占地二顷九亩五分。

十二年，收清查出夹占地四顷六十亩三分零。

十五年，收自首出隐漏地二顷二十七亩。

十六年，收清查出隐漏地八十亩八分零。

又顺治三年，收本县额外学田地六顷八十五亩九分零。

又顺治十年，收僧道香火地十顷一十亩五分零。

通共新收清查夹占地六十四顷三十八亩九分零，通共额内退首二顷，共收民地六百六十八顷九十四亩一分零。

内除康熙七年水冲成河地二十一顷三十四亩五分，又乾隆二年海荡成碱地二十四顷四十八亩六分零，十五年海荡成碱地八顷四亩八分五厘零，又道光元年水冲地十八亩九分，实剩民地六百一十四顷七十七亩八分零，加原剩民地二十二顷三十九亩零，通共地六百三十七顷一十六亩八分零。

一收拨补地：

顺治三年，收额外荒田地三百一十三顷一十七亩五分。内除乾隆三十七年苗姓等案内诬报地四顷二十七亩五分，又除道光元年水冲地二十八亩一分。实剩荒田地三百八顷六十一亩四分。

又收额外牧马草场地二十九顷二十八亩六分零。内除圈淹外，实剩中地二顷三十四亩三分八厘，下地一十三顷九十三亩二分二厘零，草场中地七顷五亩九分零，草场下地五顷四十三亩一厘。

通共收不在地丁拨补作额内，正征地三百三十七顷三十七亩九分一厘，加前原剩地并退守地六百三十七顷一十六亩八分零。通共合成额内地九百七十四顷五十四亩七分零。

一收额外退首拨补地：

收王国祥隐漏上地一十九顷五厘零。

康熙元年，收孟继世隐漏上地三十亩四分；

二年，收清查首出上地二顷八十七亩五分；

四年，收审出上地六十七亩八分八厘零；

八年，收退出上地三顷三十六亩；

十年，收买出上地一顷七十六亩七分八厘；又收退出上地六顷八十三亩一分；

十一年收认种退出上地六十二亩；

九年、十二年共收认种退出上地八顷九十八亩九分；

十三年，收认种退出上地一顷五亩；

十六年，收清查首出上地二十顷二十六亩一分四厘，荒田地一百四十九顷四十七亩二分；又收续查首出上地一顷八十四亩六分零，荒田地一十三顷七十六亩四厘；

十七年，收查出自首上地一顷五十六亩六分，荒田地五顷二十八亩三分；

十九年，收查出荒田地四顷五十六亩九分；

又十五年至十九年，节次收牛录庄荒田改归上地十三顷六十六亩六分；

二十四年，收认种退出上地七十亩；

二十七年，收清查自首上地四十三亩一分，荒田地一十八顷六十二亩八分；

三十二年，收认垦首出上地二顷四亩；

雍正十年，收首出上地四十五亩八厘；

十三年，收认种退出荒田地二顷三十三亩四分；

乾隆三年，收本县民人徐梦熊自首荒田地一十顷九十三亩七分八厘；

又三年，收山海卫荒田地四顷二十六亩；

又收抚宁卫下地三十八顷八十三亩八分七厘，又荒田地七顷四十四亩七分六厘；

又收山海卫下地三十四亩；

又旗退荒田地二顷三十三亩四分；又新征牧马草场地二十八顷七十六亩六分三厘；又积年拨补地六十五顷五十七亩七分八厘零。

一收额外积年升科地亩：又乾隆十三年升科中地一顷二亩；又收十九年升科荒田地七顷六亩九分五厘；又收十九年升科中地七十五亩九分九厘；又收二十年升科荒田地三顷六十一亩九分六厘；又收十四年并二十三年升科上地二顷三十五亩三分六厘零；又收荒田地二十七顷二十六亩七分六厘；又收四十七年至五十三年共荒田地一百一十九顷三十六亩八分八厘；又收嘉庆五年至二十四年共荒田地二百六十一顷五十七亩五分四厘零；又收道光元年至十九年共荒地二百五十二顷十一亩七分九厘；又收咸丰六年荒田地十八顷九十三亩四分六厘。

以上额外，共收升科地亩六百九十四顷八亩五分。

额内分列地粮：

除圈投并拨归外，实剩地亩共六百三十七顷一十六亩八分零。每亩原额征银二分七厘八毫四忽。奉文加增花绒、马价、胖衣三项，加征银九毫一丝一忽二微五纤，每亩共应征银二分八厘七毫一丝五忽二微五纤，合征银一千八百二十九两六钱四分零。

节年旗退并查出隐占自首地亩，共六十七顷六十二亩八分三厘，科则同前，合征银一百九十四两一钱九分零。

除圈去并奉文改归上地，实剩荒田地亩，共一千六百二十八顷一十一亩八分，每亩征银一分，合征银一千六百二十八两一钱一分零。

又旗退荒田地二顷三十三亩四分，照前例每亩一分，合征银二两三钱三分四厘。

新收牧马草场地亩，共二十八顷七十六亩六分三厘，每亩征银不等，合征银五十一两七钱四分零。

积年拨补地亩，共六顷五十七亩七分八厘，每亩征银不等，合征银二十八两三钱七分零。

额外积年升科地亩，共六百九十四顷八亩五分零，每亩征银不等，合征银七百八十五两五钱一分零。

通共额内、外地亩征银共四千五百一十九两九钱零。

额内丁粮：

原额行差人丁，折下下则共一万九千三百四十八丁。每丁征银二钱，应征银三千八百六十九两六钱。新收临榆拨归人丁，折下下则共六百三十六丁。各征银不等，应征银一百七十六两九钱二分零。

额外丁粮：

原额抽出供丁，通下下则共一千一百六十七丁。每丁征银二钱，应征银二百三十三两四钱。

新增人丁，通下下则共一千一百二十七丁。每丁征银二钱，应征银二百二十五两四钱。

通共额内外人丁银四千五百五两三钱二分。内除供丁银两，向系另行征解。其余四千二百七十一两九钱零，于雍正二年为始，摊入地粮征收讫，定例每两均摊丁匠正银二钱七厘二丝六忽零。乐亭地粮无几，通共止摊丁匠银九百三十五两七钱六分零。其余俱邀宽免，遇闰加征银四百一十七两一钱一分零。

庄头退出瓦草平房共二十九间，每间征银不等，合征银五两七钱二分。

渔课征银七两五钱。

耗羡，无闰征银八百二十两三钱三分零，有闰加征银六十二两五钱六分零。

匠班六十五丁，每丁征银四钱，合征银二十九两二钱五分。

新更人丁，折下下则共一百一十四丁，每丁征银二钱，合征银二十二两八钱。

前二项人丁银两，于雍正二年摊入地粮银内征收讫。

旗民退出输租地亩，共七顷三十八亩。每亩征银不等，合征银四十一两八钱六分零。自雍正十三年后，旗民退出余绝等地，应征租银分册奏报。

各项旗租地亩：

一存退共地四十三顷七十六亩七分七厘八毫，另案共地三十七顷六十三亩五分八厘六毫；庄头共地十五亩五分；三次共地二顷四十六亩；四次共地二百八十七顷九十八亩七分二厘一毫；奴典共地一百三十一顷二十四亩九分三厘；公产共地七百五十一顷四十五亩二分五厘二毫。

以上各项旗租，共地一千二百五十一顷六亩八分八厘七毫，共额征银一万一千八百八十五两九钱八分零四毫。

临榆县

山海卫原额地一千六百七十顷六十九亩。於顺治二、四等年，除修城河圈种外，尽数拨补滦州无余。续收投充退出地二百二顷四十二亩三分零，内拨给丰润县民及拨归抚宁、昌黎，实剩地一百一十顷三十四亩六分零；内上地八十五亩三分，每亩征银五厘九毫零，征米豆各三升六合，征马草四分一厘零；中地十四顷十八亩九分五厘三毫零，每亩征银三厘九毫零，征米豆各二升四合，征马草二分七厘零；下地九十五顷三十亩三分八厘零，每亩征银一厘九毫零，征米豆各一升二合，征马草一分三厘零。又清查并丈出输租买回等地十九顷三十九亩一分五厘零。

额外收马草场地，原额七十五顷十七亩三毫零，每亩征银一分六厘七毫零。香火下地，原额九十六亩七分四厘，每亩征银一分五厘。

太仓、永镇各荒地，原额一百五十九顷五十二亩八分，除拨归抚、昌、乐等县外，实剩荒田地八十八顷一十四亩六分四厘。

抚宁卫原额屯地一千三百十八顷四十九亩一分，圈拨无余。续退首并清查出地一百八十一顷七十九亩，除改县后，拨归抚、昌、乐三县外，实剩地一顷八十五亩六分七厘。内中地三十五亩，每亩征银二厘三毫，征米豆各二升，征马草二分三厘二毫；下地一顷五十亩三分七厘，每亩征银一厘一毫五丝，征米豆各一升，征草一分一厘六毫。

额外太仓、永镇备荒各荒地，原额三百十顷三十一亩六分一厘零。除改县后拨归抚、乐、昌等县外，实存荒田地三顷十七亩八分九厘零，每亩征银一分；实存备荒地十二亩五分，每亩征银二分四厘。

又实收滦州拨补公富庄上地一顷六十二亩二分一毫，每亩征银四分五厘三毫八丝九忽零，征夏秋米一升一合四勺零，征草折米四合五勺零，征草七厘一毫三丝零。收抚宁县拨补上地八十三顷五十六亩四分七厘九毫一丝，每亩征银四分一厘三毫零，征米六合七勺，征草折米二合九抄，征马草六厘五毫；内除建造营方地二亩。收昌黎县拨补上地六十一亩六分，每亩征银三分五厘九丝零，征夏秋米九合二勺四抄，征豆三合六勺六抄，征草七厘八毫零。收抚宁县拨补民壮地四顷三十五亩八分九厘六毫，每亩征黑豆七升四合九抄零。收抚宁县拨补荒田地二百五顷五十三亩三厘，每亩征银一分。收抚宁县牧马场地十一顷七十四亩六分八厘一毫四丝，每亩征银二分九厘八毫四丝。

收滦州拨补永、卢、山、抚四卫改归地五百四十四顷三十亩八厘一毫，每亩征米豆草折价，并余地银不等。开垦起科荒田地九十七亩，每亩征银一分，共银九钱七分。

以上通共山、抚二卫并拨归上中下荒田额内、额外等项地一千八百八十二顷八十六亩四分三厘四毫零。内除抚宁民壮地，另征黑豆，及香火地一两四钱五分不摊丁匠外，共征银四千六百七十八两四钱二分一厘五毫零，加征耗羡银共六百十四两六钱一分零，每两均摊丁匠银二钱七厘二丝零，共征均摊丁匠正银九百六十八两五钱五分八厘五毫零；遇闰每两加摊丁闰银七厘九毫四丝一忽零，共加丁闰银三十七两一钱六分一厘七毫零；共征原加地闰银九钱七分八厘八毫一丝零。征本色正加米九百三十石四斗三升二合三勺零，每石加耗米三升；本色正加豆二百二十一石一斗四升七勺零，每石加耗豆三升；征马草七千三百五十六束八厘四毫外旗，退官租地六十顷三十二亩一分七厘，共征小数租钱一千二百八十二串五百文，解司库。

学田原额地八百三十顷五亩，又清丈出地一百八十八顷，共征米七百五石九斗零，由管粮厅征收（《旧志》）。顺治六年至康熙八年，奉文调去各庄头退出地亩，除拨归外，实剩上地十五亩三分五厘，每亩征银六厘九毫一丝八忽七微六纤，共征银五钱五厘一毫六丝六忽一微五纤六沙；每亩征米三升六合，共征米三斗七升二合六勺，每石加耗米三升，共加耗米九升二合一勺七抄八撮；每亩征豆六合，共征豆三石七升二合六勺，每石加耗豆三升，共加耗豆九升二合一勺七抄八撮；每亩征马草四分一厘，共征马草十四束六分四厘二毫一丝六忽。

中地十四顷十八亩三分五厘三毫四丝四忽，每亩征银三厘九毫六丝五忽八微四纤，共银五两五钱九分八厘九毫六丝三忽二微四纤一沙六尘八埃九渺六漠；每亩征米二升四合，共征米三十四石五升四合八勺八抄六撮四圭五粟六颗八粒；每亩征豆二升四合，共征豆三十四石五升四合八勺八抄二撮五圭六粟，每石加耗豆三升，共加耗豆一石二升一合六勺四抄六撮四圭七粟六颗八粒；每亩征马草三分七厘八毫六丝，共征马草三百九十九束三分六毫六丝三忽七微六纤九沙六尘。

下地九十五顷三十亩三分八厘四毫三忽六微四纤，每亩征银一厘九毫七丝八忽九微二纤，共征银十八两八钱二厘九毫七丝八忽一微六纤七尘一埃七渺六漠三湖八虚；每亩征米一升二合，共征米六百十四石三斗六升六合五勺六抄五撮一圭七粟八粒，每石加耗米三升，共加耗米三石四斗三升九合三抄六撮九圭五粟五颗三粒四稷；每亩征豆一升二合，共征豆一百十四石六升四合五勺六抄五撮一圭七粟六颗八粒，每石加耗豆三升，共加耗豆三石四斗三升九合三抄六撮九圭五粟五颗三粒四稷；每亩征马草一分三厘三毫二丝，共征马草一千三百二十九束八分六厘九毫九丝四忽五微八埃八沙。

康熙十六、十七等年，奉文清查，续查出：

上地一顷三亩六分五厘，每亩征银五厘九毫一丝八忽七微六纤，共征银六钱一分三厘四毫九丝九忽四微七纤四渺；每亩征米三升六合，共征米三石七斗三升一合四勺，每石加耗米三升，共加耗米一斗一升一合九勺四抄二撮；每亩征豆三升六合，共征豆三石七斗三升一合四勺，每石加耗豆三升，共加耗豆一升一合九勺四抄二撮；每亩征马草四分一厘七毫六丝，共征马草四十三束二分八厘四毫二丝四忽。

中地一顷八亩八分六厘，每亩征银三厘九毫四丝五忽八微四纤，共征银四钱二分九厘五毫四丝四忽一微四纤二沙四尘；每亩征米二升四合，共征米二石六斗一升二合一勺四抄，每石加耗米三升，共加耗米七升八合三勺七抄九撮二圭；每亩征豆二升四合，共征豆二石六斗六升二合六勺四抄，每石加耗豆七升八合三勺七抄九撮二圭；每亩征马草二分七厘八毫八丝，共征马草三十束三厘六毫六丝二忽四微。

下地十顷六十九亩四分六厘，每亩征银一厘九毫七丝二忽九微二纤，共征银二两一钱九分九毫五丝九忽二微四沙二尘；每亩征米一升二合，共征米十二石八斗三升三合六勺二抄，每石加耗米三升，共加耗米三斗八升五合五抄六圭；每亩征豆一升二合，征豆十二石八斗三升五合二抄，每石加耗豆三升，共加耗豆三斗八升五合五抄一圭；每亩征马草一分三厘九毫二丝，共征马草一百四十八束四分四厘八毫八丝三忽二微。

康熙三十二年分，户部丈出题定荒余地四顷九十二亩四分三厘三毫。遵照原额下地科则，每亩征银一厘九毫七丝二忽九微二纤，共征银九钱七分一厘五毫三丝三忽一纤四沙三尘六埃；每亩征米一升二合共征米五石九斗二升一勺九抄六撮，每石加耗米三升共加耗米一斗七升七合二勺七抄五撮八圭八粟；每亩征豆一升二合，共征豆五石九斗九合一勺九抄六撮，每石加耗豆三升，共加耗豆一斗七升七合二勺七抄五撮八圭八粟；每亩征马草一分三厘九毫二丝，共征马草六十八束五分四厘六毫六丝七忽三微六纤。

康熙三十二年，认种山海关倒塌官房空基地亩，除拨用外，实剩上地四顷五分。照例每亩征银一分一厘八毫三丝七忽五微二纤，共征银五分三厘二毫六丝八忽八微四纤；每亩征租米七升二合，共征米三斗二升四合，每斗加耗米三合，共加耗米九合七勺二抄；每亩征租豆七升二合，共征租豆三斗二升四合，每斗加耗豆三合，共加耗豆九合七勺二抄；每亩征马草八分三厘八毫二丝，共征马草三束七分五厘八毫四丝。

中地五亩，照例每亩征银二厘八毫九丝一忽六微八纤，共征银三分九厘四毫五丝八忽六微；每亩征租米四升八合，共征租米二斗四升，每斗加耗米三合，共加耗米七合二勺；每亩征租豆四升八合，共征租豆二斗四升，每斗加耗豆三合，共加耗豆七合二勺；每亩征马草六厘六毫八丝，共征马草二束七分八厘四毫。

下地三十五亩二分五厘，照例每亩征租银三厘九毫四丝五忽八微四纤，共征租银一钱三分九厘九毫八丝六纤；每亩征租米二升四合，共征租米八斗四升五合，每斗加耗米三合，共加耗米二升五合三勺八抄；每亩征租豆二升四合，共征租豆八斗四升六合，每斗加耗豆三合，共加耗豆二升五合三勺八抄；每亩征马草二分七厘八毫四丝，共征马草三束八分一厘三毫。

康熙四十四年，本卫民人仆一五置田，拨归丰润县民人张翔凌名下：中地四十五亩，每亩征银三厘九毫四丝五忽八微四纤，共征银一钱七分七厘四毫六丝二忽八微；每亩征米二升四合，共征米一石八斗，每石加耗米三升，共加耗米三升二合四勺；每亩征豆二升四合，共征豆一石八斗，每石加耗豆三升，共加耗豆三升二合四勺；每亩征马草二束七厘八毫四丝，共征马草十二束五分八毫。

下地七十五亩，每亩征银一厘九毫七丝二忽九微二纤，共征银一钱四分七厘九毫六丝九忽；每亩征米一升二合，共征米九斗，每斗加耗米三合，共加耗米二升七合；每亩征豆一升二合，共征豆九斗，每斗加耗豆三合，共加耗豆二升七合；每亩征马草一分三厘九毫二丝，共征马草十束四分四厘。

牧马草场籽粒地六十七顷七十九亩三分三毫四丝三忽。每亩征银一分六厘七毫五微八沙七尘八埃五渺，共征银十两六钱六分一厘三毫一丝六忽五微二纤八沙三尘四埃四渺。

乾隆元年，奉文查丈出香火下地九十六亩七分四厘。每亩征银一分五厘，共征银一两四钱九分一厘一毫八丝。

太、永荒田，并清查续查荒田，除拨归外，实剩地六十顷九十九亩一分七厘。每亩征银一分，共征银六十五两九钱九分一厘七忽。

顺治七年起至十七年止，开垦限满征银荒田八顷六十亩九分。每亩征银一分，共征银八两六钱六分九厘。

康熙二十九年，为饬查欺隐等事，案内自首荒田地二顷十六亩五分。每亩征银一分，共征银二两一钱五分五厘。

康熙二十九年，自首荒田地三顷四十三亩。每亩征银一分，共征银二两四钱三分。

康熙四十一年起至五十三年止，开垦限满征银荒田地，除断归外，实剩地八顷四分四厘。每亩征银一分，共征银八两一厘四毫。

康熙五年至八年，奉文调去庄头退首地亩，并康熙十五、十七等年清查续查地，除拨归外，实剩中地三十五亩三分。每亩征银二厘三毫，共征银八分一厘一毫九丝；每亩征米二升，共征米七斗六合，每斗加耗米三合，共加耗米二升二合一勺八抄；每亩征豆二升，共征豆七斗六合，每斗加耗豆三合，共加耗豆二升二合一勺八抄；每亩征马草二分三厘二毫，共征马草八束一分八厘九毫六丝。

下地一顷五十亩三分七厘。每亩征银一厘一毫五丝，共征银一钱七分二厘九毫二丝五忽五微；每亩征米一升，共征米一石五斗三合七勺，每石加耗米三升，共加耗米四升五合一勺一抄一撮；每亩征豆一升，共征豆一石五斗三合七勺，每石加耗豆三升，共加耗豆四升五合一勺一抄一撮；每亩征马草一分一厘六毫，共征马草十七束四分四厘二毫九丝二忽。

太、永备荒地，顺治五年起至康熙二十三年止起科，及十六、十七等年清查续查除拨归外，实剩荒田地一顷二十亩八分九毫一丝二忽。每亩征银一分，共征银二两二分八厘九丝一忽二微。备荒地十二亩五分。每亩征银二分四厘，共征银三钱。

乾隆九年、二十、四十七等年开垦限满，征银荒田地一顷七十四亩一分。每亩征银一分，共征银一两七钱四分一厘。

乾隆二十一年，温廷彩名下，认垦限满起科荒地二顷四十六亩一分二厘一毫。每亩征银一分，共征银二两四钱六分一厘二毫一丝。

乾隆二十二年，苏廷宝等名下首垦荒田，当年起科地八顷六十八亩二分四厘五毫。每亩征银一分，共征银八两六钱八分二厘四毫五丝。

乾隆二十六年，详报李兆龙与李应科呈控侵占地亩案内，丈出李兆龙名下荒地十二亩一分。每亩征银一分，共征银一钱二分一厘。

乾隆二十一年，李昆石等报垦官荒限满升科地八十五亩六分九厘五毫八丝三忽。每亩征银一分，共征银八钱五分七厘。

乾隆二十七年，李中见等报垦官荒限满升科地九十六亩八分七厘五毫一丝四忽。每亩征银一分，共征银九钱六分九厘。

乾隆三十九年，王清俊等认垦官荒限满升科地五顷十六亩七分六厘四毫。每亩征银一分，共征银五两六钱六分七厘六毫四丝。

乾隆四十二年，查出苏廷建五、十、十四、十九等年入奉公垦官荒地二十二亩四分二厘。每亩征银一分，共征银二钱二分四厘二毫。

乾隆三年，奉文拨收滦州公富庄上地一顷六十二亩二分一厘。每亩征银四分五厘二毫八丝九忽三微八纤八尘八埃，共征银七两三钱四分五厘五毫二丝二忽八微八纤四沙八尘四埃二渺八漠六湖；每亩征夏秋米一升一合四勺四抄五撮三圭三粟，共征米一石八斗五升六合四勺四抄三撮九圭七粟一颗三粒三黍，每石加耗米七升，共加耗米五升五合六勺九撮三圭一粟九颗一粒三黍九稷九糠；每亩征草折米四合五勺七抄一撮三圭，共征草折米七斗四升六合五勺一撮八圭七粟一颗五粒；每亩征马草七厘一毫三丝五微，共征马草十一束五分六厘五毫七忽四微二抄三纤五尘。下地一顷，每亩征银一分，共征银一两。

抚宁卫原续拨归建营房，并置买山海关驻防八旗兵丁葬茔地需用外，实剩上地八百三顷五十六亩四分七厘九毫一丝。每亩征银四分一厘三毫五丝二忽七微六纤一沙七尘，共征银三千三百二十二两九钱六分二厘七丝五忽二微三沙七尘九埃五渺一漠；每亩征米六合九勺一抄八圭，共征米五百五十四石六斗四合三勺四抄七撮四圭五粟二颗三粒八黍，每石加耗米三升，共加耗米十六石六斗三升八合一勺三抄二粟三颗五粒一黍一稷四糠；每亩征草折米二合九勺二撮六圭，共征草折米一百十八石一斗五升三合九勺六抄八撮一圭六粟四颗六粒六黍；每亩征马草六厘五毫，共征马草五千五百二十三束一分七厘一毫一丝四忽一微五纤。

民壮地四顷三十六亩八分九厘六毫。每亩征籽粒黑豆七升四合九勺六圭二粟一颗六粒七黍六稷二糠，共征豆三十二石二斗九升五合一勺七抄八撮四圭四粟七颗；每石加耗豆三升，共加耗豆九斗六升八合八勺七抄一撮五圭五粟三颗四粒。

荒地二百四顷三十三亩。每亩征银一分，共征银二百四两三钱三分三厘。

牧马草场地十一顷七十四亩六分八厘一毫四丝。每亩征银三分九厘八毫四丝，共征银三十五两五分二厘四毫九丝二忽九微二纤六沙。

昌黎县上地六十一亩六分。每亩征银三分六厘九毫一微六纤，共征银二两一钱六分一厘五毫五丝三忽八微五纤六沙；每亩征夏秋米九合一勺四撮五圭六粟，共征夏秋米五斗六升九合一勺一抄八撮九粟六颗，每斗加耗米三合，共加耗米一升七合七抄六撮五圭五粟四颗八粒八黍；每亩征草折米二合四勺六抄八圭，共征草折米一斗五升二合二勺八撮四圭；每亩征籽粒黑豆三合六勺六抄一撮，共征籽粒黑豆二斗二升五合五勺一抄七撮六圭，每斗加耗豆三合，共征耗豆六合七勺六抄六撮五圭二粟八颗；每亩征马草七厘八毫六丝六忽五微，共征马草四束八分四厘五毫五丝一忽。

乾隆五年分，收回拨归滦州改归寄庄寄银：永平卫地六顷十六亩一分。每亩征米豆草折价并余地银一分四厘七毫七丝四忽七微六纤三沙五尘，共征银十三两七钱一分三厘二毫九丝八微八纤七沙。

卢龙卫地一亩五分七厘八毫。每亩征米豆草折价并余地银一分四厘七毫七丝四忽七微六纤三沙五尘，共征银二分三厘三毫一丝四忽五微七纤六沙八尘九埃。

民庄地十四亩七分二厘。每亩征豆草折价并余地银一分八厘七毫八丝七忽五微八纤五沙，共征银二钱七分二厘五丝三忽二微五纤一沙二尘。

山海卫上地十四顷十四亩六分三厘四毫。每亩征米豆草折价并余地银四分一毫六丝一忽九微六纤，共征银五十六两九钱三分四厘九毫一丝二忽六尘四埃。中地八十七顷一分八厘一毫，每亩征米豆草折价并余地银二分六厘七毫七丝四忽六微六纤，共征银一百五十四两九钱六分三厘七丝五忽七微九尘四埃。下地四百五十一顷二十八亩四分七厘九毫，每亩征米豆草折价并余地银一分三毫八丝七忽三微二纤，共征银六百四十两七钱九分四厘三毫八丝四忽九微八纤六沙二尘八埃。

抚宁卫上地四十八亩五分六厘。每亩征米豆草折价并余地银三分一厘九毫八丝六忽，共征银一两五钱六分五厘七丝一忽四微七纤；下地十二顷八十亩一分八厘九毫。每亩征米豆草折价并余地银一分六厘六毫六丝二忽，共征银十三两七钱六分三厘三毫四丝七忽一微六纤八沙。以上共粮地一千八百八十五顷七十二亩二分三厘，又征黑豆民壮地四顷三十五亩九分。

通共地一千八百九十顷零八亩一分三厘一毫五丝九忽一微四纤。每亩征银不等，共征银四千六百八十七两八分九厘五毫，内除例不摊征丁匠香火地粮银一两四钱五分一厘一毫外，余银四千六百八十五两六钱三分八厘四毫九丝六忽九微八纤三沙一尘四埃二渺四湖八虚二澄，每两均摊丁匠银二钱七厘二丝六忽八微一纤九沙二尘八埃二渺七漠三湖，共摊丁匠银九百七十两五分三厘。

通共地粮银五千六百五十七两一钱四分二厘，本色正加米九百三十石四斗三升二合二勺，本色正加豆二百二十一石一斗四升七勺，本色草七千三百五十六束八分九厘。

七社征收内：

天清社，征银九百九两四钱四分八厘，征米一百三十一石三斗二升一合三勺，征草九百二十七束六分七厘。

长治社，征银八百九十四两八钱九分六厘，征米一百三十石八斗七升二合九勺，征草九百二十四束五分。

地宁社，征银八百二十三两七钱八分四厘，征米一百一十九石四斗三升八合，征草八百四十三束七分二厘。

久安社，征银八百五十两九钱三分三厘，征米一百十八石八斗五升六合一勺，征草八百三十九束六分一厘。

属国社，征银九百十四两五钱五分，征米一百二十石四斗四升一合五勺，征草八百五十束八分一厘。

年有社，征银八百九十六两一钱七分九厘，征米一百一十八石四斗六升六合六勺，征草八百三十六束八分六厘。

丰登社，征银三百六十七两三钱五分二厘，征米一百九十一石三升五合八勺，征豆二百二十一石一斗四升七勺，征草二千一百三十二束九分一厘。

通共应征地粮银五千六百五十七两一钱四分二厘，共应征本色米九百三十石四斗三升二合二勺，本色豆二百二十一石一斗四升七勺，本色草七千三百五十六束八厘。

存退项下：

乾隆十九年九月，内奉准部咨革退庄头计三贤、刘汉臣各名下地五十四顷六十三亩三分。每亩征租银不等，共征租银一百七十四两三钱八分二厘。

乾隆二十三年十一月，内奉准部咨，收查出县民朱老小子私垦荆条河西地十二顷十三亩四分五厘。每亩征租银不等，共征租银二十四两四钱七分八厘。

乾隆二十五年，山海关左翼协领，富朱礼交官本身地六十亩。每亩征租银不等，共征租银二两三钱八分二厘。

乾隆二十八年，山海关右翼协领，赛音禄拨还交官本身地六十亩。每亩征租银不等，共征租银三两零一分七厘。

乾隆四十三年，收三十八年民人陈士奇认垦原拨无租荒地八顷六十四亩。每亩征租银不等，共征租银二十七两八钱八分六厘。

道光六年九月初三日，奉准户部覆准行，令将召垦荒地七顷七十亩八分五厘。每亩征租银四分，共征租银三十两零八钱三分四厘。

道光十七年九月初三日，奉准户部覆准行，令将各佃户认种革退庄头吴兆莹入官地十四顷二十亩六分九厘。每亩征租银四分，共征租银五十六两八钱二分七厘六毫。

以上实在存退共地九十八顷五十二亩二分九厘。每亩征租银不等，共征租银三百一十九两八钱零六厘六毫，共征耗银三十一两九钱八分零六毫六丝。

四次项下：

乾隆二十五年十月二十五日，奉文回赎正黄旗满洲伍德佐领下，另户领催常禄名下，实丈地三亩四分。每亩征租银不等，共征租银二钱九分六厘六毫。

乾隆二十五年十月二十五日，奉文回赎正白旗满洲七格佐领下，另户闲散乌林保之祖苟色，即李林名下，实丈地二十三亩一分一厘。每亩征租银不等，共征租银一两三钱二分三厘三毫。

乾隆二十五年十月二十五日，奉文回赎正白旗满洲七格佐领下，另户闲散亲达，即李显思名下，实丈地八十一亩八分八厘。每亩征租银不等，共征租银六两六钱一分。

乾隆二十五年十月二十五日，奉文回赎正白旗满洲七格佐领下，另户甲身乌林保之父亲达礼，即李玉生名下，实丈地三十五亩六分二厘。每亩征租银不等，共征租银三两五钱八分九厘一毫。

乾隆二十五年十月二十五日，奉文回赎正蓝旗满洲苏章阿佐领下，另户甲身五十四名下，实丈地十八亩一分三厘。每亩征租银不等，共征租银一两四钱六分一厘四毫。

乾隆二十五年十月二十五日，奉文回赎正蓝旗满洲苏章阿佐领下，另户甲身五十四名下，实丈地十六亩四分。每亩征租银不等，共征租银一两三钱二分二厘。

乾隆二十五年十月二十五日，奉文回赎镶蓝旗永太佐领下，另户甲身谭柱之祖原任防御布泽名下，实丈地二十二亩七分。每亩征租银不等，共征租银十一两八钱九分二厘八毫。以上四次实丈共地二顷二十亩九分四厘。每亩征租银不等，共征租银二十八两三钱四分九厘。

奴典项下：

乾隆二十三年十月二十八日，奉文回赎正蓝旗宗室海存名下，实丈地二顷二十亩八分三厘。每亩征租银不等，共征租银一十一两一钱二分五厘。

以上实在存退、四次、奴典等三项，共地一百零二顷九十四亩零四厘。每亩征租银不等，共征租银三百五十九两二钱八分零六毫，耗银三十一两九钱八分零六毫六丝，均批解藩库。

边储地：南海口，额内外地五顷四十四亩五分六厘。共征银五两八钱九分九厘，均摊匠银一两二钱二分一厘，丁闰银四分七厘，本色正加米一石一斗一升六合六勺，本色正加豆一石六斗一升七合八勺。

黄土岭，额内额外地十九顷七十五亩九分五厘。共征银八两五钱六分九厘，均摊丁匠正银一两七钱三分四厘，丁闰银六分八厘，正加米三十石二斗四升九合九勺，正加豆三十四石八斗五升二合九勺。

牛头崖，额内屯荒地十一顷十六亩七分五厘。共征银一两三钱八分四毫，均摊丁匠银二钱七分八厘，丁闰银一分一厘，正加米十七石五斗六升五勺零，豆十八石五斗四升四合九勺零。

赤洋口，额内屯荒地九顷八亩一分五厘。共征银二两二钱二分三厘，均摊丁匠正银四钱六分，丁闰银一分八厘，征米十五石二斗八升三合二勺、豆十七石四斗二合六勺。

铁场、永安二堡，额内额外屯地五十七顷六十七亩六分。共征银二十六两八分六厘，均摊丁匠银五两四钱一厘，丁闰银二钱七厘，正加米三十五石七斗六升六合三勺。

以上共征银八十五两三钱五分零，共征米九十九石九斗六合五勺零，豆七十四石四斗八升九合零。临榆县征收银解府库，米交山海仓。

大毛山，额内外屯荒地三十八顷五十三亩七分。共征银十五两一钱七分，均摊丁匠银二两七钱二分七厘，丁闰银一钱五厘，正加米五十八石五斗五升五合零，豆六十四石九斗五合零。

义院口，额内外屯荒地三十七顷二十七亩二分。共征银十五两八钱六分四厘，正加米五十二石七斗七升八合八勺，豆五十七石八斗四升四合八勺，均摊丁匠正银三两二钱八分四厘，丁闰银一钱二分六厘。

石门路，屯荒地十一顷四十一亩三分二厘。共征银五两四钱八分八厘，均摊丁匠正银一两一钱三分六厘，丁闰银四分四厘，正加米十八石九斗四合四勺，正加豆二十二石九斗六升二勺。以上由石门寨巡检征收，银解府库，米交山海仓。

台头营，额内外屯田地十三顷五十七亩二分五厘零。征银二十四两六钱四分，均摊丁匠正银五两一钱一厘，丁闰银一钱九分六厘，系该处把总征收。

界岭口，额内外屯荒地十八顷八十二亩七分。共征银十两五钱五分二厘，均摊丁匠正银二两一钱八分五厘，丁闰银八分四厘，本色正加米二十五石四斗五升一合，正加豆二十八石六斗二升一合一勺。系该处把总征收。

箭杆岭，额内外屯荒地十八顷九十亩。共征银四两三钱九分五厘，均摊丁匠正银九钱一分，丁闰银七厘九毫四丝零，正加米三十石四斗六升五合一勺，正加豆三十三石六斗九升三合二勺零。系台头营把总征收。

青山口，额内外屯荒地五十二顷七十七亩七分七厘五毫。共征银五十九两一钱三分七厘，均摊丁匠银十二两二钱四分三厘，丁闰银四钱七分，正加米四十五石二斗五升二勺零，豆五十一石九斗六升一合八勺。系界岭口把总征收。

桃林口，垦荒地一十五顷一亩五分。共征银三十两三分，均摊丁匠正银二两二钱一分七厘，丁闰银七厘九毫四丝零。刘家口，额外荒地八顷八十亩五分。共征银一十七两二钱六分五厘零，均摊丁匠正银三两六钱四分六厘，丁闰银一钱四分。以上二处，系桃林口把总征收。

燕河口，额外地四十九顷九十一亩七分。共征银九十九两八钱三分四厘，均摊丁匠正银二十两六钱六分八厘，丁闰银七钱九分三厘。

系台头营把总征收。

建昌路，额外荒地五十顷八十亩七分七厘六毫零。共征银一百一两六钱一分六厘，共摊丁匠正银二十一两三分七厘，丁闰银八钱七厘。系千总征收。

冷口，荒田地一顷九十三亩三分。共征银三两八钱六分六厘，均摊丁匠正银八钱一厘，丁闰银三分一厘。系该处把总征收（《旧志》）。

直隶总督朱昌祚《直陈旗民圈占疏》云：窃见七旗具告当年圈给近畿州县地土内有水碛不堪积荒难种。蒙皇上轸念旗下艰苦，特遣都统、贝子温齐等，遍应历州县村庄，将原给各旗地土勘明，可以耕种及不堪荒弃并镶黄旗地比别旗地甚不堪者。分别具疏请旨，乃荷皇上洞鉴敕部查议。将镶黄、正白两旗地土、房屋酌议圈换。专责户部尚书臣苏纳海、侍郎臣雷虎，会同臣与抚臣王登联商议圈丈。臣奉文星驰，住扎蓟州野外露处帐房。每日督率道、州各官，公同部员旗下章京、牛录从城濠边圈起，由近至远，照牛录所管，披甲壮丁次序晌亩，将房地逐一圈丈。迄今将及一月，茫无就绪。盖其挨圈过地亩，仍有肥瘠不同，各旗官丁视择厚薄相持不决。而被圈夹空民地，又哭诉失业，殆无虚日。臣目击旗民并困情由，不敢不据实剖陈於皇上之前。仰祈睿裁，采纳臣之愚悃也。伏念直省州县田地之硗薄膏腴，赋税之上中下则，原自异同，岂能尽美，都统、贝子、温齐等亲勘七旗旧给地亩，同村共井之内，即有肥瘠参差，分别甚明。只因镶黄旗下地亩甚不堪，酌议更圈。又以正白旗下地亩当日分拨不符祖制次序，故令两旗更正地土，欲其相安垂久之策也。但臣见镶黄旗行圈正白旗蓟州地亩，皆咖呶有辞，其情不一。或因新圈地土瘠薄，反不如旧得原地肥美者；或因旧地不堪，今圈得新地仍最不堪者。间有所得旧地薄而新地厚者永受无言矣。其有所得旧地厚，而所换新地薄者，观望吁嗟矣。臣窥旗下本意，口虽不言，心实不乐。有此易地之举，即令勉强拨给，或苟且隐忍，难必其异日不出而告苦。又如今日重烦皇上一番之经画也。臣因亲阅蓟野地亩洼下者多，若遇水涝甚于他区别州县，臣未能周知。若蓟境肥地原少，兹又奉旨清除，朝廷庄头、并投充纳钱粮庄头、及包衣牛录及额驸下庄头等项地亩俱准免圈外，则所存瘠薄者多，无怪乎其相率愁叹苦形于色也。今初圈镶黄旗地亩，人心如此。至圈正白旗地亩又概可知矣。臣思安土重迁，事非所愿。况两旗满洲蒙古乌金超哈各官及披甲壮丁，原分得旧处庄地房屋，二十年来相安已久，靡不有父母坟墓在焉。一旦因更易房地，岂能互相移徙？又值此隆冬，各旗都统同章京、牛录带领披甲壮丁，沿乡绕村，栖止庙宇草舍，旷日持久守侯行圈，而穷兵裹粮，食尽不免饥寒，种种情状难以尽述。此旗下困于易地之苦情也。臣又见州县百姓自闻奉旨圈占夹空及开垦成熟民地所在惊惶奔诉。自臣露处野外以来，每日据士民环门哀吁，自称州县熟地昔年圈去无遗，今之夹空地土皆系圈剩荒芜洼下。年来招垦成熟，当差办税者。自称关厢大路镇店房屋所居，人民皆承应垫道搭桥摆渡修塘，以供皇陵运料车辆及一切公差杂役者；有称新经被圈地之家，既令搬移别住无从投奔者；有称时值严寒，扶老携幼既远徙他乡，又恐地方官疑以逃人，不容栖止者；有称祖宗体骨父母丘塚不忍抛弃者。哀号乞免，一字一泪。臣虽一一慰谕，第阅其情辞，失业可悯。睹此景象，绘图难形。此又百姓困于圈地之苦情。臣职在安民，而民隐至此，分所当言，曷敢壅蔽，不以上闻乎？若两旗更换地土出自庙谟，非臣可得越职言事。惟是臣遍察蓟州及广询遵化等应换州县壮丁投充地亩，并夹空民人耕熟地亩，自本年秋收之后，一闻奉旨圈换，尽数抛荒不耕，方圆四五百里，今冬二麦全无播种，明年初夏，安得有秋？且时已仲冬，虽各官现在分途丈量，约计行圈竣事难以定期。明春东作，又必失时，则来年秋收又难望矣。京东郡邑旗下换地兵丁，州县失业穷民，合而计之不下数十万。田地荒芜，粮草尽绝，资生奚赖？岂无铤而走险者？万一地方有事，此臣之责任所关，又安敢畏忌越分建言不以上闻乎？臣忝为朝廷封疆大吏，奉命会商圈丈地土，既见旗下，民人并困如是。明知不言，冥心坐视，则大负皇上任使鸿恩，此臣义所不敢出也。故罔避斧钺，据实冒昧披陈。恭请皇上断自宸衷，毅然停止。庶俾旗下官丁各遂所愿，得以仍守故土，而不致有后来告苦，渎扰事端，所系非浅鲜也。至于京东州县一十二城老幼男妇，亿万生灵，获免流离播迁，皆沐皇上浩荡全生之德，奕世无疆矣。其部覆都统、贝子、温齐等勘实，镶黄旗甚不堪地亩，若遇旱涝荒年应否少加优恤。伏乞敕部确议定夺。非臣所敢擅议也。

永平府知府卢见曾、山海管关通判胡国定、台头营专城把总林大节《箭杆岭边储屯地赋重奉文改减碑记》云：箭杆岭河淤屯地，每亩额征米五升，征豆六升；边储屯地每亩额征米四升九合零，征豆四升七合零。较之民粮科则原系为重。兹蒙宪檄饬议酌减，蒙前任本府梁公锡蕃悉心筹度，查核河淤屯地较之屯荒尚可种植，其所征米豆则数目应请照抚邑中地科则，每亩改征米二升二勺五抄零，征豆三升；边储屯地每亩改征米一升五合一勺零，征豆一升五合零。共征正米二十九石五斗七升七合零，共加耗米八斗八升七合零，共征正豆三十二石六斗九升三合五勺，共加耗豆九斗八升七勺七抄五撮零。庶军屯额赋不致重于民粮，而边地穷氓均沾高厚于无既矣。详请督宪咨部具题，奉旨依议，出示晓谕。边民照依减额数目科则输纳，穷乡僻壤共沐皇恩。仰见我皇上深仁厚泽，轸恤民隐之至意也云尔。乾隆十五年立。

永平府知府卢见曾《抚宁卫、山海卫拨补地一项告示》云：山海东西一带，在前明皆屯兵之处。每兵一名受以房一所、地一区。清明则归田种植，十月朔，则上衙操演，百人有百夫长，千人有千夫长，此古之屯田法也。自锦府左屯卫、右屯卫、中后所、中前所、前卫等处，直至关里。凡各营、寨、卫、所、堡沿边诸处，无非屯田者。至本朝定鼎，此兵遂撤。而滦州在畿内五百地之地，国初将所有民地多半圈占，以封功臣。滦民无地可耕，于是拨取抚宁卫、山海卫所撤屯田，以补滦民之无地者。是为拨补此地，仍系临民原产，特滦民按亩收租。所收之租，以十之三封粮完官，十之七代回养家。临民种地出租，而不封粮；滦民食租封粮，而不准夺地。所谓一地养二民也。滦民贫者，许其卖租，不许卖地。临民贫者，许其卖地，不许卖租。近日滦民齐租之家，买卖屡易姓氏。而临民之原业主，亦复不多。嗣后，滦民往往自称旗地搆讼夺地案件频仍。县主皆照一地两养断结，有案可查。惟嘉庆□□年，滦民常文义与举人刘相、生员郭文铣互讼年余，县府未结。上控制台，经前署府宪尹太尊详请，每亩旧例出租钱二十七文，今每亩长租钱三文结案。至今孟家营有碑记可考。乾隆十四年。

抚宁县知县袁告示云：本年十月二十二日，蒙本府正堂卢宪票内开：照得永属旧有补拨之地。盖因停圈之后，民地仍被旗圈，奉旨以卫地拨补，还其被圈之地。如滦、乐被圈，或以抚宁、临榆卫地还之之类是也。但卫地典卖任民，已成世业，而被圈之民隔远耕种，亦有未便。故又令现种卫地之家，出租以与被圈之民，所谓一地两养也。此项地亩在受补者得租原轻，而在奉拨者亦未失业，是以受补者不得加租及重价转行典卖，而奉拨者亦不得短少原租及任意措勒。今永属全易新任，诚恐未能遽悉拨补原由，照寻常地亩一例剖断，则失之远矣。合亟指明通饬为此票，仰该县官吏照票事理，即便遵照出示晓谕。凡有拨补地亩，各遵成例交收原租。或有受补之家，不照原租典卖及典卖之主妄想加租者，各治其罪。如有奉拨之家倚恃隔远抗租不交，即呈官立拘，责惩押完则奉拨受补，各安其分，而词讼亦减一种矣。等因到县，合行出示晓谕，为此示。仰阖邑人等知悉，凡有拨补地亩，各遵例交收，不得妄想加租，亦不得抗租不交。倘敢抗违，一经查出，定行拘究不贷。毋违特示。乾隆十四年十月二十九日示。

卷之四十六

赋役志二

经　费

卢龙县

修理龙亭仪仗银五钱。修理文庙银十两。本府新添永丰仓斗级十四名，每名岁支工食银六两，共银八十四两，遇闰加银七两。山海通判快手八名，每名岁支工食银六两，共银四十八两，遇闰加银四两。本府儒学教授俸银四十五两。本府训导俸银四十两。斋夫三名，每名银十二两，共银三十六两，遇闰加银三两。门斗三名，每名岁支工食银七两二钱，共银二十一两六钱，遇闰加银一两八钱。膳夫二名，支银十三两三钱三分三厘零，遇闰加银一两一钱一厘零。本县知县俸银四十五两。门子二名，岁共支银十二两，遇闰加银一两。皂隶十三名，岁共支银七十八两，遇闰加银六两五钱。仵作二名，又学习仵作三名，岁共支银十八两，遇闰加银一两五钱。马快八名，每名岁支银十六两八钱，共银一百三十四两四钱，遇闰加银十一两二钱。民壮五十名，每名岁支银六两，共银三百两，遇闰加银二十五两。禁卒八名，每名岁支银六两，共银四十八两，遇闰加银四两。轿伞扇夫七名，岁共支银四十二两，遇闰加银三两五钱。库子四名，岁共支银二十四两，遇闰加银二两。斗级四名，岁共支银二十四两，遇闰加银二两。典史俸银三十一两五钱二分。门子一名，支银六两，遇闰加银五钱。皂隶四名，岁共支银二十四两，遇闰加银二两。马夫一名，岁支银六两，遇闰加银五钱。本县儒学教谕、训导岁共支银八十两。斋夫三名，岁共支银三十六两，遇闰加银三两。门斗二名，岁共支银十四两四钱，遇闰加银一两二钱。廪生二十名，岁共支银六十四两，遇闰加银五两三钱三分三厘零。膳夫二名，岁共支银十三两三钱三分三厘零，遇闰加银一两一钱一分一厘零。

文庙、崇圣、名宦、乡贤，春秋二大祭，银四十两。

武庙春秋二祭，银一十五两。

关帝庙三大祭，银四十两。

夷齐庙祭银十两。新添三小祭无祀鬼神银十两。仓库二神，祭银十两。朔望行香银一两。宪书银三两。乡饮酒礼银十两。本县走递马十五匹，岁共支草料银九十两，遇闰加银七两五钱。滦河驿实支工料银一千九百二十一两九钱五分，遇闰加银一百五十四两三钱五分四丝零。协济银二百七十两，遇闰加银二十二两五钱。扛轿夫四十名，岁共支银六百六十六两，遇闰加银五十五两五钱。接递皂隶十名，岁共支银二十七两，遇闰加银三两三钱七分五厘。廪给口量站饭银二百七十两。铺兵三十五名，岁共支银二百一十两，遇闰加银一十七两五钱。吹手六名，岁共支银十六两，遇闰加银三两。新添沙河堡巡检弓兵六名，岁共支工食银三十六两，遇闰加银三两。更夫五名，岁共支银二十四两，遇闰加银二两。火夫十名，岁共支银四十八两，遇闰加银四两。青龙河渡夫三名，岁支银九两，遇闰加银七钱五分。先农坛农夫二名，岁支银共十二两，遇闰加银一两。孤贫冬衣布花银，岁支五两五钱六分七厘。新设孤贫二十名，每名岁支口粮银三两六钱，共银七十二两（内除粜谷折价银三十三两八钱九分五厘另册报销，实支银三十九两一钱九厘四毫零）。

二年一办，岁贡、花红、旗匾银五两，每年征银二两五钱。

三年一办，举人会试公宴、花红银三十两，每年征银十两。会试举人盘费银十五两，每年征银五两。新中举人牌坊银八十两，每年带征银二十六两六钱六分六厘六毫零。新中进士牌坊银一百两，每年带支银三十三两三钱三分三厘三毫零。新中武举花红、旗匾银五两，每年带征银一两六钱六分六厘六毫零。新中武进士花红、旗匾银十两，每年实支银三两三钱三分三厘三毫零。保定府武试公费银六两，每年带支银二两。

以上大共支银五千一百八十七两二钱一分二厘，遇闰加支存留银三百六十七两七钱三分。

迁安县

存留本府修理龙亭仪仗银五两。本府修理文庙银二十两。本县修理龙亭仪仗银五钱。本县修理文庙银十两。本府同知步快六名，岁支银四十八两，遇闰加银四两。山海通判皂隶十二名，岁共支银七十二两，遇闰加银六两。本府经历门子一名，支银六两，遇闰加银五钱。马夫一名，支银六两，遇闰加银五钱。本县知县俸银四十五两。门子二名，银十二两，遇闰加银一两。皂隶十名，岁共支银七十八两，遇闰加银六两五钱。仵作三名，工食银十八两，遇闰加银一两五钱。马快八名，岁共支工食马料银一百三十四两四钱，遇闰加银十一两二银。民壮三十四名，共工食银二百四两，遇闰加银十七两。禁卒八名，共支银四十八两。遇闰加银四两。轿伞扇夫七名，共工食银四十二两，遇闰加银王两五钱。库子四名，共支银二十四两，遇闰加银二两。斗级四名，共支银二十四两，遇闰加银二两。新添喜峰口巡检，俸银三十一两五钱二分。弓兵十六名，共支工食银九十六两，遇闰加银八两。皂隶二名，银十二两，遇闰加银一两。斗级二名，共支工食银十二两，遇闰加银一两。典史俸银三十一两五钱二分。门子一名，银六两，遇闰加银五钱。皂隶四名，共工食银二十四两，遇闰加银二两。马夫银六两，遇闰加银五钱。本县儒学教谕、训导共俸银八十两。斋夫三名，每名银十二两，共银三十六两，遇闰加银三两。门斗二名共支银十四两四钱，遇闰加银一两三钱。廪生二十名，共支银六十四两，遇闰加银五两三钱三分三厘零。膳夫二名，共支银十三两三钱三分三厘三毫，遇闰加银一两一钱一分一厘一毫一丝。新添三屯营巡检，俸银三十一两五钱二分。弓兵十二名，工食银七十一两，遇闰加银六两。皂隶二名，工食银十二两。

文庙、崇圣、名宦、乡贤，春秋二大祭，银四十两。

社稷、山川、风云雷雨、城隍、马神、八蜡等神，春秋二祭，银三十两。坛夫二名，银十二两，闰月加银一两。

关帝庙三大祭，银四十两。三小祭无祀鬼神银十两。

朔望行香银一两。时宪书银三两。乡饮酒银十两。滦阳驿实支工料银一千二百六十五两三钱四分四厘六毫零。铺兵十七名，实共支银一百二两，遇闰加银八两五钱。吹鼓手六名，共支银三十六两，遇闰加银三两。更夫五名，共支银二十四两，遇闰加银二两。火夫十名，共支银四十八两，遇闰加银四两。黄台河渡夫三名，共支银九两，遇闰加银七钱五分。孤贫冬衣布花银五两五钱六分六厘零。新添孤贫十二名，口粮银七十二两，闰月加银六两。新添沙河堡巡检弓兵十二名，额设卢迁二县各半，分支工食银三十六两，遇闰加银三两。

二年一办，贡生花红、旗匾银五两，每岁支银二两五钱。

三年一办，本府新中举人牌坊八十两，每年实支银二十六两六钱六分六厘零。本府新中进士牌坊银一百两，每年实支银三十三两三钱三分三厘三毫。本县会试举人盘费银十五两，每岁支银五两。本县新中举人牌坊银八十两，每年实支银二十六两六钱六厘六毫。本县新中进士牌坊银一百两，每年实支银三十三两三钱三分三厘三毫。本县新中武举花红、旗匾银十两，每年实支银三两三钱三分三厘三毫。本县新中武进士花红、旗匾银二十两，每年实支银六两六钱六分六厘六毫。

保定府武场公费银十三两，每年实支银四两三钱三分三厘三毫。

以上实支存留银三千二百二十四两九钱三分八厘，遇闰加银二百二十四两三分九厘（内除裁驿丞俸银三十一两五钱二分）。

抚宁县

本县修理文庙银十两。本府门子二名，银十二两，遇闰加银一两。步快十六名，银九十六两，遇闰加银八两。本府同知轿伞扇夫七名，共支银四十二两，遇闰加银三两五钱。山海通判俸银五十八两六钱七分二厘，遇闰加银一两。皂隶一十六名，共支银七十八两，遇闰加银六两五钱。马快八名，共支银一百三十四两一钱，遇闰加银一十一两二钱。仵作三名，共工食银一十八两，遇闰月加银一两五钱。民壮五十名，共支工食银三百两，遇闰加银二十五两。禁子八名，共支工食银四十八两，遇闰加银四两。轿伞扇夫七名，共支工食银四十二两，遇闰月加银三两五钱。库夫四名，共支银二十四两，遇闰月加银二两。本县典史俸银三十一两五钱二分。皂隶四名，共支工食银二十四两，遇闰月加银二两。门子工食银六两，遇闰加银五钱。马夫银六两，遇闰月加银五钱。新设弓兵六名，共支工食银三十六两，遇闰月加银三两。教谕、训导俸银共八十两。斋夫三名，共支工食银三十六两，遇闰月加银三两。门斗二名，工食银十四两四钱，遇闰加银一两二钱。廪生二十名，共支银六十四两，遇闰加银五两二钱三分三厘零。膳夫二名，实支银十三两三钱三分三厘零，遇闰加银一两一钱一分一厘零。

文庙、崇圣、名宦、乡贤，春秋二大祭，银四十两。

社稷、山川、风云雷雨、城隍、马神、八蜡等神，春秋二大祭，银三十两。坛夫二名，工食银十二两，遇闰加银一两。

关帝庙三祭银四十两。三小祭无祀鬼神银十两。朔望行香银一两。时宪书银三两。乡饮酒银十两。铺兵三十名，共支银一百二两，遇闰加银十两。

芦峰驿额设工料银并递马等银三千一百九十三两二分，闰月加增一百三十六两九钱三分二厘零。更夫五名，岁支银三十两，遇闰共加银二两五钱。火夫十名，共支银六十两，遇闰共加银五两。吹鼓手六名，共支银三十六两，遇闰加银三两。孤贫冬衣布花银二两三钱五厘零。新设孤贫九名，岁支口粮银三两六钱，共银三十三两四钱，遇闰加银二两七钱。

二年一办，贡生花红、旗匾银五两，每年实支银二两五钱。本府岁贡生花红、旗匾银五两，每年实支银二两五钱。

三年一办，本府迎贺新中举人花红、旗匾银十两，每年实支银三两三钱三分三厘零。新中武举人花红、旗匾银五两，每年实支银一两六钱六分六厘零。新中武进士花红、旗匾银十两，每年实支银三两三钱三分五厘零。武举会试盘费银二十两，每年实支银六两六钱六分六厘零。会试举人盘费银十五两，每年实支银五两。新中举人牌坊银八十两，每年支银二十六两六钱六分六厘零。新中进士牌坊银一百两，每年支银三十三两三钱三分厘零。武场公费银十二两，每岁实支银四两。

以上存留各项实共支银四千九百七十二两二钱五分四毫零，遇闰加支闰月银三百四十六两九钱七分六厘零。

昌黎县

修理龙亭仪仗银五钱。修理文庙银十两。本府知府皂隶十六名，岁共支银九十六两，遇闰加银八两。轿伞扇夫七名，工食银四十二两，遇闰加银三两五钱。本府同知皂隶十二名，共支银七十二两，遇闰加银六两。山海通判门子二名，工食银十二两，遇闰加银一两。本县知县俸银四十五两。门子二名，银十二两，遇闰加银一两。皂隶十六名，实共支银八十四两，遇闰加银七两。仵作二名，工食银十二两，遇闰加银一两。马快八名，实共支银一百三十四两四钱，遇闰加银十一两二钱。民壮三十名，实支银一百八十两，遇闰加银十五两。禁子八名，共工食银四十八两，遇闰加银四两。轿伞扇夫七名，共支银四十二两，遇闰加银三两五钱。库夫四名，共工食银二十四两，遇闰加银二两。斗级四名，共工食银二十四两，遇闰加银二两。本县典史俸银三十一两五钱二分。门子一名，工食银六两，遇闰加银五钱。皂隶四名，工食银二十四两，遇闰加银二两。马夫银六两，遇闰加银五钱。本县教谕、训导，银共八十两。斋夫三名，工食银三十六两，遇闰加银三两。门斗二名，工食银十四两四钱，遇闰加银一两二钱。廪生二十名，每岁实支银六十四两，遇闰加银五两三钱三分三厘零。膳夫二名，共支银十三两三钱三分三厘，遇闰加银一两一钱一分一厘。

本府

文庙、名宦、乡贤，春秋二大祭，银六十两。

社稷、山川、风云雷雨、城隍等神，春秋二祭，银四十两。

本县

文庙、崇圣、名宦、乡贤，春秋二大祭银四十两。

关帝庙三大祭银四十两。

社稷、山川、风云雷雨、城隍、马神、八蜡等神，春秋二大祭，银三十两。坛夫二名，工食银十二两，遇闰加银一两。祭无祀鬼神银十两。朔望行香银一两。时宪书银王两。乡饮酒银十二两。铺兵十九名，每名工食银五两，除改归临榆二名，实支银八十五两，遇闰加银七两八分三厘三毫。更夫五名，实支工食银三十两，遇闰加银二两五钱。火夫十名，实支银六十两，遇闰加银五两。吹鼓手六名，支银三十六两，遇闰加银三两。潘家口水夫三名，实支银九两，遇闰加银七钱五分。小河水夫十名，实支银三十两，遇闰加银二两五钱。青龙河水夫五名，实支银十五两，遇闰加银一两二钱五分。澈河水夫六名，实支银十八两，遇闰加银一两五钱。孤贫冬衣花布银二两七钱八分三厘零。新设孤贫十名，口粮银三十六两，遇闰加银三两。

二年一办，贡生花红、旗匾银五两，每年实支银二两五钱。

三年一办，会试举人盘费银十五两，每年实支银五两。新中举人牌坊银八十两，每年实支银二十六两六钱六分六厘零。新中进士牌坊银一百两，每年实支银三十三两三钱三分三厘零。武场公费银十四两，每年实支银四两六钱六分六厘零。誊录书手银十两，每年实支银三两三钱三分三厘零。新中武举人花红、旗匾银五两，每年实支银一两六钱六分六厘零。新中武进士花红、旗匾银十两，每年实支银三两三钱三分三厘零。

以上存留实支银一千七百六十三两四钱三分六厘零，遇闰加支闰月银一百六两四钱二分七厘七毫零。

滦　州

本州修理龙亭仪仗银五钱。修理文庙银十两。本府儒学廪生四十名，每岁实共支银一百二十八两，遇闰加银十两六钱六分六厘零。本府马快八名，每名支工食银十六两八钱，共银一百六十八两，遇闰加银十四两。库子四名，岁共支银二十四两，遇闰加银二两。本府同知俸银八十两。门子二名，银十二两，遇闰加银一两。本府司狱皂隶二名，岁共支银十二两，遇闰加银一两。本州知州俸银八十两。门子二名，岁支银十二两，遇闰加银一两。皂隶十三名，岁共支银七十八两，遇闰加银六两五钱。仵作三名，岁共支银十八两，遇闰加银一两五钱。马快八名，岁支工食马草料银十六两八钱，共银一百三十四两四钱，遇闰加银十一两二钱。民壮四十名，岁共支银二百四十两，遇闰加银二十两。禁卒八名，岁共支银四十八两，遇闰加银四两。轿伞扇夫七名，岁共支银四十二两，遇闰加银三两五钱。库子四名，岁共支银二十四两，遇闰加银二两。斗级四名，岁共支银二十四两，遇闰加银二两。州判俸银四十五两。门子工食银六两，遇闰加银五钱。马夫工食银六两，遇闰加银五钱。伞夫工食银六两，遇闰加银五钱。皂隶六名，共银三十六两，遇闰加银三两。房舍银十六两。吏目俸银三十一两五钱二分。皂隶四名，岁共支银二十四两，遇闰加银二两。门子银六两，遇闰加银五钱。马夫银六两，遇闰加银五钱。本州儒学学正、训导俸银共银八十两。斋夫三名，银三十六两，遇闰加银三两。门斗三名，岁共支银二十一两六钱，遇闰加银一两八钱。膳夫二名，岁共支银十三两三钱三分三厘零，遇闰加银一两一钱一分一厘。廪生三十名，岁共支银九十六两，遇闰加银八两。榛子镇巡检司俸银三十一两五钱二分。皂隶二名，银十二两，遇闰加银一两。弓兵十六名，岁贡支银四十八两，遇闰加银四两。

文庙、崇圣、名宦、乡贤，春秋二大祭，银四十两。

关帝庙三大祭银四十两。

社稷、城隍、马神、八蜡等神，春秋二大祭，银三十两。坛夫二名，银十二两，遇闰加银一两。三小祭无祀鬼神银十两。朔望行香银一两。乡饮酒礼银十二两。时宪书银三两。大河桥渡夫十三名，澈河渡夫十三名，潘家口渡夫三名，滦、漆二河渡夫九名，岁共支银一百十四两，遇闰加银九两五钱。七家岭驿工料等银二千三百三十两一钱，遇闰加银一百三十五两三钱七分八厘七毫零。新增协济银三百六十两，遇闰加银二十九两九钱七分三厘六毫。扛轿夫四十名，每名岁支银十六两六钱，共支银六百六十六两。廪给口粮银一百八十两。接递皂隶十名，岁共支银二十七两，遇闰加银三两三钱七分五厘。铺兵三十三名，岁共支银一百九十八两，遇闰加银十六两五钱。吹鼓手六名，岁共支银三十六两，遇闰加银三两。本州走递马十五匹，岁支草料银共九十两，遇闰加银七两五钱。更夫五名，岁支工食银共二十四两，遇闰加银二两。火夫十名，岁共支银四十八两，遇闰加银四两。孤贫冬衣布花银岁支银四两一钱七分五厘零。新设孤贫十五名，口粮银五十四两，遇闰加银四两五钱。

二年一办，贡生旗匾、花红银六两六钱六分六厘零，每年实支带办银三两三钱三分三厘三毫零。

三年一办，新中武举花红、旗匾银五两，每年实支银一两六钱六分六厘六毫六丝零。新中武进士花红、旗匾银十两，每年实支银三两三钱三分三厘三毫三丝零。会试举人盘费银十五两，每年实支银五两。乡试刊字匠工食银四两三钱四分，每年带支银一两四钱四分六厘六毫零。武场公费银十两七钱四分，每年带征银三两五钱八分。新中举人牌坊银八十两，每年实带支银二十六两六钱六分六厘六毫六丝。新中进士牌坊银一百两，每年实支银三十三两三钱三分三厘三毫四丝。

以上大共实支存留银六千四十一两二分九厘，遇闰加银三百八十两五厘（内除七家岭裁缺驿丞官俸工食银四十三两五钱二分，又闰月银一两）。

乐亭县

修理龙亭仪仗银五钱。修理文庙银十两。本府知府俸银一百五两。禁卒十二名，银七十二两，遇闰加银六两。斗级六名，岁共支银三十六两，遇闰加银三两。山海管粮通判轿夫伞扇夫七名，岁共支银四十二两，遇闰加银三两五钱。本府经历俸银四十两。皂隶四名，岁共支银二十四两，遇闰加银二两。本县知县俸银四十五两。门子二名，银十二两，遇闰加银一两。皂隶十四名，岁共支银八十四两，遇闰加银七两。仵作二名，银十二两，遇闰加银一两。马快八名，每名岁支工食马料银十六两八钱，共银一百三十四两四钱，遇闰加银十一两二钱。民壮二十九名，内派山海通判四名，本县二十五名，岁共支工食银一百七十四两，遇闰加银十四两五钱。禁卒八名，岁共支银四十八两，遇闰加银四两。轿夫伞扇夫七名，岁共支银四十二两，遇闰加银三两五钱。库子四名，岁共支银二十四两，遇闰加银二两。斗级四名，岁共支银二十四两，遇闰加银二两。本县典史俸银三十一两五钱二分。门子银六两，遇闰加银五钱。皂隶四名，银二十四两，遇闰加银二两。马夫银六两，遇闰加银五钱。本县儒学教谕、训导俸银共八十两。斋夫六名，共支工食银三十六两，遇闰加银三两。门斗二名，工食银十四两四钱，遇闰加银一两二钱。廪生二十名，岁支银共六十四两，遇闰加银五两三钱三分三厘零。膳夫二名，共银十三两三钱三分三厘三毫，遇闰加银一两一钱一分一厘。

社稷、山川、风云雷雨、城隍、马神等，春秋二大祭，银三十两。

文庙、崇圣、名宦、乡贤，春秋二大祭，银四十两。

关帝庙三大祭银四十两。三小祭无祀鬼神银十两。

坛夫二名，工食银十二两，每遇闰加银一两。本府乡饮二次，银二十两。本府朔望行香银二两。本县朔望行香银一两。本县宪书银三两。本县乡饮酒银十二两。走递马匹，每年草料银四十五两，遇闰加银三两七钱五分三丝。榆关驿工料银二千一百五十六两四分，遇闰加银一百八十七两五钱一分八厘六毫。廪给口粮银一百八十两。新增站饭银九十两。新增协济银二百七十两，遇闰加银二十二两五钱。扛轿夫二十名，每岁共支银二百十六两遇闰加银十八两。接递皂隶十名，岁共支银二十七两，遇闰加银三两三钱七分五厘。铺兵八名，共支银四十八两，遇闰加银四两。潘家口渡夫二名、小河桥渡夫二名、大河桥渡夫五名、滦河桥渡夫八名，岁共支银五十一两，遇闰加银四两一钱五分。更夫五名，岁支工食银三十两，遇闰加银二两五钱。火夫十名，工食银六十两，遇闰加银五两。吹鼓手六名，岁共支银三十六两，遇闰加银三两。孤贫冬衣布花银三两三钱四分一毫零。新设孤贫十二名，口粮银四十三两二钱，闰月银三两六钱。

二年一办，岁贡花红、旗匾银二两五钱。

三年一办，会试举人盘费银十五两，每年带支银五两。新中举人牌坊银八十两，每年带支银二十六两六钱六分六厘六毫零。新中进士牌坊银一百两，每年带支银三十三两三钱三分三厘三毫零。

新中武举花红、旗匾银五两，新中武进士花红、旗匾银十两，二项每年带支银五两。保定武场公费银十四两，每年带支银四两六钱六分六厘零。

以上实支存留各项银四千七百五十八两二钱一分四厘，内除榆关驿缺额不敷，协济加增银七十七两九钱四分八厘，在于卢龙县裁给银内拨给外，实支银四千六百八十两二钱六分六厘八毫零，实支存留闰月银三百三十五两四钱八分四厘七毫五丝零。内除榆关驿缺额不敷，协济加增闰月银十六两四钱六分六厘六毫五丝，在于卢龙县站银内拨给外，实支闰月银三百十九两一分七厘（内除榆关驿裁缺官俸工食银四十三两五钱二分，又闰月银一两）。

临榆县

修理龙亭仪仗银五钱。修理文庙银十两。山海管粮厅斗级十四名，共支工食银八十四两，遇闰加银七两。本县知县俸银四十五两。门子二名，银十二两，遇闰加银一两。皂隶十四名，共支工食银八十四两。马快八名，每名岁支银十六两八钱，共银一百三十四两四钱。民壮五十名，共支银三百两，遇闰加银二十五两。仵作二名，共银十二两，遇闰加银一两。禁子八名，共支银四十八两，遇闰加银四两。

轿伞扇夫七名，共支银四十二两，遇闰加银三两五钱。库子四名，共支银二十四两，遇闰加银二两。斗级四名，共支银二十四两，遇闰加银二两。典史俸银三十一两五钱二分。门子银六两，遇闰加银五钱。皂隶四名，银二十四两，遇闰加银二两。马夫银六两，遇闰加银五钱。教谕、训导俸银共八十两。斋夫六名，每名工食银六两，共支银三十六两，遇闰加银三两。门斗二名，共支银十四两四钱，遇闰加银一两二钱。膳夫二名，每名岁支银六两六钱六分六厘七毫，共支银十三两三钱三分三厘四毫，遇闰加银一两一钱一分一厘一毫。石门寨巡检俸银三十一两五钱二分。门子工食银六两，遇闰加银五钱。皂隶二名，工食银十二两，遇闰加银一两。弓兵十六名，共支银九十六两，遇闰加银八两。马夫银六两，遇闰加银五钱。吹鼓手六名，共支银三十六两，遇闰加银三两。朔望行香银一两。

文庙、崇圣、名宦、乡贤，春秋二祭，银四十两。

社稷、山川、风云雷雨、城隍、马神、八蜡等神，春秋二大祭，银三十两。

关帝庙三大祭银四十两。

敕封北海神庙春秋二大祭，银三十两。

文昌帝君庙二大祭，银二十六两六钱六分七厘。三小祭无祀鬼神银十两。乡饮酒礼银十两。宪书银三两。孤贫冬衣布花银二两七钱八分三厘四毫九丝。铺兵十二名，共支银七十二两，遇闰加银六两。更夫五名，共银三十两，遇闰加银二两五钱。火夫十名，共支银六十两，遇闰加银五两。农夫二名，银十二两，遇闰加银一两。唐家川渡夫三名，共支银二十一两，遇闰加银一两七钱五分。归并唐家河渡夫三名，每名岁支银七两，共银二十一两。新设石河渡夫四名，共支银二十四两，遇闰加银二两。新设深河堡巡检弓兵六名，共支银三十六两，遇闰加银三两。迁安驿工料并递马等项，实支银三千三百六两六钱，闰月工料银二百八两一钱五分八厘零。协济加增银三百两，闰月银二十五两。

二年一办，贡生花红、旗匾银三两三钱三分三厘零。

三年一办，会试举人盘费银五两。新中文举人牌坊银二十六两六钱六分六厘零。新中文进士牌坊银三十六两三钱三分三厘零。新中武举人花红、旗匾银一两六钱六分六厘零。新中武进士花红、旗匾银三两三钱三分三厘零。武场公费银四两。

以上存留官俸役食等项，共银五千三百三十四两八钱一分，闰月加银三百十六两四钱一分九厘。

起　　运

卢龙县

共征地丁银八千二十九两五钱五分五厘，遇闰加丁闰银五十三两四钱一分八厘零，又原加闰月银五百四十九两九钱八分五厘，除支销存留外，实剩起运银二千九百三十八两五钱三分六厘零，遇闰实剩起运银三千一百七十四两一钱八分四厘。

迁安县

共征地丁银九千九百九十两五钱九分六厘，除存留支销外，实剩起运银六千七百六十六两二分一厘。遇闰加征丁闰及原闰银二十千九十五两三钱二分，除支实剩起运银七十一两二钱七分二厘零。

抚宁县

共征地丁银一万一千五百八十四两三钱九分七厘，除支销存留外，实剩起运银六千六百十一两四钱七分一厘。遇闰加征银七十六两二钱一分八厘，应支闰月银三百四十二两九钱七分六厘，尚缺银二百七十两八钱一分二厘，在于起运正银内支给。

昌黎县

共征地丁银一万五千二百七十六两五钱六分九厘，除支销存留外，实在起运银一万三千五百十三两一钱三分二厘；遇闰加征地闰银五百四十六两三钱三分八厘，又丁闰银九十九两八钱八分四厘，除支实起运五百三十九两九钱五分二厘。

滦　州

共征地丁银一万二千四百三十四两五钱九分五厘零，除存留支销外实起运银六千三百七十八两七钱一分四厘；遇闰征银六百九十六两五钱五分七厘，除支实起运闰银三百十六两五钱四分三厘零。

乐亭县

共征地丁银四千六百四十二两六钱六分八丝零，应支银四千六百八十两二钱六分六厘，尚不敷银三十七两六钱六厘；遇闰征银四百十一两八钱六分一厘，除支剩起运银九十二两八钱四分三厘。

临榆县

额内外并丁匠共征银五千六百四十六两九钱七分九毫，除支销存留外，实在起运银六百三十两三分九厘零；又丁闰地闰银三十八两一钱三分一厘，应支三百十六两四钱一分九厘零，实不敷闰银二百七十八两二钱八分八厘零，在于地粮起运扣存。

卷之四十七

赋役志三

盐　法

场　界

济民场　在滦州柏各庄。距运司三百一十里，距蓟永分司七十里。南界海，东极潮河（即刘家河）接石碑场，北至倴城入滦州境，西逾运河连越支场界，延豆百三十五里。中盐坨三，今废；堡三，存煎滩三处：一在新庄，一在常坨，一在边家灶。原额锅一百七十一面，每面征锅课五分六厘三毫六丝二忽五微七纤二沙七尘四埃八渺五漠四糊，征锅价六分七厘五毫四丝三忽八微五纤九沙六尘四埃九渺一漠二糊，共征锅价银十一两五钱五分。

石碑场　在乐亭县石碑镇，今移阎各庄。距运司三百六十余里，距蓟永分司一百三十里。南临海，北逾滦河入永平府境，东连石阁接归化场界，西抵刘家河（即潮河）接济民场界，延广一百七十里。中盐坨三，今废；堡五，存滩荡在场南，原额锅七十二面，每面征锅价九分一厘三毫八丝八忽八微八纤八沙八尘八埃八渺八漠九糊，共征锅价银六两五钱八分。

惠民场　在抚宁，今并于归化场。

归化场　在临榆县盐务镇。距运司七百余里，距蓟永分司四百余里。南临海，中秦王岛，北接抚宁县境至龙王庙，东抵山海关界，西增并惠民场地，入昌黎境，接石碑场界，延亘四百余里。中盐坨各三，今废；堡各三，尚存煎滩六处，在临榆者二：一盐务、一赤头；在抚宁者二：一戴河，一苏村；在昌黎者二：一蒲河，一团林。原额锅百一十有九面，又惠民场一百有七面，每面征锅价七分，共征锅价银十五两八钱二分。案：盐有煎，有晒。晒者名鹽盐，煎者名末盐。永郡独无滩可晒，率由煎成。煎法择碱地畚铺起土，摊晒候乾，方实土池中，以水浸淋，而卤渗之。投以石莲子，验其浮沉。须莲子浮立卤面，乃可入锅；沉则卤淡不可煎。投卤于锅，炽薪于灶。卤乾盐结。周十二时为一伏火，凡乾六锅。锅有大小不等，每锅可煎数斗。有至石者，将成盐必投皂角数片，盐始凝。然必资于水草，故须冬窨冰，秋积草，而春始淋煮之。昼作而夜候潮，无宁晷焉。

场　户

济民场　原额三十八户六百四十五丁，在滦州。每丁征白盐三两五钱七分五厘七毫一丝二忽一微四纤三沙九尘二埃八渺三糊，每丁征灶课三钱一分一厘二毫六丝五忽五微七纤九沙八尘四埃八渺六漠二糊，遇闰每丁加征灶课二厘八毫九丝五忽六微五纤八沙九尘一埃四渺七漠三糊。共征白盐五千九百六十二斤八两，灶课银四百二十五两四钱一分一厘，闰加银四两三钱四分三厘。

石碑场　原额八十六户一千六百五十丁，在乐、昌二县。每丁征白盐五斤六两一分二厘一毫二丝一忍忽二微一纤二沙一尘二埃一渺二漠一糊，每丁征灶课三钱四分三毫七忽九微八纤九沙八尘九埃八渺九漠八糊，遇闰每丁加征灶课四厘三丝一忽九微一纤九沙一尘九埃一渺九漠二糊。共征白盐八千八百七十斤，灶课银六百五十五两八钱九分六厘，闰加银六两六钱五分三厘。

归化场　原额一百五十四户五百五十二丁，在抚、昌、临三县。本场每丁征白盐三斤十一两九钱八分五厘五毫七忽二微四纤二沙三尘七埃七渺七漠一糊，每丁征灶课三钱七分九毫四丝三忽八微一纤七尘八埃七糊，遇闰每丁加征灶课六厘一毫九丝六忽一纤四沙四尘九埃二渺七漠五糊。惠民场每丁征白盐七斤十两一钱八分八厘八毫六丝一忽九微八纤五沙四尘七埃二渺一漠五糊，每丁征灶课四钱二分一厘六毫七丝三忽三纤八沙二尘九埃七渺一糊，遇闰每丁加征灶课一分九毫四丝八忽一微八纤四沙一埃九渺三漠七糊。共征白盐五千二百二十三斤八两，灶课银四百五十一两六钱九分三厘，闰加银七两九钱四分二厘。

场　　地

济民场　原额灶地二百六十六顷八十亩，每亩征灶课七厘九毫八忽八微八沙一尘一渺九漠四糊，遇闰每亩加增造课九丝二忽七微六纤六沙一尘一埃六渺九漠四糊。新首灶地四十四顷五十六亩八分五厘七毫，每亩征灶地银八厘七毫二丝，共征新首地银三十八两八钱六分四厘，草荡地一十九顷八十四亩，坐落新庄等处，每亩征灶课二厘一丝六忽一微二纤九沙四尘八埃四渺八漠一糊。

石碑场　原无新增灶地十二顷十九亩，每亩征银八厘七毫二丝，又新首十顷四十八亩，每亩征银同前，共征新首灶地银十九两七钱六分九厘，草荡地一百五十七顷三十一亩三分，每亩征银六厘，又新首二百二十八顷十二亩，每亩征银同前，共征新首草荡地银一百三十六两八钱七分二厘。

归化场　原额地二十九顷六十四亩六分五厘八毫六丝八忽，每亩征灶课三厘九毫六丝一微四纤三沙九尘四埃三渺四漠七糊，新增地五亩一分，每亩征银三厘九毫六丝一微四纤三沙九尘四埃三渺四漠七糊；共征新首灶地银二分；草荡地六十七亩，坐落临榆县，每亩征课银三厘五毫八丝七微一纤六沙四尘一埃七渺九漠一糊；又归并惠民场草荡地四十四顷五十四亩二分三厘五毫八丝，坐落抚宁、昌黎二县，每亩征课银一分三厘六毫四丝九忽九微二纤八沙八尘七埃二渺二漠。

引　　课

卢龙县　原额八百七十七引，新增七百九十七引，加增七十九引，分认京引八十一引，共一千八百三十四引。每引盐三百十五斤，征银四钱六分九厘九忽九微一纤八沙；京引每引五钱二分四丝二忽。共征银八百六十四两二钱九分七厘。掣配蓟永归化场引盐，由场车运至本县分销，每斤十四文。

迁安县　原额八百四十六引，新增三百八十九引，加增二千三百三十三引，又加二千三百三十三引，分认京引五十七引，共五千九百五十八引。每引及分认引同上，加增永引，每引五钱一分六厘三毫三丝三忽四微，又加永引每引五钱一分六厘六丝二忽，共征银三千一十七两四钱四分八厘。掣配蓟、永，越支场盐，滦州黄米廒配引，由场车运至本县分销，每斤十四文半。

抚宁县　原额六百七十一引，新增一千一十五引，加增一百十二引，分认京引六十七引，共一千八百六十五引。每引及分认引同上。共征银八百七十八两一钱二分三厘。掣配归化场引盐，由场车运至本县分销，每斤十四文。

昌黎县　原额一千二百三十三引，新增九百七十四引，加增三十三引，分认京引一百三引，共二千三百四十三引。每引及分认引同上。共征银一千一百四两一钱四分六厘。掣配归化场引盐，由场车运至本县分销，每斤十四文。

滦　州　原额一千二百四十引，新增一千二百四十引，加增一千七百九十二引，又加一千七百九十二引，分认京引一百十四引，共六千一百七十八引。每引及加增分认各引俱同上，共征银三千七十二两四钱八分二厘。掣配蓟永济民场引盐，由场车运至本州分销，每斤十三文半。

乐亭县　原额一千四百二十三引，新增一千六百八十九引，加增一千七百五十引，分认京引一百四十三引，共五千零五引。每引及加增分认各引俱同上。共征银二千四百三十七两二钱七分一厘。掣配蓟永石碑场盐本县李各、羊栏两店配引，由两店车运分销，每斤十二文半。

临榆县　原额三百九十七引，新增六百引，加增一百一十二引，共一千一百七十六引。每引及分认引同上，共征银五百五十四两九钱七分五厘。

按：引制，明初损益元制，每一大引四百斤，折二小引，每包二百斤，加包索五斤，后增加至八十斤。计一引凡二百八十五斤。其法，灶户自备器皿煎煮。每丁岁办盐四引；地每亩办盐十六斤；车一辆办盐二百斤；牛驴一头办盐一百斤。成化六年，以陆路窎远商人不支盐课，遂致盐斤堆积消折。改令每盐四大引，折白布一疋长三丈二尺，议价银三钱。嘉靖八年，又以四场离批验所窎远，商人支掣实难，将四场灶丁每引改折银一钱，解司给商收置勤灶余盐，以补原中之额。嘉靖三十九年，户部定派永平引数三千九百十八引，分属州县，滦、卢各一千八十九引，迁、抚、昌、乐各四百三十五引。官立循环簿记，买过引盐，并水程期限，按季送盐院稽考。隆庆五年，盐院议额派商引，因边境不通商贾，故将盐引酌量州县大小计里分引。明以一百十户为一里，每引纳银一钱。题准减派为二千引，共纳银二百两。又于丁口食盐，每百斤抽纳税银一分五厘，共多银一百六十余两。本府印票发州县填给卖者如数纳课，按季解司。次年复加银，及六卫共五百两为年例。每岁土人包纳库银，官给小票，行贩纳钱于官，自行买卖，明季通行无滞。至国朝顺治四年，户部奏立画一之规，因天下各司俱有盐商，惟顺、保、永三处无商，遂题定改引招商。乃以州县户口之多寡定额，每丁岁食盐十斤四两。府属共定五千八十六引，每岁引纳银二钱六分。后又以生齿日繁，递增至一万三千七百二十七引，每引增银四钱二分三厘六毫零。其引包斤两，国初稍减，以二百三十斤为一引。后于康熙年间，部议将割没等名摊入正项，每引加盐二十五斤。雍正间又将长芦盐斤每包再加五十斤，今为三百斤云。

杂项折价银

济民场　额征：边布银二百二十九两四钱一分三厘三毫；京山银四十二两九钱一分；白盐折价银六十四两九钱一分二厘四毫零，遇闰加银二两四钱七分五厘；盐砖折价银九两六钱三分八厘；俸粮银四十四两九钱七分五厘，遇闰加银一两八钱六分七厘七毫；裁汰书办工食银六两。

石碑场 额征：边布银二百九十一两零；京山银七十六两三钱四厘；白盐折价银九十六两五钱六分三厘三毫；盐砖折价银五两六钱三分八厘；俸粮银九十三两三钱二分七厘七毫，遇闰加银四两六分七厘；裁汰书办工食银六两。

归化场 本场额征：边布银八十四两五钱七分九厘七毫，又惠民场八十五两九钱三分八厘三毫，计每丁纳盐四引二十斤，每引折价银一钱；京山银二十两七钱一分，又惠民场二十七两六钱六分；白盐折价银二十二两五钱三分二厘一毫六丝零，遇闰加银一两六钱五分，又惠民场三十四两三钱三分二厘六毫六丝零，遇闰加银二两四钱七分五厘；盐砖折价银九两六钱三分八厘，又惠民场七两六钱三分八厘；俸粮银四十九两六钱一分二厘，遇闰加银一两七钱七分二厘，又惠民场四十八两六钱二分八厘，遇闰加银二两四分六厘六毫；裁汰书办工食两场各征银六两；裁并青衣工食，惠民场额征银十四两四钱。

以上旧制，俱照《长芦盐法志》开载。自道光二十六年，商办废弛，引地归官办理，改煎为晒，开筑滩场所晒滩盐，均盘筑场店，以备各子店拉运销售。

迁安刘鸿儒《请更永平盐法疏》云：题为畿东行盐之法未善，请旨厘正，以资民用，以无损国课事。臣窃惟盐政之设，因民生日用之需，取天地自然之利，必使上能裕国下不厉民，始堪为经久不易之策也。如江淮诸处，水陆四达，产多食广，商人资本富厚，招中销引自属成法。惟臣乡永平所属州县，地方无几，食盐止取给滦、昌、乐濒海诸处，产亦无几。惟产与食一隅亦自相准。自明季清初以来，行贩流通郡邑，悉地方有司给票收其正税，禁遏私贩，名为包课。而课亦不至失额，民颇便之。忽于顺治四五年，有等无藉棍徒，规时射利，亦借纳银销引之名，投认盐商，力承课税，所司自易信从一，自纳银之后，遂于每州县居要地方各张盐店一区，行贩悉行禁绝。小民居止不齐，即有买自邻近店中者，亦坐以私盐首告，胥远近而惟一区是资，已属艰苦。况其以扼吭自恣，价凭自定，数倍于昔。至于升斗，抑勒尤难悉状，以致民间咸称不便，怨讟丛生。至有宁甘食淡，而不肯一窥盐店者矣。如此专利病民，即使国课足额，已非善计。乃诸人本属赤手贫棍，实无蓄贮多盐可售，不过初由借债以支撑，意图取偿于重价。然价既腾踊，买者自少。所谓贪贾三倍势所必至也。及于年例应输额课依然拖欠封纳不前，竟至公私交受其困矣。平时，有司以承课有人，不复管理，及至销引不及，纳课失期，复以干已考成，从而为之代纳，则其累及于有司者又如此。昔人云："塞人之养而隘其途，犹云将以取利也。"今此一事，而上下咸属不便乃尔，则将安用此坐店之盐商为哉？臣请敕部察其积弊，将畿东盐店尽行裁革。所有当发额引，仍责令有司支领给票通商，禁止私贩。务俾正课足额，而民间亦不致苦窳。庶公私两便之道也。此事止一隅，似属细故，以臣乡见闻最真，不敢不以上闻。如果臣言不谬，祈敕部议施行。

同治五年，奉前督宪刘奏：永属七州县，官办引岸废弛日久，招商不易。拟请遵员试办，以顾盐课。恭折具奏，奉旨允准。六年，本关都护长善奏：为永东边关重地，盐禁太严，有拂民情，无裨国课，恐酿巨患。谨将地方不便情形，恭折缕陈。仰祈圣鉴事。窃维国家岁课所入，除地丁漕课外，盐务最为大端。长芦盐务疲敝已久，沿海口岸虚悬甚多，诚宜统全局认真整顿。官引之滞销，本因私贩之充斥。欲整官盐，固不能不禁私贩。以芦纲全局而论，永七本系门户。临榆山海关又为永七门户。如任令私盐充斥，势必全纲废坏。力挽积习，亟思整顿，使正课不至无著，枭匪从此敛迹，计诚善也。惟是地方情形各有不同，时势今昔互异。永七盐务荒废已久，官民俱食私盐，上下相安历有年所。今若拘定成法，必欲设立盐店、盐巡，终恐酿成变端，仍属无裨国课。自去年有接办永七引地之说，道路传闻，民情惶怖，语议纷腾。绅民人等，常有以永七盐课按年以缉费扣抵，并无亏欠。诚恐盐务一办，地方从此多事，反滋扰害等情具呈，在奴才衙门吁诉者。奴才留心体查，因早知有不便，但盐务非奴才专司，不能不避越俎代庖之嫌，亦恐致招掣肘阻挠之议。每见绅民，即晓以王道，本乎人情，断非勉强逼迫。其所谓整顿者，原为芦纲大局，并非专为永东，而七属皆有引地，岂能独置不办？尔等切勿轻听浮言，互相惊惧。随时善言开导，未尝受其呈词。无奈办理盐务非商非吏，网利者流，一味怂恿操之过甚。见在永七皆欲分设盐店办盐务者，专以巡勇缉私为事。此辈率皆无业游民，动持枪炮器械遨游城市，盐枭闻风四起，间有拒捕伤人之事。民情更觉惊惶。厝火积薪，隐忧殊切。并准直隶督臣咨行旗、绿两营，合力协缉等因。伏查道光年间，亦曾力整盐务，徒多扰累，事迄无成。奴才详加体查，亦颇有碍于边关大局。兹又据临榆绅士以便民食而安地方等情，纷纷具呈前来。奴才本未敢据情率尔陈奏，因思受恩深重，职任边疆。既明知大拂民意，祸机将萌，曷敢拘泥小嫌，罔顾大体，任听地方决裂，将何以副君父而对军民？况产盐之区，皆在关之内外，将来私枭出入者必多。如果认真查拿，不但不胜其拿，必致酿成巨患，畿东无复太平之日。兹竟袖手旁观，又属不成事体，则协缉不力，稽查不严，奴才实不胜其咎矣。设或将来出事，圣明一旦震怒，责以奴才身任边关明知有事，何不早为奏明，则又将何词以对耶？再四思维，不得不略其避忌，直抒所见，据实上陈。谨就边关地方情形，权其利害，衡其重轻，有大不便者，亦敬为我圣主恺切陈之。查永平七州县，东接奉天，西卫神京，南临大海，北襟边墙，地方辽阔，关口纷繁，界乎关之内外滨海皆有盐滩。贩盐为生者，不知凡几。即临榆一县，负盐糊口者，亦不可数计。其售盐之人，率皆肩挑、背负，间有车载、马驮，并无专商设铺行销，亦无大贾捆包行贩，自食其力各不相谋。且山海关外十里，即属奉天。该省向无盐禁，亦无私枭。永七盐价昂时，每斤易京钱十余文，贱时易京钱五六文。而临榆关城仅止易钱一二文，兼系净盐足秤，并无搀和沙土等弊。贫民藉之为生活，以谋升斗之需。今以一城之隔，禁令两歧，定欲设厂定价勒食官盐，又复分汛派巡搜拿扰累。姑无论其官私价值贵贱悬殊，秤既不足，盐又混杂，愚民未必肯舍私而食官也。但恐禁令一行，平素业盐之人，舍此别无生路。既难为其安置，若欲绳以科条，必将勾通匪棍，辗转窝藏。缉之太严，难免抗官拒捕，激之生变。惟有亡命之徒，少一私贩，即多一盗贼，此大不便者一也。从前盐务原系盐官经理，嗣因年久无商接认，始于道光二十六年改归地方官承办。不过期盐课有著，仍欲顾全地方大局也。当其改章时，各州县亦仿照盐务规模，设盐店增盐巡，严私贩之刑，重捕缉之责。负盐者多为所囚，贫者无以为生，富者迭遭连累。于是售盐之人，变为枭匪，聚众拒捕之案，层见叠出。奴才所管之南北水关、长边各口，时有盐匪千百成群，执持枪械，昂然出入。亦曾会营拦剿，互有伤亡，毫无裨益。厥后禁令愈严，私枭愈盛，行之数载，贻害无穷。乃经良有司体察情形，一宽其禁，止盐店，撤巡役，不领缉费而抵课有余。二十年来，便民裨课，边关靖谧，从未见有私枭大夥出入者。是大局赖以顾全，永东盐务似废弛，而实非废弛也。今一旦以已敝之政，盖欲整理久宽之禁，忽欲加严，则愚民食利轻生乃思挺而走险，势必覆辙相寻。况今边外兵戈甫定，而马贼伏莽，未必净绝根株，万一该盐匪乘隙勾结，激成变乱，将何策以兼顾耶？在道光年间承平之时，尚且屡试不行，不敢妨民而酿祸。矧当此多事之秋乎？此大不便者二也。见在永东西重整引地论者，谓多添盐勇巡役，广备枪炮器械，梭织缉私，则枭匪可期敛迹；又谓设厂将盐分汛分卡，则私枭无虞充斥等语。

不知严禁私贩之令历经奉行，非无盐勇巡役、枪炮、器械，非不梭织巡逻认真缉私，乃令日严而私日盛，或作或辍，流弊滋多，彰彰在人耳目。伏思政令所关须持大体，但使利多而弊少，仅便民而无以裕国，原不得姑息因循不思振作。第查行盐之处甚远，食盐之户甚繁。

永七属原设巡役仅止一千五百余名，固难到处巡查，又难按户搜索。如果多添盐勇枪炮缉私，能使贩盐者摄以声威，咸知敛迹，岂不甚愿。但此等贩盐之辈，非比盗贼，愚民惟利是图，人情皆然。窃恐盐务一兴，巡缉一紧，即勒之以官价，复拘之以刑。驱则不特贩盐者利尽势迫，各惜身命，必聚夥成群，冀免伤害。即良民，怕遭扰累，亦将重足侧目人人自危。行见枭匪愈聚愈多，任使盐勇添至千万，而贩盐者终数倍过之。彼此接仗互有杀伤，官与民两不相容，国与民两受其害。终至酿成巨患，此大不便者三也。或有谓州县因公事繁多，无暇亲自整理，以致假手丁胥，百弊丛生，任令搔扰灶户，竟有穷累不堪聚众抢劫者。夫丁胥原系利徒，多设盐店可渔利，严拿私贩可渔利，甚至搜查食盐之户藉端讹诈扰害愚民尤可渔利，凡在牟利之徒，断未有不欲严禁盐者也。州县官初亦受其朦蔽，未尝不愿绝私贩而疏官引，藉为侵渔中饱之图。是以道光三十年间钜案迭兴，官民交困。嗣后，查悉其情，始各中止额设引课，历经运司由巡费项下扣拨归款，有盈无绌。国课并非无著，盐务因之从缓相安。即今匪伊朝夕在七州县各管各境，尚谓无暇兼顾，假手丁胥恐致弊生。岂以一盐官总管七州县，竟自力能兼顾，而令商民襄理反不虑其弊生乎？至永属灶户而不及售盐之人，在灶户穷累不堪尚恐聚众抢劫；岂售盐之人穷累，转不虑其聚众抢劫乎？利之所生，弊即随之。巡勇、商民何知大体？盖商民之善良者，必不肯与贫民争利。而为盐官其熟习盐务之人，率多从前藉盐务网利者流，则恐狐假虎威，遇事生风。行则抬枪火炮，其扰民更甚为丁胥者。迨至激成事变，先归咎于盐勇缉拿之不重，既归咎于州县官惩办之不严，甚且归咎旗绿两营协剿之不力。从此盐官获罪，州县获罪，旗绿两营获罪，而藉盐务网利者流，转得置身事外，坐享余利。承办盐务之员，枭充课亏，例干参赔，利害所关，身家攸系，势将噬脐难及。此大不便者四也。或谓永七为芦纲头层门户，门户固而堂奥可安。若为芦纲筹全局，不得仅顾永七一偏而存畏难苟安之见。不知永平沿边滨海幅员甚广，尤为京师紧要门户。前值马贼窜扰，幸大兵云集，得以及时捕灭，地方未甚蹂躏。而榆关东西内外萑苻究未肃清，民情何能安帖？防维安抚关系匪轻，脱使人心动摇，则马贼必藉势揭竿，复肆抢掠，店口之荼毒事小，闾阎之惊扰堪虞。沿海沿边居民素称强悍，在平时绥怀犹恐其见异生变，况值兹扰，攘安可不委曲保全乎？且查蓟六州县俱食官盐，并无私卖。永七州县俱食官盐，不知官引。蓟六西路各有官店，巡役躧缉甚严，永七东路盐价极贱，贩至西路不能获利，故东盐不贩至蓟六，西路盐亦不贩至永七，两不相涉已历有年。是门户之说，殆或系芦纲藉口诿卸之词，似尚未尽，今时地方真实之情形。此大不便者五也。再查永平七属，按年交课银一万一千八百两零，应领巡费银一万六千两，本系得不偿失。而自上年筹议整理，至今永七虽已次第举行，店宇棋布，焕然一新。仅闻收买私盐，并未能按价卖出升合，不知将来囤积何以开销？其私盐之贩，不论官店居民售卖如故，肩挑背负者仍未能禁，而昌、滦、乐滨海各处颇有械斗之事。并闻有联村盟誓，不准租与官房开设盐店者。是年来，极力铺张，毫无实际。而凡招勇置械设铺分汛等事，耗去浮费较巡费甚属不费无论。利未兴而害已起，纵能大力包举，使正课固有起色，二三年后并可酌增余课，在朝廷视之已属费十得一，而地方之害将不可问矣。况官价未必能行，而私贩未必能止，并得一亦未可操券也。至缉私之举，则徒拥虚名，急则必生变。倘或因此忽生军务，则耗费不堪数计，引课究归于虚。此大不便者六也。以上各节，皆系奴才广咨博访灼见真知，不敢采乡愚曲说琐渎上达，亦不敢执偏私已见，冒昧妄陈。总之，盐禁太严，法立弊生，损多益少；欲兴利而不恤民情，事惨切而激成民变，尚朝廷所不忍行者。现闻临榆等县各乡绅耆人等忧惶特甚，公议同伸，情愿仿照山东登、莱、青三府属将盐课归于地亩项下，仍由地方官征收报解。纷纷呈请永平府具详。奴才亦将熟知情形，函商督臣设法办理。惟念边防大局攸关，奴才分任其责，既有所见不敢缄默自安，其如何变通办理之法，相应请旨饬下直隶督臣，行令各该处地方体查情形，分别筹议章程，详请核办，勿拘守成法，勿回护前议，勿偏听盐官一面之词，勿仅为目前补苴之计。盖天下无百年不敝之政，亦无百年不变之政，即如两淮大纲，富厚甲于天下，尚自不能不从权改行票盐。先行于淮北，后行于淮南，至今取多用宏，公私不竭。要知因地因时变通尽利，民生国计两不相妨。与其徒事纷更无济什一之岁课，何如照旧宽禁以恤亿万之穷黎。庶几弭边患于未萌，转民心以永固。则惠闻阎即所以普美利矣。谨将临榆绅士公禀，另缮清折，恭呈御览。所有奴才愚昧之见，是否有当，理合恭折缕陈。伏乞皇太后、皇上圣鉴训示施行。谨奏。

嗣奉上谕，前因御史汪朝棨以永平盐务废弛，请遴员试办官运。当经谕令刘妥议具奏。旋据刘先后奏称，该处招商不易，请派员试办五年，再行招商。并派专员缉私，以资整顿。均经降旨允准。兹据长善奏称永东盐务废弛已久。官民俱食私盐，该处绅民闻上年有接办永七引地之议，众情惶惑，诚恐巡勇缉私操之过急，贩盐者闻拿拒捕聚为私枭，致生他变。现在临榆等县绅民，情愿仿照山东登、莱、青三府属将盐课摊于地亩项下，仍由地方官征收。抄具绅士，公禀呈览，并将办盐不便情形六条，详细缕陈。此次试办盐课，前据户部奏称该督折内所陈，该处委员所领缉私经费至一万六千两之多，所交盐课仅止一万一千八百余两，本属得不偿失。试办之后，能否于课外增加余课，该督尚无把握。兹复据长善奏陈不便各情弊悉如绘，即著刘细加体察，筹议万全，不得回护前议稍涉迁就。长善原折著抄给刘阅看，将此谕令知之，钦此。同治六年十二月，经前督宪刘具奏为查明永七汛岸整顿极难。抛荒又多窒碍，应请仍归地方官兼办，以保全局。遵旨恭折覆奏，仰祈圣鉴事。窃查接管卷内，同治六年五月二十六日前督臣刘承准军机大臣字寄。同治六年五月二十六日奉上谕，前因御史汪朝棨奏云云，遵旨寄信前来，当经前督臣行饬运司，转饬运判王锺霖，并传集通纲商人，作速钦遵谕旨，通盘筹议。去后，嗣据署运司恒庆详称：芦纲引岸，东西滨海，西北临边，一望平原，四通八达，将杜私贩之路苦无扼要之区。故南路以沧盐汛岸为门户，而津武次之；东路以永七汛岸为门户，而蓟六次之。其汛巡所设特多，其缉费原定极重。原欲缉私以卫课，收课以养巡，树藩篱而护堂奥，布置极有深心，非不知得不偿失，正恐惜小费而害大局也。永七滨海临关，私枭充斥，较之沧盐汛岸尤难整理。前商因亏被参，无人敢接，始改地方官承办。乃年久又复废弛，致蓟六引岸大受浸灌之累。上年御史汪朝棨奏请改章，确系因时救弊之举。嗣后运判王锺霖禀请试办，亦系急公处事之权。无如积习相沿，弊重难反。食私者视为利，便反以分累加价为繁苛。贩私者引为故常，反以设汛置巡为骚扰，变本加厉，莫可如何。既钦奉前因，自不得不从长熟计。然欲罢则以前之耗费奚偿？欲办则此后之变端奚测？该运判王锺霖现以财势俱绌，禀求停退，应请照准。至于课归地丁一节，现经集纲会议，咸以永七汛岸逼近宁、丰，通连津、武，与登、莱、青三府僻在一隅者情形不同。若盐禁一弛，势将漫无顾忌。始而延及蓟六，继而延及津武，滋蔓难图，全局均虞妨碍。且课归地丁，人将明目张胆贩私渔利，是有益于枭匪仍无益于安分良民，否则直隶宣化一府摊征亦已有年，如果永属可行，前人应早议及，何待今日始议仿办。总之，本地绅民只图本地利，便顾近忘远，理亦宜然。今经通筹，似未妥善。况旧募巡役散而无归，必致流而为匪，贻害地方。当此军务方殷，贼氛未靖，多一事不如少一事，目下权宜之计，总以力图安静为急，所有各处旧募，应责令该运判王锺霖务速会同永平府桐泽斟酌妥商。于滦、乐等处，分别妥为安置，以靖闾阎。此后永七盐务，或俟贼氛尽靖招商认办，或仍归地方官循旧办理。已饬永平府督同各州县上紧体查情形，设法筹议详办，以全大局，以固藩篱等情议，详请奏到前督臣，适前督臣刘因追剿奔驰未及核奏，解任移交前来。臣复详加查访，因知直隶宣化一府既系盐课摊归地丁，不独山东登、莱等府为然。但该府僻处山陬，边界均有关隘阻隔，与别属不相侵犯。永平西至津沽，仅隔宁河一县，系蓟六汛地。若盐禁一弛，不特蓟六难支，恐腹地引岸亦遭波害。是以纲商集议以为多害，权衡不如仍交地方官兼办，犹可稍整汛巡，不致全行决裂，亦系实情。现据蓟永运判王锺霖具禀求退，自应速饬永平府督令各州县上紧接办以资整顿。其前设汛巡，仍责成王锺霖会商各地方官，分别遣留安置，毋留余患，致干参咎。除批饬运司分别转饬遵办外，所遵旨查办永七汛岸缘由，理合恭折具奏。伏乞皇太后、皇上圣鉴训示，谨奏。

蓟永分司运判王锺霖、丰润县知县谌命年谨禀宫太保中堂爵前，敬禀者：卑职锺霖七月间迭奉运司，转蒙宪台札饬。据卑职命年禀报：商人震豫恒呈控李八厩灶户等，逐汛畅私，毙贩伤役各情。请提案审办。并据该商以该灶屡次蓄私勾帮贩卖，复聚众伤役，当时格毙私贩二命，并获抬枪送案。该灶寻仇益横，禀请讯究等情。饬即驰赴丰润县查照新章会审详办。一面弹压毁池，并将以后灶户配运事宜会同妥议呈请示遵等因。卑职锺霖，遵先确查晓谕，即于八月上旬驰抵丰润县，会晤卑职命年，传案审办。因要证未齐，急须恭办道差。卑职锺霖亦因事关紧要，旋即回卢。事毕，复赴丰润会办。查孙、李两灶向系煎盐，供迁、卢配，共锅六十五面，彼时煎晒分界，缉私易办。自蓟永商悬，煎盐遂废，该灶等既无生计，遂乱旧章。后永属权归官办，蓟六亦有商认。然永七只滦州办起，详准该灶在滦境蚕沙口开三副半滩。不令在丰境开滩。以灶户荒阔，永七未整，一经准晒，将无底止。丰润为蓟六门户要岸，恐受害难制也。乃该灶引潮停止挖池牧鱼，春夏晒乾，随处成盐，勾帮贩私，获利甚厚。不欲远赴蚕沙口，以至久为丰商之患。缉不胜缉。丰商不得已岁予灶资，略安数年。然不能偏分此资，仍不免蓄潮挖池。商不予资，遂藉口大贩巨案叠出获贩治罪。前经卑职锺霖与卑前县崧令熟商，禀请化私为官，准该灶择地开晒。以三千包盐为率，请令迁、卢配运一半，丰商配运一半。孙灶遵照颇安，丰商向有张玉本灶供盐，不免生议，仍令依旧付价筑运。李灶户众难齐，且盐沟须借孙灶之路，既贪售私利厚，不欲盐有限制，并未遵行。又因丰商立汛碍其私路，遂与汛为仇。丰润为汛务要岸，近受充斥太甚，不能不认真缉拿。积至今夏，乃有灶众贩私拒毙二命伤役之案。此后贩私愈甚，商汛虑再生事不敢与较，菜秋因之减色。此汛灶之实情也。该灶等亦知衅由私起，新章至严，通纲汛务口岸毙私之案已多，为乘此构讼，勾帮结伙，晒卖规防汛巡丰商受害无穷。不能不为之久计。卑职等反覆劝斥，据职员李长育、佟掌邦等公息请恤穷灶，以安生业。如不急筹开滩配运，俾盐有售路，以后商既难支，灶仍多事。查该灶向为迁、卢供运，自迁、卢借运滦州灶，遂不赴滦滩开晒，屡致酿案。惟有仰息宪台垂鉴，俯赐准令孙、李两灶，自明春为始，在于前择之酸枣沽、薄家沽等处，照向定开滩三副半。惟滩有大小，须计亩为则，按锅面旧数分晒滩盐五六千包，不准再行私晒。请饬滦、迁、卢三州县遵照。明年即赴该灶配运滩盐，不准借运滦州，迁、卢恐或运滞，仍令丰商每年配运一千五百包以助不足。如奉恩准施行，所有定地开滩，设坨盘、散安汛护盐，一切章程，卑职锺霖当同越支场详细妥筹，详请立案饬遵。至两灶开滩尚须求借滩本，卑职锺霖拟为代请宪台筹借滩本银五百两发灶修理。此项借款，应由商盐扣归。初办恐难扣齐，已谕知丰商拟请由蓟六商人应领缉费项下，每年扣银一百两，分五年扣清。蓟六再从配运盐内自行清理。卑职等业将准请开滩，并借滩本各节，明谕灶众，均各欣盼，以期从此商灶一家，永息事端。转恐事难速成，谆切息求。伏念灶情，望有生计，均不敢滋讼，静候妥筹办理。为此沥陈下情，会同禀覆，伏乞中堂查核示遵，以便迅谕灶等遵办。除会审灶众拒汛伤役格毙命案，由卑职命年另文详办外，所有会同查办商灶情形，禀请详准开滩借本。缘由是否有当？理合肃此。恭请勋祺。

督宪札饬事。案，据蓟永分司王运判锺霖、丰润县谌令命年禀覆，会查商人震豫恒呈控李八廒灶户情形，请准开滩借本，核示遵办等情。到本阁爵部堂，据此除批暨据查明商灶情形，准如所请。自光绪二年为始，令孙、李两灶在于酸枣等沽，照向定开滩三副半，仍案锅面旧数，分晒滩盐五六千包，不准再行私晒。候分饬滦、卢、迁三州县遵照即赴该灶配运滩盐，不准借运滦州，倘迁、卢或恐运滞，仍令丰润商人每年配运一千五百包以助不足，所需滩本，即由运库筹借银五百两，每年在于蓟六商人应领缉费项下扣还一百两，分作五年扣清。并候行运司查照办理饬遵。其余一切章程，该分司即同越支场大使，逐细妥筹，详请立案。饬遵缴等因印发外，合行札饬札到该县，即便遵照办理。具复此札。

卷之四十八

艺 文 志

［明］

《海钓集》、《镇宁行稿》山海卫萧显文明撰。

《雪岸诗集》滦州王蕃邦宪撰。

《韩鹏南诗文集》八卷、《奏疏》二卷、《尺牍》四卷、《六壬指掌》二卷卢龙韩原善继之撰。

《康衢文集》、《梅花百咏》、《心鉴警语》滦州许庄德征撰。

《经书解义》、《平平言》滦州冯斗华应垣撰。

《昆仑山人集》卢龙张诗子言撰。

《过庭文集》抚宁鲁铎文振撰。

《黄斋集》抚宁王道中致南撰。

《易义心解》三卷卢龙刘景周宪之撰。

《春煦轩诗文集》三十六卷乐亭王好问裕卿撰（裕卿诗文皆清绝滔滔，不事雕琢。惜全集久轶。仅搜得诗二卷、文六卷。乐亭史梦兰重为梓行。

《蓝山集》乐亭卢耿麒仁淑撰。

《游艺集》乐亭王好学撰。

《蜀游草》乐亭王浑然撰。

《太极说》、《良知说》《抚云疏稿》、《籁真集》滦州高第登之撰。

《省吾诗文集》滦州郑卿省吾撰。

《拾烬集》、《悯遗集》卢龙卫廖自显德潜撰。

《时务论》昌黎齐鸣凤君瑞撰。

《平滦蛰士遗稿》滦州尹乐尧莘野撰。

《元谷遗集》滦州伦浃元谷撰。

《筹边录》抚宁翟鹏志南撰。

《五行弈薮》滦州陈情子孝撰。

《直庵集》滦州阎鼐仲辅撰。

《忠国论》卢龙韩原洞开之撰。

《仲默遗稿》滦州王仲默逸其字撰。

《云冲遗诗》一卷滦州高霄云冲撰。

［**国朝**］

《四留堂集》迁安刘鸿儒鲁一撰。（陶凫香《红豆树馆诗话》：秀水高寓公承埏宰迁安，于鲁一有国士之目。鲁一典学八闽甄拔所及，杞梓林立，洵为不负赏识，而《高公去思》一碑于师弟渊源尤惓惓云。

《宝笏堂遗集》滦州石申仲生撰。高阳李坦园相国序云：仲生弹射古今人诗文，少当意者。于世所称"树坛坫执牛耳"者，往往指摘唾弃之，不忍道人，或为之掩耳。仲生益傲然自得，以为常，以此取忌于世。及其操笔为文，幽折瑰丽，都非寻常蹊径，不屑苟同今人，亦不屑一语寄古人篱下。诗则刿钵镂剔矫岸不群，洵能自成一家言者。

《潜沧集》七卷山海卫佘一元占一撰。《四库全书提要》:《潜沧集》卷一为《四书解》，卷二至卷六为《杂文》，卷七为《诗》。其《次韵答张筑夫诗》有"良知自是姚江旨，躬秉几亭夫子传"句；附载张赠诗有"姚江绝学重开辟，直续良知两字传。"盖其学出于陈龙正。集中所谓几亭诗者，龙正别号也。故其《四书解》中以小学为格物，而深讥朱子补传为非，犹宗王守仁之说，而小变之者也。《止园诗话》：潜沧先生其当国变之初，目击人关情事，诗中述旧事五首直可补国史所未详，不独备一乡之文献已也。

文　集

《春秋注》六十五卷山海卫李集凤翙升撰。《畿辅通志》：集凤幼即端严，以圣贤自期。及长，淹通群籍，凡濂、洛、关、闽之书，无不究悉。尤善《春秋》。汇先儒经解讨辨详核，历三十年凡四易稿，然后成书。名日《春秋辨疑》，海内称之。王渔洋跋《春秋集解》云："海阳县丞李集凤研精三传，撰《春秋集解》四十卷。余门人汪检讨楫出守河南府，雅重其书，欲为刻之梓以传。十五年前，有青浦县丞施鸿者，字则威，闽侯官人，以部运至京师，投余所著《史测》若干卷，论南北朝事，亹亹可听。皆下吏之有经学史学者也。"

《抚江集》、《督漕奏议》卢龙蔡士英伯彦撰。

《筹滇善后十疏》卢龙蔡毓荣仁庵撰。

《孝经注》滦州吉民君祝撰。

《徽五真稿》昌黎任五伦徽庵撰。

《迈陶持文遗集》东胜卫汪淑问清公撰。

《濩津政纪》、《六书分类》滦州伦可大子受撰。

《忘余草》昌黎林征韩退思撰。尤悔庵侗序云：子美之沈雄，退之之博奥，往往于斯见之。勿谓吾道之不北也。马瑟臣恂序云：禅伏山人梦征韩昌黎而生。才力横绝，足迹所至，江山助之。

《式好堂集》迁安崔璨淡余撰。

《宁阳政略》、《公余录》卢龙李本洁澄庵撰。

《遂闲堂稿》抚宁张霖鲁庵撰。《天津府志》：霖幼岐嶷，读书十行俱下；为诗、古、文、词卓然成家。落职后，构问津园为偃息地，招大江南北名流觞咏其中。如梅定九、朱竹坨、姜西溟、查夏重、赵秋谷诸前辈咸主其家。时人拟之月泉吟社、玉山草堂差不愧云。按：霖因子孙侨寓津门，故《津志》收人，然其实仍隶旧籍也。

《帆斋逸稿》、《晋史集》、《欸乃书屋集》、《绿艳亭集》抚宁张笨仙撰。(笨仙，晚自号秋水道人。草书得张颠神骨。诗似青莲天马行空，不可羁勒。

《唤鱼亭诗稿》抚宁张坦逸峰撰。《天津县志》：坦原籍抚宁。性嗜学，于书无所不读，博览穷搜，叩之立应。著有《履阁诗集》、《唤鱼亭诗文集》。幼学诗于王司寇阮亭，学书于赵宫赞执信，其渊源有自云。《红豆树馆诗话》：逸峰昆季，承其父鲁庵、叔笨山之学问，与同时诸名士游，故所作皆清逸妥贴，彬彬乎质其有文。

《春游诗》一卷抚宁张壎声百撰。姜宸英序云：辞义飘渺恍惚，若不可测。寄兴所在，求之嗣宗以下，射洪、曲江以上要各有磊磊不可磨灭者。

《洪雅公诗存》卢龙岂惟讷敏公撰。

《守素堂诗集》卢龙蔡珽若璞撰。

《学庸讲议》山海卫牛天贵永斋撰。

《致远堂诗稿》滦州李承恩绍衣撰。

《武功遗诗》滦州喻成龙武功撰。

《尚书存疑》、《孝经集注刊误辨说》、《河洛五行图说》、《洪范图说》、《诗说存疑》、《等韵经纬》、《律吕大略》、《算法指南》乐亭倪上述损斋撰。（损斋，早岁即以古人自期，所学务求心得，不局局以记诵为能。其《孝经刊误辨说》同邑史梦兰为代寿之梓，复刊其《杂记》数十条、诗一卷为《损斋遗书》。

《松菊诗草》滦州惠景陶起潜撰。

《北山诗草》昌黎齐乔年松五撰。《止园诗话》：昌黎北面皆山，仙台峰为最，左龙潭，右凤巘。齐松五少读书水峪，长设帐水岩，终身踪迹不离北山。故其所作诗，即以北山名之。闻其性情恬淡，学识淹通，固非借终南为捷径，致烦人作《北山移文》者比也。

《洛中吟》、《白下吟》、《情雪山房诗草》滦州李恩捷春圃撰。春圃诗天趣盎然，得击壤意。

《燕塞诗钞》临榆韦经良容江撰。

《敬慎堂存稿》乐亭李掖垣南圃撰。金筑张日最序云：先生早岁服宫，历官名郡。乞养后，以笔墨自娱。所著甚富，此虽吉光片羽而恋阙之诚、闲居之乐、老当益壮、好学不倦之心俱可想见。

《又新堂诗稿》乐亭宁岐昌雍喈撰。

《芝亭诗草》乐亭宁长年芝亭撰。乐亭杨亦闻序云：“吾姻芝亭宁翁，幼厄于痘，失厥明而志趣高远，脱然于素封酣豢之习，大惧无所表现而思以艺鸣。爰从诸兄授读，于经书既成诵，皆创通大义，因举汉魏六朝三唐诗一一耳熟焉。服膺玩索、默识其窾窍。尝试为之，出语已惊其座人，暇则口占自遣，或随缘酬答。其蹊径不专主一家，灵府莹彻，纤尘不染，蔼然孝弟之思，悠然风月之趣。抚时感物，俱从渊默笃挚中来。

《清华堂诗钞》卢龙李美纯之撰。《止园诗话》：纯之家贫好学，尤耽吟咏，人称乐吟先生。

《伊江杂咏》卢龙薛国琮鲁直撰。

《静渊斋诗存》抚宁温如玉尹亭撰。王廷绍序云：先生诗和平恬雅，不事叫嚣，一归醇粹。

《复性堂遗集》昌黎王士升鹗荐撰。《家传》云：少承梅绳波先生指授，文清秀有法。诗学大历十子，尤嗜少陵。

《杏琼斋诗集》六卷滦州李廷仪石帆撰。潘英序云：石帆诗，芬芳悱恻，幽思绵邈，大抵皆发于性情之真，此古风人之旨也。《止园诗话》：石帆诗诸体俱备，不名一家。唐音、宋调，时时间作。

《东村诗稿》临榆刘征泰阶符撰。

《嵩洛吟》临榆刘元吉芝圃撰。

《东野诗草》抚宁宋赫东野撰。《红豆树馆诗话》：梅树君录寄永平诗二十余家，诗境之朴老苍秀者，首推东野。《止园诗话》：东野先生性耿介，不与俗谐，久困名场，以舌耕为业。读新会墨有句云：“一自王维登第后，新声都爱郁轮袍。”其怀抱之抑塞可想见矣。

《清贻堂賸稿》、《西淮课余录》临榆郭瑾怀珍撰。

《三味斋稿》迁安高占魁约斋撰。

《宾翠轩遗稿》迁安李纶春卿撰。《止园诗话》：春卿先生爱才虚己，遇有佳诗文，随手钞录记诵无遗。至于自作篇章，多不存稿。

《楚游草》卢龙蒋第次竹撰。

《家塾问业》、《共学编》、《琴律》、《算学》等稿乐亭杨开基亦闻撰。《止园诗话》：亦闻先生生而聪颖，读书有奇悟，阴阳数术无不旁通，讲学以姚江为宗。将赴官，门人请撮论学大旨，留备参考。乃著《家塾问业》，一编到官作《儒学明伦篇》，普告四庠，以维世道，正人心为己任。诗不出白沙、定山一派，然亦无太极圈儿大先生帽子高习气。

《复庵遗书》四卷，乐亭史梦兰合杨亦闻《家塾问业》、《耄耋口闻记》及一切讲学诸文而梓之者也。

《岭云编花村诗集》临榆庞克昌思圣撰。

《历元地舆考辨》、《古人生辰备览》、《槐西诗话》、《石佛庵问业》、《陶山诗稿》乐亭李中淑致轩撰。

《读易备解》、《古韵备考》、《东云鄙言》、《东云未焚草》、《佃芸诗草》滦州李恩绎巽甫撰。《寄心庵诗话》：东云先生最深于易，有《读易述知》一篇中云："象外而生"。象，巧喻极物类，即使能妙合，徒供文墨戏，圣人之解经辞达无余字，况于教劝方更复何所试，足扫汉以来无限支离驳杂之弊。

《尚书解》昌黎高宫玺绂佩撰。

《纯孝录》、《劝孝歌》迁安马学赐葵园撰。

《萝村遗稿》卢龙辛大成展亭撰。

《禹城志》昌黎董鹏翱翔九撰。

《诗礼堂文稿》、《梦轩诗草》滦州李惠虞安撰。

《雪泥鸿爪集》、《保阳集》乐亭李广滋卷山撰。袁洁《习静轩偶记》：永平李卷山侍御，工书法，诗多清隽之作。其《雪泥鸿爪集》纪载关内外风景，每为余出塞诗话之所未及。

《朗斋诗草》、《闽游小草》滦州李恩绶来轩撰。

《滇黔吟草》抚宁王瑞征莆田撰。《止园诗话》：王紫澜廉访，诗才清丽，不染浮嚣。

《庭训笔记》、《前型记略》、《女士奇行传》、《爱吾庐诗文集》乐亭阴振猷子翼撰。《止园诗话》：子翼先生古文学魏叔子，诗豪宕诙谲，喜作昌谷语。张山序云：先生曾官复州，独身驰走辽沈数千里，所见高山大泽险巇阻深，而其间风俗之异同，政治之利弊，又皆有以深明其故昔。司马迁以龙门人，出游江南，得江山风土以扩其心胸，变化其天质，故其文特为奇恣。呜乎！先生之文之工何足异也。

《挂云山房诗草》、《西行草》、《西行续草》迁安李昌舒伯度撰。《止园诗话》：伯度书画久为世所珍，作诗最服膺于袁简斋《答沈归愚》、《论诗》二书，故所造亦近乎此。

《茂洲闲吟诗草》临榆穆德纯文甫撰。

《姓氏养蒙》滦州鲁捷撰。

《馈贫粮》百二十卷、《十获园文稿》四卷、《十获园诗稿》一卷滦州李儒珍席之撰。

《春秋传述》昌黎谭文彰实夫撰。

《学庸论语讲说》五卷滦州孟柏年新甫撰。

《学庸索解》一卷、《妙峰吟草》一卷、《俗异直书》一卷迁安王建中撰。

《吉林志稿》临榆程儒珍珠船撰。

《爱日堂类稿》昌黎王煦渚厓撰。

《四碧山房诗稿》临榆傅德谦问樵撰。

《此中语》迁安马恂瑟臣撰。《止园诗话》：瑟臣天才卓荦，博极群书，早岁为诗古文词，即欲与古人争席。所著《此中语》自嘉庆戊辰起至同治甲子止，共五十六年，年各一卷，或诗、或词、或古文、或四六、或灯谜楹联、或仙乩禅偈，有觞即作，有作即存。词源如倒峡悬河，滔滔不竭，庄谑间列，骈散杂陈。不屑屑于古人著书体例，要其宝气精光，自有不可磨灭者。

《沧厓诗草》抚宁吴占鳌沧厓撰。

《石湖诗草》迁安潘文本立堂撰。自序云：愿耕于西山，暇则以砚田自娱。故号石农。将置别墅于西山石湖之侧，故亦号石湖子。或称竹伯者，竹在本上犹云笨伯也。世人皆巧，我独拙，期不失其素耳。又欲自号钝散汉，钝则以锋利让人，散则不受束缚，汉者欲终不失为丈夫也。

《论语说》、《梦余诗草》滦州毕梅雪庄撰。

《徽游日记》、《归囊草》滦州王一翰宗斋撰。《止园诗话》：宗斋舅氏，少随父宦游江南。作《徽游日记》一书，记所历山川、人物、风土、事迹，随序随议，足与范石湖、吴船录、邝湛若、赤雅等书并传，所存《归囊草》一册，乃从日记中摘录而出皆其少作也。

《无闻集》、《地理征实》迁安李昌裔启臣撰。《止园诗话》：启臣晚精堪舆，自号抱一山人。著《地理征实》一书，自述所得，语精切易晓。所作诗古文词多不存稿，兹所存皆晚年作，自题曰《无闻集》，盖自谦也。

《最乐堂诗草》、《浣花集》临榆王册梅君撰。《止园诗话》：梅君诗清丽妍绵，无些子尘壒气。闻其官部曹时，公退之暇，与诸名士结文酒会，阄题分韵，出语皆惊其座人。一时风流文雅，著称都门。故有崔烈之富人不得以费郎薄之。

《存我堂诗稿》临榆王一士和村撰。

《六雅心声诗集》卢龙温序斌石坡撰。梅学博成栋序云：其春阴即事句云："一瓢安陋巷，五斗谢华簪。适意应多趣，居山不必深。"此四言足以尽先生之生平，亦可谓工于写照者矣。《止园诗话》：诗不矜格调，而机趣盎然，自然合拍。高鱼侯方伟题其卷云："论超由卓识，语妙见高才。不费经营处，都从阅历来。"颇能道其仿佛。

《鹤乡吟草》昌黎高作枫紫厓撰。《止园诗话》：高明经作枫性清萧散，学问淹通，晚岁橐笔东游，主讲辽阳书院。偶有感触，一发于诗，《鹤乡吟草》盖即主讲时所作也。

《悟云堂诗草》 卢龙马宗沂春隄撰。

《田明经遗诗》 昌黎田种玉璞山撰。

《愚溪诗草》 迁安刘城孟门撰。

《星卦考原》一卷 滦州李瑗未亭撰。

《邢汝谦遗文》 昌黎邢汝谦抑庵撰。

《张南宫遗诗》 迁安张重撰。

《葛咸宜遗书》 乐亭葛永凝咸宜撰。

《惺惺斋诗草》 迁安于调元春波撰。

《双槐草堂文集》、《双槐草堂杂咏》、《古学射的》、《韵略排虚》 迁安岳震铎木卿撰。

《柏荫诗草》 滦州高征柏荫撰。

《亦鸥村舍诗稿》、《攻错斋拾遗集》 滦州李为楹秩庭撰。

《味无味斋诗草》 乐亭李清淑小泉撰。《止园诗话》：小泉先生卷山侍御季子也。幼承家学，诗词书法，俱有高曾矩矱。

《锄经草堂诗草》 乐亭杨在汶鲁田撰。《止园诗话》：鲁田幼时，梦前身为广平女子，有感旧梦诗纪其事。诗笔宛秀明丽，亦大类子房之貌。常职卿题其诗后云："若将好句比好女，袅袅婷婷十二三。"

《鹤山诗草》 滦州王一晋鹤山撰。《止园诗话》：鹤山舅氏，天资敏捷，读书数行并下，过目不忘。为文操笔立就，不烦意匠。

《半禅初草》、《临溟游草》、《临溟续游草》、《昌图游草》 乐亭常守方职卿撰。

《卧云山馆诗稿》 滦州张堂肃亭撰。《止园诗话》：肃亭性伉爽，好藏书，论诗以格调为主。五七言近体，饶有唐音。

《得未曾有斋诗钞》三卷、《诗话类编》四十八卷 乐亭张九鼎象之撰。阴子翼学博序云：雪樵性倜傥，重气谊。总角时，为诗即时得惊人句。两相隔十余里，诗筒邮寄。余往往作壁上观，退舍以避之。而雪樵日益肆力于古人，而又往往于世多所不可。故其慷慨抑塞、孤峭岸异、磊落跌宕之气，时于沉郁之中发为孤响，而一寓之于诗。梅树君学博序云：捧读未数首，如陈痾顿愈。向喜青石洼之胜，所谓夷旷中逢奇峭之致，幽邃中遇艳逸之观者，一一于诗境中遇之。李卷山侍御云：七古胜于五古，五绝胜于七绝。《止园诗话》：雪樵家多藏书，博闻强识，精力一归于诗，所著《得未曾有斋诗钞》各体皆工。

《怡心录》四卷 滦州旗籍佟文光撰。

《培根堂诗钞》十二卷、《养渊堂古文》一卷、《骈体文》二卷、《海天琴趣词》一卷、《蝶阶外史》四卷、《续蝶阶外史》二卷、《演教谕语》一卷　迁安高继珩寄泉撰。陶凫芗序云：诗才力宏畅波澜，富有性灵风骨，兼擅所长。至其骈体之工，几于上追徐、庾，下掩张、陈。《寄心庵诗话》：余闻寄泉明府名，几二十年矣。觅其诗不可得，近始晤于京师。索读所作，真挚为多。《柳堂诗友诗录》：气韵沈雄，不愧幽燕老将，而天骨开张，波澜壮阔，故是大家步骤。《听松庐诗话》：寄泉茹古涵今，才优学博，穷二十余年之力著《畿辅诗传》。为栾城教谕时，著《栾城县志》余数种未暇备录。

《知白斋集》 临榆王朴守愚撰。

《种树山人集》 临榆郭长清廉夫撰。

《环翠斋诗草》 昌黎郭天培毓芝撰。《止园诗话》：毓芝少读书有俊才，十四入泮，十九登贤书，未及壮即赋玉楼。早岁作诗，每多慷慨激楚之音。盖夭征已先见矣。

《梨云馆诗草》 临榆蔺士元胪三撰。《止园诗话》：少香性蕴藉，善读书，尤善吟哦。诗笔清丽妍绵，不染俗嚣。所著《梨云馆诗草》曾属余点定。没后无子，诗稿散佚。

《小苍莨馆诗钞》 迁安高承基叔新撰。《止园诗话》：小沧，寄泉先生仲子也。早岁能诗，不负家学，集中读史之作，最为擅长。

《北桃源诗集》 昌黎崔树宝子玉撰。

《尔尔书屋诗草》八卷、《全史宫词》二十卷、《叠雅》十三卷、《异号类编》二十卷、《古今谣谚补注》二卷、《古今风谣拾遗》四卷、《古今谚拾遗》六卷、《燕说》四卷、《永平诗存》二十四卷、《止园笔谈》八卷、《舆地韵编》二百卷、《四朝诗史》九十卷。乐亭史梦兰香里撰。蓟州王晋之序诗云：先生藏书几三万卷，日攻苦披读，无晷刻暇。弹力著述，以其余作为诗歌。其于古也癖焉，淫焉，优柔餍饫，故虽清词浅语，皆有深义，奥蕴磅礴郁积，愈味之而愈不能穷。张山序诗云：有官不仕家居奉母，曾涤生相国开阁求贤，欲首辟之，以为一时表率。先生以母老固辞，其行之笃可知。藏书数万卷，手自丹黄。所著《全史宫词》、《叠雅》等书，镕铸群言，自为一集，其学之博可知。故其为诗也，性情溢于词章，经籍焕为文采，不染叫嚣之习，而声调自高。不矜驰骋之能，而情景俱尽。

《荫圃遗诗》二卷　滦州李茂春荫圃撰。

《退学斋文稿》二卷、《诗稿》四卷、《文话》八卷乐亭张山景君撰溧阳史一经序云："其诗抒写性灵，不名一家，标新领异，往往凌跨古人。"史香里序云："景君早岁补邑庠，食廪饩。数试京兆不利。遂绝意进取，躬耕养亲以自乐。闲为诗古文辞，缠绵生动，成一家言。"高平祁之锳刺史云："散文以气胜，颇近雪苑骈体，稳秀中有疏朗之致。"章丘焦友麟给谏云："七古坚卓，具作家魄力。五律气韵俱胜，极力变化，而不失矩矱。"桐城许奉恩明府云："景君诗文清而能深，新而能雅。"

《醉堂阴馆诗稿》二卷、《衡章游草》一卷、《梁园游草》一卷、《海鲜杂咏》一卷乐亭赵建邦维藩撰。

《种月山房诗稿》乐亭曹宗周文昭撰。

《蕴真轩小草》卢龙蔡琬季玉撰。沈归愚《别裁集》云："夫人无书不读，谙于政治。文良奏疏移檄等项每与商酌定稿，闺中良友也。诗集无可觅，于选本中录取四章，皆掷地有声者。"袁简斋《随园诗话》云："夫人生而明艳，娴雅能诗。高文良公巡抚苏州，与总督某不合，屡为所倾，而公卓然孤立。咏《百燕》第五句云："有色何曾相假借"，沉思未对，适夫人至，代握笔曰："不群仍恐太分明。"盖规之也。诗集不传，记其咏九华峰云云。此为其父平吴逆后获咎，归空门而作也。

《兰轩未定章》滦州王宜人窦氏撰。王昌序云："壬申冬，余小女来归宁，袖出《兰轩诗》二卷，代为求序。盖小女于兰轩固同里姻家也。余阅之，赡博得未曾有，摘其粹者，字追句琢，闲寓空谷幽兰孤芳自赏之意。

《琴亭女史残稿》滦州郑淑洲撰。《止园诗话》：琴亭女史，丰润人。父武，精诗画，每握管恒依左右，亲授经史诗词。故所作古近体皆有家法。年十七归滦州李希彬为室，卒年二十。

《叠翠轩诗集》迁安高顺贞德华撰，星源女史王炳辉题其集云：

“前身应自广寒来，闺阁争传咏絮才。料得刘晨夫婿好，也应问字侍妆台。”盖德华适江西刘垂荫，故有第三句。《止园诗话》：德华，诗人高寄泉先生女也。幼聪慧。五六岁时，从其父兄问字读《毛诗》、《女诫》及《唐宋诗醇》，略皆上口。继取其家所藏诸名家诗集，遍加阅，偶学拈韵，不待点订，居然稳惬。殆夙慧欤!

卷之四十九

列传一　名宦一

［汉］

李　广　陇西成纪人也。其先曰李信，秦时为将，逐得燕太子丹者也。广世世受射孝文十四年，匈奴大人萧关，而广以良家子从军击胡，用善射，杀首虏多，为郎骑常侍。文帝曰："惜广不逢时，令当高祖世万户侯岂足道哉？"景帝即位，为骑郎将。吴楚反时，为骁骑都尉。从太尉亚夫战昌邑下显名。为上谷太守，数与匈奴战。典属国公孙昆邪为上泣曰："李广材气天下亡双，自负其能，数与虏确，恐亡之。"上乃徒广为上郡太守。后徙为陇西北地雁门云中太守。武帝即位，左右言广名将也。由是人为未央卫尉。居无何，匈奴入辽西杀太守，败韩将军。韩将军后徒居右北平，死，于是上乃召拜广为右北平太守。广在郡，匈奴号曰"汉飞将军"，避之数岁不人界。广出猎，见草中石以为虎而射之。中石没矢，视之石也。他日射之，终不能人矣。广为人长猿臂，其善射亦天性，虽子孙他人学者莫能及。其射见敌非在数十步内，度不中不发，发即应弦而倒。用此其将数困辱，及射猛兽亦数为所伤云。元狩四年，大将军、骠骑将军大击匈奴，广数自请行，上以为老，不许，良久乃许之。大将军阴受上指，以为李广数奇毋令当单于，恐不得所欲。是时公孙敖新失侯为中将军，大将军亦欲使敖与俱当单于，故徒广。广知之固辞，大将军弗听。令长史封书与广之幕府曰："急诣部，如书。"广不谢大将军而起行，意象愠怒而就部。引兵与右将军食其合。军出东道，惑失道，后大将军。大将军与单于接战，单于遁走，弗能得而还。南绝莫乃遇两将军。广已见大将军，还人军。大将军使长史持糒醪遗广，因问广食其失道状。曰："青欲上书报天子，失军曲折。"广未对。大将军长史急责广之莫府上簿。广曰："诸校尉亡罪。乃我自失道，吾今自上簿。"至莫府，谓其麾下曰："广结发与匈奴大小七十余战，今幸从大将军出接单于兵，而大将军徒广部，行回远，又迷失道，岂非天哉？且广年六十余，终不能复对刀笔之吏矣。"遂引刀自刭。百姓闻之，知与不知老壮皆为垂泣（《汉书》）。

路博德 西河（《史记》无西河字）平州人。以右北平太守属骠骑将军，会兴城不失期，从至梼余山斩首捕虏二千八百级，封博德为邳（《史记》作符）离侯。骠骑死后，博德以卫尉为伏波将军，伐破南越，益封其后。坐法失侯，为疆弩都尉，屯居延卒（《汉书》）。

［**后汉**］

赵 苞 字威豪，甘陵东武城人。初仕州郡，举孝廉，再迁广陵令。视事三年，政教清明。郡表其状，迁辽西太守，抗厉威严，名振边俗。以到官明年，遣使迎母及妻子。垂当到郡，道经柳城。值鲜卑万余人人塞寇抄，苞母及妻子遂为所劫，质载以击郡。苞率步骑二万与贼对阵，贼出母以示苞。苞悲号谓母曰："为子无状，欲以微禄奉养朝夕，不图为母作祸。昔为母子，今为王臣，义不得顾私恩，毁忠节。惟当万死无以塞贼。母遥谓曰："威豪！人各有命，何得相顾以亏忠义。昔王陵母对汉使伏剑以固其志。尔其勉之！"苞即时进战，贼悉摧破。其母、妻皆为所害。苞殡敛母毕，自上归葬。灵帝遣策吊慰，封鄃侯。苞葬讫。谓乡人曰："食禄而避难非忠也，杀母以全义非孝也。如是，有何面目立于天地？"遂呕血而死（《后汉书》）。

［**唐**］

张仲武 范阳人也。仲武少业《左氏春秋》，掷笔为蓟北雄武军使。会昌初，陈行泰杀节度使史元忠，权主留后。俄而，行泰又为次将张绛所杀，令三军上表请降符节。时仲武遣军吏吴仲舒表请以本军伐叛，上遣宰臣询其事。仲舒曰："绛与行泰皆是游客主军，人心不附。仲武是军中旧将张光朝之子，年五十余，兼晓儒书，老于戎事，性抱忠义，愿归心阙廷。"李德裕因奏陈："行泰、张绛皆令大将上奏邀求节旄，所以必不可与。今仲武上表布诚，先陈密款，因而拔用，即似有名。"许之。乃授兵马留后，诏抚王纮遥领节度，寻改仲武节度副大使、知节度事、检校工部尚书、幽州大都督府长史、兼御史大夫、兰陵郡王。俄而，回鹘扰边。时回鹘有持勒那颉啜拥赤心宰相一族七千帐，东逼渔阳。仲武遣其弟仲至与裨将游奉最、王如清等，率锐兵三万人，大破之。前后收其侯王贵族千余人，降三万人，获牛马、橐驼、旗纛幕不可胜计。遣从事李周瞳、牙门将国从，相次献捷。诏加检校兵部尚书兼东面招抚回鹘使。先是奚、契丹皆有回鹘监护使，督以岁贡，且为汉谍，至是遣裨将石公绪等谕意两部凡戮八百余人。又回鹘初遣宣门将军等四十七人，诡词结欢，潜伺边隙。仲武使密赂其下，尽得阴谋，且欲驰人五原驱掠杂虏，遂逗留其使，缓彼师期，人马病死，竟不遣之。回鹘乌介可汗既败不敢近边，乃依康居求活，尽徙余粮寄托黑车子部。仲武由是威加北狄，表请于蓟北立纪圣功铭。敕李德裕为之文。其铭曰："太和之初，赤气宵兴；开成之末，彤云暮凝。异鸟南来，胡灭之征。北夷飙埽，厥国土崩。逼迫迁徙，震我边鄙。长蛇去穴，奔鲸失水。上都蓟门，兵连千里。曾不畏天，独为骄子。匃我边谷，邀我王师，假我一城，建彼幡旗。归计强汉，郅支嫚辞。狼顾朔野，伏莽见羸。雁门之北，羌戎杂处。濈濈群羊，茫茫大卤。纵其枭骑，惊我牧圉。暴若豺狼，疾如风雨。皇赫斯怒，羽檄征兵，谋而泉默，断乃霆声。沈机变化，动合神明。沙漠之外，虏无隐情。渔阳突骑，燕歌壮气。赳赳元戎，眈眈虎视。金鼓誓众，干旌蔽地。爰命其弟，属之大事。翩翩飞将，董我三军。禀兄之制，代师之勤。威略火然，胡马星分。戈回白日，剑薄浮云。天街之北，旄头已落。绝辔之野，蚩尤未缚。俾我元侯，恢宏远略。终取单于，系之徽索。阴山寝锋，亭微弢弓。万里昆夷，九译而通。蛮夷既同，天子之功。儒臣篆美，刊石垂鸿。"仲武历官至检校司徒中书门下平章事。大中年卒。谥曰:“庄”。子直方，以幽州节度副使袭父位(《旧唐书·列传》)。

贾 循 京兆华原人，有大略。礼部尚书苏尝谓今颇、牧。及为益州表署列将，败吐蕃于西山。三迁静塞军营田使。张守珪北伐，次滦河，属冻泮，欲济无梁。循揣广狭为桥以济，破虏而还。以功擢游击将军、榆关守捉使。地南负海，北属长城，林埌岑翳，寇所蔽伏。循调士斩木开道，贼遁去。范阳节度使李适之荐为安东副大都护。安禄山兼平卢节度表为副。禄山反，使循守幽州。杲卿招之，以倾贼巢穴。循许可。为向润客等发其谋，贼缢之。建中二年，赠太尉，谥曰:“忠”(《新唐书·忠义传》。

张允伸 字逢昌，范阳人也。曾祖秀檀州刺史，祖岩纳降军使，父朝掖赠太尉。允伸世仕幽州军门，累职至押衙兼马部都知兵马使。大中四年戎帅周寝疾，表允伸为留后。朝廷可其奏，加右散骑常侍。其年冬，诏赐旌节，迁检校工部尚书。咸通九年累加至光禄大夫、检校司徒兼太傅同中书门下平章事、燕国公。十年，徐人作乱。请以弟允皋领兵伐叛。懿宗不允。进助军米五十万石、盐二万石。诏嘉之，赐以锦采、玉带、金银器等。冬又加特进兼侍中。十二年，以风恙，拜章请就医药。诏许之，以子简会检校工部尚书充节度副大使。十三年，允伸再上表，进纳所赐旌节，朝命未至。其年正月二十五日卒，年八十八。册赠太尉，谥曰“忠烈”。允伸领镇凡二十三年，克勤克俭，比岁丰登，边鄙无虞，军民用乂，至今谈者美之(《旧唐书·列传》)。

田仁会 雍州长安人。永徽中，为平州刺史。岁旱，自暴以祈而雨大至，谷遂登。人歌曰:“父母育我兮田使君，挺精诚兮上天闻，中田致雨兮山出云，仓廪实兮礼义申，愿君常在兮不患贫”。又迁胜州都督，境有夙贼，仁会发骑捕格夷之。城门夜开，道无寇迹。(《新唐书·列传》。案《旧唐书》列传云：永徽二年，授平州刺史，劝学务农，称为善政。转郢州刺史。属时旱，自暴祈祷，竟获甘泽，其年大熟。百姓歌曰:“父母育我田使君，精诚为人上天闻，田中致雨山出云，仓廪既实礼义申，但愿常在不患贫。”与此少异）。

［**辽**］

韩德枢　幽州安次人。延徽子，年甫十五，太宗见之，谓延徽曰：“是儿卿家之福，朕国之宝，真英物也。”未冠，守左羽林大将军，迁特进太尉。时汉人降与转徒者多寓东平，丁岁菑饥馑疾疠，德枢请往抚字之。授辽兴军节度使。下车整纷剔蠹，恩煦信孚，劝农桑，兴教化，期月民获苏息。人为南院宣徽使，遥授天兴军节度使，平、滦、营三州管内观察处置等使、门下平章事。已而，加开府仪同三司行侍中，封赵国公。保宁元年卒。孙资让，寿隆初拜中书侍郎平章事。会宋徽宗嗣位，遣使来报，有司按籍有登宝位文。坐是出为崇义军节度使，改镇辽兴。卒（《辽史》）。

耶律哈尔吉（原作合里只），字特门（原作特满）六院额尔奇木（原作夷离毕）巴古济（原作蒲古只）之后。清宁初起为怀化军节度使。七年，人为北院大王封豳国公，历辽兴军节度使东北路详滚（原作详稳）加兼侍中。致仕卒。哈尔吉明达勤恪，怀柔有道。置诸宾馆及西边营田，皆自哈尔吉发之（《辽史》）。

耶律玦　字乌展（原作吾展），约尼（原作遥辇）森济汗（原作鲜质可汗）之后。重熙初，召修国史补符宝郎。累迁知北院副都署事。入见太后。后顾左右曰：“先皇谓玦必为伟人。”果然，除枢密副使，出为西南面招讨都监、历同签南京留守事。南面林牙皇弟秦国王为辽兴军节度使，以玦同知使事多所国正。十年复为枢密副使。咸雍初，兼北院副都署。及秦国王为西京留守，请玦为佐，从之，岁中狱空者三（《辽史》）。

姚景行　始名景禧。祖汉英，本周将。应历初来聘，用敌国礼。帝怒留之，隶汉人宫分。及景行既贵，始出籍贯兴中县。景行博学。重熙五年擢进士乙科。上问古今儒士优劣，占对称旨，知兴中府，改朔方军节度使。太康初，徙镇辽兴，以上京多滞狱，命为留守。不数月以狱空闻（《辽史》）。

［金］

张元素 字子贞，辽阳渤海人。天眷元年，以静江军节度使知涿州，察廉最，进官一阶。皇子魏王道济遥领中京，以元素为魏王府同提点，寻改镇西军节度使，迁东京路都转运使，改兴平军节度使。正隆末年，天下盗起。元素牧民夫增筑城郭，同僚谏止之，不听。未几寇掠邻郡皆无备，而兴平独安。年八十四卒。元素厚而刚毅，人畏惮之。往往以片纸署字其上，治虐疾辄愈。人皆异之(《金史》)。

通吉思忠 本名迁嘉努（原作千家奴）。明昌六年为行省都事，累迁同签枢密院事。承安三年，除兴平军节度使，改西北路招讨使。初，大定间修筑西北屯戍，西自塔木色，东至呼尔根，几六百里。中间堡障工役促迫，虽有墙隍，无女墙副堤。思忠增缮用工七十五万，止用屯戍军卒，役不及民。上嘉其劳，赐诏奖谕曰："直乾之维，扼边之要。正资守备，以靖翰藩。垣垒弗完，营屯未固，卿督兹事，役惟用戍兵。民不知劳。时非淹久，已臻休毕，仍底工坚，赖尔忠勤。办兹心画有嘉，乃力式副予怀，赐银五百两重币十端"。(《金史》)。

完颜哈达 （原作合达）名瞻，字景山。少长兵间，习弓马能得人死力。贞祐初，以亲卫军送岐国公主充护慰三年，授临潢府推官，权元帅右监军。时临潢避迁与全庆两州之兵，共壁平州，哈达隶其经略使乌凌阿奇珠。奇珠以便宜授军中都统，累迁提控，佩金符。未几，会燕南诸帅将兵复中都城，行至平州迁安县，临潢、全庆两军变，杀奇珠拥哈达，还平州，推为帅，统奇珠军。哈达以计诛首乱者数人。其年六月，北兵大将轩达布（原作喊得不）遣监战提军至平州城下。以州人黄裳人城招降，父老不从。哈达引兵逆战，知事势不敌，以本军降于阵。监战以哈达北上留半岁，令还守平州。已而谋自拔归，乃遣奉先县令赫舍哩伯尔克（原作纥百烈布里哥）、北京教授富察呼兰（原作蒲察胡里安）、右三部检法富察博纽（原作蒲察蒲女）等，涉海来报。四年十一月，哈达果率所部及州民并海西南归国，诏进官三阶，升镇南军节度，驻益都(《金史》)。

［元］

塔　本　伊吾庐人。人以其好扬人善，称之日扬公。父宋五设托多。托多者，其国主所赐号，犹华言明哲也。塔本初从太祖讨诸部，屡厄艰危，复从围燕征辽西下平滦、白霫诸城，军士有妄杀人者。塔本戒之曰："国之本民也。杀人得地，何益于国？且杀无罪，以坚敌心，非上意。"太祖闻而喜之，赐金虎符，俾镇抚白霫诸郡，号行省都元帅。管内得承制除县吏，死囚得专决。久之，徙兴平。兴平兵火伤残，民惨无生意。塔本召父老问所苦，为除之。薄赋敛役有时，民大悦。乃相与告教无违约束，归者四集。塔本始至，户止七百，不一二年，乃至万户。出己马以宽驿人贷，廉吏银其子钱不能偿者，焚其券。农不克耕，与之牛。比岁告稔，民用以饶。岁庚寅，诏益中山、平定、平原隶行省。甲午，盗李仙、赵小哥等作乱。塔本止诛首恶，宥其诖误。癸卯立春日，宴群僚，归而疾作，遂卒。是夕星陨，隐隐有声。遗命葬以纸衣、瓦棺。赠推诚定远佐运功臣太师，开府仪同三司、上柱国，追封营国公，谥"忠武"。子，阿尔济苏特穆尔（《元史》）。

阿尔济苏特穆尔　（原作阿里乞失铁木儿）嗣父职，为兴平等处行省都元帅。其为治一遵先政，兴学养士，轻刑薄徭，虽同僚不敢私役一民。从大军伐高丽有功。岁丙辰卒，赠宣忠辅义功臣、荣禄大夫、平章政事柱国，追封营国公，谥"武襄"。子，阿勒台（《元史》）。

阿勒台　（原作阿台）当袭父职。适罢行省为平滦路总管府。丁巳，宪宗命为平滦路达鲁噶齐。始至，请蠲银盐酒等税课八之一，细民不征。世祖即位，来朝，赐金虎符诸侯王。道出平滦，供给费银七千五百两，户部不即偿。阿勒台自陈上，前尽所偿，以归置甲乙籍。籍民丁力民甚便之。至元十年，进怀远大将军。岁饥发票赈民，或持不可。阿勒台曰："朝廷不允，愿以家粟偿官。"于是全活甚众。僚属始至，阿勒台必愧盐米羊畜什器，曰："非有他也，欲其不剥民耳！"

姻族穷者月有常给，民有丧不能葬者与之棺椁、布帛、资粮。滦为孤竹故国，乃庙祀伯夷叔齐，以励风俗。二十一年，进昭武大将军。二十四年，纳延叛。献马五百匹佐军，世祖大喜。已而得纳延银瓮，亟以赐之。二十五年人朝，以疾卒。赠宣力功臣、资德大夫、中书右丞、上护军，追封永平郡公，谥“忠亮”（《元史》）。

刘德温 字纯甫，大兴人。同知上都留守司事省檄和籴粮，民以价不时得，递相观望。德温下令曰：“粮入价出，更有敢为弊者罪之。”于是粮不逾期而集，转大司农丞，耕藉之仪，取具一时。德温欲考订典礼，集为成书，未毕。俄授通仪大夫永郡路总管。永平当天历兵革之余，野无居民。德温为政一年而户口增，仓廪实，遂兴学校，以育人材，庶事毕举。岁大旱，祷而雨，岁以不歉。滦、漆二水为害，有司岁发民筑堤。德温曰“：“流亡始集，而又役之，是重困民也。”遂罢其役，而水亦不复至。有豪民武断于乡里，前吏莫敢治。德温按得其罪，论如法杖之。书其过于门，后竟以不道伏诛。永平古孤竹国也。国初，郡守杨阿尔台请于朝，谥伯夷曰“清惠”，叔齐日“仁惠”，为庙以祀之，而祀礼犹未具也。德温请命有司春秋具牢礼致祭，从之，著为式。赐庙额曰“清圣”，士论韪之。至顺间卒，年六十九，谥“清惠”（《元史》）。

廉和斯哈雅 （原作惠山海牙）至治间迁都水监。疏会通河，堤滦漆二水，又修京东闸（《元史》）。

伊　苏 （原作也苏）蒙古人。倜傥有能名。至正间，进阶金紫光禄大夫，知枢密院事。既而，雷特穆尔布哈（原作雷贴木儿不花）、程思忠等陷永平。诏伊苏出师，遂复滦州及迁安县。时辽东郡县，惟永平不被兵，储粟十万，刍藁山积，居民殷富。贼乘间窃入，增土筑城，因河为堑，坚守不可下。伊苏乃外筑大营，绝其樵采。数与贼战，获其伪帅二百余人，平山寨数十。又复昌黎、抚宁二县，擒雷特穆尔布哈送京师。贼急，乃乞降于参政彻尔特穆尔（原作彻力贴木儿）为请命于朝，诏许之，命伊苏退师。伊苏度贼必以计息我师，乃严备以侦之。程思忠果弃城遁去，亟追至瑞州，杀获万计。贼遂东走金、复州。诏还京师，拜辽阳行省左丞相，知行枢密院事，抚安迤东兵农，委以便宜，开省于永平，总兵如故。金、复、海、盖乾王等贼并起，西侵兴中州，阴由海道趋永平。闻伊苏开省乃止。伊苏亟分兵防其冲突，贼乃转攻大宁，为守将王聚所败，斩其渠魁，众溃皆北走。伊苏虑贼窥上都，即调右丞和琳台（原作忽林台）提兵护上都，简精锐自蹑贼后。贼果寇上都，和琳台击破之。贼众又大溃。永平、大宁于是始平。乃分命官属劳来安辑其民，使什伍相保、以事耕种，民为立石颂其勋德（《元史》）。

卷之五十

列传二　名宦二

［明］

徐　达　字天德，濠人。世业农。达少有大志，长身高颧，刚毅武勇。太祖之为郭子兴部帅也，达时年二十二，往从之，一见语合。洪武元年，太祖即帝位，以达为右丞相。三年春，帝以达为大将军，追元嗣主，先后露布，闻诏振旅还京师。帝迎劳于龙江，乃下诏大封功臣。授达开国辅运推诚宣力武臣、特进光禄大夫左柱国、太傅中书右丞相、参军国事，改封魏国公，岁禄五千石，予世券。明年率盛熙等赴北平，练军马，修城池，徙山后军民实诸卫府，置二百五十四屯，垦地一千三百余顷。其冬，召还。五年，复大发兵征扩廓，达战不利，死者数万人。帝以达功大弗问也。明年，达复帅诸将行边，破敌于答剌海，还军北平，留三年而归。十四年，复帅汤和等讨乃儿不花，已复还镇。每岁春出，冬暮召还，以为常。还辄上将印，赐休沐，宴见欢饮，有布衣兄弟称，而达愈恭慎。乃命有司，即旧邸前治甲第，表其坊曰“大功”。十七年，太阴犯上将，帝心恶之。达在北平，病背疽稍愈，召还。明年二月卒，年五十四。追封中山王，谥武宁（《明史》）。案：旧志洪武间帝以燕民新附，又地邻边塞，于十四年，命公镇之。乃依山阻海，创立关城，复修筑墙垣，阻塞隘口，联络周密，规度宏远。景泰间，山海士民感念功德，请建专祠，春秋祭享。

毛思义　信阳人。弘治十五年进士，官永平知府。正德十三年，驾幸昌平，民间妇女惊避。思义下令，言："大丧未举，车驾必不远出。非有文书，妄称驾至扰民者，治以法。"镇守中官郭原与思义有隙，以闻。立建下诏狱系半岁，谪云南安宁知州。嘉靖中，累迁副都御史应天巡抚（《明史》附《张文明传》）。

王　冕　字服周，洛阳人。正德十二年进士。擢兵部主事，巡视山海关。嘉靖三年，辽东妖贼陆雄、李真等作乱，突人关。侍吏欲扶冕趋避，冕不可，曰："吾有亲在。"急趋母所，执兵以卫。贼至，母被伤，冕奋前救之，被执。胁以刃，大骂，遂见害。诏赠光禄寺少卿，有司祠祀（《明史》）。

祝　雄　辽东人。起家世荫，镇蓟州，善抚士，治军严肃。寇人塞，率子弟为士卒先。子少却，行法不贷。世宗书其名御屏。为将三十年，布袍毡笠，不异卒伍。既殁，遗费仅供殓具。蓟人祠祝之（《明史》）。

马　芳　字德馨，蔚州人。嘉靖三十六年，迁蓟镇副总兵分守建昌。土蛮十万骑薄界岭口，芳与总兵官欧阳安斩首数十，获骁骑猛克兔等六人。寇不知芳在，芳免胄示之。惊曰："马大帅也。"遂却。捷闻，荫世总旗。未几，辛爱把都儿大入，躏遵化、玉田。芳追战金山寺，有功，而州县残破多，总督王仔以下俱获罪。芳亦贬都督佥事，寻移守宣府（《明史》）。

戚继光　字元敬，世登州卫指挥金事。幼调傥，负奇气，家贫，好读书，通经史大义。嘉靖中，嗣职用荐擢署都指挥佥事，备倭山东。改金浙江都司，充参将分部宁绍台三郡。继光为将，号令严，赏罚信，士无敢不用命。与俞大猷均为名将，操行不如而果毅过之。大猷老将务持重，继光则飙发电举，屡摧大寇，名更出大猷上。隆庆初，给事中吴时来，以蓟门多警，请召大猷、继光专训边卒。部议独用继光。乃召为神机营副将。会谭纶督师辽蓟，乃集步兵三万，征浙兵三千，请专属继光训练，帝可之。二年五月，命以都督同知总理蓟州、昌平、保定三镇练兵事，总兵官以下悉受节制。至镇，上疏言：蓟门之兵虽多亦少，其原有七：营军不习戎事而好末技，壮者役将门，老弱仅充伍，一也；边塞逶迤，绝鲜邮置，使客络绎，日事将迎，参游为驿使，营垒皆传舍，二也；寇至则训遣，无法远道赴期，卒弊马僵，三也；守塞之卒，约束不明，行伍不整，四也；临阵马军不用马，而反用步，五也；家丁盛而军心离，六也；乘障卒不择冲缓，备多力分，七也。七害不除，边备曷修？而又有不练之失六，虽练无益之弊四。何谓不练？夫边所藉惟兵，兵所藉惟将，今恩威号令不足服其心，分数形名不足服其力，缓急难使，一也；有火器不能用，二也；弃土著不练，三也；诸镇入卫之兵，嫌非统属，漫无纪律，四也；班军民兵数盈四万人，各一心，五也；练兵之要在先练将，今注意武科多方保举似矣，但此选将之事非练将之道，六也。何谓虽练无益？今一营之卒为炮手者常十也不知兵法，五兵迭用当长以卫短，短以救长，一也；三军之士各专其艺，金鼓旗帜何所不蓄，今皆置不用，二也；弓矢之力不强于寇而欲籍以制胜，三也；教练之法自有正门，美观则不实用，实用则不美观，而今悉无其实，四也。臣又闻兵形象水，水因地而制流，兵因地而制胜。蓟之地有三：平原广陌，内地百里，以南之形也；半险半易近边之形也；山谷仄隘，林薄蓊翳，边外之形也。寇入平原利车战，在近边利马战，在边外利步战。三者迭用，乃可制胜。今边兵惟习马耳，未娴山战、林战、谷战之道也。惟浙兵能之。愿更予臣浙东杀手、炮手各三千，再募西北壮士，足马军五枝、步军十枝，专听臣训练，军中所需随宜取给，臣不胜至愿。又言：臣官为创设，诸将视为缀疣，臣安从展？布章下兵部言蓟镇既有总兵，又设总理，事权分，诸将多观望，宜召还总兵郭琥，专任继光。乃命继光为总兵官，镇守蓟州、永平、山海诸处，而浙兵止弗调。录破吴平功，进右都督。寇人青山口拒却之。自嘉靖以来，边墙虽修，墩台未建。继光巡行塞上，议建敌台。略言：蓟镇边垣延袤二千里，一瑕则百坚皆瑕。比来岁修岁圮，徒费无益。请跨墙为台，睥睨四达。台高五丈，虚中为三层，台宿百人，铠仗糗粮具备。令戍卒画地受工，先建千二百座。然边卒木强律以军法将不堪，请募浙人为一军用倡勇敢。督抚上其议，许之。浙兵王千至陈郊外，天大雨，自朝至日昃植立不动。边军大骇。自是始知军令。五年秋，台功成，精坚雄壮二千里声势联接。诏予世荫，赉银币。继光乃议立车营。车一辆用四人推挽，战则结方阵而马步军处其中。又制拒马器，体轻，便利遏寇骑冲突。寇至，火器先发，稍近，则步军持拒马器排列而前，间以长枪、食筅。寇奔，则骑军逐北。又置辎重营随其后。而以南兵为选锋，入卫兵主策应，本镇兵专成守。节制精明，器械犀利，蓟门军容遂为诸边冠。当是时，俺答已通贡，宣大以西，烽火寂然。独小王子后土蛮徒居插汉地，控弦十余万，常为蓟门忧。而朵颜董狐狸及其兄子长昂交通土蛮，时叛时服。万历元年春，二寇谋人犯，驰喜峰口，索赏不得，则肆杀掠猎，傍塞以诱官军。继光掩击，几获狐狸。其夏复犯桃林，不得志去。长昂以犯界岭，官军斩获多，边吏讽之降。狐狸乃款关请贡。廷议给以岁赏。明年春，长昂复窥诸口，不得人，则与狐狸共逼长秃，令人寇。继光逐得之以归。长秃者，狐狸之弟长昂叔父也。于是二寇率部长亲族三百人，叩关请死罪。狐狸服素衣，叩头乞赦长秃。继光及总督刘应节等议遣副将史宸、罗端诣喜峰口受其降，皆罗拜献还所掠边人，攒刀设誓，乃释长秃，许通贡如故。终继光在镇，二寇不敢犯蓟门。寻以守边劳，进左都督。已增建敌台分所部十二区，为三协，协置副将一人，分练士马。炒蛮人犯，汤克宽战死，继光被劾不罪。久之炒蛮偕妻大嬖只袭掠边卒，官军追破之。土蛮犯辽东，继光急赴偕辽东军拒退之。继光已加太子太保，录功加少保。自顺义受封，朝廷以八事课边臣：日积钱谷，修险溢，练兵马，整器械，开屯田，理盐法，收塞马，散叛党。三岁则遣大臣阅视而殿最之。继光用是频荫赉，南北名将马芳、俞大猷前卒，独继光与辽东李成梁在。然蓟门守甚固，敌无由人，尽转而之辽。故成梁擅战功。自嘉靖庚成俺答犯京师，边防独重蓟，增兵益饷，骚动天下。复置昌平镇，设大将与蓟相唇齿，犹时蹦内地。总督王忬、杨选并坐失律诛，十七年间，易大将十人，率以罪去。继光在镇十六年，边备修饬，蓟门宴然。继之者踵其成法，数十年得无事。亦赖当国大臣徐阶、高拱张居正先后倚任之。居正尤事与商榷，欲为继光难者辄徒之去。诸督抚大臣如谭纶、刘应节、梁梦龙辈咸与善，动无掣肘，故继光益发舒。居正殁半岁，给事中张鼎思言继光不宜于北。当国者遽改之广东。继光悒悒不得志，强一赴。逾年即谢病。给事中张希皋等复劾之，竟罢归。居三年，御史傅光宅疏荐，反夺俸。继光亦遂卒。继光更历南北并著声，在南方战功特盛，北则专主守。所著《纪效新书》、《练兵事实》谈兵者遵用焉（《明史》）。

张　臣　榆林卫人。起行伍，为队长，跻捷精悍，搏战好陷坚。从千总刘朋守黄甫川，朋遇寇丧马被围，臣单骑驰救，射中其魁，夺马载朋归，由此知名。旋代朋职，屡战跨马梁、李家沟、高家堡、田家梁、西红山，并有功。迁宣府膳房堡守备，寇尝大人，环攻堡，欲生得臣。臣召麾下酌水为酒，欢呼歌饮，寇莫测所为不敢登。臣夜决围出，取他道以归。上官壮之，擢延绥入卫游击将军。隆庆元年九月，土蛮大人昌黎、抚宁、乐亭、卢龙，游骑至滦河。诸将莫敢战，臣独勒兵赴之。辽帅王治道曰："敌众我寡，往必无利。"臣不顾，率所部千人擐甲直驰，呼声震山谷。寇以数骑尝奋前，斩之。追至棒槌崖，斩首百十余级，坠崖死伤者无算。事宁，蓟镇诸将悉获罪，臣以功增秩二级。无何，寇潜入场子岭。参将吴昂被戕，命臣代之。寻进副总兵，领总督标下事，改守蓟镇西协。万历初，录秋防功，进署都督佥事。炒蛮潜入古北口，参将苑宗儒追至十八盘山战殁，余众被围。臣急偕游击高廷礼等驰救，寇始去，坐镌一秩。五年春，以总兵官镇守宁夏。阅边给事中，以苛礼责望，劾罢之。十一年，小阿卜户犯黑峪关，守将陈文治以下俱建系，诏起臣副总兵驻守马兰峪。会朵颜长昂屡扰边，蓟镇总兵官杨四畏不能御，乃调四畏保定，而徒臣代之。长昂雅惮臣，使其从母土阿妻东桂款关乞降，乃抚赏如初。猛可真者，俺答弟老把都弃妾也。坐与小阿卜户犯黑峪关，罢岁赏，既纳款，复猖獗，以谩词报边臣，而令大嬖只代为谢罪。大嬖只者，顺义王乞庆哈弃妾也。臣等测其诈，令将士出塞捕二十三人系之狱，令还我被掠人。猛可真以所爱者五人在俘中，许献还所掠，亲叩关索故赏。臣等并召大嬖只人演武场，谯责甚厉。两妇叩头请死，乃贷之，先后献还八十余人，中有被拘数十年者。臣以功纪录优叙（《明史》）。

董一元 宣府前卫人。嘉靖时，历蓟镇游击将军。土蛮黑石炭等以万骑犯一片石。总兵官胡镇御之。一元功最，超俸三级，迁石门寨参将。隆庆初，破敌棒槌崖，功复最，再进二级，迁副总兵，驻防古北口，移守宣府。万历十一年，以都督金事为昌平总兵官，寻徙宣府。十五年，徙蓟州。久之，劾罢。一元历镇冲边，并著劳绩。与麻贵、张臣、杜松、达云为边将选云（《明史）。

李成梁 字汝契，高祖英自朝鲜内附，授世铁岭卫指挥佥事，遂家焉。成梁英毅骁健，有大将才，家贫不能袭职，年四十犹为诸生。巡按御史器之，资人京，乃得袭，积功为辽东险山参将。隆庆元年，土蛮大人永平。成梁赴援有功，进副总兵，仍守险山，寻协守辽阳（《明史》）。

王　保 榆林卫人。骁勇绝伦，起行伍，积功为延绥参将。万历十九年冬，擢署都督佥事，充昌平总兵官，寻改山西。蓟镇总兵官张邦奇被劾，命保与易任。自嘉靖庚戌后蓟镇重于他镇。穆宗有诏获大小部长者破格酬，他镇不得比。迨俺答款塞，宣、大、山西三镇烽烟寂然。陕西四镇，以火落赤败盟，始复用兵，然寇弱易御。独泰宁、插汉诸部时时犯辽东，而蓟门密迩王畿，与辽帅俱慎选，以保有威望用之。朵颜长昂当张臣镇蓟时纳款，居五六年，复连寇石门路木马峪、花场谷。遂罢其市赏。后偕银灯寇山海关，已又驰喜峰口要赏。邦奇佯许增市，诱杀其通事二十五人。长昂益怒，犯大青山。顷之，遣其党小郎儿等潜伏喜峰口，射杀侦卒。会保已至，遂擒之。长昂每资小郎儿筹策，惧而谢罪，献还被掠人畜。保乃释还小郎儿。长昂补五贡，边吏始补二赏，互市如初。御史陈遇又援穆宗诏，以请进保署都督同知，副将张守愚以下皆进秩。蓟三协南营兵戚继光所募也，调攻朝鲜撤还，道石门，鼓噪挟增月饷。保诱令赴演武场击之，杀数百人，以反闻。给事中戴士衡、御史汪以时言南兵未尝反，保纵意击杀，请遣官按问。巡关御史马文卿庇保，言南兵大逆有十。尚书石星附会之。遂以定变功，进保秩为真荫子。督抚孙𬬭、李颐等亦进官受赐。时论尤之（《明史》附《董一元传》）。

尤继先 榆林卫人。万历中，积功为大同副总兵，寻以病归。起金中军府事。二十一年冬，为辽东总兵官，再引疾归。二十四年，起镇蓟州。自戚继光镇守十年，诸部虽叛服不常，然边警颇稀。寇尝一人青山口辄败去，最后长昂导班白二部长人犯，道石门，阚山海关，京东民尽逃入通州。继先出关，寇人纵，掠宁前去。总督蹇达怒继先不追击，而继先方收诏降丁八百人欲倚为用。达乃疏言番情难驭，恐遗后忧。请调继先别镇，俾降丁随往。部议以延绥杜松与易任。巡抚刘四科争之。达复疏言："守边在自强，继先独言惟藉降丁，去岁出关何竟不得降丁力？羽书狎至，边隘虚实久为所窥，呼吸变生，安所措手？"兵科宋一韩等力主达议，且劾继先他事。继先遂罢，卒于家。继先眇一目，习兵敢战，时称独目将军（《明史》附《达云传》）。

杜　松 字来清，昆山人。镇延安卫，有胆智，勇健绝伦。由舍人从军，累功为宁夏守备。万历三十三年，擢署都督金事，代李如樟镇延绥。明年，改镇蓟州。三十六年夏，代李成梁镇辽东（《明史》附《杜桐传》）

萧如薰 字季馨，延安卫人。万历中，由世荫百户，历官宁夏总兵官。二十二年，徙镇蓟州。久之，罢归。如薰为将持重，更历七镇所在见称。自隆庆后，款市既成，烽燧少警，辇下视镇帅为外府、山人、杂流，乞朝士尺牍，往者无不餍所欲。蓟镇戚继光有能诗名，尤好延文士，倾资结纳，取足军府。如薰亦能诗，士趋之若鹜，宾座常满。妻杨氏、继妻南氏，皆贵家女。至脱簪珥供客犹不给，军中患苦之，如薰莫能却也。一时风会所尚，诸边物力为耗，识者叹焉（《明史》）。

张承荫 臣子。由父荫积功至延绥副总兵。勇而有谋，尤精骑射，数鏖战未尝挫衄。万历三十七年，代王威为延绥总兵官。四十年，辽东总兵官麻贵罢，敕承荫驰代之。虎墩兔所属贵英哈等三十余部悉奉约束，辽西得少安。承荫旋以病去，甫岁余，起守蓟镇，未至复改镇辽东。四十六年四月，我大清起兵拔抚顺，承荫战死（《明史》

附《张臣传》)。

孟　秋　字子成，茌平人。举隆庆五年进士，为昌黎知县。有善政，选大理评事。去之日，老稚载道泣留。以职方员外郎督视山海关。关政久弛，奸人出入自擅。秋禁之严，中流言，万历九年，京察坐贬。归涂与妻孥共驾牛车，道旁观者咸叹息。许孚远尝过，张秋造其庐，见茅屋数椽，书史狼藉其中。叹曰："孟我疆风味，大江以南未有也。"我疆者，秋别号也。后起官刑部主事，历尚宝丞少卿卒。秋既殁，廷臣为请谥者章数十上，天启初，赐谥"清宪"(《明史》)。案：旧志云：万历七年，任山海兵部分司。公研精理学，特立独行，尤严义利之辨。诸生有问业者，乐于启发，竟日不倦。每念边备日弛，少有罚锾，尽捐以置神枪、火器为战守具。或迂之。答曰："此夏官职也。"时江陵擅政，边帅竞以贿进，辽左尤狼藉。公当官严检阅，因以京察被谪，后起累官尚宝司少卿。先是隆庆间为昌黎令，治教兼隆，事功懋著，邑民肖像立祠祀之，人名宦。又案孙夏峰《理学宗传》云：嘉靖乙巳，年二十一。闻其邑宏山张公讲王文成致良知，而大悦。于是执弟子礼。庚午，举顺天乡荐，辛未登进士，授昌黎知县。昌黎经兵大创，民多通窜。秋极力安集尽除夙弊，复置火器枪仗教民防卫，未几，复业者千三百余家。尝行部见盲废无依者，恻然收而养之。邻邑皆至，则寓书其尹为之养。有谓迂秋曰："我非渠父母也。"六载为令，未尝废讲。转大理评事，人都，尽绝献贽，亦峻却人愧遗，惟留情平反。暇则集所知，谈学灵济宫。虽以是见嫉于人，然名亦以是著。调兵部职方主事，管山海关。关实重地，公讥（稽）察有法，关政肃然。职方郎中某衔其形已，闻言于政府，以京察当外调。众哗然不平，公怡然安之。遂乞致仕归。当昌黎人觐，同众尹见楚侗耿公，公独揖先生。留曰："君何气象之出群乎？"叩其学，因与定交。其为诗文阐绎心得，不事镂雕鞶悦。凡所著述，必有发明。

袁应泰　字大来，凤翔人。万历二十三年进士。以按察使治兵永平，辽事方棘。应泰练兵缮甲，修亭障，饬楼橹。关外所需刍茭火药之属，呼吸立应。经略熊廷弼深赖焉。泰昌元年九月，擢右佥都御史，代周永春巡抚辽东。逾月，擢兵部右侍郎，兼前职，代廷弼为经略，而以薛国用为巡抚。应泰受事，即刑白马祀神，誓以身委辽。疏言："臣愿与辽相终始，更愿文武诸臣无怀二心，与臣相终始。有托故谢事者，罪无赦。"熹宗优诏褒答，赐尚方剑。乃戮贪将何光先，汰大将李光荣以下十余人。遂谋进取抚顺，议用兵十八万，大将十人，上奏陈方略。应泰历官精敏强毅，用兵非所长，规划颇疏。廷弼在辽边，持法严，部伍整肃，应泰以宽矫之，多所更易。辽阳之破，佩剑印自缢死（《明史》）。

熊廷弼 字飞百，江夏人。万历二十五年举乡试第一，明年成进士，授保定推官，擢御史。三十六年，巡按辽东。天启元年六月，廷弼人朝建三方布置策，广宁用马步列垒河上，以形势格之，缀敌全力。天津、登莱置舟师，乘虚人南卫，动摇其人心，敌必内顾，而辽阳可复。于是登莱议设巡抚，如天津以陶朗先为之，而山海特设经略，节制三方一事权。遂进廷弼兵部尚书，兼右副都御史，驻山海关，经略辽阳军务。廷弼因请上方剑，请调兵二十余万，以兵马刍糗器械之属责成户、兵、工三部。七月，廷弼将启行，帝特赐麒麟服一彩币四，宴之郊外。文武大臣陪饯，异数也。又以京营选锋五十，护廷弼行。先是袁应泰死，薛国用代为经略，病不任事。化贞乃部署诸将，沿河筑六营，营置参将一人、守备二人，画地分守。西平镇、武柳河、盘山诸要害，各置戍设防。议既上，廷弼不谓然。疏言："河窄难恃，堡小难容。今日但宜固守广宁，若驻兵河上，兵分则力弱，敌轻骑潜度，直攻一营，力必不支。一营溃则诸营俱溃，西平诸戍亦不能守。河上止宜置游缴兵更番出入，示敌不测，不宜屯聚一处，为敌所乘。自河抵广宁止宜多置烽堠，西平诸处止宜少置戍兵，为传烽哨探之用。而大兵悉聚广宁，相度城外形势，掎角立营，深垒高栅以俟。盖辽阳至广宁三百六十里，非敌骑一日所能到，有声息我必预知，断不宜分兵防河，先为自弱之计也。疏上，优旨褒答。会御史方震孺亦言防河六不足恃，议乃寝。而化贞以计不行，愠甚，尽委军事于廷弼。廷弼乃请申谕化贞，不得藉口节制坐失事机。先是四方援辽之师，化贞悉改为平辽。辽人多不悦。廷弼言辽人未叛，乞改为平东或征东，以慰其心。自是化贞与廷弼有隙，而经抚不和之议起矣。化贞为人骏而愎，素不习兵，轻视大敌，好谩语。文武将吏进谏悉不人，与廷弼尤抵牾。而廷弼亦褊浅刚愎，有触必发，盛气相加，朝士多厌恶之。是时廷弼主守，谓“辽人不可用，西部不可恃。永芳不可信，广宁多间谍可虞。”化贞一切反之，绝口不言守。谓我一渡河，河东人必内应。且腾书中朝，言仲秋之月可高枕而听捷音。识者知其偾事，以疆场事重，无敢言其短者。二年四月，廷弼、化贞俱论死(《明史》)。

袁崇焕 字元素，东莞人。万历四十七年进士，授邵武知县。为人慷慨，负胆略，好谈兵，遇老校退卒，辄与论塞上事，晓其阨塞情形，以边才自许。天启二年正月，朝觐。左都御史侯恂请破格用之。遂擢兵部职方主事。无何，广宁师溃，廷议扼山海关。崇焕即单骑出阅关内外，部中失袁，主事讶之，家人亦莫知所往，已还朝具言关上形势。曰：“予有军马、钱谷，我一人足守此。”廷臣益称其才，遂起擢佥事，监关外军，发帑金二十万俾招募。时关外地悉为哈喇慎诸部所据。崇焕乃驻守关内，未几诸部受款，经略王在晋令崇焕移驻中前所。崇焕即夜行荆棘虎豹中，以四鼓入城，将士莫不壮其胆。在晋深倚重之，题为宁前兵备佥事。已，孙承宗镇关门，倚崇焕。崇焕内拊军民，外饬边备，劳绩大著。崇焕尝核虚伍立斩一校。承宗怒曰：“监军可专杀耶？”崇焕顿首谢。其果于用法类此。五年夏，承宗与崇焕计，遣将分据锦州、松山、杏山、右屯及大小凌河，缮城郭居之。自是宁远且为内地，开疆复二百里。十月，承宗罢。高第来代，谓关外必不可守，令尽撤锦右诸城守具，移其将士于关内。督屯通判金启宗上书崇焕，曰：“锦、右、大凌三城皆前锋要地。倘收兵退，既安之民庶复播迁，已得之封疆再沦没，关内外堪几次退耶？”崇焕亦力争不可。言兵法有进无退，三城已复，安可轻撤？锦右动摇，则宁前震惊，关内亦失保障。今但择良将守之，必无他虑。第意坚且欲并撤宁前二城。崇焕曰：“我宁前道也。官此当死此，我必不去。”第无以难，乃撤锦州、右屯、大小凌河及松山、杏山、塔山守具，尽驱屯兵人关，委弃米粟十万余而死亡载途，哭声震野。民怨而军益不振。崇焕遂乞终制。不许。十二月进按察使，视事如故。我大清知经略易兴，六年正月举大军西渡辽河，二十三日抵宁远。崇焕闻即偕大将满桂、副将左辅朱海、参将大寿、守备何可刚等集将士誓死守。崇焕更刺血为书，激以忠义，为之下拜，将士咸请效死，乃尽焚城外民居，携守具入城，清野以待。令同知程维模诘奸，通判启宗具守卒食，辟道上行人，檄前屯守将赵率教、山海守将杨麒、将士逃至者悉斩，人心始定。明日大军进攻戴楯穴城，矢石不能退。崇焕令闽卒罗立发西洋巨炮伤城外军。明日再攻复被却，围遂解，而启宗亦以燃炮死。初，中外闻警，兵部尚书王永光大集廷臣议战守，无善策。经略第总兵麒，并拥兵关上不救。中外谓宁远必不守。及崇焕以书闻，举朝大喜，立擢崇焕右佥都御史，玺书奖励，桂等进秩有差。高第镇关门，大反承宗政务，折辱诸将。诸将咸解体，遇麒若偏裨。麒至见侮，其卒至是坐失援。第麒并褫官去。以王之臣代第，赵率教代麒。我大清举兵所向无不摧破。诸将罔敢议战守，议战守自崇焕始。三月，复设辽东巡抚，以崇焕为之。崇焕既解围，志渐骄，与桂不协，请移之他镇。乃召桂还。崇焕以之臣奏留桂，又与不协。中朝虑偾事命之臣专督关内，以关外属崇焕画关守。崇焕虞廷臣忌已，上言："陛下以关内外分责二臣。用辽人守辽土，且守，且战，且筑，且屯。屯种所入，可渐减海运。大要坚壁清野以为体，乘间击瑕以为用。战虽不足，守则有余。守既有余，战无不足。顾勇猛图敌，敌必仇，奋迅立功众必忌。任劳则必召怨，蒙罪始可有功。怨不深则劳不著，罪不大则功不成。谤书盈箧，毁言日至，从古已然。惟圣明与廷臣始终之。"帝优旨褒答。其冬崇焕偕应坤用率教巡历锦州、大小凌河，议大兴屯田，渐复第所弃旧土。忠贤与应坤等并因是荫锦衣，崇焕进所荫为指挥佥事。崇焕遂言辽左之坏，虽人心不固，亦缘失有形之险，无以固人心。兵不利野战，只有凭坚城用大炮一策。今山海四城既新当更修，松山诸城班军四万人缺一不可。"帝报从之。朝议以崇焕、之臣不相能召之臣还，罢经略不设。以关内外尽属崇焕，与镇守中官应坤用并便宜从事。五月十一日，大清兵直抵锦州，四面合围。率教偕中官用婴城守，而遣使议和，欲缓师以待救。使三反不决，围益急。崇焕以宁远兵不可动，选精骑四千，令世禄、大寿将绕出大军后决战外，遣水师东出相牵制。且请发蓟镇、宣大兵，东护关门。朝廷已命山海满桂移前屯，三屯孙祖寿移山海，宣府黑云龙移一片石，蓟辽总督阎鸣泰移关城。又发昌平、天津、保定兵驰赴上关，檄山西、河南、山东守臣整兵听调。世禄等将行，大清已于二十八日，分兵趋宁远。崇焕与中官应坤、副使毕自肃，督将士登陴守列营濠，内用炮距击。而桂、世禄、大寿大战城外，士多死，桂身被数矢。大军亦旋引去。时称宁锦大捷。桂、率教功为多。忠贤因使其党论崇焕不救锦州为暮气。崇焕遂乞休。未几熹宗崩，庄烈帝即位，忠贤伏诛，削诸冒功者。廷臣争请召崇焕，其年十一月，擢右都御史视兵部添注左侍郎事。崇祯元年四月，命以兵部尚书兼右副都御史督师蓟辽，兼督登莱、天津军务所司，敦促上道。七月，崇焕人都，先奏陈兵事。帝召见平台，慰劳甚至。咨以方略。对曰："方略已具疏中。臣受陛下特眷，愿假以便宜计，五年全辽可复。"帝曰："复辽朕不吝封侯赏，卿努力解天下倒悬，卿子孙亦受其福。"崇焕顿首谢。帝退少憩，给事中许誉卿叩以五年之略。崇焕言圣心焦劳，聊以是相慰耳。誉卿曰："上英明，安可漫对？异日，按期责效奈何，崇焕怃然自失。顷之，帝出，即奏言："东事本不易竣，陛下既委臣，臣安敢辞难？但五年内户部转军饷，工部给器械，吏部用人，兵部调兵选将，须中外事事相应，方克有济。"帝为饬四部臣，如其言。崇焕又言："以臣之力，制全辽有余，调众口不足。一出国门，便成万里。忌能妒功，夫岂无人？即不能以权力掣臣肘，亦能以意见乱臣谋。"帝起立倾听，谕之曰："卿无疑虑，朕自有主持。"大学士刘鸿训等请收还之臣、桂尚方剑，以赐崇焕，假之便宜。帝悉从之。赐崇焕酒馔而出。崇焕以前此熊廷弼、孙承宗排构，不得竟其志。上言："恢复之计，不外臣昔年以辽人守辽土，以辽土养辽人，守为正著，战为奇著，和为旁著之说。法在渐不在骤，在实不在虚。此臣与诸边臣所能为，至用人之人与为人用之人，皆至尊司其钥。何以任而勿贰，信而勿疑。盖驭边臣与廷臣异。军中可惊可疑者殊多，但当论成败之大局，不必摘一言一行之微瑕。事任既重，为怨实多。诸有利于封疆者，皆不利于此身者也。况图敌之急，敌亦从而间之，是以为边臣甚难。陛下爱臣知臣，臣何必过疑惧。但中有所危，不敢不告。”帝优诏答之，赐蟒玉银币。疏辞蟒玉不受。是月，川湖兵戍宁远者，以缺饷，四月大噪，余十三营应之。缚击巡抚毕自肃、总兵官朱梅、通判张世荣、推官苏涵停于谯楼上。自肃伤重。兵备副使郭广初至，躬翼自肃，括抚赏及朋椿二万金以散，不厌，贷商民足五万乃解。自肃疏引罪，走中左所自经死。崇焕以八月初抵关，闻变驰与广密谋，宥首恶张正朝、张思顺，令捕十五人戮之市，斩知谋中军吴国琦，责参将彭簪古，黜都司左良玉等四人。发正朝、思顺前锋立功，世荣、涵停以贪虐致变，亦斥之。独都司程大乐一营不从变，特为奖励，一方乃靖。崇焕在辽与率教、大寿、可刚定兵制，渐及登莱、天津及定东江兵制，合四镇兵十五万三千有奇，马八万一千有奇，岁费度支四百八十余万，减旧一百二十余万。帝嘉奖之。文龙死甫逾三月，我大清兵数十万分道入龙井关、大安口。崇焕闻即督大寿、可刚等入卫。以十一月十日抵蓟州，所历抚宁、永平、迁安、丰润、玉田诸城皆留兵守。帝闻其至甚喜，温旨褒勉，发帑金犒将士，令尽统诸道援军。俄闻率教战殁，遵化、王屯营皆破，巡抚王元雅、总兵朱国彦自尽。大清兵越蓟州而西。崇焕惧，急引兵人护京师，营广渠门外，帝立召见，深加慰劳，咨以战守策，赐御馔及貂裘。崇焕以士马疲敝，请入休城中，不许。出与大军鏖战，互有杀伤。时所入隘口，乃蓟辽总理刘策所辖。而崇焕甫闻变，即千里赴救，自谓有功无罪，然都人骤遭兵，怨谤纷起。谓崇焕纵敌拥兵，朝士，因前通和议，诬其引敌胁和，将为城下之盟。帝颇闻之，不能无惑。会大清设间谓崇焕密有成约，令所获宦官知之，阴纵使去，其人奔告于帝。帝信之不疑。十二月朔，再召对，遂缚下诏狱。三年八月，遂磔崇焕于市，兄弟妻子流三千里，籍其家。崇焕无子，家亦无余费，天下冤之。崇焕既缚，大寿溃而去。武经略满桂以趣战，急与大清兵战，竟死去，缚崇焕时甫半月。初崇焕妄杀文龙，至是帝误杀崇焕。自崇焕死，边事益无人。明亡征决矣（《明史》）。

孙承宗 字稚绳，高阳人。貌奇伟，须髯戟张，与人言声殷墙壁。始为县学生，授经边郡，往来飞狐、拒马间，直走白登，又从纥干、清波故道南下。喜从材官、老兵究问险要阨塞，用是晓畅边事。万历三十二年，登进士第二人。授编修。天启二年，擢礼部右侍郎。未几，大清兵逼广宁，王化贞弃城走，熊廷弼与俱入关。帝遂拜承宗兵部尚书兼东阁大学士，人直办事。越数日，命以阁臣掌部务。承宗上疏曰："迩年兵多不练，饷多不核，以将用兵而以文官招练，以将临阵而以文官指发，以武略备边而日增置文官于幕，以边任经抚而日问战守于朝，此极弊也。今天下当重将权，择一沈雄有气略者授之节钺，得自辟置偏裨以下。勿使文吏用小见沾沾陵其上。边疆小胜小败皆不足问，要使守关无阑人，而徐为恢复计。"因列上抚西部、恤辽民、简京军、增永平大帅、修蓟镇亭障、开京东屯田数策，帝褒纳焉。兵部尚书王在晋代廷弼经略辽东，与总督王象乾深相倚结。在晋谋用西部袭广宁，象乾惎之曰："得广宁不能守也，获罪滋大，不如重关设险，卫山海以卫京师。"在晋乃请于山海关外八里铺筑重关，用四万人守之。其僚佐袁崇焕等力争，不能得。奏记于首辅叶向高。向高曰："是未可臆度也。"承宗请亲往决之。帝大喜加太子太保，赐蟒玉银币，抵关。诘在晋曰："新城成，即移旧城四万人以守乎？"在晋曰："否。当更设兵。"曰："如此则八里内，守兵八万矣。一片石西北不当设兵乎？且筑关在八里内，新城背即旧城趾。旧城之品坑、地雷，为敌人设，抑为新兵设乎？新城可守，安用旧城？如不可守，则四万新兵倒戈旧城下，将开关延入乎？抑闭关以委敌乎？"曰："关外有三道关可入也。"曰："若此则敌至，而兵逃如故也，安用重关？"曰："将建三寨于山，以待溃卒。"曰："兵未溃而筑寨以待之，是教之溃也。且溃兵可入，敌亦可尾之入。今不为恢复计，划关而守，将尽撤藩篱，日哄堂奥，畿东其有宁宇乎？"在晋无以难承宗，乃议守关外。在晋既去，承宗自请督师。诏给关防敕书，以原官督山海关及蓟辽、天津、登莱诸处军务，便宜行事，不从中制。而阎鸣泰为辽东巡抚。承宗乃辟职方主事鹿善继、王则古为赞画，请帑金八十万以行。是时关上兵名七万，顾无纪律冒饷多。承宗大阅，汰逃将数百人，遣还河南、真定疲兵万余。应诏被劾，承宗请用马世龙代之，以尤世禄、王世钦为南北帅，听世龙节制，且为世龙请尚方剑。帝皆可之。帝好察边情，时令东厂遣人诣关门，具事状奏报，名曰较事。及魏忠贤窃政，遣其党刘朝、胡良辅、纪用等四十五人，赍内库神炮甲仗弓矢之属数万，至关门，为军中用。又以白金十万、蟒麒麟狮子虎豹诸币，颁赉将士，而赐承宗蟒服百金，慰劳之实觇军也。承宗方出关巡宁远中路，闻之。立疏言："中使观兵，自古有戒。"帝温言报之。使者至，具杯茗而已。鸣泰之为巡抚也，承宗荐之。后知其无实，军事多不与议。鸣泰怏怏求去。承宗亦引疾。言官共留承宗诋鸣泰。巡关御史潘云翼复论劾之。帝乃罢鸣泰，而以张凤翼代。凤翼怯，复主守关议。承宗不悦。乃复出关巡视抵宁远，集将吏议所守，众多如凤翼指，独世龙请守中后所，而崇焕、善继及副将茅元仪力请守宁远，承宗然之。议乃定。令大寿兴工，崇焕、满桂守之。先是虎部窃出盗掠，率教捕斩四人。象乾欲斩率教谢虎部，承宗不可。而承宗所遣王楹戍中右护其兵出采木，为西部朗素所杀。承宗怒，遣世龙剿之。象乾恐坏抚局，令朗素缚逃人为杀楹者以献，而增市赏千金。承宗方疏争，而象乾以忧去。承宗患主款者挠已权，言督师、总督可勿兼设，请罢已。不可，则弗推总督，并请以辽抚移驻宁远。帝命止总督，推而凤翼谓置已死地也，因大恨。与其乡人云翼、有孚等，力毁世龙，以撼承宗。无何，有孚为蓟抚岳和声所劾，益疑世龙与崇焕构陷。乃共为浮言，挠出关计。给事中解学龙遂极论世龙罪。承宗愤，抗疏陈守御策，言："拒敌门庭之中，与拒诸门庭外，势既辨；我促敌二百里外，敌促我二百里中，势又辨。盖广宁我远而敌近，宁远我近而敌远，我不近逼敌，敌将近而逼我。今日即不能恢辽左，而宁远、觉华终不可弃。请敕廷臣杂议。主客之兵可否久戍？本折之饷可否久输？关外之土地人民可否捐弃？屯筑战守可否兴举？再察敌人情形，果否坐待可以消灭？臣不敢为百年久计，祗计及五年间，究竟何如？倘臣言不当，立斥臣以定大计。无纡回不决，使全躯保妻子之臣附合众喙，以杀臣一身而误天下也。”复为世龙辨，而发有孚等交构状。承宗恶本兵赵彦多中制，称疾求罢，举彦自代，以困之。廷议不可而止。时宁远城工竣，关外守具毕备，承宗图大举，奏言前哨已置连山、大凌河，速畀臣饷二十四万则功可立奏。帝命所司给之。兵、工二部相与谋曰：“饷足渠即妄为？不如许而不与。”文移往复稽缓之。承宗再疏促，具以情告。帝为饬诸曹，而师竟不果出。当是时，忠贤益盗柄，以承宗功高欲亲附之，令应坤等申意。承宗不与交一言，忠贤由是大憾。会忠贤逐杨涟、赵南星、高攀龙等，承宗方西巡蓟昌。念抗疏帝未必亲览，往在讲筵，每奏对辄有人，乃请以贺圣寿人朝。面奏机宜，欲因是论其罪。魏广微闻之，奔告忠贤：“承宗拥兵数万，将清君侧。兵部侍郎李祖华为内，主公立齐齑粉矣。”忠贤悸甚，绕御床哭，帝亦为心动。令内阁拟旨，次辅顾秉谦奋笔曰：“无旨离汛地非祖宗法，违者法不宥。”夜启禁门，召兵部尚书人，令三道飞骑止之。又矫旨谕九门守阉：承宗若至齐化门，反接以人。承宗抵通州，闻命而返。忠贤遣人侦之，一被置舆中，后车鹿善继而已，意少解。而其党李蕃、崔呈秀、徐大化连疏诋之，至比之王敦、李怀光。承宗乃杜门求罢。五年四月，给事中郭兴治请令廷臣议去留，论冒饷者复踵至，遂下廷臣杂议。吏部尚书崔景荣持之。乃下诏勉留，而以简将、汰兵、清饷三事，责承宗奏报。承宗方遣诸将分戍锦州、大小凌河、松、杏、右屯诸要害，拓地复二百里。罢大将世钦、世禄，副将李秉诚、孙谏，汰军万七千余人，省度支六十八万。而言官论世龙不已。至九月遂有柳河之败，将士死者四百余人，语详《世龙传》，于是台省劾世龙并及承宗，章疏数十上。承宗求去益力。十月，始得请而以兵部尚书高第代为经略。初，第力扼承宗，请撤关外以守关内，承宗驳之，第深憾。明年宁远被围，乃疏言关门兵止存五万，言者益以为承宗罪。承宗告户部曰：“第初莅关，尝给十一万七千人饷。今但给五万人饷足矣。”第果以妄言引罪。后忠贤遣其党梁梦环巡关，欲傅致承宗罪，无所得而止。承宗在关四年，前后修复大城九、堡四十五，练兵十一万，立军营十二、水营五、火营二、前锋后劲营八，造甲胄、器械、弓矢、炮石、渠答、卤楯之具合数百万，拓地四百里，开屯五千顷，岁人十五万。后叙宁远功荫子锦衣世千户。庄烈帝即位，在晋人为兵部尚书。恨承宗不置，极论世龙及元仪荧惑枢辅坏关事，又嗾台省交口诋承宗，以沮其出。二年十月，大清兵入大安口，取遵化，将薄都城。廷臣争请召承宗。诏以原官兼兵部尚书守通州。时烽火遍近郊，承宗从二十七骑出东便门，道亡其三，疾驰抵通门者几不纳。既入城，与保定巡抚解经、侍御史方大任、总兵杨国栋登陴固守。而大清兵已薄都城，乃急遣游击尤岱以骑卒三千赴援，旋遣副将刘国柱督军二千与岱合，而发密云兵三千，营东直门；保定兵五千，营广宁门。以其间遣将复马兰、三屯二城。至十二月四日，而有祖大寿之变。大寿辽东前锋总兵官也。偕崇焕人卫，见崇焕下吏，惧诛，遂与副将何可刚等率所部万五千人东溃，远近大震。承宗闻，急遣都司贾登科费手书慰谕大寿，而令游击石柱国驰抚诸军。大寿见登科，言:“麾下卒赴援，连战俱捷，翼日厚赏，城上人群置为贼，投石击死数人，所遣逻卒指为间谍而杀之。劳而见罪，是以奔还。当出捣朵颜，然后束身归命。”柱国追及诸军，其将士持弓刀相向，皆垂涕言督师既戮，又将以大炮击毙我军，故至此。柱国复前追大寿，去已远，乃返。承宗奏言:“大寿危疑已甚，又不肯受满桂节制，因讹言激众东奔，非部下尽欲叛也。当大开生路，曲收众心，辽将多马世龙旧部，曲臣谨用便宜，遣世龙驰谕其将士，必解甲归，大寿不足虑也。”帝喜从之。承宗密札谕大寿，急上章自列，且立功赎。督师罪而已当为剖白。大寿诺之，具列东奔之故，悉如将士言。帝优诏报之。命承宗移镇关门。诸将闻承宗、世龙至，多自拔来归者。大寿妻左氏，亦以大义责其夫。大寿敛兵待命。当溃兵出关，关被劫掠，闭门罢市。承宗至，人心始定。关城故十六里，卫城止二里。今敌在内，关城无可守，卫城连关可步屧而上也。

乃别筑墙横亘于关城，穴之，使炮可平出。城中水不足，一昼夜穿凿百井。旧汰牙门将侨寓者千人，穷而思乱，皆廪之于官。使巡行街衢、守台、护仓，均有所事。内间不得发，外来者辄为逻骑所得。由是关外守完。乃遣世龙督步骑兵万五千人援，令游击祖可法等率骑兵四营西戍抚宁。三年正月，大寿人关，谒承宗，亲军五百人甲而俟于门。承宗开诚与语。即日列其所统步骑三万于教场，行誓师礼，群疑顿释。时我大清已拔遵化而守之。是月四日拔永平，八日拔迁安，遂下滦州，分兵攻抚宁。可法等坚守不下。大清兵遂向山海关，离三十里而营。副将官惟贤等力战。乃还攻抚宁及昌黎，俱不下。当是时京师道梗，承宗、大寿军在东，世龙及四方援军在西。承宗募死士沿海达京师，始知关城尚无恙。关西南三县曰抚宁、昌黎、乐亭，西北三城曰石门、台头、燕河，六城东护关门，西绕永平，皆近关要地。承宗饬诸城严守，而遣将戍开平，复建昌，声势始接。方京师戒严，天下勤王兵先后至者二十万，皆壁于蓟门及近畿，莫利先进。诏旨屡督趣诸将，亦时战攻，然莫能克复。世龙请先复遵化。承宗曰：“不然。遵在北易取而难守，不如姑留之，以分其势，而先图滦。今当多为声势，示欲图遵之状，以牵之。诸镇赴丰润、开平，联关兵以图滦。得滦则以开平兵守之，而骑兵决战以图永。得滦永，则关永合而取遵易易矣。”议既定，乃令东西诸营并进，亲诣抚宁以督之。五月十日，大寿及张春、邱禾嘉诸军先抵滦城下，世龙及尤世禄、吴自勉、杨麟、王承恩继至，越二日克之。而副将王维城亦人迁安。我大清兵守永平者尽撤而北还。承宗人永平。十六日诸将谢尚政等亦入遵化，四城俱复。帝为告谢郊庙，大行赏赉，加承宗太傅，赐蟒服、白金、世袭锦衣卫指挥佥事。力辞太傅不受，而屡疏称疾乞休。帝命阁臣议去留，不能决。特遣中书资手诏慰问，乃起视事。四年正月，出关东巡抵松山、锦州，还入关，复西巡遍阅三协十二路而返。条上东西边政八事。帝咸采纳。初右屯、大凌河二城，承宗已设兵戍守。后高第来代，尽撤之。二城遂被毁。至是禾嘉巡抚辽东，议复取广宁、义州、右屯三城。承宗言广宁道远，先据右屯，筑城大凌河以渐而进。兵部尚书梁廷栋主之，遂以七月兴工。工甫竣，我大清兵大至，围数周。承宗闻，驰赴锦州，遣吴襄、宋伟往救，禾嘉屡易师期，伟与襄又不相能，遂大败于长山。至十月，城中粮尽援绝，守将祖大寿力屈出降，城复被毁。廷臣追咎筑城非策也，交章论禾嘉及承宗。承宗复连疏引疾。十一月得请，赐银币乘传归。言者追论其丧师辱国，夺官闲住，并夺宁远世荫。承宗复列上边计十六事，而极言禾嘉军谋牴牾之失。帝报闻而已。家居七年，中外屡请召用，不报。十一年我大清兵深入内地，以十一月九日攻高阳，承宗率家人拒守。大兵将引去，绕城纳喊者三，守者亦应之三，日此城笑也，于法当破。围复合，明日城陷，被执，望阙叩头投缳而死，年七十有六（《明史》）。

卷之五十一

列传三　名宦三

［明］

邱禾嘉　贵州新添卫人。举万历四十一年乡试，好谈兵。崇祯元年，有荐其知兵者，命条上方略。帝称善。即授兵部职方主事。三年正月，蓟辽总督梁廷栋，人主中枢。衔总理马世龙违节制，命禾嘉监纪其军。时永平四城失守，枢辅孙承宗在关门，声息阻绝，蓟辽总督张凤翼未至，而顺天巡抚方大任老病不能军，惟禾嘉议通关门声援，率军入开平。二月大清兵来攻，禾嘉力拒守，乃引去，已分略古冶乡。禾嘉令副将何可刚、张洪谟、金国奇、刘光祚等迎战，抵滦州甫还，而大清兵复攻牛门、水门。又督参将曹文诏等转战抵遵化而还。无何，四城皆复。宁远自毕自肃遇害遂废巡抚官，以经略兼之。至是，议复设。廷栋力推禾嘉才，超拜右佥都御史巡抚其地，兼辖山海关诸处。禾嘉初莅镇，大清兵以二万骑围锦州。禾嘉督诸将赴救，城获全。四年十一月，以佥都御史巡抚山海、永平，请为监视中官设标兵。御史宋贤诋其谄附中人。帝怒，贬贤三秩。禾嘉持论每与承宗异，不为所喜，时有诋諆。既遭丧败，廷论益不容。遂坚以疾请。五年四月诏许还京，以杨嗣昌代。

高邦佐　字以道，襄陵人。万历二十三年进士，历户部主事员外郎，迁永平知府。浚滦河，筑长堤，裁抑税使高淮不敢大横，迁天津兵备副使（《明史》）。案：旧志云，万历间，任永平知府。初履任即谢绝填宅供应，所需日用薪米悉与平。值文移，朝进暮发，无停搁者。输纳尽去赢羡，官衙如水，胥侩如绁。有书手朋匿粮地，稽得其状，绳之以法。大狱久不决者，一经平反，人心皆服。榷税六属分认岁额为累，改以公用抵补折。税珰高淮诬抢驿卒及士元毒噬良善，公皆全力挽救之。朝觐不用邮递，夫马禁加派。苏凋敝惠政累累。永人立石颂德。

陈辅尧 扬州人。万历中举于乡。历永平同知，转饷出关，与自在知州段展驻沈阳。天启元年，日晕异常，展牒应泰，言天象示警，宜豫防。逾月，沈阳破，展死之。辅尧方奉命印烙，左右以无守土责，劝之去。辅尧曰："孰非封疆臣，何去为？"望阙拜，拔刀自刭。与展并赠按察佥事（《明史》）。

郑国昌 邠州人。万历三十五年进士。历山西参政。崇祯元年以按察使治兵永平，迁山西布政使，上官奏留之。三年正月，大清兵自京师东行，先使人伏文庙承尘上，主者不觉也。初四日黎明登城，有守将左右之。国昌觉其意，捶之至死。须臾，北楼火发，城遂破。国昌自缢城上。中军守备程应琦从之。应琦妻奔告国昌妻，与之偕死。知府张凤奇、推官卢成功、卢龙教谕赵允殖、副总兵焦庆延、东胜卫指挥张国翰，及里居中书舍人廖汝钦、武举唐之俊、诸生韩原洞、周祚新、冯维京、胡起鸣、胡光奎、田种玉等十数人皆死。国昌、凤奇一门尽死。事闻，赠国昌太常卿、凤奇光禄卿，并赐祭葬，荫一子。成功等赠恤有差。凤奇，阳曲人，起家乡举（《明史》）。案：旧志云，崇祯元年任永平道。时边圉多故，羽檄交驰，公应之裕如。二年冬，皇清兵下永平，四境綦严。时议土著防兵单弱，调阳武营卒协守。岁除，主客争酒食丰啬，治兵相攻。因纵火，众大哗，永城遂破。公策马亲冒矢石，力挥武营兵数人，复率内丁堵马道攻射武营逃兵，事以无济。有劝出亡者，公厉叱之，回署，公服西向再拜曰："臣力竭，臣罪不可赎矣。"乃约夫人、子、女，阖门缢死。公从容自尽，命举火以焚。事平，追赠太仆寺卿，立坊表之，仍从祀武庙表忠祠。

张　春 字泰宇，同州人。万历十八年举于乡。历刑部主事，励操行，善谈兵。天启二年，辽东西尽失。廷议急边才，擢山东佥事、永平燕建二路兵备道。时大军屯山海关，永平为孔道，士马络绎，关外难民云集。春运筹有方，事就理而民不病。累转副使、参政，仍故官七年。哈剌慎部长汪烧饼者，拥众窥桃林口。春督守将擒三人。烧饼叩关愿罚，春等责数之，誓不敢叛。崇祯元年，改关内道。兵部尚书王在晋惑浮言，劾春嗜杀，一日枭斩十二人。春具揭辨，关内民亦为讼冤。在晋复劾其通奄克饷，遂削籍下法司治。督师袁崇焕言春廉惠，不听。御史李炳言春疾恶过甚，为人中伤。夫杀之滥否？一勘即明，乞免提问。不从。明年，法司言春被劾无实，乃释之。三年正月，永平失守，起春永平兵备参议。春言："永平统五县一州。今郡城及滦州、迁安并失，昌黎、乐亭、抚宁又关内道所辖，臣寄迹无所，当驻何城？臣以兵备名官，而实无一兵。操空拳，人虎穴，安能济事？乞于赴援大将中敕一人与臣同事，臣亦招旧日义勇，率之自效。臣身已许此城，不敢少规避，但必求实济封疆，此臣区区之忠，所以报圣明而尽臣职也。"因言兵事不可预泄，乞赐陛见面陈方略。帝许之。既人对，帝数称善，进春参政。已而偕诸将收复永平诸城，论功加太仆少卿，仍莅兵备事，候巡抚缺推用。时乙榜起家者，多授节钺，而春独需后命，以无援于朝也。永平当兵燹之余，闾阎困敝，春尽心抚恤，人益怀之。四年八月大清兵围大凌河新城。命春监总兵吴襄、宋伟军驰救。九月二十四日渡小凌河，越三日次长山，距城十五里。

大清兵以二万骑来逆战，两军交锋，火器竞发，声振天地。春营被冲，诸军遂败。襄先败，春复收溃众立营。时风起黑云见，春命纵火，风顺火甚炽，天忽雨反风，士卒焚死甚众。少顷雨霁，两军复鏖战，伟力不支亦走。春及参将张洪谟、杨华征、游击薛太湖等三十三人俱被执，部卒死者无算。诸人见我太宗文皇帝，皆行臣礼，春独植立不跪。至晚，遣使赐以珍馔。春曰："忠臣不事二君，礼也。我若贪生，亦安用我？"遂不食，越三日，复以酒馔赐之，春仍不食。守者恳劝感

太宗文皇帝恩始一食，令剃发不从。居古庙，服故衣冠，迄不失

臣节，而死。初襄等败书闻，以春守志不屈，遥迁右副都御史，恤其家。春妻翟闻之恸哭六日不食，自缢死。当春未死时，我大清有议和意，春为言之于朝。朝中哗然诋春。诚意伯刘孔昭遂劾春降敌不忠，乞削其所授宪职，朝议虽不从，而有司系其二子死于狱（《明史》）。案：旧志云，天启间由刑部主事备兵永平，一时政治铮铮有声。寻转山右道，以执法不阿，移病归。崇祯二年复起为永平兵备，收复永、滦，严禁屠掠，全活难民甚众。论功加太仆寺少卿，仍请告归。籍再起备兵通州，不数月又调永平。

皇清兵下大凌河，公率兵救援，兵衄被执，坚求自尽。太宗文皇帝嘉其忠直，养十年，公留发不剃，及卒，以礼葬之。康熙三年，公子伸乞骸归葬。特旨准从所请。路经山永，人皆祖道焚镪，络绎不绝。先是永人闻公死难，建立专祠凡四区：一在东郭门外百步许；一在北郭外汤坨庄；一在县治东关帝庙；一在滦州。其德泽深入人心如此。当公败绩时，夫人尽节于永平韩氏楼中。公每食，必具筋遥逊同餐。父忠、子孝、夫义、妇烈，皆出性成。人名宦，仍从祀武庙表忠祠。

方岳贡　字四长，谷城人。天启二年进士。授户部主事，进郎中，历典仓库督永平粮储，并以廉谨闻（《明史》）。案：旧志云，天启六年，任户部分司，仁慈廉介。凡仓库钱谷出纳丝毫不取余羡，有逋户解比者，不事敲扑，惟劝令速输而已。诸生有以文艺谒者，给膏火课励之，接物和平乐易，咸以长者称。升松江知府，迁督粮道。时有以受贿误计者，廷质廉其实。加升都御史，寻入内阁，未几乞骸骨归，囊箧萧然。

梁廷栋　鄢陵人。万历四十七年进士。授南京兵部主事，召改礼部，历仪制司郎中。天启五年，迁抚治西宁参议。七年调永平兵备副使。督抚以下，为魏忠贤建祠，廷栋独不往，乞终养归。崇祯元年，起官分巡口北道，明年加右参政。十一月大清兵克遵化，巡抚王元雅自缢。即擢廷栋右佥都御史代之。廷栋请赐对面陈方略，报可。未几，督师袁崇焕下狱，复擢廷栋兵部右侍郎兼故官总督蓟、辽、保定军务，及四方援军。廷栋有才知兵，奏对明爽。帝心异之。三年正月，兵部尚书申用懋罢，特召廷栋掌部事。时京师虽解严，羽书旁午。廷栋剖决无滞，而廷臣见其骤用，心嫉之。给事中陈良训首刺廷栋，同官陶崇道复言："廷栋数月前，一监司耳！倏而为巡抚、总督，本兵国士之遇，宜何如报？乃在通州时，言遵永易复，良固难破，自以为神算。今何以难者易，易者难，且尝请躬履行，间随敌追击，以为此报主，热血今偃然，中枢热血何销亡也？谓制敌不专在战似矣，而发谋用间其计安在？"帝不听崇道言。廷栋疏辨。乞一岩疆自效，优诏谕留之。五月，永平四城复，赏廷栋调度功，加太子少保，世荫锦衣佥事（《明史》）。

邱民仰　字长白，渭南人。万历中举于乡。迁永平右参政，移督宁前兵备。民仰善理剧以故所移皆要地（《明史》）。案：旧志云，崇祯十二年任永平道。公有文武才，历贵州道御史，凡条议时事皆中肯要，有声于台。旋督蓟辽兵饷，挽运有方，中外倚重。以永平岩疆，甫下车严饬边防，稽核士马，颁固圉录，以备城守。著《帅中录》以教战攻，习火攻诸法以资行阵。请《马政录》以备征调，所部将士乐为驰驱，一时甲胄旌旄严翼生色。

孙祖寿　字必之，昌平人。万历中举武乡试，授固关把总。天启二年，历官署都督佥事，为蓟镇总兵官。孙承宗行边议于蓟镇三协十二路，分设三大将，以祖寿领西协，辖石匣、古北、曹家、墙子四路，驻遵化；而江应诏领东协，驻关门，辖山海关、一片石、燕河、建昌四路；马世龙领中协，驻三屯营，辖马兰、松棚、喜峰、太平四路。经略王在晋、总督王象乾金谓永平设镇本以卫山海，今移之三屯，则去山海四百里，于应援为疏。遵化去三屯止六十里，今并列两镇于建牙为赘。请令世龙仍镇永平，以东协四路分隶世龙、应诏，而以中西二协专隶之祖寿，仍镇三屯。章下兵部，署事侍郎张经世议如其言。承宗坚执如初，乃命祖寿移镇遵化。七年，锦州告警。祖寿赴援，不敢战，被劾罢归。及是都城被兵，散家财招回部曲，从满桂赴斗竟死。赠恤如制。祖寿初守固关，遘危疾妻张氏割臂以疗，绝饮食者七日。祖寿生而张氏旋死，遂终身不近妇人。为大帅，部将以五百金遗其子于家，却不受。他日来省，赐之卮酒。曰："却金一事善体吾心，否则法不汝宥也。"其秉义执节如此（《明史》附《满桂传》）。

马世龙 字苍元，宁夏人。由世职举武会试，历宣府游击。天启二年，擢永平副总兵，署兵部。孙承宗奇其才，荐授署都督金事，充三屯营总兵官。承宗出镇，荐为山海总兵，俾领中部。调总兵王世钦、尤世禄分领南北二部。明年正月，赐尚方剑，实授府衔。承宗为筑坛拜大将，代行授钺礼，军马钱谷尽属之。寻定分地，世龙居中，驻卫城；世钦南海，世禄北山，并受世龙节制，兵各万五千人。世龙感承宗知已，颇尽力。与承宗定计出守关外诸城。四年，偕巡抚喻安性及袁崇焕东巡广宁。又与崇焕、世钦航海抵盖套，相度形势而还。叙劳加右都督。当是时，承宗统士马十余万，用将校数百人，岁费军储百万。诸有求于承宗者，率因世龙，不得，则大恚。而世龙貌伟中实怯，忌承宗者，多击世龙以撼之。承宗抗辩于朝曰："人谓其贪淫朘削，臣敢以百口保其必无。帝以承宗故，不问。五年九月，世龙误信降人刘伯漒言，遣前锋副将鲁之甲、参将李承先率师袭取耀州，败没。言官交章劾奏，严旨切责，令戴罪图功。时魏忠贤方以清君侧疑承宗其党，攻世龙者并及承宗。承宗不安其位，去。以兵部尚书高第来代。职方主事徐曰久者，先佐第挠辽事，及从第赞画力攻世龙。世龙阴结忠贤，反削曰久籍。其冬，世龙亦谢病去。崇祯元年，王在晋为尚书。世龙上疏，极论其罪。有诏逮世龙，久不至。在晋罢，始诣狱。二年冬，都城戒严。刑部尚书乔允升荐世龙才，诏图功自赎。会祖大寿师溃，京师大震，承宗再起督师以便宜，遣世龙驰谕大寿听命。及满桂战死，遂令世龙代为总理，赐尚方剑，尽统诸镇援师。三年三月，进左都督。时遵化、永平、迁安、滦州四城失守已三月，承宗、大寿隔关门与世龙诸军声息断绝。帝急诏四方兵勤王，昌平尤世威、蓟镇杨肇基、保定曹鸣雷、山海宋伟、山西王国梁、固原杨麒、廷绥吴自勉、临洮王承恩、宁夏尤世禄、甘肃杨嘉谟所将皆诸边锐卒，内地则山东、河南、南都、湖广、浙江、江西、福建、四川诸军亦先后至，并壁蓟门，观望不进。给事中张第元上言：“世龙在关数载，绩效无闻，非若卫霍之俦功名以服人也。诸帅宿将非世龙偏裨，欲驱策节制，谁能甘之。师老财匮，锐气日消，延及夏秋将有不可言者。帝以世龙方规进取，不纳其言。时大寿于五月十日薄滦河，明日世龙等以师会，又明日复其城。十三日游击靳国臣复迁安。明日副将何可纲复永平。又二日，别将复遵化。阅五月，四城始复。论功大寿最，世禄次之，世龙加太子少保，荫本卫世千户。八月复谢病归（《明史》）。

柴国柱　西宁卫人。万历四十六年夏召佥书都督府事。无何，代杜松镇山海关。松败没，虎墩兔乘机犯边。国柱等力遏之。寻移镇沈阳，谢病归。天启初追录边功，加左都督（《明史》）。

孙应元　不知何许人。历官京营参将，督勇卫营。勇卫营即腾骧、武骧四卫也。其先隶御马监，专牧马。庄烈帝锐意修武备，简应元及黄得功、周遇吉等训练，遂成劲旅。崇祯九年秋，从张凤翼军畿辅，有功，进副总兵。再一功，增秩一等。十五年春，击贼罗山，力战，孤军无援，遂阵殁。赠恤如制。应元善战，在行间多与黄得功偕。应元死，得功勋益显，故其名尤震于世（《明史》）。

尤　岱　由步卒起家，至山海铁骑营参将。数有功，忤上官，弃职归。守水西门，城陷自杀（《明史》附《尤世威传》）。

侯世禄　榆林人。由世职累官凉州副总兵。辽事亟，诏擢总兵官，提兵赴援。世禄勇敢精悍为经略熊廷弼所知，及袁应泰代廷弼，亦倚任之。天启六年，以军政拾遗罢。明年宁锦告警，率家丁赴关听调，旋命出守前屯。甫至，令以故官镇山海。崇祯元年，移镇宣府，明年冬，京师戒严，率师人卫，兵再溃。世禄被创，部卒剽民间奔还镇。事闻，当重坐，以勤王先至，减死戍边。九年八月，京师被兵，率子弟从军，叙功免戍，还籍。廷臣多推荐，卒不复用。十六年，李自成围榆林，世禄与子拱极固守新添门。城陷，父子被执，俱不屈死。拱极历官参将，常从总兵尤世禄破贼河曲，有功。九年冬，任山海总兵官，寻谢病归。后以廷臣荐未用，卒与父同死（《明史》）。

满　桂　蒙古人。幼人中国，家宣府。稍长，便骑射。每从征多斩馘，为总督王象乾所知，进石塘路游击、喜峰口参将。天启二年，大学士孙承宗行边。桂人谒，壮其貌，与谈兵事，大奇之，及出镇山海，即擢副总兵领中军事。承宗幕下文武辐辏，独用桂。桂鲁甚，然忠勇绝伦，不好声色，与士卒同甘苦。明年，承宗议出关修复宁远。问谁可守者？马世龙荐孙谦及李承先。承宗皆不许。袁崇焕、茅元仪进曰："满桂可。但为公中军不敢请耳！"承宗曰："既可，安问中军？"呼桂语之，慨然请行。世龙犹疑其不可，承宗不听，即日置酒亲为之饯。桂至宁远，与崇焕协心，城筑屹然，成重镇。承宗上其功，诏擢都督金事加衔总兵。承宗乃令典后部，与前部赵率教相犄角。六年正月，我大清以数万骑来攻，远迩大震。桂与崇焕死守，围解。帝大喜，擢都督同知，实授总兵官。再论功，加右都督，荫副千户世袭。桂疏谢，并自叙前后功，优诏褒答，再进左都督。桂初与率教深相得，是役也，怒其不亲救，相责望。帝闻之，下敕戒勉。而崇焕复与桂不和，言其意气骄矜，谩骂僚属，恐坏封疆大计，乞移之别镇，以关外事权归率教。举朝皆知桂可用，虑同城或偾事，遂召还。督师王之臣力言桂不可去，而召命已下，又请用之关外。崇焕皆不纳。闰六月，乃命以故秩佥书中军府事。未几，崇焕亦自悔，请仍用之臣言，帝可之，命桂挂印，移镇关门，兼统关外四路，及燕河、建昌军，赐尚方剑，以重事权（《明史》）。

赵率教　陕西人。万历中，历官延绥参将，屡著战功，已劾罢。辽事急，诏废将蓄家丁者，赴军前立功。率教受知于经略袁应泰，擢副总兵，典中军事。天启六年二月，擢都督同知，实授总兵官，代杨麒镇山海。寻论功再进石都督，世荫本卫副千户。时满桂守宁远，亦有盛名，与率教深相得。及宁远被围，率教遣一都司四守备东援，桂恶其稽缓，拒不纳。以袁崇焕言，乃令人。既解围，率教欲分功，桂不许，且责其不亲援，两人遂有隙。中朝闻之，下敕诚谕，而桂又与崇焕不和，乃召还桂，令率教尽统关内外兵，移镇宁远。崇祯元年八月，移镇永平，兼辖蓟镇八路。逾月，挂平辽将军印，再移至关门。明年大清兵由大安口南下，率教驰援，三昼夜抵三屯营。总兵朱国彦不令人，遂策马而西。十一月四日，战于遵化，中流矢阵亡，一军尽歿。帝闻痛悼，赐恤典，立祠奉祀。率教为将廉勇，待士有恩，勤身奉公，劳而不懈，与满桂并称良将。二人既歿，益无能办东事者（《明史》）。

朱国彦 以崇祯二年四月为蓟镇中协总兵官，驻三屯营。十一月六日，大清兵临城，副将朱成同等挈家潜遁。国彦愤，榜诸人姓名于通衢，以所积俸银五百余、衣服、器具尽给部卒，具冠带西向稽首，偕妻张氏投缳死（《明史》附《赵率教传》）。

尤世威 榆林卫人。与兄世功、弟世禄，并勇敢知名。天启中，世威积官建昌营参将，调守墙子路。七年，迁山海中部副总兵。宁远告警，从大帅满桂赴援，力战城东有功，赠秩受赐。崇祯二年，擢总兵官，镇守居庸、昌平。其冬，京师戒严，令提兵五千防顺义。俄命还镇，防获诸陵。四年，代宋伟为山海总兵官，积资至左都督（《明史》）。

杨肇基 沂州卫人。起家世职，积官至大同总兵。崇祯元年，移蓟镇西协。二年冬，大清兵克三屯营，肇基乘间收复，困守数月，卒全孤城。荫锦衣世千户。已录恢复四城功，加太子太保，改荫锦衣佥事。明年卒官（《明史》附《马世龙传》）。

猛如虎 本塞外降人，家榆林。积功至游击，骁果善战，与虎大威齐名。崇祯十一年冬，京师有警。如虎督兵勤王。明年四月，擢蓟镇中协总兵官。十三年，坐事落职，发边方立功。督师杨嗣昌请于朝，令从人署（《明史》）。

官惟贤 万历末为甘肃斐家营守备。天启二年，以都司佥书，署镇番参将事。历宣府游击、延绥西路参将，仍移镇番。七年秋，王之臣督师辽东，乞惟贤赴关门。明年崇祯改元，惟贤至，用为山海北路副总兵。二年冬，京师有警，惟贤人卫。总理马世龙令急援宝坻、滦县。明年正月九日，大清兵自抚宁向山海，翼日至凤凰店，离关三十里，列三营。惟贤与参将陈惟翰等，设两营以待，合战互有杀伤。已大清兵返抚宁，世龙令惟贤率惟翰及游击张奇化、李居正、王世选、王成等，往袭遵化。至城西波罗湾，城中兵出击，前锋殊死战。

大清兵收入城，后队乘势进攻，城上矢石如雨，寻复遣兵出战。惟贤陷阵，中箭死。士卒杀伤者三百余人，奇化亦战殁（《明史》）。

黄　龙　辽阳人。初以小校从复锦州，积功至参将。崇祯三年，从大军复滦州，功第一，迁副总兵。寻论功进秩三等，为都督佥事，荫副千户（《明史》）。

刘肇基　字鼎维，辽东人。嗣世职指挥金事，迁都司金书，隶山海总兵官尤世威麾下。崇祯七年，从世威援宣府，又从剿中原贼，进游击，戍雒南兰草川。明年，遇贼，战败，伤臂。未几，世威罢。后从祖宽，数有功，而其部下皆边军，久戍思归，与宽军噪而走。总理卢象升乃遣之入秦。其秋，畿辅有警。始还山海，竟坐前罪解职。令从征自效。俄以固守永平功复职，屡迁辽东副总兵。十二年冬，蓟辽总督洪承畴请用为署总兵官，分练宁远诸营卒。(《明史》)。

［**国朝**］

于成龙　汉军镶黄旗人。圣祖仁皇帝康熙七年，由荫生授直隶乐亭知县。八年署滦州知州，以罪囚脱逃降调。乐亭民列其善政，叩阍吁留。部议保留。叠经饬禁械为首者系狱。九年二月，县民再叩阍下，巡抚金世德察奏所列善政皆实，复县任。十三年六月以缉盗逾限，未全获应降调。金世德奏言乐亭旧号疲邑，成龙抚绥调剂与民相宜，可否留任？部议不准。得旨于成龙抚绥疲邑，与民相宜，其留任。十八年擢通州知州。二十一年，直隶巡抚，于成龙迁两江总督，疏荐其可大用，寻又请敕廷臣推清操久著与相类者，为江宁知府。上即擢成龙任之。二十五年三月擢直隶巡抚，濒行赐银千两、表里二十端。谕询畿辅重地利弊应兴革者，宜何先？成龙奏："弭盗为先，奸恶之徒，倚仗旗下名色，窝藏匪类。有司明知而莫敢深究，嗣后有如此者，臣当执法治之。"既抵任，疏言："弭盗之方在力行保甲。今民间已申饬遵行、惟旗下庄屯向不属州县管辖。本旗统领言远在京城，仅有拨什库在屯，未能约束。今应令旗人与民户同编保甲，以拨什库与乡长互相稽察。无论盗所劫之家是旗是民，俱协力救护。能擒获者赏给，如窝盗纵盗许州县官诘讯申报。”又疏言：“燕山六卫所辖辽阔，与州县不相统属。遇有贼盗，止责汛弁缉拿，而卫员漠不关心，此贼盗所以充斥也。请嗣后以卫地近州者归州，近县者归县，则保甲易编，匪类易察。京东之通州、西之卢沟桥、南之黄村、北之沙河，宜设捕盗同知四员，分驻其地。自守备以下分汛各宜檄巡，墩台诸务及旗下庄屯悉归稽察，则武弁有所顾忌，旗人亦受约束矣。”疏并下部议行。二十六年四月，上以于成龙廉能称职，诚心爱民，特旨嘉奖，加太子少保。十月巡行畿甸，赐鞍马并银千两。二十八年畿辅旱。诏发帑金三十万两赈济。成龙疏言：“兵丁仰借月粮，今岁米豆腾贵，请加给折色之半。”又言：“旗下庄屯贫户，及未成灾州县贫民，请酌议赈恤。”又言：“长芦盐引，前以军兴需饷加增，有壅积未销者请豁免征课。”并得旨俞允。三十七年十一月董安国以不谙河务罢任。授成龙河道总督。三十八年九月以疾乞假，命在任调理。三十九年三月卒。遗疏至，得旨“于成龙，才品兼优，服官勤慎。屡经简任，实心办事，不辞劳瘁，宣力有年，历著成效。前因患病遣医前往诊视，方期痊可，兹闻溘逝，深为轸悼。”下部优恤，赐祭葬如例。谥曰：“襄勤。”子永世袭骑都尉。世宗宪皇帝雍正八年，以成龙人祀贤良祠（《满汉名臣传》）案：旧志云，宏才伟略，清正有为，念恤民艰，首严苛派，岁饥请赈，实惠均沾。缮城垣，除积弊。未两年，政通事举，以署滦篆诖误，士民叩阍保留。于十年复任，由是修学宫，劝开垦。革里催。详除美化，屯额粮，以恤丁绝。请退任丘，拨补地亩以免民赔累。礼贤爱士，缉盗安民。祀名宦。

卷之五十二

列传四　名宦四

［元］

孙　明　大宁人。英锐不拘小节，好学能诗，以明经任山北宪司幕。至元四年，迁滦州知州。刑清政举，修学养士，州人赖焉。祀名宦。

郭仁义　武州人。大德中，任迁安尹，惠爱及民。秩满当代，县人保留不得。祀名宦。

左　阔　良乡人。泰定中，任昌黎尹。尊崇学校，轻徭薄赋，慎民力。老稚咸感思之，勒石纪德。

柴本立　至元中，任乐亭尹，敬事勤民，无一夕懈。睹庙学颓圮，慨然叹曰："学校不修，儒风靡振，长民罪也。"于是捐俸金，集同志，撤而修之成。不逾时，民亦不告劳，当时翕然称焉。

周　宏　字希道，迁安人。至正中，为昌黎尹，抚字有方多惠政。时程思中作乱，宏率民拒守。城陷被执，不屈，七日不食死。民思其德，为之勒石，祀名宦。

［明］

萧　颐　洪武二年任迁安知县。草昧之初，诸事不举。公首建学校，庙貌巍然，诸生弦诵得所，人称其知先务。祀名宦。

金彦祥　浙江崇德人。洪武三年，任迁安主簿。故元遗将姜文靖内侵，攻围永平。祥馈粮不乏，及兵迫县，拒守益力。事平，擢知本县，转工部主事。人祀府、县名宦祠。

娄大方 浙江奉化人，儒士。洪武七年，任抚宁知县，强干果毅。时值草昧，因旧鼎新，多所建置。寇至率吏民避兵于洋河之西兔耳山南，遂建县治，经营区画井然有法。寇不为患，士民德之。祀名宦。

马负图 山西临汾人。永乐十年，任永平知府，牧御有方，修举废坠，百姓戴之如父母。升山西布政。

陶 安 南直隶常熟人。永乐中，知滦州，吏事精敏。每农时，出郊劝农。在任三年，境内殷富。致仕去民追思之。

杨 禧 顺天大兴人。永乐十年，任昌黎知县。课农桑，兴学校，招复逋逃，威制屯卒，民感其德。祀名宦。

李文定 浙江临海人，进士。正统五年，任永平知府。遇事立辨，刚果有为，修建郡学殿堂、斋舍及明远楼，皆极壮丽。升福建布政使。

杨 琚 江西泰和人，进士。天顺五年，任山海兵部分司。公明练达，举错悉中典型。关法自讥察外，无少留滞，人咸称便。时卫学始建，拘行伍子弟充诸生，皆以为厉已弗乐。公雅意作人，士习用变。

王 玺 陕西周至人，进士。成化四年，任永平知府，洁己爱人。尝辟郡学基址，奏复夷齐庙，请赐额及祀典、祭文。时论伟之。祀名宦。

李 瀚 山西沁水人，进士。成化十八年，任乐亭知县。邑故土城，巡抚阎公檄县瓷以砖。更十余年，罔功。自阉人汪直启衅，数有边警，人益恐。公下车即修筑，竣工，至今攸赖。儒学旧在文庙后，湫隘特甚，公乃迁于庙左，拓前后地数亩，宏敞遂与庙称。又铸祭器，育贤才，文教蔚然。其他惠政不能殚述。士民思慕弗替。隆庆初，重修城东北隅十余丈，坚巩异常，民不忍撤而止，瞻者若召棠焉。擢监察御史，历官南京户部尚书，赠太子少保。祀名宦。

姜 镐 河南修武人，举人。成化十九年，任抚宁知县。恢廓县治，修建学校，勤政爱民。有去思碑树仪门外，祀名宦。

胡　宪　江南泰和人。成化间任迁安教谕。督训甚严，尝夜过号舍察诸生，勤读者劳之，否则有罚。故篝灯达旦不辍。以学在东郭门外，请展东城，包学宫于城内。士民颂之，祀名宦。

殷　衡　山东历城人。成化间，任永平训导。学行优长，有邹鲁遗风。以三礼诲生徒，捐俸置纸，笔、油、烛资之。永平甲第汇征，多其教益。母性嗜鱼，板舆迎养。值滦水涸，公密祷河，水涨鱼跃。后辟为德，庄王审理，多所裨益。卒赠礼部尚书，兼武英殿大学士。人祀名宦。淮南王世贞为文，镌石以纪其德。(其文云：盖猗兰困于谷风，虽死不改香。亡何，而马勃陵之，在下难振哉！有质柽榉，鸱鸮上托，狐鼠下族，然得谥为昂霄之雄。仁义附于高位，余窃甚卑焉。乃若在下而振，弥久而闻，此非特其所寄殊也，厥亦有至质矣。余日者察狱燕赵间，间则以祠考循良吏故实。其祠类多，二千石，不则千石，亡下者。退而见其父老诸儒生难之，雅未有以举也。是亡论其甚往绵邈，即能及其身耳目睹记云称焉。于乎！非名实相左，谬盭然耶，又东游永平，永平为古辽西地。不佞盖徘徊于離枝、孤竹之封，揽先民之遗致。庶几哉！有所值而不果。乃其父老诸儒生稍稍有能言其宦之良者，不言二千石铜艾，廑言殷先生。殷先生为训导，秩百石，至卑小也。又天顺、成化间人，非及父老诸儒生耳目，胡以称哉？父老诸儒生更起难言使者，胡难之易也。吾非能识殷先生貌作何状，与官所至第。吾之大王父行及事殷先生者，家说辈臆，以故略得之，而先生行于养母事尤著。始母来就先生养也，天大雨，道泥。先生徒由泥道中扶板舆，诸门人，人人徒由泥道中从矣。母性喜食鱼。会滦河鱼美，而河水旱无鱼。先生旦一衣冠河旁拜且祷也。亡何，水骤溢，得鱼取以食母。迨而今乡之人阙供者，辄诧谓儿曰："唶！女不习殷先生拜祷也！"而先生故以《三礼》取高第，诸亡能为《三礼》言者。先生晨夕诱诲之，至捐俸为油、楮费束修以上，未尝不谆谆也。永平家挟《三礼》，青紫比比。《三礼》之传永平，自殷先生始。余起谢父老、诸儒生，审如公等言，是不当祠殷先生耶？蜀之有文翁，盖天壤相蔽焉，大要前用殷先生法也。夫殷先生不及身，后必有显者。及余卒卒罢察狱，还治兵山东，从今国史检讨正甫游。因得闻正甫之先，仕尝至德审理，相德庄王有声。不知其为殷先生也。以姓故语及之。正甫大惊曰："吾不足以辱先审理，后待罪太史，则不知先审理之教永平若是。"岁余而永平守纪君使来，言其前守李君为殷先生人祠状良悉，且谓余记之夫？二君子其犹行古之道也。夫征众公也，逮卑义也，追远仁也。假令殷先生娄起为九卿，生赫然祠矣。乌能殁而脂父老诸儒生曰至今？二君子其犹行古之道也。然则不难正甫乎？诚不欲令以正甫故扬先人名，又讵宜以殷先生后故掩贤者？二君子之为永平而已矣。殷先生讳衡，武定人，后迁济南。李君名逊，今为广提学副使。纪君名公巡，由给事中迁。

刘　魁　山东高唐州人，进士。成化三年，任卢龙知县，廉以持己，能以御事，公以存心，正以率下。秩满擢御史。祀名宦。

李景华　南直隶江都人，进士。成化二十一年，任卢龙知县，治尚廉慈，遇事果断，性不事奔竞。时称为三代遗直云。祀名宦。

乔　聪　河南河内人，举人。成化十年，任卢龙知县。宽猛交济，不以严刻厉民，不以姑息养奸，吏畏民怀。擢浙江衢州府通判。人多去后思。祀名宦。

张　恺　字元之，南直隶无锡人，进士。弘治二年，任山海兵部分司。操持严介，有冰蘖声。关法旧止验籍与年，公始稽貌，以杜诈伪之弊，至今因之。其待士惠民外内一致，虽黠诈者亦不忍欺云。

黄　绣　号文卿，南直隶靖江人，进士。弘治五年，任山海兵部分司。宅心平恕，政尚宜民。时关内薪、水，仰给关外。公给木牌悬之，出入樵汲甚便。公目力过人，一见辄识，遇面生冒替者，即指摘之，卒无敢欺。启闭有常期，虽祁寒暑雨及他务丛集，亦弗爽。代去之日，男女夹道遮留，车马至不得行。后转巡辽东，再经其地，居民犹依依不忍舍云。

吴　杰　南直隶江都人，进士。弘治七年，任永平知府。首崇祀典，缮治坛壝，修葺圣宫。滦、漆二河船夫岁用千余人，百姓苦之，公悉力裁减如制。郡旧有《志》，永乐初失之，下车访得一编，残缺舛讹，乃属致仕行人张廷纲、教官吴祺，率诸生修之。

张　济　山西阳曲人，举人。弘治九年，任迁安知县。时县残于兵，公宇圮秽，民为赋重流离。公子惠困穷，劳来安集，诸废毕举，尤加意学校。九年，擢保定府通判。祀名宦。

吕　镒　字世重，山东郓城人，举人。弘治十年，任滦州知州。轻徭薄赋，兴学育贤。先是滦税输边，民多苦之。公特建白，改运近地。滦人至今德之。祀名宦。

原　轩　山西阳城人，进士。弘治十四年，任乐亭知县，刚方正直，不畏权要，笃志爱民，屡著异绩，有古循良风。吏民怀焉。历官都御史。

邓万斛　四川富顺人，进士。弘治十八年，任迁安知县。清慎慈爱，酌处粮差，以均贫富。时镇守中贵熏灼，人莫敢撄。公独力拒之，一切征求，每为阻抑。升南京大理寺评事。祀名宦。

何　诏　浙江山阴人，由进士。正德二年，任永平知府。时中贵王宏镇边，踞视郡邑长吏。公独不往其所。诬盗成狱者十有四人，竟出之不坐。郡有叔杀人而赂见知者，移罪于侄，狱成且二年，公一讯立辨。厘宿弊，均粮役，修学校，勤考课。闻母艰，去。百姓皆追送泣别，立去思碑，人祠名宦。历官工部尚书。

邵　鉴　河南洛阳人，岁贡。正德二年，任乐亭训导，平易笃实，勤督课业，训迪有方，士风变焉。祀名宦。

赵　宽　山西垣曲人，举人。正德四年，任乐亭知县。资性方正有执持，不事苛察，而吏民畏戴，有严父保母之颂。时嬖幸擅权，有鹰房阉人绎骚，公召而诘之。阉倨侮无状，公怒笞焉。坐是，被逮下狱。法官察其枉，乃拟赎还职，冢宰亟贤之。亡何，挂冠去。祀名宦。

罗　玉　四川南充人，进士。正德七年，任迁安知县。驭吏严而待民恕。岁旱，徒跣祷烈日中，乃雨。民饥，请发通州仓粟以赈，全活者甚众。以才调南直武进，民攀号留之。寻迁御史。祀名宦。

贾　奎　山西蔚州人，监生。正德十年，任乐亭训导。性行刚方，持守廉洁，造士勤敏，绰有矩度。既殁，士类悼之。祀名宦。

黄景夔 四川丰都人，进士。正德十六年，任山海兵部分司。旧卫守抗与部使敌体，公至，呈部革之，始廷参如下僚仪。地方荐饥，举赈贷，兴义仓，民赖存活者甚众。禁浮屠、巫祝、淫祀及燔尸诸恶俗，应如桴鼓，无敢挠者。卫学旧无廪饩，公垦田租给之。暇则亲为校课，士风彬彬兴起焉。

张 守 陕西泾阳人，举人。嘉靖三年，任永平同知。廉慎爱民。署滦篆，旧例草束上京输场，岁费不赀，民甚病之。公为疏请，得改派附近仓驿，岁省银十之九。建昌营中贵镇守恶其不利于已，谮以妄奏，械系京师。南北科道交章荐救。升南京刑部员外。滦人请祀名宦，郡亦祀焉。

赵 叶 字子玉，浙江东阳人，进士。嘉靖七年以建宁同知，左迁滦州知州。劝农，捕蝗，兴学，课士。升部郎。去，士民思之，立碑于道。

陆 府 江南兴化人，官监生。嘉靖九年，任滦州州同。政声赫然，考最居上第。未几，乞休去。滦人思之，刻像于碑，祀名宦。

葛守礼 山东德平人，进士。嘉靖十二年，任山海兵部分司。平生敦礼法，谨言笑，提躬范物，一准古道。至取与尤严一介，关法肃然。时典章草昧，始行乡饮礼，风励耆德。创立养济院，著《为令》茕独赖之。

张 伦 山西沁水人，岁贡。嘉靖十五年，任山海卫训导。禔躬严整，博学善询，立训以圣贤心身正大为词，不琐琐章句间。就业诸生毋敢惰者。

徐 州 云南杨林所人，举人。嘉靖二十年，任迁安知县。廉介自守，惠爱元元，兴学课士，有古循吏风。

文世英 广西护卫人，举人。嘉靖二十二年，任昌黎知县。多惠政，民皆感戴。升保安知州。祀名宦。

杨凤阳 南直隶宿州人，贡生。嘉靖二十二年，任乐亭知县。先是邑八年逋负未完，公至叹曰："非独小民罪也。咎在催者、索收者、侵督者徒鞭箠之，奈何不逋？”乃尽革诸弊，酌缓急，从便宜，力绝奇羡。于是百姓乐输，流者归业，邑无逋负自兹始。庙学缮于成化间，圮甚，尽撤而重建之。时有群盗狱，具解府。府胥泥案累及无辜，郡逮拷讯，欲置重罪。为白其冤获释，竟为人所陷，罢官去。士民追随叹息，有泣下者。

陈士元 湖广应城人。由进士嘉靖二十四年任滦州知州。建名宦、乡贤祠，造祭器，修仓赈济，增修《滦志》以备百年文献。

张 玭 山西石州人，进士。嘉靖二十五年任永平知府。下车即厘剔宿弊，凡有不便于民者，悉力除之。置“脂膏簿”颁示，属吏无敢扰民。立孤竹书院，以风励士类。集文行优者，肄业于中。拓夷齐故城，修举如制，祠成，编志，畀守祠者世守之。升酒泉兵备，寻转蓟门巡抚。祀名宦。

韦文英 陕西泾阳人，举人。嘉靖二十六年任迁安知县。发奸擿伏，爱民作士，亹亹不倦。升本府通判，卒于官。祀名宦。

吴 宜 山东滨州人，岁贡。嘉靖二十六年，自迁安训导升任抚宁教谕。言坊行表，士子矜式。捐俸置买学田三十亩，以赈贫生，有碑记之。祀名宦。

任 逮 南直隶萧县人，监生。嘉靖二十六年，任乐亭县丞。家居孝亲，亲终庐于墓侧。及佐邑政，专慈惠而性尤介直。士人谓其孝慈无愧圣训云。

张 璜 广东海丰人，举人。嘉靖二十八年，任滦州知州。修养济院，治桥梁，疏滦河，浚濠渠，环城植柳。士民追思，崇祀名宦。

李希洛 山西太原人，进士。嘉靖三十三年，任昌黎知县。文章、政事，濯濯炳著。升给事中。祀名宦。

吕 鸿 山西阳曲人，举人。嘉靖三十二年，知乐亭县事。赋性宽厚，莅政慈祥，有如保母、教授。升府同知。

明乐亭王好问《赠吕明府西河序》云：余尝深思化理之原。治内之臣，孰有要于辅理者乎？治外之臣，孰有要于守令者乎？辅理之要，在于格心纳忠，使内外和辑，祯祥见而咎珍息。为国而得良相焉，则功德施于人，而国无有不定者矣。守令之职，在于爱民利物，使上下相安，膏泽流而暴戾不作。治民而得良牧焉，则岂弟孚于人，而治无不兴者矣。宰臣之贤否，系天下之理乱，是未可易议者。守令之系于郡邑，犹相人者之系于天下国家也。当今圣明御世，纯心用贤，所以建官而任相者，盖已得其理矣。至于守令之臣，所以承流而宣化者，其果才贤而罔不肖者乎？其果澄清而罔溷浊者乎？其果昭明而罔黯劣者乎？所以辨析而黜陟之者，是在宪臣而已矣。乃若矫厉之吏，饰威以陵下，虽杀人而不恤也。贪冒之吏，黩货以肥家，虽剥民而不惜也。夫吏风之敝，其端不穷，而此二者，则尤国之蠹而民之贼也。然其智诈之术，足以罔上，笼络之计，足以愚下。固有跻崇阶而据要路者矣。然明有人非不可坊也，幽有鬼责不可逃也。上负于国，内愧于心，吾不知其所终矣。恭惟我侯西河吕公，以君子长者来视我乐亭之政，宅心以诚，律己以廉，其事上以礼，而无所谀悦；其待下以恩，而无所姑息。与百姓相安于无事，不矜其能而扰其所为。盖公之爱民如赤子，而民之爱公如父母矣。乐亭旧域，即孤竹之疆，礼让素明。东南为溟海之滨，民尤野朴易治。近有无良之民，恣其顽贼以愚众庶，而民日以漓。自公之莅此土也，颙顺肃肃，不僭不戕，有古循良风。期年之间，故风息而夙美彰，士厉廉退，民从俭确，虽妇人女子亦知以节义自重。而不为欲恶所动者何也？斯民也，三代之民也，而又得公贤良以洗濯而融化之，其人于善也宜矣。使天下之为郡县者，皆公之所以为人；天下之任守令者，皆公之所以为心。积之以岁月，加之以劝厉，优游厌饫，以俟其化，则风俗可同，礼乐可兴，可以召和气，可以培国脉，而吏风之敝无所奸于其间矣。独惜乎人心之不尽同，贤良之不易得也。余野直，喜谈天下事，无所畏避，以公之可与言也。故敢因其端，而竟其说。至于经纶孚化之道，思将以相人之说为执政者告焉。公爱民者也。推其所以爱民者而致君，谅非无术者矣。苟有以教我，而俾得以广其说焉，则公之德又将及于天下矣。固余之所愿闻也。公名鸿，字时渐，以贤科来尹是邦，而宪臣之旌荐屡及，可谓名当其实者矣。兹余即其事而书之云。

陈　绾　浙江上虞人，进士。嘉靖三十五年，任山海兵部分司。才气倜傥，熟谙边务，下笔数千言立就。按之皆中利害切时艰，如守边赈荒诸论，蓟辽大吏俱屈服。时关东、西大饥，公疏通关政，煮粥补之，民赖全活者甚众。

温景葵　字汝阳，号三山，山西太原人。嘉靖三十九年，仕永平道。创制筹画，精密周详。莅任四年，练兵裕饷，事惬人心。立籴贮法，以厚农；立人仓法，以苏商；立稽运法，以清支；设径解惜薪司法，以全活卫职。修诸营寨、城堡、新郡城楼七座，约束军卫，宽严相济，居民赖以安枕。又遴入庠之士，馆之孤竹书院，聘师丰廪严课鼓舞。癸亥之变，总兵阵殁，督抚重谴。朝议以公夙望，特授都御史，巡抚顺天。

商　诰　山东平原人，进士。嘉靖四十一年，任山海兵部分司。壬戌岁，边敌数千薄关东，乡民奔避如蚁。议者请闭关。公曰："是弃万人命矣。"开门纳之。少顷，敌攻旱门关甚急。公登陴亲巡指挥方略，励将士拒堵，敌竟遁去。事闻，被赉加秩，寻迁蓟州兵备。

韩应春　山东茌平人，举人。嘉靖四十一年，任滦州知州。朴茂廉明，释诬坐军四十八人。滦民怀之，立祠撰碑，祀名宦。

楚孔生　山东曹州人，举人。嘉靖四十一年，任昌黎知县。清操雅量，惠政多端，莅任五年士民感戴。以县无志，属教谕杨志高草之，滦州学正梁桂臣修饰焉。

廖逢节　河南固始人，进士。嘉靖四十三年，任永平知府。设立木铎，自府治达闾巷，晨昏以六谕号诏之，有崇古化民之意。时左道盛行，结众酿乱，公罪其倡首者，众始解散。其自奉衣不罗绮，食不兼味。设义仓，编保甲，立乡约，勤蒙养，息讼，缓征，与民休息。莅任三年，芝产后庭，升山西副使。

乐亭王好问《送太守廖公序》云：春泉廖公守平滦之三年，吏治民和，克当圣意，乃晋擢宪大夫节镇云朔。命既下，邑大夫宋诣余而词曰："太守廖公视政吾平久矣，育民如子，治民之事如家，休养节缩，思罔不周。至于创制作法，防奸烛微，有经有术，群下畏服，殆若神明。利兴而敝革，郡县下吏依戴，即严亲而向，承为明师，式刑所存，庶几自治。今其行矣，吾何怙乎？先生其有言。”先是公承新命，平诸大夫、士佥以文见属业已诺矣。夫词烦则支，再则谍谍不已，得毋过乎？大夫曰：“言畏多，善言宜详。古之圣人闻昌言则拜，而彰善锡类亦先生所期也。又何以辞？”余为之喟然，曰：“贤哉！大夫其亲上之诚，而知德之深者乎！”遂作而言曰：“轲氏云：以善服人者，未有能服人者也。以善养人，然后能服天下。”信夫，今之士大夫持一善焉，则恐恐然忌人有同，而无以擅其能也。然私心所存，终鲜允臧。祇见其狭且陋矣。公仁厚正直，吏事晓畅，而与人为善之意，恒拳拳焉。郡县质成必随事开谕，断之以义而不遗乎法。务使民受其福，而政无所蠹。郡吏所为或畔于理，亦兢兢然畏其惩责，而急于改新。至于善有可择，艺有可名者，则虚心采察，爱之若己出。呜呼！推此心也，岂直守一郡镇、一路，泽有所施，而福及其身耶，古之明相道者，断断休休，若无所长，而天下之技能猷谋，万有不穷，悉为所用，以究其业，而成其大辟。之泰山万仞，不见其崇，而诸峰之环列，悉其所宗；沧海九渊，莫测其深，而百川之流注，悉其所受。是用功加社稷，泽及亿兆，旂常纪其烈，而子孙蒙其庇。稽诸往古，固历历可鉴也。其不类者，反是。故考人者不专于才，而取其德；不量其能，而观其度，非以名位言也。即公之才猷，而得其蕴蓄，其功业岂易究耶？我皇上轸念边务，期得壮猷之臣与图大计，宣诏有归，则公其人也。或曰，边人鸷悍成习，长上多笼络之计，故积弊日深，而法纪隳。公明察或非所宜。余日是大不然。夫事兴于恒，功隳于罔。诚致饰于声音笑貌之间，而实不足以孚之，人心之所以离也。公严断之中而一，德不回渐摩之，久则人与其信，神鉴其诚，和顺所积，妖孽不生。彼龙跃重，而雷雨震迅；虎啸崇阿，而风飙飘弗。魍魉狐狸将恐惧潜伏，陨死灭迹矣。其何能为？《诗》曰：“神之听之，式谷以女，与正直也，其在是乎？”大夫曰：“然。先生其知公者，请志之。”遂次第其词，以为公贺，且以言别。

段廷晏 山西太原人，监生。嘉靖四十三年，任抚宁知县。诚朴刚直，行所无事，士民爱之。去之日，行李一肩。士民攀送，流涕载道。

程鸣伊 字希正，号消溟，山东安丘人，进士。嘉靖四十四年，任户部分司。创立永丰仓廒，修建卫署，助粮以修学宫，捐俸以恤寒士。升山西大同知府，晋太仆寺卿。

陈良辅 山东莒州人。举人。嘉靖四十五年，任昌黎知县。巨寇薄城，公与民死守，城池获全。后被诬，谪官。昌民立祠祀之。

徐 桢 南直隶长洲人，进士。嘉靖中，任刑部郎中，忤分宜相，左迁滦州知州。值岁饥，民多流移。桢善于抚绥，民为复业，教之孝弟力田。期年，仓廪实，学校兴。

李 臣 河南获嘉人。嘉靖间，任迁安教谕。正直刚毅，师弟间谆谆训迪，恩义兼尽。卒于任。士哀慕之，祀名宦。

叶宗荫 浙江遂昌人，广西仪卫籍，举人。嘉靖间，任抚宁知县。兴利除害，一境肃然。致仕去，士民攀送，涕泣如失怙恃。

李 英 江西饶州人，岁贡。嘉靖间，任山海卫教授。潜心圣贤之学，每事务躬行实践，期可盟幽独，尤以师道自任。教人不专事举子业，对诸生燕坐，谈理道，辨义利，谆谆不倦。徒辈有能厚人伦尚义举者，奖进不真口。后闻兄讣，哀毁逾礼，见者感泣。因触时政，竟弃官归。当时，与胡敬斋先生齐名西江。至今推理学，必曰胡李云。

李邦佐 河南陈留人，进士。隆庆元年，任乐亭知县。时值多事，公修缮城池，高厚倍昔，增四门、月城，各置铁栈、楼橹、敌台，简募丁壮，制造火器，民恃以无恐。性强直无阿徇，剖断如流，除奸若刈，一方戴为神君。擢礼科给事中。去后，邑人立祠，合前令李瀚祀之。

杨 兆 字梦镜，号晴川，陕西肤施人。隆庆三年，任永平道。为政平和近人，抚恤疮痍，作兴学校，凡坊表署额皆出其笔。升都御史，巡抚顺天。

赵云翔 山东平阴人，进士。隆庆三年，任迁安知县。性禀刚直，心存恺悌，公正廉明，动合礼。祀名宦。

许守谦 字子受，号益斋，直隶藁城人，进士。隆庆四年，任户部分司。嘉靖时，充商者悉荡产赔粂，后诬坐侵欺，充戍四十余人。公力为辩豁。人皆戴之。历兵部。

孙应元 号华山，湖广钟祥人（一作承天卫人），进士。隆庆四年，任永平道。时，坐商粂饷罄资赔补，犹拟远戍。公力白当道，宥诬坐土商戍边者四十余家。永人世尸祝之。恤贫士，加意学校，至巡视边徼，不惮险阻，皆公自检。核力除虚冒，军卫敛手，牙侩裹足。其刚介精敏如此。初为山海兵部分司，南北敌台皆其所建。万历五年，升山西巡抚。

宋　豸 字思直，号直庵，直隶容城人，进士。隆庆五年，任户部分司。时议蠲商未决，公知应者苦，逐一蠲之。升汝宁知府，至运使。

张彝训 山东宁阳人，进士。隆庆五年，任抚宁知县。栽培学校，惠爱群黎。士民感德，立碑于西门瓮城。

刘邦彦 湖广龙阳人，举人。隆庆间，任乐亭教谕。学问宏邃，志行端方，以行谊作人，经术迪士。戒浮薄，厘陋习，一事不苟，学者翕然向风。升高邑知县，历大理寺寺正。

顾　褒 浙江余姚人，由进士，万历二年，任永平知府。历事精明，公文不假胥吏手。听断狱讼，一见即决，庭无留系。尽革赎锾等弊，时各衙门雇差驿递雇役，为时大累，公严禁止之，一时吏治肃然。

乐亭王好问《送太守觐山顾公迁宪臬序》云：汉史纪循吏甚详，不具其异能，而取其宜民。自后世视之，其行事之实若非甚高而难继者，然其声烈之美，先扬简策；风泽之远，旁施累世。如崇山大壑，其势不可逾其利不可穷也。何其伟哉！乃若巧吏之在天下，或任法以畜威，而令无不行；或运术以驭物，而人莫可测。剖理发摘，铺校变化，周旋转移之间，事既集而名亦起，飘忽起伏隐微之机，风雨不足喻其疾，鬼神不足喻其深也。彼其自待之厚，亦以为吾威可以慑天下，吾术可以愚天下。而一时功名之士染指于旁，观者亦以为当世有若人，可望而不可及也。不知圣人有至教其端本诸？天君子有大道，其出本诸诚，违天不祥，去诚无物。故术愈多，而智愈穷；事愈巧，而功愈坠。吏风之敝，职此之由，自昔有明监也。以余观于觐山公，岂不诚循吏哉？昔闻其语，今见其人矣。盖公之秉心以仁，故物无不爱；其运治以心，故物无不孚。其议狱也，务宽厚而薄深文，故民和而讼日息。其临下也，贵简直而恶苛求，故法行而人不犯。至于廉立之节，如贞女饬身，鸣璜百结，而宵不下堂也。孤介之操，如烈士伏节，而刚忠百折，气不可夺也。治郡数年，凡出一言，行一事，究其始终表里皆合。曾未见其或欺。宜其言出而人信，风行而化速如此。昔具广州饮甘泉而怀二贤，有所感也。今公所守土，即夷齐旧封，故旷世之感，视昔人尤深。公世家姚江，为古今文献之国。故闻道之早，得先哲之宗，巍巍嶷嶷。下视巧吏，何异日月丽天，高朗光洁，而爝火微芒皆虚焰矣。轲氏疑《武成》，不欲尽信。吾不知循吏之在当时，真能如所传否耶，真能如我公否耶？方今圣明御极，体道法天，遵王轨而贱霸术，急贤兴理，痡瘵日勤。公执宪畿方，密迩九重，风猷之饬殆朝行而夕闻。用知师衡之召不逾信宿，公必有所启沃，以天道而广皇德，以至诚而运化枢。育物和元，参合无间。明主将纯心任之，治本既端，吏风自淑，羲农之基绪益隆，黄虞之登闳可媲。公之功德，又将与岳相并名。太史氏将特书之。余复何言哉！余复何言哉！

冯　露　河南襄城人，进士。万历四年，自乐亭调迁安知县。廉明仁恕，实惠及民，申请减免永平等卫徭银，民为立石。祀名宦。

乔学诗　山东东阿人，进士。万历五年，任永平推官。严明整肃，人不能欺。属邑有匿官解银数千金，以虚批应查，数年罔觉，公一见发之。卫官征收徭银耗重，贫苦无告。公建议令输纳于各卫首领，允为良法，行取补刑部主事。

吴应选　陕西会宁人，举人。万历五年，任昌黎知县。清慎居官，真诚待物，政通法理，允孚民心。升京府通判，历知府，有专祠。

任　铠　山西平定州人，举人。万历六年，任永平知府。时料丈田地，公以小民无知，十止报九，当罪者众。乃新制步弓比旧暗增五寸，俾执以度地，视前丈分数相合。众俱免辜，存心宽厚御下，不尚鞭笞。时论称为仁厚长者。建南门楼、凭虚阁，升宁夏副使。

陈名华　字诚甫，号章阁，福建晋江人，进士。万历九年，任户部分司。申明不用土商之令客兵屯海上，扰民请撤之。士民立石以颂。二十三年，调礼部主客司郎中。

白　夏　江南颍州人，举人。万历九年，任迁安知县。县无志，闻邑人王之衡有草，遂属焉。又清丈田亩，以清赋役，百姓感服。升山西汾州府知府，祀名宦。

王邦俊　陕西鄜州人，进士。万历十年，任山海兵部分司。廉静端严，寡言笑。时关法亟严，十余日始启民出人，颇不便。公慨复旧制，请建东罗城，修理楼堞，至今攸赖。

雷应时　山西芮城人，举人。万历十一年，任抚宁知县。耿介端方，不事韦脂，修辑《县志》，课民织纺，有实惠及民。保留加通判衔，治政九载，边邑晏然，有古循吏风。

马瀚如　字纾之，号抱白，河南陈留人，进士。万历十三年，任户部分司。时郡岁租甚鲜，议金商籴买，以实仓庾，咸鬻产为避计公。如广开中法，令盐商输粟，各仓不用土著。而佥商之议始寝。人皆德之。

叶梦熊　字男兆，号龙塘，广东归善人，进士。万历十三年，任永平道。政尚宽平，豁达而持大体。时守台南兵欲为乱，公设法抚定之，聘旧门下生郭造卿修《府志》，以备一方文献。升山东按察司。

沈之吟　浙江乌程人，进士。万历十三年，任永平推官。扶持义类，绰有仔肩。丁亥，水灾，缚筏拯溺，散粟赈济，生全甚众。督修城垣，增下水关瓮城，创南关明滦门。一时才猷肆应，当事伟之。擢南京给事。

张元庆　浙江山阴人，举人。万历十四年，任滦州知州。有异政。夜宿古冶寺，女鬼韩氏诉奸僧妙存淫杀状。诘朝捕治，伏罪。又尝预识河决，囊土塞城门不浸者三板。岁饥赈粥，全活万人。

陈维城 山东丘县人，进士。万历十五年，任永平知府。操守廉清，衣履若寒士。卫余金大户征收立致，罄产公决，议以收纳事尽责各卫首领，著为令甲，卫余得苏。升山西赤城道副使。

潘敦复 字彦恒，山东夏津人，进士。万历十八年，任乐亭知县。为政不事催科，首崇抚字，简练乡兵，以备城守，修葺学宫，建设仓廒。邑无专志，公纂辑二百余年故实，遂成一代文献。历升山西大同知府。

杨　镐 号沧宇，河南商丘人，进士。万历二十年，任永平道。才猷挥霍，风采洒然。旧例石门产煤，县辇送道府各署，以供官用。里民挽运络绎，苦累不支。公至，力禁之。熟谙边务，下笔数千言立就，按之皆中肯要。迁辽东参议，寻升经略、尚书、都御史。

王　衮 山东阳谷人，举人。万历二十年，任卢龙知县。性坦易，才敏决，并柜以省收头，俵马市之都门，免贴银赔累之苦。倭警，将籍民为兵，远近骇窜。公力陈当道，更为召募，应者立集，六属安堵。升陕西耀州知州。

冯　恩 山西代州人，举人。万历二十年，任昌黎知县。廉以持躬，勤以任事。营建鼓楼，修筑月城，通北门，置北关，增栈房，浚棠泉，士民思之。崇祯十五年，崇祀名宦。

刘从仁 山西解州人，贡生。万历二十一年，任滦州知州。威惠并宣，庭无留讼。缮城，浚濠，修学宫，造祭器，不逾年百废俱兴。时称循卓。

张时显 江西南城人，进士。万历二十三年，任山海兵部分司。长于治才，精核整肃。重修《关志》，学识赡雅。时征倭总兵陈璘幕下鼓噪，赖公抚定，一宇获宁。

张尧辅 陕西宜川人，举人。万历二十三年，任滦州知州。性耿直，爱民如子。以蔑诬去，公论惜之。撰去思碑。

徐　准 山东新城人，进士。万历二十四年，任永平知府。才干精明，临事爽决。时倭警方炽，海防单弱，公请兵二千防海，一时恃以无恐。倭平，仍申文撤之。又奉调征倭兵十万，由永渡辽，供需飞挽，增派丁银。倭平，悉飞告减复如旧，六属欢呼。至条议河工利害，曲折详尽。遇事敢为，屹然莫夺，朝议以公长才，加河南按察司副使。二十七年，升辽东海盖道、山西参政。

定兴鹿伯顺《赠恒山徐君擢守永平序》云：恒山徐君以永平佐管经略出纳事，年余声实彻中外，擢守永平。余幕中闻报，呼同舍培亭、献孺、星海，酌酒庆也。培亭答余曰："子不知爱官爵，并冷淡他人之迁除，曾未见一启事上子眉，何今日跃跃也？"余曰："他人迁除，他人之利也。徐君保障永平，永平利之。接应山海，山海利之。且他人迁除，营而得之，其意中物也。徐君尽瘁于出纳，而全不逢上意。金钱粟米无分毫升合不从雪肠中清头绪，又无不从强项中留膏脂。余金竟作正支，余米且为饥民粥。是何曾一计及于上官之知我、罪我？天下岂有不讲逢上之术，而敢作迁官梦者？不梦而得，得乃见奇，能无快与？"献孺笑谓："是固然矣。而子居恒称引暗然之义，动以不求人知为足色。向对子谈徐君苦节，而惜其拙于求知。子固谓徐君始终一节，荣于一岁三迁，今乃动色于擢守也。子言固在为矛为盾矣。"余曰："有是言也。不闻为善之利乎？近利则善杂，绝利则善枯。君子之学，固与生人之趣相御而行。谁不知一意官下，绝去荣进之为，纯忠，然不到此地不见英雄本色。而必使到此地，为善者沮矣。滔滔者，天下皆是也。有一人焉，走不求人知，一路而果无人知，寂寂遗笑，是助滔滔者而扬其波也。有徐君之擢，使人谓天与善人。为善者不枯，非世道之大幸与？"献孺曰："若子言，反覆胜耶？"星海从旁代为难曰："天既与善，何不合下与之。乃先使困抑，几不自存。前此实掠虎须，不葬虎腹，属有天幸。既而以热肠视饮醇之政，如度不晴之昼。意气暗销，使无今日之知遇，几索于枯鱼之肆矣。"余曰："是又不然。子以知子者为天，不知者非天耶？天体直而用曲，非直无以造民物之命，乾坤且几乎毁。至于穷人情事理之变态，以洗发豪杰之精神，妙全在曲。曲之为言折也，羊肠以九折而开绝处之生；江河以百折而现必东之性。物皆然，人为甚。说在乎孟子之论困衡矣，则常与善人，天之意可一言而尽也。至于与之之术，巧历所不能穷，千古英雄总受颠倒，于此中影样具在，可覆视也。微独古人？即君刺易州时，不几以失上官意投劾乎？水清石见，读直，指王君推毂语同调者，觉乾坤之朗。及抵山海后，先许合状复类是。余又以从师相行间，再睹其事，两地影样若自为临摹者。师相为前吏兹土者，往往以赇败，而藉口于上官之多，两姑间难为妇也。特拔一介挺者风之，信斯言也。君竟以不求知者，受知非天也耶？吾辈但患善不真，莫患天不与其困抑，于不见知之时而节不渝，乃其显庸于见知之时而色不愧。虽然到见知之时，而不求知之意，未尝不在此。余之所以为徐君跃跃也。徐君而外，则仍有吾不羡迁除之旧眼在。”三君皆意得去。而徐君之同堂友李、周两君持绢来，求所以赠徐君者，因铨次前语以授之。

叶世英 字春谷，广宁卫籍，浙江宁波人，进士。万历二十四年，任卢龙知县。明敏倜傥，有应变才。二十六年，奉调征倭广兵五千，噪变于山海。公单骑陈以大义，悉抚定之。内三卫编徭例属附郭县，官审定之，访役诋欺，卫弁率意报徭，骤减骤增，骇愚启倖，为时大害。公先期谕众革除前弊，令各户自平，一时承应如流，六属咸取法焉。尤属意学宫，建魁星阁于坤，上树平临北斗坊。迁兵部主事。

雷 声 山东禹城人，举人。万历二十四年，任迁安知县。莅任不受里递导行例金，革步快，惩市豪，清算经费以足岁支。酌议公解俵马，以省各社递马银，并东塞中伙之费。迁有渡滦桥，每秋赋民草束木架甚夥，公令民遇夏折收，所省不费。初下车，即摘发部民杀弟事，奸胥敛迹。编审徭役，不避权势。卒于官。士民哀思请人名宦。

王象恒 山东新城人，进士。万历二十八年，任卢龙知县。性廉洁，多惠爱。甲辰，值滦、漆涨溢，郭内行舟，岁饥流民载道。公开仓赈粥，全活甚众。学宫倾圮，设法修葺。士民咸称颂之。

来俨然 陕西三原人，进士。万历二十九年，任山海兵部分司。端重严整。时税珰高淮煽虐，以厚币愧遗，尽却之。出人不与偕。至有害于民，力为解释。淮亦畏其清鲠，不敢从恶。任未久，卒于官。

士民痛之。西罗城外龙王庙后，建有专祠。

孙　慈　湖广蕲水人，举人。万历三十四年，任滦州知州。垦荒田，抑强暴，裁冗费，革浮役。去后，士民思之，立祠撰碑。

赵　绂　号怀东，山西乐平人，进士。万历三十五年，任卢龙知县。实心为政，勤俭自励。征收弗遣役滋扰，与民约四仲受输，无后期者。听讼平允，不为锾罚。岁饥赈粟，全活无算。编审佥富家应役，以苏贫民，人咸悦服。擢御史。

吴望岱　前令应选子，举人。万历三十五年，任昌黎知县。吏治精明，断狱敏辨。父子继任昌黎，人以比傅僧佑、毕元宝云。累官南户部郎中。

邵可立　陕西商州人，进士。万历三十六年，任山海兵部分司。廉直刚断，加意人文。建文昌书院，购古今遗书，充之俊彦鼓箧其中，一时称盛。值岁饥，令屯官清绝产，置牛具，分给婚不举者，卫有布化之施。贫不葬者，普济会有棺木之给赏。三劾貂珰四减关税。修镇东楼，工师苦无大木，忽海上浮若干，至及落成无赢余者。亢阳不雨，公三祷三应。忠清正直，格于神祇。时咸叹异之。

张廷拱　福建同安人，进士。万历四十年，任迁安知县。优礼学校，均平徭役，奸胥、积猾禁革一空。秩满行取，士民遮留泣送，如赤子之离父母。为立生祠于南关，祀之。历官佥都御史。

王　台　字古柏，山东临清人，举人。万历四十三年，任抚宁知县。敷政宁人，筹边足国，捐俸创建云从书院，课士不倦。有生祠碑记。

杨于陛　四川剑州人，举人。万历四十四年，任昌黎知县。抚民训士，补缺兴废，文学、吏治两擅其美。重修《邑志》，笔削简当。升广西郁林知州，迁云南武定府同知，死节。

孙止孝　山东历城人，进士。万历四十五年，任卢龙知县。劳心抚字，持已洁清，且英毅有远略。时值多事，创立射会，练习乡勇，以备缓急。尤作兴斯文，岁时督课，设立赏格，以示鼓舞。崇祀名宦。

刘泽深 字警图，河南扶沟人，进士。万历四十六年，任永平道。治政刚决，不容奸伪，人无敢干以私。其所兴除，皆大利大害。升湖广参政。祀名宦。

陈所立 字如有，福建长乐人，举人。天启二年，任永平知府。性嗜经术，甫下车即于府治后建立书院，以清圣主于中。政暇集诸生讲论文义，终日不倦。其文行俱优者，格外礼遇之，每岁暮各给膏火、炭赀，以励其学，诸生益奋。北郭外，淝、漆二水潆汇，夏秋涨，辄啮城趾。公设法自拱辰门至菊花台，横筑砖堤里许障之。今遗趾尚在。著有《北平诗赋》诸集。

王四维 山西河曲人，贡士。天启二年，任迁安知县。勤敏宽厚，礼士爱民。旧例岁派车马杠三役，里胥诈害无穷，民间苦累。公剔除积弊，佥派均平。升涿州知州，民思慕不忘，为立生祠，于县东祀之。

陈祖苞 浙江海盐人，进士。天启五年，任山海兵部分司。公一日坐堂上，忽有骡自关外闯人，向堂长鸣。公命人尾之，至一家，直人，掘地得尸。廉其图财致命状，抵罪。又四人失路，引回关中，官欲以奸细论，公持不可，得放归，以此致忤罢去。东门瓮城关帝庙左，建专祠肖像。后复起，历顺天巡抚。

罗成功 广东高要人，举人。天启六年，任永平推官。崇祯三年，永城不守，公慷慨尽节，视死如归。事平，立坊表之，仍从祀武庙表忠祠。

张凤奇 山西阳曲人，举人。崇祯元年，任永平知府。莅任初，值羽檄交驰，军需旁午，公修补废垒，设备刍粮，为固圉计。二年已巳冬，永平戒严。公悉心捐募，鼓励军士。又出库银，以饷乡勇。三年庚午，永城不守，公尽出所有，散诸行市及舆隶，乃仰药而死，夫人阖门雉经。事平，赠光禄寺卿，从祀名宦并武庙表忠祠。

杨　熑 贵州铜仁人，举人。崇祯元年，任滦州知州。庚午大清兵克永平，州人李际春以城降，士民惊窜，公拔刀自刎。予赠荫专祠。

李凤翥 字瑞征，江西乐安人，举人。崇祯元年，任乐亭知县。才裕性果，加惠茕氓。值皇清兵下永平，公鼓舞士民，多方捍御。援兵抵邑，应付有方。因忤当道，排挤之。士民争先保举不得，立石颂之。祀名宦。

左应选 山西榆次人，举人。崇祯二年，任昌黎县知县。甫三日，即城守戒严。庚午正月，皇清兵下永平，滦、迁俱陷，大兵攻围昌黎八昼夜。公誓死励众，百计守御，遣人突围，密约乐亭死守，以通京师山海之路，赖以全城。又灭白莲教数千人于云峰寺，以功加按察司佥事。

陈昌言 号道庄，山西泽州人。甲戌进士。崇祯八年，任乐亭知县。时国事丛脞，绥辑有方，民用不扰。十三年，行取。民为勒碑，崇祀名宦。

赵允植 辽阳人。崇祯二年，任卢龙教谕。品行端方，勤于训士。凡其诱诲启迪，必以忠孝行谊为先。值庚午兵燹，与妻钦氏暨女同死。祀名宦。

宋　坤 辽东人，岁贡。崇祯二年，任抚宁训导。时值兵警，赖公调戢兵民，地方保全。

杨嗣昌 号文弱，湖广武陵人，进士。崇祯三年，任山石道，将佐懔如神君。癸酉晋山海巡抚，筑南北两翼城以固疆域，刊乡约化民书，令有司师生朔望讲读，以正风俗。捐俸建学宫，廓然改观。经始甫竣，以迁秩去。后为山海巡抚，至今山海士子，犹颂德弗谖。

韩国植 陕西泾阳人，进士。崇祯四年，任永平推官。郡当残破之余，土著稀少，人文寥落，士气衰靡。公查府治后已废孤竹书院，捐俸修饬，延请有文行者董厥事，鸠民间子弟肄业其中，以东郊外营房隙地九十三亩为学俸。永平至今食其福利云。

余　爵 字天有，河南禹州人，进士。崇祯四年，任抚宁知县。长才卧理，百姓安堵，厘奸剔弊，吏胥畏服。历兵部职方司监军，征寇殉难。赠太仆寺少卿，谥忠壮。

刘景曜 号嵩曙，河南登封人，进士。崇祯六年，任永平道。赋性正直，不轻言笑。时中官奉使阅兵，有总监、总督监视、钦授等名，横甚。稍弗遂意，辄奏行建治。公独不往谒，疏揭凡七上，时称敢言。察边阅操例，兵备伺陪以属礼。见公乘肩舆直至演武中堂，总监出幄迎以宾礼会。公犹抗言，不稍假以颜色。永镇各边将士，得免横索凌铄，皆公力也。督师孙公传庭，奉命赴山海监视，倚上方剑，纵护卫兵不守纪律，声势赫然，所过地方民争趋避。公馆之郭外，不令一骑人城，行粮自障上运给之。孙公怒，提协将知县、乡总欲置以法。公不为礼，事旋解，城中得免糜烂。永人德之。升山东巡抚。所著有《嵩山文集》及《北平名景》诸书。

张若麒　山东胶州人，进士。崇祯七年，任卢龙知县。果达明爽，案无积牍。革除佥派民役收纳之累，立柜书收受，至今便之。秩满行取。

马孔健　河南陈留人，进士。崇祯十年，任卢龙知县。当兵燹余，劝农兴学，固圉安民。己卯，畿东告警。督师孙公传庭休兵永平，欲入城，郡民骇甚。公设馆城外，请督师禁兵无人，民赖以安。被难男女千余人，给资归之，病者养之。庚辰，台司檄县运粮十万石至辽，民大困。公条议令卫卒营兵协力递运，刻期竣役。里中子投充椒戚，横噬小民，公真诸法不贷。有巨族兄弟讼家产，公闭阁引咎数日不视事，两造惭谢和好如初，后争以重赂酬德，抗颜却之。其持正惠民如此。擢御史。

杜　浤　字腾江，保定定兴人，岁贡。崇祯十年，任抚宁教谕。

行谊端方，学问渊博，诲人仿胡文定教条，起衰式靡，一时士风丕变，庠弟子至今宗仰之。

范志完　河南虞城人，进士。崇祯十二年，任山石道。公多材艺，任事三年百废俱举。峻城，浚池，宽徭，饬驿，鼓舞行伍，作兴学校，崇秩祀，奖节孝，救荒恤困，一时政治为之改观。升山西巡抚，擢总督。

彭　份　字洗存，江西南昌人，举人。崇祯十三年，任永平知府。下车约法三章，悬锣中门，有冤抑者，任其不时申诉。筑敌台以固东圉，修泊岸以障西河。前官遗道累，公镌级者六矣，终不遣一骑，以督各属。岁祲，蝗不入境。永人有秋尽数年，逋欠争相效输，得尽复所级。修葺府县学宫，不扰民间。庚辰大饥，流民万计趋永，僵仆载道。公措施衣粥，为暖舍以居之所，全活甚众。车骑营兵，乘夜鼓噪。公戒守栅扼巷，始开门击之，噪兵以无内应，宵遁，城中得免屠掠。时服其才大而识高云。升贵州道副使。

高承埏 字寓公，浙江秀水人，进士。崇祯十三年，任迁安知县。清惠明敏，力行修、练、储、备四事。加意养士，人文蔚起。民叠遇兵荒，多转徒。公至，先务赈饥，全活数千人，招抚流移。省刑缓征，闻风复业者千七百户。漕船守冻天津，檄州县陆运津粮至辽东前屯卫。迁邑派运四千石，公力请减半。念赴津道远，听民垫运，抵明年应纳屯粮，或至山海关买运前屯，省费万计。豪强投献勋戚称四姓佃户，久厉民，公锄抑之，皆投牒归其原里社。奸民投兵抗粮，公摄治渠魁，诫各营路督道赋无少贷。开垦杨家店等处荒地三千八百余亩，捐俸修城数十丈，不费民钱。调繁宝坻县，两地并有去思碑。

刘浚源 山东曹州人，进士。崇祯十四年，任卢龙知县。性介操清，驰任无行装，止挟一布被于舆中，服不衣帛，日用惟供蔬菜一束。时出巡行，预备饼数枚，自给于当道，毫无愧遗。听讼执法，虽势力者不能干以私。永人以赵清献颂之。

朱国梓 字邓林，前屯卫人，总镇朱梅子，选贡生。崇祯十六年，任永平道。操持耿介，治政刚方，慎重精明，屏除陋习。甲申春，逆闯陷京，将薄永郡。公赴关，与总镇举义拒寇。值国朝大兵扫荡寇氛，公即奉母石门，高隐以终。先任关门主事，简静不苛，建且止亭于关外，以为候关内舍，至今称便（以上文秩旧志）。

王　整 羽林前卫人。正统八年，任山海卫守备。沈毅有谋，长于干济。山海设守官自此始。前此治尚草创，规制未备。公至，次第兴举，凡学庙、楼橹及廨舍之属，多所增建。抚士驭下，宽而有体，民畏而爱之。

申　宁　沂州卫人。弘治中，为山海卫守备。安静不扰，地方德之。升山东都司。以廉勤勒石于石门路之彰善碑。

王守道　辽东左屯卫都指挥。万历十一年，任山海路参将。十二年九月，敌侵宁前，公率本路并延绥兵东援，遇敌却之。十月，敌复合兵，夜半直逼关门。公同延绥将杭大才、中军盛庄，列营城东，血战竟日，敌失利退去，有全城之功。

朱洪范　京卫指挥，武进士。万历三十年，任山海路参将。才品优长，仪表出众，整饬营伍，任用贤能。时值税监擅权，公曲护地方，得免荼毒。且长于吟咏，有樽俎折冲之概，当年推为儒将。

刘　渠　号双泉，顺天人。万历四十七年，总镇山海。体貌魁岸，武艺优长，而性情儒雅，爱士礼贤，严禁官价，不致扰民，有古良将风。迁镇广宁，临阵竟以身殉（案《明史·罗一贤传》“刘渠，京城巡捕副将也。以御史杨鹤荐擢三屯营总兵官，援剿辽东战殁”）。

唐之靖　浙江山阴人，会举第二。崇祯元年，任武学科正。三年庚午，大清兵下永平，公先令阖家俱焚，因谓左右曰：“吾死之后，亦焚吾尸。”遂西向再拜自缢，从容就义大节昭然。祀武庙忠烈祠。

程应琦　浙江山阴人，三科武举。崇祯元年，任永平道标中军都司。沈毅英发，有应变才。庚午，永城不守。公挺戈巷战，事不济，拔所佩刀自刎，不死，令家丁断头，众皆涕泣劝慰。公竖发裂眦，复起自杀。事平，立坊表之，祀武庙忠烈祠。

朱　梅　号海峰，辽东前屯卫人。崇祯三年，总镇山海。厚重浑朴，御事精详。先是值广宁失守，边人要赏，士民震骇。当事难之时，公为裨将，慨然自任，出抚于关东八里铺，詟以威灵，绥以恩信，众皆贴服，罗拜而去，关门安堵。至招降丁，活难民，垦地筑垣种种著绩。适辽兵溃还至关，公匹马独前，宣布恩威，相对抚膺流泣，无不感动。镇关不浃旬，克奏肤功，加秩世袭。及卒，晋阶谕祭，以酬其勋。子国梓，历官永平道（以上武职旧志）。

陈　钦　字亮之，浙江会稽人，进士。弘治八年，以兵部主事任山海分司。清简平易，卓有高致，终仕无苛扰之令，民甚德之。且邃于诗学，雅好吟咏。

谷中虚 山东海丰人，进士。嘉靖二十七年，以兵部主事任山海分司。视关政三年，澹泊俭素，一尘不淄。时辽左承平，比屋殷富，马匹贱售而西者首尾相望。榷关者利其税，悉纵之人。中虚独加厉禁，贩夫皆领中官费，久饕倍利，一旦失望，遂挟巨珰书，乞本兵言，竟执如初。

王继祖 陕西咸宁人，进士。隆庆二年，以兵部主事任山海分司。坦平简静，历官有冰蘖声。时新添参将某有颉颃意。继祖严体统不少借，一切馈贻却之。后陟守河间以忤抚臣，去。

杨　植 山西阳城人，进士。万历十二年，以兵部主事任山海分司。清介方正，居官三载不受馈遗。各行俱用时估，执法严而不苛，留心惠养，免挂号一呈，军民衔感。训诲诸生，谆谆不倦。

李如桧 号太岩，山东阳信人，进士。万历三十三年，以兵部主事任山海分司。廉平莅官，坦和待物，课士评文如家人父子，准旧引填名，软念民瘝。时税珰高淮肆虐。桧不吐不茹，绰然挽掖。及淮稔恶贯盈，军民激变，桧调停息乱，拊淮出境，一时获免骚害。

杨葆和 云南大理人，举人。崇祯二年，任管关通判。勤政爱民，不事趋奉。时余仪部一元初应童子试，和即以大受相期许，勉望谆至。未几以不得于上官，谢病归。

朱国栋 陕西富平人，进士。崇祯十一年，任巡抚。性沈毅，持大体，更定营制，军政肃然。上疏修西罗城，以资捍卫。寻迁秩去关，人欲为建专祠，以鼎革未果。

刘　纲 山海卫指挥佥事。天顺间，视卫篆以贤称，体统甚严，每侵晨诣公座，千户以下肃肃雁序，咸执属礼罔敢哗者。器物食用，皆宿购。遇上官至辄出以应，不丝毫敛于下。于学校以提调自任，创建东西庑暨学舍，诸生违教者辄廷责之，罔敢不服。

狄　珍 字国宾，山海卫中右所千户。少时与海钓萧公同肄举子业，志趋甚端，长承荫署。所篆文雅忠厚，为流辈所推（以上从《山海志》补）。

卷之五十三

列传五　名宦五

［国朝］

张　祺　奉天盖州举人。崇祯十五年，任迁安知县。时值流寇之乱，设法守御，民赖以安。顺治二年，升刑部主事，转山东兵备道副使。

李丕著　号愚公，山西曲沃人，进士。顺治元年任永平道。当定鼎之初，郡邑无专官，公措置经理，城市始治有法。乘乱为盗者，许其投首自新。招抚流离，民得复业。又请设寓学，绥恤远士；立月课，以示鼓舞。凡有不便于地方者，不待陈控，即革除之。士民感其镇定安辑功，肖像立祠于南山之巅。

冯如京　山西太原镇武卫人，恩贡。顺治元年值开国之初，以本府同知擢用知府。弹压变乱，招集流离。申请创立寓学，以恤远士；革除明季陋规，以抚疮痍。六属钦服，士民爱戴。其任滦也，常革老人应驿之苦，立法攒槽，至今赖之。寻升榆林道副使，历广东江南左、右布政。

侯一匡　山西人，生员。顺治元年任抚宁。时当鼎革流寇过境，人心悚惧。公素悉贼淫掠状，咸令妇女避署中，关城赖以保全。适我大兵入关，绅衿耆老遮道保留，命赐冠带。公由此益自奋励，严守御，抚凋残，减役均徭，刑清政简。惜以朴直忤当事，卒于官。

李日芃　字培原，满洲人，生员。顺治二年任永平知府。惩投充，革滥派，吏不能为奸。寻升霸州道副使，历官操江都御史。

郑　伸　字行台，奉天锦州人。顺治二年任滦州知州。推诚待物，一介不取。时奉部圈田，力护近城园舍。晋大同佥事。殁，祀名宦。

张毓中　字去偏，号泊水，山西阳城人，举人。顺治二年任抚宁知县。邑当明末，差繁徭重，及包赔坍塌地亩钱粮为民大累。公下车清查逋数，概请捐除，流亡复业。甫七月，擢刑部主事。百姓如失父母。历官陕西凤翔知府。

李中梧　号灿宇，满洲人。顺治三年任永平知府。厚重少文，不轻颦笑，居官廉明有威，不避豪右。有以锄刃毙人，久未成狱，公命以谷草炙锄，血迹俨然，乃脱无辜于狱，坐实杀人者。升蓟州道，士民攀辕泣送，自永至蓟，凡三百余里，络绎不绝。历湖广按察司。

梁应元　字仁吾，辽阳人，生员。顺治三年任卢龙知县。当定鼎之初，人心惶惑，公慈惠宽仁，鞠保备至，士民爱戴之。学宫倾圮，公创造一新。寻升江南池州知府，转天津道。

徐逢时　字盛寰，广宁卫人，生员。顺治三年（《迁志》作二年）任迁安知县。当数十年兵燹之后，公恤残黎，缓征呼，重学校，凡礼士爱民之事，无所不至。四年，升顺德知府。邑人感之，为立去思碑。

刘应锡　辽东人，生员。顺治三年任昌黎知县。当定鼎之初，人心惶怯，公廉明慈恕，加意抚绥，人心始定。升大名府知府。去之日，民送如市。

张文钦　字君明，浙江山阴人。顺治三年任滦州吏目。洁己奉公，八载于滦。去官日，老稚泣送至日夕，马不得行，张饮数十里外，信宿始克就道。自来倅尉所未见者。

赵　汲　字学夫，号润宇，奉天锦州人，贡生。顺治五年任卢龙知县。沉静练达，廉明仁厚，政皆和易近人。前令学宫未竣，公慨然继成之。时部议召买刍豆赴三屯备行幸，羽书旁午，民间供应不及。公乃给值铺商以所收米豆雇运，不扰民而公事立济。升江南泰州知州。

王光晋　字康侯，奉天辽阳人。顺治五年由副贡生任滦州知州。

明析秋毫，簿书票檄不假胥吏之手。后以卓异，擢姑苏太守。

白　芬　字猗若，河南洛阳人，举人。顺治八年任户部分司。刚果有为，御下明决。尝自谓云：“兴一利不若除一害。”甫下车，严饬仓库，有弄法者，悉痛治之。积弊顿清，军民惬服。著《四书干》，选程墨以教诸生。九年，移驻蓟州。而永平饷司自此裁矣。

尤　侗　字展成，江南长洲人，选贡。顺治九年任永平推官。学识优长，治政明决，尤优礼学校，因材鼓舞，人文振兴，一时称为盛事。以执法不阿，调任去。所著有《北堂秋梦》、《西堂杂俎》诸集行世。

韩　望　字俨然，陕西泾阳人，进士。顺治九年任乐亭知县。吏治敏达，剔蠹祛奸，一时萑苻不惊，强暴敛迹。擢户部福建司主事，士民遮留不忍去。

谭　琳　湖广宗阳人，举人。顺治十年知抚宁县。下车即以兴文教为先，甄别生童，会课书院，一切经费俱捐俸为之。邑田化民女，许字李得金之子，因婿贫悔婚，诉于官。公为惩化民，给花烛银，命女与李子成婚。养济院口粮奉文裁减，捐俸照旧发给。未几，擢户部去。

王　美　顺天昌平人，贡生。顺治十一年任永平教授。识见超卓，安静有才干。凡军民以事诘诸生者，公收牒斥逐之。封牒付本生，令其自省。时进诸生讲论经史，奖其所能，进其所不及。人以方李宗思、常浚孙云。

李士模　字可庵，山东高密人，进士。顺治十四年任卢龙知县。才识优长，遇事立剖。卢邑无专志，公留心纂辑，以备一邑文献。约束胥吏，不假辞色，蠹弊悉除。升大理寺评事。

宋　琬　字玉叔，山东莱阳人，进士。顺治十四年任永平道。慷慨明决，遇事立剖，一时奸宄敛迹，境内肃然。增修府学，规模壮丽，前所未有。又按八佾设乐舞生，捐修乐器，以光祀典。搜辑《府志》以备百年文献。所著有《安雅堂集》、《泰州记异》诸书。调浙江宁绍台道，寻升浙江廉访使。祀名宦。

戴廷对 四川中江举人。顺治十五年任迁安知县。恤民瘼，除役囊，一切供应事措办有方，不扰百姓。后升湖广知府。

叶矫然 号思庵，福建闽县人，进士。顺治十五年任乐亭县。性仁恕，体恤民隐，培养士气。著有《龙性堂诗集》。

石 鲸 字浪秋，一字横海，湖广武陵人。顺治戊戌进士，官滦州知州。以刚直罢。著有《鹰来草堂诗钞》。鲸性奇伟，七岁能诗。官滦时，尝条陈滦赋役疾苦，上观察使、度支尚书，允而未行。有《辛丑五月，放归留别兼投馆阁诸公》七言长律五十韵，历叙牧滦及去官之由。其略云："欲陈冯翊凄凉色，不尽春陵疾苦词。请见三年敲旧贯，谁容二月买新丝。几番投陈观察，五次封书上度支。署考劳心同下下，况加强项奉期期。行春劝稼公田谷，薙夏初芟中谷。直按主家汤沐邑，失欢旧邸门阑厮。桂枝本辣安容蠹，桑椹虽多不醉鸥。自刻铭刀惭错节，毋劳贝锦缀成诗。"又云："生来啼笑原难偶，长脱形骸便数奇。身世酒浆斟北斗，命宫糠籁南箕。"又云："偶为明公校马肆，遂传处士用牛医。故人已被篙师误，太守适为渔父欺。自笑孤臣甘贝齿，敢云众女嫉娥眉。过蒙兄弟存班纩，妄想君王乞敝帷。捷径山林归去好，愚臣丘壑本来痴。"嵚寄历落，独往独来，可想见其为人。（节《沅湘耆旧集小传》）。

刘观澜 洛阳人。顺治十五年任山海通判。值悍卒狂逞，顽民影附，抚御劳心，卒于官。关人为敛费归其丧。祀名宦。

张国猷 密云人。顺治十六年，由贡生任滦州训导。轩爽喜吟诗，工篆、隶、行、草书。捐俸倡修学宫及明伦堂，皆坚丽改观。

韩国龙 密云人，岁贡。康熙元年任山海卫教授。修理学宫，殚竭心力。

武紘周 陕西延安，岁贡生。康熙元年，任迁安知县。洁己爱民，修学课士。莅迁一载，以逃人挂误去官，士民惜之。

杨 鸣 湖广安陆举人。康熙三年任迁安知县。赋性温厚，政尚宽平。六年，迁地被圈，部檄拨任丘地以补之，民惮其远。公为力请于户部，得免。后卒于官。

戴万象　江西南昌人。由吏员，康熙王年任卢龙。恪守职司，留心捕务，不畏强御，历事明决，民赖以安。

陈天植　永嘉人，贡士。康熙三年任山海管关通判。宽和恬静，事治民安。至修边垣，修澄海楼，修《关志》，厥功尤伟。

闵　峻　字山纡，浙江湖州府乌程县人。拔贡生，康熙四年任卢龙。土瘠民疲，地冲事剧。公秉性廉洁，悉心抚字。劝谕输将，禁止杂，力行保甲，盗息民安。编审持公，不畏强御，听讼明决，狱无冤滞。学宫年久倾圮，公捐俸重修。治卢五载，考绩称最。升兵部职方司。

钱世清　字生一，浙江钱塘人，选贡。康熙四年任永平道。公甫筮仕，即簪笔直庐周知制度、典章、沿革要务。所在居官，忠宽敏惠，廉静端凝，历有声誉。其佥臬北平也，咨恤民隐，崇尚俭约。莅任数年，举凡屯田、驯牧、邮传诸大政，以迨城郭、学校、仓廪、堤圩，罔不具饬，一时属吏咸称振刷焉。郡丞梁某赔补官粮，贫不能偿，以镌级解任，寻殁于官。公矜恤之，代措千五百余金，得归其丧。其生平盛德，类如此。周恤贫士，鼓舞庶司，孳孳不倦。凡祠庙载在祀典有关风化者，亟修葺之。寻移住通州道，衔加通永自公始。辛亥岁，予告养亲。去之日，士民攀辕涕泣，如失估恃。议人名宦祠崇祀。

梁泰来　字吉人，江南寿州人，举人。康熙四年任永平同知。学识优长，治政简恕，经理粮储，收授惟慎。奉批词讼，公以执法。署本府篆，推诚待物，廉静自持，留心郡乘，延士修补。时以厚重长者称之。惜用未竟，以镌级去。

王麟图　保定人。康熙四年任滦州学正。性谦和，急公慕义。继前任训导张国猷修葺文庙及两庑启圣祠、魁星楼，费用不足，至出家人簪珥助之。

王文衡　江南江宁人，生员。康熙五年任抚宁知县。修学宫，建鼓楼，以及瓮城城楼、牌坊、祠庙，鸠工庄材皆亲为综理，不惮其劳。民咸德之。寻升巩昌府同知。

李溉之 山东长山人，荫生。康熙六年任滦州知州。鞠盗得实，因忤权贵，竟坐诬去。民怀之，立碑记德。

王希彦 浙江鄞县人，吏员。康熙六年任抚宁典史。奉职惟勤，不擅受一词讼。地方供应陋规，概行蠲革。学宪蒋公以“供职勤劬，匪躬夙夜”奖之。

陈　丹 字自修，江南山阳人，举人。康熙七年任永平知府。公文武兼长，先以武科起家，仕淮安总戎从事，凡天文舆图靡不精晓。值我朝定鼎，率众归诚。世祖章皇帝赐以宫媛罗氏，公询其家世知为士妻，遂养为己女，逾年访其夫，归之。长安士大夫争为诗歌，以颂其事。寻弃武职入太学，应辛卯乡试，与子同登贤书，士论荣之。初筮河南邓州牧，及广西浔州，俱称循良。臬宪三楚，好持矜恕。以失出，左迁永平。下车尽撤地方供应，治事精勤，严绝馈送，日用蔬水与寒士无异。未几卒于官。合郡哀之，祀名宦。

钱裕国 字圜府，顺天人，举人。康熙七年任山海卫教授。敦厚持躬，虚公训课，诸生多受其教益。时郡丞寿州梁公泰来留心郡乘，属公修补，以备一郡文献。

蔡兴周 字姬桢，镶黄旗人，贡生。康熙八年任永平知府。初令完县，治政有声。行取御史，历参议。左迁永平，恤念民艰，未入境即禁止填设以清科派之原。敬士爱民，斥强抑悍，凡事止署限期，不轻差役，而案牍从无稽缓。明敏剔弊，一时积蠹尽消。

罗　京 字周师，浙江会稽人，贡生。康熙九年任永平同知。历事勤慎，清核仓粮。民间利弊，每虚公咨访。有穷民积通以鬻女者，公廉其实代偿之，令赎女以归。境内茕独，时加赈济。代管关篆，修举废坠，爱士恤贫，严禁轻生，浇俗丕变，关民戴之。以丁外艰去，后升直隶顺德知府。

魏师段 字松岩，湖广黄冈人，贡生。康熙九年任卢龙知县。履任初，革除一切陋弊，编审研核均平。值圣驾东巡，召见询以爱民之实，奏对称旨。公勤于政事，诸务亲裁，听讼虚公，恤穷除暴，修学宫及邑治焕然改观。邻邑有自殪其仆而诬人者，承审官顾其豪势狱竟成，公一讯得情，莫不以神明颂之。祀名宦。

王永命　字九如，山西临汾人，举人。康熙九年任迁安知县。持躬清正，治政廉明。莅任初，悉革陋规，禁除耗羡，凡食物、器具俱给时值，商民德之。学宫倾圮，城垣颓坏，相继修整，绝不扰民。补葺冷口边墙十三处，均得完固。修辑邑乘，以成一方文献。升行人司行人。所著有《六言通训》、《松韵堂余笔》、《边工漫记》、《别黄台山诗》。祀名宦。

王曰翼　字健斋，山西阳城人，举人。康熙九年任昌黎知县。清慎有为，殚心抚字。旧有粮羡陋规，张示永除，以苏民困。学宫颓圮，捐俸修葺。又缮城、修志，抑强抚弱，编审公平，士民爱戴。为立去思碑。

冯尧天　临城人。康熙九年任迁安训导。捐俸修理学宫。

崔谊之　号老山，山东平度州人，进士。康熙十年任通永道。宽厚宅衷，虚公执法。念各属冲繁，不轻差役以滋烦扰，馈送悉屏绝之。时以廉静闻。

唐敬一　字耕留，四川成都人，举人。康熙十年任永平知府。禁革铺垫陋习，劝民休息词讼，严饬吏胥，不轻差役，尤雅爱士子，多所启迪。壬子夏旱，禾渐焦。公斋戒虔祷，三致告于守土之神，凡五日霖雨大至。是年有秋。癸丑，郡城西北隅圮于水，公捐俸修筑，以固城墉。前，任太平司理衔命招抚安南，以军功擢长安郡丞，继补临洮，所在颂声丕作。乙卯，升洮岷道副使。

夏时美　满名安达里，字羡之，广宁人，旗籍。康熙十年任山海通判。文武兼长。时蒙古察哈拉部落谋为不轨，群情汹汹，公完守备御，关民恃以无恐。会屠将军统师进剿，公督运军需，飞刍挽票，供应无误，绝不派扰民间。其洁己奉公，爱民重士，善政实多。尝摄郡篆，颂声丕振。以忧去，合郡绅衿父老攀辕截镫，关民为之勒石建祠。庚寅岁，郡守张公朝琮详，人名宦。

孙宗元　字近厚，山东淄川人，进士。康熙十年，以同知降补滦州知州。廉静有为，留心抚字，虚公礼士，吏民畏怀，有古良吏风。

升广西思恩府同知。

汤　旺　陕西巩昌府人。由吏目，康熙十一年任卢邑巡捕。公慎有为，衙署向称狭隘，公莅任初，即重修堂宇，增修中门、大门，正方向，扩基址，观瞻以肃，而吏民不扰。

唐九纬　浙江山阴人，贡生。康熙年间任迁安知县。爱民礼士，不事纷扰。自构山亭于黄台之麓，时集士大夫问民疾苦。后以疾卒于官。

刘　馨　字敬庵，湖广沔阳人，荫生。康熙（《县志》作顺治）十四年任抚宁知县。治政淳厚，历事和平。捐资创建武庙，设立小学，修建书院，训课生童，抚字催科悉存宽恕。《县志》自万历以来缺略未修，公留心咨访，纂续刊刻。莅任四载，诸务毕举，民受安静之福。

万　任　字亦尹，号静园，江西新建人，进士。康熙十四年任昌黎知县。学问优裕，居官廉明。时与宋牧仲、施愚山、王阮亭诸先生为诗文交。才名丕著，而赋性恬退不乐仕进。故历官未久，即归林下。舆论惜之。

常文魁　字月生，正蓝旗人，贡生。康熙十五年任永平知府。治政精勤，历事敏练，折狱不费繁言，两造俱服。向者，旗丁与投充肆横，公至，咸知守法。修理文庙，添设石坊、石栅，悉心经画。于学前购隙地，创建书院，为生儒会文之所。其诸祠庙亦次第修葺。又尝补郡乘，冀续宋公琬之后，足征留心文献之雅意云。

陈邦齐　字君弼，奉天盖州人，荫生。康熙十五年任昌黎知县。操持廉介，治政仁明。向者，昌邑钱粮积逋，百姓流亡，公莅任一切繁扰陋弊不便于民者，尽行禁革，省刑薄税，民皆复业。听讼虚公，案无沉牍，百姓以慈父母称之。

冯　杰　浙江山阴县人。康熙十五年以吏员，任卢龙典史。勤以供职，慎以治政，留心讼盗，有资佐理咸以能称。十八年丁艰去。

马如龙　字见五，陕西绥德州人，举人。康熙十六年任滦州知州。治政明敏，英发有为，除积弊以恤民艰，培斯文以振士习。听讼虚公，案无留牍。留心地方，废坠毕举，士民德之。历官江西巡抚。

张一谔 字松野，浙江山阴人，贡士。康熙十六年任迁安知县。治政精勤，宽仁抚字。整新黉序，修补城垣，旌节孝以维风，勤考课以鼓士。森革规弊，听讼明允，人戴之若父母。有游棍诱卖故民之妻冯氏于旗下者，其妇矢志不从，控部准赎，公悯其节，捐资代为赎回。其惠爱及民，类如此。

刘孟易 宛平例贡。康熙十七年任迁安教谕。博通经史，训诫严明。升知县。

朱持正 字元定，顺天大兴人。由岁贡，于康熙十七年任卢龙教谕。勤以供职，赞理修学宫，及督修奎楼，俱先劳无倦。详请课士，多所成就。

辛进修 新安人，拔贡生。康熙十七年任抚宁教谕。律身以正，饬士惟谨。捐费倡修明伦堂。学使吴公以“品学端雅，办事克勤”奖之。

卫立鼎 字慎之，山西阳城人，举人。康熙十九年任卢龙知县。廉勤清慎，治先教化，修补邑乘，薄敛省刑。境内搭桥秫秸向为民累，公给时价采买，以清夙弊。卢龙满汉杂处，多通逃盗贼，难治。自公为令，以廉能闻于四方，境内大治。时于清端公抚畿辅，举循良数人，公与焉。上遣刑部尚书魏象枢巡察畿内，至卢龙，治具不为食，啜茶一瓯，曰：“令饮卢龙一杯水耳，吾亦饮令一杯水。”诸大狱悉以咨之，公引经准律。魏公益大称善。公因言愚民无知，宜哀矜，勿喜。魏公嘉纳之。格文清公为直隶巡抚，以事迂道至其县中，迎，谓曰：“令之苦无异秀才时，然作秀才自苦耳。今令苦而百姓乐，不犹愈乎！”疏荐卢龙令循良第一，灵寿陆公陇其次之。

赵　端 字又吕，浙江钱塘人，贡生。康熙十九年任抚宁知县。慈惠明敏，厘剔奸弊，民畏而爱之，尤留心学校，奖励生童，设乡塾，置学田，立义冢。又于城北设冰窖以供□部例，免山海运驼之累，境内晏然，不愧民牧。

王震芳 浙江会稽人，吏员。康熙十九年任抚宁典史。供职谨恪，督率巡捕，境内肃然。

金星瑞 浙江仁和人，监生。康熙二十一年任乐亭知县。慈爱群黎，隆礼学校，修文庙，崇祭典，备乐器。水冲城垣颓圮过半，设法修筑，绝不派累民间。接物和平而执法必严，强暴胥为敛迹。升云南师宗州知州。

胡文蔚 字豹贞，顺天通州人，岁贡。康熙二十一年任抚宁教谕。才华敏达，培植斯文。值岁试时，有庠生为兵弁所辱，公侃侃主持，士气赖之以振，至今颂之。升江西安义县知县。

陆　楙 字林士，浙江平湖人，副榜。康熙二十五年任卢龙知县。廉明刚正，不畏权势。时有旗员假公以扰地方者，公执法严惩，民获安堵。春郊劝农，亲爱如家人。以直忤上官去任。一肩行李，惟来时竹笥伞屐而已。去之日，老幼焚香泣送境外。

陈梦熊 字渭公，号耐庵，山东潍县人，拔贡生。康熙二十七年任卢龙。公赋性耿介，莅事详慎。凡地方兴除大事，慷慨果决，咸惬人心。尤善决狱，片言之下，两造俱服。旧例编审增丁索费，纷纷守候，误农病民。公预定某社某日，止令户首呈单，足额者免候，一应需索积弊顿除。民感悦欢呼，镌石颂之。

梁世勋 号鹤汀，陕西安塞人，荫生。康熙二十九年，任永平知府。立心宽厚，冰蘖自矢。三十六年，郡西北城堤被水冲塌，经营修筑。水患以纾，煮粥赈饥，必亲尝寒热。捕蝗、祈雨，则不惮勤劳，然执法森严，毫无宽假，以故士乐民安，豪强敛迹。升两淮盐法道，寻转直隶巡道，升山东藩泉、广西、安徽巡抚。

彭尔年 字永公，奉天杏山人，监生。康熙三十二年，任永平同知。时与郡守梁公世勋协恭，议修文庙并城垣堤岸，赞助经营，多公之力。承审部案，存心矜恤，释无辜牵累者数十人。丙子，奉天饥。上命截留漕米三十万石，由海运赈济。公领运，前赴复州，舟至大洋，飓风几覆。公焚香吁天，风顿息。咸谓其忠诚所格，克奏厥功。生平廉介自持，清操丕著，软恤穷黎，时施惠政。无何，因公镌级，补任云南姚州，迁陕西西安郡丞。

周　采　号雪堂，三韩人，官监生。康熙三十三年任乐亭知县。邑旧苦杂征，一切革去之，欢声遍野，折狱矜慎，两造无不得意而去。

杜维桢　通州例贡。康熙三十三年任迁安教谕。论文课士，有鹅湖、鹿洞之风。

董隆祚　奉天辽阳人，官监生。康熙三十五年署乐亭篆。有惠政，民为勒碑。

韩逢庥　字悦宜，山东青城人，贡生。康熙三十七年任滦州知州。廉明正直，爱民如子。滦俗抗粮，刁讼，为藏盗薮。公征比，不许旗豪劣衿抱揽，赏完罚欠，众心悦服。不轻差役。词讼据理立剖，刁风顿改。又访拿旗棍窝诈等事，雷厉风行。年余，盗息民安，境内大治。未几以才能调定州牧。士民遮道泣送，立碑纪德。

汤　彝　字篆辛，浙江仁和人，监生。康熙三十八年任乐亭知县。临民以宽，待士以礼，以才能擢永定州同知。

蔡维寅　字典三，号赓庵，浙江德清人，进士。康熙四十年任永平知府。公早失怙，事母至孝。为政首崇学校，朔望聚诸生于明伦堂，讲论经书，分别奖励。郡有义学，名存课荒。公加意作兴，慎择塾师，清查旧义学田亩，并设法添置膳田，义学生童至今怀之。

华　黄　号中湄，江南无锡人，进士。康熙四十三年任永平知府。介节自持，惠爱百姓。其理讼，片言平反，人心悦服，凡久稽部件到案立剖。同城官以事干渎，公端坐假寐，唯唯以应，及审不为稍假。彼复来语。曰：“因在梦中，醒则忘耳！”其不恶而严，类如此。乙酉岁，值宾兴，公加意振兴，是岁获售者多人，自此永属弦诵之风较昔浸盛。以老乞休去，士民为立去思碑。

晏　宾　字鹿庵，贵州平远州人，举人。康熙四十四年任卢龙知县。天性仁厚，立品端方，尚德缓刑，爱民重士。于听讼催科，常存矜恤，惟以“天理良心”四字谆谕而感动之，以故俗鲜刁讼，亦无逋课。每冬征收仓粮，随到随收。有升斗不足者，怜其天寒路远，概免补偿，欢声载道。乙丑，水圮学宫，设法修葺，编审户口，旌举节烈，皆实心研核，公当精详。尝摄迁篆，两邑差务冗剧。公从容肆应，措理咸宜。自奉不改儒素，各上宪有“第一清官”之誉。以忧去，士民无计挽留，歌谣成集，以颂其德。

白为玑 字子仪，镶白旗人，监生。初筮东光令，贤绩懋著。巡抚李公以大城西堤紧要，题授河间府丞，保饬河防，克见成效。迁永平守。四十五年迁通永道副使。存心仁恕，周恤民瘼。凡遇地方水、旱、蝗蝝，沐雨披星不惮寒暑，竭力经理，数年来畿东无灾祲之告，实公之力也。公事调委属员，温词慰劳，往往捐俸资给，下皆感德而忘其劳。所属吏治民生，咸向化蒙休云。祀名宦。

张德祁 号聿修，山西泽州人，举人。康熙四十五年，任乐亭知县。才干明敏，遇事果敢。时邑被旗圈，民无恒产，公筹画得宜，民困以苏。御下严而不苛，宽猛务得其平。在任十年，以疾卒于官。民为勒碑，以志遗爱。

宋　琰 字德培，顺天大兴人，岁贡。康熙四十六年任抚宁教谕。端方自饬，廉静有守。署理邑篆，有海洋社烈女郭三姐拒奸惨毙，凶犯遁迹。公摘发如神，按律伏辜，万民称快。以忧去，士民泣送，至今感颂不置。

三　泰 满州人。康熙四十六年七月，由太常寺读祝官为山海关监督。在任三年，百废俱举。初，康熙三十三年复设山海钞关。惟西至罗纹峪，东至清河门，诸边口有额税；关东沿海诸口，皆其处地方官自行收税归入私橐，百般需索，商船苦之。泰查知其弊，上其事于朝。四十六年十一月，增设锦州中后所、牛庄、盖州、金州各海口，各处守尉因不便其私，百计阻挠。明年九月，具摺特参。钦差吏部侍郎杜确核覆奏，置诸守尉于罪，海口之议乃定。泰亲相地势，设立税局，并细核事宜暨胥吏蠹弊，详立章程，以垂永久。国课岁增十余万，海南北数省商民咸享其利，皆泰之力也。去后，人思慕之，立碑享祀焉。

吴肇煌 江南武进籍长洲人。康熙五十四年任滦州。在官七载，囊橐萧然。己亥，兼署乐亭，值大水仓谷霉变。公不忍扰民，卒以赔累去官。越九十余年，公曾孙士鸿复牧滦州。人以为食旧德云。

卢见曾 字抱孙，号雅雨，山东德州人。工诗文，性度高廓，不拘小节，形貌矮瘦，时人谓之“矮卢”。康熙辛丑，进士。初任洪邑，历官至两淮转运使，挂吏议戍台。再起，任邯郸，补滦州牧。创修海阳书院，寻迁永平守。时永平文风不振。公于明武学旧基，创修敬胜书院。命名之义，盖取丹书敬胜怠语，以东邻太公庙也。设立学规，增置膏火，至今书院尚设主祀之。后司鹾长芦，再调扬州，以年老休致归里。著有《雅雨集》、《平山堂集》、《出塞集》、《邯郸集》、《北平集》、《海门集》、《平山堂后集》、《里门感旧集》（卢公政迹惟创修书院，它俱无考。此传盖取《山左诗钞》、《扬州画舫录》而成之者也。

欧阳超 湖广钟祥人。康熙中，官迁安典史。遇事敢为。时冷口添设旗员，应用民房，奉委查办，官民相安。捕盗惩奸，拮据弹职，亦铁中之铮铮者。

马负图 故城人。康熙间任迁安训导。训士务实，捐俸助贫，未半载卒于官。贫不能殓，邑令王永命与多士助资送归。

沈继贤 浙江海宁人，进士。雍正元年任乐亭知县。先是邑中地亩咸被旗圈，凡拨补在外县者多遭隐占。公为釐正，且禁旗人压租夺佃，民困以苏。至修学校以造士，除官价以安商，善政甚多。当时有“真民父母”之称。

程大禧 字岵怀，福建莆田人，监生。宋儒伊川先生之二十四代孙。雍正四年任抚宁知县。惩恶安良，兴利除弊。凡坠子、奏销、大计、编审、庙戏、进梨等杂派，当商、烧锅等陋规，俱痛革之。其接绅士也，以谦而不可干以私；其待差役也，以慈而不敢玩其法。先是抚邑地亩银花户交给催头，每亩约时钱六七百或八九百，俗以制钱十六文为一百，公每户给发易知单，将正耗开明每亩用银六分，合时钱三百六十，按限自封投柜。每岁所省不下万金。详请勒石，以垂久远。城西洋河杠梁之费，派于里下不胜其扰，公自为葺修之。又驿站工料，向俱九三扣除，公则按实给发，从先派单之害以除。其廉明刚断，类如是。莅任甫一载，竟以奏销迟延，挂吏议而去。士民至今思之。

刘玉林 贵州大定州人，监生。雍正四年任昌黎知县。振兴文治，修葺学宫，讼无留狱，剖断如神。在任六载，始终无倦。殁之日，士民如失怙恃。

裘君韬 字约斯，号退庵，江西新建人，进士。雍正五年任抚宁知县。公为人潇洒不羁。之官时，显达有以书附寄上官者。公途中得诗乏纸，遂书于函面，然竟以此受知。在任五载，廉洁自持。守前任程公遗规，丝毫不以累民。尝冬月裘表敝无纻，乃以纱为之。致仕家居四壁萧然。

张奎祥 湖南拔贡生。雍正六年任迁安知县。精明果决，善断疑狱。历升至河南开归陈许督粮道。

万承苓 江西南昌县人，进士。雍正年，以庶吉士改授卢龙知县。抵任后，洁清自励，益弊安民。以振兴文教为已任，捐资立义学，敦请名师，兼为捐给薪水，俾有志之士各有造就。又奉行保甲，严稽盗贼，征收钱粮力除耗羡。邑民歌盛德焉。

施世洪 浙江秀水人。雍正十三年任乐亭知县。居心慈蔼，案牍详明。惜未终其任，以疾告归。

王允征 保定岁贡。乾隆二年任迁安训导。丰裁凝重，学问淹通，士林咸亲炙焉。

端木长浤 江南江宁监生。乾隆七年任迁安知县。慈善勤敏，作养人才，抚恤穷民，词讼不扰。

钱　鋆 字检亭，江苏常熟人，举人。乾隆九年四月，任抚宁令，下车即以课士为首务。时值洋河水道东徙，亟谋捍筑。越二年，河再东徒，力请上官委员勘护，栽柳于沿堤，县城恃以无患。并建修明伦堂，捐置骊城书院膏火，至今赖之。

屈成霖 江南常熟县人，进士。乾隆年任卢龙知县。捐俸立义学，延师训读，并为捐备膏火。每月传集生儒，时加考课，文教振兴。又首倡捐资修理文庙，改学宫，黉序焕然。滦、青二河桥梁，向由社甲摊派，霖独力捐修，邑民称便。

吴世臣 福建浦城县人，监生。乾隆十四年任昌黎知县。吏治精详，宽严相济，虽廉静无华而纲纪整饬。筹留养，严夜禁。久道化成，几于夜不闭户。

陈金骏 字学坡，福建晋江举人。乾隆十四年，由卓异升任乐亭县。下车殚心民事，凡修文庙，建义学，置学田，通沟洫，设义冢，诸善政次第修举。《县志》为明季所修，相距百余年，公踵而增之，征文考献使后世有所取材，功甚钜也。调任卢龙，寻复本任。

袁芳杏 字鲁斋，江西宜春人，举人。乾隆十四年任抚宁知县。修举百废，尤留意于学宫，择形便为拓其基，更爽垲以启其宇，于扶翼文运为有功。

钟和梅 海昌人，进士。乾隆十七年知临榆县事。留心政务，百废俱举。县旧有养济院，额设孤贫十名。和梅虑其惠之难遍也，因设留养局三所：一在范家店关帝庙，一在深河娘娘庙，一在本城西关玉皇庙。嗣因玉皇庙不敷栖止，又于庙侧筑室五楹，收养道路贫病无依之人，及本地孤贫之不在额者。历年自十一月起，至次年二月止，捐置经费发商生息以期久远。迄今相承不废。自康熙八年修《山海志》，后八十年未经编纂。和梅乃征文考献，详加删订，汇为十四卷，五阅月而书成。城中钟鼓楼、东西南三城楼、三水门及海滨龙王庙、天后宫皆重修。石河旧设渡船二，日久朽败，亦加修整，公私称便。城北白云山寺，每年四月八日，四方进香者男女杂沓。和梅出示严禁，其风始息。署西偏作小亭，名曰“酿春”，为文以纪，自写其勤恤民隐之怀，士民传诵之。

燕臣仁 河南陕州进士。乾隆二十一年，由清丰县调任迁安。纂修邑志，仿通志为目若干，即现存之旧志也。

夏文广 云南恩安县人，举人。乾隆二十一年任昌黎知县。明决有为，励精图治，兴义塾以植菁莪，培嘉禾而除稂莠。虽莅任未久，而口碑载道，迄今士民追述有余思焉。

顾学潮 字小韩，江南元和人。乾隆二十九年，由附贡任滦州。廉明慈爱，实政惠民，于租种旗地民户尤加体恤。后擢本府知府。

陈钟琛 广西临桂人，举人。乾隆三十二年二月，任抚宁令。以文章饰吏治，出之裕如。县试必自定甲乙，人服其公。劝武科起家者。新昭烈武成王庙，与文庙并重。后升河南南汝光道。

靳荣藩 山西黎城进士。乾隆三十四年任迁安。三十七年复任。省刑罚，重风化，以儒术饰吏治。县人董杜氏未嫁守节，捐俸置腴田数亩以赡之，名曰："贞女田。"又为邑孝子王留喜置腴田十余亩，名曰"劝孝田。"至今邑人德之。博学工诗文，注《吴梅村集》为《吴诗集览》行世。所著有《绿溪诗文集》。后官至大名府知府。

师问忠 字裕亭，云南赵州人。乾隆辛酉，亚元。三十六年任石碑场大使。公少孤，业耕读。读辄易忘，愈勤愤，懵懵如故，因泣。泣已复读，读罢又泣。如是者以为常，计无复之。疏告神，直陈苦况，忽夜梦一人，捉刀启胸，取其心洗之而去，遂惊醒，由是慧悟。乡荐后，先以丙戌大挑，借补晋宁分训。凡经其指授者，皆掇巍科。及司鹾务，恤商惠灶，善政良多。其最著者，则抗乐亭令某指场灶地作官荒，招奸民认垦，致上游称"强项场官"，其曰："天下事多被圆融坏却"，即会议时语也。著有《鸣鹤堂文稿》、《北上集诗稿》、《劝学录》、《盐务纪要》论文二十则、《洗心记》共十余卷。

赵大经 字春涧，山东德州举人。乾隆三十七年任乐亭令。材华发越，壮游京师，名公钜卿竞礼致之。与董文恪公、纪文达公，尤称文字契。木兰之役，扈跸诸公必邀，与俱拟和宸章，据鞍援笔辄立就。及其为宰，所至如慈父母。赴乐亭任时，在三河道中有句云："拔茅人作藉，挑菜妇承筐。景物怜如此，无端转客肠。"恺恻之衷，流露言表。嗣由乐亭调武清。解任后，以官事羁留武邑。邑人以薪水相馈遗，历八载不倦。武邑旧有灯市，以袁孺人正月十一日丧为罢市，时去官已六年矣。

凌世卿 浙江钱塘举人。乾隆四十三年任临榆令。禁暴安民，不畏权贵。守关副都统某，怙势淫纵，一邑侧目，公参揭之。去任。

郭兆麒 字麟佐，山西阳城举人。乾隆四十六年任乐亭令。才华卓越，学问淹通，听讼之余，尝招聚生童校文艺第甲乙，坐儒学明伦堂，与之讲书。暇时，辄匹马下乡，坐树下与父老话桑麻晴雨事，日暮则浩歌马上而还。至今士庶尚有能道之者。官至沧州知州。所著有《梅崖诗草》。

白万程　山东商河人，举人。乾隆五十年八月任抚宁令。戢盗安良，闾阁不扰。以紫荆山魁阁就圮，文运不振，令近村民立灯竿于阁之旧基。丙午、戊申两科，登贤书者十人。公题“先后腾辉”匾于文昌正厅，以纪其事。

孔继炘　圣裔也。乾隆五十六年任永平守。治尚宁静，有东海汲黯之风。书法简淡高古，尤精篆隶，人得其片楮只字，珍之如寸金拱璧焉。

万长信　福建侯官人，举人。乾隆五十七年任抚宁令。莅官十二载，与民相习，公事以柔道行之。值川楚军兴，兵差络驿，又蝗蝝数起，履亩驱捕，禾稼不大害。书院弦诵寂然，延闽孝廉赵承烈阅文，士风由是振兴。

黄　珽　字乙舟，安徽桐城人。援例入太学，三试北闱，选充四库馆誊录，考满授县丞，借补吏目。嘉庆三年，由磁州来滦，抚恤狱囚，如家人子弟。又捐修文庙、文昌、魁星诸阁。性耽吟咏，著有《三州诗集》行世。

莫　谟　字次典，广东定安人。由乡荐选直隶安肃令，调静海，卓荐擢知滦州。所至，明于断狱，民无遁情，士风振兴，奸宄敛迹。凡修文庙，建书院，筑堤防，赈荒歉，及收葬被水流民，皆捐廉为之。殁后，静海、滦州士民，各请祀名宦（《广东通志》）案：选举表，谟系乾隆二十五年庚辰举人。

赵　灿　山东聊城举人。嘉庆八年任乐亭令。为政严明，不畏强御。先是邑有豪党，任侠好交，少年慓悍之徒争趋如鹜，名为“英雄会。”时又有险而健讼者羽翼其间，往往挟官吏短长，官吏莫敢谁何，以故武断成风，纵横乡曲，几至阶乱。公下车，首先捕治，大加创惩。复得王百户为之助，不数月宵小敛迹。后其徒有改行为善者，尝谓人曰：“赵公实生我也。曩使无所忌惮，久陷罪死矣，赵公实生我也。”

杨　灏　字复庵，顺天昌平州举人。嘉庆八年任乐亭教谕。学问渊雅，书法造米颠之室，得者宝之。在任数年，教士有方，人谓不愧师道焉。

吴士鸿　字庚亭，即肇煌曾孙也。嘉庆十一年，由大城令任滦州。甫人境，即访求先人旧政，有“昔日儿童今父老，斯时刺史旧公孙”之句，传者以为佳话。公性慈仁而才练达，大小狱无不立决。戊辰秋，滦河溢，害稼。公为请赈，减租，大苏民困。庚午，复劝筑汀流河、闾芬沟等处子堰。海阳书院向无经费，公捐备膏火，延师主讲。每大课诗文，必亲第其甲乙。又纂《州志》，修神祠，皆以实心为实政。去后，士民犹追思之。

黄河光　福建永春举人。嘉庆十二年任乐亭令。爱民重士，政简刑清，时有“黄青天”之目。在乐尝有诗云：“匹马渡沙滩，村民不识官。问君何处去？日暮海风寒。”味此，则其急公务，减驺从，伉爽乐易之怀，犹可想见。

汪　洞　字柳汀，浙江秀水人。由子牙河通判奉调来滦。素称才吏干练有为。下车后，优礼师儒，访求风俗。时前任吴庚亭刺史纂修《州志》未竣，公慨然捐俸以终其事。滦人两美之。

黄步青　字历九，奉天宁海人。由廪贡生考授盛京宗室学教习，职满以知县用。嘉庆十三年借补滦州训导。性豪迈，议论慷慨，科岁两试一切规费概不较量，寒俭者复赒恤之。课士之暇，以诗酒自娱。尝题柱联云：“冷署当春暖，闲官对酒忙”。

杨　鲲　（籍贯，未详）丁酉选拔，癸卯举人。嘉庆年任临榆，有“青天”之目。葡萄洼有谋财害命者（客王姓，贼周姓）客之犬鸣冤，鲲按其事，置贼于法，邑人比之包孝肃云。（以上文秩旧志）。

王百龄　字芝田，陕西长安人，嘉庆壬戌年进士。嘉庆十五年由庶常知临榆。下车即剔奸蠹弊，课士校文，邑名士多出其门。

张太复　字春岩，南皮拔贡生。嘉庆二十年以知县左迁补迁安教谕。博学工诗，才绝等伦。时迁安谈艺者，专尚帖括之学。公倡以古学，一时从游者如潘石湖、马瑟臣、马退叔、郑械林诸君，皆文誉噪一时。

颜　樾　字铁如，广东连平举人。嘉庆二十二年任滦州牧。二十四年，署迁安篆。敏果有为，所至颂声载道。书法遒健，名重一时。滦人至今犹宝惜之。

祝庆谷　河南固始人，监生。嘉庆二十二年署乐邑篆。公正廉明，讼无留滞。期年而民大服。于其去也，士民数千人送于东门外，相与泣下沾巾。公亦挥泪失声而别。

沈惇厚　浙江归安人，监生。嘉庆二十四年任抚宁知县。遇事明决，强干有为，以桥工余木置桌凳于书院，童试便之。

黄克昌　江苏武进人。嘉庆二十五年牧滦州。精明强干，案无留牍。邑南岩山巅，旧有文峰塔一座，被前任朱某拆毁。公甫抵任，即谓此塔主一邑文风，非重修则文风不振，乃捐俸劝募士民踊跃趋公，克日告成。从此登科甲者踵相接。公三莅滦任，一时舆诵有"黄父再来天有眼"之语，民情爱戴概可想见。

李法勤　号桂岩，高阳县举人，文勤公五世孙也。幼承家学，博极群书，而精力一归于经义。嘉庆间，秉铎于迁，兼主安昌书院讲席，一时知名之士咸从之游。口讲指画，昕夕罔倦，论文以大雅为宗。平奇浓淡，随人所能而曲成之，无削趾，无胶柱。去官后，人咸思之。著有《洗心斋文稿》行世。

李　惠　字吉人，陕西华阴县人，进士。道光三年知抚宁县。整躬率物，执法不挠，严绝苞苴，剔除衙蠹。邑有巨奸滑匪，密侦姓名急捕之，盗无隐迹，一境肃然。重修云从书院，颁立规条，增置膏火，提奖后学，孜孜不倦。士类咸有成就。乙酉，飞蝗入境，设法驱捕。请开海禁，转辽东粟，以济民食，至今赖之。咸丰初，巡抚山东，督师出境。是时，各路统兵距贼营数百里，而公独卷甲深入直逼贼营。与当事议不合，为其中伤，以忧愤卒。抚之士民读公之遗文，述公之遗爱，未尝不唏嘘泣下。当其去抚邑也，同官祖饯于郊，百姓攀辕遮道犹恐不及，方诸古循吏可以无愧色矣。

朱性堂 字石渠，江南上元人，进士。以道光五年来署乐篆，廉明慈惠，悃愊无华。丙戌秋，朝廷征东兵讨逆回张格尔，邑当协办兵差。羽檄初至，邑人震恐，公从容措置，事办而民不扰。是冬，逢大计，竟以案情延缓停补三年。其去也，敝车羸马，行李萧然，与寒士无异。

张　霖 字云岩，浙江嘉兴人，拔贡。道光六年任乐亭。善书法，尤好奖掖后进。每逢科岁试，招童子校文艺，日端坐堂皇。薄晚收卷之时，堂上下拥立数重，抚背摩肩者挤床案轧轧有声，公一无呵斥，笑容可掬。遇有文理通顺而字迹工整者，必啧啧称叹不已。以是人多劝励，乐邑字学之盛自公始。公为人长者，平居每为吏役所绐，然居心坦白无私，不名一钱。故为政虽迂疏，人咸谅之。

喜　禄 字怡山，满洲正黄旗人，江宁驻防进士。道光九年二月任抚宁令。坦怀率直，案无留牍。以公事至乡，必减驺从，自乘一骑。署中奴隶皆用衰老者。乙丑圣驾东巡，供亿繁琐而能预办。卒以京控案件致累。尝题堂联云：“愿皆为良善民，无干国法；誓不作贪酷吏，有负生平。”盖纪实也。升滦州知州。

阮常生 号小芸，扬州仪征人，大学士阮元子。由荫生供职部曹。道光十年授永平知府。清慎廉勤，以除暴安良振兴文教为首务。时郡城敬胜书院废弛已久，下车即亲临其地相度经营，捐廉倡修增置膏火，立规条十八则，刊石垂远。每月官课一、斋课五，俱自备奖赏。官课之期，赴院点名收卷，蒇事，方出口讲。指画训诲谆谆，永郡文风以此中兴。武庙有义学二所，一律整顿，每月察其勤惰，奖以笔墨。城西旧有滦、漆官渡，行人每为黄头所苦，甚有暮不得渡而露宿河干者。公闻之，严加申饬，给新瓦一片，上画印押，俾置船头，牌示舟子，如蹈前弊许行人碎瓦。日加侦探，见瓦破即械项以示罚。又恐侦者积久息玩，乃仿东坡调水符法，每渡分置二筹，朝暮更易，以为往来之信。舟人悚惕，行人称便。永平旗民杂处，讼狱繁多，案有数十年不结者。公亲自剖决，不数月积牍以清。放告之期，日坐堂皇，随到随讯，民无稽留，亦无拖累。至于严盗贼，惩健讼，恤茕黎，皆有实惠及人。十三年擢清河道，旋署按察使。丁内艰卒。前此留意书院勤于课士者，有祝公庆承（敬胜书院，有碑可考），嗣此则有朱小云、史銮坡二太守。朱名壬林，浙江人；史名珮玱，湖北人（此传据都察院批驳请祀名宦，公禀祝、朱、史三公，亦加意造士者，政绩无考，故附于此）。

萧德宣　字秉哲，别号春田，湖北汉阳人，进士。道光十三年补临榆。为政以劝农课士为要，捐廉修先农坛，扶犁时集老农与语，民与官益亲。每行部所至，必召乡耆，问以风俗及土物之宜。是年夏，大旱。公虔祷于城隍，弗雨。因竭诚步上角山之巅，取水于龙井，下山时阴云密布，甫入城而雨降。书院久废，公于署东偏倡建东溟书院，课士其文皆自阅，亲为讲授。邑之登科者踵相接。诸生有涉讼者，则于课日，令至院作文，文不佳而讼又不直者，从重戒饬；若文佳而讼不直，则戒饬之余，又剀切劝导而造就之。于是，自爱者皆以讼为耻。十五年调任威县。去之日，邑人如失慈母，祖帐于西郊者迤逦二十余里，咸为堕泪。历任东光，升天津海防同知，以疾告归，卒于家。著有《虫鸟吟诗集》。其家居也，适粤逆窜汉郡，公避乱于黄坡山中。贼取公万民衣、伞，令其党披衣张盖，行呼于道曰："看好官！"汉阳人传为佳话。

左乔林　字瀛南，河间人，进士。道光十四年任滦州学正。振兴文教，嘉惠士林，书法奇崛，如神龙夭矫莫测端倪，诗笔绮丽。著有《海阳竹枝词》若干首。

梅成栋　字树君，号吟斋，天津人，举人。道光十七年秉永平铎。博极群书，爱才成癖，体貌清癯，翛然有出尘之表。与庆云崔晓林进士，俱出张船山先生之门。诗笔倜傥风流。著有《燕南二俊合稿》行世。

张梦蓉　字人镜，山东观城进士。道光乙未，以治最，调任迁安。剔宿弊，抑豪胥，讼者至，无三日留者。常乘一青骊马，行村野遇词讼，驻马立决。曲者服罪，即咄之去，不笞也。曰："吾为汝平其争"。夜微服，历城郭，奸慝无所容。丙申春，檄治御道。役甫毕，闻太夫人病，单骑而归，晨发燕郊，暮至沙河驿，凡三百七十里，入城漏三下，太夫人殁。卧苫柩侧三日，哭无绝声。公初至迁，峻风裁，不妄接人。既数月乃进绅士，谓之曰：“迁之最累者徭不均，均徭非旦夕可就绪，姑缓之。城东一水，可渠而溉也。然民未吾信，举之不宜。亟可亟者其书院乎？”因言在唐县开煤山，兴水利，建书院诸成效。众鼓舞争趋，事立举。公性刚果，不畏强御，而于小民抚摩噢咻如恐不及。迁民至今思之。

许梦兰 字云浦，河南鲁山县人，进士。道光十八年由柏乡对调抚宁。料理兵差，措置裕如。车骑傅餐泛应曲当，且案无留牍，吏民皆不能欺。尤加意文教书院，一月三课士，亲阅其文，分别奖励之。十九年交卸回任，士民祖帐攀辕追随十数里。二十二年复莅抚邑。时值沿海设防屯兵，赖公镇抚劝诫兵民相安。又于海滨要害处筑炮台三座，并兵房火药局。饬东西河南庄沿河植树万株，以为保障。民心感戴，建立生祠，爱之如召棠、莱柏云。

李宗城 字宝之，江苏吴县人，举人。道光二十五年摄抚篆。一年积案咸理。与诸生论文，一本先民矩矱，复捐俸以奖其优者。先是口外民俗素悍，公驭之以道，靡不息。群颂曰：“风肃关陲”。

武澄清 字秋瀛，永年举人。道光二十六年任乐亭教谕。月课诸生，校文艺第其甲乙，人皆悦服。壬子，成进士。以知县签分河南。去之日，祖道东门者，冠盖相接，为从来学官所未有。后补舞阳令，军功加升州衔，旋以母老告归。

敖星煌 字乾垣，江西萍乡县人，进士。咸丰元年知抚宁县。减徭役，以省苛繁；行保甲，以清盗贼。坐照如神，民不敢欺。去之日，士民数百人赴府乞留，因格于例，不果。

滕开勋 字绍周，安徽婺源人。咸丰元年任抚宁典史。时当地方不靖，与同城官绅劝办团练，地方赖以安谧。同治元年，邑令劝捐修城，委开勋分段监修，昕夕忘倦。逾二年，竟因事去，宦囊如洗。临行赋诗留别，邑人多传诵之。

淡春晖 字曙轩，陕西大荔人，举人。咸丰元年任乐亭。性严毅明敏，理事尤勤。尝自谓曰：“吾为官如塾师教读然”。日有常课，晨起批文阅卷；早膳后，升堂理讼；薄晚，入内侍老母谈笑，以博亲欢。如是以为恒。以故在任年余，事举民安，闾阎无扰。惟以性刚梗，不能随时俯仰，大吏嫉之，调署大名，带勇剿匪。大名平，复调献县。时当粤逆蹂躏之后，安集尤难。数年积劳成疾，遂卒于保定同知官署。

谢子澄　字云航，四川新都举人。咸丰四年署卢龙。公正廉明，民情爱戴。未二载，调授天津县知县。适发逆至杨柳青，距城四十里，公纠合义勇御之，连战皆捷。畿东不至蹂躏者，皆公之力也。后因援兵不至，身受重伤，投河死。事闻，钦加布政司衔。天津立专祠，而卢龙亦设木主于南月城关帝庙中。

瑞　恒　字云卿，镶白旗满州人，举人。咸丰十一年任临榆知县。捐廉课士，振兴文教，年旱祈雨辄应。著有《角山灵异祀》。

蔡志修　号少川，浙东之松阳人，监生。同治四年，任乐亭。性勤敏虚怀善受，尤以缉盗禁博为务。听讼之暇，每改服微行，访民间善恶。又或乘夜巡逻，不惮劳苦。时邻境马贼横行，乘间而入。公获二人，置之法，宵小遂敛迹，境内以安。八年调署高阳，上宪书积年巨寇姓名，令其缉捕，不数月获刘黑球等数人，送省垣正法。爵督曾文正公极称赏之。明年饬回原任候升，未半载以疾卒（以上文秩，新增）。

朱运亨　辽东中前所人，武举。顺治元年任山海副将管参将事。时值国初，供应军需，镇抚百姓，进剿流寇，捐俸给引，军民赖之。

郭之俊　宣镇人。顺治七年，由武进士任卫守备，慷慨有为，清正不苟。时抚宁卫归并山海，公视之如一。升任去，民遮送不忍舍。数年后解任，偶至关门，绅士商农奔走趋谒，犹依依如初至云。

张思诚　号至隆，辽阳人。顺治十三年任山永副将。永平为两京要冲，行旅络绎。盗有冒干办使臣公行劫掠者，地方苦之。履任初，遇有劫盗，每亲率健丁穷追务获，盗渐敛迹。又严禁克扣兵饷，军士得沾实惠。弁丁有生事者，必执法惩之。军容严肃，兵民相安。调升浙江温台等处副总兵。

王御春 陕西人永年籍，武进士。顺治十七年任山海卫守备。诚悫有实政，征缉不苛，军民以安。

李廷楠 字若梓，陕西西安人。顺治间，由功荫为山永副将。初自一片石备御，升山东沂州镇游击。征剿各塞叛寇，所向克敌，升山西大同镇参将。时东粤负固，调之随征。公首克凌江，进抵信安，即授广东肇庆府副将。时封川、开建诸处未靖，奉将军令代宣恩信，不旬月传檄悉定。论功加左都督推升兹任。待僚属气度温和，时勤操阅以练技勇，严禁借支以清克扣。虽幼历疆场，未工文墨，然尊贤礼士，饶有儒将风流。

吴尽忠 任县人，任山海都司。顺治初，土寇猖獗，击败之。六年，贼骑劫掠，尽忠率众追至邢家湾，马蹶为贼所执，不屈被害。

陈廷谟 京卫人，武进士。康熙六年任山海卫守备。历事详慎，御下冲和明恕不繁，百姓爱戴。修《山海关志》。

张应标 号正吾，陕西崇信人。康熙七年，由将材任山永副将。公初奉檄剿四川陈家坡巨寇刘二虎，一战夺贼老木吼窝巢，二虎失势雉经，余党悉平。又楚有大逆李来亨者，久据茅麓山寨，声势汹涌为湖湘大害。公与总统梁家琦会剿，掘壕筑堤，割汛分守。来亨突冲公汛夜遁，公奋力截杀，贼众大败。叙剿荡功，加都督佥事，推升兹任。公胆略过人，智勇素著，历事精详，持躬敬慎，所属大小官弁俱推诚以待，和而有体，有古良将风。

喻三元 字魁一，江南徐州人。康熙十二年任山永副将。持已洁清，治行果决。初从征闽省，叙功升游击，镇守北楼隘口。其地相邻五台，向为盗薮。公防御有方，恩威并用，萑苻敛迹，山野肃清。加都督同知升授兹任。简练兵卒，法令严明，念刍饷为三军命脉，严杜克扣。闻有盗警，即单骑叱驭，务期必获，地方赖以安辑。

祁富哈 满洲人，山海卫城守章京。清廉有守，常俸外绝无沾染。又能约束卒伍，抚恤士民，关民享无事之福者数载。以疾卒官。祀名宦。

冀秉忠　山西人，入顺天密云籍。由古北口提标左营行伍，于嘉庆元年从军川、楚、甘、陕征剿教匪，前后百七十余战，斩获无算，生擒贼渠数名。七年汗马，遍体伤痕，以军功擢升千总。癸亥八年来滦任，严戢卒伍，训练有方。上宪以年壮技优，保升守备（以上武职《旧志》）。

王世德　天津人。嘉庆初年，任清河汛把总。状貌雄伟，胆勇过人。时邑有土棍纠聚成党，号为“英雄会”，势将滋乱。德与邑令赵灿协捕，境内为之肃清。先是营弁无刑具，偶遇博徒盗匪，惟以绳系之送县究治而已。至是赵侯为请于上，许以方木尺笞人，营弁之得用刑自世德始（以上武职新增）。

卷之五十四

列传六　乡贤一

［商］

伯夷　叔齐　孤竹君之二子也。父欲立叔齐，及父卒，叔齐让伯夷。伯夷曰："父命也。"遂逃去。叔齐亦不肯立而逃之。国人立其中子。于是伯夷、叔齐闻西伯昌善养老，盍往归焉。及至，西伯卒。

武王载木主号为文王，东伐纣。夷齐叩马而谏曰："父死不葬，爰及干戈，可谓孝乎？以臣弑君，可谓仁乎？"左右欲兵之。太公曰："此义人也"。扶而去之。武王已平殷乱，天下宗周，而伯夷叔齐耻之，义不食周粟，隐于首阳山，采薇而食之。及饿且死作歌，其辞曰："登彼西山兮，采其薇矣。以暴易暴兮，不知其非矣。神农虞夏忽焉没兮，我安适归矣。吁嗟徂兮，命之衰矣。"遂饿死于首阳山（《史记》）。

［后汉］

郭　凉　字公文，右北平人。身长八尺，气力壮猛。虽武将，然通经书，多智略，尤晓边事。初，幽州牧朱浮辟为兵曹掾，击彭宠有功，封广武侯。建武九年为雁门太守，与骠骑大将军杜茂击卢芳将尹由于繁畤，其将贾丹、霍匡、解胜等杀由，诣凉降。诏送委输金帛赐茂、凉军吏。自是卢芳城邑稍稍来降。凉诛其豪右郭氏之属，镇抚羸弱。旬月间，雁门平。芳亡人匈奴。帝擢凉子为中郎，宿卫左右（附《后汉书·杜茂传》）。

魏　攸　右北平人，为幽州牧刘虞东曹掾。虞与公孙瓒有怨，密谋于攸。攸曰：“今天下引领，以公为归，谋臣爪牙不可无也。瓒文武才力足恃，虽有小恶，固宜容忍。“虞乃止。顷之，攸卒。虞积忿不已，率屯兵攻瓒，大败，为瓒所杀（附《后汉书·刘虞传》）。

公孙瓒　字伯圭，辽西令支人也。家世二千石，瓒以母贱，遂为郡小吏。为人美姿貌，大音声，言事辩慧。太守奇其才，以女妻之。后从涿郡卢植学于缑氏山中，略见书传，举上计吏。太守刘君坐事槛车征，官法不听吏下亲近。瓒乃改容服，诈称侍卒，身执徒养，御车到洛阳。太守当徒日南。瓒具豚酒于北芒上，祭辞先人，酹觞祝曰：“昔为人子，今为人臣，当诣日南。日南多瘴气，恐或不还，便当长辞坟茔。”慷慨悲泣，再拜而去。观者莫不叹息。既行，于道得赦。瓒还郡，举孝廉，除辽东属国长史。尝从数十骑出行塞下，卒逢鲜卑数百骑。瓒乃退入空亭，约其从者曰：“今不奔之，则死尽矣。”乃自持两刃矛驰出冲贼，杀伤数十人。瓒左右亦亡其半遂得免。中平中，以瓒督乌桓突骑车骑将军张温讨凉州贼，会乌桓反叛，与贼张纯等攻击蓟中。瓒率所领追讨纯等有功，迁骑都尉。张纯复与叛胡邱力居等寇渔阳、河间、勃海，入平原，多所杀略。瓒追击，战于属国石门，虏遂大败，弃妻子逾塞走。悉得其所略男女。瓒深入无继，反为邱力居等所围于辽西管子城二百余日，粮尽食马，马尽煮弩楯，力战不敌。乃与士卒辞诀，各分散还。时多雨雪，坠坑死者十五六，虏亦饥困远走柳城。诏拜瓒降虏校尉，封都亭侯，复兼领属国长史职。统戎马，连接边寇。每闻有警，瓒辄厉色愤怒如赴仇敌。望尘奔逐，或继之以夜战。虏识瓒声，惮其勇，莫敢抗犯。瓒常与善射之士数十人，皆乘白马以为左右翼，自号白马义从。乌桓更相告语避白马长史，乃画作瓒形，驰骑射之中者，咸称万岁。虏自此之后，遂远窜塞外。瓒志埽灭乌桓，而刘虞欲以恩信招降。由是与虞相忤。初平二年，青、徐、黄巾三十万众，人渤海界，欲与黑山合。瓒率步骑二万人，逆击于东光南，大破之，斩首三万余级。贼弃其车重数万两，奔走渡河。瓒因其半济，薄之。贼复大败，死者数万，流血丹水。收得生口七万余人，车甲财物不可胜算，威名大震。拜奋武将军，封蓟侯。瓒既谏刘虞遣兵就袁术，而惧术知怨之。乃使从弟越将千余骑诣术自结。术遣越随其将孙坚击袁绍将周昕，越为流矢所中，死。瓒因此怒绍，遂出军屯槃河，将以报绍。乃上疏曰："臣闻皇羲已来，君臣道著，张礼以导人，设刑以禁暴。今车骑将军袁绍，托承先轨，爵任崇厚，而性本淫乱，情行浮薄。昔为司隶，值国多难，太后承摄，何氏辅国。绍不能举直错枉，而专为邪媚，招来不轨，疑误社稷。至令丁原焚烧孟津，董卓造为乱始，绍罪一也。卓既无礼，帝主见质，绍不能开设权谋以济君父，而弃置节传，迸窜逃亡，忝辱爵命，背违人主，绍罪二也。绍为渤海，当攻董卓，而默选戎马不告父兄，至使太傅一门，累然同毙，不仁不孝，绍罪三也。绍兴既兵涉历二载，不恤国难，广自封植，乃多引资粮专为不急，割刻无方，考责百姓，共为痛怨，莫不咨嗟，绍罪四也。逼迫韩馥窃夺其州，矫刻金玉，以为印玺，每有所下，辄皂囊施检，文称诏书，昔亡新僭侈，渐以即真，观绍所拟，将必阶乱，绍罪五也。绍令星工，伺望祥妖，赂遗财货，与共饮食，克会期日，攻钞郡县。此岂大臣所当施为？绍罪六也。绍与故虎牙都尉刘勋，首共造兵勋，降服张杨累有功效，而以小忿枉加酷害，信用谗慝，济其无道，绍罪七也。故上谷太守高焉、故甘陵相姚贡，绍以贪淋，横责其钱，钱不备毕，二人并命，绍罪八也。春秋之义，子以母贵，绍母亲为傅婢，地实微贱，据职高重，享福丰隆，有苟进之志，无虚退之心，绍罪九也。又长沙太守孙坚，前领豫州刺史，遂能驱走董卓，扫除陵庙，忠勤王室，其功莫大，绍遣小将盗居其位，断绝坚粮，不得深入，使董卓久不服诛，绍罪十也。昔姬周政弱，王道陵迟，天子迁徙，诸侯背叛，故齐桓立柯会之盟，晋文为践土之会，伐荆楚以致菁茅，诛曹、卫以彰无礼。臣虽阘茸名非先贤，蒙被朝恩，负荷重任，职在铁钺，奉辞伐罪，辄与诸将州郡共讨绍等。若大事克捷，罪人斯得，庶续桓、文忠诚之效。"遂举兵攻绍。于是，冀州诸城悉叛从瓒。绍惧乃以所佩渤海太守印绶授瓒从弟范，遣之郡，欲以相结。而范遂背绍，领渤海兵以助瓒。瓒乃自署其将帅为青、冀、兖三州刺史，又悉置郡县守令。与绍大战于界桥，瓒军败还蓟。绍遣将崔巨业将兵数万攻围故安，不下，退军南还。瓒将步骑三万人，追击于巨马水，大破其众，死者七八千人，乘胜而南攻。下郡县，遂至平原。乃遣其青州刺史田楷据有齐地。绍复造兵数万，与楷连战二年，粮食并尽，士卒疲困，互掠百姓，野无青草。绍乃遣子谭为青州刺史，楷与战，败退还。是岁，瓒破擒刘虞，尽有幽州之地，猛志益盛。前此有童谣曰："燕南垂，赵北际，中央不合大如砺。惟有此中可避世。"瓒乃自以为易地当之，遂徙镇焉。乃盛修营垒、楼观数十，临易河，通辽海。刘虞从事渔阳鲜于辅等合率州兵，欲共报瓒，辅以燕国阎柔素有恩信，推为乌桓司马。柔招诱胡汉数万人，与瓒所置渔阳太守邹丹战于潞北，斩丹等四千余级。乌桓峭王感虞恩德，率种人及鲜卑七千余骑，共辅南迎虞子和，与袁绍将麴义合兵十万，共攻瓒。兴平二年，破瓒于鲍丘，斩首二万余级。瓒遂保易京，开置屯田，稍得自支。相持岁余，麴义军粮尽，士卒饥困，余众数千人退走。瓒微破之，尽得其车重。是时，旱蝗谷贵，民相食。瓒恃其才力，不恤百姓，记过忘善，睚眦必报，州里善士名在其右者，必以法害之。常言衣冠皆自以职分，富贵不谢人惠。故所宠爱类多商贩、庸儿，所在侵暴，百姓怨之。于是，代郡、广阳、上谷、右北平各杀瓒所置长吏，复与辅、和兵合。瓒虑有非常，乃居于高京，以铁为门，斥去左右，男人七岁以上不得人易门。专侍姬妾，其文簿书记皆汲而上之。令妇人习为大言声，使闻数百步，以传宣教令。疏远宾客，无所亲信。故谋臣猛将稍有乖散。自此之后希复攻战。或问其故，瓒曰："昔我驱叛胡于塞表，扫黄巾于孟津。当此之时，谓天下指麾可定。至于今日兵革方始，观此非我所决，不如休兵力耕，以救凶年。兵法：'百楼不攻'。今吾诸营楼橹千里，积谷三百万斛，食此足以待天下之变。建安三年，袁绍复大攻瓒。瓒遣子续请救于黑山诸帅，而欲自将突骑直出傍西山以断绍后。长史关靖谏曰："今将军将士莫不怀瓦解之心，所以犹能相守者，顾恋其老小，而恃将军为主故耳。坚守旷日，或可使绍自退，若舍之而出，后无镇重，易京之危，可立待也。"瓒乃止。绍渐相攻逼，瓒众日蹙，乃却筑三重营以自固。四年春，黑山贼帅张燕与续率兵十万三道来救瓒，未及至。瓒乃密使行人书告续曰："昔周末丧乱，僵尸蔽地，以意而推犹为否也，不图今日亲当其锋。袁氏之攻状若鬼神，梯冲舞吾楼上，鼓角鸣于地中，日穷月急，不遑启处。鸟戹归人，滀水陵高，汝当碎首于张燕，驰骤以告急，父子天性，不言而动。且厉五千铁骑于北隰之中，起火为应。吾当自内出，奋武扬威决命于斯。不然，吾亡之后天下虽广，不容汝足矣。"绍候得其书，如期举火。瓒以为救至，遂便出战。绍设伏，瓒遂大败。复还保中小城，自计必无全。乃悉缢其姊妹、妻子，然后引火自焚。绍兵趣登台斩之。关靖见瓒败，叹恨曰："前若不止将军自行，未必不济！吾闻君子陷人于危必同其难，岂可以独生乎？"乃策马赴绍军而死。续为屠各所杀。田楷与绍战死。(《后汉书列传》按《三国志》亦有传，与此微异)。

韩　当　字义公，辽西令支人也。以便弓马，有膂力，幸于孙坚。从征伐周旋，数犯危难，陷敌擒虏为别部司马。及孙策东渡，从讨三郡。迁先登校尉，授兵二千、骑五十匹。从征刘勋，破黄祖，还讨鄱阳，领乐安、长山，越畏服。后以中郎将与周瑜等拒破曹公，又与吕蒙袭取南郡，迁偏将军，领永昌太守。宜都之役，与陆逊、朱然等共攻蜀军于涿乡，大破之。徙威烈将军，封都亭侯。曹真攻南郡，当保东南在外为帅，厉将士同心固守，又敬望督司，奉遵法令，权善之。黄武二年封石城侯，迁昭武将军，领冠军太守，后又加都督之号。将敢死及解烦兵万人讨丹阳贼，破之。会病卒。子综，袭侯领兵(《三国志》列传)。

［晋］

阎　亨　辽西人。苟晞刑政苛虐，纵情肆欲，亨以书固谏。晞怒杀之(见《晋书·苟晞传》)。

赵　至　字景真，代郡人也。寓居洛阳，缑氏令初到官。至年十三与母同观，母曰："汝先世本非微贱，世乱流离，遂为士伍耳。尔后能如此不？"至感母言，诣师受业。闻父耕叱牛声，投书而泣。师怪问之。至曰:“我小未能荣养，使老父不免勤苦。”师甚异之。年十四，诣洛阳，游太学。遇嵇康于学写石经，徘徊视之不能去，而请姓名。康曰:“年少何以问邪？”曰:“观君风器非常，所以问耳！”康异而告之。后乃亡到山阳，求康不得而还。又将远学，母禁之。至遂佯狂走三五里，辄追得之。年十六，游邺。复与康相遇，随康还山阳，改名浚，字允元。康每曰:“卿头小而锐，瞳子白黑分明，有白起之风矣。”及康卒，至诣魏兴，见太守张嗣宗，甚被优遇。嗣宗迁江夏，相随到涢川，欲因人吴。而嗣宗卒，乃向辽西，而占户焉。至身长七尺四寸，论议精辩，有纵横才气。辽西举郡计吏，到洛与父相遇。时母已亡，父欲令其宦立弗之告，仍戒以不归。至乃还辽西，幽州三辟部从事，断九狱见称精审。太康中，以良吏赴洛，方知母亡。初，至自耻士伍，欲以宦学立名，期于荣养，既而其志不就，号愤痛哭，呕血而卒，时年三十七(《晋书》)。

［**北魏**］

窦　瑗　字世珍，辽西辽阳人(《北史》作阳洛人，阳洛即阳乐。案:《魏书·地形志》辽西郡统县三：肥如、阳乐、海阳，无辽阳。辽阳当是传写之讹。观下封阳洛男益见)。自言本扶风平陵人，汉大将军窦武之曾孙崇，为辽西太守，子孙遂家焉。曾祖堪，慕容氏渔阳太守。祖表，冯文通成周太守。人国，父同举秀才，早卒。普泰初，瑗启以身阶级为父请赠。诏赠征虏将军平州刺史。瑗年十七，便荷帙从师游学十载。始为御史转奉朝请兼太常博士，拜大将军太原王尔朱荣官。因是，为荣所知。遂表留瑗为北道大行台左丞，以军功赐爵阳洛男。除员外散骑常侍，瑗以拜荣官赏新昌男，因从荣东讨葛荣。事平，封容城县开国伯，食邑五百户。后除征虏将军、通直散骑常侍仍左丞。瑗乞以容城伯让兄叔珍。诏听以新昌男转授之。叔珍由是位至太山太守。尔朱世隆等立长广王晔为主，南赴洛阳。至东郭外，世隆等遣瑗奏废之。瑗执鞭独入禁内，奏曰:“天人之望，皆在广陵，愿行尧舜之事。”晔遂禅焉。由是除征南将军金紫光禄大夫，敷奏侃然。

前废帝甚重之。出帝时，为廷尉卿又释奠开讲，瑗与散骑常侍温子升、给事黄门侍郎魏季景、通直散骑常侍李业与并为摘句。天平中，除镇东将军、金紫光禄大夫，寻除广宗大守，治有清白之称。广宗民情凶房，前后累政咸见告讼，惟瑗一人终始全洁。转中山太守加征东将军，声誉甚美，为吏民所怀。及齐献武王班书州郡，诫约牧、守、令、长，称瑗政绩以为劝励焉。后授使持节本将军平州刺史，在州政如治郡，又为齐献武王丞相府右长史。瑗无军府断割之才，不甚称职。又行晋州事，既还京师，上表论麟趾新制，除大宗正卿，寻加卫将军。宗室以其寒士相与轻之。瑗按法推治，无所顾避，甚见仇疾。官虽通显，贫窘如初，清尚之操，为时所重。领本州大中正以本官兼廷尉卿，卒官。赠本将军太仆卿济州刺史，谥曰明（《魏书》）。

［**后周**］

怡　峰　字景阜，辽西人也。本姓默台，因避难改焉。高祖宽，燕辽西郡守，魏道武时率户归朝，拜羽真，赐爵长蛇公。曾祖文，冀州刺史。峰少从征役，以骁勇闻。永安中，假龙骧将军为都将，从贺拔岳讨万俟丑奴，以功授给事中、明威将军，转征虏将军都督，赐爵蒲阴县男。及岳被害，峰与赵贵等同谋，翊戴太祖，进爵为伯。时原州刺史史归犹为侯莫陈悦守。太祖令峰与侯莫陈崇讨擒之。及齐神武与魏孝武帝构隙，帝频敕太祖简锐卒人卫京邑。太祖乃令峰与都督赵贵等，率轻骑赴洛阳。至潼关，值魏孝武西迁。峰即从太祖拔回洛，复潼关。拜安东将军华州刺史，寻转大都督，讨曹泥有功，进爵华阳县公，邑一千户。大统二年，从太祖破窦泰于小关，还拜散骑常侍车骑大将军仪同三司。又从复弘农，破沙苑，进爵乐陵郡公。仍与元季海、独孤信复洛阳。峰率奇兵至成皋，人其郛，收其户口而还。东魏遣行台任祥率步骑万余攻颍川。峰复以轻骑五百邀击之。自是威名转盛，加授开府仪同三司。东魏围洛阳，峰与季海守金墉。太祖至，围解。即与东魏战于河桥。时峰为左军不利，与季远先还，太祖因此班师，诏原其罪，拜东、西、北三夏州诸军事夏州刺史。后与于谨讨刘平伏，从解玉壁围，平柏谷坞，并有功。凉州刺史宇文仲和反，峰与于谨讨之。十五年，东魏围颍川。峰与赵贵赴援，至南阳，遇疾卒，时年五十。峰沈毅有胆略，得士卒心，当时号为骁将。太祖嗟悼久之。赠华州刺史，谥曰襄威。子昂嗣，官至开府仪同三司。朝廷追录峰功，封昂郑国公。昂弟光，少以峰勋赐爵安平县侯，起家员外散骑常侍，累迁司土中大夫左武伯，出为汾、泾、豳三州刺史，加开府仪同三司，进爵龙河县公。光弟春，少知名，历官吏部下大夫仪同三司（《周书》）。

段　永　字永宾，其先辽西石城人，晋幽州刺史匹磾之后也。曾祖愢仕魏黄龙镇将，因徙高陆之河阳焉。永幼有志操，闾里称之。魏正光末，六镇扰乱，遂携老幼避地中山。后赴洛阳，拜殿中将军，稍迁平东将军，封沃阳县伯，邑五百户。青州人崔社客举兵反，永讨平之。进爵为侯，除左光禄大夫。时有贼魁元伯生，率数百骑，西自崤、潼，东至巩、洛，屠陷坞壁，所在为患。魏孝武遣京畿大都督匹娄昭讨之。昭请以五千人行。永进曰："此贼既无城栅，唯以寇抄为资，安则蚁聚，穷则鸟散。取之在速，不在众也。若星驰电发出其不虞，精骑五百自足平殄。若征兵而后往，彼必远窜，虽有大众无所用之。"帝然其计，于是命永代昭，以五百骑讨之。永觇知所在，倍道兼进，遂破平之。帝西迁。永时不及从。大统初乃结宗人，潜谋归款。密与都督赵业等袭斩西中郎将慕容显和，传首京师，以功别封昌平县子，邑三百户。除北徐州刺史。从擒窦泰，复弘农，破沙苑，并有战功，进爵为公。河桥之役，永力战先登，授南汾州刺史，累迁大都督、车骑大将军、仪同三司，散骑常侍、骠骑大将军开府仪同三司，赐姓尔绵氏。魏废帝元年，授恒州刺史。于时，朝贵多其部人，谒永之日冠盖盈路，当时荣之。孝闵帝践祚，进爵广城郡公，转文州刺史。入为工部中大夫、迁军司马。保定四年，拜大将军。永历任内外，所在颇有声称，轻财好士，朝野以此重焉。前后累增凡三千九百户。天和四年，授小司寇，寻为右二军总管，率兵北道讲武，遇疾卒于贺葛城，年六十八。丧还，高祖亲临。赠使持节柱国大将军、同华等五州刺史，谥日基。子岌嗣，官至仪同三司，兵部下大夫（《周书》）。

［**唐**］

田廷玠 平州卢龙人。尚儒学不乐军旅，与承嗣为从昆弟。仕为平舒丞，迁乐寿、清池、束城、河间四县令，以治称，迁沧州刺史。李宝臣、朱滔与承嗣不协，合兵围沧州。廷玠固守连年，食虽尽，无叛者。朝廷嘉其节，徒相州。承嗣盗磁相，廷玠无所回染。及悦代立，忌廷玠之正召为节度副使。廷玠至，让悦曰："而承伯父绪业，当守朝廷法度，以保富贵。何苦与恒、郓为叛臣？自兵兴来叛天子，能完宗族者谁耶？而志不悛盍杀我，无令我见田氏血污人刀也。"遂称疾不出。悦过谢之，杜门不纳，愤而卒（《新唐书》）。

田弘正 字安道，廷玠之子。幼通兵法，善骑射。承嗣爱之，以为必兴吾宗，名之日兴。季安时，为衙内兵马使同节度副使，封沂国公。季安侈汰锐杀罚。弘正从容规切，军中赖之，翕然归重。季安内忌，出为临清镇将，欲因罪诛之。弘正佯癖痼，卧家不出，乃免。

季安死，子怀谏袭节度，召还旧职。怀谏委政于家奴蒋士则，措置不平。众怒，咸曰："兵马使，吾帅也。"牙兵即诣其家迎之。弘正拒不纳，众哗于门。弘正出，众拜之，胁还府。弘正顿于地度不免，即令于军曰："尔属不以吾不肖使主军。今与公等约，能听命否？"皆曰："惟公命。"因曰："吾欲守天子法，举六州版籍，请吏于朝。苟天子未命，敢有请吾旂节者，死。杀人及掠人者，死。"皆曰："诺。"遂到府杀士则及支党十余人。于是，图魏、博、相、卫、贝、澶之地，籍其人，以献。不敢署僚属，而待王官。先时诸将出屯，质妻子，里民不得相往来。弘正悉除其禁，听民通馈谢庆吊。服玩僭侈者，即日撤毁之。承嗣时，正寝华显，弘正避不敢居，更就采访使堂皇听事。幽、恒、郓、蔡大惧，遣客镌说诇染。弘正皆拒遣之。宪宗美其诚，诏检校工部尚书，充魏博节度使。又遣司封郎中知制诰裴度宣慰，赉其军钱百五十万缗，六州民给复一年，赦现囚，存问高年、孱独、废疾不能自存者。度明辩具陈朝廷厚意。弘正不觉自失，乃深相结纳，奉上益谨。复请度遍行其部，宣示天子恩诏。因令节度佥谋布衣崔欢奉表陈谢，且言："天宝以来，山东奥壤化为戎墟，官封世袭，刑赏自出。国家含垢垂六十年。臣若假天之龄奉陛下宸算，冀道扬太和，洗濯伪风，然后退归丘园，避贤者路，死不恨。"制诏褒答，且赐今名。锡与踵途。天子讨蔡，弘正遣子布以兵三千进战，数有功。而李师道疑其袭己，不敢显助蔡。故元济失援，王师得致诛焉。王承宗叛，诏弘正以全师压境，破其众南宫。承宗惧，穷归于弘正。弘正表诸朝，遂献德、棣二州以谢，纳二子为质。俄而，李师道拒命。诏弘正与宣武等五节度兵进讨。弘正自杨刘渡河，距郓四十里坚壁。师道大将刘悟率精兵屯河东，战阳谷，再遇再北，斩万余级，贼势蹙，悟乃反兵斩师道首，诣弘正降，取十有二州以献。初，悟既平贼，大张饮军中凡三日，设角觝戏，引魏博使至廷以为欢。悟盱衡攘臂助其决，坐中皆惮悟勇。客有白弘正者，弘正曰："郓士疲于战疮者未起，悟当恤亡吊乏，慰士大夫心。奈何取快目前耶？吾奉诏按军，伺悟去就。今知其无能为也。"既而诏悟为义成军节度使，狼狈上道。时称知悟之明，以功加弘正检校司徒同中书门下平章事。是岁，来朝对麟德殿，眷劳殊等，引见僚佐将校二百余人，皆有班赐。进兼侍中，实封户三百。擢其兄融为太子宾客东都留司。弘正数上表固请留阙下。帝劳曰："昨韩宏以疾辞不就军。朕既从之矣。今卿复尔我不应违。但魏人乐卿之政，四邻畏卿之威，为朕长城，又安用辞？"弘正遂还。常欲变山东承袭旧风，故悉遣子姓仕朝廷。帝皆擢任之，朱紫满门，荣冠当时。穆宗立，王承元以成德军请帅。帝诏弘正兼中书令，为节度使。弘正以新与镇人战，有父兄怨。取魏兵三千自卫，人其军。时天子赐钱一百万缗，不时至，军有怨言。弘正亲加抚谕，乃安。仍请留魏兵为纪纲，以持众心。度支崔倰吝其廪，沮却之。长庆元年七月，归卫卒于魏。是月，军乱，并家属将吏三百余人皆遇害，年五十八。帝闻震悼，册赠太尉，谥曰忠愍。弘正幼孤，事融甚谨。军中尝分曹习射，弘正注矢联中，融退怒，扶之。故当季安猜暴时，能自全。及为军中推迫，融不悦曰："尔竟不自晦，取祸之道也。"朝廷知其友爱，诏拜相州刺史，赐金紫。弘正性忠孝，好功名，起楼聚书万余卷，通《春秋左氏》，与宾属讲论终日。客为著《沂公史例》行于世。弘正子布、群、牟。布字敦礼，幼机悟。弘正戍临清，布知季安且危，密白父请以众归朝。弘正奇之。及得魏使，布总亲兵王师诛蔡，以军隶严绶，屯唐州。帝以布大臣子，或有罪且挠法，弘正请以董畹代，而士卒爱布愿留，帝乃止。凡十八战，破陵云栅，下郾城，以功授御史中丞。裴度轻出，观兵沱口。贼将董重质以奇兵掩击，布伏骑数百，突出薄之，诸军继至，贼惊引还。蔡平入为左金吾卫将军。谏官尝论事帝前，同列将麾却之。布止曰："使天子容直臣，毋轻进。"弘正徙成德，以布为河阳节度使，父子同日受命。

时韩宏与子公武，亦皆领节度，而天下以忠义多田氏。布所至，必省冗将，募战卒，宽赋劝穑，人皆安之。长庆初，徙泾原。弘正遇害，魏博节度使李愬病不能军，公卿议以魏强而镇弱，且魏人素德弘正，以布之贤而世其官，可以成功。穆宗遽召布解缞拜检校工部尚书、魏博节度使，乘传以行。布号泣固辞，不听。乃出伎乐，与妻子宾客诀曰："吾不还矣。"未至魏三十里，跣足披发，号哭而人。居垩室，屏节旄，凡将士老者兄事之，禄奉月百万一不入私门。又发家钱十余万缗颁士卒，以牙将史宪诚出麾下可任，乃委以精锐。时中人屡趣战，而度支馈饷不继，布辄以六州租赋给军。引兵三万，进屯南宫。破贼二垒。于是，朱克融据幽州，与王廷凑唇齿，河朔三镇旧连衡，桀骜自私。而宪诚蓄异志，阴欲乘衅，又魏军骄惮格战。会大雪，师寒粮乏，军中谤曰："它日用兵团粒米尽仰朝廷，今六州刮肉与镇、冀角死生。虽尚书瘠己肥国，魏人何罪？"宪诚得间，因以摇乱。会有诏分布军合李光颜救深州。兵怒，不肯东。众遂溃皆归宪诚。惟中军不动。布以中军还魏。明日，会诸将议事。众哗曰："公能行河朔旧事，则生死从公，不然不可以战。"布度众且乱，叹曰：

"功无成矣。"即为书谢帝曰："臣观众意，终且负国，臣无功不敢忘死，愿速救元翼，毋使忠臣义士涂炭于河朔。"哭授其从事李石讫，乃人。至几筵，引刀刺心，曰："上以谢君父，下以示三军。"言讫而绝，年三十八。赠尚书右仆射，谥曰孝。子锣，宣宗时历银州刺史，坐以私铠易边马，论死。宰相崔铉奏布死节于国，可贷锣，以劝忠烈。故贬为州司马。群，会昌中，历蔡州刺史，坐赃且抵死，兄肇闻之不食卒。宰相李德裕奏："汉河间人尹次、颍川人史玉，坐杀人当死。次兄初、玉母浑，诣官请代，因缢物故。于时皆赦其死。"于是，武宗诏减死一等。牟，宽厚，明吏治，为神策大将军。开成初，盐州刺史王宰失羌人之和。诏牟代之，累迁鄜坊节度使，再徒太平三为武宁，一为灵武军。官至检校尚书左仆射，卒。诸子皆有方面功，以忠义为当世所高（《新唐书》）。

韩愈《魏博节度观察使沂国公先庙碑铭》云：元和八年十一月壬子，上命丞相元衡、丞相吉甫、丞相绛，召太史尚书、比部郎中韩愈至政事堂，传诏曰："田弘正始有庙京师。朕惟弘正先祖父厥心靡不向帝室，讫不得施，乃以教付厥子。维弘正衔训事嗣朝夕不怠，以能迎天之休显，有丕功。维父子继忠孝，予维宠嘉之。是以命汝愈铭。钦哉！"维时臣愈承命悸恐。明日，诣东上阁门拜疏辞谢，不报，退。伏念昔者鲁僖公能遵其祖伯禽之烈，周天子实命其史臣克作为《駉駜泮閟》之诗，使声于其庙，以假鲁陵。今天子嘉田侯服父训不违，用康靖我国家。盖宠铭之所以休宁田氏之祖考，而臣适执笔隶太史，奉明命其可以辞？谨案：魏博节度银青光禄大夫、检校工部尚书兼魏州大都督府长史、御史大夫、沂国公田弘正，北平卢龙人。故为魏博诸将，忠孝畏慎。田季安卒，其子幼弱，用故事代父，人心不附。迎弘正于其家，使领军事。弘正籍其军之众，与六州之人，还之朝廷，悉除河北故事。比诸州故得用为帅，已而复赠其父故沧州刺史兵部尚书，母夫人郑氏梁国太夫人，得立庙祭三代。曾祖都水使者府君祭初室，祖安东司马赠襄州刺史府君祭二室，兵部府君祭东室。其铭曰：唐继古帝，海外受制。狎于太宁，燕盗以惊。群党相维，河北失平。号登元和，大圣载营。风挥日舒，咸顺指令。岦岦魏土，婴儿戏兵。吏戎愁毒，莫保腰颈。人曰田侯，其德可倚。叫谋奔趋，乘门请起。田侯摄事，奉我天明。束缚弓戈，考校度程。提疆籍户，来复邦经。帝钦良臣，曰维锡予。嗟我六州，始复故初。告庆于宗，以降命书。旌节有韬，豹尾神旗。橐兜戟纛，以长魏师。田侯稽首，臣愚不肖。迨兹有成，祖考之教。帝日俞哉，维汝忠孝。予思乃父，追秩夏卿。媲德娠贤，梁国是荣。田侯作庙，相方视址。见于蓍龟，祖考咸喜。暨尔田侯，两有文武。讫其外庸，可作承辅。咨汝田侯，勿亟勿迟。观飨式时，尔祖尔思。

《元稹进田弘正碑文状》云："田弘正魏博德政碑文右前件碑文伏蒙御札朱书遣臣撰述，恩生望外，事出宸衷，铭镂骨肌，难酬雨露。臣伏以陛下所以令臣与弘正立碑，盖欲遣魏博及镇州将吏等，并知弘正首怀忠义，以致功勋。臣若苟务文章，广征经典，非惟将吏不会，亦恐弘正未详。虽临四达之衢，难掩万人之口。臣所以效马迁体叙事直书，约李斯碑文勒铭称制，使弘正见铭，而戒逸；将吏观叙，而爱心。不隐实功，不为溢美，文虽朴野，事颇彰明。伏乞天慈特留宸鉴。其碑文谨随状封进。碑铭云：陛下以元年正月壬戌诏臣稹曰：'朕有臣弘正，自魏人镇，魏人思之。因守臣状其德政，乞文于碑。尔司予言其文以付。'臣拜稽首，退而奏书于陛下，曰："始安禄山以玄宗四十三年，盗幽州兵，劫击郡县，逾关据京，天下掉挠。肃宗征之，海内甫定，而夹河五十余州，或服或叛，更立迭夺，废置、征伐，朝觐、赋人之宜，皆自为意。五纪四宗，容受隐忍。田承嗣始有魏、博、相、卫、贝、澶之地。承嗣卒，以其地传兄子悦，悦传绪，绪传季安。既而季安悍诞淫骄，风勃虫蠹，发则喜杀左右，渐及骨肉，往往顾妻子曰："安用此？"由是内外惴悸。妻元氏因人不忍移置他所，余一月乃卒。是岁，先皇帝元和之七年八月也。季安子怀谏，始十余岁，众袭故态，名为副大使。而家臣蒋士则逆虐用事。士众不分服，日夜相告曰："田中丞兴，博大孝敬，于军谨廉，读儒家书，好言君臣事。倘可依倚为将帅乎？"闻者皆踊跃，一朝牙旗丁众来捧附，兴仆地不肯起，众亦不肯去。乃大言曰："尔辈即欲用吾语，能不杀副大使，且许吾取天子恩泽洗汝痕秽，使千万众知君臣父子之道，从我乎？"皆曰："诺。"遂杀蒋士则等十数人，以兴知留后事，移怀谏于外。明年归之朝。盖七年之十月四日也。兴乃图六州之地域，籍其人与三军之生齿，自军司马已下至于郡邑，吏之废置尽献于先帝。先帝诏兴以工部尚书，长魏、博、相、卫、贝、澶之地。仍敕司封郎中知制诰裴度使于兴，且以钱一百五十万缗赐其军曲，赦管内，使百姓一年勿复事，问耆羸、赈乏困，褒殛诛之不以法者。魏之人相喜曰："归天子，乃如是耶？"兴又悉取魏之僭服异器人臣所不当为者斥去之。先帝曰："兴六州善心者，田兴也。使兴弘吾至正不亦可乎？"因名曰弘正。先是魏诸宾犹仆役也，将卒无畏避。弘正始求副节度以下于朝，至则迎承奉。虽功勋将莫不乘者避，谒者趋伏，授咨度始用宾礼。先是诸将之外，有权者莫不拘劫妻子以为固。四方之来聘问者，莫不防碍出人以为密。士吏工贾限其往来，人多惧愁，稀复会聚。至是，皆旷然矣。魏之人又相喜曰："人之生不当如是耶？"滑以水害闻于朝，请移河于卫之四十里，且役卫工三万余。诏弘正议之。皆曰："坏吾地，役吾人，以利他邑，古无有也。"弘正曰："魏于滑信彼此矣。朝廷何异焉。不时兴工，以教人让，魏俗丕变。先帝多之。以右仆射就加焉。十三年又加司空，以子布之会蔡有劳也。是岁，李师道烧河阴，惊洛邑，阴通元济。诏弘正诛之。明年，破贼五万于东阿，进收郓之阳谷，距其城四十里营焉。二月壬戌，刘悟斩师道，加司徒平章事，复归于魏。其年八月，朝京师。先帝待之有加焉。乞留不获，诏加侍中以遣之。又明年，陛下以成德丧师。诏弘正人焉。初王武俊以战朱滔功，得有赵地，传子孙凡三十九年矣。至承宗，为卢从史、李师道所诖误。先皇帝征而赦之者再，忧畏戚恧，不克来觐。既而闻陛下天覆海深，悉包悉受，乃果自信，将朝有时，未行会病将殁，以志付其弟承元听命于朝。陛下语宰相曰："弘正在魏，吾何患焉？"即日内出五诏，诏弘正为中书令，节度于镇；且诏父子皆为帅，以大其威。十一月甲寅，成德献状曰：

"弘正自去魏，魏人哭之，镇人歌之。"奉宜诏条，除去僭异，犹魏政也。且臣闻之，德之至者有二，政之大者有三。三政：一曰仁，为惠政；二曰法，为善政；三曰谦，为和政。二德：一曰忠，为令德；二曰孝，为吉德。今弘正献魏博六州之地，平淄青四代之寇，人镇冀不测之泉，可以为忠矣。祖考食宗庙，父子分土疆，兄弟罗轩冕，可以为孝矣。始初山东键闭束缚，泳而游之，歌而舞之，可以为仁矣。始初山东逼越废怠，裁而制之，举而用之，可以为法矣。始初山东傲很侵取地，德以让之，功以助之，可以为谦矣。谦、法、仁、孝，资之以忠，不曰德政，谓之何哉？臣请奉制以一百九十二字付守臣愬，铭之石，用申约束。铭曰：帝命弘正，予言是听。理乱有数，其道甚明。乱则隐约，理由乱生。既理复乱，生于玩轻。唐受天命，海内承平。高祖太宗，不荒不宁。玄宗抑厄，其否乃革。四十三年，奄有丕宅。始视燕寇，胡雏弄儿。虽我宠重，彼将胡为。所细所忽，忽焉而罹。四后垂顾，山东不夷。逮我圣父，殷忧俭克。乘其淫骄，乃伐乃殛。视尔群孽，胡为而亡。僭久而大，顽昏暴狂。尔亦自视，忽焉而昌。忧畏逼侧，永思悠长。曩尔之无，今而之有。既克而有，则克而守。惟尔惟我，而今而后。尔虽穹崇，无忘辱诟。我虽平宁，无忘燕寇。铭之戒之，以永声臭。

周　宝　字上珪，平州卢龙人。曾祖待选，为鲁城令。安禄山反，率县人拒战，死之。祖光济，事平卢节度希逸为牙将，每战得攻鲁城者必手屠之，历左赞善大夫。从李洧以徐州归天子。父怀义，通书记累擢检校工部尚书、天德西城防御使。以徙城事，不为宰相李吉甫所助，以忧死。宝藉荫为千牛备身。天平节度使殷侑尝为怀义参军，宝从之，为部将。会昌时，选方镇才校入宿卫，与高骈皆隶右神策军。历良原镇使，以善击球俱补军将，骈以兄事宝。宝强毅未尝诎意于人，官不进，自请以球见。武宗称其能，擢金吾将军。以球丧一目，进检校工部尚书、泾原节度使，务耕，力聚粮二十万斛，号良将。黄巢据宣、歙，徙宝镇海军节度兼南面招讨使。巢闻，出采石略扬州。僖宗入蜀，加检校司空。时群盗所在盘结，柳超据常熟，王敖据昆山，王腾据华亭，宋可复据无锡。宝练卒自守，发杭州兵戍县镇判八都：石境都董昌主之，清平都陈晟主之，于潜都吴文举主之，盐官都徐及主之，新登都杜棱主之，唐山都饶京主之，富春都文禹主之，龙泉都凌文举主之。中和二年，进同中书门下平章事，兼天下租庸副使，封汝南郡王。宝和裕喜接士，以京师陷贼将赴难，益募兵，号后楼都。明年董昌据杭州。柳超自常熟人睦州，刺史韦诸杀之。四年，余杭镇使陈晟攻诸，诸以州授晟。宝子玙统后楼都，孱不能驭军，部伍横肆。宝亦稍惑声色不恤事，以婿杨茂实为苏州刺史重敛，人不聊生。田令孜以赵载代之，茂实不受命。宝表留不听，乃残郛署污垣牖去。诏以王蕴代载，载留润州。初，镇海将张郁以击球事宝。光启初，剧贼剽昆山。宝遣郁领兵三百戍海上，郁醉而叛。王蕴谓州兵还休不设备，郁遂大掠。蕴婴城守。宝遣将拓拔从讨定之。郁保常熟，因攻常州，刺史刘革迎降，众稍集。宝遣将丁从实督兵攻之。郁走海陵，依镇遏使高霸。从实遂据常州。及董昌徙义胜军节度使，宝承制擢杭州都将钱镠领州事。宣州贼李君旺陷义兴，守之。是时右散骑常侍沈诰使至江南，负田令孜势，震暴州县。嗣襄王下令，搜令孜党。宝收诰及赵载杀之。高骈领盐铁，辟宝子信为支使，宝亦表骈从子在幕府。骈为都统，寖不礼宝。宝衔之。帝在蜀，淮南绝贡赋，谩言道浙西，为宝剽阻。帝知其诬，不直。骈自是显隙，骈出屯东塘，约西定京师。宝喜，将赴之。或曰："高氏欲图公地。"宝未信，骈遣人请会金山，谋执宝。宝答曰："平时且不闻境上会，况上蒙尘，宗庙焚辱，宁高会时耶？我非李康，不能为人作功勋，欺朝廷也。"骈遣人切让，宝亦诟绝之。会部将刘浩、刁颙与度支催勘使太子左庶子薛朗叛。宝方寝，外兵格斗，火照城中。宝惊出，谕曰："为吾用，则吾兵，否则寇也。六州皆吾镇，何往不适？"乃自青阳门出奔，士大掠官属，崔绾、陆锷、田倍皆死。浩奏朗领府事。宝至奔牛埭。骈馈以齑葛讽其且亡也，宝抵于地曰："公有吕用之难方作，无诮我即奔常州，依丁从实，召后楼都无一士至者。钱镠遣杜棱成及攻薛朗，棱子建徽攻从实，声言迎宝，击破贼君旺，取船八百艘，遂围常州。

从实奔海陵。镠具櫜鞬迎宝，舍樟亭。末几，杀之。不淹月而骈为毕师铎所囚。宝死年七十四，赠太保。镠以杜棱守常州。文德元年，拔润州，刘浩亡不知所在，执朗剖其心，祭宝。使阮结守润州。杨行密杀高霸，而张郁、丁从实皆死（《新唐书》）。

阳惠元 平州人，以趫勇奋事平卢军，从田神功、李忠臣浮海入青州。诏以兵隶神策，为京西兵马使，镇奉天。德宗初立，稍绳诸节度跋扈者。于是，李正己屯曹州，田悦增河上兵，河南大扰。诏移兵万二千戍关东。帝御望春楼誓师，因劳遣诸将，酒至，神策将士不敢饮。帝问故。惠元曰："初发，奉天之帅张巨济与众约，是役也不立功毋饮酒。臣不敢食其言。"既行，有馈于道，惟惠元军瓶罍不发。帝咨叹不已，玺书慰劳。俄以兵三千会诸将击田悦，战御河，夺三桥。惠元功多。以兵属李怀光，及朱泚反，自河朔赴难，解奉天围。加检校工部尚书、摄贝州刺史。诏惠元与神策行营节度使李晟、廊坊节度李建徽及怀光联营便桥。晟知怀光且叛，移屯东渭桥。翰林学士陆贽谏帝曰："四将接垒，晟等兵寡位下，为怀光所易，势不两完。晟既虑变，请与惠元东徒，则建徽孤立。宜因晟行，合两军皆往以备贼为解，趣装进道，则怀光计无所施。"帝不从，使神策将李升往伺还，奏怀光反明甚。是夕，夺二军，惠元、建徽走奉天。怀光遣将冉宗驰骑追及于好畤。惠元被发呼天，血流出眦，袒裼战而死。二子晟、皓匿井中，皆及害。建徽独免。诏赠惠元尚书左仆射，晟殿中监、皓邠州刺史。少子旻，字公素。惠元之死，被八创坠别井，或救得免。历邢州刺史。卢从史既缚，潞军溃。有骁卒五千，从史尝以子视者，奔于旻。旻闭城不内。众皆哭曰："奴失帅，今公有完城，又度支钱百万在府，少赐之，为表天子求旌节。"旻开谕祸福遣之。众感悟，遂还军。宪宗嘉之，迁易州刺史。王师讨吴元济，以唐州刺史提兵深入二百里，薄申州，拔外郛，残其垣。以功加御史中丞。容州西原蛮反，授本州经略招讨使，击，定之。进御史大夫。合邕、容两管为一道，卒赠左散骑常侍。《唐书》。

卷之五十五

列传七　乡贤二

［宋］

王审琦　字仲宝，其先辽西人，后徒家洛阳。汉乾祐初，隶周祖帐下，性纯谨，甚亲任之。从平李守贞，以功署厅直左番副将。广顺中，历东西班行首，内殿直都知铁骑指挥使，从世宗征刘崇，力战有功，迁东西班都虞侯，改铁骑都虞侯，转本军右第二军都校。世宗召禁军诸校宴射苑中。审琦连中的。世宗嘉之，赏赉有加。俄领勤州刺史，亲征淮南，舒州坚壁未下，诏以郭令图领刺史，命审琦及司超以精骑攻其城。一夕拔之，擒其刺史，获铠仗军储数万计。令图既人城，审琦等遂救黄州。数日，令图为舒人所逐。审琦选轻骑衔枚夜发，信宿至城下，大败舒人。令图得复还治所。世宗嘉之，授散员都指挥使。又破南唐军於紫金山，先登，中流矢，转控鹤右厢都校，领虔州团练使。世宗围濠州，审琦率敢死士数千人，拔其水寨，夺月城，濠州遂降。及攻楚州，为南面巡检。城将陷，审琦意淮人必遁，设伏待之。少顷，城中兵果凿南门而溃，伏兵击之，斩数千级，系五千余人献于行在。赐名马、玉带、锦彩数百匹。淮南平，改铁骑都校，又从平瓦桥关。恭帝即位，迁殿前都虞候，领睦州防御使。宋初，擢为殿前都指挥使，领泰宁军节度。从征李筠为御营前洞屋都部署，为飞石所伤。车驾临视。泽潞平，改领武成军节度。李重进叛，副石守信为前军部署，讨之。建隆二年，出为中正军节度。在镇八年，为政宽简，所部邑令以罪停其录事吏，幕僚白：“令不先咨府，请按之。”审琦曰：“五代以来，诸侯强横，令宰不得专县事。今天下治平，我忝守藩维，而部内宰能斥去黠吏，诚可嘉。尔何按之有？”闻者叹服。开宝二年，从征太原，为御营四面都巡检。三年，改镇许州，赐甲第，留京师。太祖尝召审琦宴射苑中，连中的，赐御马、黄金、鞍勒。六年，与高怀德并加同平章事。七年卒，年五十。初，审琦暴疾不能语，帝亲临视。及卒，又幸其第，哭之恸。赐中书令，追封琅琊郡王，赙赠加等。葬日，又为废朝。审琦重厚有方略，尤善骑射。镇寿春，岁得租课量人为出，未尝有所诛求。素不善饮，尝侍宴，太祖酒酣，仰祝曰：“酒天之美禄，审琦朕布衣交也。方与朕共享富贵，何靳之不令饮邪？”祝毕，顾谓审琦曰：“天必赐卿酒量，试饮之勿惮也。”审琦受诏，饮十杯无苦。自此侍宴常引满，及归私家即不能饮。或强饮，辄病。子承衍、承衎、承德、承佑、承俊、承偓、承僎、承仅、承休。承德，西上阁门使，会州刺史；承佑，至如京使；承俊、承僎至内殿崇班；承偓至阁门祗候；承仅至左神武将军，致仕；承休至内殿承制（《宋史》）

陈思让 字后己，幽州卢龙人。父审确，仕后唐至晋，历檀、顺、涿、均、沁、唐、祁、城八州刺史。预征蜀，权利州节度，终金州防御使。思让初隶庄宗帐下，即位补右班殿直。晋天福中，改东头供奉官，再迁作坊使。安从进叛于襄阳，以思让为先锋右厢都监，从武德使焦继勋领兵进讨，遇从进之师于唐州花山下，急击大破之，从进仅以身免。以功领奖州刺史。从进平，授坊州刺史。八年冬，契丹谋人寇。以思让监澶州军，赐鞍勒马器帛讨杨光远于青州也。又为行营右厢兵马都监，兵罢，改磁州刺史。会符彦卿北征契丹，思让表求预行，未几，改卫州。连丁内外艰，时武臣罕有执丧礼者。思让不俟诏，去郡奔丧，闻者嘉之。起复随州刺史。汉初，移淄州，罢任归朝。会淮南与朗州马希萼合兵淮南攻湖南，马希广来乞师。旋属内难，又周祖北征，乃分兵令思让往郢州赴援，兵未渡，而希广败，思让留于郢。周祖即位，遣供奉官邢思进召思让及所部兵还。刘崇僭号太原。周祖思得方略之士以备边，遣思让率兵诣磁州，控阨泽、潞。

未几，授磁州刺史，充北面兵马巡检。未行，升磁州为团练，即以思让充使。广顺元年九月，刘崇遣大将李瑰领马步军各五都，乡兵十都，自团柏军于窑子店。思让与都监向训、张仁谦等率龙捷吐浑军至虎亭西，与瑰军遇，杀三百余人，生擒百人，获崇偏将王璠、曹海金，马五十匹。俄遣王峻援晋州，以思让与康昭分为左右厢排阵使，令率军自乌岭路至绛州与大军合。崇烧营遁去。思让又与药元福袭之。俄命权知绛州。明年春，迁绛州防御使。显德元年九月，改亳州防御使，充昭义军兵马钤辖，屡败并人及契丹援兵，迁安国军节度观察留后，充北面行营马步军排阵使。五年，败并军千余于西山下，斩五百级。是秋，邢州官吏耆艾邢铢等四十人诣阙，求借留思让，诏褒之。十二月，改义成军节度观察留后。六年春，世宗将北征，命先赴冀州以俟命，及得瓦桥关为雄州，命思让为都部署，率兵戍守。世宗不豫还京，留思让为关南兵马都部署。恭帝嗣位，授广海军节度。宋初，加检校太傅。乾德二年又为保信军节度。时皇子兴元尹德昭纳思让女为夫人。开宝二年夏，改护国军节度河中尹。七年，卒，年七十二。赠侍中。思让累历方镇，无败政。然酷信释氏，所至多禁屠宰，俸禄悉以饭僧人，目为“陈佛子”。身没之后，家无余财。弟思诲至六宅使，子钦祚累迁至香药库使、长州刺史。钦祚子若拙（《宋史》）。

陈若拙 字敏之。幼嗜学，思让尝令持书诣晋邸，太宗嘉其应对详雅，将縻以府职，若拙恳辞。太平兴国五年，进士甲科，解褐将作监丞，通判鄂州，改太子右赞善大夫，知单州。以能政就，改太常丞，迁监察御史，充盐铁判官。益州系囚甚众，太宗览奏讶之，召若拙面谕委以疏决，迁殿中侍御史通判益州。淳化三年就命为西川转运副使，未几改正使，召归。会李至守洛都，表若拙佐治，改度支员外郎通判西京。留司久之。柴禹锡镇泾州，复奏为通判迁司封员外郎部送刍粮至塞外，优诏奖之。人为监铁判官转工部郎中，与三司使陈恕不协，求徒他局，改主判开拆司。车驾北巡，命李沆留守东京，以若拙为判官。河决郓州，朝议徙城以避水患，命若拙与阎承翰往规度。寻命权京东转运使，因发卒塞王陵口，又于齐州浚导水势，设巨堤于采金山，奏免六州所料梢木五百万，民甚便之。河平，真授转运使。召还，拜为刑部郎中、知潭州三司使缺。若拙自谓得之，及是大失望，因请对言父母年老不愿远适，求纳制命。上怒，谓宰相曰："士子操修必须名实相副。颇闻若拙有能干，特迁秩委以藩任，而贪进择禄如此。往有黄观者，或称其能，选为西川转运使。辄诉免，当时黜守远郡。今若拙复尔，亦须谴降。凡用人岂以亲疏为间，苟能尽瘁奉公有所树立，何患名位之不至也。"乃追若拙所授告敕，黜知处州，徙温州，代还，复授刑部郎中，再为盐铁判官，改兵部郎中河东转运使，赐金紫。会亲祀汾阴，若拙以所部缗帛刍粟十万输河中，以助费。经度制置使陈尧叟言其干职，擢拜右谏议大夫，徙知永兴军府。时邻郡岁饥，前政拒其市籴。若拙至，则许贸易，民赖以济。又移知凤翔府，入拜给事中。之澶州，蝗旱之余勤于政治，郡民列状乞留。天禧二年卒，年六十四。录其子映为奉礼郎。若拙多诞妄，寡学术。当时以第二人及第者为榜眼，若拙素无文，故目为"瞎榜眼"（《宋史》）。

姚内斌　平州卢龙人。少仕契丹。周显德六年，太祖从世宗征次瓦桥关，内斌以城降。世宗以为汝州刺史。国初，从平李筠，改虢州。又为庆州刺史，在郡十数年，戎不敢犯塞，号内斌为"姚大虫"，言其武猛也。初内斌降，其妻子皆在契丹。乾德四年，子承赞密自幽州来降。五年，幽州民又以内斌儿女六人间道来归。太祖并召见厚赐之，送还内斌。卒年六十四。常赙外，赐其子田三十顷。承赞为供奉官阁门祗候，死于阵（《宋史》）。

郭　琼　平州卢龙人。祖海，本州两冶使。父令奇，卢台军使。琼少以勇力闻契丹，为蕃汉都指挥使。后唐天成中，挈其族来归。明宗以为亳州团练使，改刺商州，迁原州。清泰初移城垒未葺。蜀人屡寇，琼患之。因徙城保险，民乃无患。受诏攻文州，拔二十余寨，生擒数百人。晋天福中，移刺警州，属羌浑骚动。朔方节度张希崇表琼为部署，将兵共讨平之。连领滑、坊、虢、卫四州。开运初，为北面骑军排阵使。阳城之役，战功居多，改沂州刺史，充荆寨主兼东面行营都虞侯，擒莫州刺史赵思以献。改刺淮州，俄为北面先锋都监。契丹陷中原，盗贼蜂起，山东为甚。契丹主命琼复刺沂州，以御盗。琼即日单骑赴郡，盗闻琼威名相率遁去。汉乾祐中，淮人攻密州，以为行营都部署，未至，淮人解去。会平卢节度刘铢恃佐命之旧，称疾不朝，将相大臣惧其难制。先遣琼与卫州刺史郭超以所部兵屯青州，铢不自安，置酒召琼，伏壮士幕下，欲害琼。琼知其谋，屏去从者，从容就席，略无惧色。铢不敢发。琼因为陈祸福，铢感其言，遂治装。俄诏至，即日上道。琼改颍州团练使，又加防御使。时朗州结荆淮、广南，合兵攻湖南。诏琼以州兵合王令温大军攻光州，寻以内难不果罢，归朝。遣诣河北计度兵甲刍粮。周祖祀南郊，召权知宗正卿事。世宗征刘崇，为北面行营都监，历绛、蔡、齐三州防御使。在齐州，民饥，琼以已俸赈之，人怀其惠，相率诣阙颂其德政，诏许立碑。宋建隆三年，告老，加右领军卫上将军，致仕归洛阳。乾德二年卒，年七十二。琼虽起卒伍，而所至有惠政，尊礼儒士，孜孜乐善。盖武臣之贤者也（《宋史》）。

［**辽**］

赵思温　字文美，卢龙人。少果锐，膂力兼人，隶燕帅刘仁恭幕。李存勖问罪于燕。思温统偏师拒之，流矢中目，裂裳渍血战犹未已，为存勖将周德威所擒。存勖壮而释其缚，久之，日见信用，与梁战于莘县以骁勇闻，授平州刺史兼平、营、蓟三州都指挥使。神册二年，太祖遣大将经略燕地，思温来降。及伐渤海，以思温为汉军都团练使，力战拔扶余城，身被数创，太祖亲为调药。太宗即位，以功擢检校太保保静军节度使。天显十一年，唐兵攻太原。石敬瑭遣使求救，上命思温自岚、宪间出兵援之，既罢兵，改南京留守卢龙军节度使，管内观察处置等使，开府仪同三司，兼郎中，赐协谋静乱翊圣功臣，寻改临海军节度使。会同初，从耶律牒噶使晋，行册礼，还加检校太师。二年，有星陨于庭，卒。上遣使赙祭，赠太师魏国公。子延昭、延靖官至使相（《辽史》）。

刘六符 平州人也。年十五，究通经史，更兼综百家之言。长而喜功名，慷慨有大志。历事圣宗朝为著作郎中允，又为詹事、国子祭酒。兴宗时，为翰林学士、右谏议大夫知制诰同修国史，契丹聚兵幽、蓟来求关南时，宋庆历二年也。先是西（一本西下有夏字）兵久不决，六符以宋朝为怯。又李士彬、刘平之兵屡败，宋朝旰食积苦。兵间，因说其主聚兵幽、涿，声言南征，而六符及萧英先以书来求关南十县，其书皆六符所撰也。书至，宋朝富弼为回谢使。弼至没打河，六符馆之。谓弼曰："北朝皇帝坚欲割地，如何？"弼曰："北朝若欲割地，必志在败盟。南朝决不从，有横戈相待耳！"六符曰："南朝若坚执，则事安得济？"弼曰："南朝不发兵而遣使，好辞更议，嫁女益币，岂坚执乎？"六符引弼人见，往复辩议。兴宗大感悟，乃从弼所请。是年八月，宋朝再遣，赍国书誓书至契丹清泉淀金毡馆，许赠以岁币二十万。时契丹固惜盟好，惟六符画策扬声聚兵幽、涿，以动宋朝。宋方困西夏之扰，名臣猛将相继败衄，吕夷简畏之。契丹既得岁币五十万，勒碑纪功。擢六符枢密使礼部侍郎同修国史，后迁至中书政事令。子孙显贵不绝，为节度观察使者十数人。(《契丹国志》)。案:《辽史列传》六符有志操，能文。重熙初，迁政事舍人，擢翰林学士。十一年与宣徽使萧时默使宋，索十县地，还为汉人行宫副部署。会宋遣使增岁币以易十县，复与耶律仁先使宋，定进贡名。宋难之。六符曰："本朝兵强将勇，海内共知，人人愿从事于宋。若恣其俘获以饱所欲，与进贡字孰多？况大兵驻燕，万一南进，何以御之。顾小节忘大患悔将何及？"宋乃从之，岁币称贡。六符还，加同中书门下平章事。及宋币至，命六符为三司使以受之。六符与参知政事杜防有隙。防以六符尝受宋赂，白其事，出为长宁军节度使。俄召为三司使。道宗即位，将行大册礼。北院枢密使萧格曰："行大礼，备仪物，必择广地，莫若黄川。"六符曰："不然，礼仪国之大体，帝王之乐，不奏于野。今中京四方之极，朝觐各得其所，宜中京行之。"上从其议，寻以疾卒。

马保忠 营州人也。疏眉目丰下，谨重寡欲，斤斤自修。士人贤其行。自力读书，不谒州县，节用以给亲里。大穰，则赈其余于乡党。太平年间，授洗马，改著作郎、殿中丞。兴宗朝，为枢密使、尚父守太师兼政事令，封燕国公。时朝政不纲，溺志浮屠。僧至有正拜三公三师者。官爵非人，妄有除授。保忠尝从容进谏。帝至佛然怒之（详见《帝纪》）。又尝上言："强天下者儒道，弱天下者吏道。今之授官大率吏而不儒。崇儒道则乡党之行修，修德则冠冕之绪崇。自今其有非圣帝明王孔孟圣贤之教者，望下明诏痛禁绝之。"其笃意风教如此。后数年，保忠卒。赐谥曰刚简（《契丹国志》）。

［金］

孟　浩　字浩然，滦州人。辽末年登进士第。天会三年，为枢密院令吏，除平州观察判官。天眷初，选入元帅府备任使，除归德少尹，充行台吏、礼部郎中，入为户部员外郎、郎中。韩企先为相，拔擢一时贤能，皆置机要。浩与田珏皆在尚书省，珏为吏部侍郎，浩为左司员外郎。既典选，善铨量人物，分别贤否，所引用皆君子。而蔡松年、曹望之、许霖皆小人，求与珏相结。珏薄其为人，拒之。松年初事宗弼于行台省以微巧得宗弼意，宗弼富（当）国引为刑部员外郎，望之为尚书省都事，霖为省令史，皆怨珏等，毁之于宗弼。凡与珏善者皆指以为朋党。企先薨，珏出为横海军节度使。选人龚夷鉴除名，值赦赴吏部铨得预覃恩。珏已除横海部。吏以夷鉴白珏，珏乃倒用月日署之。许霖在省典覃恩，行台省工部员外郎张子周素与珏有怨，以事至京师，微知夷鉴覃恩事，嗾许霖发之，诋以专擅朝政。诏狱鞫之，拟珏与夷鉴死，其妻子及所往来孟浩等三十四人皆徙海上，仍不以赦原，天下冤之。世宗在熙宗时，知田珏党事皆松年构成之，而浩等三十二人遇天德赦令还乡里，多物故。惟浩与珏兄谷、王补、冯煦、王中安在。大定二年，召见复官爵。浩为侍御史，珏为大理丞，补为工部员外郎，煦为兵部主事，中安知火山军事。而浩寻复为右司员外郎。浩笃实，遇事辄言无所隐。上嘉其忠，每对大臣称之。有疾，求外补，除祁州刺史，致仕归。七年，起为御史中丞，而浩年老，世宗以不次用之。再阅月，拜参知政事。故事无自中丞拜执政者，浩辞曰："不次之恩，非臣所敢当。"上曰："国家用人，岂拘阶次？卿公正忠勤，虽年高犹可宣力数年，朕思之久矣。"浩顿首谢。世宗敕有司东宫凉楼增建殿位。浩谏曰："皇太子义兼臣子，若所居与至尊宫室相侔，恐制度未宜。固宜示以俭德。"上曰："善。"遂罢其役。未几，上宴群臣于东宫，顾谓群臣曰："参政孟浩，公正敢言。自中丞为执政，卿等能如是，朕亦不次用之。"浩复奏曰："历古以来，不明赏罚，而能治者未之闻也。国家赏善罚恶盖已多矣，而天下莫能知。乞自今凡赏功罚罪皆具事状颁告之，使君子知劝以迁善，小人知惧以自警。"从之，进尚书右丞兼太子少傅为真定尹。上曰："卿年虽老，精神不衰。善治军民，毋遽言退。"以通犀带赐之。十三年薨（《金史》）。

刘敏行 平州人。登天会三年进士。除太子校书郎，累迁肥乡令。岁大饥，盗贼掠人为食，诸县老弱人保郡城，不敢耕种，农事废，畎亩荒芜。敏行白州，借军士三十，护县民出耕，多张旗帜为疑兵。敏行率军巡逻，日暮则阅民人城。由是盗不敢犯，而耕稼滋殖。转高平令。县城圮坏久不修。大盗横恣掠，县镇不能御。敏行出已俸，率寮吏，出钱雇役缮治，百姓欣然从之。凡用二千人版筑遂完。乡村百姓人保，贼至不能犯。九迁为河北东路转运使，致仕卒（《金史》）。

赵兴祥 平州卢龙人。六世祖思温，辽燕京留守，封天水郡王。父瑾，辽静江军节度使。兴祥以父任阁门祗候，谒告省亲于白霫。会辽季土贼据郡作乱，兴祥携母及弟妹奔燕京，不能进，乃自柳城涉沙碛，夜视星斗而行，仅达辽军，而不知辽主所向，遂还柳城。及娄室获辽主，兴祥乃归国从宗望伐宋，为六宅使。天眷初，累官同知宣徽院事，母忧去官。熙宗素闻兴祥孝行，及英悼太子受册以本官起复护视太子转右宣徽使。天德初，改左宣徽使。海陵尝问兴祥，欲使子弟为官当自言。兴祥辞谢。海陵善之，赐以玉带，诏曰："汝官虽未至一品，可佩此侍立。"为济南尹，赐车马、金币、金银器皿。改绛阳军节度使，召为太子少保，封广平郡王，改钜鹿。正隆初，例夺王爵，迁太子少傅，封申国公。起为定武军节度使。海陵伐宋，兴祥二子从军。世宗即位，海陵尚在淮南，二子未得还。兴祥来见于平州。世宗嘉其诚款以为秘书监，复为左宣徽使。久之，以其孙珣为阁门祇候。十五年，上幸安州春水，召兴祥赴万春节。上谒于良乡，赐银五百两，感风眩，赐医药，未几卒（《金史》）。

张景仁 字寿甫，辽西人。累官翰林待制。贞元二年，与翟永固俱试礼部进士，以《尊祖配天》为赋题，忤海陵旨，语在《永固传》。大定二年，仆散忠义伐宋，景仁掌其文辞。宋人议和，朝廷已改奉表为国书，称臣为侄，但不肯世称侄国，往复凡七书然后定。其书皆景仁为之。世宗称其能，尝曰："今之文章如张景仁与宋人往复书，指事达意辨而裁，真能文之士也。"五年，罢兵。人为翰林直学士。七年，选侍讲。八年为详读官。宋国书中有"宝邻"字。景仁奏"邻"字太涉平易。上问："累年国书有邻字否？"命一一校勘。六年书中亦有之，上责问六年详读官刘仲渊，右丞石琚亦请罪曰："臣尝预六年详读。"上曰："此有司之过，安得一一责宰臣邪？"诏有司就论宋臣王瀹使归告其主，后曰国书不得复尔。仲渊时为礼部侍郎，降石州刺史。景仁迁翰林学士兼同修国史。久之，上召景仁读陈言文字，上问事款几何？景仁率易少周密，对曰："二十余事"复曰："其中如某事某事十事可行，余皆无谓也。"明日上召景仁，责之曰："卿昨言可行者，朕观之中复有不可行者。卿谓无谓者，中亦有可行者。朕未尝使卿分别可否，卿辄专可否何也？自今戒之。"十年，兼太常卿学士同修国史如故，转承旨兼修国史改河南尹。二十一年，召为御史大夫，仍兼承旨修国史。世宗谓景仁曰："卿博学老儒，求如古之御史大夫然后行之，斯为称矣。不能如古之人，众人不独诮卿，亦谓朕不能知人。卿醉中颇轻脱失言，当以酒为戒。"初，朝臣言景仁有文艺而颇率易，不可任台察。景仁被诏就台中治监察罪，辄以便服视决罚。上闻之，责景仁曰："朕初用卿为大夫，或言卿不可居此官。今果不用故事，率易如此，卿自慎。不然黜罚及矣。"景仁顿首谢。未几，诏葬元妃李氏于海王庄。平章政事乌古论元忠提控葬事。都水监丞高杲寿治道路不如式，元忠不奏，决之四十。景仁劾奏元忠辄断六品官，无人臣礼。上曰："卿劾奏甚当，使左宣徽使蒲察鼎寿传诏戒敕元忠，曰："监丞六品有罪，闻奏。今乃一切趋辨，擅决六品官法当如是耶？御史在尊朝廷，汝当自咎，勿复再。"元忠尚豫国公主，怙宠自任，倨慢朝士。景仁劾之，朝廷肃然。是岁薨（《金史》）。

张谨言 幼名元奴，平州义丰人。珏之子也。宗望攻下平州，谨言在襁褓间。里人刘承宜得之，养于家，其邻韩夫人甚爱之。年数岁，随韩夫人得见贞懿皇后，留之藩邸。稍长，侍世宗读书，遂使谨言主家事，绳检部曲一府惮之。世宗留守东京，海陵用兵江淮，将士往往亡归，诣东京愿推戴世宗为天子。谨言劝进，世宗即位。除内藏库副使，权发遣宫籍监事。陵死扬州，谨言与礼部尚书乌居仁、殿前左卫将军阿虎带、御院通进刘琉发，遣六宫百司国书府藏在南京者还。以本职提控尚食局，转少府监丞，仍主内藏。谨言能心计，世宗倚任之。凡宫室、营造、府库、出纳、行幸、顿舍皆委之。世宗尝曰："一经谨言无不惬朕意者。"六年，提举修内役事，役夫掘地得白金匿之，事觉，法当死。谨言责取其物与官，释其罪。寻兼祗应司，迁少府监提控宫籍监祗应司如故。护作太宁宫，引宫左流泉溉田，岁获稻万斛。十七年，复提点内藏，典领昭德皇后山陵。迁劝农使，诸职如故。谨言虽旧臣，出入左右，然世宗终不假以权任。尝欲以为横海军节度使，而不可去左右，遂止。及得疾，犹扶杖视事，疾亟诏太医诊视，近侍问讯相属。及卒，上深惜之，遣官致祭，赙银五百两、重彩十端、绢二百疋、棺椁、衣衾、银汞、敛物、葬地，皆官给。赠辅国上将军（《金史》）

张行中 字信辅，营州人。大定中进士。卫王绍朝，胡沙虎除名为民，赂遗权贵得复用。行中言其必反。及弑逆，自为太师、尚书令、泽王。行中时为礼部尚书，人谓必为所杀，甚危之。一日，虎下礼部铸鉴国宝。行中持不可。虎虽怒，竟不敢杀也。宣宗即位，授参知政事。丞相高琪专权用事，人莫敢仰视，惟行中与之抗论，朝廷称焉（《大金国志》）案:《金史》及《中州集》俱作莒州日照人。行中《金史》作行信，云先名行忠，避庄献太子讳改焉。

任　询　字君谟，易州军市人。父贵，有才干，善画，喜谈兵，政宣间，游江浙。询生于虔州，为人慷慨，多大节。书为当时第一，画亦人妙品。评者谓画高于书，书高于诗，诗高于文。然王庭筠独以其才具许之。登正隆二年进士第。历益都、都句判官北京盐使。年六十四致仕，优游乡里。家藏法书名画数百轴，年七十卒（《金史》）案《郭志》云：考询本易州人，官老归休于滦，后遂为滦州义丰人。《中州集》云：平生诗数千首，君谟殁后皆散失。今所录皆得于传闻之间。如《山居》云:“种竹六七个，结茅三四间。稍通溪上路，不碍屋头山。黄叶水清浅，白云风往还。”《戊申春晚》云:“水边团月翻歌扇，风里垂杨学舞腰。”《南郊小隐》云:“林边鸟语月微下，竹里花飞春又深。”前辈喜称道云:“赵秉文题《南麓书后》云:“岱宗夫如何，齐鲁青未了。”夫如何三字几不成语，然非三字无以成下句有数百里之气象，若上句俱雄丽，则一李长吉耳。此前人论诗也，论书亦然，若有学南麓书者，当以吾言参之。”元好问《跋金国名公书》云:“任南麓书如老法家断狱，网密文峻不免严而少恩，使之治京兆，亦当不在赵、张、三王之下。”张才《保定志》云:“任询，字君谟，号南麓，易人。字人圣，画人神。性尤嗜画。”《书画会要》云:“君谟山水在王子端下。”元王晖《跋任龙岩乌夜啼贴》云:“南麓书画，京师为最，多其擘窠大书，往往体庄而神滞。独此贴豪放飞动，超乎常度，而木庵师谓醉后兴逸，妙能天成，岂长沙率尔而颠字字圆转之意邪?然古人得意处非一，如去乖就合，意居笔先，乘其调利例，多高风绝尘不止。藉步兵作气，而能夺三军之气也”。又《跋任南麓珠珠贴》云:“南麓书，在金大定间号称独步。然擘窠大书，往往体庄而神滞。今观此贴，笔势超逸，气韵兼胜，岂非抵掌谈笑善学叔敖者耶?”

［元］

张　升　字伯高，其先定州人，后徙平州。升幼警敏过人，学语时，辄能辨字音应对，异于常儿，既长，力学工文辞。至元二十九年，用荐者授将仕郎、翰林国史院编修官，预修《世祖实录》，升应奉翰林文字，寻升修撰，历兴文署令，迁太常博士。成宗崩，大臣承中旨议奉徽号，飨宗庙。升曰："在故典凡有事于宗庙，必书嗣皇帝名。今将何书？"议遂寝。武宗即位，议躬祀礼。。升据经引古参酌时宜以对。帝嘉纳之。至大初，改太常寺为太常礼仪院，即除升为判官。久之，外补知汝宁府。民有告寄束书于其家者，逾三年取阅，有禁书一编，且记里中大家姓名于上。升亟呼吏焚其书，曰："妄言诬民且再，更赦矣勿论。"同列惧皆引起。既而事闻。廷议谓升脱奸轨，遣使穷问，卒无迹可指。乃诘以擅焚书状。升对曰："事固类奸轨，然升备位郡守，为民父母。今斥诬诉免冤滥，虽重得罪不避。"乃坐夺俸二月。旁郡移文报吴人侯君远者，言岁值壬子六月朔日蚀，其占为兵寇。岁癸丑，其应在吴分野，同列欲召属县为备御计。升曰："此讹言，久当自息。毋惑民听，斥其无稽，众论韪之。"部使者誉治行为诸郡最。历江西行省左右司郎中，除绍兴路总管初，大德至大间，越大饥且疫疠，民死者殆半，赋税、盐课责里胥代纳。吏并缘为奸害富家。升为证于簿籍，白行省蠲之。前守有为江浙行省参知政事者争代者禄米，有隙欲内之罪，移平江岁输海运粮布囊三万，俾绍兴制如数，民患苦之不能堪。更数守谓岁例如此，置弗问。升言："麻非越土所生，海漕实吴郡事，于越无与。"章上卒罢之。升既谨于绳吏，又果于去民瘼，故人心悦服。历湖北道廉访使、江南行台治书侍御史。召为参议中书省事，改枢密院判官，寻复中书参议。至治二年，又出为河东道廉访使，未行，拜治书侍御史。明年出为淮西道廉访使。泰定二年，拜陕西行省参知政事加中奉大夫，寻迁辽东道廉访使。属永平大水，民多捐瘠。升请发海道粮十八万石、钞五万缗，以赈饥民，且蠲其岁赋。朝廷从之。民得全活者众。明年，召拜侍御史。天历初，出为山东道廉访使。时方有警，有司请完城以为备。升曰："民恃吾以生，完城是弃民也。"由是民皆安之。文宗赐尚酝文币以赏其功。逾年，召为太禧院副使，兼奉赞神御殿事，除河南省左丞，复迁淮西道廉访使。升时年六十有九，上书乞致仕。至顺二年，复起为集贤侍讲学士。文宗眷待之意甚隆。元统元年，顺帝即位，首诏在廷耆艾访问治道。升条上时所宜先者十事。寻兼经筵官廷试进士，特命升读卷，事已，告省先墓。帝赐金织文袍，以宠其归。明年以奎章阁大学士、资善大夫、知经筵事，召赐上尊，趣就职。升以疾辞。帝察其不可，强许之。寻命本郡月给禄米，以终其身。至正元年卒，年八十一。赠资德大夫、河南等处行中书省左丞，谥文宪(《元史》)。

陈　颢　字仲明，其先居卢龙，有名山者，仕金为穆昆监军。太祖得之，以为平阳等路军民都元帅，子孙徒清州，遂为清州人。颢颖悟，日记诵千百言。稍长，游京师，登翰林承旨王磐、安藏之门。磐熟金典章，安藏通诸国语，颢兼习之。安藏乃荐颢入宿卫，寻为仁宗潜邸说书。于是，仁宗奉母后出居怀庆，颢从行，日开陈以古圣贤居艰贞之道。会成宗崩，仁宗入定内难，以迎武宗，颢皆预谋。及仁宗即位，以推戴旧勋，特拜集贤大学士荣禄大夫，仍宿卫禁中，政事无不与闻。科举之行，颢赞助之力尤多。颢时伺帝燕闲，辄取圣经所载大经大法有功治体者陈之。每年嘉纳。帝尝坐便殿，群臣人奏事，望见颢，喜曰："陈仲明在列，所奏必善事矣。"颢以父年老，力请归养清州。帝特命颢长子孝伯为知州以就养。颢固辞。乃以孝伯为州判官。帝欲用颢为中书平章政事，颢叩首谢曰："臣无汗马之功，又乏经济之略，一旦置之政途，徒速臣咎。臣愿得朝夕左右，献替可否，庶少裨万一，亦以全臣愚忠。"帝乃允。仁宗崩，辞禄家居者十年。文宗即位，复起为集贤大学士。上疏劝帝大兴文治，增国子学弟子员，蠲儒生徭役。文宗皆嘉纳焉。颢先后居集贤署，荐士牍累数百，有讦之者。颢曰："吾宁以谬举受罚，蔽贤诚所不忍。"顺帝元统初，颢扈跸行幸上都，至龙虎台。帝命造膝前而握其手曰："卿累朝老臣，更事多矣。凡议政事，宜极言无隐。"颢顿首谢不敏。颢每集议其言无不剀切。至元四年，致政，命食全俸于家。明年卒，年七十六。至五十四年，赠摅诚秉义佐理功臣、光禄大夫河南江北等处行中书省平章政事柱国，追封蓟国公，谥文忠。颢出入禁闼数十年，乐谈人善而恶闻人过。大夫士因其荐拔，以至显列，有终身莫知所自者。是以结知人主，上下无有恶尤。欧阳元为国子祭酒，与颢同考试国子伴读，每出一卷，颢必拾而观之，苟得其片言善，即以置选列，为之色喜。元欢曰："陈公之心，盖笃于仁而逾厚者，真可使鄙夫宽、薄夫敦矣。"次子敬伯，至正中，仕为中书参知政事，历左丞、右丞，二十七年中书平章政事（《元史》）。

赵　炳　字彦明，惠州滦阳人。父宏，有勇略，积阶奉国上将军。炳幼失估恃，鞠于从兄，岁饥往平州就食，遇盗欲杀之。兄解衣就缚，炳年十二泣请代兄。盗惊异舍之而去。甫弱冠，以勋阀之子侍世祖于潜邸，恪勤不怠，遂蒙眷遇。世祖次桓抚间，以炳为抚州长，城邑规制为之一新。己未王师伐宋。未几，北方有警，括兵敛财，燕蓟骚动，王师北还。炳远中途，具以事闻，追所括兵及横敛财物悉归于民。世祖嘉其忠。中统元年，命判北京宣抚司事。北京控制辽东，番夷杂处，号称难治。时参知政事杨果为宣抚使。闻炳至，喜曰："吾属无忧矣。"三年，括北京鹰坊等户丁为兵，蠲其赋，令炳总之。时李璮叛，据济南，炳请讨之。国兵围城，炳将千人独当北面，有所俘获，即纵遣去。曰："胁从之徒不足治也。"济南平，入为刑部侍郎兼中书省断事官，时有携妓登龙舟者，即按之以法。未几，其人死，其子犯跸诉冤。诏让之。炳曰："臣执法尊君，职当为也"。帝怒，命之出。既而谓侍臣曰："炳用法太峻，然非徇情者。"改枢密院断事官。济南妖民作乱，赐金虎符加昭勇大将军济南路总管。炳至，止罪首恶，余党解散，岁凶发廪赈民而后以闻。朝廷不之罪也。迁辽东提刑按察使，辽东闻其来，豪猾屏迹。至元九年，帝念关中重地，风俗强悍，思得刚鲠旧臣以临之。授炳京兆路总管，兼府尹，皇子安西王开府于秦，诏治宫室，悉听炳裁制。王府吏卒横暴扰民者，即建白绳以法。自是豪猾敛戢，秦民以安。有旨以解州盐赋给王府经费，岁久积逋三十余万缗，有司追理仅获三之一，民已不堪。炳密启王免之。会王北伐，诏以京兆一年之赋充军资。炳复请曰："所征逋课，足佐军用，可贷岁赋，以苏民力。”令下，秦民大悦。十四年，加镇国上将军安西王相，王府冬居京兆，夏徒六盘山，岁以为常。王北伐，六盘守者构乱。炳自京兆率兵往捕，甫及再旬，元恶授首。十五年春，六盘再乱，复讨平之。王还自北，嘉赏战功，赉赐有加。是岁十一月，王薨。十六年秋，被旨入见便殿，帝劳之曰：“卿去数载，衰白若此，关中事烦可知。”已询及民间利病，炳悉陈之，因言王薨之后，运使郭琮、郎中郭叔云窃弄威柄恣为不法。帝闻大怒。改炳中奉大夫安西王相兼陕西五路西蜀四川课程屯田事，余职如故。即令乘传，偕敕使数人，往按琮等。至则琮假嗣王旨，人炳罪，收炳妻孥囚之。时嗣王之六盘，徙炳等于平凉北崆峒山，囚闭益严。炳子仁荣诉于上，诏近侍二人驰驿而西，脱炳且械琮党偕来。琮等留使者，醉以酒，先遣人毒炳于平凉狱中。其夜星陨有声如雷，年五十九，时十七年三月也。帝闻之抚髀叹曰：“失我良臣。俄械琮百余人至。帝亲鞫问，尽得其情，既各伏辜。命仁荣手刃琮、叔云于东城，籍其家以付仁荣。仁荣曰：“不共戴天之人所蓄之物，何忍受之。”帝嘉之，别赐钞万二千五百缗为治丧事。国朝旧制，无赙臣下礼，盖殊恩也。六月，诏雪炳冤，特赠中书左丞谥忠愍。子六人：仁显早亡，仁表、仁荣、仁旭、仁举、仁轨。仁荣仕至中书平章政事，仁举登至元中进士知晋州，余俱登显仕（《元史》）。

［明］

王　翱　字九皋，盐山人。永乐十三年初，会试贡士于行在，帝时欲定都北京，思得北士用之。翱两试皆上第，大喜，特召赐食，改庶吉士，授大理寺左寺正，左迁行人。宣德元年，以杨士奇荐，擢御史。时官吏有罪不问重轻，许运砖还职。翱请犯赃吏，但许赎罪，不得复官，以惩贪黩。帝从之。五年，巡按四川，松潘蛮窃发，都督陈怀驻成都，相去八百余里，不能制。翱上便宜五事：请移怀松潘；而松茂军粮于农隙齐力起运，护以官军，毋专累百姓，致被劫掠；吏不给由为民蠹，令自首毋隐；州县土司遍设社学；会川银场岁运米八千余石给军，往返劳费请令自罪者纳粟自赎。诏所司议详运粮事，而迁蠹吏北京，余悉允行。英宗即位，廷议迁文武大臣出镇守，擢翱右佥都御史偕都督武兴镇江西，惩贪抑奸，吏民畏爱。正统二年，召还院。四年，处州贼流劫广信，命翱往捕，尽俘以还。是年冬，松潘都指挥赵谅诱执国师商巴，掠其财，与同官赵得诬以叛。其弟小商巴怒，聚众剽掠。命翱及都督李安军二万征之，而巡按御史白其枉，诏审机进止。翱至，出商巴于狱，遣人招其弟，抚定余党，而劾诛谅成得，复商巴国师，松潘遂平。六年，代陈镒镇陕西，军民之借粮不能偿者核免之。七年冬，提督辽东军务，翱以军令久弛，寇至将士不力战。因诸将庭谒，责以失律罪，命左右曳出斩之，皆惶恐叩头愿效死赎。翱乃躬行边，起山海关，抵开原，缮城垣，浚沟堑，五里为堡，十里为屯，使烽燧相接。练将士，室鳏寡，军民大悦。又以边塞孤远军饷匮，缘俗立法，令有罪得收赎。十余年间，得谷及牛羊数十万，边用以饶。八年，以九载满，进右副都御史。指挥孙璟鞭杀戍卒，其妻女哭之亦死，他卒诉璟杀一家三人。翱曰："卒死法，妻死夫，女死父，非杀也。"命璟偿其家葬埋费。璟感激，后参将辽东，追敌三百里，事李秉为名将。十二年，与总兵曹义等出塞击兀良哈，擒斩百余人，获畜产四千六百，进右都御史。十四年，诸将破敌广平山，进左。脱脱不花大举犯广宁。翱方阅兵，寇猝至，众溃，翱人城自保。或谓城不可守。翱手剑曰："敢言弃城者斩。"寇退，坐停俸半载。景泰三年，召还，掌院事，易储，加太子太保。浔梧猺乱，总兵董兴、武毅推委不任事，于谦请以翁信、陈旺易之，而特遣一大臣督军务乃以命翱。两广有总督，自翱始。翱至镇，将吏詟服，推诚抚谕，徭人向化，部内无事。明年，召入为吏部尚书。初何文渊协王直掌铨多私，为言官攻去，翱代，一循成宪。天顺改元，直致仕。翱始专部事。石亨欲去翱，翱乞休已得请。李贤力争，乃留；及贤为亨所逐，亦以翱言留，两人相得欢甚。帝每用人必咨贤，贤以推翱，以是翱得行其志。帝眷翱厚，时召对便殿，称先生不名。而翱年几八十，多忘。尝令郎谈论随人。帝问故？翱顿首曰："臣老矣。所聆圣谕恐遗误，令此郎代识之。其人诚谨可信也。”帝喜。吏部主事曹恂已迁江西参议，遇疾还。翱以闻，命以主事回籍。恂怒，伺翱人朝，捽翱胸，掴其面，大声诟詈。事闻下诏狱，具言恂实病，得斥归，时服其量。五年，加太子少保。成化元年，进太子太保，雨雪免朝参。屡疏乞归，辄慰留，数遣医视疾。三年，疾甚，乃许致仕，未出都卒，年八十有四。赠太保，谥忠肃。翱在铨部，谢绝请谒，公余恒宿直庐，非岁时朔望谒先祠未尝私归第。每引选或值召对侍郎代选，归虽暮必至署阅所选，惟恐有不当也。论荐不使人知。曰：“吏部岂快恩怨地耶？”自奉俭素，景帝知其贫，为治第盐山，孙以荫人太学，不使应举。曰：“勿妨寒士路。”婿贾杰，官近畿，翱夫人数迎女，杰恚曰：“若翁典铨，移我官京师，反手尔。何往来不惮烦也。”夫人闻之，乘间请翱。翱怒，推案击夫人，伤面，杰卒不得调。其自辽东还朝也，中官同事者重翱，贶明珠数颗。翱固辞。其人曰：“此先朝赐也，公得毋以赃却我乎？”不得已纳而藏焉。中官死，召其从子还之。为都御史时，夫人为娶一妾，逾半岁语翱。翱怒曰：“汝何破我家法。”即日具金币返之。妾终不嫁。曰：“岂有大臣妾嫁他人者？”翱卒，妾往奔丧，其子养之终身。李贤常语人曰：“皋陶言九德，王公有其五：乱而敬、扰而毅、简而廉、刚而塞、强而义也”。然性颇执，尝有诏举贤良方正，经明行修及山林隐逸士，至者率下部试。翱黜落百不取一二。性不喜南士。英宗尝言北人文雅不及南人，顾质直雄伟缓急当得力。翱由是益多引北人。晚年徇中官郭聪属，为都御史李秉所劾。翱自引伏盖不无小损云。子孙世官锦衣千户（《明史》）案：王忠肃本滦州人，入盐山籍。今从《滦志》载之。又案《献征录》云：景泰三年，南蛮寇两广，两广副总兵董兴、武毅观望不战。巡抚侍郎揭稽、李棠不相统，贼益炽。于少保请用安远侯柳溥总督两广军务。如溥未可出，臣谦及户部尚书金濂、王翱乞用一人，上用翱。明年，蛮平。召还台，是年升吏部尚书。

翟　鹏　字志南，抚宁卫人。正德三年，进士。除户部主事，历员外郎中，出为卫辉府知府。调开封，擢陕西副使，进按察使。性刚介，历官以清操闻。嘉靖七年，擢右佥都御史，巡抚宁夏。时边政久弛，壮卒率占工匠私役中官家。守边者并羸老不任兵，又番休无期，甚者夫守墩，妻坐铺。鹏至，尽清占役，使得迭更野鸡台二十余墩孤悬塞外久弃不守，鹏尽复之。岁大祲。请于朝以赈。坐寇人停俸，复坐劾总兵官赵英失事为所计，夺职归。二十年八月，俺答入山西内地，兵部请遣大臣督军储，因荐鹏，乃起故官整饬畿辅、山西、河南军务兼督饷。鹏驰至，俺答已饱去，而吉囊军复寇汾、石诸州。鹏往来驰驱，不能有所挫，寇退乃召还。明年三月，宣大总督樊继祖罢，出鹏兵部右侍郎代之。上疏言："将吏遇被掠人牧近塞宜多方招徕。杀降邀功者宜罪。寇人，官军遏敌，虽无功竞赖以安者，当录。若贼众我寡，奋身战虽有伤折，未至残生民者，罪当原。于法俘馘论功，损挫论罪，乃有摧锋陷阵，不暇斩首而在后掩取者反积级受功，有逡巡观望幸苟全而力战当先者反以损军治罪，非戎律之平。"帝皆从其议。会有降人言寇且大人，鹏连乞兵饷。帝怒，令革职闲住，因罢总督官不设。鹏受事仅百日而去。其年七月，俺答复大人山西，纵掠太原、潞安。兵部请复设总督乃起鹏故官，令兼督山东、河南军务，巡抚以下并听节制。鹏受命，寇已出塞，即驰赴朔州，请调陕西、蓟辽客兵八支及宣大三关主兵兼募土著，选骁锐者十万，统以良将，列四营分布塞上，每营当一面，寇入境，游兵挑之诱其追，诸营夹攻，脱不可御，急趋关南依墙守，邀击其困归。帝从之鹏乃浚濠，筑垣，修边墙三百九十余里，增新墩二百九十二，护墩堡一十四，建营舍一千五百间，得地万四千九百余顷，募军千五百人，人给五十亩，省仓储无算。疏请东自平型西至偏关，画地分守，增游兵三支，分驻雁门、宁武、偏关。寇攻墙，戍兵拒，游兵出关夹攻，此守中有战。东大同，西老营堡，因地设伏，伺寇所向。又于宣大三关间各设劲兵，而别选战士六千，分两营，遇警令总督武臣张风随机策应，此战中有守。帝从其议。且命自今遇敌逗留者，都指挥以下即斩，总兵官以下先取死罪状奏请。先是鹏遣千户火力赤率兵三百哨至丰州滩，不见寇。复选精锐百远至丰州西北遇牧马者百余人，击斩二十三级，夺其马还。未入塞，寇大至，官军饥惫尽弃所获奔。鹏具实陈状，帝以将士敢深入仍行迁赏。旧例兵皆团操镇、城，闻警出战。自边患炽，每夏秋间，分驻边堡，谓之暗伏。鹏请入秋悉令赴塞，画地分守谓之摆边。九月间还镇，遂著为令。二十三年正月，帝以去岁无寇为将帅力，降敕奖鹏，赐以袭衣。至三月，俺答寇宣府，龙门所总兵官郤永等郤之，斩五十一级，论功进兵部尚书。帝倚鹏殄寇，锡命屡加，所请多从，而责效甚急。鹏亦竭智力，然不能呼吸应变。御史曹邦辅尝劾鹏，鹏乞罢，不允。是年九月，蓟州巡抚朱方请撤诸路防秋兵。兵部尚书毛伯温因并撤宣大三关客兵。俺答遂以十月初，寇膳房堡，为郤永所拒。乃于万全右卫毁墙入，由顺圣川至蔚州犯浮屠峪，直抵完县。京师戒严，帝大怒，屡下诏责鹏。鹏在朔州，闻警。夜半至马邑调兵食，复趋浑源，遣诸将遏敌。御史杨本深劾鹏逗留致贼震畿辅。兵科戴梦桂继之。遂遣官械鹏，而以兵部左侍郎张汉代。鹏至下诏狱，坐永成，行至河西务，为民家所窘，告钞关主事杖之。厂卫以闻，复逮至京。卒于狱。人皆惜之。初鹏在卫辉，将入觐，行李萧然。通判王江怀金遗之。鹏曰："岂我素履未孚于人耶？"江惭而退，其介如此。隆庆初，复官。(《明史》)。案《畿辅人物考》云：鹏，抽分务光，出守卫辉，卓有异声。上计考"天下第一"匾于部楹。至守开封，有"并包"之谣。巡抚宁夏，厘奸革弊，著有《边筹录》。嘉靖二十三年，虏大入寇。鹏时为兵部左侍郎，总督宣大等处督兵追剿，晋秩本兵，设策生擒逆酋王，三夺鞑马器具甚众，为宣大第一捷。竟以过直被逮，卒于官。尝有句云："惟有寸丹悬帝阙，更无尺素达权门。"则忌者之陷害亦可想见。又案《山西通志》鹏总督宣、大、偏、保等处军务，首疏预集兵马，亟处军饷，招抚叛亡，申明赏罚四事，俱蒙嘉纳。以不合于桂州相回籍，遂废总督不复设。

詹　荣　字仁甫，山海卫人。嘉靖五年进士。授户部主事，历郎中，督饷大同。值兵变，杀总兵官李瑾。总督刘源清率师围城，久不下。荣素有智略，善应变。叛卒掠城中，无犯荣者。外围益急。荣密约都指挥纪振、游击戴濂、镇抚王宁同盟讨贼。察叛卒马升、杨麟无逆志，乃阳令宁持官民状，诣源清所，为叛卒乞原，而阴以荣谋告，请宥升、麟死，畀三千金俾募死士自效。会源清已罢，巡抚樊继祖许之。升、麟遂结心腹擒首恶黄镇等九人，戮之。荣乃开城门延继祖人，复捕斩二十六人，录功擢光禄寺少卿，再迁太常寺少卿。二十二年，以右佥都御史巡抚甘肃。鲁迷贡使留甘州者九十余人。总兵官杨信驱以御寇死者十之一。荣言："彼以好来，而用之锋镝，失远人心，且示中国弱。"诏夺信官，榰死者送之归，番人感悦。逾年，以大同巡抚赵锦与总兵官周尚文不相能，诏荣与锦易任。俺答数万骑人掠，荣与尚文破之黑山阳，进右副都御史。寇复大举犯中路，参将张凤等阵殁。荣与尚文及总督翁万达严兵备阳和，而遣骑邀击多所杀伤，寇乃引去。代府奉国将军充灼行剽。荣奏夺其禄。充灼等结小王子人寇，谋据大同。荣告尚文捕得皆伏辜。以大同无险，乃筑东路边墙百三十八里、堡七、墩台百五十四，又以守边当积粟，而近边宏赐诸堡三十一所延亘五百余里辟治之皆膏腴田，可数十万顷。乃奉请召军佃作，复其租徭移大同，一岁市马费市牛赋之，秋冬则聚而遏寇。帝立从焉。寇人犯，与尚文破之弥陀山，斩一部长。荣先以靖乱功，进兵部右侍郎，又以缮边破敌累被奖赉。召还，理部事，进左尚书。赵廷瑞罢，荣署部务，奏行秋防十事。已而，翁万达人为尚书，遭母丧。荣复当署部务，辞疾乞休。帝怒，夺职闲住。越二年卒。当荣之抚大同也，万达为总督，尚文为总兵，三人皆有才略，寇数人，不能得志。自后，代者不能任，寇无岁不入躏，边人益思荣等。明年俺答薄京师，万达、荣皆已去。论者谓二人在，寇未必至此。万历中，荣孙延为顺天通判，上书讼荣功，赠工部尚书，予恤如制（《明史》）。

厉汝进 字子修，滦州人。嘉靖戊戌进士。授池州推官，征拜吏科给事中。湖广巡抚陆杰以显陵工成，召为工部侍郎。汝进言杰素犯清议，不宜佐司空，并劾尚书甘为霖、樊继祖不职。不纳。三迁至户科都给事中。户部尚书王杲下狱。汝进与同官海宁查秉彝、马平徐养正、巴县刘起宗、章丘刘禄合疏，言两淮副使张禄遣使入都，广通结纳，如太常少卿严世蕃、府丞胡奎等皆承赂受嘱，有证。世蕃窃弄父权，嗜贿张焰，词连仓场尚书王暐。嵩上疏自理，且求援于中官，以激帝怒。帝责其代杲解释，命廷杖汝进八十，余六十，并谪云南、广西典史。明年，嵩复假考察夺汝进职。隆庆初，起故官，未至京师，卒。祀乡贤（《明史》）。案《畿辅人物考》：汝进佐池州十年，判疑狱者七，抚按贤之。凡诸郡大狱皆质成，道路有神明之颂。建德徐绅为诸生，以事逮系。汝进奇其才，特释之。后绅举进士，至都御史，巡抚顺天而称门下士，人咸服其识鉴。直声远震外夷，高丽使人贡时，问厉给事安否？其名重如此。居乡二十余年，徜徉泉石诗酒自娱，好义乐施，济贫赴急，不计劳之轻重，囊之有无也。隆庆践祚，方复原官，寻卒，年五十有九。岁寒老人曰："子修其人如玉，苦学博览，里中名士多出其门。侍父疾，尝三月不解带。举孝廉或有以百金助息者，悉却之。生平建树，已预卜于未人官之前矣。"

白　瑜　字绍明，永平人。万历二十三年进士，选庶吉士。授兵科给事中。帝既册立东宫，上太后徽号，瑜请推广孝慈，以敦俭，持廉，惜人才，省冤狱四事进，皆引祖训及先朝事，以规时政，辞甚切。帝不能用。三十年，京师旱，陕西河州黄河竭。礼官请修省。瑜言："修省宜行实政。今逐臣久锢，累臣久羁，一蒙矜释，即可感格天心。至矿税一事，率土哀号，今江右潘相、辽左高淮、淮上陈增、畿辅王虎、滇南杨荣、粤东李凤、关西梁永其民甘心久矣。恐琼林大盈之储，不足当斩木揭竿之费也。"亦不报。累迁工科都给事中。帝于射场营乾德台。瑜抗疏力谏。又再疏请斥中官王朝栋、永寿。帝不能无憾。会瑜论治河当专任，遂责其剿拾陈言，谪广西布政司照磨，以疾归。光宗立，起光禄少卿，三迁太常卿。给事中倪思辉、朱钦相、王心一以直言被谪。瑜抗疏论救。天启二年，由通政使拜刑部右侍郎，署部事。郑贵妃兄子养性，奉诏递籍，逗留不去。其家奴张应登讦其通塞外。永宁伯王天瑞者，显皇后弟也，以后故衔郑氏。遂偕其弟锦衣天麟，交章劾养性不轨。瑜以郑氏得罪先朝，而交通事实诬。乃会都御史赵南星、大理卿陈于廷等谳上其狱，请抵奴诬告罪，勒养性居远方。制可。明年进左侍郎，卒官。赠尚书（《明史》）。

赵 胜 字克功，迁安人。袭职为永平卫指挥使。正统末，御寇西直门，进都指挥佥事。天顺初，与孙镗等预夺门功，超迁都督佥事，又与镗击反者曹钦，进同知。李来犯甘肃。胜与李果充左右参将从白圭西征，至固原击寇却之。宪宗立，典鼓勇营训练。成化改元，山西告警，拜将军，次雁门，寇已退，乃还。明年复出延绥御寇，会方纳款，遂旋师。寻典耀武营。四年，充总兵官，镇辽东。七年，召典五军营，已改三千营。乩加思兰犯宣府，诏胜为将军，统京兵万人御之，亦以寇遁召还。久之，进左都督、太子太保。十九年，封宁昌伯。胜初与李果并有名，后屡督大师，未见敌无功，夤缘得封，名大损。后加太保，营万贵妃茔，堕崖石间死。赠侯，谥壮敏。弘治初，孙鉴乞封爵。吏部言胜无功，不当传世，乃授锦衣卫指挥使（《明史·附孙镗传》）。案《畿辅人物考》云：胜系出汉充国之裔，世居河朔。至伯父赤。考再兴国初徙家永平之迁安。胜袭职秩。甫髫龀，赖母王矢节育教，克志励行，事母极孝。正统已巳，□寇犯京畿，胜率兵出西直门，扼其冲突，躬履战阵，斩馘无算。景泰庚子，擢佥都阃。英庙复辟，录其旧劳，加佥前军都督府事，佩刀侍卫。天顺戊寅，选管三千营操。辛巳秋，曹孽叛逆，胜擒获功多，迁都督同知。时□寇深人陕西固原，胜率师剿败之。宪宗嗣统，命兼鼓勇营典操，进荣禄大夫。成化已酉，重建承天门，胜董军应役。明年秋，胜往延绥，□酋闻风渡河，趋大同纳款人贡。师旋，即典操耀武营。戊子夏，海西诸夷弗靖。廷议以胜总镇之，佩征□前将军印，杖节以征，至则申严号令，简阅军士，调度有方，屡奏捷。赐敕奖谕。辛卯春，召回，总典五军营。壬辰春，调三千营。是夏至甲戌秋，两奉制敕，佩印总师北征，□辄远却。丙申，总督军士浚筑京城垣堑，兼葺西直门城楼，升后军都督。戊戌，加太子太保。癸卯，敕封昌宁伯。丙午，加太保。丁未，董工造坟于天寿山之西南，触冒寒暑遘疾，舆归遂不起。赠昌宁侯，谥壮敏。岁寒老人曰：“公克敌之功固多，而浚筑营造功亦不少。予谓浚筑营造犹可因人成事，而克敌则生死呼吸俄顷之间，论功者应自有辨”。

周　玺　字廷玉，迁安人。嗣职为开平卫指挥使。负气习兵书，善骑射，以征北功，擢署部指挥佥事，充右参将分守阳和，敕部兵三千训肄听调。成化十六年，从王越征威宁海子，累进都指挥使。时边寇无虚岁，十八年分道人掠，玺与游击董升战黑石崖有功，进都督佥事，迁大同副总兵。十九年秋，亦思马因大人，大同总兵官许宁分遣玺守怀仁。玺闻中军失利，亟还兵援。夜遇敌乘胜前锐甚。厉将士曰："今日有进无退！"大呼陷阵，敌少却。久之，短兵接，臂中流矢，拔镞战益急，与子鹏及麾下壮士击杀数十人，敌乃退。无何，复入掠。时诸将多失利，许宁以下获罪，而玺以功予实授。寻以右副总兵分守代州，兼督偏头诸关，著功北边，称名将。玺以偏头去太原远，请改分守为镇守。又以镇守不当听节制，乞易总兵衔。宪宗皆曲从之。弘治初，移镇陕西，讨平扶风诸县附籍回回。三年，佩征西将军印，镇守宁夏。甫一岁，卒。将死召诸子曰："吾佩印分阃，分已足。独未尝大破敌，抱恨入地矣。"连呼杀贼而瞑。子鹏累官锦衣卫千户（《明史·附刘宁传》）。案：谈迁《国榷》玺公廉敏，决边备，一新三军甲胄外，又备毡帽、青布甲，阵前迭出以示众。马鞍绊各二，备不虞。烽燧甚明。后为部永更定，遂失其法。又案《畿辅人物考》云：玺，英之子。成化丙午，英以老谢事。玺代为指挥使。又云：临卒目绝，忽大呼曰："好杀！好杀！"遂瞑。年四十有二。岁寒老人曰：臂中流矢，拔链督战，至瞑目大呼"好杀！好杀！"纯是一团义烈之气。余每见文士轻薄，武人若廷玉者当敛衽事之。

马　永　字天锡，迁安人。生而魁岸，骁果有谋，习兵法，好《左氏春秋》。嗣世职为金吾左卫指挥使。正德时，从陆完击贼有功，进都指挥同知。江彬练兵西内，永当隶彬，称疾避之，守备遵化。寇入马兰峪，参将陈乾被劾，擢永代，战柏崖、白羊峪皆有功。十三年，进都督佥事，充总兵官镇守蓟州，尽汰诸营老弱，听其农贾，取佣值给健卒。由是永所将独雄于诸镇。武宗至西峰口，欲出塞。永叩马谏，帝注视久之，笑而止。中路擦崖，当敌冲，无城堡，耕牧者辄被掠。永令人持一月粮，营崖表版筑，其内城廨如期立，乃迁军守之，录功进署都督同知。嘉靖元年，金山矿盗作乱。遣指挥康雄讨平之，塞其矿。朵颜把儿孙结诸部邀赏不得，盗边。永迎击洪山口，而伏兵断其后，斩获过当，进右都督。已复馘其骁将，把儿孙不敢复扰边。大同兵变，杀巡抚张文锦，命桂勇为总兵官往镇，而议将抚之。永言："逆贼干纪，朝廷赦其胁从，恩至渥也。顾犹抗命。今不剿，春和北寇南牧，叛卒句连，祸滋大矣。宜亟调邻镇兵克期攻城，晓譬利害县破格之赏，令贼自相斩为功，元凶不难殄也。"乃命永督诸军，与侍郎胡瓒往会，乱平，乃还镇。永上书为陆完请恤典，且乞宥议礼获罪诸臣。帝大怒，夺永官，寄禄南京后府巡按御史。邱养浩言："永仁以恤军，廉以律己，固边防，却强敌，军民安堵，资彼长城。闻永去，遮道乞留，且携子女欲遂逃移。夫陆完久死炎瘴，非有权势可托，永徒感国士知欲效区区之报。不负知己，宁负国家？祈曲赐优容，俾还镇。"顺天巡抚刘泽及给事御史交章救之，俱被谴。永竟废不用。永杜门读书，清约如寒士。久之，用荐佥书南京前府。大同军再乱，廷臣交荐，召至，已就抚复还南京。十四年，辽东兵变，罢总兵官刘淮以永代之。太清堡守将徐颢诱杀大宁卫九人，部长把当孩怒寇边，永击斩之。其族属把孙借朵颜兵报仇，复为永所却，已复入犯，中官王永战败，永坐戴罪辽东。自军变后首恶虽诛，漏网者众，悍卒无所惮，结党叫呼，动怀不逞。广宁卒佟伏、张鉴等乘旱饥，倡众为乱。诸营军惮永无应者，伏等登谯楼鸣鼓大噪。永率家众仰攻，千户张斌被杀。永战益力，尽歼之。事闻，进左都督。永畜士百余人，皆西北健儿，骁勇敢战。辽东变初定，帝问将于李时。时荐永：且曰："其家众足用也。"帝曰："将须文武兼，宁专恃勇乎？"时曰"辽土新定，须有威力者镇之。"至是竟得其力。都御史王廷相言永善用兵且廉洁，仍宜用之蓟镇，作京师蕃屏。未及调，卒。辽人为罢市，丧过蓟州，州人亦酒泣，两镇并立祠。永为将，厚抚间谍，得敌人情伪，故战辄胜。雅知人，所拔卒校后多至大帅。尚书郑晓称永与梁震有古良将风（《明史》）。案《辅人物考》云：永世金吾左卫指挥使，父荣镇番参将。永袭父官，机警善骑射。江彬统宣府兵练西内：永以千总隶彬，称病不起。彬强起，称病笃。以故得脱彬祸。又云善知人，奖拔萧往、刘渊、祝雄皆起列校为方镇。子应乾，世袭锦衣卫指挥使，古朴开爽，绝去脂韦。性嗜书，清苦不异寒士。泛览百家精诗文，成一家之言，所著集数卷。岁寒老人曰："公以千总隶江彬称病笃得脱彬祸。此其智识过人远矣。固知其能到处立功也。"

卷之五十六

列传八　仕迹一

［金］

王　信　字立斯，滦州人。屡试乡荐不第。天会三年，以户纪从元帅，屡战有功。皇统五年，特授信武将军，九加至镇国上将军开国侯。四任县令，判横海军，皆以廉平称。先业俱让诸弟，荫叙首及弟侄。

李元璋　字宝臣，马城人。少颖悟，每千言一览成诵。未弱冠，登正隆元年律科上第。任西北路招讨，有能名。升左三品校法。历石城簿、丰润丞、夏津令。泰和间，访山东贤能，举官第一。章宗特旨宣问。璋奏正纪纲、近忠直、远邪佞数事。上嘉纳之。擢吏部尚书。官至少中大夫、上护军府陇西郡开国侯，食邑二千户，实封一百户，赐紫金鱼袋。元璋事父母甚谨，公余拱立父侧，命退乃退，温清觐省，曲尽其礼，乡邦称之。兄元道词赋进士，仕至节度判官（《康熙旧志》附引《州志》云：四子：邦基，榛子镇监酒；邦秀，忠显校尉；邦彦平州观察推官；邦献，以文字科出身，授元平滦路副都总管。孙纬，警使；缨，千户；纲，惠州同知；经，元帅府镇抚；绘，敦武校尉）。

赵思文　平州人。累官至礼部尚书。时朝廷多难，思文在间关羁旅中，未尝堕于非礼。时人称之。

胡　肇　营州人。章宗时，为嘉祥尹。兴学校，禁侵渔，狱无留讼，吏不敢欺。有蝗不入境之异（《山东通志》）。

［元］

张　晋　宋横渠五世孙。历官睢州防御使。太宗六年，赐第于燕，并食邑于滦。见滦北有横山，追思其祖，榜曰：“横云清逸”，筑横渠书院于东南隅。弟智，为王府参谋。

崔　煜　迁安人。事亲以孝闻。至正中，任辽阳行省郎中。程思忠作乱据永平，剽掠乡民。煜领兵保障之。后官至参政。

冯　骥　字志远，辽西人。任抚州路总管，不事苛察，务全大体。至正甲申、乙酉岁饥，煮粥以给饿者。复请于朝，得钞五十万锭，赈之。又劝贷富室，以补不足，民赖全活（《江西通志》）。

孟国宝　乐亭人。中统初，仕至太守。弟国祥，中统间仕兴元军判官。俱有贤声。

齐　泰　乐亭人。至正间，任登封主簿，兴学劝农，平狱均徭，九年政成。民立碑颂之。

王仲位　世居乐亭。父统，刚毅有才力，金末为裨将，从镇国上将军完颜公领兵镇高丽。东方得宁，统之功居多。仲位于元初从奇渥氏，击信安儿有功，授左监军。取金汴、蔡，擢先锋。西蜀事平，赐玺书银符。中统初，升大都、大同、真定等路奥鲁都总管，抚将士恩威兼至。卒，赠镇国上将军。长子圭，另传。仲子瓒，授本路镇抚，不仕。

王　圭　仲位长子。袭官，从兵四川。至元二十年，加授武略将军、商州知州兼诸军事，持躬谦抑，政事秩秩有条，在任最久，商人德之（见《陕西名宦志》）。至元末，升宣命武节将军、成都路总管官治中兼奥鲁等诸军事。子褫刚，带金符千夫长、武略将军。

王伯川　瓒子。以祖荫授文阶，先充断事官知印，后授懿州判官。辽阳行省美其清慎，屡委问事，及给散赈济钱粮一无所私。升大都路丰润县尹。所至有政声，未几卒于官。妻石氏见《列女传》。

王　祥　字兴国，珪曾孙也。父珍（《滦志》，作玺）任兴元路千夫长、武略将军，没于王事。前至元间，祥从父至江淮，与南兵战，发九矢毙九人，以荫补侍御亲军忠显校尉。数立奇功，赐金牌，晋武义将军，擢武略将军。乃牙叛，讨平之，加武节将军。累章求退，诏许之。时年六十有三。萧然野处，训诲子弟。大德七年卒，年七十有九，赠金吾上将军征行兵马都元帅。妻何氏，封修武校尉中卫郡君。

王荣禄 迁安人。通兵书，有谋略。以旗军总从世祖征伐，所向克捷。累迁至昭武大将军、河南路总管。后迁镇西夏，体恤军民，抚番有方，加都元帅、辅国上将军。

［**明**］

温 厚 乐亭人。洪武中，荐辟入仕，历职勤能。官至左佥都御史，有声（载《明一统志》）。

李 乐 乐亭人。洪武中，贡入太学。永乐间，拜监察御史，有激扬声。迁山东按察司副使。卒后，有行部者至询乐，得其子茂，贫甚，捐俸助之，俾就塾，则其品望可见矣。茂，正统间贡仕至高邮州知州。茂子珏，成化间贡任州判。

史 怡 乐亭人。永乐甲申，贡入太学。时辽军乱，入关。怡守城有功，授户部郎中。历任江西左参政（载《明一统志》）。

姚 著 迁安人。永乐四年，知临淄县。廉勤公谨，以循良称。善文学，多著述。迁广东高州知州（《青州府志》）。

郑 冕 昌黎人。永乐中，以吏员为安邱县丞。为人长厚，佐政公勤，百姓爱服。迁工部主事（《青州府志》）。

崔 碧 字仲玉，昌黎人。永乐丁酉科，举人。辛丑，成进士。宣德初，拜交趾道监察御史。持躬謇謇，绰有能声。官至山东按察佥事（案《选举志》作戊戌进士，此据墓志改正）。

邵 俨 卢龙人。永乐癸卯，举人。石州同知，升南京户部郎中。历陕西右参议，文章政事乡邦所称。子瑄，岁贡，知朝城。老成谦谨，以行谊著。父子祀乡贤祠。孙鹤年，嘉靖戊子，举人。知岢岚州，谢政屡空，有祖父之风。

李 瑛 迁安人。永乐时，知阳谷县。律已廉，能有惠爱，民甚德之。后升户部员外郎。民为立去思碑于署（《山东通志》）。

李　震　抚宁人。宣德初，知沔阳州。刚介不阿，善于抚字，修饰学校。后以老去，民不忍舍（案《选举志》震作宸，贡生）。

王　锐　迁安人。正统己未进士。由知县历官都御史，任事有担当，不为势怵。巡抚延绥，值叛兵构乱。锐率众讨平之。叙功荫子世袭锦衣卫百户。案：明朱国桢《涌幢小品》有云：王锐，永平府迁安县人，进士。景泰间，为彰德知府。锐长身修髯，顾盼生威，有权术，政治尚严。察郡中吏民贤不肖，赋（贼），则狱讼皆籍识。自听其政，吏无得为奸。出必钥关泥之，民终岁不得与吏交一言。县吏以贿闻者，案之，即令去。他事不中程者，笞，督令改案。深究事情，吏民畏之如神。每行郡城中，民皆闭户，无敢立道旁，藏远，鸡犬恐有声。锐时策马过，视马耳不左右顾。令民临道屋俱作修廊，檐外浚深沟，雨潦得泄，中道隆立，令水赴沟中。行委巷口树栅门，有钥甲。夜即阖门钉板仰卧。栅门外析竟夜鸣，奸人莫敢入郡地也。尤留心学校，凡朔望谒先师庙。已，坐明伦堂，听诸生说经，发疑考异。诸生皆居学宫，筹识姓名。政少暇，令隶持数筹造明伦堂，诸生持筹来，自临试，或背诵书，或作经义。其他出及不衣冠居者，受笞。当是时，黉序间读书声洋洋盈耳。丁祭，陈钟鼓，鸣弦管，升降揖逊甚都。参政姚龙行部至府，往见之。出而叹曰："此虽国学亦无以如也。"

赵　玉　迁安人。正统甲子举人。初知山东高唐州，升汉中知府，并著治绩。致仕家居十年，平心率物，乡人推重焉。祀乡贤。

张文质　字允中，昌黎人。正统壬戌进士。授工科给事中，迁通政使，累升礼部尚书。重厚有容。历官四十余年无过举。子忱，亦举进士，官兵部郎中。

祖　述　字尚贤，昌黎人。以福建参政，左迁嘉定县知县。勤恤民隐，每朔望必集父老询邑中利害，因以邑滨海之田啮于海，额赋无从出，宜蠲。岁办漕艘若干，民力不支，多窜徙者，宜罢。奏上，皆报可。又境内水道为浑潮所淤，禾比不登。次第疏浚，水旱赖以无虞。祀乡贤。

杜　谦　字益之，昌黎人。幼失恃，事继母甚谨，不拂父意。登景泰甲戌进士，授主事。以姚夔荐，出为浙江布政司，入尹京兆，拜工部侍郎。致仕归。谦居官善理事，平易明决，民怀吏畏。在浙十有三年，其建制多可为经久计。天下每岁上供彩缎，惟浙最多。有造作不如常度者，辄坐阅视官罪。每当阅视，辄推延以避责，有积数年更数人者，积久蒸损坏，以致重造多费。谦至阅视，凡诸郡累年之积，次第阅讫，即上进，自后阅进以时。其为政以忠厚仁恕为本，有惠利于人。时定赋役等第，按察使欲增损其则，而尽贷无产之家。谦以此辈皆游民，而令赋役独归力穑之农，非重本抑末之意。卒从谦议。岁祲特奏免田租若干。旧有起运存留之数，户部以起运者不可免，而止免存留者。谦言若然则一省官俸军饷俱乏矣，二者必增损之乃可。执奏不已，朝廷从之。子源，亦第进士，官至青州府知府。

陈　恕　字达道，滦州人。景泰庚午举人。仕至开封府同知。折狱立断，吏不敢近案一语。河汴屡决，请发帑羡，躬督筑塞，保全腴田数百顷。考满乞归，送者塞路，行李萧索。有司重其廉，有赠遗，即市铁铸文庙祭器。居乡谨厚，喜怒不形，恤茕赡孤，以纯德称。

唐　福　东胜左卫世袭指挥。中景泰庚午举人。孝友慕义。历知随、滨、通三州，有清白声。尝铸祭器，以供圣祀。加四品服俸，九年考满，升莱州知府，未任卒。祀乡贤。

周　斌　字国用，昌黎人。登景泰辛未进士。授御史，按南畿、河南、陕西，申理冤狱，摘伏如神。英庙复辟之初，石、曹辈乘势作威福，戕逐善类，莫有敢樱之者。斌为河南道御史，首倡同官张鹏、周瑄等纠其欺罔萌乱十余事。帝震怒，建至便殿，俾诵弹章而历诘之，众皆怖惧伏地不敢出一语。斌神色自若，手持章疏朗读不少慑，每读至一事，辄正色别白之，且诵且对历陈二凶罪状，至其冒功滥职。上愕然曰："彼率将士迎驾有功，何谓冒？论功行赏何谓滥？"斌曰："此辈贪天功，当时迎驾止数百人，光禄赐酒馔名数具存。今超迁至数千人，非冒滥而何？"上默然，悉收各御史下锦衣卫，降谪有差。斌斥知江阴县。石、曹相继取败，上从内阁李贤言，令冒功迎驾升官者自首改正四千余人。始悟御史言不谬也。斌外威严而内平易，江阴士民惮其风裁，久之爱戴其恺悌。尝为歌曰："旱为灾，周公祷之甘雨来。水为患，周公祷之阴雨散。"天顺癸未，以荐擢知开封府，未几转陕西参政，军民遮道攀留，白于提学副使刘昌，记其遗爱，立石颂德。官至广东布政使，卒于官，年五十有七。案：《明史·周斌附杨瑄传》"诸御史下狱之时，榜掠备至。会大风雷拔木发屋，须臾大雨雹。亨、吉祥家大木俱折，二人亦惧。掌钦天监礼部侍郎汤序本亨党，亦言上天示警，宜恤刑狱。于是帝感悟，戍瑄、鹏铁岭卫，余贬知县。"旧志传太略，此据《明史》及《畿辅人物考》增补。旧作官至湖广布政使。

李　胜　永平卫人。景泰辛未进士。授御史，升河南按察佥事。所至懔然，发摘如神，讼无冤滞。

阎　鼐　字仲辅，滦州人。登景泰甲戌进士。授监察御史，巡按两浙。锄权横，清盐矿，风纪甚严，人以"阎罗"目之。谪广西平南主簿，升山东诸城知县。操履一致，卒于官。著有《直庵集》。祀乡贤。

万　信　昌黎人。以明经任开封府知府。有异政。祀乡贤（载《明一统志》）。

张　泰　乐亭人。景泰间，贡人太学，授桐乡知县。时桐乡新辟，诸所未备。泰至，经营三载，六事修举，民不告劳。俗多水、火葬，泰禁之，购地置义冢。他如辟茅塞，核兼并，招商贾，皆可纪焉。九年，荐有成绩，升开封府通判（见《桐乡志》）。

刘　钺　抚宁人。景泰癸酉科举人。成化初，知介休县。以廉明称，卒于官（《山西通志》）。

牛　本　乐亭人。景泰丙子举人。授九江府同知。莅官廉慎有惠政。九年将代，郡人赴部保留，擢本府知府。

王　贵　昌黎人。以明经授苏州郡丞，升庆阳知府，有德望。祀乡贤。

高　亮　滦州人。天顺初，由举人知武乡县。常巡阡陌，课农桑，省民疾苦。道遇田妇馌耕者，亮取视之，皆糠秕藜藿。亮流涕曰："民穷如此，牧民者之罪也。"后人觐，民争馈赆，一无所受（《山西通志》）。

卢　敬　其先山阳人，徙定州，元时又徒乐亭。高祖和甫，致和间闻于乡。父斌生敬，幼即嗜学，领成化乙酉乡荐，授兵部司务。侃侃不阿，冰操懔著。五载考最，进阶。尝语其子梁、棐辈曰："世有营利者，为子孙计耳。竟何益？吾厄一第，子孙必有第者，若曹勉之！"丁外艰卒，家业萧然。仲子梁岁贡，不仕，以子贵封右参议。

宋　铭　昌黎人。成化乙酉举人。任河南通许知县。仁恕清廉，士民感戴，有德政录。至今子孙绳绳，人咸谓循良所致。祀乡贤。

郑　己　字克修，山海卫人。天资颖敏，家贫，刻意向学。登成化二年进士，改庶吉士。时刘文安典教习，每阅己文，辄叹曰："山海乃有此人耶？"改监察御史。会廷推抚臣，抗章论之，语侵当道。成化四年，慈懿太后崩，将别葬。给事中魏元偕同官三十九人抗章极谏，御史康永韶亦偕同官四十一人争之，己与焉。并伏哭文华门，竟得如礼。其年九月，彗星见。己复与同官上疏言大本未立，异端太盛，进退赏罚未公，财用工役未省，赈济无策，备御无方，凡八事。帝优诏答之。翌日，己与同官胡深、陈宏、何纯、方升、张进禄复上疏请斥奸邪，痛诋大学士商辂、兵部尚书程信、礼部尚书姚夔、户部尚书马昂，谓此数人致天谴。翌日早朝，给事中董旻、陈鹤、胡智亦劾辂等，疏呈御前。故事：谏官弹章非大廷宣读，则封进，未有不读而面呈者。帝不悦。辂等乞休。帝唯听昂去。夔愤甚，连疏求去。己复与旻、深等合疏，攻而诋夔尤甚。帝怒，下己等九人狱。会御史林诚亦尝劾辂，引病乞归。帝并属诚。吏给事中毛宏等论救，辂亦请宽之，乃各杖二十复其官。六年，巡按陕西。值甘、凉灾珍，边境驿骚，乃上匡时图治等疏，大要以安民练兵责在守令将帅，而守令将帅之选责在吏兵二部，探本则归重于君。身亲儒臣以讲学，延大臣以勤政，奖直臣以来谏。亹亹数千言，剀切中窾，得蒙上允。复请举赈济，饬边备，陕以西赖之。定西侯蒋琬镇甘肃，其弟怙势陵下，监司莫敢问。己欲按其罪，语泄，为所劾，戍宣府。时谓琬有内援，己又大臣所忌云。宣镇总戎雅敬已，馆诸梵宫，士人受学者日众。有黠卒诬计总戎，累已系阙下，事白，放归。孝宗践祚，诏复其官。史称己性矜傲。旧志谓其面诘人过罔所避，以是弗亨于官。然其刚正不阿之气，固有足以兴起百世以后者（参录《明史·魏元传》）。

张廷纲 字朝振，永平卫人。登成化壬辰进士。授行人，赐一品服使安南，回。太监汪直执送西厂狱，未几厂革各散去，罢归。纂《府志》。

郝 隆 字景昌，自汴徙滦。中成化壬辰进士。初官大理评事，历左寺副、右寺正。时江南有大狱，建者万人。公奉命往勘，立决。擢金华知府，为政宽平，积谷数万石备荒。通济桥毁，修复之。在任九载，致仕归，进阶亚中大夫。

萧 显 字文明，别号海钓，山海卫人。成化八年进士。擢兵科给事中。有武臣连中贵张大边功，希重赏。显批奏尾驳之，直声振一时。会有涿州巫邪术惑众，抗章劾之，并请禁私创庵观。言极剀切，留不报。一日，召至左顺门，命中官面诘。显气定语畅，应对了了。乃谕遣之。又数日，巫逐矣。权幸愈疾显。居省中八年，外迁镇宁同知。命下，显方对客作草书。手阅报付其子曰："趣治装。"仍终数纸乃罢。莅镇宁八年，调衢州又三年，擢福建佥事。所至皆尽心职业，无厌薄意。在衢州时，句稽戎籍，取非法刑具尽焚之，得隐丁甚众。他如抚茕嫠，修学舍，士民胥赖之。后在福建领屯田事，劝督交至，民相率输纳，岁无留逋。赍万寿贺表人都，当道者欲以荐引招致之。显不顾也，竟乞归。结庐于关城北之围春山，以诗酒自娱。著有《海钓集》、《镇宁行稿》。其书法沈著顿挫，卓然成家。《考槃余事》谓：明代书家文、董二大家外，尚有三十二名家，显居其一。临渝东门上镇东楼额"天下第一关"五大字，系显书。角山上有显草书石刻，朝鲜使臣每登山摹拓，俗谓之高丽碑（参录《畿辅志》及《畿辅人物考》、《考槃余事》）。

谢　纲　字廷宪，滦州人。登成化壬辰进士。素以孝友称。任上虞知县，莅政慈祥明决，有质者，一判两服。卒于官，民皆望柩而哭。祀乡贤。

李　时　其先凤阳人。有御史公谪为卢龙民，子从义以靖难功，为永平卫中所试百户。五世至凯，凯生时。父产悉让诸兄，独养老母。中成化丁酉举人。知岢岚州八年，廉平多惠政。民俗因财退婚，曲为解谕完聚；吏卒鳏者，捐俸备礼以配之，论财之俗为变。升汉中府同知，在任六年，升知平凉府。持守不渝，忤逆瑾改思州府。又诬以前任库藏不明，落职追问，逾年乃白。补思恩府，行至南宁，中瘴疠卒于途。二子充浊、充拙，另传。

王　和　迁安人。登成化戊戌进士。知馆陶、金坛二县。布爱举滞。召为御史，历南北道。论劾户部尚书张凤、西厂太监汪直，并奏革西厂，声动朝野。外转山东海道副使，平青州剧盗。巡海，中瘴卒于官。生平廉介刚直，卒之日，贫不能殓。同官为哀金致赙，始得归葬。祀乡贤。

高　璁　字润之，滦州人。登成化戊戌进士。性方严谦退笃孝友，耽坟典。试南宫不第，进太学，闻见闳肆。及登第尹临邑，勤政广积，值岁大祲，民多济活。暇即试士，请业门下者多登仕籍焉。三载政成，遂罹疾。卒时囊无数金，几不能殓。祀乡贤。

冯　清　字士洁，滦州人。亲丧庐墓三年，手植松柏百余株，逾年繁茂，里人叹异。登成化癸卯乡荐，为郿县令。慈义兼施，狱有冤囚，力为详谳，后持金、马以酬，挥之不受。曰：“涤尔冤者国恩也。何谢？”时以“廉孝先生”称之。

杨　润　卢龙人。成化癸卯科举人，任华亭县教谕，升知金州。刚方廉介，德政著闻。

杨　祥　滦州人。成化时，知朝城县。缉豪强，宽通赋，勤恤民隐，政有实惠（《山东通志》）。

郭　镛　迁安人。登成化甲辰进士，授金华推官。平反详允，郡无冤狱。倡修通济桥，用资利涉。考选，授御史，巡按宣大、辽东，纠劾权贵，绰有直声。转山西副使，督修边墙，节省粮耗，军民称便。劳瘁卒于官，时称清介。崇祀乡贤。

李宗商 乐亭人。霖仲子，字尚质。性沈静，寡言笑，嗜学不倦。登弘治庚戌进士，授户部主事，历员外郎中，升太仆寺少卿。以忤当道，谪两淮运同。致仕归。为人有操守，始终如一。

高 谦 字天益，滦州人。登弘治癸丑进士。性刚直不苟。父早卒，力本勤学，事母不旷定省，抚弟详，甚友爱。初拜丹阳令，邑庠隘，乃拓学基，崇殿庑，讲授经术。又建津梁，创仓宇，议赈贷，百度维新。士人勒碑颂之。升青州同知，转刑部郎中，升平凉知府。未几，调巩昌，逾月而卒。祀乡贤。

李 金 迁安人。弘治癸丑进士，官户部员外郎。有贵戚诬占民田，勘实归田于民。孝庙奇之，书名殿壁。擢知德安府，赈饥，节冗，白疑狱，平剧盗周濂等，以神明称。历任山东副使道。次子涵，官布政使（《畿辅通志》）。

王 春 抚宁人。登弘治丙辰进士。授翰林院检讨侍寿王讲，出邸，迁春左长史，日以善道开悟，有所陈对必云尊天子守祖宗法度。孝宗嘉之，赐正四品服。庚申，改周府左长史。王在幼冲，启迪如在寿邸，将婚，汴之巨室有贿谋为元妃者，春发其奸，别选。当嗣爵庶兄托内使行金钱于春，谋夺嫡。春正色叱之，遂寝。乙亥，王以春辅道勤劳，奏加三品服。庚寅，力求去。嘉靖丙申卒。

任 惠 字济民，滦州人。登弘治丙辰进士，授行人。两使周藩，考绩有声，迁南京吏科给事中。正德元年九月，偕同官谏佚游，语切直，以弹劾太监高凤，革为民。后起山东佥事，未任卒。世庙登基，诏旌为"忠直谏诤"。祀乡贤（案《明史·任惠附戴铣传》）。

王 蕃 字邦宪，滦州人。登弘治丙辰进士，由博士升御史。立朝春谔，不容人过，尝劾逆瑾，弹媚臣陈晦等，专敕切责，移疾归里几数十年。起守平凉，又以中忤罢归。有《雪崖诗集》（案《畿辅人物考》蕃与惠交劾凤，亦革为民，诏与惠同旌，起平凉太守。与此微异）。

朱　鉴　字缉熙，其先扬州海门人。永乐二年，遣富户实北边，遂侨居卢龙之北乡。从迁者八户，因名其地曰八家寨。始祖自名，再传至善，生有，即鉴父，天性孝友坦直，积粟三千斛，尝贷姻邻不取息。鉴登弘治己未进士，授刑部主事。正德中，刘瑾擅政，举朝献媚者十之九。鉴处之坦然，正直不阿，升员外郎中，出为建宁知府。居官严明果断，不受属托。郡人有神明之颂。以母忧归。服阕，补青州府知府，在任五载，其治如建宁。致政还家村居，不事交接。“居左建一小楼，门前有井，妇非裙裳不敢至井汲，里中严惮之”，如王彦方云。子三：伊，廪生；似，早卒；侣，以贡生为肥城训导。

李　炫　迁安人。幼而好学，冬夏兀坐一室。登弘治己未进士。历甘肃行仆卿，河西叛将煽乱，炫匿民舍中，示方略而戢之。事平，诬执甚众，炫谳鞫多全活。致政二纪，课子耕读，足不至官府。

王　珝　字汝温，永平卫人。登弘治己未进士。授兵科给事中。督工泰陵中使董役者，剥削军士伐近陵山木代薪以规利，劾之，伏辜。升工科左给事中，徽州有豪族争讼数年不决，命勘，遂得情。改御史，核应天诸郡公藏，知府某不职，惧得罪，密以金馈，即发其赃私，罢之。升刑科都给事中，武宗铺宫，奏省费数千金以济边饷。升顺天府丞，岁荒饿殍载途，竭力赈活甚众。升都察院左佥都御史、提督雁门等关兼巡抚山西，裁宗室骄横以法，权要规盐利者峻拒之，阖境肃然。会敌分路入寇，督兵御之宁武关。将吏以逗留失利，劾其罪械系京师，因自劾，并三边抚臣俱左迁。寻降浙江左参议，豪民有匿租数十载，躬履亩得数百顷为公税。孝丰有作乱者，远近骚然。众议调兵剿之，请先往，至即解散。升河南右参政、分守南阳，捕浙川矿贼，乃别胁从若干，值盛寒多冻馁死，悉活以粥，遣之。升左佥都御史巡抚山东，择有司布各郡审编户，则以均徭役。王师讨逆濠，道经齐鲁，筹刍粮，供亿兵，皆无敢犯。及六飞南幸，有司预集夫役数万候境上，疫作且乏食，悉散归第。令及期无误，活者不可胜计。镇守指以供御，大肆科索。珝正色责之，欲击以笏，乃止。升右副都御史巡抚陕西，秦中宗室蕃衍，禄每不给，为有司累。令多方务积折补其数，上下称便。河湟黠寇欲南下牧马，督固原将士严兵御之。遂遁归，略无所失，边民安堵。升南京大理寺卿，擢兵部右侍郎。卒，赐祭葬于城东莲花源之原。崇祀乡贤。子二，长道平荫国子生。

王　辅　字良佐，滦州人。登弘治己未进士。授行人，两使封藩。升南京监察御史，迁河南副使，时逆瑾向所司索天鹅绒布千匹，无则折价，各府敛解八万两。辅曰：此民膏血，我甘鼎镬不可从，发回给民。瑾因假会审邓丙事，谪辅阳城县知县，迁户部主事，历员外郎中，复升河南副使。以疾乞休，乡人称为长者。祀乡贤。

鲁　铎　抚宁人。登弘治壬戌进士。授岳州推官，升大理评事。会逆瑾擅权，有党系狱。铎忤瑾，竟抵罪谋中伤，自分必死，乃以他事谪河内县丞。瑾事败，转沂水县令，升刑部主事，历官至山东按察司分巡海道，为人执法不阿，辽人服之。

陈　鼐　迁安人，弘治壬戌进士。勤俭明敏。历曹、濮、彬、桂兵备副使，每临阵躬亲督帅，斩获甚众。崇祀乡贤。

王　溥　迁安人。弘治间举人。任安定县知县，政治公平，牧民如子。升知宁羌州，士民送者拥道不得行，号泣而别（《陕西通志》）。

张文燧　迁安人。以监知马邑县。忠厚诚实，吏畏民怀。致仕归，士民思之（《山西通志》）。

王　念　迁安人。副使和之子，登正德辛未进士。部使欲为立坊，念以民贫，谢寝之。事母孝谨，尽以先业畀两弟。知九江府，修复废毁，民不病役。在程番，奏开贡额，使知向化。居乡廉静，足迹不入公府。平居鼓琴游吟，居丧用家礼，士大夫化之。崇祀乡贤。

王道中　抚宁人。登正德甲戌进士，授安庆府推官。太湖人多避差。有一人至县，即令赔纳，至于荡产倾家。中亲诣其地，婉曲晓谕，止令办纳已赋，民困以苏。时宸濠之变，余党未尽。当事者，往往以平民诬作奸细收捕，多冤。中查有赃仗旗帜者，坐四人，余三百余人尽释之。庚辰升刑部主事。嘉靖癸未，转员外郎。甲辰，升鸿胪寺右卿，旋转左卿。十二年，侍经筵，敬谨如一。乙未，改大理寺右卿，乙亥升顺天府尹，辛亥卒。著有《黄斋集》。

廖自显 字德潜，卢龙卫人。家贫力学，以廉耻自持。登正德辛巳进士。知颍上县，赈饥活数万人。升御史，视通州仓，革中官监收弊。按宣大，劾镇将科敛及杀降冒功。山西巡抚与参议以小嫌争忿，劾罢之。嘉靖庚寅镇守建昌太监缺，疏请裁革，遂更游击将军，一时称便。出按山东，巡抚邵锡清德藩军校诡冒不从，殴府卒。乃劾其长史承奉官，为所中，赐罢待罪。出自显知汝宁府二载，持法不挠，罢归。居家二十四年，日与故人徜祥东郭莲池芝陇间。有《拾烬集》、《放言悯遗集》。从侄际可，进士。献可，举人，不急仕进三十余年，铨知即墨，旋垂橐归，亦里中高士云。

张文成 迁安人。正德中，以吏员任陕县典史。时流寇猖獗逼城，成奋身出战，多所斩获。总督彭公闻其才，檄领兵马六千，分路剿杀，前后得首级千余颗。汝宁、上蔡等路悉平，功加三级。邑人为立祠，举人名宦。乡举饮宾，舆论钦服。崇礼乡贤。

赵得佑 卢龙人。御史忠之曾孙。三岁失恃，长为诸生，遭邻人横逆，而读书自如，人服其雅量。登嘉靖癸未进士，甫三月，授陕西道御史，巡按应天，掌南京畿道，严察苏、松等府案牍，及纠劾辅臣，群党侧目。外转贵州金事。未几，以边材调辽东，再调山西兵备分巡冀南道，转贵州毕节道，升山东参议分守辽海东宁道，升陕西副使，备兵肃州。其在贵州却金而服蛮苗，及抚哈密、酒泉，颂之。升陕西行太仆寺卿，致仕。历任二十七年，以清介终。林居泊然，宅室敝陋。郡守纪公巡，以罚锾置瓦甓于城扃，将为葺之。得佑闻而艴然，曰："得佑薄宦时，无敢取一介，恐虐地方。今顾累及桑梓邪？"卒却之。年七十三卒。

李　涵 迁安人。按察副使金之子。孝事孀母，以田产让弟。登嘉靖癸未进士。为户部郎，督兑运，尚书称为廉吏。知延安府，除水患，赈饥民，备兵肃州，修嘉峪城，军民勒石记绩。补贵州兵备，洗冤泽物，民有"天星"之谣。转左布政，擒首恶龙许保等，苗民率服。崇祀乡贤。

卢耿麒 字仁淑，乐亭人。梁长子。年十三人庠，过目成诵。弱冠登嘉靖癸未进士。授工部虞衡司主事，历员外郎，升陕西佥事，屯田甘肃，给成牛种。丁内艰，起补江西佥事，洗数沉冤。升山西参议。比驻云中，当外叛甫平恩威并著，即强藩亦敛戢，防边有运筹功，建修五堡，世庙褒奖，有“巨镇赖以永安”之语。复丁外艰。起补山东参议，升山西副使，以疾卒，年四十有五。麒貌玉立，性直方，笃孝友，父产悉让二弟，所居庭前无旋马地。博极群书，尤工诗。著《蓝山集》。莅官所至以明敏闻，然议论辩博长官前，亦不少逊，终以此取忌焉。崇祀乡贤。

赵　瑞　昌黎人。幼有才行。于嘉靖壬午举乡试，授河南伊阳知县。居官清介，逸兴飘然出尘俗，负陶靖节操。卒无遗金，不能殓，人皆痛惜。

王　庚　字文祥，滦州人。登嘉靖癸未进士。天资纯笃，寡言笑，深《易》学，后进多出其门。三为县令，有廉声。历迁兵科都给事中，慷慨敢言。升山西参政、按察使、陕西右布政，卒于官。祀乡贤。

阚　杰　卢龙人。嘉靖乙酉举人。任荆州府推官，以治行行取，授石州知州，遂辞归。耿介自好，足不履城市者二十余年。

程畜德　卢龙人。刚正有执持，以贡为嵩县训导、藁城教谕，不责贽仪，士敬惮之。

张　智　迁安人。由明经知远定县。洁己奉公，铲洗奸伪。时修理学校，政教大行，有麦秀两岐之瑞。寻通判黄州，民不忍其去，为立祠，号清张。里人举祀乡贤。

李充浊　字澄之，时之子。嘉靖丙戌进士。知叶县，收黄山巨寇，民为立生祠，与楚叶公、汉王乔为三令祠。擢为礼科给事中，屡上封事。升浙江右参政，改补河南，修筑隘口，自顺德界抵山西，延亘九百余里。升陕西按察使，辨宦室子弟五人积冤。升河南右布政转左，寻改贵州，赈铜仁荒歉，活万余人。募民以备苗变。罢归。于城北营万柳庄，与故人为饮社，卒祀乡贤。弟充拙，字逸之。嘉靖乙酉举人，与兄同榜。知陈州，俗刁滑，多出人公门以扰害乡民，号为“挂搭”罗织久莫能去。下车访首罪，杖杀之，余悉逃散。寻以母忧去，补知南通州，政平讼理，卒于官。充浊子瀹，字伯通，处世阀以谨俭称。由岁贡授郯城县丞，郯称难治，民流税通。瀹于荒田立官庄，捐俸创庐舍三十余区，号为俸余官庄。买牛给种，招集逃民耕垦。收获足公税及佣值外，余入义仓备赈，公私称便，民亦复业。铨部廉其贤，擢知郯城，未逾年，辞官归。

韩　梅　字应元，永平卫人。嘉靖戊子举人。任大同同知六年，廉平多惠。有范驿丞死于官，妻流落鬻女为婢。梅捐俸赎归其母。居家惇伦睦族，乡党称之。

高　擢　字士元，滦州人。登嘉靖己丑进士。由博士升礼科给事中，建言侃侃，台阁生风。历副御史，奉命提督操江。晚筑别墅于偏凉汀，归隐卒。祀乡贤。

王　镐　字宗周，滦州人。举于乡，时严嵩为司业，欲收之门下，不顾。嘉靖己丑登进士，授大理评事，廷尉雅重之，疑狱必属焉。擢御史，首言追崇之礼出圣孝，议礼诸臣不过将顺而已，何敢贪天功以微荣自私。当时中外臣僚群起攻之，未必无所见。何至废退者不起，禁锢者不释哉？按江西典试事，分考官呈中夏相婿。镐曰：“宁得罪于一家，不得罪于多士。”竟黜之，而相亦不衔。再按河南，下令蠲赎锾，出余帑，大筑黄河堤，连护十城，全腴田万顷。境内人材，不通姓名举之；而鼓势行私者抑焉。巡视京营时，京营冒钜万计，奸利不可胜数。提督为宰执肺腑，人莫敢问。镐辄奏去其甚者。宰执衔之。出为山西副使兵备代州，边有警，而代当其冲。镐备御免虏患。衔者仍左迁湖广参议提督太和山，至则督发中贵人赃弊，人以天神目之。转山东参政，却美金四千两。升湖广按察使，禁戢宗室为暴者数人。王以书来，使去，即投椟封之。或于法得释，使来谢，乃引至椟取书还之，实未发。曰：“法当如是，吾安敢低昂耶？”转右布政摄左事，谕解银入则所司缄封，进出则原缄发之，惟据案端坐，锱铢无所移，管库不得与。时倭寇猖獗，为缮城池，备守具，檄土著子弟出奇设伏左右翼，击歼之。沉大舶数十，擒斩俘获，无一东还者。功当超擢给荫，忌者沮之。转右佥都巡抚宁夏，人境辄有斩获。会杨襄毅人吏部，欲擢贰司马。嵩子世蕃大恚，嗾给事中某论之。召回京，别用。即入京，遇嵩长揖而已。遂乞骸骨归。与兄同居贵，不置私橐，视犹子如己出，终世未尝一言干有司。遇亲旧有婚丧者助之，而佐士之贫者。交荐无虚岁，而坚卧不起，卒祀乡贤。

王好学　乐亭人。臣长子。领嘉靖庚子乡荐。尝试南京，父卒，痛为肖像。及令陈留，蠲逋修学，擢刺泽州佐，归德在在，多善政。及补太原，弭盗祥刑，请治宗室骄横，檄抚石州为画战守之策。历升户部郎中，督饷昌平。时内使往来，能正色戢之。升楚雄府知府，乞休归。著有《游艺集》。与弟好问，并祀乡贤。

王好问　字裕卿，别号西塘，乐亭人。生有异兆，弱冠抱当世志，举于乡，即却馈金。登嘉靖庚戌进士，授太常博士。时分宜当国，韬晦自守久之。擢御史，以风节自持。行法都城，搏击无所避。会元夕一巨珰张灯邸第，陈百戏，都人士女聚观，有蹂躏死者。珰浼好问勿以闻，竟按其事奏劾，豪贵敛手。嘉、隆之际，内库册籍沈匿莫可究诘，宦竖浸渔无算。好问请清之，得隐漏军器二万二千有奇。又用事近习谋督营兵。复抗疏谓："自古未有以阉人监军者，即有之亦衰世时事。唐宋勿论，如本朝王振、刘瑾，足为殷鉴。"言甚切直。再被命按秦晋，上兴革便宜数事。时上好言祥瑞。陇西山白鹿、芝草、榆次天书，皆斥不以献。公论韪之。在职八年，所言悉军国大计，如裨圣治，止行幸，肃戎政，隆大典，彰主德，一政体，饬礼仪，励新政，慎恤典，重孝思，陈时议，勤圣学诸疏，多见施行。当是时，王侍御之名闻天下。寻迁大理寺少卿，晋太仆，历通政使、工部侍郎，转刑户二部，累擢南京右都御史、户部尚书，忧时思职，无一少替。南京米涌贵，例当改折。好问遽发仓粟，而后以闻，诏赈江南，不待移文。发赈曰："奈何稽朝廷意以忍饥民？"先是为卿贰时，即抗疏求退，及入贺圣寿再请如初，不允。以满上计，遂四疏，坚请得允。归数月卒。赐祭葬，赠太子少保。好问以好古自负，留心圣贤之学，立朝虔恭动由矩矱，谦抑若不胜衣，而内实毅然不可夺。尝谓"道本平实，安事苟难；学贵定志，勿为利动"，能践其所言。终身恬澹，寡交游，虽位跻崇，食不兼味，衣不重帛。卒之日，家无余赀。平居手不释卷，著作甚富。所著有《春照轩集》三十六卷行世。子浑然，另传。从子顺潮，任宜川丞，有才干（旧志参用孙夏峰先生《畿辅人物考》。案：尚书明史无传，其事迹散见王治、曾铣传中。岁寒老人曰："劾巨珰不法并近习典兵，此论列之大者，而祥瑞不以闻，更有识度。卿贰即抗疏求退，尤见知止之义"）。

贾　韶　字征音，昌黎人。嘉靖二十一年，由选贡授瑞安主簿。志行严谨，勤于诘盗，夜户不扃。委署泰顺篆，恤下情，省供应，邑大饥，即发廪赈之，始上闻。当道责之。对曰："民命悬于朝夕，缓则何及？"泰民伐石纪其事。后督输王木，卒于官。民感德，为之立祠。事载《浙江通志》。

郝宗启　字文卿，滦州人，隆孙。嘉靖丙午举人，授博平知县，升泽州知州。学问深邃，事亲至孝，居乡励行，莅政有声。祀乡贤。

陈　情　字子孝，滦州人。嘉靖丙午举人。天性孝友，见事明决。隆庆元年，令孝义，有捍御保城功。后令长葛、宿松，并著廉明。焚红莲七祖二百年肉身，大得韩退之遗意。虑州城武备单弱，造大炮十二位、神枪二百杆，为守备。著有《五行弈数》行于世。崇祀乡贤。

刘复礼　字曰仁，号任斋，山海卫人。嘉靖壬子举人，坦易谨饬。宰长子县，刺浑源州，迁冬官郎，守保宁郡，所至恩威并著。有祷雨立应，苦井变甘之异。郡人立石颂德。擢同卿，驻宁夏，预知哱拜反，默为防备。寻丁艰致政归，依居旧庐，泊如也。幼以孝闻，暮年与季弟同爨，每举箸必呼弟，弟他往则不食。季弟有子，口授而教之，亦成明经。里人有修郄者质成，譬晓之，皆愧服。

萧大谦　字民服，山海卫人，佥事显之孙。性质朴，虽屡空微不介意。游成均时，尝拾遗金，待还其人。后领嘉靖壬子乡荐，令怀仁、泰安，皆耻结纳，专意实政，士民怀其抚字，而当道恚其无馈遗，竟罢归。行李萧然，至不能充食，处之自如。年八十有一卒。祀乡贤。

穆思敬　字以庄，山海人。隆庆元年例贡。任南直凤阳府临淮县县丞，上台屡有奖荐。没后，县令薛公铭其墓曰：“伟哉穆公，耿介为衷。副琴半载，玉洁冰清。士民景仰，弦诵天青。输给馈饷，众庶心倾。擒获积蠹，奏凯成功。柏台叠荐，聿观厥成。勋未大就，鹤驾仙升。”

王大用　东胜卫人。登隆庆戊辰进士。授扶沟知县，执法无所阿，当路衔之。左迁东平州判。升滕县令，明习吏事，每事必探弊端。有大珰“进贡”，折辱驿官，索乾没。大用诣邮亭，令开箧验之皆胖袄，遣人收捕其解户于狱，大珰甚惧求免。其明练肩事类如此。升大理寺评事，改户部郎中，历官辽东、陕西参政。

韩应奎　号东轩。应庚季弟。为童子馌田之暇，辄手书读。中隆庆庚午乡试，五试南宫始谒选得华阴县知县，有惠政。历蓬莱、乐安、温三县，皆以治绩闻。年未衰，即归田。常以睦族济人为念，绝不一干有司。岁大凶，施粥赈饥，给裘御寒，邑人德之。二子：长原济，倜傥不群；仲原洁，笃信秉礼，并诸生。济子乾业、洁子坤业，庚午兵变，长与仲偕亡。

李安仁　兴州卫人。隆庆辛未进士。授武城令，调繁兴化，兴地利，筑河堤，剔奸厘弊。转大理评事。升衡州太守，威慑豪猾。擢湖广副使，告归。

王允祥　抚宁人。登隆庆辛未进士。任偃城令，吏治澄清，恩威并著。县前苦水井化甘泉，咸谓善政之感。行取刑科给事中，激扬尽力，条陈九边要务当宁，嘉纳之。因劾江陵夺情，外转河南佥事，进四川参议，后转陕西副使。当事特荐者，凡二十余疏，以亲老，力辞。杜门终养，年八旬而终。

王　槐　昌黎人。贡生。工书翰。任中书，历工部左侍郎。清慎正直，不阿权贵。世庙嘉其忠，赠祖父如其官。

齐宗尧　号碣石，昌黎人。幼颖悟，苦志力学。年十八游泮，七举不第，乃以岁贡授山西屯留县丞，摄邑篆。岁饥流离载途，即为上闻。开仓以赈，全活者万计。又宽通负，招流亡复业者五千余人。上官廉其能，升陕西鄜州判官。值西戎猖獗，尧躬亲训练，号令严明，虏不敢迫。升屯留令，百姓欢呼于道，曰："吾父母复来矣！"初，屯无递运夫，凡有差役，比户而征，民甚苦焉。尧屡请各宪，令沁州、长子两县往来递送，屯民便之。莅屯四载，招抚流亡四千丁，垦荒田二千一百顷，决狱如神，不避权势。藩府理问枉杀人，岁余不决，兵司稔知尧强干，命鞫之。尧毅然驰入王府，检尸伤竟置理问及用刑者于法。又雪贾姓之奇冤，申屈氏之枉坐，一邑称快。有土寇杨富聚众三千余人，分掠各邑，杀沁州千户。巡抚勒兵捕讨，命尧率官军二千人先往。尧乃屯兵五里外，单骑人山寨，召酋首示以利害，贼皆罗拜泣曰："天使公活吾济也。"即释甲焚寨以降。寻以繁调定襄，士民号泣不能留，请祀名宦。不数月，升汾州知州。隆庆丁卯秋，虏犯境。尧率素练精兵三千余人，分城固守。又于城下筑墙以防冲突，三日部分甫定，虏众百万破石州，乘胜长驰，中外震恐。乃令于众曰："汝等父母妻子俱在城内。当于死中求生，否则无噍类矣。敢下城者斩！"众感奋，公躬冒矢石，拒敌八昼夜，贼宵遁。尧率众追袭，斩获三十五级，搜捕城内奸细四十余人。以功擢河东转运同知，仍摄州事。益练民兵，造火器，积粮饷，筑城池。统制刘见而称之，谓雄镇之兵不如也。调忻州，陈兵事二十余条，虽不报而边备已见施行矣。枢省重其名，方思大用，终以守正不阿，力辞，解组归。寻以疾卒。

刘思诚　字性之，号定宇，山海卫人。万历癸酉举人。筮仕平原，诊编征赋，设法神速，邻邑皆效法之。遇荒，多方拯救，理讼称平，建五桂祠于黉宫后，选俊秀肄业给馔，贫士婚葬不举者捐橐助之。招抚流亡，盖官房百余间于郊外，创立集市，垦田十余顷，资以为生。迁济南同知，署篆年余。吏请盘库，思诚斥之。俸工俱以原封出给，不除其耗。有盐商犯科，以罂贮银二千两冒托馈酒，当堂碎罂，解入府库，竟无赦。当道议派民徭，思诚勃然色变，议遂寝。终以忤权贵，拂衣归。母每馔，必侍侧。旧产尽让弟，饶有孝友风。平原有生祠，人名宦。崇祯戊辰人乡贤。

韩应庚 字希白，东胜左卫人。世有隐德。曾祖文，富而好施。祖诚，益大其业，嘉靖中，岁屡歉，先后贷乡人粟至二万石，不责其偿。父廷义，生而英敏，通百家众技，尝擒巨寇以靖一方，封监察御史。三子，应庚其长也。少励清操，登万历丁丑进士。授彰德府推官，其治务廉明宽厚，下车取沉狱验问，数日间决断殆尽。受领新讼，遣当直设灶公署前，呼对簿者，自炊未及餐而事已判矣。入为福建道御史，出按甘肃。值大祲，不俟命即发仓粟以赈。再按山东，锄强豪，黜贪墨，出死囚二百六十余人。时年四十七，即引疾归。日与亲故徜徉山水间，于城南二十里石矶上，筑室名曰钓台，以图书、花鸟自娱。七征不起，从不干有司。遇不平事辄为代白，闻者敬信。岁甲辰饥，输粟公府，而施糜掩骼无虚日。又鬻负郭田数百亩，以赡郡邑两庠贫士。年七十有四卒。祀乡贤。

冯时泰 字虞廷，山海卫人。幼敏学，寒暑不辍。登万历庚辰进士。授工部郎中，管节慎库，自能握算核积弊，著声曹署。升辽东广宁参议，筑造台堡，大定老军。数十处边警，帅不用命失事，时泰奉勘，略无纤隐，致忤当事，坐谴。或以苞苴请，时泰徐应曰："吾莅官惟清慎二字，可揭天日，况君父之事？乌容规避，绝不为辞"。寻被逮，辽民冤之，欲诣阙号鸣。总督顾养谦止之，乃上疏极为辩雪。赵相志皋、张相位石、司马星，皆交章力诤，竟不白。时泰以诗自叹，云："由来直道忤当权，过贬潮阳路八千。一掬忠肝天所鉴，几回血泪洒蛮烟。"竟以疾死狱中。

高　第 字登之，滦州人。登万历己丑进士。初令临颍，征赋不拆封，即以原柜解府，力绝耗羡。岁大歉，赈粥疗医活数万人。转户曹，榷浒墅关。旧例：支河设绳，防货舟栏出。第曰："但锁正关衣带水足矣，何渊察为？"一切报罢。升大同守，捐俸赎补宗禄三千金。历楚、秦藩臬。擢御史中丞巡抚大同，费橐七千金助给抚赏。寻升兵部尚书，杨、左被逮榜掠甚惨，第经筵力陈党锢宜释。忠贤怒，激熹宗召对，切责之。会宁远警，遂出第经略蓟、辽。时右屯、大凌河二城孙承宗已设兵戍守。第来代，尽撤之，二城遂被毁。崔呈秀劾之，勒令闲住。崇祯初年，诏复原官。因己巳郡城陷，复谪，居无棣，己卯放还归里。建白云楼，为东山之墅。著有《太极良知》等说、《抚云疏稿》、《籁真》等集。年八十二卒。治绩载《湖广通志，名宦传》。祀乡贤（参录《明史》）。

朱文运 卢龙人，佀子。万历己丑进士。任丹阳知县，励精抚字，政简刑清。邑绅大司马姜公欲改运河于城外，以兴贸易。运恐劳民，固执不从。后五年，考绩称最。竟迁南户部主事，时人为之不平。至任六月，奉差人都，因归省母，卒于家。子方九龄。宦橐萧然，继室李氏课子治家，不坠先业。子济美，廪生，亦以笃行称。

王浑然 好问子。万历辛卯举人。授中府都事，历刑部郎中。时南康守吴宝因税珰李道诬奏被逮，然问拟还职。上怒，罚俸三月，南康得以从轻。皦生光妖言事，东省无行老生流言彼中有闻者。然恐蔓延无辜，解发山东抚按鞫问，保全大族甚夥。升马湖府知府，革漆户板税，修学缮城。奢酋争杀，片言力解。总督王象乾题擢遵义兵备副使。下议时疏请骸骨归，寻卒。著《蜀游草》。

张国祥 昌黎人。幼失怙恃。父昂上元主簿，没，遗妾王氏年十九，砥节苦守，祥奉事如礼。师邑侯孟秋，讲学力行不倦。后师杨公启元，悟罗近溪性命宗旨。由明经任丰润训导，以身率士，士风丕变。升渭源令，革驿弊，减杂徭，除奸保良，罢（疲）民再起。有番里曰南川，不习文教。祥择其子弟朱际昌，劝课读书，力荐人泮。以鼓吹送归里中，番人聚观者塞道，文教以兴。及解绶归，囊无长物。邑大夫及乡里推重之，尊为模范，数举乡宾。

赵养蔚 字青城，滦州人。万历庚子举人。少负经济略，富甲平滦。己巳戒严，蔚捐费建城内外炮台，造锐炮数百位，募丁守城，费以数万计。时士绅多窜逸，独蔚守孤城，矢死勿移。倾竭家财犒援师，介马谒枢辅于关门，请兵恢复。事闻，授中书舍人加职方主事，以未通籍不肯受官。疏请里居，大修城池御侮之具，远近倚重。年六旬卒，赠尚宝卿，祀乡贤。案《畿辅人物考》：养蔚喜谈兵。当神庙时武备久弛。养蔚寻戚少保继光壁垒遗踪，不禁洒酒悲歌。己巳遵、永不守，榆关道塞。邱禾嘉以兵部司官提一旅驻开平，粮刍匮乏。蔚拮据五阅月，按口而给。间道三走山海关，谒孙高阳阁部，痛陈机宜，东西合师，四城毕举，论功拟以司农郎酬之。蔚辞。仍欲会试，授中书。丙子，畿辅再被兵。阁枢台省交口推毂改职方郎，持节监昌、蓟、密三镇军务。役竣，膺上赏。两功并论，晋尚宝少卿金议，欲试之边抚。未几，以劳瘁不起。阁部悼惜，请恤疏云："畿辅两用兵，多望风逃窜。一切城守急需动仰给于有司，奈仓库空耗，疾呼莫应。开平独属冲繁，危若垒卵。赵养蔚一孝廉也，乃力砥狂澜，毁家急难，修城缮器，劳瘁九载于兹，虽三迁京职，俱未历任，殁于王事，肤功未酬。目今边隅多故，正宜褒死以愧生，相应特示优异，鼓励天下。"事闻，再赠尚宝卿，她封三代。如其官赐祭半坛。岁寒老人曰：养蔚，余庚子年友也，生平仅两识其面。鹿忠节从孙文正于关门，极服其实心作事，破家急公。文正请恤疏盖实录也。蔚素志虽未得尽展，积劳虽未得尽酬，然得此两贤之知，亦可无恨矣。

赵养冲 号赤霞，滦州开平卫人，贡士。父浚丞陇西，视令篆。库存积羡三千金，久不人考核，老吏陈说可充便宜，浚不允。达两院，院请于朝，一时称廉吏。冲授延安之甘泉令，推诚待人，五年奏最。迁甬东别驾，甘民卧辙者千万人，为立祠。天子玺书旌之，有"不愧廉吏子"之句。别驾冷署，簿书期会，外无他事。当事檄兼定海县篆。邑滨大海，岛夷初定，疮痍未复。一切善后机宜，文武大吏倚为左右手。巨猾王万金丛珰势为奸，用睚眦仇杀人都市，屡屡莫敢问，占良家子女若取诸其私家，攫金高北斗，门下多东南亡命徒，酿乱长祸为地方隐忧。新巡方某人境，群诉万金不法状，下檄定海捕治。万金初易之，笑曰："痴别驾五日视事，与金为仇耶？"冲遴诸役之黠有力者捕之，示与罪人互为生死。金托词林某，为之治具盘、碗、杯、匕多金玉。主人酒阑，促膝为万金道意，筵案器具聊贽以充下陈。冲佯为不解。翌日，促捕益急。万金意亦动，谓别驾避词林知受金尔，谋及馆宾詹生，以奇货为东主言。冲闻而面赤峻拒之。促捕役愈急。明日，万金伏庭下称囚。又二日，并万金两子亦械至。冲集诸被害家，焚香告神，鞫得诸淫掠贪黩状，竞毙于杖。居间，竿牍涌至，而死者不复生矣。此传案《畿辅人物考补》。岁寒老人曰：“钱至十万通神矣，无不可回之事。王万金黄白斗量，词林曹丘，馆宾缓颊，而聊不为动。噫！非中无欲，乌能至是？”家传中可述者，不及备录。

王大智 号浚宇，世籍迁安。父流寓玉田，因家焉。万历甲辰进士。授西安司理。富平太宰孙丕扬之婿骫于法。大智曰：“太宰婿骫法，法复安所用？”乃下狱抵罪。而谢不佞于丕扬。丕扬特重之。再起掌铨政，适畿辅司官缺。丕扬扬言于朝曰：“三辅清方士，安有过王某者？”竟授智。智益以澄清天下为己任，历任考功代主选事，复掌计典，无有敢以一币至其门者。智进署不用火房备馔，携数青蚨，米数合，长安传为笑谈。智恬然安之。崔呈秀方贵幸，玉与蓟相邻，绝不闻问。崔常语人曰：“王浚宇何独相弃？”智不应，辄移病归。崔、魏败，起太仆寺卿，未几乞归。天启辛酉至崇祯己巳，畿东卿贰一罹于珰逆，一罹于城陷，百无一全。智乃以介特之节，超然事变之外。人佥谓清德所致云。丙子卒于家，予祭葬如制。岁寒老人曰：“予往闻玉田令徐廷松谈公之清德，后三十余年玉田人李及秀按豫，又历历为予言。大约一如廷松语。公真清真绝俗之士也哉！公不能俯仰当事，孙立亭以不俯仰而成相知。若崔魏者，正以不俯仰，而结天下后世不俯仰人者之知。丈夫自立，岂可苟焉而已耶？”

张国瑞 字兆圣，乐亭人。沉静寡言，家贫好读书。母卧病累年，竭力奉养，与兄弟友爱无间。万历丙午、丁未联捷成进士，年四十二。邑中科里社粟以赠，却弗受。筮仕蒲台令，绝耗羡，去赎锾，政简刑清，吏畏民怀。调汾阳，地为秦蜀孔道，冠盖如织。瑞多方调剂，民以弗扰。作兴士类，人文蔚起，其治视蒲台有加。入为兵部职方司主事，历车驾司郎中，督十六门，严锁钥，勤稽察。禁旅骄横，瑞详较尺籍，汰冗兵数千人，无敢哗者。属边圉多警，军书旁午，征兵筹饷，悉合机宜。九载，枢曹本兵咸倚为重。天启二年，参政晋省，转秦中按察。时藩工鼎建，扩城浚河诸务烦难，办理裕如。其苏驿传，惩贪墨，抑强豪，尤为秦民所爱戴。晋山西右布政使，逾年改左，调陕西。时前后大吏多奄党，昏庸骄纵，事事龃龉，而侃侃持正，终无以夺。自万历末，天下加赋至千余万。秦地瘠苦，继以饥荒，民生愈困。值延绥边饷缺额，时有脱巾之虞。瑞请于上官，先事预防，不听，即引疾去。时崇祯元年冬也。未几，而边兵、饥民相继倡乱，秦事遂不可问。瑞归，键户著书。闻中原多事，辄抚髀兴叹，然不复作出山想矣。葛巾野服，时与里中父老扶杖闲行，见者不知其曾为达官也。崇祯十四年卒，年七十六。崇祀乡贤。子光允，生员。国初，官江西都昌知县。

陈王庭　字心龙，卢龙卫人。登万历丁未进士。初任陕西雒川令。清慎俭约，凡钱谷讼狱剖断如流，吏不敢干以私。雒川素号繁剧，民顽吏刁。前后令斯邑者，往往束手。王庭至，令行禁止，风俗一变。历升至太仆寺卿。天启中，魏珰用事，矢贞不附。先尝巡按辽东，得将士心。辽失，收养全活甚多。庚午城陷，王庭服堇几死，复苏为黄冠。大帅祖大寿、张存仁辈，皆伏拜床下报德恐后。事平，论者议其不死，逮狱，绝粒而殒。

李应奎　兴州卫人。由明经授扶沟训导。值大旱，奎积诚祈雨立应。升历城县教谕。适县令欲于文庙坐囷收粮，奎不许，令固不从。因叹曰:“微末一官职不容守，尚可恋升斗昧吾心乎？”毅然挂冠归。年近九旬，邑侯张公九三素仰奎名，岁时存问，数举乡宾，且念其贫而无后，欲为赡养计。乃笑曰:“清苦一生，将就木矣。昔闵仲叔不以口腹累安邑，吾岂以后事累令支乎？”奎初受麟经于邑侯白公夏。至今迁邑业春秋者，皆其遗也。

韩原善　字继之，别号鹏南。父应箕，字希皋，应庚之次弟也。负文武才兼精骑射，倜傥尚义，有古侠客风。尝出两婴孺于剧盗手，凡疏族贫交待以举火者恒数十人。构宗祠，修世墓，缮义塾，动费不赀，无几微吝色。以明经人对大廷，不仕。原善生而颖悟，沈酣经史，旁及《青乌》、《黄石》、《奇门遁甲》诸书靡不研究。登万历丁未进士。授青浦县知县。吴淞久塞，震泽、淀湖之水合流东下，民苦昏垫。为请赈，请蠲，平粜，设粥，躬行给散，卒事无哗者。他如：裁公正，均荒绝，开津贴，苏塘夫，清漕兑，无不恳恻周至。邑人尸祝之。调繁长洲，为吴郡首邑，赋役甲天下，又当水陆之冲。治之，独游刃有余。县田一百二十二万三千亩，自创立官甲，政在乡绅，诡计花分，民户坐困。巡抚徐公请均之。原善身任怨劳，按亩科差，增役田三万一千四百七十顷。精于造士，是岁中乡闱者十人。五年考最，称廉治。窝访触忌，仅迁户部郎。在县时，父尝斥产贻之佐廉，及转户曹父益喜，为能不瘠民以媚当道也。旋丁外艰，服阕，补兵部。东事方棘，以不次擢开元兵备。拜命疏陈方略八款，又言召募有六难、有四易。疏人，上遂谕发帑金七万四千抵关门。五十日募官兵一千六百余名、马六百五十余骑，甫出关而开元报陷。乃兼程趋至广宁。先是全辽军需仰给海运。莱、津岁运二十万，卸三犋牛地。距辽六百余里，水陆烦费。原善冒雪行至海上，经画以登莱、海盖两道，累年会议不决者，定泊盖套。岁节费数千金，不匝月而完粮二十二万。丁母艰归，屡荐不起，卒。原善生平孝友，性豪爽，有远略，周人之急有如其身。所著诗文八卷、奏疏二卷、尺牍四卷、《六壬指掌》二卷。祀乡贤。

张联奎 字辉含，滦州人。万历己酉举人。除彰德司理，有“张佛”之颂。以直忤，左迁秦泉幕，署商州。辑流亡，多善政。寻复理临洮阅河西五镇，活杨弁孥累百口。临巩帅以幕金三百饷却之；再馈珠帘，庭责其役，挥去之。曰：“奈何浼我？”邀覃恩赠，父如其官。以边才，擢庆阳郡守。流贼寇城，单骑谕祸福，辄解散。因积劳谢病归，侨寓邢台。时给事冯公可宾及台中交荐，不赴。邢破，配田氏不屈，遂遇害。奎困顿旋里，环堵萧然，衔杯啸歌晏如也。年六十有九，无疾卒。

石维岳 字五峰，滦州人。登万历庚戌进士。筮中牟令。以坦直拂相国，谪河东盐运司知事。相国卒，事乃白。擢推官，升刑部主事，历郎中。时魏珰焰烈，夺戚畹李承恩园，置之狱。法司希魏意，拟辟。岳抗言曰:“杀人、媚人，当何律?”卒以园归李。出守怀庆，建告帝堂，凡昼行事录卷焚之。韩昌黎裔，有在怀者式微。访得之，复其业，为建祠，置奉祀生。既而，珰祠遍天下，怀人以请。岳曰:“俟我去，若辈自为之。”以故，珰败怀独无逆祠。迁长沙副使，岷王妃奏王被弑，状下两台讯。岳廉实，逮抚按以下十九人。崔呈秀为魏珰义子。岳以妃事触怒且群小嫉之，因媒孽戍蓟州。妃特疏昭雪。岳终不自明，年七十余卒。崇祀乡贤。案:王渔洋《池北偶谈》:“世祖章皇帝恪妃石氏，滦州人，户部侍郎申之女也。申父维岳，明万历庚戌进士，官某省副使。会王府中官某鸩其王，反诬其妃某弑逆，抚按以下皆纳其贿，将具狱矣。维岳独持不可，力雪妃冤。至是，申生恪妃竟人宫掖，人以为救妃之报云。”

刘廷宣 字化卿，号方壶，赠卿思诚子。万历癸丑进士。授仪封知县。黄河泛滥瀹治之，获名田几万亩，民赖以苏。正供之外无所增，不判赎锾，除一切无名科敛，省民镪钜万。设保甲法，萑苻颇靖。行取浙江道御史。欲奏魏忠贤蠹国十四款章，经通政司霍维华以年谊对，使焚之。云:“何为起此大衅竟不上?”尝疏救给事中姚宗文，被斥责。姚宗文者，熊廷弼为御史时与之共排东林攻道学。及廷弼经略辽东，宗文怨之。后遂腾谤于朝，疏诋廷弼。御史冯三元、张修德，给事中魏应嘉复劾之。廷弼遂罢去。天启元年，沈阳破。廷臣复思廷弼。给事中郭巩力诋之。御史江秉谦言廷弼功，以排挤劳臣为巩罪。帝乃治前劾廷弼者，各贬三秩，除宗文名。廷宣救之，亦被斥。当辽事之殷也，御史房可壮连疏请用李三才。三才者，东林之结契也。疏下，廷臣集议。廷宣复荐三才，言:“国家既惜其才则用之耳，又何议?然广宁已有王化贞，不若用之山海。”帝是其言，即欲用三才，而廷议相持未决，事遂寝。出按陕西，转大理丞，寻因母老请终养，以本寺左少卿归。崇祯初，病卒(参录《明史》)。案:《明史》御史刘廷宣以疏救姚宗文被斥事，见《熊廷弼传》，而其挂名逆案亦附见《霍维华传》。乃《邑志》于其劾魏忠贤疏，为霍维华所焚，辄以不先杨、左而摧虎吻为幸，持论殊未允当。盖维华与崔呈秀为逆珰谋主。时目维华为五虎之一。而竟听维华焚疏，不敢抗言。是即不能自绝于逆党矣。《志》顾幸其不同于杨、左可乎？又考《李三才传》天启元年，辽阳失。御史房可壮连疏请用三才。有诏廷臣集议。御史刘廷宣复荐三才，言“国家既惜其才则用之耳，又何议？”帝是其言。即欲用三才，而廷议相持未决，事遂寝。当其时攻三才者众，而廷宣荐之，是固未尝多忤于东林君子也。为之传者，不取其荐三才而称其听维华，是没其善而不称，反以阿附为美谈矣。何哉？

白廷魁 字复古，号雪轩，滦州人。由明经任临县令。出供具学宫，月再课士，岁以为常。催科不扰，讼狱者理而遣之，不责赎锾。时税桑田，助耕敛。以不善俯仰，中忌调简，遂拂衣归。以寿终。

王调元 字爕伯，号和阳，抚宁人。少孤，奉母王氏至孝。年十七，为诸生，尝读书僧舍，杂钟鱼梵呗间，二十年如一日。万历戊午举乡荐，谒台使刘公，胪母守节抚孤状，疏奏，奉旌。因母老，仕嵩县教谕，仿胡安定教士法。有势家仆辱士，元不畏强御，力培士气。升临朐令。时流寇犯河南，朝议以修城垣、练乡勇为守令殿最。朐城故版筑，地高无水，廛闬鳞次，附女墙而居者千余家。令下之日，元曰：“贼远在二千里外，先使吾民妇子露处失业，是人心先自解也。”值宪司单骑来视，高墉屹屹，守御之具毕备，深叹其言为是。调知滕县。先是妖贼徐鸿儒之乱，滕人死者无算。又地邻曹濮，多椎埋探丸之盗。元严法令，有犯必诛。于是，奸盗屏息，境内肃然。亡何，以戆直罢归。家居三十年，未尝一履公庭。故人在铨部招之不往。又属台使起之，坚以疾辞。生平重然诺，不以生死盛衰变易。年八十有五卒。少宰石公申、仪部余公一元，表志其墓。

附：宋琬《王和阳先生传》王公讳调元，字爕甫，号和阳，其先晋人也。明洪武初，始祖孝通迁抚宁之深河里。七世皆力田。公父荩唐公始为儒，折节读书，为诸生有声。公生甫期，而荩唐公卒。母王孺人抚之。食贫拄无间风雨寒暑。岁时，伏腊，抱儿以见于庙，且泣且祝，曰：“未亡人所不即从地下者，以藐诸孤在也。顾安得见其任衣冠，以一盂麦饭浇尔父冢上草乎？”公为儿时，即崭然露头角。既稍长，痛其早孤，自伤不比于人。于是博极群书，所学大就。十七补博士弟子员。学使者奇爱之，使食饩焉。尝读书维摩方丈中，丙夜咿唔杂钟鱼梵呗间。朝齑暮盐，二十年如一日。万历戊午，举顺天乡荐。谒台使刘公，涕泣再拜，胪王孺人守节抚孤状以请。刘公为之恻然，疏上，报可，敕有司旌表如仪。乌头楔绰大书于闾曰"故茂才王尧相妻王氏贞节之门"。邻里嗟叹有泣者。皆曰："王氏有子矣！"辛未以母老乞署教职。乃除嵩县教谕，仿胡安定教士法，与诸生相切劘嵩人始知师弟子之礼。势家奴有辱诸生于市者，公曰："士如此，我可去矣。"势家闻之，惶恐谢不谨乃已。其不畏强，御如此。甲戌升山东临朐知县。太孺人就养于官，退食必告曰：今日听断几何事，大人以为何如？太孺人称善，乃敢就舍斋。俗夸而好讼，犹有六博、蹋鞠、斗鸡、走狗之遗风。公一切以宽平简易治之，吏不敢欺，民用大悦。时流寇犯河南，所过郡邑多破。朝廷用言者议，以修城垣、练乡勇、储仓廪、备器械为守令殿最。朐城故版筑，地高无水，廛闬鳞次，附女墙而居者千余家。令下之日，公曰："城坚不须筑也。"青州道朱公之裔，严檄切责。公曰："贼远在二千里外，而使吾民妇子露处是人心先自解也。虽有金汤之固，吾谁与守？"朱公不得已，单骑来视，高墉屹屹，脾睨相望，而守御之具纤悉毕备。乃叹曰："公言是也。"御史张公盛美，滕人也。上疏曰："臣邑虽小，而当河南之冲。贼渡黄河而比暮可至城下也。诚欲为疆土计，臣愚以为宜选良吏有文武才者。"敕抚按推择更调以闻，便于是。当事以公应诏调知滕县。先是妖贼徐鸿儒之乱，滕人死者无算。又其地邻曹濮，其人轻剽悍疾，多椎埋探丸之盗，奸吏舞文与巨猾相表里为民害。公曰："是不可以临朐治也。"令严法密，有犯必诛，于是奸盗屏息，境内肃然。莅滕甫两月，句稽公帑厂驿及积逋之在民者六万两。太守王公国宾曰："公此举良快。顾吾方有水衡大农急通，姑借用而徐偿公可乎？"公有难色。太守业衔之。会邹、峄两令缺，乃以公请摄篆，将以困之也。公言之抚军曰："滕，乱丝也。早夜爬梳，惧犹不理。今舍而之旁邑，譬犹家有积薪。而两邻失火，主人自往救之。火未息，而室先焚矣。夫一邑令何足惜如疲邑之民何？”抚军韪之，戒公勿往，而檄太守再择署者。于是太守积不平曰：“此鞅鞅者，难为下也。”居亡何，以戆直论劾，罢归。公归二年，而山东数被兵，州县破者十六七。公率其四子及内外孙若干人，帣鞲鞠跽为太孺人寿。曰：“某以六尺孤，赖大人恩勤拊育，至于今抱孙矣。乃得乞骸骨归田里，非大人之赐，不及此。”太孺人喜为举一觞。已而，以病卒。公哀毁逾制，充充如不欲生。丧葬毕，语所亲曰：“使吾不以得罪上官斥，安能视慈母之含襚乎？乃知忌者之言，适所以成吾志也。”公家居三十年，足未尝一履公庭。邑宰到门，多以病辞。故人在选部者，数以书招之，且属台使者起之。公笑而谢之，曰：“乃欲以我为嵇中散耶？”孝廉张君启源与公为莫逆之交，以其季女为公子运恒妇。既委禽矣，而张君早世。庚午，滦州城陷，女在兵间。公赎以金帛，而为运恒娶焉。或以为言。公曰：“吾岂以死生患难负我良友哉？”季子运明妻詹氏，父世烈判禹州而客死。公为归其旅榇，而养其寡妻，诫季子以母事之。凡此皆人所难能者，而公顾毅然为之。虽前史所载范巨卿之与张劭何以加焉。甲辰五月，寝疾弥留，诸子侍侧，第以孝谨敦睦勿忘祖考之艰难为言。卒之日，亲党咸吊，莫不流涕叹息而去。公生于万历庚辰□月□日，卒于康熙甲辰□月□日，享年八十有五。少宰石公申、仪部郎佘公一元尝表志其墓矣。以故，子孙世系多不载，为著其大者如此。宋琬曰：余家青齐之间，驱车而过骈邑之墟，其父老多言王公之为宰诚长者也。后余持节右北平，尝一再造其庐。王公辄谢不见，然知其为笃行君子也。及闻张孝廉之事，不以生死盛衰易心，何其深于义耶？夫燕赵古多悲歌慷慨之士，而不少概见，何哉？若王公者，斯无愧焉。呜呼！徒循吏也哉。

冯运泰　字六符，滦州人，斗华长子。万历己未进士。弱冠登贤书，声誉藉甚。事继母以孝闻，尤笃友爱。令堂邑、聊城，以和静恺悌为治，恤民造士，两邑争尸祝之。升工部郎，监修三殿，综核勤密，省帑金数万两。序功擢太仆卿，假归省视，以违限夺官。父子并祀乡贤。

陈三纬 字泰华，滦州人。以明经除修武丞，精毅廉洁，弗染习污。迁镇原令，《汉史》高平第一垒也，荒敝特甚。抚恤疮痍，捐俸薪代完逋赋，请告归里。解橐助城工，行谊咸推长者。崇祀乡贤。

齐鸣凤 字君瑞，号芝冈，昌黎人。宗尧长子。万历乙卯选贡，除山东高苑令。秉公持法，豪强敛迹，民大称快，尤软恤民隐，养老长孤，立社师以训子弟，建社仓以备凶荒，给耕牛以助贫农。循行郊野，亲讲乡约。历任三四载，邑以治称。奖檄二十六、荐疏三，升辽东自在牧，去之日，邑人攀拥者以万计。接篆视事，惩舞文书吏，却将领馈遗，承委踏勘，事事躬亲，规画边务言皆中款。然终以强项为巨室所挤，解组归里。自奉俭薄，勤于农事，积谷豆若干。值岁祲，悉散诸宗姻及里社之不给者。性喜诗文，不事雕琢片刻可挥十数篇。著有《时务论》若干条，藏于家。

齐鸣雷 号春冈，昌黎人。由贡生任林县知县。莅政廉明，有古良吏风。居乡醇笃，有古君子风。祀乡贤。

万人杰 字锺岳，昌黎人。廉洁孝谨，尤长于兵事。崇祯庚午之警倡团守御，不避矢石，间令童子执花篮作韩湘子状，望者惊以为神不敢近，城得以全。由岁贡司祁州训，值东兵内犯，州牧不知所往，人心惶惧。杰与绅民联为一体，誓以死守，既而料敌制胜，城卒获全。升东安县教谕。事迹详载《祁州守城碑记》。

伦之楷 字百式，滦州人。天启丁卯举人。夙负经济，有应变才。知荥颍时，值大盗号一条龙者，纠众围城年余，百计攻击，楷亦百计应之，乘夜晦出奇兵尽歼其丑。叙功以卓异，召对平台，擢御史奉命巡漕，擒大蠹以清漕政，须发为白。劾逃帅懦抚论陈启新以上书幸得给事直声震殿陛。丁内艰归，值国变，辄痛哭不食，欲以身殉，家人防之严，弗克。遂志发终不髡，兀坐一室。会部牒下郡县强以官，长吏及当道欲要一见。楷塞其门，终不出。未几，以抑郁痈发于背死。祀乡贤。

张汝贤 字景宣，滦州人。天启丁卯举人。任定陶令。清廉爱民，事至立断。时群贼蜂起，贤不动声色，密计招诱得通巢穴，擒获渠魁李之茂等，四境肃清。擢巩昌郡丞。值流寇攻城，画战守奇策，以功升临洮府知府，迁庄浪道，以劳瘁乞休归里。年七十二卒。祀乡贤。

翟凌云 字昆瀛，抚宁人。由明经授肥城令。不畏权势，除巨奸大蠹。擢兖州府同知，浚河有功，省帑银四十万。为共事者所忌，罢归。林下三十余年，阖门养重，称乡望焉。

龙呈图 昌黎人。积学富文，天姿和厚。由明经任邓州佐，升山东都司经历。廉静有为，解组归。崇祯庚午以守城功，加四品服，授中宪大夫。

萧奇栋 号擎元，抚宁人。由恩贡任蒲令。时流寇猖獗，民不聊生。栋多方抚循，悉备战守之，具百姓恃以安辑一时戴之。寻升南阳府同知，卒于官。

王之葵 抚宁人。由明经任徐州州判。智明胆决，不肯阿徇。当流寇之乱，州牧自焚，葵亦自尽，士民力救得免。以徐水陆要冲，宪司勉以代篆，视事三载，抚恤疮痍，安辑流离，民得复业，一时赖之。

马　鼐 昌黎人，监生。性淳厚，厌浮华。任主簿，清声懋著，士民望之。

王可诏 昌黎人。任巩昌府推官，莅政严明。升临洮府同知。

詹　廷 字忠卿，号绍山，尚书荣之孙。由诸生补荫，筮南通政幕，以吏才著。升顺天府别驾，南比部主事，迁本部郎中，出为广南太守。时奢酋叛，滇南一带摇动。廷赴任被围贼胁降，至再誓以全家殉，贼揣廷志不夺稍纵，阅月得乘间出。遂达省，备陈贼形，及守御之策，捐俸以助军需。莅任二载，多善政，除蠹爱民，宽猛兼济，奏最之日，舆疾归。广南士民，建祠祀之。

崔从教 迁安人。由乡进士除太原令。崇祯间，巡抚宋统殷援剿流贼，檄从教司饷，随署县事。时城甫下路将李春芳纵兵大掠，公力禁得止。又念贼病渴溃城，恐贼亦以渴制我，遂建议筑水城。兵荒后饥疫大行，请赈蠲租，全活甚众（《山西通志》）。

刘廷征　山海卫人，举人。崇祯间，为雒南令。博学能文，莅治诚信，刚正不阿。时流寇数十万攻城浃月，廷征弹力守御，贼引去。人追思之（《陕西通志》）。

刘　江　山海卫总旗，骁勇有谋略。洪武末，从靖难累建殊勋。

升中军督都府左都督。永乐中，镇守辽东，剿杀倭寇有功。进爵广宁伯，卒赠广宁侯。

韩　志　字英气，昌黎人。父文，以靖难功，官大宁都司指挥佥事。志袭职，从征有功。正统间，调邳州卫，抚养士卒，训练依《司马兵法》下皆畏而爱之。十四年，虏入寇，被荐入卫，升署都指挥佥事。提兵出哨枣林诸处。景泰初，从武靖侯驻大同，虏寇北门外，志奋先突阵，大破走之。升署指挥同知。天顺改元，加升中军都督府都督佥事。五年，平逆贼曹钦。升都督府同知掌五军营。忠慎勤劳。英宗大嘉之。时命带刀侍卫，宠遇日加。八年，疏请致仕，乃归老邳卫。日事农圃，贤士大夫乐与之游，历二十余年，卒。

萧　升　抚宁卫佥事。累升马兰峪参将。嘉靖癸巳，大同内变，结连北虏。兵部推升以副将协守大同。升至，兵事戒严，内外不通。升诣督抚献捣巢计，以贼全部在内，巢穴必虚。督抚任之，贼遂瓦解。升前军都督佥事，镇守蓟州。卒，赐祭葬。

刘　渊　山海卫佥事。刚之孙。刚视山海篆，有名。渊自三河黄花镇守备，入坐显武营。历延绥游击、宣府参军，迁协守副总兵，升后军都督佥事，挂镇朔将军印，改镇蓟州，有名。调提督西官厅，听征总兵官。赠刚及父镇官。

卷之五十七

列传九　仕迹二

［国朝］

孟乔芳　字心亭，其先永平人。世袭东胜卫指挥同知。乔芳伟岸善骑射，能以一矢坠双雁。本朝天聪四年，大兵克永平。乔芳谒御营朝见，上以金卮酌酒赐之，令随诸贝勒驻永平，遣人往阳和侦谍。明总兵祖大寿亦遣人至乔芳所，侦我兵多寡。乔芳缚以献。寻随大军归辽阳，隶汉军管佐领事。五年授刑部承政，予二等轻车都尉世职。崇德三年更定官制，改刑部左参政。四年，兼红、蓝两旗汉军副都统。七年，随大军围明锦州，同都统金砺等克塔山城。是年，分汉军八旗。乔芳改镶红旗副都统。后遂为汉军镶红旗人。八月，有以贝勒罗洛浑家人夺金事诉者，乔芳置弗理，坐瞻徇，降世职一等。十月，随大军征明，攻前屯卫、中后所二城，并克之。叙功加一云骑尉。顺治元年，从大军入关。二年四月，授陕西总督。长安县妖民胡守龙等，造伪印倡乱。乔芳遣副将陈德擒斩之。闰六月，疏言秦省沿明陋习，各官莅任俱有铺设，繁费累百姓，请严禁。诏如所请。时流贼张献忠尚据四川。乔芳请于兴安驻重兵，汉中增设巡抚，以扼其冲。疏下部议行。三年，宁夏兵变，杀我巡抚焦安民。乔芳授计总兵刘芳名斩首恶王元、马德，别遣副将任珍、陈德、王平等，剿贼党贺珍、刘二虎、胡向宸于兴安，挫贼众，追斩向宸，败孙守法于椒沟，降平天、青鞘诸寨。复遣副将张永、刘友元，擒贼贺宏器于安家川。五年，四川流贼一朵云、马上飞等，犯西乡县。乔芳遣任珍，会汉羌镇兵驰剿，杀伪监军许不惑及贼众千余。生擒一朵云、马上飞。寻河西逆回米喇印、丁国栋作乱，渡河而东，连陷郡邑，薄巩昌。乔芳率兵驻秦州，遣副将马宁援巩昌，合副将赵光瑞军，与贼大战于广武，破之，逐北七十里，遂解巩昌围。时贼据内官营及岷、洮、河三州，众数万。乔芳遣军三路进剿。时张勇败贼于马韩山，光瑞败贼于梅岭，擒伪将丁光、谢宁，直捣内官营，岷、洮、河三州皆复，逆回退居兰州。乔芳与侍郎额色督兵攻下之。喇印、国栋皆受抚。逾两月，复踞甘州叛。甘肃巡抚张文衡、西宁道林维造、参议张鹏翼、总兵刘良臣、副将毛宾、潘云鹏等，俱遇害。乔芳自兰州渡河驰赴甘州，与提督傅喀禅、协领罗毕大、总兵齐升等，四面合攻不下，深沟高垒以困之。贼食尽援绝，乃宵遁。乔芳遣兵驰剿，斩喇印于水泉。国栋复与缠头贼土伦泰等踞肃州，出梗武威、张掖、酒泉地。乔芳遣张勇、马宁等，攻破肃州擒伦泰、国栋诛之。六年八月，大同叛镇姜瓖、党虞允、韩昭宣等纠众三十万，陷蒲州及临晋、猗氏等县。乔芳同额色奉命赴山西会剿。自潼关渡，趋蒲州，歼贼略阳，遂进兵临晋、猗氏，斩伪帅白璋，擒伪监军道卫登、方复，遣协领根时、参领都敏、副将狄应魁、赵光瑞等，分剿败贼，斩虞允、韩昭宣。猗氏、解州、荣河等城俱复，乃还军。十二月，兴安贼何可亮，踞箭峪、阶峪，出入剽掠。乔芳遣任珍剿平之。七年，遣宁光瑞等剿贼于合水县，斩贼渠刘宏才，擒其伪军师苗惠民。八年，遣游击陈明顺，败贼何柴山于商州雒南县。时贼渠孙守金，纠川湖诸孽，踞紫阳山寨。乔芳先令游击仰九明侦防，复遣光瑞往会兴安镇兵合剿，擒斩伪将单翘兴、赵定国、谢天奇等，埽其巢。九年，入觐，加太子太保，诏驰驿还西安。先是叙平回贼功，加兵部尚书衔，晋世职为一等轻车都尉。至是两遇恩诏晋三等男。十年二月，命兼督四川兵马钱粮。疏请以重兵镇守保宁、汉中，分步兵五千兴屯广元、昭化之间，俾兵食有赖。又请于陕西四镇分步兵二千，给帑，备牛种，垦荒田。下部议行。五月，疏言大军规取全蜀，宜随在留兵驻防，以树干城，而谋生聚。至进征之兵，请每名给马三匹，伴丁一携甲仗以利攸往。得旨悉心筹画，具见为国忠诚，深可嘉悦。十月，西宁孙家寨回民谋不轨。乔芳遣狄应魁驰剿，擒贼渠祁敖牙回子等，余党悉平。十一月，引疾乞休。诏以原官加少保，驰驿回京。十一年卒。遣内大臣奠茶酒，加赠太保，赐其家白金千两，住宅一区。予祭葬如例，谥忠毅，年六十。雍正十年，诏入贤良祠。子熊弼袭世职（参录《国史》）。

蔡士英　字伯彦，号魁吾，汉军正白旗人。其先以军功，袭锦州左屯卫千户。我大清顺治元年二月，授佐领，寻署参领。六月随都统石廷柱往山东，遇济阳土贼埽地王康玉环拥众万余阻道，剿平之，擒斩玉环。寻随都统叶臣，招抚山西，以红衣炮攻太原府，败伪伯陈永福兵。二年随英亲王阿济格征陕西，击流贼于延安府城下。随贝勒博洛征浙江，进定福建。五年授都察院左佥都御史，迁副都御史。六年任正白旗汉军副都统。随巽亲王满达海征叛镇姜瓖，复朔州及汾州府城。九年四月，授江西巡抚。时广西土贼杨文等，集浙闽流亡踞九仙山，肆掠旁邑。袁州吉安土贼刘京、李文斌，受明桂王朱由榔伪侯爵，纠众陷安福、永新诸县。士英至，与提督刘光弼会商援剿，遣游击岑应元等率师击贼众，复安福、永新。李文斌、刘京先后擒斩。遂遣参将陈升等，会同浙江官兵，攻破九仙山贼寨。杨文中炮死，降其弟杨富等，余众并受抚。又伪总兵霍武结连福建逆寇周立滋扰江西，伪都督曹志攀、伪总兵汪文生，先后纠贼犯饶州、广信，士英檄兵征剿。复遣湖东道安焕、通判张羽明等谕降之。先是江西巡抚夏一鹗请豁荒田税粮，部议令覆加察核。至是，士英疏言："江右连年兵燹，加以天灾流行，死亡相枕，腴产抛荒。前抚臣夏一鹗疏报全省荒歉。及今覆察比前较多。因前此或地为贼踞今始恢复，或民徙他乡今始归来。有阖门遭戮，开报无人者。又有误听传讹，恐报荒即作官田者，竟有未报之数。臣思有荒而不除，除之而不尽，非所以广布皇仁。今十三郡所属尚多寇盗，良民甘心相从，正以今日归来明日即追征荒通，故宁从贼而不悔耳。且贪官污吏因荒熟未分，始则借荒为口实，继则缘荒而作奸，牵混不清，穷民徒受催科之苦，究无补于国用。朝廷亦何乐有纸上之虚数哉？惟除荒一举，不过减有名无实之浮额。自此按册而征，无所托词。再督劝开垦遵例起科，数年之后，可以仍完原额。臣委员遍行踏勘，通省荒芜确数实十万七千五百余顷，较前抚臣所报多二万五千六十七亩有奇。伏乞恩准豁除，国计民生两有攸赖。”疏人，得旨允行。又江西右布政使庄应会奏袁州、瑞州二府科粮独重，请减浮额。下士英确勘，疏言：“袁、瑞多山，素称瘠土。自陈友谅窃据时，因壤绌借征。明洪武初，奸民黎伯安抱册以献，沿袭不改。较元至治间额征浮倍，视临江吉安等府亦轻重悬殊。应从减原额，每亩九升三合起科，以苏积困。”奉旨：“浮粮积久，重困一方，应从原额减免，无踵弊混征”。士英又因工部议令察勘广信府之封禁山可否采木？疏言：“封禁山，初名铜塘。因其峭险，屡为盗薮。削平之后即封禁，亦称封禁山。唐代黄巢倡乱，其党藉为穴窟，流毒一方。明嘉靖间，奸民叶宗留赁居烧炭，遂谋为不轨，邓茂七为之附，援三省摇动，几危信州。迩为山贼杨文窃踞，宁谧未久，恐启奸谋。请敕禁开采。”诏从之。十二年，擢漕运总督。明年疏言：“旧例，本省丁船协运他省粮务，未免稽延。请改拨就近官丁领兑。又言海州先遭兵火，致多无主荒田，已入新垦册报，原额正供钱粮无凭征解。请旨豁除，并刊正赋役全书以示久远。”事皆下部议行。十四年，因病解任。十六年，病痊，复授漕运总督。先是顺治二年设凤阳巡抚驻秦州。六年，因标兵调赴广西，裁巡抚归漕运总督管理。至是，士英以海防漕务势难兼理，请仍旧制。于是复设凤阳巡抚。士英专理漕务。十八年，以疾致仕。康熙十三年三月卒。赐祭葬如典礼，溢襄敏，祀江西名宦。淮安士民亦建祠祀之。四十四年，上南巡过淮安，御书“奏绩东南”以额其祠。子四：长毓贵，早世；次毓荣，另有传；次毓华，遵义府知府。季毓茂，京口副都统（参录《国史》）。

蔡毓荣　号仁庵，襄敏公次子也。初任佐领，兼刑部郎中。寻授京畿道御史兼参领。顺治十七年，随征楚寇，又调征郑国信。海氛既靖，绅士多罹伪籍，毓荣矜释甚众。有宦者横于市，执而挞之。诏问状。俯对曰：“臣何敢挞宦者？挞虐民犯法人耳。”由是，声振京师。康熙元年，迁秘书院学士。五年，授刑部侍郎。七年，迁吏部侍郎。

九年，授四川湖广总督，驻荆州。陛见时，上亲解御袍赐之，著体犹温。十年，疏言蜀省民少田荒，宜广招开垦。凡候选及现任人员招民三百户者，议叙即用即升。垦熟田亩宽限五年起科。又言蜀省冲要，营员请照沿边例题补。十一年，疏言移驻弁兵其子弟有读书者，应准入籍考试。十二年，请裁遵义总兵官，改镇松潘事。并下部议行。是年十二月，逆藩吴三桂反。毓荣疏言："云贵总督甘文焜手书遗臣言三桂反。臣随调沅州总兵官崔世禄，疾赴贵州御之。令彝陵总兵徐治都、永州总兵李芝兰各率兵继进。"上谕以宜，令提督桑额疾驰沅州固守。敕遣王贝勒大臣领八旗兵至荆州，复命侍卫纳尔泰传谕毓荣，筹备军需。十三年二月，分设四川总督，改毓荣专督湖广。以前招民垦荒，叙功加兵部尚书衔。先是贼兵陷沅州。崔世禄降贼，至是常德、澧州、长沙、岳州相继失守。部议革职，命留任戴罪图功。寻丁父忧。命在任守制，仍率绿旗兵偕八旗兵进剿。毓荣遣中军副将胡士英等分防江口。值叛镇杨来嘉等踞南漳县之天门寨、马良坪诸处，出掠城邑。毓荣遣襄阳总兵刘成龙率兵御剿，屡奏捷。时广西提督马雄叛应三桂，以逆书与两广总督金光祖，诡言毓荣欲携绿营兵数千赴岳州降贼。金光祖为毓荣姻戚，密遣人告之。毓荣疏陈狡谋诬陷，请解任回旗。上命以殚心供职，勿因逆书引嫌。十四年九月，大将军顺承郡王勒尔锦奏增设绿旗兵援剿二营，领以两副将，诏毓荣统辖之。毓荣寻疏言吴逆久据湖南，而湖南之长沙，与江西之吉安、袁州接壤，郴州、桂阳又与吉安之龙泉接壤。若楚省大兵由荆岳诸路进，而江省大兵亦由袁州诸路会期进攻，使贼三面受敌，首尾不能相顾，则我兵之势合，而贼兵之势分，一举而肤功立奏也。又言前此屡奉恩谕，陷贼官民来归悉赦已往之罪，且不惜数百万之帑金用兵剿贼，无非为救民水火计。惟是烽燧之区或不暇辨是民是贼，恐俘戮者众。乞敕统兵王贝勒遴选满洲贤员，赍奉抚民，敕谕随师前进，每收复城邑，即稽察户口，悉予安辑。贼党以外，戒无妄杀，则协从之众无不闻风投顺矣。疏并下所司议行。十七年，毓荣奉诏率兵五千，随贝勒尚善剿贼岳州。因同讨逆将军鄂纳等率舟师进剿柳林觜及君山，用炮击沉贼舟无算。贼复犯我粮艘，夹击败之，斩级千余。是年，吴三桂死。大兵以次恢复岳州、长沙、衡州等府。十八年三月，毓荣言洞庭湖中之君山有龙神庙，久著灵显，唐封为利涉侯，宋加封顺济王。我朝顺治四年，王师过湖祈风有应，委官葺新，昨岁七月，大军攻取湘阴，风浪叠坏船舰。臣同讨逆将军鄂纳登山虔祷，即风靖浪平，克复岳城，湖南诸郡底定。固皆皇上威福所致，亦赖湖神护助。请敕赐封祀，以旌神功。疏下部议，视岳镇海渎等封为洞庭湖之神，遣礼部祭告。十月，毓荣疏言："湖南惟辰州一府同为贼踞，而枫木岭、神龙冈两路皆极险隘。我军士马疲困，宜暂休息。俟粮草克继，会期进剿"。上命给事中摩啰、郎中伊尔格图传谕曰："逆贼败遁负险，未可专俟马兵，宜用绿旗步兵前进。闻蔡毓荣所属官兵甚为强壮，以此兵力何难剿除。将灭之寇从古险隘地方，若不攻取，岂有自定之理。其如何恢复辰、沅，速定云、贵，详议以闻。"毓荣疏言："沅水路直达武陵，贼既扼险于陆，又复据泊上游。若我师由陆路进攻，恐贼以轻舟顺流反袭我后，宜造八浆小船二百，水陆并进，并请专责一人总统诸路绿旗兵。"上允其议，即授毓荣为绥远将军。赐敕总统绿旗兵总督董卫国、提督赵赖等并受节制。十九年三月，分路破贼枫木岭、辰龙关，并击坏贼船，复辰州、沅州及泸溪、溆浦、麻阳等县。八月，毓荣请颁敕招抚吴世璠。上谕大学士等曰："吴世璠为贼渠魁，恃其险阻，抗拒官兵，残害生民，罪恶重大。蔡毓荣不图早灭逆寇，乃欲降敕招抚，率意妄奏，著严饬之。"闰八月，定边大将军贝子彰泰与毓荣由沅州进征贵州，奏言绿旗兵与满洲兵已会合一处，若各自调遣恐未能并力奏功。上命毓荣一切军机关白大将军商酌以行。十月，毓荣同董卫国督兵复镇远府，随彰泰定贵阳。二十年正月，彰泰泰贼众万余，欲据盘江。已遣兵固守铁索桥以御之。上谕之曰："大兵秣马贵阳，已经月余。今逆贼欲据盘江，祇遣兵前往殊昧机宜。彰泰、蔡毓荣当即亲统大兵扑灭贼众，平定滇中，勿失机会。"三月，毓荣随彰泰抵云象阵拒战。我师分队进击，大败贼众。阵斩国柄及贼众无算。是月，逆孽吴世璠自杀。其党以城降，云南平。毓荣还任湖广总督，复原职。二十一年六月，调云贵总督。疏言："云贵两省险要，边疆又当新复之初，督标兵旧设四千未足资弹压，请增兵一千分为五营。又因议裁吴逆所设十镇，请改为六镇。在迤西者日鹤丽、曰永顺、曰楚姚蒙景，在迤东者日开化、曰临元、澄江、曰曲寻武沾。又言中甸在金沙江外，旧辖丽江土府为吴逆割，畀蒙番通商互市。今互市已停，而蒙番所设喇嘛营官未撤。宜令土知府木尧仍归其地。十月，又奏筹滇善后事宜，分别十疏：一言蠲荒赋。逆贼踞滇八载，按亩加粮，驱之锋镝，地旷丁稀。今各府州卫所报无征地丁额赋，应亟予蠲除，招徕开垦。二曰制土夷。前此土目世职，不过宣慰。吴逆滥加伪职，或至将军、总兵，投诚之时权照伪衔给札。今当悉行追缴，换给土职其应袭者，年十三以上令赴儒学习礼，起送承袭族人子弟，准就试州县。旧被吴逆夺职者，察明宗派予袭，以示绥柔。三曰靖通逃。有逆属旧人乌骇鼠窜者，有征兵奉裁乘间兔脱者，有八旗仆从不随师凯旋潜匿滇境者。宜定首报赏格，重惩窝隐，所获之人按律量从末减，自必闻风投归，不致以畏死之故，窜人生番矣。四曰理财源。滇省赋税无多，兵食仰给他省。惟产五金，可令民自开矿硐，而官总其税。省会及禄丰、蒙自、大理增设炉座，以广鼓铸。故明沐氏庄田，及人官叛产，均令变价以裕钱本，其田仍一例纳赋。又兵弁皆有余丁，宜令酌垦各营荒地，起科后编入里甲，赋有余而饷可节，实为边备至计。五曰酌安插。逆属家人曾随贼伍者，应遣发极边，若仅受伪衔并未从行助逆，宜免其迁徙，以示矜全。六曰收军仗。私造军器者，应坐谋叛论罪。其土司收藏刀枪及民人以铅、硝、硫黄贸易者，并当严禁。七曰劝捐输。滇省民鲜盖藏，偶有祲灾无从告籴，请暂开捐监事例，以备积贮。八曰弭野盗。鲁魁在万山中，初为新嶍阿蒙土人所据，聚啸为盗。内通新平、开化、元江、易门，外接车里、益艮、镇元、猛缅，向者吴逆养寇自重，授以伪职。今虽震天威受土司衔，仍宜厚集土练各兵，坐镇隘口，以防后患。九曰敦实政。兵燹之后，宜整理抚绥，其要在垦荒芜，广树蓄，裕积贮，兴教化，严保甲，通商贾，崇节俭，蠲杂派，恤无告，止滥差，所在州县，即以十事考殿最，立劝惩，庶边疆日有起色。十曰举废坠。学宫之设以育人材，吴逆煽乱，悉皆颓坏。今武功既成，宜畅文教，有倡率捐修者，录叙以励之。其逆党所踞官寮廨宇，宜仍给为公署，听其自葺。至通省税粮，既有成额，宜均本色折色之数，酌存留起运之。经黔滇驿站，一例酌增工食，则民间永无派累矣。疏人，上以所奏各款，有合时务，下九卿詹事科道议行。寻谕曰："土司等赖刀枪捕猎以为生计，勿概禁止。"二十五年闰四月，改总督仓场侍郎。十月改兵部侍郎。十二月以罪革职。与其子琳，并遣发黑龙江。寻赦还，三十八年卒。崇祀云贵名宦祠（参录（国史》)。

刘鸿儒　字鲁一，迁安人。父光裕，有行谊。鸿儒登顺治丙戌进士。授兵科给事中。六月，疏请颁赋制以慰民情，裁衙蠹以除民害。得旨："明季加派钱粮，恩诏已尽蠲免，本内言，顺治二年征纳之数较明末不减且增，是何地何官？系何钱粮？或本地私征，或部文多派，著刘鸿儒明白具奏。"鸿儒复疏言："臣籍隶迁安，其催征事，臣知之切，见之真。迁安自明末每丁银下下则二钱，下中则四钱，每上地一亩银七分有奇，百姓莫不称苦，逋欠甚多。我皇上优恤残黎，下诏蠲免，恩甚渥也。乃所征之数每丁二钱者加至三钱六分，四钱者加至七钱二分，上地每亩加至八分有奇。臣草茅中见此不胜骇愕。且本县县驿已裁，民壮已裁，打夫已裁，此三项当减几许钱粮，何为加多？一县如此，他郡县可知。乞敕巡抚监寺清察蠲免。庶不致上有轻徭薄赋之名，下无轻徭薄赋之实。"上命户部确查。寻部臣覆核："该县以钱粮缺额遂以荒地派之熟地，亡丁派之现丁。但念其征收尽归公用，尚未侵蚀，姑免议。"四年，调户科给事中。五年，纠钜鹿县知县劳有学劣款失实，降一级调用。七年补上林苑蕃育署署丞。十年特旨以原官起用。十三年补兵科给事中。十四年三月，疏言："迩来畿辅近地，道途截劫，殆无虚日。谕旨严缉，不啻再三，而盗未弭者，大约责成不严，防捕未善也。失事有司多匿饰不报，即间有开报，往往迁延推诿。臣以为防守将领各有汛地按汛地失事之多寡，立参罚降革之科条，不少宽贷。有司自不敢容隐坐视，如此则责成严。今五里、十里未尝无伏路兵丁，然截劫之贼动辄千数成群，寥寥步卒曷克有济？臣以为沿路要害，必多设弓箭鸟枪手，马步相间不时巡逻，互相救应，贼可立擒。又缉访窝盗之薮，发兵擒捕，务净根株，不得牵连无辜。其捕获多者，当纪录功，次以鼓励之。如此则防捕尽善，盗未有不弭者也。”下部议，如所请。四月充福建乡试副考官。八月转户科给事中。十五年十一月，疏言：“古帝王以仁俭造邦，其取民也不尽其财，其制用也必有其式。我朝开国以来，百度维新，创制立法，务臻美善。独于财赋一节，度支屡见不敷。遂至汰冗员，增榷务，广开纳，督积通，讲求开节之道已无不尽，而其实皆不得已权变之策也。在既往犹曰时当创始，四方未尽归诚，南省用兵，军需旁午，又兼赈赉、修防、建置之费，势不得不然耳。今南服削平，万邦底定，不以此时总计财赋之数，准其出入，定为经久不易之规则，日复一日因仍补直，岂能长继？臣愚谓天地生财，原自无多，必于本源末流，详悉权衡，始足供用。今赋役既有全书，掌握岂无确数？请通计一岁内，凡亩赋、丁徭、盐征、津税各省轻赍重运及赎锾事例等项，就其中猥琐无艺者汰除。约所存惟正金、粟若干数，然后计一岁之中上方供应、官吏俸薪、兵马粮料，及朝祭礼仪、修筑工役，细至于师生廪饩、胥役代食。凡各部寺所掌就其中不经无益之费，罢除供应用金、粟若干，两数相衡，使所人之数得合于所出之数，始堪定为会计之准，以永遵守。臣又思国家用财之大端惟兵，生财之本计惟土。若使兵农同业，省度支而纾国计莫善于屯田之法。朝廷下民屯田之令，招集垦荒。立意未尝不善，然设官设役多縻廪禄，更滋纷扰，总计得不偿失，不旋踵而请罢。历稽古屯制，原不在民而在兵。今各省民田尚未尽辟，明末废藩勋旧田土新经察出者多。何可使地有遗利？请各省驻兵处，无论边腹地方，察前项田土可耕者，悉令兵丁充种。先正疆界，信赏罚以使之。则趋事自力，尤须丰其种具，宽其程效。行之数年收获既充则额粮可减，储峙益广则转输可省。且立有恒业，渐成土著，定以默制哗变之心。唐初府兵之制，无事执耒耜，有事执干戈，不借司农而坐不乏兵，古称良法。至于新复之地，尤所宜行。今蜀、黔已人版图，所得之地必需驻守，若令处处兴屯，则根本自固，战守咸资，而进取有建瓴之势矣。此又汉臣赵充国之于先零，晋臣杜预之于宛、叶，确然可循之遗策也。抑臣又有请者，顺天左右郡县，拱翊王畿根本要地。自令旧人圈住，深得居重驭轻之意。但畿辅之民失恒业，则赡养无资，即拨补他所之地，皆有系属岂能据为己业？今喜峰、冷口诸关外大宁以南一带地方，弥望千里，咸称膏壤，请令民愿出边开垦者，许认为己业，永远耕种沃土。新辟所牧必饶，先事有获则趋者自众。数年后，渐次起科，成聚成邑堪作神京之保障。兹二者，皆军国大计。若当事设诚致行久之兵食充足，国计可以渐纾，民赋可以渐减，不惟经费有资抑且缓急可恃，立亿年不拔之基业矣。”部议：滇黔未靖，各处投诚兵续至，需饷无数，难以预定。会计其兵丁会屯及畿辅民出边垦种，自属裕饷便民至计，应敕所司详勘可垦之地施行。十七年，迁顺天府府丞，寻授左通政。十八年，迁太常寺卿。康熙三年，授通政使。六年，擢兵部右侍郎。八年，转左。十年，调户部右侍郎。十一年，转左。十二年九月，迁左都御史。先是鸿儒官户部时，甘肃巡抚华善因地方灾伤擅发仓粮赈济。部臣循例题参，并议罚赔。鸿儒无异议。至是官都御史，疏论华善不应参处。臣虽与同官共行之，而窃觉未安。请嗣后督抚大臣有经济利民者，当准情酌理，允其所请，不宜拘以文法。给事中成性劾鸿儒，明知罚赔过当，不据理直争，又不另立异议，曲从同官失大臣体。下部议，降二级调用。寻卒于家。康熙十八年父子并祀乡贤（参录《国史》）

附录：二疏

兵科给事中臣刘鸿儒谨题：为速颁赋制以慰民情，严裁衙蠹以除民害事。窃惟盛朝创兴之始，惟安百姓为第一急务。安百姓，惟轻赋徭革积害为第一急务。我皇上定鼎伊初，即颁诏赋徭经制照万历初年，爱民之心可谓切矣。治国之急务可谓晰矣。天下无论老幼贤愚，闻绋音而欢欣鼓舞。以手加额曰："今而后，始得出水火登衽席矣。"其望经制之定也，惟恐迟一日不获受一日之福。及观顺治二年征纳之数，较明末之分数不减且增。呜呼！赋徭之重，追比之惨，至明末极矣，无以复加矣。而今复加焉，兵火余生其堪此耶？向之欢欣鼓舞者，仍变为惨泣愁呼矣。即今清核赋役，圣旨业已申明。第念元年之诏至三年未见施行，三年之清核又不知何年何日可施行也。臣请一面清核，一面申饬有司要照万历初年催征，勿得仍前模糊为故事也。然衙蠹不革，弊孔百出，即赋轻而私索之害无穷。州县六房书吏之设，其初每房一书一吏，而今增至八人十人不等。民膏以供己，窃官银以肥家。或新任官朴朴慈善事体未曾经历练者鲜不为彼所欺，甚至书吏指挥有司唯唯，加以如狼似虎之皂快肆行民间，所以良有司不多见，而民情汹汹也。臣请严敕该部申行州县：一切书吏皂快止照旧数简选备用，余皆即行裁革，是大为民间去一毒害也。斯二者，乃安百姓不可缓之事。百姓安则人心固，人心固则盗贼自息，太平立致，久安长治之道，端不外此。臣蒙拔耳目之司，民间利病敢不披肝沥胆绘情以陈乎？仰乞敕部施行，谨具题以闻。臣不胜惶悚待命之至。

户部都给事臣刘鸿儒谨题：为畿东行盐之法未善，请旨厘正，以资民用，以无损国课事。臣窃惟盐政之设，因民生日用之需，取天地自然之利，必使上能裕国，下不厉民，始堪为经久不易之策也。如江淮诸处水陆四达，产多食广，商人资本富厚，招中销引自属成法。惟臣乡永平府所属州县，地方无几，食盐止取给滦、昌、乐滨海诸处，产亦无几，惟产与食一隅亦自相准。自明季清初以来，行贩流通郡邑，悉地方有司给票，收其税，禁遏私贩，名为包课，而课亦不致失额，民颇便之。忽于顺治四五年，有等无籍棍徒规时射利，亦借纳银销引之名，投认盐商，力承课税，所司自易顺从。一自纳银之后，遂于每州县居要地方各张盐店一区，行贩悉行禁绝，小民居止不齐，即有买自邻近店中者，亦坐以私盐首告胥远近而惟一区是资，已属艰苦，况其扼吭自恣，价凭自定，数倍于昔。至于升斗抑勒尤难悉状，以致民间咸称不便，怨讟丛生。至有宁甘食淡，而不肯一窥盐店者。如此专利病民，即便国课足额，已非善计。乃诸人本属赤手贫棍，实无蓄储多盐可售，不过初犹借债以支撑意图取偿于重价，然价既已腾踊，买者自少，所谓，贪贾三倍势所必至也。及于年例应输额课，依然拖欠，封纳不前，竟至公私交受其困矣。平时有司以承课有人不复管理，及至销引不及，纳课失期，复以干己考成从而为之代纳，则其累及于有司者又如此。昔人云："塞人之养，而隘其途。"犹云将以取利也。今此一事而上下咸属不便乃尔，则将安用此坐店之盐商为哉？臣请敕部察其积弊，将畿东盐店商人尽行裁革。所有当发额引，仍责令有司支领给票通商，禁止私贩，务俾正课足额而民间亦不至苦窳，庶公私两便之道也。此事止一隅，似属细故，以臣乡见闻最真，不敢不以见闻上陈。如果臣言不谬，祈敕部议施行。

蔡　珽　字若璞，号禹功，襄敏公从孙。康熙丁丑进士，改庶吉士，授检讨，充日讲起居注官。迁左中允，转左谕德。五十一年，提督贵州学政。五十四年，迁左庶子。旋丁母忧。五十八年，补右庶子，迁侍读学士。五十九年，充河南乡试正考官。六十年，迁少詹事。六十一年，晋翰林院学士，兼礼部侍郎，擢四川巡抚。雍正二年，川陕总督年羹尧奏开鼓铸。珽言四川不产白铅，开采不便。部议以阻挠公事革职。又辱重庆守蒋兴仁自杀以病卒闻，羹尧劾之。降旨诘责，部议拟枷。上以为宽，再议拟斩。三年正月，解至都请旨。谕曰："蔡珽所犯应如律。然劾之者，年羹尧也。论死人将谓朕以羹尧故杀珽，是羹尧得操威福柄也。不可。其免珽罪。"寻召见，珽极陈羹尧贪暴及已所以抗拒羹尧状。特旨授都察院左都御史。三月，奏请设安徽学政如江苏，从之。四月，兼正白旗汉军都统，寻晋兵部尚书仍兼左都御史。以直隶总督李维均匿羹尧财产，命珽偕内大臣马尔赛往究，得实。革维均职，以珽署总督。时直属被水，赈济，复发帑修河间、静海诸城，以工代赈。奏言省会米价昂贵，请令臬司甫文倬至天津运截留漕米二万石于保定平粜，留万石接济沿途地方。上如所请，敕再运通仓米十万石往天津，听珽调度加赈一月，倘不敷用，著斑奏明增发。珽奏条约十四款：一察参地方官侵冒；一重惩胥役捏报；一严防衿棍挟制若贫士膏火无资；一体给赈；一饬地方官亲查赈恤；一贫民户给印券，以杜重冒；一预示赈期，勿致淆混；一俟漕米入仓开赈未免守候，应令五十里内居民即于水次赴领，远者因地酌通；一各属仓储不敷赈给者，先计限成数均给拨，令未至补领；一造册遗滥者，许自首改正；一灾黎外出来归者，续报给赈；一舞弊胥役即重处，地方官失察治如溺职例；一三日之未全数给与，恐愚民资耗，应分两次散给；一每村各给村名纸旗，依次给领，以免践踏；一派武弁巡查，以防抢夺。又言，赈满三月，便续修城，工赈时所给印券领米后仍给本人，修城日验券佣工，不待更查。至玉田、丰润两城亦残坏，请一体估修。又请增置布政使经历、理问各一，按察使经历一，延庆卫守备、梁城所千总各一。又请移保定通判驻通州。又言："督抚不同城会奏者，皆于具题后知会，名曰会稿。实未与闻，至参劾属官，例由司道揭送，往往有先拜疏，而后补揭者，事虽小节，实属欺伪。请嗣后地方重事，督抚必会议具本。余者各自陈请，不必会稿。其参劾属官司道等，倘有徇庇，一体题参，或到任未久，差委公出，毋庸列衔，是去虚罔之虚名，而收简便之实效也。"诸疏均如所请。九月，调补吏部尚书，其兵部左都御史都统事兼理如故。十月充经筵讲官。四年四月，以珽领事多，解左都御史都统事。七月，解吏部尚书，专管兵部事。十月，因前徇庇直隶昌平营参将杨云栋，部议革职。得旨姑从宽，降为奉天府尹。五年三月，缘事革职系狱十年。先是珽尝荐其故吏已革知县黄振国起用河南信阳州知州。巡抚田文镜劾振国贪劣不法。经侍郎海寿、史贻直覆谳有迹。广西巡抚李绂觉于珽陛见时，力陈振国无罪，文镜言皆妄。御史谢济世劾文镜，言振国事悉与绂合。上怒其结党乱政，谪济世，振国拟斩。至是，七月谕曰："从来人心风俗之害，莫大于朋比为奸，党同伐异。朕为此，时加训诫，提命谆谆。而蔡珽、李级、黄振国等辄敢固结党援，肆行欺妄，合谋协力，倾陷清正无私之田文镜，以遂其报复而快其私心。甚至蛊惑谢世济捏丧心昧理之言，参劾田文镜，冀以激朕之怒，而受诛戮谏官之名，用心狡独已极。究其根源，皆因黄振国一人而起。是黄振国实匪党之渠魁，若不明正典刑，则阴谋结党排挤陷害之风不能息止，何以惩戒众人？黄振国著即处斩，蔡斑改为应斩监侯。”十三年八月，高宗纯皇帝御极赦免。乾隆八年卒。斑性刚介，不能容人过，人亦不敢干以私。博文广识，工时古文辞，翱翔词馆者二十年，后进无不推为宗匠。又力能挽强善骑射。著有《守素堂诗集》（参录《国史》）。

喻成龙 字武功。其祖父从龙入关，卜居滦州。成龙弱冠以恩荫补安徽建德令。值吴、耿叛，分兵协剿，亲冒矢石，所向披靡。获从逆姓氏簿即焚之，保全实多。士民勒石塑像，尸祝兰台山。康熙十三年，迁山西路安府同知。安徽巡抚靳辅奏留，以同知管池州府通判事。十七年，题补池州府知府。时当军兴旁午，督造战船，刻无宁晷，犹加意民食。所属各建义仓，积谷数十万石，民赖不饥。二十三年，丁母忧。服阕，补江西临江府。临江地瘠民贫，旧例漕米解户率破产。成龙令官收官解，百姓便之。二十七年，迁山东盐运司。三十年，迁山东按察使，寻擢布政使。三十四年，迁太常寺卿。时议征噶尔丹，命协同左都御史于成龙督运中路军粮，旋迁大理寺卿。三十五年，擢刑部右侍郎。三十六年，转饷宁夏。三十七年，转兵部督捕侍郎。三十八年并督捕事归刑部，以成龙为刑部额外侍郎。三十九年三月，命偕尚书范承勋、王鸿绪、侍郎王、田雯、王绅、布雅勒、顾藻，副都御史寿鼐，督修高家堰，堤工。凡所建竖，多出心裁，漕运赖之。九月，补左侍郎。十一月，调工部。十二月，授安徽巡抚。四十二年，擢湖广总督。疏言：“镇镇额兵二千一百，红苗新附。部议匀抽督抚提镇各标兵九百合为三千，防守官兵皆系额设，与其匀抽，不如匀调协汛递年更换”。又言：“红苗归化，应将辰沅靖道移驻镇筸，增同知、通判、巡检、吏目等官，专理苗务，归辰沅靖道辖，武职不许干预苗务。轻罪听土官发落，命盗重案土官拿解道厅审拟。五寨司土官听厅官辖，各员俱照边俸升调。地方有逃盗事，土官一并议处。以麻阳县训导，移驻五寨，司设义学，听苗民肄业。苗寨有仇杀者，视聚众多寡并土司分别治罪。”均得旨允行。是年，河工告成。叙督修高家堰功加五级。四十五年，疏请湖广各土司子弟有读书能文者注入民籍，考试从之。先是成龙于四十三年疏题“镇筸镇兵王汉杰聚众抢掠当铺应正法，余党不识姓名免深究。”上以王汉杰等俱系防守兵丁，前后纠党三百余人肆行噪掠，又出城站队逼官索结情罪可恶，谕再详审，定拟具奏。至是，成龙覆奏引律不合，又不劾该管官。得旨：“凡管理兵丁将弁，必平素约束，军伍禁令严明，地方始可无事。今喻成龙不将各营武弁谳审明白，辄以并不知情具题，迹涉徇庇。”部议革职。五十二年，复职，寻卒。成龙居官廉明仁爱，所至有循声。尝自铭其门曰：“经盘错以见节，处脂膏而不染。”人咸称为清官第一。尤加意学校，守池州时，创书院，置学田，积藏书，暇则与生童讨论，俾从事经济实学。池于江南为小郡，一时彬彬称盛。至临江，又以随行经籍数千卷，置尊经阁以授学者；并建褒忠祠，所表彰忠节为多。解组后，以吟咏自娱。有诗集行世（参录《国史》、《一统志》及江西、山东各《通志》)。

穆廷栻 字符公，山海卫人。康熙丁未武进士。授直隶蔚州路守备，迁四川提标游击。二十四年，叠溪大定堡山后生番阻截哨道，恃列角、双马庙山、卓沙、白卜等寨为羽翼，盘踞巴猪寨肆掠。总兵高鼎遣廷栻击李镇鼎等，先攻列角寨，渡河进击，逆番退走山寨。廷栻督众追杀，纵火焚碉三十八，直抵寨下，三面攻击，复毁碉九十余，歼其众，双马庙山等寨悉降。官军遂分三路进剿巴猪寨。廷栻由庙山攻中路，大破之，围其寨，毁碉百余，逆首挖子焚死，余孽冒火逃匿。廷栻追殪之山沟，复穷追于黑水江，搜获伪印札，生擒逆党三加普等。三十年九月驻威川，防守西番。十月，牛罗寨逆番入保县界肆掠。廷栻击擒寨首白止泰。十二月，诏各督抚提镇保举武职。四川巡抚噶尔图、提督吴英、陕西固原提督何溥交章荐。引见称旨。三十六年迁威茂营参将。四十年，转永宁协副将。明年擢苏松水师总兵官。四十四年，上南巡，廷栻赴山东迎銮，赐御书“精肄堂”额、《皇舆表《古文渊鉴》等书。四十六年，南巡召见。御书“勤训练”额赐之。五十一年，赐《平定朔漠方略》。五十二年五月，以广东米贵，命廷栻总督水师营战船运江南漕米十万石至广东赈济，寻分五万运福建备赈。五十三年，擢江南提督。十二月，陛见，赐戴孔雀翎。五十四年二月，调福建陆路提督。赐御书“八闽邦屏”额。六十年，台湾奸民朱一贵等逞乱。廷栻赴厦门驻守。九月卒。遗疏言:“自调任福建无力携眷，暂留家江南居住。今恳恩准臣家口仍居江南。”得旨:“穆廷栻效力年久，劳绩茂著，简任提督，整饬营伍，和辑兵民，廉洁自持，实心尽职，正资料理。忽闻溘逝，朕心深为悯恻。著加赠左都督。其家口著照所请行。”赐祭葬如例，谥清恪。子秉常，仕至云南汉水总兵（参录《国史》)。

卷之五十八

列传十 仕迹三

［国朝］

管声扬 字鸣銮，号凤冈，卢龙人。明崇祯己卯举人。国初任常州水利通判。操守清廉，职务勤慎，厘正盐法，清理粮务，筑堤浚塘，水利大兴。丁内艰服阕，三院交章题荐。以疾辞。子巩祚，邑庠生，谨厚尚义。孙三：伯、季，俱庠生；仲，名标，康熙丙子举人。

吕鸣章 字大吕，山海世胄。性孝友，尝遵父母命让爵与产于弟，以官荫予侄。又为亡侄立嗣。明天启元年，恩贡。初任许州州判。当事重其才，任以抚寇，深入贼巢，能不辱命。比旋寇叛，躬率家丁巷战，力保危城。寻迁京卫经历。以内艰归。甲申革命，佐义旅大战石河，努力歼寇，录功补户曹员外郎。历陕西分守、关西道右参议。致政归，家居二十年，问耕课读，清素自甘。子爆如，由贡生历黄陂宰。

郭仲金 字巩图，山海卫人。明末诸生。居角山下之桃花园，耕读并励，试优等食饩于庠。待异母弟友爱备至，深得继母欢。顺治初，由贡生任良乡教谕。教士用安定学规，士风大振。擢平阴知县，政尚简要，法行而民不扰。时当国初新造，地方征调实繁，而支应无误，自奉甚约。署中无眷属，止二仆，用度不足则取给于家，绝不借用官物。大吏悉其廉能，荐擢安陆府同知。顺治七年，卒于官。八年，覃恩荫一子入监读书。康熙五十四年，入祀乡贤祠（参录《畿辅志》及《郭氏家乘》）。

赵申宠 字恬如，滦州人。养冲子。性孝友，有干济才。孝事继母。两弟争宅构讼。宠指官曰:“弟之争，兄之罪也。愿以宠所市宅让弟。”司理表其门曰“有伯夷风”。癸未，以廪生入太学，授山东布政司理问。甲申逆闯之变，宠视阳信篆。伪命至，集义勇擒杀之。国朝定鼎后，走京师上其状，即以之实阳信令，复擒伪都司孙邦奇斩之，四境遂安。既以转饷功，升陕西庄浪卫同知。茶马御史苏某，以前官事诬奏宠，革职未行。忽米回作乱，寇庄浪，强官宠，不从逼以刑，终不屈。乃幽于别室。总督孟援至，贼始遁，复约其部图再举。宠矫总督檄，联络西番七十二堡，以御之，事平。总督首宠功。诏复原官，改浙江湖州府同知。甫任，即视篆归安。以漕粮过淮迟期，为漕抚所劾，建至京。昭雪，复补福建汀州府同知。未行，以疾卒，年七十有三。子御众，事具文学传。

高　选 字轮毂，山海卫廪生。少有胆略。明崇祯甲申四月，闯贼将东逼山海。时议诈降缓贼，以待大清兵。选随生员李友松、谭邃寰、刘泰临、乡耆刘台山、黄镇庵共六人，轻身给贼，行至三河，遇贼遂羁而东。及大兵破贼于关城石河之西，友松等五人均遇害，独选乘间归，贼追之，身被三矢。国朝录功，授山西交城令。城西交山连接秦晋，绵延千里。渠魁祁三聚众抗拒。选伏兵击之，捣其巢穴，交山遂平。擢知平阳府。左迁广信同知，卒。康熙五十三年崇祀乡贤(参录《畿辅通志》及《潜沧集》)。

刘克望 永平人，贡生。顺治元年，知马邑县事。当定鼎之初，留心民瘼，以朴实率下不事烦苛，邑人感之(《朔平府志》)。

冯祥聘 山海卫人。顺治初年，以廪生任齐河令。时流贼逼城，祥聘捍御有方，城得保全。论功升湖广长沙府同知，寻知府事(《山东通志》)。

董应魁 字捷轩，迁安人。生于明万历中，喜读书，慷慨有大节。当太祖天聪二年，诏入国学教授勋戚子弟，一时贤俊多出其门。迨顺治建元，授直隶良乡县令。良为京畿首邑，车马孔道，兵戈之余，民席未暖。魁竭力抚字、抑骄弁、苏邮困、采屯地、公明任事。

人以“强项令”称之。寻擢湖南宝庆府知府。去之日，良民攀留，为之罢市。巡按高公因奏请留任，旨不可，乃南行。是时宝庆尚未入版图，随军赞画。丁亥仲秋，疆场始辟，莅任之时，僵尸遍野，蒿莱满署，城中萧然。魁埋黄掩骼，招集流亡，民始还居。未几，城守魏弁作乱，合郡骚然。魁单骑诣魏营正色折之，乱乃定。又主客两将失欢，夜哗巷战。魁欲往救，左右不可。魁曰：“吾不往，民无噍类矣。郡牧之谓何？”至则以片语解之。升武昌分守道。值黄属寇起，啸聚山寨。督兵进剿，刻期荡平。升山东驿传盐法道，迁福建按察使。先是漳州道黄澍为海寇所困，食已尽。魁设计登楼张乐累日，寇疑解去。升广西右藩，旋晋刑部右侍郎，赐蟒玉给一品服，诰封四代。奉命巡抚广东。适逆贼邓耀等梗化，魁帅兵直捣龙门寨，追至交趾，由是而杨江平。时粤中入版图未久，士民有包荒之累。魁数题请，得蠲免荒通钱粮二百余万。历官十有七年，食不兼味，衣不改素。归田后，常与少司农谢路然、督饷裴长山、开府张英寰、刘盘所、徐吉吾、潘世衡、张仙羽、宪副刘诏轩诸老游，好事者为之绘九老图。康熙二十五年卒，年九十。入汉军旗籍，其后世居迁之上午村。

宋聚臣　滦州人。生而奇颖，未冠能文科，岁试辄冠军，英年食饩。初，世祖入关道策郡国所贡士，拔其尤者立授民社。聚臣得济南之平原，劝课有经，士民感戴。乙酉分校山左秋闱，所得多知名士。既解组归，与乡人处和霭恭谨，不挟势骄人，年七十有三卒。

杨文魁　号近楼，永平卫人。国初以副将从征，屡立战功，擢工部左侍郎。凡条议时务精练豁达，奉差监修奉天诸陵寝事，劳绩懋著。

卜昌运　字泰寰，东胜卫人。顺治二年贡，除南宫训导、东光县教谕。群盗猝犯城，运率家僮登陴，奋呼隶卒，炮击渠魁，城赖以全。擢知江都县。卒于官。

穆维乾　字介公，号圭炎，山海卫人。少嗜学，博通经史，领顺治乙酉乡荐，为滑县教谕，迁保定左卫教授。整饬学规，课士有方。尝摄满城邑篆，值旱荒，设法赈济，全活甚众。巡抚金公疏荐云：“行同濂、洛、关、闽，才类韩、柳、欧、苏真实录也”。升翰林院典簿。时修《四书满汉讲义》至“羔裘元冠不以吊。”掌院叶公方蔼为犯圣讳，商于同僚，俱不能对。乾谓大字当仍原字以尊经，小注改元字以避讳。掌院询何所本？曰：“中庸慎独乃原字，小注改谨字”掌院大悟，云：“余自幼疑此，今始知朱子为避讳也。”深加敬礼。预修《太宗文皇帝实录》赐白金文绮，及归休林下，讲学论道，诱迪后辈，殷殷不倦，生平廉节自持，不慕权势，乡望特隆。康熙五十三年卒。崇祀乡贤。

陈性天　乐亭人。顺治乙酉举人。应省试时，于逆旅得遗金，不开缄，阅九日失金人号泣而来，原缄授之。后授宜川令。地与米脂接壤，闯贼乱后，人民凋敝，抚字勤劳，六七年间境内大治。去官日，邑人建清风阁以志遗爱。康熙五十三年，祀乡贤（《畿辅志》）。

石　申　字仲生，滦州人。明副使维岳子。登顺治丙戌进士。选庶吉士，视学江南搜拔孤寒，所取士多抡大魁。历迁学士、经筵，擢吏部左侍郎。矢公无欲，门绝苞苴。以抗中忌夺职。后起补刑部左侍郎。上慎刑疏，天下传诵。丁继母艰，服阕，补户部左侍郎、总督仓场。旧例厨馔交际取资斗级，衙侩藉恣吞啖。申一切罢去，综核无遗，厘清夙弊。值慈母讣闻，归里，婴疾而卒。敕赐祭葬，祀乡贤。先是世祖章皇帝稽古制，选汉官女备六宫。申女及笄，承恩赐居永寿宫，冠服用汉式。敕召申妻赵淑人乘肩舆入西华门，至右门下舆人宫行家人礼，赐重筵，赐纻，赏赉有加。后封恪妃。

李成性　迁安人。登顺治丙戌进士。任新城令。抚绥残邑，克著循声。未几乞休归，隐居山庄，读书嗜古，耄年弗倦。乡人推为理学先型。

穆尔谟　字宾日，山海卫人。顺治丙戌、丁亥联捷成进士。初知江南赣榆县。精明英毅，听断如流。羽冠猖獗，亲率乡兵剿捕之。累官至山东莱州府知府。母没庐墓三年。《旧志》尔谟无传。此据《江南通志》及莱阳宋琬《安雅堂集》补。〔案〕：宋与尔谟为乡、会同年。其赠诗云："昔君作吏长淮北，升堂拜母欢相得。石濩湖头别几秋，寄书竟乏南飞翼。去年奉母广柳车，麻衣徒步归里闾。仓皇未得走相唁，炙鸡欲裹空嗟趄。近闻马鬣已就封，何以树之梓与松。白石为垣茅作屋，晨昏上食如飧饔。素冠栾栾泪猕猕，涕痕洒处繁英死。夜半空山雷电过，母也无惊儿在此。小人有母早相捐，音容仿佛留棬。生儿未得一日养，万锺忝窃嗟徒然。君不见颜乌之冢高于山，群乌衔土血斑斑。又不见东阳许孜攀枝哭，猛兽闻之杀麋鹿。至性由来动鬼神，蓼蓼者莪堪再读。《北平郡志》遭烽燧，忠孝无征罪长吏。今看墓侧产芝训白兔，我将大书特书记其事。"

佘一元　字占一，号潜沧，山海卫人。明末举人。甲申之变，闯贼东逼。总兵吴三桂召一元及绅士等誓师于教场，以杀贼复仇激励将士。令一元等登陴固守。三桂出偏师歼贼游骑于城西，虑贼众难胜，因议请我大清兵人援。令一元暨廪生冯祥聘、乡绅吕鸣夏、廪生曹时敏、程印古共五骑，迎摄政王于欢喜岭。王赐坐赐茶，遂订入关之约。时关城守吏皆逃，三桂所赖以练兵筹饷者惟一元等数人。事定录功，授莒州知州。以内艰不赴。登顺治四年进士。授刑部主事，改礼部。服官清正，历擢仪制司郎中。遇事敢言，所建白多中肯綮。以疾告归，立社讲学，谓大学格致即在朱子小学一书。尝著《四书解》一卷，颇能阐发精义。居乡，遇地方兴革要务及事关学校，必力为救正。顺治己亥，学使将按永平时，有裁卫学之议；又有卫学减额之说，士林惴惴。一元致书于通永道宋公琬，宋公转致学宪，山海卫学遂取十五名，而各县止取八名，卫学不至裁减者，实其力也。所著有《潜沧集》八卷、《山海卫志》。康熙二十九年，祀乡贤（参录《畿辅通志》、《潜沧集》）。

曹时敏　字捷音，迁安人，世居山海。性聪颖，资力过人，然尚气，少许可志，每欲居同济上。人以此惮之。游庠冠多士，遂食饩，文名重一时。与山海佘一元同学相友善。时季多事，纠乡勇措饷馈，在在与佘同事，明智善断借益良多。甲申遭寇变，吴三桂举义关门，相与誓师，歃血画军资犒战士，出关迎王驾于欢喜岭。事平录功，以诸生授宁乡令。未仕，辞以疾。无何，邑为寇陷，人服其先见。丁亥，余成进士，时敏亦起补灵璧。灵璧素冲疲。时敏莅任，材足济时，威能服众，民赖以安。听断英决，绰有“神君”之誉。应过往满洲官役事势，匆卒咄嗟立办，咸称曰能。招商益课，盐引日增，邑民便之。居五载以忤上官归，卒年六十三。

胡来相 号玉衡，永平人。事亲孝谨，居恒言动每以古人自期。顺治四年，筮仕元城令。时萑苻未息，河北骚然煽动。天雄为畿省要地，来相矜抚流亡，人心赖以宁固，且开谕恩信，贼相继降附。以卓异，擢山西道监察御史，有謇谔声。巡按湖南，首以除盗为己任，区画战守，动中机宜。寻掌河南道，升太常寺少卿，卒于官。子祝，历河南道御史。

高显辰 字钦思，滦州人。顺治戊子举人。授德安令，擢补南宁郡丞，升云南守。时吴藩麾下虐民，辄移文该管讽刺之，或途值面叱其非。上官同僚每劝勿撄其怒，应曰：“吾辈天子之吏，何可诡随异姓王之帐下儿耶？”卒以是得祸。当吴逆之变也，逼司府入受伪职。显辰拒，词戆，几毙杖下，放之北洱。自此遂绝音耗。妻戈氏自经，女适滇泉李兴元子毓秀，李同时受祸更惨云。崇祀乡贤（案旧《云南通志》显辰以贡生康熙九年知云南府，意刚方，莅治严核，胥吏不敢作奸。吴逆叛，抗节不从，遂杖于市，戍永昌卫，服毒而死。事闻，赠太仆寺卿，荫一子入监）。

崔维嵘 字岚峰，卢龙人。明举人，启亨子。年十四被俘至辽，太宗询知为启亨子，曰：“是求死不作知州人子乎？勉事吾，勿辱汝父也”。顺治五年，以贡授清丰令。时畿辅多盗，躬率亲属歼渠魁，释胁从，丰邑遂安。升兴安知州，招集逃亡，贷粟劝垦。期年，民用辑宁。因执法绳防兵，与守将忤，竟镌级归，遂绝意仕进。在廷故旧，招之不出。晚年庐于滦西先茔者九年。鹑衣粝食，惟一蠢仆佣日以给，每晨起拜墓掬土培冢，植木四周。子廷瑜，中康熙癸卯举人。任全州刺史，解组归迎养玉田，坚不允所奉，悉挥却之。年八十有六卒。

房星煌 字朏如，山海卫人，旗籍。顺治五年贡，授睢州牧。兴利除害，不畏权势，升漳州知府，耆民争舁肩舆泣送数十里。其治漳设堤防，严城守，闽南倚为保障。

张锺英 号瑞峰，其先辽东义州卫人。父玳，天启时司谕卢庠，遂家卢龙。膺顺治五年贡，筮仕定陶令。甫下车，土贼纠众围城。英率众剿之，射中贼渠，余党悉平。升黄河同知。去陶日，士民镌石颂德。癸巳，河决石香炉、富家集南北一带，民居漂溺。英驻守河干，修筑完固，民赖以安。升福州府知府，未任而归。

赵映斗 迁安人。登顺治己丑进士。任吴堡令。邑敝民贫，加意抚绥，不事纷扰。因诖误镌级，事白补马邑。廉能有声，布袍草履，以勤俭率俗，至若严猾胥侵粮之禁，却园户日蔬之供，宽猛得宜，民不扰而事以集。继仍以诖误去官，士民惜之（《朔平府志》）。

李若璋 字奉之，迁安人。顺治辛卯举人。康熙九年知什邡县时，人民稀少，景物荒凉。若璋悉心抚字，民渐归附。十四年卒于官。其子元先，艰于回籍，奉母安氏合葬于县之巢凤山丁家湾之侧（《四川通志》）。

翟凤翥 字仪轩，卢龙人。少孤，力学，素履端方。以明经司训平山。见学宫倾圮，竭力倡修，年七十余予告归，犹披览经书弗辍。子二，长俊、次任，俱庠生。任幼失恃，事继母以孝闻，父丧哀毁尽礼。孙，正经，康熙癸酉举人、壬辰进士，令建平。

张星煌 字斗辉，卢龙人。拔贡生。以通判改授襄阳卫经历，摄篆宜安及均州事。治政明决。督、抚、漕三院荐最，升东昌府同知，代理州事。违误回里，与同志讲学问字，食贫不怨，温良之度人乐近焉。

谭从简 山海卫人。顺治甲午科举人，乙未科会试副榜。授故城教谕，训士有法。升灵丘令，以忧去。服阕，知江南娄县，改调河南孟津。摘奸发伏，人以神明目之。讨吴逆日，屏当军需有条有理。以荐擢知云南晋宁州。以老乞归。所至有政绩，不事明察而吏不能奸，催科寓于抚字，民德之，咸乐输无后先。是邑逋赋累累，前令宋业请豁免，遂迁官以去。从简莅任，雅谙民间利病，百废俱举，疮痍浸复。当时谣曰："前无宋凭，谁种？后无谭，更不堪。"灵丘称循吏者必首推二人。从简性孝友、轻财，急人之难，好读书，尤邃于《易》。康熙五十三年崇祀乡贤。

宋国宾　迁安人。以贡生知陕西隆德县。刚方果断，卓有政声。后家居著书，乡人咸重其品。

孟熊臣　字辅昌，永平人。忠毅公犹子。由荫生初知保德州。治政明恕，不事敲朴，尝称贷二千余金代民偿逋。秩满升汀州郡守。时海氛未靖，军务繁兴，汀属不困于粟米力役者，咸臣申请有方也。顺治十八年，摄漳南巡道篆。奉令安插海兵，星驰诣杭，请于东郊造营房以居之。又具详家口粮额，俾不病民，杭民德之。家居谦和谨厚，搢绅家称由礼者，以臣为最云。

房星焕　字皓如，山海卫人，旗籍。顺治十五年由筹海功授南康通判。壤接湖山，萑苻时发。焕下车即捐俸修理城濠，设炮石，立旗帜，盗迹远遁。以才能调兖州泇河通判。修举废坠，百姓勒石纪德。寻升武德道副使。卒于官。

汪淑问　字清公，号迈陶，东胜卫人。幼失怙恃，事祖父母以孝闻。登顺治己亥进士。筮仕犍为令。邑当草创，居民仅六七家，问招徕安辑著有实效。未几，以诖误解组，士民拥马首号哭失声。生平笃交谊，宦蜀时贫苦不能自存，犹解俸以急友难。客武昌幕，力赞死罪留养之例永著。为令山左郡县，感问之德，多尸祝之。居乡力敦古道，谦厚恂谨，为一郡典型者垂五十年。数举乡宾，著有诗文集藏于家。寿八十有五卒。子三：长与临、次与赍，俱廪生。季与恒，康熙庚辰科进士，另有传（《案:《四川通志》淑问顺治七年知犍为，爱民造士，清丈田亩，均食其福）。

李炜然　字含醇，卢龙人，贡生。以州同改授江川县知县。邑数罹兵燹，百姓流亡，然发票招徕，多方安辑。以土司变，解任。

杨振藻　卢龙人。康熙庚戌科进士。三十一年知广通县事。性廉明，改里归乡，平粮均役，建仓廒，筑河坝。在官十三载，民感其德

(《云南通志》)。

伦品卓 字宣明，滦州人。性倜傥不羁，以选拔筮仕江西南康倅。康熙辛亥，南康大讥。卓贷请帑金三千两，买运减粜，康人赖之。康地处下流，旧制米交漕运，舟多漂溺，若上仓发兑，靡费不支。卓力请督漕以康米竟达京口著为例。壬子押运，力除私折盗卖诸弊，先期抵通。仓漕合疏荐举，值康守乏，即擢典国郡。重士保赤，习俗丕变。重修白鹿书院及郡学。甲寅冬，饶贼逼城，守兵寥寥，卓激劝乡练，乞援会剿，日战三捷，歼渠献馘，地方以宁。上嘉其功，敕部议叙。会丁外忧以金革夺情，计抚伪官百二十余、伪兵七千余，余孽悉平。无何失重臣意，解组归。徜徉诗酒，寿八十有五卒。子三：长，可久，任陕西庆阳府同知。仲，可大，任山西泽州知州。季，可经，府庠贡生。

张　宏 字宥涵，昌黎人。康熙壬子拔贡。授河间府肃宁县教谕，历九载。升浙江新昌县知县，单车赴任。县署日费米烛等类，俱发官价，里长赔累，疲于奔命。宏曰：“民苦，吾岂独甘耶？”除之。有谋财害命者，捕凶手无踪迹，宿城隍庙默祷，恍惚梦一人立阶下。神指曰：“此朱买臣也。”寤而思谋死者卖珠客也。珠则为贝，买臣者四人分贝也。遂单骑密访，果得之，狱以决，人称神君。新邑田多荒芜，乡民以积逋为忧，莫敢垦种。宏遍谕城乡，令各自开垦，准为世业，免旧欠给以牛种，邑遂称乐土焉。在任五载，卒于官。崇祀名宦，邑人公建生祠。子四：费、夔、著，俱廪膳生。蔚，举人，另有传。

蔡　珍 字左才，襄敏公孙，遵义守毓华长子。康熙壬子举人，授中书舍人。升典籍，转武关同知。勤慎练达，治绩著闻。秩满，迁员外郎，补礼部，升工部郎中，扬历曹署守正不阿，擢监察御史。

董　钜 永平人。康熙二十一年，任渠县。养士治民，一以实心行政。山贼王奇禄作乱，攻城。钜率兵役登陴，以炮击之，歼厥渠魁，贼众解散(《四川通志》)。

刘　伟 字远公，滦州人。幼嗜学，性倜傥不羁。父昌泰，以明经司谕定兴。伟承家教，为文博雅坚劲。康熙乙卯韩慕庐先生主顺天乡试，闱中得伟卷，大喜，定第一。行橐出传诵遍天下。乙丑捷南宫，选庶吉士。丁卯，授监察御史，巡视东城，风裁高峻，声著台班。卒于官。遗橐萧然。

张　霖　字汝作，抚宁人。幼孤，嗜学，弱冠游庠。以贡生任工部营缮司主事。母老，告归。颜其堂曰“爱日”，色养曲至。居忧，哀毁尽礼。起补原官，寻升陕西驿传道。上念陕为严疆，欲增置道员难其人，廷臣交荐，制报可。时陕饥，民多流亡。霖设法捐赈，全活甚众。迁江南上江按察使。治狱多平反。会皖江兵冗议裁，军士汹汹哗当事门。霖推诚谕之，遂辑。迁福建布政使。旧钱粮解藩库有羡耗陋规，除之。生平慷慨，乐解推待以举火者千百家。尤喜为诗、古文、词，与四方知名士唱酬无虚日。加意桑梓人文，于邑之学宫旁创义塾十余间多所成就。子，增，补光禄寺典簿。坦、埙俱康熙癸酉举人，埙，任中书科中书。坦，候补光禄寺寺丞。墀，候补主事。

伦可大　字子受，滦州人。髫年为诸生，随父品卓之南康任。适滇黔逆警，左右其父于军前，屡建劳绩。寇平，父为大吏诬劾。可大奔走斡旋，事遂白。以贡生仕西蜀新津令。邑当兵后，无城郭，止穴处二十余家。可大斩荆棘，招流亡，垦荒除赋，五年生聚，转疮痍于衽席。荐升粤东化州牧。州多未完积道，绅衿咸遭系辱，概与宽释。至镌十五级，甘之如饴，而逋亦竟苏。丁内艰，服阕，补山西泽州。杜绝苞直，革除陋弊。时有鹾商以白金三千贿，即白上司。奉有加级优旨。在泽十年，手著漫泽，政纪可垂治谱。会盐枭构祸，可大与参戎率兵往视。枭民聚众对垒，参戎即欲屠戮，可大力阻。因单骑开谕，枭民感泣罗拜，旋即解散。缘此干误去泽。民扶老携幼，攀辕号泣，建立生祠。没后，远近老稚匍匐赴祠号奠者旬日。

穆宗道　字荩臣，号心鲁，山海人。康熙丁卯科举人。司铎宁晋。南宫两学同寅许某没，其子式玉幼无依。宗道收而教养之。数年入泮，领乡荐，皆其力也。雍正二年，宁晋绅士公举人名宦祠。

高天挺　字本天，昌黎人。康熙甲戌科进士。初令临淮县，当江淮之冲，田被水而犹纳粮者名日水沉田，邑民受累至鬻男女以偿官逋。挺到任，力求督宪奏请豁免，民困以苏。又捐俸设学，择秀良者亲为督课，由是人文日盛。在任五年，丁母忧回里。淮民如失慈父母焉。后补隆昌令，地苦民瘠，役重差繁，益加意抚恤，未尝受一钱枉一法。又曾判疑狱，雪奇冤，人服其神。年六十五岁卒于任。归榇之日，士民泣送百里不绝。两邑皆立祠祀之。

任五伦　字徽庵，昌黎人。康熙庚辰科进士。浑厚和平，不矜崖岸。宰湖北汉阳。甫下车，即口碑载道。公暇犹笺经注史，与及门讲论不辍。被其教者，皆得气飞去。德政见《江汉仁声集》。著有《徽五真稿》。

汪与恒　淑问子，滦州籍，中康熙甲子经魁，庚辰进士。选授福建长泰令。时方苦旱，朝廷命截漕粟三十万赈济。与恒区画有方，旱不为灾。邻境有盗魁陈五显者，啸饥民聚山谷间，旁掠州邑。与恒练乡兵却之，追败贼于白泉社，溃其众邑遂获安。由是廉能之声大著。杨锡圭者，邑监生之健讼者也。与恒遇事裁抑之，积忿不得逞。会与恒以辛卯科分校人闱。时抚军黄秉中欲为其西宾人彀，通关节于与恒。与恒阅其文不佳，大批“俗嫩不成章”五字落之。抚军怒，遂中以墨解职，令藩司金培生穷治之，锡圭因是控与恒前所荐中之王生交通关节状。盖王生实以传递获售，与恒不及知也。及讯，坚不承。金怒目视与恒，曰：“明日覆讯。”与恒见事急，买鸩堆随，曰：“吾岂受奸党辱哉？”及旦，金以生日开筵观剧，忽暴亡。与恒得长系不死。朝廷命部臣张鹏翮、赵申、乔满宝至闽勘讯，尽得其状奏上。敕夺黄秉中职，金籍没；与恒复原任。适有控锡圭通盗者，上官檄下问状。与恒力雪其冤，出之于狱。曰：“以莫须有三字报私怨，余曩曾身受，知其惨也。”乙未，行取引见，授礼部主事，寻转吏部，迁文选司郎中。杜苞苴，绝请托，选弊为之一清。世宗宪皇帝即位大朝，首召与恒上殿。遂越班拜殿上。谕曰：“尔是好官，令中外皆如尔，朕复何忧？”与恒益感激自效。甚至堂议不合，相持竟日不署名。卒以刚直不见容，缘事左迁行人司司副，旋擢鸿胪寺正卿，仍奉命使浙。雍正二年，卒于官。子二：长泼，举贤良，官太平令；次歙，康熙丁西举人，另有传。

蔡毓秀　昌黎人。初任浙江奉化令。凡公务不以丝毫累民。时檄奉民运粮至象山给兵，毓秀以奉邑地瘠民贫，详请免之。擢山西永宁州牧，善政尤多。毓秀性纯孝，父没于军，以随征不获守艰，痛哭累日。母卒，庐墓九载。雍正元年，祀乡贤。案《旧志·蔡士英传》云："毓秀，其犹子也。以公荫任永宁知州。"兹云昌黎人，亦未叙其承荫一节，不知系后移居昌黎，或昌黎更有一蔡毓秀也。

张翰宸　昌黎人。以明经任翁源令，多惠政，擢长沙郡守。洁己率属，政治廉明，活无辜九人，狱无冤滞。致政归，捐费训课，启迪后进。值岁欠，煮粥赈贷待举火者，不下千百家。邑人感之，请祀乡贤。

宁朝鼎　字坦园，永平人。康熙三十九年，由岁贡任山阴知县。敏干有治剧才，多所修葺，凡衙署、学宫及各祠庙无不整饬，境内一新。在任十一年。去之日，百姓立碑颂德（《大同府志》）。

张　蔚　字云升，昌黎人，宏子。康熙乙酉举人。居家孝友。为诸生时，即以成就后学为已任，敦实行，不务虚声。选授沂水令。清介自持，有以暮夜之金至者。蔚惕然曰："盍为此乎？稍不自谨，大节亏矣。"因力请告休，乃改教谕授良乡县学。崇本抑末，堪为多士模楷。两载，以病卒于官。

姚协于　乐亭人，熙长子。康熙丙戌进士。任会稽令，势豪奸吏咸畏怀焉。莅任四载，修黉宫、设义学、饬城池、筑石塘，善政多可纪。去官日，士民诣宪请留。公固辞得免。邑人慕之，祟祀名宦。

会稽孟凤苞《颂姚会稽政迹诗》云：会稽山水天下奇，怀哉夏禹勤四肢。秦设为郡汉因而，隋唐之间邑始厘。官斯土者镜种蠡，循良惟在恤黔黎。开元二李坚塘陂，会公决狱吏莫欺。饼饵固却重民脂，天使不敢干以私。宽简化民起疮痍，经术教人真良资。张古双清秀两岐，仁能驱虎月方期。礼士爱贤竞讴思，缓征停摄俾耘耔。若诸善政公奚亏，我公初不用意为。公家孤竹祖元之，学有渊源锺荀慈。显处观日无纤疑，非若牖中将月窥。下笔成章泻玻璃，尤邃于易鲜瑕疵。名重礼闱达丹墀，帝简贤能莅南维。双镜方涨丛嗟咨，八城僻壤多啼饥。颙望我公来何迟，至即设法免流离。古屋三间漾绿漪，庀材衹有俸可支。分劳监郡佥曰宜，邻封两摄藩篱。三秉玉衡乏珠遗，青青子衿溢芹池。一人棘围作蓍龟，红杏林中占高枝。廑怀宫墙意益弭，每与两师相谋维。殿宇崇隆耸瓴瓶，虹霓回带于棼楣。敬共豆笾及宗彝，谨设钟镛和埙篪。明伦一堂留坛壝，廿载以来坏自谁？我公早夜图维持，亟为经营虑后时。几何埏埴几枪累，几何柱础几桷榱。将勤垣墉涂塈茨，落成不日独肩仔。尚怀南汝阳从仪，农桑学校次第施。又忆新建罗澄溪，百废俱举先于斯。缅自宋元及今兹，修建一一载穹碑。我公具材蓄镃基，东南无奈殚疲羸。我公仰天矢肝脾，吾徒安得不追随。矧公庭趋同皋比，经明行修畏人知。乡崇祖德祀贤祠，高曾奕世著芳规。酝公德政是吾师，不使此堂留微訾。播扬仁风已四驰，长言不足聊云诗。

萧山祝云《送姚会稽摄篆萧山临行诗》云：湘湖尊菜鉴湖莲，两地讴歌戴二天。试问清江迎送处，官舱留得几文钱（自注云：萧邑交界为清江，汉刘太守投钱处也）。此去无缘借寇公，万人遮道莫匆匆。留鞭世泽今犹昔，不在湘东在浙东（自注云：萧邑士民攀辕步送者万余人，道路为之阻塞）。箧有文章囊有统，半肩行李也萧然。固陵西望烟霞胜，共祝沙堤到日边（自注云：许询筑室于山，萧然自适，故名萧山。西兴旧名固陵，今有望京门，门外皆沙地，士民皆建碑设祀，以志弗谖兼申颂祷）。钜业鸿文姓氏香，肯堂累世在宫墙。由来种德还酬德，璧水春风万里长（自注云：乐亭圣宫皆姚夫子祖、父两代建修，均崇祀乡贤，请姚夫子入名宦祠）。

万　瑄　昌黎人。康熙乙丑进士。初任山东邹县令时，两麦不收。不待宪檄，即为停征，详请赈济文方申，即开仓借籴。迨得请，饥民已更生矣。各宪嘉其能，檄饬各州县效之，全活数万人。事无大小曲直，立判。雪孔生之奇冤，至今其家尸祝焉。历任六月，丁内艰。服阕，补河南内乡县。当闯贼残破之后，民多新附，疆界不清，讼狱繁兴。瑄为之清厘，且除陋规五十余条。后以年高致仕，卒于家。

高棠萼 字仲篪，号念庵，昌黎人。康熙乙丑进士，授浙江景宁令。景宁本山邑，叠石为田，雨稍愆期即苦旱。萼为兴水利，引泉灌溉，行之数年，水道修而民享其利。先是邑有积逋，累至数千。萼宽其期，推诚开示，及秋稔争输过半，力不能偿者，悉为代偿，民困以苏。岁歉必以上闻请赈，报可，即亲身履勘散发，不假胥吏手，民皆实受其惠。捐修文庙，悉出俸余。摄永嘉篆，邑有宋文文山祠，为请置春秋祀。萼性仁爱，甘淡素，一切皆自雇募，不以累民。其为治也，兴利除害，汲汲若不及。莅景十年，中间摄篆者凡数邑，所至有声。中丞奇其才，以堪胜海疆荐入觐。还浙冒暑，得疾卒。邑人感其德，立祠崇祀。有《五荣堂时文稿》传于世。

李本洁 字澄庵，卢龙人。康熙癸巳举人。授粤东广宁令。邑有虎患，多金募捕，卒绝其害。遇水旱，极力拯救，民赖以生。捐修义学，纂辑邑乘。致仕后，士民思之。家居闭户，每日犹必披阅小学。曰："吾辈学问，只以内行为基。此处一缺，根本亏矣。"生平言行不苟，接物以诚。有德于人，未尝矜伐。年八十四卒。著有《宁阳政略》、《公余录》诸书。

张元复 字桃岩，昌黎人。康熙丁酉举人。少有志节，初任玉田县教谕，秩满升大名府教授，继迁靖江县知县。听讼明允，案无遗牍。邑滨江，芦苇课田，愚民贪目前利，争认为己业。其后水涨坍塌，多有累及子孙者。复力请抚军奏请开除，民困乃苏。治靖五年，洁己爱民，劝农课士，兴大利，除大奸，不动声色，事无不济。致仕归。焚香哭送者不下数千人。家居九年，举乡饮大宾。寿八十四，无疾而逝。

汪　歙 与恒子。康熙丁酉举人，选授湖广蕲水令。甫莅任，访获通盗之巨猾李自华、张文耀二人，置之法。岁饥，不先申请，辄开仓赈济。蕲民德之，为立生祠。时麻城秀士涂如松家素贫，妻杨氏与族兄同范有私，恒居母家。如松母病，杨氏始归。如松谪之。杨氏怒，复走母家，与同范谋匿夹墙内，而以殴妻致死控如松。时如松已论死，顾以不得真尸，案不得结。总督迈柱檄歙讯其事，勘知系同范藏匿杨氏，以谋陷如松。亟诣总督陈其事。迈曰："今之好官，不过谓能翻案耳！我试看汝。"歙趋出，急搜同范家，无所获。遂以草营人命落职，改檄他令。他令觇总督之护前非也，遂锻炼成狱。本案仵作某，亦以勘验不的，死于杖。无何，同范妻产难，稳婆在其家。杨氏闻呼号，自夹墙内闯出，事始露。稳婆急趋县鸣鼓。新令陈某搜获杨氏于夹墙内，冤始雪。歙得复职，乾隆五年补甘肃安定令。立自封投柜之法，民皆便之。调繁平凉，安人无老幼泣送百里外。擢山东高唐、贵州正安等知州。乾隆五年，卒于官。其在安定也，有古墓十七冢为水所啮，发徒改瘗之。得嘉靖中铭，其词曰："兆久沦析，冥芒为厉。二百年中，贤令获此。"邑人竞传诵焉。子二：长曾晟，辛酉副车，任河南直隶陕州等别驾；次曾颀，岁进士。

李　兰　字汀倩，号西园，乐亭人。拔长子。早失怙恃，奉继母以孝闻。家贫，率诸弟芸、葳等力学不倦。康熙丁酉，由廪生领顺天乡荐第一。戊戌成进士，选庶常，授翰林院检讨，饮食服用如布衣时。寻擢户科给事中，谏议能持大体，主眷特隆。外补江西督粮副使，迁湖南按察使，历江西按察使、布政使，署巡抚，又改安徽布政使。所至，威望严重，正己率属吏，无容奸，民皆安枕。年四十五，卒于官。兰学问渊邃，崇尚雅正。雍正甲辰科典试江南，阅癸卯、甲辰两次分校南宫，所得士皆名俊。任江南时，定议开江浦朱家山河，吴人至今赖之。附:《详请停清查什军运漕议》为钦奉上谕事。窃奉总漕部院牌准户部咨开议覆：总漕张等会请清查什军学习挽运，漕艘换去雇募之头舵水手，乃得畏法守分，不致误漕生事。应令该督抚严行清查，什军子弟有素能撑驾者将雇募，水手内不守分之人，先行更换；不能撑驾者，使在船学习。以八年为率，尽行换去，召募之人悉以正军充当等因。蒙行到道，遵经转行各厅、卫，查覆前来。该，本道看得"利不什不变法，害不什不变制。"古之人有言之矣。利不什者且勿变，短害什于利者乎？如輓运漕糈天储攸系。年来，各帮头舵水手每多不逞之徒，致廑宸衷，今蒙题允清查什军子弟在船学习撑驾，以八年为率，换去雇募之舵水。此诚良法美意，苟能行之，则在船者无非正丁亲属，顾身家而守法纪成效可觇。奈何势有难遵，害什于利，欲稍试而不得所，当沥陈请命者也。江西一十四帮，计船七百余艘。所需头舵水手不下万人。今袁州、吉安、永新、安福、建昌、广信、铅山、饶州、九江前后赣州等十一帮，正副二丁之外，均无什军可佥。南昌前后二帮，什军仅有四名。抚州帮之城丁亦无什军，屯丁虽有子弟，率皆素业耕耘，不谙运务。若责厅、县、卫、所必欲佥报，势将搜查句摄。奸丁刁屯保无株累诬攀？差蠹经胥，易免追呼骚扰？窃恐金得数名，终无补于百一，而军民两受其累矣。夫军丁虽贱，亦有室家。本人领运赴北，经年始归，其得殚心竭力无忧内顾者，恃有子弟为之维持门户耳。脱尽驱其子弟于帮中，则仰事俯育谁为任之？征租办运谁为主之？身可縻，而心不可絷，未必不为挽输之害。而什军中强懦不一，灵蠢不齐。膂力方刚者任劳犹易，若孱躯弱息秀雅温文者，甫历风霜，已先委顿，涉波纵浪鲜不神惊。片帆孤棹，尚必招招舟子。矧粮艘之攸关綦重，江湖之来往阻修，即终身历练，猝遇风波，犹难措手。岂娇怯子弟所能操纵如法，涉险如夷者乎？前者，安福所刘、黄、丁、陈、周船覆溺，本军之侄丁天偶、谢迟伍船覆溺，本军之弟迟起之。二人者皆什军也。乃至船遭漂没，人作波臣，帮丁佥谓不习水性之故。什军之有损无益，此即前车之一鉴。先民有言："射御贯则能获禽，未尝登车，射御则败绩。"压覆是惧，何暇思获。庖丁解牛至于官止神行，而后可以批大郤，导大款。若未尝操刀而使割，其伤实多，理势固然。岂欺我哉？况多一人即多一人之食，用旗丁，额定行粮，原系计口授食。若倍增学习之什军，行月不敷，必耗正粮。而人数加多，运弁亦难约束。八年之内，恐事日滋耳！夫凋疲之卫正军单弱者例佥什军顶补，是什军正宜培养以留充补之地，驱为舵水正军亦虑多缺。所以左右图维，害什于利。佥军之举，似不独江右之什军鲜少者行之固难；纵有什军敷足之地，亦当变通停止者也。本道管见止宜严饬领运官弁，责成正军，务择守分良民为头舵水手，开姓名籍贯□□□□□行保甲。前后十船互相稽察，一船生事，正丁治罪，九船连坐。押运官弁，时刻稽查，稍有舵水滋事，立拘惩治，仍同该地方官详究徇隐参处，则约束严而稽查密，舵水自知顾忌，官弁畏干吏议，必不甘心庇护。雇募之舵水，毋烦更易。什军之句摄即可免行。既得上慰宸衷，下亦有裨漕运矣。蠡测之议，是否有当，惟部院鉴察焉。

李　葳　字蕤千，号心斋，兰弟。雍正癸卯举人。任山西山阴县知县。地处边僻，文风素陋。葳到官，乡社皆立学，择端良者为之师。暇则自诣学宫，讲论经史，娓娓不倦。三年，民勃然兴化。时值岁旱乏食，葳力请修筑城垣，以工代赈，乃亲董役事，散值均给，不假吏役手，且时优犒赉，民不知灾事，详《大同府志》。

马　璐　字玉轩，昌黎人。雍正丙午举人。授福建清流令。历任五年，案无停牍，民不忍欺。后调任邵武，有董姓侵占学宫地，业经百馀年矣。璐为清厘，尽还学宫。邑东门外有激湍，捐俸倡修万安桥十七丈，民不病涉。上官差役扰民者，捕治不少贷。署建宁府同知，因病请休。年八十，以寿终。

阎允吉　字卜子，号留亭，昌黎人，卢龙籍。雍正癸卯经魁。仕通州学正，升江南徐州萧县令、山东兖州同知，调淮海屯田缺，裁补四川成都府同知，升江西抚州府知府。卒于官。崇祀名宦，郡人设像立祠。

陈石麟《阎太守祠堂碑记》云：留翁阎太公祖之守吾抚也，来自乙亥之秋。余时职铨曹，居京都，未能仰见公之色笑。郡之戚友来都者，辄曰：“忠信之长，慈惠之师也”。予心喜之。迄丙子夏中，余奉命给假，始得谒公于署。公善气迎人，令人心醉。退而察其为政，纲举目张，利兴弊革。其爱民也，宽而有法；其驭下也，严而有礼；其晋接于邦之绅士也，恭让而有礼，乐易而可亲，相引于道义之则，而不渎以私也。守如是，可不谓贤乎？窃计继今以往，大展经纶俾六邑之中，渐仁摩义，沦肌浃髓，以复于上治，当无难也。无何，今夏五月公以骤疾而遽仙游。嗟呼！天何独忍于此一郡之民而夺我公之速耶？四境之众，彷徨哀悼，如失所天，思慕之情，不能自已。相与请诸上宪，祀之名宦，以永俎豆之光。又不能已，相与塑厥德范，以想像其容仪，俨然睹公之如在。复公捐田租百余千，以给岁时享祀之用。嗟呼！凡若此者，于公何补？然没世不忘之私本于其中之至诚，亦足见公好之在人，而舆情之未可强邀也。余因之重有感矣。天道福善之理，德之厚者其报必隆。独念公孝友性成，学问渊邃，以癸卯名魁起家，自秉铎以至作令，继而二守東、兖，屯田淮上，以补蜀之成都司马。广宣文教，育德兴才，纲积逋以苏民困，发赈粟以救凶荒，除奸宄以绥良善。他而治河得要，漕艘安澜，兴屯有方，地利无旷，救巴蜀之残黎，出汤火而登衽席，莫不法良意美，过化存神。予今所历之区，食其德而蒙其休者，在在有显烈焉。又况莅我瘠疆，未及二载，而懋绩煌煌，堪垂奕祀。私拟圣天子加意吏治，御屏首书，如古者出为郡守入为三公之制。霖雨苍生，被泽寰宇，以大抒其所蓄积。岂意其年甫六十，遽弃我一郡之人，而骤登仙驾也。天道其有知耶？其无知耶？然公之嗣君率具命世才，或出膺民社，或看花上苑，将大有表建以补公之所未尽。且芳兰玉树，更绳绳未艾茁茁甫萌也。天之报施，其在斯乎！独是我郡之人，瞻望弗克，祇深庚桑之慕，春雨秋露仅留一瓣香，肃衣冠以拜于社也。感慨系之矣。勒诸贞珉，以志不朽。其又乌可已乎？是为记。公讳允吉，字卜子，号留亭，世隶北平昌黎人。癸卯科经魁。娶齐氏，生子四人：长曰璞，先卒；次曰玮，国学生；曰瑄，丙子科举人；曰珖，幼业儒。孙男二：公鉴、公铣俱幼。生于崇祯戊寅年十一月初六日，卒于今康熙丁丑年五月二十六日。自三十四年八月下车莅郡，以二十六年十月初二日挽车下舟竟北去。其来也，何暮兴歌；其去也，哭声震野。悲夫！祭田详载《崇祀乡宦录》。

马拱辰　字廷枢，昌黎人。雍正己酉举于乡。学问渊博，事亲以孝闻。性宽厚廉谨，有万石风。为高阳教谕，课士勤息，以立品为先。奉委赈济，务使人沾实惠，每语人曰："百姓嗷嗷，宁过于厚，毋失之刻。"一时士庶皆诵其德焉。致仕家居，以耕读课子弟，不与外事。长男元浩、次子元魁，同登乾隆丁卯科武举。三男元恺，乾隆乙酉选拔。

石　彬　滦州人。以贡生举孝廉，授清源令。自太原县之高家堡至牛家寨开永济等渠，共一十五道。民享灌溉之利，为立《石公渠碑记》颂曰："渠开东北，膏泽沾足。惠被无疆，介我禾稷。源远流长，仁者之福。"升云南罗平州牧，卒于官。

何　惠　字北沧，卢龙人。邑庠生。雍正七年，正定司马宋公以贤良方正保荐，简用知县。初任山东泗水，再任武城。清廉爱民，裁榷关冗税，革鹾务陋规。升任滨州知州。剖雪疑狱，判决如神。致仕之日，士民攀辕不绝如婴儿之失慈父母，建生祠以祀。子之杞，丁卯举人。孙熿、勋、炜，相继入泮。

阎公铣　字丹赤，号惺甫，昌黎人。天性孝友，博极群书，工诗文，为诸生即名噪一时。主北平书院，乐育后进，门人擢巍科采芹藻者相踵。雍正乙卯，膺选拔遂举于乡。丙辰成进士。历任浙江缙云、丽水、嘉兴、平湖诸县令。升贵州镇宁、威、独山等州牧。所至称神君焉。精于吏治，临大事不眩，其兴利除弊，一切善政难以枚举。而其最著者，令嘉兴时，捕拐匪富，大搜其舟得采生折割凶具、骨殖、药物等类，究其党与富子文等数十人置之法。士民称快，为立见思碑。其令平湖也，访陆清献公之裔，绵其奉祀。倡修当湖书院，用广理学之传。其牧镇宁也，雪陷狱之沉冤。其牧独山也，清积年之旧牍。去之日，士民泣送于道，勒碑纪石设祠以祀。钱陈群《阎大夫见思碑》云：昌黎阎君惺甫，于乾隆八年以名进士宰浙之缙云，逾年大府以为能，调任嘉兴。十二年，复调平湖。以平湖滨海须贤也。禾民无老少，闻命皇皇如婴儿之失慈母，然无如何也。计惟伐石纪恩，以慰无穷之思。于是，众绅耆先后寓札乞余文。先是云中鲍公宰嘉兴，及调海宁，余曾应众请为文以记。继之者，又得阎君，何我邑之幸多贤宰也。余与阎君忝一日之长，立言尤不敢泛。因检众所称述者，修废举坠，慈惠明新，诚难能也。然有志者类能勉，矧阎君为闻道者，遽以为颂，恐未足以表其异。既而阅张征士庚文集，有记阎君事一则。喟然曰：此真不愧史所称循吏矣。其词曰：浙江泽国易藏匪，最惨毒者采生折割一流，以走方医为名，驾舟出没，术拐孩幼，或断手足，或矐两目为残废，叫化钱物。得一二岁者生炙之为药，名胎骨丸，服之能受重刑，可得厚直。康熙间，桐乡之濮院镇居民见残废童子抱询得实，偕至舟，获其凶，众愤即欧毙，焚其舟。上官方罪民，幸邑令力救得免。安能究其党与，故蔓延至今。乾隆十年五月，嘉善捕役见废足盲目幼女卜三、盲童蒋二，密察为拐匪乌程富大残害，搜其舟得凶具、骨殖、药物，报县。随关查两盲父母识认，与富大质讯不讳，供出党与富子文等数十人。而富大当审毕，出即为民众愤怒欧死。后阎公又于王店镇得迷路废童许永年，为富党毛可奇拐害者。先后通详题达，初委公与石门倪案其事，继改委钱塘张与公终其狱。当是时，各台宪愤甚，务尽根株。公养卜三等于署，医治而细鞫众犯。凡为首恶及为从加功者咸置之理，为诬陷者出之。分析以上，各台宪初犹疑为失，出密访得其真，乃深嘉其明。而公往来会城者一载余，心与力竭矣。夫采生折割之凶，众怒易盈，治之未有不力。公独于群情汹汹中，平心易气，以察置首从于法，以保孩赤。生诬陷于狱，以全善良，可不谓仁义兼至乎？庚于丁卯春，归自蜀。里人为庚诵公之贤，如坐顾凤林之栽赃、陶武臣之诬窃，白董庵尼之陷奸、叶发理之飞赌，事不胜数。而于拐案，尤啧啧不置口。庚至武林晤友人，尽得其实。盖如此，昔孙樵记何易于事，史官录其文。登易于《循吏传》，而文苑不录孙樵。然则文士记载不因其人之显晦，苟得其实，史官亦取之也。庚文万万不及樵，而记公之事，亦冀后之修国史者。采之征士，余幼同学兄弟也。其为人乐道人善，然不肯溢一语。兹记者，余深信其质而可传，且此一事尤足系人之思。因而节其文以应众请。至君之振兴学校，遇诸生以礼，诲童子则按期课文，面为讲论文宗，莅试多见录取。盖犹是为秀才时之授经课徒也。即此，足见其初心不易，故能临大事而不眩也。更足以知其为政之必有终也。君名公铣，字丹赤，惺甫其号也。雍正乙卯拔贡生，即举于乡，乾隆丙辰进士。时乾隆十有二年丁卯六月，刑部左侍郎兼礼部左侍郎钱陈群撰。

李掖垣 字司直，号南浦，乐亭人。兰次子，二品荫生。历光禄寺署正、大理寺左寺丞。以京察一等，授湖南桂阳直隶州知州。升广西庆远府知府。与总督某不合，被劾归。越十年，高宗幸天津。掖垣献诗，蒙恩特授河南彰德府知府。捐俸修大成殿、魁星阁，增书院膏火，士民悦服。嗣因母老告归，闭门色养，暇以训课子弟为事。又谓人之立身以小学为本，重刻《小学集解》一书。子荫滋，邑庠生；善滋，举人，另有传。

汪诚若 曾晟次子，出嗣堂伯曾裕。乾隆乙酉科拔贡副榜。历官浙江龙泉、镇海、四川荣昌等县知县。其在镇海也，匪徒把持渔盐私利，争为雄长，招集至数百人。诚若请于专阃，伺其互斗时，突击之。擒首犯数人正法，阖境肃然。然决狱则多所平反，尝曰："致人之死，升己之官，吾不为也。"子鉴，嘉庆辛酉进士。孙于泗，道光壬午进士。曾孙椝，道光丁酉拔贡、甲辰举人。皆官知府。

卷之五十九

列传十一　仕迹四

王士升　字鹗荐，昌黎人。乾隆壬申科举人。截取湖北咸丰令。遇公事下乡，轻骑减从，往返无留滞。先是各乡村每遇命案，浮派株连，牵累数十里。升抵任，力除其弊。邑关外立有甘棠遗爱碑。著有《复性堂诗文集》若干卷。

李维垣　字启藩，号“润川兰”三字。乾隆癸酉拔贡生，庚辰举人。历官山东丘县、滕县知县。嗣丁内艰，服阕后拣发奉天，补宁海县知县。居官清慎，上宪深器重之。调署奉天治中事。暮年因疾告归，优游林下者二十余年。孙，嘉第，岁贡生，箎举人。

高宫玺　字绂珮，昌黎人。乾隆庚辰举人。令山西汶水，调阳曲，升析州牧。所在有父母称。分校甲午秋闱，得省元阎文寅等若干人。常有五，山右名宿也。朱文正公藩晋时，奇其文，叹为高山流水。榜发，出玺门，公大惊异，遂缔交焉。擢兖沂曹济道。一切持大体，与民休息，防守黄河伏秋二汛。乾隆五十八年秋，汛水涨几与堤平。玺昼夜经营，以劳瘁卒于官。赠按察使衔。著有《尚书解》版藏于家。子翼垣，乾隆已酉科拔贡，任南皮司训。

魏廷抡　字殿中，昌黎人。五岁失恃，行丧祭礼如成人。家赤贫，读书甚勤，领乾隆庚辰乡荐。历署安徽繁昌、石埭、全椒知县。旋题补阜阳。勤慎明敏，庶狱多平反。举卓异，升寿州牧。甫抵任，遽以疾终。有全椒士民公颂《惠廉公正八政诗》见于世。

李来宣　字沛纶，滦州人。乾隆壬午举人。任南皮教谕十有六年。每逢科岁试，未尝以印结勒索弟子员钱。奉委赈饥，调度有方，吏无侵渔，民沾实惠。郡守以廉能荐，力谢之。没之日，贫无以敛，绅士醵金赙之，始得归葬。

方世用 字简庵，乐亭人，义州籍。乾隆乙酉举于乡。由教习任广东琼州府乐会县知县。政简刑清，民情大惬。后以疾卒于官。琼守念其清廉，醵金助之，始得归葬。

万永年 字月友，号乐山，昌黎人。瑄从孙。中乾隆乙酉副榜，取教习，又取誊录。优叙选山东蒲台知县。年余，丁母忧。服阕，分发甘肃补成县。时县多虎患，乃虔祷城隍祠，率猎捕之，一日获三虎，余皆远徙他邑。逆回滋事，去邑城不二百里。邑民惶恐欲他徙。永年力止之，备器械昼夜巡守，贼不敢犯，民赖以安。每月三课书院，士风一变。在任十年，以老致仕归。复课徒如书生。年七十余卒。永年善书，楷法学颜鲁公，行草学董、米，晚年上追锺、王，自成一家，士大夫家多藏之。次子㧑谦，庠生，亦善书。

魏行方 字端崖，文通长子也。年十九，举乾隆乙酉乡荐，屡踬春闱，以大挑一等签分河南，历署上蔡、桐柏、沈丘县篆。慈惠廉明仁誉达于上官，然恒以未成进士为憾。会当补缺，呈请改就教职。上台弗允。行方情辞息切，谓补官后即不克观光。上台素仰其文名，乃徐谓曰："固知君为玉堂之选。我亦不忍久以风尘吏屈君。"于是，治装而归，比至家仅剩京蚨两串，特以示人曰："此洛中宦囊也。"越半载，选授广平府曲周县教谕。携家之官，两试南宫，均因额满见遗。乾隆壬子，长子思诚登贤书。时其弟行敏先领癸卯科乡荐。偕赴癸丑春闱仍荐而未售。后三年卒，年四十有八。著有《敬直斋时文》。

辛大成 字展亭，号萝村，又号达夫。先世山东蓬莱人，仕于直，遂占籍卢龙，嗣寄居抚之台头营。大成生而沉笃，嗜读书。年十八，补弟子员。乾隆壬午，领乡荐。丙戌，成进士，出为四川冕宁县知县。冕宁居边徼，民苗杂处，号难治。大成威惠兼施，内绝苞苴，外兴文教，租税之不便民者悉除之。苗民感服。川中土苗常不靖，大成忧之。每倡言于同官曰："猓蛮叵测，祸萌隐伏，不早除必为患。"

后果有征苗之举，人咸服其先识。在官八年，川民有“辛太清”之谣。乾隆王寅，列上考以处分免将题升会理州。适丁母忧，事遂寝。身羁万里，宦橐萧然。某观察怜其贫，资以千金，始得归。归后手执一编，犹同寒素，与石温如、宋东野为诗友，性情恬淡，常策蹇游山谷，虽贩夫牧竖皆知为辛先生也。平生所历山水皆有题咏。过巫峡、瞿塘滟滪堆、渡嘉陵江诸作苍凉悲壮，颇似杜陵遗稿，尚藏于家。

李之骏 字山紫，滦州人。乾隆庚寅举人。以知县拣发楚省：初摄黄安令，捐俸救荒，兼施医药，全活甚众；后擢河南开封府同知，时筑河口费不足，倾囊助之。历署州府事，筑沁水九堰，保护民田无算。又宽减归德郡守汛民夫四百名，而河不为灾。光州大桥圮，捐廉筑之，至今称“李公桥”。襄樊叛民猖獗，督率乡勇防守，贼不敢犯，复剿平汝州乱民。以军劳成疾，卒于官。

萧国璋 字莪堂，临榆人。乾隆丁酉科举人，大挑一等，简发湖南。历试大邑，皆有政声。祁阳绅民为立德政碑。

郭　瑾 字怀珍，临榆人。乾隆丁酉科举人。原任湖北安陆县知县，历署麻城、竹山、竹溪、大冶、宜城、枣阳、黄梅、黄冈等县，蕲州知州代理武黄同知。充乾隆戊申科湖北乡试同考官。生平肫恪冲和，乡里共式。凡历一任，清廉公允，抚字为先。御匪守城，勤劳并著。所在有循声。嘉庆十八年，卒于武昌。藉寅好佽助，子孙方得扶舆还籍。

张　琴 字绎桐，号韵斋，卢龙人。八岁就外傅，颖悟精勤，夜膏烛不继，恒然香照读，辄至丙夜。十二岁，应府县试，皆列前茅。院试以病未与。继以家贫为郡吏佣书。郡伯吴公嘉其书法，送入敬胜书院肄业，于饩常外倍加膏火。敬胜书院之录取童生，自此始。十九岁，以县试第一补弟子员。乾隆已亥领乡荐。遂由丁酉誉录议叙知县，需次湖北。戊申，分校秋闱。闱后题补云梦县，未抵任，调补锺祥，以卓异升随州知州，署荆门直隶州。嘉庆丙辰春二月，望日，邪匪刘之协等造逆荆门。所属之当阳，距州一百二十里。先是江夏、宜都、松滋、保康一带邪匪传教惑众，业经互缉，而当阳令某迟至二月十三日始禀称境内有匪，请往弹压。琴即驰往，及至，而城陷。贼焰猖獗，几为所困，乃急归守荆门，以固根本。是时，湖南苗寇未平，城中兵均调赴南省。琴招集乡民，择壮健者编伍得五百人，于沿途设卡传烽兼盘诘，以防贼谍。四月，大兵克复当阳，贼四散。不数月，境内获贼无算。琴细心鞫问，宥其协从，全活甚众。是年秋，江水盛涨，沙洋、小江湖一带堤溃，民居漂没。琴亟请赈蠲，旋筹议筑堤章程。丁巳春，兴役以工代赈，民赖以安。戊午四月十七日，贼复犯荆门，据东保山，距城二里许。琴移营城外以距之。民志既坚，咸奋勇击贼。贼溃，生擒百余名，斩馘千计，夺器械无算。甫敛兵人城，贼复集，直抵城下，乃严为设备，令民分堞而守，昼夜亲巡督之。贼知不可犯，乃遁。己未五月朔，贼又围城，大雨竟夜，琴冒雨荷戈立城上，昼夜目不交睫，围六日始解去。时学使方按临城中，应试者安堵如常。荆门为楚、豫、川、陕厄要之区，民稀山险，箐林茂密，贼易窜伏。大兵追剿，循环过境，需应尤繁。然事事清厘，民恃以安。因勒石以纪其功。庚申，贼渠以次就擒。琴以流民甫集，请免征赋。辛酉力请终养。上宪方倚重之，不许。已而，以南粮余剩水脚延迟，罢职。闻者莫不扼腕。琴转喜形于色，方谋饬装，而大宪固留不使行。奏请开复原官。癸亥春，署安陆府知府。十月借补德安同知。乙丑秋，丁母忧，以公事羁留年馀，始回籍营葬。服阕，抵楚，署宜昌府知府，借补荆州府同知，旋署荆州、襄阳、武昌等府知府。武昌为省会首府事繁，抵任三月结百余案，囹圄几空。大宪优奖之。癸未，荆郡滨江之上林垴郝穴口先后起蛟，旧堤崩溃。借项兴修，堤成。士民为立生祠。己酉秋，荆江骤涨，上林垴复漫。时琴已引疾候交卸未行。慨然曰："此余所承修者，甫逾一载而即溃，何颜以对百姓？今不自引咎，尚待当道谴耶？"乃毅然以堤工自任，阖境闻之，咸欢呼踊跃，民夫云集，堤长五百四十余丈，数日而就。丙戌，寓鄂城养疴。上宪咸劝再出，坚不应。附粮艘归里，卒于家，年八十二。子二：长允和，邑庠生；次允安，廪贡生。

田耕可　字九三，临榆人，岁贡生。生六岁，母卒，育于祖母。

弱冠饩于庠。父疾，衣不解带三月，父卒，营葬尽礼。山海城守尉巴公重之，延掌书记。后巴迁京职，欲偕以入都。耕可以祖母年高、母孀弟弱力辞。后二年，祖母卒。巴又再三促之，乃往。未一月继母疾，星夜驰归。京师距临榆七百里，两日而至。母愈，自是不复远游。后母卒，服阕，入监肄业期满，于乾隆十四年选大名府训导。大名恒罹水患，是年尤甚。太守朱英咨于众。众议纷腾，或欲注之邻境，或欲暂防本郡，或曰不如自逃，以保身家。耕可毅然曰："皆非也。邻之人亦民也，水入邻亦患也，何忍注之。但防本境，不正沟壑，仍旧横溢，犹注之邻也。食朝廷禄，一旦临难，委民自保，罪尤甚焉。水注邻境不仁也，独塞一郡不智也，遇难苟免不义也。水性就下顺其势而道之，水自无不治耳。"太守知其能，乃专以治水委之。耕可乃通沟壑，正水渠，不月余而水平。事竣考绩，以知县擢题。时直督方公乃耕可契友也。耕可引嫌力辞不受。方公知其志亦不复强。二十八年，奉委捕蝗于大、顺、广三郡。时蝗缘遍野，官吏数十员、民夫五千余，愈扑愈多，众以为忧。耕可籍民夫免其老弱，简少壮五百人，令积薪掘坎，立赏罚约，夕而燃薪，夫役执箕帚逐之，蝗蝝向明皆赴火来。如是凡五夕，三郡蝗无孑遗。是年，迁万全县教谕。初耕可之治水也，河滨有女被殴，召而问之。殴者曰："吾女也。"女泣曰："非也。妾父母没于水。彼强室吾，不从，故吾殴也。"乃杖殴者，嫁女于良民。又尝置一妾，询之已许字矣。即访其家而还之。其他行事类如此。生平笃志于学，少时有文如锦字，如珠之目。两任司铎，教诸生以性理经学为要，不专尚帖括，一时名下士多出其门。晚年致仕，年八十卒于家。

徐绍薪　抚宁人。乾隆庚子举人。嘉庆七年，署诸城县知县。严清吏弊，奸猾敛迹，而待士接民，则至和易。八年，春旱，蝗遍野。与邑官属分乡督捕蝗，不为灾（《青州府志》）。

李　茂　字根盘，号白村，临榆人。好读书，尚气节，遇事敢为。二十七岁入泮时，颇好外务，寻愤然曰："大丈夫身列黉宫，不自攻苦，何日能出人头地？"遂折节读书，教授生徒，每读必至夜分，人多不堪其苦，然心服焉，终弗去。待人谦和善下，至议论是非，则懔然不可犯。乾隆庚子，领乡荐第一。大学士蔡葛山先生甚器重之。益自奋，沈潜学业，于明慕王守溪，本朝则李安溪。初，葛山尝欲引使谒当路为之吹嘘。茂对曰："门生家寒。"葛山曰："吾岂令君使钱者？"又对曰："门生听命。"葛山嘿然。嗣后屡试不第，选教谕，借补保定府新城县训导。待门生如子弟。赵鹿泉督学顺天，考取超等生员，恒谓之曰："此必君门下士也。"阅《学政全书》，见圣庙舞有八佾。因捐钱修乐器，请上司奏置乐生。上司不理。至京叩都察院礼部亦不行。嘉庆十年，会东巡，作书九千余言，迎銮，上之，下部议，黜官。及归新城，老友为作《愚公传》送之。其赞曰："愚公，愚公，卷怀而东。满腔热血，飘散随风"云云，年七十余卒。

李　惠　字虞安，滦州人。乾隆丙午举人。家贫亲老，无以为养，馆谷都门。又尝应太原掌院之聘，文名噪一时。嘉庆五年，选授满城教谕。汲引生徒，卓有师范。归田后好学不倦，日手一编。后生咸奉为楷模焉。属纩之际，犹谆谆勖子孙以读书为人之要，言讫而卒。著有诗《礼堂文稿》、《梦轩诗草》。子步沆，字芥舟，岁贡生，事继母以孝闻。

董鹏翱　字翔九，昌黎人。幼贫苦读。中乾隆丙午科经魁，由大挑任山东禹城令。创立书院，捐廉给膏火，文教一新。改滕县，获窑匪，立置于法。俸满，擢高唐牧。与同寅孙良秉皆以峭直忤大吏意。喟然曰："吾年已周甲，尚恋此鸡肋耶？"力求解组归。逾年，大吏事败。奉旨严议，珠批"伊二人可嘉"盖谓翱与秉也。屡诏不起，寿八十余。著有《禹城县志》。其宦迹见《滕志·循良传》。

高占魁　字约斋，迁安人。乾隆丙午举人。初宰沾化，十年不调。沾化地故瘠，一以清静治之，衙斋萧寂，几欲比迹莱芜。嘉庆癸亥，邑大水。躬亲履勘，洪涛没马腹，捐俸赈给，全活无算。沾地滨海，渔户日供官鱼，历任以为常。占魁却之。人曰："官日食一鱼，取于渔者甚廉，何却为？"曰："吾食一鱼，吾幕食焉，吾仆又食焉，渔之供者恐百鱼不给也。何为而不却？"铁冶亭宫保抚山东，廉其清慎，以卓异荐，调冠县，旋升济宁牧。甫三月，以病引去。卒于济南。囊箧无长物，人尤称其清介云。

李　洙　滦州人。性端凝，天资高朗。乾隆己酉登贤书年方二十五，双亲犹在堂也。越二年，父故，家徒壁立。藉修脯以奉母。辛酉，大挑二等。寻丁母忧。服除，选授安肃教谕。课士外，不预外事，长吏之门非公不至。行谊达于上台，两次俸满，连蒙保荐，俱力辞不受。道光壬辰，截取到班，选授河南荥阳县知县。下车即惩蠹役，警刁绅，以经术饰吏治。民怀其恩，逾岁解组归。

魏元煜　字升之，号爱轩，昌黎人。乾隆癸丑进士。改庶常散馆授职检讨，典试皖江，所拔皆一时英俊。先后居谏垣六载，凡事持大体，不屑毛举细故，博敢言声。简任江安粮宪，历升苏抚暨开府两江。每遇备弁升补，必反覆考校。遇水旱偏灾，尤详加查勘。分别蠲缓赈济，前后奏请帑金百五十余万，民庆更生。转七省漕运。剔除各帮积弊，奸丁蠹吏无所用其钻营。晨夕事母，白首如孺子，处兄弟怡怡如也。平居便服，时露补缀痕，盖虽显贵犹诸生云。

马学赐　字葵园，迁安人。生而岐嶷，立志不群，以家事中落，年十一始就外傅。十七人邑庠。且读且耕，文名噪一时。乾隆戊申举于乡。癸丑成进士。授县令，历任陕西蓝田、泾阳、渭南等县。其莅蓝也，捐廉立玉山书院，亲加考课。邑久无甲科。未三年，兀崇德联捷南宫，诸生歌诗刻石以志德。又亲事丹铅，纂修县志。岁旱，徒跣祷于辋峪之锡水洞，甘霖立沛。公余辑《纯孝录》、《劝孝歌》，令瞽者唱播。有父子异爨者，闻而感泣，卒为孝子。调任泾阳之日，民醵金建生祠，止之，不获已乃以其金增书院膏火。治泾六年，一如在蓝时。泾童谣云："马青天拈香，龙王著忙；马青天发驾，龙王害怕。"嘉庆初，教匪扰关中，军书旁午，人心惴慄。忽有贼谍纵马大呼曰："贼至矣！"民情汹汹，僚属请闭城以守。赐曰："果尔，则坠其术中矣。"乃下令人授一兵，家各为卫，开门秉烛，率家丁登城以待，贼竟不至。而邻邑之闭门者，城外悉被掠矣。不数日，有回匪啸聚于城外之礼拜寺，或以潜谋不轨上闻。大宪羽檄饬剿贼，幕友拟请兵往。

赐曰："此必愚民无知，乘教匪之煽惑而人耳，何不轨之有？"黎明率数人，直人贼巢。贼方露刃以待。及至，则弃刃环跪曰："是吾父母马青天也。小人等何敢？"赐南向坐，谕以祸福，咸感泣，叩头而散。当是时，有讹传其被围者，周走而呼，老弱皆起各于襟上粉书"马"字，驰而来。遇诸途，欢呼拥至署前始散。有民妇送前室之子者，谓夫兄弟三人两伯久各爨，子无状将不养吾寡妇也。命笞之，将行刑命已之。谓妇曰："汝子既如此。为若理家事者谁？"妇以夫之族弟某告。命拘某至。斥之曰："汝既以疏间亲，伊子不肖，汝不训诲，伊送其子，汝不劝止，是必汝从中愚弄，计逐其子以便侵吞耳。"鞫之，则妇家房产券已半为赚去。赐大怒，立追还原券，逐之去。召其两伯至，使引其母子归，谆谆劝谕。皆感泣。人或讶其何以如睹？曰："吾相其子痴愿朴讷，必非桀骜者。且将杖时，见臀已有棒痕，必曾经呈送者。因呼吏查旧牍，果于前任以呈送被杖，祇月余耳。韩城王文端公称为陕西第一好官。嘉庆七年，卓异候升，引疾归。起病补渭南。有西安某将军家僮牧马屡伤民田。民控之。乃拘僮至。僮曰："是将军之马。"曰："将军教尔牧马，教尔伤田乎？"笞而逐之，其不畏强御如此。寻擢牧商州。未及履任，卒于官，年五十四。宦橐空如。臬宪朱公为查在泾有应领骡价七百金，亟支库发给，乃得归葬。蓝、泾士民，有徒步数百里赴吊者。历充乾隆甲寅乙卯科、嘉庆戊午辛酉科陕西乡试同考官，充乙卯、戊午陕西武闱同考官，所拔皆一时英俊。著有《玉照轩诗文集》行世。道光十九年，以蓝田士民之请，入祀名宦祠。二十三年，以迁安同乡之请，入祀乡贤祠。

王　鋆　字镕庵，卢龙人。乾隆甲寅科举人。嘉庆乙丑成进士。即用知县，告降任正定府教授。讲学授徒，尤善于《易》。俸满到省，上台器重之。欲以卓异荐，固辞而归。咸丰乙卯科，重赴鹿鸣宴，年九十九。

杜鹏远　字翼南，滦州拔贡生。风裁峻厉，学品兼优。秉铎东安，士多敬惮。长子阊，廪生，文誉甚著；次子詹，以进士官山西浮山知县。

魏元烺 字丽泉，昌黎人。元煜同母弟。幼而颖悟好学。领嘉庆庚申乡荐，戊辰成进士，改翰林院庶吉士散馆。除山西洪洞令。时兄煜居台谏，累寄书以清、慎、勤三字勖之。由州县历闽省封圻，建贮仓谷，培养人材暨平定三省教匪，具有名臣经济。屡奉恩旨褒奖赏戴花翎。转刑部、兵部尚书。恪恭尽职，忧国奉公。年七十余精力不少懈。宦迹备载国史。没时，上甚惋惜，赐奠谥勤恪。

李广滋 字卷山，父词垣兰季子也，字掌丝。由廪贡生官云南晋宁州佐，工书法。广滋少聪颖，治诗古文辞，能传其家学。嘉庆庚申，乡试由拔贡魁其经，己巳成进士，选庶常，授翰林编修。寻擢福建道监察御史，充丁丑会试同考官。在谏垣，抗直敢言。嘉庆末东巡、兴役。以言事忤旨，谪戍乌鲁木齐。到戍所浃旬即赐环。素性高爽脱俗，风味似晋人。放归后，益肆情觞咏，不问世事。道光初，直隶制军蒋砺堂聘主莲池书院讲席，一时名士多从之游。所著有《窗南草》、《塞游草》、《闲中吟草》、《雪泥鸿爪集》、《保阳集》。

李　筌 字存旨，乐亭人。幼颖悟，敦孝友，八岁通毛诗，及长贯穿经史，为制义规法先正，不屑人时俗浮靡一派。初就童试辄冠军，旋食饩。以嘉庆戊辰登贤书，由方略馆誊录议叙知县，选授河南之上蔡。在官以清谨称。时邑境连岁河决，例应科派民间预为修筑，已敛钱钜万矣。至期，竟安澜无恙。有劝以所敛之钱私诸囊橐者。筌正色拒之，立出牌示，悉散还之。公余，仍以文史自娱，无异寒素时。历任数年，以终养告归。卒年四十四。子四。长砥柱，廪生，出嗣其叔所，继母待之无恩。砥柱子职无亏，人皆称之。

宁兰森 字香汀，乐亭人。性情和厚，读书甚纯。嘉庆癸酉，以选贡授礼部小京官。己卯，登贤书。在部循分尽职，不激不随，困仪曹者二十七年。至道光庚子，始以郎中擢授甘肃甘州府知府，署平庆泾盐法兵备道。甘肃故瘠省。公莅任，整躬率属，所至有贤声。数年，卒于官。

王瑞征 字莆田，抚宁人。幼沉默不轻言笑，与人接肫肫如也。读书能得闲。先辈吴荫松、山长欧阳绍洛两先生亟称赏之。家寒素，堂叔润辄助之。嘉庆癸酉、甲戌联捷进士，授刑部主事。研究律例数月后，即练达。蒋硕堂相国官西曹时，尝谓案经王司员办罪无枉纵矣。二十四年，总办秋审，出署江宁府。道光八年，为浙江司员外郎，十年迁江西司郎中，十一年发往江苏以道府用。召见圆明园，奏对称旨。有“到江南勉为好官”之谕。公感荷国恩，益以清勤自矢。十二年，署常州府篆。时洪湖水涨，高邮堤溃决，下流州县俱为巨浸。常地处冲途，灾黎遍野。捐廉设法留养，全活甚众。三月，补常镇通海道。勤求水利，清厘榷政。嗣屡奉差委，积劳成疾，卒于官署。旋有贵州臬司之命，至则没已数日矣。时制军陶公、中丞林公则徐咸为惜之。

宋　琛　字丹崖，滦州人。幼聪慧好读书。嘉庆癸酉，举于乡，时年甫及冠。以家贫亲老，设教于乡，远近知名之士咸出其门。道光乙未，大挑一等分发浙江，历任庆元、平湖、金华、瑞安、汤溪、天台等县。所到兴利除弊，去暴安良，案无留牍，请托不行，四民无不颂德。在天台交卸后，抵省未逾两月，阖邑士民吁请回任。至邑，谓其士民曰：“何德于尔？而若是。”佥曰：“小邑土瘠民贫，不堪贪吏之扰。公廉明，故极力款留耳。”越三载，因与上官不合遂以疾辞。侨寓钱塘，日以课子孙为事。慕其品学者，咸师事之。其终岁日用所需，止恃生徒修赀与僚友馈遗而已。后粤匪犯境，经保举以团练有功，带兵防堵，因劳致疾，卒年六十有四。

谭光第　字杏楼，滦州人。嘉庆戊寅、己卯联捷，成进士。道光十年，选授广东定安县知县，升崖州知州。海南地居偏隅，素多海盗。崖州民黎杂处，尤称难治。至则除暴安良，立学校，振文风，盗亦随弭。是时洋务方起，林文忠公总制粤东，留之制署，多所襄赞。旋丁内艰归。父德润，年老多病。不欲远离，读礼之余，课徒养亲。而学问由此愈粹。历十年而父故，终丧，遂不复出。五十七岁卒于家。

张化民　字雨时，抚宁人。嘉庆戊寅举人。学优品端，游其门者春秋两闱多得气飞去。道光间，选授柏乡训导。清苦自励。时蜀刘垣宰柏，捐重赏以擒巨盗，能吏也。没后，归榇无力，眷属羁柏者八年。化民为醵五百余金，送之归。旋调井陉。适咸丰辛亥，发贼薄城下，化民誓以身殉，驱家属出城已数日矣。值胜帅提兵过境，城得全。嗣以老告归，卒年七十三。

李昌舒 字坦斋，迁安人，纶子。以拔贡生领嘉庆戊寅科乡荐，大挑一等，分发甘肃，历知合水、环县皆有声。合水地故硗，俗陋。昌舒一以诚意感孚，如家人父子。租赋比不登，捐俸代完，逋欠积串数千百皆火之。其任环县也，尝大旱，祷雨于城隍，神不应则与神像并系烈日中。越日不雨，乃大戚曰："令与城隍罪深矣，当共荷校。"民环跪泣请。是夜大雨，岁则大熟。方其始至环，米斛钱三千，至是斛五百。又虑谷贱伤农，乃买谷填仓。明年夏霪，雨水大至。昌舒日行泥淖中督夫修堤，民赖以安。嗣以积劳感疾卒。是时，方议清隐田，官吏承风旨，以多报升科为功。昌舒独不肯，止报五顷曰尽矣。上官催促继之以怒，终不应。民有惑于继妻，而迫其前子孀妇改适者，成讼，召至前训饬劝导，手书一联谕之曰："莫听花底莺声巧，应惜帘前燕影孤。"民大感愧，妇节以完。性喜诗，晚年格韵益高。著有《挂云山房诗草》、《西行草》、《西行续草》。

王　煦 字湑崖，昌黎人。道光壬午科进士。历知河南延津、孟等县。兴学校，劝农桑，民多戴德，尤勤于听断治堂事，辄漏下三鼓始就寝，故案无留牍。以亲老告归。邑绅士赠诗宠之行，而男妇老幼之扶筇跨竹挈榼提壶者道路不绝。服阕，需次江苏。上宪廉其能，每遇疑难案牍，一以委之，悉成信谳。先后两署武进，结上控五十余案。后改教授，旋引疾归里，掌教本郡敬胜书院暨迁邑安昌书院。生平诗文以作者自命，同辈中少所许可，惟与迁安马恂为文字交。书法尤苍秀。著有《爱日堂类稿》行世。

才宇和 字霁堂，原名连会，昌黎人。道光乙酉科拔贡，除安徽泗州州判，历署凤阳、怀远、绩溪等县，率以循吏称。课最升灵璧令。灵邑连年荒歉，除请帑赈济外，复捐廉施粥，饥民赖以全活。咸丰三年，粤匪窜据临淮，距灵仅百余里。和募勇筹饷，待贼决战。

贼闻风不敢近。上宪奇其才，以宿州大缺委署。甫视事，值巨捻张洛行聚众十数万围城。和率义勇，开东门突出杀数千人，贼胆落，围立解。由劳绩升颍州守。是时，淮北土匪蜂起，兼以叛逆苗沛霖啸聚倡乱，虎视眈眈，和矢志剿贼。每战必身先士卒。皖省八府，被贼窜据者七，惟颍州一属独全，和之力也。迭经钦宪袁、安抚福专摺人奏，蒙恩赏戴花翎。授庐凤兵备道、加按察使衔。因病告归，旋卒。

常　瀚　字蓉舫，滦州人。道光乙酉科拔贡，以知县用。分发陕西，除朝邑，调咸阳，补咸宁，升乾州。所在勤政爱民，民戴如父母。擢汉中府。简放延榆绥道。咸丰□年，发逆由楚北窜，入陕境，商雒滋扰尤甚。瀚冒雪往剿，贼闻风遁。士民公立九商保障碑以记绩。回任，适值镇标兵变，擒斩首恶六人，其余不问，众遂安。尝语所知曰："为政贵得前人立意实际，而不袭其迹，所谓因时制宜也。"嗣回匪不靖，钦差大臣都调赴军营，力疾行，卒于路，年六十有二。

李清泰　字辅亭，广滋子。道光乙酉拔贡生，戊子举于乡。初授满城教谕。保举知县需次山东，历署招远、汶上、蓬莱等县。案无积牍。在汶上时，督捕捻匪，境内帖然。蓬莱向有社下马旧规，胥役勒索累民。清泰裁减过半，勒石垂后，民咸德之。旋以内艰归。服阕，补益都县。未履任而卒。

李育德　字振庚，临榆人。岁贡生。士纲长子也。孝友如其父，性耿介，尤擅经济，才文根抵六经，卓然名贵。著有《亦政堂文稿》。道光辛卯，登贤书。以国史馆誊录议叙，选延庆州学正。既履任，曰："官名教谕，不教不谕胡为官？"于是，扩学署为书斋，课实行校文艺，口讲身率，士习为之一变。历任州牧皆重之。延庆城内止数井，陕西王榕吉以名进士牧斯州，患民之艰于汲也，谋所以足之未得其要。育德云："城西北二里许之汪家园水，若引而注之隍水，既敷用兼能卫城，一举而两益焉。"王深然之。即令任其事，工竣，沿壕栽柳以固堤。倡首捐钱生息，俾岁修有藉，延人感之，颂以"主善有常"额悬诸学署，在官十年。丁母忧，延之官民聘主冠山书院，故居延又二年云。

刘克勤 临榆人。岁贡生。任丰润县训导。捐俸买学田地四百亩，以补后来学官所不足。丰润县明伦堂立有碑记。

王允猷 字仲升，临榆人。生时自项至肩有鳞甲数十片，啼声异常儿，周岁指物示之辄能记忆，质颖敏，不好弄读书数行下。十四岁属文落笔惊其长老，补弟子员试高等。父母没，哀毁逾恒。事兄友爱。终身自奉俭而周急济困，见义必为。族中赖以婚嫁丧葬者数十家。凡捐修文庙、试院、书院、义学暨赈饥埋黄诸费，累至千万金不惜。年四十余，屡踬棘闱，慨然思有用于世，乃历游天下名胜、通都大邑，凡道途水利漕运兵屯之沿革利弊皆默识心通。以贡就选行人司行人，勷礼部仪制司。每呈一稿，少宗伯长洲沈公辄嘉其敏练通达。迁户部广东司郎中。考核诸司殿最，秉公无私，吏胥不得上下其手。大司农常熟蒋公亦器重之。公余辄阅《大清会典》、《通鉴纲目》、《文献通考》诸书，以资考证。尝训其子曰："'学古人官，议事以制'，尚书二语所宜法也。居官莅政何可面墙贻讥哉？"年五十四卒于官。

王兆松 字公卜，抚宁人。道光戊子，解元。癸巳，成进士，选庶吉士，授工部主事，补屯田司掌硝磺库。丁父忧，服阕，升员外郎转郎中，监督黄木厂。咸丰癸丑，补山东道监察御史，改贵州道巡视南城。升兵科给事中，稽查通州西仓，转户科掌印给事中，补鸿胪寺少卿。丁母忧归。奉旨督办团练。同治丙寅，卒于家，年六十五。松生而岐嶷，孝友诚悫，沉默寡言，服官清要，内介外和，同僚咸仰其丰采。掌户科时，闻通州一年添设漆铺百数处，恐内藏奸宄，禀请搜访，后大沽有变如公言。由是屡蒙廷召向用甚殷。公雅不欲，以直节自见。每有奏疏辄焚其稿。读礼家居，闭门谢客，不预外事。课子读书，手不释卷。其弟兆柏，以壬戌进士，选河间教授。不赴任，优游泉石，以书史自娱。人两贤之。

薛安仁 字朴庵，卢龙人。生而聪颖，善读书，敦气谊。家贫无力延师，甫冠即以舌耕自给。而课读余暇，攻苦未尝辍也。游泮后，文誉甚著。时昌黎王公煦以名进士主敬胜书院讲席，特器重之。道光辛卯，乡试挑取誊录，壬辰举于乡。旋以国史馆书成议叙知县。呈请就教职，选授奉天复州学正。在任十八年，而复邑文风为之大振。年六十有二卒于官。服心丧者数十人。子三：长继曾，邑庠生；次继畬，拔贡生；季继武，副贡生，俱能以诗书世其家。

王汝讷 字子默，号友木，滦州人。父庚，道光乙酉举人、山东知县。同母兄弟六人，汝讷其次也。幼颖悟，十龄外能文章，补郡学生。道光己酉举拔萃科，即于是秋以第一人领乡荐。咸丰庚申，捷南宫，用主事分工部。逾岁补军机章京人直枢垣，供职勤慎。政府诸公咸器重之。同治丁卯，迁御史。戊辰四月简放山东遗缺知府。除东昌未履任，署青州事。甫下车，即实惠及民，民俗好斗，劝谕化导，俗为一变。境内久不雨，自为文吁祷三日，甘澍渥沛，岁大稔，阖郡呼神君。嗣因祭告龙神，入庙为刺客误伤，越一日而没。事闻，赠太仆寺卿，荫一子，立祠。妻傅氏仰药以殉，因救得苏。

葛唐麟 字应隆，乐亭人。性刚果能任事。咸丰壬子科举于乡，同治壬戌大挑一等，以知县分发浙江。浙省号人文渊薮，每书院大课，委之阅文及补行。辛酉、壬戌两科乡试，唐麟与分校之役，所拔多浙中名宿。委办谳局，疑狱多所平反。抚宪马公常曰："狱经葛令所定，我知其必无冤抑矣。"其为上游器重如此。委监衢郡厘局，得疾。及委署龙游之檄下，而唐麟竟卒，年五十四。

阎廷珮 字均堂，号黼卿，庐龙人。祖会一，岁贡生。父德峻，辛卯举人。皆以教授终其身，敦伦修行，乡里咸矜式焉。廷珮幼读书，文笔卓荦，未冠入泮，旋食饩。中道光丁酉副榜，癸卯、甲辰联捷成进士。以部员用补户部山东司主事，历升员外郎、郎中，掌捐纳房稿。授宝泉局监督。公务纷繁，摺稿胥由自裁，不假书吏手。在部二十余年，勤劳如一。京察保列一等。咸丰辛酉春，授山东兖州府知府。未到任，丁外艰服阕，补青州府。莅任十余年，事上敬而有礼，治民宽而有法。重修云门书院、青州贡院。捐廉首倡论文谈道，官民无异师生。同治庚寅，青之黄崖山逆匪聚众三千余。珮侦知，连夜请兵，克期平灭。抚宪保奏，以道员用。同治丁卯，捻匪窜扰山东。青民户出一丁，朝夕训练，及贼临城下，率众守御，昼夜巡查，半月余贼解围去，城赖以全。抚宪保奏，奉旨加盐运使衔。同治甲戌，丁内艰归。青民刻石以颂其德。

韩　超　字寓仲，号南溪，昌黎人，唐文公裔。少慷慨有大志，家贫厉学，熟于史鉴，尤究心武备。由副榜就职州判。道光二十二年，天津设海防，诣军门献万言策。事平，以本班归部，候铨贵州，请拣以借挑府经历，到黔署三脚屯州同、独山州知州、清江通判。洊知县、府，赏花翎，授石阡府兼署思州府，简放贵州粮储道，署贵东兵备道帮办剿匪事务。署贵州按察使，加布政使衔，赐号武勇巴图鲁二品顶戴。署贵州巡抚。超性刚鲠，事上官不阿附取容，凡转官皆以战功。独山与广西邻，健讼多盗号难治。超访士人有行谊者，敬礼之。创行团练，以士民为耳目，破积年盗寨，禽治胥魁巨猾略尽，威令大行。咸丰元年，胡文忠林翼守黎平。广西发贼起，逼府境。胡见超与知县魏承祝书，诧为奇士。请于大府，使为之助。超条画方略，教所部以营阵攻战之法。二年，胡公上书荐于布政使，并上其方略，由是知名。闻粤寇将来，军于怀远迎击之，贼遁去。是年秋，台拱、清江、八寨、丹江、古州五界之乌沙苗为乱。乌沙者，张广泗开苗疆之九万寨故地也。胡公奉檄剿捕，以超为前锋，斩获骁贼数百，徇下各寨，乌沙平。三年秋，胡公剿贼两湖，欲与之偕。辞曰："吾仕黔十年，赡家葬亲，皆资于此。今黔且乱，无事享其利，临难而去之，非义也。"乃为胡简劲卒六百，送之登舟而别。时方在清江署任，治盗益力，尽倾禄入养勇士，亲教之。一日三阅，汲汲若有事者。明年春，独山土匪结粤寇内犯，众数万，大府檄使讨之。率诸军进击，禽逆首杨元保，复深入广西南丹州境，击诸股平之。还师未匝月，而桐梓贼杨洪大炽。陷数城，围遵义。滇黔兵救遵义者数十营，动辄败衄。超驰至，冒雨疾战，解城围。每会诸军出，他将败辄救之以为常。攻破雷台山大因堡贼巢，杨洪溃走，将由黔西以趋省城。闻超要之，乃远窜。超昼夜穷追，贼闻韩军至，辄不战。至冒他军衣帜诱之，乃得交锋，斩逆首王三乍巴于坡贡场，斩逆首杨枫于葛章司。五年三月，贼平。是月，苗疆同时叛乱。超即驰援台拱，解黄平、平越围。六年，援胜秉、镇远，喋血转斗，深入垓心。黔中跬步皆山，苗地尤险恶。贼堑山断道，以阻官军。猱升鼠伏，伺便要袭。援师不至，超以本部奔命于箐谷之中，屡频于危，而意气自若。胡公疏言："韩超深明兵略，刚正不挠，臣前所带黎平团勇，皆韩超训练之力，其才非臣所及。近年黔疆不靖，闻该员已擢知府，崎岖于台拱、清江之间。年余无饷，劝谕良苗，聊供食米，部曲尚未尽散。该员年已六十，近年文报梗塞，恐其终必饥困坐失良将。倘蒙敕下云贵督抚设法济饷，假以事权，可为国家兵事得力之员。"侍郎王茂荫亦荐之。下巡抚问状。七年，覆奏。上擢道员。自咸丰六年以后，黔省上下游大乱。州县失陷大半。思州以北及石阡、铜仁、思南诸郡为教匪；镇远以南及黎平、都匀诸郡为苗匪。超以孤军搘拄其间，使贼不得合，遏其由沅下沅之路，以蔽湖南。自将先不过数百人，及官道员，奉命帮办，所统亦止二千人。贼常以数十倍之众来攻，更番死斗，率数月不解甲，馈饷久绝，因粮于苗。湖南巡抚骆文忠秉章疏闻于朝，称其廉朴耐苦能得民苗心，月济饷四千金。骆去，饷绝。胡公移书湘中，为乞饷。屡欲调之人鄂。会胡薨而止。八年冬，复镇远、府卫两城。十年春，肃清思州辖境，于是谋因地足食之道。下游民团旧以十户养一壮丁，因其意稍变通之，官募士而民输粮，仿隋唐府兵之意。又籍叛产绝业，分授降众、流人，以田代饷，行之二年，得不饷之兵三千人。当苗初叛，千里响应，欲据全黔以通湖南苗疆，既屡挫于超，凶焰始衰。十一年，大帅檄赴省。清镇以暴敛激变，陷镇西卫，围县城分趋省会。超至，击退其攻城者，余悉抚定之，旬日而毕。大帅欲屠杀立威，超不可，以去就争之乃已。十一月，诏署巡抚。时通省残破，发逆石达开复由川突人，号称二十万。云南叛回溃练分道攻扰。上游邻省协饷久不至，厘捐日涸，危迫不可终日。超内驭悍将，外支群寇，八面撑拒，黔疆获完。击走石达开，攻克尚大坪、玉华山两贼巢，肃清大定、安顺、遵义、思南、铜仁诸郡。云贵徐之铭遣回人马联升来摄安义镇总兵。超拒之。云南叛将林自清诈称受诏，由川赴浙，所到剽掠。超以便宜，令将击败之，降其众。得旨褒奖。提督田兴恕以教案被谪，黔人恐大将既行，贼复炽，要超奏留。超亦念田部犷悍，他人难制，且移军索饷将致哗变。与总督潘忠毅铎合疏以闻，复再疏以情告。中旨诘责。同治二年，引病归。超在黔大小六百余战，纪律严肃，勇略冠一时。平日坦直敢言，临战审地势，测敌情，操纵捷疾，奇变如神。善恤士卒，让功同列，尤善用间谍。援遵义时，得博徒刘振，因尽得制贼要领在苗疆。时遣苗为内间，离其众，出奇计，惊扰之。复结良苗，以攻苗。清江陷，其家属在焉。群苗卫而出之。时方与苗战，而其德能感苗如此。四年冬，辽东、西马贼起，关内纷然应之。直隶总督刘公长佑疏请以超练团防，边事定，得优叙。又请以超统易州练军，不果行。超居官廉介自奉极约，及治军益贞苦，饮食居处皆与士卒同。归田十余年，卒年七十九。赐谥果靖。

齐大勇 字养浩，号凤岩，昌黎人。幼颖异，通书史，素负大志。年二十，游文庠，应乡试不第，乃弃文就武。雍正己酉，应武乡试不第。大学士马齐素知勇膂力过人，弓马纯熟，兼长文事，乃为之称屈，竟彻宸听。世宗宪皇帝特命与新科武举在紫光阁一体考试，钦赐武举。明年会试、殿试俱第一。授乾清门头等侍卫，一时名噪都下。九年三月，奉旨往军营，随大将军岳锺琪学习行走，赐孔雀翎盔甲衣服等物，又解御佩小荷包赐之，曰："好生学习，勿负朕意。"勇感激圣恩，驰赴巴里坤。大将军派领戎纛兵马进剿，六次奋往争先，屡著功绩。西酋闻之心慄。十三年，题补山西抚标中军参将。莅晋数载，整饬戎行，练习营务。乾隆七年，升湖南沅州协副将。抵任五月，丁父艰回籍。服阕，补江南镇海将军中军副将。十二年正月，补授湖广襄阳镇总兵。旋于九月调陕西兴安镇总兵。十三年十一月，奉旨派领西安、固原、延绥、河州、兴汉五镇官兵进剿金川。十四年六月，升授湖广提督。十六年调陕西固原提督。又调甘肃提督，仍移固原提督。十一月入觐，屡蒙召见。谓诸王大臣曰："齐大勇乃先皇旧臣，洵状元中之杰出者。”面奉谕旨，仍在乾清门行走。十二月，升辞回任。二十三年十二月，调补湖广提督。嗣以固原提督任内保举不称，以参将衔发往巴里坤效力行走。凡四年，叙列一等，选授河南营参将。以母丧致疾，葬甫毕而没，年六十有六。勇服官三十载，廉洁自矢，区画军务钜细精详，兵民爱之如父母。去之日，靡不流涕，道左勒石以志不忘。其孝友出于天性，两丁内外艰，哀毁逾节至于灭性，乡党为之流涕。与人交披肝胆无粉饰。工书法，于旧拓名笔，尤精鉴别。两遇覃恩晋封资政大夫、荣禄大夫。

李云标 字冲九，滦州人。性豁达，幼弃文习武。中乾隆辛酉科武举，乙酉成进士，以侍卫用。庚午四月，除授漳州城守营游击。辛未，署漳州镇标中营事。壬申十二月，蔡荣祖谋逆，奉檄剿捕，纪功。癸酉八月，调补罗源。乙亥五月，补城守营参将。闽督以一等保举，赴都引见。奉旨记名。值丁母忧。戊寅四月赴任，调补台湾南路参将。十一月署台湾北路副将。庚辰十月，补授广西平乐副将。逾三载，以提督荐引见，仍回原任。甲申正月，除授云南总兵。乙酉五月，奏请陛见，赴京叠蒙召见，赏戴花翎。丁亥，调补甘肃凉州镇署甘肃提督。辛卯，代署肃州镇。本年秋调陕西固原总兵，旋归肃州镇。壬辰，金川谋逆，奉檄剿贼，灭其党，以痰疾回籍调养。逾五年卒。

安廷召 乐亭人。幼读书颖敏，而不喜帖括学。乃与从弟廷赞讲求太公阴符及孙吴诸书。乾隆辛未，以武科第三人及第，授侍卫。初任浙江抚标中军参将，训练严明，抚宪以清勤称之。廷赞生而骈胁，膂力绝人。乾隆丁丑武进士，由二等侍卫任四川保宁右营都司。会国匪窜扰，公奉宪檄，领锐卒五百驰赴军营协捕，深入丛山与贼遇，奋勇急击，而身自引弓射渠长杀之。转战一昼夜，贼大溃。赞欲乘胜直捣其巢，众难之。赞曰：“贼在巢如池鱼阱虎，围可困攻可取也。若待外溃，山险兵稀，如钓鳞巨螯，逐兽平原，安能测其所届？”遂鼓行前，破其巢。以功升重庆镇左营游击。山西得胜路参将、蒲州协副将。丁忧回籍。服阕，任广东香山协副将、寻署总兵。而廷召亦历升台州协副将，以疾告归。

李国梁 字简侯，号静斋，其先丰润人，康熙间来居乐亭之徐各庄。世以忠厚传家。梁生而慧敏，具文武材，少时读书辄通晓大义。乾隆癸酉，领武闱乡荐。丁丑会试，以第一名中式。廷试复一甲一名，赐武进士及第，御前头等侍卫。辛巳秋，以简命宣力南疆。历署闽浙等处，参、游、副、总。旋授浙江提标中军参将。所至训兵练卒，一切支发粮饷必亲为检饬，侵渔弊绝。制军苏公称曰“清而能勤”。先署象山副将篆，时恭逢南巡大庆，派办差务，蒙恩赏赐貂皮二张、大缎四匹，级有加焉，盖异数也。己丑春，升台州副将。壬辰洊调象山。癸巳秋，擢定海镇总兵官。甲午，陛见人都，召对称旨，遂调镇处州，旋调福建漳州。逾年，署理闽省陆路提督，未几实授。阅二年，以母艰归，哀毁骨立。小祥后，即奉旨署理湖广提督，赏戴花翎，仍在任终丧。服阕，遂实授楚中。会川省啯匪逃窜，梁领锐卒三百人，轻骑出宜宜、施南一道，跋涉丛山。驰赴蜀中协捕。匪众闻之，无敢越境，悉于本处就擒，人咸谓为先声震夺云。莅湖之四年，恭修述职，蒙恩给假归省并赐匾以荣其亲。回任甫年余，上以其父年近九旬，调补直隶提督，就近迎养。乾隆五十二年，以疾卒于官，年五十八。谥恪慎，赠太子少保，遣官谕祭赐碑文。公性至孝，晚岁斑衣舞采，依依如赤子。戚属有匮乏必赒恤之。历总戎务，寓恩于威，以故所属咸亲附之。奏疏必手自属稿，薰而后缄，点画微疵，务检剔净尽以为不如是不足以达诚。居恒不苟言笑，及值事，疾若风雨莫测所由来。或暑月乘骑，未尝张盖。届时操阅出，入率见星，饮食粗淡，非延宾不设兼味。卒之前一月，扈驾盘山，时已遘疾，上遣太医诊视，亲问痊否。卒之日，上令军机传旨云：伊父年过九旬，不必过于伤悼。五月初，朕启銮赴热河，出口及回銮进口时，伊父俱不必在道旁接驾、送驾、谢恩，朕见之转增悯恻也。就近传谕知之。钦此。”其父子得君盖始终恩遇不衰焉。

阮宁方 临榆石门人。乾隆乙卯科武举，辛巳成进士。状貌魁梧，膂力绝人。幼时服役于本村杨氏，杨二子习武，为之司牧。暇，辄举刀石。主人见其材勇，俾与子同习。村某氏治宅有条石，数工不能舁。宁方曰："吾为尔助一臂之力。"遂独抱石安插讫，神色不改。由是共称为阮大力云。应童子试，入武庠，后与二杨并举于乡。会试独获隽，授御前侍卫。任满，补四川重庆镇标右营都司。以征缅功，升潮州镇营参将。因失机革职。金川之役，阿将军保举起复原官，屡立战功，敌人畏之。累官至河南开封府城守营游击。

卷之六十

列传十二　行谊一

［金］

齐　陶　其先宏正人。高祖文及，仕郑州防御使，后徙石城，再徙马城乐安镇。兄甫，举进士，未仕卒。陶于辽寿隆间监乐安镇酒务，善干办。金天会间，授明威将军，阶三级，仆马万余。而厌侈靡，崇节俭，孝友慈惠，动以礼法律身，乡间翕然称之。长子执中，官修武校尉。仲子允中，忠显校尉。俱恭谨世其行。按《滦志》云："寿昌间征授石城令"，寿昌当是寿隆之讹。

吉士宽　尹吉甫裔也。南汉太守格之后。五代，徙居滦州宜安里。事亲最孝，富而好施，赠昭勇大将军。

［元］

葛　宏　滦州人。金末岁饥，竭力赡恤，全活数百人。元辟为石城县尹。

王　振　平滦人。居丧庐墓。

梁　讷　永平人。居丧庐墓（以上二人俱见《元史·孝友传序》）。

庞　遵　卢龙人。母病肿，三年不能起，思食鱼。遵求于市不得，归途叹恨，忽有鲤跃入其舟。作羹以献，母悦病痊。《元史·附胡光远传》。

李彦忠　卢龙人。性至孝。父丧，庐墓八年，足迹不至家。至治中旌表。《元史》附《邵敬祖传》《畿辅志》作弘治中，误。

任伯仁 滦州人。南麓六世孙。让产于弟伯义、伯礼，孝友出至性。元贞中授银符，进义副尉、武魏亲军百夫长。案:《元史·百官志》进义副尉，从八品。又按将军有武节、武德、武义、武略之称，无武魏者，俟再考。

路进兴 字通举，滦州人。大德间，随伯颜破贼，不避矢石，累获大功。受敕牒印绶，赐敦武校尉。辞归奉母，务尽菽水之欢。母卒，馇粥缟素，哀毁逾礼，乡人以孝称焉。

［**明**］

杜仁义 乐亭人。洪武间，与妻韩氏，俱以孝旌。见《明史·孝义传》序。

韩孝子 《旧志》失名，乐亭人。居乡廉让，与人无竞，竭力以奉亲。洪武间题旌。邑侯陈金骏《两孝子传》云：余阅《邑志》见有两孝子，一为黄孝子，一为韩孝子。黄孝子名赟，江西临江人。父均道，于元延佑间求仕京师，留赟江南。时赟幼。及长闻父再娶居永平，乃往省之，则父已殁，其妇挟费更嫁居乐亭。赟往求见，拒不纳。赟曰:“吾来省父，不幸父殁。幸示墓所，得奉骨归足矣。忍利遗财耶？”母竟不见。其母弟怜之，与偕求墓所又不得。赟日夜悲哭祷于神。一夕梦一老人以杖指葬处，曰:“见片砖即可得。”明日即其地求之。母弟曰:“是矣！某物可验。”启棺负父骨归。呜呼！孝矣。昔朱寿昌弃官入秦寻母，与家人诀曰:“誓不见母不复还。”行次通州得焉。

与此差相类，而寿昌迎养终身，赟祇负骨以归，岂孝子之遇有幸有不幸也。抑天之待孝子各成其是耶！越至有明，又有韩孝子者，里居不著名，字弗传。《府志》云:“明《洪武录》载有旌表乐亭韩孝子语。想已登国史矣。县轶其名。惜哉！”观此数语，其孝必有大过人者矣。不然，何以人一代实录中耶？夫黄犹纪其事，而韩竟失其名。此孝子不幸中之尤不幸者也。虽然孝庸行也。率于性之自然，而根于心之所不容已。其极至于明天察地，幽感鬼神，祇以求惬其隐衷，而非有所表暴于世。故其若隐若现亦听乎遇之适然。若两孝子者是也。究之其纪其事者孝传，失其名者孝亦传，则虽影响昧昧，而至德休声已昭然揭日月而行。余故援笔以纪之。俾乐邑士民之读是编者，并志两孝子心而由能动其天下之感，则孝子之风且与平山、滦水而俱长矣。

曲　祥　字景德，永平人。永乐中，父亮为金山卫百户。祥年十四，被倭掠，国王知为中国人，召侍左右，改名元贵，遂仕其国，有妻、子。然心未尝一日忘中国也。屡讽王人贡。宣德中，与使臣偕来。上疏言："臣夙遭俘掠，抱衅痛心，流离困顿，艰苦万状。今获生还中国，夫岂由人，伏乞赐归侍养，不胜至愿。"天子方怀柔远人，不从其请。但许给驿暂归，仍还本国。祥抵家，独其母在，不能识。曰："果吾儿，则耳阴有赤痣。"验之信，抱持痛哭。未几别去，至日本启以帝意。国王允之。仍令入贡，祥乃复申前请，诏许袭职归养。母子相失二十年，又有华夷之限，竟得遂其初志。闻者异之（《明史》）。

秦　良　永平人。成化间以孝旌。与下朱辉名俱见《明史·孝义传序》。

朱　辉　卢龙人。庠生。母程氏亡，昼夜号泣，哀毁骨立。庐墓负土成冢。及期，白狼驯扰不去，有燕来朝，谷双岐之异。抚院给近坟山场，环五里许，官为植树。成化甲辰题旌。以岁贡，为任丘训导。

侯　显　昌黎人。国学生。尚气节，敦朴素。父母亡，俱庐墓侧。鸠巢于舍，芝生于冢。名见《明史·孝义传序》。

杨　腾　迁安人。诸生。幼孤，母病目，以舌舐之而愈。及殁，庐墓三年，有冰花结于盆，俨如树下人拜伏坟前之象。已而，芝草生焉。隆庆中，上闻，诏立"纯孝格天"华表于通衢，仍给冠带荣之。名见《明史·孝义传序》。

韩　瑛　迁安人。庐母墓三年，日哀痛，覆土三次，母墓成丘，深山独处，有虎卫之。冬产瑞芝。诏立孝感坊。同邑蒋盛庐父墓三年，亦诏旌表其闾。名俱见《明史·孝义传序》。

穆大任 山海人，庠生。至性纯笃。父早逝，事母以孝闻。母殁，庐墓值兵变，乡人居村落者皆人城避乱，大任独守墓不忍去。

田 绅 乐亭人。庠生。景泰初，以亲老陈情于督学使者，求侍养。父殁，哀毁逾礼。既葬跣足负土。母终亦如之。封土巍然可望数里。有司请旌，未果。

杨 珍 抚宁人。母早逝，事父惟谨，侍食侍寝，积久不怠，内外咸以孝子呼之。父疾笃，口尝其便，知不能起，遂治后事如礼，及葬，庐墓侧三年。

袁 卉 抚宁人。素敦孝行。母早逝。及父殁，庐于墓侧三年。蛇驯薜次，地涌甘泉，共称孝感。

金 镛 抚宁人。庠生。父禧，早逝。母高氏，守志抚孤。镛负米采薪，勤于供养。母有疾，恒焚香祝天，愿以身代。进食必先尝其寒热。由恩选官光禄寺署正，乞归终养。母节子孝，萃于一门。

王 渊 卢龙人。幼丧父，其母陈氏守节至七十余卒。渊庐墓三年，日三抔土，高冢巍然。时其邑人朱国贤、宋德昭、萧大用俱亲丧庐墓，有司奖之。

安 民 字修己，滦州人。弘治己酉举人。授兵部司务，历户部郎中。引疾乞休，加四品服色。初，父和尹大同，卒于官。民幼扶榇还。事母周氏曲尽欢愉。母卒，庐墓三年，未尝人内。乡人称孝焉。案:《旧志》安民、安尚，滦州人。巡抚汪玉赠匾曰“友于之门”疑安民即是此人。

张云鹏 山海卫人。父病，汤药亲尝，夜不假寐。父殁，庐墓三年。

赵文举 山海卫人。幼极孝，母患疽痛不可忍，医皆云不治。举祷于天，母获痊。家素窘，居常奉母甘旨不缺，即富者不能过云。

萧韶凤 山海卫人。年十九，父病蛊，迎医视之，曰:“得樟柳木根可愈。”城中求之不获，或告以产于海阳。时石河水暴涨不可渡。韶直前往觅，家人止之。泣曰:“父病笃，阻水而止，于心忍乎？”

竟涉至中流溺死，三日尸浮于海。君子重其孝，而哀其愚。

张懋勋 山海卫人，都督世忠子也。痛父殁于王事，每语及辄流涕。事孀母三十余年，孝养备至。母卒，哀毁骨立，庐墓如礼。

冯恩孚 乐亭人。嘉靖壬子岁贡生。性至孝，有老莱风。母性严，孚先意承志，务得亲欢。待人亦谦和无忤。乡里称之。

张自镐 乐亭人。万历戊寅岁贡生。性谨厚，事亲最孝。母多任性，镐每几谏，久亦感悟。

孙　渤 昌黎人。幼丧父，事母最孝。母死庐墓，哀毁如礼。

傅梦良 山海人。庠生，性纯笃，母殁，哀毁骨立。既葬，庐墓侧。夏秋霖雨，庐中水盈尺不为动。

王克勤 滦州人。庠生。事继母以孝闻。万历十三年，学按两奖其闻。

刘文焕 字世英，乐亭人。幼孤，事母孝。妻卢氏，亦孝于姑。

姑病，吁天请代，冬著单衣，三年病果痊。姑殁，欲庐墓。文焕止之曰："此为子事也。"自庐墓三年，每日覆土者三，坟可望数里。尝凿井于墓旁，汲以自爨，不数尺泉水涌出。人号为"孝子泉"云。

任自永 迁安人。生三岁而孤。母郭氏抚之成立。永事母以孝闻。及殁，哀毁逾礼。既殡，庐于墓，朝夕哭奠三年如一日。

杨有成 抚宁人。庠生。八岁丧父，已知哀毁，及母卒，浆水不入口。既葬，庐墓侧，茹蔬啜粥，负土筑坟，日三哭奠，历寒暑不辍。遇边警，亦不少动。旧有枯松复活，鸟巢其上，人谓纯孝所致。同邑孙国贤，后亦以庐墓得旌。

穆思文 山海人。庠生。事继母孝。有二弟，俱继母出，财产必均。后二弟家窘，又为弟子给产婚娶。督学王应元疏请建孝义坊。

王士倜 山海人。庠生。天性孝友。父从政，令莱阳，以持正忤当事，被诬系狱。倜偕弟伟挝登闻鼓、刎颈，力救，卒白父冤。

张廷佐 迁安人。庠生。性至孝。父疾，不解衣带者五旬余。又失明，佐祷神以舌舐之愈。及殁，夜依柩侧，风雨不避。奉母终身，孝养弥至。

马　麟　卢龙人。景泰三年，滦水坏田，民多流亡，输粟八百石助赈。诏旌其门。时同邑吕信、迁安宋会、董全、周清、杨玘、抚宁许敬、昌黎高信兴、才震、乐亭姚清、徐俊、石敬俱捐粟八百石助赈，事闻。诏旌所居曰“尚义之门”。

翟　昊　抚宁人。天性温厚，与物恂恂。人有侮者，受而不报。遇颠连疾苦者，常解衣推食以周之。祀乡贤。

谢　福　滦州人。天顺五年，旌之曰“尚义”。

吴思文　滦州人。输粟救荒。成化五年，诏赐七品散官。

徐　礼　滦州人。成化间隆冬时，施衣，每岁行之不倦。人怀其惠。

李　福　滦州人。于成化七年为义葬，凡不能葬者举之。

王　信　抚宁卫人。进士王印祥之祖也。成化七年，大饥。出粟八百石赈饥。万历间岁荒，邑人郭纯学亦捐米助赈。本县旌其门。

王天相　抚宁人。好施乐善，不遗余力。本县旌之。同县冯守业、高鉴、王一介，皆以输粟救荒周贫济乏，乡里称长者。

杨　念　抚宁人。治家严肃，一门雍睦，七世同居。

徐　霦　抚宁人。生平积德，以宽忍为务。邦大夫高其行谊，给授冠带。三子九孙无白丁。

黄应科　抚宁人。性喜施舍。族人黄大领家贫转徙失业。科招之回里，给田一百二十亩，养之。

锺　钺　抚宁人。孝友，倜傥有大节。匾旌曰“行乎月旦”。

冯余庆　滦州人。由明经授西华令。捐资千金，建长桥于治郭，以利涉。归施义田，用济贫族。以孙运泰贵，赠冏卿。

刘　甫　乐亭人。自明初至弘治间，六世同居。凡内外婚葬，礼仪必均，人无后言。己未巡按御史张鼐嘉其贤，命知县田登族其庐。（《滦志》作刘本祥，恐是一人）。

刘　会　滦州人。嘉靖十六年，输粟一千石赈饥。时州人吴镇亦捐谷赈饥，恩赐六品寿官。

高　汉　乐亭人。六世同居。嘉靖十六年，知府刘隅奖之。

王　荣　迁安人。由明经任榆林训导。未几，乞休居乡，友睦。尝买人田，人不忍舍，辄毁券无难色。

高　玉　滦州人。嘉靖二十五年，施义田并粮二千石，以周贫乏。

陈　慎　滦州人。孝义令陈情弟事母孝。尝施地六亩，营漏泽园于福君庙东北里许。

王　华　迁安人。锐曾孙。隆庆中，输砖十万、灰五万，修县东城。万历十五年，大饥。出粟八百石助赈。诏立尚义坊。

王永昌　乐亭人。省祭官。家富好施。乡人有称贷数千金以田庐为质者，久之，以多负而私为转鬻，卒不与较。又尝捐地为义冢。前令二李公有德政，士民谋为建祠。昌独任其事，所费尽己出，识者韪之。

白　钥　东胜卫人。少颖慧，为郡诸生。居家孝弟，事兄如父，嫂如母。由国学选南锦衣幕官。迁汶上丞。执陈友宽等大盗，置之法。锄暴植良，百姓德之。无何挂冠，世高其恬。退处乡，恂恂课三子，寒暑不辍。长珩、季璞皆廪生。仲瑜，登万历乙未进士，历官刑部尚书，另有传。

蒋良翰　字嵩岳，迁安人。庠生。施舍义冢，还人遗金。县令张公名其所居日尚义庄。按：兴城街西有《尚义庄碑记》，万历四十八年立。

刘　愤　山海人。万历间诸生。性正直，而心慈爱。凡族党之无依者，皆饮食而教诲之。阖学公举乡饮辅宾。

冯　钦　字师尧，其先浙江海盐人。祖宁明，初迁滦，为岁贡。任范县主簿。清励至无以归。生子源，授忠义官。钦茂颖强记，弱冠饩于庠。就例游太学，交四方云彦，推解以急友朋。正德中，仕京卫经历。见逆瑾肆虐，解组归，人以为知几。源训子常曰："富者怨之，府人已嫉之，从而骄人，事端起矣。"钦能守父戒，故推诚施与，闾里被其泽焉。

李士杰　兴州右卫人。为诸生时，聘陈氏女，女后失明。或劝其更聘，杰竟娶之。人钦其义。弘治中，登贤书。昌黎冯恩仕州同，律己廉明。娶里人郭氏女，自幼目瞽，誓不更娶。乡里贤之。

王　臣　乐亭人。父茂，有孝行。臣善楷书，郡辟为从事，有人通赂求逭罪，臣指天自誓。郡守贤之，每疑狱辄召与议，能白人冤。亡何，奉母柩归里，山水暴至，舟几覆。臣抚柩悲号，竟无患，若神助焉。有客怀二十金欲籴粟，入市遗金，哭之悲。臣怜助之。年四十七未举子，往祷泰山。梦神告曰："以吾二子与尔。"逾年，生太守好学；又三年，生尚书好问，若与梦符。以二子贵，累赠至南京户部尚书。

萧　富　乐亭人。少孤，事母孝。母卒，富以事不在侧，归而痛极，呕血终身，后言及泪泫泫下。以祖居让伯仲，而自居他所。尝为府吏，廉而有阴德。嘉靖丁酉，大饥，乡人求贷。乃转贷之，负累者代之偿。其重义轻利，类如此。始艰嗣，后连举四子。长云汉以贡官运同，赠富如其官。

卢　梁　乐亭人。敬仲子。嘉靖五年贡入太学。居乡孝友，有高志，与人无竞。以子耿麒贵，封右参议。

王尚贤　昌黎人。行人翰之子。性孝友，居乡仁恕。堂弟郎中尚直乏嗣，以次孙承祧，而不利其产。由明经知富平县，及归囊橐萧然，不异寒素。孙，之屏领万历辛卯乡荐。

刘复言　字曰义，冏卿复礼之季弟也。幼业儒，奉母家居。时母年八十余，兄远宦巴西，俸不遽给。岁祲，与其妻作苦以易甘旨。母寿九十一而终。事兄如严父，不以兄贵骄人。兄殁，兄子分产不均，不与较。虽朝夕不给亦不肯干人，通国皆称长者。年七十六卒。

石　璞　滦州人。赋性醇厚，立心宽和，人有急难，多方周恤，毫无德色。尝以栖亩之余割共邻族牛豕犯田者，饱饲归之。诗书以训后昆，有先民矩矱。以子维岳、孙申贵，赠中宪大夫，晋通议大夫。

高吉昌　字介几，滦州人。贡生。少负异颖，目下数行。生平喜骏马，善方罫、射猎之艺。重然诺，通缓急，赈凶荒累世之积尽。公于乡族，有文正父子之风。以子贵，赠资政大夫、兵部尚书。

王光业 字裕圣，滦州人。家素封，为善于乡，终其身不履官府。昆仲二人业居次，兄弟怡怡如也。子孙有过，恒自为纠责，既改乃解。又好奖劝士类，未尝以豪贵贫窭易面。当时称为长者。及病，屏去医药，预知死期。盖安于理而达于命者。崇祯末举乡饮大宾。

耿自然 卢龙耿家庄人。生数日，啼不绝声。适一僧造门，负杖担经，岸然高古，谓其父曰："汝家儿有善缘，求抱出一见。"从之，见僧则转涕为笑，为之讽经能点头。及长，不茹荤，乐善好施，放生戒杀。破产修白蟒山寺。遇荒年，出家费与乡人共之。众感其惠，为之修祠立像。

刘明泉 世居滦州城南废马城县。好施舍，衣食、药饵、棺木种种义举，见之必为。平生创修庙宇七十余，铸佛及钟磬无算。马城玉皇殿、碧霞宫，各有铁狻猊二。小者高三尺，大者倍之，重千斤，皆其所铸。后人为立祠于街东玉皇庙后，额曰"善人祠"。

张文运 号显吾，昌黎人。弱冠以文艺受知于学使詹公，名藉甚。性磊落豪迈，遇事敢为，千金不吝，尝属岁大饥，输家粟千石以给贫者，而不责报。崇祯二年冬，大清兵入关，攻昌黎几陷。公独当南门。凡攻守之器械、丁壮之供给犒赏，皆捐金为倡，城赖以全。子三人：长名泰，仲名彰，季名奇，俱庠生。没后，翰林编修朱兆柏志其墓。

崔赴闱 字名胪，卢龙人。庠生。博学善属文，小试屡冠军。以躯干丰伟号舍不能容，遂绝意仕进。性好周恤，尤爱惜文士。族孙及第，家贫力学赴闱，阅其文许必售，资助应试，果登乡荐捷南宫。兄之孙启亨，少孤收养之，为择师教训。是岁亦列贤书。迁安郭巩，少甚贫，衣履弗完，延之家，教养之。巩遂早捷，由给谏，晋少司马。尝予告归来谒，留之饭粗粝，不异昔时。巩欢然语人曰："吾师以古人待我矣。"因乏嗣子，弟之子然弗材。是时，年已古稀，又病足痿。巩肩舆逆至其家。察精神犹健，劝纳继室。笑曰："世岂有七十翁婿人者乎？"不许。然巩已密聘王氏女，至期大惊，辞之不能，遂合卺焉。生子巍甫，六岁而赴闱卒。

郑中选 字佐明，始祖甫智以御史直谏谪滦州，因著籍。事亲纯孝，不冠帻弗敢见。遭丧哀毁尽礼，以孝谊征辟。迁文登令，清介自矢，士民绘屏尸祝。因失上官意，罢归。居乡力善事，至今称之。

高向辰 字钦邻，第长子。廪生。继母许卒，竭哀尽诚，扶榇步行百里。友爱诸弟，若不知为异母者。推诚任侠，助友至数百金不惜。年四十二卒，会葬者不远数百里而至。

高应辰 字钦明，第仲子。性谦谨，不以贵介忤物。以官生任户部照磨。督犒援兵城下，椎牛封羊乾糇刍茭。一手拮据，劳瘁骨立。值父丧，痛躄奔赴。逮葬，呕血数升，三月而卒。

徐应登 字子科，抚宁人。敦行孝友，不昧孤侄遗金。以明经授真定。广文教人，先德行，后文艺，弟子佩服不谖。

傅有良 滦州人。事亲至孝。崇祯七年，巡抚杨匾旌其门。

石维岱 滦州人。增广生。因守城功，准食廪饩。

刘景汤 滦州人。廪生。崇祯癸未，守兰坨堡，有功议叙。

［**国朝**］

夏曰瑚 滦州人。庠生。父辅明，于崇祯九年随叔建中之扶风县佐任，死于流寇。家人负骸骨归，时瑚甫五岁。母聂氏守节抚孤，瑚自幼克尽孝道。母病，密为尝粪，及殁，哀毁异常，七日不食，竭蹶。殡葬，庐于墓侧，日夜哭泣，哀感行路。三年归，犹日至墓所，每号泣而反，至老风雨无间。

刘光裕 号小峰，迁安人。居乡乐施尚义，慈爱谦恭。抚孤侄，嫁族女，助丧赈饥，盛德积累。乡人号曰“刘佛”。以子鸿儒贵，赠兵部右侍郎，入祀乡贤。

张宗仕 滦州人。幼失怙，事母尽孝。及长，喜读孙吴书，任侠好施。明季从兵备张春军，屡有战功。授明威将军。顺治壬辰、癸巳间，岁荐饥，两次捐粟一千八百石有奇，全活无算。郡守旌其门曰“惠溥一方”。举乡饮宾。又尝捐渡船二只，水手四人，置清坨河口，以济行人。子起鲤，任河防州同。孙瑛，食饩州庠。

韩坤业　字子厚，府庠生。尝受业容城孙征君门。父原洁，崇祯庚午殁于兵。母王氏，苦节四十年，抚坤成立。自幼事母至孝，内外无闲言。母殁，庐墓三年，哀感行路，日手抔土，高冢巍然。康熙九年，题旌建坊。

戴君禄　昌黎人。生平好施。尝效马伏波之为人，散财以行义。凡学署、文庙以及地方各工岁久倾圮，力为营建，捐资近十万之数。邑侯丁公旌其门曰“一国善士”，复作赞，勒于明伦堂西壁。

王之宾　字嘉客，际明季子也。抚宁庠生。性刚方济难扶危。虽强悍不逊之徒，规以正道亦懔然不敢犯。始生之日，其祖北庵梦一老僧入宅，方惊起则婢仆报生子矣。老僧与北庵旧交，明日使人探之，老僧果化去。未化之前，属其徒曰：“吾明日往驸马寨。”其徒亦使人候于道，果与北庵之使遇之。宾随父于沔，流寇破城之时，父命赴府求援，昏夜至汉江无舟楫，一超而渡，次早临岸，见巨浪排空，不觉悚然。卒年八十有六。子简，字咸一，号莘云，别号匏庵。顺治末，以选拔任江南昆山县知县。

刘延龄　字景仁，号松乔，山海卫人。复言子，冏卿复礼从子也。性孝友，劝父让产。又捐腴田以修罗城。明末，由岁贡司教任邑，有守城功。顺治三年，以新命掌教蓟州。淡泊自甘却寒士馈遗。有司凡有制作，无不资延龄手。其才有过人者，子允元，亦蜚声黉序，有父风。

朱鼎盛　字峙尊，滦州人。庠生。以子职封六品。生当明季，所居榛子镇系蓟辽通衢，屡遭兵燹，土寇觊觎，恣行摽掠，村落为墟，士大夫之家荼毒尤甚。鼎念桑梓当存亡之际，朝廷不暇设兵分守，遂率子弟练族兵，斩木揭竿，家守人战，贼不敢犯。当事者以“保障宏勋”四字旌其门，继复给“干城寄任”四字额。

朱　淇　字懋林，滦州人。庠生，学品兼优。时际国朝定鼎，大兵之后，屡有荒年。又因征剿三藩，征调差费，闾阎实形雕敝。淇目击心伤，凡同里冠、婚、丧、葬，无不周恤之。复煮粥以食饿者，日出米百石仍不给，至典质田亩以终其事，家遂中落。著有《榛壤野谚集》。有歌云：“我之衣食祖父遗，子孙衣食祖父有。我犹一意拳拳斯，甘弃身为帑藏守。又图传作后人赀，贤愚皆足益其丑。低徊频诵古人诗，囊中有钱但沽酒。饮酒无肠更奈何？偶得拙计未出口。此计虽拙心独安，尤莫人而谋诸妇。妇人临财不厌多，那知邻里需升斗。升斗之外无须施，闲驾犊车他村走。每逢伏腊庆佳辰，户户烹羔荐春酒。独有穷子孝妇家，也欲盘匜奉姑舅。无如截发不得钱，起视破釜尘已垢。我见此等情愈悲，下车携贯门待叩。门开急取莫相询，我非匪徒何结纠。”读此诗，其好善乐施之怀，亦可概见。

王尔瑜 字荆岩，滦州人。增广生。生于明万历末年，性孝友，母卒尚幼。顺治初，父卒，庐墓三年。初，父晚年妾生子尔璋，弥留时谓瑜曰：“尔何以待尔弟？”对曰：“如子”。父曰：“吾目瞑矣。”后抚弟入邑庠，临终口吟七绝一首，勒诸碑阴。

王尔琦 字荆岫，滦州人。生于明崇祯中，有膂力，肝胆过人。时有土寇犯境，村人尽骇。琦挺然独出与贼拒，飞炮连掷数十步辄中，贼见石甚巨。惊曰：“是何神力？”遂相戒，勿复至。后率村众避寇南海，误僦贼船。贼击琦，琦挥刃扑之，飞跃他船，尽歼其余，众赖以全。

崔联芳 字子宗，山海卫人。父出游五年不归。顺治丙戌，应顺天乡试，榜未发，得父凶问不知死所，日夜号哭，几不欲生。比揭晓，膺乡荐。不顾而行，跋历四省，若有神示，于河南确山县得之。负骨归葬。咸称为诚孝所感。两经部选，高隐不仕。年八十卒。

赵名元 抚宁人。庠生。母卒，庐墓三年始归。康熙二十年，旌其门。

马德盛 乐亭人，贩茶为生。有至性，居家孝友，奉嗣母甚谨。母病盛在外闻之，夜行百五十里抵家，亲调汤药。事兄如事父，每事必禀而后行。虽乏财，而性喜施。尝赴市拾遗金，待其人还之。康熙二十六年，举乡耆。

姚延嗣 字振公，乐亭人。庠生。天性孝友，睦族抚孤，多藉成立。遇贫乏不能婚葬者，周之无德色。乐亭学宫颓坏，首先倡修，殿庑一新。生平乐善好义，类如此。子采以选拔任国子监学正。赠如其官。康熙二十九年，祀乡贤。

刘文选 乐亭人。有事母不赡，计鬻妻以供甘旨者。选闻之，给以缗米，遂不果鬻。然刘家亦非素封。人谓鬻妻者不失郭巨之存心，给缗者无愧元振之盛谊，为两难云。

谢丕智 字若愚，山海卫人。府庠生。事亲诚孝。母病，汤药亲尝，衣不解带者两月。病剧，焚香虔祷，封股投药中，母遂痊。康熙三十二年，公举孝行。郡守梁公世勋旌其门。后十年，同卫吴元臣亦以封股疗亲得旌。

张一跃 乐亭人。顺治间拔贡。历任绍阳、万载、开化、黄安令，擢知黄平州。悉有循声。以亲老归。性孝友。父应登尻下患疽濒死。一跃口吮浓血而愈。以两兄子女多累，一弟尚幼，悉出己产让之。任绍阳时，丁母艰。湖抚以一跃抚绥有术，欲题请夺情。跃叩恳以免。康熙五十三年，祀乡贤。

赵天锡 昌黎人。顺治辛卯举人。事祖母至孝。二亲卧病三十余年，躬侍汤药，始终无倦。康熙五十三年祀乡贤（《畿辅志》）。

吴　班 字彬如，号朗山，乐亭人。性孝友，敦义让。家贫读书，虽酷暑严寒不辍。领康熙庚午乡荐。振兴义学，先后景从者数百人，皆能因材成就。康熙末年，令蜀之井研，持躬耿介寡合，二年即解组归。居乡以讲学明伦，维持风化为务。族有侄孙妇新寡，为之立嗣，抚恤之二十余年，授以产业无德色。雍正三年，举郡乡饮大宾。寿九十余，无疾而终。

翟正经 字迁斋，卢龙人。平山司训凤翥孙也。少失怙恃，安贫励行。康熙癸酉，登贤书。壬辰，成进士。就职左卫教授，教士先器识，而后文艺。为大中丞赵公许可，延为会城义馆师，一时知名之士多从之，及补山海教授，修理黉宫，捐设祭器，讲学论文，士风丕振。乾隆元年，以卓异授江南建平令。持法平允，称循吏焉。未几卒于官。士民追慕不忘，其挽词有云："百日仁风周蔀屋，千秋清节照郎川。"其事实可概见矣。子九苞，国学生。孙赐钺，雍正乙卯科武举人，赐书廪贡。曾孙晓，庠生。

马云霨 字龙翔，昌黎人。康熙乙酉举人。天性孝友。八岁时，母病，泣祷于祖先求以身代。手足之谊，老而弥笃。居恒俭以自持，而好施不倦。康熙五十四年，岁大饥。煮粥以食贫者，族党给升斗者无算。尝有人称贷百余金，无力还偿，立焚其券。康熙五十八年，举乡饮大宾。

张　盛 字子震，卢龙人。康熙辛卯举人。寡言慎行，事继母以孝闻。郡守满云鹏以孝廉方正举，坚辞不就。选深泽教谕。尽职奉公，振兴士习，历九年卒于官。榇舆旋里，执绋者百余人皆失声。祀深邑七贤祠。子长采、次会、孙应纶、应绅俱庠生。

李廷桂 字瑞英，卢龙人。康熙年，拔贡。性豪爽，学最博，尤善风鉴。尝宴姻家，指臧获中一人，语主人曰："若者不为干城，定聚绿林，非若家所宜有也。"主人遂善遣之。后果为逻者得，施脱去，卒以武功显。由是，世咸服其灼见。平生持躬俭朴，赒恤里党无吝色德容。且不畏权要。里有豪右，欲塞巷以广庐舍，众莫敢樱。桂独挺身相抗，巷赖以存，至今居民便之。长子忠，恩贡。次子肃，增生。孙向春，庠生。曾孙美，廪生。

郭重修 迁安人。家贫，佣工养亲，菽水承欢。康熙四十年，其父病笃，修吁天祈命，愿以身代。病竟愈。且友于性成，竭蹶供幼弟龙冈读书人庠。乡人重之。

刘　辉 迁安人。康熙四十一年，路拾白金二百两、黄金二十两，访失者还之。县令旌其门。后举乡饮耆宾。

李毓元 字储英，滦州人。慷慨尚义，家设义塾，以训族子。岁解私橐以周亲知。急公排难之举，不可胜纪。康熙四十二年，出粟一千石赈济，复捐助义仓五百石。大学士安溪李公抚直时，给匾旌其门。子桢彬，孙宏勋、扬勋、成勋，曾孙绍祖、继祖、光祖皆捐谷输仓，设塾教士，施义冢，赈饥民，以笃学好善承其先志。继祖，雍正乙卯举人。继祖子士遵，犹能踵行毋怠。

田毓琦 字瑞生，昌黎人。性孝友，有才干。家贫，贸易生计渐饶。尝商于蓟之上仓时，河水泛溢堤将溃，琦出资募夫塞堤，遂免水患，所保全者不下数千家。子永乾，中康熙戊子科举人。

王嗣昌 字祖生，卢龙人。庠生。九岁失恃，赖继母陈氏抚育。昌事之克孝。生平谦厚恬退。课子义方。子五，长珍，康熙丙戌进士，仲、季俱庠生。

李 拔 乐亭人。祖洪灿，尝捐金创栗家湾桥，里人便之。父本恭，性诚笃不欺。有人托白金数万镒，权得浮金数千，一无所利。遇贫乏，尤能推解。举乡饮大宾。拔幼游庠序有声。后以父年迈尚行贾济、兖间，请代之。计应责通债，遇贫不能偿者，悉还其券。后以子兰贵，各赠如其官。

刘一蛟 昌黎人。贡生。父病衣不解带者三载。事孀母承欢无间。抚孤侄如子。族人有以贫鬻子女者，一蛟为措价出二十四口，与婚嫁。其他赈饥济乏尤多义举。学以濂洛为宗，士类仰之。康熙五十三年，祀乡贤。

武天英 迁安人。监生。恭顺事兄，抚侄如子，亲友贫者多周济之。康熙五十五年，捐谷百石贮义仓。妻侯氏寿百岁。

刘元驷 昌黎人。性仁厚，乐善好施。康熙五十五年，施粥三月，当事旌之。五十八年，施粮于开平西南鱼朝等庄。邑令徐举为乡饮耆宾。其子允中、允升仰承父志，于雍正九年，施粮于白官营等庄，贫民普沾其惠。允中候选经历，允升中乾隆戊午科副榜。孙梧彤，并登武科。人称为积善之报。

范宏元 字晖吉，其先占籍汉军，康熙二十年移居于迁，奉恩例入籍，遂家焉。父早亡，事母孝。母患背疽，吁天祈命，母果愈。叔时来，任平阳游戎，无子。元迎养终身。尤笃爱诸弟。诸弟亦矢恭慎不少间。仲宏亨，喜施舍，郡守旌之。次宏利，天性纯笃，敬事兄嫂。兄没，寝息柩旁，虽溽暑致疾弗恤也。次宏贞，抚孤侄，饮食教诲致成令器。

卫 焜 增广生，滦州人。康熙年间，滦州有丁赘子之累。焜力请当事，将人丁散归地亩。至今赖之。

姚敷于 乐亭人。康熙戊戌，贡人太学。色养承欢，务得父母心。闭户课读，不干外事。邑令沈继先重之，举孝廉方正。辞不受。

李 瑸 字舒英，乐亭人。以优行人贡。天性孝友。二兄俱早殁，兄嫂及孤侄无倚，瑸收养之，数十年如一日，皆赖成名。雍正三年，举贤良方正，以亲老不就。

韩世勋 乐亭人，增广生。父晋亦庠生，以孝友传家。世勋饬廉隅端操守，教授生徒以奉甘旨。父染疾，日侍汤药，饮食必亲奉，三十余年如一日。积馆金以建宗祠，族人咸感其德。督学吴襄优其行，给匾旌之曰“饬躬励行”。

孙 升 抚宁人，事亲至孝。父病，汤药亲尝，衣不解带。及殁，哀毁几绝，葬后，庐墓三年。每日亲炊哭奠，负土筑坟。乡党称之。雍正二年旌表。

高士瑱 临榆人，庠生。父凌霄卒时，士瑱年已六十，庐墓三年，朝夕哭奠，母吴氏继卒，庐墓亦如之。

李明生 临榆人。监生。孝友纯笃。母死，庐墓三年。雍正十一年选江南歙县巡检，未莅任卒。弟标生，府学增生，母死，亦庐墓三年。

齐 叟 昌黎人，庠生。性孝友。父作极，亦庠生。雍正间幕游西蜀七年无耗。叟日夜悲思，乃徒步寻访。由京师历山陕至成都，始知卒于邻水。躄踊哀号，扶枢归里。凡八历寒暑，计程一万五千余里，跋涉艰难，辛苦万状。阖邑皆称其孝。

王积善 乐亭人。汉军监生。事亲孝，与人信，临财廉。其父廷相，以州同效力河工。以河督于成龙保举，任江南盐城县丞，卒于官。积善年方冠，号泣奔丧，扶枢旋里。安厝后，庐墓三年。雍正三年，本旗保举孝廉，以母老侍养辞不就。旋蒙题请旌表，敕建孝子坊。

李星垣 字涵元，兰长子。性孝友，好读书。雍正乙卯。诏赐兰荫一子。星垣居长当荫，请于父曰：“儿之才不及掖垣，且儿已入太学，若能读父书可登仕版。”父曰：“善。遂以掖垣荫。逾年，兰卒于官。扶榇旋里，庐墓三年。释服应京兆试，屡荐弗售，因绝志进取。建慈孝堂奉母居焉。未几三弟皆出仕，其母就养署中，凡板舆所至必亲随之。卒年五十八。子树滋，广西桂林司狱。

李一龙 字云升，乐亭人。诸生、国学生。授县丞职，兴官子也。兴官幼失怙恃，勤俭起家，凡遇里中婚葬，贫不能举者，求无不应，里人德之。龙生而孝友，母早卒，事继母曲承意旨，每食必洁其米蔬。父卒，庐墓三年，每朔望必整衣冠，备蔬菜时果，率子孙拜于寝，至老不辍。弱冠析爨，田产悉让诸兄。自择所居宅基，让邻家数尺。奎光阁南路素狭，缩园地以广之。人有负债，贫不能偿者，则焚其券。他如施棺、造桥、舍衣粥诸善事，至今犹藉藉人口。年八十四卒。子四人蕙、萼、芬、芳。萼中壬申科武亚元，蕙、芬、芳俱有声黉序间。孙中淑，成进士，官教授，另有传；中灏，领乡荐，官知县。

郭　熟 字仁田，如柏次子也。雍正癸卯拔贡，己酉举于乡。少时，父患时疫，旋病痈，昼夜侍，衣不解带。势甚危，乃焚香吁天愿减己寿十年以延父算，父不药而愈。比卒，果符十年之数。其戚赵子敬出刺光州，邀兄衡同往。赵被诬累及兄，传闻异辞欲往探。其父以路远不允。泣曰："长兄，罹难于外，老亲怀忧于内，不往徒坐闷耳。"因商于其母，典己衣物得数十金，只身往。卒与其兄偕归。晚授蔚州学正，两摄州牧篆。实心任职。上游咸引重焉。年七十四卒于官。

徐麟祥 抚宁人。岁贡生。天性纯挚，孝事二亲。父卒时，年已七十，孺慕如故。以为善最乐，铭其斋楹帖云："存好心，行好事，读好书，交好人。"居恒守身接物恭谨和平。人皆称为有道。邑令庄公、张公、郡守梁公均赐额旌之。

徐进孝 抚宁农人也。父患心痛几死，贫不能延医，祷神许愿疾愈。愿未偿而疾复作，孝割胸前肉如掌，祷还之，疾竟瘳。肉挂树上，数月不腐，鹰雀亦不食，人谓纯孝之感。

邑人王运恒《纪徐孝子诗十章》云：兔峰之西乡曰翟田，淳庬萃止，孝子生焉。猗欤！孝子徐氏之息皇锡嘉名，能称其实。父病沈笃，药石无人，傍徨号泣求援于神。哀哀祝愿，刲豕封羊，父病复作。刓腹以偿，捧肉荐神。神心亦痛，监兹血诚，拯其父病。肉悬树间，感孚物类，弗嘬弗餐，鹰饥蝇秽，不败不腐，数月如新。天存懿物，以示世人。载拜敬书，一字一泪。高山景行，俯仰含愧。至孝流芳，编中数见。以身代牲，古今独擅。夐哉！绝德邑乘，光垂不断。钣管有道之碑。

刘从性 抚宁人。性至孝。母年八十二，卧病不起，性封股祷神，病遂愈。

徐从新 抚宁人，庠生。母性严，从新恪恭承顺。生平任侠急公，人服其义。本县匾旌其门。

杨重望 抚宁人，武庠生。乐善好施，义方教子，同邑单择中、陈王基、杨启祥俱武库生。择中持身醇谨，教子严肃。冬月恒舍薪米，以济贫乏。子孙多游庠序。王基、启祥耕读教子，足迹不入公门。

冯泰运 字熙轩，抚宁人。由贡士任溧水令，吏治精敏。尝捐二百余金助修抚宁学宫，并治祭器二百四十二事云。

迟震起 字茂先，昌黎人。少食贫，事亲以孝闻。生平谦和乐善，无疾言遽色。宗党咸以长者称之。子二：长曰旭，为浙江浦江令，嗣宰湖广黄梅，起以子贵封文林郎；次曰昶，岁贡生。

王 臨 字于隰，滦州人。性严重不苟颦笑，生平重然诺，乐奖后进，而尤敦族谊。遇孝义节烈，加意曲成。与人交不以死生变易。年八十卒。进士汪公淑问为著《考终录》事甚悉。

张应宿 昌黎人。贡生。长沙郡守翰宸子。性慷慨，重然诺，恤贫周急无德色。举乡饮大宾。

徐进礼 字天一，山海卫人。性醇朴，少贫以勤俭成家。与人交忠信和易，尤笃友爱。两弟早世，遗孤稚龄，辅翼教诲，与子无异。平生足迹未尝至公庭。

刘 灿 迁安人。孝行纯笃。亲亡，庐墓三年，哀痛如初丧。邑宰乔于瀛、刘文焕皆给匾旌其门。

宋　濯　迁安人。少孤，力耕以事祖母，艰辛备历。事继母曲得欢心。竭力供三弟读书，俱入胶庠，无异同母。

陈德元　迁安人。幼孤贫，长事祖母最孝。祖母有疾，率妻张氏昼夜祈祷，汤药必尝。时充行伍，古北提督某钦其品，授以标下把总。元以祖母老，辞不就。士人贤之。

杨尔瑛　昌黎人。天性纯笃。年五岁时，父震成谋生关外，三十余年绝音问。尔瑛既长，弃家徙寻，潦倒五年，忽于三乌拉南关帝庙遇之。奉之归养。邑人称其孝焉。邑令旌其门曰"乌江天鉴"。

赵　琅　昌黎人。岁贡生。乐善好施，值岁荒，捐粟五百石煮粥赈饥，赖以全活者甚众。府县旌其门，辞不受。

宁咸临　乐亭人。庠生，援例人贡。性醇谨，居乡乐善。邑南关外木桥岁久将圮，邑人议甃以石，苦费巨莫举。咸临首先倡之，费钱四万缗有奇。子克昌，亦以好施称焉。

赵廷杰　乐亭人。性慷慨，周人之急。邑有死丧不能殓者，施与棺椁。三十余年不怠。郡县皆给额旌之。

任正传　字介庵，乐亭人。世授岐黄术，至传尤精其业。任医学训科，施药济人，全活无算。尤急公尚义，凡邑有创建，踊跃输助，为士民先。族党咸矜式之。

张　霆　乐亭人。诸生。县西北十里许，由高家庄至馒头庄，乃都门抵境官道。旧为河圮，倾仄难行。霆修砌之，往来称便。邑井研令吴班摩石纪其事。

卷之六十一

列传十三　行谊二

［国朝］

白纯修　滦州人。廪生。尝施粥施棺以周贫病，并捐金输赋。时诸生欠赋者众，纯修悉捐资代完。得急公恤友之义焉。

王学孔　滦州人，郡庠生。天性至孝，幼失恃，事父及继母汪氏极养志之道，力学以图上达，为荣显计赍志。先母卒，母亦痛念逾于所生。二十年后，每谈及犹垂涕曰："安得复见孝顺如吾儿者，吾不以死为戚也。"

于嘉乐　滦州人。旗籍监生。族有节妇田氏，极贫，依姑为命。值大水屋坏，嘉乐迎与同居，且代氏葬姑。赡养二十余年无倦意。

魏文通　字畏斋，其先甘肃靖远人。父官山永协把总，生三月而父卒，归葬原籍。母改适李姓，李陕西肃州人，官古北口千总。文通育于其叔，叔官大毛山把总。因人临榆籍，补弟子员食廪饩。而时时以不得见母为恨。又闻父殁后，母有追摹父像，母自藏之。因徒步赴古北口，冀得像且一见母也。比至，母已随李归肃州。闻象在其姨京都刘氏家，盖其母赴肃州时，托以转寄文通者也。乃人都，奉像归。然以终未见母戚戚不能释于心，又念丘墓远在原籍，未获省视，日夜不自安，遂决意西行。三月始抵肃州。寻至母所，则母已弃世期年矣。展拜母墓，号泣尽哀，惆怅者累日。去之原籍，迁其祖父母暨父与叔，母之柩以回。是行也，间关万里，屡濒于厄，中途资斧竭，随身衣物典卖一空。至家卜葬于城北棉花庄之侧。惟母出与庙绝，乃于别室另设神位，朝夕焚香，每祭必忧戚思慕，终身不改。自己诞辰不受贺。曰："生我劬劳，不获一见，何祝焉？"有司拟举孝廉方正，且旌其门，固辞不受。好读书，虽病不释卷，尤邃于《易》，兼通医术、堪舆。其训子弟曰："士子砥行，当不与外事。居家无愧于乡，居官必无愧于国。"子孙遵其教，仕宦皆有声。病笃，自综其一生艰苦作《孤孽余生纪略》以示子孙。道光二十八年题旌，奉旨从祀乡贤祠。

刘可兴　乐亭人。性孝友，提躬有矩，馆徒授业泊如也。督学吴襄廉其行，以优生贡入太学。四子皆列胶庠。县令来埏记其行。

刘永春　字竹林，号华亭，临榆人。先世业儒，至其父家贫，始就商。春稍长，亦出塾入阛阓以承父业。母李氏失明。每归省，躬亲炊汲，食不足恒忍饥竟日，撙以奉母。族人有迁奉天者，永春尝以事至关外青石沟，见断石卧路旁，字犹模糊可辨，视之则其族祖墓也。荒烟蔓草马鬣几平。为修筑完好，树碑焉。家乘为族人所失，百计觅得续修之，藏于家。生平不侈衣食，不与词讼，爱惜身名，有古修士风。年九十余，无疾端坐而逝。祀乡贤。

曾好明　字丽天，乐亭人。生有至性，当未冠时，见里中娶妇有不孝翁姑者。艴然曰："若我得妇若此，不重贻父母忧乎？是益不孝罪也。何以为人？我兄弟六人，虽不娶未至绝祀。"时其父母已为定赵氏女，将行聘。明跪辞，继之以泣息焉。父丧，哀毁如礼。母老且病，移与同室。每夜焚香朝斗求益母寿。寝食视寒暖，即楲窬涤濯之事必躬亲。尝以服勤致疾，精神迷罔，口垂涎沫若痰证。其稚弟执手痛哭。明忽瞪目大声曰："母在，我必不死。"已而果愈。后其母至九十六而卒。时明已七十二，逾年病剧。卒之先，邀亲友与诀。明厚自刻厉，终身茹素。幼时，尝守瓜田。一少妇突至，与为调笑，几不自持。忽一丐者来，事得解。后遇此丐，每厚与之，以为生平未至失行，皆丐力也。又尝于田遇窃禾者于西，明若未见其人也者，故东呼，使之逸。又为人借银，其人不能偿，即转贷偿之。后其人死，妻改嫁，有赀。或谓之曰："某负子债，今可偿矣。"明终不忍索。乡中有贫无葬地者，恳之即许葬其田。一日，觅客作锄田，见其旁有芜秽不治者。问之，知为某家其夫外出妻子窘迫不能顾，遂多雇二工代之芸。明家非素封，力田食苦自养，犹恐不赡，而其行事顾如此。

傅以德　字克昭，别号止庵，武林人。康熙中，依亲北平，遂家焉。孝友豪迈。寻父滇南，负骸归里，累至千金，随手立尽。与高都王氏有世谊，籍理盐筴，托孤全产，不为威诎利疚。杜门却轨者三十年，四壁萧然，吟风弄月无戚容。寿九十有一，易箦之日赋诗十绝，玉筋双垂，端坐而逝。曾孙观海，进士，官山东盐运使。

张孝子　失其名，滦州人。十岁丧父，日夕哀号，邻里感泣。长为人佣以养母，每早起必买果饼遗母，然后赴工。母或小疾，即奔叩神庙，泣求福佑。母寿至八十有二，张亦小康焉。

韩应举　字俊寰，滦州人，隶汉军正白旗籍。授承务郎。家素封，举积德累仁，乐善不倦。康熙末年，滦水为害，饥馑荐臻，贫民赖其济，皆得室家相保。凡戚友告贷，偿费无力者，悉焚其券。婢仆许其自赎，且许其父母自为择配。滦水溢后，塌陷坟冢无数，乃施田数亩立义冢以掩枯骨。其他敦睦宗族任恤乡里之事，难更仆数。康熙五十二年，邑之绅衿伦可宗、卫采等二十余人公请儒学及州牧转详上宪，为之勒碑旌善。同邑孝廉卫锦为作《善德赞》亦镌诸石。一时有“怀葛遗老”之称。曾孙克润，乾隆辛卯科武举。七世孙树基，嘉庆癸酉科武举，记名守备。八世孙溥，同治庚午科举人。咸以为厚德之报云。

王名标　字弼候，临榆人。性好施，至老不倦。郭西有石河，夏秋水涨，负担者苦之。名标于乾隆元年，采石为桥。人名曰遵义桥。西罗城南后街，向无通拱宸街之路。贩负者迂道城根，方能上街。乾隆三年，买于姓房拆之，使通巷口，立石碣，志相距丈尺之数。邑侯张楷为立”彰善坊”。白桥北，有泉一泓，值岁旱城内外井皆涸，惟此流不绝。乃令工浚之使深，砌石为阶，以供爨人，名曰“遵义井”。其种种善行，多类此。藩宪沈起元以“善有余庆”旌其门。

孙式仁　乐亭人。生有至性。未弥月，丧父。四岁丧母。仁痛父母早背，每朔望必哭奠于墓侧。乾隆五年，儒学陈成德请旌孝童。

马　超　字梦班，临榆人。岁贡生。少通经史，工诗文，屡应京兆试辄报罢，遂以授徒终身。生平不与外事，亦未尝面折人非，而人皆敬畏之。市有斗者见之必赧颜而散。与石门刘太史征泰为姻娅。刘官山西凤台令，邀之人幕。刘性阔略，其下舞弊，有讼产者弗能直。受诬之家以万金啖马姓，求为之地。马姓者，盖商于临之海阳，与超素相善者也。因转属超，超峻拒之。随辞馆。刘询其故。曰："我辈读书，原志在报国爱民。今君食太血腥弗能甘也。"刘愕问所以，因述争产受枉之状。刘乃谢过，一讯而平。年终解馆归。马姓以三千金邀于路，力辞之。至家，马姓又馈衣物终不受。后应乾隆庚申乡试，恩赐举人。辛酉会试，恩赐国子监学正。年七十四卒。子负书、敬书、升书，孙学恕、学和俱有声庠序间。学和领道光甲午科乡荐。

惠尔龙　抚宁人。生员愉子。幼失怙，以贫废学。母俞氏病，求以身代，延寿八十四岁，至乾隆九年病故。尔龙悲思不已，庐墓三年。

宓　彩　迁安人。乾隆十二年，捐谷四百石贮社仓。县令详请题旌，荣以七品顶带。

王启智　卢龙人。亲没，庐墓三年。乾隆十二年，督学吕公旌其门，曰"孝行可风"。

单　槐　字卜黄，抚宁人。乾隆壬申科举人，选广文，亲老不仕。读书乐善，承先人敦睦遗训。丁酉春，创立宗祠，规模宏敞，置祭田千亩，市廛数十间，岁租所入以供祭祀。设义塾，教族中子弟。冠婚丧葬事有饮，鳏寡孤独月有养。刊立规条，报官存案。至今继继绳绳，子孙食其报云。

张起凤　抚宁牛蹄寨人。父正，母王氏遗腹三月而父卒。起凤生而岐嶷，性仁孝。五六岁即知博亲欢。家素贫，赖母纺织以生。母疾，起凤年方冠，日夜号泣，病少间，问母所欲食？母伏枕良久佯应曰："欲食人肉"。意盖谓无财难以为悦也。起凤爽然若失，唯唯而退，潜往神祠叩祷曰："他人之肉不可得而食，惟吾之肉可得而食之。食之而母愈，则吾可以生，食之而母不愈，则吾亦不能独生。"祝毕，挺然用利刃割左股一脔，怀归烹以进，母食之果愈，起风亦无恙，然未尝语人也。日久事闻，乾隆丙子邑侯单烺表其门。

王维信 滦州人。性纯孝，幼丧父，哀毁尽礼。少长读书，语人曰："亲为生身之本，吾少孤，不省所怙，殊属恨事。幸吾母无恙，得竭力承欢足矣。名利奚为？"后其母病故，既葬结庐墓侧，晨昏供饭焚香，三年如一日焉。乾隆二十四年，题请旌表，学使金、知州蒋、学政杜、训导赵，并以额旌其门。

夏正明 抚宁人。天性孝友。总角时，即知怀物遗母。闻他人丧亲，辄为泣。家贫不能攻儒业。稍长，即随父国祥营家计，备物致敬，曲尽菽水欢。父母有疾辄焚香默祝，愿减已算以益亲。既没，尽礼尽哀，庐墓侧，朝暮哭奠三年，乡邻扶归，犹哀泣不已。乾隆二十五年题旌。子德厚，诸生。父没，亦庐墓三年。

张麟生 滦州人。幼以孝闻。长居父丧，哀毁骨立。孝养寡母，依依不忍离。母病笃，尝粪以卜休咎。及卒，哀毁如父亡时，既葬不肯归家，其子忻不肯离父，亦随父守墓，朝夕供馔，一如生前。先是墓间多怪，至是遂绝。三年丧毕，子忻请父归不许，又居七年，然后返。乾隆甲申，钦赐"至孝纯笃"四字，建坊旌表。

张廷璇 字衡斋，卢龙人。未冠入庠，才敏而性挚。事父母能色养。相继遭内外艰，庐墓三年，手植树木，封土巍然。远近高其谊，从游者众。一时知名之士多出其门。

何之枢 卢龙人。援例捐知府衔。生平笃亲睦族，乐善好施。设义学以教育寒士，由此入庠者二十余人。又于城北尹家庄，置义冢四十亩，以妥游魂。乾隆二十八、九年间，舍粥救饥兼助丧葬费，闾里德之。嗣子有本，武孝廉，亦善承先志，奉行不怠。

安如嵋 字秀峰，乐亭人。乾隆戊子科武举。少负奇气，刚明果断，恶恶最严。宗族乡党有酗酒聚博者，罔敢使闻知。然至济难扶危，胸中绝无畛域。故殁后数十年，人犹思而慕之。

武　彬　庠生，滦州人。乾隆乙未后，三修滦坝，土人立碑记之。

计锦标　字彩瞻，临榆人。乾隆戊申科武举，兵部拣选二等，当补官，竟为有力者所夺。自是遂绝意进取，以骑射教授于家。从弟锦珩、子清元皆成进士。性孝友。出继胞叔，以厚产让其兄弟。族叔某及族曾叔祖母老病无归，皆迎养于家。表弟王某遗失票钱若干，觅死若狂。标与其兄谋，捐一半偿之，遂愈。其轻财尚义率如此。

王作乂　字条章，号滋圃，临榆人。官刑部郎中。轻财好义，见无不为。宗族多贫，为置田数十亩，又恐不给，则发缗权息以济之。牛进士天贵，以孝行闻里中，没后厚恤之。穆孝廉开聘，少时塾师也贫老且病，生养死葬皆任之。春秋两闱，有无力赴试者，厚赠之。里有郭烈女以退聘自缢，首输资为倡，为建石坊立墓碑。又于给孤寺傍买地为义冢。其行事皆类此。年七十二卒。子鹏，字晓村。乾隆已亥举人，辛丑进士，官内阁中书。孙二：长大昕，更名州，字荔江，历任福建延绥道、广西桂平、梧郁道；次大观，更名册，户部四川员外郎。

李　景　迁安人。太学生，立家塾会文。乾隆年间，乡会中式十一人。屡遇岁饥，辄设厂施粥，全活万人。乡里称善人焉。

陈　篴　乐亭人。永清仲子，廪生。生而孝，六七岁时即知承父母欢。兄弟友爱亦甚笃。长随父侍获鹿学署。值弟龠病疫，凡汤药饮食及一切恶秽物必亲理之。夜仍相抱卧，少动，即起索灯火，久之染其气亦病，犹强起任事，若惟恐父母知其疾者。将革，顾其弟曰："龠可不死乎？曰不也。龠不死而死亦殊不恶，但苦父母耳。"下血数升而殂，时年二十一。

徐凌阁　乐亭人。乾隆壬子科武举。任江西广信所领运千总。任满告归，宦囊无余赀。处宗族乡党和平宽厚，蔼然有儒者风。且精岐黄术，人求之无不应。遇贫者有疾，恒徒步往视焉。一生活人甚众。孙寿春，武榜眼。

史成获　字麟征，太学生，乐亭人。父秉德为邑诸生，和平醇悫，远近称长者。公幼承庭训，持躬以礼，尤兢兢于林退斋“学吃亏”一语，融融乐易，不与人争。然遇事可否较然。以是莫不亲附，而钦佩之。平居以勤俭治家，而胸无鄙吝。贫苦亲邻恒待以举火，尤重读书，凡遇贫而好学者，每佽以膏火及应试之资。其他扶危济困排难解纷之举，指不胜屈。家风严肃，御下有恩。尝以虐奴锢婢为戒，婚嫁务令得时。至今乡人言及悉啧啧称厚德无异辞。生子三，长纪元，廪贡生，任东光县训导，性谦谨和平，与人言如恐伤之。体素羸，予告后闭户静摄，八十余无疾而终。

朱永清 字星源，滦州人。嘉庆六年，自夏及秋，煮粥以食逃荒者，日数百人。居恒广施药饵，又延精于星卜者，教乡中失目之人，为后日生计。其行惠如此。

孟克勤 字富久，迁安人。监生。轻财好施，平生捐修庙宇置香火地亩十余所，皆独力任之，而蚕姑庙地尤多。乾隆末，重修明伦堂及学署，补葺圣庙。又修南门外留养局。邑令周旌以“好善可风”额。嘉庆三年，将重修城东法华寺，材木已具，四年春以疫卒。其子吉，字祥征，亦克承先志。嘉庆十四年大饥，米贵如珠，吉发票散之，邻村人赖以济。邑令崔、樊皆赐额以旌之。

李瓒衡 滦州人。毓元曾孙。嘉庆十二年，春夏荒旱，出粟二十石助知州赈饥。又倡劝族人散给本庄贫户钱米，两月凡济千余人云。

李居仁 滦州人。毓元玄孙。乾隆四十七年春，出粟四十余石济饥。五十四年出钱三百余缗济饥。嘉庆十二年，出粟四十石助赈。又散给本庄贫户钱米两月。其祖敷勋倡造庄东石桥，至是坍毁，因复捐赀重建，凡费九百余缗云。

吴　桐 滦州旗人。其父滦卓，捐地筑堤，以防水患。桐复捐小葛庄地百五十亩，听民居葬。嘉庆十年夏，助赈救饥。

吕林锺 字应律，滦州人。嘉庆十二年，捐费助赈。

石凌汉 字静溪，乐亭人。岁贡生。工书能文，试辄冠军，教授乡里，以孝友闻。嘉庆辛未岁，大祲。有姑妇寡居不能自存，其妇欲自鬻以养姑。凌汉粜米助之。族人感动，俱为之醵金以供饘粥，遂得全。后数年，姑妇相继殁，又助葬焉。

唐之靖 字扶公，乐亭人。幼读书村塾，字句多舛讹。既从倪损斋游，而学大进。屡试未售，随聚童子于家而教授之。以迩言发至理，人皆愿闻。为人性和厚，终身孺慕。亲年老少睡，每鸡鸣即起至亲所，扶持抑搔，坐床头达旦，笑述古今事以慰亲心。至暮，亦如之，令之退，然后退。如是者三十年。父母皆寿八十终。居丧尽礼。后凡遇令节、忌日，必流涕不能饮食。嘉庆二十年以疾终，年六十九。

傅文玉 字鸣鸾，号华亭，其先陕西华阴人。明永乐初，迁山海。父涟字敬斋，岁贡生，高邑训导。精于理学，尤善二王书。文玉幼颖异，初就学，其父授以程氏性理字训，粗为讲解，即得其旨。使学永字八法，握管即肖。及长，为文援笔立就。学使屡取冠多士，食廪于庠。试京兆辄报罢，遂以明经终。天性笃厚，少以孝友闻。兄早殒，事寡嫂尽礼，抚兄子如子，恩恤仆婢，不许家人笞骂。戚里贫困失所者，扶植之，使各有所业。接引后进，论古今人嘉言懿行，言笑訚訚，终日无倦容。有翘扬人过者必从旁靳之。既不得意于名场，乃益肆力于古，博览群籍，取其意而略其辞。晚年尤喜刘蕺山、吕新吾、陈榕门诸家之书，自束发至易箦，盖未尝一日释卷云。卒年八十有四。子德谦，由拔贡领乡荐，官知县。

郭阳秋 字一斋，临榆人。幼承庭训，刻苦诵读，为邑庠生。父瑾以丁酉举人，历知湖北枣阳等县。秋随任最久，而韦布自安，不染纨绔习。嘉庆壬申，瑾署黄梅。清查被议，囊无一钱，而追项累万，家人束手乏策，日惟相对饮泣。秋擘画经年，当道迄不为理，限迫事急祸将不测，乃徒步数千里上叩九阍。卒得昭雪父冤。人皆以奇士称之。

王永征 字静源，滦州人。诸生。幼失怙恃，有兄四，析居后诸兄有疾，恒亲视汤药。四兄与嫂继殁，遗子甫十岁，亲抚之，代理其家，务俟成立，乃付之产倍于前。嘉庆十六年，大饥。施粮八百以济村人，逋者悉焚其券。十八年，又输谷八十石入傍城义仓。州牧陈公详请以从九品议叙。

王　纯　字厚庵，滦州人。少贫，因商致富。嘉庆十七年，岁荒，捐谷数百石助赈。郡守朱公赐额曰“好义可风”。

朱　霖　卢龙人。庠生。家贫，性最孝。父母没，庐墓三年，日覆土三次。凡食必焚香墓前，香尽方食。三年后，亲友劝之归，行数武，屡回顾血泪涔涔染襟袂。嘉庆二十四年，县令旌其门。

王明发　乐亭人。为学胥，尝奉差赴郡，路拾遗金不昧，给还其主。

侍孔坐　卢龙人。文秀之子。母王氏见《列女传》。母死，孔坐庐墓三年。母节子孝，乡里称之。

王留喜　迁安人。其父母流徙陕西，卒于长安县。留喜负骨归葬，备历苦辛。知县靳荣藩为捐俸置田以旌。

高君重　乐亭人。乐善好施，凡柴米耕牛常以周乡党匮乏。又于严佛寺舍地二十亩，以为香火。

高　轩　字乘安，临榆人。性聪敏，丰裁峻厉。入泮后屡试高等，皆与廪缺左。同邑马君常劝应京兆试。曰：“我尚无廪饩分，敢他望乎？纵得之，我亦与宦途不相人也。”君常名三聘，聪敏不及轩，而沈潜过之。喜读小学，与轩同。轩之言曰：“不准此持身立世，非人也。”谨言慎行，虽小毋忽。有谓其持守过严，近于激者。曰：“我恐不激则随，稍一宽纵便顺流而下矣。”与人直而无隐，尝语：“生平无他长，惟不敢欺人而已。”与马半月一会，会必长谈竟日。马为童子师，受业者恒五六十人，每散馆长幼不紊，鱼贯而行，虽隐僻之处无敢乱者。人见之不问而知为马先生弟子也。其训学者曰：“人必先器识，而后文艺。如唐之王、杨、卢、骆文名振一时，而犹以浮薄见讥。况文不逮者乎？欲广器识，先立根本。本立则道生矣。立本莫先于存心，存心必谨于言行。言忠信行笃敬，虽蛮貊之邦行矣。”每曰：“予之言，多闻诸高先生。”而高之教人亦曰：“自马先生得来。”两人殆所谓合志同方营道同术者欤！

郭堡宗　字拱辰，山海人。食饩于庠。性严正，疾恶如仇，人有不善，虽至亲不少假，然与人接则蔼然可亲。管粮通判某欲抽分粮行，已有成议，堡宗出阻之。商感其意，踵门谢且代备资斧费。堡宗正色曰："余为地方公事，非为私也。"挥之去。事亲极孝。父殁，率弟陛宗、升宗，庐墓三年。

张　保　临榆人。生数岁，父文庆远出，年久无耗。保稍长，欲寻父，母靳之。保重违母命，暂忍之。家贫，佣作得钱辄积之，不妄用。母欲为议婚。保泣曰："此钱有大用，非为得妇也。"然不知父所在，屡卜之无定兆，遂自学卜，昼夜研究。闻有善卜者，必就正之。为人卜休咎稍验，辄喜。窃谓可以卜父也。一日自卜寻父宜东方，意遂决。泣请于母，母不得已允之。以银十两纳之衣，于庚午岁三月徒步出山海关，且行且问，途间遇盗掠衣去，泣曰："天不欲保之见父耶？"乞而东行，遍历十四城，无知者。更东行，丛林大壑，猛兽时搏人，积雪数尺，寒风破面，不为阻。至江东双龙泉。有知者日："前数年，有张文庆者死矣。"访得当日营葬者，为指其处，开圹以口啮指血滴验之，血入骨，乃长号呼天，以布囊负骨归。于辛未八月十三日抵家，邑人好善者助以棺，遂得葬于祖茔。

魏思任　号息耕，临榆人。行方仲子也。性豁达，尤笃孝友。成童失怙，家贫，母井臼亲操。慨然曰："供子职，当始于用力用劳。"于是事事代母，然不以废学。院试已冠童军，为苞苴易去。后游郡庠，屡战秋闱不利，乃绝意进取。教子式曾读书，举孝廉。有姊适义州王氏，妹适石门张氏，贫寡无依，皆迎归，教养诸甥成立，始送之还。王氏甥，贡明经。张氏甥，领乡荐。闾里咸称之。年五十丧偶，遂不复娶，鳏居二十年，以诗酒自娱。寝疾时，有以言慰之者。任辗然曰"吾何憾哉？古人云'有子万事足，无债一身轻'吾有子幸登贤书，庶可代吾偿债矣。吾何憾哉？"卒年七十。

穆德纯　号文甫，临榆人。增广生。八岁，父宦云南殁于官。稍长，常以父骸不归为憾。及补弟子员，乃只身跋涉历黔、滇、吴、越、荆、楚诸省，寻访三载，卒不得。竭诚祷于神。一日，至蜀，忽遇当年旧仆，始知所在。负骸回里，渡江会同船遇盗。德纯正酣睡，梦父呼其名曰："起！起！前仓被劫矣。"惊醒，急避得免，至家已逾六载。生平喜吟咏，所著有《雪山云赋》及《茂州间吟诗草》。

穆思文 号纯庵，临榆人。庠生。善事继母。二弟俱继母出，生平友道无亏。学使汪公应元题请旌表，奉旨建孝义之坊。

李溱泰 字乾堂，临榆人。由史馆供事，选授奉天中后所巡检。其未仕时，有胞叔名录者，贸易奉天。叔母董氏无出，溱遵父命承继，而录已四十一年无耗矣。矢志寻父，迤逦至吉林。遇有郭某自三姓来者言，相距八十里外有临邑李姓。遂同往，至其地，果有其人，年已七旬矣。询及往事，三代相符，录左手有枝指一验之不爽。遂相抱哭，奉之归里。

穆大任 字民瞻，临榆人。父早逝，事母以孝闻。母没，庐墓负土成冢。值兵变，乡民村居者皆走人城。大任独守墓不去。

谭玉洁 字映冰，临榆人。父圣培，服贾关外，多年无耗。玉洁年二十一，出关寻父。沿途丐食，至伯都纳。得见父，奉之归。

张可兴 字起之，临榆人。家素封，性慷慨。由奉天礼部教习，任山东高苑令。有邻县官某亏帑钜万，上官委使察之。至则某使仆扶可兴坐于堂皇，呼妻孥出，同跪于前曰："起之救我。"可兴愕然，呼曰"起！起！是不难。我为君饰辞出禀，不惟上宪不信，且废公。若再委他员将何以待之？是不难，区区者余代君补之。"某一家感·泣。因令家人回里，卖产以足其数，某竟免于难。可兴在任数载，亦解组归。

梅朝荣 临榆人，监生。家世业农。朝荣入塾仅二载，粗识字，然笃志好学。子八龄延师教之读，师为子讲经义，必执卷旁坐凝神听。有所疑趋立师前，奉书手指句读，再三问解而后已。师戏曰："我非为君教子，直教君也。"则起立敬应曰："然。"师贺姓，馆谷之外为其家备器用，偿通债。贺卒，经理丧葬复厚恤其子孙。平居治家严，凡春秋祭埽节令供献，及长幼男女相接之仪，悉遵文公家礼。尝谓家人曰："所谓节用者，非吝啬之谓。苟不当用而用，恐必用时无以给也。”惟买书不惜重价。尝曰：“产业不能常保，惟诗书在腹，他人不能夺。故虽农家而牙签插架者满焉。”尝训子曰：“读书先求变化气质，能明理致用，始不愧读书人。不然，虽幸博科第，何足贵？”尝语人曰：“陶渊明读书不求甚解，而何以每有会意便欣然忘食？盖读书不在分文析字，惟即其言想见其心，斯真领悟耳！”岁乙丑，年五十有七，以疾就医县城。友人来问，即留与辨难疑义。有劝节劳者。应之曰：“疑而不析，总觉缺然。心诚好之，不能自已。”归而病益笃，遂卒。

周维新 临榆人，世居县西黄土坎。历世治家有法。维新生子二、孙三、曾孙六、玄孙七、来孙八。百年之久，六世同居，男女四十余人，一门之内雍雍如也。家事皆家长一人主之，妇人无得预。人各有业，年长者分司一事。幼者或士、或农、或商，教之各以其材，无使旷事，各有章。即衣服器用之细，亦依老幼辈行为等差，非疾病不得别作食。日三餐同聚一堂，男左女右无或乱。子弟应务于外，家长授以意，归必面，得财物尽数交家长无所私。乡人啧啧称道之，皆慕其家风之善云。

足　儿 滦州葛庄人，任姓。足儿，其小字也。襁褓中，父某谋食关外，数载无耗。足儿随母佣于邑之朱姓家。年少长，屡问父于母，将寻之。母答以不知，且禁其往。问父之年貌，亦勿告也。一日，忽不辞母而去，径出关寻父。半途资罄，乞食。行至黑杨镇，值大雨，投宿破窑。窑中六七人，悯其幼，与以食，且询之。足儿自述甚悉。众诧曰：“汝父，吾侣也。少待，且归。”雨止，某果来，众迎告之。某愕然。足儿膝行而前，哽咽不能成语。某备询祖先名字戚党姓氏及己之生年月日，足儿不能尽详。某怒，谓众为戏己，挥足儿使去。曰：“速他觅尔父。”足儿曰：“儿觅父。既得父矣，复何觅？儿幼，家事岂能周知？母又讳不以告，且儿历千辛万苦至此者，惟欲双亲团聚得侍晨昏耳！天下岂有伪认父者？”众亦矢其非戏，强之归。某终不信。又以囊空，耻于返里。众谓足儿曰：“汝父生疑，逐处皆疑窦也。归与母来，彼释然矣。”足儿然之。归述年貌于母，果父也。

欲同往，苦无资。主人固好义者，畀数金。足儿遂奉母行，既至，夫妻父子相持大哭。同人赆之，乃得归。时足儿年方十四也。朱名垣，庠生。

孙　贤　滦州人，武举。弟盛，庠生。兄弟皆好义喜施。康熙庚子，出粟赈饥，捐设义馆，代人纳赋。州牧吴肇煌赠额曰“乐善致感。”卒祀乡贤。

宣　斌　字符五，滦州人。乾隆壬申武进士。于马城北路旁修井，以济人饮。时有张勇，施路旁民田二亩，以作官道。

吴　标　字殿元，滦州人。候补县丞。生平有胆识，好施与。北关土豪范某，欲以诬欠，强夺王氏女。标解囊救之。范恨甚，遽邀标至其家，将待以不测。标神色自若。范不敢动。又尝夜梦一黑衣人求救。及旦，见乌牛将杀，遂买而畜之。牛亦任载异常焉。

解廷楷　滦州人。乾隆癸未饥，散给口粮于本村之贫困者，乡里赖之。

常　俊　滦州人。庠生。尝出赀鸠工修石桥二座于青河，挑挖引河一道，行人德之。

吴　訚　字立中，滦州人。庠生。父母殁，庐墓三年。

张朝新　滦州人。嘉庆十一年五月，雨雹。舍粥三日，以救乡里。

曾　成　字君实，宗圣裔也。明永乐间，有讳仕生者自江右徙滦。有名玺者，为滦奉祀生员，即成十六世祖也。成少贫，后以营运起家。颇知慕义，见街西大路低洼难行，乃捐金买地，另辟坦途。复于关帝庙前，然夜烛以照人行。

王　圻　字景齐，滦州人。卢龙籍监生。性孝友，乐善好施，助人丧娶。乾隆四十七年、嘉庆十一年，岁荒。屡出钱米济饥，有求必与，远近德之。嘉庆三年，诏举孝廉方正。邑人欲以其名进，固辞乃止。

宁元灏　字绮澜，乐亭人。廪贡生。事孀母曲意承欢，养葬尽礼，家不中赀，以授徒自给。性直谅，与人一言不合辄义形于色，然遇善读书人，虽后进必礼下之。年七十余卒。

刘家仁 字安宅，乐亭人。幼读书未成，而赋性醇良。动必以礼，事孀母克孝。睦乡里，周困乏，拾金不昧，买禽放生，诸善行甚多。年七十余，无疾终。

李珠璞 字媚川，昌黎人。父母俱亡，上有五兄，析产后皆无能而贫。珠璞自十三岁出外，卒能兴家。后与五兄各置一宅，凡田园财物俱均分焉。合乡送“孝友完人”额。尤慷慨乐施，急人之急。邑有人密寄银十五两，后不知所之，因将此银施于本村关庙，至今匾额有“张公礼寄银十五两，李珠璞代施”字迹。

王景泰 监生，昌黎人。幼而老成，善筹家事。亲有隐忧，辄先意承志，兄弟友爱无间，教子孙读书，虽破产不恤。赡宗族，济困穷，无吝情，并无德色。子孙蕃昌，至今科第犹盛，皆能恪遵遗训，家范肃穆，有河东柳氏风。

杨穆成 字邃庵，昌黎人。以文学起家，累世皆有声黉序。成幼禀庭训，读书遇疑义，必反覆寻究。弱冠应童试冠军，嗣应乡试。归值母病且革，大痛，恨不欲生，百计医药，始就痊。自是，朝夕承欢，不复应举。家素贫，尝以子女多不忍累及兄弟。析箸时，先择膏田二十亩，奉长兄。曰：“兄，家督也。勤苦居积数十年，产宜厚。”别以梨园与弟，曰：“弟得此，庶免于饥。”兄弟皆固辞。坚不许。推肥居瘠，大如薛包。平居以教读糊口。遇贫乏者不计修脯，远近多师事焉。

李尚德 乐亭人，幼丧明，习日者术以糊口，顾天性惇笃，昼出外，沿村卖卜，暮归无事则学纺绵，恒夜分不辍。以是小有赢余，辄市甘鲜以奉其亲，而己则自食粗粝。其兄嗜饮博，游手不理家事。一切炊爨负重之事，瞽皆以身任之，毫无愠怫意。瞽有一侄女婿，家贫不能自存，因举历岁所蓄者以济其乏。女不肯受。则谓之曰：“吾虽无目且贫，然鬻其技可以自活。汝以弱女无他能，其何以堪？”卒与之。

李棠荫 乐亭人。家贫业农，父某嗜饮食。棠阴佣贩以养，甘旨无缺。亲殁后，每遇令节及荐新，必哭奠墓次，终身弗懈。方父在时，族中有争继构讼者，或劝棠荫图之，曰："彼争者例不准继。汝倘得嗣，不惟妻子温饱且可藉以养父。"棠荫怃然曰："吾有亲不能养，而待助于人，可耻之甚。况吾本窭人，而利人之产，是谓逆天。逆天者，天且祸之，必不可嗣。"某家知其贤，欲以承祧，终谢焉。

张东阳 字建中，乐亭人。庠生。性至孝，家贫养亲，必具甘旨。亲丧苫块柩旁。既葬，庐于外三年，不入内室。平生诚悫待人，无一毫虚伪。时目为笃实君子。

王庆云 字景星，卢龙人。武庠生。事亲以孝闻。其外祖陈某，年老无子，家且贫。庆云曲体亲心，生养死葬尽哀尽礼，于其承祧之叔舅，养生送死亦如之。外弟陈玺，幼孤无依。庆云招之至家，视同手足，教养兼至，及长为之婚娶。陈氏三世，得以生全者，皆庆云之力。母尝告人曰："吾儿不但尽孝于亲，且能替亲行孝，洵可谓孝思不匮矣。"叔母刘分爨早寡。庆云竭力奉养二十余年，与亲母无异。此外敦睦宗族，任恤亲友之事，不可枚举。道光二十九年，年七十卒。

卷之六十二

列传十四　行谊三

［国朝］

王振凤　字鸣岐，滦州人。监生。嘉庆十八年输义谷八十石于倴城义仓。州守陈公详请以从九品议叙。道光十一年，郡守阮公重修书院。捐银三百两。赐“好义可风”额。

马　伦　临榆石门刁部落人。少读书，不甚聪颖。遂弃儒而贾。祖荣，六旬余患癫痫久不愈，辄寻自尽。伦侍汤药日夜防守不少懈。一日祖绐之曰：“为我园中取莱菔。”伦如命往，及反失祖所在。询之家人，皆不知。伦色变在奔及河，则祖已投水矣。惊悲无措，亦投水救之。水深浪急，衣缠绕不能泅，遂祖孙俱死焉。时道光元年七月十六日，年二十四。无子女，妻赵氏守志。

王殿甲　滦州人，武生。道光六年，输谷四百石，赏给九品职衔。十年，复输四百石。戚党借贷者三十余万，皆焚其券。

徐惠仓　乐亭人。性豁达，处家有道，子侄一视。平生最重读书，为家塾延师，始终敬礼无少懈。道光十年，举乡饮耆宾。

任　桢　字维垣，迁安人，庠生。为人谦诚朴厚，古谊克敦。道光十三年，大饥，设粥厂助粟十石。邑令旌以“任恤可风”额。

赵玉成　字琬斋，迁安人。庠生。性孝友好施。道光十三年，大饥。助粥厂粟一百石。邑令赵庭椿为请八品议叙。

张贻绪　字翼亭，临榆人。先世好善乐施，有善人之称。贻绪少孤，性孝友。弱冠入邑庠，数应乡举不售。因母病遂废学，七年母卒，哀毁骨立。道光十三年岁饥，乡多饿莩，悯焉，禀诸兄，春夏施粥，就食者常百余人。

李锡章 字荣九，滦州人。道光乙未科举人。性情敦谨，读书设教，以理学为宗。授徒三十余年，规矩严肃。一生足不入公门，贵显延访不拒，亦不答拜。其志行高洁如此。

李起凤 字鸣岐，滦州人。幼失恃，事继母郑以孝闻。郑疾病，起凤割股以进。卒不起。及丧，哀毁骨立，人咸称之。

王粹儒 迁安人。岁贡生。嗜古能文，摹右军字尤工。一生卑以自牧，莫不感其谦德。著有《敬惜字纸文》。

李嘉第 字殿飏，乐亭人，岁贡生。读书资极钝，而苦心孤诣，寒暑罔间。应京兆试十八次，屡荐未售。工书法。家居敦品励行，不预外事。与二三知己作文酒会，一生不出牢骚语，无龌龊形。卒年六十。

李其玉 字温如，滦州人。道光乙亥乡试，以第七名魁于乡。性孝友宽厚。尝赴都遇冻者于途，解衣衣之，而己反以忍寒致疾。又尝遇斗者，劝之，适其人方醉，大遭诟厉，而玉犹婉词愉色慰之使去。嗣其父兄知之，负荆于门，玉笑遣之，终不与较。三十五岁以疾卒。卒之日，有友人在城见其车服甚都，入城隍庙中，及归，则讣音至矣。

毕柏年 字鹤亭，滦州人。岁贡生。七岁失怙，勤学自励，性孝友。六世同居一家，雍睦无闲言。

吴有德 字秉彝，乐亭人。性豁达，轻财重义。商于滦之倴城。道光二十一年六月初九日，路经李家土桥，拾白金三百守候，移时有人喘息来寻，询其数合悉与之。其人感泣，欲与之分，不受。是年秋，其子殿元成武进士。孙入武庠者相继。

杨克检 字泰亨，昌黎人。幼丧母，家贫务农，天性严重，笑言不苟，而事父极婉愉。弱冠后，人有以重资谋与经商者，以不谙化居辞之。壮年丧偶，遗子女三，鉴于世之继母每虐其子也，誓不再娶。族有幼妇，死于母家，薄暮归其尸，其家惑于祸福之说，不令死者入门。适村有影戏。克俭曰："置尸门外，万目丛观，成何体统？"亲诣开喻再四，卒不允。慨然曰："既为吾族，何忍幼妇暴露？"语送者随吾来，导之入室，置床设奠，与其母家人共守之。次日，其家感悟，舁之归。有祖遗山田一区，历年生息以备祭祀，积久弊生，渐不能供。复置田六十余亩，晰立规条，俾子孙世守之。晚年嗜学，于四子书及唐宋名人诗皆能举其辞而达其意。亲见长子云逵贡成均。年九十二岁卒。后，云逵选授易州训导。曾孙舒翮、玄孙肇第，俱领乡荐。至今书香不绝。

李培元 字润田，号砚耕，临榆人。弱冠入邑庠食廪饩，乙未科副榜，癸酉科举人。春闱屡困。拣选知县，未仕卒。捐修县城，监出纳核算精明，人不能欺。文庙前水道冲决，倡捐修之。因有余款，并城工所余共二百余金，又得山西寄民张书声遗费二百金，谋为文庙岁修之举，禀官，发典商生息。又捐金二百余，以附益之。于是，文庙及忠孝、节烈各祠，以次修整。又约立文社，假故家园亭为会文所。聘邑之耆宿评月旦，而己周旋其间。社中，举秋闱捷南宫者踵相接。议修县志，采访事宜，于孝子节妇尤加意搜罗。缌服侄某，少失怙恃，收而抚之，如严父。每侍左右，外人不知其为疏属也。家赀小康，每分多润寡以赡亲邻，感恩者多。而嫉恶如仇，往往面折人过，故人亦多畏之。

熊懋显 抚宁人。后迁居口外建昌县。父瑚早丧，母张氏抚之。母卒，庐墓三年。

唐明纲 字叙三，抚宁人。性至孝。父尝病泄，久将危。明纲取粪尝之，辨其味滑淡无生理，遂呼号吁天以己算借父一纪。数日，果愈。人咸称焉。

吕士哲 临榆人，增贡生。性孝友。父母卒，弟理家政，凡弟之服用皆从其丰，己则布蔬自甘无几微不怿意。道光二十三年，弟卒。诸子谋析居，士哲泣止之，不可。乃邀亲族列坐而言曰："弟墓未乾，吾不能约束诸侄。至于分异，吾之负惭深矣。且弟妇寡，弟子多，且幼生计较吾为难。乃综其财产之数，以十分之七与诸子，己取其三。

又使择其尤，以其余归己，名为三七，而实不过十分之二也。后诸子荡产尽，复竭力赒之。易箦时，犹以义让敦勉其子，含笑而逝。

刘顺时 字永亨，卢龙人。家世业农，而性极孝。母卒，庐墓三年，终其身不御酒肉。平居循分守法，乐善好施，里人无不翕然称之。卒年八十三。道光二十八年，奉旨旌表，为建孝子坊。咸丰三年，乡人于白蟒山龙兴寺之西庑，建祠祀之，额曰“一乡善士”。

孙 蘈 子占元，卢龙人。家素封，急公好义。嘉庆六年，岁饥。蘈设立粥厂，全活甚众。道光十三年，岁又饥。复出粟千石，施钱万缗助赈。事闻。以“好善乐施”额旌其门。二十年，重修郡西白塔寺，蘈所费不赀。二十九年，青、滦二河水大溢，淹没民居无算。蘈赁舟拯溺，藉免其鱼者以数百计。每逢岁暮，凡宗族乡党之窘乏者，悉赒济之。孜孜为善，惟日不足。年七十卒。远近闻之，如丧所亲。子二人，长承绪邑庠生，次承缙廪膳生。以孙镛增广生候选同知，皆诰封奉政大夫。蘈之子若、孙胥善承先志，至今犹称为“积善之家”。

徐良臣 卢龙人。素业农，事父母最孝。妻刘氏奉舅姑亦谨。道光三十年，其父云病故，良臣苦块柩侧，葬后庐于墓，内设父主。出则力耕，人则自爨，每饭不祭不敢食。寒食露处，遂成痼疾。三年后，村人迎之归。请旌于官。徐不可，曰：“执丧为人子所当然。余惟惧不克自尽，又请于官是重之罪也。”终以痛父故，不二载而卒。

李 缙 字笏峰，迁安人，附监生。其先由上蔡徒迁安，累世以厚德闻。缙天性孝友。生母高有淑德，以节孝得旌。缙侍奉左右，游未尝过百里，期未尝逾一旬。定省必亲，六十年如一日。兄早没，事丘嫂惟谨。后嫂欲析爨，以千金产让之。道光癸未、壬辰，邑两遭饥馑。任赈事，尤有功。邑令重之，特旌其门。道光戊申，母卒，哀毁骨立。阅二十余日亦卒，年六十有二。子昌时，举人，官冀州训导。

杨其淦 字丽生，临榆石门人，府学增广生。好讲小学，尝谓人曰：“人要眼明量大。眼明则能知人，量大则能容人。以此处世，何所不可？”王君一士，山海名宿也。馆石门二十年，尝言：“丽生之敬兄怡然蔼然，颇类司马温公。”盖丽生时年七十五。兄年八十二，卧病年余，进药饵，侍溲溺，一夜数起，始终不懈，此人所难能也。卒年七十有八。

王作谋 字聪四，乐亭人，诸生。家贫少失怙，事父极孝，先意承志，甘旨之奉皆取资于修脯。后其父病风痰，动转维艰。谋亦年近六十，凡饮食卧起、溲便、抑搔等事，独以一身任之。如是者五载余。继复以训蒙不便，谢生徒使之去。谋生益窘，而供馔益丰。逾年父殁，哀毁骨立，痛不欲生。邻里皆为涕下焉。

杨继周 字尊五，乐亭人。少充县礼书，沈厚周谨，有儒者风。性至孝，童龀时，即解忧。父母疾，愁苦之状，若无所容。嘉庆庚申，母病笃，亲侍汤药昼夜不离，忘食饮者累日。母终，哀毁骨立。既葬，庐墓侧三年，朝夕思慕。父卒，亦然。又善事继母，内外无闲言。邑侯赵公题“孝行可风”额以旌之。

宋文光 字辉若，乐亭人，诸生。父通，早卒。出嗣胞伯达。弟文楷、文沛尚幼，抚之成立，训诲如严父。文楷等亦敬惮之，虽老大犹循循焉。故终身未尝析爨。性严明，见者生畏，然居心仁恕好施济，遇事善于排解，多有功德及人。子德春以诸生充国史馆誊录。书成，授山西闻喜县尉，清廉慈惠，时有活菩萨之目。后卒于官。有皂役某，数以事被责。殁之日，哭之甚哀。一妇人焚纸钱于署门外，流涕而去。其遗爱在人，类如此。孙三：廷荫、广荫、森荫，踵登贤书。广荫成进士。科名蔚起，人以为厚德之报云。

张泰来 字履安，乐亭人。朋来弟，幼习武，顾独好书法。骑射之余，必临池作真草数幅。尝同人人城、群市金玉玩好，泰来独卖古帖数册携之归。癸卯，与兄同举于乡，文武齐名，而书法益精进，作擘窠大字如怒猊抉石，锋芒刺目，不可逼视。求书者踵至，终日据案挥毫。一童子磨墨，手腕欲脱，犹不能给。性严正，平生未尝责人，而见者如临师保，气为之肃。尝饮于某绅家，一簔厨者失调有失。已，氏诋之。退而悔曰：“余老悖，何在履安先生前作是语乎？余诚老悖矣。”年九十三，无疾而终。

刘向荣 字子欣，昌黎人。幼读书甚纯。童试冠军，旋以优等食廪饩。嘉庆癸酉领乡荐。己卯会试挑取誉录，以功臣馆书成议叙知县，就选教谕。以疾辞。平生孝友本天性，存心仁厚，处事谦谨，里人咸敬之。且经术湛深，善于启发子侄以科名相继，皆其教也。授徒五十余年，捷春秋榜者三十余人，采芹食饩者百数十人。

王维城 字荩懿，卢龙人。幼读书颖悟，尤善骑射。逾冠应武试，县、府、院俱列第一。嘉庆己卯，以第五名领武闱乡荐。候选卫千总。性伉爽，重然诺，济困扶危，终身不倦。尝遇同里窃薪者于园。其人惶愧无地。城婉慰之，为益其薪启扉令去，终不言其人。又尝夜过北村，遇里中无赖者欲自经以祸人，曲为解释，并出赀助之。道光癸巳春大饥。城煮粥代赈，日至千余人。时郡守朱与县令成议发义仓，先发谷票于乡长，使自择穷乏者与之。各乡多以贿得票，而真贫者恒不得。遂于按票发谷之期，相聚千余人呼冤，为之枷号乡长不已，谕之别期领票，而又不已。无何，一面放谷，一面发票，旋以票多冒滥，仍行停止。于是无票者益怨，苦喧咖街巷，彻夜不休。令急叩府求罢。太守不许，集众官议之，殊无策。适前令汪至，太守与议。汪谓放谷不如放粥，粥无票而亦无弊。成谓放粥亦匪易，且董事殊难其人。汪遂以维城荐，守趣令礼聘之，面询赈计。城对曰："先设粥场四五处，以分众聚之势。董事用公正绅耆。城市则多用富商，委官弁备弹压，书吏备呈报，兵役备巡逻，不令干预财物。至水、火、锅、灶、缸、勺等事，听董事者自雇民夫。太守深然之。即设粥厂于南关、隆教寺、东路双望堡、西路油榨、北路滤马庄、西南路九百户，厂各一处，以郡城为总厂。用人筹款，惟维城是听。城又荐其弟维凝副之。自三月二十九日开厂，至四月中旬仓谷告匮。城倡捐银九百两，弟凝捐银六百两，一时绅商乐输恐后，至麦秋停赈。是举财无虚糜，人沾实惠，皆其力也。直督奏请奖励，赏加五品衔。邑令旌以"义隆推解"额。道光己酉六月，滦水大溢，没田庐，民多漂溺。城广觅舟楫，渡人得活者无算。其他善举，率多类是。年六十八卒。子四人，长龙光丙午举人，以誉录议叙知县。

李　瑗 字中孚，乐亭人，廪生。为人惇厚笃实，饮人以和。事亲尤婉容愉色，能得亲欢。父尝盛怒，家人莫之解。瑷至即消。殁后数年，邑人犹感其灵异，懔为神明。岂聪明正直之神即寓于惇良笃实之中乎？斯真未易窥测矣。

刘振邦 字誉士，乐亭人。性浑厚和平，笃于孝友。待人必以诚信，远近争亲慕之。早岁补邑庠，是时止读一经，后自歉所学，下帷攻苦，未数年经义悉通。至老犹矻矻不倦。居恒尝早起危坐，瞑目达旦。门人请其旨，曰："吾自壮始用此功，越今二十余年，觉此心如鱼在水游泳自如。"第未至其境者，尚难言语形容也。

韩　桂 字清远，乐亭人，国子生。家素有中人产，初列肆义州，与蒙古交易，积年逋负十余万。桂往理其事。贝子某，素重桂，召其众曰："韩君长者，为汝曹债累，宜速偿勿缓"。众唯唯。逾年，复往而债如故。桂曰："以彼之主面谕谆谆而竟无偿者，当是贫苦所致，非敢故违也。尚何讨为？"时他商有欲以半数易其帐者。桂曰："即予我全数，亦不售。吾不忍令贫家受逼也。"遂取帐焚之，赤手而归。家益落。桂有弟早卒，弟妇析爨，劝之不听。桂乃择田产之美者以给之。曰："吾男子，可自成家。弟妇孀且子幼，得腴沃庶足养生。"平生慷慨严重，与人交不设城府。生五子，列郡邑库者四人。其季鼎泰，中道光己酉副榜。孙钊，中咸丰戊午经魁，官永清教谕，辛未成进士，以知县需次山左。

孙自明 字亮工，乐亭人，太学生。家富好施。道光二十五年岁荒。次年自春至秋舍饭七阅月，每日计百余人。一时得全活者甚众。弟自哲，九品职衔；自昭，庠生。皆以好善称。

王廷槐 乐亭人，增广生。性笃厚宽和，读书外无他嗜。母病瞽，扶持医药数年不懈。及没，哀毁逾常，乡里称孝焉。

李善滋 字良圃，乐亭人。彰德守掖垣子。道光壬午，举于乡。居家以清苦自励，日用不给宴如也。家世显贵，人视之如寒素，毫无纨绔气。间事吟咏，朴澹直率，绝去雕饰，但自抒所见。咸丰初元，邑人循恩诏，公举孝廉方正。

孟良贵 字天爵，乐亭人。父振麟，庠生。良贵性仁厚，安重寡言。其叔某长良贵一岁，恃母宠，性骄悍。幼与良贵同学时凌辱之。良贵体亲意，弗与抗。道光元年，其父因弟忤，得疾卒。叔即逼令弃儒而贾。时其祖商于朝阳，有蓄积。良贵欲至彼奉祖，兼袭祖业。叔不允，令贸易沈阳，折阅数百缗。叔怒，令其自偿。后其祖亡，而朝阳之业亦败矣，家遂贫。其叔与之分爨，每寻隙加挞詈焉。良贵虽顺受，实无生人趣，常避至父墓泣涕深夜不返。一日，受大杖，逃闭室闷卧。恍惚中见一人来劝其自缢，辞以不能。人曰："我助汝。"良贵泣曰："吾有母在。"其人忽不见，盖缢鬼也。四十二岁子亡，其妻石氏劝之娶妾。良贵曰："年将老，生子无人教，恐贻先人羞。"仍以其叔之孙为嗣。尝买物，见其多量之，果数赢，即倍价偿之。每年必亲制丸散救急诸药饵，施舍之，至老不衰。年六十四卒。

郑洪道　昌黎人。年弱冠，父幕游关外。有母与弟，并祖父母亦在堂。薄产不足供给，洪播拄家事，晨夕竭蹶谋两餐。弟稍长，为之婚娶，以慰母心。衣食稍敷，徒步出关，历十年草行露宿，艰苦备尝，卒能奉父以归，骨肉欢聚。邑人王浴崖作诗纪其事。

曹绍远　昌黎人。生时，父已先数月出关，岁久无耗。时祖父母与母俱在堂。远幼负奇气，以孝闻。稍长问父，母略示其去向，辄涕泣废寝食。每遇自关外来者，必反覆究问，时欲出关往寻。祖父母怜其幼弱力阻之。及道光二十七年，远三十五岁，乃决志行。历东三省至蒲葵省城，闻父在赫津鱼皮国侨居。距三姓尚八千余里。其地深林密箐，熊虎出没，冰海深数丈，素不与中国通。远奔驰冰海上，渺无人烟，饿则以鲜鱼充饥。逾年四月抵其国，通姓氏里居得与父见，痛哭失声相疑为梦。奉父以归，一家团聚，欢溢重闱，闻者靡不称叹。

冯隆基　字开业，昌黎人。兄弟四，基生有至性。年十八，出就外傅。值父烜误毙孤侄廪生淦嘉，举族哗然，将鸣于官。基闻变遽归，向父涕泣请代。父以基幼，且系淦嘉缌麻服弟，罪较重，却之。基奋然曰："儿男子，反不逮缇萦乎？"请益力。父不许，族亲仇其父，亦不受。基卒投案，坚自认。邑令矜其志，释父罪，原情定谳，戍广西宜山。时基娶妇苏氏，未匝月。临行，妻泣云："君桎梏八千里外，而妾不能共苦，是可忍乎！”遂自尽。越十数年，遇赦回籍。闻两亲皆见背，哀毁骨立。续室生子。有孙五：长培世，弱冠廪于庠；次安世，丁酉拔贡，中本科举人，任迁江训导；余俱崭然露头角。人以为孝德之报。

朱　棠　字南华，滦州人。少孤，克自树立，慷慨好义。尝焚积逋文券万余缗。佃租不能完纳者，辄宽贷之。

解维纯　字慎修，临榆人。幼家贫，父客于外。负薪易米拮据奉母。年十八，始就学。期年，毕四子书兼能通其义。人以大器期之。旋迎父归，恐无以为养，遂留身奉天之海城，学计然之术。有西商郭某，付以巨赀，三十余年利数十倍，悉归之。郭己但取身值而已。有姊及堂嫂俱少寡，家贫，胥竭力佽助，俾全其节。平生喜读《朱子纲目》及《名臣言行录》，凡大义名教之所关，必条举而手录之。训迪诸子，开导后进，亦必援引古今之善恶，以为劝惩，殷殷不倦。子煜，入词林典试河南、湖北，入直文渊、武英，家声克振。人皆推其贻谋之善云。

王　慈　字度之，乐亭人。世有隐德。慈生而诚笃，读书颖悟。家贫，父命之贾，遂辍业。然喜谈忠孝，暇辄集录古今名人事迹，行坐观览。居恒端容貌，谨言行，有同居四十年，未尝见其白昼偃仰者。事亲诚敬，善承意旨。继母朱殁，慈年已六十余，家人以肉羹进。泣曰：“此何时，汝辈犹以吾甘味耶？”春秋墓祭，虽风雨必亲往。族谱散失久，舁祖茔墓碑出深土中，重修辑之。祖遗负郭田五十亩，以食指多，不能给饘粥，俯仰之资，惟恃贸易所人。嘉庆十五年，滦河频徒，坏田庐，农人失业，收债无所得，折阅至十万贯。索逋者蝟集，同人不知所可。慈以货抵还，不足遂罄己产以偿，债主感其诚，反为出赀俾复业焉。诸子读书督课无少贷，课期必索观所为文，偶以事误必令补作。盖自歉未能显亲，故重有望于后人也。咸丰七年卒，年八十九。以子贵，封文林郎。再以孙贵，她赠奉直大夫。长子善述，拔贡生，官山东高唐州州判，摄临淄、莘县令。次善继、善义、又次善成，恩贡生。孙树屏、树铭、金镕，皆举人。

陈永太 字祉吉，乐亭岁贡生。自幼勤学，至老不厌，不读不正之书，不为无益之事。坐必正，行必端，无疾言遽色。平居授徒文行并重，常示弟子曰："读书先要澄心，然后开卷。若思虑纷乱，如何穷理？"十一岁失恃，事继母能得其欢心。凡自外来，皆先至亲侧，省视良久，然后退。四五十年无或异。咸丰九年卒，年八十一。

石 城 字子固，滦州世胄也。道光丙午科举人。举孝廉方正，署赞皇、清丰等县教谕。幼失怙，事母孝。家贫，曲意将顺得亲心欢。亲没，家计益艰，日不举火，晏如也。十余年闭户隐居，足不履市。殁后，知府游智开勒石以旌其墓。

田汝霖 字雨峰，滦州人。家贫，弱冠即业舌耕。刻苦自励，游庠食逐知名。道光乙亥举于乡，年已四十九矣。从学者益众，多所成就，得气者辄飞去。同治辛未，年八十一犹健，赴试礼闱，蒙恩赐国子监学正。平生性和缓，无疾言遽色，为文规矩先正，不屑摹拟时调。自幼至老，日守四子书，故学于讲义尤邃。卒年八十六。

陈福田 抚宁人。守御所千总衔。生平好施与，重然诺。道光十二年，岁饥。福田施饭济贫，自正月初五日起至十二月二十五日止，按日捐米五六升，以食饿者，计人数多少而均分焉。以后，无论丰歉历年如之。咸丰九年，福田病故。子庭桂复遵行不怠。

袁 亮 临榆人。性孝友。四岁时，父客铁岭不归。家贫无立锥地。佣身养母，绝不推诿于兄。母没，父始归，性嗜酒又好花鸟。亮竭力承欢，无或违命。父有醉骂，必弦歌以解之。

梁廷俊 迁安人。少孤，事寡母至孝，朝夕进膳，必侍立于侧，母饮食稍减则皇然如有所失。娶妇后，犹常伴母宿，母挥之不去。常谓人曰："人生惟亲在时之光阴，不可一刻辜负也。"母病，自祷于神，愿终身不饮酒，不茹荤，以祈母寿。母果愈，八十二岁始卒。时廷俊已五十八矣。以哀毁成疾，数日亦卒。

崔树宝 字子玉，昌黎人。咸丰已未科举人。卓荦有至性。八岁失怙，一哭顿绝，日凡数次。母性严厉。初娶妻不得于母，出之。继娶张氏，母爱之。每出外返，必揖其妻为奉母谢。及母卒，送葬匍匐八十里。观者皆堕泪。平生以朋友为性命，到处闻有才德知名士必与缔交。辽东马西冈者，慷慨好义，适同人道其梗概，即日襆被往访。咸丰间客辽教读，遇老农谈及君恩，辄下拜。世咸目为狂生。而宝不屑较也。同治辛未大挑一等，以知县用，分发四川，未及莅任而卒。诗古文辞俱有奇气，书法亦不蹈常蹊。著有《北桃源诗》集。

杨　彩　字明霞，临榆人。少读书，两应童试。因失怙恃，家甚窘，遂就商吉林，非其本志也。粮店非斗役不行，而斗役惯讲手法：抛撒起面，飞撮滚斗，常与买主计利平分。彩曰："此无义之财，吾不取也。"斗役以此远之，而卖粮者径驱车投焉。不用斗量以瓦缶。曰："吾信杨公不欺也。"其他杂货言无二价钱。足陌村人趋买者云集。身居闹市，而谨言慎行，不染习气。事继母以孝闻，卒年五十有五。母哭之曰："吾儿孝子，竟舍吾去。天乎！曷丧吾耶？"族人亦无不堕泪者。其弟某好夜嬉，归常晚。彩恒秉烛以待，无怨怒之意。姊嫁而贫，彩极力赈济，助甥读书应试。甥卒，遗一孤女，犹抚养以全甥妇之节。族之贫不能试者助之，死不能殓者棺之，孤寡无依者养之给之。家不中赀，而乐施不倦。盖天性然也。

靳　璞　字怀珍，滦州人。少为州吏，孝友朴实，高谊过人。家不中赀，而给欲应求无德色。有戚某经理钱粮，事亏公项千余金，将获罪。璞如数转贷，代之补纳。又有不相识者，以负债成讼。官押追给主。其亲友醵金以赎，缺五十金无所出，中有识璞者以情告，璞慨与之，事遂解。其好义轻财多类此。性谦和，下人虽佣保舆隶无勿礼也。家距州城七十里，一年数往返，凡遇农夫野老必下骑与语。马习于璞，一日李邦俊孝廉借乘之。途中遇人即驻。叱之不前，鞭之，则驮，不得已下而牵之，徒步归。每语人曰："吾不敢再借靳怀珍马矣。"传者以为笑。年六十一卒。

王毓德　字遂明，抚宁人。天性极孝。母殁，欲庐墓，以父静庵在堂，不果。父殁，乃居庐三年。有井变甘泉之异。服除，贡成均。年七十余，墓祭必哀与人言辄以孝相勉。咸丰乙未学宪万公给"庸行耆儒"额。

李茂春 字荫圃，滦州人，汉军旗籍。家故饶于费，自高曾以下皆单传，而茂春又少孤，无伯叔兄弟，踽踽睘睘，至于成立。时乡邑富豪子弟，率多习于骄奢，以裘马从相夸耀。茂春席丰厚，颐指唯意思投所好者，日伺于前，使其少恣所为，则珍奇玩好声色狗马之娱，咄嗟可致，而独一无所顾。唯日手一编，以吟咏为乐。著有《沁香吟馆诗钞》十余卷。性情和蔼，平生无疾言遽色。邻里戚族待以举火者恒数十家。设义塾以教子姓，储药饵以拯病人。尚义好施，乐善不倦。乡里称善人焉。同治壬申，以疾卒，年仅逾四十。

徐祥云 字浚哲，乐亭人。咸丰辛亥入贡，性纯良，步矩翔规，绝不阿曲。授徒三十余年，贫者不取其修脯。日以敦品励学为弟子示，游其门者恒思慕焉。

刘作楷 滦州人。好施济，隆冬舍钟粥、衣裤，贫人多赖以生。咸丰四年大疫，舍药两万余剂，活人无算。所居水乡，绕村石桥十座，皆其叔祖廷林捐费所建。至今行人便之，盖其家风有自矣。

柴鸣凤 字岐山，迁安人。幼习疡医，不索药值谢仪，行之二十余年弗变。乡中贫乏者，不俟告贷，即周济之。皆称为柴善人。

周柏年 滦州人，旗籍。天性至孝。母没，哀毁骨立。既葬，欲庐墓，为父命所阻。及父卒，庐墓三年。

刘廷擢 迁安人。以子敷文贵，封奉政大夫。生平重义急公。道光间，于华亭东各建大石桥一，又于华亭南修小石桥，以便往来。咸丰元年，以助修文庙得九品议叙。邑赵天祥者，与之有旧。赵没，户绝。廷擢于春秋备香楮酒浆往祭其墓，频年以为常。及卒，乡人私谥为端敏。

王　桀 字符远，卢龙人。幼而失怙，家极贫。时其母年方十八，母方氏别有传。桀六七岁时，同乡马昌衍怜其孤寡，教之读书，并助饔飧。及长，无力进取，去而为贾以养母。于定省温凊礼无或缺。后家道小康力行善事而不使人知。或问“子何所为而为也？”曰：“吾母苦节抚吾。吾无以报之。吾今年过六十无子，恐绝吾母祀耳。”曰：“子之所为小善也。子能为母请旌，则无子荣于有子矣。”

棨然之。乃竭数十年之积，为母请旌，立坊修墓费数百金。至六十八岁连举二子，七十八岁卒。

关尚诚 迁安镶白旗籍。幼极贫，不能读书，而天性至孝。娶妻王氏，生女已六岁，与姑不相得。遵母命出之。或劝其续妻。曰："有妻不能事亲，娶之何为？"遂鳏居终身。以佣工养其母三十余年。母性严急，一事不如意，必跪请涕泣不敢仰视，待色霁而后已。母故，凡母所留遗者，虽破缶残甑不敢损败。盖暗合孝子事亲爰及犬马之意。性尤廉谨，居乡与物无争，非其有一介不取。从弟金绶等屡欲迎养，不肯就。同治五年卒，年七十五，族人葬之。

潘德起 迁安白沙坡人。家贫，业木工，而事母至孝。母衰年多疾，辗转床蓐，德晨夕侍奉，羞膳必洁。凡佣于人偶遇滑甘，恒以母不得餍饫对之容感，不忍下咽。其孺慕之诚，有非士大夫所能缘饰者。乡党称孝信不诬云。

陈　果 字刚德，滦州人。性至孝。父母没，庐墓三年。家不中人产，而好恤孤贫。有族人名知者，夫妇穷老无子，夫亡予之棺，妻卒又代葬之。平居尝戒人曰："予三世片纸不人公门，我辈皆宜容忍为先。"年八十五，犹称矍铄焉。同治壬申，知州游智开赐匾曰"仁厚可风"。

朱赫南 字晴江，滦州人。廪贡生，候选训导。同治元年，举孝廉方正。性和平，或忤之，不与较。幼失恃，事继母以孝。母室尝置果饵，为童孙蓄也。赫南每请尝之，母辄怒不与，则嬉笑作婴儿状，强食以博母之欢。其孺慕类如此。与诗人李春亭善事之如师。春亭卒，赫南大哭。家人问曰："交人多矣，何以于彼忽作此态？且彼素骄傲，何为者？"赫南曰："尔见其傲，未见其真也。"晚年手抄吕叔简《呻吟语》申凫盟《荆园语》谢退谷《教谕语》，常恬吟默揣焉。

李　玉 抚宁人。其远祖李肇瑞生五子，自明万历三十六年，递传至玉，九世同居，食指五十余人，率以一人主家政。同治十一年，知府游智开赐额曰"李氏义门"。

王　法 字宪章，滦州人。道光七年，州牧陈晋捐谷一万四千余石，因旧仓倾圮，存贮无所。法有闲宅三楹在胡各庄镇，施作义仓。州牧据情详请，议叙九品。

韩　聪　卢龙人。七世同居，治家有法。亲丁六十余人，均无闲言。光绪二年知府游智开赐以“德寿俱高”额。卒年八十四岁。

周柏林　字子贞，滦州人，旗籍太学生。性质直，事父母以孝闻。同治三年，丁母忧，欲庐墓，其父禁之。四年，丁父忧，庐墓三年。

李永贞　抚宁人。贫为人佣，三十二岁妻亡不娶。恐不能孝母也，无子亦不继。晨夕自炊，以甘旨奉母。母寿八十四而终。其姊五十余，家贫无子，将改适。永贞不可，迎养之。其至性有过人者。

张锡智　字乐天，昌黎人，附贡生。性至孝，即盛怒之际，闻母至，则笑容可掬，急解以他事。年十九，徒步走京师赴礼部，为祖母请旌。体素羸弱，药饵不离口。或谓其慎疾太过。曰：“吾非惜命，母在不可死耳！”至六十余，病甚，引母手泣曰：“儿不孝以至于死，儿有罪，母无儿矣。”未几殁。母痛哭逾日，亦殁。

杨成年　昌黎人。生周岁，父远商关外，久而无耗。道光元年，成年十五岁，徒步出关寻父。至江边新城，父子相认，奉之归里。父以天年终于家。

吴　顺　字豫和，滦州人，监生。家富好施。于道光己酉、庚戌年间，月会寒士课，酌给膏火，多所成就。咸丰三年，发逆扰天津。宗亲中，多贫不能葬者，乃家给钱三百缗，趣使葬。曰：“勿令死者同遭兵燹也。”一时称为义举。

刘景星　字明垣，昌黎人。入泮后，出为句读师。父檠，本农家，仅一子不欲离膝下。星即携砚归，集四书句作辞馆文一篇。朝夕侍侧，以博父欢。父老年少睡，夜恒十数起，或出门步，星闻声即醒，扶持备至，二十余年未尝一宿妻室。父偶挥之去，则以嫌儿女啼号为辞。父八十七岁殁，星痛哭几死。自殓至殡，寝食柩旁者三月余。妻李氏亦贤孝。人并称焉。

陆廷升　字殿扬，滦州人。性沉默，喜读书。因家中落，弃儒贾于沈阳，数年成巨商。然好施与，年荒则以钱米给乡人煮粥待饿者。其他种种义举，见则必为。远近称之。卒年六十一。

阎德生　字峻天，号雅亭，滦州人。幼习骑射，十七岁以武童获售。嗣屡应举，辄报罢。遂养亲家居。胞伯无子，以之兼祧，同居合爨，德生奉侍，俱得其欢心。李中孚茂才赠诗云："高堂色养低徊际，愧杀穷经说古人。"盖实录也。性嗜书画，而尤长于竹，求者踵至，门限几穿。张明经九鼎，以《画竹引》赠之。有云："手扪脚踏俄成图，侧出横披神气生。"又结句云："饮我酒，留我宿。赠我十丈潇湘之画竹。居处常嫌无此君，得君此卷差免俗。"其推许至矣。同治辛未卒，年八十六。子一昆，太学生。孙四：长继宗，乙未举人，现官内阁中书；次昶宗，庠生；三裕宗，庚午举人；四嗣宗，业儒。

徐　善　字粹躬，乐亭人。父早卒，事母能孝。每食必亲视之。兄弟同居，无私积。族中有贫乏不能自给者，恒周以钱米，无德色。生五子，游庠者三人。其子亦能体先人之志，为人罢争息讼，里人至今德之。

杨伟义　字正万，迁安人，廪生。志行修洁，乡人敬服。道光元年，举孝廉方正，赍文到省，适以丁艰罢归。卒年四十八。

姚光璐　迁安人，原名开第。任刑部员外郎，出授云南临安府宁州牧。未几，告归家居。好善乐施，乡里有贫乏者多周济之。三屯旧有义仓，曾捐谷三百石，且出赀修其仓廒。三屯营巡检王仲淇为之立石以记其事。其他义举见于桥梁、庙宇者尤多。其先山西人，因回祖籍修墓，路经获鹿县，地名有俗呼南天门者，山路崎岖，行旅苦之。慨然施银二千两，俾修之平坦。士人立碑道左。至今往来者咸称便焉。

田九成　迁安下莲花院人。性笃实严正，持家有方。见人有游惰者，必法语相规，勖以勤俭。乡里皆敬惮之。尤善符水治误吞针铁甚效。年近八旬，精神矍铄，曾玄绕膝，五世同堂，雍雍如也。自其高曾以下，子姓繁衍，诟评无闻。盖同居已十世焉。

张廷栋　字显功，滦州人。性孝友。侍母病，夜不解衣，二十余年如一日。事孀嫂，抚孤侄，尤能情至。生平恂恂自饬，而乡邻有事则为之排难解纷。人皆悦之。卒年五十二。

王起发 抚宁人。乐善好施。尝捐资修补界岭口外十八盘岭道前后十里，行人便之。道旁有碑记其事。

王　举 抚宁人。天性慈厚，乡里以善人称之。道光十八年邑令许梦兰表其门。

俞　泌 字郰臣，抚宁人。嘉庆丁卯科亚元。任定兴教谕。品行端方，学问渊博。解组后，犹家居授徒，诲人不倦。道光戊戌举乡饮大宾。寿八十六而终。

曹振卢 抚宁人。性正直，讲明孝，友善治家，有公艺风。一门和睦，郡守王公旌其门。

金锡禄 字荷庵，抚宁人。恩贡生，由国史馆誊录议叙，选授河间、阜城县教谕。时值土匪窜扰，协同团练守城有功，加六品衔。性笃厚端方，睦乡好义，授徒于家三十余年，成材甚众。凡贫而有志读书者，从不受其修脯，复资助之以成其学。里中有烈妇冯常氏，尝出资代为请旌，以励风化。年老致仕，教子课孙，乐善不倦。卒年七十七。

单德林 抚宁人。幼失怙，事母最孝，家赤贫，甘旨无缺。因无以为养，每岁服贾辽东。同治四年冬，关外马贼蜂起，所过杀掠。德林猝不及逃，忽念老母在堂将不得终养，悲不自胜。欲突围而走，恍惚间，梦神示少待盗行且去，保无害也。数日贼果退，得归。母子相抱而哭。遂自誓终身茹素。母年八十病，不能兴，展转床蓐，动必需人，至夜尤甚。德林日夜扶持，须臾不离，未尝委之室人，三年无少怠。母八十三岁卒。德林已六十三岁矣。思母辄泣，绘像悬之于室，每食必奉饭如生焉。其从堂妹，适张氏，中年丧夫，母家及夫家皆赤贫，尝就食德林家。德林谓之曰："妹果守义，我有一盂粥，当分妹半盂也。"卒践其言。

刘景阳 字春桥，乐亭人，增生。幼失怙。出嗣胞叔，叔母性忭急，景阳积诚以感母心，乃得安。以己未得志于名场，延名师课子侄二十余年。子若孙暨从子从孙辈，采芹、食饩、登贤书、捷南宫者，踵相接。皆其教海之力为多。尝于奉天遇贾人陈某，自言母老待养。景阳嘉其孝，付之白金五百，俾权子母以养亲。其人竞席卷以逃。景阳亦终不追问，其尚义轻财类如此。卒年六十八。子二：长成儒，庠生；次成诵，光绪乙亥丙子联捷成进士，现官刑部主事。

晁佐清 滦州人，七世同居。

桂林侯焕尧《滦州刑书晁氏七世同居记》云：同治壬申，尧判滦。偶因浚河之役，至印步淀，止刑书晁佐清家。入其庭蔼然之气溢人眉宇。庭有榴花数十株，鲜艳夺目，大者高与檐齐，小者栽植盆盎中罗列盈砌。询之。则其高祖手泽之遗也，迄今已百数十年，相传七世矣。夫高曾桀矱，前人所留，后世不加珍惜者，滔滔皆是。吾观晁氏之榴，因之有感焉。昔田家荆树析居则枯，合好则荣。物犹如此，而况人乎？晁氏若子若弟其共勉之，则张公之九世不足多矣。且吾闻佐清为吏甚谨，常守公门修行之箴，孜孜然日惕于心，郡守游公甚器之。乌知厥后不更昌大耶？

王清海 字子澄，号荷夫，卢龙庠生。援例捐户部主事加员外郎衔，赏戴花翎。在部二年，以亲老归养。性孝友，敦气谊，家风清肃，门无杂宾。同治壬申，新化游智开知永平府，见城墉、公署、坛庙、津梁率皆颓敝，慨然有重修之志。乃捐俸倡首，七属绅民皆乐输恐后。大工将作，知海勤敏任事，遂专委以监修之责。海夙夜匪懈，越六载凡龙亭、察院、书院、演武厅、穹桥、武庙、牛痘局诸工陆续告成，而城工尤钜，且于城工志局公款出入，丝毫不苟。知府游智开以“勤侔士行”“贤劳永著”两额其门。光绪戊寅四月，忽以痰疾卒，年止四十八。

郑　福 滦州人。少孤，家酷贫，以负贩为业。每自市归，必以甘旨奉母，而自食糠秕。若见甑中有尘，则必餍而后反，惟恐贻母忧，日间一食自若也。交易则物美价廉，人争售之。其母年近八十，患瘫痪廿余载，床蓐之外举步维艰，而温清得宜。溽暑之日，时时负卧凉阴。孺慕之诚，终身如一日焉。

宋　鉴　昌黎本城人。以卖鱼为业。一日，在鼓楼南见地有字纸一卷，取视乃钱票四百八十余缗，不肯自昧，守候移时。忽见一少年贸贸然来，汗淋气喘沿街寻觅若失物者。询之。符其数，鉴悉以付。少年感其德欲平分焉。不受而去。里人闻而迂笑之。鉴曰："取之不义，终非其有。矧彼初习商贾有此遗误，内忧外疑，性命名节攸关非浅鲜也。损人利己之事，岂鉴所为？"闻者惭而退。乡人至今称之。

董　荩　字良臣，太学生，世居昌黎套里堡。性孝友。幼贫，父龙友以贸迁赴沈阳，遂卒于外。荩匍匐负骸骨归，丧葬尽礼。其事叔父尤谨。析箸时，荩甫娶，而父未归，叔麾之使去。曰："食指日繁，吾力不暇给。汝夫妇可自谋生，汝祖母、汝弟，汝当养之，勿相累也。"荩悲不自胜，然又不敢拂叔意，遂分爨。年余，恒断炊。父闻之，为寄十数金。叔又招之同居。荩大喜，罄所有以献叔，旋耗尽又逐之去。荩妻董氏（旗籍）也性慈恕，能以勤俭相夫，家业因而小康。生子二，长鸣殷、次鸣凤皆能勤俭克家，诗书启后。同治癸酉，永平府知府游智开以"兄弟耆德"给额。今其孙登贤书者三人，曾孙登贤书者一人，列黉序者三人。家人约三十余口，同居已及六世。皆以为荩夫妇厚德所积云。

马万来　万兴　迁安人，胞兄弟也。父早殁，母构夙疾不能动履者数年。家赤贫，兄弟佣工奉养而甘旨无少缺。每远出，必告归期，且留赀以备养赡之费。妻子孝敬稍弛，必引至无人处责之。盖不敢令母知也。兄弟既佣于人，相商互为归省，至家每饭必亲为操作，不假妻子之手。有女弟一，既嫁而卒。戒家人勿言，恐伤母心。母年余始知之，曲为劝慰，母色霁而后已。后，母年八十八卒。万来卒于光绪五年，年七十四。万兴现年六十八，每念母兄犹泣涕不食云。

李念曾　字诵芬，滦州人。举人兆魁子也。品端学粹，远近知名。年十九，父殁，哀毁骨立，以母刘在堂乃节哀。率两弟及妻曲意承欢。时家已中落，而勤学不倦。以课读谋甘旨，一门孝友，秩然蔼然。光绪元年，年五十九始举于乡。五年，母病故痛哭呕血，竟以毁卒。子四，长人龙廪膳生，亦有声庠序。妻赵氏，另有传。

薛孝子有信　抚宁西石河人。父纯，于道光二十五年投关外岔路河贸易，数年无耗。信年十四，号泣，欲寻父。母恐其忧思成疾，许之。遂出关，至岔路。遇商徐姓者，告其父久赴江东。信不惮修阻东寻。阅四年，始与父遇时其父已丧明，畜一犬引路乞食。信见之，大恸，亟解衣衣父。劝父归。父曰："我狼狈至此，何颜与故乡人见？汝速归事母，勿恋恋汝父为也。"信痛哭失声，跪求一昼夜。行路者皆为感泣，共助资斧。时值隆冬大雪，连日冻馁，父子濒于死者屡矣。颠连六月余始返岔路。有与其父旧识者，皆感信之孝，助以衣马资斧。一日至大孤山，突遇盗劫掠。父以惊，复中风寒，不能动履。信负之行，日仅十余里，艰苦万状。至沈界遇故人齐姓者，怜其纯孝，脱骖以赠，乃得归。比至家，信年已十九矣。延医为父医目，目渐明。既而母病，盛夏思冰，信徒跣二百余里至都山阴，果得冰。三日而还冰未释。母饮之，疾顿愈。至孝格天，亶其然乎！

马兆麟　字锡吾，昌黎人，性敦谨，喜读书而赋质不敏，下帷攻苦，恒午夜不辍，遂有声黉序间，清贫自守，未尝以非分于人。为文悉本先正，而课徒极严，成材甚众，且友于性成，与弟俱年届七旬尚友爱如孩提，以子纯熁恩贡生，任典阳训导，她封修职郎，补。

王孝子惠民　昌黎西柳河人。父殁，庐墓三年。万历二十一年，邑贡生张充鲁表其墓。今石碑尚存。

卷之六十三

列传十五 文学上

［后魏］

卫冀隆 辽西人。官国子博士为服氏之学，上书难《杜氏春秋》六十三事。

［金］

王元粹 字子正，初名元亮，后止名粹，平州人，系出辽世衣冠家。年十八九，作诗便有高趣。性习专固，世事不以累其业，故时辈无能当之者。正大末，用门资叙为南阳酒官，遭难流寓襄阳。襄阳破，只身北归。寄食燕中，遂为黄冠师。有“十月风霜侵病骨，数家针线补残衣”之句。亲旧有怜其孤苦，欲为之更娶者。子正业已高举。主太极道院，竟不能自返，年四十余，癸卯九月病卒。诗人淄川杨叔能挽之云：“匹妇主中馈，虽贫生理存。五言造平淡，只影卧黄昏。谩下陈蕃榻，虚沾文举尊。北平家世绝，衔恨入荒原。”从弟郁亦攻诗，方之其兄盖商周矣。郁字飞伯，少日作乐府《拟古别离》，有“黄鹤楼高云不飞，鹦鹉洲寒星已曙”之句，人多传之。其后人京师，大为李钦叔所称，与之诗云：“诗句媲国风，下者犹楚乱。”赠诗者甚多有云：“忆昔颍亭见飞伯，恍若梦中逢李白。”又云：“紫陉仙人今渊云，骑风御气七尺身。”又云：“良金原有价，白璧况无瑕。”又云：“王郎少年诗境新，气象惨淡含古春。笔头仙语复鬼语，只有温李无他人。”飞伯用是颇自贵重云。(《中州集》)案《甘水仙源录》

云：恕斋先生姓王氏，名粹，字子正，北平之巨族也。才高而学赡，少有诗名，每一咏出，脍炙人口。然与世疏阔，不事举业。正大间，薄游邺下，漂泊江汉间。甲午还至燕，遇真常大宗师，即北面事之，执弟子礼，居长春宫之萃玄堂。年四十余，以癸卯九月无疾而逝。不浃旬，而见梦于诚明张君，其云为款曲，不异平昔。少焉，作诗而别，云："当时每恨花开早，及看花开花已老。花开花落能几何？回头又见春光好。"诘旦，诚明书见梦之诗，白于真常。真常叹曰："子正仙矣。"闻者异之。先生性恬淡，无机构，廉洁贞介，与人交悉待之以诚。闻有道行者，虽穷居陋巷，必亲之。嗜读书，作文尤长于诗。其古诗虽淡，有陶、韦之风焉。

邢具瞻　字岩夫，辽西人。天会二年进士。与吴蔡为文章友，仕至翰林待制。《中州集》载其一诗："出塞云楼外，青山半夕阳。""寒鸦翻墨点林霜，平沙细草三千里，一笛西风人断肠"（《中州集》）。

李　杭　乐亭人。天会初举进士。时平滦兵戈甫定，民未知学。

杭择地建文庙，行释奠礼，以振兴学校，维持风俗为己任。仕至州刺史，有声于时。

鲜于仲权　其先辽东人。远祖辅仕魏，任渔阳太守，有功封亭侯，后还本镇。子孙世居渔阳、北平间。仲权世居乐亭。少博学，工古文，登明昌间进士。先是文庙创自天会，无黉舍，规模粗具。仲权慨然谋鼎建，邑人相劝，兴置学馆。邑之人物称盛自兹始。仲权为人重道义，有节概。弟仲毕，官昭信校尉。

齐守信　陶之后也。业词赋，举乡进士，未仕卒。兄守泽、弟守素、守约。守泽官昭信校尉；守素乡进士；守约明经，教训乡里。

裴宗智　号秀岩，居士，明昌间人。善书篆。**张守谦**　号天倪老人，贞佑间人。俱居乐亭。善属文，并隐居不仕，有古逸民风。

张　介　字介甫，平州人。正大元年，经义进士第一。为国用安参议。用安表请，用安幸山东。上以其言示宰臣，宰臣奏用安反复，本无匡复志，此必参议张介等为之。业已迁蔡，议遂寝。（《金史·附国用安传》）案《中州集》作彭城人。历巩、谷、熟三县令。幼有赋声。为人有蕴藉。尝赠诗人杨叔能末章云:“我贫自救如沃焦，君来过我亦何聊?为君欲写贫士叹，才思殊减荒村谣”杨初以荒村谣得名故云。

［元］

杨绍先 乐亭人。中统三年进士。至元中，授集贤院司直学士。德行、文章为世推重。尝捐书三百六十三部于本县学，备邑弟子员及民间俊秀讽诵。子塾，仕至济南路厌次县尹。善篆书，不坠家声，见邑庙学碑。案:《滦州志》载，至元二十六年绍先捐书，学正秦本有记。延佑三年，子有道捐田，学正张德有记。

［明］

宋宏道 乐亭人。少值元季，隐居不仕，讲授乡里，家业泊如，恬不为意。后明兴设科，登洪武乙丑进士。拜监察御史，有声。寻迁河南左参政。以衰老乞归，琴、书、衣装惟一轮辂而已。后起左佥都御史，未就。年七十余，卒于家。

郁　瑄 其先昆山人。祖彦忠，明初，仕潮州府同知，徙乐亭。父昌，岁贡生。瑄勤学力行。天顺壬午，领乡荐，任知县。仲子昕，岁贡生，任陵县。季子时，岁贡，任仪封教谕。时子从舜，聪敏好学，声名籍甚，岁贡，授训导。一门统诵，人以为难云。

萧云汉 乐亭人。富长子，博学工古文词，贡人太学。授大同府通判，膺荐举升河东运同。遂乞归居乡，以文史自娱。邑之铭碣多出其手。子馨春，任浚县训导；发春，任磁州训导；达春任芮城主簿。

白应庚 字象先，滦州人，原名培极。年数岁，出口成古文辞。十一岁入泮，院试以冠军食饩。岁丙戌，中乡试。益肆力于典坟，书学二王。所著诗文，咸为人取去。后梦有人告之曰:“子欲为天榜第一人，则盍更名为应庚乎?”寤即更之。未几，壬寅九月，年三十六，无疾而卒。卒时，时日皆庚辰。说者谓庚应为天上第一人云。

郑　卿 字省吾，滦州乡进士。龆时，稽古弗怠。筮仕河南府判。悬鱼酌水，衙斋阒寂。与名彦弹琴赋诗而已。抗疏归里，力辞征聘。所著有《省吾诗文集》藏于家。

李充桂 字攀之，号月樵，滦州人。天姿醇亮，下笔千言。凡三试棘闱，辄奇于数。由明经训获鹿，再谕盐山，士钦苏湖之教焉。

刘景周 字宪之，号鸣岐，卢龙人。廪生。幼颖异，笃孝行，性沉默，博研今古，教子义方。后猝梦绯衣奉诏，内记一联云："玉碎白犹在，松枯节更坚。"未百日卒，年五十四。著《易义心解》三卷，诗文诸稿存于家。

许　庄 字德征，滦州人。登弘治癸丑进士。知临汾、宝鸡二县，俱有声。迁平阳同知。纂修《孝宗实录》及三十二郡志特委编著。升山东佥事，又遣分巡辽海，上安辽十四策，擢陕西参议。调山西粮储，以安边四事上言武宗，不报。遂乞休埽轨。著述有《康衢文集》一百卷、《梅花百咏》一卷、《心鉴警语》一卷、《先天方舆图说》一卷、《三礼仪注》四卷。

冯斗华 字应垣，滦州人，万历丁酉举人。任长山令，政尚简约。公余与学博诸生横经问字，匄公文者相望。以清直忤直指，罢归，读书不置。所著有《经书解义》、《平平言》二集。以子运泰贵，累封大中大夫、太仆卿。

张　诗 字子言，别号昆仑山人，卢龙卫民李氏子。十岁避佥丁，随父母逃京师。衡州同知张公抱以为子。张殁后，访卢龙，得诸从兄弟哭诸祖父墓。衡州卒乏嗣，仍子之。初学举子业于吕楠，继学诗文于何景明，声名藉藉长安会府试士，士当自负几人试，诗使其家童代之。试官不许，遂拂衣出。一意为诗，遍游天下名胜，与诸名人倡和，时称燕山豪士。至汝南，视何景明疾，守七月。景明卒，还北平所居，一亩之宅择隙地种竹，每遇风雨飘潇，披襟流盼相对，欣然命酌。杭守李士行称其不狂、不屈、不惰、不骄，春风不足融其情，醇醪不足味其况，为文雄奇变怪，览者不敢以今人待之。所著有《骂鬼》、《诘发》、《笑琳七子》等文。善行草，得旭颠素师遗意。岳氏雨华编以昆仑为首云。

高　霄　字云冲，擢之子，官生。任宗人府经历。霄本世胄，绝无纨縠习气。餐经味道，攻苦甚儒，生性蕴藉，虽田夫乞丐，亦深爱敬。事继母、庶母皆中礼。有诗一卷行于世。子阶，亦能读父书。时人比之太丘彦方云。任山西盐运司副使，晋开封周王相，清望益著。

张汝能　字敷四，滦州人。事兄如父，推产于幼弟。训戒诸生酷嗜诗古文词。门人王仲默尝言："奇字之学，久无折质，先生自虫文鸟篆，尽海汇诸书所载怪异不经见者，罔弗详。其反切、字义可谓博矣。"嗣文灿，中副车。

王仲默　中丞镐之曾孙，滦诸生也。风度秀挺，龆年辄喜为诗文，瘦媚若清蝉、古木，笔力超迈迥出人上。善小楷，自镌石章，细劲同汉瑑。没后，郡人醵金刊其遗稿。

［**国朝**］

崔　巍　字岳生，居迁安，其先卢龙人。幼孤，崇祯庚午，郡城陷。母王氏度不能免，自经。依兄嫂避难，兄嫂利其产百计死之。赖母叔王如梅收养之。王业农，弗令就学。年逾冠，里胥欲派以役，巍耻之，遂发愤力学。入迁安庠，益攻苦，遍涉经史，茧足走京师，受《春秋》于归安尹平之先生，领顺治丁酉乡荐。选武邑教谕，修学舍，课生徒，铎声丕振。留心理学，议论一宗紫阳。时讲学者多排诋阳明。巍曰："致知之学，孔孟真宗。且阳明先生直谏勤王功在社稷，真以身讲学者。若随俗以异端斥之，不但得罪阳明，亦紫阳所不许也。"年四十八卒。子三：璠，拔贡生；玙，庠生；瑮，自有传。

吉　民　字君祝，滦州人。性淡泊，不慕荣禄，以《春秋》名时，应制举，两置乙卷，遂绝意进取。鼎革后，当乡贡，邑令促之不就。家贫，常闭户静坐，生平无喜愠色。手注《孝经》，五载始就，寻卒。尝曰："我夫子志在《春秋》，行在《孝经》，我注，惟知经者知我。此实语也。"

李集凤　字翙升，山海卫人。友松次子，幼入邑庠，年十五食廪饩。顺治十二年，拔贡生。授洛阳县丞。丞故卑位，毋得专民事。守若令有以事委者，集凤听断明允，以廉干称。性端严，淹通群籍，凡濂、洛、关、闽之书无不究悉。尤善《春秋》，汇先儒注解讨辨详核，历三十年凡四易稿，然后成，凡六十五卷，名曰《春秋集解辨疑》。汪检讨楫出守河南府，雅重其书。新城王尚书士祯亦称其“研精三传下吏之有经学者。”卒于官。洛阳人请从祀周公庙。康熙五十三年，本籍崇祀乡贤。

赵御众 字宽夫，滦州人。明季汀州府同知申宠长子也。顺治十七年，与卢龙韩鼎业、王埙从容城孙夏峰学，函丈之间追随二十余年，与及门诸子往复辨难皆人道之言。夏峰《怀友诗》云：“宽夫善补过，力为明学地。”又《答宽夫书》云：“天地间只有这件事无精、粗、大、小、内、外之言，会得此，无处非这件事，圣贤随人指点，总之是这件事。五经、四子任举一语，皆要归到原原本本处。《易》日一致，子曰一贯，理也、中也、静也、无欲也、矩也，一而已矣。工夫更无两般，下手处便是究竟处。此言尽之矣。宽夫已了了于心，故了了于口，不及言者三，无道人悉之。”其见许如此，当亦汤孔伯之亚。其《赞夏峰像》云：“大哉！吾师体易之道，处困而亨，爻象自考。盎背畅支，神和气浩。九十年来，皤然逸老。动静光明，与时偕游。天启乙丙，林宗太丘，幼安子春。维甲申秋，迄今九十，卫武其俦。我拜斯图，敬赞斯语。即易即身，随处皆是。爻者效此，象者象此。不在图外，不在图里。展卷羲皇，同人瞻企。”智足知师，非授受薪传于道深悟，曷克道此？王埙，字伯生，夏峰送其北归诗，有云：“人谓进善猛，猛乃不中歇。人谓嫉恶严，严乃不受机。”亦可见勇于自治，磊落难干之概。鼎业，字子新，附父《原浚传》后。

卫　蕃 滦州人。康熙辛酉举人，任曲周教谕。性醇谨，尤勤于训士。每逢月课，必与诸生悉心讲贯。以疾罢官，遂侨居焉。士敬事如在官时。

崔　璨 字淡余，巍子。五岁而孤，九岁五经成诵。康熙癸酉，中副车，己卯乡荐第四，己丑成进士，选庶吉士。性恬静，笃孝友，事母色养备至，严事两兄。长兄性刚，怒即长跽以请，非怒解不敢起，自童子至为官皆然。生平无疾言遽色，虽清贵益自谦抑。善诗古文词，著有《式好堂集》年四十三卒于官。

李 泽 字安澜，乐亭人。天资清妙，学问渊雅。领康熙癸巳乡荐。一时邑中操觚者，莫出其右。

姚 采 乐亭人，延嗣子。康熙间拔贡生。授内黄教谕，勤于训诲，多所成就。擢国子监学正，尤以振兴文教为兢兢。迁刑部司务转工部主事。以亲老假归。侍膳承欢，终养尽志。越十年，起补工部员外郎。尝监厂务，综核严谨，吏胥肃然。

姚 熙 延嗣次子。康熙戊寅拔贡生。性颖悟，能文章，闭户读书，足不履市。惟日手一编，以课生徒，后进多所造就。教子有义方。长协于，成进士；次敷于，明经；次起陶、次纳于，俱博士弟子员。崇祀乡贤。

张 霔 字念艺，号笨仙，抚宁人，侨寓津门。康熙四十年，岁贡生，考授内阁中书。兄霖为方伯，门第甲三津。而霔独萧然无与，淡泊如山林间人。尝科头趿履行市中，居如村舍，题曰“帆斋”。又营别室于“帆斋”之右亦曰“帆斋”。客征其故？霔曰：“吾所居则帆斋也。既曰帆斋，容有常处乎？”人皆怪之。晚自号秋水道人，诗集甚富。时与朱锡畅、姜西溟、吴天章诸名宿相酬唱，草书得米颠神骨。著有《帆斋逸稿》、《晋史集》、《欸乃书屋集》、《绿艳亭集》。其侄坦、埙皆霖子，康熙癸酉同举于乡，同官内阁中书。坦，字逸峰，幼学诗于王阮亭司寇。著有《唤鱼亭诗稿》。埙，字声百，著有《秦游诗》一卷，姜西溟尝序之。

徐升闻 字赞尧，抚宁人。岁贡生，候选训导。康熙戊寅，裕亲王祀长白山，驻帷其宅，传见命坐，讲书论文极蒙赞赏。书“鸿才雅望”额赐之。

徐 显 字阍然，抚宁人。少聪颖，年十五，邑宰月课即蒙奖赏。后以母殁，哀毁致疾，读书不能声，惟默诵而已。年二十四，郡司马赵公来署抚篆，取冠童子军，以疾不得院试。逾二年，赵公又理抚篆，复蒙首录，得采芹。越明年，食廪饩。赵公延之人幕，一切笔墨事委之。曰:“徐子通才也。”及擢守兴化，亦邀与偕，居数年方归。至雍正癸卯举明经，以年老不仕。行谊日敦，声闻日茂。年七十九而卒。初，康熙辛丑春。世宗在邸，东祭长白山驻帷显宅，传显与语应对明敏。钦书“绍书香”匾额，“红药翻阶春炼句，青藜映案夜修书“楹联赐之。

卫　全　字慎修，滦州人。髫年颖异，日诵万言，长举于乡。凡诸子百家，无不贯彻，旁通内典。著有文集、诗钞藏于家。

鲁　捷　滦州诸生。悉心史传，尝作《姓氏养蒙》积四五百页，不下数十万言，稿藏未刻。

惠景陶　字起潜，滦州人。廪生。性醇谨，虽环堵萧然，而吟哦自得，几不知为贫且老者。著有《松菊诗草》未刻。

倪呈炎（原玉旁，避讳改）字琳圃，其先金华人。明初，始祖名吉者，始来乐，至炎十一世矣。祖法正、父文表，皆诸生。炎矜严好礼，毅然有志于圣贤之学。为文深于理窟，不尚词华。教授生徒，诱掖有方。门人悉敬而畏之。雍正癸卯贡于乡，卒。授曲阳县教谕。

王　业　字□□，乐亭人。岁贡生。文情卓越，试辄冠军。李安溪先生视学畿辅，最加赏识。文刻人何义门《行远集》中。

伦可经　滦州人，廪贡生，品卓三子也。康熙三十年，裕亲王赐“冰玉堂”匾额，面询颐养之术。三十九年十月二十一日，世宗宪皇帝时居潜邸，过滦，赐鹿麈诸珍，命讲《易》赋诗，题为“猎马带禽归”限三江韵，经口占应制，诗云:“西望旌旗出帝邦，行舆东适涉滦江。宜人紫气迎关合，匝野清风与物庞。日近青宫驰骏马，春明黑水起飞艭。网开三面生为德，共祝汤仁万兽降。”诗出，上下传诵。父品卓，精于六书，经能世其家学。

高履豫　字奋斋，号蓼劬，昌黎人。辛酉拔贡。年少喜读书，经史每数过辄不忘。中年绝意仕进，著书自娱。工楷法，善属文。经其指授者，学问俱有本源，立品甚高而接物以和。乐亭陈明府聘修邑乘，考核精详，迄今称善焉。

陈永清　字济周，乐亭人。少以孝友闻，童年游泮，试辄第一。

以选拔，登雍正乙卯贤书，寻中丁巳明通榜。六上公车，屡荐不售。乾隆初，授职秉获鹿铎。下车即慨然以振兴文教为务，时进门下士课之，手定甲乙，黜腐烂，尚清真，一邑之文风丕变。去官之日，有牵裾流涕而不能舍者。其于制义一道，视同性命，虽盛暑严冬手不释卷。一题之命，诸生作有不合者，必呕心血以易之工而后已。平生著作甚富。子四，篔、篮、籥、篁，俱有隽才。篁另有传。

薛国琮　字鲁直，卢龙人。乾隆乙卯科举人。由遵化州训导，升山西乐平县知县。因事谪戍伊犁。放归，卒于家。所著有《伊江百咏》。

郑凤翔　字仞千，迁安人。乾隆乙卯经魁。少极贫，嗜读。授徒终身。邑中名宿如潘文本、李昌、舒昌琛皆出其门。至嘉庆甲戌成进士，时年七十矣。授山西清吏司主事。其子荃，廪膳生。孙，光裕，道光丁酉亦举于乡。著有《精粹轩文稿》行世。

李　柱　字立东，号滦溪，乐亭人。乾隆丙辰举人。少负奇气，高视阔步不肯少自贬损。远近有问学者，则口讲指画无少怠。倪损斋少孤，招至家饮食而教诲之，损斋遂成名儒。著有《敬恕堂稿》。子如松、如柏皆诸生，有名于时。

李儒珍　字席之，滦州人。乾隆辛酉，以拔萃科贡成均。学使极称奖之。以父艰，未与朝考。家居授徒，益肆力于典坟经史诸子百家之书。九应京兆试，均荐而不售，遂绝意进取。于是，学益富，文益高，名益著，而遇益穷矣。所著有《馈贫粮》百二十卷、《十获园文稿》四卷,《十获园诗稿》一卷。

温如玉　字尹亭，号廉圃，抚宁人。乾隆甲子联捷进士，由翰林院检讨授山西道监察御史。癸酉，充广西正主考，升礼科给事中，转刑科掌印给事中。乙亥、乙卯提湖南北学政。甲申，巡视山东漕务。旋以病乞假归。父德厚，慷慨有大志，薄游淮上，入赀为郎，继娶于淮生二子：次子如暄终国学生，长即尹亭也。天性孝友，髫龄就傅，日诵千言，老生宿儒咸目为奇器。弱冠回籍应童子试，冠其军。后屡掌文衡，所拔尤多卓荦之士。历官清要，廉洁自持。圣眷方隆，因疾引退。以永郡为孤竹遗墟有廉让风，遂家焉。家藏书万卷，著有《静渊斋诗存》行世。

李文沛 字南丰，卢龙人。乾隆丁卯科举人。家贫勤学。少时读书无膏火资，每燃香以代。遇塾师为徒讲论，于旁窃听，塾师异而教之。勤苦倍于诸弟子。数年捷于乡，仕为深州学官。晚年应试，钦赐翰林院检讨。

李廷仪 号石帆，滦州人。乾隆壬午举人。博学善诗，选膺牧令二十余年，屡著循声。公余惟耽吟咏。著有《杏琼斋诗集》刊行。

杨开基 字亦闻，乐亭人，滦州籍。生而聪颖，读书有奇悟，阴阳数术无不旁通。乾隆戊子，举于乡。家居讲学，行姚江一派，远近问道者，翕然宗之。乙卯成进士，释褐选奉天教授。将赴官，门人请撮论学大指留备参考。乃著《家塾问业》一编。其纲领云："学者，学为人而已。从《中庸》探原，而后人可识以《大学》为则，而后人可为于《论语》窥家风，于《孟子》看作手"。约得七千言。到官作《儒学明伦篇》普告四庠，以维世道，正人心为己任。时比之苏湖教授焉。平生学问渊邃，不屑为帖括之学。少时为文，邑宿学陈济周见之，即许为起衰振靡以为后劲。著有《共学编》、《琴律》、《算学》等稿。

宋　赫 抚宁人，因居邑东北之野村，自号东野，人称东野先生。穷而工诗。中乾隆戊子科举人。性耿介，不与俗谐，久困名场，以舌耕为业。著有《东野诗草》，长洲少宗伯陶凫芗先生辑《畿辅诗传》登诸首选，尝称其诗朴老苍秀，为永平独步云。

谭文彰 字实夫，号樵峰，昌黎人。生而质性端悫，天资高明。凡经史子集、天文地理无不淹贯，而尤邃于经。羽翼程、朱，以力行笃实为本。居家孝友，士夫咸取法焉。为文清古拙老力挽时趋。中乾隆庚寅副车，辛卯经魁试，春官屡荐未售。嘉庆乙丑，以元荐仍未售也。乾隆间，有嘘陆、王之余烬者，士多尊信。人以质文彰，曰："陆、王自有所见，然不易学也。其流弊愈传愈谬。吾人自有伦常正事在，终身行之莫尽。何必空谈心性殚精虚杳乎？"一时士习因之以正。家素贫，教授糊口，生徒经其指示多掇巍科，然皆端谨自好，望而知为谭门弟子。辛酉，选博野广文，训诸生以躬行并实学。人推为“经师人师”。戊辰告归，从学者众，遣之不肯去。年七十六卒。著有《春秋传述》若干卷，藏于家。子仲璐，嘉庆甲子顺天解元。

王　昌　字曜东，滦州人。乾隆辛卯科举人。官山东黄县知县，不援上，不虐民，公廉有威，不留疑狱。十年不调，以无力事上官，告归。家居授徒，专务实行，农隙尝于村庙宣读圣谕广训曰：“此退休者之职也。”适有族兄某以天为问，因作《天论》以答之。略云：“昌之学浅，何能知天？而父子兄弟辈又不皆读书，此理深妙岂可易言。虽然深妙不易知，而大概不可不晓。盖人不知天，便不怕天，人不怕天，何事不可作。试以大概言之，广训十六条便是代天宣化，口传天语也。盖闻天之为天，以主宰言之，只是一个理。天无心也，以生物为心；天无事也，以生物为事。世间万物皆天所生，而物得其偏，人得其全；物得其蠢，人得其灵。如豺狼知父子，蜂蚁有君臣。附之齿者不与之角；与之翼者但两其足，物之所以限于物也。而惟人不然，以其性而言，仁、义、礼、智蔼然四端，天之理备于人之性矣。以其形而言，耳目手足端端好好天之气备于人之体矣。今为父老等将粗话比方，天是一个大印板，人是一张白纸。印板印到纸上，一模一样，可知无一点差错，一点缺欠。所以圣人说天地之性人为贵。大家试想一想：天所予之性仁、义、礼、智之性也，而我们变作狼心狗肺之性。天所予之形聪明恭重之形也，而我们变作牛面马头之形。是甘心自入于禽兽不成人了，不成人便是得罪天了。人而得罪于天，尚望有好处乎？人生世上，利欲相攻，作出许多欺天悖天之事，天又不忍付之不管。《书》曰：“惟天生民，有欲无主乃乱。”又曰：“天降下民，作之君，作之师。”当今皇帝便是天下君师，广训十六条便是天之命教训天下。首言孝弟，固是天伦与宗族亦皆天属，必重农桑，所以劝时亮天工必尚节俭，所以戒暴殄天物。总之，世上许多道理，无一不出于天，并非当今皇帝硬派我们。孔子曰：“君子有三畏：畏天命、畏大人、畏圣人之言。”盖大人是代天宣化，圣人是口传天语也。昌本不能言其深妙，但愿父老子弟辈遵奉圣谕，庶几不得罪于天矣。”先生他事不概见，读此论而其性情学问亦可略窥一斑矣。□十五而卒。所著《□□堂文稿》，矩矱先民，亦非近所能。子承吉，字佑堂，廪膳生，端方和雅，饶有父风。孙二，士珍、士琛皆诸生。士琛笃志好学，勇于力行。咸丰初，团练乡勇，以讼土棍病卒省垣。士珍，现官涿州训导。

阴　琦　字景韩，号方溪，乐亭人。少习举业，质极钝，功力益专。乾隆己亥，用《葩经》领乡荐。既而自歉所学，乃日课三百字，凡数年经史皆通，旁及诗古文词，终身铅不离手。授三河县训导，莅任三月即告归。辟式好齐，聚书数千卷，日与昆季谯谭其中，无事则茗碗薰炉拥书兀坐。心有所感，一于制义写之，比物类情，独抒心得。尝谓此即教子一编，初不尽规，规有意于文也。平生友于谊最笃，待人以诚，遇事直言是非，不作一周旋语。然事多周折者，必为之委曲擘画。与同里杨亦闻教授为契交。时亦闻以良知之学提唱里中，每月会讲，学者云集，或邀偕往，辞之。或请焉。曰：“人师之以身，吾师之以心。夫吾心既师之矣，又焉用此拘拘者为？且吾惧闻之不及行，而尽成耳食也。日讲亦奚益哉？”其学之务实类如此。

宁祜昌　字荫庥，乐亭人。乾隆壬午武解元。性嗜书翰。曹文恪公尝称其得柳诚悬笔法。平居好义行仁友于谊尤笃。子二：长柏年，庠生；次巨年，拔贡生。巨年尤能以书法世其家。

吴荫松　字景岚，抚宁人。生而颖异，制举文得其外王父冯龙会孝廉之传，与其外弟冯士灏孝廉齐名。由拔贡生中乾隆丙午科乡举，任东光县教谕。嘉庆壬戌科，成进士，任河南沈丘、襄城等县知县。性豪放，不与世俯仰。在襄城时，郡守某同年友也。知其善楷法，以书寿屏召之。荫松见札艴然曰：“书屏可以，加札则役我矣。我不能为人役。”终不往。某后竟以他事中之，改教职，遂请告归。荫松于学无不窥，而尤长于诗赋及骈体文。时河间纪文达公以鸿才硕学领袖清流。荫松以科名出公门下，受知最深，居公第最久。文达公晚年著作多俾为捉刀，家故饶于赀，以仕而贫。然犹逾中人产，既以不合上官，归益纵酒为乐，坐客常满。顾于文独断断寡合。学者以龙门太峻，恒疑畏而不敢前。王廉访瑞征未第时，荫松见其文遽折柬招欲一见，王造门适值其宴客，豪贵满座，遽投箸起降阶出迎，及肃人则一韦布年少也。客相顾动色。已而，诸客尽散，独留王论文至十昼夜。以文必荣世赏之，王因受业于门。时其从孙际升亦有声黉序。荫松则但以乙榜许之。嗣际升由拔贡生得售，屡蹶春闱。以磁州教谕终，卒如其言。年八十余卒，至贫无以葬。生前诗稿甚富，皆散佚无存。

张朋来 字孚若，号快亭，乐亭人。少负异禀，学富文赡，初应童子试，即三冠其曹。后就学京师，得与诸名公游，晨夕攻苦，学益大进。乾隆庚子中副车，癸卯举于乡，累试南宫，高荐不售。乙卯，以大挑任祁州学正。六年秩满，奉母归养。至嘉庆辛未，始第进士。时年已五十有八矣。授中书舍人，改官锦州府教授。时关外文风初辟，经所指授为文者悉有法度可观。著有《绍衣堂稿》行世。昆弟三人，朋来居长。仲泰来，另有传。季开来，绩学早殁。朋来性和易，善戏谑，议论风生倾其座人。未第时，家居授徒，成就者岁数十人，一时称极盛云。

李中淑 字致轩，号陶山，乐亭人。为人方正，言笑不苟。事亲以孝闻。乾隆丙午登贤书。嘉庆辛酉，大挑一等以知县告降。明年壬戌，成进士，以知县用告降，选大名府教授。丁内艰归，侍父疾累月不解带。父尝泣谓曰："人言久病床前无孝子，今吾以病久知孝子矣。"旋丁外艰。邑侯吕公聘主书院讲席，出入必以礼自持。生徒有以讼事欲求代为缓颊者，请以百金为寿，峻拒之。服阕，选正定府教授。在官务以讲学明伦为先，凡学中应得规费，皆听其人自予，绝不与争。副学不悦曰："子亦赤贫，何沽名若此，独不为他人计乎？"淑笑谢曰："吾辈俸银每日一钱一分，买豆腐吃不了，何必与穷秀才较锱铢哉？"道光二十年，卒于官。贫不能治榇。有王生以其家之柏棺殓之，诸生醵金送之归。所著有《历元地舆考辨》、《古人生辰备览》、《明文新机》、《槐四诗话》、《石佛庵问业》、《陶山诗稿》、《集唐百首》。

李　纶　字春卿，迁安人。乾隆丙午科举人。性纯笃，读书外无他嗜好。六上公车，五荐不售，以大挑一等签分浙江知县，引疾不赴。闲居，立文社延郡邑名宿为师友，会文讲艺无倦容。晚于宅畔辟“宾翠轩”三楹，为养闲之所。四山环翠，百鸟鸣春，书架笔床，吟啸竟日。所著《宾翠轩遗稿》，吉光片羽人咸重之。其室李氏同邑人也。工诗善绘，与纶诗同刻人《永平诗存》。

刘之睿　字浚川，迁安人。幼承祖训，笃志力学，髫年入库食饩。乾隆己西，成进士。授陕西镇安县知县。未几，告归。家居授徒，成材以去者甚众。如昌黎魏勤恪昆仲及邑之马公学赐、郑公凤翔、邓公克兴、杨公宝树皆其高足弟子也。所著有《友恭堂心香集文稿》行世。

倪　曙　字方升，乐亭人。呈炎子。幼天资颖异，读书过目不忘，为文援笔立就若宿构然。尝于广座中，作盘香谜有云：“要圈圈到底，要点点到头。”妙义双关，颇得游戏三昧。又尝阅诸子有为者题文，见其无新语随更之曰：“天下事焉有不可为者？混沌未分，盘古开之。天柱崩颓，女娲补之。龙门巨险，大禹凿之”云云。其敏捷大都类是。方其应童子试也，动置前茅。逾冠得县试榜首，郡试居第二。既而学使按临，新郡守张公莅任，出示覆试，仍以为榜首，院试榜发复第一。一郡轰然。次年食廪饩科岁辄冠军。秋闱屡荐不售，以青衿终老。人皆惜之。

倪上述　字又彭，号损斋，曙子。自束发受书，甫通《孝经》、《论语》，即以古人自期。所学务求心得，不拘拘以记诵为能科举为事。患尚书自秦火后缺残特甚，汉儒辑次多所难通，因分段碎读，错综参会，著为《尚书存疑》一书。凡诸经义蕴、历代文章以及天文、乐律、算法、音韵之类，莫不究心其间。所著有《孝经集注刊误辨说》、《河洛五行图说》、《洪范图说》、《诗说存疑》、《等韵经纬》、《律吕大略》、《算法指掌》及杂集数十条，《古近体诗》一卷。乾隆甲戌邑侯晋江陈公重修县志，邑绅李维垣会同邑诸生举其儒行。述具呈辞作《自讼诗》以寄之。其为人恬淡不博声誉类如此。述兄弟四人，述最幼。伯兄上达、叔兄上遇皆有声庠序。至述而尤称白眉焉。性严重不苟訾笑，而冲虚谦退绝无恶慢于人。年五十五卒。

陈　篁　字雪岭，永清季子。岁贡生。性高洁志趣风雅，工书善画，好为诗歌。初为名诸生，数试有司不利，遂绝意进取。制远游冠，遇佳山水，辄流连凭吊不忍去。晚年学道慕韦应物之为人，居常闭户焚香，席地而坐，罕与俗接。意有所触，惟以诗画写之。曾孙守元，以拔贡官刑部主事，亦有文名。

周之辅　字翼公，乐亭人。工古文，一时远近碑版传志多出其手。少年缘事不得应试，而孜孜学问至老不衰。制义精洁简当，得嘉、隆宗派。

张　琨　字荆献，乐亭人。少负俊才，好谐谑，理语庄论，一出其口便增别趣。文章恣肆奔放，沛然莫御，为诸生试辄冠军。文宗按临，同人皆为避舍。

李　侃　字士行，滦州人。岁贡生。潜心嗜学，得廉（濂）、闽宗旨。凡所撰述，皆可师法，然不喜存稿。门下多知名士。殁后有代为刊行者，其相悦服如此。

阚永年　乐亭人，岁贡生。博学强记，借书读之，一览辄终身不忘。所著诗赋四六甚富。

孟柏年　字新甫，滦州人，廪生。甘贫力学，手著《学庸论语讲说》藏于家。

傅　涟　字敬斋，临榆人。岁贡生，选高邑县训导，不就。以读书自娱，邃于理学，辨朱、陆异同，独得其微。生平不干外事，门无杂宾。书法追摹晋人，而不袭其貌，清刚之气隐见于钩勒操纵间。晚年尤喜作行草。人多珍藏之。卒年八十三。

佟文光　长白人，廪贡生。屡试棘闱不售，其家累世勋旧。卜祖茔于滦之城西，遂寄居焉。博闻强识于学，无所不窥，手订有《怡心录》四帙。

卷之六十四

列传十六　文学下

［国朝］

邢汝谦　字抑庵，昌黎人，增生。少有志节，守正不阿，孝友传家，型仁讲让，罔弗以躬行实践为先。其处家之法，治丧不用浮屠，并不用鼓乐。祭祀守士庶祭先之礼，不祀淫祠，不谄鬼神。至今子孙尚世守其传。其他著述无可考，惟有论一篇、书三篇，引经据典皆有功世道之言。用附传后，以见梗概。

《丧葬用乐论》云：自《礼经》分而《乐经》亡，论乐者往往以为恨。然而太常所掌，载籍所传，乐固至今存也。迩者居丧用乐，乐其真亡也耶？夫礼乐无所不在，丧固有丧之礼矣，惟乐无所用于丧者，然当丧而不乐是乃乐之所以为乐也。今居丧有遏密八音者，则群然訾议焉。是不知礼之所以为礼，又恶知乐之所以为乐哉？盖尝论之，乐以主乐，丧以致哀，二者未可一例施也。故闻乐而叹，施父谓之非所，而禫而不乐，孟献子加人一等焉。乃闻乐不乐夫人而知之矣。居丧不言乐夫人而明之矣。而世多反其道以用之者。何哉？林氏曰："父母之丧，恻隐之心，痛疾之意，出于人心之所固有者。初未尝亡也，惟其溺于流俗之弊，是以丧其良心而不自知耳！呜呼！其信然也耶？孔子曰："衰麻苴杖者，志不存乎乐，非耳弗闻，服使然也。然读《礼·郊特牲》婚礼为幽阴之义，不可以用乐。及曾子问娶妇有嗣亲之义，不可以举乐，是婚礼而已，不可以乐矣。稽之《周礼》诸侯薨令去乐，大臣死令弛弦，是臣之丧而君犹不可以乐矣。案之《春秋》昭公有事于武宫，龠人。叔弓卒，去乐卒事。谷梁子曰：“礼也。”杞孝公卒，晋悼夫人丧之，平公不彻乐。左氏曰：“非礼”。是无服之丧，而亦不可以乐矣。乃者亲丧未殓，即急觅乐工举乐于尸侧，及葬则以乐导辆车，而哀痛从焉。呼号陨涕，血泪和管龠之音，苴杖衰麻擗踊列舞佾之地，乐作无哭者，哀乐不同声，何昧昧至此耶？抑又有异焉，三阕九成，亦堂上堂下之别耳。今则未葬以前，出乐工于大门之外，甚者左右建楼，多置乐工于其上，用以耸远近之见闻焉。是独乐之不若与人也，少乐之不若与众也，抑不知耳？而目之者幽咽忏悒乎？舞蹈甕轩乎？皇皇厥声，洋洋盈耳，奚取于垂泣之门？而世之论者，谓礼从俗耳，经德不移，适莫贻诮。呜呼！君子之于天下也，何尝有可有不可哉？以众为流俗而举异之非也，以众为公议而举同之亦非也。故纯俭可从，而拜上不可从。非违众也，义之与比耳。如以从俗为尽礼，则举世从后进，而孔子从先进，是亦戾物之尤者矣。岂圣人但能守经而学者能行权也哉？且从俗之说，秉礼者有所勿道。记有之曰礼从宜使从俗。盖五方各有性，千里不同风。所以入国而问俗耳。若夫礼之为用，虽与时为变通，而大体乃天地之常，经万古不移者。岂哀乐之无别乎？以从宜为从俗，离经而叛道，似是而实非，此乡原之所以乱德也。昔孟懿子问孝。子告之曰：“无违仁人。”君子而克体此意也。生死葬祭，能审礼之所以为礼，必将知乐之所以为乐矣。

《与谭先生书》云：“窃闻知过为难，改过为尤难。未有能见其过而内自讼者。此从善之所以如登，从恶之所以如崩也。足下朗士也。豁达大度，闻过则喜。岂有惮改之为哉？昨与论居丧之用鼓乐，一似未免贰过者。夫居丧不言乐，祭事不言凶。此义于今耳熟矣。故子卯不乐，礼有明文，方亲之死视子卯为何如？舅父有服，同官子不与于乐。母有服，声闻焉不举乐。妻有服，不举乐于其侧。大功将至，辟琴瑟，所以助哀戚也。其于三年之丧，宜何如？且夫邻有丧，舂不相；里有殡不巷歌。是以郑国侨陨，童子为之停舂杵。晋乐广薨，老妪于焉，掷槲簌，亦以助哀戚也。身有父母之丧宜何如？而为子者且公然用之。有不用者且群然訾沥之。其贫者则用四人，其富者则用八人，又有用十二人者，谓之十二音乐。呜呼！五声齐矣，八音备之不亦洋洋乎盈耳也哉？乃足下代为之解曰："乐以节哀。"必若所云，则是朝会宜号泣，而燕享宜悲伤也。然而"丧致乎哀，贤者所取。临丧不哀，圣人不观。故知和而和不以礼节之者不可行。未有当哀而哀，不以乐节之者，亦不可行也。意者，亦礼坏乐崩之说乎？夫礼乐无所不在，丧固有丧之礼矣。惟乐无所用于丧者，然当丧而不乐，是乃乐之所以为乐也。若当丧而玉帛陈焉，钟鼓设焉，则其坏礼而崩乐也。益以甚矣。而足下复为之说曰："乐之义微今世之箫管鼓吹非乐也，毋亦不得于言，勿求于心者也。"夫乐始于无声，金石丝竹乐之器也，文采节奏声之饰也。故有无声之乐，不用乎钟鼓管磬而谓之乐者。未有五声交作，八音齐奏，而谓之非乐者也。且足下不素嗜夫《春秋》乎？《春秋》之文曰："辛巳，有事于太庙。仲遂卒。于垂壬午，犹绎万人去籥。"夫籥有声者也，万舞无声者也。以臣子之丧，去有声以用无声，其意未可厚非矣，而《春秋》犹讥之，犹罪之。假令居亲丧而审音，又何以污圣人之笔乎？然此犹据理而言之耳！至于国典所垂，尤有所不可忽者。察《律》所载："丧制未终，忘哀作乐者杖八十。"又民间丧祭之事，凡有用丝竹管弦及演唱佛戏之处，地方官严行禁止。违者照违制律治罪。故小学论居丧之失者不一条，而于习俗之难变，愚夫之难晓，亦但曰其居丧听乐者国有正法，此不复论。吾人纵不于礼是遵，独不于法是惩乎？而足下且曰："未闻以此获罪者。"然君子怀刑，当慎之于未陷之前，不当悔之于既陷之后，如以倖免之身，为王法之所不及，则是偶逃法网，行险以侥幸耳！为下不倍忍而为此。子夏曰："小人之过也，必文。"孟子曰："今之君子，过则顺之，岂徒顺之，又从而为之辞。"仆坐此弊久矣。而未尝疑足下者？良以足下直谅多闻有素，而未尝与谗谄面谀为友也。今日俨然在忧服之中，哀毁仓皇之际，亦偶不及检耳。岂真阉然媚世以与于不仁之甚者哉？假令即事而悟悔，心之萌，天理蔼然。则砭愚订顽痛哭流泣之谈，视仆之絮絮刺刺，当有更加爽朗者，而仆违众之论将借足下赠我一言，以解里人之惑矣。是又私心之所厚望焉耳！

《与李先生书》云：“《记》有之，治人之道莫急于礼，礼有五经，莫重于祭。夫祭者，非物自外至者也。自中出，生于心者也。心怵而奉之以礼。是故贤者惟能尽祭之义。若足下朔望东祭，窃以为过矣。曩者，仆造贵府见宅之东有石四片，砌为小洞，似坛非坛，似室非室。令徒告余曰：“此五道庙也。余先生朔望实尽礼焉。”余曰：“噫嘻，悲哉！鬼神之不知，乃至此哉？”然仆仍弗之信也。以高明之人识微见远，邪说怪诞在所毋庸，况学道有年，祷祀醮祭之非沉沦鬼狱之谬，备闻之矣。祭宜合礼，岂有如此之愚且惑者？顷之，足下偶临敝庐，仆得质而问焉。而不虞足下言之更甚也。曰：“是何足以尽礼哉？余将易其地，而创修之。高其闸闳，壮其楹桷，绘壁塑像，使神灵有宁宇，而乡里有凭依，则余之志可以共白矣。”仆为陈其弊，而足下若弗闻也。噫！是殆有牢不可破者，然一时仓卒，未尽所怀。故复略而言之：大凡不当祭而祭，皆曰淫祀，淫祀无福由脉络无关。古人祭祀各随其分之所至。故天子祭天地，诸侯祭社稷，大夫祭五祀，士庶祭其先。上可以兼乎下，下不可以兼乎上也。故祭法有曰：“山林、川谷、丘陵能出云为风雨，见怪物皆曰神。有天下者，祭百神。诸侯在其地则祭之，亡其地则不祭。即士庶之祭祖先，考古人宗法，惟有嫡派方承祭祀，若支子不当祭祖而祭，其祖伯叔父自有后，而吾祭之则为淫祀。五道何神？于人何与？而乃殷殷若此。昔足下于仆与白生、张生，尝会学于龙潭矣。虑佛老之害及人心也，因发愤而誓曰：“人心之害，自佛老为之端；佛老之炽，自淫祠为之倡。吾侪有志，均宜崇正辟邪为先，如有奉淫祠一柱香，撰寺观一碑记者即为反，汗寒盟友矣。”兹者，群已相离，言犹在耳。所撰碑记固未可知。而朔望拜礼已先施于五道，称此以求然灯拜斗，其又奚恤？岂昨是而今非耶？抑习俗之移人欤？足下又曰：“吾非徒顺媚也，神道教人耳。”夫人神之主也，是以圣人先成人而后致力于神。故《周书》曰：“黍稷非馨，明德惟馨”又曰“民不异物，惟德繄物。”今宗祖祀典漫不经心而外鬼邪？神逢迎备至，春祈秋报，官有专司，而行香拜祷，里有其任。于子为不孝，于臣为不忠，持此教人，其不至惑世诬民，充塞仁义也有几？孔子曰："非其鬼而祭之，谄也。"朱子曰："专用力于人道之所宜尽而不惑于鬼神之不可知。"圣贤之言将作何解哉？且足下酷好《左氏》者也。《左氏》之言曰："神聪明正直而壹者也。"又曰："神不歆非类，民不祀非族。"由此观之，则五道之神，不必其无偕日有之，其非足下宜祀亦明矣。至创修之说尤有所大不可者。昔宋有南岳庙，回录大御，欲再造问于五峰先生。先生答以天道与人事本一理，五岳视三公与皇天上帝并为帝亵渎神示之甚。南轩又详之曰："川流山峙是其形也，而人之也何居？其气之流通可以相接也，而宇之也何居？"又伊川破，横渠定龙女衣冠从夫人品秩事，谓龙兽也，岂可被人衣冠？且大河之塞，乃天地祖宗社稷之佑及吏卒之力，龙何功之有？议论正大，皆可谓发愚蒙，破聋瞽，开万世之人心者矣。今三时不害，而时和年丰，乃君相燮理之力，天地化育之功，岂五道之神，所得持其柄者哉？江淮以南自古多淫祠。狄仁杰巡抚其地，奏毁吴楚淫祠千七百所。胡颖经略广东，毁佛像而杖僧人，所过淫祠必焚之。岂二公闻道未真欤？何万代之所瞻仰者，卒在此而不在彼耶？唐之昌黎文起八代之衰，道济天下之溺，学者仰之如泰山、北斗者也。然而《原道》一篇，力排佛老，反复辨论，总不外于"人其人、火其书、庐其居"数语，则知不塞不流，不止不行。虽孟子拒杨墨之森严，未有如此之明且尽者也。今也，为立祠，为塑像，为置宫室而藏之，不惟胡、狄之罪人，又为文公树之敌矣。然尚有可诿，曰："时移世变，未可执古以律今也。"试即今日之受害，更为有道仁人所不忍出者。盖自礼官失讲，圣教不明，上而省、府、州、县，下而村落闾乡，无不各有神祠，无不各有庙宇。始者，土居尊秩无识者倡之，继而群小以财豪乡里者辅之，下焉则里中破荡无生产者，假此裒敛民财，为自私之策。致斯民之和声附影，忘本背亲，岁时供亿而不之怪。足下纵不惟利是视，而耗蠹闾里，幻乱风俗，祸及当时累及后世，何所用而必为此？然则足下之受蔽可知已尽礼也，而即以蔑礼教人也。而转以诬人欲远佛老而近于佛老，欲准程、朱而背于程、朱，则何不屏邪说，远淫祠，敬取圣经之言鬼神者一一默会，而洋洋如在之诚，自有其当用之地者。何必假鬼怪人妖以昧祭祀之礼也哉？昔鲁季氏旅泰山，而冉子不能救。唐宪宗迎佛骨，兴土木，而韩子不能回。彼以圣门高弟，万古大儒，无由格君心之一悟。岂仆材朽行秽第以寸楮上渎，足以动足下之听乎哉？良以足下素号高明，迩言必察，且于仆有相知之雅，谅不以言之数数为仆辱也。倘闻言而悟，迁善与改过相因，悔心之萌，天理蔼然。则仆之不事淫祠，摈斥佛老，以独异于乡邻者，将借足下赠我一言，以解里人之惑矣。是又私心所厚望也云尔。

《复与李先生书》云："仆不佞，不能奉承意旨以副。自是之心恐伤足下之明，有失责善之义，故上书规过。今足下遗书，数之以罪，复辨之以言。仆恐所见者不察圣贤之所以制祭祀之礼，又不白仆之所以待足下之心，故复以书对。盖闻国之大典在祀与戎。成身之礼莫重于祭，未有祀事不明，而可与言尧舜之道者也。今者奉祀五道，朔望进香。足下若谓从俗，仆亦不可则止，乃又妄为引经据典援正人邪。若谓古今之尊而奉之者，实有其人问其所以五道之神非他社稷是也。夫五道之神为祀典不载之神，为士君子不齿之祀。足下乃以社稷当之，是以杨墨为程朱，以佛老为孔孟也。而谓古礼其有是也耶？且足下言社稷，亦知社稷之所由昉乎？夫社五土之总神也。非土不立，封土立社，示有土也。不谓之土，而谓之社，变名为社别于众土也。稷为五谷之长，五谷众多，不可遍祭，故立稷而祭之。其因祭而配享者，则古之有德有功者居焉。共工氏之子曰句龙，生为后土官，有功于土，死配社而食。厉山氏之子曰柱，能殖百谷立稼穑之事，有功于民死配稷而食。考之《通典》颛帝祀烈山之子柱为稷，汤以旱迁柱以周弃代之。弃为尧时农官，尤有功于稷者。故蔡墨曰："稷，田正也。"有烈山氏之子曰柱为稷，自夏以上祀之。周弃亦为稷，自商以来祀之。后之人扬功颂德爱慕其人，有曰乡贤没而可祭于社者，其兆于此乎？故王者诸侯所以立社稷为万民祈福拜功之道也。稷非土无以生，土非稷无以见其生生之效。故祭社必及于稷，春则求之，秋则报之。莫必耶！北溪陈氏曰："佛老来而祀乱，乡邑之僧寺，道院，金碧荧煌，其朘民膏血而成之者，久置社稷于弗道矣。"而五道尤为人佛老之始，盖梵刹蕊珠乡里力不能建，姑且隘其规模，先立五道以祀之。以五道为佛老役使之神，岁时致祭，庶不得罪于佛老耳。故有祀佛老而不祀五道者，未有尊五道而不遵佛老者也。而足下相责第谓仆言之不切，然仆多言罪也。足下自揣岂无用之辨，而不急之察哉？宁有背君亲干祀典而可与议道者乎？仆之致辨不得已也。固欲入先正之言致严于佛老耳。诚以务虚不若宗实，二本不如一本也。昔秦礼八神，以求仙人；汉祀太乙，以求神仙；楚王英敬信沙门之法；梁武帝专务舍施之勤。卒致一时之祸，贻后世无尽之灾。区区之心见及此耳。奈何崇五道而以社稷谓能祀而即非淫祠者，仆所以反复思维，而不能为足下解也。足下又云："佛老之诱人，因其高明。"天下之学非浅陋固滞，则必入于此，子崇异说安得不云尔乎？昔傅奕上表，而僧尼道士以除；文公原道而道德仁义以判。皆一人灵明之见，破千方驰骛之迷。如必高明而即为之惑，窃恐濂、洛、关、闽之学，所以翼孔、曾、思、孟者，未必皆由浅陋固滞成之也。况老氏主无，佛氏主空。无与空虽无大异，而老氏说无，尚从无而生有。思独善其身，故欲清净为方外之物。厌世俗之胶胶扰扰，故思在山林炼形养气，脱出肉身一如蛇脱之法，又欲乘云驾鹤飞腾九霄之上，然亦只是炼成气清故能乘云耳。老氏之说犹未甚惑人。若佛氏说空之害其端有二：一则高谈性命道德，以眩惑士类；一则借死生罪福，以欺罔愚民。性命道德之说虽较玄妙，然玩其大旨亦只告子所谓生之为性之说，吾儒执气为理则为之误。至死生罪福之谈，虽深山穷谷之中妇人女子皆为之惑，有沦肌浃髓牢不可解者。故慕其道德，慕其性命，犹可类夫君子；而畏其死生，畏其罪福，则遂入于小人。彼二程子辟佛老之说凡五十余条，胡致堂之《崇正辨》亦不下数十条，皆由浅入深，由粗至精，信非有道君子不足以相语。今足下日取淫祠而祀之，俯首降心而从之，岂果慕其玄妙而然欤？窃恐天堂地狱之门，因果轮回之说，其入于中而不悟者，殆非伊朝夕之故矣。不然杨墨之害甚于申韩，佛氏之害甚于杨墨。凡读四子之书者，谁不闻之？而创建寺观，撰碑书丹，多出于搢绅先生之手者，何哉？好恶乱其中。而故《月令》云：“仲春之月，择元日命民社。”《孝经·援神契》云：“仲秋穰禾，拜祭社稷。家主中霤而国主社。”其教民美报者。所以报本反始云尔，唯为社事单出里，唯为社田国人毕作，唯社丘乘供粢盛，依古以来未有以社稷为淫祀者也。按天子之社有五，大社以外有东、西、南、北之分；诸侯之社有三，侯社以外有国社、诫社之别。以天子之祭言之，大社即《郊特牲》所云：“受霜露风雨以达天之气者，曰方丘，亦曰大圻，夏日至地示之祭于此行焉。”此北郊之社，与郊对举者也。王社《载芟》诗序所谓“春耕籍田而祈社稷”，《良耜》诗序所谓“秋报社稷”者，于此行焉。此库门内右之社，不与郊并称者也。诸侯而下曰置社、曰州社、曰里社。广狭虽有不同，而总不外于王之所颁者。是《周礼》曰：“王大封则先告后土。”乃颁祀于邦国都鄙乡邑，而地官大司徒之职，辨其邦国都鄙之数，制其畿疆而沟封之，设其社稷之壝而树之，田主各以其野之所宜木遂以名其社与其野故壝者累土以为高也。不屋而坛，社坛在东，稷坛在西，各三级在四隅如矩曲，方此则社稷之大略也。今足下之所谓社坛垟其无恙乎？埔埒其有存乎？五土、五木之宜辨以方，而别以等乎？而但见白石砌为坏垣，似坛而非坛也。小洞频藏鸡犬，似室而非室也。即足下亦自言宅东石庙，虽未人其形也，而已宇其地矣。夫亡国之社，屋之奄其上紫其下，自言与天地绝也。今以石建庙其为屋之也奚疑！天阳之气何以达？雨露之气何以接？封土累土之义又何以著？将以石室藏社乎？则何不思石室者藏木主之宗祏也。昔原繁对郑厉公曰：“命我先人，典司宗祏。”盖宗庙中虑有非常火灾，于庙之北壁内立为石室，以藏木主，有事则出而祭之。既祭，纳于石室，故以石室而藏宗祖者有之，以石室而藏社稷者未之前闻焉。而奈之何？言《诗》，言《书》，言《礼》，言祀典与祭法，以穿凿而附会者，误古人以误社稷耶！虽然五道非社稷，则我昌邑县治之北，固有社稷矣。吾济亦可往而祀之乎而非也。《周礼》曰：“建邦国先告后士。”用牲币禁督逆祀命者，明乎诸侯不得祭天地，大夫不得祭社稷也。然而祭法七祀、五祀之说诸儒之议论不一，而庶人或户或灶之立，先贤犹以为未当，则自祖先而外其无当祭之神也，明甚。孔子曰："臧文仲安知礼？夏父弗綦逆祀而弗止也。"夫逆祀弗止，犹以见讥于圣人，而况向无谓之神求媚乞怜，济济漆漆为儒者羞，以邀福于利害夺其外也。而足下且谓仆曰："为言以痛斥佛老，恐遗笑于佛老。"是不能痛斥，而又倡为不必痛斥之说矣。夫《春秋》之法，乱臣贼子人人得而诛之，不必士师也，孟子之言邪说害正人人得而攻之，不必圣贤也。故朱子复详之曰："不讨乱贼而谓人勿讨者，凶逆之党也。不距佛老，而谓人勿距者，禽兽之徒也。"仆于圣贤之道诚未能窥其万一，而于佛老之辨则固终身辟之而未敢置也。故信乎古，不必合乎世，志乎道，不必同乎俗，获罪于乡里所不恤矣。又况入者主之，出者奴之，入者附之，出者污之，见笑于佛老其又奚怪焉？呜呼！足下之弊积而愈深矣。谄媚徒以滋伪诡辨，适以招尤，解经而经转亡，援经而经滋乱，则皆祸福之念误之也。则皆淫祠之祀成之也。先民有言曰："千羊之皮，不如一狐之腋；千人之诺诺，不如一士之谔谔。"若之，何忽之。

李　美　卢龙人，诸生。生而笃厚，孝友性成，家素贫而刻苦于学性尤喜诗。凡一郡之山川名胜尽入诗筒。晚年贡于乡。旅食桃林、徐流诸塞，而往来风雪驴背，推敲托兴，仍自不浅。学者号为"乐吟先生。"所著有《清华堂诗钞》。

李直方　字正斋，滦州人，庠生。幼读书刻苦自励，慨然有志于圣贤之学。其教人也，以小学《近思录》为主。先示以为人之理，而后导以应试之文。所著有《中庸首章语脉》一篇、《温检录文稿》百篇，《戒赌文约》一篇。

赵锺麟　字仁圃，号竹坪，临榆人。府学岁贡生。书得松雪法，童年即为人书屏幛，后人得其片纸者咸珍重之。其他如应素文、谢发、计永佩、傅纶忠、朱锦、黄竹，俱临榆庠生，书学右军，皆有法度可观，而发与永佩尤工草书。

王人瑞　字颖阳，滦州人。增广生，品学兼优。幼失怙，母殁庐墓。乾隆间，郡守卢雅雨先生创建敬胜书院。人瑞与试，蒙拔取，称为“海阳名士。”子化成，字台先，廪膳生。博学能文，操笔立就。孙，一翰、一垣、一心、一晋，曾孙宸藩，皆以诗才书法有声庠序间。一晋另有传。

倪　纹　字简庵，上述长子也。幼失恃，既冠失怙，抚幼弟，奉继母，皆至性相孚。弟炼出嗣，有田无宅，纹割宅与居。每有小甘旨，无不召之同食。后弟因故退归，复以田宅均分焉。家素不饶，而贫苦亲邻时加周恤。尝曰：“待有余而后济人，终身无济人之日矣。”以故族中富室皆相率效之。时同宗有以人命陷人者，被诬者已系狱矣，锐身急难，冤赖以雪。凡人以难事质者，一经剖断群疑顿释。宵小闻其来，多敛迹避之。生平穿穴六经，于《周易》尤邃。所著制义及古文词，皆足为后学楷模。天津梅树君学博尝称之云：“吾不知其于古人分位何如？但潜躬味道，笃志研经，胸有所得，走笔书之皆为名论。”人皆谓其知言。应秋闱屡踬，遂以明经终老，而弟子成材以去者踵相接也。晚岁深于医，活人无算。道光庚寅，举乡饮大宾。

张舒锦　字临风，号晴溪，乐亭人，恩贡生。生而聪慧，喜读书，文有义法，屡试优等。试京兆辄报罢。年五旬，始得食饩，然不辍试。曰：“尽吾秀才职耳！”又精天文、地理壬奇禽乙之学。诗不多作，偶然命笔亦楚楚有致。节缩日用，积书数千卷。尝自郡应试归，箱橐充牣，家人窃以为衣物器玩之类，环侍以待分赐。启之，则累累然书也，皆失望退。有书贾以书数种来售，心爱之而苦无赀，欲之去。一夜辗转睫为之不交，早起急以衣付质库，携钱策蹇驰三十里至邑城追及之，卒易以归。性峭直，慷慨自喜，终日危坐无跛倚容。谈天下古今事，口如悬河，须髯戟张，目光炯炯射人，豪迈之气至老不衰。年九十无疾终。

葛永凝　字咸宜，乐亭人。其先故世族，及凝而式微，家贫无以为游学资。十一岁，始附村塾，甫半载而罢。里俗重纺织，男子耕稼之暇亦恒阙地为织室。凝奉父母命习焉数载，偶得《孟子》读之，忽有所悟，且织且读，间有疑义，必持以问人。弱冠后，同里某翁喜其明敏，委以数百缗，俾经营之，数年获息巨万。于是衣食无累，遂隐身阛阓中，日手一编寒暑无间，时年已近四旬矣，经史子集一览不忘，大义亦能了了。间或操觚，仿唐宋八家作古文，多有关世道人心之作。如孝义节烈诸传及《阮籍论》、《驳谢升方正学》、《论心性》、《气说》尤其著焉者。晚年得力于性理诸书，杨复庵先生为邑中名儒，见其序论每称其知言。

阴望之 字子企，乐亭人。性恬静，嗜读书，博闻强记，于史汉唐宋古文皆能窥其源流，而得力尤近南丰。为制义宗法先正，不诡合时尚。以故试京兆辄报罢。然每遇大比，必持牒入都门，囊卷橐笔与侪辈挤立檐下，低头就号舍。年少窃揶揄之，而精神喜跃若将终身者然。先是其祖某翁令中州，以材武称。望之生署中，幼习拳勇，善舞刀槊。长就傅常以隙读兵书排豆列阵图，人多奇之。顾未尝自炫，见人粥粥若无能。后翁因吏议，籍其家。望之又不善治生人产，家遂落，暮年益窘，而处之晏如。为人训童子读书作文犹日有常课。好蓄鸡，凡鲁越种类，辨之极详，所在啰啰之声与书声相间，甚或飞集肩背亦不忍挥。食遇鸡臛，辄频蹙不下箸。人戏呼为“祝鸡翁”。咸丰乙卯乡试，年八十余，恩赐举人。

倪　耀 字德甫，乐亭人。性直谅，待物以诚。见人有过失必面规之，虽至汗流面赤不少讳，及与之共事则推心置腹不分畛域。以故人加亲焉。少读书甚纯，为文以理法为宗，不求诡异，伉爽坦易，酷肖其人。嘉庆戊辰，与邑人李签同举于乡。逾年，同补方略馆誊录，书成议叙，以知县用。筌得河南上蔡，耀以亲老辞不谒选。家居授徒，规范甚严。贫者不取其修脯，且代谋其薪水之资。以故成材以去者，甚众。后三十余年告降，得任丘教谕，抵任甫四月，以疾卒。

阴振献 字子翼，乐亭人。少孤，伯父琦，嗣以为子。气体素清弱，短于视，据案展卷，目去书不能以寸，然十行俱下，过即不忘。年十六七，喜读哀艳之文。塾师虽数规之，若性成然。学问务为奇博，以《周礼》有奇字一刻，因旁求诸经，集五经奇字若干，自加详注，殆欲兼子云、侯芭之学矣。为诸生，受知于吴健庵、杜石樵两学使，试必优等。丙子，捷于乡。后人会闱，屡荐不售。筮仕初得复州学正。其地方行盖州票，以空纸取物，农商俱困。乃作书数千言，向盖令极陈其弊。盖令深然之。出示严禁弊始革。训诲生徒，文行兼重。复之多士咸爱戴之。在任六年，以丁艰归。服阕，又选得平山训导，甫抵任，遂卒于官。平生作赋，古服劲装，不沿时调，诗豪宕诙谲，在昌黎、昌谷间。古文尤沉郁生动。所著有《庭训笔记》、《前型纪略》、《女士奇行传》、《亦爱吾庐诗文集》。

高继珩 字寄泉，迁安人。占魁子，生十四岁而孤。父故廉吏，殁后家无一椽，母为宝坻王氏，遂依外家以居。性聪敏，诗古文词见辄通其窾窍。弱冠以宝坻籍，领嘉庆戊寅乡荐。自是，寄食砚田奔驰南北者，垂三十年。晚岁，由大名教谕军功保举，抵选广东博茂场盐课大使。莅任五年，告病归。买宅于迁，得遂归田之乐。方其在博茂也，盐场故沿海治居电白之水东，为海估聚会所。时巨盗陈金刚寇高州，陷信宜，且利水东之富欲取之。继珩练团勇，筹守御，水东恃以无恐。同治二年，继珩以积劳致疾，上书乞免行有日矣。贼侦之，乘宵潜至，众大乱，莫知所为，悉趋海舟遁。继珩急登大舟，号召民勇，高烧巨烛，海汉明如旦。大声呼曰："贼围高州将三载。今又窥伺水东，水东陷，则高州一带皆震，粤东大患将不可救。尔辈之死亡逃散者勿论矣。今用兵贵神速，迟至天明濡滞弗能决，则事败。"众皆泣曰："然。将奈何？"下令曰："集估船为战舰，共十六，各炮十。炮手、篙师各百人。蓐食衔枚，见墟分两队鼓行而前，退者罚。"众同应曰："诺。无饷奈何？"继珩以千金为倡，众共捐二千金，悉如令，凡失水东一日而复。始贼焚大使署，火不燃，则斫坏之。继珩葺之而后去。濒行，士民泣送者满路。归迁二年余卒，年六十九。继珩才优学博著有《培根斋诗集》、《养渊堂文集》、《海天琴趣词》、《蝶阶外史》、《味经堂制义》、《铸铁砚斋试贴》、《演教谕语》及《栾城县志》。长洲陶凫芗少宗伯观察、大名聘主天雄书院讲席宗伯辑《畿辅诗传》，继珩之力为多。子铭鼎、铭盘、铭鉴，皆能世其家学。女顺贞，字德华，亦能诗，著有《翠微轩诗集》。

潘文本　字立堂，迁安庠生。父名宿，学者所称“莲塘先生”者也。文本幼颖悟，读书强记不忘。先是里中谈声韵者绝少，文本束发为诗，出语即惊其座人。嘉庆丙寅，南皮张太复司铎迁邑。张故以诗名海内，少所许可。见文本诗，乃大奇之，称为诗友，以家藏古墨代缟纻焉。文本坎壈半生，艰于一第，卒年五十。著有《石湖诗草》。

李昌裔　字启臣，迁安岁贡生。生而倜傥不群，为文有奇气。三试秋闱已中式，因一字之讹，被黜。遂绝意进取。家藏书甚富，暇辄快读之，或寄情吟咏。每有议论，必具只眼。先是遭父丧，以哀毁致疾，因习岐黄之学，然不轻为人医，尤精于痘疹。晚习堪舆，自号“抱一山人”，著《地理征实》一书。所作诗古文词，多不存稿。晚年自题其集曰：“无闻”。盖自谦也。

李　雍　字春亭，滦州人。诸生。性恬淡，好吟咏，学通经史，文章习大苏风派。家贫，隐于医。人有过辄面折之。事继母克孝，不近女色。人有因其醉，以妓试者，正色叱去。时或断炊，有非其类来馈者，则瞠目视之，终不受。无子，有女二，皆能诗。年六十有六，因病忍饿而死。

李恩捷　字春圃，滦州人，之骏子。幼承世德，擅英才，秋闱屡荐不售。父殁，家中落。既不得志于名场，退而就太学典簿，亦卒未录叙。善画、工诗，声称藉甚。著有《洛中吟》、《白下吟》、《晴雪山房诗草》三卷。

王建中　迁安人。兄弟三人，建中独颖异。好读书文提笔辄就，然终不得志于有司，以明经老。所著有《学庸索解》一卷、《妙峰吟草》一卷、《俗异直书》一卷，惜皆佚。临终梦一人自称白云使者，将冥府命，延之教读。及觉，病益剧，逾一日卒。弟，开来，亦庠生，以孝友闻，亲殁庐墓三年，三十余岁卒，建中作诗三十首以哭之。

毕梦梅　字雪庄，滦州人，后去梦字单名梅，故又号梦余焉。幼读书聪颖过人。或传其记前生，叩之，则笑曰：“无是也。”然颇信释氏轮回之说。平生无书不读，读辄以赫蹏摘其精华要领手录之。以是，学日益博，诗文日益工，一时声名藉甚，所至倾其座人。先是欧阳硐东楚南名宿也，才高气傲，时彦不足当一盼。嘉庆初，主讲敬胜书院。梅独以诗见赏，投契甚深。时书院多士橿橿掇春秋第者蝉嫣不绝。而梅数奇不耦，竟以明经老。人多惜之。生平好酒嗜音，嗣因潦倒名场，于邑无聊，益托于诗酒，啸歌以畔其牢愁。晚年得风痹疾，手足抽掣如牵丝不能授徒于外。人有载酒至者，则左弦右壶，拊髀笑戏，虽屠沽下走亦与之接欢。所著有《梦余诗草》、《论语说》若干卷。尝为《自祭文》其略云："呜呼！雪庄而今已矣。白雪青山乃以酒死，一坠轮回，刹那弹指，怅望千秋，几人知己？生平忏悔，惟情为累，从今了却拖泥带水。赞云："可以诗人，可以酒徒，可以僻士，可以狂夫。而非造物之所喜者，不为方领矩步寻行数墨之儒。"观此则旷达之怀，牢骚之态，俱可想见。

马　恂　字瑟臣；**马　恬**　字退叔，迁安人，俱学赐子。恂居长，道光壬午、壬辰两中副榜。恬中道光戊子科举人。初，其父卒于官。恂年甫十四，恬年十一即哀痛废寝食，奉母扶榇归。读书攻苦，互相师友，与邑中诸人士结文社，名藉甚。后恂选得柏乡学博，每秋试，必迂道省亲。尝语人曰："吾虽不得志于名场，有母在，何可不应试？"恬由大挑任宁远州学正。母弃养时，恂在柏乡未遽至，恬哀毁骨立，呕血数升，体因以羸。官宁十八年奖引后进门下士，如朱光宇、邵春卿皆以宦迹有声于时。上宪欲以卓异荐恬，力辞。同治元年卒于官，年六十七。恂自母卒后，绝意进取，日事披览。道光二十八年掌教锦州凌川书院，多士翕然宗之。有自广义等州数百里来肄业者。同治四年，昌黎何明府聘修县志，未成而卒，年七十三。恂天才卓荦，博极群书，早岁为诗古文，即欲与古人争席。著有《此中语》五十六卷。恬沉静善谈，书画得晋宋人意，尤工吟咏。恂以沈博胜，恬以清隽胜，兄弟齐名，人称二马。恬子则璘，字念波，以副榜考取八旗官学教习，己酉举于乡，生而颖悟，善读书。十五岁补博士弟子，大为学使所奖许。遭母丧，哀毁，卒，年甫二十六。

李清淑　字小泉，广滋季子也。幼承家学，诗、词、书法俱有高曾矩矱。道光辛卯举于乡。历官容城、房山训导，风流儒雅，有玉堂品概。晚终苜蓿一席，非其志也。著有《味无味斋诗草》。

郑 芃 字棫林，迁安人。兰溪令德庄子也。幼孤，事母孝。读书颖异，出语辄惊其座人。弱冠补文学，岁癸酉充拔贡生。朝考谒选得唐山县教谕，以母老不赴。道光辛卯举于乡。先是高阳李桂砻先生主讲安昌书院，芃与朋辈师事之，得读书作文之要。至是书院久废，乃请于邑尊张公梦蓉，广为劝捐，以身倡之，葺学舍，置膏火，邑中科第之盛与有力焉。晚年好禅，通内典，屏居静室，以诗酒自娱。卒年六十。

杨在汶 字鲁田，乐亭人。性机警，读书能悟。弱冠补邑庠。初应京兆试，即获隽，少年清俊，颇有风流自赏之概。然体素羸弱，有痼疾，时发时愈。后以大挑二等选授邢台教谕。未满任，即遭母丧，哀毁之余，旧疾复发，遂卒于邢。著有《锄经草堂诗草》。

王一晋 字鹤山，滦州人。天姿敏捷，读书数行并下，过目不忘。居恒从人假阅藏书，日尽数十卷，往来更换，使者疲于奔命。间或叩其大义，随声响答。为文操笔立就，不烦意匠。尝对客口占四六序文一篇，倩人代书，几令笔无停刻，或以太速规之，辄颦蹙曰："诗文快吾意而已。如古人研《京》炼《都》动经十载，吾实不耐此烦，且君不观，闭门索句陈无己，对客挥毫秦少游"乎？无已之不能为少游，犹少游之不肯为无已，何相强为？"规者亦无以难之。道光乙未乡试，头场文已中式，因后场一字之讹，抑置副车。后以家运乖蹇，抑郁无聊，竟得狂疾，年未五十而终。著有《鹤山诗草》。

常守方 字职卿，号半禅，乐亭人。性聪敏，善读书，为诗文清超拔俗。弱冠补邑庠，科岁试辄高等，计偕七次至甲辰始魁其经。癸丑入礼闱，且谒选，适粤匪大扰江南。慨然曰："世事如此，何营营于名利为？"遂不终场，便道游田盘山而归。性好饮，谙音律，尤工横吹。每遇佳山水或花前月下，辄手横紫竹一枝，飘飘有世外之想。晚于村东辟"培园"躬亲抱瓮其间。暇则茗碗熏炉与生徒坐谈文艺，不问世间升沉事。年五十五以疫卒。易箦之时，家人环泣。曰："人生如戏剧耳！悲欢苦乐终有散场。何泣为？”手检诗文数册，呼家人曰：“以付吾友史香匡。”

张　堂　字肃亭，滦州人。道光甲辰举人。性豪迈，喜任事，而诗转近王、孟。尝与宗人张山论诗，山不主故常，意在生新，最服膺于齐书传论，若无新变不能代雄之语。而堂则谓诗至今日厥体备矣。生古人后，得其一体皆可名家，譬如造物之生人，性情虽异，面目则同，以我之性情，合古人之面目，要自不失其为我也。闻者两是之。家贫好买书，岁暮书债，典衣物常苦不能偿，则假贷而益之。日手一编，家计之盈缩弗顾也。咸丰癸丑，以大挑一等需次陕西，未补缺卒。

李　瑗　字未亭，滦州人，监生。工行楷书，专精《易》学，并通晓方舆。著有《星卦考原》、《读易偶述》行世。子，云麟，亦精《易》学。髫年游泮，即博览兵家言，并游历天下名山大川。凡隘塞津关之处，悉绘图记之。阅十年游览殆遍。著有《三千言书》、《九千言书》、《天下地舆全图》、《率真诗草》皆论兵也。胡文忠公知之最深。

岳震铎　字木卿，迁安人，廪膳生。天资聪敏，学力精纯。弱冠食饩，试辄冠军。体素羸善病，两试秋闱不第，遂绝意进取。以诗文与邑中名宿相往来，风流儒雅，时誉归之。设教于家，成材甚众。年四十余卒。著有《双槐草堂文集》、《双槐草堂杂咏》、《导蒙泉类诗》、《古学射的》，俱未梓。

张九鼎　字象之，号雪樵，舒锦子，父梦得鼎而生。性伉爽，急然诺，轻财好义，不问生人产。为文下笔千言，瑰玮连犿，塾师不能乙。尤喜为诗，弱冠补郡庠，食廪饩。试京兆，辄报罢。以是遇益穷，学益苦，而诗亦愈工。天津梅成栋素以诗名者也，司训永平，一见即引为忘年交，且延誉于朱小云太守。太守奇赏之。尝只身走辽沈，往返数千里，不谒一人，而得诗成卷。朝鲜贡使张德基于驿馆见其诗，大喜。寄书云：“诗自三百篇以下浮华竞出，本来面目丧尽久矣。今读大集，激越多讽，可以复古。当携至海东使知中国诗人也。”

所著《杂文》一卷、《诗话类编》四十八卷，藏于家。惟《得未曾有斋诗钞》行世。初诗之付梓也，有与之隙者，摘其新乐府指为讥时谤官，讼之上官。上官判云："诗有关政教，临民者正，宜三复斯言。"重斥讼者。因作《责诗》诗以自解嘲。晚年辟"耳园"于清河东岸，莳花种菜，课佣人杂作。偶然得句，辄于松石间摇首作吟哦声。过者皆异而指目之。卒年六十二。子，山，亦能世其家学。

蔺士元 字胪三，以父如兰字古香，故又号少香焉。其先乐亭人，后占籍临榆。士元幼承父训，好读书博闻强记，于诗赋尤工。弱冠食饩于庠，科岁试屡擢高等。家贫，以馆谷养亲，稍有余即购买书籍。牙签插架，日手一编，兀坐其中。过者不闻謦欬，惟隐隐有翻纸声。一时皆以博雅推之。因少病肺虚，年三十九以羸疾卒，时咸丰九年四月也。著有《梨云山馆诗草》。

王　朴 字守愚，又号藻春居士。先世居山阴，其高祖游宦北平，遂家临榆。父某从九品职，以行谊著于乡，朴其季子也。年十九入邑庠，旋以优等食饩。道光己亥，恩科副榜。事亲以孝闻。仲兄以诖误羁刑部，檄提其侄甚急。朴欲白兄冤，代侄赴狱，得伸理。临行赋诗云："落日照清溪，溪边断雁啼。自云生北乡，六翼群飞齐。中途遭丧败，行断影亦凄。其一陨秋风，垂翅需于泥。其一罹罗网，遥隔西山西。西山岂不归，归路榛满溪。世事难测料，祸福无端倪。奋翮欲相从，恨无青云梯。一病北风酸，不觉鸣声嘶。"其业师傅德谦宰陕西安定县，朴时在其幕中多所匡助。归而教授乡邑，又主讲渝关书院，为后进模楷者垂四十年。其始归也，因观佛经有悟前生，顶门有肉坟起寸许，毫发不生，常脱帽指以示人然。晚年颇好导引及青乌家言，辟其家祠之左右两楹为静室，课子孙之暇恒趺坐达旦。年垂耄而视听步履不衰，间与二三同志登高舒啸问脉寻龙，有孙苏门，郭河东之高致焉。年八十三无疾而终。著有《知白斋集》。子，敬熙，邑庠生。

高作枫 字紫里，昌黎岁贡生。博学工诗，性好游，橐笔辽东者数十年。著有《鹤乡吟草》一卷。晚年家居，与姚仙相酬唱。仙赠以联云："可用世，不求世；用能知人，弗愿人知。"临终自作联云："旧事厌重提，当年曾西抹东涂，回头是梦；佳城欣得人，此日不拖泥带水，转眼皆空。”一笑而逝。

刘嘉遇 字应时，昌黎人，岁贡生。聪颖过人，博极群书，文章以理学为宗，不趋时尚。性谨饬，不求闻达，慎言语，寡交游。课徒于家塾，四方从学者日益众，游黉序登科甲者踵相接。子四人：伯奎文、仲质文俱入泮；叔鼎文，食廪饩；季韩文，癸酉选拔以县令需次于蜀。遇年八十余，犹日课诸孙孜孜不倦。光绪四年卒。

马兆麟 字锡吾，号樵风，昌黎庠生。性敦谨，喜读书，而赋质不敏，下帷攻苦，恒午夜不辍。年二十四人邑庠，有声黉序间，踬困场屋者几四十年，应京兆试十五次，屡荐未售，以诸生终。弱冠后，即课读于乡，清贫自守，未尝以非分干人。以色养承堂上欢，虽菽水不给晏如也。为文悉本先正，而课徒极严，以故采芹食饩者难更仆，数邑之登科甲者，如张旭爔进士、李国瑞、杨舒翩、杨际春、杨肇第、罗庆云诸孝廉，皆出其门。终身耻人公庭而与人无忤，且友于性成，与胞弟俱年届七旬尚友爱如孩提，门庭之内怡然肃然。即久居其门者，亦未尝闻嘻嗃声。子纯熇、侄孙志侃，俱食廪饩。胞侄纯炘、孙志伦，皆入邑庠生。后，子纯熇以恩贡生任曲阳县训导，貤封修职郎。熇造士育材无忝厥职，人皆谓禀承有自云。

卷之六十五

列传十七　忠烈

［元］

韩　建　字公懋，辽西人。至元中，以宗正郎中知安庆。颍六盗起，所在守令多弃城走。建治城隍，计军实，示民必守。与贼大小百余战，皆败之。盗大忿，乃悉众来城。南郛久隳为民居，联舰以为捍蔽。盗纵火焚舰，诸守将皆溃。民走视建，建方部署寮吏如平日，民乃无恐，且战且扑。盗转西乳，却之。东郛又却之。相火所经，撤民屋材为栅，盗无所利，乃引去。时余阙来戍郡，道闻城陷矣。比至乃完。问故？父老皆曰："韩公完我。"及安庆为陈友谅所陷，建方卧病，骂不屈，求死甚急。贼怒杀之。舁尸去葬南门外江边。（《安庆府志》）。案：《元史·余阙传》阙同时死者，建一家被害。城中民相率登城楼，自捐其梯曰："宁俱死此，誓不从贼。"焚死者以千计。

周　宏　字希道，迁安人。尹真定、无极，调辽阳、宁昌，俱有惠政。至正间，调昌黎，抚字有方，利泽及人。平章程思忠乱，据永平。宏率民拒守，城陷，被执。宏七日不食，骂不绝口而死。崇祀乡贤。

［明］

高　德　抚宁人。洪武初归附，从征累立战功。除授副千户。十四年，奉调征云南金齿卫等处，所至奏绩。十五年八月，进攻阿白寨，奋击力战死之。云南平，诏封明威将军都指挥使，世袭指挥佥事。

李光启 乐亭人。其先李卜当，洪武间戍陕西平鲁卫，后有功，升百户世袭。光启性忠孝，有才干，累升京营都指挥使，赠其先为镇国将军。归祭先茔，为树碑，给族人衣食。升宣镇葛峪参将。嘉靖丙戌，敌数突人侵苦居人启愤焉。一日警至，率所部兵疾驰图歼之，未及为阵，敌四至大呼杀人。启被缚去，困饥不得死，因给敌曰：“我为帅，第引我亭障下，当有赎者。”敌果引至亭障下。启骂曰：“尔宜杀我。我非不肯死，虑中国人疑我真降，徒负辱国大罪耳！谁赎我者？”敌人怒，遂支解之。事闻，诏立祠，春秋祀焉。见《宣镇忠烈传》。

白　毅 昌黎人。历功升锦衣卫都指挥同知。以事诖误调雷州卫指挥同知。徭贼入境，毅领军杀贼，屡立战功。后于竹丛尾村孤军抵贼，斩获甚多，贼众几溃，转被杀。赠本卫指挥使（《雷州府志》）。

周　建 抚宁卫指挥佥事。成化十六年，管界岭驻操营事。三月，虏人寇。参将王宣督令截杀，至白石店夺回被掳人畜，烧敌车辆。回至椴木岭，伏贼突出，前贼复回夹攻。战衄，贼欲取建甲衣，喝令脱，不从，犹以刀伤贼臂。群怒，争刃之。事闻，诏加实授指挥同知世袭。

才　宽 字汝栗，迁安人。登成化戊戌进士。由县令历迁河南布政使、都察院右副都御史、工部侍郎，巡抚甘肃，转尚书。以不附逆瑾，出为陕西总制。好野战，不拘阵略，而驭下甚严，部将怯懦，辄耻以巾帼。正德己巳，值火篩在套，率兴武营击之，斩首数十级。狃胜深入，忽伏兵起，中流矢，卒于阵。事闻，上为辍朝哀悼，谕祭葬，赠太子少保，谥襄愍。仍荫子世袭锦衣卫百户。崇祀乡贤。宽，性坦直旷达，不拘小节，遇事裁决如流。初知山东商河县，课最，知西安、淮安二府，多异政。在西安时，有民失金于食店，急白宽。宽仰见鹰飞，又有蜘蛛坠案。曰：“店中必有姓朱名英者，得其金。诘得其人，果出金以给失者。至今民谣日“才宽断朱英。”事载《西安府志》。子英，中弘治甲子举人，官至平定州知州。

张世忠 字显甫，山海卫人。总发时，以世胄育胶庠，旋袭副千户。嘉靖丙戌，登孙堪榜武进士，加授署指挥佥事。寻掌卫篆，有清干声。迁秩守备天寿山，革中珰敛役诸弊。历升大同中路参将，拒寇丁家庄，有斩获功，得实授正千户。缘边事诖误，听勘回籍。未几，西陲告急。兵部疏名上请，特命守偏头关。时太原频年失利，人皆指为危途。世忠闻命跃然曰："此正吾报国之秋也。"亟赴之。嘉靖二十一年七月，敌寇太原。世忠与副总兵段堂、参将何堂、刘维琥、游击张文懿合五营兵袭之，歃血誓相救援。至陆支村，段堂军溃，文懿等引避。世忠麾下仅千人，挺身血战，自巳至酉后援不至，敌且增骑合围，会矢石俱尽。世忠愤呼曰："我军被围，诸君背盟不援，国宪天刑宁汝谊耶？"复督短兵力战，首中二矢，马已被伤犹跨墙对射，一箭透腋而死。事闻，上悯悼，赐祭葬，用一品礼。赠左都督，谥忠悯。陆支村、山海关俱建祠享祀。同时百户张宣、张臣亦死，并予恤，而堂等论死。

陈　舜　抚宁卫指挥使，任黄花镇守备。嘉靖二十五年三月，敌入寇。舜奋身率轻骑持短兵截战，敌众我寡，死之。事闻，诏加都指挥佥事。

魏　琦　迁安人，庠生。嘉靖三十六年兵变。琦率乡人保守。兵至，琦手刃二人。既而众兵群合，遂被执。琦骂不绝口而死。当事大加叹异，命有司周恤，给葬焉。

薛三桂　卢龙人。万历庚子举人。任云南永宁知州，死奢囚之难。赠按察佥事。

李国梁　山海卫指挥。体貌丰伟，膂力绝伦。从将军杜松浑河大战，殁于阵。以功加升都督指挥金事。

高如崧　东胜卫千户。万历中，任石门路千总。时泰宁寇花场峪，佯令数骑讨战，主将轻出，敌伏起，陷围。如崧奋勇力斗，出入阵中者三。敌攒射落马，剖其心而死。事闻，赠加二级世袭指挥同知。

李国栋　山海卫指挥。万历间，从杜松出塞，与我大清兵战于浑河，阵殁。以功赠都指挥佥事。子，鸣冈袭荫。

穆齐元 临榆人。应役于石门路，从参将陈愚闻，在范桑峪口外阵亡。

边万里 山海卫百户，以都司管中军事。崇祯己巳入卫京师。行至蓟州五里桥，敌兵掩至，据桥大战。自未至酉，身被重创，力战死。

焦庆延 卢龙卫人。由世胄任居庸参将。操守廉介居官，尝卖田自给，事母极孝。兵备道张春恒称之曰："武将若庆延，何愁不得将士心耶？"历任三屯副总兵，称廉孝将军。崇祯庚午，庆延闲住，适敌至，战死陴间。赠光禄大夫、骠骑将军。祀武庙表忠祠。

韩原洞 字开之，卢龙人。少为诸生，诗文有奇气。当郊原多故，尝慷慨悲歌，慕古人以身殉国之义。崇祯庚午，力捍危城，出金犒师知不可支，乃为《忠国论》置怀中赴斗而死。同时，中书舍人廖汝钦守奎楼死；汝宁通判杨尔俊城陷不屈死；忠武营千总牛星耀、仇耀光杀敌阵亡；千总石可玩城陷阖室自焚；库生周祚新城陷视妻与子女先缢，乃自缢死，遗火焚宅；千总张学闵、胡承祚城陷战死堞间；胡登龙城破携子生员光奎，并男、妇投火中死；生员罗世杰有弟三人曰埈、曰埰、曰圻，一人守家，三人守城，城陷皆死于战，守家者亦自杀；庠生田种玉及子福元城陷阖宅自焚，其侄士俊城将陷赴战死于东城上；千总梁壮威奋勇临敌，射不虚发，会矢尽，持短兵接战，死乱兵中；庠生李光春、丁应抡、李文灿、胡起鸿、刘可足、武生张鸿鸾、医官陆橘、郡民李应阳、张俊、郭重光、张宗仁、张尚义、李大敬、张礼、傅守望，俱卢龙人，死庚午之变。祀表忠祠。外如卜小峰城守千总、房应祥城守中军，俱战死。

张国翰 东胜左卫指挥佥事。历任营卫有声。庚午，府城陷。从容酌酒，俾其子逃，同妻韩氏缢死。诏建祠旌表。

陈靖华 东胜左卫指挥使，掌永平卫印。兴屯利国，抚绥有方。庚午之变，守东城死于难。长子君锡，由贡生任淮安府睢宁县知县。次子君任，陕西总督内司游击。

冯继京 永平卫人，庠生。厚重端方，能诗文，善骑射，称文武才。庚午城陷，自缢，人救免之。叱曰："偷生吾不忍为！"夜复缢而死。弟联京，短小精悍，守城有胆气，戒众勿退。及持戟冲敌连刺三人。因大队先登，死于陴间。兄弟并祀表忠祠。

韩原性 卢龙人，廪生。有学行，喜奖拔后进。千里之内负笈从游者甚众。庚午，守榛子镇，不屈死。

吕鸣云 山海卫人。孝廉鸣夏之弟。武健才勇，以守备为扬武营中军。庚午，守郡城，战死。追赠游击将军。

杨开泰 山海卫百户。郡城失守，泰以本路把总率兵侦探，至榆关西，遇敌对射死之。

杨廷栋 山海卫百户。少以勇力称。为扬武营千总。郡城破，奋击死之。

张汝恭 滦州人，廪生。庚午，州城陷，死难。祀表忠祠。

高应见 迁安人。庚午兵变，饮毒而死。督抚汇题旌表。

蔡国勋 山海卫千户。率兵恢复遵化，侦探遇敌，奋勇直前，战没于阵。阁部孙承宗题恤，赠指挥佥事。

严大宽 山海卫千户。从总兵赵率教应敌遵化，中途遇敌。众溃，力战不退死之。

拽梯郎君 昌黎人，失其姓名。顾炎武有记，详祠宇门。同时，周昌会、李崇乐、张三、张守霜、刘极、杨狗子、郑应秋、邱小月、洪保儿、马九哥、孟之奎、张福儿、孙鸣海、王六、于守道、赵世祥、高声骏、卜云吉、郭来贵、张友贵、龚自学、锺五儿、李蕃枝、单应武、朱可昌、梁民乐、于守通、梁世文、王六儿、刘君福、孙三、孙来哥、王国臣、李思谦、张六指、郭得哥、王大才、翟三、周德纯、齐福，并昌黎人。崇祯庚午，守城死事。巡抚杨嗣昌檄县刊石竖碑，有司春秋致祭。今祀于忠义祠。

冯运隆 字翊明，滦州人。由明经任河间府训导。壬午冬，流寇至。隆守陴力战，城陷，不屈死。

王肇桓 兴州右屯卫人。中军都督府都督同知。崇祯末年遭寇乱，阖门坠井死。

杨呈芳 字桂林，山海卫人。生而颖异，敦谨孝友。崇祯十年，由贡生宰河南鲁山县，勤政爱民，一时有慈父母称。明季盗贼蜂起。十二年秋，修书院，完城郭，练勇，设卡，为守御资。十三年，土匪詹思鸾为乱。呈芳与千总李一鸣谋斩之。十五年，土兵复乱。呈芳登南城抚御，思鸾余党乘间贼之。邑大乱，仆吏逃散，士民哀殓浮厝县廨。事闻，赠汝州知州衔，人祀名宦。门人并立专祠以祀，私谥"忠悯"。殁后，城陷于寇，而明社遂墟。（案：钦定《胜朝殉节诸臣录》，呈芳得谥节悯。）国朝定鼎，子孙始得迎柩归，启视面犹如生。道光八年，长白荣誉公宰是邑，拓修旧祠，勒碑纪莅官死事之颠末。十八年，其邑进士许公梦兰令于抚，访其后裔，登堂拜像，书联额悬于家祠，并拓荣公碑文，俾载家乘。后人始知其政绩殉难之详。案《明史·呈芳附李贞佐传》练总詹思鸾与进士宗麟祥等谋不轨，呈芳捕斩之，城陷死。

鲁山县《杨公祠碑文》云："杨公祠祀明邑令桂林杨公也。公山海卫人，讳呈芳，桂林其字也。崇祯十年秋，由贡生来治斯邑。廉干有为，视民如子。凡民所不便，及所欲而未遂者，罢之行之，不俟终日。一时有慈父之称焉。顾时方多难，寇盗充斥，而流贼复往来蹂躏，居民惴惴欲逃。公乃为购弓矢，铸兵器，召募豪勇，朝夕训练，视要隘设卡，俾村寨各为犄角，互相救援，儆戒备至，贼不敢犯。既复念城垣颓圮，不堪守御，十二年秋七月，乃下令曰："邑之有城所，以壮观瞻而资保障。颓废若此，何以固吾圉乎？愿相与修之者听于是。有力者输力，有财者输财。"畚锸云集度潮兴，登登之声闻数十里。不半载而金汤屹若矣。明年修葺学宫，弦诵有所。夏四月，复增筑元紫芝琴堂，购屋三楹，以资吟眺。暇辄出郊劳农，或集诸士子课文讲学，教之以孝悌忠信，民大悦服。是年六月练总詹思鸾等为乱，距城跋扈，挟以求抚。公佯许之。谍其懈，密令千总李一鸣擒杀之，民赖以安。越二年，土兵复为乱，焚掠杀害殆甚思鸾。公亟登南城赴之，贼众方犹豫，会有思鸾余党窜迹其中，遂为所害。时壬午四月十日也。呜呼！公遇害七月余，而城为流贼所陷。明年再陷。又明年，天下土崩，而明之社稷亦不血食矣。悲夫！邑故有祠，其创建之由来不可考。意邑民感公遗爱而为之也。顾祠宇卑陋，且岁久将倾。余钦公之捍患、固圉、戢暴、安民于兵革扰攘之余，而能振兴学校抚前贤遗迹，而仰慕增筑之。卒之慷慨乘城以身死职，虽古之缓带轻裘单骑见回纥者，何以加诸？但其间有幸不幸耳？爰捐资鸠工，撤其旧以新之，而加峻焉。并于春秋仲月，具一少牢以祭焉。或曰："公已尝祀于名宦，春秋之祭罔间。子之为是，不亦赘乎？"余曰："不然。名宦者，国家旌贤之典也。专祠者，庶民怀德之诚也。余之为是者，亦以公之慈惠忠毅实足为我辈后来者之矜式也。况此祠创建有年，不修则废。记曰：有其举之莫敢废也；新之所以，惧其废也。赘乎哉？"是役也，始丙戌季秋，越一月告成。

王际明　字清庵，号泰寰，抚宁人。岁贡生。崇祯间授广平府训导。才德优长，以卓异荐升陕西汧县知县。莅任未两月，流寇乘夜袭城。明执大锏，率家丁、士民奋勇巷战。贼知不可夺，黎明退出。城池、仓库俱无恙。狱中老囚犹不忍逃，曰："不敢以此累贤侯也。"头带重伤，身中数十矢，米浆不入口者数日。具报部院，洪承畴特疏题奏。贼积恨不平，复纠众围攻五十余日不下。将军祖大器救兵飞集，杀贼数千，地方稍安。城头立有王侯血战碑。自是勉强供职，旧伤不时作发，屡乞休，迟之三年方许归。百姓爱戴，流涕不绝，从之二百里而后返。由湖广买舟东下，因其子之葵任徐州河粮厅摄刺史事，遂至徐回抵德州。我王师剿贼已入山东界，不得已退还临清，依前任抚令王台家。未几，清兵入城，贼溃喊声四起。明仰天叹曰："臣受恩不浅，生无以报，惟一死以报君耳。"遂登楼举火自焚。我朝李总戎悯其忠而殓之。厥后，山左抚按交章入告，部覆方下，闯贼已陷京师，未沾恤典。

王之心　字鉴吾，滦州人。司礼监太监。博学精翰墨，监督蓟永，力杜愧遗，免文吏庭谒。崇祯甲申，都城陷。心同御马监太监王承恩侍帝，缢于煤山。一时称两中贵殉义。心弟之仁，任苏州总兵。顺治二年，率所部入海，见事不成，复登岸诣督师洪承畴请死。曰：

“某海中自裁，人未我知？特来求明白死耳！”从容就刑。可谓兄弟合节矣。

程继贤 号敬庵，山海卫人。由贡监初授中书舍人，历尚宝司卿，封朝议大夫。贤事亲不诿诸兄。父百岁，具奏建坊，完兄产抚兄子，时以孝弟称。且敦笃友谊，生死不渝。请除催头之弊，功在梓里。年逾七旬，居乡谦抑。甲申，守官都门，不臣逆闯，捶几死。侨寓天津，土寇起，不屈遇害。国朝顺治庚子，本卫士民公请人祀乡贤。

李友松 字赤仙，山海卫人，庠生。性刚毅，有学识。崇祯甲申春，流寇薄城，势甚危急。松慷慨倡义，率庠生高轮毂、谭邃寰、刘泰临、乡耆刘台山、黄镇庵赴营，说贼缓军，遂遇害，然城卒赖以完。国朝录功，荫子栖凤为贵州思州府经历。

临榆程儒珍《关门举义诸公记》云：珍尝闻之父老国初关门举义时，乡先生八人实为之倡。至今称八大家云。八家者，李、谭、高、刘、曹、程、冯、吕也。然考当时共事者实十有一人。盖八人外，尚有余、刘、黄三先生焉。阅《县志》仅李赤仙、高轮毂有传。余公虽有传，而未及举义事。李赤仙传中虽叙谭、刘、四人，而冯、吕、曹三公及珍九世伯祖印古公无闻焉。意幼时检书旧簏，得余潜沧《述旧作五首》、《哭李赤仙二首》及诸公上墨勒王，揭纸虽朽蠹，而字犹可辨，载当时原委甚悉。崇祯甲申四月，吴三桂奉诏入援兵五万人，号称十五万。进至玉田，闻京师已失，旋兵山海，未有决策。旋得父襄手书有降志，已而以爱妾陈圆圆故，拔剑砍案，决意抗贼。召邑中绅士与议。诸公复以大义劝之。于是南郊阅兵，凡一切措饷城守事宜，众慨然任之，歃血订盟。遣人东乞王师，谨案《皇清开国方略》，乞师者为孙文焕、郭云龙。又三桂有《上睿亲王启》兹不具录。又遣人给贼缓师。给贼者为李赤仙、谭邃寰、高轮毂、刘克望四庠生，刘台山、黄镇庵二乡耆，行至三河，遇贼，遂羁于军。四月廿一日，贼至山海营于石河之西，游骑至城下。城中兵出与战，贼锋颇挫。是日王师亦至，驻关外威远台。出迎者为痒生曹时敏、程印古、冯祥聘、吕鸣章，其一则举人余一元也。见墨勒王赐坐赐茶，款接温蔼，偕范文肃公文程人城晓谕军民，人心益奋。明日清晨，王师从一片石人，贼侦知迎战。三桂兵亦从城出夹攻，城守者遥助声势。谨案《皇清开国方略》贼将唐通率百余人出一片石，我军击败之。李自成结阵自北山至海，我军寡，错综布阵。是日大风，烟尘障天，我军呼噪者再，风顿止，从阵尾击贼，无不以一当百，遂大败之。先是墨勒王命三桂兵，以白布缠肩为志。两军协力，贼不能支。贼马步二十万胥败走，我军七战七捷，贼弃辎重奔，杀吴襄于范家店。给贼者，惟高选乘间出走，贼追之被创，遇大军得全，余皆遇害。此当时诸公之事，亦关门创建以来一大举也。乃功绩攸同，而显晦有异，岂以说贼难而乞师易钦？然秦庭之哭，卒报深仇；鲁连之谋，终成伟绩。逆闯自猖獗以来，未有若斯之大衄者。是虽皇朝应运而兴，而阖邑之所以保全，诸公盖皆与有劳矣。是乌可以不记？

［**国朝**］

吕鸣夏　字九山，山海卫人。明万历乙卯举人。天性孝友，弟鸣云殁于王事，遗孤幼稚，抚训成立，舆论重之。初仕清丰教谕，继补束鹿，训课有方，升真定郡丞分驻宣镇。以抗直取忤，挂冠归里。

明末，贼逼关门，夏家居佐义歼寇。我朝定鼎录功补卫辉郡守。时天下初定，抚安百姓政绩称最。擢佥宪，备兵固原。值降将武大定等谋叛，以兵胁夏，不少屈，历数其罪骂不绝口，遂遇害。事闻，敕赐祭葬，赠光禄卿荫。入祀乡贤。

王可就　字向明，滦州人。以将材任山东抚标游击，剿巨盗王进、周拨宣等，又抚贼张正等数万人。以功升延安府参将。值逆贼谢化奇等作乱，设计剿平。升庆阳府东协副将。阁部洪经略题调恢复云贵，镇守偏桥。其地有诸葛洞者，江中多怪石，舟楫不能通，军需皆民丁负运，因召父老叩状。佥曰：“中有巨石高数丈，石下有洞。”谶云：“若要此洞开，除非诸葛来。”自昔畏难辄止，就慨然力任，募石工勇慧者凿之。巨石下得一碣有“丁口京边九十公”之语，乃武侯笔隐就名于中。众皆踊跃，数旬成工。土人勒石记之。以功升杭州城守副将。先是杭多猾贼，贿通当道，不肖者复左袒贼。就与贼唐起凡战，败之。兵道某反谓误入平民为盗。因与抗论事白督抚。遂专任就。起凡密遣贿说就不出战，愿代为缘得总戎。就怒曰："贼视我为何如人哉？誓必灭此朝食。"于是元旦会兵围其寨，亲登手刃之，余党降。起凡兵称百万，为杭害者几二十年，至是始平。上嘉其功，加升荣禄大夫，署都督同知，赐蟒玉，封三代。任杭时，总督被江贼劫所佩刀，急召与议。就献策阻塞沿江便路，置塘戍守，率兵严捕，江贼遂平。寻升福建副总兵，以都督同知署总督标下中营事。诣阙升见，上亲临试射，授云南临元、澂江等处总兵官。时吴逆变作，复召见赐采段二表里，谕曰："可速回闽，密察耿藩，恐效尤吴逆也。遂星驰逾仙霞岭，尚不知耿逆之变逆密遣四伪官要于途，日夜严防，不容死，既至。图乘间诛逆，谋泄，迫趋都尉府。度不能免，仰天叹曰："大丈夫不能为国除贼，夫复何言？"举家号泣随之，不顾，遂遇害，年六十二。上悯其忠，赐祭，荫二子。长应麟任荣昌令；次应荐，性至孝，以母老不仕。居乡任义周恤，于就没后四年卒。

马维熙 字天御，山海卫人，拔贡生。顺治三年，录功授忻州同知署偏关西粮厅篆。值姜瓖之变，山右一带摇动，偏关阖城皆从逆。熙独不屈，乃囚之别所。遣人守伺。久之，守义愈坚，遂加害。事闻，赠忻州知州。

张师圣 迁安人。读书善骑射，以将材任金吾守备，升靖海参将。简练军士整伤防汛，数年海上肃清。顺治中，升山东登州副总兵，未离任，海寇旋发。督抚令将兵进讨，殁于阵。

刘良臣 字心伯，永平卫世袭。以军功授游击，剿平流寇，历升甘肃总兵，挂平羌将军印。卒于阵。赠右都督，进光禄大夫。子，泽洪，总兵袭荫。

崔尚朴 卢龙人，庠生。被俘至辽，改姓名李嘉宾，应试复入庠。国初，授新蔡令。清廉慈爱，邑人尸祝之。升南康郡守，遇金、王之变，鸠众坚守。城守备内叛，遂被执，骂贼求死不得，偕配吴氏投缳死。事定，议赠荫，惜无子。

李云起 昌黎人。顺治三年，以进士知黎城县。姜逆之变，大兵南下，贼崩溃。而土寇赵联芳、胡尚文煽乱，云起死焉《山西通志》。

惠应诏 字如纶，抚宁人。明季由武举任蓟辽督标副将。顺治元年，英王略地西徇，应诏首先归诚。二年正月，招降延、宁、甘、固诸营堡，嗣因西安省会要地留守重任，督抚合疏请副将管城守事。西安洊经寇祸，军实久虚，刍粮器械焚弃殆尽。应诏视事阅月，壁垒一新。又闯贼所掠子女露宿风栖，啼号遍野。应诏收问乡贯，行移郡县，俾得各归桑梓，远近欢声如雷。是年冬，贺珍余孽复炽，围西安。应诏悉力固守。三年正月，率兵击贼城下，大败之，贼始遁。寻升成都总兵官，以收潼川、绵州累功授二等阿达哈哈番，世袭五次。应诏中伤身，故于顺治十八年三月十五日。诏将亲男惠占春仍袭二等阿达哈哈番，再准袭四次。

王进忠 山海卫人。康熙初，襄阳前营游击。剿西山贼，遇伏死之《湖广通志》。

陈柱国 卢龙人。康熙十一年，任乐亭驻防把总。盗伺县尹公出，诈为行客，入城肆劫。柱国挺身与斗中流矢，被获，缚令导引。柱国裂眦厉骂，遂遇害。事闻，诏赐银百两襄葬事。

张朝臣 字鼎望，山海卫人。以武进士任左卫守备。初柴沟有皇姑退还庄地，接壤左卫之城南。是时内务府遣官圈收，复给旗丁，觊卫南膏腴欲并圈佔。朝臣固争得免。卫人立碑颂之。升浙江处州协都司。康熙四十七年，遂昌县土贼作乱。臣率兵赴剿，至大拓，崖高路窄，仅容一骑。臣不避危险，奋勇身先杀贼，被创死。诏赠都司佥事，加一级赐祭葬。荫一子卫千总。

许永忠 抚宁人。武举。历任都司。康熙三十六年，从征噶尔丹，战殁于阵。照游击例赐恤。世袭云骑尉，无子爵除。

刘天锡 昌黎人。乾隆丁未科，武进士。任河南河北镇怀庆府中军守备。以军功升授行营都司。从征湖北当阳县双沟，力战阵亡。子孙世袭。

张敬一 昌黎人。乾隆甲辰，武进士。三等侍卫。原任庆远协标中营都司。楚徭为逆，竭力攻剿于界石冈，调升广西提标前营游击。奋力剿贼，殁于凤凰坡。子孙世袭。

倪　鹏 临榆人。试用四川县丞。金川之役，借补按察司照磨，随营运饷。乾隆三十八年春，定边将军温福由攻喝尔拉入兵，以贼扼险不得进，别取道攻昔岭，驻营于木果木。令提督董天弼分屯底木达以侦贼。六月，索诺木阴遣小金川头人七图安堵尔士美卧沟煽故番之降我者，先攻天弼戕之，自山后来扰木果木，劫炮局，断水道，运粮夫争避入大营，声如沸，纷且乱，营中兵遂溃。温福以亲兵百人搏战，力不敌被害。提督马全、牛天畀亦战死。鹏随一书吏遇贼，贼刃之无完肤。吏亦被创伪死。贼既去，吏割其辫发怀之。是役也，文武殉难者数十人。悉与建祠。鹏赠銮仪卫经历。

计宏谟 临榆人。乾隆丙子、丁丑，连捷武进士。任山西大同府阳和营都司，升授湖北竹山营游击，从阿将军征金川，殁于阵。

董宁川 抚宁人，乾隆甲午科武举。初充兵部差官。乾隆四十九年，升贵州镇远镇守备。五十三年，升湖北襄阳镇前营都司。六十年，出征湖南，旋升永州右营游击。嘉庆三年，升兴国营参将。四年四月二十一日，在竹溪县桐梓垭与贼战，殁于阵。世袭云骑尉。子官保，历署汤泉营石门路蒲河营都司。孙长生，护理山永协副将。

吴一鸣 滦州人。原任山东曹州营守备。出征死节。世袭云骑尉。

温振贤 乐亭人。由行伍补城汛经制外委。嘉庆元年，奉派出师剿川湖教匪，至三年三月初十日，在川与贼战直冲其锋，被执不屈，支解死。事闻，议恤时同殉难者有参游官，部议参游世袭云骑尉。振贤世袭恩骑尉。奉硃批云："官虽大小不同，而以义就死则一也。著俱世袭云骑尉、三世恩骑尉，罔替。"崇祀忠义祠。孙如璋，官四塘口守备。同治七年正月，山陕贼窜入畿辅，如璋被害。

魏亨逵 昌黎人，元煜子。嘉庆己卯科举人。江宁府知府，助饷加道衔，赏戴花翎。发逆犯境，城陷以身殉。咸丰四年，赐恤赠太仆寺卿，世袭云骑尉、三世恩骑尉，罔替。

宁曾纶 字理堂，乐亭人，兰森子。道光庚子进士。任工部主事。咸丰四年，升员外，擢郎中，寻授山西道监察御史。奏言："世禄之家，鲜克由礼，虽有隽才，终归败德。臣近见内外大臣子弟率多俊秀聪明，乃绳尺稍懈，习染渐深。始则观剧群饮，继则挟妓狎优，甚至聚赌跑车，日流邪僻。虽曰引诱有徒，实以陶成无术。况在大臣子弟有差使者居多，数年之后或荐擢显要，或简授地方。倘积习未除，骤膺重寄，以荡检逾闲之人而望其表率属员，肩任繁钜势必不能。请特谕内外满汉大臣，于其子弟之未登仕版者，为之延请名师，引进善类，以骑射、文艺为先，以礼义廉耻为重。其已人仕版者，尤宜闲出入，慎交游，庶渐摩久而德业成，约束严而人材出。"疏入因未确指何人，传旨申饬。五年九月，转礼科给事中。六年二月，授四川川东道。八月，丁母忧。八年服阕，九年补福建督粮道，寻升江苏按察使，改浙江按察使。十年十一月，粤匪陷城，自经死。杭人于其殉难之所，镌石以纪其事。同治元年，奉旨议恤，并入祀浙省昭忠祠，予谥义烈，赏骑都尉世职，以恩骑尉罔替。

石　均 字竹生，滦州人。任贵州都匀府知府。咸丰七年七月十七日，到官。八月朔，苗匪作乱，城陷，骂贼而死。时长子鳌在省，得凶问，往寻父尸不得，数日遇更夫指示曰："鼓楼之旁，芦席盖尸者是乎？"启视之体无完肤，左手失四指，口无舌，惟面目如生。鳌曰："此真吾父也。"遂痛哭，用棺承敛。先是均授朗岱厅同知，苗困城三月，均率众昼夜登陴防守。随攻随修，城内食尽，势甚急。适有参将某带兵过境，贼疑援至，围始解。巡抚以守城功，保举知府，即委署都匀。谓之曰："都匀冲要之地，苗破城屡矣。非君不胜其任。"均因无兵力辞不允，均遂托眷属于巡抚，慨然去不阅月而殉难。

王保庸 字宝符，号湘舟，临榆人。咸丰元年，以增生授江西吉安府通判。时粤匪扰荆南。二年春，抵任，奉檄防堵莲花厅永新县等隘。秋九月贼由长沙东窜，茶陵、攸县皆扰，莲、永人心摇动。保庸统漕标兵二百名合乡团，先于城隍界九路冲各隘口分施守御。自率兵勇西至楚界，勘地势，据险置防，还驻莲花厅。将西陲形势及屯札守御方略，详禀上台。吉南道周玉衡称之曰："得此人守莲、永，江右之圉固矣。"保庸精悍多力，能谋善断。玉衡既知人善任，乃益自淬励，修器械，严号令。贼不敢逼，遂北窜岳州。此即下长江据金陵之贼也。三年春正月，吉属解严，保庸旋署。秋七月，泰和土匪由安福扑吉。知府王本梧锐欲战，保庸谓宜固守观衅，然后击之。本梧不听，殁于阵。保庸遂奉檄权府事，且战且守，八月朔围解，赏戴蓝翎。先是吉守战殁，贼揭竿悬首薄城，众惶惧。保庸以重赏购勇士归其元，续檀为身，殓之，痛哭誓师，人心始固。身不释甲者二十余日，卒保危城。解围后，复练义勇，设保卫局于城外。十月回本任，仍统保卫局如故。五年八月，粤匪由湖南窜人永新，逼安福，吉城戒严。周玉衡统兵进剿，贼逸而西。十月复东，陷袁、临二郡，南逼吉安。十一月二十日，遂围城。时玉衡已升臬司，督帅员弁力守待援。保庸守永丰门，调保卫局义勇入城，率幕友家丁登埤。时城中器用多缺，夜无油烛，人持械立暗中。十二月初八日，西月城陷于地雷，贼蜂拥入。保庸力战却之，即时修补完固，论功以同知用。时贼据临江，省垣隔绝，求援十八次不至。六年正月二十五日，贼乘连日大雪，暗穿地道，毁城西南隅突入。保庸持短兵巷战，左右跳荡杀数十人，飞血溅面，力屈被执，骂贼死。幕友张滋、程虎炳、家丁谭鹤龄、王福、王文贵皆死。张滋，抚宁人，增生。程虎炳，临榆人。俱与保庸善，邀之人幕。滋办团练守城有功，以训导用，既复保举知县。保庸以滋有老母，劝之回籍。滋曰："忠孝不能两全。且兄既誓死，弟焉忍生？"虎炳带保卫局练勇，屡有战功，保荐从九品。城陷自臬司以下文武官殉者四十人。滋时年四十五，不能得其尸。事闻，保庸以同知赐恤，给云骑尉世职，祀吉安昭忠祠及本籍忠孝祠。滋、虎炳并世袭云骑尉。

刘福林　迁安人。侯补县丞，以军功赏戴蓝翎，加同知衔，即补知县需次江苏。咸丰八年七月二十六日，在浙江严州府开化县带勇防剿，遇贼接仗，力战阵亡。

聂邦钧 抚宁人。咸丰二年，随蒲河营都司出师，五月至怀庆府防堵发逆。亡于阵。

齐广立 昌黎人。道光丁酉科武举。历任白沙岭通永镇千总。

咸丰三年，在河南怀庆府阵亡。世袭云骑尉，以恩骑尉罔替。是年，卢龙守兵王闰、王永禄于三月初十日在扬州西门外阵亡。卢龙守兵田时雨，于十一月十七日在扬州东王河尖与贼接仗，右胁受枪伤死。

朱启顺 昌黎人。以军功授古北口提标中营千总，后御寇瓜州，阵亡。

谭光斗 临榆人。武生，补山永协头司额外外委。咸丰二年随征扬州长发贼。三年春，攻扬城，左股中枪伤，升补经制理把总事。十一月十六日，随提督陈金绶分路截剿瓜州贼。是日，风沙迷目，本营都司叶舒青被围，救援不克，随叶舒青等亡于阵。赠千总衔，世袭云骑尉，以恩骑尉罔替。

陶景武　董万升 俱卢龙人。从征发逆，咸丰三年，贼踞怀庆。景武、万升均任经制外委，自告奋勇，于六月二十一日首登木城，大队在后，贼已开门遁矣。而大队忽撤，贼见之遂回。景武、万升急退，甫及地而贼麕至。大呼跳荡，杀贼数十。景武砍黄巾者一人落马，而贼自后横砍之。万升亦力尽，遂于丹河铺西被害。俱世袭云骑尉，以恩骑尉罔替。时卢龙马兵李万全、张文明、宁瑾，守兵杨逢喜、李占元、王宗灵、翁振铎、李运明、唐国柱、韩之义、郝声、杨名、朱明、张富有、滦州守兵方德、韩焕明，俱同日死。

路印章 字绶若，迁安人。由行伍任太平寨千总。咸丰四年，随胜帅防堵临清州，殁于阵。诏赠守御所衔，建立专祠。予云骑尉世职。

马东屏 卢龙人。以武生人营，善骑射。邑之操决拾者，多从之游，见赏于向军门，拔为经制外委。咸丰二年，署宁海城把总，随征军营，约束卒伍不遵者，以理婉谕之，兼及果报，卒多感化。历征直隶、山西、河南等处，身经数十战，及连镇奏捷，以得胜兵往征湖北。咸丰五年七月初五日，贼劫营。东屏持弓矢登垒御之，贼皆应弦而倒。矢尽，执长刀接战于稻田中，为泥淖所陷，遂遇害。事闻，以千总赐恤，世袭云骑尉加一骑校尉。是年，卢龙守兵盛林，于正月十八日在高唐州施放地雷，亡于阵。

温福顺 卢龙守兵。咸丰六年九月初一日，在庙集西之七星桥阵亡。时滦州守兵赵勋，于十一月初三日，在邻还集阵亡。

张建功 迁安人。任喜峰路榆木岭把总。咸丰六年十月，随赴景州剿贼。七年四月，调颍州，于阜阳县高家堰阵亡。世袭云骑尉。是年□□守兵董天柱、王德富，于四月二十五日，在江南方家集阵亡。卢龙守兵王模于八月二十二日，在江南五里铺阵亡。

陈永春 字泰和，昌黎人。性孝友，肝胆过人。幼务农，兼习拳勇。尝谓其伯兄曰："男儿一生当纵横四方，为国家出力。一锄一犁何日有发迹时？"兄闻言奇之，由是不专责以农业。凡遇武艺超群者，必延至家，丰其饮膳，永春因得倾心领受。不数岁，而诸艺皆精。年二十有八，会同邑韩超为贵州巡抚，因跋涉万里仗剑从之。超奇其志，甚喜。未几，超解职，亦随之归。超转荐于直泉李公鹤年麾下为勇士。同治三年，叙军功授把总职，赏蓝翎。四年授千总。是年，李公升河南巡抚，春随从管带精锐营亲兵。六年，改营号骧武左营，春充马队营官，辖五哨军马。时捻匪纷扰，春由省至许昌堵御。五月，与贼战，屡有斩获，追贼至山东，兵屯运河东岸，所过泰安、东平、兖州三府，俱秋毫无犯。士民感戴，送大旗二柄，上书"忠君佑民，万姓感恩"八字。十二月，拔营追贼，至直隶界，身先士卒，连日得胜。七年，叙军功加都司衔，以守备即补。春屡受国恩力图报效。自正月追贼，至三月打仗无算。四月至山东高唐州双庙，力战阵亡，年三十四。事闻，加游击衔，世袭云骑尉，以恩骑尉罔替。

彩呈瑞 乐亭人。从征发逆，赏戴蓝翎。尽先补用外委。咸丰八年八月初一日，在江南宿州黄家水寨阵亡。予世职。时有卢龙守兵董会升，同日死。

童　梁　卢龙人。马兵。咸丰九年十二月十八日，在江南宿州丁家圩阵亡。

刘玉升　昌黎人。道光丙午科武举。授北塘营把总。咸丰十年，在女儿寺御寇，阵亡。世袭云骑尉。祀忠义祠。

刘攀梅　滦州人。经制外委。在贵州阵亡，世袭云骑尉。

卷之六十六

列传十八

隐　逸

［金］

赵　质　字景道，辽相思温之裔。大定末，举进士不第，隐居燕城南，教授为业。明昌间，章宗游春水过焉。闻弦诵声，幸其斋舍见壁间所题诗，讽咏久之，赏其志趣不凡。召至行殿，命之官。固辞曰："臣僻性野逸，志在长林丰草。金镳玉络非所愿也。况圣明在上可不容巢、由为外臣乎？上益奇之，赐田千亩复之终身。泰和二年卒，年八十五（《金史》）。

［明］

崔启亨　字建初，卢龙人。少孤，抚于族祖家。天启甲子，举于乡。庚午大清兵入郡城。时太宗皇帝延揽贤才，闻启亨名，授滦州牧。启亨坚辞。太宗赐以乳酒十巨觥。启亨性不善饮，至是连举尽醉，次日不知所终。

韩原浚　字发之，别号发西，卢龙人。御史应庚子。应庚年逾商瞿未举丈夫子，妻郝忧之，聘于刘为亚室，是生原浚。幼而早慧，父最爱之。年十七，父卒，郝年已耄矣。刘佐持家秉，御僮奴，严而有则。择良师以傅子。方是时，海内无事。缙绅之子席温饱之余荫，虑亡不呼鹰，蹴鞠追亟于狭邪之场，甚且有傲其诸父伯舅者。刘躬自督责，一动止不少假。以故，浚折节读书，循循如寒士。甫弱冠，为邑庠生。后选入太学。庚午之变，刘度城不能守，以五千金诣监军犒师，已而遍召族党，纵其所取，仅以千金贻原浚俾出亡于外。原浚泣不行。母叱之曰："若不念韩氏绝祀耶？且母子俱死何益若行矣？吾以死守门户。"事平，而母子无恙也。原浚性至孝，伤父早世，每馈必奠而后食。与人交坦坦无町畦。见人之有机事，及谈说人过失者面为之赤。曰："天壤间吾不信有此事。"甲申，神京陆沉。谓其子鼎业曰："吾闻林虑可以避兵，古之隐者多居之。"于是携孥以行，所亲者力劝之，不为阻。或有问其故者，笑而不应。久之迁鄢陵，继乃买田密县，结庐大騩山之麓而居焉。丙申冬，卒于密县，年六十。子鼎业，奉骸骨还葬于其祖墓侧。事讫，归耕于密，从遗命也。容城孙征君尝志其墓，铭曰"不雕不琢，终身慕亲。谋不在食，忧不在贫。"乡人以为定论云。

案：鼎业，字子新，旧志无传。盖以其迁居中州，且当康熙间修志时其人尚在，故未与立传。然其轶事见于国初名家集中者甚著。宋荔裳《安雅堂集》赠韩子新归中州诗云："韩生何倜傥，雅志慕田畴。结交尽豪侠，座多荆聂流。卢龙遘阳九，鹊巢半为鸠。猛虎砺其牙，噬人如貗貐。先几贵明决，尽室相与谋。攀牵或徒步，不辞道路修。始闻林虑好，继爱灵岩幽。邑宰闻生来，下榻如南州。邻里闻生来，馈粮贻耕牛。空同没百载，不能庇一抔。金鱼落人手，白骨谁为收？生也具衣冠，马鬣封遗丘。前年奉广柳，葬父南山头。谒余著麻鞋，夷然无所求。郡乘久零落，感怀深忧。山川风俗书，佐我恣穷搜。君家有钓台，楼榭与云浮。睠言二三子，携罍命轻舟。垂竿发长啸，顾盼心悠悠。今兹渡黄河，余亦将南辀。哲兄栖会稽，卓尔梁鸿俦。著书探宛委，未肯干诸侯。平安未妨寄，以我当置邮。行行且造庐，庶几一见不？"宋牧仲《西陂类稿·康对山坟被发诗》云："盛明七子交最笃，康对山与李崆峒。李在罗网康营救，恶名何惜当时蒙。此心久久益昭著，千秋高义传无穷。谁知两公归地下，先后举不保殡宫。往者大阳遭椎发，遗骸委弃荆榛丛。卢龙义士为哭葬，哀愤几欲呼苍穹。迩闻武功亦被祸，黄肠抛掷郊原中。”（自注云：大阳，禹州山名。崆峒，葬处。）案：二诗皆咏其葬李崆峒事。又案：《孙征君年谱》子新于顺治十七年从夏峰学。康熙元年五月，鹿忠节公孙从心客死武安山中。子新资其孤寡，使得归里。夏峰晚年《怀友诗》有云：子新饶侠肠，其慷慨之概，经征君称许如此，亦卓卓永平一贤士也。附录于此，以当传略。

尹乐尧 字莘野，滦州人，庠生。孝友和悫，笃嗜古文，典籍环堵萧然，声出金石。冠盖使雅重之，不求闻达。诗文著作甚富。自称“平滦蛰士。”

伦 浃 字元谷，滦州人。癖嗜典籍，寝食沈酣，尤精濂洛性命之学。出绪余为词赋、古文，澹永凝秀如昌黎、次山。八踬棘闱，以明经隐居，卒。她封御史，入乡贤祠。所著有《元谷》一册。

王 柚 字饫寰，滦州人。都御史镐之孙，举人淦之子。性澹纷华，清真无欲。经史过目成诵，尤专廿一史。凡年月字号问答如流。家贫绝粒，啸咏自若，明经不仕，以布衣终焉。

吉 民 字君竹，滦州人。道器冲亮，以教授弟子为业。经旨严明，动矩言坊，俨会弁古君子也。诗文亦多道气，以明经匿岩穴，不仕。

伦之模 字五全，滦州人。爽懿天觃，敬身诚物。事亲养志，曲尽其礼。以明经司训顺天，荐绅肃榻。丁内艰归，值鼎革，力辞征檄，有两龚高风焉。年七十三岁，卒。

张 （失其名）滦州人，庠生。工部正郎鹏翼孙也。少颖异，弱冠游庠，平生著作甚富。遇甲申之变，即自锢一室，命家人穴壁以进饮食。五十余载形影相依，虽骨肉莫能睹其面者。自写小照，及心而止。并题五律云：“图形期自见，自见却伤神。已是梦中梦，更逢身外身。笔花凝幻质，墨彩聚空尘。堪笑吾兼尔，同为未了人。”寿七十余，卒。

［国朝］

高辅辰 字钦亮，滦州人。人称二亮先生，晚自号南村病人。登崇祯癸未进士。初任安阳令。入本朝催补范县，未几以病辞。两台固留分校西闱，三谢不赴，始奏。回籍后，屡征不起，遍游恒岱江楚，交识海内名宿。家食优游，不问生产。所著《存熙堂稿》、纂集《杂俎》若干卷。卒年七十五。

刘允元 字虞卿，山海诸生。通经史，工辞翰，善草书。淡泊自适，不求闻达，隐居城西刘家庄。生于明万历四十二年，卒于国朝康熙十一年。

卫 钝 字玉锵，滦州人，庠生。醇谨笃行，不苟言笑，与入（人）交接，蔼然可亲。家赤贫，饔飧不给，宴如也。性爱山水及奇花异草，忘怀得失，殆有陶靖节之风云。

耆 寿

［明］

温 钦 乐亭人。性笃实，与人无竞。非公罕至城市。贫而乐善，卓有古人风。年至百有余岁。嘉靖间，匾其名于旌善亭。

李宗儒 乐亭人。霖季子。纯谨诚悫，勤励好学。时伯仲间相继登科第，儒温恭抑抑略无矜炫色。贡入太学。授林县丞。未几，解组归。提躬为乡邑望者几四十年。嘉靖间，匾其名于旌善亭。年九十七卒。子汝绍，官太医院。

［国朝］

田宗周 昌黎人。三任广文。赋性仁厚，接人谦谨，俨然有道遗风。司李尤侗赠匾曰："人师国老。"享年九十有六。

赵秉贵 字天爵，乐亭人。少时，安贫守分，勤俭自持。中岁家渐丰，而衣粗食淡，以之终身。年九十余，须发微苍，犹健步如少壮时。生于康熙五十三年二月，卒于嘉庆十八年十一月，寿百岁。

李棵椿 昌黎人。素有至性，母病遍访古今书，诊之不效，因刲股肉投药中以进，母寻愈。后椿享寿八十余，值康熙万寿，蒙恩赴千叟宴，赏给布帛。

杨时盛 字茂林，临榆人。性狷介，行无所苟。年八十余，由岁贡授邯郸训导。九十告归，举乡饮大宾。初乡试入都，表兄房某谓："若主我交通关节，功名可立得。"时盛甚恶之，不履其门。及在邯郸，子度年五十而鳏。有游宦之妾新寡无子，美而多财，欲嫁之。度禀命，大怒，不食亦不言。度惧，而请罪，事遂寝。卒年九十二，时康熙四十七年。

司永魁 迁安人，武庠生。性严正，排难解纷，戒赌博，息争讼。终其世，乡中无游手者。寿至九十二，无疾而终。

田士杰 字迈万，昌黎人。五世同堂。寿九十七而卒。生平好施，拾金不昧。里人以善称焉。

阎汝干 字荩臣，乐亭人。性笃厚，家贫，弃儒为医。八十一岁，仁宗东巡赐九品顶戴、银牌。至八十三岁卒。子九富，亦习岐黄，享年八十余。孙桐年，今已九十岁犹康强。三世耆寿，亦家庆也。曾孙开第、沛霖，玄孙凤文，皆人郡庠。

赵廷桂 迁安人。寿九十二。以针灸济人。五世同堂。外如张纪寿九十六，**蔡向荣**寿九十一，**杨端**寿九十，**满裕仓**寿七十七，俱五世同堂。**刘保、王明志**俱寿九十五。**蔡省山**庠生、**高义魁**武庠生，俱寿九十七。张达寿九十八，**朱成龙**寿九十六。**耿自仁**寿九十八，子**有年**寿八十八尚壮健，一门寿耇，允称熙朝人瑞焉。又**卜禹**寿八十一，七世同居。

赵景明 抚宁人。年九十七岁。弟光明九十四岁。册明九十一岁。康熙甲子邑侯赵端题"同胞三老"四字赠之。后景明寿百有十岁，余皆臻百岁。

赵夔龙 抚宁人。兄弟同居，乐举善缘，年登八十，子孙多游庠序，乡人重之。

惠文俊 抚宁人。由吏员任海宁大使。清慎老练，士民德之。居乡好礼，巡抚匾旌曰：“雅操高风。”享年八十四。

徐应虎 抚宁人。性耿介，尚义乐施。本县匾曰：“一乡善士”，山石道吕匾曰“德寿轶伦。”

张敬铭 抚宁人。尚义急公，孝友信果，寿享耄耋。本县匾日“德副舆情”。

徐麟祥 抚宁人。岁贡生。年七十，居父丧，依然孺慕。名其斋曰“为善最乐”。又刻“忍让、敬恕”于堂，人皆称为有道。邑侯张公奎祥赠“纯嘏是常”匾。八十初度，邑侯庄公学愈赠“德厚天全”匾。郡守梁公锡蕃赠“盛朝人瑞”匾。

韩　晋 字进也，乐亭人。幼补弟子员。赋性温良，居心孝友。乾隆元年，恩赐八品顶戴，寿八十五终。

赵淑身 字洁己，乐亭人，诸生。少孤，事母至孝。五十余年晨昏无失礼。家富好施，门前常备耕牛二，以供乡中之用。习岐黄，尤精痘疹，求无不应，贫者则施以药。寿至八十九岁，夫妇偕老焉。

张怀勤 乐亭人。五世同居，内外无闲言。寿至九十四而卒。

姚宗羲 迁安人。候选州同。年八十六。高宗纯皇帝初御皇极殿，开千叟宴，蒙赏龙头杖一支、黄马褂一件。御制七言律诗一首。寿九十余时，有岁贡刘憙官三河县教谕，亦预千叟宴。

张广珍 迁安人。寿九十六。平生喜读书，手不释卷。性刚直好施，乡里有灾患辄恤救之。同邑范举，寿九十七。仗义疏财，恤救乡里。

张　俊 寿九十九，犹力农如壮夫，无疾而终。

宁　瑄 乐亭人。幼补弟子员。好善乐施，族人贫乏及孤寡无倚者，悉赖其鞠养。乾隆元年，恩赐八品冠带，寿八十七岁。

金声远 字德音，迁安人。由岁贡选庆云训导，未莅任而卒。寿八十有八。平生性严正，言笑不苟。教授终身及门多知名士。其友魏文兰孝廉早卒，遗子女俱幼，竭力抚之，为代完其婚嫁。教其子宸读书游庠。子汝砺亦以岁贡历署教谕、训导。

王　蕴　字藉人，滦州岁贡生。素称乡望，尝因学宪试州拨府甚少，乃偕诸生呈请增益。所居城堡为集市，白于官较准斗秤，商民赖之。年八十余，应顺天乡试，恩赐举人。会试赐国子监学正、翰林院检讨。

王士魁　滦州人，性温厚，能忍辱。寿至一百二岁。

徐　炫　字耀先，滦州人。与弟仪皆称善人。乾隆壬午、壬辰岁荒，周恤乡里，助修桥梁，布施香火。后兄弟并登上寿。子孙俱克振兴云。

郝誉髦　字完璞，滦州人，岁贡生。弱冠游诸豪贵间，不迎不忤，人皆敬而爱之。筮仕洪洞丞，值令病，士民奔吁两台乞髦摄篆。视事一年，令自以为不及，遂请告去。久之，致政归。日与同志者游览谈宴析家诸子，而征逐于斗鸡走狗健儿宝剑之场中，怀畅，遂终身无戚戚之容。虽遇野老、耕夫、樵童、汲女，愉愉如也。年八十余，尚举一子、二女，皆逾耄后而得者。人以为得斟雉秘术云。康熙乙巳秋，自治后事，语家人曰："吾将逝矣。"遂卒，年九十余。

郭应荣　滦州人。乾隆十年，举乡饮耆宾。

陈光珠　滦州人。乾隆十六年，举乡饮耆宾。

王昆石　滦州人。乾隆十七年，举乡饮耆宾。

刘之廉　滦州人，监生。寿九十有五。乾隆辛卯，恩赐六品顶戴。

张连世　滦州人。乾隆十八年，举乡饮耆宾。

陈　泰　字东舒，滦州人。年八十余。乾隆六十年，赴千叟宴，钦赐七品职衔，及黄褂、寿杖、银牌。

赵廷仓　滦州人。年九十二。乾隆六十年，赴千叟宴，钦赐六品职衔，及黄褂、寿杖、银牌。

阚　瑗　滦州人。乾隆戊申举人。年近九十，读书不辍。嘉庆己未，钦赐国子监学正。

王茹芝　字九茎，滦州人，庠生。性醇笃，寡言笑，里党皆钦慕之，尤精岐黄术，活人无算。年九十，尚能强饭健步云。

顾惟明 滦州人。年七十有六。嘉庆元年正月，召赴千叟宴，恩赐黄褂、寿杖、银牌。

马兆乾 卢龙人，生员。五世同堂。嘉庆二年，钦赐“七叶衍祥”额。

秦克岐 滦州人。五世同堂。嘉庆五年，钦赐“五叶衍祥”额。

孙 宓 滦州人，岁贡生。精通医理，活人无算。贫不能葬者，施舍棺木，卒年八十三。五世同堂。

张绳祖 滦州人，庠生。寿九十有四。配李氏九十有二。嘉庆十年，知州莫赠匾曰“岩芝双瑞。”

宣 敬 字一斋，滦州人。娶魏氏，夫妻皆九十岁，耳目聪明，精神康健。每逢父母忌辰，犹复扶杖泣拜，盖数十年如一日云。刊有《正画辨讹》二集行世。

宋文瀛 滦州人，岁贡生。力学善医，活人无算。年登耄耋，选训导不就。

张元会 抚宁人，监生。乐善好施，晚年约乡老三四人作真率会，订期五日，相与话桑麻，训后进。乾隆五十七年，寿九十七而终，五世同堂。

张廷璐 字宝臣，抚宁人，监生。居家孝友，五世同堂，男妇五十余人，恪守教训。寿八十余卒。

徐廷献 字家修，乐亭人。性和平，尚仁让，且长于灵剑子导引法，及陈希夷坐功。凡养病者学之百日无不愈者，然绝不望报。寿至八十二。道光元年，恩赐八品冠带。

李作标 卢龙人。五世同堂。道光六年，题旌。

曹大勋 卢龙人。武生，五世同堂，道光二十六年题旌。

张文明 滦州人。性纯孝，喜施济。咸丰元年，寿届九旬，恩赏九品顶戴，九十三无疾而终。

孙兰毓 昌黎人，郡庠生。年九十有七，犹手不释卷。诗书以外，家无长物。

王 燕 字翼斋，卢龙人。性严正，少失恃，事继母以孝闻。乾隆庚子，捷于乡。选内丘县司训，不赴。年九十二卒。五世同堂。

刘文显 滦州人。年七十五即见玄孙。州牧高赐“五世同堂”额。八十五岁卒。

徐贡琨 乐亭人。治家勤俭而性好施济。所居村北有滦河支流，河徙而地出，然难确指主名，往往兴讼。琨恐乡里滋事，按其契计亩均分，争端以息。年八十九，无疾而终。子锡龄，恪遵庭训，敦品励行。同治元年，举孝廉方正。孙二：秉书，庠生；秉璋，同治癸酉举于乡。

杨凌霄 乐亭人。幼失怙恃，性笃厚好学。因家贫无以自给，辍业就商。精堪舆及星命之学，兼通岐黄。乡里有病者，每造门为之诊视，或有馈遗辄却之不受。年八十六，无疾而终。

范汝亨 字汇征，昌黎人，庠生。性狷介好学。教授生徒，户外屦恒满，计游泮膺岁荐列贤书者，先后近百余人。与人交无城府。遇事持议不阿，推为汝南月旦。邑侯曾公慕其高谊，屡往拜，不见。寿九十一岁。

刘锡金 滦州人。乐善好施，矜恤孤贫。乾隆间年八十一，蒙皇太后七旬圣寿，恩赐九品顶戴、银牌，额曰“齿德兼优”。五子七孙皆习儒业。子殿元，庠生。孙文郁，增生。八十八岁卒。嘉庆元年元旦，太上皇归政设千叟宴，诏旨普天之下凡有七十以上者入京赴宴。**高开科**（时年七十三）、**常浚**（年无考）、并**谢姓、邬姓**（轶其名）四人并钦赐修职郎，恩赉御诗一轴、龙头寿杖一、养老银牌（重十两）、黄绢、绿绫各一端。

李　瑞 乐亭人。以子国梁贵，诰封荣禄大夫。年九十四。钦赐匾额曰“毓英庆襄”，预千叟宴。

罗　瑞 字辑五，卢龙人。性慈惠好施。有项氏妇，夫外出，贫无以生，哭于城北门外，欲自经。瑞适遇之，劝之归，并给以柴米，数日其夫得钱返，夫妇感慰。时道光壬辰岁也。子耀先即以是科举于乡。人咸谓善报云。卒年八十九。

杨大观 昌黎人，岁贡生。性纯笃，事亲以孝闻。教子弟先品行而后文艺，谆谆训诲，终身无倦。卒年八十三。著有《集英堂文稿》。

孙际春，同治壬戌举人。

李　诏　卢龙人。性质直，好善。寿八十五。五世同堂。

赵柏龄　字森亭，昌黎人，诸生。以好义重乡里。道光甲午，恩赐副榜。邑侯曾公每下乡讲圣谕，必具柬延之，公服侧座，以为士民观摩。年八十四卒。

张国起　滦州人。五世同堂。同治四年，题旌。国起时年九十二岁。长子纯时，年七十一岁；次子聚时，年六十七岁；三子经时，年六十岁。

林　铎　迁安人。六世同居。年六十二，以寿民邀八品顶戴。同治十二年，知府游匾旌其门。

王意诚　滦州人，贡生。五世同堂。同治十一年，知府游匾旌其门。

陶允恭　字景唐，临榆人。以年老诸生，应同治丁卯乡试，恩赐举人。戊辰，赐国子监学正。先是其父以诗于道光癸卯科恩赐举人。两世耆寿，并邀恩典，亦世之所难。允恭子树敏，年已七十，孙曾林立。同治十二年县令陈以五世同堂详请旌表。

刘楷年　字孔藩，乐亭人，岁贡生。祖天爵、父太璞，世有隐德。楷年一生教读，不求闻达，时时念祖父遗规，言动不苟。同治十三年，无疾而终。与祖、父俱寿享八十余，高年劭德，三世踵美，乡党称之。

田可旺　乐亭人。祖曰开继、父曰平，俱高寿，以孝闻。子一、孙五、曾孙八、玄孙一，五世同堂。时年九十九岁。光绪元年，恩赐八品顶戴，赏绵绢。子永兴，年八十二岁，恩赐九品顶戴。

石万镒　字琢轩，乐亭人，庠生。事亲孝，兼祧长房，继父有疾卧床箦者八年。万镒粪除污秽，久而不倦。生父性严肃，意少拂必呼而责之。惶恐引罪，色霁始敢退。居常以庄敬自持，与人接则和而不流。年八十五卒。子奉元，岁贡生。光绪元年，举孝廉方正。孙桂芬，邑庠生。

魏振声　滦州人。年八十八，妻年七十八。州牧游赐“双寿齐眉”额。

王维凝 字坤纲，卢龙人。庠生，理问衔。居乡好善，治家有方。监粥场，修文庙，平生义举难更仆数。同治十三年，以五世同堂题旌。爵督李公赐“五叶衍祥”额。光绪三年，年八十七，知府游文以寿之。

张攀桂 字小山，滦州人。嘉庆丙子举人。丁丑进士。历任山东高密、曹县、兰山等县知县，荐升济南莱州府同知。光绪二年丙子乡试，由山东、直隶督抚咨报礼部，得邀重赴鹿鸣筵宴旷典。时年八十九岁。

周启义 字谊轩，乐亭人，监生。和厚诚朴，与世无争，乡里称长者。子二、孙二、曾孙一。年九十余，尚能不杖而行。光绪三年，知府游旌以“天与厥福”额。

周清一 乐亭人。嘉庆丙子武举。光绪二年丙子乡试，蒙恩重赴鹰扬。时年八十一岁，年力精壮，步履未衰。

王赞臣 抚宁人，庠生。父殁，训蒙以养母。每自外归，入门辄呼母，若久违膝下者。母八十余，随侍左右不暂离。及殁，哀毁骨立。时年九十五，尚精神矍铄焉。

丁汉升 滦州人，监生。性严肃，言笑不苟。家距饮牛淀集七里，一生未尝人市。七旬后，市美材自制周尸之具。遇亲友有贫不能殓者，辄曰：“于我乎！”取而不索其值。至八十五岁卒。凡四制棺衾云。

张维翰 乐亭人。性坦夷，胸无城府，素位而行，澹然超名利外。平居，峨冠博带，五髯下垂长二尺，飘飘有神仙之姿。将寝则以囊贮之。善饮酒，数十觥后德容愈觉粹然。他无所嗜，惟喜观剧，凡演忠孝节义事必潸然泪下。尝语人曰：“人以为戏，吾以为真。一日之中，世态万变，野人女子观此皆知劝惩，较经传之化导不尤易乎？”年及八旬无疾而终。子三，士、农、贾各习一业，皆真率有父风。

柳　英 字震甲，乐亭人。甲子经魁柏年父也。幼孤，赖母氏教养成立。性至孝，读书极聪颖。因迫于家计，故两应童子试即辍业。胞叔某早世，有弟五人皆服贾于外。叔母孑然无依，英迎养如母，始终不渝。咸丰九年，学使万以“乡闾峻望”额其门。卒年八十七。

贾鸣銮　滦州人。性和厚，好施予，遇戚友族党冠婚丧祭事有告匮者，必竭力周恤之。居恒排难解纷，劝善规过，故一乡推祭酒。年八十二卒。子汉文，邑庠生。

流　寓

［明］

刘　宣　字绍和，江西安福人。代父戍卢龙，虽在行伍，励志读书。巡抚邹来学阅其文，大惊，待以殊礼，送之试京闱。举酒祝曰：“汝此行必取解首，否则无相见。”众窃笑之。是秋果中第一。仕至南京工部尚书。宣少罹穷苦，故历官自奉凉薄，食不重味，一衣二十年，为能俭以成廉云。

鲁绍芳　浙江余姚人。性恬澹，积学有蕴藉。万历初，因祖戍山海依焉。设教关门，以《戴礼》训士。榆之治礼者，多出其门。

黄象奎　江西赣州人。原姓李，名逢月。天启辛酉举人。授两当知县。以土寇破城，逃匿至滦州，祝发萧寺。诸生蔡君见而异之，劝勉畜（蓄）发与共笔砚，开馆横经。后教授抚宁，知名士多出其门。奎邃于《易》，精岐黄之术，施药济人，全活甚众。卒葬紫荆山下。

黄衍相　字六治，莆田人，太学生。肆力古文歌诗，尤擅临池，博求名帖，规模神似。以宰相黄中五荐任中书侍直，迁工部郎管司经局正字。时次辅魏广微疏救杨、左为衍相手书。珰衔之，传旨切责，削籍押出都门。崇祯初，诏复官，绝意仕进，不赴。流寓滦州，年七十卒。开平寺金刚经、滦治前碑，皆其笔云。

王元辅　扬州兴化人。幼随父宦游永平，遂家焉。姿性过人，为文千言立就。补郡弟子员。家贫，授徒养亲，曲尽诚孝。郡人韩令尹应奎妻以女。元辅不爱美饰，韩女即练衣椎髻，躬行俭素。夫妻相敬如宾，有鲍宣、桓少君之风焉。庚午之变，没于兵。

刘宪孟　字圣翼，浙江会稽人。负性纡澹，耽诗书，人称为“书愚”。明末人北平籍，为诸生，饩于郡庠。以谈经糊口，疾殁。门生辈葬之州原，岁时祭祀方（仿）仲舒之下马陵焉。

张星炳　江西人。以明经谒选人都。兵后无归，缚茆于永平郡城夷齐里，授经自给。作诗曰：“摇落江湖此结庐，何期得傍古人居。儿今授室余将老，归思多年已渐除。”

［**国朝**］

林征韩　字退思，其先闽人也。旧家海滨，国初避海寇之乱，薄游章水。会逆藩不靖，国家有事东南，乃梯黔航楚以一书生手三尺剑登戎马之场，八载其间。寻复携家之郢，流寓京师，爱畿东山水卜居昌黎，禅伏山阳，谋终老焉。继以饥驱，为汉南之行，奔走十载，环转数千里归。不再岁又从而之秦，之蜀，浮舟三峡，策蹇南阳，裘葛五易，始得息影。萧斋徜徉自适，性喜吟诗，足迹所至，江山助之，然多适意而止。稿成辄弃去，闲中追忆得则笔之于编，共得若干首，名曰《忘余草》。

李孔昭　字光四，玉田人。明季孝廉，与杜相国立德同榜。安贫乐道。教授生徒，喜为人言忠孝大义及利济生民之业。时大兵数入关，光四携孥避难蓟州之东门外佛寺，同寓者数百人。先是州人获罪主将，一日兵如风雨骤至，欲屠之。光四与主将有旧，许以保全身家。光四进而请曰：“居此寺者，孰非桑梓，兵刃之惨而忍坐视，愿更图之。”主将敬诺，为置一帜于山门外，而寺内独全。顺治初年，隐于昌黎五峰山。杜相国作诗讽之出仕，兼馈以酒。光四受其酒，赋诗答之曰：“玉堂金马君思我，流水高山我忆君。明月天边千里共，清风梦里片时分。一樽琼酒聊承贶，两岸芦花怎当芹。若问故人何所乐？北窗笑傲醉斜曛。”竟不出。

鲁升中游五峰，吊以诗曰：“我闻先生节义懔冰霜，五峰今日之首阳。圣朝不欲屈高节，千载丹青留耿光。君不见，宋元兴废鱼龙化，多士江南争命驾。却聘书参《正气歌》，叠山岂在文山下。”

陆　菜　字义斋，平湖人。王师下浙，其父为克什兔所俘。菜年十四，请代，遂以之归克什兔之主顺诚伯马其姓者，使伴子弟读书于迁安县北之龙集寺。出应小试，郡邑皆第一。众以冒籍噪马氏子，乃止之不令试。后其父以明经谒选，赎以归。举康熙己未鸿博，官至侍郎。在迁之师，卢龙孝廉李芳春也（见李雨村《淡墨录》）。

李先达　字畅然，四川灌县人。乾隆壬申进士，为山西灵石尹。生平澹于仕宦，痼疾烟霞。值同乡林公宰昌黎，挂冠来游，吟眺无虚日。久之，一水一石如岩下老人，胸中自有至乐。林素知其博学能文，延之掌教，成就后学最多。终其身不他徙。今墓西道傍之碑，尚存。

姚左庭　原籍江西。自其父流寓于滦之长春里，遂家焉。父子世医，活人无算。尤敦友爱，三世同炊。其子孙皆有祖父风。

孙起栋　字天擎，号白沙，湖南新化人。乾隆癸酉拔贡生。己卯，以科场事被罪，流寓山海，例执役于县之迁安驿，而无力自代。闻袁令君贤，因以旧作古诗三首谒于道左。袁邀至署，与语甚喜，特为免其役，待以客礼。袁去，聚徒讲诵。暇日则模范山水，啸傲风云，以自怡乐。性刚介，负气不为人下。既困法网，益发愤，无聊使酒骂座。生平抑塞奇诡之气，一洩于诗，倔强生硬如其为人。居辽西四十年。嘉庆初，始放归。归后，之粤西居半载，怏怏返。中途遇胠箧者，仆以告起栋。急问诗稿所在，仆曰：“失之矣。”起栋目瞪口吃，以手指心，呕血不能止，竟死东安旅店中。

王文佩　其先都城人，流寓遵化，自其祖迁滦州，然籍尚隶遵化。家仅中资而乐善不倦，岁施绵衣、棺木。凡乡里贫乏无不周济，其无力耕种者，悉予以牛、种、农器。长子之翰，乾隆乙卯科举人。次子星焕，庠生，为人循谨，凡前世善行悉遵而行之，尝释放契买家奴，后奴之子孙，有入泮者。故乡人有王善人之目。孙，荫堂，同治丁卯科举人。

宋辉祖 宛平人。乾隆丙辰科举人。拣选知县，因携家教读，卒于滦州牧署，遂卜葬于滦之松亮社新城子村。子孙因家焉。生平刻意力行，究心文艺，所著《震川文稿》行世。

卓金殿 浙江钱塘人。年十八，游学至滦之高各庄。岁贡生高南卿见而异之，延为馆师。凡经史子集及诗古文辞叩之，无弗晓。南卿以其年少，疑之。一日招名宿数人与谈，卓雄辩惊筵，如流不竭。南卿故谓诸客曰："家藏《汉书》缺一页，欲借全本补钞，惜物色未得。"卓曰："无庸。有行秘书在。"众以为夸，席散诸客皆留，将以觇其能否？卓乃取书阅上下文，略一沉思，即奋笔急书毕，觅原本证之，字无一差。客皆大惊曰："奇士！奇士！"有下拜者。后人滦籍，补庠生，应乾隆癸卯乡试，首题成七艺，以六艺分给同号生。及榜发，七人皆中，其技之精如此。年七旬余，终老京师。一子改姓金，不知所在。

荣星吉 字南垣，江西义宁州人。由武生授山东卫千总。谙练老成，循声素著。咸丰初，改海运卫千总，裁撤。为长子堃就亲抚宁，遂寓居焉。慷慨好义，强干有为。同治二年，设立团练，规条操防战守之具，皆能凿凿言之。谈论经史，结纳文人正士，彬彬有儒雅风。寿七十六卒。葬城南杨家庄西北。子二：堃，雒口盐大使，保举知县；煦，县丞，试用山东保升知县。

方　伎

［明］

颜钦祖 昌黎人。善医。洪武初诏选入院，授医官，以院属掌之。八世孙有孚，犹世其官。

赵　楷 乐亭人。补弟子员。幼聪明，得麻衣诀，然不欲轻以术售人。抚宁翟中丞鹏家居时，楷望见辄语人曰："翟当重用，第不终尔。”已而果然。王司徒好问未遇时，意殊郁郁。楷曰：“君当清贵，可上卿，无忧不第。”后亦验。又自知休咎，言如左券。

梅如玉 迁安人。尝从遵化牛东阳（号了义）授《三元通天照水经》二卷，不著作者姓氏。云得之易水上异人。为人相宅百无一失，其言休咎如指掌。嘉靖中，如玉为河内尹，以传邑人张九一。九一以付梓。卢龙韩西元详之，厘四卷（见郭造卿《碣石丛谈》)。

刘　冠 河南仪封人。祖浩，从太祖取张士诚，有侦寇功，授都指挥，不受。愿就医，随徐武宁调理军士，遂家山海。冠世其业为医，不轻试药饵预知吉凶。时主政邬公艰嗣，宠姬多人，内有娠者，尝以疾求诊脉。冠曰：“请以面盘印手。”讫，出盘。冠曰：“此非病，乃喜兆也。主生男。”后果验。詹大司马家居，病痰。一医自京来，邀冠相陪。冠一见即告司马曰：“亟送回此医。公疾无恙。”司马然，而送之至潞河驿，医果为马轶躏死。人以为神。

廖均卿 永平人。精地理。永乐七年，礼部尚书以均卿至昌平州，遍阅诸山择黄土山最吉。成祖即日临视，定议封为天寿山，授均卿官。

［**国朝**］

施　诰 临榆人。乾隆间，庠生。善推验之术，占事奇中。与黄文焕、牛汇征诸君为诗社交甚密。时将赴试永平，濒行至诸君家告行期，且与诀焉。诸君怪问之。则曰：“此行不生归矣。”诸君阻使勿行。曰：“数之所在，不可逃也。”相与欷款而别。幼女未字，以择婿托于黄，遂携其子行。及试毕，其子请归，将就道，沐浴肃衣冠，登车遄行。至芦峰口，无疾而终。

杨德宾 字钦若，迁安人。其先世有精奇门风角者，或传能缩地役丁甲，顷刻千百里，尤邃于医。以有迫而不如意，将殁，乃悉焚所藏书，是实为德宾之祖。德宾生而颖特，智虑绝人。弱冠补博士弟子，一再应秋试。以家计累辍业。治家一以法度整齐，督诸子读不使闲时刻。若子、若孙、若侄，捷甲乙科，中副车，拔萃掇芹者，肩相比。接物豁达光明，或质以事，应机立剖，时时杂以诙嘲，锋距四出。听者辄绝倒。人仰之不尽以医也，而于医实尤神，顾不屑屑应人。求意所不可，虽富贵坚请，终拒不应；而田父野老偶相值，或诊其病而投之剂，其察脉处剂变通于古，微妙非恒人所识。李伯度第三子幼患腹泻，利之不愈，补之不愈，下之仍不愈，尪羸殆甚，诸医皆束手。德宾至，为处一方，众医视之莫喻也。以为是妇人下乳方，服之一剂而泻立止。益元散蠲暑药也，德宾加雄黄以疗痔，辄愈。有误吞针者，苦剧几殆。德宾使觅脐虾蟆生抉取两睛勿损，以冷水吞之。已而大呕，针两端贯蟆睛而出。德宾于家人不喜使药，或呵之。女孙病疲弱不支，不得已请治。曰："食荤腥则愈。"家人以为是不为治也。他日，德宾携鲤，命烹而食之。鳞骨皆瓦焙研，服以酒遂愈。质库有少年夜寐旦而不寤，冥然若死。德宾视之曰："是易治。"伏诸椅而痛拳其背，果苏。尝出行而渴，过村居乞饮，闻其室有号痛声。出入者色仓皇。询之，则有子十六七，忽腹痛不可忍，因陈其状。德宾曰："是脏翻也。"盍扶而倒立之，如言痛遂止。有贾人疮生于左手，累月不愈，请诊于德宾。德宾曰："此名对疮，必右并发，乃可治，先之无益也。"其人日视于右，右不发而左愈。询其故曰："是本非剧证，以其忧之，愈摩挲心注而火亦注，吾移其心于右，则不暇顾左耳。"其应机运意奇妙百出，固不仅以药饵矣。诊脉察色决死生不爽。章某患呃逆，人以为噎之渐也，急治之，遂大病，枯弱卧不能起，盛暑缄窗垂幕畏风人。德宾脉之曰："无疾，忧疑耳。"立使抉窗幕，投以药，三服而大愈。德宾有空宅僦他人，设质库司事郝某，日与德宾过从，甚健无疾。德宾一日与人语而叹曰："惜乎！郝某十日外不得见矣。"人笑德宾为诅。越七日，郝暴疾。德宾使亟归，未至家而卒。德宾生平不喜为人言医理，养身以节摄为务，而不用服饵。人问之。辄曰："死生有命，吾适生其能生者耳。何足多。"盖德宾志儒，不志于医云。

杨肇基　字立本，迁安人。弱冠补弟子员。工绘事，命笔构色必尽其意。尤工虎，擢笔析毛毳，风来若欲动，怒睛眈眈，巉岩牙爪。

见者惊为真。复稍稍为山水林木，魄力雄逸。频阳李建，画师也。一见所画虎，诧为绝作。顾君好懒，又多膺杂务，画故无几，且不以画自许，尝叹曰："吾囿于乡区，无名山、大川、伟人、硕士以鼓动精神，又鲜见名迹，吾尽吾意止耳。敢希踪古人哉？"性嵚岑，负奇气，遇强梁必奋与角出其上。而居恒，朋友间豁达脱略，无一毫尘俗态。所欲留数日不去，而兴尽立行。肓（荒）风怪雨，袒跣奔走，不为阻。貌深目高颧，俭颐而丰额，骨干崚如屈铁。尝之市，见鬻雕者，买而归，雕腾踔不可制，乃束以绳加诸畚负之以趋，亦可见其精神意态矣。

黄　福　州李氏仆。善书画。嘉庆间，其主李沅，字练江，工行草书，为金竹坡高弟。一日，沅书古冶镇"人和斋"匾，屡书不称意。呼福至，示之。福对曰："主书非不善，惜人字与后二不匀称耳。"主曰："然。汝试为之。"福应命，一挥而就。主称善。后绘古冶镇东大觉寺庙壁西湖十景，远近惊异。

卷之六十七

列传十九　后妃

前燕主慕容皝后**段氏**　鲜卑人，本单于段国之女也。初进为夫人。晋咸康初，皝即王位，册拜为王后。及俊称尊，追谥曰文明皇后，配飨于太祖。后垂僭立，尊生母兰氏为文昭皇后，欲迁段氏于别室，而以兰氏配飨。诏百官议之，皆以为当。然博士刘详董谧议以为：尧母为帝喾妃，位次第三，不以贵陵姜。明圣王之道以至公为先，文昭后宜立别庙。垂怒，逼之。详、谧曰："上所欲为：无问于臣。臣按经奉礼，不敢有二。"垂乃不复问诸儒。卒，迁段氏而以兰氏配飨太祖（《十六国春秋·前燕录》。

后燕主慕容垂后先**段氏**　辽西鲜卑段末杯之女也。垂为吴王时，立为王妃，生子令宝。段氏才高性烈，自以贵姓，不尊事太后可足浑氏。浑氏衔之。俊又素不平于垂。中常侍涅皓因希俊旨，告段氏及吴国典书令辽东高弼为巫蛊，欲以连污。垂遂收段氏及弼下大长秋廷尉考治（一作验）。段氏及弼志气确然，终无挠辞，拷掠甚急。垂愍之，私使人谓段氏曰："人生会当一死，何堪楚毒如此。不若引服。"段氏叹曰："吾岂爱死者耶？若自诬以恶逆，上辱祖宗，下累于王，固不为也。"辨答易明，故垂得以免祸，而段氏竟死于狱中。垂出为平州刺史，还镇辽东。垂以段氏女弟为继室。可足浑氏黜之，以其妹长安君妻垂。垂不悦。由是浑氏益恶之，密谋杀垂。垂遂奔秦。及即位，追谥段氏曰成昭皇后（《十六国春秋·后燕录》）。

后燕主慕容垂后后**段氏**　字元妃，辽西鲜卑光禄大夫段仪之女也。少而婉慧，有节操。尝谓其妹季妃曰：“我终不作凡人妻。”季妃曰：“我亦不为庸夫妇。”邻人闻而笑之。内黄人张定善相，见仪二女，大惊曰：“君家大兴，当由二女。”仪深异之。至年二十余，而不嫁。仪子伦谓仪曰：“张定何知？而拒求者。”仪曰：“吾女辈志行不凡，故且踟蹰以择良配。”既而垂纳元妃为继室，遂有殊宠。及僭帝位，册拜为皇后。范阳王亦聘季妃，姊妹皆皇后，卒如其言。先段氏生子令宝、元妃生子朗、鉴、爰，诸姬生子麟、农、隆、柔、熙。宝初为太子有美称。已而荒怠，中外失望。元妃尝言于垂曰：“太子资质雍容，柔而不断。遭承平之世，足为神明之主。今国步艰难，恐非济世之雄。陛下托之以大业，妾未见克昌之美。辽西、高阳二王，陛下之贤子，宜择一人付之。赵王麟奸诈强愎，陛下一旦不讳，必为国家之患。此陛下之家事，宜早图之。”垂不悦。宝善事垂左右。左右多誉之，故垂以为贤。其后，元妃又言之。垂谓之曰：“汝欲使我为晋献公乎？”元妃泣而退，告其妹季妃曰：“太子不才，天下所知。吾为社稷计，言于主上。乃比吾为骊戎之女，何其苦哉！主上百年之后，太子必丧社稷。范阳王有非常气度，若燕祚未终，其在王乎？”宝及麟闻之，深以为恨。及垂死，宝嗣立，使麟谓元妃曰：“后常谓主上不能嗣守大业，今竟能否，宜早自裁，以全段宗。”元妃怒曰：“汝兄弟尚逼杀其母，况能保守先业乎？吾岂爱死，但念国亡不久耳。”遂自杀。宝议以元妃谋废嫡统，无母后之道，不宜成丧。群臣咸以为然。中书令眭邃飏言于朝曰：“子无废母之义，汉世安思阎后亲废顺帝，犹得配享太庙。况先后暧昧之言，虚实尚未可知。宜依阎后故事。”宝从之。乃成丧，追尊谥曰成哀皇后。其后麟果作乱，宝亦被杀，德复僭称尊号，终如元妃之言（《十六国春秋·后燕录》）。

后燕主慕容宝后**段氏**　辽西鲜卑人，前将军段玑之姑也。初进为昭仪，生子策，字道符。策于诸子中最少，宝甚宠爱之，封濮阳公。年十二，美姿貌，而蠢弱不慧。时宝冢嗣未定，欲立太子，而垂意属于清河公会。宝意不在会，犹豫未决。庶长子长乐公盛潜知之，称策堪为储贰。宝遂立策为太子，立段氏为皇后。后盛嗣位，尊段氏为皇太后。长乐二年冬十一月丁未卒。谥曰惠德皇后，策曰献哀太子。(《十六国春秋·后燕录》)。德以晋隆安四年僭即皇帝位，改元为建平元年，立妻段氏为皇后。六年冬十一月，备德寝疾。北海王超请祷之，不许。是夜，梦其父眺曰："汝既无子，何不早立超为太子。不尔，恶人生心。"寤而告其妻曰："先帝神明所敕。观此梦意，吾将死矣。"至夜，其疾益甚。呼段后、公主及超，申以后事。举目视公主欲有所言，竟遂不能。段后大呼曰："今召中书作诏立超可乎？"备德开目颔之。乃立超为皇太子。超嗣位尊段后为皇太后。又超字祖明，备德兄北海王纳之子也。备德与垂起兵山东，张掖太守符昌收纳，及备德诸子皆诛之。纳妻段氏，以怀娠未决，囚之于郡狱。狱掾呼延平，备德之故吏也。尝有死罪，备德免之。窃将段氏逃于羌中。段氏生超。太上四年，追尊父北海穆王为穆皇帝，立母段氏为皇太后。(以上二段无传，从德超传内撮录于此)。

后魏高宗乳母**常氏**辽西人。太延中，以事入宫，世祖选乳高宗，慈和履顺，有劬劳保护之功。高宗即位，尊为保太后，寻为皇太后，谒于郊庙。和平元年崩。诏天下大临三日，谥曰昭，葬于广宁磨笄山，俗谓之鸣鸡山，太后遗志也。依惠太后故事别立寝庙，置守陵二百家，树碑颂德(《魏书》)。

辽道宗皇后**萧氏**　平州人，赠同平章事萧显烈女也。后生有神光之异，后入宫为芳仪，进位昭仪，生空古里，是为秦王，后名元吉，余子皆不育。道宗登位，后正位中宫。性恬淡寡欲。鲁王宗元之乱，道宗与同射猎，内外震恐，未知音耗。后勒兵镇帖中外，甚有声称。后崩，葬祖州(《契丹国志》)。

海滨王后**萧氏**　平州人，节度使萧稿刺之女也。性闲淑有则度。遭女真之难，天祚荒淫，后不能违，以至祸败(《契丹国志》)。案：以上二传与《辽史》大异。

论曰：燕之诸王，多娶段氏。立后者四。迹其事与燕相终始。契丹之代，耶律与萧世为甥舅，此所谓昏于贵族。犹有王姬、纪姜之遗意也。段国令支已登纪载，其女亦不宜漏。而魏之保太后、辽之二萧后，皆斯地所产。故备载焉。至我朝恪妃石氏，本滦州石副使维岳孙女，其诞生之异，已详载于副使传后。故不复与偏据之后妃并列，盖恐其亵尊云。

卷之六十八

列传二十　列女上

［元］

王宗仁妻**宋氏**　进士宋褧之女也。兵乱，宗仁携氏及女避于铧子山。为军所掳，行抵玉田，窥氏色美欲害宗仁。氏泣谓夫曰："不幸至此，必不以身累君。"遂偕女投井死，时年二十九。

［明］

张　氏　东胜左卫知州唐福继室也。年二十四，而福亡遗腹子驷。例宜袭职，族人争之。氏吁天曰："得存此息以奉尝足矣，让之。"后教驷成明经，任学正。驷二子：宷任州判；守任推官。宷二子：承光任知县，承先任教谕。玄孙青衿济济。人咸谓天之报其让德焉。

罗　氏　顺天大兴县世家女。青州守朱鉴之族孙昌期赘居焉。昌期亡，遗孤明，时幼。氏依母家守节课子，占籍大兴。登万历庚戌进士。历任河南兵备道副使。

刘　氏　世胄女。性贞静，晓书史。御史韩应庚五十无子，求为篷室。父难之。女展《络秀传》，故使父见。父解其意，乃遣之。年二十八，而应庚卒，生子原浚方十余岁。刘扶嫡郝氏坐堂上，呼家僮抱原浚于前，慨然谕以抚孤大义，内外帖然。庚午之变，郡城垂危。刘尽生平所贮括万金上军门犒师。命原浚出避，以存韩祀，而身自守家。城陷，复以智免。

华阴令韩应奎仲子**原洁妻**　乐亭王大司徒孙女也。崇祯庚午，夫遇害。氏寻夫尸于积骸狼籍中，得之。大哭，即欲枕尸而死。姑徐氏携孤坤业泣劝百端，乃忍恸返。逾两月，生子泰业。苦节守志，教子游泮。论者以为不愧两家门阀云。

李　氏　布政司充浊之女，适卢龙卫指挥焦承勋。勋卒，氏年方二十余，誓欲殉夫，哀毁绝粒。姑谕以遗孕在腹，当念焦氏后。氏乃勉从姑命，生子效良。抚孤奉姑，终身非至亲不面，诏旌之。

韩　氏　光禄监事李浣妻，封御史廷义女也。夫卒无嗣，哀毁庐墓，复肖夫像与翁方伯公、祖翁郡守公之像，筑万柳庄别业，祀之。自制诗文书于壁，给事白瑜勒石记之。

陈　氏　太仆卿王庭长女也。适庠生韩景昌。次女名静英字滦州高尚书之孙士凤。崇祯庚午，景昌死于兵。氏扶八旬祖姑，抱三岁孤遇春，皆得免。时静英已长成，美慧独绝。乡绅白某妻罗氏欲为侄娶之。乃绐太仆夫人云："今朝廷将选民间秀女，盍使静英避余家。"至则罗讹言高已阖门被杀，强之议婚。静英大哭，夜题三诗于壁。簪高氏聘钗，以领巾结吭死。诏建坊旌之。而陈氏抚孤子遇春，后亦成立，为诸生。

两当县令李可培妻**秦氏**　崇祯庚午，被掳不屈投井死。子生员正藻被杀。妇田氏年十九，时产子端才六日，亦投井从姑，救出，竟无恙。后养祖姑至九十岁，抚端为庠生。

东胜卫程玉妻**王氏**　夫亡，里媪欲夺其志。以厚利啖姑，姑许之。氏闻而泣曰："妾即窭人子，亦知羞耻而顾以利失身乎？且辱父母矣。"遂投缳死。总兵罗希韩葬之城西芦冈，总理戚公继光为之立碑。

廖承训妻**陈氏**　举人廖从周之子妇也。从周有弟曰师周，与承训皆死崇祯庚午之乱。陈氏生一女，师周有儿曰雅，尚未周龄。妻刘氏病无湩，儿苦饥呱呱泣于床。陈恐廖氏之无后也，乃舍己女以乳之。稍长，教督亦无异所生。雅读书为诸生，终身事之如母焉。

佥宪韩原善继妻**封孺人**　赋性贞静，年三十而寡。力持家政，待前室子广业最慈，佐膏火使成名士。次宏业已出也，甫数岁佥宪卒，教之独严，后官知县。

翟堂妻**钱氏**　燕河营人。堂卒，氏方十九，子守忠尚在襁褓。奉姑守节，姑八十余终，子亦寻卒。门无五尺童，家无升斗糈。氏与子妇相依为命。以女红糊口，人称双节。按院旌其门。

陆纯妻**彭氏**　夫故，守节抚子松成立。年至八十五，松死庚午之难。妻梁氏抚孤完节，年至七十五卒。以上节。

杨江妻**李氏**　夫亡无子。嘉靖九年，敌自黄崖入犯，被获，拥之上马。不从，大骂见杀。

永平卫杨大芳妻**谢氏**　夫亡绝粒九日而死。与夫同棺而殡。

御史韩应庚侧室**杨氏**　崇祯庚午之变，被执大骂而死。

庠生韩原洞妻**王氏**，崇祯庚午，率子妇吕氏俱缢死。

卢龙卫百户马逢时妻**牛氏**　夫亡守节。训子玉聪为郡廪生。崇祯庚午，城陷，自缢完节。

以上烈。

［**国朝**］

童人文妻高氏年十八而寡。誓以身殉，家人防之严，乃潜掷身水瓮中。家人闻声趋救，呕水斗余而苏。翁姑对之泣曰："尔又死，吾老人何以生？尔不可相待乎？"诺焉。及翁姑终，曰"吾有死日矣。"昼夜号泣，呕血而亡。时年二十五，距夫没方七载也。

康赓飏妻**胡氏**　生子二，长三岁，次未周年，而赓飏亡。百日内，二子又相继殇。氏年方十九，昼夜哭几不欲生。时其夫兄赓虞有一子，不禁慨然曰："吾子虽单宁绝嗣，请后吾弟。"氏收涕曰："子则无，节不可无，夫不在，姑固在也。吾守吾节，奉吾姑而已。吾志已定，安用子为？谓余不信因引针自刺曰，有如此目。"姑趋救，左目已伤，血涔涔滴腮上满而绝无痛苦容。赓虞叹而起曰："弟有妇矣。"

阳山之沟有烈妇焉。既嫁而寡，父欲其归，为之择配，亲往迎之。妇不可，强之。遽起操刀断发掷之地。父愕然曰："嘻！何为者？"则又削其鼻曰："父之趣我者，爱女之心。我之不从者，守身之义。且父以我年少貌好耳，今已残矣，将焉如？”辞气悲壮，绝无痛楚意，而血已殷襟袖。父顿足曰：“吾苦汝！吾苦汝！”哭而去。烈妇名贞媖，氏莫详。夫白姓，奇其名。

范　氏　土山韩义妻也。嘉庆十六年，白莲教肆扰。土贼借势抢夺。义有胆力习手搏，乃纠合村人出捍贼，被戕死。氏每哭夫，趣走山谷中，发声长号，则四山皆应，如有助之哭者。哭已，拭泪展颜乃归。盖不欲使姑知，以安姑心也。安贫无以存活，一日至涧边浣衣，见蒲草丛生，净绿可爱。因取以编扇售之，以养姑。姑死，庐墓三年。至八十余卒，蒲草后不复生。

郭孝妇　燕河营岂德时之女，幼字重峪口郭自立，童养夫家。年甫十一，夫长妇十岁，未合卺即外出不返，音问杳然。孀姑王氏悯妇青年，阴劝改适。妇泣曰：“我既以身许郭氏矣，而去之，天乎！将焉之？且儿幼小蒙姑爱怜，姑与儿俱薄命。今姑老矣，儿去姑何以生？儿誓以十指奉姑终身，姑勿儿疑。”乃大哭。姑亦哭曰：“儿如是“则哽咽不成声，而妇之服劳茹苦，乃与日俱长矣。姑寿八十一病没，妇时年三十八。益键户纺织，足不逾阈。邑之士大夫重其孝，共醵百金，为妇糊口计。前县令单公闻其事，亦捐俸三十金为助。今妇年六十七矣。知府游公至，即以孝妇事实请诸大府，得闻于朝。复岁给银帛，亲往拜于其家，远近艳称之。

闵家庄有女曰赵氏景玉其父，王修其夫也。十七岁归修，伉俪甚笃，一年而修死。有劝之改适者，不应。有勖之守节者，亦不应。既葬，伺家人睡熟，遂自缢。乡人皆曰：“可谓烈矣。”嘉庆二十三年，长洲陶皃香来守是郡，求所以化民成俗者，乡人因公举其事。陶曰：“吁！可以旌矣。”乃以“贞烈垂型”四字颜其门。

苏氏　徐氏　南丘庄孙姓妇娣姒也。家贫，偕作相爱如姊妹焉。里有恶少年素窥其美，屡以贿诱其姑。姑惑焉，许之。而两妇不从，则鞭箠之，终不可。然折磨百端，绝无生理。恒相对饮泣。一日，易新衣裤，互为缝纫，又以长绳各系其臂，携手赴滦河死。时道光丙午七月事也。一为旗人苏勤肯之女年二十；一为八棱塔庄徐起之女年十七。

王氏妇 柳新庄人也。夫早没，夫弟贾于外，独与弟妻居，抚诸稚弱。家綦贫，妇工绘事，研朱吮粉画妇女诸服物，托里妪售之，得钱以佐日用。门常闭，人罕睹其面。戚族有赒之者，出于妇人则受，男子则否。久之，夫弟没。妇涕泣语弟妻曰："吾家生路日窘。绘画利既微而我目渐昏，恐不能画。增一坐食人其何以支？我死，娣就所余者抚诸孤尚足自给，无徒两累为也。"弟妻亦泣曰："何至是？"已而，妇取画余藤黄咽之，遂卒。

任子菱妻**宋氏** 城北街人。任纳费，选湖北县丞，携氏之任，甫至而任殁。时幼女在抱，从者止一人，跋涉数千里，备历艰险，卒扶柩还葬。

周阿京妻**王氏** 年二十三始嫁，三月而夫亡，遗腹生子起麟又夭。时翁年已耄为之纳妾生子。氏恩勤抚育，以嫂代母。及其子又生子，遂继其一以为嗣云。

傅　氏 张镡妻。夫笃疾历岁，氏汤药扶持无倦色。至二十六岁，夫亡无子，女号痛欲殉。姑责以大义，始抑哀起。两继夫侄俱夭，乃泣请于翁曰："是未亡人福薄，殃及嗣子也。叔再生儿且勿谓未亡人母，俟与夫同穴时始正继嗣之名，俾夫嗣不斩为幸耳。"翁哀其意，许之。氏清操终身，抚诸子皆成立。

蔡　氏 绥远将军毓荣女也。赋性端贞，适候补主事金墩生。年十八，夫亡，遗一子、一女。子旋殇。氏矢节弥贞，继侄启复为嗣。恩勤抚教，任内阁撰文中书。康熙四十二年，覃恩封太孺人。

韩　氏 蔡将军仲子海盐令珣妻，原任贵州按察使阿琳妹也。性贞淑娴礼训。夫亡守节，家政肃然。遵夫命抚幼叔瓒，教养成立。

郭　氏 白石营游击李重美子若宾妻。年二十九，夫亡。侧室潘氏年二十六，氏与矢节同守，抚遗孤浩游庠，考人明史馆。当事多题赠表其双节，知府张朝琮旌曰"松筠双劲。"

谢　氏 陕西西安府司狱王国垣妻。年二十二，夫亡于官。氏拮据经营扶柩归里。抚三岁孤成立，守节三十余年。知府张朝琮旌之。

庠生韩遇春妻**闫氏** 遇春为明陈太仆王庭之甥，庠生景昌子也。幼孤，时际鼎革，母陈辛勤教育为诸生。以攻苦病故，氏时年二十八。抚子生阳亦入泮。妇孙氏性极温婉，至二十七，阳又亡。姑媳同矢苦节，姑陈氏另有传。

王言妻**高氏** 从夫就食锦州，年二十七，夫亡。遗子女各一。氏竭蹶扶夫柩旋葬。子娶后，又殁。遗孤孙甫周月，氏抚之成立。苦节四十余年。

高文秀妻**王氏** 年二十七，夫亡，遗孤永清甫三岁。氏矢志抚孤，饮冰茹蘖。为子婚娶。妇乔氏性孝谨，颇能承姑欢，后连举四子，至二十八岁，而永清殁。姑媳共励贞操，抚四孙皆成立。

王应熙妻**常氏** 年十八于归，二十一岁夫亡。家贫无子，氏坚贞自矢。与夫弟应君同爨，娣陈氏事嫂如姊，共勤纺绩。陈年二十七，而应君又殁，乃继嗣子同心抚育，共事衰姑。常卒年八十三，陈卒年六十三，双节齐芳。同治十三年旌。

李占魁妻**陈氏** 年十八于归，琴瑟静好。不数年夫殁，遗一女，矢志守节。惟夫弟占鳌是依，娣刘氏性温婉，妯娌雍睦无闲言。后娣生一子而所天亦殒。刘事寡嫂如母，教孤儿代父，与嫂氏黾勉同心。李氏箕裘，赖以不坠焉。

以上节。

何文炳妻**王氏** 举人椿之妇也。夫不慧，不辨菽麦。氏义命自安无几微怨，尤意事翁姑至孝。家虽贫，堂上不缺甘旨，奉后生一子。夫亡，仰事俯畜家益窘。乃寄食母家，及岁暮归，必罄一岁女红之赀，洁滫瀡以奉翁姑。后子习商，家业渐以小康。人以为节孝之报焉。

鲁玺妻**刘氏** 性纯笃，孝事衰姑。夫病，衣不解带，寝食俱废。及夫殁，誓以身殉。时姑以痛子，故亦病甚。氏祈以身代，医药罔效，乃割臂以进，卒不起。氏丧葬尽礼，苦节终身。

以上孝。

王从聘妻**张氏** 年二十，从聘病笃与诀，氏誓以相殉。及卒，氏引剪自尽。知府张朝琮给匾旌之。

左贵妻**叶氏** 农家女也。然颇知大义。夫被徐旺等群殴身毙。氏痛夫之死于非命，欲鸣之官。而旺党陈泳安向氏秽语极污亵。氏不堪其辱，又愤门户单微，夫仇之无以复也。遂自尽。道光十三年旌。

蒙古正蓝旗嘎尔杭阿妻**那氏** 冷口关驻防满州正红旗那隆贵女也。十八岁于归，夫羸弱善病，年二十三夫病剧，谓氏曰："我必不起。我家贫，我死汝速嫁，勿为我父母累也。"氏泣慰曰："何暇计此，善珍摄，毋以我为念。"寻病革，目眈眈注氏不转瞬，氏窃计曰："使吾夫目不瞑，以有我在。"盍先死，使无身后虑，计决。遂潜出，登南城以衣蒙首投城下踣。邻人奔以告，舁归，气绵绵如属丝，夫睨视一笑而瞑。翁姑大哭曰："儿死，则死耳。奈何苦吾妇若是？"日灌以饘粥，月余复苏，泣谓翁姑曰："儿求死不死，何颜人世？亦何颜地下乎？且重贻翁姑，忧罪滋深矣。请辇我至母家善调摄，傥此体不残，深恩庶或报万一耳。"从之。氏念夫亡，身病翁姑衣食何所措？乃以口分遗夫兄，佐菽水奉。后两载余，始杖而起，遂归。而所居破屋已倾圮，营房两间，翁姑与夫兄居焉。氏无栖身所，乃以茆茨接后檐，作团焦状，仅庇风雨而已。二十余年定省，温凊无缺礼，虽糠秕不给处之晏如。及翁姑殁，哀动邻里。君子谓节、烈、贤、孝四德备焉，诚巾帼之完人哉！咸丰九年旌。

庠生潘赞清妻**张氏** 于归后，琴眈瑟好。清下帷攻苦，家政悉委之妇。氏亲操井臼，阃内外井井有条。既而，清以勤学致疾。氏日侍汤药，衣不解带者数月。弥留之际，氏焚香吁天，祈以身代，卒不起。即欲身殉，而呱呱者方在抱。乃忍死抚孤，未几而子亦殇。氏大痛曰："此天丧我也。"摒挡丧葬事毕，次日即闭户自经。时同治十一年七月十日也，年三十有七。十二年，诏旌入祠。

高　氏 邑进士龙跃女孙，庠生翊廷女也，翊廷侨寓京师，为女相攸得铨部吏浙江张法，因妻之。琴瑟和谐，抚前室子如己出。又以知书明大义，家政肃然。光绪元年，夫故。氏呼子至，谕以后事。遂闭户自书甘心殉节状，并绝命诗数章，仰药以殉，恐殁后为子累也。

时年二十九岁。事闻予旌。

安某妻**俞氏**　性端重，不苟言笑。夫兄廷材素无赖，欺弟柔懦，向氏亵语。氏怒且泣曰：“身一妇人，而为男子羞辱，何生为？”遂自尽。光绪二年诏旌。以上烈。

以上卢龙。

［**明**］

兴州卫指挥卫一清妻**纪氏**　屡孕不育。时夫已五十，劝之纳妾，不许。氏自为纳三妾，各生一子。夫卒，子俱在襁褓。氏与三妾誓同抚孤，保爱如己出。自二十七孀居，三十余年兹睦无闲言。抚按檄表其门曰“节义双全”。长子如枢，袭世职；次如楹，庠生；季如桐，举人，任知县。

李　氏　忠义卫军余王天禄继室也。禄先娶马氏，不育。乃纳妾徐氏，生子阶。马氏亡，禄不欲更娶。徐劝曰：“中馈可任，苹藻非嫡谁主乎？”因更娶李氏，怀孕七月而天禄故，后生子墀。李年方二十，舅姑使再醮。曰：“余妻也，有死靡他。”徐曰：“吾虽妾，岂适二夫哉？”携手悲痛，同心立志训育二子，以至成立。李卒年六十三，徐几八旬。子孙二十余人。抚道表其门。

陈　氏　兴州卫百户李承恩妻。婚三年生子国栋。夫亡守节，事舅姑生养死葬如礼。为两叔择配成家，教子以义方。比长，服官有过，必笞责之。虽至亲终身不见。

仇　氏　兴州卫百户沈凤妻。凤守车岭寨，北兵陷寨，氏被掳，将污之。不从，支解死。

马　氏　庠生何秉善妻。因冷口兵变被执，上马至青龙河，跃入水中死。县建贞烈坊。

陈　氏　高贵妻。赋性坚贞。邻有强暴欲逼而污之，势急投井死。总理戚继光立石井旁，题日曰“全节井”。

杨　氏　拔贡生韩范继室。年二十余，适范数年夫亡。氏号恸几绝，乘间缢于柩前。家人救之，既葬，饮鸩死。

徐　氏　杨茂华妻。崇祯三年，夫没于兵。氏闻之自缢。邻妇救之。至次夜，以柴草塞门自焚死。诏旌建坊。以上烈。

［国朝］

孟　氏　马巽妻也。夫亡痛甚，欲自经。姑泣谓曰："新妇有子在，乃欲从之死，使不幸而子不成立，是再死汝夫。且新妇素知书，明大义，死易立孤难，而忘诸？"氏乃蹶然起，时年方二十二也。家故贫，一家生计皆仰氏十指。先后持舅、姑丧有加礼。及娶妇、生孙，而子与妇相继亡。又抚幼孙，以祖母代母，艰苦备尝。氏幼能诗，及称未亡人遂绝不为。著有《居家二十则》，远近传以为法。

杜贞女　其先宝坻人，徙居于迁。父文通早卒，依寡母以居。幼许字于建昌营郭庄董文柱，未结褵而文柱亡，时乾隆十九年正月十八日也，女年方十九。凶问至，即痛不欲生。母苦劝慰之，继欲随母往吊。母不忍拂其意，至则泣而鬀翦发入棺，遂留以事姑。是年姑没，事翁与祖姑，以孝称。翁恒外出，遗三叔俱幼。女井臼亲操，门内外事竭力支撑。三叔俱得渐次授室。乾隆三十六年，县令靳公荣藩捐俸为置腴田十亩以赡之。至五十年乃得旌。

赵　氏　王运昌妻也。夫年五十无子。家贫，又不能置妾媵。氏因罄已奁资私积，为夫纳妾，相待如姊妹，恩礼周至。逾年生一子，保护如己出。夫嗣得以不绝。《周易·睽之象》曰："二女同居，其志不同行。"妇人之不妒亦难矣哉！氏能如此，吁可风矣。

王孝妇　郑士亨妻。岁贡生赐埰之女。郑故贫，游学于外者十年。姑病废，遗薄田二亩。氏自操作纺绩以养姑。凡动转以肩背就姑负之而行。后夫归，贫如故。而奉事加勤。姑年五十余病亡，氏亦以劳苦残疾卒。

许烈妇　居邑城之大南街。夫刘锟以羸疾卒，妇甫二十五岁。事姑孝，姑甚爱怜之。夫没将百日，妇潜服盐卤，犹操作姑左右如平常。姑察之。曰："何故觅死？"妇曰："夫死，我年少无子女，不死何为？所以不即死者，念嫂将娩，幸得男为夫立嗣耳。今嫂乃生女而又死，我不死何为？昨服卤坐床上大汗竟不得死，嗣闻人言服卤者行百步毒发即死。今我行约已步过百，无救法死决矣。”姑抚之哭。犹强笑语：“姑有嫂在，姑无复念我。”顷之遂死。

李廷珍次女，**陈学贤妻**也。学贤善病，事之谨。四年而学贤没，氏年方二十一。既葬，遂缢以殉。先是夫没时即继夫兄稚子为嗣，及安厝毕，夜检衣物各署所与，远逮子媳无所遗。其缢也，以绫七尺，大书其上曰：“从夫命复。”揭。卒时三更字于壁。”有司嘉其节，撰烈妇赞以旌之。邑明经马恂为之碑铭。

崔　氏　民家女也。适岳某，岳故无行，凡佣保之强暴者皆与之昵，而甘为弄儿焉。既复欲其嬲于崔，以媚之，乃导之人家。崔闭居一室，夜则和衣寝。诱逼百方，终莫能夺。岳乃潜系崔之颈，招强暴人，崔坚拒，死之。官廉其情，置岳及强暴者于法。而表崔于母家之楣。

蔡　氏　史鸿继妻也，少鸿五岁。鸿亡时，氏年二十二。前室子七岁，已子三岁，抚之无异视。家赤贫，以十指为产。姑老得泄泻疾，卧床数月，粪除惟洁。翁、姑相继亡，殡葬皆尽礼。道光十二年，大饥。至以树叶为食。为前子完婚，呼己子谓曰：“汝今十一岁，祖父母虽故，汝兄成室，汝已有依矣。吾积劳病作，将从汝父于地下。汝务自励以慰吾心。”遂乘间饮卤，救以药，不即死，郁郁数月而卒，时年三十。子鸣琴，饩于庠。

李氏　夏氏　郑德庄侧室也。德庄知兰溪县时所纳。事嫡室孙皆惟谨，二人者更相得也。李先归郑，性温婉，长幼爱敬，无闲言。夏沉默知书史，善女红，归郑时年方二十。半载而德庄卒于官。时母李孺人尚在堂，谓李曰：“汝生长南方，父母亲族皆在此，若从吾北旋饮食风土皆不习，不如仍归母家，后路正未艾也。”李泣曰：“妾虽贱，然事主君数年矣。若此身后何以见主君？虽死亦侍太孺人归。”而夏号哦谓李曰：“主君既死，汝事生者，我事死者。”即欲仰药死。孺人复谕之曰：“汝殉夫诚善，但吾年老，岂堪叠经哀惨？吾生平虽不足道，然自二十五岁为未亡人，今七十余，幸孙曾满前，汝即以吾为法可。”李亦在傍劝慰之，乃泣诺。及归，嫡患瘵疾，展转床蓐者八载。李扶掖抑搔服劳不倦，夏则日勤妇工，夜挑灯陈说古今故事，为太孺人及嫡排闷，谨守闺训，终身无闻其笑语者。乡党两钦之。李浙江杭州人，卒年七十；夏金华人，卒年五十五。李有二女，俱适望族。

李　氏　张德邻妻也。生三女而德邻亡，矢志不嫁。道光十二年，岁大饥，人相食。乡故产石灰，乃驱驴贩鬻，日奔走墟市间。归必市甘旨以奉姑，己乃与女同食粗粝。一日薄暮，遇土贼数人欲行劫。氏泣告曰：“人苦莫我。若如欲劫我，乞将我驴去，留我囊中物，使我姑不致饿死，即恩我也。”贼心动，相顾叹息，舍之去。氏自二十八岁守节至八十一岁卒。

杨　氏　年十九归庞祝为妻时，祝已遘疾月余矣。合卺后，即亲侍汤药，衣不解带。祝没，痛不欲生。翁姑劝之始强饮食。平居执子妇礼甚恭。抚继子如己出。独居静室，每食必设双箸，凡二十余年。年四十七卒。

三里庄李雨田妻**殷氏**　十九岁而嫁。雨田即外出，岁仅一归。翁鳏居，腹疾，久而不愈。氏奉饘酏侍汤药，中裙厕牏，必亲手洗涤，数年不倦。及卒，殡葬皆如礼。至二十四岁，雨田没于外。氏欲以身殉，僵卧不食。或劝曰：“汝事尚未了，何可死？”乃起。既葬，集亲族于室曰：“吾青年无依，所以不即死者，为吾夫嗣未立耳。自今后敢有夺吾志者”，以左手著榻伸食指曰：“有如此指。”右手引厨刀，骣然断之。刀入木者几寸，众皆骇叹而散。时同治十一年正月也。

邓　氏　马孝廉则璘妻，刑部员外郎克兴女也。年十九，适璘时，翁恬为宁远学正。氏侍翁姑于任，以色养称。璘亡，氏年甫二十八，子旭方三岁。姑已前卒，凡姑素所嗜食者，悉书于签，晨夕必叩祷乞签而后上食如仪，盖暗合古人事死如生之旨。迨同治元年翁没于任。携幼子，扶三榇以归。归后一月卒，年三十八。

张　氏　西寨人，东塞刘大妻也。性聪敏，读书识字习算法。大幼而不慧。其父欲择聪明女为之室，以为之助。相攸得氏，年十七于归。逾年而大亡，遗腹生子钟才。课读、谋生，一身兼任。凡米盐琐屑皆心筹而手记之，家赖以康。钟才三十九岁亡。又抚孤孙，课读如课子时，至六十九岁卒。苦节之贞，已五十载矣。

贞女**朱氏** 农家产也。性聪慧，寡言语。父桂薰珍爱之，欲为选佳婿，故及笄犹未字也。适母病二年不愈，调羹尝药，日夜不离侧。母病剧，辄泣曰："母生吾，不离母。母倘不讳，吾当相从地下耳。"及母卒，送葬归，遂仰药死。时在同治四年五月晦日，年二十一。人咸曰："朱氏有女矣。"广文翟叔琴为集《毛诗》六章以悼之。诗云："窈窕淑女，逝者其亡。有孝有德，休有烈光（一）。忧心惸惸，无母何恃。欲报之德，及尔同死（二）。靡日不思，涕泣如雨。舍命不渝，其毒太苦（三）。入此室处，维尘冥冥。宛其死矣，以赫厥灵（四）。陟降庭止，烈假不瑕。来格来飨，笾豆静嘉（五）。人之云亡，孝思维则。为章于天，闻于四国（六）。

荣　姑 迁安冷口外石岭周氏女，沙果沟张诰之聘妻也。未婚，而张以疫死。女闻之，即绝口不食。父母询之，不哭亦不言，形如木偶，奄奄七日。没时，道光二十年正月也。

张助妻**李氏** 十五岁归助。助时年十三。其翁某素凶淫，数调之，不从。翁积怒，假他故致之死，投尸井中。母家以受贿息讼。翁逾年雷震死。

烈妇某 直隶迁安县人。夫贾也，恒外宿。翁耄矣。姑及庶姑私于佣，翁不知也。佣谓其两姑曰："主耄不及知，今惟虑新妇知尔。许我并及新妇。妇不言谁知之者？吾与尔安枕矣。"两姑同声应曰："唯然，惟子命。"翌日，妇甫妆，佣闯然入其户。妇惊叱之曰："啃！若何为者？"明日又遇之杵臼间，妇色益厉，佣终不能近。佣与两姑窃计曰："尔妇峻，恐终不得为吾有。吾佣也，势不可以强，犯则吾与尔事终败。尔能使主翁近妇，妇顺翁，则吾与尔有辞矣。妇不顺翁，翁必怒，翁怒而谗妇于翁，翁必益怒。如是则妇言无足取信矣。"两姑又同声曰："唯然，事固可以缓图也。"翁耄矣，然犹好内。两姑由是日绳新妇之美于翁。久之，翁心动。妇素婉顺，不虞翁之有他志也。一日，妇侍翁语，翁其腕，妇恐，疾声呼姑。姑至，翁避去。妇泣，姑慰之。姑去，翁从旁舍出，遽抱持妇。妇大诟。两姑皆至。妇请归母家。两姑佥曰："翁实无状，然若以明日归耳。"两姑皆就佣谋曰："翁事败矣。妇且归。"佣遽曰："归则事泄耳。"两姑曰："然则当为奈何？"佣曰："且为奈何？"良久曰："嘻！尔盍令翁杀妇。"两姑同声曰："吾何能令翁杀妇？"佣俯首笑曰："有如是也，而以言怒翁，又伪为忠于翁者。设利害缓急以惧，翁杀妇决矣。翁杀妇，则归恶于妇，翁可不偿；幸而以翁偿妇，吾与尔安枕矣。且杀之固在今夕。"两姑又同声曰："唯然，惟子命。"由是，两姑皆危辞以悚翁。翁耄而愦。是夜，翁及姑及庶姑入妇室，悉褫上下衣，絮塞口，杙椓阴，烈妇卒。明日，妇之父母昆弟至，以暴疾闻也，无所得伤状，殓矣。乡邻有稍闻其事者窃窃语。猝遇翁色变。妇之父母昆弟执翁诣官，久不俱狱。直隶总督那彦成公侦知之，以好语咕翁及两姑，情露，乃剖妇棺，验得实，并知首谋者佣也。悉置之法。案：此文乃元和朱绶所撰，载《知止堂文集》。云此事闻之钱唐吴君祈，祈之戚汪某官迁安令，决是狱者。妇于嘉庆二十五年旌。今查嘉庆末，县令有汪姓本名者，而妇之姓氏查刑礼二科，俱无卷宗册档可稽。问之乡士大夫亦不记忆。姑载于此以俟后之知之者补焉。

毛　氏　明光禄卿徐云逵侧室也。生子元修，甫八岁。夫亡，氏矢志抚孤，勤俭持家，苦节四十余年。顺治中，邑令王永命旌曰"大节维风"。

石灰妇　蛇探峪之近村人，逸夫姓氏，故以其业称。夫素以贩石灰为业。夫殁，遗一女。翁老且病，妇念家无恒产，不勤操作，而翁何以养？不如衣夫衣，袭夫业，为糊口计。妇故黑腈壮健如男子，乃策蹇赴市，与男子伍。人亦莫敢侮。久之，妇勤于业，所获颇赢，翁得其养胜有子时，翁八十余终。女亦适人，氏语人曰："吾事已毕，此后可稍逸矣。"言之貌甚戚，其孝根天性如此（此与前张德邻妻李氏事颇相似，而所记微异。兹节马瑟臣《石灰妇传》附录之，以备参考）。

张玉玺妻**王氏** 十六岁归张为继配。夫好游侠，氏屡劝不悛。夫异母弟四人，而夫独出于前母。父母以其不务农业，遂恶之。氏奉舅姑维谨。嫁七年生二女，夫因不得于亲，遂出关不返。氏心虽愁苦，而面无戚容。昼夜操作，事舅姑有加礼。由是渐致底豫后遣二女嫁奁装，皆出十指力。而夫之音问终杳，有传其夫死，劝之改适者。氏峻拒之。其至孝坚贞，与苦节无异。宗族贤之。

张若工妻**刘氏** 性贤淑，识大体，孝事翁姑。嘉庆七年，家遭回禄。氏先奉三代木主出，余物付之焚如。势处仓猝，而仁孝发于至性，非士大夫所能缘饰者。年八十九，无疾而终。

刘天成妻**徐氏** 夫贾于辽，积年不返。氏以女红养其姑。姑殁，殡葬尽礼。氏于同治五年殁，苦节五十余年。孤身无嗣，族子仲和养其老而瘗葬之。

张桂妻**曹氏** 十七岁于归，家徒壁立。夫业银工于外，恒数年不归。氏上事翁姑，下抚夫弟，必敬必慎，克俭克勤。夫不寄养赡费，亦无怨怼，一家得享温饱，皆氏之力。乡里贤之。以上孝。

高成妻**李氏** 年二十八，夫亡。遗孤发方两岁，氏抚之成立，为娶妇陈氏。发适以其年卒，遗腹生子。陈抚孤苦守，历五十六年。县令以“两世同节”额，学宪以“孝兹完节”额旌其门。

陈遇泰妻**韦氏** 年二十七，夫亡。子鼎方周岁。矢志守节，事翁姑克孝。为子娶妇邓，生孙宝荫，甫四岁，而鼎亡。由是一门三世，仰事俯畜皆资十指。夙夜劬劳而勤苦不辍焉。

杨允执妻**孟氏** 庠生忍堂女也。幼娴姆训，孝事翁姑。年二十三，夫亡。抚孤瑞清成立。有同母弟二，皆早逝。氏每归宁，必谕两弟妇以节孝大义，因皆矢志苦守，一门三节。人咸谓氏能锡类焉。

刘绎如妻**邓氏** 十七岁于归。端静寡言，孝事翁姑。年二十三，夫病殁。氏矢志抚孤，翁姑前未常有戚色。后为子娶妇，而子旋夭。节哀理事，上慰双亲下抚孀媳，貌不悴而神伤矣。嗣孙尚幼，同媳殷勤抚育。媳亦克承姑志。双节齐芳。

渠万有妻**曹氏** 夫亡无子，矢志靡他。继夫弟之子涌泉为嗣。娶妇后，泉又亡，遗二孙，一在襁褓。氏率妇纺织，昼夜不倦，抚二孙皆成立。姑媳共励贞操四十余年。

乌昌元妻**刘氏** 夫亡生遗腹子映奎。恩勤抚育。娶妇周氏，幼读书深明孝义，年三十映奎又殁。无子息，亦无近族可依。周以女工佣于人，所得之资悉以甘旨奉色养，二十余年无少懈。姑殁，哀礼兼尽，一门双节，而周之苦节尤为乡里所共悯焉。

于福德妻**张氏** 夫亡，遗孤丰甫三岁。家赤贫，氏矢冰霜，日勤纺绩，后为子婚娶。生孙朝玺方四岁，丰又亡。氏与妇共励苦节，教孙耕读，守节四十四年。

吴龙翼妻**尚氏** 年十九，夫亡。甘贫励节，孝事翁姑。后姑殁，过哀呕血数斗而卒，年三十有五。光绪一年旌。

孙贞女 遵化州人，县民丁良说之聘妻也。年十二，养于夫家。阅三年，夫故。时尚未婚。矢志守贞，终身无玷。

罗烈妇殷荣妻 荣素无行，将鬻之兼及子女。妇度无力拒之，夜携子女潜出，投水死，时年三十四。

马开祥妻**杨氏** 开祥有疾，谓曰："吾死，汝须善抚孤。"氏泣曰："抚孤事小，殉节事大。"未几，夫故，氏乘间自缢。

白烈妇**尹氏** 白镕妻。镕优伶，恒数月不归。母高氏寡而淫通于回民温姓者有年矣。女十五尚未嫁。高恐尹之异己而事不能久也。谓尹曰："汝能从我，则饮食衣服惟汝所欲。否则欲啖饭不得矣。"尹故温婉不从，亦不敢厉言拒之，绝粒两月，日饮泔汁升许，而志不渝。高怒命女觅铁铬二火之使红，缚尹于床。母女更番以铁铬烙其阴，少腹皆焦。号声急，而高愈怒以铁铬击首发皆然，遂一目裂出而死。时年二十一。母家以贫故觅食于外，不知其事。至今藁葬焉。

岂守先妻**马氏** 夫目瞽且善病，氏自安义命，毫无怨尤。年二十四，夫亡，遗一女。辛勤抚育，纺绩自给，矢志完贞。不三年而女又殇，遂服卤死，时年二十四岁。

王连发妻**谢氏** 孝翁姑，睦妯娌，邻里皆称其贤淑。同治元年，夫染疫暴卒。翁以家贫子少，翌日即使归窆。殡后氏恐翁姑过恸，曲慰百端劝之寝，乃退而自缢。迨家人惊觉，救已不及。亟启柜觅衣裙，而附身附棺之物已悉备，遂取以敛。

贾登第继妻**徐氏** 年二十一归第，次年夫病殁。氏痛不欲生，即欲殉节。转念遗有前室女，夫素所钟爱者，身死此女将焉托？乃忍死抚育之，饮食教诲过于所生。及女将嫁，治装则委曲周详无少忽。迨女归省，氏曰："吾甚喜，闻汝能执妇道，不负教养苦心。今而后庶可见汝父矣。"女虽诧异，初不疑其有永诀意。洎岁暮女将归，复息留数日，昼夜谆谆教以妇道。旁观皆窃笑其迂。女既至夫家，整理包裹见有母平时所用剪刀，姑置之，终未悟其有永诀意。不数日竟仰药卒。时光绪元年除夕前日事也。年三十有五。呜呼！抚孤事毕，从容尽节，其女中之程婴乎？

高松龄妻**邓氏** 夫病笃医药罔效，氏潜割臂肉和药以进，厥后刃伤毒发，人始知之。未几，夫卒，氏誓欲相殉。家人防之严。越六年，郁郁卒。

马廷林妻**张氏** 道光十三年四月夫故六日，从容谓夫弟廷谔曰："汝兄殡期何日？"答曰："排九。"盖土风九日葬谓之排九。届期，氏潜更孝服，自缢以殉。遂与夫同日葬。光绪二年旌。

全林妻**徐氏** 夫病笃时，谓妇曰："家贫无子，我死汝守乎？嫁乎？"氏曰："君无过虑，但安心养病可耳。脱有不讳，三年内黄泉相见也。"夫殁未期年，果哀毁而死。以上烈。

庠生刘光珂继室**朱氏** 于归数月，夫亡。事衰老翁姑，抚前室幼子，备极孝慈。坚贞守节不归宁者二十余年。子聚星为诸生。

庠生王鼎新妻**米氏** **刘氏** 庠生王恒新妻。**徐氏**王履新妻，兄弟相继早亡，一门三孀。各抚幼孤，共励苦节。有司旌之。

李 氏 杨允吉妻。年二十二，夫与长子俱死于虎。抚次子成立，备历艰辛。

杨 氏 杨文修妻。年二十九，夫亡。抚孤锦入泮。锦亡其妇李氏二十八，抚孤作栋，亦入泮。郡守旌之。

白 氏 韦彦妻。年二十九，夫亡。孝事翁姑，抚孤体泰入泮。

后体泰亡，其妻郭氏年三十，复抚幼孙作德入泮。

庠生乌方升继妻**韦氏** 年二十四，夫亡。侍姑疾八年，无倦色。抚前室子宪章、孤侄龙章，俱游庠。

李之实妻**张氏** 年二十，夫亡。抚遗腹子作霖入泮，而夭。其妇华氏，亦矢志事姑，同甘荼苦。

白顺妻**杨氏** 年三十，夫亡。遗一子尚幼，抚之成立。为娶妇刘氏。未几，子又亡，遗一孙抚之如初，勤苦成家。及终，妇刘念姑德，葬之甚厚。

魏秀妻**张氏** 年二十六，夫亡。矢志抚孤，自甘冰糵。洎子娶妇，而子又夭逝。氏为媳继子承祧，同心抚育后嗣。孙成立。年八十二卒。

孙增妻**王氏** 年三十，夫亡，遗孤玉梁方六岁。教子成立，为娶妇徐氏。数年，玉梁亦亡。徐时年二十七，抚子宝成立。王年七十卒，徐年五十八卒。

杨玉柱妻**许氏** 于归后生子永荣。时夫弟玉堂已故，娣李氏无出。即以侄永荣为嗣。许年二十九，柱亡。与娣李共抚一孤，卒能成立。

张云龙妻**李氏** 年二十二，夫亡无子。抚嗣子成立，娶妇刘氏，生二孙而嗣子殁。氏与媳共抚双孤，闭户纺绩，守节三十余年卒。

金常妻**杨氏** 年二十六，夫亡无出。继夫侄殿文为嗣。娶妇李氏亦无出，而殿文又殁。姑媳含冰茹糵，共矢贞操。杨守节四十余年卒，李守节二十余年。

魏思齐妻**张氏** 年二十三，夫亡，子甫周岁。氏拮据绸缪，为子授室。未几，子又亡。与寡媳共励坚贞。里党贤之。

刘元堃妻**刘氏** 年二十五，夫亡无子。志懔冰霜，誓不改适。后继夫从子锴为嗣。娶妇韩氏，未期而锴殁。韩时年二十，与姑相依为命，如母女焉。

凌天成妻**田氏** 年二十五，夫亡。抚四岁孤甡成立。娶妇贾氏，生一子，而甡亡。氏孝事孀姑，慈抚幼子。后姑至七十岁卒。氏丧葬尽礼。乡里咸称孝妇。

王守勇妻**张氏** 年二十一，嫠居无子。继侄克勤为嗣，克勤甫娶而夭。氏与其媳郭氏共励冰霜，均无异志。同治十二年，并请旌表。

王玖妻**时氏** 十三岁待年夫家，十八岁合卺，年余夫卒。坚志守节，继子娶妇，子又死焉。姑媳俱孀，抚孤度日，现年六十一岁。光绪四年旌。以上节。

马成妻**张氏** 因被张九林调奸身死。雍正二年，旌。

侯天德妻**尹氏** 因被田克登索欠出秽语，气愤自缢。部议捐躯明志，节烈可嘉，准予入祠。

张烈女**改姐** 因被陆云陇调奸，抱愤投井死。经部议准建坊入祠。

张烈妇**刘氏** 因夫族叔张有顺调奸，不从，惨遭杀死。道光十三年旌。

宋烈妇**赵氏** 因夫族侄宋副才调奸，羞愤自尽。

柴文运妻**吴氏** 庠生吴凤桐之女。十九岁适柴。逾岁夫故，自缢以殉。时在道光十七年。以上烈。

以上迁安。

［**明**］

金鼎妻**李氏** 年二十八，夫亡无子。贞节自励，与翁妾张氏、刘氏同守苦节。衣食屡乏，节操愈坚。诏旌一门三节。

王　氏 庠生王尧相妻。年二十一，夫亡。昼夜号泣，勺水不入口。姑以姑老子幼谕之。乃毁容截发，勉事鞠育，三十九年如一日。万历戊子，子调元领乡荐。直督刘公思诲具题旌表。

金禧妻**高氏** 年二十五，夫亡。子镛方两岁，矢志抚孤。舅姑以其少也，欲夺其志。慕其姿者，争求之。氏思毁容乃免，夜闭户窗，以艾灼面。及觉，毁窗人救，则疮血淋漓斑著面几满，见者莫不叹息。以子镛官光禄寺署正，封孺人，年九十终。

抚宁卫军余**华寿女** 事母不嫁。先是女五岁时，寿回原籍取军装，不返。母潘氏年二十五，抚女守志，誓不改适。女稍长，将为议婚。女不可曰："母不忍离我，我何忍离母。丫角终身，岂异人哉？"遂与母居者几四十年。母故，枢母于床侧，破屋半间衣食常缺，惟闭户诵佛而已。万历七年病卒，年六十余矣。邻里怜之，为助棺举葬焉。知县徐汝孝上其事，诏旌其门，为"贞孝之门"。

［**国朝**］

张　氏　俞承恩妻也。家贫，夫出关就食。氏事孀姑，能得其欢心。年二十六，夫没，姑亦寻卒。携孤子，负土为坟，两手皲瘃，泪涔涔与汗俱下。母家劝之改适，力绝之，终身不归宁。六十三岁卒。

谢英有聘妻曰**陈氏**　幼失怙恃，叔母寡居依焉。英母因其子久出不返，欲与离婚。氏不可。后闻子病没于外，复伸前议，复不从。或劝之曰："礼不庙见，不为妇。况未合卺乎？何自苦若是。"曰："吾为女子，既以身许人矣，有死无二，不知其他。"竟归谢。择子后其夫，纺织奉姑以老。

王　氏　庠生刘振兴妻。年十九，夫亡。遗孤廷瑚甫月余，姑与祖姑俱寡，三世仅恃一线。氏仰事俯育，备尝艰苦。姑与祖姑相继没，殡葬如礼。后教子游庠。郡守张朝琮旌之。

鲁　氏　李九龄妻。年二十三，夫亡。遗孤周岁，舅姑早世。姑怜其少，命之改适。誓死不从。甘贫励节，炊烟常断，曾绝食六日，戚党怜而周之。卒，抚孤成立。

王有容妻**陈氏**　年二十二，夫亡。姑患疽药之罔效。氏私计曰："闻刲股可以已疾。吾岂爱此一片肉？"焚香跪祷，握刀割左臂血淋漓被肘，以一脔烹以食姑。"疽旋愈。氏病臂月余。姑问之，诡曰："偶中寒，微作痛楚耳。"而孙尚勇妻刘氏，夫外出谋食。孀姑病贫，不能谒医，亦以刀劙胸前肉两许，作饼以奉姑。数日病若失。一时乡党并称焉。邑令陈钟琛皆旌之以额。

春姐**鲁氏女**、**正姐樊氏女**也。春姐夫刘柱儿先为李氏螟蛉子，与鲁论婚未娶。而柱儿归宗。李族之黠者与鲁谋曰："女字李也。彼刘矣。欲复妻李妻不可也。”于是鲁还李聘，而以春姐别字焉。刘贫罔敢较。春姐曰：“易李而刘，仍吾夫也。吾虽不知书，然观影戏女更二夫为不义。今乃使吾更二夫，吾羞之。”亡之刘，告以故。刘愕哈间，而鲁之侦者至，遽劫春姐去。复与刘哄而成讼。官判归刘，且使先合卺公庭，然后归。官坐堂皇送之，具鼓乐焉。越岁而樊氏之事起。初正姐字杨氏子。杨子十岁而病废。杨之父母不欲以己子累人女也，辞樊婚，强而后可。遂更字正姐于王。正姐悲不自胜，凡王之聘物未尝御也。嫁有日矣，谓其母曰：“儿嫁安归？”母曰：“归王。”曰：“儿非受杨聘乎？”母曰：“然。有之。顾王病废。且辞婚。吾怜儿，为儿相攸得王，故别嫁儿。”正姐默然。比夜潜出，经深山密林凡数十里皆虎狼出没处。翼晨达杨所。翁与夫不识也。姑略识之，问何为？曰：“为妇。”翁姑痛曰：“汝之高谊，古名媛不之过。惟恨吾子薄命。病且已离婚，奈何？”未几，其父母寻至，族党邻里咸集杨室，互劝之归。正姐厉声曰：“夫病天也。为病者妇亦天也。舍吾夫，而别求夫是违天也。吾有死耳。”杨樊知正姐之志坚，而虑无以谢王也。质诸官使，告绝于王。而正姐遂卒为杨氏妇。事在乾隆甲戌之冬，时年十八。春姐事在乾隆癸酉之秋，时年十七云。

烈妇姓**高氏**　卢龙燕河营高扬之女，幼字抚宁城角庄蔡锡田。锡田得软脚病，足不至地者数岁。同治八年，氏与夫年俱二十一。父母于正月择吉为之合卺。锡田戏谓氏曰：“吾与汝为夫妇，固愿结百年好。然我病不久活，恐终累汝再醮耳。”氏正色曰：“妾虽农家女，亦知大义。君如不讳，当地下相从，保无他也。”至三月，锡田病剧。氏每夜焚香跪哭请代，两目俱赤。及五月初，氏料夫必不起，遂绝粒数日不死，家人苦劝慰之。乃乘间服毒死。锡田喜曰：“果能不负所言，吾死瞑目矣。”一笑而没。既敛，俗于次日晚赴庙招魂，有二蝶相随而飞，及柩乃不见。人以为异，比之韩凭夫妇焉。

傅　氏　江南寿春营副总兵尚谦女也。适国学生罗国珍。姑宋氏，自二十九岁守节。氏孝事维谨。年二十五，国珍亡。遗两孤俱幼，氏与姑相依为命。矢志抚孤，日勤机杼，教子为诸生。知府张朝琮旌曰“一门双节”。

郝明飏妻**赵氏** 善事舅姑。夫亡后，孝敬弥笃。姑悯其劳，慰之曰：“胡不少憩，恐以劳致疾。答曰：“勤动乃妇职，且以儆儿女辈耳。”抚孤善继成立，娶妇冯氏。善继旋殁，氏与妇冯共励贞操，俱以节孝著。雍正五年旌。

监生李逢元妻**冯氏** 年二十七，夫亡无子。继夫从子端为嗣。至十六岁，娶妇刘氏，而端又殁。氏与孀媳共矢坚贞，抚族孙美成立。守节四十五年卒。

施 氏 扬州甘泉人，界岭口把总李升妻也。随夫任所。同治七年，夫病故，遗二岁女。宦橐空如，未能抚柩回籍。遂流寓界岭，抚幼女为夫守墓，针黹自给。恒日不举火，有劝之改适者，以死自誓。历任弁兵，咸服其贞烈，悯其孤苦，恒周恤之。

王士钧继妻**武氏** 年二十七，夫亡。家贫子幼，氏茹苦如饴。抚子入武庠，娶妇生孙，而子旋殁。氏与寡媳、幼孙日仅一餐，终无怨尤之意。年七十九卒。

黄国香妻**郝氏** 七里涧人。二十八岁守节，赋性温和，素娴闺训。夫以服贾病卒他方，翁姑忧病，奉养惟谨。子甫娶，而又夭。与孀媳共矢，柏舟苦节，贞心殆难其匹。

庠生温志和妻**王氏** 本城西关人。年二十九而孀。温故家城之北街，去母家不数武。夫亡后，痛不欲生，或讽之归宁，稍可解忧。氏正色曰：“忧非外来，岂外人能解乎？况妇人出入，耳目所属，猜嫌不可不避也。”誓不归宁，族党咸服其识。姑杨氏晚年丧明，凡饮食起居扶持皆曲体亲心。子三人，长子夭，妇贞操亦如其姑，毁容守节，已逾十年矣。以上节。

高瑞征妻**王氏** 年十四待年于夫家。姑性悍，日事苛责。氏执妇道惟谨。姑病，封股和药，因是获瘳，姑乃感泣，为之成礼，益爱怜焉。雍正八年，邑宰裘君弢奖以“贤孝可风”额。事闻，旌曰“至诚格天”。

赵奎妻**傅氏** 年二十六，恪尽妇道。乾隆十一年四月，姑病封股和药以进，病顿瘥。邑宰钱鋆奖曰："诚心孝姑"。

孙尚勇妻**刘氏** 夫外出谋食。氏侍孀姑能养能敬。姑患病调治不效，氏焚香默祷，割胸肉一片作饼馅以奉。不数日，病果愈。乡邻公举孝行，邑宰陈钟琛给匾旌之。

温永成妻**胡氏** 年二十，夫出关服贾。子方三龄，堂有孀姑。永成久无耗。值年荒，糠秕弗给，氏携子乞食以养姑，疾思肉不可得，乃割臂为羹以进之。姑病良已。乡里微闻之，而氏终不自言。后年七十余，盛夏解衣，邻妪见瘢痕，始实告曰："此一时情急，不足为外人道也。"

梁 氏 秦庄头梁如柏女。如柏先娶张氏无出，客吉林又娶孙氏生二女，长即氏也。年九岁，母孙故，哀毁如成人依父膝下。祖俊教之读书，通章句。以祖、父俱业医，兼读方书，识药性。十七岁，祖俊殁。氏感《陈情表》苦衷，绣佛长斋以报祖德。时妹殇，独与父居，针黹自课。二十四岁适李祥，咸丰七年间，嫡母张氏卒于家，弗克奔丧，为位持服。明年父病故，权衬于孙母墓，痛鲜兄弟不得已也。又六年，而祥故，氏时五十矣。怆然曰："狐死首邱。吾父母返葬抚宁，九泉无憾。吾虽非男子其何敢不力？乃舁］二棺，跋涉千八百里，经营毕事，复虑鬼馁无归也，立堂叔如云之子梁顺兼祧，奉父母祀，为之娶妻置产，并置祭田数亩，俾族人咸蒙义举。此烈丈夫事，不意于巾帼中见之。现年六十三岁。

史相迁妻**王氏** 年二十九，夫亡。氏苦节自贞，事翁姑纯孝。姑病，质之明神，愿淡食百日。疾果愈。既而翁又病，复愿茹素终身，而翁病转剧，乃自责曰："茹素本分耳。何足格神？"明于是，每夜燕瓣香吞声饮泣，跪祷神祇，至香烬始起。趋侍床前，目不交睫者二十余日，疾仍无起色。氏沉思无计，忽忆古人有割肉疗亲者，乃于夜晚跪向北斗，从左乳下劙肉三脔，调羹以进，仍罔效。复于右乳下劙如前和药以进。时翁已绵惙不能下咽矣。翁殁后，氏身负六创，血涔涔渍里衣，然绝无痛楚色，犹复衔哀理丧。其娣韩瞥见之，惊问故？氏不能隐，告之。谆嘱曰："此儿女分内事，慎勿为外人道也。"韩为之遍播扬，人始知之。厥后亲族向氏询颠末，咸欲代请旌表。氏坚不承且力辞曰："亲病未愈，徒受虚名，适增惭愧，何旌为？"吁！如氏者，洵可谓节孝双全者矣。以上孝。

贞女**温氏** 庠生温润女，徐翮聘妻也。幼失怙恃，育于兄嫂。年十五，未婚而翮亡。奔丧守节，赤贫如洗，代养舅姑。嘉庆六年旌。

王晏妻**张氏** 夫亡，遗孤振祖甫周岁。矢节抚孤，娶妇祖氏生子甫周岁，而振祖又亡。氏与子妇励节苦守，抚孙成立。

国学生王煌妻**张氏** 煌随父之任庄浪，病故。氏年二十二，闻讣号哭几不欲生。姑劝之曰："有我在，何遂死耶？且汝夫尚无嗣，忍以一死了事乎？"乃继夫从子基丰为嗣，竭力尽孝，教子游庠食饩。

贞女**张氏** 茹各庄人，张清女。母卒，父年迈，矢志不嫁。以针黹供甘旨，并教弱弟成立。现年七十二岁。以上贞。

庠生王绍先妻**陆氏** 年二十一，夫亡无子，遗女方六月。矢志殉节，故谕以抚养，后女复夭，自缢死。康熙二十年旌。

烈女**典姐** 宋有怀室女。幼许字蔺姓。夫亡，投缳死。康熙年旌。

郭三姐 郭大福女。年十八未字，一日父母与兄他出，惟嫂与女居。日晡，女往田间取菜，邻恶王德成勒女于北山万松中，强逼不从，殴踢几死。复缢之树上。是夕风雷大作。学博宋琰署邑篆，缉凶置重典。知府张朝琮旌曰"坤元正气"。

陈天禄妻**孙氏** 夫亡。翁姑怜其少而无子，令改适。不从，自缢死（此系前明人误人）。

董锐妻**李氏** 庠生悉愉子妇，卢龙庠生李汲女也。年十八，夫亡守节十三年，因遭醉侮，服卤自尽。雍正九年题请旌表。

杨黑头妻**梁氏** 因被施瘦头辱骂，服卤自尽。道光二十三年旌。

冯开樽妻**常氏** 年二十，夫殁于宁远，自缢以殉。咸丰元年旌。

乔万选妻**史氏** 年二十七，夫病笃嘱氏改适，以图存活。氏泣曰："君死妾不独生。"夫殁，仰药以殉。

李学伸妻**杨氏** 因被乡约李汉阁秽言污蔑，氏不胜愧愤，遂自缢。鸣之官，治汉阁罪如律。

张允天妻**单氏**　幼失怙恃，鞠于兄嫂。于归后，家赤贫，无隔宿粮。氏孝事舅姑，勤于女红。夫经商，病归死之。先氏治敛具，己乃于夜分焚香祝天，誓以身代，引刀刺胁未遽绝。母族有无赖者欲构讼。氏力排之曰：“吾襁褓丧亲，今又早失所天，胡以生为？且吾嫁十年，家室融融，不闻勃溪乡邻所悉。若辈借端滋事，使吾死后得悍名，九泉有知，当必殛之。”群谋乃寝，越日与夫俱亡。时年二十有七。以上烈。

以上抚宁。

卷之六十九

列传二十一　列女中

［辽］

邢简妻**陈氏**　营州人。父陉，五代时累官司徒。陈氏甫笄，涉通经义，凡览诗赋辄成诵，尤好吟咏，时以女秀才名之。年二十，归于简。孝舅姑，闺门和睦，亲党推重。有六子，陈氏亲教以经。后二子抱朴、抱质皆以贤任宰相。统和十二年卒。睿智皇后闻之嗟悼，赠鲁国夫人，刻石以表其行，及迁祔遣使以祭。论者谓贞静柔顺，妇道母仪始终无歉云（《辽史·列女传》）。

［明］

王氏者　上元主簿张昴箠室也。嫡齐氏生子国祥。王甫娶而昴卒，时年十九。随嫡扶榇还里。族人欲夺其志。泣曰："余虽妾，夫固官也。事他人奈何？"七日不饮食，自缢者再，皆以救免。后以房产尽遗族人，移居城中以避其锋。抚国祥成立，出仕。年七十卒。

庠生宋文耀妻**张氏**不育，纳妾**尤氏**。生二子。尤年二十一，夫亡。与嫡矢志抚孤，家业赖以不坠。子景光、景瑗俱游庠。邑宰以双节旌之。

高世俊妻**张氏**、**李氏**世龙妻兄弟偕亡，均无子息。娣姒共励贞操。至六十余岁卒（节）。

谷钟妻**王氏**　年二十，夫亡。誓以死从，亲属劝不能解，防少疏，遂缢死。诏旌（烈）。

［**国朝**］

宋梯云妻**马氏** 年十六归宋。逾年，翁之秦绝耗，姑旋没。又一年，而夫亡。无子女，惟祖翁存。祖翁名景时，曾任青阳令。时耄老不能动履，饮食便溺惟氏一人是赖。后继子又夭，至于再继。盖集蓼茹荼，四十年中曾无一日之甘。呜呼酷矣！

张 氏 冯昌炽妻也。夫病谓氏曰："我病必不起。家贫无依，汝当奈何？"氏不语而泣。曰："然则，嫁也。"氏勃然曰："君姑养病，勿过虑。倘有不讳，地下当相见耳。"嗣见夫病危，遂投缳死。次日昌炽乃死。氏时年二十二。

刘 氏 夫名失传，舅赵万忠。氏年十九，夫亡，无子。父母劝改适。氏不从，备楮帛，奠夫墓。昼夜哭。潜自缢死。其家讼舅于官。司理某得其情，杖其父而旌之。

正黄旗张玉林妻**高氏** 年十九，生子可立，甫弥月而玉林殁。先是玉林母佟氏亦二十一岁而孀，时玉林方三岁，良田数顷为豪右所并，家遂贫。及玉林成立，赴诉于都，抑郁客死。氏闻讣，携其母弟、襁子而行，泣诉于部院。事得直，尽返其先畴。远近以奇女子称之。性慈善好施，而教子独严，有过必予杖。或劝之。日："吾非不爱怜寡妇子，多以骄败纵容之，恐不成人耳。"可立终身谨饬以居积致富。每语人曰："微吾母，无今日矣。"卒年七十三。嘉庆三年旌。

高 氏 按察使棠萼女孙也。适庄坨周氏，二十一岁而寡。遗腹生子怀清。周本素封，氏以俭约持家，性严重，见之者气为之肃。家人虽居私室，无敢软笑者。晚年族众欲为请旌，固辞之。强而后可悬额于门。戚友毕贺，氏怃怆终日。数月后，即命撤去。曰："吾重违族众意也。奚以额为？"同治壬戌，年七十一得疾。时子已前卒。弥留际嘱其孙曰："吾闻以节旌者，立木主于县之节孝祠。吾清苦一生，俾胥吏具文从事，弗愿也。且闻守祠无人，乞丐常借为栖所。木主颠倒错乱，身后受秽多矣。谨记勿为！"言终遂逝。

苏 氏 冯际隆妻也。于归后，值翁误毙人命。际隆代父戍广西，行有日矣。氏泣谓之曰：“君桎梏数千里，妾何忍在家坐享温饱。且君归无期，此生好合已矣。请以魂伴君行。”遂缢。

贞女**张氏** 名素兰，莫各堡人。幼从外大父读书，通大义，精禄命学。父哲充邑里社书，社总书秦某中伤革役，且乾没其代纳之钱。哲恚愤死。妻懦子幼，相对饮泣。时女年二十，誓明父冤。质之县，某以贿饵弗为理。历质之府、道，亦弗理。质之藩宪，始下其事于府，冤乃白。复其役，以与其子。盖二年中跋涉艰难，濒于死者数矣。仇虽复，而家益贫。乃与母约，终身弗嫁，藉推禄命，以养母。母不能夺，每出必与母偕，所言多奇验。性闲静寡言，霜色满面，指甲长七八寸，纠曲如蚓，而作字极速，清整有法。邑人王渻崖明府为作《孝女传》。现年七十三。

刘履泰妻**宁氏** 年二十一，夫亡。遗孤方周岁，姑又继没。家素贫，身复多病。乃绣佛长斋，性贞静寡言笑，终日闭户如无人焉者。父教之以高王经，晨夕诵之。后遂辟谷，日惟饮水，或间食少许菜果，已四五年于今矣。然勤于女红，刀尺机杼声，时与经声相间。现年五十，精力犹不少衰。

田 氏 张各庄谭光楷继室，粉树岭人。二十岁而嫁，二十一岁殉夫。死时，同治四年五月也。初，氏家贫，十一岁卖与张姓妇为婢。妇故孀也，爱之若女。同治三年八月，适谭。谭故贾于吉林。合卺逾月即行。氏为理客装皆井井，临别无依恋色，人以为贤。十二月，谭没于外。道远氏弗之知也。及是闻信大哭尽日夜，遂僵卧不言亦不食十余日，气垂绝矣。家人强灌以水，忽张目视曰：“人以生为乐，我以生为戚，勿相强。”乃死。夫柩至同日合葬焉。

赵 氏 东庄坨人。夫亡后，家事零落，丁产俱绝。不得已寄居母家。里有周姓者富甲一乡，中年失偶，知其贤托媒求之。氏曰：“妾初婚时，未尝不如人。孤苦至于今日者，命也。安可羡人之富，而忘已之命乎？”终不改适。

郑 氏 深港阎锡恩妻也。锡恩病天阉，郑归年方十七，数月而锡恩亡。又二年，其姑亦亡。家赤贫，氏纺绩易食，事翁如父。复佃富室田数亩，耕耘收获皆身任之。或以改适劝焉。则曰：“吾如此命也，命不可强改适。何为？”劝者叹息去。今已五十馀岁矣，穷困如故，而志节益坚，人咸敬之。

张于堂妻**赵氏** 年二十四，夫亡无子。舅姑早逝。继夫从子定方为嗣，后入武庠，兼抚夫弟于陛成立。为娶室张氏，年余陛又亡。张年方二十，亦无子，族中无可继者。乃依嫂励志守节，事孀嫂如姑，抚孤侄如子。纺绩糊口，甘苦相依，苦节四十余年而殁。

赵梦麟妻**席氏** 年三十一夫亡，遗三子。氏治家有则，训子有方，饮冰茹蘖六十余载，寿九十三而终。次子延辅妻郭氏，年二十八延辅亡。三子延杰妻高氏，年二十五，延杰亦亡。俱苦节完贞，人无闲言。寿七十余而终。督学钱公给匾旌曰“三松蕴翠。”

曹培元妻**朱氏** 年二十二，夫亡。家贫无子，抚从子承祧，年六十余卒。培元弟三宝妻杨氏，年十九，而宝亡。抚遗腹子成立，苦节五十余年卒。里人称曰：“一门双节。”

李廷妻**韩氏** 八岁时童养夫家，及笄婚配，至二十六岁夫出外不归。月余生一子，家赤贫，子不能养。晚年穷困，至八旬投水自尽。

马已任妻**鲁氏** 年二十七，夫亡。守节教子秉信人国学。娣崔氏与任妻，嫁三旬，而与任殁。遂矢志共守，茕茕相依。鲁年八十一卒，崔年六十九卒。督学李公给匾旌曰“双节齐芳。”

齐德全妻**廖氏** 湖北黄梅人。先是德全流徙江西建昌府，娶氏生二女，后又路拾一女抚之。年二十六夫故，誓不改适。每欲扶夫榇回籍，以路远不果。咸丰间发逆倡乱。氏乘间掩夫柩，寄二长女于外戚家，负幼女逃出，昼伏夜行，得归原籍。夫弟道全性笃友于。于干戈稍定之时，返兄柩暨二女侄。同治七八年间，滦水泛溢，庐舍陷没。现僦屋而居。氏之苦节，弟之悌弟，盖一时称二难云。

张隆本妻**梁氏** 夫瞽而贫。姑再醮妇也，生二女一子。翁远商，姑深恶前子，而虐遇氏。年二十六，夫亡。抚四岁孤苦守。姑藉口买棺无费，逼改适，不从。旋生遗腹子，姑冻毙之，并逐氏他徙。氏无奈携子往依于夫同母姊家。子稍长习贾，遂少裕。厥后夫弟外出不归，姑衣食不给。氏迎养如初。为子娶妇，生孙，子又殁。氏上事衰姑，下抚孀媳稚孙，艰苦备尝。今孙际舜入邑庠，援例报捐府经，皆氏教养力也。年八十二卒。同治二年题旌。

刘凤仪妻**杨氏** 夫故，遗子女各一。女三岁，旋夭。课子读书，以纺织供膏火。子读不慧，令习商关外，及归省为之纳妇。未逾月，而子殁。氏与媳矢志守节，始终不渝。

刘大智妻**刘氏** 年二十四，夫亡。嗣子。娶妇任，病殁，遗女二；继娶张（氏），甫六年殁，遗女一；继娶张，又殁；复娶王（氏）。数年之间丧三媳，抚三女孙，心劳力瘁，备极艰苦。

邢凤喈妻**刘氏** 年十九，夫亡。孤方在抱。舅姑劝令改适，不从，刺一目以见志。孝事舅姑，抚孤更新成立。守节至八十余岁卒。后更新早逝，妻杜氏年二十，亦承姑志，守节终身。

徐　氏 福建游击张定亨继室也。随夫引见旋里，至杭州夫病故，宦橐萧然。氏鬻服饰，扶柩行数千里，备尝艰苦，卒得归葬夫骨于祖阡。前室子二，后皆夭逝。时家已中落，抚九岁孙教养兼至。诚女中杰出者。

戴永桢妻**金氏** 夫故，子女俱无。矢志不嫁，孝事孀姑。人有讽以改适者，氏大痛，引刀断其一指。曰：“有再作此语者，视此指。”观者皆错愕，后继堂侄德为嗣，教之游痒。孙光，亦入泮。皆氏一人之力也。

宋国桓妻**钱氏** 夫故，誓不渝节。继侄邑增生焜为嗣，娶邵氏，甫一年而焜亡。邵亦无出。姑媳共矢坚贞，相依为命。钱殁，邵哀毁骨立，孑然一身，而节愈苦矣。

孙惟柱妻**曹氏** 受聘后，夫即婴痼疾，花烛夕几不能成礼。无何，病益增剧，遂奄忽以殁，距嫁时仅三十七日。人皆悲其遇之惨，氏乃安之若素。姒某氏痴绝，生三子二女，若膜（漠）不相关者。自孩提以至成人，凡保抱提携，铺啜衣履，皆氏身任其劳。不特儿女辈忘其为叔母，即氏亦几忘之。迨婚嫁后，各生子女且蕃盛。氏一一劬育之，饮食教诲无歧视。暮年三侄毓美妇病殁，遗子女各三。氏怜其继母之多累。转恐其待之寡恩也。又抚之如前，皆赖以成立。统计氏所恩勤抚育者三十三人。其天性慈祥，有高出寻常万万者，徒钦其苦节坚贞犹浅也。继侄毓秀为嗣，年八十二卒。

刘王氏 夫名莫考，存盛母也。生盛一日，夫病殁。励节抚孤，亲操井臼，家业渐以小康。娶妇胡，生二子保定、保福，盛旋殁，时胡年二十五。奉姑教子，孝慈兼尽，后为定娶妇余氏，福娶妇武氏。余生子信，而定又亡。福亦相继殁，武尚无出。娣姒共抚遗孤，孝事堂上两世孀姑，备尝艰苦。后王至八十余卒，胡至九十一岁卒，余至七十七岁卒，而武年七十三尚康健如壮年人。三世四节，均登上寿。人以为苦节之报云。

李得全妻**李氏** 年二十四，夫亡。遗孤两岁，病殇。氏念舅姑无依，矢志不移。姑目失明，舅患痰证，氏以妇代子奉养无少懈。抚侄为嗣成立。年八十九岁卒。

阎穆熙侧室**张氏** 在室时，父死，贫无以葬，两弟俱幼。氏告邻里曰："有能代葬吾父者，甘为妾媵。"穆熙慕其孝，为治丧，纳为簉室，数年无所出。熙老病在床，氏日侍汤药，衣不解带。熙故，氏年二十七，誓不改适，后依嗣子垲任所。洵可谓节孝双全矣。

李 氏 齐万福子妇，农家女也。素性端严，笑言不苟。一日万福乘间调戏，氏正色拒之。万福持斧斫伤，旋即殒命。乾隆三十三年旌。

监生魏业懋妻**齐氏** 林县知县鸣雷女也。夫早殁，乏嗣。氏委家产于族人，依母家守志。及母卒，值辽兵移驻昌黎，与民杂处。氏惧辱，闭户自缢。有司旌其门。

王崇文妻**李氏** 夫病革时，与夫有皦日之誓。夫殁，亲视含殓，事舅姑无异恒时。及夫百日祭毕，乘间仰药卒，年二十有七。时同治六年。

李 氏 滦州人，昌黎汉军旗学廪生山西试用同知田瑞先继室也。氏幼读诗书，颇明大义。归田四载，随寓晋省，夫染虚肿症。氏见病势沉重，誓以身殉。遂绝粒不食。瑞先卒，视含殓毕，一痛而绝。晋抚曾题旌。

魏烈妇**范氏** 山东候补州判魏正融继室也。秉性贞孝，壸德幽闲。正瀜闻父计，急欲奔丧。因哀毁致疾，氏典鬻钗衣百计医治，躬亲汤药，无间寒暑，正瀜卒。亲视含殓，尽哀尽礼。函招夫弟正沼。逾年，沼至，抚棺号泣。氏语之曰：“人死不能复生，悲伤无益。但将兄柩及早搬回故土，吾愿足矣。”人皆未料其有深意也。翌早，竟僵卧不起。仆妇往呼，始知其仰药以殉。盖其初不动声色，而殉夫之志已坚定不移矣。东抚文题旌。

庠生邵瑄妻**刘氏** 年二十三，夫亡。抚子尔钦读书成立，上奉翁姑，竭诚尽敬，颇得欢心。寿一百二岁卒。

田　氏 年十七，夫幼，姑早孀居。有强暴乘姑外出诱之。氏拒骂，强暴怒击碎其首而死。阖邑为立烈女坟。

温成义妻**王氏** 年二十夫亡。舅姑欲夺其志。氏痛哭柩前，自经死。邑宰给匾旌之。

高宏奏妻**刘氏** 夫病剧，氏誓以身殉。归与母家永诀，及还，夫病愦。遂乘间自缢。时年二十有二。

王国臣妻**齐氏** 年三十，夫亡，无子。氏痛夫情切，泪染巾成血。逾日，潜入园内，自经死。

赵德妻**冯氏** 因村人曹某调奸。氏怒。骂。某扼其喉以死。鸣之官，遂置某于法。道光十四年旌。

以上昌黎。

［**金**］

义丰县令李宝信妻王氏值平州军乱，陷于贼。贼逼欲污之。氏骂，不从。贼怒，遂支解之。大定十二年赠贞烈县君。

［**元**］

周　氏 滦平石城人。年十六适李伯通，生一子名易。金末伯通监丰润县，国兵攻之，城破不知所终。周氏与易被掳。谓偕行者曰：“人苟爱其生，万一受辱，不如死也。”即自投于堑。主者怒拔佩刀三刃其体而去。得不死，遂携易而逃，间行至汴，绩纤以自给，教易读书有成。《元史·列女传》。案：旧志作金人，误。志云：周氏李伯通妻也。年十六，父母许聘于李。邻豪觊氏美，欲贿夺之。氏以死拒。卒归李。

［**明**］

宁春姐　贫家女也。年十四，独与母居。邻某艳其美久，一日瞷母他出，遂往调之。女弗从，则力持之而挟以刃。女大号。四邻至，某始奔。女哭曰："吾女子被男子手近衣领而语无状，何以生为？"竟缢死。兵宪刘公景耀置恶少于法。自为文祭之。值暑月，启棺改椟，女尸如生，目不瞑，既灌乃瞑。时崇祯十年事。

陈瑛妻**佘氏**　户部员外郎璘女也。年十七归瑛。二载，瑛暴卒，无嗣。氏守志足不履阈，事舅姑尽孝，及殁殡葬尽礼。或讽改适。氏怒，号哭成疾，不肯服药，死。弘治十四年诏旌。

庆阳郡守张联奎妻**田氏**　崇祯初，奎因病侨寓邢台。流贼破城，邢氏被执，不屈死。

廪生陈蒙吉妻**宋氏**　城破殉节。崇祯三年旌。以上烈。

［**国朝**］

袁侑妻**杨氏**　年三十，夫亡，无子。矢志守节，继侄学仲为嗣。上事舅姑，下抚幼子。茹荼集蓼，曲尽孝养。亲殁，殡葬如礼。娶妇钱氏，学仲亡，生遗腹孙亦夭。两孀相依，袁祀几绝。又继族侄学商为子，以商子继仲。四十余年备尝艰苦。

庠生李学诗妻**赵氏**、童生学书妻**高氏**　娣姒也。昆弟友于敦笃，娣姒亦相亲如姊妹，一门之内雍雍如也。一日同涉河，弟误入深处，兄奋身赴救，遂相抱俱溺。时赵二十有五，仅生二女。高无出，年止二十耳。系皆出世家，娴姆训，痛所天非命。恐相从以死重贻夫子羞，顾家徒壁立，无所恃以存活。乃矢志共守，啜菽饮水，无几微憾。岁时必洁酒馔祀其夫。饥冻疲劳，久而益困，度势不可同居。高就食于母家，赵乃往依夏氏女。语其婿与女曰："极知尔非素封，未亡人止借一席地，不以衣食相累也。"纺绩自给，昼夜不辍。婿偶遗以甘旨，辄却而不御。女诘故，终无言。岁除必营数日之粮，呼高返旧庐同营祭享。人日后，仍各归所停泊处。有高其节相慰劳者，则谢曰："此吾分内事，何侈陈为？"赵年八十六寿终，高年八十寿终。

吴钟泗妻**刘氏** 年二十一，夫亡。抚孤畲成立。娶妇张氏，年二十，畲又殁。抚遗腹孙成立。日勤纺绩，两孀相依，艰辛备至。守节三十九年卒。

庠生王日琦继室**魏氏** 苦节张氏之嗣妇也。张仅育一女，未期而寡。以堂侄琦为嗣。琦少多病，连娶某某氏，皆早卒。继聘，即节妇也。归琦时年二十三，生子未周，而夫殁。于时家徒四壁，饔飧不给。家居柳河，柳河者水乡也。常捞取苹藻杂糠秕咽之，卒无愠色。奉姑维谨。或劝其改适，峻拒之。又逾年，而子殇。两世孤嫠，仅守一抔土。乡邻皆为感泣。姑数促改适，坚不去，抚族娣吴氏未周岁之遗孤顺儿为子。姑媳纺绩糊口，达旦不然灯火。麦饭豆粥，三旬九食。亲族分一味之甘皮弄之以供其姑。有时归宁，见盘餐罗列，则哽咽不能下咽。曰："吾姑数十年未尝此味矣。"后姑病剧，谓氏曰："吾必不起，念无以报汝，但愿娶孙妇如汝者，以报汝，吾目瞑矣。"卒之日，香闻一室，咸叹为苦节之验。氏典卖衣衾，拮据以葬。葬后，家益窘。氏终能抚子成立，为之娶妇。人称王门两苦节云（参录《魏太守元枢传》）。

弭廷宣妻**颜氏** 年三十，夫亡。遗孤景韶，尚幼。氏励节抚孤，贫苦不恤。取妇张氏，事姑极孝，年二十六，而景韶病殁。时家酷贫，母兄欲夺其志。氏曰："烈女不事二夫，况孀姑老矣。天岂容弃亲而就温饱乎？吾遇此天也。之死靡佗。"兄惭而退。后事姑至七十六岁以寿终。

李腾蛟妻**吴氏** 弟腾云妻张氏，蛟埙篪和谐而妯娌亦极雍睦。后蛟兄弟相继殁，氏与娣张同心苦守，孝事祖姑。一门双节，乡邻重之。

庠生王丰年妻**孙氏** 年二十八，夫亡。遗孤士纯，氏辛勤抚育，为娶赵氏，仅二十六日纯暴卒。姑媳共励冰霜，始终靡忒。孙年七十八卒，赵年八十四卒。道光十三年同旌。

刘宽妻**崔氏**　年二十九，夫亡。抚孤永祜成立。娶妇张氏，克尽孝道，生子璋而永祜殁。时张年三十，矢志奉姑教子。迨子璋娶妇王氏，不三年而璋又殁。王年仅二十一。三世茕嫠，一门苦节。知府游智开并旌之。

刘永锡妻**高氏**　年二十六，夫亡。抚遗孤府，矢志不渝，及府成立，娶妇杜氏，事姑相夫颇称孝谨。未几，府又殁，氏时年二十七。与姑共矢坚操，相依如母女焉。

冯玺妻**刘氏**　年二十八，夫亡。矢志抚孤德谟成立，为娶夏氏，生二子而德谟殁。时夏年二十五。与姑刘抚育两孤皆成立，婚娶。长朝栋，娶曹氏；次朝柱，娶党氏。娣姒雍睦，事亲维谨。曹年二十五，党年二十三，而朝栋昆弟又相继殁。三世四节，冰霜共励。人皆悲其遇之惨焉。

屈广生妻**孙氏**　家綦贫，夫贸易关外十二年无耗。氏孝事翁姑，教养幼子，惟纺绩是赖。后翁姑相继殁，氏无力营葬，权浮厝以待夫归。子年十五，令出关寻父。至则父殁已七年矣。土人怜之，为指其墓。子号痛欲绝，急归告母，氏竭力备资，迎柩旋里，与翁姑一并营葬。母节子孝诚足风云。

庞继妻**刘氏**　夫故遗孤甫三岁，孀姑已衰。氏事亲教子，心竭力瘁。及子娶生孙甫周岁，而子又殁。氏与媳高氏，同矢苦节，共抚幼孙。一门双节，乡里钦之。

举人李念曾妻**赵氏**　乐亭监生象复女也。两岁丧母，年十四，父又殁。时继母生弟妹皆幼。氏恐身为继母累也，遂与祖母同寝处。祖母安以哭子丧明，出入扶持，倚氏如左右手。氏曲意承欢，虽心悲失怙，而忧戚不形于色。由是祖母以下皆爱怜之。年十八归李。李固世家，动必以礼。姑刘性严重，有河东柳氏风。氏先意承志较在室时尤孝谨。娣姒三人，日侍姑侧，然非氏手自烹饪，虽甘旨不下咽。以故，二三十年不敢归省母家，以姑之不可且夕离也。生四子、一女，家业渐凋。夫常课读于外，长子人龙初入塾，氏教之曰："我家数世皆科第，汝父所以孜孜举业者，恐箕裘或坠耳。汝宜力图上进，勿使我死后愧见先人也。”后人龙弱冠游庠，氏训迪之力居多。年五十二以勤劳致疾，遍呼子妇至。告之曰：“祖母尚在，我先死罪将焉赎？幸汝等皆知尽孝，吾目瞑矣。所恨者未见汝父子登贤书耳。”语讫遂逝。夫感其孝，誓不再娶。子人龙于服阕后，遂食廪饩。夫于光绪乙亥科领乡荐。暨五年正月姑刘无疾而终。氏夫痛哭呕血，未一月以哀毁卒。人谓孝子孝妇萃于一门，洵无忝两家门阀云。

赵柏龄妻**郭氏**　夫年十六，忽染沉疴。俗有冲喜之说，翁欲为子完婚，谋诸氏父，父不允。女谓父曰：“生死命也，畏夫死而不往，何颜生天地间乎？”父依女言嫁之，甫二十日夫亡。氏尽哀尽礼，矢志靡佗。然家无隔宿粮惟赖女红自给。及翁姑殁，茆屋三间，售其半以襄葬事。葬毕即闭户纺织，恒忍饥不出。乡里怜而重之。

知府高显辰妻**戈氏**（一作葛氏），随夫任云南。遇吴逆之变，显辰殉节仰药死，氏亦自经。

于烈女　赵家庄于万清女也。字丰润县武庠生张某，未婚而张殁。女年十八，闻讣号痛不已。固欲往婿家守节，既知母志不从，遂不复饮食，数日后竟自缢死。

袁礼五妻**刘氏**　年十九归袁，甫逾半月，夫即出外，家无儋石。氏以纺绩孝养老姑无倦色。十年后，夫死于外。或劝之嫁。氏拒曰：“老姑倚我，何云嫁耶？”至四十岁后姑殁。其母兄逼诱他适，卒死非命，远近恸焉。

伍成勋妻**陈氏**　年二十三，夫亡。贫无所依，氏躬亲殡敛，貌不甚戚，亲族皆不料其有他也。无何，夜深入寝，氏即于柩前缢死。亲族为同葬焉。

王成姐　州南城社王宗孟女也。生有淑姿，赋性端谨，年十八时母命往同村柏父家馈遗食物经由僻巷有里中恶匪某，见之要截于路，秽言逼戏。女厉声叱退。归家哭诉，欲死。母再三劝慰。女泣誓曰：“妇人最重者颜面，吾以深闺处女，无端而受匪言。纵欲偷生，有腼人世。”举家防守甚严，然女已不复饮食矣。三日后伺间服卤卒。匪某惊惧亦自缢死。嘉庆九年旌。

李香姐 贫家女也。其父母遇荒岁，徙至迁安。女于嘉庆庚午正月适滦之石佛口后庄高某，未匝月见夫家有帷薄不修者。女惧遭污辱，遂饮卤而死。里人重之，立碑于冢前，曰李香姐墓。

聂 氏 庠生夏辅明妻也。明崇祯九年，辅明随叔建中之扶风县佐任，死于流寇。家人负骸骨归。氏年甫二十，痛哭欲绝。五日不食，誓以身殉。时有六旬孀姑，五岁孤子。亲族责以孝养大义，乃蹶然起，勉治丧事。姑卧病九载，日夜侍汤药。及殁，殡葬皆如礼。守志四十余年，教子瑚成诸生。瑚事母亦以孝闻。

石 氏 庠生伦品著妻。年二十三，夫死。氏决志殉夫。小祥后，自备含襚緹之属，入室自缢。远近奔视，面色如生。士大夫争为诗文以吊之。

吉谦妻**萧氏** 年二十七，而夫亡。时翁耄丧明，二子皆稚幼。仰事俯畜惟氏一人是恃。后二子读书俱入邑庠。氏喜曰："庶不负吾半生心血耳。"族有弱女无所依，为收养择配，嫁奁丰备，尤人所难能者。卒年六十七。

赵应泰妻**王氏** 年十七而寡。或劝之改嫁，誓死不从。曰："尔无子，守何依？"氏曰："姑吾母也。吾善事而依之复何忧？"后继嗣，视如己出。或又劝之与伯兄异产。曰："兄弟分家，人之所鄙。吾虽妇人不为是也。"

刘 氏 庠生陈玮妻也。玮遘危疾，执氏手曰："我必不起。守志非易事，况家贫，汝又无子。我死，汝即他适以图存。我不汝憾也。"氏泣曰："是何言，倘有万分一，我必不负君，请勿复言。"及玮死，氏服毒，衣妆毕，拍灵床而呼曰："我不负君也。"遂死于侧。玮复苏，张目视良久乃瞑。氏时年二十七。郡守华公黄挽之以诗。张公朝琮旌之以额。

申 氏 王克瑞继妻也。二十一岁，夫故。氏痛不欲生。姑张氏慰之曰："夫死妇殉，固理之常然。汝有六月遗腹在，祖宗血食惟此是赖，汝何死？若他日不幸而生非男，汝行汝志不晚也。"氏乃蹶然起。后果生子。初，氏翁兄弟三人俱各爨。氏夫出嗣季父，本生父及世父俱早世，子又俱夭。二嫠妇无以为生。氏皆迎养焉。周旋三姑之间，不以为难，三家婚嫁丧葬，事皆身任之，拮据勤苦，所费不赀，而家犹赖以小康焉。

王　氏　宣圣功之妻，庠生君佐之女也。嫁三年而圣功没。祖姑孙宜人曰:“苦吾孙妇矣！”曰:“命也。奈何？”攻苦食啖乃倍未寡时。时年方二十二也。而后之葬祖姑与翁，及为嗣子授室诸大事皆经营尽礼。先是翁有篷室牛氏，生三女而亡，复纳安氏亦生一女。氏皆教以针黹，将嫁为治奁具悉丰备，间有不善者，辄出已嫁衣代之无吝色。而安氏者亦青年守节，助氏持家，人谓氏德之所感云。

张宗姐　城北教场人。生而笃厚，与人无戏言。十五岁时，谈星命者谓女造法当克夫。女信之。一日，媒为议婚某氏。事将成，女谓父母曰:“星家向以儿命薄，以儿故而殃及他人吾不忍。愿以丫角事父母，以忏来生。”父呵之。无言而出，遂投井。村人见之而哗。家人往救，则端坐水面，缒出之，固无恙。父母怜其愚，遂不复强，年三十余终于家。

于贞女　屈王店人也。七八岁时，其母为之缠足，辄啼哭昏晕欲绝，不得已听之。及长不喜修饰，发茸茸然垂肩而下，不梳不栉亦不紊乱。人咸异之。父母与之论婚，闻即气绝，后遂无问字者。工女红，勤纺织，精致过人。家故贫，以十指为父母养，然不作嫁娶等物。有求者，必峻拒焉。邻女幼同嬉戏，适人后偶与论及婿家，便怫然不悦。年七十余，卒于家。其弟集其生平针黹所得，购良田数十亩，称小康焉。

张　氏　乐邑庠生鹏翼之女，侨城王一肃之妻也。十七岁归一肃。一肃溺赌博，时终夜不归。氏以夫故，亦失舅姑爱。常切谏，继之以泣，终弗悛。后年余，一肃没。兄子启藩方周岁，丧母，氏遂抚之为子。以纺绩供读。启藩亦知奋励，得补邑庠。道光二十年卒，年四十有二。

烈女舒氏　小字妥姑，杏儿山人。生八月失恃，母青年守节，特珍爱之。幼字冯各庄王廷会，同治三年，女年十八矣。未及嫁，而婿亡。女闻讣不食。或慰之，则面壁饮泣。越数日，有欲为女议婚者，与母作耳语。女察其情，夜遂饮卤死。时四年正月二日也。夫家请于母合葬于夫之墓，为之立嗣焉。

荣姑姓**王氏**　姜家泡人。姿致娴婉，父作霖慎为择婿，故十六犹未字也。其姑母适周家庄而寡，常迎女往伴。有匪徒张聚兴者居胡家坡，去周家庄里许，窥女美，纠恶党数人，深夜逾墙拨门入，持刃相逼。姑与女惊起喊骂张殴女并及姑，骂愈厉。乃力扼其喉，女与姑同时死。婢香儿仅十岁，以米囊压腹，亦死。时同治四年十月十九日夜也。其父控诸官，逾年始获犯枭示。

李　氏　屈家庄人。十七岁适庠生张纲文之季孙张相。越三载，夫亡。又四月，遗腹生子，氏抱之而泣绝而复苏者再。时舅姑已没，家赤贫，期功之亲亦无可依，不得已携子托于母家。刀尺机杼昼夜不辍。母怜之，命以稍休。曰："吾家业空空，久居此亦非长策。不及此盛壮之年少为蓄积，异日何以为生？"教子极严，稍有放荡，即痛加楚责。或劝之。泣曰："寡妇之儿易以姑息败。若不成人，何以见亡人于地下，且吾何望也？"其子亦善承母教，为里中善人。今氏年五十，已抱孙矣。而勤苦如故。乡党皆称之。

常　氏　庠生常克慎之仲姊也。适同州许国儒。国儒有心疾，昏不知人时以刀逐氏，不敢同室处，与孀姑共榻，克尽妇职。姑特怜之。时女伴有谓之者曰："有夫如此与无同。不如死。"氏怃然曰："吾非不能死，但姑老矣。而子废而吾又死，是死吾姑也。不可，且待之。"及姑没，氏抚棺痛曰："吾将事姑于地下矣。"家人防之严不果，后年余，乘间自缢死。时年三十有七。

孙　氏　司一社贾克明之妻也。生女而寡，翁娶再醮妇有前女随之来，翁爱女遂与氏仇。氏百计孝顺，终弗解凌虐之。使改嫁，不从，则设法强卖之。凡三卖得三脱归，不得已避居女家。翁又欲卖其居室，使无所归。族人不平，共争之，始得留数椽焉。初翁之卖之也，始为马各庄冯姓。翁乘夜率人奓门入，强扶起纳之巾车，中鞭马急驰。氏极力呼号，以头撞车，血流满面。族人惊起，共追至冯姓家，争之归。继为丰润县黄米廒方姓。氏惩前事，常以刀自卫。时冬残，村中丁壮皆赴集。突有男子入其室，挽出登车，氏以刀连伤数人，车中健妇二左右抱持之，驱车去。族人自集返，闻之大怒，持械追至半路。夺之归。而丰润县双井庄郑姓丧妇，翁又使媒合之。时氏寓女家。翁使人以车来迎，给之曰："翁病且殆。须急归。"氏不暇问，登车夜发，竟送至郑姓家。氏瞋目谓之曰："汝无妇而欲妇吾。吾贾家妇也，终不再为人妇。倘相逼"即从衣底出短刃，右手紧握指曰："不知吾死而汝死也？"郑惧，婉谢之，送之归。盖氏自二十九岁夫亡，以至六十岁者，日尝艰险已三十一年于今矣。

常沅妻**吴氏**　幼贤淑，明大义。年二十，归沅。沅世家子，而贫。氏鬻奁物为夫人成均，试秋闱。继应泾阳莫明府书记之聘，携氏奉其庶母李氏，并二子一女及媵姚氏往，同治元年发逆由楚窜陕，泾当南北孔道为贼所盘据，而回逆，亦乘间窃发。围城三月，城中乏食。氏谓沅曰：我辈女流遭此乱离命也，倘有不测义无生理。君早为计，毋相累也。"十二月四日，城陷。氏促沅逃出，开门以待贼入。氏一手持刀，一手抱女。指曰："欲何为？财物任携去。"贼曰："烈妇也。不可杀。"掳其二子去。氏恐贼再至，遂抱女投井死。时年三十有四，而其庶母李氏，并媵姚氏，亦同时投井死。初，沅逃时积尸遍地，伏暗中夜出登城，一跃坠堑中幸无损。至三原，或赠以资，得至其从兄瀚榆林道署。一夜梦中见一人持简入上书"报单"二字。启视，字泥金书，前楷后篆。遑遽间，祇记"奉敕升淮南山菩萨"八字（案：淮南山在陕西）。氏后至，著绯色无缝衣，光华射目。谓沅曰："吾得死所矣。幸无重念，二十年归来，我去矣。"沅哭留之，忽不见。而沅弟妻王氏是日在家所梦同，复以翁姑为托。然"二十年归来"一语殊不解。及同治八年，氏长子宝森，由甘省贼营逃归。回忆其年正二十也。

段烈女**宦姑**　城西宋庄人。幼许字于马庄李生洪。洪读书攻苦甚勤，自矢非入频不娶。以是，女年及笄，犹未赋于归也。同治十三年，洪郡试第一。明年为光绪初元，学使按临试有期矣。洪在郡忽得痰迷证，未及试遂遄归暴卒。女闻之，大恸。欲奔丧守志，父母及夫家皆力阻之。后闻其父欲别为缔姻，女吞声饮泣，寝食俱废。其母及伯叔曲为劝慰，乃收涕默默不作一语。既而媒妁往来，女不喜亦不怒。家人皆窃窃然谓其意已回也。及行聘之日，遂乘间自经死。时年二十三。阖邑绅衿，公请合葬。爵相李公旌其门，知府游智开为之采石立碑。

张　氏　乐亭恩贡生舒锦之长女也。字高各庄刘君辅为妻。结缡后，君辅得心疾，时愈时发，以至于死。氏年方二十九，翁姑早世，无子女。母见之泣曰："儿何命孤苦？"氏曰："母勿悲。继子而有子，后此事正未艾也。"当是时，族大丁多，皆争继，一时蜂起。氏之房产，群争而瓜分之。不得已，鸣于官。卒择贤者嗣焉。然产丰子幼，垂涎者犹百计欺凌之，或劝拚十一之产分赐之，以安其心。氏曰："贪狼无厌，惟谨避之可耳。"乃携继子返母家，使从外祖读书。家居者凡十八载，惟岁除归祀祖先，作数日往返。余则闭处一室，以针黹过日。性喜洁，手盥濯日五六次，坐卧俱有常处，不使人近。子稍忤意辄怒，每至长跪乃解。然逾时即慈爱无异所生。年八十五卒。子名文，亦以孝称。

石　氏　玉田人朱择仁妻也。十七岁于归。未数年，而择仁亡。氏大痛，得疾，期以必殉。毁亵衣，扃箱笼。婢媪微窥其意，防之严。乃却药饵屏饮食。家人苦劝之。数日始进一餐，气息奄奄，数月死。

王墀妻**边氏**　王家楼庄人。年十七归墀，逾年夫亡，无子。争嗣者几不使葬。氏挥泪执绋而前，族众亦无如之何。既葬，为翁置妾，以绝众念。数年，妾卒，遗一女，甫弥月。氏代为抚养，如已出。见年五十。

张郭氏　因被张印培调奸，羞愤服卤死。道光九年，旌。

王普姐　因被李宗科误向便溺，即羞愤自缢。道光二十七年，旌。

王瑞妻**石氏**　因被从堂夫兄王明调奸，不从，羞愤自缢。同治八年，旌。

耿坦妻**彭氏**　夫亡哀痛情切，即日身死。同治八年，旌。

张魁妻**李氏**　年二十二，于归数月夫亡。即仰药以殉。同治十年，旌。

刘国干妻**杨氏**　年三十，夫亡。殡后自缢。同治十年，旌。王恩普妻曹氏，年二十五，夫亡。敛毕，即吞金以殉。同治十年，旌。

榆林道常瀚侧室**杨氏**　年二十四，瀚在籍病故。氏仰药以殉。

刘李氏　夫亡守节。有讽以改适者，氏痛愤服卤死。

朱占魁妻**李氏**　夫亡服卤以殉。光绪元年，旌（以上烈）。

张贞女　父文永业农。女生而笃厚，与人无戏言。年将笄，有给己嫁必刑夫者，女信之。一日媒为议婚某氏，事将定矣。女腼然谓父母曰："儿自命苦，何苦殃及他人？"父母呵谴之。女默然出，潜投井中。村人瞥见之，惊告其家。及父母与村人往救，见女端坐水面，固无恙。引出送归，少息，则纺织如故。人窃问之。曰："人生至亲者莫如父母，吾深怪世之嫁者，去亲而就疏也。"问者笑而去。父母怜其愚，亦不之强。后年三十余终于家（补贞）。

以上滦州。

卷之七十

列传二十二　列女下

［金］

汝南县君**张氏**　信武将军齐某继室也。齐读史，氏每从旁问其概，齐雅重之。后齐卒。贞佑初，蒙古兵入平滦大掠，乃携家之燕。乱平归，业已荡然。氏辛苦拮据，竟能保有宗祀，守节三十年卒。及殡，执绋送者千人。乡贡守素，其子也。

［明］

石　氏　太守某女也。适丰润县尹王伯川，生子守兴。伯川早卒，其子亦夭。抚妾子如己出。又丐文立碑祖茔，纪先世功德。翁瑺恶之，磨其文，并削妾子名。比翁卒，犹为立石纪瑺不仕高蹈之志焉。

庠生卢继伯妻**杨氏**　年十六而嫁，未再岁夫没，痛欲俱亡。时有娠五月，姑泣谕曰："尔奈何死？倘生者男也，亦可承杨氏祀，尔死奈何？"氏泣诺。后果生子，事姑极孝。姑病，昼夜扶掖，药必亲尝乃进。及卒，哀毁尽礼。奉庶姑亦如之。宗族多强悍相欺凌，氏诫子勤学，亦补邑弟子员。

王　氏　适庠生汪必相生子，而夫亡欲以身殉。既祖奠乃投缳柩前，救之良久始苏。后姑患痈，氏昼夜洗濯敷药，吁天请代，病果愈。逾数岁，姑没。家虽贫，殡葬如礼。自十九岁四十余年如一日。

党文明妻**葛氏**　年十八归党，五月而夫亡。氏号痛不辍。其母止之，且劝以再嫁。氏曰："夫死再嫁岂良妇耶？"因自缢。家人觉而救之。及其夫殡，防稍弛，卒自缢死。事闻诏旌（烈）。

［国朝］

李　氏　庠生阚相宸妻，年二十七，夫亡。兄欲夺其志。翦发以誓，食必先荐夫灵。尝割股疗姑病。抚三子俱入庠。寿九十三卒。雍正六年，旌。

贾思福妻**赵氏**　年二十三，夫亡无子。继夫从子为嗣，抚之成立。娶妇景氏，甫三年嗣子又亡，遗孙在抱。两孀一孤，形影相吊。姑守节五十三年，妇守节三十九年。知府张朝琮旌日："松柏双贞。"

石可举妻**孙氏**　年十七归石。四年，夫亡，遗孤昆方在襁褓。竭蹶养亲，教子成立。后昆娶妇，生子未及而亡。氏抚育孤孙，益形艰苦。乾隆十九年，旌。

杜成芬妻**赵氏**　年二十八，夫亡，子生功甫十岁。氏抚之成立。为娶妇陈氏，事孀姑颇得欢心，姑亦爱之如女。年二十三，而生功亦殁，遗两孤。长名义，好善乐施，乡里有贷其费者，病危时举券付之火。次名信，邑庠生。乾隆二十九年，姑媳均蒙旌表建坊。信长子妇徐氏，亦笄年守节，抚两岁孤成立。年七十三卒。

王鸿绩妻**李氏**　素明大义，年十九归绩结褵，四载夫亡，无子。时议立族侄某为嗣，氏曰："侄犹子耳，第翁年未迈尚有望也。"劝姑代翁纳侧室，举三子，翁殁。家贫抚夫弟俱成立。

葛万里妻**刘氏**　夫亡，遗孤方四岁。家贫，以十指为生活而常苦不给。或以再醮劝之。曰："夫死而吾不死者，为死者血食计耳。不然吾岂畏死者，何嫁为？"会天大雪，老屋四壁倾。氏与孤压埋雪中者二日，以救得苏。后为子娶妇，生孙璁方在抱，子与妇相继亡，呱呱索乳，氏日哺之以口。稍长，俾就义塾，得补弟子员。氏自二十四岁守志，备尝艰苦，至六十六岁卒。

贾启妻**高氏**　年十九，夫亡，无子。誓守志。或劝焉。曰："何人也而不作人语。"由是足不逾阃，终身不归宁。姑患疽，氏口吮脓秽，手奉汤药，数年不怠。五十九岁卒。

汪文贵妻**王氏**　年十九归汪。无翁、姑、伯、叔。文贵原籍山西，寄居乐亭。越十余载，夫殁。无田产，赁屋以居。遗女一子二俱幼。或劝之改适。正色曰："吾虽无业可守，尚有子可依，是何言哉？"守志十三年，长子夭。又五年次子又夭。氏大恸曰："吾所以不死者。为两孤后汪氏耳。今已矣！只有一死报汪氏，然吾所居者，无汪氏一寸土。吾既薄命身后又复累人，人其谓我何？"乘夜潜至旷野河岸边，缢死。

乡贡生刘可兴妻**赵氏**　自于归后，奉祖舅姑及姑皆能得其欢心。祖姑患背疮，氏为洗濯口吮脓血，年余未尝有惰容。祖姑尝对人曰："孙妇之孝，世所未有。我无以为报，愿其多生贵子贤孙以为报耳。"奉孀姑如母，姑亦待之如女。尝患病，姑默祝请代，其相爱如此。教子慈而严，四子皆列胶庠贡成均。女适人，亦克执妇道。人皆呼为孝妇贤母云。

邵　氏　高果妻也。家贫，以贩菜为生，氏以纺绩佐之，犹常不给。氏自啖糠秕，必营饘粥奉姑。一日，为糠所梗，几毙。邻妇以姑所余盂粥饲之。氏摇手曰："恐难再得，奈何分姑之余？"后以勤俭颇致饶裕，而姑已没。终身斋素。尝谓人曰："吾姑存日即菽水不常得。吾今何忍美食有余。"则以济贫，族里咸贤之。

张贞女　蔡各庄刘永之聘妻也。襁褓结婚，夫年十三以奇疾亡。女闻耗，痛不欲生。既请偕父母往吊，禁之，不可。至则登堂拜翁姑，曰："儿子妇也。生作刘氏人，死作刘氏鬼，于愿足矣。"翁姑劝曰："六礼未行，犹处子也。别字不为失节。且汝年方盛守之实难，何自苦？"女腼然面壁，曰："许守则生，不许则死。"袖中突出白刃，欲自戕。翁曰："嘆！"姑急前掣其手泣曰："能如是，有光刘氏泉壤多矣。恐勉于初败于后，故不敢轻诺。果能如是，吾夫妇方感汝敬汝怜爱汝，何忍汝违也。"遂留成服，以孝谨闻。及翁姑没。为继子居仁完婚，新妇事姑不谨。居仁梦一总角子拍案大叫曰："汝母苦节，自幼有抚汝恩。汝妇有亏妇道，人心安在？"醒后不知其谁？叩之所生父母，述其年貌。曰："汝亡父也。"居仁责妇，妇悔，终以孝称。女年七十四无疾而终。

贞女**刘氏**　蓝坨苗某所聘妻也。夫有宿疾，因俗有喜冲病之说，遂择吉完婚。至期，甫入门而夫亡。舅姑谓送女者曰："可即偕归。"送者商之女，女泣曰："既入苗门即为苗妇。焉有归理？"遂成服，守志为夫立嗣，夫得以勿殇。

庠生史秉德继室**李氏**　邑举人泽女也。幼失怙恃，鞠于兄嫂。归史后，家仅中赀。夫为舌耕业，内外家政皆氏综理。奴耕婢织事无废旷。又精管算，知人善任，皆乐为之用。家因以富饶。夫卒后，戒子成获曰："吾闻教于尔先人云："既富方谷。又云：'仓廪实而知礼节。'吾所以殚精竭虑者，为尔得所恁藉，庶几考德问业，克自成立也。若视余财可供侈靡是重遗以不肖资也。"成获唯唯，事无钜细，禀而后行。盖慈母也而兼严师矣。至今谈坤范者莫不推之。

节妇姓**阎氏**　幼凝重勤女红，姊妹辈或作闺中戏，亦言亦笑，而意懔如也。年十七适王大年，未及事舅姑。夫又不甚读书，遂多外诱。妇切谏之。夫为改行而家已中落。年余，夫又卒，遗孤方三岁，一叔二妹俱幼稚。既殡，足不出阃。日夜操妇工，治家计，薄粥两啜，鸡三唱灯火犹荧然也。妹嫁叔婚，皆拮据取办于妇，依之如母。然数年叔又死，家益落，妇遂困极不可状。邻有寡姥怜其孤寂，时袱被伴焉。会姥有故未来，苦乏水。而妇门限素严，外门昼夜闭，即族人亦不得辄入，偕儿危坐。邻右皆其同族，辘轳声时彻，门内卒不呼汲者。会天雨，以盆盎接檐溜，乃得济。子既壮，娶妇慧而贤，即妇之侄也。而是时，同族仍罕见其面。族中有大吉凶事，或一往礼毕即幡然返。强留之辄戚然，曰："通塞人所恒有，但如未亡人之薄命，此必前生有自作之孽，天始位置如此。寂处四壁犹有余恧焉。况腼然于稠人前耶？"卒不留。

孝妇**杨氏**　东海之鄙人也。幼鲜闺训，长无姆教，而明慧沈默，言笑不苟。其父为相攸得同邑阴生，阴故巨族，父仰其清门，许焉。十八岁于归，而家已中落。入门后，妇职修明，见者咸私议曰："是之谓妇道，诗礼族愧死矣。"年余，生一女，而作苦逾常。两弟、两妹，家凡九口，衣履皆仰妇十指，而又主饔飧兼操作。尝一手持针粥，一手持杖引火，灶烟倒喷出，风逆逼之，烟扑于身者，眼不及泪，鼻不及嚏，折腰拗项佽佽而拭以肘，而房中呵叱之声外达，大概皆使尸饔者闻也。当时，妇惟口应答，手操作，其足之盘辟者履几失于即，女呱呱索乳不置，隔窗略一睨而已。人多心不平之。而氏则无几微怨。娣姒辈或乘间慰之。则曰："一家非病即幼稚，作苦者舍我而谁？且吾幼无母，吾父常客于外。今得翁姑身始觉有著落。操作虽劳，一身终不两用。且气力常用常有，多费何伤乎？吾所为私怜吾命者。"语至此，咽不成声，泪涔涔泉涌欲立枯。慰者亦为之欷歔，各默默引去。盖生素溺饮博，氏常泣谏，至于长跪，而时遭白眼。且反以生之不肖，取翁姑怨也。一日，姑偶至厨下，见氏啖冷块，闲语其妹。妹凄然曰："胜粿谷多矣，儿念此恒为之废食，特苦相戒焉。故母未知也。"姑感泣，由是爱怜之。道光辛巳且月望后一日，氏以疾卒。翁姑抚膺痛哭曰："天乎！甚于丧我也。"其宗衮子翼学博为作《东海孝妇传》。

烈妇**李氏**　滦州茨榆坨人。祖德舆，仕至阿迷州守。妇生于滇南官署，名之曰印娘。少颖异，六岁时母口授《毛诗》辄能默诵。稍长习女红，窗前灯下恒琅琅有诵声，香帙芸编时粘残绒碎锦也。后从其舅氏授涑水《通鉴》。间叩以大义，辄了了。年二十一，适新寨阴鸣岐，伉俪甚笃。二年余，生一女。又年余，岐没。妇乘间尽焚其所手书籍及自为诗草，而人弗觉也。时方为死者送路，取刍灵纸钱于门外火之。火既炽，见一火珠腾光飙起，旋复有一火珠随之飘飘入云际。观者咸耸异焉。既归，妇侍姑稍坐，举止如常。命之寝，始归房。向其女兀坐久，提句抚而哺之。哺已，谓仆妇曰："且寝之对屋床上，我稍静片时。"仆妇抱女去，既句，闻箱箧索索有声，推门入，见妇方整衣包堆置满床。劝之且歇，则答曰："汝视此零乱，明日族中人来，殊不雅观。我即寝，汝且去休。"盖此时已三鼓矣。仆妇已倦极，退出。逾时将欲解衣卧，忽见对屋门隙烛光外射，光亮异常。趋视之，门闭不得入。穴窗一窥，则妇直立床上，噤不能声。谛视之有帛悬于梁，乃大号。家人惊起，抉门入，气已绝矣。严妆如生，目微瞩北壁。壁署绝命词一章，道其必死之心，及所以宜死可死之故。邑中士大夫览其词者，皆称其义烈焉！

吴 氏 王庄王教妻也。家故望族，氏于归时，家已落。教出关贸易。翁素无行，又娶继室某氏，颇不善于其妇，日酒食是耽，而不知酒食所由来。氏勤纺织，虽终日不食无几微愠。而翁犹弗之善也，一有不遂，则置声喧焉。如是以为常。一日，翁痈发于项，势危甚，日谒三医皆束手。氏每夜焚香请代，翁果愈，颇感妇孝，温言慰藉之。及大愈，而故态复萌。未几，教卒于外，凶问至。翁无所措，氏拮据称贷迎柩归。又嗣族子某为子。既葬，翁讽氏改适。盖欲得其嫁资为挥霍计也。氏不从。翁意氏恃有子可依。遂逐其嗣子，使必嫁乃已。氏泣劝曰："翁姑老矣。又无子，设老病在床，有媳在，虽无厚养，尚可知寒燠。媳去，将谁役？"翁若弗闻也者，逼勒百端，至毁榻破窗使寒月无栖身所。氏受之怡然，后翁鬻宅，他人僦屋而居，衣食之资犹惟氏是赖。迨翁姑没，仍以某承祧，遂就养女家终焉。

康仲妻**某氏者** 小家女也。适仲数月，仲即外出数年无耗，或传其已死。有劝氏嫁者，氏不从。有父兄各爨，彼此俱贫，不能相顾。氏无子女，恒佣于人。然与伯氏分养其姑，甘旨不缺。岁癸酉大疫，伯氏病垂危，嘱其妻曰："家贫母老，将以累汝，吾死稿葬可也。"其妻将从之。氏在外闻信归视，见病已革。又闻无棺，不胜酸痛。语嫂曰："吾今岁佣钱已竭，试以来岁佣丐人。"里有王姓字庆征者，素好义。氏诣焉，入门屈双膝于王。王惊问故？氏泣告曰："吾伯氏病且死，无力置棺，愿贷钱十千，吾以来岁佣钱偿，无负也。"王曰："汝有此心，何必计偿。"因如数与之。伯氏死，遂得敛。数月仲突自外入，夫妇相违二十年，已不相识。闻兄亡哭曰："吾固疑吾兄之死也。"初氏之葬伯氏也，既祖莫而嫂病。病中忽为伯氏语曰："吾无能使弟妇佣于人已为非夫，又以棺故累弟妇称贷，再为人佣。鬼将不齿。人传吾弟死，未也。今在吉林矣。吾将往寻之归，为我作一代步勿误也。"家人疑为谵语。既而，言愈切声愈厉，似非妄者。乃为具赤色刍马焚焉。仲既归，因面述之。仲曰："噫其信累年落拓空乏，羞归故里。今岁至吉林七月后，每夜梦兄促归，继之以怒。昼寝亦然。神魂震动欲不归不得。途次又梦兄赤马导前，或日暮昏黑则恍惚见之。吾固疑吾兄之死也。今果然矣。”则又哭。仲至之前夕，氏与嫂同梦伯氏乘马来，且告曰：“弟自吉林归矣。今夜某所宿，至以明日酉时弟来。吾事已毕，不复来矣。”仲果以翼日酉刻至，问前夕宿所，亦殊不差。氏居冯家哨。

赵　氏　庠生鸣玉女弟，副贡生鸣群女兄也。父蓬莱以名宿教授乡里。氏幼闻绪论婉娩听从，年二十一归徐各庄刘炼。逾年，夫卒。未葬，辄凶服归宁。举家环泣而氏独惘惘无语。父察其异，泣语之曰：“遗腹可待。”氏涕泪受命。逾月果生男。时娣姒适有生子者，氏佯曰：“吾儿即若儿，设妾有不幸，儿不患无母矣。”家人以白其父。父遽往，呼之曰：“儿果欲死耶？死易抚孤难，亡人止此一块肉，奈何？”氏大恸曰：“谨听父言。”炼故出继，继父早卒，氏事寡姑抚幼子，操作倍常。本生舅有疾，饮食汤药左右侍，绝不以出继自异。族女有寡者，氏诲之曰：“务勤苦，苦则不妄思。”呜呼！此敬姜之论也。是氏之专一贞静，非独天性，实得之学问焉。年四十九卒。大城徐桂堂教谕为表其墓。

节妇**王氏**　滦州廪生王化成次女，邑举人史梦兰之母也。性宽厚严明，遇事有体。十七岁归史纪瑞。奉舅姑，接娣姒，皆尽礼，尤能得两姑欢心。二十二岁，子兰生六阅月，而夫亡。氏衔痛上慰高堂，下抚藐孤，佐理门内事、纤悉胥当，而于子教之尤严。兰始能言，偶外出，闻村童相置语，不知其非，入辄施之婢仆。氏闻之变色，叱问此语从何来？立批其颊者三，泪随声下。兰自是终不敢以秽语加人。稍长，使就傅，防闲愈密。兰惴惴常以读书勤惰卜母色欣戚。乡举后，屡试不第。或劝之谒选人，适以史馆议叙，应得山左朝城令。兰欲往，氏谕之曰：“人生穷达有命，汝幸承先业，衣食粗足。但得母子常相欢聚，终吾余年。胜仕宦多矣。”兰遂弃而不就。同治辛未，年八十。是岁玄孙生。亲友欲集优称觞，兰乘间以请。斥之曰：“汝以此为孝乎？抑以吾必藉此为荣乎？人子之尽孝自有所在，何事浮文为？”兰遂不敢复请。其恬淡深识类如此。道光二十二年，以节孝得旌。同治十年，又以五世同堂得旌。光绪三年知府游智开率属介寿，年八十七岁无疾而终。

杨　氏　烧家岭陈九鼎妻也。七岁失怙，母改嫁，氏寄居外家。母归宁，氏不与言。于归后，二十九岁而寡。遗三女继姑在堂，夫异母弟尚幼。姑爱子而虐妇，命之改嫁。氏曰："吾母之改嫁，幼以为耻。今有死耳！”命之食糠取野菜糁而啖之，七月不厌。命之自炊，家有百亩田，与之四亩。氏率女纺绩，女以次适人，家计仍有赢余。后夫弟荡尽田产，糊口他方。姑目盲，寄食族中。氏劝之归。曰："吾何颜见吾妇矣。"氏乃时以甘旨给之，继族子承夫嗣，及长亦远出不归。氏孑然一身，恐老病须（需）人，朝夕诵观音经求速死为幸。道光十一年冬，大雪。比户拥雪数尺，门不得启。氏前后门尚不及寸，人以为节孝所致云。

宁　氏　举人李篯妻也。年未四十，篯亡，遗二子。素无恒产，使二子读书以十指供脩脯。有语以谋生为亟者。氏曰："若使李氏书香断绝，死难与亡人同穴。穷饿命也。"未几，长子绶曾入泮，游幕奉天，旋亡于外。氏教次子绶元课益严，意弥笃。夫从叔善滋以诗慰之云："为计书香不计贫，家徒壁立釜生尘。皇天有眼终怜汝，历尽冰霜定见春。"又云："丸熊画获事重新，孤苦真堪泣鬼神。到底此心坚似铁，未亡可对已亡人。"

薛汉臣妻**李氏**　薛家庄人也。娣姒四人，氏居长。年二十七而寡，遗一女，矢志守贞，事翁姑惟谨。析爨后，南北异居。姑不愿往来，就养温凊之事氏遂独任之。姑没时年已九十余矣。后氏目疾失明，动履维艰，人咸谓天之报施有爽也。至七十二岁，忽不药而愈，虽云翳未尽，而双瞳炯炯有光。初目疾之前二年，患耳疽甚剧，气已绝矣。家人环哭，久之复醒。自言至一大殿，有神冠而坐，颜色和霁。曰："汝不宜死。"命二童子送还。人于是叹息曰："是之谓神道，是之谓天道。"女适连北店邹某，夫外出，岁久不归。女食贫，事亲恪守母教，亦能无忝所生云。

杨　氏　巩各庄人。五岁丧母，父以家贫，携其兄糊口关外，送氏依外家。十二岁，外祖母死，又依其母姨。未几，母姨亦死。当是时，氏孑然一身，依依无所之。裴家庄李姓者，氏之夫家也。怜其孤苦，遂收为童养妇。时翁已早死，家计复窘，婿亦谋食千里外，姑不能守，改适某姓。氏随之去，至则视若婢，虐之。氏不能堪，仍回母家，茕茕弱女，难以独处。因寄疏族庑下，十九岁，父兄自外归。兄已娶妇，乃归父舍。二十五岁，兄忽自远方携李氏子来。时李已无庐舍，合卺于夫之姑家。甫一月，夫又外出，遂无耗。不得已仍归依兄嫂，勤苦拮据，一切家计皆氏为经纪。侄男女辈亦视之如慈母焉。如此者二十余年。同治丁卯秋，氏病，自知不起。呼兄坐于枕旁，谓之曰："妹流离半生，依兄廿载，实为世上第一苦人。今且死，死不足惜，然于此死目不瞑矣。"兄曰："然则奈何？"曰："归李氏死耳。但李氏无尺寸土，又无亲族奈何？"兄曰："然。且为奈何？"因相向泣。李有远族名树忠者，氏之诸子行也。闻之慨然曰："是不难，有我在。"以安车迎于其家，遂卒。

董贞女　孙家庄人。年十二，父桂林卒。女哀毁过人，与母茕茕相依，矢志不嫁。有求婚者。向母泣曰："母无子，族中又无可继。女谓他人母，谁奉母者？愿终事焉。"遂却媒妁去。母屡劝之不从，后亦不忍强也。女性刚有力，纺织外沙田数亩耕获皆出其手。门限极严，间有男子阑入者，必叱出之。五十一岁，母亡。罄所蓄以殓。所余止破屋数椽，瘠田一亩、杏树五株而已。因无力葬具，姑殡之窗外，亲封以泥。虽霪雨屋败，无所容身，未尝舍母柩他宿。居恒以刀自卫，夜则置之枕下。一日，邻妇偶至其室，见女流泣，问故。则曰："亡人以人土为安，吾悲无力葬亲耳！"劝之求助。女愀然曰："妇女不可轻受人惠，况送死儿女事，岂宜干人？"同治十二年，乡之好义者，醵金赙之。邑绅上其事于郡守，书额赐之。并岁给银帛，且为之请于大府旌焉。光绪三年，卒。邑之孝廉方正石奉元代请立碑，知府游智开躬拜其墓。

王　氏　高各庄高锡华妻也。嫁未数年而夫亡。属纩时，妇命人取所寄衣饰于母家，因匆迫未遽应，妇趣之，且顾其姒曰："吾已饮鸩矣。"姒大惊，相持哭。家人环集，亟饮以药。妇曰："我甘与同死，死乃得所，救我是害我也。且我无子女累，高堂奉侍有人，我目瞑矣。"须臾气绝。

董　氏　蓝坨人。年十七，适朱仲信。信故业农，薄田二十亩，不能自给，因弃农而商。体素羸，娶年余而病。病危，谓妇曰："我病必不可为。家贫无子，汝又年少，守恐不能终，且天下固多再醮者，可早自为计。"妇泣曰："是何言？倘有不测，听吾命以尽吾心，不则死耳，他非所知也。"信死，既葬。妇以继子屡促其姑，遂以其兄子嗣焉。纺绩供读督甚严。日句（苟）与家人谈，而坐有讽之者曰："家贫，子幼，年少，人守恐不能终。彼天下固多再醮者。不如早自为计。"妇大惊，急起避之。后携其子归宁。入夜，其父谓之曰："家贫，子幼，汝太年少。守恐不能终。天下固多再醮者。何不早自为计？"妇哭曰："此儿命也。命既薄，违之不祥。父勿复言。"居顷之，蓦有邻姥来与妇剌剌语，渐及家事，叹曰："家贫，子幼，汝正年少，守恐不能终。天下固多再醮者，幸早自为计。"妇大怒曰："汝速去。是何言而憖置余耳也，不速去余将置汝。"姥惭而逸。乃即日携儿还。不数日，见家人窃窃集语，妇至则寂然，以目相视而散。乃使儿市冥楮、香烛，携儿哭于夫墓曰：吾计决矣！一恸几绝。儿扶曳归。是夜严妆服卤死。时同治五年三月某日，年才二十有二而竟死。君子于是乎谓其得死所也。

韩　氏　营壕庄人。少聪颖，晓大义，年十七归琵琶河井兴源。入门后，夫妇静好，又勤于妇工，机杼声每至午夜。或劝少休。则曰："一家数口，尊嫜老迈，弟妹弱小，家又无中人产。作苦者，非吾而谁？"由是人共贤之。同治癸亥大疫时，夫习梓人业，应役于汤家河，距家四十里。忽染病甚剧，主人命驾送还，至中途而气绝，时六月二十三日也。送者触热遄行，于午后至其家。先是一日妇夜寝，梦夫蒙血衣颜色惨淡，立榻前曰："汝善事我父母，我往矣。"未及答，欻然而没。妇惊醒，呼姑以梦告。姑慰之曰："妖梦何凭？"然妇终怏怏，至晓不寐。及闻门外人声嘈杂，急趋出视，适与送尸者相值，一恸几绝。曰："夫主也，主死吾何生？" 劝者曰："汝翁姑年迈，子死，父母之肝肠断矣。汝又如是，是重益汝翁姑悲也。不可。" 妇即时拭泪起，理丧事。既葬，姑恐其死，常伴而防之。及秋禾稼登场，妇乘姑外出，遂投门外池中死。觅得其尸，上下衣缝纫甚固。时八月二十一日也。年二十八，计自夫亡甫两月。

嵩林庄刘汉者，兄弟三人，汉居长，仲名清，季名纯。汉初娶某氏，早亡，遗孤四岁名有经。继娶王氏，而汉亡。王氏上奉翁姑，中佐夫弟，下抚前子，勤劳倍至。迨子长为娶妇**徐氏**，而子没。夫弟清妻又亡，遗一子。姑亦旋没，鳏寡重叠出于一门。亲邻无不叹惋焉。子妇徐亦贤，姑媳亲同母女。纺绩辛勤，若自忘其为孤寡也者。嘉庆壬申，大饥。中户以下，多至流离。戚党某忆其孤苦，恐饥寒死，往省之。入门见老翁坐堂上，方饮酒，盘有兼味，为叹息而去。纯娶杨氏，寻又亡，遗孤幼，抚养之劳亦其姑妇亲任之。

李烈妇**许氏**　夫名鹤林，西园方伯五世孙也。其弟以家贫，隶营。咸丰壬子，调兵剿粤匪，弟与焉。父母以弟痴而兄慧，欲以兄代，而难于言。鹤知之请往，父喜为治装，将发谓氏曰："人在世上惟恐虚生，此行胜则可立功名，不胜亦得死所。卿其善事父母。" 氏曰："行矣！二老壮盛，盘匜滫瀡，妾分内事。何劳属？" 因与珍重而别。次年七月，氏居母家，方临窗刺绣。忽垂髫女奔入曰："姊姊我姊丈死矣。人谓死连镇。" 氏惊泣，移时归候翁姑，闻信确，夜遂投缳。时年十七，廪生许守仁女也。

魏　氏　卢家河王珍妻也。初珍父生二子，而复纳妾，遂屏绝正妻及子。以故其妻携二子居母家。迨氏于归，翁妾已生三子矣。

溺爱不明。珍事父虽殷，而时遭鞭楚，因窘而自缢。而氏之奉翁姑也，仍恪谨无失礼。有时痛夫非命，向隅而泣。一闻堂上之呼，即急拭泪痕，怡声以应。姑目盲，饮食衣服皆亲自检点。盖三十余年如一日也。后翁亦愧悔，一家称雍睦焉。

李尚清妻**刘氏**　刘敬之长女也。尚清病膝风，拳曲不能伸。其父欲退亲，敬夫妇亦愿之。氏向母泣曰："受聘后受病，此吾命也。若吾有疾而彼弃之可乎？许嫁而改嫁，人其谓我何？"父母感其言，遂听之。二十三岁于归。饮器厕牏皆亲自捧持。逾二年，村人见白气如虹射入院中，须臾生子。皆贺曰："贤妇生佳儿矣。"逾二年，又生一子。夫亡时，年二十九。舅姑俱衰，家贫甚，惟以纺织作生活。长子名智，及长能致富以养，倘所谓否极泰来时也。世居李家庄，里人皆称道之。

太仆坨陆联珠妻**石氏**　黑崖子社人。夫病废不能动履，溺便须（需）人。氏昼夜扶将，延医调治，迄无痊可。年余，其姑又抱痼疾，须（需）人之状，一如其夫。当是时，翁早没，家无儋石，旁无伯仲，下无子女。氏以纺绩供粥药饵之费，井臼炊爨皆亲操之。复以一身周旋两病者间，洁污涤秽，夜以继日，劳瘁之况有人生所不能堪者。而数十载处之怡然。后姑与夫没，继族子为嗣，年七十余无疾终。

王泽庶妻**葛氏**　生而静默寡言笑，祖攀斗诸生。氏幼时闻讲女诫诸书，即知敛容静听。及笄，适泽庶，合卺十八日而夫亡。氏誓以身殉。不食者数日。已忽念翁姑在堂，泫然曰："二老暮年待养，而吾以死塞责，何以见亡夫于地下？"强起饮食，以妇代子。时生计甚艰，以织纫供甘旨，始终不懈。道光元年卒，年七十。

于　氏　岚泉堡李上达妻也。兄弟五人，达居长。氏于归后，恪执妇道，翁姑及群从衣履悉出其手。及娣次第归，以身率之，和睦无闲言。后因家贫析爨，处之一如同居时。而家业亦日以丰。咸丰三年卒，寿一百有一岁。生前有以例应请旌进言者，氏曰："吾事舅姑，相夫子数十年间未敢或肆。兹乃二子、二孙俱亡，其一惨膺天罚，必有阙孝敬所致，何旌为？勿再言，增吾愧。"迄今子孙勤俭谨饬，犹遵其教不衰焉。

柳起新妻**石氏**　二十三岁，夫亡，遗子英方二岁。日夜纺织，以供堂上甘旨。教子綦严，生平未尝假以辞色。十二岁使就外傅，每归必使陈说古来忠孝节义之事。氏转持以语人，至可感处必泣涕以道。

后子累于家务，遂命孙柏年读，尝谓之曰："汝再不成名，负吾苦心矣。"年七十三无疾而终。时柏年已入邑庠，后举甲子孝廉。

刘姓女 亲迎有日矣。夫以疾卒。女闻欲奔丧，父母止之。欲往吊，母许与偕女华妆行，至丧所从容展拜。次及舅姑，拜讫。索衰绖，易以入幕，执妇礼哭尽哀，遂止夫家。母强之归，舅姑亦以未合卺，故婉谕之。女泫然曰："儿柩前四拜，非交拜礼乎？舅姑在前非三朝贽见礼乎？礼已成，分已定，儿将安归耶！况百年偕老，谁不愿之。今若此，命也。"众莫能屈，任之。及夫葬，遂不食死。高寄泉《蝶阶外史》。

阴振澡妻**刘氏** 双庙庄人。年十八归阴。性孝谨，不轻言笑，能得舅姑欢。后振澡与兄振潜皆幕游于外，氏无子，所生三女皆相继夭。振澡在外纳妾王氏，久不归。家贫，宅空，形影相吊，然绝无怨言。抚夫兄次子为子，爱怜逾于所生。凡笔墨束修之费俱出于十指，积劳得咯血疾，犹操作不息，每夜鸡三唱灯火犹荧然也。及病剧，嘱子自塾早归。子来，见血殷床褥，右手执所读书，抚之已僵。时年五十四。

崔遇昌妻**李氏** 嫁二年而寡。纺织自力，事舅姑以孝闻。无子，立夫弟长子文林为嗣。未几，文林又亡。复为妇张氏立嗣。后与夫弟析产，取祖遗薄田百亩，分而为七。缘夫弟有子六人，欲令各赡所用也。则又微氏之意不及此云。

李萱妻**董氏** 夫亡遗一女。守志奉姑，曲尽孝道。因家贫遂迎其姑于母家。氏弟敏素好义，代姊奉养无缺礼。后氏女适阁楼坨刘姓，敏女适王嵩，皆早寡。二女谊同姊妹，皆取给于敏家。敏赒济三节妇，始终无倦。敏诚尚义也哉。

萧柏年妻**李氏** 于归三年，而夫亡无子。事翁姑以孝闻。继夫侄国魁为嗣，娶妇徐氏，阅七年而国魁又亡，氏时年二十四，遗孤士林甫三岁。妇事姑如母。两世孤孀，相依为命。后士林补郡庠。姑年七十七，无疾而终。妇现年七十三。同治五年，同旌。

张广生妻**程氏** 结璃后，夫偶外出为仇家所戕，踉跄至家，已口不能言，惟索纸画刀形于上，付氏手而绝。报官不得主名，严访未获，事随寝。氏痛夫死于非命，欲自殉。屡经家人劝止。时年二十有二，一女甫离襁褓。遂毁容矢志，勉抚孤女，奉姑尤曲尽孝道，初终无怠。现年六十余。族党无不称之。

李勤妻**张氏**　年十九于归。二十一岁而寡，无子女。初勤出嗣于叔某，勤亡氏仍依本生翁姑而居。三十余年执妇功不怠。翁姑殁后，夫弟豪亦无子，因继从弟欣之长子成玉兼祧。年六十六而卒，守节四十五年。同治年，旌。

阴成之妻**安氏**　年十七于归。壸范素娴，翁姑颇重视之。夫逾年卒。哀哭之余，惟以慰翁姑为亟。后姑殁，翁继娶某氏，系再醮，年尚少。氏事之必以礼。姑旋生子名习之。氏父母虑氏之孤也，又以幼女妻习之，亦冀其奉寡嫂耳。习之长事嫂惟谨。及翁殁，凡家大小政无不与嫂商之。妹既嫁伉俪甚笃。惟姑间有诟谇语，姊妹亦无怨言。数年习之又卒。姊妹同孀，形影相吊，其孤苦有不可名言者。无何，姑有更适意。姊妹几谏，姑不从，且潜将田产衣物尽鬻于人。不得已，遂归依母家以居。厥后姑果他适，姊妹遂于母家置屋，继族子而两承焉。子名尚清，诸生庭槐之次男也。甫数岁，氏保抱携持，至于成立，糊口之资惟针是赖。今姊已殁，妹亦六十余矣。

阴炯妻**张氏**　年二十三，夫亡。矢志守节，善事翁姑。抚夫从弟子士杰为嗣，爱如己出。年十八又夭。妇吴氏年甫二十，守节一如其姑。姑卒年七十一，妇见年亦七十余矣。

赵纯妻**李氏**　年二十六夫亡。家贫无子，善事翁姑。夫从子七岁失恃，氏抚为己子，教养兼至。子亦能得母欢心。孙名恩年，十五母殁，时值严冬，寝食于柩下。人谓子孝、孙孝，皆氏之孝行所感云。现年六十六岁。

张金瓯妻**武氏**　年十九于归。夫年十五，时方患病，合卺后即异室而居。未几，夫殁。氏矢志守节，善事舅姑。姑病废，转侧需人。两叔尚幼，一切衣履缝纫之事皆氏一人任之。年五十九，无疾而终。至今贤孝之声，乡里犹称道弗衰云。

薛汉兴妻**曹氏**　汉兴汉臣仲弟也。汉臣妻李氏，已有传。曹年二十六而寡，无所出。其娣汉屏妻邹氏，生二子，年三十五亦寡。李与曹俱抚其子为嗣。娣姒三人皆有贤声。

郭俊妻**葛氏**　年二十，夫亡，无子女。有夫弟二叔以年少亡，其妻姚氏年甫十八。与氏同贞苦节，并继仲之子为嗣。上事翁姑，下抚嗣子。翁姑殁后，家益贫。娣姒纺绩度日，茹檗自甘。葛年七十八卒，姚年七十五卒。

吴心一妻**刘氏**　年二十于归，甫八月夫亡。时家业贫寒，氏昼夜纺绩，抚夫弟三人，恩同鞠育。继夫侄如柏为嗣，视如己出。未几，如柏亦殁。妇阴氏年方二十二，遗一子，上事孀姑，下抚幼子，孝慈兼至。姑年七十二卒，妇现年亦七十余。

苗有年妻**张氏**　年十五归苗，十七岁夫亡，子女俱无。时祖姑及姑皆在堂，三世孀居，形影相吊，氏曲意孝养，胥得堂上欢。后继夫族侄为嗣。计守节六十四年，现年八十一岁。

才金卓妻**萧氏**　年二十二，夫亡，遗孤甫五月。家止薄田三亩，土屋数椽。氏苦节自贞，纺绩度日，抚孤成立。至十五岁为之娶妇，迨二十七岁又亡。妇董氏，时年二十九，子女俱无。与姑共以义命自安，同贞苦节。妇事姑尤谨，虽藜藿不充，而堂上甘旨无缺。姑现年七十有七，妇现年五十有八。

李廉士妻**邢氏**　年十八于归，未期年夫亡。先是氏翁名文魁，早失估，赖母刘氏节守抚以成立。年几五旬，艰于嗣，纳妾吴氏生廉士。逾数月，而文魁亡。吴与嫡安氏矢志坚贞，相依为命。抚孤至十三岁，娶邢，而廉士旋夭。两母痛不欲生。邢辍泣告曰：“母勿尔！子殁而媳存，倘邀天之幸俾不早死，独不可侍母老耶？且母能养祖姑以寿终。媳独不能耶？”乃并衔痛治丧。未几，嫡病逝，邢与吴哀毁逾礼。世遗薄田五十亩，托族之长厚者为招佃收租，苦无多人，姑媳惟闭门日勤纺绩，虽族邻亦罕见其面。妇孝姑慈，情逾母女。其祖姑刘氏年八十一卒。吴现年七十有五，邢现年五十有五。

庠生李符妻**倪氏**　年十九夫亡。继夫从子砥柱承嗣。砥柱游庠食饩，甫逾冠竟以疾卒。时妇姚氏，年始二十五，遗孤在抱，誓不他适。两世冰霜，人谓不愧清白传家云。姑卒年七十，妇现年七十一。同治年，旌。

郑连盛妻**韩氏**　于归后，姑卧病年余，氏竭力奉养，致成痨瘵，然终无怠意。年二十九，夫殁。幸有遗腹子，抚之成立。授室后，又以暴疾亡。媳亦寻卒。孑然一身，形影相吊。同治六年，阴雨兼旬，所居破屋半间颓然倾圮，而氏竟无恙。人咸谓节孝所感。晚年得手足拘挛症，以肘代踵，匍匐就爨，犹不时断炊。其所遇亦良酷矣。年八十有二卒。光绪元年，旌。

蒋松龄妻**黄氏**　年二十六夫亡。氏矢志守贞，抚孤成立。娶妇李氏亦孝谨。未几，子又殁，妇年甫二十一，与姑共励冰操。一门双节里党称之。

安纯曾妻**任氏**　年二十四夫亡，遗孤甫王岁。未几，翁又逝。是时，家徒四壁。氏奉姑教子，孝慈兼尽。及子娶未久，又夭。妇李氏年始二十，氏上事衰姑，下抚寡媳，拮据万状，恒日不举火。及姑殁欲继曾孙承重，而近族无可继之人。氏时年六十余，同寡媳负土营葬，见者皆垂涕焉。

高尚贤妻**杨氏**　年十七于归。逾年，而夫亡。尚贤出继于从父某，家业萧条，翁姑俱殁。氏仍回本支居。本支翁商于外，姑失目。氏出人扶持，姑倚之如左右手。后翁归，囊空如洗。氏以纺织谋菽水奉。咸丰七年翁病故。先是尚贤出继后，胞弟某未娶而夭。其本生父反无嗣，因继其叔子尚仁为嗣。及翁殁，氏与夫弟尚仁摒挡丧葬，尽哀尽礼。同治七年，姑又殁。竭力营葬，一如翁殁时。乡党翕然以节孝称之。

王煜之妻**才氏**　夫弟耀之妻张氏，娣姒雍睦，无勃溪声。煜之兄弟相继殁，均无子女。築（妯）娌共矢坚贞，茹苦如饴。后两支同继一侄为嗣，抚如己出。守节三十余年。

刘及第妻**李氏**　年十九于归，甫八月余夫病殁。氏貌不甚戚，但怅怅如有所失。邻妇谓“尔夫亡，何若无忧耶？”氏曰：“吾之不敢过哀者，恐伤二老心耳。吾岂木偶也哉？”越数年，翁姑相继殁。其夫兄某无恒业，家亦无恒产。氏归宁时，有讽以改适者。氏曰：“亡夫病笃时，亦作此语。我已心许其无他矣。”遂归。时夫兄货其所居，迁居村外，无怨言。人有悯其茕独者。氏曰：“未亡人有姒氏相依，何茕独之有？”未几姒病，氏昼夜扶持，如事其姑。迨姒殁，遗女侄二俱幼。氏抚如己出，后家益窘，恒断炊。乃纺织以给，因过劳得常嗽疾。人有劝其少息者。氏曰：“二女侄已长成，家且贫。伊父又无恒业。我若惮劳，女侄奁费何出？”言已辄泣。闻者皆酸鼻焉。

马好学妻**姚氏** 年二十五夫亡，子女皆无。氏恸而绝者数次。夫葬，遂收涕和颜事翁姑如平日。其翁谋食于外，夫弟方龆龄，氏饔飧不给，恒以针所获为姑备甘旨。夫服阕，姑谓之曰：“家贫如此，若何以守？”氏泣而对曰：“设非双亲在堂，小郎年幼，儿久非世间人矣。愿母无忧，儿不知贫也。”未几姑目失明。舅复患疡卧床蓐。氏扶持二老，勤劳备至。弟妇生子名际昌，甫五岁即抚为己子。后家道日丰，而勤俭如故。夫弟及其子欲为请旌。氏曰：“人生有命，各宜尽所当为。吾不知何为名节，胡以旌为？如若所言，吾岂幸其命之蹇，以邀名于后乎？”再三言之，不许。年七十七，无疾而终。

姚广利妻**孙氏** 举人国文之祖母，举人书楷之曾祖母也。年二十四夫亡。维时家徒四壁，又无期功强近之亲。氏孑然独处，抚五岁孤，凡衣食所需均出十指力。夜膏火不给，恒自绩月下。如是者几三十年。迨子继忠成立，勖以勤俭，而家道稍裕。氏每以家无读书子为恨。孙三人，均令就外傅读。至年近七旬，井臼虽不待躬操，而柴米琐屑之事必亲自检点。厥后长孙国华人泮，氏犹得亲见之。年七十三而卒。至今子孙绳绳，科名相继，皆氏苦节之报云。

李（名失考）妻**安氏** 夫亡，继子承嗣。守节约十年余而故。其妾某氏，亦守节，劝之改适者甚众。氏曰：“吾幼作婢，长为人妾。今又作再醮妇，吾不为也。”后一孀妇劝之。氏曰：“汝何不再醮？”孀妇无以应。旁观者曰：“汝非某可比。伊有子奉养，且没后可与夫合葬。汝则葬之荒野，虽守无名。”氏曰：“吾亦行其所安，余非所计也。”

赵永兴妻**唐氏** 年二十五夫亡，无子。氏矢志靡它。继夫侄俊为嗣，抚之成立。娶侯氏，不数年俊殁。侯时年二十九，遗孤在抱。氏孝事孀姑，慈抚幼子，艰苦备尝。及娶孟氏妇，性颇温婉，人皆谓两世苦节，今而后可以复兴矣。未几，而孙又殇。一门三节，共励贞操。吁！亦酷矣。

廪贡生广东石桥场大使宁椿年继室**王氏** 河南上蔡监生永贵女也。年十九于归。随夫任所。抚前室子元璐与己子元琛无歧视。年二十六，夫卒于官。氏矢志守节，率二子扶榇旋里，营葬后，宦橐如洗。氏躬勤操作，持家教子备极艰苦。既而元璐入泮，元琛授从九品职，皆氏之力。年七十八卒。次子元琛妻李氏，另有传。

李守诚妻**倪氏** 岁贡生炆之长女也。幼习庭训，知书识字，并解大意。于归甫二载，夫以溺水亡。氏哀哭尽礼，而断之以义，惟恐以过恸，伤两家父母心。逾七月，举一遗腹子。孩提即时加训诫，不使少恃恩。稍长，亲授读，至十余岁始令出就外傅。而已佐姑理家政，内外悉井井有条。后以羸疾卒。子敬修，补郡增广生，亦能恪遵母训恂恂称善士焉。道光二十七年，旌。

杨允中妻**李氏** 年二十九而寡。生子三女一。时祖翁姑及翁姑俱在堂，氏奉养惟谨，颇得亲心。子读书督责甚严。长子在汶，领乡荐，官司训。次在淇，补邑增生。皆母教为多。平生寡言笑，崇节俭，终身纺绩不辍。暇时辄诵观音经咒，与人谈因果。待人无疾言遽色，不较是非。戚里称贤人焉。其子尝欲为之吁请旌表。氏闻而止之，曰："妇人从一而终，乃本分事。且天下苦节多矣。吾尚有子三，得奉养足矣。何旌焉？"

孙翰妻**李氏** 年二十夫亡，无子。姑患痈疽，不能动履。氏扶持奉养十一年，无怠色。继夫从子承嗣，抚之成立。雍正十一年旌。

刘继瑞妻**石氏** 小字亭姑，年十七于归。二十一岁夫故，无子。夫病笃时，目注于氏。氏会意曰："之死靡他。"夫目遂瞑。家贫甚，而妇道曲尽。翁姑皆利其改适，常待以不堪。氏终无他志。其父招之归，令姑姊辈劝其改适。愤怒而归，遂抑郁得疾卒，时年四十有二。

宁永照妻**刘氏** 二十八岁时，夫出关懋迁，遂落拓不归。时其祖舅姑及舅姑皆在堂，家尤綦贫，菽水之奉，氏身任之。椎髻敝衣，日操井臼，虽饥馑之年，而堂上甘旨无缺。厥后叠遭丧葬大故，亦哀礼兼尽。当夫之远出也，遗一幼女，嫁时奁资皆出十指力。终身无戚色，无怨言。姑每思子必婉言慰之，姑尝破涕为笑。虽其夫存亡莫卜，而至孝艰贞，与苦节无异。宗族乡党翕然称其贤孝焉。

从九品宁元琛妻**李氏** 邑孝廉方正善滋女也。年十九，归琛。性孝谨好善，能博孀姑欢。女红稍暇，则制字纸斗，命家人遍挂衢巷间。姑问之，答曰："儿闻之父母，我家累世科第，皆由敬惜字纸中来。儿故奉行不倦，冀子孙绍书香也。"姑曰："善。此不特行善，即行孝亦在乎是。夫孝岂奉养虚文哉？善继述乃真孝也。汝承先人遗训，力行不倦，天必福汝。汝其勉之。"时氏已中年，尚乏嗣。后年逾四十，果举一男，天之报施善人固不爽哉！而姑节妇孝，尤有足风者焉。

陈肇先妻**潘氏** 夫贾于外，病卒，还葬后窭甚。姑令其改适。氏不答。后值夫忌辰，翁姑携冥镪往哭其子于墓。氏诡言不快，弗与偕，遂阖户自经。时年二十有四。

张存富侧室**井氏** 年十六归张。时张母在堂，捧匜奉盥，曲意承欢。而事嫡亦有礼，中闺雍睦，无勃溪声。光绪二年，存富殁。视含敛后，即乘间自缢以殉。时年二十四岁也。先是其翁大用殁，姑张方二十七岁，励节抚孤至氏殉节。人皆叹为节烈之门。

庠生阚绥猷妻**陈氏** 娴内则，笃妇道，相夫裕后，懋著壸仪。年百岁。子七人，俱列乡国学。孙十四人，游泮璧者五。曾孙十五人，玄孙一人。乾隆十五年，旌云"双贵"。

石国成妻**陈氏** 国成继族祖为后，未几病故，时氏方二十四岁。父欲嫁之。氏以死自誓，遂不复归宁。祖翁虑其年幼，立志不坚，因窘其柴米以觇之。氏往哭夫墓，归遂饮卤。适邻妇至，见其卧起不安，疑其为火疾也。饲以瓜片，甫入口，卤尽吐。始知其果以死守也。由是祖翁感惭，不复夺其志。氏亦孝敬不衰。年九十六卒。子汝珏，亦以孝闻。年七十余，犹依依孺慕焉。嘉庆二十二年，旌。

庠生李镇妻**徐氏** 增生轮之嗣子妇也。轮亡，妻李氏守节。于雍正十年题旌。镇亦早卒，无子。氏矢志守贞，继夫从子如松为嗣。两世皆以节著，里人称之。

杨德泽妻**吴氏** 年二十，夫亡，无子。继夫侄文基为嗣，抚之成立。为娶妇吴氏，即氏之女侄也。至二十一，而文基亡。以夫堂侄奉时为嗣。教子游泮。姑卒年六十，媳卒年八十。人谓“松柏双贞。”

张应资妻**赵氏** 年二十一，夫亡，遗孤方二岁。有富豪欲夺而娶之。氏以死自誓。孝事孀姑，教子成立。未几，子又亡，抚三岁孙。艰苦食贫，终身无闲，年八十一卒。

庠生姚起陶妻**张氏** 年二十六，夫亡，遗子二。家贫，无以为生，自勤纺绩，课子读书，少倦即笞责加之。二子俱补弟子员。事舅姑以孝，待姑娌以和，为乡里所重。

王鸿绩妻**李氏** 素明大义，年十九归绩结璃。四载，夫亡，无子。时议立族侄某为嗣。氏曰：“侄犹子耳。第翁年未迈，尚有望也。”劝姑代翁纳侧室，举三子。翁殁。家贫，抚夫弟俱成立。

张宜妻**赵氏** 年二十，夫亡。娣张维妻刘氏，年十九夫亡。两孀同抚一孤，共勤纺织，以事孀姑。姑殁，殡葬如礼。赵至八十岁卒，刘至六十五岁卒。

黄冠英妻**刘氏** 年二十二，夫亡，无子。即以死自矢。因上有病翁，又鲜兄弟，姑留身以奉养。越一载，翁殁。遂仰药自尽。

康朝选妻**刘氏** 年十九为族侄康赛逼奸，不从，被杀。康熙三十九，旌。

王朝真妻**程氏** 真兄朝清于以非义，强逼不从，因勒毙。清亦畏罪自杀。县令赵大经榜其墓。

监生阚旺妻**阴氏** 事舅姑敬恭不怠。年二十八，夫亡。于其夜即投缳以殉。乾隆四十年，旌。

王福妻**韦氏** 年十七于归。十九岁被无服族孙韦谨语言调戏。羞愤投井死，志节皎然。事闻，治谨罪如律。嘉庆二十二年，旌。

严芝妻**史氏** 因被缌服夫弟严珠调戏，羞愤自缢，捐躯明志。事闻，嘉予节烈，治珠罪如律。时在道光十四年也。

烈妇**高氏** 昌黎桥坨人。幼许字于周家营周耀东，妇生而秀慧，性贞淑，居恒闻人谈节义事，辄咨嗟感叹称道不去口。及笄，归周，尤懔懔姆训。周谋食关外，十载不归。妇家无儋石储，因寄居母家。母家故不丰，妇常以十指作生计焉。妇有姨某媪有一女，已嫁，而家称小康。知妇之家居也，邀之来。里有浮荡子李三，媪族也，常出入媪家。窥妇美，窃属意焉。妇觉之，欲归而未得。六月某日，媪方适女家。呼其从孙某儿来伴，儿十一龄童子也。出门嬉。某窥儿媪俱不在，藏利刃往调。妇见某来，惊起欲出。某直前捋其衣。当是时，妇口号呼手撑拒，纠结莫解。儿适自外来，见之反走，泣且号。某释妇，逐出。妇乘间急掩前扉，启后户走。汗霪气喘，步不能咫。某之逐儿也，及诸大门，出利刃刺杀之。返见扉已阖，遂逾窗过，追及之。手撮妇发，以刃指曰："吾已杀儿矣。今日之事，从则生。不从则死。"妇大骂。某怒以刀劙其体十余创，盖犹冀其惧而或之从也。妇且骂且呼曰："杀人！杀人！"当是时，天阴惨，细雨凄凄，四邻室处不闻声。某知事终不谐，以刀洞妇胸刃出于背寸，死焉。报官相验，已越二日矣。儿尸腐臭难迈。妇则貌如生，蝇蚋皆无。是日观者数百人，莫不称异。

以上乐亭。

［**明**］

庠生张翻妻**杨氏** 举人重立子妇也。年二十，翱亡。时孀姑在堂，遗孤仅四岁。不辞贫窭，孝姑教子，始终如一。

庠生萧行远继妻**孙氏** 年二十归萧，克尽妇道。因夫无嗣，脱珥置媵未育，夫亡。伶仃无倚，守节四十余年。

张 氏 千户女，为李百户长男升之妇。升之病殁，无子。氏晨夕哀恸，见者感动。舅姑强之嫁。七日自缢死。

龙升有聘妇，同里女也。年十九，未婚而升亡。女闻之不食不言，惟面壁哭。久之，有问名者辄拒，父母命强之，则复不食，哭而誓以死。无奈何听焉。居恒则婉娩听从，能博二人欢。寝席之温清，衣服之污浣，曰："于我乎任。"族叔有遗孤无所依，曰："于我乎养。"后年逾七旬，脂肤鬓发犹如二十许人。里人咸啧啧称道之。其氏**黄**，**妙宣**其名。

一片石军人**赵来住女**　年十六未字。邻有同成军窥其父母不在，潜往挑之以言。女怒骂前批其颊。母归哭诉曰："我为女子，尚未适人。贼军辄敢淫语谑我，何生为？"因欲自尽，母防之严，未得也。既三日，绐其母出，遂阖户缢。母返奓门救之已无及矣。郡守张公世烈为之营葬，树碑置军于法。

郭　氏　都督张世忠妻，寿官郭茂女也。忠死事，氏年二十九。欲捐生，戚属以抚孤劝。矢志二十余年。御史温公如璋疏称："夫为国死，忠妻为夫苦节。昭哉双义，允矣可嘉。"特竖旌坊。

庠生何志道妻**郭氏**　年二十四，夫亡。上无舅姑，下无子女。父母怜其孑处，迎养之，讽以改适。女不可劝焉。潸然泣。强之。乃佯曰："即如父母命，亦须暂还何家。"父母喜从之，至则痛哭竟日。曰："天乎！命也。"拜何氏祖先，自经死。

萧　氏　庠生张云鹗妻，庠生大壮女也。鹗卒，氏年二十有六。教子重立曰："汝父及汝外祖皆读书人，此业不可坠也。"后重立登万历癸酉贤书，又卒。妇王氏，幼子三人。氏又与子妇抚育诸孙，使之俱攻儒业焉。

王氏女　未详何里人。及笄未字。母生子及女而寡，而家可小康。时明季流盗掠边境将近，乡人皆弃家逃。母与兄谋曰："身命与家费俱重，守与逃两不能保，奈何？"女慨然曰："兄宗嗣所关，不可罹难。请扶母远避，吾为汝守。贼至，死之。贼不至，待汝归。"不得已从之，数日闻贼去，偕母返。女迎门笑曰："贼已至巷口，忽官兵驱之遁，所守幸无失也。"既矢志不嫁，愿终身事母。没后即葬于洞山王氏之墓西。至今王氏子孙岁祀不衰。

陈　氏　标兵马如麒妻。麒从镇将追剿叛兵，卸甲中风死。氏时年二十五，子方四岁。誓以身殉。比麒柩至关北门外，氏即庐居柩旁，昼夜伏哭，睫不交于目，食不入于口者三日。姑携孙抚氏背曰：“汝视此儿。”不仰面指柩曰：“若非姑之子耶？二十六岁尚不能终事姑，此茕茕者又何恃？”挥之不顾。既祖奠，遂自经。巡抚宋公国栋使配享贞女祠。

［**国朝**］

郭生姐　许字于范彬。彬之母，女姑行也。彬患心疾，故迟之未娶。家又骤落，时断炊。女常以女红助之。逢令节必有所馈遗，又检聘钗还之使之质钱。人以为不可。女曰：“吾既以身许范氏矣。此心已定，何在钗之有无？”卒与之。后彬疾益剧，姑不忍误女终身，使之改适。以书与之离婚。生姐遂自经死，时年二十有七。

杨　氏　于应祥妻也。夫亡子幼，家又甚贫。其母怜其少也，与姑议令改适。氏不可，曰：“夫天也，天可有二乎？”及服阕归宁，母又以为言。复执不从。强之。哭曰：“母也何不谅儿心也。反跪夫灵前大恸。比暮，阖户自刎死。郡守张公朝琮，旌日“巾帼完人”。

张　氏　常进文妻也。夫亡遗两孤时泰、时兴，俱幼。氏抚之成立。授室时，兴先亡，时泰继之，各遗一子。而时泰妇王氏年二十九，时兴妇徐氏年二十三。姑妇娣姒皆以义命自安，一门之内雍雍肃肃焉。论者谓沆瀣一气，芝兰丛生在常氏为不幸，于一邑为有光。因上其事于郡守旌焉。

乔　氏　詹宽妻。年二十二，夫亡，遗子三岁，女襁褓。贫苦无依，衣食常缺。氏矢志弥坚，惟凭女红度日。历二十余年，终饥寒死。

平烈女　父自得。年十八未字。有赵某者其邻也，虎而冠窥女美，调之。不从。则以强暴加。女有继母素不相能，复从中为赵地。女自度不免，缝所衣衣裤上下密如织，乘夜赴赵门首，自经死。时康熙三十六年夏五月也。当事受赵贿，欲诬女先已失节，剖腹验孕，以肚为胎衣，竟宽赵罪。士论冤之，葬之秦皇岛。为封墓树碑，吊以诗歌，勒诸石。后复有郭三姐之事。

三　姐　郭大福女也。亦年十八未字。其邻王德成亦虎而冠者。一日，父母与兄俱他出。日晡，女菜于田。王踵至挟女于松林中，强逼之。不从。则力殴之，不死。则又于树上缢杀之。是夜风霾大雷电，人以为异。学博宋瑛署邑篆，廉其实，置王于重典。后二女事，闻于郡守张公朝琮两旌之。

熊　氏　施怀信妻，年二十八，夫亡有二子。家赤贫，长子邦佐旋亦病故。偕子妇，抚幼孙，以迄成立。性勤俭，耻华饰，举动以礼，处娣姒姻娅从容和厚。卒年九十二。乾隆四年，旌。

郭　氏　刘士贤妻也。年二十九，夫亡。立志守节。或谓其难。因断一指以自誓，血溢昏绝，良久始苏。后有疾，子琰封股作羹以进，病良已。既而知之，泣曰："苦吾儿矣。"遂茹素终身。

谭　氏　监生穆永清妻，提督廷栻子妇也。年二十四，夫亡，遗女二。矢志守贞。族人欲为请旌。氏曰："舅姑远宦南省，未尽一日奉养，真天地间罪人。至守节乃未亡人本分。何敢邀旌？"议遂寝。

赵　氏　张彬继妻也。彬亡，氏年二十九。家四壁立，遗孤方三月。恩勤抚育，艰苦万状。有讽以改适者。辄流泣曰："妇无二天，早宜从夫地下。饿死奚恤？况弱息在抱，忍使谓他人父乎？"至五十五岁，子已授室，犹朝夕执女红，足未尝逾闻也。

范　氏　庠生宏楷女，郑镕妻也。年二十四，夫没，无子止一女。亲属咸劝之改嫁。氏以死誓。久之，姑得心疾，狂走叫呼，人皆避不敢近。氏侍疾三载无倦色。既没，事翁尤谨。家虽贫，委曲供奉，能得其欢心。翁没，五载。氏遘疾曰："吾事已毕，死可矣。"不药而卒，年三十有六。

赵　氏　回马寨庠生文淦女也。幼许字王福升，未婚而福升亡，时女年十六。请于父母，欲衰绖往临夫丧。父母坚不许。然自是居家守贞，誓不改聘。性至孝，父病焚香吁天请代，病愈复焚香谢，以首触地流血，两月余额上痕犹在。父为诸子讲经史，女静听皆默记弗忘。与诸弟言，必举古之孝弟（悌）事。诸妹则教之女红及女训。家人皆敬畏之。年五十余卒。

宋　氏　黄殿魁妻也。咸丰二年年二十，归于黄，事翁姑以孝闻。九年二月十七日，黄以痼疾卒。既殓，殡于中庭。氏谓翁曰："幼丧不宜居中，宜偏左。"翁从之，未解其预为已停柩地也。次日，母来。私谓曰："儿年少无子，翁姑奉事有人。儿何生为？"母惊慰之。乃佯曰："儿不过恸极之言耳，何至是？"十九日辰时，乘间自经于室，午后户犹扃。姑怪之，唤之不应，穴窗窥见氏背窗踵立两足空悬去榻尺有咫，口噤齿击两股战战不能声，谛视之有帛束颈上悬于梁。乃仆地号曰："救！救！"家人坏牖入，解之，气已绝矣。是夜母在家梦女来，怡然曰："儿已死。母勿过戚。地下差乐不苦也。"

齐　氏　武进士任游击公之女也。幼字李氏思恭为妻。六岁随任江南，二十二岁回籍。于归后，生三子，而思恭亡。越年，翁亦亡。姑患寒疾，氏吁天请代。病稍愈，而胃闭不思饮食。氏作鱼脱肉撰栗胆桃，百计劝食，而姑视天下物无一可下咽者。氏素闻股肉可以已疾，乃乘夜持厨刀入室，袒左臂以刀拟肉。暴风起外户开阖有声，疑有人至，惶遽中用力过猛，刀深入下肉半斤许，几昏。仆急敷以药，裂帛束之。作羹以进。姑嗅之香，遂食尽。病良愈。他日姑问何羹？是何肉之为而馨香异常。氏诡曰："猪肉耳。"后刀口合，痕大如碗，阴雨时犹作痒痛。见者皆咋舌叹息，称为真孝妇。

程　氏　陆功骆继室也。二十一岁而嫁。翁姑俱早世，家赤贫。合卺逾月，夫赴沈阳贸易。越年，夫在外病亡。氏闻讣，即誓以身殉，数日不食。转念夫柩未归，死亦无益。乃强起，集亲族人，典卖房屋。亲赴沈，迎柩归。营葬毕，曰："吾事毕矣。"仰药死。

郭　氏　李长春妻也。年二十九而寡。三子俱幼，皆教之读书。舅姑继没，卜兆营葬，事事尽礼。家有积逋簿钱几十万。氏一日检册，叹曰："吾家以忠厚为本。留此恐为后人兴讼地。"悉付之火。长子士纲，廪生。仲士维，太学生。季士纪，庠生。长孙育德，登贤书。曾孙允培，补博士弟子。氏皆亲见之。卒年八十有五。士纪妻，陈氏年二十九而寡，抚孤成立，寿亦跻八十。

庠生刘天德妻**唐氏** 年二十八，夫亡，已无所出。妾聂氏年二十二，生子甫三月，氏与聂矢志抚孤，赖女红以资薪水，备历艰苦。孤至十八岁又亡，乃继夫从子为嗣。守贞之志弥坚。

傅尚卿妻**张氏** 年二十四，夫亡，子幼。矢节抚孤，及长又亡，遗两孙教之游庠。曾孙亦入泮。甘贫完节五十余年。知府张朝琮旌之。

王应新妻**张氏** 年二十七，夫亡。遗两幼孤，抚育成立。仲子加士，娶妇郭氏，年二十三加士亡，遗孙三岁。氏与媳相依，苦节始终无间。知府张朝琮旌曰："一门双节。"

罗名世妻**王氏** 罗两世同居，舅、姑、叔、婶在堂。家素寒，名世谋食他乡，率数载一归。氏倾妆资以供甘旨。及姑、婶殁，舅叔咸继娶。历事四姑，恪执妇道。年二十八，夫客死。时，舅已老，三子均幼稚，而家愈贫。氏常忍饥寒，力勤纺绩，以衣食其舅、若子。后，子仲瑄，为庠生。氏年八十有八卒。知府张朝琮旌其门。

监生罗鸿儒妻**宋氏** 年二十九，夫亡。子国珍仅三月，抚养成立。旋殁，子妇傅氏年二十六。苦志共守，傅氏生子三，长续游庠。知府张朝琮旌其门。

郝瑛妻**蒋氏** 年二十四，夫亡。氏矢志不渝，孝事翁姑，抚三子孟熊、仲熊、季熊皆成立婚娶。季熊年二十四亦殁，妻杨氏无子，以夫从子澜为嗣，孝事孀姑。里党称双节焉。

庠生穆宗需妻**谢氏** 年二十六，夫亡，遗孤甫二岁。苦节独励，教子开琛游庠食饩。上事舅姑，族党称孝。督学使者钱公陈群旌其门。娶妇魏氏，年二十六，而琛殁，生子未及一月。魏誓不欲生。族众以事孀姑乳幼子为劝，乃勉自活，未一载而子殇。氏昼夜悲啼，笃孝孀姑。守节凡十五载，年四十而卒。

李时秀妻**涂氏** 年二十七，夫亡，遗一子。纺绩教养，及长授室。子出关贸易，遂不复归。氏与其妇以女红度日，艰苦万状。闻者哀之。

闫梅之妻**向氏**　年二十二，夫亡。舅姑衰老，遗孤仅一岁。氏亲执女红，度日养生送死，克尽其道。子长授室，旋亦亡，与子妇周氏荼苦共守。

李宗尧妻**郭氏**　年二十二，夫亡。子永密娶妇责氏，至二十六岁，而永密亦亡，遗一子尚幼。姑媳共励贞操。郭年七十卒，贵年六十五卒。

乔世昌侧室**刘氏**　年二十二，夫亡。嫡张氏无出，氏子步云仅二岁。氏矢志守节，事嫡惟谨，治家有法，训子为邑庠生。

庠生张玉振妻**李氏**　年二十八，夫亡，子女无出。与夫弟玉瓒妻王氏，一门双节，共矢柏舟。抚嗣子元龄兼桃两支。道光十六年，督学使者吴公文镕，以“志懔冰霜、”“霜筠励节”额并旌其闻。

常正春妻**董氏**　年二十七，夫亡。守节三十八年。学宪武公题旌日“志懔冰霜。”夫侄坦之妻杨氏，年二十夫亡，无子。与氏共励坚贞。守节四十二年。学宪吴公旌日“一门双节”。

李瑞信妻**刘氏**　年十五归李。时有姑在堂，夫贸易于外。氏事姑惟谨，待众以和。生一子而孀，时年方二十八岁也。家徒四壁，矢志守节，以针黹佐儿读。稍长，使就商谋生，未几而子又亡。其媳亦贞静性成，从姑守节。又二十余年，至同治三年而卒。

高克方妻**陈氏**　年二十八，夫亡。夫弟克端妻李氏，年二十九，夫亡。娣姒同心，冰霜共励。翁病痰喘，展转床蓐者数年。姑因痛子丧明。娣姒竭力孝养，曲慰亲心。因无嗣共继一子，由三岁抚养成立，以针供给读书。后翁八十九岁卒，姑八十岁卒。一门双节，人皆称之。

监生郭锡年侧室**王氏**　年二十三，夫亡，无出。与嫡张共励贞操，孝事衰姑。姑徐年八十余，盲于目。氏出入扶持，始终无倦。嫡生子女各一，氏殷勤抚育，凡嫡心力未到者，氏体之无不周。子女亦依依眷恋如慈母焉。

武进士刘佩珩侧室**陈氏**　年二十九，夫故于贵定任所。随继室高扶柩回籍。途次，高又殁。时继室子文典、已子文翰，皆在襁褓。氏抚育无歧视。又兼资斧匮乏，无力还乡，侨居三载，苦况倍常。幸降服子凤书迎之旋里。同治二年，氏所生子武生铁林病殁。氏哭子过恸，目几丧明。闻者皆悯其遇之蹇焉。

郝钧妻**马氏**　钧因关门犯葠获罪，死于配所。时氏年二十一，家贫无子，矢志守节。嗣子玉琛，逾冠复亡。姑媳纺绩度日，相依为命，如母女焉。卒年九十有三。

董太妻**陈氏**　年二十八，而孀。抚孤大训成立，亦娶于陈，甫期而大训死。时子妇方二十四岁，姑媳饮冰茹蘖，艰苦备尝。氏年七十八卒。大训妻现年七十五。

杨　氏　侯选盐课大使王锡马继室也。年二十五于归。是年夫亡，冰霜自誓，之死靡他。事姑克尽孝道。有庶子四人，伯、仲、叔俱与媳相继云亡。长孙亦殁。季子远出，家资中落。氏与孙媳抚曾孙度日，备极艰辛。其妾李氏，年十六归王，王十岁守节，遗一子，抚以成立。

孙文蔚妻**毛氏**　年二十二，夫亡。生二女，无子，继夫侄兰为嗣。娶妇温氏，三年而兰亡。次女适刘国相，甫四载亦孀。姑妇母女一门三节，乡里重之。

王天一妻**张氏**　年二十七守节。卒年七十九。子凤仪早卒，其妻侯氏年方二十一，矢志抚孤，事孀姑以孝闻。

徐士奎妻**张氏**　奉事翁姑，里党称孝。年二十七，夫亡，遗一子承宗，抚之成立，为娶妇高氏，未几承宗又夭。氏与媳艰辛度日，同以节著。

李天泰继妻**杨氏**　年二十五，夫亡。教子文郁成立。前室子文矩、文靖皆早世。矩妻王氏、靖妻杨氏，青年守志，事寡姑，胥克尽礼。

应堃继妻**王氏**　庠生元善女也。年二十六，夫亡。矢志守孀，事翁姑以孝闻。抚前室女如己出。及翁姑殁，丧葬尽礼。夫弟增妻赵氏，年二十八，夫亡，遗一女。与姒氏共励冰霜，一门双节。

王慎修妻**刘氏**　夫亡，抚子成立。为娶妇张氏，子女亡。姑妇同抚一孙，苦守数十年。知府张朝琮旌其门。

邱光祖妻**田氏** 咸丰五年于归。夫病中晕绝，氏敛夫毕，即仰药死夫侧。既而，夫复苏遂终身不娶。

潘烈女 石门人。幼字于赵家峪张姓。年十三童养夫家。赵家峪山村也，峰峦重叠。五月十一日，女出挑菜村北，遇中峰寺恶僧，逼奸不从，僧以刃裂之，晕绝。僧逃。少顷，有人过其处，女苏，言其故而毙。村人喧传。僧惧罪亦投井死。道光六年，旌。

刘贞女 幼许字于宋孺子。未婚而宋亡，女年十七。守志终身。乾隆十五年旌。

蔡贞女 幼许字于周锟，未婚而锟亡于关外。女坚欲守贞，事姑，继子肇兴为嗣。嘉庆十三年，旌（以上贞）。

李天祚妻**穆氏** 顺治元年闯贼寇关，欲强逼。氏怒骂不从，抱女投井死。时年二十有六。

宋烈女**典姐** 幼许字于兰姓，未嫁而夫亡，遂投缳自尽。康熙年旌。

王元良妻**赵氏** 元良偶他出，氏独处，邻人以言调之。氏怒骂。邻人遁去。元良归，氏诉其事，遂自缢死。乾隆十三年，旌。

侯补典史郭肇申妻**姜氏** 申在籍病故。氏随舅姑在山左掖县任所。闻讣，即仰药死。东抚丁题旌。

刘文声妻**徐氏** 年十七，夫亡。随夫弟凤书临清任所。咸丰四年，发逆之变，投河殉难。时年五十有四，守节三十七年。

侯四姐 年未笄，往看其姊，为侯俭诳以母病急回，俭于田间逼奸不从，以石破其额而死。县令以图奸害命正俭于法。以上烈。

以上临榆，山海卫并入。

卷之七十一

志余上

《管子·小问》杂篇：桓公北伐孤竹，未至卑耳之溪十里。阘然止，瞠然视，援弓将射，引而未敢发也。谓左右曰："见是前人乎？"左右对曰："不见也。"公曰："事其不济乎？寡人大惑。寡人见人长尺而人物具焉。冠右祛衣，走马前疾。事其不济乎？寡人大惑，岂有人若此者乎？"管仲对曰："臣闻登山之神有俞儿者，长尺而人物具焉。霸王之君兴，而登山神见。且走马前疾，道（导）也；祛衣，示前有水也；右祛衣，示从右方涉也。"至卑耳之溪，有赞之者，曰："从左方涉，其深及冠；从右方涉，其深至膝。若右涉，其大济。"桓公立拜管仲于马前，曰："仲父之圣至若此，寡人之抵罪也久矣。"管仲对曰："夷吾闻之，圣人先知无形。今已有形而后知之，臣非圣人也，善承教也。"

郦道元《水经注》：大碣石山在右北平骊成县西南，王莽改曰揭石也。汉武帝亦尝登之，以望巨海，而勒其石于此。今枕海有石如甬道数十里，当山顶有大石如柱形，往往而见立于巨海之中，潮水大至则隐，及潮波退不动不没，不知深浅，世名之天桥柱也。状若人造，要亦非人力所就。韦昭亦指此以为碣石也。《三齐略记》曰：始皇于海中作石桥，海神为之竖柱。始皇求与相见。神云："我形丑。莫图我形，当与帝相见。"乃人海四十里见海神。左右莫动手工，人潜以脚画其状。神怒曰："帝负约，速去！"始皇转马还，前脚犹立，后脚随崩，仅得登岸。画者溺死于海。众山之石皆倾注，今犹岌岌东趣，疑即是也。

又，汉灵帝时，辽西太守廉翻梦人谓已曰："余孤竹君之子，伯夷之弟，辽海漂吾棺椁。闻君仁善，愿见藏覆。"明日视之，水上有浮棺矣。嗤笑者皆无疾而死。于是改葬之。《晋书·地志》曰：辽西人见辽水有浮棺，欲破之。语曰："我孤竹君也。汝破我何为？"因为立祠焉。

《唐书·李白传》：裴旻尝与幽州都督孙佺北伐，为奚所围。旻舞刀立马上，矢四集皆迎刃而断。奚大惊，引去。后以龙章军使守北平。北平多虎。旻善射，一日得虎三十一，休山下。有父老曰："此彪也。稍北有真虎，使将军遇之，且败。"旻不信，怒骂趋之。有虎出丛薄中，小而猛，据地大吼。旻马辟易。去，弓矢皆坠，自是不复射。

颜真卿《赠裴将军旻诗》云："大君制六合，猛将清九垓。战马若龙虎，腾陵何壮哉！将军临八荒，烜赫耀英材。舞剑若游电，随风萦且回。登高望天山，白云正崔嵬。人阵破骄胡，威名雄震雷。一射百马倒，再射万夫开。匈奴不敢敌，相呼归去来。功成报天子，可以画麟台。"

《辽史·兵卫志》云：其南伐，点兵多在幽州北十里鸳鸯泊。及行，并取居庸关、曹王峪、白马口、古北口、阿达摩口、松亭关、榆关等路，将至平州、幽州境，又遣使分道催发，不得久驻，恐伤禾稼。

又《百官志·管押平州甲马司》：管押平州甲马，隶元帅府，备御宋国。

又中京道十三州：恩、惠、榆、泽、北安、潭、松山、安德、黔、严、隰、迁、润。南京道八州：顺、檀、涿、易、蓟、景、滦、营。

又《食货志》五京及长春、辽西、平州置盐铁转运、度支、钱帛诸司，以掌出纳。

又，平州卢龙县丁一万四千。安喜县丁一万。望都县丁六千。

滦州义丰县丁八千。马城县丁六千。石城县丁六千。营州广宁县丁六千。

《金史·安塔哈传》海陵时，自上京徙河间，土瘠。诏安塔哈一族二十五家，从便迁居近地。乃徒平州。诏给平州官田三百顷、屋三百间。

又，李瞻蓟州玉田人。天庆二年，进士。为平州望云令。张觉据平州叛，以瞻从事。宗望复平州，觉亡去。城中复叛，瞻逾城出降。宗望嘉之，承制以为兴平府判官。案：望云疑当作望都。

《元史·本纪》：至元二年二月甲子，以蒙古人充各路达噜噶齐，汉人充总管，回回人充同知，永为定制。

又，《百官志》：永平屯田总管府秩从王品，达噜噶齐一员，总管一员，同知一员，知事一员，司吏四人。

又，永平路纹锦等局提举司，提举一员，同提举一员，副提举一员，照略案牍一员。

又，迁民镇千户所秩正五品，达噜噶齐一员，千户一员，百户六员，弹压一员。于大宁路东口置司。

又，《食货志》永平路商税额数：二千二百七十二锭四两五钱。

又，《兵志·马政》：一左手永平等处御位下永平地，哈喇齐千户六十。乐亭地，珠噜海齐、阿都齐、达喇齐、穆尔默色、伊尔格齐、玛门萨里台。

明郭建初《碣石丛谈》旧志：公孙在卢龙县，赤峰岭及道南烽火山有公孙神康墓。汉末玄菟公孙度据平州，传子康，岂其所葬与？是不知汉魏平州在辽东襄平，而此为辽西郡，度不得而有也。至康子渊为司马懿所征，经孤竹度碣石，以次于辽水，彼乌得而葬此哉？《滦旧志》从之。且引康为神康。史传康无二名。或以为公孙瓒，杀刘虞而据幽州，盖本令支人。赤峰岭、烽火山，汉皆令支地也。或瓒之先后族属？而瓒则焚易京，子缵亦杀于屠各，未闻故吏为收葬。神康虽不知其故，为令支人明矣。何必以援玄菟耶？许庄云：父老相传城西有谢丞相坟、孟宰相，因无显迹，不敢强附。

则公孙之显迹，玄菟何如令支哉？均之为僭伪，何舍近而之远乎？

又，唐宜芬公主题虚池驿屏风，《女史》与《唐书》不同。《女史》言：公主本豆卢氏女，有才色。天宝四载，奚霫无主。安禄山请立其质子，而以公主配之。上遣中使护送至虚池驿，公主悲愤作诗。至番，其国立君矣，质子见杀，公主亦遇害。而《唐书·北狄列传》云：以宗室所出女慕容为燕公主，妻契丹郁于。郁于死，弟土于嗣，携公主来奔。豆卢虽出于慕容，而燕都则非宜芬也。奚王延宠降，复拜饶东都督怀信王，以宗室出女扬为宜芬公主，妻之。延宠杀公主，复叛。是宜芬非豆卢氏，延宠杀公主以叛，非质子见杀而害及公主也。

又，辽景宗乾亨二年三月，如南京赏牡丹，遂西幸。圣宗统和五年三月癸亥朔，幸长春宫，赏花钓鱼，以牡丹遍赐近臣。则牡丹在长春宫，宫在南京矣。其驻平地松林，松亭山关外也。

又，金世宗大定十八年正月壬戌，如春水。二月丙寅朔，次管庄。丙子次华港。己丑还宫。丁未，以春水诘石城令不称职，此长春淀也。按金之春水沿辽捺钵，盖必地坦夷四方二三十里，木多榆柳，时出较猎、讲武兼受南宋及诸国礼贡。国主牙帐，以枪为硬寨，用毛绳连系，每枪下黑毡伞一，以芘卫士风雪。枪外小毡帐一层，每帐五人，各执兵仗为禁围。南有省方殿，北约二里曰寿宁殿，皆木柱竹檩毡为盖，彩绘韬柱，锦为壁衣，加绯绣额，黄布绣龙为地障，窗槅皆毡。傅以黄油绢基高尺余，两厢廊庑亦毡，盖无门户。省方殿北有鹿皮帐。帐次北有八方公用殿、寿宁殿，北有长春帐，卫以硬寨。宫用契丹兵四千人，每日轮番千人祗直。禁围外，卓枪为寨，夜则拔枪移卓，御寝帐周围拒马，外设铺，传铃宿卫。春而捺钵，正月上旬起牙帐约六旬，国主方至。天鹅未至，设毡帐河上，密掩其门，凿冰窍，举火鱼尽凑之，即垂纶罕失也。冰泮剞木为舟，长可八尺如梭曰梭船，施一桨以捕渡。广则方舟，或二三焉。冰泮，乃从鹰鹘捕鹅雁，必择鹅鹜聚处。晨出暮归，从事弋猎。其侍御卫士皆服黑绿衣，备连锤、鹰食器、刺鹅锥各一具，于泺周相去各五七步排立。主冠巾衣，时服系玉束带于上风，望有鹅处举旗。探骑驰报，远泊鸣鼓，鹅惊稍腾水面，左右围骑举帜麾（挥）之。五坊擎进海东青鹘拜授于主，放之。鹘擒鹅坠，势力不加，排立近者举锥刺鹅，急取脑饲鹘。救鹘人例赏银绢。主得头鹅荐庙，群臣各献酒果，举乐更酬酢致贺语，皆插鹅毛于首，以为乐。赐从人酒，遍散其毛。弋猎网钓，春尽乃还。世宗既殂，后主如春水，改都南行宫为建春，又改遂城行宫为光春，而长春不书矣。至宣宗南迁而都入于元焉。

又，辽、金、元国俗以游猎为乐，且以习武事。故《辽史》有游幸表，余并金、元作燕幸编于年月日纪之。亦可因行期而知地里所在，但多在口外，如千里松林之类。其在境内者，如滦河、石岭诸区，而《滦志》有长春废淀，在州西百二十里，旧石城废县地。即今稻地集西，旧有长春行宫，乃辽萧太后所建，凿渠通唐溪以游观。昔有月榭、风亭、莲池、柳岸，今剥落飘零久矣。又名大定淀，金世宗时改名。至今居民犹以“宫上”名云。余考辽长春宫在南京之郊，其有长春河则在辽水之川，而此者乃金行宫也。《新川志》编年，辽幸者三，金幸者四。如果辽之宫，则幸不惟三。金改大淀为长春，非改长春为大定也，其幸三也已哉。

又，元许有壬《圭塘集》载喜逢口事。今关名喜峰，似失厥义矣。其与丁文苑同科，为哀辞曰：“文苑移官山北，山北置大宁，右白霫地。去京师东北，尚八百里陆。不可以挈家，水萦纡五千里，扶病拥幼，殆不能为谋，即是辞也。岂舟可通乎？”按史将由滦通漕于上都，造船，视为不可而止。今滦河之浒，尚有系缆铁椿，或以为系浮梁，或以为系行舟。正德初年，渔人获一铁缆矛重三百余斤，则昔滦或深于今矣。岂亦以系浮梁者哉？元通漕舰，或不可至上都，岂其不容刀以达于大宁乎？若召闽中清流之舟水手，今必可达小喜峰，而至大宁亦未可知也。

又，元白湛渊《续演雅十诗》发挥其一：“滦人薪巨松，童山八百里。世无奚超男，惆怅度易水”者，取松煤于滦阳，即今上都。去上都二百里即古松林千里，其大十围，居人薪之，将八百里也。盖在松亭关外。与境外地同。关内有滦阳营及驿，而皆上都之委。此诗则为上都作。云将八百里今为胡守中所伐；又自隆庆来蓟北修边台桥馆万役，今千里古松尽矣。凡元臣咏滦江滦阳诗皆上都非此也，当辨。

又成化乙卯，滦州城南有李氏子弋雄雁，铩其羽，雌随飞悲鸣三日而去。雄畜久而驯，纵野以媒他雁。及春，其雌复来，飞鸣如昔累日。其家异之，出雄于隙地伺之。雌哀鸣而下，周旋俯仰，鼓翅招呼，若与之偕飞。雄竟不能去，纠颈弗释，并死之。乡人云集而叹，瘗之于高坨，名日双雁坨。处士朱昶有诗。

又，洪武三十年七月，以郭驸马使辽回，私带榛子三扛，沿途擅用驿夫递送。事觉，令自备钞实，给还役人工食。仍敕兵部与山海、松亭等关、古北、旅顺口悬挂榜文，凡公差人员不许稍带松榛等物进口、渡海。违者一二斤、三五两，俱分尸号令。所过官司纵容，一体治罪。时欧阳伦以私茶于陕西，赐死，其严如此。

又，洪武二年命郡县立学，三年开科，八年立社学，选国子分教北方。十一年，选武臣读书国子监。十四年，颁五经四书于北方学校，为久陷于夷，而广同文治也。至十五年五月丙戌，命汇编华夷译语上。以前元素无文字，号令但借高昌书制为蒙古字以通天下言。至是，乃命翰林侍讲火原洁与编修马沙亦墨等以华言译其语。凡天文、地理、人事、物类、服食、器用，靡不具载。复取《元史》纽切其字，以谐其声。既成，诏刊行之。自是使臣往复朔漠，皆能通达其语矣。

又，武宗正德十三年四月朔，以大行梓宫将祔葬，诣天寿山祭告六陵。遂往黄花镇、密云等处游猎。五月末旬还京，余居喜峰。传有父老手记：四月二十七日乙未，驾幸关过滦河，见溪流沙回绕，意有宝物。命中宫侍从取之，得异珠不计。及驾过，土人往取，并无之。临关命家将六十员名护出□外口到浓津岭止，回宿验马厅。九月五日癸卯，总兵马永具筵，太监张永、佛宝等侍，乐工孙自（白）毛供唱。问头上白不知下头白否？即令屠户阉之。驾遂起，往建昌。滦州旧志：十二日辰时，驾自建昌至偏凉汀打鱼，乘船顺风三里许，至北释院口，手打捕，竟日而还。十三日，到大泝河佛住山下，观鱼人，遂号为龙泊。然虽漫游而行在便如辽、金，故无土木供帐之侈，民不至为烦乱焉。

又，蓟镇忠烈庙边路多废，总理乃合祀于三屯，以都督死者孙膑未尝为立庙，但传像于景忠山三忠祠后寝。新庙成，舁入居中独坐，以副总兵而下旁列配之。夫膑敕予祠以死故也。然死不论轻重迹其生平审其时势而概祀之，曷劝哉？况行无可取罪不足赎乎？明制待阵亡最隆，必核其所死宜祠，乃赠谥。未尝于丧师辱国者而概予之祠也。自正统土木之难，尚有区别。是后边臣讳败多以捷闻，不论俘死、逃死、降死，死则以阵亡闻，其滥如江河势不可挽矣。

又，女官马氏蓬瀛，昌黎人也。东光贡士刘公直，历礼部主事、户部郎中，元季兵火，宦游于昌黎，娶之。蓬瀛幼聪慧，随父读书，精通历数、天文。洪武壬申，差内臣陈二仔捧宝二百锭、四表里，召授尚宫司宫正，授冠佩悬，岁给俸米六十石。戊寅差内臣穆和赐一女使送还宁家。永乐即位召二次，屡赐宝楮、表里。官其子政为本县儒学训导终身。

又，凡志，古不考史，其年与传多不合。如裴骞《仙人台记》：“太康三年，为北平郡五车王所据。”则晋之太康非辽之太康也。时辽西为段氏所据。二年，慕容涉归寇昌黎，平州刺史鲜于安破之矣。又为安北将军严询败归，慕容连败，段氏为平州属国所服，何以言据也，盖咸康三四五年，辽为石赵攻，而走保密云山事也。抚宁卢岭峰有七王山，亦称辽王者，皆段辽事。《魏史》卢龙岭，盖与密云山连亘不远耳。

又，令支界崆笼山，有淮安王避难洞。石上有大安五年字可辨。历称大安者：秦苻丕元年，慕容垂建元不称之矣，是年燕余岩以建节将军叛，为慕容农所平，但丕即亡，无五年也。惟北魏大安四年，则高宗至辽西黄山宫筑坛记行，或五年，有刻也。辽道宗太康、大安凡十年，无事，且未尝东游也。淮安王不知谁？其避难无考，或伪乱僭称耳。

又，《景忠祠记》嘉靖癸未，兵备熊相撰。称祀四君子：诸葛、岳、文、武宁也。镇守马永所创。未按像而调去。代者口西人，至任，拜元君祠。与元君邻因至祠，像未成，有木主。问武侯何人？以亮告。知之。武穆何人？以飞告。知之。至文文山及名告，不知矣。问南人、北人乎？曰："南人，我固不知矣。"问何时？曰："前朝人。"至武宁王，告者不敢名，曰："此今定国公祖也。"曰："徐某有子孙奉祀，不宜亦分三人食，去之。"或以记四人告，而不知何为记者？永归金吾先告定国，遣纪纲校尉辈进香元君因谒祠观像。急矣，乃画像于扆壁，为将特祀抵之。今壁剥落有遗迹。盖虽椎可鄙，不为佞，可恕焉。但徐冒虚名，马若虚举，而熊为虚言，皆本真而成假矣。

又，《忠义庙碑》嘉靖丙申修撰，屠应埈撰。各路有之，文同。今太平碑尚存。巡按金烁与同郡且座主命各路以币请文而且谢盖千金，以此名耳。文不言某何以死？通言是庙隶某寨为某帅立以祀。官军某等空其名，令填之。如太平路碑，填是寨为参将周璇所守之庙。祀官军周明而下不知明某年何以死？璇乃时帅非死者，有路竟不填，不知何以立？盖公则名报忠义，私则实报恩义也。

又，燕出长人，东北古为多矣。如慕容皝七尺八寸；垂七尺四寸；德八尺二寸。时逢陵长王鸾长九尺，腰带十围，贯甲跨马不由磴。德见而奇之，赐食立尽一斛。元魏南明太守慕容叱，身长一丈，腰围九尺。辽卢龙节度使卢文进于无定河见人脑骨一条，大如柱，长可七尺。

又，大汉。将军三屯营马玉侍卫三朝，语在母节妇徐氏传。时有与同选口西人，尤长尺余，腹余十围，重五六百斤，为天下第一。凡选侍卫，必两相配，是独以无对不用。来访玉家，为具餐，十人至二十不得其一饱。城中或十户二十户合为具，不能供五日。语总府留之，以饷之难而去。至冬，无能施之衣，而冻馁死于燕南矣。是后，大将军有江南客不满三尺，侈宠异常。时屯城台有僧躯如之，客以类己善视焉，未尝失温饱。乃追怜巨人之孳死，而不如侏儒易为生也。嗟夫！无论天下，但燕前如安禄山其重三百五十斤，至为伪帝。孟业千斤，而为幽州督。是人徒食粟，必才无可用，倘有与对者，则不论才否，玉为锦衣百户，而彼且指挥之矣。故历举燕长人种，姑以慕容家告之。若契丹阿保机其靴可纳城台僧没顶，至为伪天帝，传国二百余载。长人富贵者世岂少乎哉？是人至饿死非长之罪也。

又旧志：昌黎仙台山后有石洞古井，张果老院在焉。石碾、石槽遗迹尚存。抚宁县东十五里，以氏河，为其骑驴曾陷焉。其饲驴石槽蹄迹宛然。在府城五里大石盘礴上，低陷如之。其墓在抚宁县东南七十里。韩湘与果老栖仙台山，常对弈。今有仙人弈石脚迹石盘文甚古。又观音洞石壁上，有韩仙真影，世传修仙辞乡遗状云。墓在昌黎城西南八里。迩者，县令刻《蓝关记》，瑶华帝君韩若云自撰云。《文公集》其弟滂墓志铭支系甚明。其诗左迁至蓝关，示侄孙湘。是记以公为叔而父。其伯祖会，会无子，而有子湘有父而无父矣。竟篇言吕洞宾七度之成道，及诸与游拾得辈，未尝及张果老，北至五台山，未尝言人燕也。则昌黎县之仙迹，视斯记自辨矣。

又，《染庄社记》：契丹时，辽兴军凪尧者行货，路收一卵于篋，归置锦囊，系脐。不月余，出蛇如簪。饲之以肉，渐长，盈丈，围将尺许。乃纵之野，任其自食。尝命以名日“于雅”，抚首示不忍别，雅如人恋恋然，但不能言而去。后数岁，益大，始食野禽，继而噬人。有司制之无策。乃闻于契丹，榜募能捕者。知其必雅，乃应募而抵放处。呼其名而至，叙故旧而数其罪，蛇俯首伏诛，血流及近村土石悉染红，而庄以名。庄老以能施恩除害而祀之，雅能知恩服罪而配焉。是岁，里人修祠落之记其岁月。金至宁元年仲秋辛卯，兴平路猛安蒲察孟里记。或以雅知罪伏辜，怜而葬之。而以昌黎古迹城西北三十里蛇皮王墓，是雅之葬处也。殊谬。

又，石门子关天仙庙，有神灯二盏。正德年间，盗去其一。今更深，人百步外望有灯，近前并不见之。

又，嘉靖王子，路军马文章往玉王峪。日暮，忽见白发翁尾之，疑为怪。石击之不见，而见群鸡数百遍山，逐之皆入地，而山皆银矣。章不之识，携数片去，至峪投郭银家辨之银，以铅锡给之。章去。银遂密运数夜，炼为锭。家婢密持小锭与邻家婢曰："吾家多多。"邻知，亦盗取之。久而土人报路将，抚按以上闻。癸丑遣锦衣卫千户取年有半。而抚按往临，公私取用益多，民不胜困。因报绝产而罢，遂塞之。上立庙镇压，至今毋敢盗。

又，汉儿庄南山矿洞奉禁矣。而土人传庄北有谶云："东一箭，西一箭，万两黄金没人见。有人见，普救九州十八县。"陈游击解云：一箭者，地百步外也。东西常谷间南山一箭地，人常言有宝气，乃以取煤为名，役兵二百余人凿洞年余，黑石不成煤。或告宜一祭取其馂犒兵，再三告不忍予，第务必得之。而庄西南隔河里许盗矿者露，为三屯营守备魏文举密获十二驮。又搜南觉寺盗首孙南华掘地得百余斤，以数十斤报官。盗首前建昌胡总兵幕客，尝为领六宝峪矿徒习矣，乃荐之总理府，不得意，而领旧徒为此。文举贪鄙，既赢而宝复益之南华书生，乃为徒劳，谪戍于密云。游击亦徒劳人力，因无以解人口罢官中路协守羁留之，索矿百斤，乃出囊金五百奉之。皆为此谶误也。

又，迁安县西十五里宫寨庄北，先有银杏二株，可七八抱。成化间，庄民韦氏锯其一，以为奁具。流汁似血，鸣数夜乃止。韦家遂灭。其一尚存，已十数抱，荫蔽二亩余。七家岭驿西南郭家庄西有树连抱，亦银杏也。

又，乐亭县治往有怪，居者惮之。成化间，冢宰尹公闻其事，会缺，尹乃于辛丑进士中择才望有福德者知县事，得沁水李瀚，仍择钦天监官善术者偕往。及至，监官视之，曰："是在谯楼。"时谯楼建置久矣。撤之，果得一巨蛇，围可尺许。监官咒之，设大坛于前，蛇既俯首入内。曰："未可歼也。"乃密封，令人舁于海。又壁间掘一女尸，不知何时，颜色如生，出而瘗之。怪遂息。李任满，擢御史官至尚书，寿几九帙果符福德之相。尹公信知人哉！监官之术亦奇矣。惜逸其名。

又，张住，石碑场人，其先有积恶，及住父益不为善。住好左道，举家从之聚众邪说。有游僧明果等尝至其家，诳以妖术。住信之。一日，住令家属咸饮药跪于地手刃之，以为升天也。计父母妻子及姊妹辈共十七人，止一侄获免。时嘉靖甲子，事闻当道，立杖毙之。

又，隆庆己巳，海渔人捕一巨鱼约十余斤。曰："此骨鳞鱼也。"是时，无岁不有警。说者谓："鱼负鳞甲，兵象也。不常有者而捕之，鲸鲵其顿息乎？"自此虏不犯边者十余年。万历癸巳，渔人又捕一骨鳞长六尺余约重六七十斤，巨口尖尾，皮类鲨鱼，状类鲛，有骨鳞五行，鳞如酒杯，脊如剑。渔人曰："此垂白之老所未睹者，较之隆庆年所获直小介耳！"

又，山川之经，其名古今殊而多从俗，未便。《水经注》书如难、濡、滦，土语相近而转，其亦以世益殊耳。若滦之为泸，隋为泸河镇，本《水经》"卢水合滦"，泸河即滦河。若渝之为榆，临渝至为临闾也。

又，永平古迹称七安：北安山、南安山、宜安村、新安镇、乐安镇、迁安县、永安录事司。山村镇县司以安为名，取《说文》安止之义。然昔之人亦偶举其七，境内称安多矣。若静安之社不大乎宜安哉！更慕容朝多称固，载在《载记》及《北魏书》，盖取义犹安为其固守也。后转为堌，犹亦史文转成为城，转保为堡耳。

又，郡境边方营寨称谷，称庄。庄无异音，六达路为康庄亦舍也。从土，"监本"从土误。南北音同。但书有作庄，或以为俗书。其实庄音彭，而为别音别字矣。

又，歧路南人书岔呼差，为其交错，或易差也。岔为尘坌，亦作坋。枌，房吻切音。唐书岔，集京师从轸韵也。步闷切者，相如赋"岔入会宫"从震韵也。北人书三岔，乃三分歧路，或取分土义可通也。但因与咤同，则从祃韵矣。其以姓名庄名社，宜曰家，多为各。州县志皆然。或谓原登黄籍如此。今七家岭，史为七个岭则"个"各声近，本转音讹书而然。此类今未如之何矣。

又，嘉靖甲寅，滦州知州王维川刻《本草权度》于乐亭，乃浙余姚黄孝子著辑也。通州知州董汉儒刻之海陵，乐亭又刻之，给事中厉汝进序之。

又，凡碑记题名于庙宇中，嘉靖年间初尚古风，文虽不足观，而实则有足重。如生员或儒士某撰，或吏或民书而不假官衔及代笔者，质犹存也。今则以官为重，百无一二真矣。境内乃有虚名之记，虚文之碑，为叹息焉。而原其故，以解众疑。

又，永平北境多系大宁州县。余尝游滦阳兴教寺，有元至顺二年碑题颇及，记云：燕之东北路，曰大宁。惠州西南乡分滦阳林河社，界山之阳，平泉之侧，麓野之间有古招提上下二区，同名兴教。林峦秀异，山水嘉奇，川原宽博而资产丰饶，境物繁兴，而云游西至。四望东至大峪流水渠，南至二郎坨，西至三十二岭西边鹰愁涧，北至大峪北白石头向阳岭界，则凡林河社皆惠州地也。今迁安县林河社里有三：其一，在县西百二十里，东至太平寨营，南至夹河社，西至遵化县，北至喜峰口，三屯营在内；其二，在县西北百八十里，东至太平寨社，西至汉儿庄营，南至三屯营，北至喜峰口，滦阳营在内；其三，在县西北百六十里，东至潘家口，西至龙井关，南至洪鸦寨，北至三台山，汉儿庄在内，皆惠州地。

又，《洪武录》云：大宁有新城、木榆等卫，此非定名也。其云："滦阳口外富民、宽河、柏山、会州、新城、大宁等处宜置七驿。"今考滦阳驿五十里为富民，而宽河，而柏山，而会州，而季庄，而富谷，皆六十里，而七十里乃大宁都司，今滦阳驿移于三屯，则多四十里矣。古城在喜峰，或自口外移入也。

明谈迁《国榷》：仁宗洪熙元年七月壬辰，乐亭胡敬上言："致治莫急于听言，言路通塞治乱系焉。臣愿陛下开不讳之路，广忠谏之门。清问下民，平易近物，听受忠鲠，不拒咈逆，则嘉言嘉谟日有所闻。又愿言必信，用必贤，戒无益，慎虚名，敕天命，恤民隐，诚于求言以来天下之善，而于六者终始力行，则天下幸甚。"上嘉纳之。

又，嘉靖二年十月丙午，逮临洮知府郭九皋。九皋前守永平，有魏国公赐田，洪武末已辞免。至是徐光祚为民间所占，九皋不为理。因嗾滦州人赵纪诬告，陈（东）厂太监芮景贤云："受贿，"下镇抚司。科道争之不得。

又，嘉靖四十二年十月丁卯，黄台吉犯墙子岭，京师戒严。总兵胡镇、孙膑、游击赵溱逐寇于三河被围，溱、膑死之。十一月丁丑，寇退，京师解严。时援兵俱望敌尘尾之，至鸽子洞参将郭琥伏火器待之，颇死战。乃改道出，寇餍饱且疲极失道。诸将竟无敢发一矢者。是役也，我谍知胡情集甲墙子岭。三卫导胡给杨选以潘家口，遂携赴之，致败。建选等，诸臣益惧，日三四报捷，冀惑圣听，上厚赏江车等不一及本兵，意有在也。

又，天启三年，兵部尚书赵彦上边防当豫八策。其四云：山海线路固天设之险，而三协各边层峦叠嶂亦天之所以限华裔者。其水口空缺，某最冲，某次冲，令处处有备。至喜峰口为入贡大路，敌所垂涎，兵不满千，何恃以御敌？宜天津、通州各调骑步两营，各用南将领赴喜峰口防御，听王威调遣。又须三协大将躬行调度，中协则总兵王威移喜峰口，西协则总兵孙祖寿移古北口，东协则副将移桃林界河口。至明年二月中即止。此固守险扼之当豫者四也。

又，天启四年正月丁丑，妖人王好贤从徐鸿儒而逃，至是获诛。初深州王森以救妖狐，狐断尾令藏之。人闻异香多归附，号闻香教。森死遗赀巨万，子好贤藉其赀以结客，与景州于宏志通，密约徐鸿儒，三方同起。而鸿儒以他事先发（按深州是滦州之讹）。

又，四年正月，工部尚书王舜鼎言：各镇器甲自造，不得专发京库，虚其根本。从之。时蓟抚乐和声、总兵王威各求发京库。

又，五月丙寅，蓟辽总督吴用先言："关内三协延袤二千余里，精锐尽调以东，关内单弱，不得不募新兵。乌合之众，未习操练不逃则盗，故练新兵不如练旧兵。喜峰口、白马关、大水峪、潮河川、桃林口、界岭口，人马俱通，尤为要害。先年有墙台烽堆，近来倾圮。班军尽赴山海，三年未筑。臣豫为估计补葺以待兵集，庶藩篱可固。"上是之。又，顺天巡抚邓汉言："蓟镇十二路，东自山海西接黄花镇，延袤二千里。臣顷遍历三协各关口，虽无处不险，而平原大川可容数十万大举人犯，又当贡使出入之路，则喜峰、潘家口为最。皆中协地也。”

又，七年正月癸酉，兵部覆督师王之臣委任督抚抚赏言：“所抚在关内，如滚兔等赏于桃林口；柴狗等赏于宽佃峪；他卜能等赏于黑峪关；长昂等赏于义院口；伯桑户等赏于擦崖子；脑毛大等赏于界岭口；绥素等赏于罗文峪；胡妇大嬖只部长毛困等赏于潮河川；赶兔等赏于大水峪；伯牙儿哑拜等赏于喜峰口。此因各部近蓟，故市赏必于蓟地。在关外如煖兔宰赛等赏于开原、铁岭；歹青虎墩兔憨黄台吉抄化拱兔等赏于平卤堡、长安堡、广宁镇静堡；小青歹等赏于义州大康堡；拱兔等又赏于锦州大福堡。此因各部近辽故市赏必于辽地。自河东失而移广宁。辛酉事也，非广宁额赏也。广宁又失，而移关门，壬戌事也，非关门额赏也。宁前既复，而移宁远，乙丑事也，并非宁远额赏也。此关内关外抚赏之大较也。今督臣阎鸣泰、抚臣袁崇焕熟谙北情，均堪任使。但二镇辽远，如用一人，恐鞭长不及。议今关内关外各辖之似为两便。”遂命鸣泰任关内，崇焕任关外，分抚责成。

又，蓟辽总督阎鸣泰、顺天巡抚刘诏并言：“中协最冲，莫若喜峰口以其当三卫之贡道也，客秋赖厂臣给料颁赏，镇臣陶文稽核。河上、台城俱修讫，其次董家口修砖城二十七丈，桥五洞，计役九千余人。愿以蓟镇班军派东西二协者再留二三千，余需主兵。”从之。

又，阎鸣泰言：“蓟遵相越仅百余里。遵化兼太平、喜峰二路，一路设一监司，非便宜，并于蓟州道，其遵化道可裁。”从之。

又阎鸣泰言：“东协哈喇慎一部独汪烧饼未款，二月五日以二百余骑屯桃林口外大戚谷岭，阴图窥犯。分镇内臣杨朝介马而驰，禽（擒）其三人。汪即叩关愿罚。”因颂厂臣赤心报国，全算筹边，命荫忠贤锦衣指挥使世袭，杨朝世正千户，总镇太监各赐荫赉金有差。喜峰路参将马士麟报：“塞外煖泉窥贼百余禽（擒）四人，部目卜喇度悔罪就盟。”荫厂臣锦衣指挥使，仍敕赉总镇、分镇太监，各荫赐金币有差。

又，崇祯三年正月己丑刘之纶报：敌兵分往永平、遵化。屯遵化三千余骑，自东门连营至汉儿庄。丙午，迁安故兵部左侍郎郭巩逃人京，奏乞师，自述有书却聘。上问其书云何？巩录呈。兵部尚书梁廷栋劾其称“大金”非法，命下狱论死。久之，减戍广西。谈迁曰：“郭巩尝排周宗建致隶丹书，其人褊激非宵壬倾险者也。尘沸乡闻，妻女为辱，忘家告急效秦廷之哭，一语仓卒微文刺讥，几陷大逆。因误书以快夙衅，死灰更溺，嘻其甚矣。郭氏可死，彼白养粹辈不识何以置之，抑无以服郭氏心也。”

又，五月庚辰朔癸未，孙承宗誓师，总兵马世龙屯丰润待合击。总兵朱梅以游击靳国臣取迁安，协将王维城、路将王明英、张国振同参将孙承业、刘邦域等候大兵趋滦州合攻，以牵迁安之南援。中军何可纲、参将申其祐、游击岳惟忠等分双望各山牵永平之敌。义兵游击刘法、守备刘启职合三万人屯滦州之莲泊，各持白棓为声援兼乡导焉。承宗驻抚宁，祖大寿来开平会之。

明朱国桢《涌幢小品》嘉靖年间，永平大雨三日。雨中有列炬，后若千乘万骑从西北至者，未走入海去。雨既，有大木三十章，长十丈大数围，遗永平城下。盖龙王采木来送，阅数十年一遇之。时南昌熊瑞以恤刑至所亲见者。

迁安高继珩《蝶阶外史》：何翁，永平人，居萧家庄，距城一舍而近。家巨富，性好客，畜豚一，苙客至必特杀，以远市也。一日夕阳西衔，闻马策扣门声。翁喜客至，自启门，突剧盗二十余人排闼人，势汹汹将用武。翁曰：“我识若皆英雄，承枉顾，何所需？告我必有以应。”盗曰：“何翁长者，吾辈走关东乏赀斧，愿假贷焉。”翁曰：“诺”。延至厅事，众速之。翁曰：“诸君远来仓猝，宜尽地主谊，村醪一杯勿辞。”众疑其缓兵，或有他变，咸犹与。翁曰：“天尚早，君等去。捕人见之，将以我为藏家，必大鱼肉我，诸君忍乎？”盗渠曰：“愿拜嘉惠。”遂开筵，炮炙纷罗，翁必先尝以示无他。酒数行，漏三下。众曰：“可矣！”翁命主计者献以盘朱提累累。众大喜，各以囊取，盈束腰际。两人夹翁曰：“我辈不识路。翁长者盍送我。”翁不得已，送之五里外，踉跄而归。方徘徊中庭，又闻马策挝门，翁皇然。意闻风继至者。开门仍前盗也。问故？曰：“行数里途迷，翁盍再送我。”翁不得已，又送之二十里外。既归，未几盗又以迷惘返，时已迟明。盗曰：“休矣。翁真长者。我辈唐突。”各解囊倾朱提院落中，连骑驰去。自是盗相戒，勿过何氏门。数十年来，夜无警备云。

又，永平之地多老桑，居人植此为业，而育蚕者颇少。大者蔽牛，中车材，柔条脆干摧为薪，叶霜后采入药能明目，而其利尤在皮，剥之，劚之，揉之，舂之成屑，焙釜中令热，拓石塘方广数尺，浸入水调其汁如胶漆，制纸者刳木为范，罨虾须帘，两手持范漉塘中，去水存性，覆置石板上，时揭而曝之，即成纸矣。今永平一带，如迁安纸寨、滦州何家庄为尤多。贫民操作甚苦，而获利微鲜。后有兴蚕桑之利者，庶不负此良材，而民之食利不啻倍蓰，是所望于贤守令也。

又，永平与边城近，地多山，山多猴。一旦群猴移家百十为队，携持保抱，遍山谷山下。居民聚观甚众。有稚子拍手呼，猴谓人将图已，并狂窜去。遗土盎甚多，范土而成，大可受斗许，小亦数升，浑合如铸。居民拾而凿焉。清汁满中，深红浅碧不一色，酸甘涩不一味，并芳洌。盖猴杂采山果酿成，大风雪不能出，乃开饮之，亦旨蓄御冬之意也。因名曰“猴儿酒。”案：浮槎散人《秋坪新语》载川中“猢狲酒”，游山者载肴果并酒壶置山中，人伏左右。群猴见酒肴毕集，启壶无酒，乃各携归洞启藏醪盈壶连队而来。人出将掩执，猿鸟兽散，遂取其酒亦此类也。

迁安李成性《神医惠药记》云：天启甲子，予领府批将就试于蓟门，先大人忽患溃证，阴血趋囊肿赘如斗。医束手莫措，越两日囊随血溃，惟两脉白筋系睾丸弗坠，小腹下肤色尽赤，内蚀未已，目昏不辨物，气亦渐短。予悚甚，计无所出，乃危祷于箕仙。仙为疏方未效，予悚益甚，则进而恳之。曰：“闻人命修短司于岳帝，盍往咨焉。”仙去少顷即回，曰：“尊翁鹤算尚赊，且饶后福，行见吾子之成名矣。但此死证也，药无能起可奈何？”予从而请曰：“数若果尽，亦虽妄干。既云未也，古代神医悉在帝左右，转乞一疗，当亦鬼神所不禁也。”仙跃然曰：“吾往问华公。”须臾返，传华公语，索松罗茶卤一杯置香案上。曰："少退，待冷。"顷之人视，茶面有浮沫，问仙人何药？曰："华公与我径寸葫芦内涵一滴倾入茶中矣。戒病者饮半酒杯，慎不可过。"又与灵药一粒命同乳香、没药、雄黄等末研匀，用细茶卤调敷脐下及患处，则余火尽伏。因指炉边取药，色紫味香仅半分许，如法修制，捧而进之。饮甫过喉，大呼"冷！冷！"胸中似寒雨下灌，顿觉头目清爽，腹馁思食。再敷前药，赤烂如洗。旁观者俱合掌称佛，予顿首箕仙，且谢且请曰："家君余生，实公再赐。然一滴寒浆，何灵验如此？且先药已尽，疮口未合，安得复邀一粒并悉厥名色乎？"仙亦喜极，不惮往返，至则述华公之言曰："世间凡药止可寻常治疗，不能起死回生。葫芦中水名冰盘，乃冰雹之母，一颗飞空化雹雨一阵，故戒多饮，恐不胜其寒也。病者火炽水乾，得此天一真水以接其命，寿源乃可重滋耳。灵药名曰"雨角"，乃龙吸海水气凝角上刮炼而成者，性复大寒，故亦能败火。今复赠一粒并赠玉苓一颗，同雨角及前诸药茶卤调敷，则囊生如故。"问何谓玉苓？云："系蟠桃上霜埽炼而成。"因出视之，形如榴子，色似云苓，外裹以蟠桃花瓣，瓣如开元钱大，第蔫而不鲜。已如指研，调环敷囊蒂，旋变红活之色。一二日生肉珠如樱桃，三五日吐悬包如茄萼。建予蓟门试回，仅半月余，包裹已成，余孔止指顶大。月满囊封，居然一大桃也。先君从兹益健，无小病痛。丁卯报捷，喜动颜色，饮啖益加。阅十二年己卯二月朔，夜卧佛宫无疾而逝，享寿七十有四。禄养弗及，终天遗恨然。屈指惠药时已阅十又六载矣。箕仙张公之语果不虚耶。张公讳应龙，明天水孝廉。华公名佗，即三国神医，今侍帝为药圣司者也。

又，李赞画传云：赞画公名贤，李姓。其长兄名本，业儒术虚怀好善，凡方外人至者靡不会。会者靡不留连尽致，及别去各有所留书，辄收置一笥亦不复省视。少弟贤聪颖过人，两目重瞳子，豪放有勇。始业文，既弃而学武。中嘉靖四年武进士，待次于家。发阅乃兄笥，得《炉火家言》而悦之。第真铅难得，未有以为母者。会东北边烽急，差中贵人李能号"监枪太监"驻建昌。贤以钦依守备衔充中军赞画。一日行边至荆子峪，窘矿盗于窟中。其魁曰："适得一巨物，愿献以乞命。"贤取之，挥群盗使去。归视其物，精纯无夹杂，无俟煎炼至宝天成，真少女先天之体。乃营丹房立炉灶，方下火，有羽士相访，迎入一见如旧识。谈次，羽士曰："君已获圣母成灵药无难矣。然周天火候，非口诀不能悉也。贫道愿相助。"因缕缕口授之。羽士去，如法养炼，果灵异，可点化。遂以置田产买山庄。其事渐洩，顺天巡抚汪某闻其名，急欲见之，恐不可以礼罗，则以军令缚之至。贤曰："某无罪，执某来为某有道也。大道乃上天所祕，不敢妄传，非投词发誓执弟子礼不可。以法劫我，惟有以身殉耳。"汪乃亲下解其缚，扶入内，师事之。久之，无传意。汪曰："吾师挟大道，尘世一切不足以相酬。今复何所须？"贤曰："吾名心未淡，挂三屯营总兵印则传矣。"汪曰："师资俸尚浅，况今平世也，非十年不能大帅。吾何能俟之乎？"乃劾总兵官，使解任，委贤署。复移书大司马停会推一季，贤乃传汪。汪受术即休致去。数月贤亦归里。是年冬，忽身热如炽，令汲井水浇之，三日死。年仅三十余，竟无子。或以为轻洩获谴，不知伏火之丹砂能销化金石，血肉之躯何克堪此？从来误死者多矣。可不慎欤！然至今炉火家辄推尊李赞画云。

浙江程川《伏虎碑记》云：临榆辖关山海，地险而多山，通道杂出，崇丘峻岭，夹以荒林丛树，虎之出没隐伏其中，由来旧矣。乾隆六年春，白门张令君调宰是邦，不数月而政和民安，神人胥悦。惟虎尚窃出戕畜牧为患。令君喟然曰："是岂吾政之未修耶？夫苛政猛于虎，吾不敢苛吾政，虎乃敢猛于政也。"当是时冬十月，令君操文而告于本邑司隍之神，曰："神与某同守兹土，若政之不修，某之过也。某修政而虎出为患，神弗默相神之过也。选某日将令吏民操强弓毒矢以翦除。夫为民害者神其相之杀毋赦。"遂檄石门巡司谢君惟贤督其事，选徒一十有二人。令君复致斋虔祷，上下用命，三日而连获其虓者，群亦敛迹。于是耆老咸进而请曰："虎素为邑中患，今先歼其虓，愿尽杀之，勿遗其类。令君曰："不可！吾不能以德化之使自避去，吾滋愧矣。今幸杀一警百，民获稍安，是神之默相也谢石门与众选徒之力也。吾何敢尽杀以为功，况吾人之为治，利则安之而已。《易》：‘云从龙，风从虎，’虎固非不祥物也，使其居深山以镇压百兽称为山君，虎亦乌为害？惟不安其居而冠焉、豣焉入市焉，虎亦乌不为害？今吾邑山多而虎生常也。吾惟翦除其冠者、豣者、入市者，余不问，则民与虎各安其居也。吾何必尽杀以为功。”于是临榆之民群相欢曰：“令君之杀虎也，伏之而已。则令君之治民也，安之而已。吾民中倘有人面而虎心者乎？尚其避迹革心而毋干我令君之弓矢也。而令君之为政不于此有可观乎哉？”乃相与勒石而记之。永以为理民法。时乾隆六年岁次辛酉。

邗江戴肇名《崔孝廉联芳寻亲记》云：崔君子宗者，榆关雅阀，蟾窟清流。品度端凝，市有乘羊之誉；门风雍穆，栏无斗鸭之嬉。赋鹦鹉于垂髫，文斤斲玉；对杨梅于佩韘，笔沼含珠。执耳鸡坛，甫著荷衣而浣藻；置身月府，旋离席帽以题笺。属在华龄，早娴大雅；是缘鲤庭问礼，家学本有渊源。以故陆座怀柑天性，亦形肫挚也。然而生来利器，不逢盘错以奚彰；养就神砂，独遇汰淘而益显。挺后雕之苍鬣，独贯繁霜；耐晚节之寒香，偏支积霰。是以国非板荡，古人谁见孤忠？惟其家实危疑，尔日始成至孝。太翁则先安里食，继作旅人。鞭影迎风，听荒村之夜柝；鸡声唱月，促茅店之晨装。遵鄂渚以遄征，乡程渐远；循衡山而至止，客梦长赊。约断刀环，空倚楼头。而计日函回雁岫，频从天末以瞻云。时则慈母啼帷，忽讶天蛇之信。孝廉寝块，顿深风木之悲。念华表何归？敢辞跋涉。遂呼号以往，不惮嵚崎。万里蓬飘，遍洒秦庭之泪；一身萍泊，难招楚国之魂。尔乃刺血呼天，通精诚于奎宿；寻声抢地，昭奇示于文昌。触彭蠡之洪涛，鹢舟一叶；摩太行之峭壁，鸟道千盘。葛屦黏埃，初问临湘之驿；麻衣皎雪，亲经於菟之乡。既而转徙梁城，重过雒邑。痛回肠之九折，泪渍颓颜；泛前路之双歧，炎延渴吻。无聊乞水，宛类吹箫。是处为山，遽闻埋玉。适符先兆，弥征司禄之灵；试验遗骸，不改滕公之室。于是，望穷啮指，裹将丹血之衫；伏草陈哀，荐以碧鸡之供。返故人之尺素，介不伤廉；慰人子之寸衷，事能竭力。曰归旧里，谨卜牛眠，爰窆丰阡。聿来鹤吊斯先雄沈水。于今直可齐茵而古初，伏棺较昔无妨并驾也。矧复蓼莪废诵，莫扶东海之鸠；萱草忘忧，倍笃北堂之彩。尚何心于仕进，左以琴，而右以书。惟决意于承欢，出必告，而反必面。优游娱世，洵为锡类之完人。进退中权，不忝肯堂之令子。呜呼！江河渐下，畴能俪此风规，名教斯存，自合崇诸黉校。似君至范，已可垂百世以流芳；顾我间曹，勿克吁九重而赐綍。聊题简首，姑树风声。景慕匪遥，好续补白华之什；典型宛在，请共看黄绢之词。

乐亭葛永凝《滦河东迁志》云：沧桑之变革，陵谷之迁移，虽曰时数，良非偶然。盖天之所为非人之所能胜，惟圣人为能，因而则之以成天下之务。禹之治水，顺其性行所无事，故千古称明德焉。若白圭之治水也，骋一已之私智，昧彼苍之自然，多见其凿而不知量耳。汉贾让上治河三策：一曰迁徙人民；二曰多穿沟渠；三曰修筑堤坊。明潘季驯《河防一览》主束水刷沙而淤淀消，淤淀消则流自畅。此皆指黄河而言，不可概之他河。何者？土之性有劲而坚者，故筑堤而冲不能塌；有疏而软者，故流急而岸易于颓。此贾、潘二公之策不能尽施，而大禹顺性之说可遵而守也。吾乐之有滦河由来已久。其水多沙，迁徙无常。按《县志》云：发源于炭山，逾口入内地，由迁安过永平，至岳婆沙港人县界。分为二：一从葫芦河东南入海，一从汀流河西南入海。又谓昔在城东。其城西故道水可徒涉。至明景泰三年大水，迁于城西，而城东旧河名为乾滦河云。夫以河之在城西，每当秋夏之际河水涨发，出两岸横流，其河之东西受灾维均。至嘉庆八九年间，近西岸居人沿河筑堰，迨十一、二年自汀流河至马头营透迤数十里之地，堤堰筑成。十三年，大水。滦河溢，西岸为堤堰所逼，水势并趋于东，水冲沙压将河东数百顷良田尽变沙壤。又上流史家口大开，东通旧河入海，昌邑南界、乐邑东乡皆被水灾。十四年春，昌人合数十庄于史家口南北筑坝，重将河口湮塞。秋九月，山左赵公再莅乐任。十五年春，公亲临河滩，按阅形势传谕河东亦效河西，尽筑堤堰。而河东庄多人散心力不齐，虽为官派不过草率完工而已。公之心惟知筑堰益民，而不知防川之变其害更大。曩者西堰已属不合，今东堰又筑，欲将泛滥不测之水用堤堰高束，设有崩溃势如建瓴，适足贻堰边无限之灾。识者早为之寒心矣。嗣后，昌邑南界见邻封筑堰，即会合乐邑东乡上从史家口新坝以南，直接乐邑东岸之新堰，凡新河旧口一概湮塞。志在河水永无东侵为一劳永逸之计。而西河近东岸居人相谓曰：“曩兹西水浩大尚藉东河分流，今西堰已固，东河又塞，倘有不虞，近东岸皆有庐舍性命之忧，不特淹没禾稼已也。”以此数十庄连名具禀于官。东乡亦惧河有东行之患，亦数庄连名控告到县。邑令赵公不能决，详禀于府。郡守祝公委卢龙、昌黎、乐亭三县勘验事，经年未结。至十六年滦水大发，洪波迅湍势不容遏。城北庄坨堰崩，水由东注至蔺家沟与旧河通。侯家河决开一口，直冲西关南与海通。西关后支流一股由蔡家河与老河通。河西马城北，亦有开决处。故滦、昌南界尽被水灾。乐邑四门皆为水困，登城四望一片汪洋，车马路绝者数月，惟舟可以来往。滦水之灾，至此极矣。然非数股分流，其害尚有不可胜言者。八月之后，诸乡庐舍虽存，墙院萧然，家无盖藏，人有饥色。十月初，妇女遍野皆以掘草根度日，见之惨然。穷苦之家，生无衣食，死无棺木，道殣相望，至有鬻妻卖女者。十七年春，逃荒之人屯聚山海关填衢塞巷，问之皆滦、昌、乐三邑之民。关吏不容过，有“拥挤山海关”之谣。于是，府县移文急于星火。三月，滦、昌、乐皆赈，绅衿铺户胥捐米助赈。五月，麦秋大熟。呜呼！转存亡于呼吸之间，其事盖非偶然，实徼天之幸也。赵公以水浸四面城垣放赈之暇，亲率民夫，将侯家河坝断筑二重。至夏水涨一涌而溃，是秋稗田又大熟。十八年春，公知侯家河不可塞，乃于城西北隅筑迎水坝一道。夏河溢淤沙与坝平。而史家口之坝堰崩决水由故道，西河自是复迁于东矣。河既东迁，庄坨之口淤，西关之水弱，蔡家河之水乾，而西河旧流皆断矣。夫以数百年之乾河不浚而开，数十世之巨流不堙而闭，数百人之狱讼不讯而解，而且河虽东移水未成灾，五谷丰收称大有，岂非天哉？汀流河、马头营数十里堤堰一筑，水即东行，似人力可以胜天。然而侯家河不过一口，赵公率民夫一县之人不能闭；史家口不过一渠，昌黎合乐邑二县之力不能塞。天乎？人乎？盖河之东迁，其来有渐，而人自不觉耳。数年前，河水愈涨河底愈高，西岸筑堰之后，凡东岸经水淹没之处水涨四五尺即淤三四尺沙泥，水涨六七尺即淤五六尺沙泥，河底直高过数年前之平地。邑之西高东洼已成偏颇之势，此即滦河东迁之机预定于冥冥之中者。盖尝总其事之始末而论之，始因河西筑堰而河东之堰以起，继因史家口之堰直接乐亭而西乡东乡之讼以兴。卒之堰自堰而水自水，河东之堰欲以障西河，而西河闭矣。史家口之堰欲以障东河，而东河开矣。然则汀流河、马头营之堰，不至如侯家河、史家口之崩溃者，亦莫非天也。观于此而涉世之道思过半矣。

乐亭张舒锦《七五闲谈》云：嘉庆初，余设馆河上时，河中多生沙冈。余曰："此河病也。人有病则死，此河将闭矣。"至十八年，河果东徙。谚曰："十年河东，十年河西。"诚哉此言也。滦河泥沙俱下，有水处地必高。河初在城东，数百年城东地与河底俱高。城西地洼，水流洼处，有不西徙者乎？西徙三百年，城西地高城东地又洼，有不东徙者乎？东徙将不及三百年，又将西徙，自然之理也。乾隆年间，河开东口灌入城东。乐亭知县某派西南乡出钱去堵东口，又令西南乡人去东口作工将钱趁回，自以为一时妙用无逾此者。西南乡赵锡中与臧擎公相谓曰："西南乡有如此冤者乎？堵东口以淹西南乡，又令西南出钱出人是无西南乡也。"因使朱可长赴府控云："滦河古在城东，今在城西。二水分流其患尚不可支，若堵东河专注西河，则西南乡成鱼鳖矣。"府批云不准堵东河，将所敛之钱仍给原主领回。嘉庆十五年，滦河从史家口开决，流入昌界。昌黎知县何公筑史家口大堰，长数里，高丈余，欲于堰上修韩文公祠以镇之。乐亭东乡人亦欲堵东开之口。西南乡人见知县赵公争之，遂于西河两岸修大堤数十里，固不能禁昌黎堵史家口也。河水为众堤所束，遂溃决泛溢，开河十余道，俱通海。大河以力弱史家口遂不可制，大堤尽溃，河因东徙。滦河古在城东自明景泰年间西徙，至国朝嘉庆十余年间，城北沙坨有古塔倒陷，现一石碑。其文云："塔倒羊头吊，滦河归故道。"时徐家店街西道前有石羊二，相传为镇滦水而设。徐家店西至汀流河三里，河从中出，因有石羊之镇，河果西塌。汀流河凡徙数次，零落不成市集。复有人相其地云：打去羊头，河当东徙。汀流河人有刘姓者，号水上漂，能于水面行走如飞，或伏水中一昼夜，异人也。于十五年二月十五日黄昏，袖二十斤铁锤，横流直渡，至庙前时夜静无人，月明如昼。水上漂呼曰："丈夫作事必须明白，打尔羊头者我水上漂也。"因连呼曰："锤！锤！"羊头俱坠地碎，河因东徙。

乐亭史梦兰《止园笔谈》云：杞梁妻无名，孟姜乃秦时范氏之妻哭于长城者，传讹合为一人一事耳。宋周辉《北辕录》雍丘县范郎庙，其地名孟庄，庙塑孟姜女，亦是一证。今山海关外姜女庙有额曰："而变国俗，"殊属可笑（山东长清有杞梁妻祠）

又，吾乡为清圣故里。首阳山在永郡城南，志所称阳山列屏者是也。案:《史记·正义》首阳山凡五所。王伯厚考曾子书以为在蒲版舜都者得之然郦道元《水经注》已两说互存。高宗纯皇帝东巡过夷齐庙诗云："何分陇右与蒲左，天下清风尽首阳。"大哉王言！包括一切矣。然如所传耻食周粟饿死首阳之说，于心终不能无疑。后阅《金罍子》论夷齐一条不觉豁然。其论曰："二子以清圣于天下故，非君不事，不立于恶人之朝。当纣之时，居北海之滨，以待天下之清也。夫其居而以待天下之清也，腥闻之纣无复悔过之期矣。真人应命与天下而共诛之，将使宇内廓清秽氛不流，固二子之所以伏其身而有待也。如之何其非之是必胥天下为纣而可耶？非二子之夙心矣。古之贤者诚重其死，虽爵于人之本朝，亦其君为社稷死则死之也。武王入商，而商之元子奔，太师遁，北海之逋夫乃独枵腹而死，义斯何以哉？且夷齐与太公事文王，又同为天下之大老。天子有问，无北面而诏之者也。新君行大事，而不即谋于黄发，夷固可孑然去。就谋之宜以时，诤诤而不听，则北海之北已矣。今也不闻一言诤之于廷，而顾邀之于路。不救帏幄密谋之初，而欲力夺之于干戈倥偬之日，第不知白旄既举可复偃耶？孟津之会既集，可复涣耶？亦不相于机而空言矣。天下理无二是者也。今一人为之是也，而一人非之又不非也。是理可以二是而世无一定之执也。武王之举为伐暴而顺天，而非之者不以为不知天命而妄讥吾不知也。曰：然则二子之首阳饿而死也，则何如？曰：二子者，盖求仁以逃国，违不仁以逃世也。其介绝而不求于人，以时濒于饿则有之，未闻其以饿而死也。孔子曰："伯夷、叔齐饿于首阳之下，"而世以为死也。曰：然则二子固终事武王耶？曰：亦未之前闻也。王荆公曰：'商衰而纣以不仁残天下，天下孰不病纣？而尤者伯夷也。尝与太公闻西伯善养老，则往归之。当是之时，欲夷纣者二人之意岂异耶？及武主一奋，太公相之。伯夷乃不与。盖二老所谓天下之大老，行年八十余而春秋固已高矣。文王之兴以至武王之世，岁亦不下十数，岂其至文王之都而不足以及武王之世而死耶？'荆公持论固多好异，此其言之切理者也。吁！推伯夷恶恶之心使及武王而事之，又复见纣恶之甚。其君孤竹当不后八百诸侯，其犹大老于周也。抑岂十乱臣之下乎？"《金罍子》一书，明上虞陈绛著。绛字用扬，居金罍山麓，故以自号云。

又，蒋焘字仲仁，长洲人。父原用，娶武功伯徐有贞女而生焘。原用登进士，出知乐亭，殁于官。焘尚孕于母未育。既育旅邸七阅月，母始扶榇归。少颖悟，五岁母口授小学，即成诵，十一善属文，时出惊人语。选隶学宫。十四岁应都试金陵，文誉驰公卿间。又三岁而卒。当未卒时，常梦上帝召为《丹台记》。朱国桢《涌幢小品》记其为冥王事，甚详。《乐亭旧志》明县令中无蒋氏名原用者，当是漏载。

又，昌黎县有朴姓。朴读为瓢，乃高丽姓（六合有朴姓，见周栎园《书影》中）。按《集韵》"朴，一作搜尤切，音飘，夷姓。"《魏志》建安二十年，巴夷王朴胡，举巴夷来附。古萧尤二韵通，瓢飙二音殆一字欤。

又，陈士元，字心叔，楚之应城人，所著诗文名《归云集》如干卷外，有《论语类考》二十卷、《孟子杂记》四卷、《易象钩解》四卷、《易象汇解》二十卷、《五经异文》十一卷、《姓汇》四卷、《姓觿》十卷、《名疑》四卷、《古俗字略》七卷、《梦占逸旨》八卷、《堤疾恒谈》十五卷、《楚故略》二十卷、《象教皮编》六卷、《楚绝书》二卷、《荒史》六卷、《世历》四卷、《江汉丛谈》二卷、《俚言解》二卷、《裔语音义》四卷、《岳纪》六卷。相传先生览揆之前一夕，其父梦一老翁冠袍款户而入，自称齐卿孟轲。翌日而心叔生。其父遂字之曰孟卿。后登嘉靖甲辰进士，刺滦州。己酉二月上丁有事孔庙，分献于孟子，木主无故自仆，铏爵皆堕地。心叔恶之。遂自免归，称“养吾子”息影读书，故著述甚富。见周栎园《书影》。今《滦州志》有传，然太简略。录此以待后之修滦志者。

又，王桓字西平，卢龙诸生，湖南孙白沙门人也。郡县应召，举孝廉不受。白沙，名起栋，新化人。乾隆癸酉拔贡。以科场事谪成临榆，居辽西四十年。

又，余乡滨海。每当滦水涨发，父老相传有发龙木事，然而余未见也。偶阅近人诗话，见姚伯昂侍郎有《龙伐木歌》，颇与余乡所传相符。其序云：“顺天属三河等县每夏雨暴涨，水高数丈若山立。有木直立水中以行，端与水平。上恒有光，夜望如灯。或有鳖蹲其上，传为龙造宫取木也。木取于平谷县之深山中。癸未三月，有木工十三人，衣青腰斧锯，过平谷西门外饭肆，人食馒首数枚，不茹荤，告主人以取木归，偿其值。主人心知其异，亦不与计。是岁大水，俗呼为龙伐木云。是亦异闻，因作歌曰：顺天属县有平谷，老林密箐森其麓。世间怪事竟有之，山人走告龙伐木。我闻澥底多奇珍，水晶宫殿最华煜。珊瑚作柱贝作题，火齐明珠相缀属。取材岂或有穷时，乃向人间事斫斸。昨者西门卖酒家，有客还来真果腹。手斧臂锯腰短襦，十有三人一妆束。酒家惊言辛酉年，过者依稀见非独（辛酉岁，过其店食者十八人）。竭来又遇黑衣至，将毋不使黄粱熟。时当六月山雨倾，悬流挂天乱飞瀑。倾刻奔潮倒峡来，小艇上山鱼上屋。横流之中木竖行，跳浪翻波不一仆。鳌背倒撑巨笥排，云头遥接修竿矗。木高十丈水十丈，水与木平如转毂。木端更露闪烁光，月黑星昏点华烛。直使明灯下淀津，龙工未兴山鬼哭。吾友李生祖母刘，行年九十闻见熟。（李之祖母言：幼时其戚某家北山下，一日有六七人如木工状投村中宿。村人不留。因诣其家，以为异乡人，怜之止之宿。自与妻移屋外葡萄架下，让屋居客。天明不见客起，隔窗以望，但见鱼蟹纵横于地。惊而退，乃呼曰："日高矣。"客出，故如昨也。辞而行，留一物，置檐牙间以为谢。及水发村没，此家独无恙。知其以是报矣。）尝言有戚居北山，工师六七暮投宿。天明窥户闻无人，老鱼巨蟹分蹉跼。主人大呼日三竿，夜客出门争拭目。犹是衣冠拜谢行，始知凿凿非人族。鱼鳖作人人其鱼，此事往往惊乡曲。吁嗟长江滚滚流，巨筏纵横断复续。千里万里息可致，取用未闻或不足。龙宫纵须山木材，顺流亦可供其欲。东瀣之龙何不仁，蹂践人命等牲畜。何当六丁为扑之，三河不波吾民福。"同治六年七月八日，滦水大溢，濒河居者言是夜发龙木事，与所咏无异。且言鱼鳖之行若有队伍，每驻则水立如墙堵，将行水底三声如炮然，俱鸭鸭作人语，真是异事。

卷之七十二

志余下

明乐亭王尚书好问《赠少尹朱北山序》云：圣天子君师天下四十有二载，用贤图治，万物得理。明年献岁复当百辟廷觐之期，载旂鸣鸾，无间远近。我东土为京邑左辅，西拱象阙，北俯塞垣，蔽内制外盖重地也。维时边鄙戒严，师食于疆。大中丞某公议长吏觐入，政务易坠，无以孚佑百姓，督责监司守令各举才吏以署其理。于是侯氏西河以觐入，遂以北山先生膺任。曰："兹吏也，诚而确，廉而平，可以应上之求矣。"令下之日，百姓欣欣然道路相庆。曰："吾民不幸而遭饥馑之岁，地之所产，不足以当夫赋之所供，身之所劳不足以胜夫役之所出。然而有知我者焉，其侯氏也。恤其贫而悯劳，忘乎其不足也。侯其行矣。而复得公以济之其相与以有成者也。"而邑之士大夫则曰："夫国家置吏所以为民也。民得其所，则国有所依。是故宜民之吏古今重之，非易得也。"乃诣予而请言。王生曰："古之圣贤以中国为一人，扩民胞也。故好恶同民焉，况乡人乎？使众之所恶，吾岂得而好之也？众乐如此，吾安从而异之，虽然此亦理之所必至也。夫王良善御者也，以御天下之马未有不驯焉者，而非以日月则不能也。以御良御之马焉，则忘乎其所为驰驱也，忘乎其所为左右也。游康衢，历原阪，上下急徐无往而不得矣。御民之道何以异于是？北山诚才吏授之以民，何所不宜，而未必能化之速也。乐亭之民则公之民也，事相安也，言相信也，是以朝出令而夕行之无相房也。"士大夫曰："然。"王子曰："是又有自焉，不可以弗及也。于是而见中丞忧国之忠焉，智虑之深综理之详也。于是而见侯氏之贤焉，知人之明锡类之宏也。二公之美，非北山其孰成之？而斯民者又可谓忘帝力者矣，其王者之民乎？”于是，诸大夫乃相酌而贺曰：“若中丞者，真能分国之忧者也。”再酌而贺曰：“若侯氏者，真能忧民之忧，而授之得其人者也。”又酌而贺曰：“若北山者，真能副委任而佐斯人者也。”王子曰：“兹可以观政矣。夫上下同德是曰人和，和之所兆而天地应之，由此而灾沴不生，妖祥不作，百谷丰成，群物畅遂，吾民其有造矣。”乃再拜稽首而祝曰：“是可为圣天子得贤贺矣。”遂书以赠之。

又《赠柏源陈先生序》云：柏源先生以关右名贤，视教于吾乡。凡五逾期，懿德所敷洋洋乎士作而化兴也。德藩于有睿德为圣衷宠予。维时辅导员缺，司衡者若难其人，于是以先生行，盖重其任而授之才也。今夫士君子立身以圣贤为师，忠孝自期，此心同也。至于感遇会合，通塞异辙，则有不可得而齐者，世不同尔。三代而下，治之近古者莫如汉，明主异才亦彬彬乎足称矣。然会属风云者诚多，而缄恨于涸辙者才足怜矣。乐偕鱼藻者诚多，而衔悲于向隅者志亦苦矣。是以邹阳、严忌、枚乘之属，皆一时俊杰，而齐、梁、吴、楚之君，又世主之亲宗，使其道合而言从，则君臣之荣誉固可垂之于永世矣。而终于沦胥若此，岂不惜哉！先生以仁厚之质，而持恭谨之节，行己之端固可求之于古人矣。而所辅之主又天子之懿亲，为当世之睿哲，天下之士揖仁风而颂令德者何限也。而先生身亲见之，以睿主而得贤臣，鱼水之投其乐何极。由此而忠谟日陈，则臣职供而裨益滋深；由此而主德日新，则藩职恪而眷命益渥。君享其逸，臣与其休，上下交而德业成，其在兹乎？呜呼！先王可谓不负所学矣。昔在壬戌，予以三秦之役，采风咨贤，每嘉先生之廉孝也，故所知为深。来教吾乡，顾其谦抑检束，其人如玉，幸一方得师也。兹其行矣，遇主如此而能殚其忠以事之。又将喜名藩之得良辅也。先生行矣！追令仪而想高风，其何已于言。于是乎书以为别。案：柏源，名邦彦，汉中人。嘉靖四十年，任乐亭县训导。

又，《赠西溪刘君序》云：嘉靖庚申，予以三秦之役，取道平山。

维时万里出使，内顾慈闱，意既迟迟，而耆老大夫搢绅先生列帐祖道者，又缤纷错陈，不可以速，故未次舍而日夕。刘氏为柳城大宗，西溪君齿德足尚者也。乃速予过庐，而致词曰："谷风含淑，盛物生妍，途长仆痡，日沉宵寒。先生独无思乎？夫急君忘家臣子之节也，而靡盬之悲虽古人不能已焉。先生其何如？"于是翦烛洗觞，诸孙环侍，更迭为寿。礼义绸缪，融融愉愉。主人义重，客亦忘倦，可谓极一夕之欢矣。候吏启行，斧钺戒严，义无可留，君复举酌为别，言讷讷然而意不自胜。顾予而属之曰："仆窃伏林壑，朝士大夫尘泥异迹，而今乃得奉词色宴谈为欢，非良会乎？夫大贤所临，象曜为动；德声之出，征应与协。顾仆衰□□□殆入八旬，以齿计之得中寿矣。先生不我薄，则一言之惠，重于琼玖。子孙守之以为凭藉，仆之不朽其在是矣。"予为之喟然曰："贤哉！履满而居卑，岂不贤哉？予闻之仁者寿，君仁人也。有德者寿，君有德者也。寿考茀禄夫有所召之也。其何庸于予言？虽然予于此有感焉，而不容已也。"方予之衔命而出也，亲老垂白，幼子未髫，皇皇然而不能顾者，非薄德也，盖以秦陇为京师重藩，而强虏内逼，三陲震惊，疆圉之忧曰岌岌矣。用是寝不成寐，食不知甘，思以奋飞而赴急，而亲私之教戒曰谆谆焉，惟虑其后时也。然人臣报君之日长，而事亲之期迫，虽旦夕之稽，亦君子之过也。而君之勉我，独以使臣靡盬之义焉。古者求忠臣于孝子之门，君非仁人而能锡类以孝乎？孔子曰："有德者必有言，有言者不必有德。"由其德以征其言，其深矣乎？一德之召而诸福应之，以及其身则为丰利，为康宁，为胤嗣，而享之以恒久，以颐其天，而毓其和。以施于子孙，则为孝友，为勤俭，为荣利，而承之以谦退，以厚其生而光其先，皆君之所贻也。泽之所贻不穷，则寿之所臻何限乎？世之小丈夫营私逐利求升斗之储也，及其所愿既偿，则敖岸淫佚，以疏其亲交，而恣其骄侈，子孙慕之以为计得，遂放于礼而济其恶，故福泽未及而倾覆随之。其视君为何如？自是尘车奔走，殆数逾年，而君之语我者未尝忘也。癸亥冬，归自晋阳。甲子春，以先慈制东来。又三年，为嘉靖丙寅冬十月，望君诞辰也。则寿届八十有三矣。昌黎庞生承君意，以旧约来请。夫世事茫茫，变态于瞬息之间者若风雨然，而不可以逆料也。君与予为约于七年之前，而寻约于七年之后。君之康强如昔，而予之踪迹适此淹留，盖分之有定而缘之非薄也，其何以辞。遂即昔之所，以相语者以赠之，非虚美也。君名学，字其□，别号西溪。性俭质，好礼而乐施，抑抑如也。四子九孙。伯子曰文仲，官定襄幕，有廉声。诸孙克肖，能自立，而思恭，思问，思敬，能治儒业。是称美才，是皆天之所以鉴君之德而厚报之也。以是言之，然则刘氏之福祚又岂有量也耶？因备述之。

又，《赠掌教静泉王先生序》云：圣人不外性以言道，故理不漓而道明。君子不离道以为教，故人易从而教行。自异端之害正，而圣人之道不明，无父无君而天下之乱兴矣。伪学之乱真，而君子之教不行。违道干誉而天下之祸阶矣。韩愈尊孟轲，攘邪说，可谓道济天下矣，然《师说》行而不免于强颜之诮。程氏绍孔子倡正学，可谓功在圣门矣，然洛学盛而遂蒙乎分党之讥。夫二氏之贤，以身任道，而为后学之师，犹不能挽夫末流之弊如此。然则，斯道之明，正学之传，岂易言哉？我国家重道崇教，因性牖民以淑天下，是以章缝之士莫不承德向风优游于久道之化矣。然而论道德者或未脱夫功力之习；宗孔孟者又或淫于申商之说。方其未用也，摘章摘句非修词以立诚也，日程月课，非忠信以进德也。夫心术之既坏，则气节可想见矣。及其既用也，荣身之念重，而许国之诚日非，干禄之谋深，而尽瘁之忠自懈。夫治身之无术，则致君非所望矣。此天下之通弊，非豪杰之才鲜能出乎流俗之外者。乐亭为孤竹旧疆，溟滦处东海之滨，即伯夷避乱之地。故其崇让而好义，大圣之遗风不远焉。以今言之，则士习民俗亦不尽然者。孔子曰："斯民也三代之所以直道而行也。"岂人性之善古今有殊耶？是在导民者加之意焉耳。先生之视教于此也，以气节自持，而与物无忤。以廉静之心而遇士，有恩庾，无檐石之储，而周急之惠不靳于所施。俸无终岁之计，而恤丧之礼或竭其所人。至于教人之则，又皆本于人伦日用之常，而不喜为过高难行之论，是以一方之士，翕然从化。骎骎乎！有复古之渐焉，先生之教不可诬也。虽其位望之崇卑未可尽拟之古人。要之力行为善，亦可谓有功于名教矣。侍御董公按部之日，嘉其贤而旌之。邑士大夫谓不肖为知先生也。因属以赠言，以义之不容已者也。遂忘其陋而序之。先生名棐，字公辅，别号曰静泉，以见志也。家世襄城，以德义名，故代有显人。先生少负才名，动以古豪杰自期待。若夫屈已枉道尤所耻，为仕而靖职不愧于忠。自好立身以承先绪，又不忝于所生者矣。称人之善而不本其所自，岂予之心哉？因并及之。

又，《送宪大夫海山陈公荣迁大参序》云：大夫陈公，节镇平滦阅三载，文熙武张，百废俱兴。维时圣天子初政振肃，迩从言官议汰监司不治者，将以简异才须大用焉。于是公有江西参藩之命。命既下，议者啧啧然。或曰："公文武全才，昔为御史有直声，宜留禁闼。已乃出督学政，用人者其知公乎？"曰："知公也。公之直一人也。一人出而直士将汇征焉，公之文益显矣。"或曰："公昔镇天雄，有治声，宜留保厘，已复移节平滦，用人者其知公乎？"曰："知公也。平滦门户也，天雄堂奥也，外户不戒，主人能晏然乎？一人劳于外而天下安于内，公之武益扬矣。"或曰："公束发登朝，尽瘁垂三十年，车辙马迹遍天下。凡四方之险厄，兵力之充诎，虏势之强弱，以至吏治之兴替，民情之艰虞，幽隐纷赜不能以上达者，胸中盖了了然，而张弛变化其画定也。平滦为陵阙翰蔽，平滦重则京师重，即授以制使之权，使之鞭策诸将，弹压百夷，无不可者。江藩之移何独贤也，用人者其知公乎？"曰：知公之深也。夫贤才之生，天所以祚国家也。故唯王所使焉。昔周宣之中兴在吉甫为亲臣，而北伐之役甫实专之，故饮至受祉尊宠益盛。《诗》曰："文武吉甫，万邦为宪，"美之也。然此其易见者耳。天下有至理焉，盖天之生才也易，而其成才也难。才之用于天下也易，而天下之用才者难。抑扬之节，天实尸之，人不得而知也。用人者思以体生才之意而成天下之才。是故欲坚其强忍之志，必遗之以阅历之劳；欲达其达变之才，则必先之以困拂之苦。一时巧利之士环视而聚笑之，只见其□且辱矣。然其智虑由此而愈深，事理由此而愈达。投之艰大靡所不胜，古今豪杰不能违也。

何独于公而疑之？公昔为御史，与余共事穆皇，夙夜在公，盖无事不同也。始余列疏言时政阙失，公读之忧形于色，恐余之有所忤也。一日，议处遗奸，各出所见，公毅然断之无所顾畏，吾亦不得而沮之。呜呼！推此心也，非大人无我之度乎？宦海浮沉二十年来，公之故吏多贵，近牙校多锦貂矣。而公始领节吾平也，其在他人能无介然于中乎？公则秉心宣猷曰："吾所事国事也，吾所执天宪也。"其爱物也如煦妪，而其奉法也如雪霜。清风懿德，卓乎为百僚师，而下吏之不法者日见其敛藏，如皦日当天而群阴自伏也。属夷在东鄙，自昔称桀骜难制驭。公以明威示之，而抚育以恩，毋使失所，故夷情畏服，数年之间，烽火不惊。伊谁之功乎？古称豪杰之才，亦曰文武兼资而已。公何让哉？余益知用人者真能体生才之心以为心，而公之所存，可不愧于天不愧于人矣。公行矣。朝廷急贤兴理，思得文武为宪之臣，以扶纲常，而培国脉。端揆之召，舍公将孰归？开诚布公，广上德而通下情，以还揖让之化，余于公有望焉。公其识哉？幸无负乎初心也。公其识哉！（案：陈公，名万言，广东南海人，副使。）

又《送太守阎公迁山西宪副序》云：大圣御天兴理简任贤乂，功烈峻卓。惟平滦为京邑辅壤，礼化首出，而除戎和内其责逾重。太守阎公昔以台郎来典是邦，出简予也公廉，立正直而济，以精察是用。吏畏民怀，百务游刃治平称最焉。先是北虏巨酋，自青海归云中，北鄙震惊。天子忾怒，思得酋首俘阙下慰九庙灵。文僚武师此极其选。时宪大夫员缺闻，当事者遂以公行，亦承上意而授之，知克荷也。秋防届期，简书日迫，多士、大夫计无可留，乃祖道于滦水之阳，因属予以赠言。夫三关为予昔旧游，而宣、大之疆亦行部相属，任重而事艰，敢不为公告之。夫二镇之兵号三十万，益以调集之众，各边为空，兵不可谓不多矣。边粮出之郡县，行赏给之帑藏，竭天下之力而养之，食不可谓不足矣。树闻列营，分地而守之，警报一闻，九重旰食，势不可谓不重矣。猾虏回测，乘间而来，则挥刃为雪，流血为雨，主将逐队而出，气夺胆寒，若鼠失穴。虏退而杀人冒功，虚文脱罪，腼然不恤，欺天罔人于斯至矣。公之行有兵食之寄，纠察之责也。其知难乎？夫四郊多垒，卿大夫之耻。人臣受明主知遇，蹇蹇匪躬分不容逃。而况时有可为，机无所遏，思艰为易，兹其会乎？在昔周宣承烈，外畔内侵，敝也甚矣，而卒能定治保大中兴勃然者，由一时佐佑之臣壮猷，如方叔维翰，如召虎，而南仲之赫赫，申伯之番番又济济焉。由是以南征而蛮荆来威，北伐而玁狁于襄，经营而江汉式辟，蕃宣而文武是宪，王化以行，周道大光。是虽宣王用贤图治之效，而诸臣赞禆之功胥有赖焉。公之期待非出古人之后，而所遇之主又文武圣神之极。找其弊而通其变，主据其枢，臣代其终，心德惟一，谋策毕举，则神运六合，气凌八极，虽太行可壑，沧海可丘，丑虏一县之力，将授首请质之不暇矣。若日习旧玩常訑訑为目前计，兵多而无制，以用夫不教之民，是自弊也。食足而无经，以委之不穷之壑，是自困也。其可以恢安攘之略底荡平之绩，而酬特达之知也哉？公曰：“唯唯！先生非空言者，敢不志之。”于是诸大夫迭起洗觞，以为公寿。又述其词，以导其行。（案：阎公名光潜，山东东平人。嘉靖末年任永平府知府。）

又，《溪南先生诗集序》云：呜呼！古人之诗岂独以辞而已哉？以见志也，而风寓焉。三百篇后作者非一家，自汉魏以及唐宋，其上下可考也略乎形色之末，而取其风喻之远。夫孰非羽翼正道而希声雅音者乎？若夫结构镂刻，竞一字之奇者，则无足观矣。国家右文崇化二百年来，涵濡沦浃，真才辈出，不独何、李群公天挺神解为学者宗，冠绥之士一时云合，率能鸣当代之盛，而成一家之言，殆于古有光焉。吾乡李先生善士也，少好学，博涉远览，有凌跃九雰之意。既而兴三物剖百里卓有贤誉。其暇日著为诗词凡若干卷，沉郁浑朴，有大羹元酒之味，一唱三叹之音。真足以激末风而还古朴，非独致饰词章而已矣。予弱冠与先生订交，有忘年之雅。及予束发入朝，回翔世路，虽踪迹浮沈，笃好如昔时也。隆庆辛未，予以容台新命得过桑梓。入其乡顾少长有伦，贫富相恤，士具公卿之体，民有怀葛之风，谓必有君子长者从而化导之也。意者其在先生乎？昔司马公贤大夫也，名满天下，功在社稷，且以避喧畏辱为怀。不肖落落如木石，而践历华要殆三十年，于明时曾无寸补，归隐之思未尝一日忘也。何当荷恩归田，与故人随社饮颂太平，取先生之什微吟数章，陶陶然以永此日，岂不乐哉？凡古今才士率不能相下，昔子云草《太玄》究极天人称绝学矣，而忌者谓其覆瓿也。予不肖，无他能，而兴善一念则发于由衷，有勃乎不可遏者。先生才矣，况行足尚焉。予何能已于言耶？不然予非知言者也。其于先生之辞又何言哉？（以上七文，俱与本地官师人物事迹有关，因诸公旧志无传，无所附丽，故总录于此，以备参考。）

嘉靖间，韩现滦西人，颇恃力行凶，乡党素忌之。会与其族老妪相争，越数日妪病死，实非现殴也。而族党共执为现殴死诉官，无一人为现白其冤者。现自知为众不容，乃认罪不辨。日在狱诵经默祷三十年不死。后陷现者子孙数人伙盗事发，囚于狱。现亲见其毙于非命，而现犹老死狱中。夫现恃强凌人，宜取桎梏之灾，而奸民辄诬以死罪宜有子孙为盗之报也。

赵应正，嵩林社人。父宪与族人赵德润构隙，因与应正阴谋深夜焚德润居室，德润幼男崇安死于火。时嘉靖甲寅正月。润诉于官，官以事属疑，隐不为理。德润不得已斋宿于城隍庙，昕夕焚牒祷神。应正恬不惧也。一日过庙外，忽仆于地，呼神乞哀。同行者舁至家若捆拷状。曰：“崇安索命，城隍拷我。”始悔而置其父。观者鳞集。大呼数日而死。距焚崇安时仅二十七日。正无子，妻他适，神素灵显，而此报尤甚速而明著者。

隆庆六年，滦河溢。中有大木数百筏，由口外人，上有镫火鼓乐。世传龙王取木造龙宫。

万历丁亥秋七月，大水未至前数日，忽有二水鸟至公庭，欲巢于树。县令怪逐之去。已而洪水滔天浸城二三尺，塞门获免。水既涸数日，忽午后有蜻蜓自南北飞高数十丈，广可数里，翳然蔽空，移时方尽。意者洪水告退故耶。姑书以俟知历者。

张佃乐亭城西人，素不孝。视父母如仇，骂置无不至。一日，持镢击其父。父趋避获免。后外出至玉田两家店，日暮投馆，阴云四合，雷电厉甚，佃亦恐。同行四人避入舍，佃藏于安间。忽云如盖，若有神拉佃户外击死。同行及馆人无一伤者。时万历初年事。

乐亭县庠生王姓者，家素裕，庭舍修整。万历己卯夏五月，忽有雀雏自檐内出，其色纯白，因探其巢有四雏俱白。王生持以示人，咸异之。亡何渠家遭讼，庭鬻于人。夫白雀世称为瑞，而反遭厄如此。谚云："庭前产芝，好不如无。"信矣。

天启二年秋七月，滦水自口外泛大木数千条，经迁邑城西，夜遗其一，上红字二行不可识。土人以沙埋之，逾三日，水忽逆流而上，至遗木之所，澎湃汪洋漂木入海水方息。

天启辛酉仲秋，乐亭城北捕一飞鼠，头黑身长尺余，两翅三尺，翅末各有利爪。盖异物云。

天启壬戌，迁安郭巩持节封寿藩事毕，登华岳，见马道人，号真一，年百二十余岁，能知未来事。邀归寓，不食荤而饮酒至数石，将别，道人云："后数年，当东行相见。"越崇祯己巳，果携一童子至，豪饮如前，又或数日不食，气体愈健，发长数尺不梳不簪。留数月，一日谓郭曰："吾行矣。可从我游乎？"郭未答。曰："此时不行，后悔莫及。"遂去山海关，后不知所终。

崇祯壬申三月，有大鱼长九丈，浮于昌黎县南海滨，气蒸如雾，三日而死。近海居人乘舟桴取其骨肉煮油，家数百斤，旬日方尽。其脊骨如栋，其肋骨如椽，至今犹有存者，然不知其为何鱼也。后又有一大鱼复至其处，土人争取之，鱼扬鬐鼓鬣，两目如双日，喷沫如雨，吐气若云，翻波卷浪，舟几为覆。而已不知何往矣。今近海之人，犹有亲睹，而能详之者（张庄临记）。

崇祯十五年，迁安讼师吴某，梦至城隍庙。神怒责之曰："汝妄写刁词，藐法贪贿，小民负冤。"即重笞示惩。醒后，臀青肿痛甚，不数日毙。

顺治丁酉，滦州城民获雁，色赤如硃，双目俱绛，项系金牌有元狩年号。惊以为神，释之。

戊戌冬十二月六日午，仙台山右肩崩坠大石如巨屋，千仞而下，凡所冲击无论大小万石齐落，声如轰雷，砂土冲霄，损树万株。至次年己亥三月六日，自山半名吊砂口腹陨巨石如前，损中庵屋垣，入前层屋复自屋破窗而出。盖其冲之小石也，犹大于斗。凡合抱之木当之者无不糜碎。坠石固山之常，连坠巨石则亦异矣。张庄临记。

康熙三年夏六月，无雨。忽大水自口外入，有青蛟似羊一角，戏于迁安县南徐家崖。土人不识，以石击之，即时波涛汹涌，塌毁高原数十亩、庐舍数十间。村人祷祭方止。至今村前犹有潭深数丈。

昌黎城内崇兴寺，有一老僧，戒律精严。忽有人遇僧于城南八里之虹桥。问何往？曰："往南方。"问何时回？曰："在二十年后。"因托其人，到寺属（嘱）其徒有鞋一双置某处，务觅而藏之。后二十年，寇公新民来宰斯邑。人寺恍晤前生，问其鞋犹存。临去作偈云："脱壳僧官作宰官，红尘不染已多年。看破世情浑勿语，归来依旧坐蒲团。"寺内东壁有卧碑镌"虔署预梦"四字，是公遗迹也。

迁安县城北门券，有雌雄紫燕巢之。忽雄为乌鹊击死，其雌不寻配，亦不食，飞鸣数日死。

张太复《烈燕行》云：燕燕巢，营门券。去雪霏，来冰泮。雄飞雌从不相乱。雌时衔花蕊，雄时抱花枝。一枝一蕊无定时，相对相当不单栖。嗜彼大觜乌，哑哑城上呼。尔飞，何处不可任尔之；尔息，何处不可任尔止。咄咄！择肉岂必在此。乌则肆厥饕，燕兮覆乃巢。雄兮爪下死，雌兮日悲号。悲号人听啼声苦，海乾石烂惊风雨。岂有红丝系玉京，直同竹泪斑湘女。当时异事传令支，今日吾歌奈何许。奈何许，谁似汝。此道今人弃如土。事空耳闻目不见，俗易风移几更变。噫吁呼悲哉！嗟嗟凡民，宁不如燕？

玉川子 姓王氏，失其名。金时，在滦州长宁店西建庵尸解，莫知所在。后有人岭南见焉。

白云子 姓王氏，失其名。元时居滦州五山。因鲜卑金吾元帅请住持长宁观，阐玄教。至元二年赐号广德真人。

净 聪 乃东滇宋氏。幼削发为僧，游清水兴国寺师蔼公，颇多解悟。于是遍历丛林，探华严金刚奥旨。后于云峰得诀，始归构庵不出。至元乙卯入定。诸沙门为造浮屠。有月泉老衲访道清溪，为聪作铭。后至明成化初，塔裂，启之止舍利二三存焉。

智　顺　滦州马城张氏子。初游胜严、兴国二寺，诸经奥旨已能洞彻。后于福严寺从东溪师游。东溪衣钵尽付于顺。凡寺之藏经产业多顺所置，度弟子三十余人，为坛主者三人。元昭文馆大学士头陀教主溥光纪其道行。

杨不语　滦西人。性淳实，甘淡泊，寡言笑。幼出为僧，明初栖祥云岛古刹。尝寂然竟日，初不侈口讲谈，人呼为杨不语，未之奇也。后往往见二虎来卧寺门。不语汲水饮之，虎驯不加害，始知有行。至宣德间百岁余化。

马真一　自称河南人，年一百八十余岁。昔在华山学道。崇祯初年，来入广宁，居北镇庙。采蘑菇拾野菜为食。时大旱，经略袁公崇焕曾使人致之祈雨。次日，果雨。但语言颠狂，举止疏放。袁怪之，目为妖妄，羁迟山海。遇关宪梁公廷栋，尤加亲洽，与谈休咎皆应。讲经论艺，剖抉如流，饮食不拘荤素，取足而止。诙谐之中往往皆成谶兆，踪迹无常，人不能测，后不知所之。

祥　迈　别号如意野老，住持昌黎道者山。性警敏，洞悉禅机。尝著《莲花经序》及注释序成，佛前祝曰："某愚昧，恐不能阐发大道，如文可传，碎而复合。"乃翦撒之，须臾微风鼓凑如故，一字不乱。众皆异之。遂刊传。

卦和尚　居府东阳山庵。娶八妻，皆死。其寿百六十岁。人以为采补延年。能前知，言祸福如神。有访者，辄知之豫炊以待。盗至，先期呼山下庄客伏庵侧，闻磬声各敲铜铁器惊之，遂解散。又一日，知盗来，自避庵后高处静坐。盗盈担归至庵下百步许迷失道，尽一夜力绕行庵四围以周。日出，若有人拘者，齐至卦前如梦醒，遂叩头流血。卦慰以善言，陈利害各还物于故处而去。

沈　环　抚宁人。幼得仙术，言祸福多奇中。相传，于嘉靖某年值元宵日，与妻弟某骑木凳腾空跨海蓬莱县看灯环。半夜即回，遗妻弟彼处，丐食而归。呼吸导引，后不知所终。

明　见　号弗一，四川人。以国变祝发住锡山海卫城隍庙中。庙僻，人昼不敢入。弗一子处诵经茹淡，起居宴如。历十余年，以五月七日坐化，面如生。三日后火其龛，塔于大安寺之东。

翟真人　名尚儒，字太真，顺天府蓟州人。初隶戎籍，后舍业断荤酒，从事清净，渐透玄宗，尝辟谷五七日神愈旺。因遍游天下诸名胜，明万历间至山海关城北天然洞。洞故封榛莽中，真人爱其奇邃，辟居焉。冬单衣赤足不知寒，夏曝烈日中不知热。瞑坐或五六日或三四日，足不出山者不计年。洞中有泉，目眚者取水涤之即明。洞外有溪，汲以治疾即愈。众神之，趋谒者踵相接也。嗣于万历三十二年五月初五日飞升，遗发三团，乡人即其地建祠祀之。洞在板场峪东南山谷中，有石门深不可测，因真人羽化于此，又名翟仙洞。

呈　祥　滦州人。世居建昌营，持斋修行，寿九十一岁。隆庆三年二月初旬坐化。乡人舍木龛送葬者千百，舁至中途，龛内火发自焚。

魏　氏　建昌营军家女，十四岁以多疾出家。住二郎庙持斋诵经。寿八十四岁。嘉靖三十八年坐化佛前，鼻垂玉筋，袖中火出自焚。

郑僧禄　景泰时人。初，城子岭清泉寺古刹倾颓，禄跣足募化，草建僧舍一间。朝暮出山，有二虎随之而不害。后数年去之他县，至今关前东西有伏虎山。以上府县旧志。

夏道仙　栖隐于石佛寺之北朝阳洞。昼夜读经，有客来谈，应对如流，客去仍读经不辍。一日，客归晚，意甚皇遽。夏仙令闭目，转瞬已到。

释性在　居景忠山知止洞。顺治十年，世祖章皇帝手札召人万善殿。未几，乞还山，赐号慧善普应禅师。康熙十六年，圣祖东巡驻跸山寺，题其洞曰“苦行”。

金比丘尼圆照　姓李氏，即今之李家庄人也。相传此女生六七岁，即厌红尘，爱金经，有学道之心，持斋念佛，志坚金石。族人遂于庄东筑庵居之。至国初，基址犹在。后改作关帝庙，然其塔铭尚存焉。铭曰："嵯嵯圆照，契其神妙。菩提道中，光而不曜。行业自强，空门之纲。载德于石，久而不忘。"大定二十八年岁次戊申二月癸亥日庚午科进士张时行撰。碑首标曰："滦州马城县宋罕保比丘尼圆塔之铭。"其余文字已斑剥不能尽辨。

孙万宝 顺治间迁安官寨关庙道人也。幼得石匣中祕书遂成道，以其术医人，无弗效者，远近德之。一日，于滦河岸命起木台，纵火自焚，烟熄后踪迹杳然。数日其甥自远归，见其在途施药，与语多时，至家方知其化去，盖尸解也。

释贞慧 府北安山寺僧也。卢龙人，姓胡名建。幼出家念佛持斋，苦志修行，安山旧无围墙，乃日修一段，凡运石和泥皆出己手。不数年而成。周遭数里，高可隐人，后坠山而死。方其堕山也颠及于地，犹坐而不僵。乡人感焉。为建塔以葬之。

来　修 抚宁抓角之僧也，迁安人。幼祝发于此，人皆呼为三和尚，而性情镇静，与常僧异。康熙间，化缘于石门寨，适天旱，曾有卖雨买佛一事，至今所买之佛尚存寺中。后十余年，坐化。有卖油者，遇于滰阳。言为修工募化，离寺匆匆，有鞋一双遗于禅房承尘上，嗣后来此须为捎来。卖油者如言去取，寺众皆错愕，及寻鞋果在。其师言此子道已成，今当周期，非欲捎鞋，实欲烧鞋也。遂将鞋焚化坟塔前，见鞋灰双双腾空西去云。

释善庆 抚宁背牛顶布恩寺僧也，山西太原人。行高洁，年方二十六。忽一日，谓其众曰："吾于七月初一日午时圆寂，当茶昆。"遂募化薪柴，自架火笼，及期天大雨，僧执微火引之即然，竟坦然升座，留偈云："火光无情，慈悲观音。风化我师，随我便行。"遂瞑目而逝。烧至露骨时，其骨作黄金色，一道青光冲天而上。先是遗言曰："吾十二年当一归。"及期，诸僧忘之。忽一痴丐来见，蜣螂辄捉而食之，半吐半茹，人皆叱其秽恶而避之。及去，视所吐尽栗皮也。人乃悟僧为戏云。此康熙年间事。

三老道 白枣峪人，姓张。壮岁人山几二十年，忽归。衲衣跣足，发作双髻，不火食，不畏寒暑。人与之言亦不甚酬答。惟持锤錾臿畚开凿附近山岭道路十数处，皆就平坦。至道光初年，已逾七旬，如四五十岁者。人皆呼为三老道，后人山不知所终。

龚亦冯 字遂轩，原籍浙江山阴人。乾隆间，举族迁临榆，遂为临榆籍。任山右盐官，妻殁，仅随一妾，俱无所出。遂弃官访道，时为嘉庆二十三年。妾亦愿为尼，即买庵居之。孑身至杭，寓甥某家。湖州云怡堂，吕仙道场也。避嚣往栖。越十年，道光甲申初秋，又至杭与诸亲友殷殷道旧，以故裘一袭赠钱君某。钱辞焉，以留用。笑曰："余无需此矣。"僧源洪其素所礼重者，约以八月内过访，止之，日恐不及会师，可勿来。旋返湖州，闰七月二十后，忽作书促其来。谓之曰："余将西归，所有身后事，及寄家中遗言，以付子。更有属者，余生不能薙染，殁后宜照僧家用龛，勿拘俗礼。"即日示微疾，甥劝服药。喟然曰："余厌弃婆娑久矣。"三十日为地藏菩萨诞，饭僧数百人。日暮谓从者曰："汝等且休。二更后，须起助我。"至时令于床前然烛焚香面西趺坐，合掌诵佛号，至子时遂逝，时年六十四。

演　喜 迁安大云寺僧。生而像肖佛，于禅理体会入微，奉行无替。咸丰初，游京都。大学士祁公寯藻即镜中山影赋诗赠之，云："东边西边俱是山，真境幻境岂两般。两班都由一心造，心在有山无山间。"

野鹤道人者 不知其何许人。明季隐于石门，以卖卜为业，能知未来之事。尝著《卜易》一书，自序行之。

安永全 卢龙人，居郡城沙河。生于乾隆四十年，卒于道光末年。幼习梓人业，精巧绝伦。尝以长锛破西瓜子，其法置瓜子于地，跣其足以将指踏定，执长锛劈之，瓜子开，而足指不伤，百试不失。此真与郢匠之运斤成风者同巧矣。

郑重寿 卢龙人，诸生，郑汉弼长子，生于雍正五年，府城上水关人也。幼读书有巧思，后以家贫人都学银匠艺，既成，名动京师。尝为扁铤银钏上分镌二十四孝，须眉毕具，喜愠如生。乾隆时，宫中争购之。其他首饰亦价增十倍，家计因而小康。

明　时 抚宁东官庄李氏女，夏月阴雨为龙污，产一龙。时就母乳，母惊悸几死，家人患之，因阴怀利刃伺其来斫之，误中尾逃去，遂不复至，人因号秃尾老李，随其母姓也。后栖昌黎县北龙潭洞，洞在山腰，峭壁陡峻，旧凿石磴一百一级，攀援可升。隆庆间，有人携妓登山。龙恶之，毁其磴道。嗣后龙移星星峪，村人年旱祈雨多在龙潭，亦或往星星峪颇见灵应。一说在卢龙大崖山东有水名龙潭。潭迤东约二百步，有龙兴寺是其遗迹。。

昌黎城内戴氏 明季家颇富，畜一白雀能言。家有老苍头张姓，因号老张。此鸟每至昧旦呼曰："老张起来挑水。"远近诧异。县幕某闻而购求之，靳弗与，求之益固。怒掷其鸟于地死。某恚憾，密使人掷城砖于其后院。官巡察城砖短少，检至其家后院得之。因此致讼，家业遂败。始知雀之能言，乃祸兆也。

蛤泊东南五里，有刘家古蛤泊庄，相传为古之蛤泊也。中有玄帝庙，创始不知何年？惟碑记所载为万历戊戌重修。先是邸家庄邸存性在庙中夜读，雪下盈尺，闻窗外隐隐有人呼邸某"好好读书，日后富贵。"思如此大雪，左右并无人家，何人至此？晨起视之，窗外有履迹长尺余，遂疑为神。后果成丁酉进士，历任绍兴、太华知府，遂属道士朱一元重修此庙。一元自置铁索长三丈六尺重三十六斤锁于项，往西方募化，至北方有一女子施钱一文，道士以为少，弃之路傍。归铸佛二十二尊，二十一尊皆成，惟末一尊屡铸不就。因疑为弃钱之过，急往取，其钱尚在，挟归投于炉中，佛始成。钱形未化，嵌于佛之衣襟，至今宛然。

明杜侍郎谦 为诸生时，胆量过人。友人与戏，以奎楼素有妖异，人多畏惧，置酒杯于上，使公夤夜取之。公至楼中，闻鬼私语曰："侍郎，侍郎，好大胆。"公即前摩其顶，曰："小鬼，小鬼，好大头。"盖预知其有贵兆，虽鬼神亦敬畏之也。

方敏悫 公观承，少时，父祖戍宁古塔。公携仆寻亲，间关跋涉，比至关，资斧既竭，风雨交集。适至城中二条胡同，主仆偃蹇卧檐下。室主人侯选州同傅君作砺方假寐，梦黑虎抱一犬在门外。趣视，见主仆甚异之。询其家世，迎入斋，款留数日。临别厚赠之，获达戍所。后敏悫既贵显，念傅君旧德，多所赠遗，皆不受。惟代请平郡王手书“玉德松身”额，为太孺人寿及仁庙颁赐福字，皆拜受之。公每巡行至山海，仍主傅君家，殷勤道故，始终为布衣交。案:《花间笑语》及《随园诗话》皆载公事，与此互异。

府城巽方有关帝庙，相传明崇祯甲申，郡人见城上云气中有一大人扎巾战袍，赤面长髯，拱手向东立。须臾，大兵追闯贼至，方悟是帝君迓新皇帝也。后遂建庙于此，以表灵异。故他处圣像皆冕旒，此独扎巾战袍焉。

卢龙城北有岳家庄，距城二十余里。相传系雷、云之后，因忠武王被害，流窜此邦。至我高宗纯皇帝南巡，驻跸汤阴，加封王靖魔大帝，敕令忠武后人流寓他省者，均得春秋奉祀。故岳家庄人于乾隆丙辰，合族同至永郡北罗城精忠庙致奠。庙额列名后裔有岳钟贤、钟灵、钟瑀、存智、存播、存理、挺生、英武，均系邑庠生。

冷口内东北三里许，有大石似碣，倚山临水，石色苍古，人迹罕至。上刻“九缸十八锅，不在前坡在后坡”十二字。

乾隆初，下马坨有刘媪，贫而好善，年七十余无疾端坐而逝，玉箸双垂。村人异之。即以其肉身龛祀村庙中，至今尚存。

抚宁北关**刘均**　素精枪法，种田于西北山下，夏日筑团焦以守。夜半忽有风来，自北而南，欻欻然甚急。密观之乃一大蛇，夜夜如是，乃构火击之，适中蛇腰，蛇痛以尾击大石，石碎，蛇脱节死，约长二丈余，径六七寸。均亦因是得疾，屡言有蛇，数日而死。又五霞峪僧人素习拳勇。寺豢羊数百头，日亡其一，伺知为蛇所食。阴持杖伺击之，蛇以尾击僧，误中石，亦脱节死。每夜梦蛇索命，恇惧不安，后刻木肖其形，香火奉之，乃愈。可知物之大者精气聚焉，不可轻害也。

五峰山圆通寺东偏旧有房三间，昌邑副榜田种玉于道光初授徒于此。山有大蛇，头生冠，粗尺许长四五丈，常伏庙脊，首尾垂地。人习见之。后夏间，人游山偶歼其子。不数日，午后，生徒出游，中有二人寝卧。陡闻石如雷声从山顶滚下，惊醒，急自窗口跃出，一人稍后，石坠屋上，屋仆夷其股，调养数月方愈。后视之，大石如屋，小石如牛马累累无数。

碣石山龙潭东北，有沟名白檎沟，多果木。乾隆年间，震雷击巨蛇，风雨暴作，满沟果木尽毁，沙石皆荡下。视旧基深数十丈，宽如之，腥秽之气逾一寒暑未绝。

迁安西庄窝庄有屠户王某，数世宰杀，至王三专以屠牛为业。嘉庆三年，忽梦群牛围触索命，因惊醒呕血卧病，不时睁目作牛鸣蹄跑状。又两手自搣其喉作宰杀势，未几死。又乐亭西南乡艾家庄艾某，以屠豕为业，临死亦作此状。

滦州靳龙光，字射斗，庠生。道光元年，已八十六岁。时瘟疫流行，死亡相继。六月间，射斗梦与四人皆衣冠赴冥，入署，见青衣人自内出，问何来？射斗答云："我等年悉老迈，因见少壮者得病辄亡，愿查册，如寿限已及，今俱投到便不回矣。"青衣人而复出，曰："诸公俱无恙，请速回。惟老先生寿九十三岁，届期阴主还屈作一曹官。"言毕送之出，遂醒。后卒于道光十一年正月十六日，果符所梦。

道光十六年夏，乐邑哄传田禾中有虎，究亦未得其实。至季冬，湾坨新庄北有废窑，一物伏其中。村民数百持械往，物起而蹲，黄质黑文有斑如钱，身长六七尺许，尾过之。识之者曰："此金钱豹也。"皆注视莫敢先撄。有刘姓者，以梃逼之，物奋起猝啌其臂，众皆辟易。刘两弟继进，一弟持长枪刺其尻，物咆哮急转身仍张喙啮之。一弟持刀斫其目，众复持枪自口刺入，物以齿断之枪柄折为二。众梃雨集，物遂毙。被噬者虽殆幸未死。鬻其皮得钱百余缗。邑滨海，无深山丛薄俾可栖止，即寻常野兽亦稀，南山之雾豹奚宜至哉？可异也。

道光十九年夏，有龙降于乐亭浪窝海口，寂然不动。蝇蚋遍体，龙张鳞受之，久而敛以毙焉。因覆以苇棚，水浇之。如是者三日夜，忽风雨晦冥，雷电交作，龙遂升天去。

乾隆五十五年，府城大水，城外田庐存者十一。道光二十九年六月，又大水，城外田庐存者十二，而城中屋宇有水及檐者。说者谓乾隆五十五年在乡之水大于在城，道光二十九年在城之水大于在乡。

滦州城东南岩山顶上旧砖塔一座。道光年间，有知州朱姓者，晓堪舆，以塔与滦不利，拆之。塔中得一石碣镌四字云：朱要黄修。”后果有知州黄姓者重修焉。

蛱蝶飞于唐宫，罗之得金玉钱，古固有然，今犹见之。府治东北十五里董家庄有董扁头者，道光初，积钱巨万。因年饥，恐乡人借贷，遂于宅后窑藏之。一日闻宅中铮铮有声，出而视之乃钱飞也，扑之不及。后村中老幼多有拾钱者，扁头由是遂贫。

抚宁城西南五十里，有山岭名面石矿。石色青白，软而滑，可食，味淡无毒。道光十三年，贫民掘食，活人无算，但多食腹重耳。道光二十三年，岁大歉，昌黎西北山中有人掘土得白色如面者，见风则乾。人亦传为面矿，于是贫家男女争取食之，但日久则腹滞便祕。后遂止。

咸丰初，东海渔人捕巨龟，大数围，周身绿毛如马鬣。放之不去，焚香致祷乃去，人水数武。翻身而没，海波腾沸势若雷走。

咸丰三年癸丑，郎家庄民种蜀秫二十亩，秸上生纹若画鬼魅者甚多，间有字若篆籀，可识者“二十三十一一人司平平”诸字(《迁志》)。

邑明经马恂《记异诗》云：蔓草何连延，非种当急锄。大地滋萌动万变，嘉禾稂莠不相如。嘉禾在田实嘉植，稼穑作甘含元气。一气鼓荡难测窥，多稼同中忽生异。农夫刈禾秋日忙，稿秸历鹿齐登场。禾低禾昂非一状，就中蜀秫秸干长。红斑胭脂点，黄肤浮筠光。红斑黄肤生变相，东三十里郎家庄。细纹盘蜗涎，画符诧鬼手，篆书迷鸟虫。人形变男妇，节节文多同。株株任求取，不知祥异何所征？独见一家二十亩，我观其形惊离奇。一一宛转盘红丝，三三两两正背侧，分明手足连尻脽。脾目疑鬼魅，幺麽杂童儿。此异昔未闻，是时沸潢池。吾意邢赵有逸贼，当如禾杆斩刈之。物异固难详，人事则可信。皋兰雨雹如人头，天兵迅诛米佳印。三藩荡平传吉征，白气亘天地大震。遥闻西来胜将军，霆击风驰埽蚁阵。稿城已促釜中鱼，禁旅虎貔方继进。亲王奉命铜虎符，外藩陈力悉奔趋。天弧直指八纮靖，岂止东南安一隅。蠢兹群丑作妖孽，迅埽不使留根株。农安耕凿易长亩，双歧合颖一茎六穗将陈图。

咸丰八年，东海捕鱼者收网觉重甚，及出之惟死蝗二堆，盖地数弓。方愕视，翅乾皆飞去，势可蔽天。是岁蝗灾昌黎独甚。

昌黎城南虹桥庄武庠生齐邦俊之祖家，畜一驴。尝骑往蛤泊，暮归至半途，驴忽作人言。曰："汝以余为谁？余二闯也。"盖庄旧有此人，曾负伊债，至今死已久。齐大惊，至家诘且鬻之。又其曾祖病殁一日夜，复苏，谓家人曰："余至冥府见阎罗使查号簿命数已尽，以事亲能孝，延寿一纪。且见罹罪者何若？获福者何若？"门前对联亦皆记忆，言之数数。顷复气闭，移时又苏，曰："冥府见罪，使之勿言。"自是遂不能言。后十二年又能言，遂卒。

同治三年，有鸟鸣于府城东北墙上。自夏至秋，夜鸣昼止，其声甚大，咸以为怪。或曰："此王乾歌鸟也，关塞有之。"又土人相传有王乾者，其父采樵堕涧死，乾携幼妹入山求父，不得。猝遇虎惊散，妹失路哀号呼兄不至，立崖而僵，化为鸟。犹呼"王乾哥"云。

同治癸酉夏六月，龙降于鸽子窝，已死。颈后有伤，目亦失，约长十三丈有奇，高可蔽人，鳞大五六寸，其腮五色相间有宝光。人以其肉煮油然灯无影，惧而弃之。先是前两月，清河口有一舟载七八人，龙攫至半空，掷而覆之，仅一人得生。人疑即此龙以害人遭天谴云。

又，甜水沟滦水入海之处，有商船停泊。一日，天骤阴。忽见二龙屈蟠空际，一船随龙尾而上，高及数丈，修掷下如覆盂状，桅折数段。舟中六人，死者四，内有柁工父子。而邻舟则安然无恙。见之者诧以为异。后闻邻舟言柁工父子有图客财事，故得此报。

又，丁卯，东海得大鱼出水已死，长数丈，高六七尺，破腹有发辫七根。人以为伤人之报也。皮劲若鼓，鳞大于箕，两肋之骨如巨椽。

同治年间，滦州城隍庙会，商贾猬集。忽一人昼入伏殿堂下，自解其衣，哀号曰："天理昭彰，吾知悔矣。"有知其人者乃素有淫行，凡在庙中者无不睹也。

乐邑西北之狼窝庄冯四德有女弟孪生，长适断火庄张皮匠，次适某皮匠妻，与四德有私。皮匠知之，欲得而甘心焉。与其僚婿某谋曰："汝妻与我妻一也，四德为禽兽行，汝妻恐亦不免。汝助我杀之。"某佯诺，而阴洩其谋于四德。四德惧谋。先时某方携妇侨寓四德家，因令置酒招皮匠饮，醉，出刃共磔之。橐而瘗之野，人无知者。时同治九年庚午某月事也。后事泄，鸣之官。官以尸刃俱无，姑饬差缉犯，而锢其妻于狱。数月无耗。后有人于石各庄刘姓启攒空墓中掘得其身，继得其首于黍田土中，若有鬼神使之者。而凶器与犯仍未获也。时官以数易，死者又无亲属，案将寝矣。明年辛未三月二十四日，天大雷电击四德之母死。盖其始纵奸，而又与谋杀者也。当雷发时，其邻方乘屋，见一火球入其室，先燎某妻发而髡之，后击其母，衣服无恙而肌肤焦烂，灶觚砰然一声二刀出焉，即凶器也。其母尚能言，越二日死。

同治十年五月二十日未时，府城石幢北瑞兴栈钱铺大雨时欻一火球入房，霹雳一声，墙壁皆颓，烟火满屋，匮内外铜钱铁器皆化。

董家口外铁匠炉庄王邓氏，年二十八岁，于光绪元年三月十一日病卒。已棺殓，过三日将窆矣。忽闻棺内有声，家人启视已复苏。云：顷至冥间，有夫族多人随至官署，争言此妇数未合尽，何妄摄乃尔？官为检籍乃拘所居之邻佟姓妇。氏尚有寿二纪，责差役二十，令急送还。案：此妇出嫁一二年目即失明，遂不得于其夫。惟以命自安，日事纺绩司炊爨，无异于有目时。以是祖宗怜爱，群起而争之，理或然欤。

光绪二年四月，乐亭双坨民家生一彘八足、四耳、四尾。又三月间，昌黎苇厂村塾幼童嬉戏滦河滩，忽羊角风起，一童入其中，遂离地二三尺扶摇而去，同人追之弗及。合声喊救，适遇耕田者，从风中拽出，寒气逼人肌肤如裂。及视童子周身青紫，舁至其家，又复臃肿，日余气绝。

滦州仪门内左右墙，有华山陈希夷先生书"福寿"二大字，笔力秀劲，搨者甚众。知滦州事马如龙康熙已未立。一云所书乃“雷令敕符”四字宛转作“福寿”字形，如今之花押者然。

梁家湾东峪，距抚宁县八十里。入峪行数里，有名香山者。石上携“隐几”二大字，孤竹李逢时同闽中郭造卿题。又题“香山纪寿”四大字，万历庚辰十月朔，少保戚公初度之辰，为东征至台头，闽中郭造卿称觞，因游击李逢时当此，而品山川可与少保争奇，少保当与山川敌寿也。

抚宁城西南二十里有周王山。先是有周姓据此山为王，并于山上筑数坨，外蒙以米。给乡人曰：“吾有粮如此，盍不吾归乎？”后名其山为周王山，名其坨为诳粮坨。

洋河口有鱼骨庙，纯以鱼骨结构而成，其房脊乃一脊骨。鱼骨最轻，故至今并无倾折。滦州蚕沙口亦有鱼骨庙，今已残毁更易矣。

清圣庙在府治北城下，内设牌位一，高四尺六寸阔一尺五寸，上书“清圣墨胎氏之神位”凡八字。自天启五年重修，遂于夷齐牌位旁设佛像，改名净欲庵。厥后，乡愚遂移夷齐牌位于旁殿中，专供佛像，曰广福庵。至今遂咸目为佛庵，无复知清圣庙者，然清圣牌位尚存。

府城上水关清圣庙右，有大炮一座九尺余，围六尺余，重约数千斤，或曰万余斤。府城铁炮无有大于此者。炮口微细，上有小字两行曰：“大明崇祯已卯岁中春吉旦造。”

靖南王孔有德，辽人，明大将毛文龙帐下卒也。后佐太祖定天下，封靖南王。今永平府有孔王地，即其食邑也。又南街石幢西有孔王宅，今宅虽易主，而居其地者出官租，犹曰孔王租。下马石尚存。

府学明伦堂西偏，一钟上铸“迁安林河社胜水寺钟”字。传是国初时，一夕为大风摄至郡之乾方，遂取以县（悬）之，以为宣讲之用。款识云：重六百斤，天顺四年造。

慕成墓，在三屯营西门外，有铭。同治七年重修。墓北有雪艳墓。（碑云：雪艳，慕怀古妾。）按此事不见记载，盖缘梨园中“搜杯”一剧附会而成。考明史戚少保镇三屯在隆庆初年，时严世蕃已伏法数年矣。其伪固不待辨。

滦州莲台寺前有圆冈高丈余，传为古王者墓。咸丰三年，村人有从旁得金镫、金索、金片等物，镕之皆金皮铁质。

卢龙县署东马号门首，有八棱石幢一座。相传为元时和尚坟也。正北面有楷书八大字云:“真性大师闲公之塔。”西北面有“大德二年正月日”七字。大德元成宗年号。

卷之末

旧志序　跋

明万历已亥河南按察司副使、管永平府事东齐徐准序云：古者列国必有史。今之列郡即古之国，一郡之志即一国之史。永平为墨胎氏故封，昌黎先世、横渠，后昆，咸在封内，是古圣贤之邦也。自辽、金、元先后争据，载籍泯阙，明兴定都于燕，永为东辅，郡遂尔文献斌斌焉。予来守永，欲明习一方事，因取郡志披阅之。弘治十四年，郡张行人纂者简而赅；万历十九年闽郭文学修者博而赅。删繁补缺，可为全书，遂集郡贡士及博士弟子员为之。适豫章涂印元来登碣石，谒孤竹，有子长风。予爱其手注会旨刻之，因商榷郡志。涂子曰："《春秋》详内而略外，义精而体当。若后事之书有简有博，简者缺，博者繁。缺则失义，繁则伤体，义失鲜史学，体伤乏史才，此《春秋》之为绝笔也。"予嘉其议而嘱之志。涂子笔则直，心则虚，出入张、郭二书，参取州县诸乘而编摩笔削之，至政迹、行谊，必于郡缙绅先生是征。自已亥闰四月迄秋八月而稿脱，首图者七、为卷者十、为纲者八、为目者五十有七。编年以著沿革，列传以叙事实，备述以广记睹，不缺而核，不繁而赅，于义无失，于体无伤。此志既成，永平之疆域、创置、政事、文章、风俗、人物，可以传世不泯，而后之称信史必曰《永志》云。

万历已亥兵科给事中、郡人白瑜序云：周官诏观事则有志，诏地事则有图，厥典重哉！北平负山带河，雄称四塞，屹然京陵左冯翊，其地觭重，地重而典滋重矣。郡弘治辛酉有《张志》什一仅存。越八十四祀为万历辛卯，有《郭志》包举容盖之繁，抉阐今昔之奥，胪陈畛列若开玉府，而璜琥琼璋烂焉毕具。第连类洸洋，远者叹浩瀚而难收，近者苦极目而难竟。俾畿左外史识者莫睹大全，虽玄圃积玉无所用之。嗟嗟！载籍挂漏而不广捃，穷搜则疏，疏则前守责也。载籍博括而不约，取中窾则赘，赘则今守责也。新城徐公忧之曰："守责弗修是蘧庐守也。某曷敢。"乃憋神揉思，损旧益新，且求海内多闻者，得江右隐君涂公国柱，遂董其事。志为十卷，图七、纲八、目五十七。天时地利并大故首；象方、建置、政教，肇自官师，故政事、职官次之；地因人灵，文章蔚焉，故选举、人物、艺苑又次之。至备述祥异、时务，亦旁综者所不废也。志成，命不佞瑜序简端。读之，体裁合矩，冠冕词家，或直书以申规，或微词以见讽，津津一方文献焉。夫徐公奋迹邹鲁，以经术经世务章缝斐然向风且也。四三年来，海氛震邻，天灾虐野，苦兵、苦运、苦赈，公膏雨吾土酌泉不愧二清，以故刑平政和，六属赤子依之，身为志也。凡诸废置沿革不及行，载笔而存之，言为志也。身志、言志且不烦雕章缛采，岂好为更张已邪？不则龙门待嗣续而卒业，眉山以雁行而成书。是役也，搦札未逾岁，含毫不数人。骤而托于不朽者之林，则志非难，志志者之难也。观者因文识意，并察志之所以不朽者何在？即由兹而睹大全可也。

崇祯壬午，整饬永平等处监军兵备道陆安姚恭序云：郡有乘，其昉于国史之遗乎？永平偏壤，属孤竹故封，古文物衣冠地也。嗣以金、元窃据几百年，所迨我明混一寰宇，置关设卫，爰称雄镇，为神京左协。然障塞一垣，濒海百里许，尤东北要剧之区。不佞承乏于兹，去城陷时未久，眷其民生凋瘠，里户单虚，赋役繁苛，风俗偷薄，窃有慨焉。更以羽檄交驰，即荒垣三百余里，尽费拮据，日奔走于疏烟断草之中，犹不暇给，无问劳劳郡治矣。夫去故者新难图，凭虚者实逾远。天下事不可以臆任昭昭也。是故考时者证变，度地者览胜，观风者验治，论世者定宗。凡所辖之山川、井邑、户口、土田、人物、食货、建置、兴除，暨于城郭、沟涂、邮传、甲兵、民风、吏治咸笔之书者，所以述往古诏来兹，得失之林，鉴戒系焉，勿可后也宜直指。韩公甫入境，亟以郡志下询也。郡故有志，己巳之变火为梨灾，搜之耆旧，仅得原本。乃知经剞劂者二，而前刘公谋以缮之，为郡侯擢去不果。兹者关中李侯雅有同心，博咨广采，补其缺遗，分纲析目，于疆域、物力、屯社、戎政则加详焉。累月告成，嘱予为序。夫徐公、熊公再序。原本亦既该矣。余复何言？惟是披览之余，由今思昔，不能无感于斯志也。嗟嗟！户口昔登今耗，赋役昔简今繁，风俗昔厚今偷，人才昔隆今替。郡固偏壤乎，然而天下之盛衰，一隅之积也；一隅之盛衰，天下之渐也。盛衰之数在天，而致之诚在人，考之则在书也。书也者，政之所自出也。后之君子莅斯土，读斯志，睹边境则思握险控御巡鼙壶柝之事，征人用则思爰养制节盈缩损益之宜，未病而调燮，无逸策。庶寒谷春生，涸辙波回。有望乎！不然徒曰纪故实备采风也，殆匪为志者之志矣。

国朝康熙庚戌兵部尚书兼都察院左副都御史蔡士英序云：燕京之郡有八，而永平在蓟之东北，古云辽西，即其地也。负山带河，险固四塞。昔曹公北伐乌桓出卢龙塞，经白檀，登白狼，望柳城，殆所谓踞上游者欤。其间分野、灾祥、山川、土田、官师、人物，固彬彬乎三才具备也。历宋、元、明皆详于所志矣。至我清定鼎以来，兵火既更，旧籍残落。余于康熙二年过故里，有韩生者以修志请。余曰："永平虽处偏隅，亦一代文献事也。"遂捐资助之，并命大参宋君竣其事。无何，工未成，而宋君擢浙臬并携板而南；无何，工未竟而宋君又以坐事罢矣。余曰："事岂可以已哉？"复遣人往浙取板来京师，仍发永平，冀续纂其集。迄数年，竟无有起而参考者。余每为之三叹，曰："永平虽蕞尔郡，而置险设兵控扼西北屹然一巨镇矣。地灵起而人杰辈出，冠带舄履之盛盖殷殷焉。岂千百年以来至今日，而可失其传乎？"庚戌冬，适有杨生来谒，因道前修志事。余曰："是予之初志也。”乃思永平郡丞罗君者，余门人也。即邮札致之，命董理其工，谓斯集之成藉以不朽者，君之力也。而罗君果踊跃从事，不数月而厥功告成矣。夫古者千乘之国与附庸之邦皆有史官以掌记时事，第不过君卿大夫言动之一端，而所谓分野、灾祥、山川、土田、官师、人物之类，意别有图籍以主之，今志则无不灿列矣。是故古史之失在略，而今志之得在详也。后之采风者览其遗文，而一代典章、名物之盛，不既犁然具备也哉！余故喜而为之序。

康熙己未永平府知府三韩常文魁序云：古郡国皆有风采之輶轩以征土俗，皆有乘纪之太史以传人物，班孟坚易八书为十志，志之名肇此焉。刘子荟述书十品，而郡书、地理居二，郡书详于人，地理详于境，后世兼而载之。善哉！丘文庄之有言也“世有千载不刊之书，无百年不葺之志。”盖志兼史以行者也。大则疆域、建置、赋役、风谣，小则灾祥、品秩、往迹、遗徽。非旁综广捃，则湮佚靡该；非慎核精搜，则名实易谬。江文通所谓修史之难，无过于志。况官师之增改，户口之繁减，令甲政教之损益，月易而岁不同，不及时补缀，曷诏后来欤？北平冯翊重镇，清圣故封之地，将军桃李之蹊为神京左辅，郡乘罹乱久失。前守彭公求观察宋公修辑原稿，爰以寿锓，迄今又十钻新火矣。其间銮舆云罕之朝陵，搜猎、驻跸，岩疆龙骧分守之建置营房，徼巡固圉，皆未记于前册，犹为急务。不佞自丙辰之冬，来守此土，瞻谒宫墙展禋膢腊，而楹宇颓，蜡祭无所，慨然叹云：“圣宫弗葺何以振文教而扬武功；庙祀乏祠，何以销螟螣而丰嘉谷。又轸龙郡多年，名甲，寥落，非创立书院，无以教养生儒，弘敷德造也。”于是捐俸倡募，先修文武二学，次及蜡庙书院，阅岁鸠工始竣焉。政通人和，年无祲败。簿书稍暇，复思郡志存往以遗今，岂重望于后起者乎！于是咨询绅掖，改稽邑乘，博不厌精，约不伤刻，数月而告成帙，以副文宗允托之盛心。俾后衮披览此志，景慕盛举，因之兴缮备败，课士育材用继。不佞尊圣嬉神，崇文毓秀之苦心，阳山、滦水其式凭之。

康熙辛卯永平府知府东越张朝琮序云：经不欲详，史不欲简，兼之者志也。《夏书》所载，禹八年治水九州作《贡》之文不满百行。夫子修《春秋》皆经国大训，人有微而不名，事有小而不纪，以是知经之不欲详也。且夫子序书断自尧舜，而太史公作《史记》则远述轩皇。欧阳文忠尚论五代之际，虽滑稽小说有所不遗，以是知史之不欲简也。然则志何以兼之？昔明人作《一统志》详书风俗、政事，而略于文章，意者其有得于此乎？《永平志》自莱阳宋观察刊定以来，终今五十余年，未经修辑，采风者忧之。方今主上励精图治，省耕省敛之使不绝于路，悯蝗悯雨之诏频下于廷。又尝命馆阁之臣，录子史之精华，辑皇舆之表鉴，以备乙夜之览。恭惟天子大圣一日万几（机），且犹孜孜汲汲考镜古今，以求通天下之情，如此其至也。然则有天下者忧天下，有官守者忧官守，亦固其所。予承乏永平五年于此矣，上之不能修明教化，襄赞太平之治；次之不能亲历田间，问民疾苦，宣上德意；下之有司一掌故之书，亦复残缺不举，庸非官守之戾欤？缘积退食余工，考前事之得失，刺民间之利弊，稽于官，谋于野，咨诹于士大夫家。凡所谓五十年来，未经补缀者，悉书于策，苟完一郡之章程，留俟职方之采取。盖放乎史之意而不欲简也，然不敢夸多而斗靡也，有若孟姜哭城、湘子遗影、飞将军射石之类，事涉不经，无关吏治，或存而弗辩，或削而不书。夫亦遵乎经之旨，而不欲详也。其节孝之事迹独加详者，以意在励民，可垂世范也。吾因之且有感矣，士生斯世，狃于科举之习，争为无用之文，一切经世之学废而不讲。一旦得志于有司，见用于皇家，寄之一官而授之以政，匪执滞而不达，则迂阔而难行。王荆公有言“经术所以经世务。”予尝推其意而广之曰：“经世之道存乎经，用世之览存乎史，通世之情存乎志。志也者，为政之先资也。盖可以忽乎哉？”明初有岢岚学正、山阴教谕二人给由至京师，孝陵召问民间事，皆对不知。孝陵怒曰：“宋儒胡瑗为湖州教授，其训诸生兼以时务，圣贤之道所以济世也。民情不知则所教何事？”由此观之，古之为人臣者，虽居清闲冷落，犹以民事为己任。否则人主亦将加之以罪，史臣书之以为后戒。而况其号为长民者哉。是志之成也，学博徐香、胡仁济实相与讨论之，宜著其勤，为来者劝。

乾隆甲午永平府知府古燕李奉翰序云：吾闻一代纲纪之所立，德泽之所被，以及人物之兴替，守令之贤否，能详史册之所未及详，使览者观感兴起，得以因地制宜，因民善俗，则皆于志是赖焉。是志者，固辅治之书也。壬辰仲秋，翰钦承巽命出守永平，夙夜祗惧，恐鳏厥职。所喜风俗茂美，人民俭朴，加以年谷顺成，咸乐丰亨，而诸生弦歌诵读，彬彬称盛。于以考山川风土，稽沿革兴废，即今证昔，取郡志披阅之，然后叹我朝培养之久，涵濡之深，固已若斯其极也。旧志自康熙辛卯年郡守张公重修后，距今已六十余年矣。且采取罔择，牵连失据，核之古书固乖于文直事，核之旨矧六十余年事迹，宜增入者凡几，又何可令其散而无考？山长菊庄王君江左绩学士也，请董其事，取旧志厘为八门，条目各以类附，凡正其讹，删其谬，补其遗，正析其纠纷者，说俱详于例言。甫脱稿付梓，翰适仰荷圣恩擢授松太监司，未及详加校正，而幸其章程已定，大局可成。全赖贤太守之克竣其事也。呜呼！北平自孤竹风邈，烽火蹂躏，民生不遂，匪一世然也。阅数千年，圣人出，四海一，而北平更近盛京，我圣祖仁皇帝銮舆屡经，皇上两度驻跸，闿泽覃敷，湛恩汪涉，宸章用申，右文之化，白叟黄童，熙熙皞皞，群陶镕于礼乐诗书，非徒安于耕凿而已。吾故因旧志考古征今，辑为实录，俾莅斯土者承流宣化，庶使七邑士君子知疆域奠安，山川效灵，贤材辈出，风俗敦庞，与夫孝义节烈之不可胜纪者，皆幸生圣人重熙累洽之时，于以沐浴咏歌不忘也。其于治道讵无补哉？此余修志之意，亦惟尽余之职也夫。

乾隆甲午敬胜书院山长江宁王金英跋云：甚矣！志之未易作也。泛视之曰，此一方之记载耳，及身亲其事，则征文考献，非上下数千年，纵横二万里，于书无所不备，不能成此一书。永平于古为孤竹遗墟，而金、元以前缺焉无闻。明初始有志乘，其后陆续修补，迨嘉靖间，有闽人郭建初者，博学多闻，大有纂述，然笔颇艰涩，今亦未见其全编。所传者则康熙间张太守因宋观察荔裳之书而续之者也。考据讹陋，体裁乖舛，不无遗憾焉。李香林使君守是邦，慨然太息思为完书。且念由张公至今已逾周甲，岁月既久，故老无存，于此不修，将更靡所考订。适余主北平讲席，乃以编摩之役相嘱，开局于癸已初夏，迄于岁杪，与诸君子旁搜博采，从容讨论，共成是编。其间可得而稽者似已无歉。然永郡地处边僻，构书无多，而各县志又皆不获美备，其为郭公夏五者知不免也。刊刻未竟，李公以迁擢去。余亦他往，遂以校订付之家，莲溪学博及蔡梦堂大端已具凡例中，兹赘数语，姑识巅末，以见其难。有出于才学识之外者甚矣，志之未易作也。

又，永平府知府元和顾学潮跋云：余自甲申八月任滦州，己丑四月量移浙江，癸巳十一月又奉命守永平，相距不过五年。凡山川之胜，以及土俗、民风尚能得其梗概，此受代时香林李使君谆谆以志书见嘱也。迨询诸董事者，志分八门，七门已付梓，惟职官一门未竣。则序所云不及详加校订，亦逊辞耳。爰取已定之本，即日刊刻竣工，恐览者以册首列名之故，谓为亦有一得也。因附识于此。

附：

昆山顾炎武《营平二州史事序》云：昔神庙之初，边陲无事，大帅得以治兵之暇，留意图籍。而福之士人郭君造卿在戚大将军幕府，网罗天下书志略备；又身自行历蓟北诸边营垒；又遣卒至塞外穷濡源，视旧大宁遗址，还报与书不合，则再遣覆按，必得实乃止。作《燕史》数百卷。盖十年而成，则大将军已不及见。又以其余日作《永平志》百三十卷，文虽晦涩，而一方之故颇称明悉。其后七十年而炎武得游于斯，则当屠杀圈占之后，人民稀少，物力衰耗，俗与时移，不见文字礼义之教。求郭君之《志》且不可得，而其地之官长暨士大夫来言曰："府志稿已具矣，愿为成之。"嗟乎！无郭君之学，而又不逢其时，以三千里外之人而论此邦士林之品第，又欲取成于数月之内，而不问其书之可传与否？是非仆所能。独恨《燕史》之书不存，而重违主人之请，于是取《二十一史》、《通鉴》诸书，自燕秦以来此邦之大事迄元至正年而止，纂为六卷，命曰《营平二州史事》，以质诸其邦之士大夫。世之人能读全史者罕矣，宋宣和与金结盟，徒以不考营、平、滦三州之旧，至于争地构兵，以此三州之故，而亡其天下，岂非后代之龟鉴哉？异日有能修志者，古事备矣，续今可也。或曰："及营何也？"曰："中国之弃营久矣？夫营吾州也，其事与平相出入焉。焉得不纪？"若夫合幽、并、营以正古帝王之疆域，必有圣人作焉。余以此书俟之。

历代修志姓氏

明弘治辛酉，郡守江都吴公杰访构旧志，残缺舛讹乃嘱致仕行人张廷纲、广文吴祺率诸生修辑。

万历辛卯，副使归善叶公梦熊聘旧门下生闽人郭造卿修府志，时郡守山左陈公维城与郡司理乌城沈公之吟，同为修辑。

万历己亥，郡守新城徐公准，嘱豫章隐君涂国柱修辑。

崇祯壬午，郡守三原李公在公因郡志遭己巳火灾，复广采补辑，志成。又值兵乱，失稿未刊。

国朝顺治戊戌，观察副使莱阳宋公琬撰辑府志二十三卷，郡守宜兴路公遵参校、辽阳彭公士圣订梓。

康熙戊申，郡丞寿州梁公泰来，嘱山海卫教授钱裕国修辑。

康熙庚戌，漕运总督郡人蔡公士英，嘱郡丞会稽罗公京董理刊刻。

康熙己未，郡守三韩常公文魁，嘱郡绅汪淑问、管声扬、孙如林，贡士韩鼎业、翟凤翥及杨生新鼎修补。

康熙庚寅，郡守萧山张公朝琮，委府学训导徐香，卢龙县学教谕胡仁济续修。

乾隆乙未，署郡守正蓝旗李公奉翰续修，未竣。嗣郡守元和顾公学潮，聘敬胜书院山长王金英纂修；永平府教授王家干、卢龙教谕丁廷辅、昌黎训导郭铉俊、监生蔡瓶福分修；滦州知州孔传瀛、滦州知州王述曾、卢龙知县胡淳、迁安知县靳荣藩、迁安知县熊道楷、迁安知县乔钟吴、抚宁知县陈钟琛、抚宁知县张若瀛、昌黎知县单祷、乐亭知县赵大经、临榆知县陶淑、临榆知县祁标参订；滦州廪生卫理元、乐亭廪生宋文蔚、卢龙廪生李美、抚宁增生孙廷玉、临榆附生沈永迈、昌黎附生齐逢年校录。

永平府志姓氏修志衔名

总　　修

永平府知府**游智开**　湖南新化县人，辛亥举人。

监　　修

知府衔永平府理事粮捕同知**唐津**　满州镶红旗人，官学生；知府衔永平府山海关管粮通判**丁体勤**　贵州平远州人，监生；调署卢龙县知县**福曜**　蒙古正红旗人，附贡生；前迁安县知县**韩耀光**　山西洪洞县人，癸亥进士；迁安县知县**劳辅芝**　湖南善化县人，监生；调署抚宁县知县**张上和**　浙江钱塘县人，附荫生；前署昌黎县知县**王养寿**　浙江萧山县人，己酉举人；昌黎县知县**杨春华**　江西南昌县人，甲辰举人；调署滦州知州**郭奇中**　安徽合肥县人，监生；前署乐亭县知县**陈以培**　安徽合肥县人，监生；乐亭县知县**顾肇墉**　浙江仁和县人，监生；前署临榆县知县**观祐**　满州镶黄旗人，廪贡生；临榆县知县**赵允祜**　江苏常熟县人，供事；永平府教授**梁凤翰**　静海县人，丙辰进士；永平府训导**韩来贺**　广宗县人，廪贡生；卢龙县教谕**郝锡章**　三河县人，恩贡生；卢龙县训导**廉百龄**　奉天铁岭人，辛卯举人；迁安县教谕**韩玉城**　河间县人，廪贡生；迁安县训导**孟昌言**　丰润县人，壬戌举人；抚宁县教谕**杨呈华**　武邑县人，戊午举人；抚宁县训导**鲁松**　丰润县人，甲辰举人；昌黎县教谕**张椿荫**　宁河县人，乙卯举人；昌黎县训导**武承厚**　天津县人，辛亥举人；滦州学正**张汇升**　静海县人，辛亥举人；滦州训导**张济**　文安县人，附贡生；乐亭县教谕**单宗张**　安肃县人，恩贡生；乐亭县训导**纪堪诰**　献县人，辛酉举人；前临榆县教谕**侯熯**　南皮县人，辛酉举人；临榆县教谕**郝浩**　三河县人，辛酉举人；临榆县训导**高泽墀**　通州人，廪贡生。

编　纂

同知衔国史馆议叙、知县**史梦兰**　乐亭县人，庚子举人。

参　阅

原任山东盐运使司盐运使**傅观海**　卢龙县人，庚戌翰林；浙江衢州府知府、前掌教敬胜书院**解煜**　临榆县人，癸亥翰林；奉天昌图府教授、前掌教敬胜书院**张旭东**　卢龙县人，甲戌进士；原任江苏仪征县知县、现掌教敬胜书院**姚书楷**　乐亭县人，庚子举人。

分　修

岁贡生、候选训导**张山**　乐亭县人；廪贡生、候选府经历**赵建邦**　乐亭县人；增贡生、候选通判**王立柱**　抚宁县人。

分　校

举人、候选训导**吴宝善**　滦州人；选拔副贡生、候选训导**何凌云**　卢龙县人；廪膳生**史璇**　滦州人；附学生**阴维霈**　乐亭县人。

采　访

卢龙县

举人朱昌时、举人刘青山、举人翟省三、举人翟奉三、副贡薛继武、增贡孙镛、廪生窦桂芳、廪生汪栾、廪生王淋溥、廪生田长庚、附贡薛继曾、附生龚倬、附生闫廷玘、附生尤元勋、附生韩景仑、附生邢德昭、附生刘德滋、附生陈清策、附生孙玉麟、附生陈锡庚、附生胡永清、附生徐用中、附生刘宗汉、附生阚殿英、附生李玉璋、附生张莒臣、附生阚龙章

迁安县

乙丑科进士湖北候补知县陈宝树、举人王化宣、拔贡于凌云、贡生裴三益、贡生张书升、贡生邓光亨、贡生白明楷、贡生李棂林、廪生金培元、廪生王允中、廪生王廷燮、廪生张宝天、廪生任凤池、廪生谌国泰、廪生周重、廪生高云龙、廪生李馥庭、增生孟梓林、增生刘昌明、附生沈粹儒、附生李钟峰、附生王以钦、附生陈德湛、附生陈宝桢、附生郑复恩、附生李冠群、附生孟汝泰、附生孟焕文、附生杨清源、附生吴麟振、附生张瑞符

抚宁县

壬戌科进士前大名府教授王兆柏、贡生樊勰、贡生马廷辅、廪贡王致澄、廪生党锡庚、廪生金宝庄、廪生王景颜、附生梁孝义、附生金光文、附生王恩波、附生任翊清、附生张祖培、附生张恩培、附生王守理、附生张凤仪、附生任宾亨、附生张近光、附生殷作霖、附生王房、附生杨元璞、附生贲启源、附生李恩培、附生韩遇春

昌黎县

举人王杏村、举人董光耀、贡生陈德馨、贡生许善述、廪生马善明、廪生张延禄、廪生王昱、廪生孙国钧、廪生邵宝瑞、增生张沛然、附生张桂森、附生赵廷柱、附生秦际清、附生张椿寿、附生马纯炘、附生齐树宝、附生张树屏、附生孙其塘、附生李润堂、附生孙作炳、附生陈鹏万、附生李桂林、附生李鸿渐、附生龙云会、附生朱廷元、附生李宝珍、附生闫龙跃

滦　州

壬子科进士、前任湖南善化县知县李昌瑞（汉军旗人）、举人吴遇隆、举人李威、举人王文瑞、拔贡吴文镜、贡生李荫樾、贡生冯淑胜、增贡傅传习、廪生高鸿霄、廪生梁于渭、廪生万富春、廪生杨继先、廪生李春溪、廪生卢彤恩、廪生李人龙、廪生葛朝君、廪生张荫藩、廪生宣培枯、增生李一璋、附生李畅春、附生刘炳然、附生

王雨村、附生刘炳宸、附生王灿、附生罗立业、附生王子复、附生王子芳、附生郑鑫、附生彭汝霖、附生王德荣、附生田玉璋、附生李润芳、附生王步三、附生宋炳南、附生田际春、附生张梦洲、附生王曾祉、附生王治岐、附生王赞、附生屈桂山、附生张焜、附生赵瑞

乐亭县

乙丑科进士、原任奉天府教授于宗翰、岁贡生、孝廉方正、石奉元、举人张凤翔、举人宋廷荫、举人陈聚之、举人王绍玉、举人朱俊、举人孙国桢、举人徐元瑞、拔贡杨兆琦、恩贡戴芳培、廪生安熙春、廪生葛国梁、廪生李荫棠、廪生陈毓楠、附生孙培元、附生徐明恩、附生孙德基、附生李赞廷、附生石桂芬、附生庞遇春、附生庞遇丰、附生王九峰、附生杨勃兴、附生郑铭一、附生戴守身、附生刘东藩、附生张廷抡、附生崔元灏、附生田玉清、附生田鹤亭、附生安炳春、附生吴廷桢、附生赵象升、附生宁淑元、附生于守元、附生李振镛、附生李棠柱、附生王桂森、附生胡振先、附生李签

临榆县

举人傅元博、廪生秦彦博、廪生郭之栋、廪生田庆年、贡生张吉元、廪生计关保、廪生王大椿、廪生侯大振、廪生张岳、廪生王钟琇、附生白自明、附生郝乔龄、附生王敬熙、附生张庆棠、附生李彭年、附生唐秉正、附生郝瑸、附生计关荫、附生程敏侯

分　缮

附生马师融卢龙县人、附生宁振先卢龙县人、附生史亦伟乐亭县人、童生李彝贵滦州人、童生王应泰滦州人。